U0901180

中铁电气化局集团志

1999–2008

中铁电气化局集团史志编纂委员会

中国电气化铁路建设示意图

中国铁道出版社　2008 年 12 月

黑龙江省
古莲
塔河
碧水
韩家园
满归
莫尔道嘎
加格达奇
黑河
伊图里河
黑宝山
嫩江
乌伊岭
满洲里
海拉尔东
牙克石
博克图
北安
前进镇
鹤岗
福利屯
伊敏
富裕
南岔
东方红
塔尔气
齐齐哈尔
佳木斯
七台河
伊尔施
让湖路
绥化
哈尔滨
鸡西
牡丹江
乌兰浩特
大安
白城
绥芬河
霍林河
榆树
东宁
吉林省
太平川
长春
吉林
白石山
珲春
图们
白山镇
锡林浩特
郑家屯
烟筒山
和龙
大板
通辽
四平
白河
二连
内蒙古自治区
桑根达来
赤峰
新立屯
沈阳
铁岭
抚顺
通化
白云鄂博
叶柏寿
本溪
集安
呼和浩特
贲红
隆化
辽宁省
锦州
辽阳
海城
临河
集宁
张家口
上板城
葫芦岛
丹东
包头
西营子
古店
怀柔
迁安
山海关
庄河
吉兰泰
乌海
罕台川北
平旺
北京
秦皇岛
城子坦
石嘴山
东胜
大同
曹妃甸
大连
公乌素
朔州
天津
旅顺
神木北
灵丘
保定
渤海
平罗
原平
霸州
银川
宁夏回族自治区
岢岚
黄骅
威海
榆林
太原
石家庄
衡水
沧州
烟台
干塘
柳林
东营
黄海
中卫
绥德
榆次
德州
淄博
胶州
山西省
山东省
红会
介休
济南
青岛
兰州
延安北
邯郸
聊城
泰山
黄岛
陕西省
长治北
日照
侯马
临汾
兖州
前河镇
铜川
晋城
河北省
菏泽
临沂
连云港东
钟家村
垣曲
月山
新乡
天水
华山
郑州
商丘
新沂
宝鸡
西安
洛阳
关林
徐州
江苏省
新丰镇
河南省
平顶山东
漯河
安徽省
海安县
蚌埠
阳平关
扬州
南阳
阜阳
南京
南通
丹江
广元
合肥
上海
安康
湖北省
信阳
芜湖
长兴
襄樊
上海市
铜陵
宣城
宁波
达州
荆门
麻城
北仑
遂宁
重庆市
万州
宜昌
武汉
杭州
东海
枝城
安庆
千岛湖
黄山
凉雾
荆州
浙江省
重庆
石门县北
九江
常山
金华
泸州
南川
乐化
宜宾
张家界
南昌
横峰
衢州
珙县
湖南省
益阳
长沙
向塘
鹰潭
温州
贵州省
株洲
新余
江边村
娄底
江西省
福建省
大湾
怀化
邵阳
文竹
南平
六盘水
衡阳
钓鱼岛
赤尾屿
茶陵
贵阳
贵定
井冈山
福州
永州东
赣州
台湾省
红果
漳平
下洋
台北
郴州
龙岩
桂林
台湾海峡
河池
肖厝
厦门
大圩
韶关
北港
台中
台湾岛
百色
广东省
梅州
柳州
龙川
广西壮族自治区
汕头
东莞
南宁
黎塘
三水
广州
台南
凭祥
钦州
玉林
深圳
香港特别行政区
香港
合浦
防城港
澳门
茂名
澳门特别行政区
河唇
北海
湛江
东沙群岛
海安
海口
八所
海南省
海南岛
三亚
南海
南海诸岛
西沙群岛
中沙群岛
南沙群岛
曾母暗沙

企业精神及理念

- 企业精神：勇于跨越　追求卓越
- 电气化精神：促创干　争一流
- 企业核心竞争力：技术领先　施组创新
- 企业品牌：中国中铁电化
- 企业理念：在不断否定中超越自我　在不断创新中追求卓越
- 企业核心价值观：为您服务　让您满意
- 企业风尚：艰苦不怕吃苦
- 企业礼节：热情好客　礼貌待人
- 企业行为：说干就干　干就干好
- 企业习俗：干事　干成事
- 企业作风：一呼就起　一触即发　一激即活　一战就胜
- 企业传统：特别能吃苦　特别能战斗　特别能攻坚　特别能奉献
- 企业形象标准：职业素养好，道德品行好，诚实信用好，合作共事好；信念坚定思想过硬，心系职工组织过硬，百折不挠作风过硬，行业领先本领过硬

质量管理体系认证证书

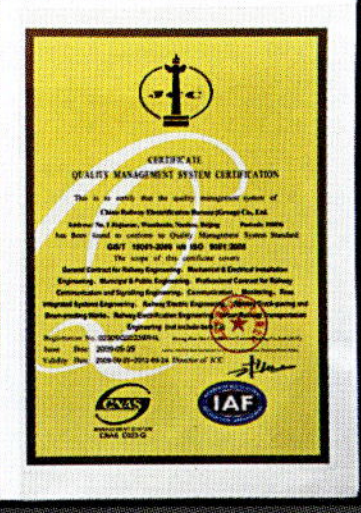
CERTIFICATE
QUALITY MANAGEMENT SYSTEM CERTIFICATION

职业健康安全管理体系认证证书

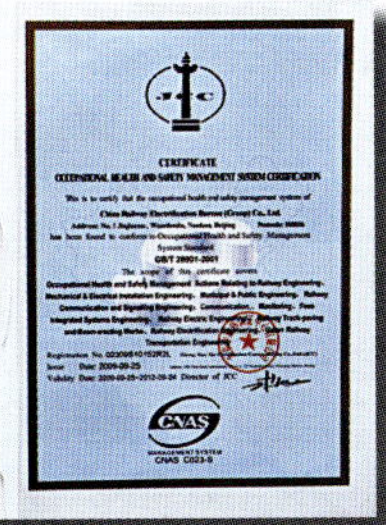
CERTIFICATE
OCCUPATIONAL HEALTH AND SAFETY MANAGEMENT SYSTEM CERTIFICATION

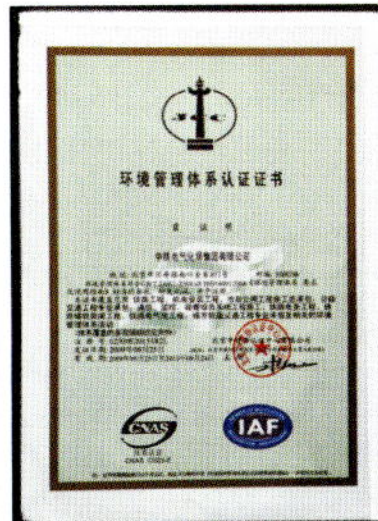
环境管理体系认证证书

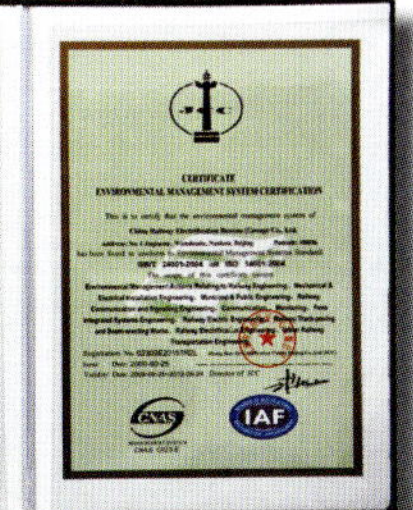
CERTIFICATE
ENVIRONMENTAL MANAGEMENT SYSTEM CERTIFICATION

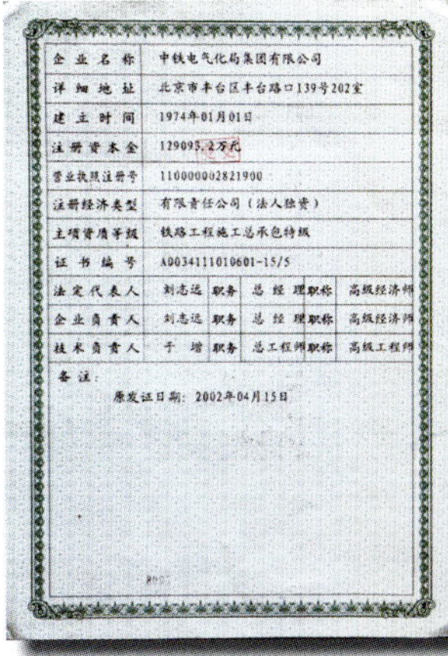

企业名称	中铁电气化局集团有限公司				
详细地址	北京市丰台区丰台路口139号202室				
建立时间	1974年01月01日				
注册资本金	129095.2万元				
营业执照注册号	110000002821900				
注册经济类型	有限责任公司（法人独资）				
主项资质等级	铁路工程施工总承包特级				
证书编号	A0034111010601-15/5				
法定代表人	刘志远	职务	总经理	职称	高级经济师
企业负责人	刘志远	职务	总经理	职称	高级经济师
技术负责人	于增	职务	总工程师	职称	高级工程师

备注：

原发证日期：2002年04月15日

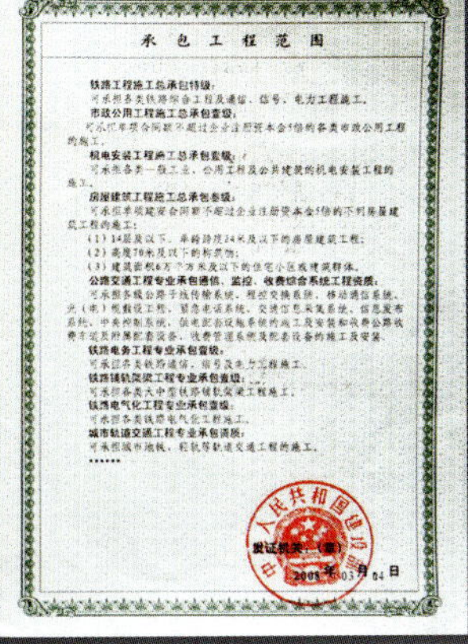
承包工程范围

铁路工程施工总承包特级：
可承担各类铁路综合工程及通信、信号、电力工程施工。
市政公用工程施工总承包壹级：
可承担单项合同额不超过企业注册资本金5倍的各类市政公用工程的施工。
机电安装工程施工总承包壹级：
可承担各类一般工业、公用工程及公共建筑的机电安装工程的施工。
房屋建筑工程施工总承包叁级：
可承担单项建安合同额不超过企业注册资本金5倍的下列房屋建筑工程的施工：
（1）14层及以下、单跨跨度24米及以下的房屋建筑工程；
（2）高度70米及以下的构筑物；
（3）建筑面积6万平方米及以下的住宅小区或建筑群体。
公路交通工程专业承包通信、监控、收费综合系统工程资质：
可承担各级公路干线传输系统、程控交换系统、移动通信系统、光（电）缆敷设工程、紧急电话系统、交通信息采集系统、信息发布系统、中央控制系统、供电配套设施等设施的施工及安装和收费公路收费车道及附属配套设备、收费管理系统及配套设备的施工及安装。
铁路电务工程专业承包壹级：
可承担各类铁路通信、信号及电力工程施工。
铁路铺轨架梁工程专业承包壹级：
可承担各类大中型铁路铺轨架梁工程施工。
铁路电气化工程专业承包壹级：
可承担各类铁路电气化工程施工。
城市轨道交通工程专业承包资质：
可承担城市地铁、轻轨等轨道交通工程的施工。
……

发证机关：（章）
2008年03月04日

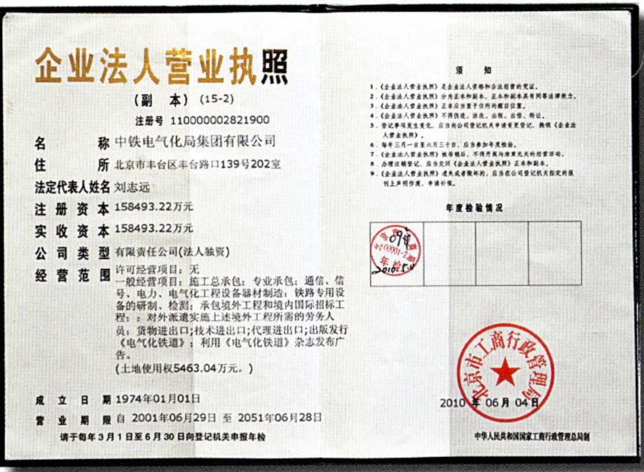
企业法人营业执照

（副 本）（15-2）

注册号 110000002821900

名称 中铁电气化局集团有限公司
住所 北京市丰台区丰台路口139号202室
法定代表人姓名 刘志远
注册资本 158493.22万元
实收资本 158493.22万元
公司类型 有限责任公司(法人独资)
经营范围 许可经营项目：无
一般经营项目：施工总承包；专业承包；通信、信号、电力、电气化工程设备器材制造；铁路专用设备的研制、检测；承包境外工程和境内国际招标工程；；对外派遣实施上述境外工程所需的劳务人员；货物进出口；技术进出口；代理进出口；出版发行《电气化铁道》；利用《电气化铁道》杂志发布广告。
(土地使用权5463.04万元。)

成立日期 1974年01月01日
营业期限 自 2001年06月29日 至 2051年06月28日
请于每年3月1日至6月30日向登记机关申报年检

须知

1.《企业法人营业执照》是企业法人资格和合法经营的凭证。
2.《企业法人营业执照》分为正本和副本，正本和副本具有同等法律效力。
3.《企业法人营业执照》正本应当置于住所的醒目位置。
4.《企业法人营业执照》不得伪造、涂改、出租、出借、转让。
5.登记事项发生变化，应当向公司登记机关申请变更登记，换领《企业法人营业执照》。
6.每年三月一日至六月三十日，应当参加年度检验。
7.《企业法人营业执照》被吊销后，不得开展与清算无关的经营活动。
8.办理注销登记，应当交回《企业法人营业执照》正本和副本。
9.《企业法人营业执照》遗失或者毁坏的，应当在公司登记机关指定的报刊上声明作废，申请补领。

年度检验情况

2010年06月04日

中华人民共和国国家工商行政管理总局制

CERTIFICATE
CHINA'S 500 MOST VALUABLE BRANDS
中国500最具价值品牌证书

编号(NO.) WBL08301

兹证明：中国中铁电化（中铁电气化局集团有限公司）被世界品牌实验室及其独立的评测委员会评测为"2008年中国500最具价值品牌"，品牌价值评估为23.12亿元人民币，特此证明。

THIS IS TO CERTIFY THAT CHINA CREC-EEB HAS BEEN AWARDED CHINA'S 500 MOST VALUABLE BRANDS, WHICH BRAND VALUE IS 2.312 BILLION RMB, STATUS FOLLOWING A STRICT SELECTION PROCESS BY THE WORLD BRAND LABORATORY

有效期至：2009年6月1日
DATE OF EXPIRY: 1 JUN 2009

发证日期：2008年6月2日
DATE OF ISSUE: 2 JUN 2008

资质认定

计量认证证书

证书编号：2007002115N

名称：中铁电气化局集团有限公司电气试验中心
地址：北京市丰台区万寿路南口金家村1号（100036）

经审查，你机构已具备国家有关法律、行政法规规定的基本条件和能力，现予批准，可以向社会出具具有证明作用的数据和结果，特发此证。

检测能力见证书附表。

准许使用徽标

发证日期：2007年05月28日
有效期至：2010年05月28日
发证机关：

本证书由国家认证认可监督管理委员会制定，在中华人民共和国境内有效

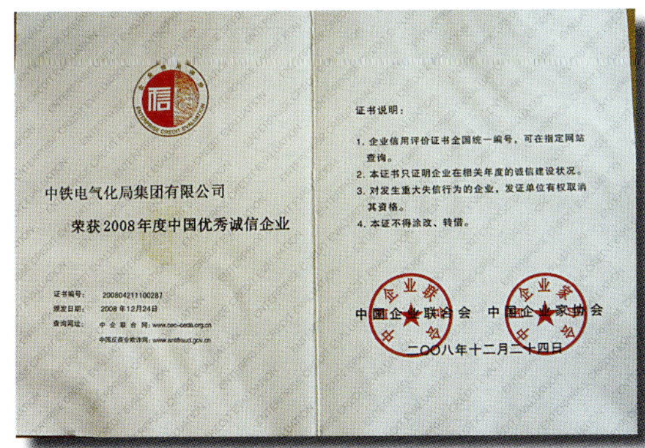
中铁电气化局集团有限公司

荣获2008年度中国优秀诚信企业

证书编号：200804211100287
颁发日期：2008年12月24日
查询网址：中企联合网：www.cec-ceda.org.cn
中国反商业欺诈网：www.antifraud.gov.cn

证书说明：

1. 企业信用评价证书全国统一编号，可在指定网站查询。
2. 本证书只证明企业在相关年度的诚信建设状况。
3. 对发生重大失信行为的企业，发证单位有权取消其资格。
4. 本证不得涂改、转借。

中国企业联合会　中国企业家协会

二〇〇八年十二月二十四日

荣誉证书

中铁电气化局集团有限公司(中铁电化)：

鉴于对中国品牌建设事业所做出的突出贡献，经专家组评议通过，特授予"中国行业龙头品牌"称号。

二〇〇四年十二月二十五日　北京·人民大会堂

国家科学技术进步奖
证书
为表彰国家科学技术进步奖获得者，特颁发此证书。
项目名称：大秦铁路重载运输成套技术与应用
奖励等级：一等
获奖者：中铁电气化局集团有限公司
证书号：2008-J-223-1-02-D06

国家科学技术进步奖
证书
为表彰国家科学技术进步奖获得者，特颁发此证书。
项目名称：广州地铁二号线节能、环保和安全技术集成与应用
奖励等级：二等
获奖者：中铁电气化局集团有限公司
证书号：2006-J-223-2-04-D05

国家科学技术进步奖
证书
为表彰国家科学技术进步奖获得者，特颁发此证书。
项目名称：青藏铁路工程
奖励等级：特等
获奖者：中铁电气化局集团有限公司
证书号：2008-J-221-0-01-D29

全国五一劳动奖状
中華全國總工會
2008年4月

全国质量管理小组活动三十周年
优秀企业特别奖
中铁电气化局集团有限公司

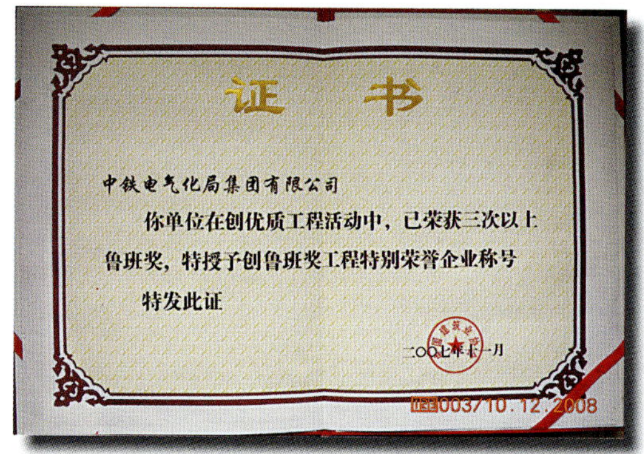
证书
中铁电气化局集团有限公司
你单位在创优质工程活动中，已荣获三次以上鲁班奖，特授予创鲁班奖工程特别荣誉企业称号
特发此证
二〇〇七年十一月

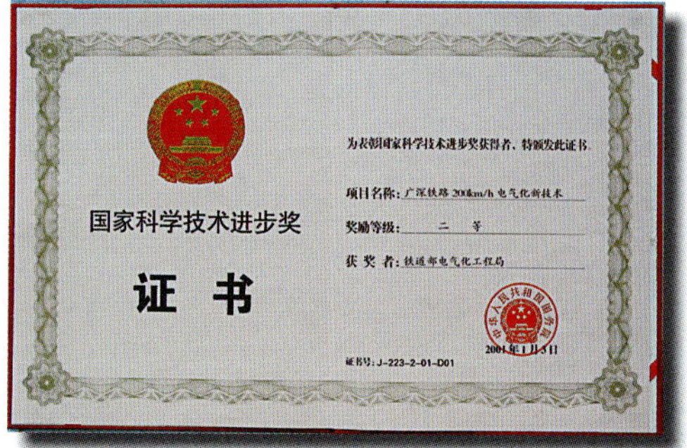
国家科学技术进步奖
证书
为表彰国家科学技术进步奖获得者，特颁发此证书。
项目名称：广深铁路200km/h电气化新技术
奖励等级：二等
获奖者：铁道部电气化工程局
证书号：J-223-2-01-D01

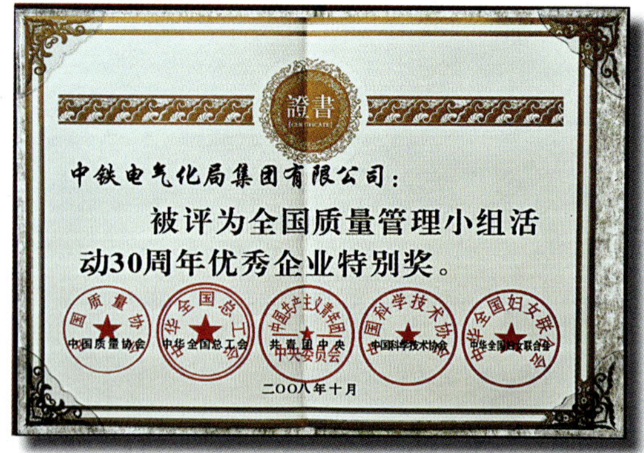
證書
中铁电气化局集团有限公司：
被评为全国质量管理小组活动30周年优秀企业特别奖。
二〇〇八年十月

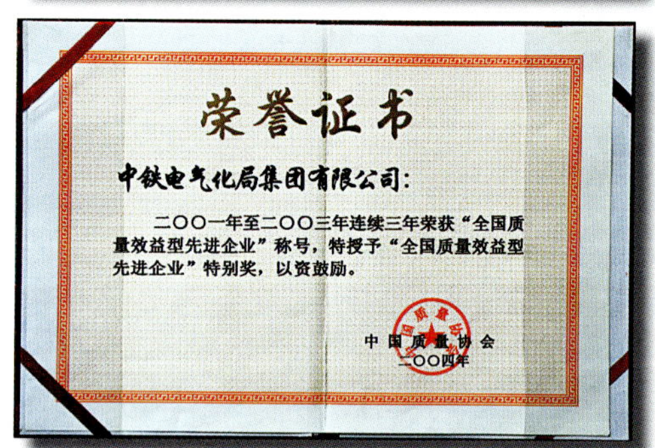
荣誉证书
中铁电气化局集团有限公司：
二〇〇一年至二〇〇三年连续三年荣获“全国质量效益型先进企业”称号，特授予“全国质量效益型先进企业”特别奖，以资鼓励。
中国质量协会
二〇〇四年

2008年6月25日，中共中央总书记、国家主席、中央军委主席胡锦涛在考察北京南站时，亲切接见中铁电气化局集团有限公司总经理刘志远。

2008年9月27日，中共中央政治局常委、国务院总理温家宝考察京津城际铁路时，亲切接见中铁电气化局集团有限公司董事长、党委书记王其增、总经理刘志远。

2008年7月14日，中共中央政治局常委、全国人大常委会委员长吴邦国考察京津城际铁路时，亲切接见中铁电气化局集团有限公司董事长、党委书记王其增、总经理刘志远。

2008年7月21日，中共中央政治局常委、全国政协主席贾庆林考察北京南站时，亲切接见中铁电气化局集团有限公司总经理刘志远。

1

2

3

1、2006年7月1日，现任中共中央政治局常委、中央政法委书记，时任中共中央政治局委员、中央书记处书记、公安部部长周永康在拉萨接见青藏铁路建设劳模时，与中铁电气化局集团有限公司党委书记王其增亲切握手。

2、2006年11月25日，现任中共中央政治局委员、国务院副总理，时任北京市市长王歧山，在中铁电气化局集团有限公司总经理刘志远的陪同下冒雪深入北京地铁5号线和北京机场快轨工地，慰问一线施工人员。

3、2007年6月30日，中共中央政治局委员、北京市市委书记刘淇在中铁电气化局集团有限公司党委书记王其增、总经理刘志远的陪同下视察首都机场线东直门车站。

2001年8月8日，召开中铁电气化局集团有限公司成立大会。

2001年8月26日，召开中共中铁电气化局集团有限公司第一次党员代表大会。

2002年3月18日，召开中铁电气化局集团有限公司第一届一次职工代表大会。

2003年11月26日，中铁电气化局集团与西安铁路工程集团重组大会在北京召开。

2005年4月29日，召开中铁电气化局集团公司机关保持共产党员先进性教育活动动员大会。

2005年12月27日，召开庆祝中国电气化铁路两万公里暨学术交流大会。

2008年10月30日，庆祝中国电气化铁路建设暨中铁电气化局集团有限公司成立50周年招待会在北京举行。

2005年2月3日，中铁电气化局集团和法国签订合作协议。

2005年4月29日，在北京饭店签订北京地铁奥运支线《BT投资建设合同》。

2006年4月26日，京津城际轨道交通工程通信、信号及牵引供电系统集成总承包合同在北京签署。

2006年5月31日，京沪线北京铁路局管段牵引供电设备维管合同签字仪式在北京举行。

2007年4月29日，南京地铁1号线南延线PPP项目合同签约仪式举行。

2007年11月17日，中铁电气化局集团有限公司总经理刘志远与伊朗交通部副部长巴哈尼亲切交谈。

2007年12月27日，河北省衡水市和中铁电气化局集团有限公司签订衡水滨湖城区开发建设战略合作协议。

2008年3月22日，高速及客运专线电气化铁路接触网零件项目建成投产启动仪式在宝鸡举行。

2008年3月4日，中铁电气化局集团有限公司与中国技术进出口总公司战略合作协议暨乌兹别克土齐马齐-安格让段电气化铁路改造项目经济合同签字仪式举行。

2008年5月9日，新建甬台温铁路四电系统集成工程总承包合同签约仪式在宁波举行。

2005年7月1日，集团公司总经理刘志远（右）和上海铁路局副局长王峰为京沪电化（上海铁路局管段）第一杆揭幕。

京沪大会战

京沪线接触网壮景

京沪变电施工

首列动车组驶进北京动车段

2008年8月6日，集团公司董事长、党委书记王其增为京九铁路电气化改造工程上海局管段电气化第一杆揭幕。

京九线任丘牵引变电所

京九电化九江长江大桥接触网工程

精伊霍线伊宁东牵引变电所

京九黄河大桥放线

2007年8月1日，举行津秦沈铁路津山段电气化工程开通仪式。

2008年11月4日，石家庄至德州铁路电气化改造工程开通运营。

武广高铁牵引供电系统工程施工

合武客专安徽段牵引供电工程建成送电

中外技术专家在武广客专进行接触网导线平直度检测

武广新衡阳站精雕细琢

京广线武广段电气化接触网施工架设承力索

中铁电气化局集团公司承建的哈大铁路牵引变电工程和北京地铁八通线工程获中国建筑工程鲁班奖。图为刘志远总经理领奖。

哈大线变电所施工

哈大线采用先进的十八信息移频自动闭塞

兰新铁路兰武增建二线电气化工程

完成任务后的喜悦

浙赣线电气化改造

2008年8月18日，甬台温铁路立起接触网第一杆。

渝怀线电气化工程

神朔线接触网施工程序化作业

集团公司引进的恒张力作业车在秦沈线施工

武嘉线普拉塞放线车架线施工

昆沾线施工

成昆线首次采用的封闭式组合电器

朔黄线首次采用27.5kV/10kV直变变压器

京广线广州站新型接触网硬横跨

西康线青铜关站桥上斜型硬横梁

西康线赵湾站采用的接触网双线路腕臂

西康线首次采用的滑动式吊弦

京九线九江车站信号设备调试

京沪信号施工

宁启线通信设备调试

技术人员对神延铁路通信设备进行精心维护

青藏线施工

郑少高速机电照明工程

郑州黄河二桥电力照明工程

西格二线通信信号电力工程施工

2007年9月17日，北京动车段土建路基工程渣土挤密桩正式开钻。

2008年10月11日，集团首架铁路架桥机在郑西客运专线开架。

咸阳立交桥上跨陇海铁路第一片箱梁架设

宝天高速新庄渭河大桥施工

2006年6月1日，青藏铁路重要附属工程牛头河大桥抢建工程主体完工。

乌精二线玛拉斯车站卸轨枕施工

襄渝二线白石河二号隧道贯通

铜黄高速公路隧道工程

亚洲第一编组站西安铁路枢纽新丰镇编组站

汉口站改扩建工程无柱雨篷钢构檩架吊装

西南交大新校区主体育场

兰州交大图书馆

盛世长安一期工程

2008年12月15日，南京地铁1号线南延线工程PPP项目暨2号线接触网通信工程开工仪式举行。

北京地铁4号线石榴庄车站工地

2006年9月8日，北京地铁奥运支线奥林匹克公园站主体结构封顶。

技术人员在北京地铁5号线控制中心进行行车、供电调度和安全保卫指挥。

北京地铁奥运支线马蹄形隧道

上海明珠线施工

上海共和新路承力索架设工程

重庆轻轨

大连快轨成为一道独特的风景线

乌兹别克斯坦土齐玛齐至安格让铁路电气化改造工程

建成后的伊朗电气化工程

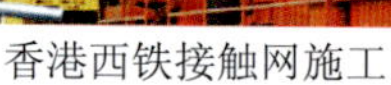

香港西铁接触网施工

香港655变电所

2008年5月15日，中共中央政治局常委、中央政法委书记周永康代表党中央、国务院赶赴集团公司参加抗震抢险的宝成铁路109隧道塌方现场，实地查看险情，指导抢险工作。

中铁电气化局集团有限公司董事长、党委书记王其增，总经理刘志远，党委副书记、副总经理张建喜等领导在宝成铁路109隧道现场研究抢险方案。

中铁电气化局集团公司109隧道抢险临时党总支在宝成铁路109隧道举行“宝成铁路抢险决战党员宣誓”。

2008年5月12日，宝成铁路109隧道因四川汶川地震严重坍塌，中铁电气化局集团公司奉命参加抢险。

抢通后首列赈灾物资列车通过109隧道

在抗击冰雪灾害铁路抢险中，电化局职工雪中奋战。

保德利机加工车间

数控折弯机

北京机场线声屏障工程 ZHS-II金属声屏障

散装水泥装置

南京长江大桥硬横梁

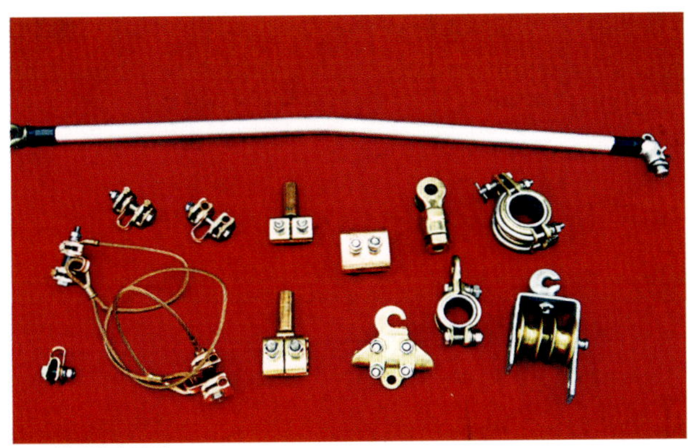
接触网零件

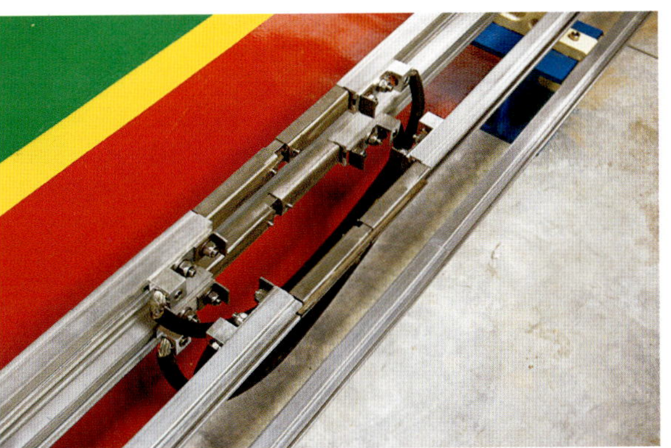
三相交流五轨接触轨系统

接触网支柱

开关柜系列产品

H形钢柱

环形等径支柱

干式逆斯科特变压器

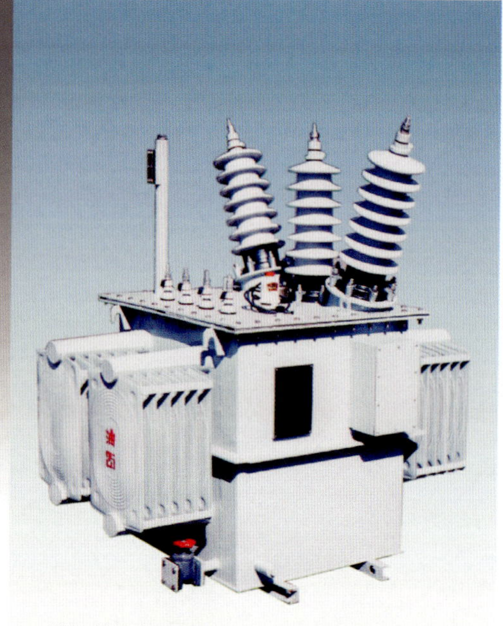

逆斯科特变压器

27.5千伏电力变压器

牵引变压器

自耦变压器

2007年4月27日，中铁电气化局集团有限公司党委书记王其增在第二届全国企业文化传媒论坛上做题为《落地才茁壮，传播才鲜活》的演讲。

集团公司工会主席蒋玉林到青藏线慰问一线职工

刘志远总经理在颐和园参加2008年北京残奥会火炬传递活动。

2008年9月3日，集团公司“辉煌电化50年”演讲比赛在北京举行。

庆祝建局50周年文艺晚会

春节团拜会

集团公司劳模健康休养

集团公司为职工修建的集资住宅楼

庆祝建国50周年职工会演

职工体育活动

《铁道部电气化工程局志》被收入国家图书馆馆藏

集团公司部分修志成果

中铁电气化局集团有限公司现任领导班子合影（2011年）。左起：李爱敏、沈九江、周志宇、王建军、曹相和、王青斌、刘月森、王其增、刘志远、张建喜、蒋玉林、于　增、韦　国、刘德海、张文贵、赵印军。

中铁电气化局集团有限公司领导班子合影（2004年）。前排左起：崔耀华、于　增、白克强、刘志远、高树堂、王其增、侯多智、齐学勇；后排左起：曹相和、卢　勃、王青斌、蒋玉林、王天录、李同茂。

中铁电气化局集团
史志编纂委员会

《中铁电气化局集团志》编纂人员

主　　　编：王其增　刘志远

主　　　审：李争科　苏光尧

执 行 主 编：刘忠信

执行副主编：曹忠义

责 任 编 辑：李学林　蔡有鸿　陈一均

责 任 校 对：王　芃　张皖利　王明磊

绘　　　图：赵阳阳

凡　例

一、《中铁电气化局集团志》以马克思列宁主义、毛泽东思想、邓小平理论和“三个代表”重要思想为指导，贯彻落实科学发展观，坚持辩证唯物主义和历史唯物主义，遵循社会主义新方志的编撰理论，全面系统地记述电化局自1999年至2008年10年的历史与现状。

二、本志断限时间，上限起自1999年1月，下限断至2008年12月。为保持对某些事物记述的完整性，相关内容适当上溯或下延。机构沿革上溯至机构建立。与上部志书接续的工程，简述工程概况；至2008年底接近完成的重点工程，时限适当下延。

三、本志采用述、记、志、传、图、表、录等体裁。概述鸟瞰全貌，统领全书；大事记提纲挈领，简记要事；志为主体，末设附录，图、表插入文中，彩照置于志前。文体为语体文、记述体，大事记用编年体，辅以记事本末体，志按篇、章、节、目编排。

四、本志遵循地方志行文规则，以事分类，横排竖写，据事直书，述而不论，力求结构严谨、文约事丰、文风朴实、特色突出。

五、本志为记述方便，对机构、事件等名称，第一次出现时用全称，注明以后用简称。单位名称在显示机构沿革时用当时的名称，其他均用简称。

六、本志大事记的记述及照片的安排本着显事隐人的原则，重点显示建设成就、生产力的发展，略记人物活动，文中则力求以事系人。荣誉记载记述获省、部级以上荣誉及工程总公司级综合性荣誉。

七、本志选用的史实，来自单位、部门提供的志稿及1999~2008年年鉴资料。各类统计数据以企划部、财务部、人力资源部提供的资料为准。

八、本志使用文字、数字、计量单位等，分别按照国家公布的《简化字总表》、《标点符号用法》、《国家标准出版物上数字用法的规定》、《中华人民共和国计量单位》等规定书写。

凡 例

序

继《铁道部电气化工程局志》刊行后，又一部记述企业10年发展史的《中铁电气化局集团志》(1999~2008)付梓出版了。《中铁电气化局集团志》(1999~2008)的编纂历经两个寒暑，集团各单位、各部门严格按要求提供资料，保证史料的翔实可靠，做到了“众手成志”。史志编纂工作者笔耕不辍，精益求精，保证了该志观点正确、体例完备、文字流畅、史实准确、特点突出，可谓真实、全面地反映了企业10年的历史，具有重要的“存史、资政、教化”作用和价值。

1999年至2008年的10年，是集团承前启后、继往开来的重要发展阶段。集团上下以“三个代表”重要思想为指导，深入贯彻落实科学发展观，不断解放思想、转变观念，提出 “五四战略”，进行公司制改造，实施战略重组，推进结构调整，完善产业链条，“四跨格局”渐成气象，“四大支柱”不断壮大，“四新领域”渐次拓展，“四化发展”稳步实施，“四步跨越”快速推进。10年间，集团在倡导工程总承包、推动系统集成、进军铁路维管、探索资本经营方面取得了重大突破，在既有线改造、重载运输、高原铁路、高铁建设市场创造了辉煌业绩，在技术创新领域填补了诸多国家空白，尤其是建成开通了我国第一条运营最高时速350公里、具有里程碑意义的京津城际铁路，一举跨入国际行业技术发展的最前沿。

在波澜壮阔的发展过程中，集团党的建设和思想政治工作、纪检监察、工会、共青团以及宣传文化工作也都取得了可喜成果。我们胸怀忠诚讲信义，肩负使命敢担当。面对各种急难险重任务，义无反顾、冲锋在前、勇挑重担；在历次自然灾害面前，积极履行社会责任，在南方抗冰抢险、汶川抗震救灾中赢得了社会广泛赞誉。集团“勇于跨越，追求卓越”的企业精神和“促创干，争一流”的电气化精神深入人心，“四个一”的优良作风和“四个特”的光荣传统不断弘扬，企业文化落地生根，“中国中铁电化”品牌形象更加鲜明。

回首凝望历史，往事清晰如昨。编史修志不仅服务当代，更惠及后人和将来。10 年发展的经验是今后前进道路上不可或缺的宝贵财富；10 年积淀的文化是各项事业蓬勃发展的丰厚土壤。10 年的时光，集萃精华，企业腾飞的轨迹庄严美丽。值此《中铁电气化局集团志》（1999～2008）出版之际，希望集团广大员工特别是各级领导干部要读好、用好这部志书，真正使此书在推进企业发展中发挥其应有的作用。

2010 年 12 月于北京

目　录

概　述……3
大事记……17

第一篇　法人治理结构

第一章　股东会……87
第二章　董事会……91
第三章　监事会……99
第四章　经理层……101
第五章　董事会常设工作机构……102

第二篇　体制机构

第一章　组织机构……105

第二章　子公司……118
第一节　第一工程公司……118
第二节　第二工程公司……120
第三节　第三工程公司……123
第四节　西铁工程公司……126
第五节　西铁建设公司……129
第六节　建筑工程公司……130
第七节　西安电化公司……133
第八节　运管公司……134
第九节　物资贸易公司……136
第十节　电信中心公司……138
第十一节　房地产开发公司……140
第十二节　南京投资公司……141
第十三节　衡水投资公司……143
第十四节　咨询公司……143
第十五节　监理公司……144

第十六节　顺达公司 …… 145
第十七节　电化设计院 …… 146
第十八节　通号设计院 …… 148

第三章　分公司、事业部 …… 152
第一节　电气化公司 …… 152
第二节　铁路工程分公司 …… 154
第三节　西安通号处 …… 156
第四节　城铁公司 …… 158
第五节　系统集成部 …… 159
第六节　国际工程部 …… 160
第七节　工厂处 …… 161
第八节　上海分公司 …… 163
第九节　东南公司 …… 164
第十节　西宁办事处 …… 164

第三篇　经营开发

第一章　经营管理 …… 169
第一节　机构 …… 169
第二节　管理 …… 170
第三节　经营目标 …… 170

第二章　市场开发 …… 172
第一节　铁路工程市场 …… 172
第二节　铁路客专系统集成工程市场 …… 177
第三节　城市轨道交通及市政工程市场 …… 178
第四节　建筑工程市场 …… 180
第五节　公路工程市场 …… 181
第六节　对外投资工程项目 …… 183
第七节　海外工程市场 …… 183
第八节　房地产开发 …… 184
第九节　维管市场 …… 185

第四篇　工程建设

第一章　铁路电气化工程……189

第一节　广深铁路三线……189

第二节　成昆线青杠至攀枝花和广通至昆明段……190

第三节　外福线……193

第四节　阳安线阳平关至勉西段扩能改造……194

第五节　西康线长哨至安康段……196

第六节　京广线武昌至衡阳和衡阳至广州段……198

第七节　哈大线哈尔滨至铁岭和鞍山至大连段……203

第八节　盘西线沾益至红果段……206

第九节　株洲至六盘水复线及电气化改造……207

第十节　内昆线王场至宜宾和水富至大关段……216

第十一节　神朔线神池南至府谷段……221

第十二节　神朔复线神池南至府谷段……223

第十三节　神朔线 1.4 亿吨扩能改造……226

第十四节　朔黄线东回舍至太师庄段……227

第十五节　襄渝线襄樊至达县段扩能改造……229

第十六节　京秦线提速改造……232

第十七节　新月线……234

第十八节　北同蒲线原平至豆罗段……236

第十九节　西南线西安至合肥段……239

第二十节　青白江至成都增建二线……245

第二十一节　忻河线……250

第二十二节　广州枢纽改造……251

第二十三节　侯月线扩能改造……253

第二十四节　大准铁路扩能改造……256

第二十五节　大秦线 2 亿吨扩能改造……257

第二十六节　陇海线宝鸡至兰州段增建二线……266

第二十七节　香港西部铁路……273

第二十八节　渝怀线……274

第二十九节　遂渝线……279

第三十节　沟海线……282

第三十一节　沪杭线上海西至嘉兴东段及老沪杭线新龙华至春申段……286

第三十二节　京沪线 ······ 291
第三十三节　兰新线兰武二线和武嘉段 ······ 306
第三十四节　陇海线郑州至徐州段 ······ 313
第三十五节　胶济线 ······ 322
第三十六节　浙赣线 ······ 327
第三十七节　焦柳线石门至怀化和洛阳至张家界段 ······ 333
第三十八节　广深铁路增建四线 ······ 340
第三十九节　大连铁路枢纽金窑线扩能改造 ······ 344
第四十节　贵昆线沾益至昆明段增建二线 ······ 345
第四十一节　迁曹线 ······ 348
第四十二节　宁岢支线 ······ 354
第四十三节　东乌线 ······ 355
第四十四节　湘桂线增建二线南宁南至江西村段 ······ 357
第四十五节　津秦沈线 ······ 360
第四十六节　天津站改扩建 ······ 364
第四十七节　沙鲅支线扩能改造 ······ 367
第四十八节　石德线 ······ 369
第四十九节　京包线大同至包头段 ······ 371
第五十节　精伊霍线 ······ 378
第五十一节　兰青铁路增建二线 ······ 381
第五十二节　宜万线 ······ 385
第五十三节　京九线北京至乐化段 ······ 388
第五十四节　沈抚城际铁路 ······ 399
第五十五节　沪汉蓉通道武昌至安康段 ······ 401
第五十六节　贵阳枢纽改造 ······ 406
第五十七节　西安铁路枢纽新丰镇编组站改扩建工程 ······ 412
第五十八节　北京动车段 ······ 414

第二章　铁路客运专线工程 ······ 423
第一节　秦沈铁路客运专线 ······ 423
第二节　京津城际铁路 ······ 435
第三节　合武铁路客运专线 ······ 442
第四节　胶济铁路客运专线淄博至平陵城段 ······ 448
第五节　温福铁路客运专线 ······ 452

第六节　武广铁路客运专线 …… 456
第七节　甬台温铁路客运专线 …… 461
第八节　郑西铁路客运专线西安至咸阳段 …… 464
第九节　京石铁路客运专线 …… 467
电气化铁路统计表 …… 470

第三章　铁路综合工程 …… 474

第一节　青藏线通信信号、电力工程 …… 474
第二节　京哈通道沈哈段线路改造接触网、信号工程 …… 478
第三节　京秦线提速改造通信信号工程 …… 479
第四节　京九线龙东段通信和定向段自闭改造工程 …… 481
第五节　洛湛线永岑段通信信号和电力工程 …… 482
第六节　株洲北编组站增建上行系统信号及改造工程 …… 485
第七节　日照港中港区铁路车场三电工程 …… 486
第八节　乌准线小黄山至五彩湾段三电工程 …… 487
第九节　北疆铁路阿拉山口至古河段电力工程 …… 488
第十节　襄渝线襄樊至文畈段牵引变电、电力工程 …… 490
第十一节　朔黄铁路黄万段通信信号工程 …… 491
第十二节　西黄增建二线接触网、电力、信号工程 …… 492
第十三节　北京西客站无站台柱雨棚改造接触网配套工程 …… 493
第十四节　沈阳北站无站台柱雨棚改造接触网配套工程 …… 495
第十五节　京哈线提速改造接触网配套工程 …… 495
第十六节　京郑线窦店至漕河段提速改造接触网配套工程 …… 497
第十七节　沪宁线提速 K2 至 K26 区段接触网改造工程 …… 497
第十八节　上海光新路停车场接触网改造工程 …… 498
第十九节　南昆线南宁至威舍段供变电工程 …… 499
第二十节　北京站扩能改造电力工程 …… 500
第二十一节　大准线第二电力贯通线工程 …… 501
第二十二节　漯阜铁路漯河至周口段电力工程 …… 502
第二十三节　渝怀线复兴大桥至文昌阁大桥段永临结合电力工程 …… 503
第二十四节　成昆线广通至昆明段扩能改造通信、电力工程 …… 504
第二十五节　铜陵至九江铁路安徽段通信工程 …… 505
第二十六节　邯济线邯郸地区相关通信工程 …… 506
第二十七节　京九线赣龙段江西境内通信工程 …… 507
第二十八节　梅坎线通信工程 …… 508

第二十九节　达万线通信工程……509
第三十节　大准线扩能改造通信工程……510
第三十一节　水柏线六盘水至柏果段通信工程……510
第三十二节　宁启铁路南京至海安段通信工程……511
第三十三节　武九线信号扩能改造工程……512
第三十四节　宣杭铁路增建二线信号工程……513
第三十五节　京沪线北仓至德州、符离集至担子段信号自闭工程……514
第三十六节　广梅汕铁路定南至龙川段信号改造工程……515
第三十七节　乌鲁木齐铁路局哈密电务段道岔改造工程……515
第三十八节　兰新线信号工程……516
第三十九节　集二铁路集宁至赉红段扩能改造信号工程……517
第四十节　京广线孟庙至长台关信号改造工程……518
第四十一节　集通铁路5站信号微机联锁工程……518
第四十二节　沪杭线信号Ⅰ标段大修工程……519
第四十三节　京广线周家湾等10站信号大修工程……519
第四十四节　陇海线连云港至徐州段自动闭塞改造工程……520
第四十五节　南京枢纽信号设备改造工程……521
第四十六节　京山线北京至杨村段自动闭塞大修工程……521
第四十七节　达成线三汇镇至城厢电力迁改工程……522
第四十八节　宜万线宜昌至万州段广播、通信、电力迁改工程……524
第四十九节　昆明铁路集装箱中心站工程……525
第五十节　龙川北站驼峰改造工程……529
第五十一节　云岗支线开行2万吨列车技术改造工程……530
第五十二节　湘桂线黎塘至邕宁段增建二线站后工程……530
第五十三节　鹤壁货场改造工程……532
第五十四节　洛湛线永州地区相关工程ZH-2标段工程……532
第五十五节　牛头河大桥抢建工程……533
第五十六节　陇海铁路西宝段第六次提速工程……535
第五十七节　西延线钟家村至新丰镇段复线工程……535
第五十八节　新建西安北环线铁路工程……538
第五十九节　襄渝线安康至重庆段增建二线工程……540
第六十节　兰新线乌鲁木齐西至精河段增建二线工程……543
第六十一节　禹登铁路轨道工程……545
第六十二节　邯济铁路房建工程……546

第六十三节　新建武汉北编组站工程……547
第六十四节　北京南站通信信号综合楼工程……547
第六十五节　精伊霍线精河等5站房建及其他工程……548
第六十六节　沪昆铁路六枝至沾益段增建二线房建工程……548
第六十七节　武九线土房建及给排水工程……549
第六十八节　达万铁路给排水工程……550

第四章　城市轨道交通工程……552
第一节　北京地铁奥运支线……552
第二节　北京首都机场线……556
第三节　北京地铁八通线供电、信号、自动售检票系统工程……565
第四节　北京地铁1、2号线车辆设备消隐改造工程……569
第五节　北京地铁2号线民用通信及信号系统改造……572
第六节　北京地铁4号线供电及机电安装工程……574
第七节　北京地铁5号线供电及机电安装工程……577
第八节　北京地铁10号线一期信号、无线政务通、供电及机电安装工程……581
第九节　北京城市铁路13号线供电系统工程……587
第十节　上海地铁1号线供电系统工程……589
第十一节　上海轨道交通1号线供电系统改造和富锦路停车场供电系统工程……589
第十二节　上海地铁2号线供电、通信系统工程……591
第十三节　上海轨道交通2号线视频监控系统改造和东延伸段供电系统工程……592
第十四节　上海轨道交通3号线及北延伸段无线通信工程……594
第十五节　上海轨道交通7号线供电、电力监控系统工程……596
第十六节　上海轨道交通9号线供电系统工程……599
第十七节　上海轨道交通10号线供电、信号、通信系统工程……601
第十八节　上海轨道交通明珠线工程……604
第十九节　上海轨道交通莘闵线供电系统工程……609
第二十节　上海轨道交通共和新路高架段供电系统工程……610
第二十一节　上海浦东张江有轨电车项目一期供电、电力监控系统工程……611
第二十二节　上海浦江镇公共交通配套工程供电、电力监控系统工程……612
第二十三节　上海地铁6号线屏蔽门安装工程……612
第二十四节　天津津滨快轨一期供电系统工程……613
第二十五节　天津地铁1号线供电及信号系统工程……614
第二十六节　重庆跨座式单轨较新线供电和信号系统工程……619

第二十七节　香港地铁将军澳延长线供电系统工程……624
第二十八节　广州地铁 1 号线供电系统工程……625
第二十九节　广州地铁 2 号线供电及通信系统工程……626
第三十节　广州轨道交通 3 号线土建工程……629
第三十一节　广州地铁 4 号线车陂南至黄阁段供电系统工程……631
第三十二节　武汉轨道交通 1 号线一期供电系统工程……633
第三十三节　南京地铁 1 号线一期供电系统工程……635
第三十四节　苏州轨道交通 1 号线接触网工程……637
第三十五节　沈阳地铁 1 号线一期及延长线供电系统集成……638
第三十六节　长春快速轨道交通环线接触网工程……641
第三十七节　大连快轨 3 号线工程……643

第五章　房建及市政工程……644

第一节　湖北中航公司襄樊新厂区工业厂房……644
第二节　武汉长虹机械厂 D205 厂房……645
第三节　沈阳北恒铜业有限公司新厂区一期……646
第四节　首都机场线天竺车辆基地……647
第五节　兰州交通大学科技园四厂房……648
第六节　中铁电化局二公司武汉基地总部大楼……648
第七节　江苏长江节能实业发展公司节能科研楼……649
第八节　永城煤电集团办公楼……651
第九节　北京西站电气化试验中心……651
第十节　中铁大桥勘测设计院沌口新院区……652
第十一节　铁道科学研究院环控中心楼……653
第十二节　甘家口办公及住宅楼……653
第十三节　铁道科学研究院科技创新基地……654
第十四节　西南交通大学新校区主体育场……654
第十五节　西南交通大学新校区体育馆……655
第十六节　新疆乌鲁木齐陆军学院教学楼……655
第十七节　兰州铁道学院第八教学楼……656
第十八节　首都机场线东直门航空服务楼……657
第十九节　靛厂新村商业街 1、2、3 号楼……658
第二十节　电化局二处襄樊中原小区住宅楼……659
第二十一节　郑州春晖小区高层住宅楼……660

第二十二节　岳家楼铁路住宅小区 8 号楼……661
第二十三节　北蜂窝住宅综合楼……661
第二十四节　保定市公安卫士住宅小区 13 和 14 号楼……661
第二十五节　北京景旭花园 F 座住宅楼……662
第二十六节　北京顺义裕龙花园 4 号和 5 号住宅楼……662
第二十七节　北京岳家楼铁路住宅小区 19 号住宅楼及地下车库……663
第二十八节　北京丽泽城市花园菜户营小区 1 号和 6 号楼地下车库……663
第二十九节　铁道科学研究院 12 号楼及地下车库……664
第三十节　北京和平里车站住宅小区（一期）……665
第三十一节　武铁佳苑职工住宅……665
第三十二节　铁道科学研究院北区住宅楼……666
第三十三节　中水电广渠路住宅小区……667
第三十四节　羊坊店旧房改造……667

第六章　公路工程……669
第一节　京福高速公路三明至福州段机电工程……669
第二节　广西百色至罗村口段高速公路机电工程……671
第三节　福建省泉三全三明段高速公路交通机电工程……672
第四节　铁岭至朝阳高速公路铁岭至阜新段机电系统工程……673
第五节　四川省西昌至攀枝花高速公路隧道机电工程……674
第六节　福建省漳州至诏安高速公路机电工程……675
第七节　重庆万开段高速公路（DJDI 合同段）机电工程……675
第八节　石家庄至安阳高速公路机电工程……677
第九节　广西平乐至钟山段高速公路机电工程……677
第十节　辽宁省土城子至羊头洼段高速公路机电工程……678
第十一节　河北省高速公路联网收费系统工程……678
第十二节　辽宁省大连至庄河高速公路通信监控系统工程……679
第十三节　辽宁省大窑湾疏港高速公路通信监控系统工程……680
第十四节　广州新国际机场高速公路北延线景观及道路照明工程……681
第十五节　广州市南沙开发区西部工业区道路照明工程……682
第十六节　广州大学城道路照明及供配电工程……682
第十七节　辽宁省沈阳至大连高速公路通信系统工程……683
第十八节　辽宁省沈阳至丹东高速公路通信系统工程……684
第十九节　辽宁省锦州至朝阳高速公路阜新至朝阳段通信系统工程……684

第二十节　京沈高速公路沈山段通信系统工程……685
第二十一节　宝鸡至牛背段高速公路工程……686
第二十二节　江西省赣州至大余段高速公路工程……687
第二十三节　广东顺德碧桂路和德胜路立交桥工程……689
第二十四节　陕西柞水至小河口段高速公路29合同段工程……691
第二十五节　陕西黄陵至延安高速公路H-24h标段工程……693
第二十六节　西安至汉中高速公路L标段工程……695
第二十七节　大连市石门山隧道工程……696
第二十八节　陕西省子洲至靖边高速公路N4标段工程……698
第二十九节　西安绕城高速公路工程……699

第七章　抢险抢建工程……702
第一节　陇海铁路灞河大桥抢险抢建工程……702
第二节　京广铁路长沙供电段管内信号、电力线抢险抢建工程……702
第三节　汶川地震后隧道、桥梁、通信抢险抢建工程……703

第八章　国外工程……706
第一节　伊朗德黑兰至梅莎段电气化铁路工程……706
第二节　乌兹别克斯坦土齐玛齐至安格让段电气化铁路工程……709

第九章　其他工程……714
第一节　大同煤矿集团口泉支线及口泉调运站通信工程……714
第二节　湖南华润电力桥曲500千伏送出线路（甲线）工程……714
第三节　华润电力曹妃甸电厂一期工程……715
第四节　襄樊电厂二期扩建铁路专用线改造工程……717
第五节　国电长源发电有限公司铁路专用线工程……719
第六节　沧州华峰热电厂铁路专用线沧州西站改造工程……720
第七节　长源荆州电厂铁路专用线工程……721
第八节　江西新昌电厂铁路专用线工程……722
第九节　泸州电厂2×600兆瓦机组新建铁路专用线工程……723
第十节　内蒙古点岱沟至南坪工业广场铁路专用线工程……724
第十一节　平顶山煤业集团矿区铁路田庄、申西站改扩建工程……726
第十二节　株洲电力机车地铁动调试运线延长工程……727
第十三节　东风汽车公司襄樊第二动力厂扩建冷却塔工程……727

第五篇　工程设计

第一章　铁路电气化工程 ………… 731
第一节　京沪高速铁路 ………… 731
第二节　新菏兖日铁路电气化 ………… 734
第三节　包兰线包头至惠农段电气化 ………… 737
第四节　合肥至乔司段铁路电气化（华东二通道） ………… 739
第五节　广梅汕铁路龙川至潮安段电气化 ………… 741
第六节　蓝烟铁路电气化 ………… 743
第七节　萧山至宁波铁路电气化 ………… 746
第八节　宁启铁路电气化 ………… 748
第九节　朔黄铁路电气化扩能 ………… 750
第十节　达万铁路防护工程 ………… 753
第十一节　长荆铁路防护工程 ………… 754

第二章　城市轨道交通工程 ………… 756
第一节　北京地铁 6 号线供电系统 ………… 756
第二节　北京地铁 9 号线供电系统 ………… 757
第三节　北京地铁 8 号线二期供电系统 ………… 759
第四节　北京地铁 15 号线一期供电、通信信号系统 ………… 760
第五节　北京轨道交通大兴线供电系统 ………… 765
第六节　广州地铁 3 号线供电系统 ………… 767
第七节　广州地铁 5 号线供电系统 ………… 769
第八节　广州地铁 6 号线一、二期供电系统 ………… 772
第九节　广州地铁 4 号线大学城专线及延长线供电系统 ………… 775
第十节　广州地铁 2、8 号线拆解工程 ………… 776
第十一节　城际轨道交通广州至佛山段供电系统 ………… 778
第十二节　上海地铁 6 号线供电系统 ………… 782
第十三节　上海轨道交通 11 号线北段一、二期供电系统 ………… 784
第十四节　上海轨道交通 11 号线南段供电系统 ………… 787
第十五节　深圳地铁 1 号线续建供电系统 ………… 789
第十六节　深圳地铁环中线塘朗车辆段通信信号工程 ………… 791
第十七节　深圳轨道交通 4 号线二期通信系统 ………… 793
第十八节　郑州轨道交通 1 号线一期综合监控系统 ………… 794

第十九节　重庆轨道交通 3 号线一、二期供电、信号工程……796
第二十节　重庆地铁 6 号线一期供电、信号工程……798
第二十一节　重庆地铁 1 号线信号工程……800
第二十二节　重庆轨道交通 2 号线延伸段信号工程……801

第三章　通信、信号工程……803
第一节　北京市 800 兆赫兹无线政务专网引入地铁 1、2 号线工程……803
第二节　首都国际机场旅客捷运通信系统……803
第三节　北京至西安长途光缆线路工程……805
第四节　北京至安阳段长途光缆工程……805
第五节　京包、京郑、京山线三区段调度通信系统改造……806
第六节　京通线北京至隆化段无线列调改造……808
第七节　京原线通信接入网及调度通信系统改造……809
第八节　铁通北京综合信息服务系统……810
第九节　铁通北京分公司通州营业局世纪星城通信工程……811
第十节　铁通广西桂林综合信息服务系统……812
第十一节　网通公司天津至山海关段长途管道光缆工程……813
第十二节　石家庄铁路分局视频会议系统……814
第十三节　联通内蒙古数字移动电话网四期光传输工程……815
第十四节　联通内蒙古分公司二级通信干线二～四期扩容工程……815
第十五节　京九线北京局管内自动闭塞改造……816

第四章　国外工程……819
第一节　安哥拉共和国社会住房项目通信配套工程……819

第六篇　工业生产

第一章　生产基地……823
第一节　宝鸡器材公司……823
第二节　保定制品公司……826
第三节　德阳制品公司……828
第四节　保定铁道变压器公司……830
第五节　天津电气化设备公司……832
第六节　襄樊机电工程公司……833
第七节　宝鸡保德利电气设备公司……833

第八节　宝鸡检测中心公司……834

第二章　接触网零件……836

第一节　柔性悬挂接触网零件……836

第二节　刚性悬挂接触网零件……837

第三节　接触网钢件……839

第四节　其他产品……840

第三章　混凝土制品……842

第一节　横腹杆式预应力混凝土接触网支柱……842

第二节　大容量预应力混凝土接触网软横跨支柱……843

第三节　环形等径预应力混凝土支柱……843

第四节　锥形预应力钢筋混凝土支柱……845

第五节　先张法预应力混凝土管桩……845

第四章　钢结构产品……848

第一节　接触网钢柱……848

第二节　接触网硬横跨……849

第三节　电力铁塔……850

第四节　其他产品……850

第五章　变压器……853

第一节　自耦变压器……853

第二节　树脂浇注混合绝缘干式电力变压器……853

第三节　110kV、220kV级单、三相牵引变压器……853

第四节　DXB-10及ZGS11型箱式变电站……854

第五节　铁道专用10千伏级有载调压变压器……854

第六节　电抗器系列……854

第六章　变、配电设备……856

第一节　GZDW型微机控制开关电源式直流电源装置……856

第二节　城轨产品……856

第七章　其他产品……858

第一节　轨行产品……858

第二节　声屏障……858

第三节　气锚……860

第七篇　科学技术

第一章　科技发展规划……864

第二章　科学技术研究……866
　第一节　科研管理……866
　第二节　重大科技成果……882
　第三节　科技信息……885
　第四节　科技服务……888

第三章　综合技术……889
　第一节　标准化……889
　第二节　规程规范……893
　第三节　工艺工法……895
　第四节　专利……901
　第五节　计量与试验……909
　第六节　企业信息化建设……911

第四章　节能减排……913

第八篇　生产管理

第一章　计划管理……919
　第一节　施工计划……919
　第二节　任务产值……920
　第三节　验工计价……925
　第四节　固定资产投资计划……925
　第五节　统计……926

第二章　施工管理……927
　第一节　施工技术管理……927
　第二节　施工调度……932
　第三节　路用车和轨行车辆运输……933
　第四节　定额管理……934
　第五节　战备、人防、防洪……934
　第六节　工程指挥部……936

第三章　质量管理……938
第一节　规章制度……938
第二节　质量检查……939
第三节　工程创优……940
第四节　工程质量……942
第五节　质量管理活动……946
第六节　管理体系认证……949

第四章　机械设备……950
第一节　设备购置……950
第二节　设备管理……951
第三节　维修保养……952
第四节　安全管理……953

第五章　物资管理……955
第一节　管理制度……955
第二节　业务管理……956
第三节　物资供应……959

第六章　安全管理……963
第一节　安全生产……963
第二节　特种设备……971
第三节　劳动保护……972
第四节　环境保护……973

第九篇　综合管理

第一章　企业管理……979
第一节　企业发展战略、规划……979
第二节　企业改制、改革……980
第三节　企业资质……983
第四节　机构定员……986

第二章　人力资源管理……988
第一节　人才战略……988
第二节　干部管理……989

第三节　工人管理 ······ 993
第四节　劳务队伍管理 ······ 998
第五节　劳动合同管理 ······ 998
第六节　薪酬管理 ······ 998
第七节　职工培训 ······ 1005

第三章　投融资管理 ······ 1008
第一节　企业投融资管理 ······ 1008
第二节　项目融资 ······ 1008
第三节　资本运营项目投资 ······ 1009
第四节　拓展融资 ······ 1010
第五节　多元化投资 ······ 1011

第四章　财务会计 ······ 1012
第一节　财务管理 ······ 1012
第二节　财务预算 ······ 1017
第三节　信用管理 ······ 1019
第四节　资金管理 ······ 1020
第五节　税收筹划 ······ 1021
第六节　财务监察 ······ 1022
第七节　会计核算 ······ 1022

第五章　审计监督 ······ 1025
第一节　财务收支审计 ······ 1025
第二节　经济责任审计 ······ 1026
第三节　工程项目审计 ······ 1026
第四节　承包经营审计 ······ 1027
第五节　经济合同审计 ······ 1027
第六节　综合审计项目 ······ 1028

第六章　法律事务 ······ 1029
第一节　总法律顾问制度 ······ 1029
第二节　合同管理 ······ 1030
第三节　纠纷处理 ······ 1031

第七章　公安保卫 …… 1032
第一节　工程保卫 …… 1032
第二节　国内安全保卫 …… 1033
第三节　刑事侦查 …… 1033
第四节　治安管理 …… 1034
第五节　预审法制 …… 1035
第六节　计算机安全监察 …… 1035
第七节　队伍建设 …… 1035
第八节　治安综合治理 …… 1036

第八章　政务综合管理 …… 1037
第一节　秘书 …… 1037
第二节　文书 …… 1039
第三节　信访 …… 1039
第四节　值班 …… 1040
第五节　档案管理 …… 1040
第六节　计算机网络管理 …… 1042
第七节　汽车队 …… 1044

第九章　史志工作 …… 1046
第一节　局志 …… 1046
第二节　局属单位志 …… 1047
第三节　年鉴 …… 1048
第四节　资料呈报 …… 1049

第十篇　社会事业管理

第一章　多种经营 …… 1053

第二章　社会保险 …… 1054
第一节　养老保险 …… 1054
第二节　医疗保险 …… 1055
第三节　失业、工伤、生育保险 …… 1056
第四节　综合管理 …… 1057

第三章　非上市资产管理 ……………………………………………… 1058
　　第一节　资产保值增值 ……………………………………………… 1058
　　第二节　存续单位管理 ……………………………………………… 1058
　　第三节　存续资产管理 ……………………………………………… 1059

第四章　房地产管理 ……………………………………………… 1060
　　第一节　小型基建、建筑物大修 ……………………………………………… 1060
　　第二节　房屋产权管理 ……………………………………………… 1062
　　第三节　住房制度改革 ……………………………………………… 1063

第五章　生活卫生 ……………………………………………… 1066
　　第一节　医疗卫生 ……………………………………………… 1066
　　第二节　计划生育 ……………………………………………… 1067
　　第三节　食堂、招待所 ……………………………………………… 1069

第六章　离退休职工管理 ……………………………………………… 1070
　　第一节　政治待遇 ……………………………………………… 1070
　　第二节　生活待遇 ……………………………………………… 1071
　　第三节　文体活动 ……………………………………………… 1072
　　第四节　管理服务 ……………………………………………… 1073
　　第五节　发挥离退休职工作用 ……………………………………………… 1074

第七章　机关事务管理 ……………………………………………… 1075
　　第一节　资产管理 ……………………………………………… 1075
　　第二节　单身职工宿舍和户籍管理 ……………………………………………… 1076
　　第三节　通信管理 ……………………………………………… 1077
　　第四节　院区环境 ……………………………………………… 1078
　　第五节　综合服务 ……………………………………………… 1079

第八章　学校 ……………………………………………… 1081
　　第一节　衡水学校 ……………………………………………… 1081
　　第二节　保定子弟学校 ……………………………………………… 1083
　　第三节　宝鸡子弟学校 ……………………………………………… 1084

第十一篇　中国共产党集团公司组织

第一章　组织沿革 ……………………………………………… 1087

第二章　党员代表大会……1089

第三章　党务综合管理……1091
第一节　文秘……1091
第二节　机要……1092
第三节　调研信息……1093
第四节　保密……1094
第五节　信访……1094

第四章　组织建设……1095
第一节　党员队伍建设……1095
第二节　党员管理教育……1097
第三节　基层组织建设……1099
第四节　特色活动……1102
第五节　专题教育……1104

第五章　宣传、文化……1106
第一节　干部理论教育……1106
第二节　员工思想教育……1109
第三节　对外宣传……1111
第四节　对内宣传……1118
第五节　企业文化……1122
第六节　统战工作与610办公室……1125
第七节　精神文明建设……1127
第八节　政工职称评定……1128

第六章　纪检监察……1130
第一节　组织机构……1130
第二节　党风廉政建设……1130
第三节　监督检查……1136
第四节　效能监察……1138
第五节　信访及查办案件……1139

第七章　党校教育……1141

第八章　机关党委工作……1142
第一节　组织建设……1142

第二节　宣传 …… 1143
第三节　党风廉政建设 …… 1144
第四节　企业文化 …… 1145
第五节　综合治理 …… 1145
第六节　工会工作 …… 1146
第七节　共青团工作 …… 1147

第十二篇　群众、社会团体

第一章　工会 …… 1151
第一节　组织建设 …… 1151
第二节　民主管理 …… 1156
第三节　职工维权 …… 1161
第四节　职工生活 …… 1162
第五节　群众生产 …… 1167
第六节　劳模管理 …… 1173
第七节　宣传教育 …… 1174
第八节　女职工工作 …… 1178
第九节　财务和经审 …… 1180

第二章　共青团 …… 1183
第一节　组织沿革 …… 1183
第二节　团员代表大会 …… 1184
第三节　组织建设 …… 1184
第四节　宣传教育 …… 1186
第五节　特色活动 …… 1187
第六节　学校团队工作 …… 1191

第三章　学会、协会 …… 1192
第一节　企业管理协会 …… 1192
第二节　中国铁道学会电气化委员会 …… 1192
第三节　财会学会 …… 1195
第四节　党建思想政治工作研究会 …… 1196
第五节　老战士协会 …… 1200
第六节　职工技术协会 …… 1201

第七节　火车头体育协会……1202
第八节　职工持股会……1203

第十三篇　人物、荣誉

第一章　英模传略……1207

第二章　列表、列名人物……1208
第一节　省、市党员代表大会、人民代表大会代表、政协委员……1208
第二节　全国、铁道部、省、市劳动模范……1209
第三节　全国“五一”劳动奖章获得者、全国先进女职工、首都劳动奖章获得者和火车头奖章获得者……1210
第四节　科学技术成果获国家、铁道部奖励者……1213
第五节　享受政府特殊津贴专家，北京市、铁道部、总公司科学技术人才奖……1216
第六节　获国家、北京市、铁道部表彰的先进人物……1217
第七节　获总公司表彰的先进人物……1219
第八节　高级职称人员……1220

第三章　企业荣誉……1224

附　录

一、重要文件辑存……1227
二、修志要事记载……1235
三、《集团志》编写及提供资料人员名单……1237

概　述

概 述

中铁电气化局集团有限公司（简称集团公司）的前身是铁道部电气化工程局（简称电化局），单位名称历经 7 次沿革变更。1958 年 9 月 30 日成立于北京，时称铁道部电气化铁道工程局，1961 年 11 月 1 日并入铁道部华北铁路工程局（1966 年 8 月 1 日更名为铁道部第四铁路工程局），保留电气化工程处。1974 年 1 月 1 日铁四局电化处又与铁三院电气化设计处和交通部电务工程总队合并组成交通部铁路电化工程局。1975 年 2 月 25 日更名为铁道部电化工程局。1980 年将部分机械和人员划归铁道部通信信号公司。1983 年 3 月 8 日更名为铁道部电气化铁路工程局。1984 年 10 月 1 日更名为铁道部电气化工程公司。1985 年 9 月 1 日更名为铁道部电气化工程局。2000 年 9 月 28 日，中国铁路工程总公司与铁道部“脱钩”， 铁道部电气化工程局随之随中国铁路工程总公司，归属中央大型企业工作委员会管理；2001 年 8 月 8 日更名为中铁电气化局集团有限公司。至 2008 年 12 月底集团公司有注册资金 12.9093 亿元。施工机械设备 3709 台，职工 2.0253 万人，其中各类中高级技术人员 3468 人，技术工人 11177 人(含技师 626 人，高级技师 113 人)。

集团公司位于北京市万寿路南口金家村 1 号，在北京、上海、天津、郑州、武汉、南昌、襄樊、石家庄、保定、衡水、新乡、宝鸡、德阳、西安、咸阳、沈阳、成都、广州、深圳等城市设有子、分公司和厂、校、站、段等分支机构。至 2008 年底，中铁电气化局集团（简称集团）有 18 个子公司，分别是，第一工程有限公司、第二工程有限公司、第三工程有限公司、西安铁路工程有限公司、西安铁路建设有限公司、西安电气化工程有限公司，中铁电化运营管理公司、北京建筑工程有限公司、北京景旭房地产开发公司、中铁电气化勘测设计研究院、北京电铁通信信号勘测设计院、南京中铁电化投资管理有限公司、衡水投资有限公司、中铁电气化物资贸易有限公司、北京电信研究试验中心有限公司、北京通达监理公司、北京万友诚信工程咨询公司、北京顺达电气化新技术开发公司。10 个分公司，分别是，铁路工程分公司、电气化公司、城铁公司、西安通信信号处、工厂处、集成事业部、国际工程部、电气试验中心、上海分公司、东南公司。2 所学校：衡水技校、保定党职校。以及公安处和社会管理中心（宏达资产管理分中心）。

中铁电气化局集团是集科研、设计、施工、工业生产、试验检测、物资供应、运营维管、工程咨询、建设监理、房地产开发为一体的大型技术密集型企业，具有铁路工程总承包特级、机电工程总承包一级和铁路电气化工程、铁路和公路线、桥、隧综合工程、城市轨道交通工程、工民建等 50 多个专业承包一级资质及对外经济合作经营资质；具有 AAA 级银行信用等级，被誉为中国电气化铁路建设的“王牌军”、“国家队”，“中铁电化”品牌也已成为国内行业“龙头”品牌。

从2001年起中铁电气化局集团参与的铁路、公路和市政土建工程、城市轨道交通工程逐年大幅增加，仅2006年至2008年，每年在建工程项目超过320项。其中，铁路工程超过200项，非铁路项目超过100项，建成开通项目达到170余项，每年建成电气化铁路达2000公里。这期间又创造了许多第一，如第一条试验时速达321.8公里具有世界先进水平的秦沈客运专线，第一条在既有繁忙干线进行电气化改造并一年建成全线开通的京沪线，第一条时速达350公里的城际高速铁路京津线等。至2005年底，中铁电气化局集团累计建成电气化铁路1.4万余正线公里，为中国电气化铁路总里程跃上2万公里作出了巨大贡献，成为继俄罗斯、德国之后世界第三大电气化铁路的国家。至2008年底中国累计建成开通电气化铁路2.8万公里，其中，中铁电气化局集团建成电气化铁路1.9483万公里，占全国电气化铁路开通里程的70%，工程一次验收合格率达到100%。

一

1999 年至 2000 年，是新世纪来临的前夕。电化局在 1999 年的发展中，市场任务比较饱满，这一年完成企业总产值 18.8 亿元，是 1998 年的 104.2%。其中施工产值 15.6 亿元，是 1998 年的 102.8%。实现利润总额 3003 万元。其中施工利润 2664 万元，设计利润 339 万元，以满分的优秀成绩完成了中国铁路工程总公司下达的资产经营考核指标。主要经济指标创新了记录，并荣获“全国质量效益型先进企业”称号。

2000 年中国铁路建设进入决战之年。这一年电化局承担的任务量为历史之最。除通信、信号专业等一些建成开通项目外，架设接触网导线 4000 条公里，建成牵引变电所 51 处，基本建成电气化铁路 900 正线公里，开通电气化铁路近 1350 正线公里，总计 5000 条公里。另外，1999 年度开工的项目，2000 年陆续进入施工高峰，重点、难点工程进入攻坚阶段。这一年，面对市场分割造成的生产区域大，施工站点分散，战线长，致使技术、装备、管理力量分散，劳力、材料、机械等供求矛盾突出的困难，集团通过采取一系列举措，快速、有序、优质、高效地完成了施工生产任务。

然而，随着铁路改革的不断深入，2000 年下半年开始，拥有 80 万从业大军的铁道部所属中国铁路工程总公司、中国铁道建筑总公司、中国铁路机车车辆工业总公司、中国铁路通信信号总公司、中国土木工程集团公司与铁道部“脱钩”，转属中央企业工委，实行自主经营。在这次战略性重组中，电化局随中国铁路工程总公司脱离铁道部。从发展的角度看，改革能使企业走上良性发展的快车道，尤其是电化局多年储备的电气化铁路人才、技术、装备和管理优势，走向市场后，电气化铁路施工技术优势明显，市场占有优势仍然强劲。但企业却失去了固定的资金投入来源，失去了特殊的政策保护。此后铁路免票也被取消，市场主体纷纷增加，施工成本直线上升，行业竞争变得尤为残酷和激烈。

2001 年国家对企业资质重新就位，使电化局的发展面临挑战，如果进入不了施工总承包序列，将不能和其他企业站在同一个发展平台上。这一年，建筑施工企业的“百含”包干，改为实行“工效挂钩”办法。由于施工任务严重不足，按这一办法测算，当年工资总额将出现较大缺口。同时，从这一年7月份开始，基本养老保险缴费比例由原来的16.5%增加到17.5%，进一步加大了企业负担。

在重重困难中，电化局励精图治，进行整体改制，成立了中铁电气化局集团有限公司，同时以中铁电气化局集团有限公司为核心企业，组建了中铁电气化局集团。2001年8月8日中铁电气化局集团、中铁电气化局集团有限公司挂牌成立。新上任的集团公司领导班子，边实施公司制改造，边着手研究解决影响企业生存发展的重大问题，提出了集团公司实施“二次创业”的指导思想和奋斗目标。针对关键环节部署相关工作，抓住热点难点问题采取系列措施，团结带领干部职工一路勇往直前，终于在这个全资子公司走向市场之初，战胜了横亘在前进道路上的一个个困难，到年末实现了各项任务目标，激励提振了信心，为此后的改革和发展打下了坚实的基础。

二

2001年8月企业改制后，集团公司新一届领导班子，为了企业的生存和发展进行了一系列改革，形成了指导企业前进方向的“五四战略”，规划了适合自身发展的道路，完成了战略重组，实现了发展方式的突破。

企业实现战略重组。2001年8月企业改制后，中铁电气化局集团于12月份成立了电气化分公司和城市轨道交通事业部，分别将一公司四段、二公司上海地铁公司人员和资产重组到电气化分公司和城市轨道交通事业部。此后，在工业生产和工民建两大系统进行集团内系统重组，将二公司余家湖机械厂重组到工厂处。一、二、三公司所属建筑段与建筑公司业绩合并，此举提升了企业资质，实现了市场一体化。2003年11月，西安铁路工程（集团）有限责任公司整体并入中铁电气化局集团有限公司，2004年6月，又将西安铁路工程（集团）有限公司重组为西安铁路工程有限公司、西安铁路建设有限公司、西安电气化工程处、西安通信信号工程处和集团公司铁路工程分公司。企业整合重组后，增加了铁路和公路线路、桥隧及土建施工能力，同时也增强了铁路四电的施工能力，市场规模和生产能力迅速扩张，企业年产值五年翻了两番多。

企业“五四战略”应运而生。2003年中铁电气化局集团制定了集团“五四战略”。2005年3月针对企业现实基础和市场趋势新变化，又对“五四战略”进行修订，形成了“五四战略，一大目标”，即建立“四跨格局”、构筑“四大支柱”、开辟“四新领域”、谋求“四化发展”、实现“四步跨越”。具体规划了到2020年的四步走奋斗目标。提出“把中铁电气化局集团建成行业领先、国内一流、国际先进，资本、技术、管理相对密集，具有知名品牌的大型建设企业集团”。

企业资质全面升级。2004年8月中铁电气化局集团取得铁路工程总承包特级资质。2008年已拥有铁路工程总承包特级、市政公用工程施工总承包一级、机电安装工程总承包一级、铁路电气化工程专业承包一级、铁路电务工程专业承包一级、公路工程总承包一级、土石方工程施工专业承包一级、隧道工程专业承包一级、桥梁工程专业承包一级、房屋建筑工程总承包一级、建筑智能化工程专业承包一级、公路交通通信、监控、收费综合系统工程专业承包、城市轨道交通工程专业承包等50多项资质。

企业发展方式实现历史性突破。不同融投资方式在地铁项目中显效。2005年以来在首都机场线、北京地铁奥运支线、兰州交通大学新校区以及南京地铁1号线南延线等项目中成功实施BT、BOT、PPP工程项目资本运作，取得了很好的投资收益。房地产、工民建专业实现了规模化。到2008年景旭房地产开发公司已具有房地产开发二级资质，在北京、河北等地投资开发了6个房地产项目；工民建产业从铁路建筑向城市建筑迅速扩张，建筑资质跃升到一级，市场份额逐年攀升，向做大做强目标迈出坚实步伐。工业制造自主创新步伐加快，BJ200接触网产品形成系列，大容量高等级变压器生产成效显著，合资公司孵化出高铁接触网零部件核心技术。尤其2007年8月与德国保富铁路公司、意大利布诺米公司合资成立了“宝鸡保德利电气设备有限责任公司”，标志着高速电气化铁路接触网零部件制造核心技术全部国产化。运营维管创出新天地。2003年1月1日中铁电气化局集团对秦沈客运专线进行运营维护管理，在铁路领域开创先河。如今已在秦沈客运专线、京沪线、陇海线、浙赣线、合宁线等10条铁路干线，实施了“建”、“管”合一。至2008年12月31日，中铁电气化局集团实施运营维护管理的铁路线累计6469.88正线公里，涉及沈阳、北京、济南、上海、南昌及呼和浩特6个铁路局，占全国电气化铁路运营里程的24.9%。并实现了向通信信号、电力、工务专业的延伸。土建专业施工能力实现历史性跨越。2004年中铁电气化局集团成立了西铁工程公司、西铁建设公司、铁路工程分公司三个土建专业公司，又成立东南分公司，对土建专业进行战略布局。在铁路施工领域，2008年土建施工已进入京石客运专线、郑西客运专线建设，跻身于高铁正线施工行列。公路施工领域，在长大隧道、大跨度高墩桥梁施工、水中墩作业等先进技术方面，也取得了较大进展。在装备实力上，已拥有铁路客运专线施工的900吨箱梁架桥机、提梁机、移梁机等装备，具备900吨箱梁生产能力，建成了时速200公里铁路“T”型梁预制场，成功架设了铁路“T”型桥梁；拥有高速铁路轨道板预制场、高速铁路路基施工、长大隧道测量等先进测量监测设备，施工组织效率大幅提升。在西北最大的编组场新丰站改扩建中，组织“万人大要点”，创造铁路站场改扩建施工新纪录。系统集成能力全面提升，系统集成模式成熟，至2008年先后以系统集成模式中标了京津城际、武广、广深港、合武、温福、甬台温客运专线，广珠城际铁路以及京津声屏障项目，建成开通了京津城际。通过工程建设实践，全面掌握了高速铁路四电集成技术、检测技术、联调联试、装备制造技术，构建了具有自主知识产权的高速铁路四电集成技术体系，成为世界一流的四电系统集成商。

企业路外市场空前扩展。中铁电气化局集团以铁路为依托，开拓路外市场，在公路、市政、地方铁路、有线电视传输、邮电通信、高速公路监控、高层建筑等路外工程中多有建树，也不断向工民建、城市和农村电力系统等市场全面渗透，形成了跨行业、跨地区、跨国境的全方位、广覆盖、宽领域、多层次的市场布局。

尤其在城市轨道交通建设领域，到2008年底，已在北京、上海、广州、天津、深圳、南京、重庆、武汉、长春、大连等10个城市，承建了26条地铁或城市轨道线路，累计建成轨道交通650余公里，占全国运营总里程的80%以上，并创造了中国城市轨道交通建设史上的12项第一，使城铁“四电”专业跃身行业领跑者地位。海外市场，从1999年以来先后在伊朗、乌兹别克斯坦等国承揽了电气化铁路工程和地铁线路，工程内容主要包括铁路站前工程、站后四电工程、地铁强电系统和车间设备等。

工程总承包模式全面推开。2004年面对建筑施工领域的机遇和挑战，中铁电气化局集团积极推动电气化工程施工总承包，得到铁道部认可。同年一举中标沟海铁路电气化改造牵引供电工程，并在大秦2亿吨扩能改造工程和京沪铁路电气化改造工程中实施，开创了铁路建设工程总承包管理模式。至今已在沟海、大秦、京沪、武嘉、沪杭、津秦沈、侯月线、西安铁路枢纽新丰镇改扩建工程和北环线工程、北京南站工程等20多项工程建设中实行了总承包模式，大幅节省了建设方的工程投资，缩短了建设周期，提高了安全、质量和管理水平，也为社会作出了巨大贡献。

三

中铁电气化局集团在新技术领域，尤其在高速电气化铁路四电和防干扰设计、施工、检测技术，客运专线和城市轨道交通供电领域的设计、施工、检测技术，提速、重载铁路设计、施工、检测技术方面一直保持和处于国内领先地位，有些技术已接近或达到国际先进水平。电气化设备器材、接触网零部件、供电金具的研制和制造，处于国内领先水平，有的达到国际先进水平。由于技术领先优势，在中国第一条电气化铁路宝成线、第一条双线电气化铁路石太线、第一条一次电化新建电气化铁路阳安线、第一条时速达200公里的电气化铁路广深线、第一条开行万吨单元列车的重载电气化铁路大秦线、第一条采用AT供电方式的电气化铁路京秦线等，被称为全国第一的电气化铁路工程建设中，其设计与施工均出自中铁电气化局集团之手。京沪高速铁路牵引供电系统和防护工程设计早在1990年就由电化局电气化勘测设计研究院和通信信号勘测设计院进行设计，至2007年完成设计，历时17年。这为此后的秦沈客运专线、京津城际、武广客运专线等时速300～350公里铁路的牵引供电系统和防护工程设计积累了丰富的经验，作出了宝贵的贡献。

近年来，中铁电气化局集团业已建立起以电气化技术研发中心、中铁电气化勘测设计研究院和北京电铁通信信号勘测设计院为骨干、以5个研发分中心为主体的科技创新体系，将科技开发的重点放在工程项目上，着重开展设计施工，新技术、新产品、新设备、新材料、新工艺工法的研究开发。使电气化铁路从常速到高速的每一项重大技术突破中，都保持了“排头兵”位置。

在高速电气化铁路相关课题的研发方面，先后进行了“高速电气化铁路基础研究”、“高速电气化铁路设计的研究”等基础课题的研发。完成了“京沪高速铁路重大技术经济问题前期研究”、“高速电铁牵引供电综合自动化系统方案研究”、“高速铁路供电接触网及受流技术”等课题；研究开发了具有国际先进水平的“高速铁路仿真软件”、“牵引供电及杂散电流动态仿真计算软件”、“弓网动态模拟情景软件”等一批实用软件，实现了接触网施工各项技术参数的计算机管理；研制应用了高速无交叉线岔等一批新型设备。保证了接触网施工的精度和效率，保证了线路的安全高速运行。为制定中国高速铁路接触网上部施工标准奠定了基础，并在业内最先拥有350公里/小时高速电气化铁路牵引供电及防干扰设计、施工能力。

在通信信号系统测试、联调技术方面，通过青藏线ITCS信号系统联调（采用虚拟闭塞技术，实现联锁、自闭、列控一体化）、GSM-R数字移动通信系统测试联调和大秦线、胶济线GSM-R数字移动通信系统的测试联调，拥有了自主专有技术，并已形成规模能力，处于行业领先地位。SEI列控联锁一体化系统设备安装、调试技术研究也填补了信号专业施工技术空白。

在接触网设计施工技术方面，开发大秦线2亿吨扩能改造牵引供电系统工程技术，为成功开行2万吨重载单元组合列车，提供了保证。在乌鞘岭特长隧道首次采用刚性悬挂接触网和施工工艺技术；电气化铁路移动式接触网，在中铁集装箱昆明物流中心站投入使用，填补了中国移动式接触网设计施工技术的空白。

在城市轨道交通领域，率先掌握了现代牵引供电系统设计施工技术，为导线架设研制的小架线车在南京地铁成功使用，安装调试、检测实现程序化、自动化和计算机化；研究开发的跨座式单轨施工作业车、DZ1型电气化接触网作业车、DK3500电气化铁道牵引供电综合自动化系统、200～250公里/小时铁路接触网系列零配件、地铁城轨接触网零配件、钢铝复合轨国产化研制、防腐混凝土接触网支柱等一批科研产品拥有自主知识产权，整体水平已达到或接近国际先进水平。

在电气化铁路设备器材制造技术方面，2000年起引进、消化、吸收德国模锻技术，引进城轨交通接触网系统配套设备生产线，掌握了制造相关金属合金零件的精密铸造和模锻工艺。2008年中铁电气化局集团与德国保富铁路公司、意大利布诺米公司合资的宝鸡保德利电气设备有限公司正式投产，其产品涵盖了8种接触网关键零部件，以及200余种相关零部件，年生产能力达2000正线公里，打开了国内客运专线及高铁接触网零配件产品国产化之路。另外，研制生产的110千伏电压等级的牵引变压器、拥有自主产权的自耦变压器，采用美国杜邦技术研制的NOMEX纸干式变压器分别用于京沪铁路电气化改造工程、大秦铁路 2 亿吨扩能改造和青藏铁路。电气化接触网支柱更新换代，高强度导线、新型 GIS 开关柜研发也取得了重大成果。

2001 年、2007 年、2008 年，中铁电气化局集团掌握的高速铁路牵引供电设计、施工、设备器材制造新技术，先后在秦沈客运专线、京津城际、合武、武广、甬台温客运专线建设中，得到成功验证和充分展示。此间，土建工程施工也实现了革命性转变，挺进了郑西、京石客运专线等工程建设，施工能力和技术水平达到国内一流。目前，中铁电气化局集团在高速铁路牵引供电设计、施工领域，探索形成的 350 公里/小时技术标准体系，已广泛应用于中国高速铁路建设之中。

由于技术开发和技术进步的显著成果，中铁电气化局集团公司及所属的一、二、三公司、电化院、通号院等 6 个单位获得当地政府高新技术企业认证。雄厚的技术实力，奠定了中铁电气化局集团作为铁道部铁道电气化技术标准归口单位和全国牵引电气设备与系统标准化技术委员会组长单位的基础，奠定了承担起草相关专业国家行业标准的重任，先后受托起草了接触网、变电、电力、通信、信号等专业 78 项铁道行业标准，24 项国家行业工程建设规程、规范和 20 余套通用参考图。

1999 年到 2008 年底，中铁电气化局集团共完成科技攻关项目 198 项，共获得国家和省部级科学技术奖 18 项、中铁股份公司科学技术奖 18 项。其中“青藏铁路工程”、“大秦铁路重载运输成套技术与应用”分获国家科技进步特等奖和一等奖，是建局 50 年来首次获国家最高等级科学技术奖。“青藏线信号系统集成及联合调试”、“既有电气化铁路提速改造 250 公里/小时接触网系统 JY250 工程技术”分获铁道部科技进步二等奖。开发应用工法 102 项，其中国家级 5 项、省部级 22 项。获得国家专利 75 项。获国家级 QC 成果 49 项、省部级 QC 成果 311 项。这些成果的取得，扩大了企业的知名度和影响力，打造了“中铁电化品牌”。

四

中铁电气化局集团，从 1999 年到 2008 年的十年间，建设了一支坚强的领导班子和优秀的干部队伍，培育和造就了一支懂技术、会管理的人才队伍，历练成长了一支能征善战的职工队伍，建设了一支能够充分发挥先锋模范作用的党员队伍。期间全面实施“十百千万”人才战略，积极营造尊重劳动、尊重知识、尊重人才、尊重创造的良好氛围，为优秀人才脱颖而出创造了良好环境。至 2008 年底共培养造就出各类专家 509 名，聘任教授级高工 23 名，高级职称 567 名、中级职称 2878 名，高级技师 113 名，技师 626 名。中铁电气化局集团公司领导班子被总公司评为“四好班子”，中铁电气化人也向“五型”职工队伍坚实迈进。

从 1999 年起，中铁电气化局集团不断强化大型机械设备更新步伐。十年间，累计装备投入达到 9.74 亿元，先后利用 733 万美元奥地利政府贷款，采购普拉塞恒张力接触网架线车，此后又获中铁股份公司配置的价值 2800 万元的法国吉斯玛恒张力架线车组，接着大量采购国产恒张力架线车和适合客运专线、高速铁路接触网施工的作业车，为大规模施工建设做好了机械储备。遂又建立大型混凝土搅拌站和制梁基地，强化桥梁、隧道、路基等土石方工程和铁路铺架专用大型施工机械，配备整套制梁设备，新购了包括盾构机、架桥机在内的土建施工装备，到 2008 年底拥有大型土建施工机械设备 77 台（套）。其中 900 吨箱梁的预制通过国家验收投入预制生产，装备的 JQ170 型架机、JY600 型轨道车等机械设备，也填补了中铁电气化局集团桥梁运架设备的空白。到 2008 年底，集团共有机械设备 3709 台。其中大型轨行设备 268 台，技术装备率达到 2.68 万元/人，动力装备率 12.16 千瓦/人，机械装备总功率 53892.33 千瓦，装备实力大大增强。

古语说，“工欲善其事，必先利其器”。中铁电气化局集团未雨绸缪，在充分的人才资源储备、技术力量储备、机械装备储备中，迎来了中国铁路建设的高潮。在气势如虹的建设大军里，中铁电气化局集团面对许多急、难、险、重工程，百折不挠，砥砺奋进，组织会战，啃下了难啃的骨头，圆满完成了各项任务。其中，在著名的大秦线 2 亿吨扩能改造工程中，于延庆至下庄试验段用有限的“封闭点”，经过 25 天鏖战，完成了 47 正线公里接触网及装置的更换，超过了常规施工任务量的 3 倍，实现了“一人不伤，一点不砸，工期一天不延”的目标，为全线 653 公里扩能改造工程开辟了科学高效的施工道路，最终如期、安全、优质地完成了 2 亿吨扩能改造工程任务，为此，中铁电气化局集团被建设单位誉为“钢班子，铁队伍”。 在全长 1453 公里的既有繁忙干线京沪铁路电气化改造工程中，工程施工与运输紧密配合，多项工程同步施工，不影响行车，一年内建成开通交付使用，被铁道部盛赞为 “四个之最，五个创举”，被媒体称为中国铁路建设史乃至世界铁路建设史上的奇迹。在牛头河大桥抢建工程中，中铁电气化局集团战胜工期要求紧、技术标准高、地质复杂、防洪防汛压力大等困难，仅用 56 天提前建成开通，这是继 2002 年以 58 天抢建完成灞河大桥，创造了“灞桥速度”之后的又一个新记录，被誉为“牛头河速度”。在承担青藏铁路站后四个标段施工及全线通信、信号联调和不冻泉至那曲“三电”监理任务中，战胜了常年冻土、高寒缺氧、生态脆弱三大世界难题，安全、优质、环保、按期完成了任务，充分展示了中铁电气化局集团在铁路通信、信号、电力、电信试验等专业领域的领先技术实力。

中铁电气化局集团的人才优势，技术优势，管理优势和装备优势，在打硬仗、攻险关方面发挥了威力，在日常的工程建设中更彰显了无穷潜力和强大魅力。从 1999 年至 2008 年的十年间，集团共建成开通 55 条电气化铁路，累计 1.1585 万正线公里（其中客运专线 3 条，达 486.1 正线公里），电气化铁路建成开通里程是 1958 年至 1998 年修建总里程的 1.47 倍。1999 至 2008 年建成开通通信光电缆线路 39917.8 条公里、开通信号自闭线路 8300 正线公里，开通电力贯通线 11055 正线公里。2004 至 2008 年完成土石方 4986 万立方米，架设桥梁 82502 折合米，隧道贯通 44975 折合米，正线（站线）铺轨 543 公里。所有工程期到必成，安全可靠，质量优良，一次验收合格率达 100%。

十年间，许多工程获得国家大奖，最具代表性的获奖工程有：广深铁路准高速双线电气化工程获中国建筑工程鲁班奖（国家优质工程）和第二届詹天佑土木工程大奖（国家科技创新工程），神朔线大柳塔至朔州铁路电气化工程获国家优质工程银质奖，哈大铁路电气化牵引供电工程获詹天佑土木工程大奖（国家科技创新工程）和中国建筑工程鲁班奖（国优），西安绕城高速公路（北段）获詹天佑土木工程大奖（国家科技创新工程）、西安绕城高速公路（南段）获国家优质工程银质奖，北京地铁八通线综合工程获中国建筑工程鲁班奖（国优），秦沈客运专线电气化工程和通信信号工程获国家优质工程银质奖，重庆轻轨较新线较场口至动物园段工程获国家优质工程银质奖和詹天佑土木工程奖（国家科技创新工程），南京地铁 1 号线一期工程获国家优质工程银质奖，天津市区至滨海新区快速轨道交通工程获国家优质工程银质奖，兰武二线乌鞘岭特长隧道工程获中国建设工程鲁班奖（国优），昆明铁路集装箱中心站工程获国家优质工程银质奖，天津市地铁 1 号线工程获国家优质工程银质奖，大秦铁路 2 亿吨扩能工程获詹天佑土木工程奖（国家科技创新工程），浙赣铁路电气化提速改造工程获詹天佑土木工程奖（国家科技创新工程），北京地铁 5 号线获詹天佑土木工程奖（国家科技创新工程）。

优良的工程实绩，彰显了中铁电气化局集团良好的信誉形象，为市场开发增添了无穷的活力。从 2001 年开始，企业营业额以年均 30%的速度快速递增，2001 年到 2005 年共新签合同额达 312 亿元，2005 年和 2006 年，每年新签合同额平均突破 120 多亿元，2007 年突破 200 亿元，2008 年新签合同额达到 300 亿元。企业能力和竞争实力益加雄厚。在产值增长，效益提高的同时，职工收入稳步增长，集团员工平均工资由 1998 年的 1.3695 万元增长到 2008 年的 4.0841 万元，平均工资年递增 11.55%，增幅达 3 倍。

2001 年至 2008 年，中铁电气化局集团公司连续获得“全国质量效益型先进企业”，2004 年因连续 3 年获得该奖，被授予“全国质量效益型先进企业”特别奖；2003 年获“全国用户满意企业”；2007 年获“创鲁班奖工程特别荣誉企业”。2008 年因连续 8 年获得“全国质量管理小组活动优秀企业”，被授予“全国质量管理小组活动优秀企业”特别奖。

五

波澜壮阔的事业，为党的建设和思想政治工作，纪检监察、工会、共青团以及宣传文化工作，提供了广阔的空间，同时又推动了各项事业的发展。集团公司党委以“政治素质好、经营业绩好、团结协作好、作风形象好”为标准，深入开展创建“四好”班子活动，开展“创岗建区”、创建“党支部示范点”、“红旗项目部”活动，开展“五先五最”主题实践活动，开展“创先争优”活动，进行了“三讲”教育和保持共产党员先进性等专题教育。各级党组织紧紧围绕企业发展大局，大力加强和改进党的建设，逐步形成了具有自身特色的“三型党委”做法，充分发挥了党委政治核心作用、党支部战斗堡垒作用和共产党员先锋模范作用，为企业持续稳步发展提供了强有力的政治保证。在企业进入较快发展时期，中铁电气化局集团党委提出了“突出一个‘好’字，把握一个‘快’字，做到‘六个协调’、‘三个把握、三个防止’”的总体要求；面对企业调整发展结构的需要，提出了“纵向延伸上中下游产业链，横向完善结构拓展布局”，使路内外、海外形成金字塔结构的企业发展方式等新思路，引领企业沿着科学发展的轨道稳步前进。各级党组织注重加强对党风和反腐倡廉建设的领导,党风和反腐倡廉建设始终保持与企业发展同步推进。

集团坚持依靠职工办企业，办好企业为职工的方针，全面落实广大职工的政治、经济、文化权益。广泛开展争做知识型、敬业型、创新型、主人型、文明型“五型职工”活动。在施工一线项目部、作业队普遍建立了“职工夜校”和“职工书屋”，广泛开展导师带徒、岗位练兵、技术比武等活动，推进职工队伍由体能型向知识型、技能型转化。加强企业民主管理，充分发挥职代会作用。全面推行企务公开，切实保障职工群众的知情权和监督权。深入开展“三帮”活动，落实“三不让”承诺，着力构建扶贫帮困工作机制，使困难职工生活得到基本保障。广泛开展“三工建设”，努力改善一线职工的生产生活条件。高度重视农民工工作，对农民工实行“五同五人”管理，积极维护农民工的合法权益，得到中宣部、国资委、全国农民工工作办公室领导的充分肯定。各级团组织弘扬主旋律，青年思想教育取得新成效；强化团的建设，团组织的吸引力明显增强，团员青年的生力军作用更加突出。广泛开展导师带徒、青工技能比武等活动，提高了青工技能操作水平。

十年间，中铁电气化局集团积极打造“十种文化”，创造了独具特色的精神文化财富。构建起了企业理念、视觉和行为识别系统。制定了礼仪、职业道德规范。创作并传唱了局形象歌曲《添翼的路》。“勇于跨越，追求卓越”的企业精神和“促创干、争一流”的电气化精神深入人心，成为全体员工的自觉行为。经过不断探索和实践，培育了具有“中国中铁电化”特色的企业风尚、企业礼节、企业行为、企业风俗、企业作风、企业传统。在历次紧要关头，中铁电气化局集团不讲代价，挺身而出，体现了爱党爱国的情怀，也凝练形成了“挑战极限，超越自我，创造之最”的大秦精神，形成了“敢于挑战，敢于胜利”的京沪精神，形成了“关键时刻冲在前，艰难困苦我来干”的抢险精神，形成了“上下联动，又好又快”的北京动车段精神。这些精神，极大丰富了企业精神的内涵。

中铁电气化局集团在“4.28”胶济铁路事故和“5.12”汶川大地震宝成铁路109隧道抢险中，赶赴现场，同心戮力，尽职尽责，决战决胜；在京广铁路湖南段抗冰抢险等举国关注的突发应急事件中，一马当先，不讲代价，树立了敢于担当的社会形象。尤其在宝成铁路109隧道抗震抢险抢建工作中，集团公司党、政、工主要领导亲自挂帅，在抗震抢险一线，党员领导干部率先垂范，党组织发挥战斗堡垒作用，党员冲在前头，全体抢险人员冒着生命危险，在关键时刻连续奋战12个日夜，于24日胜利抢通109隧道。中央政治局常委、中央政法委书记周永康，中央政治局委员、国务院副总理张德江，中央军委副主席徐才厚在抢险现场给予高度赞扬。张德江副总理说：“你们是国家队，这种抢险还要靠你们，在最危险、最困难的时候还是要看国家队”。胡锦涛总书记批示：“宝成线提前实现全线通车，打通了西北、西南铁路大动脉，有力地保障了抗震救灾的需要。谨向全体抢险人员表示亲切慰问和崇高敬意。”中铁电气化局集团在宝成铁路 109 隧道舍生忘死、感天动地的抗震抢险先进事迹，赢得了广泛的社会赞誉。

中铁电气化局集团用道德、诚信、责任的力量，用工期、安全、质量和信誉，向世人展现了“一呼就起，一触即发，一激即活，一战就胜”的企业作风，彰显了“特别能吃苦，特别能战斗，特别能攻坚，特别能奉献”的企业传统，从 1999 年至 2008 年，中铁电气化局集团公司获得了“全国施工企业思想政治工作先进单位”、“全国企业文化建设优秀奖”、“中国企业文化十大最具影响力企业”、“中国行业龙头品牌”、“企业文化建设先进单位”等荣誉，并于 2008 年进入“中国 500 最具价值品牌”行列。十年间，涌现出一大批先进典型，其中 2 人获得“全国劳动模范”，3 人获得“全国五一劳动奖章”，15 人获得省部级劳动模范，16 人获得“首都劳动奖章”，43 人获得“火车头奖章”；11 人次获国家级科学技术进步奖，47 人次获铁道部科学技术进步奖；5 人获北京市科学技术人才奖，11 人获铁道部科学技术人才奖。中铁电气化局集团公司连续获得全国“安康杯”竞赛优胜企业；2008 年获 “全国模范职工之家”、“全国工人先锋号”和“全国五一劳动奖状”。

历史昭示未来，岁月铸就辉煌。中铁电气化局集团承继前 40 年的历史脚印，以“又好又快”的步伐，又走过了十年的道路，开辟了空前的事业，矗立了无数的丰碑，奉献了所有的美好，创造了殷实的物质财富，积淀了丰厚的历史文化，这将滋养每一个电气化事业的后来者，沿着科学发展的道路，延伸出新的足迹，铸就出新的辉煌，我们的明天会更加美好！

大事记

大 事 记

1999 年

1 月 26 日 电气化工程局四届四次职工代表暨工会会员代表大会在天津电化院召开。局党委书记、局长侯唯一作题为“再接再厉，奋勇攻坚，为实现跨世纪宏伟目标努力奋斗”的行政工作报告，局党委副书记高树堂作题为“抓住机遇，知难而上，为实现我局跨世纪发展的宏伟目标建功立业”的讲话。会议 29 日闭幕。

2 月 1 日 电气化工程局三处承建的伊朗德黑兰至卡拉季郊线电气化铁路工程顺利开通。3 月 7 日，伊朗总统哈塔米在德黑兰至卡拉季电气化铁路通车典礼上盛赞中伊合作成功。3 月 8 日，外经部副部长陈新华、中国驻伊大使馆大使王世杰、中国北方公司总裁李德到驻地看望参建职工。

2 月 7 日 电气化工程局党委书记、局长侯唯一的先进事迹被收入《中华名流》98 卷，并应邀出席在钓鱼台国宾馆举行的首发式，受到原人大常委会副委员长雷洁琼的亲切接见。

4 月 28 日 电气化工程局党风廉政建设工作会议在北京召开。

4 月 29 日 电气化工程局二处二段夏霈获“全国‘五一’劳动奖章”。

4 月 30 日 电气化工程局三处四段李超奇获“首都劳动奖章”，一处三段李爱敏、二处一段张建军获“火车头奖章”，三处四段获“火车头奖杯”。

5 月 13 日 电气化工程局被中国质量协会评为 1997～1998 年度质量效益先进企业。

5 月 18 日 神朔线府谷至神池南段电气化工程开工，2000 年 10 月 26 日开通。

5 月 19 日 电气化工程局党委制定《关于实施党风廉政建设责任制的规定》，公布实行。

5 月 24 日 电气化工程局后勤保障工作会议在北京召开。

5 月 电气化工程局二处团委书记杜春被共青团北京市委员会授予“优秀团干部”称号。

6 月 3 日 电气化工程局和中信国华公司联合投标的香港将军澳地铁 655 项目中标。7 月 4 日在香港举行签约仪式。

6 月 4 日 铁道部党组和工程总公司党委宣布电化局领导班子调整情况，高树堂任党委书记，侯唯一任局长、党委副书记。

6 月 8 日 广深三线电气化工程开工典礼在深圳平湖南站举行。工程于 2000 年 9 月 16 日开通。

6 月 20 日 电气化工程局局长侯唯一、副局长王青斌应邀出席由建设部、中国建设报联合在钓鱼台国宾馆举办的全国百家建筑企业“规范建筑市场、确保工程质量”宣言活动，全国人大常委会副委员长布赫出席会议并亲切接见局长侯唯一、副局长王青斌。局长侯唯一作为全国建筑业知名单位的代表发言，并代表电化局向社会作出郑重的质量承诺。

6 月 22 日 电气化工程局生产经营工作会议在苏州花苑饭店召开。

6 月 28 日 广州地铁 1 号线经过半年的试运行正式开通。

7 月 15 日 电气化工程局纪念青年突击队 15 周年暨深化“双争一树”竞赛大会在北京召开。

7月21日 铁道部总工程师华茂昆率安全质量检查团对电化局施工并交付运营的株娄段电气化工程进行检查。华总和广铁集团有关领导对电化局的工程质量给予高度评价。

7 月 25 日 电气化工程局通过 ISO9001 认证换证复审。

8 月 2 日 电气化工程局办公室主任扩大会议在北京召开。

8 月 12 日 外福线电气化工程开工典礼在福州举行。工程于 2000 年 12 月 26 日开通。

8 月 19 日 电气化工程局安全工作座谈会在北京召开。会议认真贯彻落实铁道部和工程总公司的有关会议精神，在全局范围内有序开展大学习、大检查、大反思活动。局长侯唯一、局党委书记高树堂到会并作重要讲话。

8月20日 电气化工程局局长侯唯一与中铁通信中心总经理彭朋在铁路通信信息集团（筹）建设工作会议上签订关于中铁通信中心工程管理中心设在电化局的协议书。铁道部运输局基础部通信处李奇才作为见证方在协议上签字。

8月25日 电气化工程局局长侯唯一赴美国参加由中国对外经济贸易咨询公司组织的对外承包交流考察活动。

9 月 1 日 北京枢纽电气化工程正式开通，标志着由电化局施工的京郑电气化工程全部交付运营。

9 月 15 日 电气化工程局实行局务公开工作会议在北京召开。10 月 13 日印发“铁道部电气化工程局实行局务公开加强民主管理的实施意见”。

9 月 16 日 电气化工程局庆祝建国 50 周年文艺调演在解放军后勤指挥学院礼堂举行。全总副主席冯子彬、总公司党委副书记张俊斌、工委主任张光正出席并观看演出。之后，局工会组织文艺演出队赴哈大、武广线慰问演出。

9 月 18 日 电气化工程局首届报纸工作会议在襄樊召开。

9 月 21 日 电气化工程局第三工程处建处 20 周年庆祝大会在郑州召开。

9 月 29 日 电气化工程局与中信国华、德国西门子公司联合投标的香港西部铁路电气化 DB-1400 标段中标。

10 月 13 日 电气化工程局二处二段实验中心 QC 小组“缩短大容量带状光缆接续时间加快工程施工进度”、二处五段宝成 QC 小组“接触网拨接施工方法”、建筑处施工技术科

QC 小组“提高神木铁路文化宫基础旋喷桩施工质量”获国家级优秀 QC 小组成果。建筑处一段物资室 QC 小组“降低商品混凝土损耗”获北京市第 35 次优秀 QC 小组成果（中南海优胜杯），一处三段网络 QC 小组等 18 个 QC 小组获省部级优秀 QC 小组成果。

10 月 24 日 电气化工程局局长侯唯一、局副总工程师汤天勤、建筑处处长顾光明获“跨世纪千名项目经理”称号。

11 月 18 日 电气化工程局保定党职校举行 20 周年校庆活动。

11 月 26 日 神华集团副董事长罗云光及铁道公司有关领导对神朔线（神池南-府谷）进行检查，对电化局的文明施工、工程质量、工程进度给予高度评价。

12 月 6 日 南疆铁路全线通车典礼在喀什火车站举行，全国人大常委会委员长李鹏、铁道部部长傅志寰、副部长蔡庆华出席通车典礼。

12 月 8 日 哈大线接触网实验段放线观摩活动在辽宁省海城举行。

12 月 14 日 电气化工程局四届四次职代会第一次代表团长（扩大）会议在北京召开。会议审议通过《关于电化局工资标准调整办法》、《关于调整下岗生活费参考标准和内部退养职工发放生活补贴的决议》及《关于调整非因工死亡职工供养直系亲属困难补助费标准》等涉及职工利益的方案。

12 月 24 日 电气化工程局电信研究实验中心通过国家质量技术监督局计量认证，获中华人民共和国计量认证合格证书。

12 月 29 日 电气化工程局档案管理工作“国家二级”重新认定获部评审组评审通过。22 日、23 日，建筑处、一处先后通过部级企业档案工作目标管理评审。

12 月 30 日 成昆线青杠-攀枝花段建成开通，工程于 1998 年 6 月 8 日开工。

同日 成昆电化、宝成复线（四川境内）通车典礼在成都火车站举行，铁道部副部长蔡庆华出席典礼并讲话。

2000 年

1 月 5 日 电气化工程局中标盘西线沾益-红果段 92 正线公里电气化牵引供电工程。

1 月 9 日 电气化工程局二处被湖北省社会治安综合治理委员会评为“1999 年度社会治安综合治理安全文明单位”。

1 月 14 日 电气化工程局二处承建的铁道部环线试验基地高速铁路自动控制系统开通。铁科院授予“携手共建试验基地，合力发展铁路科技”铜匾。

1 月 17 日 电气化工程局召开既有线施工安全工作会议。铁道部安监司、建设司和工程总公司领导应邀参加会议。局长侯唯一、党委书记高树堂作重要讲话。会议通过《中铁电气化工程局既有线施工影响运输经济处罚办法》。

1 月 21 日 电气化工程局党委全委（扩大）会议在北京召开。会议贯彻全路工作会议和工程总公司“三讲”教育工作会议精神，原则通过《铁道部电气化工程局党委关于学习贯彻党的十五届四中全会精神，促进企业改革和发展的指导意见》的决议（草案）。

2 月 27 日 铁道部部长傅志寰、政治部主任王宪魁视察电化局承建的铁科院东郊秦沈客运专线通信信号综合实验段建设情况。

2 月 电气化工程局被中国施工企业管理协会评为 1999 年度“全国用户满意施工企业”。

3 月 7 日 电气化工程局四届五次职工代表暨工会会员代表大会在天津电气化研修中心召开。局长侯唯一作题为“全力以赴，决战‘九五’，把一个充满生机与活力的电化局带入新世纪”的行政工作报告，局党委书记高树堂作题为“把握大局，奋勇攻坚，开创我局改革和发展新局面”的讲话。会议 10 日闭幕。

3 月 10 日 电气化工程局三处一段女工委员会被中华全国总工会女工委员会授予“先进女职工集体”称号。

3 月 18 日 电气化工程局研制开发的“电铁铜银合金接触线和铜接触线”科研项目通过省部级新产品科技成果鉴定。

3 月 22 日 电气化工程局与达万铁路有限公司签订达万铁路全线通信工程及重庆段电气集中工程施工合同。

3 月 24 日 电气化工程局宝鸡器材厂取得由陕西省对外贸易经营合作厅颁发的“中华人民共和国进出口企业资格证书”。

3 月 27 日 电气化工程局中标中国联通公司重庆-贵阳段联通干线光缆线路工程。

同日 电气化工程局党风廉政建设工作会议在北京召开，局纪委书记侯多智作题为“从严治党，务求实效，推动党风廉政建设和反腐败工作深入发展”的报告。

3 月 28 日 铁道部副部长孙永福视察铁科院东郊环线通信信号综合试验段工程。

3 月 30 日 电气化工程局二处被襄樊市授予 1998-1999 年度“重合同、守信用单位”。

4 月 4 日 电气化工程局武广线工作会议在广州局武广指挥部召开。

4 月 5 日 工程总公司以中程企（2000）99 号文件正式批复电化局改制总实施方案，同意电化局改制为中铁电气化局集团公司。

同日 土耳其交通部铁路总局副局长图尔加伊·多卢登吉参观访问电化局天津电化设计院。

同日 电气化工程局被中国施工企业管理协会评为 1999 年度“全国优秀施工企业”。

4 月 8 日 电气化工程局第 18 次 QC 成果发布会在郑州召开，共发布 QC 成果 58 项。

同日 电气化工程局研制开发的“新型环形等径预应力混凝土接触网支柱”科研项目通过铁道部鉴定。

4 月 11 日 电气化工程局领导班子和局机关处级干部集中开展“三讲”（讲学习、讲政治、讲正气）教育，6 月 12 日结束。

4 月 12 日 电气化工程局与兰州铁路局建设项目管理中心签订青藏线西宁至格尔木扩

能改造工程天棚至可柯段通信工程施工合同书。

4 月 17 日　朔黄铁路电气化工程施工合同签字仪式在石家庄举行，神华集团副董事长兼朔黄铁道公司董事长罗云光出席签字仪式并讲话，电化局局长侯唯一、副局长刘志远参加签字仪式。

4 月 20 日　外福线古田-福州段通信光缆工程通过中国联通公司、中铁通信中心、广州军区中人集团联合验收。

4 月 27 日　电气化工程局“李本俊青年突击队”、“许刚青年突击队”获北京市“优秀青年突击队标杆”称号，10 支青年突击队获“优秀青年突击队”称号，北京站接触网工程被评为“优质工程”，郑亚荣获“优秀青年指挥”称号。

同日　兰新线乌鲁木齐-疏勒河段 1034 公里 SDH 光同步数字传输系统及 ISDN 接入网系统建成开通。至此，乌鲁木齐铁路局管内兰新复线通信改造工程全部完成。

4 月　电气化工程局天津电化院完成的京广线郑州-武昌段电气化工程设计项目和 Yn. d11 主变压器接线图册项目分别获全国第八届优秀工程设计银奖和全国第四届工程建设标准设计铜奖，局建筑处施工的京郑电气化房建工程获铁道部优质工程一等奖，南昆铁路电气化房建工程获铁道部优质工程二等奖。

5 月 15 日　电气化工程局代铁道部编制的“京沪高速铁路电气化设计暂行规定”通过铁道部评审，标志着京沪高速铁路第一阶段工作顺利完成。

5 月 30 日　在北京市经委、北京市质量技术监督局、北京市质量管理协会联合召开的质量大会暨推行全面质量管理 20 周年表彰大会上，电气化工程局及所属建筑处分别获北京市“全面质量管理先进企业”称号，局长侯唯一获“北京市卓越质量管理领导者”称号，副局长顾鸿鹏获“北京市优秀质量管理领导者”称号，王新民、顾光明获“北京市优秀质量管理推进者”称号。

5 月　电气化工程局一处五段张增学获“全国劳动模范”称号，侯唯一、张秦洛、丁树奎、李发敏、张明忠、邹领权、桑英权获“北京市劳动模范”称号，局三处四段获“北京市劳动模范集体”称号。

同月　电气化工程局二处团委书记杜春获“全国优秀团干部”称号，局二处团委被北京团市委授予“红旗团委”称号。

6 月 3 日　铁道部优质工程复查组对电化局已交付运营的湘黔线电气化工程进行复查，工程质量得到好评。

6 月 6 日　内蒙古集宁-北京联通总部近 600 公里进京光缆项目设计、施工总承包意向书在北京签订。

6 月 7 日至 10 日　电气化工程局参加南京“第六届国际地铁、轻轨及城市交通展览会”，参展作品充分展示了电化局近年来在国内外城市地铁及轻轨设计、施工和器材生产、供应等方面的实力。

6 月 11 日 上海地铁 2 号线一期工程正式通车。

同日 广深铁路 200km/h 电气化新技术获“2000 年度国家科技进步二等奖”，1999 年 12 月 30 日获“铁道部 1999 年科技进步一等奖”。

6 月 13 日 电气化工程局改革工作动员大会在北京召开。

6 月 19 日至 25 日 北京市第 36 届（暨电气化杯）质量管理小组成果发表会在电气化工程局召开，电化局发表 18 项成果，其中建筑处新菏线指挥部 QC 小组获金奖，二处三段武广指挥部 QC 小组、二处一段南昆作业队 QC 小组、建筑处石家庄机务段 QC 小组、建筑处第一项目经理部 QC 小组、一处一段综合 QC 小组获银奖，其他 12 个小组获北京市优秀 QC 成果奖。

6 月 30 日 电气化工程局参与开发的“户外交流高压隔离负荷开关”科研项目通过铁道部技术鉴定。

7 月 28 日 全国政协副主席、中央统战部部长王兆国在秦皇岛接见电气化工程局局长侯唯一，并合影留念。

7 月 29 日 电气化工程局研制开发的“新型电气化铁路接触网零件”科研项目通过铁道部科技成果鉴定。

7 月 电气化工程局“王瑛青年突击队”被编入《中国青年文明号巡礼》一书。

8 月 30 日 电气化工程局通号院与北京特锐电子科技开发公司联合研制开发的《PNX 型铁路信号智能电源系统》通过铁道部科技成果鉴定。

8 月 电气化工程局井泽民、姜春林获中华全国铁路总工会颁发的 2000 年度“火车头奖章”。

9 月 1 日 印发《电气化工程局领导班子党员领导干部民主生活会制度》、《电气化工程局领导班子谈心通气制度》、《电气化工程局督查工作制度》。

9 月 28 日 中国铁路工程总公司与铁道部“脱钩”，归中央大型企业工作委员会管理，铁道部电气化工程局随之改变归属。

9 月 30 日 成昆线昆明-攀枝花段电气化工程建成开通，标志着成昆全线电气化建成。工程于 1998 年 8 月 30 日开工。

10 月 8 日 印发《中共铁道部电气化工程局委员会会议制度》。

10 月 17 日 工程总公司系统第二届（接触网工）青年技能竞赛在电化局施工的朔黄线举行。电化局三处、一处、二处代表队分获第一、二、三名。

10 月 21 日 铁道部公布的“1999 年度铁道部优秀工程勘察、优秀工程设计、优质工程奖”项目中，电化局施工的广深准高速铁路电气化工程、京郑电气化工程获优质工程一等奖，南昆铁路电气化工程获优质工程二等奖，广深铁路电气化工程获优秀工程设计二等奖，京广线京郑段电气化工程通信设计获优秀工程设计三等奖。

10 月 22 日 铁道部副部长蔡庆华、总工程师王麟书视察哈大线沈阳至长春段电气化工程，对电化局的工程质量给予高度评价。

10 月 25 日 在全国第 22 次质量管理小组代表会上，电气化工程局被命名为“全国优秀质量管理小组活动优秀企业”，局长侯唯一、建筑处处长顾光明被命名为“全国质量小组活动卓越领导者”，建筑处新菏线指挥部 QC 小组、一处一段综合 QC 小组、二处一段南昆作业队 QC 小组被命名为“全国优秀质量管理小组”，建筑处石家庄机务段 QC 小组被命名为“全国质量信得过班组”。

10 月 电气化工程局三处获 1999 年度河南省建筑施工企业综合实力 50 强。

同月 电气化工程局被中国施工企业协会授予“全国施工企业思想政治工作先进集体”称号。

11 月 4 日 电气化工程局三处四段实现连续安全生产 12 年，创中国接触网专业安全生产最高纪录。

11 月 10 日 中国铁道学会铁道电气化委员会第五届委员会在北京铁道大厦召开。中国铁道学会理事长国林、中国铁道学会秘书长王德芳应邀出席会议并讲话。来自铁道部机关有关司局和路内外有关单位共计 60 余名委员参加会议。电化局党委书记高树堂致欢迎词，局长、中国铁道学会铁道电气化委员会第四届委员会主任侯唯一作专题工作报告。经第四届委员会推荐、中国铁道学会秘书处同意，电化局局长侯唯一任第五届委员会主任，局副总工程师单圣熊任秘书长，技术处李虹任副秘书长。

11 月 22 日 电气化工程局承担设计、施工的“广深铁路高速双线电气化工程”被中国建筑业协会评为 2000 年度国家优质奖（鲁班奖），这是电化局第三次获得全国建筑业最高奖鲁班奖，也是电化局第一次以独立承建单位获此荣誉。

11 月 电气化工程局通过交通部公路工程（交通工程专业）施工企业资质审查，获得公路通信、监控、收费综合系统工程施工资质。

12 月 12 日 电气化工程局电信研究试验中心获中国国家实验室认可委员会和国家质量技术监督局共同颁发的实验室认可证书。

12 月 15 日 宝成线增建二线引入成都枢纽北环线电气化工程顺利开通。

12 月 19 日 电气化工程局电化设计院、一处、二处、宝鸡器材厂为广州地铁建设联合开发研制的“架空刚性悬挂”通过铁道部和广东省科委的联合鉴定。该科研成果标志着中国在电铁接触网领域又向前迈出坚实的一步，对促进中国城市轨道交通建设具有重大的社会、经济意义。

12 月 26 日 上海轨道交通明珠线一期供电系统工程通车试运营，工程于 1998 年 10 月 13 日开工。

12 月 31 日 电气化工程局副局长王青斌、刘志远、局建筑处邹领权参加北京市劳动模范迎接新世纪晚会。

2001 年

1 月 6 日 铁道部副部长蔡庆华率领铁道部西康铁路验收委员会对电化局施工的西康线电气化工程进行检查验收。

1 月 8 日 电气化工程局参建的西康线全线贯通，铁道部在西安举行通车典礼。电气化工程于 1998 年 7 月 28 日开工。

同日 在西康指召开的表彰大会上，电气化工程局三处张栓芳获铁道部“火车头奖章”。

1 月 9 日 电气化工程局 2001 年第一次施工生产会议在北京召开。

1 月 10 日 电气化工程局设计、承建的广深铁路高速双线电气化工程获 2000 年度鲁班奖。

同日 电气化工程局宝鸡器材厂中标广州地铁 2 号线高架接触网 H 型钢柱、硬横梁的设备供货，填补了该厂在地铁领域钢柱和硬横梁供货方面的空白。

1 月 11 至 12 日 电气化工程局党委四届四次全委(扩大)会议在北京召开，局党委书记高树堂作党委工作报告，局长侯唯一发表讲话。提出“十五”期间全局行政工作的基本思路为“认真贯彻党的十五届四中、五中全会精神，以生产经营为主线，以提高经济效益为目的，大力强化企业管理，全面推进制度和科技创新，大力抢占铁路、地方和海外市场，大幅提升企业经济能力、市场竞争和抵御风险能力、先进技术开发应用能力以及持续稳定发展能力，为改制后的二次创业奠定基础。”概括起来就是“强化一个重点，推进两个创新，抢占三个市场，提升四个能力。”

1 月 18 日 国家工商行政管理局批准电气化工程局改制为“中铁电气化局集团有限公司”的核名申请，同时核准“中铁电气化局集团”为集团名称，简称“中铁电化集团”。

同日 中国铁路工程总公司总经理秦家铭为获得“全国优秀勘测设计院院长”称号的电化局通号设计院院长马其祥颁发荣誉证书和奖金。

2 月 18 日 铁道部组织路内外专家及相关单位召开会议，分析武广线银铜导线波浪弯问题，澄清了波浪弯与电气化工程局施工没有关系。

2 月 19 日 全国科学技术奖励大会在北京人民大会堂隆重举行。电化局“广深铁路 200km/h 电气化新技术”科技成果获国家科学技术进步二等奖。局副总工程师容仕宽作为科技人员和获奖单位代表参加大会，受到党和国家领导人的亲切接见并合影留念。同时，电化局参加研究的“复杂地质艰险山区修建大能力南昆铁路干线成套技术”项目获国家科技进步一等奖。

2 月 28 日 电气化工程局获北京市“安康杯”竞赛优秀组织奖，二处、三处获北京市“安康杯”竞赛先进企业。

3 月 1 日 记载电气化工程局 40 年发展史的《铁道部电气化工程局志》全部印制完成。

同日 北京电华物业管理公司、行管处维修工区划归建筑处管理。

3 月 12 日 电信研究试验中心提升为正处级单位。

3 月 16 至 20 日 电气化工程局五届一次职工代表暨工会第五次代表大会在局苏州培训中心召开。局长侯唯一作题为“继往开来，乘势前进，为创造新世纪良好开局努力奋斗”的行政工作报告，局党委书记高树堂作题为“承前启后，继往开来，为全面落实‘十五’规划而努力奋斗”的讲话，局工会主席蒋玉林作题为“围绕大局，突出维护，团结动员职工为实现局‘十五’目标而努力奋斗”的工会工作报告。会议选举产生局工会第五届委员会和工会经费审查委员会，审议通过《电气化工程局“十五”发展规划》。

3 月 23 日 在全国总工会、全国妇联召开的“2000 年度全国巾帼文明示范岗”表彰大会上，电气化工程局工厂处德阳厂钢筋加工女职工班获“全国巾帼文明示范岗”称号。

3 月 28 日 电气化工程局党风廉政建设工作会议在北京召开，局纪委书记侯多智作题为“抓源治本，务求实效，努力开创党风廉政建设工作新局面”的报告。

4 月 1 日 物资处北京材料厂划归建筑处管理。

4 月 4 日 电气化工程局中标京秦客运通道提速通信、信号、电力和电气化改造工程（A8、B5 标段）。

4 月 17 日 电气化工程局一处获铁道部 2000 年度“火车头劳动奖杯”，二处陈华、三处王天录获“火车头奖章”。

4 月 27 日 电气化工程局工厂处李民获“首都劳动奖章”，15 人获北京市经济技术创新工程标兵个人，三处四段三队二班获北京市经济技术创新优秀班组。

4 月 28 日 电气化工程局一处团委获北京市“五四红旗团委”称号。

6 月 22 日 中国铁路工程总公司领导秦家铭、石大华等到电气化工程局宣布局领导班子调整结果，侯唯一任党委书记，刘志远任党委副书记、局长，王青斌、王其增、王天录、丁树奎任副局长，齐学勇任副局长兼总经济师，崔耀华任总会计师，于增任总工程师，侯多智任党委副书记，白克强任党委副书记、纪委书记，蒋玉林任工会主席。蔡李保、顾鸿鹏任调研员，荣秀宽、范守忠退休。

同日 电气化工程局职工持股会第一次代表大会在北京召开，审议通过《中铁电气化局集团职工持股会章程》实施办法及决议，选举蒋玉林为理事长，苏红岭为副理事长兼秘书长。

6 月 26 日 电气化工程局三处二段工会被中华全国总工会命名为“全国模范职工之家”。

6 月 29 日 北京市工商行政管理局批准“中铁电气化局集团有限公司”的注册登记申请，并核发企业法人营业执照。

同日 经北京市工商局批准，电气化工程局电信研究试验中心改制为有限责任公司，全称为“中铁电化集团北京电信研究试验中心有限公司”。

6 月 全局职工认购股金工作圆满结束，13740 名职工认购股金总额 4142.28 万元，超计划 1345.78 万元，超额 48.1%。

7 月 27 日 在全国工程建设企业管理现代化成果审定工作委员会召开的审定工作会议上，电化局一处“施工企业‘241’责任成本管理法”和二处“铁路信号设备更换施工管理”分获 2001 年度全国工程建设企业管理现代化成果二等奖和三等奖。

8 月 8 日 中铁电气化局集团有限公司正式成立。中国国际工程咨询公司党组书记、董事长屠由瑞，铁道部党组成员、副部长蔡庆华，总经济师王奎中，北京市工业工委书记、北京市经委主任金生官，中国铁路工程总公司总经理秦家铭、党委书记石大华等领导和近 70 个单位的贵宾及公司领导、员工共 1000 余人出席成立大会。蔡庆华、金生官、秦家铭、石大华共同为“中铁电气化局集团有限公司”、“中铁电气化局集团”揭牌。中铁电气化局集团第一批子公司第一、二、三、建筑工程有限公司和电信研究试验中心有限公司同时成立。

8 月 11 日 中铁电气化局集团有限公司第一次工作会议在北京召开，集团副处级以上干部参加会议，中国铁路工程总公司副总经理兼总工程师、中铁电气化局集团有限公司副董事长刘辉应邀出席并发表重要讲话。

8 月 18 日 中铁电气化局集团有限公司承建的国家“九五”重点建设项目哈大线电气化工程哈沈段建成开通，工程于 1998 年 5 月 18 日开工。

8 月 21 日 中铁电气化局集团有限公司中标秦沈客运专线“四电”工程。

8 月 26 日 中国共产党中铁电气化局集团有限公司第一次党员代表大会在北京召开。会议选举产生中国共产党中铁电气化局集团有限公司第一届委员会和中国共产党中铁电气化局集团有限公司纪律检查委员会。

9 月 10 日 中铁电气化局集团有限公司承建的武广全线电气化工程建成开通，在长沙举行开通仪式。工程于 1998 年 6 月 28 日开工。

10 月 12 至 13 日 中国实验室国家认可委员会对中铁电气化局集团有限公司接触网器材检测中心进行现场监督评审，认可授权的接触网器材 7 类产品共 78 项检测参数，按照 TB/T2073-98 等 41 项标准的检测能力予以继续确认。

10 月 16 日 铁道部副部长蔡庆华视察中铁电气化局集团一公司承建的京秦线唐山北至狼窝铺段电气化改造工程，对施工进度和工程质量给予高度评价。

11 月 5 日 以巴基斯坦铁路委员会赛义德·扎法尔将军为团长的巴基斯坦铁路代表团到中铁电气化局集团公司进行访问，集团公司副董事长、总经理刘志远，副总经理丁树奎与外宾就铁路建设合作事宜进行友好洽谈。

11 月 16 日 经北京市中关村科技开发区丰台科技园批准，北京市科学技术委员会核准，丰台科技园向中铁电气化局集团有限公司颁发高新技术企业证书，集团公司正式成为北京市高新技术企业。

11 月 17 日 中铁电气化局集团有限公司以领先第二名 7 分的绝对优势，一举中标北京快速铁路交通工程供电系统，标志着集团公司成功进入北京城市轨道交通市场。

11 月 28 日 中铁电气化局集团三公司孔强获铁道部“火车头奖章”。

同日 以中铁电气化局集团有限公司为主要承建单位的哈大电气化铁路全线开通，结束了中国东北没有电气化铁路的历史。工程于 1998 年 5 月 18 日开工。

12 月 4 日 中铁电气化局集团有限公司电气化分公司成立。

12 月 6 日 中铁电气化局集团有限公司容仕宽、电化设计院刘宝琨获第五届詹天佑铁道科技奖人才奖，电化设计院李金华获青年奖。2002 年 4 月 11 日，集团公司对以上人员给予重奖，分别奖励 10000 元和 8000 元。

12 月 19 日 中铁电气化局集团有限公司参与建设的朔黄铁路建成开通，工程于 2000 年 8 月 18 日开工。

12 月 21 日 中铁电气化局集团有限公司总经理刘志远到二公司进行工作调研。

12 月 24 日 中铁电气化局集团有限公司轨道交通事业部成立。

12 月 30 日 中铁电气化局集团有限公司陈建民、张伟获铁道部“火车头奖章”。

2002 年

1 月 8 日 中铁电气化局集团有限公司党政联合下发《中铁电气化局集团有限公司党委关于党风廉政建设责任制的规定》和《中铁电气化局集团有限公司党委关于党风廉政建设责任制检查考核和责任追究办法》。

1月26日 长春市轨道交通有限责任公司给中铁电气化局集团有限公司工厂处发来感谢信，对工厂处及时为长春快轨提供工程所需材料保证全线如期通车表示感谢。

1 月 中铁电气化局集团有限公司电气试验中心获得由中国国家认证认可监督管理委员会颁发的计量认证合格证书。至此，中铁电气化局集团有 3 个单位获得国家计量认证合格证书。另外两个单位分别是中铁电气化局有限公司宝鸡接触网零件检测中心和中铁电气化局集团电信研究试验中心有限公司。

同月 中铁电气化局集团有限公司宝鸡器材厂研制的接触网终端锚固线夹等 9 种高速接触网零件通过铁道部鉴定。

同月 发布《中铁电气化局集团临时工、劳务工管理办法》。

2 月 5 日 中铁电气化局集团有限公司纪委书记白克强被评为北京市优秀纪检监察干部。

2 月 7 日 组建中铁电气化局集团上海轨道交通工程公司，隶属集团公司轨道交通事业部。

2 月 8 日 中铁电气化局集团赵春军被中国安装协会授予“全国安装企业优秀项目经理”称号。

2 月 28 日 中铁电气化局集团有限公司获“全国安康杯竞赛优胜企业”称号，中铁电气化局集团有限公司安康杯竞赛组委会被授予“北京市安康杯竞赛优秀组织单位”称号。

3 月 1 日 中铁电气化局集团一公司一段四队女工班被命名为“北京市‘三八’红旗集体”。

3 月 3 日 神朔复线府谷至神池南段 132 公里电气化工程开工，2002 年 11 月 8 日开通。

3 月 14 日 中铁电气化局集团有限公司首届董事会三次会议暨股东会三次会议召开，对涉及集团公司 2002 年经营开发等 13 项议题进行审议研究，形成决议 18 个（股东会 8 个、董事会 10 个），对相关事宜作出重要决策。

3 月 19 日至 20 日 中铁电气化局集团有限公司第一届一次职工代表大会在北京召开。集团公司总经理刘志远作题为“加快改革步伐，强化企业管理，为实现集团可持续发展而努力奋斗”的行政工作报告，党委书记侯唯一作题为“坚持‘依靠’方针，健全完善制度，进一步加强和改进企业民主管理工作”的讲话。

3 月 22 日 成立中铁电气化局集团房地产开发公司，6 月 6 日完成公司工商注册，名称为“北京景旭房地产开发有限公司”。

3 月 27 日 铁道部副部长蔡庆华、总工程师王麟书、建设司司长杨建兴，在中铁电气化局集团有限公司总经理刘志远陪同下，检查京秦线、秦沈线工程。

3 月 中铁电气化局集团有限公司承建的广深铁路高速双线电气化工程获中国施工企业管理协会“全国用户满意工程”。

同月 中铁电气化局集团有限公司获北京市企业联合会、北京市企业家协会“2001 年北京企联系统优秀企业管理奖”。

同月 中铁电气化局集团有限公司召开党建暨思想政治工作第一次年会，选举产生集团公司党建暨思想政治工作研究会第一届理事会，讨论、修改并通过新的《集团公司党建暨思想政治工作研究会章程》。

同月 中铁电气化局集团有限公司 15 人获北京市经济技术创新标兵，一公司三段 315 班获北京市优秀经济技术创新班组，一公司获北京市经济技术创新优秀企业。

同月 中铁电气化局集团有限公司代铁道部编制的《秦沈客运专线电力牵引供电工程质量检验评定暂行标准》在全线实施。

同月 发布《中铁电气化局集团财务预算编制办法》，5 月发布《中铁电气化局集团资金管理办法》。

4 月 4 日 北方公司副总裁李建民应中铁电气化局集团有限公司总经理刘志远邀请，到公司洽谈伊朗工程合作事宜。

4 月 5 日 中铁电气化局集团有限公司董事长、党委书记侯唯一，总经理刘志远被选举为中国共产党北京市第九次代表大会代表。

4 月 6 日 中铁电气化局集团有限公司总经理刘志远、副总经理王其增、总工程师于增参加铁道部工程项目系统集成调研组赴上海调研，此行是集团公司争取铁道部在沟海线电气化工程中实行系统集成的重要活动。

4 月 10 日 哈大线电气化工程系统引进最终验收签字仪式在钓鱼台国宾馆举行。

4 月 12 日 内昆线王场至宜宾段电气化工程开通，工程于 2000 年 12 月 1 日开工。

4 月 16 日 北京西客站电气化试验中心工程获“北京市优秀青年工程”，12 月 28 日被评为“北京市用户满意工程”。

4 月 17 日 在北京市“万兴杯”QC 小组成果发布会上，中铁电气化局集团有限公司 12 个 QC 小组获北京市优秀 QC 小组，8 个 QC 小组获北京市“万兴杯”第二名。

4 月 18 日 中铁电气化局集团有限公司被中国质量协会命名为“2001 年度全国质量效益型先进企业”。

4 月 20 日 中铁电气化局集团建筑公司岳家楼项目部 QC 小组在中国质量协会“北海杯”邀请赛上获第三名，并获国家级优秀成果奖。

4 月 23 日 中铁电气化局集团孔令广获“首都劳动奖章”，任双喜、张喜龙、刘保顺获“火车头奖章”。

4 月 24 日 在中国铁路工程总公司纪念建团 80 周年暨首届十大杰出青年表彰大会上，中铁电气化局集团有限公司董安平获十大杰出青年称号，一公司被评为党建带团建先进单位。

4 月 26 日 在北京市第十一届团代会上，中铁电气化局集团有限公司贾惠平获北京市“五四青年”奖章，集团公司团委获北京市“达标创优”组织奖和调研工作组织奖，三公司团委被评为北京市红旗团委。

4 月 29 日 中铁电气化局集团二公司被湖北省科学技术厅认定为湖北省高新技术企业。

4 月 制定“企业文化建设三年规划”及中铁电气化局集团有限公司《礼仪手册》、《标识手册》和实施细则，下发推行。

同月 发布《中铁电气化局集团班组建设工作暂行规定》。

5 月 11 日 内昆线水富至人关段电气化工程开通，工程于 2001 年 5 月 18 日开工。

5 月 15 日 铁道部副部长蔡庆华在锦州主持召开秦沈线参建单位指挥长会议。中铁电气化局集团有限公司总经理刘志远要求集团公司秦沈指对施工会战进行全面部署，确保实现铁道部提出的建设目标。

5 月 18 日 中铁电气化局集团有限公司总经理刘志远、副总经理丁树奎会见由扎法尔将军率领的巴基斯坦铁路高级代表团。

5 月 21 日 中铁电气化局集团有限公司董事长、党委书记侯唯一，总经理刘志远在参加北京市第九次党代会期间，就北京市城轨建设建言献策。

5 月 30 日 印发《中铁电气化局集团审计工作实施办法》、《中铁电气化局集团公司领导人员任期经济责任审计办法》、《中铁电气化局集团公司项目经理部审计办法》、《中铁电气化局集团公司合同审计办法》、《中铁电气化局集团公司定期审计办法》等 5 个审计办法。

5 月 中铁电气化局集团有限公司副总经理王青斌被中国建筑业协会命名为“全国建筑业企业优秀项目经理”。

同月 按照北京市“中央在京企事业单位参加社会基本医疗保险”的要求，中铁电气化局集团有限公司在京单位参加地方医改的时间确定为 2003 年 1 月 1 日。

6 月 3 日 中铁电气化局集团有限公司首届董事会第四次会议召开，对《公司机关机构调整方案》、为工程总公司提供综合授信额度担保事宜进行审议研究，形成决议 2 个，对相关事宜作出重要决策。

6 月 6 日 中铁电气化局集团有限公司本部机构改革和人员全解重聘工作开始。通过改革，机关行政部门由原来的 19 个减少为 10 个，人员减少 106 人，实现总减员 20%的目标。行政机构设 8 部 2 室：办公室、技术发展部、经营计划部、生产质量部、安全监察室、企业策划部、财务部、人力资源部、审计部、监察部；组建社会事业管理中心；组建分公司、事业部：科技开发中心、轨道交通事业部、电气化分公司、国际工程部、物资公司、文化公司；公安处列为直属单位。新机构 8 月 1 日开始运行。

6 月 8 日 中铁电气化局集团电信研究试验中心有限公司质量体系文件通过国家实验室认可委员会评审。电信中心公司扩项申请顺利通过，获得 ATM、数据网等检测项目的检测许可。

6 月 27 日 中铁电气化局集团有限公司召开开拓工民建市场研讨会，明确提出，大力开拓工民建市场是中铁电气化局集团发展战略的重大调整，决定，建立以建筑工程公司为龙头，一、二、三工程公司建筑段共同参与，走集团化发展道路的市场开发机制。

6 月 30 日 中铁电气化局集团有限公司和 4 个子公司的资质就位材料全部通过建设部审核批准。集团公司和 4 个子公司的资质由原来的 15 项增加到 23 项，资质升级 2 项，实现了集团公司的就位目标。

7 月 1 日 中铁电气化局集团有限公司召开建党 81 周年庆祝大会。

7 月 11 日 中铁电气化局集团二公司袁玉森获首届“全国青年创新创效奖”。

7 月 31 日 铁道部副部长蔡庆华在全路第八次工程质量现场会上对电气化工程质量给予高度评价，特别是以引进德国新技术的哈大电气化工程为标志，中国电气化工程质量又上一个台阶。

7 月 中铁电气化局集团有限公司获北京市“思想政治工作先进单位”称号。

8 月 8 日 铁道部副部长蔡庆华视察中铁电化局施工的秦沈线“四电”工程。

8 月 18 日 中铁电气化局集团有限公司承建的香港将军澳地铁支线建成通车，香港特区政府行政长官董建华为开通剪彩。该线全长 12.5 公里，工程于 1999 年 4 月动工。

8 月 25 日 中铁电气化局集团有限公司总经理刘志远被北京质量管理协会授予“北京质量管理优秀企业家”称号。

8 月 26 日 铁道部总工程师王麟书视察中铁电气化设计院。

同日 中铁电气化局集团有限公司向工程总公司报送《关于请求解决中铁电气化局集团有限公司总承包资质问题的报告》，要求对集团公司进行重组，从本质上转变为综合工程局。

9月8日 中铁电气化局集团有限公司在京召开经营工作会议，提出“统放结合，以放为主，统放有度”的市场开发思路，调动各子、分公司参与市场竞争的积极性。

9月13日 国有企业监事会第40办事处吕黄生主席在中铁工程总公司李建生总会计师陪同下到中铁电气化局集团有限公司检查指导工作。

9月17日 中铁电气化局集团有限公司在京举办高级财务管理培训班，邀请大学知名教授授课。

9月23日 铁建协组织铁道部优质工程评审专家组对中铁电气化局集团有限公司承建的广深三线电气化工程进行现场质量检查，一致认为广深三线电气化工程各项指标符合铁道部优质工程质量标准。

9月 中华全国总工会副主席、书记处第一书记张俊九在伊朗访问期间视察由中铁电气化局集团有限公司设计施工的德黑兰郊区地铁工程，并与集团公司在伊人员进行座谈。

同月 中铁电气化局集团电信研究试验中心有限公司获中国计量测试学会2002年度“计量、测量、服务”管理达标会员单位称号。

10月6日 中铁电气化局集团工厂处处长戴清森撰写的《横腹杆式预应力混凝土支柱代替钢柱的探讨》一文，获国家经贸委经济研究中心优秀论文一等奖，被收录《中国经济技术发展优秀文集》。

10月17日 中铁电气化局集团有限公司被中国质量管理协会命名为全国质量管理小组活动优秀企业，王新民、姜宏勋、郭仁良被评为全国质量管理小组活动优秀推进者，一公司二段光缆接续QC小组、一公司三段哈大四平指挥部QC小组、二公司建筑段星星之火QC小组、三公司一段段部QC小组、建筑公司新菏指挥部QC小组、保定制品厂方杆暴皮攻关QC小组被命名为全国优秀质量管理小组。

同日 中铁电气化局集团有限公司襄樊机械厂设计制造的单轨作业车在重庆首次上线试车成功。

10月22日 中铁电气化局集团有限公司召开秦沈线客运专线弓网关系预评估会，铁道部副部长蔡庆华、总工程师王麟书及铁道部、建设、设计单位的专家参加会议，对中铁电气化局集团有限公司在秦沈实验段取得的技术成果给予高度评价。

同日 中铁电气化局集团有限公司电气化试验中心（电气化大厦）在北京正式启用。全国政协常委屠由瑞、铁道部副部长蔡庆华、总工程师王麟书等领导和北京市有关局、委、办，铁道部有关司、局、办、中心，北京铁路局、铁科院、铁三院、北方交大等单位领导以及工程总公司有关领导近300人出席启用仪式。蔡庆华副部长和工程总公司石大华书记为试验中心揭牌，中铁电气化局集团有限公司总经理刘志远在启用仪式上致辞，首都文艺界名家到场助兴。

10 月 30 日 中铁电气化局集团一公司参建的长春轻轨 1 号线试运营典礼在长春市朝阳桥轻轨大厦举行。

10 月 中铁电气化局集团有限公司在北京市“两会”(思想政治工作研讨会、企业文化协会)“丹柯杯”优秀研究会评选活动中，获二等奖 1 个、三等奖 2 个、优秀奖 4 个。集团公司获北京市“两会”工作奖，工厂处侯继昌获优秀工作者奖。

同月 中国企业文化建设协会授予中铁电气化局集团三公司“中国企业文化先进集体”称号。

同月 中铁电气化局集团一公司获北京市“首都精神文明建设先进单位”称号。

同月 在全国施工企业第 17 次 QC 小组会上，中铁电气化局集团二公司三段 QC 小组获国家优秀 QC 小组称号。

11 月 1 日 朔黄线太师庄至沧州西段 77 公里电气化工程开通，工程于 2001 年 9 月 21 日开工。

11 月 12 日 铁道部副部长蔡庆华视察秦沈客运专线工作。

11 月 13 日 大连轻轨 2 号线工程开通，工程于 2001 年 7 月 28 日开工。

11 月 23 日 在丰台区第十一届人大五次会议上，中铁电气化局集团有限公司总经理刘志远当选为北京市第十二届人民代表大会代表。

11 月 26 日 中国土木工程学会、中国科学技术发展基金会和詹天佑工程科技发展基金会在北京友谊宾馆隆重举行第二届詹天佑土木工程大奖颁奖典礼。建设部部长汪光焘、铁道部副部长蔡庆华、两院院士李国豪、中国科协副主席陆延昌等领导参加典礼并给获奖单位代表颁奖。由中铁电气化局集团有限公司设计、承建的广深铁路准高速双线电气化工程榜上有名。

11 月 30 日 中铁电气化局集团宝鸡器材厂谢潇研制开发的高速电气化接触网零件铝合金轻型组合定位器，获北京市创新优秀成果奖。

11 月 中铁电气化局集团有限公司总会计师崔耀华当选为中国总会计师协会理事。

同月 在铁道部举行的工法评审中，中铁电气化局集团有限公司 2001 年推荐报部的 7 项工法有 4 项被评为部级工法。

12 月 1 日 中铁电气化局集团有限公司承建的秦沈客运专线电气化工程一次送电成功，并于当日下午通过热滑试验，标志着秦沈客运专线电气化工程正式建成，并进入动车组试验阶段。工程质量初验全部优良，受到铁道部秦沈总指的高度赞扬。秦沈线秦皇岛至沈阳北段全长 292 公里，该工程于 2001 年 10 月 15 日开工。

12 月 6 日 中铁电气化局集团有限公司副总经理王其增撰写的《工程建设项目物资招投标中有关问题的探讨》论文，获“2001 年度交通系统科技成果交流会”科技成果一等奖。同时，该文收入《当代中国领导参考文库》。

12 月 15 日 襄渝线电气化扩能改造工程开通，工程于 2001 年 1 月 12 日开工。

本年 在北京市国家安全局组织召开的 2002 年国家安全小组工作会议上，中铁电气化局集团有限公司获 2001 年国家安全小组先进集体，赵玉珉获 2001 年国家安全先进个人。

本年 中铁电气化局集团有限公司再次获得国家权威机构颁发的“AAA”资信等级证书，同时取得中国光大银行 2 亿元的综合授信额度，为公司的经营生产提供有力资金保障。

本年 中铁电气化局集团有限公司研制开发的“提高接触网可靠性的施工技术”、“PNX 型铁路信号智能电源系统”科研成果获 2002 年度中国铁道学会科学技术奖二等奖，“PNX 型铁路信号智能电源系统”还获北京市科学技术三等奖，并与“上海明珠线牵引供电施工技术”同获中铁工程总公司科学技术三等奖。

2003 年

1 月 1 日 中铁电气化局集团有限公司 GB/T19001—2000 版《质量手册》和《程序文件》开始实施，集团公司质量管理体系（2002A 版）正式运行。

1 月 6 日 宝兰二线天水-兰州段开通庆典仪式在兰州火车站隆重举行，甘肃省省委书记宋照肃、省长陆浩、省人大主任卢克俭、铁道部政治部主任王宪奎等领导出席庆典仪式。宝兰二线是陇海铁路最西端的一段单线电气化铁路，是西北地区与内地联系的主要通道之一，也是新亚欧大陆桥的一段。中铁电气化局集团承担此段电气化铁路 71.9 正线公里接触网工程、新建 2 所、改造 2 所的变电工程、110 公里信号工程和 79 公里电力工程。

1 月 8 日 湘桂铁路黎塘至南宁复线工程全线通车，铁道部副部长蔡庆华、广西壮族自治区党委副书记王万宾出席在南宁站举行的开通典礼。中铁电气化局集团三公司承担黎塘至邕宁段 68.9 公里线路的通信、信号、电力、房屋、给排水和机车车辆设备安装等多项工程。

1 月 21 至 22 日 中铁电气化局集团有限公司党委一届三次全委（扩大）会议在北京召开，工程总公司党委副书记、总经理秦家铭到会并作重要讲话，集团公司党委书记侯唯一作题为“以十六大精神为指导，抓住机遇加快发展，为实现集团公司‘二次创业’的奋斗目标而努力”的党委工作报告，听取集团公司党委副书记、总经理刘志远所作的行政工作报告。

1 月 28 日 中铁电气化局集团一公司承建的北京城市铁路 13 号线供电系统全线开通，工程于 2001 年 12 月 1 日开工。

2 月 28 日 中铁电气化局集团三公司参建的神朔线大柳塔至朔州铁路电气化工程获 2002 年度国家优质工程银质奖，这是此次获国家优质工程奖的唯一铁路工程。

同日 中铁电气化局集团一公司、三公司被评为“北京市安康杯竞赛先进单位”，中铁电气化局集团有限公司被授予“北京市安康杯竞赛优秀组织单位”。

3 月 4 日 中铁电气化局集团第三届科技创新大会在北京电气化大厦召开。会议对获得 2002 年度詹天佑奖、国家科技进步奖、总公司科技进步奖和电化局科技进步奖的集体和个人，以及优秀青年科技工作者进行表彰，并聘任首批 4 位企业资深专家和 59 名技术专家，对资深专家和技术专家每月分别增发 1000 元和 500 元津贴。

3 月 6 日至 7 日 中铁电气化局集团有限公司一届二次职工代表大会在北京召开，集团公司总经理刘志远作题为“适应全面建设小康社会新要求，努力开创集团‘二次创业’新局面”的行政工作报告，集团公司党委书记、董事长侯唯一作题为“学习十六大精神，实践‘三个代表’，为实现集团公司‘二次创业’的目标而努力奋斗”的讲话。

3 月 17 日 设立中铁电气化局集团有限公司南京办事处。

3 月 19 日 中铁电气化局集团有限公司被中国施工企业管理协会授予“2002 年度全国用户满意施工企业”，这是集团公司连续第二次获此称号。

3 月 23 日 中铁电气化局集团三公司承建的被称为“亚洲第一环线”的山东青岛四方机车车辆厂 4.3 公里环行试验线工程一次送电成功，建设单位的验收评价为“工程质量全优”。

4 月 1 日 中铁电气化局集团有限公司发布《优秀工程设计奖评选办法》、《工业产品质量管理办法》。

4 月 2 日至 3 日 中铁电气化局集团有限公司思想政治工作暨党风廉政建设工作会议在北京召开，集团公司党委书记侯唯一、总经理刘志远、纪委书记白克强分别作题为“实践‘三个代表’，发挥政治优势，为集团改革发展提供强有力思想和组织保证”、“适应新形势，迎接新挑战，更好地为企业改革发展服务”、“深入学习贯彻党的十六大精神，努力开创党风廉政建设和反腐败工作新局面”的讲话。

4 月 7 日 中铁电气化局集团有限公司整理发布《外来环境法规有效版本目录》、《跨座式作业车安全技术操作规程》。

4 月 12 日 中铁电气化局集团有限公司总经理刘志远被北京市企业联合会、北京市企业家协会评为“北京市第二届优秀创业企业家”，集团公司获“优秀企业管理奖”。

同日 中铁电气化局集团丁晋春、程德勤、卢勃、赵春军被中国建筑业协会工程项目管理委员会授予首届（2003 年）全国建筑业企业优秀项目管理者。

4 月 18 日 中铁电气化局集团有限公司成立以党委书记、董事长侯唯一为组长，总经理刘志远、工会主席蒋玉林、副总经理王天录为副组长的“非典型肺炎”预防工作领导小组，对预防工作进行统一部署指挥。

4 月 22 日 中铁工程咨询公司更名为北京万友诚信工程咨询公司。

5 月 13 日 中铁电气化局集团有限公司总经理刘志远专程到北京市东城区苏州胡同家属区，亲切慰问抗击“非典”一线医务工作者、中日友好医院护士、北京市阻击“非典”护士英雄榜成员之一刘萍的家属第八公安处民警张红军及家人。

5 月 19 日 中铁电气化局集团一公司韦国被北京质量管理协会评为“2003 年北京质

量管理优秀企业家”。

5 月 21 日 中铁电气化局集团有限公司组成由党委书记侯唯一、副总经理王青斌和工会主席蒋玉林分别领队的 3 个检查组对北京市八通线地铁等北京辖区的建筑工地进行“非典”防治、安全管理、施工生产综合检查，保证防“非典”各项措施的落实和施工生产的正常进行。

6 月 11 日 中铁电气化局集团有限公司抓住北京市防“非典”形势好转的有利形势，抓紧实施信息化建设，成立信息化工作领导小组，总经理刘志远任组长，党委副书记和所有行政领导副职任副组长。

6 月 16 日 中铁电气化局集团有限公司出台《中铁电气化局集团物资公开采购的若干规定》。

6 月 17 日 成立中铁电气化局集团有限公司电气试验中心。

6月18日 中铁电气化局集团有限公司与中国光大银行在北京电气化大厦举行签字仪式，中国光大银行正式将中铁电气化局集团有限公司的授信额度由 1.4 亿元提高到 3.5 亿元。中国光大银行总行营业部主任张华宇出席签字仪式并与中铁电气化局集团有限公司董事长侯唯一签订授信协议。

6 月 20 日 中铁电气化局集团承建的新月铁路电气化工程送电开通，工程于 2002 年 3 月 28 日开工。

6月26日 中铁电气化局集团电气化勘测设计院副总工程师陆明强当选为中国工会第十四次代表大会代表。

6 月 28 日 中铁电气化局集团设计施工的广州地铁 2 号线正式开通。广州地铁 2 号线全长 23.265 公里，于 2001 年 11 月开工。

6 月 30 日 中铁电气化局集团承担施工的宝兰铁路增建二线电气化工程开通，工程于 2001 年 8 月 18 日开工。

6 月 中铁电气化局集团有限公司 2003 年“安全生产月”活动在全集团范围全面展开。

同月 中铁电气化局集团中标青藏线格尔木至拉萨“三电”工程 4 个标段，工程总投资额 51128 万元。

同月 中铁电气化局集团容仕宽、徐新平获“火车头奖章”，孟宪浩获“首都劳动奖章”。

7 月 11 日 中铁电气化局集团有限公司总经理刘志远在司务（扩大）会议上针对当前面临的机遇和困难，提出五条措施。一是进一步解放思想，转变观念，在思想上实现与时俱进；二是进一步深化改革，努力适应市场形势变化和企业发展需要；三是未雨绸缪，积极做好技术储备，适应铁路跨越式发展需要；四是进一步加强人才队伍建设，为企业长远发展奠定基础；五是坚持多元化发展道路，促进集团公司持续稳定发展。

7 月 20 日 铁道部副部长陆东福在铁道部副总工程师鞠家星、中国铁路工程总公司总经理秦家铭、中铁电气化局集团有限公司总经理刘志远、总工程师于增的陪同下视察中铁电气化设计院。

7 月 28 日 成立中铁电气化局集团有限公司法律事务部。

7 月 30 日 中铁电气化局集团有限公司金家村住宅工程开工。该工程包括住宅楼 2 座，设计楼高分别为 19 层和 20 层，建筑面积共 34558 平方米。

7 月 建设部部长汪光焘一行在重庆市建委、重庆市轨道交通总公司等单位领导的陪同下视察建设中的重庆轻轨工程。

同月 中铁电气化局集团有限公司总经理刘志远获“全国铁路优秀职工之友”称号，张黔凯获“全路优秀工会积极分子”称号，集团一公司一段工会被命名为“全路模范职工小家”。

8 月 22 日 在北京市第十届“全国企业家活动日”暨企联系统秘书长企业家联席会议上，中铁电气化局集团有限公司获北京市 2002 年优秀企业管理奖，中铁电气化局集团有限公司企业管理协会获北京市 2002 年优秀企协奖。

8 月 27 日 中铁电气化局集团曹东白等人撰写的“高速铁路电气化技术特点”在中国科协 2003 年学术会铁道分会上获一等优秀论文。

8 月 中铁电气化局集团有限公司提出，到 2010 年培养出十名资深专家、百名技术主管、千名青年科技拔尖人才、万名能工巧匠的“十、百、千、万人才工程”，制定评聘办法。

同月 中铁电气化局集团有限公司试行为有突出贡献的专业人才发放交通补贴。被确定为有突出贡献的专业人才，若自购公务车辆，可享受每月 2200 元的交通补贴；没有自备车辆或不符合自驾车条件的，则根据有关条件享受每月 1000 元或 500 元的交通补贴。

9 月 16 日至 18 日 中铁电气化局集团工程项目党建和思想政治工作现场会在陕西临潼召开。集团公司党委书记侯唯一、总经理刘志远分别作题为“实践‘三个代表’，发挥政治优势，为加强工程项目管理提供组织保证和精神支持”和“与时俱进，创新实践，努力开创集团工程项目管理新局面”的讲话。

9 月 30 日 中铁电气化局集团参建的津滨轻轨一期工程建成通车。该线全长 45.785 公里，工程于 2002 年 11 月 20 日开工。

9 月 在北京团市委举办的“学习实践‘三个代表’，为团旗增辉”主题团日活动方案设计大赛中，中铁电气化局集团二公司五段四队团支部设计的“实施青年‘提素工程’，创建学习型团组织”活动方案获优秀奖。

同月 法国国营铁路总公司派高级专家组到中铁电气化局集团有限公司共同举办电气化铁路建设研讨会。

同月 中铁电气化局集团有限公司工会举办第六届职工绘画、摄影展览，共有 89 名职工的 152 幅作品参展。

10月13日 中铁电气化局集团有限公司在石家庄举办首届青年计算机技能竞赛，集团35岁以下26名非计算机专业青年参加比赛。

10月14日 中建协认证中心对中铁电气化局集团有限公司颁发质量管理认证证书。

10月22日 中铁电气化局集团8个QC小组获铁道部优秀QC小组，其中建筑公司岳家楼项目部QC小组获全国优秀QC小组。

10月27日 中铁电气化局集团积极做好下岗职工的培训和重新安排上岗工作，又有19名培训合格的下岗职工获得重新上岗的机会。

同日 中铁电气化局集团三公司获得由中国企业联合会、中国企业家协会颁发的“2003年度中国企业文化优秀奖”。

10月28日 在全国第25次QC小组成果发表会上，中铁电气化局集团有限公司获优秀成果5项，获全国质量管理小组活动优秀企业，刘志远获全国质量管理小组活动卓越领导者，西彦华获全国质量管理小组活动优秀推进者。

10月29日 国家档案局副局长、中央档案馆副馆长杨公之在重庆市档案局、重庆市轨道交通总公司领导的陪同下到中铁电气化局集团重庆轻轨项目部检查档案工作

同日 中建协认证中心对中铁电气化局集团有限公司颁发环境管理认证证书。

11月13日 中铁电气化局集团刘杰、杨金让、黄悦凡被评为“全国重点工程建设优秀项目经理”。

同日 中铁电气化局集团“9·14”特大职务侵占案件告破，犯罪嫌疑人刘希杰被抓捕归案。共计收缴赃款、赃物折合人民币203.9707万元、台币100元、人民币纪念币1300元。

11月20日 中国铁路工程总公司以中铁程改[2003]388号文件发布“关于中铁电气化局集团有限公司、西安铁路工程（集团）有限责任公司进行资产重组的决定”，西安铁路工程（集团）有限责任公司整体并入中铁电气化局集团有限公司，中铁电气化局集团有限公司由专业化工程公司改组成为综合特大型工程建设集团。

11月21日 中铁电气化局集团有限公司被评为“2002年度全国质量效益型先进企业”，这是集团第三次获此称号。

11月26日 中铁电气化局集团与西安铁路工程集团重组大会在北京举行。郑州铁路局局长徐宜发、总经济师张永贵、中铁工程总公司副总经理李长进、西安铁路分局党委副书记闫宣树、副分局长胡晓波等领导出席会议。这次大会的召开，标志着中铁电气化局集团与西安铁路工程集团正式重组。重组后的中铁电气化局集团企业总资产达44.8亿元，职工总数22000多人，实现由专业化工程公司向综合特大型工程建设企业的历史性跨越。

同日 伊朗地铁公司总裁哈伊米一行在中铁电气化局集团有限公司和中信国合公司有关领导的陪同下，考察正在施工的重庆市较新线工地，对工程质量及轻轨对沿线景观的美化作用表示称赞。

11 月 日本驻华大使阿南惟茂一行考察中铁电气化局集团正在施工的重庆市较新线轻轨工程施工工地。

12 月 18 日 中国铁路工程总公司党委宣布对中铁电气化局集团有限公司领导班子的调整决定，总公司党委副书记、纪委书记高树堂兼任中铁电气化局集团有限公司董事长，王其增任党委书记、副董事长人选，卢勃任副总经理。原党委书记、董事长侯唯一改任调研员。

12 月 20 日 铁道部副部长、铁道部西安南京铁路西安至合肥段初验委员会主任陆东福到西南铁路新丰镇枢纽编组站，现场检查Ⅴ场电气化改（扩）建工程。

同日 香港西部铁路正式通车，该线全长 30.5 正线公里。中铁电气化局集团承建的电气化工程于 2001 年 8 月 6 日开工，2003 年 8 月 29 日竣工。

12 月 22 日 中铁电气化局集团有限公司组织由集团公司党政纪工团领导和公司党政各部门负责人组成的重组交接工作组，赴西安完成对与西安铁路工程公司的企业重组交接。

12 月 23 日 中铁电气化局集团电信研究中心有限公司通过中国实验室国家认可委员会新版实验室认可准则 CNAL/AC01：2002 首次评审。

12 月 24 日 在北京质量管理协会表彰大会上，中铁电气化局集团有限公司获北京质量管理先进企业卓越奖（北京最高质量管理奖项）。

同日 在第四届北京用户满意工程联合推进大会上，中铁电气化局集团建筑公司获“全国用户满意服务”、“北京市用户满意企业”奖，该公司谢宜清被授予“北京市 2003 年实施用户满意工程先进个人”称号。

12 月 25 日 白克强任中铁电气化局集团有限公司总法律顾问。

12 月 27 日 北京地铁八通线正式开通运营，庆典仪式在通州北苑车站隆重举行。中共中央政治局委员、北京市委书记刘淇，北京市代市长王歧山，铁道部副部长孙永福等有关部委领导以及地铁公司、施工单位领导出席开通仪式。中铁电气化局集团有限公司总经理刘志远参加仪式。

12 月 28 日 中铁电气化局集团承建的西安南京铁路西合段电气化工程开通，工程于 2002 年 6 月 18 日开工。

12 月 29 日 中铁电气化局集团有限公司举办经济知识讲座，聘请中央党校谢鲁江教授讲授当前中国经济政策和资本运营有关知识。

12 月 在共青团中央、全国青联组织开展的第六届“中国青年科技创新奖”评选活动中，中铁电气化局集团刘重阳获“中国青年科技创新优秀奖”。

本年 中铁电气化局集团有限公司组织编写的《秦沈客运专线四电工程技术总结》编印完成，标志着中铁电气化局在时速 200 公里以上电气化铁路施工技术上更加成熟、配套和完善。铁道部副部长蔡庆华为该书作序。

本年 中铁电气化局集团有限公司启动“二次创业电化青年成才工程”。实施青年成才工程是根据中铁电气化局把企业的发展重点转移到依靠科技进步和提高劳动者素质的新形势提出来的。

本年 中铁电气化局集团有限公司容仕宽、董安平被北京市工业工委、北京市经委评为“北京百名优秀专业技术人才”，每人获5000元奖励。

2004年

1月10日至11日 中铁电气化局集团有限公司召开发展研讨会，工程总公司党委副书记、纪委书记、中铁电气化局集团有限公司董事长高树堂出席会议并作重要讲话。

1月18日 中铁电气化局集团有限公司质量管理体系（2000版）及环境、职业安康管理体系通过中国建筑业协会认证中心的审核认证，取得认证证书。

1月 中铁电气化局集团有限公司入围北京百强企业，排序第41名。这对进一步提升中铁电气化局集团在北京的知名度和影响力、开拓北京建筑业市场具有积极的推动作用。

2月21日 中铁电气化局集团中标沟海铁路电气化改造牵引供电工程，该工程是路内首次采取施工总承包形式进行招标的项目。

2月27日 中铁电气化局集团有限公司党委一届四次全委（扩大）会议在北京召开，集团公司党委书记王其增作题为“发挥党委政治核心作用，坚持以人为本，积极推进集团公司全面协调可持续发展”的工作报告，听取党委副书记、总经理刘志远所作的行政工作报告。

2月28日至29日 中铁电气化局集团有限公司一届三次职工代表大会在北京召开，集团公司总经理刘志远作题为“抓住机遇，拼搏进取，谱写集团公司改革发展新篇章”的行政工作报告，集团公司董事长高树堂作题为“求真务实，加快发展，开创集团公司各项工作新局面”的讲话，集团公司党委书记王其增作题为“为积极推进集团公司全面协调可持续发展努力奋斗”的讲话。

2月29日 中铁电气化局集团有限公司史志编纂委员会第六次全体会议在北京召开，集团公司总经理刘志远在讲话中回顾七年史志工作取得的成绩，对下一步史志工作做出部署。

2月 中铁电气化局集团建筑公司承建的岳家楼8号楼工程被北京市优质工程评审领导小组评为2002年度结构“长城杯”金奖和竣工“长城杯”银奖，北蜂窝路综合住宅楼被评为北京市结构“长城杯”银奖。

3月1日 李同茂任中铁电气化局集团有限公司副总经理。

3月5日 中铁电气化局集团有限公司总会计师崔耀华在2003年度“巾帼岗位创新”活动中被中华全国总工会评为“全国先进女职工”。

3月15日 中铁电气化局集团有限公司承建的京郑线京安段提速改造工程全部完成。

3月25日 中铁电气化局集团有限公司承建的大秦线电气化铁路2亿吨扩能改造工程

开工，2006 年 3 月 24 日竣工。

3 月 29 日 公布中铁电气化局集团有限公司首批 114 名青年科技拔尖人才。

3 月 中铁电气化局集团有限公司工会主席蒋玉林和范陆军、鲍叔仁、程德勤、王林祥获 2004 年度“火车头奖章”。西铁工程公司马岁满获“首都劳动奖章”。中铁电气化局集团有限公司获全国“安康杯”竞赛先进企业。中铁电气化局集团三公司、电气化分公司、轨道交通事业部获北京市“安康杯”竞赛优胜单位。集团公司 2 个集体和 17 名个人分别获北京市经济技术创新优秀企业、优秀班组和标兵称号。

同月 中国铁道学会评选出中国铁道学会学科带头人 127 名，中铁电气化局集团有限公司总工程师于增、副总工程师单圣熊和中铁电气化勘测设计研究院副院长曹东白被评为电气化专业学科带头人，中铁电气化局集团北京电铁通信信号勘测设计院院长马其祥被评为电磁兼容专业学科带头人。

同月 中铁电气化局集团承建的北京中铁电气化试验中心获中国铁道工程建设协会评选的 2003 年度火车头优质工程二等奖。

同月 中铁电气化局集团刘月森、杨静贵、乔忠民被评为中国铁道工程建设协会 2003 年度铁路施工企业优秀项目经理。

4 月 10 日 铁道部副部长胡亚东视察北京站扩容改造和站台无柱雨蓬工程。

同日 中铁电气化局集团承建的安阳至武汉电气化提速改造首期工程（武汉分局管内）顺利峻工并交付使用。

4 月 11 日和 9 日 北京市委副书记强卫、副市长刘敬民在参加北京团市委组织的青年突击队活动时，分别到中铁电气化局集团有限公司视察，并与工程总公司党委副书记、纪委书记高树堂和中铁电气化局集团领导班子全体成员进行亲切座谈。

4 月 11 日至 12 日 中铁电气化局集团有限公司思想政治工作暨党风廉政建设工作会议在北京召开，集团公司党委副书记侯多智作题为“围绕中心，创新机制，以人为本，求真务实，为集团公司全面协调可持续发展提供思想和组织保证”的工作报告，党委副书记、纪委书记白克强作题为“深入开展党风建设和反腐倡廉工作，为集团公司改革发展提供纪律保证”的工作报告。

4 月 13 日 工程总公司副总经理孟凤朝到中铁电气化局集团重庆轻轨工地检查指导工作。

4 月 15 日 中铁电气化局集团承建的粤海通道环岛六站房建、通信、信号工程开通使用。

4 月 16 日 中铁电气化局集团承建的胶济铁路电气化改造工程 DQ-4 标段，经过为全面提速重新进行施工设计后，正式复工。

4 月 18 日 中铁电气化局集团承建的成都至青白江段电气化工程开通并交付使用，工程于 2003 年 3 月 8 日开工。

4 月 19 日 中铁电气化局集团承建的朔黄线太师庄至沧州西段新增二线电气化工程开通。

4 月 20 日 在北京市青年突击队成立 50 周年纪念大会上，中铁电气化局集团王毓敏青年突击队获“新世纪北京市优秀青年突击队标杆”称号。

4 月 26 日 中铁电气化局集团二公司上榜第二届“全国诚信单位光荣榜”。

4 月 30 日 中铁电气化局集团承建的神朔线大柳塔至神木北段二期信号、通信工程开通。

4 月 中铁电气化局集团圆满完成京郑提速改造、大秦线 2 亿吨改造延庆至下庄试验段、京沪提速信号改造、京广线安阳至武昌段提速改造、北京站站台雨棚吊顶及电力和自动化、北京西客站扩能改造及自动化等工程，确保铁道部第五次大提速的顺利实现。

同月 中铁电气化局集团一公司副总经理李爱敏被中国施工企业管理协会评为 2003 年度全国工程建设优秀项目经理。

5 月 1 日 中铁电气化局集团有限公司机关本部实施岗位薪点工资。岗位薪点工资由岗位薪点、基本薪点、工龄薪点、绩效薪点和薪点值构成。岗位薪点共设 12 个岗级，每岗级设 3 档，最低 120 点，最高 860 点。

5 月 3 日 铁道部副部长孙永福到青藏线中铁电气化局集团各项目部检查指导工作，慰问一线职工。

5 月 9 日 中铁电气化局集团有限公司获 2003 年度全国质量效益型先进企业，并因连续三年获此称号被中国质量协会授予全国质量效益型先进企业特别奖。

5 月 10 日 中铁电气化局集团承建的贵州铁通湄潭至德江 113.6 公里通信工程开通。

5 月 11 日 中铁电气化局集团有限公司在北京召开“铁路第五次大提速暨扩能改造工程建设总结表彰大会”。

5 月 13 日 中铁电气化勘测设计研究院《高速铁路电气化技术特点》论文获中国铁道学会 2003 年度优秀学术论文评比一等奖。

5 月 17 日 中铁电气化局集团有限公司在北京召开 BJ200 系列接触网零件可靠性分析报告会，铁道部总工程师何华武，副总工程师、建设司司长杨建兴，工程总公司副总经理、总工程师刘辉参加会议。

5 月 中铁电气化局集团西安铁路工程公司获全国“五一劳动奖状”。

同月 中铁电气化局集团陇海铁路灞河桥抢险抢建青年突击队被团中央命名为 2003 年度“全国青年文明号”。

同月 中铁电气化勘测设计研究院陆明强、孟祥奎分别被授予第六届詹天佑铁道科学技术奖人才奖和青年奖。

同月 中铁电气化局集团中标大秦铁路 2 亿吨扩能电气化配套工程，中标总价为 8.26 亿元。这是中铁电气化局集团继中标沟海线电气化工程总承包项目后，中标的又一个铁路电气化总承包项目。

6 月 4 日 中铁电气化局集团有限公司将原西安铁路工程（集团）公司整合重组为西安铁路工程有限公司、西安铁路建设有限公司、西安电气化工程处、西安通信信号工程处，并成立铁路工程分公司。

6 月 26 日 中铁电气化局集团有限公司总经理刘志远、副总经理王青斌被聘任为兰州交通大学兼职教授。

6 月 中铁电气化局集团一公司被首都精神文明建设委员会评为 2003 年度“首都文明单位”。

7 月 15 日 中铁电气化局集团有限公司在北京召开青年突击队成立 20 周年纪念大会。

7 月 20 日 中铁电气化局集团承建的昆明铁路集装箱中心站开工建设动员大会在南昆铁路新建站昆明南站隆重举行。

7 月 23 日 中铁电气化局集团承建的哈大电气化铁路改造牵引供电工程、哈大电气化铁路陶赖昭至大连段自动闭塞工程获“2003 年度铁道部优质工程奖”一等奖，内昆铁路宜宾至六盘水枢纽段通信工程、内昆铁路内江至宜宾段电气化工程获二等奖。

7 月 30 日 中铁电气化局集团承建的宝鸡渭河大桥工程竣工。

8 月 1 日 中铁电气化局集团承建的株六线（成都局管内）贵阳枢纽电气化改造工程倒接开通，至此全线电气化改造工程全部完成。

8 月 5 日 中铁电气化局集团有限公司铁路工程施工总承包特级资质和机电安装工程施工总承包一级资质获建设部批准。

同日 中铁电气化局集团有限公司在北京召开工作会议，回顾和总结全集团近期工作进展情况，分析企业面临的形势和任务，研究和确定今后一段时期的发展方向和目标，制定和落实确保完成年度各项任务目标的措施和要求。

8 月 6 日 中铁电气化局集团有限公司企业文化建设工作会议在北京召开，集团公司党委书记王其增作题为“大力弘扬企业精神，打造中铁电气化品牌，建设与集团发展战略相适应的先进文化体系”的讲话，总经理刘志远作题为“强本铸基，育人塑形，为实现集团‘五四战略’提供强大的文化支撑”的讲话。

8 月 11 日 铁道部副部长陆东福和有关司局领导在中铁电气化局集团有限公司总经理刘志远的陪同下到中铁电气化局集团大秦线检查指导工作。

8 月 30 日 中铁电气化局集团承建的南京地铁 1 号线工程竣工，工程于 2003 年 8 月 1 日开工。

8 月 中铁电气化局集团保定变压器厂成功研制出 D 接 SFZ9-1000/115 电力变压器，并顺利出口泰国。

同月 中铁电气化局集团西安铁路工程公司承建的西安绕城高速（南段）长安互通式立交桥工程被陕西省建设厅授予陕西省优质工程奖陕西建设工程长安杯奖。

同月 中铁电气化局集团德阳制品厂所属铁路装载衬垫材料工业公司在青岛举办的第二届“中国国际专利与名牌博览会”上参展的草支垫专利项目获博览会金奖。

9 月 3 日 铁道部党组副书记、副部长孙永福在工程总公司副总经理孟凤朝陪同下到中铁电气化局集团有限公司视察指导工作，并为中铁电气化局集团青藏铁路施工题词“奋战雪域高原，铸造精品工程”。

9 月 9 日至 13 日 铁道部党组副书记、副部长孙永福，西藏自治区副主席杨海滨，中华全国铁路总工会、铁道团委等单位领导组成 2004 年“双节”检查慰问组，亲切慰问奋战在青藏铁路施工一线的建设者。

9 月 13 日 中铁电气化局集团肖培龙获“工程总公司有突出贡献的中青年专家”称号。

9 月 15 日 中铁电气化局集团西安铁路工程公司承建的西安高架快速干道一期工程西段正式通车，2003 年 12 月 6 日一期东段正式通车。

同日 中铁电气化局集团电气化分公司获“中央企业先进集体”称号。

9 月 21 日 中铁电气化局集团有限公司再次被北京银建资信评估事务所评估为 2004 年北京市首批“AAA”级资信企业。

同日 中铁电气化局集团有限公司举办第三届职工集邮展览，共有 4817 件作品参展。

9 月 23 日 中铁电气化局集团西铁工程公司承建的西延铁路扩能改造工程开工仪式在陕西蒲城车站举行。

同日 中铁电气化局集团李炳成、周志宇、孙启友、任福增获“工程总公司劳动模范”称号。

9 月 29 日 中铁电气化勘测设计研究院参与设计的《牵引变电所安全监控及综合自动化系统》和主持设计的《DK3500 电气化铁道牵引供电综合自动化系统》分获 2004 年度“中国铁道学会科学技术奖”二、三等奖。

9 月 30 日 中铁电气化局集团承建的武汉轻轨 1 号线工程开通，工程于 2003 年 3 月 5 日开工。

9 月 中铁电气化局集团三公司被河南省科学技术厅认定为高新技术企业，二公司通过高新技术企业资格复审。

同月 中铁电气化局集团一公司李建被评为 2003 年度北京市青年岗位能手，王成斌青年突击队获“北京市优秀青年突击队标杆”称号。

同月 中铁电气化局集团有限公司《营业执照》注册资本金由 51905.62 万元变更为 61030.18 万元。

10 月 17 日 铁道部副部长王兆成、全国铁路总工会主席黄四川视察中铁电气化局集团建筑公司承建的岳家楼 19 号住宅楼和北蜂窝综合楼工程。

10 月 20 日 法国阿尔斯通公司到中铁电气化局集团有限公司参观考察，双方就有关交流与合作事宜交换意见。

10 月 27 日 铁道部高速办常务副主任王麟书到中铁电气化勘测设计研究院视察京沪高速铁路设计工作。

10 月 30 日 在第三届全国企业文化年会上，中铁电气化局集团有限公司获“全国企业文化优秀奖”，集团公司党委书记王其增受到全国人大常委会副委员长许嘉路、袁宝华等中央领导同志的亲切接见。在随后举行的企业家论坛上，王其增应邀作题为“文化是生命之魂”的演讲。

11月14日 铁道部总工程师何华武到中铁电气化局集团西铁工程公司视察指导工作。

11月15日 中铁电气化局集团承建的哈尔滨至大连电气化改造和西安绕城高速公路（北段）工程获第四届詹天佑土木工程大奖。

11月25日 团中央委员、工程总公司团委书记李晓声专程到西安，为受到表彰的中铁电气化局集团西铁工程公司陇海铁路灞河桥抢险抢建青年突击队颁发“全国青年文明号”奖牌。这是继京广铁路扩能改造、西康铁路豁口特大桥之后，该公司第三次获此荣誉。

11月26日 中铁电气化局集团一公司获2004年度“中国铁路工程总公司优秀企业”称号，集团公司总经理刘志远、一公司总经理韦国获 2004 年度“中国铁路工程总公司优秀企业家”称号，集团公司周志宇、张文利、鲍叔仁、周忠发、孔令广、马宏斌获 2004 年度“中国铁路工程总公司优秀项目经理”称号。

12月8日 中铁电气化局集团有限公司获北京中关村科技园区丰台园“十佳企业”称号，总经理刘志远被评为“优秀企业家”。

12月25日 由中国企业文化促进会主办的首届中国品牌大会在人民大会堂隆重举行。中铁电气化局集团有限公司“中铁电化”品牌被评为中国行业龙头品牌。集团公司党委书记王其增应邀参加颁奖典礼，受到全国人大常委会副委员长布赫的亲切接见。

同日 中铁电气化局集团承建的沪杭铁路第一标段电气化改造工程开工动员大会在上海举行。

12月28日 中铁电气化局集团有限公司总经理刘志远、党委书记王其增和总会计师崔耀华到北京市政府向王岐山市长专题汇报参与北京市城市建设有关工作。

12月30日 中铁电气化局集团电信中心公司通过国家实验室认可委员会和国家技术监督局五年一度的复评审和通信检测项目扩项评审。

12月31日 中铁电气化局集团承建的神朔线124公里电气化扩能改造工程竣工，工程于2004年9月28日开工。

12月 调整中铁电气化局集团有限公司机关定员编制，机关行政部门编制由174人调整为146人，党群部门编制由57人调整为47人，社会事业管理中心编制由84人调整为57人。

本年 中铁电气化局集团有限公司党委副书记侯多智获“北京市优秀思想政治工作者”称号。

本年 中铁电气化局集团有限公司获全国优秀QC小组奖5项，省部级28项。

2005 年

1月10日 公布《中铁电气化局集团技师考评管理实施细则》。

1月14日 共青团中铁电气化局集团有限公司委员会第一次团员代表大会在北京召开，集团公司党委书记王其增、总经理刘志远、党委副书记侯多智分别在大会上作重要讲话。

1月25日 中铁电气化局集团一公司工会、物资处工会获“北京市模范职工之家”称号，电气化分公司电化二段工会获“北京市模范职工小家”称号，一公司刘雁翔获“北京市优秀工会工作者”称号，西安铁路工程物资公司刘庆峰获“北京市优秀工会积极分子”称号。

2月1日 公布《中铁电气化局集团工资总额与经济效益挂钩试行办法》。

3月1日 中铁电气化局集团有限公司党委召开一届五次全委（扩大）会议，党委书记王其增作题为“充分发挥党委的政治核心作用和坚强保证作用，以科学发展观统揽全局，全面推进 2005 年集团各项工作再上台阶”的工作报告，听取党委副书记、总经理刘志远所作的行政工作报告。

3月2日 中铁电气化局集团有限公司二届一次职工代表大会在北京召开，集团公司总经理刘志远作题为“树立和落实科学发展观，抓住机遇，乘势而上，为实现集团全面协调可持续发展而努力奋斗”的行政工作报告，集团公司董事长高树堂作重要讲话，集团公司党委书记王其增作题为“让集团广大职工团结起来，心往一处想，劲往一处使，为全面推进 2005 年集团各项工作再上新台阶而努力奋斗”的讲话。

3月15日 中铁电气化局集团有限公司承建的伊朗德黑兰郊区铁路二期工程卡拉季至高乐沙段顺利开通，伊朗总统哈塔米及 TUSRC 总裁哈西米、中国驻伊朗大使刘震堂、北方公司总裁张国清及总经理李建民参加卡高段开通庆典暨延长线开工仪式。

3月18日 中铁电气化局集团有限公司中标浙赣线提速改造电气化施工总承包工程 ZD1 标段，中标价 58139 万元。

同日 中铁电气化局集团二公司周忠发被中国施工企业管理协会评为“2004 年度全国工程建设优秀项目经理”。

3月29日 中铁电气化局集团有限公司总经理刘志远会见法国阿尔斯通基础设施全球高级副总裁 goga 先生一行，双方技术专家就时速 350 公里高速铁路建设的合作方式、管理模式、技术人才培养、风险、利益分享等广泛交换意见。

同日 中铁电气化局集团有限公司与北京东方文化经济发展集团有限公司、北京市首都公路发展有限责任公司、首都机场集团公司、北京市轨道交通建设管理有限公司 5 家股东组成的北京东直门机场快速轨道有限公司正式注册成立，注册资本人民币 5 亿元，进行北京东直门机场快速轨道项目的投资、建设和管理。中铁电气化局集团有限公司出资占注册总资本的38%，为快轨公司最大股东。机场线工程是2008年奥运会的配套市政工程，2005年6月1日开工，2008年7月19日通车试运营。项目总投资60.64亿元。

3月30日 中铁电气化局集团与中铁六局集团联合承建的西黄增建二线工程在北京西站举行开工仪式。工程于2006年3月27日竣工。

3月 中铁电气化局集团有限公司与中国铁路工程总公司、中铁三局集团组成联合体中标北京地铁奥运支线BT项目工程，4月29日在北京饭店举行项目签字仪式。项目合同价10.95亿元人民币，2005年6月8日开工，2008年7月19日试运营，集团公司承担60%的工程建设任务。

同月 中铁电气化局集团有限公司中标北京地铁5号线信号ATC系统设备集成项目，中标总额2.28亿元人民币。该项目是集团公司继重庆轻轨供电、信号系统集成总承包项目后，再次中标的一个高科技含量的系统设备集成项目。

同月 中铁电气化局集团有限公司获2005年全国“安康杯”竞赛优胜企业、2004年度北京市安全先进单位，集团公司22人获“北京市2004年度经济技术创新标兵”称号。

同月 中铁电气化局集团二公司遂渝项目部接触网作业队王成斌青年突击队队长李健获“北京市优秀青年工程指挥”称号。

同月 中铁电气化局集团电化院高级工程师邢尊军获2004年度“茅以升铁道工程师奖”。

4月1日 中铁电气化局集团有限公司纪检监察工作会议在保定召开，集团公司党委书记王其增作重要讲话，党委副书记、纪委书记白克强作工作报告。

4月15日 中铁电气化局集团有限公司党委召开常委（扩大）会议，决定成立集团公司党委保持共产党员先进性教育活动领导小组，王其增任组长，刘志远、侯多智、白克强、蒋玉林任副组长，下设领导小组办公室。

4月19日 中铁电气化局集团范利斌青年突击队和曹瑞平、孙光辉、张云杰、郝全峰被评为2004年度青藏铁路建设建功立业先进集体和先进个人。

4月22日 中铁电气化局集团有限公司以2.3亿元中标西安铁路枢纽新建北环线工程，并在西安曲江宾馆举行签约仪式。

同日 中铁电气化局集团有限公司党委书记王其增、副总经理齐学勇、总工程师于增在公司总部会见来访的巴基斯坦国铁道部长海德尔一行，双方就巴基斯坦国铁路电气化改造项目进行磋商，达成初步意向。

4月23日 西藏自治区杨海滨副主席到那曲中铁电气化局集团一公司青藏项目部慰问集团参建职工。

4月26日 中铁电气化局集团有限公司获“中国企业文化十大最具影响力企业”荣誉称号，集团公司党委副书记、纪委书记白克强应邀参加颁奖大会，并在大会上发言。

同日 中铁电气化局集团有限公司机关召开保持共产党员先进性教育活动动员大会，集团公司党委书记王其增作重要讲话，党委副书记、总经理刘志远主持会议。

4 月 28 日 中铁电气化局集团有限公司承建的浙赣线电气化工程开工，2006 年 9 月 15 日开通。

4 月 中铁电气化局集团电信中心公司通过中国认证认可监督管理委员会和中国实验室国家认可委员会评定委员会的评定，获得新的计量认证和实验室认可证书。

同月 中铁电气化局集团工厂处宝鸡器材厂工人桑英权被评为“全国劳动模范”，于增、吴运河、梁军被评为“北京市劳动模范”，轨道交通事业部被评为“北京市模范先进集体”，三公司高世干、西安电化公司张文革获铁道部“火车头奖章”。

5 月 9 日 中铁电气化局集团有限公司中标北京地铁 5 号线 ATC 信号自动控制系统设备集成项目，合同价 2.33 亿元。

5 月 21 日 中铁电气化局集团一公司三段获“全国模范职工小家”称号。

5 月 30 日 中铁电气化局集团承建的黄延高速公路土建工程竣工，工程于 2002 年 12 月 1 日开工。

5 月 中铁电气化局集团有限公司工会主席蒋玉林在北京职工技协五届一次委员会上再次当选为北京职工技协副会长。

同月 中铁电气化局集团西铁工程公司混凝土分公司被共青团中央命名为 2004 年度“全国青年文明号”。

同月 中铁电气化局集团景旭房地产开发公司开发的“北京市丰台区状元城”住宅小区项目，在“第八届科博会 2005 中国国际住宅科技产业展览会暨中国住宅科技发展研讨会”上获“中国和谐示范项目”、“营造中国和谐人居贡献企业奖章”和“十佳科技生态住宅”3 项荣誉称号。

6 月 7 日 中铁电气化局集团有限公司北京地铁项目部成立。

6 月 8 日 铁道部副部长孙永福在对青藏铁路全线进行检查后，专门听取中铁电气化局集团和新疆生产建设兵团两个参建单位的工作汇报，对电化局前段工作表示满意，对今后工作提出要求。

6 月 13 日 中铁电气化局集团西安电气化工程处改制为西安电气化工程有限公司。

6 月 15 至 17 日 由中华人民共和国铁道部主办、中铁电气化局集团有限公司承办的“铁路客运专线牵引供电技术国际交流会”在中国科技会堂召开。来自中、德、法、日四国 108 个单位（或公司）269 名代表参加会议，铁道部总工程师何华武在会上致辞，中铁电气化局集团天津电化院和宝鸡器材厂分别作为中方唯一的设计院和生产企业代表作大会发言。

6 月 18 日 中铁电气化局集团参建的重庆轨道交通 2 号线一期工程通过 173 天的试运行正式开通运营并举行开通庆典。重庆市委书记黄镇东、市长王鸿举，建设部部长汪光焘，中铁电气化局集团有限公司总经理刘志远、党委书记王其增参加通车典礼。工程于 2003 年 2 月 10 日开工。

6 月 21 日 中铁电气化局集团承建的侯月线 153 公里电气化扩能改造工程竣工，工程于 2004 年 12 月 5 日开工。

6 月 21 日至 24 日 中铁电气化局集团有限公司总经理刘志远一行深入胶济、沪杭、浙赣线建设工地，传达贯彻铁路建设管理工作会议精神，检查指导工作。

6 月 24 日 铁道部电气化工程局西安物资供应站（含西安物资公司）划归中铁电气化局集团西铁建设公司。

6 月 28 日 中铁电气化局集团生产经营工作暨京沪线施工动员会在北京召开，集团公司总经理刘志远、党委书记王其增作重要讲话。

6 月 29 日 中铁电气化局集团有限公司召开庆祝建党 84 周年暨保持共产党员先进性教育活动动员培训会议，标志着集团各单位保持共产党员先进性教育活动正式启动，集团公司党委书记王其增在大会上作重要讲话。

6 月 30 日 由中铁电气化局集团作为总包单位，中铁六局、十局、二十四局组成的投标联合体中标京沪铁路电气化改造工程，中标总价约 42.6 亿元。该工程北起京山线北京站，南至沪宁线上海站，线路全长 1453.82 正线公里，2006 年 7 月 1 日前投入使用。

6 月 中铁电气化局集团有限公司被评为“2004 年北京企联系统先进管理企业”。

7 月 1 日 中铁电气化局集团公司承建的京沪铁路电气化工程全线开工，北京、济南、上海同时举行隆重的开工仪式。北京铁路局副局长朱崇刚，中铁电气化局集团有限公司董事长高树堂、副总经理王青斌、纪委书记白克强、工会主席蒋玉林、总会计师崔耀华参加北京铁路局管段开工典礼；山东省发改委副主任薛克、济南铁路局局长左慎湘、党委书记王孔秀、副局长于永祥，中铁电气化局集团有限公司党委书记王其增、副总经理齐学勇参加济南铁路局管段开工典礼；上海铁路局副局长王峰，中铁电气化局集团有限公司总经理刘志远、副总经理卢勃参加上海铁路局管段开工典礼。

7 月 5 日 中铁电气化局集团京沪线电气化工程指挥部成立，下设北京、济南、上海 3 个区域指挥部。

7 月 6 日 铁道部副部长卢春房到中铁电气化局集团西铁建设公司承建的西安北环线工地检查工作。

7 月 14 日 工程总公司副总经理、总工程师刘辉到中铁电气化局集团有限公司检查信息化基础平台建设情况。

7 月 20 日 中铁电气化局集团有限公司京沪线电气化工程指挥部揭牌仪式在北京大兴黄村举行，集团公司总经理刘志远、党委书记王其增、党委副书记侯多智、纪委书记白克强、工会主席蒋玉林，北京铁路局副局长朱崇刚参加揭牌仪式。

7 月 21 日 2005 城市单轨交通国际高级论坛会在重庆召开，中铁电气化局集团轨道交通事业部应邀参加并发表演讲。

7月22日 中铁电气化局集团有限公司党委召开在京地区老战士座谈会，庆祝世界反法西斯战争胜利60周年暨中国人民抗日战争胜利60周年，集团公司领导王其增、刘志远、侯多智、白克强、蒋玉林参加座谈会。

7月25日 中铁电气化局集团西铁工程公司在襄渝二线建设中，资助安康地区白河县两名贫困生上北大，举行捐赠仪式。

7月29日 中铁电气化局集团有限公司文化公司与党委宣传部合并。

7月 中铁电气化局集团二公司承建的遂渝电气化铁路接触网工程获建设部全国建筑业新技术应用示范工程。

同月 中铁电气化局集团物资处、通号设计院获2004年“首都文明单位”称号。

8月1日 中铁电气化局集团承建的广州地铁5号线土建工程开工。

8月4日 中铁电气化局集团轨道交通事业部中标上海轨道交通8号线工程，中标价1.234亿元，工期2005年8月15日至2007年2月20日。

8月5日 中铁电气化局集团有限公司机关召开保持共产党员先进性教育活动总结表彰大会，集团公司总经理刘志远主持会议，党委书记王其增作总结报告，对先进性教育活动中涌现出来的先进党支部和优秀共产党员进行表彰。

8月6日 铁道部副部长卢春房到中铁电气化局集团公司承建的武九铁路站前三标段及阳新站房工程视察工作。

8月20日 中铁电气化局集团承建的襄渝二线土建工程开工。

8月27日 中铁电气化局集团承建的武九铁路扩能土建工程开通，工程于2003年12月3日开工。

9月2日 曹相和、韦国任中铁电气化局集团有限公司副总经理。

9月3日 南京地铁1号线开通仪式在南京奥体中心体育场隆重举行，江苏省委书记李源潮、省长梁宝华，南京市委书记罗志军、市长蒋宏坤，中铁电气化局集团有限公司总经理刘志远参加开通典礼。工程于2003年8月1日开工。

9月6日 中铁电气化局集团有限公司京沪线电气化工程第二次工作会议在北京召开，铁道部副总工程师耿志修作重要指示，集团公司总经理刘志远、党委书记王其增作重要讲话。

9月13日 中铁电气化局集团轨道交通事业部承建的重庆轻轨较新线一期供电线路系统工程获“全国优秀焊接工程”一等奖。该奖项是全国焊接工程质量最高奖项，每年由中国工程建设焊接协会组织评选一次。

9月26日 公布《中铁电气化局集团员工聘用管理办法》、《中铁电气化局集团招聘外部人员管理办法》、《中铁电气化局集团中专（技校）生招收管理办法》、《中铁电气化局集团农民工使用管理办法》。

9月28日 公布《中铁电气化局集团有限公司工程指挥部工资管理办法》。

10 月 1 日 中铁电气化局集团有限公司运营维护管理公司成立，10 月 20 日电气化分公司秦沈运营维管中心划归运管公司。

10 月 13 日 中铁电气化局集团有限公司重庆办事处成立。

同日 中铁电气化局集团有限公司对外新闻宣传工作会议在济南召开，工程总公司党委宣传部长何梦通，集团公司党委书记王其增、党委副书记侯多智参加会议并作重要讲话。

10 月 16 日 中铁电气化局集团有限公司党委书记王其增、总会计师崔耀华在公司总部会见南京地铁公司总经理朱自强一行，双方就南京市地铁建设、项目投资等工作交换意见。

10 月 18 日 中铁电气化局集团景旭房地产开发公司开发的房地产项目“中景·理想家”在丰台区丰桥路 2 号项目现场举行开工奠基仪式。工程总公司党委副书记、纪委书记、中铁电气化局集团有限公司董事长高树堂，工程总公司党委副书记、工会主席姚桂清，中铁电气化局集团有限公司总经理刘志远、党委书记王其增及在京领导班子成员出席奠基仪式。该项目总建筑面积近 5 万平方米，总投资近 2 亿元。工程建设自 2005 年 10 月 18 日至 2006 年 12 月 31 日。

10 月 21 日 中铁电气化局集团公司参与承建的迁（安）曹（妃甸）铁路开工。国务院副总理曾培炎出席开工动员大会，铁道部、河北省、工程总公司及设计、施工、监理等单位领导参加开工动员大会，中铁电气化局集团有限公司总经理刘志远、党委书记王其增应邀参加开工动员大会。

10 月 24 日至 25 日 铁道部副部长卢春房在中铁电气化局集团有限公司总经理刘志远、党委书记王其增、副总经理王青斌陪同下，对京沪线工程质量进行检查。

10 月 25 日 公布《中铁电气化局集团领导班子及领导人员考察（考核）预告办法》。

同日 中铁电气化局集团承建的沟海线电气化工程竣工，2006 年 1 月 25 日开通。工程于 2004 年 5 月 18 日开工。

11 月 3 日 铁道部青藏铁路建设实现三阶段目标誓师动员大会在格尔木召开，中铁电气化局集团有限公司党委书记王其增、副总经理卢勃参加会议，并对集团公司青藏线冬季施工工作做出安排。

11 月 16 日 中铁电气化局集团三公司获 2005 年度“中国铁路工程总公司优秀企业”称号，孙友明获 2005 年度“中国铁路工程总公司优秀企业家”称号，何劲松、梁长吉、李永辉、汪占国、任拴院、王利君获 2005 年度“中国铁路工程总公司优秀项目经理”称号。

11 月 28 日 中铁电气化局集团西安工程公司赵自力被中国建筑业协会评为“2005 年度全国建筑业企业优秀项目经理”。

11 月 30 日 中铁电气化局集团承建的高陵公路渭河大桥工程开通。

11 月 经建设部审核批准，中铁电气化局集团有限公司增加城市轨道交通专业资质；二公司增加机电安装工程施工总承包一级资质并将其变更为主项资质，增加钢结构工程专业承包三级资质；建筑公司增加市政公用工程施工总承包三级、机电设备安装工程专业承包二级资质；西安铁路工程有限公司增加铁路工程施工总承包二级、桥梁工程专业承包一级、隧道工程专业承包一级、预应力工程专业承包二级、堤防工程专业承包三级资质；西安铁路建设有限公司市政公用工程施工总承包资质三级升为二级、桥梁工程专业承包资质二级升为一级；西安电气化有限公司作为子公司获得铁路电气化工程专业承包一级、铁路电务工程专业承包一级资质。

同月 中铁电气化局集团西安电化公司获国家高新技术企业认证，成为陕西省第一家获此认证的建筑企业。

12 月 16 日 中铁电气化局集团王林祥、万金洲、高士干、宣振军被评为 2004 年度“铁路施工企业优秀项目经理”。

12月17日 中铁电气化局集团有限公司获2005年度“全国企业文化建设先进单位”。

12 月 27 日 以渝（重庆）怀（化）电气化铁路建成为标志，中国电气化铁路总里程突破 2 万公里，其中中铁电气化局集团承建 80%。

12 月 27 至 28 日 由中国铁道学会电气化委员会与中铁电气化局集团有限公司联合举办的“庆祝中国电气化铁路两万公里暨学术交流大会”在北京电气化大厦召开。铁道部副总工程师兼科技司司长耿志修、工程总公司副总经理白中仁、中国铁道学会秘书长吕长清、北京铁路局副局长朱崇钢、阿尔斯通（中国）投资有限公司交通运输部中国副总裁郭日海作重要讲话，中铁电气化局集团有限公司总经理刘志远致辞，党委书记王其增主持大会，总工程师于增宣读大会倡议书。

12 月 中铁电气化局集团有限公司青藏铁路工程指挥部获“火车头奖杯”，电气化分公司康保生获“火车头奖章”。

同月 在北京市思想政治工作研究会“丹柯杯”论文评选活动中，中铁电气化局集团有限公司有8篇论文获奖。西铁工程公司“百人牵手提素”活动获北京市国资委思想政治工作创新活动二等奖，集团公司政研会连续六年获北京市优秀政研会荣誉称号。

同月 中铁电气化局集团二公司王昭荣被工程总公司工会评为女工十杰。

同月 中铁电气化局集团有限公司机关开展向困难群众特别是受灾群众“献爱心”捐款捐物活动，机关 314 名员工共捐款 26020 元，捐衣物 269 件。

本年 中铁电气化局集团有限公司连续第五年获“全国质量管理小组活动优秀企业”称号，集团公司获国家级优秀 QC 成果 11 项，获火车头优质工程一等奖 3 项、二等奖 1 项，获省优质工程 4 项，获工程总公司优质工程 2 项。

本年 中铁电气化局集团有限公司“城市轨道交通架空刚性悬挂研究”获工程总公司 2005 年度科学技术一等奖和“十五”十大科技成果。

本年 中铁电气化局集团有限公司获中国铁路工程总公司史志工作先进单位，4 人获史志先进工作者，《铁道部电气化工程局志》、《西安铁路工程（集团）有限责任公司志》、《铁道部电气化工程局第三工程处志》、《铁道部电气化工程局工厂处志》获优秀志书，《中铁电气化局集团年鉴》获优秀年鉴。

本年 中铁电气化局集团三公司获“中国企业文化特殊贡献奖”，李光辉青年突击队被评为“北京市优秀青年突击队标杆”，郭戈青年突击队被评为“北京市优秀青年突击队”，何兵被评为国资委优秀团员。

2006年

1月1日 中铁电气化局集团有限公司总经理刘志远、党委书记王其增等领导与奋战在京沪等工地的一线职工共度佳节，检查各项目部的安全工作部署及措施落实情况。

同日 中铁电气化局集团有限公司新版网站开通试运行。

1月2日 中铁电气化局集团北京景旭房地产开发公司开发项目“中景·理想家”正式开盘放号。

1月4日 北京铁路局发电祝贺京广线北段第六次提速接触网工程按期完成。

1月12日 中铁电气化局集团有限公司网站管理培训班开班，集团视频会议系统初次投入试用。

1月14日 中铁电气化局集团承建的遂渝线电气化工程竣工，2006年5月1日开通。工程于2004年8月8日开工。

同日 中铁电气化局集团有限公司召开防盗保运输安全紧急电话会议。

1月15日 中铁电气化局集团承建的渝怀线电气化工程开通，工程于2003年12月25日开工。

1月20日 中铁电气化局集团有限公司与《人民铁道》报战略合作协议签字仪式举行。

2月8日 中铁电气化局集团西铁工程公司中标陕西省省道107环山公路太乙宫至玉山至渭南界段F合同段，工程总造价4600万元。

2月9日 中铁电气化局集团有限公司聘任著名作家莫伸为“荣誉职工”。

2月10日 全国人大常委会委员、中国舞蹈家协会副主席、云南省文联副主席刀美兰等部分在滇全国人大代表和全国政协委员，昆明铁路局局长裘芝鹏、党委书记徐长安等一行50余人，视察昆明铁路集装箱中心站工程。

2月15日 中铁电气化局集团西铁建设公司中标江西省赣州至大余高速公路（三益至梅关段）建设项目A1合同段，中标价1.696亿元。

2月16日 张建喜任中铁电气化局集团有限公司党委副书记。免去侯多智中铁电气化局集团有限公司党委副书记、党委常委，仍任总法律顾问、董事。

2月19日 铁道部在格尔木召开“青藏铁路建设工作会议”，表彰2005年度火车头奖章、火车头奖杯获得者及建功立业劳动竞赛获奖单位。中铁电气化局集团青藏指挥部获“火车头奖杯”，分公司项目部副经理康宝生获“火车头奖章”，分公司项目部获2005年度青藏铁路建设“建功立业劳动竞赛”站后组第一名，一、三公司项目部获站后组第二名。

2 月 26 日 中铁电气化局集团三公司四段第三作业队被评为 2005 年度“全国质量信得过班组”。

2 月 27 日 青藏铁路 1200 公里通信联调主体工作全面完成，全线有线通信和 GSM—R 无线通信实现站站通电话。

同日 中铁电气化局集团一公司承建的德黑兰帕斯 63KV 变电站一次受电成功，为 2 号线地铁全线贯通提供保障。

3 月 1 日 在北京市国资委宣传部长会议上，中铁电气化局集团有限公司 3 项宣传思想工作成果获北京市国资委表彰奖励。集团公司党委书记王其增在保持共产党员先进性教育活动中所作的党课报告获市国资委党委首届优秀党课（报告）评比一等奖，集团公司总经理刘志远的论文“认真贯彻落实科学发展观，促进企业的持续健康发展”获 2005 年度市国资委“树立和落实科学发展观主题教育活动”三等奖，中铁电气化局集团西铁工程公司机械化公司开展的“百人牵手提升素质，服务工程展现作为”活动获 2005 年度市国资委宣传思想工作“创新奖”二等奖。

3 月 5 日 中铁电气化局集团有限公司党委一届六次全委（扩大）会议在京召开。会议听取并批准集团公司党委书记王其增代表党委常委会所作“认清新形势，站在新起点，为实现集团公司又快又好地发展提供政治保证”的工作报告，听取并通过集团公司总经理刘志远所作“全面贯彻落实科学发展观，为实现集团又快又好发展而努力奋斗”的行政工作报告，审议通过集团公司党委《关于制定中铁电气化局集团“十一五”发展规划的建议》。

3 月 6 日 中国共产党中铁电气化局集团有限公司第二次代表大会在北京召开，集团公司党委副书记刘志远主持开幕式，党委书记王其增作题为“认真贯彻落实科学发展观，充分发挥党组织的政治核心作用，为实现集团又快又好地发展而努力奋斗”的党委工作报告，纪委书记白克强作题为“全面履行职责，加大防治力度，为集团又快又好地发展提供有力保证”的纪委工作报告。会议选举产生集团公司第二届党委会和纪委会。中共中央候补委员、工程总公司党委书记石大华，北京市国资委副主任、纪委书记张俊明出席会议并作重要讲话。

3 月 8 日 中铁电气化局集团有限公司二届二次职工代表大会在北京召开。集团公司总经理刘志远作题为“以科学发展观为统领，紧紧抓住战略机遇期，为实现集团又快又好发展而努力奋斗”的行政工作报告。集团公司党委书记王其增作题为“认真贯彻落实第二次党代会精神，团结带领集团全体职工为实现‘四步跨越、一大目标’而努力奋斗”的讲话。

3 月 10 日 中铁电气化局集团有限公司第一次工会会员代表大会在北京召开。集团公司党委书记王其增作题为“充分发挥工会在构建和谐企业中的重要作用，动员和带领职工为实现集团又快又好地发展而努力奋斗”的讲话。集团公司工会主席蒋玉林作题为“全面履行维护职责，积极构建和谐企业，团结动员全体职工为集团又快又好地发展建功立业”的工会工作报告。

3 月 15 日 德黑兰地铁电气化工程第二阶段工程按期顺利开通，标志着该工程全线开通，伊朗总统哈塔米、中国住伊朗大使刘震堂参加开通庆典。

同日 中铁电气化局集团有限公司党政工团发出“大干一百天，确保‘6.25’建成京沪线”的动员令。

3 月 17 日 中铁工程总公司党委书记石大华，党委副书记、工会主席姚桂清，副总经理、总工程师刘辉，视察中铁电气化局集团上海地铁 8 号线项目部。

3 月 22 日 张建喜任中铁电气化局集团有限公司党委副书记。

同日 中铁电气化局集团有限公司 2006 年宣传思想工作暨京沪百日大战宣传报道战役动员会议召开。

3 月 28 日 北京城市轨道交通指挥中心(TCC)、自动售检票清算管理中心(ACC)系统集成项目签约仪式在北京举行，标志着中铁电气化局集团有限公司成功进入轨道交通指挥中心系统建设领域。

同日 中铁电气化局集团有限公司召开纪检监察工作会议，党委书记王其增出席会议并作重要讲话，党委副书记、纪委书记白克强作工作报告，党委常委、工会主席蒋玉林宣读集团公司党委、行政关于表彰党风廉政建设先进单位和个人、先进纪检监察组织和优秀纪检监察干部的决定。

3 月 29 日 中铁电气化局集团有限公司第五次 QC 成果发表会在郑州召开。

3 月 31 日 中铁电气化局集团西铁工程公司承建的关中公路环线 K7 特大桥顺利合拢，标志着关中公路环线(西安北线)全线贯通。

3 月 中铁电气化局集团有限公司总会计师崔耀华、二公司一段高级信号工王昭荣被北京市总工会评选为“首都巾帼之星”。

4 月 1 日 中铁电气化局集团有限公司紧急召开党政工联席扩大会议，传达贯彻铁道部领导重要指示和要求，重温铁道部《铁路营业线施工及安全管理办法》。

4 月 3 日 针对 3 月份铁路既有线施工影响运输行车安全事故频发，中铁电气化局集团有限公司下发紧急通知，在铁路既有线施工的所有单位停工 3 天，全集团开展铁路既有线施工安全整顿“六抓六查”活动。

4 月 5 日 中铁电气化局集团有限公司召开铁路既有线施工安全整顿工作总结大会。集团公司党委书记王其增主持会议，主管安全工作的副总经理曹相和通报2005年度和2006年一季度集团所属各单位安全事故情况，宣布集团对“3.26”、“3.31” 铁路行车事故处理决定，集团公司总经理刘志远作铁路既有线施工安全整顿工作总结。

4月12日 中铁电气化局集团有限公司总经理刘志远、党委书记王其增带领集团各子、分公司负责人分别走访昆明、西安、武汉、沈阳、柳州、郑州、北京、南昌、呼和浩特等铁路局和郑西客运专线公司、石太客运专线公司等铁路建设单位以及沈阳地铁建设指挥部，开展市场经营宣传和施工质量信誉回访活动。

4月14日 中铁电气化局集团电气化分公司更名为“中铁电气化局集团电气化公司”。

4月18日 中央企业党建政研会第八课题组交流会在中铁电气化局集团有限公司召开，中国石油化工集团等11个中央企业单位参加交流。

4月20日 中铁电气化局集团二公司承建的京沪铁路电气化工程符离集（含局界）至南京北（含林浦支线）段，提前10天全部贯通，正线全长约300公里。

4月22日 中铁电气化局集团有限公司于4月22、29日及5月27日、31日先后与南昌局、上海局、济南局、北京局签订京沪维管合同。

4月26日 新建铁路京津城际轨道交通工程通信、信号及牵引供电系统集成总承包合同在北京通用技术大厦签署，合同额3.86亿元。中铁电气化局集团有限公司、中国铁路通信信号集团公司联合体与西门子公司作为系统集成商，将承担中国第一条时速350公里电气化铁路项目的建设任务。

4月29日 中铁电气化局集团有限公司工会主席蒋玉林兼任公司副总经理。

4月30日 中铁电气化局集团有限公司2006年度财务审计工作视频会议召开，集团公司党委副书记兼纪委书记白克强、总法律顾问侯多智参加会议并作重要讲话，总会计师崔耀华作题为“立足新起点，再创新业绩，为集团公司又快又好地发展做出新贡献”的讲话。

4月 中铁电气化局集团有限公司周志宇、许军、鲁海祥、宣振军获“首都劳动奖章”，张少平、孙刚获2006年度“火车头奖章”，任双喜、何兵分获铁道部、青海省劳动模范称号，三公司获“中国企业文化建设成功企业”称号

5月2日 铁道部副部长孙永福、卢春房到青藏铁路检查指导工作，检查拉萨火车站、拉萨西站的工程进展情况，主持召开青藏铁路客车试验总结会和青藏铁路建设领导干部会议，全面部署开通前的各项工作。

5月8日 中铁电气化局集团西铁工程公司中标大庆至广州高速公路江西武宁(鄂赣界)至吉安段建设项目B12合同段，中标金额7020万元。

5月9日 中铁电气化局集团有限公司首次派队参加北京市第九届职工运动会乒乓球比赛。

5月12日 中铁电气化局集团二公司中标新疆新建铁路精伊霍站后ZH2标段，中标价2.8亿元。

5月18日 工程总公司党委书记石大华到中铁电化集团承建的北京地铁奥运支线和首都机场快轨工地检查指导工作。

5月22日 中铁电气化局集团有限公司科技部成立，撤销科技开发中心和技术发展部。

5月26日 中铁电气化局集团有限公司总经理刘志远、党委书记王其增等领导，全面检查北京至济南工程，重点抽查安定、南仓、泊头、晏城北、济南西等牵引变电所和德州车站的施工。27日下午在济南召开检查总结会，部署“七一”开通。

5月29日 中铁电气化局集团有限公司于5月29日、6月27日先后召开北京地区、

陕西地区安全质量工作会议。

5 月 中铁电气化局集团有限公司获“北京市经济技术创新工程优秀组织单位”称号，集团一公司获“北京市经济技术创新先进企业”称号，建筑公司郑徐项目部水电班获“北京市经济技术创新优秀班组”称号，20 人被评为“北京市经济技术创新标兵”，4 项技术改进成果和 5 项合理化建议分别获北京市经济技术创新工程优秀成果和优秀合理化建议。

6 月 16 日 中国铁路工程总公司党委副书记、纪委书记、中铁电气化局集团有限公司董事长高树堂到北京地铁 4 号线、首都国际机场 2 号航站楼、首都机场线东直门工地指导工作。

6 月 17 日 中铁电气化局集团工厂处研制的“TTF－200 型铁路通信带杂音抑制装置有源降低系统”、“铁路专用高可靠性 Vv 联结牵引变压器”通过河北省科技厅组织的新产品鉴定。

6 月 20 日 中铁电气化局集团承建的京沪铁路电气化改造工程开始全面送电。

同日 中铁电气化局集团承建的青藏铁路通信工程通过验收。

同日 中铁电气化局集团西铁工程公司承建的西安三环 C06、C07 标段工程主线顺利贯通。

6 月 21 日 中铁电气化局集团有限公司党委在北京隆重召开纪念中国共产党成立 85 周年暨表彰大会。

同日 中铁电气化局集团三公司承建的兰新线武嘉段电气化工程竣工，兰州铁路局发电祝贺。工程于 2005 年 4 月 1 日开工。

6 月 24 日 中铁电气化局集团承建的京沪铁路电气化改造工程北京铁路局管段网上授电一次成功。

同日 陕西省总工会常务副主席卢其松、经济部长绍国行到牛头河抢建工地看望并慰问全体参建职工。

6 月 25 日 青藏铁路配套工程牛头河大桥建成通车。中铁电气化局集团西铁建设公司仅用 56 天就建成牛头河大桥，铁道部、西安铁路局专门发出贺电。

同日 中铁电气化局集团承建的京沪铁路电气化改造工程济南铁路局管段和上海铁路局管段网上授电一次成功。

6 月 26 日 中铁电气化局集团有限公司电气化研发中心成立，下设电气化技术、通信信号技术 、土建工程技术 、施工技术、产品制造技术 5 个研发分中心。

6 月 30 日 中铁电气化局集团工厂处宝鸡器材厂研发的钢铝复合导电轨、汇流排定位线夹 2 项专利获陕西省专利三等奖。

6 月 在举国上下共同庆祝中国共产党成立 85 周年的喜庆时刻，京沪铁路电气化改造工程顺利建成，铁道部党组的正确果断决策和中铁电气化局集团有限公司一年建成的庄严承诺变成现实，创造了中国电气化铁路建设史上的新奇迹，铁道部领导认为京沪电气化改造工程创造了“四个之最”：既有线综合技术装备水平最高的线、综合能力和运输效率最高的线、开通后既有线经济效益最好的线、生产力布局调整最见效的线；实现了“五个创举”：既有线工程改造的创举、工程总承包模式是个创举、一年完成是个创举、多项工程同步进行是个创举、工程和运输紧密配合是个创举。

7月1日 青藏铁路开通庆祝大会在格尔木火车站和拉萨火车站同时举行，中共中央总书记、国家主席、中央军委主席胡锦涛专程赶赴格尔木出席大会并发表重要讲话，中共中央政治局委员、中央书记处书记、国务委员周永康在拉萨出席大会。胡锦涛、周永康分别在格尔木和拉萨车站为首发旅客列车剪彩，中铁电气化局集团有限公司总经理刘志远、党委书记王其增分别受到胡锦涛总书记和周永康的亲切接见。

同日 中铁电气化局集团承建的京沪铁路电气化改造工程开通运营，铁道部专门发出贺电，向全体建设者表示热烈祝贺和亲切慰问。

7月2日 中铁电气化局集团西铁工程公司、铁路工程分公司中标新建铁路郑州至西安客运专线引入西安枢纽客运北环线及跨线联络线站前工程施工总承包第12标、13标段，合同价分别为8.53亿元和3.65亿元。

7月7日 中铁电气化局集团轨道交通事业部上海分公司承建的上海地铁1号线共和新路高架工程“6改8”箱变扩容项目呼兰路站送电成功。

7月12日 中国铁路工程总公司以152.94亿美元的营业收入首次入选世界企业500强，排名441位，在首次入选世界500强的中国建筑企业中位居首位。“中铁工程”品牌荣膺世界品牌500强第476位。

7月13日 中铁电气化局集团有限公司在南昌召开浙赣线施工生产工作会议，部署开通。

7月14日 中铁电化局、通号公司、西门子公司在陶然大厦成立京津城际客运专线“四电”集成项目部，开始以联合办公的形式实施京津城际客运专线“四电”集成项目。

7月17日 中铁电气化局集团电气化公司中标兰青线兰州至西宁增建第二线工程（兰州局管段），中标价1.19亿元。

7月18日 中铁电气化局集团有限公司召开京沪铁路电气化改造工程表彰大会，表彰优秀项目部2个、优秀项目部党工委2个、先进集体30个、优秀项目经理3名、优秀党工委书记3名，建设功臣206名，其中表彰优秀农民工10名。

7月19日 中铁电气化局集团有限公司在京召开施工生产会议，总结上半年工作，安排部署三季度施工生产，确保集团公司2006年五大目标圆满实现。

同日 通过公开招聘，并经工程总公司党委常委（扩大）会议研究，王建军为中铁电气化局集团有限公司总会计师人选，按公司章程办理任职手续，试用期一年。

同日 中铁电气化局集团电气化公司以总承包模式中标石家庄至德州段铁路电气化改造工程，总投资4.9亿元。

7月28日 崔耀华不再担任中铁电化局集团有限公司总会计师、董事职务，退休。侯多智不再担任中铁电化局集团有限公司总法律顾问、董事职务，退休。

7月31日 中铁电气化局集团二公司在武汉东湖国家高新技术开发区举行办公楼开工奠基仪式。

8月1日 中铁电气化局集团承建的西北最大的铁路枢纽工程西安铁路枢纽新建北环线一期工程开通试运行，9月1日全线正式开通运营。工程于2005年6月1日开工。

同日 中铁电气化局集团西铁工程公司承建的陇海铁路新杨凌车站举行开通典礼。

8月5日 中铁电气化局集团有限公司党委书记王其增到浙赣线各施工工地检查指导工作，要求努力确保浙赣线开通目标圆满实现。

8月7日 工程总公司党委书记石大华，党委副书记、工会主席姚桂清、副总经理马力到北京机场线东直门工地慰问参建职工和农民工。

8月8日 国务院国资委党委对中央企业青藏铁路建设先进基层党组织和优秀共产党员、优秀党务工作者进行表彰，中铁电气化局集团一公司青藏项目部党工委书记、副经理张云杰获“优秀共产党员”称号。中铁电气化局集团一公司二分公司经理、党委副书记毕志峰被北京市国资委授予“优秀共产党员”称号。

同日 中铁电气化局集团一公司上海指挥部指挥长孟祥海被中共上海市合作交流工作委员会授予“优秀党务工作者”称号。

8月10日 中铁电气化局集团工厂处宝鸡器材厂高新技术工业园开工仪式在宝鸡万利酒店隆重举行，宝鸡市委书记姚引良、中铁电气化局集团有限公司党委书记王其增出席开工仪式。

8月16日 中铁电化局集团有限公司举办领导干部理论学习讲座，集团公司党委中心组成员、机关中层干部、集团各单位党委中心组成员及中层干部300余人，在主会场或通过视频会议系统参加讲座。

8月17日 工程总公司党委书记石大华，副总经理、总经济师白中仁对西铁工程、西铁建设、西安通号、西安电化4个单位进行检查指导。

8月18日 中铁电化局集团有限公司召开青藏铁路和牛头河大桥抢建工程表彰大会，对集团青藏线工程指挥部1个先进单位、1个优秀党工委、10个先进集体、76名建设功臣（其中农民工8名）给予表彰奖励。

8月19日 北京南站工程攻坚誓师大会在北京南站建设工地举行，北京铁路局局长安路勤、党委书记何玉华、副局长朱崇钢，工程总公司副总经理李怡厚，中铁电气化局集团有限公司总经理刘志远、党委书记王其增、副总经理韦国出席大会。

同日 在“首届中国企业形象管理年会”上，中铁电气化局集团有限公司和集团电气化公司分获“2006中国优秀企业形象单位”称号。

8月20日 承担北京机场线01标段施工任务的中铁电气化局集团西铁工程一处项目部被北京市建委评为“安全质量先进单位”。

8 月 22 日 中铁电气化局集团承建的浙赣铁路电气化提速改造主体工程建成，9 月 15 日正式开通运营。工程于 2005 年 4 月 28 日开工。

同日 中铁电气化局集团西铁工程公司承建的北京地铁 4 号线二标段石榴庄车站工程北基坑主体顺利封顶。

8 月 23 日 中铁电气化局集团承建的兰武二线乌鞘岭隧道双线电气化正式开通运营。

8 月 24 日 中铁电气化局集团西铁建设公司中标国道主干线连云港至霍尔果斯陕西境宝鸡至牛背高速公路工程 BT5，中标合同价 8609 万元。

8 月 26 日 中铁电气化局集团承建的陇海线郑徐电气化改造工程（郑州局管段）竣工开通，工程于 2003 年 9 月 20 日开工。

8 月 30 日 中铁电气化局集团承建的全长 384.6 公里的胶济电气化铁路实现全线电气化并建成开通，工程于 2003 年 1 月开工。

8 月 在铁道部第三次建设工程施工企业质量信誉评价中，中铁电气化局集团有限公司排名第四名，实现了集团公司此次信誉评价进入前五名的目标。

9 月 1 日 中铁电气化局集团有限公司总经理刘志远和郑西客运专线总经理金书君共同为新建的郑西客运专线 13 标混凝土搅拌站揭牌。

9 月 2 日 中铁电气化局集团二公司参建的沪杭电气化铁路全线建成开通，工程于 2005 年 1 月 25 日开工。

9 月 4 日 中铁工程总公司总经理秦家铭到中铁电气化局集团三公司视察工作。

9 月 6 日 铁道部副部长孙永福、蔡庆华为中铁电气化勘测设计研究院建院 50 周年题词。

9 月 7 日 中铁工程总公司工会在中铁电气化局集团公司机关召开“三不让”承诺工作推进暨一届九次全委（扩大）会议，铁道部总工会副主席索河、国资委群工局局长李学东、工程总公司党委书记石大华、党委副书记、工会主席姚桂清和中铁电气化局集团有限公司党委书记王其增、总经理刘志远、工会主席蒋玉林等领导出席会议，蒋玉林作题为“全面落实‘三不让’承诺，齐心协力构建温馨和谐企业”的经验介绍。

9 月 9 日 中铁电气化局集团建筑公司承建的北京西山万泉香源小区工程项目举行开工奠基仪式。

9 月 15 日 中国电气化铁路总里程突破 2.4 万公里，成为继俄罗斯之后世界第二大电气化铁路国家。被称为“国家队”的中铁电气化局集团建成电气化铁路 19000 余正线公里，占全国电气化铁路总里程的 80%以上。

同日 中铁电气化局集团一公司中标天津市区至滨海新区快速轨道交通工程中山门西段供电系统施工安装项目，中标价 5696 万元。

9 月 17 日 中铁电气化局集团电化院在天津召开建院 50 周年庆祝大会，工程总公司副总经理、总工程师刘辉，中铁电气化局集团有限公司总经理刘志远、党委书记王其增到会祝贺。

9 月 18 日 中铁电气化局集团一公司完成济南站“亚洲最大无支柱雨棚”接触网施工并通过验收。

同日 中铁电气化局集团西铁建设公司北京奥运支线项目部经理宣振军获奥运工程建设“首都劳动奖章”称号。

9 月 20 日 中铁电气化局集团有限公司工会举办“第五届职工书法篆刻作品展览”，展出 76 名职工的 178 幅作品。

9 月 21 日 中铁电气化局集团西安工程公司承建的北京地铁 4 号线二标段石榴庄路站明挖主体结构实现顺利封顶。

9 月 22 日 中铁电气化局集团承建的沪汉蓉通道武汉至襄樊段增建第二线通信信号工程开工仪式在武汉新沟火车站举行。

9 月 27 日 中铁电气化局集团西铁工程公司三处中标武汉至英山高速公路一期土建工程第 WYLJ-3 合同段，中标价 2.28 亿元。

9 月 28 日 工程总公司各工程局集团档案协作组第 24 次会议在西安召开，会议由中铁电气化局集团有限公司主办。

9 月 中铁电气化局集团有限公司工会被工程总公司工会评为“三不让”承诺工作达标单位，被北京市总工会评为“实施送温暖工程先进单位”，三公司熊华鲜被评为北京市“十大能工巧匠”。

10 月 9 日 中铁电气化局集团有限公司党委选派二公司副处级党工委书记杜春到国家指定的工程总公司扶贫单位湖南省郴州市桂东县挂职锻炼一年，任副县长，这是集团公司第一次选派干部到地方挂职锻炼。

10 月 11 日 中铁电气化局集团西铁工程公司东北分公司承建的中国中心城区最大的双线隧道大连石门山隧道主体工程完工。

10 月 15 日 中铁电气化局集团一公司建筑分公司北京直属项目部 QC 小组、西安电化公司一段施工测量 QC 小组获 2006 年度“全国质量信得过班组”称号。

10 月 17 日 中铁电气化局集团西铁工程公司获陕西省“A 级纳税人”等级评定。

10 月 18 日 中铁电气化局集团景旭房地产开发公司开发的房地产项目“中景·理想家”在北京丰台区项目现场举行开工奠基仪式。

10 月 20 日 中共中央政治局委员、国务院副总理曾培炎在新疆维吾尔自治区人民政府主席司马义·铁力瓦尔地、铁道部副部长胡亚东、财政部部长金人庆等中央有关部委领导的陪同下，到精伊霍铁路中铁电气化局集团二公司施工区段视察建设情况。

10 月 21 日 中铁电气化局集团一公司承建的京秦客运通道北京至别山段接触网应急改造工程完工。

10 月 23 日 中铁电气化局集团有限公司党委召开党委书记会议，集团公司党委书记王其增主持会议并作重要讲话，党委副书记、纪委书记白克强，党委副书记张建喜参加会议。

10 月 26 日 中铁电气化局集团三公司中标包神铁路巴图塔至瓷窑湾增二线及巴尔台铁路专用线电气化工程，初步概算 5600 万元。

10 月 27 日 中铁电气化局集团有限公司获北京市地方税务局授予的“2005 年度个人所得税代扣代缴先进单位”称号。

10 月 28 日 中铁电气化局集团景旭房地产开发公司开发的石家庄“中景·盛世长安”房地产项目开工奠基庆典仪式在石家庄举行。

10 月 30 日 中铁电气化局集团一公司、二公司、电气化公司获“全国企业文化建设优秀单位”称号。

10 月 31 日 中铁电气化局集团承建的兰武二线电气化工程竣工，工程于 2004 年 4 月 28 日开工。.

11 月 2 日 北京市总工会副主席时纯利和市总工会建筑业工作委员会主任崔家义、副主任崔瑞兰到中铁电气化局集团有限公司和电气化公司检查“模范职工之家”验收评定工作。

11 月 3 日 中铁电气化局集团有限公司党委在保定党职校举办领导干部落实科学发展观培训班，来自集团各单位的 72 名副处职以上干部参加培训。

11 月 4 日 中铁电气化局集团承建的中铁集装箱昆明物流中心正式投入使用，云南省委副书记、常务副省长秦光荣，云南省委副书记、昆明市委书记杨崇勇，铁道部副部长陆东福参加首发仪式。中心站于 2004 年 8 月 30 日开工建设。

11 月 9 日 北京市国资委党委在北京会议中心召开双管企业党建座谈会，中铁电气化局集团有限公司党委书记王其增介绍在建设“三型”党委进程中工程项目党建工作创新的做法和体会。

同日 中铁电气化局集团有限公司梁立刚获“北京市优秀思想政治工作者”称号。

11 月 13 日 中铁电气化局集团有限公司工会在西铁工程公司召开“创建学习型组织、争做知识型职工”活动现场经验交流会。

11 月 16 日 中铁电气化局集团西铁工程公司混凝土实验室被国资委授予“中央企业学习型红旗班组”称号。

11 月 19 日 中铁电气化局集团西铁工程公司被评为 2006 年度“中国铁路工程总公司优秀企业”，王军民被评为 2006 年度“中国铁路工程总公司优秀企业家”，陈建明、罗兵、徐爱军、李达钢、吴继文、李立君被评为 2006 年度“中国铁路工程总公司优秀项目经理”。

同日 中铁电气化局集团轨道交通事业部更名为中铁电气化局集团城铁公司。

11 月 23 日 中铁电气化局集团二公司通过湖北省高新技术企业资格复审，获得铁路工程总承包三级资质。

11 月 25 日 北京市市长王岐山到中铁电气化局集团参建的北京地铁 5 号线和机场快轨线调研，中铁工程集团公司总经理李长进、中铁电气化局集团有限公司总经理刘志远陪同调研。

12月1日 中铁电气化局集团有限公司客运专线系统集成事业部成立。

12月3日 中铁电气化局集团有限公司党委书记王其增、副总工程师沈九江、西安铁路建设公司总经理马岁满、一公司五分公司工人梁歧周、二公司一段工人王昭蓉获“中铁工程集团公司劳动模范”称号。

12月5日 中铁电气化局集团有限公司在京召开2006年度财务决算暨2007年度财务预算工作布置会，集团公司总经理刘志远、党委书记王其增出席会议并作重要讲话。

12月7日 中铁电气化局集团承建、北京通达监理公司参与监理的新建铁路秦(皇岛)沈（阳）客运专线通信信号工程、西安绕城高速公路（南段）工程获国家优质工程银质奖，中铁电气化局集团北京通达监理公司参与监理的西康铁路秦岭Ⅱ线特长隧道工程获国家优质工程金质奖。

12月15日 在湖南省桂东县第十二届人民代表大会第五次全体会议上，代表中国铁路工程集团公司参加定点扶贫、挂职锻炼的青年干部杜春以高票当选为湖南省桂东县副县长。

12月16日 中共中央政治局委员、北京市委书记刘淇，北京市委常委李士详、北京市副市长吉林、陈刚等领导，在中国铁路工程集团公司董事长、党委书记石大华，中铁电气化局集团有限公司总经理刘志远等陪同下，视察首都机场线快速轨道交通工程。

12月26日 中铁电气化局集团参建的迁曹铁路迁安北至曹妃甸南段建成通车，电气化工程于2006年3月15日开工。

12月30日 中铁电气化局集团承建的广州轨道交通4号线供电系统二期工程开通，工程于2005年4月23日开工。

本年 中铁电气化局集团承建的朔黄铁路肃黄段增建二线工程、秦沈客运专线电气化工程、赣州至龙岩铁路通信工程（福建段）、重庆轻轨较新线一期工程获铁道部火车头优质工程一等奖，西安南京铁路一期电气化工程、上海轨道交通明珠线一期通信系统工程、南京地铁南北线（一期）牵引供电及信号ATC系统工程获铁道部火车头优质工程二等奖。新建赣州至龙岩铁路工程福建段通信工程、新建秦沈客运专线Ⅱ期工程D40/D42标段电气化工程、南京地铁1号线一期供电系统接触网/牵引变及跟随变安装工程、上海市轨道交通明珠线Ⅱ期通信系统工程获工程总公司优质工程。中铁电气化勘测设计院承担的南京地铁1号线供电系统工程设计获工程总公司优秀勘察设计一等奖，北京电铁通号设计院承担的沟海铁路电气化改造工程通信信号设计获工程总公司优秀勘察设计二等奖。中铁电气化勘测设计院所作南京地铁1号线供电系统集成服务工作执行报告获工程总公司优秀工程咨询成果一等奖。

2007 年

1 月 1 日 中铁电气化局集团有限公司总经理刘志远在广深四线检查工作。

同日 成立中铁电气化局集团有限公司西宁办事处、上海分公司、广州分公司。成立中铁电气化局集团有限公司市场开发中心，撤销经营计划部。成立中铁电气化局集团有限公司工程管理中心，撤销生产质量管理部。

1 月 7 日 中铁电气化局集团有限公司第二届董事会第六次会议暨股东会第十三次会议召开。

1 月 8 日 中铁电气化局集团西铁工程公司参建的关中公路环线西安北线开通仪式举行。

同日 中铁电气化局集团三公司承建的包神铁路巴图塔至瓷窑湾及布尔台专用线电气化工程开工。

1 月 10 日 中铁电气化局集团电气化公司承建的沪宁线上海至安亭区段 250km/h 提速改造工程一次送电成功，该工程是中国首次在既有长大干线实施提速改造的重要项目。工程于 2006 年 11 月 22 日开工。

1 月 17 日 中铁电气化局集团有限公司张卫红、赵卫国、王秀利被评为“2006 年度铁路施工企业优秀项目经理”。

1 月 20 日 中铁电气化局集团西铁建设公司参建的西安至柞水高速公路正式通车。

1 月 21 日 中铁电气化局集团有限公司党委二届二次全委（扩大）会议在北京召开，听取并批准集团公司党委书记王其增代表党委常委会所作题为“充分发挥‘三型党委’的作用，大力推进构建和谐企业的进程，为集团公司又好又快地发展提供政治和组织保证”的工作报告，听取并通过集团公司总经理刘志远所作的行政工作报告，审议通过集团公司党委《关于构建和谐企业有关重要问题的决定》。

1 月 22 至 23 日 中铁电气化局集团有限公司二届三次职代会在北京召开，集团公司总经理刘志远作题为“贯彻落实科学发展观，积极构建和谐企业，为实现中铁电化集团又好又快发展而努力奋斗”的行政工作报告，集团公司党委书记王其增作题为“大力推进和谐企业建设的进程，在又好又快地发展中努力实现企业与职工的共同发展”的讲话。会议审议通过《中铁电气化局集团“十一五”发展规划》。

1 月 23 日 中铁电气化局集团建筑公司中标湖北省武汉市武铁佳苑一期 B 区 9、10、11 号楼工程，总造价 1.3 亿元，总建筑面积 9 万余平方米。

1 月 24 日 中铁电气化局集团有限公司总经理刘志远在铁道部召开的全路建设工作会议上，作题为“发挥集团化优势，履行总承包责任，又好又快建成京沪铁路电气化改造工程”的经验介绍。

1 月 28 日 中铁电气化局集团一、二公司参建的焦柳线石怀段电气化改造工程开通运营，工程于2003年11月25日开工。

1月29日 中铁电气化局集团电气化公司中标贵昆铁路沾益至六盘水段增建二线工程内资站后工程（昆明铁路局管内），合同额2.97亿元。

2月7日 中铁电气化局集团新增6项工程施工资质，集团公司取得市政公用工程施工总承包一级，二公司取得铁路工程施工总承包三级、市政公用工程施工总承包三级，三公司取得机电安装工程施工总承包一级、房屋建筑工程施工总承包二级，建筑公司取得钢结构工程专业承包一级。

同日 中铁电气化局集团西铁建设公司、西安电化公司、西安通号处承建的陇海铁路宝鸡车站电气化扩能改造工程建成通车。

2月8日 中铁电气化局集团有限公司研发的“昆明南集装箱站移动接触网”科研项目通过铁道部专家组鉴定，此项技术填补了中国电气化铁路移动接触网技术的空白。

2月9日 国资委监事会主席赵喜子、36办事处主任隋建中，在中铁工程集团公司董事高树堂和总会计师、总法律顾问李建生的陪同下，到中铁电气化局集团有限公司检查指导工作。

2月16日 北京市副市长陈刚视察中铁电气化局集团参建的首都机场快轨工程东直门车站工地。

2月18日 铁道部副部长卢春房、全国铁路总工会主席国一民到中铁电气化局集团参建的北京南站工地慰问春节坚持施工的建设者。

2月27日 中铁电气化局集团承担的北京地铁5号线动车综合联调试验启动大会在北京举行，这是集团公司进入城市轨道交通建设领域后，首次总承包动车综合联调试验工程。刘志远总经理代表集团公司与业主方签订《北京地铁5号线动车调试工程委托协议》。

同日 在全国科学技术奖励大会上，中铁电气化局集团有限公司“广州地铁2号线节能、环保和安全技术集成与应用”科研项目获2006年度国家科技进步二等奖。

2月 中铁电气化局集团二公司QC小组“提高既有线横跨铁路通信线路拆迁的施工效率”课题获国家级优秀QC成果奖。

3月1日 中铁电气化局集团电气化公司承建的兰州局管内兰青二线电气化工程开工，工程于2008年10月30日竣工。

3月5日 中铁电气化局集团承建的天津站改扩建工程开工，工程于2008年7月5日竣工。

3月13日 中铁电气化局集团有限公司召开2007年第一次司务工作会议，贯彻集团公司年初召开的“两会”精神，分解落实有关工作，对2007年集团工作再部署、再落实。

3月14日 中铁电气化局集团有限公司召开纪检监察工作（视频）会议，研究部署集团公司2007年纪检监察工作。

3月16日 北京市副市长陈刚在中铁电气化局集团有限公司总经理刘志远陪同下，到北京地铁 5 号线进行专题调研。

同日 中铁电气化局集团孙刚、王亮、余海栗 3 支青年突击队被评为“北京市青年突击队标杆”。

3 月 18 日 中铁电气化局集团三公司中标新建内蒙古地方铁路东胜至乌海线活蚕沟(含)至巴彦淖尔(不含)段四电Ⅰ标段站后工程，合同额 2.05 亿元。

同日 中铁电气化局集团二公司参建的秦沈客运专线电气化工程、赣州至龙岩铁路通信工程(福建段)、广州大学城校区一、二期工程获 2006 年度铁道部火车头优质工程一等奖。

同日 正在中国访问的哈萨克斯坦国总理卡西姆·马西莫夫在新疆自治区政协主席、中哈霍尔果斯国际边境合作中心建设领导小组组长艾斯海提·克里木拜的陪同下，到中铁电气化局集团二公司施工的精伊霍铁路霍尔果斯段施工现场考察。

3 月 22 日 中铁电气化局集团西铁工程公司被评为 2006 年度“全国用户满意施工企业”。

3 月 22、23 日 中铁电气化局集团有限公司与中国铁路通信信号集团公司联合体先后中标新建铁路武汉至广州及广州深圳至香港客运专线通信、信号及牵引供电子系统集成施工总承包项目。

3 月 23 日 中铁电气化局集团有限公司建设“三型党委”的文章刊登在中共中央组织部办公厅《组工信息》第 52 期上，中组部领导作了批示。

3 月 24 日 中铁电气化局集团建筑公司承建的铁科院科技创新基地工程开工，工程总建筑面积 4.5 万平方米，合同额 1.3 亿元。工程于 2007 年 12 月 26 日竣工。

3 月 26 日 中铁电气化局集团有限公司工会召开一届二次全委会议，总结 2006 年工会工作，研究部署 2007 年工会工作。

3 月 30 日 在中铁电气化局集团有限公司党委召开的党员代表大会上，王其增、刘志远、杨超当选为出席中共北京市第十次代表大会代表。

4 月 1 日 中铁电气化局集团建筑公司承建的铁科院住宅区北区工程开工，工程总建筑面积 14.8 万平方米，合同额 2.95 亿元。工程于 2008 年 12 月 28 日竣工。

4 月 2 日 中铁电气化局集团有限公司党委 2007 年度宣传思想工作暨企业文化创新成果交流会在保定召开。

同日 中铁电气化局集团有限公司党委 2007 年度组织工作（视频）会议在北京召开。

4 月 4 日 在中国铁路工程集团有限公司第六届青年接触网工竞赛中，中铁电气化局集团有限公司获团体总分第一名、个人前两名。

4 月 8 日 中铁电气化局集团工厂处保定制品厂参与研发的“高风速横腹杆式预应力混凝土支柱”通过铁道部评审。

4 月 10 日 中铁电气化局集团有限公司安全生产工作会议在保定召开。

4 月 12 日 中铁电气化局集团承建的新丰编组站既有场电化改扩建主体工程建成。

4 月 13 日 中铁电气化局集团三公司青藏通信工程项目部获“全国青年文明号”。

4 月 15 日 中铁电气化局集团承建的昆沾复线电气化工程开通，工程于 2005 年 8 月 9 日开工。

同日 中铁电气化局集团西安电化公司承建的国家“十一五”重点工程沪汉蓉通道武汉至安康增建二线胡（家营）安（康）段电气化工程开工。

4 月 17 日 中铁电气化局集团西铁建设公司中标兰新线乌西至精河段增建二线工程 S1 合同段，中标价 6.4 亿元。

4 月 18 日 中铁电气化局集团承建的广深铁路增建四线电气化工程开通，工程于 2004 年 6 月 18 日开工。

同日 中铁电气化局集团研发的“城市轨道交通架空刚性悬挂的研究”成果获 2006 年度“中国施工企业管理协会科学技术奖”特等奖，并获首届中央企业青年创新奖。该成果填补了国内技术空白，达到国际先进水平。

4 月 24 日 兰新铁路乌精二线、南疆铁路吐库二线、奎北铁路建设动员大会在新疆维吾尔自治区奎屯市火车站广场举行，新疆维吾尔自治区党委书记王乐泉、自治区主席司马义·铁力瓦尔地出席大会，中国铁路工程总公司总经理李长进及中铁电气化局集团有限公司总经理刘志远应邀在主席台就座，王青斌副总经理作为施工单位代表受到中央及自治区、铁道部领导的接见。

4 月 26 日 中铁电气化局集团有限公司首次以 PPP 模式中标南京地铁 1 号线南延线工程，中标价建设期费用 14.2 亿元，加上回购期融资费，合同总价 20 亿元。29 日在南京举行合同签约仪式。

同日 中铁电气化局集团有限公司以冠名单位参加“2007 中国西部地铁轻轨及铁路建设展览会”。

4 月 27 日 在第二届全国企业文化传媒论坛上，中铁电气化局集团有限公司党委书记王其增作“落地才茁壮，传播才鲜活”的主题演讲。

同日 由中铁电气化局集团有限公司与广州市地下铁道总公司联合完成的“城市轨道交通钢铝复合供电接触轨及配套零部件国产化研究”科研项目通过陕西省科技成果鉴定。

4 月 28 日 中铁电气化局集团有限公司第三届董事会第一次会议在北京召开，通报《中铁电气化局集团有限公司章程》及《关于中铁电气化局集团有限公司治理结构有关人员组成的通知》。

4 月 29 日 中铁电气化局集团一公司与中铁六局集团公司组成联合体，中标太原铁路局大秦线大同南至湖东增建四线工程，中标总价 3.36 亿元。一公司负责站后四电及配套房建工程施工，工程价值约 8573.5 万元。

同日 中铁电气化局集团有限公司王军民、马岁满获“陕西省劳动模范”称号。

4 月 中铁电气化局集团有限公司沈九江获“全国‘五一’劳动奖章”，刘文宣、刘培栋获北京市“首都劳动奖章”，葛志伟、刘德海获铁道部“火车头奖章”，黄宗清获广东省“‘五一’劳动奖章”，西铁工程公司北京地铁 4 号线项目部获北京市“首都劳动奖状”，工厂处获铁道部“火车头奖杯”。

同月 中铁电气化局集团有限公司被评为 2006 年度全国“安康杯”竞赛优胜企业，一公司北京城铁项目部获全国“安康杯”竞赛优秀班组，建筑公司、电气化公司获 2006 年度北京市“安康杯”竞赛优胜单位。

5 月 7 日 中铁电气化局集团电气化公司、城铁公司、建筑公司获“2006 年度首都文明单位”称号。

5 月 10 日 中铁电气化局集团有限公司 2007 年度施工生产工作会议在北京召开，集团公司总经理刘志远、党委书记王其增出席会议并作重要讲话。

同日 中铁电气化局集团有限公司召开铁路建设项目大检查工作会议，集团公司总经理刘志远、党委书记王其增、副总经理、总经济师齐学勇、总会计师王建军到会并作重要讲话。

5 月 19 日 中铁电气化局集团有限公司获北京市“经济技术创新工程优秀组织单位”，城铁公司获北京市“经济技术创新先进企业”，西铁工程公司北京地铁 4 号线项目部获北京市“经济技术创新优秀班组”。

5 月 20 日 中铁电气化局集团有限公司完成北京地铁 5 号线动车调试工程，受到北京市轨道建设管理有限公司的表彰。

5 月 23 日 中铁电气化局集团有限公司举办“和谐发展，安全第一”主题演讲比赛。

5 月 25 日 中铁电气化局集团有限公司与中国铁路通信信号集团公司联合体中标沪汉蓉通道合肥至武汉铁路通信、信号、牵引供电和电力供电系统集成工程总承包项目，工程总包价 15.2 亿元，其中，中铁电气化局牵引供电和电力供电包价 7.67 亿元。7 月 29 日举行签约仪式。

5 月 28 日 中铁电气化局集团有限公司党委中心组围绕国务院《生产安全事故报告和调查处理条例》及“企业科技自主创新”两项专题内容进行集体学习研讨。

5 月 31 日 中铁电气化局集团有限公司召开安全生产（视频）会议。

6 月 1 日 中央保持共产党员先进性四个长效机制检查组对中铁电气化局集团有限公司保持共产党员先进性四个长效机制贯彻落实情况进行全面系统检查。

同日 成立南京中铁电化投资管理有限公司。

同日 中铁电气化局集团一公司承建的大包线电气化改造工程开工。

6 月 8 日 中铁电气化局集团城铁公司承建的重庆地铁 1 号线奠基开工。

6 月 9 日 北京市副市长陈刚在中铁工程总公司副总经理戴和根陪同下检查中铁电气化局集团承建的北京地铁奥运支线奥林匹克车站工程。

6 月 21 日 中铁电气化局集团有限公司和德国保富铁路公司、意大利布诺米公司合资生产高速铁路和客运专线接触网零配件签字仪式在北京饭店举行，铁道部总工程师何华武、副总工程师耿志修和中国铁路工程总公司党委书记石大华出席签字仪式。

6月26日 中铁电气化局集团西铁工程公司在内蒙古自治区承揽省道203线乌兰浩特至零点一级公路土建工程，全长35公里，中标价8000余万元，填补了集团公司公路施工的空白。

6月28日 中铁电气化局集团有限公司党委召开纪念中国共产党成立86周年暨表彰大会，对局属10个单位的12项党建工作创新成果进行表彰。

6月29日 在北京市国资委党委组织的国企党建工作创新成果评选活动中，中铁电气化局集团有限公司“建设‘三型党委’的实践探索”被评为一等奖。

6月30日 中共北京市委书记刘淇在中国铁路工程总公司党委书记、董事长石大华陪同下到机场线东直门工地看望中铁电气化局集团有限公司党员代表并慰问一线党员。

6月 中铁电气化局集团二公司京沪项目部接触网二队一班获“全国学习型先进班组”称号。

7月10日 中铁电气化局集团建筑公司承建的中水电中国中铁广渠路住宅小区工程举行开工仪式，工程总建筑面积30259.75平方米，合同额4521万元。工程于2008年底达到竣工验收条件。

7月18日 中铁电气化局集团一公司光缆接续QC小组被中国建筑业协会授予2007年“全国工程建设优秀质量管理小组”称号。

同日 中铁电气化局集团有限公司总经理刘志远撰写的《“京沪模式”的实践与思考》获2006年度北京市区县局级领导干部优秀理论文章一等奖。

同日 中铁电气化局集团有限公司党委书记王其增到首都轨道交通机场线项目部检查指导工作，慰问施工一线职工。

7月19日 中铁电气化局集团有限公司党委副书记张建喜兼任公司副总经理。

7月23日 中铁电气化局集团有限公司党委发出“加大宣传思想工作力度，为党的十七大营造良好舆论氛围的通知”。

7月24日 中铁电气化局集团有限公司中标西安地铁2号线一期工程尤家庄至长延堡段第11标段（北大街站），合同价约1.6亿元。

7月26日 中铁电气化局集团有限公司获北京市丰台区2006年度自主创新、备战奥运、科技产业、财政税收突出贡献奖。

7月31日 中铁电气化局集团有限公司京津地区单位首次总法律顾问会议在北京召开，集团公司总法律顾问白克强主持会议并作重要讲话。

7月 中铁电气化局集团一公司接触网六段王亮青年突击队获“全国青年安全生产示范岗”。

同月 中铁电气化局集团建筑公司和平里项目部“提高带阻氧层PB管热熔焊接的施

工质量”QC成果获国家行业二等奖。

8月1日 中铁电气化局集团承建的津秦沈铁路（北京铁路局管内）电气化改造工程开通仪式举行，工程于2005年5月18日开工。

同日 中共中央组织部《党建研究》第8期发表介绍中铁电气化局集团有限公司建设“三型党委”经验做法的文章“充分发挥国企党委的政治核心作用”，这是集团公司党委提出创建“中国中铁电化”党建品牌目标以来的最新成果。

8月6日 中铁电气化局集团一公司中标包西铁路通道包头至省界段工程施工总承包BSSG-6标段（电力、电气化标段），中标价3.99亿元。

8月10日 中铁电气化局集团有限公司与中国铁路通信信号集团公司联合体中标的武广客运专线四电系统集成项目信号、牵引供电关键技术设备采购合同签约仪式在北京举行。

8月15日 建设部《全国城市轨道交通工程预算定额第八册供电工程》征求意见稿审查会在主编单位中铁电气化局集团有限公司召开。

8月17日 在新疆考察工作的国务院总理温家宝在新疆维吾尔自治区党委书记王乐泉、自治区政府主席司马义·铁力瓦尔地的陪同下，到新疆伊犁哈萨克自治州考察中铁电气化局集团二公司参建的精伊霍铁路建设。

同日 中铁电气化局集团有限公司中标的新建铁路北京动车段工程施工总承包合同签约仪式在北京举行。

同日 中铁电气化局集团有限公司中标京津城际轨道交通声屏障项目，中标价近7000万元。

8月18日 中铁电气化局集团城铁公司中标沈阳市地铁1号线一期及延伸线工程供电系统集成项目，合同总价3.658亿元。

8月21日 周志宇、沈九江任中铁电气化局集团有限公司副总经理。

8月26日 中铁电气化局集团有限公司施工总承包的北京动车段工程举行开工典礼，集团公司总经理刘志远代表施工单位讲话。工程第一阶段于2008年12月30日开通。

8月28日 中铁电气化局集团二公司获2006年度全国“守合同重信用企业”称号。

同日 中铁电气化局集团西铁工程公司施工的白石河1号隧道贯通，该隧道为襄渝二线开挖断面最大的隧道。

同日 中铁电气化局集团一公司机械设备租赁公司自行研制生产的恒张力放线车在迁曹线首次试验成功。

9月1日 中铁电气化局集团有限公司在济南举办“电气化铁路接触网集中检修研讨会”，探索电气化铁路检修新模式。

9月2日 中铁电气化局集团一公司承建的包西铁路（呼和铁路局管内）电气化工程开工。

9 月 6 日　青藏铁路西宁至格尔木段增建第二线工程开工动员大会在西宁举行。中铁电气化局集团有限公司中标的该工程站后Ⅰ标段全长 410 正线公里，投资总额 13.2 亿元。

9 月 13 日　北京市总工会副主席时纯利、建筑业工委主任崔家义、副主任刘江波到中铁电气化局集团有限公司检查《企业工会工作条例》贯彻落实情况。

同日　中铁电气化局集团景旭房地产公司石家庄“中景·盛世长安”项目融资还款工作完成，共计偿还本金利息 24450.88 万元。

9 月 18 日　中铁电气化局集团通号设计院“改建铁路陇海线郑徐段电气化改造工程通信信号设计”获中国铁路工程总公司 2007 年度优秀工程勘察设计二等奖。

同日　中铁电气化局集团西铁工程公司中标国道 304 线鲁北至图布信一级公路土建工程 LTLM-01 合同段，中标价约 9272.8 万元。

9 月 20 日　中铁电气化局集团有限公司顺利通过质量、环境和职业健康安全管理体系监督审核。

9 月 21 日　中铁电气化局集团北京南站指挥部在北京南站工程主体结构完成庆功表彰暨决战百日第四阶段攻坚誓师大会上，因在前三阶段中取得“一事不出”的成绩，获 40 万元奖励。

9 月 28 日　中铁电气化局集团二公司中标南疆线吐鲁番至库尔勒段增建二线 DS2 标段工程，该标段计划工期 32 个月，投资 4.19 亿元。

9 月 29 日　1955 年创建的中铁电气化勘测设计研究院正式改制为中铁电气化勘测设计研究院有限公司。

10 月 7 日　中铁电气化局集团参建的北京地铁 5 号线正式通车运营，供电及机电安装工程于 2005 年 12 月 26 日开工。

10 月 11 日　中铁电气化局集团有限公司召开四季度安全生产（视频）会议，集团公司总经理刘志远、党委书记王其增出席会议，并就安全生产和稳定工作发表重要讲话。

10 月 12 日　中铁电气化局集团有限公司承担的北京地铁 10 号线一期及奥运支线工程样板段动车调试工程正式启动。

10 月 16 日　中铁电气化局集团有限公司总经理刘志远到合武项目部检查工程建设情况，并到二公司新址慰问干部职工。

10 月 19 日　中铁电气化局集团二公司承建的焦柳铁路洛阳至张家界段电气化改造工程武汉铁路局管段开工动员大会在湖北省荆门市举行。该工程全长 352 公里，总投资 13.7 亿元，建设工期 2 年。

10 月 24 日　在 2007 年国际质量管理小组会议暨全国第 29 次 QC 成果表彰大会上，中铁电气化局集团有限公司获“全国质量管理小组活动优秀企业”称号，一公司光明 QC 小组“降低 UM71 信号显示故障率”课题获国际质量管理小组优秀成果奖，一公司光明 QC 小组、光缆接续 QC 小组、启明星 QC 小组、西铁工程公司西安铁路枢纽北环线 QC 小组、建筑公司第三项目部土建QC小组获“全国优秀质量管理小组”称号。

10月26日 中铁电气化局集团企业形象歌曲《添翼的路》创作完成。

10月28日 中铁电气化局集团电气化公司参与开发的“既有电气化铁路时速250公里接触网系统工程技术研究”科研项目，通过湖北省科技成果鉴定。此前该项目已通过铁道部的科技成果评审。

11月2日 中国共产党中铁电气化局集团有限公司委员会二届三次全委(扩大)会议在北京举行，贯彻落实十七大精神，进一步解放思想，转变观念，推动企业又好又快发展。

同日 中铁电气化局集团电气化公司与西铁工程公司组成的联合体中标柳州铁路局洛湛线永州至岑溪段站后工程永岑ZH1标段，中标价2.465亿元。

11月10日 在中外企业文化2007太原峰会上，中铁电气化局集团有限公司获“全国企业文化建设优秀单位”。

11月17日 伊朗交通部副部长巴哈尼暨德（黑兰）马（士哈德）线业主代表团到中铁电气化局集团有限公司考察，集团公司总经理刘志远，副总经理、总经济师齐学勇与巴哈尼一行进行亲切友好会谈。

11月18日 中铁电气化局集团有限公司机关门前跨河桥建成开通，使机关车辆出行更加安全快捷，也解决了消防通道、应急需要等问题。

同日 中铁电气化局集团有限公司与中国铁路通信信号集团公司组成的联合体中标新建广州至珠海城际轨道交通通信、信号、牵引供电及电力供电子系统集成施工总承包项目，中标价8.75亿元，其中牵引供电5.4亿元。

同日 中铁电气化局集团电气化公司中标新建铁路北同蒲应县至原平段取直线站后BTQZ-3标段，中标价2.98亿元。

同日 在2007年铁路重大科技成果评选中，中铁电气化局与铁道部科技司、运输局、太原局、北京局等单位共同完成的“大秦2万吨重载组合列车系统集成创新”项目获铁路重大科技成果特等奖，中铁电气化局集团有限公司总经理刘志远获该项目个人特等奖。中铁电气化局集团有限公司主持完成的铁道部科研项目“大秦线2亿吨扩能改造牵引供电系统工程技术”获铁路重大科技成果二等奖，集团公司总工程师于增等15人获该项目个人二等奖。

11月20日 中铁电气化局集团西铁工程公司临潼制梁场32米后张法预应力混凝土铁路桥T型简支梁通过国家生产许可证审查组审查，标志着集团公司首座铁路制梁场正式建成投产。

11月22日 在北京市丰台区第十四届人代会第二次会议上，中铁电气化局集团有限公司总经理刘志远再次当选为北京市第十三届人民代表大会代表。

11月26日 中铁电气化局集团建筑公司承建的铁道部羊坊店旧房改造工程开工仪式举行，工程建筑面积8.84万平方米，造价2.9亿元。工程于2008年底达到竣工验收条件。

11 月 28 日 中铁电气化局集团二公司参建的中国内陆首个风力发电项目湖北省九宫山风力发电厂正式投入运营。

同日 中铁电气化局集团一公司施工的迁曹铁路电气化改造工程滦（南）（京唐）港段一次受电成功，标志着迁曹铁路 2 万吨重载运煤列车的第一条出海通道正式形成。电气化工程于 2006 年 3 月 15 日开工。

12 月 1 日 中铁电气化局集团有限公司第三期处级领导干部学习十七大精神培训班结束。自 11 月中旬起共举办 3 期，234 名领导干部参加学习培训。

同日 成立中铁电气化局集团有限公司宏达资产管理分中心。

12 月 2 日 中铁电气化局集团西铁建设公司参建的西安到延安铁路（西延线）扩能工程钟家村至新丰镇复线开通，工程于 2004 年 11 月 1 日开工。

12 月 4 日 中铁电气化局集团有限公司承建的秦沈客运专线电气化工程、重庆轻轨较新线较场口至动物园段轻轨工程、南京地铁 1 号线一期工程、天津市区至滨海新区快速轨道交通工程获 2007 年度国家优质工程银质奖。

同日 中铁电气化局集团西铁工程公司在第六届火车头文艺群星奖全路职工曲艺、小品大赛中获小品类一等奖。

12 月 6 日 中铁电气化局集团电气化公司与西铁工程公司联合中标天津蓟港铁路北塘西至东大沽扩能改造工程 Ⅰ 标段，合同总价 3.2 亿元。

同日 中铁电气化局集团建筑公司承建的北京轨道交通首都机场线东直门航空服务楼主体结构提前 25 天封顶，工程于 2007 年 7 月 25 日开工。

12 月 7 日 中铁电气化局集团一公司被评为“2007 年度北京质量管理优秀企业”，王宝善获“第八届北京质量管理优秀企业家”称号。

12 月 8 日 中铁电气化局集团建筑公司中标新建大理至丽江铁路站后工程 ZH-2 标段，工程总造价 2.345 亿元，总建筑面积 4.6 万平方米。

12 月 9 日 中铁电气化局集团西铁建设公司中标西安铁路局略阳工务段线路大修工程宽枕板（二标段、三标段）、宝鸡工务段陇海线、宝中线道岔大修（三标段）3 项工程，中标价 1.43 亿元。

12 月 10 日 中铁电气化局集团有限公司党委书记王其增参加中央领导到京视察座谈会。

12 月 11 日 中铁电气化局集团二公司获评“湖北省诚信建设荣誉单位”。

同日 中铁电气化局集团景旭房地产开发公司在石家庄开发的“中景·盛世长安”项目获“中国名盘”称号。

12 月 14 日 中铁电气化局集团有限公司被授予“创鲁班奖工程特别荣誉企业”称号。

12 月 16 日 北京市委书记刘淇、代市长郭金龙、副市长陈刚，中国中铁股份公司党委书记、董事长石大华、总裁李长进，在中铁电气化局集团有限公司总经理刘志远陪同下，到中铁电气化局集团参建的北京南站施工现场慰问参建职工。

12月23日 中铁电气化局集团二公司承建的武汉枢纽电气化改造工程正式开工。

12月26日 中铁电气化局集团有限公司主编的“英汉/汉英轨道交通技术词典”首发式在北京举行。

12月28日 中铁电气化局集团有限公司与河北省衡水市政府就衡水市“开发改造滏阳河，建立新城区”的城市改造项目达成战略合作共识，并在北京市钓鱼台国宾馆举行“衡水滨湖城区开发建设战略合作”签字仪式。

12月29日 中铁电气化勘测设计研究院有限公司被天津科学技术委员会认定为“高新技术企业”。

12月31日 北京铁路局副局长朱崇钢在中铁电气化局集团有限公司总经理刘志远和党委副书记、副总经理张建喜的陪同下，到北京动车段工地检查工程进展情况，慰问元旦期间仍奋战在工地的干部职工。

2008年

1月5日 中铁电气化局集团承建的东（胜）乌（海）电气化铁路开通仪式在内蒙古鄂尔多斯市伊金霍洛旗火车站举行。工程于2007年4月1日开工。

1月6日 中共中央政治局常委、全国政协主席贾庆林考察建设中的北京南站，亲切接见中铁电气化局集团有限公司党委书记王其增。

同日 中铁电气化局集团承建的西北地区最大列车编组站新丰镇编组站一期工程顺利开通，西安铁路局向集团公司发来贺电。

1月9日 中铁电气化局集团承建的大包线古城湾车站万吨改造工程顺利开通，呼和浩特铁路局向集团公司发来贺电。

1月10日 中铁电气化局集团电化设计研究院自主创新设计的广州地铁1号线接触网架空柔性悬挂改架空刚性悬挂工程（第一标段）通过热滑验收，标志着电化院在国内创新研发成功U型绝缘横撑刚性悬挂安装方式及不中断运营情况下从架空柔性悬挂到架空刚性悬挂的过渡技术取得成功，在地铁接触网方面又实现一项重大技术突破。

1月14日 中铁电气化局集团有限公司党委二届四次全委（扩大）会议在北京召开。会议听取并批准集团公司党委书记王其增代表党委常委会所作题为“深入贯彻落实十七大精神，面对新形势，站在新起点，迎接新挑战，开创又好又快发展新局面”的工作报告，听取并通过总经理刘志远所作的行政工作报告。

1月15日 中铁电气化局集团西铁工程公司临潼制梁场获得“全国工业产品生产许可证”，标志着集团在铁路预应力桥梁生产领域有了自主产品，实现了新突破。

1月15日至16日 中铁电气化局集团有限公司三届一次职代会在北京举行，集团公司总经理刘志远作题为“贯彻落实十七大精神，站在新起点，开拓新局面，再创新辉煌”的行政工作报告，集团公司党委书记王其增作题为“进一步解放思想，转变观念，面对新形势，站在新起点，迎接新挑战，开创新局面”的讲话。

1月23日 中铁电气化局集团景旭房地产公司在北京市国土资源局拍卖大厅竞得顺义后沙峪居住及金融项目地块，成交土地价 6.5 亿元。

2月3日 接到铁道部运输局和广铁集团要求中铁电化局支持京广线耒阳至白石渡铁路电力贯通线和自闭供电线路抢险修复的通知，集团公司召开紧急抢险视频会议，布置抢险工作。集团公司派出 1436 名干部职工参加抢险，2 月 16 日完成任务。

2月6日 铁道部副部长王志国到中铁电气化局集团施工的铁道部羊坊店旧房改造工地检查工作，看望春节坚持施工的干部职工。

2月7日 北京市交通委副主任刘小明到中铁电气化局集团施工的首都机场线工地检查工作，慰问春节坚持施工的职工。

2月26日 中铁电气化局集团有限公司召开第三届董事会第四次会议，宣布中国中铁股份有限公司关于中铁电气化局集团公司法人治理结构有关人员调整、任免的通知，高树堂不再担任董事长，王其增任中铁电气化局集团有限公司董事长，刘志远任副董事长，刘成山任监事会主席。

2月28日 中铁电气化局集团有限公司总经理刘志远、副总经理、总经济师齐学勇会见沙特拉瓦比公司总裁谢克·阿布杜拉立奇兹一行，双方就有关项目的合作进行商谈。

3月4日 中铁电气化局集团有限公司党风廉政建设会议在北京召开，集团公司党委书记、董事长王其增作题为“站在新起点，大力加强反腐倡廉建设，实现集团公司健康持续稳定发展”的讲话，党委副书记、纪委书记白克强作题为“全面加强反腐倡廉建设，为企业发展提供有力保证”的工作报告。

同日 中铁电气化局集团有限公司召开安全生产工作会议，部署集团公司 2008 年安全生产工作，签订安全生产责任状。

同日 中铁电气化局集团有限公司和中国技术进出口总公司在北京通用技术大厦正式签订战略合作协议暨乌兹别克土齐马齐至安格让段电气化铁路改造项目经济合同。

3月6日 广州至珠海城际轨道交通四电系统集成工程总承包合同签约仪式在广州举行。

3月13日 中铁电气化局集团有限公司召开第七次 QC 成果发布会，发表 67 项 QC 成果，11 项成果受到表彰，65 项成果获集团公司优秀 QC 成果。

3月18日 中铁电气化局集团一公司参建的北京地铁八通线工程获中国土木工程詹天佑奖。

同日 中铁电气化局集团有限公司召开总经济师工作会议，部署集团公司 2008 年经济工作。

3月21日 中国中铁股份有限公司董事长、党委书记石大华，副总裁、总工程师刘辉，副总裁戴和根在中铁电气化局集团有限公司董事长、党委书记王其增的陪同下到中铁电化院视察工作。

3 月 22 日　国内首家高速及客运专线电气化铁路接触网零件项目在宝鸡建成投产，启动仪式在位于宝鸡高新开发区的宝鸡保德利电气设备有限责任公司举行。宝鸡保德利电气设备有限责任公司由中铁电气化局集团宝鸡器材有限公司和德国保富铁路公司、意大利布诺米公司三方合资组建。

同日　中铁电气化局集团电气化设计院获 2007 年度“中国企业信息化 500 强”，并获“最佳信息化战略奖”和“最佳协同设计应用奖”。

4 月 2 日　中铁电气化局集团有限公司被评为 2007 年度全国“安康杯”竞赛优胜企业，一公司北京城铁项目部获优秀班组，建筑公司、电气化公司获优胜单位，集团公司工会主席蒋玉林获优秀组织个人。

4 月 3 日　铁道部召开全国铁路抗击低温雨雪冰冻灾害总结表彰大会，中铁电气化局集团有限公司总经理刘志远作为唯一的路外施工企业代表，在大会上作题为“快速反应，奋力攻坚，坚决完成京广铁路南段设备抢修任务”的发言。中铁电气化局集团有限公司和所属第三工程公司、西安电气化公司被授予“全国铁路抗击低温雨雪冰冻灾害先进集体火车头奖杯”，集团公司 10 名职工被授予“火车头奖章”。

4 月 4 日　北京市副市长赵凤桐到中铁电气化局集团承建的首都机场线视察指导工作。

4 月 7 日　乌兹别克斯坦国家铁路公司副总裁斯尼科拉德率代表团到中铁电气化局集团有限公司考察。

4 月 7 日至 8 日　中铁电气化局集团有限公司与中国铁路通信信号集团公司联合体连续中标“东南沿海通道”温福、甬台温通信、信号、牵引供电和电力供电系统集成施工总承包。温福中标价 19.97 亿元，其中牵引供电及电力供电 12.75 亿元；甬台温中标价 16.98 亿元，牵引供电及电力供电 11.43 亿元。

4 月 8 日　衡水市委书记景春华、副市长赵常福率领衡水市规划、城建等部门负责人到中铁电气化局集团有限公司进行考察，双方对衡水市滏阳河及滨湖城区开发改造项目的实施进展情况进行通报并就项目的下一步推进进行协商。

4 月 15 日　中铁电气化局集团有限公司 2008 年宣传文化工作会议在北京召开，集团公司董事长、党委书记王其增以“站在新起点，迎接新挑战，以改革创新的精神开创集团宣传文化工作新局面”为题发表讲话，总经理刘志远对集团公司宣传文化工作提出希望和要求。

4 月 16 日　中铁电气化局集团西铁建设公司承建的北京地铁奥运支线获北京市市政基础设施结构“长城杯”金质奖，并取得两站两区间“三金一银”4 个单项奖。

4 月 17 日　北京市国企党建研究会第一次会员代表大会暨成立大会在北京举行，中铁电气化局集团有限公司党委书记、董事长王其增当选为常务理事。

4 月 19 日　铁道部副部长卢春房到中铁电气化局集团西铁工程公司施工的新丰镇编组站改扩建工地视察。

4月20日 中铁电气化局集团西铁工程公司承建的北京地铁4号线项目部获2008年“全国工人先锋号”。

4月22日 中铁电气化局集团三公司接触网高级技师何军获首届“中国中铁专家型职工”，电气化公司农民合同工刘喜生获首届“中国中铁十大新型农民工”。

4月25日 中铁电气化局集团有限公司获2007年度“全国五一劳动奖状”，这是集团公司继2006年后再次获此奖项。

4月26日 中铁电气化局集团有限公司工会主席、副总经理蒋玉林当选中国工会十五大代表。

4月28日 中铁电气化局集团有限公司召开抗击低温雨雪冰冻灾害先进集体和先进个人表彰大会，表彰先进集体8个，先进个人100名。

同日 胶济铁路发生火车相撞事故，中铁电气化局集团有限公司迅速组织所属二公司、维管公司干部职工赶赴现场组织线路抢修，集团公司总经理刘志远、副总经理王青斌现场指挥抢修工作，29日凌晨全线抢修工作完成。

4月29日 中铁电气化局集团电气化公司、一公司联合中标大秦线牵引供电系统扩能改造工程，中标价3.167亿元。

同日 中铁电气化局集团有限公司机关举办“庆五一，迎奥运”企业形象歌曲赛歌会，演唱局歌《添翼的路》。

4月30日 中铁电气化局集团承建的津秦沈线沈阳至山海关段电气化铁路改造工程正式开通使用，工程于2005年7月2日开工。

5月1日 中铁电气化局集团有限公司获北京市2007年度“经济技术创新工程”优秀组织单位，所属城铁公司获北京市“经济技术创新工程”先进企业，建筑公司武汉北编组站项目部水电综合队、景旭房地产开发公司石家庄项目部获优秀班组，23人被评为北京市“经济技术创新”标兵，有4项经济技术创新成果和6项合理化建议分别获北京市“经济技术创新工程”优秀成果和优秀合理化建议。

5月9日 中铁电气化局集团中标承建的新建甬台温铁路“四电”系统集成工程总承包合同签约仪式在宁波举行。

5月10日 中铁电气化局集团西安电化公司、西安通号处中标包（头）西（安）铁路黄（陵南）张（桥）段站后四电工程BXZH-4标段，中标价4.35亿元。

5月12日 中国四川省汶川县发生8.0级地震，甘肃徽县境内宝成铁路109号隧道山体崩塌，致宝成线中断，21043次货物列车12节油罐车被埋在隧道中并起火燃烧。中铁电气化局集团有限公司接到铁道部灾情通报和抢险指令，迅速组织抢险救援队伍当日深夜赶赴宝成铁路地震灾害现场。15日，中共中央政治局常委、中央政法委书记周永康代表党中央、国务院赶赴宝成铁路109隧道塌方现场，指导抢险工作，慰问抢险人员。17日，中铁电气化局集团有限公司党委书记、董事长王其增、总经理刘志远亲临宝成线109隧道抢险一线直接指挥抢险工作，看望慰问全体抢险员工。24 日，宝成铁路恢复通车，中共中央政治局委员、国务院副总理张德江慰问抢险队伍，称赞中铁电气化局，抢险还要靠你们国家队。

5 月 13 日 中铁电气化局集团有限公司党政工团联合发出“关于组织职工向四川灾区捐款的紧急通知”，集团公司员工共捐款 170 余万元。

5 月 14 日 北京市国资委党委组织的 7 个中央在京双管企业党建工作座谈会在中铁电气化局集团有限公司召开。

5 月 19 日 14 时 28 分，中铁电气化局集团有限公司员工与全国人民一起，为四川汶川大地震遇难者默哀 3 分钟。

5 月 20 日 中铁电气化局集团电气化公司与中铁六局以联合体形式，中标大包铁路电化改造大同枢纽古店至大同东联络线及配套工程 DDLX-1 标段，中标价 4.847 亿元，其中站后“四电”概算约 1.72 亿元。

5 月 29 日 由北京市国资委与北京市思想政治工作研究会组成的企业思想政治工作调研组到中铁电气化局集团有限公司进行调研。

5 月 31 日 中铁电气化局集团承建的西宁至格尔木增建二线站后工程第一标段电气化工程开工，该线正线 350 公里，总投资 13.18 亿元。

6 月 2 日 中铁电气化局集团有限公司“中国中铁电化”品牌获世界品牌实验室颁发的“中国 500 最具价值品牌”证书和奖杯，“中国中铁电化”在本次排行榜中位列第 301 位，品牌价值人民币 25.12 亿元。

同日 北京铁路局局长杨绍清到北京动车段工地检查指导工作，对中铁电气化局集团公司动车段工程施工进度及安全质量给予充分肯定。

6 月 8 日 中铁电气化局集团城铁公司中标重庆轻轨 3 号线一期供电线路系统工程，中标价 2.2 亿元。

6 月 13 日 中国中铁股份有限公司总裁李长进，党委副书记、工会主席、副总裁姚桂清到中铁电气化局集团西铁工程公司，慰问宝成铁路 109 隧道抢险先进个人代表，并组织召开“中国中铁共产党员在抗震救灾中的义务和责任专题组织生活会”。

同日 中华全国总工会分别授予中铁电气化局集团有限公司、西铁工程公司、西铁建设公司“工人先锋号”称号，国家人力资源部和社会保障部、铁道部联合授予中铁电气化局宝成铁路 109 隧道抢险突击队“铁路系统抗震救灾英雄集体”称号。

同日 中铁电气化局集团中标承建的新建铁路温福线（含福厦线引入福州枢纽）福建段“四电”系统集成工程总承包合同签约仪式在福州举行。温福客专电气化工程于 6 月 16 日开工。

6 月 16 日 国家民政部和陕西省人民政府授予在宝成线 109 号隧道抢险中壮烈牺牲的中铁电气化局集团西铁建设公司工人黄军科为“革命烈士”称号。

6 月 18 日　中铁电气化局集团有限公司团委书记胡学钧被共青团中央、全国青联授予“全国优秀共青团干部”称号。

6 月 19 日　中铁电气化局集团有限公司召开京津城际工作会议，落实铁道部领导京津城际现场办公及部京津城际工作会议精神。

6 月 25 日　中共中央总书记、国家主席、中央军委主席胡锦涛在北京市委书记刘淇、市长郭金龙的陪同下，考察中铁电气化局集团参建的北京南站、京津城际铁路以及中铁电气化局集团投资建设的北京首都机场快轨线，亲切慰问工程建设者和技术人员，中铁电气化局集团有限公司总经理刘志远受到胡锦涛总书记的亲切接见。

6 月 26 日　在共青团中国中铁一届四次全委（扩大）会议上，中铁电气化局集团有限公司被中国中铁股份公司党委授予“中国中铁党建带团建先进单位”称号。

6 月 27 日　中铁电气化局集团有限公司领导班子被中国中铁股份公司党委评为 2007 年度股份公司“四好班子”。

同日　中铁电气化局集团有限公司党委以视频会议方式召开纪念中国共产党成立 87 周年“创先争优”先进事迹报告暨表彰大会，集团公司 16 个先进基层党组织、29 个红旗党支部、103 名优秀共产党员、33 名优秀党务工作者、29 名优秀党支部书记受到表彰。

同日　中铁电气化局集团有限公司党委按照国务院国资委党委的部署和中国中铁股份公司党委的安排，召开“共产党员在抗震救灾中的义务和责任专题组织生活会”。

同日　中铁电气化局集团承建的武广铁路客运专线综合试验段站后“四电”工程开工，2008 年 11 月 18 日正式向接触网送电。

6 月 28 日　中铁电气化局集团城铁公司承建的北京地铁 2 号线信号系统更新工程，顺利开通“无线移动闭塞模式”信号系统，实现 ATO（有人自动驾驶）、列车自动防护等功能，该线成为全国首条实现无线移动闭塞信号系统的地铁线路。

6 月 30 日　中国中铁股份公司召开中国中铁抗震救灾视频表彰大会，中铁电气化局集团有限公司及所属西铁工程公司、西铁建设公司、二公司二段获股份公司先进集体，中铁电气化局集团有限公司 109 隧道抢险临时党工委、西铁工程公司一处 109 隧道抢险临时党支部、西铁建设公司 109 隧道抢险临时党支部、宝鸡器材有限公司党委获股份公司先进党组织，王其增、刘志远等 21 人被评为先进个人，严虎勤、张虎斌、黄军科被评为抗震救灾英雄。

7 月 1 日　在国务院国资委纪念中国共产党成立 87 周年表彰大会上，中铁电气化局集团有限公司党委书记、董事长王其增被授予“中央企业优秀党务工作者”称号。

7 月 8 日　中铁电气化局集团有限公司召开抗震救灾暨 109 隧道抢险表彰大会，表彰抗震抢险英雄群体 2 个、抗震抢险“英勇献身”英雄 1 名、抗震抢险“靠前指挥”英雄 2 名、抗震抢险“身先士卒”英雄 5 名、抗震抢险“奋不顾身”英雄 2 名、抗震抢险“攻难克险”英雄 1 名、抗震抢险“勇于拼搏”英雄 3 名、抗震抢险功臣 48 名。

同日 中铁电气化局集团有限公司召开领导干部会议，迅速传达贯彻中国中铁股份公司7月7日召开的“安全生产和维护稳定工作视频会议”精神。

7月10日 中铁电气化局集团有限公司中标京九铁路电气化工程北京西至乐化段施工总承包项目，工程正线全长1422公里，总价76.131亿元。

同日 京津城际铁路公司、北京铁路局、中铁电气化局集团有限公司共同签署京津城际铁路牵引供电、电力设施运行维修管理委托合同，标志着集团已具备运管时速300公里以上电气化铁路牵引供电、电力设施的能力。

7月14日 国家科技部、铁道部专家到中铁电气化局集团有限公司进行调研考察，对集团公司的科技创新能力给予充分肯定。

7月14日、15日 中共中央政治局常委、全国人大常委会委员长吴邦国考察中铁电气化局集团参建的北京南站、京津城际铁路和天津站，亲切接见集团公司董事长、党委书记王其增、总经理刘志远，夸赞电化局为抗震救灾作出重要贡献。

7月17日 中铁电气化局集团有限公司召开2008年施工生产工作会议，部署集团公司下半年施工生产任务。

7月18日 国务院国资委召开2008年中央企业抗震救灾总结表彰大会，中铁电气化局集团有限公司总经理刘志远、西铁工程公司劳务工严虎勤获“中央企业抗震救灾先进个人”，西铁工程公司宝成铁路109隧道抢险突击队获“中央企业抗震救灾先进集体”，集团公司宝成铁路109隧道抢险临时党总支获“抗震救灾先进党组织”，西铁工程公司电焊工张虎斌获“中央企业抗震救灾优秀共产党员”称号。

同日 中铁电气化局集团有限公司中标京石客运专线JS-1标段，线路总长60.5正线公里，中标总价48.9亿元。21日召开集团公司京石客专第 次工作会议。

7月19日 中铁电气化局集团承建的北京奥运重点配套工程北京地铁10号线(一期)、奥运支线、机场线开通试运营仪式举行，3条轨道新线总长58公里，开通后北京轨道运营里程达到200公里。

7月21日、23日 中共中央政治局常委、全国政协主席贾庆林考察中铁电气化局集团参建的北京南站、京津城际铁路和天津站，亲切接见集团公司总经理刘志远，对电化局在抗震抢险中所作出的贡献表示赞赏。

7月25日 中铁电气化局集团有限公司与卡斯柯信号有限公司、阿尔斯通交通运输有限责任公司（法国）组成的联合体中标广州市轨道交通6号线信号系统集成采购项目，中标价2.39亿元。

7月29日 中铁电气化局集团三公司中标新建龙岩至厦门铁路站后“四电”工程LX-Ⅵ标段，线路全长111.336公里，中标价5.73亿元。

7月30日 中铁电气化局集团有限公司与西南交通大学战略合作协议签字仪式在北京举行，协议签订后，双方将在重大科研项目的申请和重大工程技术问题的解决等方面进行广泛合作，对集团公司人才队伍建设，西南交大将给予大力支持。

8 月 1 日 中铁电气化局集团承建的京津城际铁路通车运营仪式在北京南站举行。随着京津城际的正式开通，集团公司参建的北京南站和天津站也正式开通运营。京津城际铁路站后“四电”工程于 2007 年 6 月 3 日开工。

8 月 2 日 中铁电气化局集团西铁建设公司获“全国五一劳动奖状”。

8 月 4 日 中铁电气化局集团电气化公司、西安通号处联合中标大秦线 4 亿吨配套站场扩能改造工程施工总承包四标段，中标价 1.9 亿元。

8 月 5 日 中铁电气化局集团三公司中标神朔铁路扩能改造“四电”工程施工第二标段，中标合同价 1 亿元。

8 月 6 日 中铁电气化局集团有限公司承建的中国铁路既有线电气化改造一次性投资建设规模最大的工程项目京九铁路电气化改造工程分别在全线 6 个铁路局管段同时开工。

8 月 8 日 中铁电气化局集团有限公司由于常年坚持开展 QC 小组活动，QC 小组普及率高、活动领域宽、成绩显著，被中国质量协会授予“全国质量管理小组活动优秀企业特别奖”。

8 月 10 日 中铁电气化局集团有限公司在包头召开“大干 120 天，确保年底建成开通大包线”施工生产动员会。

8月13日 铁道部副部长卢春房在北京铁路局副局长朱崇钢和中铁电气化局集团有限公司董事长、党委书记王其增、总经理刘志远陪同下，到北京动车段检查指导工作。

8月15日 中铁电气化局集团有限公司京九铁路电气化工程指挥部第一次工作会议在北京召开。

同日 以北京市国资委党群工作处处长王鹏为组长的市国资委党内基层民主调研组，到中铁电气化局集团有限公司进行工作调研。

8 月 16 日 中铁电气化局集团中标承建的武广客运专线“四电”系统集成工程总承包签约仪式在北京举行。

8 月 18 日 中铁电气化局集团承建的甬台温铁路“四电”系统集成工程开工。

8 月 19 日 中共中央政治局委员、新疆维吾尔自治区党委书记王乐泉到中铁电气化局集团二公司参建的精伊霍铁路伊宁火车站施工现场视察。

8 月 22 日 全国总工会劳动保护部部长汪忠汉到中铁电气化局集团有限公司检查“安康杯”竞赛活动情况，对集团公司“安康杯”竞赛活动开展情况给予充分肯定和高度评价。

8 月 27 日 中铁电气化局集团有限公司京九铁路电气化改造工程指挥部揭牌仪式举行。

8 月 28 日 北京动车段工程实现第一阶段建设目标动员会暨军令状签字仪式举行，北京铁路局和中铁电气化局集团有限公司签订军令状，确保该工程年底投入使用。

9 月 1 日 中铁电气化局集团西铁建设公司西咸机场高速项目部工程技术部被中国中铁股份公司授予 2007 年度“青年文明号”。

9 月 3 日 中铁电气化局集团有限公司“辉煌电化 50 年”演讲比赛决赛在北京举行，12 名选手分获一、二、三等奖。

9 月 5 日 中铁电气化局集团有限公司总经理刘志远作为北京市国资委的 5 名火炬手之一，参加 2008 年北京残奥会火炬接力传递活动。

9 月 6 日 中铁电气化局集团西铁工程公司西安地铁项目部获“第六届全国青年安全生产示范岗”，项目经理范增国获“陕西省杰出青年岗位能手”。

9 月 7 日 中铁电气化局集团承建的太中银铁路站后“四电”及给排水工程在山西省太原市举行合同签字仪式并召开开工动员大会。

9 月 8 日 中铁电气化局集团有限公司在新疆石河子召开新疆地区工作会议。

9 月 12 日 中铁电气化局集团有限公司举办第六届职工摄影作品展览，集团所属 20 个单位 106 名职工的 293 幅摄影作品参展。

同日 中铁电气化局集团西铁工程公司承建的大秦 4 亿吨扩能改造土建工程动工。

9 月 18 日 中铁电气化局集团有限公司党委在北京召开项目党工委书记研讨会。

9 月 23 日 中铁电气化局集团有限公司领导班子专题学习胡锦涛总书记在全党深入学习实践科学发展观活动动员大会暨省部级主要领导干部专题研讨班上的重要讲话，并结合实际，就实现企业更长时间、更高水平、更高质量发展的重大问题进行深入研讨。

9 月 27 日 中共中央政治局常委、国务院总理温家宝到京津城际铁路视察，亲切接见中铁电气化局集团有限公司王其增、刘志远、王青斌等领导及京津城际铁路设计、建设、运营管理单位的代表。

9 月 29 日 乌兹别克斯坦国家铁路股份公司总经理舒科洛夫·阿克博带领考察团，到中铁电气化局集团有限公司参观访问。

同日 中铁电气化局集团一公司获得由信息产业部颁发的“通信信息网络系统集成企业”（甲级）资质，成为北京市 8 家拥有该项资质的企业之一。

9 月 30 日 中铁电气化局集团有限公司热烈庆祝中国电气化铁路建设暨集团公司成立 50 周年，集团公司党委书记、董事长王其增、总经理刘志远发表题为“五十年历史，五十年辉煌”的纪念文章。

10 月 6 日 北京市国资委系统奥运会、残奥会总结表彰大会在北京召开，隆重表彰在成功举办奥运会、全力支持抗震救灾和推进国企改革发展中做出突出贡献的先进集体和先进个人，中铁电气化局集团有限公司被授予“北京奥运会、残奥会先进单位”称号，集团公司 20 人被授予“北京奥运会、残奥会先个人”称号，集团公司宝成铁路 109 隧道抢险临时党委、西铁工程公司党委、西铁建设公司党委、一公司党委、城铁公司党委被授予“先进基层党组织”称号，集团公司 12 人被授予“优秀共产党员”称号，1 人被授予“优秀党务工作者”称号。

10 月 7 日 中铁电气化局集团承建的（北）京石（家庄）铁路客运专线开工动员大会

在河北省涿州市举行。

10月11日 中国中铁股份有限公司党委副书记、副总裁、工会主席姚桂清到中铁电气化局集团承建的北京动车段检查指导工作并慰问职工。

同日 中铁电气化局集团有限公司首架铁路架桥机在郑西客运专线西康增建二线特大桥开架，结束了集团公司依靠租用架桥机铺架铁路桥梁的历史。

10月14日 为拍摄纪念中国电气化铁路建设和中铁电气化局集团公司成立50年电视专题片，集团公司邀请十多名参加电气化铁路建设的第一代电气化人，乘坐集团参建的京津城际高速铁路，并召开座谈会。

10月15日 中铁电气化局集团有限公司召开2008年经济活动分析视频会议。

10月16日 铁道部向中铁电气化局集团有限公司发来贺信，对中国电气化铁路建设和中铁电气化局集团公司成立50周年表示热烈祝贺。

10月30日 中铁电气化局集团有限公司在北京隆重举行庆祝中国电气化铁路建设暨集团公司成立50周年招待会，前来参加庆祝活动的领导和嘉宾达500余人。招待会结束后，进行焰火表演和专场文艺晚会。

10月31日 在中关村科技园丰台园"2007年度突出贡献企业及优秀企业家表彰大会"上，中铁电气化局集团有限公司被授予"丰台科技园2007年度优秀企业"、"标准创制突出贡献"两个奖项，集团公司总经理刘志远被授予"丰台科技园2007年度优秀企业家"称号。

同日 中铁电气化局集团公司完成武广铁路客运专线武汉综合试验段164条公里和横沟联络线4.13条公里接触网承导线架设任务，武广客专试验段建成。

同日 中铁电气化局集团有限公司在涿州召开京石客专"决战60天，确保全年任务完成"生产动员会。

11月3日 铁道部副部长卢春房登乘轨道车检查中铁电气化局集团承建的武广客运专线综合试验段建设情况。

11月5日 中铁电气化局集团电气化公司承建的石家庄至德州铁路电气化改造工程全线开通运营，工程于2006年8月9日开工。

同日 中铁电气化局集团二公司承建的京九铁路淮滨（含）至蔡山（含）信号改造工程开工，本标段全长450.498正线公里，工程总投资1.8亿元。

11月8日 中铁电气化局集团承建的天津至秦皇岛铁路客运专线开工动员大会在天津市滨海新区举行，标志着全长261.2公里、设计时速350公里的中国又一条高标准铁路客运专线正式开工建设。

11月10日 中铁电气化局集团一公司中标上海轨道交通2号线东延伸接触网、干线电缆及杂散电流防护施工总承包工程，中标价1.98亿元。

11月11日 中铁电气化局集团有限公司在北京召开安全生产会议，通报近期集团公司安全生产情况。

同日 中铁电气化局集团有限公司召开项目文化建设推进会，下发《关于加强工程项目文化建设的实施意见（征求意见稿）》。

11 月 14 日 在“中外企业文化 2008 南宁峰会”上，中铁电气化局集团有限公司获“改革开放 30 年全国企业文化优秀单位”奖。

11 月 17 日 铁道部副部长卢春房到中铁电气化局集团承建的北京动车段检查指导工作并现场办公。

11 月 18 日 中铁电气化局集团有限公司召开确保北京动车段年底进车第一阶段目标实现动员大会。

11 月 23 日 中铁电气化局集团承建的津秦铁路客运专线唐山段开工仪式在唐山西郊举行。

11 月 25 日 中铁电气化局集团中标承建的峰福铁路峰南（横峰至南平）段电气化改造工程合同签字仪式在南昌举行。

11 月 26 日 中铁电气化局集团京九线党建思想政治工作暨项目文化推进会在江西省德安县召开。

11 月 27 日 在“全国生产安全事故隐患排查治理知识竞赛”总结颁奖大会上，中铁电气化局集团有限公司获“全国生产安全事故隐患排查治理知识竞赛”优秀组织奖。

11 月 28 日 中铁电气化局集团电气化公司中标洛湛线永岑 ZH3 标段工程，中标总价 1.32 亿元。

11月29日 中铁电气化局集团有限公司在保定党职校召开党政办公室主任工作会议，总结全局党政办公室两年来的工作，交流办公室工作经验。

同日 由衡水市教育局、劳动局、广播电视局联合举办的首届衡水市中等职业学校技能大赛，维修电工、电子装接工两个专业的比赛在衡水学校举行，衡水学校代表队取得 1 个集体一等奖、2 个集体二等奖和 3 个个人一等奖、5 个个人二等奖、6 个个人三等奖。

11 月 30 日 中铁电气化局集团有限公司完成新签合同额突破 300 亿元，达到 300.8 亿元，为年度计划 220 亿元的 136.7%，提前超额完成年度新签合同额计划。

12 月 1 日 中铁电气化局集团有限公司党委出台《关于进一步加强和改进集团公司共青团工作意见》。

12 月 3 日 中铁电气化局集团有限公司召开安全生产工作视频会议，总结集团安全生产大检查、大反思活动开展情况，部署当前安全生产工作。

12 月 9 日 中铁电气化局集团有限公司与呼和浩特铁路局签订两年期大（同）包（头）惠（农）牵引供电设备维修委托管理合同，合同金额逾亿元。

12 月 10 日 中铁电气化局集团有限公司召开财务预决算会议。

12 月 15 日 中铁电气化局集团承建的南京地铁 1 号线南延线工程 PPP 项目暨 2 号线

接触网、通信工程开工仪式在南京举行。

12 月 19 日 中铁电气化局集团承建的襄渝铁路增建二线胡（家营）安（康）段四大控制性工程之一白石河二号隧道顺利贯通。

12 月 21 日 中铁电气化局集团二公司承建的胶济铁路客运专线全线贯通，实现客货线路分线运营，工程于 2007 年 10 月 8 日开工。

同日 中铁电气化局集团北京通达监理公司监理的新建青藏铁路五道梁（站外）至雁石坪（站外）通信工程获 2008 年度国家优质工程银质奖。

12 月 24 日 中铁电气化局集团有限公司党委中心组集体学习，就集团公司如何抓住机遇，迎接挑战，加快发展的重大问题进行专题研讨。

12 月 27 日 北京市总工会副主席时纯利到中铁电气化局集团温（州）福（州）“四电”系统集成项目部看望慰问职工、农民工。

12 月 31 日 中铁电气化局集团施工总承包的中国规模最大、世界一流的北京动车段工程举行建成进车仪式，标志着中国铁路第一个动车检修基地北京动车段一期工程建成进车。

同日 中铁电气化局集团承建的合武铁路客运专线正式投入商业运营，工程于 2007 年 9 月开工。

本年 中铁电气化局集团承建的兰武二线乌鞘岭特长隧道工程获 2008 年度中国建设工程鲁班奖，昆明铁路集装箱中心站工程、天津地下铁道 1 号线工程获 2008 年度国家优质工程银质奖，重庆轻轨较新线校场口至动物园段、大秦铁路 2 亿吨扩能改造工程、浙赣铁路电气化提速改造工程、北京地铁 5 号线获 2008 年度詹天佑土木工程奖。

第 一 篇

法人治理结构

- 股东会
- 董事会
- 监事会
- 经理层
- 董事会常设工作机构

第一篇　法人治理结构

中铁电气化局集团有限公司于2001年6月29日注册成立，公司注册资本金51905.62万元，其中：中国铁路工程总公司出资43621.06万元，占84.04%；中国铁路工会中铁电气化局集团有限公司委员会8284.56万元，占15.96%。根据《公司法》和《公司章程》规定，有限公司设股东会、董事会、监事会和经理层。

第一章　股东会

中铁电气化局集团有限公司于2001年6月29日注册成立，根据公司法规定，公司设立股东会，股东为中国铁路工程总公司与中国铁路工会中铁电气化局集团有限公司委员会。2007年4月28日，公司股东会同意将中国铁路工会中铁电气化局集团有限公司委员会持有的股权转让给中国铁路工程总公司，中铁电气化局集团有限公司变更为中国铁路工程总公司的全资子公司，根据公司法和公司章程规定，公司不再设立股东会。2001年至2007年，公司股东会共召开15次会议、1次临时会议、1次书面审议，形成股东会决议67项。

股东会第一次会议

2001年7月17日，公司股东会第一次会议在公司机关召开。中国铁路工程总公司股东代表刘辉和中国铁路工会中铁电气化局集团有限公司委员会股东代表蒋玉林出席会议，会议由刘辉主持。

会议讨论公司章程；根据中国铁路工程总公司和中国铁路工会电气化工程局委员会推荐的董事候选人，同意侯唯一、刘辉、刘志远、侯多智、王青斌、齐学勇、崔耀华、修贵、罗自桂、刘树利、何永耀、谢庆庆为公司董事，确认蒋玉林为职工董事，任期3年；根据中国铁路工程总公司和中国铁路工会电气化工程局委员会推荐的监事候选人，同意白克强、王新民、徐学功、王应龙为公司监事，确认苏红岭为职工监事，任期3年。

股东会第二次会议

2001年8月21日，公司股东会第二次会议在公司机关召开。中国铁路工程总公司股东代表刘辉和中国铁路工会中铁电气化局集团有限公司委员会股东代表蒋玉林出席会议，公司董事会秘书列席会议。会议由侯唯一主持。

会议审议通过《中铁电气化局集团有限公司章程》。

股东会临时会议

2001年10月11日，公司股东会临时会议在集团公司机关召开。中国铁路工程总公司股东代表刘辉和中国铁路工会中铁电气化局集团有限公司委员会股东代表蒋玉林出席会议，公司董事、监事、高管人员列席会议。会议由侯唯一主持。

会议审议通过公司股东名称变更和修改《公司章程》议案；批准公司《股东会议事规则》、《董事会工作条例》和《监事会工作条例》。

股东会第三次会议

2002年3月14日，公司股东会第三次会议在公司机关召开。会议批准集团公司《2001年度财务决算、利润和利润分配方案》、《2002年度财务决算》、《2002年度固定资产投资计划》；同意集团公司投资设立集团公司房地产开发有限公司、中铁电气化局工业集团有限公司、北京通达监理有限公司。

会议根据中国铁路工程总公司的建议，同意罗育桂董事从2002年3月15日起不再担任中铁电气化局集团有限公司董事职务；根据股东中国铁路工程总公司的推荐，选举何荣康先生担任中铁电气化局集团有限公司董事。

股东会第四次会议

2003年3月3日，公司股东会第四次会议在公司机关召开。会议审议批准公司2002年度财务决算、利润和利润分配方案、2003年度财务预算、2003年度固定资产投资计划；批准中铁电气化局集团有限公司将第一工程有限公司的第四工程段、第二工程有限公司的上海地铁公司整建制重组到中铁电气化局集团有限公司。

会议同意《中国铁路工程总公司对中铁电气化局集团有限公司增加出资的议案》，同意修改《中铁电气化局集团有限公司章程》相应条款；会议听取并通过公司董事会和监事会工作报告。

股东会第五次会议

2003年12月25日，公司股东会第五次会议在公司机关召开。中国铁路工程总公司股东代表高树堂和中国铁路工会中铁电气化局集团有限公司委员会股东代表蒋玉林出席会议，公司董事、监事、高管人员列席会议。会议由侯唯一主持。

根据股东中国铁路工程总公司的决定，刘辉董事不再担任中国铁路工程总公司的股东代表，由高树堂担任。会议根据股东中国铁路工程总公司的建议，同意侯唯一不再担任中铁电气化局集团有限公司的董事职务以及刘辉、何荣康不再兼任中铁电气化局集团有限公司的董事职务。

根据中国铁路工程总公司的推荐，按照《公司章程》的规定，股东会第五次会议选举高树堂、王其增和吴致强为中铁电气化局集团有限公司董事会董事。

股东会第六次会议

2004年2月26日，公司股东会第六次会议在公司机关召开。中国铁路工程总公司股东代表高树堂和中国铁路工会中铁电气化局集团有限公司委员会股东代表蒋玉林出席会议，公司董事、监事、高管人员列席会议。会议由高树堂主持。

会议审议批准集团公司《2003 年度财务决算方案、利润和利润分配方案》、《2004 年度财务预算方案》和《2004 年度固定资产投资计划》。会议听取集团公司监事会工作报告。

股东会第七次会议

2004 年 9 月 28 日，公司股东会第七次会议在公司机关召开。会议听取并通过公司董事会工作报告和监事会工作报告。会议听取股东推荐的公司第二届董事会董事和监事会监事人选的建议；会议同意高树堂、王其增、刘志远、侯多智、王青斌、齐学勇、崔耀华、修贵、吴致强、井泽民、牛光辉、唐宝印为公司第二届董事会董事。选举白克强、王新民、徐学功、王应龙为集团公司第二届监事会监事。会议确认蒋玉林为公司第二届董事会职工代表董事，张建民为公司第二届监事会职工代表监事；会议提名推荐高树堂董事为公司第二届董事会董事长人选，王其增、刘志远董事为第二届董事会副董事长人选，白克强监事为公司第二届监事会主席人选。

股东会第八次会议

2005 年 2 月 25 日，公司股东会第八次会议在公司机关召开。会议审议批准公司《2005 年度投资计划》、《2004 年度财务决算方案、利润和利润分配方案》、《2005 年度财务预算方案》和《中铁电气化局集团 2001～2020 年总体发展战略》。

股东会第九次会议

2005 年 7 月 29 日，公司股东会第九次会议在公司机关召开。会议批准《关于中铁电气化局集团有限公司对西安电气化工程有限公司的投资方案》及《关于中铁电气化局集团有限公司对西安铁路建设有限公司的投资方案》

股东会第十次会议

2005 年 9 月 8 日，公司股东会第十次会议在公司机关召开。会议审议通过《关于增加中铁电气化局集团有限公司国有资本金投资方案》，同意修改《中铁电气化局集团有限公司章程》相应条款。

股东会第十一次会议

2006 年 1 月 10 日，公司股东会第十一次会议在公司机关召开。会议审议批准公司《投资受让哈尔滨瑞兴科技股份有限公司部分股份的议案》、《2006 年度投资计划》、《2005 年度财务决算、利润和利润分配方案》、《2006 年度财务预算方案》；同意《增加国有资本金投资方案》：中国铁路工程总公司对中铁电气化局集团有限公司增加投资国有资本金 18，

500，036.30 元，国有资本公积 7，266，814.26 元；修改《公司章程》相应条款。

股东会第十二次会议

2006 年 12 月 8 日，公司股东会第十二次会议在公司机关召开。会议审议批准《集团公司对中铁电气化勘测设计研究院、北京电铁通信信号勘测设计院、第二工程公司投资方案》、《增加公司 2006 年小型基建投资议案》、《苏州花苑饭店变更投资关系的议案》、《增加中国铁路工程总公司投入集团公司资本金的方案》，修改《公司章程》相应条款；根据中国铁路工程总公司的建议，同意崔耀华、侯多智不再担任公司董事职务。

股东会第十三次会议

2007 年 1 月 7 日，公司股东会第十三次会议在公司机关召开。会议审议批准公司《2007 年投资计划》、《2006 年度财务决算、利润和利润分配方案》、《2007 年度财务预算方案》、《公司对中铁电气化局集团北京建筑工程有限公司、北京景旭房地产开发有限公司增加投资方案》、《公司对四川省达州钢铁集团有限责任公司铁路专用线 BT 项目投资方案》；通过《中铁电气化局集团“十一五”发展规划》。

股东会第十四次会议

2007 年 3 月 31 日，公司股东会第十四次会议在公司机关召开。会议同意将中国铁路工会中铁电气化局集团有限公司委员会所持有的以职工现金出资形成的职工个人股权（占公司注册资本的 6.785%）转让给中国铁路工程总公司持有；同意对本公司截至 2006 年 12 月 31 日的累计未分配利润进行分配；同意收购北京北方常安铁路电务工程技术有限公司和自然人所持电信中心的股权；批准《公司对中铁电气化局集团保定铁道变压器厂增加投资方案》。

股东会第十五次会议

2007 年 4 月 28 日，公司股东会第十五次会议在公司机关召开。会议审议通过《关于变更公司形式的议案》、《关于终止公司股东会，第二届董事会、监事会提前换届的议案》。

股东会书面审议

2006 年 4 月 29 日，公司股东会就董事会“关于提请集团公司股东会审议批准修订中铁电气化局集团有限公司《公司章程》的报告”进行书面审议，同意中铁电气化局集团有限公司依据自 2006 年 1 月 1 日起施行的《公司法》，修订现行的《公司章程》。

2006 年 9 月 6 日，中铁电气化局集团有限公司股东会就监事会《关于变更监事的报告》进行书面审议，同意徐学功不再担任中铁电气化局集团有限公司监事职务，张利生为中铁电气化局集团有限公司监事。

第二章　董事会

中铁电气化局集团有限公司于2001年6月29日注册成立后，根据公司法规定公司设董事会，董事会由13名董事组成；2006年12月8日至2007年4月27日，公司董事会由11名董事组成；2007年4月28日至2008年底，公司董事会由9名董事组成。董事会下设董事会秘书处负责董事会日常工作，2004年3月24日，董事会秘书处更名为董事监事管理办公室，2008年8月1日，公司董事监事管理办公室更名为董事会办公室。至2008年底，第一届董事会至第三届董事会共召开会议27次，形成会议决议251项。

董事会一届一次会议

2001年7月17日，公司董事会一届一次会议在公司机关召开。应出席会议的董事13人，实到12人。公司监事会监事、高管人员列席会议，会议由刘辉主持。

会议选举侯唯一为公司董事长，刘辉、刘志远为副董事长；聘任刘志远为公司总经理，聘任公司副总经理和三总师、财务负责人，聘任何永耀为公司董事会秘书；审议通过公司向光大银行申请综合授信的方案。

董事会一届二次会议

2001年10月11日，公司董事会一届二次会议在公司机关召开。应出席会议的董事13人，实到12人。公司监事会监事、高管人员列席会议，会议由公司董事长侯唯一主持。

会议审议通过公司股东会议事规则、董事会工作条例、监事会工作条例、总经理工作条例；同意何永耀不再兼任公司董事会秘书，由公司副总经理丁树奎兼任，董事会秘书处设在企划部；授权公司总经理办理具体担保事宜；审议批准各控股子公司向公司申请担保授信额度、公司对铁通网络有限公司投资差额问题、公司资质就位方案；讨论公司职工持股会提交有关借款事宜。

董事会一届三次会议

2002年3月14日，公司董事会一届三次会议在公司机关召开。会议审议通过公司2002年经营计划、公司2002年投资计划、公司2002年度用工计划和工资计划；批准工厂处、监理公司改革、改制方案，公司2002年财务预算方案，利用奥地利政府贷款购置恒张力放线车议案，设立房地产开发公司议案，公司2002年度借款总额，公司2001年度财务决算、利润和利润分配方案；审议《委派股东代表、董事、监事基本工作规范》、公司2002年度董事会经费计划、董事会、监事会培训计划、公司经营管理者考核分配制度。

董事会一届四次会议

2002 年 6 月 3 日，公司董事会一届四次会议在公司机关召开。会议审议通过公司机关机构调整方案，公司为总公司提供综合授信额度担保事宜。

董事会一届五次会议

2003 年 3 月 3 日，公司董事会一届五次会议在公司机关召开。会议审议通过公司 2003 年度经营计划、2003 年度用工计划和工资计划，申请银行综合授信额度方案，《集团公司委派股东代表、董事和监事工作管理办法》，公司 2003 年度固定资产投资计划、财务预算方案、2002 年财务决算方案、利润和利润分配方案，公司分别与一公司、二公司资产重组方案，提交股东会审议批准。会议还对中国铁路工程总公司资产评估日后事项调整增加出资事宜进行审议。

董事会一届六次会议

2003 年 12 月 25 日，公司董事会一届六次会议在公司机关召开。应出席会议的董事 13 人，实到 10 人。公司监事会监事、高管人员列席会议，中国铁路工程总公司股东代表高树堂主持会议。

会议同意侯唯一不再担任公司董事长，刘辉不再兼任公司副董事长，选举高树堂为公司董事长，选举王其增为公司副董事长，同意聘任白克强为公司企业总法律顾问，同意王其增不再担任公司副总经理职务，聘任卢勃为公司副总经理。

董事会一届七次会议

2004 年 2 月 26 日，公司董事会一届七次会议在公司机关召开。应出席会议的董事 13 人，实到 11 人。公司监事、高管人员列席会议，会议由董事长高树堂主持。

会议审议通过公司 2004 年经营计划、2004 年度用工计划、2004 年度工资总额计划，公司申请综合授信额度、借款计划、担保额度计划，公司 2004 年度固定资产投资计划，2004 年度财务预算方案，2003 年度财务决算方案、利润和利润分配方案，提交股东会批准。

董事会一届八次会议

2004 年 3 月 24 日，公司董事会一届八次会议在公司机关召开。会议同意聘任李同茂为公司副总经理，丁树奎不再担任公司副总经理职务和董事会秘书职务；审议批准对公司领导进行一次性奖励的方案；同意公司党委推荐委派到子公司的股东代表、董事和监事人选；同意公司对重庆单轨交通工程有限公司投资；提交股东会审议批准。会议决定设立集团公司董事监事管理办公室。

董事会一届九次会议

2004 年 6 月 4 日，公司董事会一届九次会议在公司机关召开。会议同意调整集团公司为北京建筑工程公司 2004 年综合授信担保项目，同意《中铁电气化局集团清产核资损益处理预案》、《西安公司整合重组方案》，同意在土地出让手续完备的前提下，开发金兰家苑小区。

董事会一届十次会议

2004 年 7 月 5 日，公司董事会一届十次会议在公司机关召开。会议审议通过合作开发金兰家苑小区项目有关事宜。会议决定，按照公司对开发金兰家苑小区的原则和意见，由景旭公司与金兰甫公司进行谈判。

第一届董事会书面审议

2002 年 10 月 18 日，公司第一届董事会经过书面审议，同意公司为北京建筑工程有限公司增加授信额度。

2002 年 11 月 11 日，公司第一届董事会全体董事经过书面审议，同意公司为北京建筑工程有限公司增加美元授信额度。

2003 年 10 月 17 日，公司第一届董事会全体董事经过书面审议，同意公司为宝鸡器材厂等 5 个工厂申请增加授信额度提供担保。

2004 年 4 月 15 日，公司第一届董事会全体董事经过书面审议，同意公司向景旭房地产开发有限公司用于开发方泽园房地产项目提供借款事宜。

董事会二届一次会议

2004 年 9 月 28 日，公司董事会二届一次会议在公司机关召开。应出席会议的董事 13 人，实到 13 人。公司监事、高管人员列席会议，中国铁路工程总公司股东代表高树堂主持会议。

会议选举高树堂董事为公司第二届董事会董事长，王其增、刘志远董事为公司第二届董事会副董事长；聘任何永耀为公司董事会秘书。

会议听取并通过公司总经理工作报告；同意聘任刘志远为中铁电气化局集团有限公司总经理，聘任副总经理、总经济师、总工程师、总会计师、总法律顾问、总经理助理。

会议审议并批准集团公司《企业其他负责人薪酬水平的报告》；同意集团公司《认购武广客运有限责任公司股份的意向书》；会议审议通过开发金兰家苑住宅小区项目的方案；会议讨论公司参加安阳-南乐高速公路（BOT）项目的方案。

董事会二届二次会议

2005 年 2 月 25 日，公司第二届董事会第二次会议在公司机关召开。应出席会议的董事 13 人，实到 12 人。公司监事、高管人员列席会议，会议由董事长高树堂主持。

会议审议通过公司《2005 年度经营计划》、《2005 年度申请银行综合授信额度与借款计划》、《2005 年度担保额度计划》、《中铁电气化局集团会计核算规范》、《中铁电气化局集团资产减值准备管理制度》、《2005 年用工计划和工资总额计划》、《派往北京东直门机场快速轨道有限公司有关人员的建议》、《变更派往中铁通信网络技术有限公司有关人员的建议》、《2005 年度董事会经费计划》，会议通过并提请股东会审议批准公司《2004 年度财务决算方案、利润和利润分配方案》、《2005 年度财务预算方案》和《2005 年度投资计划》，对外投资人民币 3.28 亿元，《中铁电气化局集团 2001～2020 年总体发展战略》。

董事会二届三次会议

2005 年 7 月 29 日，公司董事会二届三次会议在公司机关召开。

会议审议批准公司《2005 年度申请银行综合授信调整计划》、《2005 年度担保额度调整计划》，同意白克强不再兼任集团公司企业总法律顾问，聘任侯多智为公司企业总法律顾问；同意《关于中铁电气化局集团西安电气化工程有限公司法人治理结构有关人员的建议方案》，同意变更北京建筑工程有限公司、西安铁路工程有限公司国有法人股有关董事和监事人选的建议，同意设立西安通信信号工程处为公司的分公司，同意公司向北京中铁工地铁项目建设有限公司推荐有关人员的建议，同意公司派往北京东直门机场快速轨道有限公司董事人选，同意公司向重庆单轨交通工程有限责任公司、上海龙门宾馆有限公司、南昌新龙置业有限公司推荐人选。

会议通过《关于中铁电气化局集团有限公司对西安电气化工程有限公司的投资方案》、《关于中铁电气化局集团有限公司对西安铁路建设有限公司的投资方案》，通过公司向重庆单轨交通工程有限责任公司筹建投资 3000 万元、公司以现金出资方式向上海龙门宾馆有限公司投资人民币 1500 万元、公司以现金出资方式向南昌新龙置业有限公司投资人民币 1500 万元，提请股东会审议批准。

董事会二届四次会议

2006 年 1 月 10 日，公司董事会二届四次会议在公司机关召开。会议审议通过公司《2006 年度生产经营计划》、《2006 年度申请银行综合授信计划》、《2006 年度担保额度计划》、《固定资产目录及折旧年限方案》、《2006 年用工计划和工资计划》以及《为北京建筑工程公司变更银行承兑汇票的议案》。

会议同意并提请股东会审议批准《受让哈尔滨瑞兴科技股份有限公司部分股份方案》、公司《2006 年度投资计划》、《2005 年度财务决算方案、利润和利润分配方案》、《2006 年度财务预算方案》；同意《中国铁路工程总公司对中铁电气化局集团有限公司增加国有资本 18,500,036.30 元，国有资本公积 7,266,814.26 元的投资方案》。

董事会二届五次会议

2006 年 12 月 8 日，公司董事会二届五次会议在公司机关召开。会议同意公司增加对中铁电气化勘测设计研究院、北京电铁通信信号勘测设计院、第二工程有限公司的投资方案，同意中国铁路工程总公司对公司增加投资方案；同意公司以货币资金投入西安铁路建设有限公司，置换经评估确认的苏州花苑饭店同等金额净资产的方案；同意公司增加物资处在天津市购置商住角楼的小型基建投资计划。提请股东会审议批准。

会议同意公司增加 2006 年度申请银行综合授信额度，同意公司为第一工程有限公司增加 2006 年度银行综合授信额度提供担保，同意公司为西安铁路工程有限公司办理 2006 年度借款提供担保；会议聘任白克强为中铁电气化局集团有限公司总法律顾问；会议同意公司成立上海分公司和广州分公司，同意《关于增加小型基建投资计划的议案》。

会议听取公司于增总工程师就北京东直门快速轨道有限公司增加股东、股权变更、项目施工进展和运营管理方案的变化，以及今后工作的汇报；听取公司何永耀副总会计师就公司与铁通公司依法协议解散中铁通信网络技术有限公司有关情况，会议同意公司为了维护自身的权益与铁通公司所达成的解散中铁通信网络技术有限公司的有关协议。

董事会二届六次会议

2007 年 1 月 7 日，公司董事会二届六次会议在公司机关召开。会议审议通过公司《2007 年生产经营计划》、《2007 年投资计划》、《2006 年度财务决算、利润和利润分配方案》、《2007 年度财务预算方案》、《2007 年度申请银行综合授信和担保计划》、《2007 年用工计划和工资计划》、《中铁电气化局集团有限公司企业负责人薪酬管理暂行办法》、《对北京建筑工程有限公司增加投资的议案》、《对北京景旭房地产开发有限公司增加投资的议案》、《对四川达钢铁路专用线 BT 项目投资事宜》和《中铁电气化局集团“十一五”发展规划》；会议决定委托王其增副董事长负责董事会的日常工作。

董事会二届七次会议

2007 年 3 月 31 日，公司董事会二届七次会议在公司机关召开。会议审议通过《公司股东之间转让股权的方案》、《公司截至 2006 年 12 月 31 日累计未分配利润进行分配的方案》、《关于受让各子公司其他股东股权的方案》、《收购北京北方常安铁路电务工程技术有限公司和自然人所持电信中心的股权的方案》、《对保定铁道变压器厂增加投资的方案》和《增加对二公司综合授信提供担保的方案》。

第二届董事会临时会议

2004 年 12 月 31 日，公司第二届董事会临时会议在公司机关召开。会议审议同意合作开发金兰家苑住宅小区项目的合作方式以及北京景旭房地产开发有限公司向集团公司提出借款的申请。

2005 年 1 月 10 日，公司第二届董事会临时会议在公司机关召开。会议审议通过公司投资参加北京市建设东直门至首都机场快速轨道交通（BOT）项目有关事宜。

2005 年 11 月 15 日，公司第二届董事会临时会议在公司机关召开。会议聘任公司副总经理，研究参加石家庄市国土资源局（2005）08号地块国有土地使用权竞拍事宜。

2007年3月14日，公司第二届董事会临时会议在公司机关召开。会议审议通过《关于对北京景旭房地产开发有限公司参与廊坊市国土资源局出让国有土地使用权竞拍》的议案；会议听取拟购买北京铁路局“北京职工文体中心”楼调查研究情况通报。

董事会书面审议

2005年3月18日，公司第二届董事会全体董事经过书面审议，同意调整公司2004年度申请办理综合授信额度。

2006年2月28日，第二届董事会全体董事经过书面审议，同意公司申请办理2006年度银行综合授信和为西铁工程公司办理银行综合授信提供担保。

2006年3月8日，第二届董事会全体董事经过书面审议，同意公司为北京景旭房地产开发有限公司向衡平信托投资有限责任公司借款提供担保。

2006年4月29日，公司第二届董事会全体董事经过书面审议，同意《关于修订集团公司〈公司章程〉的议案》。

2006年6月28日，公司第二届董事会全体董事经过书面审议，同意公司办理2006年度银行综合授信和为第一工程公司等子公司和工厂办理银行综合授信提供担保。

2006年8月22日，公司第二届董事会全体董事经过书面审议，同意公司《聘任公司副总经理等事项的议案》。

2006年11月14日，公司第二届董事会全体董事经过书面审议，同意《关于集团公司为西铁建设公司增加银行借款提供担保的议案》。

2007年2月8日，公司第二届董事会全体董事经过书面审议，同意《成立中铁电气化局集团有限公司深圳分公司》的议案。

董事会三届一次会议

2007年4月28日，公司董事会第三届一次会议在公司机关召开。应出席会议的董事9人，实到9人。公司监事、高管人员列席会议，会议由董事长高树堂主持。

会议通报了中国铁路工程总公司印发的《中铁电气化局集团有限公司章程》，中国铁路工程总公司《关于中铁电气化局集团有限公司治理结构有关人员组成的通知》。

公司第三届董事会由高树堂、王其增、刘志远、程聚生、薛尚龙、齐学勇、王青斌和王建军，以及职工董事蒋玉林共9人组成。高树堂任董事长，王其增任副董事长。公司第三届监事会由总公司委派的监事朱战士、赵伟和白克强，以及职工监事张建民、王应龙共5人组成。朱战士任监事会主席。

会议同意聘任何永耀为第三届董事会秘书；同意聘任刘志远为中铁电气化局集团有限公司总经理；审议通过《关于聘任公司副总经理等人事的议案》、《关于投资南京地铁一号线南延线（PPP）项目的议案》、《关于建筑工程公司向兰州大学置业公司投资入股的议案》。

董事会三届二次会议

2007 年 11 月 30 日，公司董事会三届二次会议在公司机关召开。会议审议通过《关于公司对电化院增加投资的议案》、《关于三公司出让陕西高速电子工程有限公司股权的议案》、《成立北京中铁电气化物贸有限公司的议案》、《2006 年局属企业主要负责人薪酬方案》、《关于电信中心法人治理结构人员调整的议案》、《关于聘任刘重阳等同志为局副总工程师的议案》、《有关法人治理结构人员调整方案》、《关于委派和提名北京中铁电气化物贸有限公司法人治理结构人员建议方案》、《投资股票一级市场的议案》、《公司增加对监理公司投资议案》、《公司 2007 年固定资产投资调整计划议案》、《2007 年度财务预算调整的议案》和《成立集团公司投资部的议案》。

董事会三届三次会议

2008 年 1 月 11 日，公司董事会三届三次会议在公司机关召开。会议审议通过《公司 2008 年生产经营计划》、《公司 2008 年固定资产投资计划》、《公司 2008 年人力资源计划和工资、福利方案》、《审议公司变更注册资本的方案》、《审议公司 2007 年度财务决算方案、利润及利润分配方案》、《公司 2008 年度财务预算方案》、《审议公司 2008 年度中请银行综合授信计划》、《公司 2008 年度担保额度计划》、《公司为西铁工程公司银行借款提供担保的方案》、《公司对中铁通信网络公司投资损失确认方案》、《投资设立“中铁电器工业公司”方案》、《参与运作邯郸印染有限公司地块住宅开发方案》、《参加北京市顺义区后沙峪国有建设用地使用权竟拍方案》。

董事会三届四次会议

2008 年 2 月 26 日，公司董事会三届四次会议在公司机关召开。会议审议《董事会 2007 年度工作报告》，通报股东变更公司外部董事、监事的决定：高树堂、程聚生、薛尚龙不再担任中铁电气化局集团有限公司的外部董事，高树堂不再担任董事长；朱战士、赵伟不再担任中铁电气化局集团有限公司的外部监事，朱战士不再担任监事会主席。委派罗立生、张伟、周玉清任中铁电气化局集团有限公司的外部董事，刘成山、陈路明任中铁电气化局集团有限公司的外部监事，刘成山任监事会主席。王其增任中铁电气化局集团有限公司董事长，刘志远任副董事长。

董事会三届五次会议

2008 年 6 月 26 日，公司董事会三届五次会议在公司机关召开。应出席会议的董事 9 人，实到 8 人。公司监事、董事会秘书列席会议，会议由董事长王其增主持。

会议审议通过《公司 2007 年度决算方案及审计情况报告》、《公司对物资贸易有限公司投资议案》、《对一公司等单位增加资本金投入议案》、《公司增加银行借款额度议案》、《增加西铁工程公司等单位内部借款及授信担保议案》、《公司发行短期融资券议案》、《运营维管公司改为子公司议案》、《秦皇岛培训中心整体划转景旭房地产开发公司管理议案》、《顺义区后沙峪镇房地产开发项目融资议案》、《公司对南昌新龙置业有限公司增加投资议案》、《公司对南京地铁一号线南延线（PPP）项目增加投资议案》、《成立中铁电气化局集团衡水投资有限公司议案》、《聘任牛光辉副总会计师、陈同忠副总经济师职务》、《公司对一公司等 8 个单位法人治理结构人员调整情况议案》、《衡水投资有限公司、运营管理有限公司法人治理结构组成人员议案》、《中铁电气化局集团有限公司董事会议事规则》、《中铁电气化局集团有限公司董事会秘书工作规则》

第三届董事会临时会议

2007 年 6 月 19 日，公司第三届董事会临时会议在公司机关召开。会议审议通过《关于申请批准电化院等十七家企业进行改制的议案》、《关于向中铁电化局一、二、三等公司委派和提名法人治理结构有关人员的议案》、《关于向南京地铁南延线 PPP 项目公司推荐有关人员的议案》、《关于聘任中铁电化局副总工程师的议案》、《关于变更中铁电化局北京建筑工程公司治理结构有关人员的议案》、《关于调整公司银行综合授信的议案》、《关于公司为子公司、工厂办理银行综合授信提供担保的议案》、《关于调整为北京建筑公司、工厂处提供内部流动资金借款的议案》和《关于宝鸡器材厂出资成立中外合资企业的议案》。

第三届董事会书面审议

2007 年 7 月 31 日，公司第三届董事会全体董事经过书面审议，同意《关于聘任张建喜为公司副总经理的议案》。

2007 年 9 月 21 日，公司第三届董事会全体董事经过书面审议，同意《关于聘任周志宇、沈九江为公司副总经理的议案》、《关于向中铁电化局电化院、通号院等公司委派和提名治理结构有关人员的议案》。

2008 年 1 月 4 日，公司第三届董事会全体董事经过书面审议，同意公司对中铁电气化局集团北京建筑工程有限公司增加投资方案。

2008 年 3 月 17 日，公司第三届董事会全体董事经过书面审议，同意变更一公司法人治理结构有关人员。

2008 年 5 月 23 日，公司第三届董事会全体董事经过书面审议，同意聘任王新民任董事会秘书，免去何永耀董事会秘书职务。

2008 年 7 月 17 日，公司第三届董事会全体董事经过书面审议，同意按合同约定的 BT 项目回购方式转让公司持有的北京中铁工投资管理有限公司 29%的股权。

第三章 监事会

中铁电气化局集团有限公司于 2001 年 6 月 29 日注册成立，根据公司法规定，公司设监事会，由 4 名股东监事、1 名职工代表监事组成。监事会设办公室负责监事会日常工作，2008 年 8 月 1 日，公司监事会办公室职能划归公司董事会办公室。至 2008 年底，公司第一届监事会至第三届监事会共召开会议 18 次。

第一届监事会

公司第一届监事会共召开 9 次会议，均在公司机关召开。

2001 年 7 月 17 日，监事会一届一次会议决定设立监事会办公室，选举白克强为主席。

2001 年 8 月 8 日，监事会一届二次会议讨论通过《中铁电气化局集团有限公司监事会工作条例》，提交公司股东会审议通过后，于 10 月 11 日正式发布实施。

2002 年 2 月 1 日，监事会一届三次会议征集需要提交股东会、董事会的有关议案及议题，讨论检查公司财务的有关事宜，研究 2002 年工作计划和经费计划。

2002 年 3 月 7 日，监事会一届四次会议听取公司财务部门有关情况汇报。

2002 年 5 月 27 日，监事会一届五次会议研究检查公司财务的方法、步骤和重点注意事项。

2003 年 1 月 13 日，监事会一届六次会议研究检查公司财务问题，决定对公司 2002 年度财务决算情况进行检查。

2003 年 8 月 22 日，监事会一届七次会议检查集团公司董事及高管人员执行公务情况，一致认为公司董事、高管人员在工作中没有违反国家法律、法规、公司章程的问题。

2004 年 2 月 25 日，监事会一届八次会议总结 2003 年监事会工作情况，研究 2004 年监事会工作计划，讨论检查公司财务问题，研讨董事会第七次会议有关议题和向股东会第六次会议有关汇报事宜。

2004 年 8 月 27 日，监事会一届九次会议通报 2004 年监事会各项工作进展情况。

第二届监事会

公司第二届监事会共召开 8 次会议，均在公司机关召开。

2004 年 9 月 28 日，监事会二届一次会议根据总公司推荐，经全体监事表决，一致同意白克强同志为公司第二届监事会主席。

2005 年 1 月 10 日，监事会召开临时会议，审议通过监事会 2004 年度经费支出情况和 2005 年度经费预算，研究检查公司财务问题，研究监事会 2005 年工作计划。

2005 年 5 月 31 日，监事会二届二次会议专题听取公司 2004 年财务决算情况汇报，检查公司财务问题。

2005 年 11 月 10 日，监事会二届三次会议通报 2005 年监事会经费使用情况，研讨有关问题，通报前段工作情况并安排下阶段工作。

2006 年 9 月 29 日，监事会二届四次会议由监事会主席白克强向各位监事通报上半年监事会的主要工作情况，研究检查公司财务等有关问题，会议决定年底听取公司财务部的专题汇报，重点是公司投资项目的资金安全及投资风险和投资收益问题。

2006 年 11 月 20 日，监事会二届五次会议检查公司董事及高管人员遵章守纪情况，并就股东扩股问题向股东会议提出建议，解决小股东投资越来越小，收益受损问题。

2007 年 3 月 23 日，监事会二届六次会议由监事会主席白克强向各位监事通报上半年监事会的主要工作情况，研究检查集团公司财务等有关问题。

2007 年 6 月 13 日，监事会二届七次会议通报监事会换届情况，根据总公司《关于中铁电气化局集团有限公司治理结构有关人员组成的通知》，公司第三届监事会由 5 名监事组成，朱战士任监事会主席。

第三届监事会

2008 年 2 月 26 日，根据股东决定，朱战士、赵伟不再担任中铁电气化局集团有限公司的外部监事，朱战士不再担任监事会主席。刘成山、陈路明任中铁电气化局集团有限公司的外部监事，刘成山任监事会主席。

2008 年 6 月 25 日，公司监事会三届一次会议听取审议《公司 2007 年度财务决算及审计情况报告》。

第四章　经理层

经理层组成人员包括总经理 1 名，副总经理若干名，总会计师、总工程师、总经济师、总法律顾问各 1 名，总经理、副总经理、四总师任期 3 年，经理层由董事会聘任。

2001 年 7 月 17 日，公司董事会一届一次会议聘任刘志远为公司总经理，聘任王青斌、王其增、王天录、丁树奎为公司副总经理，聘任齐学勇为公司副总经理兼总经济师，聘任崔耀华为公司总会计师，聘任于增为公司总工程师。

2003 年 12 月 25 日，公司董事会一届六次会议聘任白克强为公司企业总法律顾问，王其增不再担任公司副总经理职务，聘任卢勃为公司副总经理。

2004 年 3 月 24 日，公司董事会一届八次会议聘任李同茂为公司副总经理，丁树奎不再担任公司副总经理职务。

2004 年 9 月 28 日，公司董事会二届一次会议聘任刘志远为中铁电气化局集团有限公司总经理，聘任王青斌、王天录、李同茂、卢勃为公司副总经理，聘任崔耀华为公司总会计师，聘任于增为公司总工程师，聘任齐学勇为公司副总经理兼总经济师，聘任白克强为公司总法律顾问，聘任曹相和为公司总经理助理。

2005 年 7 月 29 日，公司董事会二届三次会议聘任侯多智为公司总法律顾问，白克强不再担任公司总法律顾问。

2005 年 11 月 15 日，公司第二届董事会临时会议聘任曹相和、韦国为公司副总经理。

2006 年 8 月 22 日，公司第二届董事会书面审议聘任蒋玉林为公司副总经理，聘任王建军为公司总会计师，崔耀华不再担任公司总会计师职务，侯多智不再担任公司总法律顾问职务。

2006 年 12 月 8 日，公司董事会二届五次会议聘任白克强为公司总法律顾问。

2007 年 4 月 28 日，公司董事会三届一次会议聘任刘志远为中铁电气化局集团有限公司总经理，聘任齐学勇、王青斌、王天录、李同茂、卢勃、曹相和、韦国、蒋玉林为公司副总经理；聘任王建军为公司总会计师，聘任于增为公司总工程师，聘任齐学勇为公司总经济师，聘任白克强为公司总法律顾问。

2007 年 7 月 31 日，公司第三届董事会书面审议聘任张建喜为公司副总经理。

2007 年 9 月 21 日，公司第三届董事会书面审议聘任周志宇、沈九江为公司副总经理。

第五章　董事会常设工作机构

集团公司董事会下设常设工作机构，负责董事会、监事会日常工作。2001 年 7 月，董事会秘书处开始工作；2004 年 3 月 24 日，董事会秘书处更名为董事、监事管理办公室；2008 年 8 月 1 日，公司董事、监事管理办公室更名为董事会办公室。

董事会秘书处成立后，完成股东会、董事会各类会议的会务组织，做好会议记录，会议纪要、决议等文件的草拟、印发和相关文件的发送。办理集团公司股东名册、法人代表委托书，建立集团公司各控股子公司法人治理结构名册，完成集团公司董事会董事履历的汇总，配合总公司调研组对本集团公司现代企业制度运行情况进行调研，为集团公司领导提供向国家监事会来公司本部检查工作的汇报材料。

更名为董事、监事管理办公室后，完成股东会、董事会会议筹备组织工作；完成集团公司董事会换届的有关业务工作，呈报集团公司法人治理结构换届方案；指导 6 个控股子公司董事会换届有关业务工作。收集整理并汇总集团公司股东会、董事会决议的执行情况。加强对集团公司外派股东代表、董事和监事的服务和业务管理。组织召开集团公司派出的股东代表、董事和监事联席会议，组织完成集团公司《公司章程》的修订工作。参与并完成总公司改制“宏图”项目所承办的相关工作。

更名为董事会办公室后，对相关业务职能进行调整，做好董事会、监事会会议的筹备组织工作，起草《公司董事会议事规则》、《公司监事会议事规则》、《公司董事会秘书工作规则》、《公司对外发布信息审查办法》、《公司外派董事、监事管理办法》、《公司董事会决议执行及信息反馈制度》、《公司重大事项内部报告制度》等多个规则制度，形成较为完善的制度体系；做好外派董事、监事履行职责的日常业务管理，不断强化履职程序管理，认真执行《外派董事、监事管理办法》，对公司各子公司董事会工作机构人员和外派董事、监事配备情况备案，及时调整；积极指导子公司董事会、监事会工作机构相关业务工作，健全公司披露信息收集、审查、上报、发布制度，完善对外发布信息审查程序。

第 二 篇

体 制 机 构

- 组织机构
- 子公司
- 分公司、事业部

第二篇　体制机构

第一章　组织机构

第一节　机构沿革

中铁电气化局集团有限公司，始于1958年9月30建立的铁道部电气化铁道工程局。1961年11月1日，铁道部电气化铁道工程局撤销并入华北铁路工程局，设电气化工程处。1974年1月1日，电气化工程处并入复建的交通部铁路电化工程局。1975年2月25日更名为“铁道部电化工程局”，1983年3月8日更名为“铁道部电气化铁路工程局”，1984年10月1日更名为“铁道部电气化工程公司”，1985年9月1日更名为“铁道部电气化工程局”。2000年9月28日，中国铁路工程总公司与铁道部“脱钩”，归中央大型企业工作委员会管理，铁道部电气化工程局随之改变归属。2001年6月18日，经中国铁路工程总公司批复，成立中铁电气化局集团有限公司及其控股的五个子公司（第一、二、三、建筑工程有限公司、北京电信研究试验中心有限公司），并组成以集团有限公司为核心的企业集团。同年8月8日，中铁电气化局集团、中铁电气化局集团有限公司正式挂牌成立。2003年11月19日，国务院国有资产监督管理委员会、中华人民共和国铁道部国资改革函(2003)373号《关于将铁道部第二、第三勘察设计院等22户企业划转中国铁路工程总公司有关问题的批复》中，将西安铁路工程(集团)有限责任公司由郑州铁路局划转中国铁路工程总公司。2003年11月20日，根据中国铁路工程总公司中铁改（2003）388号文件《关于中铁电气化局集团有限公司、西安铁路工程（集团）有限责任公司进行资产重组的决定》，西安铁路工程（集团）有限责任公司整体并入中铁电气化局集团有限公司。中铁电气化局集团有限公司由专业化工程公司改组成为综合特大型工程建设集团。

第二节　机构设置

1999年4月5日，成立铁道部电气化工程局上海经理部，5月5日，将物资管理处所属上海物资供应站并入上海经理部。6月14日，成立铁道部电气化工程局住房公积金管理中心。7月22日，将铁道部电气化工程局接触网零件研制检测中心更名为铁道部电气化工程局接触网器材检测中心。9月16日，成立铁道部电气化工程局通信信息事业部。

2000年5月29日，成立铁道部电气化工程局铁道行业特有工种职业技能鉴定站。

2001年1月16日，成立中铁电气化局海外工程部。3月1日，将行政管理处的电话班划归电信中心管理，将电华物业管理中心、行政管理处维修工区以及行政管理处房管科的房、水电费、取暖费收取职能划归建筑工程处管理。3 月 12 日，调整电信研究试验中心内部机构，总定员 30 人，其中主任、副主任、总工程师各 1 人，下设项目部、检测一室、检测二室、综合部、仪表室。4 月 6 日，将原物资处所属北京材料厂整建制划归建筑工程处。7 月 30 日，将局伊朗工程办公室、尼日利亚铁路工程项目经理部、深港工程指挥部划归海外工程部，实行项目管理，海外工程部实行事业部制。12 月 4 日，成立中铁电气化局集团有限公司电气化分公司。12 月 24 日，成立中铁电气化局集团有限公司轨道交通事业部(上海地铁工程公司)。2001 年，随着中铁电气化局集团有限公司的成立，电化院、通号院两个设计院归工程总公司，由电化局托管。

2002 年 2 月 1 日，组建中铁电气化局集团上海轨道交通工程公司，隶属集团公司轨道交通事业部。将原上海经理部、二公司上海地铁公司整建制划入新组建的上海轨道交通工程公司，一公司上海工程指挥部部分人员调入上海轨道交通工程公司。办公地点设在原上海经理部所在地上海武夷路 655 号，原二公司上海地铁公司所在地作为公司在上海基地。2 月 7 日，将原第二工程公司所属襄樊机械厂划归工厂处。4 月 1 日，组建电气化分公司施工队伍，将第一工程有限公司第四工程段在划出一个工程队后，整建制划归电气化分公司，将第一工程有限公司第五工程段的一个工程队划归电气化分公司。9 月 29 日，将中铁电气化局集团有限公司海外工程部更名为中铁电气化局集团有限公司国际工程部，对外英文缩写仍用“EEB”，下设项目一、二、三部、技术设备部、综合部、财务部。11 月 13 日，将科技发展中心电气化试验室整建制划归电气化分公司。12 月 1 日，将国际工程部财务部并入集团公司财务部，名称变更为外经财务科。12 月 5 日，撤销铁道部电气化工程局郑州物资公司、成都物资公司、成都物资供应站。12 月 25 日，成立中铁电气化局集团有限公司秦沈运营维管中心，定员 220 人。

2002 年 6 月 4 日，对中铁电气化局集团有限公司机关的组织结构、机构进行改革、改组和重组。公司机关本部的行政机构模式为：职能管理部门、社会事业管理中心、分公司事业部、公司直属单位。职能部门设 8 部 2 室：办公室、技术发展部、经营计划部、生产质量管理部、安全监察室、企业策划部、财务部、人事部、审计部、监察部。组建社会事业管理中心，包括办公室、财务部、生活卫生管理部、房地产管理部、社会保险部、离退休管理部、商务中心，归口管理衡水技校、保定职校、秦皇岛培训中心、苏州培训中心。组建分公司、事业部，包括科技开发中心，对外称技术中心（含经济技术发展总公司，后撤销）、轨道交通事业部（上海城轨公司）、电气化分公司、海外工程部、物资公司、文化公司。将公安处列为公司直属单位。对原机构的职能和职责进行调整。将原办公室汽车队的班车部分划入社会事业管理中心，将史志办的职能划入办公室与档案科合并为档案馆，在办公室设值班室。将原技术处的职能分别划入有关部门，其中，将计算中心的职能划入科技开发中心，将定额站划入经营计划部，将技术标准管理职能划入新组建的生产质量管理部，将学会的管理职能划入新组建的技术发展部。组建技术发展部，为公司领导的技术决策提供服务，将原科研所的科研项目立项、科研成果审查、鉴定的职能划入。将原安质处的质量管理职能、原企管处的ISO质量认证和全面质量管理职能、原机械处的机械管理职能划入生产质量管理部。将原安质处的安全监察职能划入新组建的安全监察室，安全监察室全面负责集团公司的安全监察管理和环保监察管理。将原监察处的法律顾问职能划入企业策划部。将原人事处、劳资处、职教处合并为人力资源部，将原劳资处的养老保险、失业保险、工伤保险管理职能划入社会事业管理中心与原行管处的医疗保险职能合并组建社会保险部。以原科研所为基础组建科技开发中心，组建文化公司。将原行管处、离退处、基建办划入社会事业管理中心。将原属机械处管理的配件站划归物资公司管理。集团公司党委设办公室、组织部、宣传部、干部部（人力资源部）、思想政治工作研究会。集团公司纪委与行政的监察部合署办公，设检查监察室、审理宣传教育室、办公室。集团公司工会设组织民管部、生产宣教部、生活保障女工部、办公室、职工技术协会办公室、财务科，原生产保护部和宣教部合并为生产宣教部，组织部改为组织民管部，生活保险女工部改为生活保障女工部，原职工技协与体协合并，设技协体协办公室，设立职工持股会办公室。集团公司团委设组宣部、办公室，原组织部和宣传部合并为组宣部并兼管机关团委的工作。集团公司机关设党委、纪委、工会组织，团的工作由集团公司团委兼管。改革后新机构的定员，行政系统总定员366人，其中职能管理部门174人，社会事业管理中心84人，分公司事业部62人（不含内部独立核算的电气化分公司和轨道交通事业部），公司直属单位公安处31人。集团公司党群系统定员63人，其中行政列编6人。

2003年1月1日，撤销铁道部电气化工程局机关劳动服务公司，撤销北京三鑫工贸公司，多经处人员分流至咨询公司和顺达公司。（2010年9月15日，顺达公司吸收合并咨询公司，多经处撤销。）1月3日，将铁道部电气化工程局工厂处更名为中铁电气化局集团有限公司工厂处。1月16日，将北京顺达电气化新技术开发公司、电铁工程咨询公司从多种经营管理处划出，由集团公司管理。3月17日，在南京设立中铁电气化局集团有限公司南京办事处。6月17日，成立中铁电气化局集团有限公司电气试验中心，作为集团公司的事业部。7月8日，公布咨询公司机构设置：技术咨询部、经营开发部、财务部、办公室，总定员编制18人，其中具有高级专业技术职称或注册咨询工程师资格的人员不得少于20%。7月28日，成立中铁电气化局集团有限公司法律事务部，定员2人，原企业策划部法律顾问室及其职能一并划归法律事务部。

2004年3月9日，撤销铁道部电气化工程局物资总公司、太原物资公司。3月19日，成立宝鸡宝宇贸易有限责任公司。4月1日，设立集团公司董事监事管理办公室。同日，将襄樊机械厂整建制划归第二工程公司。4月8日，铁道部电气化工程局保定电力试验室更名为中铁电气化局集团有限公司保定电气试验室。6月4日，对国际工程部和科技开发中心按事业部制管理。6月18日，公布西铁公司整合重组方案，把西铁公司控股子公司四公司单独整合为集团公司控股的子公司，名称“中铁电气化局集团西安铁路（或工程）建设有限公司”，把电化处和通号处从西铁公司分离，作为集团公司的两个分公司，名称“中铁电气化局集团有限公司西安电气化工程处”和“中铁电气化局集团有限公司西安通信信号工程处”，集团公司成立铁路工程分公司，将西铁公司的神延工程处整建制并入该公司。7 月 22 日，将苏州花苑饭店划归西铁建设公司使用管理。7 月 26 日，公布中铁电气化局集团有限公司铁路工程分公司机构编制、职责和权限。8 月 19 日，将中铁电气化局集团有限公司驻广州办事处委托轨道交通事业部管理。

2005 年 5 月 26 日，工厂处所属各工厂由冠名“铁道部电气化工程局”改冠名“中铁电气化局集团”。 6 月 13 日，中铁电气化局集团西安电气化工程处改制为西安电气化工程有限公司。6 月 24 日，将铁道部电气化工程局西安物资供应站（含西安物资公司）划归西铁建设公司。7 月 19 日，铁道部电气化工程局职工学校更名为中铁电气化局集团有限公司职工学校。7 月 29 日，文化公司与党委宣传部合并。10 月 1 日，成立中铁电气化局集团有限公司运营维护管理公司。10 月 8 日，撤销上海浦江电气化物资经销处。10 月 13 日，成立中铁电气化局集团有限公司重庆办事处。10 月 20 日，将电气化分公司秦沈运营维管中心划归运管公司。12 月 16 日，工程总公司中铁程劳 2005〔410〕号批复，将中铁电气化局勘测设计院和北京电铁通信信号勘测设计院重新划归中铁电气化局集团有限公司。2005 年，集团公司机关的定员编制进行再次精简，行政各部门定员由 178 人调整为 146 人，党群部门和文化公司定员由 63 人调整为 47 人，社会事业管理中心定员由 84 人调整为 57 人。

2006 年 5 月 22 日，成立中铁电气化局集团有限公司科技部，撤销集团公司技术发展部和科技开发中心。6 月 26 日，成立中国铁路工程总公司技术中心电气化研发中心（简称中国铁路电气化研发中心）。12 月 1 日，成立中铁电气化局集团有限公司客运专线系统集成事业部（简称集成事业部），职能定位为集团公司技术管理型内部基本核算单位。

2007 年 1 月 1 日 ，成立中铁电气化局集团有限公司市场开发中心（简称市场开发中心），成立中铁电气化局集团有限公司工程管理中心（简称工管中心），撤销经营计划部及生产质量管理部机构设置。同日，成立中铁电气化局集团有限公司上海分公司，成立中铁电气化局集团有限公司广州分公司，职能定位均为以市场开发为主，兼有部分项目管理职责的集团公司经营管理型区域性分公司。同日，成立中铁电气化局集团有限公司西宁办事处。6 月 1 日，成立南京中铁电化投资管理有限公司。10 月 9 日，通号设计院改制为北京电铁通信信号勘测设计院有限公司。12 月 1 日，成立中铁电气化局集团有限公司宏达资产管理分中心。同日，调整机关各部门的定员编制，总定员在 2002 年定员编制基础上减少 20%。12 月，电化设计院改制为中铁电气化勘测设计研究院有限公司。

2008 年 1 月 1 日，成立中铁电气化局集团有限公司投资部。4 月 14 日，中铁电气化局运营维护管理公司升格为副局级单位。7 月 1 日，秦皇岛培训中心整体划转景旭房地产开发公司管理。7 月 10 日，成立中铁电气化局集团衡水投资有限公司（7 月 16 日注册），运营维护管理公司改制为集团公司独资的中铁电化运营管理有限公司(8 月 6 日注册为“中铁电气化铁路运营管理有限公司”)，物资处改制为集团公司独资的北京有为中铁电气化物资贸易有限公司（8 月 11 日注册为“中铁电气化物资贸易有限公司”)。8 月 1 日，董事监事管理办公室变更为董事会办公室。10 月 1 日，在南昌成立中铁电气化局集团有限公司东南公司。10 月 20 日，成立中铁电气化局集团有限公司哈尔滨分公司，日常业务由铁路分公司负责。

至 2008 年底，中铁电气化局集团由中铁电气化局集团有限公司及其控股或全资的 18 个子公司组成（第一、二、三、建筑工程有限公司、西铁工程、西铁建设、西安电气化有限公司、中铁电化运营管理有限公司、中铁电气化物资贸易有限公司、北京电信研究试验中心有限公司、北京景旭房地产开发公司、北京通达监理公司、北京万友诚信工程咨询公司、北京顺达电气化新技术开发公司、南京中铁电化投资管理有限公司、中铁电气化局集团衡水投资有限公司、中铁电气化勘测设计研究院有限公司、北京电铁通信信号勘测设计院有限公司)，中铁电气化局集团有限公司下设 10 个分公司、事业部（铁路工程分公司、电气化公司、城铁公司、西安通信信号工程处、集成事业部、国际工程部、上海分公司、东南公司、工厂处、电气试验中心)，2 个事业单位（社会事业管理中心、公安处)。

历任局行政领导成员名录

表 2-1-1

机构名称	序号	职务	姓名	起讫时间	备注
铁道部电气化工程局	一	局长	侯唯一	1995.9.4	
		副局长	王青斌	1995.8.24	
			顾鸿鹏	1994.8.18	
			齐学勇	1995.8.24	
			刘志远	1997.12.21	
		总工程师	范守忠	1992.7.7	
		总经济师	荣秀宽	1991.5.22	
		总会计师	蔡李保	1997.10.6	
铁道部电气化工程局	二	局长	刘志远	2001.6.20	
			侯唯一	2001.6.20 任党委书记	
		副局长	王青斌		
			齐学勇		
			王其增	2001.6.20	

机构名称	序号	职　　务	姓　名	起　讫　时　间	备注
铁道部电气化工程局	二	副局长	王天录	2001.6.20	
			丁树奎	2001.6.20	
			顾鸿鹏	2001.6.20 任调研员 2002.4.1 退休	
		总工程师	于　增	2001.6.20	
			范守忠	2001.6.20 退休	
		总经济师	齐学勇	2001.6.20	兼
			荣秀宽	2001.6.20 退休	
		总会计师	崔耀华	2001.6.20	
			蔡李保	2001.6.20 任调研员 2001.12.1 退休	
中铁电气化局集团有限公司	三	董事长	侯唯一	2001.7.17	
		总经理	刘志远	2001.7.17	
		副总经理	齐学勇	2001.7.17	
			王青斌	2001.7.17	
			王其增	2001.7.17	
			王天录	2001.7.17	
			丁树奎	2001.7.17	
		总工程师	于　增	2001.7.17	
		总经济师	齐学勇	2001.7.17	兼
		总会计师	崔耀华	2001.7.17	
中铁电气化局集团有限公司	四	董事长	高树堂	2003.12.17	
			侯唯一	2003.12.17 任调研员 2008.7 退休	
		总经理	刘志远		
		副总经理	齐学勇		
			王青斌		
			王其增	2003.12.17 任党委书记	
			王天录		
			丁树奎		
			卢　勃	2003.12.17	

机构名称	序号	职务	姓名	起讫时间	备注
中铁电气化局集团有限公司	四	总工程师	于　增		
		总经济师	齐学勇		兼
		总会计师	崔耀华		
		总法律顾问	白克强	2003.12.25	
中铁电气化局集团有限公司	五	董事长	高树堂		
		总经理	刘志远		
		副总经理	齐学勇		
			王青斌		
			王天录		
			丁树奎	2004.3.9 调出	
			卢　勃		
			李同茂	2004.3.1	
		总工程师	于　增		
		总经济师	齐学勇		兼
		总会计师	崔耀华		
		总经理助理	曹相和	2004.6.25	
		总法律顾问	白克强		
中铁电气化局集团有限公司	六	董事长	高树堂		
		总经理	刘志远		
		副总经理	齐学勇		
			王青斌		
			王天录		
			卢　勃		
			李同茂		
			曹相和	2005.9.2	
			韦　国	2005.9.2	
		总工程师	于　增		
		总经济师	齐学勇		兼
		总会计师	崔耀华		
		总法律顾问	侯多智	2005.7.29	

机构名称	序号	职务	姓名	起讫时间	备注
中铁电气化局集团有限公司	七	董事长	高树堂		
		总经理	刘志远		
		副总经理	齐学勇		
			王青斌		
			王天录		
			李同茂		
			卢　勃		
			曹相和		
			韦　国		
			蒋玉林	2006.4.29	兼
		总工程师	于　增		
		总经济师	齐学勇		兼
		总会计师	王建军	2006.7.28	
			崔耀华	2006.7.28退休	
		总法律顾问	白克强	2006.9.21	
			侯多智	2006.7.28退休	
中铁电气化局集团有限公司	八	董事长	高树堂		
		总经理	刘志远		
		副总经理	齐学勇		
			王青斌		
			王天录		
			李同茂		
			卢　勃		
			曹相和		
			韦　国		
			蒋玉林		兼
			张建喜	2007.7.19	兼
			周志宇	2007.8.21	
			沈九江	2007.8.21	

机构名称	序号	职　务	姓　名	起　讫　时　间	备注
中铁电气化局集团有限公司	八	总工程师	于　增		
		总经济师	齐学勇		兼
		总会计师	王建军		
		总法律顾问	白克强		
中铁电气化局集团有限公司	九	董事长	王其增	2008.1.22	
		总经理	刘志远		
		副总经理	齐学勇		
			王青斌		
			王天录		
			李同茂		
			卢　勃	2008.1调出	
			曹相和		
			韦　国		
			蒋玉林		兼
			张建喜		兼
			周志宇		
			沈九江		
		总工程师	于　增		
		总经济师	齐学勇		兼
		总会计师	王建军		
		总法律顾问	白克强		

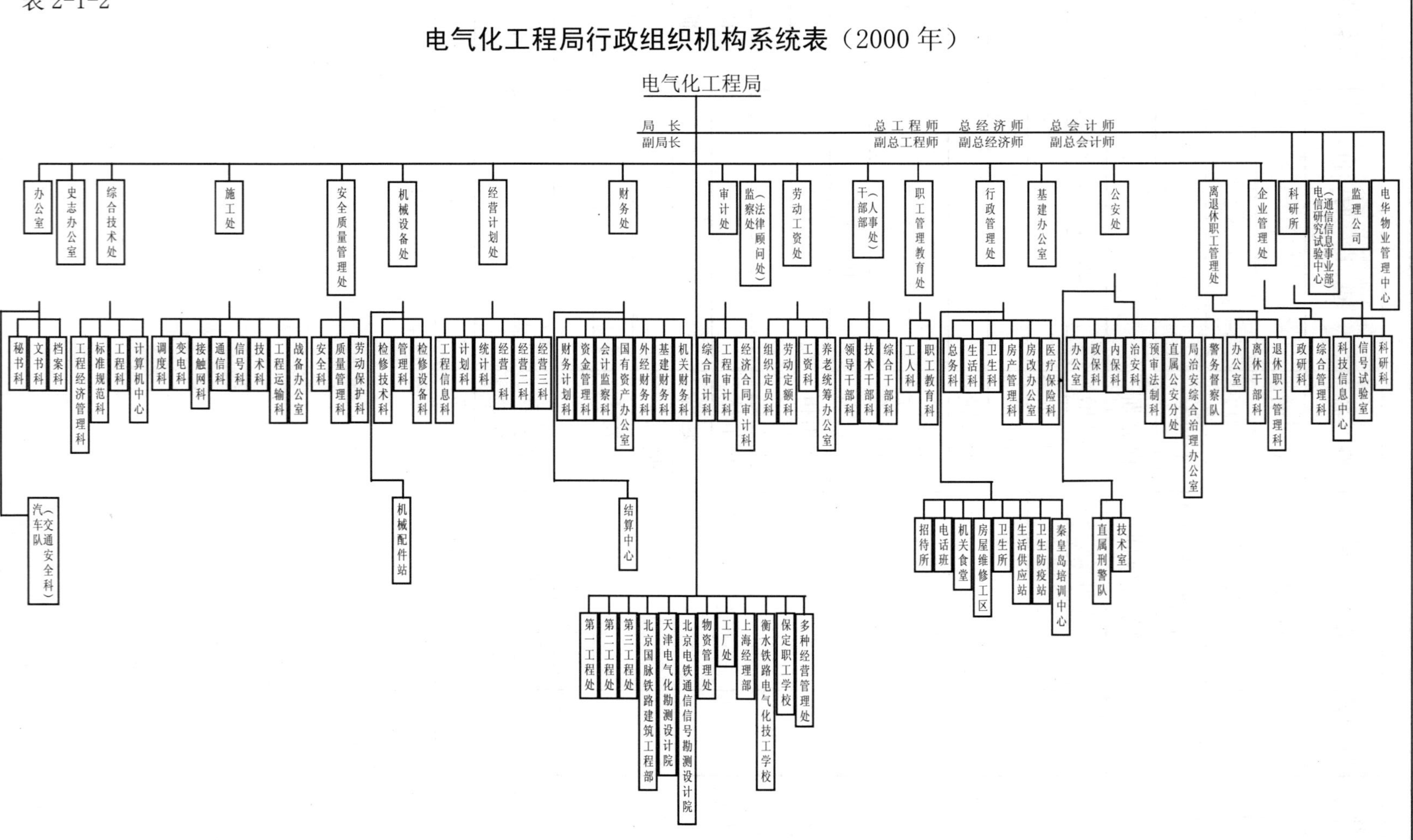
表 2-1-2
电气化工程局行政组织机构系统表（2000年）
电气化工程局
局　长
副局长
总工程师
副总工程师
总经济师
副总经济师
总会计师
副总会计师
办公室
秘书科
文书科
档案科
汽车队（交通安全科）
史志办公室
综合技术处
工程经济管理科
标准规范科
工程科
计算机中心
施工处
调度科
变电科
接触网科
通信科
信号科
技术科
工程运输科
战备办公室
安全质量管理处
安全科
质量管理科
劳动保护科
机械设备处
检修技术科
管理科
检修设备科
机械配件站
经营计划处
工程信息科
计划科
统计科
经营一科
经营二科
经营三科
财务处
财务计划科
资金管理科
会计监察科
国有资产办公室
外经财务科
基建财务科
机关财务科
结算中心
第一工程处
第二工程处
第三工程处
北京国脉铁路建筑工程部
天津电气化勘测设计院
北京电铁通信信号勘测设计院
物资管理处
工厂处
上海经理部
衡水铁路电气化技工学校
保定职工学校
多种经营管理处
审计处
综合审计科
工程审计科
经济合同审计科
监察处（法律顾问处）
劳动工资处
组织定员科
劳动定额科
工资科
养老统筹办公室
干部处（人事部）
领导干部科
技术干部科
综合干部科
职工管理教育处
工人科
职工教育科
行政管理处
总务科
生活科
卫生科
房产管理科
房改办公室
医疗保险科
招待所
电话班
机关食堂
房屋维修工区
卫生所
生活供应站
卫生防疫站
秦皇岛培训中心
基建办公室
公安处
办公室
政保科
内保科
治安科
预审法制科
直属公安分处
局治安综合治理办公室
警务督察队
直属刑警队
技术室
离退休职工管理处
办公室
离休干部科
退休职工管理科
企业管理处
政研科
综合管理科
科研所
科技信息中心
信号试验室
科研科
电信研究试验中心（通信信息事业部）
监理公司
电华物业管理中心

表 2-1-3

中铁电气化局集团有限公司行政组织机构系统表（2001 年）

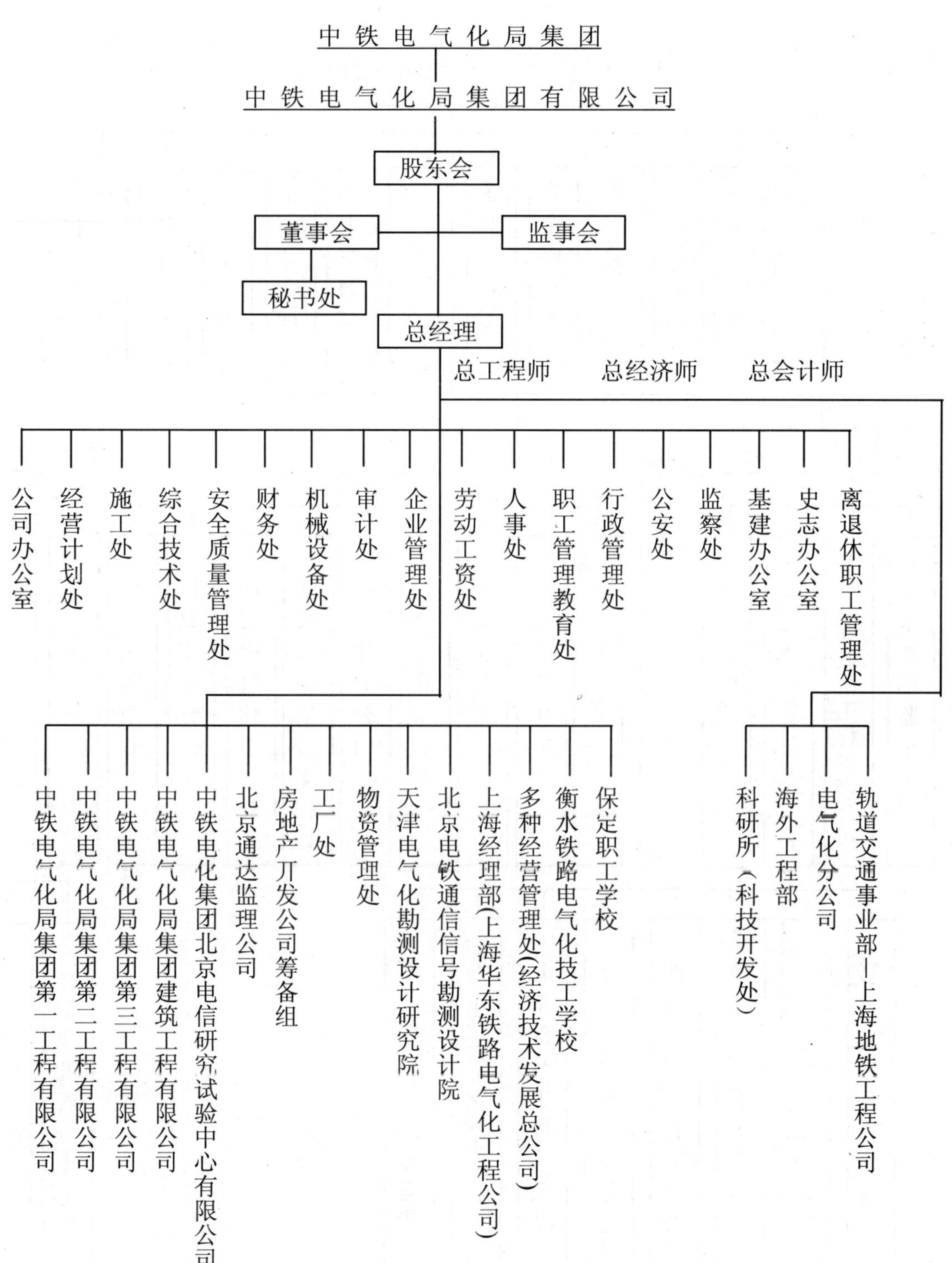

表 2-1-4

中铁电气化局集团有限公司行政组织机构系统表（2004 年）

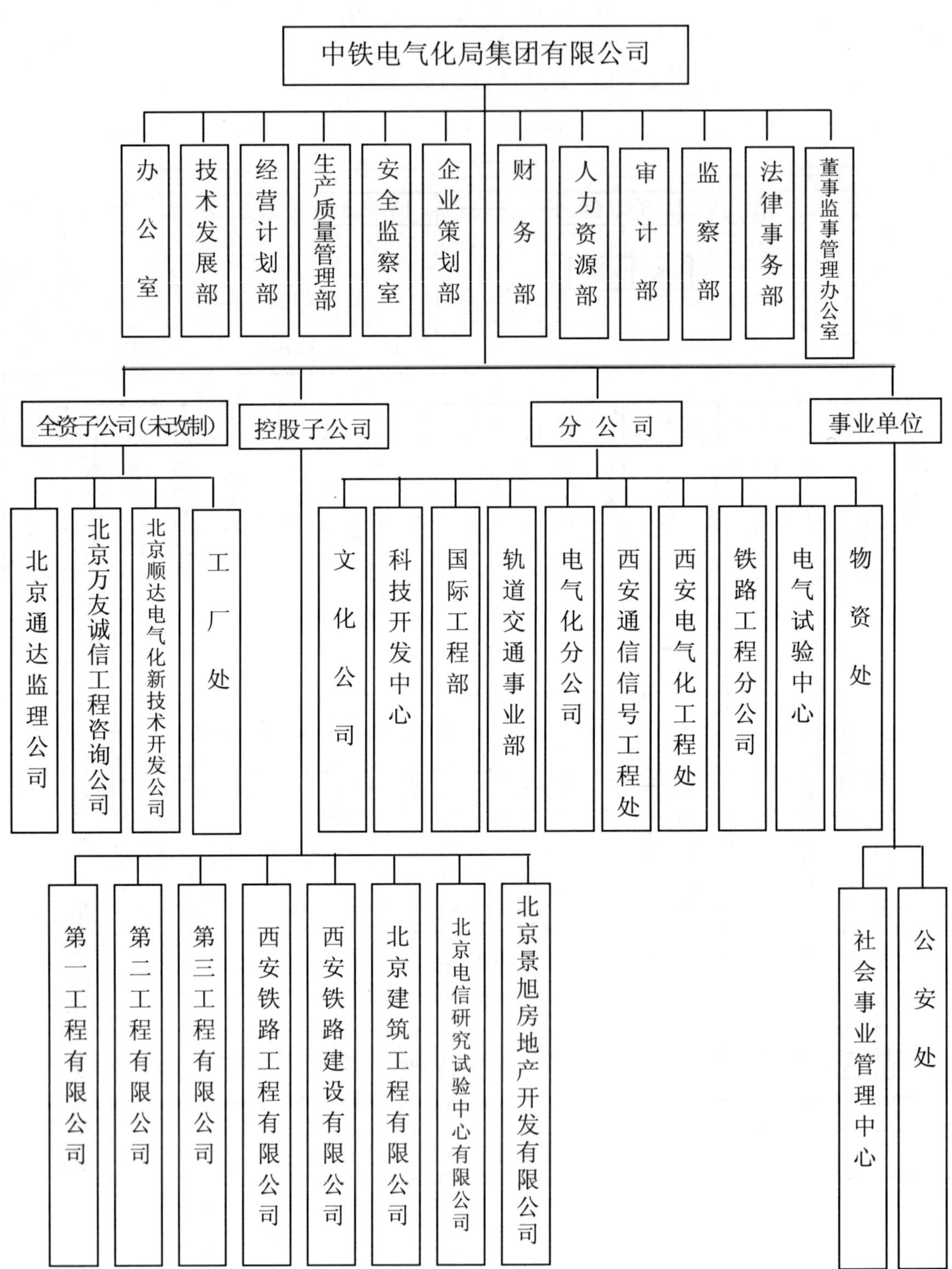

表 2-1-5

中铁电气化局集团有限公司行政组织机构系统表（2008 年）

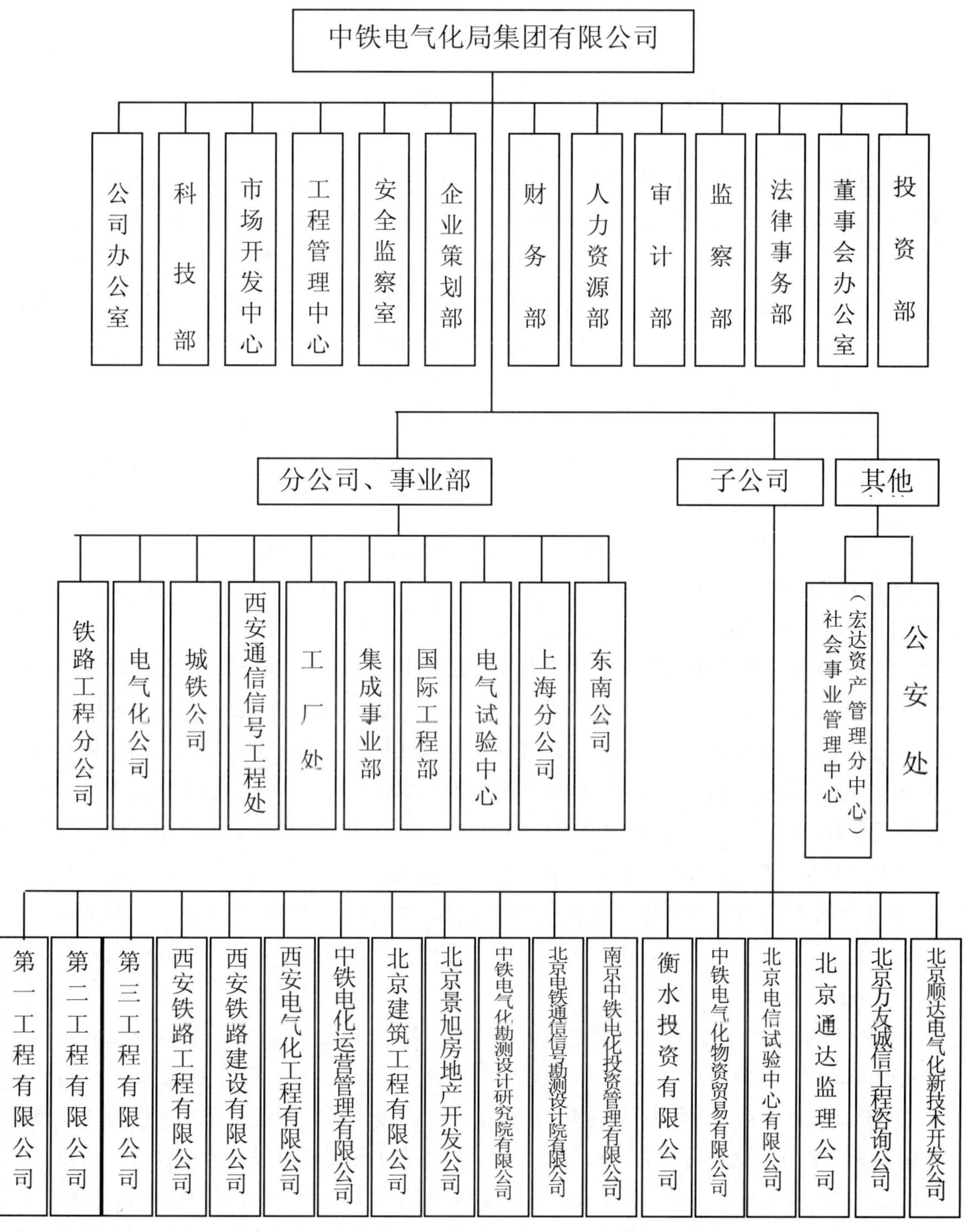

说明：本公司共分二级，除母公司外，共有一级子公司 18 家，有分公司、事业部 10 家，其他机构 2 家。

第二章　子公司

第一节　第一工程公司

中铁电气化局集团第一工程有限公司是国内最早从事电气化铁路建设的施工企业，前身可追溯到1953年，始源于1958年4月开始修建宝成线宝（鸡）凤（州）段中国第一条电气化铁路时成立的电气化铁道第一工程段，1962年1月1日称电气化铁道工程处。随着主管上级电化局、华北铁路工程局、第四铁路工程局的变更几度易名。2001年8月8日，企业成功实现公司制改革，中铁电气化局集团第一工程有限公司正式成立。至2008年底，公司内部设有9部2室，下辖7个分公司、9个接触网段、1个控股子公司和3个常设单位，员工总数2444人。其中管理及专业技术干部1246人，具有高级职称的45人，中级职称250人，初级职称710人。有注册一级建造师51人，二级建造师1人，高级技师22人，技师147人。公司具有机电安装工程施工、房屋建筑安装施工两项总承包壹级资质及建筑智能化工程、电信工程、公路交通、通信、监控、收费综合系统工程、铁路电务工程、铁路电气化工程等五项专业承包壹级资质。银行信誉等级AAA级，质量体系获ISO-9001质量体系认证，被北京市工商行政管理局命名为“重合同守信用单位”。公司地址，2005年12月16日由原北京市王府井霞公府5号迁至北京市丰台区南四环188号科技园七区10号、11号双字座写字楼。

拥有50年历史的电气化一公司在其发展过程中经历了筹建时期、华北局时期、铁四局时期和电化局时期四个阶段。1958年至1960年，是企业的起步创业时期。这期间，完成了宝成铁路宝凤段电气化改造，实现了中国电气化铁路零的突破。1961年至1977年，是企业的曲折发展时期。这期间，企业紧紧把握国家建设大局，艰苦奋斗，完成了宝成线凤州至成都、襄渝线、阳安线等电气化改造工程。1978年12月党的十一届三中全会决定全党工作重点转移到社会主义经济建设上来，企业也进入一个加快发展时期。从1978年到1998年的20年间，先后承建石太线、鹰厦线、大秦线、兰新线、广深线、南昆线、京广线等电气化铁路重点工程，累计4070公里的电气化铁路建设业绩中有3000余公里是在这一时期完成的。

1999年至2008年，企业发展进入转型壮大时期，也是历史上最好的快速发展时期。十年时间企业发展成一个以铁路、公路、城市轨道交通建设为主，集工程施工、科研开发、系统集成、工业生产、工程监理等多种经营于一体的技术密集型企业。2008年公司注册资本由6179.78万元变更为9315.06万元，拥有大型先进施工机械设备457台套，其中包括单价达1630多万元的2台恒张力架线车。公司下辖的7个分公司，其专业涵盖接触网、通信、信号、变电电力、机械租赁、维管和建筑。9个接触网段的增设，极大地提升了企业的生产能力。十年间，一公司在国铁领域先后参建京郑线、哈大线、胶济线、渝怀线、西南线、石怀线、外福线、朔黄线、大包线、北京站、北京南站、北京动车段等重点工程，以及由集团公司以总承包方式运作的大秦线2亿吨电气化改造工程、京沪线电气化改造工程、京九线电气化改造工程等一大批有影响的长大干线项目，建设总里程折合正线 3181 公里，超过了前 20 年的总和。在这些工程建设中有多个项目获奖，广深铁路高速双线电气化工程、地铁八通线供电、信号系统工程、哈大线牵引供电工程获中国建筑工程鲁班奖，广深准高速双线电气化工程、北京地铁八通线获中国土木工程詹天佑奖，秦沈客运专线电气化工程、天津市区至滨海新区快速轨道交通工程、天津地铁 1 号线工程、昆明铁路集装箱中心站工程获国家优质工程银质奖，获省部级奖项 17 项。

更具转型标志的是，一公司依托业绩稳固的国铁“四电”市场，积极拓展完善产业链条，制定“立足铁路、面向全国、拓宽渠道、多元发展”的经营方针，相继在城市轨道交通、建筑、工业生产、高速公路、机电、维管、工程监理等领域迅速崛起。当 2001 年顺利建成中国第一条高架式城市轨道交通上海明珠线后，一公司成为国内首家有城轨交通电气化施工业绩的企业，又相继承担上海共和新路接触网、明珠二期供电、通信、3 号线北延伸接触网、北京城轨供电、地铁八通线供电、信号、天津津滨快轨供电、长春轻轨接触网、苏州轨道交通 1 号线接触网等工程建设。建设项目逐渐增多，地域不断扩大、延伸。深汕高速公路机电工程是公司进入高速公路领域的一个标志性工程，此项工程是公司按照国际惯例菲迪克条款在与国内外多家投标商的激烈竞争中中标的，公司精心组织，顺利完工。十年间，公司先后承建京津塘、石太、漳沼、郑少、三福等高速公路的照明、通信、交通监控、收费系统工程，中国网通、联通、铁通、广电等光（电）线路和通信设备安装工程。公司建筑分公司自成立以来，坚持以质量拓市场，以荣誉求发展，经过积极努力，实力不断增强。2001 年承建的北京铁路分局岳家楼高层住宅工程获得北京市建筑业结构长城杯。曙光电气化器材公司（控股子公司）经过不断发展，已具有生产钢柱、坠砣等多项接触网零部件研发和生产能力，2007 年产值首次超亿元，2008 年达到 1.7 亿元。

1999 年至 2008 年，是一公司转型壮大、快速发展的十年，总计完成投资 136.67 亿，建安价值 101.77 亿元。自揽工程在国铁领域有 101 项，在城轨、高速公路等领域 85 项，合同金额达 120 多亿元。

公司结合工程实际，积极开展科技创新和 QC 攻关活动，自 2002 年集团公司修订原工艺标准后，又完成新工艺标准 31 项，完成工法 18 项。组织编写出版《电气化铁路施工手册—牵引变电所》和《电气化铁路施工组织与项目管理》等书籍。“接触网双线等距线夹压接器”、“接触网接头线夹辅助安装工具”、“双接触线吊弦安装挂钩”、“移动式电缆放线车”、“接触网整体吊弦制作平台”和“支柱斜度测量尺”6 项专利 2008 年获国家知识产权局授权。公司围绕高速铁路和城市轨道交通施工关键技术，积极开展科技攻关和技术创新，完成“多功能激光接触网检测仪”和“智能接触网参数测量仪”等科研课题，开发“250-300

公里/小时弹性吊弦计算软件”项目，在秦沈线运用法国吉斯玛恒张力放线技术，在北京城铁掌握750伏直流牵引网电阻测试新技术，在香港西部铁路完成“接触网架设临时防脱吊弦的研究”等科研课题的试验。完成铁道部建设司下达的“京沪高速铁路牵引供电施工及验收暂行规定”等四项标准的编写工作。2000年以来，一公司有9个项目获省部级优秀QC成果，5个项目获国家级优秀QC成果。公司积极引进先进的施工设备，购置国际上先进的接触网普拉赛恒张力放线车、变电所检测设备，大大提升了施工能力和施工水平。

公司注重精神文明、企业文化建设，被评为北京市东城区重点企业，多次获北京市和全国铁路思想政治工作优秀单位、北京市经济技术创新先进单位、首都文明单位、北京市工商局“重合同守信用”单位、北京市安康杯、火车头奖杯，全国铁路群众体育运动先进单位等荣誉。

第二节　第二工程公司

中铁电气化局集团第二工程有限公司，源于1952年11月成立的铁道部第二工程局第四工程处。1978年4月铁道部决定将二局四处整建制调给电化局，成立铁道部电气化工程局第二工程处，地处湖北省襄樊市中原路58号。2001年4月，进行公司制改造，更名为中铁电气化局集团第二工程有限公司。2007年9月，公司迁至湖北省武汉市东湖新技术开发区东信路9号。

公司主要从事各类铁路电气化工程，包括铁路通信、信号、电力、电信、各种电压等级的送电线路工程和城市地铁、轻轨、房屋建筑工程施工以及接触网铁塔、钢结构配件生产，具备机电安装工程施工总承包壹级资质，电信工程、铁路电务工程、铁路电气化工程、送变电工程、城市及道路照明工程6个专业承包壹级经营资质。是集经营机电安装工程、房屋建筑工程、铁路工程、市政公用工程总承包，电信工程、铁路电气化工程、铁路电务工程、送变电工程、城市及道路照明工程、城市轨道交通工程、公路通信、监控、收费综合系统工程专业承包，建筑智能化工程设计与施工一体化、电力设施承装、承试、通信信息网络系统集成、安全防范系统工程设计施工，铁塔和钢结构配件生产，工程咨询及中介服务于一体的大型综合现代化施工企业。

至2008年末，公司机关有23个部室，辖6个工程段、襄樊纵横机电工程公司、社会事业管理中心、机械租赁管理中心、项目人力资源管理中心、试验中心、公安分处及5个办事处（成都、武汉、广州、北京、济南）。经湖北省企业评信事务所评审，中铁电气化局集团第二工程有限公司资信等级为AAA级。公司全部职工3179人，其中在岗职工2638人，非在岗职工541人。公司有专业技术干部993人，占职工总数的31.3%。具有高级专业技术职务的49人，中级专业技术职务426人，初级专业技术职务505人。各类工程技术人员670名，一级建造师47人，二级建造师59人。工人技师113人，其中高级技师8

人。公司资产总额 176513 万元，固定资产净值 11846 万元。资金管理坚持集中管理、统一调配、效益优先、有偿使用，项目部资金管理实行“经理负责、公司监控”。公司引进国际最先进的奥地利普拉赛和法国吉斯玛恒张力放线作业车，拥有国内最先进的澳大利亚接触网检测车、接触网激光检测仪及日本接触网作业车，拥有国家级电气化实验中心，配备国内最先进的检测仪器仪表。公司电力试验室通过国家计量认证，试验项目达 22 项，涵盖 110 千伏以下等级电气设备的所有项目试验。公司自有机械设备 281 台，原值 11195.92 万元，净值 5540.09 万元，设备总功率 22608 千瓦，设备新度系数 49。其中恒张力架线车 2 台，电气化安装车 20 台，电气化立杆车 13 台，轨道车 13 台，汽车起重机 10 台，其他运输机械 123 台(指挥车 78 台)，其他设备 100 台。公司的人力资源和机械设备具备 2000 条公里的年施工生产能力。

十年来，公司大力推进经营机制创新，优化完善市场战略布局，以主责路局为中心，进一步做强铁路“四电”市场。同时，拓展城市轨道交通、市政、公路、电力、土建工程、房建、信息产业、运营维管等领域，形成路外市场与路内市场齐头并进的格局。公司共承揽任务 840 项，投资 94.5 亿元，建安 66.87 亿元。其中铁路“四电”工程 404 项，公路工程 29 项，市政工程 70 项，房建工程 21 项，机场、码头工程 8 项，城市轨道交通工程 22 项，地方通信工程 182 项，其他工程 67 项，工业产品 37 项。

施工生产实行公司、公司直管项目部（段）、段管项目部三级技术管理网络。2001 年 6 月，在各施工线成立项目经理部，加强施工现场组织领导，严格生产过程控制，确保安全、质量、工期、效益目标的实现。十年间，公司完成工程任务总额 99.85 亿元，自完建安 73.09 亿元，完成工业产值 26754 万元，多种经营收入 4761 万元。铁路“四电”完成宝成站后工程、石怀电化、兰武增建二线电气化工程、胶济铁路电气化工程 DQ4 标段、大秦线 2 亿吨扩能电气化配套工程、郑州局郑徐 12 标电气化、郑州局武九 13 标信号、新建铁路秦皇岛至沈阳客运专线“四电”工程、西安至合肥段 CDX12 标信号工程、CDH22 电气化工程、浙赣电气化提速改造工程、沪杭电气化改造工程、遂渝铁路电气化工程、达万通信信号工程、改建铁路京沪铁路电气化工程、广州至深圳增建第四线工程广州至平湖段站后工程 TXD- 8 标段、洛张线电气化工程 LZSG-3 标段(武汉局)、南疆铁路吐鲁番至库尔勒段增建二线 DS2 标段、新建铁路精伊霍线站后工程、武汉至襄樊增建第二线通信信号标段、焦柳铁路洛阳至张家界段电气化改造工程(广铁局管段)、贵阳南编组站扩建及枢纽客车外绕线站后工程等国家级重要铁路干线。城市轨道交通工程完成上海地铁 2 号线工程、新建南京浦厂城轨车辆试验线牵引变电所工程、广州地铁 2 号线工程、武汉市轨道交通 1 号线一期工程、武汉市轨道交通 1 号线二期工程、南京地铁南北线一期工程等项目。房土建工程完成荆门电厂专用线、襄樊电厂专用线、平煤专用线、荆州电厂专用线、江西南昌电厂、江苏长江节能科研楼项目、69250 部队礼堂装修、二汽基地房屋、二汽基地动力车间、新疆 69026 部队教学楼、乌鲁木齐陆军教学楼等项目。高压输变电完成湖北竹溪 110 千伏农网线路工程、孙家滩水电站110千伏输电线路、湖北省十堰市新建110千伏竹溪葛洞变至秦坪段电力工程、青海省不冻泉至五道梁110千伏电力工程、湖南华润桥曲甲线抢修恢复线路500千伏输变电工程等。公路工程完成厦漳高速通信系统安装、京珠高速交通监控系统、广东河梅高速公路收费站安装、河北高速公路联网收费系统、宜黄高速公路收费系统、沈丹高速公路、沈大高速公路通信工程、大庄高速公路、四川西昌至攀枝花高速隧道通风、照明、消防、供配电系统、泉三高速公路三明段机电工程、辽宁高速铁岭（毛家店）至朝阳（三十家子）高速公路通信工程。2002年成功中标水柏线维管工程，正式涉足维管市场。工业生产主要由襄樊纵横机电工程有限公司（原襄樊机械厂）开发，各工程段相应的工业加工部主要负责开发承揽部分工业维修和非标配件加工任务。完成天津灯桥加工，上海轨道、南京地铁电缆支架加工，京沪、沪杭线硬横梁产品，接触网施工作业车及石怀线钢柱等多条主要干线配件。十年间，公司建成开通铁路电气化里程3407条公里，建成运营变电所219座，建设房土建项目约合8.372万平方米，建成输变电线路1444.5公里，完成高速公路通信项目建设3000公里，代维通信线路1.5万公里，代维电气化线路888条公里，工业生产加工约合2.3243万吨。

公司参建国内第一条实验时速达321.5公里的秦沈客运专线，标志着中国电气化铁路技术步入世界先进行列。总承包施工遂渝铁路电气化工程，攻克“双层集装箱客货共线条件下接触网6450毫米导线高度所对应的时速200公里以上快速铁路”的世界性难题。承建正线全长206公里的大秦线2亿吨扩能电气化配套工程，只用33个封闭点就“不延一点、不出一事、不伤一人”圆满完成施工任务。仅用不到一年时间就安全优质地完成沪杭、京沪铁路电气化改造，得到建设单位的高度评价。广深准高速铁路双线电气化工程、哈尔滨至大连段电气化改造工程获詹天佑土木工程大奖、国家优质工程鲁班奖、铁道部优质工程一等奖，阜阳至九江段“四电”工程获国家优质工程鲁班奖，京郑线电气化工程获铁道部优质工程一等奖，南昆铁路电气化工程、湘黔线株洲至低庄段电气化工程（含株洲枢纽）、宜宾北至六盘水枢纽段通信工程、内江至宜宾段电气化工程获铁道部优质工程二等奖，赣州至龙岩段铁路通信工程（福建段）、秦沈客运专线电气化工程、遂渝铁路电气化工程、上海西至嘉兴段电气化工程获火车头优质工程一等奖，南北线（一期）牵引供电及信号ATC系统工程、西安南京铁路一期电气化工程、兰武段增建二线电气化工程（B5、B6标段）、浙赣铁路电气化工程获火车头优质工程二等奖。十年间，公司共获国家级优质工程鲁班奖3项，詹天佑土木工程大奖2项，铁道部优质工程一等奖3项，铁道部优质工程二等奖4项，火车头优质工程一等奖4项，火车头优质工程二等奖4项，工程总公司优质工程13项，集团公司优质工程26项。

公司坚持“科教兴企”的战略方针，1999年至2008年自主研制开发大量软件应用于工程施工及管理。其中，电气化工程“四个一次到位”计算软件实现全面升级，各施工单位全部应用Windows版本计算软件。针对铁路客运专线建设研制开发的“接触网弹链吊弦计算软件”，“电铁综合自动化测试系统”、“电气化铁路物资询价系统”等软件在工程施工中得到广泛应用。公司先后开发三级（局级）工法 14 项，二级(部级)工法 1 项、一级（国家级）工法 1 项。共承担部、局级科研项目 42 项，其中完成科研开发并通过部、局级成果鉴定、审验的 24 项。“槽钢剪切模”、“汇流排电联接钻孔装置”为国家专利，“地铁敷放缆设备”申请国家专利，“接触网工程计算系统”、“弹链吊弦计算软件”、“电气化工程物流管理系统”为国家软件著作权，“接触网弹性链型悬挂施工工法”被评为国家级工法，“智能建筑综合布线施工工法”为铁道部部级工法。全公司有各类计算机 350 台，拥有 3 项计算机著作权，建立公司网站和办公平台，计算机及网络技术已开发应用到施工生产和企业管理的各个方面。

坚持精神文明建设，公司连续 18 年 9 次被湖北省委、省政府评为“文明单位”，被命名为“国家高新技术企业”、“全国优秀施工企业”，先后获“湖北省先进企业”、“行业十佳”、“中国企业文化建设先进单位”、“重合同守信用单位”、“湖北省诚信建设荣誉单位”、“湖北省改革开放 30 年突出贡献企业”、“全国企业文化建设优秀单位”等荣誉称号。

第三节　第三工程公司

中铁电气化局集团第三工程有限公司，源于 1979 年 8 月 25 日成立的铁道部电化工程局电气化第三工程处。1983 年至 1985 年，随电化局名称变更，先后更名为“铁道部电气化铁路工程局第三工程处”、“铁道部电气化工程公司中原公司”和“铁道部电气化工程局第三工程处”。2001 年 7 月，按照电化局《建设现代企业制度总体实施方案》和国家规定的资产评估报告有效期要求，完成公司的登记注册工作，企业更名为“郑州铁道电气化工程有限公司”。同年 10 月 22 日，正式更名为“中铁电气化局集团第三工程有限公司”，12 月 8 日举行揭牌仪式。公司地址在河南郑州市小赵砦东街 33 号。

中铁电气化局集团第三工程有限公司是中铁电气化局集团全资子公司，是从事铁路电气化工程、铁路电务（通信、信号、电力）工程、机电安装工程、电信工程、房屋建筑工程、公路交通通信、监控、收费综合系统工程、城市轨道交通与道路照明等综合工程的施工、技术咨询及运营维护以及包括电务和电气化器材配件加工、制作、销售、技术咨询、旅馆、餐饮、房屋租赁等多种经营项目的技术密集型综合企业。具有机电安装工程施工总承包壹级、房屋建筑工程施工总承包壹级、市政公用工程施工总承包叁级、铁路电气化工程专业承包壹级、铁路电务工程专业承包壹级、电信工程专业承包壹级、公路交通工程通信、监控、收费综合系统工程资质以及城市及道路照明工程专业承包壹级资质。公司电气试验中心具有向社会出具公证数据的资格，可以独立承担 220 千伏及以下电力输变电、牵引供电、城市轨道交通供电的电气设备试验工作和综合自动化及电力远动的系统调试工作。

至 2008 年末，公司设行政部（室）10 个，下属 6 个工程段，7 个区域性分公司。全公司共有职工 2645 人，各类专业人员 1081 人，其中高级技术职称 49 名，中级技术职称 410 名。有技术工人 1208 名，其中高级技师 27 名，技师 137 名，高级技术工人 617 名，中级技术工人 240 名。全公司拥有大型先进施工机械设备 633 台（套），其中电气化铁路接触网架线车 9 台，作业车 10 台，立杆车 10 台，轨道车 13 台，汽车起重机 7 台，载重汽车 48 台，总功率 4.5 万千瓦，人均装备率 2.36 万元，动力人均装备率 9.58 千瓦。拥有高低压供电设备、光缆、电缆、数字通信、程控、微波、无线等各类检测仪器仪表 961 台（套）。电气试验中心拥有电气检测仪器、仪表 147 台（套），固定资产原值 293 万元。公司拥有信号、通信、变电、电力、接触网、土建 6 个专业施工检测用仪器、仪表 211（358）台（套），固定资产原值 641 万元。公司注册资金 6698 万元，拥有资产总计 14.767 亿元，固定资产原值 1.7434 亿元。具有年建成 800 正线公里电气化接触网，40 处牵引变电所，100 个以上分区所、开闭所及配电所，信号自动闭塞 300～400 正线公里，电气集中 40 个站，1000 公里以上长途线路、20 万对公里以上的本地网电缆线路、2000 条公里以上本地网光缆线路及 1200 孔公里以上通信管道工程、80 端以上传输设备安装工程、50 个以上移动通信基站安装工程、10 个节点以上数据通信和计算机网络工程及房建建筑 10 万平方米的施工能力。

1999 年至 2008 年，三公司完成总投资 93.47 亿元，完成企业总产值近 77.72 亿元。建成电气化铁路 4801 正线公里，通信线路 10707 公里。开通信号电气集中 199 站，自动闭塞 1954.7 公里，联锁道岔 2464 组，信号机 3992 架，信号电缆敷 9515.98 公里。完成变配电所 136 处，站场电力 105 处，高压电力贯通线路 1004.23 公里。建成城市和道路照明工程 17 项，交付房屋建筑面积 16 万平方米。十年间，先后承建阳安、西康、神朔、广深三线、朔黄、哈大、武广、宝天、天兰、新月、神朔二线、襄渝、西合、郑徐、大秦、胶济、渝怀、兰武、武嘉、浙赣、京沪、东乌、包神、京九、西格二线、洛张等近 50 余项国家一级铁路干线电气化工程建设。参加秦沈、温福、武广客运专线电气化工程的建设。完成京九、京沪、浙赣、京沈、成昆、北京西客站、青藏、胶济、胶新、黎湛、郑州枢纽续建、黄骅站、兰新、新长线等通信、信号工程。完成西宝、宁沪、沪杭、郑少高速公路机电工程，安徽、河南广电，京沪、京太西网通，甘肃、山东联通，北京、河北移动，郑州市道路照明、广州大学城照明、北京 9950 电力改造，深圳地铁、郑州市春晖小区 11 栋家属楼、兰州铁路家属楼、郑铁安业小区住宅楼、三峡土石方、永城煤电集团办公楼、内蒙古科技大学包头医学院新校区道路雨水管线工程等地方工程。完成伊朗德黑兰至卡拉季地铁“四电”、香港罗湖桥铁路电气化、香港将军澳地铁电力配电、香港新机场铁路电气化，尼日利亚、沙特等国通信、信号、电力工程。交付运营工程均达到合同履约率 100%，合格率 100%，“四电”工程优良率 95%以上。获国家优质工程奖 6 项，广深铁路准高速双线电气化工程获 2000 年中国建筑工程鲁班奖、2002 年第二届詹天佑土木工程大奖，哈尔滨至大连铁路电气化牵引供电工程获2004年中国建筑工程鲁班奖、2004年第三届詹天佑土木工程大奖，神朔线大柳塔至朔州铁路电气化工程获2002年国家优质工程银质奖，新建铁路秦皇岛至沈阳客运专线通信信号工程获2006年国家优质工程银质奖，秦沈客运专线电气化工程获2007年国家优质工程银质奖，兰武二线乌鞘岭特长隧道工程获国家建筑工程鲁班奖。获省部级优质工程奖18项，哈大电气化铁路改造牵引供电工程、广深准高速铁路电气化工程、京郑电气化工程获铁道部优质工程一等奖，干武线电气化工程、南昆线铁路电气化工程、包兰线电气化改造工程、神朔线神池南至府谷至大抑塔段电气化工程获铁道部优质工程二等奖，新建胶州至新沂铁路工程、新建铁路秦沈客运专线通信信号工程、朔黄铁路肃黄段增建二线工程、秦沈客运专线电气化工程、兰新铁路乌鞘岭隧道工程、兰新铁路武嘉段电气化工程、青藏铁路通信工程、陇海铁路郑州至徐州段电气化改造工程获火车头优质工程一等奖，西安南京铁路一期电气化工程、浙赣铁路电气化工程、徐州铁路枢纽电气化改造应急工程电牵标段、京沪铁路电气化改造工程获火车头优质工程二等奖。

多年来三公司经营工作紧紧依靠集团公司的优势，充分利用“中铁电化”品牌，积极配合集团公司实施工程项目总承包，坚持走自主经营之路。2001年前，认真贯彻落实局“大经营”战略，坚持“巩固路内，拓展路外，扩大领域，发展海外，发挥优势，滚动发展”的经营方针。2002年公司改制后，以增强“全员经营”的市场意识，“优胜劣汰”的竞争意识，“居安思危”的危机意识，牢固树立“大市场、大经营”观念，以一流的工作质量服务市场竞争。在局经营“一盘棋”的思想指导下，发挥局、处、段三级的经营优势，先后成立西北、东北、济南经营部，加强网络式经营。2005年充分依靠集团公司“中铁电化”品牌优势，以配合集团公司实施项目总承包为中心，以坚持创新经营、自主经营为支撑，以扎实做好施工质量和信誉为根本，树立“市场订单是第一位”的观念，进一步优化经营资源配置，强化区域经营格局。确立“做精做实路内市场，拓展培育路外市场”的新思路，走以路内市场为主，路外项目逐步形成支撑的多元经营之路。2008年，配合集团公司抓铁路大项目，实现规模扩张；立足自主经营，优选项目，追求项目效益；紧盯四个市场，努力巩固和拓展市场领域，提高市场占有份额。从1999年承揽66个项目新签合同额29449万元，到2008年承揽192个项目，新签合同额274317万元，实现历史性跨越。十年累计承揽大小工程1385个项目，新签合同额112亿元。

三公司在各项施工中，不断引进先进技术设备，改进施工工艺，开发应用新技术。“信号电缆分歧型地下接续盒及接续工艺的研究”通过部级鉴定，与集团公司共同完成的“广深铁路200km/h电气化新技术”获铁道部科技进步一等奖，“提高接触网稳定性研究”获铁道部科技成果二等奖。组织编写的《信号电缆多分歧地下接续工艺》通过铁道部评审鉴定，该工艺获得国家知识产权局颁发的专利证书。十年来共开发研制铁道部部级工法6项，局级工法14项。开发研制的“ZP.W1-18型18信息无绝缘移频自动闭塞系统安装调试开通工法”、“WYZ-18 信息系统安装调试开通工法”被铁道部批准为国家级工法。公司先后获得“国家一级计量合格单位”、“河南省一级先进企业”。1995 年通过 ISO9002-1984 质量管理体系认证，2007 年通过 ISO14001-2004 环境管理体系认证和 GTB/T28001-2001 职业健康安全管理体系认证。通过河南省“高新技术企业”认定和河南省资信有限公司“信用 AAA 等级”企业认定。

三公司坚持物质文明和精神文明建设同步发展，公司志在构筑学习型企业，实施文化型管理，建立效益型组织。“以精品工程树立企业品牌，以科技先导争行业第一”为质量方针，“以持续改进满足并超越顾客需求”为永恒的追求。2002 年获“中国企业文化建设先进单位”称号，连续 15 年获河南省建筑施工企业 50 强，并获全国用户满意企业。

第四节 西铁工程公司

西安铁路工程有限公司（简称西铁工程公司），源于 1948 年 11 月成立的沈阳铁路局工程总队第二抢修队，历经 14 次易名，3 次分合改组，6 次改变隶属关系，1999 年 8 月改制为西安铁路工程(集团)有限责任公司。2003 年 11 月 19 日，经国务院国有资产监督管理委员会、铁道部批准，由郑州铁路局西安铁路分局划归中国铁路工程总公司，同中铁电气化局集团实行企业重组，整建制加入中铁电气化局集团。2004 年 6 月，中铁电气化局集团有限公司将西安铁路工程有限公司所属第四有限责任公司、电气化工程处、通信信号工程处、西延神延铁路维管处从公司剥离，成立中铁电气化局集团西安铁路建设公司、中铁电气化局集团有限公司西安电气化工程处、中铁电气化局集团有限公司西安通信信号工程处、中铁电气化局集团有限公司铁路分公司。

2008 年末，西安铁路工程有限公司下设 4 个控股子公司：机械化工程有限公司、物资有限公司、物业有限公司、房地产公司；12 个分公司：第一工程处、第三工程处、混凝土分公司、路桥分公司、建筑公司、东北分公司、陕北分公司、西安分公司、广州分公司、昆明分公司、临潼制梁场、涿州制梁场；3 个直管项目部：京石客专项目部、天津西站改项目部、青兰公路项目部，及开发中心、职工教育中心、工程医院等，共计 22 个下属单位。公司本部行政机构设 12 个职能部门：办公室（党委办公室）、企业管理部（法律事务部）、工程技术部、安全质量监察部、财务部（资金中心）、物资设备部、人力资源部（党委干部部）、审计部、房地产管理办公室、离退休管理办公室（老干部部）、监察部、集体企业管理部（土木公司）。党群组织设：党委办公室（与办公室合署办公）、组织部、宣传部、纪委办公室、工会办公室、团委。在册职工 3487 名，其中女职工 626 名。具有一级建造师 65 名，高级技术职称 41 名，中级技术职称 481 名，初级技术职称 766 名；高级技师 6 名，技师 54 名，高级工 783 名，中级工 717 名，初级工 124 名。研究生学历 7 名，本科 515 名，大专 658 名，中共党员 1144 名，共青团员 490 名，离退休职工 3598 名。

职工全员年人均收入 33480 元。

公司拥有机械设备 763 台（件），主要施工机械 143 台（件），其中挖掘机(1.0m^3及以上)8 台，推土机(180hp 及以上)8 台，装载机(2m^3及以上)17 台，压路机(14t 及以上)11 台，平地机(160hp 及以上)2 台，载重汽车(5t 及以上)7 台，自卸汽车(8t 及以上)21 台，汽车起重机(8t 及以上)3 台，凿岩台车(二臂及以上)1 台，塔吊(100tm 及以上) 1 台，稳定土拌合站 1 处，混凝土搅拌站(60m^3/h 及以上)12 套，混凝土搅拌输送车(6m^3及以上) 23 台，混凝土泵(60m^3/h 及以上)3 台，混凝土泵车 3 台，钻机 10 台，架桥机 1 台，轨道车 3 台。自有机械设备价值(净值) 5248.05181 万元，自有机械设备总功率 44938.2 千瓦，技术装备率(净值)1.49 万元/人，动力装备率 12.80 千瓦/人，完好率 87.21%，利用率 76.29%。公司为具有铁路工程、公路工程、市政工程施工总承包壹级，房屋建筑工程、通信工程施工总承包贰级，桥梁工程、隧道工程、公路路基工程、城市轨道交通工程专业承包壹级，预拌商品混凝土专业承包贰级施工资质及境外工程承包经营权的国有控股大型施工企业。本部驻陕西省西安市新城区金花北路 25 号。

1951 至 1953 年，赴朝鲜民主主义人民共和国参加抗美援朝，先后承担朝鲜境内的京义、新价、鸭南、满浦、平元、平德等 8 条铁路干线、支线、专用线部分区段抢修任务。1954 至 1956 年，承担宝成铁路宝鸡至青石崖间 26.384 公里新线建设施工任务。1957 至 1970 年，参加陇海铁路洛阳至宝鸡段复线建设。八十年代以后，先后参与承建国家重点工程西康、神延、宝成二线、宝天二线、西南、渝怀、赣龙、秦沈客运专线等铁路干线的新建和多条运营铁路的改、扩建及宝鸡东、新丰镇、武昌南等大型编组站改造扩建工程。1969 年以来，先后承担兰烟、宝天、宝成、郑宝、宝中、郑武、安郑、太焦、孟宝、襄渝、侯月、丰准、神朔等十几条干线铁路通信、信号工程施工和陕西省广播电视网工程及联通公司光电缆工程。1980 年以来，先后建成陇海铁路宝鸡至天水、天水至甘谷、洛阳至三门峡、孟源至宝鸡、宝成铁路北段、侯月铁路嘉月段、太焦铁路长高段、焦枝铁路洛阳至济源（洛阳枢纽）、宝中铁路宝鸡至千阳段、京广铁路漯河至广水、郑州至安阳段、哈大铁路、武蒲铁路、宝成铁路二线电气化工程、太焦铁路供电加强及西康铁路电气化等工程的施工任务。1997 年，进入陕西铜（川）黄（陵）高速公路施工，之后连续承建西安绕城高速、西安环城公路、西（安）汉（中）、黄（陵）延（安）高速公路等省域内外多条一级干线公路工程，承建中国第一条快速轨道大连轻轨工程。

2003 年至 2008 年，中标工程项目 382 项，中标额 138.7846 亿元。先后中标宝兰铁路二线、昆明铁路集装箱中心站、西延铁路扩能改造、大秦铁路扩能、沪汉蓉通道胡家营-安康段二线、西安铁路枢纽新丰镇编组站、郑西客运专线西安枢纽北环线、伊泰准东铁路、洛湛铁路、包西铁路、包神铁路、京石客运专线、大秦线站场扩能改造、天津西站京沪特大桥、红柳林至神木西铁路专用线、津秦客运专线、陇海铁路提速等重点铁路工程。中标西安北门立交、西柞高速公路、西安市三环、姜眉公路、高陵渭河特大桥、陕西省户县至勉县高速、柞小高速公路、邵怀高速公路、张石高速公路、大连石门山隧道、郑州西绕城公路改扩建、广东佛山市顺德区快速干线网首期工程碧桂路、容桂大道 BT 项目、广东佛山市顺德区快速干线网首期工程红旗路、高富路 BT 项目、陕西境壶口至雷家角等市政、高速公路工程。中标北京地铁 4 号线、广州轨道交通 5 号线杨箕站、广州轨道交通 4 号线、北京市轨道交通首都机场线、西安地铁 2 号线、北京地铁 10 号线等地铁工程。

主要承建工程，完成项目包括西南铁路新建、赣龙铁路新建、渝怀铁路新建、宝兰二线宝鸡铁路枢纽、襄渝铁路二线、西安铁路枢纽北环线、铁路第六次提速西安-宝鸡段、西安市高架快速干道、长安互通式立交桥、西安市北门高架桥、西（安）汉（中）高速公路、黄（陵）延（安）高速公路、广州地铁、北京地铁、武（汉）九（江）铁路扩能、大连石门山隧道、大（同）秦（皇岛）铁路扩能、西(安)延（安）铁路扩能、昆明铁路集装箱中心站、阿拉伯得瑞亚排水等工程。在建项目包括郑西客运专线 ZXZQ13 标段、新丰镇编组站改扩建、西安地铁北大街站、北京动车段、蓟港铁路北塘西至东大沽扩能改造、大同至包头电气化改造、包西铁路、京石客运专线 JS-1 标、京沪高速天津西站京沪特大桥、武汉至英山高速公路、洛湛线永州至岑溪站后、准东铁路、包神铁路增建二线、遵化南至小寺沟铁路 7 标、青兰高速公路 12 标、鲁北-图布信一级公路土建、广东佛山市顺德三洲路、郑州西绕城公路改建等工程。

西安工程公司恪守“我干工程必精品，我对客户永真诚”的企业精神，抓重点工程项目投标，不断扩展铁路、公路、市政市场经营领域，经营开发大步跨越；抓重大施工项目管理，推进施工技术创新，施工管理能力大幅提升；抓职工队伍建设，提高专业施工能力，综合实力有效增强。取得 160 公里预应力混凝土梁生产许可证，掌握 C70 高性能混凝土技术、应用大跨度铁路双线梁挂篮施工技术，掌握长大隧道监测测量定位、通风、供电、梯级排水、瓦斯、塌方处理等系列技术，攻克软质隧道施工难题，掌握大规模、长时间、劳力密集站场封闭要点作业的施工组织技术。公司承建施工的西安绕城高速公路（北段）、哈大铁路电气化改造工程获国家詹天佑土木工程大奖，哈大铁路电气化改造工程获国家鲁班奖，昆明铁路集装箱中心站工程获国家优质工程奖，西安绕城高速公路西姜村高架桥、宝鸡渭河隧道人防工程等获全国用户满意工程，西安铁路枢纽北环线三郎村特大桥、西康铁路豁口特大桥、宝鸡铁路枢纽综合工程等获铁道部优质工程奖，陕西境子洲至靖边段高速公路 N4 合同段、西安绕城高速公路长安互通式立交桥等工程获陕西省优质工程奖，首都机场线东直门站、首都机场线三元桥站、首都机场线 T2 站获北京市市政基础设施结构长城杯工程银质奖，大连市西部路通道石门山隧道工程获辽宁省市政金杯示范工程，秦沈客运专线 22 标段路基工程被铁道部评为精品工程，获局（市）优 39 项，无责任职工伤亡事故和工程质量事故 3650 天，公司被评为全国用户满意施工企业。

公司积极参加抗震救灾抢险，完成陇海线灞桥铁路桥抢建工程，被铁道部誉为“灞桥速度”。提前抢通宝成线 109 隧道，获全国“抗震救灾，重建家园”工人先锋号。

公司党委被工总和北京市国资委授予“优秀基层党组织”称号，公司被陕西省评为学习型组织标兵单位、重点工程建设先进集体、信贷诚信企业、A 级纳税人，公司工会被评为全国模范职工之家，西安地铁北大街站项目部获“全国青年安全生产示范岗”荣誉称号。

第五节　西铁建设公司

中铁电气化局集团西安铁路建设有限公司（简称西铁建设公司），前身为成立于 1972 年 2 月的西安铁路工程处第四工程段，1999 年 8 月改制为西安铁路工程集团第四有限公司。2003 年 11 月，中铁电气化局集团有限公司与西安铁路工程（集团）有限责任公司进行资产重组，公司随西安铁路工程（集团）有限责任公司整体并入中铁电气化局集团有限公司。2004 年 6 月，中铁电气化局集团有限公司将所属西安铁路工程公司整合重组，把西铁公司控股子公司四公司单独整合为集团公司控股的子公司，名称“中铁电气化局集团西安铁路建设有限公司”。公司主要从事铁路、公路总承包、桥梁、隧道、市政、工民建、公路交通等专业，具有铁路总承包二级、公路总承包三级、市政总承包二级资质及隧道专业承包二级，桥梁专业承包一级，预应力专业承包二级资质，公司信用等级 AAA 级企业。2005 年通过 ISO9000 质量、ISO14001 环境、ISO28000 职业健康安全管理体系认证，为信用等级 AAA 级企业。公司地址在陕西省咸阳市吴家堡四段路 10 号。

2008 年末，公司行政机构设置为二室九部，即：办公室、经营开发部、工程管理部、安全质量监察部、物资设备部、人力资源部、财务管理部、审计部、企业策划部（法律顾问室）、生活房产部、离退休管理办公室；党群机构设置为党委工作部、党委干部部、纪委办、工会办、团委。下属机械化分公司和新疆分公司。共有职工 1278 人，其中技术人员 403 人，中高级职称人员 111 人，各类专业技术工人 764 人（工人技师 9 名，中高级工 436 名，初级工及普通工 319 人）。注册一级建造师 10 人，注册安全工程师 4 人。拥有大型先进机械设备 185 台，总功率 11786 千瓦，动力装备率 9.22 千瓦/人，技术装备率 1.13 万元/人，总价值 2663.9 万元。拥有各类测量仪器 174 台套，总价值 363 万元。拥有总资产 7.98 亿元，年最高产值 8.003 亿元，实现年最高利润 1289.48 万元。

公司重组后至 2008 年，共承建铁路工程 33 项，公路工程 14 项，市政工程 7 项。主要完成路基土石方 1976.1 万立方米，附属土石方 48.9 万立方米，正线铺轨 70.7 公里，站线铺轨 68.9 公里，铺道岔 461 组，铺道碴 315801 立方米，桥梁 26301 米，隧道 5555.2 米，公路 34.3 公里，房屋 61612.4 平方米。参与施工包括过京广线、陇海线、太焦线、宝天线、宝中线、襄渝线、渝怀线、西延线、西康线、西南线、铁路专用线、地区环线以及公路、市政等重点工程，范围覆盖京、沪、渝、陕、川、新、冀、赣、甘、滇、粤、湘等 15 个省、市、自治区，由传统的铁路、公路、市政延伸到地铁、轻轨、客运专线等领域。

公司在施工领域不断引进先进技术设备，改进施工工艺，提高生产效率，完成一批急、难、险、重任务。2005 年，在零口直通场战场改建工程中，用 70 天完成 6 个月工期的工程量，创造了铁路史上的“零口速度”。在延安西沟大桥施工中采用的挂蓝法施工工艺获 2007 年度陕西省职工经济技术创新成果三等奖。西安北环线枢纽工程采用系杆拱桥施工工艺，北京地铁奥运支线工程采用挤扩支盘桩作为抗拔桩施工工艺，区间隧道施工采用矿山法开挖及初期支护施工工艺，提高了工程进度和质量。2006 年，为保障青藏铁路顺利通车，仅用 46 天，在陇海线宝天段牛头河大桥原址上拆除旧桥的同时，新建一座 245 米长的铁路大桥，创造了中国铁路桥梁建设史上的“牛头河速度”。完成最具难度的宝天高速公路 70 米跨铁路现浇梁工程。2007 年，承建郑西客运专线工程，进入高速铁路施工领域。承建陕西西（安）咸（阳）国际机场专用高速公路工程，被誉为“省门第一路”。公司获工程总公司级以上优质工程 4 件、火车头优质工程 1 件、部级以下优质工程单项 5 件，获工程总公司级安全标准工地 5 个、优秀质量管理小组 5 个。获得国家优秀 QC 小组 1 个、工程总公司优秀 QC 小组 2 个、北京市优秀 QC 小组 4 个。

在 2008 年“5·12”汶川大地震参加宝成线 109 隧道抢险工程中，涌现出 23 位抗震英雄和 1 位革命烈士，获得中华总工会“抗震抢险，重建家园”工人先锋号和“全国五一劳动奖状”。公司连续 3 年获全国“安康杯”竞赛优胜企业，连续 4 年获陕西省“安康杯”竞赛优胜企业，连续 2 年获全国“企业文化建设优秀单位”及“企业文化创新建设先进单位”。

第六节　建筑工程公司

中铁电气化局集团北京建筑工程有限公司，源于 1976 年 5 月成立的铁道部电化工程局建筑工程段。1984 年 10 月组建铁道部电气化工程公司建筑公司，1985 年 12 月更名为“铁道部电气化工程局建筑工程处”，1997 年 6 月更名为“北京国脉铁路建筑工程部”。2001 年 6 月 29 日，经北京市工商行政管理局注册登记正式改制为中铁电气化局集团北京建筑工程有限公司。公司主要从事房屋建筑工程、建筑装修装饰工程、铁路工程及建筑工程设计、建筑产品生产等生产经营活动，具有建设部房屋建筑工程施工总承包一级、铁路工程施工总承包二级、市政公用工程施工总承包三级、建筑装饰装修专业承包一级、机电设备安装专业承包一级、钢结构工程专业承包一级企业资质，国土资源部地质灾害治理工程施工甲级资质，建设部建筑工程设计乙级资质，是集建筑设计、工程施工、工业生产、物流配送、物业管理为一体的大型综合施工企业。

至 2008 年末，公司行政机构设置经营开发部、工程管理部、安全质量部、人力资源部（干部部）、财务部、审计部、行政办公室，党群机构设置党委办公室、宣传部、纪委（监察部）、工会、团委。公司下设一分公司、二分公司、设备租赁站、北京中景昊天工程设计有限公司、北京电华物业管理有限责任公司和 34 个直属项目部。公司在册职工 1056

人，自行聘用合同制职工 205 人，各类专业人员 451 人，其中教授级高级工程师 1 人，高级技术职称 25 人，中级技术职称 117，初级技术职称 309 人，国家一级建造师 38 人。公司注册资金 9483 万元，资产总额 144721.95 万元，其中流动资产 133704.54 万元，长期投资 700 万元，固定资产 4471.89 万元，无形资产及其他资产 5845.52 万元。公司拥有包括塔吊在内的施工机械设备 144 台(套)，装备总价值 3096.66 万元，全员技术装备率 1.854 万元/人，动力装备率 10.16 千瓦/人，检测设备 96 台，电脑 202 台。公司年房屋建筑设计能力 20 万平方米，年施工能力 80 至 100 万平方米，年完成营业额 20 亿元。

2004 年初，公司提出以集团公司“五四战略”为指引，以“做精做强工民建支柱产业”为追求，在三、五年内把公司发展成集团公司支柱企业的奋斗目标。公司根据市场环境调整经营思路，狠抓经营开发工作，积极主动拓展市场领域，采取独立、协作、联合、配合等多种灵活投标承揽方式，年新签合同额 4.5 亿元，实现经营工作历史性突破，初步扭转过去市场单一、主要依赖铁路市场和大专院校基建市场的不利局面。2005 年，公司确定经营开发方针为“立足铁路市场，强攻高校市场，全力进军北京和省会城市市场；转变观念，积极探求强强联合的双赢模式；多元经营，适时开展资本运营、对外投资，加速建筑公司的发展”。针对铁路、高校、北京及省会城市、对外联合、资本运营等五个经营开发方向，采用强强联合、多元化、滚动式跟进等投标承揽方式，年度新签合同额 5.3 亿元。2006 年，公司继续推行全员参与的大经营理念，贯彻“稳固拓展铁路市场，抢占高校市场，扩大北京和省会城市市场”的战略方针，工程承揽定位于“以房建工程、给排水工程为主，兼顾市政公用工程、机电设备安装工程等其他工程”，年新签合额 11.7 亿元，在以前从未涉足的城市轨道交通和机电安装市场上有了突破性进展。2007 年，公司努力拼抢市场、占领市场、扩大市场，年新签合同额 24 亿元。2008 年，公司经营方针调整为“以铁路市场为主线，以北京和省会城市为核心，强化延伸地方建筑市场，加强市政和给排水工程，推进物业管理，提升设计水平，发挥物资接运、仓储租赁能力，涉足房地产开发领域，拓展强强联合的投资模式”，全年承揽工程 19 项，承揽任务总额突破 35 亿元。其中汉口站站房改造工程是一重大突破，站房等房屋 6.6 万平方米，无站台柱雨棚近 10 万平方米，是公司有史以来承建规模最大、施工难度最高的项目。

1999 年至 2008 年是建筑公司励精图治，艰苦创业，走出低谷，摆脱亏损，实现又好又快快速发展的 10 年。期间，先后在全国 27 个省市、自治区，参加成昆、武广、哈大、外福、株六复线、内宜、内昆、京秦、大秦、新月、武九、津秦沈、京沪、郑徐、武嘉、西康、盘西、西格、神朔、襄渝、武襄、浙赣、大包、京九、合武等 25 条线电气化房建工程建设。建成新荷、达万、宝兰二线、南疆铁路、粤海铁路等 5 条线给排水工程，建成北京西站电气化实验中心、北京丽泽城市花园菜户营小区高层住宅、北京和平里车站住宅、武铁佳苑职工住宅等一批高层办公楼、公寓楼、民用住宅工程，其中武铁佳苑职工住宅高度首次突破百米。建成西南交大、兰州交大、西北民大等一批高校教学楼、实验楼、学生公寓、职工住宅体育场馆，其中西南交大新校区主体育场填补了集团公司施工大型公共体育场所的空白。建成铁道科学研究院南十二楼及地下车库、环控中心楼、科技创新基地等5项、北区1号住宅楼等8项工程。建成北京经开污水处理厂二期、太仓金源污水处理厂二期工程。建成川南泸州电厂专用线、沁北电厂铁路专用线二期工程，其中川南泸州电厂专用线填补了建筑公司铁路专用线施工空白。参与北京市轨道交通首都机场线、京津城际铁路站房、武广客运专线“四电”房建、北京动车段等工程建设。十年间，公司先后承建97项工程，其中铁路工程43项，完成39项；承建地方工程44项，完成41项；承建高校工程10项，完成10项，累计完成建筑面积206万平方米。

公司先后完成北京北蜂窝住宅综合楼、北京市兴隆小区商业楼、北京绿友工业园工程、北京金诺迪迈幕墙装饰工程、北京运通硅材料设备有限公司新建厂房工程等工业民用建筑设计，完成设计项目50余项，折合建筑面积61.37万平方米。

公司始终坚持“为您服务，让您满意”企业核心价值观，坚持“全员质量把关，信誉拓展市场”理念，坚持按照基本建设程序办事，严格合同管理，合同履约率100%，工程质量验收合格率100%。昆明铁路集装箱中心站工程获国家优质工程银质奖，京郑线电气化房建工程、南昆线电气化房建工程获铁道部优质工程一等奖，成昆铁路青杠至攀枝花段电气化改造工程、神朔线神池南(不含府谷段)电气化工程获铁道部优质工程二等奖，北京西站电气化试验中心工程获工程总公司优质工程、铁道部2003年度火车头优质工程二等奖，北京金家村职工E座、F座、岳家楼铁路住宅小区8号楼、岳家楼19号住宅楼、和平里车站住宅小区1号、2号、3号住宅楼、铁道科学研究院南十二楼及地下车库、铁科院北区1号楼等8项工程、广渠路住宅小区1号楼等3项工程、北京市轨道交通首都机场线东直门航空服务楼工程获北京市建筑（结构）长城杯金质奖，北京北蜂窝住宅综合楼工程、丽泽城市花园菜户营小区1号楼工程获北京市建筑(结构)长城杯银质奖，兰州铁道学院第八教学楼工程获甘肃省建设工程飞天奖，中铁大桥勘测设计院沌口新院办公楼工程获湖北省建筑结构优质工程。

公司坚持依靠科技进步推动企业发展，1999年至2008年完成科研开发项目10项，调研项目5项，工法项目7项。2001年，公司成立科研开发领导小组并制定相应职责，进行“房建施工智能网络计划软件的编制”和“社区住宅中水处理系统设计方案”课题研究。2003年重新修订《建筑公司科研开发管理办法实施细则》。2005年至2008年，先后完成《电气化（房建工程）施工工艺标准》、《电气化（设备安装工程）施工工艺标准》、《电气化（装饰装修）施工工艺标准》的编写。在施工生产中，积极推广应用新技术、新材料，进行QC技术攻关，不断改进施工工艺。2007年在北京和平里车站住宅小区施工中，针对“提高带阻氧层聚丁烯PB管热熔焊接施工质量”课题进行攻关，2008年在北京市轨道交通首都机场线东直门航空服务楼施工中，针对“提高钢筋后锚固一次成孔合格率”课题进行攻关，两项成果均获得全国建筑工程二等奖。十年间共开展QC技术攻关117项，其中

30 项获省部级奖，15 项获国家级奖。

公司坚持两个文明一起抓，致力公司健康协调发展。1999 年评为北京市用户满意企业，2003 年评为全国用户满意企业，2004 年评为北京市用户满意企业、北京市守信企业，2005 年评为全国质量信得过服务单位、北京市守信企业。2006 年至 2008 年连续三年被评为全国用户满意企业并获北京市“首都文明单位”称号。2008 年获得“中国中铁股份有限公司优秀企业”称号。

第七节　西安电化公司

中铁电气化局集团西安电气化工程有限公司，源于 1978 年 1 月成立的西安铁路局电气化工程段，隶属宝天指挥部管辖。1981 年，宝天指挥部撤销，划归西安工程处管理，易名为郑州铁路局西安工程处电气化工程段，段址在宝鸡市金台区。自 1981 年 3 月至 1992 年 1 月，随工程施工，段址先后迁至天水车站、宝鸡原址、三门峡火车站、临潼机械修配厂、河南省驻马店地区、河南省新乡市 54775 部队院内。1992 年段易名为西安铁路电气化工程公司。1992 年 9 月段址由新乡搬回宝鸡市原址。1993 年 6 月公司升级为副处级单位。1998 年公司先后组建太焦、哈大、安康项目经理部及变电电力经理部、分公司。2001 年 11 月，公司机关迁往宝鸡市马营路西段西铁工程大厦。2002 年 1 月，公司易名为西安铁路工程（集团）公司电气化工程处。2003 年 11 月，中铁电气化局集团有限公司与西安铁路工程（集团）有限责任公司进行资产重组，电化处随西安铁路工程（集团）有限责任公司整体并入中铁电气化局集团有限公司。2004 年 6 月，中铁电气化局集团有限公司将所属西安铁路工程公司整合重组，西安电气化工程处成为中铁电气化局集团有限公司的分公司。2004 年 10 月，公司机关重组为九部两室一中心，基层整合为四个段、两个厂、三个分公司（项目部）和一个中心。2005 年 6 月 30 日，电化处正式法人注册，改制成立中铁电气化局集团西安电气化工程有限公司。

至2008年末，公司下辖三个接触网工程段、一个变电工程段、一个电力分公司、一个设备租赁中心和两个厂、两个电力项目部。有职工1104人，其中干部298人，工人806人。工人中有高级技师2人，技师38人，高级工399人，中级工273人。公司拥有大型机械和仪器仪表128台（组），其中架线车6台，轨道车6台，专业作业车11台，立杆车8台，设备新度62%，人均动力装备率10.51千瓦。公司注册资金3877.32万元，年产值5亿元以上。公司主营电气化铁路接触网、牵引变电及铁路通信、信号、电力等工程项目，兼营铁路电气化及电力配件加工、接触网支柱制造等。公司具有铁路电气化工程专业承包一级资质、铁路电务工程专业承包一级资质、机电设备安装工程专业承包三级、送变电工程专业承包三级及城市、道路照明工程专业承包三级三项资质。公司电气化试验中心获得牵引变电所、配电及国内外各种电气设备性能测试的陕西省授权。2005年10月17日，公司成为陕西省建筑企业中国家高新技术企业第一家。

公司电气化施工能力达500条公里以上。30年来施工范围覆盖陕、甘、川、豫、京、晋、鄂、湘、赣、辽、鲁、赣等省，先后参与宝成、宝兰、西陇海、郑武、宝中、京郑、太焦、焦枝、西康、襄渝、哈大、大秦、郑徐、浙赣、京沪铁路干线电气化改扩建工程以及合武、武广客专等工程，建成接触网3722正线公里、8200.95条公里，牵引变电所63座、分区亭41座、开闭所18座、AT所8座、电力调度所4座。公司获“中国建筑工程鲁班奖”2项，“詹天佑土木工程大奖”1项，部优、局优工程多项，京郑电气化铁路工程（安阳至郑州段）获“全国用户满意工程”。编辑翻译《德国Re200C电气化接触网安装手册》等6本书，出版《电气化铁路英/汉、汉/英双解词汇手册》。编写《软横跨微机计算程序》、《支装计算程序》获原西安分局“五小攻关成果奖”。研制“铁道电气化接触网数显激光测量仪”获工程总公司青年创新创效奖。研制开发《铁路工程投标管理软件系统》，对《铁路工程劳动力定额计算系统》软件进一步完善。创新“三线同架”施工工艺等。

公司施工的宝鸡东编组站获得国家建筑工程“鲁班奖”，哈大电化获得2004年度詹天佑土木工程大奖，宝鸡枢纽综合工程获中国铁道工程建设协会“2005年度火车头优质工程二等奖”，浙赣线电气化提速改造工程获中国铁道工程建设协会“2007年度火车头优质工程二等奖”，四段“铁道牵引变电所技改关键技术施工工法”被评为2008年度局级（三级）工法。

在加强物质文明的同时，公司大力加强精神文明建设，按照“三个代表”和科学发展观的要求，深入开展企业思想政治工作和企业文化建设，按照“一岗双责”新机制，深化企业内部改革，发动广大员工参政、议政，关心企业生存和发展，使双文明建设不断进步，企业实力不断增强，员工物质和文化生活水平不断提高。

第八节　运管公司

2005年10月1日，经中国中铁股份有限公司批准，成立中铁电气化局集团有限公司运营维护管理公司。2005年10月20日，电气化分公司秦沈运营维管中心划归运管公司。2008年3月28日，经中国中铁股份有限公司批准，中铁电气化局集团有限公司运营维护管理公司升格为副局级单位，并从分公司成为具有独立法人资格的子公司。2008年7月10日，根据中铁电气化局集团有限公司董事会三届五次会议决议，成立中铁电化运营管理有限公司。2008年8月6日，北京市工商行政管理局注册名称为“中铁电气化铁路运营管理有限公司”。2008年12月5日，经中铁电气化局集团公司第四次总经理办公会研究决定，自2009年1月1日起将西延维管处整体划归运管公司管理。公司主要从事铁路设施及轨道交通设施的管理与维护，施工总承包、专业承包以及铁路设备的研发。公司注册地址在北京市平谷区山东庄镇府前路9号。

至2008年末，公司机关行政设8部、3室、1中心：生产技术部、机械管理部、经营计划部、人力资源部、财务部、科技管理部、物资管理部、党群工作部、办公室、安全质量监察室、试验室、接触网检测中心。公司下设6个维管段、1个维管处：北京、济南、上海、南昌、秦沈、呼和浩特维管段和西延维管处（下辖5个段：榆林工务段、榆林供电段、绥德工务段、延安工务段、延安电务段）。公司配置接触网动态检测车1组，接触网检修作业车132辆，接触网抢修车组17列，接触网水冲洗设备8组，电力试验车8辆，电力工程抢修车122辆，汽车吊12辆。拥有电气试验设备和油化验设备210台(套)，用于变电的预防性试验和故障处理检修。公司注册资金5000万元，拥有资产总计2.1673亿元，固定资产原值2449.0605万元。公司在册员工4677人，其中，职工272人，合同制员工3393人，路局劳务人员1012人。在册职工中干部146人，技术工人117人，女职工27人。各类专业人员236人，其中高级工程师6人，高级会计师2人，高级经济师1人，高级政工师2人，工程师52人，会计师4人，经济师4人，政工师1人，助理工程师37人，助理会计师3人，助理经济师2人，技术员6人，高级技师9人，技师28人，高级工35人，中级工15人，初级工29人。

至2008年底，公司先后维管沈阳、北京、济南、南昌、上海、呼和浩特等6个铁路局，电力、牵引供电设备5262.32正线公里电气化铁路，包括京沪线（北京、济南、上海局管内）、京津城际铁路、胶济线、胶济客运专线、沪昆线（上海、南昌局管内）、浙赣线（上海、南昌局管内）、陇海线（上海局管内）、合宁铁路、合武铁路、秦沈线（沈阳局管内）等电气化铁路，共有工区70个，变电所89个，分区所97个。

2006年，针对京沪线运行接管的实际情况，公司建立接触网、变电技术标准及运行检修细则、抢修制度等21个生产技术管理制度，初步建立供电设备制度体系。针对管内接触网检修作业分散、检修效率低、检修质量难以保证、安全控制难度大的特点，对集中修组织模式进行探索，形成修前鉴定、作业车编组使用、修后验收等一系列规范标准，提高了检修质量和效率，保证了作业安全。

2007年，修订完善接触网、牵引变电技术标准，制定下发生产技术制度汇编。结合京沪线开通，进行“既有线提速200公里／小时供电系统运行维护检修技术、管理标准体系”及“变电检修工艺”课题研究。

2008年，对生产技术管理文件全部进行修订完善，主要有《牵引供电设备故障调查处理办法》、《接触网运行检修制度》、《牵引变电设备运行检修制度》、《牵引供电设备应急抢修制度》、《工程质量管理制度》、《牵引变电设备应急抢修预案》、《生产调度工作制度》、《新项目接管办法》等。编制、修订接触网检修工艺43项，变电检修工艺26项，接触网操作手册14项。制定《牵引供电设备应急抢修办法》、《接触网运行检修细则》、《接触网检修技术标准》、《接触网抢修预案》、《变电所运行检修实施细则》、《电力设备运行检修实施细则》、《变电所设备检修标准》、《变电设备抢修预案》等客运专线运行检修制度，创建一整套高速客运专线供电设备运行维护检修体系和制度，确保京津城际、胶济客专的顺利开通、运营，对高速铁路供电、电力设备安全运营模式进行新的探索。积极探索理性化检修方式，使用先进的测量、监测仪器对设备状态和技术参数进行检查、测量，分析结果，确定设备检修项目、重点，提报检修计划，进行针对性检修，实现由规模型粗放式检修向技术型精细化检修的转变。

2008 年 1 月，50 年不遇的雨雪和低温冰冻极端天气，造成公司南昌维管段沪昆铁路 571 正线公里接触网设备、30 个所亭变电设备覆冰严重，跨越铁路的电力系统电力线频繁断线导致接触网断线不断发生，严重危及铁路供电安全和运输畅通。公司积极组织抢险工作，8 天内共抢险 45 次、人员 628 人次、轨道作业车 30 次，打冰 30 次、人员 345 人次轨道作业车 17 次、汽车 2 次，最大限度地减少了灾害影响。配合胶济线 4 月 28 日列车脱轨抢修，9 月 16 日京沪线济南维管段管内大汶口至北集坡间接触网支柱折断、接触线断线较大故障抢修。完善抢修预案，提高事故抢修能力，2008 年公司每件接触网故障平均抢修时间由 2007 年的 105.9 分钟缩短到 86 分钟。

适应维修管理区域广、跨度大的特点，加强企业信息化建设，采用 ERP 技术构建四大信息化系统：生产管理信息化系统，包括调度管理、安全管理、事故及故障分析；OA 办公自动化系统，包括视频会议、报表自动化管理、文件信息发布；经济核算系统，包括财务核算，机械、物资管理；网络管理学院教育系统，用于员工培训和后备人才培养。

公司成立后，面对管理区域跨度大，设备新、人员新、整体安全素质不高的情况，坚持“安全第一、预防为主”的原则，成立组织，建立工作制度，加强培训，制定安全管理办法，规范故障处理程序，确保现场安全有序可控。随着铁道部新《铁路技术管理规程》的颁布，重新制定、修改《安全生产责任制》等一系列文件，规范员工安全行为。随着京津城际、胶济客专、合武客专的接管，组织制定京津城际、胶济客运专线各自专用的安全管理文件，保证客运专线的安全开通。强化标准化工区生产管理，巩固安全生产基础，推广标准化工区建设。深入开展安标工地建设活动，从管理标准化、作业标准化和现场标准化三方面，狠抓安全基础建设、人员素质提高，进一步规范现场安全管理工作，“上海维管段京沪沪昆线牵引供电维护管理”项目获工程总公司“安全标准工地”称号。

第九节　物资贸易公司

北京有为中铁电气化物资贸易有限公司，源于 1958 年 10 月设立的电化局材料科(后改为材料供应处)。1974 年恢复局建制后，设物资管理组(后更名为物资管理处)，为局职能处。1984 年 4 月 1 日，物资管理处改为职能职权处，下设北京材料厂、天津材料厂和上海、沈阳、成都、西安物资供应站。1993 年，物资处成立物资总公司，下辖成都、沈阳、西安、北京、大兴、天津、上海、郑州、太原 9 个物资分公司。1999 年 5 月 5 日，上海物资供应站并入上海经理部。2001 年 4 月 6 日，北京材料厂整建制划归建筑工程处。2002 年 12 月 5 日，撤销郑州物资公司、成都物资公司、成都物资供应站。2005 年 6 月 24 日，西安物资供应站（含西安物资公司）划归西铁建设公司。2008 年 7 月 10 日，物资处进行公司制改造，成立“北京有为中铁电气化物资贸易有限公司”，注册资金 3000 万元。职能物资处与独立法人公司并存。

2008 年，物资处（物贸公司）职能部门设办公室、综合科、管理科、财务科、供应科、经营科 6 个科室，设天津材料厂、沈阳物资供应站 2 个下属单位，设京九线、北京动车段、天津西站改造、太中银、大包线、西格二线、南昌、温福、津秦客专、石太客专、武九等 11 个项目部。公司有员工 219 人，专业技术人员 95 人，高级职称 5 人，中级职称 41 人，初级职称 49 人。共有仓库 4960 平方米，铁路专用线 156 米，料场 3600 平方米，料棚 3800 平方米，大型龙门吊 1 台，运输仓储设备、设施齐全，物流信息网络畅通，物资管理基础雄厚。主要负责集团公司承揽工程的物资供应、外资料接运、招标代理及全集团的物资管理等项工作。

1999 至 2008 年，公司先后在哈大、秦沈、株六、朔黄、沟海、京沪、浙赣、京九、武广、武合、大包、西格线等工程所在地建立工地材料厂和项目部，直接服务于工程。特别是在哈大、京九、京沪等线的外资接运工作和物资供应中，针对全线进口外资合同多、涉及进口国别多、数量大、供应期短并恰值雨季等种种不利情况，对全部进口外资材料设备及时通关。在京九全线 2900 公里的施工现场采用各种措施进行配送，并及时联系外商开箱检验，做到所接运的全部外资材料设备（6706.8 万美元），在短短的 3 个月中，无一差错地供应到现场，保证了工程的急需，实现了外资料接运工作万无一失，得到铁道部的肯定。

1999 年，哈大线电气化工程采用 DDU 方式利用德国政府贷款，系统引进德国的设计、技术、管理和先进的材料设备。物资处工地材料厂承担德方材料设备的进口通关、商检、开箱检验、组配移交、商务处理等方面的工作，并代表中方与德国专家进行工作配合。工作中，很好地处理了 DDU 方式与铁路工程在物资方面的结合，解决了内外资材料设备供应中的衔接。哈大线共接运外资料 11481 美元，折合人民币 59300 元。通过几年与外方的交流与合作，对国外先进的物资管理供应模式进行全面学习，为工程物资的供应和管理积累了新经验。

2005 年 5 月，集团公司承揽到京沪线工程总承包任务，全线物资供应交给物资处负责。京沪线 1450 公里的电气化改造工程工期一年，物资采购供应额 20 多亿元，货源紧、工期紧，困难大。物资处充分发挥在市场中良好的信誉和组织协调能力，超前预想，精心组织调度网络，加强领导靠前指挥，强化协调物资配送，定期督察物资质量。按照保重点、保建成、保开通的原则，区分轻重缓急，优化资源要素配置，统筹安排，确保了物资有序供应，满足了京沪线施工需要。

自 2006 年起，企业走联合生产道路，经营范围不断扩大，从事外资料接运、招投标业务代理、产品代理等，与十几家厂商建立战略合作关系。2008 年，公司开始在市场中开拓招标代理工作，先后在西格、京九（南昌局）、石太、太中银等线进行招标代理工作，取得较好的经济和社会效益。2008 年 10 月，物资处承担京九线物资招标工作。本次招标共有 135 个厂商投标，招标采购为全线接触网、牵引变电、部分通信甲控物资。共分 204 个包件，标书达 1500 份。采购物资总金额约 10 亿元人民币。

自 1999 年至 2008 年，完成集团公司及处承揽的供应任务额达 55.55 亿元。

充分发挥职能作用，根据集团公司的重点工作，适时组织召开全局物资管理工作会议及经验交流会。在总结、分析年度物资工作的基础上，向全局推广先进的管理模式和经验，发布年度物资工作要点，指导各基层单位的物资管理工作。适时组织对主要施工线路的采购、进货检验、不合格产品处理、仓储、自加工物资质量等物资管理工作进行检查，通报、推广先进管理经验，促进工程项目物资管理水平的提高。

十年间，制定一系列集团公司物资管理方面的规章和管理制度。规章有：《中铁电气化局集团物资管理规则》、《物资采购管理程序》、《工地材料厂安全生产操作规程》、《中铁电气化局集团化学品、易燃、易爆危险品搬运、储存和使用管理办法》、《中铁电气化局集团顾客财产管理办法》、《中铁电气化局集团产品标识管理办法》、《中铁电气化局集团产品防护管理办法》等。管理办法有：《中铁电气化局集团物资公开采购的若干规定》、《电气化工程局物资采购供应管理办法（试行）》、《京沪线电气化工程物资管理办法》、《大秦线两亿吨电气化改造工程物资管理办法》、《招标采购工作管理规定》、《中铁电气化局集团物资贸易公司招投标工作实施细则》等。在集团公司 ISO9000 标准质量体系认证和质量、环境、职业健康安全三合一管理体系认证工作中，完成《物资采购管理程序》等程序文件和物资管理第三层次文件的编纂工作。

重视精神文明建设，认真贯彻落实党中央一系列方针路线。根据上级部署，围绕经济建设中心工作，认真开展“三讲”、“共产党员先进性教育”、“科学发展观教育”等活动。在实践中形成“优质一流服务，科学规范管理，务实、创新、高效，廉洁、诚信可靠”的企业形象。2004 年获北京市“首都文明单位”、“北京市模范职工之家”、北京市总工会“职工技术协会先进集体”。

第十节　电信中心公司

中铁电气化局集团北京电信研究试验中心有限公司，前身为 1992 年 7 月 9 日成立的铁道部电气化工程局电信研究试验中心。2001 年 6 月 18 日，随着中铁电气化局集团有限公司的成立，成为中铁电气化局集团控股的子公司，注册资金 642.64 万元。2007 年 5 月，公司进行股权变更，成为国有独资企业。1999 年 12 月通过国家质量技术监督局计量认证，取得计量认证合格证书。2000 年 12 月通过 CNACL 认可，2005 年 3 月通过 CNAL 二合一复评审，取得认可证书。2001 年 11 月通过北京市高新企业认证。公司从事国内外电信检测和试验服务，以及技术开发、技术咨询、技术转让等工作。

至 2008 年底，公司设计财部、人事行政部、无线部、有线部、项目部、仪器仪表部等 6 个部门，员工 34 名，具有高级职称的人员占公司总人数 20%。中心拥有通信测试仪表 73 台（套），价值 2100 余万元。仪表分为传输、交换、网络测试类即有线类和无线类测试仪表，其中大多为业内较先进的测试仪表。有线测试仪表有美国 JDSU 的 10G 传输测试仪、美国安捷伦的波分复用测试仪表 Agilent8163A、HP8145A，IP 网络测试仪表 N2620A，英国 EG&G 的偏振模色散分析仪 PMD440，美国通测科技的用户线模拟呼叫器 AM2-A，美国泰克的视音频综合测试仪 VM700T，视频信号发生器 TG700，自动视频测量系统 VM6000 等。无线测试仪表包括德国罗德&施瓦茨（即：R&S）的频谱分析仪 FSU26，矢量信号发生器 SMIQ 03B，基站综合测试仪 CMU300，手机综合测试仪 CMU200，测试接收机 ESPI3，美国艾法的数字集群综合测试仪 2968 等国际著名品牌的通信测试仪表。

公司自成立以来，主要从事铁路内外电信工程的验交测试、全程联调及设备入网检测，同时开展电信检测技术的研究开发和培训等业务。公司具有较完善的管理体系，在通过认证认可后，在光传输系统检测、DWDM（密集波分复用）检测、数字程控交换设备检测、接入网（V5 接口）检测、智能网检测、ATM 交换机设备检测、数字程控调度设备检测、软交换检测、GSM 全球移动通信系统（含铁路专用移动通信网 GSM-R）检测、数字集群检测、无线列调检测和 IP 网络检测等领域得到授权，检测工作取得优良业绩和良好信誉。

公司按照国家标准、信息产业部（原邮电部）行业标准、铁道部行业标准和 ITU-T 建议等国内国际技术规范，从事 DWDM 密集波分复用光通信系统、同步数字系列（SDH）及准同步数字系列（PDH）的光缆传输、ATM、IP、程控交换、数字程控调度设备、软交换、GSM 全球移动通信系统（含铁路专用移动通信网 GSM-R）、数字集群、无线列调等通信网络系统联调和工程竣工验收检测。几年来，公司先后完成兰新线、京九线、南昆线等国家重点工程 SDH 设备、程控交换设备全程联调检测，完成北京西客站配套建设的北京局枢纽万门程控交换中心的调试开通和铁道部第一个接入网试验段（沪宁线）测试，完成北京铁路局津山线、郑州铁路局郑西宝线接入网联调检测，完成铁道部首项 DWDM 密集波分复用 16×2.5Gbit/s 光通信系统的检测，完成国内第一条高速铁路秦沈客运专线通信工程全线系统联调，完成铁通京沪穗高速环、东北环、西北环、东南环、西南环 DWDM 密集波分复用光通信系统检测，完成铁道部接入网 V5.1、V5.2 接口一致性测试、联网测试及铁路 200 电话卡智能平台入网检测，完成铁通宽带数据网一期工程验收检测，完成铁通北京分公司、河北分公司和天津分公司无线列调场强检测，完成青藏线、胶济线、大秦线一、二期 GSM-R 通信系统检测等项目，完成国家重点工程京津城际（350km/h）、石太线、合武线等客运专线项目。公司在从事路内项目检测的同时，积极承接路外检测任务，先后完成中国联通徐沪线、郑西线、济青线光缆验收检测，中国网通京沪穗 DWDM 密集波分复用光通信系统检测以及国家广电局干线光缆昆明至攀枝花段验收检测。

公司主持或参与制定铁道部《铁路通信光纤用户接入网工程施工规范》、《铁路光缆 PDH 通信工程施工规范》、《铁路光缆通信同步数字系列（SDH）工程施工规范》、《铁路数字程控交换通信工程质量评定验收标准》、《铁路数字程控交换机设备检测方法》、《青藏铁路高原多年冻土区工程施工暂行规定》、《GSM-R 无线网络覆盖和服务质量（QoS）测试方法》等标准。参与铁道部秦沈高速客运专线通信系统科研试验、GSM-R 科研及检测试验、青藏线试验段科学试验等铁路重大科研项目。

公司始终坚持“质量第一、客户至上”的宗旨，多次获得铁道部和路外建设单位的好评与嘉奖。2002 年获中国计量测试学会颁发的“计量、测量、服务”管理达标会员单位，2006 年获中铁电气化局集团公司青藏铁路工程建设先进集体。

第十一节 房地产开发公司

北京景旭房地产开发有限公司于 2002 年 6 月 3 日，由中铁电气化局集团有限公司、中铁电气化局集团第一工程有限公司、中铁电气化局集团北京建筑工程有限公司、北京电铁通信信号勘测设计院有限公司投资成立，为中铁电气化局集团子公司。公司具有房地产开发二级资质。

至 2008 年底，公司本部机构设置为 7 个部门：办公室、财务部、人力资源部、前期部、预算合约管理部、营销中心、工程部。组建有 1 个项目部、2 个分公司、3 个独资子公司：北京顺义“中景•江山赋”项目部；秦皇岛分公司、石家庄分公司；北京益平方房地产经纪有限公司、石家庄盛科物业管理有限公司、北京盛科物业管理有限公司。公司注册资本金 3350 万元，拥有固定资产 1084 万元。拥有员工 197 人，其中在职员工 66 人，外聘人员 131 人。大学本科及以上 47 人，大专 67 人，中专及以下 83 人。自公司成立以来共完成开发面积 31 万平方米，实现销售收入 7.18 亿元。

2003 年 1 月，公司第一个开发项目集团公司东院职工集资住宅项目开始实施，2004 年 10 月竣工交付使用，工程获得北京市结构“长城杯”。2003 年 6 月，公司首次以按投资比例进行分成的合作方式与石家庄羽嘉房地产开发公司合作开发石家庄“中国盒子”商务公寓项目，建筑规模 1.5 万平方米，2005 年 8 月 20 日开盘销售，同年 12 月几将售罄。2004 年 3 月，公司首次进入北京市场与北京中豪房地产公司合作，共同开发北京“状元城”住宅小区项目，总建筑规模 7 万平方米，2005 年 5 月至 12 月三次开盘均房源售罄，公司所投入 6000 万元资金按合同约定如期收回。2004 年 12 月 31 日，公司以总价 9970 万元从北京金兰甫房地产开发公司买断位于北京丰台区西南三环桥梁厂暨“中景•理想家”项目开发权，项目占地面积 11787 平方米，建筑面积 5 万平方米，项目为公司成立后所取得首个全过程独立操作项目，标志着公司具备了独立开发项目的能力。

2005 年 12 月 18 日，公司以 2.53 亿元人民币取得石家庄国土资源局（008）号地块的开发使用权，“中景•盛世长安”项目位于石家庄市经济大区长安区，总建筑面积 40 万平方米，分三期开发，一、二期销售进入尾声，三期在建设中，2010 年结案。

2007 年 12 月 28 日，衡水市政府与中铁电气化局集团有限公司就“衡水滏阳河及滨湖城区一级开发项目战略合作项目”举行签字仪式。2008 年 7 月 16 日成立中铁电气化局集团衡水投资有限公司，负责该项目的全程运作及具体实施工作。

2008 年 1 月 23 日，公司以 6.5 亿元成功竞得北京顺义后沙峪 203 亩土地开发权，项目总规划建筑面积 14.7 万平方米、容积率 1.5，项目产品定位为新生代中 me 式住宅(徽派建筑风格)，产品形式以花园洋房为主，由 24 栋多层、小高层和 2 栋金融商业组成，项目将分二期开发，至 2011 年结束。2008 年 7 月，原集团公司秦皇岛接待中心资产及人员整体划转公司所有，公司在秦皇岛设立分公司开展工作，命名为“景旭商务会馆”。

公司开发的“中景•盛世长安”项目获“2007 年度石家庄最值得期待楼盘”、“2007 年度石家庄市最具魅力楼盘”、“CIHAF2007 中国名盘” 等称号及全国居住区规划学术委员会“百年建筑设计作品奖”。其中“景旭花园”项目整体创北京市结构“长城杯”，“状元城”获“中国和谐示范项目”、“十佳科技生态住宅”等奖项。“中景•理想家”获“2005 年度中国房地产品牌项目”。

公司在快速发展的过程中，注意企业文化建设，不断加强精神文明建设。公司历次获“诚信品牌企业”、“2006 年度质量信誉 AAA 等级”、“2006 年度最具品牌影响力房地产企业”，中景项目销售中心获“2005 年度北京市青年文明号”，公司获“2007 年度中国金房奖最具影响力企业”。

第十二节　南京投资公司

南京中铁电化投资管理有限公司成立于 2007 年 6 月 1 日，公司注册地在江苏省南京市江宁区湖山路。公司承担南京地铁一号线南延线 PPP 项目的投融资、建设管理工作。由中铁电气化局集团有限公司和中铁电气化局集团建筑公司作为股东单位共同出资成立，注册资本 5 亿元，其中中铁电气化局集团公司出资 4.9 亿元，占 98%的股份，中铁电气化局集团建筑公司出资 2000 万元，占 2%的股份。2008 年 4 月，中铁电气化局集团建筑公司将股权转让给中铁电气化局集团第一工程有限公司。

投资公司行政管理机构设置为：公司经理层、工程一部、工程二部、商务合约部、融资财务部、综合管理部、安质环保部。为加强施工组织管理，成立“中铁电气化局集团南京地铁一号线南延线 PPP 项目总承包部”，与投资公司一个机构、两个牌子，负责南延线 PPP 项目总体施工建设管理、协调工作。至 2008 年底，公司在册职工 29 人，其中外聘人员 9 人，女职工 5 人。员工队伍组成：高级工程师 3 人，高级会计师 2 人，政工师 1 人，工程师 6 人，助理工程师 11 人，助理经济师 1 人。学历情况：研究生 3 人，大学本科 18 人，大专 4 人，高中及以下学历 4 人。年龄构成：35 岁以下 18 人，36 至 45 岁 8 人，45 岁以上 3 人。

投资公司强化投融资管理，坚持“静态投资、动态管理、专款专用、预算管理”的方针，截至 2008 年底，共投入注册资本金 2.405 亿元，满足了项目前期的资金需求。以项目建设进度和生产计划为依据，分年、季、月编排资金需求量，并根据项目实施情况，灵活调整建设资金使用安排，进行资金动态管理，按照已签订合同的约定向供应商支付合同预付款 1.8 亿元。

招标采购工作坚持“阳光采购”制度，在满足合同约定、确保合同工期、合理使用资金的前提下，按照风险等同转移、灵活控制预付款和到货付款比例、增加投标厂家、推动价格竞争、争取最大利益的原则编制招标采购计划，累计签订合同 70 余项，合同额 8.4 亿元。

在项目建设中，按照南京市政府提出三线工程(二号线、东延线、一号线南延线)要在 2010 年 5 月同时实现通车的目标，结合 PPP 项目融资、建设管理的特点，实行制度化管理。编制并进一步修订完善 PPP 项目管理计划书、工作机制、工程组织计划等，明确建设目标、岗位职责、相关要素管理体系。编制 PPP 项目施工现场安全管理制度、质量管理制度，参与修订《南京地铁一号线南延线设备安装及装修阶段的管理办法》，理顺与业主在 PPP 项目上的管理机制。积极协调组织各专业间设计联络，完成供电系统（含接触网）、通风空调给排水、电扶梯、BAS、通信系统设计、综合信息系统、AFC 系统、信号系统、PIS 系统、FAS 系统等设计联络工作。组织施工单位提前介入施工建设，明确例会制度、沟通方式和工作程序等工作机制。提高标准、严格管理，确保供货商提供优质产品。南京地铁一号线南延线工程 PPP 项目采用国内城市轨道交通领域的新型建设模式，即 PPP 模式（Public Private Partnership），由中国中铁电气化局集团有限公司进行投资、融资和建设，南京地下铁道有限公司在项目建成后以收购项目股权的方式予以回购。

投资公司立足 PPP 项目，积极加强与地铁公司的沟通与联系，开展二次经营工作，并积极协调引进集团公司相关企业与产品，努力扩大集团公司在南京地铁的市场份额。立足 PPP 项目，承揽延伸段项目，2008 年 4 月地铁公司将南延伸段工程交由集团公司负责投融资建设管理，合同价 3.64 亿元。协助集团建筑公司中标二号线 CA01 标段，合同价 2958 万元，中标南延线 CA03 标，合同价 4800 万元。推进集团公司电信研究试验中心、接触网检测中心与南京地铁公司的技术交流，进入南京地铁市场。接触网检测中心签订接触网器材委托检验项目，合同额 42 万元。协调集团公司宝鸡器材厂与地铁公司关系，将宝鸡器材厂生产的汇流排引入到南京地铁市场。密切跟踪南京地铁新线建设的筹划进展，积极与地铁公司相关领导与部门沟通，获取相关信息与资料，为集团公司在南京地铁市场的后续项目跟进搭建平台。

第十三节 衡水投资公司

中铁电气化局集团衡水投资有限公司是中铁电气化局集团斥资1亿元资金注册的全资子公司，公司的主要业务和工作职责是代表中铁电气化局集团全面负责衡水滏阳河改造及滨湖城区一级土地开发项目的全程运作及具体实施工作。2008年7月16日，衡水投资有限公司营业执照注册成功，相关手续办理完成，中铁电气化局集团衡水投资有限公司正式成立。公司设财务部、工程预算部、前期部、营销中心、综合办公室，有员工16人，在职员工6人，聘请人员10人，大学本科以上12人。

按照衡水市“打造滨湖宜居城市，建立物流枢纽中心”的城市总体规划定位，衡水市政府以衡水湖开发为依托，建设滏阳河两岸12平方公里新城区为重点的城市改造建设项目。经过与衡水市政府的积极沟通，双方达成合作意向，集团公司以政府授权方式确定取得一级土地开发建设权，以滚动开发模式，双方再行签订项目合作协议落实具体内容。2007年12月28日，衡水市政府与中铁电气化局集团有限公司就“衡水滏阳河及滨湖城区一级开发项目战略合作项目”举行签字仪式，标志着公司正式进入一级开发领域。

2008年9月16日，中铁电气化局集团衡水投资有限公司正式挂牌。“衡水市滏阳河改造及滨湖城区一级土地开发”正式由战略意向合作阶段进入全面实质性的项目操作、开发实施阶段。

第十四节 咨询公司

北京万友诚信工程咨询有限责任公司，源于1993年1月成立的铁道部电气化工程局电铁工程咨询公司。1998年2月公司划归电气化工程局多种经营管理处，2003年1月16日从多种经营管理处划出，由中铁电气化局集团有限公司直接管理。2003年4月22日，公司更名为“北京万友诚信工程咨询公司”。2007年9月27日，完成公司改造，更名为“北京万友诚信工程咨询有限责任公司”。

咨询公司主要从事铁路大中型建设项目以外的业务咨询以及有关调概、调整包价的业务咨询，承担有关铁路电气化通信、信号、电力、房建工程项目评估、发展规划、科技攻关、外资招标等技术业务。具有国家计划委员会颁发的工程咨询乙级资质，注册资金100万元。

至2008年底，公司下设经营开发部、技术咨询部、财务部、办公室，有职工3人，工程技术人员占100%。

2000年公司积极组织参加市场竞争，完成神朔线、邯济线及株六线前期公关、协调、信息追踪工作，并配合局内有关工程处承揽神朔线电气化工程、邯济线解庄站气“三电”工程、朔黄东段“三电”拆迁工程及西合线“三电”拆迁工程。共承揽电气化配套工程400余公里，总投资额21702万元。2003年公司配合集团下属子公司承揽墨登至左权地方铁路“三电”工程，总投资额1500万元。2004年公司配合集团下属子公司承揽武衡段、合肥至六安段电气化工程，实现营业额90万元。2005年公司实现营业额90.76万元。

第十五节　监理公司

北京通达监理公司成立于1993年7月22日，2007年9月27日经公司制改造，更名为“北京通达监理有限公司”。经工商行政管理部门登记注册，注册资金300万元。为具有法人资格、自主经营、独立核算的全民所有制经济实体。

公司具有住房和城乡建设部颁发的工业与民用建筑建设监理甲级资质、铁路工程建设监理甲级资质，工业和信息化部颁发的通信工程建设监理甲级资质，是中国建设监理、铁道监理、北京市建设监理协会会员单位。公司于2003年获得质量管理体系认证证书，2006年获得环境管理体系认证证书、职业健康安全管理体系认证证书。

公司主要从事铁路路基、桥涵、隧道、轨道、通信及信号、电力及电力牵引供电、工业与民用建筑、信息工程（含移动通信、有线通信、卫星通信）等监理，以及工程咨询、技术服务等业务。

至2008年底，公司下设办公室、经营计划部、监理部、财务部。公司本部管理人员10人，其中高级工程师2人、工程师6人、助理经济师1人、会计师1人。2000年至2008年，共组织713人次参加各类监理工程师培训班。公司现有注册各类专业技术人员318人，其中63人具有高级技术职称，163人具有中级技术职称；42人具有建设部注册监理工程师资格证书，61人具有工业和信息化部注册通信监理工程师资格证书，218人具有铁道部注册监理工程师或总监理工程师资格证书。

1999年至2008年，完成监理项目铁道工程24项、通信工程33项、房建工程9项。主要监理项目包括：铁道工程，哈大线电气化技术改造工程、牵引供电工程，西康线通信信号电力电气化工程，宝成线增建第二线电气化铁路工程，武广铁路电气化站前工程，秦沈客运专线“四电”工程，神朔铁路府谷至大柳塔电气化工程，新建铁路神木至黄骅港线、神池南至肃宁北段通信信号及电力牵引供电工程，北京西客站至黄村联络线工程，烟大铁路轮渡大连端既有铁路配套工程，新建铁路宜万线宜昌至万州永临结合及永久电力工程，新建铁路遂宁至重庆线和重庆枢纽遂渝引入站后工程，大秦线2亿吨扩能改造工程，改建铁路陇海铁路郑州至徐州段电气化改造工程，忻河线电气化改造及新建河边至东治联络线工程，新建青藏线铁路格拉段通信信号、电力工程，新建武广客运专线工程，改建铁路达成线扩能改造工程遂宁至成都既有线电气化工程，大连轨道交通3号线续建工程、电气化工程，焦柳铁路洛阳至张家界段电气化改造工程（郑州局管段）南召至郑武局界路基、桥涵、隧道、通信、信号、电力、电气化、房屋等工程，新建铁路太原至中卫（银川）站后“四电”工程，新建铁路北同蒲韩家岭至原平线应县至原平新建取直工程，呼淮铁路万吨列车到发线改造工程，大秦线4亿吨配套站场扩能改造工程，新荷兖日铁路电气化改造工程。通信工程，中国联通湖南分公司长沙至岳阳光缆工程，北京铁路局北京至太原至西安长途光缆工程，铁通广西、云南、湖南分公司西南环传送网工程，中国网通北京至武汉至广州管道光缆工程，中国网通天津至秦皇岛管道光缆工程，中国铁通长沙至南昌、向塘至邵武、鹰潭至江山988公里长途光缆工程，铁通成都至甘洛光缆工程，铁通吉林分公司白山至延吉光缆工程，中国联通贵州GSM网五期光缆线路工程，中国联通福建分公司GSM网六期光缆工程。房建工程，金家村E、F座工程34558.75平方米，丰台桥梁厂机加工车间及结构厂房工程18115.13平方米，郑州春晖小区高层住宅工程31973.91平方米，中铁六局大厦21994平方米，中国铁路文工团生产艺术用房改造，中铁六局大红门住宅工程43000平方米，铁道部羊坊店住宅工程160000平方米。

2003年武广线长沙疏解线特大桥获铁道部优质工程二等奖，西康铁路秦岭II线特长隧道工程获2006年国家优质工程金质奖，新建铁路秦（皇岛）至沈（阳）客运专线通信信号工程获2006年国家优质工程银质奖，2008年新建铁路青茂线五道梁至雁石坪通信工程获国家工程建设质量审定委员会颁发的国家优质工程银质奖。北京通达监理公司被中国铁道协会评为“2005年度优秀监理单位”。

第十六节 顺达公司

北京顺达电气化新技术开发公司成立于1992年7月1日，是经北京市科委认证的高新技术企业，为集体所有制的独立核算单位，注册资金50万元，由局人事处主办。1994年，根据局政企分开的要求，经济性质改为全民所有制，并划归多种经营处管理。1997年从多经处分离归局机关直属，1998年1月重新划归多经处管理。2004年7月12日，更名为北京顺达电铁电气化工程公司，由高新技术企业向工程施工企业转型，主要从事电气化铁路“三电”迁改工程，注册资金50万元。2007年9月24日，完成公司改制，更名为北京顺达电铁电气化工程有限责任公司，注册资金80.84万元，经营范围专业承包。至2008年底，公司下设工程部、财务部、综合部，正式职工10人，其中高级职称2人，中级职称7人，初级职称1人。

2004年，更名后的顺达公司，进一步建立健全各项管理规章制度，确定经营目标，改善经营方式，运作工程投标。公司承揽到武威至张掖段“三电”迁改工程，合同额1419万元，当年实现收入1161万元，上缴局管理费31万元，实现利润16.5万元，扭转了公司连年亏损的局面，第一次向集团公司上缴管理费和利润。

2005 年，企业全年营业收入 311.38 万元，其中武嘉电力迁改项目 226.47 万元，广州地铁寻呼引入项目 51.97 万元，北京地铁寻呼技术支持费 15.59 万元，世纪坛、嘉轩通信项目 2.23 万元，京津城际轨道交通电力迁改项目 15.12 万元。

2006 年，公司进一步强化内部管理机制，确立经营目标，中标兰青铁路新建二线工程电力迁改（兰州局管段）工程，完成新签合同额 1130 万元，实现营业额 800 万元。

2007 年，承揽兰青铁路新建二线工程电力迁改（兰州局管段）工程及西格线电力迁改工程，完成新签合同额 857 万元，实现营业额 1018 万元。

截至 2008 年，公司先后承揽兰新线武张段“三电”迁改工程、武威站场“三电”迁改工程、兰武线武威车站灯桥改造工程、京津城际“三电”迁改工程、兰青线“三电”迁改工程、西格段西宁枢纽“三电”迁改工程、青海省电力公司电力迁改工程、河口南车站电力迁改工程、京九线南昌局管内“三电”迁改工程、新建贵广铁路九标段“三电”迁改工程。自揽和局分配工程任务累计达 16110 万元，完成营业额 5955 万元，上缴局管理费 100 万元，实现利润 103 万元，购置固定资产 163.9 万元，公司资产总额达 2346.2 万元，职工工资收入有较大提高。至 2008 年底，公司承揽任务达 1 亿元，为公司的发展提供了任务储备。

第十七节　电化设计院

中铁电气化勘测设计研究院有限公司（简称电化院），前身为 1955 年 8 月成立的铁道部设计总局西北设计分局电化组，10 月改为动力电化科。1956 年 9 月，铁道部决定将第一设计院(西北设计分局)和第三设计院(华北设计分局)的两个动力电化科合并，在天津第三设计院内正式成立电化处。1974 年 3 月 1 日，第三设计院电化处整建制划归电化局，更名为交通部铁路电化工程局电气化勘测设计处。1975 年至 1985 年，电化院随局名变易四次更名。1987 年 4 月，更名为铁道部电气化工程局电气化勘测设计院。1990 年 6 月，更名为铁道部电气化工程局电气化勘测设计研究院。1997 年 2 月，更名为天津电气化勘测设计研究院。2001 年 2 月，更名为中铁电气化勘测设计研究院。2007 年 12 月，改制为中铁电气化勘测设计研究院有限公司。

中铁电气化勘测设计研究院有限公司是专门从事干线铁路电气化工程、地铁和轻轨等城市交通电气化工程、工矿企业铁路专用线工程及其电气化、高低压输配电线路及变配电站、工业和民用建筑、环保工程、站场、桥涵勘测设计以及铁路、城市交通、工矿企业远程监控系统设计、咨询的勘测设计研究单位，是集科研、设计、产品开发制造为一体的技术密集型企业。院址位于天津市河东区江都路 33 号，办公场地共 15428 平方米，注册资金 5033.41 万元。具有国家建设部颁发的市政公用行业（地铁轻轨）工程设计甲级、铁道行业（铁路电气化）工程设计甲级资质证书、工程造价咨询单位甲级资质证书、工程监理企业甲级资质证书和国家发改委颁发的工程咨询甲级资质证书，以及建设部颁发的铁道行业（铁路综合）乙级、建筑工程设计乙级、市政公用行业（排水）工程设计乙级、环保专项工程设计乙级、工程勘察乙级、建筑业企业（机电设备安装工程）专业承包二级资质证书等。具有年设计干线铁路 3000 公里、城市轨道交通 400 公里和监理 2000 公里的设计监理能力。1996 年 12 月，通过长城(天津)质量保证中心 ISO9001 国际标准认证，2003 年完成 2000 版转版，获得质量体系认证证书。

至 2008 年末，全院机构设行车供电、变电、电力、自动化、接触网、工程经济、土木建筑 7 个设计所及勘测队、施工安装工程处、路安监理公司、文印中心、物业中心。机关设综合办公室、技术部、财务部、计划经营部、人力资源部、信息管理中心。派出机构有广州、上海、北京 3 个分院及 17 个设计项目部、1 个集成项目部、2 个管理项目部、18 个工程监理项目部。有职工 414 人，各类专业技术人员 337 人，其中高级技术职务 70 人，中级技术职务 120 人。拥有计算机 571 台、绘图、测量仪等 130 台、各种车辆 31 辆、地质钻机 3 台、网络设备系统 6 套、箱式变配电站 2 套、检测化验仪器 75 台（套），以及先进的计算机仿真系统、辅助设计系统及相应的管理系统。

电化院自 1999 年以来，在承担并完成的主要铁路干线和城市轨道交通项目中，多次获国家优秀设计奖、国家质量奖和国家科技进步奖、铁道部优秀设计奖和优质工程奖。其中，京广线郑州至武昌电气化工程获全国第八届优秀工程设计银奖，广州东至深圳段准高速技改和增建第二线续建工程获全国第九届优秀工程设计金奖，京广线北京至郑州段铁路电气化工程获全国第十届优秀工程设计银奖，广深铁路准高速双线电气化工程获第二届詹天佑土木工程大奖，重庆轻轨较新线较场口至动物园段轻轨工程、南京地铁 1 号线一期工程获国家优质工程银质奖，京郑电气化工程、广深准高速铁路电气化工程、上海城市轨道交通明珠线电气化工程获铁道部优质工程一等奖，陇海线郑州至徐州电气化改造工程、京沪铁路电气化工程、大秦 2 亿吨扩能改造工程获铁道部优秀设计一等奖，天津市区至滨海新区快速轨道交通一期工程牵引供电系统获天津市优秀设计二等奖，上海城市轻轨交通明珠线一期工程牵引供电设计、广州地铁 2 号线、南京地铁 1 号线供电系统工程设计、改建铁路大秦线 2 亿吨扩能改造工程、重庆较新线一期工程供电系统设计获中国铁路工程总公司优秀设计一等奖，津滨快速轨道交通工程获中国铁路工程总公司优秀设计二等奖，广州地铁 1 号线牵引供电设计获中国铁路工程总公司优秀工程设计三等奖。

电化院坚持开展科技攻关活动，努力发展高新技术，在完成的国家、铁道部、总公司和电化局下达的科研项目中，有多项获科学技术和咨询成果奖。其中，广深铁路 200km/h 电气化新技术、广州地铁 2 号线节能、环保和安全技术集成与应用获国家科学技术进步二等奖，城市轨道交通架空刚性悬挂的研究获中国施工企业管理协会科学技术创新成果特等奖，YN，dII 接线主变压器项目获全国第四届优秀工程建设标准设计铜奖，牵引网电流分布计算软件项目获全国第六届优秀工程设计优秀软件铜奖，大秦线 2 亿吨扩能改造牵引供电系统工程技术研究获中国铁道学会及铁道部科学技术二等奖，牵引变电所安全监控及综合自动化系统、3500 电气化铁道牵引供电及接触网系统仿真研究获中国铁道学会科学技术三等奖，南京地铁 1 号线供电系统集成服务工作执行报告获中国铁路工程总公司优秀工程咨询成果一等奖和全国优秀工程咨询成果三等奖，上接触式钢铝复合接触轨的应用系统技术研究获中国铁路工程总公司科学技术二等奖。

2007 年 12 月，电化院被天津市科学技术委员会认定为高新技术企业。2008 年 3 月，电化院获 2007 年度“中国企业信息化 500 强”，并获得 2007 年度“中国企业信息化 500 强”最佳信息化战略奖和最佳协同设计应用奖。

第十八节　通号设计院

北京电铁通信信号勘测设计院有限公司，源于 1976 年 4 月 29 日成立的铁道部电气化工程局电气化防干扰设计队，1983 年 4 月 1 日成立铁道部电气化工程局通信信号勘测设计处，1987 年 4 月 21 日更名为“铁道部电气化工程局通信信号勘测设计院”。1996 年 11 月 12 日，通号院由事业单位改为企业，更名为“北京电铁通信信号勘测设计院”，注册资金 1098 万元。1997 年 1 月 1 日从铁道部剥离。1997 年 1 月 13 日，组建电磁兼容研究设计院，与北京电铁通信信号勘测设计院一套班子两块牌子。2007 年 10 月 9 日，改制为北京电铁通信信号勘测设计院有限公司，注册资本金变更为 1747.1 万元。公司持有国家建设部颁发的工程设计甲级资质证书、国家发改委颁发的甲级工程咨询资质证书和北京市科委颁发的高新技术企业认定证书。公司是集勘测设计、科研开发、工程咨询为一体的技术密集型企业，主要从事电气化铁道和城市轨道交通领域通信、信号、电气化防护、电力和房建工程的勘测设计、设计咨询、系统集成、工程总承包、标准设计、规范制定、科研开发、成果转化，承担电子通信、广电行业（有线通信、无线通信）、市政公用行业的工程设计和技术咨询。

至 2008 年底，公司设通信信息所、信号所、电力所、电磁兼容所、建筑所、地铁所、济南分院、文整工厂 8 个生产部门，经营计划部、技术发展部、综合办公室、人力资源部、财务部、党群工作部 6 个管理部门。所属子公司包括北京电铁海丰技术发展有限公司、北京电铁通号工程技术开发有限公司及投资控股的铁信通科技发展有限公司。全院职工 219 人，各类专业技术人员 189 人（其中工程技术人员 163 人），教授级高级工程师 4 人，高级工程师 47 人，工程师 66 人，助理工程师 44 人，技术员 2 人，其他专业技术人员 26 人。国家级专家 1 人，部级专家 1 人，部中青年拔尖人才 1 人，总公司科技拔尖人才 7 人，总公司有突出贡献的中青年专家 2 人。研究生 8 人，大学本科 143 人，专科 41 人，中专 13 人，技校 3 人。全院拥有 EMI 测试接收机、场强仪、示波器、波形分析仪、数据采集器、杂音测试器、GPS 接收机等测量仪器 34 台，大型绘图仪 5 台、IBM8666-31Y PIIIXeon700

服务器 3 台、计算机 272 台、多功能一体机 56 台、摄像器材 7 台、复印机 4 台、晒图设备 2 套、汽车 18 部。

建院初期，以国内成立最早的电气化防干扰设计队为基础，拓展为以电磁兼容、通信、信号为主专业，电力和房建为配套专业的工程勘测设计院。至 2008 年，基本形成以承担国家新建、改建长大干线工程勘测设计为主体，以城市轨道交通、铁路大修改造、电子、光电、市政公用、国家通信主网领域通信工程设计、电气化铁道防护多方面分支业务，以高速铁路子项目系统集成、工程监理、产品合作开发成果转化延伸业务的经营格局。经过十年发展，通号院实现高科技设计和办公环境，工程设计实现计算机设计，行政办公实现网络信息，科研和试验手段拥有高端专用仪器仪表。2008 年完成年企业营业额达到 5815 万元，是 1998 年的 9.3 倍，平均年增长 30%。职工平均年收入是 1998 年的 5.3 倍，平均年增长 20%。

通号院自 1983 年组建以来，承担并完成主要干线铁路和国家重点铁路有郑武、京郑、武广、郑徐、沟海、包惠、新菏兖日、蓝烟、京郑线 200 公里/小时提速改造、广深准高速、渝怀、丰大、石太、郑洛、京秦、大秦、京九、京沪、北京西客站、朔黄、哈大、渝怀、西合、秦沈、滨绥线 25 条电气化铁路的电磁兼容、通信信号、电力、房建勘测设计。1999 年后承担并完成主要干线铁路有，改建铁路包兰线包头至惠农段电气化改造工程、沟海线铁路电气化改造工程、改建铁路京广线武昌至衡阳段电气化工程、京沪铁路济南至徐州段电气化改造工程、蓝烟铁路电气化改造工程、改建铁路新菏兖日线电气化改造工程、改建铁路陇海线郑州至徐州段电气化改造工程、京山线北京至北塘段自动闭塞大修工程。完成国外工程主要项目，1998 年前承担尼日利亚铁路信号修复工程勘测设计、伊朗德黑兰至卡拉季电气化铁路通信信号工程设计，1999 年后承担叙利亚、巴基斯坦铁路通信改造工程可研方案设计、土耳其铁路通信系统改造可研方案设计、伊朗地铁延长线通信信号工程设计、安哥拉首都郊区卫星城通信工程设计。

城市轨道交通领域，自 2002 年中标北京地铁环线信号系统改造设计后，承担并完成上海地铁 1 号线延长段通信工程设计，上海地铁 10 号线一期工程信号设计，重庆单轨交通 2 号线（较新线）信号系统集成设计，重庆轨道交通 3 号线二期、6 号线一期工程设计，北京地铁 5 号线信号系统集成设计，北京地铁 1、2 号线通信系统更新改造设计，北京地铁 1、2 号线反恐、政通、地通通信工程设计，北京地铁 2 号线信号系统更新改造设计，北京轨道交通首都国际机场线、北京机场捷运系统、北京地铁 15 号线一期工程通信、信号、办公自动化系统设计，广州地铁 4 号线试验段、广州地铁 6 号线一期工程设计，深圳地铁环中线工程塘朗车辆段信号系统施工设计、深圳轨道交通 4 号线二期工程 462B&462C 标通信系统集成设计、南京地铁 1 号线南延线技术咨询服务。完成中国首条重庆跨坐式单轨交通线工程设计，国内首条城轨交通既有线北京地铁 2 号线更新改造设计，国内首条全自动无人驾驶线路首都机场线通信信号系统设计。2003 年至 2008 年累计签订合同 42 项，合同金额 1.0907 亿元。

电气化防护专业始终保持领先技术优势，1999 年至 2008 年防护专业完成广梅汕铁路电气化改造防护设计等 7 项 2692 公里。1998 年承揽哈大线路外防护工程设计施工总承包，打破只承担设计任务的局限，此方式沿用在郑徐、京九、京沪线防护工程。出版《强电线路的电磁影响与防护》、《交流电气化铁道的电磁影响及防护》、《电气化铁道通信防护工程设计手册》。完成 13 项电气化铁道对无线电设施干扰影响的实验结果资料，为制定相应的国标、部标提供依据。1999 年后投入大量科研资金涉足高铁和磁悬浮高端电磁防护领域，2001 年完成哈大线电气化铁路对大连国际机场电磁场干扰影响测试，2003 年完成大连国际机场无线干扰测试研究、秦沈客运专线电磁辐射特性的测试研究，2006 年进行上海浦东机场线磁悬浮列车电磁干扰测试。通信专业完成中国铁通全国客户服务系统等工程设计 10 项 4013 公里，完成上海地铁 1 号延长线等 7 项地铁通信系统设计 308 公里，完成伊朗地铁、巴基斯坦铁路、安哥拉首都卫星城等通信、信息工程设计。参加铁道部《铁路通信用户接入网设计规范》、《铁路 GSM-R 数字移动通信设计规范》等相关规范的制定。信号专业 1999 年至 2008 年完成铁路电务维修改造领域 31 项工程设计、7 项设计咨询项目、6 项国外工程项目。具有铁路长大干线国内外各制式联锁、自动闭塞、调度集中 CTC、微机监测及 TDCS 等信号系统的设计、咨询能力，具有完善的计算机辅助设计手段以及独立的科技研发力量，自主研发多种制式的自动闭塞、车站电码化、微机联锁计算机辅助设计软件 22 个。完成“PNX 型铁路信号智能电源系统”等 7 个科研开发项目。电力专业 2001 年承揽武广线武昌至蒲圻段 10 千伏电力远动工程和蒲析至衡阳 V 停反向行车通信配套工程总承包，承揽并完成陇海线郑徐段、沟海线、京沪线济南局管内、陇海线郑西段、京九线商丘西段（郑州局管内）、新菏线（郑州局管段）、滨绥线、丰沙大线等 8 条铁路干线 10 千伏电力远动系统初步、施工设计和技术咨询任务，涉足铁路局大修改造工程，成功开拓地铁设计、咨询领域、客运专线的电力迁改及咨询，高速公路、民用建筑等领域的供电设计业务。铁道专用喷射式熔断器研究等 4 个科研项目获铁道部科技进步三等奖。房建专业设计完成陕西宴友思集团两个大型熟制品车间等 10 多个项目，曾获北京第二届“人与居住”住宅方案竞赛三等奖。能够独立承担铁路电气化工程“三电”房屋设计、工业与民用建筑设计、标准设计、科学研究及应用开发等工作。

严格执行“技术先进、质量一流、精益求精、顾客满意”的质量方针。设计产品先后获得国家设计金奖 2 项、银奖 2 项，中国建筑工程鲁班奖 1 项，全国最佳工程设计特奖 1 项，铁道部优质工程一等奖 4 项，铁道部优秀设计一等奖 7 项、三等奖 4 项，工程总公司优秀设计一等奖 1 项、二等奖 2 项，国家重大技术装备成果奖 1 项，国家专利成果 9 项，国家级 QC 质量管理成果奖 2 项，省部级 QC 质量管理成果奖 19 项。大秦二期电气化工程（通信防护）获国家优质工程鲁班奖，京秦线电气化工程、大秦一期电气化工程（通信防护）获国家优秀设计金奖，丰大线电气化工程、郑武电气化工程（通信防护）获国家优秀设计银奖，大秦一期电气化工程（通信防护）获全国最佳工程设计特等奖，石太线电气化工程、丰大线电气化工程、京秦线电气化工程、大秦一期电气化工程（通信防护）、大秦二期电气化工程（通信防护）、郑武电气化工程（通信防护）、郑徐线电气化改造工程获铁道部优秀设计一等奖，大秦一期电气化工程（通信防护）、大秦二期电气化工程（通信防护）、郑武线广水至武昌电气化工程、京郑电气化工程获铁道部优质工程一等奖，京郑电化改造通信信号电力工程、京郑电化改造通信设计、电化区段信号设备安装图册、沟海电气化工程信号设计获铁道部优秀设计三等奖。质量管理成果奖项目，国家级包括尝试博览开放式工业建筑设计模式、提高铁路电力供电高压开关的可靠性构建开放式企业门户网站，部级包括车站电码化计算机辅助设计软件开发、完善远动信息、缩短数据采集时间、重庆独轨信号系统接口电路设计、单线双方向自动闭塞接口电路设计、提速区段特殊码序与200Km/h动车组车载设备控车方式的研究、长区段轨道电路及信号机点灯显示的解决方案、提高无线系统的频点利用率、提高铁路站场照明节能效果。完成各项科学研究和开发项目，有13项科研成果分别获国家、省、部级科技进步、科技成果奖，京秦交流电气化铁道对地下输油管道影响及防护试验研究、郑州至武汉电气化铁路对于武汉枢纽市内通信干扰影响试验获国家科技委员会技术成果奖，大秦线25赫兹相敏自动闭塞及电动液压转辙机的研制获国家重大技术装备成果三等奖，郑州至武汉电气化铁路对于武汉枢纽市内通信干扰影响试验获铁道部科技成果三等奖，T5CT5-12.7/42L型交流系统用有串联间隙金属氧化物避雷器（带脱离装置）获铁道部科技成果四等奖，PNX型铁路信号智能电源系统获铁道学会科学技术二等奖、北京市科学技术三等奖。1999年至2008年投入科研经费230万元，科研立项28项，其中6个项目获集团公司以上级别科学技术奖。开展标准化及标准设计工作，建院以来共完成铁道部、总公司、电化局下达的标准设计28项，其中“交流电气化铁道电力机车运行产生的无线电辐射干扰的测量方法”为国家标准，7项为行业标准。

重视企业文化建设，弘扬“团结、拼搏、开拓、创新”的企业精神，打造技术领先、守信敬业和管理科学的专业设计团队，促进社会主义精神文明建设。1992年至2001年，连续10年被电化局评为“双文明单位”。1993年至2001年连续8年获北京市“首都文明单位”荣誉称号。

第三章　分公司 事业部

第一节　电气化公司

中铁电气化局集团有限公司电气化公司，始于2001年12月4日成立的中铁电气化局集团有限公司电气化分公司，2006年4月14日改称现名。成立之初，从集团一公司整体划拨干部职工614人（其中含内退职工114名），组成具有强电专业施工管理的公司，后从集团一、二、三公司选调30余人，完善弱电专业人员结构。自此，公司具备铁路牵引供电、电力、通信、信号等“四电”专业施工组织和项目管理能力。公司受集团公司委托，以集团公司的资质进行铁路建设市场经营开发和铁路电气化牵引供电、电力、通信、信号等专业施工管理，是集施工、科研、器材生产、工器具研发为一体的综合企业。公司位于北京市万寿路南口金家村一号12号楼。

至2008年底，公司职能部门包括10部（党群工作部、财务部、审计部、监察部、人力资源部、经营开发部、计划统计部、工程技术部、安全质量部、物资管理部）、3室（办公室、电化试验室、通号试验室）、1所（派出所）。生产管理系统包括电气化一段、二段、三段、四段、通号段、高速铁路工程段、变电电力段、机械段以及劳务公司和电气化器材厂。公司直属项目部包括京九上海项目部、洛湛项目部以及石家庄项目管理中心和电气化印刷厂。全公司共有职工688人。各类专业人员334人，其中高级技术职称21人，中级技术职称75人。拥有技术工人134人，其中高级技师16人，技师22人，高级技术工人15人，中级技术工人31人，初级技术工人50人。

公司拥有大型先进施工机械设备101台（套），其中电气化架线作业车1台，安装作业车22台，立杆作业车9台，重型轨道车13台，汽车起重机8台，载重汽车10台。设备总功率1.43万千瓦，人均装备率6.83万元。拥有检测仪器仪表179台（套），固定资产原值9541.49万元。公司拥有资产总计5.95亿元，固定资产原值0.95亿元。公司具有年配套建成正线500公里以上电气化工程、600公里以上电力线路工程、400公里以上通信光缆工程、6个铁路大站电气集中以及正线400公里以上信号自动闭塞工程的施工能力，年最高开通电气化工程1170条公里，最高年产值8.2亿元。

截至2008年底，电气化公司先后承建铁路工程项目40余项，竣工项目29个，完成接触网4688条公里，电力线路660亘长公里，变电所35所，开闭所及配电所52处，通信线路546公里，信号道岔折合810组。其中承建和参建的主要项目有忻河线、渝怀线、兰武线、沟海铁路、西黄二线、京广线(六次提速松林店-漕河)、津秦沈（天津至唐山段)、京沪线(冯家口-北京局界、万庄-豆家庄段、上海枢纽)、贵昆线(沾益-昆明)增建二线、湘桂线增建二线、沪宁线250km/h实验段、上海光新路停车场、兰青增建二线、丰沙大线西八里站、京津城际轨道交通工程(永乐-武清段)和大秦线2亿吨扩能、4亿吨扩能及其配套工程、大秦线4亿吨配套站场拆除工程、大秦线后续工程、神朔线扩能改造工程、秦皇岛站92号道岔改造工程、京秦线9跨分相改造工程、宁岢线(宁武-岢岚)扩能改造工程、洛湛线(永州-贺州)站后“三电”工程、洛湛线(永州-岑溪)站后“三电”工程、大包线古店至大同东联络线及配套工程、南昆线(威昆段)牵引供电系统能力增强工程，青藏线(格尔木-拉萨段)通信工程、青藏线达琼果至拉萨段X6标段信号工程、广深线信号工程、黎湛线玉林至河唇段信号改造工程、钦州港站扩建通信信号工程，蓟港铁路扩能“三电”迁改工程、京沪线（北京局界-冯家口）迁改和电气化工程、京津城际轨道交通“三电”迁改工程、焦柳铁路洛阳至张家界电气化改造“三电”迁改工程、京沪高铁土建一标“三电”迁改工程、上海动车段改造工程、京沪高铁河北省境内“三电”及地下管线迁改工程等。截至2008年底，公司完成新签合同额59.48亿元，完成企业营业额31.4亿元。

在工程项目质量管理中，不断加强工程项目的过程监控，逐级落实质量责任制，依靠科技进步，以五步质量监控措施（以健全的制度规范管理、以合格的物资保证质量、以娴熟的技术保证质量、以严格的检验保证质量、以创新的技术提升质量），确保工程质量上台阶。公司承建的朔黄线(太师庄至沧州西)电气化工程、宝兰二线宝天段A10标段电气化工程、神朔线大柳塔神木北通信信号一标段工程、贵昆增建二线沾益至昆明牵引供电二标工程获局优质工程，重庆至怀化线DH15标段“四电”工程获总公司优质工程，京秦提速改造“四电”工程、青藏铁路通信工程（T6标）、改建京沪铁路电气化工程、兰新铁路增建二线(兰武段)电气化工程获铁道部优质工程，秦沈客运专线（秦皇岛至绥中北）电气化工程获2007年国家优质工程银质奖，大秦铁路2亿吨扩能工程获2008年中国土木工程詹天佑奖。加强QC小组活动，截至2008年底，共有16个QC小组被评为局级以上优秀小组，12个QC小组获省部级以上优秀QC小组。其中，秦沈维管QC小组“消除锦州南开关控制站遥信干扰故障”科研成果被评为2005年国家级优秀QC小组，器材厂兴科QC小组“客专专用H型钢柱登高工具脚扣的研制”科研成果被评为2008年国家级优秀QC小组。

在铁路“四电”专业施工管理过程中，践行“科技兴企”的治企理念，坚持科技为生产服务、为可持续发展提供动力的方针，建立科技创新管理机构，规范科技创新工作管理体系，抓科技原始创新、集成创新、消化吸收再创新，抓技术储备与自主创新能力建设，实现“人无我有、人有我优、人优我精”，提高企业的整体实力和核心竞争力。截至2008年底，共完成局科研开发项目11项，完成局级工法5项，部级工法2项，获国家专利4项，施工工艺开发17项，工器具开发12项。其中，京沪线(上海-昆山段)电气化工程采用国内首次自行设计、自主施工的全补偿弹性链型悬挂形式，建成后该段运行时速250公里，突破世界铁路既有线电气化改造商业运营速度值，总体技术处于国际先进水平。科研项目“既有线250km/h提速改造接触网施工技术研究”获集团公司科学技术进步特等奖、中国中铁股份有限公司科学技术进步二等奖、上海铁路局科技进步一等奖、中国铁道学会科学技术二等奖。科研项目“铁路综合移动通信系统（GSM-R）施工工艺”获2008年集团公司科学技术进步奖三等奖。公司两项工法“干线长距离线路拨移接触网过渡施工工法”和“既有线250km/h提速改造弹性链形悬挂接触网施工工法”通过铁道部二级工法。四项新产品“一种H型钢柱的登高工具脚扣”、“一种棘轮扳手”、“接触网旋转腕臂装置及定位装置调整器”、“线索回头麻箍器”获国家专利证书。

公司注重安全管理工作的日常运行规范和安全生产长效机制的构建，逐步完善安全生产管理的各项保障制度、运行规则与工作程序，并通过实现安全生产管理人员、机构设置法定化，安全职责明晰化，管理制度统一化，宣传教育多样化，执法监督规范化，达到安全监管体系的完善化目标。2003年至2008年， 公司连续五年获得北京市总工会安康杯竞赛优胜单位。不断完善施工管理体系，先后获得“中央企业先进集体”、“中国用户满意品牌”、“2006中国企业优秀形象单位”、“创新型国家优秀创新型企业”、“北京市奥运工程建设劳动竞赛安全文明优胜单位”、“北京市质量管理小组活动优秀企业”等国家级、省部级荣誉称号。作为集团公司的直属公司，从2003年至2007年连续参加并通过了中建协对集团公司的体系审核。公司承建的工程合同履约率达 100%，工程合格率 100%，优良率 95%以上。

在加强物质文明建设的同时，大力加强精神文明建设。公司先后获得北京市“首都文明单位”、北京市“经济技术创新”标兵单位、北京市“安康杯”、国资委“中央先进企业”、总公司“模范职工之家”、“全国企业文化建设先进单位”、“中国优秀企业形象单位”等荣誉称号。

第二节　铁路工程分公司

中铁电气化局集团有限公司铁路工程分公司，是中铁电气化局集团有限公司与原西安铁路工程（集团）有限公司整合重组后，于 2004 年 7 月在北京成立的。依托集团公司的铁路工程施工总承包特级资质和市政工程总承包一级资质及城市轨道交通资质，主要从事铁路工程和市政工程、城市轨道交通土建市场的经营开发和施工生产。截至 2008 年末，分公司机关职能部门设置为综合办公室、经营开发部、工程管理部、财务部和安全监察室。直属单位包括神延西延铁路维修管理处、哈尔滨分公司和襄渝二线项目部、京石客专项目部、南京地铁项目部、北京地铁项目部。2008年底，分公司在册职工总数为 77 人。干部 71 人，其中高级职称 5 人，中级职称 23 人，初级职称 30 人。工人 6 人，高级工 2 人，中级工 4 人。

自成立至 2008 年，公司开发项目累计 14 项，合同额累计 206706 万元，其中：铁路项目 7 项，累计合同额 128530 万元；城市轨道交通项目 7 项，累计合同额 78176 万元。完成营业额 36836.7 万元，实现利润 163.2 万元。经营开发工作，逐步确定“依托集团开拓铁路市场，巩固扩大既有市场，主攻地铁、专用线市场，优化区域布局”的方针，细化目标，分片分区，落实责任，实行重点项目重点跟踪，确保经营开发工作稳步进行。自2004年以来，先后参与北京、成都、西安、南京、哈尔滨等地区 60 余个项目的投标工作，中标北京地铁、南京地铁、哈尔滨地铁、京石客运专线、华亭煤矿专用线 11 个项目。重点培育和拓展区域市场，在北京地铁、南京地铁和哈尔滨地铁市场实现新突破，进一步开拓集团公司地铁施工的市场领域，为集团公司优化产业结构、拓展土建市场作出贡献。

以现场控制为重点，精心组织，统筹安排好施工生产和维管工作。自 2005 年 7 月分公司成立第一个项目部至 2008 年，分公司先后承担襄渝二线、南京地铁、京石客专、北京地铁、哈尔滨地铁、成都地铁、华亭中煦煤专用线等 8 个项目工程。克服项目布局高度分散、规模扩张资源欠缺、外部干扰严重等困难，认真落实项目创优规划，坚持高标准、严要求，确保开工必优、一次成优，较好地完成各项产值指标，所有工程履约情况总体良好，连续实现安全年，在建工程质量节节攀升。加强既有线维修管理工作，认真贯彻集团公司和甲方单位的要求，开展“大检查、大整修”等各项专项整治活动，严格合同履约，确保神延维管工作安全稳定可控。

以经济效益为中心，不断夯实基础管理。先后制定分公司《安全检查制度》、《办公用品管理办法》、《铁路建设工程安全质量事故与招投标挂钩暂行办法》、《施工技术管理办法》、《项目部工资管理办法》、《经营开发管理办法》等一系列制度性管理文件，各项管理逐步实现规范、有序、可控。随着施工规模的不断扩张，分公司从财务管理、成本管理和施工组织管理入手，不断加大项目管理力度，落实各项管理制度，促使项目责权利到位，规范管理行为。所有在建项目未发生安全质量事故，项目成本无亏损。南京地铁项目部在甲方组织的立功竞赛中三次被评为“A”类。

加快经营管理、专业技术和技能操作三支人才队伍建设步伐，不断提高员工队伍素质。自 2006 年接收大学毕业生至 2008 年，分公司共招收各类毕业生 35 名，调入一级项目经理 6 人。制定《关于对员工取得有关国家职业从业资格的奖励办法》，积极组织、鼓励员工参加各类执业资格考试，为企业发展打好基础。加强业务培训，自 2005 年共参加、举办技术业务、财务、质检、安全培训班 31 个，累计培训 182 人次，使员工队伍素质得到有效提高。加强干部队伍建设，加快培养、提拔任用力度，公司组建以来，先后有 12 人走上分公司中层管理岗位，1 人提拔到分公司领导岗位。事业留人、待遇留人、环境留人、感情留人的人才环境正在逐步形成，分公司拥有各类工程技术人员 66 人，其中国家一级建造师 12 人。

以人为本，致力构建和谐企业。分公司党委坚持融入中心、服务中心，深化以“三型党委”建设为载体的党建思想政治工作创新，党委的政治核心作用、基层党组织的战斗堡垒作用和党员的先锋模范作用得到充分发挥。在企业发展、经济效益增长的同时，千方百计提高职工收入水平。员工工资收入确保逐年持续增长，及时足额为职工交纳“四金”，稳定员工队伍，维护员工的切身利益。结合分公司实际，努力改善员工的生活、卫生、文化条件，每年组织员工定期体检和假日旅游等娱乐活动。加强“三工”建设，积极改善施工一线职工生产生活条件。积极开展帮扶救助工作，2006 年以来共慰问困难职工 23 人次，发放困难补助 20263 元。分公司连年被评为集团公司“文明单位”。

第三节 西安通号处

中铁电气化局集团有限公司西安通信信号工程处（简称西安通号处），源于 1953 年成立的铁路新建工程总局第五工程局电务建设队，后随隶属单位及机构变更，10 次易名。1957 年易名第六工程局第一电务建设队，1958 年易名第六工程局郑州电务建设维修队，同年 8 月易名西安铁路局筹建处电务工程队，1967 年易名西安铁路局电务工程队，1979 年易名西安铁路局电务工程段，1981 年易名西安铁路局工程处电务工程段，1992 年易名郑州铁路局西安工程总公司第二工程公司，1993 年易名郑州铁路局西安工程总公司西安铁路通信信号工程公司，2001 年易名西安铁路局西安铁路工程（集团）有限责任公司通信信号工程处。2003 年 11 月，中铁电气化局集团有限公司与西安铁路工程（集团）有限责任公司进行资产重组，通号处随西安铁路工程（集团）有限责任公司整体并入中铁电气化局集团有限公司。2004 年 6 月，中铁电气化局集团有限公司将所属西安铁路工程公司整合重组，西安通信信号工程处成为中铁电气化局集团有限公司的分公司。

西安通号处是从事铁路、地方通信、信号、电力、高速公路机电、城市轨道交通、有线广播电视、网络监控、房建及工业与民用建筑安装施工的专业工程处。具有铁路电务工程专业承包一级、通信工程施工总承包二级企业资质，是集施工、监理、通信仪器仪表租赁、技术咨询为一体的技术密集型企业。处址在陕西省西安市金花北路 25 号。

至 2008 年末，处机关行政设 11 个科（室）1 个劳务培训中心，下属 11 个分公司及延北电务段。有员工 662 人。各类专业人员 306 人，其中一级建造师 12 名，二级建造师 3 名，注册安全工程师 4 名，注册会计师 1 名。高级技术职称 16 名，中级技术职称 109 名，初级技术职称（专业干部）181 名。技术工人 356 人，其中技师 15 人，高级技术工人 171 人，中级技术工人 117 人，初级技术工人 53 人。全处拥有大型先进施工机械设备 42 台（套），其中各种运输、施工车辆 28 台，空压机、吹缆机、电缆地下穿孔机、弯管机、钢轨钻孔机、发电机等 15 台，总价值 965 万元，总功率 3373 千瓦。拥有各类检测仪器仪表 35 台（套），价值 260 万元，其中包括日、美 、德、韩生产的先进数字通信检测仪器仪表 26 台（套）。人均装备率 1.8 万元。总资产 2.99 亿元，固定资产原值 1600 万元。具有年建成 1200 正线公里光、电缆，70 个电气集中车站，800 正线公里信号自闭设备安装，10 个大型通信枢纽设备安装调试以及工业与民用建筑 1 万平方米的施工能力。

整合重组以来，处开发项目累计 104 项，合同额累计 14.2326 亿元，其中路内通信、信号、电力工程 68 项，价值 13.2711 亿元；高速公路机电安装工程 8 项，价值 7465 万元；小项目 28 项，价值 2150 万元。完成营业额 8.5457 亿元，实现利润 1225.99 万元。完成铁路通信、信号、电力工程 149 项，铁路和地方单项工程 69 项。累计完成通信光、电缆 1638 正线公里，交付电气集中车站 91 个，铁路自动闭塞信号 962 正线公里，站场电力 4 个，高速公路机电安装 315 公里，各类房屋折合施工面积 6008 平方米。其中包括：京包线、京九线、京广线、京沪线、陇海线、宝中线、宝成线、大秦线、广深线、沈丹线、石德线、西延线、西格线、神延线、包神线、包兰线、兰新线、西安北环线、咸铜线、沟海线、平齐线、侯西线、侯月线、新月线、大郑线。

在铁路通信、信号施工中，紧盯铁路通信信号技术发展动态，不断引进先进技术设备，改进施工工艺，开发应用新技术。2004 年，在原购国外先进仪器仪表的基础上，又购进德国光源、光功率和光衰耗器，日产光时域反射仪、光接续机，美国光、电缆故障探测仪，韩国场强测试仪，国产混凝土探测仪，并在陇海线杨凌-阳平段自动闭塞（三改四）改造工程和 2005 年大秦 2 亿吨扩能通信信号扩能施工中应用，使工效、工艺、质量显著提高。

在落实集团公司“技术领先、施组创新”实践中，不断更新施工理念，大力推进技术创新。结合通信信号工程是站后施工的实际，探索“零界”施工方法，编写“站后超前”施组，实行“见缝插针、找缝插针、造缝插针、交叉作业、突击攻坚”的施工方案。2006 年，在西安铁路枢纽新建北环线新丰镇-茂陵通信信号工程施工中，开通日期定死，桥梁、路基、房建等站前工程严重滞后的情况下，快速完成该工程 6 站 5 区间自闭及站场改造施工任务，实现了站前完工、站后竣工“零工期”。2007 年，在参建大秦铁路 4 亿吨扩能改造工程 CTC 配套工程施工中，仅用 40 天完成该工程 10 个站 6502 联锁改建为微机联锁、区间自闭设备、CTC 系统利旧改造施工和开通任务。在既有线信号工程换装开通方案编制上，不断完善“零点换装”工法，实施“化整为零、插入试验、小点干大活、大点保开通”方案，将换装开通点内工作量降到最少，换装开通要点时间降到最短，换装开通对铁路运输的影响降到最小。2008 年 11 月，在京包线大同至包头段电气化改造工程施工中，一次换装开通包头北站南场 I 场、II 场、VII 场 3 个场（共计联锁道岔 140 组、轨道电路 206 个区段、信号机 154 架）微机联锁信号设备，提前 60 分钟开通。同年 12 月提前 30 分钟开通集宁 I 场（联岔 47 组）微机联锁改造设备，提前 59 分钟开通集宁 II 场（联岔 76 组）微机联锁改造设备，使既有线信号工程换装开通的正点率达到 100%。在承建西安铁路枢纽新丰镇编组站改扩建工程中，该工程有 5 条铁路引入（陇海线、包西线、西康线、西南线、西安枢纽北环线），将原来单项三级四场改建成双向纵列式三级七场，采用的综合自动化系统（SAM 系统）、GSM-R 数字集群站场综合无线通信系统是目前国内铁路最新技术，该站也是再建最大车站。开通时间已定，站后施工时间几乎为零。对此编写的《移设、新铺道岔临时纳入既有联锁设备可行方案》、《无线列调光直放站设备安装工法》（获局三级工法）在施工中应用，使工期明显加快，2008 年 1 月 6 日新丰镇车站开通时，仅要点 6 小时（施工试验 4 小时、电务验收 2 小时）就一次换装涉及 10 站（场）5 个区间安全开通，实现了新丰镇站编组上、下行编组作业分离。

在企业管理中，坚持以科学发展观为统领，以机制创新、理念创新、技术创新为先导，推行“三化一体”管理模式，不断完善精细化施工管理体系。先后获“国家二级计量合格单位”、“西安市百名诚信纳税人”、国家质量（GB/T19001-2000）、环境（GB/T24001-2004）、职业健康安全（GB/T28001-2001）三体系认证。承建工程履约率 100%，工程一次验收合格率 100%，获铁道部“火车头优质工程”二等奖 1 项，中国中铁股份公司“安全标准样板工地”奖 1 项，集团公司优质工程 1 项、“安全标准工地”2 项，北京市和集团公司“优秀质量管理成果奖”17 项。

在学习“三个代表”实践活动中，以“科学发展观”为指导，坚持“以人文本”，践行物质文明、精神文明建设“两手抓，两手都要硬”的方针，深入开展企业思想政治工作和文化线建设，提高企业的凝聚力。在调动职工参政、议政，支持企业改革，关心企业生存发展，提升“西安通号”品牌，创建和谐企业上成果显著，连续三年获集团公司“文明单位标兵”和“文明单位”称号。

第四节　城铁公司

2001 年 12 月 24 日，成立中铁电气化局集团有限公司轨道交通事业部。2006 年 11 月 19 日，更名为中铁电气化局集团有限公司城铁公司。公司是从事城市轨道交通接触网、牵引供电、电力（干线电缆、电力监控、电力外线、区间动力、照明）、通信、信号、电气化干扰防护、综合监控系统、售检票系统（铁路、地铁、公路）屏蔽门、地方邮电通信、高速公路供电照明通信信号监控监测工程建设和维修的技术密集型施工企业。公司通过 ISO9000 质量体系认证。

至 2008 年底，公司职能部门设办公室、党群工作部、财务部、安全监察室、人力资源部、商务部、科研所、试验室、工程管理部、派出所、系统集成部，所属单位有上海、广州、西南、北京、通号、机电分公司。全公司共有职工 448 人，管理干部 257 人，其中高级职称 21 人，中级职称 67 人，初级职称 146 人。工人 191 人，其中技师 31 人，高级技师 3 人。公司拥有大型先进施工机械设备 46 台（辆），其中架线作业车 5 台，轨道起重车 1 台，重型轨道车 5 台，电动轨道平板车 7 台，汽车起重机 2 辆，载重汽车 3 辆。机械设备总功率 3021 千瓦，人均装备率 2.72 万元。机械设备 121 台（辆），总原值 3285.62 万元。拥有检测仪器仪表 84 台（套），固定资产原值 252.47 万元。

公司先后参加北京、上海、广州、重庆、南京、深圳、沈阳和长春等城市地铁、轻轨建设，创造中国城市轨道交通领域建设史上的多项第一：第一条引进德国接触网柔性悬挂形式的上海地铁 1 号线，第一条采用接触网刚性悬挂形式的广州地铁 2 号线，第一条采用跨座式轻轨的重庆轻轨 2 号线，第一条采用线性电机技术的广州地铁 4 号线，第一条采用系统总承包模式管理的重庆轻轨较新线，第一条采用 BOT 管理模式的北京首都机场线快轨，第一条采用 BT 管理模式的北京地铁奥运支线，第一条实现车载地面信号 ATP 系统同步投入运营的北京地铁 5 号线，第一条采用 PPP 模式建设的南京地铁 1 号线南延线，第一条实现对既有运营线路的信号系统进行更新改造并开通应用信号 CBTC 系统的北京地铁 2 号线。先后建成开通上海地铁 1 号线、2 号线、上海信息港地铁光缆敷设、上海阿尔斯通闵行城市轨道车辆试验线、上海莘闵轻轨交通线、广州地铁 1 号线、2 号线、江苏省宜兴地方邮电通信、南京地铁南北线一期供电系统接触网、重庆跨座式轻轨等工程。截至 2008 年底，公司先后承建工程项目 48 余项，竣工项目 42 个，完成新签合同额 40 亿元，完成企业营业额 100488 万元。所承建工程中，重庆轻轨较新线一期工程获国家优质工程奖及土木工程詹天佑奖，南京地铁 1 号线一期供电线路系统工程获国家优质工程银奖及全国市政金杯示范工程，广州地铁 2 号线牵引供电及通信工程、上海轨道交通 8 号线(M8)一期接触网、干线电缆、防迷流施工总包工程获火车头优质工程一等奖，南京地铁南北线（一期）牵引供电及信号 ATC 系统工程获火车头优质工程二等奖，重庆轻轨较新线较场口至动物园段轻轨工程获重庆市巴渝杯优质工程。

公司加大科研经费的投入，加大科研开发力度，电动轨道平板车研发小组通过两地专业机构的专项评审。与宝鸡中铁宝工有限责任公司共同研制、开发同时满足城铁限界及坡度的 16 吨轨道起重车得到应用。广州地铁 2 号线获国家科技进步二等奖，奥运支线项目部接触轨安装班、重庆焊接班组被评为全国质量信得过班组。奥运支线奥支精诚 QC 小组发表的“提高上部授流接触轨安装一次到位合格率”获北京市三等奖，机场线信号系统 QC 小组和上海分公司螺栓安装 QC 小组获北京市优秀 QC 小组。

在加强物质文明建设的同时，大力加强精神文明建设。公司先后获得“全国企业文化建设先进单位”、“首都文明单位”、北京市“经济技术创新”标兵单位、北京市“安康杯”竞赛优胜单位、北京市总工会“工人先锋号”、北京市“劳动模范集体”、“经济技术创新型企业”。

第五节　系统集成部

中铁电气化局集团有限公司客运专线系统集成事业部(简称系统集成部)于 2006 年 12 月 1 日正式成立，职能定位为集团公司技术管理型内部基本核算单位。其前身为 2005 年 11 月 1 日成立的京津城际系统集成筹备组。系统集成事业部是为了适应铁道部客运专线站后工程系统集成运作模式的要求而成立的，专门从事铁路客运专线站后通信、信号、牵引供电、电力“四电”集成项目。

至 2008 年末，系统集成部设综合管理部、财务部、安全质量部、市场开发部、物资部、工程经济管理部、技术研发部、培训督导部等 8 部，下设武广、广深、合武、广珠、甬台温、温福等 6 个客运专线项目部。有职工 60 人，其中大专以上学历 59 人，高级技师 2 名，中级技师 6 名，高级技术工人 20 名，中级技术工人 7 名。

系统集成部自成立以来，先后中标京津城际、武广、广深、合武、广珠、甬台温、温福线等“四电”系统工程，累计中标 2872 公里，“四电”合同金额约 256 亿元，电力变电 130 亿元，占全国已招标客运专线建设里程的 63%，占全国已招标客运专线“四电”总投资额的 76%。其中京津城际项目于 2008 年 8 月 1 日正式投入商业运营。系统集成部还成功中标京津城际声屏障项目和北京南站、天津站客服自动化系统，均已完工，交付使用。

系统集成部在成立的两年中，通过系统集成项目的技术交流、竞争性谈判、建设实践，打造了一套具有自主知识产权的高速铁路电气化技术体系。编著《时速 300-350km/h 高速铁路牵引供电系统总体技术方案》，成果涵盖牵引供电、接触网、变电所、SCADA、电力等几个子系统的主要设计、施工、联调联试等技术标准。掌握高速电气化牵引供电系统设计技术，尤其是高速接触网设计技术，提升关键设备的制造技术和高速接触网安装工艺及“四电”系统集成联调联试技术。通过与 BB 和布诺米公司的合资生产，成功实现时速 350 公里及以上高速电气化铁路接触网零部件国产化。作为这个体系中重要的一部分，系统集成部还承担科技部、铁道部两部科技支撑计划《高速列车牵引供电技术》科技攻关工作，其中高速动车组不分闸自动过分相技术、高强高导接触网导线制造技术两项重大科研攻关分别进行到工程试验和产业化开发生产阶段。通过上述成果，逐步构建起中国高速电气化铁路的技术体系，中国高速电气化铁路客运专线站后“四电”系统集成技术平台得以确立。

通过对现有客运专线的集成管理，形成先进的设备集成管理模式。基于时速 350 公里电气化及电力系统的技术条件，对关键设备的材料生产厂进行重新梳理和筛选，并对既有产品进行适应性优化和调整，形成丰富的产品支撑资源，建立高效的供应商集成管理机制。对项目供应商的选择，采用公开招标、邀请招标、竞争性谈判、直接采购等方式完成系统的设备配置。对设备进行深入研究，有效地保证产品的技术条件并最大限度地降低采购成本。

系统集成部在加强物质文明建设的同时，十分重视精神、政治文明的协调发展，获得铁道部京津城际铁路劳动竞赛第一名及“铁道部京津城际铁路技术创新先进集体”称号。

第六节　国际工程部

国际工程部的前身为 2001 年 1 月 16 日成立的海外工程部，2001 年 7 月 30 日，将局伊朗工程办公室、尼日利亚铁路工程项目经理部、深港工程指挥部划归海外工程部。2002 年 9 月 29 日，更名为中铁电气化局集团有限公司国际工程部。2005 年 1 月 1 日，国际工程部按事业部制管理。

国际工程部是集团公司专门从事国际业务的事业部，经营范围包括对外工程承包、国际劳务合作、货物进出口、技术进出口、代理进出口、外事服务管理等业务，下设综合部、商务部、项目部、物资部、财务部，在伊朗和乌兹别克斯坦设有项目部。拥有员工 31 人，其中高级职称 8 人，中级职称 13 人。

在集团公司“借船出海”经营战略的指导下，国际工程部与北方国际、中技公司、中机公司、中信建设等中国公司合作，成功开辟香港市场、伊朗市场和乌兹别克斯坦市场，先后承揽香港西部铁路牵引供电和接触网工程、香港将军澳地铁供电工程、伊朗德黑兰-梅莎郊区铁路电气化工程、乌兹别克电气化铁路改造、伊朗德黑兰地铁 4 号线、2 号线延长线高压站等工程，累计签约合同额为 20 亿元人民币，先后开通香港西部铁路牵引供电工程、香港将军澳地铁供电工程、伊朗德黑兰-梅莎郊区电气化铁路一、二期工程、乌兹别克斯坦电气化改造工程等，赢得业主和合作单位的高度评价和信任。

自 2008 年起，按照集团公司“加大海外市场的开发力度，加快开发步伐”的经营方针，国际工程部以伊朗和乌兹别克斯坦市场为中心，优化国际市场布局，开拓新西兰、斯里兰卡、南美州、非洲等市场。拓展业务渠道，拓宽业务领域，形成以工程承包为主、劳务合作、进出口贸易、产品制造、咨询、投资并举的经营格局。

第七节　工厂处

中铁电气化局集团有限公司工厂处，源于 1976 年 4 月成立的铁道部电气化工程局机械厂务处，时为职能处。1984 年 4 月，改称工厂机械管理处，为职能职权处，实行独立核算，自负盈亏。1993 年 5 月，机械管理职能划出，改为工厂管理处。1998 年 7 月，更名为工厂处。2003 年 1 月 3 日，铁道部电气化工程局工厂处更名为中铁电气化局集团有限公司工厂处。2005 年 5 月 26 日，工厂处所属各工厂由冠名“铁道部电气化工程局”改冠名“中铁电气化局集团”。处址在北京市丰台区万寿路南口金家村 1 号。

工厂处是从事生产经营全部系列电气化铁路、城市轨道交通和其他专业器材设备，集设计、生产、检测为一体，具有一定生产规模和专业化水平的技术密集型企业。下属宝鸡器材有限公司、德阳制品有限公司、保定制品有限公司、保定铁道变压器有限公司、天津电气化设备有限公司、宝鸡接触网器材检测中心有限公司、北京铁电通联工贸有限公司。几十年来，供应国内（外）数万公里电气化铁路所需器材，成为中国电气化铁路建设的知名品牌企业，在邮电、通信、“两网”改造、城市轨道交通等领域占有一定市场，取得一定信誉。所属工厂均通过 IS09001 和 IS09002 质量体系认证。

至 2008 年末，处行政设 14 个科（室）。全处在册职工总数 1068 人，其中干部 435 人，工人 1173 人，在岗人数 1383 人。有专业技术人员 396 人，其中正高工 1 人，高级技术职务 31 人，中级技术职务 153 人，初级技术职务 211 人，技师 31 人。大学本科 172 人，大专 165 人，中专 64 人。党员 768 人，团员 189 人。全处资产总值 109471 万元，固定资产净值 14054 万元。共有机械设备 678 台，检测设备 158 台，机械设备原值 9055.90 万元，净值 3563.26 万元。设备总功率 14923.38 千瓦，技术装备率 2.27 万元/人，动力装备率 9.49 千瓦/人，设备新度系数 39 %，主要施工机械设备完好率 93.4%，利用率 91.94%。

工厂处先后承担多项铁路和地方重要铁路电气化建设工程、铁路电气化改造工程的接触网零配件及变压器的供货项目，1999 年至 2008 年，累计完成各类电气化铁路接触网零配件供货 1404 万套（件），混凝土支柱 40.8 万根，变压器 1.6 万台。其中包括广深、哈大、秦沈、京秦、京郑、大秦、胶济、郑徐、渝怀、石怀、兰武、京沪、浙赣、郑徐、武嘉、沪杭等 30 多条电气化及改造工程项目，秦沈、石太、武合、武广、郑西等客运专线以及上海、广州、深圳、成都、沈阳、南京、武汉、重庆、北京、天津地铁等城轨交通工程。

工厂处在电气化铁路器材设备的生产中，不断引进先进技术设备，改进生产工艺，开发应用新技术，创新自主知识产权。1998 年以来，共投入科研经费 989 万元，完成主要科研项目 21 项。在此期间，接触网配件生产工艺技术首先完成以锻代铸，定位环、长定位环等 5 种新型模锻接触网零件列入国家重点新产品计划。这些零件成功应用于宝中、京郑、南昆、广深、伊朗德黑兰至卡拉季奇、香港等电气化铁路中。2000 年开始，宝鸡器材公司承担国家“城轨交通接触网系统国产化”项目，并于 2004 年通过国家验收。该项目的实施，成功地将世界领先水平的低压铸造和重力铸造技术引入接触网零件生产，使部分有色金属零件的质量得到提高。这些零件成功应用于大秦、胶济、郑徐、渝怀、石怀、京沪、浙赣、武嘉、达成、遂渝、沪杭等多条线路中。自 2003 年，宝鸡器材公司加强对城轨交通供电中的钢-铝复合导电轨进行研究，并成功扩展到感应板和其他刚性悬挂方式的相关配套零件的研究。2007 年，“钢铝复合轨及其配套零件”、“刚性悬挂系统产品”通过省级鉴定，先后为广州轨道交通 4 号线、南车四方机车车辆股份公司试车线、北京机场线长客试验线、北京市轨道交通首都机场线、中国北车集团唐山机车车辆厂时速 300 公里动车组试验线、广州轨道交通 5 号线、武汉轨道交通 1 号线二期工程、深圳轨道交通二期 3 号线供货。2007 年，工厂处参与的“大秦线 2 亿吨扩能改造牵引供电系统工程技术”获得铁道部和中国铁道学会 2 个二等奖。2008 年，宝鸡器材公司和德国 BB 公司、意大利布诺米公司合资企业保德利公司成立，具备 350 公里/小时铁路客运专线接触网零件的生产能力，并实现石太、武合、武广、郑西等客专的产品供货。

在接触网支柱方面，2000 年“新型环形等径预应力混凝土接触网支柱”通过铁道部鉴定，是中国铁路工程中一种新型混凝土支柱，居国内领先水平，在上海地铁 2 号线、广深三线和神朔线安装使用中，未发现裂纹。2003 年，保定制品公司、德阳制品公司的防腐型砼支柱通过北京市鉴定，在胶济、渝怀、青藏等线推广应用。2007 年，“高风速接触网支柱”通过铁道部评审，应用于京九改造、萧甬线、大包线、包惠线等。同年，“欧标 H 型钢柱及硬横跨”通过河北省鉴定，应用到京津城际、武广、郑西等客运专线中。

保定铁道变压器公司研发的自耦变压器于2000年通过铁道部鉴定，供应京郑、京九、南昆、侯月、贵昆、兰新（复线）等线，在大秦2亿吨扩能改造中大批量应用，并在京津城际、合武、武广等客运专线建设中广泛应用。2006年，该公司启动主变生产车间技术改造，并于当年初步形成主变生产能力。牵引变压器产品当年通过省部级鉴定，成功实现京沪改造工程中主变的产品供应。随后，又先后完成大秦、精伊霍、包惠、石德、苛瓦、准东、北同蒲、西格、兰青、成昆、武广 、大包 、京九等线牵引变产品的供货。

工厂处高度重视和不断加强企业管理，努力实现企业管理的规范化、制度化、科学化、现代化，推行全面质量管理，按国际标准进行贯标认证工作。处属各单位均通过2000版ISO9000质量体系认证，具有年配套建成3000公里电气化铁路器材的生产能力，获“国家二级计量单位”称号。

在加强物质文明建设的同时，大力加强精神文明建设。坚持继承与创新原则，把科学的管理方法与管理哲学相融会，使思想政治工作与企业文化建设相辅相成，既贯彻落实上级的企业文化建设要求，又形成富有工业系统特色的品牌和精神理念。2003年至2006年，连续被中共北京市委、北京市人民政府命名为“首都文明单位”，2007年获得中国铁路总工会“火车头”奖杯。

第八节　上海分公司

中铁电气化局集团有限公司上海分公司于2007年1月1日成立，前身为中铁电气化局集团有限公司京沪电化上海指挥部，职能定位为以市场开发为主，兼有部分项目管理职责的集团公司经营管理型区域性分公司。主要职责，代表集团公司负责上海及华东地区的经营开发工作，组织、协调集团所属单位在上海及华东地区的经营开发工作，承担集团公司在上海局管内承揽的部分国铁大项目的施工管理工作。公司注册于上海市闸北区市北工业园区，驻地为上海市虹口区广粤路。公司下设财务部、计划合同部、工程部、综合部，正式职工7人。

2007年3月，承揽南京动车运用所I、II期接触网工程（合同价565万元），5月承揽镇江站改造接触网工程（合同价45万元），9月承揽戚墅堰机车厂专用线接触网工程（合同价220万元），集团一公司承建。2007年11月，承揽常州站增建2号人行天桥工程（合同价560万元），集团西铁建设公司承建。

2008年3月，上海动车段沪杭改线“四电”工程由上海分公司与中铁四局联合中标，合同价6000万元，集团西铁建设公司、西安通号处、电气化公司承建。4月承揽沪昆线许村站接触网改造工程（合同价190万元），集团电气化公司承建。5月承揽徐州站改造接触网过渡和接触网改造工程（合同价960万元），集团二公司承建。7月承揽望亭站电厂专用线接触网工程及站场灯桥工程（合同价1100万元），集团一公司承建。8月承揽徐州枢纽五站接触网供电单元改造工程（合同价 252 万元），集团二公司承建。11 月，承揽上海西站翻交土建、“四电”工程（合同价 5500 万元），集团一公司、电气化公司、西铁建设公司承建。

2008 年 6 月，受集团公司委托，筹建京九电化上海指挥部，在安徽阜阳建点，管理京九线上海局管段电气化改造工程，合同价 10.8 亿元，参建单位中铁电气化局集团电气化公司、建筑公司、中铁二局、中铁建二十四局。

第九节　东南公司

中铁电气化局集团有限公司东南公司于 2008 年 10 月 1 日在南昌成立，职能定位为以市场开发为主，兼有项目管理职责的经营管理型区域分公司。主要职责，代表集团公司负责南昌铁路局及东南地区的经营开发工作，组织、协调和归口管理集团所属单位在南昌铁路局及东南地区的经营开发工作，承担集团公司承揽的部分国铁大项目南昌局管内工程项目部的有关职能。公司机构设综合部、市场开发部、工程管理部，至 2008 年底有职工 55 人，干部 18 人，员工 37 人，其中高级职称 5 人，中级职称 10 人，初级职称 10 人，具有国家注册执业资格 5 人。

2008 年 11 月，东南公司与集团三公司合作，中标峰福铁路横峰至南平南段电气化改造工程，合同额 71673 万元。东南公司负责该工程站前工程施工，合同额约为 9000 余万元。12 月峰福铁路横峰至南平南段电气化改造工程站前分部正式组建，项目站前工程进入施工实施状态。

第十节　西宁办事处

2007 年 1 月 1 日，成立中铁电气化局集团有限公司西宁办事处，主要职责，负责集团公司青藏线工程后期清算工作，组织办理工程竣工资料和固资移交；负责西宁至格尔木、拉萨至日喀则铁路建设项目及青藏公司管辖内其他建设项目的信息追踪，参与项目竞标工作；负责集团公司在西宁及青藏公司管辖内的市场开发及接待服务工作。定员 6 人。为加强西宁至格尔木增建二线工程站后“四电”一标段（XGZHH1 标）工程管理，确保工程按期、优质建成，2007 年 9 月 24 日成立中铁电气化局集团西格二线工程指挥部，10 月 1 日西宁办事处人员调入指挥部。至 2008 年底，设工程部、安质环保部、计财部和综合办公室，工作人员 11 人，其中高级职称 1 人，中级职称 7 人，服务人员 3 人。

青藏线铁路建设工程开通并通过国家正式验收后，铁道部、国家审计署、财政部组织人员对青藏工程投资情况进行为期两个多月的专项审查，办事处组织青藏线各标段有关人员积极提供资料密切配合，使项目概算清理成果得以认可，末次验工 2992 万元。青藏线格拉段工程完工后，进行西格二线立项招标，为西格二线站后大标段中标打下坚实基础。对拉萨至日喀则、兰州至新疆铁路建设项目及青藏铁路公司管辖内其他建设项目进行信息追踪。协助工厂处德阳和宝鸡厂承揽产品任务，协助物资处实现对西格二线工程甲供物资进行委托服务，2008 年 8 月建设方确定把铁路物流中心工程站后部分交由集团公司施工，投资 2000 万元以上。

青藏铁路西格段增建二线站后工程一标（XGZHH1 标）施工项目，全长约 350 正线公里，包括“三电”迁改及通信、信号、电力、电气化工程。标段海拔平均在 3000 米以上，高寒缺氧，施工难度大。指挥部组建 4 个项目部，实行分段负责平行施工，制定各项管理制度和办法 16 个、岗位工作职责 12 个，要求施工高起点、高标准、高质量。2008 年，在时间紧、任务重、设计图纸和材料严重滞后等不利条件下，指挥部抓住战机组织施工，先后完成西宁西站等通信、信号施工和区段开通任务，创造条件进行自闭电力工程的下部基础施工，完成西宁客到西宁货的接触网施工和迁改施工任务，完成施工投资 26000 万元，建安 22000 万元。

在管理上采取“超前预想、科学组织、制定措施、优化管理、稳步推进、注重实效”的二十四字工作方针，以严格的管理和措施，规范施工全过程，强化现场管理，在安全、质量、进度、环保、职工医疗保障等方面取得好的效果。组织开展“专业排查、集中检查、全面普查”的安全隐患排查活动，汇总隐患和问题 34 项，研究制定整改措施。认真落实环境保护措施，坚持高标准、严要求，坚持做到少破坏，多保护；少扰动，多防护；少污染，多防治。工程施工采用彩条布做防护，有效减少环境污染。对所有上线人员进行体检和高原卫生防病健康常识教育，各项目部设立卫生所，配齐医疗设备、器材及医务人员，做到鼠疫及高原病的零发生。

党工委工作始终围绕“工期、安全、质量、效益、信誉”五大目标的实现开展思想政治工作，发挥保证监督作用。开展“三工”建设，文化线建设取得实效，生活线稳步进行，开展劳动竞赛活动。

第三篇

经营开发

- 经营管理
- 市场开发

第三篇　经营开发

1999年以后，施工任务的承揽从计划经济时期的上级指令性分配，转化为招标承包制下市场竞争。市场开发工作主要是信息追踪、经营投标、合同管理等。随着市场的规范成熟，网络技术的广泛应用，信息的收集和跟踪逐渐简化，原经营信息网的作用逐渐弱化。市场开发中心成立后，体现更强的协调功能，确定区域开发观念，整合优化经营资源，重新划分市场层次，形成铁路工程、铁路客专系统集成工程、城市轨道交通及市政工程、房建工程、公路工程、对外投资工程、海外工程、房地产开发和运营维护管理九大市场。经营开发战略是强化优势，主攻铁路长大干线；面向社会，发挥特长，拓展城交领域；放眼世界，借船驾船，扩大海外市场；多元经营，滚动发展，实现规模增长。

第一章　经营管理

第一节　机　构

1999年，全局国内外工程信息、经营开发、投标报价、验工计价、计划统计管理工作由经营计划处负责。经营计划处设计划科、统计科、经营一科、经营二科、经营三科和信息科。2000年底，全处共有人员41人，其中正副处长4人、正副科长17人；高级职称1人、中级职称28人、其他12人。全局经营、计划、统计工作实行局、处、段三级管理，经营计划处对局属各单位经营计划工作进行业务指导，局属各工程处、设计院、工厂处、物资处设经营科或计划科。2001年4月1日，经营计划处经营三科划归海外工程部，并将港澳工程和国外工程的承揽及管理工作同时移交。2002年8月，集团公司机构改革，经营计划处改为经营计划部，设信息综合科、定额管理科、工民建开发科、铁路公路项目管理科、计划统计科、海外及城轨项目管理科。负责工程信息、经营开发、投标报价、定额管理、验工计价、计划、统计管理等工作，为集团公司经营管理与决策提供依据，对集团各单位的经营、计划、统计等工作进行业务指导。定员29人，实有人数26人，其中副部长4人、总经济师1人、副总经济师2人、正副科长7人；高级职称5人、中级职称18人、其他3人。集团各子公司、分公司、事业部、工厂处、物资处设市场部或经营科、计经科。2007年1月，为适应集团公司市场开发战略的需要，整合经营资源，提高经营工作质量和效益，扩大市场占有份额，集团公司成立市场开发中心，撤消原经营计划部。由市场开发中心全面负责集团公司市场开发与管理工作，中心设投标管理部、投资管理部、合同管理部、综合管理部。定员20人，实有18人，其中主任1人、副主任5人、副处级1人；高级技术职称 5 人、中级技术职称 10 人、初级技术职称 1 人、实习生 2 人。为拓展经营领域，扩大市场占有份额，2007 年，集团公司成立西宁办事处、上海分公司、广州分公司、南京中铁电化投资管理有限公司等经营管理型区域性分公司。2008 年，成立东南公司。

第二节　管　理

市场开发以投标管理和合同管理为主。在投标方式上，分为集团公司投标，子、分公司以集团公司名义投标，子公司独自投标以及联合体投标等多种形式。投标任务划分的原则依然是统一指挥、分级管理、整合资源、多创效益。在合同管理上，认真执行一体化程序文件的合同评审程序，狠抓授权管理、标书评审、合同评审、合同谈判、合同交底和合同档案管理等过程，努力创造更好的效益。根据国家和铁道部关于加快铁路建设的要求，面对市场激烈的竞争形势，集团公司及时制定经营目标和经营策略，强化任务承揽，狠抓工程任务落实，全力开拓市场，赢得市场信誉，经营承揽取得较好成绩，企业经营规模逐年扩大，从 1999 年承揽额 15.34 亿元，提高到 2008 年 300.8 亿元。

第三节　经营目标

一、新签合同额

1999 年，集团公司下达新签合同额计划 15.0 亿元，完成 15.34 亿元，为年度计划的 102%。2000 年，集团公司下达新签合同额计划 21.0 亿元，完成 22.07 亿元，为年度计划的 105%，比 1999 年增长 43.8%。2001 年，集团公司下达新签合同额计划 22.0 亿元，完成 23.5 亿元，为年度计划的 108%，比 2000 年增长 6.4%。2002 年，集团公司下达新签合同额计划 26 亿元，完成 32.55 亿元，为年度计划的 125%，比 2001 年增长 38%。2003 年，集团公司下达新签合同额计划 40.7 亿元，完成 51.3 亿元，为年度计划的 126.0%，比 2002 年增长 57.6%。2004 年，集团公司下达新签合同额计划 60.0 亿元，完成 65.59 亿元，为年度计划的 109%，比 2003 年增长 27.8%。2005 年，集团公司下达新签合同额计划 75.2 亿元，完成 106.03 亿元，为年度计划的 141%，比 2004 年增长 62%。2006 年，集团公司下达新签合同额计划 130 亿元，完成 131.73 亿元，为年度计划的 101.5%，比 2005 年增长 24%。2007 年，集团公司下达新签合同额计划 150 亿元，完成 200.8 亿元，为年度计划的 133%，比 2006 年增长 52.43%。2008 年，集团公司下达新签合同额计划 220.1 亿元，完成 300.8 亿元，为年度计划的 136%，比 2007 年增长 18.9%。

二、企业营业额

1999 年，集团公司下达企业营业额计划 18.0 亿元，完成 18.8 亿元，为年度计划的

104.4%。2000 年，集团公司下达企业营业额计划 21.0 亿元，完成 21.8 亿元，为年度计划的 103.8%，比 1999 年增长 16.0%。2001 年，集团公司下达企业营业额计划 20.6 亿元，完成 23.0 亿元，为年度计划的 111.7%，比 2000 年增长 5.5%。2002 年，集团公司下达企业营业额计划 23.0 亿元，完成 23.5 亿元，为年度计划的 102.2%，比 2001 年增长 2.2%。2003 年，集团公司下达企业营业额计划 34.6 亿元，完成 35.8 亿元，为年度计划的 103.5%，比 2002 年增长 51.1%。2004 年，集团公司下达企业营业额计划 42.0 亿元，完成 42.8 亿元，为年度计划的 101.8%，比 2003 年增长 19.3%。2005 年，集团公司下达企业营业额计划 60.2 亿元，完成 64.0 亿元，为年度计划的 106.2%，比 2004 年增长 49.5%。2006 年，集团公司下达企业营业额计划 73.4 亿元，完成 79.0 亿元，为年度计划的 107.6%，比 2005 年增长 23.5%。2007 年，集团公司下达企业营业额计划 100.0 亿元，完成 105.8 亿元，为年度计划的 105.7%，比 2006 年增长 33.9%。2008 年，集团公司下达企业营业额计划 120.2 亿元，完成 146.1 亿元，为年度计划的 121.6%，比 2007 年增长 38.1%。

第二章　市场开发

第一节　铁路工程市场

铁路工程市场的经营开发战略是强化优势，主攻长大干线。进一步加强和铁道部有关部门及业主的联络沟通，认真谋划分工追踪方案，继续加大工作力度，明确责任逐项落实，努力提高铁路市场占有份额。

1999 年，全局承揽工程项目 145 个，工程任务总额 15.34 亿元。局中标铁路项目 10 项：秦沈客运专线“三电”迁改工程（秦皇岛-DK24+100），广深三线、神朔铁路[神池南（不含）-府谷（含）]、外福线（古田-樟林）、株六线（六个鸡-马场）电气化工程，哈大线牵引变电所（大连-鞍山、铁岭-哈尔滨）房建工程，外福线变电、接触网工区工程（福州、闽清），西安南京线西安至南阳段永临结合电力工程（东化大桥-东秦岭隧道进口），六盘水至柏果段通信工程（六盘水-柏果），盘西线电气化改造牵引供电及电力工程[沾益-红果（不含）]。

2000 年，全局承揽工程项目 236 个，工程任务总额 22.07 亿元。局中标铁路项目 13 项：西安南京线西安至合肥段“三电”迁改工程，朔黄线“三电”迁改工程，株六线大龙至六盘水段电力、通信、18 信息、自动塞工程，襄渝线扩能工程电力、电气化工程，西宁至格尔木扩能改造工程通信工程，朔黄线神肃段电气化工程，内昆线电气化工程，内昆线通信工程，株六线广州局管内通信工程，湘桂线黎南段增建二线站后工程，邯济线解庄车站“三电”工程，宝兰线增建二线电气化、电力、信号工程，重庆至怀化铁路永临结合电力工程。

2001 年，全局承揽工程项目 191 项，工程任务总额 23.50 亿元。局中标铁路项目 10 项：京秦客运通道提速通信、信号改造工程，秦沈客运专线“四电”工程，京九铁路龙川至东莞段增建第二线通信工程，胶州至新沂线通信工程，重庆至怀化“三电”工程，京九铁路向塘西至定南自动闭塞工程（樟树东至峡江），京九铁路向塘西至定南自动闭塞工程（向塘西至新干），粤海铁路通道西环线沙吉至叉河段给排水工程，宝兰二线宝鸡至天水电力工程，神朔二线信号工程。

2002 年，全集团承揽合同额 32.55 亿元，其中铁路工程 219 项，合同额 15.9 亿元，占合同总额的 48.8%，占工程项目的 54.7%。集团公司中标项目：渝怀线“四电”工程，胶济线电气化工程，郑徐线电气化工程，武九线“三电”工程。

2003 年，全集团新签合同额 51.32 亿元，铁路工程项目 189 个，新签合同额 16.38 亿元。承揽的主要工程项目：青藏铁路格尔木-拉萨“三电”工程 D5 标段，合同额 12834 万元；X6 标段，合同额 4118 万元；T5 标段，合同额 7072 万元；T6 标段，合同额 27104 万元；兰武增建二线电气化工程(3 个标段)，合同额 22223 万元；忻河线“三电”工程，合同额 3564 万元；朔黄线神池南-肃宁北电气化一标，合同额 4000 万元；朔黄线肃宁北－黄华岗通信信号三标、一标，合同额3500万元；神朔线“四电”工程，合同额3715万元；神朔线黄羊城站改工程综合标，合同额1028万元；宁启线南京-海安通信工程，合同额4660万元；石怀线电化工程，合同额7702万元；赣龙江西段通信工程，合同额1022万元；赣龙江西段电力工程，合同额1317万元；浙赣铁路江西段通信T3标，合同额1251万元；浙赣铁路电气化提速改造站后电务工程，合同额4526万元；兰新线哈密-鄯善信号改造工程(2个标段)，合同额4800万元；京沪线天津—德州信号自闭工程，合同额2100万元；武九扩能信号二标，合同额3889万元；北京站扩能改造工程，合同额1335万元；京郑线提速，合同额3000万元。

2004年，全集团新签合同额65.59亿元，为年度计划60亿元的108.3%。铁路工程项目337个，新签合同额43.01亿元，占新签合同额总计的66%。主要工程项目：大秦线2亿吨扩能改造工程总承包，合同额82634万元；大秦线2亿吨扩能改造通信信号配套工程，合同额10660万元；大秦线2亿吨扩能改造土建工程，合同额7846万元；沟海线电力牵引供电系统工程总承包，合同额9363万元；武嘉线接触网、信号、牵引供电工程总承包，合同额20198万元；沪杭电气化改造工程，合同额53358万元；津秦沈电力、电气化工程，合同额27333万元；新建赣龙铁路(江西段)通信工程，合同额1067万元；焦柳铁路石门北至怀化段扩能工程，合同额6934万元；北京、石家庄枢纽间自闭工程，合同额1341万元；广州枢纽改造工程，合同额1419万元；准东铁路改造工程，合同额1569万元；京沪线南京至担子段自闭改造工程，合同额2000万元；京沪线连镇至德州段自闭改造工程，合同额2450万元；京沪线符离集至担子段自闭改造工程，合同额2966万元；津沪信号自闭工程，合同额1650万元；昆明集装箱中心站改造工程，合同额18249万元；朔黄铁路增建二线电气化一标，合同额1794万元；朔黄铁路增建二线电气化二标，合同额3005万元；朔黄铁路通号17标，合同额2547万元；朔黄铁路配套1.4吨改造工程，合同额1726万元；深圳至平湖电气化改造工程，合同额2906万元；沈阳北站无柱雨棚改造工程，合同额1000万元；宣杭线增建二线信号自闭工程，合同额4095万元；侯马北地区枢纽“四电”改造工程，合同额2450万元；秦东至南大寺“四电”改造工程，合同额2156万元；遂渝铁路电气化工程，合同额6575万元；宝成轨道电路计轴试验，合同额1508万元；宜万铁路宜昌至万州“三电”迁改工程，合同额2370万元；宜万铁路13标线路工程，合同额4000万元；京九线定南至东莞东综合标，合同额5760万元；兰新线哈密至疏勒河工程，合同额1849万元；沈阳至大连提速改造，合同额1500万元；新长铁路新袁段通号二标，合同额3497万元；天兰接触网大修改造，合同额3000万元； 侯月亿吨改造工程，合同额2000万元；广深铁路深圳北客运站工程，合同额5969万元；贵昆线昆沾段电气化工程，合同额8380万元；西黄铁路综合三标，合同额2431万元；黄陵矿业集团公司专用线工程，合同额4536万元；米脂专用线工程，合同额1370万元；西延五年维管合同，合同额19750万元；西延铁路扩能线路工程，合同额13792万元；西延铁路扩能通号工程，合同额2997万元；西宝提速线路改造工程，合同额3000万元；成昆段危石整治工程，合同额2000万元；兰新铁路武威至嘉峪关段电气化工程电力迁改，合同额1419万元。

2005年，全集团新签合同额106.03亿元，为年度计划75亿元的141.3%。铁路工程项目138个，新签合同额81.67亿元，占新签合同额总计的76.4%。主要工程项目：京沪线扩能改造工程总承包，合同额42.5亿元；侯月线2亿吨扩能改造工程，合同额15523万元；浙赣铁路电气化工程2标段(上海局)，合同额24461万元；天津至沈阳铁路电气化改造工程(沈阳局)，合同额67751万元；大准线万吨扩能改造工程，合同额1269万元；京哈通道沈哈段扩能改造工程，合同额13525万元；黔桂线电力迁改工程，合同额1495万元；洛湛线永州至岑溪段电气化及房建工程，合同额10031万元；南昆线牵引供电设备加强工程，合同额1331万元；徐连线信号改造工程，合同额2274万元；宣杭线信号改造工程，合同额1500万元；兰新线哈密至疏勒河信号改造工程，合同额6100万元；达州至成都扩能电力迁改，合同额1383万元；沈阳至哈尔滨提速工程，合同额1680万元；广深四线工程，合同额28449万元；浙赣线电化提速改造ZD1标段(南昌局)，合同额58411万元；武广客运专线“三电”迁改，合同额4642万元；陇海线洛阳至西安自闭工程，合同额3200万元；徐州枢纽应急配套工程，合同额9958万元；沪汉蓉通道武襄段工程，合同额12975万元；泸州电厂工程，合同额8351万元；铁道部专运处客车整备库，合同额4165万元；京津城际工程“三电”迁改，合同额7240万元；宁武至岢岚铁路扩能改造工程，合同额11927万元；沪杭铁路土建配套工程，合同额3279万元；西安至南京铁路桥梁加固工程，合同额1950万元；沪汉蓉通道胡家营至安康段工程，合同额55298万元；大秦2亿吨机务车辆配套工程，合同额10890万元；西宝提速工程，合同额3840万元；襄渝线南段工程，合同额5000万元；西宁铁路桥梁加固工程，合同额4024万元；陇海线西安至树园段信号工程，合同额4600万元；大秦2亿吨信号工程，合同额7168万元；西安铁路枢纽北环线工程，合同额26269万元；襄渝线安康至重庆段工程，合同额24987万元。

2006年，全集团新签合同额131.73亿元，为年度调整计划130亿元的101.3%。承揽铁路工程项目238个，新签合同额77.6亿元，占新签合同额总计的58.9%。主要工程项目：新建迁曹铁路滦南至曹妃甸LC5标段（站后），合同额25038万元；新建迁曹铁路迁安至菱角山QL标段（站后），合同额7380万元；新建迁曹铁路滦县至京唐港LG5标段（站后），合同额26036万元；新建迁曹铁路迁安至菱角山段站前工程，合同额9000万元；大秦2亿吨扩能信号配套工程，合同额18684万元；济南枢纽应急工程，合同额10000万元；北京南站改造工程，合同额45000万元；京郑第五次提速工程，合同额8388万元；新建铜陵至九江通信工程，合同额8125万元；武汉至襄樊增建二线通信、信号工程，合同额26423万元；新建铁路精霍线站后工程，合同额28000万元；温福线“三电”迁改工程，合同额5606万元；京沪线邹城至腾州信号配套工程，合同额5100万元；金窑线电化扩能改造工程，合同额9063万元；朔黄线肃宁北扩能改造工程，合同额5500万元；包神铁路巴图塔至瓷窑湾增建二线工程，合同额5600万元；新建武汉北编组站工程，合同额29479万元；

汉蓉通道襄樊至胡家营段站后工程，合同额11655万元；汉蓉通道胡家营至安康段站后工程，合同额21048万元；兰青线兰州至西宁站后工程，合同额11991万元；石德线电气化改造工程，合同额49415万元；沾益至六盘水增建二线站后工程，合同额29735万元；京石铁路第六次提速，合同额8639万元；郑西客运专线站前工程第KHZQ12标段，合同额36508万元；郑西客运专线站前工程第ZXZQ13标段，合同额85300万元；新丰镇编组站改扩建工程，合同额46000万元；新丰镇电力及电气化工程，合同额7000万元；侯西线禹门口至张桥段扩能应急站前工程，合同额5200万元；西延线增加工程，合同额8000万元；西安北环线站后工程，合同额8069万元；襄渝线安康至梁家坝电化工程，合同额20219万元；运营维管，合同额20122万元。

2007年，集团公司制定“确保完成新签合同额150亿元，力争200亿元”的经营开发目标。实际完成新签合同额200.8亿元，超额完成年度开发任务，市场开发中心直接组织完成多项10亿元以上大项目的投标，并成功中标，中标金额68亿元，主要有大（同）包（头）线电气化工程总承包项目，南京地铁1号线南延线PPP项目，新建北京动车段施工总承包项目（联合体），青藏线西格段增建二线“四电”项目。直接组织协调26项亿元以上重点铁路项目，中标金额174亿元，全年组织完成大、中投标项目近百项。集团公司新签合同额5000万元以上的铁路工程项目有：天津站改扩建工程施工合同（与六局、建工集团联合体）48303万元(联合体总价199764.8843万元)，新建铁路京包线大同至包头段电气化改造工程（与六局、建工集团联合体）18.589亿元（联合体总价30.9446亿元），新建铁路北京动车段工程施工总承包（与六局、建工集团联合体）22.6042亿元（联合体总价24.6693亿元），沪昆铁路六盘水至沾益段昆明局管内增建第二线工程站后工程29735.2825万元，青藏铁路西宁至格尔木段增建第二线工程XGZHH1标段13,1805.6984万元，兰新线乌西至精河段增建第二线工程S1标段64394.2836万元，新建大理至丽江铁路站后工程ZH2标段23456.0539万元，新建铁路北同蒲韩家岭至原平线应县至原平新建取直线工程BTQZ-3标段29812.5665万元，洛湛线永州至岑溪段站后工程永岑ZH1标段24650.4835万元，南疆铁路吐鲁番至库尔勒段增建第二线工程DS2标段41969.5453万元，焦柳铁路洛阳至张家界段电气化改造工程（武汉局管段）LZSG-3标段35000万元，焦柳铁路洛阳至张家界段电气化改造工程（郑州局管段）LZ3标段电力电气化工程31642.5010万元，新建铁路广深港客运专线广深段通信、信号及牵引供电子系统集成施工总承包（合同后签），新建铁路武汉至广州客运专线通信、信号及牵引供电子系统集成施工总承包45亿元，沪汉蓉通道合肥至武汉铁路通信、信号、牵引供电和电力供电系统集成施工总承包76695万元，包西铁路通道包头至省界段BSSG-6标段39928.4877万元，蓟港铁路北塘西至东大沽扩能改造工程1标段26100万元，新丰镇编组站改扩建工程站后“四电”工程15509.8589万元。

2008年，集团公司制定“确保完成新签合同额220亿元”的经营开发目标，实际完成新签合同额 300.8 亿元，超额完成年度开发任务，为年度计划的 136%。市场开发中心直接组织完成多项 10 亿元以上大项目的投标，并成功中标，中标金额 103 亿元，主要有：京九铁路电气化工程北京西至乐化段总价承包项目，新建铁路北京至石家庄客运专线 JS-1 标段项目，新建铁路太原至中卫（银川）线站后“四电”及给排水工程施工 SDS-1 标段项目。直接组织协调 42 项亿元以上重点项目，中标金额 153 亿元，全年组织完成大、中投标项目近百项。集团公司新签合同额亿元以上的铁路工程项目有：京九铁路电气化工程北京西至乐化段总价承包，中标价 64 亿元；新建铁路北京至石家庄客运专线 JS-1 标段（与六局、二十二局联合体），中标价 26.8 亿元（联合体总价 48.9 亿元）；新建铁路太原至中卫（银川）线站后四电及给排水工程施工 SDS-1 标段，中标价 11.74 亿元；新建铁路宜万线信号、电气化工程，中标价 71366.6317 万元；焦柳铁路洛阳至张家界段电气化改造工程(广铁局管段)，中标价 24375.6 万元；贵阳南编组站扩建及枢纽客车外绕线站后工程，中标价 63068.34 万元；新建龙岩至厦门铁路站后“四电”工程 LX-Ⅵ 标段，中标价 57329 万元；内蒙高头窑至关碾房东段铁路工程二标段，中标价 14966.5 万元；新建地方铁路三北羊场至上海庙段的通信、信号、电力、电气化工程，中标价 16966.43 万元；峰福线横峰至南平南段电气化改造工程，中标价 71673.3 万元；大秦线牵引供电系统扩能改造工程施工，中标价 31675.779 万元；大同枢纽古店至大同东联络线工程(站后“四电”及“四电”房屋部分），中标价 17210.4997 万元；京沪高速铁路天津西站站场及相关工程施工，中标价 15219.94 万元；大秦线 4 亿吨配套站场扩能改造工程，中标价 19669.9866 万元；新建铁路昆明至河口线玉溪至蒙自段站后工程，中标价 42313.232 万元；改建铁路南同蒲榆次至侯马北段电气化扩能改造工程，中标价 54637.6477 万元；新建合肥至武汉铁路湖北段站后工程，中标价 16891 万元；新建铁路沪汉蓉通道合肥至武汉段引入武汉枢纽汉口站站房改造工程，中标价 36130 万元；汉口站改扩建工程（站房改造)，中标价 27866.1646 万元；新建铁路昆河线玉溪至蒙自段站后工程及铺架制梁工程施工总价承包，中标价 20650.1429 万元；武广客专“四电”房屋，中标价 20000 万元；包西线相关工程（六条线路），中标价 32900 万元；天津西站京沪特大桥工程（分包项目，中标单位中铁六局和中铁电气化局一公司专业联合），中标价 35500 万元；津秦客运专线工程，中标价 14 亿元；大秦线 4 亿吨配套站场扩能改造工程 DQXS-1 标段，中标价 13722 万元；郑西客运专线工程，中标价 12000 万元；神朔铁路扩能改造“四电”工程施工，中标价 10054.4331 万元；包西铁路通道省界（陕西）至张桥段站后“四电”工程，中标价 22481.5804 万元；兰新铁路红柳河至阿拉山口电气化改造乌西至阿拉山口段（S1 标），中标价 20000 万元；新建铁路甬台温线通信、信号、牵引供电及电力供电系统集成施工总承包，中标价 11.43 亿元；新建铁路温福线(含福厦线引入福州枢纽)通信、信号、牵引供电及电力供电系统集成施工总承包，中标价 12.75 亿元；新建铁路武汉至广州客运专线通信、信号及牵引供电子系统集成施工总承包，中标价 12.29 亿元；新建铁路广深港客运专线广深段通信、信号及牵引供电子系统集成施工总承包，中标价 83000 万元。

第二节　铁路客专系统集成工程市场

2005年10月1日，集团公司成立京津城际筹备组。2006年4月1日，中铁电气化局集团有限公司、中国铁路通信信号集团公司联合体中标京津城际客运专线。4月26日，新建铁路京津城际轨道交通工程通信、信号及牵引供电系统集成总承包合同在北京通用技术大厦签署，合同额为3.86亿元。中铁电气化局集团有限公司、中国铁路通信信号集团公司联合体与西门子公司作为系统集成商，承担中国第一条时速350公里电气化铁路项目的建设任务。2006年12月1日，撤消京津城际筹备组，在其基础上成立中铁电气化局集团有限公司客运专线系统集成事业部，下设综合办公室、商务部、工程技术部、设备物资部、财务部。主要任务是为适应铁道部采用的客运专线站后工程系统集成运作模式要求，加强集团公司与国内外优秀企业合作，实施铁路客运专线站后通信、信号、牵引供电、电力“四电”集成项目，通过引进、消化、吸收、再创新，建立高速客运专线牵引供电系统技术标准，掌握高速铁路设计、施工、检测及运营维护的核心技术。

2007年，客运专线系统集成事业部以京津、合武、武广、广深港、广珠等客运专线的投标、合同谈判及项目执行作为工作重点，积极搭建客运专线“四电”系统集成技术平台，不断总结客运专线系统集成经验，为打造成为具有国际竞争力的系统集成商而努力。2007年，在已经完成投标的9条客运专线中，集成事业部中标5条（合宁、郑西、胶济、石太除外），承揽项目“四电”工程合同总额176.25亿元，其中电力及牵引供电合同额总计83.74亿元，超额完成集团公司下达的50亿元经营目标。中标项目：京津城际，2006年4月26日签订“四电”系统集成工程总承包合同，建设规模115.2正线公里，“四电”合同额26亿元，其中集团公司(电力及牵引供电)合同额3.61亿元；武广客运专线，建设规模968正线公里，“四电”合同额104亿元，其中集团公司(电力及牵引供电)合同额57.98亿元；合武客运专线，2007年7月29日签订系统集成工程总承包合同，“四电”合同额15.2亿元，其中集团公司(电力及牵引供电)合同额7.67亿元，建设规模359正线公里；广深港客运专线，“四电”合同额21.3亿元，其中集团公司(电力及牵引供电)合同额8.38亿元，建设规模115正线公里；广珠客运专线，“四电”投标总价8.75亿元，其中集团公司(电力及牵引供电)投标价5.4亿元，建设规模主线+支线总长为142.3正线公里；京津城际声屏障工程，中标价近7000万元。

2008年，继续积极搭建客运专线“四电”系统集成技术平台，不断总结客运专线系统集成经验，构建集团公司核心竞争力。中标项目：甬台温客运专线，2008年5月9日签订系统集成工程总承包合同，“四电”合同额16.98亿元，其中集团公司合同额11.43亿元；温福客运专线，2008年6月13日、7月22日，分别与两个业主签订系统集成工程总承包合同，“四电”合同额19.96亿元，其中集团公司合同额12.73亿元；武广客运专线，2008

年8月10日签订合同，“四电”合同额104亿元，其中电力及牵引供电合同额57.98亿元。中标京津城际的声屏障项目和客服系统。组织完成福厦、昌九、石太客服系统投标，组织京沪、哈大客运专线前期准备工作，根据集团公司安排系统集成事业部提前介入京沪、哈大客专项目，配合设计完成京沪、哈大客运专线初步设计概算和招标文件修改。系统集成事业部同时对海南东环、沪宁客运专线、京石客运专线、石武客运专线等进行跟踪走访，利用集成商身份，将“四电”房屋、站房及给排水工程纳入“四电”系统集成合同内，保证“四电”合同份额，降低建筑公司的经营风险。

第三节　城市轨道交通及市政工程市场

面向社会，发挥特长，拓展城交领域是经营工作总体战略之一。利用参建上海、广州地铁和上海明珠线的良好信誉，推进城市轨道交通领域开发，把城市轨道交通工程和市政工程市场逐步发展成为新的产业支柱。2001年12月24日，中铁电气化局集团有限公司轨道交通事业部正式成立，作为集团公司的全资分公司，专门从事城市地铁、轻轨牵引供电、通信信号、迷流防护等工程项目的经营开发和施工安装。

2000年，中标北京复八线、南京地铁三山街站电器设备接地网工程。

2001年，中标大连城市轻轨香炉礁至金马路接触网工程，广州地铁2号线牵引供电安装工程，广州地铁2号线通信安装工程。

2002年，集团共中标6个项目，投资额20504.2264万元。中标项目：上海莘闵线接触网工程，投资额3377.3741万元；上海莘闵线SCADA工程，投资额775.4896万元；上海莘闵电力外线、站场照明工程，投资额394.8411万元；上海共和新路接触网工程，投资额6143.9851万元；上海共和新路变电工程，投资额1212.5365万元；重庆轻轨接触网工程投资额8600万元。

2003年，集团共承揽轨道交通工程项目21个，新签合同额82964万元，占新签合同额总计的20.4%，占工程项目新签合同额的26.6%。主要工程项目：上海明珠线二期通信系统工程，合同额8552万元；上海明珠线二期工程，合同额11808万元；天津市区至滨海新区城市轨道交通工程，合同额6701万元；武汉轻轨1号线供变电工程，合同额8513万元；南京地铁供电系统牵引变电安装工程，合同额2554万元；深圳地铁35KV变配电工程，合同额2329万元；重庆轻轨供电设备包，合同额12539万元；重庆轻轨信号设备包，合同额24235万元；南京地铁供电系统接触网安装总承包工程，合同额3992万元。

2004年，集团共承揽城市轨道交通工程项目29个，新签合同额7.19亿元，占新签合同额总计的9.6%，占工程项目新签合同额的10.4%。主要工程项目：上海轨道交通3号线车辆基地接触网工程，合同额4750万元；上海轨道交通3号线牵引供电工程，合同额2478万元；天津地铁1号线供电和信号系统工程，合同额8434万元；上海轨道交通4号线牵引供电工程，合同额1130万元；北京地铁4号线2标段，合同额12916万元；上海地铁9号线工程，合同额8158万元；广州地铁4号线供电系统工程，合同额11890万元。

2005年，集团共承揽城市轨道交通及其他市政工程项目55个，新签合同额23.85亿元，占新签合同额总计的18.7%，占工程项目新签合同额的20.5%。主要工程项目：北京地铁5号线供电系统工程，合同额38381万元；上海轨道交通8号线牵引供电和电力监控工程，合同额4111万元；上海轨道交通6号线牵引供电和系统集成总承包，合同额1939万元；北京地铁5号线信号ATC系统设备采购，合同额23285万元；重庆轻轨较新线二期供电和信号工程，合同额10588万元；广州市轨道交通4号线土建工程，合同额7271万元；广州市轨道交通5号线土建工程，合同额7172万元；大连市轨道交通3号线桥梁续建工程，合同额2449万元；北京轨道交通首都机场线04合同段，合同额11319万元；北京轨道交通首都机场线10合同段，合同额26004万元；北京地铁奥运支线工程，合同额63500万元；广州大学城医院10千伏供配电系统安装，合同额5189万元；大连市西部石门山隧道工程，合同额10800万元；西安城市交通项目C07合同段，合同额8667万元；西安铲河两岸滨河路工程，合同额2810万元；西安太华路北延伸线工程，合同额2500万元；宝鸡市行知大道工程，合同额3000万元；延安市西沟大桥工程，合同额1098万元；西安市东三环立交工程，合同额3000万元。

2006年，集团共承揽城市轨道交通及其他市政工程项目56个，新签合同额17.82亿元，占新签合同额总计的13.4%，占工程项目新签合同额的14.9%。主要工程项目：北京地铁5号线机电安装工程，合同额2696万元；北京地铁10号线供电系统工程，合同额6656万元；北京地铁10号线信号系统工程，合同额3196万元；北京地铁奥运支线BT工程供电系统，合同额10535万元；北京轨道交通首都机场线设备系统集成及安装工程，合同额49855万元；上海轨道交通8号线一期，合同额12338万元；上海轨道交通4号线，合同额6778万元；上海轨道交通1号线，合同额6088万元；深圳地铁4号线二期供电系统工程，合同额28600万元；大连市轨道交通3号线续建工程牵引供电系统，合同额2685万元；成都地铁1号线土建工程，合同额2261万元；北京轨道交通首都机场线01合同段，合同额13843万元；大连市西部石门山隧道工程后续增加，合同额3000万元；北京地铁奥运支线大屯路隧道共构工程，合同额5500万元；乌鲁木齐市米东路道路改建工程，合同额2646万元。

2007年，城市轨道交通工程中标52项，新签合同额29.17亿元，占新签合同额总计的11.58%，占工程项目新签合同额的12.7%。主要项目：南京地铁1号线南延线工程PPP项目（动态投资）142451.3290万元，南京地铁1号线南延线工程TA03标土建工程9431万元，北京地铁1、2号线车辆设备消隐改造工程供电系统改造项目14580.9808万元，沈阳市地铁1号线一期及延长线工程供电系统集成36580万元，深圳轨道交通4号线二期工程合同 455 主要设备采购 13583.3789 万元，北京地铁 4 号线供电系统设备安装工程

9912.3547 万元，北京地铁 2 号线信号系统更新工程信号设备采购合同 10774 万元，北京市轨道交通首都机场线设备集成及安装工程(系统 7)项目总承包合同 11760 万元，北京市轨道交通首都机场线信号系统工程信号系统采购项目分包合同 5554 万元，西安城市快速轨道交通 2 号线一期工程尤家庄-长延堡段土建工程 TJSG-11 标 15889.5 万元。

2008 年，城市轨道交通工程中标 73 项，新签合同额 20.2 亿元，占新签合同额总计的 6.1%，占工程项目新签合同额的 6.5%。其中 5000 万元以上项目有：上海市轨道交通 7 号线工程供电牵引、降压变电所、电力监控系统安装工程，中标价 11159.601 万元；北京地铁 4 号线机电专业安装工程 A 部，中标价 5122.5943 万元；上海市轨道交通 10 号线工程供电牵引、降压变电所系统安装工程，中标价 7601.8832 万元；上海轨道交通 10 号线工程通信系统设备及施工总承包项目，中标价 9342.9216 万元；上海市轨道交通 10 号线工程信号系统安装工程，中标价 8848.4476 万元；武汉市轨道交通 1 号线二期工程，中标价 7858 万元；深圳地铁 1 号线续建工程 35KV 变配电工程，中标价 5559.67 万元；南京地铁 2 号线一期工程接触网施工安装总承包工程项目，中标价 9494.4046 万元；上海轨道交通 7 号线工程接触网、干线电缆及杂散电流防护施工总承包工程，中标价 28395.3134 万元；上海罗店中心镇公共交通配套工程接触网、干线电缆及杂散电流防护施工总承包工程，中标价 7820.1801 万元；重庆轨道交通 3 号线一期检修通道制作安装工程，中标价 6700 万元；重庆市轨道交通 3 号线一期工程信号系统工程，中标价 9175.6778 万元；重庆市轨道交通 3 号线一期工程线路系统工程，中标价 22168.4873 万元；北京地铁 10 号线二期工程 06 合同段角门东站土建工程，中标价 15000 万元；北京地铁 10 号线 6 标工程，中标价 19914 万元。

第四节　建筑工程市场

随着国家城市化进程的加快，以及铁路工程市场的快速扩张，建筑工程市场呈现前所未有扩张局面，为此集团公司把扩大建筑工程市场份额作为一项重要工作来抓。先后在北京、成都、兰州等多个城市中标多项建筑工程，还中标多个铁路工程房建项目，逐步把建筑工程市场做强做大。

2003 年，集团共承揽工民建工程项目 17 个，新签合同额 20735 万元，占新签合同额总计的 5.1%，占工程项目新签合同额的 6.7%。主要工程项目：景旭花园 E、F 座，合同额 4765 万元；九江武宁县影都大厦，合同额 1187 万元；兰州铁路分局天喜苑住宅楼，合同额 1026 万元；兰州铁道学院 8 号教学楼，合同额 2020 万元；西韩村整村改造工程，合同额 2070 万元；顺义裕龙花园，合同额 4550 万元；华北明珠国际度假村 1 号公寓，合同额 3000 万元。

2004 年，集团共承揽建筑工程项目 36 个，新签合同额 8.02 亿元，占新签合同额总计的 10.7%，占工程项目新签合同额的 11.6%。主要工程项目：明景轩住宅楼，合同额 1632 万元；山西省蒲县电厂后期改造工程，合同额 1500 万元；二汽基地实验室房屋，合同额 1792 万元；山西临汾住宅楼，合同额 2180 万元；山西临汾三明大厦装修，合同额 6000 万元；山西翼城县海绵铁厂基建和铁路支线，合同额 24000 万元；永城煤电集团办公楼，合同额 3200 万元；兰州科技园，合同额 15000 万元；岳家楼 19 号楼及地下车库，合同额 3727 万元；兰州大学图书馆，合同额 7561 万元；顺义滨河小区 2 号和 3 号楼，合同额 2160 万元；生源食品有限公司厂房配套办公楼，合同额 1050 万元。承揽方泽园住宅小区投资，合同额 6000 万元。

2005 年，集团共承揽建筑工程项目 11 个，新签合同额 2.83 亿元，占新签合同额总计的 2.2%，占工程项目新签合同额的 2.4%。主要工程项目：西南交通大学新校区体育馆工程，合同额 6990 万元；铁科研 12 号楼，合同额 4509 万元；下庄变电所房屋，合同额 1444 万元；中铁大桥局新院区办公楼，合同额 2098 万元；北京海淀区甘家口办公楼，合同额 3170 万元；西北民族大学榆中校区，合同额 4286 万元；沈阳北恒铜业公司新厂区办公楼，合同额 3500 万元；太仓金源污水处理公司办公楼，合同额 1495 万元。

2006 年，集团共承揽建筑工程项目 26 个，新签合同额 8 亿元，占新签合同额总计的 6%，占工程项目新签合同额的 6.7%。主要工程项目：北京和平里东站住宅小区工程，合同额 14204 万元；中水电广渠路住宅小区，合同额 4522 万元；铁科研环控中心楼，合同额 2750 万元；北京南站工程，合同额 4500 万元；北京西山万泉香源住宅小区，合同额 24900 万元；宝鸡工业园，合同额 3152 万元；郑州春暉小区高层住宅楼，合同额 3638 万元。

2007 年，集团共承揽建筑工程项目 22 个，新签合同额 12.2 亿元，占新签合同额总计的 4.8%，占工程项目新签合同额的 5.3%。主要工程项目：北京市轨道交通首都国际机场线东直门航空服务楼工程 18147.623 万元，北京市轨道交通首都国际机场线车辆基地机电及室外工程 9596.0707 万元。

2008 年，集团共承揽建筑工程项目 13 个，新签合同额为 2.3 亿元，占新签合同额总计的 0.7%，占工程项目新签合同额的 0.8%。主要工程项目：秦皇岛造纸厂用地改造 5405 万元，西直门铁路危改小区 8#住宅楼工程 3470 万元，兰州交通大学学生公寓 3000 万元。

第五节　公路工程市场

在公路交通工程市场，根据集团拥有的资源情况，由集团西铁工程公司和西铁建设公司参加高速公路土建工程竞标，集团一公司、二公司、三公司、电气化公司、西安通号处参与高速公路机电项目竞标，分别在两个方面占有一定市场份额，关注市场的变化，并根据市场趋势调节资源投入。

2003 年，集团共承揽公路工程项目 28 个，新签合同额 20950 万元，占新签合同额总计的 5.2%，占工程项目新签合同额的 6.7%。主要工程项目：沈阳-丹东高速公路机电配套工程，合同额 1057 万元；沈阳-丹东高速公路通信工程，合同额 2629 万元；郑少高速公路供电照明工程(3 个标段)，合同额 6831 万元；西安至阎良、宝鸡至潼关高速公路通信系统工程，合同额 3700 万元。

2004 年，集团共承揽公路工程项目 50 个，新签合同额 7.52 亿元，占新签合同额总计的 10.1%，占工程项目新签合同额的 10.9%。主要工程项目：北京至福州高速公路机电配套工程，合同额 9140 万元；京石高速公路通信工程，合同额 1470 万元；沈大高速公路通信工程，合同额 5943 万元；石安高速公路通信工程，合同额 3027 万元；洛少高速公路供电照明工程，合同额 1100 万元；青银国道路基桥涵工程，合同额 10994 万元；关中环线快速干道工程，合同额 4581 万元；福潭路渭河大桥工程，合同额 2228 万元；姜眉公路工程，合同额 3767 万元；省道二级公路 A1 合同段，合同额 4296 万元；二连浩特至河口国道主干线工程，合同额 16297 万元。

2005 年，集团共承揽公路工程项目 22 个，新签合同额 6.58 亿元，占新签合同额总计的 5.2%，占工程项目新签合同额的 5.6%。主要工程项目：大庄高速公路机电配套工程，合同额 2079 万元；广西百罗高速公路机电工程，合同额 1475 万元；郑州西南绕城高速公路机电工程，合同额 1681 万元；宁波公路机电工程，合同额 3593 万元；陕北吴子高速隧道工程，合同额 5027 万元；陕西省户县至勉县高速公路工程，合同额 5956 万元；陕西省西安至临潼高速公路姜沟立交改造工程，合同额 1492 万元；衡昆国道第 11 合同段工程，合同额 5938 万元；张石高速公路第 8 合同段工程，合同额 10000 万元；邵怀高速公路 A5 合同段工程，合同额 3115 万元；西柞高速公路第 29 合同段工程，合同额 5201 万元；江西省赣州至大余高速公路 A1 合同段工程，合同额 16959 万元；铜川市西川煤矿公路工程，合同额 1358 万元。

2006 年，集团共承揽公路工程项目 27 个，新签合同额 10.55 亿元，占新签合同额总计的 7.9%，占工程项目新签合同额的 8.8%。主要工程项目：佛山市一环城际快速干线供配电照明工程，合同额 2062 万元；陕西省省道 107 环山路太乙宫至玉山至渭南界段，合同额 4604 万元；大庆至广州高速公路江西段，合同额 7020 万元；武汉至英山高速公路一期土建工程，合同额 22796 万元；阿荣旗至深圳高速公路新乡段机电工程，合同额 2262 万元；石家庄市环城公路，合同额 7435 万元；国道主干线霍尔果斯至连云港陕西境内宝鸡至牛背高速公路，合同额 8609 万元；西安咸阳国际机场专用线高速公路第一标段，合同额 38061 万元。

2007 年，集团共承揽公路工程项目 27 个，新签合同额 4.33 亿元，占新签合同额总计的 1.7%，占工程项目新签合同额的 1.9%。主要工程项目：省道 203 线乌兰浩特－零点一级公路土建工程 WLLM-02 合同段 8098.5196 万元，国道 304 线鲁北-图布信一级公路土建工程 LTLM-01 合同段 9272.8178 万元。

2008 年，集团共承揽公路工程项目 26 个，新签合同额 9.51 亿元，占新签合同额总计的 2.9%，占工程项目新签合同额的 3.1%。承揽亿元以上主要工程项目：郑州西绕城公路改扩建工程第 TJ-2 标段，中标价 10470 万元；广东佛山市顺德区快速干线网首期工程碧桂路、容桂大道 BT 工程项目第 1 标段，中标价 10779 万元；广东佛山市顺德区 BT 项目（高富路、红旗路）10 标段，中标价 10258 万元；青岛至兰州公路陕西境壶口至雷家角高速公路路基桥隧工程 LJ12 标段，中标价 23614.6588 万元；包头至茂名高速公路(665)陕西境西安至铜川高速公路改扩建工程试验段 XTK-S2 标段（赵氏河段），中标价 11582.0272 万元；佛山市顺德区公路 BT 工程项目 4 标段，中标价 14278 万元。

第六节　对外投资工程项目

通过 BOT、BT、PPP 等模式对工程项目进行投资，并谋求对工程进行施工总承包，是公司寻求的一条发展壮大之路。通过对外投资项目管理和工程施工总承包，极大地促进了公司项目管理水平的提高，培养了一大批优秀的管理人才，提高了企业的知名度和品牌影响力，也取得了较好的投资收益。

近年开展的投资工程项目：首都机场线项目。机场线项目是东直门至首都机场的轨道交通客运专线，线路总长 27.76 公里。项目设计总投资 62.16 亿元，其中资本金 25 亿元，银行贷款 37.16 亿元。机场线项目运作之初是按 BOT 模式进行的。集团公司以 1.9 亿元人民币的首期投资成为项目公司的第一大股东，占公司股份的 38%。2006 年 10 月，随着项目运作的不断深入，北京市政府京投公司成为快轨公司新的第一大股东，集团公司原有投资额不变，股比变更为 7.60%，项目模式也由 BOT 模式变更为参股股权投资模式。北京地铁奥运支线 BT 工程。BT 工程投资为 10.95 亿元，于 2005 年 6 月开始动工建设，2008 年 4 月竣工。南京地铁 1 号线南延线 PPP 项目。项目合同额为 14.245 亿元，其中建设费用为 12.9898 亿元（闭口价部分 64637 万元，暂定价部分 65260 万元），建设期融资费用为 12553 万元。合同工期至 2009 年 12 月 31 日。2008 年 9 月，由于南京地铁 1 号线南延线工程停车场的选址调整，南延线线路向南延伸 3 个车站，双方签订补充合同，合同金额为 36434 万元，其中建设费用为 34112 万元（闭口价部分 18437 万元，暂定价部分 15000 万元，暂定价项目总包管理费 675 万元），建设期融资费用为 2322 万元。合同工期及内容、条款除本协议没有明确的部分，与“主合同”一致。

第七节　海外工程市场

随着中国加入世界贸易组织，经济全球化步伐不断加快，中国对外经济合作不断深化，集团公司的海外业务得到快速发展。2001 年 1 月，集团公司在经营计划处经营三科的基础上成立海外工程部。2002 年 9 月，更名为国际工程部，全面负责集团公司海外市场的开发和经营管理工作。2005 年，国际部按事业部管理。国际工程部按照集团公司“放眼世界，借船出海，扩大海外市场”的海外业务总体战略部署，通过强化区域市场开发，实现“伊朗、中亚地区”滚动发展，巩固和提高区域市场份额，在海外铁路市场上成功打造“中铁电化”品牌。

历年新签合同额：1999 年，承揽工程项目 2 个，新签合同额 3898 万美元，其中香港将军澳地铁延长线供电系统工程（655 项目）合同金额 1.6 亿港元（2146 万美元），香港西部铁路牵引供电和接触网工程（DB-1400 项目）合同金额 1752 万美元。2000 年至 2001 年间，进行香港地区和伊朗项目的实施和区域市场信息跟踪。2002 年，承揽工程项目 2 个，新签合同额 405 万美元，其中伊朗地铁 5 号线备品备件采购安装工程合同金额 124 万美元，伊朗地铁 5 号线机车设备采购安装项目合同金额 281 万美元。2003 年，承揽工程项目 1 个，即巴基斯坦谢胡布尔-拉哈尔段既有铁路信号改造工程，合同金额 1.16 亿美元。2004 年，承揽工程项目 1 个，即伊朗德黑兰地铁 5 号线 E2 站改造项目，合同金额 39 万美元。2005 年，承揽工程项目 2 个，新签合同额 2768 万美元，其中伊朗德黑兰地铁 5 号线梅莎车间检修基地扩建设备采购安装项目合同金额 418 万美元，伊朗德黑兰地铁 5 号线延长线 Mehrshahr（梅莎）-Hastergerd（哈斯特盖尔德）电气化工程合同金额 2350 万美元。2006 年，承揽工程项目 2 个，新签合同额 2433 万美元，其中伊朗德黑兰地铁 4 号线高压系统工程合同金额 1613 万美元，伊朗德黑兰地铁 4 号线车间设备项目合同金额 820 万美元。2007 年，承揽工程项目 3 个，新签合同额 1.35 亿美元，其中伊朗德黑兰地铁 1 号线北延线安装工程合同金额 42 万美元，乌兹别克斯坦土库马其-安格林段电气化铁路改造项目合同金额 1924 万美元，伊朗阿沃兹市轻轨 1 号线合同金额 11600 万美元。2008 年，承揽工程项目 2 个，新签合同额 1361 万美元，其中伊朗德黑兰地铁 4 号线工程高压系统 H4 高压变电所分包合同补充协议，合同金额 594 万美元；伊朗德黑兰地铁 5 号线项目承包补充合同书，合同金额 767 万美元。

第八节 房地产开发

2002 年，集团公司经过多次市场调查，研究论证，发现房地产业的巨大经济潜力，决定依托主业，探索新的资本运营方式，投资成立景旭房地产开发公司。景旭房地产开发公司抓住房地产市场的发展机遇，坚持科学发展，积极进取，快速实现从无到有，从小到大的发展历程。

2003 年 1 月，经过近一年的酝酿和前期操作，集团公司东院职工集资住宅项目经批准实施。2004 年 10 月，两栋职工集资住宅楼历经 14 个月的建设如期竣工交付使用，工程质量经评定，获得结构“长城杯”，建造成本控制在 2800 元/平方米的可控范围之内。

2003年6月，景旭公司以按投资比例进行分成的合作方式，与石家庄羽嘉房地产开发公司合作开发石家庄“中国盒子”商务公寓项目，建筑规模15000平方米。2005年8月20日，“中国盒子”开盘销售，引发商界和媒体的关注和抢购热潮，成为近几年石家庄商业地产的一大亮点，年底项目基本售罄。

2004年3月，景旭公司首次进入北京市场，经多次沟通与商洽，与北京中豪房地产公司牵手合作，共同开发北京“状元城”住宅小区项目，该项目总建筑规模7万平方米。2005年5月至12月间，“状元城”项目先后三次开盘均以房源售罄收场，公司所投入的6000万元资金也按合同约定如期收回。

2004年12月31日，景旭公司在创业阶段又取得新的成果，在集团公司的支持下，经过多次沟通与洽商，以总价9970万元从北京金兰甫房地产开发公司买断位于北京丰台区西南三环“中景•理想家”项目的开发权。该项目占地面积11787平方米，建筑面积5万平方米。此项目为公司成立后取得的首个全过程独立操作的项目，标志着公司历经2年的努力，已经具备独立开发项目的能力，实现了创业阶段的各项奋斗目标。

2005年12月18日，在石家庄市国土资源局，景旭公司以当年标王价总计2.53亿元人民币取得石家庄（008）号地块的开发使用权。该地块位于石家庄市长安区，地处市政未来规划的重点和平东路与翟营大街交汇之处。公司在此开发“中景•盛世长安”项目，总建筑面积40万平方米，分三期开发，预计在2010年结案。2008年底，项目一期销售进入尾声，二期进入热销阶段，三期正在建设中。

2007年12月28日，在北京钓鱼台国宾馆，衡水市政府与集团公司就“衡水滏阳河及滨湖城区一级开发项目战略合作项目”举行签字仪式。该项目位于衡水市滏阳河以南、红旗大街以西、南环路以北干马村279.58亩土地的一级开发项目，项目开发期限一年，总投资9800万元。自此景旭公司正式进入一级开发领域。

2008年1月23日，在北京市国土资源局拍卖大厅，景旭公司历经225轮激烈竞价，最终以6.5亿元成功竞得北京顺义后沙峪203亩土地开发权。项目总规划建筑面积为147060平方米，容积率1.5，项目产品定位为新生代中式住宅，产品形式以花园洋房为主，由24栋多层、小高层和2栋金融商业组成。项目分二期开发，整个项目开发周期将至2011年。

2008年7月，集团公司将原属集团公司的秦皇岛接待中心资产及人员整体划转景旭公司，并要求对接待中心的经营方式进行重新定位。按照集团公司要求，公司在秦皇岛设立分公司开展此项工作。2008年底，对项目进行装修改造，命名为“景旭商务会馆”。

第九节　维管市场

对铁路的固定设备进行委托维修管理是中铁电气化局集团为使产业链向下游延伸而

作出的战略决策。2005 年 10 月，集团公司成立运营维护管理公司（系集团分公司），利用中铁电气化局集团的资源优势，开发铁路固定设备运营维管市场。2008 年 3 月 28 日，经中国中铁股份有限公司批准，运营维护管理公司更名为“中铁电气化铁路运营管理有限公司”，成为集团的副局级子公司。全面负责管理中铁电气化局集团的各项铁路运营管理任务，打造运管品牌，创一流的轨道交通运营维护管理公司。截至 2008 年 12 月 31 日，中铁电化运管公司的维管项目共涉及沈阳、北京、济南、上海、南昌和呼和浩特 6 个铁路局。

2006 年，共承揽牵引供电设备维管项目 8 个，合同总额为 20024 万元。主要维管项目：北京铁路局，京沪线北京铁路局管内接触网 374 正线公里，合同额 2800 万元。济南铁路局，京沪线济南铁路局管内接触网 488 正线公里，合同额 3059.2 万元；济南铁路局胶济铁路接触网 423.5 正线公里，合同额 2456 万元；陇海线济南铁路局管内接触网 132 正线公里，合同额 1108.8 万元。上海铁路局，京沪线上海铁路局管内接触网 611.22 正线公里，合同额 3835 万元；沪昆线上海铁路局管内接触网 584.28 正线公里，合同额 2950 万元。沈阳铁路局，秦沈铁路接触网 371.115 正线公里，合同额 915 万元。南昌铁路局，浙赣铁路南昌铁路局管内接触网 562.5 正线公里，合同额 2900 万元。

2008 年，新承揽和续签合同的电力及牵引供电维管项目 7 个，合同总额为 14813.24 万元。新承揽的维管项目：北京铁路局，京津城际铁路接触网 119.4 正线公里，合同额 1067.16 万元。济南铁路局，胶济客运专线接触网 362.5 正线公里，合同额 1520.4 万元。上海铁路局，合宁铁路合肥枢纽至南京枢纽工程接触网 166.357 正线公里，合同额 1120.23 万元；合武铁路上海铁路局管内接触网 212.3 正线公里，合同额 1256.85 万元。呼和浩特铁路局，大包、包惠铁路接触网 846.64 正线公里，合同额 5049 万元。续签合同的维管项目：沈阳铁路局，秦沈铁路接触网 371.115 正线公里，合同额 1349.6 万元。南昌铁路局，沪昆铁路南昌铁路局管内接触网 571 正线公里，合同额 3450 万元。

第四篇

工程建设

- 铁路电气化工程
- 铁路客运专线工程
- 铁路综合工程
- 城市轨道交通工程
- 房建及市政工程
- 公路工程
- 抢险、抢建工程
- 国外工程
- 其他工程

第四篇　工程建设

第一章　铁路电气化工程

第一节　广深铁路三线

一、工程概况

广深铁路，原名广九铁路，其单线最早修建于 1907 年至 1911 年。线路由北端广州站向东南引出，在石龙前越东江及其支流，经樟木头，抵深圳市，过深圳桥南到九龙。该线为进出“港、九”的重要通道。广深铁路连接广州和深圳，正线全长 139.8 公里。全线设广州、广州东、石牌、吉山、下元、新塘、仙村、红海、石龙、茶山、东莞、土塘、樟木头、塘头厦、平湖、布吉、深圳北等站。

广深铁路在东莞境内与京九铁路相接，在广州与京广铁路和广茂铁路相连，在平湖南站与平南铁路和平盐铁路连接，在南端经罗湖桥与香港铁路有限公司营运的东铁线相接通到香港的九龙站。另外设有连接广州鱼珠码头、黄埔新港和石龙港的支线。

广深铁路三线电气化工程，建设单位为广深铁路股份有限公司，由铁道部电化局电气化勘测设计院设计。

广深铁路三线电气化工程，主要技术条件：铁路等级，Ⅰ级；限制坡度，8‰；到发线有效长度，850 米；最小曲线半径，一般 1600 米，困难 1200 米，局部限速地段满足相应半径要求；旅客列车设计行车速度，140 公里/小时，局部限速；牵引种类，电力牵引；区间闭塞方式，自动闭塞；牵引质量，货物列车 3500 吨，旅客列车 1100 吨。广深铁路三线在不同区段与一、二线并行或绕行，与一、二线并行间距一般情况下不小于 6.5 米，部分区段最小为 5.0 米。

广深铁路三线电气化工程，由铁道部电化局承建。工程 1999 年 6 月 8 日开工，2000 年 8 月 29 日竣工，9 月 16 日开通交付使用。

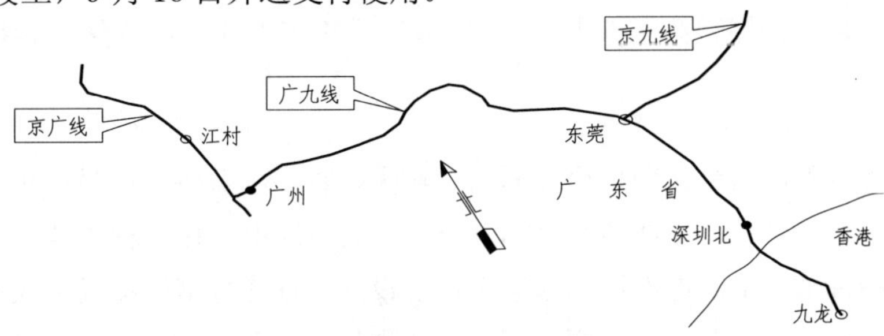

广深铁路三线示意图

二、工程设计

广深铁路一、二线电气化工程于 1998 年 8 月 28 日开通运营后，开展广深铁路三线电气化改造工程设计。

广深铁路三线电气化工程为与已建成的广深铁路一、二线及相接的京广、九广电气化铁路的牵引供电方式保持一致，采用带回流线的直接供电方式。为提高牵引供电系统内主要供电设备的利用率和综合技术经济效益，利用既有下元、茶山和平湖牵引变电所、广州东开闭所、广州、仙村和樟木头分区所等牵引供电设施进行供电，牵引变电所的外部电源和布点与广深铁路一、二线共用。

正线接触网采用 TJ-127+CTHA-120 型全补偿简单链形悬挂，张力 17 千牛＋13 千牛，站线接触网采用 THJ-70+CTHA-85 型全补偿简单链形悬挂，张力 15 千牛＋8.5 千牛，导线高度 5.6 米，结构高度 1.1 米，回流线采用 LGJ-95 导线，供电线采用 LGJ-185/10 导线。

三、工程施工

广州东至下元（DK7+800 至 DK39+700）31.9 公里由二处施工；下元至樟木头（DK39+700 至 DK100+985）61.3 公里由一处施工；樟木头至深圳（DK100+985 至 DK147+615）46.6 公里由三处施工。

接触网工程　1999 年 6 月 8 日开工，区间三线并行区段采用硬横跨，单独区段采用单腕臂柱，所有钢柱均采用防腐措施，钢筋混凝土支柱采用 Φ400 等径预应力混凝土支柱，全线均按重污区选用绝缘子。为一步提高软横跨的抗腐性，软横跨采用不锈钢线。根据预先制定的施工组织设计及工程进度，2000 年 8 月 29 日工程竣工，9 月 16 日开通交付使用。全线共完成基础浇注 683 个，混凝土支柱安装 1016 根，钢支柱安装 592 根，架设接触网 320 条公里，附加线 96.55 条公里。

广深准高速铁路电气化工程获铁道部 1999 年度优质工程一等奖，广深铁路高速双线电气化工程获“中国建筑工程鲁班奖”。

第二节　成昆线青杠至攀枝花和广通至昆明段

成昆线电气化工程接续第一部志书，线路概况及工程设计不再重复，只续写工程施工。

一、概况

成昆线北起成都，南至昆明，途经眉山、峨嵋、甘洛、普雄、西昌、米易、金江、元谋、一平浪、安宁等县市，正线全长 1095 公里。成昆线电气化工程的建设单位为昆明铁路局成昆工程指挥部，由铁道部第二勘察设计院设计，青杠至攀枝花段由成都铁路局西昌电气化工程指挥部监理站监理，昆明西至广通段由昆明铁路局监理公司监理。

参加成昆线电气化工程施工的有铁道部电化局、铁道部第二、五、十二工程局、成都铁路局工程公司。其中铁道部电化局负责青杠至攀枝花段(含渡口支线)和广通至昆明西段电气化工程的施工。青杠至攀枝花段于 1998 年 6 月 8 日开工，1999 年 12 月 30 日建成开通；广通至昆明西段于 1998 年 8 月 30 日开工，2000 年 9 月 30 日建成开通。

成昆线示意图

二、工程施工

铁道部电化局承建的成昆线青杠至攀枝花 92.5 正线公里和广通至昆明西 149.384 正线公里的电气化工程，由一处负责青杠至攀枝花段（接触网、变电、电力工程）和广通至昆明西段（接触网、变电工程）及棠海(不含)至昆明西段通信工程的施工；二处负责青杠至攀枝花段隧道内电力工程和米易至攀枝花(含渡口支线)段通信工程的施工；三处负责广通至棠海段通信工程的施工；建筑处负责两段相关房(土)建工程的施工。电化局于 1998 年 4 月 16 日在昆明成立成昆线电气化工程指挥部，西昌设分指挥部，各工程处相应成立工程指挥部。一处投入 454 人组成专业作业队，配备 56 台（套）大中型施工机械；二处投入 82 人组成作业队，配备 14 台（套）大中型施工机械及仪器仪表；三处投入 89 人组成作业队，配备 8 台（套）大中型施工机械及仪器仪表；建筑处投入 64 人组成作业队，配备 12 台（套）大中型施工机械，于 1998 年 6 月 8 日开工。

接触网工程　青杠至攀枝花（含密地支线）段属既有线电气化改造，地质复杂，石质多，桥隧相连，加之站前技改（站场岔改、电力过渡工程）进度缓慢，给接触网施工造成很大难度，尤其是长隧道关节开挖及桐子林供电线路方案等严重影响和制约施工进度。针对施工中遇到的困难和问题，调整和制定“常抓青杠至枣子林段，突击枣子林至桐子林至牛坪子段，强攻攀枝花和密地站”的主体施工方案，集中施工机械，逐段分区分项落实到人，昼夜施工，连续作战，突击完成枣子林至桐子林至牛坪子段架设调整接触悬挂42个锚段，其后40天强攻下攀枝花和密地站站场架网及调整，同时青杠至枣子林段架网完工。长大隧道（大于1800米及以上）和隧道群地带的隧道内下锚施工中，探讨采用隧道内关节下锚承力索、导线并补装置的施工方法，使架网后的承力索、导线坠砣始终位于同一高度值，不但达到设计要求，而且节约封闭点时间，提高了工效。又如倮果、金江特大桥横跨雅龚江和金沙江，主跨长度均在180米以上，为解决桥上的安装问题，经多次现场调查与设计人员协商后，确定两桥主跨采用在竖直桥支撑钢构件上安装承力索、导线悬挂定位方式，且在倮果特大桥（成方）墩台上设拉线钢柱下锚，解决2隧夹1桥的锚段布置无法解决的问题。在克服各种困难的情况下，青攀段于1999年10月18日竣工，1999年12月30日投入运营。

广昆段接触网工程由于受站前技改的影响，施工进度较青攀段滞后，造成2000年初至2000年7月施工的高度紧张。为确保2000年7月底竣工，实施“5日计划”，倒排工期，于2000年7月30日竣工，2000年9月26日受电，2000年9月30日投入运营。

变电工程　青杠至攀枝花段的青杠和桐子林2处变电所于1998年10月18日开工后，1999年12月24日竣工，1999年12月26日向接触网送电。广通至昆明西段的广通、禄丰、勤丰营、温泉、昆明西5处变电所，1998年由于不具备施工条件，1999年开工，2000年9月26日竣工并向接触网送电。

电力工程　一处承担的青攀段青杠、沙坝、米易、丙谷、垭口、枣子林、桐子林、牛坪子、三堆子、攀枝花、倮果、密地 12 站站场电力及青杠、攀枝花、密地 3 处变（配）电所和广昆段温泉至昆明 10 千伏贯通线，温泉、读书铺、碧鸡关、昆明西、昆明 5 站站场电力及读书铺变（配）电所工程，由于 1998 年不具备施工条件，于 1999 年 4 月 1 日开工，由于点多分散，地质条件差，施工难度大，经过精心组织和奋战，于 2000 年 7 月 1 日竣工。二处承担的青攀段隧道内电力工程，1998 年完成大部分工作量后，其余工作于 1999 年 3 月 31 日竣工。

通信工程　二处承担的米易至攀枝花(含渡口支线) 74 公里的长途通信光电综合电缆线路和攀枝花、密地 2 个通信站的有关通信设备安装工程，1998 年 6 月 26 日开工后，到年底完成光电综合电缆线路的敷设等 60%的工作量，1999 年进行光电缆线路的接续、测试、设备安装及调试工作，1999 年 12 月 15 日竣工。三处承担的广通至棠海 55 公里的长途通信光电综合电缆线路和广通通信站的有关通信设备安装工程，一处承担的棠海至昆明西段 113 公里的长途通信光电综合电缆线路和读书铺通信站的有关通信设备安装工程，1998 年 8 月 30 日开工，由于施工条件差仅完成部分工作量，1999 年继续施工，于 2000 年 7 月 1 日同时竣工。

房建工程　建筑处承担青攀段和广昆段7处牵引变电所、6处接触网工区电气化房(土)建工程的施工，总建筑面积 1.9176 万平方米。青攀段于 1998 年 9 月 25 日开工后，到年底完成场坪和基础开挖等部分工作量，1999 年继续施工。广昆段于 1999 年 4 月 2 日开工。

房屋结构分框架和砖混 2 种类型，砖砌体采用“三顺一丁”法砌筑，现浇混凝土梁、柱及模板制作等工序穿插进行。基础工程大部分采用机械大开挖，基础回填土随基础砌筑升高从两边对称回填。攀枝花、密地接触网工区基础处于高填方地区，故采用人工孔桩基方法，由人工用锹镐自上而下逐层挖至老土，挖孔桩最深 22.5 米，允许误差 3 厘米。扩底部分采取先挖桩身圆柱体，再按扩底尺寸从上到下削土修成扩底形。护壁采用组合式钢模板拼装而成，拆上节支下节循环周转使用，施工中模板用 V 型卡连接，上下设两半圆组成钢圈顶紧，不另设支撑，混凝土强度达到 1 兆帕后拆模。在第一节混凝土护壁上设十字控制点控制桩中心线。混凝土垂直灌入桩孔，连续分层浇筑，每层厚度不超过 1.5 米，小直径桩孔 6 米以下利用混凝土的大塌落度和下冲力填充密实。在混凝土中掺水泥量 0.25% 的减水剂增大混凝土塌落度。对顶标高比自然场地标高低的桩，混凝土在浇筑 12 小时后进行水湿养护，时间不少于 7 天。由于措施妥当，所有挖孔桩一次性验收合格。青攀段于 1999 年 9 月 30 日竣工，广昆段于 2000 年 6 月 30 日竣工。

成昆线青杠至攀枝花段电气化工程获 2002 年铁道部优质工程二等奖。

第三节　外福线

一、工程概况

外福铁路修建于 20 世纪 50 年代末，属于二级单线铁路。西起鹰厦线中段的外洋车站，向东经南平、古田、闽清、闽侯，东至福州市的樟林车站，全长 191.5 公里。全线共有 54 座隧道 2.0979 万延米，最长的隧道是前洋隧道长 2797 米，最长的大桥是古田溪桥长 534 米。1999 年国家计委将外福线电气化改造列入该年批准开工建设的第五批大中型项目。外福线是继鹰厦线后福建省的第 2 条电气化铁路。实现电气化通车后，将充分利用福建省的水电资源，降低运输成本，提高福州铁路分局客货运输能力。

外福线电气化工程，建设单位是上海铁路局外福电化工程指挥部，由铁道部第四勘察设计院设计，铁道部第二勘察设计院工程建设监理公司外福电化工程监理项目部负责监理。

外福线电气化工程，铁道部第二工程局承担外洋至古田段 89.34 公里工程建设；电化局承担古田至樟林段 102.46 公里工程建设。

工程于 1999 年 8 月 12 日开工，2000 年 11 月 30 日竣工，2000 年 12 月 26 日开通。

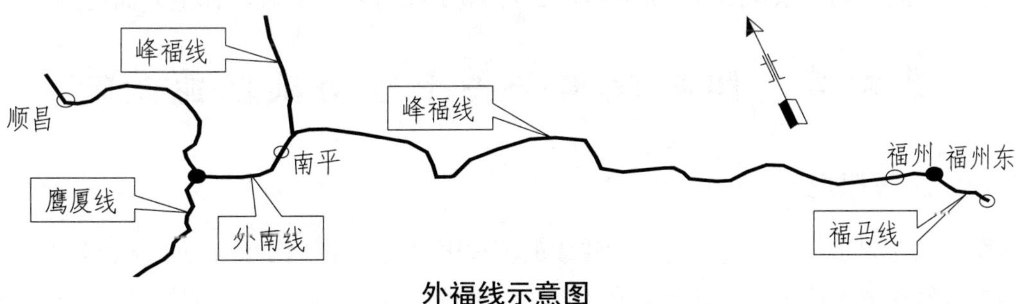

外福线示意图

二、工程设计

牵引供电采用带回流线的直接供电方式。接触悬挂采用全补偿简单链形悬挂，正线采用银铜合金电车线及整体吊弦，站线采用铜电车线和普通吊弦，隧道内部分采用弓型支架结构；接触线距轨平面高度 6 米，结构高度 1.3 米。闽清牵引变电所、闽清网工区作业车库、内燃车间为框架结构，福州供电段办公楼、闽清接触网工区为三层砖混结构，其他为单层砖混结构。

三、工程施工

接触网工程由一处承建，新建接触网 169.156 条公里、回流线 109 条公里、立混凝土支柱 2147 根、钢柱 478 根、软横跨安装 220 组、各种设备安装 80 台(组)。新建闽清、福州 2 处变电所；古田至樟林段相关电气化房建工程由建筑处承建，新建福州供电段办公楼、汽车库及内燃间、闽清牵引变电所、闽清网工区等计 13 个单位项目，总建筑面积 2250 平方米。

接触网工程　外福线电气化工程施工非常困难，一处管段内的 13 个站及 1 个机务段均有技改工程，交叉施工给接触网工程带来很大影响。另外，施工管段地处沿海沿闽江北岸而行与公路隔江相望，交通不便。全线为山区地段，铁路沿山蜿蜒而行，坡度大、路基窄、曲线多、半径小。约 80%为石质基坑，填方地段大部分为片石填方，塌方严重。古田至闽清间铁路路基同时为闽江江堤，渗水严重。基坑开挖时出现流沙坑，给安全施工增加了难度。工程 1999 年 8 月 12 日开工，2000 年 11 月 30 日竣工，12 月 26 日开通交付使用。

变电工程　2000 年 3 月 1 日开工，完成基础浇注 172 个、构支架安装 148 组、主变及各种设备安装调试 276 台(件)。2 处变电所于 2000 年 12 月 20 日建成，23 日同时受电，25 日同时向接触网供电。

房建工程　1999 年 12 月 14 日开工。基础施工中，当基槽、基坑挖至设计标高后进行钎探，达到设计要求后进行验槽。主体施工中，砌体采用“三一”砌筑法。混凝土工程采用组合钢模板、钢管支撑及钢楞，辅以部分木模。混凝土采用现场搅拌，严格控制配合比，混凝土浇注时设专人看护钢筋，防止绑好的钢筋变形，浇注后派专人进行养护。装修采取“样板开路”的方法，内墙刷 106 涂料，外墙刷白、黄两色涂料。牵引变电所铺防滑地板砖，其他建筑物均为水泥地面。2000 年 12 月 25 日工程竣工验收，评定为优良。

第四节　阳安线阳平关至勉西段扩能改造

一、工程概况

阳安铁路建于 70 年代，是一次建成的新线电气化铁路，西起宝成铁路的阳平关站，东至襄渝铁路的安康客站，途经勉县、汉中、城固、西乡、石泉、汉阴等县市，正线全长 357 公里。阳安铁路是横贯陕南的一条重要铁路干线，20 余年来对缓解西南铁路运输能力的紧张局面，发挥了巨大作用。随着国民经济的飞速发展，客货运量不断增加，原有的运输能力已趋于饱和，铁路线路、设备不能满足运输要求，由此国家投资对其进行扩能改造，这对于减轻宝成线的运输压力，加速西南地区的经济建设有着非常现实的意义。

阳安铁路电气化扩能改造工程，由铁道部第一勘察设计院设计，中原监理公司汉中监理站负责工程监理。

电化局三处承担阳安铁路电气化扩能改造的工程建设。1 标段为阳平关（不含）至勉西（不含）68.294 正线公里牵引供电工程，包括站线延长，咽喉区改造，增设全区段回流线及改造引起的相关工程。

工程于 1998 年 12 月 18 日开工，2000 年 12 月 27 日竣工开通。

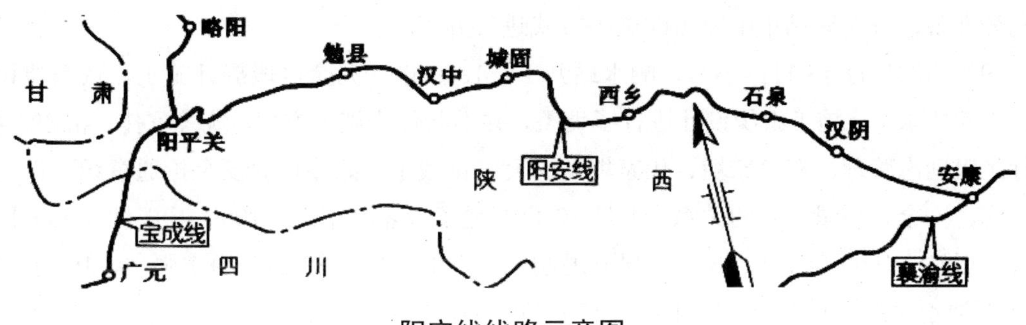

阳安线线路示意图

二、工程设计

接触悬挂采用全补偿简单链形悬挂，导线高度 5.8 米；采用 LXGJ-80 承力索，张力 14.7 千牛，正线接触线采用 TCG-110，张力 9.8 千牛，站线接触线采用 TCG-185，张力 8.33 千牛；供电线及回流线采用 LBGLJ-185/25，张力 11.7 千牛，架空地线采用 LBGJ-70/10，张力 6.86 千牛；中心锚结绳采用 LXGJ-80；横向承力索采用 LXGJ-80；上、下部定位绳采用 LXGJ-50。腕臂柱采用横腹杆预应力钢筋混凝土柱(非绝缘式)，钢柱、桥钢柱均为镀铸式。隔离开关采用 GW4-27.5/1250、GW4-27.5/630TD，火花间隙 HM-4。悬式瓷瓶采用 XWP2-70、XWP2-70T、XP-70、XP-70T。针式瓷瓶采用 P-10T。棒式瓷瓶采用 QBN2 25、QBN-25D。绝缘方式为单绝缘。

新建西乡牵引变电所，采用两回 110 千伏电源进线，双 T 接线，所内设 2 台主变压器，一主一备，采用 V/V 接线。采用先进的微机保护装置。

三、工程施工

三处承建阳平关（不含）至勉西（不含）段 68.294 正线公里供电系统工程，阳平关东、徐家坝、代家坝、响水、宁强、青羊驿、小寨、勉西 6 站 7 区间。需架设接触网 8.3 条公里、回流线 68 条公里、立混凝土支柱 296 根、钢柱 13 根、软横跨安装 29 组、隔离开关安装 2 台、分段绝缘器安装 6 组、新建西乡牵引变电所 1 处。

1998 年 10 月在宁强设立阳安扩能工程指挥部，抽调精兵强将 100 人，配置架线车 1 辆、作业车 2 辆、轨道车 2 辆、平板车 2 辆、轨道立杆车 1 辆、载重汽车 2 辆、工程指挥车 1 辆，立即开展施工调查，编制施工组织设计，于 1998 年 12 月 18 日开工。

接触网工程　接触网改建范围主要有 2 个部分：一是站场到发线延长，咽喉改造，更换道岔等引起的接触网工程，二是全区段增设回流线引起的接触网工程。施工线路位于汉江源头及其支流的河谷峻岭之中，依山傍水场地狭窄，曲线半径小，增设的回流线支柱星罗棋布，极其分散，开挖石质基坑只能采用控制爆破和人工凿敲等方法，施工难度大。站场延长改造施工涉及专业多，又处于行车等双重干扰之下，天窗点必须计划性利用，施工时间少，过程要求严密，点过即行开通。在西安工程指挥部的统一协调与组织下，采取前期充分准备，分期逐站集中突击的施工方式进行施工。

1998 年 12 月 18 日，小寨、响水站开工，1999 年 3 月全区段展开施工，依据建设单位的工期要求，将施工组织设计进行了调整，并不断优化施工方案，统筹安排，精心组织，实行施组动态管理。在徐家坝、代家坝站的突击奋战中，始终树立安全抢通意识，正确处理进度、安全、质量三者的关系。4 月 10 日开通了徐家坝车站，1999 年 6 月 9～11 日开通代家坝站，1999 年 9 月 18～19 日开通响水站，9 月 21～22 日开通宁强站，10 月 22～23 日开通小寨站，1999 年 12 月 23～27 日开通青羊驿站，全部工程竣工。

变电工程　新建西乡变电所 1999 年 8 月 10 日开工，1999 年底设备基础、构支架、地网施工完毕，主变安装就位。由于部分招标设备尚未到货，影响工程进度，到 2000 年 8 月 30 日竣工，9 月 9 日通过验收，2000 年 12 月 27 日正式送电开通。

房建工程　西乡变电所建筑面积 643 平方米，1999 年 8 月 30 日开工，年底房屋主体工程完工，2000 年 8 月竣工，2000 年 9 月 9 日通过验收。

第五节　西康线长哨至安康段

西康线电气化工程接续第一部志书，线路概况及工程设计不再重复，只续写工程施工。

一、概况

西康铁路北起陇海铁路的新丰镇编组站，向西与陇海铁路共线至窑村站，由车站西端出岔，向南跨灞河，沿浐河而上，途经引镇在青岔以 18.448 公里的特长隧道穿越秦岭后，顺乾佑河、旬河而下，经柞水、镇安、大岭铺，在襄渝铁路的吕河站接轨，并增建第二线引入安康东编组站，正线全长 246.7 公里(窑村至安康东)，运营长度 261.8 公里(新丰镇至安康东)。

西康线电气化工程，建设单位是铁道部西康铁路建设总指挥部，由铁道部第一勘察设计院设计，北京现代监理公司监理。

参加西康线电气化工程施工的有铁道部电化局、铁道部第二、五工程局及郑州铁路局西安工程公司。其中电化局负责长哨至安康东 103.76 正线公里的电气化工程施工，于 1998 年 7 月 28 日开工，2000 年 11 月 26 日竣工，2000 年 12 月 30 日开通，2001 年 1 月 8 日全线通车交付运营。

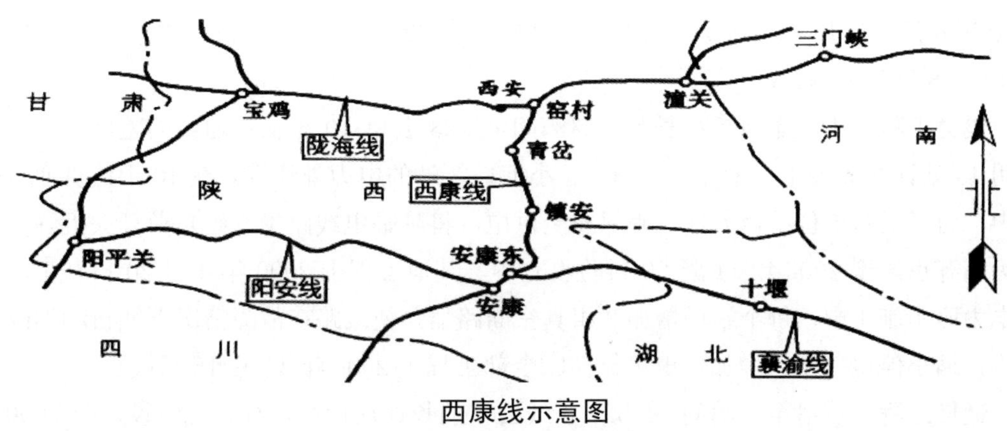

西康线示意图

二、工程施工

铁道部电化局承建的西康线长哨至安康东段电气化工程，由三处负责接触网、变电、电力、通信和长哨变电所房（土）建工程的施工，建筑处负责1处变电所和3处接触网工区房建工程的施工。1998年6月1日，电化局在西安成立西康铁路电气化工程指挥部，三处在安康设立工程项目部，投入83人分别组成专业作业队，配备10台(套)大中型施工机械及设备；建筑处在小河口站设立项目经理部，组成作业队，于1998年7月28日开工。到1998年底，完成3条公里的接触网架设、吕河和早阳2站电气化改造、吕河接触网工区的房建、大岭铺和小河口的征地等相关工作。

接触网工程　长哨至安康东段接触网工程分改造与新建两部分，其中长哨(不含)至吕河(不含)为新建一次性电化，吕河至安康东正线全长26.47公里，为襄渝线新增二线。全段处于山区，隧道46座，总延长61.97公里，占线路总长的60.93%，桥梁56座，总延长10多公里。交通十分不便，施工干扰大，接触网施工难度更大。2站1所改造部分新旧线交叉较多，改造施工涉及的专业也多，每项施工必须依赖停电点才能开展，而且当天的任务必须当天完成当天开通，这对施工组织、施工质量、施工速度都有很高的要求。施工开始就应用“首次、首件、首段样板定标”的办法，采用新技术、新材料、新设备实行定标推广施工。严格执行西康总指“关于印发西康铁路施工监理管理暂行规定的通知”，推行工序和工法管理，规范各项施工，全面推行“样板”引路制，做到样板引路、开工必优、施工必优、一次成优、联保创优、全线创优。对工程中出现的设计变更，按照西康总指“西康铁路建设变更设计管理实施办法”的要求，认真收集有关资料上报监理单位审批，坚持先变更后施工的原则进行施工。长哨至吕河间于2000年11月15日竣工，2002年12月16日开通；吕河至安康东间于2000年11月26日竣工，2000年12月30日开通，2001年1月8日全线通车。

变电工程　包括长哨和大岭铺2处牵引变电所以及全线远动联调的施工任务。开工前，针对现场调查和工程特点，编制施工组织设计、有针对性的施工方案和工程创优规划，于2000年6月3日开工。2000年11月15日竣工，2000年11月26日验收完毕，2000年12月12～28日带电运行。

电力工程 工程量包括：长哨至赵湾间43.23公里10千伏贯通线的整修改造、隧道照明14处计8.6公里，东坪、青铜关、小河口3站的电力外线等。在10千伏贯通线的改造中，为了运营单位维修方便，确保安全供电，将降临电线路中6组负荷开关拆除，取消人为断开点，于2000年11月20日验收完毕。其他工程于2000年4月20日开工。在站场电力照明施工中，每个站场增加2组真空断路器，使线路在故障情况下能自动切除故障区段，缩小停电范围，增加供电可靠性。全部工程于2000年11月15日竣工。

通信工程 营盘至长哨间54.325正线公里的长途通信光电综合缆敷设，于2000年7月10日开工，在克服地质施工困难条件下，于2000年11月5日竣工，2000年11月10日验收完毕。镇安通信楼设备安装与调试于2000年9月30日开工，镇安站站场通信设备安装与调试于2000年7月11日开工，长哨站站场通信、回龙站站场通信、石翁站站场通信设备安装与调试于2000年7月22日开工，柞水站站场通信设备安装与调试于2000年7月10日开工，无线列调工程于2000年8月2日开工。2000年10月30日全部竣工，2000年11月10日验收交付运营。

房建工程 长哨变电所房屋建筑面积656平方米由三处负责施工，于2000年3月20日开工。大岭铺变电所和吕河、小河口等3处接触网工区建筑面积2558平方米，由建筑处负责施工。变电所为框架结构，接触网工区为砖混结构。工程地处秦岭一带，山路崎岖，道路不便，所需工程材料需要在安康和西安等地购买。在克服用水困难，变电所所处位置土质差，需购土进行换填处理的情况下，长哨变电所于2000年9月25日竣工，2000年10月14日验收，大岭铺变电所等于2000年10月25日竣工验收，工程质量评定为优良。

第六节 京广线武昌至衡阳和衡阳至广州段

武昌至广州段电气化工程接续第一部志书，线路概况及工程设计不再重复，只续写工程施工。

一、概况

武昌至广州铁路电气化，北起武昌，南至广州，正线全长1069公里。其中郴州至韶关段电气化于1988年11月26日开通。

武昌至广州段电气化工程，建设单位是郑州铁路局武汉工程指挥部和广州铁路集团公司武广电气化铁路建设指挥部，武昌至衡阳段由铁道部电化局电气化勘测设计院和通信信号勘测设计院设计；衡阳至广州段（不含郴州至韶关）由铁道部第四勘察设计院设计，华南铁路工程监理公司负责监理。

参加武广段电气化工程施工的单位有铁道部电化局、铁道部第二、五工程局。其中铁道部电化局负责咸宁至蒲圻和白马垄至广州段的施工，白马垄至广州段于 1998 年 6 月 28 日开工，咸宁至蒲圻段于 1998 年 7 月 18 日开工。2000 年 10 月 20 日郴州至韶关段既有电气化改造竣工开通，2001 年 4 月 28 日韶关至广州段电气化工程开通，2001 年 9 月 10 日白马垄至郴州段开通，至此武广全线电气化工程建成开通。

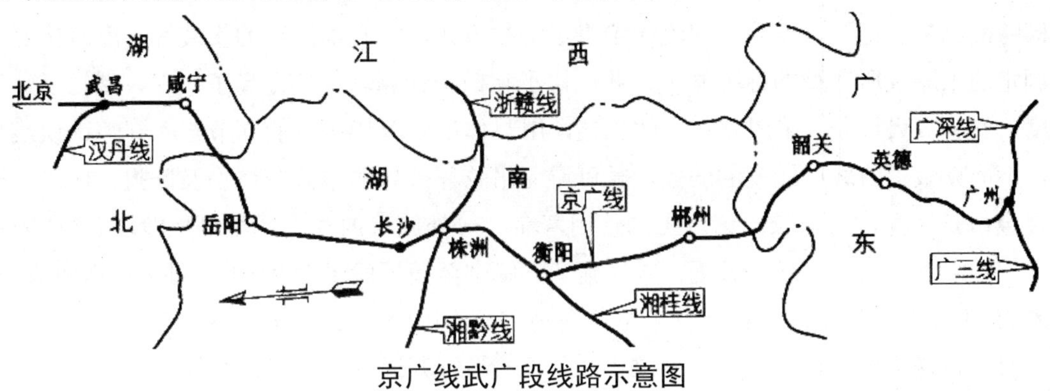

京广线武广段线路示意图

二、工程施工

铁道部电化局承建的武昌至广州段电气化工程，一处负责茶山坳至栖凤渡段(含衡阳枢纽)128.411 正线公里接触网、变电工程的施工；二处负责白马垄(不含)至淦田段(含株洲枢纽)、马坝至广州段(含广州枢纽)、咸宁至蒲圻段共 473.55 正线公里接触网、变电及咸宁至赤壁、乐昌至黄岗段信号、荣家湾至长沙段通信工程的施工；三处负责栖凤渡至郴州北、韶关至马坝(不含)段 44 正线公里接触网、变电及郴州至韶关段既有电气化改造和路口铺至荣家湾段 63.96 公里通信光缆线路的施工；建筑处负责白马垄(不含)至广州段电气化相关房(土)建工程的施工。为统一领导和协调各工程处的施工，电化局于 1998 年 6 月 16 日在广州成立了武广电气化工程指挥部，各工程处也相应成立了工程指挥部，积极组织该工程的施工，并制定了工程创优规划。

主要工程量包括：架设接触网 1573 条公里、立混凝土支柱 1.7766 万根、钢柱 3387 根、软横跨安装 1821 组、架设回流线 1277 条公里、供电线 41 条公里，牵引变电所 17 处(改造 4 处)、分区所 16 处(改造 4 处)、开闭所 3 处(改造 2 处)、负荷开关站 1 处，电气化房（土）建工程 2.891 万平方米，乐昌至黄岗电气集中 5 个站和自动闭塞工程 50 公里、咸宁至赤壁间 32.3 公里自动闭塞工程和汀泗桥、官塘驿、中伙铺 3 个站的微机联锁及路口铺至荣家湾 63.96 公里和荣家湾至长沙 180 公里通信光缆线路工程。

工程于 1998 年 6 月 28 日开工后，到 1998 年底在主要完成接触网基础浇制 3005 个、立钢筋混凝土支柱 1.5244 万根、支柱装配 5637 根、隧道安装 14 处、拉线安装 2282 处、承力索架设 5.98 条公里、接触线架设 4.9 条公里、房屋 4510 平方米的基础上，1999 年继续开展施工。

接触网工程　针对施工中遇到的流沙基础坑，采取与传统方式不同的施工方法，采用预制钢筋混凝土条形模板，现场拼接“沉圈”的方式施工，一是避免了木模板强度低，特别在施工后木模板腐烂，不利于基础稳定的弊病，二是施工操作简便，三是节约了木材，有利于环保。在接触网上部施工中，通过采用数据化、规范化、标准化、工厂化预配施工，确保“四个一次到位”技术的实施。对跳线及连接肩架的朝向，支柱装配的计算、预配，软横跨的测量、计算、安装，回流线绝缘子绑扎方式，中心锚结绳的安装等，严格按照预先制定的工序及所遵循的标准施工，并优化了软横跨计算软件，提高了效率，减轻了计算强度，安装效果显著。采用整体吊弦工艺，用整体吊弦取代传统的环节式 4.0 镀锌铁线吊弦，不但克服了防腐性能差的弱点，且可避免吊弦环节处的电火花烧伤及磨损，以采用镁铜合金吊弦计算，可延长一倍以上的使用寿命。一处施工的茶山坳至栖凤渡段(含衡阳枢纽)于 2001 年 9 月 4 日送电开通；二处施工的咸宁至蒲圻段于 2001 年 9 月 7 日送电成功，2001 年 9 月 11 日 18 时交付运营单位，白马垄至淦田段于 2001 年 8 月 31 日竣工，2001 年 9 月 4 日送电成功，2001 年 9 月 10 日在长沙举行开通剪彩仪式，马坝至广州（含广州枢纽）段于 2001 年 4 月 12 日竣工，2001 年 4 月 26 日送电成功，2001 年 4 月 28 日 8 时交付运营；三处施工的郴州至韶关段既有电气化改造 2000 年 9 月 20 日竣工，栖凤渡至郴州北、韶关至马坝(不含)（为保证工程的顺利进行，经局协调原由二处施工的淦田至茶山坳段 8 站 8 区间，移交由三处施工）段于 2001 年 7 月 31 竣工，2001 年 8 月 8 日通过验收。

变电工程　咸宁至蒲圻段的官塘驿牵引变电所，咸宁、蒲圻分区所，武昌南（含武汉枢纽）至蒲圻间 15 个站的 V 停反行工程，于 1999 年 10 月 17 日开工；郴州至韶关段的槐树下、白石渡、乐昌、黄岗 4 处牵引变电所改造，于 1999 年 5 月 8 日开工；韶关至广州段的乌石、河头、连江口、源潭、广州北 5 处牵引变电所工程，于 1999 年 4 月 18 日开工；坪石至广州段的远动工程（主站、13 处所亭及受控站），于 2001 年 2 月 15 日开工；白马垄至郴州段的株洲北、淦田、衡山、衡阳北、东阳渡、耒阳、马田墟 7 处牵引变电所工程，于 1999 年 5 月 8 日开工。在变电工程的施工中，为了全面实施工序标准化施工，电化局工程指挥部将最先具备施工条件的耒阳变电所作为武广段变电工程的第一样板示范所，在局颁施工工艺工法、技术标准的基础上，针对武广段变电工程的特点，首先制定了《武广线衡栖段牵引变电工程施工工艺标准》。在标准的制定过程中，先确定标准范围和具体的施工项目，再结合施工图制定初步标准，然后在耒阳牵引变电所进行示范。根据实际施工效果，进一步完善，再进行实践检验，最终形成《武广线衡栖段牵引变电工程施工工艺标准》在全线推广采用，提高了工效，解决了已颁工艺标准部分量化不足的缺陷，形成对工艺的必要补充。为加强计划和技术管理，在编制施工组织设计的基础上，制定了施工网络计划（包括施工方案和天窗点申请），依据网络计划成立主变压器安装与更换、软母线安装与更换、设备安装与更换、远动改造等专业化施工作业队，严格按照工序流程开展施工，使施工和管理统一纳入程序化轨道。在工期紧、天窗点短缺的条件下，既保证了工程进度，又保证了全线工艺统一和施工质量。武蒲段于 2001 年 7 月 30 日竣工，工程质量被评为优良；郴韶段于 2000 年 9 月 26 日竣工，2000 年 10 月 18 日开通；韶广段于 1999 年 12 月 26 日竣工，达到开通状态，2001 年 4 月 24 日受电冲击，2001 年 4 月 26 日向接触网供电；坪石至广州段远动工程于 2001 年 4 月 8 日竣工；白郴段于 2001 年 9 月 6 日竣工同时受电冲击，2001 年 9 月 8 日向接触网供电。

电力工程　二处施工的衡阳至郴州段 10 千伏电力工程，是对既有 10 千伏自闭线和贯通线路进行改造，实现远动控制。主要工程量包括：10 处远动开关站、2 处 10 千伏配电所远动开关站、1 处 10 千伏电力调度所。施工特点是：在没有 10 千伏配电所的车站信号楼附近设远动开关站，开关站内设 2 台远动隔离开关断路器柜、直流电源柜和远动柜各 1 台；将开关站附近铁路两侧的自闭线和贯通线路分别设断开点，在断开点设手动隔离开关。在有 10 千伏配电所的车站配电所设远动开关站，配电所的南北自闭和贯通线、电源线设隔离开关断路器柜，将自闭和贯通线、电源线开关柜和室外隔开杆断开，分别用电力电缆引至开关站隔离开关断路器柜。在衡阳水电段办公楼二楼设电力调度所，通过调度所对沿线各远动开关站进行远动控制。投入 30 多人的作业队，配备吊车 1 台、载重汽车 3 辆、指挥车 1 辆、电力试验车 1 辆以及发电机等工机具开展施工，按期完成施工任务。

武汉枢纽电力工程，是指武昌南 110 千伏电力变电站和莲溪寺 10 千伏电力配电所，是武蒲段电气化工程的收尾工程，为节约投资，武昌南 110 千伏电力变电站和武昌南牵引变电所合建，共用 110 千伏电源。莲溪寺配电所位于武汉分局机械化公司院内，电源一路取自南湖花园 110/10 千伏变电站专用线，另一路就近取自公用电源。由于受先期房建的影响，工程于 2002 年 3 月 5 日开工。投入 30 多人的作业队，配备载重汽车、吊车、工程指挥车、电力试验车各 1 台及 20 多台（件）机械设备开展施工。由于武昌南变电站地处高填方地带，土质松软，为保证构架、设备基础的施工质量，采取深挖基坑至老土下 0.5 米后，用浆砌片石加深，加大垫层和基础，分层夯实至场坪的方法进行施工。于 2002 年 8 月 31 日竣工，2002 年 11 月 20 日对武昌南变电站、莲溪寺配电所的主变压器进行冲击试验成功，2002 年 11 月 22 日和 23 日分别送电一次成功。

通信工程　二处施工的荣家湾至长沙段的通信光缆工程，1998 年底完成光缆敷设和接续工作后，1999 年 4 月 1 日开始，投入 70 多人的作业队，配备 20 多台（套）仪器仪表和 8 台车辆，进行衡阳（不含）至荣家湾段光电传输设备的安装与调试，衡阳至蒲圻（不含长沙）段程控设备的安装与调试及线路的测试工作。克服施工地段水田多，天气炎热等困难，技术上经过 QC 小组攻关和反复试验，于 2001 年 4 月 10 日全线调试开通。三处施工的路口铺至荣家湾 63.96 公里通信光缆工程，在 1998 年底完成敷设后，1999 年开始接续和测试等工作，并按计划完成施工任务。

信号工程　乐昌至黄岗和咸宁至赤壁段信号工程由二处负责施工。乐昌至黄岗段信号工程，主要工程量包括：51.2 公里的自动闭塞和调度监督及乐昌、安口、梅村、犁市、黄岗 5 个站的微机联锁。投入 55 人的作业队，配备车辆 7 台、发电机 5 台、施工机械 20 台、各类仪表 33 台（套），微机联锁施工于 1998 年 9 月 1 日开工。为提高 5 个站的施工质量，以黄岗站为示范点，以点带面，推动 5 个站施工的开展。黄岗站 1999 年 1 月 3 日竣工，1999 年 1 月 5 日开通；安口站 1999 年 4 月 30 日竣工，1999 年 5 月 12 日开通；犁市站 1999 年 4 月 30 日竣工，1999 年 5 月 12 日开通；梅村 1999 年 5 月 20 日竣工，1999 年 5 月 27 日开通；乐昌站 1999 年 8 月 30 日竣工，2000 年 3 月 29 日开通。乐昌至黄岗段自动闭塞工程 2002 年 7 月 10 日开工，2002 年 11 月 16 日开通。

咸宁至赤壁段信号工程，主要工程量包括：32.3 公里的自动闭塞和汀泗桥、官塘驿、中伙铺 3 个站的微机联锁，于 2000 年 4 月 11 日开工。该段信号工程站间采用双线双向四线制方向电路，采用无绝缘轨道电路，区间采用多信息移频自动闭塞，站内采用 25 赫兹轨道电路，车站正线及轨道叠加移频电码化，轨道接续线在原基础上增加单根焊接接续线，正线道岔采用三相交流提速道岔，侧线道岔采用 ZD-6 型，电缆按电化要求设计及施工，设区段调度监督设备，既有线有人看守道口按电化要求及自动闭塞工程结合进行改造。针对采用的多项新技术，成立攻关小组进行研究与试验，攻克多项技术难题，于 2001 年 8 月 21 日建成开通。

房建工程　建筑处负责 11 处牵引变电所、13 处接触网工区、12 处分区亭、相关通信站及附属工程的施工，总建筑面积 2.7466 万平方米。由于点多分散，在广州和衡阳分设 2 个工程项目部，1998 年 8 月开工。

牵引变电所、作业车库、综合楼、轨道车库和供电段主库、综合车间为框架结构，接触网工区、分区所等房屋为砖混结构。地基处理分砂石换填和人工挖孔桩 2 种，基础为独立基础和砖砌条形基础。到 1998 年底在岳阳、荣家湾、汨罗、衡山、耒阳等通信站和山子背分区所房建工程基本竣工的基础上，1999 年继续施工。砖砌体采用“三一”砌筑法，清水墙勾缝。框架结构施工中重点控制钢筋绑扎和混凝土浇注程序。在变电所施工中采用预埋件埋设新工艺，按照图纸设计位置在钢筋绑扎时焊接预埋钢筋扁铁焊件，浇注混凝土达到强度后弹墨线，用水准仪对照混凝土标高进行预埋件焊接，保证预埋件的平面位置和水平要求。混凝土浇注过程中，提前准备防雨防晒措施，进场水泥检验合格后方可使用。

在潭源牵引变电所基础人工挖孔桩施工中，由于地下水位较高，首先进行桩中心位置、标高定位，然后从中心开挖扩及周边，成孔后现浇钢筋混凝土护壁，每根桩第一节护壁高出场坪 150～200 毫米。桩孔挖至设计深度后，用支杆检查桩孔直径及井壁圆弧度。孔壁模板采用拆上支下方法依次周转使用。浇注钢筋混凝土每层厚度为 1～1.5 米，混凝土塌落度控制在 80～100 毫米。施工中做好防护和排水工作。工程于 2000 年 10 月竣工。二处施工的咸宁至蒲圻段 32 栋房建工程，2001 年 5 月 23 日验收完毕交付建设单位。

第七节　哈大线哈尔滨至铁岭和鞍山至大连段

哈大线电气化工程接续第一部志书，线路概况及工程设计不再重复，只续写工程施工。

一、概况

哈大铁路电气化北起哈尔滨，南至大连，正线全长945.8公里，是东北的第一条电气化铁路。哈大线电气化工程，建设单位是哈尔滨铁路局电气化工程办公室和沈阳铁路局哈大线电气化工程建设指挥部，由铁道部第三勘察设计院设计，路外防护工程由铁道部电化局通信信号设计院设计，哈尔滨铁路局工程监理公司、西安铁路分局中原监理公司哈大项目监理部负责监理。

哈大线电气化工程，由铁道部电化局和郑州铁路局原西安工程公司承建。其中铁道部电化局负责哈尔滨至铁岭和鞍山至大连两段计786.6正线公里的施工，郑州铁路局西安工程公司负责铁岭至鞍山段159.2正线公里的施工。工程于1998年5月18日开工，2001年8月18日哈尔滨至铁岭段顺利开通，2001年11月28日鞍山至大连和铁岭至鞍山段开通，2001年12月1日全线交付运营。

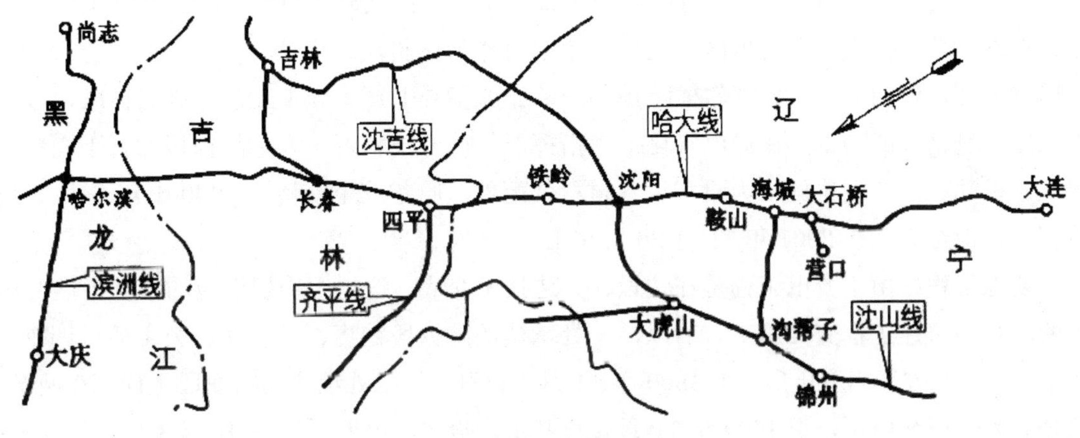

哈大线线路示意图

二、工程施工

铁道部电化局承建的哈大线电气化工程，一处负责陶赖昭(不含)至铁岭间354正线公里电气化和刘房子至沃皮间110公里自动闭塞工程施工；二处负责哈尔滨（含）至陶赖昭间124.6正线公里电气化和11个站的电力工程的施工；三处负责鞍山（不含）至大连间308正线公里电气化和四平至公主岭间自动闭塞工程的施工。建筑处负责13处牵引变电所的房(土)建工程的施工。为统一领导和协调各处的工程施工，电化局于1998年5月5日在沈阳市成立了哈大线电气化工程指挥部，各处也先后在沈阳、哈尔滨等地成立工程指挥部。一处投入 540 人、52 台机械设备，分别组成接触网、变电、信号等作业队开展施工；二处投入接触网施工人员 60 人，安装列车 1 组，车辆 3 台及其他设备与车辆，变电投入四段第三工程队开展施工；三处投入 400 多人组成接触网、变电及电力作业队，6 组小张力架线车、12 组作业车等 30 台施工机械和 10 台(套)仪器仪表开展施工。

主要工程量包括：开挖基坑浇制基础立混凝土支柱 3.0034 万根、钢柱 4863 根，软横跨安装 3445 组、架设接触网 2487 条公里、回流线 1605 条公里、附加线 1587 条公里、供电线 170 条公里，牵引变电所 13 处，信号自动闭塞工程 195 正线公里。

到 1998 年底完成基坑开挖 1.0361 万个、基础浇制 2018 个、混凝土支柱安装 9078 根、钢柱安装 1044 根、信号电缆敷设 415.29 公里、信号机安装 92 架、各种箱盒、区间设备安装 356 套。1999 年复工后，在电化局电气化工程指挥部的统一领导和安排下继续开展各专业的施工。

接触网工程　为确保哈大线“上水平，出精品，保部优，创国优”目标的实现，在哈大线这高寒地带基坑基础浇制施工中，与设计、建设单位密切配合，进行高寒地带接触网混凝土支柱冻胀试验的基础上，采取防冻措施进行有关区段的基础施工。由于上部工程引进德国 Re200C 技术，以前从未接触过，又是德国督导施工，就先从培训入手，在全面掌握 Re200C 施工技术的前提下进行接触网上部施工。与此同时，每个单项工程开工前，先进行首件示范（在南台至海城区间选取 2 个锚段作为试验段进行试验），取得经验后，制定出《上部作业指导书》、《软横跨预制安装作业指导书》等施工工艺、施工标准，按施工工序推进全线的施工。在局电气化工程指挥部与德方技术督导人员的积极配合下，精心组织，机动灵活的调集施工力量和设备材料及配件，哈尔滨至铁岭段于 2001 年 8 月 8 日竣工，鞍山至大连段 2001 年 11 月 28 日竣工。

变电工程　由于变电工程是在边设计、边技术交底、边组织物资供应的条件下展开施工的，且与房建工程交叉施工。所以，一处承建的陶铁段德惠、长春北、公主岭、四平、昌图、铁岭 6 处牵引变电所，于 1999 年 11 月 1 日开工；二处承建的哈陶段王岗、双城堡、扶余 3 处牵引变电所，于 1999 年 11 月 8 日开工，哈尔滨电调所于 2001 年 3 月 1 日开工；三处承建的鞍大段大石桥、熊岳城、瓦房店、金州 4 处牵引变电所，于 2000 年 11 月 6 日开工。

根据建设单位的要求，二处于 1999 年 12 月至 2000 年 1 月在东北地区室外气温达到零下 20 摄氏度的情况下，对 3 处牵引变电所基础成功地进行了冬季施工，既确保了基础的施工质量，又为此后的高寒地区变电所混凝土基础冬季施工积累了经验。施工中还采取外派学习、配备懂英语的技术人员、倒排工期、流水作业、采用新工法、新工具等一系列措施，工程进度按计划稳步推进。

变电工程施工采用“以点带面”的方法。中德项目合同确定铁岭牵引变电所为标准示范所，先期展开施工，相关工序提前于其他各变电所一个月左右。由德方督导人员组织中方操作人员进行示范安装，根据局电气化工程指挥部组织编写的相关工序，作业指导书，指导全线变电所的安装、调试等各项工作。

13 处牵引变电所全面开工后，经过参战人员的多方努力，克服各种困难，哈尔滨至铁岭段 9 处变电所于 2001 年 7 月 30 日全部竣工，2001 年 8 月初先后受电，2001 年 8 月 18 日同时向接触网供电，2001 年 9 月 27 日正式移交；鞍山至大连段 4 处变电所 2001 年 11 月 20 日竣工，2001 年 24 至 26 日先后受电，2001 年 28 日同时向接触网供电，2001 年 12 月 1 日正式移交。

电力工程　二处施工的 11 个站的柱上开关控制工程，主要工程量包括：保温箱基坑开挖、基础浇注、保温箱及设备安装调试、电缆敷设及二次接线等。工程于 2000 年 8 月 6 日开工。所用设备为引进德国的成套设备，在供货时间及技术方面均受到一定的制约。开工接到部分施工图纸后立即进行现场调查，在封冻前抢时间组织施工，完成全部基础开挖和浇制，70%的电缆敷设，为下一步工作奠定基础。设备安装完成后，全线设备系统调试由德方技术人员负责，中方施工人员配合，2001 年 8 月 14 日竣工。

信号工程　一处负责施工的四平至长春116公里和三处负责施工的长春至德惠79公里三显示改为四显示的自动闭塞工程，分别于1998年10月8日和10月10日开工。开工后根据建设单位的要求，首先开展刘房子至大屯间37.5公里和4站自动闭塞结合工程的施工。此时正逢哈大电气化工程大干80天会战，创造了6天贯通37.5公里沟缆，半个月实现37架信号机和继电器箱安装和配线的佳绩。1998年底按期完成结合工程后，1999年全面开展信号工程施工。工程技术人员针对信号工程采用新技术的特点，积极掌握新技术，采用施工新工艺，攻克存在的技术难题，按期完成施工任务。应建设单位的要求，于2000年1月5日交付运营。

房建工程　13 处牵引变电所，总建筑面积 2218 平方米，由建筑处负责施工，于 1999 年 10 月 18 日开工。牵引变电所为砖混结构，分混凝土灌注桩和条形基础 2 种基础形式。

主体砌筑采用“三一”砌砖法。高压室装修为清水墙喷白，水泥地面。主控室装修为内墙抹灰喷白，铺抗静电复合地板。屋面做三元乙丙橡胶柔性防水。外墙装修为水刷石，采用先做样板块后施工的方法，全线统一进材料，统一工艺标准，并派专人负责质量，保证全线 13 处牵引变电所水刷石的颜色、外观、质量一致。13 处牵引变电所于 2000 年 12 月 15 日全部竣工。其中扶余、双城堡、王岗 3 处牵引变电所验收评为优质工程。2004 年哈大线电气化工程获“中国建筑工程鲁班奖”。

第八节　盘西线沾益至红果段

一、工程概况

盘西铁路电气化改造工程，西起贵昆铁路沾益站，东经云南富源至贵州红果与南昆线相接，向北延伸至柏果，与在建的水柏铁路相连，全长136.3公里。盘西线跨越云南、贵州2省，随着这一区域经济的迅速发展和西南路网格局的变化，原有的盘西铁路已经不能满足运输的需要，迫切需要进行电气化改造，以提高运输能力，促进经济发展。因此，1999年经国家批准立项，进行电气化改造。并与水柏、南昆、贵昆、内昆线连接，成为西南铁路网又一重要通道，在路网上可分流川黔、黔桂、成昆铁路的客货运量，并成为西南最便捷出海通道的组成部分，同时为下一步建设贵昆铁路复线创造有利条件。

盘西铁路电气化改造工程，建设单位是昆明铁路局，由铁道部第二勘察设计院设计，昆明铁路局监理公司负责监理。

盘西铁路电气化改造工程，主要技术条件：铁路等级，Ⅰ级；正线数目，单线；限制坡度，上行 6‰、加力坡度 13‰，下行 12‰、加力坡 23.5‰；最小曲线半径，450 米；到发线有效长度，850 米（双机地段 880 米）。牵引种类，电力牵引；机车类型，近期 SS3，预留 SS4；闭塞类型，继电半自动；牵引定数，4000 吨。

参加建设的单位有昆明铁路局工程总公司、铁四局、铁十二局，铁道部电化局承担沾益至红果段工程建设。工程 2000 年 7 月 15 日开工，2001 年 12 月 26 日竣工开通。

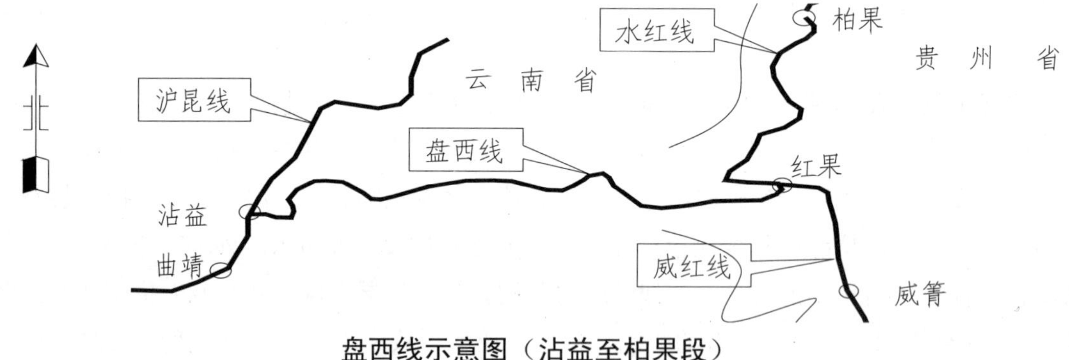

盘西线示意图（沾益至柏果段）

二、工程设计

牵引供电采用直供加回流线供电方式。接触悬挂全段采用全补偿简单链形悬挂。正线采用 CT-110 接触线加 GLZC-120 承力索，大于 2000 米的长大隧道采用 CT-110 接触线加 TJ-95 承力索，补偿张力 25 千牛；侧线采用 CT-85 接触线加 LBGJ-70 承力索，补偿张力 23.5 千牛。

牵引变电所 110 千伏侧采用分支接线，27.5 千伏馈线侧采用带辅助母线的单母线接线方式。主变压器采用 SF8—QY 型阻抗匹配平衡变压器，固定备用，容量均为 2 万千伏安。110 千伏侧断路器采用较为先进的六氟化硫断路器，27.5 千伏侧采用手车式真空断路器，所有设备均为高原型。所内自用电系统设 2 台所用变压器，容量均为 63 千伏安，一路电源来自所内 27.5 千伏线路，一路来自 10 千伏贯通线路，两路电源可同投又可互为备用。直流操作系统采用成套铅酸免维护智能化直流屏，输出电压为直流 110 伏，具有恒流制充电、浮充电运行方式。继电保护采用微机监控成套保护装置，控制方式采用选线控制。

三、工程施工

电化局承担沾益至红果段电气化工程，沾益、新海、白沙城、平河口、白水镇、大塘、车转弯、羊尾哨、富源、平关、火铺、红果 12 站 11 区间 90.77 正线公里。新建接触网 125.2 条公里，新建白水镇、平关牵引变电所 2 处由一处施工，富源、红果、火铺 3 站站房由建筑处施工。

接触网工程　2000 年 7 月 15 日开工，2001 年 12 月 26 日竣工。共完成基础浇注 121 个、混凝土支柱安装 1309 根、钢支柱安装 281 根、架设接触网 125.2 条公里、回流线 97 条公里。

变电工程　2000 年 9 月 1 日开工，2001 年 12 月 26 日竣工。在设计、施工中大量采用新设备，新技术。如 110 千伏的 SF6 断路器，马赛克模拟屏，微机保护装置，成套铅酸免维护智能化直流屏等设备。针对新设备、新技术，制定《关键工序施工作业指导书》，在施工前对每道工序进行技术交底，对重点工序进行专门的过程控制。控制电缆用统一的绝缘接地软铜线，采用一点接地法，确保运行中保护装置的安全；避雷器、互感器、机构箱、网栅门等重点设备的接地采用编织软铜线进行重复接地，确保运行中操作人员及设备的安全。为使设备接地可靠，经提请建设单位及设计单位同意，2 处变电所改变原计划方案中水泥电杆接地从杆下部直接接引的方法，采用直径 12 毫米圆钢焊接在杆顶钢圈上，直接引至主地网，提高设备运行的可靠性与安全性。

房建工程　建筑处承担富源、红果、火铺 3 站站房房建工程，建筑面积 4100 平方米。站房为框架结构，独立基础，初级装修。火铺站为全现浇结构，轻型砌块填充墙，外墙砖饰面。富源站候车室部分为全现浇结构，办公部分为砖混结构。2000 年 9 月 14 日开工，2001 年 12 月 3 个站房相继竣工交付使用。3 个站房均评为优良工程。

第九节　株洲至六盘水复线及电气化改造

一、工程概况

株洲至六盘水铁路东起株洲市，西至贵州省六盘水市，横跨湖南、贵州 2 省，途经株洲、湘潭、怀化、凯里、贵阳及六盘水等县市，正线全长 1139 公里。是华东、华南、华北与西南地区的主要连接通道。为缓解西南地区铁路运力的紧张局面，改善运输条件，增强西南地区与内地的交流，促进西南地区的经济发展，国家决定对株洲至六盘水铁路进行复线及电气化改造。铁道部及时调整“九五”铁路建设总体规划，作出“决战西南，强攻煤运，建设高速，扩展路网，突破七万”的部署。株六铁路复线工程于 1998 年 5 月 25 日开工，2001 年 12 月 30 日全线开通，成为中国路网骨架“八纵八横”中上海至昆明大通道的重要组成部分。株六线与京广、焦柳、川黔、黔桂、贵昆等铁路线相接，对促进东西部经济、文化交流，加快西南经济发展具有重要意义。

株六线电气化工程，建设单位是广州铁路集团公司、成都铁路局，由铁道部第二、四勘察设计院设计，铁道部第四勘察设计院铁成监理公司、长沙铁路监理公司、华南铁路建设监理公司监理。

株六线电气化工程，主要技术条件：铁路等级，Ⅰ级；正线数目，双线；限制坡度，6‰，双机牵引区段，13‰；最小曲线半径，娄底至低庄段一般 1200 米，困难地段 800 米，六个鸡至马场段 400 米；到发线有效长度，850 米；牵引种类，电力牵引；机车类型，SS3；闭塞类型，自动闭塞。

铁道部电化局承建的株六线复线（改造）电气化工程，娄底（含）至低庄（不含）198.6 正线公里（其中 48.8 正线公里已于“八五”期间电化）的接触网、变电、通信信号及相关房建工程和六个鸡至马场段的接触网、变电、电力、通信信号工程及大江口至芷江西 128 正线公里信号自动闭塞工程由二处负责施工；怀化至岩田铺（不含）58 正线公里和卢阳至怀化枢纽的接触网、变电、电力及相关房建工程由三处负责施工；电气化和通信信号相关房建工程由建筑处负责施工。

娄底至低庄段于 1999 年 5 月 26 日开工，2002 年 12 月 13 日竣工；六个鸡至马场段于 2000 年 6 月 8 日开工，2003 年 12 月 31 日竣工；怀化至岩田铺和卢阳至怀化枢纽段分别于 1999 年 5 月 30 日及 2000 年 11 月 1 日开工，2000 年 8 月及 2002 年 12 月 31 日竣工；大江口至芷江西段于 2001 年 4 月 18 日开工，2002 年 4 月 11 日竣工。

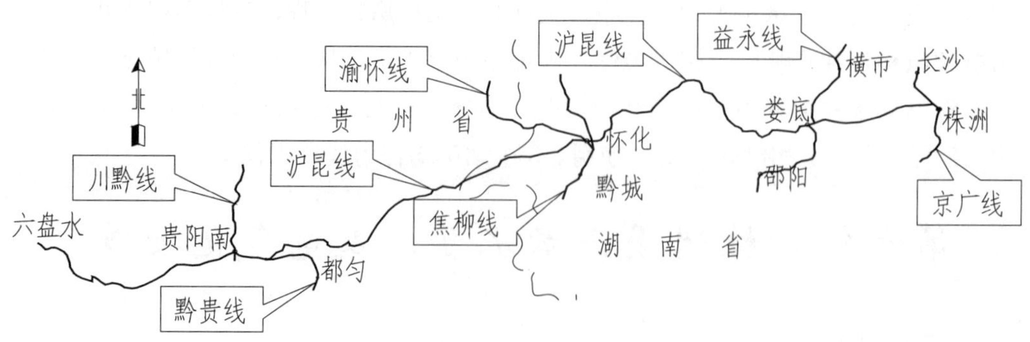

株洲至六盘水复线示意图

二、工程设计

（一）娄底至低庄段电气化

娄底至低庄段是在既有单线情况下进行复线及电气化改造，有的区段是在湘黔线电气化线路运营的基础上进行改建和扩建，即将单线车站扩建成复线车站，两端咽喉区外移，增设“八字”渡线或“交分”渡线道岔，以实现上下行线路股道联络，将单线电气化车站改建成复线电气化车站，接触网按上下行独立供电。娄底至低庄 198.6 正线公里(其中 48.8 正线公里已复线电化)，新铺架桥梁 15 座、隧道 4 座（含西河棚洞)，新、旧线路拨接换侧 17 处（其中涟源车站线路拨接 3 处），冷水江西至龙家桥（K205+500 至 K206+300）间为双绕线路拨接区段。复线电气化改造 17 站 14 区间（不含金盆湾、观山、底下、斗笠、龙家桥、枫林、石溪、城上垣 8 个站撤站改建为复线电化区间)，其中竹冲、涟源、冷水江西、金滩、西河 5 个站因增修中间站台和增加股道，影响既有接触网支柱布置而拆除既有接触网，重新架设接触网并进行悬挂调整。正线接触网由 CLJE-30/50+TCG-85 型更换为 CLJE-120/35+TCG-110 型。既有软横跨按复线电化上下行独立供电。

娄底至低庄段牵引供电采用 BT 供电方式，但部分区段采用带回流线的直接供电方式。娄底至团结山间吸流变压器共计 35 台，新增设吸流变压器全部利旧，其中既有线吸流变压器 27 台，新增设百亩井至竹冲间 4 台，竹冲至金盆湾间 2 台，新化车站 1 台，枫林车站 1 台。接触悬挂区间和车站正线为 2.5 吨系，采用 GLJC-120/35+TCG-110 型全补偿简单链形悬挂；站线为 2.35 吨系，采用 GLJE-30/50+TCG-85 型全补偿简单链形悬挂。采用 BT 供电方式区段，回流线为单支 LJ-185 或双支 LJ-120 铝绞线，其他区段采用 LJ-150 铝绞线。供电线和变电所馈线采用双支 LGJ-150 钢芯铝绞线及 LGJ-240 型钢芯铝绞线。全段为重污区，对地泄漏绝缘距离不小于 1200 毫米，上下行正线间绝缘子泄漏距离不小于 1600 毫米，各类绝缘子均为瓷质型。接触网结构高度隧道外一般为 1300 毫米，隧道内为 450～600 毫米。接触悬挂点导线高度一般为 6000 毫米，娄底东、娄底、涟源、冷水江东、新化车站为 6450 毫米，隧道内或跨越建筑物下接触悬挂点导线高度不小于 5700 毫米。定位器采用铝合金材质定位器，支持装置的套管紧固件、定位件均为锻模压件，采用热浸镀锌防腐处理。下锚补偿装置采用大轮径铝合金滑轮组。为了接触网检修方便和列车正常运行，以百亩井西端 K131+800 处为界，分属长沙铁路总公司和怀化铁路总公司管辖设开关站，采用四跨绝缘关节加设常合负荷隔离开关，在怀化铁路总公司供电维修末端设有上下行接触网供电联络负荷隔离开关。预留“V 停”反向行车技术改造条件，在竹冲、荷叶、冷水江东、金滩车站锚段关节非来电侧设置绝缘锚段关节，暂不安装隔离开关，用电连接连通。为提高供电质量，区间和车站正线每隔 250 米设置一组横向连接。在两变电所之间增设分区所，以实现越区供电。

该段牵引变电所已于 1996 年开通投入运营，本次是进行扩能改造，变电所内设备基本保持不变，除娄底变电所新增一路 27.5 千伏馈线接于 B 相上，其余 4 个变电所新增两路复线上下行 27.5 千伏馈线接于不同相的既有母线上。新增的馈线装设抗雷圈和氧化锌避雷器，新增馈线断路器采用真空断路器，配弹簧操作机构，变电所控制及监视维持现状。新建分区所均采用 3 台断路器接线方式，正常时，区间上下行并联供电，必要时，可实现越区供电。断路器采用真空断路器并设弹簧操作机构。

株洲至大龙段 450 兆赫兹无线列调维持既有通信制式，既有车站设备、调度设备、监测设备及配套设施利旧，对调度系统、监测系统进行调整及整治。区间既有漏泄电缆部分利旧，部分移设使用。区间弱场区和盲区设漏泄同轴电缆和中继器。采用直埋电力电缆引至中继房，安装相关配电设备，为中继器提供交流电源。每个中继段不同类型漏泄电缆之间调相接头处设 2 组屏蔽地线，将吊索、承力索一同接地。中继器天线设避雷针，单独设立避雷地线 1 组。每一中继段两端外导体、中继器、避雷器接联合地线 1 组。地线接地电阻小于 10 欧姆。

信号移频自动闭塞，双线区段统一采用 ZPW-94B 型多信息移频自动闭塞，按双线正向追踪运行、反向站间闭塞运行设计。区间地面设正向通过信号机。区间通过信号机点灯电路装设信号隔离变压器、主灯丝断丝报警装置。区间移频轨道电路的载频下行线按 550 赫兹、750 赫兹，上行线按 650 赫兹、850 赫兹交替分布。移频自动闭塞控制设备集中设置在室内，按“N+1”冗余方式设计。站内正线及到发线股道均设电码化。室外干线电缆统一采用铝护套综合扭绞电缆（$PTYL_{23}$），支线采用综合护套综合扭绞电缆（PTY_{23}）。站内正线正、反向和到发线股道均设移频电码化，按 25 赫兹相敏轨道电路叠加移频信息的发码方式设计。

（二）六个鸡至马场段电气化

1998 年 5 月，铁道部第二勘察设计院根据线路实际情况进行设计。六个鸡至马场段牵引供电采用直接供电方式或带回流线的直接供电方式。接触悬挂采用全补偿简单链形悬挂。接触线采用铜电车线，正线承力索采用载流铝包钢绞线，2 公里以上的隧道采用铜绞线，站线采用非载流型铝包钢绞线，正线采用载流可调整体吊弦；接触网、变电所新建改造完成后，全线设置牵引供电系统远动装置。

电力线路电杆采用环形预应力混凝土电杆，电杆梢径为直径 190 G 型；架空导线采用 LGJ-35、LGH-50 和 JKLYJ/Q-35 型钢芯铝绞线，导线安全系数按 3.0 考虑，横担采用热镀锌角钢铁横担，针式绝缘子采用 P-20T（白色）型、绝缘子采用 XWP-7（白色）型，底盘、卡盘、拉线盘全部为预制钢筋混凝土构件，导线采用防震锤防震，防震锤型号为 FD-1，线路中的跨越杆、电缆终端杆、设备杆均有接地线，工作接地极接地电阻不大于 10 欧姆，保护接地极接地电阻不大于 30 欧姆。变配电所全所设环形接地装置，接地电阻不大于 4 欧姆。

通信工程，贵定至老罗堡段敷设 1 条 24 芯+5×4×0.9+5×2×0.7 光电综合电缆计 49.9

公里，老罗堡至大土段敷设 1 条 26 芯+5×4×0.9+5×2×0.7 光电综合电缆计 8.8 公里，大土至贵阳南段敷设 1 条 30 芯+5×4×0.9+5×2×0.7 光电综合电缆计 16.2 公里；区间电话分歧电缆采用 $HEYFL_{23}$3×4×0.9 电缆，光电缆引入车站采用环引方式。光电综合缆防雷地线和屏蔽地线合设，设地面地线断开装置。长途通信干线开设 STM-1(1+1)SDH 同步数字传输系统，在贵定、贵阳设分插复用设备（ADM），贵阳通信站设传输网管系统设备。区段通信开设接入网通信系统(同时设 STM-1(1+1)SDH 同步数字传输系统作为区段传输应用)。

信号工程，采用卡斯柯安全型微机联锁（VIP），闭塞方式采用 64S 半自动闭塞，机车信号设正线及侧线股道移频电码化，轨道电路采用 25 赫兹相敏轨道电路，区间自闭工程采用 18 信息移频自动闭塞。

（三）怀化至岩田铺及卢阳至怀化枢纽电气化

由铁道部第四勘察设计院设计，增建第二线牵引供电采用带回流线的直接供电方式或 BT 供电方式。对怀化和岩田铺变电所进行改造，怀化变电所 2 台主变压器更换为 4 万千伏安的变压器，新建陈家台分区所。原供怀化南的 A 相馈线改供机务段，原供机务段的 B 相改供陈家台下行，原供客站的 B 相馈线改供渝怀线，原供陈家台的相馈线改供新增二线。变电所增设的 27.5 千伏馈线接于不同相的母线上，同相新增馈钱断路器与既有线断路器共用 1 台备用断路器，新增馈线出口处装设抗雷圈及氧化锌避雷器，新增馈线断路器所需的控制、保护、测量及信号回路，断电保护接入既有馈线微机保护装置预留单元，并调整相应的整定值，分区所采用 3 台断路器接线方式，正常情况下，区间上下行并联供电，必要时可实现越区供电。

接触悬挂采用全补偿简单链形悬挂，正线及联络线接触网采用 TCG-110 型，额定张力 9.8 千牛，其他采用 TCG-85 型，额定张力 8.33 千牛；正线及联络线承力索采用 GLJC-120/35，额定张力 14.7 千牛，长大隧道内正线采用 TJ-127，额定张力 14.7 千牛，其他采用 GLJE-30/50，额定张力 14.7 千牛；接触网悬挂点导线高度一般为 6000 毫米，怀化客站，怀化南编组站等站为 6450 毫米，隧道内或跨线建筑物下不小于 5700 毫米；接触网结构高度，隧道外一般为 1300 毫米，隧道内为 450～600 毫米。回流线单支(无 BT)采用 J-150，最大张力 5.439 千牛，单支(有 BT)采用 LJ-185，最大张力 6.713 千牛，双支采用 LJ-120，最大张力 4.851 千牛。全线按重污区标准设计，对地泄漏距离为 1200 毫米，上下行正线间的绝缘子泄漏距离为 1600 毫米，各类绝缘子均采用瓷质型。

三、工程施工

（一）娄底至低庄段电气化

二处承建娄底至低庄段接触网、变电、通信信号及相关房建工程。为加强管理和协调各专业的施工，1999 年 5 月，二处成立株六线工程指挥部，抽调精干力量组建专业作业队开展施工，于 1999 年 5 月 26 日开工。

接触网工程 由于娄底至低庄段是在增建第二线的基础上开展电气化施工，针对站前专业的施工进度，制定详细的分期、分段施工，先简单工程、后车站工程再区间工程的施工组织方案，并进行首站工程示范、样板工程引路的标准化施工。施工中积极推行接触网“四个一次到位”先进工法，实施预制计算微机化，加工预配工厂化、专业施工程序化、安装作业标准化、数据测量科学化、施工管理规范化6项措施。针对该段接触网改建、扩建工程天天施工，日日开通的施工特点，将复线电气化改建、扩建、新建、拆迁及过渡工程等划分成6类施工项目，从中选取不同的改造与更换方式，组合成适用与综合性的施工方法开展施工。1999年开通横阳山站，2000年开通16站、9区间，2001年开通2站、9区间。到2001年12月19日共完成既有线25个站的改建、扩建，将22个区间改造成为17个站、14个区间。全段复线及电气化改造于2001年12月19日开通。

变电工程 株六线增建二线娄底至大龙段变电工程分2个阶段施工，第一阶段是5处牵引变电所改造和新建4处分区所的施工，第二阶段是4处牵引变电所的扩能改造施工。

第一阶段娄底、涟源、冷水江东、西河、渠江5处牵变电所改造和新建杨市、石泉、新化、团结山4处分区所施工，投入40多人的作业队，配备7台车辆及专用机械，于1999年10月8日起相继开工。由于地理位置偏僻、交通不便，所给施工天窗时间少，且施工干扰大。针对存在的各种困难，制定每个变电所的改造施工方案，经过精心组织，合理利用天窗点，见缝插针开展施工，5个变电所的改造和4个分区所的新建施工，于2001年4月28日全部竣工。

第二阶段娄底、西河、渠江等4个变电所的扩能改造施工，投入30多人的作业队，配备5吨载重汽车、8吨汽车吊、工程指挥车各1台，120吨大型吊车、80吨平板车、救援列车各1台、凹型平板车2台及各种施工专用机具，于2001年9月开工。4个变电所的扩能改造，需要在短时间内既要拆除8台主变压器，又要重新安装8台主变压器，不但运输困难，施工外界干扰因素多，且在施工技术上也有一定难度，如二次接线和保护值的整定需要一定的时间，娄底、西河、渠江3个变电所主变压器装卸需要拆除接触网，渠江变电所位置偏僻、路况差、大型机械进出困难，主变压器运输就位主要靠人工进行等，施工难度更大。针对具体情况，反复修订施工方案，周密安排，在保证安全的情况下开展施工，4个变电所的扩能改造于2002年1月20日竣工。

电力工程 一处承建仁里冲至渠江74.01公里的10千伏电力贯通线及低庄、溆浦2个电力配电所的改造任务，其中架空线路60公里，高压电缆埋设20公里。到2000年底，工程基本完工。

信号工程 于2000年6月开工。为了按期安全、优质的完成任务，制定相应的施工组织方案，根据工程特点采取“小工班，大循环”工序组织流水线作业施工。对关键工序工艺采用专门小组施工法。合理调配施工人员，按照建设单位的要求进行倒排工期组织施工。积极推行采用先进的施工设备，确保工程质量。在行车密度大、施工干扰多、工期紧张的困难条件下，于 2002 年 12 月 13 日建成开通大江口至冷水铺区间 18 信息移频自动闭塞工程。该工程被广州铁路集团公司株六指挥部评为创优样板工程和安全标准工地。

通信工程　光传输通信系统工程，于 2000 年 6 月 15 日开工。全线共计 37 个小站，同时有株洲、娄底、新化、怀化和长沙 5 个通信站，分 2 个调度区段，其中株洲至娄底属长沙调度区管段，竹冲至怀化属怀化调试区管段，2 个调度中心分设在长沙和怀化。工程于 2001 年 9 月 13 日竣工。

无线列调工程，投入 30 人的作业队，配备车辆 4 台、各类仪器仪表 18 台（套），于 2003 年 6 月 18 日开工。首先组织技术人员和铁通公司配合人员对施工区段进行现场调查和复测，2003 年 6 月底完成施工复测任务。2003 年 7 月，与相关单位签订施工配合协议，取得既有铁路营业线施工许可证。由于施工区段交通不便、沿线地理条件差，施工正值酷暑季节，为克服安全隐患，按计划完成施工任务，组织制定安全管理细则、无线列调场强全覆盖工程安全补充措施、既有线电气化改造施工防静电感应安全措施，确保施工期间无事故。经过奋战到 2003 年 12 月 15 日完成光电缆敷设 55.44 公里、立电杆 1482 根、安装设备 55 台（套）等全部施工任务。2003 年 12 月 16 日，经建设、监理、接管单位验收，工程质量优良。

（二）六个鸡至马场段电气化

二处承建六个鸡至马场段的接触网、变电、电力、通信信号工程，为加强领导和协调各专业的施工，1999 年底成立工程项目部，组建专业作业队，于 2000 年 6 月 8 日开工。

接触网工程　2000 年 3 月，全面组织开展开工前的技术、物资准备，2000 年 5 月底完成安全教育、技术培训，投入 100 人的作业队，于 2000 年 6 月 8 日开工。施工高峰期投入 400 人分成 3 个作业队开展施工。2000 年建成开通麻江至福泉 2 站 1 区间，2001 年建成开通六个鸡至麻江、福泉至黄丝区间、黄丝站、黄丝至半边街、半边街站、半边街至贵定区间、贵定站、马场站、马场至湖潮区间、湖潮站，2002 年建成开通贵阳南至贵阳西、川黔客车外绕线（关田至贵北）、关田站、关田至贵南区间、贵西至花坡区间、贵西站、花坡站、石板哨站、石板哨至湖潮、花坡至石板哨、长冲会让站，2003 年完成贵定至老罗堡段部分接触网换线施工任务及贵阳客站的主要工作量，建成客车外绕线，完成了贵阳南站的主要站改工作量的施工。2004 年，在配合建设单位站改施工的同时，完成贵阳枢纽供电线施工及大土至贵阳南换线施工任务。2005 年底完成全部剩余既有线更换腕臂、软横跨、承导线工程量，全部工程竣工，移交给成都铁路局贵阳供电段。

变电工程　2000 年 7 月，组织开展开工前技术、物资准备，2000 年 8 月底完成安全教育和技术培训，投入 100 人的作业队，于 2000 年 9 月 17 日开工。为按期完成任务，施工高峰期投入 200 人分成 2 个作业队开展施工。马场坪牵引变电所于 2001 年 10 月 18 日竣工开通；2001 年 6 月 22 日贵阳枢纽牵引变电所开工，2002 年 11 月 6 日竣工开通。

电力工程　2001 年 3 月 25 日贵定至老罗堡 10 千伏自闭线路开工，2003 年 9 月 10 日竣工开通；2002年3月10日贵阳枢纽电力工程开工，2003年12月12日竣工开通。

通信工程　主要工程范围为贵阳南长途通信光电缆线路工程、贵定至贵阳中间站通信工程、贵定地区(站场)通信电缆工程、贵定至贵阳段通信设备安装工程。2001年3月，组建40人的作业队，配备各类车辆7台、各类仪器仪表15台（套）进入现场，于2001年4月26日开工。光电缆敷设采用直埋式，靠近铁路及路肩地段采用水泥槽防护，穿越公路、铁路时采用钢管防护，通过站台时敷设于电缆槽内。电缆引入室内做绝缘节、气闭成端。到2001年10月10日完成光电综合缆敷设、接续、成端、测试。中间站通信工程于2001年12月10日开工，2002年6月30日竣工。地区(站场)通信电缆工程2001年6月20日开工，2001年7月完成工程90%工作量，由于受站前施工影响，2002年5月30日竣工。通信设备安装工程2002年3月15日开工，2002年6月10日竣工。通信站、中间站及东线枢纽各站调试工作于2002年7月20日竣工。共完成光电综合缆及地区电缆敷设118公里、安装设备159台（套）。2002年8月2日至8月5日，经建设、监理、接收单位验收，工程质量优良。

信号工程　龙里站、马场至花坡段信号工程，于2001年5月12日开工。首先会同有关部门对现场进行定测，认真核对信号设备坐标，进行基础预制，放线把等工作。2001年5月底信号楼位置确定后，又由于设计变更造成施工进展缓慢。针对存在的问题和工程特点，修订施工方案，采用既分散又集中的方式开展施工，于2003年7月20日开通。

（三）大江口至芷江西自动闭塞工程

二处承建的大江口至芷江西128公里自动闭塞工程，于2001年4月18日开工。由于沿线地形、地质复杂，交通不便，施工难度很大。开工以来，参战职工克服工期紧、任务重、气候恶劣、交通不便、既有线施工干扰大等困难，于2002年4月11日建成开通。

（四）怀化至岩田铺及泸阳至怀化枢纽电气化

三处承建怀化至岩田铺及泸阳至怀化枢纽接触网、变电、电力和相关房建工程，为加强领导和协调各专业的施工，于1998年12月16日成立电气化工程指挥部，投入570多人分别组成接触网、变电、电力、房建作业队，配备2组安列、8台作业车、2台放线车、车辆8台、机械设备和仪器仪表等，于1999年5月24日开工。

接触网工程　怀化至岩田铺段工程范围包括:怀化至公坪、公坪至陈家台、陈家台至芷江西、芷江西至岩田铺4区间和公坪、芷江西2个站。该段有13座隧道、20座桥梁，铁路远离公路，交通极为不便。工程于1999年5月24日开工后，根据预先制定的施工方案，精心组织，克服各种困难，完成基础浇制63处、钢柱安装88根、混凝土支柱安装968根、拉线安装236处、承力索架设47.923条公里、接触线架设47.923条公里、悬挂调整47.923条公里、供电线架设12.46条公里、回流线架设60.458条公里、架空地线架设2.125条公里、分段绝缘安装12台、分相绝缘器安装1处、隔离开关安装10台。到2000年9月29日全部工程竣工开通。2001年3月5日被株六复线湘黔铁路建设指挥部授予“创优样板工程”称号。

泸阳至怀化枢纽工程范围包括:泸阳至怀化东、怀化东直通场、怀化东机务折返段、K440 辅助所至怀化、怀化车站、客机走行线、西南联络线、怀化机务段等。除怀化枢纽外铁路远离公路，交通极为不便，给施工造成很大困难。尽管如此，根据有针对性的施工组织设计，充分利用天窗点，合理组织施工，在不具备大规模施工的条件下，先进行区间支柱改侧，并积极于设计单位联系、为施工创造条件。经过各方努力，泸阳至怀化东于 2000 年 11 月 1 日开工，2000 年 12 月 31 日竣工并验收；怀化东·直通场 2000 年 5 月 1 日开工，2001 年 12 月 31 日竣工并验收；怀化东机务折返段 2001 年 12 月 6 日开工，2001 年 12 月 31 日竣工并验收；K440 辅助所（含）至怀化（不含）2001 年 5 月 1 日开工，2001 年 12 月 5 日竣工并验收；怀化车站 2001 年 3 月 1 日开工，2002 年 12 月 23 日竣工并验收；客机走行线 2001 年 10 月 10 日开工，2001 年 11 月 30 日竣工并验收；西南联络线 2001 年 5 月 1 日开工，2001 年 12 月 5 日竣工并验收；怀化机务段 2001 年 5 月 6 日开工，2002 年 12 月 30 日竣工并验收。共完成基础浇制 207 处、钢柱安装 207 根、混凝土支柱安装 411 根、承力索架设 4613 条公里、接触线架设 4613 条公里、悬挂调整 4613 条公里、回流线架设 1945 条公里、分段绝缘器安装 37 处、分相绝缘器安装 6 处，隔离开关安装 27 台。

变电工程　怀化至岩田铺段变电工程包括怀化和岩田铺变电所扩容改造及新建陈家台分区所。由于工期紧，调集精干力量，以“优质、高效、求实、创新”的企业精神，于 1999 年 11 月 8 日开展标准化施工。经过奋战，于 2000 年 9 月 28 日竣工，2000 年 9 月 29 日送电开通，2000 年 10 月 21 日验收。

电力工程　陈家台分区所高压电力线路工程，于 1999 年 11 月 8 日开工，2000 年 10 月 21 日竣工，2000 年 10 月 21 日验收。

（五）株六复线电气化房建工程

二处承建团结山、石泉、杨市、新化 4 处分区所的房建工程，建筑面积共计 1018 平方米。4 处分区所为一层砖混结构，层高 5.95 米。团结山分区所于 1999 年 12 月 1 日开工；石泉分区所于 1999 年 12 月 16 日开工；杨市分区所于 2000 年 4 月 27 日开工；新化分区所于 2000 年 4 月 23 日开工。团结山、石泉、 新化 3 个分区所施工中由于钢筋混凝土条形基础标高与室内电缆沟标高发生冲突，经设计同意，将钢筋混凝土条形标高由地下 0.3 米降至地下 0.6 米，上面为砖基础；杨市分区所施工中先做钢筋混凝土条形基础，然后再做砖基础。房屋施工采用人工开挖基槽，为保证边坡稳定采用 1∶0.33 放坡，基础开挖完毕，上面做 100 号混凝土垫层，然后绑扎钢筋，浇注钢筋混凝土条形基础，接着做砖基础。墙体施工分两段进行，采用流水作业；装修工程按从上到下，从内到外的顺序进行，保证了工程进度。团结山分区所 2000 年 4 月 28 日竣工；石泉分区所于 2000 年 7 月 28 日竣工；杨市分区所于 2000 年 11 月 1 日竣工；新化分区所于 2000 年 11 月 14 日竣工。

三处承建陈家台分区所房建工程，新建陈家台分区所占地面积 644 平方米，建筑面积

224 平方米，绿化面积 90 平方米，门卫室建筑面积 25 平方米，围墙 105 米，硬化路面 100 平方米左右。分区所为一层，层高为 6.05 米，所处位置施工用水、用电困难。组织 30 人的作业队，于 1999 年 11 月开工，想尽一切办法远距离运水，在克服各种困难的情况下，2000 年竣工交付使用。

建筑处承建株六复线电气化（二处和三处承建以外）22 项房建工程，建筑面积 1.7196 万平方米。站房为框架结构、站修棚为混凝土排架结构，其他建筑物为砖混结构。由于工程分散，为便于管理，项目部将施工区段划分 4 个工区。2000 年 4 月 20 日新晃、芷江西、大江口站房开工。主体施工中，砖砌筑采用“三一”砌筑法，框架柱和梁钢筋连接采用搭接焊。站房的外墙装修为贴面砖，公寓等房屋的外装修为水刷石，房屋内装修为仿瓷。

怀南站修棚为混凝土排架结构扩建工程，施工中原站棚内有两股道需要进行车辆检修作业。为不影响检修作业，又保证正常施工，采用 30 吨汽车吊安装预制的 18 米跨薄腹梁。从吊装薄腹梁、焊接锚固就位、安装 6 米长屋面板到天车梁就位只用了 15 天时间，受到建设单位和运营单位好评。2000 年底，新晃、芷江西、大江口站房竣工。2001 年 1 月 10 日，经建设单位、接管单位、使用单位验收，评定为优良工程，后又获得 2001 年度株六复线优质样板工程。2001 年 1 月，其他工程相继开工，在娄底机务段侯乘楼施工中，利用拆迁房屋废渣制成粉碎砂用作骨料，搅拌成 M2.5、M5.0 的混合砂浆，完全符合质量标准，取得良好经济效益；在沿线下水管道、雨漏管施工中统一采用 PVC 管材，简化施工工艺，降低工程成本，提高施工质量，受到使用单位和房屋维修单位的好评。2001 年 3 月，怀化通信综合楼工程竣工。怀化南接触网工区、辰溪站货物仓库、怀化南站修棚、娄底站修棚、娄底列检所休息室、娄底乘务员公寓、娄底机务段侯乘楼在年内相继竣工并通过验收，均评为优良工程。

第十节　内昆线王场至宜宾和水富至大关段

一、工程概况

内昆铁路自四川省内江至云南省昆明，北接成渝铁路，连通襄渝、成昆、宝成等铁路，南接贵昆、水柏铁路，连通湘黔、南昆铁路，是沟通云、贵、川、渝 3 省 1 市的主要干线，西南地区南下出海的便捷通道。

内昆铁路全长 872 公里，其中北段四川内江至安边、南段梅花山至昆明于 20 世纪 60 年代建成，中段水富至梅花山，为新建线路。内昆铁路北段北起四川省内江市，经自贡、宜宾，南到四川省宜宾县安边镇，正线全长 143 公里。内安段电气化是利用既有内安铁路进行电气化改造的工程，是新建内昆铁路的组成部分，具有地形险、地质差的特点，是一条既有山区电气化改造铁路。改造后线路由Ⅱ级提升为Ⅰ级；限制坡度上行 5‰，加力坡 13‰；最小曲线半径 300 米。

新修建的中段起点为云南水富站，终点为贵州梅花山站，正线全长358公里。这条铁路从四川盆地至云贵高原，山高谷深，地质复杂，气候多变，新建隧道148.86公里、桥梁41.8公里，桥隧总长占线路总长的53.9%。新建线路一次实现电气化，设计最大区段货流量密度为每年1400万吨。新建电气化（包括宜宾至水富段为既有线电气化改造）线路长414.78公里，其中宜宾（含）至水富（不含）段为既有线电气化改造27.9公里，水富至梅花山段为一次新建357.6公里；六盘水枢纽、内江至昆明引入及其南编组站29.28公里。

内江至安边段电气化改造工程，建设单位是成都铁路局内宜电气化建设指挥部，由铁道部第二勘察设计院设计，铁道部工程质量监督总站成都监督站负责监理；新建铁路水富至梅花山段工程，建设单位是铁道部内昆建设指挥部，由铁道部第二勘察设计院设计，铁一院工程监理咨询公司内昆监理站负责监理。

水富至梅花山段新建电气化工程，主要技术条件：线路等级，Ⅰ级；正线数目，单线；限制坡度，上行6‰、加力坡度13‰，下行12‰、加力坡23.5‰；最小曲线半径，450米；到发线有效长度，850米（双机地段880米）；牵引种类，电力牵引；机车类型，近期SS3型，预留SS4型；闭塞类型，继电半自动；牵引定数，上行4000吨，下行2200吨。

内昆线电气化工程，其中宜宾（含）至水富（不含）段为既有线电气化改造27.9公里，由成都铁路局工程总公司总承包；水富至梅花山段为一次新建357.6公里；站前工程水富至昭通段由中铁工程总公司总承包，昭通至梅花山段由中铁建筑总公司总承包；六盘水枢纽、内江至昆明引入及其南编组站29.28公里，由中铁建筑总公司总承包。

铁道部电化局承担内江至安边段的王场(不含)至宜宾(不含)40.074公里、水梅段水富至大关140.9公里电气化工程建设。

王场至宜宾段电气化工程2000年12月1日开工，2002年3月8日竣工，2002年4月12日建成开通；水富至大关段工程2001年5月18日开工，2002年3月25日竣工，2002年4月23日一次送电成功，2002年5月11日正式交接。

内昆线示意图

二、工程设计

（一）内江至安边段

牵引供电采用直供加回流线供电方式。全段采用全补偿简单链形悬挂。正线承力索采用 GLZC-120 加接触线 CT-110 型，大于 2000 米的长大隧道承力索采用 TJ-95 加接触线 CT-110 型，补偿张力 25 千牛；侧线承力索采用 LBGJ-70 加接触线 CT-85 型，补偿张力 23.5 千牛。

变电工程　包括王场牵引变电所 1 处和 10 千伏配电所 1 处，配电所与牵引变电所合建。牵引变电所两路 110 千伏电源进线，主变压器一主一备，互为备用，27.5 千伏侧采用单极隔离开关分段。主变保护采用 WBZ—61A 型微机完成。全所按微机保护、测控综合自动化装置设计，控制分当地和遥控 2 种。变电所进线和主变自投采用成熟的微机可编程序控制 PLC，可以完成 8 种线路和 8 种主变的倒闸作业，此装置可靠性好、灵活性高，主变故障切换主变，线路故障切换线路，可根据实际运行需要通过手动倒闸按钮进行自动切换主变或线路。配电所 10 千伏电源一路由牵引变电所供给，一路由地方供电局 10 千伏线路供给，新建 10 千伏电力配电所主要给内宜段 10 千伏电力贯通线路和电气化改造后的所增设备供电。

电力工程　主要对敬梓场、一步滩、宜宾北 3 个车站既有电力线路进行改造。车站由 10 千伏贯通线路供电，经变电台降压后供给低压电力线路，线路基本与接触网合架。车站通信、信号主供电源由专用变压器供电，电源取自 10 千伏贯通线。另外对 10 千伏贯通线进行改造，在每个车站站中心附近的 10 千伏贯通线路上加装高压线路故障分段装置，从而使 10 千伏贯通线发生故障时，可缩小停电范围。

（二）新建线路水富至梅花山段

牵引供电采用直供加回流线供电方式。全段采用全补偿简单链形悬挂。正线承力索采用 GLZC-120 加接触线 CT-110 型，大于 2000 米的长大隧道承力索采用 TJ-95 加接触线 CT-110 型，补偿张力 25 千牛；侧线承力索采用 LBGJ-70 加接触线 CT-85 型，补偿张力 23.5 千牛。

变电工程　包括铜鼓溪、盐津、大关 3 处牵引变电所，变电所采用双 T 接线。铜鼓溪、盐津变电所利用南昆线换下的容量为 1.25 万千伏安的变压器；大关变电所为 3.15 万千伏安新型平衡变压器。主断路器采用 SF6 断路器。变电所二次部分主变设差动、瓦斯、过流、过负荷、失压、温控等保护，采用 WRZ-61-3 型微机成套保护装置，实现计算机监控与常规马赛克模拟屏并列运作方式，并预留远动接入，配置 ZT-3 自投装置，实现线路和主变之间 8 种互投。

内昆线宜宾至盐津段敷设 1 条 12 芯+5×4×0.9+5×2×0.7 直埋综合光电缆，地区（站场）采用全塑电缆。传输系统利用 4 芯光纤开通 SDH155 兆比特/秒（1+1）系统，另用 4

芯光纤开通SDH155兆比特/秒接入网系统。新设宜宾、盐津、昭通、威宁、六盘水南通信站。宜宾南、昭通站设站场无线系统。全线设450兆赫兹同异频单工C制式无线列调系统，弱场强区采用互控中继站方式。

三、工程施工

（一）王场至宜宾段

铁道部电化局承建王场(不含)至宜宾(不含)段电气化工程，3站4区间正线全长40.074公里，包含接触网、变电、电力、通信信号、车辆6个专业，由二处施工；相关电气化房建工程由建筑处施工。工程于2000年12月1日开工，2002年3月8日竣工，2002年4月12日建成开通。

接触网工程　内宜段开工之前，二处接到线路中修技改通知，技改施工单位迟迟不能进行中修。多次与技改施工单位协商和设计单位联系，经过内宜电气化建设指挥部协调，最终达成进行线路交桩的协议，经过技术部门努力基坑开挖得以顺利进行，直至下部作业完成，宜宾北站技改仍在进行。由于交桩资料的准确及技术精密细致的测算，完成的下部工程个个达标，没有发生返工。敬梓场至一步滩区间桥梁众多，宜宾北至宜宾区间岷江大桥桥高危险，桥下水流湍急，如何更好、更快、更安全地保证施工显得尤为重要。为保证桥底座，桥支架的打孔、灌注，安装准确、快捷，技术人员通过技术攻关研制出一套打灌安装同步进行一次到位的科学方法，既克服了锚柱与支架孔配合间隙小(2毫米)安装困难的难题，又克服了打孔误差而经常调整风钻及锚栓位置的困难。

工程于2000年12月1日开工，二处投入110人的施工队伍，本着优质、高效、创建精品工程的原则，经过16个月紧张有序的施工，完成混凝土支柱安装839根、钢柱安装76根、软横跨安装52组、承导架设各53.26条公里、电连接安装305处、回流线架设39.75公里、隔离开关安装8台、分段绝缘器安装6台，于2002年3月8日竣工，2002年3月8日至3月16日验收，2002年4月12日送电开通，2002年4月13日热滑试验，2002年4月14日重载试验，2002年4月16日交接。

变电和电力工程　变电工程于2001年6月10开工，2002年3月10日竣工；电力工程于2001年6月10日开工，2002年4月26日竣工。二处抽调25人组成电力、变电2个作业工班，负责王场变电所和王场至宜宾段40公里电力工程施工。广泛采用新工艺、新方法，严格施工管理，严把安全质量关；重大设备安装运输稳中求快。针对变电所地处高填方地带、土质松软、地质条件差等情况，采用提前进行土壤承载试验，基坑开挖至老土下0.5米深，用浆砌片石加深或加大垫层，或加大基础，分层夯实至场坪的方法，确保设备基础施工质量。软母线挂设采用已成熟的一次性挂设技术创新成果，有效地提高工作效率和工作安全性。完成架构组立56组、变压器安装2台、断路器安装14台、互感器安装38台、各种屏柜安装20面、电缆敷设1.2公里、接地母线敷设2公里；电力电杆组立54

基、导线架设 31 条公里、电缆敷设 2.77 公里、电力变压器安装 9 台、投光灯塔安装 8 组。

2002 年 3 月 15 日，经成都铁路局内宜电化指挥部组织的验收检查，工程符合验收标准，工程质量评为优良。2002 年 4 月 16 日移交内江供电段接管。

通信工程 2001 年 4 月 1 日开工，2002 年 3 月 30 日竣工。二处投入 150 人，完成包含王场（不含）至宜宾北（不含）长途通信线路敷设、3 个通信站设备安装和 4 个区间的无线列调工程。

信号工程 2000 年 11 月 1 日开工，2001 年 7 月 30 日竣工。二处投入 50 人，完成敬梓场、一步滩、宜宾北 3 站电气集中工程。一步滩红外线轴温探测装置安装，根据建设单位意见，由二处总承包，分包给成都铁路局重庆分局科技开发公司施工。

房建工程 建筑处承担宜宾北 15 米跨度货物仓库、宜宾北电气集中信号楼、宜宾北站单身宿舍、王场站牵引变电所、王场站配电所材料库、敬梓场行车室、敬梓场给水所、一步滩行车室和一步滩红外线机房房建工程，建筑面积 3888 平方米。除宜宾北 15 米跨度货物仓库为砖混框架结构，其他建筑均为砖混结构。

2000 年 10 月 23 日开工，由于是既有线改造，大部分工程处在既有线两侧，施工场地狭小，拆迁工作量大，部分新建房屋需待拆除原有运营站房后方能进场施工。2002 年 3 月竣工，工程一次验收合格。

（二）水富至大关段

铁道部电化局承建水富至大关段 140.9 公里电气化工程，14 站 13 区间包含接触网、变电、信号、通信 4 个专业，由二处施工；相关电气化房建工程由建筑处施工。工程于 2001 年 5 月 18 日开工，2002 年 3 月 25 日竣工，2002 年 4 月 23 日一次送电成功，2002 年 5 月 11 日正式交接。

接触网工程 二处安排第三、四两个工程队承担接触网工程的施工，第四工程队投入 180 人，负责水富（含）至盐津段接触网工程施工；第三工程队投入 150 人，负责盐津（含）至大关（含）段的接触网工程施工。工程 2001 年 5 月 18 日开工，2001 年 6 月开始安装支柱，2001 年 10 月开始承导架设作业，2002 年 3 月 25 日竣工，2002 年 4 月上旬进行静动态试验，2002 年 4 月 23 日一次送电成功，2002 年 5 月 11 日正式交接。完成混凝土支柱安装 1107 根、钢柱安装 857 根、软横跨安装 111 组、硬横跨安装 122 组、承导架设各 183.634 条公里、回流线架设 140.121 公里、避雷器安装 42 台、隔离开关安装 29 台、分段分相绝缘器安装 25 台。

变电工程 二处抽调 50 人组成 3 个作业工班，负责水富至大关段铜鼓溪、盐津、大关 3 处变电所施工，于 2001 年 8 月 1 日开工，2002 年 3 月 20 日竣工。2002 年 4 月 23 日变电所分别向接触网一次送电成功。2002 年 4 月 25 日至 27 日正式通过验收，质量评为优良。2002 年 5 月 11 日移交内江供电段接管。

通信工程 2000 年 6 月 26 日，二处与铁道部工程管理中心签订新建铁路内昆线长途光缆线路宜宾至盐津（不含）段通信工程施工合同。施工范围为宜宾（含）至盐津段长途通信线路 118.69 公里（其中宜宾至水富站根据建设单位总体安排分包给了成都铁路工程公司通信分公司施工），地区及站场通信线路 16.74 公里，水富至盐津 6 个中间通信站和 1 个通信站（宜宾南）设备安装工程。无线通信含车站电台安装 10 站，列调系统测试 1 段，站场系统测试 1 站。

2001 年 2 月下旬，开始对线路、路基、桥梁、车站、房屋等进行调查，其后完成径路、定复测及综合缆单盘测试。2001 年 3 月至 12 月完成长途光电综合缆敷设、接续、成端及线路设备安装。2001 年 11 月下旬至 12 月下旬完成长途线路平衡、光中继段测试。2001 年 9 月上旬至 12 月上旬完成地区电缆敷设、接续、成端。2001 年 9 月至 12 月完成无线铁塔、电杆安装。2001 年 10 月至 2002 年 1 月完成中间站、通信站、站场、站房扩音系统安装。2002 年 3 月完成设备单机测试。2002 年 4 月至 5 月完成全线通信联调测试。共敷设光电综合缆 91.6 公里，设备安装 17 站。

信号工程　邓家湾电气集中站 1 站。二处组建 39 人的施工队，于 2001 年 12 月 1 日开工，2002 年 2 月 1 日竣工。完成道岔转辙装置安装 4 组、信号机安装 3 组。

房建工程　建筑处承担铜鼓溪、盐津、大关 3 处牵引变电所等 6 个单位工程，建筑面积 4088 平方米。3 处牵引变电所均为框架结构，人工挖孔桩，独立桩基础。2000 年 11 月 3 日开工，2002 年 5 月 16 日竣工并通过验收，3 处牵引变电所均评为优良工程，其中盐津牵引变电所被评为铁道部内昆线优质工程。

第十一节　神朔线神池南至府谷段

一、工程概况

神朔铁路是神华集团矿、电、路、港、航系统工程的重要组成部分。它北接包神铁路、南连神延铁路、东贯朔黄铁路自毛乌素沙漠边缘的陕西神木，途经陕西、山西 2 省 7 县(市)，跨越黄河，向东蜿蜒曲折 266 公里至山西朔州与北同蒲线接轨。神朔电气化铁路是神华集团修建的第一条电气化铁路，建成后对缓解西北地区铁路运输的紧张局面，改善运输条件，促进陕、晋原煤外运，加快神府煤田的开发和建设，增进东部沿海与西北的交流等都有着显著的经济效益和深远的政治意义。

神朔电气化铁路工程，建设单位是神华集团神朔铁路公司，由铁道部第一勘察设计院设计（神池南站接触网工程为铁道部第三勘察设计院设计），北京现代通信工程咨询公司负责监理。神朔电气化铁路为国家 I 级电气化重载铁路，年设计运量初期为 2500 万吨，近期为 4000 万吨，远期复线为 6000 至 10000 万吨。

参加工程建设的单位有铁道部第五局、十二局和电化局。大柳塔北至府谷段 89.1 公里由十二局承建，府谷至神池南（不含）段 131.5 公里由电化局承建，神池南至朔州段 46 公里由五局承建。

工程于 1999 年 5 月 18 日正式开工，2000 年 9 月 18 日竣工，2000 年 10 月 26 日送电开通。

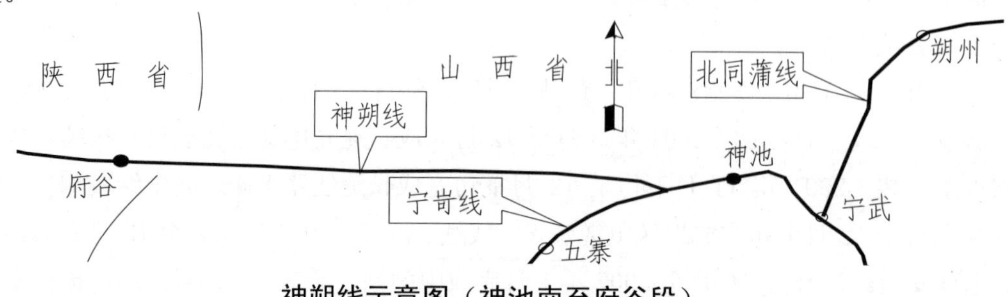

神朔线示意图（神池南至府谷段）

二、工程设计

接触悬挂采用全补偿简单链形悬挂，结构高度 1.3 米，接触线高度 6 米；隧道接触线高度 5.76 米，结构高度 0.54～0.8 米。神池南至贺职（含）为非载流区段，正线接触悬挂类型为 LBG90+GLCN250；贺职（不含）至府谷（含）为载流承力索区段，正线接触悬挂类型为 LBGLJ185/35+GLCN250，承力索额定张力 17 千牛，全区段站线接触悬挂类型均为 LBGJ70＋GLCN195，额定张力 13 千牛+8.5 千牛，LBGLJ-185/35 承力索采用绝缘可调式滑动整体吊弦。LBGLJ-70/90 承力索采用绝缘螺栓可调式整体吊弦。

牵引变电所 110 千伏侧接线采用线路分支接线、双电源引入，设有隔离开关分段的跨条，并设有备用电源备投装置。110 千伏断路器采用德国 AEG 公司产品，电动隔离开关采用法国吉斯玛公司产品。主变压器由瑞典 ABB 公司生产，固定备用方式，接线方式为斯科特接线，并设有差动、过流、瓦斯、过热等保护方式。变电所 2×27.5 千伏馈出母线采用隔离开关分段，馈出线隔离开关全部由法国吉斯玛公司生产。馈线设置距离、速断、高阻保护及自动重合闸装置。馈线保护采用 ZMH-7B 成套保护装置。并联电容补偿装置由 ABB 澳大利亚公司提供，室外布置方式。AT 所设置 1 台自耦变压器，远期预留 1 台。本段远动系统由神木北电力调度所内的远动装置和变电所及 AT 所内的远动分机构成，以实现对牵引供电系统的遥控、遥测、遥信。

三、工程施工

电化局三处承担神朔线神池（不含）至府谷段 11 站 11 区间 131.5 公里电气化工程施工，新建接触网 186 条公里、附加线 320 条公里、立混凝土支柱 2588 根、钢柱 229 根、软横跨安装 228 组；新建神池南、阴塔 2 处牵引变电所和王家寨、贺职、南坡底、三岔、韩家楼、桥头镇、保德、府谷 8 处 AT 所；神池南、阴塔 2 处变电所房屋建筑面积 560 平方米。

1999 年 4 月 25 日，三处在五寨煤转站组建指挥部，抽调 2 个作业队投入施工，1999

年 5 月 18 日在三岔车站举行神朔线电气化工程开工仪式，2000 年 9 月 18 日竣工，2000 年 10 月 26 日送电开通。

接触网工程　1999 年 5 月 18 日开工，到 1999 年底接触网下部工程已完成大部分，开始进行上部架线作业。10～12 月份的施工现场，寒风刺骨，室外温度达-30℃，架线作业一直坚持到 12 月底，春节期间留守人员坚持施工。

2000 年 6 月 15 日接触网工程除隧道影响外，基本达到了竣工程度。由于 12 座隧道病害整治工程进度较慢，隧道接触网立柱埋入杆灌注不能正常进行，部分悬挂点需要进行二次打眼，严重制约了隧道接触网附件的安装，直到 2000 年 7 月下旬，接触网立柱才陆续安装。三处指挥部全体职工克服隧道施工不便、封闭点不足、韩府公路建设严重干扰、交通时常出现堵塞等困难，到 2000 年 8 月底接触网架线工作全面结束，2000 年 9 月 5 日隧道中接触调整到位，神池南站外接触网预留复线改造工程结束，达到送电开通程度。2000 年 9 月 16 至 17 日电化局接触网轨道检测车对三处施工管段接触网高度、拉出值进行检查测量，优良率达到 95%以上。2000 年 10 月 14 至 16 日，神朔铁路公司组织供电、电务、工务等单位对三处施工管段接触网工程进行验收检查，对施工质量非常满意。2000 年 10 月 21 至 22 日，神朔公司接触网冷滑车组对三处施工管段进行冷滑，速度达 70 公里/小时。

变电工程　1999 年 6 月 23 日开工，2000 年 9 月 18 日建成，2000 年 10 月 12 日通过验收。2000 年 10 月 25 日带电空载 24 小时，2000 年 10 月 26 日负载 24 小时，设备运转良好。

房建工程　2 处牵引变电所均为单层砖混结构，地基做“三七”灰土垫层处理，钢筋混凝土条形基础，主体砌体采用“三一”砌砖法，内外墙为普通装修，屋面做柔性防水。工程于 1999 年 5 月 18 日开工。2000 年 9 月 18 日工程竣工验收。

第十二节　神朔复线神池南至府谷段

一、工程概况

神朔铁路自 1996 年 7 月 1 日开通以来，运输任务十分繁忙，已不能满足日益增长的运营需求，为缓解神朔铁路运输的紧张局面，提高神朔铁路的通过能力，本次对神木北至神池南段增建二线及电气化改造。增建二线后即可与朔黄铁路运输能力相匹配，形成一条西起神府、东胜矿区，东至黄骅港的大能力运煤通道。它的修建对加快西部开发和沿线人民脱贫致富的步伐，加快陕煤外运、促进国民经济发展，具有十分重要的意义。

神朔铁路复线西起陕西省神木北站(含)，沿乌兰木伦河谷东行经陕西省府谷县，跨越黄河，东至山西省朔州，沿线经过陕西省榆林市的神木、府谷，山西省忻州地区的保德、河曲、五寨、神池等，横跨陕西、山西 2 省 6 县。该区段地处黄土高原，主要为黄土梁峁沟壑、河谷及沙丘地貌，其中府谷至阴塔段主要通过黄土梁峁及朱家川峡谷桥隧相连，阴塔至新堡子段为宽谷区，新堡子至神池南段为神池盆地。该标段线路坡度大，最高达 15‰。神木北站(含)至神池南站(不含)，设计里程为 K32+600 至 K220+088，正线全长 187.49 公里，是为开发神东煤田而修建的运煤专用铁路，是神东煤田至黄骅港运煤专用铁路的重要组成部分。

神朔铁路复线电气化工程，建设单位是神华集团神朔铁路公司，由铁道部第一勘察设计院设计，北京诚业工程建设监理有限公司负责监理。

中铁电气化局集团三公司承担神朔铁路复线电气化工程府谷（含）至神池南（不含）段 125.29 公里的施工任务。工程于 2002 年 3 月 3 日开工，2002 年 8 月 31 日竣工，2002 年 11 月 8 日全部开通。

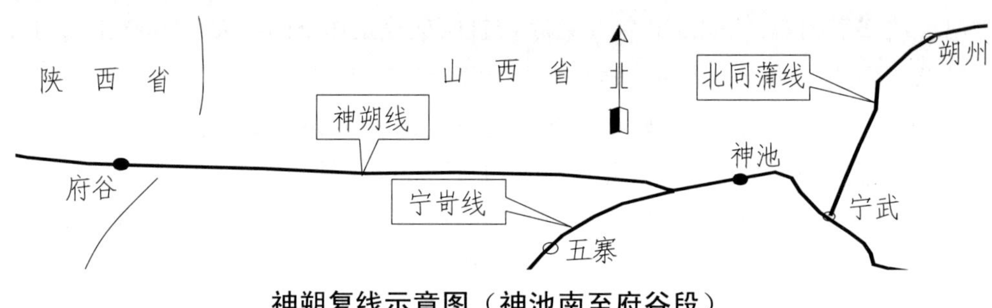

神朔复线示意图（神池南至府谷段）

二、工程设计

牵引供电府谷至桥头镇上行采用直供加加强线供电方式，下行采用直供加回流线供电方式；桥头镇至神池南上下行采用 AT 供电方式。接触悬挂采用全补偿简单链形悬挂。正线采用 3 吨系载流承力索 LBGLJ-185+GLCN-250 型，线索张力为 17 千牛+13 千牛；站线采用 2.35 吨系非载流承力索 LBGJ-70+GLCN-195 型，线索张力为 15 千牛+8.5 千牛。接触线悬挂点高度一般为 6 米，隧道内为 5.766 米，自隧道口开始接触线按≤3‰变化率降低或升高。结构高度一般为 1.3 米，隧道内最短吊弦长度不小于 250 毫米。

新建府谷牵引变电所，110 千伏侧采用双电源引入、双 T 接线方式，设置有隔离开关分段的跨条，牵引变电所设 2 台主变压器，互为备用，设有 PCL 可编程控制的自投装置，可实现 110 千伏进线、主变的自投或互投，27.5 千伏馈线馈出 4 路，采用 50%备用方式。

车站信号采用 6502 电气集中，区间采用 ZPW-2000A 制式，采用 97 型 25 赫兹相敏轨道电路，信号机高柱、短柱均采用铝合金机构，道岔采用 ZYJ7 提速道岔、ZY4 型直流、ZD9 型直流。

三、工程施工

三公司承建府谷（含）至神池南（不含）段府谷、保德、桥头镇、王家寨、阴塔、李家沟、韩家楼、三岔、贺职、南坡底、新堡子、神池南 11 站 11 区间 125.29 正线公里电气化工程。基础浇注 95 个、桥打灌 134 处、隧道打灌 299 处、钢筋混凝土支柱安装 2170

根、桥钢柱安装121根、钢柱安装13根、支柱装配2546处、软横跨安装29组、承力索架设167.164条公里、接触线架设157.535条公里、附加线架设277.708条公里、隔离开关安装17台、分段绝缘器安装26组、分相绝缘器安装6组；新建府谷牵引变电所，改建阴塔、神池南2处牵引变电所，改建韩家楼开闭所，改建桥头镇、贺职分区所；改建王家寨、三岔、南坡底3个自耦变压器所，拆除府谷、保德2个自耦变压器所；新建府谷、新城川、孤山川、神木北、南梁线路所、十里墕线路所6站信号电气集中。

经中铁电气化局集团和二、三公司协商，三岔至贺职段的贺职、新堡子，新堡子至神池南段的神池南3站2区间接触网，神池南牵引变电所、南坡底和贺职AT所变电改造及府谷、新城川、孤山川、神木北、南梁线路所、十里墕线路所6站146组联锁道岔信号工程交由二公司施工。

按照神朔复线指挥部除因外部因素影响部分设备撤旧、搬迁及安装未完外，2002年8月31日竣工开通，2002年11月8日必须全部竣工开通的要求，二、三公司立即行动，组建项目部，抽调机械及施工队伍，2002年3月3日在府谷至保德区间80号接触网支柱作为第一杆竖立，标志着神朔线复线电气化工程正式开工，按照神朔复线指挥部的要求，按期完成任务。

接触网工程　三公司2002年3月3日在府谷至保德区间开工，该区间是全区段施工难度最大的区间，最长的黄河大桥和霍家梁隧道均在此区间，且霍家梁隧道正在整治之中，挖基、清底在5公里长的区段摆满了各种机械和施工人员，区间两头2个小隧道及黄河大桥上道砟、钢轨还未铺。要在短短的3个月内施工完，并且达到送电开通程度，难度确实很大。针对工程实际制定最佳施工方案，邻线作业、交桩施工，充分利用停电封闭点紧随铺架，见缝插针、交叉施工。在最后的施工阶段，集中所有轨型机械进行会战，全体参建人员加班加点，终于按神朔复线指挥部的要求在2002年6月15日开通了府谷至保德区间，为霍家梁隧道右线改造提供了条件。

保德至阴塔区段，3站3区间全长35公里，其中含有8座隧道、53根桥钢柱，此段工程能否按期开通决定着神朔复线府谷至神池南段能否按合同工期完成。项目部从其他线调来一批精干的施工队伍及时投入到大会战中，经过全体参战人员的艰苦奋战，开通前将所有工作量按期优质完成。

二公司承建的三岔至神池南3站2区间，2002年4月12开工，2002年6月基本完成支柱安装、锚板埋设等无干扰和影响的下部工作量，2002年8月完成所有工作量，达到送电开通状态。2002年8月31日接触网全线竣工开通，性能稳定。2002年10月15日进行初验，对工程质量和施工工艺给予肯定。

变电工程　2002年3月3日开工，浇制基础240个、安装构支架197组、敷设地网2400米、安装设备319台、敷设电缆32条公里。按照神朔复线指挥部的要求，除因外部因素影响部分设备撤旧、搬迁及安装未完外，2002年8月31日按期竣工开通，剩余部分

2002年11月8日全部竣工。

信号工程　2002年7月24日开工，2002年11月8日开通。针对神朔线信号工程时间紧、任务重、施工工作量大的特点，二公司投入2个作业队开展交叉施工。

第十三节　神朔线1.4亿吨扩能改造

一、工程概况

神朔线的南坡底、三岔、韩家楼3站，地理位置重要，车流密度大。为配合神朔线1.4亿吨电气化扩能改造，前期对韩家楼、三岔、南坡底3站实施改造，并对新城川、府谷2处牵引变电所扩容及部分地段架设接触网加强线、正馈线等。既有韩家楼站由既有3道东端出岔，设0.328公里牵出线，实现煤5道整列装车不占用正线。既有三岔站位于山西省五寨县，既有到发线4条（含正线），装煤线1条，由煤5道东延，利用机务段三角线、机待线1，接铺架基地做牵出线，实现煤5道整列装车不占用正线；既有南坡底站位于山西省神池县，既有到发线4条（含正线），货物线1条，网工区线1条，安全线2条。除神朔2条正线4个方向外，为解决庄儿上方向发车等待的需要，增设到发线1条。

神朔线1.4亿吨电气化扩能改造工程，建设单位是神华集团神朔铁路复线工程建设指挥部，由铁道第一勘察设计院设计，中铁诚业监理公司负责工程监理。

神朔线线路技术标准：铁路等级，Ⅰ级；正线数目，双线；限制坡度，大柳塔至神木北9‰，神木北至阴塔12‰，阴塔至神池南10‰；最小曲线半径，400米；到发线有效长度，1050米；牵引种类，电力牵引；机车类型，SS4B；闭塞类型，正在进行自动闭塞改造；牵引定数，5500吨。

中铁电气化局集团电气化公司承建神朔线1.4亿吨扩能改造工程。工程于2004年9月28日开工，2004年12月31日竣工。

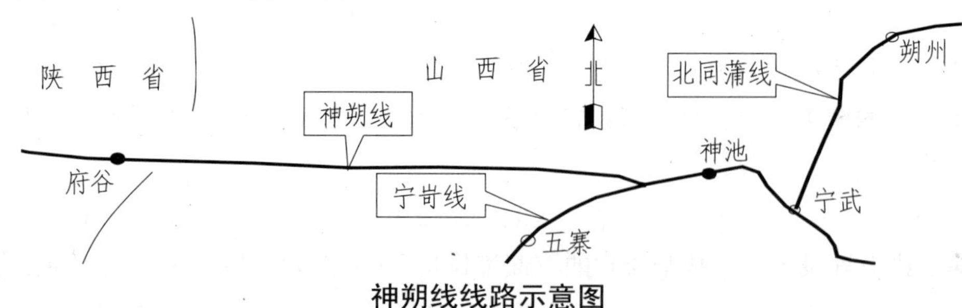

神朔线线路示意图

二、工程设计

既有大柳塔至桥头镇段为直接供电方式，桥头镇至神池南段为AT供电方式。既有全线接触网采用全补偿简单链形悬挂，正线采用3吨系，站线采用2.35吨系。正线接触线为GLCN-250型，站线为GLCN-195型，正线承力索为LBGLJ-185/35型，站线为LBGJ-70

型。接触线悬挂高度：车站、区间为 6000 毫米。隧道内接触线高度，除梁家山隧道为 5775 毫米外，其余均为 5766 毫米。结构高度，站场和区间均为 1300 毫米。侧面限界，既有一线直线侧面限界为 2.5 米，既有二线直线侧面限界为 3.0 米。接地方式，既有一线直供区段为单绝缘，采用架空地线集中接地，AT 区段为双重绝缘；既有二线直供区段为双重绝缘，采用回流线集中接地。绝缘子泄漏距离为 1200 毫米，棒式绝缘子采用瓷质绝缘子，悬式绝缘子采用钢化玻璃绝缘子。电连接设置，加强线每隔 500 米设一处电连接。

三、工程施工

对韩家楼、三岔、南坡底 3 站接触网进行改造，韩家楼、三岔的牵出线不电化，南坡底新增到发线需要电化。府谷（不含）至神池南（含）部分区间增设加强线，主要有府谷（不含）至保德（含）上行、王家寨（含）至韩家楼（含）上行、南坡底（含）至神池南（含）上行。桥头镇（含）至神池南（含）部分区间增设正馈线，桥头镇（含）至阴塔（含）上行、南坡底（含）至神池南（含）上行。混凝土支柱安装 174 根、基础浇注 36 个、软横跨安装 19 组、拉线安装 111 处、架设承力索、导线各 12.5 条公里，正馈线 9.8 公里；改造新城川、府谷牵引变电所 2 处，电力站场照明 3 站。

电气化公司依据神华集团国际贸易有限责任公司《神朔铁路配套 1.4 亿吨扩能改造部分工程施工合同》、铁道第一勘察设计院提供的技术资料和图纸、国家和铁道部现行有关施工规范和技术标准及有关工程会议纪要，分 4 个阶段展开施工。2004 年 9 月 28 日开工，2004 年 12 月 31 日竣工。施工准备阶段从 2004 年 9 月中旬到 9 月 30 日，主要工作内容为现场调查、指挥部驻地及工点的选取、人员机械的调配、《施工组织设计》的编写、施工所用物资的准备等。转线前的准备阶段从 2004 年 10 月 1 日到 2004 年 10 月，主要工作内容为基坑开挖、基础浇制、拉线安装、腕臂安装、安装临时过渡支柱、承导预先架设、倒锚拆除影响站前施工的支柱等。配合站前施工单位转线从 2004 年 10 月 19 日到 2004 年 11 月 4 日，主要工作内容为配合站前施工单位调整岔区及对拨接的各股道进行调整，完成 3 站的改造工程。攻坚阶段从 2004 年 11 月 1 日到 2004 年 12 月 31 日，主要工作内容为对府谷（不含）至神池南（含）进行加强线、正馈线架设及调整。工程一次验收合格，工程质量评定为优良。

第十四节　朔黄线东回舍至太师庄段

一、工程概况

朔黄线西起山西省神池县神池南站，与神朔铁路相联，东至河北省黄骅市黄骅港口货场，正线全长 600 公里，为 I 级干线、双线电气化铁路。朔黄线的西端是神朔铁路，在神朔铁路起点站神木北站与包神铁路相连，是“神华工程”的重要组成部分，神府东胜煤田外运的大通道，它与大秦线是山西省煤炭外运（通向环渤海地区）的重要铁路。

朔黄线神朔段从神池南站至肃宁北站，正线全长420公里，横穿恒山、云中山脉和祈定盆地，沿海沱河谷穿越太行山脉进入华北平原，是朔黄铁路的重要组成部分。东回舍至肃宁北为复线，肃宁北至太师庄为单线，全段有桥梁30座，最长的桥梁为肃宁北至太师庄区间的跨京九右外包特大桥，全长2117米。在定州和肃宁北分别与京广、京九线交汇。

朔黄电气化铁路工程，建设单位是朔黄铁路有限责任公司，由铁道部第三勘察设计院设计，电化局三处承担第三标段西柏坡（原东回舍）(不含)至太师庄段177.4正线公里的施工任务。

工程于2000年8月18开工，2001年11月22竣工，2001年12月14日一次送电开通，2001年12月19日在西柏坡站（原东回舍站）举行开通仪式。

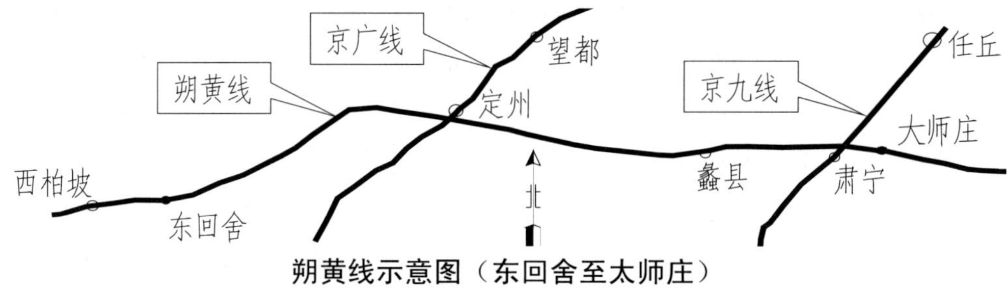

朔黄线示意图（东回舍至太师庄）

二、工程设计

牵引供电采用直供加回流线供电方式。接触悬挂采用全补偿简单链形悬挂，正线采用LBGJ90(LGJ-185)+GLCN-250型，站线采用LBGL70+GLCN-195型，接触网张力正线为17千牛+13千牛，站线张力为15千牛+10千牛。结构高度为1.3米，接触网高度一般地区6米，定州西、安国、蠡县、肃宁北为6.45米，吊弦类型为环节吊弦，接地方式通过回流线直接接地，站台增加架空地线。

变电工程　包括灵寿、定州西、安国、肃宁北4处牵引变电所和三汲、行唐、定州东、蠡县4处分区所。灵寿、定州西、安国牵引变电所110千伏侧采用线路分支接线，双电源引入，有隔离开关分段跨条，并设有备用电源自投装置。牵引变压器采用一主一备运行方式，YWA接线，采用差动、过流、瓦斯、过热等保护方式。变电所2×27.5千伏馈线母线采用隔离开关分段。2台110千伏断路器间实现电气连接。4处分区所各设1台移动备用断路器。本段远动系统由肃宁北电力调度所的远动装置和变电所、分区所的远动分机构成，以实现对牵引供电系统的遥控、遥信、遥测。

房建工程　包括三汲、行唐、定州东、蠡县4处分区所和安国、肃宁北2个接触网工区及灵寿、新曲、定州西、安国、肃宁北6个轨道车库的房屋建设，建筑面积3520平方米。

三、工程施工

电化局三处承建朔黄铁路电气化工程第三标段西柏坡站（东回舍）(不含)、三汲、灵寿、行唐、新曲、定州西、定州东、安国、博野、蠡县、肃宁北、太师庄11站11区间正线177.4公里的施工。2000年6月成立朔黄工程指挥部，下设三、四、五、建筑段指挥组，分别负责组织接触网、变电、房建工程的施工。2000年8月18日，蠡县车站18号接触网支柱作为第一杆顺利安装，标志着朔黄电气化铁路工程正式开工。

主要工程量包括基础浇注469个、钢筋混凝土支柱安装6542根、钢柱安装929根、支柱装配6094处、软横跨安装384组、承力索、接触线架设483条公里、附加线架设446条公里。新建灵寿、定州西、安国、肃宁北4处牵引变电所和三汲、行唐、定州东、蠡县4处分区所。三汲、行唐、定州东、蠡县4处分区所和安国、肃宁北2个接触网工区及灵寿、新曲、定州西、安国、肃宁北6个轨道车库的房屋建设，建筑面积3520平方米。

接触网工程　三处四段负责定州东至太师庄段6站5区间、五段负责东回舍(不含)至太师庄段5站6区间的接触网施工。根据上级指示，三处将西柏坡（不含）至三汲1站1区间的接触网工程分包给十五局电务处施工。本段行唐至定州东、安国(不含)至太师庄为载流区段，东回合至行唐(不含)、定州东(不含)至安国为非载流区段。

2000年8月18日开工，全面按照IS09002质量认证的要求施工，力争创国内一流工程，赶超国际先进水平。经过全体参建职工的严密组织和精心施工，于2001年11月22日竣工，经验收质量达到设计要求和开通运行条件。2001年12月19日正式开通运营。

变电工程　2000年9月28日开工，三处三段根据朔黄铁路工程公司的工期要求，调集技术骨干，精心组织技术水平高、素质过硬、能征善战的施工队伍，本着“高效益、高标准、争一流、创金牌”的开拓精神投入施工。为加强技术管理，实行主管工程师负责制，编制施工网络计划，并依照计划成立设备安装、接地线制作安装、母线制作安装等程序化施工小组，严格控制工序流程，并按照竣工时间倒排工期，按计划施工，保证了工程进度，于2001年11月30日竣工，2001年12月14至16日变电所分别受电，2001年12月18日同时向接触网送电。

房建工程　2000年8月18日开工，2001年11月22日4处分区所和2个接触网工区及6个轨道车库，包括场坪土方、围墙、大门、给排水、暖远、散水等全部竣工。

第十五节　襄渝线襄樊至达县段扩能改造

一、工程概况

襄渝线东起湖北襄樊，西至重庆，全长895.3公里。自1968年4月开工修建，1970年8月铺通到达县，1975年11月临时运营。1979年12月全线建成，并正式交付运营。线路自焦柳线上的襄樊站出岔向西引出，襄樊北站至老河口东站段与汉丹铁路共轨。经丹江口、十堰、郧县，进入陕西省，过白河、旬阳、安康、紫阳，进入四川省，经达县、渠县、华蓥，抵达重庆市。这条铁路横贯鄂、陕、川 3 省，东与汉丹、焦枝两线衔接，中与阳安、宝成铁路相通，西与成渝、川黔两线相连，是联络中国中原和西南地区的交通大动脉。

襄渝线襄樊至达县段，是 20 世纪 70 年代一次建成的单线电气化路。该段与成渝、川黔、阳安、宝成铁路共同担负西南、陕南及西北地区的物资交流与经济建设任务，是西南、西北通路的组成部分，在路网中起着重要作用。襄渝线襄樊至达县段扩能工程，对缓解西南地区运输紧张局面，开辟中国北南铁路干线，对实施国家经济发展战略向中部转移，加强华北、西北与西南地区的经济联系，促进沿线地区经济发展，有着非常重要的意义。

襄渝线襄樊至达县段扩能改造工程，建设单位是郑州铁路局建设项目管理中心西安工程指挥部，由铁道部第一勘察设计院设计，中原监理公司襄渝线扩能监理站负责工程监理。

襄渝线襄樊至达县段扩能改造工程，线路设计标准为国家 I 级单线电气化铁路， 预留增建第二线条件，最大限制坡度，6‰、加力坡 13‰、曲线及路桨较多；闭塞类型，继电半自动闭塞；牵引定数，4000 吨。

电化局三处承担襄渝线襄樊至达县段扩能改造电气化 IV 标段、电力 III 标段工程建设。工程于 2001 年 1 月 12 日开工，2002 年 12 月 15 日竣工开通。

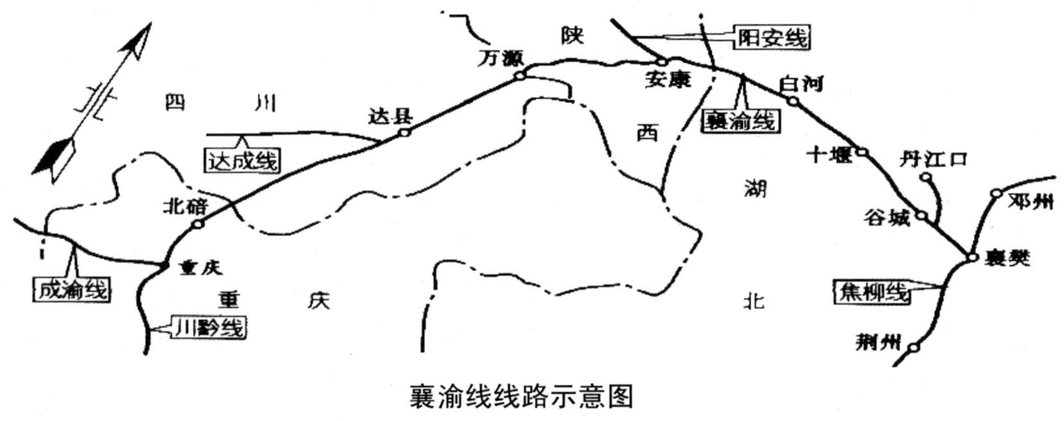

襄渝线线路示意图

二、工程设计

襄渝线襄樊至达县段扩能改造工程，维持原供电方式不变。牵引变电所引入两路 110 千伏电源，采用 T 接方式，2 台主变压器采用 V/V 接线，固定备用方式；110 千伏侧设 2 组电压互感器，27.5 千伏侧母线采用单母线隔离开关分段接线，分段母线设 2 组隔离开关；每所内各设 2 台 27.5/0.4 千伏所用变压器，27.5 千伏断路器采用 ZN-27.5 真空断路器；并联电容补偿大竹圆变电所采用 BFFH-33.6-1600-IW、BFFH-33.6-1000-IW 各 1 台，松树坡变电所采用 BFM8.4-100-IM 2 台，大竹圆变电所设 CKGT-192/27.5-0.12、CKGT-120/277.5-0.12 电抗器各 1 台，松树坡变电所设 CKKT-1922/27.5-0.12 电抗器 2 台；避雷器采用防污型金属氧化锌避雷器。全所设微机保护，牵引变电所设远动分机，通过设在襄樊北、安康电力调度所内的远动装置及光纤数字远动通道实现对牵引供电系统的遥控、遥信、遥测功能，实现对变电所的集中监视和控制。

对安康东(不含)至官渡(不含)段8站7区间142.5正线公里接触网进行改造，更换正线承力索（包括钩头鞍子、悬吊滑轮及吊铉)、更换补偿装置、更换部分支柱、有关零部件安装及相关工程。

10千伏电力贯通线路沿铁路架设，对全线车站、信号、桥隧供电，沿线各站设杆架式变电台，供生产、生活用电，并作为信号备用电源。各站信号主电源由27.5/0.23千伏变台供电。高压电缆采用 $YJLV_{22}3\times95$ 型，低压电缆采用聚乙烯绝缘护套电缆；站台上低压线路尽量与接触网杆合架，三相电力变压器采用S9型，单相变压器采用D8型10/0.23千伏变压器。白河、蜀河、旬阳配电所为电力贯通线的组成部分，采用一路电源进线，四路一般馈线(预留两路)，设1面计量柜，1组无功补偿柜，进线断路器前设1台所用变压器。

房建工程为2个牵引变电所和3个配电所的用地征迁和场地整平，房屋建筑及附属设施。变电所房屋为砖混结构、单层、浆砌片石条型基础，配电所房屋为砖混结构、三层、钢筋混凝土条形基础。

三、工程施工

襄渝线襄樊至达县段扩能改造电气化IV标段安康东(不含)至官渡(不含)段工程，8站（大竹圆、月池台、紫阳、向阳镇、权河、高滩、毛坝关、松树坡）7区间（南溪沟至大竹园、紫阳至向阳镇、向阳镇至权河、权河至高滩、高滩至毛坝关、麻柳至松树坡、巴山至官渡）142.5正线公里。主要工程量包括：正线承力索更换 、补偿装置更换、部分支柱更换安装及相关工程，混凝土支柱安装65根、钢支柱安装40根、更换承力索、导线50.17条公里、新建大竹园、松树坡牵引变电所2处；新建胡家营至旬阳10千伏电力贯通线109公里，旬阳、蜀河、白河3处配电所，大竹园、松树坡2处牵引变电所及旬阳、蜀河、白河3处配电所房屋建设。工程于2001年1月12日开工，2002年12月15日竣工开通。

接触网工程　全段共有隧道29座，总延长30公里，最长的隧道芭蕉口隧道全长2.984公里，由于隧道修建较早，均无隧道照明设施，且大部分隧边发生漏水现象，个别隧道漏水严重；大小桥梁47座，基本上桥隧相连，加之车流密度大，施工极为困难。工程2001年4月26日开工，完成承力索、补偿装置、支柱更换、支柱安装等全部工程量，2002年12月15日竣工开通。

牵引变电工程　新建大竹圆、松树坡2处变电所，于2001年5月26日开工，2002年2月1日竣工。

电力工程　新建旬阳至胡家营段10千伏贯通线109公里，旬阳、蜀河、白河3处配电所，于2002年3月中旬开工，经过2个月的奋战，于2002年5月竣工。

房建工程　大竹园牵引变电所2001年7月13日开工，2002年10月10日竣工；松树坡牵引变电所2001年1月13日开工，2002年11月8日竣工；旬阳配电所2001年10月

8日开工，2002年8月15日竣工；蜀河配电所2001年1月12日开工，2002年11月8日竣工；白河配电所2001年8月1日开工，2002年8月20日竣工。

第十六节　京秦线提速改造

一、工程概况

京秦线西起北京丰台西站，经双桥、丰润，东到秦皇岛市的山海关，全长341公里。全线共有34个车站。其中从滦县坨子头站至山海关段与京哈线相重。为复线电气化铁路。该线西端与丰沙大电气化铁路相接，主要承担山西煤炭至秦皇岛港下水的运输任务，同时分流京沈线部分直通运量，是晋煤外运的北路重要通道和捷径，是华北京津唐经济区的交通动脉之一。

京秦线提速改造工程，建设单位是北京铁路局项目建设管理处，由铁道部第三勘察设计院设计，北京铁建监理公司负责工程监理，

电化局一处承担京秦线提速改造B5标段供电系统工程建设。B5标段范围为京秦铁路狼窝铺（含）至秦皇岛（含）（K150+000至京山K426+700）132.22正线公里的电力、电气化（含相关房建）及区间通信电缆整治。

工程于2001年8月12日开工，2003年6月30日竣工。

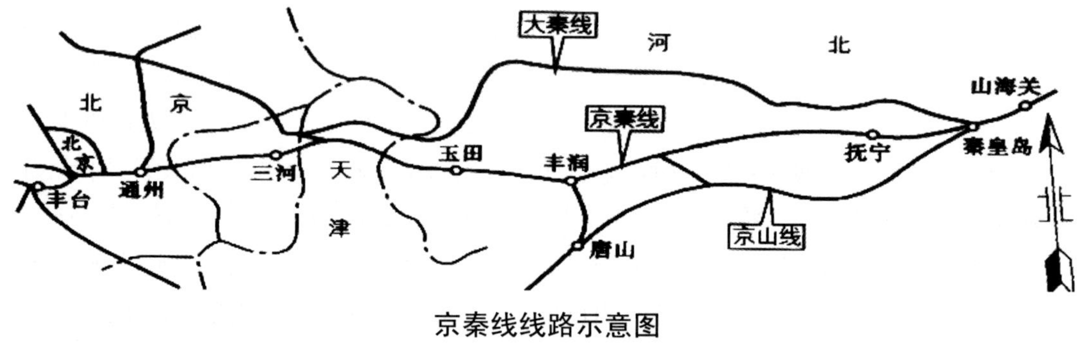

京秦线线路示意图

二、工程设计

京秦线采用德国Re200C技术并结合国内实际情况进行设计。牵引供电狼窝铺（含）至秦皇岛（含）段采用带回流线的直接供电方式。外部电源采用两回110千伏独立电源供电，一主一备。变电设备实现远动控制。

接触悬挂正线、站线采用全补偿简单链形悬挂，北戴河至秦皇岛段接触悬挂正线为THJ-70+CTHA-120型；其余区段正线为LBGLJ-120+CTHA-120组合，承力索、接触线额定张力均为15千牛；站线为LBGJ-70+TCG-85组合，承力索额定张力15千牛，接触线额定张力8.5千牛。结构高度1.4米，接触线悬挂点处的高度一般为5650毫米，坡度不大于1

‰。狼窝铺站站线接触网利旧为GJ-70+GLCB-80/173，接触线高度6200毫米；秦皇岛站线承力索利旧为TJ-95型；全线正线均采用带载流环的整体吊弦，车站侧线采用环节吊弦；回流线、加强线、正馈线均采用LGJ-185，供电线采用LGJ-240，架空地线、保护线均采用LGJ-70。侧面限界区间支柱一般为3.0～3.1米，软横跨支柱一般为3.3米。道岔采用德国Re200C交叉式道岔，道岔定位在道岔起点WA至线间距小于300毫米的范围内；电分相采用带中性段的九跨绝缘锚段关节式空气间隙电分相，并设置自动过分相地面装置；区间正线采用两跨式中心锚结；车站软横跨、硬横梁采用防窜不防断中心锚结。

电力工程采用远动设备以实现远方调度监控。

通信工程 天津铁路分局调度所至通信站间敷设1条8芯光缆。全段新设SDH155兆比特/秒（1+0）传输设备，并对既有唐山、狼窝铺至秦皇岛段传输设备扩容。对既有狼窝铺至滦县段$HEYZL_{23}$14×4×0.9电缆、滦县至秦皇岛$HEYFQ_{23}$14×4×0.9电缆进行电气化改造，各通信站更换电化引入架，对各通信站、各车站通信机械室电缆引入进行电缆护套绝缘处理。并为数字调度系统、电源环境动力监控系统、电力监控系统、电力运动、调度监督、信号微机监控提供通道，为新增用户增设电话。

三、工程施工

一处承建的京秦线提速改造工程，是一处推行项目法管理模式的试点工程。为提高经济效益，编制“物资管理办法”，加强技术提料管理和提料的准确度，减少物资消耗。施工过程中，采用现代化的管理方式和手段，优化施工组织设计，利用计算机进行软横跨计算、腕臂计算、吊弦计算，使接触悬挂安装一次到位。工程于2001年8月12日开工，2003年6月30日竣工。

接触网工程 2001年8月12日开工，2003年6月30日竣工。狼窝铺（含）至秦皇岛（含）16站17区间132.22正线公里，架设接触网437.82条公里、供电线12公里、回流线269条公里、正馈线5.3公里，保护线5.3公里。施工中采用当时国内最先进的技术和施工工艺，如交叉吊弦、支持装置、中心锚结、整体吊弦、自动过分相安装等。采用新型铝合金组合定位器、软横跨及接触网下锚处硅橡胶绝缘子等。采用引进法国的吉斯玛张力架线车以及自行研制的张力架线装置进行承力索、接触线的架设。针对本工程中使用的整体吊弦，制作了吊弦加工平台，根据测量计算结果在工厂预制整体吊弦，严格现场安装标准，做到接触悬挂调整一次到位。附加线架设借助自行研制的展放机放线和架设，大大减轻了劳动强度，提高了工作效率。

变电工程 2001年11月5日开工，2002年11月30日竣工。完成新建昌黎、马柳2处牵引变电所，狼窝铺、朱各庄、北戴河、秦皇岛西4处分区所，天津电力调度所等全部设备的安装与调试。改建狼窝铺变电所。施工中，为使工艺美观，设备接地可靠，经提请建设单位及设计部门同意，有2个变电所改变了原设计方案中水泥电杆接地从杆下部直接接引的方法(此方法一是由于杆下预留的接地螺栓孔未经镀锌处理，大部分存在腐蚀现象，接地不可靠。二是接地线采用杆内预应力钢筋，不是明显接地)。改用Φ10 圆钢焊接在杆顶钢圈上，直接引至主接地网，使变电所接地线方向一致，视觉明显、美观，大大提高了设备运行的可靠性与安全性。

电力工程　2001 年 11 月 5 日开工，2003 年 6 月 30 日竣工。架设高压架空线路 16.1 公里、低压架空线路 24 公里、敷设高压电缆线路 3.9 公里、低压电缆线路 15.2 公里、安装电源设备 26 处，其他电力 16 个站。10 千伏户外高压隔离真空负荷开关、G-1 柜等是新设备，为保证施工质量和精度，制订“关键工序施工作业指导书”指导施工，解决了配电箱密封的难题。

通信工程　2002 年 5 月 10 日开工，2002 年 12 月 18 日竣工，2002 年 12 月 30 日投入运营。80%的工程量是既有通信线路改造和既有通信设备扩容，必须在运营站段的积极配合下不影响既有通信，才能进行施工作业，这给施工带来许多困难。为确保工程施工的顺利进行。到现场进行详细调查，编制既有电缆施工方案，进行技术交底、技术培训和模拟演练，130 公里的电缆线路整治顺利完成。

房建工程　2001 年 9 月 20 日开工，2002 年 12 月 30 日竣工。完成牵引变电所、分区亭、接触网工区、轨道车库等房屋建设 8668 平方米，道路 556 延长米、砖围墙 1134 延长米、围墙大门 9 樘、分体空调 12 台、锅炉 3 台、水泵 8 台、通风机 6 台。房建工程的一次验收合格率达到 100%，优良率 65%。

第十七节　新月线

一、工程概况

新月线位于河南省西北部，起自新乡站，东连京广线和新菏线，向西经新乡西、获嘉、修武、焦作，至博爱县境内的月山车站，最后与太焦线、焦柳线和侯月线连接。正线全长 79.817 公里。新月线加新菏线，贯通东西，是山西、豫北能源基地连接华东沿海工业区的主要通道。连接太原至焦作、侯马至月山和焦作至柳州三线是晋煤南运、西煤东运的重要通道之一。

为缓解新月线运输的紧张局面，改善运输条件，郑州铁路局决定对该线进行电气化改造，由铁道部第一勘察设计院、郑州铁路局郑州勘测设计院设计，郑州中原铁道建设工程监理公司、郑州铁路局质量监督站负责工程监理。

新月线电气化工程，主要技术条件：铁路等级，Ⅰ级；正线数目，双线；限制坡度，4‰；最小曲线半径，500 米；到发线有效长度，1050 米；牵引种类，电力牵引；机车类型，SS4 改；闭塞方式，自动闭塞；牵引定数，5000 吨。

中铁电气化局集团三公司和建筑公司承建新月线焦作（不含）至月山（含）段21.065正线公里的牵引供电、房建、给排水工程。

工程于2002年3月28日开工，电气化工程2003年3月9日竣工，2003年6月20日开通，房建和给排水工程2004年11月30日竣工。

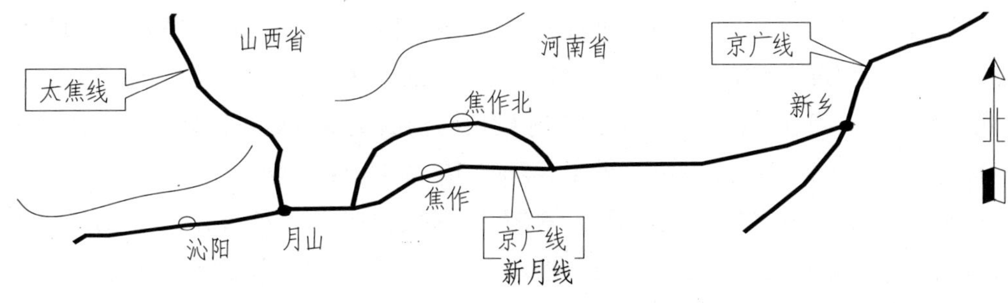

新月线示意图

二、工程设计

月山分区所兼开闭所采用“一进三出”供电方式，一次设备除进线隔离开关外，均采用高压室间隔布置，断路器采用27.5千伏真空断路器，所内设1台27.5千伏变压器。

接触悬挂采用全补偿简单链形悬挂，额定张力为2.5吨系，结构高度1.3米(隧道除外)。正线接触线采用TCW-110型铜导线，站线采用TCW-85型铜导线；承力索载流区段采用LBGLJ-185/25型铝包钢芯铝绞线，其他区段采用LBGJ-70型铝包钢绞线，供电线采用LBGLJ-185/25型铝包钢芯铝绞线，回流线采用LGJ-185/25型钢芯铝绞线，架空地线采用LGJ-50型钢芯铝绞线。全线采用钢化玻璃绝缘子。

房屋建筑，月山车辆段红外线检修综合楼、机务段教育侯班楼、新乡机务段办公楼、获嘉站房及机械化养路工区为框架结构，其余房屋为砖混结构。

三、工程施工

中铁电气化局集团三公司承担新月线焦作（不含）至月山（含）段21.065正线公里供电系统施工；建筑公司承担房建、给排水工程施工。主要工程量包括：立混凝土支柱858根、钢柱259根、安装软横跨209组、架设接触网122条公里、新建月山分区所兼开闭所1处、房屋建筑和给排水1.6864万平方米。2002年3月，三公司、建筑公司分别组建项目部，下设专业作业队，配备施工机械陆续进场施工。

接触网工程　2002年3月28日开工，三公司按照“全面创优，一次成优”的质量目标，克服施工时间紧、站前工程遗留问题、“非典”等困难，于2003年3月9日竣工。

变电工程　2002年12月5日开工，施工中实行质量追踪卡制度，成立质量检查小组，定期或不定期检查，有效杜绝了施工质量不合格的现象，保证了变电工程再上新台阶的目标，2003年4月底全面竣工，2003年5月23日全部通过验收，工程合格率100%，优良率

95%以上，2003 年 6 月 20 日开通，经 24 小时运行，设备运行正常。

房建及给排水工程　2002 年 4 月 26 日开工，月山编组站房建、给排水工程量较大，建筑面积 1.2121 万平方米，占全线房建工程量的 75%，给排水工程占全线工程量的 40%；获嘉站房建面积 1500 平方米，是郑州铁路局和获嘉县人民政府高度重视的工程，要求建成获嘉县标志性工程。月山车辆段红外线检修综合楼建筑面积 3242.7 平方米，是全线施工重点之一。项目部结合当地气候情况决定在浇筑混凝土时添加适量早强剂，7 天后拆除模板，组织交叉施工作业，施工中还采用在加砌块与混凝土结合处设钢筋网片加固的方法，解决了预防空鼓裂缝问题，取得良好效果。2002 年 11 月 28 日竣工。

给排水工程为室外给排水管道铺设、水源井、顶涵、水塔、检查井、化粪池、污泥泵井、污水调节池等配套设施施工及水泵、净水设备、污水处理设备安装。项目部将给排水工程与房建工程同安排、同施工、同管理。室外给排水工程按照先构筑物，后管道铺设的顺序组织施工。在施工工序上尽量缩小节拍间歇，使施工人员和机械设备数量趋于平衡稳定，避免造成歇工窝工现象。在水源井施工过程中采用一次性成孔方法，技术人员定期测量井孔中心偏差，确保井位不偏斜，同时加强水质检测确保水质符合国家生活饮用水水质标准。在待王污水处理站施工中构筑物与房建同步施工，以提高工料机利用率，加快施工进度，由于该地区地下水位在 5 米以下，因而在污水抽升泵井施工中采用沉井施工方法。2004 年 11 月 30 日全线房建及给排水工程竣工，工程质量合格。

第十八节　北同蒲线原平至豆罗段

一、工程概况

北同蒲铁路北起山西省的煤都大同，向南经过朔州市、忻州地区至山西省省会太原，是一条纵贯山西省北部地区的电气化铁路，线路全长 340.4 公里。其中朔州至凤凰村 42.831 公里及长畛至平社 110.8 公里为单线铁路，其余区段已在 80 年代建成双线铁路。北同蒲铁路原平至太原段位于山西省中北部，北起忻州地区的原平市，向南经过忻州、阳曲至太原，线路长 105.813 公里。其中原平（不含）至平社（含）段增建第二线（K227+186 至 K288+195.6）61.009 公里。平社至太原段提速改造（既有线地段）（K288+195.6 至 K333+000）44.804 公里。北同蒲线原平至太原段扩能改造的建设，不仅提高了北同蒲线的装备水平，增强了铁路运能，为大同至湛江通道整体水平的提高打下基础，同时缓解了晋煤外运中通路的紧张局面。对山西省的经济发展具有非常重要的意义。

北同蒲铁路原平至太原段增建第二线工程，建设单位是北京铁路局太原分局北同蒲增建二线工程指挥部，由铁道部第三勘察设计院设计，北京铁建监理公司太原监理站负责工程监理。

北同蒲铁路增建第二线工程，主要技术条件：线路等级，Ⅰ级；正线数目，双线；限制坡度，12‰；最小曲线半径，原平至平社一般1200米，困难800米，个别保留400米，平社至皇后园困难400米，提速区段一般1200米，困难800米；到发线有效长度，850米；牵引种类，电力牵引；机车类型，8G、SS1、SS3、SS4（改）；闭塞类型，继电半自动；牵引质量，大同至太原间直通车流4000吨、3300吨，其余车流4000吨；速度目标值，120公里/小时，局部限速80公里/小时。

参加北同蒲线施工的单位有中铁建十一、十三、十六局，中铁二、三局，郑州铁路工程总公司、北京铁路工程总公司、太原铁路工程总公司、西安铁路工程总公司电气化公司，中铁电气化局集团二公司承担增建第二线BT9标段电力、电气化工程（含相关房建）建设。BT9标段为原平至豆罗段（K225＋838至K273+200）47.362公里。

工程于2002年3月25日开工，2003年9月10日竣工。

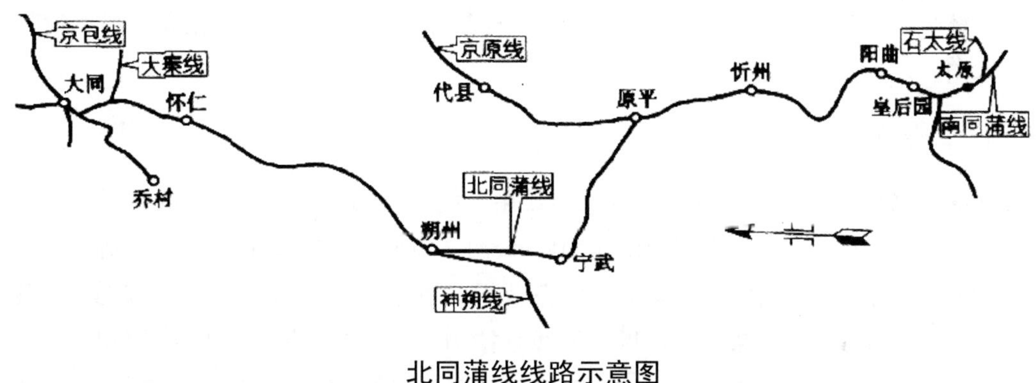

北同蒲线线路示意图

二、工程设计

牵引供电维持直供加回流线供电方式不变。改造原平、忻州2处牵引变电所，新增27.5千伏馈线间隔各1个，新增备用27.5千伏真空断路器各1台，更换3台110千伏电动隔离开关，原平变电所更换电容器单元27.5千伏真空断路器，忻州变电所更换全部既有27.5千伏断路器，更换既有110千伏、27.5千伏等阀型避雷器为氧化锌避雷器，不设抗雷圈。更换既有的直流屏、馈线保护及远动屏。既有原平、忻州变电所馈线保护装置改为微机保护装置，设电流速断、二段距离保护、高阻保护及一次自动重合闸，设故障点标定装置。新建部落分区所，馈线采用微机保护装置，设电流速断、一段距离保护、失压保护及一次自动重合闸。

既有正线接触网悬挂为GLZC-120+GLCA215（载流承力索加钢铝导线），既有侧线接触网悬挂为GLCB173（钢铝导线简单悬挂）。“线路换侧绕行”及“站场两端咽喉改造”接触网过渡，配合站前施工的既有接触网临时改迁。岔区增加GJ-70承力索。本次改造回流线采用双重绝缘安装方式兼做接触网接地线，采用简单链形悬挂，其中正线悬挂为LBGLJ-120+CT-110，侧线悬挂为LBGJ70+CT-85。接触网采用同相单边供电。复线上下行接触网电气上分开，在分区所处实现上下行并联供电以及越区供电。能按要求开V行天窗。

电力工程 对既有电力设施进行改造，新建忻州10千伏配电所。改造部分电力贯通线路，更换部分电力电缆，新建电力监测系统。配电所采用单母线分段运行方式。10千伏设备选用金属封闭式KYN28-12系列，采用VS1型真空断路器和SZ8-GM型调压器。二次设备选用微机拉出保护、微机监控装置。操作电源采用直流铅酸免维护电池。高压架空线路采用环形预应力钢筋混凝土电杆、角钢横担、防腐型55GJ钢芯铝绞线、GJ拉线、困难地段采用绝缘导线。新建部分室外照明光源采用高压钠灯。既有室外照明的控制方式不变，增建部分采用光电自动开关控制、就地手动控制和车站集中远程控制等方式。高压电缆采用$YJVL_{22}$-10型交联聚乙烯绝缘电缆，电缆头采用热缩型。

房建工程 新建忻州10千伏配电所房屋及附属设施，新建部落分区所房屋及附属设施。部落分区所为平房，砖混结构，筏片基础；忻州配电所为二层楼房，框架结构，独立基础。墙体采用M5混合砂浆砌黏土砖。屋面采用水泥珍珠岩保温、氧化聚乙烯卷材防水屋面；木门、双玻璃塑钢窗。

三、工程施工

北同蒲铁路原平至太原段既有电气化增建第二线工程的BT9标段由中铁电气化局集团一公司中标，其后中铁电气化局集团决定由二公司负责施工。主要工程量有7站7区间接触网47.362正线公里，架设承、导92.93条公里、供电线9.64条公里、回流线62条公里、拆除正线悬挂39.78 7条公里、拆除站线悬挂16.94 5条公里。改造牵引变电所2处、新建分区亭1处；架设自闭贯通电力线47公里、高压电缆138.6公里、变配电所1处，站场照明7站；房屋建筑面积1213平方米。

接触网、变电、电力改造工程技术复杂、牵涉面广、接口较多，与既有的电气化设备联系密切，施工协调工作量大。施工既受制于系统内部各阶段工程影响，又受制于施工“天窗”点和外部的协调与配合。按照建设单位的要求，制定了各阶段施工方案。于2002年3月25日开工，2003年9月10日竣工。

接触网工程 2002年3月25日开工，由第5工程段施工，根据站前工程的施工情况，在忻口和忻州2个工点各设1个作业队投入80人开展施工。并在每个工点各安排1个工班配合站场改造进行过渡工程施工，1个工班进行增建线电气化施工。接触网过渡工程采用倒边拨接过渡方案、双线绕行区段过渡方案，曲线半径改造区段过渡方案、忻口站K239+000至K239+500因施工便线产生的过渡方案、忻州站北端的过渡方案，线路“换边拨接”时，根据工作量大小，集中力量突击施工。接触网过渡施工有3处既有线与新增二线的倒边拨接过渡工程，7处既有线曲线改造或曲线增长过渡工程，4段因双线绕行造成的既有线接触网过渡工程；田村、忻州、播明、部落、忻口、唐林岗和原平7站13处因站线延长、增加线岔和新增二线引入工程，造成既有线支柱需移设等接触网过渡工程。既有线接触网支柱影响新增二线的站前工程施工，需撤除并新增混凝土支柱。进行新增支柱装配、特殊支柱装配、新增双线路腕臂安装，进行接触悬挂倒装、接触悬挂调整等过渡工程施工。为配合新增二线的站前工程施工，在影响线路施工的地段设立临时支柱、临时锚段关节和软横跨，悬挂既有接触网，保证正常的运输生产。待正式工程开通时，再将这些过渡安装撤除，使接触网状态达到设计要求。经过艰苦的努力和精心组织，全部工程于2003年9月10日竣工。

电力、变电工程　在部落设1个作业队，组成2个工班40人参战。1个工班进行变电所改造及部落分区所施工，1个工班进行电力改造及忻州配电所施工。于2002年3月25日开工，2003年9月10日竣工。

房建工程　在忻州设1个作业队，分成2个工班30人参战。1个工班负责部落分区所房建施工，1个工班负责忻州配电所房建施工。于2002年4月1日开工，2003年9月10日竣工。

第十九节　西南线西安至合肥段

一、工程概况

新建西安至南京铁路是国家实施西部大开发战略重要基础设施建设项目，是全国路网建设中“八纵八横”的重要骨架，新建西南铁路西安至合肥段西起陕西省西安枢纽新丰镇站，与陇海线接轨。向东南穿越东秦岭隧道，经商州、丹凤、商南进入河南省，经西峡、内乡、南阳西，在南阳枢纽与焦枝线接轨。从南阳西向东穿过湖北省随州市北部，在信阳市与京广线衔接，经罗山、潢川北，在潢川既有站与京九线接轨。经商城、固始进入安徽境内，经六安进入合肥枢纽。线路全长955.352正线公里。铁路横贯陕西、河南、湖北、安徽，优化了路网结构，增强了路网的灵活性，是一条连接东西部地区的重要交通运输通道，建成之后对调整该地区的交通运输结构、优化运输组织，提高效率，降低成本具有重要作用，同时符合国家能源政策，有利于节约能源和环境保护，对促线经济和社会可持续发展具有积极意义。

西安至合肥段铁路电气化工程，建设单位是铁道部建设管理中心西南铁路建设总指挥部，由铁道部第　勘察设计院设计，信号CDX15标段由铁道部第四勘察设计院设计，豫皖省界至合肥（含枢纽）防护工程由北京电铁通信信号勘测设计院设计。电气化CDH22标段、信号CDX12标段工程由济南铁路监理公司南阳监理站负责监理；电气化CDH25、CDH26标段工程由铁四院西南铁路四电监理站负责监理；电力Ⅰ标段工程由中原铁路建设监理公司负责监理；信号CDX15标段工程由石家庄铁道学院监理公司西南铁路四电合肥监理站负责监理。

西安至合肥段铁路电气化工程，主要技术标准：铁路等级，Ⅰ级；正线数目，单线预留双线、困难地段一次建成双线；限制坡度，单机6‰、双机13‰；最小曲线半径，一般地段1200米、困难地段600米；到发线有效长度，850米（双机区段另加30米），平面预留1050米；牵引种类，电力牵引；机车类型，韶山4型；牵引定数，4000吨。

参加建设的单位有中铁三、四、五局，中铁电气化局集团有限公司承担电气化CDH22标段、CDH25标段、CDH26标段，电力Ⅰ标段，信号CDX12标段、CDX15标段，土建A ±-1标段及综合-1标段工程建设。

电气化工程2002年6月18日开工，2003年12月28日全线竣工开通，2004年1月7日交付运营；土建工程2000年8月1日开工，2005年6月30日完成（含变更增加）交付使用。

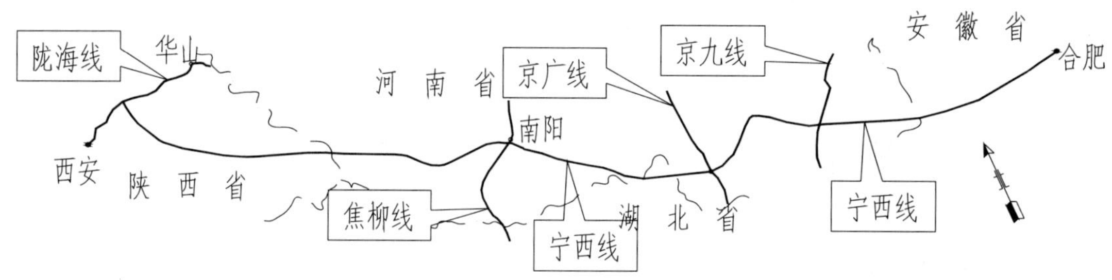

西南线示意图（西安至合肥段）

二、工程设计

北京电铁通信信号勘测设计院承担的防护工程设计范围和内容包括：豫皖省界至合肥（含枢纽）段铁路沿线受影响的电信、联通、移动、广播、部队系统的通信线路。

牵引供电系统采用直供加回流的供电方式，牵引变电所110千伏侧主接线采用分支接线，引入变电所的两路电源间设置两组隔离开关，变压器接线方式为YN/d11，正常运行时一组运行，另一组备用，以实现牵引供电要求。27.5千伏侧采用隔离开关分段的单母线接线，馈线断路器备用方式近远期结合，为50%和100%两种。所内设电容补偿装置和高压线路故障判断装置，分别接于两段母线上，高压室预留远期发展条件。110千伏侧配电装置采用室外中型布置，27.5千伏侧采用室内间隔布置。牵引变压器、110千伏断路器采用室外低基础布置。所内设置避雷针作为直击雷防护。二次保护装置采用全所微机型成套保护装置。继电保护设置除主变压器自带的压力、瓦斯、温度保护外，还设置了差动速断保护、纵联差动保护及低压闭锁过流保护、零序保护、过负荷保护和110千伏电源失压保护。其中，过热、轻瓦斯、过负荷发预告信号，馈线设三段式谐波闭锁距离保护、三段式高阻接地保护、电流速断保护、谐波闭锁的过流保护及故障点标定装置。并联电容补偿装置设差电压、差电流、过流、速断、谐波过流、失压、过电压保护、过热发预告信号。110千伏进线设备用电源自投和主变压器自投，27.5千伏设一次自动重合闸。所内设置远动装置以实现远方调度系统对所内设备的监控。

电力调度所及远动系统电力调度所设置在西安分局内，管辖西安分局内的牵引供电设施。电力调度所内设远动主机，各被控站（牵引变电所、分区所、电分相）设远动分机。远动通道利用铁路通信电缆的线对，环接引入各被控站，通道一主一备运行，主备通道间可自由切换，在各被控站设再生放大装置，系统结构为 1：N 型，远动装置主机采用双主机，双总线结构，主机与控制台、模拟盘、CRT、打印机、硬拷贝机等主要外围设备共同完成监控功能。接触网末端测压纳入远动。

接触悬挂采用全补偿简单链形悬挂。新建右线接触网采用 LBGLJ-185/30+CTHA12 0 型，改移陇海下行线接触网采用 LBGJ70+TCW110 型，站线接触网采用 LBGJ-70+TCG85 型。改建既有陇海线正线接触网采用原 2.5 吨系，悬挂类型维持既有标准。回流线采用 LBGLJ-150/20，架空地线采用 LBGLJ-70/10，供电线采用 LBGLJ-185/30，绝缘子泄漏距离不小于 1200 毫米。接触线高度新丰镇编组站为 6300 毫米，其他车站及区间为 6000 毫米。结构高度站场和区间均为 1.3 米。全标段采用可调整体吊弦。接触网支柱优先采用钢筋混凝土柱，容量不够时采用热镀锌钢柱，支柱侧面限界按大型养路机械要求设计，支柱一般通过回流线或架空地线集中接地。

信号工程　闭塞类型采用 64D 型单线继电半自动闭塞设备。联锁设备采用组合式 6502 电气集中设备，正线 60 公斤/米 12 号 AT 轨道岔采用六线制 ZD9-C/D 电机双机牵引，其余道岔采用 ZD6-D 电机单机牵引。采用 97 型 25 赫兹相敏轨道电路。信号机采用透镜式色灯信号机构。机车信号及站内电码化，车上设备采用通用式机车信号设备，地面采用 8 信息接近连续式移频机车信号。站内正线接车进路及到发线均设电码化，电码化电路为 97 型 25 赫兹相敏轨道电路叠加 8 信息移频信号，正线电码化采用双机冗余系统，侧线采用单机系统。干线电缆采用铝护套综合纽绞信号电缆，支线采用综合护套综合纽绞电缆，出发信号机间的干线电缆设电缆槽防护。每站 2 个咽喉预留专设的计轴电缆，采用铝护套计轴综合电缆。电源设备各站采用中/小站电源屏及 25 赫兹轨道电源屏。微机监测各站设微机监测设备，按领工区、电务段构成电务集中监测系统。控制台采用新型单元控制台。正线道岔全部采用 ZD9-C/D 型直流电动转辙机双机牵引。

房建工程　牵引变电所采用钢筋混凝土独立基础，上设基础梁。辅助房屋采用片石基础，上设地圈梁、砖基。牵引变电所为框架结构二层，柱、梁、板混凝土采用 C20～C30 号混凝土现浇，Ⅰ、Ⅱ级钢筋，墙体采用 240 毫米厚实心砖墙。其他一般房屋采用砖混结构，墙体采用 240 毫米厚空心砖墙，外墙均贴 50 毫米厚保温材料，梁、构造柱、板混凝土采用 C20 号混凝土现浇，Ⅰ、Ⅱ级钢筋，预应力板构件安装。生产房屋地面采用水磨石，生活房屋采用水泥地面，卫生间采用防滑地砖。木门、塑钢推拉窗。室内仿瓷涂料，室外防水性涂料，木门刷调和漆。屋面工程实施防水、保温、隔热等施工。给排水管道、暖气管道、暖气片等洞口在主体施工中预留，并设保护措施，以防洞口堵塞。电缆电线、电力变压器、开关、插座等在主体施工中埋设、预留，以备后期工作的安装。

防护工程　对受铁路电气化影响的各系统通信线路，按国家计委计二[1983]628 号和（1986）1249 号、GB6830—86《电信线路遭受强电线路危害影响的允许值》、水电部、铁道部、邮电部、通信兵部《防止和解决电力线路对通信、信号线路危险和干扰影响的原则协议》进行处理。跨越铁路的通信线路按电气化要求改为钢管防护路基下穿越。受影响的平行通信线路有条件的地段以远迁为主，条件不具备的按电气化要求改为直埋铠装电缆或光缆。受土建施工影响的光缆、管道以及影响接触网立杆的通信线路以远迁为主。

三、工程施工

中铁电气化局集团有限公司承担的西安至合肥段 CDH22 标段电气化工程，新丰镇（陇海线 K1037＋498 含）至零口（陇海线 IDK10＋406.47 含）间 14 正线公里电气化及过渡、CDX12 标段信号工程，新建接触网 91 条公里，新建零口牵引变电所、西安调度所及远动；新建富水、西坪、八庙、重阳、丁河、白河湾、西峡、屈原岗、丹水、赵店、内乡、灌涨铺、曲屯、晁陂、镇平、郭洼、遮山信号电气集中 17 站；四电配套房屋建设 1172.5 平方米，由二公司施工。

CDH25 标段电气化工程，山西铁峪铺（DK213＋687 不含）至河南西峡（DK334＋000 含），全长 105.237 正线公里，新建接触网 158.54 条公里，新建清油河、西峡、西坪 3 处牵引变电所，四电配套房屋建设 5169 平方米，由一公司施工。

CDH-26 标段电气化、Ⅰ标段电力、CDX-15 标段信号工程，河南西峡（DK334＋000 不含）至南阳西（DK428＋802 不含）全长 94.56 正线公里，新建接触网 136.4 条公里，镇平、内乡 2 处牵引变电所；新建零口至东秦岭隧道进口 90 正线公里 10 千伏电力贯通线，零口、良田、渭南南、花园、桥南镇、涧峪、蔡家河、灞源 8 站站场电力，桥南镇、灞源 2 处配电所；新建潢川北、828 线路所、潢川、传流店、江家集、湛老营、商城、李集、固始、祖始庙 10 站信号电气集中；四电配套房屋建设 3296.5 平方米，由三公司施工。

土建 A 土-1 标段（陇海线 K1037＋498 至 GK1031＋486，长 6.012 公里），主要工程为新丰镇编组站Ⅰ场、Ⅲ场、Ⅳ场、Ⅴ场、机务段的改扩建，主要工程量：区间路基土石方 29.0135 万立方米，站场土方 32.0054 万立方米，路基附属土方 61.0189 万立方米，浆砌片石 4017 立方米，路基加固浆砌片石 1.928 万立方米，跨线桥 1 座 123.83 延长米，中桥 2 座 96 延长米，小桥 4 座 72.44 延长米，盖板涵 7 座 204.66 横延米，倒虹吸 8 座 165.8 横延米，正线铺轨 9.668 公里，站线铺轨 34.6 公里，道岔 118 组，房屋 1.7031 万平方米。综合-1 标段，为新丰镇编组站三电工程，由西铁工程公司施工。

根据西南总指的总体安排，新丰镇（含）至零口（含）电气化工程原定合同工期为 2003 年初开工。为配合站前工程施工，应西安分局的要求接触网工程提前于 2002 年 6 月 18 日开工，2003 年 11 月 16 日新丰镇编组站开通；2003 年 12 月 28 日全线开通；2004 年 1 月

7 日交付运营；土建工程 2000 年 8 月 1 日开工，2005 年 6 月 30 日完成（含变更增加）交付使用。

接触网工程　二公司 2002 年 6 月 18 日开工，2003 年 11 月 16 日竣工；一公司 2003 年 3 月 15 日开工，2003 年 12 月 28 日竣工；三公司 2003 年 3 月 16 日开工，2003 年 10 月 20 日竣工。

接触网改造施工的特点是受站前工程及既有接触网停电、线路封闭施工时间的制约较大，要根据站前的施工方案及接触网停电、线路封闭方案制订本专业的改造方案。二公司项目部总结以往的成功施工经验及方法，优化施工方案，密切配合行车、运输、维修、技改、迁改等部门，采用在宝成复线利用施工“天窗”点“不间断运输接触网倒接施工方案”，保证了运输安全。对会影响既有接触网运营状态的项目施工，每次施工完成前，进行接触网状态检测，保证每次作业完成后均满足安全运营。紧跟站前交叉施工，先站场，后区间，以站场带区间，逐段连通。与站前专业搞好施工配合，做好交桩工作，组织好专业间的交叉施工。设专职驻台调度，密切与运输部门配合，最大限度地利用施工天窗点，顺利完成既有电气化改造工程。

施工期间，恰逢“非典”大流行时期，这不但对上线人员的思想、行为造成影响，特别是供货厂家延迟到货时间对工程的影响更为直接。另外，河南、陕西一带 2003 年遇到百年不遇的降雨，水害导致膨胀土地段路基的边坡、挡墙出现裂纹、坍塌，对接触网施工非常不利。面对特殊困难，一公司项目部实行“划片包干”的责任制，“计件奖惩”的奖金分配制度，坚持“样板引路、首件达标，开工必优、一次成优”，收到预期效果。在接触网上部施工中，项目部坚持数据化、规范化、标准化、工厂化预配施工，确保“四个一次到位”技术的实施。对跳线及连接肩架的朝向，支柱装配的计算、预配，软横跨的测量、计算、安装，回流线绝缘子绑扎方式，中心锚结绳的安装等，制定严于《施规》、《验标》的内控标准。根据西南铁路的具体情况，在原基础上修改优化软横跨计算软件，大大节省了技术人员的计算强度，安装效果显著。

三公司项目部开工前组织了有关环保、文明施工的培训，加强职工的环保意识，提高员工的自我环保约束能力，对新技术进一步熟练掌握，并灵活运用到施工生产中去，以适应电气化发展的需要，争创工程质量和环保双优标段。项目部严格按照施工组织安排，倒排工期，克服车流量大等不利因素，科学管理，圆满地完成施工任务。

牵引变电工程　2003 年 5 月 10 日开工，10 月 30 日竣工。由于房建工程先期开工，变电专业在房建施工时派工程技术人员进行配合，内容包括设计图纸的核对，沟、槽、管、洞的预埋等，在房建专业进行高压室、电容器室墙体施工时，配合预留出室内墙上设备预埋地脚螺栓的孔位，减少后期变电施工中对墙体的敲凿和破坏。由于变电所基础浇注及养护时间长，开工后先进行各所的基础施工，6 月份进行架构组立，基础养护期间进行室内网栅安装、硬母线制安、盘柜组立和室内设备安装，7 月份进行所有室外开关、断路器的安装调试和电缆敷设、二次接线工作，8 月份主体工作完成，10 月 30 日竣工。

电力工程　在开工之前，根据西南铁路电力工程实际工作需要和实际情况，三公司成立专业化施工队伍，依据“开工必优、一次成优，联保联创、全面创优”的质量方针和全线创优规划，制定西南铁路电力工程创优规划，并编制电力施工组织安排，于 2003 年 5 月 5 日开工，10 月 20 日竣工并带电运行。10 月 22 日验收，认为零口至东秦岭隧道进口电力工程质量符合设计文件及《铁路电力工程施工规范》和《铁路电力工程质量评定验收标准》，竣工资料齐全，质量优良。

信号工程　二公司投入 55 人的信号作业队，由于点多线长，任务重，分为 4 个作业工班，各配 1 名信号专业工程师和工长，独立作业，相互协调，于 2003 年 3 月 18 日开工，2003 年 9 月 30 日竣工开通投入运营。施工地段大部分为膨胀土地段，膨胀土遇水膨胀，危害路基。为了解决这一病害，信号作业队与设计、监理、站前有关单位反复试验，总结出一套切实可行的方法，比合同工期提前半年完成任务。工程开通后，设备运行良好，联锁关系正确，工程无遗留问题。

三公司 2002 年 7 月底开始施工调查，10 月进行定测，2002 年 10 月 28 日正式开工。电缆工程到 2003 年 1 月底结束。从 2002 年 12 月至 2003 年 1 月底安装箱盒、立机柱和室内施工。潢川站 2003 年 3 月 30 日竣工，4 月 1 日至 26 日配合站改过渡、开通。其余 9 站 2003 年 8 月 30 日竣工，10 月 17 日对口检查，11 月 14 日验收，2003 年 12 月 15 日全部开通。

房建工程　二公司 2002 年 10 月 30 日开工，2003 年 6 月底竣工；一公司 2002 年 11 月 18 日开工，2003 年 9 月 30 日竣工；三公司 2002 年 10 月 12 日开工，2003 年 10 月 13 日竣工。共完成牵引变电所、接触网工区、办公楼、轨道梯车库、料棚、油库等建筑面积 9638 平方米。

土建 A 土-1 标段及综合-1 标段工程　西铁工程公司投入 1130 人，配备大中型施工运输机械和各种测试仪表 40 台（套），于 2000 年 8 月 1 日开工，2005 年 6 月 30 日完成所有土建工程（含变更增加）交付使用。

施工队伍进场后，集中优势展开中小桥的施工，以点带面展开涵洞的施工，路基利用有利地形以桥涵为分界点分段平行施工，线下完成后再安排轨道工程施工。西铁工程公司首次在路基施工中采用“三阶段四区段八流程”的标准施工工艺，确保了现场施工标准化，施工质量得到了有效控制和提高。特别是在现场狭小，架桥机无法进驻施工现场的戏河中桥施工中，组织技术人员仔细调查现场，编制优化修建变线人工架梁施工方案，确保了本段按业主要求工期按期完成。2003 年 11 月 23 日改移陇海下行线全段通过初验，路基桥涵轨道工程质量合格，达到开通条件，并于 2003 年 12 月 25 日全线开通交付使用。

新丰镇编组站位于西安市临潼区，是西安铁路枢纽主要编组站，为单向二级四场站型，到达场（Ⅰ场）8 条、出发场（Ⅱ场）3 条、调车场（Ⅲ场）18 条、到发场（Ⅳ场）9 条，同时配备驼峰作业过程自动化控制系统。改扩建后，新丰编组站将由单向二级四场规模变为单向三级四场规模：到达场（Ⅰ场）12 条、调车场（Ⅲ场）30 条、到发场（Ⅳ场）9 条、出发场（Ⅴ场）14 条。改扩建范围包括：新建下行出发场、新建环到线、改移陇海下行线、改建西康下行线、陇海上下行线及陇海下行外包线、扩建新丰镇机务段、扩建既有到达场（Ⅰ场）、调车场（Ⅲ场）、到发场（Ⅳ场）车场。

为加快施工进度，通过与西安铁路分局和有关运营站段研究讨论，采纳了利用既有场段预留条件适当扩充编组场运输能力为先，进而分步全面展开编组站改扩建工作的总体施工方案，为整个编组站按期改建完成奠定了坚实的基础。特别是Ⅰ场新 10 道、Ⅲ场新 10、11、12、25、26、27 道的提前改建开通，以及新Ⅴ场分段建设开通，使下行出发场（原Ⅱ场）的功能得以转移使用，极大地缓解了编组站的运输压力，为全站开通创造了充分的条件。

2002 年 7 月，路基、桥涵、给排水工程完成，2002 年 12 月，铺设轨道、道岔、新丰镇车站Ⅲ场、Ⅴ场完成，2003 年 7 月 20 日Ⅰ场改建完成交付使用，2003 年 10 月 30 日机务段改建完成交付使用，2003 年 12 月轨道工程、通信信号、电力工程全部完成，2004 年 5 月工程全部竣工，2005 年 6 月 30 日新增变更施工完成。A±-1 标段工程经西南铁路建设总指挥部组织检查验收，单位工程合格率 100%，优良率 90%以上。

防护工程设计、施工与铁路交越的电信系统一、二级干线光缆 11 处、电缆 9 处，受影响的平行电缆 7.9 条公里；与铁路交越的 92752、94619、73682 部队系统电缆 3 处、受影响的平行电缆 4.3 条公里；与铁路交越的移动、联通、铁通系统光缆 3 处，影响接触网立杆的平行光缆 6 条公里；与铁路交越的广播系统光缆 2 处，其他通信线路交越 21 处。在铁路上方跨越的电信和乡以下通信线路等 208 处、光缆 4 处，受影响的平行电缆 8 条公里。全部防护工程设计、施工于 2002 年 6 月完成。

西安至南京铁路一期电气化工程被中国铁道工程建设协会评为“2006 年度火车头优质工程二等奖”。

第二十节　青白江至成都增建二线

一、工程概况

青白江至成都段增建第二线工程，是成都铁路枢纽的重要组成部分。从青白江站外成都端 DK643+669.16 起，与既有宝成线并行，经新都、天回镇站至成都客站 DK668+144.74，正线全长 24.48 公里。

青成二线工程，建设单位是成都铁路局建设管理中心，由铁道第二勘察设计院设计，铁道第一勘察设计院监理公司负责工程监理。

中铁电气化局集团二公司承担青成二线工程的牵引供电、电力、通信、信号、房屋、给排水、暖通等站后工程建设。工程于 2003 年 3 月 8 日开工，2004 年 4 月 15 日竣工。

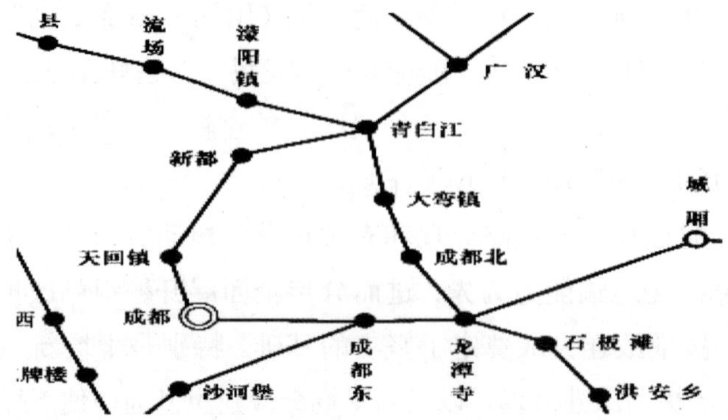

青白江至成都段线路示意图

二、工程设计

牵引供电采用带回流线的直接供电方式。接触悬挂采用全补偿简单链形悬挂，承力索采用铝锌镀层钢绞线 LXGJ-79，正线接触线采用 CTHA-110 银铜合金电车线，站线采用 CT-85 铜电车线，供电线、回流线采用防腐型钢芯铝绞线，咽喉区采用硅橡胶绝缘子，区间和车站采用防腐横腹式预应力钢筋混凝土支柱，容量不够或设立此类支柱困难时采用钢柱，桥、下挡墙、高填方路基段采用钢柱，接触网零件采用钢模锻件或精铸钢件。

青白江牵引变电所更换为三相 V/V 接线变压器，主变容量为 2×(12.5+16)兆伏安，利用原预留间隔增加两回馈线，供青白江至天回镇新增第二线，主变更换后进行并补增容，B 相增至 4800 千乏。成都牵引变电所利用原预留间隔增加一回馈线，供成都客站至天回镇段新增第二线，并进行并补增容，B 相增至 2800 千乏。新建天回镇分区所，接线为两断路器形式。27.5 千伏高压配电装置采用室内网栅间隔式布置。继电保护设有 I 段、过流、速断、高阻及一次自动重合闸，二次设备采用微机综合自动化装置。

青白江 10 千伏配电所增设一回 10 千伏自闭馈出回路，成都西 10 千伏配电所增设 10 千伏自闭系统。10 千伏开关柜采用 JYN2-10 型，调压器采用 SZ8-GM 节能型调压变压器。青白江 10 千伏配电所至成都西 10 千伏配电所间新建一路 10 千伏自闭电力线路，作为青白江至成都西各站信号主用电源及通信备用电源，整个电力线路沿铁路架设。采用钢筋混凝土电杆、铁横担、LGJ-50 钢芯铝绞线。线路途经困难地段如铁路长大桥、城镇、乡村及与铁路交叉架空无法通过时，采用 YJV_{22} 型电力电缆敷设。新增二线后，对青白江、新都、天回镇 3 站电力线路及电力设施进行改造。新建或迁改车站高、低压架空或电缆线路，新建杆架式变电台，供车站信号、通信及动力或照明用电。区间平改立排水泵站的电源供电采用新设箱式变电站。车站低压架空线路采用钢筋混凝土电杆、铁横担线路和与接触网合架线路 2 种安装形式，钢筋混凝土电杆铁横担线路导线采用铝绞线，与接触网合架线路导线采用钢芯铝绞线。高、低压电力电缆线路全部采用铜芯铠装交联电缆。电力变压器采用

S9、D9 系列节能型变压器。车站照明灯塔采用升降式投光灯塔。

通信系统由宝成方向青白江至新都至天回镇至成都站；成渝方向龙潭寺至成都东；成昆方向双流至成都南至沙河堡至成都东；达成方向城厢车站；成枢北环线大弯至成都北以及建设中的成都枢纽西环线的通信设施组成。成都枢纽宝成方向引入和北环线既有 SDH155 兆比特/秒（1+0）接入网设备、传输设备利旧，既有组网方式不变。新都和天回镇新建信号楼后，老信号楼通信机械室既有有线通信设备维持现状，新老信号楼间新设联络电缆。天回镇新设分区所采用 $HEYFLT_{23}4\times4\times0.9$ 对称电缆，其他新增用户采用 $HYAT_{23}10\times2\times0.5$ 和 $HYAT_{23}20\times2\times0.5$ 市话电缆。无线列调通信系统采用大、小三角通信分设的方案，无线列调系统在既有系统的基础上进行扩展，增补相应设备。

信号工程的行车指挥系统维持枢纽调度监督系统的设计范围。工程所涉及的 4 个站利用既有设备根据站场变化和区间信号机布点进行修改。青白江站至成都站之间，采用与宝成线一致的三显示 18 信息有绝缘集中式移频自动闭塞，闭塞分区按 8 分钟列车运行间隔时分进行布点。正线设通过信号机，反向按自动站间闭塞设计。其余与本工程相关的闭塞制式维持既有不变。新都站采用 6502 组合架式电气集中，天回镇站采用计算机联锁，青白江站维持既有 TYJL-II 型计算机联锁，成都站仍采用 6502 组合架式电气集中。信号机采用透镜式色灯信号机，进站、预告、通过、牵出线入口处信号机，原则上采用高柱信号机，其余均采用矮型信号机。

房建工程建筑面积 2789 平方米。一般房屋采用砖混结构。楼（屋）面板一般采用冷轧带肋钢筋预应力混凝土空心板。有防水要求的结构采用现浇板。墙体材料一般采用黏土砖。基础以黏土砖基础和钢筋混凝土基础为主，对地质不良地段，根据实际情况及有关规范采用其他类型基础。

给排水工程，生活用水量采用每人每天 270 升。新增生产、生活污水根据污水性质、成分和受纳水体的要求，考虑相应处理措施，达标排放。成都客站设计新增用水 3 立方/天，新都站新增用水 9 立方/天，青白江站新增用水 7 立方/天。天回镇生活供水站新增三层信号楼 1 处，分区所 1 处，养路工区 1 处，桥隧路基工区 1 处，道岔清扫房 1 处，排水泵站值班室 1 处。新都生活供水站新增三层信号搂 1 处，养路工区 1 处，道岔清扫房 1 处，排水泵站值班室 1 处。上述建筑新增用水 24 立方/天，新增生活污水 22 立方/天。沿线新增立交桥排水泵站 7 个。

三、工程施工

2003 年 2 月 16 日二公司成立青成项目部，下设 4 个作业队，各队设料库。接触网作业队投入 80 人，配置载重汽车 2 辆、安装列车 1 组、作业车 2 台、架线车 1 组。电力变电作业队投入 91 人，配置指挥车 1 辆、载重车 2 辆。通号作业队投入 70 人，配置指挥车 1 辆、载重车 2 辆。房建作业队投入 196 人，配置载重汽车 2 辆。于 2003 年 3 月 8 日开工，

2004 年 4 月 15 日竣工。

青成二线站后工程 4 站 3 区间 24.48 公里，新建接触网 45.7 条公里；改建青白江、成都 2 处变电所和新建天回镇分区所；青白江、新都、天回镇 3 站的电力改造和新建青白江至成都西 10 千伏电力线路 51.8 公里，改造青白江和成都西 10 千伏配电所 2 处；既有通信、信号改造；新建天回镇、新都生活供水站三层信号楼、分区所、养路工区、桥隧路基工区、道岔清扫房、排水泵站值班室各 1 处，房屋总建筑面积 2789 平方米；沿线立交桥排水泵站及 4 个车站的室外给、排水管网。

接触网工程　2003 年 6 月 9 日开工，2004 年 4 月 15 日竣工。该工程工期短、专业多、压力大，涉及过渡工程多。青白江至新都区间接触网 2003 年 10 月 25 日主体工程完成。接触网工程的难点为新填方地段接触网基础沉降控制。由于工期短，接触网基础施工时新线路基仍处于沉降高峰期。有效控制接触网支柱基础的沉降，确保接触网导高及其他参数满足设计标准是本工程的难点。接触网作业队对该段基坑采取特殊加固措施，对加深部分做抗局部下沉及倾斜整体性特殊处理，混凝土柱基坑底部加设底板以避免基础下沉。对砂夹石高填方路基段，采用接触网钢柱，加大基础翼缘尺寸，采用自重承载式基础。支柱基础外缘无覆盖土层（或土层较薄）处，采取培土砌石加固措施。根据新填方地带路基整体下沉的基本规律，为避免接触网支柱下沉造成高度不够，考虑预留量。为防止长时间雨水从支柱周围浸入路基，支柱整正回填时适当增加培土高度和顺坡，确保路基不因接触网基坑开挖施工而降低。

商贸大道立交桥至成都段接触网工程施工为控制性工程，项目部成立了青年突击队，负责该控制性工程的施工。增建二线从商贸大道立交桥开始，至成都客站间 1.8 公里的接触网引入，既有设计为宝成Ⅰ线、西环线、新增Ⅱ线三线同时并行进入成都客站，Ⅰ线右侧密集的民房占据了新增Ⅱ线进路，因此站前工程拆迁工作量大，制约因素多，将对Ⅱ线站前施工进度形成阻碍，使站后的接触网施工受到控制，同时还有车流密度大及接火地段停电施工的要求。青年突击队密切跟踪站前施工进度，通过提前交桩等手段及早展开基础施工。通过工序专业化施工，拓宽施工作业面，合理安排施工时间和组织夜间施工，保证工程进度。

变电工程　2003 年 4 月 2 日开工，2004 年 4 月 15 日竣工。成都变电所建成后一直没有投入运行。开工后，电力变电作业队先进行成都变电所改造。天回镇分区所房建施工时，派驻工程技术人员施工配合，在房建专业进行高压室、电容器室墙体施工时，配合预留出室内墙上设备预埋地脚螺栓的孔位，减少后期分区所设备安装施工中对已完房建工程的破坏。青白江变电所 1975 年建成投入运行，既有主变容量为 2×20 兆伏安，共设四回馈线。更换后的主变容量为 2×（12.5+16）兆伏安，利用原预留间隔增加两回馈线回路设备，并进行并补增容。要对其进行改造，更换主变压器，停电改造施工作业时间长，只有采用临时过渡措施，才能满足改造施工需要。为确保变电所运营正常，把主变更换分成两次进行，即先换一台主变、更换后投入试运行，观察新主变试运行期间各项技术指标达到规范要求后，正式投入运行，再进行另一台主变更换。技术人员经反复论证，充分准备，无障碍地实现了旧主变更换、新主变就位、主变附件安装、连接主变压器一、二次侧设备、连接接地线、空载运行、试运行、正式投入运营等工作，获得建设单位的一致好评。

电力工程 2003 年 4 月 2 日青成线 10 千伏电力线路进行施工定测，当时“非典”正肆虐横行，变电电力作业队克服心理障碍，树立战胜“非典”的决心，往返于青成线电力线路上。开工后立即安排 10 千伏自闭线路施工，并对 3 车站电力线路进行改造，和对铁路区间排水泵站电源、新增房屋的动力、照明电源进行调查，落实工作量大小。3 个车站电力线路改造施工，涉及既有房屋和设施的正常用电，施工中做到改造完一处，就恢复供电一处，改造不能一次性完成的部分，采取过渡方案，确保施工顺利进行。

通信工程 制定周密的施工计划和预防措施，在铁通公司配合下进行施工，对地区电缆敷设，用汽车将电缆运抵现场，采用人工抬的方式进行布放，单条较长和穿越障碍物较多时采用倒“∞”字两头布放的办法。在穿越障碍物或过道时，利用滑轮和喇叭口等施工器具保护，确保电缆完好无损和安全施工。进行无线通信施工时，从施工测量、基础施工到最后的无线列调车站台倒接、设备联网安装调试，2003 年 6 月 5 日开工，2003 年底按期完成施工任务。

信号工程 2003 年 6 月 5 日开工，2004 年 4 月 15 日竣工。信号改造工程位于成都枢纽，车辆密度大，运输繁忙。加之新都站和天回镇站站改工程量较大，给施工带来较大难度，必须合理组织施工，才能确保质量、安全、工期。通号作业队将信号工程分为 2 个施工区段，组成 2 个施工作业组，将作业组按分部工程分成室内小组、电缆小组、轨道小组、道岔小组、信号机小组，责任细化到人。按施工方案组织施工。

室内工程根据房建信号楼竣工交付情况，灵活安排进楼施工，对信号楼竣工交付较晚的车站，利用雨天和晚间集中力量施工，在保证工期的同时保证工程质量和施工安全。根据信号工程施工对既有设备移设较多、与站前施工单位交叉施工的特点，及时与电务维修、车务、站前施工单位联系，得到支持与配合，确保施工顺利进行。

房建和给排水工程 二公司 2003 年 2 月 15 日安排 20 人进行开工前的征地、交接桩、备料、建点等准备工作，2003 年 3 月 8 日开工。考虑到房建专业与信号、电力、牵引变电专业的相互配合，在正常安排牵引变电专业完工时间的前提下，确定房建专业的关门工期，以确保信号、电力和变电专业按时进场施工。在总工时不变的情况下压缩工期，房建作业队克服“非典”、站前路基填料变更、征地拆迁的影响，积极组织施工，2003 年底按时完成施工任务。

第二十一节　忻河线

一、工程概况

忻河线位于山西省中北部，西起北同蒲线的忻州站，途经北义井、定襄、蒋村、至定襄县河边站，线路全长 39.946 公里。新建河东联络线自忻河线河边站引出，跨越滹沱河后与朔黄线东冶站相连，使忻河支线向东延伸至五台县的东冶站，形成北同蒲铁路与朔黄铁路两大干线的联络线，线路长 9.929 公里。建成后，通过朔黄线与京九、京广等铁路干线连通，使山西中部地区物资通过本线直达华东等地，极大地促进山西、忻州市的经济发展，形成山西省又一条重要的客货运出省通道，同时也能缓解晋煤外运中通道的紧张局面，对山西省、尤其是忻州市的经济发展具有重要的意义。

忻河线电气化改造及新建河边至东冶联络线工程，建设单位是北京铁路局建设项目管理处，由铁道第三勘察设计院设计，北京铁建监理有限公司负责工程监理，

忻河线及新建河边至东冶联络线工程，主要技术条件：线路等级，Ⅱ级；正线数目，单线；限制坡度，4‰，河东联络线下行 12‰；最小曲线半径，550 米；到发线有效长度，850 米；牵引种类，电力牵引；机车类型，SS4（改）；牵引质量，4000 吨。

中铁电气化局集团电气化分公司承担忻河线 XH3 标段工程建设。XH3 标段为忻州（不含）至东冶（不含）段通信、电力、接触网及变电工程（含相关房屋）。

工程于 2003 年 8 月 28 日开工，2004 年 8 月 31 日竣工。

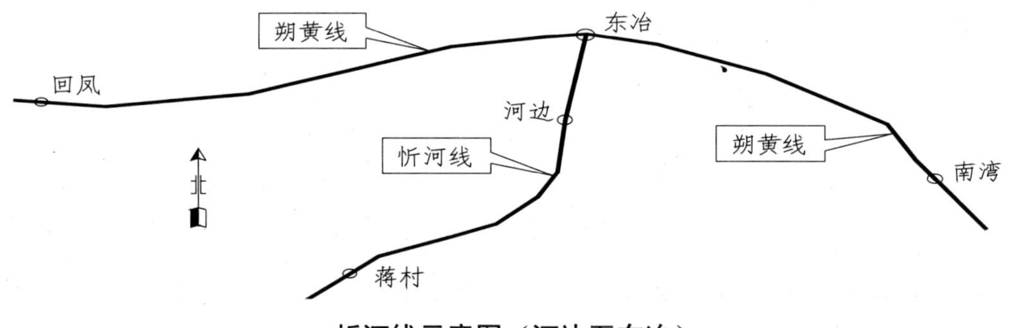

忻河线示意图（河边至东冶）

二、工程设计

牵引供电采用直接供电方式。接触悬挂采用全补偿简单直链形悬挂，接触线高度一般为 6450 毫米，结构高度一般为 1400 毫米。拉出值最大 400 毫米，侧面限界不小于 3100 毫米，分相采用 7 跨绝缘锚段关节，接触网下锚采用拉线基础。

三、工程施工

电气化分公司承建的忻河线电气化改造及新建河边至东冶联络线工程，2003 年 7 月在

忻州成立忻河线电气化工程项目经理部，下设 2 个接触网作业队，变电、通信、电力各 1 个作业队，投入 300 多人，各种施工车辆及机具 65 辆（台）。接触网作业一队驻地北义井、接触网作业二队驻地河边，变电、通信、电力作业队驻地定襄，中心料库设在北义井，于 2003 年 8 月 28 日开工，2004 年 8 月 31 日竣工。

接触网工程　2003 年 8 月 28 日，2 个接触网作业队分别在北义井、河边站同时开工。2 个接触网作业队共投入 68 人，在各自的施工管段平行开展流水作业。到 2004 年 8 月 31 日，共完成接触网基础浇注 96 个、混凝土支柱安装 905 根、钢支柱安装 96 根、软横跨安装 84 组、架设承力索、导线 71.263 条公里、分段绝缘器安装 7 处、隔离开关安装 10 台、避雷器安装 2 台，全部工程竣工。

变电工程　2004 年 4 月 1 日开工，2004 年 8 月 31 日竣工。变电作业队投入 19 人，完成定襄变电所基础浇注 42 个、构支架安装 23 组、主变压器安装 2 台、其他各种设备安装调试 32 台件。

电力工程　2004 年 3 月 1 日开工，2004 年 7 月 31 日竣工。电力作业队投入 66 人，完成电力贯通线 41 公里、地方电源线路 6 公里、站场照明 6 站。

通信工程　2004 年 3 月 1 日开工，2004 年 7 月 31 日竣工。通信作业队投入 42 人，完成光缆通信线路敷设 50.551 公里。

房建工程　2003 年 8 月 28 日开工，2004 年 7 月 20 日竣工。高峰时房建作业队投入 82 人，完成定襄牵引变电所 525 平方米、定襄电力工区 199 平方米、定襄接触网工区 304 平方米、定襄接触网车库 127 平方米、定襄电力工区材料棚 45 平方米、道路 1160 平方米、围墙 530 平方米、室外暖气沟 400 米。

第二十二节　广州枢纽改造

一、工程概况

自 2001 年京广线武广段电气化开通后，株洲至衡阳段不断加开列车，加之广州枢纽的客货运量逐年增长，运输压力逐步增加。为了解决广州枢纽在武广电化改造限额设计中遗留的问题，增加广州枢纽通过能力、改编能力及运输调整的灵活性，满足京广线增开货物列车和春运期间临时客车开行的需要，进一步适应京广线提速要求和铁路跨越式发展战略，对广州枢纽内的武广电化遗留问题加以改造势在必行（对三线及相关站线、渡线、安全线等增挂接触网），以满足广州枢纽的运输要求。

广州枢纽改造工程，建设单位是广铁集团公司建设项目管理中心，由铁道第四勘察设计院设计。中铁电气化局集团一公司承担广州枢纽改造工程，

工程于2004年11月6日开工，2005年1月底竣工。

二、工程设计

广州枢纽棠溪南场5、6道增挂接触网，大朗站7、9道增挂接触网，江村编组站上行到达场6、7、8道增挂接触网，棠溪、大朗站内三线及相关渡线增挂接触网，江村编组站内三线与京广线间的联络线、渡线、安全线增挂接触网，上行到达场与三线间的联络线、安全线增挂接触网；接触网分场供电更换广州枢纽内25台负荷隔离开关，江村编组站下行到达场北段与大朗站间一处非绝缘关节改造为绝缘关节，增设负荷隔离开关，京广线上、下行江村编组站与大朗站间各一处关节改造且位置移至江村站北头，增设负荷隔离开关，广州站机走线Ⅱ道的接触线改为无接头的接触线。既有接触悬挂正线采用GLJC-120+CTHA-120型全补偿简单链形悬挂，张力（17+13千牛），站线采用GLJE-30+TCG-85型全补偿简单链形悬挂，张力（15+8.5千牛）。新增接触悬挂正线承力索采用95平方毫米铜合金线，站线采用70平方毫米铜合金线；正线接触线采用120平方毫米铜银合金线，站线采用TCG-85型；结构高度正常1300毫米，导线高度一般6450毫米。

三、工程施工

一公司成立广州枢纽改造工程项目经理部，组建70人的接触网作业队，分成2个作业班组，分驻大朗和江村。一班负责大朗（含）以南的接触网改造施工，二班负责大朗（不含）至江村编组场的接触网施工。1个信号作业队15人，负责全线信号改造施工。1个变电作业队21人，负责整个工程的电力、变电所及远动系统的施工。工程于2004年11月6日开工，2005年1月底竣工。

接触网工程 2004年11月6日开工。施工前积极与运营单位联系，详细了解各区段车辆运行情况，本着运输、施工兼顾的原则，共同制定停电封闭点计划，报批后实施。并在施工过程中坚持沟通，根据天窗点情况随时调整施工计划，尽可能地提前完成枢纽的分场供电改造施工，为后续施工创造条件。详细进行施工现场调查，结合实际情况制定施工方案，将可不停电施工的工程项目详细列出，作为施工指导。尽管这样，运输给施工造成的影响仍然很大，为应对行车干扰，作业队充分利用封闭点时间，合理安排每个封闭点的工作量，在有效的封闭作业时间内，集中人员和机械，保证完成最大的工作量；其次，在条件允许的区段，首先考虑用汽车吊车立杆，减少占用线路作业时间；在调整过程中，对于不带电区段在行车间隙并在车站和区间都设防护的情况下，用梯车进行调整，附加导线架设尽量采用导线展放机，不占用线路作业。全部工程于2005年1月底竣工。

变电工程 2004年11月6日开工。广州北变电所设备(断路器、互感器、隔离开关、避雷器、抗雷圈、盘柜等)到达现场后，按照有关工艺、工法组织施工，再根据实际情况制定统一的工艺标准，实行标准化施工，工程质量达到安全可靠、整齐美观、标准统一。在设备安装过程中，室内隔离开关、断路器及其与母线的连接是在维修“天窗”时间内进行的，利用维修“天窗”时间进行二次电缆接线及其他3路馈线整定值的调整。按照预定的进度计划，2004 年 12 月底全部完成。

信号工程　2004 年 11 月 6 日开工，2004 年 12 月底全部完成。主要为棠溪南场、大郎站及江村编组站的信号配套工程的安装与调试。

第二十三节　侯月线扩能改造

一、工程概况

侯月铁路位于山西省西南部与河南省西北部两省交界处，自山西侯马至河南月山，全长 252 公里，于 1994 年建成通车。是晋煤外运的南通路之一。侯月铁路向东的最终点是山东日照港，是与陇海铁路平行的一条干线铁路，可缩短西北与山东出海口的运距。

侯马北至嘉峰段是制约侯月铁路运能的“瓶颈”地段，位于北京铁路局太原分局管内（2005 年 3 月 18 日后成为太原铁路局），是承担煤炭运输的关键路段。为将侯马北至日照通道建成煤运主通道，2005 年实现运量 1 亿吨的目标，解决侯马北至嘉峰的运输瓶颈，提高该路段的通过能力实施电气化扩能改造。侯月线电气化扩能改造对缓解中国北部铁路煤炭运能不足的紧张状况，畅通煤炭通道，满足华东沿海地区经济发展对煤炭的需要，促进国民经济的持续发展具有非常重要的意义。

侯月线电气化扩能改造工程，建设单位是北京铁路局太原铁路分局建设管理中心（2005 年 3 月 18 日后改为太原铁路局建设管理中心），由中铁电气化勘测设计研究院设计，自动闭塞改造及配套工程由北京电铁通信信号勘测设计院设计，北京铁建工程监理有限公司太原监理站负责工程监理。

侯月线电气化扩能改造工程，主要技术条件：线路等级，Ⅰ级；正线数目，双线；限制坡度，重车方向 13‰；最小曲线半径，450 米；到发线有效长度，1050 米；牵引种类，电力牵引；机车类型，SS4 改；闭塞类型，自动闭塞；牵引质量，5000 吨。

中铁电气化局集团一公司承担侯月线电气化扩能改造的侯马北站至嘉峰站（不含）段 153 公里工程建设。工程于 2004 年 12 月 5 日开工，2005 年 6 月 21 日竣工。

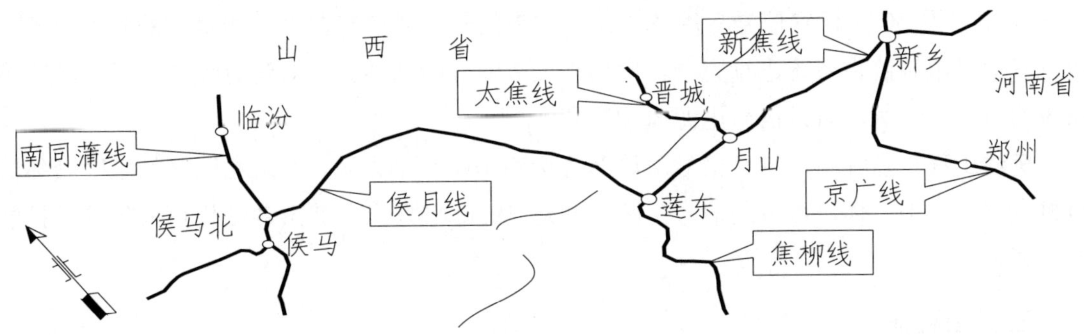

侯月线线路示意图

二、工程设计

侯月线为既有 AT 供电方式，区间及站场正线采用 LGJ-185+TCG-110 全补偿简单链形悬挂，站线采用 GJ-80+TCG-85 全补偿简单链形悬挂。正线承力索张力为 14.7 千牛，接触线张力为 9.8 千牛，站线承力索张力为 14.7 千牛，接触线张力为 8.34 千牛。改造后仍采用 AT 供电方式，区间及站场正线采用 THJ-150+CTHA-150 全补偿简单链形悬挂（16.7+14.7 千牛），站线采用 THJ-70+CTHA-85 全补偿简单直链形悬挂（14.7+8.34 千牛），既有环节吊弦全部更换为整体吊弦。结构高度改为 1.4 米，绝缘标准 25 千伏绝缘子泄露距离不小于 1200 毫米，既有结构高度一般为 1.1 米，改造后区间一般为 1.4 米。导线高度改造前后相同。编组站、区段站接触悬挂点距轨面高度为 6.45 米，最低为 6.2 米；其余车站和区间接触线悬挂点距轨面高度为 6.0 米，最低 5.7 米；隧道内接触线悬挂点距轨面高度为 5.75 米，最低 5.65 米。支柱一般采用环形等径高强度预应力钢筋混凝土支柱，站场软横跨柱一般采用横腹杆式预应力钢筋混凝土支柱及格构式镀锌钢柱，桥钢柱采用格构式镀锌钢柱。双线隧道内一般采用倒立柱式镀锌吊柱。

信号工程 区间正方向采用四显示自动闭塞，按 6 分钟追踪间隔布点，反方向采用自动站间闭塞，区间轨道电路采用 ZPW-2000A 无绝缘轨道电路，车站既有联锁设备继续使用，车站进、出站信号机按四显示进行相应修改。根据侯月线线路参数和技术要求，经牵引计算验证，区间信号机的平均间距为 1250 米，一般一个闭塞分区采用一段轨道电路。为改善 ZPW-2000A 轨道电路设备的工作环境，提高牵引电流引起的干扰及对雷电的防护能力，沿线路敷设 1 条 25 平方毫米铅包铜线组成的贯通地线。采用 97 型 25 赫兹相敏轨道电路，扼流变压器站内正线采用带适配器的 BES2-1000/25 型，侧线股道采用带适配器的 BES2-600/25 型，轨道变压器采用 BG1-140/25 型。对各站的微机监测及 TDCS 设备进行扩容改造。

电力工程 对既有信号电源监控系统进一步完善，实现对高压侧的遥控、遥信、遥测和故障判断功能，并统一纳入铁路电力 10 千伏远动系统。嘉峰至月山段既有 10 千伏自闭、贯通线路能够满足改造后负荷增加的需求，维持现状；改造扩容盘古寺和嘉峰配电所，盘古寺配电所两路电源改由济源市电业局休昌 110 千伏变电站供电；水运村、莲东、沁河北、捏掌 4 站新设 50 千伏安信号专用变压器，作为信号、通信等车站一级负荷的备用电源；对既有信号电源监控系统进行完善，增加高压故障分断功能。并对没有设置信号电源监控系统的月山直通场，新设信号电源监控装置。

房建工程 嘉峰站在原有信号房屋西边接建 164.8 平方米，磨滩站因信号工区紧邻信号机械室，属于一体，可占用信号工区，增建 39.6 平方米，其余各站均可满足信号扩能改造要求。

三、工程施工

一公司承担侯马北站至嘉峰站（不含）段 153 公里工程建设（上交至嘉峰段委托中铁

电气化局集团电气化分公司施工)。工程范围为侯马北站至嘉峰站(不含),全长 153 公里范围内接触网改造及翼城、沁水 2 处变电所;侯马北、南常、翼城东 上交、郑庄 5 处开闭所;桥上、嘉峰 2 处分区所;曲沃、樊店、北捍、梁庄、迎沟、端氏 6 处 AT 所的改造。

2004 年 11 月,一公司成立侯月线扩能改造工程项目经理部,负责整个工程的管理、指挥、组织和服务。电气化分公司成立项目分部,受一公司侯月项目经理部的领导,组织现场施工及管理。一公司项目部设 1 个机械队,3 个接触网作业队和 1 个变配电作业队。电气化分公司的劳力配置与一公司相仿。根据侯月线的工程特点,项目部扩大班组力量。由于工程作业面大,战线长,过去 20 人左右的班组不利于改造作业的全面展开。经理部及时对班组进行扩充,一方面调遣人员补充班组力量,另一方面招收新生及合同工,进行集中安全和技能培训后,充实到班组锻炼,使班组人员达到 45 人左右。工程 2004 年 12 月 5 日开工。

项目经理部对一线班组包括民工队,统一实行定额管理,以班组为单位每月核定完成工作量,按劳动定额标准核算分配奖金,充分体现多劳多得的分配原则,极大地调动了每个参建人员和班组的劳动积极性,呈现出人人抢着干、工长要活干的良好局面,施工进度得到提高。

在工程的施工实践中项目部总结了“精、细、奇、巧”的四字施工体会。“精”指施工技术精,全面推行了工法管理和工艺控制的标准化作业方式。编制了统一的工法标准和工艺规程,将整个施工项目分解为若干个工序,并制定出相关的技术标准、安全保证措施及注意事项,实行 “论证最优,样板示范,全面推广,总结提高”的质量管理模式,使施工始终处在一个不断优化,不断改进,不断完善的动态渐进状态。“细”指施工管理细,科学运用管理技术,把总任务分解成各了项目,并根据重叠或交义的项目,制定相应计划,将复杂的任务理出一个清晰的脉络,做到时刻掌握、规划和跟踪项目的进行。“奇”就是打破常规,大胆采用超常的有效施工作业措施。例如,将作业车运行方式由在 1 个车站的“两进两出”变为在 2 个车站的“四进四出”,节约作业车运行时间一半以上。另外,在普拉塞作业车不够用的情况下,通过科学的试验,采用合理附加张力的办法,使普通作业车具备了张力放线能力。以上这些超常规的措施,都是传统管理模式不可能做到的。“巧”指作业方案巧,综合运用了平行、交叉、流水线作业相结合的立体化施工模式。平行是指几个班组同时在不同区段进行同样作业。交叉是指正馈线、抗冰导线、承导架设等项目交叉施工。流水是指同一作业项目内按先后顺序形成流水线,大大提高了施工效率。另外,还成立了作业方案优化小组,对单项工程项目的施工方案进行优化,例如,在更换承力索、导线作业方案中,通过合理调整工序,将原来的新导线架设采用旧吊弦临时固定调整的过渡方案,改为用新的整体吊弦一次安装到位的作业方法,基本实现了接触网更换调整一次到位,靠提高一次施工的成功率,降低了返工率,大大节省了作业时间。通过以上做法,实现了“六个做到”,即施工组织做到科学周密,管理制度做到扎实有效,施工技术做到精益求精，任务安排做到紧而有序，作业方案做到灵活高效，安全保证做到多管齐下，作业时间做到宽打窄用；措施办法做到破旧创新，有力地保证了工程的有序推进。2005 年 6 月 21 日工程竣工。

第二十四节 大准铁路扩能改造

一、工程概况

大准铁路东起山西省大同市，西至内蒙古鄂尔多斯市准格尔旗薛家湾，途经 2 省 6 旗县(市)，正线全长 264 公里，全线共有 29 个车站。是已形成的“西煤东运”大通道大秦线的西延伸。大准铁路自建成开通后，成为内蒙古地区西煤东运的大动脉。改建大准铁路，开行万吨列车，对内蒙古自治区的煤炭外运、优化运输组织、提高运输效率、降低运输成本、提高服务质量具有重要作用，对促进沿线经济和社会可持续发展具有积极意义。

大准铁路扩能改造工程，建设单位是神华准能大准铁路公司，由铁道第三勘察设计院设计。

大准铁路扩能改造工程，设计标准为国家 I 级单线重载电气化铁路；限制坡度，上行 4‰ 、下行 9‰、点岱沟支线 12‰；最小曲线半径，一般地段 1000 米、绕行地段 450 米；到发线有效长度，1050 米、部分 1700 米；牵引种类，电力加内燃；机车类型，SS3、SS4、DF4；闭塞类型，半自动闭塞；牵引质量，上行 4000 吨、5500 吨、10000 吨；下行 3000 吨。

中铁电气化局集团一公司承担大准铁路扩能改造工程电气化 I 标段建设。电气化 I 标段为点岱沟车站及环线的接触网改造，新增点岱沟开闭所及开闭所房建工程。

工程于 2005 年 5 月 18 日开工，2005 年 8 月 31 日竣工。

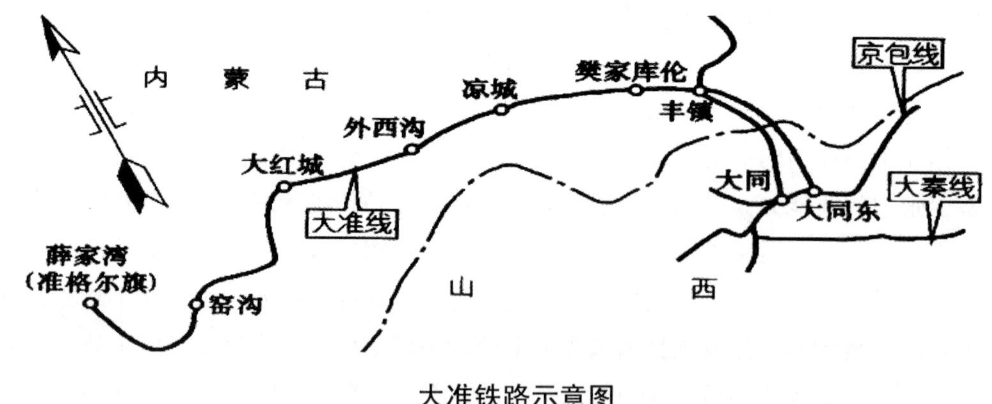

大准铁路示意图

二、工程设计

接触悬挂采用全补偿简单链形悬挂，区间及车站正线采用 LBGJ-120 承力索+ GLCN-250 接触线，承力索张力 15 千牛，接触线张力 15 千牛；车站站线采用 LBGJ-70 承力索+ GLCN-

195 接触线，承力索张力 15 千牛，接触线张力 8.5 千牛。

三、工程施工

一公司在薛家湾组建大准铁路扩能改造施工项目经理部，下设接触网、变电、房建 3 个作业队，于 2005 年 5 月 18 日正式开工。接触网专业立混凝土支柱 166 根、钢柱 220 根、正线接触网悬挂 7.043 公里、侧线 34.42 公里以及近 20 公里的附加导线。变电专业按照设计要求，维持既有牵引变电所，新建点岱沟开闭所，引入两路电源，一路从窑沟变电所至机务段，另一路从网上 T 接。馈出线返机务段一路，馈出两路向点岱沟站场及点岱沟联络线供电，到 2005 年 8 月中旬完成变电所整组实验及自动化调试。房建专业建成 351 平方米的点岱沟开闭所，混凝土道路 325 平方米，以及 141.4 延长米的围墙等。整个工程于 2005 年 8 月 31 日竣工。

第二十五节 大秦线 2 亿吨扩能改造

一、工程概况

大秦线西起大同枢纽北同蒲线的韩家岭车站，东至秦皇岛市的柳村南站，经山西省大同、阳高、河北省阳原、宣化、涿鹿、怀来与京包线交叉后进入北京市。经北京市的延庆、昌平，在怀柔与京承线相接，再经北京平谷、河北三河、天津蓟县及河北的玉田、遵化、迁安、迁西、卢龙、抚宁，东至秦皇岛市的柳村南站，全长 653 正线公里。是中国第一条双线电气化、开行重载单元列车运煤干线，主要承担晋北、蒙西和陕北的煤炭外运任务。开通 14 年来，运量逐年增长，已超过原设计 1 亿吨的运输能力。本次 2 亿吨扩能电气化配套工程建设对于缓解中国北部铁路煤炭运能不足的紧张状况，加速山西、陕西、内蒙西部地区煤炭基地的开发，畅通煤炭通道，满足华东沿海地区经济发展对煤炭的需要，促进煤炭外贸出口和国民经济建设的需求，有着极其重要的作用。大秦线共设 32 个车站，改造后，保留湖东、茶坞、柳村南、蓟县西、西张庄、涿鹿、遵化北、阳原、化稍营、延庆、大石庄、翠屏山、迁安北 13 个车站，其余车站在过渡期内逐步拆除。保留车站除大石庄、翠屏山两站现状保留外，其余 11 个车站的到发线均延长至 2800 米。

大秦线 2 亿吨扩能改造，建设单位是大秦线扩能改造指挥部，由中铁电气化勘测设计研究院、铁道第二勘察设计院联合设计。铁道第四勘察设计院监理公司、北京铁成监理公司监理。接触网改造范围为韩家岭（K0+000）至柳村南（K653+000）全长 653 公里，其中延庆至铁炉村和铁炉村至下庄两区间接触网已作为试验段提前改造完成。土建工程为遵化北站、迁安北站技术改造。

大秦线为国家 I 级双线电气化铁路，线路主要技术条件：线路等级，I 级；正线数目，双线；限制坡度，重车方向 4‰，轻车方向 12‰；最小曲线半径，一般区段 800 米，困难区段 400 米；到发线有效长度，2800 米；牵引种类，电力牵引；机车类型，DJ1；闭塞类型，自动闭塞；牵引质量，20000 吨，部分列车 10000 吨及以下；牵引供电系统采用 AT 供电方式，接触悬挂采用全补偿简单链形悬挂，通信信号维持原状。

大秦线 2 亿吨扩能电气化配套工程，由中铁电气化局集团有限公司作为工程总承包单位承担施工任务。为了确保大秦线运输、施工两不误，电气化工程将全线分 5 个阶段实施。延庆至下庄侧 47 正线公里试验段，于 2004 年 3 月 25 日开工，2004 年 4 月 25 日竣工；第一阶段大秦线东段（大石庄至柳村南）233.9 正线公里，于 2004 年 7 月 10 日开工，2004 年 8 月 22 日竣工；第二阶段大秦线西段（大石庄至韩家岭东）343.2 正线公里，于 2004 年 9 月 6 日开工，2004 年 10 月 25 日竣工；第三阶段大同县、东井集、西张庄等 17 个站场的临时过渡施工及阳原、迁安北站场改造接触网配套，于 2004 年 11 月 1 日开工，2004 年 12 月 7 日竣工；第四阶段对湖东至柳村南部分变电所、亭的供电线和需要改造的股道，延长车站的分相锚段增加加强线施工，于 2004 年 12 月 24 日开工，2004 年 12 月 30 日竣工；第五阶段全线变电所（亭）的开通和接触网后续工程，于 2005 年 4 月 11 日开工，2006 年 3 月 24 日全部完工并验收。土建工程 2004 年 11 月 3 日开工，2005 年 9 月 30 日全部完成。

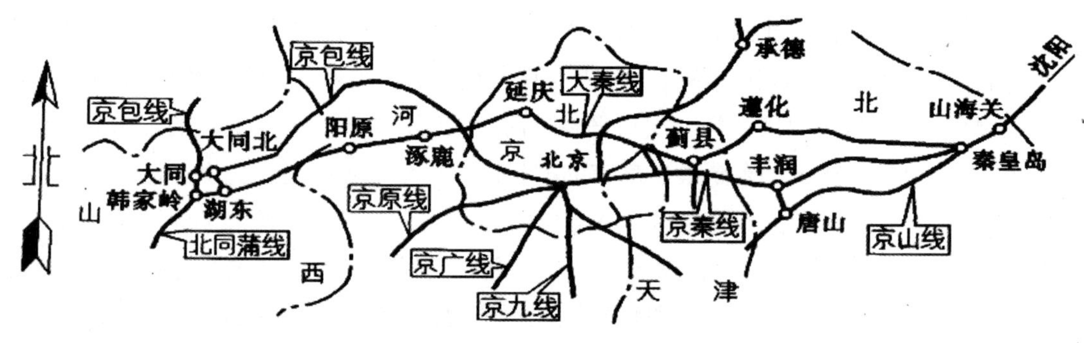

大秦线线路示意图

二、工程设计

大秦线自开通以来，运量逐年增长，2002 年度达 1.03 亿吨，已超过原设计 1 亿吨的运输能力。随着运量的不断增加，供电系统过负荷的问题不断产生，特别是延庆至下庄段供电臂线路处于坡道上，供电臂末端网压过低，最低降至 16 千伏，电力机车无法正常运行，供电性能已成为增加运量的瓶颈。为此，铁道部决定对大秦线牵引供电系统实施 2 亿吨扩能改造。

2003 年初，中铁电气化勘测设计研究院进行现状调研和可行性研究，2003 年 11 月开始试验段的设计。要实现年输送能力 2 亿吨的目标，必须以开行 2 万吨重载列车为主，这是运输方式调整的必然趋势，要达到牵引质量 2 万吨的运输条件，必须对全线牵引供电系统进行改造，增建牵引变电所和既有牵引变电所扩容，增强接触网的供电回路截面，更换既有承导线及附加线。其后中铁电气化勘测设计研究院和铁道第二勘察设计院进行了联合设计。对不能保证扩能2亿吨后可靠供电和影响扩能运输能力的牵引供电系统及设施进行相应的改造或更新。对能够利旧的既有设备充分利用，尽可能节省投资。

新建牵引变电所5处、改建牵引变电所9处、新建分区所10处、改建分区所5处、改建开闭所2处、新建自耦变压器所5处、改建自耦变压器所7处、新设远动系统1套，替换原有的远动系统，将电力配电所纳入远动改造27处。仍采用AT供电方式，原湖东、延庆、东城乡、木林、翠屏山牵引变电所主变压器容量改为75兆伏安；涿鹿、迁西、抚宁北牵引变电所主变压器容量改为63兆伏安，采用固定备用运行方式；秦皇岛牵引变电所主变压器容量不变，利旧使用。原东井集、沙城东、下庄、夏庄子、迁安北分区所改为牵引变电所，主变压器容量东井集、下庄、夏庄子为63兆伏安，沙城东、迁安北为50兆伏安。原大同县、北辛堡、铁炉村、茶坞、玉田北、粳子峪、罗家屯、卢龙北开闭所改为分区所。原区间2号和4号自耦变压器所改为分区所。原阳原、平谷开闭所改为自耦变压器所。新增5处自耦变压器所（在化稍营自耦变压器所与王家湾分区所之间增设1号自耦变压器所、在北辛堡开闭所与延庆变电所之间增设2号自耦变压器所、在延庆变电所与铁炉村开闭所之间增设3号自耦变压器所、在翠屏山变电所与玉田北开闭所之间增设4号自耦变压器所、在夏庄子分区所与梗子峪开闭所之间增设5号自耦变压器所）。既有变电所、分区所、AT所的自耦变压器都更新为容量10兆伏安。

牵引变电所均引入两回路110千伏主供电源，两回相互独立，不设跨条，设备用电源自动投入装置；主变压器采用固定备用方式，正常1台运行，1台备用。主变采用斯柯特，十字交叉单相接线。110千伏电压互感器接于进线隔离开关外侧，供高压侧计费及备用电源自动投入检压使用。在进线侧110千伏电压互感器处设1组110千伏避雷器供过电压保护用。主变压器55千伏侧不设断路器，仅设电动隔离开关及供保护用的电流互感器，此电动隔离开关与110千伏侧断路器实现联动控制。110千伏进线隔离开关，二次侧55千伏隔离开关，作为馈线明显间断点的隔离开关，以及改变运行方式的隔离开关采用电动操作机构，其他隔离开关采用手动操作机构。为减少母线检修时的停电范围，55千伏母线采用隔离开关分段，分段隔离开关设置2台。牵引变电所55千伏母线上设置55/0.4千伏、100千伏安逆斯柯特自用电变压器1台。在牵引变电所内设三相10/0.4千伏，容量63千伏安所用变压器1台。在由2个牵引变电所分别供电的进线间设电动隔离开关联络，正常运行时隔离开关打开，越区供电时合上。为实现AT所上下行并联供电，在两回进线间设断路器及电流互感器。在AT所上下行进线处各设1台27.5/0.23千伏单相自用电变压器，供交流电及检压保护用。在AT所内设2台阶地保护放电装置。

变电所按照无人值班有人值守设计，分区所、开闭所、AT所按照无人值班无人值守设计。在变电所、开闭所、分区所、AT所内设置全所综合自动化系统。综合自动化系统采用控制室内集中组盘安装方式。牵引变电所设置所内集中监控设备，实现对综合自动化系统设备的调试、维护、集中监控等功能。通过变电所、分区所、开闭所、AT 所综合自动化系统间通信实现 AT 变压器故障自动解列。牵引变电所线路变压器组设自投装置，实现变电所两线路变压器组的自动切换；变电所馈线设置自动重合闸；分区所、开闭所馈线设置自动重合闸；牵引变电所、分区所、开闭所、AT 所设置故障标定装置，实现线路故障时自动对故障点位置的快速定位。

电力调度所新建 1 套微机化远动系统，替换原有大秦线一期、二期远动系统。远动系统采用计算机型监控装置，结构形式为 1：N 集中监控方式。远动系统由电力调度所、被控站、复示系统终端和数据传输通道四部分构成。实施对全线各牵引变电所、分区所、开闭所、AT 所、电力配电所主要设备的远程实时监控及集中调度管理。远动系统电力调度所仍设置于大同分局既有大秦线电力调度所内，被控站设置于沿线各牵引变电所、分区所、开闭所、AT 所、电力配电所内。全线共划分 6 个调度台，采用牵引供电与电力配电同台调度的方式。远动系统结合大同分局调度所各线路调度情况统筹考虑，设置一个总调度台，用于协调大秦线各调度台之间的工作。调度所主站系统采用开放型分布式计算机局域网结构，客户机/服务器模式；网络采用高可靠性的双以太网，并行工作模式；系统采用服务器、工作站配置，并采用高容错能力的“1+N”冗余工作模式。改造后的系统无论是从设备硬件规格还是从软件功能上都能够满足大秦线 2 亿吨运量对提高调度工作效率的要求，同时系统将预留一定的发展空间。

接触悬挂采用全补偿简单链形悬挂，区间及车站正线采用 THJ-150+CTHA-150 型，接触线张力为 15 千牛，承力索张力为 17 千牛；车站站线：对股道有效长度延长至 2800 米的湖东、茶坞、柳村南、西张庄、涿鹿、蓟县西、遵化北、阳原、化稍营、延庆、迁安北 11 站进行换线改造，接触悬挂采用 THJ-95+CTHA-120 型，接触线张力为 10 千牛，承力索张力为 15 千牛；其他车站（有效长小于 2800 米）站线接触悬挂采用 THJ-70+CTHA-85 型，接触线张力为 8.5 千牛，承力索张力为 15 千牛。桥梁上的接触悬挂维持既有桥钢柱形式不变，为提高接触网的稳定性和可靠性，对超过 60 米的跨距，按增加支柱减小跨距处理。隧道内悬挂方式不变，隧道拱顶衬砌强度不足时，采用在隧道边墙安装腕臂方式。跨线建筑物上的接触悬挂按链形悬挂方式设计，当净空高度限制时适当降低结构高度和接触线高度。并采用铜合金整体吊弦。为提高接触网的可靠性，正馈线改为 2×LGJ-185 或 LGJ-240 钢芯铝铰线，最大额定张力分别为 13 千牛和 15 千牛；隧道内正馈线采用 2×KBGLYJ-27.51×185/6 或 KBGLYJ-27.51×240/10 交联聚乙烯绝缘抗冰导线，最大额定张力分别为 13 千牛和 15 千牛。保护线改为 LGJ-95 钢芯铝铰线，最大额定张力为 8 千牛，架空地线采用 LGJ-70 钢芯铝铰线，最大额定张力为 6.5 千牛；载流量不足区段增设 1 根加强线（TJ-120 原载流承力索利旧），最大张力为 13 千牛；中性线采用 2 根 2×LGJ-300 钢芯铝铰线，最大额定张力为 17 千牛。供电线与腕臂柱合架的部分移至路基下方独立架设，采用 2 根 2×LGJ-300 钢芯铝铰线，最大额定张力为 17 千牛。

区间接触网结构高度一般为 1.4 米，隧道内一般为 0.8 米。跨线建筑物净空高度不足时，结构高度可适当减少；导线高度及允许车辆装载高度，湖东，茶坞，蓟县西，西张庄，柳村南 5 站接触悬挂点距轨面高度为 6.45 米，最低为 6.2 米；其余车站和区间接触线悬挂点距轨面 6.0 米，最低 5.7 米；隧道内接触线悬挂点距轨面 5.75 米，最低 5.65 米。允许车辆装载高度均为 5.3 米。根据开行 2 万吨重载列车牵引电流大，运煤专线煤的粉尘污染严重，隧道较多潮湿污秽，绝缘子清扫困难的具体情况，确定全线采用统一的重污区的绝缘标准，25 千伏侧绝缘子泄漏距离不小于 1200 毫米。正线接触网锚段长度一般不超过 1600 米，困难时不超过 1700 米。站线接触网锚段长度一般不超过 1800 米，困难时不超过 1900 米。附加导线锚段长度一般不超过 2000 米，困难时不超过 3000 米。补偿装置将既有铸铁滑轮改为铝合金滑轮组。支持装置，全线腕臂结构改为平腕臂形式，增加腕臂支撑，正定位增加定位管支撑以增强接触网的稳定性；对铸铁零件进行更换，采用锻钢件或精铸钢件，电气连接零件采用铜合金零件。区间腕臂柱考虑与电力合架的条件，一般采用环形等径高强度预应力钢筋混凝土支柱，车站软横跨原则上维持既有不变，软横跨柱一般采用涂漆钢柱，只对需换线的接触悬挂的定位环线夹、定位线夹进行更换。隧道内采用硅橡胶绝缘子，其泄漏距离不小于 1200 毫米。腕臂柱棒式绝缘子采用 12 千牛高强度瓷制绝缘子，其泄漏距离不小于 1200 毫米。大秦一期所采用的棒式绝缘子（8 千牛）利旧使用。

在变电所、开闭所、分区所所在站一般设置接触网电分相装置，电分相装置采用器件式分相绝缘器。独立车站场及机务段、机务折返段为单独馈线供电。接触网按供电臂 V 停单元进行设计，上、下行接触网间实现电气分开。对较大车场进行分束供电，并结合本次车站规模改造情况对部分车站接触网分段进行调整。湖东、茶坞、柳村站各独立供电单元的联络开关（电动隔离开关）纳入远动控制。

合架保护线的混凝土支柱采用非双重绝缘的接地方式，将腕臂上、下底座、加强线、正馈线肩架用接地连接线连接后，经接地跳线与保护线相连，保护线每隔 3～4 公里打一处接地极（接地电阻不大于 10 欧姆）。钢柱采用双重绝缘接地方式。未合架保护线的成排支柱采用经架空地线集中接地方式。零散支柱采取打接地极接地方式。为均衡上、下行钢柱电位，在 2 个 AT 间对上、下行两侧的扼流变压器中点进行并联，每个 AT 段并联 3 次，采用 2×VLV-150 电缆过轨的连接方式。其他接地方式按《铁路电力牵引供电设计规范》5.3.3 条执行。为提高接触网的可靠性，全线按《铁路电力牵引供电设计规范》5.3.1 条规定，全线设氧化锌避雷器。

电力工程，改建电力配电所 9 处、改建电力开闭所 3 处、配电所及开闭所保护改造 15 处、架设高压架空线路 136.5 公里、敷设高压电缆 62.6 公里、敷设低压电缆 18 公里。湖东、阳原、东城乡、涿鹿、沙城东、延庆、茶坞、大石庄、迁安北 9 处配电所及下庄、粳子峪与东井集 3 处电力开闭所在原所位置进行改造。高压开关柜采用金属铠装“五防”高压中置式开关柜。进出线开关为真空断路器，微机保护并结合综合自动化进行综合改造。

翠屏山、遵化北、迁西、抚宁北、柳村 5 处配电所及卢龙北、罗家屯、玉田北、平谷、木林、铁炉村、北辛堡、王家湾、大同县、大同南 10 处电力开闭所继电器保护改造为微机保护并结合综合自动化进行综合改造。电力远动系统和电气化远动系统合建并同台调度。

10 千伏电力自闭线和贯通线路仍维持与接触网合架方式不变。对大同南至湖东、东城乡至增 1 号 AT 所、增 2 号 AT 所至延庆、延庆至增 3 号 AT 所、木林至平谷、蓟县西至翠屏山等接触网增加加强导线的区段及大秦线扩能改造后保留的湖东、阳原、化梢营、涿鹿、延庆、茶坞、大石庄、蓟县西、翠屏山、遵化北、迁安北、西张庄、柳村南站场延长为 2800 米，接触网软横跨柱改为腕臂柱的区段 10 千伏电力自闭线、贯通线路与接触网合架改为分杆架设。杆型采用钢筋预应力混凝土电杆。10 千伏电力自闭线与贯通线仍采用 LGJ 型导线截面维持既有。在通过树林和人员密集区时采用绝缘架空导线，没有架空路径地段采用电缆。

大秦线 2 亿吨扩能改造房建工程，主要对既有 5 处分区所改建为牵引变电所，对 2 处 AT 所改为分区所，新建 5 处 AT 所，补强接触网工区 2 处，建筑面积 4669.2 平方米。新建牵引变电房屋采用钢筋混凝土框架结构，生产房屋采用砖混结构。房屋基础采用钢筋混凝土条型基础，高填方区及特殊不良地质条件的工点，分别采用钢筋混凝土筏片基础、桩基础以及复合地基处理等。

场坪设计采用洪水频率，牵引变电所设计洪水频率采用 1/100，开闭所、分区所、AT 所设计洪水频率采用 1/50，场坪采用单斜面坡或人字坡，横向坡度 1%。连接场坪与既有道路间的新建道路（即场外道路）采用混凝土路面，路面宽 3.5 米，路基面宽 4.5 米；所内主干道采用混凝土路面宽 3.5 米。场外道路桥涵设计采用洪水频率，依照连接公路（道路）等级标准确定。设计荷载，牵引变电所等场坪、场外道路的桥涵汽车荷载等级采用汽车-20 级，挂车-100。

遵化北站站内线路共有 15 条，其中正线 2 条，到发线 4 条，牵出线 1 条，大型养路机械停留线 1 条，货物线 2 条，另设电务车库线，工务修配车线，工务车库线，在大同端南侧设置有电厂专用线。其中Ⅰ、3、8 道到发线有效长度 1700 米，Ⅱ、4、6 道到发线有效长度 1050 米，基本站台为 196×16.5×0.3 米，中间站台为 207×5.1×0.35 米，基本站台处于 3 道外侧，中间站台位于 6、8 道之间，站台为混凝土方砖铺面。

迁安北站站内线路共有 9 条，其中Ⅰ、Ⅱ道为正线，3、4 道为到发线，6 道为大型养路机械停留线，8 道为牵出线，10、12 道为货物线，货物站台 1 座，14 道为车库线。正线、到发线有效长度均为 1700 米，基本站台、中间站台长均为 200 米，基本站台处于 4 道外侧，中间站台位于 3 道外侧。

三、工程施工

大秦线 2 亿吨扩能电气化配套工程由中铁电气化局集团有限公司施工总承包承建。针对施工线路长、改造范围大、工作量大、工期要求紧、对全线运输影响很大的特点，为确保运输、施工两不误，将全线接触网改建分为东段（大石庄至秦皇岛）、西段（大同至大石庄）2 个阶段，集中中铁电气化局集团的骨干施工力量，统筹规划，充分发挥在延庆至下庄段应急改造工程中积累的成熟经验，采用项目分解、平行作业、流水施工等组织方式，利用横道图分析人员、机械配置情况，利用网络计划图分析工程进度，以质量保证体系、安全保证体系确保施工质量和安全，开展大秦线 2 亿吨扩能改造施工。具体分工为韩家岭（不含）至东城乡（不含）段变电和电力工程、第一阶段罗家屯至卢龙北（含）和第二阶段段家岭（不含）至东井集（含）接触网工程由电化分公司负责施工，投入 1 个变配电作业队、6 个接触网作业队、各种轨行车 27 辆；东城乡（含）至涿鹿（不含）段变电和电力工程、第一阶段玉田北（含）至遵化北（不含）和第二阶段东城乡（含）至王家湾（含）接触网工程由西安电化公司负责施工，投入 1 个变配电作业队、3 个接触网作业队、各种轨行车 18 辆；涿鹿（含）至蓟县西（不含）段变电和电力工程、第一阶段大石庄（不含）至玉田北（不含）和第二阶段北辛堡（不含）至大石庄（含）接触网工程由二公司负责施工，投入 1 个变配电作业队、7 个接触网作业队、各种轨行车 60 辆；蓟县西（含）至罗家屯（含）段变电和电力工程、第一阶段遵化北（含）至罗家屯（含）和第二阶段王家湾（不含）至北辛普（含）接触网工程由三公司负责施工，投入 1 个变配电作业队、5 个接触网作业队、各种轨行车 59 辆；罗家屯（不含）至柳村（含）段变电和电力工程、第一阶段卢龙北（不含）至柳村（含）和第二阶段东井集（不含）至东城乡（不含）接触网工程由一公司负责施工，投入 2 个变配电作业队、3 个接触网作业队、各种轨行车 60 辆；大秦全线的土房建工程由西铁工程公司、建筑公司负责施工，投入 4 个建安工区，于 2004 年 11 月 3 日开工。施工高峰时人力达到 7000 多人，机械设备和车辆达到 1400 多台套。

接触网工程 主要工程量包括：混凝土支柱安装 4083 根、钢柱安装 2106 根、承力索架设 1973.41 条公里、接触线架设 1973.41 条公里、软横跨安装 1466 组、供电线架设 211.7 条公里、正馈线架设 1592.8 条公里、保护线架设 1212 条公里、加强线架设 157.2 条公里。为减少事故点，提高导线平直度，确保弓网受流质量和导线使用寿命，工程中采用生产厂家按设计锚段长度定长生产供应导线（即无接头）。基坑开挖，土质基坑采用人工开挖、砂质基坑采用“安装防护板法”、石质基坑采用凿岩机开凿，然后浇制基础。区间及站场距线路近的支柱采用安装列车立杆，站场改造处及供电线等远离线路的支柱使用汽车吊立杆和人工立杆。支柱装配采用人工、机械辅助人工 2 种形式进行。软横跨安装，采用“软横跨计算程序”计算出预制所需的各个长度值进行预配，以人工为主、机械配合为辅的形式进行。

在接触网上部工程施工中，全面推广应用“四个一次到位”（支柱结构安装一次到位、承力索架设一次到位、导线架设一次到位、悬挂调整一次到位）技术，将以前繁琐复杂的安装、调整工作改变为计算机精确计算，工厂化准确预配，数据化安装调整。在承力索、接触线架设时，采用世界上最先进的吉斯玛、普拉塞恒张力架线车同时架设承力索和接触线，并在架设导线的同时安装整体吊弦，大大提高接触网的施工质量和施工进度。为使新线初伸长一次出尽，保证接触悬挂安装一次到位，符合设计要求，采用德国预留安装的超拉施工方法，根据设计提供的腕臂安装曲线和计算出的新线初伸长量，在承力索定位时，按照德国处理初伸长的办法（即超拉）预留安装。

变电工程　牵引变压器是变电所的核心设备，为确保牵引变压器安全就位，由变压器制造工厂将变压器运输至变电所就近火车站，利用封闭点计划时间，组织大型汽车运输车辆，将变压器直接从就近的车站运抵变电所，通过“自锚滑行法”将变压器运输至基础前并就位，就位采用千斤顶将牵引变压器顶起，垫入枕木，撤除滑轨、护轨和枕木，将变压器缓缓地落座在基础上，保证牵引变压器中心与基础中心重合，偏差不超过 20 毫米。将组装好的断路器支架吊装于基础上，使支架中心线与基础中心线重合，以使断路器准确就位。用水平仪和钢板尺检查支架上端面各部位水平误差，根据测量结果，以其中标高最高点为基准，调整支架水平。并用一个泄漏检测器在密度继电器的连接处进行泄漏试验，测试断路器本体的气密性是否符合标准。其他设备也按规定工序进行安装。按照设计进行新的远动系统设备的安装，同时进行安全监控系统设备的安装。在调度所的所有设备安装完毕后进行调度所远动系统设备的单体调试。在被控站的设备调试完毕、远动通道正常后，进行远动系统的联调工作。大同电力调度所远动原设备按照施工计划，报分局主管部门批准后停止运行，将原远动系统设备拆除。并将调度系统电话按照运营单位要求，配合通信部门进行移机处理，保证电力调度系统的正常运转。

电力工程　主要工程量包括：架设高压架空线路 136.5 公里、敷设高压电缆 62.6 公里、敷设低压电缆 18 公里；改建 9 处电力配电所、改建 3 处电力开闭所、15 处配电所及开闭所保护改造。施工过程中无论是 10 千伏贯通线、10 千伏电源线路或是站场电力线路施工，从测量开始严格按施工工序、工法进行。首先进行施工定测，然后进行电杆基坑及基础埋设，电杆基坑底采用底盘时，底盘的圆槽面与电杆中心线垂直，找正后填土夯实至底盘表面，并使电杆组立后满足电杆允许偏差的规定。导线架设通过铝滑轮进行牵引放线。电力电缆按定测径路划双线采用人力进行挖沟敷设。电缆过道、穿墙及引出采取穿管保护，对特殊或困难地段按设计要求采取必要的保护措施。电缆终端头采用热缩式电缆终端头。

土房建工程　土建工程为遵化北站、迁安北站技术改造，由西铁工程公司承建。遵化北站位于河北省黄土坡林村，为中间站横列式布置，站房及工区房屋处于车站南侧，货场位于车站南侧秦皇岛端右侧，站内共有线路 15 条。迁安北站位于大秦线迁安市内，为中间站横列式布置，站房及各工区房屋处于车站北侧，货场位于车站北侧大同端右侧，站内共有线路 9 条。主要工程量：土石方 140 万立方米，新建接长涵洞 10 座，中小桥 8 座，铺轨 8 公里，铺道岔 21 组，由西铁工程公司承建。2004 年 11 月 3 日开工，遵化北站施工，第一步：修建Ⅰ、3、5、Ⅱ、4、6、8 道与既有行车无干扰部分，按设计铺设咽喉区道岔。第二步：修建临时线路将 6、8 道连通作为临时正线，铺设渡线将临时正线与既有股道连通。新建线路和既有线连接处施工一律在天窗内完成。第三步：拆除并改建既有Ⅰ、Ⅱ、4道，利用新建5道为电厂专用线进行取道作业，改建3道。第四步：将电厂线与3、5道连通，按设计要求连通所有股道，拆除临时过渡线路及道岔全站开通。迁安北站施工，第一步：修建3、4道与既有行车无干扰部分，按设计铺设咽喉区道岔，咽喉区改建及轻车线拨道利用天窗进行。第二步：按设计要求连通所有股道，将新建3、4道与既有连通，拆除既有咽喉区。涵洞工程2005年1月1日开工，2005年3月25日全部完成。路基工程2005年1月1日开工，2005年4月10日全部完成。桥梁工程2005年1月1日开工，2005年4月10日全部完成。轨道及站内道岔铺设2005年6月1日开工，2005年8月1日完成。遵化北站2005年8月29日开通，迁安北站2005年9月30日开通。

砖混结构房屋施工，由建筑公司承建，施工严格控制砌体的垂直度、水平度，施工砖墙的转角处和接头处同时砌起，不能同时砌起的必须留设斜槎，斜槎长度不小于高度的2/3。砌体施工砂浆随拌随用，并按照施工规范保证一定的稠度，并注意水、暖、电、卫等预埋管、预埋件的预埋和预留洞的留设，严禁后凿洞。框架结构房屋施工是保证工程进度的重要环节，集中优势人力、财力和物力，按预先制定的放线、绑扎框架柱钢筋、支框架柱模、浇注框架柱混凝土、支框架梁和板模板、绑扎框架梁和板钢筋、浇注框架梁和板混凝土、进入下一流水段等工序与砖混结构房屋的施工穿插进行，保证了工程进度。

接触网工程施工过渡方案　腕臂更换：由于既有腕臂为拉杆式，新腕臂为平腕臂带定位管支撑形式，更新腕臂底座及所有支装配件，且结构高度由1.1米改为1.4米（隧道内结构高度由0.6米改为0.8米）。如安装新腕臂后不进行调整，与既有腕臂跨导高高差过大（坡度大），不能保证受电弓的正常取流，甚至会打弓，为保证更换后正常运输的安全，在安装新腕臂的同时，进行必要的悬挂调整。为了减少悬挂调整工作量，减少占用线路封闭点时间。经过对新、旧接触悬挂的调查，采用先将承力索从旧腕臂取出，拆除旧腕臂后再安装新腕臂，在新腕臂的平腕臂上安装2型定位环加装钩头鞍子，将既有承力索先放入钩头鞍子内的过渡方法，另复检拉出值和相邻既有腕臂跨的导高，坡度大时利用环节吊弦调整达标，使得更换腕臂后，接触网导高符合《安规》、《检规》规定，坡度完全满足正常运输要求。承力索、接触线更换：更换承力索和接触线工作量巨大，工序繁多，在封闭天窗点内，组织多台专用机具和众多人力，采用环节吊弦代替整体吊弦，并将导线高度按设计要求调整达标，并将既有锚段与新架锚段关节电连接连接导通，并安装牢靠，保证不碰、刮弓，一次将承力索及接触线安装到位，同时达到设计标准。

附加线架设更换：隧道群地段，既有AF线大多为隧道内外直接贯通的方式，本次改造，隧道的抗冰导线均在隧道口下锚，在新AF线下锚的同时，必须与既有AF线连接牢固，保证电流正常通过，确保正常运输。软横跨移位安装：先开挖基坑，浇制基础，安装软横跨支柱，再将附加导线倒安在新支柱上，根据设计图及现场交桩资料进行测量、预制软横跨，再安装，软横跨通过既有接触网时，利用作业车安装。新软横跨安装后，将既有接触悬挂全部改移，悬挂在新的软横跨上，并进行微调达标。既有道岔可随线路同步改造，也可在线路技改前在软横跨上定位，确保既有线路的正常运行，待道岔就位的同时，一次调整达标，全部改造后，即可拆除既有软横跨及钢柱，以使站前施工单位线路改建工程正常开展。

变电工程施工过渡方案　既有分区所改建变电所施工过渡方案：为保证不中断接触网正常供电，准备好过渡工程使用的电气设备，将既有分区所内的设备移出所址，投入运营，腾空场地，然后组织变电所工程施工。利用天窗时间，将安装好的自耦变压器连接到接触网上，再将已被替代的自耦变压器等设备拆下，接到接触网的另一段上，以此类推。当新变电所建成投入后，再将过渡的分区所拆除。开闭所改建分区所施工过渡方案：利用天窗时间，将开闭所处接触网上下行的分相绝缘器的两端用导线连接牢固，将开闭所与接触网的供电连接线断开，开闭所全所退出运行。拆除原来的开闭所，在新址上新建分区所。分区所建成后，利用天窗时间，拆除接触网上下行的分相绝缘器处的短接连线，恢复分区所与接触网的供电连接线，将分区所投入运行。既有变电所、分区所、开闭所、AT 所综合自动化系统更换施工过渡方案：样板引路，统一工艺标准，采用先进的程序化施工方法。综合自动化系统安装前，完成对设备单元的单体检测，定值整定。利用天窗时间，按批准的倒接方案，依次完成间隔设备层各控制、保护单元的更换、配线、试验、投运工作。利用天窗时间，完成综合自动化所内通信网络及站级管理层的安装调试工作，并对全所综合自动化系统进行整组联调试验。牵引变压器更换：由于牵引变电所都在运营状态中，为确保向接触网供电的可靠性，每次只能进行 1 台主变压器的更换。作业利用接触网封闭天窗点，与接触网同步施工。预先测量两变压器架构间距，制作临时横梁并安装，在两变压器基础间空地（适当位置）搭建枕木垛。与接触网共用封闭天窗点，在确认停电后，挂接地线对作业区进行安全防护，然后将正常运行状态下的备用主变压器移至枕木垛上，作为临时过渡变压器，并配好一次和二次接线，控制、保护和运行方式不变，以满足正常运营的需要。按设计要求，对主变压器基础进行处理。基础处理检验合格后，进行新主变压器运输、就位、吊芯检查、安装和试验。临时过渡变压器仍作为备用，经电调同意撤除过渡主变压器的临时过渡母线、引下线、二次接线，制作安装新主变压器两侧软母线、引下线，按新的设计敷设相应电缆并接线，进行新主变压器系统的调试和相关试验。进行新主变压器的冲击试验，空载运行后，按规定工序新主变压器再正式投入运行。主变压器更换应提前做好实施方案，报建设单位、监理部门审批后，方可实施。要进行技术交底，关键环节的操作应进行模拟演练，使作业全过程处于可控状态。

第二十六节　陇海线宝鸡至兰州段增建二线

一、工程概况

陇海线宝鸡至兰州段东起宝鸡市，西至甘肃省会兰州，途经宝鸡县、天水、甘谷、武山、陇西、榆中等县市，线路全长 490.6 公里。其中陕西省境内约 110 公里，甘肃省境内约 380 公里。宝鸡至兰州段东端与陇海铁路、宝成铁路、宝中铁路相联，西端与包兰铁路、兰新铁路、兰青铁路相通，是西北地区铁路干线网的重要骨架，在路网中具有重要的地位。西北地区东通路陇海线宝兰段和宝中线 2 条单线铁路，承担着西北地区 72%的铁路外运物资和 89%的旅客交流，担负着与华东、中南和西南地区的客货交流，运输任务十分繁重，所以迫切需要增建第二线，以适应需要。

宝兰铁路增建二线工程，宝鸡至天水段建设单位是郑州铁路局；天水至兰州段建设单位是兰州铁路局，由铁道部第一勘察设计院设计，陇辉监理公司、沈阳铁路局建设监理公司负责监理。

宝兰铁路增建二线工程，主要技术条件：铁路等级，Ⅰ级；正线数目，双线；限制坡度，6‰，双机 13‰；最小曲线半径，增建第二线 400 米，既有线原则上维持现状；到发线有效长度，850 米，双机另加 20 米；牵引种类，电力牵引；机车类型，货机 SS3 双机，客机 SS7；闭塞类型，自动闭塞；机车交路维持既有交路形式；牵引质量，4000 吨。

中铁电气化局集团有限公司承担宝鸡至天水段东口至局界电气化、宝鸡至局界电力；天水至兰州段天水至甘谷电气化、甘谷至陇西电力、定西至兰州东信号及通安驿至马河镇的给排水及宝鸡铁路枢纽工程建设。

电气化工程于 2001 年 8 月 18 日开工，2003 年 5 月 30 日竣工，2003 年 6 月 22 日送电开通，2003 年 6 月 30 日在西安举行开通剪彩仪式，交付运营；宝鸡铁路枢纽工程 2002 年 2 月 1 日开工，2004 年 10 月 31 日竣工。

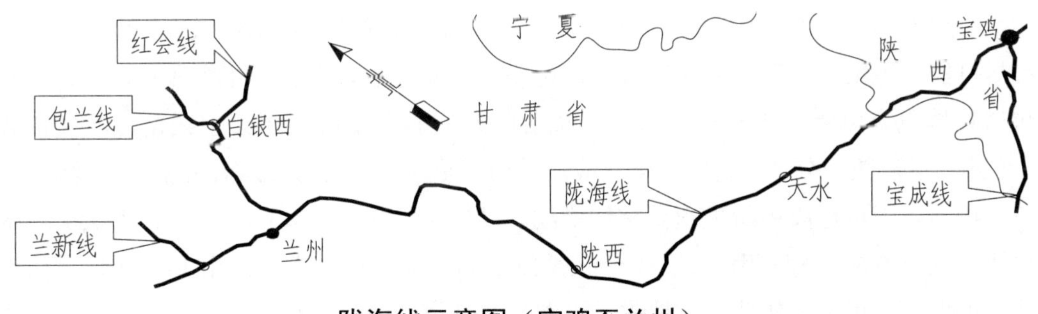

陇海线示意图（宝鸡至兰州）

二、工程设计

既有线改建地段接触网原则上按既有线标准设计，但不满足行车速度要求时，可参照或部分参照新建标准设计。本次设计当中将大修改造尚未完成的拓石车站接触网工程纳入本次设计范围；坪头至固川间既有低净空隧道内承力索更换工程也纳入本次设计范围。增建二线接触悬挂采用全补偿简单链形悬挂，正线接触网采用 LBGLJ-185+CT-120 型，站线接触网采用 LBGLJ-70+CT-85 型，4 大隧道及隧道群采用 TJ-120 承力索。站场接触网支持结构除多线桥外均采用软横跨。增建二线采用直供带回流线的供电方式，回流线采用双重绝缘安装型兼做接触网接地线。增建二线接触网采用铜整体吊弦，限位定位器等零部件及电分相等选用经过提速线路使用过的成熟可靠产品。腕臂柱采用预应力钢筋混凝土柱，软横跨柱优先选用横腹杆预应力钢筋混凝土柱，容量不够时采用镀锌钢柱，桥钢柱采用镀锌钢柱。

既有牵引变电所主接线维持既有接线形式，新建福临堡变电所采用线路分支接线，福临堡变电所与电力变(配)电所合建，各变电所采用微机保护，伯阳、坊塘铺分区所采用综合自动化装置，建河、东口分区所采用室外柱上负荷开关形式，仅设置控制，不设保护装置。既有变电所所内架构均利用，对不能满足要求的部分进行增建。继续利用高压室，根据需要增建，根据布置需要，对既有主控室进行改扩建。

电力变配电所，全段采用自闭、电力贯通变(配)电所合建方案，新建供电领工区、电力工区等亦与新建变配电所合建。除福临堡、天水所与牵引变电所合建，采用楼房方案外，晁峪、拓石、社棠10千伏配电所采用平房方案。新建10千伏配电所进线及贯通馈线采用单母线接线，为便于跨所供电，晁峪、拓石、社棠10千伏配电所自闭馈线采用带旁路母线接线。10千伏开关柜采用GG-1A(FII)型，真空断路器，直流电磁操作机构，微机集中式控制保护，各所均采用高压无功集中补偿。电力贯通线及自闭贯通线均设有载调压器，新设调压器采用SZ9型。新设电力变压器采用S9型，新设信号变压器采用D8型油浸变压器。既有可利用的变电设备维持现状不变。配电变压器容量大于200千伏安时，设室内变电所或组合变电站，变电所低压配电设备采用GGD型低压成套开关柜。200千伏安及以下者均设杆架式变电台。10/0.4千伏变电所及组合式变电站均在低压侧设置集中补偿装置，三相变电台设无功动态补偿装置。10千伏电力自闭、贯通线均沿新线敷设，电力自闭、贯通线尽可能采用架空线路，困难地段采用电缆沿桥隧敷设，在较长电缆段设10千伏并联电抗器补偿电容电流。既有开放且进行接触网改造的车站内低压架空线路与网柱合架部分，增建二线后改为分架。高低压架空线路采用环形预应力钢筋混凝土电杆，镀锌铁横担，钢芯铝绞线，困难地段适量采用架空绝缘线。高压电缆采用$YJLV_{22}$-10/8.7千伏交联聚乙烯电缆，低压电缆一般采用VLV_{22}-1千伏聚氯乙烯电缆，控制电缆采用KVV-0.5千伏铜芯电缆。根据有关规定及作业工艺要求，设置投光灯塔、弯灯、柱灯、站台灯等室外照明设施。光源以高压钠灯为主，分散补偿。各分区所等无人值班所设置火灾自动报警系统。根据各专业工艺要求，对其进行自动及手动控制，并配置相应的保护措施。

全段信号按双线单方向移频自动闭塞设计。反向运行按自动站间闭塞设计，不考虑追踪运行。列车追踪间隔时间按8分钟设计。区间通过信号机按四显示设计。全段采用8信息集中式移频自动闭塞设备。

区间设备设专用区间电源屏供电。区间通过信号机采用三灯位透镜式色灯机构。区间通过信号机采用交流灯丝继电器及远程点灯变压器。区间干线信号电缆统一采用信号数字电缆并满足信号区间维护电话使用要求，电缆接续采用地下接续方式。信号楼至出站信号机间电缆利用站内电缆槽防护，隧道、桥上及道口均设电缆防护。既有线轨距杆全部采用粘接式绝缘轨距杆。局部钢轨绝缘采用高强度绝缘及螺栓。长轨地段需加绝缘处理，采用锯轨后加装胶接式绝缘接头方式。固川至东口间既有自动闭塞室外设备全部利旧。上行通过信号机按四显示要求更换灯位，下行通过信号机拆除。室内设备按全线确定的设备标准更换。各站采用6502电气集中(组合柜式）联锁设备。提速道岔，采用S700K型提速转辙设备，正线60公斤/米12号道岔，采用ZD6-E/J型电动转辙设备。复式交分道岔采用ZD6-H型电动转辙设备，其他联锁道岔采用ZD6-D型电动转辙设备。

给排水，生产用水量按有关规定和各专业所提供数据计算，绿化用水量按41/平方米·次计，给水站服务性行业用水按15%计，未预见及漏失水量按25%计，其他各项用水均按有关规定执行。沿线各站原水消毒方式采用二氧化氯消毒。以满足站区及沿线生活供水站对原水的消毒要求。有货场的车站均设消防设施，并满足有关消防要求，在站台上设消火栓。

三、工程施工

除元龙至局界段29公里电气化工程由电气化分公司施工，通安驿至马河镇给排水工程由建筑公司施工外，其他均由三公司负责施工；宝鸡铁路枢纽工程由西铁工程公司负责施工。

（一）宝鸡至天水段东口至局界

东口至局界电气化、宝鸡至局界电力、天水至甘谷电气化、甘谷至陇西电力、定西至兰州东信号及通安驿至马河镇的给排水工程2001年8月18日开工，2003年5月30日竣工，2003年6月22日送电开通，2003年6月30日在西安举行开通剪彩仪式，交付运营。

接触网工程　三公司投入200多人、施工机械15台、仪器仪表8台（套)。电气化分公司投入80多人、施工机械3台。天水至甘谷段2001年8月18日开工，2002年12月30日竣工；东口至局界段2002年5月18日开工，2003年5月30日竣工（经郑州局与集团公司协商，决定东口至局界段的东口至新拓石接触网由三公司交郑州局电化公司施工)。天水至甘谷段完成基础浇注222个、混凝土支柱安装1360根、钢柱安装444根、软横跨安装189组、架设承力索、导线144条公里、回流线109条公里。东口至局界段完成基础浇注90个、混凝土支柱安装866根、钢柱安装836根、架设承力索、导线119条公里、回流线82条公里（其中电气化分公司完成基础浇注89个、混凝土支柱安装359根、钢柱安装314根、架设承力索、导线46条公里、回流线22条公里)。

接触网工程采用的新材料有：高填方地段（h≥3米）路基采用加长型支柱，隧道内固定采用黏着螺栓，各种吊线采用耐腐蚀的不锈钢丝，腕臂及定位管采用不锈钢/钢复合材质，隧道内的定位采用硅橡胶整体定位装置，隧道外正线采用限位定位器，全段正线采用可调式绝缘滑动吊弦等新型材料。根据采用新材料的情况，编制《慧鱼黏着螺栓打孔、灌注施工工艺》和《可调式绝缘滑动吊弦安装施工工艺》，并进行首件现场安装达标示范，制定全线施工标准，使该段接触网外观上成为一个“美学工程”。

变电工程　改造三阳川、甘谷2处牵引变电所，新建坪头、元龙、新拓石3处牵引变电所和天水、新阳镇、伯阳3处分区所，于2002年5月18日开工，2003年5月30日竣工。

电力工程　甘谷至陇西段10千伏电力工程于2001年10月16日开工，2002年12月21日竣工开通，完成电力贯通线路79正线公里及盘安镇、洛门、武山、贺家店、鸳鸯镇、陇西6站站场照明；宝鸡至局界10千伏电力工程于2002年5月18日开工，2003年3月31日竣工开通，完成电力贯通线路145.23正线公里及晁峪、社棠等17站站场照明和晁峪、新拓石、社棠、福林堡4处变（配）电所。

信号工程　2001年7月20日开工，2003年5月30日竣工开通，完成定西至兰州东段信号自动闭塞108公里及王家湾、定西、许家台、桑园子、李家坪5站电气集中。其中，王家湾、定西站被建设单位评为“优质样板示范工程”。

给排水工程　2002年6月28日开工，2002年10月18日工程竣工交付使用。通安驿至马河镇的给排水工程，给排水管路全长8.835公里，设各类阀门井20座。管路工程由通安驿为起点依次分段施工，沟槽采取人工开挖方式，分界点设在管井位置，以便各段自然衔接。管材选用孔网钢带复合塑料管，此管材为长距离给排水工程中代替铸铁管的一种新型复合压力管材，施工安装方法与铸铁管、镀锌钢管不同，管材连接、管件安装采用电热熔焊机等专用设备进行。阀门井用C20混凝土预制，井壁用1：2的水泥砂浆加5%的防水粉抹面，安装钢爬梯、保温木井盖及混凝土井盖。部分路段作浆砌片石防护。

（二）宝鸡铁路枢纽

工程于2002年2月1日开工，2004年10月31日竣工。宝鸡铁路枢纽起自宝鸡东站东咽喉(DK1240+100)，止于福临堡车站(DK1250+450)，全长10.35公里。包括路基（含附属）、桥涵、信号、牵引供电、电力、变配电所房屋及变配电设备安装、给排水、宝鸡客站站场扩建、宝鸡东站编组场扩建、到达场扩建、驼峰改造、宝鸡机务段、机车折返检修库及机库线、宝鸡车站基本站台及2、3、4站台延长、铺面、风雨棚等站场设施及市政给排水、跨线桥，框架桥、交通涵、管线涵等配套工程。主要工程数量有路基土石方46.5万立方米、重力式挡土墙2.2361万立方米、钢筋混凝土扶壁式挡土墙6004立方米、加筋路肩式挡土墙1.1公里、桩基托梁挡土墙116米。预应力钢筋混凝土现浇连续高架跨线桥2座、应力钢筋混凝土空心板公路跨线桥4座、炎帝圆铁路大桥22-20.0米低高度预应力钢筋混凝土梁桥466.88延米；新建2-12.0米低高度预应力钢筋混凝土梁和低高度预应力钢筋混凝土梁桥36.52延米；1-10.0米低高度预应力钢筋混凝土梁桥2座；钢筋混凝土框架桥及宝鸡车站行包地道10座计445.19延米；涵洞18座计230.89横延米。轨道工程：铺设钢轨23.46公里、新铺单开道岔52组、特种道岔13组、拆铺道岔41组、铺道砟4.8544万立方米。信号工程：车站电气集中电源设备3组、调度监督分机17柜、调度监督总机系统 1 套、微机联锁设备 3 个站，安装调监系统 17 套、联锁道岔 195 组、轨道电路 93 区段、信号机 168 架、25 赫兹电源屏 8 个。接触网工程：架设接触网 82.72 条公里、立杆（含钢架）705 根、软横跨 187 组、安装调监系统 2 套、安装控制、保护盘 19 面。电力工程：敷设 10 千伏电缆线路 79 条公里、架设 10 千伏架空电缆线路 3.1 公里、10 千伏架空线路 6.31 亘长公里、安装控制台 7 台、安装配电屏 17 处、安装配电箱 307 个、安装高压隔离开关 17 台、敷设高压电力电缆 1.396 公里。牵引供电：福临堡变、配电所设备安装 1 处、架设 35 千伏供电线路（双路）10 条公里、27.5 千伏馈出线路(6 馈出)11.34 条公里。房建及站场设备：完成变、配电所房屋 1895 平方米，改造房屋 300 平方米，室内特殊装修房屋 650 平方米，修筑道路 280 米，室外地面硬化 7300 平方米，围墙 438 米，新建站台风雨棚 7500 平方米，站台面铺装 2.231 万平方米，机车检修坑 6 座 330 米。给排水工程：敷设给水管道 2.372 公里，排水管道 2.546 公里，检查井、化粪池、阀门井计 187 座。

西铁工程公司组建 7 个项目部承担施工，一项目部（一分公司）承担宝鸡枢纽改扩建宝东Ⅱ场、Ⅲ场路基、轨道工程及驼峰改造，宝鸡客站西咽喉改造的路基工程、轨道工程，宝成线改建的路基工程、轨道工程，重力式挡墙、扶壁式挡墙、桩基托梁衡重式挡墙，炎帝园大桥、南关路、西关路、新宝路跨线桥，汉中路、红旗路、建国路等 5 座框架桥及 7 座交通涵、10 座管道涵、排水涵洞的施工，新建宝鸡客站 4 站台风雨棚，2、3 站台风雨棚接长，4 个站台改造及铺面，宝鸡车务段检修库厂坪、轨道工程，福临堡变配电所房建工程。二项目部（机械化工程段），承担宝东Ⅰ场路基工程、轨道工程、路肩式加筋挡墙工程、2-6 米框架桥、2 座 1-5 米框架桥、3 座 1-3.0 米交通涵工程。三项目部（三分公司），承担 K1247+100 至 K1250+450 段宝兰二线路基、轨道、路基挡、护墙工程及 3 座钢筋混凝土空心板梁跨线桥工程。四项目部（四分公司），承担宝鸡客站东咽喉改造路基、轨道工程，机务折返段路基、轨道、检查设备施工，宝鸡机务段改扩建工程，宝鸡客车整备所路基、轨道、设备安装工程。信号项目部（通号公司），承担宝鸡枢纽全部的信号新装、改装、3 个信号楼微机联锁的新装和换装工程。接触网项目部（电化公司），承担宝鸡东站、宝鸡客站、宝成线改建、宝鸡至福临堡车站（含）的接触网工程。电力项目部（电化公司），承担宝鸡东站至宝鸡客站、福临堡车站（含）、宝成线改建段的电力工程，宝鸡机务折返段、客车整备所、车辆检修库供电工程，宝鸡客站、马营变配电所、斗鸡变配电所扩容及改造工程。变配电项目部（电化公司），承担福临堡变配电所设备安装，宝兰二线 6 馈出供电及宝成线供电工程。给排水项目部（三分公司），承担宝鸡枢纽给排水工程所有的新建、迁建、改建项目。

站场工程　宝鸡枢纽改扩建工程施工战线长、改扩建拆迁量大，东西纵跨经济、商贸区段，人口居住密集，交通繁忙，共拆迁房屋 5 万余平方米。新建的路基、挡墙、桥涵均在闹市区，拆迁难度极大，施工时既要保证工期及施工安全，又要保证不扰民及不中断城市的正常交通。地处陇海、宝成、宝中铁路运输咽喉，运输繁忙，封锁要点特别困难。站场改建扩建的道岔轨道新铺、拆铺，供电、信号系统改造，都在既有站场及既有设备的基础上进行，不同于新建项目的施工。每步施工，上部需接触网配合，下部需电务信号配合，同时需设备管理单位的配合及安全监管，配合量大，既要保证正常运输、行车安全及既有的设备安全，又要保证施工正常进行，过渡工程量大，安全风险大。

施工中制定“先二线，后枢纽，先扩建，后改建”施工过渡方案。坚持“以人为本”的理念，和谐处理与地方各级政府、厂矿企业、社区居民的关系。对施工方案、过渡方案、开通方案多次研讨、优化，探索在既有线施工特别是大的枢纽站场的施工方案、封锁要点施工的组织领导、劳力组织、机械设备的配置、各专业间的协调配合等施工方法。与运输组织部门、设备管理部门密切配合，宝鸡枢纽百余次封锁要点施工均保证了安全正点开通，综合天窗及封锁线路施工正点率达 100%。总结出施工与行车安全，施工确保既有行车设备安全以及施工单位与运输单位、设备管理单位三位一体密切配合以保证施工及行车安全的经验。

桥涵工程　在炎帝园等桥梁施工中，为了防止桩基础噪音，采用旋挖冲击结合的施工方法，水下混凝土灌注采用钢性导管，混凝土搅拌车运输，混凝土施工过程严格执行混凝土配合比，按照施工规范进行施工，所有钻孔桩进行无损检测合格率达 100%；承台、墩柱及盖梁采用 6 毫米钢板制作的定型模板，整体立模，分层浇注，振捣采用插入、附着式振动相结合的振动方式，并指定专人严格按规范要求进行操作，防止过振和漏振。炎帝园桥梁采用架桥机架设。红旗路、汉中路、宝十路立交位于宝鸡市交通主干道及商业闹区，立交桥施工存在车流量大、行人多、施工场地狭窄等难题，为不中断城市交通，同时还要确保施工进度，积极与市政、交管、城管部门配合，采取合理的分流措施，采用分孔施工，基础使用机械开挖，模板用组合钢模板，混凝土由搅拌站集中拌和，混凝土搅拌车运输，采用泵送浇筑，在确保工程质量的同时又不影响宝鸡市内的交通。以高质量、高速度、高精度的西铁工程精神，将原计划 95 天 / 座的工期，提前 20 天完成，赢得宝鸡市政府、交通局的满意。西关路、南关路、炎帝园大桥、红旗路、汉中路立交桥成为宝鸡市景观工程。

路基工程　为减少路堑及高路堤土石方开挖及节约城市用地、减少拆迁工作量，大部分路基设计有挡土墙，工程地层主要为砂质黄土和黏质黄土。

重力式及衡重式挡土墙是一种较传统的结构形式，但在宝鸡枢纽，因受既有线路基稳定的限制、建筑物、道路改迁的影响，不能用传统的方法施工，特别是基础部分，为了保证行车线的路基稳定，减少拆迁及征地，采用明挖、桩基、挖孔桩、桩基托梁等多样化基础形式解决了施工中的种种困难，保证行车安全，节约工程投资。

接触网工程　接触网工程施工以尽可能减少对运输的干扰为前提，采用巧过渡，安全过渡。宝鸡枢纽宝鸡客站接触网工程增加三、四跨软横跨 24 组，更换导线、承力索约 20 余公里。因宝鸡车站原供电形式没有进行分束，东西咽喉不能与宝鸡南至宝鸡客站、宝鸡客站至福临堡接触网同时停电，对运输干扰大，施工难度大，过渡工程多。为了把施工给运营造成的损失减少到最低程度，对施工组织设计方案进行优化，采用先分束、后过渡，先新建、后改建的施工原则，原计划 28 个重合天窗点最后只用了 12 个重合天窗点。一个原计划只能 60 分钟完成的越区向宝鸡客站供电的重合天窗点，经过充分的准备及熟练的技术只用了 40 分钟完成了两处倒接和两处跨越，大大减少了宝鸡客站运输的压力。

信号工程 宝鸡客站、宝东Ⅰ场信号工程施工在保证行车运营正常进行的前提下，利用既有微机联锁信号设备进行过渡，待新的设备安装完成后在最短的时间内对新旧设备进行倒装，开通新设备。同时，相当部分的既有设备（电缆、转辙设备、信号机等）还得利旧，既要保证既有设备正常使用维持正常运营，又要对新设备进行安装和调试，施工难度极大。利用多年在运营线上施工的经验，对施工方案、过渡方案进行比选和多次优化后，宝东Ⅰ场仅停用信号设备 3 个小时（原计划 6 小时），完成了接续电缆 23 根（最多 48 芯，最少 24 芯），5 组轨道电路箱盒的配线、调试、开通。在宝东Ⅰ场积累了在运营线上信号设备换装电缆接续时间最短（55 分钟），调试一次成功经验。

2003 年 6 月 29 日，在陕西省、甘肃省联合召开的宝兰二线建设环保、水保总结表彰大会上集团公司被授予先进单位。2006 年 1 月获铁道部“火车头优质工程奖”。

第二十七节 香港西部铁路

一、 工程概况

香港西部铁路，南起西九龙站，向西北方向延伸至凹头，然后向西至屯门站，正线全长 30.5 公里，其中地下线 11.4 公里、箱形隧道线 3.1 公里、地面线 2.3 公里、高架线 13.5 公里。全线设南昌、美孚、荃湾西、锦上路、元朗、朗屏、天水围、兆康、屯门 9 个车站。

香港西部铁路工程的资金来源是政府注资、九铁信贷、九铁内部资金，供电系统由中铁电气化勘测设计研究院设计。

香港西部铁路工程，主要技术条件：正线数目，双线，标准轨；最小水平曲线半径，350 米；设计速度，130 公里/小时，最大高差，125 毫米；隧道中 1/3 的线路为曲线，高架桥和地面路线 40%为曲线。

香港西部铁路牵引供电系统工程，由中信国华香港公司和西门子公司组成联合体竞标承担该工程项目，中铁电气化局集团有限公司作为分包商，承担该工程的设计、施工、试验调试和质保期服务。

工程于 1999 年 10 月份开工，2003 年 10 月开始设备安装，2003 年 10 月底完工并进入 1 年缺陷责任期，2004 年 11 月 30 日质保期结束。

二、工程设计

香港西部铁路供电系统工程，设计标准需达到英国标准要求。采用工频 50 赫兹 25 千伏交流供电，电源引自（葵芳和天水围）香港电力公司 CLP 的 132 千伏电力网。

沿线设2个变电所、3个分区亭。变电所内设3台132/25千伏单相变压器，并预留第4台变压器的位置（变压器及相关的132千伏开关柜由香港电力公司CLP负责），正常供电时，2台变压器并列向同一个供电臂供电，该供电臂经过一个开关站与相邻变电所的另一个供电臂连接。另1台变压器独立运行，向变电所的另一个供电臂供电。变电所母线进行分段，当进线变压器故障时可以通过运动切换保证连续供电。当一个变电所完全解列时，能够保证高峰运行时的75%的服务正常进行。

25千伏变压器电缆箱经过电缆连接至25千伏进线隔离开关，经真空断路器接至变电所25千伏母线。

河背和屯门分区亭有足够的容量连接上下行接触网，此外，河背分区亭还能够连接到相邻的供电臂。正常情况下，八乡分区亭通过来自TIS变电所的25千伏电缆向八乡车辆段送电，紧急情况下通过接触网进行送电。分区亭的25千伏母线由两段组成，通过常开母线开关连接。

接触网采用全补偿简单链形悬挂，为保证安全和灵活性，接触网分为若干区段，每个区段可以在不影响其他区段的情况下被隔离开来。保护系统中设置避雷器和火花间隙，防止雷击和开合闸引起的涌流。

三、工程施工

香港西部铁路供电系统工程，是中铁电气化局集团公司在香港继九广换线、罗湖桥接触网接口工程之后又中标的一个交钥匙工程。在香港设中铁电气化局集团有限公司西铁指挥部，由一公司负责施工，投入36人，2台作业车和1台立杆车及相关仪表。

工程于2003年6月5日开工，到2003年10月底，完成接触网架设96条公里（其中隧道内31条公里，地面11条公里，高架桥30条公里，八乡车厂13条公里），立接触网支柱442根，隧道及高架桥悬挂安装2200处，支柱装配3100组，硬横梁安装43组，软横跨安装66组，分段及分相绝缘器安装74组，隔离开关安装108组，避雷器安装13组，拉线安装120组，轨道打孔及地线安装2800处，钢支柱地线打孔150处，附加悬挂76公里；高压电缆敷设32条公里。2个变电所和3个分区亭的电气设备安装及调试。精湛的施工技术和科学的施工组织管理得到了业主的高度赞扬，并获得业主颁发的嘉奖令。

第二十八节　渝怀线

一、工程概况

渝怀线西起重庆，东至怀化，包括重庆枢纽配套工程，途经重庆、贵州、湖南3省市的长寿、武隆、涪陵、彭水、黔江、酉阳、秀山、松桃、铜仁等市县地区，正线全长625公里，一次建成电气化铁路。其铁路穿过的区县多为贫困地区，因此，渝怀铁路又被称作是一条扶贫铁路。工程建成后将成为连接湘、黔、渝、大娄山脉及武陵山脉的主要铁路通道，对调整该地区的交通运输结构、优化运输组织、提高效率、降低成本具有重要作用，同时符合国家能源政策，有利于节约能源和环境保护，对促进沿线经济和社会可持续发展具有积极意义。

渝怀铁路电气化工程，建设单位是铁道部工程管理中心，由铁道第二勘察设计院设计，第四标段的防护工程由北京电铁通信信号勘测设计院设计，乌鲁木齐铁路局工程建设监理部负责监理。

渝怀铁路电气化工程，线路主要技术条件：线路等级，I 级，正线数目，单线，预留复线条件；限制坡度，6‰，加力坡 13‰；最小曲线半径，一般 1200 米，困难地段 800 米，双机地段 880 米；到发线有效长度，850 米；牵引种类，电力牵引；机车类型，SS3B；闭塞类型，半自动闭塞；牵引质量，近期 3500 吨，远期 5000 吨。

中铁电气化局集团有限公司承担 DT1 标段通信及 DH13、DH15、DH16 标段电气化工程建设，于 2003 年 12 月 25 日开工，2005 年 10 月 9 日竣工，2005 年 11 月 26 日向接触网送电，2006 年 1 月 15 日开通交付使用。

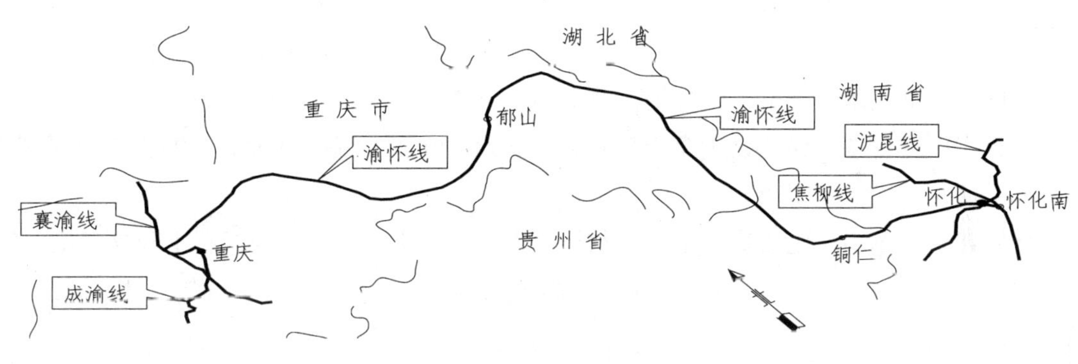

渝怀线示意图

二、工程设计

牵引供电系统采用直供加回流线的供电方式。牵引变电所引入两路 110 千伏电源，110 千伏侧采用线路分支接线，设有隔离开关分段的跨条，并设有备用电源备投装置。110 千伏断路器采用杭州西门子公司产品，电动隔离开关采用德国西门子产品。主变压器由云南变压器厂生产，并采用固定备用方式，设有差动、过流、瓦斯、过热等保护。变电所内 2×27.5 千伏馈出母线采用隔离开关分段，馈出线断路器采用固定备用，馈线设置速断、过流保护及自动重合装置。

接触悬挂采用全补偿简单链形悬挂，一般正线上腕臂支柱侧面限界为 3.1 米，软横跨支柱侧面限界为 3.0 米，考虑双重绝缘时为 3.3 米。基本站台上软横跨支柱侧面限界为 5.0 米。导线高度，悬挂点一般为 6000 毫米，隧道内 5700 毫米，有调车作业及雨棚的车站 6450

毫米。结构高度，采用平腕臂支持装置为1575毫米，采用软横跨为1300毫米。锚段长度，一般情况为1600米，困难时为1800米，单边补偿时为上述值之半，长大隧道及隧道群可采用2000米。支柱及支持装置，一般采用横腹杆式预应力钢筋混凝土支柱，当容量不够时选用钢柱；区间、车站钢柱及所有硬横跨、桥、下挡墙上均采用热浸镀锌或热喷锌钢柱；腕臂柱一般采用平腕臂支持装置，站场内主要采用软横跨，特殊情况采用硬横跨。绝缘距离，供电线与支柱合架时，供电线距支柱边缘距离不小于1米，回流线距支柱边缘距离0.8米，距信号机距离为1米，至接地体的固定绝缘间隙不小于0.2米，回流线距隧道壁、建筑物距离不小于0.075米。接触网绝缘水平按重污区设计，悬式及棒式绝缘子均采用瓷绝缘子，绝缘子公称泄漏距离不小于1200毫米。供电分段原则：一般车站仅在来电端设置绝缘锚段关节，变电所所在站仅在分相侧设置绝缘锚段关节，供电臂末端电分相相邻的左右2个站两端均需设绝缘锚段关节。货物线、装卸线、整备线、专用线等均采用分段绝缘器带接地刀闸的隔离开关单独供电。

通信干线敷设1条40芯单模光缆、1条28芯单模光缆，1条$HEYFLT_2$ 34×4×0.9长途低频对称电缆。长途干线开通SDH同步数字系统，传输速率为SDH1.55兆比特/秒，为减少线路传输损耗，配盘时采用4公里盘长的光缆，同时考虑光纤之间模场直径和芯径尽量接近，根据出厂盘号顺序配盘，以降低光纤接续损耗。电缆接续采用接头盒方式。重庆北、梨树湾、重庆东、中梁山、跳蹬、白市驿、重庆西、西永、团结村等9个既有中间站车站设数字调度设备。江北设1个通信站、重庆设1个通信站、江北客运站设信息系统1套。

房屋建筑各牵引变电所均采用框架结构，现浇梁、板、柱，钢筋混凝土独立基础，接触网工区、领工区、检修及料棚、储油间、梯车库等采用砖混结构，预制梁、板，墙下为毛石基础。

防护工程设计内容包括：渝怀线第四标段重庆市与贵州省界（DK468+800）至怀化（DK628+933.55）范围内受影响的的路内外通信、广播、电视线路及有关设施、无线设施、油气管道，新建电力线路引起的线路迁改，土建施工引起的过渡迁改。受影响的电信系统市话线路按国家计委计二（1986）1249号文办理，一、二级干线跨越铁路的按电气化要求改为钢管防护由路基下穿越，乡以下通信线路及其他通信线路，按国家计委（60）计机养字1726号文的有关精神办理。有条件的地段以远迁为主，条件不具备的线路采用直埋高屏蔽电缆。防护工程设计、施工跨越铁路的各系统通信线路126处（不含乡以上电信系统市话线路），平行铁路的通信线路91.9公里（不含乡以上电信系统市话线路）。

三、工程施工

中铁电气化局集团公司承担DT1标段通信及DH13、DH15、DH16标段电气化工程建设。DT1标段通信工程，施工范围包括引入重庆枢纽正线总长72公里，新建江北客站，新建鱼嘴、唐家沱、井口等3个中间站，经团结村、西永、梨树湾、重庆北等4个既有中间站。重庆至鱼嘴无线列调和站场无线工程，重庆枢纽相关通信过渡工程，重庆至怀化段通信系统联调工程由二公司施工；DH13标段电气化工程，鱼嘴（不含）至白沙沱站（含）12站12区间111.598正线公里，新建接触网152.56条公里，新建长寿、涪陵2处牵引变电所及长寿、涪陵2处变电所和相关的电化房屋建设4660平方米，由一公司施工；DH15标段电气化工程，黔江（不含）至秀山（含）11站11区间127正线公里，新建接触网175条公里，新建鱼泉、麻旺、龙池3处牵引变电所及鱼泉、麻旺、龙池3处变电所和相关的电化房屋建设4599平方米，由电气化分公司施工；DH16标段电气化工程，秀山（不含）至漾头（含）12站12区间128.594正线公里，新建接触网工程175.1条公里，新建梅江、普觉、铜仁3处牵引变电所及梅江、普觉、铜仁3处变电所和相关的电化房屋建设4326平方米，由三公司施工。

2003年3月，中铁电气化局集团公司成立渝怀线工程指挥部，代表集团公司行使工程指挥管理、施工组织、检查监督、对外联系协调职能。集团一、二、三公司、电气化分公司相应成立了工程指挥机构，并积极组织机械、施工队伍进场，于2003年12月25日开工，2005年10月9日竣工，2005年11月26日向接触网送电，2006年1月15日开通交付使用。

接触网工程　三公司于2003年12月25日开工，一公司、电气化分公司于2004年4月15日分别开工。渝怀线电气化工程环境复杂，标准高，施工难度大，集团公司工程指挥部根据实际施工情况，结合技术上等级，质量上台阶的具体要求，制定严格的现场管理措施，全面推行程序化施工，将管理工作抓到实处，结合工法管理和工艺控制的标准化作业，结合新技术、新设备、新材料的使用，不断完善程序化施工，不断开发新工艺。使程序化施工、工法制度与相应的岗位责任制结合起来，用科学的管理，标准化作业，建设一条高标准、高质量的电气化铁路。

施工线路所经地段地质复杂，桥隧众多，坚石、次坚石地段占到90%以上，施工极为困难。参建人员克服环境恶劣、外资料影响、交通不便、村民阻工及封闭点影响等困难，于2005年10月9日竣工。一公司完成基础浇注632个、混凝土支柱安装1017根、钢支柱安装868根、架设承力索、导线152.56条公里；电气化分公司完成基础浇注360个、混凝土支柱安装1419根、钢支柱安装614根、架设承力索、导线175条公里；三公司完成基础浇注339个、混凝土支柱安装1815根、钢支柱安装536根、架设承力索、导线175.1条公里。

牵引变电工程　2004年9月6日开工，根据渝怀铁路建设总指挥部的工期要求，集团公司工程指挥部组织过硬的施工队伍，调配精良的机械设备和仪器仪表，在总结以往各条线施工经验的基础上，采用科学的施工管理方法“程序化施工”，以“优质、高效、求实、创新”的企业精神为指导，以“科学组织、严格管理、标准化施工”为手段全面开展施工，长寿、涪陵、鱼泉、麻旺、龙池、梅江、普觉、铜仁 8 处牵引变电所，于 2005 年 9 月 1 日建成，共完成基础浇注 550 个、安装构架、支架 395 组、安装主变压器 16 台、安装各种设备 778 台件。2005 年 11 月 10 日通过验收，2005 年 11 月 19 至 22 日分别受电，2005 年 11 月 24 日分别向接触网供电。

通信工程　2004 年 4 月 20 日开工。光电缆沿铁路地界内埋设，站台上敷设于通信电缆槽沟内，石质地段、铁路路肩、站场内所有光电缆线路均采用水泥槽防护；光电缆通过涵顶、跨越沟渠、穿越铁路、公路时采用直径 100 毫米镀锌钢管防护，管内外进行防蚀处理，两端口用油麻沥青堵塞。光电缆通过桥梁和隧道时由桥梁及隧道专业制作的电缆槽内通过。光电缆通过铁路桥梁电缆槽时，采用聚乙烯泡沫塑料板防震材料铺垫，确保光电缆安全。大型综合布线是二公司首次涉及的新领域，为确保施工质量，成立 QC 攻关小组，对“确保综合布线管件预埋与房建施工同步”课题进行分析、研究与对比，取得同步效应。2005 年 7 月 30 日完成光电缆敷设、接续、测试、线路附属设备安装及相关临时过渡工程；2005 年 12 月 10 日完成江北地区（站场）通信线路敷设；2005 年 11 月 30 日完成设备安装、无线列调工程。完成光电缆敷设 185.78 公里、通话柱安装 39 套、客运信息系统安装 1 站。

房建工程　2004 年 3 月 15 日开工。集团公司工程指挥部首先组织技术人员进行现场调查，审核图纸，编制施工组织方案。基础施工前组织有关单位进行图纸会审，对施工使用的建筑原材料先送当地试验检测站进行材料试验试配，合格后方可进场使用。对施工操作及每一工序，严格执行有关的质量规范要求，对工程质量进行严格把关，特别是隐蔽工程验收项目，经监理和质监人员验收合格后，方可进行下一工序施工，保证工程质量。

工程于 2005 年 12 月 31 日竣工，完成 8 处牵引变电所、10 个接触网工区及铁路工区、油库、梯车库、检修料棚等附属工程，共完成房屋建筑面积 1.3585 万平方米。

采用的新技术、新工艺

隧道内采用德国西们子公司设计的接触网支持装置及下锚装置，在国内属首次采用。接触网支持装置结构简单，不仅满足隧道内接触网运行的各种条件，且施工方便。

区间及车站正线采用载流式整体吊弦，吊弦线外径 4.5±0.15 毫米，吊弦强度得到提高，使用寿命延长，减少运营部门的维修工作量。以镁铜合金吊弦使用寿命 20 年计，比环节吊弦长一倍以上。采用整体吊弦，吊弦长度由工程实测进行电脑计算，吊弦制作由现场改由工厂化加工，施工后接触网状态一步到位，接触网受流质量好，状态稳定，且可避免施工安装后运行维护中的频繁调整，节约施工天窗。

隧道内定位点测量采用德国西门子公司莱卡 TPS1100 电脑测量仪，该仪器利用三角函数和无需反射计量原理，将定位点用激光打到隧道壁上。操作简单，测量精度高。保证各种底座安装一次成功，大大提高施工质量和速度。

基础浇制采用双层框架及基础浇制预留斜面技术。以往施工都采用单层基础螺栓框架，施工时稍不注意或模型板固定不牢固就会导致基础螺栓不直或螺栓相对位置不准的毛病。为此项目部制定了双层基础框架施工新技术，在钢柱整正中，软横跨钢柱安装、整正用薄厚不同的钢垫片调整钢柱的倾斜度。施工中根据钢柱中心倾值、钢柱高度、基础宽面长度，确定基础顶面抬高值，通过预留基础顶面斜面的施工技术，来满足钢柱安装一次到位的要求，保证工程质量，提高工效。

采用隧道内接触悬挂定位测量施工工艺、隧道内腕臂及吊柱施工工艺、隧道内中心锚结及下锚补偿装置施工工艺、隧道接触悬挂调整施工工艺、液压补偿装置施工工艺、整体吊弦制作、安装施工工艺。

第二十九节　遂渝线

一、工程概况

遂渝线遂宁至重庆是中国西部首条高速铁路，西起既有达成铁路遂宁站，途经四川省遂宁市和重庆市潼南县、合川市、北碚区等地，东至襄渝铁路的北碚站，接入重庆铁路枢纽，全长 114 公里。

遂渝电气化铁路工程，建设单位是成都铁路局遂渝建设指挥部，由铁道第二勘察设计院设计。线路设计时速 200 公里，按国家Ⅰ级铁路干线标准建造，全线为电气化牵引，正线为单线并预留双线条件。遂渝电气化铁路接触网工程为国内首条在导线高度 6330 毫米条件下运行，时速 200 公里的铁路。

中铁电气化局集团二公司承担遂宁(不含)至北碚北及遂渝线引入重庆枢纽站后电化标段工程建设，中铁二院监理公司负责监理，成都铁路局重庆供电段负责运营维修管理。

遂渝线 2003 年 2 月 25 日开工建设，2005 年 4 月 23 日全线贯通，电气化工程 2004 年 8 月 8 日开工，2006 年 1 月 14 日竣工，2006 年 5 月 1 日正式开通。

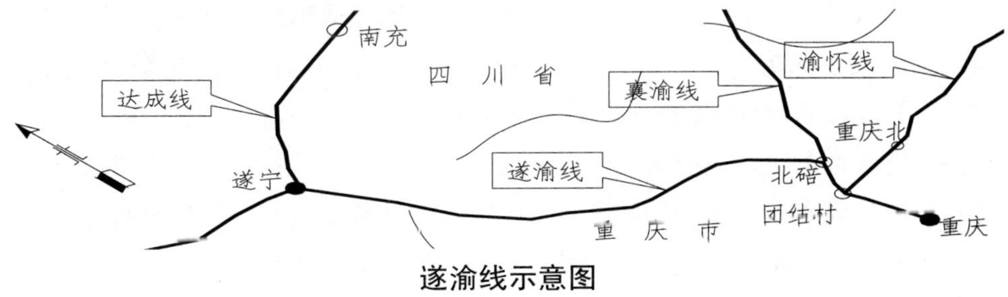

遂渝线示意图

二、工程设计

牵引供电采用带回流线的直接供电方式。接触悬挂采用全补偿简单链形悬挂，正线接触网采用 95 平方毫米铜合金绞线+120 平方毫米银铜合金导线，张力为 14.7 千牛＋14.7 千牛；站线采用 70 平方毫米铜合金绞线+85 平方毫米铜导线，张力为 14.7 千牛＋8.33 千牛。正线采用载流型整体可调吊弦，站线采用非载流型整体吊弦。区间中心锚结采用防窜防断形式，车站中心锚结采用防窜不防断形式。供电线、回流线、架空地线采用钢芯铝绞线。全线按重污区标准设计，绝缘子泄漏距离一般不小于 1200 毫米，隧道内局部加强泄漏距离按不小于 1400 毫米。接触线高度按开行双层集装箱考虑，最低高度 6330 毫米；悬挂点高度隧道 6400 毫米、其他 6450 毫米。结构高度一般为 1400 毫米，隧道内双线 1100 毫米、单线 900 毫米。支柱侧面限界考虑大型养路机械作业需要按不小于 3.1 米设置。腕臂柱采用等径钢筋混凝土柱加杯形基础；钢性路基、独立锚柱、桥上支柱采用钢柱；高 50 米以上的桥和车站采用硬横跨；全线硬横跨钢柱、梁、桥钢柱采用热浸镀锌防腐；全线采用拉线基础。区间下部工程的杯形基础、钢柱基础及拉线基础由站前土建专业与路基一次施工；区间桥支柱、钢性路基地段及承重档墙处钢柱、隧道内悬挂等需打孔灌注锚栓处由电化专业施工；站场内所有工程由电化专业施工。为满足高速铁路要求，接触网关键零件采用进口零件（22 公里试验段除外），其余部分选用防腐性能好、耐疲劳、强度高的国产零件；其中综合试验段内合川至北碚北间 22 公里范围内的 1、2、3 锚段为合资区段，由日本三禾铁轨株式会社设计并提供除绝缘子外的接触网全部零部件。

新建牵引变电所主接线采用线路分支接线，110 千伏侧引入两路独立电源。27.5 千伏侧采用单母线分段接线。牵引变压器采用固定备用，实现电源及备用变压器自动投切。馈线数为两回，每相设 1 台备用断路器，高压室布置预留复线设计位置；27.5 千伏侧分相装设室内并联电容补偿装置。牵引变电所设 2 台交流自用电变压器，1 台接至 10 千伏电力贯通线，1 台接至所内 27.5 千伏母线上，一主一备。变电所构架 110 千伏侧为 AH 型、门型，27.5 千伏侧为单杆类型。室外电气设备支架采用环形预应力钢筋混凝土等径杆。AH 型、门型架构横梁采用鱼腹式钢桁架梁。各所均设置独立避雷针；在牵引变压器高、低压侧和中性点及 27.5 千伏母线、馈出线上均设置相应电压等级的氧化锌避雷器。采用微机保护综合自动化装置，分层分布式结构，全线设置远动系统和视频监控系统。牵引变电所按无人值班有人值守设计。主变压器设重瓦斯、纵差、失压、低电压过电流、零序过电流保护及过负荷、过热信号。27.5 千伏侧馈线设置距离、电流速断保护，采用微机保护装置，实现接触网故障标定及自动检测功能。并联电容补偿装置设置电流差动、电压差动、电流速断、过电流、谐波过电流及失压保护。牵引变电所实现电源及备用变压器自动投切，27.5 千伏侧馈线断路器设置自动重合闸装置。变电所接地装置以水平长孔接地网为主，电气设备四周辅以方孔，在设备集中接地附近设置垂直接地体。

新建磨心坡开闭所，引入两回进线电源，一主一备，母线采用单母线加旁路母线。采用手车式真空断路器。开闭所采用平房布置，高压配电室采用开关柜布置方式。采用微机保护综合自动化装置，分层分布式结构，微机保护综合自动化装置集中组屏，设置远动系统和视频监控系统。开闭所进线设带有方向电流速断保护和距离保护以及低压起动过流保护；馈线设电流速断、距离保护。开闭所设置进线电源自投装置，馈线设自动重合闸装置。

设 2 台所用变压器，容量为 30 千伏安。所内 27.5/0.4(0.23) 千伏变压器接至 27.5 千伏母线上，另一台 10/0.4 千伏变压器接至 10 千伏贯通线上。交流自用电系统纳入远动监控。

增容改建北碚牵引变电所，更换 2 台电抗器，增加相关的控制保护设施，同时更换相应的断路器、隔离开关及互感器，新增一回 27.5 千伏馈线。

改建重庆电力调度所及远动系统，新增遂渝线电调台及相关设备（增加 1 个调度控制台、1 个大屏幕投影设备，打印机和支架及部分网络设备）。利用既有重庆电力调度所设备容量，增加部分网络设备、控制台、视频监视调度端设备；被控站设置自动化装置和视频监控装置，新增的 3 处变电所及开闭所远动通道按一群设置。电力调度所到各被控站采用光纤数据通道设置为点对点铁路专用数据通道三路，一路为视频，两路为远动。分别直接引进变电所内；通道工作方式采用全双工通讯方式，远动主机和视频监控主站设在电调所内，各牵引变电所、开闭所内设置远动分机和视频监控终端，通过光纤数据通道的连接，实现对牵引供电系统的集中监视和控制。

三、工程施工

遂宁(不含)至北碚北及遂渝线引入重庆枢纽站后电化标段，即 DK0+910.85 至 DK144+273，新建正线 144.737 公里，设遂宁南、三星、潼南、太和镇、合川、北碚北、蔡家 7 个车站。遂渝线挂网范围为遂宁(不含)设计里程 DK0+910 至北碚北 DK120+100。遂渝线引入重庆枢纽配套工程：从北碚北 DK120+100 经蔡家车站至井口出站端 DK9+050(渝怀线)，联络线从北碚北 LC1K0+000 至东阳线路所 LC1K2+259.78（襄渝线）。在遂宁南、潼南、合川站新建牵引变电所，磨心坡新建开闭所，改造既有北碚牵引变电所，既有重庆电力调度所内增设 1 个调度台。

2004 年 3 月，二公司成立遂渝新建铁路工程项目部，实行项目部、作业队、工班三级管理。项目经理部驻遂宁，配置各类工程车辆 28 台，设中心料库和预配车间负责收、发、存物资、预配及预制。接触网作业队分驻合川、遂宁南站，施工人员 240 人；电力、变电作业队，驻潼南，施工人员 100 人。

接触网工程　2004 年 8 月 8 日开工，2006 年 1 月 14 日竣工。完成架设接触网 191.78 条公里、安装混凝土支柱 1708 根、钢支柱 1231 根、硬横梁装配 223 组、架设回流线 147.6 条公里、架设供电线 15.65 条公里。项目部针对战线长、作业面多、工期紧、站后施工条件不成熟与工期相矛盾等特点，为确保各项工作的稳步推进，采取“紧贴站前、滚动施工，流水作业、工厂化预配”的施工方法，把住关键环节，特别在支柱结构装配环节中采用测量仪器化、计算微机化、预制工厂化、安装机械化的施工程序进行施工。

遂渝线为中国第一条客货混跑山区双层集装箱 200 公里/小时电气化铁路，采用较多的新技术、新工艺、新方法、新材料。单线隧道接触网悬挂是列入铁道部的一项科研课题，采用和双线隧道相同的悬挂方式，安装吊柱，再安装腕臂，回流线不绝缘悬挂，吊柱底座直接与回流线连接，实现接地与回流。双线隧道吊柱安装在两股道中间，而单线隧道吊柱则安装在股道的一侧，由于隧道为一拱形，为了保证单线隧道吊柱能和隧道壁密贴，根据吊柱距股道中心的距离不同，吊柱的底座与吊柱间选用不同的角度。合川至北碚北区间 1～3 锚段部分采用日本材料（腕臂装置、定位装置、吊弦、电连接）。安装前，日本技术人员先提出日本安装方案，然后共同分析，找出适合遂渝线的安装方法。在安装期间，中方和日方的技术人员均到现场指导。

遂渝铁路单线隧道内接触网安装技术与国内以前施工的技术工艺完全不同，采用定位立柱加平腕臂结构，为国内首次采用。遂渝电气化铁路为中国第一条山区客货混跑高速铁路，承担着实施第六次铁路提速实验任务，为保证第六次提速的早日实施，施工工期很紧，要求地下施工与接触网施工同步进行，与以往参照钢轨进行施工测量不同，施工测量无参照依据，在电气化铁路施工中第一次采用多功能激光测量仪结合水准仪对接触网立杆进行准确交桩施工测量，以保证工程按期完工。

为满足 200 公里/小时双层集装箱客货共线条件，接触悬挂高度为 6450 毫米，这在世界铁路史上是第一次，通过太和至北碚北段的试验，证明是可行的；其次在零配件选用上，为配合试验要求，采用了 4 种类型，部分关键零件为德国进口，部分关键零件为德国材料、德国工艺并在中国制造；合川至北碚北部分区段，由日本三禾铁轨株式会社设计并提供除绝缘子外的接触网全部零部件，采用国内重点企业的零配件，第三，接触网下锚采用液压补偿、鼓轮补偿、棘轮补偿、大滑轮补偿 4 种补偿装置。

变电工程　2004 年 8 月 30 日开工，遂宁南、潼南、合川牵引变电所和磨心坡开闭所的设备安装与调试，重庆电力调度所的设备安装，北碚牵引变电所并补装置的安装及馈线架设，以及微机保护、远动系统和视频监控系统的安装与调试等，经过努力，全部工程于 2005 年 6 月 30 日竣工。经建设单位验收，符合设计标准，质量优良。

第三十节　沟海线

一、工程概况

沟海线位于辽宁省中南部，西起沈山线沟帮子站，衔接秦沈客运专线，东至唐王山站（海城地区），与哈大线相接，全长 102.5 正线公里。沟海铁路电气化，为沟帮子（不含）至唐王山（含）、西柳（含）至葫芦峪（含）、秦沈客运专线至沟海线的单线联络线进行电气化改造，新建接触网范围为沟帮子站（不含）至唐王山站的正线、到发线以及电力机车需进入的安全线，盘锦机务折返段的电力机车整备待班线及机车走行线，西葫联络线正线。对唐王山站、葫芦峪站等部分接触网进行改建。沟海铁路电气化增强了路网的机动性和灵活性，并对加速中国东北沿海地区的开发建设起到积极的促进作用，同时对东北沿海地区的能源供给、铁路提速、环境保护、经济发展具有重要意义。

沟海铁路电气化工程，铁道部首次实施施工设计总承包试点，建设单位（甲方）是沈阳铁路局工程建设指挥部，中铁电气化局集团有限公司与铁道第三勘察设计院组成联合体（施工总承包方（乙方））。竞标承担设计、施工、系统调试、开通运营，交运营维护单位。沈阳铁建监理有限公司负责工程监理。

沟海铁路电气化工程，主要技术条件：线路等级，Ⅰ级；正线数目，单线；最大限制坡度，4‰；最小曲线半径，一般 1600 米；困难 1200 米，个别 1000 米；到发线有效长度，1050 米；牵引种类，电力牵引；闭塞类型，自动闭塞；牵引定数，5000 吨。

工程于 2004 年 5 月 18 日开工，2005 年 10 月 25 日竣工，2006 年 1 月 25 日开通交付运营。

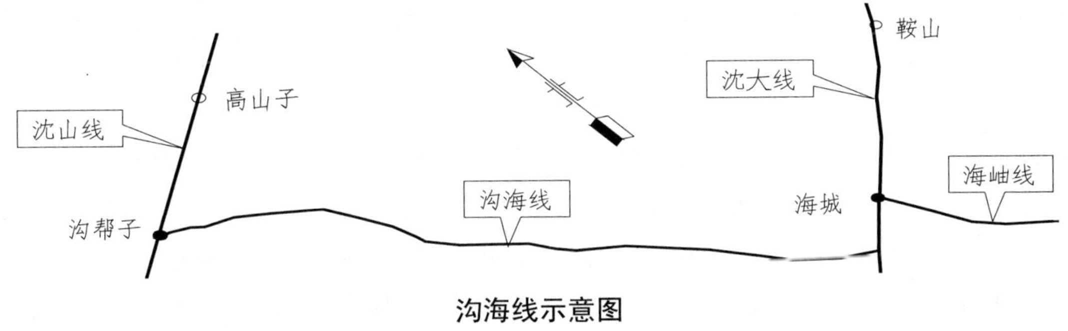

沟海线示意图

二、工程设计

沟海铁路电气化工程，铁道第三勘察设计院为总体设计单位，中铁电气化勘测设计研究院负责供电系统设计，北京电铁通信信号勘测设计院负责通信信号及电力、三电房屋、防护工程设计。2001 年至 2002 年 6 月完成预可行性研究、可行性研究，2002 年 9 月完成初步设计，2003 年 6 月开展修改初步设计，2003 年 9 月开展施工图设计。

牵引供电采用带回流线的直接供电方式。接触悬挂采用全补偿简单直链形悬挂，正线接触线跨中预留适当驰度，适应 200 公里/小时速度目标值；全线采用铜合金承力索，正线采用铜银接触线，站线采用铜接触线；区间及站场接触线悬挂点高度一般为 6000 毫米，远期接触线最低点高度考虑通过双层集装箱预留 6450 毫米；结构高度 1400 毫米，与秦沈线结构高度相一致；线岔采用交叉线岔装置；单腕臂柱采用稳定性好、可靠性高的绝缘旋转平腕臂结构，保证弓网间的良好受流；正线定位器一般采用带限位的铝合金定位器，站线定位器均不带限位；接触网吊弦采用铜合金绞线整体吊弦，使吊弦的制作安装一次到位，保证接触网的施工精度，降低吊弦被烧损的几率，减少运营维修的工作量；腕臂柱一般采用横腹杆式预应力钢筋混凝土支柱，硬横跨一般采用环形等径预应力混凝土支柱和格构式热浸镀锌硬横梁，跨度大于 20 米时采用热浸镀锌钢柱；软横跨上、下部定位索的松边侧加设弹簧补偿器，以提高软横跨接触悬挂的稳定性，减少温度对软横跨上接触线高度的影响；接触悬挂及中心锚结下锚拉线基础采用钢筋混凝土柱式基础，提高下锚支柱的稳定性；正线绝缘锚段关节采用五跨形式，非绝缘锚段关节采用四跨形式，分相关节采用七跨形式。

新建友谊、西四牵引变电所，接引220千伏电源供电。采用单相牵引变压器，固定备用，设置备用电源自动投入装置。牵引变电所220千伏侧采用线路变压器组接线，取消两进线间的跨条。牵引侧采用单母线分段接线，馈线断路器固定备用，设故障性质判断装置。变电所按照无人值班有人值守设计，在变电所内设置全所综合自动化系统。其电分相处设电动隔离开关，在沟帮子、新立、葫芦峪、盘锦北、唐王山设置手动隔离开关。在锦州分局设置牵引供电调度所。

通信工程　全线设13个通信机械室、2个通信站。新设1条12芯光缆，利用12芯光缆中的2芯开通1套STM-4光传输系统，并利用既有8芯光缆中的2芯备用纤构成传输系统的双纤自愈环，确保传输系统的安全可靠性，所有传输设备板卡采用1+1或N+1热备份方式。新设的STM-4传输系统开通1套接入网系统，为沿线各站提供各种数据及音频业务通道。数字专用系统在锦州分局内采用独立的2兆比特/秒数字环。在锦州调度所与锦州通信站间新设2条光缆，确保2兆比特/秒通道的物理保护。设光纤在线监测系统。

信号工程　采用单线双方向自动闭塞，地面信号机按四显示设置，轨道电路采用法国的UM71轨道电路，进站外方设置相应的点式设备。沟帮子站至葫芦屿站间采用上行线载频（2000赫兹、2600赫兹），西柳至塘王山区间采用下行线载频（1700赫兹、2300赫兹）。区间通过信号机采用上、下行并置（相距28米），开通方向按红、黄、绿黄、绿给出信号显示，未开通方向信号显示灭灯。区间每个闭塞分区均分割成两段轨道电路。在锦州分局调度中心设调度集中指挥中心。调度中心系统提供锦州分局调度集中各相关工种的操作界面和培训功能。车站系统采用分散自律的概念，车站子系统完成进路选排、冲突检测、控制输出等核心功能。车站基层广域网连接调度中心局域网和各车站广域网，采用双环、迂回的高速专用数字通道。车站均采用NJD-1计算机联锁，具有信号设备微机监测、与DMIS交换信息的功能。对沟帮子、唐王山、葫芦峪、海城站既有车站联锁设备进行改造。新建联锁的车站采用97型25赫兹相敏轨道电路和智能电源屏。盘锦、渤海2个车站采用计算机联锁控制台，其余车站采用液晶显示屏。

电力工程　设10千伏电力远动系统，电力远动系统由五七、胡家镇、友谊、渤海、新立、新开、拉拉屯、西柳、盘锦、牛庄10个站的RTU和沟帮子、盘锦、牛庄3个配电所的综合监控、锦州水电段调度中心及数字专用通道构成。

房建工程　全线新建信号楼11处，改建4处；新建电力配电所2处，改建1处；新建电力调度中心1处；新建锅炉房3处；新建通信机械室12处，无线中继房屋2处，改建通信站2处。全线新建生产房屋7020平方米，其中信号房屋4707平方米，电力房屋1273平方米，锅炉房120平方米，铁通房屋920平方米。

防护工程　设计范围和内容包括：沿线受电气化影响的电信、联通、移动、广播、厂矿、石油、电业系统的通信线路和无线设施，油库、油气管道。

对受电气化影响的各系统的通信线路和设施，按国家计委计二（1986）1249号文、国家计委（60）计机养字1726号文、GB13618—92《对空情报雷达站电磁环境防护要求》等规定进行处理。对各系统与铁路交叉跨越的通信线路，一律按电气化要求改为钢管防护由路基下穿越铁路。对平行接近受影响的通信线路，视当地具体情况确定迁改方案，有条件的地段以远迁为主，条件不具备的改为直埋高屏蔽电缆或加金属屏蔽地线、加绝缘变压器或中和变压器等。对受影响的铁路专用线油库，铁路专用线进行钢轨绝缘和排流接地，油库卸油区进行等电位连接和排流接地等防护措施。对穿越铁路的油气管道采取安全防护措施。

根据防护工程设计方案，部队的1处中小雷达站距铁路157米，不满足GB13618—92 的规定，按搬迁处理。由于沟海铁路横穿辽河油田，沿线共有 16 处油库需采取安全防护措施；有50处油气管道与铁路交叉跨越，需采取安全防护措施。

沟海电气化铁路改造信号工程2006年获铁道部优秀设计三等奖，通信、信号工程2006年获中铁工程总公司优秀设计二等奖。

三、工程施工

中铁电气化集团有限公司于 2004 年 3 月 5 日在盘锦成立项目经理部，全权负责工程项目的设计、施工管理工作。项目经埋部下设牵引供电专业施工项目分部2个，其中电化一分部以电气化分公司为主体负责沟帮子（不含）至新开（不含）接触网及友谊变电所电气施工；电化二分部以西安电化公司为主体负责新开（含）至唐王山（含）和西四变电所施工；房建专业施工项目分部以建筑公司为主体负责友谊、西四两所房建工程施工。

接触网工程　2004年5月18日开工，因前期线路技改工程一再滞后，到7月11日接触网才开始施工。电化第一项目分部投入施工人员109人，电化第二项目分部投入111人，每个作业队下设2个作业班组，每个班组在各自的施工管段平行组织施工，在班组内实行流水作业。工程2005年10月25日竣工，共完成接触网基础浇注590个、混凝土支柱安装1848根、钢支柱安装590根、软横跨安装276组、硬横梁架设19组、架设承力索、导线195.6条公里、架设回流线115.6条公里、分段绝缘器安装13处、隔离开关安装35台、避雷器安装26台。

变电工程　2004年9月1日开工，2005年10月25日竣工。高峰时劳力总人数42人，共完成友谊、西四2处变电所基础浇注84个，构架、支架安装46组，主变压器安装4台，其他各种设备安装调试64台件。

通信信号工程　2005年4月20日开工，2005年10月25日竣工。电化第二项目分部投入施工人员96人，通信工程完成全线18站设备安装及调试；信号工程完成新开至牛庄段57公里自动闭塞，西柳、新开、啦啦屯、牛庄电气集中4站。

房建工程　2004年5月18日开工，2004年9月30日竣工。高峰时劳力总人数80人，完成友谊、西四两处变电所房屋建设548平方米。

第三十一节　沪杭线上海西至嘉兴东段及老沪杭线新龙华至春申段

一、工程概况

沪杭铁路自上海站起经浙江省嘉兴市止于杭州站，全长202公里。是江苏省、上海市连接浙江省的重要通道，也是《中长期铁路网规划》沪昆通道的组成部分。沪杭铁路北接上海，与京沪铁路相连；南连杭州，与浙赣、萧甬、宣杭铁路相接，在华东铁路网中处于骨干地位。随着长江三角洲地区和全国经济的快速发展，沪杭铁路已远远不能满足客、货运输的需求。为此，铁道部决定对沪杭线进行扩能改造。

沪杭铁路电气化工程，建设单位是上海铁路局沪杭线电气化工程建设指挥部，新桥至嘉兴东段由铁道第三勘察设计院设计，上海枢纽由铁道第四勘察设计院设计，上海华东铁路建设监理公司负责监理，上海铁路局杭州供电段接管运营。

沪杭铁路电气化工程，主要技术条件：铁路等级，Ⅰ级；正线数目，双线；限制坡度，双机12‰；最小曲线半径，450米；到发线有效长度，850米（双机880米）；牵引种类，电力牵引；机车类型，SS3B；闭塞类型，继电半自动；牵引定数，3700吨。

中铁电气化局集团二公司承担沪杭铁路电气化第Ⅰ标段工程建设。工程于2005年1月25日开工，2006年4月10日竣工，2006年9月12日送电开通。

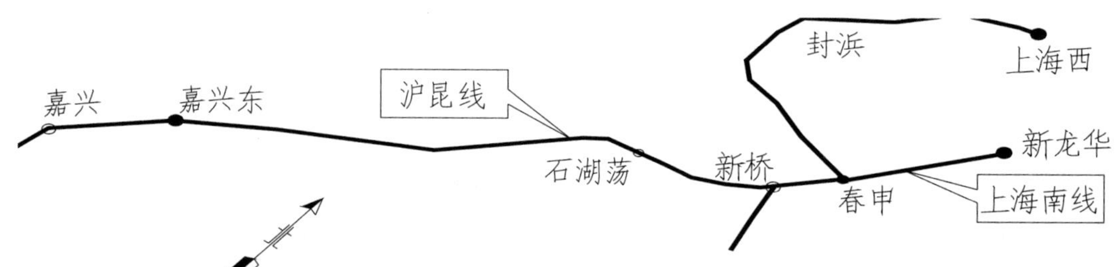

沪杭线示意图（上海西至嘉兴东段及老沪杭新龙华至春申段）

二、工程设计

牵引供电采用直供加回流线供电方式，接触悬挂全段采用全补偿简单链形悬挂。正线承力索采用THA-95+接触线CTHA-120型，张力15千牛+15千牛，站线承力索采用THA-70+接触线CTHA-85型，张力15千牛+10千牛；松江至石湖荡、枫泾至嘉善区间2处低净空桥下采用德国安凯特公司CTMA-120镁铜合金接触线，张力为15千牛+20千牛。接触导线悬挂点高度一般为6.45米，低净空桥设计最低接触导线高度为6.2米；老沪杭线接触导线高度为6米，上海南站部分采用5.5米，结构高度1.4米。变电所馈出线采用LGJ-240钢芯铝绞线，分区所、开闭所馈出线采用 LGJ-185 钢芯铝绞线。除枫泾至嘉善区间上下行线回流线采用 TGJ-95 铜包钢绞线外，其余区段回流线均采用 LGJ-185 钢芯铝绞线。站内成排支柱及松江至石湖荡、枫泾至石湖荡特大桥间架空地线采用 LGJ-70 钢芯铝绞线。本标段仅南翔编组站采用软横跨。其横向承力索、固定绳均采用 TGJ-80 铜包钢绞线。本标段采用旋转平腕臂支持方式，定位器采用限位定位器。定位吊线采用直径 6.0 毫米不锈钢软绞线。站线中心锚结采用“防窜不防断”型式，正线及区间中心锚结采用“防窜防断”型式。接触线中锚绳终端均采用压接方式。采用菱形带消弧的分段绝缘器。南翔变电所、春申变电所的连络开关采用远动遥控负荷开关，封浜站连络开关及各分相所位置开关采用电动开关，其余采用手动开关。采用带在线检测仪的氧化锌避雷器。全线所、亭处采用六跨关节式电分相，其中嘉善变电所为单相，春申变电所为三相。本线桥钢柱采用新型桥钢柱。由于本线地处台风多发地区，因此各桥钢柱均加大设计等级，打灌锚栓采用德国慧鱼化学锚栓。上海南站主站房为新建圆顶形站房，设计新颖、美观。为与之配套，接触网采用无柱雨棚及吊柱悬挂方式。受地形限制，该站按不通过超级超限列车设计，最小限界为 2.15 米，接触线高度站内为 5.5 米，结构高度为 1.2～1.4 米，同时设计了 400 毫米等宽的钢柱硬横跨。低净空桥区段（承力索距桥底小于 300 毫米）加装热缩绝缘带。

牵引变电所引入两路独立（春申 110 千伏、嘉善 220 千伏）电源，一次侧采用“双 T”接线，所内设 2 台牵引变压器，正常时一台运行，一台备用。电压互感器接于进线隔离开关内侧，供高压侧计费，在进线隔离开关外侧加 1 台单相电压互感器，供电源自投时检压使用。主变压器采用阻抗匹配平衡变压器，110 千伏（220 千伏）断路器采用 SF6 断路器，110 千伏（220 千伏）侧采用油浸式电流、电压互感器，27.5 千伏断路器采用室内真空断路器，110 千伏（220 千伏）及 27.5 千伏避雷器采用氧化锌避雷器，改变运行方式或操作频繁的隔离开关采用电动操作机构，继电保护采用集中组屏式综合自动化系统，电容补偿装置中的电容器采用电气化铁道专用电容器，电抗器采用干式空芯型，均置于室内。变电所按无人值班、有人值守设计，可实现“远动”及“当地”2 种监控方式，采用集中组屏式微机综合自动化装置，并配有视频监控系统，通过控制方式转换开关可以选择其中任一种控制方式操作被控对象。操作回路与远动接口连接，并发相关远动信号。主变压器设有差动、瓦斯、过负荷、过热、低电压及过电流等保护。变电所馈线设两段距离、电流速断保护等。27.5 千伏并联电容补偿装置设速断、过流、差动、失压、过压等保护。主变压器、馈线、并联电容补偿装置的保护均采用集中组屏式微机综合自动化装置。分区所、开闭所采用馈线断路器实现上下行末端并联，联络隔离开关开合实现越区供电的主接线方案。继电保护及自动装置按无人值班设计，可实现“远动”和“当地”2 种监控方式，采用集中式微机和综合自动化装置，并配有安全监控视频系统。

上海铁路局电力调度所设置电力调度监控系统和安全视频监控系统各 1 套，对京沪线、沪杭线、浙赣线所管辖的牵引变电所、分区所、开闭所以及枢纽接触网开关等设施，进行实时数据采集和集中监控管理，对各被控站设备运行状态和运行环境进行实时监视。系统由设在电力调度所内的控制站设备、数据、视频传输通道，及设在牵引变电所、分区所、开闭所的被控站综合自动化设备、安全视频传感设备组成。全线调度划分为 10 群 7 个调度台。

电力调度监控系统采用开放、分布式计算机局域网络结构，以以太网为骨架，以计算机设备为核心，以功能为模块，以节点为单元进行构置。国际标准化 TCP/IP 网络协议，客户机/服务器通信方式，对等网络节点方式。控制站局域网络采用高可靠性的双以太网，互为备用。系统具有良好的开放性、扩展性、实时性、安全性。关键设备采用冗余热备用配置方式。电调主控站每调度台配置 1 台视频监控主机，用于完成远程安全监视和实时图象监控管理。

铁路两侧 10 米范围内车站供电高低压架空线路，以及由低压架空线路上接引的房屋引户线改用电缆线路供电。对部分既有自闭、贯通变电台进行增容改造。车站内照明、动力回路利用既有回路不变（局部线路改为电缆）。站台雨棚区的供电及控制维持既有不变，站台无雨棚区域照明采用可倾式柱灯，站场咽喉区照明采用长降式投光灯塔。

通信传输系统利用既有长途60芯干线光缆，在新桥至杭州段利用既有光纤开设SDH622兆比特/秒系统及接入网系统，传输能力提升 4 倍。保留原 GPT 的 SDH155 兆比特/秒系统作为本地中继传输网及备用。各站新设调度电话、车站集中机、区间电话、站间行车电话于一体的数字专用系统，取代既有音频选号设备及站场电话集中设备，预留与 GSM-R 的互连条件，并配置语音记录装置。调度通信系统转变为数字化后，开通信号专业的 DMIS 系统，为电气化远动、视频监控提供通道。新增自动电话用户接入既有程控交换机。对通信电源进行改造，各站新设 48 伏/50 安或 30 安高频开关电源设备(含 100 安时蓄电池)，利用既有电源监控系统。利用既有长途光缆线路，对新桥至 K104+100 的光缆线路进行电化防护，增设具有光缆、对称电缆、市话电缆、数字配线的车站引入综合柜，并计划增设有源降压设备。无线系统设备利旧，制式不变，传输通道纳入数字专用系统。根据电气化铁路区段要求及车站封闭情况，对部分车站无线列调设备进行整改与更新。

信号工程，全线车站和区间采用透镜式色灯信号机，高柱信号机采用铝合金机构，矮柱信号机采用普通铸铁机构，逆向指示器采用 LED 光源机构。区间自闭采用 ZPW—2000A 无绝缘轨道电路移频自动闭塞，车站联锁大修站新建微机联锁，对既有 6502 电气集中进行电化改造。信号、道岔干线电缆采用 $PTYL_{23}$ 型铝护套综合扭绞电缆，分支电缆采用 $PTYA_{23}$ 型综合护套扭绞电缆。轨道送电、受电干线电缆采用 SPTYWPL23 型铝护套内屏蔽铁路数字电缆，分支电缆采用 SPTYWPA23 型综合护套内屏蔽铁路数字电缆。站间联系电缆采用 $PTYL_{23}$ 型电缆。

房屋大多为高填方处理，基础高于上海地区百年洪水位。地基采用桩基加强，设计中采用直径 600 毫米混凝土预制管桩，直径 500 毫米水泥搅拌桩及直径 500 毫米挖孔灌注桩等多种型式，桩深 5～30 米不等。沿线房屋多为 7 级抗震，大部分房屋采用框架结构。

三、工程施工

沪杭线铁路电气化工程第Ⅰ标段为上海西站（不含）至嘉兴东站（不含）、老沪杭线新龙华站（不含）至春申站。既有南翔编组站（含上行到达场、下行出发场、沪杭到达联络线、环到联络线）、上海西至封浜、封浜至七宝、七宝至李家塘、李家塘至春申、李莘联络线、春申至新桥及其机务折返段、新桥至松江、松江至石湖荡、石湖荡至枫泾、枫泾至嘉善、嘉善至嘉兴东。老沪杭线：春申至莘庄、莘庄至上海南、上海南站，共计 12 站 13 区间 112.5 正线公里的电气化、通信、信号、电力及附属房建工程。

新建接触网 395.1 条公里；变电工程包括春申、嘉善牵引变电所 2 处，上海南开闭所兼分区所 1 处，封浜、石湖荡分区所 2 处，电力调度所 1 处；电力工程包括沪杭线上海西站（不含）至嘉兴东站（不含）、老沪杭线新龙华站（不含）至春申站的电力迁改，站场电力 10 站，高低压电力线路 198 公里；通信光电缆改造 10 站，长途光电缆改造 100 公里，敷设光电缆 110.29 公里，传输、接入、设备改造 5 站，电源及环境监控中间站通信设备安装 13 站，长途光电缆线路改造及区间通话柱改造 75 处，站场广播电化防护 13 站场，安装数字专用设备 13 站，无线列调系统改造；信号工程包括 12 个电气集中车站和 13 个区间自动闭塞工程（112.5 正线公里），信号自动闭塞改造 126 公里，联锁道岔 865 组；新建信号楼、分区所、开闭所及牵引变电所等房屋共 12 座，改建信号楼房屋 2 座，新建总建筑面积 6334.79 平方米。

2004 年 12 月 22 日二公司成立沪杭线项目经理部，下设 4 个接触网作业队、2 个信号作业队，变电、电力、通信各 1 个作业队，1 个中心料库。第一接触网作业队负责上海南站（含）至莘庄（含）、春申（不含）至石湖荡站（含）的施工。第二接触网作业队负责南翔编组站上行到达场、下行出发场、环到联络线、上海西至封浜的施工。第三接触网作业队负责封浜站、封浜（含）至七宝（含）至李家塘（含）至春申（含）的施工。第四接触网作业队负责石湖荡（不含）至枫泾（含）至嘉善（含）至嘉兴东（不含）的施工。配备安装列车 2 组，作业车 7 组。

工程 2005 年 1 月 25 日开工，2006 年 4 月 10 日竣工，2006 年 9 月 12 日送电开通。

接触网工程 2005 年 1 月 25 日开工，2006 年 4 月 10 日竣工。沪杭线沿线存在流塑状淤泥质软土，地基承载力仅 60～80 千帕，地下水位高、水量丰富，上海地区路基面以下 0.7 米普遍有水。传统“⊥”形方体基础设计在现场的实施性不好，安全隐患大大增加。基坑开挖后土壤遇水软化，基坑回填土壤强度不能满足安全要求，必须采取针对性施工措施及探索新的施工工艺。由于 2 个设计院施工图设计标准不统一、安装零件不统一，给施工带来非常大的难度。封锁点严重不足，正线每天上下行各一个封锁点，封锁时间约 70 分钟，封锁点间隔约 2 个小时，施工准备时间短，利用率不高。针对直接影响工程质量的下部基础施工难题，项目部成立 QC 小组，积极与建设、设计、监理、工务等单位接洽，引入新的设计概念，促使建设单位组织有关部门进行新型基础方案试验。采用“T”型基础，解决特殊地质基坑底部不能进行掏挖的问题；采用轻型动力助探仪进行基坑承载力检测，确保基础选型准确；采用大开挖和满架箱，确保特殊地质条件下基础几何尺寸及“三板”安全放置；采用深沟集流引水法、扩大开挖法、围堰施工法、整体架箱法、整体钢模沉箱法、现浇混凝土护壁法、护筒集中浇制挤压法等方法有效解决了各种不同水位、不同地质基础施工。

上部施工阶段，在封闭点紧张的情况下，除增加施工机械的配置外，在施工组织上，优化施工方案。能在封闭点外进行的工序尽量安排在封闭点外进行，比如拉线安装、下锚补偿安装、腕臂底座安装等。封闭点内只进行承导线架设、调整、设备安装等。松江至石湖荡、枫泾至嘉善区间 2 个受低净空桥限制，采用 CTMA-120 镁铜合金接触线，硬度高，不易磨耗，使用寿命更长。承力索通过悬吊滑轮时设预绞丝。软横跨横向承力索、上下部固定绳采用铜包钢绞线，软横跨上下部固定绳采用弹簧补偿器，有效解决了因温度等变化对接触网造成的不利影响。

变电工程　2005 年 11 月 15 日开工，2006 年 4 月 28 日竣工。完成的主要工程量有：主变压器 4 台、各类断路器 36 台、各类互感器 29 台、各类开关 91 台。春申牵引变电所设备基础设计为直径 600 毫米预制桩进行地基处理，嘉善牵引变电所设备基础设计为震动沉管灌注桩进行地基处理，在电化施工史上属首次。

电力工程　2005 年 3 月 15 日开工，2006 年 4 月 28 日竣工。改架空横跨 88 处，改架空线 19 公里， 改电缆 32.7 公里。高低压电力电缆敷设 91.93 公里、安装可倾式柱灯 143 组、可升降式投光灯塔 45 座、变压器更换 12 台。变、配电所改造 4 处，货票传输线路 6 公里。

通信工程　2005 年 4 月 11 日开始进行通信线路迁改施工，2005 年 6 月 28 日开始进行通信主体工程施工，2006 年 3 月 25 日竣工。 通信线路工程包括站场通信线路、长途通信线路与区段通信线路。站场通信线路主要是敷设至变电所、分区所、开闭所、网工区等光电缆，更换既有不适合电气化区段使用的光电缆。对既有长途通信线路接地系统进行整治，新安装引入设备后将长途通信光电缆割接至新设备。对区段和地区通信线路进行改造。完成的主要工程量有：长途光电缆电气化改造 100 公里，区间及站场敷设光电缆计 111.6 公里，区间通话柱改造 75 个，站场广播电化防护 13 站场。

在沪杭线的 9 个车站，1 个线路所，2 个变电所与老沪杭线的 3 个车站、1 个分区所兼开闭所安装通信设备或进行改造。无线列调新建 25 米铁塔 2 座，20 米铁塔 3 座，电杆 1 处，安装屋顶支架 2 付，电杆增高架 1 付。安装全向天线 10 付，双定向天线 4 付，移设无线列调设备 6 站。

信号工程　2005 年 3 月 1 日开工，2006 年 2 月 17 日竣工，2006 年 3 月 9 日全部开通。

沪杭线信号工程施工属于既有线改造，施工难度大。在施工过程中采取了如下措施：首项分部工程“三步法”操作示范及定标。根据设计文件编制施工技术标准和操作规范，采用集中预配施工法。结合工程实际，扩大预配范围，简化现场作业。将信号机箱内设备配线，轨道箱内设备配线、电动转辙机内部配线及外部引线、本组合架间内部配线等采用集中预配。在预检、预测、预配的基础上实现准确统一、对号入座的施工方法。

将设计图与现场实际核对，发现问题，进行设计变更；将设备安装位置及工艺与施工图和技术标准核对，及时修复“不合格”施工；将室内外各设备和电路状态、表示、性能相互核对，及时修复“不一致”施工。并进行局部独立电路单独模拟施工试验检查，交叉电路相互模拟试验检查，室内外电路及设备联锁试验检查。

采用综合智能电源屏，供电稳定，可靠性高。采用断相保护和延时保护一体化的提速道岔保护器，输出电压稳定，启动时间短，保护延时精度高。为防止设备两端接地造成信号显示升级，站内正线的轨道变压器箱和过轨电路盒采用绝缘材料箱盒。采用车站综合防雷系统，提高车站信号设备的防护性能。

房建工程　2005 年 5 月 8 日开工，2006 年 5 月 20 日竣工。由于设计滞后、工地较为分散、施工场地狭小。工地实际修建位置在原设计基础上进行了变动，再加上工地不具备三通一平条件，工期紧，基础处理复杂，给施工带来较大困难。基于百年洪水位对建筑高程的要求以及上海地区地质特点，在基础处理方面投入了大量精力。全线地基高填方设计总量约为 5.3 万平方米，而上海地区的土方来源又较为紧俏，土源难找。高填方的工程量越大，对质量控制的要求越高。在 12 处新建工程中，有 10 处房屋使用了 PHC 预应力管桩、深层水泥搅拌桩、混凝土灌注桩等不同的桩型，桩入土最深的工地达到地下 31 米。还有一处挡土墙为了满足承载力要求，也进行了桩基施工。从总体上说，花在基础处理上的费用和投入的技术管理力量都比较大。结构类型复杂主要体现在　下 3 个方面：一是结构的总体类型较为保守，12 处新建工程中有 11 处采用了整体框架式结构，仅 1 处为砖混结构。在这 11 处框架结构中，又有 8 处房屋采用了坡屋面设计，其中部分还增设了“老虎窗”，这使框架结构的各种主次梁的数量增加，组合方式复杂，混凝土施工的节点较多。二是结构构件的单体设计比较大，部分框架梁的高度接近 1 米，框架柱一般都采用 450 毫米×450 毫米的截面，框架柱的布设都按规范的最小间距布设。因此，在每一栋房屋中的混凝土及钢筋含量比都很大。特别是钢筋含量，接近 100 公斤/平方米。三是混凝土的强度等级设计较高，主要结构构件都采用 C30 的标号，一般构件采用 C25 的标号，只有极少数非重要部位如垫层等采用 C20 的标号。

第三十二节　京沪线

一、工程概况

京沪铁路北起北京站，南至上海站，贯穿北京、天津、上海 3 大直辖市和河北、山东、安徽、江苏 4 省，途经山东济南、江苏南京省会和沧州、德州、泰安、兖州、徐州、滁州、蚌埠、镇江、常州、无锡、苏州等中等城市，正线全长 1453.82 公里。是中国铁路南北主要干线通道，是“八纵八横”中的骨干线路，所处地理位置十分重要。它北连京秦、京承、丰大、京包、京哈、京原等线，并与京广、京九线平行南下，南接沪杭线；在徐州和兖州分别与东西大干线陇海线、新乡至日照线相交；中间还与津秦沈线、石德线、胶济线、蚌埠至南阳（或合肥）、南京至芜湖（或南通）等线相连，在中国铁路网中担负着极其繁重的客货运输任务和纽带作用。全线位于华北、黄淮和长江中下游三大平原，跨越海河、黄河、淮河和长江四大河流，地势平坦，是全国经济基础最好，发展速度最快，连片地域最广的经济带。其两端是全国最大的两个经济圈。北端京津唐环渤海经济圈，是全国的经济、政治、文化中心，南端沪宁杭长江三角洲经济区是整个长江流域经济发展的龙头。京沪地区不仅是中国东部地区带动中西部地区经济发展的龙头，而且也是中国经济对外开放，参与国际经济竞争的前沿阵地，在整个国民经济中占有十分重要的地位。

京沪铁路电气化是加速中国铁路现代化建设，实施铁路跨越式发展的重大举措，是实现铁路第 6 次大提速的关键项目，对提高运输能力和改善东部沿海地区运输繁忙状况，缓解国民经济及社会发展瓶颈的约束起着重要作用。对促进沿线省市及环渤海区域及长三角洲地区的经济腾飞和社会发展具有极其重要的意义。

京沪铁路电气化工程，建设单位是北京铁路局、济南铁路局、上海铁路局京沪线电气化改造工程建设指挥部，由铁道第三勘察设计院、中铁电气化勘测设计研究院、铁道第四勘察设计院、北京电铁通信信号勘测设计院设计，北京铁建监理公司、济铁工程建设监理公司、济南铁路局顺达监理公司、乌鲁木齐铁建监理公司、铁道第四勘察设计院监理咨询公司负责监理。

京沪铁路电气化工程，主要技术条件：线路等级，Ⅰ级干线；正线数目，双线，部分区段为三线；限制坡度，一般地段 4‰（超限坡地段维持现状）；最小曲线半径，一般区段 600 米；到发线有效长度，1050 米，个别地段保留 850 米；牵引种类，电力牵引；机车类型，客机采用动车组或 SS9， 货机采用 SS4；牵引定数，货车 5000 吨及以上；建筑限界，满足开行双层集装箱列车条件；车速，旅客列车最高允许运行速度 160 公里/小时、货物列车不大于 80 公里/小时，部分地段动车组速度目标值 200 公里/小时。信号，车站采用计算机联锁（或 6502 电气集中联锁），采用 97 型 25 赫兹相敏轨道电路（或 ZPW-2000 轨道电路），区间采用 ZPW-2000A 型无绝缘移频自动闭塞，采用 CTCS-2 级列控地面设备。通信干线利用 20 芯光缆和 40×10 吉比特/秒 DWDM 京-沪-穗高速环数字传输系统。

京沪铁路电气化工程，由中铁电气化局集团有限公司、中铁六局集团有限公司、中铁十局集团有限公司、中铁二十四局集团有限公司组成联合体竞标承担施工任务。其中中铁六局集团有限公司承建北京铁路局管辖范围内的土建改建工程和部分通信信号工程，中铁十局集团有限公司承建济南铁路局管辖范围内的土建改建工程和部分通信信号工程，中铁二十四局集团有限公司承建上海铁路局原南京分局管辖范围内的土建改建工程和部分通信信号工程，中铁电气化局集团有限公司承建京沪全线电气化、电力、大部分通信信号和原上海分局管辖范围内的土建改建工程。

工程于 2005 年 7 月 1 日开工，各专业于 2006 年 5 月上旬陆续竣工。2006 年 6 月 25 日全线接触网一次受电成功。2006 年 7 月 1 日建成开通交付运营。

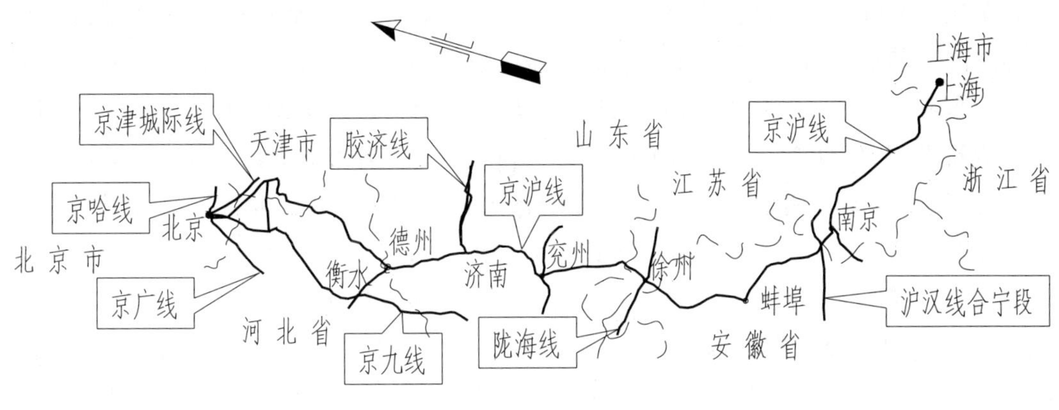

京沪线示意图

二、工程设计

京沪铁路电气化工程，由铁道第三勘察设计院（北京至济南段，含济南枢纽）、中铁电气化勘测设计研究院（济南至徐州段，不含徐州枢纽）、铁道第四勘察设计院（徐州至上海段，含徐州和上海枢纽）、北京电铁通信信号勘测设计院（济南至徐州段通信信号和通信信号供电及全线防护工程）设计。

京沪铁路电气化牵引供电系统采用带回流线的直接供电方式，全线新设牵引变电所 34 处，牵引变电所内均设 2 台牵引变压器，采用固定备用方式。其中北京铁路局范围内设牵引变电所 9 处，地点和主变压器容量（兆伏安）分别为：安定 2×(31.5+25)、豆张庄 2×(31.5+25)、南仓 2×(25+20)、杨柳青 2×(20+25)、唐官屯 2×(20+20)、沧州 2×(20+20)、泊镇 2×(16+16)、吕家寨 2×(16+16)、长庄 2×(16+16)，南仓 1 所采用 110 千伏电缆进线，其余 8 所采用 110 千伏架空进线。济南铁路局范围内设牵引变电所 10 处，地点和主变压器容量（兆伏安）分别为：平原 2×(20+20)、晏城北 2×(20+25)、张夏 2×(16+20)、泰山 2×(16+10)、磁窑 2×(16+16)、兖州北 2×(20+20)、界河 2×(20+16)、官桥 2×(10+12.5)、韩庄 2×(16+16)、曹村 2×40，界河 1 所采用 110 千伏电缆进线，其余 9 所采用 110 千伏架空进线。上海铁路局范围内设牵引变电所 15 处，地点和主变压器容量（兆伏安）分别为：陵家桥 2×50、连城 2×40、蚌埠东 2×40、石门山 2×50、三界 2×50、滁州 2×50、永宁 2×50、南京东 2×40、六摆渡 2×31.5、丹阳 2×40、新闸镇 2×31.5、石塘湾 2×40、苏州西 2×40、昆山 2×31.5、南翔 2×31.5，南翔 1 所采用 110 千伏电缆进线，其余 14 所采用 110 千伏架空进线。

北京铁路局的9处牵引变电所和济南铁路局的10处牵引变电所中的9处采用110/27.5千伏“V/V”接线，其中曹村牵引变电所采用 110/27.5 千伏“平衡变”接线；上海铁路局的 15 处牵引变电所采用 110/27.5 千伏“平衡变”接线。

全线新设分区所 32 处，其中北京铁路局设黄土坡、廊坊、汉沟镇、静海、李窑、冯家口、东光、吴桥 8 处；济南铁路局设于官屯、张庄、界首、北集坡、吴村、邹县、南沙河、枣庄西、柳泉、高家营 10 处。上海铁路局设符离集、任桥、曹老集、凤阳、卞庄、沙河集、东葛、下蜀、镇江南（沪宁 K228）、吕城、戚墅堰、硕放、唯亭、安亭 14 处。

全线新设开闭所 8 处，其中北京铁路局设南信号、天津北、天津、德州 4 处；上海铁路局设蚌埠东、林场、南京东、南翔 4 处。分区所兼开闭所 5 处，其中北京铁路局有南仓、天津西 2 处；济南铁路局有党家庄 1 处；上海铁路局有南京、上海 2 处。

为与京沪铁路电气化配套，济南枢纽应急工程中的济南西牵引变电所（2×45+2×16（220/10 千伏电力变压器），采用 220 千伏进线，220/27.5 千伏“单相”接线），济南西分区所兼开闭所；徐州枢纽应急工程中的徐州北牵引变电所（2×31.5， 采用 110 千伏进线，110/27.5 千伏“平衡变”接线），徐州北开闭所，郑州至徐州铁路电气化工程中的徐州客站开闭所也一并纳入京沪铁路电气化建成开通范围。

RTU 控制的网上开关站全线共设 7 套，其中北京铁路局设北仓、天津北、曹庄 3 套。济南铁路局设桥南、晏城、泺口、济南南 4 套。无线遥控装置控制的网上开关站全线共设 7 套，其中济南铁路局设兖州北、高家营 2 套；上海铁路局设蚌埠 2 套，南京 2 套，上海 1 套。北京丰台设电力调度所 1 处，复示终端 4 处；济南设电力调度所 1 处，复示终端 1 处；上海设电力调度所 1 处，复示终端 3 处。

该线牵引变电所以两路 110 千伏独立电源供电，两路电源互为热备用。

牵引变电所主接线，110 千伏、220 千伏侧采用线路分支接线方式，互为备用，中间设置跨条，设有备用电源自投装置。V/V 接线牵引变电所，27.5 千伏侧采用单母线分段接线，馈线断路器采用旁路母线备用方式，27.5 千伏配电装置采用室内布置方式。平衡变接线牵引变电所，27.5 千伏侧为两相母线，采用双隔离开关分段，两段母线各设 1 组并联电容补偿装置。馈线断路器采用固定备用方式。牵引变电所 27.5 千伏侧母线装设无功补偿装置，使电源侧月平均功率因数达 0.9 以上，并吸收部分高次谐波对电力系统的影响。牵引变电所采用轮换相序接入电力系统，以减轻对电力系统的负序影响。

绝大部分分区所采用 2 台断路器方案，曹老集分区所采用 3 台断路器方案，以实现供电臂末端并联和越区供电，在供电臂上、下行分别设电压互感器，以实现供电臂末端电压水平的监测。牵引变电所、开闭所、分区所兼开闭所按无人值班，有人值守设计，分区所按无人值守设计，供电设施预留装设“V”型天窗停电检修条件和反向行车条件。牵引变电所、开闭所、分区所采用安全监控综合自动化系统和远动装置，该系统采用以太网、分层、分布式结构，集中管理模式。将牵引变电所、开闭所、分区所、分区所兼开闭所、网上开关站（RTU 或无线遥控）纳入远动系统。

接触网悬挂主要采用全补偿简单直链形悬挂，对个别跨线桥净空高度不够的特殊位置，采用承力索下锚，接触线简单悬挂通过。正线 200 公里/小时载流区段接触网采用 THJ-120+CTHA-120 型，额定张力组合为 15.0（C）+15.0（J）千牛。运行速度小于 200 公里/小时的正线区段接触网采用 THJ-95+CTHA-120 型，额定张力组合为 15.0（C）+15.0（J）千牛。站线接触网采用 THJ-70+CTHA-85 型，额定张力组合为 15.0（C）+8.5（J）千牛。结构高度，一般为 1400 毫米；导线悬挂点高度，货车通行区段（全按通过双层集装箱标准）为 6450 毫米；仅限客车通行区段导线高度不受双层集箱标准限制，对跨线建筑物、下承式钢桁梁桥等净空不足情况导线高度不得低于 6250 毫米。不同速度区段的最短吊弦长度：时速 120 公里＜V≤200 公里时为 500 毫米；时速 80 公里＜V≤120 公里时为 300 毫米；达不到上述要求的采用滑动吊弦，一般为 250 毫米，最短长度为 150 毫米。主绝缘公称泄露距离，全线不小于 1200 毫米；车站上下行之间、V 停及分束供电的分段处为 1600 毫米。正线锚段长度按照接触线的张力差不大于 10%的接触线额定张力控制，站线锚段长度按照接触线的张力差不大于 15%的接触线额定张力控制。一般情况下半个锚段最大长度不大于 800 米。附加线最大锚段长度一般不大于 2000 米。采用交叉式线岔，定位柱设在两线间距 300～400 毫米处，采用标准定位。特殊困难情况下采用传统低速道岔布置方式。

全线回流线采用 LGJ-185/30 型钢芯铝绞线，额定张力为 8.0 千牛。供电线全区段采用 LGJ-240/30（或 2×LGJ-185/30）型钢芯铝绞线，额定张力为 15 千牛（或 2×8.0 千牛）。架空地线采用 LGJ-70/10 型钢芯铝绞线，额定张力为 6.0 千牛。下锚拉线正线采用 LXLGJ-100 型镀铝锌钢绞线，站线采用 LXLGJ-80 型镀铝锌钢绞线。

有变电所及分区所的车站一端（分相侧）设置七跨（或六跨）分相绝缘锚段关节，并在中性段与机车驶出侧接触网装设常开电动隔离开关，另一端设置五跨绝缘锚段关节，并用电连接将工作支与非工作支短接预留逐站逐区间 V 停检修条件。无变电所及分区所的车站两端均按五跨绝缘锚段关节设计，并用电连接将工作支与非工作支短接，预留逐站逐区间 V 停检修条件。区间关节均为四跨非绝缘锚段关节。在地形受限或为了调整相连锚段长度更趋合理地段的部分关节为三跨非绝缘锚段关节（一般在车站内）。车站上下行间渡线、站场供电分束分段处、枢纽内与正线间联络线均采用消弧型分段绝缘器，主绝缘公称泄露距离不小于 1600 毫米。正线采用具有灭弧功能的分段绝缘器，站线采用一般的分段绝缘器。正线采用轻型（口型）铝合金限位定位器。并在北京铁路局、上海铁路局部分区段正线采用进口法式非限位定位器。站线采用轻型铝合金定位器。供电线上网开关、车站绝缘关节处开关采用手动隔离开关；分相关节中性区开关采用电动隔离开关；个别大站场分束供电的联络开关采用负荷电动隔离开关；联络开关采用电动负荷开关并纳入远动控制。

南京以北支柱采用方形预应力钢筋混凝土支柱，南京以南采用圆形等径预应力钢筋混凝土支柱，全线采用软横跨格构式钢柱、格构式硬横跨钢柱、格构式桥钢柱，圆钢管柱、薄壁钢管柱等。全线腕臂支持装置均采用双重绝缘旋转全腕臂结构形式（济南至徐州硬横梁区段采用单绝缘腕臂），腕臂及定位管均采用热浸镀锌无缝钢管，斜腕臂与平腕臂间均加设腕臂支撑。在风口地段和关节或道岔下锚支加设定位管支撑。软横跨悬挂6支及以上采用双横承力索，6支以下采用单横承力索。为提高软横跨的稳定性，适应较高速度的要求，软横跨上下部定位绳在一侧均设弹簧补偿器，另一侧设调整螺栓。枢纽内横跨多股道一般采用软横跨，在线间距受限处时，采用稳定性好的新型多线路腕臂。三线及以上正线并行区段，采用硬横跨。中间站一般采用硬横跨，大站的接触网硬横跨支柱一般与雨棚柱合建。横梁下采用倒立柱及绝缘旋转腕臂支持装置。全线桥锚栓均采用化学锚栓。避雷器采用复合外套金属氧化锌避雷器。

电力工程主要利用既有电源系统，对既有自闭线和贯通线进行增容改造，满足新增用电负荷和站场照明的需要。

信号工程对既有京沪线车站和区间信号进行电气化改造。根据电化改造引起的站场局部变化，对行车指挥（TDCS）进行修改；区间按电化要求对既有UM71、ZPW-2000A进行适应性改造，采用ZPW-2000A型无绝缘移频自动闭塞，增设扼流变压器及横向连接线，增设室内25赫兹电源屏，更换干线电缆，采用97型25赫兹相敏轨道电路或区间采用ZPW-2000轨道电路，对车站股道电码化设备按照“铁建[2004]151号文”确定的标准进行改造；受电气化电磁干扰影响的驼峰场按电化要求改造驼峰轨道电路，更换驼峰测长设备；对具备开行200公里/小时列车线路条件的区段，采用CTCS-2级列控地面设备，新设51个车站列控中心，并对部分车站既有6502电气集中联锁设备按计算机联锁进行大修改造。

通信长途传输网利用既有20芯光缆和40×10吉比特/秒DWDM京-沪-穗高速环数字传输系统构成，本地中继网及接入网利用京徐SDH622兆比特/秒接入网及SDH2.5吉比特/秒中继网构成；利用既有小同轴电缆及14×4对称电缆构成区段传输通道；对传输接入设备进行扩容和升级。根据远动通道、视频通道的需要，在各牵引变电所、开闭所、分区所与相关车站通信机机械室间新设1条6芯（或8芯）单模充油光缆和1条$HEYFLT_{23}$ 4×4×0.9充油电缆，增设SDH622兆比特/秒(1+1)传输接入设备，沿线各牵引变电所、开闭所、分区亭与相关站通信机械室之间增设SDH155兆比特/秒(1+1)传输接入网设备，以实现牵引变电所图像信息、电调业务及远动信息的传输。铁路专用通信采用数字专用通信系统。

对不满足电化净空要求的线路进行线路落道、线路改移、病害处理、铺设便线等，以达到净空要求。对不满足电化净空要求引起的跨线桥梁进行新建或改建（包括由于站场新建线及改线引起的新建小桥、盖板涵及接长盖板涵）。

房屋工程，全线新设牵引变电所34处、分区所32处、开闭所8处、分区兼开闭所5处；新建抢修基地、加强领工区6处，新建网工区27处；通信信号房屋87处。中小型房屋上部结构一般采用砖混结构，钢筋混凝土结构现浇板，综合生产办公房屋及技术作业复杂的房屋采用钢筋混凝土框架结构，层高 3.6 米、6.3 米、5.7 米不等。中小型房屋下部结构一般采用钢筋混凝土条形基础。根据不同地基的地质情况，分别采用筏片、水泥搅拌桩基础以及夯扩碎石桩等复合地基。抗震设防烈度为 6～8 度。砖混结构房屋的墙体，采用黏土多孔砖墙，内墙厚度 240 毫米，外墙厚度 370 毫米。框架结构房屋墙体，一般采用黏土多孔砖，内墙厚度 200 毫米，外墙厚度 250 毫米；对于框架结构的牵引变电房屋，由于墙上设备的安装要求，一层内外墙均采用实心砖墙，二层及以上内外墙均采用陶粒空心砖，固定设备另做拉锚处理，内墙厚度 240 毫米，外墙厚度 370 毫米。平屋顶顶层防水层采用 SBS 卷材防水层，保温层采用 1：10 水泥珍珠岩。

防护工程，有线通信设施的防护设计，依据国家计委计二[1983]628 号和计二[1986]1249 号文，对受电气化铁路影响需要迁改的所有邮电系统的通信机、线设备（包括邮电一、二级干线及乡以上农、市话线路），全部由邮电部负责包干迁改。如果邮电一、二级干线已先于铁路实现光缆化，不再补偿一、二级干线的迁改费用。根据 GB6830-86《电信线路遭受强电线路危险影响的容许值》、水电部、铁道部、邮电部、通信兵部《防止和解决电力线路对通信信号线路危险和干扰影响的原则协议》，对有线广播、邮电乡以下（含乡）、军队和厂矿、企、事业单位的电信线路及设备按现状防护迁改，凡增容及扩建部分的投资由产权单位自负。对无线电设施的防护，依据中央广播事业局、邮电部和通信兵部《划分大中城市无线电收、发信区域和选择台站场地暂行规定》、国务院、中央军委关于重新颁布的《保护机场净空的规定》、GB6364-86《航空无线台、导航台站电磁环境要求》、铁道部、空军联合测试组《电气化铁路对机场无线通信导航系统影响的试验报告》等规定进行防护设计。

三、工程施工

中铁电气化局集团有限公司承建京沪全线电气化、电力、大部分通信信号和原上海分局管辖范围内的土建改建工程。北京至冯家口段 271.64 正线公里电气化、电力、北京铁路局管内的大部分通信信号工程由一公司负责施工；冯家口至北京铁路局界段 98.123 正线公里、镇江南至无锡南段 111.23 正线公里、无锡南至黄渡段 98.76 正线公里、黄渡至上海段 28.48 正线公里电气化、电力工程由电化分公司负责施工；于官屯至泰安段 186.895 正线公里电气化、电力工程由西安电化公司负责施工；泰安至济南铁路局界段 303.755 正线复线公里电气化、电力、济南铁路局管内通信和大部分信号工程由三公司负责施工；济南铁路局界至林场段 277.868.3 正线公里、林场至镇江南段 76.22 正线公里电气化、电力、上海铁路局管内通信、大部分信号、相关房建工程由二公司负责施工；上海枢纽通信工程由西安通号处负责施工；原上海铁路分局管内的土建改建工程和南京以南的网工区房建及上海铁路枢纽的牵引变电所亭的房屋工程由西铁建设公司负责施工；京沪线大部分房建工程由建筑公司负责施工；全线通信系统联调由电信试验中心负责。

为按期建成开通京沪电气化铁路，一公司在天津设立电化工程项目部，投入7个接触网作业队、2个变电和电力作业队、4个信号作业队、2个通信作业队；二公司在蚌埠、南京分别设立工程项目部，投入10个接触网作业队、4个变电和电力作业队、2个信号作业队、2个通信作业队；三公司在兖州设立工程项目部，投入5个接触网作业队、2个变电和电力作业队、2个信号作业队、1个通信作业队；西安电化公司在济南设立工程项目部，投入4个接触网作业队、3个变电和电力作业队；电化分公司在德州、上海、苏州、常州分别设立工程项目部，投入11个接触网作业队、5个变电和电力作业队；建筑公司在北京、济南、上海分别设立工程项目部，划分12个工区，投入25个作业队；西铁建设公司设立工程项目部，投入4个作业队；西安通号处在上海设立工程项目部，投入1个作业队开展施工。电信试验中心成立通信系统联调项目指挥部，在北京、济南、上海分设3个项目组，投入20多人和8辆车及配套的仪器仪表，为保证测试精度，投入190万元购置新仪表，开展全线的通信系统测试工作。

接触网工程于2005年7月1日开工，其他专业也陆续开工，在全线掀起了施工高潮。施工高峰期（2005年12月）全线施工人员达到2.8179万人，各类大型机械设备1000多台，几乎积聚了中铁电化局集团施工机械的80%以上。

接触网工程　接触网施工主要分3个阶段：第一阶段是下部工程施工阶段（基础及支柱施工），从2005年7月1日至2005年12月底，下部工程施工在全线全面展开，到2005年12月底，累计完成各类基础浇制3.1403万个，立混凝土支柱4.4905万根，各类钢柱9176根，全线支柱组立的最高日记录（2006年9月23日）达到571根。第二阶段是上部工程施工阶段，从2005年10月9日开始架线到2006年4月底，大量的架线施工主要集中在2005年12月中旬至2006年3月底，累计架设接触网承力索、接触线、附加线达1万条公里，全线最高日纪录（2006年3月11日）创造了架设承力索88.714条公里、接触线48.846条公里、附加线33.053条公里，累计日完成架线达170条公里。第三阶段是工程竣工验收阶段，从2006年5月至2006年6月20日，主要是进行前期受轨道或站场技改影响区段的架线施工及已完工程缺陷整改、检验试验工作等，同时对供电线及与变电所、信号工程接口等进行专业间配合协调工作，为全面送电开通做好准备。

接触网支柱基坑开挖，土质坑按确认坑位、清理工作面、安置防道砟挡板、开挖、检验的工序施工。挖坑时保证路基的稳定性，不使路基受到破坏或减弱，对处于站台、道口及行人较多地段的基坑采取防止行人坠落的安全措施。混凝土腕臂柱安装、整正施工，按安放底板、立杆、整正、安装下部横卧板、回填、安装上部横卧板、卸下整正器等工序，立杆车就位吊装立杆，操作整正器调整支柱限界。支柱装配严格按照交桩测量、支柱测量、数据整理和软件计算、预配组装、模拟检测的工序进行。钢柱、硬横梁按规定工序采用吊车吊装安装，作业中由专人统一指挥，保证步骤协调一致作业到位。承力索、接触线均按实际锚段长度配盘，按配盘对号，采用普拉塞恒张力架线车架设，架设张力按普拉塞张力架线要求设置，张力误差控制在8%以内。数据化悬挂调整采用“接触网悬挂安装调整一次到位”工法，有效地缩短了施工作业时间，提高了工程质量。分段绝缘器按工艺要求和安装说明书进行安装和调整，安装完毕用水平尺进行反复多次调平，用冷滑设备进行校验，保持原锚段承力索驰度、吊弦定位器偏移及补偿坠砣高度。绝缘器的导流板与绝缘元件的衔接处及导线接头处均保持平滑，绝缘器各部螺栓连接紧固密贴。承力索绝缘与导线绝缘在同一垂直面内。

接触网施工全面采用网络计划技术，根据关键节点工期安排组织实施，在工程进度管理上搭建工程信息平台及工程电话会议系统，保证工程信息的畅通，采取确保关键节点工期实现的条件下对工程实行动态管理，在加强安全、质量管理工作的条件下有序推进工程进度，按1年建成开通的要求，全线接触网工程于2006年5月上旬竣工。

变电工程　变电工程主要包括：新建牵引变电所34处、分区所32处、开闭所8处、网上开关站7处，及与京沪铁路电气化配套的济南和徐州枢纽应急工程中的济南西牵引变电所、徐州北牵引变电所。牵引变压器是变电所里单体最重大的心脏设备，因电压等级、接线形式、容量和充气/充油介质的不同，在38～80吨之间。首先根据变电所所在位置外部运输条件，制定详细的运输方案，由变压器制造工厂通过既有运营铁路运输至变电所就近火车站，利用封闭点计划时间，再用轨行车辆由车站运到牵引变电所就近的铁路线上，采用大型汽车运输车辆，将变压器直接从就近的车站运抵变电所，通过“自锚滑行法”将牵引变压器运输至基础前并就位。SF6断路器、真空断路器、电抗器、配电盘（柜）等主要设备及机构和附件按规定施工工序吊装安装和调整到位，并达到设备使用说明书的安装要求和设计的规定，然后进行检测和试验。牵引变电所采用先单体、后整体，再综合的方法进行试验，试验分为3个步骤：第一步是设备单体测试，以保证变电所或分区所内所有的设备状态良好、符合设计要求；第二步是变电所或分区所整体交直流传动试验，系统联调，以确保系统能正常运行；第三步是综合自动化系统的调试，包括远动系统的联调，保证自动化系统可靠的运行，达到变电所、分区所、开闭所有人值守、有人值班的状态的特点。全所自动化系统的调试采用先各小子系统进行，再整所综合调试的调试方法。101、102综合自动化的调试分模拟量调试、开关量输入调试、开关量输出调试、101开关与102开关的自投功能调试4个部分进行，其他调试按规定调试工序进行，一直达到送电启动的目的。一公司投入2个作业队施工的6处牵引变电所、10处分区所和开闭所及天津北RTU、北仓RTU和曹庄RTU 3个接触网开关站以及网上电动隔离开关和负荷开关二次电缆的敷设，北京局范围内的远动系统，2005年12月20日开工，2006年5月底除3个分区所及天津开闭所的整组实验未作，其他项目全部完成。到2006年6月5日完成了所有的实验项目。在具备开通送电的条件下，牵引变电所均一次受电成功。二公司投入4个作业队施工的7处牵引变电所、9处分区所和开闭所，于2006年1月1日开工，2006年6月17日至20

日各变电所亭进行高压带电冲击试验，2006 年 6 月 25 日各变电所亭从电调楼远动操作向接触网送电，2006 年 6 月 30 日达到开通条件。三公司投入 2 个作业队施工的 6 处牵引变电所、7 处分区所，于 2005 年 12 月 20 日开工，由于受房建工程影响，大部分所亭主体施工 2006 年 2 月开始，2006 年 6 月 1 日全部完工，于 2006 年 6 月 20 日至 21 日全部变电所顺利受电启动，达到开通条件。西安电化公司施工的 4 处牵引变电所、4 处分区所、1 处开闭所兼分区所，于 2005 年 11 月 1 日开工，由于受征地和房建工程的影响，到 2006 年 3 月才开始施工，2006 年 6 月 25 日各牵引变电所陆续受电成功，6 月 27 日向接触网送电，达到开通条件。电化分公司施工的 4 处牵引变电所、4 处分区所、2 处开闭所，于 2006 年 1 月 10 日开工，2006 年 6 月 30 日各牵引变电所陆续受电成功。

电力工程　在充分利用既有电源系统、自闭线、贯通线及设施的前提下，根据新增用电负荷（牵引变电所、分区所、开闭所、分区兼开闭所、供电领工区、货场、接触网工区、给水所等）情况及电气化改造工程的需要，新建或适当改造供配电线路和设施；对通信信号新增用电设施进行相应的增容，对各车站、站场、机务段等受电气化工程影响的高低压电力线路及电力设备进行改造。对新增供电变压器容量大于或等于 200 千伏安的各机务段、供电段新建 10/0.4 千伏室内变电所供电。对新增负荷小于 200 千伏安的用电点，根据需要对既有变压器进行增容改造或新设杆上变电台供电。主要工程包括：敷设高压电缆 136.209 公里、敷设低压电缆 1102.463 公里、架设电力线路 55.22 公里、站场电力照明 177 站、电力杆组立 315 根、变压器台架安装 202 处、电力变压器安装 219 台、箱式变压器安装 14 台、动力配电箱安装 839 台、灯柱基础 2924 个、灯塔基础 429 个、灯柱安装 2929 根、灯塔组立 483 座。

电力架空线路、电缆线路施工严格按照设计确定的路径进行径路测量，绘制径路图计算电缆实际长度，标出防护地点及特殊防护方案。依据测量台账，根据电缆到货的盘长及实际测量的长度，编制电缆配盘台账，合理配盘。按定测径路划双线采用人力进行挖沟，经过监理工程师检查签认后进行敷设，电缆终端头采用热缩式电缆终端头；架空线路，按规定的基坑深度挖坑，采用吊车吊装立杆，使同一类型的杆保持在同一直线上，通过卷扬机进行机械敷设线条，到达规定的弛度进行线条的紧固，在线条的两端做相应的连接，并进行调整。杆式变压器台安装按照立杆、横担安装、试吊、起吊、固定变压器、安装附属设施等工序进行人工安装。箱式变电站由于箱体大，在设备基础施工达到要求后，利用吊车吊装箱体，安装在设计要求的基础位置，并用水平尺检测箱体水平度和垂直度，边调整边测量，使箱体水平，符合设计要求，固定安装螺栓。站场电力照明要对电力变压器、箱式变电所、氧化锌避雷器、户外高压跌落式熔断器、高压户外隔离开关、配电箱、π 接箱、升降式投光灯塔、控制箱、折杆灯等，按照工序安装到位。站台灯柱、投光灯塔安装虽然简单，但要求较高，基坑应挖到原土 0.5 米深，浆砌片石垫层至基底标高处，以保证基础的承载力，灯柱的安装把安全和美观作为重点，基础要牢固，一排灯柱要成线，同时做好灯柱的接地。一公司承建的 20 个站的站场电力照明和接触网开关无线远动系统、变电、接触网工区高压供电及接触网电动开关站、通信直放站、隔离开关远动及高低压电力线路迁改等项目，于 2005 年 9 月 15 日，2006 年 6 月 3 日开通送电。二公司承建的 28 个站的站场电力照明和接触网开关无线远动系统、变电、接触网工区高压供电及接触网电动开关站、通信直放站、隔离开关远动及高低压电力线路迁改等项目，于 2005 年 7 月 25 日，2006 年 3 月 31 日开通送电。三公司承建的 27 个站的站场电力照明、42.27 公里的电缆敷设、206 根电杆立杆、43 座投光灯塔施工等，于 2006 年 4 月 27 日交付使用。电化分公司承建的上海枢纽 2 个机务段的电力技改工程，2005 年 7 月 25 日开工，2006 年 5 月 28 日交付使用。全线电力工程于 2006 年 6 月中旬验收完毕。

通信工程　通信工程主要包括敷设站场光电缆 、电缆整治、安装无线列调铁塔；安装电化引入综合柜、更换综合柜、更换引入架；新设 48 伏电源设备、更换 48 伏电源设备；新设传输接入设备、传输设备升级 、传输接入设备扩容、新设数字调度主系统和分系统、数字调度主系统扩容、分系统扩容、无线列调场强测试、光数字系统统调等。根据施工内容，开工前与工务段、电务段、车务段、建筑段、水电段等相关单位联系，签订有关施工配合协议书，进行施工技术交底和岗前培训，根据设计文件及施工调查结果，编制实施性施工方案。光电缆埋设，根据径路复测结果在光电缆径路上划线，挖沟，预埋防护管，优化光电缆配盘进行人工光电缆敷设。敷设过程中，严禁浪涌、背扣及损伤光电缆外护套。光电缆入沟前，先清理光电缆沟，按施工规范及验标要求的光电缆埋深、预留、弯曲半径、防护等各项指标敷设，完成后先回填 20 厘米的细土，然后全部回填，及时埋设光电缆标石。光缆接续采用 OTDR 远端环回双向监测，接续的同时及时计算出接头的实际衰耗值，保证接续的质量。所有光缆接头处同侧金属护套和加强芯相互连通，但两侧金属护套和金属加强芯不作电气连通，也不接地。光缆成端接续完毕，进行中继段光纤指标测试，光缆引入机房内做好光缆绝缘节，以满足电气化区段要求。设备安装与调测以沧州站为示范点，对施工工艺做进一步的规范，示范站安装完成后再进行其他通信站和中间站的安装、配线。设备加电并加载数据后，设备测试组开始设备单机测试，然后对传输接入设备进行系统测试，再把各种终端设备接入进行联网试验，最后开通。设备更换倒接、干线电缆割接、配线等，按预先制定的施工工序进行，确保既有业务不中断。并积极配合建设单位、接管单位进行验收及各项指标的测试。根据工期要求和气候条件，在 2005 年 12 月 30 日前，完成站场和区间通信光电缆敷设及区间干线电缆的整治，无线列调铁塔基础浇注、铁塔安装。2006 年 2 月，开始进行光电缆接续、成端施工，成端完成后对电缆的电气特性、光缆的传输特性进行测试。2006 年 2 月开始设备的安装和配线。2006 年 3 月开始对传输接入设备进行升级和扩容。2006 年 4 月设备安装、配线、传输接入网设备升级扩容工作结束。2006 年 4 月下旬起，开始对既有车站的电源设备进行加电、试验、电源设备更换倒接。2006 年 4 月底开始对牵引变电所、开闭所、分区所的传输接入设备加电、单机调试、系统测试工作。2006 年 5 月开始设备的单机测试、数字通道测试，随后为牵引变电所的视频、远动提供所需的传输通道。2006 年 6 月初完成初验，月底达到开通、移交条件。

通信系统联调 电信试验中心、佳讯公司、施工单位共同对数字调度主系统、分系统进行调试，对设备的磁石接口、共电接口、共分接口、选号接口、区间接口进行测试，并对数字调度的 2 兆比特/秒通道进行误码性能测试。2006 年 5 月，远动通道、视频通道、接入通道以及音频通道具备调试条件，开始对 2 兆比特/秒通道及音频通道开始调试，同时对传输设备的收发光功率、光口接收灵敏度、光口的抖动和飘移、设备的映射及去映射等性能进行测试，以及 24 小时误码率测试。京沪线为既有线，运输繁忙，为不影响无线列调场强测试对行车的安全，报请铁道部批准后全线统一组织测试。通信系统联调工作按时完成。

信号工程 信号配套工程是对既有京沪线车站和区间信号设备进行电气化改造。工程范围北起京山线丰台南信号，南至沪宁线南京站，计 920 正线公里，128 个站（场）。中铁电化局承建电气化总承包内的 45 个站的施工任务。其中一公司负责北京铁路局管段杨柳青至德州段，25 站电化改造施工、22 站 CTCS-2 级列控系统地面设备改造；二公司负责上海铁路局南京枢纽 13 站电化改造施工、4 站计算机联锁大修改造；三公司负责济南铁路局管段茅村至褚庄集 7 站电化改造施工、7 站 CTCS-2 级列控系统地面设备改造，以及邹城至滕州段 4 站 4 区间自闭改造（属于泰山至茅村段自闭改造）。主要工程包括：根据电化改造引起的站场局部变化，对行车指挥（TDCS）进行修改;区间按电化要求对既有 UM71、ZPW-2000A 进行适应性改造，增设扼流变压器及横向连接线，室内增设 25 赫兹电源屏，增设 25 赫兹轨道架；车站更换干线电缆，更换轨道电路，既有高柱信号机按电化要求改造，新增接触网工区岔线等改造；对车站股道电码化设备按照“铁建[2004]151 号”文确定的标准进行改造；受电气化电磁干扰影响的驼峰场按电化要求改造驼峰轨道电路，更换驼峰测长设备等。另外需要同步完成的信号工程还有泰山至茅村段 239 公里、沪宁段 307 公里 ZPW-2000A 自动闭塞改造，以及区段内车站联锁设备的电缆、轨道电路、信号机和电码化等电化配套改造工程；具备开行 200 公里/小时列车线路条件的 460 公里 CTCS-2 级列控地面设备配套改造工程，即 29 站计算机联锁改造，新设 51 站车站列控中心、应答器和 LEU 等工程；对 1994 年以前开通的 76 个车站 6502 电气集中联锁设备，按计算机联锁大修改造。工程于 2005 年 10 月开工，在工程开展的关键时刻，中铁电化局做出决定，分别由一、二、三公司包保北京、济南、上海铁路局范围内的信号配套工程，要求一、二、三公司既要完成划分给本公司的信号配套及同步完成的其他工程，同时，也负起对所在路局范围内其他单位信号施工进行帮助的责任。并要求一公司与二公司互保，三公司与电化分公司互保，西安通号处为预备队。各工程段段长为第一责任人，各公司指定负责信号副经理对集团公司京沪电气化工程指挥部负责。施工过程中各公司克服技术方案不确定、施工图纸到达滞后、房建工程滞后等多种因素及困难，于 2006 年 5 月完成主体工程，2006 年 6 月 16

日全部开通，为全线电气化开通提供前提条件。

房建工程　主要工程包括：34 处牵引变电所、32 处分区所、8 处开闭所、5 处分区兼开闭所、6 处抢修基地和加强领工区、27 处网工区、87 处通信信号房屋，总建筑面积 7.9 万平方米，另含场坪、土方、围墙、道路等附属工程。砖混结构房屋采用钢筋混凝土条基，框架结构房屋优先采用独立基础，独立基础采用人工开挖，条形基础采用机械开挖，基础混凝土分层连续浇筑。砌砖采用一铲灰、一块砖、一挤揉的“三一”砌砖法和铺浆法。砖墙砌筑到过梁位置时，按要求做好砂浆、放置过梁，过梁两端尺寸要符合设计要求和规范规定。主体结构模板施工采用组合钢模板，钢管支撑及钢楞，辅以部分木模。柱支模时要纵横拉通线，每层必须校核纵、横轴线位置是否正确。浇筑时用脚手架拉结成整体。梁支模用满堂红钢脚手管支撑，立管下铺垫木，立管间需设置斜撑，支模时注意上下层柱保持在同一轴线上，支模后校正垂直度，起拱应在侧模固定前进行。浇筑前仔细核对预埋件、预留孔洞的位置、型号及几何尺寸，并在模板上牢固固定。侧模拆除时，构件应不缺棱角，承重底模应在混凝土强度达到 100%后方可拆模。装修标准：一般房屋采用地砖或混凝土楼地面，对于有工艺设备要求的房屋（信号楼、牵引变电所主控制室、蓄电池间等）分别采用全瓷地板砖、水磨石、PVC 工业合成塑料防腐地面及墙裙、抗酸、抗碱、或抗静电全钢活动地板的楼地面。一般房屋门窗采用木门或钢木大门、单框双玻 PVC 塑钢推拉窗，有特殊作业要求的房屋采用适宜的门窗，并根据生产作业或生活需要设置纱窗，有空调的房间采用双层 PVC 塑钢推拉窗。房屋外墙装修均采用混水墙，外刷高级防水涂料。同一站区的房屋外墙装修标准协调一致。工程于 2005 年 7 月 20 日开工，房屋地基与基础、主体、装饰与装修、屋面、给排水及采暖、电气、通风与空调、7 个分部工程，于 2006 年 6 月 20 日全部竣工。

防护工程　根据防护工程设计方案，全线除乡以上农、市话线路全部由邮电部负责迁改外，邮电一、二级干线与铁路交叉跨越 18 处；部队系统受影响的通信线路 40 杆公里、交叉跨越 13 处；广播系统受影响的通信线路大部分为架空光缆和架空电缆，交叉跨越 29 处；受影响的油库及油、气管道 88 处；厂矿系统与铁路交叉跨越的线路 75 处；电信系统乡以下受影响的线路 542.2 条公里、跨越 75 处；无线设施有 8 处。按照有关规定，对受影响的线路和设施采取防护措施。对受电气化铁路影响的明线，将其受影响部分以原杆面型式远迁，当地形地物或其他条件受到限制时，改为地下直埋电缆。对受影响的电缆线路，将受影响部分的塑料电缆改为铠装电缆。如原受影响的电缆为铠装电缆，在没有迁改路径的情况下，可考虑改用高屏蔽电缆。对受影响的单线架空明线全部改为双线回路。通信广播线路（含光缆 及有线电视射频电缆）与铁路交叉跨越部分按电气化铁路要求，全部改为电缆并采用钢管保护由路基下穿越。油、气管道与铁路交越时，根据实际情况采取安全防护措施。

北京电铁通信信号勘测设计院京沪线项目部对受影响范围内的各系统的通信线路和

设施及油库、油气管道等进行了防护工程施工。工程于 2005 年 7 月 1 日开工，2006 年 6 月 30 日全部竣工。

土建工程　西铁建设公司承建的京沪线土建工程包含路基、桥涵、轨道 3 部分，于 2005 年 7 月 5 日开工。路基工程主要包括：挖切路基落道和路基病害整治等；桥涵工程主要包括不满足电化净空要求引起的跨线桥梁的新建及改建工程，还包括由于站场新建线及改线引起的新建小桥、盖板涵及接长盖板涵；轨道工程主要包括：线路落道、线路改移、铺设便线等。主要工程数量为：区间土石方 41 万立方米、站场土石方 78 万立方米、新建中桥 2 座 175 延米、钢架桥 6 座 970 顶面平方米、正线改建线路 49 公里、正线新铺轨 21 公里、铺设道岔 91 组、铺道砟 11 万立方米。

路基土方施工全面展开之前，首先进行路堤填筑工艺实验，通过填料验证对不同压实地段、压实机械、压实方法的反映及效果，确定相应的路基压实方案。路基填筑施工采用人工配合机械作业，严格执行三阶段（施工准备、施工和检验）、四区段（填土、平整、碾压、检测）、八流程（施工准备测量放线、基底处理、分层填筑、摊铺平整、碾压夯实、检验签证、路面整修、边坡修整）作业法，避免交叉作业。基床的填料严格按规范要求，基床土质不符合规定时采取换填、填片石等措施，用推土机摊铺，振动压路机碾压，根据路基填筑高度、填料种类及压实条件适当预留沉降量。换梁施工按照预先制定的工序采用双导梁架桥机施工方案，对铁路行车干扰较小，既安全又快捷。按照设计要求和施工规范，水泥土挤密桩施工依据工艺流程采用研制的小型机械（破碴设备和两分式钢护筒）和人工成桩 2 种方法互为补交、相互结合进行施工，既保证了取土成孔遇砂垫层时的成桩质量，又维护了道床稳定的效果。轨道铺设按轨道施工工艺流程施工，但应对线路中桩及水平桩进行测设并复测，详细掌握既有信号设备情况。要点拨移时在曲线两侧拨接点处用气割断轨，人工采用滑车将线路拨移到设计位置，曲线到位后，无齿锯锯轨，电钻打眼，联结夹板。道岔铺设，站线道岔部分直接在设计位置铺设，部分点上拆除横纵移就位；正线新铺道岔采用提前在线路旁边位置预铺，拆铺的道岔采用倒替道岔，提前在线路旁边位置预铺，而后要点横纵移就位，拆除既有道岔及堵豁在要点施工时一并进行。开通线路前，由专人对道岔各部尺寸包括轨距、水平、高低、方向、支距、各部间隔逐项进行检查，并做好记录。确认道岔达到开通条件后，由现场施工指挥员向行车调度要线路开通命令进行开通。全部工程于 2006 年 1 月底竣工。

采用的先进技术和设备

供变电专业　有 18 个牵引变电所采用主变 V/V 接线，集中分布于 700 公里左右的京徐段，是近期建成开通的电气化铁路中没有采用过的。主变 V/V 接线中 27.5 千伏侧两组线圈不等容量变压器 9 个所，不等容量变压器的使用，极大地提高了主变利用率。在铁路枢纽地区采用分区所兼开闭所设计，特别是采用箱柜式结构大大缓解了供变电设施占地的紧张状况，是解决用地紧张地区牵引供变电设施建设的有效途径之一。在牵引变电所亭及四周围墙采用红外或激光对射视频安全监控装置，在长大干线尚属首次。视频安全监控系统的实施为实现变电所的无人值守，推动牵引电力网的管理逐步向自动化、综合化、集中化和智能化方向发展提供了有力的技术保障。在北京、上海铁路局内牵引变电所首次装设高压感应验电器，对 27.5 千伏馈线自动验电，通过综合自动化设备汇集通过传输通道传输至电力调度所，进行监控，存储、管理。

接触网专业　正线接触线张力采用 15 千牛，提高了接触网的波动传播速度，改善了受流质量。正线承力索采用强度高，高温耐软化性能强，耐腐蚀能力强，重量较轻，导电性能好的铜合金绞线。采用预绞丝防止承力索在悬吊滑轮中滑动产生磨损，起到保护作用，减小接触网的维护工作量。在污染严重区段及站场软横跨采用防污性能好的棒式硅橡胶合成绝缘子。在 200 公里/小时运行区段，部分安装了法式非限位进口定位器，为今后高速铁路设计、施工提供了技术储备。腕臂支持装置采用平腕臂的绝缘旋转腕臂结构，提高了接触网的稳定性。道岔柱、转换柱采用每支设独立的腕臂支持装置，减少了相互间的影响。低净空跨线建筑物处采用适应行车速度高、安全可靠的弹性支撑定位器，提高了接触网的整体质量。区段站、编组站、客站采用分场分束供电，提高了供电的可靠性和灵活性。

信号专业　车站采用 97 型 25 赫兹相敏轨道电路设备；采用车站智能化综合电源屏；采用 ZPW-2000A 型无绝缘移频自动闭塞设备；时速 200 公里区段 CTCS-2 地面配套工程，采用 CTCS-2 列控地面设备；采用新型扼流变压器；采用闭环电码化设备。

京沪线电气化工程经过参战单位的共同努力，各专业于 2006 年 5 月上旬陆续竣工。各项目部利用作业车自带模拟受电弓对全区段进行了第一阶段冷滑试验，对发现的缺陷和问题进行了克服和处理。2006 年 5 月中旬至 6 月 20 日，采用检测车进行第二阶段的动态冷滑试验，对全线接触网进行动态检测（主要检测弓网接触压力、离线率、受电弓滑板振幅、接触导线抬升量、冲击加速度等动态指标）。并对正线接触网进行了时速 120 公里/小时的检测，对发现的缺陷和问题进行进一步的整改处理，为第三次的 160 公里/小时动态检测做好准备。2006 年 6 月 1 日至 10 日由各铁路局京沪线建设指挥部组织，路局总工室、设计、监理、供电段、电务段、工务段、维管段参加，对本工程各站区进行平推式初验；2006 年 6 月 19 日至 20 日对工程进行了复验。2006 年 6 月 21 日～22 日中铁电气化局集团总指挥部组织全线进行第三阶段 160 公里/小时（采用沈阳局 Re200 检测车）高速冷滑试验，铁道部运输局装备部领导对动态试验进行全程的跟踪检查，各铁路局总工室、建设指挥部、机务处、设计院、供电段、维管运营公司等参加动态检测，检查结果仅存在少量硬点、离线率等缺陷，由各项目部组织在送电前全部整改完毕，保证了各铁路局组织的电力机车牵引重载热滑试验的进行及铁道部运输局组织的全线牵引供电系统功能检测的要求。2006 年 6 月 25 日全线接触网一次受电成功。2006 年 7 月 1 日建成开通交付运营。如此庞大的系统工程，推行施工总承包模式在一年内建成，按期开通交付运营，创造了中国铁路建设史乃至世界铁路建设史上的奇迹。

第三十三节 兰新线兰武二线和武嘉段

一、工程概况

兰新线东起甘肃省兰州站，西行跨越黄河后，翻越海拔 3000 米的乌鞘岭，进入祁连山北麓的河西走廊，经武威、张掖、酒泉出长城西端的嘉峪关，过马鬃山南麓的玉门、疏勒河，西跨红柳河进入新疆境内。经尾亚后，沿天山南麓过哈密、鄯善、吐鲁番，在达坂城穿过天山到乌鲁木齐市，正线全长 1903 公里。

兰州西至武威南段既有线路修建于 20 世纪 50 年代中期，承担着新疆和甘肃河西地区对外近 90%的旅客运输和 45%的货物运输，该段由于修建时间早，运量趋于饱和，成为制约兰新铁路运输的“瓶颈”。兰武单线铁路已不能适应客货运量增长的需要，为此，作为国家“十五”规划的重点工程，兰武增建二线铁路的建设项目于 2003 年 3 月 30 日开工建设。整个工程自兰州西站、经河口南、永登、打柴沟、穿越乌鞘岭至武威南站，新建线路全长 231 公里。兰武二线的修建，将使连云港至乌鲁木齐 3651 公里铁路全部实现双线运输，对完善西北地区铁路通道，充分发挥亚欧大陆桥的整体能力和兰州中心城市对西部地区的经济、文化带动，具有十分重要的战略意义。

兰武二线工程，建设单位是兰州铁路局兰武二线工程建设指挥部，由铁道部第一勘察设计院设计，西南交通大学工程建设监理公司负责监理。

兰武二线工程，主要技术条件：铁路等级，Ⅰ级；正线数目，双线；限制坡度，13‰；最小曲线半径，800 米；到发线有效长度，850 米；牵引种类：电力牵引；闭塞类型，自动闭塞；牵引质量，4000 吨。

武威南至嘉峪关段全长 481 公里，东经兰武段至兰州，西经嘉乌段至乌鲁木齐，在武威南站与干武线相连，是西北开发的生命线，是东中部向西部实施经济辐射、西部向东中部实行能源和原材料供应的主要通道。对武威南至嘉峪关段进行电气化改造，提高列车运行速度，以适应经济发展对铁路运输的要求。

武嘉段电气化工程，建设单位是兰州铁路局武嘉电化工程指挥部，由铁道部第一勘察设计院设计，甘肃陇辉铁路建设监理公司负责监理。兰州铁路局兰西电务段、兰州供电段，铁通甘肃分公司接管运营。

武嘉段电气化工程，主要技术条件：铁路等级，Ⅰ级；正线数目，双线；到发线有效长度，850 米；牵引种类：电力牵引；闭塞类型，自动闭塞；牵引质量，4000 吨。

参加兰武二线工程建设的单位有中铁一局、六局、十一局、十五局、十七局、二十一局、株洲桥梁厂计 7 个单位，12 个工程处。中铁电气化局集团有限公司承担 B5、B6、B7

标段电力、电气化改建工程建设。

中铁电气化局集团三公司承建武嘉段电气化工程的SD2标段及SD2（补）标段工程建设。SD2标段及SD2（补）标段工程包括岌岭至张掖段125正线公里通信、信号、电气化，电力贯通线、变（配）电所、电源线路、信号电源监控及电力设备远动系统，电气化生产房屋、电力变（配）电所房屋及附属建筑。

兰武二线电力、电气化改建工程于2004年4月28日开工，2006年10月31日竣工；武嘉段电气化工程于2005年4月1日开工，2006年6月21日竣工，2006年7月10日正式开通。

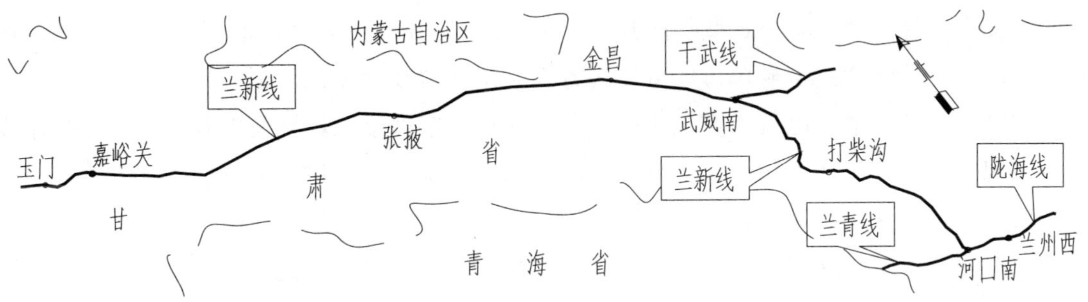

兰新线示意图（兰州西至武威南二线、武威南至嘉峪关段）

二、工程设计

（一）兰武二线

接触网全段采用全补偿简单链形悬挂，悬挂高度按双层集装箱带电通过货物列车设计，接触线最低高度不小于6350毫米，接触悬挂正线采用铜合金绞线承力索THJ-95+CTHA-120银铜合金电车线，站线采用铜合金绞线承力索THJ-70+CTHA-85银铜合金电车线，回流线及供电线采用LBGLJ-150及LBGLJ-185铝包钢芯铝绞线，架空地线采用LGJ-70钢芯铝绞线，支柱采用HM60、HL60/9.2、H60/9.2预应力钢筋混凝土柱和热浸镀锌防腐钢柱，绝缘子为瓷质式绝缘子。重污区设计对地泄漏距离为1400毫米、（上、下行间为1600毫米），特重污染区采用硅橡胶绝缘子。腕臂为水平腕臂方式加设防风支撑，正线吊弦为整体吊弦，定位器采用限位定位器，锚段关节采用三跨式非绝缘关节和五跨式绝缘关节，长大上坡道为七跨式绝缘锚段关节自动过分相装置。下锚补偿装置采用大轮径1∶3铝合金滑轮组。预留V亭反行技术改造条件，并在车站的电源侧设绝缘锚段关节，区间和车站正线每隔150米设一处横向电联接。

对牵引变电所进行高压室改造、增设新建Ⅱ线的馈线断路器和相应的保护装置及附属设施，在相邻变电所之间增建分区所，以实现越区供电，提高供电臂末端供电质量。

10千伏自闭电力工程包括高、低压架空电力线路架设，穿越铁道、公路等建筑物的电缆敷设，灯塔、灯柱组立、低压引入接户及配电所的改造、输入电源线径的改造升级。

（二）武威南至嘉峪关段

接触网采用全补偿简单链形悬挂，结构高度1400毫米，正线接触线采用120平方毫米银铜合金线，承力索采用95平方毫米铜合金绞线，站线接触线采用85平方毫米银铜合金线，站线承力索可采用70平方毫米铜合金绞线或铜包钢绞线。接触网腕臂支柱采用等径钢筋混凝土支柱，车站采用硬横梁。

牵引变电所主接线110千伏侧采用线路分支接线，27.5千伏侧采用单母线分段接线。牵引变电所110千伏配电装置采用室外中型布置，27.5千伏配电装置采用室内间隔布置方式。山丹牵引变电所采用室内组合电器。采用综合自动化系统并设置安全监控系统。

电力工程，10千伏高压架空线路采用环型预应力混凝土电杆，导线采用LGJ型钢芯铝绞线或架空绝缘导线，GWT-20型隔离开关。高压电缆采用$YJLV_{22}$-26/35型与$YJLV_{22}$-8.7/10型，配电所主接线两路电源单母线分段运行，设综合自动化系统，纳入远动系统。

对既有通信电缆按电气化要求进行整治。新设数字调度、环境及电源监控、光纤在线监测系统，无线列调在关闭站等弱场强区段采用漏缆加中继器进行补强。

信号行车指挥设备在既有DMIS系统的基础上进行利旧改造。区间闭塞采用ZPW-2000系列无绝缘四显示自动闭塞，6分钟追踪间隔布点，反向运行时采用自动站间闭塞，车站联锁除大站采用计算机联锁外，其余站在既有6502电气集中的基础上利旧改造，并与既有DMIS系统有机结合，预留出与CTC系统的接口。站内轨道电路采用97型25赫兹相敏轨道电路。站内正线电码化采用叠加预发码方式，发码设备与区间一致，到发线采用占用叠加发码方式，发码设备采用12信息移频设备，反向接车时采用接近电码化方式。超速防护系统按CTCS-1级设计。

主要房屋采用框架结构，其余房屋采用砖混结构，钢筋混凝土基础，特殊地质采用桩基础。框架结构采用力口气混凝土填充墙，砖混结构采用370毫米厚空心砖墙。

三、工程施工

（一）兰武二线

B5标段兰州西至马家坪87.6公里，经由兰州西、陈官营、西固城、坡底下、河口南、大路、华家山、龙泉寺、青寺、马家坪等10个车站9个区间，其中兰州西站（含）（K0+358）至河口南站外（K32+306.41）属兰州枢纽地区，河口南站外（K32+306.41）至马家坪车站（含）（DK87+951），是在既有线的基础上增建二线，施工里程约55.645正线公里。新建接触网171条公里、架设附加线157条公里、安装杆塔2519根；改造西固城、大路、青寺3处牵引变电所，新建河口南、华家山2处分区所；10千伏自闭电力贯通线87.6正线公里，新建河口南、龙泉寺2处配电所，由电气化分公司负责施工。

B6标段东起马家坪（不含）（DK87+951）、西至打柴沟车站（含）（DK158+500），正线全长70.5公里，经由永登、中堡、屯沟弯、富强堡、华藏寺、石门河、打柴沟7个车站7个区间。新建接触网202.5条公里、架设附加线190条公里、安装杆塔2955根；改造天祝、候家庄 2 处牵引变电所，新建营儿村、屯沟弯、安家河 3 处分区所；10 千伏自闭电力贯通线 70.5 正线公里，永登、打柴沟 10 千伏配电所改造及打柴沟、天祝、富强堡、中堡和永登 5 站站场电力照明，由二公司负责施工。

B7 标段东起打柴沟(不含)（DK158+500），至古浪(不含)（DK213+500），正线全长 55 公里，经由金沟、岔西滩、金张河、乌鞘岭、青河、天祝、沙沟台、龙沟、柳家台、十八里堡、古浪 11 个车站 11 个区间。新建接触网 94.96 条公里、架设附加线 268.74 条公里、安装杆塔 1237 根；改造深沟、十八里堡 2 处牵引变电所，新建龙沟分区所；10 千伏自闭电力贯通线 55 正线公里，新建及改建龙沟配电所和龙沟、柳家台 2 站站场电力由三公司负责施工。

根据承包合同要求的工期、质量、安全目标及兰州铁路局兰武二线工程建设指挥部《兰州西至武威南段增建二线工程 2004 年施工组织安排》，结合本标段的现场调查资料及施工难易程度，二、三公司、电气化分公司均成立兰武工程项目部，积极组织机械、施工队伍进场，于 2004 年 4 月 28 日开工，2006 年 10 月 31 日竣工。

接触网工程　二公司 2004 年 4 月 28 日开工，2005 年 12 月 10 日竣工；电气化分公司 2004 年 5 月 3 日开工，2006 年 7 月 26 日竣工；三公司 2004 年 5 月 16 日开工，2006 年 8 月 12 日竣工。

接触网工程由新建、拆旧、过渡、配合四部分组成，并存在大量的临时过渡和相互配合工作，难度大，既复杂又相互交叉影响。开工初期绝大多数路基没有形成，全部隧道没有贯通。针对施工条件差、工期紧，站前施工严重滞后的局面，二、三公司、电气化分公司不等铺轨，不用安列，与站前施工单位密切配合，加强合作，利用线路成型至上砟铺轨的短暂间隙，采用汽车运、跑车拉、人工抬、汽车吊立杆，个别困难地段进行人工立杆。为加强与标段内各站前施工单位及铺架单位的联系，保证交桩的准确性和及时性，成立站前联系协调小组，通过索取路基、隧道、桥梁技术资料，联系交桩，做到了路基形成一段就交一段，隧道衬砌完一段就跟进一段，抢时间进行下部工程施工，抓住支柱和硬横梁组立的先机，在线路没有铺轨、桥没有架梁、隧道没有打通的情况下，大部分锚段基本达到了放线条件，为上部施工全面展开创造了良好条件。工程从 2004 年 4 月 28 日开工，到 2006 年 8 月 12 日竣工，经过 80 多次线路拔接，均安全优质按时开通。

变电工程　西固城、大路、青寺 3 处既有牵引变电所改造和新建河口南、华家山 2 处分区所及馈线断路器、保护装置、附属设施安装调试，2005 年 4 月 1 日开工，2006 年 7 月 26 日竣工。天祝、候家庄 2 处既有牵引变电所改造和新建营儿村、屯沟弯和安家河 3 处分区所及馈线断路器、保护装置、附属设施安装调试，2005 年 3 月 10 日开工，2005 年 12 月 10 日竣工。深沟、十八里堡 2 处既有牵引变电所改造 2005 年 6 月 1 日开工，2006 年 10 月 31 日竣工。深沟变电所供电线 2004 年 8 月 28 日开工，2006 年 8 月 10 日竣工。

电力工程　兰州西至马家坪间 87.6 正线公里 10 千伏自闭电力贯通线及新建河口南、

龙泉寺 2 处配电所，2005 年 4 月 1 日开工，2006 年 7 月 26 日竣工。马家坪至打柴沟间 70.5 正线公里 10 千伏电力贯通线，永登、打柴沟 10 千伏配电所改造及打柴沟、天祝、富强堡、中堡和永登 5 站站场电力照明，2005 年 3 月 10 日开工，2005 年 12 月 10 日竣工。打柴沟至古浪间 55 正线公里 10 千伏自闭电力贯通线，新建及改建龙沟配电所及龙沟、柳家台 2 站站场电力照明，2004 年 5 月 16 日开工，2006 年 8 月 18 日竣工。

工程经过一个多月的带电运行，一切运行状态良好。兰州铁路局建管中心、设计、监理等单位一致认为工程质量符合设计和质量评定验收标准的要求。

（二）武威南至嘉峪关段

三公司承建岌岭（不含）至张掖（不含）段 5 站 6 区间 125 正线公里通信、信号、电气化，电力贯通线、变（配）电所、电源线路、信号电源监控及电力设备远动系统，电气化生产房屋、电力变（配）电所房屋及附属建筑工程。新建接触网 334 条公里，新建马莲井、山丹 2 处牵引变电所和红山窑、东乐、西屯村 3 处分区所，新建山丹 10 千伏配电所。架设 10 千伏架空线路 127.55 公里，敷设高压电缆线路 8.9 公里，低压电缆线路 5.85 公里，安装变台 38 座；改造 125 公里通信线路和无线列调；改造大青阳口、马莲井、山丹、东乐、西屯站电气集中，ZPW-2000 无绝缘四显示自动闭塞约 125 正线公里；变（配）电所、电力工区、供电领工区、分区所、接触网工区等房屋建设 5480 平方米。工程于 2005 年 4 月 1 日开工，2006 年 6 月 21 日竣工，2006 年 7 月 10 日正式开通。

接触网工程　2005 年 4 月 1 日正式开工，在封闭点严重不足的情况下，首先根据土建工程施工进度，进行无线路提速改造区段的下部工程，随后和土建专业进行交桩，进行线路拨移区段的施工；对于改建或绕行区段，开展平行交叉作业。

下部工程施工根据既有线改造施工量较大，站前站后交叉施工多，客货共线电气化工程标准高的特点和本标段工程量情况，以山丹为界，安排了 2 个作业队分 2 个作业面，采用平行交叉施工的组织方案同时展开施工。开工后，以区间杯形基础、车站下部基础浇注为重点，合理安排车站和区间接触网支柱安装。首先进行现状电化区段，再进行线路提速改造改建及绕行地段。线路拨移地段通过交桩测量后施工。既有线区段，用轨道吊车立杆；改建及饶行区段，有条件的用汽车吊立杆。

上部工程施工，组织 2 个程序化施工作业队，根据施工封闭天窗，轮流进行上、下行线路施工。施工时以每个锚段作为一个工件，各专业化作业组根据工艺流程进行流水作业，从而实现各工件垂直方向的工序循环和一个作业面内水平方向的工件流水。采取的程序化施工方法大大提高工效和工程质量，并减少与站前施工和行车运输的相互干扰。上部测量采用更加精确的测量方法进行，使用新型激光测量仪测量圆形支柱的侧面限界、进行支持结构和硬横梁等有关数据的测量，同时采用安全、准确、高效的新型测量杆进行腕臂底座和回流线肩架安装位置的标定，作为上部施工的基准。硬横梁安装后，可通过上述精确测量得到的线路参数进行吊柱安装和支柱装配、吊弦计算和悬挂调整，保证站场与正线同步施工。三公司在山丹中心料库组建了支持结构和整体吊弦的预配车间，根据工程部计算组对工艺参数的计算结果，统一组织工厂化预配。

由于线路需要进行大量的加宽和曲线改造，站前站后交叉作业，接触网专业施工进度进展缓慢，工程于2006年6月21日竣工，2006年7月8日全线送电，2006年7月9日进行4000吨重载热滑，2006年7月10日开通投入运营。

在武威南至嘉峪关段接触网工程施工中，承力索、接触线均按锚段长度配盘，线索定锚段、定长度申请，厂家供货采用定盘，定长供应，施工按盘号、锚段号使用，满足承力索、接触线无接头要求。腕臂、吊弦测量采用接触网激光测距仪，测量数据精确，腕臂、吊弦应用经过铁道部鉴定的《支柱装配、软横跨、吊弦预配计算》软件计算，腕臂、吊弦根据计算结果在项目部下设的中心料库预配车间统一预配，腕臂预配成品分标号，按锚段或站区分类堆放；吊弦预配成品按区间锚段和跨距编号，确保测量、计算、预配、安装一体化。

变电工程　2005年7月18开工，2006年6月18日竣工，2006年6月27日带电试运行。施工中三公司技术部首先做好设计文件和图纸自审、会审、施工定测和施工技术交底工作，并对设计出现的问题及时上报，协同有关部门提出整改措施。按设计图纸要求设备支架基础采用混凝土垫板形式，由于本工程的地质为失陷型黄土，若采用混凝土垫板，因失陷性黄土具有黏性差、遇水易流动变形等特点，容易造成支架基础下陷、倾斜等现象，影响施工质量。因此，在进行技术交底时，提出采用支架基础现场浇注，避免了因地面渗水而造成的支架下陷倾斜等现象的发生。在主变基础施工中，根据现场地质情况、主变基础的承载需要，在满足设计要求的基础上，加大主变基础三七灰土的换填深度和超边沿宽度。在配线和设备安装施工中执行“首次、首段、首件样板工程示范定标活动”，坚持样板引路，做到全线工艺标准统一。工程经验收，质量符合设计和质量检验评定标准要求。

电力工程　2005年7月8日开工，2006年4月1日电力贯通线竣工，2006年6月26日全部电力工程竣工。包括芨岭至山丹新建电力贯通线、既有贯通线路改造为自闭线、芨岭至花草滩给水回路10千伏电力线路；山丹至张掖新建10千伏自闭线路、既有贯通线路改造、10千伏“T”接线路及其相关工程；移地重建山丹10千伏配电所；山丹站10千伏电力工程；远动系统安装工程。主要工程量为架设10千伏高压架空线路133.28公里、敷设10千伏高压电缆线路8.9公里、低压电缆线路5.85公里、电杆组立1840根、高压铁横担安装1860组、拉线制作安装750组、高压隔离开关安装37台、负荷开关安装9台、高压避雷器安装288个、高压电缆头制作82个、变台安装38座。

通信工程　2005年7月15日开工，2006年6月10日完成各系统设备安装调试并竣工开通投入运营。主要工程量包括敷设电缆67.1公里、敷设光缆61.24公里；新建数字调度系统，既有长途电缆地线改造及双绕地段的区间通话柱安装等。前期以配合站场改造为主，进行设备过渡搬迁，光、电缆割接。后期进行牵引供电和电力工程通信通道施工，以及数字调度、无线列调施工和开通。主要以既有运行中的设备安全保护为重点，确保改造升级中的安全使用。无线列调施工范围包括大青阳、马莲井、山丹、东乐车站无线设备安装、调试，大青阳、马莲井、山丹、东乐至区间光纤直放站光缆敷设和测试。

信号工程　2005 年 6 月 5 日正式开工，2006 年 7 月 6 日全部竣工开通。主要包括将大青阳口、马莲井、山丹、东乐、西屯 5 站电气集中改造为微机联锁，改建联锁装置 77 组，DIMS 微机监测和 ZPW-2000 无绝缘四显示自动闭塞工程（自 K402+823 至 K504+167）。主要工程量为安装调试联锁道岔 67 驵、各种信号机 255 架、25 赫兹轨道电路 105 区段、ZPW-2000A 移频轨道电路 143 区段，安装调试室内微机联锁设备 5 站、智能电源屏 5 站、ZPW-2000A 移频设备 5 站、DIMS 和微机监测 5 站。

2004 年 9 月 10 日至 2006 年 5 月 30 日为配合既有线提速改造(区间)和站场改造阶段。这一过程持续时间较长，根据线路提速对施工的要求，与站前施工单位密切配合，共同制定迁改方案，满足小曲线半径、降坡及桥隧改造的要求，为线路提速和新自动闭塞的施工创造条件。2005 年 6 月 5 日至 2006 年 4 月 20 日为电气集中施工阶段。该阶段是信号工程的主要环节，施工难度较大，克服了原设计电气集中更改为微机联锁方案变化所带来的施工图和设备供应滞后、站前站后配合紧密和运输给点难度大等问题，做到施工和运输的有效兼顾。通过加大施工组织和设备监管配合，施工进度得到了保证。2005 年 9 月 20 日至 2006 年 5 月 21 为自动闭塞施工阶段。2006 年 6 月 10 日至 7 月 6 日为自动闭塞竣工验收开通阶段。

采用的新材料、新技术为内屏蔽数字电缆，室内端将电缆排列整齐固定在墙壁上，每一根电缆分别套上聚乙烯热缩喇叭套，钢带和铝护套用连接夹固定并用铜网引出，内屏蔽层用内外衬套夹好，用屏蔽网从中间穿过压接牢固并引出，连接好后在喇叭套内灌注冷封胶。站内电码化采用闭环电码化制式，能够检查轨道电路的完好和确认机车信号的正确接收。

房建工程　2005 年 3 月 15 日开工，2006 年 5 月 31 日竣工。新建变电所、配电所、分区所及电力工区、供电领工区、接触网工区房屋及附属工程，总建筑面积 5480 平方米。按照“先地下后地上、先结构后装修，先土建后设备”和“外装修由上向下、内装修由下向上、收尾由上向下”的原则，将工程划分为基础、主体、内外装修和收尾 4 个阶段进行施工，并按设备安装的工期要求提前竣工。

三公司承建的武嘉段电气化工程，在兰州铁路局建设项目管理中心的阶段性优质工程评比中，芨岭至大青阳口、山丹至东乐间的接触网，大青阳口至马莲井间的电力工程被评为优质样板工程。武嘉段四电工程的芨岭至大青阳口、山丹至东乐间的接触网，大青阳口至马莲井间的电力，东乐车、西屯车站的信号，马莲井车、西屯车站的通信工程，被兰州铁路局武嘉工程建设指挥部评为“优质示范工点”，并在武嘉段全线开通后被设备接管单位誉为全线电气化工程质量最优。武嘉段电气化工程获“2007 年度火车头优质工程一等奖”。

第三十四节　陇海线郑州至徐州段

一、工程概况

陇海铁路西起甘肃省兰州市，经天水、宝鸡、西安、洛阳、郑州、开封、商丘、徐州直至海滨城市连云港市，全称“陇、秦、豫、海铁路”，简称陇海铁路，全长 1760 多公里。陇海铁路是中国东部与中原及西北腹地联系的最重要的东西向铁路干线，同时还是东起连云港，西至荷兰鹿特丹港的新欧亚大陆桥的重要组成部分，是中国最繁忙的五大铁路干线之一。

郑徐段电气化工程，东起苏北重镇徐州市，途径安徽砀山，河南开封、商丘，西至郑州，正线全长 349 公里。它东连徐州枢纽，与华东地区沟通，西接郑州枢纽。可直达中南和西北地区，将中国的中、东、西部连接起来，并与京沪、京广、京九三大南北铁路干线交叉，形成覆盖中国东部、中原地区的干线铁路网，是中国铁路网规划“八纵八横”陆桥通道的陇海铁路的重要组成部分，是客货交流的主通道，承担着中部与东部的客货交流，是加强东部经济发达城市与中部发展中城市合作与交流的桥梁与纽带。沿线经济较为发达、城市密集，已成为中国产业发展的“金腰带”。

沿线均属黄河冲积平原，地形平坦，地势开阔，由西北向东南微倾，坡降为 1/2000～1/6000。历史上黄河多次在本区域泛滥，造成局部地区地形有所起伏。在民权附近有近南北向的黄河故道；兰考以西，线路走向平行黄河，位于黄河南岸约 10～12 公里。

郑徐段电气化工程（编写内容含徐州枢纽电化工程、XH3 标段信号工程、徐州北站III场信号联锁及自闭工程、点式列控工程），建设单位是郑州铁路局郑州工程指挥部、济南铁路局建设项目管理中心、济铁陇海铁路电气化建设指挥部，由中铁电化局电气化勘测设计研究院（总体设计单位）和通信信号勘测设计院、铁道第四勘察设计院设计。北京通达监理公司、济南铁路顺达工程建设监理有限公司、天津新亚太监理公司监理。

郑徐段电气化主要技术条件：铁路等级，Ⅰ级；正线数目，双线；限制坡度，4‰；最小曲线半径，200 公里/小时路段，一般 3500 米，困难地段 2800 米，个别困难地段不小于 2200 米；牵引种类，电力牵引；机车类型，暂定客车 SS9，货车 SS4；到发线有效长度：1050 米；闭塞类型，自动闭塞；牵引重量，5000 吨；建筑限界，满足开行双层集装箱列车和相应最高行车速度要求。

参加郑徐段电气化工程施工的有：中铁电化局集团二公司、三公司、北京建筑公司、西安电化公司，中铁五局集团电务公司、中铁七局集团电务公司等。

工程于 2003 年 9 月 20 日开工，2006 年 8 月 26 日竣工，并开通运行。

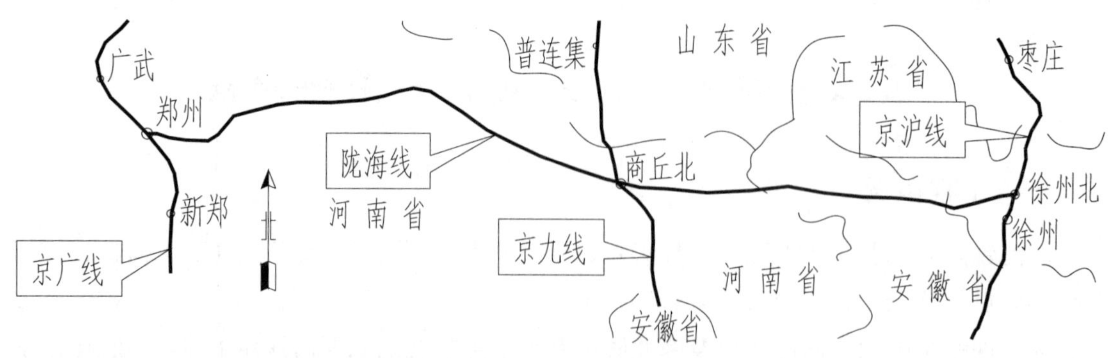

陇海线示意图（郑州至徐州段）

二、工程设计

（一）郑徐段电气化工程

郑徐段电气化工程，由中铁电化局电气化勘测设计研究院（总体设计单位）和通信信号勘测设计院设计，土建技改工程由铁道第四勘察设计院设计。

郑徐段电气化工程，采用带回流线的直接供电方式，牵引母线额定电压为 27.5 千伏。在满足牵引供电、通信防护的基础上，充分考虑徐州枢纽、郑州枢纽、商丘地区的供电可靠性以及沿线电力系统现状和规划，结合相邻线路的衔接及配套并考虑越区供电的可能性进行电气化设计。全线新设徐州北、夹河寨、文庄、夏邑县、商丘南疏解区、宁陵县、兰考、开封、圃田 9 处牵引变电所，其中徐州北牵引变电所根据京沪线电气化审查意见纳入其设计范围。新设商丘北、商丘西、徐州北、徐州客 4 处开闭所，其中徐州北开闭所纳入京沪线电气化工程设计范围。新设中牟、黄姚、野鸡岗、谢集、局界、砀山、杨楼、徐州西、周宅子 9 处分区所。在徐州枢纽新设徐州电力调度所，负责分局内陇海铁路、京沪铁路和枢纽电气化牵引供电系统的电力调度，在郑州设置综合电力调度系统。

根据初步设计审查意见，与电力部门进一步研究外部电源方案和进线电源电压及牵引变压器接线方式。结合江苏、安徽、河南 3 省的实际电源分布、出线的条件、承受负序、谐波能力等情况，夹河寨、文庄牵引变电所采用 220 千伏电源进线，主变压器采用单相接线变压器，主变安装容量均为 2×31.5 兆伏安；开封、兰考、宁陵县、商丘南疏解区、夏邑县牵引变电所选择 110 千伏电源进线，主变压器采用平衡变压器接线方式，除开封牵引变电所的主变安装容量为 2×40 兆伏安、文庄的主变安装容量为 2×25 兆伏安外，其余各所的主变安装容量为 2×31.5 兆伏安；考虑到郑州枢纽供电能力的相互支援，圃田牵引变电所采用 110 千伏电源进线、主变接线方式为 YN/d11 接线牵引变压器，安装容量为 2×31.5 兆伏安。无功补偿装置容量按近期客、货运量进行计算，补偿后牵引变电所高压侧平均功率因数达 0.9 以上，其感抗与容抗之比为 0.12。电容器采用电气化铁道专用的并联电容器，电容器采用全膜介质，串联电抗器采用户内空芯干式电抗器。

各牵引变电所设两回进线电源，110 千伏(220 千伏)进线侧采用分支接线方式，两回进线电源在进线电动隔离开关内侧设置跨条以实现进线电源与主变压器之间的交叉供电，并设备用电源自动投入装置。27.5 千伏侧采用单母线隔离开关分段，馈线断路器采用 50%备用方式。每个牵引变电所馈线设故障性质判断装置，当发生永久性故障时，用于降低自动重合闸对设备的危害。分区所主接线，每条供电臂的上、下行线路间用断路器相联，正常运行时，断路器闭合，实现上下行并联供电。相邻两供电臂的上行和上行之间、下行和下行之间设负荷隔离开关，实现越区供电。开闭所主接线，设两回进线，互为备用，并设备用电源自动投入装置。进线处设断路器，在断路器外侧设电动隔离开关。开闭所内母线的接线方式为单母线不分段型，每回馈线设 1 台断路器，断路器外侧设 1 台电动隔离开关。

牵引变电所按无人值班有人值守设计，在变电所内设置全所综合自动化系统。分区所、开闭所按无人值班有人值守设计，在分区所、开闭所内设置全所综合自动化系统，综合自动化系统采用控制室内集中组盘安装方式。在变电所、分区所、开闭所设置视频安全监控系统。郑徐段郑州分局管辖范围内设置郑州综合电力调度所，设 2 个调度台，增设 1 套牵引供电远动系统。徐州分局管辖范围内新设徐州调度所，设徐州枢纽电调台、郑徐区间电调台、京沪区间电调台，并预留徐州至连云港段的电化条件。

接触网悬挂正线采用 THJ-95+AgCu-120 型带预留弛度的全补偿简单链形悬挂，张力 14.715 千牛＋14.715 千牛，站线采用 THJ-70+TCG-85 型全补偿简单链形悬挂，张力 14.715 千牛＋8.34 千牛，供电线采用 LGJ-240/30 钢芯铝绞线，回流线采用 LGJ-120/20 钢芯铝绞线，架空地线采用 LGJ-70/10 钢芯铝绞线。接触网结构高度一般为 1.4 米。当接触网通过净空较低的跨线建筑物时，结构高度可酌情缩小，但不宜小于 0.5 米。导线高度按能带电通过装载高度为 5.512 米的双层集装箱设计，如果双层集装箱的高度大于 5.512 米，则导线高度相应增加。编组站、区段站和个别较大的中间站站场，接触线距轨面的最低高度不小于 6.2 米。正线接触网锚段长度一般不超过 1600 米，困难时不超过 1700 米；站线接触网锚段长度一般不超过 1800 米，困难时不超过 1900 米；附加导线锚段长度一般不超过 2000 米，困难时不超过 3000 米。

区间腕臂柱的侧面限界一般不小于 3.0 米，站场腕臂柱的侧面限界一般不小于 3.0 米，软横跨支柱的侧面限界一般不小于 3.3 米，硬横跨支柱的侧面限界一般不小于 3.0 米，站台上支柱侧面限界按 5.0 米设计。专用牵出线接触网支柱侧面限界一般不小于 3.5 米

腕臂柱一般采用环形等径预应力混凝土支柱，软横跨柱在支柱容量允许范围内，优先采用大容量横腹杆预应力钢筋混凝土柱。当支柱容量不够时，采用 13.0 米或 15.0 米的热镀锌钢柱。开封、商丘及提速 200 公里/小时的区段，站场采用硬横跨，硬横梁支柱视跨度大小，可采用环形等径预应力混凝土支柱或热镀锌钢柱。单腕臂柱采用绝缘旋转平腕臂结构，腕臂管采用镀锌钢管。正线定位器采用具有限位功能的铝合金定位器。正线及站线接触网吊弦均采用整体吊弦。接触悬挂及中心锚结下锚采用钢筋混凝土柱式拉线基础。补偿装置采用铝合金滑轮组。

采用高强度瓷质棒式绝缘子，其公称泄漏距离不小于 1200 毫米。悬式绝缘子采用瓷质绝缘子。25 千伏悬式绝缘子串的公称泄漏距离不小于 1200 毫米，车站上下行间分段用绝缘子串的公称泄漏距离一般不小于 1600 毫米。正线绝缘及非绝缘锚段关节均采用四跨型式。200 公里/小时速度区段，正线道岔处接触线采用无交叉布置方式，160 公里/小时及以下速度区段正线道岔处接触线采用交叉布置方式，站线道岔处接触线采用交叉布置方式。

在有变电所、分区所的车站一端及局界处设接触网电分相装置。电分相采用七跨式分相关节，电力机车过分电相采用自动方式。全线上、下行正线间接触网均实行电气分开。区间上下行接触网带电体间距离一般不小于 2000 毫米，站场软横跨上、下行间绝缘子串泄漏距离不小于 1600 毫米。接触网按供电臂 V 停反行单元设计，预留逐站逐区间 V 停检修条件。

电力工程，对只有一路电源引入的增加一路可靠电源，新设自闭配电所采用单母线断路器分段运行方式，高压开关柜采用真空断路器、微机保护装置。设置 10 千伏电力远动系统，由各水电段电力调度中心对所管辖范围内的变、配电所及开关站进行三遥控制。郑州北、郑州东变配电所设备利旧，供电方式维持现状。原址重建开封、兰考、民权、商丘西 4 处 10 千伏配电所，原址改造砀山 10 千伏配电所，新建、改建配电所采用真空断路器、微机保护。开封东、中牟配电所按地区配电所维持现状。开封东配电所原两路电源分别由开封配电所站馈(一)、站馈（二）电源接引，该所原两路电源引至开封配电所，原自闭、贯通线由相邻的开封、兰考配电所提供并形成互投条件。中牟配电所原自闭、贯通线电源由相邻的郑州东、开封配电所提供并形成互投条件。郑州北、郑州东变配电所根据情况，配备 10 千伏电力远动系统接口装置。为保证信号一级负荷的可靠供电及为今后发展预留条件，改造郑州东至张阁庄段 10 千伏贯通线路 205 公里，对商丘以东至沙塘（不含）10 千伏贯通线路换线约 134 公里。郑徐段全线采用 10 千伏电力远动系统，信号电源监控纳入到电力远动系统中。在 10 千伏自闭、贯通线路各车站装设断路器，形成水电段电力调度中心对沿线车站及配电所的断路器进行远动操作，实现遥控、遥测、遥信功能。电力调度中心分设在郑州水电段、徐州水电段所在地。牵引变电所备用电源、分区所、开闭所及各车站 V 停电源、红外线探测轴温设备等电源由贯通线接引。在无可靠地方电源的车站、网工区，各机务段、折返段、车辆段、客机段车间、供电设备检修基地等由铁路 10 千伏所或铁路 10 千伏线路接引。兰考、民权、砀山 10 千伏自闭配电所规模按二进六出，开封、商丘西自闭配电所按二进八出，单母线断路器分段运行方式，高压开关采用真空断路器，控制设备选用微机综合自动化。

通信工程　利用既有通信站，在既有郑徐长途光缆通信工程、枢纽通信改扩建工程、郑西段通信工程、京沪线干线光缆通信工程、京沪线数字微波工程和已建的郑州至连云港段通信接入网工程、京沪线光传输网等工程的基础上，进行电气化改造通信工程设计。郑徐段既有 20 芯光缆和 14×4 长途对称电缆维持现状，并按电气化要求对其进行相应整治。

利用已开通的 SDH2.5 吉比特/秒波分复用系统作为骨干传输网，维持现状不变。利用既有 SDH622 兆比特/秒同步光数字传输系统作为本地中继网，利用既有隔站设置的 SDH155 兆比特/秒同步光数字传输系统作为本地中继网的备用。原有长途干线电缆芯线中的列调、无线列调、站间行车线对作为数字专用通信系统相应的备用通道（按电气化要求进行调整），其他芯线运用维持现状。利用已建的 SDH622 兆比特/秒同步光数字接入网系统，为行调、货调以及本工程新增的电调等调度系统和车务、工务、电务、水电、供电等专用电话、小站自动电话、站间行车、区间电话等提供语音通道，为红外轴温探测系统、调度管理信息系统（DMIS）、运输管理信息系统（TMIS）、票务管理信息系统（PMIS）等 MIS 系统，以及基层会议电视系统、动力及环境监控系统和本电气化工程中新增的电气化远动、视频监控、V 停反行远动、电力远动、信号微机监测、调度集中等其他信息管理、遥测控制等非语音业务系统提供传输通道。全线新设光纤在线监测系统。监测站分别设在郑州、民权、黄口，监测中心设在郑州、徐州（属徐州枢纽）两地。由监控中心对监控站实现管理和控制。为新增的牵引变电所、分区所、开闭所、V 停及电力远动新增的开关站、配电所、信号微机监测、调度集中等用户提供语音、数据通道而敷设用户接入光、电缆。

信号工程　郑徐段郝寨至郑州间采用四显示自动闭塞，郑州东至郑州北货运线采用三显示，全线反方向行车采用自动站间闭塞，区间采用铝合金高柱信号机。区间轨道电路采用 ZPW-2000A 型无绝缘轨道电路，增加车载应答设备和站内校核设备。区间电缆采用铝护套电缆。对微机联锁车站进行改造以适应区间制式的改变。车站正线及有条件的中间站到发线电码化，站内轨道电路采用 97 型 25 赫兹相敏轨道电路。根据《既有线 200 公里/小时动车组 ATP 车载和地面设备配置及运用技术原则（暂行）》及有关补充规定，既有线 200 公里/小时动车组 ATP 由地面和车载设备构成。在本线 CTCS-2 级区段，ATP 系统地面设备由 ZPW-2000A 多信息无绝缘轨道电路、车站 ZPW-2000A 电码化、应答器设备和车站列控中心等构成，其中车站正线接发车进路载频调整、逆向发车电码化、应答器设备和车站列控中心为本次设计内容。济南局管辖范围内需增加反向发车进路电码化，室外增加反向发车进路发码通道，采用数字信号电缆，室内修改发码电路。在列车运行的 CTCS-2 级区段，设车站列控中心，室内设置 LEU，进站口和出站口处设置有源应答器和无源应答器，区间设置无源应答器。为满足动车组有效运行，设地面电子单元（LEU）、有源应答器、无源点式应答器、车站列控中心设备、车站列控中心与联锁及分散自律调度集中设备。

房建工程　全线新建生产房屋 6 万平方米，其中徐州枢纽新建生产房屋 9574 平方米，徐州枢纽以外至郑州新建生产房屋 5.0432 万平方米；全线新建生活房屋 3970 平方米，其中徐州枢纽新建生活房屋 380 平方米，徐州枢纽以外至郑州新建生活房屋 3590 平方米。兰考站房拆除新建，钢筋混凝土框、排架结构，建筑面积 2668 平方米。

防护工程　对受铁路电气化影响的各系统通信线路和设施，按 GB6830—86《电信线路遭受电力线路危险影响的容许值》、邮电部、水电部、铁道部、通信兵部《关于防止和解决电力线路对通信、信号线路危险影响和干扰影响的原则协议》、GB13618—92《对空情报雷达站电磁环境防护要求》、国家计委计二（1986）1249号、国家计委（60）计机养字1726号、GB13618—92有关规定处理。

对与铁路交叉跨越的通信线路，改为采用钢管防护由路基下穿越铁路；对平行接近受影响的通信线路，视当地具体情况确定迁改方案，有条件的地段以远迁为主，条件不具备的改为直埋高屏蔽电缆。对受影响的油库、油气管道采取安全防护措施。古城雷达站距离郑徐线380米，不满足国标GB13618—92的要求，按规定此雷达站应搬迁，但此雷达站近年来从国外引进了较先进的设备，且建筑规模大，工作种类多，如采取搬迁方案，耗资巨大。经研究和与有关部门协商采取防护措施来解决。根据防护设计方案，部队系统有2处无线通信设施需采取安全防护措施；有2处煤气管道与铁路交叉跨越，需采取安全防护措施；有19处油库需要采取防护措施。厂矿、广播、乡以下电信系统与铁路交叉跨越的线路较多，均改为采用钢管防护由路基下穿越铁路。

2007年8月获中国铁路工程总公司优秀工程设计二等奖。2008年4月获铁道部优秀设计一等奖。

（二）徐州枢纽电气化工程

徐州枢纽单独列入郑徐段电气化的车站包括徐州客站、徐州西站、铜山、夹河寨、沙塘5个车站和夹孟联络线上的杨屯、周宅子2个车站。本DQ-1标段范围里程：K221+500至K241+700，正线长度20.2公里，包括陇海线引入徐州枢纽和夹孟疏解线、联络线的电气化工程及相关配套工程。夹孟疏解线和联络线由铜山站和夹河寨站分别引出，经南岗、杨屯、周宅子站接入徐州北与京沪线相连。

（三）郑徐段(济南局)XH3标段信号工程

XH3标段为陇海线K305+600至K354+400范围内的砀山、杨集、夏邑、虞城4站4区间（既有李新集、赵屯站封闭）的信号工程，即砀山站（含）至局界，全长48.4公里。

区间设四显示自动闭塞，双线双方向运行，反方向为站间闭塞；区间采用多信息无绝缘轨道电路，采用ZPW-2000A型无绝缘轨道电路设备；列车以通用型机车信号与列车运行监控装置结合使用模式运行；各站预留点式查询应答器电缆芯线。区间采用铝护套（$PZYL_{23}$-1型）电缆。既有夏邑、虞城站为计算机联锁设备，其他车站为6502电气集中联锁。车站微机联锁工程是在既有线的基础上进行改造，新建信号楼。正线道岔由既有两机牵引改造为五机牵引，轨道电路由既有480型改造为25赫兹相敏轨道电路。侧线股道采用25赫兹相敏轨道电路叠加8信息移频电码化。车站正线提速道岔所用的大功率S700K型三相交流电动转辙机利旧，站内侧线道岔采用ZD6系列电动转辙机。既有调度监督设备利旧改造，并按照DMIS系统考虑。全线既有微机监测设备利旧，不符合规范要求的进行改造，并联网使用和符合DMIS接入条件。

（四）徐州枢纽、徐州北站Ⅲ场信号联锁及自闭改造工程

徐州枢纽站场线路复杂、设备多，其下行出发场信号是在既有线的基础上进行改造，新设信号楼，室外道岔转辙机利旧，调车信号机利旧，更换电缆及箱盒等。

车站采用微机联锁，外包正线正反向接车进路、SNA、SNB 方向发车进路及到发线股道设计闭环电码化，区间采用 ZPW-2000A 自动闭塞，采用 97 型 25 赫兹相敏轨道电路，正线采用 S700K 型两机牵引道岔，采用 S700K 电动转辙机，侧线道岔采用 ZD6-D 电动转辙机，电源屏采用智能电源屏；电码化采用 $SPTYWPL_{23}$ 型铝护套信号电缆，信号、道岔、轨道采用 $PTYL_{23}$ 型铝护套信号电缆．支线采用 $PTYA_{23}$ 型信号电缆。

徐州北下行出发场既有设备为 6502 电气集中，50 赫兹交流连续式轨道电路，徐州客站与徐州北下行出发场间既有设备为非电化 18 信息移频自动闭塞。徐州北下行出发场至徐州南站 4 线、徐州北下行出发场至徐州客站 2 条单线新建四显示 ZPW-2000A 自动闭塞，双线双向运行，反向采用自动站间闭塞；其他场间联络线维持既有闭塞制式不变，并设置贯通地线。徐州北下行出发场新建计算机联锁，配置智能信号电源屏，站内采用 97 型 25 赫兹相敏轨道电路，车站正、侧线闭环电码化，站内发码设备与区间一致，采用 ZPW-2000A 制式。微机监测设备利旧改造。室外电缆全部新设，干线电缆采用 $PTYL_{23}$ 型综合铝护套电缆，支线采用 $PTYA_{23}$ 型电缆，计轴电缆采用 $PJZL_{23}$ 型综合铝护套电缆，点式电缆采用 LEU-4C 型电缆，闭环电码化采用数字电缆。

（五）郑徐段电气化，点式列控工程

郑徐线（济南铁路局管内）CTCS-2 配套地面信号系统安装工程为郑徐段电气化改造的配套工程。工程范围包括砀山、杨集、夏邑、虞城 4 站 4 区间。CTCS-2 型地面信号系统设计，主机采用 S25060-X60-B85 型与 ATP 接口；进站口采用有源应答器（S25421-A1-B200），区间采用无源应答器（S25421-A1-B100）；有源应答器和 LEU 设备采用 LEU-4 芯屏蔽双绞专用电缆实现数据传输。

三、工程施工

（一）郑徐段电气化工程

郑徐段电气化工程的几个标段和相关配套工程由中铁电气化局集团有限公司承建，其中 13 标段（郑州至杏花营全长 59.2 正线公里）、徐州枢纽和应急工程及有关配套工程由三公司负责施工；12 标段（开封东至杏花营全长 16.1 正线公里）、点式列控工程、徐州枢纽和徐州北站Ⅲ场信号联锁及自闭工程，济南局 XH3 标段信号工程等由二公司负责施工；民权至罗王段全长 89.05 正线公里由西安电化公司负责施工；给排水工程由建筑公司负责施工。各公司按合同工期要求，成立郑徐段电气化工程项目部及相关配套工程项目部，统一管理，合理组织施工，以满足工期、质量、安全的要求。

工程于 2003 年 9 月 20 日开工，2006 年 8 月 26 日竣工。

接触网工程 郑徐段电气化工程是国内第一条设计时速 200 公里的既有线电气化项

目，设计标准高，工艺新。三公司 2003 年 10 月 8 日开工以来，克服前期技改滞后、图纸不到位、招标材料晚、建设资金紧张、物资供应滞后、封闭点不利于施工等诸多困难，于 2005 年 12 月底完成 8 站 7 区间全长 59.2 正线公里的接触网工程。二公司施工的 2 站 2 区间全长 16.1 正线公里的接触网工程，于 2003 年 10 月 18 日开工，以“样板工程”为先导，采用“精确测量，集中预配，机械化安装”的作业方式，推行“四个一次到位”技术，提高工效和安装质量，于 2006 年 5 月底竣工。西安电化公司施工的民权至罗王段全长 89.05 正线公里的接触网工程，投入 3 个作业队，20 台车辆，于 2003 年 9 月 20 日开工。开工初期，兰考车站为流沙地质，原设计的硬横梁基础无法完成，技术人员根据现场实际经过认真计算提出了将原有基础变浅、变宽，减小开挖深度的处理方案，得到了设计人员的肯定，在优化设计的同时，施工采用加大加深防护板防止塌方的施工方案，安全顺利地完成了下部基础施工。针对线路技改的影响，成立了技术攻关小组，准确预留线路拨道空间，在民权至内黄集区间和民权至宁陵区间曲线未拨的情况下，完成全部接触网支柱的安装。由于该段列车密度大，封闭天窗点全部为凌晨 3～5 点，为保证施工安全，制定安全预防控制措施、紧急预案，确保夜间安全施工。于 2006 年 8 月 16 日完成接触网架设 235.193 条公里，回流线 178.329 条公里，架空地线 2.797 条公里等施工任务。

变电工程　三公司负责新建圃田牵引变电所、改造郑北变电所、新建中牟分区所、重建郑州开闭所(兼分区所)、新增郑徐线远动系统及改造郑州枢纽既有远动系统、新建圃田、中牟 2 个 V 亭站的施工。为满足工期要求，调集技术骨干，采用程序化施工方法，圃田变电所、中牟分区所经过一年的紧张施工，2005 年 12 月 13 日完成设备安装和电气试验、调试和初验工作。2006 年 6 月 27 日和 30 日通过验收。圃田 V 亭站 2005 年 5 月 1 日开工，2006 年 5 月 7 日竣工，全部变电工程于 2006 年 7 月 10 日通过验收。二公司负责开封变电所施工，做到施工有标准，过程能控制，使创优工作纵贯施工的全过程，于 2004 年 12 月 10 日开工，2006 年 8 月 1 日竣工。西安电化公司负责新建兰考变电所、黄姚和野鸡岗分区所的施工。针对工程特点，与房建施工密切配合，做好预埋件的预埋及设备安装孔位的预留确认，为变电设备的安装打下基础。在房建主体基本完工后及时进行基础及地网的施工，然后逐步进行构架组立、网栅制安、设备安装调试、母线安装、盘柜体安装、电缆敷设及二次接线，最后进行单体、整组调试以及远动联调工作，按期完成施工任务。

房建工程　三公司负责郑州至杏花营段圃田变电所、圃田网工区、圃田作业车库、中牟分区所、郑州客开闭所房屋建筑和圃田变电所场坪道路的施工，工程量总计 3565 平方米。其中围墙 530 米，场内外道路 2000 平方米，桥涵 2 座，挡土墙 530 立方米，浆砌片石护坡、排水沟 2800 立方米，场坪土石填方 5.056 万立方米。于 2004 年 4 月 22 日开工，该工程主体施工正处于冬季，为保证施工质量采取了施工保护措施，并随时掌握天气变化调整施工计划，全部工程于 2006 年 4 月 16 日竣工。济南铁路局所属的徐州客站开闭所和徐州夹河寨变电所房建工程由三公司施工。徐州客站开闭所建筑面积 306.6 平方米，房屋长30米，宽9.9米，单层框架结构，坡屋面顶标高为7.95米，抗震等级三级，7度抗震设防，二级耐火等级，屋面防水等级H级。工程于2004年10月15日开工，2005年10月15日竣工。徐州夹河寨变电所建筑面积867平方米，房屋长50.10米，宽9.9米，西部12轴至16轴为一层结构，坡屋面顶标高7.30米，东部1轴至12轴为二层框架结构，坡屋面顶标高12.3米，7度抗震设防，二级耐火等级，屋面防水等级为H级。工程于2005年1月20日开工，2005年10月20日竣工。二公司负责开封变电所和加强领工区房屋建筑工程的施工，2003年12月22日开工，2005年1月6日竣工。

给排水工程　建筑公司承担全线给排水工程的施工，2004年5月1日在兰考成立郑徐线工程项目部，后根据工程需要搬迁至商丘。为按期完成工程任务，下设商丘、兰考、开封、郑州4个工区开展施工。2004年5月30日开工，在给排水管路施工中采用聚乙烯(PE)管，专用配套设备热熔焊接。2005年底竣工，全线一次通过验收。

（二）徐州枢纽电气化工程

接触网工程由三公司负责施工，于2003年12月1日开工。由于受线路技改、材料、变更和气候的影响，致使工期比计划工期延长。开工时由于受降雨的影响，徐州枢纽地区的水位距地面仅为1～2米，在非路堤区段无法施工。经建设、设计、监理、施工单位的共同商定，决定采用2米的浅基础才得以施工。徐州西、铜山、杨屯站的变更设计2005年12月才确定，夹孟疏解线线路技改到2006年7月中旬尚未完成，影响电化施工。通过交叉施工，于2006年7月26日竣工并初验，2006年8月2日验收完毕。

（三）郑徐段(济南局)XH3标段信号工程

XH3标段信号工程由二公司负责施工。在设计图纸不全，有的线路不成型、坐标不明确的情况下，积极与站前施工单位联系和查阅相关资料，初步确定相关位置坐标后，计算并测出设备的安装位置，为后续施工创造条件。施工中以进度和网络计划为中心，重点抓住工序间的衔接与配合，保证网络计划的实现。施工后期以系统试验、交验为中心，抓好收尾工程和工程缺陷的修复，保证系统试验和交验工作的顺利进行。4个站的微机联锁计109组道岔和4区间48.4公里的自动闭塞线路等，按时竣工开通。

（四）徐州枢纽、徐州北站Ⅲ场信号联锁及自闭改造工程

徐州枢纽、徐州北站Ⅲ场信号联锁及自闭改造工程，由二公司负责施工，于2005年10月15日开工，由于枢纽工程施工难度较大，首先经过现场勘测编制施工组织设计，并进行优化。推广应用“四新”技术，加快施工进度。施工中运用统筹法和网络计划技术，对整个工程实施动态管理。合理安排工序，施工过程处于受控状态。工程于2006年5月23日竣工。

（五）郑徐段电气化，点式列控工程

点式列控工程由二公司负责施工，主要工作量为4站列车超速防护车站有源地面点式设备安装，列车超速防护车站无源地面点式设备安装，于2006年8月开工。为确保工期，

组建点式列控工程领导小组和专业工作队，首先进行现场勘测，根据施工图编制施工方案，制定合理的施工工序及工艺。工程于2006年10月15日一次顺利开通投入运营。

第三十五节 胶济线

一、工程概况

胶济线东起海滨城市青岛，西至山东省省会济南市，途经章丘、淄博、青州、潍坊、胶州等市县，正线全长384.6公里。胶济线西临黄河下游华北平原，北靠渤海莱州湾及胶东低山丘陵区，东临黄海，南靠黄海胶州湾及鲁中南低山丘陵区。沿线依次穿越胶东崂山南西部滨海地带海蚀阶地，胶莱冲击剥蚀平原、鲁中南低山丘陵北麓山前冲、洪积平原，地形平缓开阔，交通十分便利。胶济线素有“山东经济的黄金通道”之称。也是青岛、黄岛、烟台三大港口的重要疏港通道。胶济铁路进行电气化改造，对有效缓解运能紧张状况，扩大山东半岛对外开放辐射面，保持山东半岛经济持续健康发展，将起到积极的促进作用。同时，青岛作为2008年奥运会帆赛的主会场，电气化改造后的胶济铁路将2个奥运会举办城市间的时空距离进一步拉近，从青岛到北京的运行时间缩短为7个小时。

胶济线电气化和济南枢纽电气化改造工程，建设单位是济南铁路局，由铁道第二勘察设计院和铁道第三勘察设计院设计，济南顺达监理公司、乌鲁木齐铁建监理公司、沈阳铁路局建设监理公司沈阳铁路监理站监理。

胶济线电气化工程，主要技术条件：铁路等级，Ⅰ级干线；正线数目，双线；限制坡度，5‰；最小曲线半径，120公里/小时路段800米，130 公里/小时路段1000米，140～160 公里/小时路段1600米，200公里/小时路段2200米；到发线有效长度，1050米；牵引种类，电力牵引；闭塞类型，自动闭塞。

中铁电气化局集团有限公司承建的胶济线电气化工程，分别于2003年1月和2003年10月30日开工，2006年8月30日建成开通。

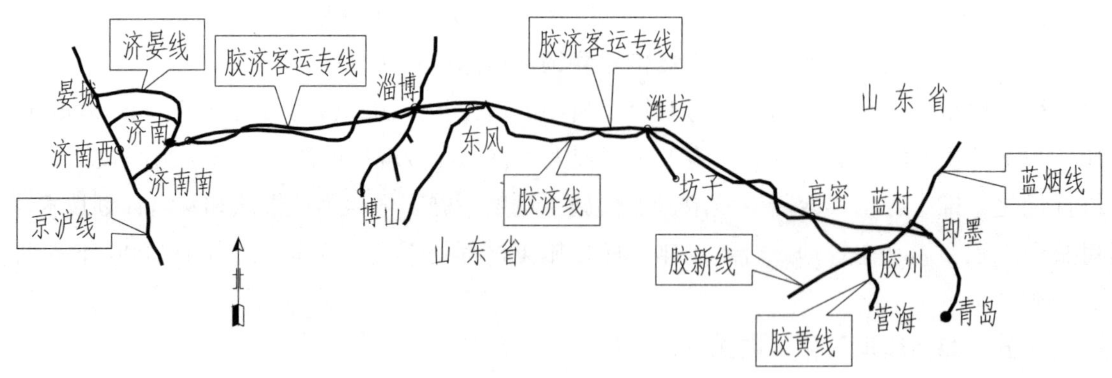

胶济线示意图

二、工程设计

牵引供电系统采用带回流线的直接供电方式。外部电源采用两回110千伏或220千伏独立电源供电，互为备用。牵引变电所110千伏或220千伏高压侧采用分支接线或T型结线，27.5千伏低压母线侧采用隔离开关分段的单母线接线，馈线断路器采用固定备用方式。110千伏、220千伏断路器采用SF6断路器，27.5千伏断路器采用手车式真空断路器。变电所设2台平衡变压器（容量分别按2×50兆伏安及2×30兆伏安设计），采用100%固定备用方式，主变压器设风冷装置。27.5千伏侧设无功补偿兼滤波器装置，变电所保护采用微机成套保护装置，设视频监视终端。在济南供电调度所设置远动系统，变电所、分区所纳入远动系统控制。

开闭所采用双电源27.5千伏进线，进线侧设置方向阻抗I段距离保护，电流增量保护为主保护，电流速断作为后备辅助保护，并启动自动重合闸。低压启动过流保护作为母线故障的主保护，并作为馈线的后备保护。采用微机保护自动化装置，设置微机远动装置。分区所为室外柱上式，主接线采用4台负荷开关构成的四边形接线，变电所、分区所按无人值班无人值守设计。

接触悬挂采用全补偿简单直链形悬挂，正线接触线采用CTHA-120型银铜线，承力索采用具有抗腐蚀性强的THJ-95型铜合金绞线，额定张力30千牛；站线接触线采用CTHA-85型银铜线，承力索采用LGBLJ-70型，额定张力25千牛。接触悬挂点高度一般为6.45米，结构高度为1.3～1.4米。正线接触网采用带载流环的可调式整体吊弦，站线接触网采用无载流环的可调式整体吊弦。定位器均采用限制受电弓抬升量、保证安全的轻型铝合金限位定位器。接触线距受电弓中心的最大水平偏移值为450毫米。在桥梁高路堤地段的支柱装配采用定位管支撑。200公里/小时地段站场采用硬横跨，其余接触网采用软横跨。绝缘锚段关节采用五跨式，非绝缘锚段关节采用四跨式，电分相采用带中性区的七跨式关节式电分相，设自动过分相地面感应装置。接触网腕臂柱采用混凝土支柱，软横跨支柱采用大容量混凝土支柱或热镀锌钢柱，桥钢柱、硬横梁柱采用热镀锌钢柱。为满足维修V停天窗的需要，车站一端为绝缘锚段关节，设常合隔离开关。

济南枢纽应急工程，车站两端设绝缘锚段关节，设置普通手动隔离开关。分相处、供电线上网点设置避雷器。一般情况下区间优先采用横腹式预应力混凝土腕臂柱，站场特殊情况下采用H型热浸镀锌腕臂钢柱。软横跨支柱在容量允许情况下优先采用预应力混凝土支柱，支柱容量不满足要求时，采用热浸镀锌钢柱。硬横跨支柱采用热浸镀锌角钢式钢柱。桥上采用热浸镀锌钢柱，根据桥台型式，采用斜腿或直腿桥钢柱，桥上安装接触网支柱经过桥梁专业检算，除了料石墩外，其他桥墩均满足接触网立柱的承载力要求。站场有正线的接触网横跨跨度不大于40米时采用硬横跨，横跨跨度大于40米时采用软横跨。在同一车站内选用同一型式的横跨支柱，即选用大容量混凝土支柱的车站，全部选用混凝土支柱；

选用钢柱的车站，全选钢柱。在线间距受限处，采用窄形软横跨钢柱。新型多线路腕臂支柱采用热浸镀锌格构钢柱。正线、站线、中心锚结等悬挂下锚均采用拉线基础。附加导线（包括回流线、供电线、架空地线等）下锚采用拉线盘。腕臂柱打拉线均可作锚柱。腕臂支持装置均采用双重绝缘旋转全腕臂结构形式，斜腕臂与平腕臂间均加设腕臂支撑。在风口地段（如桥上）和关节或道岔下锚支加设定位管支撑，正线采用轻型铝合金定位器。绝缘子采用耐污型绝缘子，棒式绝缘子采用抗弯强度为 8 千牛的双重绝缘瓷绝缘子，在污秽严重地区如电厂、水泥厂及绝缘锚段关节处、软横跨处采用合成绝缘子。

房屋建筑采用现浇框架结构。由于本区段地质情况不一，各工程均采用了不同形式的地基处理。

三、工程施工

一公司负责施工的济南（不含）至平陵城（含）段电气化工程有济南东、黄台、历城、平陵城共 4 站 4 区间；济南枢纽应急工程（DQ-7 标段）范围包括：津浦线董家庄至济南南站、津胶联络线、南环线（水白线）、桥党线的济南西站至水屯站、B1 和 B2 联络线等，电化房屋工程包括：郭店和济南西牵引变电所、济南东开闭所、济南分区所兼开闭所等附属工程，建筑面积 3155 平方米。为协调 2 个标段的施工，成立工程项目经理部，下设 2 个接触网作业队、3 个变电作业队、2 个房建作业队开展施工。二公司负责施工的潍坊东(不含）至东风(不含)（DQ-4 标段）94.56 正线公里，2003 年初在青州市设立工程经理部，下设 2 个接触网作业队、1 个变电作业队、1 个房建作业队开展施工。三公司负责施工的青岛至城阳（含）(DQ-1 标段）31.85 正线公里，成立工程经理部，下设接触网作业队、房建作业队、变电作业队开展施工。

接触网工程　一公司施工的胶济线接触网工程，于 2003 年 11 月 11 日开工，2006 年 8 月 27 日竣工。完成接触网架设调整 157.126 条公里，回流线架设 89.305 条公里，供电线架设 4.5 条公里，架空地线架设 3.0 条公里，安装杆塔 1620 根，基础浇制 939 个，硬横梁安装 48 组，软横跨安装 292 组。于 2006 年 8 月 29 日送电开通。济南枢纽应急工程，于 2005 年 5 月 16 日开工，2006 年 9 月 5 日全部竣工。完成接触网架设调整 292.161 条公里，回流线架设 94.925 条公里，供电线架设 56.904 条公里，架空地线架设 39.512 条公里，安装杆塔 3497 根，基础浇制 2387 个，硬横梁安装 289 组，软横跨安装 391 组。枢纽内京沪通道于 2006 年 6 月 25 日配合京沪线送电开通，枢纽北环和东环线也于 2006 年 8 月 29 日送电开通，济南站于 2006 年 9 月 6 日送电开通。

二公司 2003 年初设立工程项目部开工后，2003 年 3 月为适应铁路跨越式发展的要求，铁道部决定将胶济线建设标准由 140 公里/小时提高到 200 公里/小时，设计院重新做施工图纸设计。为此大部分施工人员休假。2003 年 10 月，济南铁路局胶济线建设指挥部召开胶济线复工大会，要求各施工单位立即组织开工。开工后到 2004 年 1 月 2 日，在潍坊至潍坊西间完成6根接触网支柱安装，标志着胶济线电气化工程又正式开工。由于受施工图纸及线路施工的制约，下部施工进展缓慢，只能找缝插针，千方百计拓展作业面；对新建线路，只要路基成型，利用尚未铺轨的空隙，提前进行杯基浇制。2004年11月25日至2005年1月6日在潍坊西至昌乐上行第5锚段和第6锚段，开展试验段施工，试验段设计时速为200公里。为安全、优质完成试验段接触网施工，配备多名技术骨干力量和一流的机械设备。为加快工程进度，2005年3月20日又增加1个接触网作业队和1组安装列车等机械设备开展施工。由于建设标准的提高和重新设计，工期后延，建设单位要求2005年12月将潍坊东至东风段建成开通交付运营。面临这一新的困难，对施工计划进行调整，编制2005年年底建成开通的施工组织设计，把重点放在对严重影响施工的先期工程，全力以赴全面突击接触网下部工程。

2005年6月进入上部施工阶段，并利用网络技术对施工进度实行动态管理，按“四个一次到位”施工工法进行软横跨安装、支柱装配安装、锚板拉线安装等。由于站前技改工程进展滞后，到2005年7月还有4处线路未拨移到位，已拨接区段还在进行补砟和养道，导致202根支柱无法安装；同时因潍坊站站改，无施工图纸，整个车站无法施工。尽管克服了各种困难开展施工，但到2005年年底才完成承力索和接触线架设290条公里，回流线架设190条公里，完成接触网总工程量的95%；潍坊站站场平面图纸也于2005年10月才收到，但又因对横梁、钢柱的容量加大重新设计，导致接触网施工严重滞后。进入2006年后，通过加大协调力度，见缝插针开展施工，终于于2006年5月全部竣工。

三公司施工的青岛至城阳（DQ-1标段）段有青岛、港湾、沙岭庄、沧口、娄山、城阳（不含）共5站5区间。2003年3月开始现场施工调查，2003年10月30日举行了开工仪式。该线属于线路边改造边施工边设计的“三边工程”，开工时仅有沙岭庄至沧口区间的施工图，经过定测，K13+640～Klb864间的李村河桥属于百年老龄桥，需要重新设计；K14+980～K15+200间粮油专用线与下行线并行，线间距离不够，经与设计现场测量后，变更为8组软横跨。在此情况下，2003年11月底完成了沙岭庄至沧口区间的46根支柱安装。2003年12月开始停工整顿至2004年5月中旬复工。复工时仅有沙岭庄和城阳站的施工资料，其中城阳站受线路改造影响只能与站前施工单位进行交叉施工；又因沙岭庄站存在排污沟影响软横跨支柱安装，经设计变更后改为双线路腕臂。随着施工图纸的到达，沙岭庄至城阳间全面展开施工，2005年3月进入上部安装阶段，到2005年7月底四方(不含)至城阳间除4处分相和李村河桥下行施工独立基础墩设计未定方案以外，计1057根支柱、66条公里接触网施工完毕。建设单位要求2006年7月12日必须全部竣工，当时青岛至四方仍有42条公里接触网未架设，部分支柱受线路和桥梁施工影响未立杆。时间紧迫、任务繁重，为确保工期，三公司从各线抽调精兵强将180人，急调5台作业车、4台送工车到达胶济线，经过一个多月的日夜奋战，2006年8月26日全段顺利通过验收，弓网状态平稳，取流质量良好。

胶济线是既有线一次电化改造成 200 公里/小时的电气化工程，没有经验可循，支持结构多采用德国西门子进口材料，安装技术标准高，施工难度大，为了保证安装精度，技术安质成立了 QC 攻关小组，对每道工序均实行首件示范安装、样板引路，采用“四个一次到位”先进工法，保证支柱装配、软横跨安装、吊弦安装、架线调整一次到位成型。根据胶济线应用的新工艺、新技术、新材料、新设备首先进行相关培训，关键工序开展安装演示研讨会，按施工工序有针对性的编制了 6 种作业指导书，确保施工安全和质量，保证铁道部在 2006 年 6 月至 9 月进行的动车组试验。

变电工程　一公司施工的济南至平陵城段变电工程，于 2005 年 5 月 1 日开工，2006 年 10 月 1 日竣工；济南枢纽应急工程的变电工程，于 2006 年 4 月 1 日开工，到 2006 年 7 月 1 日完成济南西牵引变电所和济南西分区所兼开闭所，到 2006 年 10 月 1 日，北园箱式分区所、济南东新增津胶联络线上下行馈线、济南分区所兼开闭所网上开关、济南南 V 亭等全部竣工。在变电工程施工中推广采用杯型基础木制芯模的施工工艺，基础定位准确，施工程序简单明了，且在施工过程中对承台基坑同一高程形成片挖、同一时间浇筑，易于拆模，既缩短施工时间，又减少模板的用量，降低了成本。

二公司负责青州、潍坊西牵引变电所和临淄、尧沟分区所的施工。为按时完成施工任务，集中骨干力量开展施工。2006 年 7 月完成“V”停和变电所的视频监控施工，2006 年 8 月 31 日青州、潍坊西变电所和尧沟、临淄分区所竣工并一次送电成功。

三公司负责施工的变电工程，港湾开闭所于 2005 年 5 月 15 日开工，2005 年 10 月 30 日竣工；城阳分区所于 2006 年 1 月 10 日开工，2006 年 1 月 30 日竣工；沧口变电所按期完成施工任务；“V”停系统设备安装调试工程于 2006 年 7 月 10 日开工，2006 年 8 月 30 日竣工。

房建工程　一公司承建的电气化房屋工程，根据所处的地质情况不同，采用不同形式的地基处理。郭店牵引变电所处在湿陷性黄土上，采用三七灰土挤密桩。济南东开闭所、济南西牵引变电所处在软弱地基上，采用了钢筋混凝土桩基。济南分区所兼开闭所处在回填土上，采用砂加石换填。其上部工程基本一致：黏土砖或加气混凝土填充墙，水泥或水磨石地面（生活间为地砖地面），内外墙抹灰刷乳胶漆，彩钢瓦屋面，塑钢窗，防火门，（生活间为木门），控制室铺防静电地板，石膏板吊顶，装有空调。由于受前期征地拆迁等方面的影响，分 2 个阶段进行施工。2004 年 11 月，郭店牵引变电所和济南分区所兼开闭所开工，到 2004 年底，完成基础工程，2005 年 7 月竣工；2005 年 11 月进入第二阶段，济南东开闭所开工，由于工期紧张，与变电专业交叉施工，2006 年春节前完成主体工程，变电专业室内设备安装也基本就绪。2006 年 3 月，济南西牵引变电所开工，由于工期更加紧张，就集中 200 人的作业队 24 小时轮流作业，于 2006 年 6 月 18 日竣工。

二公司施工的青州、潍坊西牵引变电所和临淄、尧沟分区所房屋工程，按计划完成施工任务。

三公司施工的沧口变电所建筑面积391平方米，于2005年3月30日开工，2005年11月30日竣工；城阳分区所建筑面积19平方米，2005年5月2日开工，2005年9月30日竣工；港湾开闭所建筑面积308平方米，2005年3月12日开工，2005年11月30日竣工。

第三十六节　浙赣线

一、工程概况

浙赣线东起杭州，西至株洲，跨越浙江、江西、湖南3省，途经诸暨、义乌、金华、衢州、玉山、上饶、横峰、鹰潭、樟树、新余、萍乡等城市，正线全长942公里。由于弯道太多、部分区段坡度太大，列车的运行速度和通过能力受到严重制约。2003年10月电气化提速改造工程正式启动，是中国第一条一次改造成客货共线的高等级电气化铁路干线，可满足时速200公里的开行条件，也是铁道部率先在东部地区实现铁路现代化的标志性工程。

浙赣线穿越浙赣两省交界的剥蚀丘陵后，进入江西省内信江流域，沿线地形略有起伏，线路在玉山站跨信江后，沿其阶地和丘陵边沿走行至上饶罗桥镇，之后逐渐远离信江，进入起伏较大、地势较高的地段，经横峰后再次沿信江北岸高阶地及丘陵边缘通过，因地势较低，受信江倒灌水位控制。

浙赣线在浙江省内与沪杭、萧甬、宣杭等铁路相接，并沟通中国长江三角洲及珠江三角洲，在京九、京广铁路中段把两大铁路干线贯通起来，是八纵八横的主要干线之一，也是全国路网规划“八纵八横”主框架中沪昆通道的核心路段，担负着华东与华南及西南地区的客货交流的重要任务。其中南昌铁路局管内长达549公里，是江西省唯一横贯全省的铁路通道。

浙赣线电气化工程，建设单位是上海、南昌铁路局和广州铁路集团，由铁道第二勘察设计院设计，中铁第四勘察设计院工程监理咨询公司监理。

浙赣线电气化工程，主要技术条件：铁路等级，Ⅰ级；正线数目，双线；限制坡度，7.2‰；最小曲线半径，一般地段2800米，困难地段2200米；到发线有效长度，850米；牵引种类，电力牵引；机车类型，动车组、客机SS9、货机SS4；闭塞类型，自动闭塞；牵引定数，4000吨；满足双层集装箱运输要求。

参加浙赣线电气化工程施工的有中铁电气化局集团有限公司、中铁五局、中铁四局、中铁二局等单位。其中中铁电气化局集团有限公司承担上海局管段白鹿塘至金华西、南昌局管段局界至新余（ZD-1标段）和京九线南昌枢纽(含向塘地区及引入南昌36公里正线）的施工。

工程于2005年4月28日开工，2006年9月15日送电开通。

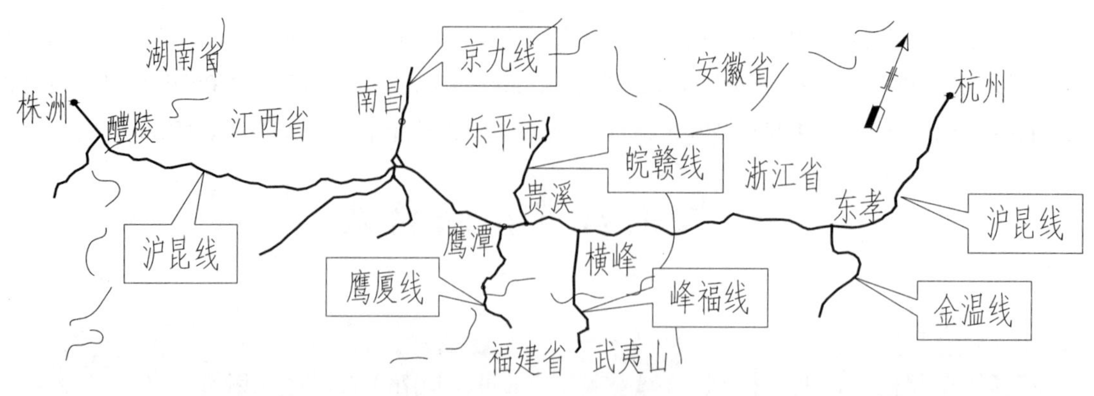

浙赣线示意图（杭州至株洲段）

二、工程设计

牵引供电系统采用带回流线的直接供电方式。牵引变电所进线采用两路220千伏电源。牵引变电所设2台变压器，采用固定备用方式。其中南昌铁路局管内的横峰、东乡采用220千伏三相V/V接线牵引变压器供电，鹰潭南变电所采用110千伏三相V/V接线牵引变压器供电，其余均为220千伏单相牵引变压器供电。鹰潭枢纽由改造后的鹰潭南变电所供电，向塘西枢纽由向塘西变电所和新建向塘西开闭所供电，南昌枢纽由于处于京九线引入浙赣线区段，线路较短，而且仅涉及南昌站和南昌机务段，该段的供电由向塘西变电所供电，在南昌设置线路开关站实现接触网末端上下行并联供电和解决南昌机务段电化股道的供电问题。220千伏进线及27.5千伏馈线隔离开关均配备电动操作机构，其余隔离开关为手动操作机构。110千伏进线、跨条（其中1台）、主变压器中性点及27.5千伏馈线隔离开关均配备电动操作机构，其余隔离开关为手动操作机构。220千伏（或110千伏）侧采用六氟化硫断路器，27.5千伏侧采用真空手车式断路器。牵引变电所主接线：220千伏（或110千伏）侧采用分支接线（线路变压器组接线），27.5千伏侧采用单母线分段接线，馈线断路器采用固定备用方式。在牵引变电所变压器高、低压侧及27.5千伏母线、27.5千伏馈线上均设置相应电压等级的氧化锌避雷器。

开闭所采用两路27.5千伏电源进线，馈线侧采用带旁路母线的单母线分段接线，设1台备用断路器。线路开关站采用单母线接线，牵引网上开关作为备用。分区所采用户外柱上式，上下行并联采用电动负荷开关，越区开关采用电动隔离开关。

牵引变电所、分区所、开闭所、线路开关站采用微机综合自动化装置，控制方式采用电力调度所远动控制、变电所内集中控制和就地操作三级控制方式。牵引变电所、开闭所按无人值班设计。

接触网全线按开行双层集装箱高度设计。接触悬挂采用全补偿简单链形悬挂。正线接触线采用CTHA-120铜银合金电车线，额定张力15千牛；站线、段管线接触线采用CTHA-85铜银合金电车线，额定张力10千牛；正线承力索采用THJ-95铜绞线，额定张力15千牛；

站线承力索采用 THJ-70 铜绞线，额定张力 15 千牛。供电线、回流线采用 LZGJ-185/30 铝锌合金镀层钢芯铝绞线，额定张力 10 千牛，架空地线采用 LZGJ-70/10 铝锌合金镀层钢芯铝绞线，额定张力 6.5 千牛。接触网结构高度一般为 1400 毫米，接触线悬挂点高度在双层集装箱通过的线路正常为 6450 毫米，接触线最低高度为 6330 毫米，装载高度按 5847 毫米考虑。接触网绝缘水平按重污区设计，接触网的绝缘泄露距离不小于 1200 毫米。采用棒式瓷绝缘子，有回流线区段平腕臂和斜腕臂棒式绝缘子采用双重绝缘棒式绝缘子，无回流线区段平腕臂和斜腕臂棒式绝缘子采用非双重绝缘棒式绝缘子，定位装置采用带限位的组合定位装置。

接触网电分相采用带中性段的锚段关节式空气间隙电分相，在变电所、分区所所在处采用带中性段锚段关节式电分相，并装设机车过分相地面感应装置。

在路基采用级配碎石的区间（改建地段）采用预埋杯形基础，车站硬横跨钢柱、软横跨钢柱及一些独立锚柱采用实体基础；接触网腕臂柱一般采用横腹杆预应力混凝土支柱，桥支柱采用热镀锌斜腿钢柱，双线桥上采用硬横梁钢柱，站场采用 YGK、YGJ 型硬横梁钢柱，低速区段站场采用软横跨钢柱和 H170 型横腹杆预应力混凝土支柱。

通信采用 $GYTA_{53}$-12B1 直埋 12 芯光缆和 $HEYFL_2$ 37×4×0.9+6×2×0.7 低频对称充油电缆。区间电话、桥隧电话的区间分歧引入采用 $HEYFL_2$ 34×4×0.9 低频对称电缆。干线光、电缆引入通信站及各中间站均采用环引方式。车站站台地段光、电缆采用槽道敷设，其余地段采用直埋方式敷设。

信号室外轨道电路设备采用 $SPTYWPL_{23}$ 型铝护套内屏蔽数字电缆，轨道电路发送和接收端采用星绞电缆芯线成对使用，且轨道发送与接收分缆使用，每根电缆预留 1 对备用芯线。

三、工程施工

中铁电气化局集团有限公司承建的浙赣线电气化工程，其中上海铁路局管内的白鹿塘至金华西 150.8 正线公里的电气化、电力、通信信号工程由一公司负责施工；南昌铁路局界至弋阳东站（K324+048 至 K438+500）114.3 正线公里电气化工程由二公司负责施工；弋阳东站至鹰潭枢纽 55 正线公里电气化工程由西安电化公司负责施工；鹰潭至新余（K492+888.65 至 K739+248）246.36 正线公里和京九线南昌枢纽（含向塘地区及引入南昌）36 正线公里电气化工程及相关房建工程由三公司负责施工；ZD1 标段南昌铁路局管内的电化房屋由建筑公司负责施工。工程于 2005 年 4 月 28 日开工，2006 年 9 月 15 日送电开通。

接触网工程 2005 年初，一公司在浙江义乌成立工程项目经理部，投入 2 个接触网作业队计 200 多人，作业车及机械设备，于 2005 年 5 月 28 日开工。在站前施工单位尚未竣工的情况下，进行现场交桩定测；根据图纸到达情况，边定测边进行杯基、基础、拉线基础等施工。2005 年 7 月 25 日桥梁打眼灌注定测进行施工，开始杯基支柱安装和整正。2005 年 11 月初与各站前施工单位对成型隧道交桩定测展开施工；到 2005 年 12 月 30 日完成新建线路下部工作量并展开桥硬横梁及站场成型硬横梁架设，2006 年 5 月中旬完成既有线下部工作量。2006 年 6 月底完成既有线支柱安装硬横梁架设；2005 年 8 月 20 日开始新建线路的上部装配，2006 年 3 月开始新建线路第一条承力索架设，到 2006 年 4 月 31 日新建线路承力索和导线全部架设完毕并开始悬挂调整；2006 年 5 月底既有线上部装配开始，6 月底承力索和导线架设完毕，7 月底完成悬挂调整。2006 年 7 月开始设备安装及供电线施工并进行成型区段初验及复验，到 2006 年 8 月 14 日完成基坑开挖 5618 个、杯形基础 2775 个、拉线基础 985 个、桥打灌 1067 组、混凝土柱安装 3659 根、钢柱安装 2305 根、硬横梁安装 1017 组、横跨安装 100 组、支柱装配 8615 组、肩架安装 9141 组、拉线安装 1238 处、接触网架设 417.022 条公里、附加线架设 309.749 条公里、隔离开关安装 68 台、氧化锌避雷器安装 76 台、分段绝缘器安装 74 组。全部工作量于 2006 年 8 月 15 日竣工。2006 年 8 月中旬进行冷滑、热滑实验。2006 年 9 月 12 日送电开通。

二公司于 2005 年 4 月成立工程项目部，投入 2 个接触网作业队、作业车及机械设备，于 2005 年 5 月 6 日开工。该地段施工由于存在交桩难、运输难、石坑开挖难、桥隧打钻难等，开始就认真实施《浙赣线模范电气化工程创建办法》。对施工工艺进行统一和细化，根据现场具体情况编写《基础浇制首段首项作业指导书》、《水泥支柱整正首段首项作业指导书》、《桥支柱打眼灌注首段首项作业指导书》等本线采用的技术要求，指导施工。抓好首段首项示范（就膨胀土、软土地基（含新填土地基）、高路堤地段、湿地地段的处理，桥隧钻孔及灌注，集中预配，一次安装成型达标）。接触悬挂的线索架设利用恒张力架线车架设。在附加导线的架设施工中，为减少对运输的干扰影响和增强对附加线材的保护，采用不占用线路的机械展放法（带小张力）进行施工。经过努力，2006 年 8 月 8 日至 8 月 18 日完成初验，2006 年 8 月 23 日至 8 月 27 日完成复验，2006 年 8 月 28 日完成冷滑试验，2006 年 9 月 1 日竣工并送电试验，2006 年 9 月 10 日送电开通。

三公司承建的接触网工程，于 2006 年 5 月 1 日开工。主要工程量为开挖基坑 1080 个、钢柱基础浇制 188 个、锚板埋设 147 处、立混凝土支柱 745 根、立钢柱 186 根、架设横梁 12 根、接触网架设 931.82 条公里，供电线架设 93.35 公里、敷设电缆 769 米、安装隔离开关 24 处、上网 88 处、安装接地极 782 处。经过全体参战人员的共同努力，于 2006 年 9 月 10 日竣工并一次送电成功。

西安电化公司于 2005 年 3 月底在鹰潭成立工程项目部，投入 160 多人的作业队，配备 18 台（套）施工运输、作业机械，于 2005 年 4 月 28 日开工。承建的接触网工程包括新建和改建两部分，除鹰潭枢纽（即鹰潭东站至鹰潭站）为改建部分外，其余均为新建部分，由于施工图纸供应迟缓、土建施工进度缓慢，春夏多雨、天气炎热，施工管段地质条件差，石坑水坑多，站前站后交叉施工干扰大；鹰潭枢纽既有电化改造，站场多，线路复杂，车流密度大，给施工带来异常困难。面对各种困难，广大干部职工深入现场调查，不断优化施工组织设计，细化施工方案，于 2006 年 7 月 15 日竣工，2006 年 8 月 25 日鹰潭枢纽（不含）以东送电开通，2006 年 9 月 15 日鹰潭枢纽（含枢纽改造）以西送电开通。

变电工程　一公司设立变电专业作业队，分成 3 个作业组分别负责诸暨东、义乌、金华东 3 处牵引变电所，浦江、牌头、义乌西 3 个分区所的施工。2006 年 8 月底完成所有电器设备的安装，2006 年 9 月底全部竣工。

二公司负责玉山、上饶、横峰 3 处牵引变电所，沙溪、坑口 2 个分区所的施工，于 2006 年 2 月 28 日开工。为保证工期和施工质量，认真组织图纸会审和现场调查，对发现的问题及时与设计联系解决，避免出现大量返工及材料浪费。施工中实行工序质量考核负责制，上道工序必须经检查验收满足质量标准并经签认后方可转入下道工序施工。全部工程于 2006 年 7 月 21 日竣工，2006 年 7 月 21 日至 7 月 28 日完成初验，2006 年 8 月 14 完成复验，2006 年 8 月 25 日各所进行了冲击试验，2006 年 9 月 1 日向接触网试送电，2006 年 9 月 10 正式向接触网送电，2006 年 9 月 14 日办理运行交接。

三公司负责东乡、进贤、向塘西、丰城、临江、新余 6 处牵引变电所，余江、衙前、温家圳、潭岗、樟树、黄土岗 6 个分区所，向塘西开闭所，南昌、潭岗 2 个开关站，供电维修中心和南昌电力调度所的施工。2006 年 2 月 11 日开工，8 月底前陆续竣工,2006 年 9 月 1 日各变电所分步受电启动，2006 年 9 月 5 日全部完成并空载运行。

西安电化公司负责新建贵溪牵引变电所、改造鹰潭南牵引变电所和河谭埔、安康东分区所的施工。贵溪变电所于 2006 年 2 月开工，变电所场坪为石料高填方，电阻率高，为使地网施工达到设计要求，在深基础施工时，提前将接地极预埋。在房建工程未交付的情况下，先进行室外基础架构及设备安装，待房屋达到设备安装条件后，与房建施工单位协商，提前进入施工加大工作面有力加快工程进度。于 2006 年 7 月 20 日完成变电设备远动联调，2006 年 7 月 23 日受电成功，2006 年 8 月 25 日正式向接触网供电。是南昌铁路局管段内第一个开通送电的牵引变电所，受到监理和建设单位的一致好评。

鹰潭南变电所改造于 2006 年 4 月进场，为不影响节点工期，积极与业主及设计沟通，落实采用临时高压室取代移动高压室的过渡改造方案，即保证工程按期交付又节约了成本。施工分为 3 步，2006 年 5 月完成临时高压室施工，2006 年 6 月完成既有高压室及馈线区设备改造，7 月和 8 月完成主变一次设备更换及二次保护综合自动化改造。2006 年 8 月 13 日进行鹰潭南变电所新更换主变（也是浙赣线电气化改造第一台）冲击试验，标志鹰潭南变电所改造施工完成。河谭埔、安康东分区所由变电所施工人员根据施工任务穿插进行施工，于 2006 年 8 月 15 日竣工并达到开通条件。

电力工程　一公司专门设立电力工程项目部，投入 1 个作业队 90 多人及机械设备，开展诸暨和义乌取直段的施工，于 2005 年 6 月 10 日开工。主要项目内容包括：湄池至牌头、浦江至塘雅间的 10 千伏自闭和贯通线路，诸暨配电所电源线路，诸暨和义乌配电所的设备安装、诸暨和义乌车站 10 千伏馈线及电力远动。2006 年 6 月 15 日竣工并送电开通。

通信工程　一公司负责白鹿塘至 DK145+000 区段的施工，投入 110 人的作业队，下设

2 个作业班组，于 2005 年 9 月开工。主要工程数量包括：敷设 1 条单模 12 芯光缆 122.6 公里、敷设 1 条 7×4×0.9+6×2×0.7 长途低频对称电缆 122.6 公里、敷设 1 条 4×4×0.9 长途低频对称电缆 1.79 公里、区间通话柱 61 个、光、电缆桩 2452 处、电缆接头盒 101 个、光缆接头盒 61 个。开工的第一个月完成施工调查。在干线光、电缆施工过程中，因受站前专业桥梁未架设，进出站台槽道未修通，使光、电缆敷设不能全面展开，工程进度受到严重影响。针对这一情况及时调整施工方案，将有桥梁未架设地段甩开，先敷设无桥梁地段光、电缆，从而保证了施工进度。2005 年 10 月至 12 月完成长途光、电缆线路的敷设，2006 年 1 月至 2 月完成光、电缆加固防护及光、电缆接续和测试，2006 年 3 月完成线路标桩埋设，2006 年 5 月完成初步验收。

信号工程　一公司负责白鹿塘站至金华西站（K29+644～K181+200）151.6 公里的移频自动闭塞改造工程施工，专门成立了信号工程指挥组，投入 2 个作业队，每个作业队下设 2 个作业班组开展施工。主要工程量包括：区间通过信号机 170 架、分割点 48 个、轨道电路区段 238 个、10 个移频自动闭塞区间及 12 个站室内设备安装调试。区间信号系统采用国产化的 ZPW-2000A 型无绝缘轨道电路。2005 年 9 月开工，2006 年 6 月 16 日全部竣工并投入运营。

房建工程　建筑公司负责南昌铁路局管内玉山（含）至进贤（不含）区间 5 处牵引变电所、4 个网工区、6 个分区所、1 个供电维修中心的房屋建筑工程，建筑面积 1.4408 万平方米。2005 年 4 月 1 日在鹰潭成立工程项目部，于 2005 年 5 月 1 日开工。牵引变电所为框架结构，其他房屋为砖混结构。由于该区段地质条件原因，房屋基础变动比较大，故玉山、东乡、贵溪、上饶变电所全部改成人工挖孔灌注桩，横峰网工区由毛石条基改为人工挖孔灌注桩。向塘供电段维修中心的综合楼和内燃检修间进行了基础砂夹石换填。工程于 2006 年 9 月 1 日竣工并通过验收。

三公司负责 ZD1 标段内进贤、向塘西、丰城、临江、新余 5 处变电所，温家圳、潭岗、樟树、黄土岗 4 个分区所，向塘西开闭所，南昌、潭岗 2 个开关站，6 个接触网维修、抢修工区房屋工程和南昌电力调度中心装修工程的施工，于 2005 年 8 月 20 日开工，2006 年 9 月 20 日全部竣工，并顺利通过验收交接。

三公司承建的浙赣线电气化工程被誉为“模范电气化工程”，顺利通过工程总公司“安全标准工地”验收。并被中国铁道工程建设协会评为“2007 年度火车头优质工程二等奖”。西安电化公司承建的浙赣线电气化工程被评为“2007 年度铁道部优质工程二等奖”。

第三十七节　焦柳线石门至怀化和洛阳至张家界段

一、工程概况

焦柳线从河南焦作通往广西柳州。起于月山站，终于柳州南站，全长 1645 公里，全线共有 179 个车站。原分为南北两段，北段从河南焦作到湖北枝城，称为焦枝线，于 1969 年动工，1970 年建成。南段从湖北枝城到广西柳州，称为枝柳线，于 1970 年动工，1978 年建成。1988 年 2 条铁路合并，改称焦柳线。线路自太新线的月山编组站向南引出，在连地跨越黄河，过邙山隧道，在洛阳东站附近以立体交叉跨陇海路，进入汝河东岸台地；过鲁山后进入伏牛山区，过九里山隧道后进入南阳平原，过襄樊与汉丹线相交后到荆门，过长江到枝城。向南过界溪河进入湖南境内，在怀化与湘黔铁路相交叉，在彭莫山进入广西境内，在洛满与黔桂线接轨，到柳州南站。是平行于京广铁路，联系华北、中南地区的另一条南北大干线。主要承担着西北、华北大部分地区与两湖、两广的南北运输任务，尤其是煤炭运输任务，对西部经济发展和北煤南运有重要作用。

石怀段属焦柳铁路中段，起自石门北站，经慈利、张家界、象鼻子、麻阳，至终点怀化南站。即焦柳正线 K846+600 至 K1198+600，全长 351.860 公里。既有线于 1985 年 1 月 1 日正式运营。随着焦柳线石门北站以北复线的建成，南下运量的不断增长，导致本段铁路运输能力严重不足，必须进行扩能改造以扩大能力满足运量增大的需要。改造的主要措施是：石门北站至张家界段采用增开预留车站等内燃机牵引扩能，张家界至怀化段采用电气化改造扩能。

石怀段电气化改造工程，建设单位是广铁（集团）焦柳铁路石怀扩能工程建设指挥部，由铁道第四勘察设计院设计。

石怀段电气化改造工程，线路技术条件：铁路等级，Ⅰ级；正线数目，单线；限制坡度，石门至张家界 6‰，张家界至怀化南双机 12‰；最小曲线半径，450 米；到发线有效长度，850 米（双机 880 米）；牵引种类，电力牵引；机车类型，石门至张家界 DF4B，张家界至怀化南 SS3B；闭塞类型，继电半自动；牵引定数，3700 吨。

中铁电气化局集团有限公司承担石怀段 DH-5、DH-7 标段工程建设，铁道第四勘察设计院工程监理咨询公司焦柳铁路石怀扩能工程监理站负责监理，广铁（集团）怀化供电段接管运营。

洛张段电气化改造工程，北起河南洛阳，南至湖南张家界。其中河南段关林至部营 346 正线公里，湖北段部营至西斋局界 387.11 正线公里，湖南段西斋至张家界 170.55 正线公里。建设单位是广铁（集团）焦柳铁路洛张电气化改造工程建设指挥部，由中铁第二勘察设计院(石门北站（含）以北)、中铁第四勘察设计院(石门北站（不含）以南)设计。

洛张段电气化改造工程，线路技术条件：铁路等级，I 级；正线数目，单线，石门北站到西斋(局界)为复线；限制坡度，6‰；最小曲线半径，维持既有 450 米；到发线有效长度，850 米；牵引种类，电力牵引；机车类型，暂定客机 SS9，货机 SS6B；闭塞类型，半自动闭塞；牵引质量，3700 吨。

中铁电气化局集团有限公司承担（河南段）关林（含）至南召（含）段、（湖北段）部营局界至荆门南段、（湖南段）西斋至张家界段电气化工程建设，华南铁路建设监理公司负责监理。

石怀段电气化工程 2003 年 11 月 25 日开工，2006 年 08 月 28 日竣工，2007 年 1 月 25 日送电，2007 年 1 月 28 日正式开通；洛张段电气化工程 2007 年 11 月 17 日开工，预计 2009 年底竣工。

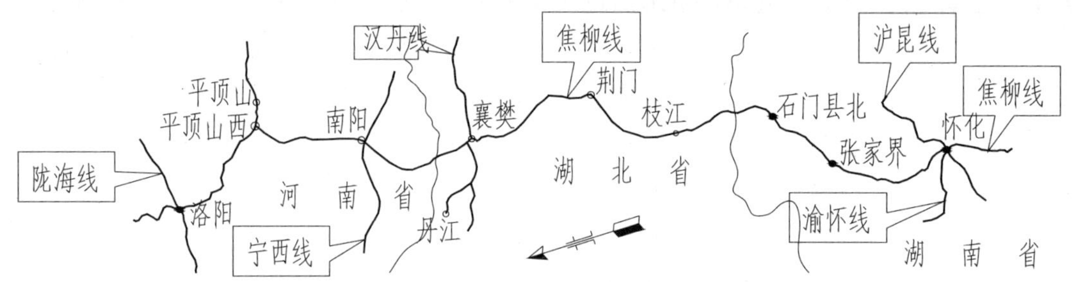

焦柳线示意图（石门北至怀化南、洛阳至张家界段）

二、工程设计

（一）石怀段

牵引供电采用直供加回流线的供电方式。牵引变电所采用两路独立 110 千伏电源，一次侧采用“双 T”接线，两电源之间在进线隔离开关内侧设一跨条，所内设 2 台牵引变压器，正常 1 台运行，1 台备用，当一路电源或变压器故障时，另一路电源或变压器自动投入。110 千伏电压互感器接于进线隔离开关内侧，供高压侧计费。主变压器采用 V/V 接线，主变容量为（10000+6300）千伏安。110 千伏断路器采用 SF6 断路器。110 千伏侧采用油浸式电流和电压互感器。27.5 千伏侧断路器采用室内真空断路器。110 千伏及 27.5 千伏避雷器均采用氧化锌避雷器。

全段接触悬挂采用全补偿简单链形悬挂。结构高度一般 1300 毫米。接触线悬挂点高度，一般为 6000 毫米，隧道内 5700 毫米。线材结构，正线采用 THJ-70 铜承力索+CTHA-110 铜接触线，站线采用 THJ-70 铜承力索+CTHA-85 铜接触线。

变电所房屋为框架结构，接触网工区房屋为砖混结构，作业车库、梯车库、远动房均为砖混结构。房屋抗震设防为 6 度，框架抗震三级。少数地质不良地段采用人工挖孔桩，其余为钢筋混凝土基础或条形 Mu30 毛石基础、砖基础，普通烧结黏土砖砌 240 墙，刚性平屋面，Ⅱ、Ⅲ级柔性防水，架空隔热。一般为普通装修。变电所主体为二层现浇全框架结构，工程基础采用钢筋混凝土独立基础，内外填充墙为 240 厚 M5.0 混砌实心黏土砖，高压室、控制室及电容器室采用防火门、窗，其余房间采用木门、塑钢窗，高压室、电容器室的内墙采用白色防尘防火涂料，其他内墙采用双飞粉，室外刷防水性外墙涂料，屋面防水层采用 PVC 防水卷材。

正线采用公斤/米 60 钢轨，专用线采用由正线更换下来的 50 公斤/米的 12.5 米或 25 米标准钢轨。

（二）洛张段

牵引供电采用直供加回流线的供电方式。新建澧县、石门北、青山庙、溪口镇 4 处牵引变电所，张家界牵引变电所在本工程中增加 1 条向溪口镇方向的馈线和 1 套动态电容补偿装置，扩建牵引供电调度所 1 处，在电力调度所新增 1 个调度台，管辖范围为张家界至局界的各牵引变电所、分区所、车站接触网开关站。各牵引变电所高压侧按线路分支接线设计，27.5 千伏侧采用单母线隔离开关分段接线。高压侧采用户外中型布置，27.5 千伏侧采用室内间隔式布置，并进行牵引变电所平面优化，减少场地和房屋面积。各牵引变电所、分区所均采用微机保护和综合自动化系统，按无人值班设计，牵引变电所适度考虑值守条件。其中石门至张家界段各牵引变电所均引入两路独立的 110 千伏电源，一次侧采用“双 T”接线，27.5 千伏母线采用 2 台双极隔离开关分段接线，向正线供电的馈线断路器按 100%备用配置，继电保护采用集中组屏式微机综合自动化装置。牵引变电所内 110 千伏配电装置，主变压器采用室外布置，27.5 千伏配电装置除部分避雷器、隔离开关外，均为室内布置。生产及辅助生产房屋采用两层楼房布置，一层为 27.5 千伏高压室及控制室，二层为电容器室，辅助房屋包括检修室、贮藏室、卫生间等生活用房，各变电所内预留滤波场地。远动系统由设在调度端（CC）的主监控机、通过设在沿线各牵引变电所（被控端）的远端装置（RTU）实现对各被控端开关状态及信息（含各所的环境状态）的适时监控和采集，系统采用 1：N 链式结构，通信规约采用 Polling 方式。

接触悬挂采用全补偿简单链形悬挂。正线为 THJ95 + CTAH120 型，系统补偿张力 27.5 千牛；侧线为 THJ70+ CTAH85 型，系统补偿张力 23.5 千牛，结构高度 1.4 米。

电力工程　充分利用既有电力线路和电力设备。根据现状电化新增用电负荷情况，对既有高低压电力线路、杆架式变台、变（配）电所等设施进行适当的改建或新建。全线在信号设备供电点设置信号电源监控装置。改造既有石门北配电所，增设微机综合自动化系统及配电所远动终端。针对石门至张家界段水汪站和白马溪站无可靠外接地方电源的现状，本次设计维持既有 10 千伏贯通线作为该两站信号主用电源，另增加从接触网接引一路电源作为该两站的综合电源（含信号备用电源）作为电源加强。慈利站车站综合变电站影响电化工程改造，本工程新建 1 处 500 千伏安的 10/0.4 千伏箱式变电站为该站的站房、行车公寓及其他负荷供电。凡影响铁路线路修建及跨越铁路高度或平行铁路距离不符合有关规程、规范要求的电力线路，均进行迁改。新建电力远动系统。改扩建 10 千伏配电所增设微机综合自动化系统。单、三相变压器选用低损耗铜芯变压器。有雨棚的站台采用雨棚专用照明灯具照明，无雨棚的站台采用站台灯柱照明。站场照明采用升降式投光灯塔结合简易投光灯柱照明，道路照明一般采用路灯灯柱照明。动力设备的供电采用放射式、链式或混合式配电网络，一般就地控制。根据电动机容量，确定采用直接起动、降压起动或采用专用起动设备起动的方式。变压器容量在 200 千伏安以上的设置室内变电所或箱式变电站，变压器容量在 200 千伏安及以下的设杆架式变电台，受地形限制的特殊场所设置箱式变电站。新增三相电力变压器均选用 S9 型节能型变压器。高压线路采用钢筋混凝土电杆、铁横担架空线路，各站低压线路采用钢筋混凝土电杆、铁横担架空线路，局部受地形限制或按规划部门要求不能采用架空方式的地段采用电缆线路。交叉跨越、平行电气化铁路的电力线路必须符合《铁路电力设计规范》的有关要求。架空电力线路跨越电气化铁路时，交叉档两端的电杆应有加强措施，跨越杆的悬垂线夹应采用固定型。跨越杆（塔）应接地，其接地电阻不大于 30 欧姆。交叉跨越档内导线不能有接头。导线应采用与原架空线路同类型的导线，导线截面不小于原导线截面，且不小于 35 平方毫米。电缆穿越铁路时，应穿保护钢管，保护管埋深不小于 1 米，钢管超出铁路路基每侧各 1 米，超出排水沟底面 0.5 米。

通信工程　西斋局界至石门北（含）段，既有光缆和既有对称电缆利旧，根据电气化技术要求对其进行整治和改造。长途干线及本地中继传输利用既有系统，西斋至石门北利用既有光纤开设 SDH622 兆比特/秒光接入设备，新增自动电话用户接入既有程控交换机，升级西斋运输管理信息系统。站场和地区通信线路原则上利旧，新设红外探测站至通信机械室的地区通信线路。新设牵引变电所、配电所、信号领工区等处至临近车站通信机械室的地区光缆通信线路，为新设光传输设备提供传输通道。新设地区光缆采用 $GYTA_{53}$ 型 8 芯单模光缆。新设地区通信线路采用直埋方。根据电气化改造要求，增加电力调度电话，牵引变电所、开闭所、分区所、接触网工区等处按规定配备相应通信设施，各供电段、牵引变电所、开闭所、分区所新设 ONU，其电源采用各所的交流 220 伏直供。中间站新建机械室设高频开关电源设备及阀控式密闭铅酸蓄电池，新设地线装置；其他通信站和中间站的高频开关电源设备及阀控式密闭铅酸蓄电池利旧，地线装置利旧，不达标的地线整治达标。沿线各地区和站场电气化改造工程新增用户所需电缆采用直埋全塑市话电缆，到沿线供电段、牵引变电所、开闭所、分区亭各点新设 $GYTA_{53}$ 4B1 光缆。新设 B 制式无线列调系统，区间中继采用光纤直放站方案，系统由调度总机、监测总机、监测分机、车站电台、便携电台、光纤直放站等组成。区间弱场区设置光纤直放站，张家界设置 1 套光纤直放站网管设备。光纤直放站通过光传输通道接入网管设备。调度总机、车站设备（车站电台、光纤直放站近端机、无线车次号解码器与转接器）采用-48 伏 DC 电源，由调度所和车站高频开关电源供电。监测总机、监测分机、光纤直放站网管由 220 伏 AC 电源供电并采用 UPS 作为备用。对车站既有防雷地线进行整治。对路外通信、广播等线路设备和油、气管道及其他设施根据国家有关文件和规定进行迁改或防护。

石门北（不含）至张家界（含）段，保留和使用既有长途对称电缆和光缆，并对既有长途对称电缆进行电化整治。既有SDH2.5吉比特/秒传输系统利旧，并将设在石门县站的REG系统设备更换为ADM设备，配置SDH2.5吉比特/秒光口，利用既有光缆与襄樊至石门北段SDH2.5吉比特/秒干线传输系统连通，构成襄樊至张家界段干线传输系统，为焦柳线襄樊至张家界段提供长途传输通道，并为该段接入网系统提供保护通道。利用既有SDH155兆比特/秒光纤接入网系统，同时满足远动、视频、电力远动、信号微机监测、红外线监测等系统对传输通道的要求。增加各通信站与车站既有接入网设备的2兆比特/秒、音频2/4线、POTS等用户接口及部分SDH155兆比特/秒光口；并在青山庙牵引变电所、溪口牵引变电所新设ONU设备，通过新设地区光缆就近接入临近车站通信机械室或通信站既有接入网ONU设备，并由既有接入网网管统一管理。在慈利电力配电所、张家界北电力配电所、慈利信号领工区、张家界信号领工区等处和相邻站通信机械室间新设PDH光传输设备。新增自动电话用户接入既有交换机，增设电调电话，将新设电调电话纳入数字调度通信系统。新增站场通信用户，通过数字调度系统车站分系统设备接入相应的集中电话系统。新设怀化电调所至石门电力供电局的电力直通电话。在各通信机械室增设防雷设备箱。路外通信、广播等线路设备和油、气管道及其他设施根据国家有关文件和规定进行迁改或防护。

房建工程给排水、站场设备构筑物及附属工程主要集中在澧县、新安镇、石门北、溪口镇、青山庙站，其中澧县站房屋建筑面积为1815平方米，新安镇站为151平方米，石门北站为5407平方米，溪口镇站为3050平方米，青山庙站为3050平方米。一般生产办公房屋采用砌体结构。信号楼（室）、牵引变电所、作业车库采用框架结构，接触网工区采用砖混结构，基础为毛石基础或钢筋混凝土基础。特殊地基可采用桩基础或其他基础 。主要建筑材料以地方材料为主，采用的建筑材料符合国家和地方有关环保法规和政策的要求。采用木门、塑钢窗，墙体以当地常用材料为主，外墙采用涂料，屋面设架空隔热层。屋面采用卷材防水，防水等级为II、III级。牵引变电所、作业车库、接触网工区房屋位于填土区，基础采用桩基。

三、工程施工

（一）石怀段

DH-5标段电气化工程由二公司施工，DH-7标段电气化工程由一公司施工。

DH-5标段电气化工程，起于张家界北站的K958+425，止于施溶溪站的K1027+053，正线全长68.628公里。接触网工程9站8区间再加1个机务段，长119.5条公里。变电工程包括新建张家界北和官坝2处牵引变电所。线路工程主要集中在张家界、张家界北、官坝、永茂车站的站场，包括给排水改造，轨道铺设、拆除与拆换，道岔铺设、拆除与拆换，道砟拆换。土石方总量10.02万立方米，新铺轨0.135公里、铺旧轨0.701公里、新铺道岔 7 组、拆除道岔 2 组、新铺砟 1718 立方米。房建工程新建变电所、网工区、作业车库、梯车库各 2 处及上述工程的附属工程，建筑面积 3017 平方米。

DH-7 标段电气化工程，北起吉首南 K1101+140.1（不含），经周家寨、利略、新凤凰、大龙、谷达坡、麻阳、大坡、凉亭坳、黄金坳、象鼻子，到怀化枢纽 K1196+395，正线全长 95.255 公里。接触网工程 10 站 11 区间，长 147.309 条公里。变电工程包括新建麻阳、象鼻子 2 处牵引变电所和怀化电调所。线路工程包括站线路基、铺轨 0.151 公里。房建工程包括象鼻子和麻阳 2 处牵引变电所、1 处电力调度所，总计建筑面积 3049 平方米。

2003 年 11 月 1 日，二公司在张家界成立石怀段项目经理部，配备管理及技术人员 18 人。项目经理部下设 1 个接触网作业队，最多时投入 120 人；1 个变电作业队，投入 30 人；1 个房建及线路作业队，投入 80 人；1 个中心料库，1 个预配车间。接触网作业队负责张家界北站(含)至施溶溪站（含）段接触网工程，根据工程进展情况，在永茂、新永顺设临时工点。变电作业队负责张家界、官坝牵引变电所施工。房建和线路作业队各工班驻各牵引变电所，负责本标段房建及线路施工任务。在张家界设中心料库和预配车间。中心料库负责物资的接收、发放、采购、供应；预配车间负责零配件的组装、接触网支柱装配、软横跨和整体吊弦的加工预配工作。在张家界北站停放轨行车辆和屯放大综物质。

2003 年 11 月一公司在怀化组建石怀段扩能改造工程项目部。下设 2 个接触网作业队，1 个变电作业队，1 个房建作业队，1 个中心料库。工程于 2003 年 11 月 25 日开工，2006 年 08 月 28 日竣工，2007 年 1 月 25 日送电，2007 年 1 月 28 日正式开通。

接触网工程 二公司于 2003 年 11 月 25 日开工。由于隧道净空不够 6300 毫米，需落道施工。永茂 1 号、七溪 3 号、咱竹坪 2 号 3 座隧道个别悬挂点因净空高度不够 6300 毫米，根据设计要求，在建设指挥部的协调下，由相关单位进行落道处理。新砂坝改线地段施工，回龙至新永顺区间新线区段（K1011+500 至 K1013+200）为本工程的地质灾害改线区段，由于站前工程完工后又遇新的滑坡灾害，线路不能开通，接触网无法施工，影响接触网 1 个锚段（含两端的锚段关节）的支柱不能安装、3 个锚段的接触网不能架设。在此情况下，对能够施工的新砂坝隧道利用梯车进行打灌和安装水平悬挂、对新砂坝中桥和新砂坝大桥进行锚栓打灌安装。对不能进车施工的支柱安装和架线作业，及时与建设指挥部联系、协商，在建设指挥部的协调下，利用新线压道的时间段，将安装列车、作业车、架线车驶进新线地段，封闭施工 4 天，施工完毕后再拨道将车辆放出。

新建张家界站及其机务折返段接触网施工，到 2007 年 1 月 8 日，因张家界站 1、2、3 道、张家界机务折返段的 J1 号道岔及其附近约 150 米线路没有铺设，造成接触网不能正常施工。为了在送电开通前能全部施工完毕，采用交桩测量施工完所有的支柱，从 2007 年 1 月 12 日起开始进行人工架线，保证张家界站与石怀线同步送电开通。

隧道漏水是石怀段电气化工程的一大难题。该线隧道是 60 年代末 70 年代初修建的，设计标准低、施工质量差，大部分为人工拌合的混凝土，隧道漏水严重，需在电气化施工阶段进行重点整治，但整治后的隧道过一段时间后又有新的漏水出现。2006年多次检查并报告给建设指挥部，其中接触网验收后的2006年11月1日，将验收过程中的隧道漏水点报告给指挥部，指挥部多次协调工务段进行整治，最后一次是在2006年12月31日与工务段协调、协商整治隧道漏水问题。在送电开通前，建设指挥部要求张家界工务段对隧道严重漏水点以不影响送电开通为前题，再次进行整治。

一公司2004年5月18日开工。由于运输、换轨、线路病害整治等问题的存在，施工局面不易打开，项目部想方设法，采取有针对性的措施，力保施工进度少受影响。如针对站前线路技改问题，项目部请建设单位出面协调，与技改施工单位签订协议，找出交叉施工的最佳方案；再如既有线行车干扰问题，作业队首先充分利用封闭点时间，合理安排每个封闭点的工作量，在有限的时间内，集中人员和机械，完成尽量多的工作。其次，在条件允许的区段，首先考虑用汽车吊立杆，减少占用线路作业时间；在调整过程中，利用行车间隙，在区间、车站采用多种防护的前提下，利用梯车作业保证进度。到2006年7月，完成10个站、11个区间长147.309条公里的接触网施工任务。另外，在2个总长度为4.06公里的隧道内，接触网采用刚性悬挂，这是国内首次在长大干线电气化铁路上采用接触网刚性悬挂，从实践中积累了新技术的施工经验。

接触网工程于2006年8月28日竣工，2007年1月25日送电，2007年1月28日正式开通。

变电工程　2005年4月6日开工。变电所均采用两路独立的110千伏电源，一次侧采用“双T”接线。两电源之间在进线隔离开关内侧设一跨条，所内设2台牵引变压器，正常时1台运行，1台备用。主变压器采用V/V接线，主变容量1台为1万千伏安，零1台为6300千伏安。2台主变之间的系统设备设自投装置，当一路电源或变压器故障时，另一路电源或变压器自动投入。110千伏断路器采用SF6断路器，110千伏侧采用油浸式电流和电压互感器，27.5千伏侧断路器采用室内真空断路器，110千伏及27.5千伏避雷器均采用氧化锌避雷器。张家界北变电所无功补偿采用动态补偿装置，提高补偿的灵活性及补偿的效果，减少供电线路电压损失，提高电压质量。两变电所内全部外露铁配件以及设备、保护接地所用材料全部采用热镀锌，提高铁配件的防腐、防锈能力，延长使用寿命。在27.5千伏馈出线设置验电装置，提高验电准确性。全线4处牵引变电所和怀化电调所于2006年8月28日竣工，2006年9月5日至9月11日通过验收，工程质量优良。

房建、线路工程　房建、线路工程在突破了征地、拆迁的关口后，于2004年11月30日开工，2006年12月12日竣工。

（二）洛张段

中铁电气化局集团公司承担洛张段（河南段）关林（含）至南召（含）段、（湖北段）部营局界至荆门南段、（湖南段）西斋至张家界段电气化工程建设。关林（含）至南召（含）段，含漯宝支线郑州与武汉铁路局界至宝丰电气化相关工程，共计17站17区间长179.149

正线公里接触网、电力、变电、房建工程。其中焦柳线洛张段关林（不含）至南召（含）线路长177.849正线公里，漯宝支线郑州与武汉铁路局界至宝丰（不含）线路长1.3正线公里，由三公司施工。部营局界至荆门南段14站14区间长152双正线公里接触网、变电、电力、通信、信号工程，西斋至张家界段160.147正线公里接触网、变电、通信、电力、房建由二公司施工。

2007年10月18日三公司在河南宝丰成立洛张段项目经理部，2007年11月1日二公司在襄樊成立洛张段工程项目部部，于2007年11月17日开工，预计2009年底竣工。

接触网工程　2007年11月17日开工，由于前期施工图纸不到位，需甲方提供的接触网材料订货较晚，2008年初才开展正式施工。到2008年底，关林（含）至南召（含）段完成各类基础浇制765个、杆塔安装5522根、承力索架设48.3条公里。部营局界至荆门南段、西斋至张家界段完成接触网90%的下部工程量。

电力工程　2008年4月10日开工，到2008年底部营局界至荆门南段开通朱市、宜城、上大堰、王集、双河5站，并使余家湖、王树岗、上大堰3站具备开通条件。2008年12月25日，宜城配电所综合自动化改造开始施工，施工前项目部精心组织、合理安排，从施工、验收到开通，仅用5天就完成施工任务，2008年12月30日顺利开通。

信号工程　2007年12月25日开工，到2008年底，部营局界至荆门南段开通双河、王集、上大堰、朱市等4站，宜城、余家湖2站经验收达到开通条件。

变电、通信、房建工程，因站前工程影响，不具备开工条件，到2008年底没有开工。

第三十八节　广深铁路增建四线

一、工程概况

广深铁路增建四线工程，是铁路“十五”规划的重要组成部分，也是广东省2005年度重点工程。将有效解决广深铁路运输能力不足的现状，消除东南沿海运输大通道的又一个运输瓶颈；另一方面将使广深铁路在速度上实现高、普分离，专线运输将大大提高高速列车的安全性，并有效满足珠三角地区城际客流运输的需要，为珠三角地区更好融入“9+2”泛珠三角经济圈提供有力的运力支持。

广深铁路在东莞境内与京九铁路连接，在广州与京广铁路和广茂铁路连接，在平湖南站与平南铁路和平盐铁路连接，在南端经罗湖桥与香港铁路有限公司营运的东铁线相接通到香港的九龙站。另外设有连接广州鱼珠码头、黄埔新港和石龙港的支线。

广深铁路一、二线全线并行，第三线在不同区段与一、二线并行或绕行，第四线在广州东至平湖区段始终与第三线并行，在平湖至深圳区段与一、二线并行。第三线与准高速线并行间距一般情况下不小于6.5米，部分区段最小为5.0米；第四线与第三线间距一般

5.0 米，最小间距 4.6 米。工程分为 3 段，广州至新塘段增建市郊客运线，新塘至平湖段增建第四线，深圳北客技站及配套工程。工程包括新铺线路 147 公里，特大桥 4 座、大中桥 31 座，新建、改建站段 21 个。

广深铁路增建四线电气化工程，建设单位为广州铁路(集团)公司，由中铁电气化勘测设计院和北京全路通信信号设计研究院设计，华南铁路工程建设监理公司监理。

广深铁路增建四线主要技术标准参照三线：铁路等级，Ⅰ级；限制坡度，8‰；最小曲线半径，一般 1600 米，困难 1200 米，局部限速地段满足相应半径要求；到发线有效长度，850 米；旅客列车设计行车速度，广州东至下元区间为 120 公里/小时，下元至平湖为 140 公里/小时，平湖至深圳段为 120 公里/小时；牵引种类，电力牵引；闭塞方式，自动闭塞；牵引质量，货物列车 3500 吨，旅客列车 1100 吨。

广深铁路增建四线工程，中铁二十五局集团公司、中铁十三局集团公司等单位负责土建施工，中铁电气化局集团有限公司承担 TH4D-8 标段电气化、DH-6 标段牵引供电及信号 XH-5 标段工程施工。

工程 2004 年 6 月 18 日开工，2007 年 3 月 30 日竣工，2007 年 4 月 5 日一次送电成功，2007 年 4 月 18 日全线开通运营。

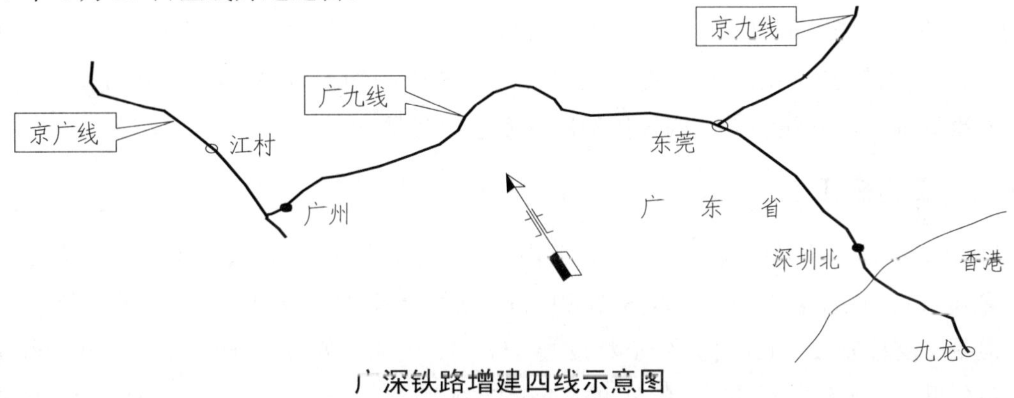

广深铁路增建四线示意图

二、工程设计

广深铁路增建四线电气化工程，供电方式与已建成的广深一、二、三线以及相邻京广、九广电气化铁路的供电方式一致，仍采用带回流线的直接供电方式。利用既有下元、茶山和平湖牵引变电所、广州东开闭所、广州、仙村和樟木头分区所等牵引供电设施进行供电，对牵引变电所的外部电源和布点四线路共用。

新建接触网采用全补偿简单链形悬挂，正线接触网组成为 TJ-127+CTHA-120 或 THJ-95+CTHA-120 型，张力 17 千牛＋13 千牛，站线接触网组成为 THJ-70+CTHA-85 型，张力 15 千牛＋8.5 千牛，回流线采用 LGJ-95，供电线采用 LGJ-185/10。

广深铁路四条线路不是同期建设，多线并行区段及车站内受线路地理条件的限制，线间距普遍较小。为了减少不同线路接触网间的电气和机械干扰、提高接触网 V 形天窗的可靠性，同时结合广深一、二线和第三、四线运输分工不同，优先保证一、二线和第三、四线接触网之间的一级电气分束，再对准高速线上下行接触网之间、第三、四线接触网之间进行二级电气分束。一般情况下准高速线上下行接触网按同时停电/供电操作，V 形天窗主要是在一、二线和第三、四线之间开展。

根据设计鉴定意见，广深铁路增建四线接触线高度按满足通过超级超限货物列车、支柱及基础预留改造通过双层集装箱列车条件设计。增建四线接触导线悬挂点距轨面连线高度一般为 5.6 米，带电允许车辆装载高度为 5.0 米，当装载高度为 5.3 米时，允许停电通过。考虑到通行双层集装箱列车时接触导线最低点距轨面连线高度 6.33 米，结构高度 1.1 米，轨地高差 1040 毫米的情况，支柱地面以上部分应采用 9 米的高度，同时也兼顾了第三、四线与准高速线接触网支柱型式的统一。因此第三、四线接触网仍采用Φ400 环形等径预应力 9+3 米的支柱。

区间三线并行硬横梁区段的第三线接触网带电体对准高速线接触网带电体的绝缘距离困难情况为 1600 毫米，一般情况下 2000 毫米，但硬横梁支柱上安装反定位腕臂的三线接触网检修有一定困难。2004 年 5 月～7 月，广深铁路公司机辆事业部对广州东至深圳全线三线并行区段进行了整改，将三线并行、采用硬横梁合架的第三线接触网的反向定位安装的腕臂改移至新设单根支柱上。针对广深铁路四条线路并行区段，由于受线间距限制，一般需采用硬横梁安装吊柱悬挂接触网方式，为保证 V 停检修的实现，采用双排硬横梁外包，对准高速一、二线和三、四线接触网分别予以悬挂。

三、工程施工

TH4D-8 标段，新增四线电气化及相关电力、通信、信号、房建、三电拆迁等配套工程由二公司负责施工。新塘至平湖段 8 站 8 区间，正线全长 84.1 公里，接触网基础浇注 1197 个、混凝土支柱安装 2110 根、钢支柱安装 417 根、硬横梁安装 76 组、承力索和导线架设 171 条公里、回流线架设 97.8 条公里；拆除接触网 77.4 条公里、支柱 1049 根、硬横梁 133 组；对既有变电所和分区所进行改造，通信线路迁改 639 处及改造，路外电力迁改 198 处；路内高压电缆迁改 105.5 公里及增容改造；仙村、石牌、塘头厦、茶山、平湖、石龙、红海、樟木头、东莞 9 站微机联锁改造；新建 2 个信号楼、2 个分区所、2 个轨道车库，2 个信号楼加层、6 个信号楼改造，建筑面积 3890 平方米。

DH-6 标段 19.6 正线公里牵引供电工程由一公司施工。工程包括平湖至深圳客车联络线（K127+500 至 K137+610）10.1 公里、布吉辅助客运站改造（K137+500 至 K141+237）3.7 公里、深圳北客技站（K141+237 至 K147+000）5.8 公里，新建接触网 63.3 条公里、改建接触网 11.1 条公里；混凝土支柱安装 698 根、硬横梁安装 100 组、回流线架设 28.4 条公里；拆除接触网 20.9 条公里、支柱 342 根、硬横梁 25 组；对既有变电所和分区所进行改造。

信号 XH-5 标段，平湖至深圳全长 19.5 公里，平湖、布吉、深圳北、深圳 4 个车站，平湖南到达场、平湖南到发场，平南铁路经平湖南编组站分别接入平湖和布吉站，含自动闭塞及151组联锁道岔电气集中工程由电气化分公司施工，其中布吉站由西安通号处施工。

工程2004年6月18日开工，2007年3月30日竣工，2007年4月5日一次送电成功。

接触网工程　一公司投入2个作业队110多人，配置汽车4辆、安装列车1组、安装作业车2台，于2004年6月18日开工，2005年9月18日竣工；二公司投入2个作业队200多人，配置汽车6辆、安装列车2组、安装作业车4台，于2006年7月1日开工，2007年3月30日竣工，2007年4月5日一次送电成功。

由于工期短、干扰大、条件差、任务重，且采用的技术新、标准高、施工难度大。结合既有线改造的实际情况，制定有针对性的管理办法和措施，健全安全管理网络，明确各个层次的岗位职责，首先开展接触网杆的基础挖坑、浇制、立杆工作。2006年12月28日业主要求该线2007年4月18日前开通，二公司又增加3个作业队、6组安装列车和12台作业车同时进行施工。在路基尚未成型的情况下，根据站前施工单位提供的交桩资料，开展支柱安装工作。无交叉线岔技术在广深高速线是国内首次使用，各项技术参数要求很严格，没有类似经验可借鉴。通过现场调查，采用力学计算法进行无交叉线岔侧线吊弦计算，得出接触线高度在定位点处抬高110±20毫米，第2根吊弦不受力，此段接触线呈自然抛物线。第2根吊弦与第3根吊弦之间有一点不抬高，该点导高为正常高度值。不抬高点距定位点的距离取值范围是15.8～19米，第一吊弦点接触线抬高量为55～75毫米，施工中尽可能接近下限值55毫米，第二吊弦抬高约8～15毫米，侧线接触线从3吊弦和2吊弦中间开始向下锚端以抛物线的形式升高。各作业队在调整时严格按上述标准进行施工，有效解决了无交叉线岔调整难的问题。

2007年3月13日，东莞站接触网拨接改造施工，由于涉及广深铁路一、二、三线，改造线路长达7.25公里，包含14个无交叉道岔，改造范围之大，且改造完成后广深一、二线就要马上开行动车组，施工难度极大。从各作业段抽调精兵强将180人参与拨接改造施工，提前40分钟完成拨接改造施工，赢得广铁集团和广深增建四线指挥部的高度赞扬。

变电工程　一公司于2004年10月10日开工；二公司于2006年12月31日开工。仙村、樟木头分区所新增三、四线高压室，对综合自动化系统进行改造；茶山牵引变电所新增四线变电系统，对远动系统进行改造；对广州东开闭所、石牌分区所、下元牵引变电所、平湖牵引变电所、深圳北牵引变电所、平湖南分区所、深圳北开闭所、深圳调度所远动系统进行改造。按期完成施工任务。

电力工程　于2006年9月10日开工。对变电所、分区所110千伏电源线路进行改造，2007年5月6日验收合格。

通信工程　于2005年12月10日开工。投入2个作业队，4辆台车、各类通信仪器仪表16台（套）。主要施工任务是将既有光、电缆进行迁移割接和设备搬迁。本着“不漏迁一条光电缆、保证一次迁移到位、避免同一地段反复迁移”的原则，开工前进行现场调查，并会同设计、监理、运营、维护、站前施工等单位，根据设计图纸和方案，对照既有竣工图进行数量、型号、径路走向的确认，制定施工过渡和迁移方案，为正式施工做好准备。施工过程中，根据光、电缆不同特性，主干电缆迁移、割接点选在机械室外侧，根据主干光缆传输特性，迁移起始端临近机械室的割接点选在机械室，以减小因增加接头引起传输损耗增大现象。地区光电缆迁移割接根据实际地势和电缆长度选择在机械室附近割接。历经 16 个月，在车流量大、封闭点短、带电作业的情况下，于 2007 年 4 月 10 日竣工。

信号工程　XH-5 标段工程，西安通号处投入 50 人、电气化分公司投入 110 人，2004 年 6 月 18 日开工，平湖南上行到发场 2006 年 7 月 29 日开通；平湖南站上行到发场微机联锁 2006 年 7 月 29 日开通；深圳站、深圳北站、布吉站和平湖南站低频信息改造工程 2006 年 11 月 20 日开通；深圳站微机联锁 2007 年 1 月 16 日开通，布吉站 2007 年 1 月 31 日竣工；深圳北站 2007 年 2 月 26 日竣工，平湖南至布吉站小曲线改造 2007 年 1 月 31 日竣工。

二公司于 2005 年 7 月 15 日开工，主要工程量为：石龙区域微机联锁施工，石龙、红海按照 1 站 2 场进行施工，采用 1 套计算机联锁，石龙高线站内部分采用一体化轨道电路，车站内轨道电路控制需要与计算机联锁系统接口，尤其是高线电码化部分的施工，既要考虑本次施工的要求，又要为今后的自闭施工预留条件，况且广深高速线行车密度大，事故发生影响范围广。到 2008 年 1 月 7 日，完成安装调试信号机 66 架、轨道电路 58 区段、道岔 32 组，敷设电缆 48.46 公里。被广州铁路（集团）公司评为“创优样板工程”。

东莞站微机联锁为本标段施工最复杂的一个站，站内站线长、股道多、安装设备多、引入干线电缆多、分布范围广、工期短，又是广深铁路一、二、三、四线和京九联络线的引入站，施工难度大。按照工期和安全质量的要求，深入现场调查掌握翔实的第一手资料，积极与站前施工单位、指挥部及业务部门联系，制定详细站改过渡方案，开展施工。

石龙、樟木头 2 个站是广深增建四线中唯一站内按照一体化轨道电路进行设计的车站，技术新，通过制定切实可行的施工工艺和工法组织施工，按期顺利开通。

房建工程　2005 年 10 月 24 日开工。2005 年完成 2 个分区所的施工，并开展信号楼的施工。2006 年完成信号楼的施工，2007 年完成轨道车库的施工，全部工程于 2008 年 1 月 4 日竣工。

第三十九节　大连铁路枢纽金窑线扩能改造

一、工程概况

大连铁路枢纽金窑线起自大窑湾港内一分区车场（含），经金港站、金桥站、金马站至金州编组站（含），线路全长 22.015 公里，相关工程包括与本线接轨的柳树屯铁路专用线、北良港铁路专用线（含便线）及金州疏解线工程。

金窑线扩建改造工程，建设单位是沈阳铁路局金窑复线铁路工程建设指挥部，由铁道第三勘察设计院设计。

金窑线线路设计标准：铁路等级，国铁 I 级；正线数目，双线；限制坡度，6‰；最小曲线半径，一般 500 米；到发线有效长度，1050 米；牵引种类，电力牵引；闭塞类型，自动闭塞；建筑限界，按增建第二线满足开行双层集装箱要求考虑；牵引质量，5000 吨。

中铁电气化局集团三公司承担金窑线扩建改造 B 标段站后四电工程建设。B 标段为接触网及变电工程，包含金州编组场既有电化改造、哈大下行既有电化改造、金州变电所既有供电线改造，金州至金马至金桥间新增二线复线电化；金州牵引变电所改造。

工程于 2006 年 5 月 12 日开工，2007 年 3 月底竣工，2007 年 8 月 30 日开通交付运营。

二、工程设计

牵引供电采用直供加回流线供电方式。接触悬挂采用全补偿简单直链形悬挂，接触线高度一般为 6450 毫米，结构高度一般 1400 毫米，拉出值最大为 400 毫米，侧面限界不小于 3100 毫米，电分相采用 7 跨绝缘锚段关节，接触网下锚为拉线基础。

三、工程施工

中铁电气化局集团三公司投入 200 人，配备作业车 5 台，安装列车 1 组。于 2006 年 5 月 12 日开工，2007 年 3 月底竣工，2007 年 8 月 30 日开通交付运营。

接触网工程　2006 年 5 月 12 日开工，完成接触网架设 101.77 条公里、供电线架设 10.52 条公里、回流线架设 43.165 条公里、架空地线架设 15.718 条公里、隔离开关安装 16 台、避雷器安装 13 台、分段绝缘器安装 26 台。2006 年度完成接触网既有左线工作量，达到开通条件。2007 年新建右线紧随下线工程积极推进，2007 年 3 月底基本完成金窑线接触网工程施工任务。2007 年 8 月 30 日接触网工程正式送电开通运营。

变电工程　2006 年 5 月 12 日开工，完成隔离开关 4 台、避雷器 2 台、断路器 2 台、电力及控制电缆敷设及配线 785 米、综合自动化设备 1 套、V 停控制箱 2 套及电力控制电缆敷设及配线 7600 米，2006 年底完成金州变电所改造。

电力工程　2006 年 5 月 12 日开工，年底竣工。立电杆 15 根、导线架设 2.7 条公里、电缆敷设 11.819 条公里、变压器（含箱变）8 台、信号楼电力室 2 处、配电所 1 处、照明灯塔 8 座。

第四十节　贵昆线沾益至昆明段增建二线

一、工程概况

贵昆铁路东起贵州省贵阳，西至云南省昆明，途经安顺、六枝、六盘水、树舍、宣威、沾益、曲靖、扩子等县市，正线全长 642.7 公里。沾益至昆明段为贵昆线西端的一段，线路东起云南省曲靖市的沾益站出站端，经马龙、嵩明县，西抵云南省会昆明，全长 165.063 公里。

贵昆线沾益至昆明段增建二线工程，建设单位是昆明铁路局建设项目中心，由铁道第二勘察设计院设计，云南铁路工程监理有限责任公司负责监理。

贵昆线沾益至昆明段增建二线工程，主要技术条件：铁路等级，Ⅰ级；正线数目，双线；限制坡度，6‰、加力坡 13‰；最小曲线半径，一般地段 2000 米，困难地段 1600 米，个别限速地段可适当降低；到发线有效长度，850 米；牵引种类，电力牵引；机车类型，客机 SS7，货机 SS3B；闭塞类型，自动闭塞；建筑限界，满足双层集装箱运输条件；牵引质量，3800 吨。

中铁电气化集团电气化分公司承担沾益至昆明段增建二线二标段电气化工程建设。工程于 2005 年 8 月 9 日开工，2007 年 4 月 15 日竣工。

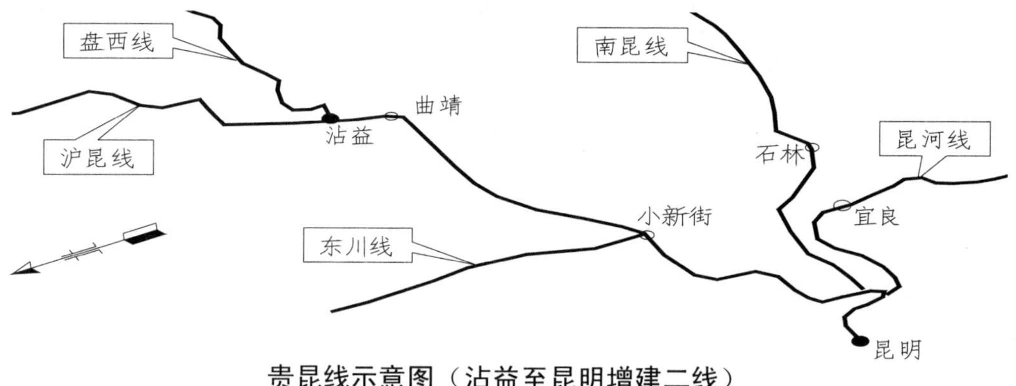

贵昆线示意图（沾益至昆明增建二线）

二、工程设计

接触悬挂采用全补偿简单链形悬挂。正线承力索采用 95 平方毫米铜合金绞线，站线采用 70 平方毫米铜合金绞线。正线接触线采用 120 平方毫米银铜合金电车线，站线采用 85 平方毫米银铜合金电车线。考虑开行双层集装箱运输条件，车辆装载后的最大高度为 5850 毫米，接触线最低点距轨面高度不小于 6330 毫米。区间双边补偿时最大锚段长度一般情况不大于 1600 米；单边补偿的锚段长度，为上述值的 50%。结合线路和站场改造情况，将既有站线半补偿简单链形悬挂改为全补偿简单链形悬挂。站场中心锚结采用防窜不防断形式，区间中心锚结采用二跨式中心锚结，防窜防断形式。正线、站线均采用载流型可调整体吊弦。

变电工程改造按复线需要，对所内主变、并联电容补偿装置、导流回路、馈出线间隔等进行增容改造。增设小新街牵引变电所，牵引变电所主接线采用线路分支接线，110 伏侧引入两路独立电源，27.5 千伏侧采用单母线分段接线，变压器采用固定备用，实现电源及备用变压器自动投切。110 千伏侧牵引变压器采用 V/V 接线，牵引变电所进出线采用架空方式，并补装置设于室内，考虑近、远期相结合，容量按近期，房屋面积预留远期发展的可能。增设浑水塘、四营分区所，分区所主接线为 4 回进出线，上下行各两回，同方向上下行之间设并联供电开关，不同供电臂之间设越区供电开关。浑水塘分区所采用微机控制保护综合自动化装置，设置远动系统和视频监控系统，四营分区所设置远动系统。

本标段内的杨林、金马村 2 个牵引变电所维持原有的分支接线方式不变。改建、新建牵引变电所和分区所均采用微机保护和综合自动化系统。改建昆明东开闭所，本次改造实现远动需要，对改变运行方式的隔离开关采用电动操作，对不适应复线运行需要的断路器进行更换。开闭所采用手车式真空断路器，开闭所总平面布置维持不变。开闭所设置进线电源自投装置，馈线自动重合闸装置。

一般生产房屋采用砌体结构或框架结构。生产厂房等房屋根据需要采用钢筋混凝土框架结构。一般楼面板采用现浇板，根据结构需要采用预应力大型屋面板。一般房屋基础采用毛石基础，根据结构需要和地质情况采用钢筋混凝土独立基础、条形基础、桩基或其他类型基础。建筑材料本着因地制宜、就地取材的原则，尽量采用当地建筑材料，以利于节省工程投资。在条件具备的地区积极采用新型材料，填充墙采用轻质砌块。

三、工程施工

二标段电气化工程范围为小新街(不含)至昆明，里程自 DK560＋800 至 K636＋106.49，线路左线长 70.793 公里，右线长 71.026 公里。新建小新街（不含）至昆明（含）段接触网，新建小新街牵引变电所 1 处，改建杨林、金马村牵引变电所 2 处，新建四营、浑水塘分区所 2 处，改建昆明东开闭所 1 处，改建昆明电力调度所 1 处，全线远动设备安装调试及相关电化房建 1400 平方米（含小新街牵引变电所）。

2005 年 7 月，电气化分公司在昆明成立昆沾线电气化工程项目经理部，实施项目法管理。项目经理部下设接触网、变电、房建作业队各 1 个，共抽调施工人员 418 人，各种施工车辆及机具 118 辆（台）。

接触网工程　2005 年 8 月 9 日开工，接触网作业队共投入施工人员 100 人。3 个作业班组分别负责小新村（不含）至杨林（含）；杨林（不含）至秧田冲（不含）；秧田冲（含）至昆明段，每个班组在各自的施工管段平行组织施工，在班组内实行流水作业。工程于 2007 年 4 月 15 日竣工，共完成接触网混凝土支柱安装 1727 根、钢支柱安装 746 根、软横跨安装 194 组、架设承力索、导线 191.73 条公里、架设回流线 129.62 条公里。

变电工程　2005 年 11 月 1 日开工，2007 年 4 月 15 日竣工。变电作业队投入施工人员 60 人，3 个作业班组分别负责小新街变电所、四营、浑水塘分区所的新建；杨林变电所的技术改造；金马村变电所技改、昆明东开闭所、昆明电力调度所的技术改造。

牵引变电所的技术改造 2 个所同时进行，变电所改造结束后，分别对分区所、电力调度所进行技术改造。新建变电所和分区所的工作与技改同时进行。

房建工程　2005 年 8 月 9 日开工，房建作业队投入施工人员 125 人，4 个作业班组分别负责小新街变电所、四营分区所，杨林变电所、接触网工区车棚，混水塘、混水塘办公区，金马村变电所，昆明东接触网工区车棚的施工。工程于 2007 年 4 月 15 日竣工，新建牵引变电所房屋 800 平方米，分区所 70 平方米，接触网工区车棚 100 平方米，改扩建牵引变电所房屋 430 平方米。

第四十一节　迁曹线

一、工程概况

迁曹铁路北起大秦铁路迁安北站，跨大秦、京山、京秦铁路与滦港铁路菱角山站相接，从滦港铁路滦南站引出，南端分别到达唐山港的曹妃甸港区、京唐港区，途经迁安市、滦县、滦南县、唐海县、南堡盐场、曹妃甸工业区、乐亭县和海港开发区，正线全长 222.7 公里。迁曹铁路是《中长期铁路网规划》中大秦铁路煤炭疏运的重要分流通道，将为大秦铁路实现年运量递增的扩能目标提供配套的港口疏运服务。它也是河北省 1 号工程、“十一五”国家重点工程曹妃甸工业区建设的重要疏港铁路。这条铁路的建设对于缓解中国北煤南运的紧张形势，促进曹妃甸港和京唐港的开发建设，完善河北境内铁路网结构、促进环渤海地区经济快速发展具有重要意义。

迁曹铁路划分为新建迁安北至菱角山段、滦县至京唐港铁路扩能改造和新建滦南至曹妃甸段 3 个部分。迁安北至菱角山段位于河北省唐山市境内，地势北高南低，为剥蚀丘陵和丘间、滦河冲洪积平原，丘陵区地形起伏较大，冲洪积平原地形平坦开阔，全段有特大桥 7 座，大中小桥 10 座，框构桥 11 座，隧道 2 座，涵洞 85 座。滦南至曹妃甸段北高南低，北部处滦河冲积扇土，地势平坦开阔，南部为滨海盐碱地和洼地、草泊，有自然河及人工修建的泄洪渠、灌溉渠等，水网密集，沟渠纵横，地表多为农业用地和养殖业水塘。有些地段有不良地质及特殊岩土，各类铁路构筑物在相应地段采取抗液化措施。滦县至京唐港段地势北高南低，位于燕山余脉东端南麓的滦河冲积平原、滨海平原区及丘陵区，地形平坦开阔。

迁曹铁路是合资建设的铁路，由北京铁路局、唐山港口投资有限公司、国投交通公司、唐山曹妃甸实业开发有限责任公司、大唐国际发电股份有限公司、河北省建设投资公司、华润电力（唐山曹妃甸）有限公司 7 家出资组建唐港铁路有限责任公司，作为项目法人，全面负责迁曹铁路的建设管理及其建成后的运营管理工作。由铁道第一、三勘察设计院设计，北京铁建工程监理有限公司、天津市路安电气化监理有限公司、天津新亚太工程建设监理有限公司监理。

迁曹铁路电气化工程，主要技术条件：迁安北至菱角山段：铁路等级，Ⅰ级；正线数目，双线；限制坡度，重车方向4‰，轻车方向12‰；最小曲线半径，800米；牵引种类，电力牵引；机车类型，DJ1；闭塞类型，自动闭塞；牵引质量，20000吨。滦南至曹妃甸段：铁路等级，Ⅰ级；正线数目：滦南至曹妃甸北为双线，曹妃甸北至曹妃甸南和曹妃甸北至曹妃甸西为单线，预留双线；限制坡度，4‰；到发线有效长度，2800米；牵引种类，电力牵引；机车类型，SS4、DJ1；闭塞类型，双线为自动闭塞，单线为半自动闭塞；牵引质量，5000吨、20000吨。滦县至京唐港段：铁路等级，Ⅰ级；正线数目，双线，局部单线，预留双线；限制坡度，4‰；牵引种类，电力牵引；机车类型，SS4、DJ1；闭塞类型，双线为自动闭塞、单线为半自动闭塞；牵引质量，5000吨、20000吨。迁曹铁路可运行2万吨重载列车，通道年运输能力，近期为1.28亿吨，远期为2亿吨，项目建设总投资50亿元。

参加迁曹铁路土建施工的有中铁六局、中铁建十二、十六、十八局集团有限公司，工程于2005年10月21日开工。电气化工程(接触网、变电和大部分电力、通信信号及相关配套房屋)由中铁电气化局集团一公司负责施工，于2006年3月15日开工，2006年12月26日迁安北站至曹妃甸南站建成通车。2007年11月28日滦南至京唐港段一次受电成功。其他工程预计2009年11月完工。

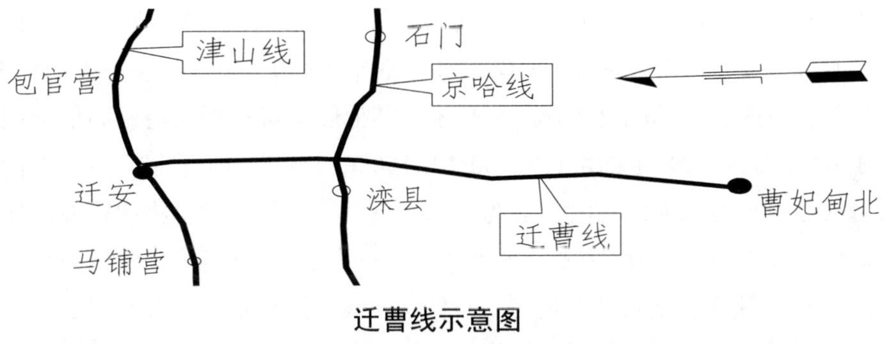

迁曹线示意图

二、工程设计

迁曹铁路电气化工程，迁安北至菱角山和滦县至京唐港段由铁道第三勘察设计院设计，滦南至曹妃甸段由铁道第一勘察设计院设计。迁安北至菱角山正线全长45.287公里。滦南至曹妃甸段全长92.23公里（陆域58.67公里，海域33.56公里），其中滦南出站至曹妃甸北出站正线全长46.33公里，曹妃甸北站至曹妃甸南站全长27.55公里；曹妃甸北站至曹妃甸西站全长18.35公里。滦县至京唐港段全长96.039公里，包括3个部分：滦县至聂庄站全长61.536公里既有线改造增建第二线；聂庄至京唐港区新建东环Ⅰ级铁路单线，全长19.564公里，新建东环港区站；聂庄至京唐港全长14.939公里，维持现状单线，内燃机车牵引，改造京唐港。

迁曹铁路牵引供电采用AT供电方式。迁安北至菱角山段设迁安北牵引变电所（改扩建）、DK19+000分区所、DK9+246 和DK32+775 AT所、1处电力调度所。滦南至妃甸段设1

处唐海牵引变电所、1 处开闭所、5 处自藕变压器所、1 处电调所、1 处供电段。迁安北牵引变电所既有馈线四路，增加两路，增设 2 台自耦变压器、3 台 55 千伏真空断路器、6 台 55 千伏电流互感器、9 组隔离开关及馈线保护测控盘 1 面等。设备操作电源引自既有直流盘预留开关，交流电源引自电力专业新装交流盘，通信、视频、远动接口均利用既有设备。新建牵引变电所引入两路 110 千伏电源，一主一备，中间设有隔离开关分段的跨条，在跨条上设置计费及保护用电压互感器。牵引变电所设 2 台变压器，1 台运行，1 台固定备用。DK19+000 分区所设上下行馈线四回，分别和迁安北、菱角山变电所相连，上下行馈线通过隔离开关可实现上下行并联运行，通过越区开关可实现迁安北和菱角山变电所的越区供电。其他各分区所设两路交流自用电源，一路引自 27.5 千伏进线，另一路引自 10 千伏电源，两路电源互为备用，容量为 50 千伏安。AT 所设上下行馈线两回，2 台自耦变压器、6 组隔离开关及馈线保护测控盘 1 面等，自耦变压器采用快分、快合隔离开关保护，AT 所设两路交流自用电源，均引自 27.5 千伏进线，两路电源互为备用，容量为 30 千伏安，AT 所上下行间设手动隔离开关，实现上下行并联运行。

迁安北至菱角山段接触网分新建和改扩建两部分，迁安北站接触网扩能改建，Ⅰ、Ⅱ道大秦上下行正线采用 JTM-150+CTA150（17 千牛+15 千牛）型全补偿简单链形悬挂，Ⅲ、Ⅳ道迁菱上下行正线采用 JTM-150+CTA150（15 千牛+15 千牛）型全补偿简单链形悬挂，Ⅴ、Ⅵ道到发线和Ⅶ道安全线采用 JTM-95+CTA120（15 千牛+10 千牛）型全补偿简单链形悬挂。正线接触线悬挂点距轨面的高度为 6000 毫米，其他股道可根据轨道标高情况适当增高，但不得大于 6450 毫米。区间采用 JTM-150+CTA150（15 千牛+15 千牛）型全补偿简单链形悬挂，接触线悬挂点距轨面的高度一般为 6000 毫米，受跨线建筑物净空限制处接触线最低点距轨面的高度不小于 5700 毫米，困难情况下不小于 5650 毫米。结构高度一般情况为 1400 毫米，在跨线建筑物下可适当降低。正线、站线均采用铜合金整体吊玄。滦南至曹妃甸和滦县至京唐港段接触悬挂采用全补偿简单链形悬挂。迁曹铁路全线绝缘子漏泄距离按 1200 毫米设计；支柱侧面限界按满足大型养路机械作业设计。接触网导线高度按开行超级超限货物列车设计。

滦南至曹妃甸段新设电力贯通线，改建滦县至京唐港电力线路 85.8 公里。

滦南至曹妃甸段新设长途光电缆线路，开通 SDH STM-4 数字传输系统和 STM-1 数字传输及接入系统，构成骨干传输网。专用移动通信系统采用 GSM-R 数字移动通信制式，满足语音和数据传输的要求。设无线列调等专用通信系统。

滦南至曹妃甸段，双线区段采用自动闭塞，单线区段采用半自动闭塞，曹妃甸北站、曹妃甸南站、曹妃甸西站采用微机联锁，新建 3 个 TDCS 车站、4 个微机监测站。

滦县至东港间沿铁路正线两侧各敷设 1 条 12 芯单模直埋光缆。在滦南通信站设 STM-4（1+1）传输设备，利用 2 条光缆中各 2 芯开通各车站 SDH622 兆比特/秒（1+1）同步数字传输系统，利用 2 条光缆中另外 2 芯开通区间 SDH155 兆比特/秒同步数字传输系统，实现与 GSM-R 系统及其他信息接入点（信号、牵引供电等）的互联。聂庄至京唐港间沿铁路敷设 1 条 12 芯单模直埋光缆。利用其中 2 芯开通 SDH622 兆比特/秒（1+1）同步数字传输系统，另 2 芯开通 SDH155 兆比特/秒同步数字传输系统，实现与 GSM-R 系统互联。各站、GSM-R 基站、区间接入点均设置接入设备，透明传输 V5.2 信令；滦南的接入设备通过 V5.2 接口接入本地的交换机。滦南通信站新设电源及环境监控系统中心设备；全线新设固定用户接入交换系统。

房建工程　迁安北至菱角山段新建 1 处分区所、2 处 AT 所、1 处电力调度所、迁安北变电所改扩建；滦南至妃甸段新建 1 处牵引变电所、1 处开闭所、5 处 AT 所、1 处电调所、1 处供电段；滦县至京唐港段新建牵引变电所、分区所、开闭所等房屋。房屋结构一般为一层砖混结构，层高一般为 3.9 米，建筑耐火等级为二级，建筑物抗震设防烈度为二级；建筑构造，基础采用钢筋混凝土条形基础。

三、工程施工

中铁电气化局集团一公司承建迁曹铁路电气化工程迁安北至菱角山综合 QL 标段（中铁电气化局集团与中铁六局集团组成联合体）接触网、变电及配套房建工程，滦南至曹妃甸 LC5 标段和滦县至京唐港 LG5 标段四电及配套房建工程。为统一协调 3 个标段各专业的施工，成立迁曹铁路电气化工程项目经理部，设工程技术部、安质环保部、物资部、计划财务部、综合管理部。项目经理部下设 5 个项目分部，分别组建接触网、变电、电力、通信、信号、房建工程的 1 至 5 个作业队，并另组建 1 个电气试验作业队和 1 个机械维修队。迁安北站的接触网施工首先于 2006 年 3 月 15 日开工。变电工程于 2006 年 5 月 1 日开工，电力工程于 2006 年 4 月 1 日开工，通信工程于 2006 年 5 月 1 日开工，信号工程于 2006 年 9 月 16 日开工，房建工程于 2006 年 4 月 16 日开工。2006 年 12 月 26 日迁安北站至曹妃甸南站建成通车。2007 年 11 月 28 日滦南至京唐港段一次受电成功。

接触网工程　迁安北站于 2006 年 3 月 15 日开工后，由于大秦线为既有运营线路，年运输任务 2 亿吨，运输繁忙。支柱及上部安装需要停电作业，铁路局仅安排了有限的停电作业天窗，并要求在计划的工期内优质完成迁安北站的接触网扩能改造。针对工程实际在短时间内调集了公司内大量作业人员和施工机械，与站前施工单位紧密配合，见缝插针，并采用先进的测量仪器和方法，对测量结果自编计算软件进行精确计算，实现数据化施工。对肩架、支持结构、定位结构、拉线、下锚装置、整体吊弦等进行最大限度的集中预配，组装成成品或半成品，减少现场安装作业时间，提高施工效率。到 2006 年 8 月 18 日共计完成基础浇注 214 个、拉线基础浇注 32 个、支柱安装 397 根、支柱装配 43 组、软横跨安装 80 组、拉线安装 112 处、接触线架设及调整 30.033 条公里、附加线架设 36.279 条公里、供电线架设 22.214 条公里，至此迁安北站的接触网扩能改造工程全部竣工。迁安北至菱角山区段于 2006 年 9 月 26 日开工后，建设单位要求接触网工程与线路工程同时开通，由于线路不成形及架梁机的影响，无法使用轨道施工机械进行大面积作业，只好采用专业小组的施工模式进行施工。在局部路基成形后，首先进行施工测量和基础浇制，在具备一定条件和保证安全、质量的情况下，利用汽车吊改装轨道吊车安装支柱，为按期开通奠定了基础。通过最大限度的集中预配和数据化施工，到 2006 年 12 月 26 日共计完成基础浇制 10 个、拉线基础浇制 243 个、锚板埋设 142 处、拉线安装 426 处、混凝土支柱安装 1216 根、钢柱安装 490 根、支柱装配 1913 组、接触线架设及调整 102.079 条公里、AF（PW）线架设 84.190 条公里、PW 线架设 84.7 条公里、架空地线架设 17.015 条公里，全部工程竣工并开通。

滦南至曹妃甸工程，根据需架设接触网 228.875 条公里、正馈线 153.3 条公里、保护线 11.6 公里、供电线 4.2 条公里的主要工作量，投入 2 个作业队约 300 人及施工机械，分别组成 6 个班组采取流水程序化作业、微机计算、工厂预配，各 1 个班负责基坑开挖，支柱整正，1 个班负责支柱装配和附加悬挂架设，1 个班负责机械施工。推行首件达标，样板引路的措施，采用先进的机械设备、精密仪器对施工质量和进度进行有效控制。基坑开挖以人工为主，坚石地段采用爆破法进行基坑开挖，条件不允许爆破的坚石地段，利用凿岩机和风镐进行开挖。桥梁和隧道打孔灌注在专用施工平台上采用凿岩机进行作业。2006 年 12 月 26 日竣工。

滦县至京唐港段投入 3 个作业队及施工机械，于 2006 年 6 月开工，到 2008 年底，完成大部分工作量。

变电工程　迁安北至菱角山段的变电工程，于 2006 年 6 月 24 日全部开工。根据房建工程的实际进度，合理调配人员，统一施工工艺标准，实行程序化施工，哪里具备施工条件就干哪里，于 2006 年 12 月 12 日竣工并通过验收。

滦南至曹妃甸段的 1 处牵引变电所、1 处开闭所、5 处 AT 所、1 处电调所、1 处供电段的施工，组成变电作业队于 2006 年 5 月 1 日开工，按站前工程按计划完成施工的条件下，力争在有限的时间内于 2006 年 12 月底前完成全部主体工程，达到送电通车条件的要求展开施工，于 2006 年 12 月 26 日竣工。

滦县至京唐港段投入 2 个作业队，于 2006 年 6 月开工，到 2008 年底，完成大部分工作量。

电力工程　滦南至曹妃甸为新建电力线路，主要工程数量包括：架设高压线路 43 公里、低压线路 3.8 公里，高压电缆线路敷设 74.3 公里、低压电缆线路敷设 29.6 公里，各类防腐型箱式变电站安装 30 台，其他箱式变电站安装 5 台，电抗器安装 6 组，各种等级变压器安装 19 台及变电台配电箱安装，交直流装置安装 6 套，调压器安装 1 台，高压开关柜安装 19 面，高压电容测量器柜安装 2 面，隔离开关安装 1 台，零序电流互感器安装 7 台，小电流接地装置安装 2 套。投入 110 人的作业队及施工机械，分成 3 个班组，一组负责曹妃甸南配电所，二组负责曹妃甸地区，三组负责其余区段的施工，2006 年 4 月 1 日开工，2006年12月26日竣工。

滦县至京唐港段投入2个作业队，于2006年6月开工，到2008年底，完成大部分工作量。

通信工程　滦南至曹妃甸为新建通信线路，主要工程数量包括：敷设光电综合缆91.622正线公里、SDH622兆比特/秒设备（ONU）安装24套、SDH155兆比特/秒设备安装27套、PDH设备安装6套、GSM-R基站BTS设备安装19套、无线通信系统设备安装调试3区间、走线架安装550米、车站电化综合柜安装4架、48伏高频开关电源安装18套、48伏蓄电池安装18组等。投入110人的作业队及施工机械，分成3个班组，一班负责滦南至曹妃甸北段，二班负责曹妃甸北至曹妃甸南及部分海域区段，三班负责曹妃甸北至曹妃甸西及部分海域区段的施工。2006年5月1日开工，2006年12月26日竣工。

滦县至京唐港段为新建光缆通信线路、滦南通信站、各车站、GSM-R基站、区间接入点设备的安装调试等。组建专门的通信作业队，于2006年6月开工，到2008年底，完成大部分工作量。

信号工程　滦南至曹妃甸段主要工程量包括：新建曹妃甸北站、曹妃甸南站及曹妃甸西站微机联锁道岔安装71组、电动转辙机和电液转辙机安装88台、自动闭塞电缆线路敷设46.33公里、半自动闭塞电缆线路敷设67.993公里、铅包铜接地铜缆敷设50.39公里、TDCS车站设备安装3个站、微机监测（含环境监测）设备安装4个站及124区段、接地网敷设2个站等。将作业队分成3个班组，一班负责滦南至曹妃甸北间的区间自动闭塞，二班负责曹妃甸北站及曹妃甸南站的微机联锁；三班负责曹妃甸西站微机联锁的施工，于2006年9月16日开工。施工分3步进行，第一步根据站前施工情况，逐步开展站内电缆线路敷设、箱盒安装、信号机及道岔安装，待信号机械室交工后，突击进行信号机械室内设备安装及调试；第二步待站内室外主体工程完工后，逐步开展滦南至曹妃甸北间的自动闭塞电缆线路敷设、信号机安装、箱盒安装及配线、轨道电路施工；第三步待单位工程完工后逐步进行微机联锁试验及TDCS设备和微机监测设备安装及调试，最后进入验收开通阶段。工程于2006年12月26日竣工。

房（土）建工程　迁安北至菱角山段的房建作业队，负责1处分区所、2处AT所、1处电力调度所和迁安北变电所改扩建的施工，于2006年3月15日开工，2006年12月26日竣工。完成房屋建筑面积368平方米、土方1.5245万立方米、道路1214米、围墙603米、电缆沟246米。

滦南至妃甸段的房建作业队，负责1处牵引变电所、1处开闭所、5处AT所、1处电调所、1处供电段及配套房屋的施工，于2006年4月16日开工，2006年9月30日竣工。完成房屋建筑面积2156平方米、道路2590平方米、围墙1860平方米。

滦县至京唐港段的房建作业队，负责新建电气化房屋及配套设施的施工，于2006年6月开工，到2008年底完成大部分工作量。

第四十二节　宁岢支线

一、工程概况

宁岢支线位于山西省西北部，东起北同蒲线宁武站，经宁武县、神池县、五寨县至岢岚县境内岢岚站，线路全长 95.95 公里。1967 年 7 月开工建设，1971 年 11 月 15 日竣工交付使用。规划中的岢岚至瓦塘专用线在岢岚站接轨；山西省地方铁路宁武至静乐线及庄儿上至三岔线分别在宁武站和宁岢支线庄儿上车站接轨，神朔、朔黄铁路在神池至宁武间部分与宁岢支线并行。原线路主要技术标准：铁路等级，国铁Ⅲ级；正线数目，单线；限制坡度，12‰；最小曲线半径，400 米；到发线有效长度，450 米；牵引种类，内燃；机车类型，DF4；牵引质量，1650 吨。

宁岢支线电气化改造工程，建设单位是太原铁路局北同蒲线铁路扩能改造指挥部，由中铁太原勘测设计咨询院设计，北京铁建工程监理有限公司负责工程监理。

改造后的宁岢支线，主要技术条件：铁路等级，Ⅰ级；正线数目，单线；限制坡度，12‰；最小曲线半径，维持现状 400 米；到发线有效长度，1050 米；牵引种类，电力牵引；机车类型，SS4；闭塞类型，半自动闭塞；牵引质量，5000 吨（双机）/1500 吨。

中铁电气化局集团电气化公司承建宁岢支线电气化改造工程。于 2006 年 3 月 1 日开工，2007 年 12 月 1 日竣工。

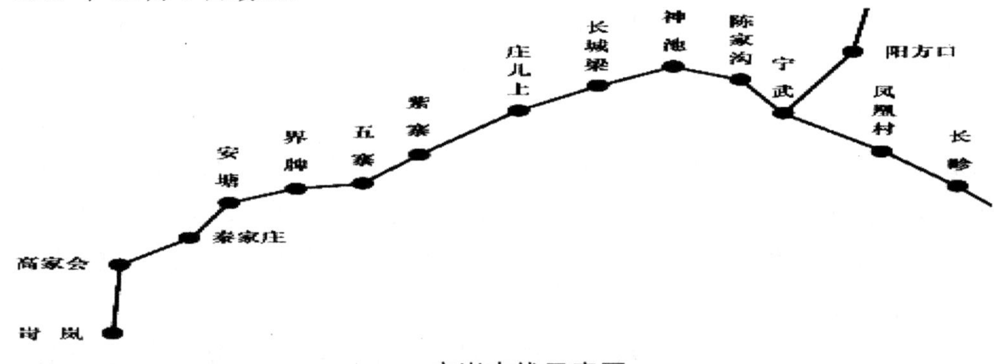

宁岢支线示意图

二、工程设计

接触悬挂采用全部偿简单链形悬挂，张力补偿装置消除温度变化对导线张力的影响；采用载流式整体吊弦，确保接触导线的弹性均匀，并可防止大电流烧断吊弦，减少运营维修工作量；支持结构采用三角形平腕臂结构，可增强接触悬挂的抗风性能和整体稳定性；管段内全部采用铜承力索，增强抗腐蚀性，减少维修工作量。

三、工程施工

主要工程量包括：接触网基础浇注 183 个、桥打孔灌注 74 处、隧道打孔灌注 142 处、支柱安装整正 1840 根、锚板安装 496 处、腕臂安装 1745 组、软横跨安装 142 组、架设承力索、导线各 129.7 公里、回流线 95.58 公里、供电线 2.172 公里、架空地线 7.10 公里、安装电连接 442 组、分段绝缘器 5 组、隔离开关 8 处、新建秦家庄、庄儿上牵引变电所 2 处、改造宁武变电所 1 处、电力贯通线 95.95 公里、信号改造 5 站。

接触网工程　投入 3 个作业队 360 人参建。作业一队驻安塘，负责岢岚（含）至安塘（含）段施工；作业二队驻五寨，负责安塘（不含）至庄儿上（含）段施工；作业三队驻神池，负责庄儿上（不含）至宁武（不含）段施工，2006 年 3 月 1 日开工，2007 年 12 月 1 日竣工。

变电工程　投入 2 个作业队 160 人参建。作业一队驻秦家庄，负责秦家庄牵引变电所施工；作业二队驻庄儿上，负责庄儿上牵引变电所施工，2006 年 4 月 30 日开工，2007 年 12 月 1 日竣工。

电力工程　投入 3 个作业队 240 人参建。作业一队驻安塘，负责岢岚至五寨段线路及岢岚电力配电所施工；作业二队驻庄儿上，负责五寨至神池段线路及五寨电力配电所施工；作业三队驻神池，负责神池至宁武段线路施工，2006 年 6 月 1 日开工，2007 年 12 月 1 日竣工。

信号工程　投入 1 个作业队 80 人参建，进行秦家庄、安塘、五寨、庄儿上、神池 5 站信号改造及相关配套工程施工，2006 年 3 月 7 日开工，2007 年 12 月 1 日竣工。

第四十三节　东乌线

一、工程概况

东乌线自内蒙古鄂尔多斯东胜至乌海，全长 360 公里，为单线电气化铁路，共设 22 个车站，运营初期开通 12 个。东起包神铁路东侧海勒斯壕集运站，上跨包神铁路，通过联络线与包神铁路沙沙圪台站接轨，经伊金霍洛旗、乌审旗、鄂托克旗，在乌海海南区公乌素站与海公铁路交汇，在宁夏石嘴山惠农站与包兰铁路交汇，是内蒙古重点筹建的地方铁路项目。

东乌线工程，建设单位是内蒙古东乌铁路有限责任公司，由中铁第一勘察设计院设计，中铁一院工程监理有限责任公司负责监理。

东乌线工程，主要技术条件：铁路等级，地方铁路Ⅰ级，线下国铁Ⅱ级；正线数目，单线；限制坡度，棋盘井以东 9‰，棋盘井以西 12.5‰；牵引种类，电力牵引；牵引质量，近期 5000 吨，远期 6000 吨。

中铁电气化局集团三公司承担东乌线电气化 1 标段工程建设。工程于 2007 年 4 月 1 日开工，2007 年 10 月 20 日竣工，2007 年 12 月 24 日开通交付使用。

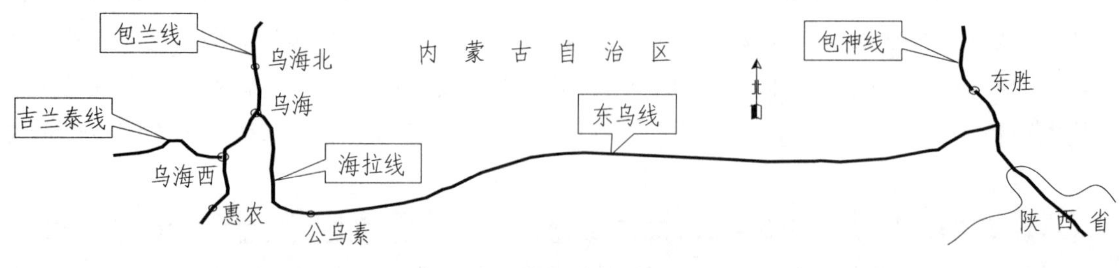

东乌线示意图

二、工程设计

牵引供电采用 AT 供电方式。接触悬挂采用全补偿简单链形悬挂，结构高度 1400 毫米；导线高度一般为 6000 毫米，有装卸货物的大站为 6450 毫米。正线承力索、接触线采用 LBGJ-90+GLCN-250 型；站线采用 LBGJ-70+GLCN-195 型。车站采用软横跨悬挂方式，区间单柱采用钢管式平头碗臂；道岔定位采用接触线交叉定位方式，道岔处 2 支接触悬挂的补偿方向一致。200 公里/小时区段，正线最大锚段长度不大于 2×750 米，困难情况不大于 2×800 米，绝缘锚段关节、非绝缘锚段关节均采用四跨形式。

牵引变电所均引入两路独立的 220 千伏或 110 千伏电源，采用分支接线方式，所内设 2 台单相牵引变压器，一主一备。27.5 千伏侧采用单母线分段或带旁路母线的单母线分段接线，4 回馈线以上设 2 台断路器，4 回馈线以下设 1 台断路器，设并联电容补偿装置。AT 所主接线，采用户外柱上负荷隔离开关形式，负荷隔离开关纳入远动。开闭所主接线采用两路 27.5 千伏电源进线，带旁路母线的单母线分段接线，设 1 台备用断路器。

三、工程施工

2007 年 3 月 24 日，三公司在内蒙古鄂尔多斯市伊金霍洛旗（阿镇）成立东乌项目经理部，各专业参建人员进场进行施工调查，线路定测。

工程位于东乌线的东段活蚕沟(含)至巴彦淖尔(不含)段 158.52 正线公里，包括通信、信号、电力、变电、接触网、房建 6 个专业。属于边设计、边施工、边改造的“三边”工程，电气化工程处于东乌铁路建设的最后一道工序，受站前工程变更的影响，经常处于施工方案的变动之中。工程 2007 年 4 月 1 日开工，10 月 20 日竣工，10 月 26 日电力验收，11 月 18 日变电、接触网验收，12 月 23 日变电所受电，12 月 24 日接触网全线带电开通。

接触网工程　位于毛乌素沙漠腹地，东起活蚕沟站西至巴彦淖尔站，途径活蚕沟、伊金霍洛旗、桃林、纳林西里、浩勒报吉、巴彦淖尔站（不含）计 5 站 5 区间 158.52 正线公里。新建接触网 212 条公里、杆塔安装 3286 根、支柱装配 2941 处、软横跨安装 79 组、正馈线架设 161 公里、保护线架设 158.8 公里、架空地线架设 17 公里、供电线架设 7 公里。

三公司共投入1250人，于2007年4月1日开工，4月9日立起第一杆，10月20日竣工，2007年12月24日建成开通。

变电工程 2处AT牵引变电所、6处AT所，2007年8月20日开工，2007年12月23日竣工开通。

电力工程 包括10千伏配电所2处、箱式配电所1处、箱变1座；箱式变电站4台、杆架式变电台18台、单杆式变压器7台；电杆组立1880根、10千伏贯通线路156公里。2007年5月8日开工，2007年10月26日竣工。

通信工程 包括192公里长途光电缆、75公里站场光电缆，120架通话柱、传输及接入设备21台、程控交换机1套、电源设备42套、数调设备8套、直放站4处、车站台7套、无线列调塔12处，光纤监测、应急通信设备各2套，旅客引导系统1套，车站广播系统3套。2007年5月8日开工，2007年10月26日竣工。

信号工程 包括电缆敷设94公里，信号机安装107架，道岔安装78组，5个车站的控制台、电源屏、组合柜、半自动设备、移频设备、微机监测设备的安装。2007年5月8日开工，2007年10月24日竣工。

房建工程 包括2处变电所、2处10千伏配电所、6处AT所、1处接触网工区、1座梯车库房屋，计2016平方米。2007年4月20日开工，2007年10月24日竣工。

第四十四节 湘桂线增建二线南宁南至江西村段

一、工程概况

改建铁路湘桂线南宁南至江西村增建二线站后工程，设计范围为K802+200至K812+250，全长10.050正线公里。站后工程主要包括增建二线电气化、金鸡村、江西村信号微机联锁改造及其配套的南宁枢纽、通信、电力改造。

湘桂线南宁南至江西村增建二线工程，建设单位是路局湘桂指挥部，由中铁建柳州勘察设计院有限公司设计，柳州铁路建设监理公司负责监理。

湘桂线南宁南至江西村增建二线工程，主要技术条件：铁路等级，Ⅰ级；正线数目，双线；最小曲线半径，一般地段1200米，困难地段800米；限制坡度，6‰；到发线有效长度，850米，预留远期1050米条件；牵引种类，电力和内燃；机车类型，SS7或DF4；闭塞类型，自动站间闭塞；牵引质量，近期3900吨、2400吨，远期4400吨、2750吨。

中铁电气化局集团电气化公司承建湘桂线南宁南至江西村增建二线的电气化、信号微机联锁改造及南宁枢纽通信、电力改造工程。2006年9月29日开工，2008年1月23日竣工。

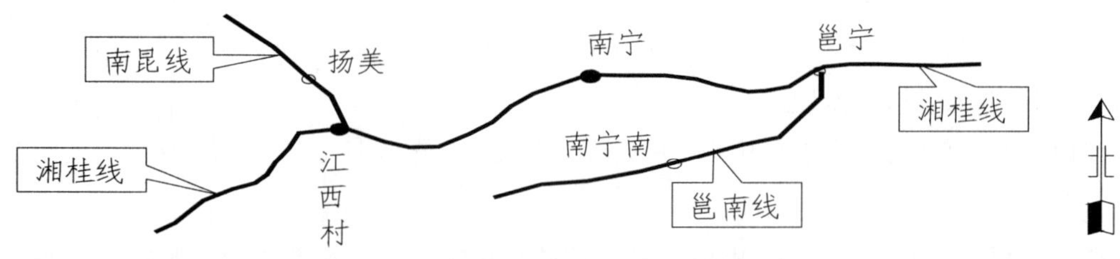

湘桂线示意图（南宁南至江西村）

二、工程设计

既有南宁南牵引变电所设两路独立的 110 千伏进线电源.在两路进线间设置跨条隔离开关，以实现进线与主变压器之间的交叉供电；在进线隔离开关内侧母联跨条处设 1 组保护、测量、计费用电压互感器，跨条内侧设 1 组手动隔离开关，在手动隔离开关与断路器之间设保护、测量、计费用电流互感器；牵引变压器接线采用 Y／△结线，所内设 2 台牵引变压器，采用固定备用方式，牵引变压器设置各类保护。

改建南宁南牵引变电所，在原有基础上增加江西村和杨美镇 2 条馈线。在高压室内设 1 组电压互感器监测母线电压；27.5 千伏侧采用单母线隔离开关分段接线，馈线断路器采用固定 50%备用方式；室内高压电气设备采用网栅布置方式；每组室外馈线装设 1 组避雷器和抗雷线圈，用于过电压保护。

接触网采用结构高度为 1.3 米的全补偿简单链形悬挂。车站中心锚结采用防窜不防断型，区间中心锚结采用防窜防断型，下锚方式均采用坠砣方式。支柱装配采用绝缘旋转平腕臂结构，即由水平腕臂、斜腕臂组成的刚性支撑结构。按重污区设计，泄漏距离不小于 1200 毫米，采用瓷绝缘子。优先选用钢筋混凝土支柱，支柱容量不够或桥梁等特殊地段采用镀锌钢柱。按重雷区设置避雷装置。

电力工程 车站信号、通信设备分别由原有 10 千伏贯通线和新建 10 千伏地方电源各提供一路电源，新增的 10 千伏地方电源就近自可靠的 10 千伏线路上“T”接。架空线路为钢筋混凝土电杆，导线为钢芯铝绞线。高压电缆采用交联铠装铜芯电力电缆直埋敷设。站场电源为新建变电台，改造部分影响电气化第二线建设的低压线路。

通信工程 金鸡村、江西村站新建信号楼，通信机械室搬迁至新信号楼，通信设备利旧，新设高频开关电源。既有干线光缆、电缆、光电综合缆割接时，从既有机械室的气闭接头处环引割接至新通信机械室。地区站场电缆割接时，首先在既有通信机械室设置一个 200 对室外交接箱，将原引至既有通信机械室的地区电缆割接进新交接箱，并通过从交接箱至新信号楼间敷设的 1 条 $HYAT_{53}$ 100×2×0.5 市话电缆引至新信号楼。其他均按现状接入新通信机械室，无线设备采用倒换的方式进行移设。

信号工程 维持既有 TDCS 微机监测二合一系统方式。区间检查设备采用计轴自动站间闭塞方式，当区间检查设备故障时，采用 64D 继电半自动闭塞。金鸡村、江西村站设计算机联锁设备，采用 97 型 25 赫兹相敏轨道电路及 WXJ25 型电子接收器，道岔转辙设备采用与站场专业选用的道岔类型相配套的转辙设备，发码设备采用 ZPW-2000A 移频设备，车站正线接车进路按预叠加、到发线按叠加电码化方式，电源设备采用模块化综合智能电源屏。南宁南南到发场、北到发场维持既有 6502 联锁设备、轨道电路制式、四信息发码设备制式不变。

房建与给排水工程　房屋为砖混结构，檐高 4 米，基础较深，跨度较大，属于一般房屋。附属工程多为站台设施，零散但很重要，给排水管路较长，沿车站分散布置。

三、工程施工

2006 年 9 月初，电气化公司在南宁成立湘桂线工程项目部，承建改建铁路湘桂线增建二线站后工程（南宁南至江西村段 2 站 2 间 10.05 双正线公里）。下设 6 个专业作业队近 200 人。主要工程量有：新建接触网 33.935 条公里，南宁南变电所 1 处；金鸡村、江西村站场电力 2 站；金鸡村、江西村站场通信 2 站；南宁、南宁南、金鸡村、江西村信号电气集中 4 站；金鸡村、江西村 2 站运转室、消防池房屋建设 600 平方米及给排水。2006 年 9 月 29 日开工，2008 年 1 月 23 日竣工。

接触网工程　2006 年 9 月 29 日开工，2008 年 1 月 23 日竣工。按照“路基成型一段、接触网完成一段”的原则紧跟站前施工进度进行。基坑开挖以人工为主，桥打孔灌注在专用施工平台上采用凿岩机进行作业。基础浇制因地形限制，以人工搅拌为主，采用振捣器进行捣固。支持结构安装、接触线架设、承力索架设、接触悬挂调整，全面推广应用“四个一次到位”施工新技术。悬挂高度及偏移值的测量采用接触网专用测量线索高度和偏移量的多功能接触网激光检测仪，保证测量精度。

变电工程　2007 年 7 月 10 日开工，2008 年 1 月 23 日竣工。严格按照“变电所电缆工程实施工艺标准”和“二次电缆接线施工工艺”施工，确保二次接线准确可靠。施工作业前组织作业人员认真学习施工规范和技术标准，做到操作程序明确，责任到人；强化安全教育，认真做好在停电点作业时的监护工作，并请生产厂家派技术人员进行技术服务，保证施工质量。

电力工程　2007 年 7 月 10 日开工，12 月 10 日竣工。工地料库负责横担预配、接地装置预制加工及其他一些配件的加工工作。施工作业采用大循环小流水方式，施工班组针对工序之间的顺序成立专业作业小组进行流水作业。电缆线路径路测量严格按照设计确定的路径进行。在有地下管、线缆的路径上设立标志。

通信工程　2007 年 7 月 10 日开工，12 月 10 日竣工。按站前施工进度，制定了切实可行的施工方案。通信光缆迁改是本工程通信专业的一个重要内容，包括架空光缆、直埋光缆及管道光缆等，架空光缆要改为直埋或管道跨越铁路。由于光缆容量大，通信不允许中断，因此通信光缆迁移关键点在光缆割接。制定详细的迁改流程图，编制详细的过渡方案并对施工人员层层交底。

信号工程　2007 年 4 月 1 日开工，12 月 30 日竣工。考虑到施工对行车的影响及通信、信号设备利旧使用等情况，制定切实可行、严密的施工方案。金鸡村、江西村站施工，在旧机械室外安装 200 对室外交接箱，将原机械室的地区电缆用户线引至新安装的交接箱并配好线。待新建信号楼竣工后，及时进行无线铁塔的定位和基础的修建，同时进行新、旧机械室间的电缆槽道修建。

房建给排水及消防池工程　2006 年 9 月 29 日开工，2007 年 7 月 30 日竣工。采取流水施工的原则组织施工，在资源上均衡配置，合理降低成本。因征地拆迁等因素影响，采取平行施工办法，加大单位时间内资源投放数量，确保各项指标顺利完成。

第四十五节　津秦沈线

一、工程概况

津秦沈铁路电气化起自京山线天津站东咽喉，经京山线至狼窝铺站，再经京山线至北京局与沈阳局交界后转入沈山线至沈阳北站，正线全长 712.4 公里。位于中国东北部沿海，跨越天津市、河北和辽宁省，将经济最发达的东部沿海地区、京津冀地区及传统的重工业、能源和东北粮食基地更加有机地连接起来。津秦沈电气化改造以及京沪电气化改造引入天津枢纽工程的建成，将彻底改变天津铁路枢纽没有电力机车牵引的历史，形成综合动力环境，进出关通道将进一步快捷。

天津至山海关（不含）段电气化工程，主要包括天津枢纽北环线、塘沽站至新港站进港二线、京山线天津站东咽喉至唐山北站、既有唐山北至京沈局界的改建及新建电力、电气化（含供电房屋）；山海关（含）至沈阳段电气化工程，主要包括山海关枢纽（沈山引入改造部分）、山海关至沈阳及沈阳枢纽（沈山引入改造部分）的电气化（含供电房屋）。

津秦沈线电气化改造工程，津山段建设单位是北京铁路局、山沈段建设单位是沈阳铁路局，由铁道第三勘察设计院设计，津山段由北京铁建工程监理有限公司负责监理、山沈段由沈阳铁路局建设监理公司负责监理。

津秦沈线电气化改造工程，线路主要技术条件：线路等级，Ⅰ级；正线数目，双线；最大限制坡度，4‰；最小曲线半径，140 公里/小时地段，一般 1600 米、困难 1200 米、个别 1000 米；到发线有效长度，1050 米；牵引种类，电力牵引；闭塞类型，自动闭塞；建筑限界，满足开行双层集装箱列车条件；牵引质量，5000 吨。

津秦沈线电气化改造工程，由中铁电气化局集团有限公司承建。天津至山海关（含）段于 2005 年 5 月 18 日开工，2007 年 8 月 1 日竣工，2007 年 8 月 10 日开通；山海关（含）至沈阳段于 2005 年 7 月 2 日开工，2008 年 4 月 30 日竣工开通。

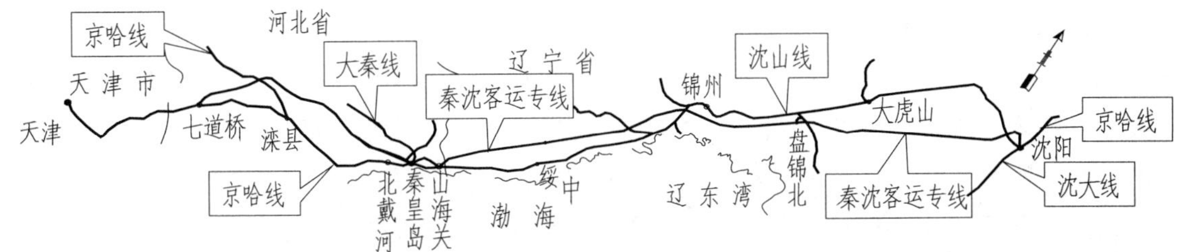

津秦沈线示意图

二、工程设计

牵引供电采用直供加回流方式。牵引变电所引入两路 220/110 千伏电源，一主一备，并在牵引母线上设 2 组并联电容补偿装置。分区所同一供电臂末端通过断路器实现上下行接触网并联供电，不同供电臂上下行分别实现越区供电。开闭所分别从上下行正线接触网或变电所引入两路电源，互为备用，以实现电分段和扩大馈线数目的作用。综合自动化设在调度所，将所有的牵引变电所、分区所、开闭所纳入综合自动化系统，实现遥控、遥信、遥测功能，通过综合自动化系统对全线的牵引供电系统进行监控及检测，同时通过视频装置对各所进行安全监控。

接触悬挂采用全补偿简单直链形悬挂，正线采用 HTJ-95+CTHA-120 型，张力 15 千牛+15 千牛，站线采用 HTJ-70+CTHA-85 型，张力 15 千牛+10 千牛，供电线和回流线采用 LBGLJ-240 型，张力 15 千牛，架空地线采用 LGJ-70 型，张力 6.5 千牛。站场除特殊要求外均采用硬横跨。

电力架空线路采用环形预应力钢筋混凝土电杆，瓷横担（天津水电段管内）和铁横担，防腐型 LGJ 钢芯铝绞线。电缆线路采用交联聚氯乙烯绝缘电缆，电缆头采用热塑式。车站及区间的电力线路主要采用架空方式，在穿越河流或市区无架空路径的困难地段采用电缆沿桥梁槽道敷设或直埋。站台及站内路径困难地段采用电缆沿沟槽敷设。电力变压器采用低损耗 S9 型变压器。

10 千伏电力线路采用电缆改造方式穿越铁路，66 千伏跨越档导线在最大驰度时对新建铁路电化股道轨面垂直距离不小于 11.5 米。220 千伏跨越档导线在最大驰度时对新建铁路电化股道轨面垂直距离不小于 12.5 米。拆改后电力线路杆位距新建铁路相邻股道中心水平距离不小于 15 米。跨越档导线不得有接头。

站场照明主要采用升降式投光灯塔，中间站站台、车站道路、牵出线采用可折式灯柱照明，有雨棚的站台采用雨棚灯照明，编组场采用铁灯桥，光源采用高压钠灯。既有照明设施控制方式原则上维持不便，新建部分均采用自动、手动、遥控 3 种方式。动力设备均设过载、短路保护，插座及插座箱回路设漏电保护。全线建立电力远动系统。

房建工程，一般房屋采用地砖或混凝土地面，对有工艺要求的房屋如牵引变电所主控室、蓄电池室等分别采用全瓷地板砖、水磨石、PVC 工业合成工程塑料防腐地面及墙裙、抗酸、抗碱、抗静电全钢活动地板的楼地板。砖混结构房屋的墙体，采用实心砖墙，内墙厚度 240 毫米，外墙厚度 370 毫米。禁用实心砖的地区，采用混凝土小型空心砌块，内墙厚度 200 毫米，外墙厚度 250 毫米。框架结构房屋墙体，一般采用陶粒空心砖，内墙厚度 200 毫米，外墙厚度 250 毫米。对于框架结构的牵引变电所房屋，由于设备的安装要求，一层内外墙均采用实心砖墙，二层及以上外墙均采用陶粒空心砖，固定设备另做拉锚处理。排架结构屋顶采用彩色压型钢板坡屋顶。平屋顶顶层防水层采用氯化聚乙烯防水卷材防水层。一般房屋门窗采用木门或钢木大门、单框双玻 PVC 塑钢推拉窗，并根据需要设置纱窗，有空调的房间采用双层 PVC 塑钢推拉窗。房屋外墙装修均采用混水墙，外刷防水涂料。同一站区的房屋外墙装饰标准一致。

三、工程施工

中铁电气化局集团公司承担的津秦沈线电气化改造工程，天津至山海关（含）段，主要包括天津枢纽北环线、塘沽站至新港站进港二线、京山线天津站东咽喉至唐山北站、既有唐山北至京沈局界的改建及新建电力、电气化工程（含供电房屋建设），正线长度 288.987 公里，由电气化分公司施工。主要工程量为新建接触网 694 条公里，新建牵引变电所 4 处、开闭所 3 处、分区所 3 处，架设电力架空线路 108 公里、敷设电力高压电缆 32 公里、低压电缆 250.37 公里。

山海关（含）至沈阳段，山海关枢纽（含）至双羊店（不含）196 公里电气化工程，由西安电化公司施工。新建接触网 727 条公里，新建牵引变电所 4 处，分区所 5 处，开闭所 2 处。双羊店（含）至沈阳枢纽 227 公里电气化工程，由一公司施工。新建接触网 816 条公里，新建牵引变电所 5 处，分区所 5 处，开闭所 1 处。电力线路迁改工程，由二公司施工。迁改 10 千伏电力线路 77 处、66 千伏线路 6 处、110 千伏线路 4 处。

全线牵引变电所、开闭所、分区所、接触网工区、轨道车库、办公楼等生产房屋及其附属建筑，总面积 3.6197 万平方米，由建筑公司施工。

天津至山海关（含）段于 2005 年 5 月 18 日开工，2007 年 8 月 1 日竣工，2007 年 8 月 10 日开通；山海关（含）至沈阳段于 2005 年 7 月 2 日开工，2008 年 4 月 30 日竣工开通。

接触网工程　天津至山海关（含）段于 2005 年 5 月 18 日开工，2007 年 8 月 1 日竣工；山海关（含）至沈阳段于 2005 年 7 月 2 日开工，2008 年 4 月 30 日竣工。

接触网施工实行平行作业法，在施工管段内划分若干作业面，作业队根据各自的工作量，按工序和工程项目分成若干作业小组，实行程序化、专业化施工。

由于沈山线地处辽宁省境内半湿润地区，地下水位较高，遇到流沙塌方基坑时基础的浇制更加困难，尤其是沟帮子站采用常规的方法根本无法进行基础施工，同时也危及铁路行车安全，项目部积极与设计联系，变更设计新的基础类型，并根据现场情况采用一种在基坑中心钻井抽水的方法解决这一难题，达到设计要求，保证施工质量。沈山线所有的隐蔽工程均是在监理旁站的情况下进行施工，监理不到场绝不施工，确保所有隐蔽工程的质量，满足设计要求。

变电工程 采用国产、ABB公司、西门子公司的电气设备，德国BB公司提供技术支持，建成后属于较为先进，技术超前、功能强大、自动化程度最高的牵引变电系统。是目前国内除哈大、秦沈客运专线、沟海线外第4条采用220千伏进线的牵引变电所（通常牵引变电所的进线采用110千伏电压等级）。采用二相进线单相馈出的大容量单相变压器。室外杆塔、架构全部采用热镀锌钢结构，布局美观、紧凑。所有的室内设备结构采用框架封闭式钢结构，设备安装方便、简捷，采用无人值守的牵引变电所。微机监控系统纳入到远动系统，牵引变电所的所有操作可通过沈阳电力调度中心的远动控制来实现。采用最先进的施工工艺和方法，施工过程严格按照牵引变电所施工工艺流程、标准进行，程序化和可控化在施工领域处于领先水平。

天津至山海关（含）段军粮城、山岭子、茶淀、七道桥4处牵引变电所于2006年8月18日开工，2007年8月1日竣工。

山海关（含）至沈阳段高岭、绥中、兴城、高桥镇、双羊店、沟帮子、大虎山、大红旗、兴隆镇9处牵引变电所于2006年12月20日开工，2008年4月30日竣工。

电力工程 电气化分公司组织160人的施工队伍投入施工，于2005年6月6日开工，2005年10月30日竣工。完成天津枢纽及天津枢纽外至唐山北的电力高压线路、高低压电缆敷设和低压改建、照明工程。

电力线路迁改工程 二公司成立沈山项目部，下设15人的作业队，于2005年6月5日开工，2008年3月11日竣工。施工中提前5天提出停电计划安排，根据批准的停电作业工作票进行施工，确保施工安全。站内停电作业前对信号备用电源进行电压、电流测试，会同信号人员共同确认信号电源已倒至备用电源后方可进行倒闸作业。

架线作业时放、撤、紧线均由专人统一指挥，用对讲机联络。对各种交叉跨越取得产权单位主管部门同意，方可施工。跨越铁路放、紧线时，采取安全防护措施，设防护员在两侧监护列车通过，确保行车安全。

房建工程 建筑公司承担全线的牵引变电所、开闭所、分区所、接触网工区、轨道车库、办公楼及其附属建筑，总建筑面积3.62万平方米。全线房屋的主体结构形式为框架结构、其中网工区及锅炉房为砖混结构。基础形式为独立基础，部分房屋为条形基础。

建筑公司在全线设津山、沈山2个项目部，分别负责天津至山海关（含）段、山海关（含）至沈阳段施工。

天津至山海关段（含） 该段内有2座办公楼、4处牵引变电所、3处开闭所、3处分区所、3处接触网工区、5座轨道车库及附属建筑，计29项房建工程，总建筑面积为1.61万平方米，于2005年9月14日开工。工程采用的桩基础有水泥深层搅拌桩、预应力混凝土管桩、预制混凝土方桩、混凝土灌注桩等。天津抢修基地生产办公楼建筑面积 3048 平方米，四层框架结构，施工中采用地源热泵中央空调新技术代替原锅炉房采暖。2005 年底北塘西分区所兼开闭所主体结构完成，北塘分区所、七道桥牵引变电所、天津抢修基地生产办公楼基础工程完成。2006 年 9 月天津供电段办公楼、汽车库、材料库、室内变电所交付使用。2007 年工程全面进入装修收尾阶段，唐山加强领工区因施工图未到，其办公楼、车库、轨道车库于 2007 年 4 月至 8 月才陆续开工。到 2007 年底，工程陆续竣工，经建设单位、监理单位等联合检查验收，分项工程合格率 100%，分部工程合格率 100%，工程质量总体评定为合格。

山海关至沈阳段　该段内新建牵引变电所 9 处、开闭所 3 处、分区所 10 处，房屋总建筑面积 2.01 万平方米，于 2005 年 8 月 1 日开工。项目部下设 3 个工区开展施工，山海关至桃园为一工区，负责 4 处牵变所、4 处分区所、3 处网工区及轨道车库和 1 处开闭所的施工；双羊店至青堆子为二工区，负责 2 处牵变所、2 处分区所、1 处网工区及轨道车库的施工；大虎山至沈阳西为三工区，负责 3 处牵变所、3 处分区所、2 处网工区及轨道车库和 1 处开闭所的施工。2006 年底，所有牵引变电所及分区所已达到设备安装条件。沟帮子牵引变电所和接触网工区、双羊店牵引变电所、兴城牵引变电所、葫芦岛接触网工区、葫芦岛分区所等工地获得沈阳铁路局“安全标准工地”称号。

2007 年 10 月 15 日工程全部竣工，工程验收一次合格率 100%。

第四十六节　天津站改扩建

一、工程概况

天津站位于天津市和平、河东与河北三区交界处，坐落在天津市中心的海河之滨。天津站是地处京山线、津浦线和京九线（联络线）三大干线天津枢纽上的重要客、货、运车站，是天津市最大的铁路客、货运输车站，也是全国大编组站之一。车站各车场呈纵列布置，站区全长约 6 公里，自西向东排列着天津机务段、客运车场、货运到发场和编组场、天津站南货场、客运整备存车场和 4 号楼到发线、天津客车车辆段、客车整备所。天津站改扩建工程是 2008 年北京奥运会配套项目，该工程从城市整体功能出发，根据天津市总体规划的要求，将地铁 2、3、9 号线引入到车站内，把普速列车、京津城际和津秦客运专线 3 种不同的运输标准组合在一个车场里面，使天津站成为集国有铁路、地铁、公交、出租等市政交通设施为一体的大型综合交通枢纽。

改扩建后的天津站共设 10 个站台 18 股道，其中城际车场 4 台 7 线，高速车场 3 台 6 线，普速车场 3 台 5 线。工程包括新建城际站房、地下进站大厅、高架候车室、无柱雨棚、既有南站房改造、东西侧旅客出站通道、高速车场、高速存车场、普速车场、城际与津秦联络线、津秦正线、东南环线与京山线联络线。

天津站改扩建工程，建设单位是北京铁路局建设项目管理处，由铁道第三勘察设计院设计，北京铁道监理公司负责工程监理。

天津站改扩建电气化配套工程包括：津秦客专引入天津站（高速车场、高速存车场、津秦客专与京津城际上下行联络线、DK7+450 至 K9+000 段津秦正线），新建津秦高速车场规模 3 台 6 线，高速存车场设 9 条存车线，上行联络线 1.213 公里，下行联络线 0.863 公里，DK7+450 至 DK9+000 段津秦正线 1.55 公里；普速车场及两端的京山线改建，普速车场规模 3 台 5 线，京山线改建的里程范围为 JSDK137+850 至 JSDK142+650；东南环至京山线新港方向的联络线，长 1.912 公里。

中铁电气化局集团一公司承担天津站改扩建电气化配套工程建设的接触网、变电、电力（含电力照明）、通信、信号工程施工。工程于 2007 年 3 月 5 日开工，2008 年 7 月 5 日竣工。

二、工程设计

接触悬挂采用全补偿简单链形悬挂，导线高度 6450 毫米，结构高度 1400 毫米；正线接触线采用 120 平方毫米铜合金线，张力 15 千牛；承力索采用 95 平方毫米铜合金绞线，张力 15 千牛；站线接触线采用 85 平方毫米铜合金线，张力 8.5 千牛，承力索采用 70 平方毫米铜合金绞线，张力 15 千牛；绝缘泄漏距离 1200 毫米，采用瓷绝缘子，个别严重污秽地区采用合成绝缘子；采用交叉线岔方式。

开闭所分别将一侧上、下行接触网经断路器引入开闭所，两路电源一主一备。母线为单母线，馈线侧采用固定备用方式。开闭所除馈线电动隔离开关及旁路母线采用户外布置外，其余高压电气设备均采用户内网栅布置方式。设高压室、控制室及必要的值守人员生活用房屋，平房布置。开闭所采用综合自动化系统。

天津站 35/10 千伏变配电所为局部三层楼房式建筑，35 千伏高压配电室，控制室设在电缆夹层之上，10 千伏高压配电室、35 千伏变压器室、电容器室、10 千伏调压器室设在一层。引入两路 35 千伏电源，按同时运行方式设计，正常运行时，母联断路器断开，两段母线分段运行，当任一路电源失电时，母联断路器自动投入。控制室设高频开关直流电源柜以及 JPG10 型交流屏，供全所的交直流用电，交流电源由所用变压器供给。控制、保护、信号及合闸电源为直流 220 伏。采用微机保护和微机监测装置，35 千伏主变设差动保护、过电流保护、低电压保护、过负荷保护、零序过电压保护、变压器压力释放保护及温度信号。10 千伏每段主母线设 1 组无功功率补偿装置，正常运行时，补偿后的功率因数不低于 0.9。室外接地装置以水平接地体为主，接地电阻不大于 1 欧。

新设基于 MSTP 技术的 STM-1 光同步数字传输及接入网设备 1 套，纳入京津城际铁路传输系统，新设数字程控电话交换机 1 台，满足京津城际的新设自动电话，纳入天津站通信网；新设数据接入网设备，满足信息系统等数据的接入及传输；新设数字专用通信分系统设备，纳入城际数字专用通信系统，解决站场专用电话及区间电话的接入；新设会议电视终端，采用 H.323 协议，纳入城际公司会议电话电视系统，为客运专线提供高清晰的会议电视业务；新设 GSM-R 无线基站，满足数字移动通信功能，并提供站房内外无线场强覆盖；新设 48 伏高频开关电源柜及阀控密封式铅酸蓄电池，以满足设备在无交流电时的临时用电。新设电源及环境监控现场设备，以提高维护及监控水平；通信机械室接地纳入京津城际综合接地系统，接地电阻不大于 1 欧姆。

信息网运输组织信息系统　动车组调度指挥系统，由设在天津站站房内的网络交换机、运转调度和运转办公室计算机终端、乘务员公寓动车组调度基层网构成，通过通信传输系统提供的传输通道与接口与京津城际调度指挥中心动车组调度系统联网运行。天津站城际站房设京津城际车站级防灾安全监控系统，包括火灾自动报警系统、现场监控模块、监控单元、网络设备等，并通过 SDH 传输系统提供的 2 兆比特/秒主备用通道和接口接入京津城际天津综合工区的防灾安全监控系统。火灾自动报警系统设在新建城际站房内，并与天津站既有火灾自动报警装置系统互联，完成相关区域的火灾报警、联动。在新建的旅客地道、延伸扩建的行包地道内设置手动火灾报警按钮、各类模块、火灾报警装置、信号总线、电源总线等设备，并纳入城际站房火灾自动报警系统。

信号运输调度指挥系统　京津城际场、津秦客运场新设 CTC 分机，分别纳入北京客专调度所的京津城际、津秦客专调度指挥系统统一管理。京津城际场、津秦客运场均单独采用高可靠、高安全冗余结构计算机联锁设备，普速车场按照既有的控制范围独立控制。天津站普速改造涉及的 1 号楼至 4 号楼控制范围内信号机设置方式维持既有，根据站场变化相应改造。京津城际场、津秦客专场采用与客专区间同制式的轨道电路。天津站普速改造涉及的 1 号楼至 4 号楼范围内采用 97 型 25 赫兹相敏轨道电路叠加 ZPW-2000A 电码化。京津城际场、津秦客专场在信号设备室设控制表示终端或便携式控制表示终端，并纳入 CTC 车站设备。新设综合智能电源屏并设置满足运输和维护需求的不间断电源设备。60 公斤/米高速 18 号道岔特殊配置安装装置和转辙设备，采用交流电动或液压转辙机牵引，道岔驱动按多转辙机分线分动方式控制，并采用道岔密贴检查装置。其余道岔采用 ZD6 电动或 ZY4 液压转辙机。

三、工程施工

一公司于 2007 年 2 月组建天津站改扩建项目部，下设 3 个接触网作业队、2 个信号作业队，通信、电力、变电和动力照明作业队各 1 个，设中心料库 1 个。于 2007 年 3 月 5 日开工，2008 年 7 月 5 日竣工。

接触网改造配套 4 部分 11.9 公里，新建接触网 24.7 条公里、新建开闭所 1 处、新建 35 千伏配电所 1 处、新建 10 千伏配电所 1 处、既有 10 千伏配电所改造 2 处、架设高压电力线路 14.3 公里、低压电力线路 113.35 公里、拆迁 10 千伏电力线路 71.4 公里；迁移通信线路 130.61 公里、敷设光电缆 38.97 公里、开挖信号电缆沟 17.1 公里、敷设电缆 120

公里、信号机安装89架、联锁道岔安装64组、天津调度指挥站系统设备安装调试。

接触网工程　工程开工后，分3个时间段组织施工。第一时间段从2007年8月11日至9月28日，在天津站西咽喉（K137+850至K139+100）配合线路进行两次拨接接触网过渡施工，过渡施工完成后进行接触网施工。第二时间段从2007年10月30日至12月20日，在天津站东咽喉（K142+500至K146+200）进行津山上行线侧钢柱基础、钢柱安装，软横跨安装及调整，拆除影响新建津山上行线线位的软横跨。第三时间段从2008年2月至7月2日，在整个普速车场，按先东西咽喉，后无柱雨棚区域的接触网施工，基础工程5月底前基本完成，6月25日完成接触悬挂和接触网架设及调整、附加线架设，2008年6月28日、7月2日分别进行津山正线回拨，开通普速车场正线。

变电工程　2007年下半年条件具备后，组织29人投入施工，年底前完成开闭所的全部工作量。

电力工程　组织142人的施工力量，于2007年3月5日进场，进行施工测量。当设备用房的主体工程刚一完工，就开始安装设备；当雨棚和站台刚一成型，就开始照明系统的施工，其他施工都是与站前工程同步交叉进行，按时完成工程任务。

通信、信息工程　投入128人的施工队伍，2007年1月完成施工调查，到2007年5月底，配合站台及股道拆除，同时配合修建临时便线及过渡施工。2007年6月到年底，完成室内外设备的安装。2008年1月城际车场联合调试及试运营开始，到2008年6月，联合调试及试运营结束，工程按计划全面竣工。

信号工程　投入124人的施工队伍开展施工。因受站房、雨棚、高架候车厅施工进度的影响和制约，有些施工项目无法开展，通过调整计划抓住机会进行交叉作业，。到2008年6月28日，普速车场京津城际动车组开往滨海新区塘沽站工程的上下行联络线以及十三冶线路所的信号工程，进入开通程序。其他工程于2008年7月5日全部竣工。

第四十七节　沙鲅支线扩能改造

一、工程概况

沙鲅铁路支线位于辽宁省营口市境内，地处盖州市的西南部，在沈大线的沙岗站接轨，止于港前站鲅鱼圈车站，线路全长13.83公里。沙鲅铁路支线通过沙岗车站与东北路网主要干线沈大铁路衔接，是鲅鱼圈港区与东北内地连接的重要运输通道。改造后的沙鲅铁路支线机车牵引能力达到5000吨，与沈大干线相匹配，实现干线列车与沙鲅铁路支线贯通。沙鲅铁路支线作为港口与路网连接的重要出海通道，对保证内外进出口货物与东北各地物资交流起到重要的作用。

沙鲅铁路支线扩能改造工程，建设单位是沈阳铁路局中铁铁龙沙鲅铁路分公司，沈阳铁路建设监理公司负责工程监理。

沙鲅铁路支线扩能改造工程，主要技术条件：铁路等级，Ⅰ级；正线数目，双线；最小曲线半径，600米；最大坡度，6‰；到发线有效长度，1050米；牵引种类，电力牵引；闭塞类型，自动闭塞；牵引质量，5000吨。

中铁电气化局集团一公司承建沙鲅铁路支线扩能改造工程。工程包括13.83公里路基、桥涵、轨道、通信、信号、电力、接触网、房建及附属建筑物。

工程于2007年10月1日开工，2008年8月31日竣工。

二、工程设计

沙鲅铁路支线扩能改造工程，牵引供电采用直供加回流线供电方式。接触悬挂采用全补偿简单直链形悬挂，接触线高度一般6450毫米， 结构高度，一般1400毫米，拉出值最大为400毫米，侧面限界不小于3100毫米，电分相采用7跨绝缘锚段关节，接触网下锚采用拉线基础。

三、工程施工

2007年9月，一公司成立沙鲅支线扩能改造工程项目经理部，下设3个路基、2个桥涵、2个轨道、1个信号、1个通信、1个电力、1个接触网、2个房建作业队。建设单位要求沙岗至范屯区间沙鲅线（0+730 至 0+980）（换边段）转线以及沈大上行线（195+750至195+330）转线于2008年5月8日前完成，沙岗至范屯区间（DK3+400至DK4+400）双线绕行地段转线于2008年5月10日前完成，赵坎子中桥和沙河大桥于2008年5月10日开始架梁，范屯站双线绕行及与既有线交叉地段于2008年8月中旬完成，鲅鱼圈站线路转线于2008年5月31日完成。四电及其站后工程在不影响站前工程施工的前提下安排，于2008年6月底完成，7月进行综合调试及验交，全线于2008年8月底竣工，总工期11个月。为确保工期目标的实现，项目部根据施工场地条件分析认为，范屯站路基土石方工程量大，确定范屯站为控制阶段工期的关键工程，其他专业辅助展开全标段施工。各作业队采取“大平行、小流水”的作业方式，按照“先地下，后地上；先主体，后附属；先重点，后一般”的原则展开全标段路基、桥涵、房建、四电、站场工程平行、交叉施工作业。施工中不断优化施工方案，改进施工方法，不断提高各个工点的施工进度。

沙鲅铁路支线施工中，接触网专业安排过渡工程、与其他相关专业互相配合是一特点。因该段扩能改造工程在沙岗站沙鲅支线与既有沈大线接轨并电化，沙岗站为既有沈大线电化车站，接触网系统采用德国Re200C技术标准，为保证该站的正常行车，接触网需配合线路专业进行施工过渡。接触网施工需停电封闭，线路、信号等专业施工也需要封锁线路作业，在同一个封闭点内多专业同时施工。为保证同一封闭点完毕时各专业均达到保证既有线正常运输的目标，接触网专业与其他相关专业必须进行施工配合。经现场调查过渡方案编制后，先报业主单位审批，在实施前项目部制定 13 条安全措施和 9 条质量措施，确保过渡工程的顺利实施。

沙鲅铁路支线扩能改造工程项目经理部在计划期限内，完成路基挖土方 58.4986 万立方米，填方 12.3 万立方米，挖石方 5.8322 万立方米，防护栅栏单侧 1.6 公里，铺轨 13.83 公里和 13.83 公里的通信、信号、电力、接触网及相关房建工程施工，实现 2008 年 8 月 31 日竣工的预定目标。

第四十八节　石德线

一、工程概况

石德线石家庄至德州铁路电气化改造及石家庄枢纽配套工程，西起河北省石家庄市，在此与京广线和石太线相连，向东经由河北省的藁城、晋州、辛集、深州市，在衡水与京九线相交，之后经河北省的武邑县和景县，终于山东省德州市，和京沪线相连，线路全长 181.9 正线公里。共计 15 个车站，15 个区间。小曲线半径改造 1 处、撤站 5 个。

石德线电气化改造工程，建设单位是北京铁路局石德电气化改造工程建设指挥部，由铁道第三勘察设计院设计，北京铁建工程监理公司石家庄监理站负责监理，北京铁路局石家庄供电段、天津供电段接管。

中铁电气化局集团电气化公司承建石德线电气化改造工程，范围为石家庄（不含）至德州（不含），包括通信、信号、房建、电力、变电、接触网专业。

工程于 2006 年 8 月 9 日开工，2008 年 11 月 5 日竣工。

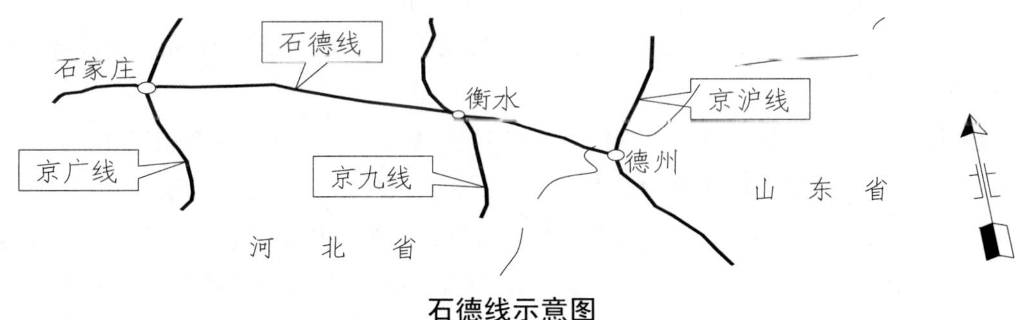

石德线示意图

二、工程设计

牵引供电采用直供加回流线供电方式。接触悬挂采用全补偿简单链形悬挂，接触悬挂高度为 6450 毫米，接触线最低高度不小于 6330 毫米；结构高度一般为 1400 毫米。采用具有消弧性能的绝缘件式电分相。绝缘、非绝缘锚段关节采用 4 跨形式。

牵引变电所 110 千伏主接线采用线路分支接线，引入两路独立 110 千伏电源，一主一备，中间设置隔离开关分段跨条。变电所设 2 台 V/V 接线牵引变压器，1 台运行，1 台固定备用.在进线隔离开关内侧并联跨条设置 1 组保护测量计费用电压互感器；跨条内侧设置 1 组手动隔离开关，在手动隔离开关与断路器之间设保护测量计费用电流互感器。27.5 千伏侧采用单母线隔离开关分段接线，馈线断路器采用固定备用方式，27.5 千伏两段母线上分别各设 1 组并联电容补偿装置，以提高功率因数和吸收部分高次谐波；馈线侧设高压故障性质判断装置，以防止馈线断路器重合闸于永久故障点上。所内设 2 台所用变压器。其中 27.5 千伏/0.4 千伏变压器 1 台。全所采用综合自动化系统，并设安全视频监控装置，按无人值班有人值守设计，全线设置牵引供电远动系统，纳入北京局牵引供电调度所。分区所同一供电臂末端通过断路器实现上下行接触网并联供电；不同供电臂上下行分别设电动隔离开关，实现越区供电。分区所设 2 台所用变压器，其中 27.5 千伏/0.4 千伏变压器 1 台。分区所采用综合自动化系统，并设安全视频监控装置，按无人值班无人值守设计，其中工业站分区所，八里庄分区所为箱式分区所。变压器采用 110 千伏 V/V 接线方式的油浸自冷型牵引变压器。高压侧采用 LW36A-126 型自能式六氟化硫断路器，系户外三相交流 50 赫兹高压输变电设备，用于开合额定电流，故障电流或线路电流转换，实现对输变电系统的控制和保护，低压 27.5 千伏侧采用手车式真空断路器，高压侧手动三级隔离开关采用 GW4 系列。采用氧化锌避雷器。

三、工程施工

电气化公司承建的石德线电气化改造工程，石家庄（不含）至德州（不含）段（含石家庄机务折返段）15 站 15 区间 181.9 正线公里。主要工程量包括通信光电缆线路 50 公里、联锁道岔 629 组、供电线路 187 公里、接触网 564.4 条公里、牵引变电所 4 处、分区所 5 处、新建电力调度所 1 处、生产房屋共计 9600 平方米。

2006 年 7 月，电气化公司在衡水市成立石德线电气化改造工程项目部，下设各专业施工作业队。

接触网工程　2006 年 8 月 9 日开工，2008 年 11 月 5 日竣工。5 个施工作业队计 500 人参建。第一作业队驻地良村负责石家庄站（不含）至贾村站（含）段施工；第二作业队驻地辛集负责贾村站（不含）至王家井（含）段施工；第三作业队驻地前磨头负责王家井（不含）至衡水西（含）段施工；第四作业队驻地衡水负责衡水西（不含）至龙华（不含）段施工；第五作业队驻地龙华负责龙华（含）至德州（不含）段施工。共完成基础浇注 990 个、混凝土支柱安装整正 5645 根、钢支柱安装整正 1084 根、软横跨安装 626 组、硬横梁安装 300 组、架设承力索、导线各 564.4 公里、回流线 344.2 公里、供电线 28.2 公里、安装分相分段绝缘器 132 处、隔离开关 51 台

变电工程　2007 年 3 月 15 日开工，2008 年 9 月 26 日竣工。1 个施工作业队驻地衡水西，80 人参建。完成石家庄供电调度所 1 处；藁城、辛集、衡水西、龙华变电所 4 处；工业站、晋州、前磨头、清凉店、八里庄分区所 5 处；改造完成德州开闭所、张庄变电所各

1处。

电力工程　2006年8月9日开工，2007年9月30日竣工。1个施工作业队，驻地衡水，60人参建。完成电力供电线路187公里。

通信工程　2006年8月9日开工，2007年7月30日竣工。1个施工作业队，驻地衡水，60人参建。完成通信光、电缆线路50公里。

信号工程　2006年9月10日开工，2007年9月30日竣工。2个施工作业队，200人参建。第一作业队驻地藁城负责石家庄（不含）至前磨头（含）段施工；第二作业队驻地龙华负责前磨头（不含）至德州（不含）段施工。完成石德区间双线双向四显示自动闭塞181.9公里，车站6502电气集中改造11站，车站计算机联锁改造4站。

房建工程　2006年8月9日开工，2007年4月30日竣工。1个施工作业队，驻地衡水西，60人参建。完成牵引变电所、分区所房屋5220平方米，信号房屋2700平方米，混凝土道路3140平方米，给排水管路7076米。

第四十九节　京包线大同至包头段

一、工程概况

京包线大同至包头段东起山西省大同市，西至内蒙古自治区包头市。途经大同市、集宁市、呼和浩特市、包头市及丰镇县、察哈尔右翼前旗、卓资县、土默特左旗、土默特右旗等5个旗（县）（京包线K380+500（局界）至K801+819及包兰线K00+000至K32+000），正线全长451.6公里。除大同枢纽属太原铁路局管辖外，其余均属呼和浩特铁路局管辖。大包段位于中国华北地区的内蒙古西部及晋北地区，线路西接包兰铁路，东与大同枢纽相连，与北同蒲、大秦、大准、张集、集通、集二等铁路相接，是大秦线后方运输的主要通道，是西北、华北、东北地区客货运输的重要枢纽，是中国西部大开发的重要运输通道。

大包段跨中温带亚干旱蒙中区，年平均降雨量140.8～290.3毫米，年平均温度6.3～9.5摄氏度，历年极端最高气温39.4摄氏度，极端最低气温零下36.7摄氏度，冻结深度2.00米，年平均风速2.5～3.2米/秒，最大风速28.0米/秒。

大包段电气化工程，建设单位是呼和浩特铁路局大包电气化改造工程指挥部，电气化工程由铁道第一、三勘察设计院设计，防护工程由北京电铁通信信号勘测设计院设计，内蒙古沁原工程建设监理有限公司监理。

大包段电气化工程主要技术条件：铁路等级，I级；正线数目，双线；限制坡度，维持既有；最小曲线半径，600米，个别困难地段550米，枢纽地区维持既有；到发线有效长度，1050米，部分1750米；牵引种类，电力牵引；机车类型，韶山系列；闭塞方式，自动闭塞；牵引质量，上行5000吨、部分4000吨，下行3500吨。

大包段电气化工程推行工程施工总承包模式，中铁电气化局集团有限公司（主办方）与中铁六局集团有限公司组成联合体承建大包段电气化工程。其中中铁电气化局集团有限公司负责孤山至打拉亥段的四电及相关房建等工程的施工。中铁电气化局集团电信试验中心负责集宁地区、呼西（不含）至古城湾（不含）、包头枢纽的通信系统联调。

工程于 2006 年 6 月 1 日开工，预计 2009 年 5 月竣工开通。

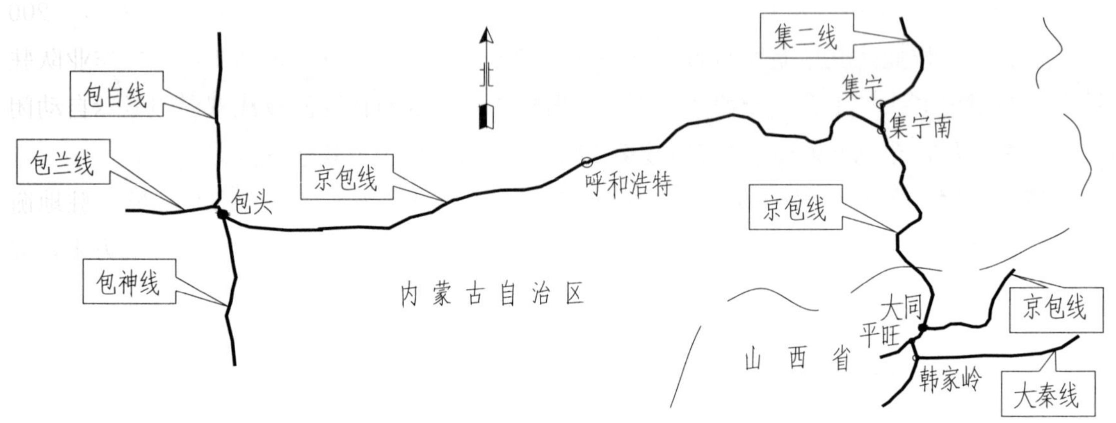

京包线示意图（大同至包头段）

二、工程设计

牵引供电采用带回流线的直接供电方式。牵引变电所进线采用两路 110 千伏电源，互为备用，接线方式采用带跨条的线路分支接线，设置进线电源自投及主变压器自投装置。牵引变电所设 2 台变压器，1 台运行，另 1 台备用。牵引变压器采用 V/V 接线，牵引变电所 27.5 千伏母线设置无功补偿装置，补偿装置兼有滤除谐波功能。分区所实现上下行并联供电及必要时的越区供电。变电所及分区所 27．5 千伏配电装置采用室内间隔式布置。变电所按无人值班、适当留有值守条件设计，分区所按无人值班、无人值守设计，变电所及分区所均设置综合自动化及安全监控系统，牵引供电实现远动控制。

接触悬挂采用全补偿简单链形悬挂，正线接触线采用 120 平方毫米铜合金接触线，站线接触线采用 85 平方毫米铜合金接触线；正线承力索采用 95 平方毫米铜合金线，站线承力索采用 70 平方毫米铜合金线，加强线、回流线等附加导线采用钢芯铝绞线。接触网结构高度一般 1400 毫米。接触线高度按带电通过超级超限货物列车设计。锚段长度正线不超过 2×800 米，困难时不超过 2×900 米。站线接触网锚段长度不超过 2×850 米，困难时不超过 2×950 米，附加导线一般不超过 2000 米。侧面限界正线腕臂柱一般不小于 3.0 米，站内直线不小于 2.5 米，曲线地段计算加大。站场软横跨柱不小于 3.3 米，基本站台上不小于 5.0 米，旅客站台支柱距站台边缘不小于 1.5 米。腕臂柱采用横腹杆式预应力混凝土支柱，车站软横跨采用横腹杆式预应力混凝土支柱或热浸镀锌格构式钢柱，桥钢柱采用热浸镀锌格构式钢柱。支持装置腕臂柱采用绝缘旋转全腕臂结构，定位管与斜腕臂之间设防风支撑。定位器采用铝合金限位定位器，车站内采用软横跨安装形式。隧道外腕臂结构采用瓷棒式绝缘子（12 千牛），附加导线悬挂采用瓷悬式绝缘子。污染严重地段、软横跨、接触网下锚、电分相、绝缘锚段关节、高路堑、隧道附近及隧道内接触网采用合成绝缘子。开关及电分相、车站绝缘关节处采用手动隔离开关。电分相采用器件式电分相。采用具有消弧功能的分段绝缘器。中心锚结区间采用两跨防断式，车站采用防窜不防断式。

电力工程，充分利用既有供配电系统供电，新建电力远动系统，对配电实现远动，配电所采用微机保护及监控装置。采用节能性电力变压器，信号低压侧开关、线路高压分断开关实现远动，贯通线路上装设高压分断开关，便于及时切断故障与抢修。增设站场照明及隧道照明。

通信工程，大同至包头间利用既有 SDH2.5 吉比特/秒干线传输系统和 SDH622 兆比特/秒接入网系统，根据工程需要增加接口板；打拉亥、包头、万水泉等通信站新设 SDH622 兆比特/秒接入网设备，纳入既有接入网系统中。包头枢纽各场信号楼及相关机构新设接入网设备，通过新设光缆将其纳入包头东通信站既有光线路终端。既有长途光、电缆线路按照电气化铁路防护标准整治后予以利用，由于自闭信号机的调整而引起的区间通话柱位置调整采用 $HEYFLT_{23}$ 4×4×0.9 低频对称电缆，将原 450 兆赫兹频段的同异频 C 制式无线列调改造为四频组 B1 制式，并增设调度命令无线传输系统和无线车次号校核系统。弱场强区采用光纤直放站加漏缆的方式解决，所需光纤敷设若干段 8 芯单模光缆。充分利用既有地区和站场通信线路，新设的生产、办公房屋的通信电缆采用 $HEYFLT_{23}$ 低频对称电缆及 $HYAT_{23}$ 市话电缆。

信号工程，大包段运输调度指挥系统在既有 TDCS 基础上利旧改造。广域网传输通道维持既有。各基层站 TDCS 的计算机网络设备、车站分机、值班员终端等利旧，更换采集条件、修改软件。闭塞系统京包正线现状为四信息移频轨道电路，三显示自动闭塞。本工程均按 ZPW-2000 系列无绝缘轨道电路，四显示自动闭塞设计。但包头枢纽内和其他支线仍维持既有闭塞方式不变。列车正向按四显示追踪运行，反向运行采用自动站间闭塞。干线电缆采用内屏蔽铝护套数字信号电缆（$SPTYWPL_{23}$），分支电缆采用内屏蔽数字信号电缆（$SPTYWPA_{23}$）或数字信号电缆（$SPTYWA_{23}$）。沿线设贯通地线。对继电联锁车站和比较陈旧的微机联锁车站全部更新为微机联锁，对使用时间不长的微机联锁车站进行电气化改造。轨道电路电化改造除驼峰采用直流轨道电路外，均采用 97 型 25 赫兹相敏轨道电路。并相应增设扼流变压器，正线采用 800A 扼流变压器，侧线采用 600A 扼流变压器，电码化区段采用 BE1 型 400 赫兹铁芯，其余采用 BE2 型 50 赫兹铁芯。钢轨接续线采用一塞一焊方式。监测系统及其他微机监测系统设备在既有设备利旧的基础上进行配套改造，新增信号机械室环境监测功能。

防护工程，对受铁路电气化影响的各系统通信线路，按国家计委计二[1983]628 文和[1986]1249 号文的有关规定进行处理。对受影响的输油、气管道，根据铁道部

TB/T2823-1997《交流电气化铁道对油气管道的影响容许值及防护措施》的原则采取安全防护措施。在铁路上方跨越铁路的通信线路，按电气化要求采用钢管防护由路基下穿越铁路。受影响的架空平行线路，条件具备的原杆路改为直埋铠装屏蔽电缆。受影响的油气管道，采取增加接地排流及屏蔽体的防护措施。对受影响的铁路专用线油库，在油库专用线上设置2组轨道绝缘，防止回流电流进入石油库装卸作业区。对油品装卸区，在油品装卸设施的钢轨、输油管道、鹤管、钢栈桥等处等电位跨接并接地。

三、工程施工

中铁电气化局集团有限公司承建的大同至包头电气化工程，（京包线K499+600至包兰线K32+000）集宁南（不含）至呼和浩特至古城湾（不含）段331.329公里（不含K641+200至K646+200及呼和浩特东站）的接触网、变电、电力、房建工程和呼和浩特西站（不含）至古城湾段的通信（含包头枢纽）、信号工程由一公司负责施工，一公司成立大包项目经理部，下设2个接触网段和4个项目分部组织施工；古城湾(含)至打拉亥(含)（含包头枢纽）段的接触网、变电、电力、信号（只包含古城湾(含)至万水泉(不含)）工程由二公司负责施工（与本次电气化改造相关的线路还有打拉亥站至包头北的联络线、包头东至包头北的环线、万水泉站及包头站至万水泉南站(包神线)的联络线；远期预留配套的线路还有包头站及包头西站至包西线（新包神）的联络线、集包3、4线），2007年3月成立大包项目部，投入1100多人，配备安装作业车6台、轨道车4台、汽车吊2台、车辆34台及其他施工机具开展施工；大同(不含)至集宁（京包 K380+500 至 K499+600）(含集宁地区的南北联络线、下行线5.354公里、上行线2.742公里、集葫联络线下行线2.31公里和上行线 2.742 公里)段的接触网、变电、电力工程和包头枢纽的万水泉至包头西的信号工程由三公司负责施工；全线的四电房建工程由建筑公司负责施工；打拉亥至包头和集宁站的信号工程由西安通号处负责施工；集宁地区、呼西（不含）至古城湾（不含）、包头枢纽的通信系统联调由电信试验中心承担。

接触网工程　一公司项目经理部下设的2个接触网段组成4个作业队，于2007年5月1日开工。到2008年底，接触网杆基坑开挖1.4608万个，完成96%；基础浇制4544个，完成96%；立钢柱2429根，完成94%，立混凝土支柱9235根，完成96%；支柱装配9194组，完成94%；承力索架设740条公里，完成86%；接触导线架设735条公里，完成85%。

二公司于2007年6月18日开工，先进行接触网杆基坑开挖，因受集包3、4线，包西线引入大包线包头枢纽方案未定、设计图纸不能及时供应等问题的影响，施工进展缓慢，到2007年10月底，仅完成下部工程的10%。2008年3月复工后，在建设单位的大力督促下，站前改造施工陆续展开，逐步为站后施工创造了条件，通过积极与设计联系，督促快出设计图，施工见缝插针，进行交桩、测量。针对面临的问题和工程实际调整和制订切实可行的施工方案，逐步开展。如古城湾站因征地拆迁影响11～19道5股道不能铺设，为此制订了 2 套过渡方案报设计审批：方案一是 7 道直接在钢柱上安装腕臂悬挂，9 道采用双线路腕臂悬挂；方案二是 7 道直接在钢柱上安装腕臂悬挂，9 道立单支柱悬挂，通过精心组织和这些特殊施工方案的实施，到 2008 年底完成 90%的工作量。预计 2009 年 5 月竣工开通。

三公司的接触网作业队于 2007 年 7 月 18 日开工。由于受站前改造施工的影响，施工进展缓慢，到 2007 年底完成杆塔安装 2329 根、软横跨支柱基础浇制 439 个，拉线基础浇制 178 个；2008 年完成各类基础浇制 607 个、杆塔安装 1643 根、承力索架设 238.6 条公里、接触导线架设 235.4 条公里、附加线架设 152.6 条公里。

变电工程 一公司投入 2 个变电作业队开展 7 处变电所、8 处分区亭和 1 处开闭所的施工。开工后针对工程实际主要进行各变电所、分区亭的基础浇注、地网敷设，根据设备到货和施工条件进行设备安装。到 2008 年底，基础浇注 955 个，完成 97%；构、支架安装 326 组，完成 83%；地网敷设 9131 米，完成 97.5%；室内外设备安装 278 台，完成 29%。

二公司承担的变电工程，由于房建工程滞后，变电作业队提前介入，于 2008 年 8 月开工，进行交叉施工。为保证工期，在统一技术培训的基础上，统一技术标准，积极推广采用先进的施工机具和施工方法，并以包头西变电所为样板。在组立母线构架、设备支架施工中均使用吊车作业，保证杆位正确，垂直度好。预计 2009 年 5 月竣工。

三公司承担的变电工程，到 2008 年底，完成基础浇制 542 个、构支架安装 362 组、设备安装 362 台。

电力工程 一公司投入 2 个电力作业队开展施工，到 2008 年底，电力贯通线全部完成；22 个站场电力改造完成 16 个站，葫芦、民族、台阁牧、呼西、萨拉齐、东兴 6 个站完成大部分工作量；各变电所、分区亭、基地、网工区用电大部分完成；35 处通信直放站供电完成 20 处。

由于古城湾万吨应急工程急于施工，2007 年 3 月，二公司迅速组织电力作业队对古城湾进行电力迁改，为站前施工扫清障碍。随后由于集包 3、4 线对大包线方案的影响，施工一直处于停滞状态，只是协助进行电力迁改。2008 年底古城湾站又进行万吨改造，电力作业队在零下 40 摄氏度的气温下奋战，在古城湾站用煤烤地面挖电缆沟，在寒风中进行灯桥安装。包头 35 千伏配电所由于征地和房建的影响，2008 年底还在进行后续未完工程的施工。

三公司承担的电力工程，2007 年度完成电杆组立 669 根、投光灯基础浇制 6 个、折弯灯基础浇制 93 个，完成苏集站万吨改造电力过渡工作量，完成堡子湾站万吨改造电力过渡工作量；2008 年度完成电杆组立 110 根、高压电缆敷设 15.3 公里、低压电缆敷设 57.4 公里、高压架空线路架设 64.6 公里。

通信工程 一公司投入 3 个通信作业队开展施工，到 2008 年底，完成包头东、万水泉、打拉亥，古城湾/九源物流园、包西五场、包西机务段、包头站、萨拉齐、公积板、毕克齐、察素齐、陶思浩、美岱召、台阁牧、东兴 15 个站的站场通信和 19 个站的电源设备安装；光电缆敷设 225.438 条公里，完成 92%，设备安装全部完成，长途电缆整治累计完成 180 公里，全线的无线列调全部完成，完成包东和东兴站的通信过渡及包西站还建房屋的设备迁移。

通信联调　通信联调范围为集宁地区、呼西（不含）至古城湾（不含）、包头枢纽的通信系统。根据工作量和工程实际情况，电信试验中心派遣 12 人组成的 2 个联调测试小组来完成此项工作，现场指挥部设在包头。联调检测组配备 3 辆汽车、移动电话和便携电脑多套。联调测试根据内容的不同及开通条件拟按照传输系统测试、接入网系统及 V5 接口测试、数字程控交换系统测试、数字调度专用系统测试、无线列调系统及场强测试、其他专业通道接口测试顺序进行。

既有干线传输为 SDH2.5 吉比特/秒系统，接入网为 SDH622 兆比特/秒系统。既有传输系统维持不变。接入系统新增 ONU，纳入既有接入网系统中。呼和浩特调度楼有 1 套 OLT 光线路终端。呼和浩特设有专网数字程控交换机 6000 线，包头东设有专网数字程控交换机 3000 线。新增自动电话用户，按铁通公司的管辖范围纳入各自专网交换机。无线列调由 450 兆赫兹同异频 C 制式改造为 450 兆赫兹频段四频组 B1 制式，场强按电气化铁路要求全覆盖，新设调度命令无线传输系统。全线新设数字调度及专用通信系统，主系统设在呼和浩特调度楼，各站设分系统，将列调、电调、货调、站间行车及区间电话纳入其中。全线新设电源及环境监控系统。工程于 2007 年 3 月 1 日开工，2008 年 11 月 30 日竣工。

信号工程　一公司投入 3 个信号作业队开展施工，到 2008 年底，自动闭塞电缆敷设 786 条公里、站内联锁电缆敷设 174.4 条公里、区间信号机安装 168 架、信号机安装 289 架、道岔安装 167 组、箱盒安装 1600 个。公积板、东兴站、陶思浩站、毕克齐、察素齐、美岱召、萨拉齐、台阁牧 8 个站的微机联锁竣工开通。台阁牧至毕克齐至察素齐陶至思浩至美岱召至萨拉齐至公积板至东兴至古城湾区间闭塞开通。

二公司承担的信号工程，于 2007 年 7 月 2 日开工 ，2008 年 12 月 11 日竣工。针对设计和工程实际编制施工方案和施工技术标准，进行现场调查、定测和复测工作，施工中以进度及网络计划为中心，抓好工序间的衔接和相关专业的配合。坚持上道工序为下道工序服务的原则开展施工，保证了工程质量。

三公司 2007 年度完成电缆沟开挖 3.8 公里，电缆敷设 31 条公里，箱盒安装 397 个，联锁道岔 29 组，信号机安装 45 架，道岔设备安装 29 组，室内设备安装及配线 57 架，及包西驼峰改造。2008 年度主要完成电缆敷设 441 条公里、箱盒安装 3022 个、信号机安装 575 架、道岔设备安装 548 组，开通了万水泉站及包西枢纽 0、1、2、3、5、6 场电气集中及 27 公里信号自闭。

房建（土）工程　一公司投入 2 个房建作业队，开展四电、机务及其他房屋工程的施工。到 2008 年底，通信信号房屋全部完工；3 处电力房屋，完工 2 处，萨拉齐配电所完成总工作量的91%；7处变电所完成6处，完成总工作量的97%；8处分区所全部完工，1处开闭所完工，6处网工区开工2处，完成总工作量的20%。总计完成建筑面积1.5729万平方米，完成总工作量的72%。

建筑公司承担大同至集宁和包头枢纽22处牵引变电所（亭）、8处通信信号楼、6处电力配（变）电所、12处接触网工区、29处机务及其他生产房屋工程的施工，总建筑面积4.2791万平方米（其中大集段17处牵引变电所（亭）、6处通信信号楼、4处电力配（变）电所、10处机务和其他生产房屋，总建筑面积8766平方米；包头枢纽5处牵引变电所（亭）、2处通信信号楼、2处电力配（变）电所、12处接触网工区、19处机务和其他生产房屋，总建筑面积3.4025万平方米）。由于线长工点多，为强化管理，2007年3月1日成立工程项目部，统一协调施工，于2007年5月25日开工。因受征地拆迁和图纸不到位影响，施工不能全面铺开，为此施工力量主要集中在打拉亥站万吨站改信号楼和古城湾站万吨站改新建车辆房屋工程上。在打拉亥站万吨站改信号楼施工中，由于设计图纸是咨询稿不能作为施工依据，2007年6月10日，业主对该单项工程进行位置确定，同意采用咨询稿进行施工。考虑到是万吨应急工程，2007年6月13日土方开挖，并按设计要求进行砂夹石换填，按照业主要求提前提供设备安装条件。在古城湾站万吨站改新建车辆房屋工程施工中，开展“大干40天，拿下古城湾”劳动竞赛活动，保证古城湾的顺利开通。到2007年底，苏集站信号继电器室、堡子湾站信号继电器室、打拉亥站新建信号楼、古城湾站信号楼利旧改造工程、九原物流园信号楼利旧改造工程、包头西站下行驼峰既有信号楼利旧改造工程竣工并验收，正式投入使用。2008年，按照建设单位要求，包西机务段整备场机16～19道检查坑、新建发油房、发油管路及设备必须在2008年3月达到开通使用程度。2008年3月，包头气温在零下10℃以下，为保证施工质量，全部采用商品混凝土，并提高标号加防冻剂，现场安装2台锅炉进行蒸汽养护，购买棉被、草帘进行保温。在施工组织上，采取两班制昼夜施工，按时完成整备场检查坑及场坪施工。因受征地拆迁、图纸不到位因素影响和呼和浩特铁路局新增加开行万吨载重列车、开行2万吨载重列车、万吨加密改造等建设项目，到2008年7月房建工程才基本具备施工条件。有近90%的工程量要在下半年完成。为此，开展“科学组织，合理安排，大干150天，决胜大包线”的劳动竞赛。到2008年底，6处信号楼、包西机务段整备综合楼、无线检修所工程全部竣工并验收。生产房屋全部满足其他专业设备安装要求，且基本达到竣工交付条件。2008年12月，包西牵引变电所房建工程被呼和浩特铁路局授予“样板示范工程”。

防护工程设计、施工跨越铁路的通信线路18处，平行通信线路30.48公里，11条易燃易爆品库专用线采取安全防护措施，29处油气管线采取安全防护措施。

第五十节　精伊霍线

一、工程概况

精伊霍铁路，东起精河县北疆铁路精河站，穿过北天山主岭，经尼勒克县、伊宁县、伊宁市和霍城县到达终点霍尔果斯口岸，并与哈萨克斯坦铁路相接。正线全长 286.212 公里。12 个车站，897 座桥涵，其中特大中桥 93 座，隧道 37 座，为新疆首条电气化铁路。

精伊霍线电气化工程，建设单位是乌鲁木齐铁路局，由中铁第一勘察设计院（总体设计单位）设计，郑州中原监理咨询公司负责监理。

精伊霍线电气化工程，主要技术条件：线路等级，国铁线下Ⅰ级，线上Ⅱ级；正线数目，单线；限制坡度，精河至伊宁 20‰，伊宁至霍尔果斯 6‰；最小曲线半径，越岭地段 800 米，其余地段一般 1600 米，困难地段 1200 米；到发线有效长度，850 米，双机地段 880 米；牵引种类，精河至伊宁电力牵引，伊宁至霍尔果斯内燃牵引，预留电气化条件；机车类型，SS4，内燃 DF12（调机）；闭塞类型，自动站间闭塞；牵引质量，近、远期 3000 吨，远景 4000 吨。

参加建设的单位有中铁二十一局和中铁电气化局集团有限公司。中铁二十一局承担电气化工程建设，中铁电气化局集团有限公司承担通信、信号工程建设。电气化工程由中铁二十一局中标，中铁电气化局集团二公司从中铁二十一局分包苏布台（不含）至伊宁（含）段接触网及苏布台（含）至霍尔果斯（含）段牵引变电和电力工程。

工程于 2006 年 8 月 6 日开工，计划 2009 年 10 月 1 日竣工，2009 年 10 月 31 日开通。

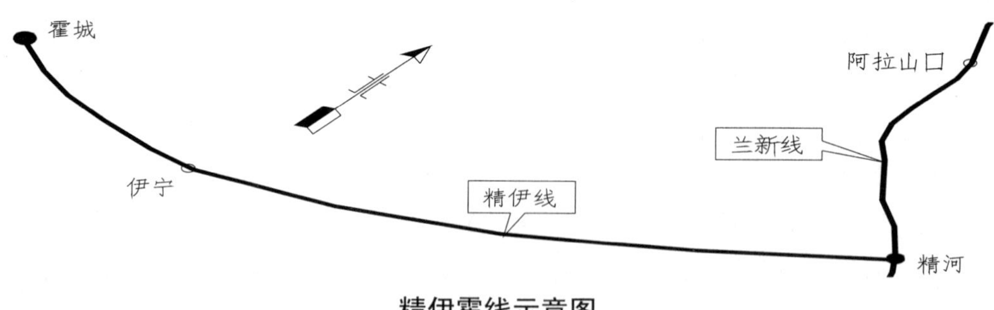

精伊霍线示意图

二、工程设计

牵引供电采用直供加回流线供电方式。接触悬挂采用全补偿简单链形悬挂，接触线采用铜银合金线，承力索采用铜镁合金绞线，附加导线采用铝包钢芯钢芯铝绞线。正线导线组合为 JTM95(15 千牛)+CTAH120(15 千牛)，站线导线组合为 JTMH70(10 千牛)+CTAH85(8.5 千牛)。混凝土支柱一般采用横腹杆式预应力混凝土柱支柱，硬横跨柱及钢柱一般采用热浸镀锌钢柱，克其克苏布台高桥根据结构特点采用特型支柱。绝缘子一般采用防污型高强度瓷绝缘子，隧道内、分段、分相、锚段关节、无站台柱雨棚、风吹雪走廊及中心锚结等处采用合成绝缘子。全补偿下锚处采用铝合金大滑轮补偿装置。隧道内底座安装、桥支柱基础一般采用化学锚栓。每处供电臂末端安装2台带消弧电动隔离开关和1台数模转换器，使电动开关实现远动控制。分相一般采用带中性段锚段关节布置方式，困难区段采用柱上式自动过分相装置。

牵引变电所采用两回110千伏电源进线，接线方式按带跨条的分支接线考虑，设110千伏电源自投及主变自投装置；布列开、伊宁东牵引变电所110千伏变电设备采用常规室外中型布置，苏布台牵引变电所110千伏变电设备采用110千伏组合电器室内布置；牵引变电所、开闭所27.5千伏室内设备均采用开关柜形式布置。牵引变电所设置固定并联电容补偿装置；牵引变电所和开闭所设置综合自动化及安全监控系统，采用无人值班、有人值守的工作方式。

伊宁至霍尔果斯段新建一路10千伏电力贯通线，长74公里，导线截面为LGJ-70。各所均采用视频监控、安全报警及微机综合自动化装置，按无人值班、无人值守、远方监控方式设计。杆架式变电台采用油浸变压器，变压器采用高压熔断器保护，10千伏安及以下变压器采用单杆变台，10千伏安以上变压器采用双杆变台。10千伏电缆线路除北天山隧道内采用阻燃型交联聚乙烯铠装电力电缆外，其余电缆均采用普通交联聚乙烯铠装电力电缆，低压电缆线路一般采用VV_{22}-1千伏聚氯乙烯绝缘电缆，控制电缆线路采用KVV_{22}型聚氯乙烯绝缘电缆。

通信工程　精河至霍尔果斯段全线新设1条$GYTA_{53}$-20D单模直埋光缆及1条$HEYFLT_{2}$ 37×4×0.9+6×2×0.7长途低频对称电缆。站场通信线路采用HEYFL23型低频对称电缆或HYA_{53}型全塑电缆。干线光缆设置光缆外皮检测系统。伊宁通信站设检测中心设备，区间设检测前站设备。利用4芯光纤开设骨干及中继传输网SDH622兆比特/秒光同步数字传输系统，利用2芯光纤开设基于SDH622兆比特/秒的光同步数字接入网系统。设数字调度及专用通信系统，乌鲁木齐调度楼设主系统，各车站设分系统。列调、货调、电力调度（专用）、车务专用、站间行车电话等均纳入数字调度及专用通信系统。无线列调采用450兆赫兹频段四频组B制式，采用有线和无线相结合的链状网结构，由调度总机、监测总机、车站电台、光纤直放站网管、漏泄同轴电缆、车站助理值勤员便携台等设备及有线通道组成。各中间站通信设备采用-48伏高频开关电源，蓄电池采用阀控式密封铅酸蓄电池组。设电源及环境监控系统，监测中心设在伊宁通信站，各中间站通信机械室设监控终端。

信号工程　采用计轴自动站间闭塞方式，各车站新建计算机联锁。并按照《调度集中、计算机联锁、微机监测设备优化配置方案》对各站计算机联锁进行集成，集成方案满足行车设备自动化和智能化的要求，设微机监测系统（含环境监控功能），取消计算机联锁控制台。全线车站均采用97型25赫兹相敏轨道电路，按双接近区段一次设计，先按单接近区段建设开通。全线接近区段、正线接发车进路电码化方式采用预叠加，到发线采用叠加发码方式。电码化及双接近区段的轨道电路设备采用 ZP-89 型多信息移频设备。各站采用智能型电源屏。全线室外干线电缆采用综合组绞铝护套电缆，其余采用综合组绞综合护套信号电缆。

三、工程施工

中铁电气化局集团公司承担的通信、信号工程，由二公司施工。2006 年 8 月，二公司以中铁电气化局集团名义在伊宁市成立精伊霍项目部，伊宁县设中心料库。项目部设专人负责管段内青苗赔偿，站前、站后交叉施工的协调工作，与线下、铺架单位的交桩。项目部下设 1 个接触网作业队负责苏布台(不含)至伊宁接触网施工；1 个电力变电作业队负责苏布台至霍尔果斯电力、变电施工；2 个通信作业队，通信作业一队负责霍尔果斯至尼勒克段通信工程施工，通信作业二队负责精河至尼勒克段通信工程施工；2 个信号业队，信号作业一队 40 人负责精河站、精河南站、敖包站、新龙口站、苏古尔站、苏布台等 6 站计算机联锁及其他相关信号工程，信号作业二队负责尼勒克站、布列开站、伊宁东站、伊宁站、水定站、霍尔果斯等 6 站计算机联锁及其他相关信号工程。

接触网工程　2007 年 8 月 1 日开工。由于精伊霍铁路北天山隧道迟迟不能贯通，铺架工期相应滞后。按计划工期，从钢轨铺通到电气化开通，只有 2 个月的时间。面对不利局面，项目部合理安排人力、机械，制定专项施工方案，见缝插针，路基成型一段，立即联系站前交桩。2007 年 8 月至 2008 年底投入 2 个工班 50 人，1 台汽车吊，1 辆东风车，1 辆工程车，到 2008 年底累计完成基础浇制 283 个、立杆 943 根、钢柱安装 87 根、支柱装配 225 组、回流线架设 36.53 条公里、硬横梁安装 28 组。

变电、电力工程　2007 年 8 月 10 日开工。为保证施工质量，施工前，对参加施工的人员进行技术标准培训考核，合格上岗。苏布台牵引变电所 110 千伏侧一次设备采用国内 GIS 组合设备，由于设备较重，安装平台处于苏布台变电所高压室三楼，在施工中必须用吊车将设备吊至高压室楼顶平台后，一次性将设备运输到位。套管安装采用人工安装方式，由于检修平台过窄，单个设备套管重，技术人员在房屋顶部挂接滑轮组起吊，此方法简单又省人力，避免了吊车起吊作业中容易挂伤横梁及母线的缺点。到 2008 年底变电专业累计完成基础浇注 73 个、架构组立 28 组、避雷针组立 14 座、设备安装 25 台。

为提高电力工程施工质量，项目部根据设计文件要求，组织技术人员编写《电力工程施工标准》及《电力工程施工工艺》。通过技术交底的形式，向所有施工人员进行交底。在施工过程中，对新工艺、新设备，组织专人与厂家进行面对面沟通，确保施工的针对性，提高质量，确保工期。在伊宁 35/10 千伏变配电所电源线施工中，采用 LSN-10/3×240 及 LSN-35/3×150 冷缩电缆头，解决了热缩电缆制作中复杂的施工工序，大大提高了电缆头耐压质量及防水强度。2007 年 7 月 1 日伊宁至霍尔果斯 10 千伏贯通线开通。到 2008 年底电力专业累计完成立杆806根、电缆敷设28.4公里、导线架设68公里。全部工程计划2009年10月1日竣工，达到开通条件。

通信工程　2006年6月进行现场调查，2006年7月底会同中铁第一勘察设计院、郑州中原监理咨询公司、乌鲁木齐铁路局精伊霍指挥部对精伊霍铁路前80公里进行施工定测。工程2006年8月6日开工，当年，在施工条件尚不完全具备的情况下，完成前80公里的光电缆敷设任务。2007年，二公司组织2个项目部进驻精伊霍铁路，各负责岭南岭北光电缆线路施工。由于北天山隧道迟迟未能贯通，2008年又从精伊霍铁路撤除一个项目部，只留下一个项目部进行全线的施工。

信号工程　2007年6月10日开工。新建精伊霍铁路全线共1个接口站及11个新设车站，站内采用计算机联锁，区间采用计轴自动闭塞及ZPW—2000无绝缘轨道电路。其中苏布台、尼勒克、布列开站采用电加热道岔融雪装置。2007年3月开始进场施工，2007年9月完成接口站精河站的过渡工程及计算机联锁改造工程；2007年10月15日完成精河南、敖包、阿恰尔车站室内外设备安装施工。受站前施工单位影响，苏古尔至伊宁段一直无法进场施工。到2008年底，信号专业累计完成箱盒安装447个、信号机安装94架、轨道区段安装115个区段、道岔安装50组、电缆沟开挖180.78公里、电缆敷设573公里。

第五十一节　兰青铁路增建二线

一、工程概况

兰青铁路起自甘肃兰州，终到青海西宁，正线全长216公里。1958年5月开工建设，1959年9月通车，1960年2月交付运营。共有24个车站。增建二线行经兰州市西固区、永靖县、红古区、青海省的明河、乐都、平安等地县，至西宁市，全长164.4公里。

兰青铁路增建二线工程，建设单位是兰州铁路局，由中铁第一勘察设计院设计，兰州铁道学院工程建设监理公司兰青线增建二线监理站负责工程监理。

兰青铁路增建二线工程，主要技术条件：铁路等级，Ⅰ级；正线数目，双线；限制坡度，6‰；最小曲线半径，160公里/小时预留200公里/小时条件地段一般3500米，困难2800米，160公里/小时地段一般2000米，困难1600米，140公里/小时地段一般1600米，困难1200米，120公里/小时地段一般1200米，困难800米，100公里/小时地段一般800米，困难550米；到发线有效长度，850米；牵引种类，电力牵引；机车类型，货运SS7、客运特快SS7E、动车组，其他SS7C；闭塞类型，自动闭塞；牵引质量，4000吨。

中铁电气化局集团电气化公司承担兰青铁路增建二线LQRX-L-SD标段电气化工程建设。LQRX-L-SD标段电气化工程，属兰州铁路局管辖，起止里程为DK0+00至DK60+000，全长60公里。施工内容包括通信、信号、电力、牵引供电及相关的房屋建设，通信、信号、电力、接触网因站改均有过渡工程。

工程于2007年3月1日开工，2008年10月30日竣工。

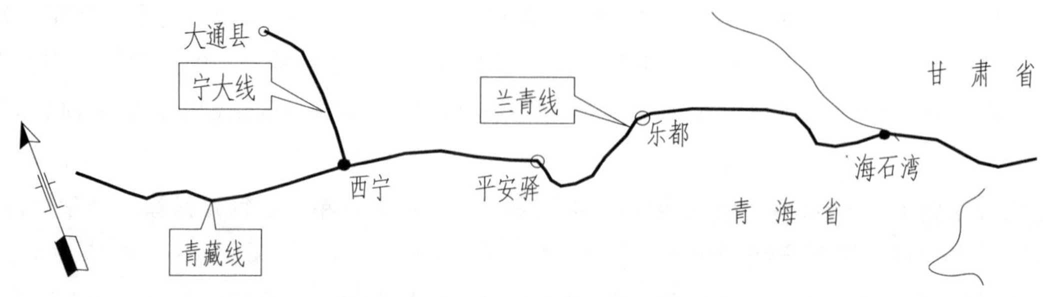

兰青铁路示意图（海石湾至西宁段）

二、工程设计

接触悬挂采用全补偿简单链形悬挂。正线承力索采用THJ-95铜合金绞线，站线采用JTMH-70铜合金绞线；正线接触线采用CTS-120锡铜合金电车线，站线采用CTS-85锡铜合金电车线。腕臂柱采用绝缘旋转平腕臂结构，中间车站采用硬横跨安装，单线隧道内采用绝缘旋转三角形腕臂结构形式，双线隧道内采用上下行独立的中间立柱式绝缘旋转腕臂结构形式。接触网支柱优先采用预应力混凝土支柱，容量不够及桥上支柱采用镀锌钢柱。优先选用瓷质耐污绝缘子，污染特别严重区段及隧道内采用硅橡胶绝缘子。

新建张家祠牵引变电所，设两路独立的110千伏进线电源，一路运行，一路备用。在两路进线间设置跨条隔离开关，以实现进线与主变压器之间的交叉供电，变压器采用V／V结线，所内设置2台牵引变压器，采用固定备用方式。110千伏进线设失压及主变故障自动投切装置，27.5千伏馈线设一次自动重合闸装置，馈线断路器采用50%备用方式，所用电源一路从27.5千伏母线直接引入，一路从地方电网引入，以提高整个牵引变电所的供电可靠性。110千伏断路器采用SF6断路器，结构紧凑，可靠性高，维护工作量小。27.5千伏侧母线上分相装设并联电容补偿装置，以提高功率因数，兼滤高次谐波。牵引变电所的继电保护采用综合自动化系统；牵引变电所采用视频监控设备，电力调度所可随时观察设备的直观运行状态。分区所采用单母线分段接线形式，通过断路器实现同侧上下行接触网并联供电，通过负荷开关实现越区供电。每一供电臂的进线上各设1台电动隔离开关，作检修用。

电力工程　架空线路为钢筋混凝土电杆，导线为钢芯铝绞线。高压电缆采用交联铠装铜芯电力电缆直埋敷设。站场电源部分为新建变电台，改造部分影响电气化第二线建设的高低压线路。电力变压器采用S11型及D10-B型低损耗变压器。

通信工程　既有干线传输系统DWDM 2.5吉比特/秒及SDH2.5吉比特/秒利旧，根据需要增加设备的相关板件。新设SDH622兆比特/秒接入网系统，替代既有的内置式接入网系统。河口南至西宁各中间站设ONU，兰州西、西宁设OLT。兰州、西宁本地电话交换网维持各自的编号及中继方式不变。各中间站的自动电话按铁通分公司的管辖范围分别纳入西宁、兰州本地电话交换网。新设数字调度及专用通信系统组成调度及专用通信网。各中间站设数字调度分系统，兰州、西宁设数字调度主系统。新设 7×4 电缆用于解决区段通信。既有线侧的区间电话视地形的具体情况敷设 4×4 分歧电缆及利用既有线大综合光缆中的低频线对解决区间电话通道。对既有 450 兆赫兹频段同异频半双工 B 制式进行改造和补强，实现全线区间场强覆盖。

信号工程 内容包括河口南、八盘峡、张家祠、花庄、水车湾 5 站微机联锁改造、既有 DMIS 站机设备改造，河湾、洞子村 2 站和小茨沟线路所关闭站过渡，河口南至海石湾约 60 公里 ZPW-2000A 自动闭塞改造。对既有 DMIS 系统进行站机改造；采用 ZPW-2000A 型无绝缘移频自动闭塞设备；采用双机热备计算机联锁；各站站内正线采用移频叠加预发码，侧线采用移频叠加发码；提速道岔采用提速转辙机，其余采用 ZD6-D 系列电动转辙机；采用 97 型 25 赫兹相敏轨道电路；满足容量的电源屏利旧，不满足容量的新设综合型智能电源屏；采用点式应答器与列车监控记录装置结合使用的防护方式；改造各站既有监测设备。

房建工程 一般房屋采用砖混结构，片石基础或钢筋混凝土条形基础。大型房屋采用现浇钢筋混凝土框架结构，基础一般采用钢筋混凝土独立基础或桩基。优先选用环保节能型建材。填方地区的房屋基础采用桩基或其他可靠的地基处理措施。为满足生产运输作业和生活需要，对集中布置的生产、办公房屋均设集中采暖，在集中采暖区域内的适当位置设置集中采暖锅炉房。生产、生活房屋均采用 95/70 摄氏度热水采暖；室外供热管网采用枝状布置，敷设方式一般为直埋敷设；有温度要求的房屋等设置分体式空调器。

三、工程施工

电气化公司承担兰青铁路增建二线 LQRX-L-SD 标段电气化工程。2007 年 1 月在兰州成立兰青线增建二线工程项目经理部，建立工程质量、安全、环境、安康体系。下设 7 个作业队、1 个中心材料库及充足的施工机械设备。于 2007 年 3 月 1 日开工，施工高峰期投入 465 人，2008 年 10 月 30 日竣工。

LQRX-L-SD 标段工程有河湾、张家祠、花庄、洞子村、水车湾 5 站 5 区间 60 公里，接触网混凝土支柱安装 1861 根、钢支柱安装 358 根、硬横梁安装 53 组、架设承力索、导线各 151.16 条公里、回流线 129.96 条公里、供电线 27.93 公里、架空地线 20.17 公里、分段绝缘器 16 组、隔离开关 29 处；新建张家祠牵引变电所、洞子村分区所各 1 处；电力贯通线 14 公里、站场照明 4 站、通信线路 60 公里、信号 ZPW-2000A 自动闭塞 60 公里、微机联锁改造 5 站、电气化房屋建设 1700 平方米。

接触网工程 2007 年 3 月 1 日开工，2008 年 9 月 30 日竣工验收。施工高峰时投入 120 人，分设 2 个作业队。兰青铁路增建二线是青、藏两省区对外联络的唯一铁路通道，因此在隧道开通前如何提高新建双线隧道吊柱及隧道地线的安装效率将直接影响到施工进度及占用天窗点的次数。项目部技术人员展开 QC 攻关，研制出利用脚手架搭制施工作业平台进行隧道的吊柱安装，不占用封闭线路，施工灵活。该平台能自由移动，有效解决同站前交叉施工时的相互影响问题，对加快施工进度起到积极的作用。

变电工程　2008 年 5 月 18 日开工，2008 年 9 月 11 日竣工。变电所、分区所各 1 处，由 1 个作业队施工。因交通条件所限，确定主变运输为关键工序，根据现场位置及外部运输条件，拟定运输方案，并设安质人员专门盯岗，确保运输安全。经论证采用大吨位拖车运输法，安排有经验的指挥人员现场指挥，将主变压器运输到位并安装完毕。

电力工程　2007 年 9 月 20 日开工，2008 年 10 月 1 日竣工。由 1 个作业队进行 4 个站场电力、2 个区间电力、区间隧道照明、开闭所改造、电力远动装置、交直交装置的施工。施工作业采用大循环小流水方式。根据径路情况，基坑开挖以人工为主。电杆大运以车辆为主，电杆小运采用包车辅以人工运输方式，电杆组立以人字型抱杆立杆为主、汽车吊车为辅的方式，困难地段采用人工立杆方式。

通信工程　2007 年 4 月 6 日开工，2008 年 9 月 30 日竣工。通信工程 5 站 5 区间，由 1 个作业队施工。敷设干线光电缆，统筹考虑站场、地区电缆及无线列调所用电缆，同径路时同沟、同步敷设。通信站施工前对房屋建筑装饰工程以及给排水、供电、通风、采暖和空调等设备进行检查，根据设计文件核对预埋管线、支持件、预留孔洞、沟槽、基础等。无线列调天线铁塔基础浇制采用钢模板支撑，混凝土搅拌机搅拌，振捣棒捣固；铁塔采用汽车起重机装卸、安装，水泥杆视地势情况采用机械或人工立杆，用经纬仪检验铁塔、电杆垂直度，天线安装采用经纬仪定向。

信号工程　2007 年 8 月 18 日开工，2008 年 10 月 30 日竣工。由 1 个作业队施工。隧道内和桥上施工，车站微调联锁开通，自动闭塞开通为关键工序点。根据信号专业施工特点，按照流水作业、交叉作业与平行作业相结合的原则进行施工。隧道内方向盒在钢轨旁无法安装，备用电缆没有预留位置，施工不便，就将信号点的方向盒安装在就近的避人洞内。电缆敷设预先由技术人员进行详细的现场定复测，准确地测算出桥上每根电缆的长度，作出详细的配盘资料，尽量避免在桥上出现电缆接头。电缆盘统一放在桥的一头，由技术人员在架盘位置负责，电缆拉出后，按复测长度截取，确保施工的安全顺利进行。

房建工程　2007 年 3 月 1 日开工，2008 年 4 月 30 日竣工。房建工程包括花庄接触网工区、张家祠变电所、洞子村分区所房屋工程。由 1 个作业队进行房屋及围墙、道路、电缆沟等附属工程施工。施工按照先基础后主体、先结构后装修、先土建后设备施工顺序，重点控制砌筑、构造柱漏浆、圈梁漏浆工程。

第五十二节　宜万线

一、工程概况

宜万线，东起湖北省宜昌市，西至重庆市万州区，途经湖北宜昌市、恩施州和重庆市万州区所辖的10个县市（区），贯穿武陵山区腹地，线路全长377公里。其中湖北省境内324.424公里，重庆市境内52.704公里，全线正线桥隧总长278.82公里，占线路总长的74%（被业界称为桥隧博物馆），共有24个车站（其中12个为远期预留），总投资225.7亿元，电气化工程总投资7.14亿元。

宜万线工程，建设单位是铁道部宜万铁路工程建设指挥部，由中铁第四勘察设计院设计，上海天佑工程咨询有限公司负责监理，武汉铁路局、成都铁路局接管运营。

宜万线工程，主要技术条件：线路等级，I级干线；限制坡度，18‰；最小曲线半径，宜昌东至凉雾段一般地段2000米，困难地段1600米，凉雾至万州段一般地段1200米，困难地段800米；到发线有效长度，850米；牵引种类，电力牵引；机车类型，动车组、SS9、货机HXD3、SS4；设计时速，宜昌东至凉雾段160公里/小时，凉雾至万州段120公里/小时；牵引定数，3500吨，

参加宜万线建设的单位有中铁一、二、三、四、五、十局、大桥局、隧道局；中铁建十一、十二、十三、十四、十五、十六、十七、十八、十九、二十、二十一局，中铁电气化局集团有限公司承担电气化工程建设。

根据是铁道部宜万铁路工程建设指挥部要求，宜昌东至凉雾段（299公里）由中铁电气化局集团二公司施工，凉雾至万州段（78公里）由中铁五局集团电务公司施工。工程2008年6月10日开工，计划2010年10月竣工。

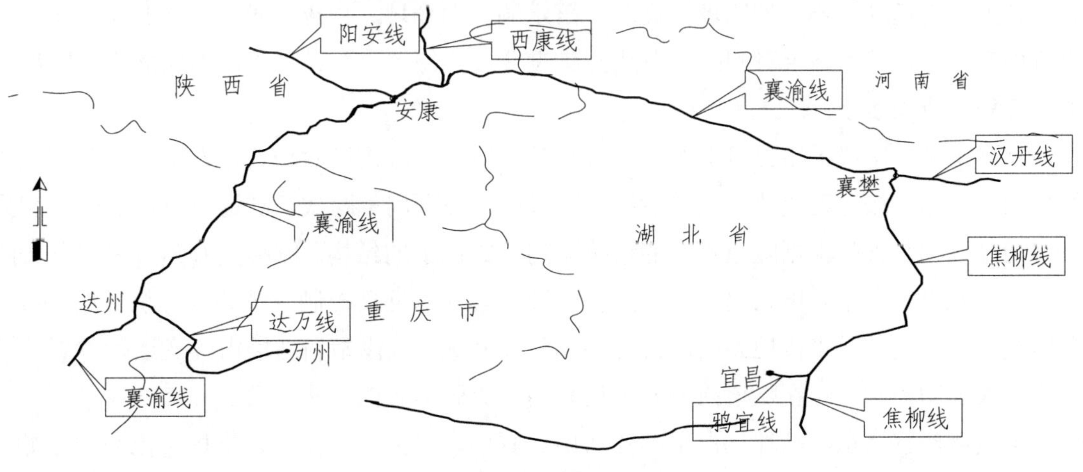

宜万线示意图

二、工程设计

中铁第四勘察设计院于 2007 年 4 月开始设计，考虑近期为 2015 年，远期为 2025 年。因货运机车类型调整为 HXD3 型机车，同时考虑到沪汉蓉通道客车开行动车组的需要。因载流量有较大的变化，全线的附加导线（除架空地线外）截面全部进行调整。分区所和自动过分相出线电缆采用单根 48 千伏铜芯电缆。考虑到隧道内安装空间有限，且供电臂末端的分相处设 2 台电动隔离开关，当电缆故障时，可从网上进行越区，故分区所以及自动过分相处的供电电缆不考虑备用。宜昌东至凉雾段下行线方向设贯通加强线。上行线方向有 3 段计 105 公里的线路需增设加强线，加强线采用 LGJ-240 型。另外，凉雾至万州预留加强线架设的条件。

牵引供电采用直供加回流线的供电方式。接触悬挂采用全补偿简单链形悬挂。导线及张力组合宜昌东至凉雾段正线采用 JTMH-120+CTAH-150 型，凉雾至万州段采用 JTMH-95+CTAH-120 型；站线采用 JTMH-70+CTHA-85 型。导线高度宜昌东至凉雾段为 6.45 米，凉雾至万州段为 6.0 米，接触网结构高度隧道外为 1.3 米，隧道内为 1.0 米。正线道岔处吊弦采用交叉布置方式。腕臂柱一般采用横腹杆式预应力钢筋混泥土支柱，软横跨、桥支柱、下挡墙上支柱均采用格构式热浸镀锌钢柱。站场采用钢管硬横梁及吊柱。支持装置采用平腕臂结构，非绝缘关节采用四跨式，绝缘关节采用五跨式，分相采用六跨关节式电分相，其中 6 处采用自动过分相装置。棒式绝缘子隧道外采用高强度瓷质棒式绝缘子，隧道内采用高强度合成绝缘子。软横跨中间分段用合成绝缘子，其他用瓷质绝缘子。绝缘转换柱采用合成绝缘子，下锚采用瓷质绝缘子。接触网绝缘泄漏距离不小于 1200 毫米，上下行接触网带电体间的距离，正常情况下不小于 2000 毫米，困难情况不小于 1600 毫米。

供电分段，双线区段站场，上下行渡线采用分段绝缘器实现电分段。站场两端，来电端设四跨绝缘锚段关节，另一端设四跨非绝缘锚段关节。绝缘锚段关节设常闭电动隔离开关，开关纳入远动控制。贺家坪、高坪、落水洞、白杨坪、白果、箐口、齐岳山、罗田、鱼背山等站场，基本站台对侧的到发线两头设分段绝缘器，并设带接地刀闸的手动隔离开关，可作为货物线用。

宜昌东至凉雾段采用锚段关节式电分相。隧道外一般采用六跨式，设地面开关控制式的自动过分相处按七跨式锚段关节设计。隧道内一般采用七跨式，隧道内设地面开关切换式自动过分相装置处根据隧道预留的情况采用七跨以上的结构。凉雾至万州段采用分相绝缘器分相处设 2 台常开电动隔离开关，隔离开关均纳入远动控制。装卸线、机务整备线、专用线单独分段并设带接地刀闸的常开手动隔离开关。区段站和站场内改变运行方式的开关均纳入远动控制。设在隧道内的开关均采用带灭弧装置的隔离开关。

全线新建宜昌东、高坪、白果、齐岳山、罗田、车溪、贺家坪、榔坪、巴东、建始、恩施、利川、五桥共 13 处牵引变电所，新建 10 处分区所和 2 处开闭所。鱼背山车站设可调无功补偿装置，位于供电臂末端，以提高功率因数，提升网压。SVC 补偿装置增加三相不平衡补偿功能。

牵引变电所除齐岳山、利川、巴东引入两路独立的 110 千伏电源外，其余牵引变电所都引入两路独立的 220 千伏电源。一次侧采用“双 T”接线，两电源之间在进线隔离开关内侧设一跨条。为提高供电的灵活性，变电所设 2 台牵引变压器，正常时 1 台运行，1 台备用。220 千伏电压互感器接于进线隔离开关内侧，供高压侧计费，在进线隔离开关外侧加 1 台单相电压互感器，供电源自投时检压使用。

三相 V/V 接线的牵引变电所 27.5 千伏母线采用 2 台双极隔离开关分段接线方式，向正线供电的馈线断路器按 50%（齐岳山、罗田、五桥变电所为 100%）备用配置。单相接线的牵引变电所 27.5 千伏母线采用 2 台单极隔离开关分段方式，向正线供电的馈线断路器按 50%备用配置。主变压器 27.5 千伏侧设断路器。三相 V/V 接线的牵引变电所设 2 套可调电容补偿装置，单相接线的牵引变电所设 1 套可调电容补偿装置。每段母线设 1 台电压互感器。牵引变电所内设 2 台所用变压器，1 台电源引自牵引变用电所 27.5 千伏母线，另 1 台引自 10 千伏地方电源。牵引变电所继电保护采用分层分布式综合自动化系统，视频监控和综合自动化系统采用网络型、模块化、分层分布式微机装置。可调电容补偿装置中的电容器采用电气化铁道专用电容器，电抗器采用干式空芯型电抗器。用于计费的 220 千伏电流互感器线圈准确级次为 0.2 秒。牵引变电所整个所区设有以水平接地体为主的网络式接地装置，接地网埋深 0.8 米。为满足牵引变电所寿命设计要求，水平接地体采用铜材，垂直接地体采用铜包钢材料。分区所和恩施开闭所采用户外箱式设备。

按专业工艺要求进行房屋平面布置，注重功能分区，建筑物布置在满足铁路生产、生活功能的基础上尽可能争取适宜的朝向，充分利用自然采光和通风，以节约能源，因地制宜地布置绿化。房屋建筑设计贯彻“适用、经济、美观”的设计原则。

生产办公房屋和生活房屋采用砖混结构或钢筋混凝土框架结构。砖混结构房屋基础一般为毛石基础，框架、排架结构采用钢筋混凝土基础。特殊地基可采用桩基或其他基础形式。在软土及高填方地区各类房屋的结构可考虑钢结构形式以减轻上部结构重量。建筑材料以地方材料为主，采用的建筑材料符合国家和地方有关环保法规和政策的要求。一般生产办公房屋和生活房屋的内墙采用乳胶漆内墙面，外墙考虑节能，墙面采用中、高级外墙涂料。屋面采用轻钢及柔性防水屋面，防水等级为Ⅱ、Ⅲ级，设架空隔热层。门窗采用木门、塑钢或铝合金窗。

三、工程施工

2007 年 10 月二公司成立宜万铁路电气化工程项目部，并在宜昌东站设立中心料库，同时设专人负责与线下施工单位搞好配合，组织交桩。项目部以“平安宜万、和谐宜万、效益宜万、魅力宜万”为目标，开展各项工作。

接触网工程　宜昌东至凉雾段12站12区间299正线公里。项目部先期调集3个作业段进行接触网施工，3个作业段分别在宜昌东、利川、五桥驻扎，投入施工人员150人，配置汽车6辆。宜昌东至凉雾段于2008年6月10日开工，凉雾至万州段于2008年8月14日开工。由于受站前施工影响，只能在隧道内进行化学锚栓打孔灌注、吊柱安装、腕臂装配等工作，施工进度很不理想。到2008年12月31日完成锚栓打眼灌注1.0292万处，隧道吊柱安装5856根，隧道腕臂装配3186组，折合完成接触网114.32条公里。

隧道内吊柱安装由于站前施工单位没有铺架线路，无法用作业车进行安装，只能采用人工安装。项目部组织技术人员进行现场调查，在已灌注锚栓上加装角钢配合滑轮组可将吊柱拉到预定位置，先将吊柱底板套入2根锚栓并带齐螺帽、垫片，然后拆除滑轮组和角钢，扶正吊柱，将吊柱底板套入另外2根锚栓并带齐螺帽、垫片。正式安装前，在项目部驻地进行安装试验，效果良好，决定在全线推广使用，解决因站前施工严重滞后，无法利用作业车进行吊柱安装的难题，确保工程进度。

第五十三节　京九线北京至乐化段

一、工程概况

京九铁路，北起北京西，南至深圳，与香港九龙相连，正线全长2381公里，加上天津至霸州75公里和麻城至武汉80公里2条联络线，总长2536公里。1993年4月20日全线动工建设，1995年11月16日全线铺通，1996年9月1日开通运营。京九铁路位于京沪和京广两大铁路之间，是中国南北第3条铁路干线，纵贯京、津、冀、鲁、豫、皖、鄂、赣、粤9省市。北起途经河北霸州、衡水，山东聊城、菏泽，河南商丘，安徽阜阳，湖北麻城，江西九江，南昌、向塘、吉安、赣州，广东龙川、常平，在常平与广深铁路接轨，通过深圳至九龙。京九铁路北与京原、丰沙、京包、京山、京通、京秦等铁路相接，沿途与朔黄、石德、邯济、新菏兖石、陇海、漯阜、阜淮、宁西、合九、武九、浙赣、赣龙等铁路交叉相连；并规划有沪汉蓉、铜九、赣韶、杭长客运专线等铁路与京九铁路衔接，它的开通运营，对缓解南北运输紧张状况，改变铁路“瓶颈”状况；完善路网布局，充分发挥运输综合效益；维护港澳地区稳定和繁荣，促进祖国和平统一大业；适应对外开放，发展经济和加快沿线革命老区脱贫致富，具有重大现实意义和深远历史意义。

京九铁路是中国“八纵八横”骨干铁路之一，与京沪、京广、焦柳等南北干线共同承担东北、华北、西北与中南、华东、西南大区间客货交流，对促进中部地区经济发展，实现东、中、西部协调发展发挥着越来越重要的作用。京九铁路实施电气化改造是贯彻国家能源政策，减少石油消耗，建立资源节约型、环境友好型社会战略目标的需要，是提高运输速度，扩大运输能力，满足日益增长的客货运输需求的需要；是提高运输质量和运输整体效率，降低铁路运营成本，增强铁路在运输市场竞争能力，促进铁路自身发展的需要；是推进东部地区铁路干线电化成网，优化路网质量的需要；是促进沿线地区经济社会发展，实现中部崛起战略的需要。

京九铁路电气化分段分期电化，第一期是北段，北起北京西，南至江西乐化，正线全长 1422.2 公里。从北部平坦开阔的黄淮流域，到中部的长江流域，逐渐过渡到南部的剥蚀丘陵区及中低山区。北京至淮滨为黄淮冲积平原（黄淮流域）；淮滨至九江依次为剥蚀堆积平原区、剥蚀丘陵区、剥蚀低山区、剥蚀丘陵区、剥蚀堆积平原和江湖淤积平原区（长江流域）；九江至乐化段为赣抚平原、赣北湖滨平原及剥蚀丘陵区，并发育阶地区。沿线基本包含了岩浆岩、沉积岩及变质岩 3 大岩系中的大部分岩性，且在阜阳以南存在大面积分布的侵入岩体。北京至光山地段因第四系地层覆盖较厚，基本上未见基岩出露；光山至乐化地段以构造、剥蚀作用为主，各类基岩出露较为齐全。京九铁路沿线因地形条件不同、地层岩性多变、地质构造复杂、水文地质条件差异及地震分区等各方面的综合影响，导致南北区域工程地质条件存在明显的不同。北京至阜阳地段局部软土地基、中等压缩性地基、高烈度地震区、局部地段有盐渍化、弱膨胀性土等特殊地基在工程实施时做适当处理。阜阳至乐化地段冲、湖积淤泥质黏土、弱～强膨胀性土、顺层滑动、极软岩体的风化剥落溜坍、构造影响岩体破碎带的坍塌滑动等在工程施工中应对地基处理和边坡加强支护及防护。北京至阜阳沿线河渠纵横，地形平坦，工程建设需注意排水系统设置。阜阳以南线路主要通过剥蚀丘陵、中低山区，在山体不稳定及易风化岩石且多水地段山体开挖后易产生工程灾害，应及时支挡防护。北京西至阜阳沿线地下水均为第四系孔隙潜水及第四系孔隙承压水，含水层主要为砂类土。阜阳至乐化沿线地下水为平原和河流阶地区砂层中孔隙潜水及孔隙承压水，水量丰富；剥蚀丘陵及低山区均为基岩裂隙水，水量贫乏；局部地区存在岩溶水、构造裂隙水，水量丰富。除局部地段地表水及地下水对混凝土有侵蚀性外，均无侵蚀性。

沿线所经地区淮河以北为温带、暖温带半湿润大陆性气候区，季节变化明显，冬夏温差大。淮河以南属亚热带湿润季风气候区，九江以北冬季干寒、夏季多雨，四季分明；九江以南气候温和，雨量充沛，长夏短冬，阳光充足。根据 2001 年《中国地震动参数区划图》，沿线地震动参数北京西至商丘地震动峰值加速度为 0.10～0.2g，局部地段为 0.05g；商丘至乐化≤0.05g，其中阜阳附近为 0.10g，津霸联络线为 0.15g；麻武联络线为 0.05g。

北京西至乐化段的 1422.2 公里，分属北京、济南、郑州、上海、武汉、南昌 6 个铁路局管辖。是中国既有铁路电气化改造一次性投资建设规模最大的工程项目，并含津霸、麻武联络线和相关枢纽地区电气化改造配套工程，另外阜阳枢纽、阜淮线阜阳北至袁寨站（不含）电气化改造工程也纳入本项目。但不含北京西站至黄村站段、衡水站至衡水西站段、九江站、庐山站在相关项目中已批复和完成的电气化改造有关工程。主要工程内容为里程范围内的四电迁改、管线改移、改移道路及公跨铁桥涵、路基、桥涵、隧道及明洞、轨道、通信、信号及信息、电力及电力牵引供电、房屋、其他运营生产设备及建筑物、大临和过渡工程、配合辅助工程等。

京九铁路电气化工程，建设单位是北京、郑州、济南、武汉、上海、南昌铁路局。由铁道第三勘察设计院有限公司、中铁第四勘察设计院有限公司（总体设计单位）设计，北京铁建监理工程有限公司、北京现代通信信号工程咨询公司、郑州中原铁道建设工程监理有限公司、中铁二院咨询监理有限公司、北京铁研建设监理有限责任公司、北京铁城建设监理有限责任公司、中铁第四勘察设计院有限公司（湖北）工程监理咨询有限公司监理。

京九铁路电气化工程，主要技术条件：铁路等级，Ⅰ级干线；正线数目，双线；限制坡度，北京西至阜阳段4‰，阜阳至向塘段6‰；最小曲线半径，提速160公里/小时路段一般2000米，困难1600米，个别小曲线予以保留；非改建地段维持现状；到发线有效长度，1050米；牵引种类，电力牵引；机车类型，客机SS9、货机SSJ3，闭塞类型，自动闭塞；行车指挥方式，调度集中；牵引质量，5000吨；建筑限界，满足双层集装箱列车条件。麻武联络线，单线；限制坡度，6‰；津霸联络线，单线；限制坡度，4‰。京九铁路牵引供电系统采用带回流线的直接供电方式，接触悬挂采用全补偿简单链形悬挂，通行双层集装箱列车的隧道采用刚性悬挂；麻武联络线采用AT供电方式，并与合武线共用牵引变电所。通信干线利用既有数字传输系统，在北京西至淮滨段及津霸联络线新设1条20芯光缆，将既有450兆赫兹列车无线调度电话系统改造为GSM-R数字移动通信系统。信号利用既有设备（北京西至乐化段为ZPW－2000A无绝缘四显示自动闭塞；津霸联络线为四显示自动闭塞、ZPW－2000A无绝缘轨道电路），对超过大修期的车站设备及因1050股道延长引起车站联锁变化较大的车站，采用计算机联锁；行车指挥采用列车调度指挥系统（TDCS）；京九正线、津霸联络线各站站内采用97型25赫兹相敏轨道电路；麻武联络线采用计轴闭塞设备。

参加京九铁路电气化工程施工的单位有中铁电气化局集团有限公司、中铁七局集团武汉公司、中铁二十四局集团南昌公司。中铁电气化局集团有限公司为专业联合施工总承包的主体责任单位。

工程于2008年8月6日分别在全线6个铁路局管段的霸州、聊城、商丘、麻城、阜阳、共青城同时开工。原计划于2010年6月30日全线建成开通，后调整为2009年底建成开通。

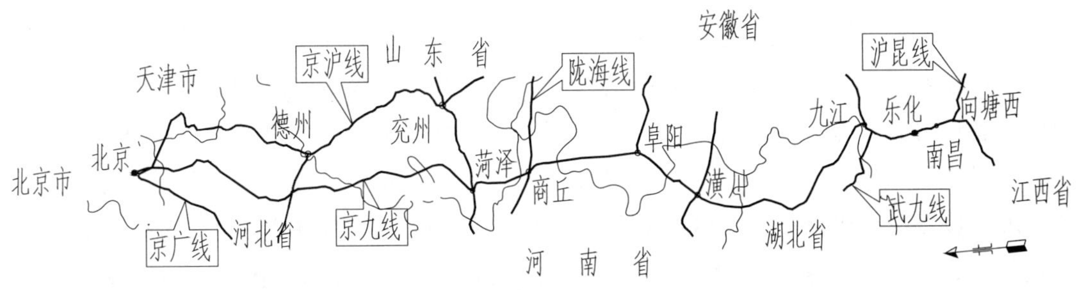

京九线示意图

二、工程设计

京九铁路电气化工程（京乐段），由铁道第三勘察设计院有限公司（北京西至淮滨，正线全长 907.269 公里、津霸联络线，北仓至霸州 75 公里）和中铁第四勘察设计院有限公司（总体设计单位）（淮滨至乐化，正线全长 514.9 公里、麻武联络线 80 公里）设计。

牵引供电系统采用带回流线的直接供电方式，麻武联络线采用 AT 供电方式。全段新设 35 处牵引变电所（其中利用既有、在建及规划牵引变电所 6 处）、30 处分区所、13 处开闭所/分区所兼开闭所。其中北京铁路局管段设牵引变电所 9 处、分区所 8 处、开闭所/分区所兼开闭所 4 处、并设 1 个供电段，济南铁路局管段设牵引变电所 5 处、分区所 6 处、开闭所/分区所兼开闭所 2 处、并设 1 个供电段，郑州铁路局管段设牵引变电所 2 处、分区所 2 处、开闭所/分区所兼开闭所 1 处，上海铁路局管段设牵引变电所 5 处、分区所 4 处、开闭所/分区所兼开闭所 4 处、并设 1 个供电段，武汉铁路局管段设牵引变电所 10 处、分区所 7 处、开闭所/分区所兼开闭所 1 处，并设 AT 所 4 处和 1 个供电段，南昌铁路局管段设牵引变电所 4 处、分区所 3 处、开闭所/分区所兼开闭所 1 处，6 个铁路局各设电力调度所 1 处。牵引变电所、开闭所按无人值班设计，并适当考虑值守条件，分区所按无人值班设计。牵引变电所、开闭所、分区所采用微机保护和综合自动化系统。设置牵引供电远动系统，暂定分别纳入各铁路局牵引供电调度所。

新设牵引变电所引入两路 110 千伏电源，主接线为“双 T”接线，高压侧采用分支接线，在进线隔离开关外侧设检压用的电压互感器和避雷器，在进线隔离开关内侧设置计费及保护用的电压互感器，在进线断路器外侧设置电流互感器。牵引变电所设置 2 台三相 V/V 接线变压器，变压器采用自冷方式，预留风冷条件。变压器安装容量按近期需要确定，按远期需要确定不便改造的基础设施。牵引变电所的 27.5 千伏侧采用单母线隔离开关分段带旁路母线的接线形式，馈线断路器采用固定备用方式。在牵引母线上设置并联电容补偿装置，以提高功率因数和吸收部分高次谐波。九江至南昌段考虑到京九铁路与昌九城际铁路共用，故九江西、共青城、乐化 3 处牵引变电所的受电电压等级采用 220 千伏，牵引变压器采用单相变压器。麻武联络线利用合武线麻城北、彭岗 2 处牵引变电所，变压器采用原设计的单相变压器，改建的丰台、衡水西、商丘南牵引变电所维持原主接线方式不变。

开闭所分别从上下行正线接触网引入两路电源，两路电源互为备用，并分别在隔离开关外侧设电压互感器，以实现检压备投的需要。母线为单母线带旁路母线接线形式，馈线采用固定备用方式。分区所兼开闭所分别从上下行接触网引入四路进线，每路进线在隔离开关外侧设电压互感器，以满足检压备投及检压重合闸的需要。进线采用单母线分段接线形式，母线设置母联隔离开关实现越区供电。馈线采用固定备用方式。全线分区所、AT 所采用箱式布置，箱体采用全密封铠装式金属框架结构，箱体防护等级满足国家标准要求。27.5 千伏的一次设备和二次设备均置于箱内（接触网验电器置于箱外），箱式所的 27.5 千伏进、出线均采用电缆进出线的方式，其他外部二次接口，包括通信、电源等也均采用电缆引入。同一供电臂末端通过断路器实现上下行接触网并联供电，不同供电臂上下行分别设电动隔离开关，实现越区供电，在各条进线隔离开关内侧设电压互感器或所用变压器，以实现检压的需要。

新建京九线、津霸联络线、麻武联络线接触网，此外新建及改建接触网的还包括：麻城下行疏解线、北京枢纽、天津枢纽、肃宁地区、衡水地区、商丘地区、阜阳枢纽、九江枢纽内的相关联络线及机务段、机务折返段等。

接触悬挂一般采用全补偿简单链形悬挂，隧道内通行双层集装箱列车的区段，采用刚性悬挂。正线接触线采用抗拉强度大、高温抗软化特性好的高强度 CTS-120 锡铜合金线，额定张力 15 千牛，站线接触线采用 CTS-85 铜合金导线，额定张力 10 千牛。正线承力索采用抗拉强度大、防腐性能好的 JTMH-95 镁铜合金绞线，额定张力 15 千牛，站线承力索采用 JTMH-70 镁铜合金绞线，额定张力 15 千牛。接触网结构高度 1400 毫米，接触线悬挂点高度一般 6450 毫米，隧道内及低净空桥下等困难地段不小于 6280 毫米；接触线距轨面最低高度一般 6330 毫米，困难时不小于 6250 毫米。不开行双层集装箱列车的通道，接触线最低点高度不小于 5700 毫米。正线采用载流型可调式铜合金整体吊弦；站线采用非载流型铜合金整体吊弦。麻武联络线区间接触线悬挂点高度一般 6000 毫米，车站接触线高度一般 6450 毫米，隧道及低净空桥等困难地段不低于 5750 毫米。全线绝缘按重污区考虑，绝缘元件（组）的公称泄露距离 1400 毫米，上下行正线间绝缘泄漏距离不小于 1600 毫米。接触网支柱采用横腹式预应力混凝土支柱，车站采用格构式钢柱或大容量混凝土支柱，腕臂支柱一般采用预应力横腹杆式混凝土支柱，接触网支柱尽量在车站股道外侧及线间距较大的股道间立柱，有雨棚的地方与雨棚柱合建，尽量不在站台上立柱。腕臂绝缘子一般采用高强度瓷质棒式绝缘子，污染严重地区采用合成绝缘子，抗弯强度 12 千牛。160 公里/小时区段及区段站采用圆钢管硬横跨结构。道岔处接触网布置采用交叉线岔方式。下锚补偿采用补偿效率高、无油润滑免维护的铝合金大滑轮补偿装置，补偿装置均设置防风限制架，坠陀采用混凝土坠砣。电分相采用锚段关节布置方式。

电力工程利用既有配电设施和电力贯通线和自闭线，沿线实行自闭、贯通双回路供电，单电源所改成双电源所，以提高用电可靠性，当外电源暂无条件时，考虑适当预留。新建牵引变电所、分区所、开闭所等所用电，就近从 10 千伏电力贯通线“T”接 。供电能力不足或影响安全的既有电力设施适当进行加强或改造，其他设施原则利用既有。各配电所贯通、自闭线调压器容量进行适当增容，对设备严重老化、危急安全供电的电气设备进行适当改造。所内少油断路器改为真空断路器，实现 10 千伏断路器无油化。严格核实新增电力负荷，既有供电变压器容量不够时进行增容。对既有部分配电所电磁保护设备，进行微机保护改造，并一次纳入电力远动系统。新增电力设施纳入既有供电段管辖。变配电所所在车站的综合用电均从各变配电所的馈出回路接取电源，其余各车站综合用电一般接取地方高、低压电源供电。各车站、机务段、车辆段等均设 10/0.4 千伏杆架式变电台或室内变电所供电。沿线通信站、信号楼一级负荷均有两路电源供电，其中一路引自专用变压器，另一路引自综合变压器或专用变压器。区间自闭信号负荷采用集中供电。

通信传输网在满足电气化改造需求和保证铁路安全运输的前提下，充分利用既有通信系统资源，同时结合工程实际对既有通信线路及通信设备进行更新改造或扩容。北京西至淮滨（不含）及津霸联络线各敷设 1 条 20 芯光缆，新建牵引变电所、分区所、开闭所根据情况采用分歧或新设 1 条 8 芯光缆入所。对既有长途电缆、地区及站场电缆进行电气化改造，根据需要新设 $HEYFLT_{23}$ 低频对称电缆和 $HYAT_{53}$ 型市话充油电缆。根据需要，对全线既有区间通话柱进行改造，将电调回线引入区间通话柱。对有关通信站既有骨干网 SDH2.5 吉比特/秒传输设备进行扩容，将全线既有接入网系统改造为 SDH622 兆比特/秒系统。在新建牵引变电所、分区所、开闭所、供电段加强领工区等处新设 SDH155 兆比特/秒传输通道及接入设备，就近接入相应车站的 SDH622 兆比特/秒系统。将既有 450 兆赫兹列车无线调度电话系统改造为 GSM-R 数字移动通信系统，沿线各车站及区间设置基站，区间弱场强区采用光纤直放站、漏泄电缆和天线方式解决，无线场强覆盖应满足无线列调、车次号传输、调度命令传送、区间维护人员通信及应急抢险等需要。6 个铁路局牵引供电调度所增设牵引供电调度台和通信主系统设备，通信主系统与相关 GSM-R 交换机相接，利用既有数字专用通信通道，增设牵引供电调度电话。改造沿线各车站调度通信分系统设备，满足电气化工程与 GSM-R 数字移动通信系统连接的需要。实现有线、无线调度电话的互通。在丰台、天津、衡水、聊城、刘庙、阜阳、麻城、九江、南昌通信站新设电源及环境监控系统中心设备，沿线车站、区间无线基站、牵引变电所等处的通信机械室新设现场设备。新设应急通信系统，系统由应急通信系统中心设备（设于各铁路局）和应急通信现场设备（设于沿线有关工区）及传输通道构成。

在满足运能、提速要求、不降低信号设备技术标准的条件下，尽量利用既有信号系统和设备。对超过大修期的信号设备或因 1050 股道延长引起车站联锁变化较大的设备进行更新，采用计算机联锁设备。北京西至乐化段已完成 ZPW－2000A 无绝缘四显示自动闭塞改造，电气化工程只进行电化补强，并采用 97 型 25 赫兹相敏轨道电路；津霸联络线维持既有四显示自动闭塞、ZPW－2000A 无绝缘轨道电路，电气化工程只进行电化补强。麻武联络线维持既有单显双方向 64D 半自动闭塞，电气化工程采用计轴闭塞设备。对车站既有 ZPW-2000A 型电码化设备按照电气化标准进行改造。接发车进路及侧线股道设计电码化，发码设备与自动闭塞设备一致，采用电码化闭环检查，其中淮滨至乐化段利旧改造。对麻武联络线进行车站电码化改造，正线采用预叠加、侧线采用叠加 ZPW－2000A 电码化设备。提速道岔采用 ZYJ7+SH6 型带外锁装置电液转辙机或 S700K 型带外锁装置电动转辙机及安装装置，其余道岔采用 ZY4 或 ZD6 型转辙机，既有原地不动道岔转辙设备利旧。既有闭环电码化电缆结合新设 97 型 25 赫兹相敏轨道电路利旧设计，电码化干线电缆经计算不满足电化要求的更换为铝护套综合纽绞数字内屏蔽电缆；信号机、道岔、轨道等干线电缆均更换为铝护套综合纽绞数字信号电缆，分支电缆均更换为综合护套综合纽绞数字信号电缆。采用列车调度指挥系统（TDCS），根据站场变化及闭塞、联锁制式的变化而进行改造。驼峰信号设备类型维持既有制式不变，其中聊城北驼峰、阜阳北驼峰结合电化对轨道电路、测长、雷达及受电气化干扰的干线电缆等设备进行改造。商丘北驼峰既有室内控制系统已不能正常使用，更换为进路控制系统。各车站根据新建自动闭塞和电化工程所引起的变化，进行相应的系统改造，并采用微机监测系统。

根据运输生产的需要及技术作业要求，新建牵引变电所、分区所、开闭所、接触网工区等，并遵照 TB10011-98《铁路房屋建筑设计标准》配备新建或扩建电力、通信信号生产和生活房屋。一般房屋上部结构采用砖混结构，大型综合生产办公房屋及技术作业复杂的生产房屋采用钢筋混凝土框架结构，厂房采用轻钢结构。房屋基础根据地质情况采用片石条形基础或钢筋混凝土条形基础，框架结构及钢结构的房屋采用柱下独立基础或柱下钢筋混凝土条形基础。填方地段的房屋基础或地质情况较为复杂的，根据具体地质情况，房屋基础可采用换土垫层、钢筋混凝土筏片基础或桩基础等。一般房屋采用平屋面，屋面防水层采用 DJ 橡胶防水卷材，新建及接建信号房屋采用坡屋面，坡屋面构造采用绯红色单层压型钢板屋面，屋面承重一般采用现浇钢筋混凝土板。采暖房屋的外墙厚度为 370 毫米，内墙厚度为 240 毫米；不采暖房屋的内外墙体均采用 240 毫米厚黏土空心砖墙。框架房屋二层及以上的填充墙采用陶粒混凝土砌块，外墙厚度为 250 毫米，内墙厚度为 200 毫米。钢结构厂房墙面采用砂加气混凝土墙板。装修标准：内墙面一般采用砂子灰打底，麻刀灰罩面，阳角均做 1:2.5 水泥砂浆护角 1.8 米高，外刷内墙涂料。

楼（地）面，一般房屋采用铺地砖楼地面，通信、信号、变配电所等房屋采用抗酸、抗碱或防静电活动地板的楼（地）面。一般生产生活房屋采用外墙涂料饰面或面砖饰面。沿线电力、通信、信号电缆穿墙体、楼板的孔洞设置防火封堵，其余生产、生活房屋按建筑及铁路防火规范开展设计。

路基工程主要有为各提速区段进行区间线路半径调整而引起的绕线地段新建路基工程、提速曲线加长，缓和曲线改建而引起的路基加宽工程，沿线各站为配合电气化工程改造而增设的段管线路基工程，既有线路基病害整治工程等。路基基本宽度：新线绕行地段路堤两侧不小于 0.8 米，路堑两侧不小于 0.6 米；改建并利用既有路基地段路肩宽度：路堤两侧不小于 0.8 米，路堑两侧不小于 0.6 米，否则进行加宽。路堤加宽小于 0.5 米时，采用高度不大于 1 米的干砌片石垛加宽，加宽大于 0.5 米时，采用填土帮宽，填料按新线标准选用，并每隔 0.6 米加铺一层土工格栅。基床标准：路基基床分为表层和底层，表层厚度 0.6 米，底层厚度 1.9 米，总厚度 2.5 米；基床表层选用 A 组填料（砂类土除外），颗粒粒径不得大于 150 毫米；基床底层选用 A、B 组填料或改良土，颗粒粒径不得大于 200 毫米或摊铺厚度的 2/3。

桥涵工程，对不满足电化净空要求引起的跨线桥梁的新建及改建、区间线路整治及站场新建线及改线引起的新建小桥、盖板涵及接长盖板涵。全线新建特大桥 1 座、特大桥加固 25 座、改建大桥 21 座、改建中小桥 139 座、改建涵洞 3087 横延米。

隧道工程，对不满足开行双层集装箱电气化接触网挂网净空要求的孟良山、碾子湾、新集、新庙港 4 座双线隧道(武汉局内)计 3.19 公里进行改造。4 座双线隧道限界采用《标准轨距铁路建筑限界》（GB146.2-83）“隧限-2B”满足电气化接触网挂网要求，但不满足新建铁路双层集装箱运输基本建筑限界要求，因此需进行改建。孟良山、新集、新庙港隧道进行落道处理，同时为了弥补落道后道床厚度不足，在 4 座隧道内更换弹性轨枕。采用弹性轨枕，一般地段道床厚度不小于 25 厘米，局部困难地段道床厚度不小于 20 厘米。

轨道工程，京九铁路为全路达标标准线路，现状轨道设备较好。提速改建地段钢轨根据拨移量已更换调整，轨枕根据拨移量已抽换调整，道砟根据拨移量已相应补充，满足 160 公里/小时速度要求。本次主要是有关车站到发线延长 1050 米。正线采用重型轨道一次铺设无缝线路。采用 60 公斤/米钢轨，采用Ⅲ型钢筋混凝土轨枕，每公里铺设 1667 根，采用一级碎石道砟，双层道床厚 50 厘米，单层道床厚 35 厘米。

对受电气化影响的通信、广播线路、无线设施、输油气管道等进行防护设计，采取相应的防护措施。对跨越铁路的电力线路采取相应的措施。

三、工程施工

中铁电气化局集团有限公司成立京九铁路电气化工程总指挥部(设在黄村)，下设 6 个分指挥部（设在黄村、聊城、商丘、阜阳、麻城、南昌），分别负责组织北京、济南、郑州、上海、武汉、南昌铁路局管段内的工程施工。分指下设各专业项目部和作业队，全线施工实行总指、分指、项目部、作业队四级管理。依据与 6 个铁路局签订的施工总承包合同、施工设计图及相关设计资料、国家及铁道部现行有关施工规范和技术标准，以弘扬“促、创、干，争一流”的企业精神，本着“科学组织、系统管理、全面突击、专业实施、强化重点、平行推进、质量第一、安全稳定、期到必成”的原则，统一组织施工和管理。

中铁电气化局集团有限公司承建京九全线电气化、电力、通信、信号、房建、（站前）土建（北京、郑州、武汉铁路局管段内）改建工程。北京铁路局管辖范围（K000+000～

K372+777）372.77 正线公里和天津至霸州段的电气化、电力、通信、信号工程和黄村至霸州段的电气化、电力工程及上海铁路局管辖范围（K718+186～K907+323）189.137 正线公里的电气化、电力、通信、信号工程由电气化公司负责施工；黄村至霸州段的通信、信号工程和霸州至北京局界的电气化、电力、通信、信号工程由一公司负责施工；济南铁路局管辖范围（K372+777～K0650+273）341.175 正线公里的电气化、电力、通信、信号工程和郑州铁路局管辖范围（K0650+273～K718+186）67.9 正线公里的电气化、电力、通信、信号工程由三公司负责施工；武汉铁路局管辖范围（K907+323～K1277+000）450.478 正线公里的电气化、电力、通信、信号工程由二公司负责施工；南昌铁路局管辖范围（K1277+000～1422＋200）145.2 正线公里的电气化、电力工程由西安电化公司负责施工，通信、信号工程由西安通号处负责施工；全线电气化房屋由建筑公司负责施工，通信信号房屋由通信信号工程施工单位负责施工；北京铁路局管辖范围的土建工程由西铁工程公司负责施工；武汉铁路局管辖范围的土建工程由西铁建设公司负责施工；郑州铁路局管辖范围的土建工程由建筑公司负责施工；全线远动和安全监控工程由中铁电气化勘测设计研究院有限公司负责施工；全线弱电防护工程由北京电铁通信信号勘测设计院有限公司负责施工；全线通信联调由中铁电化局电信试验中心负责；北京铁路局管辖范围的路外电力线路迁改工程由电气化公司和一公司分别负责各自管段内的施工；济南和郑州铁路局管辖范围的路外电力线路迁改工程由三公司负责施工；上海铁路局管辖范围的路外电力线路迁改工程由电气化公司负责施工；武汉铁路局管辖范围的路外电力线路迁改工程由中铁电气化勘测设计研究院有限公司负责施工；南昌铁路局管辖范围的路外电力线路迁改工程由中铁电化局顺达公司负责施工。

电气化公司设在霸州的工程项目部，投入 3 个接触网作业队、变电和电力各 1 个作业队、1 个通信作业队、2 个信号作业队，设在阜阳的工程项目部投入 4 个接触网作业队、4 个变电作业队、通信、信号、电力各 3 个作业队。一公司设在衡水的工程项目部，投入 4 个接触网作业队、通信和信号各 3 个作业队、变电和电力各 2 个作业队。西铁工程公司设在霸州的工程项目部，投入 3 个综合作业队，分别负责路基、轨道、桥梁、曲线改造等相关工程的施工；设在武汉的工程项目部，投入路基、桥涵、轨道各 1 个作业队。三公司设在聊城的工程项目部，投入信号、变电、电力、接触网各 3 个作业队，通信信息 2 个作业队，设在商丘的工程项目部，投入通信、信号、电力、变电、接触网、迁改各 1 个作业队。二公司设在麻城的工程项目部，投入接触网、变电、电力各 5 个作业队、3 个信号作业队，2 个通信作业队，3 个迁改作业队。西安电化公司设在九江的工程项目部，投入 3 个接触网作业队、变电和电力各 1 个作业队。西安通号处设在德安的工程项目部，投入 2 个通信作业队、2 个信号作业队、2 个房建作业队。西铁建设公司设在麻城的工程项目部，下设路基、桥涵、隧道、轨道作业队，分别负责相应的专业施工。电信试验中心成立了京九通信联调项目指挥部，下设 3 个有线和 2 个无线联调测试小组，配备相应的车辆和仪器仪表。

北京电铁通信信号设计院工程项目部设在九江。顺达公司工程项目部设在九江。建筑公司分别在霸州、聊城、商丘、阜阳、麻城、共青城设工程项目部，投入十几个工区。全面开展施工。

根据2010年6月底开通的总工期要求，组织安排了足够的施工力量、施工机械及检测仪器仪表。接触网工程，每80正线公里1组安列、2台作业车、1台架线车、3台载重汽车、1台吊车，2个作业队300人；变电工程，每一所一亭1个作业队（50人），配载重汽车2台、吊车1台；电力工程，每100正线公里1个作业队（80人），配载重汽车2台、吊车1台；通信工程，每100正线公里1个作业队（80人），配载重汽车2台；信号工程，每60正线公里1个作业队（100人），配载重汽车2台；土建工程：路基、桥涵、隧道、轨道根据工作量安排足够的人力和机械；房建工程，每一个工点45人，配足施工机械，开展施工。

工程于2008年8月6日分别在6个铁路局管段同时开工，根据工程量分布及施工进展情况，劳动力实行动态管理，平行展开作业，施工高峰期全线施工人员达到3.7万余人。截至2008年底，接触网专业，完成基础浇制2549个、立杆1.4583万根；通信专业，敷设光缆461.3条公里、敷设电缆10.8条公里；信号专业，敷设电缆109.2条公里、安装信号机64架、道岔23组；电力专业，立杆26根、敷设电缆36.1条公里；土建专业，完成土石方267.2万立方米，正线改建完成2.6公里，新建正线0.6公里，新建站线2.2公里；房建专业，完成778平方米；变电专业未开工。

接触网工程　2008年的主要任务是接触网杆的基础浇注和立杆。按照制定的施工流程确认坑的类型和限界、清理工作面、安置防道砟挡板、挖坑：土质较硬时，先用镐刨松后再用锹挖，保持坑的中心线垂直于线路中心线，遇有水坑时采用水坑开挖工艺。保证路基的稳定性，不使路基受到破坏或减弱，处于站台、道口及行人较多地段的基坑采取防止行人坠落的安全措施。

电力工程　2008年的主要任务是敷设电力电缆和架空线路的立杆。根据地形情况确定线路实际走向，进行线路的定测及定杆位，确定直线段线路中心线。根据测量资料，确定施工时间。若为过轨电缆敷设，在相应区段的天窗或封闭点时间内按预先制定的施工工序进行施工，并设专人防护。电缆线路的终端头采用热缩电缆头，热缩电缆头的制作按工艺流程制作，并符合规定标准。架空线路，采用吊车立杆。

通信工程　2008年的主要任务是敷设光缆和电缆。根据招标文件和设计文件，本标段有的中间站在电气化改造后要关闭，有的车站要新建通信机械室。关闭车站在关闭前要采用过渡方式，以保证数字调度系统的开通调试，新建通信机械室在设备搬迁时，为缩短通信中断时间，采用过渡通信方式保证行车指挥系统的畅通。所以，预先敷设光缆和电缆。光电缆敷设按径路定测、光电缆测量、配盘、挖沟、敷设、接续、沟的防护回填及引入等工序进行。光缆接续持证上岗，接续的同时用OTDR实时监测，用电话和对讲机进行联系，对接续点双向监测，确保接头衰耗满足设计指标。电缆接续采用机械拼装式电缆接头盒，电缆接续后的余留长度符合设计文件及规范要求。钢带接地及防腐，用裸铜线将钢带与铝护套涂锡处焊接连通。

通信系统联调 联调范围包括京九全线和相关枢纽及津霸联络线、麻武联络线电气化改造配套工程，北京、天津、石家庄、郑州电务段新设的与京九线有关的通信设备。联调检测内容包括光缆线路、传输系统、接入系统、专用调度通信系统、GSM-R 无线通信系统等。按照计划要求，上海局管段于 2008 年 9 月 15 日至 10 月 15 日完成，南昌局管段于 9 月 20 日至 10 月 15 日完成，武汉局管段于 9 月 25 日至 10 月 20 日完成，郑州局管段于 9 月 20 日至 9 月 30 日完成，济南局管段于 10 月 10 日至 10 月 30 日完成，北京局管段于 10 月 7 日至 10 月 30 日完成。

信号工程 2008 年的主要任务是敷设信号电缆、安装信号机和道岔转辙机。敷设电缆主要是对部分车站站内为非铝护套的干线电缆，经计算超过感应电压值的更换为铝护套干线电缆。在施工定测的基础上，选择合理的电缆径路，对需更换电缆的长度进行准确测量。然后挖沟敷设，并进行电缆的二次测试、封端，做好防护回填，最后将电缆引入箱盒，具备配线条件的箱盒进行配线，不具备配线条件的电缆做好配线条件，待开通时接入箱盒。信号机安装按规定施工工序挖坑、立柱、安装梯子及机构，同方向安装的多个信号机构，其中心应在同一垂直线上，显示方向一致。对不同型号的道岔转辙机，按照角形铁安装、基础角钢安装、道岔转辙机安装、安装尖端杆、密贴调整杆、表示连接杆、单机牵引转辙装置的手动调整工序进行安装和调整，达到标准要求。

房建工程 2008 年的主要任务是征地拆迁、场坪、房屋基础和部分主体方面的工作。到 2008 年底，完成共青城牵引变电所主体施工，开展朝阳店和台头牵引变电所的基础施工，完成阜阳北、袁寨、乐化、九江、孔垄牵引变电所土方施工，完成颍南和油合集分区所场坪土石方工程，完成机务段内电气综合楼基础施工，新县接触网工区主体结构封顶。其他房建工程由于征地、图纸不到位，完成部分征地拆迁工作。

路基工程 2008 年的主要任务是土石方施工。在新建绕线路基施工地段，以机械化作业为主，为保证施工质量，提高施工效率，加快施工进度，采用“三阶段、四区段、八流程”的作业程序组织施工。路堑及站场开挖方式根据地形情况、岩层产状、开挖断面及其长度并结合土石方调配方案确定。土质采用逐层顺坡开挖，平缓地面上短而浅的地段采用全断面开挖，平缓横坡上一般采用横向台阶开挖，较深地段采用分层开挖，土、石质傍山地段采用纵向台阶开挖，边坡较高时分层开挖。开挖后的路堑按设计及时施作防护和加固工程。深路堑施工采用纵向台阶分层开挖。软土地基根据硬壳层及软土厚度，采用抛填片石挤淤、挖除换填普通土加碎石垫层和土工格栅相结合、水泥搅拌桩、CFG 桩等地基加固措施。路基支挡工程及路堑边坡防护工程随路基同步施工，路基排水沟与相应段路基一同施工。在设有脚墙或排除地下水设施地段，先做好脚墙、排水设施，路堤边坡防护工程，待路基基本稳定后随即安排施工。

桥涵工程　新建桥涵 2008 年的主要任务是墩台及基础施工。桥梁基础为钻孔桩和扩大基础，采用冲击钻机和回旋钻机成孔，如桩基位于河流中将采取筑岛和草袋围堰的方法进行施工。钢筋笼集中加工，用特制平板车运至墩旁，汽车吊安装。混凝土由搅拌站集中生产，罐车运输，导管法灌注水下混凝土。承台施工采用机械配合人工开挖，承台模板采用大块定型钢模板，混凝土一次浇注成型，插入式振动棒分层振捣密实。墩台身采用定做的大块钢模浇筑施工。框架涵采用大块钢模板工地现浇，盖板涵基础及墙身采用大块钢模板现浇，汽车吊吊装就位。既有桥梁改建、加固、移设、涵洞接长、避车台移设等施工，为确保既有线行车安全，按设计方案，尽量利用“天窗”点施工。

隧道工程　主要是对 4 座不能满足通行双层集装箱净空要求的隧道在不动隧道结构的情况下进行落道处理。同时为弥补落道后道床厚度不足，在隧道内更换弹性轨枕。提前利用天窗点运弹性轨枕至隧道内，对第二天需要换枕地段的扣件进行松动，然后利用封闭点更换轨枕和落道，分段施工。

轨道工程　正线新建地段无缝线路铺轨采用预铺工具轨过渡，换铺长轨条的施工工艺。站场新铺、拆铺、拆除道岔及新建、改建站线施工，采用火车进料卸至改建范围内，由人工配合机械倒运至施工地段。新铺道岔随路基完成后正位铺设，过渡施工暂不正位铺设，先预铺在附近，线路以轨条连接过渡，待形成条件后再插入。

既有线路改造单线拨道，根据工程量大小，利用天窗点一次或分几次拨线到位。双线拨道，分别按 2 条单线实施。单线绕行段根据工程量大小，利用天窗点或封锁线路完成线路拨接；双线绕行根据现场场地条件和工程量大小利用天窗点、施工便线一次或多次封锁线路的方法完成。站场延长地段分别采用上行与下行封锁的方式完成。

第五十四节　沈抚城际铁路

一、工程概况

沈阳至抚顺开行城际列车工程是利用既有苏抚铁路，在沈阳与抚顺间开行轨道交通列车。沈抚线起于沈大线的沈阳南站，经榆树台、孤家子、深井子、瓢儿屯、大官屯等站到达终点站抚顺站，正线全长 58 公里。沈阳南至大官屯间 41.5 公里为双线，大官屯至抚顺间 6.5 公里为单线。另有浑河至榆树台的联络线 6.53 公里引入沈大线的浑河站，抚顺至抚顺城的联络线 3.1 公里连接沈吉线的抚顺城站，抚顺至将军堡联络线 2.725 公里连接沈吉线的将军堡车站。苏抚线通过沈吉线北接既有四梅、梅集铁路和沈吉线梅吉段、南经沈阳枢纽与哈大线、沈丹线、沈山线相连。

沈阳至抚顺城际铁路工程，是在苏抚线大官屯至抚顺城间增建二线，新建 1 座特大桥，桥梁中心里程为 CK53+726.68 米，桥全长 1602.06 双延长米，桥高 7 米。桥上线路为增建二线后的苏抚铁路双线，浑榆联络线增建二线；全线共设 18 个车站，其中新设乘降所 9 个，既有站改建乘降所 1 个，平均站间距离 3.59 公里，最大站间距离 7.938 公里，最小站间距离 1.864 公里；沿线 33 处平交道改为立交。苏抚线实施自动闭塞改造。

沈抚城际铁路工程，建设单位是沈阳铁路局，由沈阳中铁交通设计咨询有限公司设计，沈阳铁路局建设监理公司负责监理。

中铁电气化局集团一公司承担沈抚城际铁路电气化工程建设。工程内容是对浑榆线、苏扶线、抚顺至扶城间线路实施电气化改造，有新线接触网施工，也有既有线接触网改造，正线全长约 58 公里，接触网 191 条公里，在深井子新建牵引变电所，增设 2 处箱式分区所，在抚顺城新建供电工区。

工程于 2008 年 10 月 26 日开工，计划 2009 年 6 月开通。

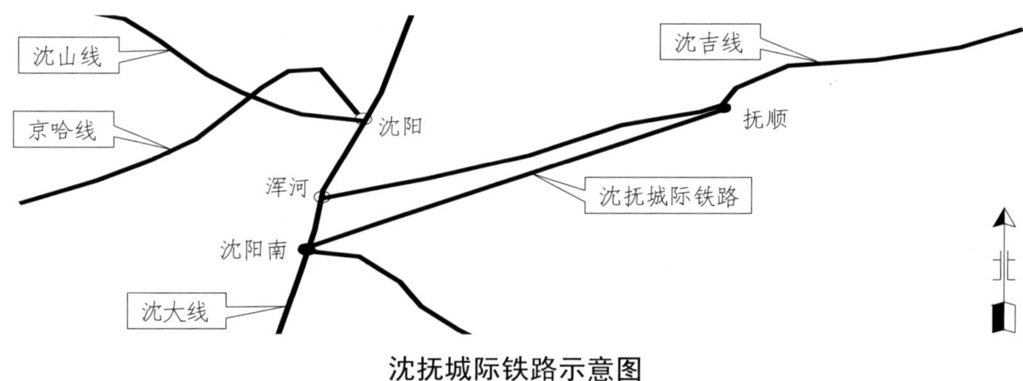

沈抚城际铁路示意图

二、工程设计

接触悬挂采用全补偿简单链形悬挂，一般情况下，采用横腹式预应力混凝土支柱，特殊情况（如线间距受限处等）下，可采用 H 型或圆管型钢柱；站内主要采用软横跨悬挂，站台范围采用圆管式硬横梁悬挂，站台雨棚范围利用雨棚柱安装管型硬横梁悬挂，区间乘降所雨棚利用雨棚钢梁悬挂；大官屯全站除站台范围外均采用格构硬横梁悬挂。浑河站(不含)至抚顺城站(含) 正线接触线采用 CTA-120 型，张力 15 千牛，承力索采用 THJ-95 型，张力 15 千牛；站线接触线采用 CTA-85 型，张力 15 千牛，承力索采用 THJ-70 型，张力 15 千牛、供电线采用 LGJ-240 型，额定张力 15 千牛、回流线采用 LGJ-240 型，额定张力 15 千牛、架空地线采用 LGJ-70 型，额定张力 6.5 千牛。

三、工程施工

一公司成立沈抚项目部，开工前首先对参建人员进行安全和技能培训。2008 年 10 月底开工后，东北地区进入冬季，在下部施工中采取浇盐水和生火开挖基坑、煮水和炒沙子浇注基础并保温养生，到 2008 年底完成部分工作量。

第五十五节　沪汉蓉通道武昌至安康段

一、工程概况

沪汉蓉通道，是兴建中的一条高速铁路，起自上海，途经南京、合肥、武汉、重庆等城市，终到成都，正线全长 2078 公里。设计速度 200 公里/小时，全线行车时间约 10 小时，比现时由上海至成都的快车节省 20 多个小时。该线是中国“四纵四横”客运专线中的“一横”，将服务于中国华东沿海地区、华中地区和西南地区。

武汉至襄樊段位于湖北西北部，东起湖北省省会武汉，经孝感、随州至襄樊，东连京广、武九、横麻联络线、西接焦柳、襄渝线，中有长荆、安卫、小林至厉山联络线，是华中地区的重要运输通道之一，也是沪汉蓉铁路大能力通道中承东启西的重要一段。

胡家营至安康段增建二线，东起襄渝铁路胡家营车站（DZK175+002），西至西康、襄渝、阳安三线交汇的安康枢纽（K301+500）。增建二线后左线全长 126.83 公里，其中新建 87.84 公里；右线全长 133.68 公里，其中新建 3.73 公里；左线绕行 83.87 公里/3 处，右线绕行 32.11 公里/4 处，其中新建 3.73 公里；并肩地段 11.00 公里 /7 处，其中新建 2.10 公里；既有线改建 3.43 公里/3 处；西康线改建 0.56 公里/1 处，新建下行联络线 4.83 公里。本段线路胡家营至汉江大桥段行进于汉江“V”型河谷区南岸。为了方便行车组织，二线限速 120 公里/小时引入蜀河车站。二线在 DZK259+500 处跨汉江，穿新旬阳隧道左侧引入旬阳车站。旬阳出站后二线利用曲线换侧至右侧，穿玉皇沟隧道跨旬河至高家咀接入既有西康线，配套改建西康线侧向通过，然后利用既有西康线引入安康站。

武昌至襄樊段通信信号、胡家营至安康段增建二线电气化、武昌至胡家营段的站后房（土）建及给排水，合肥至武汉段引入武汉枢纽汉口站改造工程，由铁道第四勘察设计院设计，通信信号工程由北京现代通信信号工程咨询公司监理，房建工程由湖北华隆监理工程有限公司监理。

武汉至胡家营段主要技术条件：铁路等级，Ⅰ级；正线数目，双线；限制坡度，4‰；路段旅客列车速度目标值，200 公里/小时；最小曲线半径，一般地段 3500 米，困难地段 2800 米；到发线有效长度，1050 米；牵引种类，电力牵引，机车类型，客机 SS9，货机 SS3；牵引质量，5000 吨；闭塞类型，自动闭塞。

在沪汉蓉通道建设中，中铁电气化局集团有限公司和中铁四局组成联合体负责施工。中铁电气化局集团有限公司承担武昌至襄樊段通信信号、胡家营至安康段增建二线（XYZH-02 标段）电气化、武昌至胡家营段站后房（土）建及给排水，合肥至武汉段引入武汉枢纽汉口站改造工程的施工。

工程于 2006 年 7 月 2 日开工，计划 2009 年 8 月底竣工。

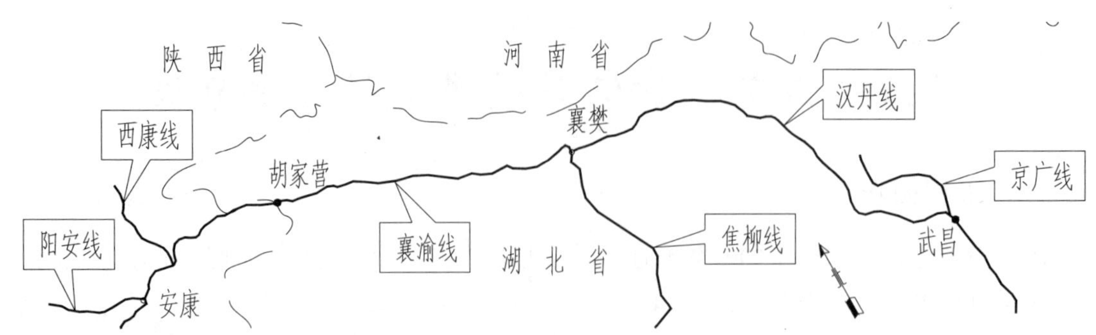

沪汉蓉通道示意图(武昌至安康段)

二、工程设计

胡家营至安康段增建二线（XYZH-02 标段）电气化，改造 4 处牵引变电所和新建 2 处分区所，接触网悬挂采用全补偿简单直链形悬挂，正线承力索采用 THJ-95 导线，张力 15 千牛，接触线采用 CTHA-120 导线，张力 15 千牛；站线承力索采用 THJ-70 导线，张力 15 千牛，接触线采用 CTHA-85 导线，张力 8.5 千牛。

接触线高度满足通过超级超限货物列车，既有线维持 110 公里/小时速度现状，新线及双绕地段设计速度为 160 公里/小时。车站内新增股道原则采用腕臂柱安装，桥上、车站一般采用硬横跨加倒立柱绝缘旋转腕臂结构。侧面限界按满足大型养路机械作业要求设计。绝缘锚段关节采用五跨绝缘锚段关节、非绝缘锚段关节采用四跨式，一般地段采用七跨关节式电分相，隧道内采用九跨关节式电分相，隧道内电分相处供电线采用双支电缆。高路堤地段采取砌石等加强措施以保证支柱的稳固性。跨线建筑物对轨面净空高度不小于 7500 毫米，若不满足应采取导线降坡、加绝缘等措施。

信号工程采用分散自律调度集中(CTC 系统)。新沟(含)至肖湾(含)为一个调度分区，调度台设于武汉局调度所。闭塞系统设备采用 ZPW-2000 无绝缘轨道电路移频自动闭塞。区间正向按 6 分钟追踪运行、反向暂按自动站间闭塞方式运行设计。本线新墩(不含)至肖湾(不含)间设置区间中继站 6 个。车站联锁采用硬件安全冗余结构计算机联锁系统。站内采用 97 型 25 赫兹相敏轨道电路，转辙机类型有 ZD6-D、ZD6-E/J、S700K(配套带外锁闭安装装置)，采用综合智能电源屏。区间干线电缆和站内轨道干线电缆采用铝护套数字信号电缆，道岔和信号干线电缆采用 $PTYL_{23}$ 型信号电缆，支线电缆采用 $PTYA_{23}$ 型信号电缆。

通信传输系统，既有 SDH2.5 吉比特/秒干线传输及 SDH622 兆比特/秒接入网系统继续使用，新建车站新设 SDH622 兆比特/秒光同步传输接入网 ONU 设备，沿线设有通信站的车站信号楼、通信机械室、信号中继站、牵引变电所、开闭所、电力配电所新设 155 兆比特/秒光同步传输接入网 ONU 设备。新设的 ONU 设备接入既有 SDH622 兆比特/秒接入网系统。对既有无线列调系统进行改造，将既有同异频单工 C 制式无线列调设备升级改造成单双工兼四频组 B1 制式系统设备，并按电气化区段覆盖指标进行场强全覆盖设计，在弱场强地段，采用光纤直放站方式解决场强覆盖。全线设置车次号和调度命令的机车和地面传输设备。新设车站至信号中继站、牵引变电所、开闭所、电力配电所、无线光纤直放站间 8 芯光缆。各既有站场通信线路原则上利旧，部分充气电缆更换为充油全塑电缆。

武昌至胡家营站后工程，包括武昌至襄樊、襄樊至胡家营段的站后房（土）建及给排水，合肥至武汉段引入武汉枢纽汉口站改造工程，总建筑面积 13.8005 万平方米。

三、工程施工

武昌至襄樊段通信信号工程由二公司承建，胡家营至安康段增建二线电气化工程由西安电化公司承建，武昌至胡家营段的站后工程（武昌至襄樊、襄樊至胡家营段的站后房（土）建及给排水）、合肥至武汉段引入武汉枢纽汉口站改造工程由建筑公司承建。

2006 年 4 月 25 日二公司在随州设项目经理部，下设 2 个信号作业队和 2 个通信作业队、1 个中心料库和 1 个预配车间。信号作业一队负责新沟、随州、厉山、唐县镇车站联锁及站管区间闭塞工程。信号作业二队负责随阳店、兴隆集、枣阳、琚湾车站联锁及站管区间闭塞工程。通信作业一队负责汉口至随州间的光电缆线路、有线和无线设备安装与调试工程。通信作业二队负责随州至襄樊间的光电缆线路、有线和无线设备安装与调试工程。西安电化公司、建筑公司分别组建项目经理部，组织施工机械、队伍陆续进场施工。

接触网工程　2006 年 11 月西安电化公司组织人员进场建点，依据已收到的部分施工图进行现场调查和审核，编制施工组织方案和制定各项管理制度，签订安全施工责任书，于 2007 年 4 月 15 日正式开工。由于站前隧道施工进展缓慢，严重影响电气化工程施工，只能进行隧道内打孔及螺栓预埋，再加上交通不便，接触网支柱、线盘等无法运达现场，2007 年完成安康东出发场、安康东上行线施工。2008 年根据站前隧道施工进度完成部分隧道打孔及螺栓预埋，对既有线完成蜀河至胡家营间的回流线改造和旬阳北车站接触网改造。

（2009 年初，铁道部和西安铁路局确定胡家营至安康东段 2009 年 8 月底竣工。站前专业施工必须加快进度，到 2009 年 5 月初才完成接触网工程 20%的工程量。隧道施工还有新蜀河、白石河二号、小棕溪 3 座长大隧道未贯通，其他隧道部分衬砌未完。襄渝重点工程指挥部根据实际施工进度，重新编排节点工期，铺架节点锁定在 2009 年 8 月底，因此，接触网距竣工开通施工为零工期）。

根据开通目标及剩余工程量，项目部统筹兼顾，克服运输和施工条件不完全具备等困难，采用汽车将施工材料运至隧道口，人力搬运到位的办法，提前将隧道内吊柱、重型锚臂、坠砣等材料运送到位，待铺架机前面铺架，后面见缝插针紧跟着进行吊柱、重型锚臂安装、线索架设等施工。经过全体参建员工的共同努力，按铁道部和西安铁路局节点工期要求完成接触网工程施工任务。

变电工程　变电工程包括改造 4 处牵引变电所和新建 2 处分区所，其中旬阳、蜀河、冷水牵引变电所增加 2 条馈线设备，安康东牵引变电所增加 3 条馈线设备及二次综合自动化改造。

为不影响工程进度，设备招标后，按照施工计划督促厂家生产交付设备，变电工程所需设备材料于 2008 年底基本运至各牵引变电所。变电所改造施工大部分需要在天窗时间进行，加之新增二次保护设备与既有二次保护设备不是同一厂家产品，开工前根据既有设备情况，在可靠供电的前提下，有针对性的编制各变电所实施性施工方案。旬阳牵引变电所既有馈线控制盘预留有增设控制开关等设备的条件，无需更换馈线控制盘；蜀河牵引变电所既有控制盘没有预留新增设备条件，需要更换；冷水牵引变电所既有馈线控制盘预留有新增设备条件，只需在盘面开孔安装新增设备即可；安康东牵引变电所新保护盘改造施工期间放置在既有控制盘前，待二次改造施工完拆除既有控制盘后按设计要求就位。新建早阳、麻虎分区所因进场道路狭窄，分区所箱体运输采用铁路运输，卸车后人工就位。

施工顺序逐所进行，分区所因无人看守，先进行设备基础施工，然后突击设备安装。变电工程于 2008 年 6 月开工，旬阳变电所于 2008 年 11 月达到送电条件（蜀河、冷水、安康东变电所及早阳、麻虎分区所均于 2009 年竣工）。

电力工程　电力工程包括胡家营至安康段新建和改造工程及相关的过渡工程，胡家营至安康东段新建 10 千伏贯通线一回，改造既有白河、蜀河、旬阳、安康东 10 千伏配电所，向新建贯通线或自闭线供电。新增白河、旬阳、安康东 10 千伏配电所电源各一回。车站新建信号楼内设 10 千伏车站变电所，既有隧道照明维持不变，新建二线 3000 米以上隧道设置固定照明，3000 米以下，曲线 500 米以上，直线 1000 米以上的隧道设移动照明及检修插座。无线列调由贯通线或自闭线就近接引电源主供，设备自带蓄电池备供，无线列调位于设照明的隧道内时与隧道照明共用电源。改造既有车站低压系统与接触网合建方式，车站新建及既有低压配电改造以电缆敷设为主。

电力工程于 2007 年 4 月开工，由于新建线路受站前工程进度制约，为加快施工进度，电力工程结合站前工程，先进行既有线改造，并把架空线路施工作为工作重点。针对架空线路施工外界干扰大、山高路险、材料运输困难等情况，采取后期施工紧跟站前专业施工的方法，不断寻求施工时机，于 2008 年底完成 110 公里架空线路的施工任务，实现了电力工程提前开通送电。

通信工程　为了安全优质按时完成武汉至襄樊段通信工程，通信作业队调集技术全面、经验丰富的施工人员 30 名，聘用参加过既有铁路通信工程、具有一定资历的民工 180 人参与本工程的施工。根据工程规模、特点及工期要求，确定施工方案和采用的技术标准。合理安排劳动力，认真审核设计文件，复测径路，确定防护点及防护数量，逐级做好施工技术交底工作。与运营维护单位签订施工安全配合协议。根据本区段传输及接入网、数字专用通信系统组网方式，系统结构、设备配置、业务种类、数量和功能等设计方案，结合现场实际情况，制定传输及接入、电源供给及配套系统设备的施工工艺及施工方法。施工开始之前，根据工程数量、设备的工艺特点配备足够的施工人员、材料、工具及仪表。仔细测量通信机房内部尺寸，对设计平面布置进行核对，了解中间站通信机械室的沟、槽及交流电源配电箱安装位置和交流电源的引入情况，根据设计图纸核对设备平面布置和具体设备的安装位置。2006 年 6 月开工，至 2008 年底完成光、电缆敷设 297.95 公里，通信站 21 处，无线列调（含新建直放站）31 个站。

信号工程　武汉至襄樊段信号过渡工程影响面广，既有设备在运行，运输繁忙，为减少对行车的干扰，在站场改造的同时，进行信号设备的过渡。区间和站场改造（含通信）部分根据站场情况，原则上利用既有车站、区间信号设备进行站场过渡，车站信号设备按正式工程开通，区间信号设备按半自动闭塞过渡开通。最后全线逐站逐区间开通四显示自动闭塞信号设备。主要过渡内容有：配合站场改造插入道岔过渡；既有位置不动的道岔更换转辙装置；设备开通前移设过渡。对同一区间、车站内同一接发列车上的要点过渡施工尽量安排在同一封锁点内完成，避免不必要的重复要点，最大限度地减少对运营的干扰。

施工过渡具体实施方案由施工单位编制，建设、行车组织、设备管理、设计和监理等单位和部门参与审定，报安全施工领导小组批准后实施。施工单位对既有设施有可靠的防护措施，防止施工中造成损坏。严格按批准的过渡方案施工。与有关单位签订安全协议，明确各方安全责任。2006 年 6 月开工后，到 2008 年底完成自动闭塞 8 个区间 157.21 公里，电气集中 8 个站的施工。

房建及给排水工程　武昌至襄樊段范围内的生产房屋、给排水、机务、车辆、工务、其他建筑及设备工程施工及设备采购，建筑面积 4.3673 万平方米。2006 年 7 月 2 日开工，到 2006 年底新沟、下辛店、隔蒲、安陆、辛马坪、唐县镇信号楼及辛安渡中继站竣工。2007 年 1 至 4 月，新沟、下辛店信号楼及红外线房屋开通使用。到 2007 年底阳店、枣阳、兴隆集、琚湾信号楼竣工。

2008 年主要是站房、牵引变电所施工。影响施工进度的主要不利因素是征地问题，通过各方努力，2008 年 5 月 5 日，枣阳配电所竣工，为该区段电力供应提供了双路供电条件。2008 年 10 月，沿线增建的立交涵强排水泵站施工基本完成，为线路的开通提供了线路封闭条件。到 2008 年底，云梦站房基本竣工，安陆牵引变电所、马坪牵引变电所主体基本完成，枣阳接触网工区楼、枣阳货运办公楼、琚湾信号楼竣工，朱家台、下辛店、简家坡牵引变电所开始准备进场。

襄樊至胡家营段工程量包括生产房屋 4.0785 万平方米、给水 38.536 公里、排水 31.107 公里、其他建筑及设备安装。2006 年 7 月 5 日开工，到 2006 年底马棚信号楼建成投入使用；老河口东信号楼装饰装修工程完成 80%，小花果、黄家营、襄北三场、襄北四场信号楼主体工程完工，谷城信号楼基础完成，浪河既有信号楼装修完成二层，襄北机务段候班楼装修、襄樊北编组站货票气力传送装置工程管道铺设、鼓风机房房屋及设备安装、5 个车辆房屋红外线安装全部完成。

2007 年，主要以机务房屋、信号楼、车辆房屋和红外线等生产房屋施工为主。到 2007

年底，老河口、陈家湖、小花果、黄家营、谷城、浪河、六里坪、襄樊北站一、三、四场信号楼竣工。襄北机务段候班楼、调度楼、电力机车小修库、襄樊北牵引变电所、襄北接触网工区基本竣工。2007 年 4 月 20 日襄樊北编组站货票气力传送装置工程通过验收交付使用。2007 年 8 月 15 日老河口东信号楼通过验收交付使用，2007 年 9 月 8 日陈家湖信号楼通过验收交付使用。

2008 年，主要以机务房屋及信号、通信等生产房屋施工为主。到 2008 年底，襄樊东信号楼、十堰信号楼改造、白浪信号楼、襄北机务段中修库房及全线 68 个光纤直放站房屋竣工，襄北牵引变电所完成开通。

汉口站改造工程　改建南站房、新建北站房、高架候车室，总建筑面积 5.3547 万平方米、邮政地道接长 722.655 米、行包地道接长 764.655 米、新建旅客出站地道 239.69 米、无站台柱雨棚 9.612 万平方米、钢结构 1.4718 万吨。改建南站房，框架结构加固；新建北站房，框架结构。2008 年 11 月 10 日开工，到 2008 年底，既有南站房拆迁完成 8000 多平方米。

第五十六节　贵阳枢纽改造

一、工程概况

贵阳铁路枢纽北接川黔、南连黔桂、东接湘黔、西连贵昆，是沟通中国西南地区与东中部地区，联系四川、重庆及西北地区与南部沿海地区的交通要道。贵阳枢纽编组站为贵阳南站，在全国铁路网中属区域性编组站，担负着东南西北来往列车的解编任务，在西南铁路网中发挥着重要作用。改扩建完成后贵阳铁路枢纽将成为西南地区最大的铁路枢纽，新贵阳南编组站，近期日编组车辆 1.8 万辆，远期日编组车辆 2 万辆，日运输量超过 40 万吨。同时编组站将采用多项先进的计算机系统对车辆进行优化编组，作业效率大大提高，成为西南地区最大、科技含量最高的铁路货运编组站。贵阳铁路枢纽改扩建工程是国家铁路基础设施建设重点项目，它的实施将进一步扩大贵阳铁路枢纽解编能力及通行能力，缓解铁路通道运输瓶颈，改善运输条件，增强枢纽运输组织灵活性，改善贵州、贵阳投资环境，对贵阳市乃至全省的经济社会发展起到积极的推动作用。

贵阳枢纽、贵阳南编组站扩建及枢纽客车外绕线工程是国家重点项目。建设单位是成都铁路局贵阳枢纽建设指挥部，由中铁二院工程集团有限责任公司设计，北京现代通信信号工程咨询公司负责工程监理。

贵阳枢纽线路设计标准为：限制坡度，6‰、加力坡度 13‰；最小曲线半径，400 米；到发线有效长度，850 米；牵引类型，电力牵引；闭塞类型，自动闭塞；牵引质量，3800 吨。

参加贵阳枢纽建设的单位有中铁八局，中铁建十七、二十二局，中铁电气化局集团二公司承担站后电气化、通信信号、电力、房建、给排水、运营生产设备、建筑物及相关配套工程建设。

工程于 2008 年 9 月 11 日开工，计划 2009 年 12 月 31 日开通。

二、工程设计

牵引供电采用带回流线的直接供电方式。接触悬挂采用全补偿简单链形悬挂，结构高度 1400 毫米。正线接触线采用 120 平方毫米铜合金线，张力 15 千牛；站线接触线采用 85 平方毫米铜合金线，张力 8.5 千牛。正线承力索采用 95 平方毫米铜合金绞线，站线承力索采用 70 平方毫米铜合金绞线，张力均为 15 千牛。枢纽内改建接触网主要技术标准原则上与既有接触网一致，既有供电设备尽量利用。

变电工程 新建大土牵引变电所、贵阳南开闭所，改造既有贵阳南牵引变电所。保持贵阳南牵引变电所既有 25 千伏交流制，调整既有贵阳南牵引变电所馈出线方案，尽量保证两相负荷的平衡，利用既有检修室改造第二高压室。贵阳南开闭所进线电源由既有贵阳南牵引变电所提供。大土变电所分相设置并联电容补偿装置，既有贵阳南牵引变电所每相各增加 1 组电容器。大土牵引变电所、贵阳南开闭所采用微机保护综合自动化装置及视频安全监控装置。改造贵阳南牵引变电所既有微机保护综合自动化装置，并新增视频安全监控装置。新建的大土牵引变电所、贵阳南开闭所按无人值班设计。变电所房屋采用楼房布置，高压室、主控制室设在楼下，电容器室设在楼上。设备容量按近期设置，房屋面积考虑预留远期发展的条件；开闭所房屋采用平房布置，设置高压室、主控制室。既有贵阳南牵引变电所在人员设置、房屋面积方面保持不变。新建贵阳客站负荷开关站和龙里负荷开关站，位置分别位于贵阳客站接触网分相处附近和龙里站接触网分相处附近，不设置房屋，贵阳南负荷开关监控站设置在贵阳南开闭所主控制室中。维持贵阳电力调度所既有远动主机、以太网结构、远动设备、土建房屋及主站同既有被控站的远动通信方式和远动通道不变。结合贵阳枢纽工程(贵阳南编组站扩建及枢纽客车外绕线工程)及黔桂线，扩建既有贵阳枢纽台，新增 5 个被控点：大土变电所、贵阳南开闭所，贵阳南负荷开关监控站，外绕线龙里、贵阳客负荷开关站；预留黄织线的 3 个被控站(黄桶、打括牵引变电所、织金开关站)；新增黔桂台(包含 5 个被控点：昌明变电所，都匀变电所，新墨冲变电所，新学庄变电所，新朱石寨变电所)。新增的被控点纳入既有远动系统中。工程设计范围内的牵引供电系统设置安全视频监控系统。

电力工程 原址改造贵阳南 10 千伏配电所。一路 10 千伏电源利用既有中曹变 10 千伏电源间隔及径路，对既有线路予以扩能改造；另一路 10 千伏电源拟从二戈寨 110/35/10 千伏变电站申请一回专盘专线，并新建 10 千伏电源线路。改造既有贵阳客 10 千伏配电所，新增 1 套 10 千伏馈线设备，相应配套二次微机保护单元，并对调压器增容。新建贵阳南编组站部分 10 千伏地区馈线，改造既有不能满足扩能改造要求的 10 千伏地区馈线。合理规划编组场区内10千伏高压线路的径路。龙里至贵阳客车外绕线沿线新建10千伏电力馈线一回，接入贵阳客10千伏配电所，为沿线车站、区间负荷提供电源。新建上行驼峰、下行驼峰空压机站10/0.4千伏变电所各1处，容量为（200+250）千伏安；新建机务整备场10/0.4千伏变电所1处，变压器容量为315千伏安；新建站修所10/0.4千伏变电所1处，变压器容量为250千伏安；其余供电点适当设置箱式变电站。编组场、到达场、出发场照明采用灯桥照明，驼峰区采用升降式投光灯塔照明，以上场所照明电源采用双电源切换，以保证供电可靠性。其余场所采用投光灯、路灯照明。站场照明一般由运转室（或信号楼控制室）集中控制，同时附设光时控制模块，以便运营使用时灵活控制。

通信工程 贵阳南编组站传输系统采用基于SDH的多业务传送节点（MSTP）构成光纤传输系统。在上下行编组场的站调、信号楼及相关的接入点等处设MSTP SDH622兆比特/秒接入网传输设备，建成光传输环，构建贵阳南地区及站场光传输平台。接入网传输设备纳入贵阳南通信站接入网管理设备管理。客车外绕线新建信号区间中继站设SDH622兆比特/秒接入网设备。既有大土、改貌、花溪、花坡、贵阳西、关田、贵阳南、贵阳客站的SDH155兆比特/秒光纤传输接入网设备升级为SDH622兆比特/秒。贵阳南通信站利用既有程控电话交换机扩容，新设光线路终端设备（OLT）和程控电话交换机信令转换设备（STE），贵阳南站改扩建工程增加用户自动电话，从邻近的接入网设备引出接入新设程控电话交换机。贵阳南站三级六场的下行到达、下行驼峰、下行峰尾、下行出发、上行到达、上行驼峰、上行峰尾、上行出发信号楼及站调楼、机务段等新设铁路数字专用通信车站分系统。对既有相关车站铁路数字专用通信车站分系统设备补强。贵阳南编组场站场内各个接入点和其他新设光电通信设备的地点，设置通信电源设备。外供交流负荷按一级电力负荷供电。直流电源均设置高频开关电源设备和阀控式密封铅酸蓄电池组。新设电源及环境监测设备。

无线列调通信系统，在枢纽内设置1套调度总机，在贵阳南编组站新增的到、发场信号楼及机务折返段各新设无线列调车站台1套，本工程范围内区间弱场区设置光纤直放站+LCX，同时新增机车配置通用型机车台，助理值班员及机车副司机配备手持电台。贵阳南编组站站场无线通信采用GSM-R系统，纳入拟建的成都移动交换中心。GSM-R系统主要提供贵阳南编组站站场无线通信的语音和数据业务。站场无线系统包括：调车作业组9个、车号4个、列检4个、商检4个作业组。GSM-R站场无线通信系统包括GSM-R网络系统设备、地面数据处理中心、固定台设备、机车电台和移动手持终端等设备，其中地面数据中心、机车电台、固定台和移动手持终端设备需要根据项目需要进行开发。GSM-R网络系统主要由交换子系统（SSS）、通用分组无线数据业务（GPRS）子系统、管理（OMS）子系统、基站子系统（BSS）、站场作业地面节点（地面数据中心）及用户终端等构成。BSS由基站控制器（BSC）及基站（BTS）构成。贵阳南新设BSC和BTS，本工程按2个BTS考虑，分别采用四载频或五载频。

信号工程　包括行车指挥系统、闭塞设备、车站设备、驼峰设备及其他相关信号工程。新设各站 TDCS 分机，纳入成都铁路局列车调度指挥系统（TDCS）统一指挥，并对系统主机及改建站分机进行改造。贵阳南编组站采用综合集成自动化系统。龙里至贵阳客车外绕线新建自动闭塞，采用无绝缘轨道电路。龙里至大土、贵阳南至贵阳西既有自动闭塞设备利旧，对大土至贵阳南既有线自动闭塞进行改造。其余区间维持既有闭塞制式。贵阳南编组站各到达场、出发场、调车场尾部均纳入贵阳南编组站综合集成自动化系统，采用分布控制集中联锁的控制模式，实现整个编组站信号设备的集中联锁控制。为保证联锁系统的可靠性要求，采用具有高可靠性的专用安全型计算机联锁系统。各调车场尾部平面调车根据站场配置采用单钩溜放或连续溜放。大土和谷立站由于增加复线引入，站场变化较大，本次按新建计算机联锁系统设计。贵阳客站上行咽喉区因新建客车外绕线站场发生变化，室内外信号设备进行相应改造，并对既有计算机联锁系统作软硬件修改。关田车站在既有电气集中基础上进行相应改造。站内及接近区段(自动闭塞区段除外)均采用 97 型 25 赫兹相敏轨道电路。60 公斤/米 18 号道岔采用 ZYJ7+SH6 型带外锁装置电液转辙机，50 公斤/米 12 号 AT 尖轨道岔采用 ZY4 型电液转辙机,60 公斤/米 9 号道岔采用 ZY6 型电液转辙机，调车场尾部连溜区域内的分路道岔采用 ZD7-C 型电动转辙机，其余道岔采用 ZD6-D 型电动转辙机。谷立、大土站及贵阳南编组站各到达场、出发场内电码化采用 18 信息移频发码设备。贵阳客、关田车站维持既有 8 信息电码化移频发码设备。室外信号电缆采用综合护套综合扭绞信号数字电缆，当经计算其芯线感应纵电动势超过《信号设计规范》的规定值时，采用铝护套综合扭绞信号电缆，UM 系列无绝缘移频自动闭塞采用内屏蔽电缆，计轴设备采用计轴综合电缆。谷立、大土站及贵阳南编组站内各场均采用智能电源屏。新购机车采用主体化机车信号。谷立、大土站及贵阳南编组站各场设微机监测及环境监测系统，其他站增加环境监控并对既有微机监测进行改造。

房建工程　客货运、通信、信号、电力、牵引供电、机务、车辆及其他生产办公房屋总建筑面积 3.6535 万平方米。

给排水工程　贵阳南编组站扩建，新增生产、生活给水设施利用铁路既有水源供水，无新增加压设施，贮配水构筑物及既有给水管网视扩建情况因地制宜予以配套完善。本次工程增设 V=300 立方米、V=200 立方米水塔各 1 座，既有配套给水管道采用 PE 管和球墨铸铁管。谷立、大土站新增用水在既有管道就近接管，消防按设置 50 立方米消防水池并增配移动式消防泵等消防器械。谷立、大土站站区新增生活、污水按经沼气净化池处理后纳入排水系统。

环保工程　路基声屏障设于线路外侧，并与线路并行。声屏障设计采用直壁式，墙身支柱采用钢筋混凝土立柱，标准间距 3.0 米，墙高为路肩以上 3.0 米。连系地梁为 C30 现浇混凝土，浇注后表面压光，铁路侧表面拉毛。声屏障降噪量插入损失值吸声式为 5～8 分贝(A)。桥梁声屏障为吸声式。桥梁梁缝处若没有避车台，声屏障应设置伸缩缝，缝宽与梁缝同宽。人行步道板采用钢格栅步板，并作2%的排水坡度，向内侧排水。桥梁声屏障结构中的金属构件及配件表面均进行镀锌防腐设计。路基声屏障基础桩基、地梁、墙身立柱构造柱圈梁均采用C30混凝土。路基声屏障砌体采用MU10普通砖和MU7.5水泥砂浆砌筑，砌筑等级为B级。桥梁声屏障采用Q235钢材。桥梁声屏障钢构件采用热浸锌防腐，并对螺栓进行涂油处理，防腐寿命大于20年。

机务工程　改扩建既有贵阳机务段和新建贵阳南派驻机车折返段两部分。贵阳机务段（既有段改扩建），设在既有上行到达场和新建的下行出发场之间，设有2条进出段线与编组站相连。改建整备场机1至机10线，新建整备棚、干砂间、股道自动化管理间等房屋，增设整备设备（包括机车入库受电弓检测设备、机车轮对动态检测装置、燃油热气流干砂设备等），增设SS9机车段修工装设备。贵阳南派驻机车折返段（新建），设在新建下行到达场和上行出发场之间，前后各设有1条进出段线，分别与上行出发场和下行到达场相连。本段呈纵列式布置，整备场布置在南端，预留的电力小辅修库布置在北端，整备房屋和辅助生产办公房屋、生活房屋布置在整备场东侧，段内设有2处通段外公路，方便人员进出和材料运输。整备场设电力机车整备待班线5条（另预留2条），新建整备棚、干砂间、整备综合楼、运转综合楼等配套的整备房屋。设有电力机车整备设备（包括燃油热气流干砂设备、油脂间设备、行修设备等）。

车辆工程　贵阳南编组站综合集成自动化系统及房屋整合截止2008年底还在进行方案论证，它将影响列检所、车辆安全预警系统及车号自动识别系统房屋、设备配备。贵阳南编组站新建的下行系统编组站尾部与下行出发场之间新建18台位下行站修所1处（远期预留发展至30台位）。站修所新建修车棚、配件存放间、易燃品存放间、压缩空气站等生产房屋以及变配电所、食堂、浴室、锅炉房、门卫等辅助生产房屋。站修所设有三线18台位修车棚1座（跨度为24米、长度为126米），轮对存放于修车棚内尾部。修车棚内设10吨电动双梁桥式起重机。新建上行到达场列检所、上行直通出发场列检所、下行到达场列检所和下行直通出发场列检所，规模均为50人/班的主要列检所，采用三班半工作制。新建列检所位于各自对应的到达场、直通出发场外侧中部，并新建压缩空气站、微控列车试风室、待检室等房屋。并配电动脱轨器、微控列车试风装置等列检设备。车辆安全防范、预警系统，贵阳南编组站的湘桂（黔桂）下行、川黔上行、贵昆上行、改貌方向及龙里站湘桂（黔桂）上行方向设红外轴温探测设备，红外线轴温信息均传至成都铁路局车辆运行安全监测中心。新建红外线轴温探测机房3幢。新增1套红外线轴温探测设备，搬迁改造4套既有红外线轴温探测设备，并增加车号智能跟踪装置。各列检所值班室内设红外线复式设备（利用既有3套，新增1套）。

货车运行故障动态检测系统（TFDS）　在贵阳南到谷立、贵阳西、贵阳北区间上的湘桂（黔桂）下行、贵昆上行、川黔上行方向各设TFDS探测设备1套，新建TFDS探测机房3幢。在贵阳南下行直发场列检所设1处TFDS分析检测中心，在贵阳南上、下行到达场列检所及上行直通出发场列检所值班室内各设 1 套 TFDS 复示设备。货车运行状态地面安全监控系统（TPDS）及火车滚动轴承早期故障轨边声学诊断系统（TADS），在龙里站柳州至怀化端、湖朝站昆明端、都拉营站重庆端的区间上的湘桂（黔桂）下行、贵昆上行、川黔上行方向各设 TPDS 探测设备 1 套。新建 TPDS 探测机房 3 幢。在龙里站柳州至怀化端、湖朝站昆明端的区间上的湘桂（黔桂）下行、贵昆上行方向各设 TADS 探测设备 1 套。TADS 探测机房与 TPDS 探测机房共用。车号自动识别系统，在贵阳南编组站的湘桂（黔桂）上、下行，川黔上、下行，贵昆上、下行、改貌、贵阳东方向设车号 AEI 设备，新建车号工控机房 3 幢。利用既有车号 AEI 设备 7 套，新增 1 套。各列检所值班室内设车号复示设备（利用既有 3 套，新增 1 套）。贵阳南编组站的车号 CPS 设备利旧。

机械工程　包括驼峰机械、站场机械及养路机械设备。驼峰机械的各制动位车辆减速器（含整体道床）、中间过渡道床和过渡道床已由建设单位招标。上、下行驼峰头部各设 1 处压缩空气站，每处压缩空气站的规模为 4×10 立方米/分钟。站场机械设备包括减速顶及减速顶工区设备、货票传输设备、倒装站台装卸机械（门式起重机）三部分内容。

三、工程施工

中铁电气化局集团二公司承建贵阳枢纽站后电气化、通信、信号、电力、房建、给排水、运营生产设备、建筑物及相关配套工程。2008 年 8 月成立贵阳枢纽项目部，下设接触网作业队投入 235 人，配置汽车 10 辆、轨道车 4 台、安装作业车 2 台、空压机 2 台；通信作业队 10 人员；信号作业队 45 人，配置汽车、吊车、发电机等大型机具共 5 台（辆）；电力作业队 35 人，配置汽车 3 辆、汽车吊车 2 台；变电作业队 8 人；房建作业队 150 人开展施工。主要工程量包括：承导线架设 233.31 条公里，回流线架设 112.45 条公里，杆塔安装 2265 根，软横跨安装 212 组；新建变电所 1 处，改造变电所 1 处，新建开闭所 1 处，新建接触网负荷开关监控站 3 处，改造电调所 1 处；架设电力架空线路 51.75 公里，电缆敷设 93.48 公里，10 千伏配电所改造 2 处，新建 10/0.4 千伏变电所 4 处，箱式变电站 5 处，杆架式变台安装 119 处，电调所改造 1 处，升降式投光灯塔安装 19 座，灯桥安装 12 座；光、电缆敷设 115.55 公里，安装电源及环保监控设备 1 套、分站 30 套，无线通信铁塔 36 处，架设洞外 LCX 36 公里，安装车站设备 13 处，无线列调系统调试 124 公里；安装 TDCS 系统分机 3 站，安装微机监测 13 套，安装各类信号机 798 架，转辙机 579 组，敷设各类信号电缆 630 公里，安装计算机联锁系统 12 套；生产房屋及附属房屋 3.6535 万平方米；给排水管道 27.9 公里；安装整备设备 2 处，检修设备 1 处，列车检修所 4 所，站修所 1 所，红外线轴温探测系统 1 处，站场挡车器 32 处。工程于 2008 年 9 月 11 日开工，计划 2009 年 12 月 31 日开通。

接触网工程　2008 年 9 月 17 日，在施工条件尚未成熟的情况下，贵阳南机务段成功立起第一杆，开始贵阳枢纽站后工程施工。2008 年 10 月 15 日，谷立车站开始进行接触网立杆作业，谷立、大土站站改开工，贵阳枢纽大土至谷立增建货车二线站场改造项目正式启动。随着贵阳枢纽站后工程全面推进，施工任务越来越重，每天都面临着超负荷工作量，针对现场施工人员技能参差不齐，相互之间的配合默契程度不高，导致队伍整体施工能力不强，接触网作业队积极开展技术练兵活动，在驻地院子里立起一根杆塔，组织人员上塔操练吊装腕臂等技术动作，利用“十一”前后的间隙和业余时间，开展强势练兵，提高一线员工的操作技能，为贵阳枢纽工程的顺利进行提供保证。

电力工程　2008 年 11 月 18 日龙里至贵阳客外绕线 10 千伏电力贯通线路开工，该区段山高坡陡、交通不便，给施工带来很大的难度。项目部在施工前多次进行施工调查，优化施工方案，确定合理的施工路线，降低工程成本。为规范施工、统一施工标准，举办施工技术培训班，提高施工人员的技术水平和操作能力。

信号工程　2008 年 12 月 8 日开工。在时间紧、环节多、影响大、稍有不慎就有可能影响行车的情况下，制定严密的施工方案和应急预案，积极做好站改拨接前的准备工作，每个环节都进行反复推敲，2008 年 12 月 13 日圆满完成谷立站的拨接施工，得到建设单位的肯定。

房建工程　2008 年 9 月 11 日开工，其中大土变电所 11 月 20 日开工。贵阳机务段整备棚建筑面积 2808 平方米，钢结构、大跨度。机务整备棚施工作业，属于站场机务专业，包括Ⅰ级大型钢结构加工、吊装；车辆检测坑修葺；各类油、电、水管线排布安装、道路硬化等。此次施工，是在既有接触网线上施工，能够展开的施工作业面狭小，地下设施复杂，现场施工和运输人员往来频繁，施工设备及人身安全压力大。针对二公司首次涉足的机务专业施工，项目部领导班子多次召开专题会议，制定严密的施工组织方案，合理配备人员和机具，加强与建设指挥部和机务段的联系沟通，密切与设计单位磋商，解决现场施工中的实际问题。请机务专家进行现场指导，从施工细节上把关，从技术标准上掌控。在安全质量方面，项目部建立了严密的干部盯岗制度，盯岗干部和机务施工人员同进同出，重点环节严格盯控，关键工序时时紧盯，保证现场作业安全和工艺质量。2008 年底贵阳机务段整备棚竣工。机务段整备棚经检测指标正常，正式开始接纳机车检修整备作业，大大缓解了贵阳枢纽在春运期间的机务检修紧张局面，受到成都铁路局有关领导的高度赞扬。

通信、变电、其他站后（环保、机务、车辆、机械）工程，截至 2008 年底未开工，进行施工准备，制定施工方案。

第五十七节　西安铁路枢纽新丰镇编组站改扩建工程

一、工程概况

西安铁路枢纽新丰镇编组站电气化改造工程位于陕西省西安市临潼区新丰镇乡。现有陇海、包西、西康、西南、西安枢纽北环线5条铁路线引入，单向三级四场站型，为路网性编组站，担当路网性车流及部分地区性车流的解编作业。新丰镇编组站为西安铁路枢纽内主要编组站，为了满足新线引入和枢纽运量增长的需要，本工程将新丰镇编组站在既有单向三级四场规模的基础上通过电气化改造扩建为双向纵列式三级七场规模，并按西安铁路枢纽总体规划，远期一次预留，分步实施。

西安铁路枢纽新丰镇编组站范围大部分位于渭河二级阶地上，局部位于渭河一级阶地后缘，地形平坦开阔，地面高程 350～400 米。站区工程地质一般，无不良地质现象，地下水位较深，对工程无影响。

新丰镇编组站电气化改造工程由中铁电气化局集团西安电化公司承建。

工程于2007年初开工，计划2009年5月建成。

二、工程设计

新丰镇编组站电气化改造工程，新建编组站上行系统的到达场、调车场、出发场；新建货车车辆段及机务折返段，扩建新丰镇机务段；改移陇海上行线为外包正线，改建既有西康线为北环上行线；改移包西上行正线；新建上行系统调车场自动化驼峰及相应的调车调速和安全设备；增建相关进出站线路疏解线、联络线；扩建既有到达场、调车场、出发场车场，改为车站下行系统；改建既有上行到发兼通过场（Ⅳ场）；新建上行系统综合自动化调车系统、行车指挥调度系统、票据传送系统及其他相关的信息自动化系统；迁建牵引变电所及配电所；新建编组站西端环线。

改扩建后的工程规模：上行到达场近期 12 条、预留 3 条，上行调车场近期 30 条、按 48 条预留（含 4 条交换场存车线），上行出发场近期 15 条、预留 3 条，交换场近期 8 条、预留 2 条。下行到达场维持既有 12 条规模，下行调车场在既有 30 条调车线的基础上，按预留位置增设调车线 3 条，下行出发场在既有 16 条规模的基础上，按预留位置增设出发线 2 条。

三、工程施工

西安电化公司承建新丰镇编组站中的陇海上行正线、北环正线、上行到达、上行出发、下行到达、下行出发、交换场接触网工程共计 121 条公里，供电线路 70 公里，工程造价约 6000 万元。

接触网工程　新丰镇编组站地处陇海、宁西、包西、北环线的交汇点，运输量极大，其接触网工程与其他线路接触网工程相比具有施工难度和干扰大、任务急重的特点。通过制定和优化切实可行的施工方案，在陇海上行正线这场全路罕见、西安铁路局最大的拨接施工中（封闭点 3 个小时），接触网配合土建施工，提前完成了施工任务，得到了上级领导的一致好评。在新建场的施工中，发扬见缝插针、找缝插针、造缝插针的精神，将一切可进行的工作往前赶，甚至在路基还未垫到位，基础就已经浇注完毕，铁塔已经立上。在钢轨还未铺之前，接触网线就已经架上，完成了建设单位“零工期”的要求。为胜利开通创造了良好条件。

变电工程　变电工程施工成立了1个作业队，按作业特点分为3个作业班组，充分利用施工机具和施工场地展开平行或交叉施工。为确保工期，在牵引变电所房建施工时，安排变电技术人员配合房建工程施工，做好室内设备基础和各种预埋管道、预留沟槽等工作。

在新丰镇北牵引变电所地平成型后，进行室外设备基础施工的同时，开展室外主体接地网的施工。基础凝固强度达到要求后，依次进行室外构架、避雷针组立，软母线安装、室外设备安装调试、室外设备高压连线工作。等室外主体接地网施工完成后，此时变电所房屋主体施工已经基本完成，可进行室内设备的安装。采用这种“见缝插针、立体交叉作业”方式提前完成变电工程施工任务。

电力工程　新建车辆段、机务折返段供配电工程，改造机务段既有供配电工程，既有新丰镇南10千伏配电所改造，新建新丰镇北110/10千伏变电所的10千伏部分、车辆段10/0.4千伏变电所、驼峰10/0.4千伏变电所，新建室外照明及动力配电工程，改造电力远动工程。

电力工程以配合通信信号等工程为主，按工程用电需求安排施工作业。根据工程量及工期要求，成立了4个电力作业队，先期进行电力电缆和架空线路施工。房屋施工中配合进行室内动力及照明线路施工，房建完工后进行室内设备安装，按期完成施工任务。

第五十八节　北京动车段

一、工程概况

北京动车段是中国北方地区的动车组检修基地及京沪高速铁路北段的检修中心，位于丰台区和大兴区界内，世界公园附近，丰双线南侧、南五环以北、西黄线西侧。北京动车段及北京南站至动车段走行线，是北京南站和京津城际铁路、京沪高速、京广客运专线、京哈客运专线配套工程项目。北京动车段距北京南站9.1公里，占地面积约1820亩，其中丰台区688亩、大兴区1132亩。北京动车段是一项大型综合性工程，涵盖路基、桥涵、轨道、房建、给排水、通信、信号、电力、电气化等除隧道以外的所有专业，兼容了德国、法国和日本动车组维修技术，是全国铁路在建的4个动车段中开工最早、规模最大、具有世界一流水平的动车检修基地，被誉为“中国铁路第一段”。

北京动车段工程，建设单位是北京铁路局北京动车段工程建设指挥部，由铁道第三勘察设计院有限公司设计，北京铁建监理公司监理。

北京动车段工程，线路设计标准：铁路等级，Ⅰ级；正线数目，四线（第五线近期只建线下工程）；限制坡度，30‰；牵引种类，电力牵引；机车类型，动车组；列车运行控制方式，自动控制；行车指挥方式，综合调度集中。

北京动车段工程，中铁电气化局集团有限公司承担通信、信号、信息（部分）、电力、牵引变电、接触网、机务设备安装等专业和Ⅰ场、Ⅲ场、Ⅳ场全部房建及附属工程。

工程于2007年8月26日随站前同时开工，第一阶段于2008年12月30日开通，计划第二阶段于2009年6月30日开通，2009年12月25日全部开通。

二、工程设计

供电系统　采用带回流的直接供电方式，采用全补偿简单链形悬挂，段内存车场采用软横跨结构，腕臂柱采用H型钢柱，软横跨支柱采用格构式热浸镀锌钢柱，腕臂棒式绝缘子采用瓷质绝缘子，软横跨及落锚绝缘子采用合成绝缘子。动车段内存车线、机走线等采用全补偿简单链形悬挂，检查整备库、静调库采用简单悬挂，临修库、三四级检修库采用移动式刚性悬挂接触网。动车段内新建开闭所1座，正式电源为由京沪高速铁路建设的李营牵引变电所引入两路电源，在李营变电所建成之前由丰台变电所经北京南站通过京沪动车走行线向动车段供电作为过渡，并由丰双线接触网接引一路备用电源。开闭所高压设备采用GIS开关柜，设微机保护综合自动化系统，开闭所、段内分场分束隔离开关远动纳入综合调度系统。

电力工程　站场电力工程包括站场照明、室外电缆敷设、室内动力照明配线施工。站场照明工程在车站道岔咽喉区安装灯塔11座，在存车场安装灯桥10跨，道路照明采用折弯灯柱，间距30米，光源采用高压钠灯照明。站场新建3座箱式变电站，供站场照明及其他设备用电。动车段室外高低压线路均采用电缆线路，电缆线路以直埋为主。站场大库和其他房屋计22座，建筑物用电负荷由变电所引出电缆或封闭母线供电，以放射式网络为主。沿电缆沟、吊顶内支架、电缆井处敷设。检修库动力配电主要采用树干式与放射式相结合的方式。室内配线接地形式采用TN—S，另加PE线。北京动车段新建10千伏配电所2处，段内采用环网供电和放射供电相结合的方式，大修库和检查库采用放射式供电，其他负荷采用环网供电。重要1级负荷和消防电源采用两路独立电源供电至低压双电源切换处，保证可靠供电。站场线路高压电缆采用交联聚氯乙烯铜芯电缆，低压电缆采用聚氯乙烯绝缘铜芯电缆。低压配电柜选用MNS固定抽出型开关柜；箱式10千伏变电站选用紧凑型。设置电力远动监控系统，以实现调度中心对各变电站、变电所电源的远方监控。

通信系统　通信传输及接入系统采用STM-4光同步数字传输及接入网系统，在通信机械室设置STM-4光同步数字传输及接入设备，并通过生产调度楼的STM-4设备接入京津城际铁路通信网。在生产调度楼设置接入层以太网交换机，将动车段数据网系统接入到京津城际铁路在北京南站设置的数据网设备。采用GSM-R数字移动通信系统，在动车段信号楼及生产调度楼分别设置基站并接入京津城际铁路在北京南站的BSC，并为行车、公安及检修人员配备 GSM-R 便携台。在生产调度楼新设固定用户接入网交换机（FAS）车站设备，通过京津城际铁路在北京南站设置的固定用户交换机设备接入京津城际铁路工程数字调度通道环。在生产调度楼设置视频会议终端，接入铁道部既有 MCU。通信机械室采用双路外供交流电源，在生产调度楼新设 5 千伏安 UPS 电源，对会议电视终端及数据网设备供电。在通信机械室设置高频开关电源并设置电源及环境监控设备，纳入京津城际铁路工程设置的电源及环境监控中心设备，在通信机械室设防雷设备（包括 GSM-R 天馈线系统防雷、电源系统防雷、综合视频监控线缆及其他线缆系统防雷）。站场内通信机械室间设 8 芯光缆，生产调度楼至 JDK11+660 区间敷设 2 条 24 芯光缆，其余站场内通信电缆采用 $HYAT_{23}$ 型市话电缆。

信息系统　设管理信息系统、综合视频监控信息系统、时钟系统、广播系统、综合布线系统以及火灾自动报警系统等。动车段管理信息系统，主要提供动车组运用和维修作业管理，由信息处理平台（设置在生产调度楼信息机房）、计算机网络、用户终端设备构成。综合视频监控信息系统主要包括综合视频监控管理中心、监控中心、分中心、综合视频接入、摄像机云台等前端设备。时钟系统为工作人员提供标准时间，在生产调度楼设置 NTP 服务器，为动车段提供网络定时信号，在检查库、检修库分别设置二级母钟，子钟分别设于生产调度楼、检查库及边跨、检修库及边跨内与行车有关的重要部门。在生产调度楼设广播系统，为用户播放背景音乐、广播节目、办公广播等，同时兼作消防广播。综合布线系统由建筑物综合布线及建筑群综合布线构成。火灾自动报警系统包括常规火灾报警、图像式火灾报警及吸气式火灾报警。

信号系统　设运输调度指挥、列车运行控制、车站联锁、信号集中监测、调车 ATP 子系统。运输调度指挥子系统在动车段内设 CTC 分机，段内调度指挥由动车段调度根据相关客运专线的运输计划进行组织管理，完成 TDCS 功能设计。考虑到京津城际铁路建成初期不能开通 CTCS-2 功能，列车运行控制子系统与本工程接口的动车走行线按 ETCS-1+CTCS-2 模式。北京动车段采用 1 套 2×2 取 2 结构区域型计算机联锁设备，联锁机设于综合楼内，区域执表机设于 I 场信号楼内。信号集中监测子系统在综合楼、I 场信号楼均设置微机监测车站分机，车站分机联网至综合维修中心；其系统型号为 TJWX-2006-hh 型信号微机监测系统（最新版本）。调车 ATP 系统是根据铁道部运输局相关文件新增的系统，室内增加 LEU 电子编码单元、室外增加有源应答器，最终达到 ATP 直接控车功能。

拆迁工程　10 千伏及其以下的电力线路，原则上改为地下电缆加钢管防护过轨。所有通信线缆均改为地下电缆或光缆加钢管防护过轨，并设置检查井。改移 10 千伏以上电力线路，跨越铁路的采用符合要求的上跨铁路形式，纵坡一般按 5%考虑来计算迁改长度。

房屋建筑　采用钢筋混凝土框架结构，桩基承台。其中含渣土桩、载体桩、人工挖孔桩，承台有规则体和非规则体（三桩承台），二次结构，采用 MU10 混凝土空心砌块，M7.5、M5 水泥砂浆砌筑，墙体拉筋通长设置，构造柱与圈梁设置，防潮层以下要求细石混凝土灌浆。室内装修，地面采用地砖（部分为水泥地面及防静电地板），有防水要求的设备间和卫生间为聚氨酯防水涂料，卫生间墙面为瓷砖，内墙涂料，顶棚涂料。室外装修采用外墙外保温及外墙涂料，屋面防水为贴必定 BAC、P 型自粘防水卷材及 SBS 卷材防水，屋面、地面、外墙活动不锈钢变形缝，室外散水和台阶。

三、工程施工

中铁电气化局集团有限公司承建的站后四电及机务设备安装等专业，I 场、Ⅲ场、Ⅳ场房建及附属工程，I 场、II 场、Ⅲ场、Ⅳ场、站场建筑设备等，由一公司施工；Ⅲ场、Ⅳ场全部房建及附属工程，I 场、II 场、Ⅲ场、Ⅳ场站场建筑及设备，全部室外给排水系统，全部其他建筑设备和除建工集团承建范围以外的机务设备基础工程由建筑公司施工。

2007 年 8 月，中铁电气化局集团公司正式成立北京动车段工程指挥部，代表集团公司行使工程指挥管理、施工组织、检查监督、对外联系协调之职能。一公司、建筑公司相应成立工程指挥机构，并积极组织机械、施工队伍进场，工程于 2007 年 8 月 26 日正式开工，2008 年 12 月 30 日完成了动车段第一阶段开通目标。

接触网工程　主要工作量为架设接触网 104.2 条公里、回流线 9.2 条公里、供电电缆 14.2 公里、架空地线 29.6 公里，安装杆塔 967 根（不含供电线）、软横跨 246 组，浇注基础 1201 个。

接触网作业队投入劳力 290 人，配备架线作业车 2 辆，轨道立杆车 1 辆，恒张力架线车 1 辆，轨道动力车 2 辆，汽车起重机 4 辆，工程于 2007 年 8 月 26 日起陆续开工。2008 年 12 月 30 日完成了第一阶段开通目标。（2009 年继续随站场线下工程推进，到 2009 年 6 月 30 日完成动车段第二阶段开通目标；2009 年 12 月 25 日完成动车段全部工程量并通过验收及冷热滑试验，达到正式送电开通。）

接触网工程采用了很多新材料、新设备、新工艺、新技术，极大提高了接触网的整体安全性、可靠性和稳定性，减少维修。承力索采用强度高，高温软化性能强，耐腐蚀能力强，重量轻回收利用价值高的铜合金绞线；腕臂采用无缝钢管，腕臂支持装置采用平腕臂的绝缘旋转腕臂结构，道岔柱、转换柱采用每支设独立的腕臂支持装置，减少了相互间的影响；定位器采用带限位功能的轻型铝合金定位器，下锚补偿装置采用恒张力弹簧补偿器，吊弦采用带载流弧的整体吊弦，软横跨采用弹簧补偿装置，提高了软横跨的稳定性；供电线采用电缆并在上网点装带辅助触点的手动隔离开关，以增加站场的美观性和供电灵活性。

施工过程中遇到的诸多重大技术问题经作业队积极努力均妥善解决。北京动车段工程特点是站前站后施工队伍同时到场，站后几乎全部要与站前交叉施工，接触网专业依据钢轨为标准的施工方法根本无法满足工期的要求，站前施工单位将路基碾压成型、线路中心桩打好后利用经纬仪测量施工方法也不能满足交叉施工的要求，因此必须采用全站仪技术，按设计基线桩及坐标值，引转点，测定支柱对应线路中心位置，测定支柱对应线路中心线法线上任一点（一般定为距中心线 2.5 米），按支柱设计限界在对应线路中心线法线上确定支柱位置。将城市内铁路建设少占用土地设计原则，动车段站场多处采用直立挡墙形式，这给接触网支柱基础施工带来难度，在挡墙内施工则限界不够，在挡墙外施工则可能出征地界，若再次征地既违背省地原则也不美观。接触网专业经多次努力实现了接触网支柱基础与路基挡墙结合方案，设计院经检算绘制出接触网支柱基础与路基挡墙结合的接触网支柱基础施工图，实现动车段整体美观，保证路基和接触网基础质量，避免接触网基础无位置施工的难题。还有动车段临修库和检修库内采用刚性移动接触网（移动接触网属于机务设备），与股道普通接触网必然要相互连接，如何让受电弓平滑的由普通接触网过渡到移动接触网即是摆在施工面前的课题。根据现场实际情况普通接触网“V”型落锚在库门墙上，移动接触网由库内引出接触线并接到股道接触网的接触线上，引出线张力是平滑过渡的关键，张力越接近股道接触网的接触线张力越好，但移动接触网结构不允许，造成“V”松弛影响受电弓通过，经比选最后确定为股道接触网的接触线张力的一半（约 5 千牛），为补充张力不足在两接触线间加装撑顶线夹，线夹大小根据两线间距确定。

变配电工程　变配电工程包括开闭所 1 座、1、2 号配电所、检查库、三四级检修库、五级检修库、转向架、信号楼、调度楼室内 2 处 10 千伏配电所、8 处室内变电所（其中 2 处室内变电所分别和 1、2 号配电所合建）。主要工程量包括高压金属环网柜 47 面，高压气体开关柜 11 面，低压配电柜采用 MNS 开关柜，共 134 面，电力变压器安装 28 台，敷设控制电缆 45 公里，变电所设备调试 8 所。

开工前，项目工程部在电化局颁发施工工艺和标准的基础上，针对以往各线变电施工中存在的共性问题，根据动车段的特点，编写制定了《北京动车段变、配电工程施工工艺标准》，投入 50 人的变电作业队，于 2008 年 10 月 10 日开工。到年底一阶段工程开通，完成检查库、信号楼、调度楼 10 千伏配电所的施工任务。

接地线是变电施工中最普通最复杂、最重要、最不宜统一的工序，虽然电化局颁发的工艺标准对材料连接方式、焊接尺寸、形状、位置及走向均做了具体的规定，但由于每条线的设计条件不一样，造成各条线设备布置与安装方式不同，为了做到标准统一，对变电作业队接地施工进行技术交底，交底中明确各类设备接地线在布置方式上，要保证动车段变电所地线施工标准的统一，而且施工时要求垂直接地线要用线坠校直，水平接地线要用水平尺校直，达到安全可靠、横平竖直、整齐美观、标准统一的目的。

变电作业队在施工中坚持程序化施工，最大限度地排除施工工艺、作业手法因人而异的通病，保证每一个作业小组的技术人员和作业能手的配备；强化工序的独立性，将一个繁杂的变电所工程分解为若干个工序工艺，要求施工人员要掌握所施工工序的工艺和工艺标准，体现分工合作、责任明确的原则，下一道工序是上一道工序的质检员，体现监督职能。

为确保工期，变配电专业进行过渡施工。东段站场及库内电力电源原设计由新建的地方 110/10 千伏变电站供电，因为在第一阶段开通时间内变电站建不成，需做过渡方案，经有关部门审批过渡方案定为：由六圈变电站接引两路 10 千伏电源至动车段新建的一临时配电所，由配电所馈出到开通的几个变电所，确保按期完成一期开通任务。

站场电力工程　站场电力工程包括站场照明、室外电缆敷设、室内动力照明配线施工。站场照明工程在车站道岔咽喉区安装灯塔 15 座，在存车场安装灯桥 9 跨，道路照明采用折弯灯柱，间距 30 米，光源采用高压钠灯照明。站场新建 4 座箱式变电站，供站场照明及其他设备用电。动车段室外高低压线路均采用电缆，以直埋为主。站场大库和其他房屋计 22 座，建筑物用电负荷由变电所引出电缆或封闭母线供电，以放射式网络为主。沿电缆沟、吊顶内支架、电缆井处敷设。检修库动力配电主要采用树干式与放射式相结合的方式。室内配线接地形式采用 TN—S，另加 PE 线。

投入 102 人的电力作业队，2008 年 7 月开工，施工高峰时达到 300 人，到 2008 年底完成第一阶段开通目标（到 2009 年底三期开通）。共完成投光灯塔安装 16 座，灯桥安装 10 跨，马路弯灯安装 251 座；箱式变电站安装调试 6 座；站场高压电力电缆敷设 30.5 公里；低压电缆敷设 45.4 公里；库内低压电力电缆敷设 50.5 公里，密集母线安装 14.347 公里，配管 140.1 公里，配线 844.4 公里，配电箱柜安装 2280 个，工厂灯安装 2978 盏。

电力专业施工遇到交叉施工、设计图纸不能及时到位、施工现场情况复杂等困难，作业队不等不靠，力促各方加以解决。如检查库内主干电缆设计沿柱子敷设，现场调查后发现柱子间距 9 米，柱子间无墙壁和其他支撑物，如果采用金属桥架敷设只在柱子上做支撑，无法保证柱子中间桥架强度，经多次现场调查和研究决定采用钢索悬吊方式支撑中间电缆桥架，并经现场试验符合要求，解决了大跨距桥架敷设问题。调度楼动力配线回路复杂，主回路要通过电缆竖井，在走廊吊顶内敷设电线，因为电缆井高并且狭小，走廊内其他管线交错杂乱，用钢管方式敷设线路因为弯曲处多，线缆穿管很困难。联系设计人员到现场调查，决定采用线槽方式敷设线路，节省了时间，便于线缆检修维护。思亲园咽喉区在挡墙施工时发现：挡墙与轨道之间特别狭窄，电力电缆无法进行直埋施工，此处还有通信、信号电缆；挡墙上面距离动车段段内接触网回流线和丰双线接触网回流线特别近，用 4 米马路弯灯无法保证使用安全。指挥部组织设计人员和一公司电力专业人员到现场调查，做出变更处理，解决了施工难题。电力工程验收时，牵引变电所均一次受电成功。

通信工程　动车段通信系统工程包括传输和接入系统、数据通信、移动通信、专用通信、会议电视、通信电源、接地及通信线路等系统。需开挖电缆沟 50 公里、敷设各类室外光电缆 70.5 公里、各类室内线缆 28 公里、安装环境监控设备 8 套、传输设备 9 套、高频开关电源 9 套、综合配线柜 10 套、UPS 电源 1 套、蓄电池 12 组、防雷设备 8 套、FAS 设备 1 套、路由器 1 台、会议电视终端设备 1 套、叫班电话系统 2 套、各类电话 404 台、PDH 设备 5 套、GSM-R 基站 2 台（含 40 米铁塔 2 座）。过渡工程需开挖光电缆沟 14 公里、敷设光电缆 21 公里、安装传输设备 1 台、接入网设备 1 台、数字调度设备 1 台、高频开关电源 1 台、蓄电池 2 组、防雷设备 1 套、环境监控设备 1 套、综合配线柜 1 台、路由器及 DSLAM 设备 1 套、无线列调设备 4 套（含天馈线），新设地线 1 组，光电缆割接引入 2 条。

投入 241 人的通信作业队，承担北京动车段内的通信工程以及为确保 2008 年 12 月 30 日动车进入动车段实施的过渡工程，于 2008 年 10 月 10 日开工。室外光、电缆敷设过程中因为站前、站后专业同时施工，某些区域施工过程中，站前专业的限界不能确定或者站前专业该处的施工还未进行，因此光电缆径路的选择存在较大困难，出现光电缆敷设完，有站前专业将其挖断的情况。作业队对部分交叉施工程度严重的地区的光电缆径路采取全站仪及经纬仪测量方式，先确定站前专业的限界，进行光电缆沟挖掘时避开站前专业的限界，并派专人对光电缆径路进行全天候巡视，对站前施工区域进行重点盯防，防止挖断光电缆事故的发生。

因受动车走行线站前施工的影响，动车进段线路不能按照原设计方案实施，后甲方决定在西黄线 9+900 处增加白盆窑线路所，南站列车从广安门折返至西黄线，经白盆窑线路所至动车段。按照此方案，动车段干线光缆不能按原设计方案正常实施。通信作业队积极联系甲方、设计、铁通公司，最终确定过渡开通方案。干线光缆从调度楼沿站场至白盆窑线路所，从白盆窑线路所沿西黄线至广安门，从广安门迂回至北京南站铁通公司机房。在此方案实施过程中，又出现新问题，中铁六局承建的大桥完工时间较晚，按其施工进度，段内干线光缆不能按计划日期敷设至白盆窑线路所，严重影响通信的一阶段开通目标。通信作业队组织技术人员对现场进行详细勘察，最终确定光缆先绕行西黄线汾庄特大桥，从汾庄大桥引下后采用立杆吊挂方式沿中铁六局承建的进段线桥南侧敷设至段内路基段的施工方案，报请甲方、监理及设计单位同意，为动车段通信开通奠定基础。

通信作业队按照预定的 4 个工期节点，按期完成相关工程施工，初验后克服缺点，不遗留任何问题。

信号工程　一公司投入 289 人的信号作业队，于 2008 年 9 月 1 日开工，到 2008 年 12 月 30 日实现第一阶段开通目标（2009 年 6 月 28 日至 30 日二阶段验收、开通；2009 年 12 月 25 日三阶段开通）。工程采用调度集中（CTC）、列车运行控制、车站联锁、信号设备集中监测，新增调车 ATP 等系统。体现了铁路运输调度指挥现代化及信号技术向数字化、网络化、智能化、综合化发展的要求。主要工程量为敷设信号电缆 290 公里、敷设 LEU 电缆 270 公里，安装调试智能电源屏 2 套，计算机联锁（区域连锁）1 套，车站联锁道岔 311 组，列控系统 1 个站，微机监测和环境监测一体 2 套，调度集中分机系统 1 个站，调车 ATP 系统 2 套，车站联锁控显设备 1 套。

信号工程工期紧，任务重，进行现场培训后，2008 年 11 月进行信号电缆敷设、配线核实、道岔安装、信号设备安装、室外单项试验、室内施工、试验等。电缆工程是信号专业的关键卡控点(一阶段开通，受芦花路影响)，由于站场不成形、多专业交叉施工，在电缆敷设前，作业队组织施工骨干，针对施工中的难点进行 QC 攻关，提出关键因素的解决方案，并在施工中进行验证。在动车段综合楼信号机械室内即将进场施工前，由于房建专业将机械室地面设计为地面槽型梁结构，造成静电地板与屋顶间净空为 2.40 米，信号专业机械室内设备组合柜架高度均为 2.35 米，且设计为柜架上部走线方式，根本无法施工。发现这一情况后，作业队及时与设计、建设指挥部、监理反映与沟通，经过多方连夜协商，决定将上部走线槽改为静电地板下部走线形式。在二阶段施工中，发现 I 场 1105 号、1109 号道岔安装受限（这两组道岔为 ZY4+SH5 转折装置），安装后 2 台转辙机保护套管安装不上，ZY4 转辙机最突出边缘至钢轨内沿为 2030 毫米。根据这种情况作业队及时向设计、建设指挥部、监理反映与沟通，召开会议商讨，最终确定有施工单位提供现场尺寸，由厂家加工非标准道岔安装装置，报设计签认。

迁改工程 “三电”和管线迁改工作主要为通信、路内外电力、管线，涉及到众多产权单位。其中通信拆迁涉及铁通、网通、移动、联通、电信、北信基础、歌华有线等产权单位，有小灵通基站 3 座、通信管道 4.08 万孔米、通信线路 107.5 条公里。路内部分为丰双线区间主干信号电缆（28A、30A、24A、42A）41 公里，丰双线区间铅包铜贯通地线 JTQ-25 平方毫米，平行占压 8.2 公里。

迁改工作涉及面广，施工协调工作量大，其进程又制约着北京动车段的施工进度，为此组建强有力的工作班子，制定“加快两路通信、电力迁改、加快六高快速实施、加快管线外迁”工作主线，决定以通信工程为主要突破口，反复与产权单位磋商，调整方案，优化设计，化整为零，条件具备一条迁改一条。为减小噪音影响，迁改割接工作都安排在夜间凌晨后。历经 6 个月，通信、电力、管线迁改工程按时完工，保证动车段按时开通。

房建工程 一公司投入 230 人的施工队伍，于 2008 年 5 月 20 日开工，到 2008 年底完成 4000 平方米的房屋建筑（2009 年 9 月 1 日竣工，共完成 1.0833 万平方米的房屋建筑）。

建筑公司于 2007 年 8 月 26 日开工。由于基础施工没有验收标准及设计问题等原因，年内施工未能正常展开，到 2007 年底，完成渣土外运 23.56 万立方米和部分地基、生活垃圾沼气处理。2008 年 2 月 19 日，生产调度楼、转向架检修车间、检修库及边跨、三四级检修、五级检修库开工。到 2008 年底，完成检修库及边跨主体结构、三四级检修库固定架车机基础、股道基础、转向架检修车间主体结构材料库，完成干砂间、易燃品间、10 千伏配电所、锅炉房、垃圾转运站、锅炉间，污水处理厂土建部分基本完成；室外管网 I 阶段开通运用部分施工完成，折合完成建筑面积 7 万平方米（2009 年 9 月 1 日竣工，共完成 12.3 万平方米的房屋建筑）。

机务设备安装 北京动车段机务设备安装工程是现代“大机电工程”理念的具体表现，涵盖了现代“大机电工程”的设备安装、管道安装、电气、自动化仪表、防腐蚀、绝热等工程，各工程既平行又相互交叉，并且很多设备为非标设备或为进口正处于技术消化阶段的设备，对供货厂家和施工单位协同作战能力有极高要求。一公司全体参建人员在机务设备安装工程中做到加强学习，逐步熟悉房建结构、熟悉风、水、电系统，掌握新材料、新设备、新工艺、新技术，采取与设备厂家、设计、甲方三对接的施工方法，认真做好每一环节，圆满地完成各阶段的设备安装任务。

第二章　铁路客运专线工程

第一节　秦沈铁路客运专线

一、工程概况

秦沈客运专线为新建双线电气化铁路，设计最高速度为 200 公里/小时，高速试验段为 300 公里/小时，2002 年 12 月 15 日试验最高速度达到 321.8 公里/小时，是中国迄今为止建设技术标准和运行速度最高的电气化铁路。

秦沈客运专线呈南西至北东走向，由秦皇岛和山海关地区、新建客运专线和沈阳枢纽组成，起自秦皇岛站，途经河北省山海关、辽宁省绥中县、葫芦岛市、锦州市、锦州市的沟帮子镇、盘锦市的高升镇、鞍山市的台安县、沈阳市的辽中县至皇姑屯站接轨，止于沈阳北站，全长 404.64 公里，其中新建专线区段长 371 公里的山海关（DK15＋900）至绥中北站外 2 公里(DK86＋800)长 66.8 公里为综合试验段,综合试验段中的 DK40＋600 至 DK67＋700 约 27 公里为高速试验段。全线除两端枢纽利用既有车站外，新建车站 12 个，近期开通绥中北、葫芦岛北、锦州南、盘锦北、台安、辽中 6 个车站；既有车站为秦皇岛站、龙家营（秦沈客运专线不经过）和山海关站。秦皇岛和山海关地区既有及新建特大、大、中桥梁计 22 座，其中特大桥梁 2 座；山海关至绥中北站 66.8 公里综合试验段内共有特大、大、中桥梁 40 座（其中高速试验段内 19 座）。秦皇岛至葫芦岛北间背山面水，北依松岭山脉，南临渤海，北高南低，地貌形态为剥蚀丘陵区，间夹丘间平原，高差起伏较大，自然坡度为 3～10 度，海拔高度 20～60 米；盘锦北至沈阳间地形平坦开阔，系属辽河下游冲积平原，地面高差变化不大，一般呈西低东高，东西两端相对高差 35 米左右，沈阳附近高程在 40 米左右。

秦沈客运专线是国家“九五”期间重点工程建设项目，也是中国铁路建设技术水平的标志性工程。新建秦沈客运专线，实现了秦沈线、沈山线客货分线运输。既可发挥秦沈客运专线强大的客运能力，近期利用京秦线富余能力和已经形成的快速线路，大大缩短京沈旅行时间，远期既可沟通京沪高速铁路和哈大线的联系，构成中国东部地区铁路快、高速运输网，又能完全释放沈山线长期紧张的货运能力，彻底实现进关客货运输畅通无阻。修建秦沈客运专线，是党中央、国务院作出的一项重要决策，对于繁荣我国东北部地区经济，促进国民经济持续、快速、健康发展，加快铁路现代化建设进程，具有十分重要的意义。

秦沈客运专线设计标准新，科技含量高，质量要求严。技术标准是当前国内铁路最新的。它首次采用了具有中国自主知识产权的成套快速铁路建设技术与装备，填补了中国铁路建设史上的一系列空白。特别是高速试验段区段，还担负着验证中国自行设计、自行施工、自行试验检测高速铁路接触网能力，为建设京沪高速铁路积累经验的重任。

秦沈客运专线西端与京山线、京秦线、大秦线等铁路相通，东端与哈大线、沈吉线等铁路相接，沿线有沈山线、沟海线、锦承线等既有铁路，是一条重要的进出关交通运输大动脉。

铁道部秦沈客运专线建设总指挥部为秦沈客运专线建设单位，负责工程设计、新设备研制、技术设备引进、工程施工归口管理等工作。由铁道部第三勘察设计院设计，路内和部分区段路外电气化防护工程由北京电铁通信信号勘测设计院设计。铁道部第一、四勘察设计院监理公司秦沈四电监理站监理。

秦沈客运专线主要技术条件：线路等级，客运专线；新建线区段：正线数目，双线；线间距，4.6 米；限制坡度，12‰；最小曲线半径，一般区段 3500 米，困难区段 3000 米（高速试验段为 5500 米）；竖曲线半径，200 公里/小时区段 20000 米，300 公里/小时区段 25000 米；既有线区段：秦皇岛和山海关地区正线数目，双线；限制坡度，12‰；最小曲线半径，一般区段 1000 米，困难区段 400 米；沈阳枢纽：正线数目，双线（部分为三线）；限制坡度，12‰；最小曲线半径，一般为 400 米；到发线有效长度，综合试验段除锦州南站外为 650 米；秦皇岛、龙家营和山海关站为 1050 米。牵引种类，电力牵引；机车类型，时速 200 公里区段为韶山 9 型电力机车或动车组，牵引定数 600 吨，时速 120～160 公里区段为韶山 8 型电力机车，牵引定数 935 吨。信号采用 TVM430/SEI 列控联锁一体化系统、列车运行指挥系统（CTC）、车站信号局域网设备和信号集中监测系统，列车追踪间隔时分 5 分钟。通信采用 20 芯和 12 芯 2 条光缆，开通 STM-4 同步数字传输以及 STM-1 同步数字传输及接入系统二层传输网络，采用程控数字交换机和数字集群移动通信系统。

秦沈客运专线的建成，近期旅客列车日运行对数为 53 对，秦皇岛站直通列车 55 对，始发终到列车 13 对，山海关站直通列车 54 对，始发终到列车 8 对，沈阳枢纽通过列车 56 对，沈阳北始发终到列车 38 对，沈阳始发终到列车 26 对，沈山线 8 对。

参加秦沈客运专线线路施工的有中铁一、二、三、四、五、大桥、十一、十二、十四、十五、十六、十七、十八、十九局，北京、锦州、郑州、西安铁路工程公司等单位。中铁电化局、中铁一局、中铁二局、沈阳铁路局、呼和浩特铁路局等单位承担秦沈客运专线电气化、通信信号等四电工程施工。其中中铁电化局承建 D40、D42 标段的电气化（占全线长度的 71%）、D34 标段的通信信号工程，及全线通信信号、电气化远动、电力远动系统的联调。

秦沈客运专线电气化工程于 2001 年 10 月 15 日开工，山海关至绥中综合试验段于 2002 年 9 月 1 日送电成功，于 2002 年 9 月 5 日至 15 日进行综合试验，最高时速达到 292.8 公里。2002 年 12 月 1 日全线建成并送电成功，达到开通条件。2002 年 12 月 15 日“中华之星”动车组以 200～250 公里/小时的速度进行山海关至沈阳全程拉通试验，最高时速达到 321.5 公里，创造了中国第一速。2002 年 12 月 31 日正式开通。

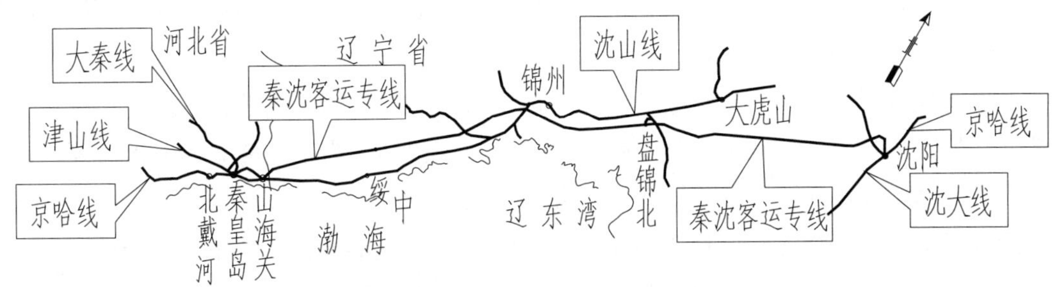

秦沈铁路客运专线示意图

二、工程设计

秦皇岛至京沈局界采用 AT 供电方式，局界至沈阳北新建专线区段采用带回流线的直接供电方式。全线新设牵引变电所 7 处，分别设在山海关、绥中北、葫芦岛北、锦州南、盘锦北、台安、杨士岗；新设分区所 7 处；改建秦皇岛北和山海关开闭所；新建柳山线末端自藕变压器所，改建山海关自藕变压器所；新建锦州南、辽中、皇姑屯网上开关站和沈阳电力调度所。

新建牵引变电所除山海关变电所采用两路 110 千伏电源进线外，其余牵引变电所均采用两路 220 千伏进线，两路进线一主一备，220 千伏侧采用分支接线型式，中间不设跨条，电压互感器设在进线隔离开关外侧。27.5 千伏侧采用单母线分段接线，为提高功率因数和吸收部分高次谐波，两相 27.5 千伏母线设并联电容补偿装置，分别接于两段母线上，便于分组投切。馈线断路器采用固定备用方式，牵引变电所馈线侧设高压故障性质判断装置，以防止馈线断路器重合闸于永久故障点上。

牵引变电所内设 2 台 220 千伏/27.5 千伏（山海关变电所为 110 千伏/27.5 千伏）单相牵引变压器，采用固定备用方式运行。牵引变电所主变压器容量：绥中北为 2×31.5 兆伏安，山海关、葫芦岛北、锦州南、盘锦北、台安、杨士岗为 2×25 兆伏安。牵引变电所重要设备引进了德国 ABB 公司的 220 千伏主变压器；波兰 ABB 公司的 220 千伏电动隔离开关；瑞典 ABB 公司的 220 千伏六氟化硫断路器、27.5 千伏真空断路器和 27.5 千伏负荷开关；德国 BB 公司的 27.5 千伏电动隔离开关和 Dricher 公司的 27.5 千伏负荷隔离开关。

牵引变电所之间电分相处设置柱上开关站，开关站越区供电开关为电动开关。牵引网按 V 停反行设计，V 停反行开关控制设备设在绥中北变电所和山海关开闭所内。

分区所为柱上开关式分区所，同一供电臂末端通过负荷隔离开关实现上下行接触网并联供电；不同供电臂上下行分别设电动隔离开关，实现越区供电。

改建的秦皇岛北开闭所将抚宁上、下行进线改为馈出线，所有馈出线由秦皇岛北牵引变电所进线供电。山海关开闭所改造为直供开闭所，将 2 条 AT 进线改为直供进线，馈出线不变，拆除既有 2 台自耦变压器，用于山海关自耦变压器所改造用。

新建柳山线自耦变压器所设 2 台自耦变压器，每台自耦变压器通过 1 台快分隔离开关接于柳山线上行或下行进线上；改建山海关自耦变压器所新增 2 台自耦变压器，每台自耦变压器通过 1 台快分隔离开关接于上行或下行进线上。

牵引变电所采用综合自动化装置，除完成常规牵引变电所设备监控、保护、测量、控制等功能外，还具有远动终端功能，较其他线有较大提高。为了适应无人值班需要，在电力调度所、牵引变电所中首次采用了安全监控系统。

接触网悬挂，新建专线区段正线采用全补偿简单直链形悬挂，其中 300 公里/小时高速试验段，下行采用全补偿简单直链形悬挂，上行采用全补偿弹性直链形悬挂；秦皇岛和山海关地区采用全补偿简单链形悬挂。引入沈阳枢纽：正线和联络线采用全补偿弹性直链形悬挂，站线采用全补偿简单直链形悬挂。正线接触线采用 CTHA-120 型铜银合金电车线，额定张力 15 千牛，站线采用 CT-110 型双钩铜电车线，额定张力 10 千牛；正线承力索采用 THJ70 型铜合金绞线，额定张力 15 千牛，站线采用 THJ50 型铜合金绞线，额定张力 10 千牛；300 公里/小时试验段正线接触线采用 CuMg-120 型铜镁合金电车线，额定张力 20 千牛；承力索采用 THJ95 型铜合金绞线，额定张力 15 千牛；秦皇岛至龙家营正线接触线采用 CT-110 型双钩铜电车线，额定张力 10 千牛，承力索采用 THJ95 型铜合金绞线，额定张力 15 千牛；龙家营至局界正线接触线采用 CT-110 型双钩铜电车线，额定张力 10 千牛，承力索采用 TJ120 型硬铜绞线，额定张力 20 千牛；山海关至局界正线接触线采用 CT-110 型双钩铜电车线，额定张力 10 千牛，承力索采用 TJ95 型硬铜绞线，额定张力 15 千牛；新建、改建工程的站线和段管线接触线采用 CT-85 型双钩铜电车线，额定张力 8.5 千牛，承力索采用 TJ95 型硬铜绞线，额定张力 15 千牛。接触网结构高度为 1.4 米，300 公里/小时试验段接触网结构高度为 1.6 米。接触线高度：区间及站场在悬挂点处工作支接触线距轨面高度均为 5500 毫米，接触线最低点距轨面高度不小于 5300 毫米。正线接触线高度发生变化时，坡度不大于 1‰。接触线预留驰度一般为跨距的 0.3～0.7‰；300 公里/小时区段的全补偿弹性链形悬挂接触线不设预留驰度。直线段最大跨距为 60 米，最小跨距一般不小于 40 米，相邻两跨的跨差不大于 10 米。接触网支柱限界不小于 3.0 米，站内硬横梁支柱限界为 3.3 米。

供电线采用 LGJ-240/30 型耐腐蚀钢芯铝绞线，额定张力 15 千牛；回流线采用 LGJ-185/30 型耐腐蚀钢芯铝绞线，额定张力 12 千牛；架空地线采用 LGJ-70/10 型耐腐蚀钢芯铝绞线，额定张力 6.5 千牛。

接触网支柱采用双重绝缘方式，接地跳线与回流线连接，回流线兼做接地线。区段腕臂柱采用Φ400 环形等径预应力混凝土支柱。实体基础采用支柱为带法兰支柱。桥上支柱采用 H 型热浸镀锌钢柱。试验段有转换柱的桥上支柱均为热浸镀锌管型钢柱、其他采用 H 型热浸镀锌钢柱。绝缘子采用防污型高强度棒式绝缘子。

电力工程，全线自山海关 110/10 千伏变配电所至沈阳西 66/10 千伏变配电所新设贯通线和自闭线各 1 条，高压架空线路采用防腐型钢芯铝绞线，高压电缆线路采用交联聚乙烯绝缘 YJLV$_{22}$ 型电缆；低压架空线路采用 U 型裸铝导线，低压电缆线路采用 VLV$_{22}$ 或 VV$_{22}$ 型全塑电缆。设绥中北、葫芦岛北、锦州南、盘锦北、台安、辽中 10 千伏配电所 6 处，两路 10 千伏电源均自地方变电站接引。改建既有山海关第二配电所为山海关 110/10 千伏变配电所，续建秦皇岛北 10 千伏自闭线进入山海关第一配电所，改建沈阳西 10 千伏配电所为 66/10 千伏变配电所，自沈阳西 66/10 千伏变配电所至沈阳站南 10 千伏配电所新设 1 条 10 千伏自闭线。全线设电力远动系统，配电所保护监控采用微机自动化装置。

通信光传输系统采用 1 条 20 芯和 1 条 12 芯光缆，开通 STM-4 同步数字传输系统和 STM-1 同步数字传输及接入系统二层传输网络，构成骨干传输网。在秦皇岛、沈阳、锦州和锦州南通信站设终端复用设备（TM），在山海关、锦州南通信站设分插复用设备（ADM）。在秦皇岛既有通信站和锦州南通信站新设程控数字交换机，对山海关、锦州既有程控数字交换机进行扩容。利用光传输系统构成基础网、业务网、支撑网，设调度通信系统、专用通信系统、TETRA 数字集群移动通信系统、列车无线调度电话系统、光纤射频直放系统、客运管理信息系统等，满足各专业运营、管理、监控、监测、维护工作的需要。客运管理信息系统是结合国内铁路客运事业的发展趋势以及国外高速铁路的运营管理经验，以高速化、管理自动化、服务现代化为原则，建立一套先进的客运管理信息系统网络，实现秦沈客运专线客运信息管理现代化，并首次实现全程联网信息共享、全程集中图像监控、全程集中广播等功能，极大地提高了客运管理与服务水平。

为了适应秦沈客运专线运行速度高、站间距离长、运行间隔短、机车按长交路运行，采用集中维修及监测的综合维护体制的特点，信号利用数字信息技术、网络技术、现代通信技术，遥控和遥信技术，采用由 TVM430/SEI 列控联锁一体化系统、列车运行指挥系统（CTC）、车站信号局域网和信号集中监测系统、UM2000 轨道电路和光纤传输列控安全信息构成信号综合系统及相应的管理组织系统。

TVM430/SEI 列控联锁一体化系统是法国 CSEE 公司研制的最新产品，实现了列控设备集中控制，提高高速线路的运营能力；UM2000 轨道电路是法国 CSEE 公司研制的新产品，利用 2 条通信光缆中各 2 芯光纤传输 SEI 列控中心的安全交换信息，这在中国铁路还是首次。车站信号局域网和信号集中监测系统可以实现信号车站联锁系统、列车运行控制系统、列车运行指挥系统、信号集中监测系统之间的信息交换和处理，实现对车站信号设备的统一管理。

全线新设 1 条信号专用接地铜缆，使全线的接地及防雷形成综合接地网络。

防护工程，对电信系统市话线路按照国家计委计二（1983）628 号和国家计委计二（1986）1249 号的规定办理；对有线广播及乡以下通信系统及其他通信系统的线路及设备的防护，按国家计委（60）计机养字 1726 号、国家计委计二（1983）628 号、国家计委计二（1986）1249 号的有关规定办理；对受影响的通信线路，视当地具体情况确定迁改方案，有条件的地段以远迁为主，条件不具备的线路采用直埋高屏蔽电缆，跨越铁路上方的线路，一律按电气化要求改为铠装电缆或光缆埋设通过铁路，过轨部分采取钢管防护；对部队和其他部门的通信线路，包括其附挂在邮电部门杆路上的线路，按国家计委计二（1983）628号的有关规定进行防护拆迁；对无线设施，根据中央广播事业局、邮电部和通信兵部联合颁布的《划分大中城市无线电收、发区域和选择电台场地暂行规定》及有关国标的要求，将受影响的无线设施作防护处理或搬迁到受影响范围以外；对受影响的台站按国家标准执行；对受电气化铁路影响的输油、气管道，根据铁道部 TB/T2823-1997《交流电气化铁道对油气管道的影响容许值及防护措施》的原则采取安全防护措施。部队无线系统按国标 GB6364--86《航空无线电导航台站电磁环境要求》、GB13614—92《短波无线电导航台站电磁防护要求》和 GB13618--92《对空情报雷达站电磁环境防护要求》所规定的标准执行。

北京电铁通信信号勘测设计院进行高速电力机车电磁辐射特性研究试验，完成高速电力机车运行产生的电磁辐射频谱特性及横向传播特性的研究，试验结果表明试验程序合理、数据可靠，为中国高速铁路电磁辐射特性研究积累了数据和经验。

三、工程施工

D40 标段中秦皇岛(京山 K403+454.46，不含)至绥（中）葫（芦岛）区间(K81+641)综合试验段 78.8 正线公里电气化工程由中铁电化局一公司负责施工；D40 标段 K81+641 至葫芦岛北站 59 正线公里和 D42 标段中盘锦北（不含）至台安（不含）54.5 正线公里电气化工程由中铁电化局二公司负责施工；D42 标段中台安至沈阳北 100 正线公里电气化工程由中铁电化局三公司负责施工。D34 标段 132.8 正线公里通信信号工程（通信工程：山海关通信站至 DK156+550 处通信 9 号中继站；信号工程：山海关进站信号机至 DK164+150）由中铁电化局通信信号项目部负责施工，部分房建工程由中铁电化局建筑公司负责施工。

主要工作量：D40、D42 标段接触网工程：混凝土支柱安装 9199 根，钢柱安装 1638 根，硬横跨安装 148 组，软横跨安装 138 组，承力索、接触线架设各 765 条公里，附加导线架设 810.7 条公里。D40、D42 标段变电工程：新建牵引变电所 5 处，分区所 5 处，AT 所 2 处，开闭所 2 处。D34 标段通信工程：敷设接续 12 芯和 20 芯光缆 288.37 公里，敷设接续电缆 16.6 公里，安装接入网设备 11 站，安装集群基站 2 站，安装光纤直放站设备 7 站，安装集群固定台 4 套，安装铁塔 9 座，安装无线列调车站台 2 站。D34 标段信号工程：信号电缆敷设 864.66 公里，信号机安装 22 架，高速道岔安装装置 126 组，UM2000 轨道电路 246 区段，站内轨道电路 55 区段，转辙机 126 台。D40、D42 标段房建工程：生产生活房屋 4657 平方米。D34 标段房建工程：土方 9646 立方米，道路 1120 平方米，房屋 1036 平方米。

2001 年 8 月 29 日，中铁电气化局集团有限公司成立秦沈线工程指挥部和秦沈线通信信号项目部，一、二、三公司和建筑公司分别成立秦沈线项目部，全线推行项目管理模式，分管理层和作业层两级管理及实施。针对高速铁路接触网施工理论性强，数学模型较复杂，高安全可靠性，施工精度要求高等特点，把“250 至 300 公里/小时秦沈试验段接触网施工技术的研究”作为 2001 至 2002 年科研开发工作的重点，分 4 个课题组，开发 250 至 300 公里/小时接触网安全可靠性的施工方法、施工技术、施工标准和施工工艺，指导工程实践。开发出的接触网专业施工工艺、施工工法、企业标准等在秦沈线 D40、D42 标段得到广泛推广和应用。购置法国吉斯玛恒张力放线车确保放线的质量，采用接触网多功能激光检测仪实现接触网无接触精确测量，相继开发出不利用轨道做固定的四腿螺旋支柱整正器、轨面超高测量仪、弹性吊索安装调整装置等新型工具，开发出全补偿简单链形锚段关节及全补偿弹性链形悬挂系统计算软件。在山海关至绥中试验段进行多项详细试验，样板引路和首件示范达标并指导全线展开施工，使秦沈线接触网工程达到国际先进水平，为中国高速电气化建设做好技术储备。

中铁电气化局集团有限公司按照铁道部秦沈客运专线建设总指挥部要求设计、施工、监理单位要“精心组织，科学管理，快速有序，优质高效，质量第一，全面创国优”的精神，把秦沈客运专线按期建成国优安全线。开工前，充分进行现场调查，结合秦沈客运专线特点及时编制该线的“指导性施工组织设计”、“质量保证计划”及“创优规划”，利用网络技术，实施动态管理，确保工期目标的实现。于 2001 年 10 月 15 日开工，2002 年 11 月 10 日全线竣工，2002 年 12 月 1 日全线建成并送电成功，达到开通条件。

接触网工程　2001 年 10 月 15 日开工。站前施工单位因诸多因素，工期严重滞后，特别是 D42 标段，只有路基没有铺轨。根据具体情况，采取有力措施，加大施工管理力度及时修改施工计划，改进施工方法，发扬“促、创、干”的优良作风和敬业奉献精神，利用夜间施工方法进行施工。在未铺线路区段利用站前马道汽车运杆至坑位，用汽车吊吊立支柱；在已铺线路区段利用安装列车安装支柱。到 2001 年底，D40 标段下部工程基本完毕，D42 标段完成 85%，为按期建成奠定了基础。由于该线地处严寒地带，2002 年初无法施工，2002 年 3 月复工。但由于组合承力索线夹迟迟供应不上，上部施工无法进行，D40 标段只进行了附加导线架设和由于站前施工单位基础施工超标的返工后的下部工程，D42 标段也只完成站前返工后的下部工程。为达到试验段 8 月底建成送电开通，9 月份开始进行第二次试验（先锋号试运行），对施工计划进行重新部署安排，调整施工力量，与线路交叉平行施工，白天线路施工，晚上封闭线路进行接触网上部施工。法兰盘混凝土支柱、硬横梁支柱、桥钢柱，在安装前先复核预埋基础螺栓限界及相互间距再安装，并调整安装达标。在新建车站采用强度高、稳定性好的三角形钢管钢结构硬横梁，节点采用螺栓连接，接触网多功能激光测量仪测量，保证其安装精度。硬横梁安装后，根据复测的线路参数安装吊柱及腕臂，保证区间与站场同步架设承力索和接触线。软横跨安装采用中铁电化局成熟的软横跨安装工艺和计算软件，一次安装达标。支柱装配采用强度高，稳定性好的 X 腕臂、P 腕臂和连接支撑的结构形式，安装严格执行计算微机化、预配工厂化、安装机械化，且一次达到设计标准的施工方法。承力索、接触线按设计锚段长度，由生产厂家配盘供应，架设时配盘对号入座，无接头，克服了高速列车行驶时，接头处产生的硬点，保证了弓网受流质量，延长了使用寿命。为保证导线平直度和良好的弓网受流质量，承力索、接触线架设采用中铁电化局新购置的法国吉斯玛恒张力架线车采用额定张力架设（开发编制了QSJ-4恒张力架线车在额定张力架设承力索、接触线的作业指导书），严格按作业指导书进行架线前对所架锚段的支柱装配及补偿装置进行检查，并对支柱进行加固，将承力索坠砣串固定到设计位置，导线坠砣码放好，用钢线卡子将两动滑轮间补偿绳固定牢靠，恒张力架线车按WA20+作业车UM1+作业车UM2编组作业。为使新线初伸长（蠕变）一次基本出尽，保证接触悬挂调整一次到位，符合设计要求，按照编制的《承力索、接触线超拉措施》，在承力索、接触线架设后立即进行分级超拉。铜承力索超拉张力为额定张力的1.5倍，超拉时间为3小时；银铜、铜接触线超拉张力为额定张力的1.8倍，超拉时间为5小时；镁铜接触线超拉张力为额定张力的1.5倍，超拉时间为168小时。超拉时并对曲线关节等关键处设专人防护，发现异常，应立即停止，及时处理。为使高速运行时的定位点处不产生硬点，在引进德国组合定位装置的基础上，安装定位器时，不仅顾及风压和车辆摇摆引起的受电弓倾斜，还考虑了定位器的抬升、线路外轨超高和接触线磨耗的影响，

通过调整定位器的坡度来保证定位器的轴线方向与有关合力方向的重合。使定位装置的偏移按设计要求根据环境温度预留，定位器及定位管的坡度用定位坡度工具进行有效检测和控制。在定位装置及其两侧跨距的吊弦均安装好后进行弹性吊索调整，调整采用弹性吊索专用拉力计从中锚向两侧调整弹性吊索，调整时不抬高接触线，以免使吊弦卸载。高速交叉线岔首次采用自行设计的38号高速交叉线岔，按照中铁电化局研发的《38号交叉线岔安装调整作业指导书》组织施工。非绝缘、绝缘锚段关节均采用五跨锚段关节，克服了采用偶数跨受电弓接触两接触线时间稍长且又在悬挂点接触压力大的缺陷和出现硬点的不足，保证弓网受流质量良好，接触线使用寿命延长；并利用研发的250至300公里/小时接触悬挂系统计算软件，实现一次计算成形法，保证非绝缘锚段关节两线间距垂直200毫米，水平100毫米，施工偏差±30毫米。绝缘锚段关节两线间距垂直，水平均450毫米的空气绝缘间隙，施工偏差±30毫米，过渡跨的抬升量符合设计要求。

经过全局参战职工的日夜奋战，努力拼搏，确保了山海关至绥中综合试验段于2002年9月1日送电成功，2002年9月15日第二次试验胜利结束，受到铁道部领导和铁道部秦沈客运专线建设总指挥部的高度赞扬，显示了中铁电化局的实力。

变电工程　一公司承建2处牵引变电所和3处分区所变电工程，二公司承建1处牵引变电所和2处分区所变电工程，三公司承建2处牵引变电所、3处分区、4处网上开关控制站变电工程。

以绥中北变电所为标准示范所推行标准化、程序化施工，组织中铁电化局各施工单位对关键工序的施工进行观摩，在全线严格按示范所的标准进行程序化施工，并配合研发的“工程进度辅助管理软件”进行动态管理跟踪。按基础、构架安装，遮拦、栅栏安装，防

雷接地装置安装，回流箱、回流线、端子箱安装，变压器安装检查，电抗器、电容器安装，断路器安装、调试，隔离开关、负荷开关安装，母线安装，电缆敷设，变电所综合自动化设备及配电盘柜安装调试，调度及远动设备调试，系统调试等主要施工环节，分别组成几个专业化作业小组进行所内构支架组立、接地装置、220 千伏隔离开关、220 千伏断路器的安装及调试；主变压器就位及附件安装，25 千伏网栅及设备安装，电缆敷设及二次接线、校线等进行大循环、小流水的程序化施工作业。并配合外商技术服务，缩短外商服务时间，根据外资设备供货和到货先后顺序，编制程序化施工网络计划，根据工程进展情况，随时调整作业计划，合理组织施工，确保按期完成。

葫芦岛北牵引变电所地处池塘中心地带，属高填方工程，对基础施工和地网电阻的要求增加了难度，施工中，基础施工严格按照规范挖至原土表面以下 0.5 米，将主变基础坑挖至沙层 7.5 米深，扩大开挖面积，并用浆砌片石砌筑至设计标高处。针对变电所场坪高填方、石夹土、电阻率大的问题，采取装置外引、增加地网、添加降阻剂等措施，使接地电阻达到设计要求。为保证抗震强度，所有基础均编织钢筋网，基础杆均用直径 400 毫米等径杆，进线人字架及主变人字架采用直径 400 毫米等径杆，增加强度。

在远动系统联调施工中采用“程序化施工、流水化作业”的施工管理模式，抽调远动调试技术精英，从图纸审核、现场调查、设备进场到设备开箱安装、本体自检通道的测试，直到系统联调，每道工序均采用程序化施工，作到有序、高效。在 RTU 的调试过程中，明确本机测试、单站调试和系统联调三个阶段（或三个步骤），采用“同步分级法”指导调试，人员相对独立，流水作业，各组之间交叉作业，最后统一安排进行系统联调，只用了不到 40 天的时间完成沈阳调度所设备安装及全线的远动系统调试工作。

秦沈客运专线工期紧、任务重，采用程序化施工加快了施工进度，由于专业化小组成员对相关工序的技术要求及施工要领全面地掌握，可熟练的展开施工，确保工程安全、优质、按期建成，树立了良好的企业形象，实现了铁道部秦沈客运专线建设总指挥部提出的全线创国优的目标。

通信工程　通信线路采用双光缆制，一条 20 芯光缆直埋敷设于下行线外侧，由通信专业施工，另一条 12 芯光缆与信号电缆同沟敷设于上行线外侧，由信号专业施工。局间干线传输采用 STM-4，由 2 条光缆中 2 根光纤构成 1+1 保护，区段通信采用 STM-1，由 2 条光缆中各 2 根光纤构成二纤自愈环。本区段不设干线电缆，区间用户集中地点设光接入单元设备，利用短段低频对称电化电缆将各用户纳入光接入单元设备。本段无通信站，绥中北、葫芦岛北设 2 个中间站及 9 个区间接入点。电务、工务、车辆、车务、牵引变、公安（含桥守）等区间移动人员的通信由 TETRA800 数字集群移动通信系统解决。中间站通信机械室外合设接地体，电阻值不大于 1 欧姆；区间信息接入点等合设室外接地体，阻值不大于 4 欧姆；无线列调车站固定台及集群移动通信系统基站的天线防雷接地体，阻值不大于 4 欧姆。

施工作业按施工准备、施工定测、光缆测试配盘、挖电缆沟、光缆敷设、光缆接头、线路设施安装、中继段测试，无线设备安装、传输设备安装、加电调试，系统调试，验收、开通等主要环节，由通信信号项目部组成几个专业组按集团公司颁工法工艺，采用流水作业，投入车辆和主要机械 80 多台，主要通信仪器仪表 130 多台。

光缆线路施工各作业面每 2 公里左右敷设 1 盘光缆，全程敷设完成后进行接续测试。光缆数字传输设备，接入网和电源设备安装由各作业组实施，完成后单机加电配置、测试，然后进行系统测试。区段站、场地区电缆由线路作业队按集团公司颁工艺施工，数字调度设备和站场通话设备等由设备安装作业组安装施工，设备按技术标准安装完成后进行单机加电配置、测试。数字集群设备及无线列调设备的铁塔基础浇制采用搅拌机搅拌，机械震捣，铁塔由专业安装队安装，数字集群设备及无线列调设备由设备作业组按技术标准安装，完成后单机加电配置、测试。为保证工程施工质量及进度，施工中采用新技术和新工艺时，均经主管部门批准，并制定质量标准和工艺要求。

TETRA 数字集群移动通信系统采用数字集群方式，在锦州南、沈阳通信站设控制节点交换机、调度台、操作维护终端及其他附属设备。在山海关、绥中北、葫芦岛北、锦州南、盘锦北、台安、辽中以及沈阳通信站分别设置集群基站，区间弱场强区采用宽频带光纤射频直放方式，解决集群系统和无线列调系统的区间场强覆盖。无线列调系统采用有线、无线相结合的组网方式，沿铁路线构成链状无线覆盖通信网。

集中监控系统按秦皇岛、山海关、锦州南 3 个管辖区段设置监控管理中心，建立 3 个相对独立的集中监控系统，实现对全区段线路、设备的全面监测、监控和集中管理。

秦沈客运专线为新建铁路，站前与站后专业施工交叉进行，互相干扰严重，时有损坏发生，给通信施工造成很大困难。为确保安全、优质、按期建成开通，以 ISO9001 质量保证体系为基础，科学管理，优化施工方案，保证重点。为解决无线列调通信系统及 TETRA 数字集群移动通信弱场区，工程技术人员经认真研究，在绥中北、葫芦岛设置光纤射频直放设备，解决区间信息接入点，给工程完工提供条件，按时完成工程任务。

信号工程　采用主要由 TVM430/SEI 列控联锁一体化系统、列车运行指挥系统（CTC）、车站信号局域网设备和信号集中监测系统组成的综合系统。车站采用分散式计算机联锁，道岔采用 18 号、38 号道岔，轨道电路与区间相同制式，设进站、出发及预告信号机。区间采用 U—T 列车运行控制系统，不设地面信号机，设停车标识牌。设 2 个集中控制楼、8 个中继信号室，各中继室之间信息联系采用通信光缆传输通道。

针对秦沈客运专线通信、信号电缆同沟敷设设计要求，在通信、信号施工规范和验收标准的基础上，结合引进法国 UM2000 轨道电路系统的特点，按施工准备，施工定测，电缆测试、预配，挖沟、敷设电缆、接头，敷设贯通地线、环行地线，设备安装，制作模拟电路、模拟条件，模拟试验，局部试验，系统试验，验收，开通等主要程序和环节进行施工作业。

电缆径路区间走线路下行侧，尽量选择平直地段，车站站台干线电缆走站前预留的电缆槽道，电缆过道施工采用顶管方式，严禁开挖，作业坑应用素水泥浆做防水处理。为保证 UM2000 轨道电路电气特性要求，干线电缆全长控制在 7500 米以内。电缆敷设前进行单盘电缆测试，予配、敷设过程中切割的电缆及时用热缩封端帽进行封端。电缆沟原则上从中继站向两侧开挖，信号电缆由信号专业敷设，完毕后及时通知通信专业敷设光缆，互不交叉。贯通铜缆地线与信号电缆同沟同槽。光、电缆采用直埋方式并用软土防护，电缆过水沟、涵洞等采用钢管或 UPVC 管防护，光、电缆接续采用地下接续。室外信号设备依据施工图及法国 SEI 联锁列控系统的安装要求，结合信号施工规范和验收标准进行安装。轨道接地和等电位连接采用简单横向连接、完全横向连接、完全回路横向连接 3 种方式。沿信号楼基础周围敷设一条 50 平方毫米的裸铜线作为环形地网，铜线无接头，埋深不小于 1.2 米。信号机房内网格地线每间隔 5～7 米与环形地网用 25 平方毫米电缆线焊接一次。信号楼设置总接地板，固定在电缆引入口处防静电地板下的墙上。室内设备依据 CSEE 公司的 SEI 安装手册和有关信号施工规范和标准安装。

为优质高效按期完成施工任务，按照项目法施工模式进行承包，组织专业作业组对关键工序如电缆地下接续、信号设备安装、轨道电路设备安装、室内设备试验等进行流水线作业，大大提高了施工专业化、标准化程度，经过努力，顺利完成了信号工程施工任务。

房建工程　山海关、绥中北、葫芦岛北、台安、杨士岗 5 处牵引变电所和 D34 标段通信信号房屋计 20 来个工号的房建工程，总建筑面积约 5693 平方米。牵引变电所一般由高压室和主控室组成，两层框架结构或单层砖混结构。施工按先地下后地上、先结构后装修、先土建后设备的工序和环节，将工程划分为基础、主体、内外装修和收尾 4 个阶段进行施工。变电所施工中采用组合钢模板、钢管支撑，梁模板采用满堂红脚手架，承重底模在混凝土强度达到 100%后拆除。混凝土为现场搅拌，派专人控制配合比保证混凝土搅拌质量。浇筑混凝土时，设置马蹬、人行通道和操作平台防止踩踏已绑好的钢筋。混凝土分层浇筑，浇筑后及时进行养护。工程所需门窗在专业厂家订做，按照施工规范进行安装。屋面防水层施工在找平、找坡层干燥后进行。屋面工程完成后立即进行闭水试验，用以检验施工质量。

信号系统联调　在信号设备的单项试验和系统静态试验（地面系统和车上系统）、列车行走试验的系统动态试验、ATP 试验、提速试验的基础上，进行信号系统综合联调。验证 SEI 系统、CTC 系统、信号集中监测系统之间的信息传递是否正确，各系统通信通道是否满足要求并且调通，各系统相互之间的接口功能是否实现，信号系统的整体功能是否满足设计要求，特别是国内的 CTC 系统与法国的 SEI 系统之间是否能对接成功并达到预期效果，所有这些都需要在各系统本机调通的基础上进行有效地验证、确认和整体调试。

秦沈客运专线信号系统综合联调是一项高技术、高难度的系统工程，它涉及面广、相关专业配合复杂、交叉施工干扰大；它包括 6 个车站、22 个中继站；需要施工单位、接管单位、厂商等 8 家单位的参与和配合；涉及与通信、电力、工务等其他相关专业的联系和协调。为圆满完成信号系统综合联调任务，成立联调领导小组，调集技术骨干和信号专家组成 3 个综合联调组、7 个专业联调小组进行信号系统综合联调工作。第一综合联调组，设 3 个专业联调小组，负责沈阳 CTC 中心、D36 标段台安、辽中站管内、黄姑屯接口的信号联调工作，负责信号联调的总体指挥和协调。第二综合联调组，设 2 个专业联调小组，负责 D35 标段锦州南、盘锦北站管内的信号联调工作。第三综合联调组，设 2 个专业联调小组，负责山海关接口、D34 标段绥中北、葫芦岛北站管内的信号联调工作。根据设计文件以及信号系统的功能，对 CTC 中心系统局域网上联接的服务器、网管台、维护台、调度员台、全景台、控制台、计划台、应急台、主任台、绘图仪、打印机等设备的 A 网和 B 网的状态进行确认、转换和测试。对车站本地系统、车站通信通道、车站局域网、道岔表示、信号机表示信息、轨道电路信息进行测试和确认。对信号集中监测系统的本机系统和系统通信通道进行调试确认、对集中测试信息、集中报警信息进行验证和确认。对环境监测系统的本机系统和系统通信通道进行调试确认，对环境测试信息、环境报警信息进行测试、校核和确认。经过日夜奋战，按期完成信号系统联调工作，为秦沈客运专线的按时开通提供了保证。

防护工程　防护工程分两步进行，首先配合前期土建施工单位进行防护工程迁改，涉及秦皇岛和山海关电务段、铁十一局、海军后勤部、电信局等 14 个单位。共拆迁压线通信电（光）缆 101.3 公里，跨越 39 处(均跨越四股道以上)，改线过桥 9 处（每处 4 条电缆以上)，铁道部秦沈客运专线总指挥部指定的 A—1 标段 DK421 以东的山海关站场信号系统、轴温信号传输电缆和由于路基返工的通信电缆防护工程迁改。其后开展全线输油、气管道的防护，共涉及管道局（秦皇岛、沈阳输油公司)、海军后勤部、辽河油田（含 4 个采油厂)、锦州石化总公司等 9 个单位的 35 条管道跨越，沈阳输油公司 、辽河油田油气集输公司各 3.5 公里平行段防护。全部防护工程于 2003 年 8 月 15 日竣工。

采用的新技术、新设备

接触网专业　区段接触网支柱基础采用杯口基础及实体基础，接触悬挂下锚采用钢筋混凝土柱式拉线基础，接触网腕臂支柱采用新型环形等径预应力混凝土支柱，桥支柱采用型材 H 型钢柱和管型钢柱；新建中间站多股道区段采用硬横跨结构。采用带限位的轻型铝合金组合定位装置。采用奇数五跨锚段关节，用带中性段的锚段关节代替器件式电分相，设置机车自动过分相装置，提高接触网的弹性。综合试验段 300 公里/小时速度区段采用镁铜合金接触线，提高接触线的张力，使弓网受流质量良好。部分接触网采用全补偿弹性链形悬挂，提高悬挂点与跨中的弹性均匀度，延长导线的使用寿命。绝缘锚段关节及软横跨中间节点采用硅橡胶合成绝缘子；软横跨采用弹簧补偿器，提高稳定性。新建客运专线区段道岔处接触网采用 60 公斤 1/38 交叉式线岔，填补了国内空白，为高速接触网提供了技术储备。接触线采用具有良好的耐磨性能、耐腐蚀性能及高温软化特性的银铜合金线。

利用吉斯玛额定张力放线车进行承力索、接触线同时一次额定张力架设工艺，保证接触线的平直度，改善弓网受流质量。利用接触网多功能激光测量仪实现无接触测量技术，满足高速要求的精确度。全线接触线采用生产厂方按设计锚段定长供应，对号架设，彻底克服了因接头引起的硬点，提高了弓网受流质量。利用新开发研制的，不利用钢轨做固定的四腿螺旋整杆器，保证了线路的稳定性。首次开发应用高强度混凝土坠砣制作装置，产品质量达到历史最好和全线最好。开发的支柱装配、吊弦计算软件可操作性强，完全满足高速对精度的要求。研制的支柱装配、整体吊弦预配平台，满足高速对预配精度的要求。为保证接触悬挂质量和一次安装到位率，采用超拉架设施工法。中铁电化局秦沈线工程指挥部研编的 14 项接触网施工主要项目作业指导书和 94 项接触网、变电专业安装检查记录，正确指导施工，保证了工程质量创国优。

变电专业　全线牵引变电所接入 220 千伏系统并采用单相变压器供电，使牵引变电所的主接线大为简化。采用单相接线后，主变压器原边的断路器、电流互感器、电压互感器等设备可节省 1/3。牵引变电所采用单相供电方式，高压设备投资可减少近三分之一。采用接触网故障性质判断装置，以免对变电所一次设备，尤其是对主变压器的冲击。牵引变电所进线不带跨条，这种接线方式，既提高了供电的可靠性，同时也减少了一次设备。采用柱上开关式分区所模式，是秦沈线设计中的一个特点。柱上开关式分区所将上下行接触网连通，构成接触网末端并联供电，有助于提高网压和降低电能损耗，为越区供电预留条件，并可减少分区所的占地面积，降低投资近一半。

信号专业　采用 60 公斤/米轨 38 号道岔，是目前国内号数最大、长度最长、结构最复杂的道岔，采用 S700K 电动转辙机牵引。采用从法国引进的 TVM430/SEI 列控联锁一体化设备和数字化的 UM2000 轨道电路。采用车站局域网、信号集中监测系统；采用 2 条通信光缆中各 2 芯传输车站和中继站的 SEI 列控中心交换信息及信号系统监测报警等非安全信息。采用信号保安地面设备和接地系统，使全线的接地及防雷成为综合接地网络。

通信专业　采用 TETRA 数字集群移动通信系统和光纤射频直放系统。采用客运信息管理系统，首次实现全程联网信息共享、全程集中图像监控、全程集中广播等功能，极大地提高了客运管理和服务水平。

第二节　京津城际铁路

一、工程概况

京津城际铁路为新建双线电气化铁路，由北京南站东端引出，沿既有京山铁路线南侧向东，下穿玉蜓桥，沿南护城河至左安门后折向东南，跨北京二、三、四、五环，过亦庄工业园区西缘，沿京津高速公路第二通道经永乐新城东侧至天津杨村后，沿既有京山线北侧至天津站。全线近期设北京南、亦庄、武清、天津 4 个车站，预留永乐站，正线全长 117.12 公里。设计最高速度 350 公里/小时，运营速度 350 公里/小时。为了方便既有线动车组列车驶上京津城际铁路运行，在天津南仓附近还设置了京津城际铁路至天津西站的联络线。京津城际铁路预留至首都国际机场和塘沽方向（天津滨海国际机场）的出线条件，便于今后的发展。

京津城际铁路是《北京城市总体规划（2004～2020）》中的重要内容，是为 2008 年北京奥运会配套的重点工程。京津城际铁路把北京和天津 2 个直辖市紧密的联在一起，直达仅需 30 分钟，实现铁路公交化，推进京津都市圈交通一体化的发展思路，在环渤海地区形成一个“半小时经济圈”，促进环渤海地区经济快速协调发展。

建设京津城际铁路，为达到近期运量（2015 年）2320 万人、远期运量（2025 年）3280 万人；远景规划年输送能力单向 6000 万人以上的要求，作为中国第一条具有完全自主知识产权、世界一流水平的高速铁路，京津城际铁路取得了一大批技术创新成果，标志着中国高速铁路技术已经达到世界先进水平。京津城际铁路工程通过研究和工程实践，成功解决了中国高速铁路路基、桥梁、无砟轨道、测量控制、环境保护、减震降噪等重大关键技术问题，为中国高速铁路建设及相关产业发展积累了宝贵经验。

京津城际铁路工程，铁道第三勘察设计院为总体设计单位，负责线路设计。站后四电工程为系统集成总承包工程，中铁电化局作为投标联合体的国内牵头方，负责京津城际铁路牵引供电专业的部分设计、供货及全部施工和电力专业的全线设计、供货及施工，设计由中铁电气化勘测设计研究院有限公司承担。中国铁路通信信号集团公司负责通信和信号专业的部分设计、供货及全部施工，设计由北京全路通信信号勘测设计院承担。德国西门子公司作为京津城际铁路四电系统总负责方，负责通信、信号专业的部分设计、供货和牵引供电专业的部分设计、供货及四电施工安装的督导、四电集成试验工作。

京津城际铁路主要技术条件：线路等级，客运专线；正线数目，双线；线间距，5.0 米；最大坡度，20‰；最小曲线半径，5500 米；曲线最大外轨超高，175 毫米；车站到发线有效长度，700 米；牵引种类，电力牵引；车辆类型，电动车组(EMU)；列车运行控制方式，自动控制；运行指挥方式，综合调度集中；最小列车追踪间隔时分，3 分钟。列车短编组，8 节编组，定员 600 人；列车长编组，16 节编组，定员 1200 人；平行运行图通过能力，80 对/日；CRH3 型 16 辆动车组 300 公里/小时时，总装机容量 23400 千伏安，单车电流约 940 安培；350 公里/小时时，总装机容量约 29500 千伏安，单车电流约 1200 安培。

在全长 117.12 公里的京津城际铁路中，特大桥 5 座、大桥 1 座、中桥 5 座，总延长 100.3 公里，整条铁路仿佛一条空中走廊；铁路全线铺设具有世界铁路先进水平的无砟轨道。牵引供电系统采用 2×27.5 千伏 AT 供电方式，接触网悬挂采用全补偿简单链形悬挂，全线电力贯通线均采用电缆供电。全线设置 1 套 PSCADA 系统，对牵引供电和电力供电设施的运行状态进行实时监视和控制。京津城际铁路牵引供电系统技术在牵引供电、变电、接触网、监控、电力等子系统建立最佳系统整体性能组合。通信信号方面，采用 GSM—R 数字移动通信系统，实现移动语音通信和无线数字传输；采用 CTC 运输调度指挥系统，对全线运行的列车进行集中调度和控制；以中国铁路无绝缘轨道电路，CTCS—2 列车运行控制系统为基础，同时集成国外高速铁路先进成熟技术，形成 CTCS—3D 高速铁路列车运行控制系统，能够满足本线列车最高时速 350 公里、最小追踪间隔 3 分钟的运行要求，并具备兼容 CTCS—2 列车运行控制系统，满足既有线时速 200～250 公里动车组列车跨线运行的需要。为高效、安全的列车运行提供保证。

参加京津城际铁路线路路基和桥梁工程施工的有中铁二局、中铁六局、中铁大桥局、中铁十七局、中铁十八局；参加桥梁预制架设及桥面系施工的有中铁二局、中铁六局、中铁四局、中铁大桥局、中铁二十二局、中铁十一局、中铁十四局；轨道由中铁二局铺设；中铁电化局承担电气化和电力工程的施工；中国铁路通信信号集团公司承担通信和信号工程的施工。

京津城际铁路线路工程 2005 年 7 月 4 日开工，2007 年 11 月 13 日开始铺轨，2007 年 12 月 16 日全线铺通。站后四电工程 2007 年 6 月 3 日开工，2008 年 2 月 2 日建成。2008 年 7 月 1 日开始试运行，2008 年 8 月 1 日正式通车。

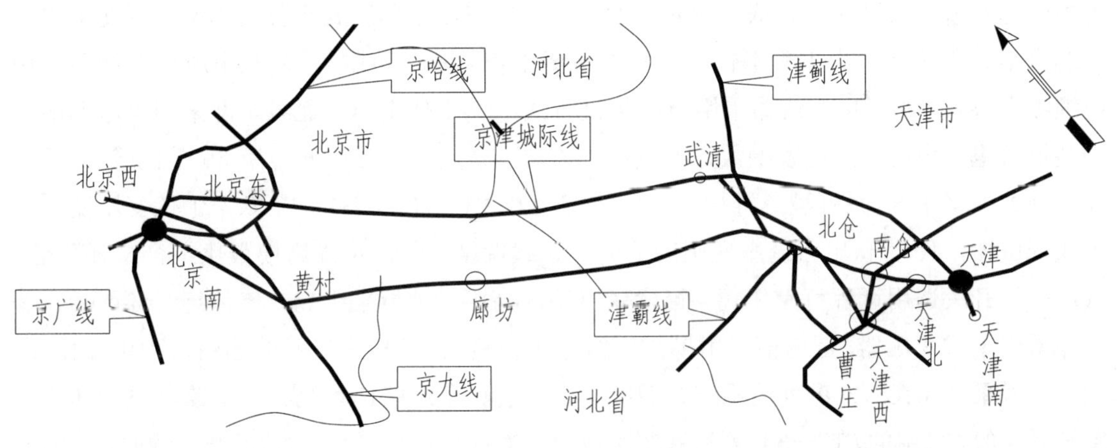

京津城际铁路示意图

二、工程设计

京津城际铁路电气化工程，正线采用 2×25 千伏 AT 供电方式，同供电臂上下行全并联供电，在事故情况下实现越区供电；世界上首次采用 VX 接线线路变压器组 AT 供电系统，每一变压器组由 2 台单相变压器构成；北京南站、动车组走行线采用 1×25 千伏带回流线的直接供电方式。全线设 2 处（亦庄、武清）牵引变电所、2 处开闭所、3 处分区所、4 处 AT 所。牵引变电所 220 千伏电源进线采用不带跨条的分支接线方式。主变压器为 V/X 接线变压器，采用固定备用方式。牵引变电所 55 千伏母线采用单母线隔离开关分段接线，母线上各设一组电压互感器，检修时互为备用。全线设置远动装置。

高速接触网悬挂类型（SICAT HAC）系基于德国高速铁路接触网 Re330 和西门子在克隆至莱茵高速铁路中采用的接触网 SICAT H1.0，并结合京津城际铁路的特点做了一些适当的修订。接触网为全补偿简单链形悬挂，最大跨距为 55 米，结构高度为 1.6 米，线材类型及张力同 Re330 和 SICAT H1.0，为 BzII 120+CuMg0.5 AC120（21 千牛+27 千牛）。接触网可满足最高速度 350 公里/小时双受电弓运行的需要。常速接触网悬挂类型（SICAT SAC）接触悬挂均采用 BzII 70+CuAg0.1 AC120（15 千牛+15 千牛）。支柱及拉线基础采用圆柱型钻孔桩基础，直径 900 毫米；正线及中间站一般采用 H 型钢柱，北京南站及天津站采用圆管柱及倒三角硬横梁，双圆管柱作为无拉线锚柱；腕臂采用直径 55 和 70 毫米铸铝合金管；采用整体吊弦。正线接触线和承力索采用棘轮下锚装置，带有断线制动装置，在北京南站和天津站，采用弹簧补偿下锚装置下锚；电分相采用两断口带中性段关节式电分相，中性段锚段长度为 12 跨或 13 跨；18 号、12 号及 9 号线岔均采用交叉线岔；馈线上网及回流均采用电缆，正馈线上网采用 27.5 千伏交联聚乙烯绝缘电缆。

电力供电系统满足免维护、少维修的要求，变配电所按无人值守设计，全线电力设备纳入牵引供电 SCADA 子系统监控。电力供电网络主要由沿线设置的变配电所、全线铺设的两回路 10 千伏电力贯通线及为各通信基站、信号基装箱、牵引所（亭）提供电源的箱式电力变电站或箱式开关站构成。分别在北京南、亦庄、永乐、武清及天津站设置变配电所（北京南、天津站电力工程不在四电系统集成工程总承包范围内），配电所电源线路采用电缆敷设方式，站场电力线路采用电缆敷设方式，10 千伏电力贯通线全部采用单芯非磁性铠装铜芯电力电缆，沿电缆槽敷设或直埋敷设方式。所有新建变配电所 35 千伏或 10 千伏高压开关柜采用 8D 系列型免维护 SF6 气体绝缘开关柜（GIS 柜），10/0.4 千伏变压器采用干式变压器，10 千伏电力调压变压器采用干式载调压，低压柜采用模数化组合式开关柜，低压空气开关选用远程可操作式。箱式变电站内高压开关柜采用 SF6 气体绝缘环网柜，变压器采用干式变压器，低压柜采用模数化组合式开关柜，低压空气开关选用远程可操作式。

信号采用 CTCS-3 D 列控系统、调度集中系统、车站联锁系统、集中监测系统和综合接地系统等。采用的 CTCS-3 D 列控系统可兼容 CTCS-2 级列控系统，满足既有线时速 200～250 公里动车组上线运行的要求。北京南、天津城际场采用国产 K5B 计算机联锁，亦庄、永乐、武清 3 个站和 6 个中继站采用西门子车站区间一体化区域计算机联锁系统。

CTCS-3 D 列控系统包含 ATP 车载子系统、轨旁列控子系统、轨旁联锁子系统和 CTC 子系统。ATP 车载子系统由 2 台相互独立的安全车载计算机组成，装备在 CRH2 和 CRH3 型动车组上，满足最高 350 公里/小时的列车运行速度要求。轨旁列控子系统包含 ZPW-2000A 轨道电路、列控中心、通用现场控制单元（MSTT）、轨旁电子单元（LEU）和应答器等设备。ZPW-2000A 轨道电路可适用于牵引电流 1600 安培，不平衡电流 200 安培的电气化牵引区段，应用京津城际铁路无砟轨道线路。轨道电路最大长度 1200 米，接收器采用双机并用方式。

列控中心包括 2X2 取 2 的安全计算机、输入输出接口单元、通信接口单元、监测维护终端等，实现轨道电路编发码控制。轨旁电子单元（LEU）根据进路和信号显示，控制应答器报文输出，从而实现车地传输，将数据传输至列车上。LEU 有室内和室外 2 种配置。通用现场控制单元可实现对应答器的现场分散控制，从而实现车地传输，将数据传输至列车上。MSTT 一般安装在轨旁接触网支柱上。

轨旁联锁子系统包含正线 SIMIS W 联锁和北京南、天津站 K5B 联锁。SIMIS W 联锁包括：控制显示层（人机界面）、联锁功能层、联锁控制安全层、服务与诊断、室外设备。K5B 联锁包括：控制显示分机、安全联锁计算机、ET-PIO 输入输出控制单元、监测分机、室外设备。

调度集中（CTC）子系统建立在标准硬件和开放系统结构上，能满足京津城际铁路运营调度指挥的要求，CTC 子系统设备采用备用冗余的方式组成。主要包含：HMI 服务器、维护 HMI、COM 服务器、ADM 服务器、前端处理器 FEP、实时发送器 RTT 、以太网外围设备和打印机等。通过 CTC 协议转换器按照铁道部标准实现与其他系统的接口。

通信线路由光传输系统提供传输媒介，调度所、动车段走行线、车站、信号中继站、电力牵引节点和 GSM-R 基站等采用光纤传输，地区和站场通信采用光电缆传输。北京南至天津北站沿铁路两侧站前预留电缆槽分别敷设 32 芯干线光缆各 1 条。北京南至走行线基站 BS44 间沿铁路两侧站前预留电缆槽分别敷设 24 芯光缆各 1 条。区间基站、电力牵引和信号节点根据芯线使用情况，分别引入 1 条 8 芯或 32 芯分歧光缆。北京南至相关站场、区间分别敷设 1 条 12 芯或 24 芯光缆。采用的通信系统包括：传输和接入系统、电话交换系统、GSM-R 专用移动通信系统、数据网系统、调度通信系统、应急救援指挥通信系统、综合视频监控系统、动力环境监控系统、通信综合网管系统等 13 个子系统。采用 SDH 制式的 ADM 设备开设 2.5 吉比特/秒、622 兆比特/秒的多业务传输平台，构成骨干传输系统。采用 GSM-R 数字移动通信系统，满足 350 公里/小时运行速度下语音、数据传输的需要。

在京津城际铁路电气化工程中，引进了很多新技术和新设备，有 V/X 接线牵引变压器、220 千伏六氟化硫断路器、2×27.5 千伏 GIS 开关柜、保护控制系统以及 AT 所（分区所）3 台自耦变压器 50%备用技术、同供电臂上下行全并联供电技术、大越区支援供电技术；整套腕臂及定位装置材质均为铝合金，高强度镁铜合金接触线、10 千伏气体绝缘开关柜、0.4 千伏开关柜、箱式电力变电站、干式有载电力调压变压器。上述设备和零部件质地优良，运行可靠，提高了电气化铁路的运营可靠性。

三、工程施工

中铁电化局承建的京津城际铁路电气化、电力和房建工程，主要包括接触网架设 400 条公里；电力电缆敷设约 800 条公里，变配电所 3 处，箱式变电站及箱式开关站 54 处；牵引变电所 2 处，自耦所 7 处，开闭所 2 处；SCADA 被控站 59 个，控制中心 1 处；电气化相关生产房屋 9755 平方米。

为按时完成所承担的工程任务，成立了京津城际铁路项目部，下设一公司北京项目部（负责北京南站至永乐（不含）40 公里正线接触网施工任务）、电气化公司廊坊项目部（负责永乐（含）至武清（含）43 公里正线接触网和电力的施工任务）、一公司天津项目部（负责武清（不含）至天津 34 公里正线接触网及电力、北京南站至永乐（不含）电力以及全线的变电和 SCADS 的施工安装任务）。建筑公司设亦庄、武清 2 个项目分部，亦庄项目分部负责北京区段，武清项目分部负责天津区段的施工。

接触网工程 2007 年 6 月 3 日开工，开始地面接触网基础浇注；由于桥梁预留接触网基础螺栓误差超标严重，桥面系施工滞后，桥面系施工中优先安排博格板底座，再进行电缆槽、接触网基础及防撞墙的施工；到 2007 年 9 月，土建施工单位才开始接触网基础螺栓整治及桥面上部接触网基础的浇注；到 2007 年 10 月底大部分接触网基础浇注完成，才开始 H 型接触网支柱的安装，接触网后续施工陆续展开。

为做好接触网架线，2007 年 8 月 15 至 17 日，铁道部客专技术部组织时速 200 公里以上客运专线接触网安装培训班，中铁电化局参加京津城际铁路工程建设的主要人员参加培训，培训的重点是 120 CuMg0.5 接触线架设。2007 年 9 月 2 日至 14 日，铁道部客专技术部在合宁线组织接触网恒张力架线培训。培训方西门子公司负责接触网放线培训、安凯特（NKT）公司负责放线过程直弯器的安装、调试和使用，并对完成的放线进行平直度检测、BB 公司负责弹性吊弦的理论和操作培训。中铁电化局从一公司项目部、电气化公司项目部和合武二公司项目部分别抽调 14 人，组成 3 个作业队参加了培训。一公司和电气化公司项目部作业队成功地利用中铁十一局特斯米克（TESMEC）放线车、中铁四局欧马克（OMAC）放线车成功地完成了镁铜 120 接触线的架设、平直度检测，最大空气间隙小于 0.1 毫米，检测结果合格。但参加中铁电化局培训的 2 辆 CEM100.121 普拉赛放线车，西门子公司、安凯特（NKT）公司和 BB 公司均认为不能用于客运专线接触线（镁铜和锡铜）的架设，原因主要是张力传感器安装在接触线校直器之后，由于其工作原理是靠小轮给接触线侧向压力来测量接触线张力的，同时，给已经校直后的接触线造成新的细弯。中铁电化局召集各方专家，研究决定对普拉赛作业车进行改进，改进方案采用将校直器改到张力传感器之后，拨线柱上的方案，并于 2007 年 9 月 27 日再次在合宁线成功完成锡铜接触线架设。

2007 年 12 月 18 日，正线轨道铺通，开始进行接触线架设。2008 年 1 月 30 日进行正线接触网冷滑试验，2008 年 2 月 12 日正线接触网首次受电。2008 年 4 月 26 日进入系统联调联试阶段；2008 年 6 月 24 日，京津城际铁路以 394.3 公里的时速刷新中国铁路史上的最高速度；2008 年 6 月 30 日，系统联调联试完成；2008 年 7 月 1 日至 31 日进行试运营；2008 年 8 月 1 日，正式投入商业运营。

变电工程 2007 年 10 月 9 日陆续开工。开工时面临设计图纸不全，房建预留未达标，主要设备未到货，部分所址不确定等不利因素，特别是牵引变电所钢筋混凝土基础浇制项目，受地下水位高、实际地质条件变化影响而滞后。2007 年 12 月，主变压器等主要设备到货，武清牵引变电所首先开始进行设备安装。因牵引变电所所址远离车站，由专业变压器运输公司负责将主变压器运输到位。在灌注变压器油作业中，使用真空滤油机，提高了注油速度和质量。施工过程中解决了电缆上下桥无锯齿孔、回流柜安装方式变更、馈线电缆配盘敷设等难点问题。由于变电工程设备大部分为进口设备，技术含量高，安装、调试程序和测试方法要求严格，参加施工的技术人员在施工前接受了外方督导的技术培训，安装过程中积极配合外方督导检查，遵循严格的技术标准，确保安装质量符合要求。试验阶段按照安装试验、部分试验、系统试验和集成试验的各项内容和标准逐项实施，借鉴外方成熟的集成管理模式，取得了各阶段的成功。变电工程于 2008 年 1 月 31 日基本完成变电设备安装、调试工作；2008 年 2 月 1 日武清牵引变电所首次受电启动成功，2008 年 2 月 12 日正式向接触网送电。北京南开闭所、ATS1 至 ATS7 相继投入运行。克服亦庄 220 千伏外部电源影响，亦庄牵引变电所于 2008 年 4 月 30 日首次受电成功，至此京津城际铁路牵引供电工程全线投入运行，保证联调联试的进行，为试运行和 2008 年 8 月 1 日正式投入商业运行提供保证。

电力工程　2007 年 8 月 1 日正式开工。开工时电力工程施工图设计还没有全部完成，而且站前单位施工的电力电缆沟槽等工作还未完成，直接影响到工程进度，尤其是 10 千伏外部电源，在与地方供电局的沟通工作中遇到了相当大的阻碍。尽管困难重重，中铁电化局还是经过科学组织施工、发扬艰苦奋战的精神，于 2008 年 1 月 14 日和 16 日分别完成了永乐、武清 10 千伏变配电所的启运送电工作。并且在亦庄 10 千伏变配电所外部电源没送电的情况下，通过越区供电于 2008 年 1 月 16 日完成全线电力贯通线及沿线箱式电力变电站的启运送电工作。

通过与地方电力公司的艰苦协商，亦庄 10 千伏变配电所外部电源方案最终得到落实，于 2008 年 4 月 18 日完成了亦庄 10 千伏变配电所的启动送电工作，至此完成京津城际铁路全线电力供电系统的启动送电工作，为牵引供电系统调试工作提供了保障。

房建工程　建筑公司承建的京津城际铁路站后房建工程，共计 52 个工点，房屋总面积 9755 平方米，主要有亦庄站房及高架站台、武清站房综合楼、6 个 ATS 所、2 个 TSS 所、1 个 10 千伏变电所和 38 个通信基站。亦庄站房为砖混结构，武清站房、 ATS 所、TSS 所、信号运转房屋、10 千伏变电所为框架结构，通信基站为钢结构。

亦庄站房位于北京亦庄经济开发区站中心京津城际 DK20+495.885 处。设计使用年限为 50 年，房屋建筑面积 2912 平方米。基础形式为钢筋混凝土条形基础，主体砌体采用页岩砖，外墙厚 370 毫米，内墙为 240 毫米，装修为外墙采用干挂花岗岩石材，保温采用 55 毫米聚苯板。内装修，进站大厅为铝条板吊顶，干挂石材内墙面，大理石地板。其余为一般装修。武清站房综合楼位于车站中心里程 DK82+080 处，设计使用年限为 50 年。建筑面积 2176 平方米，基础形式为钢筋混凝土柱下独立基础，主体结构形式为框架结构。进出站大厅结构为现浇井字梁结构，跨度22米，横向宽度18米，大梁高度1.35米，共有34道梁。屋面防水等级为Ⅱ级，层数为二层，层高4.2米，站房大厅层高8.4米，建筑高度11.7米。

2007年8月2日开工，由于受前期征地拆迁滞后和站前工程及图纸不到位、设计方案不确定等因素影响，进入10月工程才全面铺开，形成了抢工局面。年内，37个通信基站、变电、信号房屋及亦庄、武清车站站房基本竣工，为电气化施工提供设备安装条件。2008年重点是亦庄高架站台箱梁施工，按照京津城际公司要求，箱梁内侧支模必须在4月10日前拆除，以保证10日侧线试车。3月6日开始第一片箱梁浇筑，经30多天不间断施工，4月9日完成。随后，连夜拆除箱梁内侧支模，保证了动车组实验车在站台侧线如期安全通过。2008年6月13日工程全部竣工。

采用的新技术　接触网施工测量，根据土建单位建立的基桩控制网（CPIII）和数据，利用全站仪进行。基坑开挖采用旋挖钻机开挖方式；腕臂及吊弦计算采用西门子公司提供的Candrop软件计算；镁铜接触线架设采用改进型普拉赛恒张力架线车，并在架线车出线口安装七轮接触线校直器；接触线架设过程中采用组合工具吊弦悬挂；架设后接触线利用平直度检测尺及塞尺，对接触线进行平直度检测。接触网静态检测采用多功能激光接触网测量仪；接触网动态检测采用德国DB公司的接触线位置厚度检测系统和铁科院接触网检测设备（V6.0弓网受流参数两套检测系统）；接触线位置厚度检测系统包括（非接触式光学检测）和弓网接触力检测系统（接触式力学检测）2种功能，该装置检测结果为接触网的施工调整提供依据，V6.0弓网受流参数检测系统作为接触网评估验收依据。

首次采用V/X接线线路变压器组AT供电系统，每一变压器组由2台单相变压器（高压侧单相引入220千伏，低压侧2×27.5千伏，带中间抽头经集中接地箱接地并纳入综合接地系统）构成，牵引变电所不再设并联补偿装置，用以提高整个系统的功率因数。AT所，分区所设3台AT，形成50%备用方式。同供电臂上下行全并联供电方式，全并联AT供电方式与常规AT供电方式相比，能够减小牵引网单位长度阻抗、减少电压损失、增强供电能力和改善供电质量。大越区支援供电，当2个牵引变电所的某一变电所故障时，另一变电所可以“大越区方式”向全线接触网供电，保证动车组运行。

第三节　合武铁路客运专线

一、工程概况

沪汉蓉通道合肥至武汉新建铁路客运专线位于安徽省中西部、湖北省东部，东起合肥站，沿西安至南京铁路至长安集站，由长安集站引出后沿西安至南京铁路向西经合肥市的肥西县，六安市的金安区、裕安区、金寨县，中穿大别山进入湖北省，经黄冈市、麻城市、红安县，武汉市的黄陂区，引入汉口站。跨越2省4市7区县，正线全长359.361公里。其中新建正线长度 284.114 公里，合肥枢纽正线长度 33.573 公里，武汉枢纽正线长度41.674公里。安徽省内正线长度201.588公里；湖北省内正线长度157.773公里。合武铁路安徽有限公司范围内正线长度204.328公里，沪汉蓉铁路湖北有限责任公司范围内正线长度155.033公里。

合武客运专线沿线设有合肥、桃花店、合肥西、长安集、南分路、六安、独山、金寨、天堂寨、墩义堂、三河、麻城北、红安、汉口 14 个车站，其中合肥、桃花店、合肥西、长安集、六安、汉口为既有车站。全线有大中小桥梁171座，总延长118.819公里，占正线总长的33.1%；有隧道36座，总延长64.076公里，占正线总长的17.83%，其中大别山隧道最长为13.256公里。

与合武客运专线相衔接的铁路有京广线、汉丹线、京九线、合九线、宁西线西安至合肥段、淮南铁路、皖赣铁路和设计中的沪汉蓉通道武汉至安康段增建第二线、武广客运专线、宁西线合肥至南京段。其中京广线已完成电气化改造，沪汉蓉通道武汉至安康段、武广客运专线、宁西线合肥至南京段属同期规划的电气化铁路。

合武铁路客运专线的业主单位为沪汉蓉铁路湖北有限责任公司和合武铁路安徽有限公司；由中铁第四勘察设计院集团有限公司设计，合武铁路（上海局管内）中外合作监理联合体中铁四院监理站、合武铁路安徽段监理联合体上海华东监理站、合武铁路湖北段中外合作监理联合体项目部站后监理站监理。

合武铁路客运专线的主要技术条件：铁路等级，I级干线（客运专线）；正线数目，双线；线间距，4.6米，枢纽内根据相应设计行车速度确定；限制坡度，6‰；最小曲线半径，250 公里/小时地段 5500 米，枢纽内根据相应设计行车速度确定；到发线有效长度，850米；设计速度，旅客列车250公里/小时、货物列车120公里/小时；牵引种类，电力牵引；机车类型，250公里/小时及以上客车采用动车组、普通客车采用SS9、货车采用SS7D；牵引定数，4000吨；建筑限界，满足双层集装箱运输要求。牵引供电系统采用AT供电方式，接触悬挂采用全补偿弹性链形悬挂；信号采用计算机联锁、CTCS-2列控系统、CTC系统、集中监测系统，区间闭塞方式采用自动闭塞；通信干线采用2条24芯光缆，由STM-16系统设备构成骨干传输网，采用GSM-R数字移动通信满足专用和调度通信的需要；沿线建10千伏电力贯通线和自闭线各1条。

参加合武铁路客运专线线路施工的单位有中铁四局、中铁二十四局、中铁二十五局、中铁十二局、中铁十局、中铁大桥局、中铁隧道局、中铁十七局、中交二航局、中交三公局、中交二公局、中铁七局、中铁十一局。中铁电化局和中国铁路通信信号集团公司组成联合体，承担电气化、电力、通信、信号、电气化房建的施工和四电集成系统方案设计及子系统内部设计。

安徽省段接触网工程于 2007 年 9 月 15 日开工，湖北省段接触网工程于 2007 年 9 月

21 日开工；安徽省段电力工程于 2007 年 10 月 24 日开工，湖北省段电力工程于 2007 年 11 月 10 开工；安徽省段牵引变电所于 2008 年 6 月 3 日开工，湖北省段牵引变电所于 2008 年 6 月 21 日开工，标志着合武铁路客运专线电气化工程全面展开。2008 年 11 月 27 日湖北省段接触网送电一次成功，2008 年 12 月 9 日安徽省段接触网送电一次成功。2008 年 12 月 31 日，合武铁路客运专线试运营。2009 年 4 月 1 日正式开行动车组。

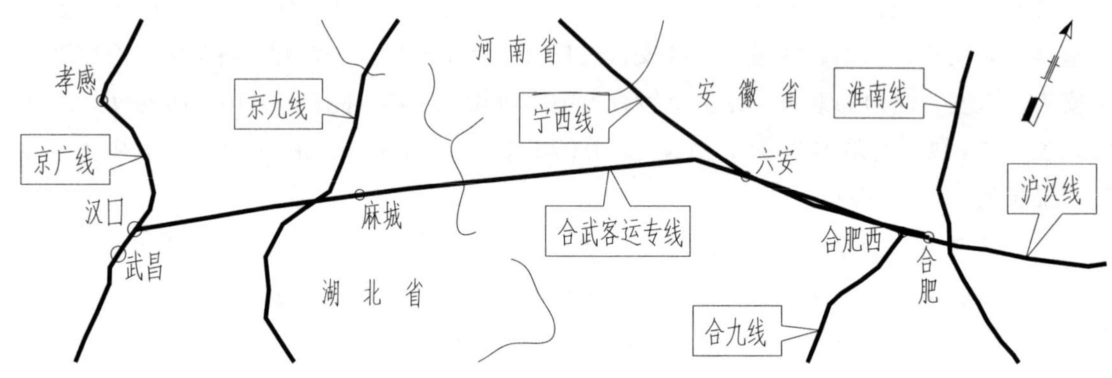

合武铁路客运专线示意图

二、工程设计

合武铁路客运专线工程牵引供电采用 AT 供电方式，采用的主要设计原则和技术标准是，安徽省段内设长安集、六安、金寨、墩义堂 4 处牵引变电所，设南分路、十里头、天堂寨 3 处分区所，合肥 1 处分区所兼开闭所（4 进 2 出），合肥东 1 处直供开闭所，桃花店 1 处 AT 开闭所（2 进 2 出），7 处 AT 所。湖北省段内设麻城北、彭岗 2 处牵引变电所，改造江岸西（变电所）1 处牵引变电所，设三河、大塘、新横店 3 处分区所，4 处 AT 所。牵引变电所、开闭所均按无人值班有人值守设计，分区所、AT 所按无人值班、无人值守设计。牵引变电所进线采用两回独立的 220 千伏电源，互为热备用。主接线采用线路变压器组接线方式。每组主变采用 2 台单相变压器外部组合成 V/V 接线方式，主变固定备用。在 220 千伏进线隔离开关外侧设置电压互感器和氧化锌避雷器，主变压器低压侧设断路器，通过隔离开关与 2×27.5 千伏母线相连。2×27.5 千伏母线采用单母线隔离开关分段接线方式。分区所和 AT 所的每个供电臂的上下行之间用 2 台断路器和 1 台电动隔离开关连接，实现供电臂上下行并联供电。在每个供电臂的 2 台断路器之间的连接母线上设 2 台自耦变压器，每台自耦变压器通过双极电动隔离开关接于母线上，1 台运行，1 台备用。2 个供电臂之间设带有电动隔离开关的跨条，实现越区供电。牵引变电所、分区所采用 SCADA 综合自动化系统，并纳入牵引供电调度系统。

接触网悬挂正线采用全补偿弹性链形悬挂，接触悬挂参数按能满足远期最高速度 250 公里/小时双弓运行进行选择，隧道内及其他站线、联络线采用简单链形悬挂。接触线正线采用 CTS-150 铜锡合金线，额定张力 25 千牛，侧线采用 CTS-120 铜锡合金线，额定张力 20 千牛，站线、区间渡线、联络线采用 CTS-120 铜锡合金线，额定张力 15 千牛；承力索正线采用 JTMH-120 铜镁合金线，额定张力 20 千牛，侧线采用 JTMH-95 铜镁合金线，额定张力 20 千牛，站线、区间渡线、联络线采用 JTMH-95 铜镁合金线、额定张力 15 千牛。全线按重污区标准进行设计，接触网和供电线绝缘子的公称泄漏距离不小于 1400 毫米，上下行正线间绝缘泄漏距离为 1600 毫米。

附加导线采用抗拉强度高、耐腐蚀性能好的铝包钢芯铝绞线，供电线采用架空明线或电缆上网方式。正馈线采用 LBGLJ-240／30 铝包钢芯铝绞线，最大张力 15 千牛；保护线采用 LBGLJ-120／20 铝包钢芯铝绞线，最大张力 10 千牛；架空地线采用 LBGLJ-70 铝包钢芯铝绞线，最大张力 6.5 千牛；供电线采用 2×LBGLJ-240／30 铝包钢芯铝绞线，最大张力 2×15 千牛。

接触网结构高度一般为 1600 毫米，当受跨线建筑物净空限制时，结构高度酌情降低，但宜保证最短吊弦长度不小于 500 毫米。全线接触线高度按开行双层集装箱条件进行设计，接触线高度一般为 6450 毫米，最低点不小于 6330 毫米。接触线工作支悬挂高度在车站及区间一般为 6450 毫米。正线工作支接触线高度变化时，相邻两定位点坡度变化率不大于 2‰，两相邻吊弦坡度变化率不大于 1‰。

正线双边补偿时的锚段长度，一般不超过 2×700 米，困难情况下不超过 2×800 米；站线锚段长度一般不超过 2×850 米，困难情况下不超过 2×900 米；隧道内接触网锚段长度不大于 1100 米。附加导线锚段长度一般不超过 2000 米，困难时不超过 3000 米。在确保接触线最大风偏不大于 400 毫米的前提下，路基区段跨距一般不大于 60 米，高架桥上及隧道内一般不大于 50 米，相邻跨距之差不大于 10 米，直线区段接触线拉出值一般为 300 毫米。

正线区段，路基地段接触网支柱侧面限界一般为 3100 毫米；高架桥上接触网支柱侧面限界一般为 3000 毫米。枢纽内既有线等区段支柱侧面限界一般不小于 3000 毫米，当受限时，直线区段侧面限界不小于 2500 毫米，曲线地段相应加宽。站台上雨棚柱合架支柱则为雨棚柱位置限界。

接触网支柱一般采用 H 型钢柱，枢纽内既有线区段采用横腹杆预应力钢筋混凝土支柱。站场除特殊要求外采用软横跨或硬横跨。硬横跨支柱、横梁以及软横跨支柱均采用热浸镀锌防腐。路基地带支柱基础及拉线基础一般采用机械钻孔灌注桩基础，支柱与基础间采用法兰连接形式；高架桥上由站前专业预留法兰连接型基础。

全线采用绝缘旋转平腕臂结构，斜腕臂与水平腕臂间加设腕臂支撑，硬横跨下接触网采用悬吊吊柱加平腕臂支持结构，隧道内采用中间吊柱加平腕臂结构。腕臂、定位管一般采用热浸镀锌无缝钢管。定位装置设计满足受电弓动态包络线的要求，受电弓动态包络线按左右摆动量 300 毫米、上下晃动量 200 毫米考虑。定位器采用铝合金定位器。当定位器带限位装置时，其限位抬高量为 300 毫米，当定位器不带限位装置时，允许接触线最大抬升量为 400 毫米。吊弦采用截面为 10 平方毫米的镁铜合金绞线整体吊弦。正线中心锚结一般采用防断两跨式结构，站线采用防窜中心锚结。张力补偿装置采用铝合金滑轮组式结构。

在变电所、分区所出口附近设置接触网电分相装置，电分相采用三断口式带空气间隙绝缘的六跨锚段关节形式。电分相中性段设电动隔离开关(常开)与两侧接触网相连。除在电分相处为分相目的而设置电分相绝缘锚段关节外，一般均设置非绝缘锚段关节。长大隧道的出入口处设置绝缘锚段关节，并设电动隔离开关。为实现上下行接触网间电气分开，渡线一般设分段绝缘器。分段绝缘器设于上下行正线间渡线接触网，采用带消弧功能的分段绝缘器；枢纽内分场、分束供电采用不带消弧功能的分段绝缘器。

腕臂采用抗弯破坏荷重为 12 千牛的高强度瓷质棒式绝缘子，隧道内采用抗弯破坏荷重为 12 千牛的合成棒式绝缘子；软横跨、供电线、正馈线等附加悬挂采用瓷质悬式绝缘子，绝缘子的公称泄漏距离不小于 1400 毫米。

电力工程全线设自闭线和贯通线各 1 条，自闭线采用单芯铜铠铜芯电缆，贯通线采用架空线和三芯铜芯铠装电缆混合线路。湖北省段内设麻城北、红安 2 处 10 千伏配电所，并利用在建的武汉北 35/10 千伏变配电所和武康线汉口Ⅱ配电所；安徽省段内设长安集、金寨、墩义堂 3 处 10 千伏配电所，改造合肥东、合肥、六安 3 处 10 千伏配电所。新建配电所电源由国家电网引入两路相互独立电源。配电所采用单母线分段运行方式，均按无人值班方式设计，10 千伏开关设备设置微机保护装置，并纳入电力远动系统。全线无变配电所的车站、区间通信信号中继站设置箱式变电站，电源取自自闭线和贯通线。

SCADA 系统由控制站、被控站、通信通道和供电设备维修管理系统构成。控制站设置在上海调度所内，作为综合调度系统的一个子系统进行单独的调度管理。在长安集、红安综合维修工区设置供电设备维修管理调度系统，负责沿线供电设备的维护、维修调度管理工作。被控站设置在沿线的牵引变电所、分区所、分区所兼开闭所、开闭所、AT 所、电力配电所、箱式变电站、接触网上网隔离开关处。

通信光传输系统采用 2 条 24 芯光缆，开设 STM-16 SDH 系统，构成骨干传输网。专用移动通信系统采用 GSM-R 数字移动通信制式，满足语音和数据传输的要求。设调度通信系统，并实现与 GSM-R 系统互联；设救援指挥通信系统、同步和时钟分配系统、电视电话会议系统、综合视频监控系统，满足各专业运营、管理、维护工作的需要。

信号采用基于 ZPW-2000A 轨道电路的 CTCS-2 列车运行控制系统，由地面子系统和车载子系统组成。CTC 系统在全线 14 个车站设置分散自律 CTC 车站设备。信号集中监测系统在正线车站、线路所、中继站设置微机监测系统车站设备。联锁系统在 14 个车站和 2 个线路所采用计算机联锁。

三、工程施工

中铁电化局承建合武铁路客运专线电气化、电力和房建工程。其中安徽省段内合肥站、桃花店、合肥西、长安集、南分路、六安、独山、金寨、天堂寨、墩义堂等车站及区间工程，共计接触网 643.874 条公里由中铁电化局西安电化公司承建；湖北省段内三河、麻城北、红安、汉口等车站及区间工程，共计接触网 559.984 条公里由中铁电化局二公司承建；湖北省段站后 2.6507 万平方米房建工程由建筑公司承建。

接触网工程　安徽省段内接触网工程西安电化公司投入 825 名员工参战，成立 2 个施工作业段，其中第一作业段 465 人，设 3 个作业队，每个作业队下设 4 个班组，负责合肥（含）至独山（不含）的接触网施工；第二作业段 360 人，设 2 个作业队，每个作业队下设 4 个班组，负责独山（含）至湖北省界的接触网施工，于 2007 年 9 月 15 日开工。合肥站接触网工程要求在 2007 年底配合合宁线开通，由于工期紧、任务急，而施工图、施工材料又迟迟不能到位，给施工带来很多困难。2008 年 1 月 19 日合肥客站达到建成程度，完成 27.77 条公里接触网架设调整任务。2008 年 4 月 18 日，合肥车站电气化铁路正式投入运营。2008 年 12 月 9 日，安徽省段内网上送电一次成功。

湖北省段内接触网工程二公司投入 570 名员工参战，成立 2 个接触网作业段，其中第一作业段 310 人，设 5 个作业队，负责汉口（含）至红安的接触网施工；第二作业段 260 人，设 5 个作业队，负责红安至安徽省界的接触网施工。于 2007 年 9 月 21 日正式开工，2008 年 11 月 27 日，湖北省段内网上送电一次成功。

根据新建客运专线接触网基础施工的特点，积极与站前施工单位密切配合进行交桩并展开测量，针对不同的路基地质情况和施工计划，根据施工图进行钻孔桩机械化开挖和基础浇制。根据站前施工单位铺轨进度和提供的轨行车辆进场条件，采用机械化立杆，不满足条件的地段，采用汽车吊立杆。腕臂装配采用电算化、工厂化预配，再机械化辅助人工安装。采用恒张力架线车，按照施工工艺进行导线的架设。悬挂调整采用先进的计算软件，进行整体吊弦和弹性吊索计算，机械化辅助人工进行弹性吊索和吊弦安装一次性到位。采用先进的激光测距仪和静态检测设备进行接触网静态检测，详细记录检测结果，然后进行细调。合格后进行接触网动态监测并克服缺点，确保工程质量达到标准。

变电工程　安徽省段内牵引变电工程于 2008 年 6 月 3 日开工，因房建工程招标滞后，50%的牵引变电所亭场坪尚未开工，严重影响施工的全面展开，特别是墩义堂牵引变电所的场坪、电缆沟、围墙等项目到 2008 年 12 月 4 日墩义堂牵引变电所受电冲击时还未完工。SCADA 系统因招标滞后，远动及综合自动化系统设备的生产厂家迟迟不能确定，与之相关的设备生产不同程度的受到影响。因麻城北牵引变电所所址位于车站背后，公路运输不能将主变压器运输到变电所内，只能通过铁路运输方式将牵引变压器运到京广线的横店车站，通过正在施工的合武铁路运至麻城北车站，人工将 4 台牵引变压器运到变电所内。2008 年 12 月 4 日，安徽省段内牵引变电所全部受电冲击成功。

湖北省段内牵引变电所于 2008 年 6 月 21 日开工，2008 年 11 月 25 日全部竣工，具备受电条件，但因地方 220 千伏电源未解决，彭岗牵引变电所拖至 2009 年 3 月 22 日才投入运行。由于四大调度中心建设滞后，原设在武汉调度中心的SCADA系统被分割。分别将湖北省段的SCADA系统临时设在武汉电调所内，安徽省段的SCADA系统临时设在上海电调所内，保留移至客运专线系统新建武汉调度中心的条件。

电力工程　电力工程安徽省段内于2007年10月24日开工，湖北省段内于2007年11月10开工。根据合武客运专线施工的特殊性，在电力电缆线路路径的选择和敷设上采用的方法是，路堤地段敷设电缆线路时，将电力电缆槽沿通信信号电缆槽外侧小平台敷设，保证了施工质量，同时又不阻塞通信信号电缆槽排水孔。桥头及路基护坡地段的电缆槽在不开挖路基护坡的情况下沿护坡明砌方式，保证泄水通畅。在路堑地段敷设电缆时，当水沟外侧有平台地段时沿水沟外侧嵌入敷设电力电缆槽，使电力电缆槽盖板顶面高度与水沟平齐，保证排水孔向排水沟排水畅通，并采取相应措施恢复受损植被及浆砌片石；当水沟外侧无平台地段时，在不影响通信信号电缆的前提下，局部段落在通信信号电缆沟上另敷设电力电缆槽敷设电力电缆。路径特别困难地段，在不影响通信信号电缆的前提下，局部段落直接由通信信号电缆沟槽内通过。其余地段均为嵌埋式敷设。并按期完成工程任务。

房建工程　建筑公司承建的合武铁路湖北省段站后房建工程，施工范围为湖北段DK212+300至DK365+400（不含汉口站），总共105个单位工程，主要工程量为5处AT所、2处变电所、2处分区所和3个车站站房，总建筑面积2.6507万平方米。全线房屋基础为毛石和条形形式，主体结构为框架、砖混和钢结构形式。

2008年1月9日项目部组建，2008年2月21日开工，6月底，生产房屋均为电化施工提供设备安装条件。麻城北站房7月开工，10月主体封顶进入装修。在麻城北站台风雨篷人工挖孔桩基础施工中发现桩底有流沙现象，项目部决定，将原设计的1米桩径改为1.5米，并加钢套管，在钢套管上打有小孔使得水可以穿过钢套管，流沙穿不过钢套管。在2008年度沪汉蓉铁路湖北有限责任公司对施工单位的综合考核中，项目部的工程质量、施工安全、投资控制、环境保护均评定为甲级。

第四节　胶济铁路客运专线淄博至平陵城段

一、工程概况

胶济铁路客运专线工程，东起青岛，途经潍坊、淄博至济南，正线全长365.71公里。是中国《中长期铁路网规划》中“四纵四横”之一的太原至青岛客运专线的重要组成部分，是北京奥运会的配套工程。它的建成对提高胶济铁路的运能和改善山东沿海地区运输繁忙状况，缓解既有胶济线的运输压力发挥着重要作用，也是建设中国现代化高速铁路的重点工程。

胶济铁路客运专线以胶济铁路电气化工程为基础，利用部分既有铁路，新建部分线路。

工程范围为高密（含）K92+800 至临淄（含）DK254+300，淄博（含）K271+100 至济南东（含）K380+600，含新建胶州北站及引入济南枢纽相关工程。新建客运线 180.6 公里、新建货运线 68.8 公里、利用废弃线路新建货物线 48.8 公里、客运线利用电气化改造后的线路 182 公里、货运线利用电气化改造后的线路 182 公里。胶济铁路客运专线设青岛、胶州北站、高密、昌邑、潍坊、昌乐、青州北、临淄、淄博、周村东、章丘、济南东和济南共 13 个车站。全线新建特大桥 17 座、改建 1 座，新建大中桥 63 座、改建大中桥 7 座，新建改建桥涵 781 座。

胶济铁路客运专线建设管理单位是胶济铁路客运专线有限责任公司，由中铁二院工程集团有限责任公司设计，济南铁建监理咨询有限公司监理，

胶济铁路客运专线主要技术条件：铁路等级，客运专线；正线数目，双线；速度目标值，200～250 公里/小时；最小曲线半径，按速度模式曲线合理选择；最大坡度，一般地区 12‰，局部地段经行车检算满足运输要求时最大不超过 20‰；到发线有效长度，700 米；牵引种类：电力牵引；机车类型，旅客列车采用动车组；列车运行方式，自动控制。货线主要技术条件：铁路等级，Ⅰ级干线；正线数目，双线；限制坡度，5‰；最小曲线半径，改建地段一般 1200 米，困难地段 800 米，既有地段维持现状；到发线有效长度，1050 米；牵引种类，电力牵引；闭塞类型，自动闭塞；牵引质量，5000 吨(青岛至青岛西 4000 吨)。设计运输能力：客运 6000 万人/年，货运 1.3 亿吨/年。

中铁建电气化局作为总承包单位与中铁电气化局集团二公司组成联合体承建胶济客运专线的电气化工程。于 2007 年 10 月 8 日开工，青岛至淄博段 2008 年 7 月 20 日建成通车；淄博至济南段 2008 年 12 月 21 日建成。

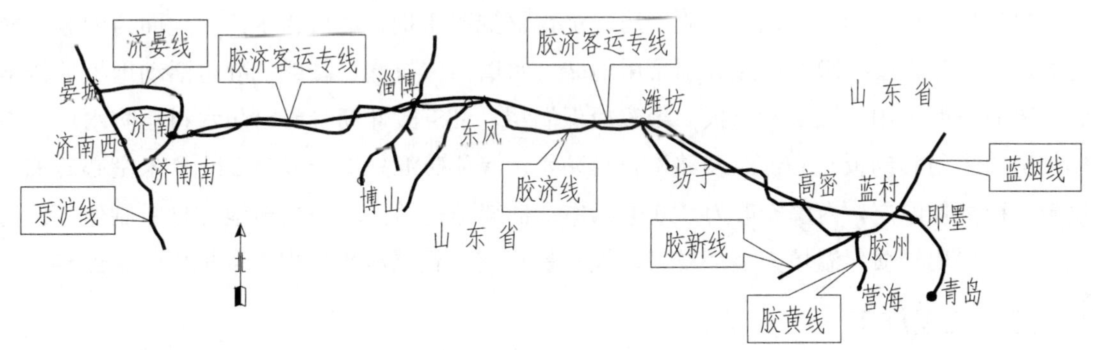

胶济铁路客运专线示意图

二、工程设计

牵引供电采用带回流线的直接供电方式，接触网采用单边同相供电，供电臂末端设分区所，实现上下行并联及越区供电。接触网悬挂采用全补偿简单链形悬挂，结构高度 1.4 米，接触线悬挂高度客运线 6000 毫米、货运线 6450 毫米。采用铝合金滑轮组补偿方式。

客运正线的导线及张力组合为 THJ-95+CTSH-120（15 千牛+20 千牛），站线的导线及张力组合为 THJ-70+AgCu-85（15 千牛+10 千牛）；货运正线的导线及张力组合为 THJ-95+AgCu-120（15 千牛+15 千牛），站线的导线及张力组合为 THJ-70+AgCu-85（15 千牛+10 千牛）。采用六跨式分相关节，三跨式中心锚结。腕臂柱采用平腕臂结构形式；客运线采用杯形基础，货运线采用直埋式基础。客运线车站采用硬横跨，货运线车站采用软横跨和硬横跨结合的方式。全线按重污区标准设计，绝缘子的泄漏距离按不小于 1400 毫米设计。

新建和改建牵引变电所外部电源采用 220 千伏或 110 千伏，牵引变电所引入两回 220 千伏或 110 千伏电源。牵引变压器采用三相 V/V 变压器，接线方式采用纯单相变压器或 V/V 接线，220 千伏或 110 千伏侧采用带跨条的线路分支接线，设置 220 千伏或 110 千伏电源自投及主变压器自投装置，27.5 千伏侧采用带隔离开关分段的单母线接线，27.5 千伏断路器采用固定备用方式。分区所采用单母线分段接线，分区所通过断路器实现同侧上下行接触网的并联供电，通过电动隔离开关实现越区供电。新建牵引变电所高压侧采用线路变压器组接线，改建牵引变电所高压侧接线不变，设 2 台牵引变压器，一主一备运行方式。27.5 千伏母线采用单母线分段接线方式。牵引变电所高压侧采用户外中型布置，27.5 千伏配电装置采用户内网栅间隔布置，公路进所方式。分区所采用四负荷开关构成的四边形接线，开关采用柱上布置。牵引变电所按无人值班有人值守设计，分区所按无人值班设计。

牵引变电所采用微机综合自动化装置，并设置视频及安全监视装置。各牵引变电所设 1 套交直流自用电装置，并纳入综合自动化系统。牵引变电所设置防直击雷避雷针和接地装置。新增牵引供电负荷纳入济南牵引供电调度所管理，在既有济南电调所内对软硬件进行调整和扩展。

电气化工程房屋，楼地面一般采用现浇钢筋混凝土板，面层为水泥，地面为混凝土楼地面，有工艺设备要求的房屋分别采用地砖、水磨石、抗酸、碱或抗静电活动地板的楼地面。屋面一般采用现浇混凝土板，聚苯板保温层，SBS 改性沥青卷材防水材料防水层。库棚类房屋采用彩钢板夹心保温及结构自身防水。墙体砖混外墙一般为 240 毫米空心砖墙加设聚苯板外保温层，内墙一般为 240 毫米厚；框架结构填充墙视当地地方材料制作工艺情况，尽量采用轻质保温填充墙加设聚苯板外保温层；钢结构采用保温彩板做维护结构。

三、工程施工

中铁电气化局集团二公司成立胶济客运专线工程项目部，下设 2 个接触网作业段、1 个变电作业队、1 个房建作业队，投入安装列车 2 组，架线作业车 4 台，各类汽车等大型机具 13 台，人员约 600 名，开展施工作业。承担淄博（含）（K271+100）至平陵城（不含）（K346+500）段的施工任务，正线全长 75.4 公里。接触网工程包括新建客运线 119.18 条公里，新建货运线 145.1 条公里，胶州北站 6.81 条公里；改造既有章丘站、周村东站、淄博客、货场，新建电化周村站（货线车站）；牵引变电工程包括增容改造淄博、王村 2

处牵引变电所，新建章丘、周村2处分区所，改建章丘既有分区所；房建工程包括新建章丘、周村分区所。

接触网工程 针对胶济客运专线利用既有线增建四线，实现客、货分离，涉及既有电化线的施工站场错综复杂，过渡工程多，施工拨接多，难度大，各专业交叉施工多等特点，制定详细的施工工艺工法和管理制度，全方位实施精细化管理。于2007年10月8日开工后，通过交桩测量，2个接触网作业段分别在淄博至周村东、周村东至平陵城段新建客运线路基上进行杯形基础浇注。为加快施工进度，与站前施工单位交叉作业，见缝插针，只要站前施工单位形成一段路基，就进行基础浇注。

根据胶济客运专线建设指挥部的施工计划安排，积极配合站前施工单位进行拨接施工和各阶段区段的开通施工，先后完成各类拨接施工10多处。2008年3月底开通310便线，2008年7月20日开通276便线、274便线及淄博至马尚区间货线；2008年9月25日开通章丘货站及平陵城至310区段货线；2008年10月15日开通马尚至周村至310区段货线，完成货线全区段的开通。2008年10月16日后，投入胶济客运专线西段淄博至济南、淄博货站及K274客货分离线拨接的施工，克服站前施工单位进度慢，淄博货站及K274客货分离拨接口施工工期紧、施工复杂等不利因素，2008年12月21日凌晨提前1小时实现胶济线客货分离的施工任务。

2008年7月20日胶济客运专线东段开通前夕，抽调2个工班帮助中铁建电气化局(联合体）一项目部承建的临淄至青州北50公里接触网存在的缺陷进行整治，经过7天7夜的奋战，整治1000多处硬点和其他问题，经过冷滑车的检测，达到标准要求，保证了胶济客运专线东段2008年7月20日的按时开通。

淄博货站既有接触网改造，需架设、更换软横跨30组，架设硬横梁16组，架设调整接触网15.67条公里，经精心组织，7昼夜完成了淄博货站接触网改造施工任务，为实现2008年12月20日胶济线客货分离拨接施工创造了条件，全部工程于2008年12月21日竣工。

变电工程 增容改造淄博和王村2处牵引变电所，新建章丘和周村2处分区所，改建章丘既有分区所。在既有淄博牵引变电所旁增建1个高压室和2条馈线，将原主变压器更换为王村变电所更换下来的220千伏40000千伏安、220千伏/27.5千伏型单相牵引变压器；220千伏进线电流互感器更换为王村变电所更换下来的4台电流互感器；更换原主变压器端子箱，增加回流线，为胶济客运专线客、货分开提供电源。2008年4月5日开工后，根据更换主变压器的需要，重新制作主变压器基础，采取更换主变压器临时过渡方案，配置试验好主变压器引接线后，将原主变压器移到原基础旁，进行更换主变压器基础施工，待完成基础施工符合安装要求后，再进行主变压器的更换施工。经周密安排，完成淄博牵引变电所改造的各种母线安装、电缆和接地装置敷设、二次配线、设备安装与调试、传动试验、送电试运行等，于2008年11月30日竣工。2008年12月2处牵引变电所全部竣工。

新建周村分区所工程，是在胶济线货运线上采用柱上方式新建 1 处分区所。将 4 台隔离开关、4 台负荷开关和 4 台电压互感器安装在接触网支架上，设一个子站控制箱进行控制。子站控制箱和主站控制屏间采用光缆连接，通过光电信号进行控制。主站控制通过光缆实现远动操作。2008 年 9 月 1 日开工后，由于吊车不能到达安装位置，故采用滑轮组人工拉装方式，进行立杆和各种设备的安全安装，按时完成接触网杆塔组立、软母线安装、设备安装与调试等，并一次送电成功，于 2008 年 10 月 6 日竣工。2008 年 12 月分区所全部竣工。

在工程复验中，牵引变电所改造和分区所施工质量和电气试验均被评为优良。

房建工程　新建章丘和周村分区所，于 2007 年 11 月开工，2008 年 6 月竣工。

第五节　温福铁路客运专线

一、工程概况

新建温福铁路客运专线，北起金温线的温州南站，途经浙江省的乐清、瑞安、平阳、苍南和福建省的福鼎、太姥山、霞浦、福安、宁德、罗源、连江，南至福建省省会福州市，跨越 2 省、3 地市、11 个县市，正线全长 298.4 公里。该线位于浙江和福建两省交界的浙东南和闽东北沿海的海峡西岸经济协作区，和长江三角洲与珠江三角洲两大发达经济区之间，所处地理位置十分特殊。被列为国家“十一五”重点建设项目，是中国铁路中长期规划“八纵八横”主通道的重要组成部分，与甬台温铁路、福厦铁路和夏深铁路共同形成一条长三角通往珠三角的快速通道，对促进闽东北沿海地区的经济发展，增加闽浙沿海大通道，缓解福建地区和省际间的交通“瓶颈”制约，更好地促进福建省海峡西岸经济区的经济发展，推动两岸“三通”，加强福建省与长三角的社会经济交往，促进东南沿海经济和社会发展具有十分重要的意义。

温福铁路所在区域包括低山丘陵区、山间谷地区、滨海平原区，桥梁和隧道占全线总长的 78%。其中浙江段 69.3 公里，共有桥梁 44 座，总延长 35.577 公里，包括特大桥 7 座、大桥 8 座、中桥 13 座、小桥 16 座，隧道 15 座，最长的隧道为分水关隧道，长 9.775 公里。福建段 229.1 公里，共有隧道 53 座，总延长 140.5 公里，特大桥 21 座，总延长 34.85 公里，大桥 23 座，总延长 6.23 公里。

温福铁路与福州既有福州北站至马尾铁路连接，同时与 2005 年动工的福州至厦门铁路相接。温福铁路客运专线工程还包括福厦线引入福州枢纽（起至温福线八仙仑隧道出口，至福州南站，线路长约 16.6 公里）和温福引入福州枢纽（起至八仙仑隧道出口，至福州，线路长度 14.217 公里）。其中疏解区范围含温福线上、下行引入线，樟林编组站、樟林站至福州站新增复线工程。

温福铁路客运专线由铁道部和浙江省、福建省合资建设。建设单位是东南沿海铁路福建有限责任公司、沿海铁路浙江有限公司，由铁道第四勘察设计院设计，北京现代监理公司监理。

温福铁路客运专线主要技术条件：铁路等级，Ⅰ级干线；正线数目，双线；限制坡度，6‰；设计行车速度，旅客列车设计行车速度 200 公里/小时、预留提速 250 公里/小时条件、货车速度不大于 120 公里/小时，福州枢纽内旅客列车最高设计行车速度，沿海铁路贯通线 160 公里/小时、联络线 120 公里/小时，局部 80 公里/小时；最小曲线半径，4500 米，福州枢纽内最小曲线半径，160 公里/小时速度段 1600 米，120 公里/小时速度段一般 1200 米、困难 800 米，80 公里/小时速度段一般 700 米、困难 550 米；到发线有效长度，850 米；福州枢纽内到发线有效长度，货车 850 米（部分 750 米）、客车 650 米；牵引种类，电力机车；机车类型，客机动车组、货机六轴车、枢纽内外福线客机 SS6；牵引质量，3500 吨；闭塞类型，自动闭塞；建筑限界，满足开行双层集装箱列车要求；线间距，4.6 米(不考虑曲线加宽）；福州枢纽内线间距，4.0 米；车站范围内，5.0 米。

中铁电气化局集团有限公司和中国铁路通信信号集团公司组成联合体竞标承建温福铁路客运专线工程的电气化、电力、通信、信号四电及房建施工。中铁电气化局集团有限公司作为联合体的主办方对系统集成施工技术总负责，并负责电气化、电力及四电房建工程的施工。

温福铁路客运专线福建段软土路基试验段于 2004 年 12 月 24 日开工，2005 年 8 月 26 日全线土建工程开工，比原计划提前 8 个月全线铺通。电气化工程于 2008 年 6 月 16 日开工，计划 2009 年 5 月底竣工。

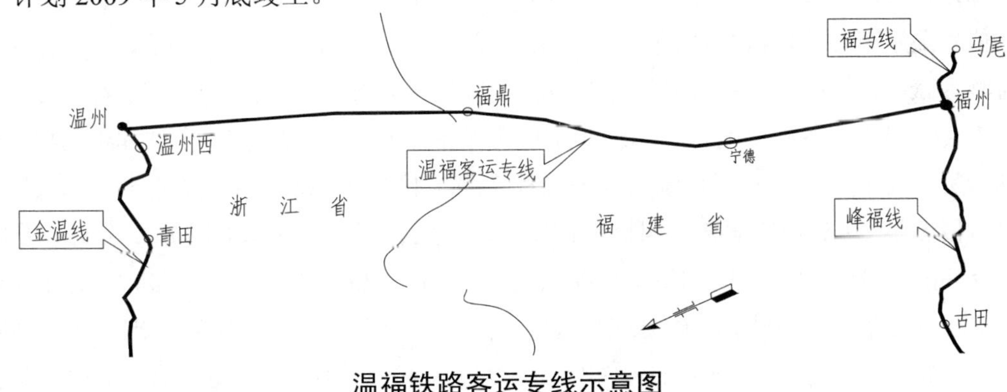

温福铁路客运专线示意图

二、工程设计

温福铁路牵引供电系统采用 AT 供电方式，全线新设牵引变电所 4 处、分区所 5 处、AT 所 10 处。枢纽地区跨线列车联络线、动车组走行线和段线等采用带回流线的直接供电方式，福厦线引入福州枢纽新设福州南牵引变电所 1 处、福州南开闭所 1 处，福州枢纽新设樟林分区所兼开闭所 1 处。各牵引变电所安装容量均为 2×（20+20）兆伏安，各分区所自耦变压器容量均为 20/10 兆伏安，各 AT 所自耦变压器容量均为 25/12.5 兆伏安。牵引变电所由两路独立 220 千伏电源供电，互为热备用。牵引变电所设 4 台变压器，2 台运行

2 台备用，采用无载电动调压方式。牵引变压器结线采用三相 V/X 接线。主变压器高压侧采用不带跨条的线路变压器组接线方式。馈线侧断路器采用互为备用方式，馈线通过电动隔离开关和断路器与接触网相连，并在上下行馈线之间设置带有电动隔离开关的跨条。牵引变电所 220 千伏配电装置、主变压器均按户外布置，2×27.5 千伏配电装置采用户外单体布置方式。分区所、AT 所 2×27.5 千伏配电装置采用户外单体布置方式。牵引变电所、分区所、AT 所继电保护及监控装置采用综合自动化装置。

接触悬挂采用全补偿链形悬挂，正线接触线采用 150 平方毫米的铜锡合金线，额定张力 25 千牛，承力索采用 120 平方毫米的铜合金绞线，额定张力 20 千牛。接触网支柱一般采用 9.5 米 H 型钢柱。

电力工程，新设车站优先从地方电网接引电源供电，既有车站对原供电网进行改造以满足新增和既有负荷的供电。全线新设 10 千伏配电所 7 处，福厦线引入福州枢纽新设福州南站 10 千伏配电所 1 处。双电源 10 千伏配电所采用断路器分段的单母线接线，全线电力远动系统纳入 SCADA 统一调度。

通信工程范围涉及温福铁路、福厦线引入福州枢纽。系统包括温福铁路的长途通信光、电缆线路，通信设备及沿线各站段通信配套工程，福州枢纽的通信配套工程。其中通信系统包括传输、电话交换及接入、数据网、GSM-R 专用移动通信、调度通信、会议电视、客运服务、应急救援指挥通信、同步与时钟、电源、综合视频监控、通信电源及环境监控、通信线路、车站（段、所）综合布线、电力直通电话、通信综合网管等。

信号采用车站计算机联锁、CTCS-2 列控系统、四显示自动闭塞、调度集中、信号计算机监测等。运输调度指挥系统采用分散自律调度集中系统（CTC），在广州客运专线调度所设置 1 套温福线的各种调度台工作站和主机房设备，温福线新建的 11 个站和福州枢纽的 5 个站（所）设置 CTC 车站子系统，福州樟林 I 场、樟林 II 场编尾、樟林 III 场设置 CTC 分机，按满足 TDCS 功能配置。四显示自动闭塞，旅客列车追踪间隔时分 4 分钟、货物列车追踪间隔时分 5 分钟，区间轨道电路采用 ZPW-2000 型无绝缘轨道电路。樟林编组站 I 场至福州东站的既有单线，考虑到 CTC 的需要，在既有单线半自动闭塞基础上增加站间检查设备（轨道电路方式），实现自动站间闭塞方式；樟林编组站 I 场去福马支线为既有单线半自动闭塞。采用 CTCS-2 列控系统，全线地面设置列控中心 25 套。车站采用计算机联锁，全线共设 19 套联锁设备。其中樟林 II 场编尾、福州南动车运用所 2 站采用双机热备型联锁，其他 17 站采用 2×2 取 2 硬件安全冗余结构型。信号计算机监测系统，各车站（所）设置监测分机，综合维修段设置监测总机，综合维修工区设置监测终端，实现对信号设备的集中监测。全线共设 27 套监测车站分机，1 套监测总机，9 套监测终端（工区设备）。

温福铁路四电房建工程包括：通信区间基站、光纤直放站等 68 处，信号中继站等 8 处，电力变电所和配电所 8 处，电气化牵引变电所 4 处、分区所 5 处、分区所兼开闭所 1 处、AT 所 10 处。福厦线引入福州枢纽四电房建工程：通信区间基站、光纤直放站 4 处，信号线路所 3 处，电力变电所 1 处，电气化牵引变电所 1 处、开闭所 1 处。房屋结构按各专业的要求，分框架结构和砌体结构。

三、工程施工

组建中铁电化局集团温福铁路系统集成项目经理部，对系统集成施工总承包合同范围内的设计联络、采购、施工及安装、调试、试运行、验收、技术服务等环节全面负责。下设通信信号子系统项目部（福州）和电气化、电力、房建子系统项目部（宁德），分级负责工程的实施。中铁电气化局集团有限公司负责电气化、电力、房建工程的施工，浙江段的电气化、电力、房建工程由一公司负责施工，投入 4 个接触网作业队、2 个变电作业队、2 个电力作业队和 1 个房建作业队。福建段的电气化、电力、房建工程由三公司负责施工。

浙江段于 2008 年 4 月 30 日开工，福建段于 2008 年 6 月 16 日开工。到 2008 年底，一公司完成浙江段：接触网杆基础浇制 389 个、钢柱组立 1208 根、隧道吊柱打孔 1859 个、吊柱锚栓灌注 1507 个，电力专业无图纸，只进行箱变基础浇制，变电专业只进行场坪征地。三公司完成福建段：接触网钢柱 1698 根、吊柱 1.2781 万根、隧道打灌 1.8998 万处、附加线架设 300.6 条公里，变电工程基础浇制 378 个、构支架 241 组、地网 2750 米，电力工程立杆 348 根、架空线路 127.4 条公里、敷设高压电缆 802.2 公里。完成房建面积 3951 平方米。

接触网工程　2008 年的主要任务是接触网杆的基础浇制和立杆。根据定测结果，按照制定的施工流程确认坑的类型和限界、清理工作面、安置防道砟挡板、挖坑。坑深时采用吊篮弃土（石）。遇石质基坑采用凿岩机进行开挖。基础浇制：先在坑底铺撒一层石碴，在石碴上浇注一层混凝土砂浆，使砂浆渗入到石碴空隙中，再将拌合完的混凝土推送基坑中，每推入基坑一层混凝土用振捣器振捣一遍。福州枢纽常速路基地段采用人工开挖基坑，局部模板支护，机械集中搅拌，振捣器捣固的施工方法。支柱安装，轨道铺架前采用汽车吊或高架桥支柱专用安装设备进行安装，轨道铺架后采用安装列车进行安装。支柱整正采用专用整杆器。

变电工程　2008 年的主要任务是基础浇注、构支架组立、埋设地网。接地网敷设按开挖地网沟、接地极和均压带敷设、焊接、接地引线焊接、接地沟回填、接地电阻测量工序流程进行施工。复合接地网材料间连接采用热熔焊接法。基础浇注，按规定的配合比进行混凝土机械搅拌，分层浇灌和捣固，注意钢筋笼与四周模板保持一定的距离，严防露筋。基础浇完 12 小时后，对其进行浇水和养护。构支架组立为变电工程施工中的主要工序，安装过程中严格控制立柱和横梁吊装就位。吊装立柱，待立柱底部高于基础螺栓 0.5～1 米时，使立柱底部法兰盘在基础螺栓正上方，调整人员稳住立柱根部，使立柱法兰盘螺栓孔与基础螺栓上下对齐后，缓缓放下立柱，使立柱顺利座于基础法兰盘上，对角拧上地脚螺栓螺母。

电力工程　2008年的主要任务是挖坑立杆、部分架线和敷设电缆。根据设计提供的线路平、断面图和杆塔明细表，定测确定线路方向和杆位，进行杆坑开挖，开挖方式采用人工开挖。杆塔组立采用撑杆立杆、汽车吊立杆、抱杆立杆等，并进行杆身调整，符合要求后再填土夯实。导线架设采用拖放法或展放法，按档把全耐张段导线同时吊上电杆。电缆敷设根据设计的径路定测后开挖电缆沟，敷设电缆前先进行电缆配盘，根据电缆沟长度选择适合的电缆盘，并根据电缆的电压等级对即将敷设的电缆进行测试，检查电缆型号、规格、电压等级符合设计要求后，采用人力牵引的方式进行敷设，电缆较长时，在电缆行径的路线上每隔一定距离放一个电缆滑车，以防磨坏电缆的外绝缘层或受到机械性损伤。按要求进行电缆沟回填，并及时恢复被损坏的道床、路基和植被。

房建工程　土方开挖采用人工跟随挖掘机后边挖土，并清底修边的方法，人工开挖至垫层底标高。钢筋混凝土独立基础基坑采用人工开挖，条形基槽开挖采用机械挖槽。对基槽深度超过规范规定的，视现场土质情况进行按比例放坡，并做好边坡防护工作。基槽（坑）挖至设计标高后，马上进行钎探，钎探点的布置可按基槽（坑）的宽度不同采用不同的排列方式，钎探点完成后用中（粗）砂灌点，经验槽合格后，方可进行下道工序的施工。框架结构房屋和砌体结构房屋按预先制定的施工工序进行施工。

第六节　武广铁路客运专线

一、工程概况

武汉至广州铁路客运专线工程，北起武汉，南至广州南站，途经咸宁、岳阳、长沙、株洲、衡阳、郴州、韶关、清远等地，跨湖北、湖南、广东3省，正线全长1069.8公里（包括武汉市至咸宁市间62.16公里的综合试验段）。是中国目前建设里程最长、技术标准最高、投资规模最大的客运专线铁路。

武广客运专线沿线设有18个车站，其中武汉、新长沙、新广州3个车站为始发站；新赤壁、新咸宁、新汨罗、新岳阳、新株洲、新衡山、新衡阳、新耒阳、新郴州、新韶关、新清远、新花都12个车站为中间站；新乌龙泉、新乐昌、新英德3个车站为越行站。全线有大中小桥梁684座，总延长468.511公里，隧道226座，总延长177.218公里，桥梁和隧道占正线总长的66.67%；路基长度322.808公里，占正线总长的33.33%。

在武汉枢纽、长沙株洲地区、衡阳枢纽、广州枢纽设有武广客运专线与既有京广线、湘黔线、湘桂线，以及既有京广线与湘黔线的联络线。其中，武汉普速客车联络线长4.372单线公里；株洲北联络线长9.72单线公里，株洲南联络线长6.717单线公里；株洲西北联络线长2.618单线公里。

武广铁路客运专线建设管理单位是武广铁路客运专线有限公司，中铁第四勘察设计院有限公司和中铁二院工程集团有限责任公司为总体设计单位，监理单位有沈铁监理联合体(JLⅠ)、华铁监理联合体(JLⅡ)、西南交大监理联合体(JLⅢ)、华南监理联合体(JLⅣ)、华南监理联合体（花广段Ⅰ标），咨询单位为武广客运专线工程咨询项目经理部。

武广铁路客运专线主要技术条件：铁路等级，客运专线；正线数目，双线；正线线间距，5 米；限制坡度，一般 12‰，困难地段 20‰；最小曲线半径，一般 9000 米，困难地段 7000 米；到发线有效长度，650 米；速度目标值，设计行车速度 350 公里/小时、验收速度 350 公里/小时、运营速度 300 公里/小时；最小追踪列车间隔时间，3 分钟；牵引种类，电力牵引；列车类型，电动车组（单列 8 辆编组、重联 16 辆编组）；运行控制方式，自动控制；行车指挥方式，调度集中。

与武广铁路客运专线联接的联络线、行走线主要技术条件，跨线列车联络线：株洲北联络线，140～200 公里/小时；株洲南联络线，120～200 公里/小时；长沙（株洲）枢纽西北联络线，140 公里/小时；广州北联络线，200 公里/小时。动车组走行线：平面标准根据走行线的长度和所经地区的地形地质条件等，不大于 120 公里/小时，纵断面标准根据动车组（空车）的牵引特性确定。养护维修列车走行线：不大于 100 公里/小时。广茂线引入新广州站线路与武广客运专线并行地段，按 250 公里/小时速度标准设计。

参加武广铁路客运专线线路施工的单位有中铁十八局、中铁八局、中铁十一局、中铁一局、中铁大桥局、中铁四局、中铁十六局、中铁十四局、中铁三局、中铁五局、中铁十五局、中铁十九局、中铁十七局、中铁十二局、中铁隧道局、中铁二十五局、中铁二十局等。中铁电气化局集团有限公司和中国铁路通信信号集团公司组成四电系统集成联合体，竞标承担电气化、电力、通信、信号及相关配套的房建工程的设计、供货、施工、调试、试运行、验收、技术服务及运营维护等环节的任务。电气化、电力、K1756+096 至 K2103+226 区段的通信信号和全线四电房建工程由中铁电气化局集团有限公司承担，其余区段的通信、信号工程由中国铁路通信信号集团公司承担。

武广铁路客运专线综合试验段站前工程于 2005 年 6 月开工，四电工程于 2008 年 6 月 27 日开工，2008 年 11 月 4 日完成变电工程的设备安装和调试，2008 年 11 月 16 日新乌龙泉牵引变电所首次受电启动成功，2008 年 11 月 18 日正式向接触网送电。2009 年 9 月 30 日全线竣工开通，2009 年 12 月 26 日投入商业运营。

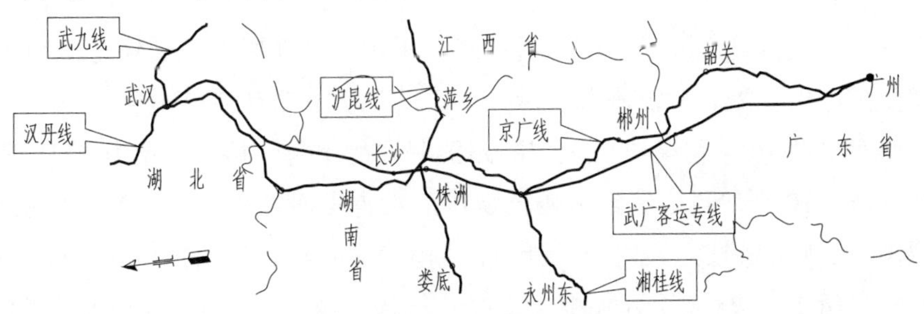

武广铁路客运专线示意图

二、工程设计

武广铁路客运专线工程牵引供电采用 2×25 千伏 AT 供电方式，采用的主要技术标准是，全线设武昌东、新乌龙泉、泉口、坦渡、新岳阳、黄沙、李家段、新长沙、雷打石、新衡山、云集、余庆、荷叶坪、新杨梅、新乐昌、新韶关、老唐屋、大石古、新花都、新广州 20 处牵引变电所；设 19 处分区所、38 处 AT 所、1 处 AT 所兼开闭所、2 处直供开闭所（长沙动车运用所、株洲南联络线）。牵引变电所进线采用两路 220 千伏电源，互为备用。220 千伏进线侧接线采用分支接线，且设 2 台隔离开关跨条。220 千伏断路器采用六氟化硫断路器并配弹簧操作机构。牵引变电所主变压器采用油浸、自冷式牵引变压器，单相变压器额定容量为 2×75 兆伏安，采用 V/V 接线时，变压器额定容量为 2×（40+40）兆伏安。牵引变压器采用单相接线时，设置 2 台单相牵引变压器，固定备用；牵引变压器采用 V/V 接线时，设置 4 台单相牵引变压器，2 台运行，2 台备用。牵引变压器的 2×27.5 千伏侧母线采用单母线分段接线方式。AT 分区所接线在同一供电臂的上、下行间通过断路器、隔离开关并联接线，2 台自耦变压器通过断路器、隔离开关接入并联母线。AT 所接线在上、下行间通过断路器、隔离开关并行接线，2 台自耦变压器通过断路器、隔离开关接入并联母线。直供开闭所进线采用两路电源，27.5 千伏母线采用单母线隔离开关分段。控制保护装置采用综合自动化系统。

接触悬挂采用全补偿弹性链形悬挂，正线接触线采用 150 平方毫米的镁铜合金线，额定张力 30 千牛，承力索采用 120 平方毫米的铜合金线，额定张力 21 千牛。正线接触网结构高度 1.6 米，隧道内 1.4 米；接触线悬挂点高度 5300 毫米，接触线最低点高度 5150 毫米。正线路基区段标准跨距 50 米，困难时最大跨距不超过 55 米，隧道内最大跨距 50 米，桥上跨距一般为 48 米。正线及中间站一般采用 H 型钢柱，支柱及拉线基础采用圆柱型钻孔桩基础，桥上、路基地段按法兰连接型基础设计。全线采用绝缘旋转全腕臂支持结构。腕臂结构采用平腕臂，定位器采用铝合金定位器。绝缘子采用瓷质绝缘子，泄漏距离不小于 1400 毫米。沿线污染严重、下锚处及器件式分段、分相处和根据防雷设计需要采用硅橡胶合成绝缘子。整体吊弦采用铜合金载流整体吊弦。在变电所、分区所出口附近设置接触网电分相装置，电分相采用带中性段、空气间隙绝缘的双断口或多断口的锚段关节式电分相。

电力工程全线设两路 10 千伏电力贯通线，采用单芯非磁性铠装铜芯电力电缆。全线设 110 千伏变配电所 1 处、10 千伏配电所 22 处。110/10 千伏变配电所 110 千伏侧采用外桥接线，其他双电源 10 千伏配电所采用断路器分段的单母线接线，单电源 10 千伏配电所采用单母线接线，10 千伏贯通线经调压器调压后设置贯通母线供电。为满足系统免维护、少维修的要求，变配电所按无人值守设计，全线电力设备纳入牵引供电 SCADA 子系统监控。所有新建变配电所 10 千伏高压开关柜采用 SF6 气体绝缘开关柜（GIS 柜），10/0.4 千伏变压器、10千伏电力调压变压器均为节能型干式变压器，箱式变电站内高压开关柜采用SF6气体绝缘环网柜，低压柜采用模数化组合式开关柜，低压空气开关采用远程可操作式。

在武汉综合调度中心设置1套SCADA系统，对全线的牵引供电、电力、通信、信号设施进行集中监视和控制。

通信光传输系统采用2条32芯干线光缆和MSTP设备，开通STM-16系统，构成骨干传输网。专用移动通信系统采用GSM-R数字移动通信制式，满足语音和数据传输的需要。设调度通信系统，通过与GSM-R系统的互连，实现有线无线调度一体化。综合视频监控系统采用全数字网络视频技术，实现对沿线重点设施、区间重点区段、公跨铁大桥及通信、信号、牵引供电、电力供电机房等的实时监控。设救援指挥通信系统、同步和时钟分配系统、会议电视系统，满足各专业运营、管理、维护工作的需要。

信号采用列车运行控制系统、车站联锁系统、行车指挥调度系统及信号集中监测系统。列车运行控制系统采用ETCS-2级并兼容CTCS-2级制式，满足300公里/小时的高速运营和正向3分钟运行间隔的要求；车站采用计算机联锁系统；全线采用CTC系统，实现对客运专线正线各车站的调度集中控制，通过连接GSM－R传输和无线闭塞中心（RBC）支持ETCS-2的运营；全线采用集中监测系统，对列控和联锁设备及信号基础设备进行实时监测。

全线接地采用综合接地系统，全线设置2条综合贯通地线，车站、综合站房设置综合地网，地网与贯通地线相连。路基地段贯通地线埋设在电缆槽的下方，桥梁、隧道地段敷设在信号电缆槽内。对于距离综合接地系统较远的设备，需要接地时单独设置接地极。

全线四电房屋（牵引变电所、AT分区所、AT所、开闭所等）主体采用框架结构，设地下架空层，基础为钢筋混凝土筏板基础。装饰装修外墙面采用水性水泥漆墙面、涂料墙面；内墙面采用仿瓷涂料、钢化涂料，楼地面采用水泥砂浆楼地面、地板砖楼地面，屋面顶棚采用仿瓷涂料、钢化涂料、轻钢龙骨石膏板吊顶；抗震设防烈度为6度，建筑结构安全等级为二级，基础设计等级为丙级。

三、工程施工

中铁电气化局集团有限公司成立武广客运专线项目部，由系统集成事业部组织实施。项目部下设二公司咸宁工程项目部、西安电化公司长沙工程项目部、三公司郴州工程项目部、一公司花都工程项目部。二公司咸宁工程项目部承建武汉站至汨罗（不含）280公里的电力及电气化工程；西安电化公司长沙工程项目部承建汨罗（含）至衡山（不含）175公里的电力及电气化工程；三公司郴州工程项目部承建衡山（含）至韶关（含）302公里的电力及电气化工程；一公司花都工程项目部承建花都站（含）至广州298公里的电力及电气化工程；建筑公司设武汉、长沙、郴州、广州4个工区，承建全线四电房屋和武汉调度所9.1363万平方米房建工程。

接触网工程 2008年7月开工，开始地面段接触网基础浇注。由于站前桥梁工程预留接触网基础及螺栓误差严重超标，桥梁施工中优先安排博格板底座，再进行电缆槽、接触网基础及防撞墙的施工。桥面系施工滞后，到 2008 年 9 月，土建施工单位才开始接触网基础螺栓整治及桥面上部接触网基础的浇注。到 2008 年 10 月底大部分接触网基础浇注完成，开始 H 型支柱安装，接触网后续施工陆续展开。

变电工程　武广客运专线武汉综合试验段变电工程于 2008 年 6 月 27 日开工。开工时面临设计图纸不全，房建预留未达标，主要设备未到货，部分所址不确定等不利因素，影响变电工程进度。2008 年 8 月，主变压器等设备到货，新乌龙泉牵引变电所首先进行设备安装。在灌注变压器油作业中，使用真空滤油机，提高了注油速度和质量。试验阶段按照安装试验、部分试验、系统试验和集成试验的各项内容和标准逐项实施。2008 年 11 月 4 日完成试验段变电设备安装和调试，2008 年 11 月 16 日新乌龙泉牵引变电所首次受电启动成功，2008 年 11 月 18 日正式向接触网送电，接着全线变电工程全部展开。

电力工程　武广客运专线武汉综合试验段电力工程于 2008 年 7 月 1 日正式开工。开工时施工图还没有全部完成，而且站前施工单位的电力电缆沟槽等工作还未完成，直接影响到工程进度。尤其是 10 千伏外部电源工程，与地方供电局的沟通工作遇到了相当大的阻碍。尽管困难重重，参战员工还是通过科学组织施工，发扬艰苦奋战的精神，于 2008 年 10 月 30 日完成了新乌龙泉 10 千伏变配电所的启运送电工作，并于 2008 年 11 月 1 日完成试验段全线电力贯通线及沿线箱式电力变电站的启运送电工作。其余区段的电力工程均在通信信号工程调试前及时完成送电任务。

全线的 10 千伏外部电源有着各种各样的阻碍，但通过与地方电力公司的艰苦谈判，所有 10 千伏变配电所均能按时启动送电。

房建工程　建筑公司承建武广客运专线四电房建工程，主要工程量为全线 20 处牵引变电所、39 处 AT 所、19 处 AT 分区所、2 处开闭所、2 个综合室、5 个信号室、8 处配电所，总建筑面积 2.7 万平方米。牵引变电所、AT 所、AT 分区所、开闭所、综合室为框架结构，基础为钢筋混凝土筏板基础；信号室和配电所为钢结构，基础为钢筋混凝土条形基础。另有通信基站、信号中继站、光纤直放站 569 处，结构为基础砖砌体，主体为拼装集装箱。2008 年 4 月 5 日开工，到年底，完成 1 处变电所，2 处 AT 所，2 处 AT 分区所，1 个综合楼、1 个临时站房、1 个配电室和 23 个基站中继站，建筑面积 1210 平方米。

武汉调度所工程，建筑面积 6.4363 万平方米。地上 6 层，地下 2 层，上部主体结构采用框架剪力墙结构，屋面采用大跨度空间网架结构，基坑支护为地下连续墙，基础形式为筏板基础，2008 年 10 月 16 日开工。在地下连续墙施工中，采用大型成槽设备进行开挖、泥浆护壁技术和垂直度控制技术；在钢筋绑扎过程中，采用 50 吨和 100 吨吊车同时吊放 30 米高大型钢筋笼技术和粗直径钢筋直螺纹机械连接技术；在水下混凝土浇注过程中，采用导管浇注技术和后压浆技术，并采用超声波技术对混凝土质量进行检测。到 2008 年底，完成地下连续墙 420 余米。全部房建工程计划 2009 年 8 月底完成。

采用的新技术

接触网专业　研制开发数显弹性吊索张力控制工具，整体吊弦预制压接平台，受电弓包络线检测仪，腕臂偏移激光检测仪；在使用恒张力架线车的同时，加装平直器进行接触线平直度的控制，并用专用测量工具对接触线平直度进行检测，将施工偏差控制在最小允许范围。确保腕臂预配偏差控制在 10 毫米内，吊弦预制偏差在 1.5 毫米内，弹性吊索张力偏差在 0.1 千牛。通过检测，在已架设调整成型的锚段，导线波浪弯控制在小于 0.1 毫米范围内；承力索和导线张力控制在 21 千牛和 30 千牛标准值的 1%。通过试验段的实施，建立和制定了系统集成项目内控质量标准，在全线推广应用。

变电专业　采用 V/V 接线线路变压器组 AT 供电系统，牵引变电所不需再设并联补偿装置，用以提高整个系统的功率因数。AT 所、分区所采用 3 台 AT 50%备用方式，容量和能力满足高速大负荷和高密度的牵引动车组运营。采用同供电臂上下行全并联供电方式，减小牵引网单位长度阻抗和电压损失，增强供电能力和改善供电质量。采用大越区支援供电，当某一变电所发生故障时，另一变电所可以大越区方式向全线接触网供电，保证动车组运行。

第七节　甬台温铁路客运专线

一、工程概况

新建甬台温铁路客运专线，北起浙江省宁波市，经台州市，南至温州市，途径宁波市所辖的奉化、宁海和台州市所辖的三门、临海、温岭以及温州市所辖的乐清、永嘉，正线全长 282.38 公里。全线共设宁波、宁波东、奉化、宁海、三门、临海、台州、台州南、温岭、雁荡山、绅坊、乐清、永嘉、新温州、温州南 15 个车站，其中宁波、宁波东 2 个为既有站，其他 13 个为新建站。另外包括宁波、温州地区配套工程。

甬台温铁路客运专线是铁路网规划“八纵八横”中沿海通道和“四纵四横”快速客运网中的重要组成部分，是一条以客运为主、客货兼顾的快速铁路干线。是连接中国最具经济活力的长三角、珠三角地区的重要纽带，对于形成沿海铁路快速通道，加强东南沿海经济发达地区的联系和交流，促进长江三角洲经济区、珠江三角洲经济区和闽台经济区的协同发展，加强国防建设具有重要的意义。

甬台温客运专线大中桥 107 座，总延长 89.256 公里，占线路全长的 31.6%。其中大于 2 公里的桥 12 座，最长的宁波特大桥长 10.25 公里。有隧道 58 座，总延长 87.931 公里，占线路全长的 31.1%；其中大于 6 公里的隧道 3 座，最长的凤凰山隧道 7979 米。该线东临东海，西靠天台山和雁荡山，北端经萧甬线与沪杭线、浙赣线连通，南端同金温线和新建温福铁路客运专线相接。

甬台温铁路客运专线由铁道部和浙江省合资建设。建设单位是东南沿海铁路浙江有限公司，负责工程设计、工程施工归口管理等工作。由中铁第四勘察设计院有限公司设计，北京现代监理公司监理。

甬台温铁路客运专线的主要技术条件，铁路等级，Ⅰ级；正线数目，双线；限制坡度，6‰；设计行车速度，旅客列车200公里/小时，预留进一步提速的条件，普通货物列车120公里/小时；最小曲线半径，速度目标值200公里/小时时，4500米，速度目标值160公里/小时时，一般2000米，困难1600米；到发线有效长度，850米；牵引种类，电力牵引；机车类型：客车，电动车组，货机，六轴电力机车；闭塞类型，自动闭塞；列车指挥方式，调度集中；建筑限界，满足开行双层集装箱列车要求，预留客车进一步提速条件；牵引质量，3500吨；近期运量，货运1090万吨，客车46对；远期运量，货运1450万吨，客车60对。

中铁电气化局集团有限公司和中国铁路通信信号集团公司组成联合体竞标承建甬台温铁路客运专线工程的电气化、电力、通信、信号及房建施工。其中中铁电气化局集团有限公司负责电气化、电力、信号及房建的施工。

工程于2008年8月18日开工，计划2009年1月底竣工，2009年5 月开通。

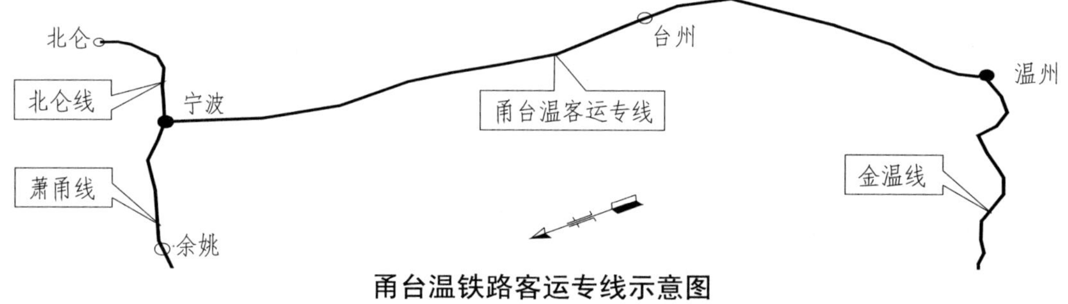

甬台温铁路客运专线示意图

二、工程设计

牵引供电系统采用AT供电方式。全线新设奉化、三门、台州、五重山、新温州5处牵引变电所，宁波、宁海、临海、前溪、项岙5处分区所，宁波1处分区所兼开闭所，下史、木周岭、前黄村、亭旁、东岙、台州南、雁荡山、凤凰山、瓯北9处AT所。牵引变电所、分区所、AT所采用SCADA综合自动化系统，纳入设在广州的调度中心。

接触网工程范围包括：宁波地区的机车出入段线、进出客整所存车线、整备线、到发线；新温州地区的进出客整所线、整备线、存车线；温州南地区的机车出入段线、编发线、发车进路走行线、调车场编发以及部分机务段及机务折返段。

接触悬挂采用全补偿简单直链形悬挂，接触悬挂正线组合JTMH120+CTS120，站线组合JTMH70+CTS85，全线按照重污设计。接触线悬挂点高度一般为6.4米，结构高度1.6米，隧道外非绝缘、绝缘关节采用四跨，隧道内非绝缘、绝缘关节采用五跨，电分相采用中性区长度小于190米的六跨关节式电分相。正线18号道岔，采用两支无交叉布置，站线18号道岔采用无交分或交叉布置形式，站线12号及9号道岔采用交叉布置形式。路基桥梁地段正线采用 H 型钢柱，软横跨采用格构式钢柱。

电力工程，有外部电源工程、10 千伏及以上变配电所，10/0.4 千伏变电所、箱式变电站，10 千伏电力贯通线和电力线路，电力远动系统和设备，站场及室外动力和照明。

房建工程，电气化房屋 19 处计 1916 平方米，通信房屋、区间光纤直放站 72 处和区间基站 52 处计 1860 平方米，信号房屋 3 处计 312 平方米，电力房屋计 1573 平方米。

三、工程施工

中铁电化局集团一公司负责电气化、电力、信号、房建的施工。成立甬台温铁路电气化工程项目部，并按专业下设项目分部，接触网、变电、电力、房建各分部都投入 3 个作业队。施工高峰期安排安装列车 4 组、架线车 48 组、作业车 20 台、平板车 20 台、载重汽车 10 台、调车 4 台、电力工程车 3 辆等。

工程于 2008 年 8 月 18 日正式开工，到 2008 年底，总计完成接触网杆基础浇注 1691 个、立杆 4020 根、隧道打孔 4604 处、变电基础 56 个，安装电力箱变 21 台，房建面积 495 平方米。

接触网工程　2008 年的主要任务是接触网杆坑开挖、基础浇制和立杆。根据定测资料确定的基坑位置进行基坑开挖，并采取防护措施。遇到以上石砟区段，坑口的线路侧加设防止道砟滑落坑的档板，铺设彩条布，防止弃土污染道床。基础浇制采用商品混凝土，在土质密实的地带灌注基础，在地下部分采用“原坑胚模就地灌注法”。地上部分采用模型板。混凝土的混合比及水灰比通过试验选定，严格按照配合比进行施工。基础螺栓和混凝土中的钢筋表面的油渍、漆污和用锤敲击能剥落的浮皮、浮锈等清除干净，并将螺纹部分涂抹机油和缠塑料纸加以保护。支柱安装和整正，竖立法兰支柱前，确认基础螺栓位置是否正确，按 TB10208-2000《铁路电力牵引供电施工规范》的相关规定进行施工。

变电工程　2008 年的主要任务是施工定位与测量、基坑开挖与浇制。根据设计提供的施工图，进行施工定测，依据确定的位置开挖基坑。为保证施工质量和施工进度，常规部分的施工按照预先制定的施工工序和工艺组织施工；基础浇制采用商品混凝土，混凝土的混合比及水灰比通过试验选定，严格按照配合比进行混凝土机械搅拌，分层浇灌和捣固，基础浇完达到规定的时间后，对其进行浇水和养护。

电力工程　2008 年的主要任务是挖坑立杆，安装箱式变压器。进行施工定测，确定线路方向和杆位，进行杆坑开挖，开挖方式采用人工开挖。杆塔组立采用撑杆立杆、汽车吊立杆等，按制定的施工工序安装箱式变压器。

房建工程　房屋施工工点较多，有框架结构，也有砖混结构，根据工程特点，首先进行施工定测和场坪工作。根据测量定位，进行部分基础开挖，视基础类型采用机械大开挖或人工开挖。砖混结构房屋采用“三一”砌筑法，变电所施工中采用预埋件埋设新工艺。

第八节　郑西铁路客运专线西安至咸阳段

一、工程概况

新建郑州至西安铁路客运专线（含郑州、西安枢纽客运专线联络线及相关配套工程），东起郑州市，经洛阳、三门峡、渭南，西安、西至咸阳市，正线全长458.279公里，是连接东西部地区的又一条经济大通道，对带动西部地区的经济发展起到积极作用。

郑西客运专线西安至咸阳段为本线的客北环工程，全长57.229公里；其中的KHZQ12标段，东起咸阳市乐育路与联盟二路交汇处（里程DK494+595.45），西至咸阳市火车西站（DK500+150），全长5.555公里。西安北站动车运用所是西安北客站相关配套工程，为将来建成的西安北客站提供动车组存放、检修、编组等服务，西安北站动车运用所是西北地区第一所大规模动车运用所，位于西安市未央区草滩农场附近，总占地面积1882.7亩。

郑西客运专线工程，由中铁第一勘察设计院有限公司设计，北京铁城联合体监理站监理。

郑西客运专线主要技术指标：线路等级，客运专线；正线数目，双线；最大坡度，20‰；最小曲线半径，3500米；正线线间距，5.0米；到发线有效长度，700米；牵引种类，电力牵引；列车运行方式，自动控制；调度指挥方式，综合调度集中。

中铁电化局西铁建设公司承建西安至咸阳段的施工，2008年9月19日正式开工，计划2009年12月29日完工。

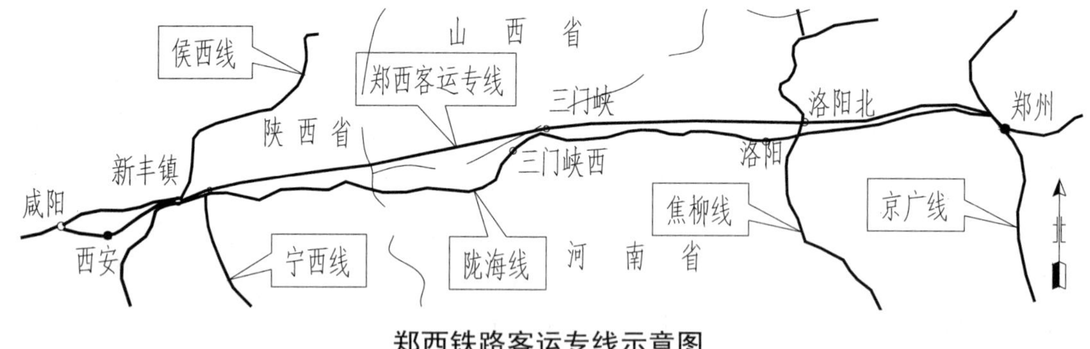

郑西铁路客运专线示意图

二、工程设计

近期设动车组出入线各1条，走行线2条，段内新建4线检查库1座；设26条存车线，段内共有存放30列动车组的能力（含库线）。此外，段内还设有不落轮镟轮线及临修线各1条，动车组外皮洗涮线1条，及配套生产、办公设施。

远期考虑运量的不确定性和西安北站动车运用所在客运专线路网络中的地位及作用，在近期规模的基础上，新建2线检查库1座、2线检修库1座，并配套动车组三级（或三、四级）检修设施。段内新增 26 条存车线，全段共有 60 列动车组存车能力（含库线）。另外考虑西安至成都城际客运专线引入西安北站的因素，在段内另预留存车条件。

2009年对动车运用所因方案调整引起的路基、桥涵接长、站场等变化，进行Ⅰ类变更设计。变更设计后西安北站动车运用所动车组存车线21条，4线动车检查库1座及库前存车线9条，洗车库、临修库及不落轮镟库各1座；动车运用所总平面布置为纵列式，由东向西为轮对踏面诊断、存车场、洗车库及部分存车线、检查库及库前存车线，检查库南侧预留动车组检修设施，北侧设不落轮镟库及临修库。

郑西客运专线西安至咸阳段工程内容包括路基、桥涵、房建、轨道、给排水，Ⅰ类变更设计后的工程量：动车运用所土方共计 238 万断面方，其中区间路基施工土石方 23.4 万断面方（其中改良土 8.6 万立方米，普通土 12.4 万立方米，A 组填料 2.4 万立方米）；站场路基施工土方 214.6 万断面方（其中改良土 40.3 万立方米，普通土 170.6 万立方米，A 组填料 3.7 万立方米）；桥涵 7 座计 1017.26 延长米；合计用混凝土约 2.4 万圬工方、钢筋 4172 吨；站场铺轨 28.26 公里，铺设道岔 67 组；各类生活、办公房屋及公务机务房屋等 18 处，建筑面积计 4.1 万平方米，其中动车检修库建筑面积 2.845 万平方米。

三、工程施工

郑西客运专线西安至咸阳段工程，包括路基、桥涵、房建、轨道、给排水。2006 年 9 月组织人员进点，成立郑西客运专线指挥部，负责咸阳引入段工程的施工。前期由于咸阳引入段的征地拆迁工作进展缓慢，只能随拆迁进展情况而开展施工；动车运用所按合同要求应与咸阳引入工程同时开工，但因变更设计一直未进场施工，直到 2008 年 7 月才逐步进点；2008 年 10 月路基、涵洞工程逐步展开。

路基工程 该工程路基施工设计采用客运专线标准，要求零沉降。工程区域内广泛分布有第四系全新统冲积黏质黄土，具有非自重湿陷性，湿陷等级为Ⅱ级，湿陷厚度为 4 米。地基处理采取分段措施：K1098+600 至 K1101+000 段湿陷性黄土采用冲击碾压＋CFG 桩加固处理；K1101+000 至 K1104+500 段湿陷性黄土采用 CFG 桩加固处理；CFG 桩均呈正三角形布置，处理宽度为两侧开挖界至侧沟外侧之间范围内；复合地基质量检查合格后方可进行桩顶水泥拌和土垫层施工，垫层内横向铺设双层双向土工格栅。

重型碾压采用 18 吨以上振动式压路机对路基松散土进行碾压整平。先静压不少于两遍再振动压实不少于 6 遍，碾压要遵循先轻后重、先慢后快的原则，碾压速度采用 2～4 公里/小时。直线段由两侧路肩向路中心碾压，即先边后中。碾压时横向重叠，振动压路机重叠 0.4～0.5 米，纵向衔接处搭接长度不少于 2 米，压实做到无偏压、无死角、碾压均匀，其密实度达到设计要求。

桩位呈正三角形布置，桩间距为 1.80 米，桩长 11～13 米，施工采用跳打法进行施工，在同一排先施工 1、2、3，再施工 7、8、9，依此类推。

采用振动沉管灌注法和管内泵压混合料灌注施工。振动沉管灌注法：混合料搅拌按配合比进行配料，计量准确，拌合时间不少于 1 分钟。混合料坍落度控制在 16～20 厘米；根据设计桩长和沉管入土深度确定机架高度和沉管长度，并进行设备组装。桩机就位，保持桩管垂直，垂直度偏差不大于 1%；若采用预制钢筋混凝土桩尖，需埋深 300 毫米左右。沉管时间应尽量短；记录激振电流变化情况，应 1 米记录一次，对土层变化处应予以说明。在沉管过程中用料斗进行投料（可边沉管边投料）。待沉管至设计标高且停机后须尽快完成投料，直至管内混合料顶面与钢管料口平齐。启动电动机，首次投料留振 5～10 秒再开始拔管。拔管速率一般 1.2～1.5 米/分钟较为合适。成桩后桩顶标高应高出设计桩长 0.5 米，且浮浆厚度不超过 20 厘米。桩体混凝土浇筑完毕后，立即对桩顶覆盖 70 厘米湿黏土或覆盖草帘、薄膜进行保护，养护期间桩顶不得过施工车辆及堆放材料。

长螺旋法：钻机就位后，利用钻机塔身的前后和左右的垂直标杆检查塔身导杆，校正位置，使钻杆垂直对准桩位中心，确保 CFG 桩垂直度允许偏差不大于 1%。混合料搅拌按配合比进行配料，拌合时间不少于 1 分钟，混合料坍落度控制在 16～20 厘米，在泵送前混凝土泵料斗应备好熟料。钻孔开始时，关闭钻头阀门，向下移动钻杆至钻头触及地面时，启动马达钻进。一般应先慢后快，当钻头到达设计桩长预定标高时，在动力头底面停留位置的相应钻机塔身处作醒目标记，作为施工时控制孔深的依据。当动力头底面达到标记处桩长时即满足设计要求。CFG 桩成孔后，停止钻进，开始泵送混合料，当钻杆心充满混合料后开始拔管，严禁先提管后泵料。成桩的提拔速度宜控制在 2～3 米/分钟，成桩过程连续进行，并随时对料源和混凝土拌合站进行性能检查，避免因供料不足而导致停机待料。投料过程中有专人对每根桩投料数量进行记录，确保数量不小于设计数量。桩体混凝土浇筑完毕后，立即对桩顶覆盖 70 厘米湿黏土或覆盖草帘、薄膜进行保护，养护期间桩顶不得过施工车辆及堆放材料。

西安北站动车运用所工程 西安北站动车运用所工程范围内共有鱼塘 26 处、鱼塘处理总面积 7.7483 万平方米。沿线路方向广泛分布，鱼塘淤泥厚 0.5～0.7 米，水深 1～3 米，鱼塘处理采用 3 种方法进行。

一是一半在界内一半在界外的有水鱼塘处理方法：在设计路基边沿线的基础上外放一定距离（由路基填筑高度根据放坡比例确定）堆码草袋围堰；围堰堆码时顶部宽度为 0.5 米，靠线路一侧边坡坡度为 1：0.5、外侧边坡坡度为 1：1，堆码高度为高出水面 0.5 米。采用大功率抽水泵抽干鱼塘内的存水。采用挖掘机沿堤岸一侧开挖鱼塘，并采用建筑砖碴垫路吸水，倒退着清除鱼塘内淤泥直至露出新鲜土层。报监理检查验收通过后方可进行下一道工序。用设计规定的碎石及时回填、厚度不小于 0.3 米，采用压路机碾压 3 至 5 遍。经监理验收合格后开始二八灰土回填作业。摊铺厚度一般不小于 0.15 米和不大于 0.3 米，以保证压实质量。每层压实遍数按照 6 至 8 遍控制，先静压 2 遍再振动碾压 3 至 5 遍，最后一遍静压收面。根据灰土拌合能力分层分区域平行作业，压实标准满足路基相应部位填料压实标准，压实系数不小于 0.9。

二是全在界内的有水鱼塘处理方法：根据路基设计宽度放设出路基边沿线确定的处理范围。施工工序和工艺要求同“一半在界内一半在界外的施工方法”。

三是干鱼塘处理方法：根据路基设计宽度放设出路基边沿线确定的处理范围。用装载机或推土机沿鱼塘一侧开始推出原有淤泥层直至新鲜土层。用设计规定的碎石回填，最后用二八灰土进行回填，工序和工艺要求同“一半在界内一半在界外的施工方法”。

桥梁工程　中铁电化局西铁建设公司承建渭河特大桥的一部分，起止里程为 DK494+573.68 至 DK497+436.93，东起咸阳市乐育路和中铁 17 局集团公司承建的咸阳渭河特大桥相接，西止咸阳西防洪渠，贯通咸阳市主城区，全长 2863.25 米。钻孔桩计 703 根，84 个墩、1 个台，3 处连续梁。

桩基全部选用旋挖钻机钻孔、孔口埋设钢护筒、泥浆护壁，钢筋笼分节加工成型，吊车吊装焊接；混凝土由拌合站集中拌制，混凝土搅拌运输车运输，导管法灌注水下混凝土。承台基坑采用挖掘机放坡开挖，坑底预留 30 厘米人工清底。并根据地质情况，设置木桩或钢管桩等临时支护措施，防止边坡坍塌。承台采用组合钢模板，胶合板支立。混凝土采用集中拌合，自动计量，罐车运输，泵送混凝土施工，插入式振捣器振捣。框架涵采用满堂支架现浇。

到 2008 年 12 月 31 日共完成路基土石方 26.1 万立方米，特大桥折合 2657.4 延长米，CFG 桩 6.836 万米，水泥土垫层 6.9073 万立方米 ，涵洞 3 座计 193.12 横延米，圬工 5.8074 万 立方米。2008 年完成投资 1.39 亿元，开工累计完成投资 1.5535 亿元。

第九节　京石铁路客运专线

一、工程概况

北京至石家庄铁路客运专线，北起首都北京，南至河北省省会石家庄。线路经过北京市所辖的海淀区、石景山区、丰台区、房山区、河北省保定市、石家庄市，正线全长 283.672 公里，其中北京市境内 48.712 公里，河北省境内 234.96 公里。

线路自北京西站（西长铁路 XK9+115.46＝DK0+000）引出，沿着既有西长左线南侧增建客运专线左线（右线利用既有西长左线），在西长线西翠路立交涵附近，客运专线左线接入既有西长左线，客运专线右线则由既有西长左线改拨至既有西长右线，之后客运专线双线利用既有西长左右线至重聚园小区附近离开既有线，线路跨过永定河后折向西南，在杜家坎环岛东跨过京石高速公路，进入大宁水库，线路跨过大宁水库泄洪闸后转向东南方向行进，跨过小清河后沿河东侧行进。距离 61062 部队良乡发信台东侧 400 米通过，绕避长阳规划区跨过小清河后转向西南。线路跨越北拒马河，在京石高速公路东 1.75 公里设涿州东站，线路沿京珠高速公路东侧行进，跨廊涿高速公路，在高碑店市京珠高速公路东2.5公里石家庄村设高碑店东站。线路南行跨拒马河、津保高速公路，经徐水县东，跨瀑河、漕河，线路南行至孙村，在京珠高速公路东2公里孙村北设保定东站。线路继续南行跨大清河、保沧高速公路、京珠高速公路、清水河，经冉庄西、曹庄西，跨唐河，在定州京珠高速公路东3.25公里设定州东站。线路跨大沙河，经石家庄机场东侧，线路折向西南，跨京珠高速公路、京广铁路，之后顺着京广铁路西侧向南依次跨过石家庄绕城高速公路、滹沱河、石太高速公路，线路在柳辛庄站北端重新跨至京广铁路东侧，沿着京广铁路东侧穿越石家庄铁道学院西侧校区和石家庄铁道学院39-41号宿舍楼，跨石津干渠及北二环，在石纺路与义堂路之间以6线隧道（局部7线隧道）形式走地下，依次下穿义堂路、既有石太直通铁路、既有石德铁路、和平东路、正东路、中山东路、穿既有石家庄客站3号站台、裕华东路；于裕华路至槐安路之间钻出地面，在槐安路和南二环城市高架桥之间（既有石家庄编组站位置）设石家庄客站，出站后至设计终点DK287+700，线路全长283.672公里。

京石客运专线工程，由铁道第三勘察设计院有限公司设计，中国铁建京石铁路客运专线项目监理部监理。

京石客运专线主要技术条件：线路等级，客运专线；正线数目，双线；正线线间距，5.0米；最小曲线半径，7000米；最大设计坡度，20‰；牵引种类，电力牵引；列车类型，动车组；列车运行控制方式，自动控制；行车指挥方式，综合调度集中。

京石客运专线DK12+343至DK21+070和DK35+560至DK41+039两个里程段，由中铁电化局西铁建设公司承建。2008年7月开工。

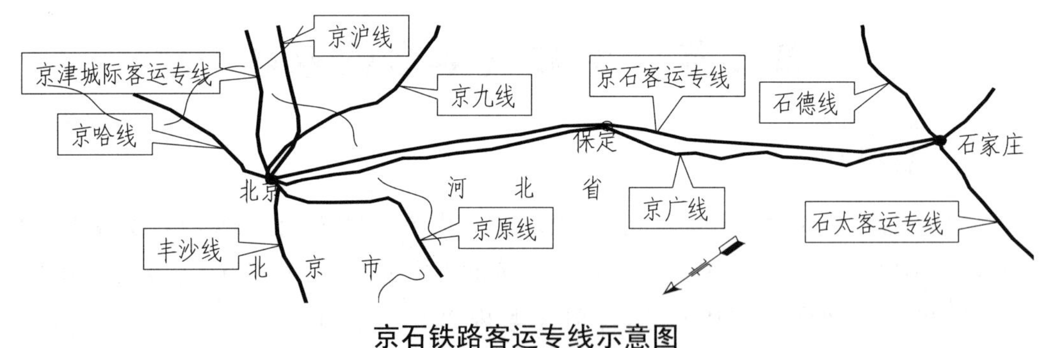

京石铁路客运专线示意图

二、工程设计

设计时速350公里/小时，初期运营速度300公里/小时。设计活载：高速铁路、跨线旅客列车联络线、动车走行线等高速铁路，采用“ZK标准活载”；相关的既有线改造，采用“中—活载”；公路桥按现行公路规范办理。

设计采用高标准的技术条件和措施控制基础沉降，防止桥梁沉落变形和梁体徐变。设计采用高性能混凝土，确保基础设计寿命长，桥梁设计寿命100年。按铁道部颁发的铁建设[2007]47号文《新建时速300至350公里客运专线铁路设计暂行规定》开展设计。

三、工程施工

DK12+343至DK21+070段长8727米，位于北京市丰台区和房山区，从北向南途径大刘庄、张郭庄、长辛店、赵辛店行政村等。工程量包括道路改移、便桥搭设、管线路迁改及防护、特大桥桩基、承台、墩身、大型临时设施、配合辅助工程及相关内容。DK35+560至DK41+039段长5680米（含长链两处210.026米），位于北京市房山区，从北向南途径赵庄、公义庄、北柳子、前柳子、两间房、兴隆庄、辛庄户、务兹村行政村等。工程量包括道路改移、便桥搭设、管线路迁改及防护、特大桥桩基、承台、墩身、连续梁、大型临时设施、配合辅助工程及相关内容。

2008年7月组织人员进点，成立京石客运专线项目部二分部，下设3个作业队，两个里程段设6处钢筋加工厂，投入4台钻机，84名施工人员开展施工。由于征地拆迁及设计图纸的影响，施工进度缓慢，直到2008年12月31日，南段只进行部分桩基的施工。

桩基施工均采用孔口埋设长护筒，旋挖钻和冲击钻成孔，泥浆护壁，导管法灌注混凝土。钢筋笼在加工厂下料、加工，制作好后用平车运至各桩位，骨架安装采用汽车吊，骨架入孔时严禁摆动碰撞孔壁，缓慢下沉入孔中，直至所有骨架安装完毕。.

施工时在钢筋笼上端均匀设置吊环、固定杆，防止浮笼。同时，当灌注混凝土顶面距钢筋笼底部1米左右时，适当降低灌注速度，当混凝土拌合物上升到距钢筋笼底口4米以上时提升导管，使底口高于骨架底口2米以上，恢复正常灌注速度。

已建成电气化铁路统计表（至 2008.12.31）

序号	线路名称	起讫点	里程/公里	竣工或建成时间	附　注	
1	宝成线/单线	宝鸡东～成都东	676	1975.06.23	1999.12.26 阳平关至成都段 393.93 公里建成双线	※
2	阳安线/单线	阳平关～安康	356	1977.06.25	2000.12 完成扩能改造	※
3	石太线/双线	石家庄客～太原北	253.8	1982.09.27	1989.09.16 引入石家庄客站	※
4	京秦线/双线	丰台西～秦皇岛东	430	1985.12.15	北京枢纽 89 公里为单线	
5	太焦线/单线	长治北～月山	154.23	1985.12.28	有 43.35 公里双线	※
6	丰大线/双线	丰台～大同北	390	1985.12.31	大同北 11 公里疏解线为单线	※
7	成渝线/单线	成都东～重庆客	546.5	1987.12.26	1991.07.01 引入重庆客站	
8	西山支线/单线	太原北～玉门沟	20	1988.12.28		※
9	北同蒲线/双线	太原北～平旺	336	1989.07.31	2003.06.26 建成双线	※
10	贵昆线/单线	贵阳南～昆明西	682	1990.07.17	贵阳南至永城西 289 公里为双线，沾益至昆明 165 公里 2007.04.15 建成双线	※
11	川黔线/单线	珞璜～贵阳南	417	1991.12.27		※
12	陇海线/双线	郑州东～兰州西	1195.65	1992.01.31	分期分段建成双线	※
13	孟平支线/单线	孟庙～平顶山东	65.8	1992.05.31		※
14	大秦线/双线	韩家岭～秦皇岛	653	1992.12.21	2005 年完成 2 亿吨扩能改造	※
15	鹰厦线/单线	鹰潭～厦门	705	1993.12.25	含 11 公里漳州支线	※
16	宝中线/单线	虢镇—迎水桥	498.19	1995.06.01		※
17	干武线/单线	干塘～武威南	172.19	1995.12.05	因外部电源推迟到 1996.11.18 开通	※
18	侯月线/双线	侯马～月山	252.6	1995.12.26	2005 年完成扩能改造	
19	太古岚支线/单线	汾河～镇城底	51.45	1996.02.06		※
20	焦枝线/双线	济源～关林段	79	1996.06.30	为焦枝线北段	

序号	线路名称	起讫点	里程/公里	竣工或建成时间	附　注	
21	大准线/单线	大同东～薛家湾	270.83	1997.07.04	为煤炭自建铁路，2005年完成扩能改造	※
22	南昆线/单线	南宁～昆明南	898.77	1997.11.30		※
23	广深线/双线	广州东～深圳	140	1998.07.22		※
24	包兰线/单线	石嘴山～兰州东	567	1998.11.06	迎水桥至干塘 63.13 公里为双线	※
25	襄渝线/单线	襄樊～重庆西	903.5	1998.12.28	2002 年完成襄樊至达景段扩能改造	※
26	湘黔线/双线	株洲～贵阳南	893.9	1998.12.28	分期分段建成双线	※
27	广深线/三线	广州东～深圳	140	2000.08.29		※
28	成昆线/单线	成都东～昆明东	1095	2000.09.30		※
29	外福线/单线	外洋～福州	191.5	2000.12.26		※
30	西康线/单线	西安～安康东	261.8	2001.01.08		※
31	京广线/双线	北京西～广州东	2348.24	2001.10.01	分期分段建成	※
32	哈大线/双线	哈尔滨～大连	945.8	2001.12.01		※
33	盘西线/单线	沾益～柏果	136.3	2001.12.26		※
34	内昆线/单线	内江～梅花山	501.9	2002.04.23		※
35	神朔线/双线	神木北～朔州	268.65	2002.08.31	2000.10 建成单线，2004.12.30 完成 1.4 亿吨扩能改造	※
36	水柏线/单线	六盘水～柏果	118.58	2002.09.26		
37	朔黄线/双线	神池南～黄骅港	600	2002.11.01		※
38	秦沈客运专线/双线	秦皇岛～沈阳北	404.64	2002.12.31		※
39	新月线/双线	新乡～月山	85.9	2003.06.20		※
40	西南线/单线	西安～合肥段	955.35	2003.12.28		※
41	忻河线/单线	忻州～河边	49.875	2004.08.31	含河边至东冶 9.929 公里延伸线	※
42	沟海线/双线	沟帮子～海城	102.5	2005.10.25		※
43	渝怀线/单线	重庆北～怀化	625	2005.11.26		※

序号	线路名称	起讫点	里程/公里	竣工或建成时间	附　注	
44	遂渝线/单线	遂宁～重庆北	156.9	2006.01.14		※
45	沪杭线/双线	上海西～杭州	202	2006.04.10		※
46	京沪线/双线	北京～上海	1453.82	2006.07.01		※
47	兰新线/双线	兰州西～嘉峪关	762	2006.07.10	2005年完成增建二线	※
48	陇海线/双线	郑州～徐州	349	2006.08.26		※
49	胶济线/双线	济南～青岛	384．6	2006.08.30		※
50	浙赣线/双线	杭州～株洲	942	2006.09.15		※
51	焦柳线/单线	石门北～怀化	351.86	2007.01.28		※
52	广深线/四线	广州东～深圳(九龙)	147	2007.03.30		※
53	金窑线/双线	金州～金港	21	2007.03.30		※
54	胶黄线/双线	胶州～黄岛	39	2007.09.08		
55	迁曹线/双线	迁安北～曹妃甸港、京唐港	222.7	2007.11.28		※
56	宁岢支线/单线	宁武～岢岚	95.95	2007.12.01		※
57	东乌线/单线	东胜～乌海	360	2007.12.20	地方铁路	※
58	大湖线/双线	大同东～湖东	21	2008.01.24		※
59	京津城际/双线	北京～天津	117.12	2008.02.02		※
60	合宁客运专线/双线	合肥～南京	166	2008.04.01		
61	津沈线/双线	天津～沈阳北	712.4	2008.04.30		※
62	石德线/双线	石家庄～德州	181.9	2008.11.05		※
63	合武客运专线/双线	合肥～汉口	359.36	2008.12.31		※
64	胶济客运专线/双线	青岛～济南	365.71	2008.12.21		※
65	石太客运专线/双线	石家庄北～太原	189.93	2008.12		
66	黔桂线/单线	贵阳～柳州	489	2008.12	预留双线	
67	达成线/双线	达州～成都	368	2008.12		

注：　※为中铁电气化局集团参与建设

在建电气化铁路统计表（至 2008. 12. 31）

序号	线路名称	起迄点	里程/公里	开工时间	附　注	
1	大包线/双线	大同～包头	451. 6	2006. 06. 01		※
2	精伊霍线/单线	新疆精河～伊宁～霍尔果斯	286. 21	2006. 08. 06		※
3	陇海线/双线	徐州～连云港	223. 95	2006. 10		
4	萧甬线/双线	萧山～宁波	147. 76	2006. 11. 28		
5	包兰线/双线	包头～惠农（石嘴山）	395. 04	2006. 12. 30		
6	兰青线/双线	兰州～西宁	216	2007. 03. 18		※
7	焦柳线/双线	关林(洛阳)～张家界	903. 66	2007. 11. 17		※
8	孝柳线/单线	孝义～柳林	116	2008. 03		
9	宜万线/双线	宜昌～万州	377	2008. 06. 10	其中凉雾至万州 88. 54 公里为单线	※
10	温福客运专线/双线	温州南～福州	298. 4	2008. 06. 16		※
11	武广客运专线/双线	武汉～广州南	1069. 8	2008. 06. 27	综合试验段四电工程开工	※
12	新菏兖日线/双线	新乡～菏泽～兖州～日照	616	2008. 07		
13	京九线/双线	北京西～乐化段	1577. 2	2008. 08. 06	含津霸和麻武联络线 155 公里	※
14	甬台温客运专线/双线	宁波～台州～温州	282. 38	2008. 08. 18		※
15	三新线/单线	三北羊场～新上海庙	138	2008. 10. 08		※
16	沈抚城际铁路	沈阳～抚顺	58	2008. 10. 26	有 6. 5 公里单线	※
17	福厦客运专线/双线	福州至厦门	274. 9	2008. 10. 29		
18	峰福线/单线	横峰～南平南	289. 1	2008. 11. 18		※
19	郑西客运专线/双线	郑州～西安	515. 51	2008. 11. 01	2007. 10. 01 试验段开工，含 57. 23 公里西安至咸阳客北环工程	※
20	武九线/双线	武昌～九江	261	2008. 12. 16		
21	蓝烟线/双线	蓝村～烟台	198. 76	2008. 12. 26		
22	包西线/双线	包头～罕台川北	82	2008. 12		※

注：　※为中铁电气化局集团参与建设

第三章　铁路综合工程

第一节　青藏线通信信号、电力工程

一、工程概况

青藏铁路东起青海省省会西宁，西至西藏自治区首府拉萨，线路全长 1956 公里。其中西宁至格尔木段 814 公里已于 1979 年铺通，1984 年投入运营。青藏铁路格尔木至拉萨段，北起青海省格尔木市，经纳赤台、五道梁、沱沱河、雁石坪，翻越唐古拉山，再经西藏自治区安多、那曲、当雄、羊八井，至拉萨，线路全长 1142 公里，其中新建线路 1110 公里。青藏铁路是当今世界海拔最高、线路最长的高原铁路。线路经过地区海拔在 4000 米以上地段 965 公里，最高为唐古拉山垭口海拔 5072 米，高原缺氧，气候恶劣，自然环境十分脆弱。北起昆仑山北麓西大滩，南至安多县城北，长 550 公里，分布着多年冻土。青藏铁路建成通车后，将形成铁路、公路和航空的立体化交通，彻底解决“进藏难”的问题。从根本上改善青海、西藏两省区的交通条件和投资环境，直接拉动其经济发展，促进其产业结构的合理调整，加快城镇化和工业化、现代化的进程。同时也加强国内其他广大地区与西藏的联系，促进藏族与其他各民族的文化交流，增强民族团结。

青藏铁路建设单位是青藏铁路公司，由铁道第一勘察设计院、铁道第三勘察设计院（拉萨河特大桥）、中国建筑设计研究院（拉萨站房）设计，铁道部工程质量监督总站青藏铁路监督站负责质量监督，北京铁城建设监理有限责任公司负责工程监理。

青藏铁路主要技术条件：铁路等级，I、II 级混合标准（线下工程 I 级标准）；正线数目，单线；最大坡度，20‰；最小曲线半径，800 米，个别困难地段 600 米，格尔木至南山口维持既有 500 米；到发线有效长度，650 米，预留 850 米；牵引种类，内燃，预留电气化条件；机车类型，DF 8 型；闭塞类型，自动站间闭塞；牵引定数，2000 吨。

参加青藏铁路建设的单位有中国铁路工程总公司所属 10 个工程局、中国铁路建筑总公司所属 11 个工程局，新疆建设兵团和中国安能建设总公司。中铁电气化局集团有限公司承担青藏铁路站后电力、通信信号“三电” D5、T5、T6、X6 标段工程建设。

青藏铁路站后电力、通信信号的 D5、T5、T6、X6 标段工程，施工区段北起雁石坪，南至拉萨，全长 630 公里。其中要跨越青藏铁路海拔最高地段唐古拉山，平均海拔在 4500 米以上。电力工程 D5 标段那曲至于羊八井 35 千伏电力贯通线 251.1 公里；通信工程 T5 标段雁石坪至安多 187 正线公里、T6 标段安多至拉萨 441.9 正线公里；信号工程 X6 标段达琼果至拉萨 138.429 正线公里，信号工程原有 5 站、后增加 3 站，即达琼果至拉萨站共 8 个站。

2004 年 7 月 1 日开工，2006 年 7 月 1 日开通交付运营。

二、工程设计

全线新设 1 条 60 芯直埋单模通信光缆，本工程设计使用 20 芯，铁通预留 40 芯。干局线传输网使用 4 芯、接入网使用 2 芯、无线光中继直放站使用 2 芯，信号专业预留 4～6 芯、其他纤芯备用。基础网利用 4 芯开设 SDH622 兆比特/秒(1+1)传输系统，作为长途干局线传输网；利用 2 芯开设 SDH155 兆比特/秒接入网系统。本地交换网，自动交换网以格尔木和拉萨为中心组成 2 个本地网。拉萨新设交换机 6000 线；格尔木既有交换机 6000 线扩容至 10000 线。长途交换网的格尔木人工电话交换设备维持现状，增加到拉萨的 2 条话路，拉萨新设无绳智能话务员系统。无线通信系统采用 GSM-R 技术。铁路专用通信系统设行调、货调、电力调度、站间行车电话、信号调监、红外轴温探测、电力远动等。在拉萨调度所设 2 个行调台和 1 个货调台，无线列车调度纳入 GSM-R 数字移动通信系统；在拉萨通信站设 GPS 加 BITS 时钟系统，作为本线同步时钟源。

信号系统采用美国 GE 公司的列车信号控制系统（ITCS 系统），道岔采用 CTS2 型轨枕式道岔，达琼果至古荣 6 站为 ITCS 控制站，拉萨西和拉萨 2 站为计算机联锁站。

电力工程新建 35 千伏电力贯通线路、配电所、箱式变电站、备用太阳能发电站等配套设施。

三、工程施工

中铁电气化局集团有限公司承担青藏铁路站后电力、通信信号“三电” D5、T5、T6、X6 标段工程。电力工程 D5 标段那曲至羊八井 35 千伏电力贯通线，基本沿青藏公路南行，途经那曲、古露、当雄、羊八井，全长 251.1 公里，共 12 个区间。新建 35 千伏高压架空线路 233 公里、电杆组立 3094 根、基础浇注 167 个、铁塔组立 167 处；避雷线架设 44 条公里、35 千伏高压电缆线路敷设 4.64 公里。通信机站供电 38 处，站场电力外线 6 站，35 千伏配电所设备安装 2 处，车站变电所 4 处，35 千伏电源线路 8.126 公里（架空线路 5.3 公里，高压电缆线路 2.826 公里），由一公司施工。

通信工程 T5 标段雁石坪至安多段 187 公里，开挖光缆沟 176 公里、敷设直埋光缆（GYTA5333-60D 型）206.988 公里、敷设排流线 176.3 公里/双条、浇注 GSM-R 铁塔基础 36 座、安装 GSM-R 铁塔 36 座（高 45 米或 50 米）、基站房屋和各种设备安装、敷设地区分歧光电缆 45 公里、9 个中间站设备安装、配线和标段内通信设备的通电、联调等工作，由三公司施工。

通信工程 T6 标段安多至拉萨段 441.9 公里，敷设 20 芯直埋光缆 478.821 公里、中间站及会让站 12 个、预留站 11 个、拉萨通信站 1 个，拉萨地区通信及列车无线调度通信工程 442.9 正线公里、GSM-R 基站 73 个、光纤直放站 20 个等，由电气化分公司施工。

信号工程 X6 标段达琼果至拉萨 138.429 公里，达琼果、羊八林、羊八井、昂嘎、马乡、古荣、拉萨西、拉萨 8 站信号工程，开挖电缆沟 40 公里、敷设信号电缆 111.72 公里、安装转辙机 173 台、标志牌 67 个、信号机 111 架、轨道区段 101 个、各种箱盒 807 个、各种信号机柜 150 个，原定由二公司施工，后根据中铁电气化局集团公司文件，移交给电气化分公司施工。

全线及西宁地区 3 个通信站的光传输、接入网和 BITS 时钟网的设备分发、安装督导及软件调试工作由二公司负责，全线的通信联调由北京电信研究试验中心有限公司负责。

2003 年 11 月 19 日，成立中铁电气化局集团青藏线工程指挥部，全面负责青藏线电力、通信信号工程施工管理和指挥协调工作。一、二、三公司、电气化分公司和北京电信研究试验中心有限公司相应成立工程项目部，积极组织机械、施工队伍进场。于 2004 年 7 月 1 日开工，2006 年 7 月 1 日开通交付运营。

电力工程　一公司于 2004 年 4 月在那曲组建电力工程项目经理部。分别在那曲、古露、当雄设 1 个电力作业队，各队 100 人，变电作业队 50 人设在当雄，配备 16 辆载重汽车，3 辆吊车等施工机械。格拉段羊八井至那曲，平均海拔 4500 米以上，高寒缺氧，风沙天气多，施工强度增大，机械效率下降。为提高工作效率，广泛采用机械化施工，并尽量选用拼装化的工程结构，在低海拔地区（如格尔木仓库）进行预制，高原上拼装，缩短高原作业时间。针对不良地质（如冻胀丘、冰椎、热融滑坍、热融湖塘和湿地），尽量采取绕避措施，在绕避不开时，及时与业主和设计联系，采取有效的桩基防护措施，把影响降到最小。

青藏高原的生态系统及其脆弱，一旦破坏，极难恢复。施工场地认真规划和设计，尽量少占绿地，尽量远离环境敏感区。沿线施工时，根据项目及环境特点，合理安排施工季节。

电力贯通线施工 2004 年 7 月 1 日开工，到 2005 年 11 月，那曲至罗玛 19.3 公里、罗玛至绥如 21 公里、绥如至桑雄 22.8 公里、桑雄至古露 21.49 公里、古露至桑列 19.512 公里、桑列至乌玛塘 20.263 公里、乌玛塘至龙仁 12.52 公里、龙仁至当雄 20.5 公里、当雄至宁中 19.2 公里的 35 千伏架空线路完工，并一次受电成功。

2005 年底，铁道部对青藏铁路建设提出“三个阶段目标”要求，即 2006 年 3 月 1 日实现货车试运行；2006 年 5 月 1 日实现客车空载试运行；2006 年 7 月 1 日实现青藏铁路正式运行。2006 年围绕“三个阶段目标”要求，对剩余工作量进行突击。当时剩余的主要工作量为那曲至（不含）羊八井（含）6 个车站（妥如、桑雄、古露、乌玛塘、达琼果、羊八林）的电力工程，当雄和羊八井 2 个站的站场照明工程；新增车站变电所 2 座（桑雄所、羊八林所）；通信基站供电 38 处；5T 标段机房供电 5 处（罗玛站、桑雄站、桑列站、宁中站、羊八林站）；太阳能发电站 6 站（妥如、桑雄、古露、乌玛塘、达穷果、羊八林）；新增柴油发电站 1 座（羊八井）；视频监控系统安装 8 个所（妥如、桑雄、古露、乌玛塘、当雄、达琼果、羊八林、羊八井）。为确保第一个阶段目标的实现，春节期间始终没有中断施工。一、二月份的西藏正是风雪肆虐，气候最恶劣的季节，最低气温可达零下31℃，作业队在土壤冻结深度超过1.5米的情况下，以牛粪、干柴烘烤的方法，一步步将电缆敷设向前推进。

2006年3月，随着各站道岔融雪设备、太阳能发电站设备、站场照明灯杆、灯塔及远动设备的陆续到货，为确保5月1日客车空载试运行，按变配电所和电力外线2个专业，分重点、分层次倒排工期，克服设计图纸滞后、物资供应滞后等困难，2006年4月10日提前20天完成各站备用电源供电、各站站场电力及全线远动设备的安装与调试，为“第二个阶段目标”的实现打下基础。2006年4月17日至19日通过青藏总建设指挥部组织的初验。2006年5月围绕“第三个阶段目标”展开变电所和线路的整治与完善工作，6月25日，虽然受土建施工单位滞后的严重影响，仍提前完成各站的视频监控、道岔融雪接线与调试以及当雄、羊八井广场照明等工程。2006年7月通过验交。

通信工程 通信工程T5标段雁石坪至安多段187公里，2004年7月1日开工。雁石坪至唐古拉段位于青海省格尔木市境内，唐古拉至安多段位于西藏自治区境内，跨越海拔5072米的全线最高点唐古拉山口。全段187公里处于多年冻土区段，光缆径路的选择按有关条款的规定，与铁路路基的坡脚、护道货堑顶保持一定的距离，以免影响冻土区路基的稳定性。光缆通过大、中桥及隧道，必须经过铁路路基时，采用防护措施。尽量绕避冻涨丘、冰椎、融冻泥流、融冻滑塌、热融湖（塘）等不良冻土地带，避开主冻胀带。冻土地带光缆埋深按设计规范要求敷设，并做好防冻损伤等。三公司50多名参战人员，战胜高原缺氧、狂风暴雪和通信不畅，以及站前施工单位撤离后施工便道恢复植被、采石场、供氧站逐步关闭、大型机械租赁难等诸多困难，2005年12月主体工程竣工，2006年完成光电缆测试、各站设备通电及单机调试，配合完成全程通信联调。

通信工程T6标段安多至拉萨段441.9公里，2004年6月29日开工，2005年12月31日主体工程完工，2006年1月1日传输系统开通，2006年3月1日通信系统全线开通，实现货车试运行的目标。2006年5月1日通信系统进一步优化完善，实现客车空载试运行的目标。

信号工程 信号工程X6标段达琼果至拉萨段8站信号微机联锁工程，2005年8月15日开工。电气化分公司把握施工各个细节，发现问题及时整改，确保工程质量。2006年4月21日竣工，满足设计使用功能要求，2006年5月3日通过复验。

全线及西宁地区3个通信站的光传输、接入网和BITS时钟网的设备分发、安装督导及软件调试工作 格尔木至拉萨段施工范围和内容包括：48站SDH2.5吉比特/秒设备、4站SDH622兆比特/秒设备、180站SDH155兆比特/秒设备、150站接入网设备、2站BITS时钟设备安装，全线378站次设备分发调配、安装督导、单机通电调试及连通调试，传输设备2兆比特/秒、155兆比特/秒电口、155兆比特/秒光口调试，接入网自动电话、音频专线、2B+D专线、DSL数据专线、共线业务调试，格尔木、拉萨对网通公司兰（州）西（宁）

拉（萨）保护电路调试，全程网管接入调试。

格尔木至拉萨通信光接入设备调试与以往承建的设备安装调试有很大差别，二公司投入60人，配置车辆6台、各类仪器仪表46台（套），组织实验中心人员上线，聘请技术专家对参建人员进行现场技术和安全培训。于2004年5月1日开工，2006年8月1日竣工。

沿线气候条件非常恶劣，大部分施工区域在无人区内。为保证施工人员安全，严格按照铁道部有关青藏线安全施工的规定进行施工。由于通信机房电力供应不到位，造成安装和调试工作不能一次完成，一个站点要反复来回3～4次才能完成。施工中由于设计组网方式变更，造成施工中多次调试、重复调试，尤其是传输网管和接入网管的组网方式不合理和设计变更，给调试工作带来很大困难。调试人员加班加点，实现工期要求。跨时3年，完成设备安装413台（套），测试1520站，数据调测13.79万条。

通信联调　北京电信研究试验中心有限公司成立青藏线通信联调组，设传输、交换、无线3个测试小组，制定详细的联调计划，于2005年11月开工。

通信联调工作由于时间紧、技术新，干线光缆测试一直在零下十几度的环境下进行。由于房建、电力工程的影响，通信联调时间被压缩，参战人员发扬挑战极限的青藏精神，完成光传输系统调测、程控交换机调测、接入网系统调测、GSM-R单层网调测等任务。确保青藏铁路通信干线传输系统于2006年元月1日开通，全部有线通信系统及GSM-R单层网于2006年3月1日开通。

青藏铁路通信工程被中国铁道工程建设协会评为“2007年度火车头优质工程一等奖”。

第二节　京哈通道沈哈段线路改造接触网、信号工程

京哈通道自北京经天津、沈阳、哈尔滨至满洲里，全长2344公里。由既有京秦、京山、沈山、沈哈、滨州线和规划中的京沈哈客运专线构成，是东北与其他地区客货交流的主要通道，也是东北地区的交通命脉。京哈通道沈哈段（沈阳局管段）线路改造工程，是根据铁道部第六次大提速及沈阳铁路局的跨越式发展路网建设规划中对京哈通道提速的规划，沈阳铁路局对管内线路和设备进行改造，以适应160公里/小时的行车速度。

京哈通道沈哈段线路改造工程，建设单位是沈阳铁路局工程管理中心（具体实施是沈阳局电务处），信号系统由全路通信信号勘测设计研究院设计，华铁工程咨询公司负责监理。

京哈通道沈哈段，主要技术条件：铁路等级，I级；正线数目，双线；到发线有效长度，1050米；闭塞类型，自动闭塞；速度目标值，160公里/小时。

中铁电气化局集团一公司承担京哈通道沈哈段线路改造的SHS4及ZBS3标段工程建设。SHS4标段为沈阳北至四平（长大线K409～K579.3）提速改造牵引供电工程；ZBS3标段为长大线K675.350至哈长线K69.309段大屯至布海间11个车站（场）及94.28正线公里四显示自动闭塞改造工程。

自动闭塞采用 ZPW-2000A 制式，区间按四显示进行自动闭塞改造，反向运行采用自动站间闭塞。站内电码化采用与区间制式相同的发码设备，正线采用叠加预发码、侧线采用叠加发码的闭环电码化。站内联锁进行相应自闭结合改造，既有信号微机监测设备进行相应修改。由于对多处线路进行曲线改造，以适应 160 公里/小时的行车速度。接触网同时配合迁改，以保证列车的安全快速运行。

中铁电气化局集团一公司成立京哈通道工程项目经理部，组建专业作业队，配备足够的施工机械和设备开展施工。

接触网工程　沈阳北至四平牵引供电改造工程，需改造改建接触网 31 处。针对线路曲线改造施工的特点，制定了详细的线路曲线改造接触网过渡及施工方案，于 2005 年 4 月 1 日开工，并开展 QC 课题攻关。施工中路局工务部门提出高温季节支柱整正不允许用钢轨做承力点，线路曲线改造接触网系统又有大量的支柱需要整正，给施工造成很大难题。针对这种情况，通过 QC 小组攻关开发出新的施工工具和方法，将钢轨做支撑点改为利用道床做支撑承力点来进行支柱整正，从而解决了高温季节支柱整正的难题。新建工程完成基坑开挖 2153 个、基础浇注 221 个、混凝土支柱安装 1986 根、钢柱安装 237 根、接触网架设 164 条公里、附加线架设 248 条公里；过渡工程完成基坑开挖 763 个、基础浇注 678 个、混凝土支柱安装 85 根、钢柱安装 678 根、接触网架设 42 条公里、附加线架设 98 条公里，全部工程按时竣工。

信号工程　开原至兰棱段 ZBS3 标段包括大屯、长春南、长春、团山堡、长春北 I 场、长春北 II、长春北 III 场、一间堡、米沙子、沃皮、布海 11 个站（场）电码化、区间及结合，94.28 公里区间四显示自动闭塞改造。按照制定的施工组织设计、施工作业指导书、达标措施，于 2005 年 5 月 20 日开工。

为确保定测和施工精度，成立专业测量小组，采用先进的测量仪器和方法进行测量，并对测量结果通过自行编制的计算软件进行精确计算，实现数据化施工。在中心料库组建轨道引接线、线把预配车间，对零部件进行最大限度的集中预配，组装成成品或半成品，减少现场安装作业时间，提高施工效率。首项分步单项工程，经建设单位同意，作为样板向全线推广，统一施工工艺和标准；各种设备的内部配线，实行样板配线，统一制作；各种非标设备配件，由后方工厂统一加工制作；单项工程施工成立专门作业班组，按“大流水、小循环”的施工方式组织施工，既加快施工进度、又保证施工质量。到 2005 年 12 月 30 日，全部工程竣工交付使用。

第三节　京秦线提速改造通信信号工程

京秦线西起北京枢纽的双桥站，东至秦皇岛地区的秦皇岛东站，途经三河、蓟县、玉田、丰润、狼窝铺、卢龙、抚宁等县市，由北京至狼窝铺（京秦线）和狼窝铺至秦皇岛东

（京山线）两段组成，正线全长 300 公里。

京秦线主要技术条件：铁路等级，I 级；正线数目，双线；限制坡度，4‰；最小曲线半径，200 公里/小时区段，一般为 3000 米，困难地段为 2800 米，160 公里/小时区段，一般为 1600 米，困难地段为 1400 米；到发线有效长度，850 米或 1050 米；牵引种类，电力牵引；闭塞类型，自动闭塞。

京秦线提速改造工程，建设单位是北京铁路局京狼改造工程指挥部，由铁道部第三勘察设计院设计。电化局一处承担京秦线提速改造工程 A8 标段施工。A8 标段包括通信信号工程，通信工程自北京铁路分局通信站至狼窝铺站，全长 168 正线公里；信号工程自双桥辅助编组站至狼窝铺站，全长 150 正线公里。

北京分局通信站至狼窝铺站新设 1 条 8 芯单模光缆，开通 SDH155 兆比特/秒传输系统和接入网系统，并对既有通信线路和设备进行扩容改造。为电力调度、电力监控、电源环境动力监控、调监、信号微机监控提供通道，为新增用户电话提供通道。为适应京秦线提速改造的需要，燕郊至狼窝铺间新设数字调度系统设备，替代既有车站电话集中机，更新既有行车指挥系统通信设备。

信号工程采用多种新的信号制式，区间采用 UM71 无绝缘轨道电路叠加 TVM430 超速防护系统，站内采用 25 赫兹相敏轨道电路叠加 TVM430 超速防护系统；站间利用二线制方向电路实现双线双运行。行车指挥系统设备在既有调度监督系统设备基础上进行功能扩展，增设微机监测设备，增加区间列车运行及站内行车监测功能。多种制式的并行最大限度的提高运输能力和确保行车安全。

一处成立京秦线提速改造通信信号工程项目部，针对线路运输繁忙，行车与施工矛盾突出的特点，通过现场调查，制定详细的施工组织设计和过渡方案，并与相关站段签订配合协议，取得他们的谅解与支持。通信工程于 2001 年 8 月 1 日开工，信号工程于 2002 年 4 月 21 日正式开工。

通信工程　新设通信光缆是在既有通信线路径路旁敷设，既有通信设备扩容改造关系到通信畅通和安全，为确保万无一失，必须在运营站段的积极配合下，才能进行施工作业，这就给施工进度带来了制约。结合现场实际情况，先进行通信光缆施工，经过努力 2002 年上半年完成光缆敷设。根据预先制定的施工组织设计和过渡方案，通过优化，在接管使用单位的密切配合和支持下，分别采用切断改线法、复接改线法和环路割接法进行施工过渡和倒接，并做到随施工随交接。2002 年 5 月 20 日三平站、5 月 24 日三河站电气集中通信配合设备分别开通，2003 年 4 月 15 日全部工程竣工验收。合格率 100%，优良率 95%以上。

信号工程　双桥（京秦 K0+000）至狼窝铺（京秦（K150+000），全长 150 正线公里的自动闭塞工程，原计划 2001 年 9 月开工，因受显示制式等因素的影响，开工日期一再拖延，直到 2002 年 4 月 21 日才正式开工，2002 年 12 月 10 日完成信号电缆的敷设、室外箱合安装、室内设备安装。为弥补工期，按时完成施工任务，在器材安装、设备联调及开通阶段，调集技术骨干，成立专业调试小组，采取全线一盘棋，实行责任制，在所有参建单位和运营接管单位的通力协作下，开展联调及开通工作，2003 年 4 月 22 日至 6 月 20 日陆续安全开通了管段内的各站，分项工程达 360 项，单位工程 15 个，通过验收合格率 100%，优良率 100%，整体工程被评为优良。

第四节　京九线龙东段通信和定向段自闭改造工程

京九铁路纵贯北京市、天津市、河北省、山东省、河南省、安徽省、湖北省、江西省及广东省 6 省 2 直辖市，并连接香港特别行政区，全长 2397 公里。全线有特大桥 65 座，大中桥 725 座，隧道 150 座。其中九江长江大桥在 1990 年代曾经是长江上跨度最大的铁路桥，全长 7679 米。全线为 Ⅰ 级双线铁路，限制坡度 6‰。

京九铁路龙东段，位于广东粤东地区，北起龙川北站，南到东莞东站，全长 220 正线公里。通信工程建设单位是广梅汕铁路有限责任公司，由铁道部第一勘察设计院设计，广东省广梅汕建设监理有限公司负责工程监理。工程总投资 3642.8 万元。

京九铁路定南至东莞东段 303 公里。其中定南至向塘西间全长 42.78 公里，信号自动闭塞改造工程，建设单位是南昌铁路局工程建设管理中心，由北京全路通信信号研究设计院设计，南昌华路建设监理有限公司第十监理站负责监理。工程总投资 1509.56 万元。

龙东段长途通信新设 SDH622 兆比特/秒系统，龙川至龙川北段设 SDH155 兆比特/秒系统，区段通信设 PDH8 兆比特/秒系统。站场通信系统设电话集中机和区间电话转接机，各车站设光 D/I 设备 1 套。增建二线区段设 1 条 236 公里的 12 芯光缆，新增 SDH155 兆比特/秒传输系统 2 套。在惠州北通信站设 1500 线数字程控交换设备 1 套。设通信数字调度专用系统 1 套，调度台采用 2B+D 方式接入主系统，专用通信通道由共线方式构成。增设站场、地区通信线路，各中间站设 48 伏高频开关电源。增设 2 个 ADM 155 兆比特/秒系统传输、ONU 接入、数字调度、环境监控、光纤在线监测、调度汇接、电源等设备，替代既有实回线模拟调度系统，取消运转室集中机，启用新设数字操作台，将既有 PDH 业务移至新设 ONU 接入系统。

定南至东莞东段信号工程，全段各站按 DMIS 标准要求新建 DMIS 站机，并纳入广梅汕公司的 DMIS 中心。自动闭塞采用 ZPW-2000A 无绝缘轨道电路的四显示系统，结合区间自动闭塞工程，四显示区段内的车站在既有联锁设备基础上进行三改四显示及自闭结合改造，在既有信号机机构上增加灯位以满足四显示的要求，并增加自动通过功能。定南至龙川段站内电码化各站正线正向接、发车进路，反向接车进路、到发线电码化采用多信息移频预叠加电码化。机车信号的信息定义按部颁布的标准执行。新增自动闭塞设备的有关报警信息纳入既有微机监测系统，对既有微机监测系统进行改造。

2001 年 8 月 10 日，电化局二处在龙川成立电化局京九铁路工程项目经理部，下设 2

个作业队，配备车辆5台，仪器仪表12台（套），通信工程于2001年8月27日开工，自动闭塞改造工程于2001年12月26日开工。

龙川北至东莞东段通信工程　开工后，首先进行现场调查，对光缆径路进行定测，制定施工组织设计方案。通过与运营单位和各相关单位的联系，签定施工安全配合协议，通信段在每个工点派1名随工人员配合，进行安全质量监督，隐蔽工程由随工人员签字确认，经过4个月的奋战，2001年12月10日完成242.72公里光电缆的敷设，2002年2月完成光电缆接续。2002年6月初，通信设备陆续到货，随后进行安装与调试，2002年12月10日全部工程竣工交付使用。

定南至向塘西段自动闭塞改造工程　开工后，通过现场调查和施工定测优化施工方案、电缆地下接续、箱盒配线等工艺标准。施工中严格按照ISO9002质量保证体系，进行质量过程控制，对关键工序进行交接确保工程质量。经过11个月的努力，68.79公里的自动闭塞线路，于2002年11月6日竣工。

第五节　洛湛线永岑段通信信号和电力工程

一、工程概况

洛湛线北自河南洛阳市，南至湛江，是中国中西部地区通往湛江、北海、钦州、防城、茂名等华南深水港口的重要出海通路。

洛湛线永州至岑溪段工程建设，其永州地区包括新建洛湛线的永州站北端（K322+400）至（IDK333+629.42），长 11.229 正线公里，和湘桂线改线自高溪市站（K130+600）至（IIDK141+400），长10.983正线公里，永州至贺州244.5正线公里。

永岑段及永州地区相关工程，建设单位是广州铁路（集团）公司浙赣永州工程建设指挥部，由中铁第四勘察设计院设计，广东至艺监理公司负责监理。

中铁电气化局集团公司承担永州至岑溪段ZH1、ZH2、 ZH3标段工程建设。ZH1标段为永州至贺州段、ZH3标段为贺州站，计244.5公里的电力、通信信号、房建工程，由电气化公司负责施工；ZH2标段为永州地区相关的电力、通信信号工程，由二公司负责施工。

工程于2006年12月15日开工，计划2009年6月竣工开通。

二、工程设计

ZH2标段　永州地区电力工程新建洛湛线的永州站K324+630至IDK333+629.42和湘桂线的高溪市站IIDK130+600至IIDK142+700两段10千伏电力贯通线、永州10千伏电力配电所改造和10千伏电源线以及永州、银子塘、楠木塘3站电力及电力远动。站场电力变压器、负荷开关为“T接”，引流、设备连接线采用与主导线相同的10千伏绝缘线。站台低压架空线路基本杆高10米，档距40米。站台灯杆采用环形预应力钢筋混凝土电杆。10

千伏贯通线高压电缆采用 $YJLV_{22}$-8.7/10 千伏-3×50 平方毫米交联聚乙烯电力电缆，电杆采用环形预应力钢筋混凝土电杆，车站综合变电站由地方 10 千伏线路“T 接”，信号专用变压器由贯通线提供电源。

永州通信站至楠木塘站通信机械室设 20 芯直埋光缆和 $HEYFLT_2$ 37×4×0.9+6×2×0.7 低频对称电缆各 1 条，同沟敷设；高溪市站至永州通信站设 24 芯直埋光缆和 $HEYFLT_2$ 37×4×0.9+6×2×0.7 低频对称电缆各 1 条，同沟电缆槽内敷设，永州通信站至永州东通信站设 1 条 20 芯管道光缆，新建 2 孔管道。干线传输开设 SDH2.5 吉比特/秒(1+1)系统，永州东和永州通信站设 STM-16 ADM 设备，永州通信站、楠木塘站设 STM-4 ADM 设备，楠木塘设 ONU 接入邵永段的 OLT 设备。永州通信站开设 SDH2.5 吉比特/秒及 SDH622 兆比特/秒网管系统，利用 SDH2.5 吉比特/秒与 SDH622 兆比特/秒在永州通信站采用 STM-4 接口相连，为接入网传输提供通道保护。永州站设 800 线程控交换机。

信号为永州站、楠木塘站、银子塘站的配套工程。采用 6502 电气集中联锁设备，采用 15 千伏安智能电源屏。采用 ZPW-2000A 正线、侧线电码化设备，采用 25 赫兹相敏轨道电路。正线轨道区段叠加 ZPW-2000A 移频电码，室内外送、受端安装有电码化隔离设备。轨端接续线采用双塞。采用 ZYJ7-B+SH6 型电液压转辙双机。信号、道岔干线电缆采用 $PTYA_{23}$ 型综合护套信号电缆；轨道干线电缆采用 $SPTYWPA_{23}$ 型内屏蔽数字信号电缆，支线采用 $SPTYWA_{23}$ 型数字电缆；计轴电缆采用 $PJZA_{23}$ 型；站间自动闭塞通道采用 LEU-BSA_{23} 型应答器数据传输电缆。主干电缆沿线路路肩敷设，上、下行进站信号机间采用水泥电缆槽防护，支线电缆采用直埋砂土防护，电缆过轨采用钢管防护。室内设组合柜、综合防雷分线柜、站内电码化柜、站内防雷柜等。采用色灯透镜式信号机。

ZH1 和 ZH3 标段　洛湛线永州至岑溪段新设 1 条 10 千伏电力贯通线，并装设高压真空分断开关。为新增负荷用户供电（没有配电所的车站），信号一级用电负荷低压电源设实时监控箱；新设电力远动系统直接纳入南宁远动系统。生产、生活用电由车站变压器接引。红外轴温用电、给水所用电由贯通线上专用变压器台接引。

长途通信全段新设 $GYTA_{53}$20B1 直埋光缆和 $HEYFLT_{23}$ 7×4×0.9 低频对称电缆各 1 条，同沟敷设。区间分歧电缆采用 $HEYFLT_{23}$ 4×4×0.9 低频对称电缆。长途光、电缆的金属护套设专用屏蔽地线，接地间距不大于 4 公里。全段开设传输及接入系统，新设数字专用调度通信系统，将列调、货调、电调、车务、站间行车及站内集中电话和区间电话纳入数字专用分系统。在变电所新设接入网设备，全线新设电源及环境监控系统和客运信息系统。

信号采用 6502 电气集中联锁，行车指挥采用卡斯柯微机监测及 TDCS 二合一系统，采用计轴站间自动闭塞，采用智能电源屏；室外站内采用国产 97 型 25 赫兹相敏轨道电路，接近区段采用 ZPW-2000A 移频轨道电路，实现信号联锁条件。高柱信号机采用铝合金色灯信号机构，矮型信号机采用铸铁机构，转辙机采用国产 ZYJ-7 型转辙机。

三、工程施工

二公司承担永岑段永州地区 ZH2 标段工程施工，组建 40 人的电力作业队、36 人的通信作业队、50 人的信号作业队，配备相应的施工机械和设备，开展施工。电气化公司承担永岑段 ZH1、ZH3 标段工程施工，组建电力、通信、信号、房建 200 多人的作业队，开展施工。

（一）ZH2 标段工程

电力工程　电力作业队分成 2 个作业工班，1 个工班负责车站及电力外线施工，1 个工班负责永州配电所施工，于 2007 年 4 月 1 日开工。由于工程所处地段地形复杂，交叉跨越线路多，且穿越多处居民区，施工比较困难。根据制定的施工方案，对电缆沟的开挖路径进行详细调查，确定最佳路径。到 2008 年底，完成 24 公里 10 千伏电力贯通线路（其中洛湛线 11 公里，湘桂线 13 公里）的敷设（或架设），永州、银子塘、楠木塘 3 个站场照明和电力远动设备的安装与调试，永州 10 千伏电力配电所的改造。全部工程预计 2009 年 5 月底竣工。

通信工程　2006 年 12 月 15 日开工后，40 天时间完成楠木塘至永州东站、永州车站至高溪市计 38.17 公里通信线路的敷设，到 2008 年底，完成 73.49 公里光电缆的敷设，光电缆接续、成端、测试及中继段测试，各车站引入电缆成端、节距间平衡、33 台设备安装、全程平衡及全程系统测试，无线通信天线铁塔基础安装、设备调试，永州通信站 800 线程控交换机安装与调试。小部分工作量需要 2009 年完成。

信号工程　50 人的作业队分成 3 个作业工班，分别负责永州站、楠木塘站、银子塘站的联锁、区间自闭和行车指挥系统改造及新建工程。于 2007 年月 1 月 15 日开工。根据施工组织设计，通过现场调查优化了作业程序，为缩短施工周期，采用流水作业。联锁试验是信号工程的关键，直接关系到工程开通后铁路的运输安全，运用系统工程的科学管理方法，统筹规划，保证了联锁试验的顺利进行。到 2008 年底，完成 6 公里自动闭塞线路的敷设，3 个车站(71 组道岔)6502 电气集中设备的安装与调试。全部工程预计 2009 年 6 月竣工。

（二）ZH1 和 ZH3 标段

电力工程　ZH1 标段电力线路大部分处于山区，桥多隧长，距离公路较远，地质条件复杂。经过现场调查后制定了切实可行的施工方案和安全保障措施，于 2007 年 11 月开工。到 2008 年 9 月底完成全段电力贯通线的架设（或敷设），2008 年 11 月底完成配电所设备的安装与调试，全线达到送电条件，可为通信信号、给排水专业提供调试电源。2008 年 12 月底完成站场低压施工。ZH3 标段 2008 年底以前没有开工。全部工程预计 2009 年 8 月竣工。

通信工程　2007年11月初开工，针对ZH1标段线长、点多、线路复杂等情况，2007年

11月至12月进行了现场调查和通信线路径路的定测及光电缆的单盘测试等。根据调查和定测资料对施工组织设计进行了优化，在此基础上开展光电缆的施工。到2008年12月完成全段通信光电缆的敷设及接续。全部工程预计2009年7月竣工。

信号工程　信号作业队分成 3 个作业工班于 2008 年 9 月底开工。

开工后由于大部分信号楼房屋未完成，站前铺架进度的影响，零陵、双牌、钟山站需改扩建，全线的微机监测系统需升级更换版本，到 2008 年底，ZH1 标段的信号工程只完成少部分工作量，全部工程预计 2009 年 7 月 1 日竣工。

房建工程　工点比较分散，根据工程具体情况，制定了相应的测量、土方开挖、地板及基础、钢筋、模版、防水、轻钢结构、脚手架、砌筑、装修、室内排水及采暖工程施工方案，在施工过程中根据具体情况再对施工方案进行细致修改，确保方案可行并切合实际。行车室受部颁标准推出时间及站前场坪标高影响，2008 年 1 月开工后，施工进度缓慢。通过多方沟通和协调，全部工程于 2008 年 11 月底竣工。

第六节　株洲北编组站增建上行系统信号及改造工程

株洲枢纽地处中南腹地，是京广、浙赣、湘黔 3 条铁路干线的交会点，是联系华东、中南和西南地区的交通枢纽。株洲北编组站是全国 15 个大路网编组站之一，有“北有郑州北，南有株洲北”之称。为满足运输能力的需要，需对株洲北编组站进行部分增建与改造，范围包括株洲北编组站增建上行系统四场、五场、六场、七场的通信、信号、接触网、列检。

株洲北编组站增建上行系统及改造工程，建设单位是广州铁路集团公司更新改造办公室，由铁道第四勘察设计院设计，华南铁路建设监理公司负责监理。中铁电气化局集团二公司承担株洲北编组站增建上行系统及改造工程的通信信号及接触网的施工。

通信工程由于上行系统编组场、交换场扩股以及北转线改造，需改迁 4 条通信电缆，并对编组场、交换场内广播系统设施进行相应的更新改造。

信号改造含四、五、七场。四到达场改造在原电气集中基础上进行，室内信号设备改为微机联锁。轨道电路采用微电子接收器，站内采用 ZPW-2000A。五场驼峰场改造在原自动化驼峰上进行，室内信号设备预留配线，轨道电路采用 2.3 型。七场交换场改造在原电气集中基础上进行，室内维持 6502 电气联锁，电源屏、北头组合架利旧，控制台、南头组合架新设，轨道电路维持二元二位不变。编尾场改造在原微机联锁基础上进行，室内信号设备改为微机联锁 TYJL-Ⅱ型，轨道电路采用微电子接收器和高灵敏轨道电路。各场间采用场间联系电路。

既有株洲枢纽接触网京广引入部分，采用带回流线的直接供电方式，全补偿简单链形悬挂，结构高度 1300 毫米，站线接触线采用 TCG-85。悬挂点接触线距轨面高度，到达场 6450 毫米，交换场、机务段 6000 毫米。正线采用 GLJC-120+CTHA-120 全补偿简单链形悬挂， 张力（17+13 千牛），站线采用 GLJE-30+TCG-85 全补偿简单链形悬挂，张力（15+8.5 千牛）。新增建的接触网采用铜合金承力索，正线采用 THJ-95、站线采用 THJ-70，额定张力 15 千牛。

二公司组建工程项目部，下设 1 个通信作业队、1 个信号作业队、1 个接触网作业队，配备相应的施工机械和设备，于 2005 年 7 月 2 日开工。

首先对影响路基施工的通信电缆、信号电缆、10 千伏高压线路进行迁改。然后通信作业队对上行编组场通信、广播施工，再进行上行到达场通信施工，在轨道工程完成前通信工程施工完毕。信号作业队首先进行上行到达场信号楼内施工，进行即有组合架的防护、既有分线盘电缆校核、模拟盘制作；然后进行新增干线电缆和支线电缆的敷设，室外新设备的安装、配线、调试、导通，室内设备的安装。接触网作业队在路基工程基本完成的情况下，改建既有接触网，给轨道工程让位。进行机务段南咽喉、交换场的接触网施工，然后对上行到达场的接触网施工。2005 年 10 月因建设单位调整投资，六场停建，原计划 2005 年 12 月 28 日竣工的项目，因站前施工的影响，到 2007 年 12 月 8 日竣工，完成 3 个站计算机联锁系统的设备安装与调试、完成 31 台信号电动转辙机的安装、27 组接触网软横跨安装、架设站线接触网 7.25 条公里。

第七节　日照港中港区铁路车场三电工程

山东日照港口位于日照市东部。东临黄海，北与青岛港，南与连云港毗邻，隔海与日本、韩国、朝鲜相望。随着中国兰新铁路与哈萨克斯坦土西铁路贯通，日照港成为新亚欧大陆桥东方桥头堡之一，是国际海陆运输重要枢纽，对山东沿海外引内联，加快经济发展有着极其重要的意义。

日照港中港区铁路车场通信信号、电力工程，是山东日照港硬件设施重点配套工程，建设单位是日照港集团公司，由铁路第三勘察设计院设计，日照港建设监理有限公司负责监理。工程总投资 3052 万元。中铁电气化局二公司承担日照港中港区铁路车场通信信号、电力工程施工。

通信工程，车场信号楼与既有卸车场编发区、日照港建筑安装有限公司间各设 1 条 48 芯光缆，站场采用市话电缆。中港区车场信号楼通信机械室内新设 SDH155 兆比特/秒传输及接入设备 1 套，利用新设 48 芯光缆中的 4 芯与综合楼既有 SDH155 兆比特/秒传输及接入设备连接。新增自动电话用户纳入日照港务局通信站交换机。车场设置 MSTP 通信设备，与港务局既有局域网连接，预留 64 千比特/秒数据接口。车场信号楼通信机械室内设数字集中机 1 套；车场内设无线调车通信系统 1 套。车场咽喉区、装车点、道口设置摄像头，监控设备设在信号楼通信机械室内。

信号工程，中港区采用双机热备计算机联锁设备，采用 50 赫兹交流连续式轨道电路，车场操作及表示设备采用计算机联锁控制台。道岔转辙设备采用 ZD6 系列电动转辙机，采用大站综合 25 千伏安智能电源屏，道口设自动通知设备，采用 $PTYA_{23}$ 型信号电缆，主干电缆采用砖砌电缆沟敷设。

电力工程，新建 1 座 10/6 千伏变电所，6 千伏电源引自中港变电所馈出，10 千伏电源引自地方 10 千伏黄海线。高低压供电线路采用铜芯电缆直埋方式。变电所采用小型化开关设备，变压器采用低损耗 SG10 型，所有高低压设备均布置在同一房间内。

2006 年 5 月二公司成立日照港工程项目部，下设 1 个 30 人的通信作业队，配备车辆 2 台、光电测试仪表 10 台（套）；1 个 40 人的信号作业队，配备车辆 2 台、发电机 2 台；1 个 25 人的电力作业队，配备车辆 1 台，于 2007 年 3 月 20 日开工。

通信工程 通信作业队分成 2 个作业工班，第 1 工班负责车场通信线路施工，第二工班负责车场通信设备安装与调试。因受站前施工的影响，不能全面开展施工，进度较慢。为确保工期的实现，调整施工计划，先进行光电缆的施工，后进行室内设备安装与调试。2007 年 6 月 30 日完成 43.2 公里光电缆线路的敷设、接续与成端，安装调车机车电台 1 套，有线、无线通信设备安装调试及视频监控系统设备安装调试等，全部工程于 2007 年 9 月 30 日竣工。

信号工程 施工内容和范围包括：中港区新建计算机联锁、卸车场既有计算机联锁改造、其他相关信号工程等。信号作业队分成电缆施工、室外施工、室内施工 3 个班组，施工时为少占用列车运行时间，保证既有设备运行安全。根据施工方案分为施工准备、施工过渡、施工及竣工 3 个阶段进行。到 2008 年底，敷设信号电缆 85.39 公里、安装信号机 69 架、电气集中设备安装调试 60 组，全部工程预计 2009 年 4 月 10 日竣工。

电力工程 为确保工期，根据现场施工条件和材料设备到货情况，采用“小班组，大循环”流水作业方法组织施工。首先集中力量进行电力电缆线路施工，再进行 10/6 千伏高压电缆线路、综合楼 10/6 千伏变电所、落地配电箱及站台灯柱等施工，到 2008 年底，敷设电力电缆 17.51 公里，安装变压器 2 台，安装高低压开关柜 9 台。全部工程预计 2009 年 4 月 10 日竣工。

第八节 乌准线小黄山至五彩湾段三电工程

乌准线小黄山至五彩湾段位于新疆维吾尔自治区昌吉州境内。自既有小黄山专用铁路小黄山站引出，沿吐鲁番至乌鲁木齐至大黄山高速公路北侧行进。向东途经东湾村、下南泉村、滋泥泉子镇至北三台乡，而后继续向东行进跨越 G216 线后，再沿其东侧向东北方向顺矿区间的无煤带和规划五彩湾工业园区，终到五彩湾站，线路全长 95.01 公里。

乌准铁路工程，建设单位是乌鲁木齐铁路局，由中铁第一勘察设计院集团公司设计，乌鲁木齐铁建监理咨询有限公司监理。参加乌准铁路工程施工的单位有中铁一局、中铁建二十一局、中铁电气化局集团公司。其中中铁电气化局二公司承担小黄山至五彩湾段通信信号、电力工程施工。

全线为单线预留双线电气化铁路，电力工程采用单回路供电，变配电所采用微机远动控制，关键处所采用红外线监测，所内采用远距离控制式电动隔开关。站场、岔区照明由各站远距离控制箱式变电站提供电源，采用可折叠式弯灯及新型高压钠灯光源。

长途通信线路设 1 条 $GYTA_{53}$-20D 型 20 芯直埋光缆和 1 条 $HEYFLT_2$ 37×4×0.9 直埋低频对称电缆，站场及地区通信线路采用 $HYAT_{53}$ 型充油直埋电缆。传输开设 SDH622 兆比特/秒（1+0）系统，乌北、小黄山、五彩湾设 SDH 分插复用 ADM 设备，在乌鲁木齐西设传输和接入网合一的网管系统，乌鲁木齐西站设 8000 线程控交换机。全线设数字调度及专用通信系统，利用乌鲁木齐铁路局调度中心既有数字调度主系统开通乌准线列调，下南泉、梧桐槽子、唐朝路、五彩湾站设数字调度及专用通信分系统。长途通信电缆内设区间电话两回线、区间抢险、区间养路等回线。全线利用接入网提供的 2 兆比特/秒通道，提供电力专业对变配电所的远程电视监控通道。传输系统及接入网系统数字同步时钟由乌鲁木齐同步网提供时钟信号。

信号工程采用集成式车站信号控制室、相敏轨道电路、双机热备计算机联锁、远程 CTC，区间采用计轴自动站间闭塞系统。

2008 年 3 月，二公司成立乌准线工程项目部，下设通信、信号、电力 3 个作业队，1 个物料库，于 2008 年 4 月 1 日开工。在站前工程严重滞后的情况下，进一步优化施工方案，见缝插针，开展施工。到 2008 年底，完成 10 千伏电力线路架设 97 公里、高压电缆敷设 9 公里、站场电力 4 站、10 千伏和 35/10 千伏变配电所设备安装调试 2 座、10 千伏和 35/10 千伏电源线路 2 处；信号电缆敷设 46.4 公里、信号机安装 52 架、车站信号控制室设备安装调试 4 座、道岔安装 21 组、电气集中组合柜安装 24 架；通信光电缆敷设 108 条公里、地区和站场电缆敷设 14 条公里、电化引入综合柜安装 4 架、数字调度车站分系统安装 4 套、电源及环境监控设备安装 4 套、安装光纤直放站近端站 4 处、远端站 8 处、安装 DMIS 调度命令无线传送地面设备 4 处、25 米铁塔及铁塔基础天线安装 4 处。全部工程预计 2009 年 9 月底竣工。

第九节　北疆铁路阿拉山口至古河段电力工程

北疆铁路南起乌鲁木齐市头屯河区，北到博乐市边境集镇阿拉山口站，全长 456 公里，共有 36 座车站。为满足运输的需要，乌鲁木齐铁路局决定对其进行扩能改造。其中阿拉山口至古河段的电力工程就是对北疆铁路进行扩能改造的主要项目之一。

北疆铁路扩能改造工程，建设单位是乌鲁木齐铁路局工程建设项目管理中心，由铁道第一勘察设计院设计，乌鲁木齐铁路建设监理部项目监理站负责监理。中铁电气化局集团二公司承建北疆铁路扩能改造阿拉山口至古河段电力工程。工程投资 2897.38 万元。

新建阿拉山口至乌兰达布斯段 10 千伏电力贯通线和古尔图至托托段 10 千伏电力贯通线，实现阿拉山口至古河段 10 千伏电力贯通线的全线贯通，确保沿线各站电力供电的稳定性和可靠性。各车站（除变配电所所在的车站外）增设 2 台变压器，1 台作为通信信号专用变压器，另 1 台作为车站混用变压器，并作为信号备用电源。从 2 台变压器接引低压电源引入室内配电箱及电源监控箱内，电源监控箱予留远动接口，可实现遥控、遥测、遥信功能。新设 GW4-20/200TQ 型隔离开关，在有电压无负荷时作分合操动之用，具有操作灵活、分合准确到位、抗腐蚀能力强等特点。新设 RFWD 型高压熔断器，具有防风特性，适用于大风频繁地段。新设 ZW-12/400-12.5 型真空断路器，在有电压无负荷时作分合操动之用，可实现当地、远动操作，断路器与隔离开关相互配合，利于线路检修。电杆及其拉线均采取缠绕玻璃丝布、刷防腐漆的措施，拉线在国标基础上提高一个等级，长距离直线区段每隔 10 个电杆设四方防风拉线，每隔 5 个电杆设两方防风拉线。

阿拉山口车站 35 千伏电力线路改造工程，拆除既有 35 千伏电力线路 4 公里，新建 35 千伏电力线路 4.3 公里。新立电杆及其拉线均采取缠绕玻璃丝布、刷防腐漆的措施，拉线在国标基础上提高一个等级，线路基本档距为 170 米。

新建阿拉山口、托托 10 千伏配电所，电源分别接引地方变电站 10 千伏专盘专柜作为一路电源；配电所均设 4 路馈线，并设所用变压器第二路电源，将其引至所用变压器 1 号柜进行切换后供所内应急使用。精河 10 千伏配电所既有高压室 JYN 型高压开关柜利旧，增设两路贯通线馈出间隔，并设有载调压变压器 1 台，有载调压器可根据线路电压情况调节电压高低，以达到线路运行需要。博乐 35/10 千伏变配电所 35 千伏既有设备利旧，10 千伏高低压设备全部更新，变配电所设 3 路馈出线。上述配电所二次保护均采用微机保护。

阿拉山口至古河段各车站电气集中供电均为两路电源，并对信号电源进行监测。变配电所所在车站（博乐、精河、托托），由站场机务回路及贯通线各引一路电源至车站运转室内配电箱及电源监测箱；其余车站（如蘑菇滩、沙泉子、伊力生、古尔图）在贯通线上采用断路器及隔离开关分断后分别接引电源至车站运转室内配电箱及电源监测箱。在阿拉山口、博乐、蘑菇滩、精河、伊力生、托托车站设红外线机房。

2002 年 8 月，二公司在阿拉山口镇成立北疆工程项目部，投入 50 人的作业队，配置车辆 6 台及专用施工机具，分成 3 个作业工班开展施工。阿拉山口至乌兰达布斯间 11.4 公里和古尔图至托托间 22.3 公里的 10 千伏电力贯通线（其中高压电缆敷设 2.2 公里），2002 年 10 月 1 日开工，2004 年 3 月 20 日竣工；托托站 10 千伏配电所 6.34 公里电源线路，2003 年 6 月 15 日开工，2003 年 11 月 30 日竣工；阿拉山口车站 35 千伏电力线路，

2004 年 6 月 10 日开工，2004 年 8 月 14 日竣工；阿拉山口、博乐、蘑菇滩、精河、沙泉子、伊力生、托托、古尔图 8 站电气集中供电，2003 年 8 月 1 日开工，2004 年 4 月 10 日竣工；精河 10 千伏、博乐 35/10 千伏变配电所改扩建和阿拉山口、托托新建 10 千伏配电所，2003 年 11 月 12 日开工，2004 年 9 月 20 日竣工。

第十节　襄渝线襄樊至文畈段牵引变电、电力工程

襄渝铁路起自湖北省襄樊，终到重庆市，横跨湖北、陕西、重庆三省市，分别与焦枝、汉丹、阳安、成达、成渝等铁路相连。为满足运输的需要，对其电气化进行扩能改造是实施西部开发大战略而统筹安排的重点建设项目之一。

襄渝铁路电气化扩能改造工程，建设单位是郑州铁路局建设管理中心武汉工程指挥部，由铁道部第一勘察设计院设计，铁道部第四勘察设计院监理。工程投资 2132.8 万元。铁道部电化局二处承担襄渝铁路电气化扩能工程襄樊至文畈段牵引变电、电力工程施工。

襄樊至文畈段 10 个车站（其中汉丹线襄樊北、朱坡、陈家湖、老河口东 4 个站，襄渝线黄康、谷城、石花、黄家营、劈柴沟、文畈 6 个站）电力改造，电源从 10 千伏贯通线或车站既有电源（27.5 千伏变电台或地方变台）接引，贯通线电源作为通信信号及红外线设备的主供电源，车站既有电源作为备用电源。襄樊至老河口车站为既有贯通线，老河口车站至文畈新建贯通线。高压分歧线采用架空和电缆相结合的方式，低压线路采用电缆敷设方式。

新建陈家湖牵引变电所，设 2 台主变压器，一主一备。主变压器采用 V/V 接线平衡变压器，110 千伏断路器采用 SF6 断路器，27.5 千伏断路器采用真空断路器配弹簧操动机构；自用电系统采用两路 27.5 千伏所用变电互为备用。全所采用微机保护和远动系统，实现当地和遥控 2 种控制方式，对所内设备进行分、合操作。采用干式所用变压器、干式电流互感器、避雷器等。

襄樊电力调度所、襄樊水电段、供电段加强工程。襄樊电力调度所远动系统采用新开发的系统软件，视窗操作，模拟屏采用马赛克模拟屏，实现微机远方控制操作，定时采集遥测、遥信信号，反应当前所内最新情况。系统由两路交流电源及一组蓄电池供电，一主一备，如果交流电源中断，蓄电池供出的直流电通过 UPS 电源转换成交流电，确保系统供电的可靠性。工程建成后，襄樊电力调度所成为襄樊铁路分局管段内第一个现代化的调度中心。

2000 年 9 月，电化局二处成立襄渝扩能工程指挥部，下设 20 人的作业队组成 1 个电力作业工班和 1 个变电作业工班，配置车辆 5 台，于 2001 年 5 月 18 日开工。车站电力工程改造属既有线施工，涉及面广，难度较大，根据现场调查编制了详细的施工及过渡方案，确保既有线施工安全。在陈家湖牵引变电所施工中采用“小班组、大循环”施工方法，有

分有合施工作业。变电所地网实施全封闭式焊接工艺，提高焊接质量。推广应用“软母线引下线一次性挂设”QC成果，提高工效。低压电缆头采用高压绝缘自粘带进行干包，具有绝缘、防水、防晒等特性。10个车站的电力改造和襄樊水电段院内电力工程，2002年10月25日率先竣工；陈家湖新建牵引变电所、襄樊电力调度所及复示终端、襄樊供电段院内电力工程，2002年12月1日竣工。

第十一节 朔黄铁路黄万段通信信号工程

朔黄铁路黄骅南至万家码头段长约70公里，分布于河北黄骅市和天津市大港区。为Ⅰ级单线铁路，该段桥涵多，累计桥长约19公里，超过1.5公里的大桥有4座，较长的子牙新河大桥长6.7公里，全段为6～7米的高垫方路基。

朔黄铁路黄万段通信信号工程，建设单位是朔黄铁路发展有限公司，由铁道第三勘察设计院设计，北京现代通信信号工程咨询公司黄万铁路工程监理站负责监理，朔黄铁路发展有限公司肃宁分公司接管。工程投资2546.8万元。中铁电气化局集团三公司承担黄骅南至万家码头段HWTL-D17标段通信信号工程施工。

通信工程全段新设$GYTA_{53}$ 8芯光缆和$HEYFLT_{23}$ 7×4×0.9低频对称电缆各1条，区间通话柱采用$HEYFLT_{23}$ 3×4×0.9低频对称电缆，地区和站场通信线路采用$HYAT_{53}$全塑充油市话电缆和$HEYFLT_{23}$ 3×4×0.9低频对称电缆。光电缆过路、过轨、过涵采用钢管防护，特殊困难地段采用复合槽或砖砌槽道防护，桥上采用钢槽防护。黄骅南站至万家码头站间开通SDH155兆比特/秒光传输及接入网系统。各站设数字专用通信系统，并接入既有朔黄线肃宁北站的数字专用通信主系统，根据工程需要，对枢纽主系统进行扩容。新设列调、站场、站间行车电话等纳入数字专用通信系统。全段各站新设传输设备、车站电化引入综合柜、数字调度分系统、无线调度系统、接入网、电源及环境监控。各站外供交流电源为两路独立电源，通信电源采用高频开关电源及密封阀控蓄电池组。新设电源及环境监控设备纳入既有朔黄线肃宁北电源及环境监测中心统一管理，并对中心设备进行扩容。无线列调系统采用400兆赫B制式，各站新设无线列调设备1套、中间站设15米铁塔1座。

信号区间闭塞采用64D单线继电半自动闭塞，站内采用BES型25赫兹相敏轨道电路，车站采用6502电气集中联锁设备，电码化设备采用微电子交流计数，叠加发码，道岔及转辙设备采用4228型P60/1/12，ZD9-C、ZD9-D双机牵引。信号楼引出的干线电缆和进站至预告信号机接近轨间采用铝护套综合扭绞$PTYL_{23}$型信号电缆，分支电缆采用综合护套综合扭绞$PTYA_{23}$型信号电缆。

中铁电气化集团三公司成立黄万通号工程项目经理部，组建通信和信号作业队，配备相应的施工机械和设备，于2006年4月30日开工。2006年9月30日全部竣工。

通信工程 黄骅南至万家码头站，正线长70.8公里。施工内容包括通信线路敷设，黄骅东、羊三木、刘三庄、郭庄子、北港农场及大港水库6个车站设备安装与调试、全段通信联调等。2006年4月30日开工后，首先进行线路定测，并优化施工方案，经过4个月的奋战，到2006年8月31日完成77.6公里光电缆线路的敷设和接续。由于房建施工的影响，2006年7月15日才具备设备安装条件，到2006年8月28日完成传输设备、接入网设备、无线列调车站台、专用数字通信车站分系统、车站电化引入柜、ODF/DDF综合配线架、电池柜、高频开关电源柜、电源环境监测设备安装各6套。通信联调是全段工程的关键环节，为保证安时开通，专门组建联调小组，2006年9月5日开始通信联调，2006年9月21日完成，保证2006年9月30日全段竣工开通。

信号工程　黄骅南（不含）至万家码头（不含），长69.497公里。施工内容为黄骅东、羊三木、窦庄子、郭庄子、北港农场、大港水库6站6502电气集中和7区间64D单线继电半自动闭塞。2006年4月30日上线后，由于站前专业施工和信号楼施工影响，不具备正式施工条件。在此情况下，进行了现场调查，配合房建专业核实沟槽管孔预留预埋、组织材料进场等工作。2006年6月24日开始现场定测。根据定测情况，调增信号电缆5.2公里、调增电动转辙机和安装装置5套，出站至出站间信号干线电缆采用砖防护，部分浸水地段坡脚下直埋有困难的，在坡脚土建干砌片石或护坡二层台上采用混凝土电缆槽防护，上下护坡采用电缆复合槽防护。并于2006年7月12～14日进行了复测。2006年7月18日设计交底后正式开工。2006年9月5日完成67公里的电缆敷设。由于受站前施工和信号楼施工的影响，设备安装2006年8月3日才开始，到2006年9月27日完成6站电气集中联锁道岔安装26组、箱盒安装344个、信号机74架、小站电源屏6套、室内组合柜51架、单元控制台6台，25赫兹轨道区段63区段，全部工程竣工。2006年28日18：00点通信信号工程开通试运行，29日18：00点正式移交接管单位，10月8日上午正式运营。

第十二节　西黄增建二线接触网、电力、信号工程

西黄线为京九线引入北京枢纽的延伸线，同时也是枢纽内的一条联络线，起于北京西客站，沿既有柳广西线至广安门站，跨越京山线、永丰四线、南三环、南四环公路，沿既有西黄线西侧南下，跨越丰双铁路，终至李营站，全长22.3公里。为提高运输能力，增建二线。

西黄增建二线工程，建设单位是北京铁路局，由铁道第三勘察设计院设计。中铁电气化局集团电气化分公司承担西黄增建二线XHS-3标段工程建设。XHS-3标段包括接触网、电力、信号工程。

牵引供电采用带回流线的直接供电方式，接触悬挂采用全补偿简单链形悬挂。北京西客站采用桁架结构，接触网采用无拉线倒立柱的形式在雨棚上固定，北京西客站新建接触网雨棚范围内为通过倒立柱固定等形式，采用硬三角形腕臂与雨棚梁结构实现接触网悬挂。

2004年11月，电气化分公司成立项目经理部，下设接触网、电力、信号3个作业队，1个工地料库。2004年12月18日开工，2006年3月27日竣工。西黄增建二线XHS-3标段施工范围和内容包括：增建二线线路长度16.143公里；大红门至李营线路改建长1.6公里；柳村至广安门线路改建长1.953公里；广安门和李营站相应改造；北京西客站增建第九、十站台及到发线；增建第八、九、十站台无站台柱雨棚2.042万平方米，开通南站房。电力、接触网、电气集中各1站及1个区间的信号自动闭塞。

接触网工程　北京西客站因增建九、十站台及雨棚而引起的18、19、20道接触网新建，17道接触网改建，Ⅰ道西延长上行改线引起的接触网新建，增建机待线引起的接触网新建；北京西客站至广安门增建二线而引起的东咽喉接触网新建。将既有14道改由13道接触网供电，15、16、17、18、19、20道由北京西开闭所馈出7、8号馈线实现分束供电。接触网悬挂8.33条公里。因站前工程，接触网需配合过渡改造。采用奥地利引进的普拉塞张力架线车进行承力索、导线架设，保证了接触网施工质量。2006年3月27日竣工。

电力工程　密切加强站前施工单位的联系，做好予埋管线的施工，结合站前施工进度，实时的进行交叉作业，按时竣工。

信号工程　针对北京西客站站场改造和3个信号楼设计文件，进行现场调查，在电务段的配合下分3个作业小组，同时开展流水作业。道岔调试中先选1组进行调试，制定出安装调试工艺，再全面展开施工。按期完成施工任务。

第十三节　北京西客站无站台柱雨棚改造接触网配套工程

大型铁路客站采用无站台柱雨棚，柱子全部设在铁路线之间，空间桁架结构，中间有采光带，已成为当前国内铁路客站普遍采用的方案，是 种新型的交通建筑标志，其视野更加开阔，旅客上下车不再受站台柱的影响，通行更加方便。北京西客站为此进行无站台柱雨棚 改造。

北京西客站无站台柱雨棚改造工程，建设单位是北京铁路局项目管理处，由铁道第三勘察设计院设计，北京铁建工程监理公司负责监理。中铁电气化局集团一公司承担北京西客站无站台柱雨棚改造接触网配套工程施工。

北京西站无站台柱雨棚采用上弦双杆平面拱与下弦悬索组合的张弦拱结构，南北方向共5跨，覆盖面积8.0851万平方米。雨棚为纵向跨度28米，横向跨度46米的巨型，跨越2个站台。即在13道外、9至8、4至3道间安装2根断面直径610毫米（曲线位置为500毫米）的钢管组合柱，满足2.15米支柱限界。无站台柱雨棚东端接长工程结构形式为连续弓型桁架，纵向跨度为17.8～28.5米，横向跨度为41～46米。1站台至3站台呈扇形平面布置，巨型结构。1 至 2、5 至 6 道间安装 3 根断面直径 500 毫米的钢管组合柱，另外 6 至 7 道间安装直径为 299 毫米，满足 2.15 米最小支柱限界。1 至 6 站台及旧雨棚东端部分全部拆除。

接触网原设计在站台雨棚柱上方安装硬横梁，采用倒立柱方式通过支持装置实现接触网的悬挂和定位。原 1 至 6 站台电化 13 股道。采用 LXGJ-100+TCG120 全补偿简单链形悬挂，额定张力 3.0 吨系。新建接触网通过倒立柱固定等形式与雨棚梁结构实现接触网悬挂。站台雨棚范围内采用硬三角形腕臂，结构高度为 900～1100 毫米，导线高度为 5350 毫米；6 至 7 道在直径 299 毫米结构支柱上悬挂，2 道及 3、4 道通过倒立柱悬挂，1、5 道在 3 根 500 毫米钢管组合柱通过平腕臂悬挂定位。凡与雨棚工程相关的承力索、导线按原线材类型全部更换。

新建供电系统采用带回流线的直接供电方式，接触网悬挂采用 LXGJ-100+CTHA-120 型全补偿简单链形悬挂，承力索额定张力 17 千牛，接触线额定张力 13 千牛；结构高度，高架厅下为 600 毫米，高架厅外为 1100 毫米；接触线高度，高架厅下为 5750 毫米，高架厅外为 6000 毫米，雨棚下为 5350 毫米。雨棚外为 6000 毫米；架空地线采用 LGJ-70 型，回流线采用 LGJ-185 型；侧面限界在车站两站线间不小于 2.15 米；架空地线采用集中接地方式，双重绝缘；采用 FHL-1550 型分段绝缘器。

一公司设北京工程项目部，投入 90 人组建 2 个作业班组，配备轨道车 2 台、电力工程车 1 台、电气化安装作业车 2 台，于 2003 年 7 月 10 日开工。

接触网工程作为雨棚工程的配套工程，在保证运输的前提下为雨棚施工做了大量的过渡及配合工作。为拆除既有雨棚，需要将原所有雨棚硬横梁进行拆除，并在两线间做过渡钢柱悬挂接触网。雨棚施工中的立雨棚柱、安装桁架、吊顶、装修等所有工序都需要接触网停电拨网配合。为此在施工期间，北京西客站 1～13 道接触网安装隔离开关进行改造，实现分股道停电，并于每日进行接触网停电拨网配合施工，为雨棚施工创造条件。

北京西客站雨棚采用桁架结构，接触网采用倒立柱的形式在雨棚上固定，倒立柱长 9130 毫米，为增加稳定性，用 4 根不锈钢绞线固定。不锈钢整体腕臂的安装采用硅橡胶合成绝缘子与不锈钢腕臂管压接工艺，保证其整体稳定性和方便维修。

采用奥地利引进的普拉赛张力架线车及自行研制的张力架线装置进行承力索、接触线的架设，腕臂安装采用一次到位工艺。由于采用不锈钢整体腕臂，这种腕臂是在出厂前将硅橡胶合成绝缘子与不锈钢腕臂一次压接成型，要求先进行精确测量与计算，将计算结果传至厂家进行制作，才能做到腕臂安装一次到位；采用环节吊弦预制、安装工艺，根据测量结果在工厂预制环节吊弦，做到接触悬挂调整一次到位。开工后在不影响运营的情况下，经过 7 个多月的奋战，完成基坑开挖 12 个、基础浇注 12 个、钢柱安装 12 根、不锈钢整体腕臂 558 组、接触网架设及调整 19.1 条公里、附加导线架设 8.0 条公里。全部工程于 2004 年 6 月 30 日竣工。

第十四节　沈阳北站无站台柱雨棚改造接触网配套工程

沈阳北站无站台柱雨棚改造工程，建设单位是沈阳铁路局建设工程指挥部，由铁道第三勘察设计院设计，华铁工程咨询公司负责监理。中铁九局承担沈阳北站无站台柱雨棚改造站前工程施工，中铁电气化局集团一公司承担接触网配套工程施工。

在1站台南侧和2、3站台间的6、7道间及5、6站台的13、14道间安装雨棚柱，在此柱上做穹形桁架式雨棚；拆除既有雨棚、更换每股道轨枕，部分股道拨移，所有站台均改为高站台。增设股道接触网供电分区，拆除硬横梁和接触网悬挂改移过渡，安装雨棚接触网吊柱并改移接触网，更换接触网线索。

一公司成立东北工程指挥部，组建专业作业队，配备作业车辆和设备，于2004年5月31日开工。

在现场勘察的基础上，制定施工方案和计划。根据供电情况，首先对涉及改造的车站每股道增设开关及分段，实现每股道单独停电功能，满足须停电施工的灵活性和易操作性。在接触网改移的同时将悬挂的既有接触网硬横梁拆除，由于横梁的拆除影响范围很大，车站只允许同时封闭3股道，另加一股道临时点，其中主体施工占用2股道。通过多次研究和优化方案，在不影响车站正常运营的情况下，顺利地完成了接触网改移和硬横梁的拆除工作。在钻孔桩施工中经多次与中铁九局协商研究，将接触网临时固定在既有雨棚上，将悬挂接触网钢柱全部拆除，减少换线造成的经济损失，钻孔桩完成后，恢复接触网标准状态。

在沈阳北站无站台柱雨棚改造接触网配套工程中，完成过渡工程开关支柱安装21根、安装隔离开关21台、分断绝缘器30台、支柱装配91组、浇制基础50个、安装钢柱50根、架空地线4.2公里；新建工程中完成安装雨棚吊柱45组、架空地线4.9公里、支柱装配117组、中锚15处，架设承力索20条公里、接触线20条公里、配合吊装悬挂调整290条公里、回流线改移1公里；拆除工程中完成彩虹横梁21根、既有钢柱14组、腕臂拆除97组、中锚拆除15处、线岔电连接拆除89处、分段绝缘器拆除7组、承力索拆除20公里，接触线拆除20公里，回流线拆除1公里。全部工程按时竣工。

第十五节　京哈线提速改造接触网配套工程

京哈通道自北京经天津、沈阳、哈尔滨至满洲里，全长2344公里。由既有的京秦、京山、沈山、沈哈、滨州线和规划中的京沈哈客运专线构成，是东北与其他地区客货交流的主要通道。

京哈线 200 公里/小时提速改造工程，建设单位是哈尔滨铁路局，由铁道第三勘察设计院设计，黑龙江中铁监理公司负责监理。

中铁电气化局二公司承担京哈线提速改造自蔡兰区间的 165 号柱至王岗站（不含）的接触网配套工程施工。将原 160 公里/小时的电化区段改造成 200 公里/小时。由于曲改拨道、抬落道等提速施工所造成的线间距、支柱限界、线岔位移等变化，进行既有接触网配合、恢复、完善；对侧面限界小于 2.94 米的支柱进行更换，更换后支柱侧面限界大于等于 3.1 米，以满足 200 公里/小时的行车要求。

牵引供电采用全并联直接供电方式。其中原哈大线接触网系统是引进德国的 Re200c 技术。正线采用 Re200，设计时速为 200 公里，侧线采用 Re100C，设计时速为 100 公里，正线悬挂方式采用全补偿弹性链形悬挂，结构高度一般为 1.8 米，导线高度一般为 6.0 米，侧面限界不大于 2.94 米的扩大为 3.1 米；导高小于 5900 毫米的扩大为 6000 毫米；线岔按一般标准定位，考虑到新基坑开挖对原支柱的影响，新杆位距原支柱一般为 5 米。跨距调整因地制宜，控制跨差，跨距不大于 45 米的，控制跨差不大于 10 米；跨距大于 45 米的，控制跨差不大于 15 米，接触线坡度一般为 1～2‰，变坡度为 1‰。

二公司成立哈大线工程项目部，投入 60 人的作业队，配置车辆 2 台，于 2007 年 7 月 2 日开工。

提速改造接触网配合、恢复、完善施工，二公司是首次，没有施工经验。经过多次现场实地勘查和测量计算，与供电段大力配合，集思广益，找出施工的最佳方案，解决施工中的难题。以前的接触网既有线施工中，接触网悬挂调整大都首先采用环节吊弦过渡，然后更换整体吊弦。而在京哈线提速改造工程中，如采用以往的传统方式，有可能导致动车组高速通过时，环节吊弦烧断的事故。针对工程情况，成立了“提高高速既有线接触网改造过渡工程的安全性”QC 小组，通过攻关，用可调式整体吊线解决了存在的难题，节约了过渡材料的成本（可调吊弦可重复利用），保证了工程质量和运营安全。

由于工期紧，全体参建职工 2008 年春节仅放一天假，施工时平均气温在零下 20 多度，冻土达 1.6 米以上，人工挖坑无法进行，只能用风镐把冻土一点一点地凿开后再进行人工开挖。空压机经常因气温太低不能正常运转，就先用煤火将冻土化开后再挖。接触网上部作业时封闭点又正好是在凌晨 3 点多，全体施工人员手脚、耳朵长了冻疮，在这种恶劣的施工条件下，到 2008 年 4 月 30 日，完成接触网既有支柱拆除 409 根、支柱安装 409 根、拉线、下锚安装 109 组（处）、腕臂更换 458 组、中心锚结安装 22 处、软横跨安装 5 组、承导线架设 0.8 条公里、悬挂调整 426 条公里。圆满地完成了施工任务，经过 200 公里/小时的动态检测，质量优良。

第十六节　京郑线窦店至漕河段提速改造接触网配套工程

第六次提速京郑线窦店至漕河段线路改造工程，由于双线线间距拨移达 5 米，区间小曲线需加大曲线半径，车站的可动道岔需更换，站线改造引起的接触网也需配套改造，使其满足 200 公里/小时技术要求。

京郑线窦店至漕河段提速改造工程，建设单位是北京铁路局，由中铁第二勘察设计院设计，中铁电气化局集团一公司和电气化分公司承担施工。

提速改造区段，牵引供电维持带回流线的直接供电方式不变，改造后接触网应满足时速 200 公里动车组的通行要求。充分利用既有牵引供电设施，结合本线提速后的运输组织特点对牵引供电能力进行校核，对容量不足的进行增容改造。接触网采用同相单边供电，接触网悬挂方式采用全补偿简单链形悬挂。车站跨越多股道的支持结构采用硬横跨，通过吊柱安装接触网悬挂；桥上支持结构采用硬横跨，改建地段接触网仍采用全补偿简单链形悬挂，结构高度 1400 毫米。接触导线（CTHA-120）和回流线（LGJ-120）利旧，LGJ-100 型承力索更换为 THJ-95 铜合金绞线。改建后接触悬挂的载流能力能够满足开行时速 200 公里动车组的要求。

中铁电气化局集团一公司承担窦店至松林店间 34.3 公里的接触网施工，电气化分公司承担松林店至漕河间 58.6 公里的接触网施工。京郑线运输繁忙，接触网专业受拨道、站场改造、曲线改造等的制约，施工十分困难。2005 年 4 月 26 日开工，5 月 15 日完成各车站更换接触网支柱的基础浇注，5 月 31 日利用 V 停天窗完成车站硬横梁钢柱的安装，7 月底完成硬横梁的架设、既有软横跨及钢柱的拆除、车站接触网过渡等，11 月底更换完接触网悬挂，2005 年 12 月 15 日工程全部竣工。

第十七节　沪宁线提速 K2 至 K26 区段接触网改造工程

铁路第六次大提速，上海铁路局对既有沪宁线 K2＋000～K26＋000 区段进行了提速改造的安排， 由上海铁路城市轨道交通设计研究院提出线路改造方案，中铁第四勘察设计院进行接触网改造设计。中铁电气化局电气化公司承担沪宁线 K2 至 K26 区段接触网改造施工。

根据铁道部《时速 200 公里和 300 公里动车组主要技术条件》，“后弓至前弓模式两弓距离小于接触网中性段长度 190 米，不作为运行升弓模式”。动车组按双弓取流、双弓间距进行设计。沪宁线上海（K0＋000）至江桥镇（K10＋500）间，接触网按160公里/小时速度目标值设计，正线和沪杭线并行区段采用硬横梁支持结构，上海西站及江桥镇站采用软横跨结构，接触悬挂采用简单链形悬挂，结构高度1400毫米。接触线高度上海站为5500毫米、上海至上海西为6000毫米、上海西站（含）至江桥镇站（含）为6000毫米，K7＋579处受南何铁路桥净空影响为5400毫米。江桥镇（不含）（K10＋500）至安亭站（K28＋328），接触网按200公里/小时速度目标值设计，正线支柱采用直径400毫米等径混凝土支柱，车站采用硬横梁结构；悬挂形式采用简单链形悬挂，结构高度1400毫米。接触线高度江桥镇至黄渡（不含）为6000毫米、黄渡（含）至安亭（含）为6350毫米（双层集装箱通道）、K17＋665处受翔黄联络线跨线桥净空影响为5700毫米。上海(不含)(K2+000)至江桥镇站（不含）（K6+417）200公里/小时区段，接触悬挂采用全补偿简单链形悬挂，接触线不考虑预留驰度。江桥镇站（含）（K6+417）至安亭（不含）（K26+000）250公里/小时区段，接触悬挂采用全补偿弹性链形悬挂，接触线不考虑预留驰度。250公里/小时正线采用18号可动心提速道岔，侧向最大通过速度为80公里/小时，接触网采用无交分道岔定位。

2006年10月，电气化公司成立工程项目部，投入240人分成3个作业队，于2006年11月22日开工。2007年1月10日竣工。

沪宁线K2至K26区段（上海（不含）至安亭（不含）），共4个车站、5个区间，正线24公里。 250公里/小时接触网改造采用德国Re250标准并结合中国传统的结构形式，无现成计算软件应用，针对沪宁线接触网改造的特点，开发出适用的软横跨、腕臂、整体吊弦计算软件，提高了施工进度和精度。250公里/小时正线电连接采用C或S电连接，取代弹簧圈式的电连接安装方式，将既有电连接线夹更换为重量极轻的国际上通常采用的无螺栓压接型电连接，减少容易产生硬点、打弓的螺栓电连接。用多股95平方毫米的电连接线取代120平方毫米以上的软铜绞线电连接。将250公里/小时正线区段的螺栓型的电连接线夹更换为重量极轻的适用于高速运行的接触线中心锚结线夹，同时将线夹两侧吊弦调整导高约10毫米。

为保证施工质量，购置先进的测量定位器、TaJima SLT-100型角度仪，测量承索、接触线高度、拉出值、限界的DJ型接触网激光测量仪，测量支柱斜率的JZC D型斜率测量仪，测量支柱跨距的瑞士徕卡迪士通手持式激光测距仪，测量弹性吊索张力的德国AEG弹性吊索张力测量仪器，保证了施工测量的精度。到2007年1月10日，架设接触线55.569条公里、悬挂调整112.498条公里、过渡、拆除接触线48.289条公里。全部工程竣工。

第十八节　上海光新路停车场接触网改造工程

上海光新路停车场，从沪杭线K3+000至K4+480间接入（沪杭线已电化，正线接触线采用简单链形悬挂），沪宁正线在该区段与沪杭线正线并行，停车场和沪杭线衔接的两端咽喉区接触网需改造，并新建停车场范围内 3～31 道共 15 股道接触网。

中铁电气化局电气化公司承担上海光新路停车场接触网改造工程。

上海光新路停车场接触网改造工程，停车场和沪杭正线衔接部分接触悬挂采用简单链形悬挂，停车场接触网采用带弹性吊索的简单悬挂形式，接触导线高度 5700 毫米，和正线衔接部分采用简单链形悬挂，结构高度为 1400 毫米，和正线相邻的支柱侧面限界对正线一般不小于 3.1 米，不通行超限货物列车的站线必须大于 2150 毫米。供电分段，上海西站方向咽喉区接触网通过负荷开关和沪宁线正线连接，沪宁正线直接向光新路存车场各接触网分束供电；停车场分 3 束供电，每束均可实现单独停电，分束处负荷开关纳入调度中心远动控制。分段分束的供电分段处设置消弧型分段绝缘器。

电气化公司调集参加过京沪上海枢纽电气化改造施工人员，组成 200 多人的作业队，于 2006 年 12 月 15 日开工。停车场接触网改造工作量大、时间紧，采取交叉作业的方式，边进行悬挂架设，边进行悬挂调整。软横跨承力索定位采用新型铜包钢 80 型绞线，吊线采用 φ4.4 铜包钢线；承力索采用强度高，高温软化性能强，耐腐蚀能力强，重量轻的铜合金绞线；腕臂采用无缝钢管；腕臂支持装置采用平腕臂的绝缘旋转腕臂结构，道岔柱、转换柱采用每支设独立腕臂的支持装置，减少相互间影响；定位器采用带限位功能的轻型铝合金定位器；下锚补偿装置采用无油润滑型铝合金大滑轮。到 2007 年 1 月 14 日，架设接触网 13.5 条公里，全部工程竣工。

第十九节　南昆线南宁至威舍段供变电工程

南昆线电气化铁路东起南宁，西至昆明，北接红果，全长 898 公里。由于沿线运量不断增加，既有牵引供电能力不能满足运输要求，为更好地造福老区人民，需对既有牵引供电系统进行扩能改造。

南昆线牵引供电系统扩能改造，建设单位是柳州铁路局南昆线临管运营处，由铁道部第二勘测设计院设计，柳州铁路建设监理公司负责监理。工程投资 304.28 万元。

电化局二处承担南昆线南宁至威舍段牵引供变电工程施工。工程主要包括平果、田东、田林、平林 4 个牵引变电所扩能改造和百色至兴义段永乐、汪甸、潞城、根龙、沙厂坪、白水河 6 站区间串联补偿装置安装施工。

4 处牵引供变电所更换主变压器，对电容器进行增容改造，平果、田东电容器在原来基础上增加，同时更换电抗器、电流互感器。田林、平林电容器增加并分组，同时更换硬母线电抗器，更换电流互感器，并对主导流回路改造。田林、平林 27.5 千伏侧辅助母线更换为 2×LGJ-185 钢芯铝绞线，同时更换进线和馈线断路器、穿墙套管、馈线隔离开关；田林、平林每所各增加 2 组串联补偿装置。串联补偿装置安装在车站进出站第一个绝缘锚段关节处，提高接触网末端电压。串联补偿装置包括：双极隔离开关、氧化锌避雷器、旁路开关、可触发保护间隙、真空断路器、阻尼电抗器、电压互感器、集约式串联电容器等设备。串联补偿装置根据接触网电压情况选投，当需投入串补装置时，分开绝缘锚段开关，合上双极隔开，串补装置投入；当发生短路或过电压时，放电间隙放电保护电容器，同时旁路开关动作保护放电间隙；当需撤除串补装置时，分开锚段开关和双极隔开，电容器通过电压互感器放电，串补装置的投切馈线需停电。

二处在广西南宁市成立南昆扩能改造工程指挥部，抽调变电专业施工人员、配齐施工车辆及专用机具，于1999年1月26日开工。南昆线运输繁忙，扩能施工点多线长，施工队伍较多，天窗点时间较短，各点施工完成后设备需立即投入运行。这对施工提出更高要求，二处专门安排一名调度员常驻路局电力调度所联系和解决天窗点问题。变电所更换变压器，变压器重达近50吨，变电所不通公路，为确保时间和安全，采用租用救援列车运输吊装。区间串联补偿装置安装施工，克服了交通、食宿、无水、无电诸多困难，根据天窗点时间安排，采用租用轨道车、轨道平板车、轨道吊车进行施工作业。历时5个半月，完成4处牵引变电所主变压器的更换，6站串联补偿装置的安装，1999年6月10日工程全部竣工。

第二十节　北京站扩能改造电力工程

北京站位于北京市东部，站房正对北京站前街，为北京枢纽内的主要客运站，车站中心里程为京山K2+163.2，目前为尽头式，车站东端与京山线、京承线、京秦线、京包线相连接。既有到发线11条，有效长度472～563米，机走线一条，另有一条线路（13道）为修建北京站时的卸料线保留至今，既有旅客站台6座，站房位于车站中部北侧，既有13股道均为电化股道。

北京站扩能改造工程是为配合明城墙遗址公园恢复和满足运输能力而进行的，包括客运站场增建7、8站台，增建3条到发线；旅客地道、高架走廊、天桥、行包地道按既有条件接长；新建地下行包库、生产用房综合楼。

北京站扩能改造工程，建设单位是北京铁路局项目处，由铁道第三勘察设计院设计，北京铁建工程监理有限公司负责监理。中铁电气化局一公司承担分布在新建的地下行包库、生产综合楼、高架候车厅及通廊、地下通道、站台雨棚等处新增用电负荷的电力和生产综合楼10千伏变（配）电所及地下行包库10千伏变电所工程施工。

为既有北京站10千伏配电所接引第三路地方电源，使其形成三路电源的10千伏总配电所，并为新建的综合楼10千伏变配电所及北京站空调配电室提供两路10千伏电源，由新建的综合楼10千伏变配电所为地下行包库10千伏配电所提供两路10千伏电源。地下行包库10千伏配电所高压配电装置采用XGN15-12型环网柜，变压器采用SGB9-630/10型干式电力变压器，低压柜采用单母线分段运行方式，母联自动投切；设2组并联电容补偿柜。

生产综合楼10千伏变（配）电所，高压配电装置采用KYN28A-12型中置式高压柜，双列布置；变压器采用 SGB9-800/10 型干式电力变压器；低压柜设母联柜，设 2 组并联电容补偿柜。所内设高压室、变压器室及主控制室，保护装置采用综合数字化保护模块，馈出设 2 相电流速断，三相过流及单相接地保护；变压器馈出设 2 相电流速断，三相过流，温度信号及单相电流接地保护；母线设绝缘监察装置。变电所交流自用电取自 2 台所用变压器开关柜，直流系统操作电压为直流 220 伏，采用 GZMCW-65/220 型免维护铅酸蓄电池电源成套装置，交直流盘采用微机监控。新增用电负荷由变电所引出电缆供电，以放射式网络为主。电缆沿电缆沟，电缆桥架、电缆井等处敷设。通信信号设备、高架候车厅、站台雨棚、旅客地道照明及消防设施用电为一级负荷，其余为二、三级负荷。一级负荷由两路电源供电，其他二、三级负荷由一路电源供电。

一公司组建 50 人的施工队伍，2003 年 11 月 24 日开工。为确保工程质量，抓住关键工序，严格控制，采用专业化施工小组、程序化作业。在施工过程中，请监理工程师到现场进行检查确认，严把质量关。

地下行包库 10 千伏变电所工程 变电所位于北京站地下行包库内，变电所设两路 10 千伏进线，均引自综合楼变配电所，采用单元供电方式。地下行包库 10 千伏配电所所有设备均为室内布置。行包库变电所施工条件差、工期紧、设备到场时间晚，作业队积极与设计、建设及接收单位联系，2004 年 3 月 26 日至 3 月 30 日安装高压开关柜、电力变压器、低压开关柜等设备，2004 年 3 月 31 日完成一、二次传动实验，4 月 15 日通过竣工验收。

生产综合楼 10 千伏变（配）电所工程 变（配）电所位于北京站生产综合楼内，变电所设两路 10 千伏进线，采用独立运行方式，所有设备均为室内布置。变电所施工条件差、工期紧、设备到场时间晚，通过多方沟通和协调，2004 年 4 月 1 日至 6 日开始进行高压开关柜、电力变压器、低压开关柜、交直流屏、微机保护屏等设备的安装，2004 年 4 月 11 日完成一、二次传动实验，4 月 15 日通过竣工验收。

新建的高架候车厅及通廊、地下通道、站台雨棚的电力工程也于 2004 年 4 月 15 日竣工并通过验收。

第二十一节 大准线第二电力贯通线工程

大同至准格尔铁路，全长 264 公里。其中丹洲营（K53+000）至清水河(DK217+280)段长 164.28 公里。随着运量的逐年增加，该段线路运输最为繁忙，为确保大准线运输、生产安全，便于既有 10 千伏贯通线路维修保养，在既有 10 千伏电力贯通线路与接触网合架线路的基础上，增设 1 条独立的 10 千伏电力贯通线路，满足大准线运输安全。

大准线丹州营至清水河段增设第二电力贯通线工程，建设单位是神华准格尔能源有限责任公司，由铁道第三勘察设计院设计，内蒙古华准监理公司负责监理。工程投资 1018.24 万元。中铁电气化局二公司承担大准线丹州营至清水河段第二电力贯通线二期工程施工，东起丹州营西至清水河，与一期工程清水河至薛家湾段在清水河配电所接入。

根据地形地貌情况，贯通线尽可能在铁路增建二线对侧架设，大部分区段与铁路相距20米（个别处12米），对车站、区间径路困难处采用 $YJLV_{22}$ 全塑交联高压电缆。架空导线采用LGJ-70防腐型钢芯铝绞线，高压绝缘子采用PS-15／5型，悬式绝缘子采用XP-70型2片，所有铁件均热镀锌处理。

高压电缆以直埋为主，桥上采用电缆槽保护，过铁路、公路、站台硬化路面、高路基边坡等地段采用钢管防护。薛家湾进站铁路与城市道路相距较近，此段电缆沿路基坡角水泥槽敷设。沿线既有变压器从既有10千伏的贯通线路倒接至新建10千伏贯通线路，既有变压器低压供电线路维持不变。各站既有10千伏贯通线路上新建10千伏通信信号合用变压器，为通信信号提供备用电源。既有通信信号主供电源利用既有低压电缆。通信机械室内通信电源改为双电源供电，既有混合变压器提供的一路低压电源不变，新增一路由通信信号合用变压器提供的备用低压电源。采用 VLV_{22}-12×25平方毫米电缆引至通信机械室既有配电箱前指定的双电源切换箱。

2006年6月，二公司成立大准线工程项目部，抽调80人组建2个电力线路作业队、1个配电所作业队，配置各类运输车辆6台，于2006年6月18日开工。大准线丹州营至清水河段三枝树至大红城区间，途经国家级浑河林场，原设计是架空线，需要在林场大面积砍树。为保护这片森林，项目部在征得设计、建设单位同意后，将原架空线改为沿铁路敷设 $YJLV_{22}$-103×70高压电缆。外西沟至前石门区间，由于周围全是山，汽车进不去，电杆运不到线路坑口，靠人拉肩扛将电杆一根根拉上山顶，运至坑口，到2007年12月21日，完成173.05公里贯通线路的架设，3处配电所设备的安装与调试，全部工程竣工开通。

第二十二节　漯阜铁路漯河至周口段电力工程

漯阜铁路为地方铁路，西起河南漯河，东至安徽阜阳，是京广与京九铁路间的1条主要通道。为满足运输需要，对该段路基、通信信号、电力进行改造。

漯河至阜阳段路基、通信信号、电力改造工程，建设单位是漯阜地方铁路局，由铁道第四勘察设计院设计，长沙铁道学院监理公司负责监理，漯阜铁路周口水电段接管运营。

中铁电气化局二公司承担漯河至周口段61正线公里的电力改造施工。

漯阜铁路为单线，增设1条10千伏电力贯通线路，沿途各车站增设信号及道口变压器，通信信号设备供电。新设10千伏贯通线路基本档距80米，标称杆高10米，跨越地段采用12米或15米电杆。电杆采用钢筋预应力混凝土电杆，导线采用LIG-50平方毫米，电缆为YJV-3×50平方毫米。新建周口10千伏配电所1处，配电所为两路进线，7路馈出，所内采用微机保护。

2005年2月，二公司在河南周口市设立项目部，抽调40人组建作业队，于2005年2

月 28 日开工。到 2005 年 11 月 8 日，架设贯通线 70.5 公里，敷设高压电缆 15 公里，完成周口变配电所设备安装与调试。2005 年 12 月 10 日送电交付使用。

第二十三节　渝怀线复兴大桥至文昌阁大桥段永临结合电力工程

新建渝怀铁路西起重庆市，穿越重庆、贵州、湖南 3 省市，东至湖南怀化市。渝怀线永临结合电力工程是重要配套工程之一，主要为渝怀铁路建设提供电源，铁路建成后作为永久工程移交当地铁路供电部门接管运营。

渝怀线永临结合电力工程，建设单位是渝怀铁路建设总指挥部，由中铁第二勘察设计院设计，内蒙古沁原监理站负责监理，广州铁路集团怀化供电段接收。投资 2308.43 万元。

中铁电气化局二公司承担复兴大桥（DK468+800）至文昌阁大桥（DK564+950）段正线 96.15 公里电力工程建设。位于贵州省境内，属渝怀铁路永临电力线路第 7 施工标段，是在原临时电力线路基础上进行新建或改造，包括 10 千伏电力贯通线路、10 千伏电力配电所及电源线、站场高、低压电力线路。

新建石槽沟至白竹山段 21 公里 10 千伏电力贯通线路，导线采用 LGJ—70 平方毫米钢芯铝绞线，基本档距为 90 米，杆型为 10 米、12 米、15 米和 18 米。改造 82 公里 10 千伏电力贯通线路。新建松桃、铜仁 10 千伏电力配电所，松桃配电所电源取自地方大同 110 千伏变电站，设一路进线，车站、东西贯通线共三路馈线；铜仁配电所电源取自地方铜仁 110 千伏变电站，设两路进线，车站两路、东西贯通线共四路馈线。配电所 10 千伏高压开关柜采用铠装移开式交流金属封闭中置式开关柜，设电容柜、微机综合自动化、远动系统，实现遥信、遥测、遥控功能。站场高、低压架空电力线路，各中间站及区间小容量负荷采用在 10 千伏电力贯通线上“T”接供电的树干式供电方式，中间站信号备用电源由接触网取电设独立变电台供给，贯通线在各站设电力故障自动切除装置。

2004 年 6 月，二公司在贵州省铜仁市成立渝怀铁路永临电力工程指挥部，下设 2 个施工作业队、1 个工地材料库和 1 个预配加工班，配置载重汽车 2 辆、8 吨汽车吊 2 辆以及机动、人力绞磨机、滑轮组等机械和工机具，于 2004 年 7 月 1 日开工。1 个施工作业队负责复兴大桥端至溪口段、溪口至文昌阁大桥端段的 10 千伏电力线路架设；1 个施工作业队负责变配电所设备安装与调试、车站高低压电力线路架设、车站照明施工。由于新建铁路与当地公路相距较远，交通不便，工程所需物资、材料均需从铜仁或大龙运往施工现场，最短运输距离 90 公里。在汽车不能进出地段的电杆大运中，采用“一条龙”人工抬杆方法运送电杆，人工运杆困难时采用“倒牵牛”方法用大绳滚动电杆上坡，在坡度较大人工无法运送电杆的地带，采用机动绞磨机或人力绞磨机牵引电杆到坑位。全段需制作安装拉线 1220 多条，约有 80%地处崇山峻岭中。拉线单独测量，将造成作业人员重复爬杆和机械、时间的浪费，通过 QC 小组研究拉线与线路同步定测施工方法取得成功，即定测线路时同时定测拉线，根据已知杆高和所处的不同地形，运用“勾股玄”定理计算出拉线长度。此施工方法的应用，极大地提高了施工进度。到 2005 年 10 月 31 日，完成松桃、铜仁 2 处配电所设备安装与调试，架设电源线路 19.5 公里、分歧供电线路 18.4 公里，架设兰桥至郭公坪间电力贯通线路 103 公里，完成松桃、普觉、沙坝、江口、观音山、铜仁、铜仁东、九龙洞、漾头 9 站电力和远动设备安装与调试，全部工程竣工。

第二十四节　成昆线广通至昆明段扩能改造通信、电力工程

成昆线广通至昆明段位于云南省中北部，东起云南省昆明市，向西经禄丰南至云南省的广通站。线路东端通过昆明枢纽与既有贵昆、南昆、昆玉铁路及正在建设的中老通道相连，西端通过广通站与广通至大理铁路及正在建设的大理至丽江铁路、规划建设的丽江至香格里拉、中缅通道的大理至瑞丽铁路相连接，经广通站向北至攀枝花、成都，可达西北各省区，本段是成都至昆明铁路南段客货运输最繁忙的区段，为满足运输的需要，对其进行扩能改造。

从广通北起，经一平浪、禄丰、双湄村、温泉及读书铺，终至昆明西，线路全长 106.241 公里。广通北（含）至读书铺（含）段为扩能改造正线工程，线路全长 93.518 公里。其中广通北（含）至温泉站（不含）段为新建双线，长 82.259 公里；温泉站（含）至读书铺（含）段为增建二线，长 11.259 公里。读书铺（不含）至昆明西（含）段为枢纽配套改造工程，增建二线，线路长 12.798 公里。

成昆线广昆段主要技术条件：铁路等级，I 级；正线数目，双线；限制坡度，6‰，加力坡 13‰；牵引种类，电力牵引；机车类型，客机 SS9，货机暂定 SS3B；闭塞类型，自动闭塞；牵引质量，4000 吨。

成昆线广昆段扩能改造工程，建设单位是昆明铁路局，由中铁第二勘察设计院设计。

中铁电气化局一公司承担迁改标段，内容包括通信、电力线路拆迁和大临电力工程。

站前专业引起的通信迁改，执行信息产业部、广电总局和铁道部的相关标准，并参考站前施工单位和产权单位的意见。路外通信防护，执行相关国际及铁道部标准。与铁路交叉跨越的 10 千伏及以下的电力线路，采用电缆加钢管防护由路基下穿越铁路；与铁路交叉跨越的 35 千伏及以上电力线路，可采用架空线路跨越线路，也可以采用电缆加钢管防护由路基下穿越铁路。采用架空线路跨越铁路的，采用截面不小于 35 平方毫米的 LGJ 型钢芯铝铰线，跨越档绝缘距离 35～110 千伏线路不小于 3 米、220 千伏线路不小于 4 米，

跨越杆（塔）应可靠接地，其接地电阻一般不大于 30 欧。与电气化铁路平行接近距离小于 5 米（最大风偏时）的电力线路，应迁至距股道中心 10 米以外，电杆外缘至股道中心的最小水平距离为杆（塔）高加 3 米。

2007 年 9 月，一公司成立广昆项目部，下设 2 个通信作业队、2 个电力作业队，驻地设中心料库，中心料库内设预配车间，实现工厂化预配，提高施工效率和质量，于 2007 年 9 月 25 日开工。参建人员 2007 年 9 月进场后，首先进行现场调查和勘测，结合调查和勘测结果优化施工方案，并积极与通信、电力线路产权单位联系与配合，使确定的施工迁改方案在实施过程中不受干扰，以提高功效。迁改工程难度大，影响因素多，在不影响正常使用的情况下，不少项目打打停停。到 2008 年底，完成通信迁改 66 处，其中中国移动光缆迁改 11 处、中国联通光缆迁改 8 处、广电光缆迁改 14 处、中国电信光缆迁改 22 处、其他通信线路迁改 10 处，改迁通信基站 1 座，电力迁改完成 45 处，其中 35 千伏迁改 1 处、10 千伏迁改 39 处、低压迁改 15 处。

第二十五节 铜陵至九江铁路安徽段通信工程

新建铜陵至九江铁路位于安徽省的南部、江西省的北部，地处长江中下游南岸铜陵至九江间，是南京至武汉沿江铁路的重要组成部分。铜九铁路北起安徽铜陵市的狮子山站，南至江西九江客站，全长 250.963 公里，线路等级为Ⅰ级。其中安徽省境内有 164.604 公里（DK0+000 至 DK164+604），穿越铜陵市和池州市，至江西省交界。铜九铁路的修建，填补了铜陵至九江沿江没有铁路的空白，对于改善沿江南岸交通基础设施，促进各种资源合理开发利用，改善工业布局，带动铜陵、池州、九江沿线经济腾飞和社会发展将起到重要的作用。

铜九铁路工程，建设单位是上海铁路局铜九线工程建设指挥部，由铁道第三勘察设计院设计，乌鲁木齐铁建监理有限公司负责监理。中铁电气化局一公司承担铜九铁路铜陵至局界（安徽省内）段 165.077 公里通信工程建设。

在芜湖通信站设 1 套通信设备，建立大通道传输；为铜九线电力远动、信号微机监测、电子客票等提供通道，并接入南京既有通信网络。在南京电子所、南京通信站、南京供电段、南京调度所间各新建 8 公里通信管道，敷设 1 条 10 公里的 8 芯光缆，并各设 1 套通信设备；上海调度所设专用数字调度通信主系统及网管 1 套、无线调度主机及监控主机 1 套，上海调度中心接入网增设一块 VFB 板。

2006 年 3 月，一公司成立铜九铁路通信工程项目部，下设 2 个作业队 200 人参建，2006 年 4 月 2 日开工。根据施工组织设计，现场勘测后，首先进行光电缆单盘测试，根据光电缆单盘测试数据及工程施工图进行精准配盘，其后进行光电缆敷设。接续过程中采用 OTDR 光时域反射仪远端环回双向监测，在接续的同时及时计算出接头的链接损耗，不合格的立即重新熔接，避免个别接头损耗值偏大，为维护提供较多的线路衰减富余度，到 2006 年 10 月 30 日，完成铜陵至池州段站场和区间通信光电缆敷设、接续、测试、成端作业，完成无线列调铁塔基础浇注、铁塔安装。到 2007 年 10 月 4 日，铜陵至局界段沿线自动和直通电话、无线列调、数字调度系统全部开通，2007 年 10 月 5 日，电力远动 2 兆比特/秒通道、音频四线通道测试完毕并开通，2007 年 10 月 6 日信号微机监测 2 兆比特/秒通道、TDCS 的 2 兆比特/秒通道、站间 2 线音频闭塞通道测试完毕并开通。完成干线光电缆敷设 190 公里，光通道测试 186 公里，安装调试传输设备 40 套、接入设备 33 套、程控交换机 2 套，安装无线列调铁塔 16 座、电化引入柜 2 套、中间配线架 2 套、试验架 2 套、总配线架 2 套、48 伏电源设备 31 套、ODF 配线架 3 架、DDF 配线架 3 架、中间站电缆引入柜 16 架、数字综合配线架 31 架，安装调试数字调度主系统 1 套、分系统 15 套、无线列调车站台 16 套、区间中继台 19 套、无线列调场强测试 186 公里。到 2007 年 12 月 20 日，工程竣工开通。铜陵东临时站房、池州站房于 2008 年 8 月 20 日开通。

第二十六节　邯济线邯郸地区相关通信工程

邯济线西起河北省邯郸南站（原北张庄车站），向东经肥乡、广平、大名、馆陶县跨漳卫河进入山东省，经山东冠县至聊城与京九线接轨，再经茌平、高唐、禹城、齐河县至济南铁路枢纽与京沪线新建的晏城北站接轨，全长 232 公里。邯济线西接邯长线，与太焦线和阳涉线连接；东接胶济线，构成山西省至胶东半岛及青岛港的东西干线，形成晋煤外运的中路通道。为满足邯济线运输的需要，对邯济线引入邯郸地区相关工程进行建设。

邯济线引入邯郸地区相关工程，建设单位是北京铁路局南北通道指挥部，由铁道部第三勘察设计院设计，北京铁路局监理公司石家庄监理站负责监理。铁道部电化局一处承担邯济线引入邯郸地区相关通信工程。

长途通信线路，邯郸至邯郸南（6 孔 1 公里管道）至东城基（局分界点）间设 1 条 10 芯光缆和 1 条 7×4 电缆；邯郸至区域至邯郸南设 1 条 7×4 电缆；邯郸南至马头设 1 条 3×4 电缆。邯郸通信站设 155 兆比特/秒传输设备、接入网设备、DDF 架、ODF 架、VDF 架、引入架、传输网管、接入网网管设备及气压监测设备，邯郸南通信站设电化引入架、试验架、中配架、列头柜、接入网设备、ODF 架、DDF 架、调度分配器架、接入网 112 测量台，自动室设交换机、总配线架、交换机维护终端、计费终端，电源室设交直流电源盘、高频开关电源、免维护蓄电池、电源监控设备。

一处成立邯郸通信工程项目部，下设作业队，于 1999 年 4 月 15 日开工。开工前制定邯济线长途通信光电缆工程施工质量创优规划、邯济线长途通信光电缆工程施工安全保障措施、邯济线长途通信光电缆工程文明施工实施细则、工程施工技术及防护措施，在设计技术交底的基础上进行施工人员岗前培训和安全教育。施工过程中，结合施工内容和特点抓质量达标活动，进行自检、互检、专检，严把施工质量关。1999 年 9 月 10 日竣工。通过验收分项工程合格率 100%、单位工程合格率 100%。

第二十七节 京九线赣龙段江西境内通信工程

京九线赣龙段由赣州东站引出，经江西省赣县、于都县、会昌县、瑞金市，福建省长汀县、连城县、上杭县、新罗区，至龙岩站接轨，线路全长 290.1 公里。其中江西省境内 132.3 公里，福建省境内 157.8 公里）。为满足运输的需要，进行赣龙段通信工程建设。

京九线赣龙段通信工程，建设单位是南昌铁路局赣龙铁路工程建设指挥部，由铁道第四勘察设计院设计，铁道第四设计院工程监理咨询公司负责监理。中铁电气化局集团公司承担赣龙段江西省境内通信工程建设。

全线设 $GYTA_{53}$ 16B1+8B4 直埋 24 芯光缆和 $HEYFL_{23}$ 7×4×0.9+6×2×0.6 低频对称电缆各 1 条。利用 4 芯光纤开设 SDH2.5 吉比特/秒（1+1）系统构成长途干局线通信网，利用 2 芯开设 SDH622 兆比特/秒（1+0）系统构成接入网的环路保护传输系统，区段通信采用 SDH155 兆比特/秒（1+0 环网型）光同步传输及光纤接入网通信系统。区间电话、道口电话的区间分歧引入采用 $HEYFL_{23}$ 4×4×0.9 低频对称电缆。干线光电缆引入通信站及各中间站采用环引方式。站场及地区采用直埋方式。对南昌、赣州、赣州东通信站交换系统扩容改造，增设 750 线中继器。瑞金通信站新设程控交换机 1300 线（其中 300 中继线），新建黄龙、三门站通信机械室，既有通信站全线新设数字调度系统，接入南昌铁路调度所，对调度所内既有数字调度主系统设备进行扩容。光纤在线监测中心设在赣州和龙岩通信站，于都通信站设监测站，瑞金通信站设跨接站。监测中心与监测站以及监测中心间采用点对点音频专线通道，以此来实现监测系统在监测瑞金至长汀备用光纤时由长汀监测站监测，并随时将监测及报警信息传送至赣州监测中心。无线列调采用 450 兆赫频段同（异）频单工方式，在车站设车站电台，区间互控中继台加漏泄同轴电缆构成。各车站设开关电源，设电源及环境监控系统、光纤在线监测系统、红外轴温监测系统。

赣州至三门段通信工程 中铁电气化局集团二公司承建的赣州至三门段通信工程，2004 年 2 月成立赣州项目部，投入 360 人，下设 2 个线路作业班、1 个无线列调作业班、1 个光电缆线路接续测试班、1 个设备安装调试班，配备各类运输车辆 6 台、仪器仪表 18 台套。于 2004 年 4 月 20 日开工。

新设光电缆由赣州通信站出局，沿京九线旁敷设，经赣州东通信机械室，再沿京九线下行线敷设约 1.17 公里，从京九线 K1848+974 处下穿铁路过轨后，沿赣龙段敷设，光电缆分别引入黄龙和三门站通信机械室，光电缆长度 137 公里。为优质高效完成施工任务，成立“提高通信管道纹管敷设效率”QC 攻关小组，攻克管道内布放波纹管速度缓慢难题。按照南昌铁路局赣龙铁路工程建设指挥部的要求，于 2004 年 6 月 1 日提前 4 天完成干线光电缆和管道敷设任务。新建通信站因受房建施工的影响，设备安装调试于 2004 年 11 月 1 日开始，2004 年 12 月 25 日完成。全部工程于 2005 年 4 月 1 日竣工开通。

西江站至 DK119+350 段通信工程 一公司承建的西江站至 DK119+350 段通信工程，2004 年 2 月成立瑞金项目部，投入 260 人，下设 1 个线路作业班、1 个无线列调作业班、1 个光电缆线路接续测试作业班、1 个设备安装调试作业班，配备各类运输车辆 4 台、仪器仪表 8 台套。于 2004 年 4 月 21 日开工。

开工后，因站前施工的桥梁均未架设，进、出站槽道均未修通，使光电缆敷设不能全面展开，针对这一情况，及时调整了施工方案和计划，将光电缆分段敷设，将有桥梁未架设部分甩开，先敷设无桥梁地段光电缆，从而保证了施工进度，避免了和其他施工单位的施工冲突。针对因各个车站要预埋许多管线的施工特点，在瑞金、于都和黄麟站、西江和石门圩站分别安排专人负责联系管线的预埋，当具备大面积施工条件时，集中优势力量施工。2005 年 5 月 10 日竣工，完成 43 公里长途光电缆的敷设（其中管道线路 17.8 公里），于都、黄麟、西江、石门圩、瑞金 5 个站的地区、站场电缆 24.99 沟公里和站场光缆 1.92 沟公里的敷设，瑞金、于都、黄麟、西江、石门圩 5 个站通信机械室的设备安装与调试，39.51 公里无线列调场强测试及 11 个中继台的安装。

第二十八节 梅坎线通信工程

新建铁路梅坎线从广梅汕线梅州站引出，顺梅江而下，经梅州市松口镇、大埔县的三河坝，逆汀江而上越过汀江和永定河分水岭进入福建省境内，沿永定河而上，经永定县后与龙坎铁路坎市站相接，线路全长 143.2 公里，其中广东省境内 99.8 公里。为单线Ⅱ级铁路。

梅坎线通信工程，建设单位是广梅汕铁路有限责任公司梅坎铁路建设指挥部，铁道部第二勘察设计院设计，广东省广梅汕建设监理有限公司梅坎铁路监理部负责监理。电化局二处承担从梅州经梅州东、雁洋、松口、大埔、茶阳到省界，全长 103.99 公里的通信工程施工任务，合同额 1606.46 万元。

全线新设单模松套层绞式 $GYTA_{53}$-12D 12 芯光缆和 $HEYFLT_{23}$ 7×4×0.9+6×2×0.6 长途低频对称电缆各 1 条，同沟埋设。利用光缆中的 4 芯开设 SDH155 兆比特/秒接入网系统，另 8 芯光纤预留。在梅州通信站设接入网网管，并接入既有程控交换系统，在茶阳、雁洋、松口站设 ONU-128（1+0）设备 1 套，在大埔站设 ONU-256（1+1）设备 1 套，在梅州通信站设 TM-1 OLT 设备 1 套。区段通信设列调、货调、工务等专用电话，区间通通信设区间转接机和区间通话柱，沿线小站自动电话纳入梅州通信站程控交换机，列调以长途低频电缆作备用通道，站间行车、区间电话利用长途低频电缆作传输通道。地区通信采用 $HYAT_{23}$ 电缆，自动电话用户纳入梅州通信站既有 1000 线程控交换机，中间站设区段通信设备及站场通信设备，通信电源采用开关电源及免维护电池。

1999 年 9 月 25 日，电化局二处成立工程项目经理部，投入 40 人的作业队，配备车辆 5 台、仪器仪表 15 台套，于 1999 年 10 月开工。1999 年 10 月底完成线路定复测、光电缆单盘测试和配盘。施工中得到接管单位的大力支持与配合，梅州电务段派 16 人，到各施工工点，与施工人员同吃同住，为按期完工提供了保障。1999 年 12 月 25 日完成挖沟开始敷设光电缆，2000 年 1 月进行地线埋设，2 月进行光电缆接续、成端、线路设备安装、电缆平衡及光中继段测试，7 月进行通信站、中间站设备安装与调试，到 2000 年 8 月 28 日，敷设光电缆 349.68 公里、成端设备安装 539 个、通信系统调试 450 公里、通信站设备安装。全部工程竣工，2000 年 9 月 22 日交付运营。

第二十九节　达万线通信工程

新建铁路达万线西起达县站，东抵重庆市万州区，途经达川市、开江县、梁平县到终点万县站，正线全长 161.75 公里。是一条连接东西部以及西南地区出海的重要通道，它对川东地区及渝东地区经济发展和开发沿线资源、帮助老区人民脱贫致富起到积极的推动作用。

新建铁路达万线，建设单位是达万铁路有限责任公司，由铁道部第二勘察设计院设计，铁道部第四勘察设计院监理公司负责监理。电化局二处承担达万线通信工程建设。

通信工程全线新设 1 条 175.36 公里的 $GDL_2$32×4D9.5/125（204/303）C+5×4×0.9+5×2×0.7 皮—泡—皮中心束管式小综合光缆，达县东、麻柳、开江、分水、李河站各设 1 条地区电缆，梁平、万县设通信站，万县、梁平地区及站场设 1 条地区电缆，梁平站设旅客扩音系统，达县（不含）至万县站设无线列调系统，襄渝疏解线设 1 条 5.12 公里的 $HEYPL_{23}$ 4×4×0.9 对称电缆，长途电缆采用充气维护及自动气压监测，沿线开设 SDH 传输系统，万县设 1000 线程控交换机。

2000 年 11 月 20 日，电化局二处成立达万铁路工程项目经理部，下设 1 个 40 人的通信作业队，配备车辆 4 台、仪器仪表 10 台（套），于 2000 年 12 月 18 日开工。为确保达万线通信工程优质、按期建成开通，2000 年 6 月 26 日至 7 月 10 日，在达万铁路有限责任公司的主持下，设计和施工单位共同对达万线长途通信线路和通信站进行了施工设计联合定测，此后开展施工，到 2001 年 5 月 30 日完成 174.89 公里长途光、电缆的敷设。为保证光电综合缆的接续质量，针对光电综合缆的特点，开展了“保证光电综合缆对地绝缘指标一次合格”QC 小组攻关活动，并取得相应成果，2001 年 6 月 10 日完成光电综合缆的接续和测试，测试指标一次性合格。到 2002 年 3 月 8 日完成 203.68 公里光、电缆的敷设、7 个通信站设备安装与调试等，全部工程竣工。2003 年 2 月 1 日开通交付使用。

第三十节　大准线扩能改造通信工程

大准线自京包线大同东站向西至准格尔旗的薛家湾站，途经大同、丰镇、凉城、和林格尔、清水河，到准格尔旗，全长264公里。大准铁路在大同市与大秦、丰沙大线接轨，在丰镇市与京包线接轨，在准格尔旗与准东铁路接轨，形成了内蒙古西煤东运的重要交通干线，是准格尔煤田的运输大动脉。

大同至准格尔扩能改造工程，建设单位是神华准格尔能源有限责任公司，由铁道第三勘察设计院设计，内蒙古华准监理公司负责监理。中铁电气化局二公司承担大同至准格尔段扩能改造通信工程建设。

根据大准线通信网的现状，为加强网络的可靠性和自愈能力，本次工程通信网按长途骨干网、接入网两层网建设，以长途传输系统为通信网的基础网系统。为提高区段接入网的自愈能力，满足大准线对微机监测通道、电力远动通道、电力调度电话、自动电话等的需求，对既有STM-1传输及接入系统进行改造和完善。新设区间无线通信系统，实现工务、供电、电务等移动人员在区间的通话功能。

2005年8月10日二公司在薛家湾成立大准项目部，投入50人组建光电缆线路、设备安装调试2个作业队，配备专用车辆和仪器仪表，于2005年8月11日开工。首先进行施工定测，到2006年7月2日，完成光缆敷设22.21公里、电缆敷设48.69公里，点岱沟站设备安装与调试，薛家湾、新店子、丹洲营、燕庄、大同5个既有通信站部分设备的配套改造及调试，全部工程竣工。

第三十一节　水柏线六盘水至柏果段通信工程

水柏线全长118.7公里，为Ⅰ级单线电气化铁路，是贵州省同铁道部共同投资建设的第一条合资铁路。线路北起贵州六盘水市，与株洲至六盘水复线、贵阳至昆明线并进，而与内江至昆明线相连，南至贵州盘县柏果镇，与南宁至昆明线相接。既是成都至昆明铁路的重要分流线，又是南昆、内昆2条干线的联网线，它的建成开通，不仅增强了西南地区路网的灵活性，完善了西南路网布局，而且为四川、重庆、贵州等省市开辟了一条出海便捷通道。线路最小曲线半径450米，限制坡度12‰，加力坡23.5‰，全线共有大中型桥梁100座，隧道56座，桥隧总长占铁路线的63%，是中国铁路桥隧比例最高的一条线路。

水柏线六盘水至柏果段通信工程建设单位为贵州水柏铁路有限责任公司，由铁道部第二勘察设计院设计，成都大西南铁路监理有限公司负责监理。

中铁电化局二公司承担水柏线六盘水至柏果段通信工程建设。工程包括六盘水至柏果段玉舍至柏果间光、电缆线路和白鸡坡、发耳、茅草坪、营盘、松河、柏果6个中间站设备安装及地区通信线路，全长 114.73 公里；六盘水南至柏果（含）段 123.5 公里的无线列调设备安装；光纤在线、电源及环境监控系统；玉舍、白鸡坡、发耳、茅草坪、营盘、松河 6 车站设备安装及六盘水通信监控中心环境及电源监控中心设备安装。

玉舍至柏果段设 1 条 GDL_2 38D+5×4×0.9+5×2×0.7 电缆，设 450 兆赫频段同/异频单工 C 制式无线列车调度系统，7 个站设无线列调设备和区间中继器 92 台，调度所设调度总机和监测总机各 1 台。光纤在线、电源及环境监控系统数据采集通道为点对点通信方式，从六盘水监控中心数字配线架端子板直接配线分别接至各站综合柜端子板，连接至监控中心。

2002 年 1 月，二公司在六盘水成立水柏铁路通信工程项目经理部，组建 36 人的作业队，配备车辆 4 台、仪器仪表 20 台（套），通信线路工程 2002 年 2 月 1 日开工，无线列调工程 10 月 18 日开工，光纤在线、电源、环境监控工程 12 月 28 日开工。到 2003 年 4 月 23 日完成六盘水至柏果段 177.25 公里的电缆敷设，设备安装调试 157 台（套），全部工程竣工。

第三十二节 宁启铁路南京至海安段通信工程

新建铁路宁启线位于江苏省中部，西起南京通信枢纽林场站，途经花旗营线路所、葛塘、六合、余家营、仪征、扬州通信站、扬州东、江都、宜陵、泰州西、泰州、姜堰、南莫站，接入新长铁路海安站，线路全长 210 公里。

宁启铁路通信工程，建设单位为宁启铁路有限责任公司，由铁道第四勘察设计院设计，上海华东建设监理公司负责监理，中铁电气化局一公司承建。

全线新设 18 芯单模光缆 76.052 公里（含铁通 8 芯）、16 芯单模光缆 145.52 公里（含铁通 8 芯）、电缆 60.8 公里，设长途通信、区段通信、集群通信、地区通信、TIMS 系统、站场通信、电源设备等，总投资 4659.73 万元。

2003 年 3 月，中铁电化局一公司成立宁启线项目部，组建 554 人的作业队，配备车辆 8 台和相应的仪器仪表，于 2003 年 4 月 1 日开工。

开工后，站前、站后专业交叉施工，现场情况非常复杂，为便于施工全线分 3 个作业点开始光缆敷设。全线 160 多处桥涵，有的没有铺路板，有的没有护栏，有的甚至还没有铺架。有些路段路基还没有形成，项目部经常和全线 10 多家站前施工单位保持密切联系，创造条件见缝插针，用 2 个月的时间，完成光缆敷设。

光缆接续是通信施工中的主要工序，直接关系到工程质量，为了有效降低中继段损耗，在光缆布放过程中，做到按配盘顺序敷设。接续及测试人员均采用 OTDR 光时域反射仪远端环回双向监测，在接续的同时及时计算出接头的接续损耗，不合格的立即重新熔接，避免个别接头损耗值偏大，以取得最佳接续效果，并为今后的维护提供较多的线路衰减富余度。

该工程为新建铁路，各种通信设备多，系统复杂，组网繁琐。项目部首先确立仪征站为样板站，由总工、技术部长带队，施工骨干人员会同设计、监理、设备厂家一起施工，做到走线合理清晰，外观美观，台帐完整齐全。随后全线通信设备安装调试全面展开。到2003年8月30日，全部工程竣工。

第三十三节　武九线信号扩能改造工程

武昌至九江铁路是一条承东启西，客货并重、通过运量居多的繁忙干线，主要承担湖北、陕西与闽赣、粤东，川渝与皖南、赣北，鄂南与苏皖沪浙之间的客货交流，分流京广线武株段、浙赣线株向段部分运量，在铁路网中起着重要作用。为满足运输的需要，对信号系统进行改造。

武九线信号扩能改造工程，由铁道第四勘察设计院设计，将既有信号车站6502电气集中、站间64D半自动闭塞，改建为车站计算机联锁、ZPW-2000A移频自动闭塞。

中铁电气化局集团公司承担郑州局II标段和南昌局X2标段信号扩能改造工程施工。郑州局II标段为武汉枢纽内南环线及河刘至铁山间既有双线提速改造和增建二线。建设单位为郑州铁路局建设项目管理中心，由郑州中原铁道建设监理有限公司负责监理；南昌局X2标段为南昌局管内对营业线和增建二线进行信号提速改造。建设单位为南昌铁路局工程管理中心，由华南华路建设监理有限公司负责监理。

车站信号采用计算机联锁，提速道岔采用S700K电动转辙机，普通道岔采用ZD6型电动转辙机，站内采用50赫兹交流轨道电路；正线接发车进路采用预叠加发码方式；侧线采用占用叠加发码方式；并设计反方向正线接车进路电码化；正线移频发码设备与区间自动闭塞设备一致；侧线采用四信息移频设备发码。区间采用ZPW—2000A四显示移频自动闭塞，双线双方向运行，正向设置信号机，按自动闭塞运行，反向行车采用站间闭塞方式。

中铁电气化局集团公司承建的郑州局II标段和南昌局X2标段信号扩能改造工程，郑州局II标段为浮屠街至西河村间，该标段区间正线新增二线，西河村站站场进行扩建改造，阳新与浮屠街站场为新建，各站机械室新建。浮屠街（含）至阳新至西河村（含）区间自动闭塞52.5公里，浮屠街、阳新、西河村3站信号微机联锁，由一公司承建；南昌局X2标段为武九线K191+500（南昌局管内）至江西九江，区间自动闭塞57.058公里，由二公司承建。

一公司2004年7月成立武九项目部，9月15日开工，2005年8月31日竣工。施工区段位于湖北与江西交界的湖北省阳新县境内，地处低山丘陵区，地形、地质条件比较复杂，铁路线路多处是石质地段，路基均为红沙石或风化石及红沙填方。沿途桥梁、隧道较多，施工交通运输难度较大。施工过程中，武九项目部分层次进行了技术交底，对每件工程作出首件样品，用户满意后，再全段推广。工程中首次采用SPTYWPL$_{23}$型内屏蔽数字信号电缆，实现相同频率可走一根电缆，节约了成本。电缆地下接续采用新型的HDM-T-P型免维护地中电缆盒，可进行内屏蔽数字信号电缆地下接续。区间采用 ZPW-2000A 轨道电路，调谐区为 29 米，增设调谐区内小轨道区段检查，实现全程电器折断检查，将分路死区间减小为 5 米。发送设备“N+1”、接受设备“1+1”，保证单套设备故障时不影响行车。模拟电缆在室内调整，减小工作量及工作难度；将载频加频标，配合小轨道车检查，减小相邻轨道区段串频干扰。增设全程贯通地线，保证设备接地完好。

二公司 2004 年 6 月成立项目部，6 月 26 日开工，项目部成立了施工定测、车站施工、材料供应及后勤保障 4 个小组，采取交叉施工，流水作业，集中突击等方法，确保了工程进度有序推进。2004 年 12 月 26 日竣工开通交付使用。

第三十四节　宣杭铁路增建二线信号工程

宣杭铁路增建二线起自皖赣铁路安徽宣城站，经长兴与新沂至长兴铁路相接，南至杭州与沪杭、浙赣、杭（萧）甬铁路相连，途经安徽、浙江 2 省，穿越 3 个地区、7 个县（区），全长 224 公里。

线路主要技术条件：线路等级，Ⅰ级；正线数目，双线；限制坡度，上行 6‰、下行 4‰；最小曲线半径，140 公里/小时路段一般为 1600 米、困难地段为 1200 米，160 公里/小时路段一般为 2000 米、困难地段为 1600 米；到发线有效长度，850 米、预留 1050 米；牵引种类，内燃，预留电力条件；机车类型，DF 系列；牵引质量，4000 吨。

宣杭铁路增建二线信号自动闭塞工程，建设单位为上海铁路局宣杭复线工程建设指挥部，由铁道第四勘察设计院设计，华东铁路建设监理有限公司宣杭复线三电监理站负责工程监理。中铁电气化局集团公司承担宣杭铁路增建二线信号自动闭塞第 2、6 标段工程建设。

区间采用 ZPW-2000A 无绝缘轨道电路自动闭塞系统，全部车站采用计算机联锁，正线进行 ZPW—2000A 电码化结合，侧线为 8 信息电码化。室外轨道电路采用 $SPTYWPA_{23}$ 型综合护套内屏蔽数字电缆，轨道电路发送和接收端采用星绞电缆芯线成对使用。沿电缆沟敷设 25 平方毫米铅包铜缆作为全程贯通地线，设备的安全、屏蔽、防雷地线均接到全程地线上。调谐区设备采用专用防护盒防护；轨道电路采用 4 种容量补偿电容，根据轨道电路的载频确定补偿电容步长和容量。采用智能电源屏，实现远程监测功能。所有区间方向盒、移频柜采用 WAGO 接线端子，区间信号机采用 LED 机构及铝合金机构。

中铁电气化局集团公司承建的宣杭铁路增建二线信号自动闭塞第 2、6 标段工程。第 2 标段为宣城站至浙江行宫塘站 199.4 正线公里自动闭塞改造（区间半自动改四显示）（其中南京分局管内 75.2 公里，杭州分局管内 124.2 公里）和 9 站微机联锁由一公司施工；第 6 标段为梅峰（不含）经莫干山至行宫塘站（含）37.4 正线公里自动闭塞改造（区间半自动改四显示）和 2 站微机联锁由二公司施工。

一公司2004年10月组建宣杭项目经理部，11月10日开工。在施工中严格按ISO/9002质量保证体系运作，2005年9月10日竣工。

二公司2005年3月6日开工，项目部组织全体参建人员进行流水线作业，2005年6月6日竣工开通。

第三十五节　京沪线北仓至德州、符离集至担子段信号自闭工程

京沪线北起北京，南至上海，全长1463公里，1968年建成。信号自闭改造工程是第五次提速改造工程中的一部分。将区间既有ZP-89复线三显示自动闭塞，改造为双线双向四显示自动闭塞，同时站内做相应改造。

北仓至德州段位于京沪线北京铁路局管内，对连镇、吴桥、许官屯、长庄、德州客、德州编组场6个站及所辖53.7公里区间自闭进行改造。建设单位为北京铁路局，由北京全路通信信号研究设计院设计，中铁电气化局一公司承建。

符离集至担子段位于京沪线上海铁路局蚌埠铁路分局管内，对滁州站经担子、三界、沙河集，到张八岭各站及69.98公里区间自闭进行改造。建设单位为上海铁路蚌埠铁路分局工程建设管理中心，由铁道第四勘察设计院设计，华东铁路建设监理公司负责监理，中铁电气化局二公司承建。

区间采用ZPW-2000A无绝缘轨道电路。区间通过信号机及新设的反向进站信号机按电气化区段进行设置。自动闭塞运行追踪间隔按6分钟布点，四显示按单红灯四显示方式设计，满足客车160公里/小时运行速度要求。新增反方向运行条件，站内相关信号机由既有三显示改为四显示。站内电码化全部新设为叠加预发码电路，大部分发车进路采用四显示并新设反向发车表示器，股道采用占用发码。区间信号点的发送、接收设备考虑到大型机械养路，安装限界在原有尺寸的基础上增大30毫米。ZPW-2000A无绝缘轨道电路区间道床漏泄电阻按1.0欧姆设计，轨道电路传输长度不大于1400米。区间及站内电码化发送设备均采用N+1热备用。各站均新设1套区间智能电源屏。

信号自闭改造工程采用国产ZPW-2000A设备，各种材料、设备与以前施工有较大差别，施工工艺及标准都是试行版本，需要边施工边与设计、使用、接收单位共同协商改进。

北仓至德州段53.7公里自闭改造工程，5个区间自动闭塞。一公司组织精兵强将，2004年1月5日开工，施工中与参建单位通力协作，互相配合，2004年4月13日竣工开通并交付使用。

符离集至担子段69.98公里自闭改造工程，4个区间自动闭塞。2004年6月3日二公司与蚌埠铁路分局工程建设管理中心签订工程合同，6月28日组织100人开工，35天共

开挖电缆沟 76.32 公里，敷设电缆 379 公里，安装电缆箱盒 600 余个。8 月 25 日竣工并进行试验，2004 年 8 月 30 日竣工开通交付使用。

第三十六节　广梅汕铁路定南至龙川段信号改造工程

广州至梅州至汕头铁路是广东省和铁道部合资修建的路网干线铁路，它穿越粤中、粤东山区，挺进潮汕平原，是一条贯穿中国广东中部和东部的铁路。跨越 17 个县市，途经的主要车站有广州东、东莞东、惠州、河源、龙川、岐岭、华城、兴宁、梅州、丰顺、揭阳、潮州、汕头，全长 480 公里。为满足运输的需要，对定南至龙川段进行信号改造。

定南至龙川段信号改造工程，建设单位为广梅汕公司京九复线建设指挥部，由北京全路通信信号研究设计院设计，电化局二处承建。

龙川站地处京九铁路和广梅汕铁路的交汇点，也是广梅汕铁路上最大的车站，共有到发线 7 道、接车口 3 个。本次定南至龙川段信号改造工程，是对龙川、龙川北、上林、和平、林寨、东水站的微机联锁和 6502 电气集中进行改造，投资 2740.92 万元。

龙川、龙川北站采用微机联锁（主、备双套），采用 64D 半自动闭塞。道岔采用四线制控制电路，采用 ZD6-D 型大功率电动转辙机，60 公斤/米 AT 道岔采用双机转换，其中龙川北采用 ZD7-B 型快速电动转辙机。采用交流 480 型连续式轨道电路。站内正、侧线设移频机车信号。上林、和平、林寨、东水 4 站采用 6502 电气集中。闭塞方式采用 64D 延时 30 秒半自动闭塞。设置防雷元件、轨道测试盘和电缆绝缘测试盘。设正线电码化和站线股道电码化。新增加 484、508、524 三个线路所。

定南至龙川段信号改造工程，对 5 站 3 场 3 所进行微机联锁和 6502 电气集中改造。龙川、龙川北微机联锁是二处首次施工的微机联锁站，承揽此项工程后，二处立即着手筹建京九线电化局二处京九指挥部，迅速组织施工技术人员开展定复测，研讨具体的施工方案，先后 3 次从宝成、武蒲线和各段抽调 60 名专业施工技术人员参加会战。1998 年 12 月 25 日开工， 针对施工中存在的问题，积极与相关建设、设计、厂家等联系，采取相应措施，克服设计图纸滞后、先期工程影响等困难，1999 年 1 月 20 日建成开通。开通过程中，创造了 7 天开通 11 个信号楼微机联锁和 6502 电气集中的佳绩。

第三十七节　乌鲁木齐铁路局哈密电务段道岔改造工程

哈密电务段道岔改造工程，是乌鲁木齐铁路局哈密电务段大修工程，为适应兰新线提速对该段管辖内烟墩、山口、尾亚、天湖、红柳河等 5 站的道岔进行改造，投资 1033 万元。建设单位为乌鲁木齐铁路局哈密电务段，由乌鲁木齐铁路局电务处设计，乌鲁木齐铁建监理咨询有限公司负责监理，中铁电气化局二公司承建。

对烟墩、山口、尾亚、天湖、红柳河 5 站原正线普通 50 公斤/米道岔、直流四线制 ZD6 重型或六线制 ZD6-E/J 型内锁闭转辙设备进行改造。设计要求室外配合线路施工更换 60 公斤/米重型道岔，交流 380 伏五线制 ZYJ7+SH6 外锁闭道岔转换装置。室内安装提速道岔电源屏及相关组合联锁修改。

哈密电务段道岔改造工程，5 站 35 组提速道岔安装和联锁修改，2004 年 9 月 16 日开工。烟墩、山口、尾亚、天湖、红柳河 5 站地处新疆东部与甘肃交界地段，沿线为戈壁荒漠，常年风沙不断，施工条件极差，生产、生活用品需到近 200 公里外的哈密采购。经过近 3 个月的艰苦努力，2004 年 12 月 9 日安全优质地按期完成施工任务。

第三十八节　兰新线信号工程

兰新线东起甘肃省兰州站，西行跨越黄河后，翻越海拔 3000 米的乌鞘岭，进入祁连山北麓的河西走廊，经武威、张掖、酒泉出长城西端的嘉峪关，过马鬃山南麓的玉门、疏勒河，西跨红柳河进入新疆境内，经尾亚后，沿天山南麓过哈密、鄯善、吐鲁番，在达坂城穿过天山到乌鲁木齐市，全长 1903 公里。

鄯善至胜金台段 70.59 双线公里的自动闭塞及 4 个站站内电码化工程，是乌鲁木齐铁路局基建项目，建设单位是乌鲁木齐铁路局工程建设项目管理中心，由铁道部第一勘察设计院设计，乌鲁木齐铁路建设监理咨询有限公司负责监理。既有线鄯善至乌鲁木齐西为双线半自动闭塞，本工程增加双线自动闭塞及站内电码化设备。

鄯善至哈密段信号配套改造工程，位于乌鲁木齐铁路局管辖内，工程范围为 K1471+100 至 K1402+600 段 68.5 公里区间信号自动闭塞及各车站站内电码化改造，投资 1500 万元。建设单位为乌鲁木齐铁路局工程建设项目管理中心，由北京全路通信信号设计院设计，乌鲁木齐铁建监理咨询有限公司负责监理。

哈密至疏勒河提速改造信号配套工程，地处甘肃省安西县境内，建设单位为兰州铁路局工程管理中心，由铁道第一勘察设计院设计，乌鲁木齐铁建监理咨询有限公司负责监理。其中 S5 标段疏勒河（K1000+400）至安北（K914+428）全长 85.972 公里，施工范围为区间四显示自动闭塞及疏勒河、河东、桥湾、柳沟、安北 5 个站站内电码化改造，投资 3200 万元。三段工程均由电化局二处承建。

鄯善至胜金台段自闭工程，由铁道第一勘察设计院设计。采用 ZP89 制式 18 信息移频四显示自动闭塞，站内正线采用 ZP89 预叠加电码化，侧线采用 ZP89 叠加电码化。数字信号电缆及复合材料信号箱盒在乌鲁木齐铁路局管内均为首次采用。

鄯善至哈密段信号配套改造工程，由北京全路通信信号设计院设计。区间信号机按 8 分钟追踪时间布置，采用 ZPW-2000A 18 信息移频四显示自动闭塞，非电化、无选频、发送 N+1、接收 0.5+0.5 冗余系统。室外电缆采用 $SPTYWA_{23}$ 型综合护套数字信号电缆。电缆地下接续合采用 HDM-T 型免维护地中盒。

哈密至疏勒河自闭工程，由铁道第一勘察设计院设计。区间改为 ZPW-2000A 无绝缘四显示自动闭塞设备，站内改为 ZPW-2000 闭环电码化。

鄯善至胜金台段自闭工程　4 个区间 70.59 双线公里的自动闭塞及 4 站站内电码化设备安装调试，2001 年 3 月 25 日开工。施工沿线地处新疆中东部的吐鲁番盆地，是典型的戈壁滩地带，生活及施工条件异常艰苦。二处兰新项目部全体参战人员，克服盐碱地、红焦土对电缆工程的影响，攻克长大区间移频设备高温调试、室内电磁干扰等技术难题，2001 年 10 月 5 日竣工开通。

鄯善至哈密段信号配套改造工程　3 个区间 68.5 公里自动闭塞及 3 站站内电码化改造，二公司接到任务后，积极组织人力、配备机具，组建 3 个施工小组，于 2003 年 10 月 10 日开工。由于自动闭塞设备供货较晚，大量的工作压在后期，设备增、改、拆工作量大，各站许多新增设备只能开通时就位，给施工带来很大难度。通过采取专项作业施工法，进行流水线施工，有效解决了问题，2004 年 6 月 30 日竣工开通交付使用。

哈密至疏勒河信号自闭工程　5 个区间 85.972 公里自动闭塞及 5 站站内电码化改造，沿线为戈壁地质，施工条件极差，沿线车站连生活饮水都没有。建设和接管单位由原来的各 1 个变更为各 2 个，联络工作量成倍增加，技术标准反复变化引起大量返工。二公司兰新项目部克服各种困难，往来于相距近 2000 公里的兰州和乌鲁木齐之间，不断地与建设、设计、接管单位进行协调沟通。2005 年 4 月 28 日开工，2006 年 9 月 5 日竣工开通。

第三十九节　集二铁路集宁至贲红段扩能改造信号工程

集二铁路南接京包线，北至中蒙边境重镇二连浩特市，线路由南向北纵贯内蒙古自治区中部，全长 330 公里。是连接中国与蒙古、俄罗斯、东欧国家的重要运输通道。长期以来承担着中蒙、中俄贸易物资及日本、朝鲜与蒙古国的贸易物资运输工作。近年来，随着集通线的建成通车，集宁成为京包、集二、集通 3 条路网干线的交汇点，集二铁路集宁至贲红段成为沟通集通、京包线与通往蒙古的重要通道。

XH2 标段（K0+000 至 K35+496.5），集宁至贲红区间多信息自动闭塞工程，建设单位为呼和浩特铁路局建设项目管理中心，由铁道第一勘察设计院设计，内蒙古沁源铁路监理有限责任公司负责监理。

集宁、七苏木、大六号、贲红站采用区域微机联锁设备，是全路首次采用此设备。各站间既有闭塞设备为单线 64D 继电半自动闭塞，改造采用 ZPW-2000A 自动闭塞，双线双方向运行，反方向采用自动站间闭塞方式。机车信号采用通用式机车信号。各站增设 ZPW-2000A 自动闭塞区间电源屏 1 套。室外电缆采用综合护套扭绞信号电缆。

中铁电气化局二公司承建集二铁路集宁至贲红区间多信息自动闭塞工程，4 个区间 32.4 公里自动闭塞及 4 个站站内信号设备安装调试。2004 年 8 月 16 日开工，2005 年 12 月 17 日竣工开通。

第四十节 京广线孟庙至长台关信号改造工程

孟庙至长台关信号改造工程，包括 2 个站 56 组道岔微机联锁及监测和 21.5 公里自闭，及 3 个站 1 个线路所 CTCS-2 配套改造，投资 1400 万元。建设单位是武汉铁路局，由通号公司设计院设计，中原监理公司武汉监理站负责监理，中铁电气化局二公司承建。

为充分利用无线机车信号性能优势，通过无线信息传输闭环确认，保证信息传输的可靠性，实现机车信号主体化，提高控制列车的安全性和行车效率，采用无线机车信号 CTCS2 级列车控制系统。该系统是应答器、区间轨道电路和无线信道传输列车控制信息的点连式系统，由车载设备和地面设备两部分组成。车上安装 ATP 车载设备和无线机车信号车载设备，地面设备包括无线机车信号地面设备、欧标点式应答器、ZPW2000 轨道电路，以及与计算机联锁接口电路，与调度集中或列车调度指挥系统的接口电路。

室内采用 DS6-K5B 微机联锁设备和智能化电源屏。正线电码化维持既有方式不变，站内电码化采用 ZPW-2000A 移频发送设备。区间 UM71 设备利旧，增加 L2、L3、L4、L5 码信息。区间采用 $PTYA_{23}$ 型综合护套扭绞铠装信号电缆，电缆接续采用冷封接续方式。干线信号电缆沿线路边坡外敷设，电缆过轨道采用钢管防护。色灯信号机、交流连续式 25 赫兹轨道电路、转辙机利旧。

孟庙至长台关信号改造工程， 21.5 公里自闭和 3 站电气集中以及 3 个站 1 个线路所 CTCS-2 配套改造，2005 年 10 月 27 日开工。施工过程中新旧设备倒替较多，二公司采取十分严密的措施，尽可能减少对运输的干扰，确保人身、行车、设备安全，2006 年 9 月 17 日顺利竣工。

第四十一节 集通铁路 5 站信号微机联锁工程

集通铁路自内蒙古乌兰察布的集宁南站至通辽，全长 995 公里。途经内蒙古自治区 4 个盟（市）、13 个旗县，是最长的地方铁路。

集通铁路 5 站信号微机联锁工程，建设单位是呼和浩特铁路局建设项目管理中心，由中铁第一勘察设计院设计，内蒙古沁源铁路监理有限责任公司负责监理。中铁电气化局二公司承担三介海子、二道沟、商都、大东沟、和三营图5站信号微机联锁改造施工。

车站采用DS6-11型微机联锁和站间64D继电半自动闭塞，增设微机监测系统。采用交流480型轨道电路，移频机车信号采用8信息移频，其中接近区段和站内到发线采用压入发码，其余正线区段均采用预叠加发码。信号机全部采用透镜式色灯，进站、预告和正线出站信号机采用高柱，到发线出站和调车信号机均采用矮型。

集通铁路5站信号微机联锁工程， 5个站30组道岔微机联锁施工，2006年6月5日开工，9月6日竣工开通。

第四十二节　沪杭线信号Ⅰ标段大修工程

沪杭铁路起自上海站，经上海市松江区，浙江省嘉兴、海宁市，终到杭州站，全长202正线公里。

沪杭线信号大修工程，建设单位是上海铁路局，由中铁第四勘察设计院设计，华东监理有限责任公司负责监理。中铁电气化局二公司承担信号Ⅰ标段大修施工。包括嘉善、枫泾、石湖荡、松江、封浜、南翔线路所6站室内微机联锁改造(不含25赫兹轨道电路及电码化工程)及K0+524至K106+100和上海枢纽的信号及三电拆迁，投资2252.9万元。

区间自闭采用ZPW-2000A无绝缘轨道电路移频自动闭塞；车站联锁大修站新建微机联锁，其余既有6502电气集中站进行电化改造。信号机采用透镜式色灯，高柱采用铝合金机构，矮柱采用普通铸铁机构，逆向指示器采用LED光源机构。各站均设两路AC380伏外部电源，一级负荷。采用综合智能电源屏，区间屏与站内屏分屏设置。信号、道岔、轨道送电、轨道受电采用独立电缆，信号、道岔干线采用$PTYL_{23}$型铝护套综合扭绞电缆，分支采用$PTYA_{23}$型综合护套扭绞电缆，站间联系采用$PTYL_{23}$型电缆。

沪杭线信号Ⅰ标段大修工程，6站计算机联锁和60公里三电拆迁，二公司集中施工力量于2005年3月1日开工，2006年3月9日竣工开通。施工中采取集中预配信号机、轨道箱、电动转辙机及外部引线、本组合架间内部配线，在预检、预测、预配的基础上实现准确统一、对号入座的施工方法，新老车站设备分散过渡，然后一次性开通车站联锁设备，确保行车正常安全。

第四十三节　京广线周家湾等10站信号大修工程

周家湾等10站信号大修工程，包括花园、陆家山、肖家港、孝感、三汊埠、祝家湾、祁家湾、横店、汉阳、乌龙泉10站站内新设微机联锁，室外更换干线、支线电缆及设备，投资8255.1946万元。建设单位为武汉铁路局，由北京电铁通信信号勘测设计院设计，武汉电务段负责监理，中铁电气化局二公司承建。

周家湾等 10 站信号大修工程，采用二乘二取二型计算机联锁，显控设备采用显示器加鼠标方式。站内采用智能型电源屏（含轨道及提速电源、不含电码化电源），区间更换智能型电源屏（含电码化电源）。采用组合柜。防雷分线柜，组合架零层和侧面保险采用液压断路器，取消既有站内分线盘。对非 97 型 25 赫兹相敏轨道电路的车站改造为 25 赫兹相敏轨道电路。为 97 型 25 赫兹相敏轨道电路的车站，室内外器材利旧，组合柜和电缆新设。轨道电路引接线采用防腐防混线。正线道岔 3.6 米跳线采用防腐防混线。轨道电路等电位线采用直埋电力电缆。电缆接续采用地下冷接续方式。站内干线电缆全部采用电缆槽防护，室外干支线电缆新设。新建或接建的信号房屋设置综合防雷系统。

微机监测设备采用 2006 版微机监测，高柱信号机采用铝合金机构，矮型信号机采用铸铁机构或 SMC 机构，信号机采用点灯隔离变压器。双方向进路表示器改为单表示器并纳入联锁。车站侧线电码化采用 ZPW-2000A 设备，正线 UM71 设备利旧，发码方式维持既有不变。周家湾至横店 13 站电缆模拟网络盘结合设备搬迁按室内集中设置。信阳下行场、肖家港、横店、武昌线路所 4 个站（所）区间室外设备器材及电缆利旧，移频柜、网络接口柜、组合柜、继电器等器材新设。

周家湾等 10 站信号大修工程，微机联锁 10 站，道岔 197 组。2008 年 8 月 26 日开工，二公司项目部带领参建员工克服车流密度大、安全压力大、地下设施多、高温酷暑等诸多不利因素，制定详尽的安全保证措施，编制科学的施工方案，建立综合安全防范、故障应急处理及材料、后勤、运输组等多项保障体系，4 个月完成全部工程量，2008 年 12 月 28 日竣工开通。

第四十四节　陇海线连云港至徐州段自动闭塞改造工程

连徐线位于陇海线东段，东起连云港东，西至徐州南站，包括徐州南至高家营站，正线 227 公里。连徐线信号自动闭塞改造工程，建设单位为济南铁路局建设项目管理中心，由北京全路通信信号研究设计院设计，山东济铁工程建设监理公司徐连铁路监理站负责监理，中铁电气化局二公司承担碾庄、邳州、炮车、瓦窑 4 站的电码化及 55 公里区间自动闭塞改造工程，投资 2274 万元。

全线采用四显示自动闭塞，改造后信号设备适用于列车运行的最高速度 160 公里/小时，列车追踪间隔时间 6 分钟。区间采用 ZPW-2000A 无绝缘轨道电路，站内正线电码化采用叠加预发码，股道采用叠加发码和电码化闭环检测，站内发码设备与区间为同一制式。站内既有信号机械室面积不够的车站，考虑接建新机械室。

连徐线自动闭塞改造工程，4 站的电码化及 55 公里区间自动闭塞。2007 年 5 月 18 日开工，在既有线施工，安全形势严峻，不安全因素多，二公司把确保行车安全放在首位，在施工过程中，运用统筹法和网络计划技术，对整个工程实施动态管理，使整个施工过程时时处于受控状态，2008 年 7 月 17 日竣工开通。

第四十五节　南京枢纽信号设备改造工程

南京枢纽信号设备改造工程是对枢纽内东葛、宁东到达场、下行场、兴卫村、交通 5 站进行设备改造（不含 ZPW-2000 自动闭塞、电码化、25 赫兹轨道电路改造）。东葛、宁东到达场、下行场、兴卫村 4 站（场）采用 K5B 型计算机联锁设备，交通站采用 TYJ-Ⅱ型计算机联锁设备。联锁机充分考虑同 TDCS、微机监测系统组合。工程投资 2780 万元。建设单位为上海铁路局京沪线电气化工程建设指挥部，由中铁第四勘察设计院工程监理咨询公司负责监理，中铁电气化局二公司承建。

南京枢纽作为京沪线的大型枢纽站，行车密度大，客货运输繁忙。5 站设备改造、更换支线电缆施工与 ZPW-2000 自动闭塞、站内电码化、25 赫兹轨道电路同步进行，联锁道岔共 300 多组。2005 年 12 月二公司成立南京枢纽项目部，组织专业技术人员进场，2006 年 1 月 10 日开工，项目部针对南京枢纽地下设施复杂、冬季雨雪天气多等具体客观因素，成立施工技术负责、安全保证、故障应急处理、后勤保障、运输组等多项保证体系。积极改进工艺工法，制定详细的施工组织方案，对各个施工点进行包保负责制，具体任务落实到人，2006 年 6 月 10 日竣工开通。

第四十六节　京山线北京至杨村段自动闭塞大修工程

电化局一处承建的京山线北京至杨村段自动闭塞大修工程，全长 110 公里，15 个站、场，按 6 分钟间隔布置信号点，运行速度为客车 160 公里/小时，货车 85 公里/小时，运行方向采用双线单方向运行。北京枢纽（北京至黄村站上行进站信号机）为三显示，采用 UM71 无绝缘轨道电路。机车信号采用通用型机车信号。UM71 无绝缘轨道电路频率布置上行线采用 2000 赫兹、2600 赫兹，下行采用 1700 赫兹、2300 赫兹。

1999 年 6 月 1 日开工，2001 年 8 月 20 日竣工。开工后，一处确定将廊坊站及区间（DK70+520 至廊坊至 DK84+560）14.4 公里作为样板工程，取得经验，再将该段工程的各项管理措施、技术标准、施工工艺等推向整个工程。

施工先从电缆隐藏工程入手，主动请用户随工，完成一段，验收一段。电缆盒（HF7）、变压器箱（XBI）、继电器箱（XJII—1）等的配线，作业人员完成后，先请用户查验，用户满意以后再推广使用。室内分线盘的走线槽安装，组合焊线等工艺，作业人员精雕细琢。如线环的绕制，传统的方法是“数圈”，样板段施工时，作业人员根据线径大小和做环的标准直接给出材料长度，绕线环时不再数圈，绕出的线环标准、美观。最终样板工程被评定为单位工程质量优良。有样板工程引路，全线工程顺利竣工。共计完成室外信号电缆敷设 143 公里，安装信号机 24 架，各种箱合 133 个，无绝缘轨道区段 21 区段，25 赫兹轨道电路 57 区段；室内安装 JTC 架 3 架、组合架 4 架，25 赫兹轨道架 4 架，室外分线盘 1 面，区间电源屏 2 台，25 赫兹电源屏 2 台。

第四十七节　达成线三汇镇至城厢电力迁改工程

达成铁路位于四川省境内，东起达州市、经南充、遂宁、德阳、西至成都市。该铁路东起襄渝线三汇镇站、西至成都枢纽，其中三汇镇至遂宁段增建二线，遂宁至城厢段既有线新建电气化线路，设计改扩建线路全长 347 正线公里。

达成铁路扩能改造工程，建设单位为成都铁路局达成铁路扩能改造建设指挥部，由中铁第二勘察设计院设计，沈阳铁路局建设监理公司负责监理。中铁电气化局二公司承担三汇镇（不含）至城厢（不含）段 2 标段电力迁改工程施工。2 标段电力迁改工程起止里程为 DK100+500 至 ZDK194+600，全长 94.1 正线公里，合同包价为 1382.7 万元。

设计原则为在铁路工程建设中，对路基、桥涵、隧道及生产房屋工程施工、运营、交叉跨越铁路和受影响的电力线路、通信管线、有线广播、电视线路均属于本次拆迁范围。拆迁按电气化要求一次拆迁完成。所有迁改后的杆塔应位于铁路征地界外，平行电力线路的杆塔距铁路最邻近股道中心的距离应大于杆高加 3 米要求。交叉跨越时杆塔内缘距接触网（含附加导线）带电部分的距离应不小于 5 米。35 千伏及以上电力线路跨越铁路的杆塔应采取加强措施，其跨越档导线支持方式亦需采取双固定或耐张方式，且跨越档内的导线不允许有接头。10 千伏及以下电力线路跨越铁路的，改用电缆穿管保护方式过轨，其埋深不得小于路基下 1 米。35 千伏及以上的架空电力线路不宜在信号机附近跨越。35 千伏架空电力线路采用直径 300 毫米环形预应力钢筋混凝土电杆，10 千伏及以下架空电力线路采用直径 190 毫米环形预应力钢筋混凝土电杆；铁塔一般采用轻型铁塔，特殊情况下采用大型铁塔。采用热镀锌横担。导线采用 LGJ 型钢芯铝绞线，避雷线采用 GJ 钢绞线。高压电缆采用 YJV22（$YJLV_{22}$）铜（铝）芯交联聚乙烯绝缘钢带铠装聚氯乙烯护套电力电缆，低压电缆采用 VV22（VLV_{22}）铜（铝）芯聚氯乙烯绝缘钢带铠装聚氯乙烯护套电力电缆。导线截面按不降低原线路供电能力和满足相关要求设计。

根据设计文件和现场实际情况确定所需拆迁光电缆的起始点，拆迁径路及长度，绘制详细的拆迁施工图纸，要求不得降低现有线路标准，干缆割接不得增加接续。全线通信线路电磁防护作评估后，根据现场情况进行平行或交叉改迁。迁改施工的计划安排要充分考虑土建的施工要求，在部分处所路基未形成前无法进行跨越施工时，采用临时防护措施，以满足土建施工要求，待条件具备后，再进行正式工程施工。在整个工程实施过程中，要严格按照与产权单位确定的施工方案进行组织施工，确保既有通信系统的畅通。

达成线三汇镇至城厢段电力迁改工程，架设架空电力线路240条公里，敷设电缆57.967条公里，35千伏避雷器安装2台，10千伏变电台安装11台，10千伏断路器和隔离开关安装4套，钢杆路灯安装17套，10千伏计量和低压集中计量台安装23台，架空光缆线路和铁质电缆槽道沿桥梁敷设10.783公里。

2005年5月26日二公司在遂宁达成扩能迁改项目部下设项目经理部，在施工管段的中间蓬溪县成立前线指挥组，专人负责与土建单位、产权单位的协调配合、交桩工作，投入38人，各类机械设备10台，于2005年6月1日开工，2008年12月25日竣工。

由于迁改实施时间与设计调查时间存在几年时间差，这几年正是地方电网进行农网改造的高峰期，又遇西华师大、涪江特大桥方案重大变更，除站前工程以外的弃渣场、铺架基地、道路改移、既有涪江桥整治、接触网供电线等涉及迁改的项目也由二公司承担，需迁改处数和数量远大于招标工程量清单处数和数量。为了搞好工程索赔，收集原始资料，项目部多次向建设、设计、监理单位书面反应量差的实际情况，用合同法有关条款说明量差已远超出施工单位能承受的风险包干范围，最后得到了建设单位的理解，由建指组织，建设、设计、监理、施工单位参加进行了四方核查，四方核查共计需迁改处数为310项。在迁改工程施工时，考虑铁路、电力线路产权单位维护管理的实际情况，经施工单位优化迁改方案，并采纳产权单位提出的合理化建议，共计综合迁改289项。

在YDK191+000处220千伏双回架空线迁改中，该处迁改是全线工作量、干扰最大的一处，停电后需组塔3基、拆除导线15条公里、架设导线15条公里以及相关附属工程。放线时需同时跨越成都至遂宁高速公路、达成线西段遂宁至成都既有电气化铁路以及4处电力线路，该线路从内江市500千伏白马电站引出、经资阳、遂宁至南充市500千伏南充电站，负荷等级较高，涉及4个地级市的用电，停电迁改时间只有4天。为了保证顺利完成，一切能在停电前作好的准备工作，基础施工、机具材料小运到位、跨越架搭先行完成，停电后立即进行铁塔组立、导线牵引架设。经过100多人4天3夜努力，完成220千伏双回架空线迁改施工。

第四十八节　宜万线宜昌至万州段广播、通信、电力迁改工程

新建铁路宜昌至万州段，位于鄂西长江与清江分水岭的低山和中高山的半坡地区，东起鸦宜铁路花艳站，西到达万铁路万州站，起讫点 K25+384.72（DK0+000）至 DK423+911.47，全长 377.128 公里。

宜万线主要技术条件：宜昌东至凉雾为复线，凉雾至万州为单线；最大坡度，9‰，加力坡 18‰；最小曲线半径，160 公里/小时地段（宜昌东至凉雾）一般 2000 米，困难地段 1600 米，120 公里/小时地段（凉雾至万州）一般 1200 米，困难地段 800 米；到发线有效长度，单机 850 米、双机 880 米；牵引种类，电力牵引；机车类型，暂定客车 SS9、货车 SS4；闭塞类型，自动站间闭塞；牵引质量，3500 吨。

S1 标段（Ⅰ期、Ⅱ期）三电迁改工程，建设单位是铁道部宜万线建设指挥部，由铁道第四勘察设计院设计。中铁电气化局二公司承担 DK0+000 至 DK104+500 长 103.01 公里的广播、通信、电力迁改工程施工。S1 标段Ⅰ期合同价为 2369 万元，Ⅱ期合同价为 709 万元。

对影响路基、桥涵、隧道及房屋施工、线路运营、交叉跨越铁路的强弱电线路和受影响的弱电线路，按电气化要求一次拆迁完成。所有迁改后的线路杆塔应位于铁路征地界外，平行的电力线路杆塔距铁路最邻近股道中心的距离应大于杆高加 3 米要求。交叉跨越的杆塔内缘距接触网（含附加导线）带电部分的距离应不小于 5 米。35 千伏及以上电力线路跨越铁路的杆塔应采取加强措施，其跨越档导线支持方式亦需采取双固定或耐张方式，且跨越档内的导线不允许有接头。10 千伏及以下电力线路跨越铁路的，改用电缆穿管保护方式过轨，其埋深不得小于路基下 1 米。35 千伏及以上的架空线路不宜在信号机附近跨越。35 千伏架空线路采用直径 300 毫米环形预应力钢筋混凝土等径杆，10 千伏及以下架空线路采用直径 190 毫米环形预应力钢筋混凝土电杆；铁塔一般采用轻型铁塔，特殊情况下采用大型铁塔。导线采用 LGJ 型钢芯铝绞线，避雷线采用 GJ 钢绞线。高压电缆采用 YJV_{22}（$YJLV_{22}$）型电力电缆，低压电缆采用 VV_{22}（VLV_{22}）型电力电缆。导线截面按不降低原线路供电能力和满足相关要求设计。

根据设计文件和现场实际情况确定所需拆迁光电缆的起始点，拆迁径路及长度，绘制详细的拆迁施工图纸，要求不得降低既有线路标准，干缆割接不得增加接续。全线通信线路电磁防护作评估后，根据现场情况进行平行或交叉改迁。

S1 标段（Ⅰ期、Ⅱ期）三电迁改工程，架空光、电缆 108 处，直埋光缆 40 处，广播线路 40 处，基站 1 处，路内通信信号电缆 7 处，不同电压电力电缆拆迁 289 处，变电所（台）5 处，专用线油库电磁防护 3 处，电信农市话补偿 104 公里。迁改的重点为宜昌东、

宜昌南站的电力线路及宜昌市伍家区、点军区、长阳县通信干线电缆等。其控制项目为花艳地区的电力线和配电所，110～500 千伏高压、超高压线路以及宜昌长江大桥、白云山隧道、堡镇隧道。

2004 年 6 月 1 日，二公司在宜昌成立宜万三电迁改指挥部，下设电力和通信 2 个作业队，2004 年 6 月 15 日开工。当年完成 43 处迁改任务，为全面开展工作打下基础。2005 年、2006 年宜万铁路增设复线工程陆续展开，复线迁改随之上马。因复线土建工程与 I 期工程同时施工、同时开通。迁改进度会影响站前施工进度，为保证站前顺利施工，指挥部积极组织和协调，完成 S1 标三电复线及 I 期收尾迁改施工任务，2006 年底达到了预期的效果。2007 年到 2008 年度主要工作任务是进一步清理影响电气化施工及铺架施工的迁改项目，同时克服前期留下的部分尾工及过渡工程，做到了迁改为站前施工扫清障碍，不拖后腿的整体效果，切实兑现合同承诺。到 2008 年底，施工仍在进行，完成迁改任务的 85%。累计完成投资 3544.2 万元，完成建安 3544.2 万元。

第四十九节　昆明铁路集装箱中心站工程

一、工程概况

昆明铁路集装箱中心站位于昆明铁路枢纽内的昆明南站南侧，南昆线 K782+500 至 K789+300 站房同侧，地处昆明市呈贡县洛羊镇王家营地区，距昆明市区 20 公里，距呈贡县 7.5 公里。

昆明铁路集装箱中心站由铁道部集装箱公司投资，昆明铁路局项目中心负责建设，由铁道第一勘察设计院设计，北京铁城建设监理有限责任公司负责监理。

中铁电气化局集团公司西铁工程公司承担第 2、3 标段工程建设。2004 年 8 月 30 日开工，2006 年 11 月 4 日竣工投入使用。

二、工程设计

牵引供电采用直接供电方式，接触悬挂采用全补偿简单链形悬挂，正线采用 LXGJ-79+TCG110 型，额定张力 14.7+9.8 千牛，站线采用 LXGJ-79+TCG85 型，额定张力 14.7+8.33 千牛；供电线采用 LGJ-240 型，额定张力 14.7 千牛；架空地线采用 LGJ-50 型，额定张力 6.86 千牛。接触导线高度 6450 毫米，结构高度 1300 毫米。牵引变电所 27.5 千伏侧接线方式采用隔离开关分段的单母线接线，接触网接地方式，成排支柱采用架空地线集中接地，零散支柱通过火花间隙接钢轨。

房建工程，综合办公楼为五层（局部六层）框架结构，主体建筑地上高度 21.3 米，防火等级为二级，抗震设防烈度为 8 度。地面水泥砂浆找平；地面和墙面防水采用一布四涂；地下室剪力墙外墙防水采用丙烯酸酯防水材料；屋面防水采用 SBS 防水卷材，上铺细石混凝土保护层，并在上面架设混凝土架空隔热板。外墙以浅黄色为主，辅以白色涂料线条（颜色为甲方和使用方共同确定）装饰；四层种植物面 A 轴和 F 轴直线段部分采用白色定制保瓶柱装饰；屋檐采用白色 GRC 装饰。

电力照明工程，供电采用 T-N-S 系统，设专用 PE 保护线接入单相插座，工作零线和 PE 保护线在电源引入处重复接地，配电箱外壳，穿线钢管须可靠接地，且利用基础内钢筋作接地装置，零线重复接地，保护接地，防雷接地以灌注桩内钢筋作为接地体。电力供电负荷等级为三级，两个回路从邻近的高压配电室用电缆引入。室内均采用聚氯乙烯管暗配线。所有配电箱以下配电线路均采用铜芯绝缘导线。

防雷接地工程，装置防雷接地沿屋顶女儿墙设置避雷带，直线间距 1 米，非直线间距 0.5 米设置支架，直径 12 毫米圆钢作避雷带；30×4×190 扁钢作避雷支架。利用构造柱内钢筋作引下线，利用基础内钢筋作接地装置，其相互间须可靠焊接。本工程做等电位联结，金属门窗设局部等电位联结导线采用镀锌直径 10 毫米联结金属门窗。

三、工程施工

第 2 标段工程，起讫里程为 DK0+500 至 DK3+250，全长 2.75 公里，占地 1200 余亩，工程范围包括：路基土石方、场坪铺面、房建及附属工程的施工，由西铁工程公司承建。主要工程量为站场路基土石方 361.31 万立方米，路基附属骨架护坡 1.5979 万立方米、碎石桩 20.074 万延米、聚丙烯混凝土铺面 30.1127 万平方米、涵洞 6 座、综合办公楼建筑面积 4684 平方米、综合修配车间建筑面积 980.9 平方米。

第 3 标段工程为集装箱中心站的电化引入。工程范围包括：昆明南牵引变电所、电力配电所改造、中心站站内供电、站内照明、电力迁改、交通涵照明，由一公司承建。接触网工程包括新建 5.048 公里的电气化铁路，两端分别和南昆线接轨，既有线改造 2.5 公里，站场内 3 股道，分 4 个装卸区及贯通线，其中第 4 装卸区为 812 米移动接触网，包括监控系统、激光防护系统，为国内首创，国际上未见先例，其他 3 个区为预留移动接触网。相关办公楼、检修车间、收费站等生产房屋 6546.9 平方米及站场给排水 9.5 公里由建筑公司承建。

路基工程　西铁工程公司施工人员和机械 2004 年 7 月 20 日进点，2005 年 11 月 5 日开工。投入 5 个路基土石方作业队，平行作业，分段施工。划分作业队施工范围、确定工期明确，节点考核。根据施工进度情况，调整人员、机械，每天投入机械车辆达 300 余台件，施工人员近千人，平均每月完成路基土石方断面近 70 万立方米，2006 年 9 月底，路基土石方及附属工程施工全部完成。路基边坡挂网喷混植生防护，2006 年 5 月底施工完成。3 米以上路基边坡骨架护坡及骨架内喷播植草防护，2006 年 10 月 15 日完成。

场坪铺面工程　集装箱中心站站场全长 2.1 公里，宽 200 多米，设计混凝土铺面纵坡为 0%，横坡为 0.5%和 1%，面积大、要求高，为保证各项指标符合设计要求，施工前技术员首先进行了水准点网的布设，考虑到水准测量误差，实行专点控制专门区域，对施工过程加强控制，每点都进行了 3 次以上的复核，确保无误后方可施工。

铺面工程设计采用钢纤维混凝土大板面层，经现场施工实际调查，发现大面积钢纤维混凝土施工，没有专门的钢纤维混凝土搅拌设备，都是应用普通混凝土搅拌设备搅拌钢纤维混凝土，由于钢纤维在搅拌过程中摩擦产生磁性，再加上钢纤维长细比较大，两头有锚固钩，搅拌过程中钢纤维极易结团。在使用过程中，结团钢纤维锈蚀，在混凝土中就形成空洞，受力时该部分形成应力集中点，导致板块断裂。混凝土表面钢纤维锈蚀后，在表面形成大量蜂窝麻面，影响面层的使用效果。同时钢纤维混凝土不适合用较厚面板，施工规范规定钢纤维混凝土施工应采用平板震动器振捣，主要应用于板厚较薄的桥面铺装、伸缩缝、雨水井盖、公路面层改造等，最大厚度也只有 12 厘米厚。昆明铁路集装箱中心站面层设计厚度分别为 45、40、30、20 厘米，若采用平板震动器震动，很难保证混凝土的密实度。还有市场钢纤维供应量小，不能满足昆明集装箱中心站工期要求。经过市场调查，生产铣削型钢纤维最大生产厂是上海哈瑞克斯，该厂有 9 条生产线，满负荷运转每天的产量不足 3 吨。按工期要求，昆明铁路集装箱中心站每天施工混凝土 1300 立方米，每立方米含钢纤维 40 公斤，一天需钢纤维 52 吨，无法保证昆明铁路集装箱中心站工期要求。经调查使用聚丙烯纤维混凝土可以满足设计要求，具有简单的物理性加筋，与制备混凝土的各种骨料、外加剂和水泥都不会有任何冲突。不需要改变原有的设计配比；对搅拌设备没有特殊要求，容易在商品混凝土搅拌站或现场操作；施工工艺没有特殊要求，容易掌握。根据施工的实际情况，建议建设、设计单位改用聚丙烯纤维网混凝土施工。2006 年 3 月 23 日昆明集装箱中心站建设工作会议，将钢纤维混凝土变更为聚丙烯纤维网混凝土，2006 年 4 月 19 日进行铺面设计图交底，4 月 22 日开始施工，10 月 15 日竣工。

根据设计图纸、施工规范和现场实际情况确定与设备相配套的运输车辆及级配层、水稳层松铺系数、碾压遍数等相关参数，确定面层混凝土摊铺厚度、混凝土塌落度和摊铺机最佳走行速度。垫层施工采用机械摊铺，人工配合，平地机找平，轻型压路机配合 18T-25T 压路机碾压。将垫层施工分成 2 个作业队，分别从装卸线线路两侧站场中部向两头施工。每队均配备了 2 台装载机、1 台平地机、2 台压路机。

在级配碎石垫层施工完成后，开始水泥稳定碎石基层的施工。基层施工采用拌和机拌料，自卸翻斗车运输，机械摊铺，轻型压路机配合 18T-25T 压路机碾压。基层摊铺配备 MT12000A 型大型摊铺机 1 台，压路机 2～3 台，自卸翻斗车 8 台，人工配合施工。基层设计为 82093 立方米。计划采用 WCB500 型模块式稳定土厂拌设备，该拌和机每小时拌和 150 立方米。稳定层摊铺机采用 MT12000A 型，最大摊铺宽度 12 米，每小时摊铺 300 立方米。拌和厂上 2 台 WCB500 型模块式稳定土厂拌设备，满足稳定层摊铺机的需求。

在施工过程中，由于 6、7 月份为当地雨季，经常下雨，垫层经雨水浸泡后无法达到设计及规范要求。针对该情况，2006 年 6 月 16 日昆明铁路局广通指挥部组织召开铺面施工专家研讨会，邀请全国7位专家和设计、施工、监理单位参加，决定采用晾晒和碾压，达到要求后进行水泥稳定碎石基层的施工。

铺面面层设计分为正面吊作业区、重箱区、环形道路和停车场4种区域，厚度分别为45、40、30、20厘米。混凝土采用聚丙烯纤维混凝土。为保证质量，项目部成立攻关小组，多次在港口、公路等施工工地考察，经过技术方案比较，选用性能最好的德国产Wirtgen全自动滑模式混凝土摊铺机施工铺面混凝土。项目部从德国请来专家，对摊铺机振捣系统、感应走行系统和抹平系统进行调试，加密加大振捣棒组。为保证工期，在4个月内完成12.4万立方米混凝土，工地建立搅拌站2个，配搅拌机5台，其中2台为德国进口，每盘可搅拌3立方米，高性能、高产量的混凝土拌和设备为工期赢得了时间。

接触网工程　2006年3月10日开工，到6月底，场区内下部工程基本完成。7～8月完成了既有线接触网改造及新建接触网的架设，9～10月工作重点是接触网的细调及移动接触网，并于11月4日通过验收投入运行。完成的主要工程数量为：包括既有线改造、架设接触网导线8.704条公里、供电线3.969条公里、移动接触网0.812条公里、各种杆塔252根。

移动接触网具有良好的实用性，昆明铁路集装箱中心站施工的移动接触网属国内首创，没有经验可借鉴，作业队严格按照内控标准施工，设备安装时反复进行试验和改型，如调整牵引绳的张力、伸出臂的配重平衡等。激光防护系统第一次应用在这样长的距离上，激光束与门型架设备和伸出臂设备的空间位置也是反复进行调整，积累了施工经验。

变电、电力工程　变电、电力专业因属新建工程，工程地质条件复杂、站内施工等专业众多，站前站后工程交叉进行，特别是电力拆迁，需拆除35千伏变电站1座，10千伏变电所1座，变电台4座，架空电缆线路31公里。2004年8月30日开工，作业队抓住时机、排除阻力，完成拆迁工作，为后续工程奠定基础，工程于2006年6月30日竣工。除电力拆迁外，电力、变电专业还完成了牵引变电所、电力配电所改造各1座，架设高压线路1.253公里，敷设高压电缆3.569公里、低压电缆16.314公里，箱式变电站4座、高杆灯26个、柱灯5个、杆式变电站4个、涵洞照明1项。

房建及给排水工程　2006年5月房建开工，办公楼、检修车间、收费站均为钢筋混凝土灌注桩。为赶进度，指挥部决定改普通钻孔机械为先进的旋挖钻机，该钻机最深可达60米，直径最大达2.5米，自动化程度高，定位后全部由计算机控制精度，误差在1%；经实测，钻1根1米直径21米深的成桩只用45分钟。

钻孔桩施工当中最大的难点是地下水位高（原有地貌为稻田），容易造成井壁坍塌，在施工中派专人及时测泥浆比重，根据实测情况及时调整泥浆比重，从技术上最大限度地保证井壁完整，加之该钻机速度快，对土层扰动较小的特点，119根桩除1根桩有少量塌孔外，其余均一次灌注成功。

灌注水下混凝土封底是一个关键工序，根据现场实际条件，对灌注漏斗进行了改造，改为了一次可连续灌注 4 立方米，利用混凝土自重冲底封底，而后进行连续性浇注，中间间隔时间为调整混凝土罐车时间，保证了水下灌注质量，采取的技术措施为根据每根桩的计算混凝土量，混凝土罐车一次性到位，保证间隔时间在允许的范围内。如果混凝土罐车不能及时到位就等待全部到位后再进行混凝土灌注，并且旋挖机进行作业时也要考虑到混凝土浇筑的时间，不能提前挖好等待，以免造成塌孔。如果灌注混凝土时间较长，旋挖机作业到水位线即停止，保证孔身质量。119 根桩 15 天全部完成，共挖土方 2300 立方米，灌注水下混凝土 2350 立方米。经小应变检测及堆载试验所有桩全部合格。

2005 年 7 月，给排水工程开工，在给排水施工中全部采用 PE 管，在昆明铁路局给水工程施工中是第一次大规模采用，为保证施工质量，指挥部在与 PE 管供应商谈供货合同时就规定由供货方负责接管施工，并要求认真履行有关施工工艺，同时要求按工艺流程教会工地施工作业队熟练使用机械设备。施工后一次性打压合格。2006 年 11 月 4 日竣工，一次验收合格，开通试运营。经一年试运营，2007 年 11 月 4 日正式验收，全部评定合格。

2008 年 11 月 27 日，工程获得国家优质工程银质奖。

第五十节 龙川北站驼峰改造工程

龙川站地处京九线和广梅汕铁路的交汇点，是广梅汕铁路上最大的车站，龙川北是龙川站的编组站，本次工程是对龙川北站驼峰进行升级改造。龙川北站驼峰改造工程建设单位是广梅汕铁路有限责任公司，由中铁第四勘察设计院设计，中铁电气化局二公司承建。工程内容包括龙川北半自动驼峰升级为自动化驼峰控制；无线调车机车信号和监测系统及驼峰摘钩显示屏设备安装、驼峰信号微机监测系统及接入；驼峰控制系统与 TMIS 系统联网；空压机系统及管路工程；电力增建信号电源及配电所改造等。

在既有龙川北驼峰规模及线路平面不变的基础上，对驼峰信号设备进行改造，室内设备除利旧 2 架防雷分线柜外，其余全部新设。室外峰上新设 2 台测速雷达及摘钩屏，所有电缆、箱盒、雷达、电磁踏板、测长等全部更换。信号点灯装置、轨道设备、信号机构、转辙机利旧。除 T1G、T2G 采用交流连续式轨道电路外，其余均采用驼峰直流轨道电路，采用 ZK4-A170 型电空转辙机，无源电磁踏板、电脑测长及 8 毫米驼峰测速雷达，PTY23 型电缆。

2008 年 4 月 20 日开工，针对龙川北驼峰改造工程难度大、技术要求高的特点，二公司项目部专门成立领导调度小组，进行现场督导，同时制定了正常和应急 2 套施工方案，按计划，按工序施工。作业小组各负其责，与站前、电务、车站部门的配合有条不紊，施工进展顺利，到 2008 年底工程基本竣工。

第五十一节　云岗支线开行2万吨列车技术改造工程

云冈支线位于山西省大同市南郊区，是大同煤矿集团所在地。开行2万吨列车技术改造工程，建设单位是大同矿务局矿山铁路公司，由铁道第三勘察设计院设计，内蒙古沁原监理公司负责监理，大同矿务局矿山铁路公司供电段接管运营，中铁电气化局二公司承建。

2005年6月8日，中铁电气化局二公司与矿山铁路公司签订云冈支线开行2万吨列车技术改造工程第Ⅷ、Ⅺ标段工程，合同金额1795.33万元。工程包括四台沟牵引变电所增容及云岗西站电力改造。2005年11月因该工程新增及变更部分施工内容，经设计、监理单位审核后合同额改为1882.63万元。

主变压器采用40000千伏变压器，采用动态电容无功补偿装置。投光灯塔采用SDT型升降式灯塔，塔高21.5米，采用台阶式基础，C25混凝土浇制，基础埋深2.3米，基础中预埋16根直径25毫米底角螺栓。10千伏高压电缆终端采用户外热缩型。6千伏电源接引点为6520号和6123号电源。

云冈支线开行2万吨列车技术改造工程，更换牵引变压器2台，安装动态电容无功补偿装置、综合自动化系统、通信设备各1套，新建投光灯塔14座，安装箱式变电站2座。

2005年6月8日二公司抽调施工人员28人，组成大同项目部，边建点、边备料、边施工。主变压器到达变电所，采用人工搬运的方法，将旧变压器移开，新变压器就位，附件安装完毕注油，由二公司试验室对变压器进行电气实验，全部合格后进行冲击实验，实验合格投入空载运行，空载运行48小时无误后转入负载运行。在既有所改造施工中，难度最大的是综合自动化系统，封锁点时间短、施工难度大，施工人员仔细研究、反复领会设计图纸及既有二次接线图，安全高效地完成了综合自动化系统各盘面的施工。2005年12月10日工程全部完成，顺利开通交付使用。

第五十二节　湘桂线黎塘至邕宁段增建二线站后工程

一、工程概况

湘桂铁路北起湖南省衡阳市，南至广西凭祥市友谊关，与越南铁路相接，全长1026公里。湘桂铁路是广西、海南及粤西地区与华东、华北地区间客货交流的重要铁路运输主通道，也是广西、湖南、贵州等大部分内陆地区通往越南等东盟国家最便捷的国际运输通道。湘桂铁路是广西最长的铁路干线。以柳州、黎塘、南宁南站为起点，分别与黔桂、焦柳、黎湛、南防、南昆等铁路相连接。

黎塘至邕宁段位于广西中部，东起黎塘区段站 II 场，西至南宁南站，途经宾阳、横县、邕宁 3 县，全长 130.557 公里。既有线路为单线，为扩大运能，全段增建二线。

黎塘至邕宁段增建二线工程，建设单位是柳州铁路局项目管理中心，由柳州铁路局黎南复线建设指挥部负责建设管理，中铁第二勘察设计院设计，柳州铁路监理公司负责监理，柳州铁路局南宁电务段、水电段、房建段接管。

站前工程由中铁四局、中铁十二局和柳州铁路局工程处施工，站后第 IV 标段通信信号、电力、房屋、给排水、机辆设备安装等工程由中铁电气化局三公司施工。IV 标段工程自黎塘 II 场(K668+823)经捻竹、露好、沙江、芦村、六景、伶俐、长塘，到邕宁(K762+300)，全长 93.5 公里。

二、工程设计

既有 GDL23-8D9.5/125(204)C+13×4×0.9+10×2×0.7 长途通信线路，竣工于 1996 年。本次增建二线新设接入网系统，在各中间站将既有光电综合缆环引进通信机械室。黎南线骨干通信网为 STM-4(1+1)系统，原区段系统中黎塘、芦村、长塘站的光设备利旧，将既有 2 个 SDH155 兆比特/秒（1+0）合为 2 个系统，作为本地中继网使用。黎南沿线各站 ONU 均接入南宁 OLT，沿线各基层自动电话增加 500 线左右，同时增加数字中继板及 7 号信令板，纳入南宁程控交换机。

电力专业，沿线各站（除沙江站由 10 千伏电力贯通线供电外）均为贯通线供信号、无线通信设施和车站用电，另一路地方 10 千伏电源供信号备用及部分车站用电。伶俐配电所更换室外变压器和室内调压器。高低压架空线路采用钢筋混凝土电杆、铁横担，高压导线采用 LGJ 型，低压导线采用 LJ 型。高压电缆采用 YJLV2 型电缆，低压电缆采用 VLV22 型电缆，室外照明采用高效光源及节能灯具，站台灯柱采用铁质灯柱，投光灯采用简易式 18 米钢筋混凝土电杆两灯型。三相电力变压器采用 S9 型，单相采 D8 型，调压器采用 SZ8-GM 型。

信号专业，全段采用 64S 型继电半自动闭塞。黎塘 II 场、捻竹、沙江、伶俐站维持既有微机联锁制式。露好、芦村、六景、长塘站新设 6502 电气集中。区间有人看守的道口采用 DX3 型道口自动信号及道口自动通知设备。信号机采用透镜式色灯信号机，转辙设备采用 ZD6 型电动转辙机，采用 50 赫兹交流连续式轨道电路。机车信号采用移频接近连续式机车信号，站内正、侧线股道电码化。室外采用 $PZYA_{22}$ 型信号电缆，电气集中车站采用新型单元控制台，各站（场)均设置微机监测设备。

房建专业，沿线各站各类房屋，均为一层或两层砖混结构房屋，浆砌毛石基础或钢筋混凝土独立基础，砖墙，木门，钢窗、部分铝合金窗，所有办公室及休息室底层窗均设置铁栅栏。

给排水专业，给水管道采用镀锌钢管，排水管道采用铸铁水管及混凝土排水营等。

机车车辆设备专业，在黎塘、沙江、伶俐 3 站设红外线轴温探测站，其中黎塘探测站按上下探式探测站设计，其余 2 个站按异点双方向向下探式探测站设计。红外线轴温探测系统引入柳州红外监测中。

三、工程施工

湘桂线黎塘至邕宁段增建二线站后工程，9 站通信设备改造调试；对全区段通信、信号、无线通信设施、道口和站场照明、动力设备供电；9 站信号电气集中设备改造调试；沿线各站行车室、道岔清扫房、货场仓库、道口房、无线中继房、工区等，建筑总面积 2500 平方米；敷设给排水管道 2.8 公里，安装消毒、净水设备 3 套， 修建检查井、蓄水池各 1 座。2005 年 11 月 20 日开工，2007 年 2 月 13 日竣工。

第五十三节　鹤壁货场改造工程

鹤壁市位于豫北西部太行山东麓和华北平原交接处，北与安阳市毗邻，南与新乡市接壤。鹤壁货场位于鹤壁火车站以北200米原货场院内，占地面积4万平方米，建筑面积4066.83平方米。

鹤壁货场改造工程，建设单位是郑州铁路局工程管理中心，由郑州铁路勘察设计院设计，郑州中原铁道建设工程监理有限公司负责监理，中铁电气化局建筑公司承建。

鹤壁货场改造涉及土建、安装、线路、电力、通信、路基等。2005 年 7 月 15 日开工，项目部编写了施工组织设计、质量计划、创优规划、冬季施工、测量、临水临电、分包模式及土建主体施工等方案；建立质量责任制，严格质量考核制度。由于工期紧、改造范围广、工作量大，施工中项目部采用项目分解、平行作业、流水施工等方式组织施工。通信、线路工程施工给鹤壁站运输造成一定影响，为缓减施工对运营的压力，项目部充分发挥总承包的优势，加强多方沟通，将设计、施工、物资供应紧密结合，节省时间，把影响降到最低。

合同竣工日期为 2006 年 6 月，因使用单位对本工程设计方案存在异议，使用单位与甲方又不能及时协商一致，再有图纸设计与现场实际情况不一致，设计变更方案迟迟不能到位，致使工期顺延。2007 年 5 月 20 竣工验收，一次合格率 100%。

第五十四节　洛湛线永州地区相关工程 ZH-2 标段工程

洛湛线北起河南省洛阳市，向南经湖北襄樊，湖南石门、娄底、永州，广西贺州、梧州，直至广东省湛江市，纵穿5省区。洛湛线永州地区相关工程位于湖南省南部永州市境内。

洛湛线永州地区相关工程，建设单位是广铁集团公司建设项目管理中心，由中铁第四勘察设计院设计，广东至艺工程监理有限公司负责监理，中铁电气化局建筑公司承担永州地区相关工程ZH-2标段工程建设。

永州地区相关工程ZH-2标段，主要工程量为房屋建筑1008平方米，给水管道10.57公里，排水管道5.75公里，净水厂改建，站场排水沟、地道接长、三站台雨蓬、二站台旅客人行天桥接长及站台铺面硬化、站台墙、站区围墙、道路等。2006年2月21 开工。

人行天桥是建筑公司第一次施工，开工前编制了详细的施工组织设计、应急预案、天桥钢箱梁吊装专项施工方案。由于人行天桥跨5股既有轨道施工，天桥钢箱梁吊装时进行线路封锁，2006年12月25日，旅客人行天桥钢箱梁吊装就位。

三站台站台面混凝土浇筑受站前铺轨影响，建设单位要求在半个月内完成。针对工期要求，采用商品混凝土以每天 50 延米的速度推进，仅用 10 天完成浇筑。永州站K324+053.4涵洞两侧片石挡墙工程，项目部配置了精干技术人员，选用优质花岗岩，经2个月精心施工，9月30日竣工。

地道接长设计为大开挖，由于跨 5 股既有轨道施工，施工的同时 5 股道列车正常行驶，因而在施工前必须做好既有线防护，采用 4 根直径 1.55 米挖孔桩结合 D12 型便梁进行线路加固。线路两侧各 2 根挖孔桩，支护桩桩长 10 米。并落实了地表截、排水及防渗措施。开挖时采用泥浆泵抽出地下水。施工时派专人进行既有线防护。挖孔过程中，经常检查桩身净空尺寸和桩的垂直度。挖孔桩施工时，严格按挖孔桩的施工规范要求，做好安全防护工作，每班开工前均对孔中的气体进行检测，确认没有毒气体，作业人员才下井作业。按期完成施工任务。

净水厂改扩建工程2007年1月30日通过初验，针对使用单位提出的优化设计，二氧化氯消毒设备加装了盐酸储存罐，经投入使用，水厂运行情况良好，自动控制系统利用电脑操控，大大减轻了劳动强度，电脑屏幕直观显示整个水厂的运行情况，能够第一时间判断故障发生的部位，有利于故障的排除。9月14日，水厂顺利通过复验。

到2008年底，永州西站房屋及附属工程基本完工，站场排水沟完成85%，剩余部分与站改同时进行施工，旅客通道接长、天桥接长及三站台雨棚工程施工完毕。已完工程（除站场排水沟外）于2008年12月29日进行初验。

第五十五节　牛头河大桥抢建工程

牛头河大桥位于陇海铁路宝天段社棠至天水间，建于 1934 年，中心里程在陇海线K1390+611.3处，原桥全长232米，为21孔10米简支板梁桥，曾历经12次大修，已无法满足青藏铁路提速需要和重载列车通过，成为制约北京至拉萨48小时直通的“四大难点”

之一。2006 年 4 月 30 日，铁道部决定拆除旧桥，在原址新建牛头河大桥，作为青藏铁路的重要附属工程，“七一”正式通车。

新建牛头河大桥设计为 7 孔 32 米预应力混凝土 T 型梁桥，全长 245.11 米，由于新桥比原桥抬高 2.6 米，桥两端路基需进行抬高顺坡、加宽处理，回填抬高路基范围长 2.6 公里。主要工程数量：线路专线过渡。新桥建设前后需两次转线，大桥施工前需新铺 P60-18 提速道岔 3 组、P60-12 道岔 1 组，拨道 500 米，拆除线路 980 米，修建线路所 312 平方米进行转线过渡。大桥建成以后进行再次恢复转线，拆除道岔 4 组，连接线路铺轨 330 米，拨道 500 米，铺轨焊接恢复无缝线路 980 米。拆除旧桥施工。拆除旧桥梁 21 孔 42 片，拆除片石混凝土墩台 22 个计 2923 立方米，拆除铺砌混凝土 450 立方米。新桥施工。直径 1.25 米钻孔桩基础 36 根，浇筑桩基 C25 钢筋混凝土 1370 立方米，浇筑承台 C30 钢筋混凝土 920 立方米，浇筑墩台身 C30 钢筋混凝土 750 立方米，架设 32 米梁 7 孔 14 片，制安护栏 8 个敦台，人行道制作铺设 480.22 米，新铺平 P60 轨 III 型桥枕 P50 护轨线路 280 米，桥台护锥及河床铺砌 425 立方米。路基加宽加高施工。桥台后路基相应作加高加宽，填路基土方 37000 立方，填渗水土 A 组填料（砂卵石）12000 立方，浆砌片石骨架护坡及浆砌片石水沟 3330 立方。

牛头河大桥总体计划工期分六个阶段：第一阶段 5 月 1 日至 5 月 8 日施工准备及线路转线开通线路所；第二阶段 5 月 9 日至 5 月 12 日拆除线路及旧桥；第三阶段路 5 月 17 日至 6 月 2 日基土方回填施工；第四阶段 5 月 11 日至 6 月 12 日大桥桩基及敦台施工；第五阶段 5 月 19 日至 6 月 22 日桥梁铺架；第六阶段 6 月 20 日至 6 月 28 日铺设线路及拆除道岔转线开通线路。由于工期紧，各个施工阶段要打破常规采取必要的手段组织施工。压缩各阶段施工时间的办法之一就是增加劳力，在不同时期按施工项目和工程量的大小进行必要的调配和组织，充分发挥机械的作用。根据施工进度安排，第一、二阶段对劳力需求较大，各需要 1300 多人。再加上其中路基、大桥施工劳力 320 人，总人数达 1620 多人。特别是施工前期和后期施工转线需要 1300 余劳力，而每次只能干不足 10 天，需要劳力人数多，时间短难组织。西铁建设公司在一天时间内从其他项目部临时抽调组织足够的精壮劳力队伍连夜赶到施工工地，较好地解决了施工现场吃住问题，确保了两次施工转线的顺利完成。在施工期间机械设备起着关键性的作用。本项工程投入的主要机械为挖掘机 7 台、装载机 6 台、压路机 3 台、推土机 3 台、自卸汽车 27 辆、钻机 18 台、吊车 6 台、大宇 220 破碎机 4 台。

从 5 月 1 日开始立钻开孔到 6 月 25 日梁体架设完成，所有参战干部职工仅用 56 天就在老桥原址上建成 245 米单线铁路大桥，创造了中国铁路建桥史上的“牛头河速度”。牛头河大桥抢建受到铁道部通电表彰，陕西省授予项目部劳动竞赛先进集体称号。

第五十六节　陇海铁路西宝段第六次提速工程

陇海铁路西安至宝鸡段第六次提速，马嵬坡（K1133+150）至杨凌镇（K1150+179）区段 17.029 公里的线路工程，建设单位是西安铁路局，由西安铁路局勘测设计所设计，同大监理公司负责监理，中铁电气化局西铁工程公司承建。

工程包括：改造既有线，路基绑宽加固、桥涵加固、线路拨移抬道调坡、更换道岔等。主要工程数量为路基绑宽加固中回填三七灰土 1.799 万立方米，灰土改良土 681 立方米，增加挡墙、护坡及水沟圬工 8135 立方米，桥涵加固改造中既有桥涵悬臂接长 21 座，增加倒虹吸 9 座，桥涵接长 2 座，箱涵预制顶进 4 座，拆去报废桥涵 8 座；在更换 VZ200I 道岔工程中，新铺道岔 14 组、平移道岔 1 组、拆除道岔 15 组，线路拨移 72.8 公里、抬道长度 167 公里。中标价 6400.2 万元。

路基改造，基底表面压实平整，拌和土粒径不大于 15 毫米，按照试验配合比配料，拌和均匀，色泽一致，无灰条、灰团、花面，拌和物中不得含有土块、生石灰块，及时消除粗细集料窝和局部过分潮湿之处。提速调坡满足提速 200 公里/小时，铁路线间距保证 5 米（困难地段不得小于 4.5 米）。

2005 年 5 月西铁工程公司成立西宝铁路提速工程指挥组，从全公司 15 个项目部抽调精兵强将，组成施工队伍，成立 4 个测量小组、3 个抬道组、卸车上碴组，组织劳力 2000 余人。2005 年 6 月 10 日开工，2005 年 12 月 31 日竣工。

西铁工程公司制定出切实可行的施工组织设计和安全保证措施。路基施工，路基加宽改造，由于环境的限制，不能采用机械施工，只能人工开挖回填压实，施工采用人工跳槽开挖，小区段施工，施工完成一段转移一段。桥涵改造施工，组建既有线桥涵施工队伍，进行流水作业，保证行车和人身安全。线路拨移抬道调坡施工，投入人力 1800 多人，通过协调，在工务、电务、供电处等各部门的配合下，2006 年 11 月 6 日至 12 月 14 日，完成咸阳（K1096+000）至常兴（K1180+250）下行 9 站 8 区间 168.5 公里线路拨移抬道调坡施工，换填道砟 5692 车 12 万立方米。

第五十七节　西延线钟家村至新丰镇段复线工程

西安至延安铁路是陕西省连接陕北、关中及陕南的主通道，它的建成将极大改善陕西南北交通状况，缓解陕北煤、汽油等能源运输的紧张局面。对陕西经济发展和沿线资源的开发利用起到至关重要的作用。

西延线钟家村至新丰镇段（含何零联络线）地处渭北高原，途经渭南和西安两市的蒲城、富平、阎良和临潼 4 个县区，地势平坦、交通便利、人口密度大。钟家村（K767+370）

至新丰镇（K810+950）段增建二线，长 44.993 公里。其中并肩地段 41.502 公里，绕行地段 3 处 3.491 公里，有特大桥 1 座，双线中桥 1 座，框架桥 10 座，涵渠（含倒虹吸、铸铁管）30 座。正线铺轨 8.271 公里，何寨车站改建站线铺轨 5.272 公里、铺道岔 25 组。新建路基均以路堤形式通过，区间路基及站场土石方计 22.385（断面）万立方米，工程造价 9625.1921 万元。

何零联络线设计起点为何寨站中 LDK0+000(西延线里程为 K808+116)，设计终点为零口站中 LDK6+649（陇海线里程为 K1029+351），新建何零联络线长 6.649 公里。零口车站既有股道 8 股，改扩建后增加到 17 股，新铺道岔 49 组（其中 6 组交叉渡线）。新建跨线公路桥 3 座，框架桥 2 座，涵渠（含渡槽、倒虹吸）10 座，正线铺轨 5.587 公里，零口站改建站线铺轨 8.3 公里 7、铺道岔 31 组（其中旧岔 13 组）。新建路基以路堤、路堑形式通过，区间路基及站场土石方计 27.8782（断面）万立方米，工程造价 14417.1246 万元。

西延线钟家村至新丰镇段，线路等级，Ⅰ级；正线为 60 公斤/米钢轨普通线路，轨枕配置为 1840 根/公里；何零联络线为Ⅰ级线路，正线为 50 公斤/米钢轨普通线路，轨枕配量为 1760 根/公里。

西延线钟家村至新丰镇段（含何零联络线）工程，由中铁第一勘察设计院设计，郑州中原铁道建设工程监理公司负责监理，中铁电气化局西铁建设公司承建。。

西铁建设公司成立西延线扩能工程指挥部，设 4 个项目部：第一项目部承担 K803+500 至 K807+163 段及渭化专用线改建路基及附属桥涵、轨道等工程建设；第二项目部承担 K807+163 至 K810+950 段及陇包联络线（除路基土石方外）桥涵、轨道、站场、房建、给排水等工程建设；第三项目部承担 K807+163 至 K810+950 段路基土石方工程建设；第四项目部承担何寨至零口联络线所有工程项目的施工。投入设备 37 台（件），施工人员 150 多人。

2004 年 11 月 1 日开工，2005 年 10 月 31 日零口直通场开通；2006 年 1 月 12 日何零联络线开通；11 月 28 日何寨站场通车；2007 年 4 月 30 日董家村特大桥开始架梁，5 月 30 日架通；11 月 9 日何零右线开通；12 月 2 日何寨调坡结束，至此所有工程完工。

路基工程　由西铁建设公司第三项目部承担。路基填筑采用全断面水平分层和纵向分段，按照“三阶段、四区段、八流程”的程序进行施工。站场改良土配料用黄土和消石灰拌和而成，消石灰掺量为黄土的 6%（重量比），初拌时不洒水，拌均后闷料 8～12 小时再进行洒水复拌，拌匀后整平、压实，施工完成后均向外设 4%排水横坡。桥涵缺口填土采用人工配合小型机械分层填筑压实，严格按照施工工序和工艺开展施工，按期完成路基工程。

桥梁工程　西延线钟家村至新丰镇段建大桥 1 座，双线中桥 1 座，跨公路桥 3 座，框架桥 12 座。桥梁桩基采用旋挖钻成孔，钢筋笼集中分节制作，简易平板车运输，现场焊接吊装；混凝土采用自动计量搅拌站拌和，混凝土搅拌车运输，导管法灌注桩身混凝土；承台采用组合钢模板，混凝土采用串桶法灌注，水平分层，一次浇注成型；墩台身、墩帽采用工厂精加工的整体钢模板，混凝土采用汽车吊吊斗和混凝土输送泵泵送入模，连续浇注成型。

董家村特大桥位于既有西延线何寨车站附近，属于西延线扩能改造工程引入西安枢纽零口地区的配套工程，全长 1.4908 公里，单线桥，形式为 45 孔 32 米预应力混凝土简支 T 梁，共 2 个桥台，44 个墩，192 根桩基。桩径 1.25 米，桩长 42.5～51.5 米不等；墩高 6.9～11.4 米不等；桥面宽度 4.9 米。项目部组织 2 个钻孔桩作业队和 2 个承台、墩台作业队采用架桥机架设。

LDK4+140 1-14 米钢筋混凝土框架桥专为何零联络线下穿既有陇海上行线、宁西线而设，何零联络线中心里程 LDK4+140，陇海线里程 K1031+872（宁西线里程 K5+626），结构与既有陇海上行线斜交，相交角度 32 度，预制交角为 45 度，框架斜长 23.48 米，穿越线路时，占用线路长度 32 米。涵长 60 米，其中中部长度 40 米采用顶进法施工，施工时分 2 段采用中继间法顶进，两端各 10 米采用现浇法施工。本框架桥为斜交正顶，顶部设 TQF－Ⅰ型防水层，向两侧形成流水坡，侧面及顶面涂两层热沥青。陇海上行正线和宁西线在框架桥前后均为直线，两股轨面基本平齐，2 条线均为 60 公斤/米钢轨无缝线路。框架桥桥址下主要为黏质黄土，具Ⅲ～Ⅳ级自重湿陷性，厚度大于 20 米，桥址下采用钻孔压浆处理地基，钻孔采用 130 毫米孔径，梅花形布置，间距 1.8 米×1.8 米，共 40 排 600 孔，孔深为基底下 12 米，孔口 1～1.5 米用直径 127 套管索孔。该框架桥设计较为复杂，施工难度较大，在采用架空法施工的同时，考虑顶进施工完毕后现浇段施工的困难，为确保现浇段施工中既有正线行车安全，项目部多方组织人力，研究方案，制定了架空与现浇时线路加固一并进行的施工方案，保证了施工顺利进行和安全，按期竣工。

线路工程　西延线钟家村至新丰镇段线路等级为Ⅰ级，为普通有砟轨道。施工中通过路基成型整平、底砟铺设、散枕、硫磺锚固道钉、散轨、钉道、抬道整养达线路设计标高等程序施工。在散布轨料时，在区间绕行段采用汽车运输轨枕和拖车拉运钢轨上路基；在车站或区间并行段采用区间或站内要点的方法，利用轨道车或机车推运平板车，将钢轨及混凝土轨枕卸至指定位置。上砟整道分 3 次进行，初次上砟整道作业自上而下分 3 层（不含底层道砟）进行；第 2 次整道在第 1 次上砟整道并通过 5 对以上列车后进行，整道时以水平桩为准，轨面略高于设计高程；全面整道在轨温 Tmax-(18+C)/(0.0118L) 至 Tmax-C/(0.0118L) 范围内时，拉轨调匀轨缝，同时方正钢轨接头，轨缝尺寸符合规范要求，左右股钢轨接头相错量符合规范要求。

房（土）建工程　房建施工主要是站后配套工程，基本为砖混结构，基坑开挖采用机械开挖，人工配合整修基坑。主体砌体工程中采用内外单排脚手架，分栋流水砌墙；构造柱、圈梁、过梁与现浇梁、现浇板采用混凝土现浇施工，待混凝土强度达到设计强度的 100% 时方可拆模。室内外装饰严格按装饰规范进行施工，按期竣工。

第五十八节　新建西安北环线铁路工程

西安北环线工程位于陕西省关中地区，东起新丰镇编组站，向西途经新筑站、跨灞河、渭河至咸铜线萧家村车站，沿咸铜线至长陵站，后引入茂陵车站，在临潼北站接轨，与西康线疏解引起临潼北站至柳树村增建二线，北环线与西康线柳树村车站间增建联络线。

西安北环线主要技术条件：线路等级，Ⅰ级；其中北环线新丰镇至茂陵段及西康线临潼北至柳树村段正线数目，双线；北环线与西康线联络线杜家村至柳树村段正线数目，单线；限制坡度，6‰；双机坡度，13‰；牵引种类，电力机车；到发线有效长度，北环线新丰镇至茂陵段为 850 米，平面预留 1050 米，自动闭塞；西康线、北环线与西康线联络线的到发线有效长度，850 米，继电半自动闭塞。

西安北环线工程，由铁道第一勘察设计院设计，西南交通大学工程建设监理公司进行监理。

中铁电气化局集团公司承担站前综合第 2 标段工程建设，起讫里程为 DK16+600 至 DK47+600，全长 31 公里。2005 年 6 月 1 日开工，2006 年 8 月 1 日开通试运行， 9 月 1 日全线正式开通运行。

新建北环上、下行线至西康线临潼北站、沿咸铜线增建二线至长陵站、因西康线疏解引起临潼北站至柳树村增建二线、北环线与西康线柳树村车站间增建联络线、特大桥、桥涵和附属工程、新建和改建车站、站场及过渡工程。

站前综合第 2 标段工程，全长 31 公里，工程包括改移道路、路基、西阎特大桥（2018.56 延长米，含 1-42 米系杆拱）、三郎村渭河特大桥（5049.32 延长米）、梁村特大桥（1583.52 延长米）、梁村中桥 2（1-48 米）系杆拱、小桥 26 座、涵洞 49 座，新建新筑车站和改建萧家村及长陵车站、车站房屋、站场（不含站场正线轨道）、站场建筑设备，大型临时设施及过渡工程。工程造价 2.63 亿元

综合第 2 标段 DK16+600 至 DK31+200 段，全长 15 公里，由西铁工程公司承建。主要工程量为：改移道路，路基及其附属工程，西阎特大桥（2020.76 延长米，含 1-48 米系杆拱）、三郎村渭河特大桥（5049.32 延长米）；框架中桥 5 座，框架小桥 1 座，盖板涵 28 座，新建新筑车站及站内房屋、站前工程（不含站场正线轨道）、站场建筑设备。完成新铺轨道线路 8.237 公里、新铺道岔 30 组、铺设道砟 2.2476 万立方米、房屋建筑 1172.7 平方米、给水管道 1.722 公里、排水管道 4 公里，大型临时设施及过渡工程。

综合第 2 标段 DK31+059 至 DK47+600 段，全长 16.541 公里，由西铁建设公司承建。主要工程量为：改移道路，路基及其附属工程、梁村特大桥（1583.52 延长米）、梁村中桥 2（1-48 米）系杆拱、小桥 26 座、涵洞 49 座、改建萧家村和长陵车站及站内房屋、站场的站前工程（不含站场正线轨道）、站场建筑设备，大型临时设施及过渡工程。后又增加

了声屏障与涵洞的限高架工程。

路基工程　路基施工，先进行填料试验和路基试验段试验，并严格按照“三阶段、四区段、八流程”的机械化流水作业组织施工。在土质路堑施工中，合理组织利用机械开挖。在新增线并行地段路基加宽施工中，边坡采取从下至上分层开挖台阶，分层填筑碾压加宽。在邻近既有线施工中，以人工配合小型机械施工为主。并进行路桥、路基与横向结构物、路堤与路堑间过渡的段处理，及既有路基基床病害整治。过渡段填筑在结构物圬工强度达到规定要求后进行。桥台及横向结构物周围 2 米范围内用小型手扶式振动压路机压实或振动夯夯实。按制定的施工组织方案，合理安排施工工序，调用机械设备，按期完成所承担的施工任务。

桥梁工程　三郎村渭河特大桥是西安铁路枢纽北环线的控制性工程，位于西安市北郊，穿越灞桥、未央区、高陵 2 区 1 县，该桥设计为双线铁路桥梁，全长 5049.32 延长米、(40+64+40)米连续梁跨越灞河、渭河，是西北地区最长铁路双线桥梁。进入施工现场后，工程技术人员科学布设墩位控制点，准确的控制每一个墩位。在施工过程中，不同工序均采用测量、复核、施工、监测，每月组织一次对控制桩位的复查。135 个墩台墩位允许偏差在 10 毫米以内。大桥冬季施工，采用暖棚法施工，桥墩建起暖棚，在暖棚里采取蓄热法取暖，挂置温度计，安排专人 24 小时监测，保证了混凝十在强度上升期间不受冻，满足了规范的要求。

西阎特大桥 1-48 米系杆拱结构工程，是施工质量控制重点。项目部请专家到现场讲课，组织现场施工技术人员学习，采用同位现浇系梁与预制吊装组拼横梁、拱肋相结合的施工方案，有效压缩了施工周期，降低了高速公路高额配合费用。工程技术人员通过 D24 米军便梁与 I 56 工字钢栓接的现浇支架与施工平台的设计验算，利用 2 组 24.5 米施工便梁为纵梁，12.5 米长 I56 工字钢为横梁组成钢筋混凝土系梁现浇及横梁拱肋吊装组拼的工作平台，施工便梁采用 10 根直径 1.2 米钢筋混凝土桥墩柱作支撑，确保同位现浇系梁的质量。确定钢管分段煨弯，现场吊装组拼焊接成钢管拱架，泵送压注钢管混凝土的施工工艺，确保受力体系转换的承重构件—拱肋的质量。确定先张拉部分系梁预应力筋，再张拉 16 片横梁预应力筋，安装拱肋，张拉剩余系梁预应力筋，最后张拉吊杆至初应力，张拉剩余横梁预应力筋，调整张拉吊杆至最终吊杆力的加载顺序，确保了纵向、横向、竖向三向预应力体系的顺利转化。2006 年 4 月完成系杆拱的主体工程。

梁村特大桥 DK32+339.6 至 K33+923.12 段，全长 1.5835 公里，为 48 孔 32 米预应力混凝土简支梁，2 个承台、47 个桥墩、300 根桩。桩径 1.25 米，桩长 34～59 米；墩高 3～12.5 米。施工前期因征地拆迁进展缓慢，严重影响施工进度。在督促征地拆迁的情况下，积极调整和组建具有桥梁施工经验的骨干队伍，采用网络优化施工方案安排工期，确保施工的顺利进行，按期竣工。

梁村中桥位于西安市高陵县马家湾乡梁村塬上，跨越西铜一级公路，桥长 110.2 米。

设计采用 2 孔 48 米系杆拱，两桥台均为双线 T 台，顶帽与前墙相连，采用钻孔桩基础，桩径 1.5 米、桩长 53 米（中墩）和 55 米（桥台）。中墩立于高速公路隔离带上，墩宽 1.5 米。上部结构为刚构拱箱梁，梁高 2 米。该桥采用顶推法施工，按期竣工。

线路工程　DK31+059 至 DK47+600 段的轨道工程是修建北环线及影响到的长陵和萧家村车站的站场改建和新建新筑车站。长陵车站新建线路 1.367 公里，新增 60 公斤/米 1/12 道岔 13 组、50 公斤/米 1/12 道岔 2 组、60 公斤/米 1/12 道岔交叉渡线 1 组。萧家村车站新建线路 4.001 公里，新 60 公斤/米 1/12 道岔 12 组、50 公斤/米 1/12 道岔 4 组、50 公斤/米 1/9 道岔 10 组、60 公斤/米 1/12 道岔交叉渡线 1 组、50 公斤/米 1/12 道岔交叉渡线 2 组。

长陵和萧家村车站改建，采用人工铺轨和铺岔；咸铜线改建站内及区间能预铺到位的线路及道岔全部预铺到位，其养护达到通车条件，为转线施工创造条件。车站改建先东咽喉后西咽喉，采用封闭要点施工。站内改建插铺道岔采用在线路外侧搭设平台预铺道岔，封闭要点时采用横、纵移的办法移到设计位置。每次要点做到未雨绸缪，细心安排，安全正点完成施工任务。

房（土）建工程　房屋基础采用机械施工、人工配合，砌体采用挂线法分层进行，柱、梁、板模板采用普通钢模板和钢、木支撑组合支设，混凝土采用现场搅拌，分次入模，逐层震捣的方法进行，支架采用碗扣式脚手架搭设。

西安北环线工程 2007 年 9 月通过验收，受到上级单位的表彰，其中梁村特大桥、梁村中桥、萧家村及长陵车站改建 3 项工程获中铁电化局优质工程奖，三郎村渭河特大桥、西阎特大桥、梁村特大桥获部级优质工程奖。

第五十九节　襄渝线安康至重庆段增建二线工程

为进一步解决西南地区与东北、华北地区铁路运输紧张受限，和改善西南地区与西北地区间的运输通道，铁道部决定安康至重庆段增建二线，以及与其相关的联络线和站场车站改造等。

线路主要技术条件：铁路等级，Ⅰ级；正线数目，双线；限制坡度，6‰、双机坡度，13‰；牵引种类，电力机车；最小曲线半径，时速 140 公里地段为 1200 米，时速 160 公里地段为 1600 米，时速大于 160 公里地段不小于 2800 米；到发线有效长度，850 米，双机牵引地段另加 30 米；闭赛类型，自动闭塞；牵引质量，4000 吨。

安康至重庆段增建二线工程，由中铁二院工程集团有限责任公司设计，西南交大建设工程监理公司监理。

中铁电化局西铁建设公司承建安康至重庆段增建二线（成都局管内）的第 2 标段（DK581+733.4 至 DK590+024）工程，全长 8.2904 公里。2005 年 8 月开工，2008 年 8 月

18 日，本标段最后 1 座曹家湾隧道掘进贯通。2008 年 12 月 5 日达州站改建工程开工。

西铁建设公司成立襄渝线增建二线指挥部，下设 4 个项目部组织开展施工。2005 年 6 月进行现场勘察、图纸审核等，2005 年 8 月正式开工。工程量包括增建二线 8.2904 公里，达州站站场改造，局界(梁家坝)至达州站站线铺轨 24.93 公里、新铺道岔 133 组、拆铺线路 7.33 公里、线路改造 17.4 公里，拆铺道岔 25 组。在达州端增建 1 条到发线，在万县端增建 1 条安全线，在安康站东场与机务段间增建联络线，在重庆站西场外侧增建 5 条上下行到发线及 1 条峰下机车走行线，并将调车场尾部 2 条牵出线有效长延长至 850 米等。计区间路基土石方 108.0557 万立方米、站场土石方 168.2504 万立方米、附属土石方 277.0125 万立方米 、挡护工程 9.1062 万立方米，大桥 12 座计 2227.39 延长米、中桥 1 座 109.1 延长米、小桥 7 座 170.48 延长米、涵洞 30 座 536.81 延长米、渡槽 1 座 53.86 横延米、隧道 11 座 2588.4 延长米，站线铺轨 24.93 公里、铺单开道岔 86 组、铺特种道岔 15 组、铺道床 6.3268 万立方米 ，房屋建筑 673 平方米，给排水 17.16 公里。由于征地拆迁工作进展缓慢，前期影响工程进展，经调整和优化施工方案，保证目标的实现。

线路工程　由于达州站系万州至重庆方向和安康至重庆方向的交汇站，站内股道多，道岔密集，新铺和拆铺线路及道岔数量大，施工干扰严重，为减少封闭要点对运营的影响，采用从外向内，先施工无干扰地段，然后集中力量施工有干扰地段。在场地许可的情况下，新铺道岔先将新岔位整组预铺，利用“天窗”点或封闭点整组横移，就近利用既有道岔整组纵移到新岔位。经过精心组织、周密安排，顺利完成达县东中间站及达州区段站安康端线路所新线施工。

桥涵工程　本标段大桥 12 座、中桥 1 座、小桥 7 座，涵洞 30 座。桥墩设计为矩形桥墩及圆端形桥墩 2 种形式，墩高超过 30 米的桥墩为空心墩，空心墩只采用圆端形空心墩。

桥梁桩基采用钻孔灌注桩及挖孔桩，钻孔桩采用冲击钻或回旋钻机钻进，泥浆护壁成孔，桩身混凝土采用拌和站集中拌制，混凝土输送车运输，导管法灌注成桩；承台及明挖扩大基础在非岩石地层采取机械开挖为主、人工开挖为辅、放坡开挖的施工方法； 在岩石地层采取小药量松动控制爆破及风镐凿除；基坑排水采用集水坑法，承台模板采用大块组合钢摸，混凝土采用拌和站集中拌制，混凝土输送车运输，输送泵泵送；墩台身及托盘顶帽施工，采用厂制大块拼装式整体钢模板，台身、胸墙及道砟槽采用整体一次性浇筑成型，墩台混凝土采用拌和站集中拌制，混凝土输送车运输，输送泵泵送混凝土。由于桥梁所处地形复杂，经多次研究，制定科学施工方案，按期完成施工任务。

涵洞顶进法施工难度较大，施工中采用先开挖工作坑，制作滑道、底板及顶进后背，在滑道上预制顶进主体，达到混凝土设计强度后，采用 D 型便梁对线路要点架空，采用千斤顶将箱涵顶进到既有路基下，达到设计位置后，进行涵洞两侧回填，并拆除架空便梁，完成整个顶进作业。

盖板箱涵施工前按设计做好地基处理，基坑开挖采用机械开挖为主，人工配合的方法；

基础及涵身人工砌筑，砌筑砂浆采用机械拌制，混凝土由拌合站拌制，混凝土搅拌输送车运送至现场浇筑；涵洞盖板采取在预制场集中预制，汽车运至施工现场，人工配合汽车吊安装。

隧道工程　本标段改建隧道 1 座、新建隧道 11 座（其中正线隧道 5 座、达州站进站端上行联络线隧道 4 座、达万联络线隧道 2 座），新建隧道总长 2566.95 延长米，改建既有黄泥巴梁隧道 1 座 138.4 米。

11 座新建隧道均采用无轨运输方式。隧道采用钻爆法施工，施工通风采用压入式通风机械通风方式，洞内施工用电采用 10 千伏高压进洞，洞内反坡排水采用多极泵抽排。改建隧道利用“天窗”或封闭要点分段施工，减少对既有线行车的干扰。

跑马梁隧道全长 615 米，跑马梁岔线隧道（L1DK0+620.59 至+786.05 段）属于该隧道工程，其中 YDK583+686 至+879 段为大跨隧道，大跨分为 4 个断面，衬砌断面最大的和最小的相差 7.24 米，衬砌变化大。施工时从小里程向大里程方向开挖和衬砌，其中 YDK583+686 至 YDK583+732 段一次开挖完成，先完成边墙初期支护，再开挖仰拱，并浇筑仰拱和填充，最后浇筑边墙和拱部的二衬。开挖循环为 5 米，在一个循环完成初期支护封闭后再进行下一循环施工。YDK583+732 至 YDK583+879 段采用先两侧开挖，完成边墙初期支护后，再开挖中间部分，并及时浇筑仰拱和填充，然后浇筑边墙二衬混凝土，最后浇筑拱部二衬混凝土。采用此方法顺利完成了该隧道的掘进。钻爆采用钻孔台车（或钻孔台架）钻孔，光面爆破，非电毫秒雷管起爆，隧道开挖爆破炮眼残留率要求硬岩达到 80%以上、中硬岩达到 60%以上；洞内采用挖装机或装载机装车，自卸汽车运输出砟；混凝土喷射采用机械手或多功能作业台架作业；隧道正洞采用整体式液压台车全断面衬砌，混凝土采用输送车运输，泵送入模。

隧道通风采用大直径风管压入式通风。施工用高压风采用集中供风和洞内移动式空压机联合供风方式。隧道施工用电从 10 千伏的高压线 T 接隧道口，然后分两路，其中一路经洞内变压器降压后供排水、照明、衬砌等设备用电，另一路经洞外变压器降压后供混凝土拌合站、弃砟场和生活区用电。施工高压用水采用直径 100 毫米钢管从高位水池引入隧道内，供洞内高压用水。隧道洞内顺坡排水由洞内侧沟排入洞外沉淀池；反坡地段用水泵将水逐级抽排至集水井，然后由集水井抽排至洞外沉淀池。

防排水，隧道拱、墙衬砌背后防水板加土工布，施工缝及变形缝内设置止水带，环向止水带按 10 米一道计列，衬砌背后环向设软式透水管盲沟，每 10 米一环，两侧边墙角设纵向透水管盲沟，并按 4～10 米设边墙泄水管将地下水引入洞内侧沟，纵、环向盲管、泄水管采用变径三通连接牢固。

隧道弃砟，弃砟坡脚设浆砌片石挡砟墙，砟顶设截水沟，并做好砟场排水系统，砟场坡面均予绿化。隧道进出口均设施工污水处理池。

路基工程　土石方开挖采用风钻钻孔，部分实施光面爆破，装载机装砟，自卸汽车运输；填方严格按照“三阶段、四区段、八流程”的工艺流程进行施工，对于机械难以摊铺和碾压的地方，采用人力施工。

房（土）建工程　房屋基础采用机械施工、人工配合，砌体采用挂线法分层进行，柱、梁、板模板采用普通钢模板和钢、木支撑组合支设，混凝土采用现场搅拌，分次入模，逐层震捣的方法进行，支架采用碗扣式脚手架搭设。

襄渝线安康至重庆段增建二线第 2 标段工程，2008 年底累计完成投资 19637.90 万元。

第六十节　兰新线乌鲁木齐西至精河段增建二线工程

兰新线乌西至精河段增建二线工程，东起乌鲁木齐西站，西至精河站，全长 381. 93 公里。主要技术条件：线路等级，Ⅰ级；正线数目，双线；限制坡度，6‰；最小曲线半径，一般地段 2000 米，困难地段 1600 米，特殊困难地段 800 米；到发线有效长，850 米；牵引种类，内燃；闭塞类型，自动闭塞；牵引质量，近期 4000 吨；建筑限界，满足通行双层集装箱要求。

运量，近期（2020 年）最大区段密度 3800 万吨/年，客车 18 对/日，远期（2030 年）最大区段货流密度 4400 万吨/年，客车 21 对/日。

乌西至精河段增建二线工程，　由中铁第一勘察设计院设计，中原监理公司乌铁监理公司监理。主要工程内容包括线路、桥隧、站场改造、房屋建筑等，工程造价 6.4 亿元。中铁电气化局西铁建设公司承担乌西至精河段增建二线工程的 S1 标段（K1901+833 至 K2121+700），全长 219.679 公里。

西铁建设公司成立乌西至精河段增建二线指挥部，下设 5 个项目部组织开展施工，于 2007 年 5 月开工。第 1 项目部负责乌西（K1901+833）至昌吉（K1923＋560）段 21.7 公里工程施工；第 2 项目部负责呼图壁（K1923＋560）至大丰台（K1978＋534）和宋圣宫（K2053＋864）至安集海（K2086＋883）段 51.7 公里工程施工；第 3 项目部负责大丰台（K1978＋534）至包家店（K2005＋004）和安集海（K2086＋883）至本标终点（K2121＋700）段 62.5 公里工程施工；第 4 项目部负责包家店（K2005＋004）至宋圣宫（K2053+864）段 48.9 公里工程施工；第 5 项目部（后改为第 8 项目部）负责昌吉（K1923+560）至呼图壁（K1959＋855）段 36.3 公里工程施工。

乌西至精河段增建二线第 S1 标段的主要工程量包括：路基土石方 594.5372 万立方米、大桥 6 座 1728.19 延长米、中桥 28 座 1340.67 延长米、小桥 94 座 1083.9 延长米、涵洞 628 座 5232.4 延长米、正线铺轨 79.13 公里、道砟 175423 立方米 、站线铺轨 52.018 公里、道砟 14. 1908 万立方米 、道岔 198 组、房屋建筑 1.7419 万平方米、其他运营生产设备及建筑 219.679 公里；大型临时设施和过渡工程 219.679 公里。

路基工程　该段工程严格按照“三阶段、四区段、八流程”工序进行路基土方施工。以机械施工为主，采用挖掘机、装载机挖装，自卸车运输，推土机、平地机平整，光轮压路机、重型振动压路机碾压，边坡压实机收坡的施工方案。路基填筑材料严格检验控制，并按施工方案层层控制，严格组织施工，高质量地完成路基施工任务。

桥涵工程　根据设计提供的地质资料和现场勘察的地质情况，对安集海大桥桩基施工，主要采用冲击钻机和正循环钻机钻进成孔，钢筋笼集中分节制作，平板车运输，现场吊装焊接；混凝土采用搅拌站集中拌合，混凝土搅拌车运输，导管法灌注桩身混凝土；扩大基础及承台采用挖掘机开挖，人工配合；实体墩台身采用大块拼装式钢模，一次浇注成型。其他桥涵工程采用商品混凝土和现场强制式搅拌机拌制而成。

明挖基础基坑采用人工配合、挖掘机放坡开挖，基底处理和检验后，支立组合钢模，混凝土集中拌制，搅拌车运至现场，输送泵入模，插入式振动器振捣，覆盖洒水养护。

钻孔桩基础考虑到本标段的桥梁多处在季节性河流之上，汛期大多在 4～7 月，非汛期时流量较少甚至断流。桥址所在地多是上为积粉土、角砾土、碎石土、洪积粉土、碎石土等稳定性较差的土体，下面是砂岩加页岩，采用正循环钻机成孔和冲击钻配合的方法施工。泥浆护壁，导管法灌注混凝土。承台、墩台身、墩帽等施工采用组合钢模板，机械拌合混凝土，机械配合人工振捣密实。桥台锥体护坡采用 C20 混凝土预制块进行砌筑，砂浆采用机械拌和，自卸汽车运输，人工砌筑片石的方法施工。锥体砌筑前石料用水冲洗干净，并凿出新面，砌筑时做到砂浆饱满、均匀，在砂浆凝固前将外露缝勾好并进行养生。

线路工程　本标段线路包括区间正线换边及双绕地段改建线路 79.31 公里，铺设粒料道床 17.5423 万立方米。既有乌西、三坪、昌吉、呼图壁、玛纳斯、乌兰乌苏、石河子、沙湾、奎屯东 9 个车站改建。

站场施工按照“先施工无干扰地段、后施工有干扰地段，先股道后咽喉、先外围后内部，各个作业区独立”的原则，利用“天窗”时间和要点方案进行，由过渡到正式，先铺设不影响既有线运营的轨道，最后建成开通。

区间线路工程采用人工铺设、机械捣固。路基、涵洞经检验合格后，才开始上底砟，轨料用小型机械或人工散放，底砟铺设后，再根据线路中心位置摆放已锚固好的混凝土枕，人工抬摆钢轨并组装。钢轨连接从已预铺到位的道岔前端或后端依次摆放。不同钢轨间用异型轨连接。面砟由火车或工程列车拉运，逐段上足道砟，做到道床饱满，砟肩、边坡等满足设计要求，保持轨面平顺。

新增二线地段、绕行地段的左线、既有线改建地段采用人工铺设的方法。与既有线无干扰地段道岔采用原位铺设组装，与既有线有干扰地段的道岔采用在岔位附近预铺组装，要点推入。其他与既有线有干扰的线路改造，利用“天窗”时间和封闭要点集中施工。

房屋工程　房屋基底处理采用灰土垫层、粉质黏土、砂砾石等。基础、墙体砌筑时采用挂线法分层进行。砌筑时，先砌筑墙体转角再挂线砌筑中间。在内外墙衔接处、大放脚及基础墙砌筑时留设踏步槎或马牙槎，墙体加筋按规定层放置。

墙体砌筑时随时用经纬仪或托线板对其垂直度、表面平整度、水平灰缝平直度进行检查。确保墙体砌筑质量达到横平竖直，灰浆饱满，内外搭接，上下错缝。房屋结构采用普通钢模板和钢、木支撑组合支护。现浇楼板采用竹胶板，特殊部位采用悬吊模板等方法进行。混凝土采用现场机械搅拌，人工手推车水平运输、卷扬机垂直运输；分次入模，逐层震捣，梁、柱构件采用插入振动棒捣固，楼板、盖板采用平板式振动器捣固的方法进行。

装饰工程按照工艺要求分层施工，施工中对温度、湿度、风速、基层含水率、凝固期、平整度、喷涂气压等技术指标进行控制，确保装饰效果。室内装饰先清理墙面，并洒水湿润。墙面抹灰先贴饼、冲筋，后人工抹灰，并用长刮尺杆找平全部墙面。水泥墙面抹灰三遍成活，需要分块处用素浆粘条法施作。室外外墙面抹灰采用挂线法从上至下分块进行。

2008 年 7 月 20 日玛纳斯车站开通，12 月 22 日呼图壁至玛纳斯区间开通。到 2008 年 12 月 31 日完成投资 41922.35 万元。

第六十一节　禹登铁路轨道工程

禹登铁路位于河南省禹州市西工业园区，DK46+600 至 DK50+083.56 长 3.48 公里。该段为单线准轨地方Ⅰ级铁路，最高运行速度 80 公里/小时，与禹州市多条道路交叉，交通便利。

禹登铁路轨道工程，建设单位为河南省平禹铁路有限公司，由河南省铁路勘测设计有限公司设计，河南省长城工程建设咨询有限公司负责监理，中铁电气化局二公司承建。

路基面设计宽度 6.2 米，曲线地段按规定加宽，并在缓和曲线范围内递减。采用梯形路拱，路拱高 0.15 米，顶宽 2.1 米，底宽等于路基面宽度；路堤边坡坡度 1：1.5，坡脚设天然护道，有排水沟时宽度为 1 米，无排水沟时宽度为 2 米；侧沟、排水沟为梯形，底部宽度 0.4 米，沟深 0.6 米，根据地形增减，基础厚度 0.3 米，边坡 1：1。DK47+393.50 郭楼大桥（4-32 米超低高度预应力混凝土梁）长 141.3 米，为跨越规划中的南水北调工程而设置。交叉处堤顶标高 128.448 米、渠底标高 119.435 米、渠底宽 41.2 米、口宽 77.252 米，水渠堤坝两侧预留了通行条件，堤顶要求通行可改至堤外侧。桥墩、台基础采用钻孔灌注柱，0 号、4 号桥台采用叁桥（93）4024 耳墙式桥台，1 号、2 号、3 号桥墩采用叁桥（94）4038 圆端形板式桥墩。为保证村民下地劳作及田间灌溉，新建盖板箱涵 9 座；经与禹州市规划部门协商，在与禹州市主要道路交叉处，设置 5 座框架式立交桥及 2 座框架涵。

该线设计起点 DK46+600（铝禹铁路已完工程），终点 DK50+661.21（禹州站 N2 岔心），全长 4.06463 公里。全段最小曲线半径 300 米，铺设 50 公斤/米、12.5 米标准长度钢轨，接头采用相对式接头，曲线内股使用厂制缩短轨调整接头位置；采用Ⅱ型混凝土枕、Ⅰ型弹条扣件，每公里铺设混凝土枕 1520 根。曲线半径 300 米地段（包括缓和曲线）为加强地段，每公里铺设混凝土枕 1600 根；双层碎石道床，厚度 0.35 米，其中底砟厚 15 厘米，面砟厚 20 厘米；7 处平交道口铺面范围内，设置卧轨护轮轨，安装钢筋混凝土预制铺面板。

2008 年 10 月，二公司成立禹登铁路工程项目部，投入 550 人，组建桥涵、路基、轨道 3 个作业队，配置汽车、起重机、挖掘机、装载机、推土机、发电机等 60 台（辆）及交流弧焊机、钢筋切断机、钢筋弯曲机、仪器仪表 8 台（套）等，桥涵工程于 2008 年 11 月 20 日开工。桥涵工程是本工程的重点，9 座盖板涵、7 座框架桥涵，工点分散，项目部尽力协调好与当地政府及村民的关系，保证框架桥、框架涵顺利施工。郭楼大桥是本工程的难点，2008 年仅进行施工准备和现场调查。路基、轨道工程 2008 年未开工。至 2008 年底完成建安 2300 万元。

第六十二节　邯济铁路房建工程

邯济铁路西起邯郸南站，东至济南站，全长 232 公里。为“九五”期间铁道部重点工程。邯济铁路的房建工程采用合同价款包干，由施工单位从施工准备到竣工验收交付运营全过程总承包，合同工期一年。其中生产小区 19 个，机务折返段 18 个，共 37 个单位工程，总建筑面积 1.095 万平方米。

邯济铁路房建工程，建设单位为北京铁路局南北通道工程指挥部，由铁道部第三勘察设计院设计，北京铁建工程监理公司负责监理，电化局建筑处承建。

邯济铁路 10 千伏配电所、污水处理站房屋设计为框架结构，其余房屋为砖混结构。1998 年 12 月 15 日开工。为解决基础施工中膨胀土问题，请设计院地质工程师到现场鉴定，认为地基虽为膨胀土但膨胀性不强，根据这一特点，经协商将原设计毛石基础改为 100 号混凝土条形基础，在临界膨胀土层做 100 号混凝土基础，省去原设计 2 米深的三七灰土换填，提高了工效，降低了成本。

机务折返段运转候班楼施工，为缩短工期采用“硬架支模”施工方法。屋面防水采用“三元乙丙一丁基胶”新材料，施工中先用油漆刷沾底胶，在阴角、管道根部涂刷一遍，再以长把滚刷进行大面积均匀涂布，在铺帖卷材之前对阴阳角、排水口、管道等薄弱部位做增强处理。铺贴卷材时按预先量好尺寸扣除搭接宽度，铺贴面弹线标明，在基层及卷材表面涂布 CX-404 胶，基本干燥后铺贴卷材。在坡面上卷材长边垂直于排水方向切逆排水方向顺序铺贴，在转角处及立面上卷材自下而上进行铺贴。大面积铺贴完后边排气边用辊沿整个粘结面用力滚压。

1999 年 9 月 23 日竣工并通过验收，合格率 100%，优良率 87.1%。

第六十三节　新建武汉北编组站工程

武汉北编组站位于武汉市黄陂区横店镇，既有京广铁路东侧。该地段公路、铁路密集，工厂、房舍众多。既有岱黄公路、川龙大道以及绕城公路等与其立交。

武汉北编组站工程，由武汉铁路局天兴洲大桥工程建设指挥部投资建设，中铁第一勘察设计院设计，北京铁研建设监理公司武汉北编组站工程监理站负责监理，中铁电气化局建筑公司承建。

武汉北编组站工程，主要工程量包括：房屋建筑 6.4923 万平方米、给水管路 37.32 公里、排水管路 23.835 公里、构筑物水塔 2 座、围墙 1.564 万米、道路及硬化场坪 1.8546 万平方米、公路桥 2 座 1680 平方米、站场排水沟 136.603 公里，及机务、车辆、工务、房屋及给排水相应设备安装。合同总价 2.9 亿元。

建筑公司组建作业队于 2006 年 12 月 18 日开工。受征地拆迁及站前工程影响，施工进度缓慢。截至 2007 年年底，完成房建面积 3254.58 平方米、站场排水沟 18.338 公里，Ⅱ场、Ⅲ场、Ⅳ场、Ⅴ场给排水过轨套管预埋 900 米，给水管路 1100 米。

2008 年施工逐步展开，到 2008 年底，站区房屋设备间全部交付四电施工单位进行设备安装，排水沟累计完成 60 公里，完成环场道路施工、2 座公路桥施工，机务折返段水塔主体工程完成；给水及排水主干道铺设完成。

第六十四节　北京南站通信信号综合楼工程

北京南站通信信号综合楼，总建筑面积 2.2729 万平方米。由北京南站建设工程指挥部投资建设，铁道第三勘察设计院设计，北京铁建监理公司负责监理，中铁电气化局建筑公司承建。

北京南站通信信号综合楼，包括 A 座 6783 平方米，地上 6 层，框架结构；B 座 1.5946 万平方米，地下 1 层，地上 7 层，框架剪力墙结构。

建筑公司组建作业队于 2007 年 1 月 10 日开工。根据现场勘察编制了施工组织设计、设备材料堆放方案及进场计划，对工程实体材料严格按时间，分阶段、分批次组织进场，并做到进场材料 24 小时内使用完毕，以便后续材料陆续进场，避免现场积压设备材料，保证施工作业的正常实施。

工程采用双排落地式脚手架，从地下一层开始搭设至首层，室外回填土回填完成后由一至顶层采用落地双排脚手架，外侧满挂安全绿网，并每隔 3 层挑挂安全平网。工程钢筋用量很大，直径大于 18 毫米的钢筋和所有框架梁、柱、剪力墙暗柱的主筋采用剥肋滚轧直螺纹套筒进行连接，直径 40、32、28、25、22 毫米等大直径钢筋采用搭接。从混凝土的配合比、混凝土骨料及浇筑振捣等方面对墙、柱节点进行有效控制，节点内部密实坚固，2007 年底主体工程基本完成。

2008 年开始室内外装修，该阶段工序较多，穿插进行施工，2008 年 5 月 31 日竣工。

第六十五节　精伊霍线精河等 5 站房建及其他工程

新建铁路精河至伊宁至霍尔果斯线，精河等 5 站房建及其他工程，东起北疆铁路精河车站接轨点，跨越精河，沿天山北麓山前西行，以桥隧工程穿越北天山山区，线路全长 108.9 公里。工程主要包括精河、精河南、敖包、阿恰尔、苏古尔 5 车站的房建、其他运营设备及建筑物，建筑面积 1.555 万平方米。由乌鲁木齐铁路局投资建设，中铁第一勘察设计院设计，郑州中原监理公司、乌鲁木齐铁建监理咨询公司负责监理，中铁电气化局建筑公司承建。

全线大部分房屋采用砖混结构，根据功能及工艺要求部分房屋采用框架结构或轻钢结构。生产房屋在满足工艺、功能要求的前提下，尽可能合并，以综合楼形式修建，并根据工艺要求进行内装修。生活房屋按楼房形式修建，建筑标准参照当地标准执行。对不良地基及地震地区房屋严格按有关规定作相应处理。

建筑公司组建作业队，分 5 个施工工区于 2006 年 7 月 20 日开工。由于精河、精河南、敖包、哈恰尔和苏古尔 5 个车站距离很远，加上 3 个车站地处荒山无人烟地带，没有水和电，所用水需从数公里外运输，施工用电也只能通过发电机发电；施工材料需经几十公里的山路从市、县运到施工现场，参战人员吃住在山间自建的简易帐篷内，施工条件十分艰苦。2006 年底完成主体施工，折合建筑面积 5310 平方米。

2007 年 3 月 26 日复工后，到 2007 年底完成房屋建筑 7172.74 平方米、给排水管道 10.799 公里、站场站台面铺设 2.1408 万平方米、站台墙及围墙 3518 米。2008 年 10 月 31 日房建及附属工程全部竣工验交。

第六十六节　沪昆铁路六枝至沾益段增建二线房建工程

沪昆铁路原系沪杭、浙赣、湘黔、贵昆 4 条铁路，为应急铁路第六次提速的需要，从 2006 年 12 月 31 日 18 时起合并称为沪昆铁路。沪昆铁路起自上海站，终到云南昆明站。其中浙江省境内属上海铁路局管辖，江西省境内属南昌铁路局管辖，湖南省境内属广州铁路集团管辖，贵州省境内属成都铁路局管辖，云南省境内属昆明铁路局管辖。

沪昆铁路六枝至沾益段增建二线，全长 104 公里。建设单位为昆明铁路局曲靖建设指挥部，由中铁第二勘察设计院集团有限公司设计，中铁第二勘察设计院咨询监理有限责任公司负责监理，中铁电化局建筑公司承担该段站后客货运房屋、通信信号、电力、牵引供电房屋建设，总建筑面积 1.2472 万平方米。

六枝至沾益段增建二线站后房建工程，分布在沾益、松林、黑老湾、松韶关（区间）、炎方、龙津沟、小鸡街、宣威、凤凰山 8 个车站和 1 个区间，一般房屋采用砖混结构，根据功能及工艺要求部分房屋采用框架结构。

建筑公司组建作业队于 2008 年 12 月 10 开工。因图纸不到位，到年底只有黑老湾的 10 千伏配电所、接触网工区、深井给水所基础施工。

第六十七节　武九线土房建及给排水工程

武九线西起武昌站，东到九江市庐山站，全长 261 公里。为 I 级双线铁路，是沪汉蓉铁路干线的组成部分，也是沿江铁路主干线的一段。

武九线（郑州铁路局管内）扩能提速工程，建设单位为郑州铁路局建筑管理中心，由铁道第四勘察设计院设计，铁道第四勘察设计院监理咨询公司、郑州中原铁道建设工程建监理公司负责监理，中铁电气化局集团公司承担其 3 和 16 标段工程建设。

武九线扩能提速工程 3 标段，为铁山（DK104+240）至新下陆（DK106+970）区间新增二线，全长 2.73 公里。工程包括：道路改移，路基、桥涵、轨道、房屋工程及其他运营生产设备及建筑物。

16 标段房建工程，阳新站房框架结构，人工挖孔桩，隐框玻璃幕墙，网架结构；华容站房框架结构，独立柱基础，高跨隐框玻璃幕墙，球型网架结构，3 毫米厚纯铝板屋面，虹吸排水，是武九线标准最高的站房；黄石站房框架型钢梁结构，人工挖孔桩，高跨隐框玻璃幕墙，网架结构阳光采板屋面，虹吸排水，设计新颖，施工复杂，是武九线最大的站房。

3 标段主要工程量，路基土石方 15.81 万立方米、粉喷桩 2.5399 万米、大桥 1 座 139.42 延长米、小桥 1 座 20.28 延长米、隧道 1 座 2730 米、正线铺轨 8.369 公里、换铺道岔 26 组、改建线路 3.15 公里，由西铁工程公司施工；

16 标段黄石、阳新、华容 3 个站的站房及车辆房屋，建筑面积 1.5686 万平方米及 63 公里的给排水工程，由建筑公司施工。

西铁工程公司组建作业队于 2003 年 12 月 3 日开工。为了确保工程按期完成，路基工程实行“试验段先行，样板引路，成型一段，防护一段”的施工方法。路基附属工程则根据工程的不同情况，填方地段优先安排挡土墙施工，路基土方施工紧随其后；挖方地段挡土墙随挖方施工完成情况，穿插施工；排水沟、路基防护及加固工程待路基稳定后根据现场情况平行交叉作业。

铁山大桥上跨 106 国道及当地 1 条乡村道路，施工中为了不影响公路正常通车和当地村民的日常生活，该桥在下部工程施工时采用封闭施工方案。临近公路的钻孔桩及墩台施工时采用彩钢板将施工工地封闭。按照公路行车规则，白天在公路远方设置“绕行、减速、施工”等交通提醒标志，夜间设置指示灯。安排专门人员疏解指挥交通。在架梁施工时，交通实行间断全封闭的方法，每架设一片梁，道路开通放行一次，等车流疏解后，又对道路全幅封闭，循环施工。小桥位于铁山火车站东端，该桥地处铁山区进出口咽喉地段，车流、人流量很大。为了确保行车及人流安全，采取半幅封闭，半幅施工，留出5米宽人行及车道，保证道路畅通。在架梁时，交通实行间断全封闭的方法，每架设一片梁，道路开通放行一次，等车流疏解后，又对道路全幅封闭，循环施工。

隧道施工坚持地质超前预报，准确判定掌子面前方围岩类别，以便施工的安全。制定专项光面爆破设计方案，使开挖轮廓得以很好的控制。盛洪卿隧道DK104+281至+430段设计围岩级别为Ⅳ级，初期支护拱、墙采用工字钢架加强，每榀间距为0.7米。DK104+430至+447段设计围岩级别为Ⅳ级，初期支护拱、墙采用格栅钢架加强，每榀间距为0.7米。DK104+447至+543段设计围岩级别为Ⅴ级，初期支护拱、墙采用工字钢架加强，每榀间距为0.5米。拱部采用超前锚杆进行加强支护，锚杆长4米，纵向间距2.8米。盛洪卿隧道2005年8月27日建成开通。

建筑公司组建作业队于2005年1月10日开工。施工过程中，项目部狠抓安全质量，达到全线无安全事故。2005年8月6日阳新站房竣工，达到旅客乘降条件；2005年12月30日黄石站房竣工；2006年4月华容站房竣工。

给排水工程于2005年2月3日开工。黄石站300立方米水塔，采用先进的电脑控制给水集中控制系统，施工中涉及的网架、玻璃幕墙施工，氟炭漆外装、倒虹吸主动排水，室外PE管道施工等都是近年来新涉及的施工项目。施工中积极采用新工艺、新材料，PE排水管采用热熔焊机进行熔接，全部工程2005年12月10日竣工。2006年9月全线工程一次验收合格。

第六十八节　达万铁路给排水工程

达万铁路自襄渝线达州车站至重庆市万州区龙宝镇，全线155.61正线公里。达万铁路给排水工程建设单位为达万铁路有限责任公司，由铁道部第二勘察设计院设计，铁道部第四勘察设计院监理公司、万达监理部负责监理，电化局建筑处承建。

全线给排水工程分布在达州、达州东、麻柳、开江、梁平、分水、李河、万县8个车站。主要有给水管路37.9公里、排水管路7.92公里、水塔7座、钢筋混凝土水池8座及各类设备安装。达州、梁平、分水、李河、万县水源来自地方自来水，均设给水所加压。平桥、麻柳、开江站水源来自岸边集水井，通过给水所加压供水。万县车站排水由生活污水和生产废水组成，分别采用一体化污水处理机和斜板隔油池处理后排入龙宝河，其他各站采用沼气化粪池处理后自然排放。

建筑处组建作业队于 2000 年 9 月 9 日开工。先进行给排水管网现场勘测，复核管路的走向、位置。给水管、部分排水管管路采用人工开挖，直径 400 毫米的排水管采用机械开挖管沟，石方开挖段在安全允许范围内采用“爆破法”施工。

普通钢管和铸铁管下管前做除锈防腐处理，排水管接口为普通水泥捻口，给水管为铅接口或焊接口，接口部位在回填土前进行防腐处理，管路施工中派专人负责管路的吹洗工作，没有发生管路堵塞现象。水塔有钢筋混凝土倒锥壳水塔、砖支筒不保温水塔和钢筋混凝土支架不保温水塔 3 种类型。2000 年 12 月完成李河、分水、麻柳、开江车站站房的水塔、管路、构筑物施工。

2001 年主要开展梁平、万县站的水塔、管路、构筑物施工，及对麻柳、开江、分水、李河等站的剩余工程进行收尾和设备安装调试。万县、梁平站钢筋混凝土倒锥壳水塔采用滑膜施工方法，万县站给水管道采用球墨铸铁管橡胶圈接口。到 2001 年底，累计完成给水管路 20.09 公里、排水管路 6.28 公里、各类构筑物 287 座、水塔 6 座、钢筋混凝土水池 5 座、污水处理厂 2 座。因达县站征地问题解决不了，建设单位将该站给排水工程取消。到 2002 年 12 月底，全部工程竣工，一次验收合格，优良率 87.7%。

第四章　城市轨道交通工程

第一节　北京地铁奥运支线

一、工程概况

北京地铁奥运支线位于北京市北四环与北五环之间的北京南北中轴线下，奥林匹克中心区内，是 2008 年北京奥运会的重点工程之一。南起于北中轴路的熊猫环岛，沿北中轴路向北延伸，穿越北土城路、民族园南路和北四环路后进入奥林匹克公园中心地区，穿过国家体育场和国家游泳馆之间的广场，沿中轴线广场继续向北，经成府路、中一路、大屯路、北一路、辛店村路后，终于森林公园内规划的奥运湖岸。奥运支线全长 4.398 公里，与地面的中轴线北延长线相重合，全线共设 4 座地下车站，自南向北分别为北土城站、奥林匹克中心站、奥林匹克公园站和森林公园南门站。其中北土城站是奥运支线和地铁 10 号线的换乘站。奥运支线是地铁 8 号线的一部分，在奥运会后将向南北延伸，北至回龙观地区，南至美术馆一带。

北京地铁奥运支线以 BT 投资转让（中国铁路工程总公司、中铁电气化局集团有限公司、中铁三局集团有限公司 3 家单位共同投资修建，待试运营后整体移交给政府，政府按照合同价款收购）形式建设，由北京城建设计研究总院设计，北京地铁监理公司奥运支线项目监理部监理。

参加北京地铁奥运支线施工的有中铁电气化局集团有限公司和中铁三局集团有限公司。奥运支线隧道、土建工程于 2005 年 6 月 8 日开工，2008 年 3 月 15 日竣工；供电系统于 2007 年 1 月开工， 2008 年 7 月 19 日投入试运营。

二、工程设计

（一）隧道、土建工程

奥运支线奥林匹克公园站至森林公园站设计为双线双洞隧道，线间距17.0米，全部为直线段。区间隧道为五心圆结构形式，采用复合式衬砌（初期支护+二次衬砌）。初期支护由喷射混凝土、钢筋网及钢筋格栅组成，二次衬砌为钢筋混凝土结构，初期支护与二次衬砌之间敷设防水层。奥体中心站至奥林匹克公园站设计为双线双洞隧道。

奥林匹克公园站设计为三跨双层岛式车站，总长349.7米、车站主体长度228.2米，宽24.9米，站台宽16.0米。车站南端墙与明挖区间隧道连接，车站北段与大屯路公交车站相接。东南侧为奥运会主会场至鸟巢，西南侧为国家游泳馆至水立方，西侧隔奥林匹克景观大道与奥运会国际新闻广播中心相望，东临奥林匹克景观水系至奥运湖。

森林公园站设计为端厅式岛式车站，总长219.4米、宽22.3米、站台宽14.0米。车站南段与景观大道结合，结构标准断面宽23.0米，三层三跨框架结构；车站北段与景观平台结合，结构面宽为23.0米和25.1米，三跨框架结构。东临奥运湖，西依奥运村。北端设地面出入口1座，并与周围公交枢纽相结合，地面出入口顶端设计为规划景观平台，南端设2个出入口，均与景观大道结合。

（二）供电及综合监控系统

供电系统在森林公园、奥体中心站设开闭所，从城市电网引入两路 10 千伏电源，构成 10 千伏环网系统。在变电所内通过整流机组及直流配电系统向线路提供 DC 750 伏电源，通过 AC10 千伏/400 伏动力变压器向车站提供交流 400 伏电源。其中 10 千伏环网系统为一主一备，通过各站 10 千伏开关柜的母联切换。直流配电系统采用直流配电柜双母线方式，通过直流配电柜备用母线和开关，在所内实现故障柜的平稳退出而对线路不造成影响。接触轨系统采用接触轨上部受流的“新型上部受流接触轨系统”，该系统相比以往的接触轨供电均有较大改进。接触轨按供电区间分为若干段，段间设绝缘隔断，与变电所直流配电柜间通过隔离开关和直流电缆连接，平时由不同的变电所分开供电，当有个别变电所的直流配电设备损坏时，除了在所内通过直流备用母线继续供电外，还可以通过越区隔离开关实现跨所的越区供电、双边供电、大双边供电。AC400 伏配电系统为车站内照明、检修及通信、信号、监控、通风、空调、给排水、消防、屏蔽门、售检票等所有设备提供电源。杂散电流防护系统采用“以防为主，防排结合”的原则。所设的电力监控系统对变电所各种设备的运行状态和保护动作信号进行采集、上传，并实现对各种设备的后台控制；BAS 系统针对车站各系统设备的运行状态进行监视和控制；ISCS 系统把电力监控系统和 BAS 系统集成到一起，实现与车站控制室、控制中心的连通。

三、工程施工

（一）隧道、土建工程

中铁电化局西铁建设公司承建奥运支线奥林匹克公园站南端 K2+270.55 至森林公园站折返段 K4+527.95 和奥体中心站至奥林匹克公园站 K2+650 至 K2+840 部分的隧道、土建施工，两站一区间半总长度为 2.2574 公里，主要工程量：明挖土方 45 万立方米，暗挖土方 11.5 万立方米，混凝土 11.5 万立方米，钢筋 2.5 万吨，车站房屋 2.9768 万平方米。合同总价 3.57 亿元。

按工期和合同要求，西铁建设公司成立北京地铁奥运支线项目部，开始进行施工准备，从人员、机械设备等配备上力求最大化，并编制实施性施工组织设计和创优规划，于 2005 年 6 月 8 日正式开工。

区间隧道暗挖施工　按照设计方案，奥运支线奥林匹克公园站至森林公园站为双线双洞隧道，线间距 17.0 米，五心圆结构形式。在隧道开挖前采用小导管周壁预注浆，初期支护与二衬背后进行回填注浆。采用 PC50MR-2 小型挖掘机人工配合进行区间隧道开挖。

奥体中心站至奥林匹克公园站的 K2+650～K2+840 段为双线双洞隧道，穿越砂层，粘土、粉细砂及粉土交错分布，地质复杂。该段地表目前只有已修筑成型尚未正式启用的中一路，其余地段均为空地。在隧道开挖前用 YT28 重型风钻或洛阳铲施作 3 个 5 米深的探水孔。探水孔分别布设在拱部及两侧拱腰。探孔可能会出现水囊、空穴、涌泥涌砂等情况，针对不同情况，分别采取措施，保证正常施工。

隧道开挖时采用超前长短导管预注浆加固土层，起超前锚杆（小管棚）支护的作用；临时仰拱法开挖采用上下分别开挖方法，将大断面化成小断面施工，步步封闭成环，开挖顺序是每层开挖后再挖下一层，上下错开不小于 5 米。循环进尺 0.5 米，每个小洞室上半断面环形开挖留核心土，开挖后及时施作格栅钢架支撑并进行喷锚支护。及时施做仰拱，尽早形成封闭。拱部土方环形开挖，核心土距离拱顶约 1.0 米，施工上断面核心土保持在满足施工的最短长度 1.5 米。仰拱封闭的距离根据土体的稳定程度而定，稳定的可以短一些，不稳定的长一些，一般距掌子面 2 米左右为宜，格栅钢架安装、挂网在隧道开挖并初喷 3～5 厘米混凝土后进行，喷射混凝土采用潮喷机进行喷射作业。拌制混合料采用强制式搅拌机；初期支护完成 2～3 米左右，即可进行拱背后回填注浆，背后回填注浆管每断面布置 3 根，分别设于拱顶和两侧拱肩部位，纵向间距 2 ～ 3 米。注浆管采用 Φ42 小导管，长度 50 厘米，在喷射混凝土前预埋，并与格栅钢架焊接在一起，内端用牛皮纸包裹，外端露出支护表面 10 厘米，用棉纱封堵加以保护。用 0.3～0. 5 兆帕压力注（1∶1）水泥浆。应进行反复浇注，第一次浇注时应封掌子面，待掌子面浆液流出时可停止，掘至 6 米后再次浇注。如果掌子面渗水严重，施工过程中为防止土体坍塌和水土流失，造成地表沉降，根据实际情况采用结构内掌子面注浆加固：掌子面采用 Φ32 钢管@1000，L=3 米，梅花型布设，采用厚 10 厘米喷射 C20 混凝土+Φ6@150×150 钢筋网封闭掌子面，注水泥-水玻璃双液浆。

2006 年 5 月 22 日奥林匹克公园站至森林公园站贯通，2006 年 6 月 20 日奥体中心站至奥林匹克公园站贯通，工程于 2008 年 3 月 15 日竣工交付。

车站房建工程　奥林匹克公园站和森林公园站的房屋由中铁电化局西铁建设公司承建，建筑面积 2.9768 万平方米。

奥林匹克公园站为岛式站台车站，车站基坑支护地下一层采用放坡开挖，地下二层钻孔灌注桩支护型式，其顶板、底板及侧墙外铺设外包防水层。车站二层为站台层，地下一层为站厅和设备层（风道和出入口）。1 号出入口和 2 座风道与主体结构合建，由地下一层直接通往车站东侧奥运公园内下沉景观广场。其余 4 个出入口与地下商业用房合建，并通往下沉景观广场或地面。根据该站的站址特点、地下水位及施工难度，共投入了 2 台塔吊、2 台挖掘机、2 台装载机和 30 台自卸汽车，施工人员高峰时达到 900 人。主体结构为现浇钢筋混凝土框架结构，采用明挖顺作法施工，施工时遵循“纵向分段，竖向分层，从下至上”的施工原则。主体结构从北端开始向南施工，分成 12 个工作区，其中含有 3 个后浇带。对于风道和出入口附属结构物，南端被后浇带分成 3 个工作区，北端按一个工作区进行施工。主体结构工程模板主要采用 600 毫米×1500 毫米标准钢模板和定型钢模板。钢筋连接采用等强度直螺纹连接，混凝土均采用商品混凝土，混凝土浇筑前先检查到场混凝土的随车证明资料是否与设计要求相符，并核对工程名称、混凝土强度标号、浇筑部位，进行现场取样做坍落度试验合格后方可使用。根据泵送大体积混凝土（本站底板、顶板均为大体积混凝土结构）的特点，采用“分段定点，一个坡度，薄层浇筑，循序推进，一次到顶”的方法。泵送商品混凝土坍落度控制在 14～16 厘米。混凝土运输供应保持连续均衡，如出现离析，浇筑前进行二次拌合；混凝土采用连续浇筑，不留或少留施工缝。混凝土自由倾落高度不得超过 2 米，浇筑高度可以通过泵车泵头软管进行调节。浇筑混凝土时按施工段分层对称连续进行，混凝土机械振捣成型。

森林公园站为岛式站台车站，站台宽14.0米，位于中轴路与科荟路相交的十字路口下，为奥运支线北端终点站，北侧设折返线，也是规划的森林公园，车站南北中轴线与北京城市中轴线重合，南侧是奥林匹克公园，西侧是奥运村。

车站基坑采用明挖施工。地下一层采用土钉墙和放坡，开挖深度7.7米；地下二层采用φ800的钻孔灌注桩+内支撑系统，基坑总开挖深度17.0米左右。由于科荟路下车站结构施工完毕，本次基坑分为南、北2个独立基坑，北基坑与折返线基坑相接。

车站站址地下水位42.0米，由于地下水位较高，车站结构自重及顶板上覆土不能满足抗浮要求，故在结构底板下设置挤扩支盘抗拔桩。

车站主体采用三级开挖，前两级为放坡开挖，坡度为1：1.25，开挖深度7.79米，第三级为支护开挖，挖深9.2米。在第一级基坑开挖完成后开始施工降水井管。外围降水井分布在距坡脚1.0米处，井间距为6.0米。同时施工基坑内疏干井，疏干井间距为15.0米。成井后开始降水。在二层开挖前，疏干井按抽水井处理，二级平台开挖时，需将疏干井内全部填充3～7毫米机碎石（含泥量小于3%）。本降水工程共布置110个降水井，及51个疏干井，井深为35.5米，井径600毫米，无砂水泥管管径400/50毫米，滤料为2～4毫米砾料。井管使用无砂水泥管；水泵使用1.5～3立方米/小时潜水泵。

车站基坑土方开挖遵循“纵向分段、竖向分层、由上至下、先支后挖”的施工原则，竖向从上到下分层开挖，纵向形成台阶，横向先挖中间土体，后挖两侧土体。

明挖基坑围护结构采用φ800毫米钻孔灌注桩+钢支撑，桩间采用喷射混凝土封闭找平，桩顶设冠梁。明挖基坑围护桩桩间土防护采用土工格栅+喷射混凝土。喷射混凝土标号为C20，厚度10厘米。为确保做好现场防尘等工作，施工采用湿喷法。工程围护结构钻孔灌注桩冠梁施工完后，在土方开挖过程中，由上往下、随挖随喷，以防止基坑开挖过程中的边坡暴露时间过长而产生坍塌，影响基坑周边的稳定和施工安全。

车站基坑支护体系由围护桩+钢支撑组成， 基坑钢支撑采用两道支撑体系，第一道在冠梁底 400 毫米处，使用φ800、t=12 钢管支撑；第二道钢支撑在冠梁下 5000 毫米处，使用φ800、t=14的钢支撑。钢筋连接采用等强度直螺纹连接，所用混凝土均采用商品混凝土，混凝土运输供应保持连续均衡，混凝土自由倾落高度不得超过2米，浇筑高度可以通过泵车泵头软管进行调节。浇筑混凝土时按施工段分层对称连续进行，混凝土机械振捣成型。

2006年9月8日奥林匹克公园站及森林公园站南区主体结构封顶，2006年9月25日森林公园站北区主体结构封顶，主体工程完工，工程于2008年3月15日竣工交付。

（二）供电及综合监控系统

中铁电化局轨道交通事业部承建奥运支线供电及综合监控系统工程，成立奥运支线供电系统工程项目部，投入精干的施工队伍，配备良好的施工机械，制定有针对性的施工方案及作业流程，引入网络化、自动化手段，集约化施工方式，于2007年1月开工。

奥运支线供电及综合监控系统工程范围及施工内容包括：全长4.398公里及与地铁10号线的连接，供电及综合监控系统设备采购、施工安装及调试、试运行，配合土建施工的综合接地系统。供电系统环网施工、接触轨施工、车站和区间动力配电及照明、杂散电流防护、变电所综合自动化系统、车站的环境与设备监视系统、综合接地系统。

在施工过程中，为解决高精度、低误差的设计要求，与传统测量工具在现场误差大、难操作的情况，有针对性研发了操作简便、精度准确的专用测量工具和施工工艺、工法。可以将测量误差控制在±1毫米以下，电气螺栓连接方式代替了传统焊接工艺。使绝大部分加长短轨枕的铺设满足了绝缘支座安装的需要，无需再采用绝缘支座和加长短轨枕间再次添加垫块的方式进行修正，引进采用先进的专用切割机和电气钻孔机等新型机具，大大提高了作业效率。

2007年9月13日变电所一次送电成功，2007年10月20日接触轨一次送电成功，并配合地铁10号线进行联合调试，2008年5月8日一次通过竣工验收，2008年7月19日投入试运营。经过2008年奥运会、残奥会（2009年祖国60周年）等大型活动大客流的考验，未发生任何安全质量事故。

“改进回流排与走行轨连接方式”和“提高上部受流接触轨一次安装到位合格率”两项QC成果，获得北京市优秀QC成果三等奖。奥运支线工程获“北京结构长城杯”奖。

第二节 北京首都机场线

一、工程概况

首都机场线起自东直门，经三元桥，至T3航站楼，在李天路段线路分岔引出支线到T2航站楼。T2支线、T3支线间设联络线，为单线形式。全线设东直门、三元桥、T2、T3 4座车站，其中T3为高架车站，其余3座均为地下车站。另在李天路与机场辅路相交的三角地带，线路北侧K17+000公里处设置车辆基地1处。东直门至T3车站为双线，线路全长 21.47 公里；T2 支线有单线也有双线，其中双线长 4.567 公里，单线长 1.029 公里；联络线单线长 1.034 公里。全部正线双线长 26.038 公里，单线长 2.064 公里。

全线有 3 段地下线，分别是东直门至三元桥站东侧、五元桥区下穿机场高速及 T2 支线首都机场路段。正线地下线 7.31 公里（双线），U 型槽 1.25 公里（双线），地面线 1.03 公里（双线），其余均为高架线，高架线双线部分 16.448 公里，单线部分 2.064 公里。在东直门设交通枢纽，东直门站可以与地铁 2 号线和 13 号线换乘；三元桥站可以与在建的地铁 10 号线换乘。

首都机场线工程，建设单位是北京东直门机场快速轨道有限公司，由北京轨道交通建设管理有限公司进行工程建设管理。北京市市政工程设计研究总院（总体设计单位）、中铁隧道勘测设计院有限公司、北京城建设计研究总院有限责任公司、中铁工程设计咨询集团有限公司、中铁电气化勘测设计研究院有限公司、北京电铁通信信号勘测设计院设计，北京赛瑞斯国际工程咨询有限公司负责监理。

首都机场线工程，设计年限：初期 2010 年、近期 2017 年、远期 2032 年。设计速度为 110 公里/小时。

首都机场线主要技术条件：线路数目，双线；轨距，1.435 米；线路坡度，区间最大坡度 33‰，辅助线最大坡度 50‰；曲线半径，区间正线最小为 160 米，车站正线最小为 800 米，车辆段内最小为 65 米；钢轨，正线、试车线为 60 公斤/米轨，车场线为 50 公斤/米轨。车辆采用加拿大宠巴迪公司线性电机牵引，电动车组为 4 辆编组，均为动车，远期高峰小时列车运行间隔 4 分钟。通过 DC750 伏接触轨下接触方式受电，接触轨采用钢铝复合轨，最高行车速度 110 公里/小时。

首都机场线工程，中铁电气化局集团有限公司承建 01 标段和 04 标段的隧道、线路、土建工程和供电、通信信号及综合自动化工程。

工程于 2005 年 6 月 1 日开工，2008 年 6 月底竣工，2008 年 7 月 19 日通车试运营。

二、工程设计

首都机场线工程，隧道、线路等土建工程由北京市市政工程设计研究总院（总体设计单位）、中铁隧道勘测设计院有限公司、北京城建设计研究总院有限责任公司、中铁工程设计咨询集团有限公司设计，供电和综合监控系统由中铁电气化勘测设计研究院有限公司设计，信号系统由北京电铁通信信号勘测设计院设计。初步设计于 2005 年 2 月开始，2005 年 7 月完成，其后开展施工设计。

（一）隧道、线路、土建工程

01 标段的东直门站设为地下车站，局部四层、双跨、侧式站台。车站总长 184.36 米、宽 22.4 米、高 25.46 米；有效站台长 80 米，宽 6 米，总建筑面积约 1.0652 万平方米，设 5 个出入口通道、2 个风道及 1 个电梯井道、5 个地面疏散口和 1 座地面风亭。车站设屏蔽门系统。建成后与地铁 2 号线、13 号线及地面交通实现近距离换乘。采用明、暗挖、盖挖相结合结构。

04 标段为 1 站（三元桥站）2 区间，三元桥站为地下双层岛式车站，地下一层为站厅层，地下二层为站台层。车站总长 145.5 米，宽 19.14 米。有效站台长 80 米，宽 10 米。总建筑面积 7782.88 平方米，车站主体建筑面积 6452.80 平方米，车站附属建筑面积 1330.08 平方米。盾构始发井部分及西北风道采用灌注桩加钢管支撑体系。标准段采用土钉墙、灌注桩加钢管支撑。从地面向下 7 米范围内，采用土钉墙支护体系，从地面下 7 米至基底采用灌注桩加钢管支撑。三元桥至出洞口区间里程范围为 K3＋180.237 至 K4＋035.000，总长 854.763 双线米。区间 K3＋180.237 至 K3＋679.799 段隧道结构形式为单线单洞马蹄形断面，区间 K3＋679.799 至 K3＋870 段隧道结构为双线双连洞矩形断面，区间 K3＋679.799 至 K3＋774.799 段矩形断面右线设附属结构（人形平台钢筋混凝土结构），区间 K3＋870 至 K4＋035 段断面为 U 形槽结构，U 形槽侧墙上设附属结构（挡墙）。联络通道：东直门至三元桥段盾构隧道内 CT2 联络通道设计中心里程为 K1+034.566，隧道长度 9.148 米；CT4 联络通道设计中心里程为 K1+974.254，隧道长度 21.088 米；CT5 联络通道及泵房设计中心里程维为 K2+565.871，隧道长度 25.659 米，联络通道断面形式为拱顶直墙。

（二）供电和综合自动化系统

首都机场线供电和综合监控系统工程设计内容包括：牵引供电、牵引变电所、降压变电所、接触轨、变电所综合自动化、迷流保护、综合监控、环境与设备监控、防灾报警、乘客信息、门禁等。

供电系统　采用分散式 10 千伏开闭所供电方式，中压供电网络采用 10 千伏双环网方案；供电系统按一级负荷设计，每处开闭所由地区变电所引入两回独立的 10 千伏电源，正常时同时投入运行；每处牵引、降压变电所至少有两回独立电源供电。

供电系统按满足远期运营时各类负荷用电要求设计，各类设备容量和线缆截面应满足设计的正常及非正常运行方式下负荷要求， AC 10 千伏和 DC750 伏系统电压质量满足相应国家标准要求。

首都机场线全线设东直门、车辆基地、北皋 3 处开闭所，开闭所与该车站或附近的牵引降压混合变电所合建，共用 10 千伏母线。10 千伏采用单母线分段接线，其两路 10 千伏进线电源分别引自与本线临近的供电局变电站，两路进线电源分列运行；其他变电所从开闭所或相邻变电所两段 10 千伏母线以“环串接线”方式引入两回电源。为减少投资和简化接线，区间小型箱式降压变电所采用 T 接方式，经负荷开关直接从中压环网引入两回 10 千伏电源。10 千伏系统采用双环网供电方式，开闭所与该车站或附近的牵引降压混合变电所合建，共用 10 千伏母线。

全线在东直门站、三元桥站、T2 站、T3 站、车辆段、区间 K6＋026、K8＋323、K11＋620、K14＋588、右 T2K3+150 公里标附近设 10 处 AC10 千伏/DC750 伏、10/0.4 千伏牵

引降压混合变电所，另外由于机场线车站少，线路长，在区间 K1+392、右 T2k2+995、K9+020、右 T2K4+109.5 附近设 4 处区间 10/0.4 千伏小型箱式降压变电所，全线共设 14 处变电所。变电所正母线为单母线接线方式，并设置移动式备用断路器。整流机组阀侧与 DC750 伏正母线用断路器和电动隔离开关连接。整流机组阀侧与 DC750 伏负母线用电动隔离开关连接。正线变电所正母线上设四回馈线，通过断路器向正线牵引网供电。车辆段变电所直流正母线设五回馈线，通过断路器向车辆段牵引网供电。AC0.4 千伏母线采用单母线分段接线方式，母联开关常开。进线、母联、馈线开关均采用断路器。

牵引降压混合变电所 DC750 伏馈线电缆经电动隔离开关与接触轨相连；另外在正线牵引变电所处接触轨电分段两侧接触轨间设常开越区联络电动隔离开关，在该牵引变电所解列时，合上隔离开关，由相邻牵引变电所越区大双边向接触轨供电。全线牵引网采用钢铝复合接触轨，下部受流，接触轨经整体绝缘支架和底座槽钢安装在轨枕上（局部地段直接安装在道床块上），接触轨采用防护罩防护。

变电所采用自动化系统，按无人值班设计，车站变电所和具有开闭所功能的变电所预留有人值守条件。全线牵引变电所均设电阻型再生能量吸收装置，有条件时电阻柜设在地面。车站、牵引变电所、车辆段的信号楼电源整合系统采用直流电源整合方案。

杂散电流防护采取“以堵为主、以排为辅、堵排结合、回流畅通、加强监测”的综合防护措施。走行轨绝缘安装、畅通的回流系统、供电及回流分区，利用整体道床、高架桥、地下结构的结构钢筋焊接，形成杂散电流收集网，并通过排流柜将杂散电流通过金属通路收集回变电所，并设置杂散电流自动监测系统。

综合自动化系统　设计内容包括：综合监控系统、环境与设备监控系统、火灾报警系统、乘客信息系统、门禁系统等。

综合监控系统采用“适度集成”的综合监控系统（ISCS），构建各系统统一的运营、管理平台。综合监控系统集成、互联的范围为：集成变电所综合自动化系统（SCADA）、环境与车站设备监控系统（BAS）、门禁系统（ACS）；与信号系统（ATS）、火灾报警系统（FAS）、时钟系统（CLK）等互联；与屏蔽门系统（PSD）界面集成。

ISCS 系统采用中央级、车站级两级管理，中央级、车站级、现场级三级控制的结构体系。SCADA、BAS、ACS 作为子系统由综合监控系统统一设计、实施。SCADA 系统完成对 10 千伏、0.4 千伏、750 伏等供电系统设备的监控。BAS 系统完成对轨道交通通风空调、给排水、低压动力照明系统等机电系统设备的监控。ACS 系统完成对单体建筑主要设备及管理用房的进入控制及人员考勤管理。此外，还在控制中心设置了大屏幕显示系统作为 SCADA、ATS、CCTV 等重要系统的统一监视平台。

火灾自动报警系统用于在火灾工况下及时报警并能可靠启动防救灾设备，从而保证线路能正常有序的运营，避免或降低灾害情况下造成的人员和财物损失。FAS 系统设计及工程实施过程中充分吸收了国内轨道交通成功的建设及运营经验，在方案设计阶段对目前国内地铁的 FAS、BAS 联动模式进行了调研，提出了一套在北京地区相对优化的方案，对于正常和火灾共用的通风空调系统设备由 BAS 系统进行监控，火灾专用设备由 FAS 系统进行控制，火灾时 FAS 发指令给 BAS 系统，由 BAS 系统执行火灾控制，某种意义上将此种模式的采用为业主节省了工程投资。

旅客信息系统主要服务于来自国内外的的航空乘客，使首都机场候机楼功能得到延伸。首都机场线建立了国内第一个集航班信息、旅客信息、公共信息、管理信息于一体的全高清显示制式（1080P）的旅客信息系统，系统主要由中心子系统及广告制作中心、车站子系统、车载子系统以及通信通道组成。

系统发布信息内容有：列车运行信息、航班信息、紧急信息、乘客引导信息、公共信息、站务信息、节目信息、商业信息。在各种紧急情况下，提供实时的动态紧急疏散指示。

（三）通信信号系统工程

通信系统　设专用通信、民用通信、安防通信系统。在东直门至北皋所行车右线弱电侧敷设 1 条 72 芯光缆，T2 隧道为 144 芯光缆，北皋所、T3 及 T2 隧道通过 1 条 36 芯光缆进行连通，在地下左右隧道弱电侧各敷设 2 条泄漏同轴电缆，提供地下区段无线场强的覆盖。

专用通信采用基于 SDH 多业务传送平台（MSTP）光传输设备，为各子系统提供语音、数据、图像传输。设 800 兆赫兹的 TETRA 数字集群无线通信系统。在车辆基地综合楼设集群移动通信系统无线交换设备及网管、CAD 服务器等网络管理终端设备，东直门、将台路所、车辆基地基站设置无线基站。在东直门车站、将台路所、车辆基地设 3 座基站及光纤直放站近端机，在三元桥站、T2 站、T3 站及相应的区间联络通道内设光纤直放远端机，实现全线无线信号覆盖。地面部分采用铁塔天线（将台路、五元桥、北皋、车辆基地）实现无线空间波覆盖。地下隧道采用漏泄同轴电缆覆盖，地下站台、站厅采用室内天线覆盖。全系统在小营中心、车辆基地调度大厅设 5 个调度台实现调度功能。闭路电视系统为各级操作员提供有关安全防范、列车运行、防灾环控、客流趋势等方面的图像信息，使各级指挥、调度能及时观察相关信息，以达到有效组织指挥运营及安防工作的目的。设广播系统和时钟系统。

民用通信系统，各运营商提供引入信号的基站，提供多种信号分合路平台，经耦合、分配后分别对地下车站和区间进行无线覆盖。在东直门、三元桥、T2 站设合路平台设备、光纤直放站近端机、UPS 及蓄电池。系统无线信号采用上下行信号分开设置，以满足不同运营商的信号合路要求，各地下车站引入移动 GSM、DCS，联通 CDMA、GSM，网通 PHS（小灵通），FM(88～108 千赫兹)，预留 3G（FDD、TDD）引入地下的条件。

安防通信系统包括安防图像监视系统和安防无线系统。安防图像监视系统主要对各车站的出入口、通道、站厅等公共区域进行监视，发现问题及时处理。安防无线通信系统是公安地面无线通信系统的一部分。在东直门、三元桥、T2 站安装基站设备，采用 350 兆赫兹与 800 兆赫兹共建模式，在通信机房内对其进行合路处理，然后通过车站天线阵及隧道泄漏电缆对地下空间进行无线覆盖。

信号系统　采用列车自动控制系统（ATC）（包括列车自动监控子系统（ATS）、列车自动防护子系统（ATP）、列车自动驾驶子系统（ATO）、计算机联锁子系统（CI））。车载、轨旁 ATP/ATO 之间的双向通信采用波导管无线传输，波导管能同时传输 CBTC 信息和多媒体信息。车载 ATP/ATO 计算机实时计算列车的走行距离，并通过读取设置在沿线的信标位置信息来校正其位置，进行列车精确定位。

采用移动闭塞 CBTC 系统，且将车辆段列车出入库和洗车作业纳入自动化管理，实现列车在正线和车辆段全线的无人自动运行。正线采用西门子 S700K 电机牵引提速道岔，车辆段采用 ZD6 电机牵引普通道岔。采用 LED 型信号机，CBTC 模式下，信号机亮稳定灯光，后备模式时信号机闪光，列车看信号显示行车。后备模式时采用计轴站间闭塞及计轴轨道电路实现信号联锁功能。

三、工程施工

01 标段和 04 标段的隧道、线路、土建工程，由中铁电气化局集团西铁工程公司负责施工；供电、综合自动化、旅客信息、通信信号系统工程，由中铁电气化局集团有限公司城铁公司负责施工。中铁电气化局集团有限公司成立首都机场线工程项目经理部，组建精干的施工队伍，于 2005 年 6 月 1 日开工。

（一）隧道、线路、土建工程

西铁工程公司成立机场线工程项目部，组建精干的施工队伍，配备 20 多台(套)大型施工机械，制定有针对性的施工组织方案，于 2005 年 6 月 1 日开工。

01 标段工程　东直门车站为地下车站，根据勘探的地质资料和设计要求，采用明、暗挖、盖挖相结合的方法施工。由于受站位附近道路交通、建筑物、地下管线以及地下构筑物的影响，再加上该站设计结构形式复杂，车站主体结构由五段独立结构组成。按照施工工法的不同分为安全线、A、B、C、D 五（区）段开展施工。其中安全线（暗挖单跨单拱结构，结构长 28.73 米，宽 12.5 米）、A 段（单层暗挖双联拱结构，1 至 7 轴，结构长 40.3 米，最大跨度 18.54 米）、B 段（四层双跨单柱箱形结构，816 轴，结构长 57.7 米，宽 22.24 米）、C 段（单层结构，分为上跨下穿地铁 13 号线折返线两部分，17 至 22 轴，结构长 31.12 米，宽 16.52 米）、D 段（五层三跨双柱的箱形结构，23 至 28 轴，结构长 33.75 米，宽 22.44 米）。区间采用矿山法施工，分左线和右线，左线起点为 K0+182.894，终点为 K0+434.255，全长 251.361 米；右线起点为 K0+182.81，终点为 K0+447.763，全长 264.953 米。同时在右线 K0+264.712 处设施工竖井（28.4 米）和横通道（11.75 米）。为满足整体工期要求，在车站暗挖段和区间暗挖段各增加 1 个竖井，新增投资 850 万元 。

东直门站 C 区在地铁 13 号线折返线（K40+642.571）处上跨并下穿折返线。下穿部分由于折返线上部有 2 条变形缝，使下穿的难度大大增加，且可能对运营中的地铁 13 号线站后折返线既有结构造成一定的影响。如何确保折返线沉降和变形控制在允许范围内，是整个工程结构施工安全的关键，属特级风险源，加之本段结构是整个工程结构中最为复杂的部分，洞室结构复杂，施工工序转换频繁，因此也是整个工程施工技术难度和风险控制的重中之重。同时上跨下穿既有线，这在国内施工尚无类似借鉴经验。通过对“洞桩托换工法”的有效应用，在整体沉降控制在 12.8 毫米的前提下顺利下穿通过。

东直门车站主体结构基坑开挖深度约 28 米，是北京地区地铁最深的基坑，基坑安全等级为一级，基坑变形等级为特级，基坑小，基坑南侧紧邻东直门外大街，交通繁忙，道路下管线众多，车辆动载对施工基坑安全影响较大；同时该基坑主要处在自稳性能较差的砂卵石层中，开挖范围内分布有一层滞水、一层潜水、两层承压水，水文地质条件极其复杂；北侧紧贴东华广场基坑，基坑支护为不对称支护形式，受既有建筑物结构的影响，车站西北侧为地铁既有结构，背后为回填土层，东北端受在建东华广场的影响，北侧临空，桩体和内支撑受到一定的限制，基坑通过采用围护桩＋锚索，围护桩＋内支撑等支护体系的综合应用，有效的保证了基坑的安全。

东直门车站 C 段施工需暗挖穿越既有地铁 13 号线折返线，穿越部位位于既有车站主体和暗挖隧道之间的明挖单层单跨箱形结构，长 14 米，明挖段结构两侧与明挖车站和暗挖双联拱段相连接，并设 2 条变形缝。折返线交叉渡线道岔跨缝设置，道岔尖轨与基本轨密贴误差控制值为 2 毫米。C 段下穿结构施工时需凿除既有折返线明挖段基坑的支护桩，对土体扰动较大，折返线结构对沉降和变形非常敏感，沉降控制要求非常高，道岔结构尖轨部分跨缝设置，尖轨与基本轨的密贴度规范要求为 2 毫米，暗挖施工引起的结构沉降对道岔的影响极其灵敏，一旦道岔由于沉降变形过大影响到地铁 13 号线列车的折返，将导致整个地铁 13 号线的停运，会造成及其恶劣的社会影响和巨大的经济损失。为满足对既有线的实时监测和沉降控制要求，确保既有线的运营安全，施工中引进了 DAMS－IV 型智能分布式工程安全监测系统和 PLC 同步顶升控制系统。该系统以往应用于地铁工程施工中可供借鉴的经验较少，对其进行了研究并应用于施工中，取得了较好的效果。2005 年 12 月底交通导改和管线施工完成，2007 年 5 月 5 日主体结构完成，2008 年 3 月 26 日工程竣工。2008 年 6 月初开始试运营。

04 标段工程　三元桥车站主体为地下双层岛式车站，盾构始发井部分及西北风道采用灌注桩加钢管支撑体系，钻孔灌注桩为 φ800@1200，桩长 21 米，钢支撑采用 φ609，壁厚 14 毫米的钢管，围护桩嵌固深度为 5 米。标准段采用土钉墙、灌注桩加钢管支撑。钻孔灌注桩为 φ800@1400，桩长 14 米，钢支撑采用 φ609，壁厚 14 毫米的钢管，围护桩嵌固深度为 5 米。主体结构底板及顶板按大体积混凝土施工规程施工，结构混凝土采用补偿收缩防水混凝土，等级为 S8、耐腐蚀系数不小于 0.8。结构防水以结构自防水为主，外防水（附加防水）相结合。车站、出入口和人行通道均按一级防水等级要求进行施工。底板和侧墙采用两层防水的 SBS 改性沥青防水卷材（II 型），其中靠近桩面 SBS 采用 PE 膜覆面材料，靠近结构表面采用单面砂 SBS 防水卷材，顶板采用单组分聚氨酯涂膜。

三元桥至出洞口区间（K3＋180.237 至 K4＋035.000）总长 854.763 双线米。其中 K3＋180.237 至 K3＋679.799 段采用矿山法施工；K3＋679.799 至 K3＋870 段采用明挖法施工；K3＋679.799 至 K3＋774.799 段和 K3＋870 至 K4＋035 段采用明挖法施工。U 形槽侧墙上设附属结构（挡墙），区间设 2 处排水泵房，中心里程为 K3＋646 和 K3＋860。区间设 2 处射流风机，中心里程为 K3＋695 和 K3＋795。联络通道采用暗挖法施工。

根据工程特点，按照 “两区段、四工区” 组织施工。“两区段” 即三元桥车站和三元桥车站至出洞口 2 个区间，“四工区” 即车站主体结构工区、车站暗挖隧道工区、区间明挖结构工区、区间暗挖隧道工区。车站 1 号工区负责三元桥车站主体结构以及车站附属工程的施工；区间明挖 2 号工区主要承担区间明挖箱形隧道和明挖 U 型槽的施工；区间暗挖隧道 3 号工区主要负责区间暗挖隧道左右线 300 米的施工；车站暗挖隧道 4 号工区主要负责车站端暗挖隧道左右线 200 米的施工。在上述区段划分基础上，合理调配人、材、机，制定界面接口方案，统一调度、科学管理、文明施工。车站主体结构共划分 7 个施工段，1 号工区先进行前 4 个施工段主体结构的施工，然后进行后续施工段和附属工程的施工。区间 2 号工区进行明挖隧道和明挖 U 型槽施工。先施工明挖隧道，为暗挖隧道及时进洞提供条件。然后从两端向中间施工。区间 3 号工区负责区间端暗挖 300 米的施工，待明挖隧道前 2 个施工段完成后，开始进洞施工。左线先行，右线滞后 10 米左右。因为暗挖隧道工期很紧，所以二次衬砌在左线开挖进行到 120 米左右时开始施工。右线相应的跟进。采用全液压式模板台车衬砌，商品混凝土，输送泵灌注。车站 4 号工区负责车站端 200 米的暗挖隧道的施工。待车站第 7 段主体结构施工完毕后开始进洞直至贯通。隧道出碴从第 7 段主体结构预留孔洞进行。

基坑开挖严格按照规范要求分段、分层、放坡开挖，保证修整后的裸露边坡能在短时间内保持自稳，土层挖开后立即进行桩间土体网喷护面。基坑采用疏排钻孔桩和钢管支撑相结合的支护形式，随挖随支及时加撑，确保围护结构无支撑暴露时间控制在 24 小时以内；随着基坑挖土进展，及时准确安装钢围檩及支撑。减小基坑开挖过程中地面建筑物的地表沉降变形。在基坑开挖过程中，定期和不定期进行监测和现场察看，发现问题及时对钢围檩内部浇筑混凝土进行加固，降低基坑变形引起的地表沉降变形。在基坑坡顶附近采用混凝土硬化地面，在基坑四周设置截水槽，并修截水、排水沟，在基坑内开挖临时排水沟和集水井，及时将地表水和雨水排走。以防止雨水和地表水影响基坑稳定，减小地表沉降变形。基坑四周埋设护栏，并围安全网以防止行人和车辆掉入及物体坠入基坑，保证行人、车辆及基坑内施工人员的安全。

车站主体结构精心制定施工组织设计，编制网络计划图，进行流水作业、合理安排施工。暗挖区间左线上导洞开挖时拱腰处有夹层水无法排除，开挖时容易发生塌方，故在 K3＋610 向小里程段开始，在上导洞掌子面采用全断面打设 2 米长超前小导管，注水泥水玻璃浆液加固，并采取挂网喷射混凝土封闭掌子面。隧道下穿京顺路时在掌子面前后各 5 米范围内的地面铺设钢板，拱顶采用双层小导管注浆超前支护体系，浆液采用水泥水玻璃双浆液。上跨地铁 10 号线段将原设计地面旋喷注浆加固改为洞内全断面双排小导管注浆超前支护体系，注浆浆液采用超细水泥浆。有效防止了地铁 10 号线的隆起。通过采取一系列的加固措施，有效的将隧道在下穿京顺路、上跨 10 号线的地表沉降及地面隆起控制在允许值范围内。按照建设单位和设计要求，暗挖段由明挖隧道处进洞施工，由于地质情况较差，危险源较多，隧道开挖进度一直滞后，经研究协商后，果断决定在车站增加 2 个进洞口，考虑到初支二衬工序交叉作业，同时增加了 2 个横通道，1 个地表下料口，将工期提前了 40 天。

机场线东三盾构区间联络通道因地表建筑物较多，管线密集无法进行降水作业，受管线老化影响，洞体处有多处水囊，又因受盾构机开挖二次扰动影响，土体液化，施工难度很大，某施工单位多次试探性进洞开挖均无法，工期滞后，严重影响了机场线竣工交验试运营时间。建设单位认为西铁工程公司暗挖隧道工法成熟，特决定改由西铁工程公司项目部接手负责 3 个联络通道的施工。西铁工程公司项目部立即组织一批施工经验丰富的突击队，通过与各方沟通和现场调查，制定优化注浆加固方案，采取注浆加固+排水相结合的方法，在保证安全质量的前提下，提前完成施工任务，获得建设单位好评。

三元桥车站 2005 年 9 月 28 日开工，2008 年 4 月 22 日主体和附属结构完工，2008 年 7 月 12 日站前广场及道路完工。三元桥至出洞口区间 2006 年 3 月 18 日开工，2007 年 8 月 8 日 U 形槽挡墙竣工。CT2 联络通道、CT4 联络通道、CT5 联络通道及泵房 2007 年 8 月 20 日开工，2007 年 12 月 20 日竣工。04 标段所有结构施工 2008 年 6 月 5 日通过竣工验收（地面广场及出租车道施工于 2008 年 7 月 12 日通过竣工验收）。

01 标段“地铁车站上下穿越地铁运营线修建技术研究”科研成果获工程总公司科技二等奖。2006 年获总公司安全文明标准工地和北京市安全文明工地称号，东直门地铁站获 2007 年度市政基础设施结构长城杯金质奖，04 标段获北京市政工程行业协会结构长城杯金奖。

（二）供电、综合自动化工程

中铁电气化局集团有限公司城铁公司承建的首都机场线供电、综合自动化、旅客信息系统工程范围和施工内容包括：牵引变电所、牵引网（接触轨）、环网电缆、杂散电流防护、综合监控、旅客信息等系统的设备安装与调试、试验、系统联调、试运行期间的值守等。

首都机场线供电、综合自动化、旅客信息系统工程施工，按合同工期开工后，到 2008 年 6 月底，完成了全线 3 处开闭所和 14 处变电所高低压设备的安装调试，牵引网（接触轨）及电气设备的安装调试，环网电缆和各连接电缆的敷设及连接，杂散电流测防端子、参比电极的电气设备、排流柜等的安装调试、结构排流连接电缆的敷设及连接，综合自动化、综合监控、旅客信息系统的设备安装调试，直流电源整合工程的设备安装等。

（三）通信信号系统工程

首都机场线通信信号工程，由中铁电气化局集团有限公司城铁公司负责施工，2007 年 3 月开工，到 2008 年 3 月底，完成专用通信系统的传输子系统、无线子系统、电话子系统、CCTV 子系统、广播子系统、时钟子系统、电源及接地子系统的设备安装调试、各类线缆的敷设和天线安装调试等。完成民用通信各系统地下车站的引入、3 套合路平台设备、10 台光纤直放站近端机、6 台 UPS 电源和 16 套配电箱、光纤直放站 34 台远端机、16 套多频分合路器、16 套 TD 远端设备的安装调试，1 条 72 芯、1 条 144 芯、1 条 36 芯光缆和 2 条 1-5/8″泄漏同轴电缆的敷设等。完成了安防通信系统的安防图像系统和安防无线系统的各类设备安装调试、1 条 36 芯光缆和 1 条 1-5/8 泄漏同轴电缆的敷设等，专用通信、民用通信、安防通信系统的联调与开通。2008 年 4 月 1 日试运行，2008 年 7 月 1 日试运营。

信号系统工程，于 2007 年 4 月 1 日开工，到 2007 年 12 月 31 日，完成道岔转辙装置安装 40 组（其中 S700K 型三级牵引道岔 17 组，S700K 型五级牵引道岔 2 组，ZD6-D 型道岔 21 组）、计轴设备安装 85 处、各种信号机安装 81 架、敷设各种光、电缆 288.8 公里、安装波导管 61.5 公里、安装信标 510 个、安装室内电源设备 7 组、安装室内机柜 109 台。通过调试与联调，2008 年 2 月 27 日通过验收。

第三节　北京地铁八通线供电、信号、自动售检票系统工程

一、工程概况

北京地铁八通线是北京地铁 1 号线的东延长线，西起四惠站，东至土桥站，沿线设四惠、四惠东、高碑店、定福庄、双桥、杨闸、八里桥、北苑、果园、九棵树、梨园、体育场、土桥 13 座车站，线路全长 18.964 公里。其中高架线 9.689 公里，地面线 7.201 公里，高架车站 1.364 公里，地面车站 0.701 公里。13 座车站中，地面车站 4 座，高架车站 9 座。在土桥站设车辆段及综合维修基地 1 处，在四惠站设综合调度中心、票务中心各 1 处，另在小营设线路中心、维修中心各 1 处。四惠和四惠东站为地铁八通线与地铁 1 号线的换乘车站。地铁八通线的主要线路沿京通快速路修建，它将距离北京城市中心区相对较远的通州区和北京市朝阳区联系起来。为加快东部地区的发展，起着重要作用。

北京地铁八通线供电、信号、自动售检票系统工程，建设单位是北京京通发展有限公司，由北京城建设计研究总院、北京全路通信信号研究设计院设计，北京华铁咨询公司、北京铁建工程监理有限公司地铁八通线项目经理部监理。

北京地铁八通线供电、信号、自动售检票系统工程，由中铁电气化局集团一公司负责施工，供电系统工程于 2003 年 1 月 5 日开工，2003 年 11 月 25 日竣工；信号系统工程于

2003年4月15日开工，2003年12月1日竣工，2003年12月28日正式开通运营；自动售检票系统工程于2007年2月1日开工，2008年4月15日竣工，2008年6月9日开通。

二、工程设计

供电系统设高碑店、双桥、北苑、土桥4处开闭所，各开闭所分别由地方变电站引入两路10千伏电源，高压电缆为双进双出（仅四惠东至高碑店区间为单电缆），通过双环网供电方式向沿线12处混合变电所和3处降压变电所供电（其中车辆段设牵引降压混合变电所和降压变电所各1处）。牵引供电采用直流750伏三轨上部受电方式。动力照明供电采用380/220伏三相五线制方式。工程采取了杂散电流防护及防雷电措施。为保证供电系统安全、可靠的运行，设电力监控与综合自动化系统。变电所10千伏主母线为单母线分段加母联开关，直流750伏为双母联加联络。牵引网为双边供电方式，一所出现故障时，单边供电。车辆段变电所配电变压器容量为1250千伏安，其余变电所容量为400千伏安；牵引变压器四惠、四惠东变电所为12脉波、2000千伏安，其余变电所为24脉波、1600千伏安。变电所内10千伏电缆为3×120平方毫米，所间10千伏电缆为3×240平方毫米。变压器、整流器安装在单独房间，采用温控风机降温。地铁八通线四惠和四惠东站变电所为与复八线既有变电所合建，新增1套12脉波牵引机组，新增设直流开关。牵引变电所的直流配电柜安装在站台配电室内（四惠和四惠东安装在区间内），直流配电柜馈出电缆先至接线箱，再通过多股软电缆至接触轨和走行轨。变电所控制室内设交直流自用电屏（交直流一体）、综控屏，交直流屏中电池为150安时，采用EPS系统（电源逆变）加DC/AC转换模块。区间南侧为供电电缆路径，北侧为通信、信号电缆路径，挡土墙、地面段支架基础由土建施工，南、北侧电缆支架均由供电施工单位安装。区间高架桥区段设置防雷接地装置，包括自然接地体、避雷器、接地线等。接地电阻不大于10欧姆。指挥中心设置在四惠站上方的预留平台上，对全线供电系统设备进行实时监控。

信号系统采用调度集中（CTC）、列车自动防护（ATP）和微机联锁（CI）、FS2500无绝缘轨道电路，实现城市轨道交通特殊联锁功能的要求，列车运行间隔时间为4分钟。初期为4辆编组，2动2拖，远期预留6辆编组条件。正线区段列车按双线单方向运行，正线至土桥车辆段的联络线按双线双方向运行。正线及联络线均以机车信号作为主体信号，按人工控制方式行车。ATP列车超防系统采用阶梯式超速防护，轨道电路信息等级与复八线基本一致（基本速度等级为74、59、38、28、0公里／小时）。车载设备具有ATP编码人工驾驶（CM）、限速人工驾驶（RM）、非限制人工驾驶3种驾驶模式。正线信号系统平时由CTC控制中心集中控制，当中心设备或通道故障时应能转为车站人工控制。车站设置在线式UPS电源屏。蓄电池在外网断电后持续为室内外信号设备提供不小于15分钟的供电能力。车站设置的计算机联锁系统故障时能转为应急操纵台控制。

自动售检票系统由车站计算机系统、线路中央计算机系统、票务清分中心系统、电源与接地7部分组成，安装在13座车站的自动售检票系统（AFC）专用机房内和车站公共区域。

三、工程施工

中铁电气化局集团一公司成立地铁八通线工程项目部，下设3个专业项目分部，组成专业作业队开展施工。

地铁八通线供电系统工程范围和主要施工内容包括：四惠至土桥段、土桥车辆段、四惠指挥中心等的变电所、牵引网、系统电缆、杂散电流防护、综合监控系统、车站二级以上配电、区间动力照明、区间防雷接地等8个部分的设备安装、调试、电缆架设、配线及开通。信号系统工程范围和施工内容包括：全线调度集中、列车自动防护、微机联锁系统、土桥车辆段、四惠综合调度指挥中心等的设备安装、调试、电缆敷设、配线及开通。自动售检票系统工程范围和施工内容包括：13个车站的设备安装、调试，线路线缆的敷设、电源及接地等。

地铁八通线高架桥区段占线路总长的53%，区间电缆支架安装及高低压电缆的敷设施工需在高架桥边缘完成，由于多种专业同时在桥面上交叉作业，长距离的高空作业使施工人员的人身安全问题显得非常突出。四惠东至八里庄区段地处京通快速路上下行车道之间，在轨道运输条件不成熟的情况下，大型设备及物资材料的进场需通过京通高速路进入八通线设备安装施工现场，设备运输过程中的安全防护也成为施工管理中的主要工作内容。四惠至四惠东为既有运营线路，根据设计施工图纸的要求，某些电缆需敷设在既有电缆支架的预留位置。由于电缆支架在运营线路上方平台基础的吊顶上，所以，既有线路施工的行车安全、既有设备及人身安全成为该区段施工作业面临的主要问题。

为此，项目部首先抓施工人员的安全意识，开工前开展全员安全和技术培训，持证上岗，再就是抓设备材料运输环节，制定符合现场实际的运输方案和施工方案，施工环节中一道工序设一个关卡，环环紧扣，具体要求发放到每人。最后的调试和开通送电环节，各级领导亲自把关，有效地保证整个工程中人身行车和设备的安全。

供电系统工程　按照预先制定的施工方案和安全保障措施，于2003年1月5日开工，到2003年11月25日，15处变电所的接地装置、电缆支架、电缆敷设与接续、设备的安装与调试全部完成，完成的主要工作量有：安装牵引变压器22台、牵引整流器22台、配电变压器26台、10千伏高压开关柜178面、交直流屏58面、400伏低压开关柜148面、750伏直流开关柜97面、电缆支架2400套、各类电力、控制电缆敷设85公里。

牵引网的11处牵引变电所和车辆段的牵引网直流电缆的敷设、直流配电柜的安装与调试、三轨接线板和回流母线的焊接安装全部完成，完成的主要工作量有：安装直流配电柜83面、各种管槽2674米、电缆支架311套、电缆井制作203座、直流电缆敷设60.8公里。

全线的10千伏高压电缆、牵引变电所所间联跳电缆的敷设、全线区间南北侧所有电缆支架、车站站台板下的电力电缆支架的安装全部完成，完成的主要工作量有：安装电缆支架 3.7133 万套、接地扁钢焊接 46.746 公里、10 千伏高压电缆敷设 40.659 公里、联跳电缆敷设 103.174 公里。

杂散电流防护的轨道排流网测防端子及其连接线的安装、参比电极及其连接线的安装、排流柜的安装与调试等全部完成，完成的主要工作量有：安装排流柜 11 面、参比电极及数据转换器 42 套、测防端子焊接 1.9808 万个、电缆敷设 31.5 公里。

综合监控系统包括电力 SCADA 系统和设备 EMCS 系统两部分。13 座车站、车辆段混合变电所、车辆段降压变电所以及四惠控制中心的综合监控系统及设备的安装与调试全部完成，完成的主要工作量有：安装电缆桥架 6.44 公里、通信电缆敷设 39.62 公里、监控模块箱安装调试 214 面、服务器、值班员工作站、路由器安装与调试 90 台、控制中心大屏幕系统安装与调试 1 套。

高碑店至土桥 11 个车站内的二级配电箱安装及二级配电箱以上的电缆敷设全部完成，完成的工作量有：安装配电箱 444 面、电缆桥架 3.53 公里、电缆支架 9028 套、电缆敷设 95.96 公里。完成区间动力工程检修箱的安装 298 面、电力电缆敷设 79.149 公里。完成区间防雷接地避雷器、接地引下线安装 102 处、接地系统制作 102 组。

信号系统工程　四惠、四惠东、定福庄、杨闸、果园、土桥 6 座车站铺设 60 公斤/米 9 号联锁道岔计 25 组，其余车站为无岔车站。土桥车辆段设停车列检库、轨道停车库等维修中心，计 45 组联锁道岔。车辆段停车库线计 22 股道（其中 8 股道予留停车两列，其他股道停车一列），段内约 1.3 公里的试车线为远期予留。在四惠站设综合调度指挥中心，对全线车站、区间以及在线列车等实行实时监视和控制，辅助行车调度人员对列车运行进行管理，实现列车自动调度，自动选路，时刻表控制，区段运行速度限制、车次追踪、信息统计等功能。

根据施工图设计、工程量、施工方案和安全保证措施，于 2003 年 4 月 15 日开工。到 2003 年 8 月 19 日主要是电缆施工。正线施工时，由于高架段的电缆支架立柱没有及时安装、地面段站内夹层的电缆支架也没有及时安装，因而使得正线电缆施工的时间拉的过长。2003 年 5 月 16 日到 2003 年 9 月 25 日交叉进行设备安装，首先进行车辆段的设备安装，然后进行正线设备安装。在正线设备安装过程中，正线道岔不方正的较多，个别道岔虽经轨道施工单位多次调整，但在最后道岔调试时仍不能达到密贴要求。室内各种机、架、柜是安装在静电地板上，而土建设计单位当时又拿不出静电地板的荷载力，致使最后在设备底下增加支撑，影响了施工的正常进行。在各站控制台安装时，由于综控室的吊顶及静电地板没有施工，导致控制台不能按计划安装，直到 2003 年 9 月 20 日，各站综控室才陆续安装完毕，致使一些站在调试时不能将控制台放在综控室，只能先在信号继电器室临时进行调试，待综控室具备条件后再进行移设安装。2003 年 10 月 5 日到 2003 年 11 月 15 日进行设备调试，成立 12 人组成的专门调试小组，首先进行继电电路及电源屏试验，试验完毕后配合 1 人由微机联锁单位进行联锁试验，微机联锁单位试验完毕后，才能进行联锁试验，联锁试验完成后，交给监理单位及地铁通号段再次进行联锁试验，在此期间，监理单位及地铁通号段对全线各站同时进行试验，在所有的试验完毕后，再由地铁通号段进行最后的联锁验收试验。工程于2003年12月1日竣工，车辆段进行冷滑试验，2003年12月28日正式开通运营。

自动售检票系统（AFC）工程　为高质量的完成该项目的施工任务，专门成立了地铁八通线AFC工程项目部及作业队。为统一施工技术标准，针对关键技术进行科技攻关活动，推广“首件首段优质样板工程”，促进样板定标工程由点向面全线开展。按施工工序，合理组织人力和物力，并协调上下、内外关系，及时解决施工中存在的问题，确保工程质量，使安全生产和施工进度始终处于受控状态。2007年2月1日开工后，到2007年7月1日，基本完成各站的线槽、桥架、钢管敷设以及线盒安装工作，到2007年9月底基本完成各站的线缆敷设，2007年底基本完成各站AFC设备室的设备安装和配线以及小营线路中心设备的安装调试，到2008年4月15日基本完成各站自动售票机、自动充值机、自动查询机、进出站检票机以及半自动售票机的安装以及单机调试，2008年6月9日前配合各设备厂家进行AFC系统联调。2008年6月9日，地铁八通线AFC系统开通运营。

第四节　北京地铁1、2号线车辆设备消隐改造工程

一、工程概况

北京地铁1、2号线始建于20世纪60～70年代，建设初期的指导思想是以战备疏散为主，兼顾城市交通。工程是为战备所建，受建设时期历史条件的限制，工程建设整体水平和质量标准偏低。经过30多年的运营，先后虽进行过技术改造，但由于地铁是一个庞大的系统工程，涉及的专业多，车辆、系统设备复杂，仍满足不了实际运营的需要。

按照北京市城市轨道交通线路建设规划方案，到2008年，将建成八通线、5号线、4号线、10号线和奥运支线（8号线）等几条新线，运营总里程将达到约300公里。1号线是贯通北京市东西向的大动脉，是客流最繁忙的线路之一；2号线经过市中心最繁华的地段，是各条新建线路的换乘联络线，将担负起多条线路的客流联络、换乘任务。1号和2号线的运输能力，车辆、系统设备技术水平，远不能达到2008年城市轨道交通线路规划的运能要求，必须对北京地铁1号和2号线进行全面的改造，车辆、设备消隐改造工程就是其中的一项主要内容。

地铁1号线，又称北京地铁一线，西起苹果园，东至八王坟，全长30.44公里，大部分线路与长安街上下重叠。沿线设苹果园、古城、八角游乐园、八宝山、玉泉路、五棵松、万寿路、公主坟、军事博物馆、木樨地、南礼士路、复兴门、西单、天安门西、天安门东、王府井、东单、建国门、永安里、国贸、大望路、四惠、四惠东共23座车站。北京地铁2

号线呈环状矩形，全长 23.1 公里，沿线设西直门、车公庄、阜成门、复兴门、长椿街、宣武门、和平门、前门、崇文门、北京、建国门、朝阳门、东四十条、东直门、雍和宫、安定门、鼓楼大街、积水潭共 18 座车站。1 号和 2 号线全长共计 53.54 公里，合计 41 座车站，2 个停车场。

地铁 1 号和 2 号线车辆设备消隐改造工程，建设单位是北京市轨道交通建设管理有限公司，由北京城建设计研究总院有限责任公司设计，其中的通信系统改造由北京电铁通信信号勘测设计院设计。

中铁电气化局集团一公司承担地铁 1 号和 2 号线车辆设备消隐改造工程，于 2006 年 3 月 31 日开工，预计 2010 年 12 月 31 日竣工。

二、工程设计

设计范围和内容包括 43 座车站及所辖区域、3 个车辆段和 1 处控制中心的传输、公务电话、专用电话、无线通信、电视监控、广播和通信电源 7 个子系统。2005 年 6 月完成初步设计，2006 年 1 月完成初步设计修改，2008 年 10 月完成施工设计。

地铁 1 号线共有 11 个外部电源接入点，全线设 3 个开闭所、9 个牵引降压混合变电所、4 个牵引变电所和 8 个降压变电所。地铁 2 号线共有 13 个外部电源接入点，全线设 4 个开闭所、11 个牵引降压混合变电所、9 个降压变电所、1 个牵引所。其中前门 3 号站开闭所由供电局管理，不在改造范围之内。除降压变电所外，各所 10 千伏母线均采用单母线分段加母联开关的方式，各降压变电所两路 10 千伏母线分列运行，部分降压所可通过一、二段母线间的电动负荷开关或断路器实现一、二段母线间的供电切换。全线开闭所向沿线相应的牵引降压混合变电所或牵引变电所放射式供电。各牵引变电所 10 千伏电源采用双进多出加联络的供电方式。各牵引变电所之间的联络线保障了各开闭所电源发生故障或其他外部电源接入点发生故障时供电的可靠性。1 号和 2 号线牵引变电所改造后设 2 套整流机组，并采用等效 24 脉波整流方式。在正常运行方式下，2 套整流机组并联运行。供电系统采取了杂散电流防护措施。为保证供电系统安全、可靠的运行，对 1 号线的 SCADA 进行升级并新增 2 号线的 SCADA 系统。

传输子系统 采用数字化、综合化、智能化的传输系统，不仅为本专业提供语音、数据、图像的传输通道，还可以为信号 ATS、电力 SCADA、环控 BAS、防灾报警 FAS 和自动售检票 AFC 等信息传输系统提供信道，适应地铁多种业务的综合接入，实现对以太网业务的带宽共享。

公务电话子系统 在控制中心、四惠车辆段和古城车辆段分别新设 1 套数字程控电话交换机，采用数字中继分别接入市话网，控制中心的数字程控电话交换机作为汇接局，具有与新设无线数字集群交换机相连的接口，其他各车站分别设置带交换功能的远端用户模块 1 套，其间均采用数字中继，为地铁运营、管理、维修等部门的工作人员提供内、外部公务联络服务。

专用电话子系统　是为控制中心调度员、车站和车辆段综控室值班员组织指挥行车和运营管理以及确保行车安全而设置的专用电话。包括调度电话和集中电话系统。其中集中电话系统又分为车站专用直通电话，站间行车电话，车辆段专用直通电话。在控制中心设专用电话主系统设备，在车站、车辆段设专用电话分系统设备。

无线通信子系统　地铁调度无线通信子系统采用800兆赫兹数字集群系统，由集群交换机、集群基站、光纤直放站近、远端机、调度台、固定电台、车载电台、便携电台、网管系统和漏泄同轴电缆等组成，技术先进，功能强大，可提供多种无线业务。公安无线通信子系统利用既有公安350兆赫兹模拟集群系统设备，引入地铁1、2号线隧道，保证公安调度指挥在隧道内的畅通。

电视监控子系统　综合地铁运营部门和公安部门的需求，增补摄像点来满足公安部门对系统的要求。采用数字和模拟技术相结合，实现覆盖范围大的特点，

广播子系统　采用模块化数字技术，实现中心广播和车站广播二级组网、二级控制。满足不同的广播需求。

通信电源子系统　采用交流UPS和48伏直流电源，UPS电源后备时间为2小时，48伏开关电源后备时间为4小时，并具有统一的电源网管和监控功能。

三、工程施工

中铁电气化局集团一公司2006年2月成立工程项目部，投入2个配电作业队和1个自动化作业队计210人，每个作业队分成3个班组，于2006年3月31日开工。

地铁1号和2号线车辆设备消隐改造工程，主要改造内容包括：48座变电所（其中开闭所6座、牵引降压混合变电所20座、降压变电所17座、牵引变电所5座）、车场及洞内区间基础设备，10千伏供电系统的10千伏开关柜、10千伏负荷开关柜、牵引变压器、动力变压器，750伏供电系统的整流器柜、750伏直流开关柜、750伏直流配电柜、杂散电流防护系统，400伏供电系统的400伏低压开关柜、各种屏盘及交直流电源屏，10千伏系统电力电缆、直流750伏系统电缆、400伏系统电缆、控制电缆，1号线SCADA系统的完善、改造和升级，新增2号线SCADA系统，变电所综合接地系统改造等。

北京地铁1号和2号线车辆设备消隐改造工程，是国内首条大规模的地铁改造项目，无具体的经验可借鉴。基于该工程是在既有运营线上进行施工，难度和风险都很大。针对改造工程中的特点和难点，首先进行了包括技术、安全、设备安装调试的专题培训。并结合工程特点，有针对性的制定了施工方案和具体保障措施，保证施工的顺利进行。地铁工程大部分变电所是地下变电所，设备运输困难，再加上房屋空间狭小，更换起来更加困难，而且更换的新设备与既有设备差别很大，衔接、过度都是问题。如原变电所采用电磁保护和自动化屏，而现在更新采用综合自动化系统，构成光纤以太网，所以工作起来改造远比

新建困难得多。更困难的是改造工程必须服从于运营，作业队要严格执行地铁相关规章制度，服从地铁行车调度、电力调度、总调的指挥，服从于地铁部门配合人员的指挥。为此，还制订了有针对性的安全、组织和技术措施，以及紧急情况下的应急预案。地铁 1 号和 2 号线站多、线长，供电专业与地铁其他专业如机电、通信信号、客运组织联系及交叉作业也多，对施工有较大的影响和制约。改造工程与新建工程不同的最大特点是，在规定的时间内，某站或区间改造完成后，立即进行验收，合格后马上投入运营。为保证运营的安全可靠性，10 千伏供电系统、750 伏供电系统、400 伏供电系统改造，都制定了安全供电过渡方案，过渡方案的倒接均在晚上地铁停运后的零点至 3 点进行。大型设备的运输均采用地下轨道车作为运输工具，运输时间为零点至 3 点。

到 2006 年底，牵引机组安装完成 95%，动力变压器安装完成 90%，环网完成 85%，10 千伏开关柜完成 30%，750 伏开关柜完成 15%。2007 年作业内容主要是进行室内设备安装，二次接线及传动试验，到 2007 年底，完成 47 处变电所的 10 千伏开关柜改造，25 处牵引变电所的直流系统改造，47 处变电所的动力变压器改造、25 处牵引变电所的整流机组改造，47 处变电所的交直流屏改造，完成总体工程量的 65%。2008 年 8 月，为保证北京奥运会的开幕，满足运营的需要，停止施工。但复工后，经过精心组织，采用规范化、程序化施工，施工进度依然很快，到 2008 年底，主体工程已全部完成，48 处变电所中 30 个所已彻底完工。剩余工作量包括处理自动化调试遗留的问题，预计到 2009 年 1 月可全部竣工，实现整体工程工期提前的目标。

第五节　北京地铁 2 号线民用通信及信号系统改造

一、工程概况

北京地铁 1 号线和 2 号线始建于 20 世纪 60～70 年代，按照北京市城市轨道交通线路建设规划方案，1、2 号线的运输能力，车辆、系统设备技术水平，远不能达到 2008 年城市轨道交通线路规划的运能要求，必须进行全面的技术改造，2 号线民用通信及信号系统改造工程就是其中的一项主要内容。

地铁 2 号线线路东段、北段、西段的走向与北京二环路上下重叠，线路南段沿长椿街至前门、建国门，全长 23.1 公里。沿线设西直门、车公庄、阜成门、复兴门、长椿街、宣武门、和平门、前门、崇文门、北京、建国门、朝阳门、东四十条、东直门、雍和宫、安定门、鼓楼大街、积水潭共 18 座车站。民用通信系统改造工程包括：传输、无线覆盖、电源、动力环境监控、支撑系统的设备安装、调试、试运行、开通，保修期服务及工程范围内既有系统设备、线缆拆除工作和相应时期内新旧设备过渡。信号改造工程系统集成设计既是对早期地铁信号系统的全面更新改造。

北京地铁2号线民用通信及信号系统改造工程，建设单位是北京地铁信息发展有限公司， 其中信号系统改造，由中铁电化局、上海卡斯柯信号有限公司及法国阿尔斯通公司组成联合体，承担信号系统集成设计和施工，北京电铁通信信号勘测设计院负责民用通信及信号系统改造工程设计，北京网桥监理有限公司负责监理。

中铁电化局二公司负责北京地铁2号线民用通信系统改造工程施工，于2007年10月18日开工，2008年7月31日竣工并开通。城铁公司负责信号系统改造工程施工，于2006年11月26日开工，2008年6月15日全面竣工。

二、工程设计

民用通信系统改造以现代通信技术为基础、以地铁资源为依托，结合计算机技术、软件技术、网络与信息技术，融合电信、广电、政府信息和公共信息等多种业务，为乘客提供多种信息服务业务。民用通信系统改造工程引入的无线系统包含：FM、数字广播、中国移动GSM、DCS、中国联通GSM、CDMA，信号在地下车站和区间延伸和覆盖。中国网通PHS信号覆盖地下车站站台和站厅，并预留未来3G信号引入地下的条件。系统支持引入80兆赫兹～2.5吉赫兹的宽频段覆盖需求，从根本上解决北京地铁2号线各地下站点公共区域及隧道内的场强覆盖问题，满足广大移动通信用户的需求，同时也体现了北京地铁的一流配套设施建设。

地铁2号线信号系统改造工程，设计内容和范围包括正线18个车站、23.3公里双正线区间、1个车辆段和1个控制中心，48组6辆编组列车的信号。信号系统改造，建设单位要求在不停运条件下完成系统改造和新旧系统的安全顺利倒接。地铁2号线信号系统改造是国内第一次进行既有线信号系统的改造，没有成功的设计模式可借鉴，面临着诸多困难。为此，对现场进行了详细的调查，针对线路运营状况进行了详细的分析，根据选用的系统设备和采用的制式，对设计方案进行了详细的论证，经建设单位和联合体确认后，于2006年8月开展施工图设计。在各方的努力下，到2006年11月完成了信号系统集成总体方案设计、信号系统选用技术制式比较和设备选型设计、新旧系统过渡方案和施工图设计、控制中心电路及配线图设计、正线联锁区室内控制电路及配线图设计、车辆段室内电路及配线图设计、试车线室内电路及配线图设计、培训中心电路图及配线图设计、车载接口电路图设计等。

三、工程施工

中铁电气化局集团二公司2007年8月成立北京地铁2号线通信工程项目部，投入30人，配置车辆3台、各类仪器仪表10台（套），于2007年10月18日开工。

地铁2号线既有通信包括无线、有线、传输、专用电话、监测告警5个子系统。进行系统改造涉及到新建与既有系统设备的过渡，施工干扰大、安全压力大、施工难度大。二公司是首次在既有地铁运营线上施工，再加上作业时间短，要保证不影响地铁的正常运营，只能在地铁停运的有限时间内组织施工。施工范围、时间、方式、材料设备进场及运输等受到严格限制，施工人员只能夜晚施工。为此，参建人员克服重重困难，事事“严”字当头，从细节做起。为做到施工安全无事故，圆满地完成施工任务，首先进行了技术培训，制定了详细的施工方案和施工工艺，按照施工工序展开程序化和标准化施工。通过奋战，比预定工期提前 10 天，于 2008 年 7 月 31 日顺利完成通信系统改造任务，实现地铁改造安全生产新纪录。经建设、监理单位检查验收，共同值班 24 小时，质量被评定为优良。

地铁 2 号线信号系统改造工程于 2006 年 11 月 26 日开工，2008 年 2 月 16 日开通太平湖车辆段，2008 年 4 月 11 日开通正线站间闭塞，2008 年 6 月 15 日开通移动闭塞 CBTC 系统。

第六节　北京地铁 4 号线供电及机电安装工程

一、工程概况

北京地铁 4 号线起自南四环路北侧马家楼，向北沿马家堡西路、菜市口大街、宣武门外大街、宣武门内大街、西单北大街、西四南大街、西四北大街、新街口南大街至新街口，由新街口向西，沿西直门内大街、西直门外大街、至首都体育馆后转向北，沿中关村大街至清华西门，之后向西进入颐和园路，经圆明园、颐和园、终至龙背村，线路全长 28.177 公里，其中地下线 27.52 公里，地面线 0.65 公里。沿线设公益西桥、角门西、马家堡、北京南站、陶然亭、菜市口、宣武门、西单、灵境胡同、西四、平安里、新街口、西直门、动物园、国家图书馆、魏公村、人民大学、海淀黄庄、中关村、北京大学东门、圆明园、西苑、宫门、安河桥北 24 座车站，除安河桥北站为地面站外，其余均为地下车站。另建马家堡车辆段、龙背村停车场，控制中心设在小营、备用控制中心设在车辆段。

地铁 4 号线工程，建设单位是北京市轨道交通建设管理有限公司，总体设计单位是北京市政设计院，供电系统由中铁电气化勘测设计研究院设计，机电安装由北京市政研究总院有限公司设计，北京华铁监理公司、北京地铁监理有限公司监理。

工程设计年限：初期 2010 年、近期 2017 年、远期 2032 年。车辆采用 B 型 VVVF 车，编组为 3 动 3 拖，采用统一交路运营模式，列车最高运行速度 80 公里/小时，远期高峰小时列车运行对数为 30 对/小时。

地铁 4 号线供电及机电设备安装工程，由中铁电气化局集团一公司负责施工，供电系统工程于 2007 年 8 月 6 日开工，机电 A 部设备安装工程于 2007 年 9 月 28 日开工，预计 2009 年 6 月竣工，2009 年 9 月 28 日正式通车运营。

二、工程设计

供电系统采用 10 千伏开闭所双环网供电方式，直流牵引供电系统采用 DC 750 伏接触轨直流供电，低压采用 10/0.4 千伏交流供电，中压采用 10 千伏分散受电、双环网供电方式。在正常运行方式下，每处开闭所的两路 10 千伏进线电源同时分列运行，负担供电分区内的牵引和机电负荷。10 千伏环网从该开闭所的两段母线分别馈出一路电源至相邻变电所。全线设 AC10 千伏/DC750 伏、10 千伏 /0.4 千伏牵引降压混合变电所 16 处，开闭所 8 处，10 千伏 /0.4 千伏降压变电所 14 处。

在公益西桥、马家堡、菜市口、西单、新街口、国家图书馆、中关村、安河桥北 8 个站设开闭所。每处开闭所从北京供电局变电站引入两回 10 千伏电源，开闭所与该车站的牵引降压混合变电所共用 10 千伏母线。全线正线在公益西桥、马家堡、北京南站、菜市口、西单、西四、新街口、动物园、国家图书馆、人民大学、中关村、圆明园、西苑、安河桥北 14 个站设 AC10 千伏/DC750 伏、10 千伏 /0.4 千伏牵引降压混合变电所，在车辆段和停车场各设 1 处 AC10 千伏/DC750 伏、10 千伏 /0.4 千伏牵引降压混合变电所；全线在马家堡车辆段、公益西桥、角门西、陶然亭、宣武门、西单、灵境胡同、平安里、西直门、国家图书馆、魏公村、黄庄、北大东门、北宫门 14 个站设 10 千伏 /0.4 千伏降压变电所，其中车辆段、公益西桥、西单、国家图书馆站为跟随式降压变电所。

牵引变电所直流 750 伏母线采用单母线接线，断路器移动小车备用形式。变电所设 2 套降压整流机组，构成等效 24 脉波整流方式。降压变电所的 2 台配电变压器分别接在两段 10 千伏母线上，低压 0.4 千伏侧采用单母线分段接线。在正常运行方式下，2 台配电变压器分列运行，共同负担供电区域内的低压负荷。

DC750 伏牵引供电系统在区间设回流电缆连接走行轨和变电所 DC750 伏负母线。设均流电缆连接左、右线走行轨，并引至牵引所内轨电位限制装置。DC750 伏牵引供电设紧急停电系统，由紧急停电电缆连接设在区间的紧急停电按钮箱。

杂散电流防护采取“以堵为主、以排为辅、堵排结合、回流畅通、加强监测”的综合防护措施。杂散电流监测系统采用集中式综合测试系统、测试及数据处理装置及变电所综合自动化系统接口，并将处理和统计后的数据经通信通道传至监控中心。

电力监控控制中心设置在小营，全线设 1 套电力监控系统。该系统在控制中心内设置电力监控主站系统，对沿线各变电所实时监控，同时在车辆段内设置备用控制中心，当小营控制中心发生紧急情况，工作人员不能进入时，启动车辆段备用控制中心。在车辆段的供电检修车间内设置电力监控复示系统，以满足供电系统日常维护检修的需要。变电所与电力监控系统控制中心的通信由通信系统的光电传输系统提供。

给水系统　每站设一路 DN100 生产、生活给水。通过风道引入站内，引入管设置水表、倒流防止器、阀门等设备。生产给水系统主要包括站内冲洗用水，空调机房用水和冷冻泵房用水。直接从站内管网引出分配到各用水点。生活给水主要包括站内乘客卫生间用水，车站工作人员用水。生活水管采用衬塑复合管，丝接或法兰连接。

消防给水系统　消防水源采用城市自来水，由于市政给水管网压力不能满足车站消防水压要求，故 2～3 个站设消防泵房，全线共 8 个消防泵房。一路 DN150 消防给水由风道直接引入。站厅内消防环网设在吊顶以上管径 DN150，站台层 DN150 环网设在站台板下。2 个环路在末端设 DN150 立管形成竖向环网。站内管道采用热浸镀锌钢管，沟槽连接。站台板下及区间采用球墨铸铁管道承插连接。

排水系统　车站排水系统包括废水系统和污水系统。各站均设有公共卫生间、盥洗室及污水泵房。生活污水通过管道集中到泵池内，每个泵房内设 2 台污水泵，通过污水泵将污水提升至地面，经化粪池处理后排入市政管网。管道采用焊接钢管焊接刷防锈漆防腐处理。车站的冲洗及消防废水通过设在侧墙的排水沟及排水管汇集到中心排水沟。通过线路最低点集水坑，汇集到废水池内。泵房设 2 台 4P-20A×2 立式废水泵，废水通过泵提升到地面泄压井，然后排入市政雨水管网。出入口扶梯基坑内设 1400 毫米×1800 毫米×1800 毫米集水井，井内固定 2 台 50-15-JYWQ-1200-2.2 型潜水排污泵，一备一用，将废水排入市政雨水管道。

管道保温　站厅层、站台层吊顶以内、管理用房处所用管道为防结露保温，各出入口、风道消防及给水管道为电拌热保温，排水管道为防结露保温，一体化泵房排水管道为电拌热保温；区间风道两侧 100 米范围内管道为电拌热保温。

三、工程施工

中铁电气化局集团一公司分别成立供电系统工程项目部和机电安装工程项目部，投入专业作业队于 2007 年 8 月 6 日开工。

地铁 4 号线供电系统包括变电所、环网电缆、牵引网、杂散电流、电力监控 5 个专业，工程范围包括：变电所 10 千伏开关柜及以下、400 伏开关柜馈出端子及以上、接触轨（走行轨）以上的变电所设备及连接电缆，电力监控设备及连接电缆，杂散电流测防端子、参比电极及以上的电气设备及连接电缆，排流柜及连接电缆和结构排流引出端连接电缆，设备的安装、调试、试验及供电系统的联调、试运行等。

地铁 4 号线机电安装工程 A 部，工程范围包括：23 座车站（黄庄站除外）及相邻 24 个区间里程范围内的给排水及灭火系统（不含气体灭火）。工程内容包括：各车站、出入口、风道的给排水、消防管道及设备安装、灭火器配置。给水为出车站 3 米阀门井以内至地下区间与车站结合处 2.5 米的阀门之间的生活消防给水系统。排水为车站第一个泄压井以内的污水、废水排水系统。

针对 4 号线供电系统和机电安装工程两项目涉及的专业多、站多线长、协调工作量大、施工进度差距大等特点，分别制定了详细的施工方案、施工工序及流程，按照施工方案开展施工。施工中严格执行质量控制程序，通过对材料、设备进场的检验，安装过程的质量控制，隐蔽工程的质量保证，重要分项工程的试验，确保施工质量。

供电系统工程　于 2007 年 8 月 6 日开工后，经过科学管理、精心组织，实现了安全生产和质量管理目标。到2008年底完成变电设备基础槽钢埋设1714米、安装变电所电缆支架（梯架）3269组（5194米）、变电所接地装置（扁钢）7777米、变压器92台（其中牵引变压器32台、配电变压器60台）、轨电位限制装置26台、整流器柜32台、10千伏开关柜346面、750伏开关柜129面、400伏开关柜658面、交直流屏78面、电力及控制电缆敷设174.405公里(其中10千伏电缆5.14公里,其他电力及控制电缆169.265公里)、电缆头制作6134个（其中10千伏电缆头192个）、变电所综合调试26站30个所。预计2009年6月竣工。

机电安装工程 于2007年9月28日开工后，克服协调工作量大，重要分项工程试验内容多而复杂的不利条件，把好每一道关口，确保施工进度。到2008年底完成总工程量的80%，预计2009年6月竣工，2009年9月28日正式通车运营。

第七节 北京地铁5号线供电及机电安装工程

一、工程概况

北京地铁5号线是北京市轨道交通线网规划中一条重要的南北干线，线路南起丰台区的宋家庄站，穿越丰台区、崇文区、东城区、朝阳区和昌平区，北至昌平区的太平庄北站，线路全长27.6公里，其中宋家庄至干杨树段为地下线长16.9公里，占全线总长的61.2%；干杨树至太平庄北为高架线和地面线长10.7公里。其中高架线9.4公里，占全线总长的34.1%，地面线1.3公里，占全线总长的4.7%。沿线设宋家庄、刘家窑、蒲黄榆、天坛东门、磁器口、崇文门、东单、灯市口、东四、张自忠路、北新桥、雍和宫、和平里北街、和平西桥、惠新西街南口、惠新西街北口、大屯路东、北苑路北、立水桥南、立水桥、天通苑南、天通苑和天通苑北23座车站，其中有道岔站8座，无道岔站15座。除大屯路东、北苑路北、立水桥南、天通苑南、天通苑和天通苑北6座车站为高架站，立水桥为地面站外，其余16座均为地下站。在宋家庄站附近设1处停车场，在天通苑北站附近设1处车辆段，在惠新西街北口和大屯路东两车站间的线路外侧设1处指挥中心。宋家庄、天坛东门、大屯路东和天通苑北4座车站为本线的折返站。在崇文门(可换乘2号线)、东单(可换乘1号线)、雍和宫(可换乘2号线)、立水桥(可换乘13号线)设置了站内换乘通道，方便旅客换乘，并极大地方便了旅客南北方向的出行。

地铁5号线工程，建设单位为北京市轨道交通建设管理有限公司，供电系统工程由中铁电气化勘测设计研究院、北京城建设计研究总院有限公司设计，北京地铁监理公司监理；机电安装工程由北京城建设计研究总院有限公司设计，北京五环建设监理有限公司监理。

地铁5号线供电系统及机电安装2、7标段工程，由中铁电气化局集团一公司承建，供电系统工程于2005年12月26日开工，2007年7月20日移交运营单位；机电安装工程于2006年3月5日开工，2007年10月7日正式通车运营。

二、工程设计

供电系统　采用10千伏分散供电方式，全线设AC10千伏/DC750伏、10/0.4千伏牵引降压混合变电所14处、10/0.4千伏降压变电所15处(含4处跟随式降压变电所)。地铁电动车组的受电方式通过DC750伏钢铝复合接触轨上部受流。供电系统中的变电所包括开闭所、牵引变电所、降压变电所，开闭所(包括牵引降压混合变电所或降压变电所)采用单母线分段接线，开闭所的两回10千伏电源引自与本线相近的市网地区变电站，每处开闭所的两回10千伏进线电源同时分列运行，负担供电分区内的牵引和机电负荷。10千伏环网从开闭所的两段母线分别馈出一路电源至相邻变电所。其中大屯开闭所的两段10千伏母线上各增加一回馈送至指挥中心，为其提供主供电源；干杨树开闭所的10千伏两段母线增加一回馈送至指挥中心，并为其提供应急备用电源。

牵引变电所设2套整流机组，并采用等效24脉波整流方式。正常运行方式下，2套整流机组并联运行。降压变电所的高压侧采用单母线分段接线，2台配电变压器分别接在两段10千伏母线上，低压0.4千伏侧采用单母线分段接线，通过低压开关柜向车站各机电设备供电，并设三级负荷总开关，以方便对三级负荷必要的切除工作。正常运行方式下，2台配电变压器分列运行，共同负担供电区域内的机电负荷。

地铁5号线供电系统设计的特点是10千伏供电为双环网供电方式，高压电缆为双进双出，变电所10千伏高压侧采用单母线分段接线，直流750伏母线采用单母线加备用母线接线方式。牵引网为双边供电方式，一所出现故障时，单边供电或越区供电。设有牵引变电所的车站，在进站侧接触轨设电分段，正线每处牵引变电所馈出四回DC750伏电源向上下行接触轨供电，牵引变电所出口设越区供电隔离开关。车辆段和停车场牵引变电所按接触轨分区供电设置馈线数量，车辆段和停车场出入线与正线接触轨间设置联络开关。DC 750伏牵引供电系统在区间、停车场和车辆段适当位置设缓冲箱连接三轨，设回流箱连接走行轨和变电所DC750伏负母线，均流箱连接上下行走行轨。DC750伏牵引供电系统设杂散电流防护，变电所设排流柜，区间设参考电极测防点。一般每座车站设1处降压变电所，在建筑规模较大、低压动力照明负荷分布较广的车站，增设1处降压变电所。每处降压变电所设2台配电变压器，变压器容量除应满足正常供电方式下供电范围内动力照明负荷外，当一台变压器解列，另一台变压器能满足供电范围内动力照明、一、二级负荷需要。本工程变电所中增设了电能再生吸收装置，可减少车辆散发到隧道的热量，便于隧道的散热和通风。杂散电流防护采取“回流畅通、排堵结合、加强监测”的综合防护措施。整个系统采用综合接地系统，每个车站设1套接地装置，供车站强弱电设备工作接地和安全接地使用。

机电安装工程　通风空调系统，车站及区间通风装置均设于本站的2个端部区域，区间与站台由安全门隔离。在站内轨道上方有排热风道，由 ZPF 风机驱动排出机车产生的热量；设在车站两端的 ZSF 隧道通风风机负责区间的通风和消防。同时在站内两端分设大、小系统通风管道，大系统负责站厅、站台公共区的通风环控，小系统负责设备区的管理用房和设备用房的通风环控。在大、小系统风道的相应位置均设组合式风阀、电动防火阀、排烟阀等，用于各系统风量控制和消防控制。平时由 BAS 控制车站区间的通风环控，火灾时由 FAS 控制各电动防火阀、排烟阀动作，以完成排烟、隔断烟火的消防功能。车站设有独立的冷冻机房 1 座，机械设备 40 余台（套）。冷冻机房安装先进的螺杆式制冷机组及冷冻泵、冷却泵、冷却塔各 3 台（套），主、备互设。工作时，冷水机组将水冷却后，经管道送至两端的空调通风机房内的空气处理机组和两端土建风道内的大型表冷器的水冷管道系统进行水与空气的冷量交换，再由风管送到站内各指定的区域完成空气调节。冷水机组、空气处理机、冷却水管道、风机、各种风阀在 BAS 的控制下，完成本站的环控任务；风机与本站风阀在 FAS 的程序控制下，完成火灾情况下的消防任务。

给排水及消防系统　车站设有一路地面供水管道，取自于地面市政的给水系统，消防给水管道为 DN150 镀锌钢管、生活生产给水为 DN80 衬塑钢管 2 种，并在站内进入通风空调水系统，分别引到卫生间、通风空调设备，清洗后进行日常供水。同时本站通过区间管路与相邻的车站进行相连。消防给水在本站设有消防泵房及 2 台消防泵，管路在本站与区间连接处用电动蝶阀进行自动和手动控制，实现本站即可单独供水，也可通过相邻车站供水，确保消防用水的可靠性，同时在区间每隔 50 米处设有消火栓以满足消防的需要。

区间、站内排水主要使用排污泵进行强排到地面。在区间的最低处、本站出入口、风口、电梯设备最低点，均设置一主一备排污泵，工作时间由液位浮球阀及超声波探测仪实现水位控制，本站相连区间内的废水按照设计要求由轨道中心排水沟汇流至车站一端的废水泵房，由废水泵房内的水泵加压排出，满足区间及站内排水要求。

消防管道采用镀锌钢管和卡箍连接，保证连接密闭可靠、操作方便。给水在吊顶内采用镀锌钢管，在区间和站台板下均采用球墨铸铁管，人防门处安装防爆波闸阀，与外界连通区域的供水、排水管道，并安装自动加热的电保温及常规防冻保温外加 PAP 卷材，管道安装后均应进行 1.4 兆帕水压试验，清洗消毒后投入运行。

低压配电及动力照明　站内电源自低压配电屏相关回路由电缆经过桥架供给各配电室和环控配电柜，分散负荷由各配电室用电缆馈送至各用电配电箱。车站负荷按功能性质分成三等级分别供电。对重要的负荷如应急照明、通讯、信号、BAS、AFC、FAS、屏蔽门、残疾人电梯、主排水泵房、雨水泵、回排风机、事故风机、排烟风机等均采用一级负荷标准供电；对于一般照明，如自动扶梯、污水泵、通风机等均采用二级负荷标准供电；其余按三级负荷标准供电。站内的主要设备均设有远程控制和就地控制。远程控制由 BAS 负责，工作中就地控制有优先权，主要用于维修和检测之用。

三、工程施工

中铁电气化局集团一公司成立北京地铁 5 号线工程项目部，设在北京昌平区回龙观镇蓝箭空军地面防空部队培训中心。项目部设 5 个职能管理部门，下设 2 个电力作业队、4 个变电作业队、1 个自动化作业队、1 个电力试验室和机电安装作业队，配备 2 辆轨道车、相应的运输车辆及机械设备，并在太平庄车辆段设中心料库，在宋家庄停车场附近设工地料库，开展施工，供电系统工程于 2005 年 12 月 26 日开工，机电安装工程于 2006 年 2 月开工。

地铁 5 号线供电系统工程范围和施工内容包括：全线 29 处变电所的设备安装调试，变电所 10 千伏及以下和 400 伏及以上开关柜的安装，接触轨、走行轨以上的变电所设备安装及连接电缆、电力监控系统设备安装及连接电缆、杂散电流测防端子、参考电极以上的电气设备安装及连接电缆、排流柜安装及连接电缆、结构排流引出端连接电缆，高压电缆敷设约 74.046 公里，低压电缆敷设约 394.123 公里，通信光电缆敷设约 126.6 公里，电缆支架安装 5.03 万组。供电系统试验及联调、试运行期间的值守等。

机电安装第 2 标段工程范围和施工内容包括：蒲黄榆站至天坛东门站半个区间、天坛东门站至崇文门站、崇文门站至东单站半个区间范围内的暖通空调、给排水、低压配电及动力照明、环境与设备监控系统全部工程的实施(包括设备采购)。第 7 标段工程范围和施工内容包括：大羊坊站与立水桥站半个区间、立水桥站至太平庄北站、太平庄北站牵出线范围内的暖通空调、给排水、低压配电及动力照明、环境与设备监控系统全部工程的实施(包括设备采购)。

供电系统工程　开工前对 7 个作业队进行采用新技术、新设备、新材料、新工艺全员培训，持证上岗。2005 年 12 月 26 日开工后，把立水桥北变电所、宋家庄变电所、大屯至大羊坊、蒲黄榆至刘家窑区间作为样板，统一施工工艺和质量标准，开展施工，做到首件达标，质量无缺陷，实现工程全面创优。施工过程中从 3 个环节入手抓安全，一是建立健全各项安全生产制度，全面落实安全生产责任制；二是实行关键工序干部盯岗制度，做到管理下沉、靠前指挥；三是坚持以人文本，扎实有效地开展安全工作。为确保工期，2006 年上半年施工高峰期人员达到 400 人。为做好对大型设备的防潮保护，又投资 25 万元购置 93 台除湿机，分别安装到 29 处变电所里，较好的避免了设备因受潮而受到损坏的问题。

2006 年 11 月 14 日竣工送电，2007 年 1 月 9 日热滑成功，2007 年 4 月 1 日全线运行，2007 年 7 月 20 日移交运营单位。

机电安装工程　第 2、7 标段工程，2006 年 2 月中旬进场，2006 年 3 月初正式开工。根据施工组织设计，施工顺序及区域的编排，2006 年 5 月达到施工高潮。由于地铁设备安装空间较小，施工中作业人员克服了市区白日交通受管制、凌晨方可进车卸货、物资中转场地紧张等困难，统筹规划，到 2006 年 11 月初，站内及相连区间内的动力照明、环境与设备监控、消防给水专业的主体安装项目均已经施工待毕。到2007年6月28日，已完成除站前广场动力照明电缆敷设项目以外的原设计的全部工作量。

施工中由于通风空调专业的风管板材使用区域的设计变更、双面铝箔复合风管连接方式由 PVC 插条连接变更为铝合金法兰连接、增强硅酸盐防火板风管连接方式（由华北标91SB6-1中的单一承插压条带连接变更增加为采用角钢法兰连接的大截面风管连接），动力照明专业由于负荷变化，导致部分电缆规格发生变化，为完善项目功能，业主扩充增加公共区动力照明、应急照明、广告照明、地面厅照明、站前广场照明工程量，消防功能的需要增加站内的电动挡烟垂帘设备的安装及配电设施安装，BAS 专业由于深化设计工作贯穿于工程实施过程中，故此管线路径、管线数量也有一定的变更。2007年6月28日前竣工，2007年6月29日正式验收，2007年10月7日正式通车运营。

第八节 北京地铁10号线一期信号、无线政务通、供电及机电安装工程

一、工程概况

北京地铁10号线是北京市轨道交通线网规划中又一条环线，途经海淀、朝阳、丰台3个行政区，分别与规划的地铁4号线、16号线、8号线、5号线、机场线、14号线、7号线、既有地铁1号线相交并换乘。

地铁10号线一期工程起于市区西北海淀区的万柳（巴沟），终于市区东南朝阳区的劲松，全部为地下线，线路全长24.684公里。沿线设万柳（巴沟）、苏州街、黄庄、科南路、知春路、学院路、花园东路、八达岭高速、熊猫环岛（含奥运支线部分）、安定路、北土城东路、芍药居、太阳宫、三元桥、亮马河、农展路、工体北路、呼家楼、光华路、国贸、双井、劲松22座车站。在黄庄站设一条与4号线的联络线，在北土城东路设一条与5号线的联络线。奥运支线是10号线一期工程的组成部分（奥运支线起于北土城站，经奥林匹克中心、奥林匹克公园，至于森林公园站，全长4.398公里，全部为地下线，奥运支线与10号线在熊猫环岛东侧的安定路站接轨，由安定路站引出，沿中轴路向北，下穿北四环路、规划的成府路、大屯路和辛店村路，贯穿奥运公园，至北部规划的森林公园南门）。在万柳设1处与奥运支线共用的车辆段，包括停车列检库18股道、定修库2股道、月修库2股道、静调库1股道、内燃机车库3股道、不落轮镟库1股道、洗刷线1股道；3条出入段线，均为与万柳站的联络线；1条约1公里的试车线。小营（干杨树站与大屯站之间）附近设1处控制中心，与地铁5号和4号线共用。

地铁10号线一期工程，建设单位为北京市轨道交通建设管理有限公司，信号系统工程由北京全路通信信号研究设计院设计，铁道科学研究院（北京）工程咨询有限公司监理；

供电系统及机电安装工程由北京城建设计研究总院有限公司设计，北京高层工程咨询监理有限公司监理。

地铁 10 号线一期（含奥运支线）工程，信号系统采用列车自动控制系统（ATC），设无线政务通专网，采用 800 兆赫兹数字集群设备组网，并引入地铁 5 号线的车站及区间，实现地下车站部分 800 米信号覆盖；供电系统采用直流 750 伏钢铝复合接触轨上部受电方式，系统中压网络采用双环网络形式，全线设 6 处牵引降压混合变电所和 5 处降压变电所；设动力照明系统、给排水及消防系统、暖通空调系统等。

地铁 10 号线一期工程的信号系统、无线政务通、供电系统监控及环境监控二合一系统（西北段）、机电安装的第 3 标段工程，由中铁电气化局集团一公司负责施工，信号系统工程于 2006 年 7 月 10 日开工，2007 年 12 月 30 日竣工，2008 年 7 月 10 日投入试运营；无线政务通工程于 2008 年 2 月 25 日开工，2008 年 12 月 12 日竣工；供电系统监控及环境监控二合一系统（西北段）工程于 2007 年 1 月 1 日开工，2007 年 9 月竣工，2008 年 6 月 30 日投入试运营并移交；机电安装第 3 标段工程于 2007 年 2 月 10 日开工，2008 年 3 月 20 日竣工。

二、工程设计

北京地铁 10 号线一期（含奥运支线）信号系统采用功能完备、技术先进的基于无线通信的列车自动控制系统（ATC），其组成包括：列车自动监控子系统（ATS），列车自动防护子系统（ATP），列车自动运行子系统（ATO），计算机联锁子系统（CI）。ATS 子系统是保证列车运输效率、提高服务质量的重要设备，由控制中心、正线车站、车辆段等设备组成，主要设备采用双机热备方式，当主机出现故障时，可以自动或手动切换至备机，保障系统的可靠运行。

ATP/ATO 子系统是保证列车运行安全、自动控制列车运行的重要设备，由车载和地面设备组成。在连续式通信（通过无线技术实现轨旁和列车间的连续通信）和点式通信条件下，列车自动防护和列车自动运行系统保证列车的安全和连续监督。系统具有自检和自诊断功能。CI 子系统是保证列车运行安全，实现轨道区段、道岔、信号机之间正确联锁的基础设备，满足故障安全原则。为确保正线区域内和车辆段内车辆的运行、折返、出入段及转线等作业的安全，地铁 10 号线一期全线均纳入联锁监控范围。

信号系统满足 6 辆编组、近期行车间隔 2.5 分钟、远期行车间隔 2 分钟、设计行车间隔 90 秒。折返站的折返能力和车辆段的出入段能力应有与正线行车间隔相适应的要求。系统采用计算机技术、网络技术、数据传输技术，设备结构模块化，便于系统功能的扩展。系统具有高安全性和可靠性，凡涉及行车安全的设备必须满足安全的原则，主要行车设备的计算机系统应采用多重冗余技术。信号系统平时采用中心自动控制，必要时中心调度员可实现人工控制，中心设备或通道故障以及运行需要时可转为车站自动控制或车站人工控制。车辆段信号系统采用人工控制。

供电系统及机电安装根据正线用电负荷的需要，正线设万柳、苏州街、科南路、学院路、八达岭高速、安定路 6 处牵引降压混合变电所和黄庄、知春里、花园东路、熊猫环岛、北土城东路 5 处降压变电所。根据万柳车辆段用电负荷的需要，设 1 处牵引降压混合变电所及 1 处降压变电所。系统中压网络采用双环网方式，为开环运行，设置中压断路器作为开环点，此断路器称为应急联络开关。对于中压供电网络，每个开闭所设 2 个供电分区，每个供电分区为双电源、双电缆并与相邻开闭所供电分区通过应急联络开关（正常为常开）形成双环网。开闭所进线方式由进线隔离柜、进线断路器柜、进线提升柜（PT）组成。10 千伏系统采用单母线分段接线，设母线分段开关。每段母线设 1 组避雷器和电压互感器。每处混合变电所均设 2 套整流机组，构成等效 24 脉波整流，2 套整流机组接在同一段 10 千伏母线上。在降压变电所和混合变电所的 10 千伏两段母线上各设 1 台配电变压器，配电变压器低压侧为单母线分段接线，设母线分段开关。在混合变电所和降压变电所设 1 套交直流屏，用于给变电所提供所用电源，以及给变电所内各设备提供交流工作电源和直流操作电源。

中压供电网络运行方式分为正常运行、故障运行、应急运行和合环运行 4 种方式。直流牵引供电系统运行方式分为双机组运行、单机组运行、双边供电运行、大双边供电运行、单边供电运行、其他运行 6 种方式。交流变配电系统运行方式分为正常运行、故障运行和车站火灾运行 3 种方式。

供电监控及环境监控二合一系统在小营设控制中心，用以控制地铁 10 号线的供电系统设备和环境监控系统设备。

通风空调系统　各站及区间通风装置均设在各站的两端部区域，区间与站台由安全门隔离。在站内轨道上方有排热风道，由 ZPF 风机驱动排出机车产生的热量，在车站两端的 ZSF 隧道通风风机负责区间的通风和消防。同时在站内两端分设大、小系统通风管道，大系统负责站厅、站台公共区的通风环控；小系统负责设备区的管理用房和设备用房的通风环控。在大、小系统风道的相应位置均设组合式风阀、电动防火阀、排烟阀等，用于各系统风量控制和消防控制。平时由 BAS 控制车站区间的通风环控，火灾时由 FAS 控制各电动防火阀、排烟阀动作，以完成排烟、隔断烟火的消防功能。各站设独立的冷冻机房 1 处。冷冻机房安装先进的螺杆式制冷机组及冷冻泵、冷却泵、冷却塔各 3 台（套），主备互设。工作时，冷水机组将水冷却后，经管道送至两端的空调通风机房内的空气处理机组和两端土建风道内的大型表冷器的水冷管道系统进行水与空气的冷量交换，再由风管送到站内各指定的区域完成空气调节。冷水机组、空气处理机、冷却水管道、风机、各种风阀在 BAS 的控制下，完成各站的环控任务；风机与各站风阀在 FAS 的程序控制下，完成火灾情况下的消防任务。

给排水及消防系统　各站设两路地面供水管道，取自于地面市政的给水系统，消防给水管道为 DN150 镀锌钢管，生活生产给水为 DN80 衬塑钢管，并在站内进入通风空调水系统，分别引向卫生间、通风空调设备，清洗后进行日常供水。同时各站通过区间管路与相邻的车站进行相连。消防给水在各站设消防泵房和 2 台消防泵，管路在各站与区间连接处用电动蝶阀进行自动和手动控制，实现各站即可单独供水，也可通过相邻车站供水，确保消防用水的可靠性，同时在区间每隔 50 米处设消火栓以满足消防的需要。区间、站内排水主要使用排污泵进行强排到地面。在区间的最低处、各站出入口、风口、电梯设备最低点，设一主一备排污泵，工作时间由液位浮球阀及超声波探测仪实现水位控制。各站相连区间内的废水由轨道中心排水沟汇流至车站一端的废水泵房，由废水泵房内的水泵加压排出，满足区间及站内排水要求。消防管道均采用镀锌钢管和卡箍连接，保证连接密闭可靠、操作方便；给水在吊顶内采用镀锌钢管，在区间和站台板下均采用球墨铸铁管，人防门处安装防爆波闸阀。与外界连通的区域的供水、排水管道安装自动加热的电保温及常规防冻保温并外加 PAP 卷材，管道安装后均进行 1.4 兆帕水压试验，清洗消毒后投入运行。

低压动力照明　站内电源自低压配电屏相关回路由电缆经过桥架供给各分配电室和环控配电柜，分散负荷由各配电室用电缆馈送至各用电配电箱。各站负荷按功能性质分成三等级分别供电。对重要的负荷如应急照明、通讯、信号、BAS、AFC、FAS、屏蔽门、残疾人电梯、主排水泵房、雨水泵、回排风机、事故风机、排烟风机等均采用一级负荷标准供电；对于一般照明，如自动扶梯、污水泵、通风机等均采用二级负荷标准供电。

三、工程施工

中铁电气化局集团一公司成立北京地铁 10 号线信号工程项目部，组成专业作业队；通信工程项目部，下设 2 个作业队；供电工程项目部，下设 1 个 51 人的变电作业队，1 个 64 人的电力作业队和 1 个 24 人的自动化作业队；机电安装作业队，开展施工。

信号系统工程　工程范围和主要工程量包括：正线 22 座车站（其中有道岔车站 8 座计联锁道岔 43 组，无道岔车站 14 座）；奥运支线正线 4 座车站（其中有道岔车站 2 座计联锁道岔 12 组，无道岔车站 2 座）；1 个车辆段计联锁道岔 41 组，全线总计联锁道岔 96 组。AP 接入点 233 个、无线天线 932 个、光电缆敷设 1300 公里、信号机 240 架、各种箱盒 548 个、计轴设备 198 套、26 个站的室内设备安装调试、万柳车辆段、试车线、培训中心及小营控制中心的室内设备安装调试等。

工程于 2006 年 7 月 10 日开工后，由于土建专业工期严重滞后，不具备全面施工的条件，仅能进行一些管线空洞预留和过轨管线预埋的施工配合及施工准备工作，直到 2007 年 4 月中旬才进入设备安装的正常施工，实际的有效施工周期仅有 6 个月，且现场各标段的土建施工进度不一，给设备安装带来了诸多困难。影响工期的另一个因素是设计图纸不到位。因采用的是西门子的无线移动闭塞系统，设计图纸滞后，满足不了施工的需要，影响室内设备布置的确定。在此情况下，主动邀请业主、设计、监理等单位，共同确定室内电缆预留方案，赢得宝贵的施工时间。在设备安装过程中，因机房移交晚，进度严重受阻。根据设计要求，所有的信号设备机柜均要安装在静电地板的上面，因各站静电地板的标高不统一，要等到静电地板铺设完成后再进行设备安装，但时间已不允许。此时工程技术人员开动脑筋，把全线的设备底座制作成 260～450 毫米可以调整的通用型设备底座，克服了因没有静电地板及标高的困难，按期完成了室内设备安装的任务。设备安装中还用到一种分线箱，是用作电缆转接和分歧的，电缆数量 4 根左右，使用端子很多。因施工是在地下段，设备安装界限狭小，箱盒的安装位置只能是洞壁，可市场上找不到适合此环境的箱盒。工程技术人员又是自己动手绘制了一个新型分线箱的图纸，满足 4 根电缆过桥，箱内设置 48 位万可端子的分线箱，可固定于墙壁上，电缆由分线箱的下方引入。厂方按照要求尺寸，试制一个样品，安装后，设计、业主均很满意，从而解决了分线箱安装的问题，而且此种分线箱目前已在地铁工程中成为广泛应用的定型产品。经过精心组织，共同奋战，2007 年 12 月 30 日竣工。动车调试完成后于 2008 年 7 月 10 日投入试运营。

无线政务通工程 无线政务通是北京市政府相关职能部门调度联络的无线通信系统，是市政府各相关单位间无线通信的重要保障，也是北京市公安专用无线系统的重要组成部分。无线政务通专网还作为北京市轨道交通指挥中心的无线指挥系统和在灾害情况下对轨道交通进行指挥的应急系统。无线政务通专网采用 EADS 公司的 800 兆赫兹数字集群设备组网（以下简称：800 米无线政务专网），实现 800 米无线政务专网覆盖地铁的目标。市信息化工作办公室综合处提出了“关于 800 米无线政务专网地铁覆盖业务需求和技术需求的函”，根据要求，将无线政务专网引入地铁 10 号（含奥运支线）和 5 号线的车站及区间。800 米无线政务专网的建成，可为市政府各委办局及相关单位提供无线指挥调度、电话互连、短信息等多种通信服务。工程范围和施工内容包括：宋家庄至惠新西街北口之间地下车站部分 800 米信号覆盖，28 个站点的设备供货和整个系统的设备安装、调试和系统调试。

2008 年 1 月中旬在签订合同前的技术澄清阶段，建设单位要求 2008 年 4 月 28 日达到开通条件，时间极其紧迫。为此项目部特别召开了紧急动员会议，确立了“为业主着想、对业主负责，确保工程质量、确保工程进度，确保运营安全、乘客安全、施工安全，为北京奥运会，为北京地铁路网建设做贡献”的总体目标。在与业主没有签订合同的情况下，基于相互信任，在第一时间与供货厂家签订了供货合同，垫付设备预付款约 200 万元，为此一公司承担了紧急供货增加的费用和风险，但为下一步工程的顺利开展奠定了坚实的基础。

工程于 2008 年 2 月 25 日开工后，又在申请运营线施工调度计划上遇到不少困难，项目部全力协调，理顺关系，为施工的顺利开展打下了基础。当大部分施工任务完成后，由于各种原因，正通公司应提供的信息通道，迟迟不能引进地铁，导致无法对设备进行指标参数、功能的调试，为此项目部在建设单位的主持下，积极协调设备厂家、正通公司、设计、监理等，提出了模拟测试的思路。即把新系统的基站主控板拿到正通公司，对其进行数据的拷贝、写入等，然后再装入新系统中，这样基站就可以输出测试信号，整个系统大部分指标就可以进行测试了，缩短了正式信息通道接入以后的测试时间。正通公司信息通道引入地铁，必须在地铁内的商用机房到公安机房敷设一条光缆，原计划光缆由正通公司提供，但由于种种原因正通公司迟迟不能提供工程所需光缆。眼看北京奥运会一天天临近，业主十分焦急，为了保证工期，项目部坚持以大局利益为重，保奥运、保开通，决定自行采购所需光缆，并尽快完成敷设、接续、开通等工作，为工程赢得了时间。经过多方的共同努力，克服种种困难，地铁 10 号线于 2008 年 12 月 12 日竣工。系统的 3 个分部工程，即传输、无线通信及电源与接地经项目部自评全部为合格，经监理单位检验全部为合格，分部工程优良率为100%。

供电系统监控及环境监控二合一系统（西北段）工程　西北段线路长 12.693 公里，为地下线路。共设 11 座车站、1 处指挥中心、13 处变电所（包括车辆段 1 处混合变电所和 1 处降压变电所）；中压网络系统共设 4 处开闭所，各开闭所和所在车站变电所合建。与地铁 5 号线在小营地区合建控制中心，控制中心的供电由 5 号线负责。

主要施工内容和工程量包括：万柳至北土城东路（含北芍区间）间设备安装、调试、试验，试运行期间的各变电所设备值守；供电监控及环境监控二合一系统设备安装、调试及连接电缆、试运行；10 号线全系统联调；设备集成和采购；供电系统 10 千伏及以下开关柜、三轨、走行轨以上（含走行轨之间均流电缆），变电所 0.4 千伏及以上低压开关柜等设备安装、调试及连接电缆；杂散电流测防参比电极以上设备安装及连接电缆、排流柜及连接电缆、道床结构钢筋测防端子连接电缆（不含主体结构钢筋伸缩缝连接电缆）。设备安装包括电缆连接、基础制作、管线预埋、孔洞封堵及防火处理等；设备调试包括各设备单体调试、系统联调、冷热滑全系统联调等；试验包括各设备的单体电气试验、设备系统联调、正线三轨及走行轨参数测试，直流牵引供电系统短路试验、杂散电流测防系统参数测试和各种供电运行方式下列车运行试验。

工程于 2007 年 1 月 1 日开工，为保证工期，春节后集中 170 多人的施工力量开展施工，2007 年 7 月施工高峰期达到 300 人，经过奋战，于 2007 年 9 月竣工。此后变电所送电开始值守，2008 年 6 月 30 日，供电系统进入试运营，并进行移交。

机电安装工程　第 3 标段（K10489.207～K18309.898）北土城东路至农展路 6 座车站及区间范围内的动力照明系统、给排水及消防系统、暖通空调系统（其中北土城东路站与地铁 5 号线换乘，由 5 号线施工单位中铁一局施工）的电缆线路的架设、设备安装与调试。2007 年 2 月 10 日开工后，2007 年 5 月中旬达到施工高潮。但在在施工工程中，由于各种原因产生了一些变更，主要有通风空调专业的风管板材使用区域的变更，双面铝箔复合风管连接由 PVC 插条连接变更为铝合金法兰连接，增强硅酸盐防火板风管连接由华北标 91SB6-1 中的单一承插压条带连接变更为采用角钢法兰连接的增大截面风管连接。动力照明专业由于负荷变化，导致部分电缆规格发生变化，为完善项目功能，业主扩充增加了公共区动力照明、应急照明、广告照明、地面厅照明、站前广场照明范围的工程量，消防增加了站内的电动挡烟垂帘设备的安装及配电设施安装。由于地铁施工安装设备的空间很小，材料、设备的囤积存放和运输都面临许多难题。项目部统筹规划，制定有效的措施，逐个加以解决和克服，保证施工的开展和质量，经过多方的共同努力和参战人员的奋战，于2008年3月20日竣工。受到建设单位和监理的一致好评，并获2007年度北京地铁10号线设备安装工程劳动竞赛三等奖。

第九节　北京城市铁路13号线供电系统工程

一、工程概况

北京城市铁路13号线，西起西直门，向北经大钟寺、知春路、五道口、上地、西二旗，然后向东经龙泽、回龙观、霍营、立水桥、北苑，再向南经望京西、芍药居(原太阳宫)、光熙门(原和平里)、柳芳(原造纸厂)，东至东直门，沿线共设16座车站，环绕北京市西北、北、东北部呈n字形，线路全长40.5公里。13号线是北京市第一条以地面线及高架线为主的快速轨道交通线路，是北京建设国际化都市、发展现代化交通的标志性工程，是承办2008年奥运会的形象工程。

北京城市铁路13号线供电系统工程，建设单位是北京城市铁路股份公司，由北京城建设计研究总院设计，华铁工程咨询有限责任公司监理。

中铁电气化局集团一公司负责北京城市铁路13号线供电系统工程施工，于2001年12月1日开工，2003年1月28日竣工开通。

二、工程设计

牵引供电系统采用直流750伏三轨受流方式，变电所采用三级控制方式，分别在变电所开关柜、中央信号屏和控制中心进行控制。

工程采用包括电力监控、环控、防灾报警等的综合监控系统，各项功能有机的结合在一起，实现数据的统一采集、信息的统一处理和信息共享等。采用计算机网络化管理模式，提高各系统的容量和管理，加快了信息的传递速度，同时预留了第三方接口，方便系统扩容。

三、工程施工

北京城市铁路13号线有地面、地下、高架，结构形式复杂，供电系统涉及的专业多，为顺利地开展施工，一公司成立北京城市铁路13号线工程项目部，组建专业作业队，于2001年12月1日开工。

北京城市铁路13号线供电系统工程，包括变电所、系统电缆、牵引供电网、区间动力照明、杂散电流防护、综合监控6个部分。施工内容包括：各变电所的基础槽钢、设备、所内防雷接地系统的安装、调试、送电开通；区间供电电缆支架安装，各混合变电所及降压所间 10 千伏供电电缆、联跳电缆的敷设；接触轨受电点到变电所直流配电柜，走行轨回流点到负极柜的电缆敷设和设备安装、调试；区间照明电缆的敷设、照明配电箱的安装和区间路灯的安装，区间动力检修箱的安装和动力电缆的敷设；排流网测防端子连接线的安装，排流电缆的敷设以及排流柜的安装、调试；各变电所电力监控设备安装、调试，各车站环控系统设备安装、调试，指挥中心大屏幕、电力监控室内设备的安装、调试。

供电系统采用的新设备、新技术、新工艺多，如将直流 750 伏接触轨牵引系统转换为直流 1500 伏接触网系统，回流电缆与钢轨的连接、回流板与走行轨的连接成为一个新的工程难点和需要研发的课题。为解决这一工程施工难点，成立了攻关小组进行攻关，经调研、分析论证与试验，确定采用火泥熔接技术。该技术是利用化学反应（燃烧）时产生的超高热来完成熔接的方法，适用于普通钢铁、锻铁、黄铜、青铜、铜包钢等不同材料互相间的金属熔接。采用火泥熔接法完成的连接部位为分子结合，没有接触面及机械压力，具有较大散热面积，导通电流能力与导体相同。熔接部位熔点与导体相同，能承受重复性大电流的冲击。采用火泥熔接技术，成功解决了三轨回流板与钢轨、回流电缆与钢轨之间的铜铁焊接问题，为机车的可靠运行提供了保障。经过实践，逐步形成了牵引网回流板、回流电缆与钢轨火泥熔接施工工艺。

供电系统采用直流 750 伏走行轨回流供电方式，产生的杂散电流对建筑物的金属结构和线路具有较大的腐蚀。由于大部分线路为露天区段，在自然条件下，风沙、雨、雪的侵蚀，对钢轨与大地的绝缘极为不利。该工程杂散电流防护要求极为严格。为了减少杂散电流对钢筋结构的腐蚀，采用了减小回流电阻、增加钢轨对地绝缘阻值、回收杂散电流的极性排流等预防性措施。设置排流监测系统，较好的解决了杂散电流的防护问题。在杂散电流防护的施工过程中，经过科研攻关，研制出“杂散电流铜铁过渡线鼻子”，采用铜铁过渡线鼻子，较好的解决了测防端子连接电缆与测防端子的连接难题。通过逐步总结完善，形成了杂散电流防护系统施工工艺。

针对北京城市铁路 13 号线的工程特点，积极探索，认真总结，编制了《牵引网三轨回流板、回流电缆与钢轨火泥热熔工艺》、《牵引网变电所 750 伏直流牵引系统安装、调试工艺》、《车站动照系统电缆桥架安装工艺》、《杂散电流防护系统安装、调试工艺》、《环控系统调试工艺》、《牵引变电所大型设备就位安装工艺》，指导施工，有效的促进了施工进度，保证了施工质量。通过解决各种困难，科学组织、精心施工，工程于 2003 年 1 月 28 日竣工开通。

北京城市铁路 13 号线工程项目部，获得“北京城市铁路工程建设先进集体”称号，该供电系统设备安装工程获得“市政基础设施竣工长城杯”和“全国市政金杯示范工程奖”。

在认真总结上述施工工艺的基础上，项目部完成了《城市铁路供电系统标准化施工技术研究》一书的编写，并通过北京市科技委员会的评审与鉴定，获工程总公司科技进步三等奖。

第十节　上海地铁1号线供电系统工程

上海地铁 1 号线工程，全线共设 16 座车站。其中一期工程包括南段（新龙华至徐家汇）、中北段（徐家汇至上海火车站）共设 12 座车站，延伸线（锦江乐园至莘庄）设 4 座车站。

上海地铁 1 号线工程，建设单位是上海市地铁总公司。1 号线一期由上海市地铁总公司提供土建平面图和土建结构设计图，由 Siemens 和 AEG 公司据图设计。1 号线延伸线接触网工程由铁道部电化局电气化勘测设计研究院设计，牵引变电由铁道部第一勘察设计院设计，通信工程由铁道部电化局通信信号设计院设计。

供电系统采用低电压、大电流的直流供电方式。

地铁1号线和延伸线供电及通信系统工程施工，由铁道部电化局二处承担。南段于1992 年 7 月 15 日开工，中北段于 1994 年 4 月 25 日开工。延伸线于 1996 年 8 月 10 日开工。地铁 1 号线工程涉及到外方，施工有其特殊性和一定的难度，均是在德方有关工作人员的指导下完成，并接受德方专家的检查，属德方负责的一揽子工程。地铁公司也委派监理人员长期在现场指导检查。一处上海地铁公司在施工中加强与各方的协商与沟通，按计划完成全部施工任务。地铁 1 号线南段于 1993 年 1 月 6 日开始运行；中北段由于诸多因素影响，分别于 1994 年 12 月 2 日和 1995 年 3 月 7 日分段开通上行线；延伸段于 1996 年 12 月 20 日开通运营，开通上海地铁 1 号线全线。

第十一节　上海轨道交通1号线供电系统改造和富锦路停车场供电系统工程

一、工程概况

上海轨道交通 1 号线，又称上海地铁 1 号线，是上海市的第一条地铁线路，为运输繁忙、最重要的交通大动脉。南段（锦江乐园至徐家汇）于 1993 年 5 月 28 日开通运营，是继北京、天津之后成为中国大陆第 3 个拥有地铁的城市。地铁 1 号线一期工程（锦江乐园至上海火车站）于 1995 年 4 月 10 日全线试运营，1995 年 7 月 1 日正式开通。后又续建了南延伸段（莘庄至锦江乐园）、北延伸段一期（上海火车站至共富新村）、北延伸段二期（共富新村至富锦路）工程。目前地铁 1 号线南起闵行区莘庄站，北至宝山区富锦路站，线路全长 37 公里，共设 28 座车站和 2 个车辆段（梅陇、富锦路停车场）。富锦路停车场始于共富新村站（既有），终于富锦路站，正线线路全长 4.035 公里，设宝杨路、友谊路、富锦路 3 座高架车站。

地铁 1 号线开通近 10 年来，部分区段已不能完全满足运营的需要，需对共和新路高架段供电系统进行改造，建设单位是上海申通集团有限公司。

地铁 1 号线富锦路停车场工程，建设单位是上海申通集团有限公司。由铁道第三勘察设计院、中铁电气化勘测设计研究院（供电系统）、上海隧道设计研究院设计。

地铁 1 号线共和新路高架段供电系统改造和富锦路停车场供电系统工程，由中铁电气化局集团一公司负责施工，供电系统改造工程于 2006 年 3 月 1 日开工，2006 年 10 月 24 日竣工并通过验收；停车场供电系统工程于 2006 年 3 月 1 日开工，2006 年 8 月 30 日竣工。

二、工程设计

（一）富锦路停车场供电系统工程

富锦路停车场供电系统工程，由中铁电气化勘测设计研究院设计。停车场电化线路包括出入段线、停车列检库、双周双月检库、静调线、定、临修及吹扫库、试车线及回转线等。供电系统采用集中供电方式（110/33/10 千伏），正线在宝杨路站、富锦路站各设 1 处牵引变电所。正线接触网采用全补偿简单链形悬挂，停车场出入段线及试车线采用全补偿简单链形悬挂，站线为带弹性吊索的补偿简单悬挂，地下回转线采用弹性支架简单悬挂。干线电缆系统采用 33 千伏、10 千伏 2 种电压等级的交流电力电缆。设防迷流系统，采用比较先进的排流、迷流收集、迷流测量系统及其设备。设区间动力及照明系统。

（二）共和新路高架段供电系统改造

地铁 1 号线共和新路高架段供电系统改造工程，由中铁电气化勘测设计研究院设计。接触网下锚改造，将共和新路一体化段范围内的 33 处液压补偿装置全部更换为棘轮补偿装置，并增加坠砣防护平台，新增的下锚底座与架空地线进行可靠连接。接触网馈线增容改造：将全线三线馈线线夹（GDC19-98）上固定双支馈线的馈线压板统一改为三支馈线压板，对一体化段用于降低承力索高度保证电绝缘的高、低吊索座进行技术整改；在全线上下行各增加 1 根 TJ150 馈线，隧道内及一体化段新增馈线下锚点与既有双线馈线下锚点里程一致，一般高架段新增馈线在既有架空地线锚柱上落锚。对共和新路高架段（中山北路站至泰和路站）之间的地下、高架车站和区间的杂散电流排流系统和杂散电流监测系统进行完善。

三、工程施工

中铁电气化局集团一公司成立工程项目经理部，下设专业作业队，于 2006 年 3 月 1 日开展施工。

（一）富锦路停车场供电系统工程

富锦路停车场供电系统包括：接触网、变电、防迷流、区间动力及照明 4 个子系统。施工范围和内容包括：共富新村站(含既有改造)至富锦路站的正线接触网、变电所及所间

33 千伏电缆、10 千伏电缆敷设及接续、电缆支架、接地扁钢、防火堵料的安装。全线排流系统、迷流收集网（除土建部分外）和迷流测量系统设备的安装与调试，停车场内单向导通装置的安装。区间动力维修配电、照明配电及控制设备采购、安装。

2006 年 3 月 1 日开工，2006 年 8 月 30 日竣工。

（二）共和新路高架段供电系统改造

共和新路接触网馈线改造、防迷流、下锚改移、钢平台安装“6 改 8”改造工程，由于改造工程内容复杂，点多零散，大部分需要当天施工当天开通，给施工带来很大难度，尽管如此，经过精心组织、合理安排，7 个多月的时间完成接触网下锚液压补偿装置改造 33 处、坠砣防护平台安装 33 处、悬挂调整 4.05 双条公里、定位支架安装 29 处；接触网 1×TJ150 馈线架设 25 条公里、横向电连接安装 414 处、绝缘安装 21 处、隧道馈线支撑板更换 926 处、三线馈线线夹安装 943 套、三线馈线线夹压板更换 550 处、吊索座改造 257 处；防迷流系统排流柜安装 1 台、电位测量箱安装 12 台、排流电缆敷设(WD-YJY_{22}-1×150)15.51 公里；控制电缆敷设（WDZB-$KYJY_{22}$-6×2.5）8.68 公里，电缆保护管安装（PVC Φ40）300 米。全部工程于 2006 年 10 月 24 日竣工并通过验收。

第十二节　上海地铁 2 号线供电、通信系统工程

上海地铁 2 号线工程，东起龙东路，西至中山公园，是一条贯通浦东、浦西的快速交通通道，线路全长 16.3 公里。共设 12 座车站、1 处停车场（龙东路），控制中心设在 1 号线的新闸路站（与 1 号线共用），另外还有龙阳路、杨高路、人民公园、中山公园 4 个折返线，并通过联络线与地铁 1 号线连通。

地铁 2 号线工程，建设单位是上海地铁总公司，供电系统由德国 Siemens 公司设计，通信系统由北京全路通信信号设计研究院设计，上海地铁咨询监理科技有限公司对工程质量、施工进度进行监督。

供电系统采用直流供电方式。通信系统设传输、电话、无线、闭路电视监控系统、广播系统等，为全线各车站、停车场及行驶的车辆提供行车调度、公务联络、旅客广播、电视监控业务，同时也为电力监控、信号、自动售检票、环控以及全线各站的计算机联网提供通道。

铁道部电气化局二处上海地铁公司负责供电、通信工程施工。供电系统工程于 1998 年 12 月 7 日开工，通信系统工程于 1998 年 11 月 15 日开工。制定施工组织设计方案时，考虑到地铁 2 号线横贯浦东、浦西的特点，在浦东和浦西分设 2 个施工基地。浦西作为项目部、存料基地，浦东作为大型材料转运及部分施工人员进驻，这样可有效的利用时间，避免路途走行时间。在施工过程中，由于各个车站的管线种类多，分布稠密，施工图纸上无管线安装的精确位置，各车站的环境又是千变万化，给管线的定位带来非常大的困难。

为此，除请设计人员进行详细的技术交底外，结合设计图进行细致的现场勘测，通过与前期施工单位、建设单位专业工程师、监理工程师沟通与商讨，来解决施工中存在的管线定位的问题，确保了管线的顺利施工。为保证施工质量和精度，不惜重金引进了国外先进的施工工具和仪器。比如打孔的冲击电钻，英制激光测距仪，德制拉出值测量仪等。在横向定位测量时采用先进的激光测量仪，通过准确定位，确保打孔精确，采用拉出值测量仪，保证接触导线的调整准确。

供电系统工程于 2000 年 8 月 20 日竣工，通信系统工程于 2000 年 8 月 25 日竣工，保证了地铁 2 号线的按时开通。

第十三节　上海轨道交通 2 号线视频监控系统改造和东延伸段供电系统工程

一、工程概况

上海轨道交通 2 号线东延伸段为既有 2 号线（中山公园站至张江高科站）向东的延伸线。东延伸段起点由龙阳路站至张江高科站区间地下与高架过渡段引出，沿祖冲之路经高科东、华东、川环南、华洲、主进场路至终点浦东机场站，线路全长 29.626 公里。其中远东大道以西为地下线，长 20 公里，以东为高架线，长 9.6 公里。沿线设张江高科、金科路、广兰路、唐镇、唐镇东、华夏东路、川沙、川沙东、远东大道、海天路、浦东国际机场 11 座车站，其中远东大道站及海天路站为高架站，浦东国际机场站为地面站，其余 8 座为地下站。在东横港和沙脚河之间设川沙停车场。控制中心与既有 2 号线合用新闸路控制中心。

轨道交通 2 号线（含西延伸段）视频监控系统改造和东延伸段工程，建设单位是上海申通地铁集团有限公司，东延伸段工程总体设计单位是上海市政设计院，供电系统由中铁电气化勘测设计研究院设计，铁道第三勘察设计院监理公司监理。

轨道交通 2 号线东延伸段主要技术条件：线路数目，双线；轨距，1.435 米；线路纵坡，区间最大坡度 35‰，辅助线最大坡度 40‰；最小曲线半径，区间正线 350 米，困难地段 300 米，车站正线 800 米；钢轨，正线试验线 60 公斤/米钢轨，车场线 50 公斤/米钢轨；隧道类型，圆形隧道内径直径 5200 毫米；道床厚度 735 毫米；矩形隧道，高 5060 毫米，宽 4300 毫米；道床厚度 540 毫米。

中铁电气化局集团一公司承担轨道交通 2 号线（含西延伸段）视频监控系统改造和东延伸段供电系统的施工。视频监控系统改造工程于 2007 年 11 月 19 日开工，2008 年 6 月 6 日竣工；东延伸段供电系统工程 2008 年未开工。

二、工程设计

（一）轨道交通 2 号线东延伸段供电系统工程

供电系统采用 110/33 千伏两级电压集中供电方式，与既有 2 号线 33 千伏中压系统联络。接触网采用 DC1500 伏架空接触网方式。全线在川沙站附近设 1 处 110/33 千伏主变电所，主变电所进线采用 110 千伏电压等级，馈出线采用 33 千伏电压等级。通过川沙主变电所向轨道交通 2 号线东延伸工程全线牵引降压混合变电所和降压变电所供电。结合既有 2 号线实际情况，当川沙主变电所解列时由既有 2 号线世纪公园主变电所向轨道交通 2 号线东延伸全线牵引负荷和动力照明一、二级负荷供电，当世纪公园主变电所解列时不考虑川沙主变电所向既有 2 号线供电。正常运行方式下，龙阳路站和张江高科站由既有 2 号线世纪公园主变电所供电，除龙阳路站和张江高科站以外的 2 号线东延伸全线由川沙主变电所供电。牵引变电所及降压变电所进出线均采用 33 千伏电压等级；电动车组采用 DC1500 伏架空接触网受电方式。

东延伸设张江高科、广兰路、唐镇、华夏东路、川沙、川沙东、远东大道、区间牵引变电站、海天路、浦东国际机场、川沙停车场 11 处 AC33 千伏/DC1500 伏牵引变电所。33 千伏供电网络采用短串环接的接线方式向各降压变电所或牵引降压混合变电所供电，每 3～4 个车站变电所为一个小供电分区，每个供电分区中的一个降压变电所或牵引降压混合变电所直接从主变电所或 33 千伏开关站引入两回电源，其他变电所（跟随式降压变电所除外）采取环接形式从相邻变电所引入两回 33 千伏电源。全线设 5 个供电分区，第一供电分区是龙阳路站、张江高科站；第二供电分区是金科路站、广兰路站；第三供电分区是唐镇站、唐镇东站、华夏东路站；第四供电分区是川沙站、川沙东站、远东大道站、川沙停车场；第五供电分区是区间混合变电站、海天路站、浦东国际机场站。

高架桥、地面段及敞开段采用柔性悬挂，悬挂类型为双承力索、双接触线的全补偿简单链形悬挂。地下段隧道内采用架空“Π”型刚性悬挂。川沙停车场出入场线与正线高架桥接触网悬挂形式保持一致，为全补偿简单链形悬挂。川沙停车场内其他线路采用架空柔性补偿弹性简单悬挂。高架桥及地面段正线柔性接触线悬挂点距轨面连线的高度一般为 4600 毫米，最低不低于 4400 毫米（隧道口过渡段除外）。地下段隧道内刚性悬挂接触线悬挂点距轨面连线的高度为 4040 毫米。停车场接触线悬挂点距轨面连线的高度一般为 5000 毫米；停车列检库、洗车库接触线悬挂点距轨面连线高度根据工艺专业的要求确定。

电力监控系统由设在控制中心的电力监控调度系统，停车场复示系统，设在地铁沿线变电所（包括牵引降压混合变电所、降压变电所、主变电所）的综合自动化系统以及联系它们的通信通道构成。系统采用计算机监控装置，电力监控系统在停车场供电检修车间设复示监控系统，方便供电系统的维修、检修。

牵引回流系统由钢轨、负回流电缆、上下行均流电缆以及单向导通装置等组成。杂散电流排流系统主要由轨道道床杂散电流收集网、隧道结构钢筋辅助排流网及其他设施的排流组成。

（二）轨道交通 2 号线及西延伸段视频监控系统改造工程

轨道交通 2 号线及西延伸段视频监控系统，是为满足对 6/8 节车辆编组的监视，保证安全运营而进行扩容改造的。在 17 座车站（淞虹路，北新泾、威宁路、娄山关路、中山公园、江苏路、静安寺、南京西路、人民广场、南京东路、陆家嘴、东昌路、世纪大道、科技馆、世纪公园、龙阳路、张江高科）增设站台摄像机、室内监视器及相关设备等，通过专用的传输网络及车站级通信，实现视频监控系统的 OCC 级、车站级二级控制。并实现对新增视频源的录像及回放功能。

三、工程施工

（一）轨道交通 2 号线及西延伸段视频监控系统改造工程

一公司成立上海通信工程项目部，组建专业作业队，于 2007 年 11 月 19 日开工。到 2008 年 6 月 6 日，完成固定彩色摄像机安装 144 台、室内护罩安装 136 套、室外护罩安装 8 套、摄像机电源安装 72 处、过渡箱安装 72 处、视频均衡器安装 17 台、字符发生器带 4 分配安装 13 台、四画面处理器安装 34 台、液晶监视器安装 26 台，全部工程竣工。

（二）轨道交通 2 号线东延伸段供电系统工程

一公司承建的轨道交通 2 号线东延伸段供电系统（接触网、变电所、杂散电流防护等）工程，为施工总承包项目，内容包括：供电系统所需的全部设备、材料的工厂测试/联调、供货、运输、仓储、软件以及文件交付，施工安装、调试、开通、验收，工程接口协调、交付运营的使用培训及在规定期限内的保修、维护等。

成立工程项目部后，仅进行一些准备工作，2008 年未开工。

第十四节　上海轨道交通 3 号线及北延伸段无线通信工程

一、工程概况

上海轨道交通 3 号线无线通信工程，起讫点为上海南站至虹桥路站和宝山路站至江湾站，有 10 座地上车站、1 处停车场、1 处控制中心。施工段线路长度 13.5 公里。

上海轨道交通 3 号线北延伸段无线通信工程，起讫点为明珠线一期的江湾镇车站至江杨北路站，有 10 座车站（其中 9 座地上车站、1 座地下车站）、1 处车辆基地、1 处控制中心。施工段线路长度 15.685 公里。

轨道交通 3 号线及北延伸段无线通信工程，建设单位是上海轨道交通明珠线发展有限公司，由上海轨道设计院设计，天津新亚太工程监理有限公司监理。

中铁电气化局集团一公司承担上海轨道交通 3 号线和北延伸段无线通信工程的施工。轨道交通 3 号线无线通信工程，于 2005 年 6 月 6 日开工，2006 年 6 月 30 日竣工；轨道交通 3 号线北延伸段无线通信工程，于 2005 年 3 月 18 日开工，2006 年 6 月 30 日竣工。

二、工程设计

根据上海市轨道交通无线通信共网总体规划的要求，上海轨道交通 3 号线及北延伸段无线通信系统工程，设 3 个数字集群基站，每个基站配置 2 对频点，新设基站通过传输系统提供的通道全部接入宝兴路控制中心轨道交通 4 号线 TETRA 无线交换设备，实现与轨道交通 4 号线无线通信系统共网，保证轨道交通 3 号线及北延伸段无线通信系统满足《上海市轨道交通无线通信频率规划》的要求。

轨道交通 3 号线及北延伸段无线通信工程，按其工作区域及工作性质的不同，设 4 个无线集群通信子系统。一是列车调度子系统：供列车调度员、司机、车站值班员、停车场信号楼值班员之间和车站值班员与站台值班员之间通信联络，满足列车运行需要。二是防灾调度子系统：供防灾调度员、车站防灾员、现场指挥人员及有关人员间的通信联络，进行事故抢修及防灾救灾。三是车场（停车场）调度子系统：供停车场运转值班员、调车员、检修员间通信联络，进行列车调车与车辆定修、临修和双周双月检。四是维护调度子系统：供机、工、电维修人员使用，进行线路、设备维修及施工抢修。

轨道交通 3 号线无线通信工程，在龙曹路站和赤峰路站设 TETRA 数字集群基站（2 载波）和光纤直放站主站，其余车站设光纤直放站远端站。石龙路停车场设 TETRA 数字集群基站（2 载波）。光纤直放站主站与每个光纤直放站远端站之间利用传输系统提供的光纤连接，设在停车场的远端调度台通过传输系统提供的通道连接到控制中心。区间、站台敷设 800 兆赫兹漏缆，站厅设室内天线，石龙路停车场信号楼设室外天线、石龙路停车场维修库内设室内天线进行信号覆盖。

轨道交通 3 号线北延伸段无线通信工程，在淞发路站和水产路站设 TETRA 数字集群基站（2 载波）和光纤直放站主站，其余车站设光纤直放站远端站。宝钢车辆基地设 TETRA 数字集群基站（2 载波）。光纤直放站主站与每个光纤直放站远端站之间利用传输系统提供的光纤连接，设在车辆基地的远端调度台通过传输系统提供的通道连接到控制中心。区间、站台敷设 800 兆赫兹漏缆，站厅设室内天线，宝钢车辆基地信号楼设室外天线、宝钢车辆基地维修库内设室内天线进行信号覆盖。

三、工程施工

轨道交通 3 号线及北延伸段无线通信系统工程，摩托罗拉公司作为系统集成承包商，负责提供设备、主材、软件、相关技术方案和接口澄清、随机文件交付、工厂测试/联调、供货、运输、工程接口协调、施工安装督导、调试、开通、验收、培训、交付业主使用以及在规定期限内的保修、维护和技术咨询等服务。

中铁电气化局集团一公司作为轨道交通3号线及北延伸段无线通信系统工程的施工单位，负责该工程既有通信传输扩容设备、电源设备的采购，摩托罗拉公司所供设备、材料的进场开箱点验、仓储、小运、附材的订制加工、施工安装、工程测试；配合集成承包方进行调试、开通、验收；负责竣工资料编制等。

具体施工内容包括：既有通信传输系统扩容、专用数字集群基站设备、降级台设备、固定台设备、调度台设备、机车台设备、专用无线电源设备、系统网管设备，电源网管设备、分线交换机安装与调试，区间、站台漏泄同轴电缆和综合光缆敷设，站内天馈线及室内外天线安装与调试。

一公司成立上海轨道交通通信工程项目部，组建 60 多人的专业作业队，分成车站综合管线安装作业班、区间线缆作业班、系统设备安装试验/联调作业班3个施工班组，开展施工。轨道交通3号线于2005年6月6日开工，轨道交通3号线北延伸段于2005年3月18日开工。

轨道交通3号线及北延伸段无线通信系统工程，工作量大、工期短、技术要求高。为确保工期和施工质量，针对工程特点和需要，有针对性的制定施工方案和保证措施，对所有参战人员进行岗前技术和安全培训，经考核合格后上岗作业。设专人接受业主专业工程师和监理工程师的监督，对内指导施工。到 2006 年 6 月 30 日，完成轨道交通 3 号线 10 座车站、1 处停车场和 3 号线控制中心设备的安装，安装通信机房基站设备 3 架、直放站设备 12 套、调度台设备 6 套、分线交换设备 1 套、机车台设备 60 套、传输设备扩容 12 站、电源设备 13 套、敷设综合光缆 0.8 公里、泄露同轴电缆 14.09 公里，射频电缆 6.714 公里、安装天线 45 付。完成轨道交通 3 号线北延伸段 10 座车站、1 处车辆基地和 3 号线控制中心分线交换设备的扩容，安装通信机房基站设备 3 架、直放站设备 12 套、调度台设备 2 套、分线交换设备扩容 1 项、电源设备 1 套、敷设综合光缆 0.9 公里、漏泄同轴电缆 19.769 公里、射频电缆 8.093 公里、安装天线 39 付。工程竣工后，经过自检，工程质量全部合格，按期交付使用。

第十五节　上海轨道交通7号线供电、电力监控系统工程

一、工程概况

上海轨道交通 7 号线从市区的西北（外环路、陈太路）穿越市中心城区至浦东的西南地区（芳甸路），线路全长 34.243 公里。全线共设 28 座车站，其中外环路、祁连山路、

南陈路、沪太路 4 座为地下一层浅埋式车站；场中路、汶水路、新沪路、大华三路、新村路、铜川路、中山北路、长寿路、昌平路、静安寺、常熟路、肇家浜路、零陵路、南浦、耀华支路、长清路、上南路、云台路、东明路、杨高南路、锦绣路、沪南路、龙阳路、新博览中心 24 座为地下车站。在陈太路、龙阳路设 2 处停车场（含综合维修中心）。

轨道交通 7 号线工程，建设单位是上海市轨道交通七号线发展有限公司，供电、电力监控系统由中铁电气化勘测设计研究院设计，上海承建工程监理有限公司监理。

轨道交通 7 号线主要技术条件：线路数目，双线；轨距，1435 毫米；线路纵坡，区间最大坡度 35‰，辅助线最大坡度 40‰；最小曲线半径，区间正线 350 米，困难地段 300 米，车站正线 800 米；钢轨，正线试验线 60 公斤/米钢轨，车场线 50 公斤/米钢轨；隧道类型，圆形隧道内径直径 5200 毫米；道床厚度 735 毫米；矩形隧道，高 5060 毫米，宽 4300 毫米；道床厚度 540 毫米。

中铁电气化局集团一公司承担轨道交通 7 号线供电、电力监控系统工程建设，2008 年 7 月 1 日开工，预计 2009 年 11 月竣工。

二、工程设计

设计范围及内容主要包括：供电系统方案构成、运行方式、牵引供电计算、系统各种运行方式下的负荷计算、主变电所容量的确定、35 千伏供电系统及直流 1500 伏牵引供电系统主要设备容量选择、电压水平、短路电流、用电量计算，系统保护、测量、控制方式的确定，过电压防护及接地系统构成，主变电所 35 千伏馈出线电缆及地铁牵引降压混合变电所或降压变电所（不含跟随式降压变电所）间的 35 千伏环网电缆及线路差动保护光缆及联跳电缆。环网电缆与主变电所设计分界点为主变电所 35 千伏馈线开关柜出线电缆端头，与牵引降压混合变电所或降压变电所设计分界点为变电所 35 千伏进出线开关柜电缆端头。

设计年度，初期 2009 年，近期 2016 年，远期 2031 年。

供电系统采用 110/35 千伏两级集中供电方式。主变电所由城市电网 220 千伏变电站提供两回 110 千伏电源供电，每处主变电所设 2 台 110/35 千伏主变压器。轨道交通 7 号线设 1 处 110/35 千伏主变电所和 1 处 35 千伏开关站。110/35 千伏主变电所设在新村路车站附近，设在上南路站的 35 千伏开关站，由 8 号线共用主变电所两段 35 千伏母线各提供一回电源。通过新村路主变电所和上南路 35 千伏开关站向轨道交通 7 号线牵引降压混合变电所和降压变电所供电。

一般每个车站设 1 处 35/0.4 千伏降压变电所，对于规模较大的车站可根据具体情况增设跟随式降压变电所。每处降压变电所设 2 台 35/0.4 千伏配电变压器。在设牵引变电所的车站和停车场，牵引变电所与降压变电所尽量合设为牵引降压混合变电所。牵引降压混合所及降压变电所 35 千伏侧采用单母线分段接线方式。牵引变电所进线电压为交流 35

千伏，设 2 套整流机组。为减少谐波影响，采用等效 24 脉波整流机组。正常运行时，正线接触网由相邻牵引变电所双边供电，当 1 处牵引变电所解列时，由相邻牵引变电所实现越区供电；当牵引变电所一台整流机组出现故障或检修时，另一台整流机组可继续向接触网供电。正常运行状态下，停车场内的牵引变电所负责向停车场的接触网供电，当停车场牵引变电所故障时，由正线邻近的牵引变电所向停车场接触网供电。

电动车组采用 DC1500 伏架空接触网受电方式，任何运行方式下，接触网最高电压不得高于 1800 伏，最低电压不得低于 1000 伏。为保证旅客安全，每个车站和停车场设钢轨电位限制装置。

低压无功补偿按就地平衡、分散补偿原则考虑，应能随低压负荷无功大小进行动态补偿，即在各降压变电所 0.4 千伏侧进行无功补偿，各降压变电所设置自动投切电容补偿装置。

设继电保护装置，35 千伏电缆线路以纵联差动保护为主保护，并设置过流及零序保护。变电所采用综合自动化方式实现保护、控制、测量、信号功能。各变电所设备系统按无人值班设计。

全线设 13 处 AC35 千伏/DC1500 伏牵引变电所，分别设在陈太路停车场、祁连山路站、场中路站、大华三路站、中山北路站、静安寺站、肇家浜路站、耀华支路站、云台路站、锦绣路站、龙阳路站、新博览中心站、龙阳路停车场。每个车站设 1 处 35/0.4 千伏降压变电所，新村路站增设 1 处跟随式降压变电所。

新村路主变电所 110 千伏侧采用线路变压器组接线，35 千伏侧采用单母线分段方式，两段母线间设母联断路器，正常运行时母联断路器打开。35 千伏侧通过接地变压器中性点经小电阻接地，单相接地电流按 1000 安培考虑。正常运行时，主变电所的 2 台主变压器分列运行。主变电所通过 35 千伏馈出电缆分别向各自供电区域的牵引变电所和降压变电所供电。新村路主变电所每段 35 千伏母线设四回馈线，共计八回馈线；另外每段母线预留两回馈线所需仓位，共计预留四回馈线所需仓位（仅场地预留）。新村路主变电所除向 7 号线供电所需的回路外，还预留向 L2 线供电的条件。由 8 号线共用主变电所馈出两回 35 千伏电源，向上南路 35 千伏开关站供电，上南路 35 千伏开关站每段母线设五回 35 千伏馈线，共计十回馈线；另每段母线预留两回馈线所需仓位，共计预留四回馈线所需仓位（仅场地预留）。

牵引降压混合变电所 35 千伏侧为单母线分段，两段母线间设母联断路器，2 套整流机组接在 35 千伏侧的同一段母线上，2 套整流机组并列运行；2 台 35/0.4 千伏配电变压器分别接在两段母线上。降压变电所 35 千伏侧为单母线分段，2 台 35/0.4 千伏配电变压器分别接在两段母线上。跟随式降压变电所设 2 台 35/0.4 千伏配电变压器，2 台变压器直接从该站（段）牵引降压混合变电所或降压变电所的两段 35 千伏母线上各引入一回 35 千伏电源。降压变电所低压 0.4 千伏侧单母线分段，通过低压开关向车站各动力照明负荷供电。降压变电所设置三级负荷总开关。

35 千伏供电网络采用短串环接的接线方式向各降压变电所或牵引降压混合变电所供电，每 3～4 个车站变电所为一个小供电分区，每个供电分区中的一个降压变电所或牵引降压混合变电所直接从主变电所或 35 千伏开关站引入两回电源，其他变电所（跟随式降压变电所除外）采取环接方式从相邻变电所引入两回 35 千伏电源。车站跟随式降压变电所直接从该站牵引降压混合变电所或降压变电所的两段 35 千伏母线上各引入一回 35 千伏电源。

主变电所 2 台主变压器分列运行，负担各自供电区域内的 35 千伏牵引变电所、降压变电所和跟随式降压变电所牵引及动力照明负荷。每处牵引降压混合变电所、降压变电所及跟随式降压变电所由两回 35 千伏电源供电。每处变电所的 2 台配电变压器分列运行，共同负担供电区域动力照明负荷，每处牵引变电所的 2 套整流机组并联运行，向接触网供电。

三、工程施工

中铁电气化局集团一公司承建的轨道交通 7 号线供电、电力监控系统工程，线路较长，工程量较大，为顺利的开展施工，成立轨道交通 7 号线工程项目经理部，设 2 处料库基地，下设 2 个作业队，于 2008 年 7 月 1 日开工。

承建的轨道交通 7 号线供电、电力监控系统工程，为供货、施工、工程服务的承包工程。范围和内容包括：提供部分成套设备、各种线缆和材料，以及为了形成符合设计要求的、完整的轨道交通供电系统（除主变电所）所必需的其他软、硬件系统；供电、电力监控系统所需的设备安装、调试，线缆敷设，系统联调及运营移交；为业主提供工程全过程的协调、设计联络、配合设备监造和出厂验收、设备交货计划的监管（作为设备合同付款管理的必要环节，包含交货数量和安装调试进度的确认）、竣工资料的验收及设备移交等。对于自供设备，还需提供工程中必要的储运、工程协调、现场配套设计、安装和调试指导、现场培训和其他必要的工程服务。

开工后，施工过程中遇到的主要难题是部分变电所设在站厅层、设备层而没有设备吊装孔，设备吊装运输比较困难。经与建设单位沟通，提出设备吊装运输方案，征得建设单位同意后，与房屋施工单位协商，先装修变电所设备用房，预留设备运输通道，按建设单位对工程接点的要求，将设备提前运输进场，并安排人员值守，待条件具备时随时进行设备安装，从而解决了存在的难题。到 2008 年底，完成部分工作量。

第十六节 上海轨道交通 9 号线供电系统工程

一、工程概况

上海轨道交通 9 号线一期工程，起自松江新城站，终到宜山路站，线路全长 31.352

公里。由隧道段、地面段和高架段三部分组成，其中隧道段占全长的46%，高架段和地面段占全长的54%。沿线设松江新城、大学城、佘山旅游度假区二、佘山旅游度假区、泗泾、九亭、中春路、七宝、外环路、合川路、虹梅路、桂林路、宜山路13座车站。在九亭设1处车辆段，在虹梅路站设1处控制中心。

轨道交通9号线一期工程，是上海市政建设的重点工程之一，贯穿上海松江、闵行和徐汇3个行政区，它与已经建成运营的几条地铁、轻轨线路组成辐射型交通网，给上海市民的出行带来极大的便利，为缓解交通压力起到了重要作用。同时，轨道交通9号线是上海市申通地铁集团引进香港地铁管理机构进行建设管理的第一条线，将国际先进的施工管理经验引入国内市场，对优质建成轨道交通9号线有着重要的意义。

轨道交通9号线一期工程，建设单位是上海轨道交通申松线发展有限公司，管理单位是上海港铁建设管理有限公司，由铁道第三勘察设计院设计，上海外建建设咨询监理有限公司监理。

轨道交通9号线一期供电系统工程，由中铁电气化局集团有限公司轨道交通事业部负责施工。2005年12月16日开工，2007年12月4日通过对接触网工程的验收，2007年12月29日试运营。

二、工程施工

轨道交通事业部成立9号线工程项目部，组建施工队伍，配备施工机械和设备，制定施工组织设计方案和专项的安全保障措施，在取得港铁公司计划部批准的施工计划基础上，于2005年12月16日开工。

在国内其他地铁工程接触网施工中，为了保证刚柔过渡元器件的顺直和弹性，刚柔过渡元器件都是安装在直线段。但在本工程中，由于受到地形的限制，刚柔过渡元器件要安装在曲线段，针对此种情况，制定了曲线段刚柔过渡元器件安装施工方案，并与设计多次察看现场，反复调整相邻定位点的拉出值大小，保证接触线在刚柔过渡元器件安装跨距内以及相邻跨距内是一条直线，避免曲线段接触线对刚柔过渡元器件的侧向压力和刚柔过渡处受流的平稳。传统的刚性悬挂汇流安装形式已经不能满足人防门处的安装要求。在此处，单独设计一段3米的汇流排，用汇流排外接头连接，实现机械和电气性能上的连接。在紧急情况时，可以拆卸掉（只需要8分钟）3米的汇流排，达到人防门快速密封的要求。

车站结构风管下螺栓打孔及安装，钻头很容易把结构风管上方顶穿，不利于螺栓安装和防腐，在最初施工的九亭车站打孔中出现过打穿现象，为此会同土建施工单位、设计和螺栓供货方共同商定处理方案，并开展技术攻关，调整接触网施工工艺，把大冲力钻机改为小冲力钻机，减小对结构风管的冲击力，使用专用钻头，严格控制打孔深度，对于已打穿的孔，先把后切底锚栓膨胀开，再从风管底板上方往下灌注锚栓，然后用水泥从上方封堵进行防腐处理，通过采取这些措施，极大地提高了螺栓安装效率和施工质量。

车辆段一些区域由于受地形和其他设备的影响，接触网横梁横跨长度最长的 27 米，整个横梁重 3556 公斤，横梁中部在自重的影响下会自然下垂，影响车辆段接触网的整体美观，为解决这一问题与横梁生产厂研究，在横梁预制之前，提前预估横梁的下垂度，在横梁制造时预留向上的拱度，抵消横梁由于重力自然下垂的影响，横梁安装后及时将横梁与支柱焊接固定好，避免横梁变形，达到预期的效果。

大库内受力柱与柱之间的距离为 7 米，接触网电缆桥支架无受力支撑点，需增加承重方形横梁，方形横梁下面安装电缆桥架。横梁单重 800 公斤，库内起重设备由于受空间的影响难以开展工作，增加了施工难度，作业人员通过电动滑轮组吊装横梁，减小了作业强度，提高了作业效率。

到 2007 年 12 月 4 日，共架设承力索 87 条公里，馈线 66 条公里，接触线 134 条公里，地线 77 条公里，汇流排 33 条公里。除桂林路至宜山路一个区间和宜山路站划到 9 号线二期工程外，全部工程竣工。2007 年 12 月 29 日开始试运营。剩余一站一区间于 2008 年 5 月底开工，2008 年 9 月 27 日竣工。

第十七节　上海轨道交通 10 号线供电、信号、通信系统工程

一、工程概况

上海轨道交通 10 号线是上海轨道交通网络中的一条重要骨干线。途经上海市 9 个行政辖区，将为高速铁路客站、虹桥经济开发区、老西门地区、市核心城区、老城厢豫园地区、江湾五角场、新江湾城等城市活动中心提供直达的交通服务。并连接虹桥路、复兴路、河南路、四平路、淞沪路的客运交通走廊和大型客流集散点。高速铁路客运站将成为上海公共交通系统的重要枢纽，它连接了高速铁路客运站和 2 号、5 号、13 号线以及扩建后的虹桥机场。

上海轨道交通 10 号线分两期实施，一期工程是 2010 年世博会前建成“四纵三横一环”轨道交通网中的重要“一横”，线路全长 36.221 公里，均为地下线。其中主线长 31.254 公里，设 28 座车站；支线长 4.967 公里，设 3 座车站。全线设有岔车站 10 座，1 处停车场和 1 处吴中路控制中心，1 处中山北路备用控制中心，与 8 号线、12 号线共用。10 号线一期工程，由虹桥机场西站至新江湾城站，大部分横穿中心城区的淮海路、复兴中路、金陵路、南京东路、四川北路以及老西门、豫园等重要区域路段，在虹桥机场西站与 1 号线相接。

设在吴中路的停车场，划分为全自动运行区域（无人区）和非自动运行区域（有人区）。停车场设 2 条出入场线与龙柏新村站相连，出入场线长 850 米，其中暗埋段长 662 米，敞

开段长 188 米。停车场内设试车线 1 条，试车线长约 770 米。停车场设联锁道岔 52 组，其中 50 公斤/米 7 号道岔 51 组，60 公斤/米 9 号道岔 1 组。

10 号线二期工程，线路全长 9.44 公里，由新江湾城站延伸至外高桥保税区站，初定设 5 座车站及 1 处港城路停车场。

上海轨道交通 10 号线一期工程，建设单位是上海申通地铁集团有限公司、上海轨道交通 10 号线发展有限公司，由铁道第三勘察设计院集团有限公司、上海市隧道工程轨道交通设计研究院、中铁上海设计院设计，北京电铁通信信号勘测设计院承担信号系统设计。上海建浩工程顾问有限公司、建通监理公司、上海同济工程项目管理咨询有限公司监理。

轨道交通 10 号线一期工程的供电、通信、信号系统工程，由中铁电气化局集团一公司负责施工，供电系统工程于 2008 年 12 月 20 日开工，预计 2010 年 2 月竣工；通信信号工程于 2008 年 12 月 20 日开工，预计 2009 年 8 月竣工。

二、工程设计

（一）供电系统工程

供电系统，由铁道第三勘察设计院集团有限公司、上海市隧道工程轨道交通设计研究院设计，采用 110/35 千伏两级电压集中供电方式，全线在凯旋路和溧阳路设 2 处 110/35 千伏主变电所，向全线的 35 千伏/DC1500 伏牵引变电所和 35 千伏/0.4 千伏降压变电所供电。当一处主变电所出现解列，且 35 千伏母线无故障的情况时，合上老西门站的联络开关（LK1、LK2），由另一主变电所向全线变电所供电。沿线在龙溪路、宋园路、上海图书馆、老西门、天潼路、邮电新村、国权路、三门路、新江湾城、吴中路停车场和紫藤路站设 11 处牵引降压混合变电所；沿线在（含停车场）上海动物园、水城路、古北路、虹桥路、上海交通大学、陕西南路、淡水路、豫园路、南京东路、四川北路、海伦路、同济大学、五角场、江湾体育场、殷高路、龙柏新村和航华新村站设 17 处降压变电所；在吴中路停车场、龙溪路、四川北路站设 3 处跟随式变电所。四平北路的降压变电所作为 M8 线的跟随式变电所，不在本工程范围。牵引变电所由主变电所 35 千伏母线供电，构成供电分区模式的环网供电系统，并通过接触网为列车提供 1500 伏直流电源。电动车组受电方式通过 DC1500 伏架空接触网受电。降压变电所由主变电所 35 千伏母线供电，通过 35 千伏电缆相互联络，构成供电分区模式的环网供电系统，为车站用电设备提供电源。通过控制中心，对沿线供电系统的变电所、上网开关等设备进行监控，实现全线供电系统的自动化综合调度管理。

（二）信号系统工程

信号系统，由北京电铁通信信号勘测设计院设计，采用阿尔斯通公司的 URBALIS 基于无线通信的列车控制系统（CBTC）。该系统是与 3C 技术相结合应用于城市轨道交通信号的一项先进技术。它由列车自动监控系统（ATS）、列车自动防护/驾驶系统（ATP/ATO）、数据通信系统（DCS）、联锁系统（CBI）以及维护支持系统（MSS）组成。

列车控制系统提供CBTC和点式ATP两种控制模式，CBTC的正常模式，允许列车以移动闭塞方式运行(包括全自动驾驶)；点式ATP模式(BM)，允许在ATP监督下以点式模式进行某些降级配置的人工驾驶。

通过ATS实现运行图的编辑和管理、列车进路的手动、自动设置、列车运行的自动追踪、列车运行的自动调整、列车运行的模拟显示等功能；ATP/ATO可以确定列车位置和速度，实现列车的安全间隔防护和进路的安全防护，列车运行的超速防护及车门的安全防护，完成列车的自动驾驶。

ATP/ATO系统包括轨旁ATP/ATO设备、车载ATP/ATO设备。轨旁ATP/ATO设备包括室内ATP/ATO设备、地面信标、后备模式有源信标和欧式编码器、计轴设备、紧急停车按钮以及与其他系统的接口等；车载设备包括ATP/ATO车载控制和显示设备、测速设备、信标天线、无线调制解调器及天线等。

DCS数据通信系统由信号系统自行组建。由车站设备和中间车站的若干SDH冗余骨干节点（热备冗余SDH多路复用器和双以太网接入交换机）和沿轨道分布的无线接入点组成。停车场信号系统采用计算机联锁设备及计算机监测设备。停车场试车线设试车线信号设备，采用的设备制式与正线相同。

（三）通信系统工程

通信系统由中铁上海设计院设计，设传输、公务通信、专用电话、公安无线、消防无线和应急等系统。满足本工程虹桥机场（正线起点，不在本次工程范围）、上海动物园、龙溪路(连接支线)、水城路、古北路、宋园路、虹桥路、上海交通大学、上海图书馆、陕西南路、淡水路、老西门、豫园、南京东路、天潼路、四川北路、海伦路、邮电新村、四平路、同济大学、国权路、五角场、江湾体育场、三门路、殷高路（暂定）、新江湾城（正线终点）、龙溪路（支线起点）、龙柏新村（连接出入场线）、紫藤路、航华新村（支线终点）各车站及各系统的通信需要，及与既有轨道交通线和预留换乘车站可接入的条件。

三、工程施工

一公司在上海设立专门的管理机构和施工基地，分设专业工程项目部和作业队，配备精良的施工机械和设备，于2008年12月20日开工。

（一）供电系统工程

承建的供电系统工程，还承担除设备外的主要材料的采购和供应。为确保工程质量，供电工程项目部严格按照质量管理体系中“物资管理程序”的要求，从物资采购，供应商提供产品，产品标识和可追溯性，不合格产品控制，纠正和预防以及质量记录等6个环节进行控制。在物资采购环节，首先将合格供应方资料报监理审批，从通过审批后的合格供应方中，采用招议标方式进行比选确定供应方。在物资供应环节，通过工厂验证和现场检验及试验来确保所供应物资的质量，各种材料到达现场后进行监理验收，投入使用前按规范进行试验。符合相关标准、规范要求后再投入使用，保证其可追溯性。

轨道交通 10 号线供电系统工程，主要施工难点是大型设备进场运输困难。针对这一难点，首先进行深入细致的现场调查，提出各车站设备吊装运输方案，然后与土建施工单位沟通，建议土建施工单位预留设备运输通道和变电所房屋的施工。由于 2008 年 12 月 20 才开工，到 2008 年底，只进行施工准备和材料采购方面的工作。

（二）通信系统工程

承建的 10 号线通信系统工程，为设备和施工总承包项目。应负责通信各系统集成及施工安装、设备（含软件）、材料、以及所有相关的技术方案和接口澄清、文件交付、工厂测试/统调、供货、运输、仓储、工程接口协调、调试、联调、开通、验收、培训、交付业主使用以及在规定期限内的保修、维护和技术咨询等。还包括本次招标规模要求中不限于换乘车站、双圆盾构区间、中间风井、支线、地下或半地下停车场、出入场线、终点站外延部分、主变电所、临时过渡工程及措施、配合其他系统测试、第三方检测等因素。

通信系统工程设备及施工总承包项目部，采用项目管理的方法，制定施工方案和进度计划、设备供应计划、材料供应计划等。分施工准备、设备和材料采购、施工安装、系统调试及联调 4 个阶段实施。首先进行施工准备和主持召开各供货厂家的设备供货、接口协调会议。要求各设备供应商、材料供应商按照项目部提供的供应计划供货。由于 2008 年 12 月 20 才开工，到 2008 年底，只进行施工准备和设备、材料采购方面的工作。

（三）信号系统工程

信号系统工程主要施工内容包括：正线车站、停车场（含试车线）室外设备安装、连接、调试、联调；光、电缆敷设、信号机、转辙机及装置安装、轨道电路、轨道跳线、连接线、牵引、回流线、无人区无线接入点、信标、试车线轨旁设备的安装、室外设备接地等。控制中心及备用控制中心 ATS 设备安装及调试配合，电源设备的安装、连接、调试、联调。2008 年 12 月 20 开工后，到 2008 年底，只进行施工准备和小量工程施工。

第十八节　上海轨道交通明珠线工程

一、工程概况

上海轨道交通明珠线是上海市内重要的交通干线，为国家重点建设项目。南起闵行，北至宝山，线路全长 62 公里。上海轨道交通明珠线利用经过市区的沪杭线和淞沪线铁路，以铁路存量资产入股修建城市快速轨道交通系统。

轨道交通明珠线一期工程，起自徐家汇老沪闵路，沿上海市原有沪杭铁路线北上，经过徐汇区、长宁区、普陀区、闸北区、虹口区至江湾镇，线路全长 24.97 公里。其中高架线 21.45 公里，占全长的 85.9%，地面线 3.52 公里，占全长的 14.1%。地面线路与城市道路无交叉。全线设有 19 座车站，其中高架车站 16 座，地面车站 3 座，平均站距 1.37 公里。在石龙路站出岔，设轨道交通停车场 1 处， 高架车站采用 122 台自动扶梯，34 台垂直电梯上下车。

上海市轨道交通路网规划中的地铁 11 号线东半环称为明珠线二期工程。该线在明珠线一期工程（路网规划中的 3 号线）的宝山路站、虹桥路站与明珠线一期工程接轨，构筑成上海市轨道交通环路，并与建成和规划中的多条轨道交通线设有换乘节点，是上海轨道交通规划中唯一的一条环形线路。明珠线二期工程，起自明珠线一期工程的宝山路站，经海伦、周家嘴、大连、东方、浦建、董家渡、普育东、瞿溪、零陵、蒲汇塘，至明珠线一期工程的虹桥路站，贯穿上海市闸北、虹口、杨浦、浦东、南市、卢湾、徐汇 7 个行政区，线路全长 22.12 公里。全线设 17 座地下车站，明珠线二期工程与 7 条地铁线、1 条轻轨线相交，两次穿越黄浦江。工程建成后可解决上海市交通中市民乘车难的突出矛盾。

上海轨道交通明珠线一期工程，建设单位是上海轨道交通明珠线工程建设指挥部，供电系统由铁道部电化局电气化勘测设计研究院设计，上海海亿电气化设计院、上海铁道学院科技监理公司、上海城建建设监理有限公司组成联合监理公司进行监理。

明珠线二期工程，建设单位是上海申通地铁集团有限公司，由上海铁路城市轨道交通设计研究院、上海市隧道工程轨道交通设计研究院设计，天津新亚太建设监理工程有限公司监理。

为配合上海铁路南站建设，原明珠线采取站缩线运行方案，对明珠线南端终点站上海南站进行缩线改建，同时对接触网及区间动力照明进行改建和恢复。工程范围为明珠线上海南站（含）至石龙路站（起于 SK0380，终于上海南站至石龙路站间的 DK0+735），并含区段的折返线。建设单位是上海轨道交通明珠线发展有限公司，由中铁电气化勘测设计研究院设计，上海地铁咨询监理科技有限公司监理。

上海轨道交通明珠线全线路基采用无石砟无枕木的混凝土整体道床，铺设每米 60 公斤钢轨。线路最小曲线半径，150 米；最大坡度，35‰。一期工程在虹桥路和宝兴路设 2 处 110 千伏主变电所，为全线牵引供电、动力及照明提供电源。

1998年6月30日，上海轨道交通明珠线工程建设指挥部作为建设单位，委托电化局承担上海市轨道交通明珠线一期工程的供电系统设计、施工任务。变电工程电化局与上海电气(集团)总公司合作施工，上海电气(集团)总公司负责提供变电所设备和变电所自动化系统安装和调试，电化局负责变电所设备的安装和全所的试验与调试。电化局决定由一处承担供电系统的供电线路、杂散电流防护、综合监控系统、防灾报警系统、区间动力照明、综合系统联合调试等施工任务。

明珠线二期通信工程的传输、公务通信、专用电话、广播、电视、公安无线、消防无线、专用无线、电源、时钟、集中维护、综合布线等 12 个子系统，由中铁电气化局集团一公司承建。

明珠线上海南站站缩线改建接触网恢复工程，由中铁电气化局集团一公司承建。

上海轨道交通明珠线一期供电系统工程，于1998年10月13日开工，2000年11月29日竣工并通过验收，2000年12月20日送电开通，2000年12月26日正式试运营。明珠线二期通信工程，于2004年2月1日开工，2005年11月24日竣工并通过验收。上海南站站缩线改建接触网恢复工程，于2005年3月11日开工，2005年8月18日竣工并交付运营。

二、工程设计

（一）明珠线一期工程

明珠线一期工程，路基采用无石砟无枕木的混凝土整体道床，铺设每米60公斤钢轨，焊接成2000米以上的超长无缝钢轨，站与站之间无接头，可消除车轮与钢轨的撞击声，使轨面上的车轮保持平顺无起伏，使列车运行平稳。在轨道扣件中加30毫米厚橡胶垫层，在半径较小弯道的钢轨的侧面涂油，以减轻轮轨之间的直接挤压和摩擦，在机车车辆的制造上使用无声的空气制动装置。车轮旁安装挡音垂裙。高架桥的两侧安装1.6米高防噪音墙．外层为银灰色钢板，内衬吸音材料。

明珠线一期供电系统工程，由铁道部电化局电气化勘测设计研究院设计。在宝兴路和虹桥路设2处110千伏主变电所(工程施工不包括在一期工程内)，为所设的11处牵引降压混合变电所提供35千伏电源，降压混合变电所为降压变电所提供10千伏电源。降压变电所将交流转换成1500伏直流，经接触网将电能传送给电力机车。全线在长宁路和停车场设2处中心牵引降压混合变电所，在东宝兴路设中心降压混合变电所，在虹口体育场设牵引变电所，在漕溪路、虹桥、曹杨路、中潭路、宝山路、汶水东路、车辆段设7处牵引降压混合变电所。

正线、试车线、停车场出入线采用双导线全补偿简单链形悬挂，正线间渡线、折返线采用单导线全补偿简单链形悬挂，停车场线采用单导线弹型补偿简单悬挂。支柱支持结构主要采用锥型钢管柱门型支架结构。虹桥、宝兴路主变电所、沿线中心牵引降压变电所、牵引降压混合变电所、降压变电所、牵引变电所（计26所）之间敷设35千伏及10千伏环网高压电力电缆，牵引变电所馈线柜到接触网上网点间敷设1500伏直流电缆，构成牵引供电系统。主变电所35千伏馈线至沿线各中心降压混合变电所和牵引变电所进线采用35千伏高压电力电缆。中心降压变电所10千伏馈线至牵引变电所及降压变电所进线采用10千伏高压电力电缆。从主变电所至中心降压变电所及牵引变电所进线之间敷设引导线(35千伏差动保护)保护电缆。相邻牵引变电所1500伏直流馈线之间全程敷设双边联跳电缆。

对全程24.97公里杂散电流采取防护措施，并设电流监测系统。在钢轨与道床及高架结构之间采取橡胶绝缘垫，绝缘电阻大于15欧/公里。对泄漏到钢轨以外的杂散电流设杂散电流收集网，由收集网流回牵引变电所。

设电力监控、车站监控系统及防灾报警系统。监控系统设控制中心和外部设备，敷设网络线连接。

设区间动力及照明系统，区间动力及区间维修设插座箱及控制箱；照明系统在高架桥上装设马路弯灯，敷设绝缘电缆，安装照明和动力配电箱。

（二）明珠线二期通信工程

明珠线二期工程，由上海铁路城市轨道交通设计研究院、上海市隧道工程轨道交通设计研究院设计，通信工程采用光电缆和漏泄电缆，设公务通信、专用通信、无线通信等系统。

（三）明珠线上海南站站缩线改建接触网恢复工程

由中铁电气化勘测设计研究院设计。在接触网改建和恢复工程采用与既有线一致的架空柔性接触网，正线采用双承力索（2×TJ150）、双接触线（2×CTHA120）的架空柔性简单链形悬挂，渡线采用单承力索（1×TJ150）、单接触线（1×CTHA120）的架空柔性简单链形悬挂，结构高度1400毫米，导线高度4600毫米，附加导线包括双支馈线（2×TJ150）、单架空地线（1×TJ120）。

三、工程施工

（一）明珠线一期供电系统工程

明珠线一期供电系统工程，1998年4月1日电化局一处研究决定交由一处原在上海成立的工程指挥部组织施工。上海工程指挥部下设接触网、电力工程项目部，由于当时只有接触网具备条件施工，投入23人的接触网作业队，配备载重汽车1台，吊车1台，电力工程车1台，于1998年10月13日在12标段开工。

由于施工图纸及所需材料不能按期到货，工程进度缓慢，便利用施工间隙进行技术交底，对重点环节的关键技术进行培训。制定出锥型钢柱安装整止和门型支架安装焊接施工工艺工法。每一根杆、每一组门型支架都有具体的安装方法，施工质量始终处于受控状态。部分线路桥高，且桥面障碍物多，汽车、吊车、安装列车无法到达现场作业，就采用自行研制的可拆卸立杆吊及小吊臂吊装施工。针对大件材料运输装卸不便的情况，研制出腕臂式小吊车上线施工。支柱门型支架受桥下道路障碍物多运输不到位影响施工的情况，又自制轻型运杆车、焊接平台和横梁调直器，投入施工。到1999年底，接触网杆、门型支架安装基本完成，架设馈线、地线、承力索及导线共计120余公里。通过克服各种困难条件，于2000年8月初竣工，2000年8月6日首次送电，后经5次分段送电后，2000年12月5日通过最后一项验收。

由于受站前工程的影响，其他专业1998年均未开工。1999年5月11日变电工程开工，到1999年底，敷设各种电缆181公里，设备支架安装基本完成。但东宝兴车站、漕溪路桥及车辆段、停车场等都未建成，无法展开规模施工。特别是东宝兴车站，电调中心和110

千伏中心变压所都设在这里，直接影响到明珠线的建成开通。所以在明珠线的供电系统工程施工中，各专业都做好了奋斗的准备，一旦条件具备，就开始会战。如宝山路、汶水车站 2 处变电所总计有 296 个高压电缆头的接续工作，必须在 4 天内完成，变电作业队白天不休、晚上不睡，连续 3 天 3 夜完成了这一任务。经过多方努力和参战人员的突击奋战，变电工程于 2000 年 11 月 28 日竣工通过验收。

杂散电流监测系统由参考电极、测试端子、信号电缆端子箱及综合测试装置组成，杂散电流防护工程的主要工程量包括：杂散电流收集网测试端子连接 3160 处、单向导通装置电缆敷设 2000 米、测量电缆敷设 19 公里、安装测试盒 57 个、参考电极 57 个、测试箱 19 台。由于受站前工程的影响，1999 年 5 月底才开工，即便开工，也是打打停停。到 1999 年底完成总工程量的 50%。2000 年继续施工，在测防端子电缆连接施工中，作业人员采取了测防端子镀锡、铜接线端子与芯线连接处用热可缩密封，连接后外露金属件刷沥青漆措施，有效防止了金属间的腐蚀，保证了收集网连接的电气性能。为保证参考电极不受损坏及减少运营后维修，在参考电极施工中，增加参考电极防护盒，这些新的施工方法和工艺，得到设计、监理及建设单位的赞同，并于 2000 年 12 月 4 日竣工。

区间动力及照明系统的电缆敷设、动力配电箱、区间动力及维修插座箱及控制箱、电源引入及电缆配线、高架桥上马路弯灯装设等施工，于2000年11月28日竣工。

进入对所有自动化管理系统进行联合调试后，首先对上述各子系统进行模拟传动，然后在控制中心通过对其进行遥控、遥信和遥调试验，实现子系统控制保护之间复杂的安全闭锁、控制联动的保护及运行登记处理，使其达到控制安全迅速、保护准确可靠、信息处理及时、管理科学有序。系统联合调试完成后，供电系统工程于 2000 年 12 月 20 日送电开通，2000 年 12 月 26 日起正式试运营。

（二）明珠线二期通信工程

中铁电气化局集团一公司作为明珠线二期通信工程的总承包单位，承担整个系统所需的设备、材料、软件及相关附件的技术方案制订，系统内部接口的协调及外部接口的落实，技术文件和图纸的交付，设备的生产及订购，设备的工厂测试和联调，设备和材料的供货、运输、仓储及安装；与经甲方招标后确定的设备、材料供应商签订合同，设备和系统的调试及开通（含运营人员培训），系统的技术性能检验，系统的验收配合及交付，质量保证期内的保修服务，其他相关的设计配合和技术咨询。

明珠线二期通信工程是一公司第一次作为总承包方承揽的轨道交通通信工程，项目部在开工伊始就确立“认真干好‘再见’工程，产生品牌效应，彰显企业形象，不断提升企业信誉，为开拓新的市场创造条件”的信念，克服工期紧，交叉施工的困难，于 2004 年 2 月 1 日开工。在参战人员的拼搏下，到 2005 年 11 月 24 日完成通信机房设备安装 240 台、站内终端设备安装 4434 套、布放各种类型电缆、光缆、漏缆、电源线等计约 660 公里、敷设钢管约 122 公里，全部工程竣工。完成投资 1.578 亿元。于 2005 年 11 月 24 日通过建设、质检、设计、监理单位的竣工验收，一次合格率达到100%，质量评定为优良。

上海明珠线二期通信工程先后被评为“2004 年度治安合格工地”、“施工进度优胜单位”，被上海重大工程建设办公室和上海建设和管理委员会评为“2004 年度文明工地”，“2005 年度轨道交通建设立功竞赛综合赛区先进集体”，项目经理被评为“2005 年度上海市重大工程立功竞赛建设功臣”。

（三）明珠线上海南站站缩线改建接触网恢复工程

主要工程内容为修建石龙路至上海南站（含）区段上下行和上海南站折返线接触网，包括支柱基础浇制、锥型支柱、门型架、吊柱、支柱安装、地线、馈线、承力索及接触线架设调整，设备安装及调整，冷滑实验及送电开通等。主要工程量有支柱基础浇制 16 个（混凝土基础 10 个、锚栓 6 个）、单支柱安装 15 根、门型支架安装 4 组（含支柱）、拉线安装 15 组、接地极制作 14 处、链形悬挂支柱装配 57 处、链形悬挂双承力索补偿下锚安装 4 处、链形悬挂双接触线补偿下锚安装 4 处、软横跨安装 1 组、电连接安装 20 处、双承力索架设及调整 2.151 双条公里、双接触线架设及调整 2.06 双条公里、单承力索架设及调整 0.21 条公里、单接触线架设及调整 0.21 条公里、电缆敷设 800 米。

工程于 2005 年 3 月 11 日开工，施工中，对线索架设采用“双线带张力架设”工法，保证 2 根线条张力均匀，同时减少导线硬弯。在悬挂安装调整中，采用接触网施工“四个一次到位”的先进施工工艺，通过微机计算，工厂化预配，使安装一次到位，提高了工程质量。施工过程中，按照工序对各项安装技术指标和技术参数及时进行检测，接触导线高度、拉出值采用专用测量仪进行测量，冷滑实验采用专用冷滑车进行动态检测。2005 年 8 月 18 日按照合同要求完成该工程全部施工，经 2005 年 8 月 18 日冷滑实验，工程各项技术指标全部满足设计及验收规范要求，交付运营。

第十九节　上海轨道交通莘闵线供电系统工程

上海轨道交通莘闵线工程，北起莘庄地铁站，南至闵行天星路，线路全长 17.2 公里。沿线设莘庄站（基本建成）、莘城、银都路、颛桥、北桥、剑川路、东川路、金平路、华宁路、文井路、天星路 10 座车站和剑川路 1 处停车场。除莘庄站与地铁 1 号线合用为地面车站外，其余均为高架车站。线路除起点段约 100 米地面线外，均为高架线路。

轨道交通莘闵线工程，建设单位是上海地铁建设有限公司，供电系统由中铁电气化勘测设计研究院设计，上海外建建设咨询监理有限公司监理。中铁电气化局集团有限公司轨道交通事业部负责施工。2002 年 3 月 1 日开工，2002 年 12 月 14 日竣工。

供电系统，在剑川路停车场设 1 处主变电所，全线设 6 处牵引变电所，12 处降压变电所。由剑川路停车场主变电所 35 千伏分段母线馈出 35 千伏电源，通过环网电缆给 6 处牵引变电所提供电源。每 2 处牵引变电所之间构成环形供电网络。主变电所 10 千伏供电系统由 10 千伏分段母线馈出五路 10 千伏电源供全线 12 处降压变电所电源。

接触网采用柔性悬挂方式，其结构简单，便于安装和维护。停车场试车线、高架桥正线、正线与停车场联络线采用全补偿链形悬挂，接触导线由 2 根 Ris120 平方毫米的银铜合金电车线组成，承力索由 2 根 TJ150 硬铜绞线组成，架空地线由 1 根 TJ120 硬铜绞线组成。停车场中的停车列检线、三月检库线、静调库线、清洗库线等采用补偿简单悬挂，导线采用 Ris120 平方毫米接触线，地线采用 1 根 TJ120 架空地线。

2002 年 2 月，中铁电气化局集团有限公司轨道交通事业部成立工程项目部，组建施工队伍，配备施工机械和设备，于 2002 年 3 月 1 日开工。根据莘闵线供电系统工程特点，制定具体的施工组织设计方案、施工工序和工艺。针对莘闵线线路坡度大，曲线半径小的特点，专门配备牵引动力不大于 216 千瓦的小限界架线作业车，开展全面施工。环网电缆线路于 2002 年 9 月竣工受电，接触网系统分别于 2002 年 10 月、11 月分段受电试运行；整个工程于 2002 年 12 月 14 日竣工。

第二十节　上海轨道交通共和新路高架段供电系统工程

上海轨道交通共和新路高架段，由共和新路高架段和地铁 1 号线北延伸段两部分组成。共和新路高架段是地铁 1 号线北延伸段的一期工程。南起上海火车站北端，北至泰和路站，线路全长 12.49 公里。沿线设中山北路，延长路、广中路、汶水路、场中路、保德路、长江路、呼兰路、泰和路 9 座车站。其中中山北路，延长路、广中路为地下车站，其余为地面高架车站。

轨道交通共和新路高架段工程，建设单位是上海地铁建设有限公司，由上海隧道工程轨道交通设计研究院设计，上海市工程设备监理公司监理。供电系统工程由上海机械设备成套（集团）有限公司总承包，中铁电气化局集团有限公司轨道交通事业部负责施工。

供电系统，在灵石路设 1 处 110/33/10 千伏主变电所（主变电所不包括在本工程范围内）、在泰和路设 1 处 33 千伏中心变电所，设 5 处牵引变电所和 9 处降压变电所，设中央电力调度系统及变电所综合自动化系统。供电系统采用集中供电方式。33/10 千伏中心变电所为牵引变电所和降压变电所提供电源。直流侧额定电压为 1500 伏，向接触网供电。设中央电力监控系统，对 15 处变电所及接触网电动隔离开关进行实时监控、监测，实现变电所的自动化管理。

上海轨道交通共和新路高架段供电系统工程，由上海机械设备成套（集团）有限公司总承包，中铁电气化局集团有限公司轨道交通事业部负责设备安装与调试。为按期完成所承担的施工任务，组建专业施工队伍，配备相应的机械和设备，于 2002 年 9 月 20 日开工。

共和新路高架段供电系统的中心变电所、牵引/降压变电所和电力监控系统，主要采用国产的电气设备，采用 ABB 公司生产的 33 千伏高压开关柜，1500 伏开关柜国内集成。选用的电气设备对施工工艺要求严格，施工难度大。为保证施工质量，针对选用电气设备的技术特性和本工程的施工特点，对技术人员和操作人员进行全面培训后，开展施工。2003 年 12 月 20 日各变电所工程竣工，2004 年 6 月 30 日全部工程竣工。

第二十一节　上海浦东张江有轨电车项目一期供电、电力监控系统工程

上海浦东张江有轨电车项目一期工程，起自地铁 2 号线的张江高科站，途经碧波路、达尔文路、蔡伦路、哥白尼路、紫薇路、广兰路、丹桂路、张东路、终到金秋路，主线线路长 9.2 公里，出入段线长 0.7 公里。全线设 15 座车站、1 处车辆段。

浦东张江有轨电车项目一期工程，建设单位是上海浦东现代有轨交通有限公司，由上海市城市建设设计院设计，上海天佑工程咨询有限公司监理。供电和电力监控工程。由中铁电气化局集团一公司负责施工。

供电系统采用 10 千伏一级供电方式，向全线 AC10 千伏/DC750 伏牵引变电所及 10 千伏/400 伏降压变电所供电。10 千伏侧采用单母线接线方式，两回电源分别引自电力部门的 2 处变电所或同一变电所的不同母线。当一回 10 千伏进线失电时，由另一回 10 千伏进线电源供电，负担其供电区域内高峰小时牵引负荷和动力照明负荷。全线在张江高科路、科苑路、高科中路、申江路设 4 处箱式牵引/降压混合变电所，在车辆段设 1 处土建式牵引/降压变电所。牵引/降压变电所由电力部门的 2 处变电所或同一变电所的不同母线供电，通过接触网为列车提供 750 伏直流电源。由于线路位于城市道路中间，采用电动低地板胶轮车辆，电动车组采用 DC750 伏架空接触网受电方式，通过敷设在道路中间的导向轨道回流。设电力监控系统，电力监控系统由设在中山北路站控制中心的电力调度系统、变电所内的综合自动化子站及通信通道三部分组成，对变电所进行监控，实现全线供电系统的自动化综合调度管理。

中铁电气化局集团一公司组成专业作业队，配备相应的施工机械，于 2008 年 3 月 5 日开工。到 2008 年底，车辆段变电所基本完工，达到送电试验条件；正线的 4 处变电所和电力监控工程，完成部分工作量，计划于 2009 年 8 月竣工。

第二十二节　上海浦江镇公共交通配套工程供电、电力监控系统工程

上海浦江镇公共交通配套工程，是轨道交通 8 号线一期工程的南延伸，北起成山路站（一期工程），南至航天公园站，线路全长 14.23 公里。

浦江镇公共交通配套工程，建设单位是上海申通地铁集团有限公司、上海轨道交通杨浦线发展有限公司，由上海市隧道工程轨道交通设计研究院设计，上海承建工程监理有限公司监理。供电系统和电力监控工程由中铁电气化局集团一公司负责施工

供电系统采用 110/35 千伏两级集中供电方式，由江月路附近的 110/35 千伏主变电所向 8 号线和浦江镇公共交通配套工程 AC35 千伏/DC1500 伏牵引变电所及 35 千伏/400 伏降压变电所供电。当江月路主变电所解列，且 35 千伏母线无故障情况时，合上杨思路降压变电所的联络开关，由 8 号线一期主变电所向全线变电所供电，负担全线的牵引及动力照明一、二级负荷。

浦江镇公共交通配套工程，沿线设 6 处混合变电所、4 处降压变电所、1 处跟随式变电所和 5 个蓄电池室。牵引变电所由主变电所 35 千伏母线供电，构成供电分区模式的环网供电系统，经整流装置整流后通过接触网为列车提供 1500 伏直流电源。降压变电所由主变电所 35 千伏母线供电，构成供电分区模式的环网供电系统，并为车站用电设备提供电源。

设电力监控系统，电力监控系统由设在中山北路站控制中心的电力调度系统、变电所内的综合自动化子站及通信通道组成。所设的电力监控系统能对变电所进行监控，实现全线供电系统的自动化综合调度管理。

中铁电气化局集团一公司于 2008 年 6 月成立供电工程项目部，下设 1 个变电作业队，分成 6 个作业工班，于 2008 年 6 月 30 日开工。浦江镇公共交通配套工程供电和电力监控工程范围和施工内容包括：沿线 8 座车站、1 处停车场、11 处变电所、5 个蓄电池室的设备安装与调试，耀华路主变电所改造的设备安装与调试，各所内电缆和光缆、区间差动光缆、联跳电缆的敷设等，工程造价为 4150 万元。

到 2008 年底，杨思路、济阳路和凌兆新村 3 站变电所已受电。其他各站（所、场）的设备基础槽钢安装、电缆桥架安装、设备安装、电缆敷设、接续、区间联跳电缆、差动光缆的敷设、接续以及电气试验等各道工序的施工完成部分工作量。

第二十三节　上海地铁 6 号线屏蔽门安装工程

地铁屏蔽门系统沿地铁站台边缘设置，将列车与站台候车室隔离，防止乘客跌落、跳

下轨道发生危险，隔离灰尘、隧道噪音，具有节能、环保功能。

上海地铁 6 号线屏蔽门安装工程建设单位为上海交通设备发展有限公司，由中铁电气化局二公司承建，上海机电公司负责工程监理。

工程于 2006 年 12 月开工，因先期设计更改及材料等原因推迟至 2007 年 1 月 8 日开工。二公司抽调 20 人参加施工，配置运输车辆 2 辆、仪器仪表 8 台（套）。2007 年 3 月 21 日，编制完成《地铁屏蔽门安装施工操作规范》，举办施工方案、整体调试法、激光定位装置使用培训班。2007 年 3 月 24 日，成立上海地铁 6 号线上南路地铁站屏蔽门安装班组，开始上南路地铁站施工。完成顶部钢结构和底部脚踏板安装，用激光定位装置进行顶底部联调，完成门机梁及电气设备安装，进行门机梁及电气设备安装尺寸调试，完成屏蔽门安装，处理电气绝缘。2007 年 4 月 26 日工程竣工。完成投资 85.5 万元。

上海地铁 6 号线屏蔽门安装工程，是二公司首次进入新建地铁线的屏蔽门安装市场。为满足业主要求，成立“缩短屏蔽门机械调试时间”为课题的 QC 攻关小组，针对屏蔽门施工中机械调试时间长，从人、机、料、法、环 5 个方面进行原因分析，把局部调试法创新为整体统一调试法，利用自制的激光定位装置，先找到一个标准的基准点，固定激光笔后让激光束代替塑料线作为施工中的基准线，参照一个基准线，化繁为简，减少测量误差，提高工作效率。施工时业主派国外技术人员指导、示范，为工程质量提供保障。经检查验收，工程质量优良。2008 年“缩短屏蔽门机械调试时间”QC 小组获北京质协优秀成果奖。

第二十四节　天津津滨快轨一期供电系统工程

天津津滨快轨又称天津地铁 9 号线。津滨快轨一期工程，西起中山门，东至东海路，线路全长 45.409 公里。其中高架段长 39.915 公里，地面段长 5.494 公里。沿线设中山门、一号桥、二号桥、新立镇、东丽开发区、小东庄、军粮城、钢管公司、胡家园、洋货市场、洞庭路、市民广场、会展中心、东海路 14 座车站，1 处停车场、1 处车辆段。在中山门站与规划的一条地铁线路衔接，形成天津市的轨道交通网络。津滨快轨工程建设不仅完善了天津市的基础设施建设和津滨之间的交通结构，为乘客提供安全、快速、舒适、方便的交通工具，进一步加强滨海新区与中心城区人员交往，从时空上拉近了津滨之间的距离，而且促进了滨海地区的发展，对实现天津市可持续发展的战略目标和树立直辖市对外开放的形象等方面都具有重要的意义。

津滨快轨一期工程，建设单位是天津滨海快速交通发展有限公司，由中铁电气化勘测设计研究院、铁道第三勘察设计院设计，天津开发区建设工程质量监督站进行政府监督，铁道部科学研究院监理公司监理。津滨快轨一期供电系统工程（A 包）的接触网、变电、电力监控、供电车间和杂散电流 5 个专业计 18 个子单位工程，由中铁电气化局集团一公司负责施工。

变电所高压侧采用单母线分段接线，2 套整流机组并联接在同一段 35 千伏母线上，DC 1500 伏侧为单母线接线。牵引降压混合变电所(或牵引变电所)通过直流快速开关向接触网供电，2 台动力变压器(或所用变压器)分别接在两段 35 千伏母线上。整流机组采用三相桥式 12 脉波整流方式，2 套整流机组并联运行构成等效 24 脉波整流方式。整流变压器采用带双低压输出的干式变压器，整流器为平板式二极管整流器，并由 2 个并联的三相桥组成。

中铁电气化局集团一公司成立津滨快轨一期工程项目部，组成接触网、变电、电力等作业队，配备相应的施工机械和设备，于 2002 年 11 月 20 日正式开工，2004 年 3 月 1 日竣工。

津滨快轨一期供电系统工程 A 包的工程范围和内容为：华北陶瓷主变电站供电范围内，除 35 千伏交流电缆敷设外的接触网、变电、电力监控、供电车间和杂散电流 5 专业计 18 个子单位工程，其中接触网为自东海路终点至钢管公司站外 DK25+600.3 处的正线及车辆段接触网工程。

项目部按照所签订的施工合同规定的内容和施工方案及质量、安全措施，组织各专业施工。到 2004 年 3 月 1 日，完成大无缝混合牵引变电所、ＳＳ１牵引变电所、八堡牵引变电所、车辆段牵引/降压变电所、车辆段跟随式降压所、胡家园牵引/降压变电所、车站北路牵引变电所、洋货市场降压所、洞庭路牵引/降压变电所、市民广场牵引/降压变电所、会展中心牵引/降压变电所、休闲娱乐区牵引/降压变电所、控制中心降压所计 13 处变电所设备的安装、调试；架设接触网 45.409 正线公里，完成电力监控系统设备的安装、调试及联调，实现供电设备的遥信、遥控、遥测、遥调功能；供电车间是津滨快轨供电系统维护、实验的一个结构单元，完成供电、维护和实验设备安装、调试 10 台；完成杂散电流防护系统的桥梁测防端子安装、速流电缆敷设、测防装置安装等。至此，供电系统工程 A 包的 18 个子单位工程全部竣工，验收一次达标，交付运营。

第二十五节　天津地铁 1 号线供电及信号系统工程

一、工程概况

天津地铁 1 号线，北起北辰区的刘园站，南至津南区的双林站，呈西北、东南向，线路全长 26.188 公里。其中高架线 8.743 公里，地面线 1.509 公里，过渡线 0.558 公里，地下线 15.378 公里。沿线设刘园、西横堤、果酒厂、本溪路、勤俭道、洪湖里、红桥区西站、西北角、西南角、二纬路、海光寺、鞍山道、营口道、小白楼、下瓦房、南楼、土城、陈塘庄、复兴门、华山里、财经学院、双林 22 座车站。其中高架站 8 座(刘园、西横堤、果酒厂、本溪路、陈塘庄、复兴门、华山里及财经学院)，地面站 1 座(双林)，其余 13 座为地下站。在刘园站附近设停车场，在双林站附近设车辆段和一条长 1.3 公里的试车线，车辆段内设控制中心、维修中心、培训基地及信号楼 1 座。车站有效站台长度均为 120 米，近期、远期均按 4 节、6 节列车混合编组，4 节及 6 节列车均以停车标为界，以列车前端对齐方式停靠。在复兴门站与国铁专用线接轨。

地铁 1 号线工程，建设单位是天津市地下铁道总公司，由中铁电气化勘察设计研究院、铁道部第三勘察设计院设计，北京地下铁道监理公司天津地铁 1 号线机电监理部监理。

天津地铁 1 号线主要技术条件：最小曲线半径，区间正线 300 米、辅助线 150 米、车站场 160 米；最大坡度，区间正线 30‰、辅助线 40‰；轨道，轨距 1.435 米；正线为无缝线路（既有线采用 50 公斤/米，新线采用 60 公斤/米钢轨），车辆段、停车场线路采用 50 公斤/米钢轨；道岔，正线、折返线均采用 9 号单开直线尖轨道岔，侧向限速 30 公里/小时，车辆段、停车场采用 7 号单开道岔，侧向限速 25 公里/小时；道床，正线地下及高架线路为整体道床，正线地面线路、车辆段、停车场为碎石道床；整体道床漏泄电阻 2 欧 •公里，碎石道床漏泄电阻 1 欧 •公里。供电系统采用 35 千伏/10 千伏两级电压集中供电方式，牵引供电采用直流 750 伏，牵引轨采用复合接触轨正极供电、走行轨负极回流的供电方式，电动车组通过 DC750 伏接触轨上部受电。信号采用列车自动控制系统（ATC）。列车运行速度为 80 公里/小时，实际最小行车间隔为 2 分钟；全线均按 90 秒行车间隔设计；列车运行间隔，刘园至勤俭道段和土城至双林段，初期、近期、远期最小行车间隔分别为 10 分钟、4.6 分钟、4 分钟；勤俭道至土城段初期、近期、远期最小行车间隔分别为 3.7 分钟、2.3 分钟、2 分钟；折返间隔不大于 2 分钟。

地铁 1 号线信号、供电系统、站台安全门系统工程，由中铁电气化局集团一公司承建，供电系统工程于 2004 年 8 月 20 日开工，2005 年 12 月 28 日竣工；信号系统工程于 2004 年 12 月 1 日开工，2005 年 12 月 31 日竣工验收试运行；站台安全门系统工程于 2005 年 9 月 15 日开工，2005 年 11 月 30 日竣工。

二、工程设计

全线 22 座车站设有岔车站 8 座，无岔车站 14 座。供电系统采用 35 千伏/10 千伏两级电压集中供电方式，在勤俭道、西南角、下瓦房、华山里站附近设 4 处主变电所，向全线牵引供电系统和变配电系统供电。主变电所由地方电网引入三路进线，电源电压为 AC35 千伏，中压牵引动力照明混合网络的电压等级为 AC10 千伏，牵引降压混合变电所和降压变电所的进线电压均为 AC10 千伏。全线设 16 处牵引降压混合变电所、9 处降压变电所和 2 处跟随式降压变电所。牵引供电系统采用直流 750 伏，牵引轨采用复合接触轨正极供电、走行轨负极回流的供电方式。全线 16 处牵引降压混合变电所采用单母线分段接线，2 台整流机组接至 10 千伏侧一段母线，并联运行；直流侧额定电压为 750 伏，牵引降压混合变电所通过直流快速开关向接触轨供电。9 处降压变压所和 2 处跟随式降压变电所 10 千伏侧采用单母线分段接线，每段母线均设电压互感器和避雷装置，2 台 10 千伏/0.4 千伏动力变压器通过 10 千伏断路器分别接在 10 千伏不同母线上，正常运行时，2 台变压器分列运行，共同对车站及区间的动力照明负荷供电。电动车组通过 DC750 伏接触轨上部受电，在牵引变电所内设再生制动能量吸收装置。

除终端车站的变电所外，正线在设有牵引变电所车站的进站侧设电分段，电分段采用断轨方式。正线间渡线、折返线，正线与停车线之间，停车场、车辆段的出入线设电分段，电分段采用断轨。停车场、车辆段各供电分区之间设电分段，电分段采用断轨。停车场、车辆段其他各库线入口处设电分段，电分段采用断轨。正线同一供电分区内，任意断轨间设电连接，电连接采用 12×185 平方毫米电缆。车场及辅助线在同一供电分区内时，任意供电轨通过电连接连接，电连接采用 6×185 平方毫米电缆。车库线在同一供电分区内时，任意断轨间设电连接，电连接采用 4×185 平方毫米电缆。并通过专用接线板连接至接触轨。

接触轨在整体道床和承轨台区段支撑间距为 4 米，在轨枕段曲线上的支撑间距为 3.42 米，在直线上的支撑间距为 3.6 米。高架桥及地下隧道区段的接触轨底座为混凝土预制块，预制块在轨道施工时安装在整体道床内。地面碎石道床区段的混凝土轨枕处采用加长底座形式，木枕区段为道钉安装。隧道内接触轨每 120 米为一长轨，在任意轨段中间设防爬器；任意长轨由标准轨（15 米长）通过鱼尾板连接而成。接触轨限界根据受流器的偏移、倾斜和磨耗，接触轨安装误差、轨道偏差、绝缘间隙等因素确定；三轨接触面距走行轨顶面高 140±5 毫米，三轨中心与线路中心距为 1417.5±5 毫米。接触轨带电体距离按照 IEC913 标准执行，即最小静态间隙为 25 毫米，最小动态间隙为 25 毫米，绝对最小动态间隙 25 毫米。在人防门处，为保护人防门的正常工作与安全，接触轨在此处设断轨，在电分段处设断轨，在平交道口处设断轨。为保证接触轨的设备安全和人身安全，接触轨在全线设防护罩，防护罩安装在接触轨上，防护罩每隔 2 米设一支架，并在接触轨支撑点处设防护罩扣板。防护罩及支架采用玻璃钢材料。

接触轨馈电开关，正线各电分段之间的联络开关以及出入线电分段的联络开关采用电动隔离开关，电动隔离开关的操作纳入远动操作。各车库线入口处的电分段处设手动带接地刀闸的隔离开关。其他各供电分区之间设手动隔离开关。正线供电分段处，接触轨设 3 台隔离开关时，3 台隔离开关同时安装在隧道柜（区间柜）内，接触轨隧道柜一般安装在车站预留的房间内，设有端头井的车站则安装在端头井处。车场内接触轨单台隔离开关设在单台区间柜内，单台柜放于线路两侧，并应满足限界要求。从隔离开关引至接触轨的电缆为 12×185 平方毫米。

为减少因雷电产生的故障，沿线接触轨采取防雷保护措施：高架桥区段接触轨馈电开关处设避雷器，避雷器安装在隔离开关柜内，并利用车站的地网作接地极，接地电阻不大于 10 欧。走行轨在回流箱处设避雷器，安装在相邻的避雷器柜内，避雷器柜与回流箱并排安装，并利用车站的地网作接地极，接地电阻不大于 10 欧。隧道的进出端设避雷器，避雷器安装在避雷器柜内，并单独设接地极，接地电阻不大于 10 欧。

采用走行钢轨作为回流径路，在有牵引变电所车站的一端，走行轨通过回流箱经电缆接至牵引变电所的负极柜，与接触轨一起构成供电回路。无牵引变电所车站的一端上下行走行轨均接至均流箱，然后经电缆接至降压变电所内的轨电位限制装置上，回流电缆采用13×185平方毫米电缆，均流电缆采用4×185平方毫米电缆。

正线高架区段利用钢筋的可靠焊接作为杂散电流的主收集网，利用隧道和车站结构的表层结构钢筋构成杂散电流的辅助收集网，通过测防端子把整体道床与整体道床相连，建立畅通的回路；车辆段和停车场出入段线和库门前绝缘节的两端用单向导通装置进行电气性能连接，避免电流的逆流；杂散电流的监测采用综合测试系统，报警的监测电压数据为500毫伏，当杂散电流比较严重时，通过排流柜进行排流。

信号采用列车自动控制系统（ATC），该系统包括：ATS子系统、ATP子系统、ATO子系统、WESTRACE联锁子系统、旅客向导系统、主动车次识别子系统（PTI）、车辆段、停车场采用计算机联锁系统。

三、工程施工

供电系统包括变电所、接触轨、区间供电、杂散电流防护施工，信号系统包括列车自动控制系统、车站计算机联锁等施工，以及站台安全门系统设备安装施工。为顺利的开展施工和加强对各专业的领导与协调，成立了天津地铁1号线供电与信号工程项目经理部，组建各专业作业队开展施工。

变电与区间供电工程　变电与区间供电工程，由于外部环境复杂、工程量大、涉及的方面多，工期紧、给施工带来较大难度，为保证工程进度，投入2个变电作业队和2个电力作业队，各分成4个作业班组，于2004年8月20日开工。全线16处混合变电所、7处降压所、2处跟随式降压所的供电设备安装及区间环网电缆的敷设，到2004年9月底，配合土建施工单位完成了各种预埋件的施工。从2004年10月到2005年9月，完成AC10千伏开关柜、整流变压器、整流柜、直流开关柜、负极柜、钢轨电位限制装置、排流柜、动力变压器、AC0.4千伏开关柜、控制信号盘、交直流盘等设备安装、调试共522台，10千伏电缆敷设420公里，DC750伏直流电缆敷设193公里，低压、控制电缆敷设174公里。此后进入系统联调及试运行。随后建设、监理、设计、施工单位共同进行了验收，合格率100%，优良率98%，工程质量全部达到《天津地铁1号线机电设备安装工程质量检验标准》的规定。

接触轨工程　接触轨工程范围包括：全线的正线及正线间的渡线、停车线、折返线；停车场、车辆段内停车列检线、月修线、吹扫线、不落轮镟库线、静调线、试车线及与正线联络的出入线等。既有地下段接触轨的安装应尽量采用既有接触轨支撑块固定安装，如既有支撑块内螺栓不能使用，则在整体道床上打胀锚螺栓或在道床上局部凿除并埋设三轨支撑块后固定安装。新建地下段为整体道床形式，接触轨安装在预埋在道床上的支撑块上。

高架段为承轨台形式，接触轨底座在承轨台侧部加长处预埋安装，地面区段采用混凝土轨枕形式，接触轨采用钢支撑底座，钢支撑底座安装在轨枕上。车场内轨道采用木枕形式，接触轨底座采用道钉固定。

该工程采用许多新技术、新设备。国内首次采用在上网电分段处增加短三轨，短三轨供电取自列车前进方向，这样可以保证在前方供电臂检修停电时短三轨没电，防止列车误闯带电伤人。接触轨接触表面层采用不锈钢，表面光滑耐磨耐腐蚀。接触轨本体采用铝合金，具有优良的导电性能，在不需要任何工具的情况下最小弯曲半径为 100 毫米。长轨与长轨之间设有温度补偿接头，接头有良好的机械和电气性能来满足接触轨伸缩的需要，施工时需根据温度接头处的长轨间距离、施工时的环境温度来确定调整预留的伸缩间隙。接头处采用可以滑动的镀银铜排来承载电流。鱼尾板是接触轨的连接件，其材质采用和接触轨相同的铝合金，具有足够的机械和电气性能，结构小重量轻携带安装方便。在任意接触轨终端均设有端部弯头，端部弯头采用和接触轨一致的材料，端部弯头按照行车速度的不同分为高速弯头和低速弯头 2 种，其中在正线上采用高速端部弯头，弯头长度为 5.7 米，坡度为 1：50；在车场采用低速端部弯头，弯头长度为 3.7 米，坡度为 1：30。端部弯头在与接触轨通过鱼尾板连接的部位没有坡度，以保证受流器顺利通过；在尾部经过预弯，具有自熄弧功能。电缆连接板采用铜质，它和接触轨接触的地方采用铜铝过渡板，防止铜电缆与铝轨直接接触，与电缆连接非常方便。

根据采用的新技术、新设备，有针对性地制定施工组织设计，专门制定《接触轨施工工艺技术内控标准》，力争在符合设计要求的基础上，使工程质量达到内实外美。在克服站前施工滞后、交叉施工等困难条件，2004 年 8 月开工到 2005 年 12 月中旬，完成接触轨安装、调整 67.7 公里、防护罩安装、调整 68.9 公里、绝缘子安装 2.2367 万个、端部弯头安装 886 处、接触轨底座制作安装 6182 处、隔离开关柜安装 120 台、回流箱安装 47 台、均流箱安装 7 台、避雷器安装 73 台、185 平方毫米电缆敷设 1936.6 公里。此后通过验收，合格率 100%，优良率 96%。

杂散电流防护工程　杂散电流防护工程范围包括：全线杂散电流收集网中测防端子的连接、参比电极、区间信号盒和变电所内信号测量端子箱的安装、杂散电流测量用信号电缆的敷设，杂散电流监测系统的安装、调试、系统联调和试运行等；车辆段和停车场中单向导通装置的安装及相关电缆的敷设、调试、系统联调和试运行等。

由于站前施工滞后，杂散电流防护工程到 2005 年 3 月底才开始施工。杂散电流防护工程采用了参比电极、监测数据采集箱新技术及新设备，参比电极采用氧化钼型参比电极，该种参比电极为固体参胶状参比电极，外壳采用陶瓷外壳，体积小、测量精度高、性能稳定、施工安装和更换比较方便；监测数据采集箱是外置式 A/D 产品，硬件采用台湾研华公司生产的 ADAM 4017 高精度数据采集模块、ADAM 4520 通讯模块，容量为 8000 安时的高性能可充电锂离子电池及充电模块，可与计算机的工业 485 接口连接，适用于笔记本或台式机。通过技术攻关，解决了施工中的技术难题。到 2005 年 12 月下旬，完成单向导通装置基础浇制 8 个、单向导通装置安装 8 台、参比电极安装 206 个、测防端子连接 7431 处、电缆敷设 793.4 公里、测试端子箱安装 21 台、综合测试装置 2 套等全部施工任务。通过验收，合格率 100%，优良率 96%。

信号系统工程　信号系统工程范围包括：刘园至双林、刘园停车场、双林车辆段（含实验车线）列车自动控制系统和计算机联锁站的室内外设备安装、调试及电缆敷设。

信号施工存在的难度更大，一是站前施工单位多，工期严重滞后，二是高架桥上交叉施工且施工面窄，运料和囤料困难，为此设专人每天深入现场调查了解情况，为施工创造条件。并在所制定施工方案的基础上，坚持超前预想、细化、分解工作量，倒排工期，合理组织施工。2004 年 8 月 1 日开工，到 2004 年 11 月 31 日完成施工准备和测量，2004 年 12 月 1 日到 2005 年 2 月 28 日开展刘园停车场施工，2005 年 3 月 1 日到 2005 年 8 月 31 日开展正线及双林车辆段的施工。在施工过程中遇到一些难题，采用的 $PDTY_{32}$ 型轨道电路电缆，在分线盘室外侧电缆较多，走线槽容量有限，无法进行电缆配线施工，在设备较多的车站尤为突出。针对这种情况，一是积极与设计沟通，进行变更设计，采用增加竖向走线槽的办法，解决此难题。海光寺站由于信号机械室位置确定和交付较晚，影响到信号电缆的正常施工，为保证施工进度，电缆施工采用预留备用的办法，先敷设电缆，室外设备的安装和配线正常进行，将备用部分整理好，待信号机械室交付后再进行室内电缆的引入。又如轨道参数确定太晚，造成调谐区的轨道电缆过轨管预埋位置不准，为节省电缆，采用支线电缆走线路中间、增加聚乙烯厚壁管防护的方法，降低了轨道电缆的衰耗。2005 年 9 月 1 日至 11 月 15 日进行室外设备调试和试验，2005 年 11 月 16 日至 12 月 31 日进行验收试运行。

站台安全门系统工程　站台安全门系统工程范围包括 22 座车站安全门设备的安装、综合管线的采购及敷设等。

投入 2 个作业队分成 4 个班组，于 2005 年 9 月 15 日开工。综合管槽作业组负责车站站台打孔切割、钢管、线槽、桥架、吊架预埋敷设；电气作业组负责光电缆敷设、接续、测试；系统设备作业组负责系统设备安装、调试开通；测量调试作业组负责孔位定测放线、设备单体调试、配合系统调试开通。2005 年 11 月 30 日竣工，实现 2005 年 12 月 31 日全线开通的目标。

第二十六节　重庆跨座式单轨较新线供电和信号系统工程

一、工程概况

重庆跨座式单轨较新线，也称轨道交通2号线，它是重庆的第一条轨道交通线，也是中国西部地区第一条轨道交通线，同时也是国内第一条采用跨座式单轨的轨道交通线。

跨座式单轨较新线，线路全长19.15公里（地下2.2公里），设18座车站（地下3座），1处维修基地，1处控制中心。其中较新线一期工程，线路全长14.35公里，共设13座车站，分别为较场口、临江门、黄花园、大溪沟、曾家岩、牛角沱、李子坝、佛图关、大坪、袁家岗、谢家湾、杨家坪、动物园站；较新线二期工程，线路全长4.8公里，共设5座车站，分别为大堰村、马王场、平安、大渡口、新山村站。较新线全线除较场口、临江门和大坪3座为地下站，其余15座均为高架站。

较新线工程，建设单位是重庆市轨道交通（集团）有限公司，由铁道第二勘察设计院（总体设计单位）、中铁电气化勘测设计研究院、重庆市电力院、北京电铁通信信号勘测设计院设计，上海地铁咨询监理科技有限公司监理。

较新线车辆采用振动小、噪声低、制动距离短、爬坡能力强、通过曲线性能好的跨座式单轨电动车组。列车编组，初期4辆、近期6辆、远期8辆。高峰时段行车间隔，初期3分钟、近期和远期2.5分钟。列车最高运行速度75公里/小时。线路主要技术条件：最小曲线半径，区间正线100米，车辆段及综合维修基地50米（含出入段线），车站300米，道岔附带曲线50米；最大坡度，区间正线60‰，车站2～3‰，折返牵出线上坡3‰、下坡3‰，车辆段检修、停留线2.5‰，道岔0‰。

较新线供电和信号系统工程，由中铁电气化局集团有限公司总承包，其中110千伏系统施工由重庆超高压工程局分包，牵引供电和信号系统工程由中铁电气化局集团轨道交通事业部承建。

工程于2003年2月10日开工，较新线一期较场口至动物园段于2004年11月开始试运行，2005年6月正式运行；较新线二期大堰村至新山村段于2006年7月1日开始运行，实现全线通车。

二、工程设计

重庆较新线工程，总体设计单位是铁道第二勘察设计院，隧道、线路等土建工程设计及供电系统的前期工作，均由铁道第二勘察设计院承担，供电系统初步设计和施工设计由中铁电气化勘测设计研究院承担，110千伏系统设计由重庆市电力院承担，信号系统设计由北京电铁通信信号勘测设计院承担。供电系统设计内容包括：牵引供电、牵引变电所、降压变电所、接触网、电力监控等；信号系统设计内容包括：调度集中控制（ATS）系统、微机联锁（CI）系统、列车超速自动防护（ATP）系统。

（一）供电系统

较新线工程供电系统采用110/10千伏两级电压集中供电方式，在龙家湾和动物园设2处110/10千伏主变电所，从城市电网引入110千伏电源对主变电所进行供电。主变电所

10 千伏侧采用单母线分段，两段母线各和一台主变压器相连，两段母线间设母联断路器，正常时母联断路器打开，两路电源和 2 台变压器分别运行，通过 10 千伏交流电缆分别向各自供电区域的牵引负荷和动力照明负荷供电，10 千伏供电网络采用“短串环接”的分区供电形式，在大坪站设环网联络开关，正常运行时开关打开。

较新线一期工程正线供电系统共设 6 处牵引降压混合变电所，分别位于较场口、曾家岩、佛图关、袁家岗、动物园、新山村，其余 12 座车站分别设 1 处降压变电所；在车辆段设 1 处牵引降压混合变电所和 1 处跟随式降压变电所；在大坪控制中心设 1 处降压变电所。

较新线二期工程供电系统在新山村站设 1 处牵引降压混合变电所，在马王场、平安、大渡口车站各设 1 处降压变电所。由一期工程已建成的动物园站 110/10 千伏主变电所，以供电环网 10 千伏电缆向牵引降压混合变电所、降压变电所供电。

变电所 10 千伏母线采用单母线分段，两回 10 千伏进线通过断路器分别与两段母线连接，正常时，两路电源同时供电，母联断路器打开。

每处牵引降压混合变电所设 2 套整流机组，通过 10 千伏断路器接于同一段母线，并联运行。单台整流机组采用三相桥 12 脉波整流，2 台整流机组构成等效 24 脉波整流。

每处牵引降压混合变电所设 1 套电阻型再生制动能量吸收装置，该装置在国内地铁行业为首次使用。

每处变电所设 2 台 10/0.4 千伏动力变压器，分别接在 10 千伏不同母线上，共同对车站及区间动力、照明负荷供电。

接触网采用国内首次使用的单轨跨座式接触网形式，接触网安装在轨道梁侧面，采用 DC1500 伏刚性接触悬挂方式，电动车组通过 DC1500 伏侧式刚性接触网受流。

在大坪设控制中心，电力调度所设在控制中心内，可以对全线变电所进行统一调度管理。

（二）信号系统

较新线信号系统设 ATS 系统、微机联锁（CI）系统、列车超速自动防护（ATP）系统。信号系统的控制中心设在大坪车站，ATS 系统的集中控制设备设在控制中心设备室，控制中心与正线车站及车辆段的联系采用通信光缆通道进行信息交换。信号系统控制方式采用集中控制和车站控制方式，正常情况下，列车运行由 ATS 控制中心进行集中控制；紧急情况或 ATS 通信通道故障等特殊情况下，可由车站进行直接控制。控制方式的转换在有联锁的设备集中站进行。车站控制台上设有遥控、站控状态表示灯。站控时，点亮白色表示灯；遥控时，点亮绿色表示灯。ATS 集中控制是在 ATP 子系统、联锁子系统的支持下完成对列车运行的中央监视和控制，实现其基本功能。

在各个有联锁设备的集中站，信号系统在车站控制状态下办理各项作业。列车在正线、折返线及车辆段的运行模式有 ATP 监督下的人工驾驶模式、限制人工驾驶模式、非限制人工驾驶模式。当车站出现紧急情况需要阻止列车进入车站站台时，可由车站值班人员通过按压紧急关闭按钮实现紧急停车，控制台或局控盘上有相应的灯光及音响报警。紧急情况解除后，经值班人员确认并按压设在控制台或局部控制盘上的取消紧停按钮，解除紧急关闭状态，紧急关闭表示灯灭灯。已关闭的接车信号机和发车信号机，经重复开放办理，在检查有关联锁条件满足后，信号开放，有关区段恢复正常 ATP 速度码序。在正线设有联锁设备的集中站设进出站信号机及所需的调车信号机，车辆段全部设调车信号机。轨道电路采用环线叠加感应式信号设备。设备集中控制站及车辆段采用 TD8 型无配线控制台，无联锁设备集中站及试车线采用有配线 TD4 型控制台。非设备集中站采用壁挂式控制盘。非设备集中站设旅客向导及发车计时控制终端，用于输出旅客向导信息及发车计时器信息。

正线车站、控制中心、车辆段、试车线、培训中心、车站控制室、设综合接地系统，接地电阻 1 欧姆。

三、工程施工

轨道交通事业部于 2002 年 10 月在重庆成立较新线工程项目部，组建专业施工队伍，配备专业化的施工机械和设备，于 2003 年 2 月 10 日开工。

（一）供电系统工程

较新线一期供电系统工程范围和施工内容包括：较场口至动物园段正线、单渡线及道岔接触网悬挂、变电所设备安装、环网电缆及各种电缆敷设、区间低压配电系统设备安装，设备、器材供货等。

较新线为国内第一条跨座式单轨交通线，技术新，无经验可借鉴，可称为新技术、新设备、新材料、新工具，均需研制开发。再加上工期紧、工程量大，现场周边环境复杂，各系统间的交叉施工干扰多，施工时基本依靠作业车进行作业，其施工作业面小，操作难度大，且高空作业必然增加更多的危险因素，需采取特别安全措施保障施工安全和地面行人、车辆的安全。为此制定了详细的施工方案、工艺工法、具体的作业指导书，并经建设单位、监理审查后，以此指导和规范施工。为保证施工质量，制定了质量计划和创优规划及保证措施。由于采用的技术新，对参战人员进行了系统的培训，持证上岗。对接触网系统汇流排的焊接等关键工序，又进行专门培训，培训合格后经刻苦练习几个月时间，确保现场焊接经检验正确无误后，才开展工程的正式施工焊接。为使汇流排的焊接质量符合要求，专门成立“提高 T 型汇流排焊接一次合格率”和“汇流排预配软件的研发”QC 技术攻关小组。通过技术攻关解决了汇流排的焊接问题，通过对焊接点着色探伤、超声波无损探伤以及直流电阻测试等方法进行的质量检验，保证了焊接质量。

在接触网施工中，由于接触网的调整余量小，在绝缘子安装前对 PC 梁接触网预埋件进行实测，根据测量结果对绝缘子进行选配，使绝缘子的安装高度、相邻坡度以及孔位均符合设计要求。为使接触线与汇流排更密贴，研制了导线校直器，通过多次的试用和改进，最终解决了接触线在展放后不平直的问题。道岔处接触网的调整是接触网系统施工中的一个难点，先后多次请建设、监理、设计人员到现场进行指导，又请专家在动物园站道岔处进行交流，通过多次计算机模拟试验和现场调试，后经冷滑试验检查，道岔处接触网衔接部位过渡平滑，达到了设计要求。由于单轨跨座式接触网的特殊性，接触网安装范围必须严格控制在车辆、建筑及轨道梁限界范围内，并满足绝缘距离要求。施工后经测量，各车站及区间接触网限界全部满足限界要求。

经过 1 年 8 个月的艰苦努力，在各方的大力配合下，完成了较新线一期的全部施工任务，较场口至动物园段于 2004 年 11 月开始试运行，2005 年 6 月正式运行。

较新线二期供电系统工程范围和施工内容包括：动物园至新山村段正线、单渡线及道岔接触网悬挂、变电所设备安装、环网电缆及各种电缆敷设、区间低压配电系统设备安装，设备、器材供货等。

在总结一期施工经验的基础上，针对二期工程特点，制定更为详细的施工方案、施工工序，采用比较成熟的工艺工法和研发的施工机具，于 2005 年 8 月 15 日开工。开工后，各项施工进展较为顺利，经过 8 个多月的奋战，完成全部的施工任务，2006 年 5 月 29 日通过初验。2006 年 7 月 1 日开始运行，实现全线通车。

（二）信号系统工程

较新线一期信号系统工程范围和施工内容包括：14.35 公里正线(含折返线、临时停车线)、14 座车站（其中较场口、曾家岩、大坪、动物园、大堰村 5 座车站为设备集中站；临江门、黄花园、大溪沟、李子坝、牛角沱、佛图关、袁家岗、谢家湾、杨家坪 9 座车站为非设备集中站）、1 处控制中心、21 辆列车、试车线、车辆段、培训中心的信号 ATS 系统、微机联锁（CI）系统、列车超速自动防护（ATP）系统的设备安装与调试、电缆敷设等。

信号工程是一项系统集成、总承包工程，由于引进日本的信号设备，涉及到建设、监理、设计、供货商、分包商、相关专业承包商等多个参建单位，管理和业务接口多、协调工作复杂。再加上合同工期 1 年多，进口设备生产周期相对较长，前期工程施工影响大，需在高架线路上采用作业车作业等，给施工造成很大困难。另外，采用的技术新，单轨交通方式无法依靠钢轨传递 ATP 信息和依靠轮对短路钢轨获得列车位置信息，必须采用特殊方式来传递速度信息和检测列车位置。无这方面的施工经验可借鉴，施工难度更大。

为此，2003 年 6 月 18 日，专门成立了信号工程项目部，抽调了精干的技术人员和施工队伍，配备精良的施工机械和设备，制定详细的施工组织方案、施工工序等，并经过建设单位、监理、专家的评审。由于采用的新技术多，对参战人员进行了全面的技术和安全培训，通过考核后持证上岗。工程于 2003 年 10 月 10 日开工。开工后，首先进行施工现场勘查，在设计技术交底的基础上，进行了现场定测，并对施工组织方案进行了修改和完善，其后开展全面施工。经过 1 年 2 个月的艰苦努力，到 2004 年 12 月初，共安装调试 LED 信号机 63 架、TD8 型控制台 8 面、TYJL-LS-II 型联锁机柜 10 面、ATS 机柜 18 面、ATP/TD 机柜 114 面、紧急停车按钮 62 个、旅客向导显示器 52 面、MT 箱 234 个、轨道电路区段 196 个、PNX2 型电源屏 14 面、ATS 终端设备 26 套、大坪控制中心大屏 1 面、敷设各种信号电缆 794.5 公里、和发车计时器、UPS 电源、道岔接口等，施工任务全部完成。2004 年 12 月 28 日，一期工程信号系统全线投入试运行，2005 年 1 月 28 日试运行圆满结束。2005 年 5 月 16 日通过验收。

较新线二期信号系统工程范围和施工内容包括：4.8 公里正线、4 座车站、大堰村接口、控制中心扩容的信号 ATS 系统、微机联锁（CI）系统、列车超速自动防护（ATP）系统的设备安装与调试、电缆敷设等。

在总结一期工程施工经验的基础上，按照制定的施工组织设计、创优规划及保证措施，二期信号工程于 2005 年 8 月 20 日开工。经过 8 个月的奋战，到 2006 年 5 月底，共安装调试 LED 信号机 7 架、TD8 型控制台 1 面、TYJL-LS-II 型联锁机柜 2 面、ATS 机柜 4 面、ATP/TD 机柜 15 面、紧急停车按钮 16 个、旅客向导显示器 16 面、MT 箱 57 个、轨道电路区段 40 个、PNX2 型电源屏 2 面、ATS 终端设备 4 套、大坪控制中心大屏扩容改造 1 面、敷设各种信号电缆 632.57 公里、敷设各种信号环线电缆 260 公里、和发车计时器、UPS 电源、道岔接口等，施工任务全部完成。2006 年 6 月 6 日通过初步验收，2006 年 6 月 16 日通过验收。

重庆跨座式单轨较新线工程，获 2005 年度全国十大建设科技成就奖、2007 年度国家优质工程银质奖、第八届中国土木工程詹天佑奖、国家环境友好工程项目奖、全国市政金杯示范工程奖、重庆市巴渝杯优质工程奖。“提高 T 型汇流排焊接一次合格率”和“汇流排预配软件的研发”QC 小组，获 2006 年度全国优秀质量管理小组称号，获全国优秀焊接工程一等奖。

第二十七节　香港地铁将军澳延长线供电系统工程

香港地铁将军澳延长线，线路全长 12.5 公里。在油塘站与来自既有观塘线的 2 个隧道和既有东区海底隧道相连，隧道自油塘站向西北方向延伸，直到将军澳站，隧道路段逐步走出地面，终于宝琳站。将军澳延长线设油塘、调景岭、将军澳、坑口、宝琳 5 座车站。工程另外包括位于 86 区的车辆段，以及连接港岛的侧鱼涌站和北角站。

香港地铁将军澳延长线，由政府注资和地铁公司融资建设。供电系统由铁道部电化局电气化勘测设计院设计，铁道部电化局与中信国华公司合作竞标承建。1999 年 6 月签订合同，合同金额 1.6 亿港元。工期为 3 年零 2 个月。其中铁道部电化局负责地铁将军澳延长线供电系统的设计、施工、调试、开通及质保期的服务等。

供电系统采用 1500 伏直流供电方式，牵引供电系统主要由 33 千伏中压网、1500 伏直流系统、接地连接线、迷流系统、110 伏直流系统等组成。新建 33 千伏/1500 伏直流牵引变电所 4 处，改造所 1 处；新建 33 千伏/450 伏直流变电所 7 处，改造所 5 处。香港电力公司分别从 QIS 和 TIS 提供容量为 6 万千伏安的 132/33 千伏的变压器站，接线方式为 YYO。

正常情况下变电所 2 台变压器并列运行，一台故障解列时，另一台负责切入供电。33 千伏中压网负责向所有的牵引变电所、车站、车辆段和通风大楼供电。1500 伏直流供电系统负责向接触网供电，观塘延长线的直流牵引供电来自既有的 KWT、KTT 和 TKL 3 处牵引变电所，将军澳线的直流牵引供电来自 NPB、既有 KTT、TKL、TIS、POL、TKD 变电所，车辆段的直流牵引供电来自 TKD 牵引变电所。如果 NPB 变电所发生故障，既有 PAF 变电所将通过既有 PAF682 和 PAF694 开关向将军澳线进行供电。

迷流系统包括浮接阴极和二极管接地直流子系统、无道砟道床的迷流收集系统、排流二极管电路、监测装置（由 6032 承包商负责）和乘客站轨绝缘（由 606 承包商负责）。低压直流系统的额定输出电压为 110 伏，向 33 千伏开关柜、1500 伏直流柜、直流开关、整流器、过压保护装置、可编程逻辑控制器提供直流电源。

香港地铁将军澳延长线供电系统工程，由电化局三处承建，于 2001 年 2 月 26 日开工。新建 11 处牵引变电所、改造 6 处牵引变电所、敷设各类电缆约 400 公里（其中交流高压电缆 140 多公里、直流牵引电缆 44 公里、导引线电缆 21 公里、低压控制电缆 159 公里），高压电缆中间头和终端头 3315 个；安装牵引变压器组合 7 套，交流变压器 54 台，33 千伏交流开关柜 123 套，蓄电池及充电装置 17 套，1500 伏直流开关柜 49 套，继电器保护盘 123 面，其他盘类 93 台套。由于施工组织严密，管理科学，工期较原定计划提前 4 个多月，于 2002 年 3 月 18 日全面竣工验收，得到港铁公司的嘉奖。

第二十八节　广州地铁 1 号线供电系统工程

广州地铁 1 号线工程，线路全长 18.48 公里。全线设广州东站、体育中心、体育西路、杨箕、东山口、烈士陵园、农讲所、公园前、西门口、陈家祠、长寿路、黄沙、芳村、花地湾、坑口、西朗 16 座车站，其中西朗和坑口是地面车站，其他为地下车站。在荔湾区西朗设 1 处车辆段（位于西朗站与坑口站之间），控制中心设在位于公园前站上盖的大厦内。

广州地铁 1 号线工程，建设单位是广州地铁总公司，供电系统由铁道部电化局电气化勘测设计研究院、铁道部第二勘察设计院、英国 Balfour Beatty 公司设计，铁道部电化局轨道交通事业部负责施工。

广州地铁 1 号线供电系统设 7 处牵引降压混合变电所、24 处降压变电所，33 千伏环网及 1 处电力监控主站。正线接触网悬挂采用简单链形悬挂，采用 1 根承力索，2 根平行接触导线，供电方式为直流 1500 伏，采用 3 到 4 根馈线，1 根架空回流线。全线分 8 个供电分区，58 个锚段。

轨道交通事业部成立地铁 1 号线工程项目部，组建作业队于 1995 年 12 月 28 日开工。

变电工程　牵引变电所变压器的运输到位是地铁施工的一大难题，为保证运输过程中的设备和人身安全，在运输前，组织人员对路线和现场进行反复勘测，制定详细的运输方案，报建设单位同意后，开始实施，逐一将变压器运输到各变电所。变电所变压器基础施工的平整度和预埋件要求很严，设备安装后的平整度误差小于 1 毫米/米，总误差小于 2 毫米。为保证施工精度，对土建施工单位的预留孔与图纸进行详细核对，不相符的及时报请监理及业主，请土建施工单位进行整改直至符合设计要求。为加快施工进度，及时与土建和房建施工单位沟通，在条件许可的情况下，配合房建施工单位进行设备基础预埋件的施工。为保证设备的完好性，安装前与建设单位设备管理部门、监理、供货商一起开箱验收，并做好记录，设备完好符合安装条件的才进行设备安装。设备安装在监理、督导人员的指导下，按施工工序进行，保证了施工质量。

接触网工程　针对设计采用的新技术和地质土壤条件差的特点，经现场勘测制定了有针对性的施工方案。如基坑开挖时流沙造成塌方等，经研究借鉴建筑挖孔桩的开挖技巧，采用封箱法的开挖方法进行基坑施工，该方案经验证非常有效可靠。又如采用三线放线法，大大减少了机械台班，提高了施工进度。在接触网调整工作中，广泛采用对弓形腕臂不管在任何位置，先调整至与轨面平行，受力后再次调整至与轨面平行。

共安装铁柱 82 根、水泥柱 60 根、软横跨 31 组、隔离开关 53 台，架设承力索 43.8 公里、双接触导线 43.8 条公里、三馈线 28.9 公里、四馈线 8 公里、地线 38 公里。西朗至黄沙段于 1997 年 6 月 28 日开通，黄沙至广州东站于 1998 年 11 月 30 日开通。

第二十九节　广州地铁 2 号线供电及通信系统工程

一、工程概况

广州地铁 2 号线工程，东起琶洲站，西至江夏站，线路全长 23.265 公里，共设 20 座车站。其中琶洲至三元里段长 18.06 公里， 设 16 座车站。在赤沙设车辆段及综合基地 1 处。在公园前站与地铁 1 号线换乘。地铁 2 号线将白云机场、广州火车站、国际会展中心及多条商业街贯穿在一起，为广州的经济发展起到积极的推动作用。

广州地铁 2 号线工程，建设单位是广州市地下铁道总公司，供电和通信系统工程由中铁电气化勘测设计研究院、铁道第二勘察设计院设计。

广州地铁 2 号线供电和通信系统工程，由中铁电气化局集团有限公司轨道交通事业部承建。工程于 2001 年 11 月开工，2003 年 3 月竣工。

二、工程设计

广州地铁 2 号线供电系统工程，由中铁电气化勘测设计研究院设计，通信系统工程和车辆段供电系统由铁道第二勘察设计院设计。

地铁 2 号线供电系统采用 AC110 千伏 / 33 千伏两级电压的集中供电方式。全线设河南路和瑶台路 2 处主变电站，琶洲至三元里段设 9 处牵引降压混合变电所，8 处降压变电所，

12 处跟随式降压变电所。其中赤沙、鹭江、海珠广场、广州火车站为 4 处冷站专用跟随式变电所。由河南路主变电站馈出八路、瑶台路主变电站馈出六路 33 千伏电源，分 6 个供电分区向全线变电所供电。6 个供电分区为：第一供电分区是琶洲站至磨碟沙站，第二供电分区是车辆段，第三供电分区是赤岗站至中大站，第四供电分区是晓港站至市二宫站，第五供电分区是海珠广场站至纪念堂站，第六供电分区是越秀公园站至三元里站。每座车站（车辆段）的牵引降压混合变电所（或降压变电所）均有两回独立电源进线，两回独立进线电源之间通过母联柜互为备用电源。

地铁 2 号线首通段为晓港至三元里段，设有江南西、海珠广场、越秀公园、三元里 4 处牵引降压混合变电所，设有晓港、市二宫、公园前、纪念堂、广州火车站 5 处降压变电所，设有晓港、江南西、海珠广场、越秀公园、广州火车站、三元里 6 处跟随式变电所。

二通段为琶洲至中大段，设有琶洲、磨碟沙、客村、中大 4 处牵引降压混合变电所，设有新港东、赤岗、鹭江 3 处降压变电所，设有客村、鹭江、鹭江冷站、中大 4 处跟随式变电所。赤沙车辆段设 1 处牵引降压混合变电所、1 处跟随式变电所。

地铁 2 号线琶洲至三元里为地下段，左右正线、出入段线，琶洲、磨碟沙、赤岗及鹭江渡线、折返线、存车线接触网采用刚性悬挂，由支持悬挂装置悬吊嵌入银铜接触线的汇流排，另加一条保护性架空地线。采用 1500 伏直流供电方式，正线分别由琶洲、磨碟沙、客村、中大、江南西、海珠广场、越秀公园、三元里牵引变电所通过电动隔离开关向刚性接触网系统供电；赤岗和鹭江存车线通过手动隔离开关从左线（或右线）受电。各供电区段间正线和渡线、机走线分别采用绝缘锚段关节和分段绝缘器分隔开来，隔开后的各供电区段可通过隔离开关实现供电以及越区供电。

地铁 2 号线设电力监控系统，对全线各变电所及接触网电动隔离开关设备运行状态进行监视、控制和数据采集。电力监控系统由控制中心主站、变电所综合自动化系统及通道组成。另外，在车辆段设 1 套电力监控复示系统，仅用于监视全线供电设备的运行情况。控制中心主站设在公园前站控制中心。

地铁 2 号线杂散电流防护及监测系统由排流系统、综合监测系统和综合接地系统组成。排流系统的 11 台排流柜分别设在全线 11 处牵引降压混合变电所内。排流柜内的负母排接负极柜的负母排，接地支路接变电所内的接地母排，排流支路接车站内整体道床排流端子和结构钢筋排流端子。排流柜将整体道床和结构钢筋中的杂散电流流回变电所负极柜。另外，为了减少特殊地段钢轨中的回流，减少杂散电流的产生，在过江隧道两端、车辆段出入段线出地面处等地段的钢轨增设绝缘结，绝缘结的两侧通过电缆和单向导通装置连接，使钢轨中的回流单方向流通。

地铁 2 号线琶洲至三元里段的通信系统工程，设传输、无线和公务电话、调度电话、站内及轨旁电话、闭路电视、有线广播、时钟、不间断电源等子系统。满足运营的需要。

三、工程施工

中铁电气化局集团有限公司轨道交通事业部成立广州地铁 2 号线工程项目部，投入专业施工队伍，于 2001 年 11 月开工，2003 年 3 月竣工。

接触网工程 接触网工程包括琶洲至三元里段和磨碟沙至琶洲间的车辆段 2 个部分。主要工程量为：架设刚性悬挂接触网 41 条公里，架设隧道外柔性悬挂接触网（简单链形悬挂双导线）2.7 条公里及简单悬挂单导线 16.7 条公里。

根据地铁 2 号线采用的技术新（刚性悬挂在国内是首次采用），施工精度要求高等特点，在总结以往经验的基础上，为刚性悬挂接触网系统配备了专用汇流排安装作业平台、专用架线小车、精确的激光测量仪和光学测量仪、钢筋探测仪等先进的施工机具。对所有施工人员进行了施工工艺、工法、安全培训，经考核合格后方可上岗。为保证刚性悬挂接触网的稳定性，严格按预先制定的施工工序、 规范及标准要求精心组织施工。施工中由于受到土建和轨道工程进展缓慢的制约，针对这种情况，就积极与业主、监理、站前施工单位协调，共同创造施工条件，利用铺轨下料和换线间隙等零散作业点，紧随铺轨后进行现场定测、钻孔、支架安装等，完成一个锚段（约 250 米）即进行汇流排安装和接触线架设，随后进行悬挂调整。刚性悬挂接触网对施工精度要求很高，汇流排装配和接触导高及拉出值精度是本工程主要技术控制要点，同时也是本工程的主要施工难点。利用专门配置的汇流排安装作业平台和仪器进行施工，保证了精度要求。于 2003 年 1 月 20 日冷滑成功。

变电及环网工程 变电及环网工程范围和施工内容包括：变电所、环网电缆、电力监控、杂散电流防护及监测系统设备安装、线缆敷设等。主要工程量为：变电所设备安装与调试，约 283 公里环网电缆敷设及支架安装，电力监控系统 26 套（面）设备安装与调试及电缆敷设，杂散电流防护及监测系统 534 台（套）设备安装与调试及电缆敷设等。

在变电所的施工中，由于预埋件的精度要求很高，两预埋槽钢或导轨间的平行度及平直度误差不大于 1/1000，全长总误差不得大于 2 毫米，预埋件与相应安装设备间的接触面应平整。基础预埋件施工质量的优劣对设备安装影响很大，施工中就采用 DZS3-1 型水准仪进行校验，采用边调整边焊接的方法进行施工，保证了施工质量。由于公园前、纪念堂、海珠广场、三元里、越秀公园、中大、鹭江变电所设备房位于地下车站非站台层，给变压器和设备运输造成很大难度。为此，成立了专门的变压器运输小组，经过多次现场勘测，制定科学合理的运输方案将变压器运输就位。

为保证环网电缆的施工质量，专门从德国 HILTI 公司进口 30 台冲击钻、金刚钻以及 1000 多根冲击钻头，进行环网电缆施工打孔，利用这种工具打孔，既安全又省时，确保了孔位和孔深，实现工期目标。按期完成全部施工任务。

通信工程 通信工程范围和施工内容包括：控制中心、车辆段、琶洲至三元里段 16 座车站及区间、2 处主变电站和 4 处冷站的通信系统设备安装与调试，电缆敷设等。主要工程量为：18座车站近4700台（套）通信设备安装、约430条公里各种管线、线缆的敷设。

2001年11月开工后，由于站点多，地形复杂，隧道轨道敷设未完成，根据现场情况，决定采用轨道车和汽车运输线缆和设备。在机房设备安装中，为保证整洁，在地板上铺上彩条布进行施工，每日施工后将塑料布盖在设备上。由于系统设备多，结构复杂，制定了有针对性的设备安装方案，并严格按照设计要求和设备使用说明书组织施工。在区间电缆敷设中，针对电缆种类多，线路长，区段复杂，区间施工干扰大的特点，首先进行现场勘察，制定出周密的施工方案和计划，申请轨道作业点，采用轨道车敷设光电缆，并做好各种防护工作。外围设备分布在车站公共区和站房，数量多，根据装修条件，进行现场勘察确定无误后，进行安装，并保证其外观完美。于2003年3月竣工。

第三十节 广州轨道交通3号线土建工程

一、工程概况

广州轨道交通3号线主线由广州东站至番禺广场，线路全长28.73公里，共设广州东、林和西路、体育西路、珠江新城、赤岗塔、客村、大塘、沥滘、厦滘、大石、汉溪、市桥、番禺广场13座车站。

广州轨道交通3号线工程，建设单位是广州市地下铁道总公司，由广州市地下铁道设计研究院设计，四川铁科建设监理公司负责监理。

广州轨道交通3号线工程，广州东至林和西路间和客村站土建工程，由中铁电气化局集团西铁工程公司承建。工程于2002年10月12日开工，广州东至林和西路间于2004年9月26日竣工，客村站土建工程于2004年10月26日竣工。

二、工程设计

区间平面，区间隧道右线YDK0+597.792至YDK0+657.795段、左线ZDK0+605.712至ZDK0+679.430段位于半径为400米的圆曲线上，缓和曲线65米，ZDK0+744.430至ZDK0+750.936为短链线，线路转入林和西路后沿直线至林和西站。竖井横通道与左线垂直相交，交点里程为YDK1+118.576。

隧道纵断面，广州东站和林和西站高程相差11.8米，隧道在出广州东站后以3‰的坡度下坡，至YDK0+590处至区间最低点，至后调整为7‰的上坡，在YDK0+800处变为18.62‰的上坡。

隧道复合式衬砌结构，初期支护为主要承载结构，二次衬砌主要承受水压力及变形压力增量。区间隧道的围岩划分为：YDK0+597.792至YDK0+929.9段331.104米为Ⅴ类围岩，YDK0+929.9至YDK0+980段50.1米为Ⅲ类围岩，YDK0+980至YDK1+140段160米为Ⅳ类围岩，YDK1+140至YDK1+250段110米为Ⅲ类围岩，YDK1+250至YDK1+443.5段189.9米为

Ⅱ类围岩，在 ZDK0+598.796 至 ZDK0+920 段 314.698 米为Ⅴ类围岩，ZDK0+920 至 ZDK0+960 段 40 米为Ⅳ类围岩，ZDK0+960 至 ZDK1+220 段 260 米为Ⅲ类围岩，ZDK1+220 至 ZDK1+443.5 段 219.9 米为Ⅱ类围岩。

隧道结构防水遵循“以防为主，防排结合，刚柔并济，多道设防，因地制宜，综合治理”的原则，结构防水为二级。

三、工程施工

广州轨道交通 3 号线工程，广州东至林和西路间（左右线起止里程分别为 ZDK0+597.792 至 YDK1+443.5、ZDK0+605.712 至 ZDK1+443.5，左线短链长度为 6.506 米，单线长度 1676.99 延米，隧道埋深 9.2～27 米）和客村站土建工程包括：区间隧道，竖井及横通道，竖井深 23.75 米，横通道长 13 米，疏散横通道约 11 米（施工时为施工横通道），活塞风道和风井 1 座。暗挖区间分为左右两线隧道，折合单线长度 1676.99 延米，隧道埋深 9.2～27 米，局部埋深 5.0 米。客村站土建工程包括主体暗挖、风机房和主体防护。

2002 年 9 月，西铁工程公司成立广州轨道交通 3 号线工程项目部，于 2002 年 10 月 12 日开工。2004 年 9 月 26 日广州东至林和西路间竣工，2004 年 10 月 26 日客村站竣工。

工程区间隧道位于广州东站西侧的林和西路下方，林和西路是东站交通繁忙的主干道，西侧均为多层或高层建筑物，东侧有广州最高的大楼电信大厦，施工场地仅 1021 平方米。区间隧道拱顶位于强风化、全风化、软塑-硬塑洪积层，下部为风化硬岩带，上软下硬，下断面爆破开挖对上部支护稳定性影响大，易产生较大沉降甚至掉拱。

施工前组织技术人员对图纸进行认真复核，充分了解设计意图，并针对本工程的设计要求，地质情况，现场条件编制实施性施工组织设计。针对关键及特殊工序，如竖井开挖及支护，隧道测量、隧道开挖、支护、控制爆破、结构防水、锚喷、混凝土灌注、监控量测等制定详细的施工过程控制措施和作业指导书。

暗挖区间隧道施工方法，在Ⅴ、Ⅳ类围岩中采用正台阶法，Ⅲ类围岩采用短台阶法，Ⅱ类围岩采用台阶分布法施工。Ⅲ至Ⅴ类围岩采用减震爆破开挖，Ⅱ类围岩上断面采用人工开挖，超前小导管加固地层。出砟运输采用有轨运输，小型挖掘机直接装砟于 2.5 立方米的吊斗内，吊斗装于轨道平板车上，电瓶车牵引轨道平板车至竖井的起吊为止，通过竖井上方安装的门式钢桁架配合 2 台 10 吨电动葫芦直接提升矿斗至地面卸砟，EX300 挖掘机配合堆土。夜间集中外运弃土，采用 EX300 挖掘机或装载机装砟，15 吨自卸散料运输汽车运输。主体结构为钢筋混凝土结构，防水层施工、钢筋绑扎焊接、混凝土浇筑单项流水作业。混凝土输送泵输送混凝土，机械振捣，衬砌采用整体模板台车，局部特殊结构辅以模筑拱架配合 300 毫米×1000 毫米小块钢模板进行衬砌。

明挖结构施工方法，活塞风井明挖基坑围护结构采用人工挖孔咬合桩围护。表面 4.0 米松散采用挖掘机分层开挖，地下 4.0～7.0 米段松散层采用人工配合风镐开挖、塔吊起吊，7 米以下岩层采用分层爆破开挖。开挖过程中及时施作钢围囹和钢管支撑。竖井支护Ⅰ～Ⅳ类围岩地段采用Φ22 砂浆锚杆、格栅钢架、网喷混凝土联合支护。Ⅴ类围岩地段采用Φ22 砂浆锚杆、网喷混凝土支护。出砟运输采用桁架和 10 吨电动葫芦提升基坑内的砟体堆至基坑北侧空地，夜间集中外运。活塞风井和竖井主体结构均为钢筋混凝土主体结构，采用顺作法。混凝土结构模筑采用碗扣式脚手架配合大块模板施工。

第三十一节　广州地铁 4 号线车陂南至黄阁段供电系统工程

一、工程概况

广州地铁 4 号线南北走向，位于城区南拓轴线下，线路全长 68.96 公里，其中地下线长 29.11 公里。北起设黄村、车陂、车陂南、万胜围、官洲、大学城北、大学城南、新造、官桥、石碁、海傍、低涌、东涌、庆盛、黄阁汽车城、黄阁、蕉门、金洲等车站。其中官桥、庆盛为预留站。在万胜围、车陂南站分别与地铁 2 号线、5 号线换乘。

地铁 4 号线车陂南至黄阁段由大学城专线和车陂南至黄阁（不含大学城专线）段组成，线路长约 38.69 公里，共设 11 座车站。大学城专线段从万胜围至新造线路长 14.11 公里，其中 11.06 公里为地下线，2.32 公里为高架线，0.73 公里为路基或路堑线路，共设 5 座车站、1 处车辆段、1 处主变电站，1 处控制中心；车陂南至黄阁（不含大学城专线）段由大学城专线向北延伸至车陂南、往南延伸至黄阁，线路长 24.58 公里，设 6 座车站、1 处主变电站。

地铁 4 号线车陂南至黄阁段工程，建设单位是广州市地下铁道总公司，供电系统工程由中铁电气化勘测设计研究院设计。

中铁电气化局集团有限公司轨道交通事业部承建广州地铁 4 号线车陂南至黄阁段供电系统工程，2005 年 4 月 23 日开工，大学城专线段（一期）于 2005 年 12 月 26 日开通；新造至黄阁段（二期）于 2006 年 12 月 30 日开通；车陂南至万胜围段（三期）计划于 2009 年 12 月 28 日开通。

二、工程设计

供电系统采用 110/33 千伏两级电压集中供电方式。大学城专线段设 4 处牵引降压混合变电所、1 处牵引变电所、1 处降压变电所和 9 处跟随式降压变电所，设 1 处兴业主变电站，同时对地铁 2 号线的河南主变电站进行改造，大学城专线段由兴业主变电站和河南主变电站共同供电；新造至黄阁段设 7 处牵引降压混合变电所、1 处降压变电所，车陂南至万胜围段设 1 处降压变电所。正线接触网采用直流 1500 伏三轨下接触受流方式，采用整体绝缘支架，悬挂组成为钢铝复合轨＋地线（接地扁铜）。设 1 套综合自动化系统，实现对变电所设备的监控。设杂散电流防护监测系统。

三、工程施工

施工范围和内容包括：38.69 公里（大学城专线段、新造至黄阁段及车陂南至万胜围段共三期工程）内的变电所、接触网、电力监控、杂散电流防护、消防疏散平台的设备安装、电缆敷设、调试与联调等。

轨道交通事业部在广州成立地铁 4 号线工程项目部，组成专业施工队伍，配备优良的施工机械和设备，制定有针对性的施工组织设计，于 2005 年 4 月 23 日开工。

为保证施工质量和工期，专门编制创优规划和质量计划，逐级建立健全质量责任制。针对 4 号线的技术特点、设计要求，制定各工序的《施工作业指导书》，进行样板段施工，通过样板段施工使作业人员熟练掌握施工工艺。在样板段施工验收合格后，以样板工程引路，全面开展施工。施工过程中，采取每道工序自检、互检、专检等对工程质量进行严格控制。

接触轨装配和调整精度是本工程的主要技术控制要点，为此专门研发配置了接触轨铺装机具、膨胀接头补偿间隙检测尺、接触轨检测尺等专用工机具（其中接触轨检测尺获得了国家专利），使施工质量得到了保证。通过工程实践，形成（施工测量、螺栓钻孔安装、绝缘支架安装、接触轨安装及调整、电连接安装、设备安装、接地线安装、电缆敷设及箱体安装等）一套直线电机运载系统直流 1500 伏接触轨系统施工工法，并获 2008 年度中铁电气化局局级工法。

变电所设备安装和环网电缆敷设点多线长，再加上站前施工进度滞后，给施工带来很大困难。就积极与各方面沟通和协调，采用见缝插针的办法交叉施工，保证施工进度。

消防疏散平台，在隧道内是复合材料结构的施工，隧道外是水泥预制板结构的施工，是国内地铁第一次采用复合材料疏散平台。消防疏散平台施工的主要工序包括：测量、打孔、化学锚栓安装、疏散平台踏板安装调整、步梯安装。施工重点和难点是疏散平台的测量定位和安装限界控制，为达到设计要求精度，采用先进的激光测距仪进行精确测量，使用自制疏散限界检查尺自检并经过限界检查车检测，确保安装限界符合设计要求，在安装过程中，工程技术人员对每一道工序进行分段检查，确保安装误差在可控范围之内。

地铁 4 号线大学城专线段（一期）于 2005 年 12 月 26 日开通，大学城专线段开通以来，系统运行稳定，供电系统从未发生过运营安全事故。广州地铁 4 号线一期的建成是中国城市轨道交通建设史上新的里程碑，为直线电机运载系统和直流 1500 伏接触轨系统技术在中国的推广应用奠定了良好的基础。新造至黄阁段（二期）于 2006 年 12 月 30 日开通；车陂南至万胜围段（三期）正在施工中，预计 2009 年 12 月 28 日开通。

第三十二节　武汉轨道交通 1 号线一期供电系统工程

一、工程概况

武汉轨道交通 1 号线工程，线路全长 27 公里。分两期建设，一期工程自宗关至黄浦路，线路全长 10.234 公里，全为高架线，贯穿武汉市商业重镇汉口最繁华的商业地段，是一条重要的交通主动脉。轨道交通 1 号线一期工程全线设宗关、太平洋、硚口、崇仁路、利济北路、友谊路、江汉路、大智路、三阳路、黄浦路 10 座车站、1 处停车场、1 处指挥中心、配备 B 型车 12 列 48 辆。土建工程于 2000 年 12 月 23 日开工，2004 年 7 月 28 日竣工。该工程主要技术均达到国内同行业先进水平。设备系统在中国大陆首次采用居世界领先水平的移动闭塞信号系统，实现了列车自动驾驶、自动定点停车和无人自动折返功能。首次采用铝合金 B 型车、车轮降噪阻尼片技术、钢铝复合接触轨技术，在环保、降噪、节能降耗、城市环境等方面取得了突破。投资 21.99 亿元。

武汉轨道交通 1 号线一期供电系统工程，建设单位为武汉地铁集团有限公司，武汉地铁集团运营有限公司接管运营。由铁道第四勘察设计院设计，上海地铁建设有限公司监理。

武汉轨道交通 1 号线一期供电系统工程，由中铁电气化局集团二公司承建，于 2003 年 3 月 5 日开工，2003 年 10 月 31 日竣工，2003 年 11 月 30 日一次受电成功，2003 年 12 月 1 日临管试运营，2004 年 9 月 30 日正式开通，2004 年 11 月通过初步验收，2006 年 11 月通过最终验收。

二、工程设计

设计原则，轨道交通 1 号线一期供电系统采用集中供电方式，主变电所为 110/10 千伏电压变电所，进线采用两回电源，互为备用。主变压器正常运行情况下，应满足向其所在供电区域内牵引负荷及动力照明负荷的供电要求。当主变电所一台主变压器解列退出时，另一台主变压器可承担其所在供电区域内牵引负荷及动力照明负荷的供电要求。当任一主变电所解列退出运行时，由相邻主变电所越区供电。牵引变电所设 2 套整流机组，构成等效 24 脉波整流，减少谐波，2 套整流机组接于同一段 10 千伏母线上，并联运行，其容量按远期运量的牵引负荷计算确定。直流母线采用不分段单母线，每条直流馈线设置 1 台直流快速开关，每个牵引变电所预留 1 台直流快速开关小车。根据本工程特点、远期高峰小时负荷分布、中压网络供电方式、有关牵引供电设备的性能等因素确定牵引变电所设置，以达到供电可靠、经济合理、维护方便、节省投资的目的。

轨道交通 1 号线一期供电系统工程，在江汉路设 1 处 110 千伏主变电所，为双电源双主变压器，设 6 处牵引降压变电所和 7 处降压变电所。根据轨道交通 1 号线一期工程牵引、动力、照明负荷的特点，中压环网电压等级为 10 千伏，供电分区一般以 1～2 座车站为一个分区，每个分区含 1 处牵引降压混合变电所。

轨道交通 1 号线一期供电系统，采用直流 750 伏接触轨（第三轨）供电方式，经过受流器向电动车组供电。电力监控系统采用计算机监控装置，对供电系统的各类变电所进行集中调度、监视、控制和测量。采用综合防护措施，减少牵引供电系统的杂散电流对金属构件和地下管网的腐蚀及钢轨电位的影响。降压变电所尽可能的布置在车站负荷中心，两路独立电源。设 2 台配电变压器给动力、照明负荷供电，动力变压器高压侧为 10 千伏，低压侧为 0.4 千伏，其容量满足当一台配电变压器退出运行时，另一台配电变压器可承担全部一、二级负荷的供电。牵引变电所与降压变电所设在同一车站时合建。主变电所、车辆段牵引降压混合变电所按近期有人、远期无人值班有人值守设计，全线其他各种变电所按无人值班设计。通过主变电所将从电力系统引入的 110 千伏高压交流电降压成适合轨道交通供电系统使用的交流电，并通过轨道交通中压环网将电能分配到每一个车站和车辆段内的牵引变电所和降压变电所。

三、工程施工

2003 年 1 月，二公司成立武汉轨道交通工程项目部，投入 150 人组成 4 个作业班组，配置载重汽车 4 辆、吊车 1 台、平板车及其他施工机械和机具，于 2003 年 3 月 5 日开工。

轨道交通 1 号线一期供电系统工程，主要工程数量包括：各类电力电缆敷设 47.3 公里、各种开关柜安装 345 面、各种变压器安装 80 台；杂散电流系统电缆敷设 3.5 公里、排流柜安装 5 台、参考电极安装 83 个、测防端子连接 1900 处；环网系统电缆支架制作安装 2.5391 万套、各类电力电缆敷设 71.4 公里；接触轨各类电力电缆敷设 45.6 公里、接触轨支架安装 4832 套，接触轨、接触轨防护罩安装各 18.55 公里；电力监控电缆敷设 6.4 公里，设备安装调试 13 套。

为优质的完成本工程的施工任务，开工前首先进行技术培训，通过考试持证上岗。施工中积极采用新技术、新工艺、新材料、新设备，成立 QC 攻关小组，开展技术攻关。为统一技术标准，在制定施工组织设计的基础上，专门编制“钢铝复合接触轨施工工艺”指导施工。施工实行经济承包责任制，以工地为家，发扬“特别能吃苦、特别能战斗”的中铁电化人精神，经过 10 个月的奋战，2003 年 10 月 31 日竣工，实现全面建成开通的目标。“10 千伏高压冷缩电缆中间头制作 QC 攻关小组”获得集团公司 QC 成果三等奖。

临管工作　2003 年 10 月，一期工程建成后，供电系统投入试验、调试、联调阶段。由于武汉地铁集团运营有限公司上岗人员缺乏，给正常运营造成极大压力。在武汉地铁集团有限公司的要求下，二公司项目部在完成合同规定的 3 个月的临时管理工作后继续临管。在临管期间，项目部保证了设备安全可靠运行，为武汉地铁集团运营公司的值班人员传授技术，培训一大批合格的值班人员。2005 年 8 月临管工作顺利结束。

第三十三节 南京地铁 1 号线一期供电系统工程

一、工程概况

南京地铁 1 号线一期工程，南起奥体中心，北至迈皋桥，线路全长 21.72 公里，其中地下线 14.33 公里，地面及高架线 7.39 公里，形成南京主城区中轴线的快速交通走廊。沿线设奥体中心、元通、中胜、小行、安德门、中华门、三山街、张府园、新街口、珠江路、鼓楼、玄武门、新模范马路、南京站、红山动物园、迈皋桥 16 座车站，其中高架站 5 座，地下站 11 座，贯穿南京市南北，连通南京市繁华的商业区，是南京市重要的交通要道。土建工程于 2000 年底开工，2003 年 7 月 1 日开始铺轨，2005 年 9 月 3 日正式开通运营。地铁 1 号线的开通，使南京成为继北京、天津、上海、广州、深圳之后，中国大陆第 6 个拥有地铁的城市。地铁 1 号线的建设对缓解南京日趋拥挤的城市交通，改变城市客运格局起到重要作用，巩固了新街口商业圈地位，提升了夫子庙、湖南路等地区旅游景点的交通功能。

南京地铁 1 号线一期供电系统工程，建设单位是南京地下铁道有限公司，接管运营单位为南京地下铁道有限公司运营分公司，由中铁电气化勘测设计研究院设计，铁道部科学研究院（北京）工程咨询有限公司监理。

南京地铁 1 号线一期供电系统工程，由中铁电气化局集团二公司承建。于 2003 年 8 月 1 日开工，2004 年 8 月 30 日竣工，全线一次性受电成功。2004 年 10 月开始试运行，在临管试运营阶段，运营情况良好。2005 年 2 月通过初步验收，2005 年 7 月通过最终验收。

二、工程设计

供电系统，地下车站 35 千伏高压柜采用气体绝缘金属封闭式开关柜（GIS），地面及高架车站采用空气绝缘金属封闭式开关柜。动力变压器容量根据车站低压配电专业提供的负荷进行计算，并考虑后期拓展的需要而确定。综合考虑电缆弯曲半径的要求及与通信信号电缆的联系，电缆在支架上各层布置的原则为：地面及高架车站和区间范围内自上而下由强电电缆至弱电电缆，地下区段及区间范围内自下而上由强电电缆至弱电电缆。根据限界要求，电力电缆与通信信号电缆敷设的原则为：西延线地下区间和所有地上区间电力电缆走线路的两侧（线路外侧），通信信号电缆走中间（线路内侧）；其他区间电力电缆走线路的两侧（线路内侧），通信信号电缆走中间（线路外侧）。

南京地铁 1 号线一期供电系统工程，全线设迈皋桥和安德门 2 处 110/35 千伏主变电所担负全线用电负荷。分为 6 个供电分区，第一供电分区是奥体中心站、元通站、中胜站；第二供电分区是车辆段、小行站、安德门站；第三供电分区是中华门、三山街站、张府园站；第四供电分区是新街口站、珠江路站；第五供电分区是鼓楼站、玄武门、新模范马路站；第六供电分区是南京站站、红山动物园站、迈皋桥站。设 8 处牵引降压混合变电所，9 处降压变电所，15 处跟随式降压变电所（其中 2 处不在本合同内）。张府园站设高压系统联络开关，正常运行时联络开关处于断开状态，当有一主变电所出现故障时联络开关闭合实现越区供电，各车站三级负荷自动切除，由另一主变电所担负全线一、二级负荷运行。

主变电所由两路交流电源引入，直流牵引供电系统由 2 组牵引变压器、2 组整流器、两进线快速开关、2 组负极手动隔离开关、4 组直流馈出开关及对应的电动隔离开关、2 组越区电动隔离开关组成。直流 1500 伏为单母线形式。正常运行情况下（双边供电）2 套机组并列运行，35 千伏断路器处于合闸状态，直流进线开关、馈线开关处于合闸状态，电动隔离开关处于合闸状态，越区电动隔离开关处于分开状态。当直流系统出现严重故障（框架泄露、负极接地）时，35 千伏断路器跳闸，直流进线开关跳闸，馈线开关跳闸并联相邻混合所开关，此时应将越区电动隔离开关合闸，然后将相邻混合所开关合闸。故障排除后，先将相邻混合所开关分闸，然后分开越区电动隔离开关，合上 35 千伏断路器、直流进线开关、馈线开关，最后将相邻混合所开关合闸，直流系统恢复正常供电。

当馈线快速开关因接触网短路保护跳闸或被邻所联跳时，若是瞬时故障，则线路检测通过，开关自动重合闸。若为永久故障，则线路检测不通过，闭锁开关合闸。

变电所采用远方、所内集中、设备本体三级控制方式，通过全所综合自动化系统实现所内信号的显示、电气的测量和设备的控制，设备间联动闭锁采用硬接线完成。变电所综合自动化系统采用集中管理、分布控制模式，各微机保护测控单元具有相应的主保护、后备保护等功能，可采集开关设备的开关状态、运行参数、故障信息、控制命令及闭锁联跳信号等，通过逻辑判断、内部处理，实现开关设备的分与合的控制、闭锁、联动及故障切除信息显示等功能。

三、工程施工

二公司成立南京地铁工程项目部，下设 2 个作业队。第一作业队投入 210 人，组成 6 个作业班组，配置汽车 4 辆、轨道车 2 台、吊车 2 台，负责奥体中心至珠江路站（不含）间的环网、变电和杂散电流工程的施工；第二作业队投入 120 人，组成 3 个作业班组，配置汽车 2 辆、吊车 1 台，平板车及多台施工机具，负责迈皋桥至珠江路站（含）间的环网、变电和杂散电流工程的施工。

南京地铁 1 号线一期供电系统工程，主要工程数量包括：21 座车站及 21 公里线路杂散电流排流网的连接、21 公里的环网系统；各种开关柜安装 621 面、各种变压器安装 92 台、杂散电流系统电缆敷设 30 公里、排流柜安装 7 台、参考电极安装 188 个、测防端子连接 6246 处；环网系统电缆支架制作安装 6.42 万套，各类电力电缆敷设 280 公里。

开展施工前首先进行技术培训，制定统一的技术标准和工艺工法，按规定的工序开展施工。施工中积极采用新技术、新材料、新设备，并开展 QC 技术攻关。2004 年 8 月 30 日竣工，全面建成开通。“35 千伏 GIS 封闭式高压开关柜插拔式电缆头的技术攻关”获得集团公司 QC 成果三等奖。

2004 年 10 月，南京地铁 1 号线开始试运行，由于接管单位维管人员缺乏，给运营造成极大压力，在南京地下铁道有限公司的要求下，二公司项目部按合同规定，在完成 3 个月的临时管理工作后继续临管，从 2004 年 12 月起，在保证设备安全可靠运行的情况下，为南京地下铁道有限公司运营分公司培训一大批合格的值班人员。2005 年 7 月临管工作顺利结束。

南京地铁 1 号线一期供电系统工程，获 2006 年度火车头优质工程二等奖。

第三十四节 苏州轨道交通 1 号线接触网工程

一、工程概况

苏州轨道交通 1 号线工程，属于交通疏导型线路，位于苏州市的东西向轴线上，与城市最大客流方向吻合。是轨道交通线网中最重要的一条骨干线路，也是最先实施的一条线路。

轨道交通 1 号线起于吴中区木渎镇北侧天平山东麓和灵天路，沿竹园路向东进入苏州新区后，往北转入长江路，经苏州乐园，往东沿邓尉路穿过京杭运河，进入金阊区，经干将西路、穿西外城河、沿干将东路进入平江区，之后穿过东外城河进入苏州工业园区，线路沿中新路、苏华路布置，线路穿过金鸡湖，经过园区文化中心和行政中心后沿玲珑街、翠园路，继续向东至于南施街，线路全长 23.526 公里。其中竹园路段采用高架线，长 3.477 公里，敞开段设在玉山公园中，长 0.387 公里，地下线 19.662 公里。

轨道交通 1 号线工程，沿线设灵天路、金枫路、汾湖路、玉山公园、苏州乐园、塔园路、滨河路、三元村、桐泾路、广济路、养育巷、人民路、临顿路、仓街、东环路、星明街、星海街、星港街、会展中心、星湖街、南施街 21 座车站，平均站间距离 1.160 公里。其中苏州乐园(与 S1 线换乘)，广济路(与 S2 线换乘)，人民路(与 M2 线换乘)3 个站为换乘站。在广济路站西北侧设 1 处控制中心，为线网 4 条线共用。设 1 处车辆段。

苏州轨道交通 1 号线工程，建设单位是苏州轨道交通有限公司，由中铁第四勘察设计院有限公司、上海市隧道工程轨道交通设计研究院设计，广东铁路监理工程有限公司监理。

苏州轨道交通 1 号线供电系统工程，全线新建 2 处主变电站，9 处牵引降压混合变电所，17 处降压变电所，2 处跟随式降压变电所。

苏州轨道交通 1 号线供电系统接触网工程，由中铁电气化局集团一公司承建，于 2008 年 6 月 15 日开工，预计 2009 年 12 月 1 日竣工。

二、工程设计

供电系统采用 110/35 千伏两级集中供电方式，设 6 个供电分区。AC35 千伏经牵引变电所降压和整流后为列车提供 DC1500 伏电源，并经降压后为全线动力照明提供 AC400 伏电源。在每座车站单独设置一个接地网，接地网的接地电阻一般不大于 1 欧姆，困难情况下应符合 R≤2000/I，并校验接触电势和跨步电压。为减少土建工程开挖量，地下车站接地网设置在车站基坑垫层下，车辆段接地网则设置在建筑物下，接地体与基坑垫层下间的距离不小于 0.6 米。

接地网接地体选用铜材，引出线在引出结构底板处采取防水措施，此外，接地引出端子避开线路、结构底梁和结构柱，强电接地引出端子尽量位于变电所电缆夹层中或靠近强电电缆井，弱电接地引出端子靠近弱电电缆井，以缩短接地回路的长度，节省电缆投资。

对于地下车站，综合接地网上设置强电设备引出端子和弱电设备引出端子；对于高架车站和车辆段，综合接地网上设置强电设备引出端子、弱电设备引出端子和接触网架空地线引出端子；每组引出端子间的距离大于 20 米。

三、工程施工

2008 年 6 月，一公司成立苏州轨道交通 1 号线接地网工程项目部，组建专门的接触网作业队，配备相应的施工机械设备，于 2008 年 6 月 15 日开工。

苏州轨道交通 1 号线接触网工程范围和主要工程量为：灵天路至南施街 21 座站和区间、1 处车辆段、1 处控制中心和 1 处变电所的接触网施工。到 2008 年底，完成 5 座车站、区间的接触网工程。

第三十五节　沈阳地铁 1 号线一期及延长线供电系统集成

一、工程概况

沈阳地铁 1 号线工程，是沈阳乃至中国东北地区建设的第一条地铁线路，位于沈阳城区东西方向的主轴线上，穿越市内五区，连接沈阳经济开发区、铁西工业区和沈阳站、太原街商业区、中街商业区等客流集散地区，是城区东西地下交通的大动脉，是沈阳站铁路客运疏解的城市交通枢纽。地铁 1 号线西起张士开发区的西端十三号街，经沧海路、太湖路、建设大道、中华路、十一纬路、大西路、中街、小东路、珠林路、和睦路东侧至黎明文化宫站，线路全长 27.92 公里。全线共设十三号街、中央大街、七号街、四号街、张士、沈新路、黄海路、洪湖北街、重工街、启工街、保工街、铁西广场、云峰北街、沈阳站、南京街、南市、青年大街、怀远门、中街、小什字街、滂江街、黎明文化宫 22 座车站，1

处控制中心，1 处车辆段（设在十三号街附近）。

沈阳地铁 1 号线一期及延长线工程，建设单位是沈阳市地铁建设指挥部、沈阳地铁有限公司，供电系统由铁道第三勘察设计院集团有限公司设计。

沈阳地铁 1 号线，车辆采用国家标准 B 型车，3 动 3 拖 6 辆车编组，最高时速 80 公里，平均时速 35 公里，发车最小间隔初期 6 分，近期 4 分，远期 2 分。线路运输能力初期 38.5 万人/日，近期 69.7 万人/日，远期 109.8 万人/日。

沈阳地铁 1 号线一期及延长线供电系统，由中铁电气化局集团有限公司负责集成和施工。工程于 2008 年 8 月开工，计划 2010 年 10 月 1 日正式开通试运营。

二、工程设计

供电系统采用 66/35 千伏两级电压集中供电方式。设重工街和北三经街 2 处主变电所，重工街主变电所设在地铁重工街车站附近，北三经街主变电所设在北三经街以西的位置。每处主变电所由地区变电所引入两回独立的 66 千伏电源，保证供电的可靠性和供电质量。当任一处主变电所事故解列时（不考虑同时 35 千伏侧母线、环网故障），相邻主变电所越区供电，满足牵引负荷和必要的一、二级动力、照明负荷用电的需要。主变电所设 2 台主变压器，正常时 2 台主变压器同时运行，其容量满足主变电所内任一台主变压器退出运行时，另一台主变压器担负本所供电区域内的牵引负荷和一、二级动力、照明负荷用电的要求，同时任一主变电所内一台主变压器退出运行时，通过负荷的再分配与相邻主变电所共同承担全部负荷的供电。

全线设 25 处变电所。其中牵引降压混合变电所 10 处（车辆段混合所、十三号街、七号街、张士、洪湖北街、保工街、云峰北街、南市、中街、黎明文化宫）、降压变电所 13 处（中央大街、四号街、沈新路、黄海路、重工街、启工街、铁西广场、沈阳站、南京街、青年大街、怀远门、小什字街、滂江街）、跟随式降压变电所 2 处（车辆段、控制中心）。高压电源引自 35 千伏环网，采用电缆引入方式。高低压侧均采用双电源同时运行、单母线分段的运行方式。高压每段母线设一路进线、一路出线、一路馈线。每一段低压母线设一个三级负荷总开关。正常运行时，35 千伏母联开关处于分闸状态，两段母线分列运行。当一路进线电源故障或检修时，其进线断路器分闸，母联断路器投入，由另一段母线供电。35 千伏进出线设纵联差动保护、限时电流速断、过流保护、零序过流保护，35 千伏母联设限时电流速断、过流保护、零序过流保护，35 千伏馈线设电流速断保护、过流保护、温度保护、过负荷保护、零序过流保护。

400 伏开关柜采用面对面双列布置。正常运行时，400 伏母联开关处于分闸状态，变压器分列运行。当任意一路进线电源故障或变压器检修时，其进线开关跳闸，切除三级负荷后母联开关投入，由另一路电源向全所范围内的一、二级负荷供电。每一段 400 伏母线设一组低压自动补偿装置，正常运行时，功率因数达到 0.9 以上。400 伏总进线设短延时短路保护、过流保护、失压保护、接地保护；400 伏母联设瞬时短路保护、过流保护；400 伏馈线设瞬时短路保护、过流保护；400 伏三级负荷总开关设瞬时短路保护、延时短路保护、过流保护。

供电系统的接地端子排设在电缆夹层，用于动力变压器中性点接地、各种设备及电缆桥架的保护接地，设备房侧墙上设置接地扁钢干线，用于汇接各种设备基础预埋件。

区间正线接触网采用直流 1500 伏架空刚性悬挂，悬挂类型为垂直“Π”型。接触线采用 CTAH-120 型，汇流排采用 PAC-110 型，架空地线采用 JT-120 型。接触线工作支悬挂点距轨面连线的高度为 4040 毫米。带电体距固定接地体绝缘距离静态 150 毫米、动态 100 毫米。

车辆段接触网采用直流 1500 伏架空柔性悬挂，其中出入段线、试车线采用双承双导全补偿简单链形悬挂，车辆段线采用带吊索的弹性补偿简单悬挂。接触线采用 CTAH-120 型铜导线，承力索采用 JT-120 型铜绞线，架空地线采用 JT-120 型铜绞线。柔性悬挂结构高度一般为 1100 毫米。链形悬挂跨距不大于 50 米，简单悬挂跨距不大于 35 米。腕臂柱采用 H 型钢柱，门型梁跨度小于 21 米时采用 H 型钢柱，门型梁跨度大于 21 米而小于 27.5 米时采用槽钢焊接型钢柱。

变电所综合自动化系统，完成所内的控制、保护、测量及系统监控终端的功能，通过所内综合自动化系统的通信处理单元实现与控制中心的信息交换，即遥测、遥信信息的上传和下行遥控信息的接收和执行，以实现变电所的无人值守。变电所综合自动化系统采用分散、分层、分布式结构，分站级管理层、网络通信层、间隔设备层设置。站级管理层为设置在控制信号盘内的主监控单元和液晶显示器。网络通信层即所内通信网络，采用光纤以太网，配置以太网光交换机。间隔设备层包括安装于各开关柜内的各种间隔设备，设备采用保护测控一体化设备，间隔层设备通过与一次开关设备、CT/PT 设备接口，完成对所内供电设备的控制、监视、测量和保护功能。

地铁 1 号线一期及延长线供电系统，采用了先进的技术和设备，有法国的的分段绝缘器、德国 BB 公司的直流设备、GE 公司的 35 千伏智能保护装置等。

三、工程施工

沈阳地铁 1 号线一期及延伸线供电系统集成包括：供电系统设计、设备采购、安装调试、电缆敷设及防护、系统测试及联调、工程临管及质量保证期限内的维护服务。由中铁电气化局集团有限公司负责设备集成和施工，施工范围和内容包括：1 号线一期及延伸线的接触网、变电、环网、电力监控、杂散电流防护等。

2007 年 7 月 9 日，成立中铁电气化局集团有限公司沈阳地铁项目部，城铁公司组建 89 人的专业施工队伍，配备 38 台套施工机械和设备，按编制的施工组织设计，于 2008 年 8 月 25 日开工，计划 2010 年 10 月 1 日建成开通。

柔性接触网工程　2008 年 8 月 25 日开工，由于车辆段地坪、轨道施工进度迟缓，不能及时提供施工作业面，开工初期只能进行少部分基坑开挖及基础浇制作业。根据历年气象资料，沈阳地区 11 月中旬开始封冻，翌年 3 月解冻，期间最低气温零下 33.1 摄氏度，一般冻结深度 1.2 米，最大冻结深度 1.48 米。为了抢在封冻之前，完成支柱基础浇制，见缝插针开展施工，到 2008 年 11 月底下部工程基本完成。完成基础浇制 264 个、钢支柱安装 208 根、硬横梁安装 41 组等配套工作量。

刚性接触网工程　2008 年 8 月 25 日开工，由于隧道段土建、轨道施工进度迟缓，不能及时提供施工作业面，开工初期只能进行出入段线打孔及锚栓安装作业。通过协调和努力，到 2008 年底，完成出入段线打孔和锚栓安装、悬挂打孔和部分锚栓及刚性悬挂装置安装等配套工作量。

变电工程　2008 年 8 月 25 日开工，克服土建、轨道施工进度缓慢的影响，到 2008 年底，完成 25 处变电所设备基础预埋、接地干线制作，部分支架和桥架安装等工作量。

环网工程　2008 年 8 月 25 日开工，克服交叉施工的困难，在具备施工条件的部分区段开展定位划线打孔，膨胀螺栓、支架、接地扁钢安装，环网电缆的敷设，到 2008 年底完成部分工作量。

电力监控工程　到 2008 年底，完成控制中心和铁西广场以西、以东各变电所设备安装的部分工作量。

由于施工条件不具备，杂散电流防护工程没有开工。

第三十六节　长春快速轨道交通环线接触网工程

一、工程概况

长春快速轨道交通环线一期工程，北起长春火车站，南至卫光路站， 双线全长 13.93 公里，全线设 12 座车站。

轨道交通净月线工程从轻轨环线一期工程终点站卫光路站起，至长影世纪城站，线路全长 17.36 公里。其中地面线路长 6.278 公里，占线路总长的 36.16%，高架线路长 9.682 公里，占线路总长的 55.78%，地下线路长 1.4 公里（含隧道出入口两端 U 型槽 0.29 公里），占线路总长的 8.06%。全线设 17 座车站，其中卫星广场站为地下车站；亚泰大街、伊通河、临河街、东盛大街、会展中心、世纪广场、东北师大、净月公园、福祉路 9 座为高架车站；建民、净月小、小河台、华春路、国税局、滑雪场、长影世纪城 7 座为地面站，全部车站为路侧车站。车站站台长度，地下车站为 87.4 米、地面车站为 65 米、高架车站为 68.8 米。另在滑雪场车站小里程侧附近设 1 处停车场。两段线路建成后，将大大改善长春市的公共交通条件。

长春快速轨道交通环线一期工程，建设单位是长春市快速轨道交通有限责任公司，供电系统工程由北京市城建设计研究院设计，天津新亚太监理公司监理；净月线供电系统工程由中铁电气化勘测设计研究院设计，北京现代通信信号工程咨询公司监理。

长春快速轨道交通环线一期和净月线接触网工程，由铁道部电气化工程局一处负责施工，环线一期接触网工程于 2001 年 7 月 8 日开工，2002 年 9 月 30 日竣工，2002 年 10 月 30 日正式开通运营；净月线接触网工程于 2006 年 3 月 7 日开工，2006 年 12 月 24 日竣工。

二、工程设计

接触网采用 750 伏直流供电方式，接触悬挂采用双接触线（2×AGCU-120）、双承力索（2×TJ-150）全补偿简单链形悬挂，系统张力 48 千牛。结构高度 1.1 米，接触导线高度 5.0 米。并平行架设双馈线（2×TJ-150）、单支架空地线（TJ-120）。馈线与接触网每 60 米设一处横向电连接，接触网支柱采用高强度混凝土稍径圆杆。

净月线供电系统采用 750 伏直流双边供电方式。正线采用 1.1 米结构高度的双接触线（2×CTHA-120）、双承力索（2×TJ-150）的全补偿弹性简单链形悬挂；出入线、试车线和渡线采用单接触线（CTHA-120）、单承力索（TJ-150）的全补偿简单链形悬挂，悬挂类型为柔性悬挂，单根额定张力 12 千牛。架空地线线材为 TJ-120 型，最大工作张力 12 千牛。隧道内、高架桥车站、跨越接触网的立交桥下接触网采用吊柱安装形式；U 型槽区段采用两线路中间立支柱，接触网采用双肩挑安装形式；地面上、高架桥部分采用门型支架、软横跨或腕臂形式。接触线悬挂点高度隧道区段为 4.25 米，框构桥内悬挂点高度为 4.45 米，高架桥区段悬挂点高度为 4.6 米，地面区段悬挂点高度为 5 米，两区段间悬挂高度逐渐抬高。绝缘标准全部按重污区设计。支柱主要采用锥型钢支柱、门型架钢柱及吊柱形式。绝缘间隙符合 GB50157-2003 标准，即带电体对接地体的安全绝缘距离：静态为 25 毫米，动态为 25 毫米。绝缘子泄漏距离不小于 250 毫米。牵引变电所馈出线引至接触网的上网点处设电动隔离开关。正线各供电分区间设电动隔离开关。存车线与正线间设手动隔离开关。

三、工程施工

环线一期接触网工程，一处哈尔滨至大连工程指挥部组成接触网作业队，配备运输车辆和施工机械开展施工，于 2001 年 7 月 8 日开工。到 2002 年 9 月 30 日，混凝土柱安装 344 根，钢支柱、门型架支柱安装 376 根，门型架安装 110 组，基础浇制 222 个，接触网架设 34.415 条公里，辅助馈线架设 27.773 条公里，隔离开关安装 61 台，分段绝缘器安装 16 处，全部工程完成，于 2002 年 10 月 30 日正式开通运营。

净月线接触网工程，一公司成立长春快速轨道交通项目部，下设 2 个接触网作业班组，配备相应的机械设备，于 2006 年 3 月 7 日开工。净月线途中穿过 1 个隧道，9 个框架桥，隧道和桥下悬挂安装存在一定的难度，需通过试验确定悬挂方案。为此，根据现场实际进行了多次试验，最后确定采用德国生产的慧鱼锚栓做成悬挂的锚固件进行安装。本悬挂锚固件为 FIVS 锚固胶，材质为混合型高强度乙烯基甲丙烯酸脂树脂，具有强度高、防腐蚀、抗震动、固化时间短等优点。采用该锚固件解决了隧道和桥下悬挂安装的问题。到 2006 年 12 月 24 日，815 根钢支柱安装整正、385 组门型架安装、127 根吊柱安装、支柱装配 1084 组、承力索架设调整 84.937 公里、接触线架设调整 78.804 公里、架空地线架设 34.751 公里、隔离开关安装调试 45 台全部竣工。

第三十七节　大连快轨 3 号线工程

大连快轨 3 号线工程，起自大连火车站，终至金石滩，线路全长 49.15 公里。沿线设金家街、泉水、后盐、大连湾、金马路、开发区、保税区、双 D 港等 10 座车站。经过 20 座桥梁和 1 座隧道，终点站设在金石滩国家旅游度假区。设计采用国际最先进的快轨车型。

大连快轨 3 号线香炉礁至金马站标段由铁道部电化局三处承建。香炉礁至金马站段线路全长 22.4 双线公里，含金马路、车辆段、高科技园、黄金区间、保税区、金石滩 6 处牵引降压混合变电所及开发区 1 处降压变电所，需敷设 34.2 公里高压电缆，敷设 131.8 公里控制电力电缆、通信电缆和光纤。

工程于 2001 年 7 月 24 日开工，2002 年 7 月 22 日竣工开通。完成基础浇注 621 个，桥打眼灌注 448 处，钢柱安装 1153 根，支柱装配 1408 处，架设承力索 58.2 条公里，导线 58.2 条公里，架空地线 44.39 条公里，馈电线 86.76 条公里，安装设备 274 台，敷设各种电缆 146.16 条公里。

第五章 房建及市政工程

第一节 湖北中航公司襄樊新厂区工业厂房

湖北中航救生科技股份有限公司新厂区工业厂房工程位于襄樊市高新区邓城路以南，金岗路以西，东西长 210 米，南北宽 135.5 米，占地面积 2.8455 万平方米，总建筑面积 3.0966 万平方米。湖北武汉轻工业设计院设计，湖北省建胜监理公司负责监理，中铁电气化局二公司承建。

除局部夹层现浇混凝土平板外，全部为单层钢结构 24 米跨工业厂房，檐高 1 轴至 4 轴 9.8 米，其他檐高 7.8 米。建筑结构安全等级为二级，设计合理使用年限 25 年。按抗震烈度 6 度，丙类建筑抗震设防。地基基础设计等级为乙级，独立基础独立柱，预埋 10.9 级抗扭剪型高强度螺栓和钢柱连接。四周外墙基础设计地基梁，内间隔墙基础为条形基础。独立基础最大断面为 3000 毫米×2000 毫米，地基梁最大断面为 250 毫米×800 毫米，均为 C25 混凝土现浇。基础砌体及 1.2 米以上为彩钢夹心板墙面。1.2～4 米为双层玻璃隔墙，4 米以上为彩钢夹心板，夹层一层内墙为 200 毫米厚加气混凝土砌块墙。二层除外，其余全部为 90 毫米厚 GRC 轻质隔墙板。屋面为轻钢屋架彩钢夹心板。内墙砌体部分为混合砂浆抹灰。卫生间 2 米高贴卫生磁板，余下为混合砂浆。车间内部库房部分地面为原土碾压，三七灰，厚 150 毫米，现浇 C20 混凝土，厚 150 毫米，随打随压光，面层为水磨石。其他部分地面均为三七灰 150 毫米厚，现浇 C15 混凝土 150 毫米厚，随打随压光，面层为树脂涂料。夹层及厕所地面均为彩釉砖。天棚夹层部分为轻钢龙骨石膏板吊顶，卫生间为轻钢龙骨 PVC 板吊顶，配电间和车间办公室为彩钢夹心板吊顶。办公区为夹板门，其他用房均为钢木推拉门，塑钢窗。

厂房根据工艺需要分别设计了中央空调、给排水、消防通风及相应的电器动力及照明。给排水工程包括生活给水，室内消防给水，污水排水，废水排水及雨水内排水系统。所有给排水管道尽量沿墙暗敷以满足美观整体需要。室内生活给水管采用 PP-R 管热熔连接；冷却水管采用钢塑管，螺纹连接；消防给水管采用焊管，焊接连接。室内排水管采用 PVC-U 管粘结，室外埋地排水管采用双壁波纹管，橡胶劝承插连接。所有室内卫生洁具为中档自带配套零件。通风空调设计总建筑面积 8500 平方米。夏季设计冷负荷 1832 千瓦，建筑平面冷指标 215 瓦平方米。空调方式采用吊柜空调机组加独立新风空调系统，气流组织采用上送上回方式。水系统设计为闭式机械循环系统，管路同程布置。空调冷源用空调机房二台螺杆式空调冷水机组提供，回水温度 7～12 摄氏度。车间设有通风换气系统，换气次数为 1.5 次/小时。屋顶布置无动力自然通风器。排风机选用双速电机。空调供回水管采用碳素钢管，压缩空气管道采用无缝钢管，通风空调管道采用玻纤板风管，铝制百叶风口。

工程于 2004 年 6 月 6 日开工，2005 年 3 月 20 日竣工。由于工程施工工期短，平面面积大，协作单位多的特点，二公司项目部采用现场施工以 5 轴线为界，下设两个作业队平行施工，每个施工队由相应的木工、钢筋工、泥工等工班组成。另设安装工程队一个，负责全部工程的电器设备、给排水、通风、压缩空气等安装的施工组织方式，不但加快了施工进度而且也确保了各项指标均达到设计及规范要求。

钢结构安装，对柱基础预埋螺栓的准确性（标高和中线）要求高，项目部成立专门的测量部门，施工前设置测量控制网，施工中进行基础定位、模板中线标高复核，最后进行螺栓定位，保证了质量和安装精度的要求。地面工程由于面积大，土方回填由其他队伍完成，回填土方的质量不是太好，移交时高低不平。为保证质量，项目部制定砼地面施工专项方案，使地面的平整度、厚度、和精确度经检验均达到设计要求。

第二节　武汉长虹机械厂 D205 厂房

武汉长虹机械厂 D205 厂房工程位于中国人民解放军第 3303 工厂厂区内，车间建筑占地面积 7279.36 平方米，工程屋面约 6935 平方米，工程项目包括：金属结构、屋面及防水、装饰装修、天棚等。工程由国营武汉长虹机械厂投资建设，武汉东风设计研究院有限公司设计，武汉工程建设监理有限公司监理，国营武汉长虹机械厂接管运营，中铁电气化局二公司承建。

厂房为单层建筑，高 15.5 米，全钢门式结构形式，金属结构制作安装量约 600 余吨。钢材采用 Q345B、Q235、Q235BF 等品种，油漆为 M 树脂底漆、白色醇酸改性氨化橡胶磁漆。钢立柱单件重量在 3 吨以上，钢屋架标高 13.3 米，屋架跨度 24 米。屋面外层板采用 0.53 毫米厚暗扣式白色镀锌板，内夹 75 毫米玻璃纤维覆盖棉。焊条采用 T422、T507 型，焊缝质量的检验等级，钢柱钢梁为二级，其余构件为三级。厂房设送风、回风、通风机出口。

2004 年 8 月二公司在武汉成立项目部，下设一个作业队，2004 年 9 月 13 日开工。厂房金属结构工程包括组合式钢立柱、钢屋架、支撑、吊车梁，钢结构安装，主结构钢材选用 345-B 型，其屈服强度不小于 470 牛/平方毫米。钢结构构件均为焊接连接，焊接工艺采用二氧化碳气保焊自动埋弧焊及手工电弧焊，焊条、焊丝、焊剂按不同钢种选择。

吊装按照规范分三个阶段进行，确保吊装成功。第一阶段，使用 25 吨汽车起重机，吊装钢柱及柱间支撑，穿插进行钢柱底部第二次灌浆和基础土方回填；第二阶段，吊装钢屋架、屋架间水平支撑，当形成稳定结构后，再安装屋面檩条及屋面瓦；第三阶段，吊装吊车梁、制动系统。焊接工作量大，质量要求高，焊接、检查、验收落实到人，焊缝坡口和尺寸满足焊接工艺要求。厂房金属结构工程于 2004 年 12 月 15 日竣工并交付。

第三节　沈阳北恒铜业有限公司新厂区一期

沈阳北恒铜业有限公司新厂区一期工程位于沈阳市虎石台工业园区内，由沈阳北恒铜业有限公司投资建设，辽宁省城市建筑设计院设计，沈阳福玺建设监理咨询有限公司监理，中铁电气化局建筑公司承建。

沈阳北恒铜业有限公司新厂区一期工程包括 1 号厂房、宿舍楼、换热站、变电所 4 个单体建筑及与其配套的室外给水、排水和供热综合管网工程。

1 号厂房主体为钢结构，耐久等级为二级，抗震设防烈度为 7 度，建筑结构的安全等级为二级。建筑总高度为 12.17 米，建筑面积 1.248 万平方米。局部夹层层高为 3.6 米，坡面最低点标高为 8.95 米，最高点标高为 12.02 米。单层排架结构，排架柱下采用现浇钢筋混凝土独立柱基础，外墙下采用钢筋混凝土基础梁，中间合金生产间墙体采用毛石条形基础，屋面采用轻钢屋面梁，屋面板为轻质彩钢保温板，屋面选用蓝色涂层压型钢板。主体钢结构建设单位指定分包给辽宁大河建业工程有限公司施工。

2005 年 9 月 23 日开工，建设单位要求年底投产，工期紧迫，施工图纸严重滞后，且大量设计变更，特别是 1 号厂房主体钢结构分包给劳务分包队伍，种种不利因素给承建单位带来很大难度。在没有图纸，没有同类工程借鉴的情况下，只好采用类似工程量清单的固定单价合同的办法开展施工。尤其在 1 号厂房施工后期，由于建设单位直接发包的门窗施工单位拒绝施工，厂房迟迟不能封闭，大面积施工现场无法采取有效保温措施，回填土冻结，砌筑砂浆运至现场也很快就冻结。施工进度艰难，1 号厂房于 2005 年 12 月中旬完成主体施工，并按照建设单位的要求，使 2 至 5 轴具备生产条件。

宿舍楼建筑面积 3000 平方米，主体为 4 层钢筋混凝土框架结构，基础采用独立柱基础，建筑耐久等级为二级，耐火等级为二级，抗震设防烈度为七度。2005 年 9 月 14 日开工，2005 年 9 月 31 日通过基础验收，11 月 10 日通过主体验收。由于工期紧，严格按照施工组织设计采用科学合理的方法施工，2005 年 12 月 18 日，2 和 3 层达到住宿条件。

变电所工程 2005 年 10 月 7 日开工，建筑面积 202 平方米，采用毛石基础，砖混结构，一层屋面采用轻钢彩板。由于建设单位设计变更过多，以及设备迟迟不能到货，致使 2005 年 12 月 15 日才完成除外装修外的所有施工任务。

换热站工程 2005 年 10 月 4 日开工，建筑面积 60.2 平方米，建筑耐火等级为二级，抗震设防烈度为 7 度，主体为一层框架结构，总高度 5.57 米。室内地面设计标高为 65.28 米，室外地面整坪标高为-0.300 米，室内外高差较大。坡屋面挂瓦，屋面选用高分子氯化聚乙稀防水卷材，外墙采用 300 毫米厚承重空心砖墙。2005 年 11 月份完成除外装修外的所有施工任务。

室外管网工程包括给水、排水及供热综合管网。 其中生活给水由市政接入。排水管道均采用管顶平接，室外设地下式消火栓。雨水口采用联合式单篦及双篦雨水口。给水阀门井，排水检查井及化粪池均为砖砌。采暖采用无沟有偿方案敷设方法，热水管道最高点设排气管，最低点设排水管。污水及雨水排水管均采用重型钢筋混凝土平口管，管道基础均为混凝土带形基础，采暖供热管道采用无缝钢管聚氨脂直埋管焊接。

室外管网工程设计严重滞后，2005 年 10 月 24 日才交付第一次图纸。沈阳地区进入 11 月份气温降至零下 20 摄氏度左右，土层冻结，施工进程艰难。为了实现对业主的承诺，于 2005 年 12 月 20 日初步具备使用条件。

第四节　首都机场线天竺车辆基地

首都机场线天竺车辆基地位于北京市顺义区李天路北侧，总建筑面积 3.3664 万平方米。由北京市东直门快速轨道有限公司投资建设，北京市城建设计研究院有限责任公司设计，北京铁辰工程建设监理部监理，中铁电气化局建筑公司承建。

天竺车辆基地包括综合办公楼建筑面积 1.4512 万平方米，联合检修库建筑面积 1.7352 万平方米，综合水处理、锅炉房，建筑面积 1800 平方米。综合办公楼地下 1 层，局部 2 层，地上 5 层，其中顶层为机场线控制中心，地下一层为车辆基地变电所；联合检修库，排架单层结构；综合水处理、锅炉房，框架剪力墙结构，地上 2 层，地下 2 层。

2006 年 9 月 1 日开工，从基础施工到主体结构都采用了许多如土钉墙护坡、预应力拉锚、钢边橡胶带止水等新技术、新工艺，在确保质量的前提下又最大程度的缩短了工期，并且为今后的施工中积累了经验。

综合办公楼基础形式为筏板结构，同时又存在高低跨之分。深基础为地下二层结构，开挖至细沙持力层后进行级配砂石换填。浅基础为地下一层结构，由于坐落于软质土层，故地基采用 CFG 桩复合地基进行处理。在确保基础强度达到设计要求的同时，要保证 CFG 桩基与级配砂石换填地基压缩模量相一致。为解决这一技术难题，项目部 QC 小组进行了技术攻关。制定出最佳施工方案，即在确保 CFG 桩施工质量的前提下核算其压缩模量，再通过级配砂石密实度进行调整。聘请资质人员进行了压缩模量核算，通过现场取样方式返算级配砂石密实度是否达到设计要求，再进行 CFG 桩及褥垫层的调整。经过三遍反复核算调整后，满足了设计要求，确保了施工质量。

为满足使用要求，对五层通信设备用房进行了大开间式布置，取消了层间框架柱，顶梁采用了 18 米跨度预应力梁。由于顶层结构施工在 12 月下旬进行，寒冷天气对确保预应力梁的施工质量带来不利条件。施工前，由技术小组进行重点难点分析，制定了相应措施。混凝土浇筑过程中，重点巡视预应力区域与框架结合部混凝土保证措施的实施。浇筑完成后，认真观察混凝土凝固情况并认真进行记录。在技术人员的共同努力下，克服了天气带来的不利影响，预应力梁后张过程中混凝土结构面无任何不良现象产生。

截至 2007 年底，综合办公楼土建、装修及设备安装全部完成，只剩余系统联调及部分收尾工作；联合检修库土建、装修及水电安装全部完成，只剩余系统调试及部分收尾工作综合水处理、锅炉房土建及装修基本完成，剩余外墙涂料工作，水电安装完毕，锅炉已经开始试运转并开始第一次供暖工作，剩余部分收尾工作。

2008 年 1 月至 3 月为车辆基地所有单体最后装修及机电专业调试阶段。4 月 20 日车辆基地工程竣工并通过北京市质监总站验收。5 月，地铁运营公司进驻开展试运行相关工作。此间，项目部全力配合建设单位和运营单位做好试运行工作。北京奥运会期间，项目部成立了保障小组 24 小时现场待命，无任何突发事故。到 12 月 31 日，基地运行使用正常。

第五节　兰州交通大学科技园四厂房

兰州交通大学科技园四厂房位于兰州安宁区，建筑面积 8645 平方米，合同投资额 2400 万元。由中铁电气化局集团有限公司投资建设，兰州交通大学勘察设计院设计，兰州铁道学院工程建设监理公司监理，中铁电气化局建筑公司承建。

厂房为门式刚架轻钢结构，屋面板和墙面采用 100 毫米厚金属隔热材料夹芯彩板，跨度为 18 米，两跨毗连，每跨设一台桥式吊车。

2005年4月10日开工，2005年10月31日竣工并顺利通过验收。施工机械主要有：混凝土搅拌机2台、砂浆搅拌机2台、卷扬机3台、钢筋弯曲机2台、切割机2台、电焊机3台、蛙式打夯机3台，木工圆锯机2台，平台振动器3台、钢筋切断机1台。

在施工过程中没有出现大的安全质量事故，在施工中主要的难题为钢结构的安装，承重构件在安装前必须进行喷砂除锈，等级达到St2级，以防止由于氧化而减少使用寿命，在安装前首先复核混凝土基础的轴线及基础顶面标高，采用分件吊装的方法，先吊装所有钢柱，待校正固定灌浆后，依次吊装钢梁，随吊随调整，然后进行安装固定，最后吊装屋面支撑及檩条系统。连接钢结构的高强螺栓摩擦面采用喷砂处理。柱与柱的对焊，由两名焊工在两相对面等温、等速对称焊接。加引弧板时，先焊第一个两相对面，焊层不宜超过4层，然后切除弧板，梁与柱接头焊缝，一般先焊H型钢的下翼缘板，再焊上翼缘板，梁的两端先焊一端，待其冷却至常温后再焊另一端。钢柱吊装前先确定构件吊点位置，钢梁吊装在柱复核完后进行，钢梁吊装时随吊随用经纬仪校正，墙面檩条截面较小，重量较轻，采用一钩多吊或成片吊装的方法吊装。

第六节　中铁电化局二公司武汉基地总部大楼

中铁电气化局二公司总部基地大楼工程位于武汉市东湖区科技产业园内，为综合性办公楼，南北宽为 32.7 米，东西长为 122.4 米，总建筑面积为 1.1364 万平方米。由中南建筑设计院承担设计，武汉天龙监理公司负责监理，中铁电气化局二公司承建。

建筑平面呈横向“L”型，六层框架结构，一层层高为 4.0 米，二至五层为 3.5 米，六层为 6.0 米，最大高度为 27.5 米。四级丙类抗震设防，抗震设防烈度为六度，结构安全等级为二级。基础采用人工挖孔桩，上部结构为全现浇框架，蒸压加气混凝土砌块填充墙；屋面设保温及 SBS 防水层，面贴地砖；楼地面水泥砂浆铺贴 600 毫米×600 毫米玻化砖，墙面水泥砂浆中级抹灰，外刷环保型乳胶漆，室内天棚采用轻钢龙骨吊顶面层为硅钙板、铝扣板（卫生间）、纸面石膏板（有造型部分）；门窗采用铝合金型材，中空玻璃；室内房间门为成品装饰门，公共部分安装防火门，给水系统管道采用钢塑复合管及 PP-R 管，排水系统 U-PVC 管；电气部分电线电缆采用武汉双利牌电线电缆；开关插座采用西蒙品牌。

外墙采用涂料饰面和玻璃幕墙，并按设计部位分色装饰。卫生间内墙采用铺贴瓷砖，其他部位均采用水泥砂浆抹灰，表面涂刷乳胶漆涂料。基层地面为素土夯实；卫生间铺 250 毫米×250 毫米防滑地砖，其余铺地砖和混凝土地面。楼梯间、雨棚、挑檐顶棚为水泥白灰膏砂浆粉刷，纸筋灰罩面，白色涂料饰面；其余均为铝合金吊顶和水泥白灰膏砂浆打底、罩面，乳胶漆饰面。门窗设计有木门、铝合金门等。

工程于 2006 年 9 月 13 日开工，2007 年 8 月底竣工。二公司综合考虑各方面因素，优化施工方案，合理组织施工。项目部本着有效、实用、经济的原则，对主要工序施工方法做了安排。模板确定采用 SP-70 型定型组合钢框竹胶清水模板系列，全部按二层模板需用量配置。该模板具有重量轻、易安装、表面平整、刚度好等优点，采用后可一次性减少模板投入量三分之一，减少钢管支撑投入量二分之一，降低了操作工人的劳动强度，提高工作效率，加快施工进度，综合经济效益显著。混凝土振捣采用机械振捣，配置 ZX50 插入式振捣器 3 台，B15(ZWT)平板振动器 2 台。外脚手架均采用双排直径 48 毫米钢管扣件式脚手架，并随楼层的升高向上升搭。钢筋混凝土框架柱及构造柱直径大于 16 毫米以上的竖向钢筋接头采用压力电渣焊连接；基础梁框架梁圈梁的纵向钢筋接头采用闪光对焊；墙体水平钢筋、现浇板受力钢筋采用搭接绑扎连接。项目部按照优良工程质量等级标准组织施工，土建、安装工程协同作业，定期召开工作例会，虚心听取建设单位和工程监理的意见，保障施工总体目标的实现。2008 年 6 月获武汉市建筑工程质量黄鹤奖（银奖）。

第七节　江苏长江节能实业发展公司节能科研楼

长江节能实业发展公司节能科研楼工程位于江苏省苏州市长江节能实业发展公司长江科技产业园内，是一栋集科技开发、办公、产品展示、产业服务平台于一体的大楼，总建筑面积 4.4558 万平方米，其中地下建筑面积 5750 平方米。由江苏长江节能实业发展公司投资建设，杭州市城建设计研究院设计，苏州市勘测设计院负责地质勘测，南京旭光建设监理有限公司负责监理，中铁电气化局二公司承建。

科研楼由 A 楼和 B 楼一北一南组成，A 楼 20 层，标准层面积 1300 平方米，建筑主体高度 83.1 米；B 楼 10 层，标准层面积 900 平方米，建筑主体高度 46.8 米，两栋主楼之间由三层裙房联接，底层层高 5.4 米，二、三层层高 4.4 米，建筑主体高度 14.2 米；地下一层，层高为 5. 05 米，作为设备用房和双层停车库使用。工程设计使用年限为 50 年，耐久年限为 50～100 年。

节能科研楼基础埋深 5.7 米，属于深基坑类型，基坑围护采用护坡桩及土钉墙支护技术，基础采用 PHC 直径 600 毫米预应力管桩，地下室为现浇剪力墙结构，混凝土等级为 C40 级 S6 抗渗混凝土。建筑结构安全等级为二级，建筑抗震设防类别丙类，地基基础设计等级甲级，抗震设防烈度为 6 度。A 楼为框架核心筒结构，B 楼及裙房为框架结构，楼屋面均采用现浇梁板体系。结构混凝土为商品泵送混凝土，等级为 C45 至 C20。地下室内墙采用 MU10 级 KP1 页岩多孔砖，M7.5 级水泥砂浆砌筑；地上部分非承重的内外墙体采用 ALC 砂加气砼砌块，M7.5 级混合砂浆砌筑，地下室外墙、电梯井筒等为钢筋混凝土墙。屋面分上人屋面和不上人屋面，采用倒置式保温屋面，保温层放置在防水层上方，采用挤塑聚苯板保温隔热材料，防水材料为高分子防水卷材和 40 毫米厚 C20 刚性防水层。外墙面装饰采用全明框玻璃幕墙、铝单板幕墙、石材幕墙。

科研楼的消防分类为一类，设施配置按《高层民用建筑防火规范》GB50045-95 规范和《汽车库、修车库、停车场设计防火规范》GB50067-97 规范进行设计，建筑构件的燃烧性和耐火极限均按一级设计。科研楼采用高科技智能控制系统，包括办公智能化、楼宇自动化、通讯传输智能化、消防智能化和安保智能化。通风与空调采用变频小型中央空调和新风系统。照明采用日光照明系统。

2007 年 11 月，二公司成立苏州项目部。组织充足的机械设备和 210 人施工队伍进场，2007 年 12 月 9 日开工。

科研楼基坑采用围护桩与土钉墙交叉同时施工，先开挖深大基坑，土方 4 万立方米，基坑深 6 米。狭小的施工场地中各工种立体穿插作业，相互干扰大，安全风险极高，因此，基坑围护结构的稳定性成为基础施工控制的重中之重。项目部组织工程技术人员，群策群力，通过反复测量论证，在原基坑围护设计方案的基础上进行重新优化和创新，提出合理的设计方案，一次性通过了苏州市专家组的评审。施工过程中制定了周密精确的措施，严格执行设计图纸规范，随挖随支，始终使基坑变形处于可控状态。对立体交叉作业人员采取专人负责、全面监督安全与质量，确保了工程安全、顺利进行，2008 年春的雪灾前提前完成基础施工。

主体结构施工中，根据高层建筑物的施工特点，采用区域分段流水作业的施工方法，针对基础底板大体积混凝土施工，开展了技术创新和 QC 攻关活动，从混凝土配合比、坍落度、水灰比、浇筑顺序和厚度控制等方面进行攻关，采用了分层浇筑成型、蓄水降温养护等措施，解决了厚大体积混凝土施工中容易开裂造成地下室地板渗水等问题。钢筋施工中采用了直螺纹套筒连接和电渣压力焊等新技术，极大的提高了施工质量和效率。主体结构混凝土浇筑中，针对一次浇筑量大、作业面多的特点，采用了移动式混凝土输送泵方式，满足高层建筑混凝土浇筑要求。模板支护方面，推广采用了目前建筑领域最新的复合模板钢管支撑体系和工艺，解决了混凝土结构外观成型观感差、漏浆等问题。针对高层建筑中常见的高大模板支撑问题，编制了《高大模板支撑施工专项方案》，并通过了苏州市建筑专业组的论证和评审，在施工中取得良好的效果。该工程是二公司近年来独立承揽、独自承建的最高建筑，标志着二公司在高层房屋建筑领域的施工水平得到了突破和发展，完全具备高层建筑施工能力。工程获 2008 年苏州市安全文明工地称号，计划 2009 年 12 月 20 日竣工。

第八节　永城煤电集团办公楼

永城煤电集团办公楼工程位于河南省永城县永城煤电（集团）有限责任公司院内，占地面积 1743.79 平方米，总建筑面积 2.425 万平方米，工程造价 4864.1 万元。由永城煤电（集团）有限责任公司投资建设，中煤国际工程集团武汉设计研究院、同济大学建筑设计研究院共同设计，中铁电气化局三公司承建。

办公楼建筑面积 2.395 万平方米，消防水池 300 平方米。建筑高度 58.7 米，钢筋混凝土框架结构，地上十三层，地下一层，层高分别为：3.6、3.9、4.5、4.7、5.5 米。建筑耐久年限 100 年，耐火等级一级。工程采用桩基础，屋面防水等级二级，外墙装饰采用干挂磨光花岗岩、玻璃幕墙和高级涂料相结合。门厅、电梯厅地面为大理石，内墙面为大理石；卫生间地面为玻化砖、陶瓷地砖，内墙面为玻化砖、面砖；办公室、会议室、走廊地面为塑料地板；办公室、会议室、走廊、楼梯间、地上设备用房、车库、地下设备用房的内墙面均为乳胶漆，踢脚为塑料地板踢脚；门厅、办公室、会议室、走廊采用轻钢龙骨、石膏板吊顶；卫生间采用轻钢龙骨防水石膏板吊顶；楼梯间地面为防滑地砖，内墙面为乳胶漆，面砖踢脚，顶棚乳胶漆；车库、地上、地下设备用房为水泥砂浆踢脚，顶棚乳胶漆。

工程于 2005 年 4 月 12 日开工，2007 年 1 月 25 日竣工，达到国家验收质量合格标准。

第九节　北京西站电气化试验中心

北京西站电气化试验中心位于北京市丰台区金家村 1 号，北临莲花河，南临京广铁路，东侧是铁道部电气化局机关，西侧是北京西客站建筑段和水电段。该工程由北京电气化试验中心筹建处投资建设，华诚国际建筑工程有限公司设计，北京瑞特监理公司监理，电化局建筑处承建。

北京西站电气化试验中心为一幢地下 2 层，地上 17 层的智能型建筑物，框架剪力墙结构，局部空间为网架及钢结构，抗震设防烈度为 8 度，结构抗震等级为剪力墙一级，框架二级，人防五级，总建筑面积 2.354 万平方米。

1998 年 11 月 26 日开工，2002 年 5 月 28 日竣工，8 月正式交付使用。主体结构采用大全钢大模板配合外挂架，减少支撑，节省材料。2000 年 5 月，主体结构封顶，进入装修和设备安装阶段，室内粗装修为普通砂浆抹灰，现场做样板间，严格砂浆的配合比，抹灰的平整度经检验优良率达 78.5%。室外装修为中空玻璃幕墙及单层铝板幕墙。大厦内部风、机、水、电设备全部采用微机管理，实现全方位自动化调控，安装工程涉及系统较多，设备安装的质量直接影响它的使用功能。为提高工程使用面积占有率，留给各专业的空间位置极为有限，易造成“水”、“风”专业的管道交叉，为此项目经理部组织各专业技术负责人进行图纸会审，对各类作业交叉又密集的区段先绘制综合施工图，确定科学合理的施工方案，减少返工和损失。由于该工程是技术含量高、装修档次高的现代化智能型大厦，工程竣工后，项目经理部组成调试小组，分阶段进行严格细致的系统调试和整体联调，使之达到设计要求。

工程被评为“2001 年度北京市结构长城杯”、北京市“优秀青年工程”和总公司“优质工程”。

第十节　中铁大桥勘测设计院沌口新院区

中铁大桥勘测设计院沌口新院区位于武汉市（江汉平原东缘，长江汉水交汇处）经济技术开发区博学路，东临江汉大学、北临长江科研所、南临开发区一中，总建筑面积为1.6405万平方米。由中铁大桥勘测设计院有限公司投资建设，中南建筑设计院设计，湖北新元工程建设监理有限公司负责工程监理，中铁电气化局建筑公司承建。

新院区包括办公楼1.0921万平方米，公寓楼公寓楼2767 平方米，为框架结构；厂房2717 平方米，为轻钢结构。

2005年9月23日开工，2006年底竣工。项目部逐步推行国际质量管理和质量保证系列标准，精心编制施工方案，搞好技术交底，对每道工序和不同工序之间如何衔接加强管理，实行质量预控，针对可能性问题，采取相应措施。积极推广和应用新材料、新技术、新工艺，确保工程质量一次验收合格。以施工计划为指导，投入材料、劳动力，使用高效施工机械，成立专业施工小组，加强施工和技术管理，搞好配合协调；坚持每周一次生产协调会，每天一次生产碰头会，协调生产、技术、质量及安全工作，并安排好下一周进度计划和生产重点，定期与业主及监理等有关单位召开工程例会。

2007年1月18日验收合格，2007年2月8日正式交付使用。工程先后获“武汉市文明样板工地”、“武汉市建筑工程结构优质工程”、“湖北省建筑工程结构优质工程”、“武汉市建筑工程（黄鹤杯）安全文明工地”、“湖北省建筑工程（楚天杯）安全文明工地”。

第十一节 铁道科学研究院环控中心楼

铁道科学研究院环控中心楼位于铁道科学研究院办公区西侧，院西门与大型结构实验室之间，建筑面积 1.0236 万平方米。由铁道科学研究院投资建设，北京华创天中设计咨询有限公司设计，北京中环工程建设监理有限责任公司监理，中铁电气化局建筑公司承建。

环控中心楼地下二层，战时为 6 级人防物资库，地下一层为设备用房及管理办公用房，首层为科技成果展示厅，二层以上为办公及实验室。建筑结构形式：地下部分为全现浇框架剪力墙结构，地上部分为混凝土框架剪力墙结构。

2006 年 4 月 1 日开工，9 月主体封顶，10 月起进行二次设计精装作业，2007 年 5 月 23 日验收合格。电气系统主要包括照明、强弱动力、火灾报警系统、配电控制系统、防雷接地系统、等电位、有线电视系统、电话系统、对讲系统、综合布线系统。工程的强、弱电系统中，强电系统为传统的配电照明方式，在弱电系统中，涵盖了楼宇自控系统、综合布线系统、视频监控系统、信息发布系统等共计 12 个子系统。

第十二节 甘家口办公及住宅楼

甘家口办公及住宅楼位于北京市海淀区增光南路，在西三环与西二环之间，东侧为 3 号、4 号住宅楼，北侧为 5 号、6 号住宅楼，南侧为立新学校操场，总建筑面积 1.7923 万平方米。由北京丰禾房地产开发有限公司投资建设，北京中天建中工程设计有限责任公司设计，北京航青工程监理有限责任公司监理，中铁电气化局建筑公司承建。

甘家口办公楼地下 2 层，地上 8 层，建筑面积 1.0748 万平方米；原办公楼钢结构加层，建筑面积 900 平方米；住宅楼为塔式小高层住宅，地下一层为自行车库，地上 11 层为住宅，建筑面积 6275 平方米，结构形式为框架结构，基础为钢筋混凝土梁板式筏板基础。

2005 年 9 月 5 日开工，项目部将工程的各项目标细化，尤其是在工程施工进度方面，从总进度逐步细化到阶段性进度计划、季进度计划、月进度计划、周进度计划，将进度安排细化到每一天，在保证阶段目标实现的情况下做到动态控制，有效保证了工程施工目标的实现。施工场地周边住户较多，有近 500 户居民，项目部主动上门同附近居民沟通，逐户进行解释工作，并按北京市标准发放扰民费，并有专门的环境管理员负责现场噪声、扬尘及光污染等的控制，妥善、有效解决了扰民问题。

住宅楼于 2006 年 9 月 20 日竣工，办公楼及原办公楼加层于 2006 年 12 月 27 日竣工。全部通过验收合格。

第十三节　铁道科学研究院科技创新基地

铁道科学研究院科技创新基地位于北京市海淀区中关村永丰高新技术产业基地Ⅱ-16块地，总建筑面积 4.5322 万平方米，工程造价 1.3 亿元。由铁道科学研究院投资建设，中冶京诚工程技术有限公司设计，北京中环工程建设监理有限责任公司监理，中铁电气化局建筑公司承建。

科技创新基地分为制动车间、电气车间、生产辅助用房和地下设备用房，结构形式为框架结构，基础形式为独立基础，其中制动车间、电气车间采用 CFG 桩基的复合地基形式。

2007 年 3 月 24 日开工，根据工程特点及建设单位对工期的要求，需要对 4 栋房屋同时展开施工，施工遵循先地下后地上，先结构后装修，设备安装与装修同时展开的原则，严格按照施工组织设计及施工进度计划进行组织施工。在结构施工中，采用了建设部近几年推广的粗直径钢筋连接、CFG 桩地基处理、预应力钢筋、钢结构工程等新技术、新工艺，不仅提高了工程质量，降低造价，同时还有利施工。

2007 年 8 月 22 日结构施工完成，根据各房屋结构施工情况，装修施工，穿插进行。12 月 26 日竣工。2008 年 3 月，通过四方验收。

第十四节　西南交通大学新校区主体育场

西南交通大学新校区主体育场位于四川省成都市郫县犀浦镇犀安路西南交通大学新校区内，南有犀浦至安靖公路，东侧为沙犀路连接，西南侧有沱江河流过，总占地面积 7.7333 万平方米，建筑面积 1.799 万平方米。由西南交通大学投资建设，中国建筑西南设计院研究院设计，西南交通大学工程建设监理公司负责监理，中铁电气化局建筑公司承建。

西南交通大学新校区主体育场是建筑公司也是集团公司首次承建的大型体育场项目，看台总面积 9136 平方米，看台下面积 8854 平方米，地上三层，建筑总高度 30.75 米，容积率 23%，绿地率 54%，停车位 222 辆，自行车位 360 辆。主席台、看台设计观众人数为 16000 人。看台为异形钢筋混凝土框架结构（Y 形柱、弧形梁），罩棚采用膜结构，基础为独立柱基础及人工挖孔桩，工程建筑级别为乙级体育建筑。工程设备安装分为给排水系统、消防系统、通风空调系统、卫生洁具安装等工程；电气安装分为 10 千伏配电系统、结构化布线系统、音响广播系统、电视系统、监视报警系统、电脑网络系统等。工程造型新颖别致，外观形象现代化，内在硬件设施较多，施工工艺复杂，难度大。

2004 年 2 月 11 开工，主要施工机械 29 台(辆)，其中工程指挥车 2 辆，大货车 2 辆，塔吊 2 台，JDY500 型混凝土搅拌机 3 台，砂浆搅拌机 3 台，SCD200 型升降机 4 套，HBT60C 型混凝土输送泵 2 部，L800 型电子配料机 1 台，主要测量仪器有全站仪 1 台，经纬仪 2 台，水准仪 3 台等。

工程的屋面钢膜结构工程、场地符合面层等专业体育设施工程、消防工程、弱电工程、高压开关柜及配电房的安装工程由建设方指定分包，管理好各施工分包队伍的施工配合是如期完成优质工程的重要保证。

工程大型材料的运输量大，钢结构运输及安装、大型屋面板的运输与安装、新型建筑材料的运输，工程装修施工跨越雨季，工程地上、地下平面变化，结构尺寸多变，设备复杂，项目繁多，工序穿插内容多等，给施工进度及施工质量带来一定的困难，由于精心组织、合理安排、措施得力，施工队伍专业性强，保证了施工进度及工程质量。工程地处新校区内，文明施工条件要求高，因此在施工的全过程中加大安全文明施工的管理力度，加强对粉尘污染、噪声污染、废水排放、树木保护等方面的控制，并进行必要的投入，确保文明安全施工，确保校区周边环境不被破坏，创造出良好的文化氛围与绿色环保形象。2006 年底，所有结构、建筑、安装、装修等工程全部完工，准备验收，因受钢膜结构制作、吊装施工等分包工程影响，一直处于停滞状态。2007 年 8 月 25 日竣工验收，质量评定为合格。

第十五节　西南交通大学新校区体育馆

西南交通大学新校区体育馆位于西南交通大学新校区内，总建筑面积 2.7421 万平方米。由西南交通大学投资建设，华东建筑设计研究院有限公司设计，西南交大建设监理有限公司监理，中铁电气化局建筑公司承建。

体育馆由综合体育馆、训练馆、游泳馆三部分组成，工程结构类型为钢网架和现浇钢筋混凝土框架结构。

2005 年 6 月 20 日开工，2006 年 12 月完成主体结构工作。因钢结构（建设单位指定分包）施工进度影响，2007 年 6 月至 2008 年 5 月工程处于停滞状态。5 月 12 日四川汶川地震后，原计划于 2008 年 6 月完工的钢结构工程，因地震后结构检测情况迟迟没有落实，致使工程一直延续到 12 月初才开始施工，但游泳馆部分的钢结构工程仍然没有通过相关部门的检查验收。截至年末，由于建设单位原因，体育馆、游泳馆的相关消防喷淋、广播、电视电话等相关弱电专业分包施工单位还没有进行招标，室内电气、暖通等安装方面的工程内容仍然无法进行。

第十六节　新疆乌鲁木齐陆军学院教学楼

新疆乌鲁木齐陆军学院专业教学楼工程位于乌鲁木齐陆军学院中心区，南邻学院操场，东邻乌鲁木齐陆军学院，是一幢兼有多种功能的集教学、科研、实验、模拟、战略演习指挥控制于一体的综合性公共建筑，工程占地面积 3000 平方米，建筑面积 1.0191 万平方米，合同总价为 1580 万元。由乌鲁木齐陆军学院投资建设，新疆建筑设计研究院设计，中铁电气化局二公司承建。

教学楼地上 6 层，地下 1 层，建筑物总高度 24 米，层高 3.9 米。工程为现浇框架剪力墙结构，抗震设防烈度 8 度，框架、剪力墙抗震等级均为二级，建筑结构安全等级为二级，框架柱混凝土强度(包括梁柱结点)四层以下 C50；四层以上 C40；剪力墙均为 C30；梁板及其他构件除特别说明外均为 C30。结构可靠度设计基准期为 50 年。

教学楼外墙采用面砖墙面，挂贴花岗岩饰面和中楼大面积玻璃幕墙；一层大厅采用磨光花岗岩地面，厕所为地砖地面，其余房间均为混凝土地面；窗户为节能密封铝合金平开窗。全楼设两部电梯，四个踏步楼梯，同时设采暖、给排水、通风、照明、电话、消防、报警、闭路电视天线等专业设施。

工程 2001 年 8 月 29 日开工，二公司项目部，组织 5 个专业作业队，共约 260 名施工人员。乌鲁木齐陆军学院专业教学楼工程是二公司承建最大的全现浇框架剪力墙结构房屋，抗震要求高、梁板跨度较大、钢筋混凝土节点复杂、平立面变化多、水暖电卫交叉配合精细。由于设计原因，教学楼预应力梁在楼内存在双向交叉，互相干扰，制约了楼层整体流水作业，中间主楼未张拉前两侧房屋不能进行土建施工；容纳 300 人的学术报告厅为圆弧型坡道设计，每道梁的标高、截面控制难度大；屋面倒锥檐帽，自重近 300 吨，施工难度大。工程地处陆军学院中心区，四周环绕交通道路和操场，施工中项目部制定严密的安全防护措施，施工层及未拆模层均用双排外脚手架加密目网全封闭，确保不影响周围建筑物与行人安全。2002 年 12 月 30 日竣工，2003 年 9 月底交付使用。

第十七节　兰州铁道学院第八教学楼

兰州铁道学院第八教学楼位于兰州铁道学院校区内，占地面积 4890 平方米，建筑面积 2.0567 万平方米。由兰州铁道学院投资建设，兰州铁道学院勘测设计院设计，中铁电气化局建筑公司承建。

第八教学楼 6 个单元层，分别为 1 层通廊、2 层及人防地下室、4、5 层、局部 6 层，建筑物高度 25.5 米，主体采用框架结构形式，2 层及人防地下室单元采用独立基础和条形基础，其余单元均采用井柱基础。施工场地内地下水为潜水，埋深为 5 至 5.7 米，卵石层为主要含水量水层。据水质报告分析，地下水对结构具有较强的腐蚀性，施工中采取防护措施。

2003 年 4 月 15 日开工，2004 年底竣工交付使用。框架柱采用直螺纹套筒连接方式，教学楼一层门厅及±0.00 以上楼梯间做花岗岩地面，1 至 5 层走廊做彩色水磨石地面，1 层卫生间做淡蓝色地转地面，2 至 5 层卫生间做地砖地面。内墙面为白色纸筋灰罩面涂料，黄色乳胶漆墙裙。顶棚根据不同用途采取矿棉吸声板、纸面石膏板、PVC 板吊顶。外墙面为白色和灰绿色仿石面砖，1 层窗外以下外墙为蘑菇石。屋面做现浇钢筋混凝土屋面板，屋面防水层为聚脂基 SBS 改性沥青。屋面保温有两种做法，不上人屋面做 130 毫米厚水泥聚苯板保温层，上人屋面做 50 毫米厚挤塑聚苯板保温层。教学楼门窗为高气密性铝合金门窗。采暖系统采用上供下回单管回程式。为保证非正常情况下的消防用水，在 6 层水箱间设 12 立方米水箱，给水管采用三型聚苯丙烯管，接口处采取热熔连接。室内外排水均采用污废合流排水方式，排水管道采用机制铸铁管，接口处采用法兰盘连接。楼内设消防栓灭火系统。工程采取三相五线制低压电源供电，照明与动力用电分别引自配电室不同母线，采用电缆埋地引入。教学楼电缆电视信号选用 UNCA-HA-30C 邻频传输宽带放大器，采用分配分支系统，进户干线采用 SYKV-75-9 型射频电缆，楼内分干线采用 SYKV-75-7 型射频电缆，支线采用 SYKV-75-5 型射频电缆，放大器箱为暗装，综合布线系统语音部分的设备间与程序交换机房共用，每间教室、办公室各设 2 个双孔 5 类 RJ45 插座，每个工作区有 4 个信息点，网络及语音干线通过穿管埋入地下引入设备间。

2003 年 9 月 11 日，工程被评为 2003 年度“甘肃省建筑工程文明工地”。2005 年 12 月 15 日，工程获得甘肃省建设工程飞天奖。

第十八节　首都机场线东直门航空服务楼

首都机场线东直门航空服务楼位于东直门立交桥东北侧，西边紧邻东二环路，南侧为东直门外大街，是东直门综合交通枢纽和机场线东直门车站的重要组成部分，占地面积 9000 平方米，建筑面积 6.3 万平方米，工程造价 1.8 亿元。由北京东直门机场快速轨道有限公司投资建设，北京市轨道交通建设管理有限公司管理，中元国际设计研究院设计，北京建创建筑工程咨询有限责任公司监理，中铁电气化局建筑公司承建。

航空服务楼地下 2 层，地上 7 层，其中地下结构已施工完毕，地下二层为已投入使用的地铁 13 号线东直门站，建筑总高度 43.9 米，为一类高层建筑，结构类型为钢筋混凝土框架结构。

2007 年 7 月 25 日开工，由于原地下结构施工时，没有考虑地上部分的具体功能定位，地上部分北面和南面外墙边线较地下部分进行了回收和内退，待地上部分功能确定以后，原地下结构不能满足上部结构荷载和使用功能的要求，需对原结构进行结构开洞、植筋后锚固、结构粘钢、粘碳纤维板等加固处理。建筑物四周均有在施工程或永久、临时性建筑，与拟建建筑物距离较小，场外没有布置塔吊的场地，且地下二层为正在运营的地铁十三号线，塔吊也不能立在建筑物内，因而怎样解决立塔是一大难题。为此，项目部与设计、监理等单位一起认真研究设计方案，反复商议论证，方案几经修改，最终确定在结构柱子上增加牛角柱，上部用钢梁作为塔吊基础的方案，解决立塔吊问题。这种打破常规的塔吊安装方式，据了解在北京市绝无仅有。在施工中，开展了提高钢筋后锚固一次合格率、提高轻钢龙骨石膏板隔墙安装合格率、提高有机纤维吸音喷涂施工合格率、提高导线接头一次合格率和提高无甲醛消音风管一次安装合格率 QC 技术攻关活动。应用碳纤维板、碳纤维布加固、预应力托柱转化板加固技术、预应力安德固脚手架新技术设备和有机纤维保温绝热吸音喷涂新工艺、无甲醛消音风管新材料。通过严密的施工组织和科学的现场管理，在短短的 4 个月时间内完成钢筋 7000 多吨、混凝土 20000 多立方的工程量，满足业主必须在 2008 年 4 月 30 完成外立面“亮相”的要求，主体结构封顶比预期目标 12 月 30 日提前 25 天。

2008 年 1 月 20 日平台屋面架空板全部预制完成。1 月 30 日主体结构附属坡道，西侧坡道地基加固处理完成。1 月 31 日北侧消防车道结构施工完成。4 月 10 日西侧坡道施工除室外施工电梯截断尚未施工外基本完成。6 月 20 日地下一层及首层框架、坡道柱碳纤维板碳纤维布加固施工全部完成。6 月 20 日七层屋顶屋面、平台屋面找坡、找平层完成。6 月 20 日完成幕墙工程。7 月 13 日外线工程 100 立方化粪池、室外雨、污水系统管网、室外地面铺砖石材等室外工程施工全部完成。11 月 15 日，二次结构砌筑工程，二至七层、地下一层二次砌筑，包括现浇带、构造柱浇注全部完成。11 月 20 日二次结构砌体隔墙抹灰、楼梯间抹灰全部完成。11 月 20 日七层平台屋面防水层、保温层施工完成。11 月 22 日防水层、保温层、混凝土保护层、渗透结晶层全部完成。12 月 27 日地下一层、二至七层楼地面垫层、保护层施工基本完成。12 月 31 日楼梯间地砖铺贴完成全部工程量的 20%。12 月 10 日三至七层轻钢龙骨石膏板隔墙工程全部完成。12 月 31 日公共部分吊顶、机房顶棚吸音喷涂工程完成全部工程量的 40%。12 月 31 日中庭、公共区域精装修各项子工程完成全部工程量的 30%。通风、空调设备安装工程 2 月开始施工，到 12 月 31 日完成全部工程量的 90%。给排水、暖通、消防设备安装工程 2 月开始施工，到 6 月 30 日消防管线完成全部工程量的 90%。强电、弱电设备安装工程 7 月开始施工，到 12 月 31 日完成全部工程量的 30%。

2008 年评为北京市东城区“安全文明工地”，主体结构获得获得北京市建筑（结构）长城杯金质奖。

第十九节　靛厂新村商业街 1、2、3 号楼

靛厂新村商业街 1、2、3 号楼位于北京市丰台区靛厂村，坐落于靛厂路北侧，南侧为在施工地，北侧有部分靛厂村民，东侧为靛厂菜市场，西侧为 4 路公共汽车始发站，总建筑面积 4.6937 万平方米。由北京华诚达房地产开发有限公司投资建设，北京北方设计研究所设计，北京奥成工程建设监理有限公司进行监理，中铁电气化局建筑公司承建。

商业街 1 号楼地下 1 层，地上 5 层；2 号楼地下 1 层，地上 5 层，局部 4 层；3 号楼地下 1 层，地上 4 层，结构型式均为框架结构。

2007年9月26日开工，整个现场长达500米，宽仅有50多米，呈狭长带形。楼的宽度在地下室部分就达35.8米，给现场的布置工作带来很大困难，而且要满足现场的施工道路及消防通道的要求，塔吊的位置无处确定，项目部从技术上攻关仔细研究，最终将塔吊放在了结构内的基础底板上，成功解决了这个难题。其中1号楼和3号楼利用其北侧的结构凹槽造型，根据凹槽的大小及塔吊费用的多少，采用费用低的压重式塔吊；考虑到2号楼长度大，加上1号楼与2号楼之间的地下室宽度，在2号楼采用了两个塔，其中2号塔兼顾1号楼及中间的地下室，该塔基础也是坐在基础底板上，与其他塔不同的是它要穿过一层地下室顶板，下面的空间有限，在此采取该处地下室顶板混凝土后浇，并采用占用空间小的压重式塔，利用这种技术与经济兼顾的方法成功解决了该难题，给施工现场提供了大片的面积，既保证了现场消防道路畅通，又满足了施工生产所必需的场地。截至年末，1号楼进行5层主体施工，2号楼进行4层主体施工，3号楼进行地下室结构施工。

2008年主要是3号楼主体施工及1、2、3号楼的内外装修。5月10日3号楼主体结构封顶。7月底，1号、2号楼装修完成。12月底，3号楼装修完成。截至年末，工程进入收尾阶段。因甲方原因，剩余工程量处于停工状态。

第二十节　电化局二处襄樊中原小区住宅楼

电化局二处中原小区住宅楼工程位于湖北省襄樊市中原路58号，总建筑面积3.505万平方米，工程造价1752万元。由湖北省建筑科学研究设计院进行工程地质勘察，襄樊建筑设计院设计，襄樊质检站负责监理，电化局二处承建。1998年9月2日开工，2001年1月5日竣工。

中原小区住宅楼六栋共400套住房，均属砖混结构，楼高八层24米，除四号楼5个单元外，其余每栋楼均为4个单元。有两室两厅、三室一厅、三室两厅，大中小三种不同户型设计。小区内附设中心花园和篮球场，作为活动休闲用。住宅楼设计抗震防烈度6度；采用钢筋混凝土条形基础，经喷粉桩处理；地板厚350毫米，采用C20混凝土，Ⅰ、Ⅱ级钢筋现浇，钢筋保护厚度为35毫米；基础垫层采用100毫米厚C10素混凝土，基础埋深-1.8米。主体部分，基础锤击沉管灌注桩，现浇构件均采用C20混凝土，240毫米×240毫米构造柱，梁采用圈梁，楼盖采用预应力空心板。外装饰水刷石，内装饰普通抹灰，表喷大白浆，面刷白色106内墙涂料。楼地面采用素土夯实80厚C15混凝土地坪垫层。屋面现浇，防水采用三毡四油，有隔热层，现浇保温层。门窗采用木门铝合金窗。

1998年9月，二处成立指挥部，配备相应的机械，抽调施工人员共300人进场。1998年9月2日开工，1号楼1999年11月25日竣工，建筑面积6079平方米；2号楼1999年11月25日竣工，建筑面积4332平方米；3号楼2000年3月30日竣工，建筑面积5944平方米；4号楼2000年12月29日竣工，建筑面积6727平方米；5号楼2000年12月29

日竣工，建筑面积5984平方米；6号楼2001年1月5日竣工，建筑面积5984平方米。

第二十一节　郑州春晖小区高层住宅楼

春晖小区高层住宅楼工程位于河南省郑州市京广南路东侧、春晖路南侧、春晖小区院内，总建筑面积3.4849万平方米。由中铁电气化局集团北京电气化建筑设计所、郑州匠人建筑规划设计研究院、郑州市人防工程设计研究所联合设计，中铁电气化局三公司承建。

1、2、3号三栋住宅楼和地下人防车库，其中1号楼建筑面积为1.1925万平方米；2、3号楼各为1.0021万平方米。住宅楼均采用素混凝土桩基和钢筋混凝土筏板基础，主体工程为钢筋剪力墙结构，地下一层，地上十八层，建筑结构安全等级为二级。地下车库层高3.9米，住宅楼层高2.9米，建筑总高度57.04米。住宅楼屋面采用氯化聚乙烯、橡胶共混防水卷材，地下室采用脂肪酸防水砂浆防水，防水等级Ⅰ级。外墙采用挤塑板保温，下部为暖灰色仿毛石面砖，上部为红白相间高级涂料；门厅的雨棚为轻钢雨篷，内墙为墙面砖，地面为防滑地砖；楼梯间内墙面分别为墙面砖、涂料，地面为防滑地砖；户内房间地面为水泥砂浆地面，墙面为混合砂浆墙面；地下车库坡道顶篷为轻钢阳光板，地面为水泥砂浆，墙面为涂料。

生活给水分高低两个区，一至六层由小区给水管网直接供给，七至十八层由设在地下室的生活不锈钢水箱变频调速水泵泵组联合供水。排水系统，室内污废合流，室外雨污分流；楼内污废水排至室外后，集中引至化粪池，经处理后排入市政污水管网；地下室内废水集中引至集水坑后，经潜污泵提升排至室外。室内给水干管采用内衬塑钢复合管，各户分支管道采用PP-R给水塑料管，热熔连接。排水管道采用内螺旋PVC-U塑料管及管件，粘接。住宅楼内设置消火栓给水系统，地下车库设置消火栓给水系统和自动喷水灭火系统。消防给水系统采用临时高压给水系统。其他灭火措施采用手提式磷酸氨盐型干粉灭火器。消防及自动喷水管道采用内外热浸镀锌钢管丝扣、卡箍连接。埋地消防管道采用球墨给水铸铁管石棉水泥接口。

采暖系统采用共用立管的分户独立式形式，户内采用下供下回双管同程式系统。所有户内水平埋地管道均采用PP-R型聚丙烯管，其余均采用热镀锌钢管，采用焊接或丝接。住宅楼电源引自室外变配电所，一户一表，公共用电和消防动力、事故照明采用双电源引入，地下室设置配电间。

数据通信和电话系统，数据线采用光缆，电话线采用电话电缆，以直埋方式引入住宅楼内。有线电视系统采用光缆从市有线网干线接入楼内串接。安全防范系统，住宅楼入口设有可视对讲主机，每户设有可视对讲户机，同时各户内设有紧急求助按钮，可通过监控网络传到监控室。火灾自动报警及联动控制系统，选用智能型二总线制的系统产品，并具有小区联网功能。有线电视，可视对讲，电话及网络通讯线路，在弱电井道内分别设有金属线槽，室内采用钢管暗敷。

2005 年 8 月 16 日，三公司成立春晖小区高层住宅楼工程项目部，2005 年 9 月 26 日开工，2007 年 1 月 22 日竣工，工期 484 天。工程获“市级安全文明标准化工地”、“河南省安全文明工地”、郑州市优质结构（结构商鼎杯）工程、河南结构中州杯工程。

第二十二节　岳家楼铁路住宅小区 8 号楼

岳家楼铁路住宅小区 8 号住宅楼工程位于北京市丰台区岳家楼一号北铁路住宅区，占地面积 4400 平方米，建筑面积 2.419 万平方米。由北京铁路分局岳家楼住宅小区开发指挥部投资建设，中联环建文建筑设计有限公司设计，鑫诚建设监理公司监理，电化局建筑处承建。

住宅小区 8 号住宅楼地下 2 层，地上 22 层，为全现浇钢筋混凝土剪力墙结构。

2001 年 7 月 10 日开工，2003 年 1 月 20 日竣工验收交付使用。2004 年 2 月 27 日，工程获北京市建筑工程（结构）长城杯金奖、北京市建筑竣工长城杯银奖。

第二十三节　北蜂窝住宅综合楼

北蜂窝住宅综合楼位于北京市海淀区北蜂窝路西侧，西邻北京西客站，向北为长安街，东侧为北京铁路局文化宫，地处北京市西二环和西三环之间。住宅综合楼为住宅和办公两用建筑，原设计面积 1.7097 万平方米，后变更增加为 1.9389 万平方米，工程投资 4000 万元。由中国通信北京工程建设局投资建设，北京铁路电气化建筑设计所设计，北京京盛监理公司监理，电化局建筑处承建。

住宅综合楼地下 2 层，地上 14 层，建筑物檐口高度 44.40 米。工程主体结构为现浇钢筋混凝土框架一剪力墙结构，基础为梁式筏板基础，耐火等级为Ⅱ级，抗震设防烈度为 8 度，结构抗震等级为框架一级，剪力墙二级。

2001 年 10 月 18 日开工，2003 年 12 月 28 日竣工验收。根据原施工组织设计，预定于 2003 年 2 月 15 日竣工，后因建设单位要求变更设计，造成大量返工、停工和误工情况发生，导致工程竣工工期顺延。“非典” 期间，工程项目部科学组织，克服材料无法及时进场、劳务分包人员不能按时到位等困难，大部分管理人员放弃日常休息，坚守工作岗位。

2004 年 2 月 27 日获北京市建筑（结构）长城杯银质奖。

第二十四节　保定市公安卫士住宅小区 13 和 14 号楼

保定市公安卫士住宅小区 13 和 14 号住宅楼位于河北省保定市韩村路植物园北侧，13

号楼建筑面积 7778 平方米，14 号楼建筑面积 5835 平方米。由保定公安交通警察支队投资建设，保定市建筑设计院设计，保定市天平监理有限公司监理，电化局建筑处承建。

13 和 14 号住宅楼所在地区地震基本烈度为 7 度，建筑场地类别为Ⅲ类，属中软地质，地下水对混凝土无腐蚀性，场地土冻结深度为 0.55 米，地基承载力为 180 千帕，自然场坪绝对标高为 18.9 米。

住宅楼为砖混结构，建筑高度 21 米，地下 1 层，地上 6 层，地基处理为水泥木桩，采用钢筋混凝土基础，基础防水采用三元丁防水卷材，屋面防水采用 SBS 防水卷材，屋顶为全现浇钢筋混凝土板坡屋面，外挂英红彩瓦，外墙贴饰面砖，安装单框双层玻璃塑钢窗，室内装修根据建设单位要求分为毛坯、普通、中档、高档 4 种形式。

2002 年 4 月 4 日开工，施工中，项目部采取流水作业方法，在混凝土浇筑中实行旁站制度，各部位试验块实验合格率达 100%。为保证外墙饰面砖粘贴质量，项目部坚持“一步架一验收”的做法，即每步架验收合格后方可进行下一步架施工，这个做法得到建设单位、监理单位的好评。2002 年 11 月 20 日，因气候寒冷建设单位下达停工令工程停工，2003 年继续施工，于 2004 年 4 月竣工验收，评定为合格。

第二十五节　北京景旭花园 F 座住宅楼

北京景旭花园 F 座住宅楼位于北京市丰台区万寿路南口金家村 1 号院内，占地面积 810 平方米，建筑面积 1.7819 万平方米。由中铁电气化局集团有限公司投资建设，北京中铁工建筑工程设计院设计，北京通达监理公司监理，中铁电气化局建筑公司承建。

F 座住宅楼地下 2 层，地上 20 层，结构抗震等级为二级，抗震设防烈度八度。

基础地板钢筋采用直径 20 毫米、25 毫米的三级钢，墙体及顶板选用罗纹钢、圆钢，地下部分的混凝土强度等级为 C35、C 40，地上部分的混凝土强度等级为 C35、C30。工程建设中采用新材料、新设备，推广新工艺，地下防水为 S8 抗渗混凝土自防水及高聚物改性沥青防水卷材，屋面采用 4 毫米厚 SBS 改性沥青卷材防水，厨房及卫生间防水为 JSA 水泥聚合物防水涂料，外墙面层为平涂涂料，采暖管道采用地埋管施工。

2003 年 7 月 30 日开工，2004 年 11 月 30 日竣工交付使用。工程获北京市“安全文明工地”、北京市建筑(结构)长城杯工程金质奖。

第二十六节　北京顺义裕龙花园 4 号和 5 号住宅楼

北京顺义裕龙花园 4 和 5 号住宅楼位于北京市顺义区潮白河南岸滨河小区南侧，4 号楼建筑面积 1.2292 万平方米，5 号楼建筑面积为 2.2389 万平方米。由北京顺义大龙城乡建设公司投资建设，中外建工程设计与顾问公司设计，顺金监理公司监理，中铁电气化局建筑公司承建。

顺义裕龙花园 4 和 5 号住宅楼所在地区属于季风气候，四季分明，地质构造为人工堆积层，素填土及粉质粘土，总厚度 1.2～1.9 米，人工堆积层以下为第四纪沉积层，持力层为第四纪沉积层二层的粘质土、砂质粉土。4 号楼地下 1 层，地上 19 层；5 号楼地下 2 层，地上 21 层，两栋楼均为剪力墙结构。

施工中地下室防水采用特殊工序，并编制《地下室防水施工方案》，组织专业防水作业队进行防水工程施工，实时进行监督、检查、验收，确保工程质量。2003 年 10 月 1 日开工，2004 年 11 月 30 日竣工，评定为合格。2004 年 6 月 3 日工程通过中国铁路工程总公司“安全标准工地”验收。

第二十七节　北京岳家楼铁路住宅小区 19 号住宅楼及地下车库

北京岳家楼铁路住宅小区 19 号住宅楼及地下车库位于北京市丰台区岳家楼 1 号北，北邻岳家楼 18 班小学，西侧为岳家楼 15 号住宅楼，南侧和东侧均为市政道路。工程建筑面积 2.2058 万平方米，其中 19 号住宅楼建筑面积 1.837 万平方米，地下车库建筑面积 3687.91 平方米。由北京铁路分局岳家楼住宅开发指挥部投资建设，北京中联环建筑设计有限公司设计，北京铁建工程监理有限公司监理，中铁电气化局建筑公司承建。

19 号住宅楼地下 1 层，地上 14 层，为全现浇钢筋混凝土剪力墙结构，筏板基础；地下车库地下 2 层，地上 1 层，为现浇钢筋混凝土剪力墙结构，筏板基础。

2004 年 5 月 26 日开工，工程主体采用 86 系列大模板施工，混凝土采用商品混凝土，罐车运输，泵送浇筑。工程装修采用轻骨料空心砌块砖，外墙采用外墙内保温，外门窗采用塑钢门窗。

2004 年 10 月 28 日工程主体结构完工，2005 年上半年竣工验收。2005 年 9 月 23 日获北京市建筑（结构）长城杯工程金质奖。

第二十八节　北京丽泽城市花园菜户营小区 1 号和 6 号楼地下车库

北京丽泽城市花园菜户营小区 1 号楼和 6 号楼地下车库工程位于菜户营立交桥西南侧，南临佳信达印刷厂，东临铁路西黄线，西临菜户营西街。建筑面积 6.9745 万平方米。由北京东兴联房地产开发公司投资建设，北京北方设计研究所设计，北京市曙晨工程建设监理有限责任公司监理，中铁电气化局建筑公司承建。

本工程地基基础设计等级为甲类；地基采用天然地基，建筑场地类别为Ⅱ类，场地属中硬场地土，无不良地质现象，不考虑饱和砂土及粉土的震动液化问题。地下水埋藏较深，不考虑地下水的腐蚀性。1号楼的结构形式为力剪墙结构，6号楼地下车库为无梁楼盖结构。

工程基础底板钢筋、加强层柱子钢筋（≥直径 18 毫米）采用直螺纹连接；加强层以上≥直径16毫米的柱子钢筋采用电渣压力焊焊接。地下部分墙体采用60系列小钢模施工；地上部分采用专业厂家制作的大钢模施工。顶板模板、梁模板采用 12 毫米竹胶板施工，个别部位采用 18 毫米厚多层板施工。现浇柱、墙、梁、板混凝土全部采用预拌混凝土施工。工程基槽采用机械开挖，护坡采用土钉墙支护。地下部分及屋面SBS卷材防水采用热熔法施工。工程钢筋连接采用等轧直螺纹套管连接、电渣压力焊焊接，梁、板、柱模板采用 12 毫米厚竹胶板，一次成型技术，标准层墙体采用大钢模板施工；结构与填充墙接缝处采用大钢模板网，防止抹灰开裂。

2004年9月1日开工，2006年12月12日竣工，评定为合格。工程获2005年度北京市建筑(结构)长城杯工程银质奖。

第二十九节　铁道科学研究院12号楼及地下车库

铁道科学研究院12号楼及地下车库位于北京海淀区大柳树路2号铁道科学研究院内，建筑面积 2.8032 万平方米。由铁道科学研究院投资建设，北京华创天中设计咨询有限公司设计，北京中环工程建设监理有限责任公司监理，中铁电气化局建筑公司承建。

12号楼及地下车库结构形式为框支剪力墙结构，筏板基础。抗震等级底部加强部位为一级，加强以外部位为二级，人防六级，防火设备耐火等级为地下一级，地上二级，且各层均设消火栓箱。

工程框架柱采用C40、C45混凝土，内外墙采用C30、C35、C40、C45混凝土；非承重墙、住户分隔墙采用180毫米厚陶粒空心砌块，内隔墙采用100毫米厚陶粒空心砌块；现浇钢筋混凝土框架梁、板，强度等级为C30、C40。外墙装饰首层采用仿石涂料，2层以上为喷吐花纹涂料。电气系统包括照明、动力、火灾报警系统、配电控制系统、防雷接地和等电位系统、有线电视和电话系统、对讲系统等。施工中采用新技术、新材料、新工艺，外墙外保温采用70毫米厚聚苯板，卫生间采用环保型JS-101涂膜防水，临时设施采用页岩砖，住宅内采暖管线采用埋地式PB管，并采用无负压供水系统。

2005年6月1日开工，2006年11月25日竣工交付使用。工程获北京市建筑(结构)长城杯金杯奖。

第三十节　北京和平里车站住宅小区（一期）

北京和平里车站住宅小区位于北京市朝阳区柳芳北街，西边有城铁，东西南侧均有密集住宅小区、办公用房等，北临北三环东路，建筑总面积 10.9658 万平方米。由北京阳光城房地产有限公司投资建设，北京市建筑设计研究院设计，北京双圆工程咨询监理有限公司监理，中铁电气化局建筑公司承建。

住宅小区工程包括：1 号楼及地下车库、2 号楼、3 号楼、开闭站、幼儿园。3 栋住宅楼为全现浇剪力墙结构，开闭所、幼儿园为框架结构。

2006 年 1 月 10 日开工，基础及主体结构混凝土均采用预拌混凝土，普通标号混凝土采用常规工艺施工。C40 混凝土属高强混凝土，为保证强度，在施工前参与了混凝土搅拌站的配合比、骨料及外加剂的选择，严把质量关。工程两次通过北京市建筑(结构)长城杯专家组审核，评定为 5 个“精”。2006 年底，1 号楼、2 号楼、3 号楼、开闭站、1 号楼地下车库结构已施工完成，并通过结构验收，进入装修施工，2007 年 10 月 17 日竣工。

工程获“北京市安全文明标准工地”，1、2、3 号楼获 2006 年度北京市建筑（结构）长城杯金质奖。

第三十一节　武铁佳苑职工住宅

武铁佳苑职工住宅位于武昌徐东路附近，北侧为居民住宅区，东南角为武汉铁路分局看守所，西侧为火车头体育场，总建筑面积 30 万平方米。由武汉铁路局住宅建设指挥部投资建设，中南建筑设计院（地下室工程、14 号、21 号楼工程）、华磊建筑设计院（9 号、10 号、11 号住宅楼工程）、南昌大学建筑设计院（15 号楼工程）设计，武昌建设工程监理有限公司监理，中铁电气化局建筑公司承建。

佳苑职工住宅是建筑公司成立以来承建层数最多，高度最高的工程项目，包括地下室及Ⅰ期 B 区 9、10、11 号楼和Ⅱ期 14、15、21 号楼工程。

2007 年 8 月 29 开工，由于工程高度超过百米，且紧临居民区，施工难度大。在地下室施工阶段，由于工程所在地区距离长江不到 1 公里，地下水位较高，而进行基坑开挖时恰好是雨季，如何控制基坑积水是个难题。项目部根据实际情况，通过多次测算，制定降水方案。在整个基坑范围内设置 46 个降水井点，遇到降雨天气时，降水井水泵全天对基坑进行降水。在最大限度减少基坑积水后，在基础承台底部用 C10 混凝土做 15 厘米厚的垫层，垫层表面低于桩头 5 厘米。在承台钢筋绑扎之前，对桩芯进行了处理，在桩头以下 2 米范围内，埋入预制的钢筋笼，露出桩头以外部分，弯折至与地面成 60 度夹角，长度满足锚固长度，用 C35 防水混凝土进行灌注。浇筑混凝土之前首先砌筑砖胎膜，承台底至顶部最大高度达到 3.5 米，砌筑砖胎膜高度过高，容易造成垮塌，施工时采用膨胀螺栓外接钢丝的方法，用钢丝拉紧木方，固定在砖胎膜外侧，并同时用钢管进行支撑，保证砖胎膜稳定，浇筑混凝土时取下。

浇筑混凝土属于大体积混凝土施工，需要采取可靠的措施对混凝土中心进行散热。采用预制温控钢筋的办法，在混凝土的周围四个角分别埋入一根钢筋，每根钢筋中部分别用一根钢筋与对角钢筋相连，浇筑完混凝土后，内部的水化热可通过这几根温控钢筋排出。浇筑混凝土时，由于场地条件限制，泵管最长时需要接到 180 米，而且浇筑时水平管居多，无垂直向上的竖直管，泵送出的混凝土没有自由下落的过程，容易在泵管内残留堆积，更容易造成泵管堵塞。在施工时不间断混凝土浇筑，重点控制好混凝土坍落度，选用高压泵车进行泵送，接泵管时尽量减少弯管个数，使混凝土尽量直线泵送。

在主体结构施工时未划分流水作业段，采用一次性整体浇筑的方法，墙体与梁板同时浇筑，减少混凝土浇筑次数，有利于结构的整体性与严密性。直径 16 毫米以上的钢筋为三级钢筋，直径 14 毫米以下的钢筋为二级钢筋，用于楼板的钢筋采用 CRB550 级冷轧带肋钢筋。采用强度相对较高的钢筋，使整体受力状况得到很大伸缩空间。用于楼板的钢筋直径小，板面钢筋较容易被破坏。采取后铺板面钢筋的做法，在板面底筋铺设完成后，暂时不铺设板面钢筋，待水电预埋等工种施工完成人员撤出后再进行板面钢筋的铺设。混凝土浇筑时，钢筋工对被破坏的板面钢筋进行及时纠正，最大限度避免板面钢筋受到破坏。

2007 年 10 月 26 日提前 2 至 7 天完成 I 期地下室施工，12 月 14 日 II 期地下室工程全部封顶。12 月 24 日，武汉铁路局建设指挥部将 9-11 号楼作为样板工程，组织武铁佳苑住宅项目参建单位到现场学习参观。

2008 年初，受冰雪灾害影响，项目部采取 24 小时连续作业、购买成品钢筋等措施，加快主体施工进度， 6 月 24 日 14 号住宅提前 10 天主体结构封顶，创造两天半施工一标准层的速度。7 月 1 日 15 号住宅楼最后主体结构封顶。至年底，14、15、16、17、18、21 号住宅楼具备竣工验收条件。

在主体施工中全部采用九夹板模板拼装体系，施工速度快，场地占用小，质量控制难度大。项目部开展“提高九夹板模板施工质量”QC 技术攻关活动，较好地解决和控制了混凝土浇注中的质量问题。该 QC 成果获得 2008 年度国家优秀奖。

第三十二节 铁道科学研究院北区住宅楼

铁科院北区住宅楼位于北京市海淀区大柳树路 2 号铁科院住宅北区，建筑总面积 14.8 万平方米，工程造价 2.9 亿元。由铁道科学研究院投资建设，北京都林国际工程设计咨询有限公司设计，北京致远工程监理公司监理，中铁电气化局建筑公司承建。

北区住宅楼包括 1、2、3、4、5、10、11 号楼及地下车库，结构形式为全现浇剪力墙结构（地下车库、10、11 号楼为框架剪力墙结构），地下 3 层，地上最高 15 层。

2007 年 4 月 1 日开工，租用 7 台塔吊、7 台混凝土地泵、6 台反铲挖掘机和 80 辆土方运输车。高峰期施工现场共有作业人员 1500 人。4 月 18 日土方正式开挖，6 月 21 日第一段基础底板浇筑混凝土，9 月 15 日地下结构工程完成，进入主体施工阶段。施工中，应用新型防水材料，应用钢筋直螺纹机械连接、预拌混凝土、外墙外保温和断桥铝合金窗等新技术。12 月 2 日工程主体通过北京市建筑（结构）长城杯第一次检查，评价为五个“精”。

2008 年 12 月 28 日竣工，获 2007 年度北京市建筑（结构）长城杯金质奖工程。

第三十三节　中水电广渠路住宅小区

中水电广渠路住宅小区位于北京市朝阳区广渠门东路 3 号，地处东四环外，南临广渠路，东临石门路，总建筑面积 3.0259 万平方米。由中国水利电力对外公司北京分公司投资建设，北京华容工程设计公司设计，北京国金管理咨询有限公司监理，中铁电气化局建筑公司承建。

住宅小区主要包括 1、2 号楼及设备用房，其中 1 号楼 1.5737 万平方米，地下 2 层，地上 15 层；2 号楼 1.4251 万米，地下 2 层，地上 15 层；设备用房 271.17 平方米，地下 1 层，地上 1 层，全现浇剪力墙结构。地下室基础底板、外墙、屋顶均采用 3+3SBS 改性沥青防水卷材，卫生间采用聚氨脂涂膜防水。装修标准为北京初装修。保温采用粘结 70 厚聚笨板外墙保温，外墙首层至二层为贴砖面层，三层至十五层采用涂料饰面。生活用水系统分为高、低区供水，户内装有远传水表。排水系统采用污废合流制。采暖系统采用散热器采暖，采暖管道埋地辐射。楼梯间设有消火栓、火灾自动报警系统及消防联动系统。户内电视、电话及宽带等设施完善。

2007 年 7 月 10 日开工，配置了 2 台塔吊、2 台混凝土泵车，还有钢筋调直机、弯曲机、切断机、电焊机等施工机械。10 月 7 日地下室结构出±0.00，12 月 31 日，主体结构施工至 12 层。项目部积极推广新工艺，采用新材料、新设备，确保施工质量和施工进度，12 月 9 日通过北京市建筑（结构）长城杯第一次检查，评价为五个“精”。12 月 28 日基础和地上 1 至 5 层结构通过验收。2008 年 3 月 21 日主体结构封顶，5 月 10 日二次结构完成，12 月 7 日完成建筑初装修。截止年末，基本具备竣工验收条件。

2008 年 9 月 20 日，工程获 2007 年度北京市建筑（结构）长城杯金质奖工程。

第三十四节　羊坊店旧房改造

羊坊店旧房位于北京市海淀区北蜂窝路 5 号院，6 号楼东侧是北京铁路局住宅区，清洁站北侧为北京局多层住宅，6 号楼、11 号楼西侧与博望园小区隔路相望，整个施工场区东邻北蜂窝路，总建筑面积 8.8438 万平方米，工程造价 1.93 亿元。由铁道部机关服务局投资建设，北京市建筑设计研究院设计，建研凯博建设工程咨询有限公司监理，中铁电气化局建筑公司承建。

羊坊店旧房改造为铁道部“民心工程”，包括 6、9、10、11 号住宅楼、及清洁站。6、9、10、11 号住宅楼为剪力墙结构，地上 16 层，地下 2 层；清洁站为框架结构，地上 1 层。

2007 年 11 月 28 日开工，项目部租赁 4 台塔吊和 1 台混凝土浇筑地泵，其他设备劳务队自行解决，编制基坑降水护坡、塔吊及补充等多项施工方案，各种技术交底和安全技术交底都按施工进度完成。

施工现场以前为住宅区，拆除时只进行了地上部分拆除，地下留有大面积的墙体和基础，给土方和护坡施工带来不便，特别是护坡采用土钉墙，由于基坑四周有多处原住宅楼墙体，土钉无法锚入。经协商并咨询专家意见，对无法进行土钉施工的地方用直径 14 毫米的钢筋拉至基坑外地平面上并加固，下部可以进行土钉施工的地方将土钉加密并加长。在 9 号、11 号楼土方施工到基底时发现有地下水，根据现场情况，经技术人员讨论并咨询专家，于基坑四周和基底同时采取降水措施。6 号楼完成第二步土方开挖时，为防止 9 号、11 号楼情况的出现，在基坑四周间隔 2 米打了降水井。为加快施工进度，根据专家意见，直接在垫层施工后进行防水施工，并在基础外防水层上铺砂浆防护。在基础底板施工完毕后将防水铺至基础底板和防水导墙上。

2008 年 6 月 16 日，9 号和 11 号楼率先其他施工单位提前两天实现主体结构封顶，年底工程基本达到竣工验收条件。10 号楼晚 4 个月开工，又受四川汶川地震影响，在奥运期间结构停工 2 个月，最终与其他栋号同时竣工。工程主体结构先后两次通过北京市建筑（结构）长城杯验收。

第六章　公路工程

第一节　京福高速公路三明至福州段机电工程

京福高速公路（也称G020，020国道，京福线）始于北京，途经天津、河北、山东、江苏、安徽、浙江，终于福建省福州兰圃，全长 2540 公里。京福高速公路是规划中京台高速公路（国家高速公路网编号 G3）的境内部分。三（明）至福（州）段，位于福建省境内，全长 260 公里，双向四车道。

三福段高速公路机电工程建设单位为京福高速公路有限责任公司，由交通部第二公路勘察设计院设计，中铁电气化局一公司承担 NSA2、JAJ1、FDB 合同段工程建设。

NSA2 合同段位于南平市境内，全长 46 公里。工程包括 1 个监控分中心，2 个收费站，10 座隧道（其中设有全套机电设施的 3 座）。工程内容包括监控系统、收费系统、通信系统的设备安装、系统调试工作。

JAJ1 合同段位于三明市境内，全长 113 公里。工程包括 2 个监控分中心，5 个收费站，1 个服务区，2 个停车区，4 个隧道管理站。工程内容包括:监控系统、收费系统、通信系统的设备安装、系统调试工作。

FDB 合同段位于福州市境内全长 101 公里。工程包括 1 个监控分中心、4 个收费站、10 座隧道（其中设有全套机电设施的 4 座）。工程内容包括:监控系统、收费系统、通信系统的设备安装、系统调试工作。

技术特点：交通监控系统由监控分中心计算机系统和外场设备组成，包括沿线交通数据和气象信息数据的采集、分析、处理及交通控制，长隧道火灾报警和交通监控，沿线供配电监视系统，长隧道通风照明系统的检测和控制。

通信系统包括主干网和各监控分中心范围内接入网，主干网采用 SDH 数字传输系统，并实现与全省通信主干网相连，接入网采用光纤数字传输系统方案，为全线高速公路运营管理提供数据、图象、音频、信号等不间断传输通信，以及通过程控交换机为沿线管理人员提供电话服务。

收费系统采用全省统一收费软件，人工判别车型、检测器校核、计算机管理、非接触 IC 卡收费并辅以电视监视的半自动收费系统，并与全省收费系统联网。收费分中心系统实时上传省收费中心；收费站系统主要完成车辆入口发卡、出口收费、数据统计、查询、当班结算、收费图像监视等。供配电系统：为全线的监控、通信及部分收费系统提供电源。

2004 年 1 月一公司成立三福高速公路总项目经理部，下设 3 个项目部，共投入人力 320 人，各种机械车辆 32 台。总项目经理部设在尤溪县城，3 个项目部分别设在南平、沙县、闽清。南平项目经理部下设 1 个作业队，负责南平市境内施工任务。沙县项目经理部下设 2 个作业队，驻地分别是三明和洋中，负责三明市境内施工任务。闽清项目部下设 2 个作业队，1 个中心料库，每个作业队分别设立监控、收费、通信作业班，负责福州市境内施工任务。2004 年 2 月 16 日开工，11 月 1 日竣工，11 月 3 日开通。

交通监控系统　交通监控系统包括信息采集、信息提供和监控分中心。信息采集系统主要设备有车辆检测器、闭路电视、紧急电话机等；信息提供系统主要有立柱式可变信息标志、大型可变信息标志、单臂式可变信息标志、车辆检测系统；监控分中心主要设备包括显示设备、计算机系统及综合控制台。另外还包括隧道监控系统、火灾报警及隧道广播系统。其工程范围包括系统的设计、设备的提供、监造、运输、安装、调试、开通、试运行、培训、提供资料、交付使用、保修、提供备件等工作项目。

南平市境内完成 1 个监控分中心设备安装（包括分中心监控计算机系统、地图板显示系统、大屏幕投影系统、CCTV 系统和电源、接地系统），10 台外场摄像机安装，45 套车辆检测装置安装，1 个大型可变信息情报板安装，20 个单臂式可变情报板安装，8 个立柱信息标志安装，隧道监控系统设备安装（包括配电房火灾报警主机和可编程控制器、16 套本地控制器、10 个 CO/VI 检测器、5 套光强检测器、45 个 VD 车辆检测器、感温光缆、5 个交通信号灯、38 套车道控制标志灯、275 套手动报警按钮、108 台隧道摄像机），81 公里电力电缆及管道敷设。

三明市境内完成监控分中心设备安装（包括分中心监控计算机系统、地图板显示系统、大屏幕投影系统、CCTV 系统和电源、接地系统），10 个外场摄像机安装，66 套车辆检测装置安装，5 套大型可变信息情报板安装，17 个单臂式可变情报板安装，7 个立柱信息标志安装，隧道监控系统设备安装（包括配电房火灾报警主机和可编程控制器、22 个本地控制器、10 套 CO/VI 检测器、5 个光强检测器、66 个 VD 车辆检测器、18.5 公里感温光缆、13 套交通信号灯、12 个车道控制标志灯、285 个手动报警按钮、113 个隧道摄像机），79 公里电力电缆及管道敷设。

收费系统工程　南平市境内设计采用封闭式收费系统，纳入福建省联网收费范围，全线设 1 个收费分中心、2 个收费站，收费方式为“人工判别车型，入口发放通行券，出口回收并验券，人工收费，计算机管理，辅以车辆检测器校核，闭路电视监视”的半自动方式，按照车型和行驶里程收取通行费，通行券采用非接触 IC 卡通行券。整个系统由收费车道设备、计算机系统、闭路电视监视系统、内部对讲和安全报警系统、收费附属设施（传输介质、收费亭、电源、设备保护系统、配电箱、控制台等）构成。完成 1 个收费分中心计算机系统安装（包括分中心计算机系统、接地系统）；2 个收费站通信机房收费系统设备安装（硬盘录像机安装、计算机系统安装、HUB 安装、矩阵键盘安装、UPS 电源安装、参数稳压器安装、综合控制台安装、接地系统）；2 个收费站广场摄像机安装；12 个收费车道设备安装(车道控制机安装、费额显示器安装、自动栏杆机安装、手动栏杆机安装、雨棚信号灯安装)；12 座收费亭及其附属设备安装。

三明市境内设计采用封闭式收费系统，纳入福建省联网收费范围，全线设 2 个收费分中心、5 个收费站，收费方式为“人工判别车型，入口发放通行券，出口回收并验券，人工收费，计算机管理，辅以车辆检测器校核，闭路电视监视”的半自动方式，按照车型和行驶里程收取通行费，通行券采用非接触 IC 卡通行券。完成 2 个收费分中心计算机系统安装（包括分中心计算机系统、接地系统）；5 个收费站通信机房收费系统设备安装（硬盘录像机安装、计算机系统安装、HUB 安装、矩阵键盘安装、UPS 电源安装、参数稳压器安装、综合控制台安装、接地系统）；5 个收费站广场摄像机安装；25 个收费车道设备安装(车道控制机安装、费额显示器安装、自动栏杆机安装、手动栏杆机安装、雨棚信号灯安装)；25 座收费亭及其附属设备安装。

通信工程　南平市境内通信系统工程起点南平收费站，终点为塔前服务区。全长 46 公里。共设 2 个通信站，1 个分中心。南平分中心下设南平北、塔前服务区 2 个通信站。完成光缆敷设 78 公里，电缆敷设 50 公里，子管敷设 50 公里，安装紧急电话 39 台，1 个通信分中心设备安装（包括 ADM、OLT、程控交换机、光纤、光配线架及电源、接地系统），2 个无人通信站设备安装（包括 ONU 和电源、接地系统）。

三明市境内通信系统工程起点三明北收费站，终点为官洋服务区。全长 120 公里。共设 7 个通信站，三明北、洋中 2 个分中心。三明北分中心下设珑东停车区、沙县收费站、沙县停车区、青州收费站 4 个通信站；洋中分中心下设洋中停车区、尤溪收费站、官洋服务区 3 个通信站。完成光缆敷设 252 公里，电缆敷设 25 公里，子管敷设 125 公里，安装紧急电话 98 台，2 个通信分中心设备安装（包括 ADM、OLT、程控交换机、光纤、光配线架及电源、接地系统），7 个无人通信站设备安装（包括 ONU 和电源、接地系统）。

三福高速公路采取联合设计方式，整个机电项目经历了数次大的联合设计评审，监控、收费、通信三大系统都有较大变动，在单价不变的前提下，对个别设备品牌进行了调整，对原招标方案进行了整改等。大屏幕、双波长火焰探测器、隧道 PLC 冗余环网、视频波分复用技术等新材料、新技术的应用，提升了三福高速的整体水平。机电工程 2004 年 11 月 3 日开通，2005 年 1 月 27 日完成测试，整个系统运行稳定，达到联合设计的技术标准，系统性能符合相关技术标准， 2005 年 7 月 27 日开始试运行期。2005 年 8 月 1 日监控系统完成测试进入试运行期。2007 年 5 月，试运行保修期满交付运营。

第二节　广西百色至罗村口段高速公路机电工程

广西壮族自治区百色至罗村口高速公路，起于广西百色市，接坛洛至百色高速公路，经那达、上宋、平圩、阳圩、坡温、发达、百康、小二，止于滇桂交界罗村口，全长 55.527 公里。

百色至罗村口高速公路机电工程建设单位是广西壮族自治区交通基建管理局，由广西壮族自治区交通规划勘察设计研究院设计，中国公路工程咨询监理总公司负责工程监理，中铁电气化局二公司承建。2005年3月，中铁电气化局二公司利用中铁电气化局集团公司资质通过投标，签订广西百色至罗村口高速公路机电工程施工项目，包括通信、监控、收费设备安装调试，投资1778.9万元。

主线采用高速公路标准，全立交、全封闭、全部控制出入。主线起点处路段计算行车速度每小时80公里，路基宽24.5米，行车道宽2米×7.5米，其余路段计算行车速度60公里/小时，路基宽22.5米，行车道宽2米×7.0米。采用沥青混凝土路面，全线路基错幅路段长度计29.37公里。全线设百色西、平圩两处互通式立交，服务区1处，匝道收费站2处，主线收费站1处，大桥20座，中桥9座，隧道3处。

广西百色至罗村口高速公路机电工程，各种电缆敷设61.8公里，通信、监控、收费设备安装调试149台（套）。2005年5月，二公司成立中铁电气化局集团百罗高速公路机电项目部，抽调具有施工经验的技术、施工人员48人，配置各类运输车辆3辆、主要仪器仪表10台（套），2005年9月7日开工。

工程按监控、通信、收费、隧道监控、供电照明、超限超载检测分项进行。2005年9月30日完成联合设计，10月15日完成设备、材料供货合同签订，11月6日完成隧道照明设备安装，11月10日完成光、电缆吹放、敷设，11月12日完成监控外场基础制作，12月10日完成收费系统设备安装，11月25日完成通信设备安装，11月30日完成监控外场、室内设备安装，12月20日完成通信、监控、收费全网调试，12月30日竣工，交付使用。

第三节 福建省泉三至三明段高速公路交通机电工程

福建省泉三至三明高速公路，全长284.5公里，泉三至永春232.5公里为双向六车道，永春到三明交界处52公里，双向四车道。

泉三高速公路交通机电工程建设单位是泉三高速公路有限责任公司，由中国公路工程咨询集团有限公司、福建省交通规划设计院设计，山西兴路交通工程监理技术咨询有限公司负责工程监理，中铁电气化局二公司承担SMD3合同段工程建设。

2007年12月，中铁电气化局二公司利用中铁电气化局集团公司资质，通过招投标方式与泉三高速公路有限责任公司签订SMD3合同段交通机电承包合同，工程包括三明段的隧道通风、照明、消防及沿线供配电系统采购与安装。2008年12月5日补充签订三明南连接线路灯照明工程承包合同。

工程最大限度利用原有施工电源，全线17处外接10千伏电源中有8处为原有施工电源改造，所有隧道采用电光照明，部分隧道采用机械通风，短隧道采用干式消防，不设供水系统，设置干粉灭火器，中长隧道采用水消防，设置消火栓、灭火器及固定式水成膜泡沫灭火装置。

2007年12月10日，二公司在三明以中铁电气化局集团有限公司名义成立中铁电气化局集团有限公司泉三高速 SMD3 合同段项目经理部。项目经理部从实验中心、工程部、各项目部抽调业务骨干40人组成施工队伍，配置机械运输车辆4辆、主要仪器仪表12台(套)。

2008年1月13日开工，2月20日完成联合设计，4月31日完成设备材料采购供应，7月10日完成线缆敷设及管道安装，8月30日完成隧道灯具、配电、消防设备安装，10月15日完成调试、测试。岭头1号隧道、岭头2号隧道施工难度大，施工前，技术人员反复实地测量、考察、计算，确定施工方案，电缆敷设采用绞磨牵引、转角滑轮相配合方式，安全优质完成敷缆任务。补充签订的三明南连接线路灯照明工程计划2009年2月11日开工，全部施工计划2009年4月10日完成。

第四节 铁岭至朝阳高速公路铁岭至阜新段机电系统工程

铁朝高速公路铁岭(毛家店)至朝阳(三十家子)，起于铁岭毛家店镇，与沈阳至四平高速公路相接，止于凌源市境内辽宁省与河北省交界的三十家子乡，全长523公里。

铁朝高速公路机电系统工程建设单位是辽宁高速公路管理局，由辽宁交通勘测设计院设计，辽宁艾特斯智能交通技术有限公司负责监理，中铁电气化局二公司承担铁岭至阜新段工程建设。

2008年5月，中铁电气化局二公司利用中铁电气化局集团有限公司资质，通过招投标方式与辽宁高速公路管理局签订铁岭至阜新段机电系统工程施工项目，合同价4747.4万元。

机电系统工程由干线传输、综合业务接入、数字程控交换、电话录音、会议电视、光缆线路六大子系统组成。干线传输设 ADM、REG 设备，接入网 SDH 设备，会议电视系统采用挪威 TANDBERG 公司生产的6000 MXP NPP型会议终端设备。配套系统由机电供电系统、电源防雷系统、机房装修、综合布线、机房空调5个分项组成。

铁岭至阜新段机电系统工程，光缆敷设538.4公里，干线传输、综合业务接入、数字程控交换、电话录音、会议电视、光缆线路系统设备安装调试115台（套），电源防雷系统设备安装调试、机房装修、综合布线各16站。

2008年6月，二公司成立中铁电气化局集团有限公司辽宁省高速公路机电工程项目部，投入专业技术、施工人员50人，配置运输车辆3辆、各类仪器仪表10台（套）。2008年6月20日开工， 8月30日完成机房装修，9月10日完成光、电缆线路施工，9月25日完成综合布线，10 月 24 日完成中心（站）内低压配电设施安装调试，12 月 10 日完成通信设备安装调，12 月 13 日开通交付使用。

第五节　四川省西昌至攀枝花高速公路隧道机电工程

四川省西（昌）至攀（枝花）高速公路，起自四川省西昌市黄联关，接泸沽至黄联关高速公路，经德昌、甸沙关、米易、盐边，止于攀枝花，与攀枝花至田房高速公路相接，全长 162.84 公里。

西攀高速公路机电工程建设单位是四川攀西高速公路开发股份有限公司，由四川省交通厅规划勘察设计研究所设计，中国公路工程咨询集团有限公司负责监理，中铁电气化局二公司承担隧道机电 T2 段工程建设。

2007 年 6 月 1 日，中铁电气化局二公司利用中铁电气化局集团公司资质，通过招投标方式与四川攀西高速公路开发股份有限公司签订西昌至攀枝花高速公路隧道机电 T2 段工程承包合同，合同额 3727.9 万元。施工项目为枣子林、酸水湾、徐家梁子和歇气台 4 座隧道通风、照明、消防、火灾报警、隧道接地及电缆敷设等设施采购和安装调试。

4 座隧道总长 12410 孔米。隧道内设 EPS 设备 5 套，设射流分机 24 套，设Ⅱ型消防设备箱 244 套，设综合设备机柜 4 套，隧道口设接地网 4 套，设Ⅰ、Ⅱ、Ⅲ型电缆沟支架 32000 套。

西昌至攀枝花高速公路隧道机电工程，各类电缆敷设 253 公里，照明灯具安装 2586 台，射流风机安装 48 台，EPS 设备安装调试 5 套。

2007 年 8 月 10 日，二公司在攀枝花以中铁电气化局集团有限公司名义成立中铁电气化局集团有限公司西攀高速公路项目部，在垭口、攀枝花各设置 1 个作业队，每个作业队 5 个作业班组，共投入专业技术、施工人员 154 人，配置各类仪器仪表 12 台（套），配置各种机械运输车 6 台（辆）。

2007 年 11 月 24 日，项目部牵头在成都组织有关单位和专家对西攀高速公路隧道机电工程隧道通风、照明、消防、供配电进行联合评审，形成专家组意见为工程施工依据。12 月 15 日进行联合设计，确定设备、材料定货、供货。12 月 18 日开工，2008 年 2 月 13 日完成电缆托架及辅料采购，3 月 31 日完成系统设备采购，5 月 14 日完成通风、照明、消防、火灾系统设备安装，7 月 20 日完成试运行，7 月 25 日开通交付使用。

第六节　福建省漳州至诏安高速公路机电工程

漳州至诏安南高速公路全长 140.55 公里，双向 4 车道、设计行车速度 100 公里/小时，设漳浦为分中心。漳浦分中心管辖漳州港、赵家堡、漳浦、杜浔、云霄、常山、东山岛、诏安东、诏安南匝道站和省界主线 10 个收费站，天福、常山 2 个服务区，白水、杜浔、新溪 3 个停车区，苦致山和大步山 2 个隧道管理队。苦致山隧道左洞长 2535 米，右洞长 2580 米；大步山隧道左洞长 2017 米，右洞长 1985 米。

漳诏高速公路机电工程建设单位为福建省漳诏高速公路有限责任公司，由中铁电气化局一公司承建。

漳诏高速公路机电工程包括监控、收费和通信 3 大系统。其中监控系统包括路上信息采集、信息发布系统、隧道广播系统，全线设 2 大监控中心，监控中心设备地图板 2 套，大屏幕投影 2 套及计算和系统设计。收费系统包括采用封闭式收费、人工判别车型和车种、人工收费、车牌自动识别系统、多次重复作用的非接触 IC 卡作为通行卷，配合使用闭路电视监视的半自动收费方式。通信系统采用光纤数字传输系统，会同数字程控交换系统形成一套全数字综合业务通信系统。

2002 年 9 月 12 日一公司接到漳诏高速公路机电工程中标通知书，9 月 30 日正式开工，12 月 28 日收费系统全线完工，12 月 29 日凌晨起全线收费站正式收费。2003 年 6 月 25 日，漳诏高速公路有限公司在漳诏高速公路鼓志山隧道举行抢险救灾模拟演习，检验隧道监控和通信系统的工程质量和功能。演习历时 2 个小时，隧道监控系统反应迅速准确，监控分中心设备运行良好，监控屏显示清晰、直观。2003 年 7 月 18 日机电工程全面竣工。

第七节　重庆万开段高速公路（DJDI 合同段）机电工程

重庆万开高速公路，全长 29.2955 公里。起于开县汉丰镇南山西路与安居街的平面交叉口(K0+000)，止于万州李家坪（K29+300)，线路终点为在建重庆至武汉高速公路云阳至万州段古家坝立交。全路有赵家、民国场互通立交 2 处。南山 4828 米、铁峰山 1 号 2318 米、铁峰山 2 号 6033 米 3 座隧道。设计时速 160 公里/小时。设置 4 个收费站，直接负责执行具体的收费业务流程。在东渝公司收费中心建成之前，开县主线收费站同址设置全路临时收费中心，统一管理本路的收费业务。东渝公司收费中心将与云万路其他收费设施同步建成。监控业务的直接集中管理机构为设置在本路起点处的开县监控管理站。直接上级管理机构为万州区域监控中心。万州区域监控中心将与云万路其他监控设施同步建成。在万州区域通信中心建成之前，通信业务由开县通信站直接管理。万州区域通信中心将与云万路其他通信设施同步建成。其他日常管理业务，包括交通安全、路政和养护业务，由开县监控管理站负责。

重庆万开高速公路机电工程建设单位为重庆万开高速公路有限责任公司，由中铁电气化局一公司承建。工程包括监控、收费、通信、通风、照明、供配电6大系统工程。2006年12月30日开工，2007年7月30日竣工，经过测试6大系统质量合格，达到运营使用要求，并通过竣工验收。

监控系统　铁峰山1号隧道现场监控设施按A级设置。包括完善的监测设备、报警设备、控制和诱导设备。包括设置在铁峰山1号隧道现场变电所、隧道洞口和隧道洞内，除火灾报警设备、紧急电话和有线广播一体化设备（包括所需的光电缆）之外的所有监控设施的采购、制造、运输、测试、安装、调试、联合调试和缺陷责任期维护。

收费系统　收费系统设开县主线、民国场、赵家及临时主线4个收费站和4个收费广场。收费制式为封闭式联网收费，收费方式为“人工判别车型、人工收费、计算机管理、检测器计数校核、摄像机辅助监督、车道抓拍非正常车辆图像”的半自动方式。通行券采用全市联网收费统一规定的非接触式IC卡。

通信系统　通信系统由光纤数字传输系统、用户线缆工程、通信电源系统和接地防雷系统等构成。工程主要为收费系统提供话音和各种非话音业务服务，包括收费数据、控制数据、指令电话和业务电话的传输以及为对讲系统提供通信通道，为监控系统提供图像和控制数据的传输通道。

通风系统　铁峰山1号隧道设置16台射流风机，该风机由业主单独招标，承包人负责风机的安装及调试等。风机为悬挂安装方式，安装位置为隧道洞顶。通风设施的工程范围包括铁峰山1号隧道所有射流风机及其附属零部件的安装、接线、调试、联合调试和缺陷责任期维护。

照明系统　铁峰山1号隧道照明工程包括隧道主洞照明、横通道照明和引道照明以及万开路路段照明工程。照明工程的工程范围包括万开路路段和铁峰山1号隧道所有照明灯具及其附属零部件的安装、接线、调试、联合调试和缺陷责任期维护。

供配电系统　DJD1合同段包括铁峰山1号隧道1号变电所（开县端）和2号变电所（万州端）、开县收费站、赵家收费站和民国场收费站五座变配电所。供配电工程的范围包括UPS及其附属零部件的安装、接线、调试、联合调试和缺陷责任期维护。UPS配电屏以及变电所低压配电屏出线端之后的所有供配电电缆的采购、制造、运输、测试、安装、调试、联合调试和缺陷责任期维护。（其中，变配电所内高压进线、配电及变压器等部分属于业主单独招标范围。）

第八节　石家庄至安阳高速公路机电工程

石安高速公路北起石家庄市北郊南高营，南至河北省临漳县芝村，全长216.05公里，1997年12月建成通车。石安高速公路机电工程技术改造项目2004年开始实施，2004年7月中铁电气化局二公司利用中铁电气化局集团公司资质以招投标方式获取承建资格，同年8月11日与河北省交通厅国际金融组织货款项目办签订石家庄至安阳高速公路机电工程施工合同，合同额 2601万元。

石家庄至安阳(省界)段高速公路机电工程，根据机电系统联网技术要求，对机电工程的通信、监控、收费系统进行全面技术改造。沿线设15座互通立交(石家庄北、石家庄、栾城、元氏、高邑、柏乡、隆尧、内丘、邢台北、沙河、永年、邯郸北、邯郸南、马头、磁县)，特大桥6座。在石家庄北互通立交与石太高速公路相交，向北与京石高速公路相接。

2004年8月初，二公司在石家庄以中铁电气化局集团有限公司的名义成立中铁电气化局集团石安机电改造项目经理部，投入专业技术、施工人员 40 人，配置施工车辆 3 辆、各类仪器械仪表 12 台（套)，2004 年 8 月 19 日开工。

该工程项目是二公司第一次介入高速公路收费、监控系统施工，在施工方面经验尚不成熟，为确保工期、质量，工程技术人员不断创新、改进施工技术手段，经历从“一般技术管理”到“一流技术管理”再到“ISO9001 质量管理系统标准”过程，2005 年 6 月 10 日按业主要求完成施工任务。

第九节　广西平乐至钟山段高速公路机电工程

广西壮族自治区平乐至钟山段高速公路位于广西东北部，是国家规划的8条省际通道内蒙古阿荣旗至广西北海公路中桂林至梧州高速公路重要组成部分，与桂林至平乐、同古至梧州公路共同组成桂东地区、桂东北地区乃至湘、滇、贵三省通往粤、港、澳等经济发达地区的便捷通道。

2006 年 8 月 29 日，中铁电气化局二公司利用中铁电气化局集团公司资质，通过公开竞标，取得广西平乐至钟山段高速公路机电№JD1 合同段工程承建资格。合同为各项工程总承包，合同额 2336.4 万元。工程建设单位是广西壮族自治区交通基建管理局，由中国公路工程咨询总公司负责监理。

广西平乐至钟山段高速公路机电№JD1 合同段工程包括水冲口隧道（左线长 1358 米、右线长 1405 米)、下岩隧道（左线长 550 米、右线长 530 米）的监控、供电照明、通风消防、变电所房建设施及水冲口隧道监控。内容是全部 168 台（套）设备生产、采购、供货、运输、安装、测试、开通、试运行、培训、文件和 2 年缺陷责任期等全套服务。

2006 年 9 月，二公司以中铁电气化局集团有限公司的名义成立中铁电气化局集团有限公司平钟公路机电项目部，投入专业技术、施工人员 40 人，配置各类仪器仪表 10 台（套）、运输车辆 3 辆，2006 年 9 月 20 开工。工程具有“短、平、快”特点，开工后，项目部坚持“服从监理、服务业主”，与参建单位协调合作，合理安排人力、物力，倒排工期，12 月 25 日完成隧道照明及变电房建装修、通风消防设备安装调试，12 月 6 日完成监控外场基础扩沟槽，12 月 25 日完成监控安装调试，12 月 25 日完成高、低压配电施工，2006 年 12 月 28 日竣工交付使用。

第十节　辽宁省土城子至羊头洼段高速公路机电工程

辽宁省土（城子）至羊（头洼）段高速公路东起沈大高速公路大连湾街道土城子村，西至旅顺羊头洼烟大铁路轮渡码头，与烟大铁路轮渡和沈大高速公路相连。施工范围为 7 个收费站、1 个分中心、1 座隧道的设备生产、采购、供货、运输、安装、测试、开通、试运行、培训、文件和 24 个月缺陷责任期等全套服务。

2007 年 4 月 21 日，中铁电气化局二公司利用中铁电气化局集团公司资质，通过招投标方式，与大连市交通局高速公路工程建设项目管理部签订施工承包合同，合同包价 1987.9 万元。主要施工项目为通信系统完成 1 套 SDH2.5 吉比特/秒 ADM 光传输节点设备、7 套 SDH 传输接入设备、7 套配接设备、1 套-48 伏直流电源设备、19 套隧道紧急电话的安装调试及光缆吹放、接续、成端、光缆中继段测试。配套系统完成 7 个收费站及 1 个隧道变电所的柴油发电机组、UPS、交流稳压电源、交流配电屏、防雷与接地、动力集中监控系统安装调试及综合布线、机房装修等。

工程建设单位为大连市交通局高速公路工程建设项目管理办公室，由辽宁艾特斯智能交通技术有限公司土羊高速公路机电系统监理办公室负责工程监理。

2008 年 3 月，二公司以中铁电气化局集团有限公司名义成立土羊高速公路项目部负责工程组织协调施工，投入专业技术、施工人员 80 人，配置运输车辆 3 辆、各类测试仪器仪表 12 台（套）。该工程具有“短、平、快”的特点，工期 4 个月。2008 年 4 月 1 日开工，4 月 6 日完成联合设计，4 月 20 日完成设备材料采购，4 月 30 日完成光缆单盘测试及运输仓储，6 月 20 日完成设备安装调试，8 月 25 日完成全网测试，8 月 30 日竣工交付使用。

第十一节　河北省高速公路联网收费系统工程

河北省高速公路联网收费系统是在充分考虑河北省高速公路路网规划及收费系统的

现状，总结几年联网收费工作的经验教训并结合国内外先进技术成果的基础上，对河北省高速公路信息管理中心高速公路联网收费系统按计划展开改扩建，河北省联网收费系统工程是该计划的第一个工程项目。网络建成，在省指挥调度中心即可见联网路段的视频图像、查询各路段各监控点的视频图像，在网上可直接查阅 TGIS 信息，为出行查询路况、天气、道路拥堵状况提供可靠信息。中铁电气化局二公司利用中铁电气化局集团公司资质，通过公开招投标的方式取得承建资格。

河北省联网收费系统工程主要施工内容包括合同协议书中要求的设计、制造、采购、测试、运输、安装、调试直到运行验收等全部工程量。完成河北省 12 条已建设完工的高速公路的联网收费和拆账功能，实现河北省高速公路快速、便捷的为出行服务；在网络和拆账方面涉及建立省拆账中心网络，安装数据传输中间件；包括华三核心路由器（NE16）和核心交换机（8016）的配置，需要将路由通道配置到所有接入省中心拆账网络的各条高速公路管理中心及收费站，所有拆账数据需通过通信通道传输至拆账服务器，通过服务器上安装的拆账软件将数据进行分析，完成拆账。

2003 年 2 月 20 日开工，二公司投入专业技术、施工人员 20 人，配置车辆 2 辆、各类仪器仪表 12 台（套）。因为施工区域广、涉及范围大，高速项目部以石家庄为中心点，首先在各收费络站、服务区做设计调查，边调查、边摸索、边施工，建立网络数据库。在对既有网络进行升级时，首先保证网络不断，再进行调试。经过 9 个月施工，完成通行费数据收集、存储、备份、恢复、通行费清算、拆分、划拨，实现全省联网收费。2005 年 6 月起，因甲方原因，部分与通信相关的房建停建，施工被迫中止，截至 2008 年底完成投资 7332 万元，建安 1216 万元。经业主协调计划竣工工期为 2009 年 10 月 31 日。

第十二节　辽宁省大连至庄河高速公路通信监控系统工程

辽宁省大连至庄河高速公路通信监控系统工程是辽宁省高速公路整体路网机电系统的重要组成部分，主要由通信、监控、配套供电三大系统组成。工程建设单位是大连大庄公路续建工程项目管理办公室，由辽宁省交通勘察设计院设计，辽宁驰通公路工程监理事务所负责工程监理，中铁电气化局二公司承建。2005 年 5 月 27 日，中铁电气化局二公司与大连大庄公路续建工程项管办签订施工合同，合同额 3253.3 万元。

大连至庄河监控工程在得胜、登沙河、庄河等 9 个收费站安装光通信设备，在管理处、收费站内安装电话、办公自动化等系统线缆敷设及成端。干线光缆沿高速公路中间隔离带内的高密度硅芯管吹放 1 条为 48 芯 G.652 单模光缆，各收费站下道口分歧进至收费站通信机房段吹放 1 条 36 芯 G.652 单模光缆，采用高压气流进行管道光缆敷设。由 8 个子系统构成，程控交换系统在缸窑临时管理处设 1000 线数字程控交换机，光缆传输设 1 套 METRO3000（OPTIX 2500+）设备，速率为 SDH STM-16（干线）及 STM-4（本地）。综合接入系统在沿线 9 个收费站设置 10 套 HONET-FA16 综合接入网设备，设 1 套 BITS 时钟设备，设置 1 套计费系统。

大连至庄河高速公路通信监控系统工程，光、电缆敷设 141.66 公里，程控交换、时钟同步系统设备安装调试各 1 站，干线传输系统设备安装调试 3 站，综合接入系统设备安装调试 9 站，图像编解码器安装调试 31 对，录音系统备安装调试 2 套。

2005 年 6 月 10 日，二公司以中铁电气化局集团有限公司名义成立中铁电气化局集团有限公司辽宁高速公路机电工程项目部，投入专业技术、施工人员 130 人，配置施工车辆 4 台、各类仪器仪表 12 台（套）。2005 年 6 月 25 日开工，通信系统成立 5 个作业组、监控系统成立 4 个作业组、配套系统成立 6 个作业组，对 3 大系统进行分段施工。项目部成立 QC 攻关小组，分别在皮口收费站至城子坦收费站做光缆吹放、配电设备安装等试验，统一工艺后全面展开。9 月 6 日完成监控联网调度，9 月 9 日完成环境安装调试，9 月 15 日完成全网调试并开通交付使用。

第十三节　辽宁省大窑湾疏港高速公路通信监控系统工程

辽宁省大窑湾疏港高速公路西起大窑湾港区港铁 2 号路，经大连大学东侧至关家店上跨鹤大线公路，再经二十里堡镇北侧跨哈大电气化铁路和黑大线、沈大路，最终与沈大高速公路相连接，全长 29 公里，其中起点至高城山收费站段为双向八车道，设计行车时速 100 公里；高城山至终点段为双向六车道，设计行车时速 120 公里。

大窑湾疏港高速公路通信监控系统工程建设单位是辽宁省高速公路管理局，由辽宁省交通勘测设计院设计，辽宁第一交通工程监理事务所负责监理，中铁电气化局二公司承建。

2007 年 4 月 25 日，中铁电气化局二公司利用中铁电气化局集团公司资质，通过招投标方式获取辽宁省大窑湾疏港路、沈大与大庄连接线高速公路通信监控系统工程施工任务，工程合同价款 1071.4 万元。工程包括通信、监控及配套供电 3 大系统。

通信系统为高速公路运营管理及监控、收费系统实施提供话音业务及数据、图像传输通道，采用光纤数字传输系统和数字程控交换系统组成一套全数字综合业务通信网络，按通信中心、通信分中心及通信站三级设置。监控系统由监控分中心、信息采集和控制、隧道监控、外场设备线缆、监控中心互联组成。配套系统由配电、动力环境监控和防雷接地组成。

辽宁省大窑湾疏港路高速公路通信监控系统工程，光、电缆敷设 21 公里，通信、监控系统设备安装调试 98 台（套）。二公司投入专业技术、施工人员 80 人，配置运输车辆 3 辆、主要仪器仪表 12 台（套）。2007 年 7 月 20 日开工，10 月 7 日竣工。

第十四节　广州新国际机场高速公路北延线景观及道路照明工程

广州新国际机场高速公路北延线，全长 26.36 公里，起点位于新国际机场高速公路的新机场互通立交，经新机场西侧至大窝岭，再折向北东行，终点至花都区花东镇东侧，并分别与街北高速公路和京珠高速公路对接。全线采用高速公路标准建设，按双向四车道设计（预留六车道）。

广州新国际机场高速公路北延线景观及道路照明工程建设单位为广州快速交通建设有限公司，由铁道第二勘测设计院设计，广州穗高工程监理有限公司负责监理，中铁电气化局二公司承建。工程项目包括：灯杆、灯具、电缆、管线、路灯基础及照明灯杆防雷接地等，投资 1755.09 万元。

全线路灯主线段灯杆高度为 12 米，灯杆间距为 50 米，桥梁段灯杆高度为 11 米（11 处为 9 米），收费广场投光灯高度为 14 米，匝道灯杆高度为 10 米。照明电源分别由各路段的路灯变电所或箱变提供，照明回路末端电压损失按小于 10%校核；照明回路采用 TN-S 系统供电，灯具 A、B、C 三相均匀分布；照明回路的空气断路器均选用单极开关，回路电压损失按单相最大负荷进行校核计算。照明灯杆的防雷接地：桥梁段两侧的防撞墙上路灯基础地脚螺栓与贯通敷设的直径 14 毫米镀锌圆钢焊接连通并与桥端头的接地网连接，路基段每处路灯基础设置一接地极，贯通敷直径 14 毫米镀锌圆钢接地线与每根灯杆基础法兰盘牢固焊接，接地线与箱变及桥端头接地网焊接连通。灯杆、灯具安装根据主次干道的不同情况分别设有主线道路、收费广场和匝道照明三种安装形式。主线道路照明：在道路两侧各设置一排单杆单臂路灯，路灯采用品字行布置，光源采用 400 瓦高压钠灯。收费广场照明：在前后广场道路外侧各设置 1 处投光灯，投光灯灯具采用 400 瓦高压钠灯。匝道照明：在道路两侧各设置 1 排单杆单臂路灯，光源采用 250 瓦高压钠灯。

广州新国际机场高速公路延线景观及道路照明工程，二公司负责设备采购（低压部分）与安装，普通路灯基础浇注与安装 1043 座，投光、高杆灯基础浇注与安装 10 座，各型电缆敷设 71.25 公里，接地母线敷设 59.732 公里，接线箱安装 367 个。工程任务下达后，二公司广州项目部立即组织施工人员及车辆，2006 年 10 月 26 日开工，2007 年 1 月 30 日竣工。

第十五节　广州市南沙开发区西部工业区道路照明工程

广州市南沙开发区西部工业区道路照明工程位于广州市南沙开发区西部工业区内。工程范围包括大涌、工业二、工业四、工业一、广生、广兴、广意和塑料8条道路，总长为7.689公里。工程项目为各种电缆、管线敷设及单臂灯杆、灯具、三头投光灯安装，投资1110.16万元。工程由广州市南沙开发区政府投资建设，中铁电气化局二公司承担施工。

道路照明的单臂灯杆以30米为间隔单边安装，采用250瓦的路灯；三头投光灯采用400瓦的灯具和VV-0.6/1千伏1×25平方毫米型电缆，电缆保护套管采用PV管；接地线采用直径10毫米镀锌圆钢，每条道路设智能调控照明控制箱1套。

西部工业区道路照明工程主要工程量有各种规格电缆敷设58.61公里，PVC电缆保护套管和接地线敷设各13.56公里，三头投光灯安装30套，单臂路灯安装281套。2005年10月10日开工，11月9日竣工。

第十六节　广州大学城道路照明及供配电工程

为促进广东省的高等教育发展，广东省、广州市政府决定在番禺区新造镇小谷围岛及其南岸地区建设广州大学城，将其建设成国家一流大学园区和具有生态化、信息化特点的城市新区。

广州大学城建设单位为广州大学城工程建设指挥部，由上海市政设计研究院设计，北京兴电工程建设监理公司负责工程监理，中铁电气化局二公司承担市政道路照明及供配电第三标段工程施工。

第三标段为道路照明及供配电工程（高、低压部分）采购与安装，包括广州市内环、中环的市政道路照明及供配电。施工内容为箱变基础、高灯杆、普通路灯基础浇制和灯杆组立、箱式变电站的安装及低压电缆敷设等。

照明电源分别由各路段的路灯变电所提供，路灯变电所根据路段情况设箱式变电站或户内变电站，变电站电源由电业部门提供一路10千伏电源至市政路灯变电站，并在高压侧形成环网供电。10千伏电源在高压侧采用环网供电的接线方式，低压侧采用单母线不分段运行方式。在低压侧设功率因数集中自动补偿装置，补偿后功率因数达到0.9以上。变压器高压侧设熔断器作短路保护，低压进线和馈出线采用空气断路器作短路瞬时和过载延时保护，路灯控制采用智能照明调控节能装置（或可编程控制器、时间控制器、光敏控制器等）电气设备，所有设备严格符合IEC或国家标准。低压开关柜预留三遥（遥控、遥测、遥信）接点。根据广州大学城高等学府的文化氛围特点，采用外形比较美观的具有现代气息的路灯、灯杆及灯具，光源采用高压钠灯，庭园和地埋灯光源均采用金卤灯。低压电力电缆在车道侧路穿 PE 管沿绿化带埋地敷设，过机动车道改穿直径 100 毫米钢管保护，两侧用照明接线井连接。灯杆接地利用路灯电缆芯线作为 PE 线与灯杆的基础接地极及灯杆连接，接地电阻小于 10 欧姆，箱变接地电阻小于 4 欧姆。

广州大学城道路照明及供配电第三标段工程，普通路灯基础 813 座，庭园灯基础 2136 座，箱变基础 15 座，普通路灯安装 928 套，箱变安装 15 座，电缆及 PE 管敷设备 120 公里，投资 1470.89 万元。2004 年 4 月二公司在广州成立项目部，组织施工人员及车辆，4 月 23 日开工，9 月 30 日竣工。

第十七节　辽宁省沈阳至大连高速公路通信系统工程

辽宁省沈阳至大连高速公路，全长 348 公里。2002 年开始拓宽改造为八车道，2004 年改造完毕，设计时速 120 公里，沿线设 6 个管理处、24 个收费站、3 个服务区。

沈大高速公路通信系统工程建设单位是辽宁省高速公路管理局，由德国 SBH 公司联营体设计，辽宁弛通公路工程监理事务所负责监理，中铁电气化局二公司承建。

该工程是中铁电气化局二公司利用中铁电气化局集团公司资质独立承揽的工程项目，工程内容为安装调试 35 套 HONET-FA16 综合接入网设备，投资 5805.8 万元。

光缆传输系统为沿线 6 个管理处提供光传输通道，系统共设 6 个节点，使用华为 METRO3000（OPTIX 2500+）设备，系统速率为 SDH STM－16。配置 1 套华为 OPTIX 2500+设备，与相关线路构成通道保护环，配置 1 套华为 OPTIX 2500+子架设备作为扩展子架以 2×STM-4 的方式与原有华为 OPTIX 2500+设备连接，作为实现和管理处综合接入子网节点。HONET-FA16 综合接入网设备内置标准 OPTIX 155/622 SDH 设备，在各管理处接入网 OLT 端将内置 SDH 与干线 SDH 合并使用。

沈大高速公路通信系统工程，通信系统设备安装调试 56 台（套）、及相临路网扩容和互连互通调试。2004 年 4 月，二公司在沈阳以中铁电气化局集团有限公司名义成立中铁电气化局集团有限公司辽宁省高速公路机电工程项目部，投入专业技术、施工人员 60 人，配备运输车辆 4 辆、各类仪器仪表 12 台（套）。2004 年 5 月 11 日开工，分为管道光缆吹放、光电缆接续测试、站区人工布放电缆、系统设备安装、系统设备试验联调 5 个工序进行施工。7 月 15 日完成光、电缆敷设，8 月 15 日完成光、电缆接续、成端、中继段测试，8 月 20 日完成站区电缆布放、地线埋设、紧急电话设备安装调试，8 月 25 日完成全网调试，工程竣工交付使用。

第十八节　辽宁省沈阳至丹东高速公路通信系统工程

辽宁省沈阳（桃仙）至丹东（古城）高速公路始建于1998年，2003年7月全线通车，全长222公里，连接沈阳市、本溪市、丹东市三个地级市及沈阳桃仙国际机场。全线共有3个服务区，1个停车场。

沈丹高速公路通信系统工程建设单位为辽宁省高速公路管理局，由辽宁省交通勘测设计院设计，上海邦达信息有限公司负责监理，中铁电气化局二公司承建。2003年2月，中铁电气化局二公司利用中铁电气化局集团公司资质，通过招投标方式与辽宁省高速公路管理局签订施工合同，合同额2796.6万元。

通信系统由程控交换、干线传输、综合接入、时钟同步、光电缆传输线路及紧急电话等6大子系统构成。干线传输系统为桃仙、本溪、南芬、凤城、丹东沿线5个管理处与高管局之间提供干线传输通道。设1套2.5吉比特/秒SDH设备，共设6个节点，为METRO3000（OPTIX2500+）设备，系统速率为STM-16。光电缆传输线路分为通信光缆、监控光缆及通信电缆三部分。

沈丹高速公路通信系统工程，通信光、电缆敷设597公里，程控交换、时钟同步系统设备安装调试4站，干线传输、综合接入系统设备安装调试17站。

2003年3月，二公司在沈阳以中铁电气化局集团公司名义成立中铁电气化局集团公司辽宁省高速公路机电工程项目部，投入专业技术、施工人员70人，配置运输车辆4辆、各类仪器仪表12台（套），2003年4月1日开工。项目部以“吹放大于4公里的超长光缆”为QC攻关课题，提出吹放方案。针对4月份东北气温低，硅管中可能存在冰凌的情况，制定先用气塞打、后用水冲、再用气吹的程序进行。经实际验证，方法可行，工效大幅提高。5月25日完成管道吹放缆，10月30日完成光电缆接续、成端、中继段指标测试，10月30日完成电缆管道修建、人工布放电缆及服务区电缆沟开挖及穿缆工作，11月5日完成紧急电话基础浇灌、埋设地线及紧急电话设备安装调试，11月15日完成全网系统设备联调工作，11月20日工程竣工交付使用。

第十九节　辽宁省锦州至朝阳高速公路阜新至朝阳段通信系统工程

辽宁省锦州至朝阳高速公路，2002年建设，2005年正式通车，全长105公里。锦朝高速公路通信系统工程建设单位为辽宁省高速公路管理局，由上海邦达信息有限公司设计，北京中路桥监理公司负责监理，中铁电气化局二公司承担阜新至朝阳段工程建设。

2008 年 5 月 8 日，中铁电气化局二公司借用中铁电气化局集团有限公司资质，通过招投标方式与辽宁省高速公路管理局签订阜新至朝阳段高速公路通信系统施工合同。

工程包括程控交换、干线传输、综合接入、时钟同步和传输线路等五大子系统。高管局内设置通信总中心，在管理处内设置通信分中心，设 4 个收费站、2 个管理处，干线光缆沿高速公路中间隔离带的高密度硅芯管内敷设，除局前井引入采用人力牵引敷设以外，均采用高压气流吹缆进行管道光缆敷设。

阜新至朝阳段高速公路通信系统工程，光缆敷设 113 公里，站区市话电缆敷设 3.2 公里，站区通信管道敷设 1.5 公里，程控交换、时钟同步系统设备安装调试各 2 站，干线传输、综合接入系统设备安装调试各 7 站。

2008 年 6 月，二公司以中铁电气化局集团有限公司名义成立中铁电气化局集团有限公司锦朝高速公路锦州至朝阳段通信系统工程项目经理部，负责工程协调组织施工。投入专业技术、施工人员 50 人，配置运输车辆 3 辆、各类仪器仪表 12 台（台）。开工前，项目经理部与既有设备管理方多次联系，详细了解既有设备运用情况，组织召开设备供货协调会、设计联络会并形成纪要，以此为依据制订施工、倒接开通方案。项目经理部把系统工程划分为相对独立的管道光缆敷设、修建管道及电缆布放、设备安装、设备联合调试 4 部分进行施工。2008 年 8 月 15 日开工，9 月 30 日完成光缆吹放、转运，11 月 5 日完成光、电缆接续、测试、成端、中继段指标测试，11 月 20 日完成管道修建及布放电缆、电缆沟的开挖及穿缆，11 月 1 日完成设备安装，11 月 20 日完成设备单机调试与全网联调工作，12 月 6 日开通交付使用。

第二十节　京沈高速公路沈山段通信系统工程

沈阳至绥中（山海关）段高速公路是京沈高速公路的一部分，贯穿沈阳、盘锦、锦州、葫芦岛和兴城五座城市，东起沈阳过境环城高速公路相交于北李官互通立交，经辽中、台安、盘山县、凌海、葫芦岛、兴城市，西至省界龙家庄，与河北宝坻至山海关高速公路对接，全长 361 公里。

2002 年 10 月，中铁电气化局二公司利用中铁电气化局集团公司资质，通过招投标方式，与辽宁高速公路管理局签订沈阳至山海关段通信系统工程施工合同，合同额 3136 万元。工程建设单位为辽宁高速公路管理局，由中国公路工程咨询监理总公司北京中路桥技术开发有限公司负责工程监理。

绥中（山海关）至沈阳段通信系统工程全程共设 20 个收费站，8 个管理处，8 个服务区。施工范围包括交换、干线传输、接入网、传输线路系统。工程传输线路沿高速公路中间隔离带的高密度硅锌管敷设，个别局前引入采用人力牵引敷设，其余采用高压气流吹缆进行管道光缆敷设。干线传输采用 SDH STM-16+STM-4，采用环型结构+链型结构组网，具有复用段保护作用。

绥中（山海关）至沈阳段通信系统工程主要工程量有气流吹放光、电缆 396 公里，市话电缆敷设 48 公里，时钟同步系统设备安装调试 5 站，程控交换系统设备安装调试 8 站，干线传输、综合接入系统设备安装调试 28 站。

2003 年 3 月 1 日，二公司在沈阳以中铁电气化局集团有限公司名义成立中铁电气化局集团有限公司辽宁省高速公路机电工程项目部，共投入专业技术、施工人员 50 人，配置施工车辆 3 辆、各类仪器械仪表 12 台（套），2003 年 3 月 19 日开工。项目部成立光缆敷设、线路敷设、光电缆接续测试、系统设备安装、系统设备试验及联调 6 个作业班组。6 月 25 日完成管道光缆转运吹放，7 月 9 日完成光、电缆接续、成端、测试， 8 月 11 日完成通信设备单机调试和全网联调，10 月 13 日竣工交付使用。

第二十一节　宝鸡至牛背段高速公路工程

国道（GZ45 段）陕西省宝鸡至牛背段高速公路是连接连云港至霍尔果斯国道主干线的重要组成部分，也是陕西省“米”字型公路主骨架中“一横”的重要组成部分。建成后将改善宝鸡市与甘肃省天水间交通运输条件，构成中国西北地区与中东部地区和西北地区公路运输大通道的咽喉路段，对加快西部地区经济发展，促进西部大开发进程有着非常重要的作用。

宝鸡至牛背段高速公路工程，由中国交通第一设计院设计，江苏润通交通监理咨询公司监理。主要技术标准：双向四车道；计算行车速度 80 公里/小时；路面荷载及桥梁荷载，公路-Ⅰ；洪水频率，大桥、涵洞均为 1/100。

宝鸡至牛背段高速公路第五合同段由中铁电化局西铁建设公司承建，起于 K191+100，终于 K195+110，全长 4.015 公里，位于宝鸡市晁峪乡内，工程造价 8609 万元。

宝鸡至牛背段高速公路工程，对桥下通道的净空要求为：铁路净高 8 米；一、二级公路主线净高 5.0 米；三、四级公路净高 4.5 米，汽车通道净高 3.5 米；机耕通道净高 2.7 米，人行通道净高 2.2 米。地区地震基本烈度为 7 度。

主要工程量包括路基土石方 56.52 万立方米，防护工程 3.6 万立方米，大桥（双幅）5 座 1457.3 延长米，盖板涵 7 座 228.25 延长米。根据工期要求，成立宝牛高速公路工程项目部，于 2006 年 9 月正式开工。

桥梁工程桩基施工安排在枯水季节，采用冲击钻成孔，水下灌注混凝土；墩柱及盖梁采用厂制定型模板施工工艺；箱梁预制也采用厂制定型模板集中在预制厂预制，采用架桥机架设箱梁；全线集中设混凝土搅拌站。2007 年 6 月 2 日第一片箱梁预制完毕；2007 年 10 月 31 日新庄渭河大桥正式架梁，2008 年 7 月 15 日新庄渭河大桥现浇段顺利开工；2008

年 12 月 14 日新庄渭河大桥现浇段第一跨现浇梁顺利浇注，到 2008 年底完成投资 9290.7 万元。

路基工程　路基填筑采用“三阶段、四区段、八流程”的工艺流程进行施工。采用推土机摊铺、平地机平整、压路机分层碾压的机械化施工方法。对机械无法开展的挖、填方死角，采用人力挖装、机动翻斗车运输、小型机械夯实的方法施工，严格控制“三线四度”。

路堑施工前在路基两侧修建截水沟，组织好排水系统。按照设计坡度，挖方段采用自上而下、水平分层开挖。开挖采用推土机集料、装载机装料，土质和强风化石质路段采用挖掘机挖、装，不宜机械施工的零星土方采用人力开挖。K193+000 至 K194+000 和 K195+062.500 至 K195+115 段石方开挖采用光面爆破，自卸汽车运输，边坡配以人工分层修刮平整。采用平地机和压路机对路基表面进行整形辗压。双边坡路堑和不能横向开挖的单边坡路堑，采取分梯段纵向开挖，从两端掘进相向开挖施工。单边坡路堑先挖浅地段，再挖深地段，以增加开挖工作面。新庄渭河大桥东侧路基由于施工时受到陇海铁路的影响，在大桥以东路基施工前，对受影响的既有铁路路基进行加固，修筑临时防护栅栏，防止土石侵入铁路。并修建截水沟，以保证既有路基不被雨水冲刷。对湿陷性黄土路基，根据设计要求，填方大于 3 米段基底清表后追加 20 遍冲击碾压，消除其湿陷性。当路床底面填土高度不小于 4 米时，在路基施工完成后距基底 4 米处增加一次夯实，依次向上每隔 4 米夯实一次。为减少高路堤段工后沉降，提高上路堤（路床顶面以下 80～150 厘米）压实度不小于 94%，采用每 4 米强击夯实的方式分层冲击碾压补强。

桥梁工程　钻孔桩基采用冲击钻成孔，钢护筒、泥浆护壁，导管法浇注水下混凝土，水中桩基采用围堰筑岛作为钻机平台。钢筋笼集中加工，超过 15 米的分节制作，井口连接采用单面搭接焊。25 吨汽车起重机吊装，导管法浇注水下混凝土；部分因地形限制无法采用钻机施工的桩基采用人工开挖施工。桥台扩大基础采用挖掘机开挖、人工配合，如遇较硬岩石，人工风镐开挖或机械开挖较困难时，采用弱松动爆破，基础模板采用组合钢模板。桥墩采用厂制定型钢模板，汽车起重机吊装。墩顶盖梁采用厂制定型钢模板，混凝土灌注一次完成。钢筋在各工点钢筋棚中集中下料加工，现场绑扎成型。混凝土采用自动计量搅拌机集中拌制，混凝土搅拌运输车运输混凝土，汽车吊浇筑。预应力箱梁采用在桥梁预制场集中预制，沿便道用运梁小车运输至台尾，架桥机架设就位。

第二十二节　江西省赣州至大余段高速公路工程

江西省赣州至大余段高速公路工程，东接国家重点公路大庆至广州高速公路的赣定段，西连北京至港澳国家高速公路，全长 56.645 公里。通过厦门至成都高速公路与广州国家高速公路相通，是赣州通往韶关的边界通道。它的建成将对构筑赣州乃至全省与″珠三角″地区的″无缝″对接具有十分重要的意义，同时可缓解 323 国道日益增长的交通量压力，具有显著的经济效益和社会效益。

赣州至大余段高速公路工程，由江西省赣南公路勘察设计院设计，江西交通建设工程监理所监理。

中铁电化局西铁建设公司承建赣州至大余高速公路三益至梅关段的K0+000至K9+770标段，长9.77公里，工程造价1.6亿元。

项目主要技术指标：该段高速公路丘陵和河谷盆地平原四车道，长度56.645公里，路基宽度26米，设计荷载公路-I级，设计洪水频率1/100。

西铁建设公司承建成立赣大高速公路建设指挥部，下设路基、桥梁、预制、涵洞通道、防护排水、机械维护等6个专业队，调集机械设备和700多人于2005年11月开工。K0+000至K9+770标段的主要工程量包括路基土石方180.94万立方米，防护工程5.34万立方米，排水工程5.53公里，大桥1座457.28延长米，中桥5座324.28延长米，通道13座，分离式立交2座，互通式立交1座，涵洞63座。

路基工程　路基填筑以机械作业为主，人工配合，采用“三阶段”、“四区段”、“八流程”的作业程序组织施工。路堤填筑采用横断面全宽纵向水平分层填筑压实方法。不同地质的土分层填筑，不得混填，每种填料压实合格后层总厚度不小于0.5米。高填土路堤在铺筑时加2%的沉落量以保证设计高度的要求。每层施工后，将该层宽度、填筑厚度、逐桩标高和压实度等检测资料，报监理工程师审查批准后，再进行上层的施工。土方路堤填筑至路床顶面最后一层的压实度厚度不小于150毫米。填土路堤的碾压采用激振压力50吨及以上的重型振动压路机；填土石路堤先用135千瓦以上推土机整平，然后用重型羊足碾（激振压力50吨以上）先行碾压，随后用石砟等嵌缝填坑，再用50吨及以上的重型振动压路机加压。修筑填石路堤，将石块逐层水平填筑，分层厚度不大于50厘米。石料强度不小于15兆帕，最大粒径小于层厚的2/3，路床底面以下500毫米范围内铺填有适当级配的砂石料，最大粒径不大于100毫米。填石路堤使用重型振动压路机械分层洒水压实。填筑时石块大面向下摆放平稳，紧密靠拢，所有缝隙填用小石块或石屑填塞。超粒径的石料在填筑前先进行破碎，使填料颗粒符合要求。短而浅的路堑采用横向全宽一次开挖到位；短而深的路堑采用横向全宽分层开挖；长而深的路堑采用纵挖法，纵向分段、分层开挖；对风化破碎岩体采用阶梯式开挖，设置平台，形成阶梯式的边坡。路堑直接采用挖掘机开挖，自卸汽车运输，土方集中、填挖距离较短地段采用推土机挖、运。爆破开挖路堑时，采用预裂光面爆破的施工方法。

涵洞通道工程　基坑开挖以挖掘机为主，人工为辅。基底以上30厘米部分采用人工开挖。模板采用5毫米厚厂制标准钢模板。模板四周用直径50毫米间距1米的钢管进行加固。模板拼缝均粘贴建筑胶带，涂刷甲基硅树脂脱模剂。钢筋存放在防雨防潮设施齐全的料库内。钢筋加工前进行除锈拉直。预制场集中预制，现场绑扎。混凝土采用强制式搅拌机现场拌合，混凝土运输车水平运输，汽车吊垂直运输入模，插入式震捣器捣固。混凝土分层厚度不超过 30 厘米。盖板、圆管采用预制场集中预制，汽车运输，汽车起重机吊装。安装时，先将其吊装就位，再垫铺适量 M10 水泥砂浆，以保持其稳定。

附属工程铺砌：浆砌片石采取“挤浆法”施工。砌石大小搭配，错缝砌筑，灰浆灌缝。每块砌石先铺灰，再放片石，后再锤击。较大灰缝用小石挤浆填塞，砌缝中砂浆均匀饱满。结构顶边角等外露部分选用平直面，砌筑整齐。

桥梁工程 本标段桥梁工程下部构造形式有：柱式墩台、U 型台、桩基础与扩大基础。上部构造采用后张法预应力混凝土空心板梁、先张法预应力混凝土空心板梁、30 米后张法预应力 T 梁、预应力混凝土箱梁和钢筋混凝土箱梁形式。

明挖扩大基础：基坑开挖采用机械开挖，机械开挖至设计基底标高以上 0.2 米处时，人工清底。基坑内积水采用挖集水坑，抽水机抽水，并做好截水沟、排水沟等防排水设施。

钻孔桩基采用冲击钻成孔，钢护筒、泥浆护壁，导管法浇注水下混凝土，水中桩基采用围堰筑岛作为钻机平台。钢筋笼集中加工，超过 15 米的分节制作，井口连接采用单面搭接焊。25 吨汽车起重机吊装，导管法浇注水下混凝土。

柱式墩、台身采用专项设计的并由专业厂制作的大块拼装无拉杆式的钢模板，并根据不同的墩身高度配制一定数量的异形模板，以保证板面接缝的平整，无明显接缝痕迹，表面光泽明亮。模板横竖向加固采用型钢骨架。肋式台身根据桥台具体的设计尺寸，采用高强塑面竹胶板，竖向及横向用方木加固，不设对拉拴杆。盖梁模板采用厂制定型大块钢模板，内部不设对拉拴杆，对拉拴杆设在上部，支撑采用碗扣式脚手架支撑。

钢筋采取集中制作，现场绑扎。混凝土采用搅拌站制备，运输车水平运输，汽车吊垂直运输或混凝土输送泵输送入模。采用插入式振动器振固，捣固混凝土要密实，不得漏捣、重捣和捣固过深。均采用一次立模连续浇注到位的施工工艺不留施工缝、接茬缝。

本工程梁体采用后张法预应力空心板梁和预应力 T 梁。空心板梁采用 2 台 25 吨履带吊抬机架设。T 梁采用架桥机架设。

第二十三节 广东顺德碧桂路和德胜路立交桥工程

一、工程概况

碧桂路是顺德快速干线的主要组成部分之一，地处顺德新城区，也是碧桂路中的一段，工程包括碧桂路高架桥和市政道路德胜路工程两部分，采用三层立交的形式，上层为碧桂路高架桥，地下层为德胜路隧道，地面层为德胜路辅导及匝道的交叉口。

碧桂路和德胜路立交桥工程，起于碧桂路快速干线 K50+612.545，位于德胜路大桥与引桥衔接墩位处。碧桂路全线以高架桥的形式沿现有碧桂路向北利用加宽、加高旧桥和部分新建桥与碧桂路新建高架桥相接，沿线以北跨过沿江路、规划澄海路、规划德胜路、现状德胜路、规划兴业路、规划人工河和规划碧水路，终于碧桂路快速干线 K51+855.922，全长 1243.377 米。为现浇梁主线桥 6 联 26 跨，4 个匝道桥共 6 联 28 跨。

德胜路包括两段，一是现状德胜路即番禺公路，二是新城区规划德胜路。德胜路隧道位于德胜路，分为南北两线，北线起于 SBK0+320.00，终于 SBK0+722.000，全长 402 米；南线起于 SNK0+321.00，终于 SNK0+722.00，全长 401 米；双向四车道。南北两线开口段为 U 型框架结构，闭口段采用单箱单室结构。北线开口段长 297 米，闭口段长 105 米；南线开口段长 296 米，闭口段长 105 米。

碧桂路和德胜路立交桥工程，由黑龙江省林业设计院广东顺德分院设计，合肥工业大学建设监理有限公司监理，中铁电化局西铁建设公司承建，工程造价 2.35 亿元。2008 年 2 月组织人员进点，进行施工准备，由于征地拆迁的影响，至 2008 年 7 月 8 日开工。

二、工程设计

根据新城区规划方案，碧桂路在通过新城区时，要与 8 条新城区现状和规划道路发生交叉，从总体规划出发，要求碧桂路以高架桥的形式通过新城区，把新城区中的龙盘路、德胜路与碧桂路的交叉，作为新城区内交通转换节点，均以下穿形式通过碧桂路，而新城区的主要交通枢纽交叉设计在北侧距项目终点 2.8 公里处的南国路枢纽，与南国路成立交关系。

依据预测交通量的增长，碧桂路和德胜路立交桥采用菱形立交方式，德胜路下穿碧桂路。为减少征地拆迁和利用德胜路改造，对碧德立交方案进行了修改，取消隧道改为德胜路按临时道路修建并与旧路接顺，菱形立交改为三层。碧德立交中的碧桂路高架桥采用一级公路兼城市快速路标准设计，设计速度 80 公里/小时；匝道按 40 公里/小时的标准控制设计。

德胜路由主线隧道、两侧辅道和环道 3 部分组成，均按城市道路标准建设。其中隧道为双向四车道，采用Ⅰ级主干路标准，设计速度 50 公里/小时；辅道为双向四车道，采用Ⅰ级支路标准，设计速度 40 公里/小时，环道为单向加宽三车道，设计速度 15 公里/小时。

德胜路路线采用现状位置，起于德胜路与观绿路交叉口西侧 sbK0+090 处，终于 sbK0+920。德胜路由隧道南北线和辅道南北线及东西环线 6 条线组成。隧道南北线设 2 个偏角，曲线半径 400 米，路线长 920 米，施工长度 830 米；隧道南线设 2 个转角，路线长 916.541 米，施工长度 826.541 米。隧道净高 5.5 米，隧道净宽 9.5 米。车道采用城市道路标准，车速 50 公里/小时，单车道宽 3.75 米。

辅道南北线车速 40 公里/小时、交叉口直行和右转车速 30 公里/小时。南北辅道各设 4 个转角，南辅道全长 454.704 米，北辅道全长 479.892 米。桥下净高 5.5 米。

依据预测交通量，匝道采用双车道宽度，临近平交口处拓宽右转弯车道，为减少对快速干线的干扰，驶出碧桂路的匝道出口为双车道，驶入碧桂路的匝道入口为单车道。

三、工程施工

西铁建设公司成立顺德立交工程项目部，投入 60 多台机械设备和车辆，于 2008 年 7 月 8 日开始试验桩第一钻。

路基工程　路堤和路基实行机械化施工，路堤填筑采用“三阶段、四区段、八流程”的施工工艺。采用挖掘机装车，自卸汽车运输，大功率推土机整平，50 吨振动压路机配合 18～21 吨三轮压路机碾压，对软土路基，完成上一道工序经检测合格后，反可进行下一道工序施工。桩基部分桥下采用高压旋喷桩，一般部分采用水泥搅拌桩，桥台位置和新旧路基结合部采用预应力管桩设备施工。

地道工程　本标段有地下通道 2 个，2 个地下通道共用一个止水帷幕体系。地道两侧共有 309（含泵房）根不入岩的支护桩，最长的 17 米，采用循环钻施工。支护抗拔桩共 213 根，设计入弱风化 1.5 米，采用冲击钻成孔。

桥梁工程　基础采用钻孔桩基础，孔桩施工分两阶段进行，第一阶段进行 1～9 跨加宽段至 I、J 匝道桥至 36～43 号跨桥墩桩基施工；第二阶段等主线拆除后进行。承台、系梁基坑开挖采用人工配合挖掘机进行，由于地质多为淤泥质土且地下水位较高，基坑开挖后必须进行围护。基坑围护根据埋深及地质情况，对埋深在 3 米以内的基坑，采用草袋围堰进行维护；对埋深大于 3 米的基坑，采用板桩 IV 型拉森钢板桩进行围堰。墩台身在孔桩、承台施工完成后，立即进行墩台身施工，墩柱模板全部采用定型钢模板。

T 梁采用现场梁场预制，投入 3 套模板，其中中梁 2 套，边梁外模 1 套，考虑到梁长变化大，另外增加调整节调整梁长。T 梁架设采用汽车吊架设。现浇箱梁分 2 种形式，主线桥为鱼腹式箱梁，共 6 联，投入 1.5 联模板；匝道桥为斜腹式箱梁，共 6 联，投入 2 联模板。到 2008 年底共架设 4 片 T 梁，现浇梁未施工。

第二十四节　陕西柞水至小河口段高速公路 29 合同段工程

柞小高速公路是陕西高速公路网规划的榆林至安康线的组成部分，是联系陕南、关中及陕北三大经济区，沟通南北的重要通道。柞小高速公路起于柞水县城北九里湾，与西柞高速公路终点衔接，止于旬阳县小河口，与在建的小河至安康高速公路起点相连。路线全长 71.67 公里，全线采用四车道高速公路标准建设。

柞小高速公路建设单位为陕西柞小高速公路有限责任公司，由中交第一公路勘察设计研究院设计，北京东方通国际工程监理有限公司负责工程监理，中铁电气化局西铁工程公司承担 29 合同段工程建设。

柞小高速公路 29 合同段工程位于陕西省旬阳县小河镇以北 10 公里的小河村处，起讫里程为 K135+300 至 K137+610.976，全长 1.209 公里。主要工程包括小河互通式立交、茅坪沟中桥、路基挖填及防护、绿化及环境保护等项目，合同造价 5200 余万元。

柞小高速公路 A 匝道 AK0+186 至 AK0+575.375 段及 AK0+347.17 至 AK0+369.38 段采用抛石挤密及砂砾换填，换填深度为自墙踵向下 1.5 米，同时换填段落的挡墙基础采用 C20 钢筋混凝土进行浇筑。桥梁下部结构为柱式墩、肋式台、钻孔灌注桩桩基础，桥式通道下部结构为 U 型桥台、扩大基础；上部结构除桥式通道为先张法预应力空心板外，其余桥梁的上部结构均为现浇钢筋砼连续箱梁。

柞小高速公路 29 合同段工程，主线桥 1 座桥长 55.08 米，匝道桥 3 座（A、B、C 匝道上）共长 635.26 米，主线桥式通道共 2 道 40.3 延米；盖板涵共 4 道 102.41 延米，其中主线处 1 道 40 延米，匝道处 2 道共 53.64 延米，被交线处 1 道 8.77 延米。

桥梁工程　2006 年 3 月 1 日开工，2006 年 6 月完成全部桩基基工程，2006 年 11 月完成墩柱、盖梁，2006 年 12 月开始现浇箱梁的制作，于 2007 年 6 月 30 日全部完工。

桩基采用冲击钻或旋挖钻成孔，钢筋笼集中分节制作，平板车运输，现场焊接吊装；砼采用自动计量搅拌站拌和，砼搅拌车运输，导管法灌注桩身砼。墩台身模板采用专制大块定型钢模板，系梁模板采用加工制作的定型钢模板，砼运输采用搅拌车运输，砼输送泵或泵车泵送入模，连续浇注成型。本标段 A、B、C 匝道桥及茅坪沟中桥的上部结构均为现浇钢筋砼连续箱梁，现浇箱型梁采用满堂支架法进行浇注。

路基工程　2006 年 3 月 1 日开工，2007 年 6 月 30 日全部完工。路基开挖采用纵挖法分段施工，先施工挖方量小地段为交通创造条件。高大路堑施工时先修建路堑顶截、排水沟，开挖采用挖掘机开挖，必要时松动爆破，装载机配合自卸汽车运输；零星土方采用人力开挖，机动翻斗车运输。开挖采用从上向下横向分层开挖，不乱挖或掏土取洞。开挖到路基顶面以上 30 厘米用人工配合平地机将路基面整平，振动压路机压实。边坡整修从上而下进行，随挖随修。

路基土方组织专业化队伍施工，配备挖、装、运、平等机械一条龙流水作业。路基施工采用“三阶段、四区段、八流程”的施工方法。“三阶段” 即：施工准备阶段、施工阶段、整修验收阶段。“四区段”即：填筑区段、摊铺区段、压实区段、检验区段。“八流程”即：施工准备、填料试验、基础处理、分层填筑摊铺、振动碾压、检验签证、路堤整修、边坡整修。路基工程采用分段分步完成，结合自然地形，先完成填方量小施工简单地段，扩大现场施工场地，最后完成施工难度大场地小地段。

在路堤段，当边坡高度小于 5 米时，采用三维植被网垫湿式喷播植草防护；当边坡高度大于等于 5 米时，采用 7.5 号浆砌片石拱型骨架防护。在沿河路基段，为防止路基边坡遭受河水冲刷，采用深基础浆砌片石护坡防护。在路堑段，分别采用三维植被网垫湿式喷播植草防护和砌片石拱型骨架防护。

在沿线的陡坡路堤段采用浆砌片石挡土墙防护。本标段挡土墙主要为路肩衡重式挡土墙，有浸水和无浸水两种。建筑材料分为浆砌片石和片石砼两种。施工前详细调查地形地貌，查清裂缝、滑动石、地表和地下水源、交通等情况，制定出安全措施。基坑分段跳槽开挖随挖随砌筑，并及时回填。在岩体破碎或土质松软、有水地段，修建挡土墙时，宜在旱季进行，并应按结构要求适当分段，集中施工。路堑挡土墙顶面应抹平与边坡相接；其间空隙应予以填实并封严。

柞小高速公路 29 合同段工程项目经陕西省质量检测部及柞小建设管理处组织检查验收，工程质量评为优良。

第二十五节　陕西黄陵至延安高速公路 H-24h 标段工程

一、工程概况

黄（陵）至延(安)高速公路起自陕西省黄陵县康崖底，与已建成的铜川至黄陵一级公路相接，经洛川县、富县、甘泉县、延安市宝塔区，全长 143 公里。

黄延高速公路建设单位为陕西黄延高速公路有限责任公司，由陕西省公路设计院设计，陕西黄延高速公路第十监理办负责工程监理，中铁电气化局西铁工程公司承担 II 24h 标段工程建设。

H-24h 标段工程，位于陕西省延安市枣园以南邓家沟，起于 K303+400，终于 K305+800，全长 2.4 公里。主要包括隧道、桥梁、涵洞、路基土石方、排水和防护等，中标合同价 4706.45 万元。

二、工程设计

黄延高速公路，公路等级：四车道高速公路；设计行车速度：80 公里/小时；设计荷载：汽-超 20 级、挂车-120；隧道断面形式：分离式单洞双向断面；隧道净宽：净-9.75 米；隧道净高：净-5.0 米；桥面净宽（半幅）：0.5 米(防护栏)+11.5 米(行车道)+ 0.5 米(防护栏)路基宽度：24.5 米。

隧道工程：单洞 2008 米 / 2 座。设计采用分离式上、下行单向双洞断面，两洞轴线间距 41～70 米，单洞净宽 9.75 米，净高 5.0 米；本工程相关变更有：上行出口增加两排锚杆；洞门及仰坡防护变更；上行出口和下行进口分别增加 5 米和 5.6 米的明洞；横断面由曲墙式衬砌改为直墙式衬砌；隧道仰拱增加连接筋；隧道土石分界桩号里程变更；隧道路面排水边沟变更；下行进口明洞回填设计变更隧道仰拱 C10 砼回填变更；隧道北口交叉连接线；隧道北口洞门设计优化变更。

桥梁工程相关变更有：中桥盖梁、台帽顶面标高统一降低 2 厘米；邓家沟 II 号中桥 0

号台和3号台基底处理；上下行线II号中桥两桥台间增设挡墙；预制板梁增加3根直径8毫米钢筋；邓家沟I号中桥0号台清淤范围超出设计回填要求；邓家沟I号中桥桥台后增加悬臂式挡土墙；桥头变更增加8%水泥稳定碎石。

涵洞工程：盖板涵由原预制盖板改为现浇盖板；K305+665盖板明涵基础变更三七灰土变更为C20混凝土；K305+780盖板暗涵基础下部用C15混凝土换填，其余用砂砾换填；涵洞基础与墙身之间增加连接筋；上行K304+565盖板明涵涵背砂砾回填施工方案变更；下行K304+449.55盖板暗涵涵位变更方案及基础变更方案；上行K304+441盖板暗涵涵洞变更；SK304+740、SK305+137、XK304+832、XK305+166等4座石拱涵基础及拱圈变更。路基工程特殊路基处理有黄土陷穴、石质边坡路基、路基顶面铺设20～30厘米砂砾土垫层。

三、工程施工

H-24h标段工程，新窑沟上行隧道989米，下行隧道1019米，中桥2座80米，涵洞10座，路基土石方41万立方米，挡护工程3.6万立方米，排水工程3.2万立方米。2002年10月份西铁工程公司成立黄延高速公路工程指挥部，2002年12月1日开工，2005年5月30日竣工。

隧道工程　隧道施工按新奥法原理组织施工，软弱围岩段施工坚持“管超前、弱爆破、短进尺、早封闭、勤量测、紧衬砌”的十八字方针。在施工中积极推广应用国内外隧道施工新工艺、新技术，形成挖、装、运、锚、衬等机械化生产线，采用多功能台车进行钻孔，控制光面爆破作业，洞内装碴运输采用无轨运输，支护采用锚喷工艺，砼衬砌采用全断面液压钢模衬砌台车和泵送砼作业；施工中进行超前地质预报，采用先进的测量、探测技术，取得围岩状态参数，通过数据分析的处理及时反馈指导施工。混凝土全部在自动计量拌合站生产，混凝土输送车运输，泵送入模。隧道通风采用大功率风机，大直径软管，压入式通风。

路基工程　路基采用机械化连续作业，按“三阶段、四区段、八流程”的作业流程科学组织施工。施工时，先施工隧道口段挖方及拓宽、疏浚沟道，为隧道施工创造场地条件。2003年4月后进行路基填筑，填筑时先进行试验段施工，以确定松铺系数、机械组合、碾压次数和最佳密实度及碾压程序，指导其他路段施工。路基防护工程本着路基成型一段，防护工程完善一段的原则进行。

桥涵工程　桥涵工程尽量避开冬季，挖孔桩基础采用人工挖孔，扩大基础采用挖掘机开挖，辅以松动爆破、人工开挖。墩、台身采用定型钢模钢模、落地式支架法施工，混凝土在混凝土拌合站集中生产，混凝土搅拌车运输，串桶法一次灌注成型。空心扳梁在预制厂集中预制及张拉，成品梁由板车运抵指定位置，采用汽车式起重机双抬法逐孔架设安装。桥梁施工和架梁顺序：下K305+471中桥至上K305+451.14中桥至下K305+264中桥。桥面系及桥面附属待板梁连续化工艺完成后进行。混凝土盖板涵及石拱涵在路基填方前完成。

涵洞基础采用小型挖掘机开挖，人工修整。盖板涵采用组合钢模、支架法整体分段一次浇筑成型。盖板涵盖板就近集中预制，平板车运输、汽车吊吊装。石拱涵采用木拱盔人工砌筑。

排水、防护工程　路堤、路堑地段设挡土墙、护面墙和护坡，采用 7.5 号、5 号浆砌片石。护坡采用浆砌片石护坡、干砌片石护坡和骨架护坡，骨架内填土种草，护墙脚采用 7.5 号浆砌片石，骨架采用 20 号水泥钢筋混凝土镶边石。路肩墙采用仰斜式路肩挡土墙，主要设置在上行线路左侧与下行线路右侧，工程设计总量为 1.6764 万立方米，墙身采用 M7.5 浆砌片石、M10 水泥砂浆勾缝；挖方段上行线路右侧与下行线路左侧路堑坡面设护面墙、护坡，工程设计总量为 2.062 万立方米，墙身为 M7.5 浆砌片石、M10 水泥砂浆沟缝；挖方段堑顶及每级平台设 M7.5 浆砌片石边沟、排水沟、坡顶截水沟、上下平台截水沟与边沟用急流槽相接，工程设计总量为 8769.11 立方米。防护工程增加变更 1431 立方米，排水工程增加变更 3589.5 立方米，路基两侧设置 7.5 号浆砌片石边沟、排水沟；中央分隔带设横向排水管。

第二十六节　西安至汉中高速公路 L 标段工程

西（安）汉（中）高速公路是陕西省“米”字型公路网骨架的重要组成部分，该公路北起户县涝峪口，接已建成通车的西安至户县高速公路，途经户县、宁陕、洋县、佛坪、城固、南郑、汉台、勉县等 8 县区，南止勉县元墩，接在建的勉县至宁强高速公路，路线主线全长 258.65 公里。西汉高速公路沿途山大沟深，地形条件复杂，共有桥梁 540 座，隧道 136 座，其中穿越秦岭的户县到洋县段桥隧相连总长占总里程的 55%。

西汉高速公路建设单位为陕西西汉高速公路有限责任公司，户县涝峪口至宁陕筒车湾、洋县槐树关至勉县两段计 196.64 公里，由陕西省公路勘察设计院设计；宁陕筒车湾至洋县槐树关段 58.383 公里由中交第一公路勘察设计院设计，江苏旭方监理咨询有限公司负责工程监理，中铁电气化局西铁工程公司承担 L 标段工程建设。

试验段 L 标段工程位于安康市宁陕县钢铁乡境内，户县至勉县上、下行均起于 K74+500，终点为 K78+330，标段全长 3.83 公里，工程项目包括：秦岭Ⅲ号隧道进出口段，特大桥、大、中桥，路基工程，地方线路改移等。

全线采用双向四车道高速公路标准建设，根据地形条件分级设计计算行车速度 60～100 公里/小时，路基宽度 20～26 米，全封闭，全立交。全线设计主要工程量为：路基土石方 3089.9 万立方米，其中挖土石方 1408.6 万方，填土石方 1681.3 万方，桥梁 147264.785 延米/723 座，其中特大桥 53289.1 延米/66 座，大桥 80194.395 延米/362 座，中桥 11164.28 延米/164 座，小桥 2637.7 延米/133 座；隧道单洞总长 97413.5 延米/151 座，其中特长隧道 48554 延米/10 座，长隧道 14982 延米/10 座，中隧道 23847 延米/63 座，短隧道 10030.5 延米/68 座；互通式立交 15 处，分离式立交 28 处；涵洞 653 道，通道 236 道；路面 435.5

万平方米。全线设管理处1个，管理所4处，收费站15处，服务区5 处，养护工区4处。

L标段工程，隧道为上、下行分离式隧道，其中秦岭III号隧道上行K74+500至K76+343，全长1843米、秦岭III号隧道下行K74+500至K76+660，全长2160米；特大、大、中桥共6座，共计全长2228米，其中K77+026为特大桥全长1163.78米、K76+952特大桥全长575.08米、K77+480大桥全长214.18米、K78+080大桥全长110米、K78+100大桥全长110米、K76+364中桥全长46米；改移地方线路1410米；路基土石方5万立方米；路面工程5811平方米；K78+200停车区1处，路基6段，共计1583.3米；改河工程及路基防护。

西铁工程公司2002年9月组建西汉高速公路项目部，组织施工力量及机械，2002年11月1日开工，2007年6月30日竣工。

项目部以两座隧道及K77+026特大桥为工程工期控制重点，制定科学有效施工计划，按照《工程施工承包合同》的总工期要求，倒排工期，抓住关键工序，优化生产要素组合，制定工序和作业环节人力和物力保证措施，做到“干一观二计划三”，提前为下道工序的施工，做好人力、物力和机械设备的准备，确保工程各工序的联结，确保完成总进度计划。

西汉高速公路秦岭III号特长隧道下行线进口段为松散碎石土，施工中采用地表深孔注浆加固，管棚超前支护，地表及洞内监控量测等施工技术，使该隧道安全顺利的完成洞口段开挖，顺利通过秦岭III号特长隧道下行线进口复杂地质段，实现安全快速进洞，取得7天进洞 10 米的好成绩，为隧道安全生产及正常施工打下良好基础，经专家和建设单位现场检测，施工质量均为优良。

第二十七节　大连市石门山隧道工程

石门山隧道位于大连市机场南侧的石门山，是贯穿机场新区 10.3 公里西部大通道的咽喉工程，隧道全长 3085米，中标合同价10799万元。

石门山隧道工程的建设单位为大连市城市建设管理局，由大连市市政设计研究院有限责任公司设计，北京方达建设监理公司负责工程监理，中铁电气化局西铁工程公司承建。

隧道为新建双幅式双向六车道隧道，东线隧道全长1531.5米，西线隧道全长1553.5米。单洞有效净宽13.25米，有效净高5.0米，全隧道设置3处行人横洞，2处行车横洞。设计时速60公里，隧道设计围岩级别主要为III、IV、V级，代表围岩为III级。以石英岩、板岩、辉绿岩等变质岩和第四纪黄土为主的地质，代表围岩变更为 IV 级。复合式衬砌结构。

2004年12月，西铁工程公司公司成立大连石门山隧道工程项目部，2005年1月18日开工，2006年12月25日竣工通车，2008年7月份通过竣工验收。

石门山隧道具有“软弱、浅埋、大跨、扁平、偏压、小净距、环境复杂”等七大特点。隧道设计围岩级别主要为III、IV、V级，单洞跳跃次数高达33次，由于经历了多期造山和地质构造运动，形成了以石英岩、板岩、辉绿岩等变质岩和第四纪黄土为主的极其复杂的工程地质条件。围岩板理、节理、裂隙、层理发育，主要软弱结构面明显，岩层层间结合差，石质松软，遇水易软化和沉陷，断层、错层、互层现象普遍。

隧道开挖断面属特大型断面。开挖高度 9.36～11.36 米，开挖宽度 15.04～16.00 米，开挖断面积平均 130 平方米，最大 150 平方米，成型后的宽度 13.25 米，高度 7.8 米，扁平率 0.62 左右。隧道北口从洞口起 250 米范围埋深普遍在 2.8～15 米之间，隧道南口从洞口起 100 米范围埋深在 6～15 米之间，属浅埋和超浅埋地段。隧道北口的偏压情况尤为严重。覆土深度表现为左浅右深，左侧最浅为 2.8 米，右侧最浅为 8 米，地表自然坡度陡于 1：1.5。隧道南口地段，有近 130 米属于小净距地段，左右两隧道之间中夹的岩柱厚度较小，净距普遍在 6 米，最薄处仅为 4.87 米。

针对施工特点，项目部制定施工技术和管理措施，严格遵循"管超前、严注浆、短进尺、弱爆破、强支护、早封闭、勤量测、快衬砌"准则施工。

管超前：在洞口软弱围岩地段，采用超前大管棚作为超前支护，管棚钢管采用不锈钢钢管，大管棚安装注浆完成后在钢管内充填水泥砂浆，必要时穿入钢筋笼，以增强其整体刚度，防止下沉，监测结果表明，地面沉降均小于 30 毫米，符合规范要求；在洞内软弱围岩地段，采用了超前小导管支护，小导管规格直径 42*4，由于措施得力，管理到位，施工安全和工程质量得到了充分保证。

严注浆：注浆是地下工程的灵魂，依据设计和规范要求，主要做了超前支护注浆、初衬背后注浆、二衬背后注浆等，对注浆材料种类、注浆机械设备选择、注浆方法、注浆压力、注浆量、注浆结束条件等技术标准和参数选用严格把关，提高了各结构层的密实性和层间的密贴性。

短进尺：洞口Ⅴ级围岩浅埋段，开挖方法采用双侧壁或单侧壁导坑法，开挖进尺为 0.5～0.8 米，尽可能采用挖掘机辅助人工开挖，必要时采用短眼、少药、弱爆破的松动爆破法；III 级围岩地段，开挖方法采用上下台阶法，开挖进尺不超过 2 米，IV 级围岩地段，开挖方法采用环形导坑预留核心土法，开挖进尺 1.2 米。

弱爆破：根据不同的围岩级别、开挖顺序、工程部位、环境条件、开挖进尺等，选择了不同的爆破方法。洞口Ⅴ级围岩浅埋段，尽可能采用挖掘机辅之于人工开挖，必要时采用短眼、少药、弱爆破的松动爆破法；在台阶法施工地段，上台阶采用光面爆破，下台阶采用预裂爆破，在洞外爆破施工时，严格控制一次爆破规模、单孔装药量、起爆顺序、起爆方法、段间隔时间等，同时采取开挖减震沟等措施，监测结果表明，洞外爆破施工振动速度均控制在 2.8 厘米/小时，将对环境的影响降低到了最低程度。

强支护：为增强支护的强度和刚度，采用了打设中空注浆系统锚杆、立设工字钢架支护、钢格栅支护、喷射混凝土支护和敷设钢筋网片支护等的联合支护形式，多管齐下，多措并举，确保了结构稳定和安全。

早封闭：隧道开挖完成后，初期支护及时，二衬紧跟，尽快闭合成环封闭，从而提高围岩的抗风化能力、自稳能力和结构的承载能力。

勤量测：监控量测是新奥法施工的精髓，通过量测，明了隧道围岩和结构的变化情况，为隧道施工方案的确定和设计参数的修正提供基础资料，体现动态设计、动态施工的原则。在施工中，具体开展了超前地质预报、掌子面地质素描、初期支护观察、拱顶下沉、水平收敛、地表沉降等项目的监测，为隧道找寻技术先进、经济合理的施工方案提供了决策依据。

快衬砌：隧道开挖后，及时进行衬砌，保证衬砌尽快发挥承载受荷的重用。

新技术应用　采用 HDPE 防排水板（即高密度聚乙烯板）。这种防排水板表面由于具有密布的、坚硬的圆台状突起而与众不同，由于防水板背后有约 8 毫米高的凹凸立体空间，实现了衬砌背后裂隙水的排放通道的多样化，避免了传统的光面防水板引起的水流淤积、水位上升、水压增大最终导致渗漏水的质量缺陷，确保了排水的通畅性。截止目前，石门山隧道不渗不漏，表面干燥，防水效果可靠。

HSC 注浆材料，作为地下工程施工的灵魂，注浆既可堵水，又能加固围岩。HSC 浆颗粒细小，粘度低，流动性好，渗透力强，扩散半径大，凝结时间可控，结石率高，无毒，无污染，特别是在断层破碎带中施工时，能很好的固化松软破碎的碎石、角砾石，提高了围岩的自承、自稳能力。

长短距离相结合的超前地质预报系统，为了预知前方未开挖土岩体的地质条件，准确评估地质条件的变化及对施工造成的不利影响，便于提前制定针对性的施工方案、技术措施和应急预案，施工中采用了 TSP-203 中长距离超前地质预报和 SIR3000 地质雷达短距离超前地质预报相结合的综合地质预报技术，并全程跟踪使用、分析解释，这两种地质预报技术相互补充、相互完善，为探明前方地质体发挥了关键作用，从而有效地避免了塌方，保证了施工安全和工程质量。

根据市政工程质量验收及评定标准，工程验收合格率 100%，工程优良率 95%以上，工程质量综合评定为优良。2008 年 8 月被大连市市政工程协会评为“大连市市政金杯示范工程”，2008 年 12 月被评为辽宁省“市政金杯示范工程”，2009 年 9 月被评为全国“市政金杯示范工程”。

第二十八节　陕西省子洲至靖边高速公路 N4 标段工程

陕西省子洲至靖边高速公路，路线全长 120.676 公里，双向四车道，全立交全封闭设计。子靖高速公路建设单位为陕西省交通建设集团公司，由陕西省公路勘察设计院设计，陕西恒通工程咨询有限公司负责工程监理，中铁电气化局西铁工程公司承担 N4 标段工程建设。

N4标段起点里程K98+310，终点里程K109+200，路线全长10.89公里，含有桥梁、路基等综合性建设工程。

子靖高速公路，双向四车道，全立交全封闭，宽度24.5米。桥梁上部结构为16/20米预应力混凝土板梁和20米预应力混凝土箱梁，下部为独柱或双柱式桥墩，其中独柱式桥墩上部为预应力混凝土盖梁，肋板式或柱式桥台，钻孔灌注桩基础。路基设计有强夯和冲击碾压，主要为填土方，顶部为路床砂砾加固层。

N4标段工程，土石挖方12.9066万立方米，填方109.8827万立方米，冲击碾压25.6276万平方米，浆砌石圬工8468立方米，混凝土圬工3.8701万立方米，钢材3753吨。混凝土结构物桥梁12座计1512.93延米，涵洞24道，倒虹吸管涵9道，通道11道。直径1.2米钻孔桩140根；直径1.3米钻孔桩104根；直径1.5米钻孔桩148根；通道直径1.0米钻孔桩12根，钻孔桩共计404根。预应力混凝土箱梁376片；预应力空心板，16米330片；20米预应力空心板梁286；通道预应力空心板：6米154片，8米66片，10米22片共计242片。中标价1.099亿元。2004年5月，西铁工程公司成立子靖高速公路工程项目部， 2004年6月25日开工，2005年9月10日竣工。

路基工程 2004年6月25日开工，2005年9月10日竣工。本段工程地处黄土高原地区，属典型的非自重湿陷性Ⅱ级黄土，采用强夯处理。为保证路基工后沉降提早完成，地基强分段提前安排施工。挖方路段路床顶面以下为土方、砂质时，挖除30厘米翻松下层后，用监理批准后的合格填料回填压实，其压实度分别达到93%和95%以上；石方路段超挖15厘米后采用级配碎石调平。级配碎石采用稳定土拌和机场拌法拌和，摊铺机摊铺。对于湿陷性非自重Ⅰ级黄土地基采用冲击碾压处理。

桥梁工程 2004年7月25日开工，2005年9月10日竣工。本段桥梁大多跨越大理河，该河河岸较宽，河床浅，黄土地质吸收雨水能力差，平常流水量不大，雨后河水暴涨且来势凶猛，对河道内桥梁下部结构施工影响很大。工程独柱墩的盖梁设计有预应力张拉。张拉端倾斜向下，对于张拉设备的定位和固定影响很大，为此项目部制作挂篮操作平台和张拉机钢筋提升架，以便于预应力张拉的操作。

子靖高速公路2007年10月31日建成通车。2008年被评为陕西省长安杯优质工程。

第二十九节 西安绕城高速公路工程

一、工程概况

西安绕城高速公路位于陕西省西安市境内，为六车道高速公路，全长78.757公里，分南北两段建设。北段起自西安市灞桥区，与西安至临潼高速公路相接，在谢王庄设互通式立交与已建成的西阎高速公路相连，在吕小寨设互通式立交与西安至铜川高速公路相连，在六村堡设互通式立交与在建的机场高速公路相连，止于咸阳市帽耳刘村，与西安至宝鸡高速公路相接。路线全长 33.852 公里。南段是西安绕城高速公路北段的延伸。路线起于西起绕城高速公路北段的帽耳刘立交，在河池寨设互通式立交与在建的西安至户县高速公路相连，在大雁塔南设互通立交拟建西安至安康高速公路相连，在纺织城设互通式立交与已通车西安至蓝田高速相连，止于绕城高速公路北段的方家村立交，路线全长 44.905 公里。

西安绕城高速公路建设单位为陕西省交通厅，由陕西省公路设计院设计，陕西省公路工程咨询公司负责工程监理，中铁电气化局西铁工程公司承担北段 K 标段、南段长安互通式立交桥工程建设。

北段 K 标段工程起止里程为 K31+700 至 32+900，全长 1200 米。其中上跨陇海铁路高架桥长 1013.14 米，共 46 孔。

南段长安互通式立交桥工程分路基工程和桥梁工程 2 大部分。桥梁工程包含主线桥和 ABCD 匝道桥 5 大部分，其中主线桥长 1111 米，起止里程 K56+739 至 K57+850，A 匝道桥长 644 米、起止里程 AK0+214 至 AK0+858，B 匝道桥长 361 米、起止里程 BK0+085 至 BK0+446，C 匝道桥长 223 米、起止里程 CK0+106 至 CK0+329，D 匝道桥长 421 米，起止里程 DK0+172 至 DK0+593，为单进出互通式多层立交桥。

北段 K 标段 1998 年 10 月 10 日开工，2000 年 1 月 31 日竣工；南段长安互通式立交桥 2000 年 12 月 1 日开工，2002 年 10 月 30 日竣工。

二、工程设计

西安绕城高速公路，线路曲线半径 6800 米，路基宽度 35 米，双向 6 车道，设计行车速度 120 公里／小时，实行全封闭、全立交，控制出入，全线设互通式立交桥 15 处。并配有完善先进的交通安全、管理、服务及通讯设施。

北段上跨陇海铁路高架桥长 1.013 公里，共 46 孔。其中 0～31 号台为 31 孔预制预应力连续箱梁，其余为钢筋混凝土现浇连续箱梁；单柱或双柱式桥墩、埋置式桥台、钻孔灌注桩基础。

南段长安互通式立交桥线位包括圆曲线、卵形曲线及直线部分，横纵断面坡地设计变化较大，桥梁上部结构设计为一联多空薄壁式现浇连续箱形梁。主线桥上跨长安路、A 匝道为主线桥右半幅的出口匝道，出主线桥后，上跨 D 匝道；B 匝道为主线桥左半幅进口匝道，是自长安路进入绕城高速公路主线桥左半幅的连接匝道，C 匝道为主线桥左半幅出口匝道，D 匝道为主线桥右半幅进口匝道，先下穿 A 匝道、再下穿主线桥、最后连接到主线桥右半幅。主线桥上部为 45 孔曲线现浇连续箱形梁、其余 4 条匝道上部结构共 83 孔，下部结构为单柱式或双柱式桥墩、最高墩身 14.8 米，矩形或肋式承台、钻孔桩基础，最深桩长 48 米。

三、工程施工

北段 K 标段工程　全长 1.2 公里。上跨陇海铁路高架桥长 1.013 公里，共 46 孔。全桥共 346 根钻孔桩、116 个承台系梁、176 个墩台、310 片预制箱梁、15 孔现浇箱梁。总计混凝土圬工 3.9 万立方米、钢筋 4675 吨，土石方 5.7 万立方米。

西铁工程公司成立西安绕城高速公路工程项目部，1998 年 10 月 10 日开工，1999 年 8 月底完成桥梁下部工程，10 月底完成箱梁预制，11 月底完成现浇梁灌注，2000 年 1 月 31 日完成箱梁架设和路基填筑，率先在西安绕城高速公路北段完成主体工程。

南段长安互通式立交桥工程　2000 年 12 月 1 日开工，2002 年 10 月 30 日竣工。主线桥与匝道桥立交、匝道桥与匝道桥立交，工序交错复杂，桥梁施工的重点为主线桥施工。分别从 21 号墩向 0、45 号墩两个方向展开，从钻孔桩、承台、墩身、盖梁、现浇梁依次形成流水作业；匝道工期安排以不影响主线施工为前提，按 B、A、C、D 即先施工与主线桥无立交的匝道，再施工与主线桥立交的匝道。钻孔桩施工根据地质情况分别采用了正循环法和回旋钻法施工；墩台施工采用整体组合式大模板，混凝土浇筑一次成型，连续梁分层分段施工。施工中分阶段使用横道图进行计划安排，并依据工程动态进展定期对整体进度使用网络图进行优化调整。

北段 K 标段工程 2002 年获陕西省长安杯省优质工程，2004 年获国家詹天佑土木工程大奖；南段长安互通式立交桥工程获陕西省长安杯奖。

第七章 抢险抢建工程

第一节 陇海铁路灞河大桥抢险抢建工程

2002年6月9日，陕西省境内持续大雨，灞河发生近20年来罕见的洪水，造成陇海铁路灞河大桥垮塌、断裂，陇海线中断。6月10日铁道部、郑州铁路局决定，陇海铁路灞河大桥水灾抢险改线工程由中铁电气化局西铁工程公司承担。建设单位是郑州铁路局，由铁道部第一勘察设计院设计，中原监理公司负责监理。

工程位于陇海铁路K1061+120至K1062+802.28处，全长1.682公里，其中新建灞河大桥为1-24米+11-32米钢筋混凝提速梁，全长395.88米，11墩2台，钻孔桩桩径1.25米78根，桩长总计2319米，改线铺轨1.402双线公里，路基土石方5.5328万立方米，三七灰土换填7366立方米，新建接触网2.74条公里，改建5.4条公里，列车时速120公里，工程投资4188.39万元。新建灞河大桥为钢筋混凝提速梁，设计列车时速120公里。

西铁工程公司接到抢险改线任务，紧急从所属子、分公司的陕南、陕北、关中等各工点调集2000多名员工，283台（件）大型机械设备，采取工程分段，专业分项，平行作业，全面展开施工。

参加抢险改线施工干部、职工和民工，克服天气高温暴雨，场地狭窄，机械材料运送不到位等诸多困难，吃在钻机旁，睡在大桥边，顶风冒雨，24小时轮班作业，奋力施工。新建灞河大桥2002年6月20日开工，7月21日钻孔桩完成，7月31日墩台完成，8月8日架梁完成，8月18日新桥正式通车，仅用58天完成了建造陇海铁路新建灞河大桥。西铁工程公司被陕西省授予“陇海铁路灞河大桥抢险抢建功勋单位”。

第二节 京广铁路长沙供电段管内信号、电力线抢险抢建工程

2008年1月下旬，一场罕见的雨雪冰冻灾害突袭南方各省。2月3日，中铁电气化局集团有限公司接到铁道部运输局紧急电话通知，京广铁路长沙供电段管内16个区间173.4公里信号自闭线、电力贯通线和部分配电所电源线因冰雪灾害断电，损毁严重，造成车站及铁路信号供电中断。集团公司领导班子迅速研究制定应急方案，召开紧急动员视频会，部署抗冰抢险行动。2月4日，集团公司指挥部和集团一、二、三公司、西安电化公司、物资处先遣领导及工程技术人员到达长沙、耒阳、郴州等抗灾前线，开始施工现场调查。2月7日从北京、西安、郑州、石家庄、保定、武汉、襄樊迅速集结的1436名抢险人员、

104 辆机械全部到场，2 月 8 日主要抢险物资材料到场，陆续展开抢险施工。2 月 10 日，自闭线路全部恢复供电，铁路信号全面恢复正常。2 月 16 日，电力贯通线及电源线全部恢复供电。本次抢险，共完成倒杆扶正 1639 根，更换电杆组立 403 根，敷设高压电缆 25.5 公里，换线并恢复线路 97 正线公里，折合 291 条公里，更换变压器 4 台，更换隔离开关 28 台。组织电杆、钢芯铝绞线、瓷瓶、电力金具及配件等 107 项、77168 套件、1128 吨的抢险物资。此间，集团运管公司、二公司和西安电化公司还先后完成沪昆线、京广线、焦柳线、水柏线部分区段的接触网、电力线除冰抢险任务。集团公司的抗冰抢险行动受到铁道部和中国中铁股份公司的嘉奖。

第三节　汶川地震后隧道、桥梁、通信抢险抢建工程

一、宝成铁路 109 号隧道抢险抢建

2008 年 5 月 12 日 14 时 28 分，四川汶川发生 8 级地震，宝成铁路 109 隧道上方山体大面积崩塌，落下的巨石堵住隧道南口，12 节装载航空汽油的油罐车遭碰撞发生燃烧，宝成铁路中断。5 月 12 日 22 时，中铁电气化局集团有限公司接到铁道部灾情通报和抢险指令，集团公司领导班子立即召开紧急会议，研究部署抢险方案，第一时间成立 109 隧道抢险前线指挥部。集团公司董事长、党委书记王其增，总经理刘志远，党委副书记、副总经理张建喜，副总经理李同茂、曹相和等领导率领 800 名抢险人员陆续赶赴一线投入抢险。集团西铁工程公司、西铁建设公司在第一时间启动应急预案，组织抢险队伍，火速赶赴现场。

726 米的 109 隧道与棚洞相连，抢险环境复杂，难度大。 是环境危险。余震不断发生，不时有石块滚落，隧道口喷射出 4 米高的火舌，洞内 12 节油罐车随时可能爆炸。二是地形不利。隧道地处山区，施工作业面狭窄，大型施工机械无法靠近作业。三是火势难控。500 多吨航空汽油燃烧，隧道内温度高达 180 度，难以接近灭火。对隧道周边环境详细考察后，抢险指挥部与抢险专家一起反复研究，最终敲定封堵明火、起复列车、隧道加固、恢复通车的抢险方案。

5 月 13 日凌晨 2 时 30 分，中铁电气化局集团西铁工程公司首批抢险人员，携带抢险器具，分别从蔡家坡、冯家山、千河、大滩等工地赶往抢险一线。10 时许，这支抢险先遣队到达位于宝鸡市西南方向 200 公里左右的宝成线徽县车站待命。14 时 30 分，抢险先遣队在隧道北口集结，做好垒筑沙土墙“封堵灭火”的准备。15 时，运送沙袋的平板车和第一批沙袋准备到位。由于火势不减，抢险指挥部决定用“封堵窒息”法灭火。15 时，抢险人员冒着浓烟、高温、粉尘和随时余震坍塌的危险，在距末节车厢 2 米处垒筑封堵墙，他们用 2 万条沙袋和 300 余条湿棉被封堵隧道北口以及棚洞区的通风口。21 时 20 分，经过

约 6 个小时的奋战，在隧道北口内约 130 米处筑起一道底宽 7 米、顶宽 2 米的封堵墙。5 月 14 日 9 时，铁道部副部长卢春房在抢险指挥部工作会上，称赞中铁电气化局集团公司成功封堵隧道北口，为隧道尽快灭火做出决定性的贡献。5 月 17 日 7 时，隧道明火被成功扑灭，随后进行注水、抽风、降温等工作。

5 月 19 日 21 时至 20 日凌晨 3 时许，260 名抢险队员冒着浓烟和热浪，拆除北口封堵墙。当日，开始从隧道北口拖移受损车体。起复列车工作全面展开。5 月 20 日下午，隧道南口外发生较大碎石滚落，集团建设公司抢险队员黄军科被一块脸盆大的石头砸中头部，经抢救无效牺牲，年仅 37 岁。

5 月 22 日上午 10 时，困在隧道内的最后一节受损车厢被成功拖出。随着 40 节损毁车辆全部清理出洞，标志着隧道支护、修复、加固工作进入攻坚阶段。铁道部抢险指挥部下达命令，必须在 48 小时内完成加固抢修任务。抢险队伍全力以赴，展开攻坚战。在狭长的隧道里、在 48 小时的有限时间内完成隧道加固任务，必须开创最多的工作面，尽可能多地进行平行和交叉作业。经反复研究，抢险指挥部确定用平板车搭建 3 组作业台车，并联挂 6 节平板车存放材料机具，同时展开安装管棚、钢拱架和挂网喷砼作业的隧道加固方案。

5 月 23 日下午，对 4 根顶梁折断的棚洞进行加固，搭建防塌钢棚架，抢险进入决战阶段。坍塌的棚洞顶部，“品”字形交错挤压着 3 块重达 120 吨的巨石，形成一个面积约为 30 多平方米的“天窗”，余震中不断有碎石掉落，险情极为严峻。关键时刻，集团公司党委书记、董事长王其增，总经理刘志远，党委副书记、副总经理张建喜，副总经理李同茂、曹相和等领导站在巨石下指挥抢险。经过最后 38 个小时舍生忘死大突击，5 月 24 日凌晨 1 时 30 分，隧道修复加固顺利完成，比限令时间提前了 10 个小时。

5 月 24 日上午 10 时，中央政治局委员、国务院副总理张德江宣布宝成铁路恢复通车，满载救灾物资的抢 977 次列车顺利通过 109 隧道，开往四川灾区，中断行车 283 个小时连接地震灾区的生命线终于被打通。在恢复通车现场，中共中央政治局委员、国务院副总理张德江握住中国中铁总工程师、副总经理刘辉和中铁电气化局集团公司董事长、党委书记王其增、总经理刘志远的手说：“你们是国家队，这种抢险还要靠你们，在最危险、最困难的时候还是要看国家队”。

宝成铁路恢复通车后，胡锦涛总书记作出重要批示：宝成线提前实现全线通车，打通了西北、西南铁路大动脉，有力地保障了抗震救灾的需要。谨向全体抢险人员表示亲切慰问和崇高敬意。在抢险紧急关头，中共中央政治局常委、中央政法委书记周永康，中共中央政治局委员、国务院副总理张德江，中央军委副主席徐才厚都亲赴抢险现场慰问，检查指导工作。

2008 年，国家人力资源和社会保障部、铁道部授予中铁电气化局“铁路系统抗震救灾英雄集体”称号。中华全国总工会授予中铁电气化局以及所属的西铁工程公司、西铁建设公司宝成铁路 109 隧道抗震抢险突击队“全国工人先锋号”称号。北京市总工会授予中铁电气化局“抗震救灾，重振家园‘工人先锋号’”称号。国务院国资委发出表彰决定，中铁电化局集团有限公司宝成铁路 109 隧道抢险临时党总支获 2008 年抗震救灾先进基层党组织，集团西铁工程公司宝成铁路 109 隧道抢险突击队获中央企业抗震救灾先进集体，集团公司总经理、宝成铁路 109 隧道抢险总指挥刘志远，西铁工程公司劳务工、抢险突击队队员严虎勤获 2008 年中央企业抗震救灾先进个人，西铁工程公司电焊工，西铁工程公司宝成铁路 109 隧道抢险突击队队员张虎斌获 2008 年抗震救灾优秀共产党员。2008 年 6 月 16 日，国家民政部和陕西省人民政府授予在宝成线 109 隧道抢险中壮烈牺牲的集团西铁建设公司工人黄军科“革命烈士”称号。

二、宝天铁路桥梁抢险整治加固

四川汶川大地震同时也波及到陇海铁路宝鸡到天水段，造成宝天二线拓石火车站关庄大桥 13、14、15 号桥梁发生位移。在 109 隧道抢险的同时，中铁电气化局集团的另一支抢险队伍也成功排除了宝天铁路的险情。5 月 12 日 22 时，集团公司接到宝天铁路的抢险救援请求后，命令集团西铁工程公司立即赶赴抢险。5 月 13 日凌晨 3 点 40 分，由 260 人组成的抢险救援队伍到达抢险地点，经过艰苦奋战，5 月 13 日 21 时，关庄特大桥整治任务完成，宝天铁路在最短的时间内恢复通车。

三、汶川通信抢险抢修

2008 年 5 月 12 日发生的汶川地震，造成成都至汶川、理县、茂县、北川、松潘、都江堰、广元等地通信全部中断。

5 月 13 日，中铁电气化局集团二公司组织抢险队到地震灾区抢修联通通信光缆。5 月 17 日抢险队到达马尔康，5 月 18 日至 5 月 19 日打通马尔康至理县境内米亚罗镇至古尔沟镇 34 公里联通光缆线路。5 月 20 日，协助四川联通攀枝花分公司抢通茂县至擂鼓镇 12 公里联通光缆线路。5 月 26 日，抢通茂县至两河口 35 公里干线网络。6 月 5 日，抢通两河口镇至较场口镇 32 公里主干网络。

在抢险过程中，队员们以步代车，翻山越岭，以方便面充饥，矿泉水解渴，克服余震、山体滑坡、飞沙走石等危险，推进抢险任务。由于道路中断，物资运送不到位、不及时，给抢修工作造成困难，抢险队安排民工搞“接力”，往返接应、运送接续器具材料。经过艰苦努力，顺利完成抢险任务。

抢险工作历时 18 天，完成抢通任务 113 公里。更换、新设 12 芯光缆 21 公里，12 芯光缆头融接 19 个（228 芯），故障点测试、处理 18 处。参加抢险民工 30 人。2008 年 6 月，抢险队获工程总公司“抗震救灾抢险保通信先进集体”，张兵、官儒平获工程总公司“抗震救灾先进人”，官儒平、叶学东获集团公司“抗震救灾英雄”称号。

第八章　国外工程

第一节　伊朗德黑兰至梅莎段电气化铁路工程

伊朗德黑兰至梅莎段电气化铁路工程，是电化局在海外市场的第一个集设计、供货、施工、试验调试、技术培训和技术服务、质保期服务为一体的EPC交钥匙分包工程。它包括230千伏输电线路，车站电力、牵引供电、通信信号及控制系统、客运自动化服务系统和检修基地设备安装等。90%的电气化专用器材和设备由中国制造供应，是建国以来最大的一项国产成套设备出口贸易，是一条集世界先进技术和设备的快速电气化铁路。总包单位是北方工业总公司，合同编号为EM21，电化局分包合同金额为4400万美元。

该项目的资金来源是中国政府贷款（卖方信贷），伊朗咨询监理公司NANVARAN作为监理工程师，代表伊方业主进行工程监理。项目合同于1995年4月正式签署。

一、工程概况

德黑兰至梅莎（高乐莎）郊区铁路起自德黑兰地铁2号线E2站，途径埃克巴坦、体育场、詹加利公园、霍德罗、瓦达瓦德、加姆达列、伯尼亚德朗、卡拉季，终于梅莎检修基地，是伊朗首都德黑兰市区连接西郊居民点卡拉季地区的一条客运专用铁路，正线全长43公里。它在起始点E2车站与德黑兰地铁2号线连接，构成德黑兰城市快速交通系统。沿线共有9个车站，2个停车场，55座桥梁，200处涵洞，1处地下通道，限制坡度，10‰；最小曲线半径，6000米；钢轨类型，UIC-60和UIC-54；站场有效长度，400米；牵引种类，TM1型电动车组；运行速度，140公里/小时；输送能力，近期10000人次/每小时；列车运行间隔，15分钟；远期40000人次/每小时，列车运行间隔5分钟。

该工程由电化局伊朗项目部组织实施，电化局电气化勘测设计院和通信信号勘测设计院设计，电化局三处承建。

1998年7月设计和供货基本完成，7月15日开始施工。1999年2月，该项目一期工程（德黑兰至卡拉季）顺利开通，1999年3月业主颁发临时验收证书。此后，由于伊方业主土建工程的延误，剩余机电工程的实施进展缓慢，只能分段开通。

二、工程设计

1994年3月，电化局电气化勘测设计院根据德黑兰至梅莎（高乐莎）郊区铁路招标文件要求，向伊方业主提交技术建议书，内容包括行车、供电、变电、接触网、检修基地、230千伏线路及电力调度指挥系统。1994年9月，为便于双方进行技术交流，对上述建议方案进行深化，增加车站电力照明内容，向伊方业主提交了初步设计。1994年9至10月在德黑兰进行技术座谈，签订技术座谈纪要。1995 年 1 月，为签订合同准备文件，落实纪要内容，向伊方业主提交“电力牵引”技术文件 1 册，其中补充房土建、工务等有关内容。1995 年 5 月签订德黑兰至梅莎段铁路电气化工程合同。

在德黑兰至梅莎（高乐莎）铁路电气化工程中采用的主要技术标准：采用 AT 供电方式，在伯尼亚德朗站设 1 处牵引变电所，设分区所 1 个，开闭所 1 个，AT 所 1 个及电力调度中心 1 个。牵引变电所由蒙塔兹哈姆发电厂供给两路 230 千伏电源。牵引变电所设 2 台 230/2×27.5 千伏单相主变压器，1 台运行，1 台备用。AT 所设 2 台自耦变压器，正常时 2 台均投入运行，当 1 台自耦变压器发生故障时，另 1 台可全负荷运行。开闭所设两路进线，一路馈线。全线设远动系统，由设在 E2 站的电力调度中心控制。

区间和车站正线采用全补偿简单链形悬挂，接触网采用 TJ-95+RIS120 型导线；站线和渡线采用全补偿简单链形悬挂，接触网采用 TJ-95+TCG-85 型导线；在梅赫尔沙赫、卡拉杰（马拉尔德）和阿扎迪（E2）等车站和检修站采用带弹性吊弦的补偿简单悬挂，接触线采用 TCG-85 型导线；全线架设有正馈线和保护线。

全线新建两路 230 千伏高压输电线路 10 公里，站场照明和地区电力工程 10 个站。

全线设综合检修基地 1 处，包括供电段、机务段、车辆段及有关设施。

通信信号及控制工程由电化局通信信号勘测设计院设计。通信采用光数字传输系统（PDH），数字程控交换机、无线列调系统、集中控制时钟系统、车站广播系统、中央电视系统（CCTV）及调度电话系统等。信号采用电气集中联锁系统（RCI）、调度集中系统（CTC）及列车自动保护系统（ATP），采用区间地面信号机的自动闭塞，车站道岔区段都有连续速度控制码，机车信号采用双套，采用常态调度集中控制及信号不间断电源供电系统。按照合同要求，设计分初步设计和施工设计 2 个阶段。1996 年 9 月完成初步设计，1996 年 11 月到现场进行施工设计前的勘测，1996 年 12 月开始施工图设计，1997 年 4 月 10 日完成施工图设计。

二期工程施工图设计在第一期施工图设计阶段同时完成。德黑兰至梅莎（高乐莎）全线新增 10 个车站的站台紧急停车按钮。新增车站后，其信号联锁、牵引供电、接触网及电力调度（SCADA）系统的技术标准与一期工程采用的标准一致。对 E2 站的列车调度集中控制中心设备（CTC）进行升级改造，采用等离子显示屏（MPDP）替换原来的马赛克显示屏（MSC）。同时在高乐莎、梅莎车间及穆罕穆德莎车站采用新的调度分机外，其他各站维持原设备不变。全线通信传输系统采用同步数字传输系统（SDH）替换原来的准同步数字传输（PDH）系统，更换各站和中心设备。该系统（SDH）能够满足本线（德梅线）后续站区列车调度集中系统（CTC）、电力调度集中系统（SCADA）及通信时钟、无线列调等系统的全面升级改造后的信息传输需要。

上述各增加或变更工程，由中铁电气化勘测设计研究院和北京电铁通信信号勘测设计院负责设计。在 2004 至 2008 年间，配合总包方北方国际合作股份公司与伊方业主进行多次技术、商务谈判，2008 年 4 月签署对外合同（EM21-补充合同）。2008 年 12 月中铁电化局与北方国际公司签订分包合同。补充合同分包价格为 3650 万元，后调整为 3197 万元。

改造后的列车调度集中控制系统（CTC）和同步数字传输系统（SDH）能够满足德梅线后续西向延长线（高乐莎站向西延伸至哈斯特盖尔德站）的接入需要。该延长线工程对外合同于 2005 年 4 月签订。中铁电化局与北方国际公司的分包价格为 19434 万元。

根据伊方业主要求，对梅莎检修车间进行扩建，提高供电段、机务段和车辆段的检修水平，增加设备供应。2005 年签订的增加梅莎车间设备供货安装合同价格为 500 万元。

三、工程施工

德黑兰至梅莎（高乐莎）铁路电气化工程一期，由电化局成立的伊朗项目部承建，电化局三处负责施工。工程量包括：43 正线公里的双线接触网、新建牵引变电所、分区亭、开闭所、AT 所各 1 个、双回路 230 千伏高压输电线路 10 公里、站场照明 10 个车站、敷设光缆 42 公里及站场通信、车站视频监视系统、信号电气集中联锁及区间自动闭塞系统。

为保证德黑兰至卡拉季段电气化铁路优质、安全、按期建成通车，电化局三处 1998 年 7 月在卡拉季站成立工程项目经理部，下设 8 个专业作业组，其中接触网组 2 个，共 28 人；牵引变电所、电力及机务供电组 1 个，共 24 人；通信信号组 1 个，共 28 人；机械组 1 个，共 10 人；负责接触网、牵引变电所、电力、综合检修基地、通信信号及控制工程的施工，机械设备的的日常管理和维修工作。并根据采用的技术新、标准高和现场实际情况，制定创优规划和管理措施，强化施工管理，开发新的施工工艺和工法，进行标准化施工。

德黑兰至卡拉季段铁路电气化工程，于 1998 年 7 月 15 日正式开工，6 个半月优质高效地完成了德黑兰至卡拉季段 32.4 公里双线正线接触网及 E2、瓦达瓦德、卡拉季 3 个站的施工任务。1999 年 2 月 1 日建成一次送电成功，提前实现工期目标，赢得伊方人员赞誉。

2004 年，伊方业主要求将 EM21 合同的剩余工程（卡拉季至梅莎段）定义为二期工程，并要求 2005 年 3 月开通。电化局伊朗项目部按照伊方业主的要求，优化资源配置，精心组织施工，按时开通二期工程中的卡拉季至高乐莎段（约 7 公里），而高乐莎至梅莎段（约 2.5 公里）由于伊方业主征地拆迁遇到困难而无法继续开展工作。同时伊方业主要求，对梅莎检修车间进行扩建，并纳入 E2 站的 CTC 系统中心控制，在卡拉季和梅莎（高乐莎）间增加 1 个穆罕穆德莎车站，以及全线各站新增站台紧急停车按钮，并由此引起列车调度集中系统（CTC）、通信传输系统（SDH）的升级改造等一系列的新增工程量。

在 2008 年 8 月施工期间，由于穆罕穆德莎车站房建工程及梅莎车间土建工程未按计划完成，不能满足施工及设备安装进度的需要，同时由于伊方业主的资金问题，中国进口物资在伊朗港口滞留多月，造成工期继续延误。目前按照最新的进度计划要求，剩余工程（三/四期）预计在 2010 年内完成。

由于德黑兰至卡拉季段现场施工条件不具备，工程拖期难以预料，三处撤消了卡拉季工程项目经理部，后续工程全部移交给中铁电化局国际工程部负责实施。以国际工程部为主体的集团公司伊朗项目经理部，负责既有项目的实施及地区市场滚动开发经营职责。

随着德黑兰至卡拉季段其余车站站房建筑及站场线路的铺轨工作取得阶段性进展，国际工程部及时与中铁电化局三公司协调，抽调有关专业技术人员充实到伊朗项目经理部。卡拉季至梅莎段（高乐莎）工程（二期）于2004年10月16日正式复工，2005年3月15日建成投入试运行，2005年4月21日移交伊方业主进行管理，并办理商业运营。

根据中铁电化局与北方国际公司，以及北方国际公司与伊方业主签订的德梅（高乐莎）线剩余工程补充合同（EM21-补充合同）的规定，国际工程部及时组织剩余工程所需设备材料的采购运输工作。2008年8月前后，中铁电化局伊朗项目经理部根据物资供应计划及库存物资情况，开始EM21-补充合同标的工程的施工，如紧急停车按钮、新增站及卡梅线牵引变电、接触网、通信信号工程。2009年6月28日，新增穆罕穆德莎站、梅莎车间及梅莎车间至高乐莎站间接触网工程建成投入运行。

由于伊方业主的土房建改造工程仍然不能按照EM21-补充合同规定的时间提供施工条件，所以穆罕穆德莎站、梅莎车间、列车调度集中控制系统（CTC）和同步数字传输系统（SDH）设备安装无法开展施工，另外伊方业主对从中国进口的物资在伊朗港口滞留不能及时办理清关手续，造成工期继续延误。剩余工程（或三期）预期也得到2010年才能完成。

2009年下半年，中铁电化局伊朗项目经理部实施伊朗德黑兰地铁4号线H4高压所的供货、安装和调试工作，预计2010年上半年完成。该项目系由北方国际公司总包，中铁第三勘察设计院有限公司负责设计。

2009年8月26日，同时实施的伊朗德黑兰地铁1号线北部延伸线新增1个高压所的设备安装及调试工作完成，并送电成功。该项目系由中国中信国际合作公司总包，中铁第三勘察设计院有限公司负责设计。

第二节　乌兹别克斯坦土齐玛齐至安格让段电气化铁路工程

乌兹别克斯坦土齐玛齐至安格让段电气化铁路工程，由中国技术进出口总公司和中铁电化局组成的联合体承建，与乌兹别克斯坦国家铁路股份公司签署工程承包合同，合同编号为K021，合同金额为2554.15万欧元。中铁电化局技术总负责，负责LOT1、LOT2的2个包的牵引变电所、接触网、电力专业的设计、供货、安装、试验和调试、培训、2年缺陷通知期服务等一体化的交钥匙工程，同时还与中国技术进出口总公司共同负责外部电源设备采购和变电所配套房建工程的实施。在整个项目合同中，中铁电化局所占合同额度为人民币1.36亿元。

该工程的资金来源是德国银行贷款，工程监理为德国 DB 公司，并代表业主进行项目管理；合同框架采用 FIDIC 黄皮书。合同于 2007 年 9 月 13 日正式签署，合同工期为 550 天。

一、工程概况

乌兹别克斯坦（简称：乌方）土齐玛齐至安格让段电气化铁路工程，始于乌兹别克首都塔什干南站附近的土齐玛齐站，向南延伸至 Ozodelik 车站后东转，终于安格让站，正线（单线）全长约 116 公里，共设 10 个车站(其中 4 个车站已电化)。全线无隧道，但有 3 座下承桥和 5 座跨线桥需进行电气化配套改造，并新增 1 个车站。沿线的公路交通较为便利，车站及区间均可通公路或便道，地势较为平坦，施工条件较好。

该工程有 3 座牵引变电所、3 个分区所、1 个既有分区所、1 路馈线进行扩容改造；1 处 10/27.5 千伏降压所的选址、场坪、铁路专用线、进所道路及围墙等由乌方业主负责，所内的配套房屋、基础、支柱、构架和其他公共设施由联合体负责，降压所房屋的设计和施工由联合体进行当地分包；自 K29＋000 的 Kuchluk 站（不含），途经托伊至捷帕站(Toy-tepa)、奥佐德里克站(Ozodlik)、阿汉嘎兰站(Akhangaran)、新阿克恰站(Akcha-New)、阿布雷克站(Ablyk)到安格让（Angren）站，共计 6 站 6 区间，84.4 正线公里，138.5 条公里的接触网施工由联合体负责；其接触网下部工程和车站硬横梁结构有伊方业主负责；既有 10 千伏自闭贯通线局部改造、169.7 条公里新建 27.5 千伏 TWR 两线一轨贯通线路，以及 8 个车站和 11 处道口的照明系统由联合体负责。该工程由中铁电气化勘测设计研究院有限公司设计，中铁电化局二公司承建。工程于 2008 年 4 月 15 日开工。（2009 年 10 月 15 日竣工开通。目前，由于业主的外部电源还没有接入，新增设的 Akicha 站土建工程还没有完成，工期向后顺延，预计 2010 年 3 月底全线开通，并进入 2 年的质保期服务阶段）。

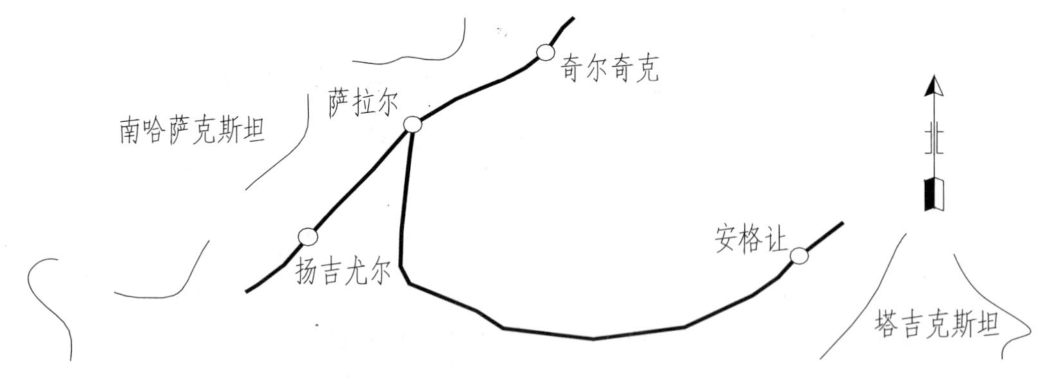

土齐玛齐至安格让段铁路示意图

二、工程设计

该工程由中铁电化局统一部署，国际工程部组织实施，中铁电气化勘测设计研究院有限公司设计。2008 年 6 月完成初步设计，初步设计得到乌方业主审查批准后开展了施工图设计，2008 年 10 月完成施工图设计，2008 年 12 月乌方业主批准了施工图设计。

乌兹别克斯坦土齐玛齐至安格让段电气化铁路工程，起于 SERGELI 站，终于 ANGREN 站。线路轨距 1.52 米，采用工频 50 赫兹 25 千伏交流供电，架空接触网系统，牵引变电所电源从 110 千伏国家电网引出。

该工程分别在既有 RAZEZD-135 会让站、阿汉加兰（AKHANGARAN）站和安格让（ANGREN）站设 3 处牵引变电所，从国家电网引入两路 110 千伏电源，相互备用。两回进线通过电动隔离开关(1011，1012)内侧跨条并联，在跨条上设置电压互感器(1VT)用于计费、测量、保护。

牵引变电所内设 1 台三相 110/27.5/10 千伏三线圈主变压器，并预留安装第 2 台牵引变压器的位置，采用 115/27.5/10.5 千伏三相三绕组结线（YNd11d11），主变压器容量为 16000 千伏安， 27.5 千伏出线通过母线向接触网供电，10 千伏馈线通过母线向 10 千伏用户供电。

考虑到电力系统电压波动大，牵引变压器采用有载调压方式，高压侧调压分接抽头为 115 千伏±9×1.78%。

牵引变电所高压侧采用 110 千伏电压等级供电的具体方案为： Passing Loop 135 牵引变电所：由 220 千伏 Faiziobod 变电所不同母线提供两回独立 110 千伏电源供电，单回输电线路长 29.3 公里，型号为 A C-120； Akhangaran 牵引变电所：由 VL-110 千伏 Angren CHP 至 220 千伏 Adolat 变电所间的 110 千伏线路 T 接两回独立的电源供电，T 接线路长度分别为 0.52 公里和 0.64 公里，型号为 A C-95；VL-110 千伏 Angren CHP 至 220 千伏 Adolat 变电所间的主干线路，型号为 A C-185，Akhangaran 牵引变电所的主供电源为 220 千伏 Adolat 变电所，至牵引变电所的主干线路长 10.04 公里；备用电源为 VL-110 千伏 Angren CHP，至牵引变电所的主干线路长 54.02 公里；Angren 牵引变电所：由 VL -110 千伏 Angren CHP 至 Keramicheskaya 变电所间的 110 千伏线路 T 接两回独立的电源供电，主供电源和备用电源分别为 VL -110 千伏 Angren CHP 的一段和二段母线。T 接线路和主干线路均由 A C-150 导线构成，单回输电线路总长为 2.1 公里。 VL-110 千伏 Angren CHP 至 220 千伏 Adolat 变电所间的主干线路，型号为 A C-185，Akhangaran 牵引变电所的主供电源为 220 千伏 Adolat 变电所，至牵引变电所的主干线路长 10.04 公里；备用电源为 VL-110 千伏 Angren CHP，至牵引变电所的主干线路长 54.02 公里；Angren 牵引变电所：由 VL -110 千伏 Angren CHP 至 Keramicheskaya 变电所间的 110 千伏线路 T 接两回独立的电源供电，主供电源和备用电源分别为 VL -110 千伏 Angren CHP 的一段和二段母线。T 接线路和主干线路均由 A C-150 导线构成，单回输电线路总长为 2.1 公里。

牵引变压器 27.5 千伏级的 C 相接钢轨，A 和 B 相分别向两端的供电臂送电。沿线架设 TWR 经 27.5 千伏/0.4 千伏或 27.5/0.23 千伏变压器降压后，为信号和车辆限界测控装置和计轴装置等提供备用电源。

该工程土齐玛齐(Tukimachi)站至库其卢克（Kuchluk）站的 28 公里线路已先期电化，目前从相邻电气化铁路接触网 T 接供电。本工程中将既有的拉奇莫夫（Rakhimov）分区所改造为分区所兼开闭所，新增 1 回馈线向土齐玛齐(Tukimachi)站至 K12+360 分区所供电。

正线接触网采用全补偿简单链形悬挂，站线采用半补偿简单链形悬挂。接触网跨距一般不大于 60 米，锚段长度一般不大于 1600 米，接触网的腕臂采用绝缘的旋转腕臂，绝缘子的爬距不小于 1200 毫米，支柱采用混凝土圆锥拄，车站采用钢珩架横梁式软横跨，接触线采用 100 平方毫米硬铜线，张力 10 千牛，承力索采用 95 平方毫米的镁铜合金绞线，张力 15 千牛，接触线高度 6300 毫米，结构高度 1600 毫米，绝缘和非绝缘锚段关节均采用三跨锚段关节，在支柱的田野侧悬挂低压供电的 TWR 系统。

从牵引变电所 10 千伏高压室馈出的电源构成供应全线低压用户的主供电源，从沿线的 TWR 引下通过降压变压器输出的电源为低压用户提供了备用电源。

本工程是在部分建设成形的工程上的续建工程，设计方案的灵活性不大，设计接口界面具有多重性，不同标准的设备在一个系统中相互融合（如接触线的截面特征与相关线夹的匹配、既有拉伊莫夫分区所保护设备新与旧的结合）。地区鸟害事故多发，系统防鸟害的功能要求高，大限界的接触网支柱比较多，对接触网支持结构的稳定性要求高。铁路完全开放，设备的防损要求高，安全性能要求高，铁路桥主要是穿式钢梁桥，接触网和 TWR 系统在桥上的悬挂空间受到限制。

根据续建工程的特点寻求新老系统的最佳结合，使设计产品最大限度的符合当地的情况。

三、工程施工

乌兹别克斯坦土齐玛齐至安格让段电气化铁路工程，由中铁电化局国际工程部组织实施，二公司承建。现场设中铁电化局乌兹别克斯坦项目部，二公司设现场项目经理部，组织开展施工任务。在工程实施过程中，中铁电化局派出人员约 70 人，雇佣当地民工约 100 人，租赁当地接触网作业车和架线车 4～6 台。

接触网工程　基础、支柱、拉线及硬横梁由乌方业主承担，已经施工完毕。中铁电化局二公司项目经理部根据标准化作业流程，对已施工完毕的支柱限界、跨距、斜率等进行全线复测，对不合格的项目内容向乌方业主提出整改要求进行整改。2009 年 5 月 28 日二公司项目经理部开始支柱装配作业，2009 年 6 月 11 日开始架线作业，到 2009 年 11 月 15 日，除由乌方业主负责的 Akicha 站土建和线路工程未完成造成无法开展接触网施工外，其他所有施工任务全部完成，并得到乌方业主的高度认可。

变电工程　2009 年 6 月 8 日开始变电所内立杆作业和设备安装。其中 LOOP135 变电所由于地下水位较高，只能在乌方业主完成永久性降水井工程后方能开展施工。通过中乌双方的共同努力，到 2009 年 11 月 15 日，3 个变电所的所有设备安装完毕，阿汉嘎兰变电所开始进行当地控制调试，12 月中旬，调试工作全部完成。由于乌方业主承建的外部电源系统工程尚未完成，电源无法及时引入变电所，变电所的联合调试和送电开通工作无法按期进行。中铁电化局乌兹别克斯坦项目部将与乌方业主共同努力与密切配合，争取在 2010 年 3 月实现牵引供电系统的开通。

电力工程　站场和道口照明于 2009 年 6 月开工，10 千伏自闭线和 27.5 千伏 TWR 线同步进行，到 2009 年 11 月 15 日，电力工程的安装工作基本完成，待牵引变电所开通后，该系统即可进行联调和投入运营。

变电所土(房)建工程　变电所土(房)建工程，由联合体负责实施，范围和工程量包括变电所房屋、室内动力照明、所内道路、设备基础、给排水、电缆沟、地网等。为解决土建工程设计标准和施工标准等一系列问题，相应的设计和施工均通过乌方当地设计院和承包商进行分包。土（房）建设计于 2008 年 8 月 26 日开始，2008 年 10 月底完成；土（房）建施工于 2008 年 11 月 1 日开始，计划 2009 年 10 月全部完成。

第九章　其他工程

第一节　大同煤矿集团口泉支线及口泉调运站通信工程

大同煤矿集团口泉支线及口泉调运站通信改造工程，位于山西大同市郊区，大同煤矿集团所在地。2007 年 9 月 1 日，中铁电气化局二公司与大同煤矿集团有限公司矿山铁路分公司签订口泉支线及口泉调运站通信改造工程，合同额为 1280 万元。施工项目为口泉支线通信光缆改造(含道口监视、各站通信机械室装修)及口泉调运站通信改造引起的相关附属工程。工程建设和接管运营单位是大同煤矿集团有限公司矿山铁路分公司，由大同煤矿集团有限公司同煤设计院设计，大同煤矿集团有限公司矿山铁路分公司电务段负责监理。

设计标准为架空光缆吊线的坡度变化不超过杆距 2.5%，因地形等限制不得超过杆距的 5%，在特殊情况下当吊线坡度变更为杆距的 5～10%时，吊线应安装仰角辅助装置。加强保护管冷却后，进行光纤收容，光纤收容半径必须大于 40 毫米，并将加强保护管卡入固定卡中，接头盒内两侧纤芯预留不得小于 0.8 米。中间站机械室与充气房均分设，各运转室设集中机，调度电话均接入集中机。中间站通信机械室内设小综合光电缆引入柜、D/L 分插设备、ADM 光传输设备、48 伏高柜开关电源柜、维护蓄电池组等设备。区间电话机、程控调度电话及其附属设备均安装在小综合光缆引入柜内。各车站引入柜内设 QL-3 型网络终端盒。

大同煤矿集团口泉支线及口泉调运站通信改造工程，传输及接入、电源及环境监控设备安装各 10 套，光纤监测设备安装 2 套，传输、接入网网管、传输接入设备扩容 5 项。2007 年 8 月，二公司抽调施工人员 26 人在口泉组建项目部，下设 2 个作业队，每个作业队分别雇用 50 名经过培训的合同工，由技术过硬的职工带领，从事挖电缆沟、搬运设备、运电杆、线材、电缆等工作。第 1 作业队负责口泉调运站及永定庄、同家梁、白洞、四老沟站施工；第 2 作业队负责魏家沟、雁儿崖、红石崖、青羊湾、乔村站施工。工程于 2007 年 9 月 1 开工，2007 年 12 月 15 日完成光缆架设，2008 年 1 月 1 日开始进行设备安装调试，2008 年 3 月 31 日完成设备的系统联网调试，2008 年 4 月 15 日验收开通，交付使用。

第二节　湖南华润电力桥曲 500 千伏送出线路(甲线)工程

湖南华润电力桥曲 500 千伏送出线路(甲线)工程，由鲤鱼江出线至韶关(曲江)，全长

92.287公里，是南方抗冰抢险灾后重建工程之一。第六标段位于湖南省郴州市宜章县内，全长9.98公里，投资 2400万元。工程由华润电力湖南有限公司投资建设，湖南省电力勘测设计院设计，中南电力监理公司负责监理，湖南华润电力鲤鱼江有限公司为项目施工法人，分包给中铁电气化局二公司承建。

按百年一遇的防冰冻灾害标准设计，单回路同塔架设导线，导线采用 4×LGJ-300/50型钢芯铝绞线。地线1根采用OPGW复合通信光缆，另1根采用GJ-125镀锌钢绞线。采用重型铁塔（Q420高强钢）。线路共跨越110千伏电力线4处，220千伏电力线1处，35千伏电力线1处，10千伏电力线10处，380/220伏电力线9处，通信线5处，公路8处，河流3处，铁路支线1处。

工程包括混凝土基础浇制与铁塔安装各30基（其中直线塔21基，转角塔9基。），导、地线与OPGW光缆架设各11.835公里。2008年3月，二公司成立华润电力桥曲甲线工程项目部，下设 2 个施工队，分别驻扎在太平里乡和用口镇，工程高峰时施工人员达到 1400多人，组织各种机具30余种。2008年4月5日开工，铁塔基础以刚性台阶式、岩石嵌固、掏挖式等型式施工为主。铁塔组立根据地形采用外拉、内拉分解组塔等方法施工。导线、地线架设利用大、小张力机，大、小牵引机，采用张力放线方法施工。线路交叉跨越较多，跨越带电电力线路采用搭设跨越架和挂设迪尼玛绝缘网的方法施工，为保证施工安全，现场作业与管理人员开展QC攻关活动。工程于2008年6月13日竣工。

第三节　华润电力曹妃甸电厂一期工程

华润电力曹妃甸电厂位于河北省唐山市曹妃甸新港工业区中南部，靠钢铁生产基地北侧的重工业区内，西侧邻一号港池码头腹地。曹妃甸电厂铁路专用线在迁曹铁路的东港线（矿石运输专线）曹妃甸站南咽喉区西侧接轨，接轨后穿青林公路和第一雨水蓄水渠，沿规划路跨电厂排水渠，再穿第二雨水蓄水渠，南行进入曹妃甸电厂，线路全长5.867公里。

主要技术特点，铁路等级：工企 I 级；正线数目：单线限制坡度：4‰；最小曲线半径：600米，困难350米；到发线有效长度：1700米；牵引种类：电力；机车类型：和谐型大马力交流电力机车；牵引质量：10000吨；车辆类型：C70型闭塞类型：站间自动闭塞。

曹妃甸电厂一期（2×300兆瓦供热机组）工程建设单位为华润电力控股有限公司，由河北省水利水电第二勘测设计研究院设计，西安黄河工程监理有限公司对工程实施监理，中铁电气化局一公司承建。

工程范围为曹妃甸电厂一期（2×300兆瓦供热机组）铁路专用线建设施工、安装、调试到铁路专用线竣工验收、通车投入运行、移交电厂管理的全部钥匙工程（翻车机室建筑及其室内工程除外），工程项目包括拆迁、路基处理、桥梁、涵洞、轨道、通信、信号、电力、接触网、房屋建设、给排水、站场设备、其他站后配套、大型临时及过渡工程等。

工程涉及路基、线路、通信、信号、电力、牵引供电、房建，给排水、站场建筑设备等专业。电厂项目部成立1个桥涵，3个路基，1个通信，1个信号，1个电力变电，1个接触网，1个房建共9个施工作业队。其中3个路基、1个桥涵作业队在完成前期分担的任务后，合并成1个综合作业队，共同参与线路铺轨、车站站线的铺轨、铺岔等工程任务，其他作业队均负责各自专业的施工。

拆迁工作包括电力、通信、上下水管道拆迁，其中箱式变电站改移1座，10千伏电力电缆改移2条改移长度1.7公里，通信光缆改移3条改移长度6公里，110千伏铁塔架高2座，110千伏架空线架高14条架高长度1.5公里，上水管改移2条改移长度1公里，下水管改移2条改移长度1公里。按预定计划完成。

路基工程 包括站场路基填筑和区间路基填筑，全部为路基特殊工点，基床表层填AB类土27.333万立方米，基床底层填普通土34.756万立方米，区间占地128.7亩，区间土石方约为18.8万立方米，全部采用远运土，作为路基填料。整个路基工程，包括路及附属工程，2007年底开工，2008年3月15日全部完工。

桥涵工程 1座大桥，里程为DK1+658.28，5-20米，长116米；涵洞7座/101.84横延米，与路基工程同期建成。

轨道工程 曹妃甸电厂铁路专用线自曹妃甸车站南部咽喉区接轨位置GDK15+350=电专DK0+000至曹妃甸电厂厂内站终点DK5+845.24，线路总长度5.867公里。采用重型轨道标准，钢轨采用60公斤/米；轨枕为新Ⅱ型钢筋混凝土轨枕，每公里铺设1760根；采用一级碎石道碴，双层道床厚40厘米。2008年3月15日开工，摆放混凝土枕、铺轨、上渣整道、道岔铺设，5月15日完工。

通信工程 曹妃甸站（含）至电厂站（含）5.867公里，敷设1条12芯单模充油直埋光缆。利用其中1至4芯开设STM-1ADM(1+1)传输及接入系统，5至8芯供传输系统备用，9至10芯供信号计轴信息系统使用，11至12芯作为备用。全线专用通信采用数字调度通信系统，(简称FAS)，并利用迁曹线传输通道接入到太原铁路局调度所的数字专用通信FAS枢纽主系统设备。站间行车、站场通信系统、道口电话均纳入该系统。通信工程受站前等专业的影响，进场时间较晚，作业队分3个班组，2008年2月10日开工，4月20日完工。

信号工程 电厂站为新建车站，尽头式布置，联锁方式为双机热备型计算机联锁，设联锁道岔12组，3股道发车线，与其相邻区间采用自动闭塞方式，区间检查采用计轴装置实现，采用列车调度指挥系统。2008年4月1日开工，4月30日完成。

电力工程 在电厂站信号楼旁设箱式变电站1座，内设信号变压器、混合变压器各1台，电力贯通线5.867公里。电力作业队组织60个人的队伍，于2008年3月20日进场，分2组施工，1组负责电力电缆敷设工程施工，1组负责基础浇制及设备安装等工程施工。2008年6月5日竣工。

牵引变电工程 2008年5月5日开工，6月15日竣工。完成27.5千伏真空断路器、隔离开关、避雷器安装及调度所增加设备的安装调试等。

接触网工程　2008年3月20日开工，6月15日竣工。完成基础浇注112个、支柱安装119根、钢柱安装118根、软横跨安装56组、接触网架设5.867公里。

房建工程　本标段地区地质情况不良，场地内20米深度范围液化的土层为细砂层，房屋基础施工时，技术人员按照对软弱土、盐渍土及抗震液化土进行相应的特殊地基处理。另外海水对混凝土结构具有弱腐蚀性，混凝土采用了防腐混凝土，以确保房屋工程质量。施工期内完成598.8平方米的信号楼1座、35平方米的道口看守房1处、151平方米的综合工区和50平方米的装卸检修所以及20.3平方米的道岔清扫平房各1处。按约定，一公司在全部工程竣工后承担为期1年的线路维修。

第四节　襄樊电厂二期扩建铁路专用线改造工程

一、工程概况

湖北省襄樊发电厂位于襄樊市南郊余家湖，由国家电力公司华中公司、湖北省电力开发公司、湖北汉源电力开发股份有限公司共同出资组建。襄樊电厂一期工程装机容量4×30万千瓦机组，二期工程2×60万千瓦机组并网成功后，电厂的总装机容量达到240万千瓦。

襄樊电厂二期扩建铁路专用线改造（电厂站）工程建设单位为湖北省华电襄樊发电有限公司，由武汉铁路局勘察设计院设计，中原铁道建设工程监理有限公司负责监理，中铁电气化局二公司承建。

工程由原既有铁路专用线K7+946.96改线，沿既有线西侧进入翻车机车场，至翻车机中心前40米止，全长1654.78米。新建空车、重车、机车走行、存车线各1条。施工项目包括：路基土石方、轨道、桥涵、电力、通信、信号、房建、给排水及站场附属设施，总投资3010万元。2006年2月14日开工，2006年11月30日竣工。

二、工程设计

线路等级为Ⅰ级专用铁路，单行线；限制坡度，重车（下行）6.0‰、空车（上行）12.0‰；最小曲线半径，400米；内燃牵引，机车类型DF4（或DF12）。牵引定数目前为3500吨，襄石线电气化改造后为5000吨。专用线区间路基面宽度6.6米，路拱为三角形，拱高0.15米。站场设2条纵向盖板排水沟，路基以排水沟为分界点形成路拱，坡度为2%。本线均为路堤，高度均在5.0米以内，路堤边坡为1：1.5，边坡采用铺种草皮进行护坡和铺设土工格栅外种草皮进行防护2种形式。沿线设计8座小涵、1座下穿立交桥。采用50公斤/米、长25米的次重型标准新轨，接头配件采用GB184-63双头式六孔夹板及接头螺栓；正线采用YⅡ-F混凝土轨枕，曲线半径300米以下的曲线地段、道岔及其前后各15根铺设Ⅱ类木枕。

通信专业，自王树岗站通信工区机械室至翻车机车场通信机房，新敷设 HEYFL237×4×0.9+6×1×0.6 对称电缆 1 条，并配置区间通话柱 4 个。电厂工业站通信机房对王树岗站通信机房开 8 兆比特/秒光传输系统，行车、货运、数据、自动、平时以光通道主用，电缆备用，新、旧电缆均采用充气维护方式。翻车机车场新建信号楼 1 座，设 FH—98 数调集中机 1 台；信号楼行车值班员与王树岗站信号楼值班员设行车直通电话 1 对；对机务、列检所、调车组、门卫房、电厂燃料办、油库值班室设直通电话各 1 对。专用线新设 400 兆赫无线调车机车电台 4 台，供行车值班员与调车司机调车取送作业及区间紧急情况下与两侧车站值班员联络使用。电台采用 DJW—401 型数字平调电台，可传输语音和通话单，调度命令有录音、传输有凭据可查。电厂站新设货运值班室对王树岗站货运值班员室设直通电话 1 部，以沟通货运业务联络。根据铁道部信息化规划要求，货运量大的客户实行货运微机联网报运输装卸计划，电厂货运微机经局域网形式以实现货运业务信息传输、查询、跟踪。电厂站货运值班室设微机系统 1 套。

信号专业，新建电厂站对王树岗站方面采用 64D 型继电半自动闭塞，轨道电路为交流 480 型，电码化维持既有方式。道岔采用 ZD6—D 电动转辙机，DS6-11 型计算机联锁系统。全站信号机构采用 XSLE 型组合式铝合金机构，点灯采用 LED 信号光源。采用 PZYA22 型信号综合电缆。室内采用 LDJLZ-II 型全电子执行机和微机监测系统。

电力专业，新建翻车机车场均采用独立低压（380/220 伏）电源供电，均由二期翻车机配电室 2 台独立变压器侧经专用开关并以电缆直埋方式引入信号楼底层电力配电室，其中一路（N 一）为信号主用电源，另一路（N 二）为信号备用及翻车机车场其他负荷。信号楼电力配电室内设 1 个信号主用电源开关箱和三面配电柜，通过以上装置对信号主、备用电源及翻车机车场的室外电力负荷进行供电和控制。二期工程翻车机车场增加 5 座升降式投光灯塔和 12 座灯柱，以供夜间作业照明，投光灯塔和灯柱的控制分别设于各自的信号楼。电源引入线均采用电缆直埋敷设方式，电缆穿过铁路、道路以及进入建筑物需穿管保护。

房建专业，电厂站站房、信号楼、列检室等房屋建设，总建筑面积 1688.1 平方米，均为砖混结构，结构安全等级为二级，房屋结构的设计使用年限均为 50 年。地基基础除列检室采用钢筋混凝土条形基础外，其他房屋均采用粉喷桩复合地基，素混凝土条形基础。外墙均刷外墙涂料，内墙均刷乳胶漆（卫生间为瓷砖到顶），夹板门 ，铝合金窗，屋面采用新型材料“水皮优”涂膜防水。地面根据房间不同，主要采用地砖楼地面，信号楼计算机室采用防静电地板。

三、工程施工

工程包括路基回填土 28 万立方米，盖板涵 8 座、框架桥 1 座，铺轨 4.52 公里，6 组道岔，房屋建设 1688.1 平方米，5 座投光灯塔、12 盏路灯，1200 米给水管道、1584 米排水管道。二公司投入大量的人力、物力，高峰期现场职工 20 人、农民工 700 人、施工机械车辆等 150 余台。

路基工程　2006 年 3 月 1 日开工，路基填方量大，施工取土场远，以 K8+406.3 公铁立交桥为分界点，划分为 2 个大的施工段，同时展开施工，2006 年 9 月 20 日路基主体竣工。完成路基填方 28.0648 万立方米、挖方 3216 立方米、坡脚墙 1018 立方米、片石侧沟 1448 立方米、土工格栅 6.3398 万平方米。

桥涵工程　桥涵施工包括 8 座小涵、1 座下穿立交桥。下穿铁路立交桥为电厂站的控制工程，包括 6 节框架涵、1 节顶进框架涵、4 节 U 型槽、5 节人行道挡墙。2006 年 2 月 14 日开工，2006 年 11 月 30 日全部完工。

轨道工程　2006 年 7 月 31 日开工，轨道施工根据线路成型情况交叉进行，2006 年 10 月 20 日竣工。完成铺轨 4.52 公里，道岔 6 组。

通信工程　2006 年 3 月 10 日开工，2006 年 10 月 28 日竣工。完成长途光缆 8.2 公里，地区站场通信 1 处。

信号工程　新增加 5 股道 6 组道岔，全站 27 组道岔（不包括预留），预留 2 股道及 4 组道岔。2006 年 9 月 10 日开工，2006 年 10 月 28 日竣工。完成 ZD6—D 电动转辙机 6 台，DS6-11 型计算机联锁系统 1 套。

电力工程　2006 年 9 月 20 日开工，2006 年 10 月 5 日竣工。完成灯塔 5 座，路灯 12 座，电缆 8.8 公里。

房建工程　2006 年 4 月 27 日开工，2006 年 11 月 30 日竣工。完成建筑面积 1688.1 平方米，道路 6423 平方米，围墙 2486 米，污水处理系统、燃油发放系统各 1 套。

第五节　国电长源发电有限公司铁路专用线工程

国电长源发电有限公司位于湖北省武汉市，坐落于长江之滨，毗邻武汉重工业区。国电长源发电有限公司三期扩建铁路专用线翻车机场工程建设单位为国电长源发电有限公司，由武汉中铁勘察设计研究院设计，中原铁道建设工程监理有限公司武汉分公司荆门电厂专用线监理组负责监理，中铁电气化局二公司承建。工程项目包括路基土石方及附属设施、桥涵、轨道、电力、房建，总投资 1520 万元。

专用线为工业企业 I 级线路，单线，限制坡度 6‰，最小曲线半径 300 米，DF7 内燃牵引。公路桥设计等级为公路 II 级，桥面净宽 7.0 米，跨度 12+16+16 米，采用后张法预应力空心板梁，每孔 6 片，桥面坡度为横坡 1.5%、纵坡 1.0%。

电力专业，电源进线采用 2 条 YJV22-3×70+1×35 动力电缆，起点为翻车机场三楼配电室开关柜，送至综合楼一楼控制配电箱，系统开关容量为 2×200 安。轨道衡室电源由综合楼 100 安馈电开关 VV22-3×16.1×10 送至轨道衡室馈电线路。综合楼由 Vv-22-3×

25+1×16 接入馈电线路。路灯、塔灯由综合楼外灯控制箱控制。系统设有零电位接地箱。所有电缆线路均采用直埋。

房建专业，综合楼设计为 2 层，控制室设计为 1 层，砖混结构，建筑面积分别为 517.3 平方米和 69.4 平方米。建筑安全等级为二级，抗震等级为 7 度，建筑分类为丙类，屋面防水等级为二类。墙体采用 M5 混合沙浆砌 Mu10 灰砂砖，墙厚均为 240 毫米，门窗为铝合金窗，底层窗及门梁均加防盗铁栅。卫生间内墙采用 200 毫米×300 毫米面砖，其余内墙及天棚均刷乳胶漆涂料，卫生间为 200 毫米×200 毫米防滑地板砖，其余地面为地砖。

工程包括路基土石方 20.0848 万立方米，路基 1.26 公里，公路桥、涵洞各 1 座，铺轨 3.15 公里；综合行车楼、轨道衡控制室房屋建设 587 平方米。

2005 年二季度，二公司成立项目部，抽调施工人员 120 人，组织主要机械设备 18 台件。路基站场工程 2005 年 9 月 9 日开工，2006 年 10 月 10 日竣工；轨道工程 2006 年 6 月 1 日开工，2006 年 9 月 28 日竣工；电力工程 2006 年 6 月 1 日开工，2006 年 9 月底竣工；房建工程 2006 年 4 月 1 日开工，2006 年 10 月 5 日竣工。

第六节　沧州华峰热电厂铁路专用线沧州西站改造工程

沧州华峰热电厂有限公司铁路专用线沧州西站改造工程，位于河北省沧州市朔黄线沧州西站。2006 年 12 月 25 日，中铁电气化局二公司与沧州华峰热电厂有限公司签订沧州华峰热电厂有限公司铁路专用线工程合同，合同额 2050 万元。工程项目包括路基、土石方、接长涵洞、轨道、通信、信号、电力、接触网等。工程建设、接管运营单位是沧州华峰热电厂，由铁道第三勘察设计院设计，天津新亚太监理公司负责监理，中铁电气化局二公司承建。

路基面形状及基床技术特点为单线非渗水土路基面做成三角形路拱，高 0.15 米；路基基床填料符合《铁路路基施工规范》；跨越公路、道路桥涵的净空，按不低于既有桥涵标准执行。通信线路采用 HYAT53 型市话电缆、HEYFLT23 低频对称电缆；信号采用透镜式色灯信号机，6502 电气集中；高低压电力电缆采用 YJLV22-8.7/10 及 VV22-1 型，电力电缆敷设方式采用直埋；正线接触网采用内包式钢铝 GLCN-250 型电车线，站线接触线采用内包式钢铝 GLCN-195 型电车线，正线承力索采用耐腐蚀 LBGJ-90 型钢芯铝绞线，站线承力索采用 LBGJ-70 型铝包钢绞线，额定张力均为 15 千牛。

工程包括路基土石方 10.9 万立方米，信号机安装 26 架，转辙机安装 36 台，承导线架设 12.13 公里，分相、分段绝缘器安装 6 台。

2006 年 12 月底，二公司抽调施工人员 32 人，组成沧州华峰热电厂有限公司铁路专用线沧州西站改造工程项目部，边建点、边备料、边施工。因建设单位前期征地进度缓慢，各专业 2007 年 5 月 10 日相继开工。2008 年 1 月，三电迁改完成。2008 年 5 月，新建 10 道路基础完成，随后进行铺轨施工。2008 年 6 月信号专业室外施工完成，开始室内配线。2008 年 7 月，6 座涵洞基本竣工，接触网下部施工完成，开始承导线架设及调试。2008 年 8 月，最后 1 组道岔铺通，全站信号联琐开通。2008 年 11 月 3 日，新建 10 道接触网冷滑检验合格，2008 年 12 月 30 日工程竣工交付使用。

第七节　长源荆州电厂铁路专用线工程

一、工程概况

长源荆州热电有限公司荆州电厂位于湖北省荆州市东区荆江大堤与长江子堤之间的高新技术开发区，距沙市市区中心直线距离约 6.0 公里，距离荆江大堤 3.0 公里，东面紧邻荆沙铁路，距沙市火车站 2.0 公里。

长源荆州电厂铁路专用线工程建设单位为国电长源荆州热电有限公司，由武汉中铁勘测设计研究院总体设计，中原铁路建设工程监理公司负责工程监理，中铁电气化局二公司承担 B 标段工程建设。

B 标段工程，从荆沙线（DK0+000=K81+300 处）接轨，到电厂站，全长 2.009 公里，同时电厂站内新建重车、空车、机车走行线各 1 股道，正线与重车线贯通。为满足电厂机车整备要求，车站内设置尽头式机务整备线 1 条，有效长度 100 米，配置内燃机车检修坑 1 座。2008 年 4 月 16 日开工。

二、工程设计

专用线钢轨为次重型轨道，采用 50 公斤/米、长 25.0 米的标准新轨。正线采用 YⅡF 混凝上轨枕，部分线路采用钢筋混凝土宽枕，道岔采用专线 3419 钢筋混凝土岔枕。站线道床面砟采用二级碎石道砟，底砟采用碎石屑或中粗砂等。正线及到发线采用双层道床，其他站线均采用单层道床。车站最外侧线路中心至路基边缘的宽度按 3 米设计，梯线及有调车作业地段线路中心至路基边缘为 3.5 米，路肩宽度 0.4 米，土质路基的路基面设路拱，车站路基面设有倾向排水系统的横向坡度，路堤边坡新建为 1：1.5，边坡采用铺种草皮进行防护。电厂站新增股道，接长涵洞采用与既有涵洞孔径相同的盖板箱涵或框架涵接长。电厂站 1～2 道间、4～5 道间分别设纵向盖板排水沟 1 条。电厂站所产生的生活废水，经化粪池处理后排至附近沟渠。排水构主要采用钢筋混凝土管道，以重力式排放。室外设地上式消火栓 1 座，一般生产生活房屋配置干粉灭火器。综合办公楼设火灾自动报警系统。

通信设置行车电话、货运电话、无线调车系统、列检无线电话系统、地区自动电话、车站信息系统。在电厂站 DK1+300 处线路西侧新建信号楼，信号采用 6502 电气集中。电力采用独立低压（380/220 伏）电源供电，新建 4 座升降式投光灯塔，以供夜间作业照明。

房屋结构设计使用年限均为 50 年，结构安全等级为二级。所有房屋均按 6 度抗震设防，框架结构的抗震等级为 4 级，抗震设防类别为丙类建筑。综合办公楼为框架结构、机务检修棚为排架结构、其他房屋为砖混结构。综合办公楼为柱下钢筋混凝土条形基础、机务检修棚柱下钢筋混凝土独立基础、其他房屋为素混凝土条形基础。外墙均刷外墙涂料，内墙均刷乳胶漆（卫生间为瓷砖到顶），镶板门 ，铝合金窗及塑钢窗，屋面采用高分子卷材防水（二级防水），楼地面根据房间不同，主要为地砖，综合办公楼控制室为防水复合地板，通信机械室、电源室、信号机械室为水磨石地面。

三、工程施工

荆州电厂铁路专用线 B 标段工程，基建土石方 11.1309 万立方米；粉喷桩 12120 延米；框架涵、盖板涵各 2 座；新增空车、重车、机车走行、机务整备线各 1 条，铺轨 4.557 公里、道岔 4 组；综合楼、机务整备所、工务工区、机务检修棚、轨道衡控制室、门卫、道口等房屋建设及电力、通信、信号施工。

2008 年 4 月二公司在沙市成立荆州电厂工程项目部，抽调 260 名施工人员和各种机械并组建路基、轨道、通信信号、电力、房建及给排水 5 个施工队分别负责路堤填筑及路堑开挖、线路铺设、通信信号、电力、房建及给排水工程的施工。2008 年 4 月 16 日开工，到 2008 年底基建土石方、粉喷桩；框架、盖板涵；新增空车、重车、机车走行、机务整备线基本竣工。房建 2008 年 8 月 10 日开工。电力、通信信号未开工。完成投资 1652 万元，建安 1452.9 万元。

第八节　江西新昌电厂铁路专用线工程

江西新昌电厂（2×600 兆瓦）铁路专用线工程自乐化站北端变压器厂的牵出线上接轨出岔，经过机场卸油库专用线前水田，泉岗垄村西南侧，穿港田周村前山体后跨幸福河，经陈家村过奶牛三场杉树林及水田，在 DK4+490 处跨福银高速公路，经画家山村，到涂家村村边，穿苗圃及果子堤村后树林，经刘备咀村，于 DK9+387 处跨越通樵舍乡镇公路进入电厂站。起讫里程 DK0+000 至 DK11+238，线路全长 11.238 公里（含电厂站），共 8 个曲线，最大曲线半径为 2500 米，最小曲线半径为 350 米，曲线全长为 3.89 公里。

江西新昌电厂铁路专用线工程建设单位为江西中电电力股份有限公司，由南昌铁路地质勘查设计院设计，上海先行建设监理有限公司江西分公司负责监理，中铁电气化局二公司承担 11 标段工程建设。11 标段工程包括征地拆迁、路基、桥涵、轨道、通信、信号、电气化、电力、房建、给排水等。

电厂专用线轨道采用京九电化改造标准。新铺线路道岔采用 P50 1/9 单开道岔。正线采用 50 公斤/米钢轨，长度 25 米标准新轨，正线曲线半径为 450 米以下时，采用同级耐磨钢轨。乐化站增加到发兼存车线 3 股，预留 2 股，有效长 1050 米。取消电厂专用线安全线，利用变压器厂专用线道岔作为隔开设备，增加机场专用线安全隔离设备。

数字调度通信（包括行调、无线列调、站间行车）、铁路运输管理信息系统，新设 SDH 155 兆比特/秒传输设备及 ONU 接入设备，利用新设的 8 芯光缆中的 2 芯光纤接入乐化站京九线网传输设备，乐化站接入网传输设备相应增加对电厂站方向的光接口板 1 块，电厂站新设接入系统设备，纳入既有京九线接入网网管。信号包括 TDCS、信号微机监测和半自动站间闭塞系统。电力新建 7 座 21 米升降式投光灯塔，光源选用 8×400 瓦钠灯，灯具自带电容补偿装置，照明控制方式采用时控。灯塔控制电源及房屋电源电缆采用 YJV22-1KV 型，敷设方式采用直埋，过轨及硬化路面时加钢管保护。生产房屋室内配电采用铜芯线穿塑料管或钢管暗敷，照明灯具采用节能型荧光灯或工矿灯。

新昌电厂专用线 11 标段工程，路基土石方 7.1475 万立方米，框架、盖板涵 9 座，桥梁 330 延米，房屋建筑 1998.6 平方米；电力电缆 14 公里，投光灯塔 7 座，变电所 5 座；通信、信号电缆 14.6 公里，通信站 2 座，信号无线铁塔 1 座。

2008 年 5 月 4 日二公司新昌电厂专用线 11 标段工程项目部成立，组织施工人员 140 人，挖掘机 3 台，铲车 2 台，运土卡车 15 辆进场。幸福河大桥全长 330 米，是整个工程的控制重点，2008 年 6 月 12 日率先开工，路基、公跨铁立交桥及涵洞工程 10 月 1 日开工，到年底完成投资 5150 万元，建安 4500 万元。房建、通信、信号、电力工程 2008 年未开工。

第九节　泸州电厂 2×600 兆瓦机组新建铁路专用线工程

泸州电厂 2×600 兆瓦机组铁路专用线位于川南丘陵地带，通过丘包圆缓坡和槽谷宽敞、狭长沟田地段，大部分地段为软黏土，尤其是隧道进出口位置，边坡砂泥岩风化剥落严重，使施工受到自然环境及地质条件的限制和影响。

工程建设单位为四川泸州川南发电有限责任公司，由中国华西工程设计建设有限公司地铁设计部设计，西南交通大学工程建设监理公司负责工程监理，中铁电气化局建筑工程公司承担施工。

工程包括站前和站后工程，由隆昌至叙永线既有预留石棚车站的泸州端重方向顺接，起点为 ZDK0＋000（D1K73＋095.76 接轨），终点为 ZDK9＋000，正线全长 9.576 公里。全线有 2 座隧道，石棚 1 号隧道长 195 米，2 号隧道长 451 米；有 4 座大桥，石棚河大桥长 323.19 米，石棚站北大桥长 368.40 米，白村大桥长 231.99 米，雁山河大桥长 241.12 米，计 1164.7 延米；有中桥 1 座长 32 米；跨铁路拱桥 1 座长 8 米；有 24 座涵洞，计 576.47

延米。区间路基土石方 145.0429 万立方米，站场土石方 26.0824 万立方米。通信信号、电力及电力牵引供电工程为 9.576 公里，房屋建筑工程 1404.58 立方米。

2005 年 11 月 15 日开工，2007 年 1 月 16 日石棚 2 号隧道贯通，2007 年底区间路基土石方工程全部完成，全线路基基床全部成型，石棚北大桥、石棚河大桥、白村大桥、雁山河大桥及白房子中桥计 1214.21 延米下部结构全部完成。新建涵洞 24 座，既有涵洞接长 4 座，石棚 1 号和 2 号隧道全部完成。石棚站场线下工程全部结束，3 线和 4 线铺设完毕，与既有线接轨。所有站场房建工程全部竣工待验。正线铺轨 2.41 公里，其中石棚站北大桥铺架完毕，石棚河大桥开始铺架。

石棚站北大桥原设计为路基高填方，由于该段路基填方较高，超出常规，安全性低，施工困难，且影响工程质量因素较多。2008 年经业主、设计、监理、施工四方研究决定将该段路基改为长桥。在桥梁架设施工中，由于中国目前现有架桥机最小铺架设半径为 600 米，吊梁小车最大横移量为 250 毫米，根本不能架设 600 以下曲线半径的桥梁。而石棚站北大桥曲线半径为 400 米，远远低于该型号架桥机的架设半径，为确保完成大桥桥梁的架设任务，施工单位一方面积极联系设计单位对架桥机进行技术改造，在架桥机 2 号柱上增设横移机构，保证架桥机在整机横移对位过程中，各支腿准确可靠地支撑在桥面和桥墩上，同时保证运梁车进出，满足拖梁要求。另一方面，对架桥机在曲线上的偏离量进行精确计算，确定架桥机 1～3 号柱在该曲线上的偏移量和 2、3 号柱在桥面的具体支撑位置，保证了架桥的可行性。该项技术的突破，不仅满足了泸州电厂铁路专用线桥梁架设的要求，也拓宽了 JQ130 架桥机的使用范围。

2008 年 9 月 14 日竣工，2008 年 12 月 2 日验收合格，达到安全运行条件。

第十节　内蒙古点岱沟至南坪工业广场铁路专用线工程

一、工程概况

内蒙古点岱沟至南坪工业广场铁路专用线，自大准线点岱沟站（K5+370），向南经李家阳坡、黑岱沟、酸刺沟，至南坪站（DK18+650），全长 16.187 公里，线路为 I 级电气化铁路，牵引质量上行为 5000 吨、10000 吨，下行为 3000 吨，到发线有效长 1700 米，年输运能力 3500 万吨。哈尔乌素露天煤矿的煤炭通过点岱沟站，经该专用线外运。

内蒙古点岱沟至南坪工业广场铁路专用线工程建设单位为神华准格尔能源有限责任公司，由铁道第三勘察设计院设计，上海天佑监理公司负责工程监理，中铁电气化局二公司承担第 V 标段工程建设。第 V 标段为 K5+370 至 HDK2+208 范围内的电气化、电力及通信工程，投资 1628 万元。2007 年 7 月 20 日开工，2008 年 12 月 20 日竣工。

二、工程设计

通信传输系统，南坪站新设 STM-4ADM（1+0）622 兆比特/秒光传输接入设备，接入点岱沟站既有 STM-4ADM（1+0）622 兆比特/秒光传输接入设备中，不新设网管设备，不新设通信站。列车有线调度电话利用大准扩能工程新设的数字专用通信主系统设备，在南坪站新设分系统设备。列车无线调度电话采用与大准扩能一致的 400 兆赫兹加 400 兆赫兹无线列调 C 制式系统，在南坪车站新设车站电台。站间行车电话纳入数字专用通信系统，区间电话采用自动电话，沿线每隔 1.5 公里设置 1 个区间通话柱，通过区间电话接口接入车站分系统。站场有线通信纳入数字专用通信系统，站场无线通信在南坪站新设列检、调车、车号、商检无线通信系统。长途通信沿线敷设 1 条 16 芯 GYTA53 型充油光缆，1 条 HEYFLT237×4×0.9 长途低频对称电缆。新设站场通信线路采用 HYAT53 及 HEYFLT23 型充油电缆。在 TFDS 探测站至列检所之间敷设 1 条 8 芯单模充油光缆。防雷、防腐及防电磁影响措施均按电气化铁路相关规范执行。

电力专业，变压器采用 S11 型节能油浸式电力变压器。变电所采用 KYN28-12 型中置式高压开关柜，配 VTD6-12（A）型真空断路器，交流弹簧操作机构。高压架空线路采用环型钢筋混凝土电杆、角钢横担、LGJ 型钢芯铝绞线、P-20 型针式绝缘子或 XP-70 悬式绝缘子，高压隔离开关采用 HGW4-15/200 型。高压电缆采用 YJLV22-10 型，低压电缆采用 VV22-1 型，高低压电缆头均采用冷缩型。动力照明导线均采用 BV-500 型铜芯塑料导线，HYDQ-2 照明灯，SDT-V 型升降式高杆灯塔，配 NTC9210 型投光灯具、金属卤化物光源。

接触网专业，正线、站线均采用全补偿简单链形悬挂。全线按重污染区设计。正线承力索采用铝包钢芯铝绞线 LBGLJ-120/35，额定张力为 15 千牛；接触线采用内包式钢铝电车线 GLCN-250，额定张力为 12 千牛。站线承力索采用铝包绞线 LBGJ-70，额定张力为 15 千牛；接触线采用内包式钢铝电车线 GLCN-195，额定张力为 10 千牛。附加线采用耐腐蚀钢芯铝绞线 LGJ-240/30，额定张力为 15 千牛；回流线采用耐腐蚀钢芯铝绞线 LGJ-185/30，额定张力为 12 千牛；供电线采用耐腐蚀钢芯铝绞线 LGJ-70/10，额定张力为 6.5 千牛。软横跨承力索采用 80 平方毫米铝锌合金镀层钢绞线，上下部定位绳采用 50 平方毫米铝锌合金镀层钢绞线。接触线最高悬挂点距轨面 6450 毫米，最低点距轨面 6200 毫米。

三、工程施工

点岱沟至南坪工业广场铁路专用线第 V 标段工程，新建电气化正线接触网 15.61 条公里，站线 18.30 条公里，点岱沟开闭所改造；南坪站场高低压电力及南坪电力变（配）电所改造；点岱沟、点南区间、南坪站的通信。2007 年 6 月二公司成立项目部，下设接触网、通信、电力 3 个作业队，投入施工人员 160 人，车辆 6 台。

接触网工程　点南支线接触网有 1 个站场、1 个区间（包含 3 个隧道和 2 个特大桥）。工程难点是南坪站隧道和点南区间肖家沙焉隧道，南坪隧道采用倒立柱安装方式，肖家沙焉隧道采用单隧道特殊悬挂方式。在南坪隧道施工时，由于轨道没有铺通，而隧道内化学锚栓预埋必须提前进行，隧道净空较高，梯车架高也无法进行隧道内测量和施工，只能将梯车加固在东风车汽车上，以提高作业平台达到预埋目的。2007 年 7 月 20 日开工，2008 年 12 月 20 日竣工。完成正线接触网 15.65 公里，站场接触网 18.3 公里，回流线 13.39 公里，供电线 1.95 公里。

电力工程　点南支线电力工程施工条件差、难度大，电缆头制安首次尝试冷缩电缆头施工工艺，架空线路大多数采用 03D103 图集进行安装，少部分采用 86D173 图集进行安装。2007 年 10 月 20 日开工，2008 年 11 月 5 日竣工。完成自闭贯通电力线 6.94 公里，站场照明 1 站，隧道照明 1 座，开闭所、变电所各 1 座。

通信工程　2007 年 10 月开工，2008 年 11 月 8 日竣工。完成光、电缆敷设 43.65 公里，通信站 1 座，无线列调 2 站。

第十一节　平顶山煤业集团矿区铁路田庄、申西站改扩建工程

平顶山煤业（集团）矿区铁路田庄站位于河南省平顶山市大营乡，属于平煤矿区铁路，东西两端与申西站、十矿、八矿、洗煤厂专用线相连，南侧的焦化厂专用线通过焦 1 号道岔接入站内。田庄站既是平顶山煤矿区最大的编组站，又是连接国铁平顶山东站的接轨站，年货运量很大，达到 3000～4000 万吨。

平顶山煤业（集团）矿区铁路田庄、申西站改扩建及复线工程建设单位为平顶山煤业集团铁路运输处，由中煤国际工程集团武汉设计研究院设计，平顶山兴平工程建设监理有限公司负责工程监理，中铁电气化局二公司承建。工程主要包括对田庄站内 7 条到发线的有效长度进行调整，增加 4 条牵出线，1 条卸煤牵出线，2 条存车线，2 条卸车线，2 条站修线；新建田庄、申西区间复线，投资 5370 万元。

对田庄站内 7 条到发线的有效长度进行调整；增加牵出线 4 条：西牵出线（24 道）、安全兼牵出线（25 道）、东端北牵出线（26 道）、东端南牵出线（27 道）；增加卸煤牵出线 1 条（14 道）；增加存车线 2 条（15 道、23 道）；增加卸车线 2 条（16 道、17 道）；增加站修线 2 条（28 道、29 道）。区间对十矿、八矿线进行改造，增建申西至田庄复线，既有接入十矿线的 9 道改接新建复线构成申西至八矿线（Ⅷ道正线），十矿线改造后由既有西牵出线接入站内。

工程包括路堤填方 1.9831 万立方米，路堑（人工）开挖 1.1751 万立方米，抛填片石 1.2866 万立方米，排水沟 2539 米，碎石道碴 3.3786 万立方米，新铺及换铺 P50 轨道 19.6 公里，新铺 9 号单开道岔 38 组，新铺交叉渡线 9 组，补充各类油枕 14413 根，线路起道

10.017 公里，微机联锁信号改造 1 项。2007 年 8 月份二公司成立项目部，下设路基、轨道、信号 3 个作业队，投入施工人员 130 人，机械、车辆 8 台。

路基工程 2007 年 9 月 1 日开工，2008 年 10 月 30 日竣工。土方开挖在站场各股道间，因调车频繁，必须依靠人力施工。先由技术人员确定开挖范围及深度，在防护人员的指引下，由施工队人员开挖路堑地段土方。路基填筑按照“三阶段”、“四区段”、“八流程”的工艺进行施工。由于行车密度较大，施工人员多，施工范围大，安全问题突出，项目部配备大量经过培训取得上岗资格的安全防护人员实施全方位安全防护，确保施工、行车和人身安全。

轨道工程 2008 年 4 月 1 日开工，12 月 30 日竣工。轨道施工主要是线路配轨问题，材料费占造价的 80%以上，材料使用是否合理，直接影响到工程成本和效益，项目部聘请专家审核材料计划，按采购计划进行采购、施工。

信号工程 2008 年 4 月 1 日配合工务换轨换道岔，2008 年 12 月 30 日结束。

第十二节 株洲电力机车地铁动调试运线延长工程

南车株洲电力机车地铁动调试运线延长工程，位于湖南株洲田心。2008 年 10 月 18 日，中铁电气化局二公司与南车株洲电力机车有限公司签订南车株洲电力机车地铁动调试运线延长工程合同，合同额 2818 万元。工程范围为既有地铁动调试运线终点最末曲线直缓起点处 DK1+800，终于 DK3+771，全长 1.871 公里。建设和接管运营单位为南车株洲电力机车有限公司，由中铁第二勘察设计院武汉分院设计，湖南中大监理公司负责工程监理。

延长线与既有 27.5 千伏机车试运线以 4 米间距并行设置，延长线全线铺设短枕式整体道床，并预留直线电机感应板安装、运行条件。正线轨道采用 60 公斤/米无螺栓孔新钢轨，一次性铺设无缝线路，进行杂散电流的防护及接地设置。接触网为锥形圆管钢柱，采用双承双导形式，D 1500 伏直供电流。

2008 年 10 月 18 开工，进行基础开挖及浇制、接触网钢柱安装、地铁路基填土、路基高填方粉喷桩、水沟及挡土墙修砌、新民桥北半幅浇制及安装、320 国道桥北半幅桥墩浇制等工程施工，到 2008 年 12 月底完成 40%工程量。计划 2009 年 10 月 30 日竣工。

第十三节 东风汽车公司襄樊第二动力厂扩建冷却塔工程

东风汽车公司第二动力厂扩建冷却塔工程，位于湖北省襄樊市东风汽车公司第二动力厂内，是东风汽车第二动力厂热电联厂的配套工程。动力厂原有两座冷却塔，由于二汽建设规模的不断扩大，原有电能已无法满足要求，为扩大动力输出一期工程增设第 3 座冷却塔，占地面积1530平方米，投资280万元；二期工程增设5号炉4号炉机1000平方米双曲线冷却塔，投资420.57万元。工程建设单位为东风汽车公司第二动力厂，由中南电力设计院设计，襄樊公力工程咨询服务有限公司担任监理，中铁电气化局二公司中标施工。

设计地震分组为第1组，地震基本烈度为6度，建筑抗震设防类别为丙类，建筑结构的安全等级为二级，耐火等级为三级。塔高51.45米，塔筒为双曲线型薄壳结构，壳体最大厚度0.4米，最小厚度0.12米，为现浇钢筋混凝土结构。壳体下部设有32对边长0.35米的矩形人字支柱与环板基础相接。塔顶出口直径为22.24米，喉部直径20.9米，进风口直径40.08米，环板基础底部直径43.58米，环板基础宽3.5米，厚0.6米，进风口高7.6米，塔下环型水池深2.2米，水池壁厚0.3米。塔芯中央竖井1个，淋水构架为预制结构，塔芯填料采用搁置式。

双曲线钢筋混凝土冷却塔是一种高耸的薄壁构筑物，由环基大体积混凝土、人字柱、以及筒体等组成，包括冷却塔环形基础、塔芯淋水支柱杯形基础、中央竖井基础、混凝土底板及塔吊基础。在筒壁施工阶段，同时进行塔芯中央竖井构件、淋水支柱、梁和水槽施工。在冷却塔通风筒完工后，进行填充料安装。新建钢筋混凝土筒壁、水池、中央竖井各1个，钢筋混凝土人字矩形支柱32对，避雷装置1座。

2004年7月二公司成立冷却塔项目部，抽调技术、施工人员96人，组织各种机械设备35台（部）。一期工程2004年8月1日开工，作业队每天分2班，机械运转不停，连续施工，2004年9月土方开挖完成，2004年底环形基础、水池底板及独立柱基础、人字柱预制及吊装、中央竖井基本完成，2005年3月塔芯混凝土构件预制及吊装、塔芯填料、除水器及喷溅装置完成，2005年7月11日工程全部完工。经初验和复验，工程均符合部颁《验标》标准和设计要求。二期5号炉4号炉机双曲线冷却塔工程，土石方1.185万立方米，混凝土基础886根，钢基础260吨，混凝土浇筑0.25万立方米。2008年7月10日开工，到2008年底土石方施工基本完成，各种基础完成50%。

第五篇

工程设计

- 铁路电气化工程
- 城市轨道交通工程
- 通信、信号工程
- 国外工程

第五篇　工程设计

第一章　铁路电气化工程

第一节　京沪高速铁路

一、工程概况

京沪高速铁路北起北京南站，途经北京市、天津市、山东省、江苏省、安徽省和上海市，南至上海虹桥站，正线全长 1318 公里。位于中国东部地区的华北和华东地区，两端连接环渤海和长江三角洲 2 个经济区域。是中国经济发展最活跃和最具潜力的地区。是中国客运专线铁路网规划四纵四横快速客运网中的南北主干线。同时也是中国运输能力和运输密度最高的客运专线。也是中国第一条具有世界先进水平的高速铁路。京沪高速铁路，沿线设北京、廊坊、天津西、天津南、沧州、德州、济南、泰安、曲阜、滕州、枣庄、徐州、宿州、蚌埠、滁州、南京、镇江、丹阳、常州、无锡、苏州、昆山、上海 23 座车站。京沪高速铁路是目前中央政府命名的中国唯一一条高速铁路，全线 80%以上区段为高架桥，其余为路基和隧道。

京沪高速铁路电气化工程，主要技术条件：正线数目，双线；设计速度，350 和 380 公里/小时，初期运营速度为 350 公里/小时和 380 公里/小时；跨线列车运营速度 200 公里/小时及以上；正线线间距，5.0 米；最小曲线半径，7000 米；引入枢纽减、加速地段的高速正线，采用与行车速度相适应的线路平面标准，利用既有铁路地段，采用不低于该既有铁路提速规划相应速度的平面标准；最大坡度，20‰；到发线有效长度，650 米；牵引种类，电力牵引；列车类型，交-直-交动车组；本线动车组定员，长编组时定员 1200 人/列，编组按 16 辆考虑，短编组时定员 600 人/列，编组按 8 辆考虑；列车运行控制方式，自动控制；行车指挥方式，综合调度；运输组织模式，采用开行本线高速列车和跨线列车混合运行的运输组织模式，本线列车采用运行速度 350～380 公里/小时的动车组，跨线列车初期采用运行速度 200 公里/小时及以上的动车组，近、远期选择全高速运输组织模式（京津段除外）；闭塞方式，车载信号 ATC 自动闭塞；列车追踪间隔时分，区间最小列车追踪间隔按 3 分钟设计；综合维修天窗，暂按 4 小时（0：00～4：00）垂直天窗考虑；建筑限界，按《新建时速 300～350 公里客运专线铁路设计暂行规定》执行。

其设计运营速度达到 350 公里/小时以上，最高速度达到 400 公里/小时。列车最小追踪间隔 3 分钟。采用中国自行研制的新一代动车组，列车功率约为 1.94 万千瓦。近期客流密度 6862 万人/年，远期 7679 万人/年，列车对数近期达到 210 对/天，远期 238 对/天。

京沪高速铁路工程，2008 年 4 月 18 日开工，计划 2011 年底建成。

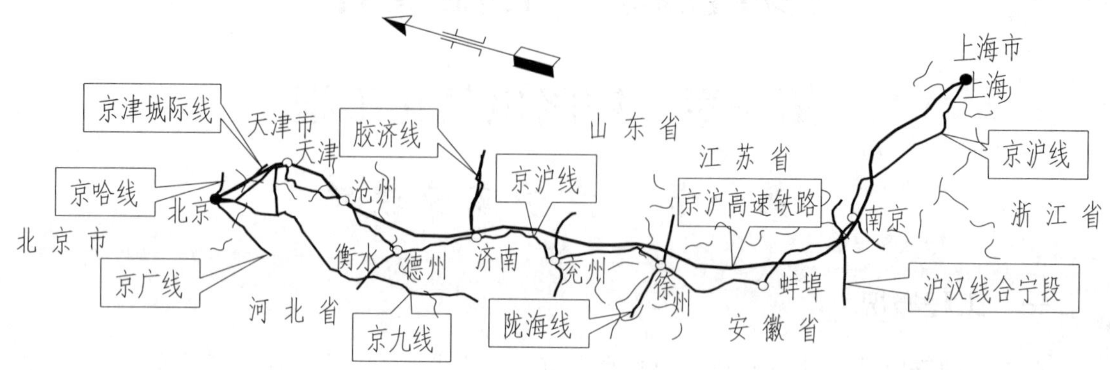

京沪高速铁路示意图

二、工程设计

中铁电气化勘测设计研究院和北京电铁通信信号勘测设计院从 1990 年开始承担京沪高速铁路牵引供电系统和防护工程设计，1992 年和 1994 年先后完成可行性研究和深化可行性研究，1997 年完成初步设计，1998 年完成技术设计，2002 年重新编制全线可行性研究报告和京津、沪宁段初步设计，2004 年完成配合站前专业初步设计，2005 年完成修改初步设计，2006 年完成全线初步设计，2007 年完成修改初步设计。

京沪高速铁路电气化工程，正线采用大容量 2×25 千伏 AT 供电方式，以满足大功率动车组和高密度运行的需要。全线新设 27 处 220 千伏牵引变电所、26 处分区所、50 处 AT 所、1 处开闭所，在天津、济南、南京设供电维修车间和维修调度系统。牵引变压器安装容量近期为 2×25 兆伏安，远期为 2×63 兆伏安，采用 V 型接线方式，牵引变电所不设自耦变压器。

全线 2×27.5 千伏侧采用 GIS 开关柜，屋内布置，与传统方式相比，节约大量土地，可提高设备的集成化水平，增加运营可靠性，实行无维修化。

作为百年工程，高架区段供电线电缆化，既增加了供电的可靠性，又净化了桥面景观，是工程质量升级及换代的必然结果。

供电车间设维修调度，维修调度是调度中心和路局调度的纽带，可独立完成调度的所有功能，冗余度高，并可提高调度的灵活性和可靠性。

接触网采用新的张力体系，为适应运营速度 350 公里/小时以上的要求，接触网张力可达到 31.5～37 千牛，为此除采用高强度镁铜接触线外，还研制了高强度接触线及配套的零部件，拟在先行段实施。

接触网接地纳入综合接地系统，可提高全线的接地可靠性，全线电气设施（包括强电和弱电）采用共同的综合接地系统，接触网支柱及与扼流圈相连的地线、保护线均与全线贯通综合地线相连。

采用地面自动过分相、接触网防冰冻设施、接触网防雷等，将在科研成果完成后逐步纳入京沪高速铁路工程。

防护工程设计范围和内容包括：对与铁路平行接近的通信线路及跨越铁路的光、电缆线路进行改造或迁改。京沪既有电信系统一、二级干线已基本实现光缆化，仅对跨越铁路的光缆线路按电气化要求进行改造；对部队系统受电气化影响的电缆和明线线路进行迁改；对部队设在电气化铁路周边的机场导航设备、雷达站、短波收信台无线设施采取安全防护措施；对沿线厂、矿企业和乡以下跨越铁路的通信线路进行改造，对铁路周边的无线收信台采取安全防护措施；对电力系统在35千伏以上电力杆上架设的ADSS光缆跨越铁路的线路进行改造；对广播系统与铁路交叉跨越的光缆、同轴电缆、架空明线进行改造，广播收信台无线设施采取安全防护措施；对沿线受影响的中石油、中石化的油库、输油（气）管道及各城市煤气公司的煤气管道采取安全防护措施。

对受铁路电气化影响的各系统通信线路、无线设施、油气管道、油库，按GB6830—86《电信线路遭受电力线路危险影响的容许值》、邮电部、水电部、铁道部、通信兵部《关于防止和解决电力线路对通信、信号线路危险影响和干扰影响的原则协议》、TB/T2823-1997《交流电气化铁道对油气管道的影响容许值及防护措施》、GB6364--86《航空无线电导航台站电磁环境要求》、GB13618--92《对空情报雷达站电磁环境防护要求》、国家计委计二（1986）1249号、国家计委（60）计机养字1726号文的有关精神处理。对受电气化影响的通信线路，视当地具体情况确定迁改方案，有条件的地段以远迁为主，条件不具备的改为直埋高屏蔽电缆；交叉跨越铁路的按电气化要求改为直埋铠装电缆或光缆由路基下穿越，并采取钢管防护。对无线设施，参照秦沈客运专线电磁辐射特性的研究结论，采取安全防护措施，对不能涵盖的逐一通过试验测试来确定防护方案。对受影响的输油气管道采取安全防护措施。

由于京沪高速铁路采用高架桥的区段较多，为验证高速电气化铁路对沿线未安装共用天线居民电视的影响，开展高架桥区段对电视信号的影响试验及高速电气化铁路电磁干扰特性研究试验，取得一定的成果。

根据防护设计方案，电信系统市话线路需防护1318公里、架空光缆交叉跨越铁路改造1952处、架空电缆交叉跨越铁路改造3841处、架空ADSS光缆交叉跨越铁路改造98处、架空电缆迁改326.23条公里、架空光缆迁改7条公里，输油管线交叉铁路采取安全防护措施152处，输油气管线平行铁路采取安全防护措施31公里，无线设施采取安全防护措施22处。

第二节　新菏兖日铁路电气化

一、工程概况

新乡至菏泽至兖州至日照铁路，西起河南省新乡市，在河南省长垣县和山东省东明县境内跨过黄河，途经山东省菏泽市、济宁市、临沂市至海滨城市日照市，正线全长616公里。它由新兖铁路和兖石铁路2段组成。其中新兖铁路西起新乡，经菏泽、济宁东至津浦铁路兖州站，分3段建成，第一段为兖州至济宁段，简称兖济支线，1911年开工修建，1912年建成通车，1944年拆除，1958年修复；第二段为济宁至菏泽段曾称济菏铁路，1977年开工修建，1979年建成；第三段为新乡南至菏泽段，1983年修建，1985年12月建成。兖石铁路西起兖州站（接轨站为程家庄）东至石臼所（日照）站。该段于1981年4月动工修建，1985年12月交付运营。

为了满足日益增长的运量需要，又于1999年动工，分2段建成（新菏、菏日段）复线，2001年11月全线开通（其中在兖州地区南、北环线均维持单线）。为进一步满足运量的需要，又于2004年底建成兖州地区北环线复线(兖南联络线)，至此新菏兖日铁路全线建成复线（经北环线兖州北、白家店、南陶洛东西贯通的货运大通道）。是中国路网规划的八横铁路干线之一，也是中国晋煤外运的又一东西大通道。

新菏兖日铁路电气化工程，建设单位是济南铁路局、郑州铁路局，由中铁电气化勘测设计研究院有限公司和北京电铁通信信号勘测设计院有限公司设计。

新菏兖日铁路电气化工程，主要技术条件：铁路等级，I级；正线数目，双线；限制坡度，4‰；最小曲线半径，800米，个别小半径曲线保留；到发线有效长度，1050米；牵引种类：电力机车；旅客列车设计行车速度，120公里/小时；牵引质量，5000吨；闭塞类型，自动闭塞。

新菏兖日铁路电气化工程，2008年7月开工，计划2009年底建成通车。

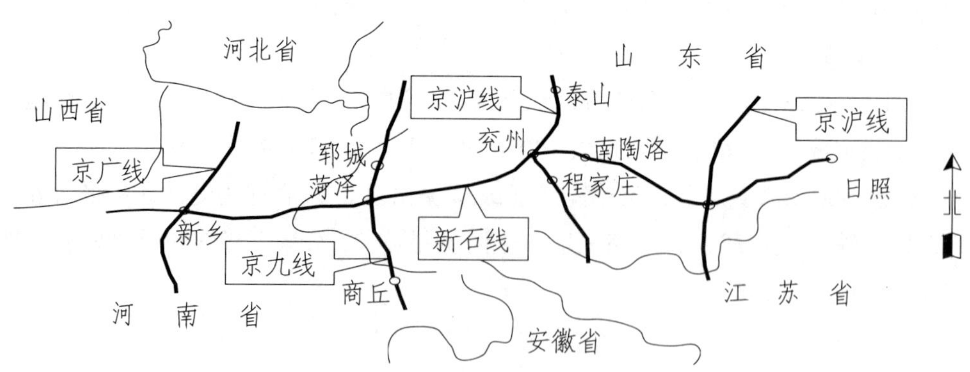

新荷兖日铁路示意图

二、工程设计

2005年12月完成预可行性研究，2006年6月完成可行性研究，2006年11月完成初步设计，2008年5月完成修改初步设计，此后开展施工图设计。工程概算总额为32.5509亿元。

新菏兖日铁路电气化工程，采用带回流线的直接供电方式，全线新设新乡东、延津、长垣、东明县、菏泽、田桥、济宁西、南陶洛、历山、费县、临沂、莒南、巨峰、日照14处牵引变电所，利用兖州北既有牵引变电所，新设菏泽南运转场开闭所，分区所均采用箱式。

接触网采用全补偿简单链形悬挂，接触线采用铜合金电车线，承力索采用铜合金绞线。部分材料和设备采用西班牙政府外资采购。

电力工程，新增自动闭塞、通信设备、TFDS机房、牵引变电所、分区所、开闭所备用电源，接触网工区（含加强领工区）、接触网开关、给水所、雨水泵站及机务、车辆段（所）等多处用电负荷。

机务工程，改建既有新乡机务段及新乡南车间，济南机务段兖州、临沂车间，菏泽、兖州北、日照机务折返段，皂村机务折返所等检修、整备设施。

车辆，日照列检所补强，车辆安全防范、预警系统（5T）对既有红外线设备增设车号智能跟踪装置及电化防护改造。

线路与轨道，新乡地区的新西第二联络线（长3.641公里）、菏泽地区的新阜第二联络线（长1.748公里）、全线旅客列车设计行车速度120公里/小时达速曲线改建，按照《关于ZPW-2000轨道电路区段采用轨道电路专用枕的通知》要求，更换轨道电路专用枕等工程。

路基工程，新乡地区的新西第二联络线路基、菏泽地区的新阜第二联络线路基、全线120公里/小时达速曲线改建引起路基帮宽、铁路两侧设置防护栅栏等工程。

桥涵工程，全线平交道口改立交及人行通道（共85处），新乡地区的新西第二联络线特大、中、小桥及涵洞，菏泽地区的新阜第二联络线小桥及涵洞，下承式钢桁梁长效涂装处理，接触网支柱引起轻型墩加固，东堡城栈桥墩台下沉整治，4座百年小钢梁更换，以及线路120公里/小时达速曲线改造、站改、电化工点引起的桥涵等工程。

隧道与地道整治，石鼓山隧道内渗漏水病害整治，菏泽站人行地道接长改造等工程。

站场，封丘站场股道改造，菏泽站房同侧增建一股到发线及客运站台改建，兖州北站新菏兖日正线贯通，皂村、阮家村站到发线有效长延至1050米，机务段股道改造，新建牵引变电所、分区所、供电加强领工区、接触网工区场坪（含岔线）等电化工点工程。

给排水，新增生产废水、生活污水就近纳入既有污水处理系统或排水管道改造工程。

环保，噪声敏感点依据先后原则采取降噪，设置砖围墙声屏障5795米，声屏障1.814万米，及对受电磁辐射影响等改造工程。

房建工程，信号房屋接建，新建牵引变电所、分区所、接触网工区（含加强领工区）、机务、车辆、给排水、电力开关站等生产和生活房屋，菏泽站人行天桥工程。新乡机务段南车间增设1台热水锅炉，接触网工区、临沂加强领工区、日照乘务员公寓地源热泵采暖，牵引变电所、分区所、电力调度所及信号机房、通信机械室空调等工程。新建房屋总面积3.4967万平方米，其中郑州铁路局新建房屋1.1668万平方米，济南铁路局新建房屋2.3299万平方米。

通信工程，将既有新乡至菏泽南运转场段SDH155兆比特/秒本地中继网扩容升级为SDH622兆比特/秒本地中继网，并根据需要扩容部分增设接口板件，为接入网承载的重要业务提供保护。原菏泽南运转场至日照段SDH622兆比特/秒本地中继网利旧。

利用既有12芯光缆中的2芯，开设SDH622兆比特/秒接入网系统。新增业务纳入到新设的SDH622兆比特/秒接入网系统中，并为城域网、互联网预留接入条件。利用SDH622兆比特/秒中继网为SDH155兆比特/秒、SDH622兆比特/秒接入网承载的重要业务提供保护通道。新增的各种语音、数据业务接入到新设的SDH622兆比特/秒接入网系统中。新设的SDH622兆比特/秒接入网系统在兖州、临沂设SDH622兆比特/秒系统传输综合网管，可管理、调度和配置菏泽南运转场至日照全线传输系统资源。在菏泽南运转场、兖州、临沂、日照设接入层网元管理系统，分别管理、调度和配置各自线路终端设备汇聚范围内的各站接入网络单元设备的语音、数据资源，实现业务汇接和用户接入的功能。

在各变电所、开闭所、分区所至相邻通信机械室（或通信站）之间新设1条8芯G.652单模光缆，利用其中的2芯开通SDH155兆比特/秒光接入网系统，为电气化远动、视频、自动电话、调度电话提供业务通道。为满足通信站所在地车站信号微机监测、TDCS及数字调度等业务的需求，在通信站至相应车站信号楼之间新设1条8芯G.652单模光缆，开通SDH155兆比特/秒光接入网系统。

新设数字调度系统，济南局管内数字调度系统枢纽主系统设于济南局调度中心，车站分系统设于沿线各站通信机械室。调度中心设数字调度网管终端1套，对济南局新菏兖日全线所有车站数字调度系统设备进行管理、维护和配置。

无线列调通信系统采用有线与无线相结合的组网方式。将既有无线列调通信设备更新为450兆赫兹频段四频组单双工兼容B1制式设备，开通无线列调“大三角”通信，同时完善系统功能。并且考虑预留GSM-R数字移动通信的接入条件（车站铁塔高度、区间基站光缆）。为保证场强覆盖，大区间弱场强采用光纤直放站的方式进行补强，线路多弯道，路堑、隧道区段采用架设漏泄电缆加中继器的方式进行补强。

信号工程，对50个站、场进行电气化改造，菏泽至日照间区间采用ZPW-2000A无绝缘轨道电路自动闭塞，列车安全追踪间隔为4个闭塞分区，按6分钟间隔划分，闭塞分区长度800～1400米。信号显示为H.U.LU.L四显示。新乡站至日照站采用与区间制式一致的ZPW-2000A四线制电码化。按电气化区段要求，将车站既有480轨道电路改造为25赫兹相敏轨道电路。

防护工程设计依据国家计委计二[1983]628号和计二[1986]1249号文，对受电气化铁路影响需要迁改的所有邮电系统的通信线路和设备，包括邮电一、二级干线及乡以上农、市话线路，全部由邮电部负责包干迁改。如果邮电一、二级干线已先于铁路实现光缆化，不再补偿一、二级干线的迁改费用。根据GB6830—86《电信线路遭受强电线路危险影响的容许值》、水电部、铁道部、邮电部、通信兵部《防止和解决电力线路对通信信号线路危险和干扰影响的原则协议》，对有线广播、邮电乡以下（含乡）、军队和厂矿、企事业单位的电信线路及设备按现状防护迁改，凡增容及扩建部分的投资由产权单位自负。对无线设施按GB6364-86《航空无线台、导航台站电磁环境要求》等有关规定进行防护设计。

第三节　包兰线包头至惠农段电气化

一、工程概况

包兰线包头至惠农段位于内蒙古西部及宁夏北部，属于包兰线东段，是京包兰通道的组成部分。包惠段东起内蒙古自治区包头市，西至宁夏回族自治区石嘴山市，途经内蒙古自治区的乌拉特前旗、巴彦淖尔、乌海等地市，正线全长395.04公里。除惠农站归兰州铁路局管辖外，其余均位于呼和浩特铁路局管内。

包惠段主要承担西北与华北地区的客货交流，是西北4省区及蒙西地区与京津冀及东北地区联系的重要通道，对蒙西、西北地区的经济发展以及西部大开发有着举足轻重的作用。是中国“八横八纵”铁路网主骨架之一（京兰通道的重要组成部分）。东端通过京包线与大秦、丰沙大、北同蒲及集二、集通、集张等铁路相通，通过包西线连接包柳通道，西端通过包兰线、临哈线（规划）与欧亚大陆桥相通，是中国北部横贯东西，联结西北、华北、东北地区的一条重要运输通道。

包惠段电气化工程，建设单位是呼和浩特铁路局包惠电化改造工程指挥部，由铁道第一勘察设计院（总体设计单位）、中铁电气化勘测设计研究院、北京电铁通信信号勘测设计院设计，铁道第一勘察设计院工程监理公司、内蒙古沁源工程监理公司监理。

包惠段电气化工程，主要技术条件：铁路等级，Ⅰ级；正线数目，双线；限制坡度，6‰，部分区段维持既有；最小曲线半径，一般1200米；到发线有效长度，1700米、1050米；牵引种类，电力牵引；机车类型，韶山系列；闭塞类型，自动闭塞；牵引质量：5000吨。预计近期（2015年）货物输送能力9000万吨、旅客列车对数22对，远期（2025年）货物输送能力1亿吨、旅客列车对数30对。

包惠段电气化工程，由中铁十二局、中铁建电化局负责施工。于2006年12月30日开工。预计2009年5月竣工通车。

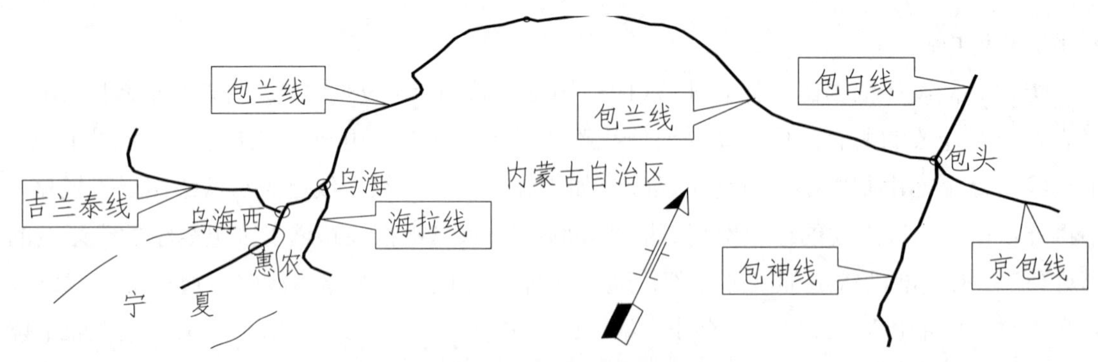

包兰线包头至惠农段线路示意图

二、工程设计

包惠段电气化工程，牵引供电系统由中铁电气化勘测设计研究院设计，通信信号和通信信号供电及配套房屋由北京电铁通信信号勘测设计院设计。2005年9月完成可行性研究，2006年4月完成初步设计，2008年3月完成开行万吨重载列车方案补充初步设计，其后开展施工图设计。

包惠段电气化工程，采用带回流线的直接供电方式，全线新设白彦花、乌拉山、景阳林、西小召、临河、巴彦高勒、桃司兔、乌海8处牵引变电所，并对既有惠农牵引变电所进行增容改造。牵引变电所采用110千伏电源供电，牵引变电所110千伏侧采用线路分支接线，牵引变压器采用三相V/V接线，一主一备运行。全线设牵引供电远动系统，其中呼和浩特铁路局新建设备纳入集张线批复的呼和浩特牵引电力调度所管理，兰州铁路局新建设备纳入兰州铁路局牵引电力调度所管理。

接触悬挂采用全补偿简单链形悬挂，接触线采用120平方毫米的铜合金电车线，承力索采用95平方毫米 的铜合金绞线。接触网支柱采用钢筋混凝土支柱或格构式热镀锌钢柱；新增设备分别由呼和浩特铁路局呼和浩特供电段和兰州铁路局银川供电段管理，临河设供电设备抢修基地1处，全段设7处接触网工区。

通信工程　既有长途光、电缆线路维持现状，在落石滩至惠农站间新设1条12芯G.652单模光缆，形成双缆通道保护。按电气化要求对$HEYFL_{23}$12×4×0.9+10×2×0.7高低频对称电缆进行改造。对包惠段站场及中间站内非电化电缆、架空明线、吊挂光、电缆进行改造；新设1条8芯光缆，满足远动新增视频、音频及数据控制通道的要求，并配备相应的接入设备。对新增电力远动用户，新设电缆满足话音和数据传输的需要；对既有列车调度指挥系统（TDCS）利旧改造，对临河、乌海、乌海西站货运机房的终端更新，升级网络交换机。在沿线各站配置1套SDH622兆比特/秒光传输接入网设备，在临河、乌海设OLT设备，其余沿线各站设ONU设备，满足车站各种通信业务的接入。在变电所、分区所至通信机械室间设1条8芯光缆，开通SDH155兆比特/秒光接入系统。在通信站所在地车站的通信机械室至相邻近通信站间设1条8芯光缆，开通SDH155兆比特/秒传输系统，满足信号调度监督业务的需要。全线新设数字专用通信系统；改造既有列车无线调度电话系统为 450 兆赫兹 B 制式，开通无线“大三角”通信；在临河、乌海、乌海西增设监视系统；乌拉特前旗和五原站增设客运广播系统。

信号工程　哈业胡同等 15 个车站新设计算机联锁，惠农站在既有 6502 电气集中联锁基础上进行自闭结合改造。采用 97 型 25 赫兹相敏轨道电路；新设四线制电码化，正线按预叠加电码化发码方式设计，侧线股道按叠加电码化发码方式设计，发码设备采用 ZPW-2000A 设备。区间新设四显示自动闭塞，闭塞设备采用 ZPW-2000A 无绝缘轨道电路，站间信息传输预留进一步提速的条件。TDCS、微机监测系统利旧改造。在电气化工程实施的过程中，公庙子、西小召、碱柜 3 个车站进行万吨列车方案改造施工设计，乌拉山、五原、四分滩、巴彦高勒 4 个车站进行工务大修改造施工设计，与此相关的 7 个区间自动闭塞设计进行了二次修改。

电力工程，根据通信信号负荷需求进行相应的配电设计。

房建工程，根据通信信号、电力对房屋的需求新建或接建房屋。

第四节　合肥至乔司段铁路电气化(华东二通道)

一、工程概况

华东二通道合肥至乔司段，北起合肥东站，途径巢湖、芜湖、宣城、湖州 4 市，南至（杭州枢纽的）乔司站，正线全长 430.08 公里。线路主要由淮南线合肥东至芜湖段、宁芜线芜湖东至芜湖南、皖赣线芜湖南至宣城段、宣杭线宣城至乔司段构成，含合肥、芜湖地区和杭州枢纽相关配套工程及联络线。全线共有 39 个车站，其中编组站 3 个（合肥东、芜湖东、乔司）、区段站 1 个（长兴）、会让站 2 个（沈家塘、星桥）、其余 33 个为中间站。合肥至乔司段自合肥枢纽的合肥东站，经淮南线至长江北岸的裕溪口站、在芜湖地区跨越长江、到达长江南岸的芜湖地区并与宁铜线相交，经皖赣线在宣城站进入宣杭线，在长兴站与新长线交汇，最后到达杭州枢纽的乔司站。合肥枢纽位于淮南线中段，衔接淮南线、沪汉蓉快速铁路、宁西线、合九线 4 条干线 6 个方向；芜湖枢纽向北衔接淮南线，向南经宣城与宣杭线、皖赣线衔接，可通往华东及东南沿海等发达地区；东西向分别有宁芜、芜铜铁路贯穿其中。杭州枢纽位于宁杭、沪杭、浙赣、宣杭、萧甬铁路干线的交汇处。华东二通道是西北、华北及华中地区间的大通道，是两淮煤炭基地的主要运输通道，也是铁道部实施“一主两翼”战略的重要通道。

淮南、宁芜、皖赣、宣杭 4 线段原主要技术条件：铁路等级，I 级；正线数目，双线；限制坡度，6‰（4‰）；最小曲线半径，一般 800 米，困难条件时 400 米；牵引种类，内燃机车 DF4 和/或 DF8B；到发线有效长度，850 米（预留 1050 米）；闭塞类型，自动闭塞；

牵引质量，3500～4000 吨；列车行车速度 100 公里/小时/100～120 公里/小时/140～160 公里/小时。

为便于与京沪线实施“一主两翼”分流，解决运输能力十分紧张的问题，促进华东地区电化成网、统一牵引制式、延长机车交路、充分发挥整体路网功能、提高运输效率、降低运营成本，2008 年 8 月铁道部决定对合肥至乔司段铁路进行电气化改造。

合肥至乔司段电气化工程，由中铁电气化勘测设计研究院有限公司、北京电铁通信信号勘察设计院有限公司、中铁上海设计院集团有限公司设计。

合肥至乔司段电气化工程，主要技术条件（推荐）：铁路等级，I 级；正线数目，双线；限制坡度，6‰（4‰），最小曲线半径，合肥至宣城段 1200 米（困难 800 米），宣城至行宫塘段 2000 米（困难 1600 米），行宫塘至乔司段 600 米（困难 500 米）；到发线有效长度，1050 米；牵引种类，电力牵引；机车类型，客运 SS9、货运 HXD5；旅客列车设计速度，合肥至宣城段 120 公里/小时、宣城至行宫塘段 160 公里/小时、行宫塘至乔司段为 80 公里/小时；闭塞类型，自动闭塞；牵引质量，5000 吨、4000 吨。

（华东二通道）合肥至乔司段铁路示意图

二、工程设计

中铁电气化勘测设计研究院有限公司和北京电铁通信信号勘测设计院有限公司组成联合体作为总体设计单位，承担宣城至乔司段电气化工程和全线防护工程设计，中铁上海设计院集团有限公司承担合肥至宣城段电气化工程设计。2009 年 6 月完成预可行性研究审查工作，2009 年 7 月完成预可行性研究补充材料编制。

防护工程设计范围和内容包括：沿线受电气化影响的电信、联通、移动系统的通信线路，广播系统的广播线路、无线设施，部队系统的通信线路、无线设施，厂矿系统的通信线路、输油气管道及专用线油库等。

按照 GB6830—86《电信线路遭受强电线路危害影响的允许值》、水电部、铁道部、邮电部、通信兵部《防止和解决电力线路对通信、信号线路危险和干扰影响的原则协议》、TB/T 2832—1997《交流电气化铁道对油（气）管道（含油库）的影响容许值及防护措施》、SY/T 0032—2000《埋地钢质管道交流排流保护技术标准》、SY/T 0019—97《埋地钢质管道牺牲阳极保护设计规范》、国家计委计二（1986）1249 号、国家计委（60）计机养字 1726 号文进行防护设计。

电信系统一、二级干线根据交叉跨越铁路情况按电气化要求改为钢管防护由路基下穿越；乡以下通信线路及其他通信线路，视当地具体情况确定迁改方案，有条件的地段以远迁为主，条件不具备的线路采用直埋高屏蔽电缆或加金属屏蔽地线、加绝缘变压器或中和变压器等防护措施，交叉跨越铁路的，一律按电气化要求改为直埋铠装电缆或光缆采取钢管防护由路基下穿越。对受土建施工影响的光缆管道及接触网立杆影响的线路以远迁为主。对受影响的油库，采用铁路专用线钢轨绝缘和排流接地，油库卸油区等电位连接和排流接地等防护措施，对受影响的输油气管道采取安全防护措施。

防护工程设计、施工交叉跨越铁路线路 102 处，迁改受影响的通信线路 133 条公里；油库、油气管道设施，油库（易燃、易爆品库）5 处，其中路内油库 2 处，路外油库 3 处；输油气管道 3 条相对铁路较近，采取防护措施。

第五节　广梅汕铁路龙川至潮安段电气化

一、工程概况

广梅汕铁路从广深铁路常平站接轨，途经惠州、龙川、梅州、潮州、至汕头。其中龙川至龙湖南（含畲江至梅州）电气化工程，西起京九线的龙川站，经由五华、兴宁、梅州、丰顺、揭阳、潮州、潮安等地县，终于南端的潮安市。并与同期建设的厦深铁路与广梅汕铁路联络线交汇于新建龙湖南站，正线全长 245 公里。

该线是广东省首创采用国内外贷款修建的铁路，于 1989 年 10 月经国务院批准立项，采取招议标方式，调集了铁道部 9 个工程局的 17 个工程处和广州铁路工程总公司、广深铁路基建公司等 164 个施工单位，共 5.8 万人参加施工。1990 年 1 月 28 日常平至惠州段首先动工，当年完成常平至惠州的 53 公里线路铺轨任务，1992 年 7 月 1 日正式通车。1992 年底铺轨至仙塘站，同时全线控制工程莲花山 2 号隧道、潮州特大桥、梅溪河特大桥等全面开工。1993 年 10 月 8 日开通客运至河源，1993 年 12 月 30 日开通货运至龙川；1994 年 12 月 28 日开办客运到梅州；1995 年 7 月 20 日铺轨至汕头，并于 1995 年 12 月 28 日开通客运。实现了全线通车。

广梅汕铁路东连沿海铁路，西接南北大通道京九铁路，北与梅坎铁路相连。属路网干线Ⅱ级单线铁路，是沟通在建厦深铁路和京九铁路的主要通道，也是连接粤闽两省的铁路通道。目前京九铁路正在实行电气化改造，在建的厦深铁路亦为电气化铁路，本线电气化工程实施后将使粤东地区电化成网，对强化区域路网功能、促进粤东北地区经济发展起着十分重要的作用。

广梅汕铁路龙川至龙湖南段电气化工程，还包括与电化相关的工程、到发线由650米延长到850米 、线路封闭工程等。

广梅汕铁路龙川至龙湖南段电气化工程，由中铁电气化勘测设计研究院（总体设计单位）和北京电铁通信信号勘测设计院设计。

广梅汕铁路龙川至潮安段电气化工程，主要技术条件：线路等级，Ⅱ级干线；正线数目，单线；限制坡度，6‰，畲江至丰顺40公里穿越莲花山脉地段限坡为13‰，双机牵引；最小曲线半径，400 米；到发线有效长度，850 米；牵引种类，电力牵引；闭塞类型，半自动闭塞；牵引质量，4000吨。

龙川至龙湖南段电气化工程，计划2010年初开工，2011年6月完工。

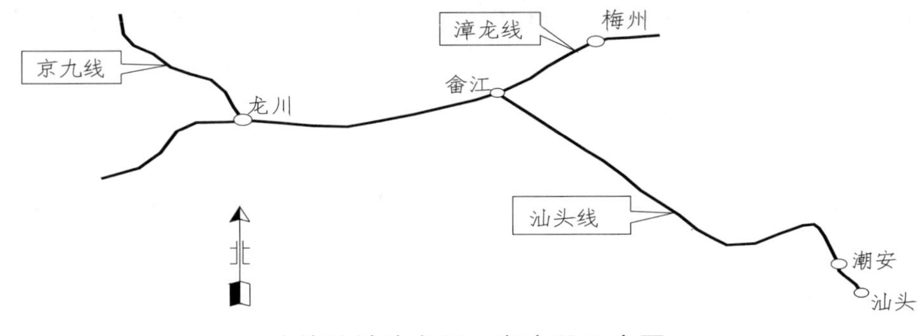

广梅汕铁路龙川至潮安段示意图

二、工程设计

广梅汕铁路龙川至龙湖南段电气化工程，中铁电气化勘测设计研究院负责站前及电气化工程设计，北京电铁通信信号勘测设计院负责通信、信号、房建、电力、防护工程设计。2008年7月完成预可行性研究报告，2008年10月组织现场补充调查、初测和勘探（2009年2月完成可行性研究报告，2009年6月完成初步设计）。

广梅汕铁路龙川至龙湖南段电气化工程，牵引供电系统推荐采用带回流线的直接供电方式。全线新设铁场、兴宁、梅南、清潭、揭阳5处牵引变电所，新设十二排、华城、畲江、梅州东、丰顺、潮州-4 6 处接触网电分相；并规划新建燕洋、茶阳-6 2 处牵引变电所。牵引变压器推荐采用三相V/V接线方式。

接触悬挂，正线接触网采用JTMH95 + CTS120（15千牛+15千牛）型接触悬挂，站线接触网采用JTMH70 + CTS85（15千牛+8.5千牛）型接触悬挂。

通信工程 设计内容主要包括：光缆线路、传输接入、无线专用通信、电源、应急通信等系统。全线新设1条20芯$GYTA_{53}$单模直埋光缆，沿线车站新设SDH622兆比特/秒传输接入设备，为TDCS、微机监测、站间闭塞、牵引变电远动、安全监控、电力远动、维修管理等业务提供数据通道，以满足电气化新增用户的通道要求；新设450兆赫兹B制式无线列调系统，区间弱场采用光纤直放站+天线或光纤直放站+漏泄电缆的方式进行补强；沿线车站既有 48 伏高频开关电源和蓄电池改造使用；新建通信机械室设 48 伏高频开关电源和蓄电池；新设 2 套应急通信系统现场设备，接入广铁集团既有应急通信中心。

信号工程　新建列车调度指挥系统（TDCS），并联网至广铁集团 TDCS 调度中心。沿线各站增设 TDCS 分机，采用主备冗余设置的 2 兆比特/秒通道；采用一体化机车信号或通用机车信号+列车运行监控记录器控车方式，列车运行以地面信号为主，满足 ZPW-2000 型设备和电气化要求；区间为单线半自动闭塞，双向运行，闭塞设备采用 64D。各站上下行各设一个接近区段，采用 ZPW-2000 型发码设备。闭塞信息通过通信干线电缆传输；联锁设备采用计算机联锁；站内干线电缆采用 $SPTYWL_{23}$ 型铝护套综合纽绞数字信号电缆，支线电缆采用 $SPTYWA_{23}$ 型综合护套综合纽绞数字信号电缆；采用 97 型 25 赫兹相敏轨道电路。提速道岔采用 ZYJ7+SH6 双机牵引，其他道岔采用 ZD6 系列转辙机牵引。新设道岔缺口监测设备；设置贯通地线。

电力工程开展与通信信号相关的改建室内配电设计。

房建工程开展与通信信号相关的新建、改建房建设计。

防护工程　设计范围和内容包括：沿线受电气化影响的电信、联通、移动、广播、部队、厂矿系统的通信线路、无线设施，输油气管道及专用线油库等。

对受电气化影响的各系统的通信线路和设施，按国家计委计二（1986）1249 号、国家计委（60）计机养字 1726 号、TB/T2823-1997《交流电气化铁道对油(气)管道(含油库)的影响容许值及防护措施》的有关精神办理。

根据防护设计方案，电信系统一、二级干线根据交叉跨越铁路情况按电气化要求改为采取钢管防护由路基下穿过；乡以下通信线路及其他通信系统线路受电气化影响的视当地具体情况确定迁改方案，有条件的地段以远迁为主，条件不具备的采用直埋高屏蔽电缆或加金属屏蔽地线、加绝缘变压器或中和变压器防护措施；交叉跨越铁路的改为采取钢管防护由路基下穿过；受土建施工影响的光缆管道以及影响接触网立杆的通信线路以远迁为主；对受影响的铁路专用线油库，采用钢轨绝缘和排流接地，油库卸油区进行等电位连接和排流接地等防护措施；对受电气化铁路影响的输油气管道采取安全防护措施。

第六节　蓝烟铁路电气化

一、工程概况

蓝烟铁路南起胶济铁路的蓝村站，向东北方向途经莱西、莱阳，北至烟台，正线全长 198.76 公里。蓝烟铁路位于济南铁路局管内，处于山东半岛东部，是胶东半岛一条重要的南北向铁路，也是山东省一条重要的南北向干线铁路。与烟台港、烟大轮渡、威海港、胶济铁路、胶新铁路、新长铁路等构成东北至长江三角洲地区的陆海通道，沟通东北地区和山东半岛和华东、华北及东南沿海地区的物资交流，大大地缩短了运输距离，提高了经济效益，缓解了关内外运输的紧张状况，对缓解京沪、胶济、陇海铁路运输的紧张状况，完善陆海综合运输体系都具有重要意义。

蓝烟铁路由于目前牵引质量不高，运行速度低等因素，已不能满足地区经济发展的需要。设计年度，周边的胶济铁路、胶黄铁路等均为电气化铁路，对该线进行电气化改造，有利于鲁东北地区电化成网、统一牵引制式、延长机车交路、充分发挥整体路网功能、提高运输效率、降低运营成本、响应国家节能环保的国策。本线电气化改造的实施，对促进鲁东北地区的经济持续快速发展，缩小与长三角及珠三角地区的经济差距，提高铁路运输效益有着重要的意义。

蓝烟铁路电气化工程，由中铁电气化勘测设计研究院有限公司（总体设计单位）、北京电铁通信信号勘测设计院设计。

蓝烟铁路电气化工程，主要技术条件：铁路等级，Ⅰ级；正线数目，双线；限制坡度，6‰；最小曲线半径，一般 800 米、困难 600 米；到发线有效长度，1050 米；牵引种类，电力牵引；闭塞类型，自动闭塞；行车指挥方式，调度集中；牵引质量，5000 吨；预计近期（2020 年）货物输送能力 5970 万吨，旅客列车对数 2 对；远期（2030 年）货物输送能力 6980 万吨，旅客列车对数 3 对。

蓝烟铁路电气化工程，计划于 2010 年 8 月底全线电化改造完成并通车。

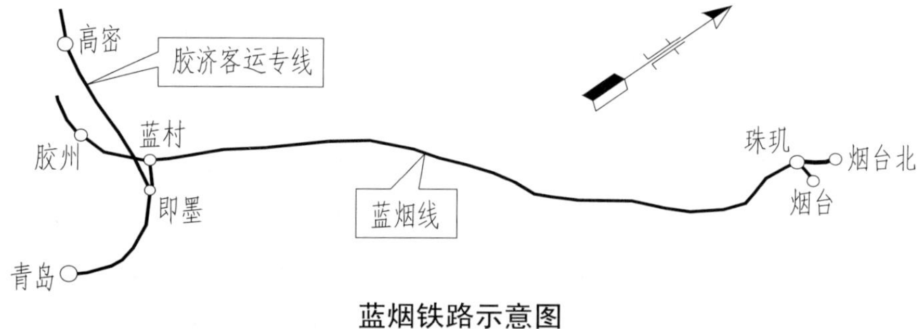

蓝烟铁路示意图

二、工程设计

蓝烟铁路电气化工程，中铁电气化勘测设计研究院有限公司（总体设计单位）承担电气化及相关专业的设计，北京电铁通信信号勘测设计院承担通信和防护工程设计。2008 年 5 月完成电气化改造工程方案竞选文件的编制，2008 年 9 月完成预可行性研究，2008 年 10 月完成初测和可行性研究，2008 年 11 月完成现场定测和初步设计，2008 年 11 月底完成环保评估、土地预审工作，2009 年 1 月开展施工图设计。

蓝烟铁路电气化工程，牵引供电系统采用带回流线的直接供电方式。全线新设姜家坡、莱阳、桃村、福山 4 处牵引变电所，牵引变电所外部电源采用 110 千伏电源供电，牵引变电所 110 千伏侧采用线路分支接线，牵引变压器采用三相 V/V 接线，一主一备运行；全线设置牵引供电远动系统，纳入济南铁路局调度所管理。

接触悬挂采用全补偿简单链形悬挂，接触线采用截面为 120 平方毫米的银铜合金线，承力索采用截面为 95 平方毫米的铜合金绞线。接触网支柱采用钢筋混凝土支柱、等径圆杆及格构式钢柱；本线新增设备由济南铁路局济南供电段管理，福山设供电车间 1 处，全段设 4 处接触网工区。

通信工程，在满足通信发展需要，不降低通信网络标准的前提下，尽量利用既有设备，降低工程投资。根据电气化新增用户及业务的需求，进行通信工程改造。蓝村至烟台段传输系统 SDH155 兆比特/秒本地中继网利旧。沿线各站新设 SDH622 兆比特/秒传输接入网系统，在封闭车站仅新设 SDH622 兆比特/秒传输设备，为电气化改造新增的调度指挥系统（TDCS）、电气化远动、电力远动、微机监测等系统提供传输通道。根据需要对既有数字调度系统进行扩容改造增补用户板件，新增电力调度电话，既有货运调度电话纳入数字调度系统。既有无线列调通信设备更新为 450 兆赫兹频段四频组单双工兼容 B1 制式设备，开通无线列调“大三角”通信，同时完善系统功能。为提高无线列调场强覆盖，区间弱场区采用光纤直放站+天线或光纤直放站+漏泄电缆的方式进行补强。通过新设 8 芯光缆加 PDH 8 兆比特/秒传输设备，为既有公安信息管理系统提供数据传输通道。通过新设 8 芯光缆和 SDH155 兆比特/秒传输接入设备，为既有客票系统提供数据传输通道。

信号工程，对既有调度监督系统升级为 TDCS 系统。列控方式采用由主体机车信号+列车运行监控记录器控车方式，列车运行以地面信号为主。新建速差式无绝缘移频自动闭塞系统，区间通过信号机按四显示、列车最小追踪间隔按 6 分钟设计，反向运行时为自动站间闭塞。区间采用国产 ZPW-2000 型多信息无绝缘轨道电路设备。区间通过信号机采用铝合金机构。区间电缆采用 $SPTYWPL_{23}$ 型铝护套内屏蔽铁路数字信号电缆。为提高 ZPW-2000 自动闭塞设备及其他信号设备对牵引回流干扰和雷电侵害的防护能力，沿线路敷设一条贯通地线。烟大轮渡按电化标准改建，维持既有半自动闭塞方式。关闭的郭家庄、回里 2 个车站，本次信号设计作为区间中继站。对 18 个信号楼（室）的车站联锁系统进行设备更新，采用硬件安全冗余型计算机联锁设备。青岛西 I 场、II 场、III 场、蓝村、烟台北 5 个车站（场）既有计算机联锁设备利旧。站内干线电缆采用 PTYL 型铝护套综合纽绞信号电缆。将车站既有站内 50 赫兹交流连续式轨道电路改造为 97 型 25 赫兹相敏轨道电路。采用 ZPW-2000 电码化设备，正线采用叠加预发码方式，侧线股道采用叠加发码方式。新建计算机联锁车站采用智能电源屏。采用透镜式色灯信号机机构，高柱信号机采用铝合金机构，点灯单元采用智能点灯单元。

电力工程，根据通信信号负荷需求进行相应的配电设计。

房建工程，根据通信信号、电力对房屋的需求新建或接建房屋设计。

防护工程设计依据铁道部对蓝烟铁路电气化改造要求及国家计委计二[1983]628 号和计二[1986]1249 号、TB/T2832—1997《交流电气化铁道对油（气）管道（含油库）的影响容许值及防护措施》、GB6830—86《电信线路遭受强电线路危险影响的容许值》，对受电气化影响的通信广播线路、无线台站及各油库专用线、穿（跨）铁路的输油（气）管道进行迁改或采取防护措施。

对沿线受电气化影响的 11 处油库采取铁路专用线钢轨绝缘和排流接地、油库卸油区等电位连接和排流接地等防护措施。对 11 处从路基下穿越铁路的输油、气管道采取极性排流方法进行防护。对交叉跨越铁路的 143 处通信、广播线路采取钢管防护由路基下穿越。对受平行接近影响的 6.5 条公里电缆线路，视当地具体情况确定迁改方案，有条件的地段将其受影响部分原状远迁，条件不具备的地段将塑料电缆改为直埋高屏蔽电缆。

第七节　萧山至宁波铁路电气化

一、工程概况

萧山至宁波铁路（简称萧甬线），正线全长 147.76 公里，是沿海铁路通道的重要组成部分，也是长江三角洲地区铁路网的重要通道之一。线路东接甬台温铁路，西接沪杭、浙赣、宣杭等铁路。萧甬线地处浙江省经济发达地区，是浙江省客货运输的重要交通通道，也是中国第二大港口宁波港的主要集疏运交通通道。

萧甬线地处杭州湾南岸，地质条件恶劣，沿线 90%的区段位于软土地段，且沿线还有风大、雷电活动频繁和盐雾腐蚀严重的特点。萧甬线电化改造后，可以增加客货运输能力，改善环境质量。不仅为区域经济发展提供保障，也增强铁路自身的竞争力，对实现铁路跨越式发展具有十分重要的作用。

萧甬线电气化工程，由中铁电气化勘测设计研究院有限公司和上海铁路城市轨道交通设计研究院联合设计。工程总投资 7.2 亿元，其中电气化部分投资 3.45 亿元。

萧甬线电气化工程，主要技术条件：铁路等级，Ⅰ级；正线数目，双线；限制坡度，4‰；速度目标值，120 公里/小时；最小曲线半径，一般 1200 米，困难 800 米；到发线有效长，850 米；牵引种类，电力牵引；机车类型，客 SS9，货 SS4B；闭塞类型，自动闭塞；牵引质量，4000 吨；建筑限界，满足开行双层集装箱列车的要求。

工程于 2006 年 11 月 28 日开工，计划 2009 年 5 月 30 日正式开通。

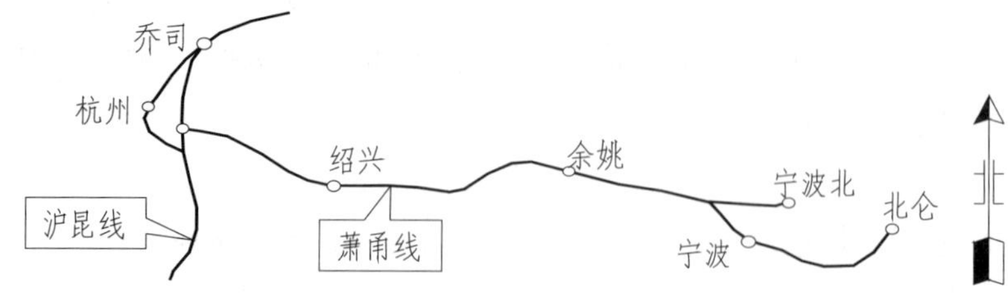

萧甬线线路示意图

二、工程设计

萧甬线电气化工程，中铁电气化勘测设计研究院有限公司负责电气化及相关附属设施的设计。2005 年 9 月完成可行性研究，当时可行性研究方案考虑电气化提速改造，旅客列车最高速度由原来的 120 公里/小时提高到 160 公里/小时。随着杭甬铁路客运专线项目的立项，萧甬线电气化按以货运为主、旅客列车最高速度维持既有 120 公里/小时的现状电气化考虑，2006 年 1 月完成现状电化可行性研究，2006 年 5 月完成初步设计，其后开展施工图设计。

萧甬线电气化工程，采用带回流线的直接供电方式，全线新设绍兴东、余姚西、洪塘乡 3 处牵引变电所，新设新兴、上虞、丈亭 3 处分区所。为使分区所设计简化并节省用地，分区所按箱式分区所设计。牵引变电所外部电源按 110 千伏设计，牵引变压器采用阻抗匹配平衡牵引变压器，安装容量绍兴东为 2×25 兆伏安、余姚西为 2×25 兆伏安、洪塘乡为 2×31.5 兆伏安。洪塘乡牵引变电所采用动态补偿方案以满足平均功率因数要求；牵引变电所、分区所采用微机保护和综合自动化系统，按无人值班设计，牵引变电所适当考虑值守条件；设置牵引供电远动系统和安全监控系统，电力调度纳入上海铁路局电力调度所。

接触网采用全补偿简单链形悬挂，正线接触线采用 120 平方毫米锡铜合金线，站线接触线采用 85 平方毫米锡铜合金线；正线承力索采用 95 平方毫米铜合金绞线，站线承力索采用 70 平方毫米铜合金绞线，全线绝缘按重污区设计，接触网腕臂柱采用横腹杆预应力钢筋混凝土柱，站场软横跨优先采用预应力钢筋混凝土柱，桥梁上支柱采用格构式钢柱，软土地基接触网支柱基础采用 T 型基础；全线新设绍兴东、余姚西、洪塘乡接触网工区。

基于杭甬铁路客运专线在庄桥车站接入萧甬线，杭甬铁路客运专线采用 AT 供电方式，单腕臂柱采用 H 型钢柱，其设计标准高于萧甬线。因杭甬铁路客运专线当时仍处于可行性研究阶段，萧甬线已完成施工图设计，且计划于 2008 年 5 月前完工，为了减少杭甬铁路客运专线实施时在共线区段的二次改造，根据铁道部要求，对萧甬线庄桥至宁波区间约 4.4 公里的共线区段接触网工程做了一类变更，使得共线区段单腕臂柱采用与杭甬铁路客运专线一致的标准，即采用 9.5 米高 H 型钢柱，并在支柱容量上考虑预留以后安装 AT 供电方式的接触网设施。

针对这些关键技术点，接触网专业采用 T 型软土地基接触网支柱基础和结构设计风速为 40 米/秒的高风速横腹杆式预应力钢筋混凝土支柱方案，变电专业采用箱式分区所设计方案，房建专业采用软土地基处理方案，自动化专业采用长距离接触网分相开关光纤控制技术方案等。

第八节　宁启铁路电气化

一、工程概况

宁启铁路南京至南通段，西起京沪线的林场站，东至南通市，途经六合、仪征、扬州、江都、泰州、海安、如皋等地，在南通站与在建的南通至南通东铁路接轨，正线全长 268 公里，由京沪线的南京至林场段、宁启线的林场至海安段和海安至南通段组成。地处江苏省的中部，长江北岸，位于长江三角洲经济区。其中林场至海安段线路走向与长江平行，呈东西走向，至海安后折向东南至南通，东部濒临黄海，与上海仅一江之隔。本线是陇海铁路以南又一条横贯中国东西大能力运输通道和沿江铁路通道的重要组成部分，也是江苏中部地区一条以客为主、客货并重的重要交通运输线。

宁启铁路既有为单线Ⅰ级铁路，全线共有林场、葛塘、殷庄、六合、余家营、仪征、扬州、扬州东、江都、泰州西、泰州、姜堰、南莫、海安、如皋、白蒲、南通 17 座车站。南京至林场段在 1968 年随着南京长江大桥的建设同期修建（复线）；林场至南通东西两段分期建设，其中西段（宁启铁路 A 线—林场站下行经花旗营线路所至海安县城，B 线—花旗营线路所至林场站上行线）于 2002 年 3 月开工建设，2004 年 12 月开通运营；东段（海安至南通段）于 1998 年 9 月开工建设，2002 年 9 月开通运营。主要技术标准为：铁路等级，Ⅰ级；正线数目，单线；限制坡度，6‰；最小曲线半径，一般 1000 米，困难 600 米；到发线有效长度，850 米；旅客列车设计行车速度为 120～140 公里/小时；牵引种类，内燃；机车类型，DF4；闭塞类型，半自动闭塞；牵引质量，3500 吨/3200 吨（海通段 4000 吨）。

随着京沪高速、沿海快速铁路、沪汉蓉快速铁路等通道及长三角城际铁路网规划建设，宁启单线铁路的运输能力和牵引质量已不能适应通道客货运输增长的需要，且牵引动力落后与相邻线不协调，迫切需要进行复线电气化改造，尽快形成通道能力，2007 年 8 月铁道部决定对其进行电气化改造。

宁启铁路复线电气化改造工程，由中铁电气化勘测设计研究院有限公司、中铁上海设计院有限公司、北京电铁通信信号勘测设计院设计。

宁启铁路复线电气化改造后，全线设林场、花旗营、浦口北、殷庄、六合、仪征、扬州、扬州东、江都、泰州西、泰州、姜堰、南莫、海安县、如皋、白蒲及南通 17 座站所。

电气化工程的主要技术条件：铁路等级，Ⅰ级；正线数目，双线；限制坡度，6‰；最小曲线半径，200 公里/小时地段一般 3500 米，困难地段 2800 米（改建困难地段维持既有）；到发线有效长度，1050 米；设计最高行车速度，客车 200 公里/小时，货车 120 公里/小时；牵引种类，电力牵引；机车类型，货机拟采用 HXD3，客机拟采用 SS9（部分客车为动车组）；闭塞类型，自动闭塞；行车指挥方式，调度集中；建筑限界，满足开行双层集装箱列车条件；牵引质量，5000 吨。

工程计划于 2009 年 7 月开工，2012 年底竣工。

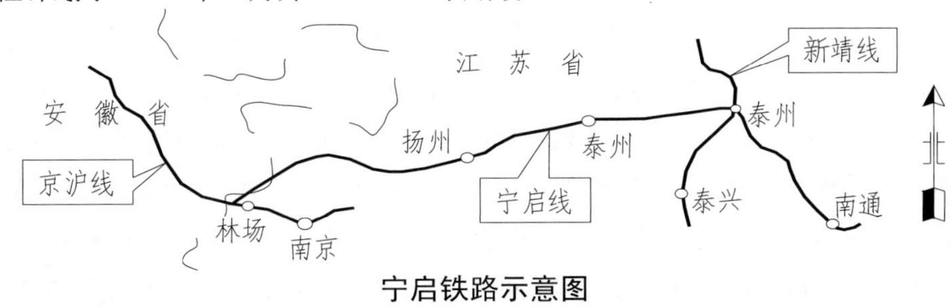

宁启铁路示意图

二、工程设计

中铁电气化勘测设计研究院有限公司承担全线电气化和电力工程设计，北京电铁通信信号勘测设计院承担全线的防护工程设计。2007 年 4 月完成预可行性研究，2008 年 3 月完成可行性研究，2008 年 7 月完成修改可行性研究文件编制，（2009 年 5 月完成初步设计，2009 年 7 月开展施工图设计）。

宁启铁路复线电气化改造工程，牵引供电系统采用带回流线的直接供电方式。全线新设六合、扬州、泰州西、南莫、如皋、南通 6 处牵引变电所，并利用京沪线的永宁牵引变电所；新设浦口北、仪征、江都、姜堰、白蒲 5 处分区所，新设海安分区所兼开闭所，新设泰州开闭所；牵引变电所的外部电源采用 110 千伏电源，牵引变压器采用三相 V/V 接线；110 千伏配电装置采用室外中式布置方式，27.5 千伏的大部分设备采用户内网栅间隔式布置，预留并联无功补偿装置的场地位置，分区所和开闭所按箱式布置考虑；全线设置 1 套牵引远动系统，纳入上海铁路局牵引调度所。

接触悬挂采用全补偿简单链形悬挂，正线接触线采用 120 平方毫米锡铜合金线，额定张力 20 千牛；正线承力索采用 95 平方毫米铜合金绞线，额定张力 15 千牛；结构高度 1.40 米，接触网安装高度满足通行双层集装箱条件。接触网绝缘按重污区设计。路基区段接触网腕臂柱采用横腹式预应力钢筋混凝土柱，桥上采用格构式钢柱。车站及多线并行区段采用硬横梁。车站有雨棚时接触网支柱原则与雨棚柱合建。扬州、泰州、南通站采用线间立柱方案，支柱采用 H 型钢柱。

电力工程　全线新建永宁至南通 10 千伏电力贯通线，将既有 10 千伏电力贯通线改为 10 千伏自闭线使用，并增建永宁至葛塘、南莫至海安段 10 千伏自闭线；利用既有永宁 35/10 千伏变配电所，六合、扬州、泰州、南通 10 千伏配电所；配套开关柜等馈电设备为新建 10 千伏电力贯通线供电；移地还建既有海安 35/10 千伏变配电所，既有电源利用不变，变配电所设备尽量利用；新增负荷有条件时纳入既有 10/0.4 千伏变电所供电，其他独立的负荷分别设置 10/0.4 千伏变电所供电；既有供电设施原则利用，受增建二线或电气化工程影响需拆除时，按原标准还建，拆除下来的设备尽量利用；设置电力远动系统，纳入新长铁路海安电力调度控制中心。

防护工程　设计范围和内容包括：沿线受电气化影响的电信、移动、联通、广播、部队、厂矿系统的通信、广播线路，无线设施等。电信系统一、二级干线已全部实现光（电）缆化，有5处光缆、2处电缆与铁路发生交叉跨越，将上空跨越铁路的光缆线路按电气化要求进行改造；市话、乡以下的电信线路主要是架空电缆和光缆，与铁路交叉跨越的电缆线路19处、光缆线路10处，受影响的平行电缆48公里。广播系统与铁路交叉跨越的同轴干线-12电缆线路7处、光缆7处，受影响的平行电缆7公里。移动公司与铁路交叉跨越的光缆15处、联通公司与铁路交叉跨越的光缆5处。铁通公司与铁路交越的光缆4处、电缆4处、受影响的平行电缆2公里。南京军区与铁路交叉跨越的光缆1处、电缆1处。电力系统受电气化影响的通信线路主要是跨越铁路的光缆线路，其中35千伏以上电力杆上ADSS光缆线路跨越铁路25处。厂矿系统与铁路交叉跨越的电缆3处、明线4处，受影响的平行电缆2公里。8孔、14孔硅芯管道受电气化改造复线施工影响，距轨道中心3～5米地埋硅芯管道需要远迁，其中联通公司通信硅芯管道204.5公里（铁路里程）、移动公司通信硅芯管道203公里（铁路里程）、网通公司通信硅芯管道67公里（铁路里程），经核实受影响线路设施146公里。

土建及配套工程引起迁改，宁启铁路电气化增二线、土建、小半径改造、提速改造、1050延长工程施工引起的路外通信线路、广播线路等设施拆迁130处、直埋电缆平行改造28处、光、电缆迁移16.5公里。

根据水电部、铁道部、邮电部、通信兵部《防止和解决电力线路对通信、信号线路危险和干扰影响的原则协议》、GB6830—86《电信线路遭受强电线路危害影响的允许值》、江苏省人民政府办公厅文件征地拆迁和三电拆迁标准补偿规范，完成邮电通信线路、光缆、广播线防干扰设计。

南京东机务段扬州折返所专用线、泰州折返所专用线、海安机辆事业部专用线、南通折返所专用线4座路内油库距离铁路较近；江苏扬州农化工集团有限公司专用线的1个油库距离铁路较近；鲁宁石油管道公司1条Φ529的输油管道和西气东输扬州分输站1条Φ711的天然气管道与铁路交越，另有1处待建。按照铁道部《交流电气化铁道对油（气）管道（含油库）的影响容许值及防护措施》、TB/T 2832—1997、中石油《埋地钢质管道交流排流保护技术标准》、SY/T 0032—2000、中石油《埋地钢质管道牺牲阳极保护设计规范》、SY/T 0019—97进行防护设计。

第九节　朔黄铁路电气化扩能

一、工程概况

朔黄铁路位于山西省东北部及河北省中部，西起山西省神池县神池南站，东至河北省黄骅港港口车场，正线全长 585.441 公里，全线共设 34 座车站，是中国继大秦线之后的第二条重载铁路。全线有 367 座桥梁，总延长 80.3 公里，有 77 座隧道，总延长 66.3 公里。

朔黄铁路在神池南站与神朔线相接，在宁武西与宁静线相接，在原平南站与北同蒲线相接，在东冶与忻河线相接，在定州西与京广线相接，在肃宁北与京九线相接，在沧州西与沧黄地方铁路相接，在黄骅南与黄万以及规划中的黄大线相接，是中国西煤东运的第二大铁路通道，在全国铁路网中占有重要的地位。

朔黄铁路由神华集团、铁道部和河北省共同出资建设，由铁道部第三勘察设计院设计，分两期建设。第一期双线工程自神池南至肃宁北，在肃宁北通过联络线与京九线连接，正线全长 419.8 公里，2001 年 12 月建成；第二期单线工程由肃宁北至黄骅港段，正线全长 165.7 公里，2002 年 11 月建成。此外，本线路还进行肃宁北至黄骅港段增建二线和神池南至肃宁北段自动闭塞改造等工程。

朔黄铁路为既有电气化铁路，2007 年 4 月受朔黄公司委托，中铁电气化勘测设计研究院有限公司进行万吨扩能改造电气化工程设计。

朔黄铁路电气化工程，主要技术条件：铁路等级，Ⅰ级；正线数目，双线；限制坡度，神池南至西柏坡间 12‰，西柏坡至黄骅港间 4‰，目前为单机牵引，2015 年开行万吨列车后将采用双机牵引，到 2025 年开行 2 万吨列车后将采用四机牵引；最小曲线半径，一般地段 800 米，困难地段 400 米；到发线有效长度，目前为 1050 米，2015 年开行万吨列车后将改至 1800 米，2025 年开行 2 万吨列车后将改至 2800 米；牵引种类，电力牵引；机车类型,目前采用 SS4 系列，扩能改造后将部分采用和谐系列机车；闭塞类型，自动闭塞；牵引定数，目前 5500 吨，2015 年达到 10000 吨，2025 年达到 20000 吨；年运输能力，目前 1.6 亿吨，扩能改造后近期（2015 年）2.3 亿吨，远期（2025 年）达到 3.6 亿吨。

工程计划于 2010 年 2 月开工，2011 年底竣工。

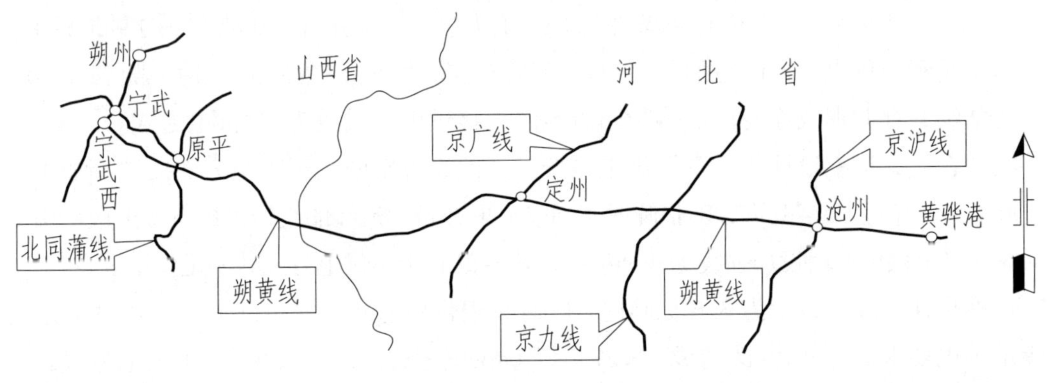

朔黄铁路示意图

二、工程设计

中铁电气化勘测设计研究院有限公司 2007 年 5 月完成咨询研究，2007 年 9 月完成预可行性研究，2008 年 6 月完成可行性研究（2009 年 1 月完成初步设计，2009 年 6 月开展施工图设计）。

朔黄铁路既有牵引供电系统中，神池南至北大牛段采用 AT 供电方式，北大牛至黄骅南段采用带回流线的直接供电方式。全线共设神池南、龙宫、原平南、东治、滴流磴、小觉、西柏坡、灵寿、定州西、安国、肃宁北、行别营、沧州西、黄骅南和狼坨子 15 处牵引变电所，外部电源进线均采用 110 千伏电压等级。全线设有宁武西、北大牛、回凤、南湾、猴刎、古月、三汲、行唐、定州东、蠡县、河间、杜生、李天木、段庄 14 处分区所，设有黄骅港 1 处开闭所。

接触网采用全补偿简单链形悬挂。AT 供电方式区段接触线采用 GLCN-250 导线，承力索采用 LGJ-185 导线，正馈线采用 LGJQ-240 导线；直接供电方式区段接触线采用 GLCN-250 导线，承力索采用 LGJ-180（部分区段采用 LGJ-90）导线，回流线采用 LGJ-185（小部分区段采用 LGJQ-240）导线。

结合朔黄铁路年运量的规划及行车组织条件，通过对既有牵引供电系统供电能力的校核提出满足运量要求的扩能改造方案。对影响牵引供电系统扩能改造方案的年运量临界点总结如下。

年运量 1.8 亿吨，其对应行车条件为 SS4 电力机车牵引 5500 吨，8 分钟追踪间隔，该年运量是牵引变电所的牵引变压器需进行增容的临界点，当线路运量达到 1.8 亿吨及以上时，需陆续对既有牵引变电所的牵引变压器的容量进行增容改造。

年运量 2.0 亿吨，其对应行车条件为 SS4 电力机车牵引，10000 吨与 5500 吨列车间隔连发，该年运量是牵引供电系统改造（增设加强线）的临界点，当线路运量达到 2.0 亿吨及以上时，需陆续对全线重车方向和北大牛至西柏坡轻车方向牵引变电所首端半个供电臂增设加强线。

年运量 2.3 亿吨，其对应行车条件为 SS4 电力机车，牵引 10000 吨，10 分钟追踪间隔，该年运量是牵引供电方式改造的临界点，当线路运量达到 2.3 亿吨以上时，随着 20000 吨列车的陆续开行并形成连发，需将带回流线的直接供电方式改为 AT 供电方式。

因此在近、远期设计年度牵引供电系统扩能改造方案中牵引供电方式的选择如下。

近期设计年度年运量为 2.3 亿吨时，通过采取在带回流线的直接供电方式区段牵引变电所的首端半个供电臂增设加强线等补强措施，维持既有牵引供电方式并满足供电要求。

远期设计年度年运量为 3.6 亿吨时，既有牵引供电方式中的带回流线直接供电方式不能满足供电要求， 需将其改造成 2×27.5 千伏供电方式，即全线采用 AT 供电方式。

信号，车站联锁采用计算机联锁及 6502 电气集中联锁，区间闭塞方式采用复线三显示自动闭塞，机车采用机车信号和自动停车装置；通信采用 48 芯单模电缆，新设 STM-16 中继传输网和 STM-4 接入网。

第十节 达万铁路防护工程

一、工程概况

达万铁路西起四川省达州市，东至重庆市万州区龙宝，途经达州、开江、重庆市的梁平、万州等地，正线全长157.077公里。是连接三峡库区的第一条铁路，也是铁道部“十五”期间规划的“八纵八横”主干线中重庆至上海沿江铁路大通道的重要组成部分。达万铁路地处四川盆地北边缘的高山丘陵地带，沟壑纵横，地形复杂多变，工程实施十分艰巨。铁路沿线交通不便，多为贫困和不发达地区，是一条扶贫线。达万铁路建成投产后，将与达成铁路和长江航运一起，构成四川和重庆水陆联运的综合运输网络，对完善全国路网，加速西南铁路通道建设，开发沿线资源，改变贫困地区面貌，加快三峡库区建设，推动四川省、重庆的改革开放和经济发展，促进西部大开发，具有非同寻常的现实意义。

达万铁路电气化工程，建设单位是成都铁路局，由北京电铁通信信号勘测设计院承担电气化防护工程设计。

达万铁路电气化工程，主要技术条件：线路等级，Ⅰ级；正线数目，单线，预留电气化条件；限制坡度，12‰；最小曲线半径，400米；到发线有效长度，1050米；闭塞类型，自动闭塞；牵引种类，内燃牵引，预留电力牵引条件；设计运输能力近期客车3对，货运472万吨/年;远期客车8对，货运661万吨/年。

达万铁路于1997年10月31日开工，2002年10月23日通过初验投入临管运营，2004年11月1日正式开行旅客列车。

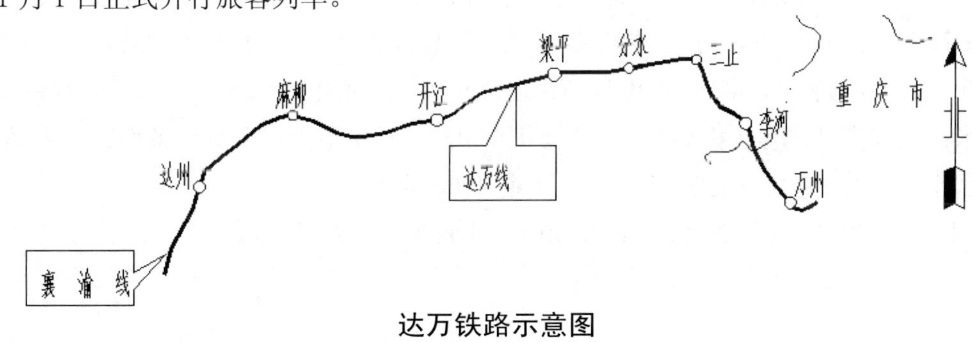

达万铁路示意图

二、工程设计

设计范围和内容包括：沿线受电气化影响的电信、联通、移动、广播、部队、厂矿系统的通信线路和无线设施。受土建施工影响的光缆管道及接触网立杆影响的通信线路。

受达万铁路电气化影响的通信线路和设施，按GB6830—86《电信线路遭受强电线路危害影响的允许值》、水电部、铁道部、邮电部、通信兵部《防止和解决电力线路对通信、信号线路危险和干扰影响的原则协议》、国家计委计二（1986）1249号、国家计委（60）

计机养字 1726 号文的有关精神办理。

根据防护设计方案，电信系统一、二级干线有 10 处光缆、97 处电缆与铁路交叉跨越，按电气化要求需改为钢管防护由路基下穿越；乡以下及其他通信系统有 301 处电缆线路、9 处光缆线路与铁路交叉跨越，需改为钢管防护由路基下穿越，受平行接近影响的电缆线路 1.5 公里，视当地具体情况确定迁改方案，有条件的地段以远迁为主，条件不具备的采用直埋高屏蔽电缆或加金属屏蔽地线、加绝缘变压器或中和变压器防护措施；广播系统与铁路交叉跨越的同轴干线-12 电缆线路 109 条、光缆 11 条，电缆 19 条，改为钢管防护由路基下穿越；移动、联通、铁通公司系统与铁路交叉跨越的光缆 80 条，改为钢管防护由路基下穿越；电力系统在电力杆上架设 ADSS 光缆交叉跨越铁路 11 处，改为钢管防护由路基下穿越；受电气化影响的厂矿系统通信电缆 32 处、明线 15 处，成都军区通信光缆 3 处、电缆 10 处，按有关规定改造或迁改；影响接触网立杆的光缆线路 1.5 条公里，按规定迁改。

第十一节　长荆铁路防护工程

一、工程概况

长江埠至荆门铁路，东起汉丹线上的长江埠站，西至焦柳线上的荆门站，途经应城市、天门市、京山县、钟祥市、荆门市，正线全长 181.2 公里。位于湖北省中部、江汉平原北缘，是沿江铁路通道的重要组成部分。

长荆铁路，1998 年 8 月经国家计委批准立项，由湖北省和铁道部合资修建。建设单位是湖北长荆铁路有限责任公司，由北京电铁通信信号勘测设计院承担电气化防护工程设计。

长荆铁路电气化工程，主要技术条件：铁路等级，II 级；正线数目，单线；钢轨类型，60 公斤/米；限制坡度，4‰；牵引种类，内燃牵引，预留电气化条件；到发线有效长度，1050 米；机车类型，客运机车 DF7，货运机车 DF4，预留电力机车牵引条件；闭塞类型，半自动闭塞；牵引定数，近期 3500 吨，远期 4000 吨。

工程于 1998 年 11 月 26 日开工，2004 年 4 月 18 日竣工通车。

长荆铁路示意图

二、工程设计

设计范围和内容包括：沿线受电气化影响的电信、联通、移动、广播、部队、厂矿系统的通信线路、无线设施，受影响的输油气管道及专用线油库。

对受长荆铁路电气化影响的各系统的通信线路和设施，按GB6830—86《电信线路遭受强电线路危害影响的允许值》、水电部、铁道部、邮电部、通信兵部《防止和解决电力线路对通信、信号线路危险和干扰影响的原则协议》、国家计委计二（1986）1249号、国家计委（60）计机养字1726号、TB/T2823—1997《交流电气化铁道对油（气）管道（含油库）的影响容许值及防护措施》、中石油SY/T 0032—2000《埋地钢质管道交流排流保护技术标准》、SY/T 0019—97《埋地钢质管道牺牲阳极保护设计规范》进行处理。

根据防护设计方案，电信系统一、二级干线有12条光缆、5条电缆与铁路交叉跨越，需按电气化要求改为由路基下穿越，并采取钢管防护，对受平行接近影响的3条公里电缆线路，需进行改造或迁改；乡以下及其他通信系统有21条电缆线路、46条光缆线路与铁路交叉跨越，需采取钢管防护改为由路基下穿越，受平行接近影响的8条公里电缆线路，视当地具体情况确定迁改方案，有条件的地段以远迁为主，条件不具备的采用直埋高屏蔽电缆或加金属屏蔽地线、加绝缘变压器或中和变压器防护措施。广播系统有9条同轴干线电缆、6条光缆与铁路交叉跨越，需采取钢管防护改为由路基下穿越；移动、联通、铁通公司有128条光缆与铁路交叉跨越，需采取钢管防护改为由路基下穿越。厂矿系统有3处通信电缆需进行改造。孝感中燃天然气公司有2条Φ273输气管道和钟祥京烨天然气公司有2条Φ273天然气管道与铁路交叉跨越，需采取安全防护措施。4个专用线油库，需对铁路专用线钢轨进行绝缘和排流接地处理，油库卸油区进行等电位连接和排流接地。对影响接触网立杆的6条公里光缆进行迁改。

第二章　城市轨道交通工程

第一节　北京地铁6号线供电系统

一、工程概况

北京地铁6号线是贯穿海淀区、西城区、东城区、朝阳区和通州新城东西方向的又一条轨道交通线，西起慈寿寺，东至通州新城，线路全长42公里。线路主要沿玲珑路、车公庄西路、车公庄大街、平安里西大街、南锣鼓巷西大街、南锣鼓巷东大街、北河沿大街、东四西大街、朝阳门内大街、朝阳门外大街、朝阳北路、通州北关大街、运河东大街，到通州新城。全线设五路居、慈寿寺、花园桥、白石桥南、二里沟东口、车公庄、平安里、后海西、南锣鼓巷、隆福寺、朝阳门、东大桥、呼家楼、金台路、星火路、青年路、褡裢坡、黄渠、常营、草房、物资学院、北关环岛、新华大街、玉带河大街、郝家府、东部新城、东小营27座车站。其中换乘站12座，慈寿寺站分别与规划的S1号、10号线换乘；白石桥南站与规划的9号线换乘；二里沟东口站与规划的12号线换乘；车公庄站与既有2号线换乘；平安里站与在建的4号线和规划的16号线换乘；南锣鼓巷站与规划的8号线换乘；隆福寺站与规划的8号线和已建的5号线换乘；朝阳门站与既有2号线换乘；呼家楼站与在建的10号线换乘；金台路站与规划的14号线换乘；褡裢坡站与规划的L4号线换乘；新华大街站与规划的S6号线换乘。

北京地铁6号线设五路停车场1处、五里桥车辆段1处、东小营车辆段1处，控制中心设在小营控制中心。地铁6号线分两期建设：一期工程由海淀区五路居站至朝阳区草房站，线路全长30.7公里，设20座车站，1处停车场和1处车辆段；二期工程位于通州新城，线路长约12.52公里，设7座车站，1处车辆段。车辆采用6动2拖8节编组，远期高峰小时列车运行密度为30对/小时。

北京地铁6号线工程，建设单位是北京市轨道交通建设管理有限公司，供电系统由中铁电气化勘测设计研究院有限公司设计。

供电系统采用10千伏开闭所供电方式，直流牵引供电系统采用DC1500伏架空接触网供电、走行轨回流。

工程计划2009年1月动工，2012年竣工。

二、工程设计

地铁6号线外电源采用开闭所供电方式。在五路停车场、四道口、车公庄、后海西、隆福寺、东大桥、金台路、青年路、黄渠、五里桥车辆段设10处开闭所。中压供电网络采用10千伏双环网供电方案，采用牵引、动力照明混合供电网络，设10个供电分区。

牵引供电采用DC1500伏架空接触网馈电、走行轨回流方式。在五路停车场、五路站、花园桥站、二里沟东口站、平安里站、地安门站、隆福寺站、东大桥站、金台路站、青年路站、青褡区间、黄渠站、常营站、草房站、五里桥车辆段设 15 处牵引变电所。变电所 10 千伏母线采用单母线分段方式，牵引变电所 1500 伏直流母线采用单母线加备用母线方式。地下段接触网采用刚性悬挂，地上段采用柔性悬挂。

变电所综合自动化系统采用分层、分布式结构，分站级管理层，网络通信层，间隔设备层设置。

杂散电流防护采取“以防为主、以排为辅、堵排结合、回流畅通、便于监测”的综合防护措施；接地采用综合接地系统。UPS 电源整合采用双套 UPS 加蓄电池冗余方案。

第二节　北京地铁 9 号线供电系统

一、工程概况

北京地铁 9 号线位于城区西部，贯穿丰台区和海淀区，呈南北走向，线路起自北京市西南部丰台区郭公庄，沿万寿路南延向北，从丰台东大街东侧穿过向北至广安路路口，然后线路右转沿道路向东，穿过六里桥，至羊坊店路路口左转沿道路向北，经过北京西客站以及玉渊潭公园，最后线路沿首都体育馆南路继续向北，从白石桥的东侧穿过，至长河桥以北到终点站白石桥站，与 4 号线相接，线路全长 16.4 公里。全部为地下线，共设 14 座地下车站。其中北京西客站和白石桥站及两端区间约 1.6 公里线路为既有线路。郭公庄车辆段位于丰台科技园站东南部的六圈地区，由六圈路、郭公庄路、郭公庄一号路围合而成，占地面积大约 21 公顷。根据线网资源进行分析，郭公庄车辆段为定、临修段。地铁 9 号线不单独设控制中心，控制中心与在建的北京市轨道交通小营指挥中心共用。

设计年限：初期 2014 年、近期 2021 年、远期 2036 年。车辆采用标准 B 型车，采用 3 动 3 拖的 6 辆编组方案：初、近、远期　+Tc-M-T-M-M-Tc+。

鉴于本工程线路比较短，客流变化点靠近线路起点的特征，确定本线采用一个交路运营的方式，即初、近、远期均采用郭公庄至白石桥一个交路运营。

北京地铁 9 号线工程，建设单位是北京市轨道交通建设管理有限公司，供电系统由中铁电气化勘测设计研究院有限公司设计。

地铁 9 号线主要技术条件：线路数目，双线；轨距，1.435 米；线路纵坡，区间最大坡度 30‰，辅助线最大坡度 40‰；最小曲线半径，区间正线 350 米，困难地段 200 米；钢轨类型，正线、试验线为 60 公斤/米钢轨，车场线为 50 公斤/米钢轨；隧道类型，马蹄形隧道，高 5339 毫米，宽 5100 毫米；道床厚度，650 毫米；圆形隧道内径直径，5400 毫米；道床厚度，740 毫米；矩形隧道，高 4910 毫米，宽 4500 毫米；道床厚度，560 毫米。

线路客运能力，远期高峰小时单向最大断面3.415万人次，高峰小时运行图初期12对/小时，远期30对/小时，列车追踪间隔时间分别为5分钟、2分钟；列车最高速度为80公里/小时。

北京地铁9号线供电系统采用10千伏开闭所供电方式，直流牵引供电系统采用DC750伏接触轨上部受流供电。

工程于2007年4月开工，计划2010年底通车试运营。

二、工程设计

北京地铁9号线供电系统，中压环网供电系统外部电源采用分散方式，供电网络采用10千伏牵引、动力照明混合网络，采用双环网结构。全线在郭公庄、丰台南路、六里桥、北京西客站和国家图书馆设5处开闭所。每处开闭所从城市电网引入两路10千伏独立电源，郭公庄开闭所由六圈110千伏变电站供电，丰台南路开闭所由科技园110千伏变电站供电，北京西客站开闭所由莲花池220千伏变电站供电，国家图书馆开闭所由动物园110千伏变电站供电。

开闭所(包括牵引降压混合变电所和降压变电所)采用单母线分段接线，开闭所的两路10千伏进线电源分别引自与本线相近的5处市网地区变电站，并通过10千伏断路器分别接在所内两段10千伏母线上，两路进线电源分列运行；中压环网从该开闭所的两段10千伏母线上各馈出一回电源至相邻车站变电所。当开闭所两回进线电缆故障时，通过环网开关倒闸作业，由相邻开闭所对原故障开闭所供电范围支援供电。

牵引变电所设2套整流机组，1套整流机组由整流变压器和整流器两部分组成；单套整流机组采用三相桥12脉波整流方式，2套整流机组并联运行构成等效24脉波整流方式。两整流机组接在同一段10千伏母线上，在正常运行方式下，2套整流机组并联运行，1套整流机组容量均为2000千伏安。

降压变电所10千伏侧采用单母线分段接线，每段母线分别从10千伏环网引入一回进线电源，正常运行方式时母联开关打开，两段母线及对应的配电变压器分列运行。牵引降压混合变电所或降压变电所的任一回10千伏进线电缆故障时，合上该所母联断路器，由另一回电缆向该变电所及下一级变电所供电。降压变电所的2台配电变压器分别接在两段10千伏母线上；低压0.4千伏侧采用单母线分段接线，通过低压开关向车站各动力照明负荷供电，并设三级负荷总开关，以方便对三级负荷必要的切除。在正常运行方式下，2台配电变压器同时分列运行，共同负担供电区域内的动力照明负荷。

中压环网供电网络分为5个供电分区：第1供电分区是郭公庄车辆段、郭公庄、丰台科技园；第2供电分区是科怡路、丰台南路、丰台东大街；第3供电分区是丰台北站、六里桥；第4供电分区是太平桥、北京西客站、军事博物馆；第5供电分区是东钓鱼台、白石桥南、国家图书馆。每个供电分区均由两路电源供电。每处开闭所的两路10千伏电源分列运行，负担各自供电分区的牵引负荷和动力照明负荷。

全线共设牵引降压混合变电所 10 处（含车辆段 1 处），分别为郭公庄、科怡路、丰台东大街、丰台北路、六里桥、北京西客站、军事博物馆、白石桥南、国家图书馆、郭公庄车辆段。变电所 10 千伏母线采用单母线分段接线，母联开关常开。直流 750 伏母线采用单母线（加备用母线）接线方式，备用断路器直接接于直流母线上。正线牵引变电所直流设置两回进线和四回馈线，车辆段设置两回进线和五回馈线。0.4 千伏母线采用单母线分段接线方式,母联开关常开。进线、母联、三级负荷总开关、馈线开关均采用断路器。

牵引网采用 DC750 伏接触轨上部受流供电方式，接触轨采用钢铝复合接触轨，最大电阻为 0.0078 欧姆/公里(工作温度 80°C)，载流量为 4000 安。正线接触轨一般安装于列车行进方向的左侧，在道岔、车站等特殊区段可换边布置。接触轨中心至相邻走行轨内侧工作边的水平距离为 700 毫米，接触轨的受流面距走行轨轨顶面的垂直距离为 140 毫米。在圆曲线及缓和曲线上，接触轨的轨面与走行轨轨面连线平行。接触轨采用整体绝缘支架与轨枕合架的安装方式。

地铁 9 号线电力调度系统纳入综合监控系统，电力监控系统已经转变为控制中心调度层、车站调度层和沿线各变电所内的自动化层组成。变电所综合自动化系统与综合监控系统通信接口在变电所控制信号盘通信端子排处。综合监控系统 IBP 盘上按钮与指示灯与牵引变电所直流开关设备用控制电缆直接连接，实现紧急情况下的手动控制功能，紧急情况下手动控制三轨断电。接口类型为二次无源接点，接口位置在直流馈出开关柜二次端子排处。

牵引回流网系统由钢轨、负回流线、上下行均流线、绝缘轨缝单向导通装置组成。负回流线、上下行均流线采用 DC 750 伏、185 平方毫米铜电缆。杂散电流排流系统主要由轨道道床杂散电流收集网、隧道结构钢筋辅助排流网及其他设施的排流组成。

第三节 北京地铁 8 号线二期供电系统

一、工程概况

北京地铁 8 号线是北京轨道交通规划网中一条由北向南贯穿北京城区的轨道交通线，位于北京市的中轴线上，将清河、南苑和城八区连接起来。其中一期工程的森林公园南门站至北土城站已经建成通车；二期工程北段为回龙观东大街站至森林公园南门站，南段为北土城站至中国美术馆站；远期工程为中国美术馆站至五福堂站。

地铁 8 号线二期工程北段起自十里长街与黄平西侧交叉口西北侧，沿黄平西侧路西侧的绿化带向南至黄平东路转向西南，穿地铁 13 号线之后沿西三旗东路向南，穿清河、五环路、北辰西路后在森林公园中部折向南，与一期工程森林公园南门站相接。二期工程北段设回龙观东大街、霍营、西三旗、清河小营、永泰庄、林萃路 6 座车站。

二期工程南段从一期工程的北土城站引出后，沿北辰路、鼓楼外大街、旧鼓楼大街、地安门外大街行进，在天意商场折向东至地安门大街，至北京中医院后折向南，顺美术馆后街、美术馆东街至二期工程终点中国美术馆站。南段设安华桥、黄寺、鼓楼大街、什刹海、南锣鼓巷、中国美术馆6座车站。

二期工程南、北2段线路全长17.544公里，一、二期工程合计线路长度21.5公里（一期工程线路长度4.508公里），全部为地下线和地下车站，平均站间距离1.470公里（含一期工程的4座车站），最小站间距离0.89公里（什刹海站至南锣鼓巷站），最大站间距离2.589公里（永泰庄站至林萃路站）。二期工程建成后，一、二期工程将贯通运营。二期工程在平西府设1处车辆段，控制中心与清河小营控制中心共用。

8号线二期工程车辆采用3动3拖6辆编组，B型车。最高行车速度80公里/小时。远期高峰小时行车密度为30对/小时。

地铁8号线二期工程，建设单位是北京市轨道交通建设管理有限公司，中铁电气化勘测设计研究院有限公司负责南、北段供电、机电、综合监控系统设计。

工程于2007年12月底开工，北段计划于2012年底开通试运营。

二、工程设计

地铁8号线二期工程外部电源采用开闭所供电方式。在平西府车辆段、清河小营、森林公园南门（一期）、奥体中心（一期）、鼓楼大街、中国美术馆站设6处开闭所。在回龙观东大街、霍营、西三旗、永泰庄、林萃路、森林公园南门、奥林匹克公园、奥体中心、安华桥、鼓楼大街、南锣鼓巷、中国美术馆、平西府车辆段设13处牵引变电所，设3处降压变电所。变电所10千伏母线采用单母线分段方式，牵引变电所750伏直流母线采用单母线加备用母线方式。

中压供电网络采用10千伏双环网方案，采用牵引、动力照明混合供电网络，设6个供电分区。牵引供电制式采用DC750伏接触轨馈电、走行轨回流方式，接触轨采用钢铝复合轨。

地下段接触网采用刚性悬挂，地上段采用柔性悬挂。

变电所综合自动化系统采用分层、分布式结构，分站级管理层，网络通信层，间隔设备层3层设置。

杂散电流防护采取“以防为主、以排为辅、堵排结合、回流畅通、便于监测”的综合防护措施；接地采用综合接地系统。UPS电源整合采用双套UPS加蓄电池冗余方案。

第四节　北京地铁15号线一期供电、通信信号系统

一、工程概况

北京地铁 15 号线位于北京东北部地区，起自海淀区的西苑，沿颐和园路、清华西路下穿地铁 4 号线、穿过清华大学，沿清华东路向东，穿过八达岭高速公路，至奥林匹克中心区，沿大屯路继续向东至鼎成路转向南，穿过京承高速公路至望京西后，沿湖光中街进入望京核心区域，再向北至望京北扩地区，折向东沿香江北路逐渐由地下出地面，以高架形式沿京顺路向北，跨过机场南线、温榆河、枯柳树环岛、机场北线后转向东，沿顺于路行进，在东六环路西侧转向地下，沿顺义区府前街，向东过潮白河后到达河东地区。全线在香江北路设 1 处马泉营车辆段，在河东设 1 处俸伯停车场。

地铁 15 号线工程分期建设。一期工程从北沙滩至顺义河东，线路全长 38.3 公里，地下线长 28 公里，高架线长 10.3 公里。设 18 座车站，其中 4 座为高架车站，14 座为地下车站，最大站间距离 4.573 公里，最小站间距离 0.927 公里，平均站间距离 2.315 公里。

地铁 15 号线一期工程，建设单位是北京东直门机场快速轨道有限公司，总体设计单位是北京市市政工程设计研究总院，隧道、线路等土建工程由北京市市政工程设计研究总院、中铁隧道勘测设计院有限公司、北京城建设计研究总院有限责任公司、铁道第五勘察设计院等联合设计；供电、机电、综合监控系统由中铁电气化勘测设计研究院有限公司设计，通信信号、办公自动化系统由北京电铁通信信号勘测设计院设计。

地铁 15 号线一期工程，设计年限为：初期 2016 年、近期 2023 年、远期 2038 年。

地铁 15 号线一期工程，线路主要技术条件：线路数目，双线；轨距，1.435 米；线路纵坡，区间最大坡度 26‰，辅助线最大坡度 33‰；曲线半径，区间正线最小为 300 米，车站正线最小为 800 米；钢轨，正线、试车线为 60 公斤/米轨，车场线为 50 公斤/米轨；设计速度，100 公里/小时；系统最大通过能力，30 对/小时。车辆采用中国标准 B 型车，电动车组编组为 4 动 2 拖，通过 DC750 伏接触轨上部接触受电，接触轨采用钢铝复合轨。

计划 2009 年 3 月开工，力争 2010 年底竣工。

二、工程设计

供电、机电、综合监控系统工程设计内容包括：牵引供电、牵引变电所、降压变电所、接触轨、变电所综合自动化、迷流保护、通风空调、给排水、动力照明、屏蔽门、电扶梯、综合监控、环境与设备监控、防灾报警、乘客信息、门禁等。通信信号、办公自动化系统设计内容包括：专用通信、民用通信、公安通信、列车自动监控（ATS）、列车自动防护/自动驾驶（ATP/ATO）、信号联锁（CI）、维护支持（MSS）、数据传输（DCS）、办公自动化系统等。可行性研究 2008 年 12 月开始，计划 2009 年 1 月完成，初步设计 2009 年 2 月开始，计划 2009 年 4 月完成，其后开展施工设计。

（一）供电系统

地铁 15 号线一期供电系统工程，采用 10 千伏开闭所供电方式，中压供电网络采用 10 千伏双环网方案；供电系统按一级负荷设计，每处开闭所由地区变电所引入两路独立的 10

千伏电源，正常时同时投入运行；每处牵引、降压变电所至少有两路独立电源供电。

供电系统按满足远期运营时各类负荷用电要求设计，各类设备容量和线缆截面应满足设计的正常及非正常运行方式下负荷要求，AC10 千伏和 DC750 伏系统电压质量满足相应国家标准要求。

一期供电系统工程，设 9 处开闭所，分别设在奥林匹克公园、指挥中心、望京、来广营东路、孙河、新国展北、后沙峪、南法信和河东停车场。

10 千伏系统采用双环网供电方式，开闭所与该车站或附近的牵引降压混合变电所合建，共用 10 千伏母线。10 千伏采用单母线分段接线，其两路 10 千伏进线电源分别引自与本线相近供电局变电站，两路进线电源分列运行；其他变电所从开闭所或相邻变电所两段 10 千伏母线以“环串接线”方式引入两回电源。

全线设 26 处牵引变电所，分别设在北沙滩站、奥林匹克公园站、安慧北里站、大屯路东站、指挥中心站、望京西站、望京站、K18+515 望来区间牵引所、来广营东路站、香江北路站、K24+130 香孙区间牵引所、孙河站、K26+789 孙新区间牵引所、新国展站、新国展北站、K32+161 新后区间牵引所、后沙峪站、K36+143 后南区间牵引所、南法信站、K39+930 南顺区间牵引所、顺西路站、府前街站、K43+514 府东区间牵引所、河东站和车辆段变电所及停车场变电所。

变电所正母线为单母线接线方式，并设置备用母线，DC750 伏备用断路器接于正母线与备用母线之间。整流机组阀侧与 DC750 伏正母线用断路器和电动隔离开关连接。整流机组阀侧与 DC750 伏负母线用电动隔离开关连接。正线香江北路变电所正母线上设置六回馈线，通过断路器向正线牵引网和车辆段出、入段线牵引网供电，并经过旁路电动隔离开关与备用母线相接。正线其他变电所正母线上设置四回馈线，通过断路器向正线牵引网供电，并经过旁路电动隔离开关与备用母线相接。车辆段变电所直流正母线设置五回馈线，通过断路器向车辆段牵引网供电。停车场变电所直流正母线设置四回馈线，通过断路器向停车场牵引网供电。全线牵引变电所均设置电阻型再生能量吸收装置，有条件时电阻柜设置在地面或车站排风通道内。

车站、牵引变电所、车辆段、停车场的信号楼电源整合系统采用直流电源整合方案。

AC 0.4 千伏母线采用单母线分段接线方式，母联开关常开。进线、母联、馈线开关均采用断路器。变电所采用自动化系统，按无人值班设计，车站变电所和具有开闭所功能的变电所预留有人值守条件。

全线牵引网采用钢铝复合接触轨，上部受流，接触轨经整体绝缘支架安装在轨枕上（局部地段直接安装在道床块上），接触轨采用防护罩防护。

杂散电流防护采取“以堵为主、以排为辅、堵排结合、回流畅通、加强监测”的综合防护措施：包括走行轨绝缘安装、畅通的回流系统、供电及回流分区、利用整体道床、高架桥、地下结构的结构钢筋的焊接，形成杂散电流收集网，并通过排流柜将杂散电流通过金属通路收集回变电所，并设置杂散电流自动监测系统。

（二）机电系统

1、通风与空调系统

通风与空调系统是对全部车站及相应地下区间隧道内温度、湿度、风速、噪声和空气质量进行全面控制，并在事故工况下，为人员安全疏散提供新鲜空气，同时满足一定的排烟风速，以控制烟气流向和排除烟气；提供满足设备管理用房要求的温度、湿度和噪声，维持乘务人员安全、舒适的工作环境。通风与空调系统应满足列车正常运行、区间阻塞、区间火灾和车站火灾等工况的要求。

区间隧道通风防排烟系统　正常运行工况时，充分利用列车行驶产生的活塞效应和活塞风井的吐纳作用，排除部分列车产生的余热余湿，吸入地面的新鲜空气对区间隧道进行通风换气，保证区间隧道内夏季最高平均温度不高于 40℃，冬季平均温度不高于地层的自然温度，但最低不低于 5℃，为乘客提供较舒适的乘车环境。

车站公共区通风空调防排烟系统　采用全空气系统，典型车站厅层两端各设有通风空调机房，各负担车站一半公共区的通风空调负荷。两端通风空调机房内各设 1 台组合式空调机组，以及对应的耐高温回/排风机，和空调新风机（小新风机）。

车站设备及管理用房通风空调及防排烟系统　车站设备管理用房根据工艺和使用要求设置空调或通风系统。地下车站混合、降压变电所热负荷较大，采用空调制冷降温。车站控制室、通信信号用房等有气体灭火保护要求的重要电气设备用房，按火灾时房间密闭、火灾后排气进行设计（不考虑排烟），所排气体直接排出地面。车站控制室设机械加压送风系统，在车站发生火灾时，对周边区域保持正压，正压值为 50 帕。站厅层和站台层的卫生间以及污水泵房等房间设置独立的排风系统，以保证地下卫生间的卫生要求。车站设备及管理用房最远点到地下车站公共区的直线距离超过 20 米的内走道设置独立的机械排烟系统，利用车站公共区及出入口通道进行补风。通风空调机房、冷冻机房内设置独立的送风、排风及排烟系统。

空调水系统　包括冷冻水系统和冷却水系统，冷冻水泵，冷却水泵、冷却塔与冷水机组台数一一对应配置。

备用 VRV 空调系统　对车站特别重要的综合监控室、综合监控设备室、信号设备室、通信设备室、商业通信设备室、变电所控制室设置备用 VRV 空调系统。

车站公共区自然通风系统　采用自然通风方式进行通风换气和防排烟。未设机械排烟系统的设备及管理用房利用自然通风方式排烟。

设备及管理用房机械通风系统　散热量大的设备室、卫生间等附属用房采用机械通风方式，火灾时能迅速转到预先设定的火灾运行模式。

设备及管理用房空调、采暖系统　车站通信、信号、商用通信等设备室及管理用房设置 VRV 空调系统，当发生火灾时（按规范设有排烟系统时）能迅速转到预先设定的火灾运行模式。

2、给排水及消防系统

给排水及消防系统为各工点提供水质、水量、水压、水温能满足国家规定标准和地铁营运所需要的生产、生活和消防用水，排水通畅且水质达到国家或北京市环保部门的规定；自动灭火系统能够满足地铁车站内重要电气设备机房的消防要求，最终确保地铁运营安全可靠。

3、动力照明系统

动力照明配电系统采用三相四线制配电方式，TN-S 接地保护系统。

车站动力照明 一级负荷采用两路来自变电所不同低压母线的电源供电。对于特别重要负荷，设置不间断电源作为应急电源。站厅、站台照明电源均分别取自两段母线，交叉供电方式。二级负荷采用一路电源供电，取自降压变电所的任一段 0.4 千伏母线。三级负荷仅由一路电源供电，可根据需要切除。

动力设备供电 以放射式供电为主，结合树干式供电。重要负荷、大容量负荷由变电所母线直接供电。高架车站公共区照明采用智能控制方式。根据自然采光和运行工况调整灯具亮度。

区间动力照明 区间动力电源取自车站或区间所内的区间动力检修总配电箱，每隔 100 米设置一配电箱，道岔区适当增加。地下区间设正常、应急照明，应急照明正常行车开启，电源在事故状态下持续供电时间不低于 90 分钟。

4、屏蔽门系统

地下车站采用屏蔽门，高架车站采用全高安全门。满足 B 型列车 6 辆编组、4 门/车、±300 毫米停车精度要求。滑动门位置与列车车门一一对应，采用中分双开平滑门。滑动门设置障碍物探测装置，门体与钢轨采用等电位连接，绝缘安装；采用信号系统级、车站级和手动操作三级控制方式。防夹设计采用滑动门，轨道侧门体底部成为倾斜面、安装激光检测装置，绝缘方式采用绝缘地板。

（三）综合监控系统

综合自动化设计主要包括：综合监控系统、环境与设备监控系统、火灾报警系统、乘客信息系统、门禁系统等。北京地铁 15 号线以环调、电调为核心并兼顾部分与行调有关子系统来构建适度集成的综合监控系统。深度集成了变电所综合自动化系统（PSCADA）、环境与设备监控系统（BAS），界面集成了屏蔽门系统（PSD）、广播系统（PA）、闭路电视监视系统（CCTV），并与门禁系统（ACS）、信号系统（ATS）、火灾报警系统（FAS）、自动售检票系统（AFC）等互联。

综合监控系统 采用中央级、车站级两级管理和中央级、车站级、现场级三级控制的结构体系。变电所综合自动化系统（PSCADA）、环境与设备监控系统（BAS）作为子系统由综合监控系统统一设计、实施。完成对 10 千伏、0.4 千伏、750 伏等供电系统设备的监控。

BAS 系统完成对轨道交通通风空调、给排水、低压动力照明系统等机电系统设备的监控。

火灾自动报警系统　由设在控制中心的防灾指挥中心，设在各车站的车站级 FAS 系统，分布在现场的各种现场级设备以及网络通信设备组成。控制中心是全线消防指挥中心，车站控制室和控制中心的值班室兼作消防控制室，实现系统的“两级管理，三级控制”。用于火灾工况下及时报警并能可靠启动防救灾设备，从而保证线路能正常有序的运营，避免或降低灾害情况下造成的人员伤亡和财物损失。

门禁系统　在车站、控制中心的设备房及管理用房设门禁系统。按照两级管理、三级控制的原则进行设置。由中心级、车站级、现场级设备以及传输网络组成。

旅客信息系统　建立集行车运营信息、公共服务信息、商务信息于一体的全高清显示制式的旅客信息系统，主要由中心、车站、网络、广告制作、车载 5 个子系统构成。

（四）通信系统

所设专用通信系统包括：传输、公务电话、专用电话、无线通信、电视监控、广播、时钟、电源及接地、网络管理、车辆段/停车场通信系统等。

民用通信系统包括：传输、无线覆盖、电源及接地系统等。民用通信系统将电信运营商的移动通信信号引入地下区域内，为乘客提供优质的公众移动通信服务，同时为部分增值服务捍供条件，使地铁符合现代化的生活节奏，提高地铁和公众电信运营商的服务水平。

公安通信系统包括：传输、计算机网络、公安消防无线、公安视频监控、电源及接地系统等。公安通信系统将地面公安通信网引入地铁，保证市民的出行安全，保障地铁列车的安全运行，为快速、准确、高效地执行地铁安全保卫任务提供通信保障。

政务通信系统包括：政务无线、配套设施等系统。政务通信系统是地面政务通信网络的地下延伸，是北京市政务通信系统的有机组成部分，为北京市政务网提供良好的服务。

办公自动化系统包括：综合布线、网络设备、支撑与应用软件系统。是服务于运营管理，面向地铁组织的日常运作和管理。

（五）信号系统

采用基于通信技术、安全可靠的列车自动控制系统（ATC），它包括列车自动监控子系统（ATS）、列车自动防护/自动驾驶子系统（ATP/ATO）、联锁子系统（CI）、维护支持子系统（MSS）、数据传输子系统（DCS）。根据地铁 15 号线一期工程的总体要求，在确保提高运输效率、改善工作环境、促进管理现代化的前提下开展信号系统设计。

第五节　北京轨道交通大兴线供电系统

一、工程概况

北京轨道交通大兴线是联系大兴新城与中心城区的快速轨道交通线，与地铁 4 号线共同构成北京市南北向的轨道交通主干线。大兴线主要穿过丰台区南苑西、大兴区西红门、大兴新城主城区、大兴新城核心区、大兴区生物医药基地等地区。大兴线在南四环公益西桥北侧与地铁4号线（已开通运营）接轨（地铁4号线在其南端终点站的公益西桥站以南区间预留了线路向南延伸的条件）。

北京轨道交通大兴线工程，自地铁4号线马家楼站南侧接轨点引出，沿马家堡西路、槐房西路、范家庄路、京良路至兴华大街，沿兴华大街、规划的新源大街至黄良路，下穿六环路、天河西路后，沿新源大街，通过南兆路后进入南兆路车辆段，线路全长21.754公里。其中地下线17.427公里，过渡段0.703公里，高架段3.626公里。出入段线1.002公里，其中地下线0.565公里，过渡段0.186公里，地面段0.250公里。全线设新宫、西红门、高米店北、高米店南、枣园、清源路、黄村西大街、黄村火车站、义和庄、韩园子、天宫院11座车站。其中西红门站为高架站，韩园子站为半地下站（地下一层、地面三层），其余9座为地下站。在天宫院以南、天堂河以东设南兆路车辆段1处。

北京轨道交通大兴线工程，建设单位是北京市轨道交通建设管理有限公司，总体设计单位是北京城建设计研究院，供电系统由中铁电气化勘测设计研究院有限公司设计。

设计年限：初期2014年、近期2021年、远期2036年。黄村火车站至义和庄间，正线最小曲线半径300米；西红门站至高米店北站间，正线线路最大坡度26‰，出入段线最大坡度35‰。车辆采用B1型VVVF车，编组为3动3拖。车辆运行采用大、小2个交路，大交路为龙背村站至天宫院站，小交路为中关村站至黄村西大街站，初、近、远期大小2个交路高峰小时列车对数分别为：12/12对、14/14对、15/15对。

计划2009年11月12日动工，2010年底竣工。

二、工程设计

设计原则：体现以人为本，安全可靠、环保、便于运营、合理投资的总体设计思路。供电系统的整体技术水平应达到国内外同期建设的同类工程先进技术水平。结合大兴线实际工程特点，确定合理的设计方案。在满足技术水平要求前提下，尽量采用国内优质设备。供电系统能力，应满足远期各种运行方式下用电需要。供电系统主要设备选择在满足技术要求的前提下，尽量采用小型化设备，供电电缆采用低烟、阻燃、无卤、防火电缆。正线变电所按无人值守设计，并考虑开通初期有人值守条件，开闭所考虑有人值守条件，车辆段牵引变电所按有人值守考虑。牵引网系统设计在保证安全可靠地向车辆提供电能的基础上，体现当前接触轨技术的发展方向。杂散电流防护结合工程实际条件采取“堵排结合、回流畅通、便于监测”的综合防护措施，且在保证杂散电流防护和接地系统成功实施的基础上，尽量减少投资。

供电系统设计内容包括：系统设计、变电所设计、接触轨设计、杂散电流防护及系统接地设计、车站设备UPS直流电源设计（电源整合）、车站综合接地装置设计、系统外电源引入车站内电缆路径配合设计等。

设计方案：供电系统采用 10 千伏开闭所供电方式，直流牵引供电系统采用 DC750 伏接触轨供电。

第六节　广州地铁 3 号线供电系统

一、工程概况

广州地铁 3 号线，广州火车东站至番禺广场站的主线和天河客运站至体育西路站的支线，呈南北“Y”型走向，线路全长 36.2 公里。线路主线北起广州火车东站，沿林和西路向南，穿天河体育中心后折向体育西路，在天河南一路与地铁 1 号线体育西路站换乘，继续沿体育西路、华夏路向南，在与珠江新城的珠江新城相交处设珠江新城站，向南穿海心沙过珠江，在赤岗塔附近设赤岗站，沿心市头路行进。线路在客村站与地铁 2 号线换乘，继续向南到大塘路设大塘路站。线路向南穿过海珠区的果园保护区，沿规划道路前进到达沥滘新客港设沥滘站，第二次穿越珠江到达番禺区的厦滘新城设厦滘站。第三次穿越珠江后，线路在番禺区沿规划的番禺大道向南行进，经过大石、汉溪到达番禺市桥的市桥，沿市桥转向东行，最后到达番禺广场终点站。主线路全长 28.7 公里。支线以天河汽车客运站为起点，向南穿华农、华工校园，到达五山路，沿五山路行进，继续南行，转向中山大道，向西沿中山大道、天河路前进，经体育中心后在体育西路站北端接轨与主线相接，支线全长 7.5 公里。

地铁 3 号线全线设 18 座车站，正线区段全为地下线，在厦滘站东侧设车辆段及综合维修基地 1 处，控制中心设在汉溪站南侧。

地铁 3 号线工程，建设单位是广州市地下铁道总公司，总体设计单位是广州市地下铁道设计研究院，隧道、线路等土建工程设计及供电系统的前期工作，均由广州市地下铁道设计研究院承担，供电系统的初步设计及施工设计由中铁电气化勘测设计研究院有限公司承担。

设计年限：初期 2010 年，近期 2017 年，远期 2032 年。地铁 3 号线客运能力：初期 2010 年主线采用广州东站至番禺广场交路运行，早高峰小时运行列车 16 对/小时（小列）；支线采用天河客运站至大石交路运行，早高峰小时运行列车 14 对/小时（小列）。最大列车运行密度为 30 对小列（体育西路至大石站）。近期 2017 年主线采用广州东站至番禺广场交路运行，早高峰小时运行列车 17 对/小时（10 大列+7 小列）；支线采用天河客运站至大石交路运行，早高峰小时运行列车 14 对/小时（大列车编组）。最大列车运行密度为 31 对（24 大列+7 小列）（体育西路至大石站）。远期 2032 年主线采用广州东站至番禺广场交路运行，早高峰小时运行列车 18 对/小时（大列）；支线采用天河客运站至大石交路运行，早高峰小时运行列车 16 对/小时（大列）。最大列车运行密度为 34 对大列（体育西路至大石站）。

地铁 3 号线工程，主要技术条件：线路数目，双线；轨距，1.435 米；线路纵坡，区间最大坡度 35‰；曲线半径，区间正线一般为 1000 米，困难区段 700 米，车站正线一般 1000 米，困难区段 800 米；钢轨，正线、试验线为 60 公斤/米轨，车场线为 50 公斤/米轨；隧道类型，马蹄形隧道高 5055 毫米，宽 5000 毫米，道床厚度 735 毫米；圆形隧道内径直径 5200 毫米，道床厚度 735 毫米；矩形隧道高 5060 毫米，宽 4300 毫米，道床厚度 560 毫米。全线新建 2 处主变电站,另利用地铁 2 号线河南主变电站预留的电力容量向地铁 3 号线供电。

初步设计于 2002 年 6 月开始，其后开展施工设计。2006 年 6 月开通运营。

二、工程设计

广州地铁 3 号线供电系统设计内容包括：牵引供电、牵引变电所、降压变电所、接触网、电力监控、迷流保护等。

供电系统采用 110/33 千伏两级电压集中供电方式，环网电压等级为 33 千伏。新建岗顶、金山 2 处主变电站，另利用原地铁 2 号线河南主变电站预留的供电容量向地铁 3 号线供电，每一个主变电站引入两路独立的 110 千伏电源。每个车站根据用电负荷的大小设置 1～2 处降压变电所。岗顶和金山主变电站的变压器容量均为 2×31.5 兆伏安，河南主变电站的变压器容量为 2×63 兆伏安；主变电站主接线低压 33 千伏侧采用单母线分段，两段母线各和一台主变压器相连，两段母线间设母联断路器，正常时母联断路器打开，两路电源和 2 台变压器分别运行，通过 33 千伏馈线电缆分别向各自供电区域的牵引负荷和动力照明负荷供电；33 千伏供电网络采用环网接线，在金山站两主变电站间设联络开关，正常运行时开关打开。

正常运行方式下，供电系统共分 6 个供电分区：第一分区为天河客运站、五山站、华师站、岗顶站；第二分区为石牌桥站、体育西路站、林和西路站、广州东站；第三分区为客村站、赤岗塔站、珠江新城站；第四分区为大塘站、沥滘站、厦滘站；第五分区为汉溪站、大石站、控制中心、车辆段；第六分区为金山、市桥站、番禺广场站。在正常运行方式下，岗顶主变电站向第一、二供电分区的牵引负荷及动力照明负荷供电。河南主变电站向第三、四供电分区的牵引负荷及动力照明负荷供电。金山主变电站向第五、六供电分区的牵引负荷及动力照明负荷供电。每个供电分区其中一个牵引降压混合变电所或降压变电所直接从同一个主变电站的 33 千伏两段母线各引入一回互为备用的两回专供电源，其他变电所采用环网方式接入电源。

地铁 3 号线正线共设天河客运站、华师、广州东站、体育西路、赤岗塔、大塘、沥滘、大石、汉溪、金山、市桥、番禺广场 12 处牵引变电所，车辆段另设 1 处牵引变电所。正线牵引变电所最大间距 3.89 公里，最小间距 2.29 公里，平均间距 3.19 公里。变电所分布比较均匀。车辆段单独设 1 处牵引变电所。牵引降压混合变电所的主接线 33 千伏侧采用单母线分段，两回 33 千伏进线通过断路器分别与两段母线连接，正常时，两路电源同时供电，母联断路器打开。

2 套整流机组通过 33 千伏断路器接于同一段母线上，并联运行。单台整流机组采用三相桥 12 脉波整流，2 台整流机组构成等效 24 脉波整流，整流变压器采用环氧浇注干式变压器，接线组为 DY5/Ddo,第 1 台变压器移相 7.5 度，第 2 台变压器移相-7.5 度。

2 台动力变压器通过 33 千伏断路器分别接于 33 千伏不同母线上，共同对车站及区间动力照明负荷供电。33/0.4 千伏动力变压器选用户内干式变压器，其容量根据一、二、三级负荷的设备容量及计算容量确定。

接触网悬挂，地下区段（主线及支线）、出入段线接触网采用架空“Π”型刚性悬挂（PAC110），车辆段试车线、刚柔过渡处柔性悬挂接触网采用简单链形悬挂，其余区段采用补偿简单悬挂。

接触线高度，隧道内柔性悬挂悬挂点至轨面一般为 4040 毫米，接触线最低点至轨面最小高度为 4000 毫米，悬挂点之间的距离一般为 6～8 米；隧道外接触线最低点至轨面高度一般不低于 4400 毫米。

在汉溪站旁设控制指挥中心，在控制指挥中心大楼中央控制室内设 1 个电力调度台。在电力调度台上设 1 套电力调度系统及相应的调度通信设施，在沿线主变电站及牵引、降压变电所内设全所综合自动化系统，两者通过通信通道构成电力监控系统，负责对全线供电系统及供电设备进行实时监控及数据采集，以实现运行及维护的调度自动化管理，保证系统供电的可靠性、安全性。在车辆段综合基地供电车间调度室内设供电复示系统，用于对全线供电系统的监视。

牵引回流网系统由钢轨、负回流线、上下行均流线、绝缘轨缝单向导通装置组成。负回流线、上下行均流线采用 1000 伏、400 平方毫米铜电缆。杂散电流排流系统主要由轨道道床杂散电流收集网、隧道结构钢筋辅助排流网及其他设施的排流组成。

第七节 广州地铁 5 号线供电系统

一、工程概况

广州地铁 5 号线，西起芳村的滘口，东至广州开发区的黄埔客运港的文冲，贯穿广州市东西，首期工程（滘口至文冲段）线路全长 32 公里。其中 29.79 公里为地下线，2 公里为高架线，0.21 公里为路基或路堑线路。全线共设 24 座车站，在鱼珠设 1 处车辆段，车辆段内设 1 个控制中心。

地铁 5 号线首期工程共有 10 座车站与其他线路换乘，分别是：滘口站（与佛山南海轨道交通线换乘）、坦尾站(与 6 号线换乘)、西村站(与 8 号线换乘)、广州火车站(与 2 号线换乘)、区庄站(与 6 号线换乘)、杨箕站(与 1 号线换乘)、珠江新城站(与 5 号线换乘)、车陂南站(与 4 号线换乘)、鱼珠站(与 9 号线及城际广深线换乘)、大沙地站(与 7 号线换乘)。

地铁 5 号线首期工程，建设单位是广州市地下铁道总公司，供电系统由中铁电气化勘测设计研究院设计。

地铁 5 号线首期工程，线路主要技术条件：线路数目，双线；轨距，1.435 米；最小平面曲线半径，100 米；辅助线最小平面曲线半径，100 米；车场线最小平面曲线半径，65 米；曲线外轨最大超高，120 毫米；正线及辅助线，采用 60 公斤/米钢轨，车场线采用 50 公斤/米钢轨。初期 4 辆编组，近期 4 辆或 6 辆编组混跑，远期 6 辆编组。列车最高运行速度 90 公里/小时。车辆采用直线感应电机运载系统，正线的地下区段及高架线路全部采用 DC1500 伏三轨接触轨，车辆段采用柔性架空接触网。

工程于 2004 年底开工，预计 2009 年底建成通车。

二、工程设计

2004 年 5 月开始初步设计，2004 年底开展施工设计。设计内容包括：牵引供电、变电所、电力监控、接触网、杂散电流保护等。

供电系统采用 110/33 千伏两级电压集中供电方式，中压供电系统采用 33 千伏交流供电。新建 1 处鱼珠主变电所，扩建地铁 2 号线原瑶台主变电所，鱼珠主变电所主变压器容量初、近期为 2×40 兆伏安，预留 2×63 兆伏安的安装条件，瑶台主变电所的主变压器容量扩容改造为 2×63 兆伏安，同时向地铁 2 号线和 5 号线提供 33 千伏三相交流电源。主变电所电源进线电压为交流 110 千伏，牵引降压混合变电所及降压变电所电源进线电压为交流 33 千伏。供电系统按一级负荷设计，每处主变电所由地区电力变电站提供两回独立的 110 千伏电源供电。变电所内设 2 台主变压器，33 千伏侧采用单母线分段，两段母线间设母联断路器，正常时母联断路器打开，两路电源和 2 台变压器同时运行，通过 33 千伏馈线电缆分别向各自供电区域的牵引负荷和动力照明负荷供电；33 千伏供电网络采用环网接线，在两主变电所间的猎德站设环网联络开关，正常运行时开关打开。

地铁 5 号线首期工程设滘口、大坦沙、西场、广州火车站、淘金、杨箕、猎德、员村、车陂南（牵引变电所）、三溪、大沙地、文冲、车辆段 13 处牵引降压混合变电所（含车辆段）；设中山八、西村、小北、区庄、动物园、五羊邨、珠江新城、潭村、科韵路、东圃、鱼珠、大沙东 12 处降压变电所；23 处跟随式降压变电所（包括 17 个车站跟随所、3 个区间跟随所和 3 个冷站跟随所），在西村、区庄、猎德设 3 座集中冷站。主变电所经 AC33 千伏环网电缆与车站变电所环串成供电网络。AC33 千伏经变电所牵引部分降压、整流后为列车提供 1500 伏直流电源，经降压后为全线动力照明提供 400 伏交流电源。牵引降压混合变电所的主接线 33 千伏侧采用单母线分段，两回 33 千伏进线通过断路器分别与两段母线连接，正常时，两路电源同时供电，母联断路器打开。2 台动力变压器通过 33 千伏断路器分别接于 33 千伏两段母线上，共同对车站及区间动力照明负荷供电。35/0.4 千伏动力变压器选用户内干式变压器，其容量根据一、二、三级负荷的设备容量及计算容量确定。

地铁 5 号线首期工程共分 7 个供电分区，第一分区是滘口、大坦沙、中山八；第二分区是西场、西村、广州火车站；第三分区是小北、淘金、区庄、动物园；第四分区是杨箕、五羊邨、珠江新城；第五分区是猎德、潭村、员村；第六分区是科韵路、车陂南、东圃、三溪；第七分区是鱼珠、大沙地、大沙东、文冲。每个供电分区其中一个牵引降压混合变电所或降压变电所直接从同一个主变电所的 33 千伏两段母线各引入一回互为备用的两回专供电源，其他变电所采用环网方式接入电源。

2 套整流机组通过 33 千伏断路器接于同一段母线上，并联运行。单台整流机组采用三相桥 12 脉波整流，2 台整流机组构成等效 24 脉波整流，整流变压器采用环氧浇注干式变压器，接线组为 DY5/Ddo,第一台变压器移相 7.5 度，第二台变压器移相-7.5 度。单台整流机组容量为 2200 千瓦或 3000 千瓦。

正线接触网采用 DC1500 伏接触轨。车辆段接触网采用 DC1500 伏架空柔性悬挂和 DC1500 伏接触轨，其中车辆段出入段线和试车线采用全补偿简单链形悬挂（2 根承力索+2 根接触线+单架空地线，2×JT150+2× CTA120 +1×JT120）、接触轨（钢铝复合轨＋接地扁铝）、洗车线和走行线采用全补偿简单链形悬挂（1 根承力索+1 根接触线+单架空地线，1×JT150+1×CTA120+1×JT120）、接触轨（钢铝复合轨＋接地扁铝）、其他车场线采用简单悬挂（单接触线+单架空地线，1× CTA120+1×JT120），接触线和承力索的额定张力均为 12 千牛。各种线材的安全系数为：承力索 3.0、接触线 3.0，磨耗 33.3%时为 2.0,架空地线为 3.0。

隧道内接触轨采用下部受流方式，一般情况下，接触轨安装于列车行进方向的右侧。在道岔等特殊区段换边布置，在车站布置在站台对面。接触轨中心至线路中心的水平距离为 1510 毫米，接触轨的受流面距走行轨轨顶面的垂直距离为 200 毫米；车辆段接触线距轨面高度一般为 4800 毫米，检查库、静调库内为 5040 毫米；柔性悬挂结构高度一般为 1100 毫米。接触轨支架间距一般为 3～5 米，柔性悬挂最大跨距不大于 50 米。

牵引降压混合变电所、降压变电所的控制、保护、监视、测量采用综合自动化系统，33 千伏交流供电系统和 1500 伏直流供电系统的继电保护装置采用带有数字通信功能的微机型综合测控保护单元，33 千伏线路差动保护之间的通信介质采用光纤。综合自动化系统采用分散、分层、分布式系统结构，系统由站级管理层、网络通信层、间隔设备层三部分组成，完成对变电所主要设备和接触网的控制、监视、测量、保护以及所内通信和与综合监控系统的远方通信等功能。间隔设备层主要包括分散安装于供电设备就地的微机测控保护单元以及其他监控单元等智能装置；站级管理层主要包括安装于控制信号盘内的总控单元及液晶显示器，总控单元通过所内通信网络和间隔层设备对供电设备进行监视控制；网络通信层由所内通信网络、远程通信网络组成。

电力监控系统由控制中心主站监控系统、通信通道和变电所综合自动化系统构成。其中控制中心主站监控系统和通信通道由综合监控系统统一设计。变电所综合自动化系统在车站接入综合监控系统。

牵引回流网系统由钢轨、负回流线、上下行均流线、绝缘轨缝单向导通装置组成。负回流线、上下行均流线采用 1500 伏、150 平方毫米铜电缆。杂散电流及其防护系统主要由轨道道床杂散电流收集网、隧道结构钢筋辅助排流网及其他设施的排流组成。

第八节　广州地铁 6 号线一、二期供电系统

一、工程概况

广州地铁 6 号线呈“U”型走向，西起白云区的金沙洲浔峰岗山脚，向东南穿越荔湾区，经越秀区后，转至东北方向经天河区，终于萝岗区，线路全长 42 公里。其中地下线长 33 公里，过渡段长 0.6 公里，高架线长 8.4 公里。全线共设 32 座车站，其中 25 座地下车站，7 座高架车站。全线共有 10 座车站分别与其他轨道交通线换乘，分别是：大坦沙站（与 5 号线换乘）、黄沙站（与 1 号线换乘）、文化公园站（与 8 号线换乘）、海珠广场站（与 2 号线换乘）、东山口站（与 1 号线换乘）、区庄站（与 5 号线换乘）、沙河站（与 14 号线换乘）、燕塘站（与 3 号线换乘）、天河客运站（与 3 号线支线换乘）、暹岗站（与 4 号线换乘）。

地铁 6 号线 2012 年前工程建设范围为：浔峰岗至长湴，线路全长 24.41 公里，其中高架段长 2.81 公里，过渡段长 0.3 公里，地下段长 21.3 公里。共设 22 座车站，其中地下车站 19 座，高架车站 3 座。在浔峰岗设 1 处停车场，在大坦沙和燕岭各设 1 处主变电站，在海珠广场和区庄各设 1 座集中冷站，在浔峰岗停车场设 1 个控制中心。

地铁 6 号线，2012～2015 年工程建设范围为：长湴至香雪，线路全长 17.6 公里，正线均为地下线路，设 10 座地下车站，在萝岗设 1 处车辆段，在萝岗车辆段内设 1 处主变电站。

广州地铁 6 号线工程，建设单位是广州市地下铁道总公司，总体设计单位是广州地下铁道设计研究院，隧道、线路等土建工程设计及供电系统的前期工作，均由广州地下铁道设计研究院承担，供电系统初步设计及施工设计由中铁电气化勘测设计研究院承担。

地铁 6 号线线路客运能力：远期高峰小时单向最大断面 2.74 万人次，高峰小时运行图初期 12 对/小时，远期 30 对/小时，列车追踪间隔时间分别为 5 分钟、2 分钟。列车最

高运行速度 90 公里/小时。列车编组为：一期为 4 辆（线性电机）编组，二期为 6 辆（线性电机）编组，预留 6B（4 动 2 托）编组。

地铁 6 号线工程，线路主要技术条件：线路数目，双线；轨距，1.435 米；线路坡度，区间最大坡度 30‰，辅助线最大坡度 40‰；曲线半径，区间正线最小 300 米，困难地段 250 米，车站正线最小 800 米；钢轨，正线、试验线为 60 公斤/米轨，车场线为 50 公斤/米轨；隧道类型，马蹄形隧道高 5055 毫米，宽 5000 毫米，道床厚度 735 毫米；圆形隧道内径直径 5200 毫米，道床厚度 735 毫米；矩形隧道高 5060 毫米，宽 4300 毫米，道床厚度 560 毫米。供电系统采用 110/33 千伏两级电压集中供电方式，新建的大坦沙和燕塘、萝岗 3 处主变电站分别由电力系统引入两路独立的 110 千伏电源。全线设 17 处牵引降压混合变电所（含车辆段、停车场）、16 处降压变电所（不包括车站跟随所、区间跟随所和冷站跟随所），主变电站经 AC33 千伏环网电缆与车站变电所环串成供电网络。AC33 千伏经变电所牵引部分降压、整流后为列车提供 1500 伏直流电源，经降压部分降压后为全线动力照明提供 400 伏交流电源。

工程于 2005 年 4 月开始设计，计划 2009 年 11 月开工，2012 年底竣工。

二、工程设计

供电系统设计内容包括：牵引供电、牵引变电所、降压变电所、接触网、电力监控、迷流保护等。供电系统采用集中供电的两级电压方式。主变电所电源进线电压为交流 110 千伏，牵引变电所及降压变电所电源进线电压为交流 33 千伏；供电系统按一级负荷设计，每处主变电所由地区电力枢纽变电站提供两回 110 千伏专用电源供电，变电所内设联跳主变压器，正常时同时投入运行，牵引降压混合变电所和降压变电所亦由两路互为备用的独立电源供电。

地铁 6 号线一、二期工程共设大坦沙、燕塘和萝岗 3 处主变电所，大坦沙和萝岗主变电所的变压器近期容量均为 2×20 兆伏安，燕塘主变电所的变压器近期容量为 2×40 兆伏安；主变电所主接线低压 33 千伏侧采用单母线分段，两段母线各与 1 台主变压器相连，两段母线间设母联断路器，正常时母联断路器打开，两路电源和 2 台变压器分别运行，通过 33 千伏馈线电缆分别向各自供电区域的牵引负荷和动力照明负荷供电；33 千伏供电网络采用环网接线，在东山口站、龙洞站两主变电所间设联络开关，正常运行时开关打开。

地铁 6 号线一、二期工程，共分 6 个供电分区，第一供电分区是河沙、沙贝、横沙、浔峰岗、浔峰岗停车场；第二供电分区是坦尾、如意坊、黄沙、文化公园、一德路、海珠广场、北京路、越秀南、东湖、东山口；第三供电分区是区庄、黄花岗、沙河顶、沙河、天平架；第四供电分区是燕塘、天河客运站、长湴、植物园、龙洞；第五供电分区是科木塱、高塘石、黄陂、香山路、科学城东、暹岗、萝岗、香雪；第六供电分区是萝岗车辆段。每个供电分区其中一个牵引降压混合变电所或降压变电所直接从同一个主变电所的 35 千伏两段母线各引入一回互为备用的两回专供电源，其他变电所采用环网方式接入电源。

地铁 6 号线一期工程，共设浔峰岗停车场、浔峰岗、河沙、黄沙、北京路、东山口、沙河顶、燕塘、长湴 9 处牵引降压混合变电所；二期工程共设龙洞、高塘石、黄陂、科学城东、萝岗、香雪、萝岗车辆段 7 处牵引降压混合变电所。一期工程共设横沙、沙贝、坦尾、如意坊、文化公园、一德路、海珠广场、越秀南、东湖、区庄、黄花岗、沙河、天平架、天河客运站 14 处降压变电所；二期工程共设植物园、科木塱、香山路、暹岗 4 处降压变电所。变电所的主接线 33 千伏侧采用单母线分段，两回 33 千伏进线通过断路器分别与两段母线连接，正常时，两路电源同时供电，母联断路器打开。

2 套整流机组通过 36 千伏断路器接于同一段母线上，并联运行。单台整流机组采用三相桥 12 脉波整流，2 台整流机组构成等效 24 脉波整流，整流变压器采用环氧浇注干式变压器，接线组为 DY5/Ddo,第 1 台变压器移相 7.5 度，第 2 台变压器移相-7.5 度。单台整流机组容量为：6 号线一期均为 2200 千瓦，6 号线二期均为 3000 千瓦。

2 台动力变压器通过 36 千伏断路器分别接于 33 千伏不同母线上，共同对车站及区间动力照明负荷供电。33/0.4 千伏动力变压器选用户内干式变压器，其容量根据一、二、三级负荷的设备容量及计算容量确定。

接触网架设范围包括正线、正线间渡线、折返线、存车线、联络线、出入段线及按车辆工艺要求的车辆段内所需电化股道。

接触悬挂类型，车辆段出入段线及车辆段试车线采用简单链形悬挂和接触轨，悬挂组成为 2 根承力索+2 根接触线+单根架空地线（2×JT150+2×CTA120+1×JT120）和钢铝复合轨＋地线（接地扁铝）；车辆段车场线采用补偿简单悬挂，悬挂组成为单根接触线+补偿吊索+单根架空地线（1×CTA120 或 2×CTA120+1×JT120）；正线采用接触轨，组成为钢铝复合轨＋地线（接地扁铝）。线材规格和张力，承力索为 2×JT150 型，张力 2×12 千牛；接触线为 2×CTA120 型，张力 2×12 千牛；接触线为 1×CTA120 型，张力 1×12 千牛；架空地线为 JT120 型，最大张力 12 千牛；钢铝复合轨为 4400 平方毫米。

地铁 6 号线全线采用接触轨，其受流方式为下部接触受流。一般情况下，接触轨安装于列车行进方向的右侧。在道岔等特殊区段接触轨采取换边布置，车站内接触轨布置在站台的对面。接触轨中心至线路中心的水平距离为 1510 毫米，接触轨的受流面距走行轨轨顶面连线的垂直距离为 200 毫米。圆曲线及缓和曲线上，接触轨安装根据曲线情况与走行轨保持一致。地下整体道床区段接触轨安装在整体绝缘支架上，整体绝缘支架和支架底座相连，通过胀锚螺栓将支架底座直接固定在整体道床上。高架桥整体道床区段接触轨安装在整体绝缘支架上，整体绝缘支架和支架底座相连，通过胀锚螺栓将支架底座直接固定在板式道床上，支架底座安装在走行轨两扣件之间。混凝土轨枕区段接触轨安装在整体绝缘支架上，整体绝缘支架和支架底座相连，通过胀锚螺栓将支架底座直接固定在加长的混凝土轨枕上，轨枕在工厂制作时预留胀锚螺栓安装孔。接触轨支持间距一般为 3～5 米，在膨胀接头、端部弯头、道岔及曲线处的间距适当减小。地面及高架桥上锚段长度为 75 米，地下隧道内锚段长度为 90 米，距洞口 500 米范围内的隧道中设置的锚段按地面段考虑。

在浔峰岗停车场设控制中心，电力调度所设在控制中心内。在控制中心的中央控制室内设电力监控系统调度台，采用 1：N 链式结构，对地铁 6 号线全部被控站实现实时控制、实时监视、实时测量和实时调节。电力监控系统由以太网构成双 LAN 局部网络、主备服务器、主备操作员计算机、维护计算机、数据文档计算机、行调计算机、前置通信机、打印机、模拟盘等设备构成。其通道采用通信系统提供的光缆作为主干通道，分歧通道采用实回线。变电所综合自动化系统设备由控制信号盘内的上位 PLC 监控单元、继电保护设备和所内通信网络等部分组成。并分别配置处理器 CPU 模块、网络通信模块等。

牵引回流网系统由钢轨、负回流线、上下行均流线、绝缘轨缝单向导通装置组成。负回流线、上下行均流线采用 1000 伏、400 平方毫米的铜电缆。杂散电流排流系统主要由轨道道床杂散电流收集网、隧道结构钢筋辅助排流网及其他设施的排流组成。

第九节　广州地铁 4 号线大学城专线及延长线供电系统

一、工程概况

广州地铁 4 号线从广州北部的黄村起向南经大学城到南沙的金洲，线路全长 45.7 公里，共设黄村、车陂、车陂南、万胜围、官洲、大学城北、大学城南、新造、官桥、石箕、海傍、低涌、东涌、庆盛、黄阁北、黄阁、蕉门、金洲 18 座车站，在新造站附近设 1 处车辆段。其中黄村至新造线路长 21.92 公里，设 8 座地下车站，官桥至金洲线路长 23.3 公里，金洲为高架车站。

地铁 4 号线工程，建设单位是广州市地下铁道总公司，总体设计单位是广州市地下铁道设计研究院，隧道、线路等土建工程设计及供电系统的前期工作，均由广州市地下铁道设计研究院承担，供电系统的初步设计及施工设计由中铁电气化勘测设计研究院有限公司承担。

地铁 4 号线工程，设计年限：初期 2010 年，近期 2017 年，远期 2032 年。初期、近期、远期列车 4 辆编组。

地铁 4 号线工程，线路主要技术条件：线路数目，双线；轨距，1.435 米；线路纵坡，区间最大坡度 60‰；最小曲线半径，150 米；钢轨，正线、试验线为 60 公斤/米轨，车场线为 50 公斤/米轨；隧道类型，马蹄形隧道高 5055 毫米，宽 5000 毫米，道床厚度 735 毫米；圆形隧道内径直径 5200 毫米，道床厚度 735 毫米；矩形隧道高 5060 毫米，宽 4300 毫米，道床厚度 560 毫米。

地铁 4 号线工程，初步设计于 2003 年 6 月开始，2004 年完成，其后开展施工设计。2006 年 6 月开通运营。

二、工程设计

供电系统设计内容包括：牵引供电、牵引变电所、降压变电所、接触网、电力监控、迷流防护等。供电系统采用集中供电方式，牵引供电和动力照明合用一个系统供电。全线在新造车辆段内和庆盛站附近设兴业和庆盛 2 处主变电站。主变电站进线电源采用 AC110 千伏，地铁各车站设牵引降压混合变电所和降压变电所，通过双回路环网电缆连接成一个供电系统，供电电压采用 AC33 千伏。全线 33 千伏供电环网中以 3 处或 4 处变电所为一个供电分区，共分 6 个供电分区。由一个主变电站的 33 千伏两段母线引出两回互为备用的专供电源引至每个供电分区中一个牵引降压混合所或降压变电所，其他牵引降压混合变电所或降压变电所采用环网方式接入电源。车辆段单独从兴业主变电站的两段母线上引入两回电源。在石基站设环网联络开关，用于两主变电站之间的相互支援。

地铁 4 号线黄村至金洲段全线 18 座车站和 1 处车辆段共设 1 处万胜围牵引变电所，15 处牵引降压混合变电所，分别为车陂、官洲、大学城南、新造、车辆段、新官区间、官桥、石基、海傍、低涌、东涌、庆盛、黄阁北、蕉门和金洲；4 处降压变电所分别为黄村、车陂南、大学城北和黄阁；9 处跟随式降压变电所，全部设在大学城专线段。

地铁 4 号线正线牵引供电采用直流 1500 伏三轨供电、钢轨回流系统，正线每个牵引变电所出四回直流馈线向正线供电，通过两回负回流从钢轨连接到牵引变电所负极。牵引变电所之间采用双边供电方式向机车提供直流电源。车辆段牵引供电采用直流 1500 伏柔性悬挂接触网供电、钢轨回流系统，牵引变电所向牵引供电分区独立供电。

接触网悬挂采用接触轨（钢铝复合轨）＋地线（接地扁铝）型式。集电靴中心线到车辆中心线的水平距离为 1510 毫米，接触轨受流面至轨面的垂直距离为 200 毫米。

每个牵引变电所、牵引降压混合变电所和降压变电所设 1 套变电所综合自动化系统，和主控制中心相联网，实现主控制中心对供电设备的同一控制和监视。

为了地铁 4 号线供电设备安全运行和可靠供电，确保在日常运行中设备处于最佳状态，在事故状态时通过电力调度（控制中心），能及时安排抢修并尽快恢复正常运行，设 1 处供电车间负责本线供电设备运行管理及维修。该车间设在本线的新造车辆段内，以便于事故抢修时车辆的出入，并可综合利用车辆段的设施及大型检修设备。

第十节 广州地铁 2、8 号线拆解工程

一、工程概况

1999 年，为了配合广州市政府对赤岗以东地区开发及中国出口商品交易会异地改建的

需要，开始建设地铁 2 号线首期工程琶洲至三元里段（即 2 号线与 8 号线的一部分），目前已开通运营。

根据《广州市轨道交通线网规划》，地铁 2 号线南、北两段将分别延伸到广州新客站、嘉禾。地铁 8 号线西延伸到文化公园。地铁 2 号线南延伸段及地铁 8 号线西延伸段试验点已于 2005 年 6 月开工建设，将于 2010 年建成通车。届时，地铁 2 号线首期工程将在晓港至江南西区间进行拆解。地铁 2 号线北延伸段三元里至嘉禾已于 2006 年 6 月开工建设，将于 2010 年底建成通车。届时，地铁 2 号线将从广州新客站至嘉禾贯通运营，地铁 8 号线将从万胜围至文化公园贯通运营。

地铁 2 号线广州新客站至嘉禾段线路全长 31.41 公里，全为地下线，共设 24 座车站。目前已实施三元里至江南西 8.10 公里，建成 8 座车站。地铁 2 号线南延伸段 13.93 公里，新建 9 座车站，北延伸段 9.38 公里，新建 7 座车站。16 座新建车站中广州新客站、南洲站、跃进村站、白云新城和嘉禾站为换乘车站。新建 1 处车辆段和 1 处停车场，车辆段位于线路终点的嘉禾站东北侧，停车场位于广州新客站西北侧。

地铁 8 号线起自新洲，沿新港路向西，经万胜围、客村、晓港、凤凰新村、西村至黄金围。新洲至黄金围段规划线路全长 35.47 公里，其中地下线长 27.75 公里，高架线长 7.32 公里，过渡线长 0.4 公里，全线设 28 座车站。其中已建成万胜围至晓港 11.52 公里，9 座车站，位于赤沙的 1 处车辆段。本次计划实施西延伸段晓港至文化公园 5.03 公里，设 6 座地下车站，其中跃进村、沙园和文化公园站为换乘车站，届时万胜围至文化公园线路长 16.55 公里。

地铁 2 号和 8 号线拆解工程，建设单位是广州市地下铁道总公司，总体设计单位是广州市地下铁道设计研究院，隧道、线路等土建工程设计及供电系统的前期工作，均由广州市地下铁道设计研究院设计，供电系统的初步设计及施工设计由中铁电气化勘测设计研究院有限公司承担。

工程设计年度：初期 2012 年，近期 2019 年，远期 2034 年。初期、近期、远期 A 型车 6 辆编组，各设计年度的列车运行交路和行车密度为：地铁 2 号线初期 2012 年，广州新客站至嘉禾 30.93 公里，18 对/小时；近期 2019 年，18 对/小时；远期 2034 年，22 对/小时。地铁 8 号线初期 2012 年，文化公园至万胜围 12 对/小时；近期 2019 年，15 对/小时；远期 2034 年，20 对/小时、预留 30 对/小时的条件。

地铁 2 号和 8 号线工程，线路主要技术条件：线路数目，双线；轨距，1.435 米；线路坡度，区间最大坡度 30‰；最小曲线半径，150 米；钢轨，正线、试验线为 60 公斤/米轨，车场线为 50 公斤/米轨；隧道类型，马蹄形隧道高 5055 毫米，宽 5000 毫米；道床厚度 735 毫米；圆形隧道内径直径 5200 毫米，道床厚度 780 毫米；矩形隧道区间，轨面距隧道顶部的高度不小于 4500 毫米；马蹄形隧道区间，轨面距隧道顶部的高度不小于 4500 毫米；车站，结构风管底板距轨面高度不小于 4500 毫米。

工程初步设计于2005年6月开始，其后开展施工设计。预计2010年9月开通运营。

二、工程设计

供电系统设计内容包括：牵引供电、牵引变电所、降压变电所、接触网、电力监控、迷流防护等。供电系统采用集中供电方式，主变电所进线电源110千伏，系统环网电压33千伏。设瑶台、河南和沙园3处主变电所对2号线、8号线各车站、控制中心、车辆段和停车场变电所供电，根据使用功能要求，设牵引降压混合变电所和降压变电所。地下区段接触网采用直流1500伏刚性悬挂，高架区段、停车场和车辆段接触网采用直流1500伏柔性悬挂。全线在沙园站附近设1处主变电所，并利用既有的河南和瑶台主变电所向2号线和8号线供电。主变电站进线电源采用AC110千伏，地铁各车站设牵引降压混合变电所和降压变电所，通过双回路环网电缆连接成一个供电系统，供电电压采用AC33千伏。全线33千伏供电环网中以3处或4处变电所为一个供电分区，共分6个供电分区。由一个主变电所的33千伏两段母线引出两回互为备用的专供电源引至每个供电分区中一个牵引降压混合所或降压变电所，其他牵引降压混合变电所或降压变电所采用环网方式接入电源。车辆段单独从兴业主变电所的两段母线上引入两回电源。2处主变电所之间设环网联络开关，用于主变电所之间的相互支援。

正线牵引供电采用直流1500伏架空刚性接触网系统，正线每处牵引变电所引出四回直流馈线向正线供电，通过两回负回流从钢轨连接到牵引变电所负极。牵引变电所之间采用双边供电方式向机车提供直流电源。车辆段牵引供电采用直流1500伏柔性悬挂接触网供电、钢轨回流系统，牵引变电所向牵引供电分区独立供电。

每处牵引变电所、牵引降压混合变电所和降压变电所设1套变电所综合自动化系统，地铁2号和8号线分别设电力监控系统，由公园前控制指挥中心对供电设备进行统一控制和监视。

为保证地铁2号和8号线供电设备安全运行和可靠供电，确保在日常运行中设备处于最佳状态，在事故状态时通过电力调度（控制中心）能及时安排抢修并尽快恢复正常运行，地铁2号线在嘉禾车辆段内设供电车间1处，负责本线供电设备运行管理及维修；8号线利用既有的赤沙车辆段供电车间实现对8号线供电设备的维护和检修。

第十一节　城际轨道交通广州至佛山段供电系统

一、工程概况

珠江三角洲城际快速轨道交通广州至佛山段工程，西起佛山市魁奇路，向北再折向东穿越禅城区，经南海区，过五丫口大桥后进入广州市境内，穿越荔湾区，终至海珠区的沥滘村，线路全长32.16公里，全线共设21座车站。其中佛山市境内线路长14.794公里，设有魁奇路、季华园、同济路、祖庙、普君北路、朝安、桂城、南桂路、雷岗、千灯湖、金融高新区、龙溪、菊树 13 座车站；广州市境内线路长 17.365 公里，设有西朗、鹤洞、沙涌、沙园、燕岗、石溪、南洲、沥滘 8 座车站。除 350 米长出入段线和车辆段为地面线外，其他地段线路均为地下线。在佛山市南海区夏南村附近设 1 处车辆段，车辆段内设控制中心。

全线共有 9 座车站与其他轨道交通线换乘，分别是：魁奇路站（与佛山 2 号线换乘）、季华园站（与佛山 4 号线换乘）、祖庙站（与佛山 5 号线换乘）、桂城站（与佛山 3 号线换乘）、南桂路站（与佛山 6 号线换乘）、西朗站（与广州 1 号线换乘）、沙园站（与广州 8 号线换乘）、南洲站（与广州 2 号线换乘）、沥滘站（与广州 3 号线换乘）。

城际快速轨道交通广州至佛山段工程，建设单位是广东广佛轨道交通有限公司，总体设计单位是广州市地下铁道设计研究院，供电和综合监控系统初步设计和施工设计由中铁电气化勘测设计研究院承担。

城际快速轨道交通广州至佛山段线路客运能力：远期高峰小时单向最大断面 2.5 万人次，高峰小时运行图初期 11 对/小时，远期 30 对/小时，高峰期间最小行车间隔为 2 分 9 秒；列车最高运行速度 80 公里/小时；初期、近期、远期均采用 4 辆编组。

城际快速轨道交通广州至佛山段工程，线路主要技术条件：线路数目，双线；轨距，1.435 米；线路坡度，区间最大坡度 30‰，辅助线最大坡度 35‰；正线曲线半径，最小 300 米，困难地段 250 米；车站正线曲线半径，最小 1000 米；正线，钢轨为 60 公斤/米轨，车场线，钢轨为 50 公斤/米轨；隧道类型，马蹄形隧道高 4500 毫米，宽 5000 毫米，道床结构高度 1140 毫米；圆形隧道内径直径 5200 毫米，道床结构高度 780 毫米；矩形隧道高 4500 毫米，宽 4638 毫米，道床结构高度 580 毫米。

城际快速轨道交通广州至佛山段工程，初步设计 2004 年 8 月开始，2005 年 2 月完成，其后开展施工设计。魁奇路至西朗段计划 2010 年建成，广州至佛山全段计划 2012 年建成。

二、工程设计

供电和综合监控系统设计内容包括：牵引供电、牵引降压混合变电所及降压变电所、电力监控、接触网、杂散电流保护、中央综合监控系统（CISCS）、车站综合监控系统（SISCS）、车辆段综合监控系统（DISCS）和大石综合监控复式终端等。

（一）供电系统

城际快速轨道交通广州至佛山段工程，供电系统采用 110/33 千伏两级电压集中供电方式。设 2 处主变电所，其中新建千灯湖主变电所，另 1 处与广州 2 号、8 号线合用，位于沙园站附近。变电所内设 2 台主变压器，千灯湖主变电所的主变压器容量为 2×31.5 兆伏安，沙园主变电所的主变压器容量为 2×63 兆伏安。每处主变电所由地区电力枢纽变电站提供两回 110 千伏专用电源供电。千灯湖主变电所 110 千伏侧采用内桥接线方式，沙园主变电所 110 千伏侧采用线路变压器组接线方式，正常运行时桥断路器打开，2 台主变压器分列运行。33 千伏侧采用单母线分段，两段母线间设母联断路器，正常时母联断路器打开，两路电源和 2 台变压器同时运行，通过 33 千伏馈线电缆分别向各自供电区域的牵引负荷和动力照明负荷供电；33 千伏供电网络采用环网接线，在龙溪站两主变电所间设联络开关，正常运行时开关打开。

轨道交通广州至佛山段供电系统共分 5 个供电分区，第一供电分区是魁奇路、季华园；第二供电分区是同济路、祖庙、普君北路、朝安、桂城、南桂路；第三供电分区是雷岗、千灯湖、金融高新区、夏南车辆段；第四供电分区是龙溪、菊树、西朗、鹤洞、沙涌；第五供电分区是沙园、燕岗、石溪、南洲、沥窖。每个供电分区其中一个牵引降压混合变电所或降压变电所直接从同一个主变电所的 33 千伏两段母线各引入一回互为备用的两回专供电源，其他变电所采用环网方式接入电源。

牵引变电所及降压变电所电源进线电压为交流 33 千伏。共设魁奇路、同济路、桂城、千灯湖、龙溪、夏南车辆段、西朗、沙园、石溪、沥窖 10 处牵引降压混合变电所；共设季华园、祖庙、普君北路、朝安、南桂路、雷岗、金融高新区、菊树、鹤洞、沙涌、燕岗、南洲 12 处降压变电所。牵引降压混合变电所的主接线 33 千伏侧采用单母线分段，两回 33 千伏进线通过断路器分别与两段母线连接，正常时，两路电源同时供电，母联断路器打开。

2 套整流机组通过 33 千伏断路器接于同一段母线上，并联运行。单台整流机组采用三相桥 12 脉波整流，2 台整流机组构成等效 24 脉波整流，整流变压器采用环氧浇注干式变压器，接线组为 DY5/Ddo,第 1 台变压器移相 7.5 度，第 2 台变压器移相-7.5 度。单台整流机组容量为 1600 千瓦。

2 台动力变压器通过 33 千伏断路器分别接于 33 千伏不同母线上，共同对车站及区间动力照明负荷供电。35/0.4 千伏动力变压器选用户内干式变压器，其容量根据一、二、三级负荷的设备容量及计算容量确定。

隧道内接触网采用 DC1500 伏架空“Π”型刚性悬挂，接触线无张力架设。隧道外接触网采用 DC1500 伏架空柔性悬挂，其中车辆段出入段线和试车线采用全补偿简单链形悬挂（2 根承力索+2 根接触线+单架空地线，2×JT150+2×AgCu150 +1×JT120），其他车场线采用简单悬挂（单接触线+单架空地线，1×AgCu150+1×JT120），接触线和承力索的额定张力均为 12 千牛。各种线材的安全系数为：承力索 3.0；接触线新线 3.0，磨耗 33.3%时为 2.0；辅助馈线 2.5；架空地线 2.5。

隧道内接触线至轨面高度一般为 4040 毫米，接触线最低点至轨面最小高度为 4000 毫米；隧道外接触线最低点至轨面高度一般为 4600 毫米，困难时不低于 4400 毫米；车辆段一般高度为 5000 毫米，困难时不低于 4400 毫米；柔性悬挂结构高度一般为 1100 毫米。刚性悬挂跨距一般为 6～8 米，柔性悬挂最大跨距不大于 45 米。

牵引降压混合变电所、降压变电所的控制、保护、监视、测量采用综合自动化系统，

33 千伏交流供电系统和 1500 伏直流供电系统的继电保护装置采用带有数字通信功能的微机型综合测控保护单元，33 千伏线路差动保护之间的通信介质采用光纤。综合自动化系统采用分散、分层、分布式系统结构，系统由站级管理层、网络通信层、间隔设备层三部分组成，完成对变电所主要设备和接触网的控制、监视、测量、保护以及所内通信与综合监控系统的远方通信等功能。间隔设备层主要包括分散安装于供电设备就地的微机测控保护单元以及其他监控单元等智能装置；站级管理层主要包括安装于控制信号盘内的总控单元及液晶显示器，总控单元通过所内通信网络和间隔层设备对供电设备进行监视控制；网络通信层由所内通信网络、远程通信网络组成。

电力监控系统由控制中心主站监控系统、通信通道和变电所综合自动化系统构成。其中控制中心主站监控系统和通信通道由综合监控系统统一设计。变电所综合自动化系统在车站接入综合监控系统。

牵引回流网系统由钢轨、负回流线、上下行均流线、绝缘轨缝单向导通装置组成。负回流线、上下行均流线采用 1500 伏、150 平方毫米的铜电缆。杂散电流及其防护系统主要由轨道道床杂散电流收集网、隧道结构钢筋辅助排流网及其他设施的排流组成。

（二）综合监控系统

综合监控系统采用中央级、车站级两级管理，中央级、车站级、现场级三级控制的结构体系。综合监控系统（ISCS）由位于控制中心的中央级系统（CISCS）、位于沿线各车站的车站系统（SISCS）、位于车辆段的车辆段系统（DISCS）以及数据传输主干网（MBN）、网络管理系统（NMS）、软件测试平台（STP）、培训管理系统（TMS）和位于大石的综合监控复示终端组成。

中央级综合监控系统对全线重要监控对象的状态、性能数据进行实时收集和处理，通过各种调度员工作站和大屏幕以图形、图像、表格和文本的形式显示出来，供调度人员控制和监视。并根据一定的逻辑关系自动向分布在各站点的被监控对象或系统发送模式、程控、点控等发布控制命令，或由调度员人工发布控制命令，从而完成对全线环境、设备和客流信息的集中监控。

车站级综合监控系统对本站监控对象的状态、性能数据进行实时收集和处理，通过操作员工作站以图形、图像、表格和文本的形式显示出来，供车站值班人员控制和监视。当中央级和主干网络发生故障时，车站级仍可对车站范围内继续进行控制。

现场级由 BAS、FAS、PSCADA、PSD、FG、ACS 、SIG、AFC、CCTV、PA、PIDS、TIS、CLK 等系统的现场层设备组成，这些系统与综合监控系统的车站级或中央级接口位于各监控对象附近，起接口转换、信息采集、传送、汇聚、命令接受、执行和反馈作用。一般采用工业控制网络或现场总线，分散控制结构，自律式控制器保证系统的安全可靠。这些设备不属于综合监控系统的设计范围。

大石的综合监控复示终端与广州至佛山段控制中心在整体的构成上采用

Client/Server 结构形式，即在广州至佛山段控制中心设服务器、磁盘阵列、交换机等设备，在大石控制中心不设服务器，只设远程调度员工作站、打印机和局域网组网设备，直接纳入广州至佛山段控制中心。

综合监控系统在保证系统安全、可靠的前提下，通过网络的开放性和互联性，实现轨道交通相关系统信息互通、资源共享和快捷的自动化联动控制功能，以提高对轨道交通突发事件的快速应对能力，为防灾、救援和事故处理提供方便，从而进一步提高轨道交通运营管理水平。

集成的系统包括：环境与设备监控系统（BAS）、火灾报警系统（FAS）、变电所综合自动化系统（PSCADA）、屏蔽门系统（PSD）、防淹门系统（FG）；互联的系统包括：信号系统（SIG）、自动售检票系统（AFC）、闭路电视系统（CCTV）、广播系统（PA）、乘客信息显示系统（PIDS）、车载信息系统（TIS）、时钟系统（CLK）、门禁系统（ACS）。

第十二节　上海地铁 6 号线供电系统

一、工程概况

上海地铁 6 号线，北起高桥镇的港城路，向南沿浦兴路、张杨路、东方路、东明路、华夏西路至浦东主题公园，线路全长 30.65 公里。其中港城路站至五莲路站为高架段，线路长 10.17 公里，五莲路站与博兴路站为敞开段，线路长 0.18 公里。博兴路站至线路终点站济阳路站为地下段，线路长 20.3 公里。全线共设 28 座车站，其中高架车站 9 座，地下车站 19 座。L4 线设港城路车辆段，接轨于港城路站，设三林停车场，接轨于华夏西路站。

地铁 6 号线可以与上海市轨道交通规划路网中的 11 条线路换乘，形成 9 个换乘车站，分别是港城路站、巨峰路站、金桥路站、民生路站、世纪大道站、蓝村路站、滨洲路站、成山路站和上南路站。

地铁 6 号线工程，建设单位是上海轨道交通浦东线发展有限公司，总体设计单位是上海隧道设计院，隧道、线路等土建工程设计和供电系统的前期工作，均由上海隧道设计院承担；供电系统的初步设计和施工设计由中铁电气化勘测设计研究院承担。

地铁 6 号线工程，设计年限：初期 2008 年，近期 2015 年，远期 2030 年。高峰小时运行图初期：20 对/小时；近期：28 对/小时；远期：30 对/小时。列车最高速度：80 公里/小时。列车编组为 2 动 2 拖，4 辆编组。

地铁 6 号线工程，线路主要技术条件：线路数目，双线；轨距，1.435 米；线路纵坡，区间最大坡度 30‰，辅助线最大坡度 32‰；曲线半径，区间正线最小 300 米，困难地段 200 米，车站正线最小 800 米；钢轨，正线、试验线为 60 公斤/米轨，车场线为 50 公斤/

米轨；隧道类型，圆形隧道内径直径 5200 毫米，道床厚度 735 毫米；建筑高度 5000 毫米，线路中心线至边墙内侧距离 2000 毫米。

工程初步设计于 2002 年 12 月开始，2003 年 1 月完成；其后开展施工设计。2006 年 6 月开工，2007 年 12 月 29 日竣工。

二、工程设计

供电系统设计内容包括：牵引供电、牵引变电所、降压变电所、接触网、综合自动化、迷流保护等。供电系统采用集中供电方式，全线设巨峰路和张扬路 2 处主变电所，巨峰路主变电所的变压器容量为 2×31.5 兆伏安，张扬路主变电所的变压器容量为 2×63 兆伏安；主变电所从城市电网引入两回 110 千伏电源。主变电所主接线低压 35 千伏侧采用单母线分段，两段母线各和 1 台主变压器相连，两段母线间设母联断路器，正常时母联断路器打开，两路电源和 2 台变压器分别运行，通过 35 千伏馈线电缆分别向各自供电区域的牵引负荷和动力照明负荷供电；35 千伏供电网络采用环网接线，在北洋泾路站两主变电所间设联络开关，正常运行时开关打开。

地铁 6 号线供电系统，共划分 8 个供电分区，第一分区是港城车辆段、港城路站、海高路站；第二分区是航津路站、外高桥保税区站、州海路站，五州大道站；第三分区是东靖路站、巨峰路站、五莲路站、博兴路站；第四分区是金桥路站、云山路站、德平路站；第五分区是北洋泾路站、民生路站、源深体育中心站、世纪大道站；第六分区是浦电路站、蓝村路站、龙阳路站、浦三路站；第七分区是滨州路站、成山路站、高清路站；第八分区是三林停车场、华夏西路站、上南路站、长清路站、主题公园站。每个供电分区其中一个牵引降压混合变电所或降压变电所直接从同一个主变电所的 35 千伏两段母线各引入一回互为备用的两回专供电源，其他变电所采用环网方式接入电源。

地铁 6 号线供电系统共设港城车辆段、港城路、航津路、州海路、东靖路、金桥路、民生路、蓝村路、滨州路、三林停车场、华夏西路、主题公园 12 处牵引变电所。牵引降压混合变电所主接线 35 千伏侧采用单母线分段，两回 35 千伏进线通过断路器分别与两段母线连接，正常时，两路电源同时供电，母联断路器打开。

2 套整流机组通过 35 千伏断路器接于同一段母线上，并联运行。单台整流机组采用三相桥 12 脉波整流，2 台整流机组构成等效 24 脉波整流，整流变压器采用环氧浇注干式变压器，接线组为 Dd2y1-7.5 、Dd0y11+7.5，第 1 台变压器移相 7.5 度，第 2 台变压器移相 -7.5 度。

2 台动力变压器通过 35 千伏断路器分别接于 35 千伏不同母线上，共同对车站及区间动力照明负荷供电。35/0.4 千伏动力变压器选用户内干式变压器，其容量根据一、二、三级负荷的设备容量及计算容量确定。

接触网悬挂，地下段采用架空“Π”型刚性悬挂；隧道外正线、渡线、折返线接触网采用全补偿简单链形悬挂。柔性悬挂时接触网导线及张力为：正线、渡线、折返线、试验线、车辆段出入段线、联络线均为2×Ris120银铜合金电车线，车辆段为1×Ris120；Ris120柔性悬挂的额定张力为12千牛。承力索采用2×TJ120，其额定张力为12千牛；车辆段出入段线、联络线为2×TJ120，TJ120的最大张力为12千牛；架空地线采用1×TJ120，TJ120最大张力为12千牛；刚性悬挂时各种线路的接触线均为1×Ris120，无张力，承力导体为铝合金排，架空地线为1×TJ120。各种线材的安全系数为：承力索3.0；接触线新线3.0，磨耗33.3%时为2.0；辅助馈线为2.5；架空地线为2.5。

接触线高度，隧道内刚性悬挂悬挂点至轨面一般为4040毫米；隧道外接触线最低点至轨面高度一般为4600毫米，困难时不低于4400毫米；车辆段一般高度为5000毫米，困难时不低于4400毫米；隧道外一般为1400毫米。刚性悬挂时，接触线最低点至轨面的高度为4040毫米，悬挂点之间的距离一般为6～8米。列车采用DC1500伏架空接触网受电方式。

电力调度所设在民生路控制中心内，在控制中心的中央控制室内设电力监控系统调度台，调度大厅电力调度系统由2台互为热备的网络服务器、2台互为备用的调度工作站、1台维护工作站、1台报表工作站、2台互为热备的数据服务器、1套大屏幕、1套UPS电源、4台网络打印机、1台信息转发工作站、局域网等组成。监控系统采用通用、安全的多任务多用户操作系统。

牵引回流网系统由钢轨、负回流线、上下行均流线、绝缘轨缝单向导通装置组成。负回流线采用1000伏、400平方毫米铜电缆；上下行均流线采用1000伏、150平方毫米铜电缆。杂散电流排流系统主要由轨道道床杂散电流收集网、隧道结构钢筋辅助排流网及其他设施的排流组成。

第十三节　上海轨道交通11号线北段一、二期供电系统

一、工程概况

上海轨道交通11号线北段线路呈“Y”型，沿途经过嘉定区、普陀区、长宁区、徐汇区、浦东新区、南汇区6个行政区，主线从嘉定经中心城区至浦东地区，支线从嘉定新城至安亭汽车城，线路为西北—东南走向，全长66.90公里，共设34座车站。其中主线嘉定城北路站至罗山路，线路长54.09公里，设30座车站；支线嘉定新城站至墨玉路站，线路长12.81公里，设4座车站。设赛车场车辆段、嘉定停车场、川杨河停车场各1处，主变电所3处，控制中心1处。沿线与其他15条地铁线路换乘，换乘车站11座。

轨道交通11号线（R3线）北段一期工程，主线起自嘉定城北路站，终到愚园路站。

北段一期工程主线路长 31.7 公里，设 16 座车站。其中高架车站 7 座，分别为城北路站、静宁路站、白银路站、嘉定新城站、马陆站、环球乐园站（预留）、南翔站；地下车站 9 座，分别为白丽新村站、武威路站、祁连山路站、同济沪西分校站、上海西站站、铜川路站、中山北路站、隆德路站、愚园路站。

支线从嘉定新城站出岔，至终点站墨玉路站，支线线路长 12.81 公里，设 4 座车站，分别为墨玉路站、汽车城站、同济嘉定校区站、赛车场站。其中赛车场站为地下车站，同济嘉定校区站为地面站，其余为高架车站。北段一期工程设赛车场车辆段和嘉定停车场各 1 处，控制中心 1 处。

轨道交通 11 号线北段二期工程，起自长宁区华山路中间风井，终到罗山路站，途经长宁、徐汇、浦东新区、南汇等 4 个行政区，线路全长 20.88 公里，设 13 座地下车站，设川杨河停车场 1 处及济阳路开关站 1 座。

轨道交通 11 号线北段一、二期工程，建设单位是上海申通地铁集团有限公司，供电系统由中铁电气化勘测设计研究院设计。

线路主要技术条件：轨距，1.435 米；最小曲线半径，区间正线一般 400 米、困难条件 350 米，车站正线一般 1000 米、困难条件 800 米，辅助线一般 250 米、困难条件 150 米，车场线 150 米；最大坡度，正线 30‰、辅助线 35‰；钢轨类型，正线、辅助线 60 公斤/米钢轨，车场线 50 公斤/米钢轨；道岔类型，正线、辅助线 9 号道岔、车场线 7 号道岔；最大外轨超高 120 毫米。

轨道交通 11 号线北段一期工程，2008 年 5 月 30 日开工，计划 2009 年底竣工；11 号线北段二期工程，2008 年 12 月 20 日开工，计划 2012 年底竣工。

二、工程设计

供电系统设计内容包括：供电系统方案构成、运行方式、牵引供电计算、系统各种运行方式下的负荷计算、主变电所容量的确定、35 千伏供电系统及直流 1500 伏牵引供电系统主要设备容量选择、电压水平、短路电流、用电量计算，系统保护、控制方式的确定，过电压防护及接地系统构成，35 千伏环网电缆敷设，谐波评估等。

轨道交通 11 号线北段一、二期供电系统电缆设计范围为主变电所 35 千伏馈出线电缆及地铁牵引降压混合变电所或降压变电所（不含跟随式降压变电所）间的 35 千伏环网电缆及线路差动保护光缆及联跳电缆。环网电缆与主变电所设计分界点为主变电所 35 千伏馈线开关柜出线电缆端头，与牵引降压混合变电所或降压变电所设计分界点为变电所。

轨道交通 11 号线北段一、二期供电系统设计在满足供电可靠性、投资合理的前提下，供电系统接线应尽量简单、统一，以利于工程实施及以后运营管理的方便。供电系统容量按远期高峰小时负荷设计，并留有一定的裕度。

供电系统采用 110/35 千伏两级电压集中供电方式，全线设 2 处 110/35 千伏主变电所，分别为嘉定新城站主变电所和同济沪西分校站主变电所，向 11 号线一期工程的 35 千伏/DC1500 伏牵引变电所和 35/0.4 千伏降压变电所供电。

全线共设 17 处牵引变电所，其中正线 15 处，赛车场车辆段、嘉定停车场各 1 处。在每个车站设 1 处降压变电所，并在隆德路站附近设 1 处控制中心。

轨道交通 11 号线北段二期供电系统工程，正线设上海交通大学站、上海体育馆站、石龙站、济阳站、三林站、浦三站、御桥站、罗山路站 8 处牵引变电所；川杨河停车场设 1 处。

（一）轨道交通 11 号线北段一期供电系统

轨道交通 11 号线北段一期供电系统采用 110/35 千伏两级电压集中供电方式。轨道交通 11 号线设 2 处 110/35 千伏主变电所，主变电所由城市电网变电站提供两回 110 千伏相对独立的电源供电，以保证供电的可靠性和供电质量；每处主变电所内设 2 台 110/35 千伏主变压器。馈出线采用 35 千伏电压等级；牵引变电所及降压变电所进出线均采用 35 千伏电压等级；不考虑 1 处主变电所事故解列，同时发生 35 千伏母线侧（包括环网电缆）故障的情况。为保证供电可靠性，各牵引降压混合变电所及降压变电所由两回互为备用的电源供电。电动车组采用 DC1500 伏架空接触网受电方式。

（二）轨道交通 11 号线北段二期供电系统

轨道交通 11 号线北段二期供电系统采用 110/35 千伏两级电压集中供电方式，主变电所进线采用 110 千伏电压等级，馈出线采用 35 千伏电压等级；牵引变电所及降压变电所进出线均采用 35 千伏电压等级。

轨道交通 11 号线北段二期供电系统，由 13 号线长清路主变电所引入两回 35 千伏进线至济阳开关站，与一期的隆德路主变电所一起向二期的牵引降压混合变电所和降压变电所供电。电动车组采用 DC1500 伏架空接触网受电方式。

一般每个车站设 1 处 35/0.4 千伏降压变电所，对于规模较大的车站可根据具体情况增设跟随式降压变电所。每处降压变电所设 2 台 35/0.4 千伏配电变压器。在设牵引变电所的车站和停车场，牵引变电所与降压变电所尽量合设为牵引降压混合变电所。牵引降压混合变电所及降压变电所 35 千伏侧采用单母线分段接线。牵引变电所进线电压为交流 35 千伏，设 2 套整流机组。为减少谐波影响，采用等效 24 脉波整流机组。

正常运行时，正线接触网由相邻牵引变电所双边供电，当一处牵引变电所解列时，由相邻牵引变电所越区供电；当牵引变电所一台整流机组出现故障或检修时，另一台整流机组可继续向接触网供电。

正常运行状态下，停车场内的牵引变电所负责向停车场的接触网供电，当其牵引变电所解列或退出运行时，由正线邻近的牵引变电所向停车场接触网供电。

牵引变电所设备容量除应满足正常运行下高峰小时牵引负荷要求外，还应满足该所越区供电时高峰小时牵引负荷的需要。整流机组负荷等级为 GB50157-2003 规定的 VI 级负荷。

接触网供电电压采用直流 1500 伏。低压无功补偿按就地平衡、分散补偿原则考虑，并应能随低压负荷无功大小进行动态补偿，即在各降压变电所 0.4 千伏侧进行无功补偿。

主变电所 110 千伏中性点接地方式根据城市电网运行状况，由电力系统确定，35 千伏系统采用小电阻接地系统，即主变电所 35 千伏侧通过接地变压器中性点连接小电阻的接地方式，低压 0.4 千伏配电系统采用 TN-S 供电方式。

供电系统继电保护应满足可靠性、选择性、速动性和灵敏性的要求，35 千伏电缆线路以纵联差动保护为主保护，并设过流及零序保护。变电所采用综合自动化方式实现保护、控制、测量、信号功能。

各变电所设备系统按无人值班设计。在满足技术和功能要求的前提下，供电系统应尽量采用适合地铁特点、便于维护的优质国产化设备。

第十四节　上海轨道交通 11 号线南段供电系统

一、工程概况

上海轨道交通 11 号线南段工程，属于市域快速线。11 号线南段工程线路全长 59.334 公里，地下段长 6.734 公里，高架段长 52.6 公里，全线设治北停车场 1 处、川杨河停车场 1 处、车站 11 座。其中高架车站 10 座，地下车站 1 座，最大站间距 10.589 公里，最小站间距 2.665 公里，平均站间距 5.88 公里。

轨道交通 11 号线南段工程，建设单位是上海轨道交通申嘉线发展有限公司，供电系统由中铁电气化勘测设计研究院有限公司设计。

设计年度：初期 2015 年；近期 2022 年；远期 2037 年。初期、近期、远期车辆采用 A 型车，4 动 2 拖 6 辆编组。列车最高行车速度 120 公里/小时，最大行车量 24 对/小时。

线路主要技术条件：轨距，1.435 米；最小曲线半径，区间正线中心城段 350 米、市郊段 800 米，车站正线 800 米，辅助线 200 米，联络线、出入段线 250 米、困难条件 150 米，车场线 150 米；最大坡度，正线 30‰，地下车站一般 2‰、困难条件 3‰，高架、地面车站一般平坡、困难时不大于 3‰；竖曲线半径，区间正线中心城段一般 5000 米，困难条件 3000 米，市郊段一般 8000 米、困难条件 5000 米，车站端部，中心城段一般 3000 米、困难条件 2000 米，市郊段一般 4000 米、困难时 3000 米；钢轨类型，正线 60 公斤/米钢轨，车场线 50 公斤/米钢轨；道岔类型，正线、辅助线 60 公斤/米钢轨 9 号道岔、12 号道岔，车场线 50 公斤/米钢轨 7 号道岔。

工程计划 2009 年开工，2012 年建成。

二、工程设计

供电系统采用 110/35 千伏两级电压集中供电方式，在罗山站、惠南站、临港新城北站设 3 处主变电所，主变电所进线采用 110 千伏电压等级，馈出线采用 35 千伏电压等级；牵引变电所及降压变电所进出线均采用 35 千伏电压等级。正线设 20 处牵引变电所，分别为龙阳路、龙华区间所、华罗区间所、周区间所、罗周浦东、周航区间所、航头、新场、新野区间所、野生动物园、野惠区间所、惠南、惠浦区间所、浦东火车站、浦临区间所 1、浦临区间所 2、临港新城北、临临区间所 1、临临区间所 2、临港新城（其中车站 9 处、区间 11 处）；川杨河停车场、治北车辆段各设 1 处牵引变电所。区间牵引变电所设在线路附近的地面或高架桥下。高架段、地面段、敞开段、地下段、车辆段（停车场）及出入段（场）线接触网系统采用简单链形悬挂。列车采用 DC1500 伏架空接触网受电方式，最高行车速度 120 公里/小时。

牵引变电所 35 千伏侧采用单母线分段接线方式，两段母线间通过母联断路器互联。每段母线设置一路进线电源，并根据供电系统的要求在部分变电所的每段 35 千伏母线各设一路出线，向相邻车站变电所供电，进、出线采用断路器。

每处牵引降压混合变电所设 2 套整流机组，通过断路器并接于同一段 35 千伏母线上。正常运行时，2 套整流机组并列运行，2 台整流变压器二次侧输出电压相位角相差 15°，构成等效 24 脉波整流。

每处降压变电所设 2 台 35/0.4 千伏动力变压器，分别挂接于两段 35 千伏母线上。设在区间的牵引变电所，将 2 台动力变压器转换为所用变压器，其余相同。

接触网悬挂，高架及地下段，正线采用双承力索、双接触线的架空柔性全补偿简单链形悬挂。渡线采用单承力索、单接触线的架空柔性全补偿简单链形悬挂。治北车辆段、川杨河停车场、出入段（场）线及试车线采用双承力索、双接触线的架空柔性全补偿简单链形悬挂。回转线、联络线采用单承力索、单接触线的架空柔性全补偿简单链形悬挂。车辆段、停车场内其他线路采用架空柔性补偿弹性简单悬挂。接触网线材和张力为：承力索采用 JT150，额定张力 12 千牛；接触线采用 CTA150，额定张力 12 千牛；架空地线采用 JT120，最大张力 12 千牛。各种线材的安全系数为：承力索 3.0；接触线新线 3.0，磨耗 33.3%时为 2.0；架空地线为 2.5。

接触线悬挂高度，地面段正线柔性接触线悬挂点距轨面连线的高度一般为 4600 毫米，最低不低于 4400 毫米（隧道口过渡段除外）。地下段隧道内柔性接触线悬挂点距轨面连线的高度为 4040 毫米。停车场库外接触线悬挂点距轨面连线的高度一般为 5000 毫米。结构高度一般为 1400 毫米，特殊地区可适当降低。

地下区间内和高架桥上每隔 100 米处以及道岔附近设动力电源插座箱，提供区间维修用电。地下区间每 8 米左右设工作照明或应急照明。地下区间照明布置在行车方向左侧上方。区间应急照明由车站 EPS 电源箱供电。高架区间工作照明设在接触网立柱上，采用金属卤化物灯或高压钠灯。

在控制中心的中央控制室内设电力监控系统调度台，采用 1：N 链式结构，对南段工程全部被控站实现实时控制、实时监视、实时测量和实时调节。变电所采用微机型全所综合自动化装置，设备间隔层采用微机综合保护测控单元，实现变电所的控制、保护、测量、监视功能。

杂散电流防护系统设计采取“以防为主，以排为辅，防排结合，加强监测”的原则。牵引回流网系统由钢轨、负回流线、上下行均流线、绝缘轨缝单向导通装置组成。杂散电流排流系统主要由轨道道床杂散电流收集网、隧道结构钢筋辅助排流网及其他设施的排流组成。

第十五节　深圳地铁1号线续建供电系统

一、工程概况

深圳地铁 1 号线续建工程，东起世界之窗站，西至深圳机场站，线路全长 23.334 公里。其中地下线 18.141 公里，地面线 0.415 公里，高架线 4.778 公里。共设 15 座车站，其中后瑞、深圳机场为高架站。在前海设车辆段及综合基地各 1 处。

地铁 1 号线续建工程，建设单位是深圳市地铁集团有限公司，总体设计单位是铁道第三勘察设计院，隧道、线路等土建工程设计及供电系统设计的前期工作，均由铁道第三勘察设计院承担；供电系统初步设计和施工设计由中铁电气化勘测设计研究院承担。

地铁 1 号线续建工程，设计年限：初期 2010 年、近期 2017 年、远期 2032 年，建设年限为 2009 年～2011 年（分段开通）。

线路客运能力：地铁 1 号线远期高峰小时单向最大断面 4.4 万人次，高峰小时运行图初期每小时 18 对车、近期每小时 22 对车、远期每小时 30 对车，全线追踪间隔分别为 3.33 分钟、2.7 分钟、2 分钟。列车最高运行速度 80 公里/小时，列车为 A 型车 4 动 2 托 6 辆编组。

地铁 1 号线线路主要技术条件：线路数目，双线；轨距，1.435 米；线路纵坡，区间最大坡度 30‰，辅助线最大坡度 40‰；曲线半径，区间正线最小 300 米，困难地段 250 米，车站正线最小 800 米；钢轨，正线、试验线为 60 公斤/米轨，车场线为 50 公斤/米轨；隧道类型，马蹄形隧道高 5055 毫米，道床高度 560 毫米；圆形隧道内径直径 5200 毫米，道床高度 740 毫米；矩形隧道高 5060 毫米，道床高度 560 毫米。供电系统采用集中供电方式，全线设白石洲及西乡 2 处主变电所，主变电所从城市电网引入 110 千伏电源；共设 10 处牵引变电所，其中正线 9 处，车辆段 1 处。

地铁 1 号线续建工程，初步设计，西乡以东区段于 2005 年 4 月开始，2005 年 9 月完成，机场段于 2006 年 11 月开始，2008 年 6 月完成。其后开展施工设计。计划 2009 年至 2011 年分段建成开通。

二、工程设计

供电系统设计内容包括：牵引供电、牵引变电所、降压变电所、接触网、电力监控、杂散电流防护等。供电系统采用两级电压集中供电方式，主变电所电源进线电压为交流 110 千伏，牵引变电所及降压变电所电源进线电压交流 35 千伏；供电系统按一级负荷设计，每处主变电所由地区电力枢纽变电站提供两回 110 千伏专用电源供电，变电所内设联跳主变压器，正常时同时投入运行，牵引降压混合变电所和降压变电所亦由两路互为备用的独立电源供电。

地铁 1 号线续建工程共设 2 处 110/35 千伏主变电站，分别设在西乡站和白石洲站附近。主变电站主接线低压 35 千伏侧采用单母线分段，两段母线各和 1 台主变压器相连，两段母线间设母联断路器，正常时母联断路器打开，两路电源和 2 台变压器分别运行，通过 35 千伏馈线电缆分别向各自供电区域的牵引负荷和动力照明负荷供电；35 千伏供电网络采用环网接线，为使两主变电站间能够相互支援，在新安路站设两主变电站间的联络开关，正常运行时联络开关打开。

地铁 1 号线续建工程首通段供电系统划分 5 个供电分区：第一供电分区是白石洲、华侨城、世界之窗；第二供电分区是南山大道、科技园、深大北；第三供电分区是前海湾、深圳西站、前海路、车辆段；第四供电分区是平洲路、宝安体育馆、宝安中心、新安路；第五供电分区是西乡中心、后瑞、固戍和深圳机场。

在正常运行方式下，白石洲主变电站供电范围为第一、二、三供电分区；西乡主变电站供电范围为第四、五供电分区。主变电站 35 千伏侧采用小电阻接地系统，使得单相接地短路电流限制在 1000 安培以内。接地电阻值为 17 欧姆。

地铁 1 号线续建工程共设 10 处牵引降压混合变电所，其中正线 9 处，分别为白石洲、深大、桃园、鲤鱼门、宝体公园、西乡、固戍、后瑞和深圳机场站，前海车辆段 1 处。设 6 处降压变电所，分别为高新园、大新、前海、新安、宝安中心及坪洲。牵引降压混合变电所的主接线 35 千伏侧采用单母线分段，两回 35 千伏进线通过断路器分别与两段母线连接，正常时，两路电源同时供电，母联断路器打开。

2 套整流机组通过 35 千伏断路器接于同一段母线上，并联运行。单台整流机组采用三相桥 12 脉波整流，2 台整流机组构成等效 24 脉波整流，整流变压器采用环氧浇注干式变压器，接线组为 DY5/Ddo,第 1 台变压器移相 7.5 度，第 2 台变压器移相-7.5 度。

2 台动力变压器通过 35 千伏断路器分别接于 35 千伏不同母线上，共同对车站及区间动力照明负荷供电。35/0.4 千伏动力变压器选用户内干式变压器，其容量根据一、二、三级负荷的设备容量及计算容量确定。

接触网全线采用柔性悬挂(即 1 根承力索、2 根接触线的全补偿简单链形悬挂)。柔性悬挂时接触网导线及张力为：正线、渡线、折返线、试验线、车辆段出入段线、联络线均为 2×CTA120 铜银合金接触线，车辆段为 1×CTA120；接触线额定张力为 11 千牛。承力索采用 1×JT150，其额定张力为 14 千牛；辅助馈线正线为 3×JT150，车辆段出入段线为 1×JT150，JT150 的最大张力为 16 千牛；架空地线采用 1×JT120，JT120 最大张力为 13 千牛。各种线材的安全系数为：承力索 2.0；接触线磨耗 20%时为 2.0；辅助馈线为 2.5；架空地线为 2.5。

接触线高度，隧道内柔性悬挂悬挂点至轨面一般为 4040 毫米，接触线最低点至轨面最小高度为 4000 毫米；隧道外接触线最低点至轨面高度一般为 4600 毫米，困难时不低于 4400 毫米；车辆段一般高度为 5000 毫米；其结构高度隧道内一般为 235～270 毫米，隧道外一般为 1000 毫米。

地铁 1 号线续建工程电力监控系统利用 1 号线一期工程的控制中心，电力调度中心增加相应的设备实现对续建工程的主变电站、牵引降压混合变电所、降压变电所及接触网开关设备进行实时监控和数据采集。1 号线续建工程采用综合监控系统，控制中心设计由综合监控系统统一考虑。增配 1 套基于 WindowsNT 或 Unix 的实时操作系统，并在此基础上配置各种相应的应用软件程序模块和数据库。变电所综合自动化系统设备由控制信号盘内的上位 PLC 监控单元、继电保护设备和所内通信网络等部分组成。并分别配置处理器 CPU 模块、网络通信模块等。

牵引回流网系统由钢轨、负回流线、上下行均流线、绝缘轨缝单向导通装置组成。负回流线、上下行均流线采用 DC1500 伏、400 平方毫米的铜电缆。杂散电流排流系统主要由轨道道床杂散电流收集网、隧道结构钢筋辅助排流网及其他设施的排流组成。

第十六节　深圳地铁环中线塘朗车辆段通信信号工程

一、工程概况

深圳地铁环中线(5 号线)贯穿深圳市第一、二圈层，连接城市西、中、东 3 条发展轴，并与 10 条轨道交通线换乘，是构成深圳市近、中期线网的骨干线路，是联系沿线各组团和三大交通枢纽的快速走廊，对缓解道路交通压力，拓展城市发展空间、支持 2011 年在深圳举行的第 26 届世界大学生运动会具有重要意义。

深圳地铁环中线西起前海湾，经宝安中心、新安旧城区、西丽、大学城、龙华拓展区、坂田、布吉、至黄贝岭，线路全长 40 公里。其中高架线路 3.424 公里，地下线路 35.801 公里，过渡段 0.776 公里，共设 27 座车站，其中高架车站 2 座，地下车站 25 座，平均站间距 1.454 公里。全线设塘朗车辆段和上水径停车场。塘朗车辆段位于深圳市南山区塘朗山北麓，地铁环中线塘朗站南侧，段址西北侧紧邻留仙大道，东南侧紧邻南坪快速路，西侧是 5 号路与平南铁路的立交桥，位于平南铁路原规划的塘朗货运站范围。车辆段及综合基地由车辆段、综合维修基地及物资总库三部分组成。

塘朗车辆段共设联锁道岔 48 组，预留道岔 12 组。设有停车列检库、定临修库、双周双月检库、月检静调库、吹扫库、镟轮库、联合车库、洗车库等。段内设 1 条长 1.7 公里的试车线，试车线与平南铁路间设 1 条联络线。

地铁环中线供电系统采用 110/35 千伏两级电压集中供电方式。车辆选型为 A 型车辆，采用 4-4-6 辆编组方案，机车供电采用直流 1500 伏，车站采用屏蔽门制式。

深圳地铁环中线塘朗车辆段工程，由铁道第三勘察设计院有限公司、北京电铁通信信号勘测设计院设计。2007 年 11 月完成初步设计，计划 2009 年开展施工设计，并动工建设。

二、工程设计

北京电铁通信信号勘测设计院负责地铁环中线塘朗车辆段通信信号系统工程设计。

通信工程　车辆段及停车场设专用通信、警用通信、公众通信系统。专用通信系统包括公务电话、专用电话、专用无线、广播、时钟、OA 系统、综合网管、通信电源等。警用通信系统包括警用有线、警用无线和警用信息网络系统。公众通信系统包括光传输系统、移动和有线通信引入等。

信号工程　设计的车辆段信号系统主要由 ATS 分机、计算机联锁设备、微机监测设备、试车线信号设备等组成。采用多重冗余安全型计算机联锁系统，实现塘朗车辆段内道岔的转换，信号机的开放，车辆运行情况的联锁控制，并通过 ATS 车辆段分机与控制中心系统进行信息交换。基于联锁系统对安全性、可扩展性、可维护性、可靠性及可用性等方面的特殊需求，在车辆段设置应急控制盘，实现道岔单独操纵和开放进段引导信号的应急控制。车辆段 ATS 分机，分为行车控制室 ATS 终端与派班室 ATS 终端。行车控制室 ATS 终端用于采集存车库线的列车占用及出入段线的信号机状态。车辆段内的列车运行均由人工控制，在控制中心 ATS 显示屏上给出车辆段出入段线列车占用及出入段线的信号机开放显示。派班室 ATS 终端与行车控制室 ATS 终端相连。完成每日由派班室值班员根据当天的列车时刻表，将当天的列车编组情况、车辆识别号等输入 ATS 终端，产生当天的车辆运行和行车计划，传至控制中心和运转室。

由于车辆段站场较大，养护维修工作量较多，为实现信号设备的“状态修”，设计算机监测系统，实现对电源屏、道岔、轨道电路、列车主灯丝断丝等现行铁路信号设备的模拟量和开关量的在线监测，通过监测记录信号设备的主要运行状态，为电务部门掌握设备的当前状态和进行事故分析提供依据。在塘朗车辆段综合维修基地设信号检修车间，其中综合检修车间负责全线各种变压器、电动转辙机、电源及继电器的检修；ATC 地面设备检修车间负责全线 ATS、ATP、ATO、车站联锁子系统地面设备的检修；车载设备检修车间负责全线 ATP/ATO 车载设备的检修。

塘朗车辆段设 1 条长 1.7 公里的试车线，试车线采用与正线相同的轨旁设备，并可模拟站台作业、折返作业等。试车线的信号机和道岔均由车辆段控制，作为车辆段联锁控制的一部分，试车线道岔区段的占用/空闲状态信息安全、可靠地传至车辆段行车控制室的联锁系统。当需要对列车进行动态试验时，经试车线控制室申请，行车控制室在对试车线完成必要的联锁控制后将其控制权交由试车线控制室。试车完毕后，通过办理交接手续，行车控制室重新收回对试车线的控制权。另外还可对车载 ATC 设备进行静、动态试验和各种速度下的牵引和制动性能，ATO 定点停车，车一地通及车门的监控等。

2007 年 11 月完成初步设计，2009 年开始施工设计。

第十七节　深圳轨道交通 4 号线二期通信系统

一、工程概况

深圳轨道交通 4 号线是一条连接皇岗口岸、市中心、龙华拓展区和龙华镇中心的客运干线。4 号线一期工程从皇岗边防检查站到少年宫设 5 座车站，其中福民站至少年宫站，已于 2004 年底投入运营。

轨道交通 4 号线二期工程，从少年宫站（一期终点站）向北伸延，穿越莲花山沿中康路向北穿越大脑壳山后，在现梅林检查站设民乐站后沿上塘路一直向北，而后右转向东沿和平路至清湖站，线路全长 16 公里。其中地下线 4 公里，高架线 10 公里，其他是地面线和车站。沿线共设莲花北、上梅林、民乐、白石龙、深圳北、红山、上塘、龙胜、龙华、清湖 10 座车站，其中莲花北、上梅林为地下站，民乐为地面站，其余均为高架站。与中期轨道交通网络中的 2 条线路有 4 个换乘点，与 11 号线在龙华火车站预留换乘，与 6 号线分别在龙华火车站、红山站及龙塘路站预留换乘。在上塘路与和平路的交汇处设车辆段，作为 4 号线车辆的维修及存车基地，车辆段亦将作为整条线路机电设备的维修支持支援中心。4 号线一期工程的控制指挥中心设于 1 号线竹子林控制中心内，与 1 号线共用。当 4 号线二期工程竣工后，4 号线全线的控制指挥将集中于龙华车辆段内的龙华控制中心。4 号线二期工程包括 1 处设于车辆段内的主变电所，该变电所用于部分二期工程车站供电。

深圳轨道交通 4 号线二期工程的 462B 和 462C 标段的通信系统工程，由北京电铁通信信号勘测设计院设计。港铁公司承建。

二、工程设计

集成设计范围和内容包括：462B 标段的传输、电话系统和 462C 标段的车站通信系统设计、设备监造和供货、安装与调试、联调、培训、试运行期间的维护等。

传输和电话系统　传输系统设双向环形数字光纤网络，二期通信网络与改造后的一期通信网络合并，构成同一传输环路实现统一的网络管理。该传输网提供语音、数据、图像、文字等多业务平台，满足各个系统的业务传送需要。4 号线上下行线路区间共组成 2 个光纤环，每个环由 1 根 48 芯单模光纤构成，支持地铁全线 15 座车站、1 处车辆段及 1 个运营控制中心（OCC）的所有语音、视频和数据要求。

专用电话为地铁 4 号线的运营、乘客处理、列车运行、电力系统运行、日常维护、环控调度提供通讯手段。由设在各个车站及运营控制中心的数字程控交换机构成。各车站交换机均以 E1 接口接入传输网络，并连接至位于运营控制中心的中央专用电话交换机。各车站控制室另设 1 台电信部门的用户电话。支持 2 兆比特/秒数字接口，2 兆比特/秒接口设于独立的设备单元上，支持公共信道信令和随路信令，可直接将其连接到综合办公楼的行车调度台、电力调度台、或防灾调度台，且无须拨号。中央专用电话交换机容量为 240 线，各车站专用电话交换机容量为 208 线。

公务电话系统是为 4 号线内部及对外公务通信而设，采用数字程控电话设备并与市内公共电话网相连。系统由分布在各个车站、控制中心的数字交换机构成。车站交换机均通过 E1 接口接入传输网络。

车站通信　车站通信系统包括电视监控、广播、旅客信息及时钟系统。车站电视监控系统采用分布式结构，主监视中心设于运营控制中心（OCC），车站摄像机采集的彩色图像通过同轴电缆传送到车站通信设备室（TER），在各车站通信设备室和运营控制中心，通过监视器可实现设置该系统的目的。

广播系统包括全线的 15 座车站，通过无线通信系统向列车广播，车站值班员能通过无线便携台向车站广播，预留紧急广播控制接口，以便应急情况下进行优先级广播。

旅客信息系统由 5 个轴心站和其余的卫星站构成，具备对运营内部信息发布功能。显示线路相关的一般性信息、特定车站的相关最新运营信息、协调性紧急信息等。

时钟系统实现全线子钟及通信系统的同步运行，为控制中心调度员、车站值班员、各部门工作人员及乘客提供统一的标准时间信息。

第十八节　郑州轨道交通 1 号线一期综合监控系统

一、工程概况

郑州轨道交通 1 号线，起于高新区的新郑州大学站，沿长椿路、郑上路、建设西路、嵩山路、中原东路、郑州火车站、正兴街、二七广场、人民路、紫荆山、金水路、民航路、会展中心、金水东路、东风东路、新郑州站、明理路，至龙子湖高校园区，线路全长 38.8 公里，共设 28 座车站，平均站间距离 1.40 公里。

轨道交通 1 号线一期工程，为一条东西方向的直径线，贯穿城市东西发展主轴，覆盖城市东西主轴客流走廊。衔接碧沙岗综合服务中心、二七广场商业中心、郑东新区 CBD、综合交通枢纽等区域及市级功能中心，同时联系紫荆山商业中心、须水商业中心、西部大学城等重点地区，为加强城市轨道交通线网与铁路枢纽的衔接，实现城市交通与区域交通的一体化奠定了基础。

轨道交通 1 号线一期工程，起于西流湖以西的凯旋路站，终到规划体育中心，线路长 26.2 公里，均为地下线，共设 20 座车站，平均站间距 1.33 公里。除郑州火车站站、市体育馆站、紫荆山站为地下三层车站外，其余均为地下二层车站。其中换乘站 6 座，分别在桐柏路站与 5 号线、二七广场站与 3 号线、紫荆山站与 2 号线、会展中心站与 4 号线、黄河东路站与 6 号线、新郑州站与 5 号线换乘。

轨道交通 1 号线一期工程，于起点凯旋路站以西、郑上路以北设停车场，于终点京珠高速以东、郑开大道以北设车辆段和综合基地，新建控制中心 1 处，与 2 号线共用。

全线分别在凯旋路停车场设与国铁的联络线、在紫荆山站设与 1 号和 2 号线的联络线。

轨道交通 1 号线一期工程，建设单位是郑州市轨道交通有限公司，综合监控系统由中铁电气化勘测设计研究院设计。

工程计划 2009 年 6 月开工，2013 年底竣工。

二、工程设计

综合监控系统（ISCS）设计范围和内容包括：全线线路及 20 座车站、1 处车辆段及综合基地、1 处停车场、控制中心及 2 处主变电所范围内的综合监控系统、FAS 系统、BAS 系统、门禁系统和 AFC 系统的方案设计、初步设计、施工图设计、设备采购招标、施工招标等全过程工作。

综合监控系统设计遵循安全可靠、功能合理、技术先进、维护方便的原则，为各车站和车辆段/停车场值班员、控制中心各调度员服务。采用中央级、车站级两级管理和中央级、车站级、现场级三级控制的分层分布式结构，控制中心通过主干网络汇集所有车站级的信息。系统具备多种运行模式，当出现异常情况需由正常运行模式转为灾害运行模式时，能迅速转变为应急模式，为防灾、救援和事故处理指挥提供方便。车站的 IBP 盘可提供紧急情况下的操作，以保证系统操作的可靠性。车站级系统具备独立运行和降级运行能力，现场级设备保证相对独立的工作，即现场级脱离中央级和车站级管理时，仍能独立运行。系统采用统一的软件开发平台，统一的数据库平台，应用软件采用模块化结构，采用统一的人机界面，系统易于扩充。系统按全线一次规划，分期实施的方针，在一期设计时同时考虑全线的技术需求，包括系统设备容量、技术接口等，为后期线路接入预留必要的条件。系统要求 24 小时不间断工作，系统设备具有较强的防尘、防腐蚀、防潮、防震、防霉、防电磁干扰和静电干扰的能力，确保适应地铁环境可靠运行。

第十九节 重庆轨道交通3号线一、二期供电、信号工程

一、工程概况

重庆轨道交通 3 号线，起自鱼洞，终到环城北路（航站楼），由南向北沿客运交通走廊将主城区的巴南区、南岸区、渝中区、江北区、渝北区、北部新城区衔接起来，线路全长 60 公里，分一、二期和南延伸段实施。

轨道交通 3 号线一期工程，南起二塘站，向北沿学府大道、南坪南路、南坪北路、工铜路后过长江，然后经渝中区的菜园坝、两路口、牛角沱过嘉陵江，沿新建南路、新建北路、红锦大道、新溉路、规划中央大道西侧规划路至江北客站后至龙头寺站，线路全长 20.2 公里。其中高架线路 9.43 公里，地面线路 0.33 公里，地下线路 10.44 公里。 全线共设 18 座车站，其中地下车站 9 座（南坪站、工贸站、两路口站、观音桥站、红旗河沟站、新牌坊、郑家院子、火车客站、龙头寺站），高架车站 9 座。在童家院子设车辆段及综合维修基地 1 处，出入段线在龙头寺车站与正线接轨。在两路口设 1 处控制中心。根据路网规划，远期轨道交通 3 号线工程将向南北两端延伸。3 号线南延伸由一期工程的二塘站向南延伸至李家沱、鱼洞，3 号线北延伸由一期工程的龙头寺站延伸至环城北路（空港开发区）。

轨道交通 3 号线二期工程（龙头寺～江北机场），起自 3 号线一期工程龙头寺站后（CK20+050），向北沿金渝大道、金开大道、兴科路、凯歌路经北部新区、鸳鸯镇、凉井、两路镇进入双龙东路与机场高速公路之间的绿地设双龙东路站，主线从双龙东路站向北接空港开发区站，主线终点里程为 CK37+400（即 3 号线二期工程起点）。江北机场支线从双龙东路站经机场高速公路（原双凤收费站附近）后接入江北机场站，支线终点里程为支 CK1+525。3 号线二期工程线路全长 18.875 公里，其中主线线路长 17.350 公里，支线线路长 1.525 公里；其中高架线路总长 15.602 公里，占线路总长的 82.7%。全线设童家院子、经开园、江北机场支线 3 处地下区间，隧道总长 2.614 公里，占线路总长的 13.8%；明槽过渡段总长 0.659 公里，占线路总长的 3.5%。3 号线二期工程，共设 11 座车站，平均站间距 1.66 公里，最大站间距为经开园站至鸳鸯站间 2.253 公里。

轨道交通 3 号线一期工程可与轨道交通路网中的 1 号线、2 号线、环线、6 号线换乘。形成四公里站、两路口站、牛角沱站、红旗河沟站、火车客站 5 个换乘节点。

轨道交通 3 号线一、二期工程，建设单位是重庆市轨道交通（集团）有限公司，由中铁电气化勘测设计研究院、北京电铁通信信号勘测设计院设计，重庆市轨道交通设计研究院监理。

线路主要技术条件：最小曲线半径，区间正线 100 米，车辆段及综合维修基地 50 米

（含出入段线），车站 300 米，道岔附带曲线 50 米；最大坡度，区间正线 60‰，车站 2‰～3‰，折返牵出线上坡 3‰、下坡 3‰，车辆段检修、停留线 2.5‰，道岔 0‰。

轨道交通 3 号线一期工程于 2007 年 4 月 6 日开工，计划 2010 年竣工；二期工程于 2008 年 6 月开工，2011 年底竣工。

二、工程设计

重庆轨道交通 3 号线一、二期工程，供电系统由中铁电气化勘测设计研究院设计，信号系统集成设计由北京电铁通信信号勘测设计院承担。

供电系统　设计内容包括 DC1500 伏供电系统网络的构成、运行方式、牵引变电所布点及系统设备容量的确定；主变电所布点、容量、主接线及运行方式；AC35 千伏供电网络的构成及系统运行方式；各种运行方式下 DC1500 伏和 AC35 千伏供电网络中性能参数的计算、中压环网电缆截面及系统设备容量的确定；城市轨道交通供电系统高峰小时的需用电源功率和年用电量；供电系统无功补偿和电压调整及谐波分析。牵引降压混合变电所及降压变电所主接线方案及运行方式，变电所房屋及设备平面布置，继电保护、自动装置及二次回路设计，控制与信号，测量与计量，交直流自用电系统，变电所低压系统，过电压保护与防雷，接地设计。

轨道交通 3 号线一、二期工程，供电系统采用 110/35 千伏两级电压集中供电方式，在海峡、唐家院子和双龙东路设 110/35 千伏主变电所，经降压后分别以 35 千伏电压向轻轨牵引降压混合变电所及降压变电所供电。

轨道交通 3 号线一期工程，分别在二塘、四公里、铜元局、牛角沱、红旗河沟、唐家院子、龙头寺、童家院子车辆段各设 1 处牵引变电所，3 号线二期工程，分别在经开园、翠云南、回兴、双龙东路站各设 1 处牵引变电所，并与车站(或维修基地)的 1 处降压变电所合建为牵引降压混合变电所。每个牵引降压混合变电所设 1 套再生制动能量吸收装置。

接触网采用轨道梁侧面刚性接触悬挂方式，满足 80 公里/小时行车速度的要求，接触网载流量应满足远期高峰小时一个牵引变电所解列，由相邻牵引变电所越区供电时列车正常运行的要求。额定电压 DC1500 伏，电压波动范围 1000～1800 伏。

信号系统　采用基于无线通信技术和功能完备的列车自动控制系统（ATC），即列车自动监控子系统（ATS）、列车自动防护/自动驾驶子系统（ATP/ATO）、联锁子系统（CI）、计轴系统。

列车自动监控系统根据列车在线运行位置、进路状态等信息实现全线的列车自动追踪运行和调整。列车自动防护系统能自动检测列车位置，实现列车间隔控制，确保列车之间的安全距离，并具有测速和超速防护功能。根据联锁提供的进路、道岔及信号机的状态，通过地面设备向车载 ATP 设备传送列车安全运行的控制信息。

列车自动驾驶系统是自动控制列车运行的设备，由车载设备和地面设备组成，在列车自动防护系统的安全防护下，根据列车自动监控系统的指令实施列车的自动驾驶，完成列车的牵引、巡航、惰行和制动的控制，以较高的速度实现在正线运行、折返线运行、出入段线运行的自动追踪功能，确保列车达到设计追踪运行间隔和旅行速度。实现与ATS、ATP系统的接口及信息交换，在ATS、ATP监控范围内连续进行车—地双向通信，以便ATS系统对在线列车进行实时监控。

联锁系统是保证列车运行安全，实现进路、道岔、信号机之间的正确联锁。

根据运行计划及列车位置自动设定、建立、锁闭、解锁列车进路，具有自动排列进路功能，可自动排列通过进路及自动折返进路，并对正常的进路、延续进路、超限区段进行防护功能。联锁设备能对其控制范围内的信号元素实行单独控制，具有自诊断功能，根据用户需要在控制中心和维修中心实施远程故障诊断。

计轴系统作为辅助列车位置检测设备，在列车自动控制系统未开通或系统故障情况下，用于保证列车实现站间闭塞运行和列车位置检测的备用系统。计轴系统由安装在室外的现场车轴检测器，室内的计轴主机柜、防雷柜，控制台上的控制按钮和表示灯等组成。系统设计按故障、安全原则设计。

第二十节　重庆地铁6号线一期供电、信号工程

一、工程概况

重庆地铁6号线，贯穿南岸区、渝中区、江北区、渝北区、北碚区，是重庆市区东南至西北走向的骨架线路，线路全长65.0公里，共设29座车站（其中13座换乘车站）。连接茶园至鹿角、南坪、渝中、观音桥至人和、大竹林至礼嘉、蔡家、北碚等主城区16个组团中的7个，衔接2个城市中心（解放碑、江北城）、2个城市副中心（茶园、观音桥至新牌坊），建立北碚和礼嘉及大竹林至蔡家2个开发区到主城核心区的快速通道。是继地铁1号、2号、3号线之后，即将开始建设的第4条地铁线路，届时将形成主城区基本线网格局，使城市核心区渝中半岛与周边副中心组团的轨道交通成为系统，覆盖主城区人流最为密集的一级公交走廊，也是重庆6线1环轨道交通规划的重要组成部分。

重庆地铁6号线一期工程起自上新街站，终至礼嘉站，线路全长23.68公里。其中地下段16.59公里，高架段6.776公里，地面线及敞开段0.184公里。地面线及敞开段位于光电园站衔接大竹林车辆段处。共设16座车站，其中地下站12座，高架站3座，半高架半地面站1座 （大剧院站）。在大竹林附近设大竹林车辆段综合维修基地，控制中心与地铁1、3号线合建。会展中心支线（礼嘉站和会展中心北站）全长12公里。

地铁6号线一期工程沿途与1号线（小什字）、3号线（红旗河沟）、4号线（红土地）、5号线（大龙山、冉家坝）、环线（上新街、五里店、冉家坝）及远景线网的9号线（江北

城）等 6 条轨道交通线相交并形成换乘。

重庆地铁 6 号线一期工程，建设单位是重庆市轨道交通（集团）有限公司，供电系统由中铁电气化勘测设计研究院设计，信号系统由北京电铁通信信号勘测设计院设计，重庆轨道交通设计研究院负责监理。

重庆地铁 6 号线一期工程，车辆选用 B 型车辆，初、近、远期统一采用 6 辆单元编组，即 4 动 2 拖。

线路主要技术条件：轨距，1.435 米；最小平面曲线半径，正线 350 米，车站 800 米，车场线 110 米，辅助线 150 米；最小竖曲线半径，正线 3000 米，辅助线 2000 米；最大坡度，正线 35‰，车站 2‰，车场线 0，辅助线 35‰；钢轨类型，正线及辅助线 60 公斤/米钢轨，车场线 50 公斤/米钢轨；道岔类型，正线及辅助线采用 9 号道岔，车辆段采用 7 号道岔；轨道最大超高值，120 毫米。道床结构，正线采用整体道床，根据振动超标情况，采用相应的减振道床；车场线库外采用碎石道床，库内采用与工艺相适应的整体道床。

一期工程于 2008 年 10 月开工建设，计划 2012 年底建成；会展中心支线计划 2010 年上半年开工。

二、工程设计

地铁 6 号线一期工程供电系统采用 110/35 千伏两级电压集中供电方式。主变电所设于五里店车站附近，主变电所设 2 台有载调压主变压器，正常运行方式下，2 台主变压器同时分列运行，共同负担供电分区内的牵引负荷和动力照明负荷。正线设 8 处牵引变电所，车辆段综合维修基地设 1 处牵引变电所。变电所 35 千伏母线采用单母线分段，两回路 35 千伏进线通过断路器分别与两段母线连接，正常时，两路电源同时供电，母联断路器打开。

每处牵引降压混合变电所设 2 套整流机组，通过 35 千伏断路器接于同一段母线上，并联运行。单台整流机组采用三相桥 12 脉波整流，2 台整流机组构成等效 24 脉波整流。每处牵引降压混合变电所设 1 套再生制动能量吸收装置。

每处变电所设 2 台 35/0.4 千伏动力变压器，分别接在 35 千伏不同母线上，共同对车站及区间动力照明负荷供电。

采用 DC1500 伏架空接触网正极供电、走行轨负极回流的供电方式。其中地下段采用架空刚性悬挂，地面段、高架段采用架空柔性悬挂。在任何运行方式下，接触网最高电压不高于 1800 伏(含当 1 处牵引变电所在远期高峰小时故障时，其相邻牵引变电所采用越区供电方式进行支援)，接触网任意一点最低电压不低于 1000 伏。

地铁 6 号线一期信号系统，采用基于通信技术和功能完备的列车自动监控子系统（ATS）、列车自动防护/自动驾驶子系统（ATP/ATO）、联锁子系统（CI），即列车自动控制系统（ATC）和计轴系统。

ATS 子系统由控制中心和车站设备组成，设备均采用双机热备方式。ATS 中心设备设在两路口控制中心，车站 ATS 设备的设置地点与 ATP/ATO 室内设备相同。正常情况下正线和车辆段的控制都由控制中心完成，经过授权后，可以在集中站或者车辆段分别对自行管辖的区域进行控制。

ATS 子系统根据列车在线运行位置、进路状态等信息实现全线的列车自动追踪运行，并显示车次及列车进入、驶出管辖区的车次自动移位。通过选择 ATC 运行等级调整列车在区间的运行时分以及改变车站站停时间等措施自动调整列车运行时间，使全线列车按时刻表运行。

ATP 子系统是保证列车运行安全、提高运输效率的重要设备，具有自动检测列车位置，实现列车间隔控制和安全运行，并具有测速和超速防护功能。根据联锁提供的进路、道岔及信号机的状态，通过地面设备向车载 ATP 设备传送列车安全运行的控制信息。

ATO 子系统是自动控制列车运行的设备，由车载设备和地面设备组成，在 ATP 子系统的安全防护下，根据 ATS 子系统的指令实施列车的自动驾驶。完成列车的牵引、巡航、惰行和制动的控制，以较高的速度实现在正线运行、折返线运行、出入段线运行的自动追踪功能，确保列车达到设计追踪运行间隔和旅行速度及舒适度。实现与 ATS、ATP 子系统的接口及信息交换，在 ATS、ATP 监控范围内连续进行车—地双向通信，以便 ATS 子系统能对在线列车进行实时监控。

联锁子系统是保证列车运行安全，实现进路、道岔、信号机之间的正确联锁。无论是中央集中式联锁还是车站分布式联锁，联锁设备均能对其控制范围内的信号元素实行单独控制。向 ATP/ATS 子系统提供信号机状态、列车进路设置情况、保护区段的建立、区间临时限速、信号元素的封锁、站台紧急停车、区间运行方向以及其他相关条件和信息。

计轴系统作为辅助列车位置检测设备，在 ATC 系统未开通或系统故障情况下，用于保证列车实现站间闭塞运行和列车位置检测的备用系统。计轴子系统由安装在室外的现场车轴检测器，室内的计轴主机柜、防雷柜，控制台上的控制按钮和表示灯等组成。系统设计按故障、安全原则设计。

第二十一节　重庆地铁 1 号线信号工程

重庆地铁 1 号线是重庆市轨道交通线网中的一条骨干线路，贯穿渝中、九龙坡、沙坪坝 3 个行政区和璧山县，途经朝天门、较场口、两路口、大坪、石桥铺、沙坪坝、双碑、大学城等客流集散中心，沟通重庆、重庆北、大河沟 3 座火车站，枇杷山、鹅岭、佛图关 3 座公园，线路全长 36.704 公里。其中地下线 23.004 公里，高架线 13.7 公里。设 23 座车站，其中地下站 15 座，高架站 7 座，半高架半地下站 1 座。在高庙村站和马家岩站之间设马家岩停车场 1 处，与环线共用，在西部新城赖家桥站东北侧设赖家桥车辆段 1 处。控制中心设在两路口重庆轨道交通指挥中心。地铁 1 号线可以与 2 号、3 号、4 号、5 号、

6 号线及环线进行换乘，形成小什字站、较场口站、七星岗站、两路口站、大坪站、石桥铺站和沙坪坝站 7 个换乘节点。

地铁 1 号线工程，建设单位是重庆市轨道交通（集团）有限公司，信号系统由北京城市建设设计院、北京电铁通信信号勘测设计院设计，重庆市轨道交通设计研究院负责监理。工程计划于 2009 年开工，2011 年建成通车。

设计范围和内容包括：正线、停车场、车辆段的联锁子系统（CI）、列车自动监控子系统（ATS）、列车自动防护子系统（ATP）、列车自动驾驶子系统（ATO），即列车自动控制系统（ATC）。

采用计算机联锁系统。根据正线有岔车站的分布及性质，结合 ATP、ATO 的设备布置要求和线路及站场配线情况，选定联锁设备集中站的位置，对设备集中站控制范围内的道岔实行单独操作和单独锁闭，与 ATS 系统结合，实现车站级和中央级的两级控制。

列车自动监控子系统(ATS)设备设在控制中心（OCC）大楼内，车站 ATS 设备的设置地点与 ATP/ATO 室内设备相同，车辆段 ATS 设备设于车辆段信号楼设备室、行车控制室和车辆段派班室。信息交换采用数据传输通道，在 ATP、ATO 子系统的支持下完成对列车运行的自动监控，

ATP 子系统是保证列车运行安全的系统，正线区段根据采用的闭塞制式，确定采用基于通信技术的列车控制系统。根据联锁设备提供的进路轨道区间运行方向，确定相应的列车运行方向，并完成超速防护及报警。

ATO 子系统在 ATP 的保护下，根据 ATS 的指令实现列车的自动驾驶，在列车启动后自动完成对列车的牵引、巡航、惰行和制动的控制。根据设定的运行曲线、ATS 指令选择最佳的运行工况，实现对列车运行的自动调整。

第二十二节　重庆轨道交通 2 号线延伸段信号工程

重庆轨道交通 2 号线延伸段工程，起自天堂堡站区间，终于鱼洞站，线路全长 12.02 公里，终点预留继续延伸的条件。延伸段共设天堂堡、建桥、金家湾、刘家坝、白居寺、大江、鱼洞 7 座车站，全部为高架站。在白居寺设车辆段。与 8 号线在白居寺站换乘，与 3 号线南延伸段在鱼洞站换乘，同时鱼洞站为 2 号、3 号线延伸段的换乘站。

轨道交通 2 号线延伸段工程，建设单位是重庆市轨道交通（集团）有限公司，信号系统由北京电铁通信信号勘测设计院设计。计划 2009 年开工，2012 年建成通车。

为确保轨道交通 2 号线信号系统的延续性，2 号线延伸段信号系统采用轨道环线方式的固定闭塞信号系统。包括调度集中系统（CTC）、列车自动防护系统（ATP）和列车位置检测系统（TD）、计算机联锁系统（CI）（含正线、车站、车辆段）。

采用的调度集中系统，具有管理、控制、监视、列车运行追踪和运行图管理、数据记

录及统计处理、信息交换、故障处理等功能。列车位置检测系统设备能连续对区段的占用/空闲进行检测，当检测到设备的故障时进行报警，如为影响行车安全的重故障，实施紧急制动。列车自动防护系统提供列车间隔保护及速度防护，车载ATP设备在ATP监督下的人工驾驶模式或限制人工驾驶模式时，对列车实施监控。

计算机联锁设备分别设在天堂堡、白居寺和鱼洞站，通过与CTC的接口，实现控制中心和车站控制的两级控制模式。根据控制中心调度员和车站值班员的指令，通过联锁车站控制台，实现与控制中心进行控制权的人工交接转换。各设备集中站的联锁维护终端对管辖范围内车站进行统一监控和故障报警，并把故障信息通过数据通道传送至控制中心和维修中心，在控制中心设维修终端，在维修中心设维修服务器和维修终端。

第三章　通信、信号工程

第一节　北京市800兆赫兹无线政务专网引入地铁1、2号线工程

北京市800兆赫兹无线政务专网引入地铁1、2号线工程，是在既有800兆赫兹无线政务专网的基础上，加强和完善政务无线通信系统在北京地铁区域的覆盖，包括地铁进出站口、进出通道、站厅、站台和地铁运营隧道。

北京市800兆赫兹无线政务专网引入地铁1、2号线工程，由北京电铁通信信号勘测设计院设计。2006年11月16完成可行性研究，2006年12月15 完成初步设计，2007年10月30完成施工设计。工程投资1.1497亿元。

设计范围和内容包括：地铁1号线21座车站和2号线18座车站（不含52号、53号、四惠站、四惠东站）及相关区间的传输系统、无线基站、场强覆盖、隧道内放大器布设、电源等。根据 SJ/T 11228-2000《数字集群移动通信系统体制》标准，设800兆赫兹频段TETRA 数字集群无线通信系统，由集群交换机、集群基站、光纤直放站近、远端机、调度台、便携电台、网管系统和漏泄同轴电缆等组成。为满足公安既有350兆赫兹模拟集群系统防恐处理突发事件电视监控的需要，特设1条宽带同轴漏泄电缆，同时满足800兆赫兹无线政务专网引入地铁的技术要求。

第二节　首都国际机场旅客捷运通信系统

一、工程概况

首都国际机场扩建工程是北京市2005年度重点工程，是2008年北京奥运会配套项目之一。新建3号航站楼南北2座建筑（T3C和T3E）之间由于距离过长，为方便乘客需建旅客捷运系统。旅客捷运系统（APM）是一套无人驾驶的全自动旅客运输系统，也是第一个短距离的旅客捷运工程，采用加拿大庞巴迪公司的设计方案，技术水平和工程质量要求属世界一流。

为满足既有T1/T2航站楼和新建T3航站楼之间以及T3航站楼内T3A区、T3C区、T3B区之间旅客的快捷运输，需在T3A、T3C 、T3B以及T1/T2之间建设运送旅客的主要交通设施；并在T3B北侧新建综合维修控制中心。旅客捷运系统T3C至T1/T2间线路全长4.0公里，沿线设T3A、T3C、T3BH、T3BL和T1/T2共5座车站和1处综合维修控制中心。

首都国际机场旅客捷运系统分2个阶段建设，第一阶段建设T3A、T3C、T3BH车站和

APM 维修控制中心以及相应的轨道线路，于 2008 年北京奥运会前投入使用。第二阶段建设 T1/T2 车站、T3BL 车站以及相应的轨道线路。

首都国际机场旅客捷运系统工程，建设单位是北京首都国际机场股份有限公司，庞巴迪运输服务（北京）有限公司和北京电铁通信信号勘测设计院有限公司组成联合体承担旅客捷运系统的通信系统设计、设备供货及设备安装与调试、开通等。

旅客捷运系统，车辆 18 辆，最大编组 4 辆，通常 2 辆编组；线路为双线，钢筋混凝土走行梁；交流 600 伏供电；信号采用 ATC、ATO 系统；走行方式采用橡胶轮胎、混凝土梁；运行方式为穿梭、环形。

2005 年 5 月中标开展设计，2007 年 4 月至 2007 年 8 月完成设备安装，2007 年 9 月完成调试开通，2007 年 10 月 25 日试运行，2007 年 12 月 16 日完成竣工验收，2007 年 12 月 29 日开始重载试运行，2008 年 2 月 28 日正式投入商业运行。

二、工程设计

通信工程第一阶段设计范围和内容包括：3 个车站和 1 处维修控制中心的光数字传输、电话交换、广播、视频监控、无线通信和控制中心主时钟系统以及 3 公里的通信线路、无线场强覆盖和区间通信设施。

传输系统　设 STM-4 光传输系统，在综合维修控制中心、T3A、T3C 和 T3BH 车站设相应的网络节点设备各 1 套，通过设在线路两侧的光缆进行连接，构成双纤自愈环网，为各类业务提供传输通道。采用 2 纤单向通道保护环方式，提高节点设备的可靠性，对节点设备的关键电路板进行冗余配置，使各个节点具有一定的抗单点失效能力；在综合维修控制中心设 1 套网管设备和 1 套主时钟系统，为传输系统提供 1 路 2.048 兆比特/秒的外同步信号。传输系统配置公务联络功能，利用 SDH 开销字节中的公务字节 E1 或 E2 作为公务联络通道，通过开销处理板和勤务电话机组成用于各站之间勤务联络的语音通信。

电话交换系统　在综合维修控制中心设 300 线的用户交换机，通过 Z 接口将用户交换机的用户延伸至各车站，构成办公电话、蓝灯电话和旅客对讲电话。沿轨道两侧各设 1 条 $HYAT_{23}$-DWZR 20×2×0.5 市话电缆，将区间各类电话用户连接至综合维修控制中心用户交换机；各车站的各类电话用户通过用户线接至车站综合配线柜内 100 回线音频配线单元，通过传输及 PCM 系统接入综合维修控制中心交换机。

无线通信系统　采用 450 兆赫兹模拟无线通信技术，构成运营无线通信和维修无线通信，根据国家无委的建议和将来便于机场无线系统的管理，APM 的维修无线通信纳入机场 800 兆赫兹数字集群。

广播系统　用于控制中心操作员对各车站进行选站、选区广播或对全部车站的所有广播分区进行广播。

主时钟系统　设在控制中心，由标准卫星信号接收单元（GPS 接收机）、母钟设备及时间信号分配单元组成。

视频监控系统　采用模拟与数字视频监视技术相结合的方案，控制中心设置 1 套 50 路数字视频录像机，12 台 19 英寸液晶监视器组成监视墙，各站配置 1 套 24 路数字视频光端机，控制中心可通过控制终端控制视频矩阵来选择各站固定摄像点的画面进行监视，并可将车站摄像机摄取的视频图像信号通过数字视频光端机传送至控制中心。车载视频监视系统采用无线局域网技术，车载摄像机摄取的视频信号，通过车载数字视频录像机进行编码、压缩、存储后输出至车载无线发射设备，由设置在区间的无线接入点设备接收，再通过光纤链路与车站数字传输系统传送至控制中心。区间无线接入点设备每 270 米设置 1 处。

第三节　北京至西安长途光缆线路工程

北京至太原至西安长途光缆线路工程，起自北京，途经河北省与山西省省界（京包线 K262）(以下简称：省界)、天镇、大同、太原、修文，终至西安。

北京至太原至西安长途光缆线路工程，由中国联通、中国网通、北京铁路局合资建设。铁道部电化局通信信号勘测设计院作为总体设计单位并承担北京至太原段的工程设计。根据合同书的要求，本工程为一阶段设计，2000 年 9 月完成施工设计。工程投资 1.6711 亿万元。

为中国联通公司设计 1 条三网合一的混合光缆，其中北京至省界一级干线为 24 芯 G.655 光纤，省界起经天镇、大同、太原至修文段，古店至大同段一级干线为 24 芯 G.652 光纤；二级干线为 6 芯 G.655+18 芯 G.652 光纤；本地网为 8 芯 G.652 光纤，省界起经大同、太原至长治段，古店至大同段及阳泉至坡头塄段为 8 芯 G.652 光纤。从省界至人同至修文段为中国网通公司设计 1 条混合光缆，其中省界至大同段为 20 芯 G.655+12 芯 G.652 光纤，大同至修文段为 12 芯 G.655+12 芯 G.65 2 光纤。

从省界经天镇、大同、太原至修文段为北京铁路局设计 1 条 4 芯 G.655+16 芯 G.652 混合光缆。3 条光缆采用同路同沟直埋方式（除中国联通公司的 1 条光缆在忻口至太原至武宿桥段沿高速公路敷设外）。

第四节　北京至安阳段长途光缆工程

北京至安阳段长途光缆通信工程，为中国网络通信公司和中铁通信中心合作建设的光缆通信工程。

北京至安阳段长途光缆工程，沿铁路线设有铁道部直属通信处、北京铁路局通信段、丰台、长辛店、琉璃河、高碑店、保定、定州、石家庄、高邑、邢台、邯郸、马头 13 个通信站；1 个北京铁路局通信段，丰台、保定、石家庄、邯郸 4 个电务段，40 个（D/I 站）

中间站。

北京至安阳段长途光缆通信工程，由铁道部电化局通信信号勘测设计院负责设计，根据合同书的要求，本工程为一阶段设计，光缆敷设采用接力气吹法施工。2000 年 4 月开始施工设计，2000 年 6 月完成。工程投资 2.4099 亿元。

设计内容包括光缆线路径路勘测设计，中国网络通信有限公司与中铁通信中心合用通信站机房、中间站光缆引入、终端及 ODF 架安装设计等。

北京至安阳段新建 8 孔φ40 毫米/33 毫米 HDPE 通信管道（其中 6 孔为中国网络通信有限公司所有，2 孔为中铁通信中心所有），敷设 2 条 48 芯单模光缆，其中 1 条 48 芯 G.655 光缆为中国网络通信有限公司所有，另 1 条 8 芯 G.655 和 40 芯 G.652 混合光缆为中国网络通信有限公司和中铁通信中心共同所有（其中 32 芯 G.652 光纤为中国网络通信有限公司所有，8 芯 G.655 和 8 芯 G.652 光纤为中铁通信中心所有）。

北京至安阳段中国网络通信有限公司与中铁通信中心合用的铁路通信站机房有高碑店、保定、定州、石家庄、高邑、邢台、邯郸 7 个通信站机房，其他铁路通信站和中间站光缆线路引入由中铁通信中心投资，预留分歧引入条件，在分歧人孔内，48 芯 G.655、G.652 混合光缆中中铁通信中心引入光纤预留在分歧接头盒内。

第五节　京包、京郑、京山线三区段调度通信系统改造

一、工程概况

京包线北京至古店段、京郑线北京至柏庄段、京山线北京至龙家营段的既有调度通信系统，其传输通道由载波回路和实回线构成，距离长的实回线采用增音方式，所用设备为 YD 型模拟双音频分机和车站集中机，已运行多年。设备老化通话质量差，集中机卡音现象无法克服，且功能单一。不具备目前铁路运输所需求的调度录音、远程管理等功能，更满足不了实现铁路现代化的要求。为此对北京至古店、北京至柏庄、北京至龙家营三区段调度通信系统进行数字化改造，以满足铁路通信发展与运输生产的双重要求。

根据中国铁通北京分公司《北京分公司区段调度通信系统改造工程设计委托书》，铁道部电化局通信信号勘测设计院承担北京至古店、北京至柏庄、北京至龙家营三区段的调度通信系统改造工程设计。按照设计合同书的要求，本工程为一阶段设计，2001 年 7 月完成施工设计。工程投资 2138.62 万元。

二、工程设计

依据铁道通信信息有限责任公司《关于铁通北京分公司区段调度通信系统改造的通

知》、《关于铁通北京分公司区段调度通信系统改造工程初步设计文件的审查意见》、现场勘测、调查资料，开展施工设计。设计内容包括列调 、货调、电调、枢纽部分调度及中间站站内相关通信改造设计。

采用数字化专用设备，对既有调度通信系统及相关站内通信进行数字化改造。以数字化主系统设备取代调度总机，以数字式调度值班台取代选叫箱，以数字化分系统设备和车站值班台取代选号分机和车站集中机。主系统设备与分系统设备间通过 2 兆比特/秒通道连接。新设调度设备增加调度录音、电子复述等功能，并能通过网络管理终端进行全系统的性能管理与系统配置。对各枢纽中能纳入本系统的分机予以考虑；铁路支线调度分机接入最近的分系统设备，其分机维持现状，尽可能减少分配器的接入。调度区段的划分保持现状。

新增设区段传输系统，在光缆引入站均配置 STM-4 ADM 设备，构成全线 SDH622 兆比特/秒区段传输系统。为各中间站数字调度分系统设备及 PCM 设备提供上下行方向各 2 个或 2 个以上 E1 接口，为各通信段程控交换机间的中继通道数字化创造条件。对车站运转室具有调度选号盘的集中机进行数字化改造，采用数字式车站值班台取代集中机。为较好地解决小站通信，为每个中间站设 12 部小站自动电话和三路点对点二/四线音频通道。自动电话均以环路方式接入相应的交换机。

京包线既有通信干线线路为 HOZ_{22} 4×1.2/4.4+14×4 小同轴大综合长途电缆，开通 300 路和 12 路模拟载波通道。北京至大同至太原至西安新建 20 芯光缆工程已基本竣工，西北环 DWDM 工程正在实施中。本工程利用新建 20 芯光缆中的 2 根光纤，完成北京至古店段区段传输系统的改造。北京至古店段以郭磊庄与柴沟堡区间为界，行政管辖分别隶属于铁通北京分公司和山西分公司。

京郑线北京至郑州段通信干线线路为铁通公司 8 芯光缆、铁通和网通公司合建的 56 芯光缆、铁通公司的小同轴大综合长途干线电缆。在 8 芯光缆中开有 PDH 140 兆比特/秒传输系统，在 56 芯光缆中开有 DWDM（京沪穗高速环和西北环）以及接入网系统，本工程利用接入网系统中的 2 兆比特/秒传输通道，完成北京至柏庄段区段传输系统的改造。北京至柏庄段以松林店与高碑店区间为界，行政管辖隶属于铁通北京分公司和河北分公司。

京山线北京至天津段既有通信干线线路为 48 芯光缆和 14×4 长途对称电缆，在 48 芯光缆中开有 DWDM（京沪穗高速环）和即将建成的北京至徐州接入网系统，北京至天津间还开有经京九线和京九引入（经霸州）线组成的 SDH622 兆比特/秒传输系统；京山线天津至秦皇岛段既有通信干线线路为 20 芯光缆及 14×4 长途对称电缆，在 20 芯光缆中开有 SDH 622 兆比特/秒传输系统以及接入网系统，本工程利用接入网系统中的 2 兆比特/秒传输通道，完成北京至龙家营段区段传输系统的改造。北京至龙家营段以杨村和汉沟镇区间为界，行政管辖分别隶属于铁通北京分公司和天津分公司。

第六节　京通线北京至隆化段无线列调改造

京通线北京至隆化段(含北京枢纽)是北京铁路局管辖的主要铁路干线之一，为单线半自动闭塞线路，全长 298.892 公里，共计 40 个车站，其中昌平北至隆化段正线 31 个车站，北京枢纽(双桥至南口)9 个车站。北京至隆化段绝大部分地处山区，桥梁及隧道近 100 座，弯道、路堑多，地形相当复杂。既有 150 兆赫兹同频单工 C 制式无线列调系统是 1986 年建设的，北京至昌平北段属北京通信段管辖，昌平北至隆化段属承德通信段管辖。150 兆赫兹无线列调系统仅开通了无线通信“小三角”，实现了车站附近的无线通信，而未解决无线通信“大三角”及山区、隧道内的通信。经过约 20 年的运营，设备比较陈旧，且技术落后，已不能满足实际运营的需要，中国铁通集团有限公司提出对该段无线列调系统进行更新改造。委托北京电铁通信信号勘测设计院进行设计。

北京电铁通信信号勘测设计院根据《关于委托京通线北京至隆化无线列调系统改造工程设计函》，于 2005 年 1 月与中国铁通集团有限公司签订《京通线北京至隆化段无线列调系统改造工程勘察设计合同》，开展设计。工程投资 3465 万元。

2005 年 12 完成工程施工。2006 年 6 月经中国铁通北京分公司验收后投产使用。

京通线北京至隆化无线列调系统改造工程，采用 450 兆赫兹频段四频组单双工兼容 B1 制式的有线与无线相结合的组网方式。利用数字调度专用系统，开通“大三角”无线列调传输通道，车站台、机车台、便携台之间采用无线方式，调度台与车站台之间采用有线通道，由数字电路或四线音频话路构成。调度员与司机之间采用双工通信方式、车站值班员、助理值班员、司机、运转车长之间采用双工、半双工、单工通信方式；移动用户之间采用异频单工通话时，由车站台、区间中继设备转信；机车与调度所设备、车站台之间的数据传输采用半双工通信方式。站间单段弱场强区间采用中继首台、尾台设备，通过中继转信的方式进行场强覆盖。区间多弯道、多路堑、隧道和丘陵地段的弱场强，采用漏泄电缆加中继器的方式进行场强覆盖。弱场强设计采取 2 种方式进行覆盖，场强覆盖按时间、地点概率 95%计算，非弱场强区间场强覆盖设计电平大于 0 分贝+6 分贝，弱场强区间场强覆盖设计电平大于 22 分贝 +6 分贝，给区间弱场强设备提供开启工作的信号电平，确保无线传输系统的安全可靠。

设监测系统，增设监测总机，使维护人员在监测室内的显示屏上就可以检测车站、区间及隧道内的设备工作状态及故障信息，给维护工作带来方便，能够及时发现问题，减少很大的维护巡查工作量，确保无线列调系统设备的安全运行，从而提高了铁路运输通信系统的可靠性。采用 450 兆赫兹兼容 900 兆赫兹频段的漏泄同轴电缆，为 GSM-R 铁路数字移动通信接入预留了条件。

第七节　京原线通信接入网及调度通信系统改造

一、工程概况

京原铁路，东起北京枢纽的石景山南站，西至原平站，跨越北京市、河北省和山西省，正线全长 419 公里，为单线 I 级干线，共有 50 个车站。京原铁路穿越太行山脉，桥隧相连，路基多为高填深挖。全线共有特、大、中桥 147 座，总延长 17.904 公里。其中较长的永定河桥长 835.7 米、拒马河 9 号桥长 536.7 米、大石河桥长 515.2 米。全线共有隧道 123 座，总延长 87.2131 公里。其中超过 2 公里的隧道有 9 座，较长的驿马岭隧道长 7.0319 公里、平型关隧道长 6.1886 公里。石景山南站至东淤地站 279 公里，基本为山区，东淤地站至原平站 139 公里，大多为丘陵地带，部分地势较为平坦。

京原铁路通信系统隶属铁通北京分公司（石景山南至白涧）和山西分公司（灵丘至原平）管辖。北京分公司管辖 237.5 正线公里，有 2 个通信站， 28 个中间站，山西分公司管辖 181.1 正线公里，有 2 个通信站，18 个中间站。为提高区段通信质量，实现铁路区段通信的数字化，新建通信接入网系统及相应的配套电源。为实现铁路调度、站场通信的数字化，对灵丘至原平段 181.1 正线公里的既有调度通信系统进行改造，新建数字调度专用通信系统。

京原线通信接入网及调度通信系统改造工程，由北京电铁通信信号勘测设计院设计。通信接入网工程，2004 年 3 月 30 日完成可行性研究，2004 年 4 月 30 日完成初步设计，2004 年 6 月 30 日完成施工设计，工程投资 2900 万元。调度通信系统改造工程，2006 年 3 月 8 完成可行性研究，2006 年 3 月 27 日完成初步设计，2006 年 6 月 30 日完成施工设计，工程投资 144.1434 万元。

二、工程设计

（一）通信接入网工程

全线新设 1 条 24 芯 G. 652 直埋光缆，构成 SDH622 兆比特/秒接入网系统，在北京分局、燕山、白涧、涞源、灵丘、五台山、繁峙、原平通信站设 4 芯 SDH622 兆比特/秒传输设备，其他站设 2 芯 SDH622 兆比特/秒传输设备；在燕山、白涧、灵丘、原平分别设 OLT 设备，在涞源、五台山、繁峙、代县分别设带 V5.2 接口的 ONU 设备，其余各节点分别设 ONU 设备。采用在北京分局、燕山、白涧、涞源、灵丘、五台山、繁峙、原平通信站设的 4 芯 SDH622 兆比特/秒传输设备分段组环，形成通道保护。将燕山纵横制交换机改造为 1000 线程控交换机，接口配置满足本工程需要；灵丘交换机扩容至 1000 线，并增加 V5.2 接口板；对白涧交换机进行改造，原平交换机增加 V5.2 接口板，以具备 V5 功能，所设通道和设备可以满足沿线小站及周边地区的自动电话业务的需求。在铁通北京分公司网运部设传输网管，在铁通山西分公司网管中心设传输网管远程终端，在北京分局、原平通信站设接入网网管，在西直门、丰台、白涧和灵丘设接入网网管远程终端，分别对其管内的接入网设备进行管理。全线新设电源监控系统，其中西直门、原平通信站新设电源监控中心。新建通信机房，引入交流电源。

（二）灵丘至原平段调度通信系统改造工程

根据设计合同书的要求，开展调度通信系统改造工程设计。新建数字调度专用通信系统，设计内容包括列调 、货调、站场电话、区间通信、有关通信线路、电源等配套设施。

第八节　铁通北京综合信息服务系统

铁道通信有限公司在北京要建立一个统一的综合信息服务系统（CRIS），为广大个人用户、企业用户提供综合信息服务及其他增值业务服务。并能与铁路 XMIS 接口，提供综合的铁路信息电子化服务。

首期的建设目标是搭建一个综合信息服务系统基础平台—客户服务中心，向广大用户提供电信业务服务，改善服务质量，树立服务品牌，获得市场领先的客户服务水平，增加在电信领域的竞争力。同时作为铁路运输网络和用户之间的接口，利用既有铁路客货运输资源及数据，向客户提供准确的信息和多种优质快捷的服务，从而成为铁路对外宣传和服务的窗口。面向企业用户，通过综合信息服务系统提供的平台，结合当地具体的需求及运营模式，提供坐席出租、企业客户服务、企业信息发布，应用出租、租用等功能，获得较好的经济和社会效益。

铁通北京综合信息服务系统工程，由北京电铁通信信号勘测设计院设计。按照设计合同书的要求，本工程按可行性研究和施工设计两个阶段设计，2001 年 11 月完成可行性研究报告，2001 年 12 月完成施工设计。工程投资 1502.69 万元。

设计内容包括：综合信息服务系统设计、机房设备平面布置、坐席平面布置、机房布线、设备电源配线、地线系统等。铁通北京综合信息服务系统采用 CTI ICM 呼叫中心方案，该方案主要包括两大部分:ICM(Intelligent Contact Management)智能化管理软件将地理上分散的用户通过客户服务中心结合成一个整体，并将 Internet、电信运营网络平台、传统排队机、交互式语音应答系统（IVR)、Web 访问、数据库系统、话务员工作站以及其他资源集成在一起，提供智能化的联系管理,将管理话音和数据分配的各种系统结合起来。ICM 智能化管理软件为管理系统与客户间的交互操作提供一个单一、无缝的平台。CIS(Customer Interactive Suite)多媒体用户交互套件，提供全面多媒体呼叫中心解决方案，为客户提供 Web 访问、E-Mail、FAX、VOICE MAIL、传统电话、VOIP、文本交谈等多种接入方式，并可实现多种方式的协同操作。

第九节　铁通北京分公司通州营业局世纪星城通信工程

铁通北京分公司负责北京地区通信网络的建设和运营。目前用户交换机容量达120万线，市区光缆线路达2600公里，已形成“四环＋九纵”的网络分布，网络接入能力基本覆盖市区和郊区。通信网络的骨干核心环已以DWDM+SDH自愈环构成高速传输平台，实现了DWDM光波接入功能。所建的IP城域网划分为骨干层、汇聚层和接入层。骨干层有6个节点，使用Cisco12000系列高端路由器与Crnet相连，负责全网的路由转发。汇聚层负责区域性网络的路由转发和接入层业务量的汇聚。接入层通过交换机和数字用户线接入复用器等设备满足用户局域网和XDSL的接入需求。

为满足北京市有关新建社区区域新增用户对通信的需求，铁通北京分公司决定在通州世纪星城社区进行通州营业局世纪星城通信工程建设。通州世纪星城社区是通州规模最大的社区，分东、西2个区。其中东区新建住宅17栋，综合办公楼1栋，业主约1400户，其后建设西区。

通州营业局世纪星城通信工程，由北京电铁通信信号勘测设计院设计。按照设计合同书的要求，2005年1月开始分阶段设计，2008年12月完成全部设计任务。工程投资3亿元。

设计范围和内容包括：汇接局及远端交换模块局、写字楼、大专院校、小区综合布线范围内的传输线路、程控交换机、电源、宽带接入4个部分。

通州营业局至世纪星城机房间新设48芯G.652光缆，全长2.2公里，采用架设和管道敷设方式。管道建设敷设3孔、5孔、6孔、10孔、11孔、15孔Φ100毫米塑料管道共计9.164公里。

在通州营业局世纪星城机房新设数字程控交换模块1套，初期1500线（预留扩容能力）。新设SDH622兆比特/秒光端机1台，开通世纪星城至通州营业局SDH622兆比特/秒光传输系统，为世纪星城至北京站汇接局间提供12个2兆比特/秒中继通道。世纪星城与北京站交换总局间采用交换机内部信令。世纪星城小区组网采用星形网络拓扑结构，光纤千兆到楼，百兆到户，新设核心路由交换机1台，由以太网口通过传输设备上挂北京站7609，Shasta5000实现终结认证。在世纪星城机房设置壁挂式环境监控设备1套，对机房环境进行远程监控，监控中心设在北京站。

新建1架-48伏/300安培高频开关电源和2组400安时蓄电池组，保证不间断供电；新设48伏/400安时蓄电池组2组，在机房内新设交流配电箱1个，引至机房的2路380伏交流配电箱上。

新设5000回线总配线架1套（预留扩容位置），综合柜中设40系统DDF数字配线排和 96 芯 ODF 光纤配线排。新设总配线架 1 架，大对数电缆分歧人井内做电缆分歧头，将大对数电缆分歧为数条小对数电缆至各楼弱电间 400 对、200 对交接箱，再在各单元竖井内分别设置 20 对或 30 对分线盒。

在世纪星城机房内新设地线排 1 个，将机房地线引至新设的地线排上，地线电阻小于 1 欧姆。

第十节　铁通广西桂林综合信息服务系统

一、工程概况

综合信息服务系统（CRIS）是一种全新的以通信服务为基础的增值服务，通过综合信息服务系统的各种增值业务为用户提供一体化服务。铁道通信有限公司在北京建立一个综合信息服务系统管理中心，进行集中管理和开展全网路由、业务数据、计费结算等工作。并在上海、桂林、兰州、重庆、成都、乌鲁木齐、呼和浩特、哈尔滨、昆明、天津等城市建立综合信息服务中心节点，负责用户接入，为用户提供服务。信息服务中心节点与铁道通信有限公司的本地电话网、VOIP（网络电话）网关、Crnet 相连，以满足电话用户、IP（网络之间互联协议）语音和互联网用户呼叫中心的需要。管理中心与北京铁通公司电话网的信令转发节点（STP）相连，并通过 Crnet 与各服务中心节点构成综合信息服务系统虚拟专网（VPN）。

铁通广西桂林综合信息服务系统工程，由铁道部电化局通信信号勘测设计院设计，按照设计合同书的要求，桂林服务中心节点共设 48 个坐席，2001 年 11 月开始设计，2002 年 6 月完成全部设计。工程概算 1585 万元。

二、工程设计

设计内容包括：综合信息服务系统桂林节点站系统设计、机房布线设计、设备安装设计及供电和配套设计。

桂林服务中心节点是铁通公司综合信息服务系统的接入点和服务点。提供各种自动、人工、统一消息等综合信息服务。最终所有的服务节点将连接成一个综合信息服务网，面向全国铁通用户提供综合信息服务。

桂林 CRIS 服务节点采用交换机前置方案，并配备相应的门户网站设备，实现与全国管理中心的联网功能。服务节点通过路由器与本地 Crnet 相连，形成具有固定带宽的满足 CRIS 业务需求发展的虚拟专网 VPN；逻辑上通过 PG 服务器与管理中心 NAM 通信，实现全网路由功能。

呼叫中心系统是整个 CRIS 的最主要组成部分。PBX 交换机提供呼叫接入、呼出功能。呼叫中心能满足电话、传真等多种接入方式，并以灵活的自动语音、自动传真和人工坐席服务于用户。各个服务节点的呼叫中心系统通过铁路电话交换网 PSTN、CRIS 虚拟专网以及 7 号信令网，与全国管理中心相连，使得全国管理中心可集中控制和分配各种呼叫请求，形成网络化呼叫中心系统。门户网站是 CRIS 面对 Internet 用户提供的一种重要窗口，它是基于互联网上的信息发布中心，通过企业门户网站，提供企业上网、远程医疗、远程教育、企业对企业、企业对客户等网络服务。eBox 系统是一种可将电话网、无线网、寻呼网和互联网连接在一起的通讯系统。用户使用 eBOx 服务可以用任何通信工具发送和接收以手机、电话、寻呼机、传真机、PC 电脑、掌上电脑为载体的语音、传真和 E-mail 等多种形式的信息。而且 eBOx 服务统一了用户的通信号码，向使用 eBOx 的用户发送信息，发送人只需使用用户唯一的 eBOx 号码，而不用记住用户太多的个人号码。eBOx 向最终用户提供 eBOx 个人综合通信、信息、电子商务服务。安全系统是整个 CRIS 服务节点乃至 CRIS 全网的安全保证，包括网络防火墙、端口扫描系统，入侵探测系统、防病毒系统等安全设备。服务节点与管理中心之间的通信采用 TCP/IP 协议，接入 Crnet 路由器。本地固定电话用户，通过本地电话交换机，接入 PBX 排队，由 CTI 服务器控制并转接至相应 IVR 服务器或人工座席进行处理；异地固定电话用户，通过异地电话交换机，经长途线路，接入 PBX 排队，由 CTI 服务器控制并转接至相应 IVR 服务器或人工坐席进行处理；VOIP 用户，通过铁路 IP 电话网，经网关接入系统，由相应 IVR 服务器或人工坐席进行处理；Internet 用户，可以通过 Crnet 经路由器、防火墙，访问本系统，由相应 IVR 服务器或人工坐席进行处理。此外，具有提供同步浏览、智能导航等功能。

第十一节　网通公司天津至山海关段长途管道光缆工程

中国网络通信有限公司（CNC）和北京铁路局沿津山铁路合资建设 1 条天津至山海关段长途管道光缆线路，铁路正线里程约 320 公里。沿线设有塘沽、汉沽、唐山、唐山北、滦县、昌黎、北戴河、秦皇岛、山海关 9 个铁路通信站，天津、唐山、秦皇岛、山海关 4 个电务段。其中在塘沽、唐山、滦县、秦皇岛设中国网络通信有限公司的 4 个中继站。

网通公司天津至山海关段长途管道光缆工程，由铁道部电化局通信信号勘测设计院设计。按照设计合同书要求，本工程采用一阶段设计，2000 年 11 月完成施工设计。工程投资 6744.6618 万元。

依据国家有关设计标准、中国网络通信有限公司《长途通信光缆 HDPE 塑料管道工程建设暂行技术规定》，开展通信管道和光缆线路、中继站和铁路通信站光缆引入、终端及 ODF 架安装设计，光纤监测系统设计等。

在天津至山海关（沿津山线铁路）段新建 6 孔Φ40 毫米/33 毫米 HDPE 高密度聚乙烯

塑料管道，敷设 1 条 64 芯 G. 655/G. 652 混合单模光缆。北京铁路局拥有 8 芯 G. 655 光纤和 8 芯 G. 652 光纤；中国网络通信有限公司由天津金兴大厦网通公司机房引出 48 芯光缆，通过网通公司既有管道引至铁路边，沿铁路敷设至天津北站分歧点一桥 24（K134+290）东侧，与天津北站引出的 16 芯光缆合成 1 条 64 芯 G. 655/G. 652 混合单模光缆，此缆沿津山铁路敷设至山海关。64 芯混合单模光缆在网通公司所设的中继站环引，在非网通公司所设中继站的铁路通信站引入 16 芯铁路所用光纤，网通公司所用 48 芯光纤不断开，在机房内盘留后引出。设线路终端和 ODF 架，光纤监测系统。

第十二节　石家庄铁路分局视频会议系统

石家庄铁路分局视频会议系统工程，可以涵盖石家庄铁路分局所辖石家庄、邯郸、保定、阳泉、衡水 5 个铁路地区及 43 个站段。通过建立的视频会议系统可以实现铁路运输管理系统信息化，以多媒体方式促进铁路分局对基层站段的管理和信息交流。

视频会议系统和音频会议系统、数据会议系统一样，是一种支持人们远距离进行实时信息交流、开展协同工作的应用系统。本视频会议系统工程的建设目标是建立一个具有铁通特色的统一面向客户的综合视频会议平台，综合利用铁通自身的通信资源和业务系统，面向企业用户提供增值服务。

石家庄铁路分局视频会议系统工程，由北京电铁通信信号勘测设计院设计。2004 年 10 月 8 日完成可行性研究报告，2005 年 3 月 16 日完成施工设计。工程投资 499. 9881 万元。

视频会议系统工程，采用基于 H. 320 标准的多点视频会议解决方案。H. 320 标准方案技术成熟，应用范围较广，会议功能较全，会议图像没有延时，适用于专网。可方便升级到宽带网或其他快捷的通信网络的一种较为理想的视频会议模式。采用 H. 320 标准进行组网，网络结构采用树形拓扑结构，整个系统分为运营支撑层、媒体交换层、用户接入层三层架构。运营支撑层，由分局会议工区的网管设备及保定、邯郸、阳泉、衡水 4 个地区的网管设备组成，提供面向视频用户的客户服务中心和面向管理员的业务中心、网管中心。媒体交换层，由分局会议工区的主 MCU 和保定、邯郸、阳泉、衡水 4 个地区的从 MCU 组成，完成视频、音频和数据的交换与处理。用户接入层，由分局北楼主会场、分局南楼主会场、44 个站段的视频会议终端组成，实现点对点通信或者多方会议。各会议终端与 MCU 间及 MCU 与 MCU 间均以 2 兆比特/秒专线组网。

第十三节　联通内蒙古数字移动电话网四期光传输工程

中国联通内蒙古既有数字移动电话网(GSM)的容量和覆盖范围不能完全满足不断增加的用户对通信业务的需求，为提高服务质量，扩大服务范围，进一步提高通信网络的可靠性，中国联合通信有限公司决定对内蒙古既有数字移动电话网进行第四期扩容。范围包括5个业务区，其中包头交换区有包头、东胜、临河、乌海4个业务区，呼和浩特交换区有1个呼和浩特业务区。

中国联通内蒙古数字移动电话网四期光传输工程，基站部分由郑州邮电设计院设计，线路部分由内蒙邮电设计院设计，光传输设备由北京电铁通信信号勘测设计院设计。按照设计合同书的要求，本工程为一阶段设计，2000年8月31日完成初步设计现场勘测，2000年9月20日 完成初步设计。工程投资1431.3484万元。

在包头交换区新建11.5万线移动交换机，东胜业务区新建16个GSM基站，其中11个基站采用光传输方式，1个基站采用微波传输方式，4个基站采用租用中国电信2兆比特/秒通道传输方式。在东胜业务区共新设STM-1ADM传输设备12套及STM 1线路接口3套，STM-1TM传输设备2套，PDH光端机6套。在包头业务区新建23个GSM基站，其中17个基站采用光传输方式，6个基站采用微波传输方式。在包头业务区共新设STM-1ADM传输设备17套及STM-1线路接口1套，STM-1TM传输设备1套。在临河业务区新建23个GSM基站，其中17个基站采用光传输方式，6个基站采用微波传输方式。在临河业务区共新设STM-1ADM传输设备12套及STM 1线路接口15套，STM-1TM传输设备5套。在乌海业务区新建7个GSM基站，其中4个基站采用光传输方式，3个基站采用微波传输方式。在乌海业务区共新设STM-1ADM传输设备3套及STM-1线路接口3套，STM-1TM传输设备3套。在呼和浩特交换区新建6.3万线移动交换机，在呼和浩特业务区新建21个GSM基站，其中15个基站采用光传输方式，6个基站采用微波传输方式。在呼和浩特业务区共新设STM-16ADM传输设备2套、STM-1ADM传输设备11套及STM-1线路接口4套，STM-1TM传输设备2套，微波传输设备6套。

第十四节　联通内蒙古分公司二级通信干线二～四期扩容工程

中国联通内蒙古分公司1999年3月建设开通的二级通信干线数字移动电话网（GSM）覆盖全区11个盟（市）。但随着用户的增加和对通信业务的需求，急需对数字移动电话130

网分步分期进行扩容改造。二期扩容改造范围为赤峰至通辽、乌海至巴彦浩特、东胜至呼和浩特段；三期扩容改造范围为赤峰至通辽、乌海至巴彦浩特、薛家湾至王桂窑段光缆线路工程，光缆线路全长713.823公里；四期扩容改造范围为东胜至乌海、呼和浩特至锡林浩特、如意至昭君坟段光缆线路工程，与内蒙古自治区广播电视局合资建设。

联通内蒙古分公司二级通信干线二～四期扩容改造工程，由北京电铁通信信号勘测设计院设计。二期扩容改造工程为可行性研究设计，2001年11月完成可行性研究报告，工程投资3970万元；三期扩容改造工程为施工设计，2001年10月完成施工设计，工程投资4664万元；四期扩容改造工程为施工设计，2002年12月完成施工设计，工程投资6450万元。

二期扩容改造工程设计内容分为光缆线路、传输设备、电源设备3部分。其中光缆线路部分又分为乌海至巴彦浩特、赤峰至敖汉至奈曼至得胜至通辽、薛家湾至王桂窑3段；设备部分又分乌海至巴彦浩特、东胜至薛家湾至王桂窑至呼和浩特、赤峰至敖汉至奈曼至得胜至通辽3段；电源部分与设备部分分段相同。

乌海至巴彦浩特段全长207.3公里，埋设1条8芯G.652G光缆；赤峰至敖汗旗至通辽段全长462公里，埋设1条24芯G.652G光缆；薛家湾至王桂窑段全长60公里，埋设1条12芯G.652G光缆。根据内蒙联通二级通信干线传输网总体规划，乌海至巴彦浩特段二级通信干线为一期工程的延伸，贯通联通内蒙古横向主干通道；赤峰至敖汗旗至通辽段二级通信干线与一期二级通信干线的通辽至巴林左旗至巴林右旗至赤峰段形成保护环；东胜至王桂窑至呼和浩特段的二级通信干线与一期二级通信干线的呼和浩特至包头至东胜段形成保护环，使联通内蒙古二级通信干线逐渐形成以巴彦浩特、乌海、临河、包头、呼和浩特、集宁、通辽、乌兰浩特和海拉尔为主干线的传输通道，以东胜、赤峰等城市为主要业务区的链形与环形相结合的网络结构。传输系统采用SDH系列光传输设备，开通2.5吉比特/秒传输系统。

三期扩容改造工程设计内容包括：赤峰至通辽、乌海至巴彦浩特、薛家湾至王桂窑段光缆径路勘测设计、基站进出局通信管道和光缆引入设计。其中赤峰至通辽段采用直埋光缆；乌海至巴彦浩特段采用直埋光缆；薛家湾至王桂窑段采用架空光缆。

四期扩容改造工程，东胜至乌海直埋1条20芯G.652单模光缆，全长456公里，其中联通内蒙公司使用12芯。呼和浩特至锡林浩特（含如意至昭君坟）段设1条16芯G.652单模光缆，全长694.08公里。采用直埋与租用相结合的方式。

第十五节　京九线北京局管内自动闭塞改造

一、工程概况

京九铁路位于京沪、京广两大铁路干线之间，是纵贯南北的又一运输大通道。京九铁路北端与京原、丰沙、京包、京山、京通、京秦等铁路相接，沿线与石德、陇海、京广、浙赣等铁路相连，南端与广梅汕、广深等铁路相连，在路网中具有重要地位。

京九铁路信号区间设备原为 18 信息移频轨道电路，按照铁道部要求需将其逐步更新改造。另外京哈线和北京枢纽内的区间设备采用了多种制式，有机械交流计数设备、微电子交流计数设备和 18 信息移频轨道电路，而其周边几条干线均采用 UM71 系列轨道电路，故既有区间设备已不适应提速的要求。需对两线的区间设备进行改造，实现低频信息的统一，有利于主体化机车信号的推行。

京九线北京铁路局管内（黄村（K21+060）至局界（K374+200）353 公里，丰西至黄村约 11 公里，北仓至霸州(K077+300)75 公里）439 正线公里自动闭塞“三改四”，及沿线黄村、西枣林、固安、霸州、文安、任丘、河间西、王佐、肃宁、大官亭、饶阳、深州、邢家村、衡水西、衡水、大葛村、枣强、大营镇、南宫东、清河、临西、黄土坡 I 场、黄土坡 II 场北仓 、郎园、双口、汉沽港、淘河、里澜城、永清 30 个车站（场）的电码化改造，建设单位是北京铁路局，由北京电铁通信信号勘测设计院设计。

京九线北京铁路局管内，线路主要技术条件：铁路等级，I 级；正线数目，双线；限制坡度，13‰；最小曲线半径，450 米；到发线有效长度，1050 米；牵引种类，电力牵引；机车类型，SS4；最高行车速度，120 公里/小时，部分保留 80 公里/小时；闭塞类型，自动闭塞；牵引定数，5000 吨。

京九线北京铁路局管内自动闭塞改造及配套工程，由中铁通信信号总公司天津工程公司、中铁电化局三公司、西安通号处负责施工。

工程于 2004 年陆续开工，2005 年底开通运营。

二、工程设计

北京电铁通信信号勘测设计院 2004 年完成可行性研究和初步设计，其后开展施工图设计。

区间闭塞制式 正方向设四显示自动闭塞，反方向设自动站间闭塞。区间地面采用 ZPW-2000A 无绝缘移频轨道电路，系统设备集中设于车站信号机械室，发送采用上下行各 N＋1 冗余方式、接收采用 0.5+0.5 冗余方式。区间与车站分界处采用机械绝缘，其他区间通过信号机处采用电气绝缘。区间轨道电路极限长度按道床漏泄电阻 1.0 欧姆•公里计算。各站新设智能区间电源屏，分别给区间设备和车站电码化设备供电。区间信号机点灯电路安装信号隔离变压器，室外点灯采用一体化综合点灯装置。区间信号机采用铝合金机构。区间干线电缆采用新型 $SPTYWPL_{23}$ 型数字信号电缆。区间 ZPW-2000A 室外设备接地采用等电位线接地方式，等电位线与区间干线电缆同沟埋设。

车站电码化 车站电码化改造，正线区段和侧线股道电码化采用 ZPW-2000A 发码设备，具有闭环检测功能。新设电缆，叠加采用室外叠加方式（4线制叠加方式）。为实现机车信号主体化和地面设备信息发送的闭环检测，能够实时检测信息是否确实发送至轨道，若检测出信息未能发送至轨道，系统将立即作出反应，向列车发出足以保证运行安全的信息，并发出设备故障报警。

车站联锁　车站进出站信号机进行四显示改造，更换出站信号机机构，对进出站信号机的相应电路进行修改。控制台增设三接近和三离去等与四显示自动闭塞相关的表示。车站联锁与四显示自动闭塞进行结合改造，维持既有方向电路制式。郎园、双口、淘河、里澜城4站计算机联锁进行更新改造。

道口　对运行速度160公里/小时的线路，所有的平交道口改造为立交道口，故不再考虑道口的改造。

调度监督及微机监测　既有调度监督及微机监测设备，自动闭塞改造时进行结合改造，郎园、双口、淘河、里澜城4站更新微机监测设备。

京九线北京铁路局管内多为长大区间，自动闭塞设计存在很多技术难点，经过技术攻关，解决了长大区间轨道电路和信号机点灯的技术难题，取消了中继站，节约了上百万元的投资。

电力工程根据通信信号供电需求进行相关的改建室内配电设计。

房建工程根据通信信号、电力需求进行相关的新建、改建房屋设计。

第四章 国外工程

第一节 安哥拉共和国社会住房项目通信配套工程

一、工程概况

安哥拉共和国（以下简称：安哥拉）位于非洲西南部，南纬 5～18 度，东经 11～24 度，面积 124.67 万平方公里，北邻刚果(布)和刚果（金），东接赞比亚，南连纳米比亚，西濒大西洋，海岸线长 1650 公里。大部分地区属热带草原气候，年平均气温 22℃，南部属亚热带气候。人口 1700 万（2007 年），首都罗安达人口 450 万（2007 年）

安哥拉社会住房项目通信配套工程，是安哥拉政府委托中国中信集团作为项目融资和 EPC（Engineer Procure Construct）总承包商承建的社会住宅工程。项目分为首都罗安达（Kilamba Kiaxi）项目和外省项目两部分。根据业主要求和提供的资料,参考中国的相关技术规范和建设标准，并结合安哥拉的国情进行规划、设计及建筑施工。

首都罗安达（Kilamba Kiaxi）地区面积大约 54 平方公里，分 3 期进行规划。其中一期工程需建设 2 万套公寓（包括底层商业用房）和 6666 套独立式住宅，用地约 8.8 平方公里。最终人口规模 70 万人。一期工程还包括用地范围内（除独立式住宅用地以外）的幼儿园、中小学校、市政道路、园林绿化、市政给排水，市政供电、给水厂、变电站、电信工程、交通信号、消防给水、照明等配套设施的建设。

北京电铁通信信号勘测设计院有限公司受中国中信集团委托，承担北京城建设计研究总院有限责任公司设计总包下的通信工程设计分包项目。于 2007 年 11 月与中信公司正式签署设计合同，项目建设周期为 2 年（2007 年～2009 年）。

由中信国安信息科技有限公司负责施工。到 2008 年底项目正在施工建设中。

二、工程设计

北京电铁通信信号勘测设计院有限公司承担的安哥拉社会住房项目通信配套工程，在保证通信网整体设计技术先进和经济合理的前提下，充分考虑当地现有设施和资源的配置情况，结合安哥拉电信发展总体规划适度超前设计和建设。

通信管道 主要设置在人行道和绿化带下，覆盖所有小区和用户，管材采用Φ108 毫米/32 毫米高密度聚乙烯（HDPE）7 孔梅花管。

GPON 系统 采用处于国际先进水平的 GPON(Gigabit Capable PON) 技术，是基于 ITU-TG.984.x 标准的最新一代宽带无源光综合接入标准技术，具有宽带宽、效率高、覆盖范围大、用户接口多等优点，被大多数运营商视为实现接入网业务宽带化，综合化改造的理想技术。在统一的 GPON 接入平台上为项目中的住宅用户、学校和其他公共设施提供固定电话、有线电视、宽带数据业务(即三网合一)。可以通过中心交换局实现各用户的语音通信功能；完成电视信号的接收、传输等功能，使地块内所有用户均可方便接入互联网，满足对互联网多媒体业务的需求并实现对 VOD 点播功能。

根据 GPON 组网方案，可以将光缆从首都罗安达汇接局引至本工程中心电信楼通信机房，将 12 芯光缆从中心机房引至设有 OLT 设备的 6 个小区机房。本区块内 OLT 到各地块电信间采用多条 48 芯光缆，地块内电信间至各公寓楼及其他共建用户的光纤将根据具体用户需求而定。

本工程在 16 号小区中心机房设 1 台高端路由器，其上行接入安哥拉电信 IP 网络，下行采用 10GE 链路连接 2 台核心交换机，为本工程提供数据和语音 NGN 接口。有线电视信号通过波分复用 WDM 技术与语音及数据信号复用在在同一根光纤上传播。

各 OLT 设备的上行与中心机房的 2 台核心交换机分别通过光接口连接，下行通过分光器与各类用户 ONU 或 MDU 间采用光纤连接，从而实现各类用户电话和数据业务的接入。

在中心机房配置 VOD 视频点播服务器，通过 IP 技术实现用户视频点播业务，客户端通过计算机网络获取视频图像后，采用计算机软件来实现视频节目的点播（非硬件数字机顶盒方式)。

在中心机房配置网管系统和 BRAS 宽带接入服务器，分别提供完善的网络管理和对所接入的用户进行认证和授权。

第六篇

工业生产

- 生产基地
- 接触网零件
- 混凝土制品
- 钢结构产品
- 变压器
- 变、配电设备
- 其他产品

第六篇　工业生产

第一章　生产基地

第一节　宝鸡器材公司

中铁电气化局集团宝鸡器材有限公司，源于1958年6月伴随着中国第一条电气化铁路而成立的电化局第一工程段宝鸡电气化器材加工厂。1979年1月，归属电气化工程局，更名为电气化工程局宝鸡器材厂。1984年4月，改由电化局工厂机械管理处（1998年7月更名为工厂处）领导。2005年5月，更名为中铁电气化局集团宝鸡器材厂。2008年1月，改制为中铁电气化局集团宝鸡器材有限公司。2001年，将地处宝鸡市上马营的西厂区整体迁至卧龙寺东厂区。2005年在宝鸡市高新区购置88亩地构建新厂区，2008年5月公司总部及高新分厂迁至高新区，卧龙寺厂区交付公司下属的金台分厂。

至2008年底，公司总占地面积10.42万平方米，其中生产用地4.24万平方米。拥有固定资产13313.96万元，注册资金9998.81万元，拥有资产总值3.83亿元。机械设备265台，设备固定资产原值5200.29万元，净值1573.5万元，装机总功率6228.59千瓦。年生产能力可系统供应4000正线公里接触网施工所需器材。公司机构设有14个行政职能部门，4个生产单位，党群系统设党委、纪委、工会、共青团组织。公司共有职工740人（包括退养职工），其中干部252人，工人358人。具有高级专业技术职称的14人，中级46人，初级120人，工人技师12人。人均收入从1999年的14475.78元提高到2008年33632.93元，增长2.3倍。

宝鸡器材公司是国内同行业中建厂最早、规模最大、品种最全的电气化铁路接触网器材和城市轨道交通供电器材专业制造企业。1997年在国内同行业率先获中国方圆标志认证委员会颁发的质量体系认证证书和产品质量认证证书。2000年获得国家外经贸委批准的“进出口企业资格证书”，取得进出口经营权以及自理报关权。2004年，取得铁道部颁发的工业产品制造特许证。2005年被陕西省科技厅批准为高新技术企业，成为国内唯一取得高新技术企业资格的接触网器材生产厂家。2008年再次获高新技术企业证书。2007年6月，公司与德国、意大利合资组建宝鸡保德利电气设备有限公司，为实现中国高速铁路和客运专线接触网关键零件国产化奠定基础。

公司先后完成广深、哈大、株六、神朔、内昆、秦沈、京秦、神朔、朔黄、京郑、大秦、胶济、郑徐、渝怀、石怀、京沪、浙赣、胶济、郑徐、武嘉、达成、遂渝、沪杭等30多条电气化铁路配件的供应和秦沈、石太、武合、武广、郑西等客运专线以及上海、广州、深圳、成都、沈阳、南京、武汉、重庆、北京、天津地铁等城轨交通工程的配件供应。参建第一条国产化柔性悬挂轻轨上海明珠线，第一条国产化刚性悬挂地铁广州地铁 2 号线，第一条国产化跨座式单轨工程重庆轻轨较新线，第一条国产化 DC1500 钢铝复合轨工程广州地铁 4 号线，第一条准高速电气化铁路广深线，第一条客运专线秦沈线，2 亿吨重载电气化铁路改造工程大秦线。公司为中国电气化铁路和城市轨道交通线路分别提供 70%和 85%以上的接触网零件。1999 年至 2008 年，累计完成工业总产值 14.44 亿元，生产接触网零件 1369 万套件。

技术改造方面，2000 年从德国引进低压铸造和重力铸造设备及相关配套国内辅助设备，上马城轨交通接触网系统配套设备国产化项目生产线，2002 年 5 月正式投产使用。该项目是根据国家发展计划委员会产业发展司关于轨道交通装备国产化财政债券项目相关通知精神和集团公司新产品开发规划要求启动的，中央财政拨款 295 万元，银行贷款 600 万元，企业自筹 771 万元。完成基建投资 236 万元，包括新建钢结构厂房一栋，新增设备 32 台，实际固定资产总投资为 1108 万元。该项目的实施，填补了公司城市轨道交通接触网部件生产技术空白，实现了金属型重力铸造铜合金、铝合金，低压铸造各种铝合金零件的精密铸造工艺，提高了零件的尺寸精度、表面质量、内在质量和机械性能，保证了产品质量的一致性和稳定性。同时，大幅度提高了生产效率，降低了劳动强度，改善了作业环境，减少了工作场地。

2005 年，为做大做强企业，根据集团公司“五四战略”、工厂处构筑“六大平台”战略以及工厂总体规划，公司在宝鸡高新技术开发区投入资金 8000 万元，购置 88 亩地用于扩大生产规模。2008 年 5 月，工业园建成，建筑面积 24145.92 平方米。为适应形势、实现中国高速铁路和客运专线零件国产化，2007 年 6 月，公司与德国保富铁路公司、意大利布诺米公司三方共同组建宝鸡保德利电气设备有限责任公司。2008 年 2 月，合资公司迁至工业园，3 月正式投产。保德利公司主要生产接触网关键零件 8 种（腕臂及定位装置、整体吊弦、电连接装置、终端锚固线夹、下锚补偿装置、高速线岔和弹性吊索等），一般零件 200 多种，基本满足年 2000 正线公里高铁及客运专线电气化铁路接触网关键零件的需求。合资公司的成立，结束了国内客专及高铁网件产品依靠进口的历史，是中国铁路技术引进消化吸收再创新的重要成果。

2008 年，在“城镇化与城市发展”领域，公司凭借多年来接触网供电设备研发和制造能力优势，依托西安交通大学在电气绝缘试验研究平台、科研能力和科研人才优势、中铁电气化局集团接触网器材检测中心的专业检测条件，成功组建中国唯一的轨道交通接触网供电设备工程技术研究中心。围绕中国轨道交通接触网供电设备的共性、关键性技术问题进行技术开发和攻关，对具有重要应用前景的科研成果进行系统化和工程化研究开发，扩展公司产品范围，不断为中国轨道交通行业推出新产品、新工艺、新技术，使接触网供电设备国产化率不断提高。

科技研发方面，1999 年公司跻身上海明珠线、上海地铁三号线和广州地铁，为加快地铁接触网零件国产化，先后研制出无螺栓双线定位线夹等 33 种地铁产品。其中，4 种产品通过部级鉴定，24 种产品通过局级鉴定。2000 年，为满足武广、外福、盘西、内昆等线路要求，进行新型下锚补偿装置的研制，成功研制出钢柱、钢筋混凝土柱双棘轮下锚补偿装置、大轮径铝合金补偿滑轮装置及 19 种单线路隧道单支撑悬挂结构零件，满足了用户使用要求。在城市轨道接触网零件的开发研制上，成功研制大连有轨线路接触网改造的 6 种产品、上海地铁 7 种国产化零件及 7 种重庆轻轨跨座式单轨零件，其中跨座式单轨零件通过北京市与重庆市科委联合组织的科技成果鉴定。

2001 年，在研究分析哈大线德国西门子金具的基础上，进行国产化零件的设计、研制，新设计完成铝轻型定位器等国产化零件 55 种、改型零件 10 种。针对秦沈高速客运专线新设计或改型设计高速接触网零件接触线终端锚固线夹、接触线、承力索中心锚结线夹等零件 9 种，通过铁道部科技成果鉴定。

2002 年，完成福州分局与公司达成生产弓型支架设计开发合同，通过铁道部接触网检测站的测试。开发研制适合德国标准 Ris120 型接触线配套的双线整体吊弦、定位线夹等 14 种零件，完成与电化院合作的“莘闵线莘庄车站低净空定位悬挂装置”的科研课题，成功研制低净空悬挂悬吊滑轮等零件，通过上海地铁公司技术审查。

2003 年，完成京郑换线工程 5 种规格铸钢承力索座的研制，完成渝怀线 18 种新产品的研制，完成京郑线提速软横跨定位装置的研制、制造、供货，完成深圳地铁 14 种接触网零件的研制、制造、供货，完成弹性支座的研制、制造，完成广州地铁一号线国产化接触网零件共 9 类 51 种零件的研制，完成弹性支架悬挂装置、低净空车站简单链形悬挂装置、3.6T 棘轮装置，进行有色金属重力铸造和低压铸造工艺的研究，形成相关的技术工艺规程文件。

2004 年，研制出钢铝接触轨复合专机，先后为广州轨道交通四号线、南车四方机车车辆股份公司试车线、北京机场线长客试验线、北京轨道交通首都机场线、中国北车集团唐山机车车辆厂时速 300 公里动车组试验线、广州轨道交通五号线、武汉轨道交通一号线二期工程、深圳轨道交通二期三号线供货。完成遂渝线时速 200 公里隧道接触网零件研制、接触网零件可靠性测试方法研究。

2006年，完成直流复合外套无间隙金属氧化物避雷器、钢铝复合轨绝缘支撑及防护罩的研制，通过陕西省科技成果鉴定，获得国家实用新型专利。完成上海六号线汇流排及其可快速拆卸装置、广州四号线爆炸式感应板的研制、制做、供货。研制开发适用于城市轨道交通的国产铝合金腕臂系统及其零部件，通过陕西省科技成果鉴定。进行有色件表面处理工艺研究，形成生产作业指导书，购置操作设备，有效解决铝合金、铜合金产品表面质量差的问题。

2007 年，为武合线整体吊弦需要，进行 CuNi2Si 板材国产化研究，调整热处理工艺，有效解决板材模压变形裂纹问题。完成刚性可移动接触网研制，在郑州、杭州线路应用。2008 年，完成珠江新城供电轨系统（600V/5 轨）研制。完成叠片式感应板的研制，在北京机场线应用。完成刚性悬挂汇流排膨胀接头装置研制，在温福铁路试挂使用。

至 2008 年底，公司拥有专利 53 项，其中发明专利 3 项，实用新型 39 项，外观设计 11 项。制定 13 项企业技术标准，收集采用国家标准 683 卷，其中行业标准 194 卷，外国标准 94 卷，用以规范指导企业标准化生产，使产品质量稳定提高 。参与完成 TB2075 修订、“接触网零件设计与制造”行业书刊编写、建设部行业标准“钢铝复合接触轨系统”部分编写、北京市建设工程技术企业标准编写。

2003 年公司以陕西省“中华爱国集体”荣誉登录《中华爱国国典》，2004 年至 2006 年被评为陕西省信贷诚信单位，2005 年至 2007 年被评定为陕西省 A 级纳税人，2005 年被命名为陕西省知识产权试点单位，2007 年被授予陕西省知识产权优势培育企业，2006 年获陕西省“文明单位”。

第二节　保定制品公司

中铁电气化局集团保定制品有限公司，源于 1974 年 6 月建立的保定电气化钢筋混凝土制品厂，隶属铁路电化工程局电气化工程处。1980 年 1 月归属电气化工程局，更名为电气化工程局混凝土制品厂。1984 年 4 月，改由电化局工厂机械管理处（1998 年 7 月更名为工厂处）领导。2005 年 5 月，更名为中铁电气化局集团保定制品厂。2007 年 10 月 25 日，改制为中铁电气化局集团保定制品有限公司。厂址位于河北省保定市新市区西三环 104 号。

公司占地面积 20 万平方米，生产建筑面积 4.3 万平方米，大型产品存储仓库 2.4 万平方米。拥有各种专业生产设备 400 余台套、专业检测设备 70 余台套及一座大型综合试验场。公司是生产电气化铁道接触网钢柱及接触网混凝土支柱国内最大的专业化生产商。公司地理位置优越，交通方便，毗邻京广铁路及京珠、保津、京昆高速公路，可实行水陆联运。公司内设有三条 6.8 公里长铁路专用线，直通京广铁路，并具有宽阔的储存货场，备有足够的调车、起重运输机械，可同时进行整列火车装卸作业和汽车公路运输，能快捷地将所生产的各种产品发往全国各地及沿海港口。

公司主要产品分为钢筋混凝土产品和钢结构产品两大系列。其中钢筋混凝土产品有横腹杆式预应力混凝土接触网支柱、预应力混凝土软横跨支柱、环形等径预应力混凝土接触网支柱、锥形预应力混凝土接触网支柱（城市轨道交通用）、预应力牵引变电所架构电杆和锥形预应力混凝土电杆等。钢结构产品有软横跨钢柱、桥钢柱、斜腿桥钢柱、桥支架、灯桥、投光灯塔、避雷针、硬横跨（钢性固定式及简支式）、新型 H 型钢柱和钢管梁、柱等。公司获得中国质量检验协会颁发的“国家权威检测达标产品”证书和国家质量监督保定信息中心及保定市质量技术监督局联合颁发的“质量无投诉先进单位”证书。公司是河北省二级计量合格单位。1998 年 7 月通过国家方圆委 IS09002 质量体系认证， 2003 年 7 月完成 2000 版的换版升级。

截至 2008 年底，公司共有生产车间 4 个，辅助车间 2 个，部室 11 个。职工 272 人，其中干部 72 人，工人 200 人。具有高级专业技术职称 2 人，中级 27 人，初级 25 人，技师 7 人。公司注册资本 8069 万元，固定资产总额 4300 万元，年产值达 3 亿元。公司年产各种钢结构产品 5 万余吨，各类横腹杆式预应力支柱 12 万余根，混凝土圆支柱 6 万余根。

公司产品供应中国第一条双线电气化铁路石太线、第一条重载运煤专线大秦线、第一条高速电气化铁路广深线、第一条高速客运专线秦沈线、第一条沙漠电气化铁路包兰线。并先后供应丰沙线、京张线、京秦线、郑武线、京郑线、侯月线、秦山线、北同蒲线、干武线、湘黔线、宝中线、鹰厦线、武广线、哈大线、神朔线、西康线、郑洛线、朔黄线、宝兰二线、神朔线、外福线、新月线、西南线、渝怀线、郑徐线、胶济线、兰武二线、武嘉线、津秦沈线、沈哈改造、沟海线、浙赣线、沪杭线、京沪线、徐连线、迁曹线、萧甬线、大包线、包惠线、石太客运专线、朔黄线、合武客运专线、胶济客运专线、洛张线、郑西客运专线、京津城际客运专线、大秦扩能改造、南昌西环线、武广客运专线、广珠客运专线、甬台温客运专线等一大批铁路大中型电气化铁路工程。截至 2008 年底，完成混凝土接触网支柱 80 万根，环形等径接触网支柱 20 万根，电力电杆 10 万根，钢柱 10 万根，硬横跨 2 万组，大容量软横跨支柱 3 万根。

近年来，公司通过技术开发与铁科院和大专院校、科研单位合作，取得多项技术研究成果。开发研制的 H 型钢柱、钢管柱、钢管硬横跨广泛应用于近年来迅速发展的各高速客运专线电气化铁路工程建设并申请产品专利。法兰式大容量软横跨混凝土支柱是公司与铁科院共同开发研制代替站场钢柱产品，具有造价低、免维护等优点，广泛应用于哈大线、朔黄线、郑徐线、胶济线、京沪等多条电气化铁路并申请产品专利。防腐混凝土支柱和高风速支柱，解决了支柱的防腐蚀和抗高风速问题，除能在普通地质环境中使用外，更适用于气候环境较恶劣腐蚀严重的西部铁路和沿海各线。加长混凝土接触网支柱，适用于双层集装箱及高填方地带，减少了支柱基础培土砌石工程量，降低了工程造价，提高了线路运行安全性。浅埋混凝土接触网支柱适用于基坑开挖困难及石质地带的山区铁路，法兰型混凝土接触网支柱适用于新建铁路及高速铁路。新型防纵裂环形预应力混凝土支柱解决了困扰多年的水泥支柱纵裂问题，广泛应用于高速铁路和各客运专线。新型环形等径预应力混凝土接触网支柱、环形等径螺旋缝双面埋弧焊钢管接触网支柱、横腹杆式预应力混凝土接触网支柱（普通双向荷载型、加长型、法兰型、浅埋型及 150 千牛米 至 350 千牛米软横跨支柱）、防腐蚀混凝土接触网支柱、钢管接触网硬横跨、H450/15、400/15 大容量预应力混凝土软横跨支柱、钢管混凝土接触网支柱、电气化铁道钢管支柱及钢管硬横跨系列产品、电气化铁路接触网欧标 H 型钢柱及硬横跨、高风速横腹杆式预应力混凝土支柱、铁路异物侵限监控系统安装立柱及现场控制箱、风速风向仪支柱、托架及控制机柜等科研项目先后通过省部级鉴定。大容量预应力混凝土接触网支柱、防纵裂环形等径预应力混凝土接触网支柱、环形等径螺旋缝双面埋弧焊钢管接触网支柱、H 型接触网支柱、特型横腹杆式预应力混凝土接触网支柱、钢管混凝土接触网支柱、管桩基础、钢管支柱及钢管硬横跨系列产品先后获得国家实用新型专利证书。

为使产品质量上台阶，采用新技术、新工艺、新材料，不断进行技术改造、工艺改革和设备更新。2001 年 5 月，公司设置粗骨料净化系统，通过净化石粉含量小于 1%，减少了产品在运行过程中局部产生裂纹，提高了产品的外观质量。2005 年公司新增钢管生产配套的带钢开平，折弯、合口、焊接设备，配备模型、工装、数控切割设备，配套生产，能适应各种断面形式的钢管产品的加工制造。近 10 年来，开展群众性的技术革新项目 500 项，获国家优秀 QC 质量小组成果奖 1 个，北京市优秀 QC 质量小组成果奖 5 个，局优秀 QC 质量小组成果奖 1 个。公司参与编写的“电气化铁路接触网预应力混凝土支柱横腹杆式支柱、环形支柱”、“电气化铁路接触网硬横跨格构式硬横跨、钢管硬横跨”、“电气化铁路接触网钢支柱格构式支柱、方形钢管支柱、钢管支柱、H 型支柱”等 8 项标准已作为铁道部部颁标准执行。

第三节　德阳制品公司

中铁电气化局集团德阳制品有限公司源于 1967 年 5 月成立的铁道部第四铁路工程局电气化工程处混凝土预制厂。1974 年归属电气化工程局，1983 年更名德阳制品厂。2005 年 5 月，更名为中铁电气化局集团德阳制品厂。2007 年 10 月 24 日，改制为中铁电气化局集团德阳制品有限公司。公司位于四川省德阳市长江西路三段 161-1 号。公司是从事水泥混凝土制品生产、销售，环境噪声污染治理产品的研发、设计、生产、销售及安装，钢结构、桥用钢结构及其构件的制造等铁路产品的专业生产企业，具有四川省建筑业混凝土预制构件专业贰级和预拌商品混凝土专业叁级资质，四川省混凝土企业二级试验室和四川省环境污染防治工程工艺设计甲级资质，资信等级 AA 级企业。

2008 年末，公司行政设 5 部 1 室，2 个分厂、2 个项目部、1 个技术研发中心和铁路装载衬垫材料工业公司、铁路运输服务公司及技术开发部（技协）3 个经济实体。公司共有职工 245 名，其中干部 54 人，工人 191 人。具有高级技术职称 2 名（其中 1 人为集团公司技术专家），中级技术职称 17 名。技术工人 191 名，其中技师 4 名，高级技术工人 133 名，中级技术工人 21 名。公司占地 63914.8 平方米，建筑面积 6504.41 平方米，固定资产原值 2106 万元。拥有各种机械加工设备，包括车、铣、刨、钻、焊、吊、运输设备等工作母机 70 余台套，混凝土搅拌站 4 套，起重设备 21 台，焊接设备 41 套，ZL 型 12 米重型离心机 3 台，100 吨和 50 吨散装水泥装置各 1 套，4t、6t 工业锅炉各 1 台，Φ2.85m×

26m 蒸压釜 1 台，JG-IV 数控养护窑 1 套。具有年生产混凝土制品 4 万根的能力，最高年产值 1.012 亿元。

自为中国第一条电气化铁路宝成线提供混凝土接触网支柱以来，1999 至 2008 年间先后为宝成二线、西康、武广、株六、外福、内昆、内宜、水柏、宝兰二线、广深高速、北疆铁路、黔桂、西南、青成二线、渝怀、胶济、石怀、兰武二线、青藏、沪杭、浙赣、武嘉、达成、昆沾、京沪、黔桂、武襄、徐连、西安北环、精伊霍、达成、洛张、西格、孝柳、京九等国家铁路重点工程提供 90 多万件混凝土接触网支柱、接触网钢柱、硬横梁和电力电杆，产品遍及全国各地。在既有产品的基础上不断开发新产品，2002 年至 2007 年间，获得特型横腹杆式预应力接触网支柱、混凝土接触网环形可调式抱箍防滑装、一种带号码牌安装孔槽的混凝土支柱、电气化铁道接触网支柱基础、电气化铁道接触网坠砣等 5 项实用新型专利，铁路接触网支柱和铁路接触网支柱(法兰型)2 项外观设计专利和 1 项碱矿灰混凝土支柱发明专利。

2003 年，确立“一业为主，三业并举，服务工程”的战略定位和立足铁路、面向社会的经营领域选择和立足专业化、面向现代化的发展方向。克服“非典”对生产经营的影响，针对青藏铁路施工地带强冻胀、强硫酸盐侵蚀、强风蚀、昼夜温差大等地质环境和自然环境特点，研发出高强抗冻防腐管桩，直接打入冻土地带，管桩上端（地面端）以法兰形式与电杆连接，即“电杆+管桩组合”。共生产供应防腐管桩 7002 段。

2004 年，为西部首条高标准铁路遂渝线全线提供Φ350 等径接触网支柱，并成功将混凝土管桩基础运用到无渣道床试验段，实现接触网支柱基础选型及施工安装方式的创新。完成青藏线φ190×15（18）m×60 kN·m 组装电杆的开发和生产，使管桩产品进一步系列化。

2005 年，承揽由集团公司总承包的国家重点工程京沪线电气化改造供货任务。公司在两个月内陆续扩建两处生产场地，投资 400 余万元添置相关设备和工装。三个月累计生产作业 88 天，实现产品季出产 2.8 万根，创历史之最。全年实现经营承揽订单超亿元（1.25 亿）、生产产值超亿元（1.012 亿）、发运产品超亿元（1.13 亿）的突破。

2006 年，声屏障项目正式投产，中标京沪铁路北京景旭噪声治理工程，实现产品销售。2007 年、2008 年声屏障产品先后在西安北环线、首都机场线和京津高铁等线中标，并逐步实现产品的设计、生产、运输、安装一条龙服务。销售产值逐年增长。2007 年，公司研发的民用管桩项目经过调研、试产和营销，打入成都建筑市场，全年共生产 3.1 万米，产值约 200 余万元。

2008 年 5 月 12 日，四川汶川发生的 8 级地震，造成公司厂房裂纹、设备损坏，生产中断 2 个月，经济损失 2000 多万元。震后，公司积极开展自救，进行房屋安全鉴定和维修，抢修设备、道路，及时恢复生产，公司自产的商品混凝土运往抗震救灾的建设工地。

自 2005 年起，每年开展以技术创新为手段，降本增效为目的的“金点子”工程活动。

通过采取新工艺、新方法、新材料等技术创新降低成本，提高效率，增加效益。自 1998 年 6 月率先在同行业中获得 ISO9002 质量体系认证证书的基础上，2000 年底取得 ISO10012 计量体系认证证书，2003 年获得方杆、圆杆、管桩、钢柱等九个系列主要产品的质量合格认证证书。

第四节　保定铁道变压器公司

中铁电气化局集团保定铁道变压器有限公司，源于 1971 年 1 月 1 日成立的铁道部第四铁路工程局电气化工程处二队通信器材加工厂。1972 年 1 月归属电气化工程处，1979 年 1 月改由局领导，改称电气化工程局保定器材厂。1990 年 4 月，更名为铁道部电气化工程局保定铁道变压器厂。2005 年 5 月，更名为中铁电气化局集团保定铁道变压器厂。2007 年 11 月，改制为中铁电气化局集团保定铁道变压器有限公司。

公司集设计、制造、试验为一体，经过近几年的重大产品结构调整和技术改造，具备 220kV 级单台容量 180MVA 及以下各种变压器的设计、生产、试验能力。公司拥有完备的检测设施和国家认定的电力试验室，是全国变压器技术标准化委员会成员单位。公司产品不仅广泛应用于铁路建设项目及城乡电网改造项目中，还先后出口伊朗、泰国、巴基斯坦、阿尔巴尼亚、蒙古、苏丹等国家，多次被国家、河北省、铁道部和保定市授予各级优质产品称号。公司产品现多用于高速铁路、客运专线，为西门子、施耐德、阿尔斯通公司的全球合格供应商。2008 年公司被授予河北省高新技术企业。

截至 2008 年底，有生产车间 4 个，11 个部（室）。在职正式职工 243 人，其中干部 82 人，工人 161 人。具有高级专业技术职称的 3 人，中级 35 人，初级 33 人，技师 10 人。另有合同制工人 60 人，临时工 159 人。公司拥有主要生产设备 90 台，设备净值 420.89 万元，总功率 389.9 千瓦，动力装备率 1.673 千瓦/人。公司注册资本 5073 万元，资产总额 3.57 亿元，年产值 3.5 亿元，全员劳动生产率 150 万元/人。

1998 年初，公司生产经营工作陷入低谷，只承揽到一部分坠铊、铁塔、钢模，总产值 600 余万元，企业得以维持。公司积极运作地方农网改造市场，1999 年从地方农网改造市场承揽到 1800 余万元的订单，占当年新签合同的 60%以上，主要产品为 10kv 级地方用电力变压器。公司主要依靠地方农网改造市场一直延续到 2003 年。从 2004 年起，随着铁路市场的复苏和国家大规模铁路建设，公司迅速转移到铁路市场，以大秦铁路改造为契机，当年一份合同承揽 8000 余万元，其中 126 台自耦变压器占合同总额的 85%以上。2005 年，企业自主研制成功 110kV 级牵引变压器，为国家重点工程京沪铁路建设提供 10 台产品，实现同类产品零的突破和公司产品电压等级的有效提升。2008 年，企业产品创新取得更大突破，随着 220kV 级牵引变压器成功研制并在石太线投入使用，公司产品创新和试制能力迈上新台阶，牵引变压器在京沪、大包、包惠、精伊霍、石德、京九、兰青等铁路被广泛采用，企业发展迈出新的步伐。同年，公司成功研制美式、欧式箱式变电站，分别应用于阿拉山口和大秦铁路，至此，企业形成以自耦变压器、牵引变压器、干式变压器、箱式变电站为主导的产品架构格局。当年公司与日本明电舍合作研制铁路客运专线 AVS 系统，该项目前景广阔，潜力巨大，有望成为企业新的经济增长点。

从 2004 年起，公司一年一个台阶实现跨越式发展。2004 年新签合同额 1.18 亿元，是 2003 年的 3.8 倍；实现销售收入 6800 万元，是 2003 年的 2.5 倍；完成工业产值 7000 万元，是 2003 年的 2.3 倍。2005 年新签合同额 1.2 亿元，实现销售收入 6720 万元，完成工业产值 7160 万元，巩固了 2004 年的经营生产成果。2006 年新签合同额 1.68 亿元，实现销售收入 1.13 亿元，完成工业产值 1.1 亿元，三大经济指标均过亿元大关，是企业发展史上又一里程碑。2007 年新签合同额 2.12 亿元，实现销售收入 1.23 亿元，完成工业产值 1.4 亿元，企业获得持续发展。2008 年全年新签合同额 7.5 亿元，实现销售收入 3.3 亿元，完成工业产值 3.5 亿元，公司站在新的历史发展起点。

2005 年，企业通过深入调研铁路市场发展前景，启动技术改造一期工程，在厂区东侧规划新建占地面积为 2404 平方米的 220kV 级大型车间，主要用于提高公司试验水平和叠装能力，总投资约 2000 余万元。所购试验设备其中 2400kV 雷电冲击发生装置、数字式四通道局部放电测试仪、综合试验台、油色谱分析仪等均达到国内领先水平。2008 年，为进一步提高生产能力和扩大生产规模，在一期技改基础上启动二期技术改造，将 220kV 级大型车间向西延伸，净面积扩大近一倍，形成一座现代化的标准厂房。同时对原有多个车间进行扩能改造，生产厂地得到最大限度的利用，企业面貌焕然一新。

近年来，随着公司的快速发展，工艺装备水平得到有效提升，先后对 H 级干式变压器真空压力浸漆设备、环氧浇注设备、变压法真空干燥设备、静态全自动环氧浇注设备等进行技术改造。购置 15t 立式绕线机 2 台，1～6t 卧式绕线机 18 台，器身装配架 5 台，组合式铁芯翻转台 4 台，全自动除尘、喷漆设备 2 台，喷漆房 1 台等，为提高生产效率和提升生产能力起到重要作用。

1999 年至 2008 年，共有包括铁路专用高可靠性 VV 联结牵引变压器在内的 18 项产品通过河北省科技成果鉴定。OD8-M-12600/55 自耦变压器通过铁道部科技成果鉴定，并取得国际一流试验室意大利 CESI 的认证证书。ZGS9-Z-500/10 组合式变压器等 6 项产品取得国家变压器质量监督检验科技成果鉴定。2004 年，通信产品取得国家 CCC 认证证书。2007 年，铁路专用高可靠性 VV 联结牵引变压器取得河北省高新技术产品证书。公司编写的《铁道专用 27.5kV 级油浸式电力变压器》、《27.5(55)kV 级油浸式斯科特联结变压器》、《27.5kV 级吸流变压器》、《电气化铁道自耦变压器技术条件》、《2×27.5kV 级铁路自耦变压器》和《220kV 级单项牵引变压器》6 项技术标准作为铁道部部颁标准实施。

2003 年至 2006 年被保定市评为“守合同、重信用”单位，2006 年被河北省评为“守合同、重信用”单位，同年被保定市评为“重点保护单位”，2007 年取得河北省高新技术企业认定证书。

第五节　天津电气化设备公司

中铁电气化局集团天津电气化设备有限公司，源于电气化工程处第一工程队加工厂，1972 年归属电气化工程处改称电气化工程处信号器材加工厂。1974 年 5 月更名为电气化工程处信号器材厂，1984 年 4 月隶属电化局工厂机械管理处。1993 年 4 月更名为天津电力设备厂，1995 年 12 月改称天津铁道电气化设备厂，2007 年 5 月 24 日改制为中铁电气化局集团天津电气化设备有限公司。2006 年 1 月，原天津铁道电气化设备厂厂区拆除。2008 年租用天津市北辰区宜兴埠镇东马道 6 号，占地面积 4700 平方米，建筑面积 4011 平方米。

至 2008 年底，公司管理机构设 7 个科室，生产车间 1 个。有职工 59 人，其中干部 26 人，工人 33 人。具有中级专业技术职务的 7 人，初级 7 人。固定资产总值为 2.45 万元，机械设备 10 台，年生产能力 1000 万元。工业总产值从 1999 年的 751.1 万元上升为 2008 年的 948.5 万元，全员劳动生产率从 1999 年的 54825 元/人提高到 2008 年的 152984 元/人。

公司主要从事交流变配电所用交流屏、直流屏、控制保护屏，各种电力配电箱、照明箱、端子箱、等电位箱，城轨地铁用排流柜、均回流箱，电气化铁路接触网用软横跨弹簧补偿器、倒立柱等接触网钢结构零部件产品的设计、研发、生产。1999 年 GZDW 型微机控制开关电源式直流电源装置通过铁道部产品质量监督检验中心检验。该装置采用微机智能化控制、数据采集以及远程通讯等综合技术，具有体积小、寿命长、可靠性高等特点，满足变电所无人值守的要求。产品已供应北疆等线，供货累计 35 面。2002 年 3 月研制的专利产品弹簧补偿器填补了中国软横跨补偿领域的空白，在京沪，京九，京广等 16 条线上应用，累计生产 15000 余套/件。专门用于地下铁道产品排流柜于 2003 年开发完成。集中接地端子箱（回流箱）自 2006 年以来在首都机场线、广州、上海地铁、重庆轻轨、神朔、京秦线上应用 79 台，该产品实现了对轨回流、地回流等的电流实时测量和在用维护。2008 年设计开发的采油装置使用的 QM-III油气分离器和气锚井下液、气分离器正积极向市场推广。10 年来，累计完成工业总产值 8586.7 万元，生产各种变配电设备 2553 台面，接触网配件 221040 套（件）。

2002 年 3 月弹性补偿器获国家实用新型专利，2004 年 9 月低压配电箱（配电板）、动力配电柜（低压成套开关设备）、低压配电柜（低压成套开关设备）取得国家质量认证中心 3C 认证证书。2008 年 10 月，取得北京新世纪认证有限公司 ISO9001:2000 标准质量体系认证证书。

第六节 襄樊机电工程公司

襄樊中铁纵横机电工程有限公司，原系第二铁路工程局第四工程处机械修配厂，1978年随处整建制调入电化局，成立电化局第二工程处机械修配厂，后更名为襄樊机械厂。2002年3月，工厂整建制调集团公司工厂处。2004年4月，工厂整建制划归中铁电气化局集团二公司。2007年实行现代企业改制后更名为襄樊中铁纵横机电工程有限公司，为中国中铁股份公司四级法人治理单位，仍由二公司管理。公司位于湖北省襄樊市岘山路216号，占地面积9.93万平方米，建筑面积2.43万平方米，铁路专用线直达公司修理分厂，货运站台可进行仓储及货物装卸业务。

1999年批量生产部分接触网零件和接触网钢柱类产品，承担全局电气化铁路架线安装作业车、轨道车大修和项修。2002年新增跨座式单轨施工作业车生产。同年通过ISO9001质量体系认证和产品质量认证。到2008年，公司发展为集机械加工、轨行车辆制造、修理，电气化接触网钢柱、零件、电力金具、硬横梁制造、防腐，机电安装、“三电”、市政工程、城市亮化等业务于一体的综合性工业生产企业。

2001年，研制出国内第一台跨座式单轨施工作业车，填补了国内该领域空白，获得电化局科技进步特等奖。2003年，完成电气化铁道接触网施工作业车研发、制造。机械分厂实现由工程机械修理向集工程机械修理、制造为一体的转变。

2008年，有职工222人，其中高级职称技术人员4人，中级职称技术人员16人。设7个部门、2个子公司、3个项目部、2个驻外办事处。主要生产接触网钢柱、接触网硬横梁、接触网配件、施工作业车四大类产品。有机械加工设备和专业生产设备124台，其中大型生产检测设备22台。固定资产净值414.84万元，机械设备净值240万元，总功率1100千瓦，人均功率4.95千瓦，人均技术装备率1.9万元。2008年销售产值达5750万元，职工年收入首次突破3.17万元/人。

10年来，累计完成工业总产值2.67亿元，实现利税500万元。完成型钢类产品140万套（件），项修、大修轨行车辆39台，制造36台。产品先后用于秦沈、大秦、广深、合武、合宁、京沪、沪杭、浙赣、成昆、株六、宜万、鹰厦、重庆市轻轨等工程。

第七节　宝鸡保德利电气设备公司

2007年6月21日，中铁电气化局集团宝鸡器材有限公司和德国保富铁路公司、意大利布诺米公司三方合资组建宝鸡保德利电气设备有限责任公司，地址在陕西省宝鸡市高新大道196号。保德利公司是国内第一家生产高速铁路和客运专线接触网零配件的中外合资企业，是为加快中国客运专线和高速铁路的发展，在牵引供电技术装备上实施集成创新，大力推进核心技术和装备的国产化进程而成立的。2008 年 3 月 22 日，公司正式建成投产。2008 年 8 月 18 日，铁道部为公司正式颁发铁路运输安全设备生产企业认定证书，具备生产铁道部规定的 33 种重要接触网零件的资格。2008 年 11 月、12 月，公司先后通过北京挪华威认证有限公司 ISO9001 质量管理体系初次、二次现场审核。

至 2008 年底，公司设行政管理部、营销部、技术部、生产部、安全质量部、采购部、财务部 7 个部门，锻铸、机加工 2 个车间。公司正式员工 70 人，高管 4 名，部门管理人员 32 名，工人 34 名。

2008 年初，公司共设计自动生产线 3 条，锻模 17 套、冲模 20 套、金属铸模 26 套，各种加工模具工装 60 余套。公司生产关键零件 8 种，腕臂及定位装置、整体吊弦、电连接装置、终端锚固线夹、下锚补偿装置、高速线岔和弹性吊索等，一般零件 200 多种。经再次购置设备，生产能力从原来的 150 多万套提高到 200 万套。公司生产的国产化电气化铁路接触网零部件、城市轨道接触网器材产品经铁道部产品质量监督检验中心接触网零部件检验站检验合格。

公司成立后，签订甬台温、温福、武广、郑西等客运专线供货合同，当年完成产值 4800 万元人民币。

第八节　宝鸡检测中心公司

中铁电气化局集团宝鸡接触网器材检测中心有限公司，源于 1989 年 6 月成立的铁道部电气化工程局接触网零件研制检测中心。1999 年 2 月，更名为铁道部电气化工程局接触网器材检测中心。2005 年 5 月，更名为中铁电气化局集团宝鸡接触网器材检测中心。2007 年改制为中铁电气化局集团宝鸡接触网器材检测中心有限公司。2003 年 1 月公司迁址至宝鸡市东风路 59-2 号。

至 2008 年底，公司在职职工 18 人，其中各类技术人员 10 人，其中高级工程师 3 人，16 人取得铁道部专业检验员证书。公司拥有拉压力传感器、布洛维硬度计、微机控制接触导线扭转试验机、弯折试验机、数字式涂层测厚仪、电液伺服疲劳试验机、光学经纬仪、水准仪、箱式电阻炉、动态多通道数据测量仪、100kN、30kN 多工位接触网器材疲劳试验系统、可移动式模拟振动试验线、化学分析设备等各类检测设备和器具 80 多台件，固定资产 250 余万元，实验室面积 1200 余平方米，可对常速和高速接触网器材进行动态振动、疲劳及静态常规测试。

公司是中国最早从事电气化铁路接触网器材质量检验的机构。2000 年 1 月，实验室首次通过实验室国家认可及国家计量认证即“二合一”认证，是铁路行业第一个取得“双认证”的检测实验室。检测的产品有接触网零部件类、钢柱、硬横梁、接触线类、绞线类、紧固件类（螺栓、螺钉、螺柱、螺母）、金属材料、电力金具类共 7 项。检测的领域为机械和电气领域。2004 年 12 月实验室通过国家认可及计量认证的扩项和复评审，实验室检测领域由原来的机械、电气检测领域 2 个，扩充到化学和无损检测共 4 个领域，增加不锈钢、碳素钢、铸造钢铁、铜和铜合金、铝和铝合金的化验和混凝土圆杆及 X 射线检测，检测的产品达十大类。

1999 至 2008 年，除完成委托方日常检验外，共计承担 13 条电气化铁路接触网器材抽查检验及 10 条城市地铁线路的接触网器材检验工作。1999 年到 2000 年，承担上海市轨道交通明珠线工程接触网器材监督、验收检验及西康铁路接触导线验收检验。2002 年，对秦沈线全线关键接触网器材进行抽查检验，完成对上海地铁莘闵线接触网器材的验收检验工作，完成对上海地铁共和新路高架工程接触网器材的验收检验工作。2003 年，承担上海市明珠线二期工程接触网器材抽查和验收检验，完成广州地铁一号线接触网零件国产化接触网器材的型式试验工作。2004 年，参与大秦、胶济、郑徐铁路电气化改造工程及遂渝铁路电气化工程接触网器材验收抽查检验，承担上海地铁明珠一期北延伸工程接触网器材抽查的和验收检验。2005 年 4 月，承担渝怀铁路电气化改造工程接触网器材抽查检验，参与京沪铁路电气化改造工程、京广线信陈段、迁曹线、西安北环铁路改造、津秦沈电气化铁路、上海地铁 M8、M9 号线现场验收和抽查检验。2007 年至 2008 年，参与包惠线电气化铁路改造工程、上海轨道交通 7 号线、8 号线延伸（浦江镇工程）、11 号线等工程的接触网器材验收和抽查检验工作。

公司自成立以来获国家专利 4 项，取得部级科研成果 2 项，局青年科技拔尖人才 1 人，2 人到欧洲考察高速铁路。作为主要起草单位参与《电气化铁道接触网零部件试验方法》、《电气化铁路接触网硬横跨格构式硬横跨》、《电气化铁路接触网硬横跨钢管硬横跨》、《电气化铁路接触网钢支柱钢管支柱》、《电气化铁路接触网钢支柱 II 形支柱》等标准的制定。

第二章 接触网零件

接触网按悬挂特性可分为刚性悬挂接触网和柔性悬挂接触网及其他。十年间，随着铁路的不断提速和客运专线的建设及工作张力的提高，宝鸡器材公司不断调整发展战略，改变公司产品结构，加快高速电气化铁路柔性接触网零部件的开发步伐，形成BJ200、BJ350等一系列高速电气化铁路接触网零件。随着城镇化建设，柔性接触网穿梭于城市间，影响城市的美观。公司紧跟这一市场需求，先后研制出钢铝复合接触轨第三（四）轨供电系统 、架空刚性悬挂汇流排系统 、600V 五轨系统，并运行使用。

第一节 柔性悬挂接触网零件

一、滑轮补偿装置

经过多年的滑轮补偿装置运行使用，传统的滑轮补偿装置暴露出许多缺陷，如：轴承需要定期给予注油润滑，如不按期注油，滑轮轴承中原有的润滑油因逐渐泄漏，使滚珠球在球窝内腔中形成干转动；因粉尘等造成的油泥不能彻底清洗，使得轴承摩擦阻力增大转动不灵活，传动效率低，最终引起接触线、索高度降低，弹性变差；由于需要人工定期注油，加上滑轮补偿装置数量较大，所处的位置较高，使得运营维护相当困难，工作量大，所需维修费用很高。为克服上述缺陷，宝鸡器材公司于 2003 年开始研制免维修的无油自润滑的滑轮补偿装置，轴承采用金属基体复合聚四氟乙烯、青铜粉与 MoSi2 固体滑动轴承，轴两侧配置相同材料的减磨止退圈，并于 2004 年获得实用型专利。公司自主研发的无油自润滑滑轮补偿装置运用在京沪、浙赣、遂渝等线路，反映良好。

二、棘轮补偿装置

2000 年，为满足中国城市地铁、轻轨及电气化铁路接触网下锚对大张力、具有断线制动功能、传动效率高的新型补偿装置的需要，宝鸡器材公司与电气化勘测设计研究院分析国外补偿装置相关资料，参照德国及英国棘轮样品，联合研制 3.6t 系（36kN）棘轮补偿装置。3.6t 系棘轮补偿装置是在 2.4t 棘轮装置的基础上进行改进，通过对棘齿、轮辐进行加强和增厚，加粗棘轮轴直径，实现断线制动时，大的冲击力对制动块和棘齿强度的影响，改变了原有的 2.4t 棘轮装置连接结构。原有的连架结构采用菱形轴与挂钩的连接型式，加工复杂，挂钩采用锻造，两钩之间平行度难以保证，因而造成废品率较高。研制的 3.6t 系（36kN）棘轮补偿装置的连接结构为在转动圆管上焊接上双耳，通过螺栓销与棘轮支架直接连接，制造及施工安装方便，也增加了承锚底座与棘轮本体的连接强度。3.6t 系棘轮补偿装置于 2003 年 12 月通过局级评审，已应用在深圳地铁、广州地铁一、二号线、京沪、武合、洛张等大张力的城轨及大铁路线路。

三、BJ200、BJ350 系列接触网零件

2005 年，随着铁路建设的发展，列车时速的不断提高，宝鸡器材公司与高校、设计院联合，开发研制时速 200 公里、350 公里的高速铁路接触网零件。BJ200、BJ350 系列电气化铁道接触网零件是选用国内 40 年实践验证的可靠性高的零件结构、工艺、材质，参照德国 Re200c、Re350c 系列接触网零件，吸收日本、法国等国外接触网零件的优点，设计适用于中国的 BJ200、BJ350 系列接触网零件。通过试验及有限元分析考核组成零部件的可靠性，对 BJ200、BJ350 系列接触网零件进行各分系统安装，优化配置，使零件在组装结构中发挥最大的潜能并具有不同组合上的互换性。在哈大、秦沈、京秦、香港西部铁路等线路上运行使用，取得满意效果。

四、景观化系统

随着城市轨道交通的高速发展，高架线路接触网要穿行于城市的繁华地段，影响城市的美观。为了解决这一问题，2005 年，宝鸡器材公司与高校、设计院联合进行景观化系统的研制。

1、采用新型铝合金腕臂结构代替钢腕臂。铝合金腕臂具有重量轻、耐腐蚀性好、城市景观效果好等特点。铝合金腕臂系统于 2005 年开始研制，其结构参照并优化德国零件的结构型式设计。对受力状况复杂、承受载荷大的零件则更换材质，确保产品在使用过程中的安全可靠性，产品性能达到国际同类产品水平。铝合金腕臂系统在上海地铁莘闵线运行良好，产品性能稳定，景观效果好，并在上海 R6 号线使用。产品于 2006 年 9 月通过陕西省科技厅的成果鉴定，被确认为陕西省科学技术成果。

2、采用外置棘轮和内置坠砣与新型支柱集成安装来实现城市的景观化的内置式补偿装置。内置式锚柱，包括支柱、导向装置和补偿坠砣，其特征是支柱为等径圆管支柱，支柱内上方固定有一个导向轮，补偿坠砣悬置于支柱内，并用绳索提吊经导向轮悬挂于支柱上端的腕臂结构中的棘轮上，在等径圆管侧边上开有安装检修孔。内置式补偿装置于 2006 年开始研制，装置整体美观、简洁，具有补偿灵活、强度好、传动效率高、占用空间小、耐腐蚀性好、施工方便等优点，为国内首创。此装置于 2007 年 9 月通过上海市交通委员会成果鉴定，应用于上海 7 号、11 号、13 号线。

第二节　刚性悬挂接触网零件

一、钢铝复合接触轨第三（四）轨供电系统

钢铝复合轨供电系统是沿铁路一侧架设的输电线路，系统主要包括接触轨、普通接头、膨胀接头、端部弯头、电连接中间接头、普通防爬器、锚结防爬器、绝缘支撑系统、防护罩、防护罩支撑等零部件。钢铝复合轨根据截流量要求有 3000A、4000A 等规格。钢铝复合轨供电系统由于是安装在铁路一侧，而且有防护罩的保护，其安全性可以得到充分的保证。该供电系统的美观性也要优于其他供电系统。钢铝复合轨系统具有导电性能好、载流量大、重量轻、安装方便、耐腐蚀、耐磨性能好、使用寿命长等一系列优点。采用钢铝复合轨设备系统使设计、施工安装和运营维护工作量大大减少，具有显著的经济和社会效益，但一次性投资较大。

2000 年，宝鸡器材公司与电化设计院联合研制出的适用于中国城市地铁、轻轨标准隧道断面直流电压 1500V、最大持续电流 3000A、架空接触网采用单支载流量承力索（TJ150）、双支接触线（Ris120）全补偿简单链型悬挂的配套零部件和三支馈电线及一支架空地线配套零部件，共 21 种零件，通过铁道部评审。

2003 年，根据宝鸡器材公司与广州地铁公司签订的“DC1500V 钢铝复合轨及其配套金属零部件国产化研究”合同，开始研制钢铝复合导电轨、端部弯头、中间接头、普通防爬器、锚结防爬器、电连接中间接头、轨道交通接触轨绝缘支撑装置、“L”型接触轨支架、接触轨支座、接触轨卡爪、接触轨护罩接头，2005 年 8 月通过陕西省科技查新审查。2006 年 4 月，钢铝复合轨绝缘支撑及防护罩通过陕西省科技厅的成果鉴定。

二、架空刚性悬挂汇流排系统

架空刚性悬挂汇流排是城市轨道交通新型供电方式，由铝排和嵌在铝排的弹性夹口之间的铜接触线组成。汇流排系统设备包括：汇流排本体（铝排）、汇流排中间接头、汇流排刚柔过渡、可快速拆卸汇流排装置、汇流排终端和专用工具及防护罩等。汇流排和传统的接触网相比有许多优点，解决了许多传统接触网难于解决的技术问题。架空刚性悬挂与柔性悬挂系统相比，其优点主要表现在：接触线无张力，不存在断排或断线，安全可靠性好，不用设置补偿装置，零部件少，便于移动操作；铝排类似散热器的形状可以显著改善散热效果，可以防止铝排和接触线的过热，安装后无需担心线路繁忙和短路；刚性悬挂汇流排提供很大的截面，相当于 1200 平方毫米铜导线，不需要承力索和辅助馈线，使悬挂结构紧凑简单，节省隧道内安装净空；运营维护工作量少。

2000 年，根据电气化工程局与广州地铁总公司签订的科研合同 “架空刚性悬挂系统国产化研究”的要求，宝鸡器材公司研制出汇流排定位线夹、电连接线夹、接地线夹等架空“π”型刚性悬挂国产化零部件，并在广州地铁刚性悬挂示范段运行使用，运行良好。2000 年 12 月获得铁道部评审。

2002 年，为改变以往隧道内悬挂汇流排的瓷绝缘横撑、中心锚结绝缘棒结构复杂、制造困难、体积大的特点，公司与西安电瓷研究所联合研制出硅橡胶绝缘横撑、中心锚结绝缘棒，并在广州地铁运行使用，运行良好。

2006 年，根据上海申通集团有限公司机电事业部提出的在上海地铁六号线建设中“人防门处汇流排在需要时可以快速、方便拆卸、同时保持接触线不断线”的要求，公司与上海申通集团有限公司机电事业部、中铁电气化勘测设计院联合研制可快速拆卸汇流排装置，在上海 R6 号线运行使用，运行良好。2006 年获得实用型专利，2007 年 1 月通过局级评审。

2007 年，宝鸡器材公司研制出刚性可移动式接触网装置，主要用于铁路电力机车检修库。在机车进、出库时为机车提供电能，在机车检修时为机车上方释放出空间，方便机车检修。刚性可移动式接触网装置一般由移动段和固定段两部分组成，移动段设置在移动接触网线路中部，通过移动段的旋转移动释放其线路上部空间。固定段设置在刚性移动接触网线路的两端，实现与柔性接触网的衔接和过渡。刚性移动接触网装置在郑州、杭州两个动车所应用，运行良好。2007 年 12 月通过局级评审，并获宝鸡市科学奖一等奖。2008 年通过铁道部评审。

2008 年，针对国内地铁线路采用国产化的架空刚性悬挂汇流排供电系统零部件，而膨胀接头采用国外进口的，存在接口的匹配问题。公司进行国产化刚性悬挂汇流排膨胀接头研究，在温福线试挂使用。

三、600V 五轨系统

2007 年，根据广州市珠江自动旅客运输系统工程建设需要，宝鸡器材公司与广州市地下铁道设计研究院、广州市地下铁道建设总部联合研制开发三相交流 600V 接触轨及配套零部件。该系统的设计能力满足车辆最高 60 公里/小时的运行速度，该供电系统采用三相交流 600V 供电制式，牵引网的类型为供电轨。该系统主要由钢铝复合轨（三根导电轨/两根接地轨）、绝缘支架、防护罩、膨胀接头、端部弯头、中间接头等部分组成。三根导电轨（A、B、C 三相）及两根接地轨安装在绝缘支架上，整个系统的重量由绝缘支架支撑，每段钢铝复合轨由中间接头连接，考虑到环境温度以及机车运行过程中产生的热量对系统的影响，在线路一定长度上布置膨胀接头装置补偿钢铝复合轨的热胀冷缩。该项目于 2008 年 10 月完成局级技术评审，将于 2009 年为广州珠江新城供货 9 公里。

第三节　接触网钢件

电气化铁道接触网零件，包括接触网的悬吊、支撑、定位、锚固、连接、电连接等悬挂零件和接触网相关的供电、拉线、接地等金属零部件。襄樊中铁纵横机电工程有限公司以生产电气化接触网钢件为主，主要产品种类有腕臂底座、大限界框架、横梁吊柱、隧道吊柱、接触网供电金具等。1999 年至 2008 年，共生产接触网钢件 63.87 万套件。产品应用于秦沈、大秦、广深、沪杭等 12 条电气化铁路。

襄樊纵横机电公司 1999 年生产接触网配件主要靠车、钻、铣、削、刨等工艺，辅以部分模具加工设备。之后逐步提高模具数量和质量，形成完整的模具套系，生产效率和产品质量得到大幅提升。1999 年通过铁道部产品质量监督检验中心换证考核。同年，成功试制张力补偿用铸铁坠砣（JL76(T)-89）。

2000 年，增加磨擦压力机、空气锤、电阻加热炉等锻压设备和部分零件检测设备。开发出定位线夹，吊弦线夹等 10 种零件。一次槽钢切断工艺改进获得成功。9 月 15 日，取得 23 种电气化铁路接触网供电金具生产许可证。

2002 年，研发出 H 型钢脚扣、接触线整直装置、汇流排校正装置、汇流排焊接夹具、接触线煨弯装置、接触线扭面装置、电联接钻孔定位夹具。至此，接触网零配件生产品种达 1582 种，其中专用工具 9 种。

第四节　其他产品

一、刚柔过渡 U 型绝缘横撑

2007 年，根据广州地铁一号线既有架空柔性悬挂改造成架空刚性悬挂的需要，宝鸡器材公司开发研制刚柔过渡 U 型绝缘横撑。刚柔过渡 U 型绝缘横撑用在站场或隧道内限界困难的地方，作为悬吊底座，避开隧道顶部的空间限制，实现刚性悬挂连接。该装置采用强度高、耐电弧、耐污、防老化的环氧玻璃钢芯棒外裹硅橡胶伞群的绝缘子与连接金具整体压接，使隧道内悬挂接触网悬吊性能大大改善，机、电气性能优良，结构紧凑，调整方便，克服了目前隧道内刚性悬挂接触网定位、安装的局限，为低净空隧道提供一种新型绝缘定位装置。该项目于 2008 年 7 月通过局级评审。

二、感应板

2006 年，为满足广州地铁四号线工程需要，宝鸡器材公司开始研制直线电机爆炸式感应板。感应板用的直线电机是一种新的交通驱动方式，界于轮轨系统、磁悬系统之间，兼有轮轨系统的安全可靠和磁悬浮系统的非黏着驱动。直线电机的初级设计为扁平形线圈，悬挂在车辆的底部，相当于直线电机的定子部分；次级为感应板（或称感应轨，但不叫第三轨），固定在轨道中部，相当于直线电机的转子部分；初级与次级间隙约为 10 毫米。列车车辆从钢铝复合轨（即第三轨）上接收直流电源，逆变为三相交流电供应直线电机的初级线圈，产生三相交变磁场，进而因与感应板之间的电磁效应产生电磁力，驱动列车。列车的支撑系统仍为轮轨，但牵引力为非粘着驱动。直线电机用爆炸式感应板于 2007 年 8 月通过局级评审，并在广州地铁示范段运行使用 。

2007 年，公司在爆炸式感应板系统基础上研制叠片式感应板。叠片式感应板与爆炸式感应板相比，具有更多的优点，主要表现在单位重量更轻、安装调试更方便简单、使用维护简便，已为北京机场线运行使用。

三、避雷器

2004 年，根据上海市防雷中心关于“辛闵轨道交通用避雷器”的意见，宝鸡器材公司与西安交通大学联合，共同研制开发地铁用带脱离装置的直流复合外套无间隙氧化锌避雷器。该产品被中铁电气化局集团上海轨道交通工程公司、天津轻轨等设计、施工单位看好，并受到用户的好评。该项目于 2005 年 5 月通过局级评审，2006 年 4 月通过陕西省成果鉴定。评审组认为，该避雷器外观紧凑、整体化安装方便、保护套自洁性好、脱离装置动作可靠、具有良好的防爆性能，机械性能和电气性能满足相关国家和行业标准要求，适合中国城铁交通 1500 伏直流系统用的新型避雷器。

2006 年，在地铁用带脱离装置的直流复合外套无间隙氧化锌避雷器的基础上研制出带脱离装置的直流 1500V 复合外套内绝缘无间隙氧化锌避雷器。该避雷器采用内绝缘结构，省去了外绝缘托架，使避雷器主体和绝缘隔离托架一体化，整个避雷器装置安装更加简单、紧凑、可靠。此避雷器保护性能好、残压低、通流大、机械强度高、耐污秽、抗震能力强、安全防爆，一旦避雷器遭受强电流而击穿使内部元件损坏，通过脱离装置使产品立即退出运行，防止产品发生粉碎性爆炸和线路发生短路故障。该项目于 2006 年 3 月通过陕西省科技查新审查。

四、弹簧补偿器

2002 年，天津电气化设备公司通过吸收消化德国技术开发用于软横跨补偿的弹簧补偿器。该产品的问世填补了中国这一领域的空白，取得中华人民共和国实用新型专利证书。该产品由拉杆、压板、圆柱螺旋压缩弹簧、外筒等组成，结构新颖，构思独特，通过拉杆向两边受力，把弹簧压缩来调整受力强度（而不是沿着受力方向向两边拉伸弹簧）。材料选用耐腐蚀抗老化的优质材料，如拉杆采用 06Cr18Ni9 不锈钢，圆柱螺旋弹簧采用 55CrSiA 铬硅弹簧钢，外筒采用防锈铝合金无缝管材，压板采用铝合金一次压铸成型。通过推广使用，得到用户的认可和好评。截至 2008 年底，生产 15000 余套/件，在京沪，京九，京广等 16 条铁路线上应用。

第三章　混凝土制品

第一节　横腹杆式预应力混凝土接触网支柱

横腹杆式预应力混凝土接触网支柱,是电气化铁道接触网用量最大的支持装置。按受力情况分为单向荷载、双向荷载支柱，按供电方式分为绝缘管型和钢管型，按使用处所分为腕臂支柱和软横跨支柱，按安装基础方式分为浅埋型、杯基型、直埋型和法兰型，按标准检验弯矩 40kN·m ～450kN·m和柱长 8.5m～15.5m 分为近 30 种规格，按结构设计风速分 30m/s、35m/s、40m/s、45m/s、50m/s。

电气化铁道接触网支柱属露天使用的预应力混凝土构件，在中国铁路沿线普遍使用。因各地气候条件不同，支柱地上部分可能遭受海风、酸雨等有害物的侵蚀，这就要求混凝土支柱要具有耐盐类侵蚀的特性。鉴于这种情况，保定制品公司对防腐蚀混凝土支柱进行研究，该产品经过铁道部质量监督检验中心和铁建所混凝土实验室试验，其抗腐蚀性能符合设计要求，达到试制目的。防腐蚀混凝土接触网支柱在包兰线、朔黄线、胶济线、包惠线等长大铁路干线大批量使用，效果良好。

为满足中国沿海、西北风速较大地区电气化铁路的需要，2006 年 11 月保定制品公司与铁道科学研究院、中铁电气化勘测设计研究院、铁道第三勘察设计院等单位，紧密配合，发挥科研、设计、生产制造各方的技术优势，研制成功高风速方支柱。高风速横腹杆式预应力混凝土支柱设计方法先进，力学性能稳定、可靠，2007 年 3 月通过铁道部技术评审，在萧涌线、包惠线、京九线等长大铁路干线大批量使用，运行良好。高风速方支柱的经济效益显著，使用价值高。其制造成本虽然高于普通混凝土方支柱，但与环形等径预应力混凝土支柱或钢管支柱相比，价格便宜。高风速方支柱外形尺寸与普通方支柱完全相同，在施工中安装使用简单方便。在沿海及西北高风地区电气化工程建设中采用，可为国家节约大量建设和维修资金，具有较高的技术经济效益和社会效益，应大量推广使用。

保定制品公司，近 10 年共生产横腹杆式预应力混凝土接触网支柱 30 万根，使用在全国数十条电气化铁路线上。

德阳制品公司，1999 年 3 月开发生产 170F130/12+3.5、170F170/12+3.5 双受力接触网支柱，在电气化铁路工程车站得到应用。1999 年 4 月开发生产带“号码牌预留孔”的支柱，应用于株六线、外福线、郑徐线、石怀线、京沪线、洛张线、京九线等电气化铁路工程。1999 年 11 月与铁道部第二勘测设计院合作开发生产 200KN·m（12+3.5）特型支柱，在成昆电气化铁路工程中得到应用。2000 年 9 月开发生产 150～450kN·m（柱高分别为 13m、15m）系列大容量法兰型接触网支柱，应用于郑徐线、兰武二线、侯月线、京沪线、神朔线等电气化铁路工程。2001 年 4 月开发生产 38 kN·m～93kN·m 系列加长型腕臂柱，应用于宝兰二线、沪杭线、西安枢纽、岢瓦线等电气化铁路工程。2003 年 5 月开发生产防腐混凝土支柱（C60）和浅埋型支柱，应用于渝怀线、青城二线、京九线、石汝线等电气化铁路工程。2005 年 10 月开发生产 60 kN·m～93kN·m 系列法兰型腕臂支柱和 90 kN·m～170kN·m 系列法兰型软横跨支柱，应用于京沪线、京九线、宜万线等电气化铁路工程。2007 年 10 月开发生产高风速（35m/s、40m/s、45m/s、50m/s）型支柱，包括腕臂柱和软横跨柱、法兰型腕臂柱和法兰型软横跨柱，应用于京九线、太中银线、峰福线、西格线等电气化铁路工程。2008 年 6 月开发生产柱顶带预埋螺母件（用于柱顶回流绝缘子安装）的接触网支柱，应用于洛张线、京九线等电气化铁路工程。2008 年 12 月开发生产 90～170kN·m(9.2m、10.7m、12.7m）特型腕臂柱，其中 9.2m 为法兰型，应用于京九线、宜万线等电气化铁路工程。

第二节　大容量预应力混凝土接触网软横跨支柱

大容量预应力混凝土接触网软横跨支柱，是用于电气化铁路站场接触网架设，代替同容量接触网软横跨钢支柱的新产品，具有强度高、造价低、不腐蚀、免维修的优点。2003 年，保定制品公司在原有 150～250/13、150～350/15 大容量支柱的基础上，研制开发 400、450/15 大容量支柱，该支柱在胶济线批量使用效果良好。2008 年，保定制品公司在大容量支柱和高风速腕臂支柱的基础上研制成功结构设计风速为 35m/s 风速大容量支柱，在京九线、南同蒲等铁路干线批量使用。

现有大容量支柱规格为：结构设计风速 30m/s 大容量支柱 150～250/13、150～450/15 支柱 10 种，结构设计风速 35m/s 大容量支柱 200～250/13、200～450/15 支柱 8 种，共计 18 个规格品种。保定制品公司生产的大容量软横跨支柱在京九线、徐连线、郑洛线、哈大线、京秦线、新月线、北同蒲线、朔黄线、神朔线、渝怀线、胶济线等电气化大中型工程中安装使用 5 万余根。

第三节　环形等径预应力混凝土支柱

一、环形等径预应力混凝土接触网支柱

2000 年，保定制品公司与设计院合作完成新型环形等径预应力混凝土接触网支柱的研制。该产品在结构设计中，采用先进的部分预应力理论，生产力同等直径增大容量的支柱，提高了等径支柱抗纵向裂纹的能力，开发大吨位线拉装置及新型支柱的混凝土配比、灌注、离心成型和微机自动控制蒸汽养生的工艺方法，并对混凝土支柱静载、冲击试验装置进行研究。该产品是中国铁路工程中一种新型混凝土支柱，具有容量大、强度高、防纵裂抗通过优点，居国内领先水平，达到日本 JISA-1992 标准。该产品在上海地铁二号线、广深三

线和神朔线共同使用，未发现纵向裂纹。

目前国内使用的电气化铁路接触网环形预应力混凝土支柱外径为Φ350、Φ400，其容量Φ350 最大 120kN·m，Φ400 最大 150 kN·m。通用参考图中Φ400 最大容量 140 kN·m，Φ350 最大容量 100 kN·m，无Φ300 系列支柱图，且尚未批量使用。近年来中国沿海通道建设中采用更大容量的支柱且要求能抵抗 60m/s 的风速和海洋环境的腐蚀。根据铁建设函[2005]547 号文“客运专线无碴轨道结构高度、路基断面布置及桥上接触网立柱侧面距线路中心距离等专题会议纪要”的要求，客运专线无碴轨道路基与桥梁上接触网支柱的侧面限界均为 3.0m，桥梁上接触网支柱垂直线路方向的宽度按 0.3m 设计，现有的产品不能满足使用要求。为了满足京沪高速铁路电气化工程的需要，保定制品公司联合铁道科学研究院立项研究Φ300 容量 100 kN·m、Φ350 容量 160 kN·m、Φ400 容量 200 kN·m 电气化铁路接触网环形预应力混凝土支柱。其中Φ350 容量 160 kN·m、Φ400 容量 200 kN·m 大容量支柱适用于东南沿海通道，Φ300 容量 120 kN·m 支柱适用于城市轨道交通、客运专线工程。

德阳制品公司，2004 年 7 月开发生产Φ350（60kN·m、80kN·m、90kN·m）、长度 10m～14m 系列环形等径预应力混凝土接触网支柱，应用于遂渝线线、侯月线、达成线等电气化铁路工程。2004 年 9 月开发生产Φ400（60kN·m、80kN·m、100kN·m、120kN·m）、长度 10m～12m 系列环形等径预应力混凝土接触网支柱，应用于武嘉线、京沪线等电气化铁路工程。2008 年 12 月开发生产Φ350（120kN·m、140kN·m、160kN·m）、长度 9m～12m 系列环形等径预应力混凝土接触网支柱，填补了Φ350 较大容量的空白，满足了兰新线等电气化铁路工程建设的需要。

二、环形等径预应力混凝土电力支柱

保定制品公司与设计部门合作，不断完善、扩充现有产品系列，新增加Φ350 系列变电所圆杆，Φ300 系列园杆容量增加至 100，Φ400 系列园杆容量增至 120，应用于大秦线、渝怀线、丰沙线、新月线、胶济线、京郑线等电气化铁路。以上系列产品均可整根或分段生产。

德阳制品公司，1999 年 10 月开发生产Φ300、Φ400 系列变电所预应力混凝土圆杆，2001 年 12 月开发生产Φ400（80kN·m、100kN·m）等径圆杆，2002 年 7 月开发生产Φ400（40kN·m）抱箍防滑性支柱，应用于电气化铁路工程。2002 年 8 月开发生产Φ300 系列等径圆杆，用于贵阳水电工程 35kV 电力线路。2003 年 11 月开发生产 FAWΦ300（60kN·m）抗冻、防腐、防风型预应力混凝土等径圆杆，应用于青藏线格拉段站后试验工程。2004 年 7 月开发生产Φ350（80kN·m、85kN·m）变电所预应力混凝土等径圆杆，应用于渝怀线、遂渝线、昆沾线、达成线、浙赣线等电气化铁路变电所工程。

第四节 锥形预应力混凝土支柱

锥形预应力钢筋混凝土支柱，适用于通信、信号、自动闭塞、电力等架空线路和照明支柱。

近十年，保定制品公司在原有产品基础上，与设计院开发研制出Φ243、Φ270、Φ310直埋式和法兰式系列支柱，在石太客专、宁苛线、京沪线、神朔线、丰沙大线、石太线、京原线、长春轻轨等各条电气化大中型工程中应用2万余根。

德阳制品公司1999年8月开发生产Φ190×10I级、Φ190×12I级锥形预应力混凝土电杆，填补了该级别生产史上的空白，应用于铁路电力线贯通工程。2000年6月开发生产Φ190×10m、Φ190×12m抗硫酸盐预应力混凝土锥度杆，具有较强防腐功能，满足了青藏线铁路建设工程的需要。2003年10月开发生产FAWΦ190（40kN·m-15m、18m）抗冻、防腐、防风型预应力混凝土锥度杆，应用于青藏线铁路工程。2005年6月试制生产Φ270×9×100 kN·m锥形预应力混凝土接触网支柱，开发出Φ270×8.8×100 kN·m法兰型支柱，均通过铁道部产品质量监督检验中心的检测，为推广应用奠定基础。2005年10月开发生产FAW-Φ150×8.5m抗冻、防腐、防风型信号机柱，满足了青藏线铁路工程建设的需要。

第五节 先张法预应力混凝土管桩

2003年12月，针对青藏铁路施工地带强冻胀、强硫酸盐侵蚀、强风蚀等地质和自然环境特点，德阳制品公司开发生产Φ500、Φ500×8m A型、AB型、B型壁厚为100mm的高强抗冻防腐防风型预应力混凝土管桩，直接打入冻土地带，地上部分以螺栓与电杆连接，应用于青藏电气化铁路工程。截至2005年7月，共生产Φ500×6m管桩6541根，Φ500×8m管桩672根。2006年7月，开发生产Φ500×3m（A型）壁厚为100mm的预应力混凝土管桩，应用于遂渝线铁路工程。同月，在高强抗冻防腐防风型预应力混凝土管桩的基础上，开发生产出Φ300×6m、Φ300×8m、Φ300×9m、Φ300×10m、Φ400×6m、Φ400×7m、Φ400×8m、Φ400×9m、Φ400×10m、Φ400×11m、Φ400×12m、Φ500×3m、Φ500×6m、Φ500×7m、Φ500×8mA型、AB型、B型、C型，壁厚为70mm、95mm、100mm、125mm的预应力混凝土民用管桩，应用于地方建筑基础工程。截至2008年5月，共生产各型民用管桩38955米。

保定制品公司历年混凝土制品生产供应情况

表 6-3-1

产品/数量/年度	横腹杆式预应力混凝土支柱（根）	接触网大容量预应力混凝支柱（根）	环形等径预应力混凝土支柱（根）	锥型预应力混凝土支柱（根）	供应主要线路或单位
1999	19144	1745	3392		哈大线、神朔线、
2000	18637	4116	2588	703	朔黄线、哈大线、胶济线、西康线、神朔线
2001	20593	2111	2275	1613	朔黄线、京郑线、哈大线、神朔线、
2002	13384	3970	10419	2140	神朔线、朔黄线、丰沙大线、京郑线、西南线、新月线、秦山线
2003	18531	3810	3076	3988	北同蒲、朔黄线、郑徐线、京郑线、胶济线
2004	21301	4129	3559	1439	哈大线、兰武线、郑徐线、胶济线、沪杭线、朔黄线
2005	27611	4692	7259	24	京沪线、哈大线、胶济线、浙赣线、沪杭线、朔黄线
2006	30206	3854	7269	121	信陈线、胶济线、朔黄线、浙赣线、郑徐线、京沪线
2007	35566	4223	5310		信陈线、浙赣线、徐连线、津秦沈线、石德线、京郑线、北同蒲
2008	37393	4551	5161	1667	石太客专、丰准线、胶济线、张集线、大秦线、神朔线
累计	242366	36201	50308	11695	

德阳制品公司历年混凝土制品生产供应情况

表 6-3-2

序号	年份	产品名称	单位	数量	供应的主要电气化铁路线(段)
1	1999	接触网支柱	根	26080	武广、宝成二线、西康
		电力圆杆	根	16700	武广、宝成二线、西康，城市电化工程
2	2000	接触网支柱	根	25454	内昆、株六、外福、西康
		电力圆杆	根	15844	内昆、株六、外福、西康、城市电化工程
		接触网钢柱	根	413	株六、内宜、城市电化工程
3	2001	接触网支柱	根	16314	外福、内昆、水柏、宝兰二线、株六、渝达
		电力圆杆	根	8309	内昆、株六、外福、西康、城市电化工程
		接触网钢柱	根	369	内昆、株六

序号	年份	产品名称	单位	数量	供应的主要电气化铁路线(段)
4	2002	接触网支柱	根	18333	内昆、西南、宝兰二线、西南、株六、内宜
		电力圆杆	根	3960	内昆、株六、西康、城市电化工程
		接触网钢柱	根	258	株六、宝兰二线
5	2003	接触网支柱	根	21413	京广提速、西南、宝兰二线、青成二线、郑徐、胶济、渝怀
		电力圆杆	根	8960	株六、西南、宝兰二线、宜万、城市电化工程
		接触网钢柱	根	358	株六、宝兰二线、青成二线
6	2004	接触网支柱	根	21000	兰武、石怀、广株、京广提速
		电力圆杆	根	15000	渝怀、宜万、青藏、遂渝
		接触网钢柱	根	650	兰武、兰铁大修
		管桩	根	4500	青藏
7	2005	接触网支柱	根	85000	京沪、浙赣、沪杭、武嘉、达成
		电力圆杆	根	10000	武嘉、成都北编、青藏、兰武二线
		接触网钢柱	根	1125	京沪、浙赣、兰武、武嘉
		管桩	根	2300	青藏
8	2006	接触网支柱	根	75000	浙赣、武襄、黔桂、西北环
		电力圆杆	根	9000	遂渝、襄胡
		接触网钢柱	根	1427	西安北环、黔桂
9	2007	接触网支柱	根	22366	武襄、精伊霍、黔桂、襄胡、兰青、襄渝、昆沾
		电力圆杆	根	3419	襄渝、攀枝花支线、昆沾、襄胡、武襄
		接触网钢柱	根	704	黔桂
10	2008	接触网支柱	根	26972	达成、襄渝、黔桂、兰青、襄胡、精伊霍、京九
		电力圆杆	根	19055	达成、襄渝、黔桂、精伊霍、西格
		接触网钢柱	根	4007	达成、襄渝、黔桂、孝柳、郑西

第四章　钢结构产品

第一节　接触网钢柱

接触网钢柱是使用于电气化铁路车站和区间桥梁上接触网悬挂的主要装备。按产品规格分为软横跨柱、腕臂柱及桥钢柱。软横跨钢柱标准检验弯矩为150～800kN·m，柱高13～25m，近30种规格。桥钢柱标准检验弯矩为80～200 kN·m，分直腿和斜腿2种，斜腿桥钢柱柱高10～12.5m，直腿桥钢柱柱高9～12.5m，有20余种规格。桥支架、桥接腿、转换底座等桥钢柱配套产品规格齐全。

近十年，保定制品公司与各设计单位积极配合，联合开发新产品、新技术，在原钢柱产品基础上开发高容量钢柱，其中15m软横跨钢柱容量高达600kN·m。支柱高度从原来15米新增至最高25m，容量从原450 kN·m增大至1000kN·m。公司与各设计单位联合开发的欧标H型钢柱、钢管支柱（圆形钢管柱、方形钢管柱）均通过科技鉴定，广泛应用于铁路电气化客运专线工程。欧标H型钢柱在京津、合武、甬台温、武广、广株、郑西等客运专线中大量供货，运行效果良好。钢管支柱在秦沈、郑徐、沪杭、广州枢纽、京沪等线采用，运行效果良好。

保定制品公司开发研制的钢管系列产品，采用钢板折弯成型技术，无需购买定尺的成型钢管，节约了原料采购时间，减少了原材料消耗，降低了使用成本。公司与设计单位联合研制铁路行车安全监控系统（包括异物侵限监控及防风预警系统）配套设备，应用于京津客专，运行效果良好。

保定制品公司近10年供应电气化铁路接触钢柱6万余根，广泛应用于各条电气化铁路。

德阳制品公司自2001年成立钢结构项目部开始生产接触网钢柱，主要钢柱类型为格构式钢柱、方型钢管支柱、钢管支柱、H型支柱。2001年至2008年，公司共生产各种钢柱上万根，用于内昆、株六、宝兰二线、青成二线、京沪、浙赣、襄胡、黔桂、达成、兰武、武嘉、襄渝、孝柳、郑西客专等20余条电气化铁路。2001年5月公司钢结构项目部着手钢柱的试制工作，5月15日生产出第一根G250/13型钢柱。由于生产条件限制，日产量仅1～2根。2005年9月建成钢结构1号车间，开始批量生产，日产量达10根。2006年5月建成钢结构2号车间，日产量达30根，采用热镀锌防腐。2001年生产热浸镀锌钢柱369根，用于内昆、株六线。2002年生产1258根，用于株六、宝兰二线。2003年生产2094根，用于株六、宝兰二线、青成二线。2004年生产2985根，用于兰武、兰铁大修线。2005年生产3568根，用于京沪、浙赣、兰武、武嘉线。2006年生产4368根，用于西安北环、黔桂线。2007年生产3054根，用于襄胡、黔桂、达成线。2008年生产4579根，用于达成、襄渝、黔桂、孝柳、郑西线。

襄樊纵横机电公司，自 1999 年开始批量生产热镀锌防腐接触网软横跨钢柱、接触网桥钢柱和腕臂柱。2001 年增加工装夹具、胎膜具等加工设备，与电化局电化院联合开发两段拼接整根热浸镀锌接触网钢柱。2008 年钢柱月产量到达 167 根，是 1999 年的 1.5 倍。2003 年设计活动式放样平台专用模架、塔脚焊接模架，配置液压矫直机，保证钢柱整体挠度。至 2008 年，钢柱放样活动平台实现标准化、系列化。2004 年 12 月 23 日，钢柱产品通过 ISO9001 质量管理体系认证。焊接工艺从 2008 年起全部实行二氧化碳保护焊，质量和功效得到提高。公司 1999 年至 2008 年共生产接触网各种钢柱 10943 根，用于京沪、沪杭、浙赣、成昆等 13 条电气化铁路线上。

第二节　接触网硬横跨

接触网硬横跨结构形式为柱底固定、梁柱刚接的单跨门形钢梁结构，最大跨度达 40 米。同接触网软横跨相比，最大限度提高了接触网悬挂的稳定性和独立性，减少受电弓的离线率，改善受流质量，强度高、刚度大，能承受较大荷载，尤其适用于高速运行铁路及沿海高风速地区。接触网硬横跨主要类型为格构式硬横跨、钢管硬横跨。格构式硬横跨跨度为 15.3～20.0、20.1～25.0、25.1～30.0、30.1～35.0、35.1～40.0，分连续跨和单跨两种。钢管硬横跨跨度为 15.0～20.0、20.1～25.0、25.1～30.0、30.1～35.0、35.1～40.0，分连续跨和单跨两种。

保定制品公司与各设计单位联合开发接触网硬横跨新产品，丰富接触网硬横跨的结构形式，新增欧标 H 型钢硬横跨及钢管系列硬横跨（包括单钢管、双钢管、三钢管硬横跨）。由铁四院设计保定制品公司加工的沪杭线接触网硬横跨，最大跨度高达 83.1 米，是公司加工的最大跨度的硬横跨。2007 年 4 月，公司研制的电气化铁路接触网欧标系列 H 型钢柱及硬横跨产品通过河北省科技厅技术鉴定。该系列产品采用热浸镀锌基础上涂装氟碳涂料双重防腐技术，进一步提高 H 型钢柱的长效防腐性能，增加了景观效果，是电气化铁路钢结构防腐蚀领域的一项创新和技术突破。防腐涂料经国家涂料质量监督检验中心检测，人工气候老化时间超过 4700 小时，钢柱能满足 30 年以上的防腐要求。研制的国标系列 H 型钢柱及硬横跨，生产工艺成熟，产品经铁道部质量监督检验中心检验，各项技术指标符合铁道行业标准要求，经现场使用，效果良好。

钢管支柱及钢管硬横跨主要用于接触网系统的架设，其中钢管支柱可作为普通腕臂柱、桥钢柱及硬横跨钢柱使用，而钢管硬横跨多用于站台、站场多股道上接触网的架设安装。钢管支柱及钢管硬横跨系列产品的技术性能、可靠程度，直接关系到电气化铁路的安全运行。钢管支柱和钢管硬横跨目前在中国常速电气化铁路中开始采用，其优良的技术性能和可靠的产品质量也为在高速电气化铁路及客运专线上应用奠定了基础，是电气化铁道行业中的一项新技术，2008 年通过铁道部科技鉴定。接触网硬横跨供应京秦线、京郑线、北同蒲线、哈大线、朔黄线、郑徐线、胶济线、沪杭线、浙赣线、津沈线、京沪线、石太铁路客运专线、胶济铁路客运专线、武广铁路客运专线、京津客专、京九线等大中型电气化铁路工程。

保定制品公司近10年供应电气化铁路接触硬横跨8028组，广泛应用于各条电气化铁路。

德阳制品公司，截至2008年共生产各种规格接触网硬横跨468组。2002年生产31组，用于株六、宝兰二线。2003年生产48组，用于株六、宝兰二线、青成二线。2004年生产28组，用于兰武、兰铁大修线。2005年生产72组，用于京沪、浙赣、兰武、武嘉线。2006年生产97组，用于西安北环、黔桂线。2007年生产86组，用于襄胡、黔桂、达成线。2008年生产106组，用于达成、襄渝、黔桂、孝柳、郑西线。

襄樊纵横机电公司，2003年为广深线电气化铁路生产的40米硬横跨通过中铁电气化局集团接触网器材检测中心检验。同年，昆明车站硬横梁弯管工艺试验成功，采用在钢管内灌沙加温碾压工艺，解决了昆明车站硬横梁制造关键工艺。2008年开发钢管相贯线冲切模，代替手工切割钢管相贯线，在合武线钢管硬横跨生产中发挥作用。仅用3个月时间，完成合武客运专线供货3600吨，硬横跨500组。2003年至2008年，公司先后为广深、浙赣、京沪等8条铁路线生产接触网硬横梁2427组。

第三节　电力铁塔

2001年,德阳公司承揽部分西康线电力铁塔，属首次承揽电力铁塔。具有产品复杂，单件组装，斜撑规格多，要求互换性强，塔高不一，热镀锌和现场组装等多种要求。为保证产品质量，公司钢结构项目部由总工挂帅，分析图纸，编制工艺，监督操作。经试拼、组装、鉴定后投入生产。共生产6个品种、18个规格的铁塔18基。

襄樊纵横机电公司，2003年成功开发45米高的青藏线通讯螺栓塔。1999年至2008年，公司先后为青藏铁路、十堰供电局、襄樊供电局、丹江口供电局等地方单位生产输电线路塔近240基。

第四节 其他产品

2001年至2008年，襄樊纵横机电公司先后为合宁、京沪、沪杭、浙赣、武广等8条铁路线生产避雷针480组。

保定制品公司历年钢结构产品生产供应情况

表 6-4-1

产品/数量/年度	接触网钢　柱（根）	吊柱	H 型钢柱	接触网硬横梁（组）	供应主要线路或单位
1999	2797	32		11	哈大线、神朔线
2000	3121	62		82	哈大线、神朔线、武广线、外福线、西康线
2001	2716			263	朔黄线、石太线、京郑线、哈大线神朔线、秦沈线.
2002	2541	102	1263	243	京郑线、京秦线、北同蒲、上海轻轨、朔黄线、秦沈线、津滨轻轨
2003	2671	78	1314	154	丰沙大、哈大线、西南线、秦沈线神朔线、京郑线、丰台改造
2004	3014			829	郑徐线、哈大线、京郑线、大秦线渝怀线、候月线、胶济线、北同蒲
2005	2714	339		1565	胶济线、京郑线、浙赣线、沪杭线、朔黄线、郑徐线
2006	3639	2157		2356	沪杭线、胶济线、浙赣线、西安北外环线、信陈线
2007	9349		1977	2133	萧甬线、大秦线、京津线、朔黄线、信陈线、、浙赣线
2008	27730		17800	392	甬台温、武广客专、京津客专、温福客专、合武客专、石太客专
累　计	59892	2770	22354	8028	

德阳制品公司历年钢结构产品生产供应情况

表 6-4-2

产品/数量/年度	接触网钢柱（根）	接触网硬横跨（根）	电力铁塔（基）	供应主要线路或单位
2001	369	-	18	内昆、株六线
2002	1258	31	-	株六、宝兰二线
2003	2094	48	-	株六、宝兰二线、青成二线
2004	2985	28	-	兰武、兰铁大修线
2005	3568	72	-	京沪、浙赣、兰武、武嘉线

产品 数量 年度	接触网钢柱（根）	接触网硬横跨（根）	电力铁塔（基）	供应主要线路或单位
2006	4368	97	–	西安北环、黔桂线
2007	3054	86	–	襄胡、黔桂、达成线
2008	4579	106	–	达成、襄渝、黔桂、孝柳、郑西线
累　计	22275	468	18	合计 22761 根（组）

襄樊纵横机电公司历年钢结构产品生产供应情况

表 6-4-3

产品 数量 年度	接触网钢　柱（根）	接触网硬横跨（根）	电力铁塔（基）	避雷针、投光灯塔（组）	供应主要线路或单位
1999 年—2001 年	4868			80	武广、成昆、株六、广深等铁路线
2002 年	278		123		水柏、南昆、秦沈客专、广深三线、十堰、丹江口
2003 年	162		48	120	青藏、鹰厦、宜万等铁路线
2004 年	816	399		79	石怀、南京地铁、胶济等铁路线
2005 年	1125	413		201	京沪、胶济、大秦等铁路线
2006 年	912	283			广深、石怀、武襄、浙赣等铁路线
2007 年	780	594			宜万、广深、武广、合武、合宁等铁路线
2008 年	2002	738			合武、洛张等铁路线
累计	10943	2427	171	480	

第五章　变压器

第一节　自耦变压器

自耦变压器是电气化铁路 AT 供电系统中提高牵引网供电质量和调压水平、降低线路损耗、减少对通信线路干扰的重要供电设备，适合高速、运输繁忙、负载变化大的运输区段，原靠进口。

自耦变压器是保定铁道变压器公司的拳头产品，于 1994 年开始研制，并在长葛分区所运用获得成功。1998 年，在沈阳国家变压器质量监督检验中心顺利通过同一台产品上进行的 18 倍和 25 倍突发短路电流试验，产品性能达国际先进水平。2004 年，大秦线 2 亿吨电气化铁路扩能改造设备采购中，全线 123 台自耦变压器全部采用公司产品。截至 2008 年底，公司共承揽并生产自耦变压器产品 629 台，主要分布在大秦、京津、石太、武广、甬台温、温福等国家重大铁路干线，市场份额占到全国铁路 90%以上，并实现产品安全零事故。该产品采用先进的密封结构，具有较高的过负荷、过电压能力和优良的动热稳定性、抗雷电冲击特征。由于其性能先进、噪音小、密封性能好、运行可靠，公司成为大秦铁路重载列车单元 2 亿吨和 4 亿吨改造自耦变压器唯一供货厂家。在中国首条高速电气化铁路北京至天津城际铁路（时速 350 公里）被西门子公司采用，为国内首家。为神朔和武广铁路设计制造国内外容量最大的 OD8-M-32MVA/55 产品。

第二节　树脂浇注混合绝缘干式电力变压器

树脂浇注混合绝缘干式电力变压器具有安全、难燃、防火、无污染等特点，可直接安装在负荷中心。免维护，安装简便，综合运行成本低。防潮性能好，可在 100%湿度下正常运行，停运后不经预干燥可投入运行。损耗低，局部放电量低，噪音小，散热能力强，强迫风冷条件下可以 150%额定负载运行。配备有完善的温度保护控制系统，为变压器的安全运行提供可靠保障。可靠性高，据对已经投入运行的产品进行研究，产品的可靠性指标达到国际先进水平。已为郑徐、胶济、京沪、沪杭、黔桂、兰新、京秦沈、浙赣、洛张、襄渝二线、武襄、京津城际、石太、合武、武广、温福、甬台温等铁路线供应 700 余台，运行状况良好。保定铁道变压器公司生产能力居国内前三名。

第三节　110kV、220kV 级单、三相牵引变压器

牵引变压器具有容量利用率高、接线简单、系统投资少等特点，广泛应用于电气化铁路

牵引供电系统。保定铁道变压器公司自主开发研制的 110kV、220kV 牵引变压器在国家变压器质量监督检验中心通过短路承受能力试验，获河北省高新技术产品证书。公司生产的牵引变压器接线方式主要有三相 V/V、三相 V/X、单相接线、Scott 接线和平衡接线 5 种方式。主要应用于京沪、大秦、精伊霍、包惠、石德、苛瓦、准东、北同蒲、西格、兰青、成昆、武广、大包、京九、呼准、张集等铁路线及海南 871 电台，并出口泰国、蒙古等国，生产数量 91 台。

第四节　DXB-10 及 ZGS11 型箱式变电站

箱式变电站是由电器设备、电力变压器、低压电器设备、辅助设备及其连接件等组合在一个或几个箱体内的紧凑型成套配电装置，适应于工矿企业、车站、码头、机场、公共场所、高层建筑及居民小区，具有体积小、结构紧凑、现场安装调试周期短等特点，可取代传统的变电站（所），是城乡电网改造建设的推荐产品，代表着中小型变电站（所）的发展方向。主要适用于 6-10kV、50Hz、30-1600kVA 电力用户，既可用于环网供电，也用于放射式终端供电。箱式变电站内主要包括 27.5kV 开关柜、计量柜、干式变压器、低压开关柜等。该产品在机场线、北疆等铁路市场，运行状况良好。

第五节　铁道专用 10 千伏级有载调压变压器

有载调压变压器，在铁路 10 千伏级配电所中用于保证自动闭塞供电质量的变压器。多年来一直使用电力部门普通调压变压器。由于铁路自动闭塞供电线路较长（一般 40～60 公里），在运行中出现短路几率高，短路电流持续时间长，雷电过电压和操作过电压次数较多，加上各地方电源质量差别大等特殊运行条件，多次出现变压器绝缘击穿，直接影响对区间中小站及自动闭塞设备供电的可靠性，造成信号供电中断，给铁路运输带来损失。1993 年 7 月，保定铁道变压器公司研制 SZ8-GM-200kVA/10kV 和 SZ8-GM-400kVA/10kV 铁路自闭供电专用加强型 10 千伏级有载调压变压器，1997 年通过部级鉴定。1998 年以后公司在 SZ8-GM 有载调压变压器的基础上开发 SZ9-GM 系列，试验证明居国内领先水平。除铁路市场广泛应用外，近年来出口苏丹 80 余台。

第六节　电抗器系列

一、干式空心电抗器

CKDGK 系列干式空芯串联电抗器与电容器相串联，对电气化铁道供电系统改善功率因数。在电容器组投入电网时，限制其合闸瞬时的涌流。当牵引电力网中存在高次谐波时，选择适当电抗值与电容器组容抗值配合，可抑制、吸收部分高次谐波电流。采用 H 级绝缘，提高产品的热耐受能力，使产品运行更加安全可靠。可根据用户要求作远期调整。

二、并联补偿电抗器

并联电抗器用于 10kV 电力供电线路上，三台单相电抗器星形连接，中点接地，用于补偿电力电源的电容电流，以改善沿线电压和无功分量分布。产品符合 GB10229－88 电抗器 和 GB1094 电力变压器国家标准。

三、三相电抗器

适用于 10kV 电力供电线路，补偿 10kV 高压电缆线路的电容分量，提高供电线路的运行质量，改善主变压器的运行条件。三台单相电抗器连接为一体装入一个油箱，占地面积小，维护方便。

四、箱式电抗器

ZGBKS-xx/10 系列产品供户内或户外长期运行。在自动半闭塞供电线路上，在箱体内部用三台单相电抗器接成 Y 型，补偿 10kV 高压电缆线路的电容分量，提高供电线路运行质量，改善主变压器的运行条件，具有避雷功能及开头、熔断保护，可直接从供电网上接至本产品。

五、CKDK 油浸空芯电抗器

该产品适用天电气化并联补偿装置，具有绝缘强度高、电感值线性度好、噪音低、损耗小、全密封、不渗透、不需修理、少维护等特点。考虑远期增容的需要，节省使用部门二次投资。该产品为国家专利产品，2001 年通过铁道部科技成果鉴定。该电抗器系列产品广泛应用于电气化铁路，保定铁道变压器公司已生产 1000 余台。

保定铁道变压器公司主要产品生产及供应情况

表 6-5-1

序号	产品名称	产品数量（台）	供应主要线路及单位
1	牵引变压器	100	京沪线、石太线、大包线、包惠线、大秦线、新荷衮日、京九线、武九线、嘉红线、呼准线、太中银、兰烟线、石德线、武广线、兰青线
2	自耦变压器	700	大秦线、武广线、京津线、石太线、武合线、温福线、甬台温、迁曹线、京哈线、信陈线、三新线、东乌线、南同蒲
3	干式变压器及干式电抗器	11000	京沪线、石太线、大包线、包惠线、大秦线、新荷衮日、京九线、武九线、石德线、武广线、兰青线
4	箱式变电站	40	机场线、溶雪道岔
5	抗雷圈	2600	宝成线、石太线、大秦线、侯月线、京九线、京秦线、陇海线、襄渝线、兰武线
6	通信产品	23000	阳安线、宝成线、贵昆线、石太线、大秦线、侯月线、郑京线、京九线、京秦线、陇海线、襄渝线、兰武线

第六章　变、配电设备

第一节　GZDW 型微机控制开关电源式直流电源装置

1999 年，天津电气化设备公司在原多功能直流电源装置和 GZD 型智能化直流电源装置的基础上研制出 GZDW 型微机控制开关电源式直流电源装置，通过铁道部产品质量监督检验中心检验。该装置采用多个独立的高频电源模块并联的方式构成系统，同时采用微机智能化控制、数据采集以及远程通讯等综合技术，具有体积小、寿命长、可靠性高等特点，满足变电所无人值守的要求。产品生产 35 面，供应北疆等铁路线。

第二节　城轨产品

一、排流柜

2003 年，天津电气化设备公司开发适用于城轨地铁的排流柜。该产品专门用于地下铁道，可以大力改善对地泄露电流和轨回流，降低损耗。

二、集中接地端子箱（回流箱）

2006 年，天津电气化设备公司通过对进口产品的消化吸收，推出用于牵引变电所的集中接地端子箱（回流箱），该产品把变电所内的轨回流、地回流等所内接地回路都集中到集中接地箱内，实现对轨回流、地回流等的电流实时测量，可在不影响使用的情况下对电流互感器进行检修或更换。在首都机场线、广州、上海地铁、重庆轻轨、神朔、京秦线上应用 79 台。

天津电气化设备公司 1999-2008 年主要产品供货情况

表 6-6-1

年份	GZDW 型微机控制开关电源式直流电源装置、配电箱、回流箱等（台／面）	弹性补偿器、倒立柱等（套／件）	备注
1999	223	35000	宝鸡厂、成昆线、南疆线
2000	356	67800	哈大线、　蓟港线
2001	189	42600	哈大线、京九线
2002	136	6760	哈大线　、大秦线

年份	GZDW 型微机控制开关电源式直流电源装置、配电箱、回流箱等（台 / 面）	弹性补偿器、倒立柱等（套 / 件）	备注
2003	75	4200	哈大线、北疆线、天津轻轨、大秦线
2004	80	3961	沟海线、北同蒲、重庆轻轨、郑徐线
2005	142	5600	京沪线、深圳地铁、广州地铁
2006	152	48360	京沪线、津秦沈、上海地铁、广州地铁
2007	328	1740	包惠线、徐连线、沈山线、首都机场线、天津站改
2008	872	5019	大包线、石太线、天津站改、北京动车段
累计	2553	221040	

第七章　其他产品

第一节　轨行产品

一、跨座式单轨施工作业车

跨座式单轨施工作业车是襄樊纵横机电公司自主研制开发的轨道交通系统专用施工设备，适用于重庆市轨道交通系统 PC 梁上的接触网、供电环网电缆、通信信号电缆、桥架以及其他附属设施安装、调试、维护等作业。该车操作简单、控制灵活、运行平稳，全车采用静液压传动技术，具有低速稳定性好、启动扭矩大、无极调速等特点。

首台跨座式单轨施工作业车于 2001 年 4 月 15 日研制成功，6 月 5 日通过铁道部产品质量监督检验中心检验，7 月 11 日通过北京市科学技术委员会组织的跨座式单轨施工作业车科学技术成果鉴定。该产品填补了国家轨行车空白，获得国家专利。

2008 年初，重庆市轨道交通三号线工程启动，重庆市轨道交通总公司对第二代单轨跨座式工作车进行招标采购，襄樊纵横机电公司中标。新车优化了第一代车的部分功能，增设转向架，最高时速提升至 40 公里。2008 年 11 月样车试制完成，2009 年 5 月通过重庆轨道交通总公司的评审，6 月投入批量生产。至 2009 年 8 月，第二代工作车第一批次 4 辆制造完成，全部 17 辆工作车将于 2010 年底交付使用。

二、电气化铁道接触网施工作业车

2002 年 6 月开始进行电气化铁道接触网施工作业车研制，12 月样车试制成功。2003 年 2 月通过集团公司评审，7 月样车投入试用，2004 年 7 月通过铁道部科技司评审。

至 2008 年底，公司制造电气化铁道接触网作业车 23 台，生产单轨跨座式工作车 13 辆，完成作业车大修 58 台。

第二节　声屏障

声屏障是德阳制品公司 2000 年开始研发的一个新型产品，于 2005 年 9 月 22 日通过中铁电气化局集团有限公司的专家评审。该产品主要应用于高速公路、高架复合道路、城市轻轨地铁、高速铁路等交通市政设施中的吸声降噪，也可用于工厂和其他噪声源的隔吸声降噪。

2000 年，德阳制品公司成立声屏障技术研发中心，专门负责声屏障的市场调研、技术研发工作。同时与西南交大等国内知名院所进行合作，先后开发组合式（ZHS）系列声屏障、整体式声屏障等系列声屏障产品。

组合式声屏障类型

表 6-7-1

产品型号	声屏障结构	规格尺寸（mm）	面密度(kg/m²)
ZHS-Ⅰ型	混凝土复合吸声材料	2000×500×105 或根据现场或用户的需要确定	90
ZHS-Ⅱ型	金属面板+混凝土复合吸声材料	2000×500×105 或根据现场或用户的需要确定	60
ZHS-Ⅲ型	铝合金框架+聚碳酸脂(PC)透明板或 PVB 夹胶安全玻璃结构	2000×1500×105 或根据现场或用户的需要确定	45
ZHS-S 型	混凝土石英砂复合吸声材料	4000×1500×275 或根据现场或用户的需要确定	220
STS 型	混凝土复合吸声材料	2000×3000×130	200
ZHS-B 型	玻璃钢	厚 85mm，高 300mm，长度根据现场或用户的需要确定	15
B600 仿雕隔声板型	混凝土复合隔声材料	3860×590×120	150

整体式声屏障类型

表 6-7-2

产品型号	编号	规格尺寸（mm）	备　注
钢筋混凝土单元板	RCB1	1990×3200	预留加高 1m 通透隔声板
钢筋混凝土单元板	RCB2		
钢筋混凝土单元板	RCB3	1295×3200	预留加高 1m 通透隔声板
钢筋混凝土单元板	RCB4		
钢筋混凝土单元板	RCB5	1245×3200	预留加高 1m 通透隔声板
钢筋混凝土单元板	RCB6		
钢筋混凝土单元板	RCB7	1745×3200	预留加高 1m 通透隔声板
钢筋混凝土单元板	RCB8		
预应力混凝土单元板	PCB1	1990×3200	预留加高 1m 通透隔声板
预应力混凝土单元板	PCB2		
预应力混凝土单元板	PCB3	1295×3200	预留加高 1m 通透隔声板
预应力混凝土单元板	PCB4		
预应力混凝土单元板	PCB5	1245×3200	预留加高 1m 通透隔声板

产品型号	编号	规格尺寸（mm）	备 注
预应力混凝土单元板	PCB6		
预应力混凝土单元板	PCB7	1745×3200	预留加高 1m 通透隔声板
预应力混凝土单元板	PCB8		
路基声屏障	-	1990×2950	-

德阳制品公司在生产过程中不断改进完善，年生产能力从 2006 年 15000 平方米提升至 2008 年 135000 平方米。先后成功应用于北京景旭房地产公司噪声治理工程、西安铁路枢纽新建北环线声屏障项目、北京市轨道交通首都机场线轨道系统吸声结构体工程、北京至天津城际客运专线声屏障工程、兰州至武威增二线声屏障、生态声屏障、隔音窗工程、北京至九龙声屏障项目及西宁至格尔木声屏障项目等，累计供应约 10 万平方米，使用单位反映良好。

第三节 气 锚

一、油气分离器—气锚

2008 年，天津电气化设备公司设计开发采油装置使用的 QM-III油气分离器，能根据液体和气体不同的物理特点，使气体得到充分地分离，气液分离率可达 80%以上,有效率达 100%,平均提高泵效 15%～20%.

二、气锚—井下液、气分离器

该产品作用是将进入气锚中的液气混合体中的气体分离开来，并排出气锚体外，使气体不进入抽油泵，从而提高抽油泵泵效和油井的原油产量。

第七篇

科学技术

- 科技发展规划
- 科学技术研究
- 综合技术
- 节能减排

第七篇　科学技术

1999年至2002年7月，局科学技术工作分别由综合技术处和科研所承担。综合技术处下设工程科、工程经济管理科（定额站）、标准科和计算机中心，负责工程设计管理、标准设计、概预算、标准化、规程规范、专利、计量、定额管理、铁道学会方面的工作，局电气试验中心挂靠综合技术处管理。科研所下设科研管理室、科技开发室、科技信息中心、信号研究试验室和办公室，负责科研管理、技术开发、科技信息、工程信号试验、《电气化铁道》期刊编辑出版工作。局科学技术委员会办公室设在科研所，保持接触网、供变电、通信信号、综合、房建等6个专业学科组的设置。2002年8月，集团公司进行机构改革，撤销综合技术处成立技术发展部，以原科研所为基础组建科技开发中心，原综合技术处管理的规程规范、标准化、计量工作及电气试验中心划归生产质量管理部，定额站划归经营计划部，计算机中心划归科技开发中心。技术发展部负责工程设计管理、标准设计、专利、设计概算、铁道学会方面的工作。由于工程总公司将天津电气化设计院和北京通信信号设计院交集团公司实行委托管理，在技术发展部设专家组（设接触网、供变电、通信、信号、机械专业技术专家6人），对两个设计院的勘测设计工作采用专家参与宏观管理的方式进行管理，为集团公司领导提供技术决策服务，并负责集团公司科研项目的立项、科研成果评审的组织工作。新组建的科技开发中心，采用事业部的模式管理，下设科研开发科、网络信息科、综合科、电气试验室，负责重大科技攻关项目的开发和成果转化、科研管理、科技信息与服务、计算机与网络管理及企业信息化建设、工程项目的电气试验，参与制定和执行集团公司科技发展规划以及重点科研开发计划的制定工作。2002年11月13日，因电气化分公司工程电气化试验的需要，集团公司将科技开发中心的电气试验室整建制划归电气化分公司。2004年1月1日，科研管理工作由科技开发中心划归技术发展部。2005年4月，科技开发中心增设财务科，实行独立核算。2006年2月，《电气化铁道》编辑部单独设科。2006年5月22日，集团公司撤销技术发展部和科技开发中心成立科技部，定员12人。计算机与网络管理（计算机中心）划归公司办公室，生产质量管理部负责的规程规范、标准化、计量、工艺工法、电气试验中心管理划归科技部，科技部负责科研管理、设计管理、标准设计、规程规范、标准化、工艺工法、专利、计量、电气试验中心管理、企业信息化、《电气化铁道》和《电铁信息网讯》的编辑出版、科技信息、铁道学会方面的工作，并负责集团公司技术专家的归口管理。

根据工程总公司要求，2006年6月26日，集团公司成立中国铁路工程总公司技术中心电气化研发中心，下设电气化设计（天津电化院）、通信信号设计（北京通号院）、施工技术（集团公司科技部）、土建技术（西铁工程公司）、产品研制（工厂处）5个分研发中心，科技部为电气化研发中心的日常管理机构。

第一章　科技发展规划

1999年至2000年，是“九五”计划的后两年。《电化局“九五”科技发展规划》提出，到“九五”末期，电化局在电气化铁路的设计、施工、器材制造方面总体达到国际90年代先进水平。到2000年，电化局的常规速度电气化铁路设计、施工技术和防干扰技术达到国际先进技术水平。高速电气化铁路的设计、施工技术达到国内领先水平。通信信号设计、施工技术达到国内领先水平。电气化铁路供电金具和55千伏及55千伏以下变压器类产品达到国内领先水平。计算机应用和信息技术接近路内先进水平。

2001年3月，制定发布的《电化局“十五”科技发展规划》，以《铁路科技发展“十五”计划和2015年长期规划纲要》的要求为目标，把铁路快速客运通道建设、高速电气化建设、既有电气化铁路提速改造、城市轨道交通建设等领域急需解决的关键技术和相应的储备技术作为科技发展的主要任务，并为开发高速公路、邮电通信、民用建筑和市政建设等新的市场空间提供技术支持。2001年以后，随着“四电”技术、计算机技术和信息技术的迅猛发展，面对企业改革的不断深入和产业结构调整，实现集团“五四”发展战略目标和长期可持续发展，修订集团“十五”科技发展规划。2003年3月，集团召开第三届科技创新大会，讨论通过《关于加强科技创新、推进企业可持续发展的决定》和修订的中铁电气化局集团《“十五”科技发展规划》、《科技研究开发计划管理办法》、《科学技术成果评审办法》、《科学技术奖奖励办法》、《科技成果转化和技术转让管理办法》。《中铁电气化局集团“十五”科技发展规划》提出高速电气化铁路技术、通信信号和防干扰技术、城市轨道和高速公路交通技术、建筑工程新技术、工业产品与机械装备、信息技术与计算机应用、基础技术强化工程7个技术领域的重点任务。规划的总体目标是：建立和完善适应企业发展的科技创新体系和行之有效的运行机制，围绕集团“五四”发展战略和激烈的市场竞争需要，紧密结合高速电气化铁路、城市轨道交通、房屋建筑、高速公路、通信工程及企业信息化等领域的科技创新，全面提高集团的科研、设计、施工、工业制造能力和管理水平。到“十五”末期，在高速电气化铁路和城市轨道交通供电领域的设计、施工技术达到国际先进水平，电气化设备器材和接触网供电金具达到国内领先水平，保持和发展通信信号设计施工技术、防干扰设计技术的优势地位，在高层建筑、高速公路领域取得新成绩，在磁悬浮铁路供电技术和铁路站前工程施工方面取得新突破，在管理现代化、信息化、网络化、科学化方面有显著提高。

2006年5月，对《中铁电气化局集团科学技术奖奖励办法》进行修订，增设特等奖，加大奖励力度。

2006年，根据工程总公司第三届科技创新大会精神和集团公司二届二次职工代表大会行政工作报告的要求，围绕企业做强做大和可持续发展的总体目标，编制《中铁电气化局集团“十一五”科技发展规划》，提出 12 个重点技术领域的科技发展和 13 项重大项目的研发和技术攻关及创新。总体目标是：进一步建立和完善以企业为主体、市场为导向、产学研相结合的技术创新体系。围绕集团“五四”发展战略和市场需要，紧密结合高速铁路、客运专线、城际铁路、磁悬浮铁路、铁路提速、重载铁路、城市轨道交通、线路桥隧工程、地下工程、建筑工程、高速公路、通信信号工程及信息技术等相关领域开展自主创新。大力提升原始创新、集成创新、引进消化吸收再创新能力，以技术创新带动集团设计、施工、科研、工业制造和管理水平的提高。通过创新，形成一批拥有著名品牌和自主知识产权，达到国际先进水平的核心技术。使高速电气化铁路设计、施工、检测技术、客运专线和城市轨道交通供电领域的设计、施工、检测技术，提速、重载铁路设计、施工、检测技术继续保持国内领先水平并努力达到国际先进水平，磁悬浮铁路供电技术设计、施工取得新突破，电气化设备器材、接触网零配件、供电金具的研制和制造继续保持国内领先水平并努力达到国际先进水平，继续保持和发展通信信号设计、施工、检测技术、防干扰设计、测试技术的优势地位，在地下工程、大型桥隧工程、高速公路、高层建筑等施工领域达到国内先进水平，企业信息化处于同行业先进水平。加强基础技术研究和科学试验，建立技术标准化体系，完善企业标准，使管理现代化、信息化、网络化、科学化有显著提高。

为保证集团“十一五”科技发展规划的顺利实施，制定《中铁电气化局集团科技创新工作目标管理办法》，提出到“十一五”末期，完成科技研究开发项目 200 项以上，获得国家级科技成果不少于 5 项，获得省、部（总公司）级科技成果不少于 20 项，获得国家专利不少于 60 项，开发一级（国家级）工法不少于 5 项，开发二级（部级）工法不少于 15 项。

2007 年初，根据工程总公司《“十一五”信息化建设规划》及《关于大力推进信息化建设的指导意见》，依据集团《“十一五”发展规划》，编制集团《“十一五”信息化建设规划》。信息化建设规划提出的主要任务是：建立 CA（网上身份认证）和数据中心，完善 OA、视频会议、人力资源信息管理、财务信息管理、铁路维管牵引供电管理信息（eMIS）系统，推进 VPN 网络、IP 电话系统、企业市场开发信息管理系统、重点工程项目部可视化现场管理系统、重点工程项目综合信息管理系统建设，开展和实施管理信息化（勘测设计信息化、工业制造信息化、科研管理信息化等）工程，制定信息化建设标准规范，启动电子商务。信息化建设规划的目标是：紧紧围绕集团公司“五四战略”，配合企业体制、机制、管理和技术的持续创新，充分利用现代信息技术，通过 5 年的努力，建立和形成中铁电化局集团各单位协同运转、高效管理和科学决策需要的综合信息系统，初步实现管理网络化、信息集成化、决策科学化，并为深度开发信息资源、加速信息流通、实现信息资源共享和提高信息利用能力提供有效手段，使企业在管理精细化、产品研制数字化、生产控制智能化、信息共享网络化等方面，接近或达到同行业的先进水平。

第二章　科学技术研究

第一节　科研管理

集团科技研究开发和新技术推广应用工作实行统一领导、分级管理的原则，由总工程师全面负责。日常工作由科技部归口管理，负责组织课题立项、审查、评估、评审和验收，对课题进行全过程监督、管理。建立健全专家评议和集团决策相结合的课题管理机制，充分发挥专家和职能部门的作用，参与计划编制、立项评议、评标、课题验收和评审等项工作。

一、科研计划编制

集团科技开发计划以市场为导向，以企业为主体，坚持产学研相结合，自主开发、创新与引进、消化、吸收并重的原则，实行课题制管理。每年 11 月份，根据“集团发展战略”、“集团科技发展规划”和重点工程建设项目的需要，组织专家组进行研讨，提出各专业研究方向和重点研究课题，编制和发布下年度《集团科技研究开发计划课题指南》，集团各子分公司、事业部、集团公司各部（室）根据课题指南和设计、施工、产品制造、管理中的关键技术问题，于 12 月底前申报“集团科技研究开发计划课题”，经集团专家组对所申报课题进行评审后，确定立项课题。根据研究开发的重点和关键技术难度将立项课题分为 A、B、C 三类。对 A 类和 B 类的有关重点课题，通过招标确定课题的承担单位；B 类的其他课题和 C 类课题由申报单位承担。据此编制下发“集团年度科技研究开发计划”，并与课题承担单位签订科研开发合同。

2003 年，根据《国家科技计划项目管理暂行办法》、国家科技部《科学技术成果鉴定办法》、国务院《国家科学技术奖励条例》及工程总公司有关文件精神，结合 2001 年企业改制后的实际情况，对集团公司有关办法进行修订，发布《中铁电气化局集团科技研究开发计划管理办法》、《中铁电气化局集团科学技术成果评审办法》、《中铁电气化局集团科学技术奖奖励办法》。2004 年以后，科技研究开发计划编制按此办法执行。

二、科研经费管理

1999 年至 2003 年，集团公司科研经费除在铁道部和工程总公司（2006 年以后）申报批准立项下拨经费外，科技发展基金按不低于上一年工程结算收入的 0.45%、工业生产销售收入的 1.5%和设计费收入的 4%提取，用于科技项目的开发,并以每年 15%至 20%的速度递增。2003 年以后，根据工程总公司的要求及集团《“十五”科技发展规划》、《关于加强科技创新、推进企业可持续发展的决定》，集团公司及子公司每年按照上年工程结算收入的 1.2%、设计按不低于上年产值的 3%、工业生产按不低于上年销售收入的 5%，安排科技开发经费，建立科技发展基金和奖励基金，用于共性、关键性和前瞻性重大科研项目的研究开发、科技成果的转化和推广应用以及科技成果的奖励。2006 年，发布集团《科技创新工作目标管理办法》，进一步明确科技开发经费投入的要求。集团科技开发经费实行预算管理、专款专用，集团年度科技研究开发计划中的 A 类课题经费由集团公司承担，B 类课题经费由集团公司和申报单位承担，C 类课题经费由申报单位承担。1999 年至 2008 年，集团公司共承担铁道部科技研究开发项目 18 项，部下拨科研经费 895 万元；承担工程总公司科技研究开发项目 4 项，总公司下拨科研经费 72 万元；集团公司下达科技研究开发项目 389 项，安排科技研究开发费用 3746.45 万元。

三、科研项目管理

根据《电化局科技合同管理办法》和《中铁电气化局集团科技研究开发计划管理办法》，对列入集团年度科技研究开发计划的课题，实行课题合同制管理，甲方（中铁电气化局集团有限公司）乙方（课题承担单位）签订科技研究开发合同，重大课题可签订分课题合同。乙方按照合同的规定，认真组织项目的研究开发工作，每年 12 月底前，对课题的执行情况、经费使用情况、存在的问题及采取的相应措施报送甲方。甲方按照合同规定和课题进展情况及时拨付课题经费，对需要协调和解决的问题及时采取措施，保证科研课题的顺利开展。合同执行过程中如遇特殊情况需要修改某些条款时，需经甲乙双方协商一致，签订补充修改合同。

四、科研成果评审

根据《铁道部电气化工程局科学技术管理办法》、《电气化工程局科学技术成果局级认定办法（试行）》、《中铁电气化局集团科学技术成果评审办法》，对列入集团年度科技研究开发计划完成的课题以及计划外的重大应用技术成果进行科研成果鉴定或评审。需要鉴定或评审的科研成果乙方向甲方提出申请，并报送研究报告、技术文件以及所需的其他相关材料。经甲方审查符合评审条件后，由甲方组织科技成果鉴定或评审。1999 年至 2008 年，集团公司通过各级鉴定或评审的主要科研成果计 198 项。

1999年～2008年科技研究开发项目计划、投入经费、完成情况表

表7-2-1

年度	科研立项及经费投入（万元）							科研项目完成数					
	铁道部		总公司		集团公司			鉴定	评审	验收	函审	结题	合计
	新开项目	经费（万元）	新开项目	经费（万元）	新开项目	延续项目	投入经费（万元）						
1999	2	60			38	18	353.20	9	16	7	6	7	45
2000	2	55			41	17	408.40	8	15	2	4	8	37
2001	1	40			39	15	276.10	6	18	3	7	9	43
2002	2	50			17	9	327.80	1	12	1	4	5	23
2003	2	70			30	9	299.31	3	13	1	0	0	17
2004	1	30			34	21	370.38	2	11	2	0	8	23
2005	1	50			34	27	406.04	0	11	0	1	2	14
2006	2	260	1	10	55	39	406.22	3	19	0	2	1	25
2007	2	100	1	12	48	48	402.00	2	22	0	1	1	24
2008	3	180	2	50	53	56	497.00	0	37	4	1	4	46
合计	18	895	4	72	389	259	3746.45	34	174	20	26	45	297

1999年～2008年集团公司通过各级鉴定或评审的主要科研成果一览表

表7-2-2

序号	项目名称	完成单位	完成日期	鉴定评审级别
1	牵引网电流分布计算软件包	电化设计院	1999.01.19	鉴定
2	安全型系列信号电源屏	天津电气化设备厂	1999.04.13	鉴定
3	广深铁路200km/h电气化新技术	电气化工程局	1999.04.14	鉴定
4	铁路电气化改造项目经济评价软件	电化设计院	1999.05.05	鉴定
5	信号电缆分歧型地下接续盒及接续工艺的研究	三处、西南核物理与化学研究所	1999.06.10	鉴定
6	电气化铁路用合成系列绝缘子	科研所、电化院东莞高能实业公司	1999.06.27	鉴定
7	091型交叉式滑动线岔	科研所、工厂处	1999.08.03	鉴定
8	DXF-(1.6)分段绝缘器	科研所、吴江天龙电气化设备厂	1999.09.18	鉴定
9	铁路基层数字数据通信网的应用研究	通号院	1999.10.26	鉴定
10	电气化铁道接触网供电金具	襄樊机械厂	1999.01.21	评审

序号	项 目 名 称	完成单位	完成日期	鉴定评审级别
11	电缆过道水平钻机	科研所	1999.03.10	评审
12	整体吊弦区段接触线高度标准的研究	电化设计院	1999.05.07	评审
13	高速简链悬挂接触网静态弹性和风偏的模拟研究	电化设计院	1999.05.07	评审
14	接触网结构及零部件有限元分析系统软件开发	电化设计院	1999.05.07	评审
15	高速电铁弓网关系仿真系统开发及接触悬挂研究	电化设计院	1999.05.07	评审
16	DC50型钢丝中部镦粗器	德阳制品厂	1999.05.25	评审
17	接触网软横跨计算管理系统	一处四段	1999.10.13	评审
18	微机工程图纸管理系统	二处	1999.12.21	评审
19	既有电气化铁道线路接触网简单悬挂改造成链形悬挂施工工艺	二处	1999.12.22	评审
20	上质流沙软土地质条件下接触网基坑开挖支护体系及施工工艺	二处	1999.12.22	评审
21	压接管式整体吊弦制作设备工艺	二处	1999.12.22	评审
22	JWF-16A接触网液压阻尼放线架	二处	1999.12.23	评审
23	地铁设备检测车研制	二处	1999.12.24	评审
24	接触网检测车观测窗反向监视系统开发	二处	1999.12.24	评审
25	远动负荷隔离开关安装工艺	三处	1999.12.23	评审
26	电铁铜银合金接触线和铜接触线	科研所	2000.03.18	鉴定
27	新形环型等径预应力混凝土接触网支柱	保定制品厂	2000.04.08	鉴定
28	ZKDK形电气化铁道用串联电抗器	科研所、二院、苏州市胜天特种电器厂	2000.04.22	鉴定
29	新型电气化铁路接触网零件	宝鸡器材厂、铁三院局检测中心	2000.07.29	鉴定
30	户外交流高压隔离负荷开关	通号设计院 通号公司设计院	2000.06.30	鉴定
31	PNX型铁路信号智能电源系统	通号设计院、特锐公司、郑州局武汉分局	2000.08.30	鉴定
32	城市轨道交通架空刚性悬挂的研究	电化院、工厂处、一处、二处	2000.12.20	鉴定
33	轨道交通综合接地系统的研究	电化局、电化院、上海城轨交通设计院	2000.12.27	鉴定
34	10kV级S11-RM系列变压器	保定铁道变压器厂	2000.12.22	鉴定
35	SF8-6300-25000/110电力变压器	保定铁道变压器厂	2000.12.22	鉴定
36	跨线建筑接触网悬挂最低高度值确定及衬砌埋入件	电化设计院	2000.03.17	评审

序号	项 目 名 称	完成单位	完成日期	鉴定评审级别
37	DTD-1A电缆绝缘探伤定位仪	一处	2000.03.15	评审
38	牵引变电所辅助信息监测系统	电化设计院	2000.04.10	评审
39	200km/h接触网上部施工工艺	电化局	2000.04.13	评审
40	管道光缆敷设施工工艺	三处	2000.04.29	评审
41	铁路电力牵引供电工程标准化开通程序	一处	2000.04.29	评审
42	大容量带状光缆接续施工工艺	二处	2000.04.29	评审
43	牵引供电远动系统远动终端(RTU)安装调试工艺	二处	2000.04.29	评审
44	110kv山区导线一次挂设施工工艺	三处	2000.04.29	评审
45	既有电气化铁路接触网改扩建施工技术研究	施工处、第一、二、三工程处	2000.06.15	评审
46	高速铁路接触网钢管支柱	电化院、山东潍坊长安铁塔有限公司	2000.06.24	评审
47	电化局施工调度网络应用研究	施工处、科研所一处	2000.07.26	评审
48	地铁轻轨用DC1500V 零件	电化院、宝鸡器材厂	2000.07.31	评审
49	热浸镀锌工艺	襄樊机械厂	2000.09.15	评审
50	接触网TTP分析系统软件的研究	电化设计院	2000.12.01	评审
51	牵引供电系统PLC联网技术的研究	电化设计院	2001.03.28	鉴定
52	既有电气化铁路接触网改扩建施工技术研究	施工处、一、二、三处	2001.05.12	鉴定
53	OD8-M-12600/55自耦变压器	工厂处	2001.05.19	鉴定
54	新型油浸空心电抗器	工厂处	2001.05.19	鉴定
55	硅橡胶绝缘子整体腕臂	工厂处	2001.06.16	鉴定
56	跨座式单轨施工作业车	二处	2001.07.11	鉴定
57	横腹杆式预应力混凝土接触网支柱	工厂处	2001.09.23	鉴定
58	单轨跨座式接触网部件国产化	电化院、宝鸡厂	2001.11.01	鉴定
59	张力放线和机械落锚装置	一处三段	2001.03.06	评审
60	接触网工程段计算机网络管理系统	一处三段	2001.03.06	评审
61	城市轨道交通自动化系统统调工艺	一处	2001.03.22	评审
62	城市轨道交通牵引变电所施工技术	一处	2001.03.22	评审
63	城市轨道交通接触网施工技术研究	一处	2001.03.22	评审
64	弓网接触力自动检测装置	一处	2001.03.22	评审
65	接触网上部工程程序化施工方法研究	三处、施工处	2001.05.15	评审
66	额定张力放线施工技术研究	三处	2001.05.14	评审

序号	项 目 名 称	完成单位	完成日期	鉴定评审级别
67	冻涨土地段接触网混凝土施工技术研究	施工处	2001.05.16	评审
68	工程物资管理系统	一处	2001.06.07	评审
69	接触网施工技术管理计算机教学系统	一处	2001.06.07	评审
70	哈大线牵引变电所室外设备安装施工工艺	一公司	2001.10.24	评审
71	BZJT-I型变压器变比组别综合测试仪	二公司	2001.11.15	评审
72	DJZC-1型继电保护综合测试仪	三公司	2001.11.15	评审
73	TMIS系统数据通道工程施工安装调试工艺	二公司	2001.11.16	评审
74	ZYJ7型转辙装置安装调试工艺	二公司	2001.11.16	评审
75	BGT-25/3000型连续可调式轨道变压器	三公司	2001.11.15	评审
76	CBG型金属化聚丙烯膜介质铁路轨道补偿电容器	三公司	2001.11.15	评审
77	Re200接触网施工技术研究	生产质量部	2001.12.19	评审
78	附加线机械化架设研究	生产质量部、一公司	2001.12.19	评审
79	气吹法敷设光缆施工工艺	三公司	2001.12.19	评审
80	地铁通信监控系统工程施工工艺	二公司	2001.12.19	评审
81	地铁接触网施工技术标准及工艺研究	二公司	2001.12.19	评审
82	城市轨道交通上海明珠线牵引供电施工技术研究	一公司	2002.08.24	鉴定
83	ZP.W1-18型18信息无绝缘轨道电路自动闭塞系统安装调试工艺系列	生产质量部、一公司、三公司	2002.03.11	评审
84	电气化铁路接触网改造带电作业施工技术	二公司	2002.03.13	评审
85	地铁地下变电所深层接地网施工工艺	轨道交通事业部	2002.05.23	评审
86	UM71轨道电路道床电阻和机车短路电流的计算	集团公司、顺达公司	2002.05.23	评审
87	反向行车工程（V停站）施工工艺	三公司	2002.06.15	评审
88	Re200C接触网软横跨接触悬挂安装调整施工技术研究	三公司	2002.10.14	评审
89	轨行车辆防撞预警器的研制	三公司	2002.10.14	评审
90	永临结合牵引变电所施工及远动调试技术研究	三公司	2002.10.14	评审
91	牵引变电系统改扩建施工技术研究	二公司	2002.10.14	评审
92	接触网动态检测评估标准的研究	二公司	2002.10.15	评审
93	复线接触网停电施工静电感应防护技术研究	二公司	2002.10.15	评审
94	房建施工智能网络计划管理软件EEBPert	建筑公司	2002.12.05	评审
95	防腐蚀混凝土接触网支柱	保定制品厂、铁科院铁建所	2003.02.22	鉴定

序号	项 目 名 称	完成单位	完成日期	鉴定评审级别
96	弹性支座悬挂装置	宝鸡器材厂	2003.04.20	鉴定
97	钢管接触网硬横跨	保定制品厂、铁科院铁建所、铁四院	2003.02.23	评审
98	钢管混凝土接触网支柱	保定制品厂、铁科院铁建所	2003.02.23	评审
99	H400/15、H450/15大容量预应力混凝土软横跨支柱	保定制品厂、德阳制品厂、铁科院铁建所	2003.02.23	评审
100	城市轨道交通电气设备试验程序	二公司	2003.09.01	评审
101	ZY-L700H型电液转辙机安装调试工艺	一公司	2003.10.14	评审
102	智能接触网参数测量仪	一公司	2003.10.15	评审
103	高速接触网腕臂结构及定位装置	电化院、宝鸡器材厂	2003.12.04	评审
104	3.6t系棘轮补偿装置	电化院、宝鸡器材厂	2003.12.04	评审
105	电气化铁道接触网承力索预型保护条	电化院、天津钢绞线厂	2003.12.04	评审
106	电气化工程造价管理系统	电化设计院	2003.12.04	评审
107	SEI列控联锁一体化系统设备安装、调试技术研究	秦沈通号项目部	2003.11.29	评审
108	HLD冷封型电缆接续盒及接续工艺	三公司	2003.09.29	技术审查
109	广州地铁一号线接触网零部件及绝缘子国产化	电化院、广州地铁公司、集团公司、宝鸡厂、苏州电瓷厂	2004.03.05	鉴定
110	城市铁路供电系统标准化施工技术研究	一公司	2004.06.29	鉴定
111	DZ1电气化铁道接触网作业车	科技开发中心、襄樊机械厂	2004.07.17	评审
112	时速200km弹性链形悬挂接触网工程新技术	生产质量部、宝鸡器材厂、三公司	2004.08.29	评审
113	城市轨道交通防迷流系统监测设备安装技术研究	一公司	2004.03.16	评审
114	接触网无交叉线岔调整施工方法	一公司	2004.03.16	评审
115	电气化铁路接触网施工计算系统（V2004）	二公司	2004.09.17	评审
116	城市轨道信号FS2500系统施工技术研究	一公司	2004.12.14	评审
117	H型钢柱及门型构架的研制	宝鸡器材厂	2004.12.22	评审
118	城轨交通接触网零件重力铸造金属模工艺研究	宝鸡器材厂	2004.12.22	评审
119	接触网零件可靠性测试方法研究	宝鸡器材厂	2004.12.22	评审
120	地铁用带脱离装置的直流复合外套无间隙氧化锌避雷器	宝鸡器材厂	2005.04.24	评审
121	接触网激光测量仪	科技开发中心	2005.07.21	评审

序号	项 目 名 称	完成单位	完成日期	鉴定评审级别
122	组合式声屏障	德阳制品厂	2005.09.22	评审
123	武汉轻轨牵引网的接触轨系列施工工艺研究	二公司	2005.10.25	评审
124	独轨接触网系列施工工具及装置研制	二公司	2005.10.25	评审
125	接触轨闭合回路大电流测试装置研究	二公司	2005.10.25	评审
126	接触网架线辅助支撑装置	二公司	2005.10.25	评审
127	接触网检测车数据与图像处理研究	二公司	2005.10.25	评审
128	铁路电气化工程优化流水施工组织模式技术研究	二公司	2005.10.25	评审
129	大跨度铁路站场照明灯桥的现场制作与安装	二公司	2005.10.25	评审
130	城市轨道交通铝合金腕臂系统及其零部件	宝鸡厂、电化院	2006.09.18	鉴定
131	电气化铁道钢管支柱及钢管硬横跨系列产品	保定制品厂	2006.11.04	鉴定
132	铁路专用高可靠性Vv联结牵引变压器	保定铁道变压器厂	2006.06.17	鉴定
133	大秦线2亿吨扩能改造工程牵引供电系统	集团公司	2006.10.18	评审
134	城市轨道交通供电系统谐波潮流分析软件的研究	电化院	2006.03.15	评审
135	集装箱货物站台移动式接触网施工技术研究	一公司	2006.09.26	评审
136	牵引变电所改造关键施工技术的研究	西安电气化公司	2006.11.02	评审
137	铜镍硅材质锻造工艺及热处理工艺研究	工厂处	2006.11.16	评审
138	秦沈客运专线维修管理方式研究	电气化公司	2006.11.24	评审
139	安全门系统安装、调试施工工艺	一公司	2006.12.28	评审
140	轨道交通接触网双接触线更换施工工艺	一公司	2006.12.28	评审
141	城市轨道交通通信施工技术研究	一公司	2006.12.28	评审
142	可快速拆卸的接触线不断线汇流排装置技术	工厂处	2006.11.29	评审
143	高原多年冻土光电敷设施工工艺研究	电气化公司	2007.01.10	评审
144	GSM-R技术在我国铁路网上的应用及施工工艺研究	电气化公司	2007.01.10	评审
145	电气化铁路接触网欧标H型钢柱及硬横跨	保定制品厂	2007.04.18	鉴定
146	城市轨道交通钢铝复合供电接触轨及配套零部件国产化研究	广州地铁公司、宝鸡厂、电化院、集团公司	2007.04.29	鉴定
147	高风速横腹杆预应力混凝土支柱	保定制品厂	2007.03.16	评审
148	上接触式钢铝复合接触轨的应用系统技术研究	电化院	2007.11.09	评审

序号	项 目 名 称	完成单位	完成日期	鉴定评审级别
149	35kV SF6气体绝缘开关柜安装工艺	一公司	2007.01.18	评审
150	单轨交通列控系统设备安装、调试技术研究	城铁公司	2007.01.26	评审
151	架空刚性悬挂接触网平面布置软件开发V1.0	电化院	2007.01.30	评审
152	轨道交通再生电能吸收方案研究	电化院	2007.01.30	评审
153	200km/h客货(双集装箱)混跑单线隧道接触网悬挂安装工艺	二公司	2007.02.02	评审
154	铝合金6082锻造工艺及热处理工艺研究	宝鸡器材厂	2007.05.30	评审
155	热浸渡锌爆钝工艺研究	宝鸡器材厂	2007.05.30	评审
156	铁路异物侵线监控系统安装立柱及现场控制箱的研制	保定制品厂	2007.07.18	评审
157	风速风向仪支柱、托架及控制机柜的研制	保定制品厂	2007.07.18	评审
158	直线电机用感应板的研制	宝鸡器材厂	2007.07.30	评审
159	有色件表面处理工艺研究	宝鸡器材厂	2007.07.30	评审
160	重庆轻轨供电线路施工技术研究	城铁公司	2007.08.07	评审
161	25kV交流刚性接触网施工技术研究	一公司	2007.12.24	评审
162	城市轨道交通环网电缆三根同步机械化敷设施工技术研究	一公司	2007.12.24	评审
163	地铁供电系统改造过渡方案及施工技术研究	一公司	2007.12.24	评审
164	城市轨道交通工程供电系统雷电过电压防护研究	电化院	2007.12.27	评审
165	刚性可移动式接触网装置研制	宝鸡器材厂	2007.12.28	评审
166	地铁隧道施工安全监控系统	城铁公司	2008.01.07	评审
167	电铁综合自动化继电保护测试系统	二公司	2008.01.08	评审
168	CSSC型架线作业车走行部横向减震装置研制	二公司	2008.01.09	评审
169	ITCS系统施工工艺和施工方法研究	电气化公司	2008.01.17	评审
170	干线长距离线路拨移接触网过渡施工工艺研究	电气化公司	2008.01.17	评审
171	长大隧道高压电缆施工工艺研究	电气化公司	2008.01.18	评审
172	国铁160km/h长大隧道刚性悬挂施工工艺验证报告	电气化公司	2008.01.18	评审
173	LDJLZ-II型全电子化执行机安装调试工艺	西安通号处	2008.01.28	评审
174	地铁供电系统集成服务技术研究	一公司	2008.03.23	评审
175	DP30型电动轨道平板车研制	城铁公司	2008.03.21	评审
176	电气化铁路160km/h隧道接触网刚性悬挂施工技术研究	三公司	2008.04.18	评审

序号	项 目 名 称	完成单位	完成日期	鉴定评审级别
177	铜（铜包钢）接地网热焊施工工艺研究	三公司	2008.04.18	评审
178	全国城市轨道交通预算定额(供电系统安装工程）	工管中心、城铁公司	2008.04.24	评审
179	刚性悬挂接触网动力学研究	电化院	2008.05.22	评审
180	既有线电化及提速改造200km/h牵引供电系统施工技术研究	工管中心	2008.06.20	评审
181	GSM-R系统移动终端设备无线指标测试方法及其指标要求	电信中心	2008.06.27	评审
182	三相交流600V接触轨及配套零部件国产化研究	宝鸡器材厂	2008.10.17	评审
183	长大隧道贯通误差控制技术研究	西铁工程公司	2008.11.05	评审
184	浅埋暗挖地铁三联拱结构施工技术研究	西铁工程公司	2008.11.04	评审
185	昆明集装箱中心站工程软基处理施工技术研究	西铁工程公司	2008.11.05	评审
186	C70高强混凝土配合比试验研究与应用	西铁工程公司	2008.11.05	评审
187	郑西客专湿陷性黄土地基处理施工技术研究	西铁工程公司	2008.11.05	评审
188	首都机场捷运系统宽带移动视频解决方案研究	通号院	2008.11.24	评审
189	改进型25Hz相敏轨道电路器材研制	通号院	2008.11.28	评审
190	客运专线工程劳动定员定额标准的编制	人力资源部	2008.11.28	评审
191	C60混凝土柱表面微裂纹产生机理及控制措施	西铁建设公司	2008.12.19	结题性质
192	湿陷性黄土地区高速铁路地基处理水泥粉煤灰碎石桩施工技术研究	西铁建设公司	2008.12.18	评审
193	维管铁路牵引供电管理信息系统软件开发	运营维管公司	2008.12.23	评审
194	200km/h及以上电气化铁路接触网系列施工工具研制	二公司	2008.12.29	评审
195	电气化工程物流管理系统开发	二公司	2008.12.29	评审
196	接触网弹链吊弦计算软件开发	二公司	2008.12.29	评审
197	接触网弹链吊弦计算软件开发	系统集成事业部	2008.12.29	评审
198	刚柔过渡U型绝缘横撑	宝鸡器材厂	2008.17.25	函审

五、科研成果奖励

2003 年 3 月，集团第三届科技创新大会召开，通过集团《关于加强科技创新、推进企业可持续发展的决定》，对 1998 年发布的《科学技术奖励办法》进行修订，提高奖励标准，对奖励项目数量作出规定。修订后的《科学技术奖励办法》仍设一、二、三等奖，奖金标准提高到一等奖 3 万元、二等奖 1 万元、三等奖 5000 元，实行限额奖励，每年奖励数量不超过 12 项，其中一等奖不超过 2 项，每项总人数不超过 11 人；二等奖不超过 4 项，每项总人数不超过 9 人；三等奖不超过 6 项，每项总人数不超过 7 人。对获得国家和省（部）级科学技术奖的项目，集团公司给予重奖，奖励标准，获得国家一、二等奖的项目分别奖励 4 万元、3 万元，获得省（部）级、直辖市科学技术一等奖的项目奖励 2 万元。2006 年 5 月，再次对集团《科学技术奖励办法》进行修订，增设特等奖，奖金标准，特等奖 3 万元、一等奖 2 万元、二等奖 1 万元、三等奖 5000 元。授奖人数，特等奖每项不超过 17 人，一等奖每项不超过 15 人，二等奖每项不超过 11 人，三等奖每项不超过 7 人。对获得国家、省（部）级和直辖市科学技术奖项目的奖励标准，仍执行原规定。

2008 年，集团参加研究的“青藏铁路工程”、“大秦铁路重载运输成套技术与应用”2 项成果分别获国家科技进步特等奖和一等奖，是建局 50 年来首次获国家最高等级科学技术奖。同年，“青藏线信号系统集成及联合调试”、“既有电气化铁路提速改造 250 公里/小时接触网系统 JY250 工程技术”分获铁道部科技进步二等奖。集团公司表彰获得重奖项目的项目组和主要研发人员，奖励标准，国家特等奖 10 万元，国家一等奖 8 万元，铁道部二等奖 2 万元。1999 年至 2008 年，集团公司共获各级科学技术奖 117 项

1999～2008 年集团公司获各级科学技术奖汇总表

表 7-2-3

时间	获奖等级及项目数																	
	国家			省（市）			铁道部				中铁股份公司				集团公司			
	特	一	二	一	二	三	特	一	二	三	特	一	二	三	特	一	二	三
1999 年							1	2				1		2	2	2	4	2
2000 年		1	1										1	1		3	1	2
2001 年															2	3	2	2
2002 年					1	1			2					2	1	1	3	1
2003 年																1	1	1
2004 年										1			3	1				
2005 年												1		1			2	4
2006 年			1											1	1	2	3	2
2007 年							1		1				1		1	3	5	8
2008 年	1	1			1				2		1		1	1	2	4	5	5
合计	5			3			10				18				81			

1999～2008年集团公司获国家科技进步奖项目表

表7-2-4

序号	项目名称	获奖级别	获奖等级	获奖时间	完成单位
1	复杂地质艰险山区修建大能力南昆铁路干线成套技术	国家	一等奖	2000年	铁二院、电化局等
2	广深铁路200km/h电气化新技术	国家	二等奖	2000年	电化设计院、局广深指、一、二、三处
3	广州地铁二号线节能、环保和安全技术集成与应用	国家	二等奖	2006年	广州地铁总公司、地铁设计院、电化设计院、广州复旦奥特公司、集团公司、北京城建设计院、广东兴发集团
4	青藏铁路	国家	特等奖	2008年	铁道部、铁一院、青藏铁路公司、中科院、铁科院、中铁工总、中铁建总、集团公司等
5	大秦铁路重载运输成套技术与应用	国家	一等奖	2008年	太原局、铁科院、北京局、北京交大、通号公司、集团公司、北车集团、南车集团等

1999-2008年集团公司获铁道部（铁道学会）科学技术奖项目表

表7-2-5

序号	项目名称	获奖级别	获奖等级	获奖时间	完成单位
1	复杂地质艰险山区修建大能力南昆铁路干线成套技术	铁道部	特等奖	1999年	铁二院、电化局等
2	广深铁路200km/h电气化新技术	铁道部	一等奖	1999年	电化设计院、局广深指、一、二、三处
3	大秦重载铁路修建及运营管理新技术	铁道部	一等奖	1999年	铁三院、电化局等
4	提高接触网可靠性施工技术的研究	铁道学会	二等奖	2002年	一、二、三公司，宝鸡器材厂、电化设计院、科研所
5	PNX型铁路信号智能电源系统	铁道学会	二等奖	2002年	通号设计院、北京特锐公司
6	DK3500电气化铁道牵引供电综合自动化系统	铁道学会	三等奖	2004年	电化设计院
7	大秦2亿吨组合列车系统集成创新	铁道学会	特等奖	2007年	铁道部科技司、运输局、太原局、北京局、集团公司
8	大秦线2亿吨扩能改造牵引供电系统工程技术	铁道学会	二等奖	2007年	集团公司、电化设计院、宝鸡器材厂
9	既有电气化铁路提速改造250km/h接触网系统JY250工程技术研究	铁道学会	二等奖	2008年	铁四院、上海局、集团公司、武汉理工大学
10	青藏线信号系统集成及联合调试	铁道学会	二等奖	2008年	铁一院、青藏铁路公司、集团公司

1999～2008年集团公司获省（市）科学技术奖项目表

表7-2-6

序号	项目名称	获奖级别	获奖等级	获奖时间	完成单位
1	PNX型铁路信号智能电源系统	北京市	三等奖	2002年	通号设计院、北京特锐公司
2	城市轨道交通架空刚性悬挂的研究	广州市	二等奖	2002年	集团公司、广州市地铁总公司、电化设计院、宝鸡器材厂、二公司
3	既有线250km/h提速改造接触网施工技术研究	上海市	二等奖	2008年	电气化公司

1999～2008年集团公司获中铁股份公司科学技术奖项目表

表7-2-7

序号	项目名称	获奖级别	获奖等级	获奖时间	完成单位
1	提高接触网可靠性施工技术的研究	总公司	一等奖	1999年	一、二、三处，宝鸡器材厂、电化设计院、科研所
2	高速电铁弓网关系仿真系统开发及接触悬挂研究	总公司	三等奖	1999年	电化设计院
3	安全型系列信号电源屏	总公司	三等奖	1999年	通号设计院、天津电气化铁道设备厂
4	DXF-(1.6)分段绝缘器	总公司	二等奖	2000年	科研所
5	铁路基层数字数据通信网的应用研究	总公司	三等奖	2000年	通号设计院
6	PNX型铁路信号智能电源系统	总公司	三等奖	2002年	通号设计院、北京特锐公司
7	城市轨道交通上海明珠线牵引供电施工技术研究	总公司	三等奖	2002年	一公司
8	SEI 列控联锁一体化设备安装、调试技术	总公司	二等奖	2004年	集团公司
9	广州地铁一号线接触网零部件及绝缘子国产化	总公司	二等奖	2004年	电气化设计院
10	200km/h弹性链形悬挂接触网工程新技术	总公司	二等奖	2004年	集团公司
11	城市铁路供电系统标准化施工技术研究	总公司	三等奖	2004年	一公司
12	城市轨道交通架空刚性悬挂的研究	总公司	一等奖	2005年	集团公司、广州市地铁总公司、电化设计院、宝鸡器材厂、二公司
13	单轨跨座式接触网部件国产化研究	总公司	三等奖	2005年	集团公司、电化设计院、宝鸡器材厂、烟台金晖铜业有限公司

序号	项 目 名 称	获奖级别	获奖等级	获奖时间	完 成 单 位
14	电气化铁道专用自耦变压器	总公司	三等奖	2006 年	保定铁道变压器厂
15	上接触式钢铝复合接触轨的应用系统技术研究	总公司	二等奖	2007 年	电化设计院
16	北京南站改扩建综合施工技术研究	中铁股份公司	特等奖	2008 年	中铁建工集团、集团公司、中铁六局、铁三院等
17	既有线 250km/h 提速改造接触网施工技术研究	中铁股份公司	二等奖	2008 年	电气化公司
18	120km/h 快速城市轨道交通牵引供电系统及节能坡综合研究	中铁股份公司	三等奖	2008 年	电化设计院

1999～2008 年获中铁电化局科学技术奖项目表

表 7-2-8

序号	项 目 名 称	获奖级别	获奖等级	获奖时间	完 成 单 位
1	广深铁路 200km/h 电气化新技术	电化局	特等奖	1999 年	电化院、局广深指、一、二、三处
2	提高接触网可靠性施工技术的研究	电化局	特等奖	1999 年	一、二、三处、宝鸡厂、电化院、科研所
3	高速电铁弓网关系仿真系统开发及接触悬挂研究	电化局	一等奖	1999 年	电化设计院
4	牵引网电流分布计算软件包	电化局	一等奖	1999 年	电化设计院
5	接触网结构及零部件有限元分析系统软件开发	电化局	二等奖	1999 年	电化设计院
6	安全型系列信号电源屏	电化局	二等奖	1999 年	通号院、天津电气化铁道设备厂
7	电气化铁道专用自耦变压器的研制	电化局	二等奖	1999 年	保定铁道变压器厂
8	GP-Ⅱ型电缆过道水平钻机	电化局	二等奖	1999 年	科研所
9	变电所电缆标志原则及加工制作的研究	电化局	三等奖	1999 年	一处、电化设计院
10	综合光缆成端气闭施工工艺	电化局	三等奖	1999 年	二处
11	DXF-(1.6)分段绝缘器	电化局	等奖	2000 年	科研所
12	铁路基层数字数据通信网的应用研究	电化局	一等奖	2000 年	通号设计院
13	信号电缆分歧型地下接续盒及接续工艺的研究	电化局	一等奖	2000 年	三处
14	地铁设备限界检测车	电化局	二等奖	2000 年	二处
15	软横跨计算管理系统软件	电化局	三等奖	2000 年	一处

序号	项 目 名 称	获奖级别	获奖等级	获奖时间	完 成 单 位
16	水质流沙软土地质条件下接触网基坑开挖支护体系及施工工艺	电化局	三等奖	2000 年	二处
17	城市轨道交通架空刚性悬挂的研究	电化局	特等奖	2001 年	电化局
18	城市轨道交通上海明珠线牵引供电施工技术研究	电化局	特等奖	2001 年	一处
19	既有电气化铁路接触网改扩建施工技术研究	电化局	一等奖	2001 年	施工处、一、二、三处
20	接触网 TTP 分析系统软件	电化局	一等奖	2001 年	电化设计院
21	PNX 型铁路信号智能电源系统	电化局	一等奖	2001 年	通号设计院
22	牵引供电系统PLC联网技术的研究	电化局	二等奖	2001 年	电化设计院
23	弓网接触力自动检测装置	电化局	二等奖	2001 年	一处
24	施工调度网络管理系统	电化局	三等奖	2001 年	施工处、科研所、一处
25	DTD-A 型电缆绝缘探伤定位仪	电化局	三等奖	2001 年	一处
26	跨座式单轨施工作业车	电化局	特等奖	2002 年	襄樊机械厂
27	接触网上部工程程序化施工方法研究	电化局	一等奖	2002 年	三公司、生产质量部
28	油浸空心电抗器	电化局	二等奖	2002 年	保定铁道变压器厂
29	H 型接触网钢支柱	电化局	二等奖	2002 年	保定制品厂
30	不锈钢/钢复合材定位管、腕臂	电化局	二等奖	2002 年	检测中心、 宝鸡器材厂
31	混凝土接触网特型支柱（加长型支柱、浅埋型支柱）	电化局	三等奖	2002 年	德阳制品厂、 保定制品厂
32	Re200 接触网施工技术	电化局	一等奖	2003 年	生产质量部、一、二、三公司
33	Re200 接触网软横跨接触悬挂安装调整施工技术	电化局	二等奖	2003 年	三公司
34	轨行车辆防撞预警器	电化局	三等奖	2003 年	三公司
35	新型环形等径（锥形）预应力混凝土接触网支柱	电化局	二等奖	2005 年	集团公司
36	接触网零件可靠性测试方法的研究	电化局	二等奖	2005 年	工厂处
37	接触网工程施工计算系统	电化局	三等奖	2005 年	二公司
38	电气化工程（房屋建筑）施工工艺标准	电化局	三等奖	2005 年	建筑公司
39	防腐蚀混凝土接触网支柱	电化局	三等奖	2005 年	工厂处
40	HLD 冷封型电缆接续盒及接续工艺	电化局	三等奖	2005 年	三公司
41	大秦线 2 亿吨扩能改造牵引供电系统工程技术研究	电化局	特等奖	2006 年	集团公司、电化设计院、宝鸡器材厂、一公司、电气化公司

序号	项 目 名 称	获奖级别	获奖等级	获奖时间	完 成 单 位
42	铁道专用高可靠性 110kV 级牵引变压器	电化局	一等奖	2006 年	保定铁道变压器厂
43	城市轨道交通供电系统谐波潮流分析软件	电化局	一等奖	2006 年	电化设计院
44	接触轨闭合回路大电流测试装置	电化局	二等奖	2006 年	二公司
45	地铁用带脱离装置的直流复合外套无间隙氧化锌避雷器	电化局	二等奖	2006 年	宝鸡器材厂
46	3.6t 系(36kN)棘轮补偿装置	电化局	二等奖	2006 年	电化设计院、宝鸡器材厂
47	电气化铁道接触网承力索预型保护条	电化局	三等奖	2006 年	电化设计院
48	电气化工程造价管理系统	电化局	三等奖	2006 年	电化设计院
49	城市轨道交通钢铝复合供电接触轨及配套零部件国产化研究	电化局	特等奖	2007 年	宝鸡器材厂、电化设计院、城铁公司
50	上接触式钢铝复合接触轨的应用	电化局	一等奖	2007 年	电化设计院
51	城市轨道交通铝合金腕臂系统及其零部件	电化局	一等奖	2007 年	宝鸡器材厂、电化设计院
52	跨座式单轨供电线路系统施工技术研究	电化局	一等奖	2007 年	城铁公司
53	轨道交通再生电能吸收方案研究	电化局	二等奖	2007 年	电化设计院
54	ZPW2000A，ZPW-2000R 区间自闭计算机辅助设计软件	电化局	二等奖	2007 年	通号设计院
55	电气化铁道钢管支柱及钢管硬横跨系列产品	电化局	二等奖	2007 年	保定制品厂、电化设计院
56	单轨交通列控系统设备安装、调试技术研究	电化局	二等奖	2007 年	城铁公司
57	200km/h 客货（双集装箱）混跑单线隧道接触网悬挂安装工艺	电化局	二等奖	2007 年	二公司
58	架空刚性悬挂接触网平面布置软件开发 V1.0	电化局	三等奖	2007 年	电化设计院
59	城市轨道交通“C”型断面开关柱	电化局	三等奖	2007 年	电化设计院
60	城市轨道交通内置式补偿装置	电化局	三等奖	2007 年	电化设计院、宝鸡器材厂
61	城市轨道交通通信系统设备安装调试工艺	电化局	三等奖	2007 年	一公司
62	建筑物综合布线系统施工工艺	电化局	三等奖	2007 年	二公司
63	铁路数字无线集群通信工程施工安装、调试技术研究	电化局	三等奖	2007 年	三公司
64	牵引变电所改造关键施工技术的研究	电化局	三等奖	2007 年	西安电化公司
65	大秦线 P75 轨道 1/12 可动心道岔铺设工艺及方法	电化局	三等奖	2007 年	西铁工程公司

序号	项 目 名 称	获奖级别	获奖等级	获奖时间	完 成 单 位
66	刚性悬挂接触网动力学研究	电化局	特等奖	2008 年	电化设计院、天津大学
67	既有线 250km/h 提速改造接触网施工技术研究	电化局	特等奖	2008 年	电气化公司
68	城市轨道交通工程供电系统雷电过电压防护研究	电化局	一等奖	2008 年	电化设计院、中国电力科学研究院、山东讯实电气有限公司
69	电流选跳技术在轨道交通中压网络中应用的研究	电化局	一等奖	2008 年	上海申通轨道交通研究咨询有限公司、上海轨道交通七号线发展有限公司、电化设计院
70	微机联锁计算机辅助设计	电化局	一等奖	2008 年	通号设计院
71	电铁综合自动化继电保护测试系统	电化局	一等奖	2008 年	二公司
72	地铁供电系统集成采购服务的技术研究	电化局	二等奖	2008 年	一公司
73	电气化铁路 160km/h 隧道接触网刚性悬挂施工技术研究	电化局	二等奖	2008 年	三公司
74	浅埋暗挖地段地铁车站施工技术研究	电化局	二等奖	2008 年	西铁工程公司
75	侧移式活动接触网系统	电化局	二等奖	2008 年	宝鸡器材公司
76	组合式声屏障	电化局	二等奖	2008 年	德阳制品公司
77	120km/h 快速城市轨道交通牵引供电系统及节能坡综合研究	电化局	三等奖	2008 年	电化设计院
78	电气化工程（建筑装饰装修）施工工艺标准	电化局	三等奖	2008 年	建筑公司
79	长大隧道贯通误差控制研究	电化局	三等奖	2008 年	西铁工程公司
80	《铁路综合移动通信系统（GSM-R）施工工艺》	电化局	三等奖	2008 年	电气化公司
81	全国城市轨道交通工程预算定额	电化局	三等奖	2008 年	工管中心、城铁公司

第二节　重大科技成果

一、广深铁路时速 200 公里电气化新技术

广深电气化铁路是中国第一条时速 200 公里的电气化铁路，1998 年 8 月 28 日投入运行以来，牵引供电系统运行正常，弓网受流性能良好。运营情况和测试数据表明，从设计标准、软件开发、设备研制到施工工艺等一系列先进技术的应用是成功的。首次采用 TJ127＋AgCu120 组成的35千牛系有预留弛度的接触网全补偿简单链形悬挂方式，具有结构简单、

稳定性好、施工方便的特点，满足时速 200 公里行车速度的要求。在设计中，采用计算机仿真技术，模拟弓网系统和接触网张力、温度、位置关系系统及有限元结构分析系统，保证设计质量。无交叉线岔设计及安装工艺的成功应用，保证列车高速安全运行。首次成功地采用锚段关节式和地面磁铁车上切换式自动过分相装置，保证电力机车受电弓平滑地通过分相区段。电气化铁路一次到位施工工法等一整套接触网施工技术，保证在高速条件下接触网的可靠性及稳定性，满足设计要求。广深铁路时速 200 公里电气化新技术成果的运用，为全路客运专线和高速电气化铁路建设积累了宝贵经验。该成果 1999 年获铁道部科技进步一等奖，2000 年获国家科学技术二等奖。

二、提高接触网可靠性施工技术的研究

接触网是电气化铁道供电的重要设施，其可靠性是电气化铁路安全运输的重要环节。本课题对提高接触网可靠性的核心问题和关键技术进行以下几方面的试验研究和试制。接触网支柱稳定性的研究，通过调查、追踪检测，分析总结出支柱倾斜锚柱反倾的原因，推导出混凝土支柱柱顶残余变形量和柱顶总变形量的理论公式，在国内首次提出不同地质条件下各种基础的加固方式和采用的地锚基础。接触网支柱装配、吊弦、软横跨上部安装计算软件开发，实现了接触网施工数据化，为提高接触网施工整体水平创造了条件。本软件为国内首创。制定接触网施工标准，承力索、接触导线超拉工艺，解决新线延伸带来的接触悬挂位置变化超拉的问题；整体吊弦预制安装工艺，确保了新技术、新材料在工程中的应用；正线导线无接头标准减少了硬点，改善弓网关系。研制的接触网关键部件铝合金滑轮补偿装置系列产品和铝合金棘轮补偿装置，其主要技术条件和性能均达到国外同类产品的先进水平。新型铝合金补偿装置传动效率高，使用寿命长，满足少维修或无维修的要求，受到现场欢迎。接触网施工检测系统的研究，确立接触网静态检测和动态检测程序、项目和标准，开发专用于接触网动态和静态检测的“便携式接触网冷滑自动检测装置、“直读式光学测量仪”。成功开发接触网上部作业专用工具曲柄式紧线器系列、链式手搬葫芦系列、防跳线式放线滑轮等，采用新材质，新工艺，精度高、方便、安全，主要指标达到国外先进水平，对实现上部作业标准化，提高施工队伍的技术水平起到积极作用。该成果获 1999 年总公司科技进步一等奖，2002 年获中国铁道学会科技进步二等奖

三、PNX 型铁路信号智能电源系统

由电化局通信信号勘测设计院、北京特锐电子科技开发有限公司、武汉铁路分局共同开发的 PNX 型铁路信号智能电源系统，采用先进的功率电子技术、微电子技术、计算机技术和远程通信技术，实现该电源系统的智能化、模块组合化、综合管理化、标准化，可少维护或免维修，全面提高设备的安全可靠性和产品的综合技术水平。符合信号电源技术发展方向和电务维修改革的需要，能满足全部信号技术制式的新一代智能型电源系统。2000

年 1 月，在武昌电务段大冶站和茶坞电务段木林站经过半年多的试运行，工作正常，使用效果良好。2000 年 8 月，通过铁道部科技成果鉴定,综合技术属国内领先水平。该成果 2002 年分别获北京市科学技术三等奖、中国铁道学会科学技术二等奖、工程总公司科学技术三等奖。

四、城市轨道交通架空刚性悬挂的研究

该课题对架空刚性悬挂接触网弓网受流理论进行系统研究，开展接触网设备及零部件国产化研制以及接触网受流试验。1999 年 6 月至 2000 年 4 月，先后在广州地铁一号线建成示范段和试验段（试验段全部零部件均为国产），在投入试运行 1 年后，整体运行良好，弓网受流稳定。架空刚性悬挂具有结构简单、净空要求低、对土建结构承力要求小、弓网受流良好等优点，非常适用于低速度、大电流的城市轨道交通隧道内接触网安装。它的研制成功，为城市轨道交通领域增添弓网受流新的技术储备，填补国内该项技术空白，为振兴民族工业作出重大贡献，是自柔性悬挂在电气化铁道、城市轨道交通领域应用之后的又一项重大的科技成果。如果架空刚性悬挂全套从国外引进，接触网每条公里造价大约 300 万元；国产化研制成功后，接触网每条公里造价大约 170 万元，经济效益非常显著。该成果 2002 年获广州市科学技术二等奖，2005 年获总公司科学技术一等奖，2006 年获国家科技进步二等奖。

五、大秦线 2 亿吨扩能改造牵引供电系统工程技术

大秦铁路是中国第一条开行重载单元式列车的电气化铁路，大秦 2 亿吨扩能改造是对既有线电气化的改造工程。由铁道部科技司、运输局、太原铁路局、北京铁路局、中铁电气化局集团公司、中铁电气化勘测设计研究院等单位组成的联合攻关组，通过对其关键技术的研究，为成功开行 2 万吨重载组合列车，完成年运量目标提供技术保证，填补国内既有线扩能改造开行重载列车的空白。其创新成果，开发适合于 AT 供电方式下的“运行图法”模拟仿真软件，提出提高牵引供电能力的综合改造方案，提出延庆至下庄段应急改造工程提高网压的综合方案。国内第一次在 AT 供电方式下采用增压变压器方案提高网压，第一次在 AT 供电方式下采用分区所加装可调电容无功补偿装置提高网压并兼有提高牵引变电所功率因数的尝试，第一次在电气化铁路中大面积采用大截面的接触网导线，研制配套的 17 种接触网零部件，第一次在 AT 供电方式下采用接触网上下行全并联的运行方式，第一次全线采用大容量的自耦变压器（20 兆伏安），多弓运行下的接触网弓网模拟研究。在国内首次采用多渡线区段接触网平面布置的特殊设计，开发系列接触网施工技术标准和工艺。该研究成果 2007 年分获中国铁道学会、铁路“十一五”重大工程科技成果专项奖二等奖，“大秦 2 亿吨组合列车系统集成创新”项目分获中国铁道学会、铁路“十一五”重大工程科技成果专项奖特等奖，2008 年“大秦铁路重载运输成套技术与应用”获国家科技进步一等奖。

六、既有电气化铁路提速改造时速 250 公里接触网系统 JY250 工程技术研究

在铁路第六次大提速试验中，选择在京沪线进行时速 250 公里综合试验，兼容双层集装箱货运条件下，动车组双列重联、双弓取流时的商业运营时速达到 250 公里，超越国内外既有线提速最高的商业极限时速 200 公里。为满足开行上层集装箱货物列车的限界要求，接触网的最低悬挂高度不能小于6330毫米，远远高于国外高速铁路接触网通常采用的5300毫米高度，大大增加提速铁路时速 250 公里改造工程的难度。集团电气化公司针对京沪铁路干线运输繁忙、客货共线并开行双层集装箱货物列车的特点，对既有线提速铁路时速 250 公里电气化改造的施工工艺、动态检测、试验评估等进行全面系统地研究，解决了试验过程中遇到的诸多技术难题。首次采用 1950 毫米宽受电弓条件下正线 18 号提速道岔接触网无交叉布置方式，完成施工工艺的编制；首次成功实践了锡铜合金接触线的恒张力架设，完成恒张力架线施工工艺；开发时速 250 公里条件下全补偿弹性链形悬挂吊弦的计算模型和安装工艺；首次在双层集装箱限界、客货混跑条件下，实现电力机车时速 250 公里运行，形成一套完整的接触网施工工艺。该成果由中铁第四勘察设计院、上海铁路局、中铁电气化局集团公司、武汉理工大学等单位合作完成，对既有电气化线路提速改造工程施工提供有益的经验。2008 年分获中国铁道学会科学技术二等奖、上海市科学技术二等奖。

七、青藏线信号系统集成及联合调试

首次在青藏线特殊自然环境下，组织完成全线信号系统联调。掌握以 ITCS 为核心、由微机联锁、GSM-R、GPS 以及 CTC 子系统组成的联锁-列控一体化信号系统的调试技术和方法，对中国铁路信号技术进步起到指导和促进作用。该成果由中铁第一勘察设计院、中铁电气化局集团、青藏铁路公司联合完成。2008 年获中国铁道学会科学技术二等奖。

第三节　科技信息

科技信息工作，1999 年至 2002 年 6 月由科研所科技信息中心负责，2002 年 7 月至 2006 年 6 月由科技开发中心网络信息科负责，2006 年 7 月至 2008 年由科技部负责。科技信息工作包括：追踪、调研和掌握国内外高速电气化铁路、城市轨道交通、公路工程等领域的新技术、新材料、新设备和新标准的发展动态，开展新技术交流活动，外文资料翻译和信息发布，编辑出版《电气化铁道》、《电铁信息网讯》期刊、科技信息调研报告和专题报告及专题资料，公司机关科技图书、科技期刊、技术标准的订购、借阅、文摘、标引工作，建立科技文献资料数据库，开展信息咨询和信息检索，依托计算机网络技术收集、分析与本企业相关的新技术和市场信息，研究行业发展动态，为产品研发和技术创新决策提供咨询、意见和建议。

一、馆藏图书资料

1998年底，局科研所资料室馆藏各专业中外文科技图书7258册、资料3000份、标准2846册，中、日、俄、德、英、法等语种的字典和工具书1488册，外文原版现期期刊22种，中文现期期刊110种，中外文期刊合订本2600余册。2000年，建立图书检索数据库，录入信息8180条，方便读者借阅图书和阅览有关馆藏图书资料信息。2002年，资料室迁到新办公楼，图书资料2万多册，新增28组书架。2005年局域网开通OA办公系统，增加数据库信息3200条，完成图书资料数据库的建设和后台管理。自1999年至2008年底，集团公司机关资料室新增冶金、机械、无线电、电力、建筑、计算机、电气化铁路等专业中外文科技图书2112册，资料136份，标准949册，中、日、俄、德、英、法等语种的字典和工具书40册，订阅中文现期期刊50种，藏有1999年至2008年的中外文期刊合订本2800册。2002年，将机关工会管理的文娱类书籍2300余册划归科技开发中心资料室统一管理，到2008年底新增文娱书籍3219册。10年共办理图书、期刊、手册、字典借还手续2万人/次，图书借阅数量约3万6千余册。2007年，集团公司机关资料室被中华全国总工会评为“职工书室”。2002年至2008年，利用《电气化铁道》科技期刊对外交流2000多册。

二、科技期刊

1980年创刊内部发行的《电化铁道动态》，1990年2月更名为《电气化铁道》，1998年起改为大16开版，由电化局主办，铁道部科技司主管，经国家科委批准，在新闻出版总署注册，国内外公开发行的国家级科技期刊。2001年，经国务院新闻办审核备案定为中国期刊全文数据库全文收录期刊。2003年起由季刊改为双月刊，由中铁电气化局集团有限公司和中国铁道学会电气化委员会主办。因企业改制，2005年10月改由中国铁路工程总公司主管。2008年，为提高办刊质量和扩大发行量，改为彩色双色印刷。1999年至2008年，《电气化铁道》期刊共出版52期，发表论文780篇，约470万字。2005年，编辑出版“中国电气化铁路两万公里学术会议”论文集增刊，发表论文98篇。2006年10月，编辑出版“中国铁路客运专线供变电及接触网技术研讨会”论文集增刊，发表论文89篇。2008年，编辑出版“建局50周年活动”论文集增刊，发表论文55篇。《电铁信息网讯》是1994年电化局科技信息网创办的内部发行刊物，1999年起由《电气化铁道》编辑部负责编辑出版。2003年起，改由中铁电气化局集团有限公司和中国铁道学会电气化委员会主办，《电气化铁道》编辑部负责编辑出版，《电铁信息网讯》主要刊载集团公司科技人员在科研、设计、施工和生产等方面取得的科技成果。1999年至2008年，《电铁信息网讯》期刊共出版15期，发表论文520篇。

三、科技信息网

1994年10月成立的科技信息网，局科研所为网长单位，电化院为副网长单位。2002

年7月机构改革后，科技开发中心为网长单位，电化院为副网长单位，其他所属关系没有改变。建立科技信息网的目的是加强科技信息交流，开展科技专题调研，为科技开发立项奠定基础，促进科学技术向生产力的转化。

根据科研、设计、施工、产品制造的需要，1999年至2002年，每年开展科技信息立项调研，召开科技信息调研成果交流会，并不定期举办新技术研讨会，编辑出版“科技信息调研报告集”。1999年至2002年，组织科技信息调研立项34项，撰写调研报告32篇，编辑出版调研报告集3集。内容涉及高速电气化铁路的四电专业、城市轨道交通、房建、企业管理、办公自动化、计算机技术应用等专业。其中“高速铁道接触网施工”、“高速铁路信息控制系统”、“微机综合自动化系统应用于高速铁路的可行性”、“高速电气化铁路设计技术”、“高速铁路接触网施工验收暂行规定”等调研报告，通过消化吸收国外高速铁路新技术，提出适合中国高速铁路建设的建议和设想。“复线接触网停电施工静电感应防护技术研究”调研报告，针对复线接触网改造施工与检修工作中作业人员多次被感应电电击事件，深入分析其感应原理和造成的原因，并结合广深电气化铁路进行试验测试，对试验内容和测试数据进行全面分析，提出开展既有线复线接触网改造施工和检修防止电磁感应的接触网安全施工措施，并被推广使用。采用该防护施工措施大大降低被感应电电击的发生。“计算机在高速接触网施工技术管理中的应用”调研报告，结合路情提出中国高速接触网施工计算中计算机应用基本模式，并对提料系统、绘图系统、支持结构计算设计变更处理系统、文档管理系统应具备的功能进行论述。该调研成果在施工技术管理中的实施，大大减轻各级施工技术人员的劳动强度，提高工作效率和工程数量的准确度，带来较好的经济效益。“数字通信网络中网络管理系统的建设方案”调研报告，针对国内铁路通信SDH传输网设备来自多家厂商，互不兼容，网的运行效率低的实际问题，提出适合铁路数字通信网络中网管系统的组网方式和建设方案。该网管系统的组网方式要求各设备厂家提供符合网元级和网络信息模型的设备，立足于自行开发统一的网络管理平台，解决不同厂家设备网管的不兼容问题。“高速铁路智能信号系统”调研报告，提出采用激光束和远程电子图像，判定线路状况的设想，克服现行信号设备的缺陷，消灭“死区段”，增加立体空间空闲检测功能，为实现铁路行车自动化提供了新思路。2002年以后，科技信息网停止立项信息调研工作。

2002年，围绕集团公司重点工程项目秦沈线、重庆轻轨、广州地铁2号线、上海地铁、神朔复线和株六复线等工程施工，开展专题技术资料的收集和翻译工作，翻译技术资料70多万字。2003年，完成秦沈客运专线、宝鸡至兰州电化改造、西安至合肥新线电气化、重庆轻轨等工程的技术资料翻译65万字。2005年，开展国内外技术交流活动，举办“中德公铁两用作业车技术合作交流会”，承办铁道部“铁路客运专线牵引供电技术国际交流会”和“利用德国赠款完善铁路电气化标准研讨会”，出版“铁路客运专线牵引供电技术国际交流会”资料汇编及光盘版。

四、专业书籍

1999 年至 2008 年，编撰和翻译 6 部专著和工具书，正式出版。局科研所编写《中国铁路电气化产品设备手册》，科技开发中心组织翻译由德国西门子公司、德累斯顿大学及有关科研单位技术专家撰写的《电气化铁道接触网》（英文版），城轨公司编写了《英汉/汉英轨道交通技术词典》和《日汉轨道交通技术词典》，衡水技校编写了《实用电工基础与测量》和《电子技术基础与应用》。

五、专题资料

2002 年，组织编写“秦沈客运专线四电工程技术总结”专题资料，为此后的高速铁路和客运专线设计、施工提供借鉴。《电气化铁道》编辑部翻译和编写“磁悬浮工程技术专题文集”，介绍日本、德国、中国及世界各国磁悬浮技术的发展概况。电化院组织翻译和编写 10 种国外标准（或专题资料）。衡水技校自编 24 种教材。城轨公司组织编写城市轨道交通专题资料，翻译 2007 年出版的“日本新干线电气化铁道施工与设计标准”和株六复线、西合线、宝兰复线、秦沈线、渝怀线、大秦线、京沪线 7 条线引进设备技术规格书和安装手册。

第四节　科技服务

1999 年至 2008 年，承担和完成秦沈线、京沪线电气化改造等 9 条线的引进国外设备招投标的技术谈判、设计联络、技术培训、索赔谈判、商务合同和技术合同的签订、各类技术文件资料的翻译、配合国外技术人员在施工现场的技术服务等。翻译技术文件资料约 400 万字，现场技术服务 200 人次，技术谈判和技术培训 100 人次。1999 年，完成株六复线利用日本海外协力银行贷款引进变电和接触网设备的外商技术服务和远动系统的调试工作。2001 年，完成西康线利用世界复兴开发银行贷款引进变电和通信设备的外商技术服务和无线列调的调试工作。2002 年和 2003 年，完成秦沈线利用德国政府贷款引进变电、接触网、通信和信号设备的外商技术服务和“四电”的联调工作，完成渝怀线利用德国政府贷款引进变电和接触网设备的外商技术服务工作，完成重庆市利用日本海外协力银行贷款引进单轨跨座式城市轨道交通信号设备的外商技术服务工作。2003 年，完成西合线利用日本海外协力银行贷款引进变电设备的外商技术服务工作。2004 年，完成宝兰复线利用世界复兴开发银行贷款引进变电设备的外商技术服务工作。2005 年，完成大秦 2 亿吨电气化改造引进变电设备的外商技术服务工作。2006 年，完成京沪线电气化改造引进变电设备的外商技术服务工作。

第三章　综合技术

第一节　标准化

集团公司作为铁道部电气化标准的技术归口单位，紧紧围绕铁路电气化建设发展的需要服务，在完成标准计划项目的同时，及时根据市场的需要，积极推动科技成果向国家标准、行业标准转化工作。进入 21 世纪，铁道部在进一步对现行铁道行业标准体系进行深入、全面研究分析的基础上，制定新的铁道行业标准体系，建立起与国家标准相协调的、具有铁道行业特点的、相对独立的、与中国铁路技术体系相对应的、与国际接轨的中国铁道行业标准体系。

1999 年至 2001 年，开展调整修订铁道行业标准体系表的研究工作，建立、健全适应铁路安全、提速、信息化、高速、重载的标准体系，大幅度压缩现行行业标准数量，发挥企业标准作用，建立以国家标准为基础、行业标准为重点、大量企业标准为保证的标准体系。调整标准体系结构，建立以铁路综合基础标准、主要产品通用技术条件和试验方法标准、直接影响运输安全和使用数量多且需要通用互换的产品标准、运输管理和服务标准为主要内容的标准体系。2001 年，铁道部组织第一次铁道行业标准复审工作，复审 1990 年前发布实施的铁道行业标准 903 项。其中电气化标准需复审的有 27 项，经复审后废止 10 项，暂缓废止 7 项，继续有效 8 项，修订 2 项。1999 年至 2002 年电化局代部起草标准 63 项，至 2002 年底电化局归口的电气化标准达到 136 项。

2003 年，进入铁道行业标准水平提高阶段。根据铁路改革与发展的需要，建立符合市场经济体制要求的标准管理体系，成立铁道行业标准化技术委员会，中铁电气化局集团继续维持原有的归口单位模式，履行标准化归口任务。立项开展“铁道行业采用国际标准的研究”，对铁道行业如何采用国际和国外标准及参与国际标准化活动具有重要指导作用。2006 年，全国牵引电气设备与系统标准化技术委员会成立，中铁电气化局集团为“牵引供电系统”组长单位。立项开展“客运专线技术标准体系研究”，建立客运专线技术标准体系，满足客运专线牵引供电系统及整体系统涉及的设计、施工、制造、试验、检查、验收等需要的统一标准。2003 年至 2008 年，集团公司代部起草标准 20 项，到 2008 年底集团公司归口的电气化标准达到 117 项。

1999年～2008年集团公司起草的铁道行业技术标准

表 7-3-1

序号	行业标准编号	中文名称	实施日期	备注
1	TB/T 2073—2003	电气化铁道接触网零部件技术条件	2003-10-31	
2	TB/T 2074—2003	电气化铁道接触网零部件试验方法	2003-10-31	
3	TB/T 2075.1—2002	电气化铁道接触网零部件 第1部分：接触线吊弦线夹	2002-08-01	
4	TB/T 2075.2—2002	电气化铁道接触网零部件 第2部分：承力索吊弦线夹	2002-08-01	
5	TB/T 2075.3—2002	电气化铁道接触网零部件 第3部分：横承力索线夹	2002-08-01	
6	TB/T 2075.4—2002	电气化铁道接触网零部件 第4部分：双横承力索线夹	2002-08-01	
7	TB/T 2075.5—2002	电气化铁道接触网零部件 第5部分：接触线中心锚结线夹	2002-08-01	
8	TB/T 2075.6—2002	电气化铁道接触网零部件 第6部分：承力索中心锚结线夹	2002-08-01	
9	TB/T 2075.7—2002	电气化铁道接触网零部件 第7部分：杵座鞍子	2002-08-01	
10	TB/T 2075.8—2002	电气化铁道接触网零部件 第8部分：钩头鞍子	2002-08-01	
11	TB/T 2075.9—2002	电气化铁道接触网零部件 第9部分：吊环	2002-08-01	
12	TB/T 2075.10—2002	电气化铁道接触网零部件 第10部分：长吊环	2002-08-01	
13	TB/T 2075.11—2002	电气化铁道接触网零部件 第11部分：耳环杆	2002-08-01	
14	TB/T 2075.12—2002	电气化铁道接触网零部件 第12部分：悬吊滑轮	2002-08-01	
15	TB/T 2075.13—2002	电气化铁道接触网零部件 第13部分：定位线夹	2002-08-01	
16	TB/T 2075.14—2002	电气化铁道接触网零部件 第14部分：支持器	2002-08-01	
17	TB/T 2075.15—2002	电气化铁道接触网零部件 第15部分：长支持器	2002-08-01	
18	TB/T 2075.16—2002	电气化铁道接触网零部件 第16部分：定位环线夹	2002-08-01	
19	TB/T 2075.17—2002	电气化铁道接触网零部件 第17部分：定位器	2002-08-01	
20	TB/T 2075.18—2002	电气化铁道接触网零部件 第18部分：特型定位器	2002-08-01	
21	TB/T 2075.19—2002	电气化铁道接触网零部件 第19部分：软定位器	2002-08-01	
22	TB/T 2075.20—2002	电气化铁道接触网零部件 第20部分：特型软定位器	2002-08-01	
23	TB/T 2075.21—2002	电气化铁道接触网零部件 第21部分：定位管	2002-08-01	
24	TB/T 2075.22—2002	电气化铁道接触网零部件 第22部分：线岔	2002-08-01	

序号	行业标准编号	中文名称	实施日期	备注
25	TB/T 2075.23—2002	电气化铁道接触网零部件　第23部分：连接器	2002-08-01	
26	TB/T 2075.24—2002	电气化铁道接触网零部件　第24部分：定位环	2002-08-01	
27	TB/T 2075.25—2002	电气化铁道接触网零部件　第25部分：长定位环	2002-08-01	
28	TB/T 2075.26—2002	电气化铁道接触网零部件　第26部分：套管双耳	2002-08-01	
29	TB/T 2075.27—2002	电气化铁道接触网零部件　第27部分：套管铰环	2002-08-01	
30	TB/T 2075.28—2002	电气化铁道接触网零部件　第28部分：铜接触线接头线夹	2002-08-01	
31	TB/T 2075.29—2002	电气化铁道接触网零部件　第29部分：承力索接头线夹	2002-08-01	
32	TB/T 2075.30—2002	电气化铁道接触网零部件　第30部分：UT型耐张线夹	2002-08-01	
33	TB/T 2075.31—2002	电气化铁道接触网零部件　第31部分：杵座楔形线夹	2002-08-01	
34	TB/T 2075.32—2002	电气化铁道接触网零部件　第32部分：双耳楔形线夹	2002-08-01	
35	TB/T 2075.33—2002	电气化铁道接触网零部件　第33部分：双环杆	2002-08-01	
36	TB/T 2075.34—2002	电气化铁道接触网零部件　第34部分：接触线终端锚固线夹	2002-08-01	
37	TB/T 2075.35—2002	电气化铁道接触网零部件　第35部分：承力索终端锚固线夹	2002-08-01	
38	TB/T 2075.36—2002	电气化铁道接触网零部件　第36部分：坠砣	2002-08-01	
39	TB/T 2075.37—2002	电气化铁道接触网零部件　第37部分：补偿滑轮组	2002-08-01	
40	TB/T 2075.38　2002	电气化铁道接触网零部件　第38部分：补偿棘轮	2002-08-01	
41	TB/T 2075.39—2002	电气化铁道接触网零部件　第39部分：旋转腕臂底座	2002-08-01	
42	TB/T 2075.40—2002	电气化铁道接触网零部件　第40部分：特型旋转腕臂底座	2002-08-01	
43	TB/T 2075.41—2002	电气化铁道接触网零部件　第41部分：调节板	2002-08-01	
44	TB/T 2075.42—2002	电气化铁道接触网零部件　第42部分：压管	2002-08-01	
45	TB/T 2075.43—2002	电气化铁道接触网零部件　第43部分：杵环杆	2002-08-01	
46	TB/T 2075.44—2002	电气化铁道接触网零部件　第44部分：软横跨固定底座	2002-08-01	
47	TB/T 2075.45—2002	电气化铁道接触网零部件　第45部分：拉杆底座	2002-08-01	
48	TB/T 2075.46—2002	电气化铁道接触网零部件　第46部分：特型拉杆底座	2002-08-01	
49	TB/T 2075.47—2002	电气化铁道接触网零部件　第47部分：钢柱拉杆底座	2002-08-01	
50	TB/T 2075.48—2002	电气化铁道接触网零部件　第48部分：腕臂	2002-08-01	

序号	行业标准编号	中文名称	实施日期	备注
51	TB/T 2075.49—2002	电气化铁道接触网零部件　第 49 部分:接触线电连接线夹(斜型)	2002-08-01	
52	TB/T 2075.50—2002	电气化铁道接触网零部件　第 50 部分:接触线电连接线夹(垂直型)	2002-08-01	
53	TB/T 2075.51—2002	电气化铁道接触网零部件　第 51 部分:电连接线夹（方型）	2002-08-01	
54	TB/T 2075.52—2002	电气化铁道接触网零部件　第 52 部分:电连接线夹（长方型）	2002-08-01	
55	TB/T 2075.53—2002	电气化铁道接触网零部件　第 53 部分:接地线夹	2002-08-01	
56	TB/T 2075.54—2002	电气化铁道接触网零部件　第 54 部分:接地线连接线夹	2002-08-01	
57	TB/T 2286.1—2008	电气化铁路接触网预应力混凝土支柱　第 1 部分：横腹杆式支柱	2008-01-25	
58	TB/T 2286.2—2008	电气化铁路接触网预应力混凝土支柱　第 2 部分：环形支柱	2008-01-25	
59	TB/T 2803—2003	电气化铁道用断路器技术条件	2003-09-01	
60	TB/T 2809—2005	电气化铁道用铜及铜合金接触线	2005-07-01	
61	TB/T 2824—2008	电气化铁路变电所预应力混凝土圆杆	2008-01-25	
62	TB/T 2920.1—2008	电气化铁路接触网硬横跨　第 1 部分：格构式硬横跨	2008-01-25	
63	TB/T 2920.2—2008	电气化铁路接触网硬横跨　第 2 部分：钢管硬横跨	2008-01-25	
64	TB/T 2921.1—2008	电气化铁路接触网钢支柱　第 1 部分：格构式支柱	2008-01-25	
65	TB/T 2921.2—2008	电气化铁路接触网钢支柱　第 2 部分：方形钢管支柱	2008-01-25	
66	TB/T 2921.3—2008	电气化铁路接触网钢支柱　第 3 部分：钢管支柱	2008-01-25	
67	TB/T 2921.4—2008	电气化铁路接触网钢支柱　第 4 部分：H 型支柱	2008-01-25	
68	TB/T 3036—2002	25kV 电气化铁道接触网用分段绝缘器	2002-07-01	
69	TB/T 3037—2002	25kV 电气化铁道接触网用分相绝缘器	2002-07-01	
70	TB/T 3038—2002	电气化铁道 50kV、25kV 电压互感器	2002-07-01	
71	TB/T 3039—2002	电气化铁道 50kV、25kV 电流互感器	2002-07-01	
72	TB/T 3040—2002	电气化铁道干式空心串联电抗器技术条件	2002-07-01	
73	TB/T 3111—2005	电气化铁道用铜及铜合金绞线	2005-07-01	
74	TB/T 3150—2007	电气化铁路高压交流隔离开关和接地开关	2007-10-01	
75	TB/T 3151—2007	电气化铁路高压交流隔离负荷开关	2007-10-01	

序号	行业标准编号	中文名称	实施日期	备注
76	TB/T 3159—2007	电气化铁路牵引变压器技术条件	2007-12-01	
77	TB/T 3199.1—2008	电气化铁路接触网用绝缘子　第 1 部分：棒形瓷绝缘子	2009-03-01	
78	TB/T 3199.2—2008	电气化铁路接触网用绝缘子　第 2 部分：棒形复合绝缘子	2009-03-01	

第二节　规程规范

规程规范工作是科技成果转化为生产力的桥梁，是推动技术进步、产业升级、提高工程质量和服务质量的重要技术基础。1999 年至 2002 年，工程建设标准进入依法管理的新时期。2000 年，按建设部要求，将现行的 42 册铁路工程建设国家标准和行业标准中直接涉及人民生命财产安全、人身健康、环境保护和其他公众利益、政策性要求的内容，摘编成《工程建设标准强制性条文·铁道工程部分》。该强制性条文由设计、施工 2 篇组成，是参与铁路工程建设活动各方执行强制性标准和政府对执行情况实施监督的依据。由建设部发布，于 2000 年 10 月 18 日起施行。

2000 年至 2002 年，是铁路工程建设标准工作基本实现“九五”期间提出的“铁路工程建设设计规范改革实施方案”的 3 年，集团公司编制了“铁路电力牵引供电隧道内接触网设计规范”、“铁路电力牵引枢纽供电设计规范”和“铁路电力牵引变电所用电系统设计规范”等，并将“铁路通信施工技术安全规则”、“铁路信号施工技术安全规则”、“铁路电力施工技术安全规则”和“铁路电力牵引供电施工技术安全规则”进行合并，新的施工技术安全规则命名为《铁路工程施工安全技术规程》（下册），于 2003 年正式实施。2002 年，为适应列车提速的需要，铁道部对原《铁路电力牵引供电设计规范》的部分技术条文进行局部修改，从时速 140 公里提高到时速 160 公里，于 2005 年正式实施。

工程质量验收标准是工程建设中重要的技术标准，是政府控制建设工程施工质量的依据。根据铁道部的安排，对铁路工程质量评定验收标准进行修订，与当时新一轮铁路设计规范基本同步修订完成。2000 年上半年，电化局编制完成“铁路电力牵引供电工程质量检验评定标准”和“铁路电力工程质量检验评定标准”，于 2000 年 8 月 1 日起施行。该验标的内容只包括工程质量检验与评定，不包括竣工验收，验收内容调整到相应专业的施工规范中，并改称为施工及验收规范。该验标在实施过程中，出现与社会主义市场经济体制不相适应、与国际标准不接轨、验收与验评标准两者交叉重复的问题。2002 年 8 月，铁道部决定对验标进行修订，集团公司承担“铁路电力牵引供电工程施工质量验收标准”的编制工作，于 2003 年完成。2003 年，以客运专线为重点的铁路网建设全面展开，铁道部组织制定相应的技术标准和暂行规定，构建适应跨越式发展要求的标准体系。集团公司相继承担编制“秦沈客运专线电力牵引供电工程质量检验评定及验收暂行规定”、“新建客货共线铁路工程施工补充规定（暂行）”、“新建时速 200 公里客货共线铁路工程施工质量验收暂行标准”、“ 新建时速 200 公里客货共线铁路设计暂行规定”。2003 年至 2008 年，集团公司先后承担编制“青藏电力施工暂行规定”、“京沪高速铁路设计暂行规定（下册）”、“客运专线铁路电力牵引供电工程施工质量验收暂行标准”、“ 客运专线铁路通信工程施工质量验收暂行标准”、“ 客运专线铁路信号工程施工质量验收暂行标准”。到 2008 年底，集团公司承担编制完成的行业规程规范 24 项。

1999 年～2008 年集团公司编制的行业规程规范

表 7-3-2

序号	行业标准编号	中文名称	实施日期	备注
1	TB10021-2000	铁路电力机车机务设备设计规范	2000.08.01	
2	TB10009-2005	铁路电力牵引供电设计规范	2005.04.25	
3	TB10022-2000	铁路电力远动系统工程设计规范	1999.01.01	
4	TB10080-2002	铁路电力牵引变电所所用电系统设计规范	2002.07.01	
5	TB10075-2000	铁路电力牵引供电隧道内接触网设计规范	2001.04.01	
6	TB10076-2000	铁路电力牵引枢纽供电设计规范	2001.04.01	
7	TB10207-99	铁路电力施工规范	1999.06.01	
8	TB10421-2003	铁路电力牵引供电工程施工质量验收标准	2004.01.01	
9	TB10219-99	铁路光缆通信同步数字系列（SDH）工程施工规范	1999.06.01	
10	TB10215-2000	铁路光缆数字通信 PDH 工程施工规范	2001.04.01	
11	TB10401.2-2003	铁路工程施工安全技术规程（下册）	2003.06.01	
12	建技（2001）56 号	秦沈客运专线电力牵引供电施工暂行规定	2001.07.09	
13	建技（2002）37 号	秦沈客运专线电力牵引供电工程质量检验评定验收暂行标准	2002.05.08	
14	TB10222-2002	铁路通信光纤用户接入网工程施工规范	2002.07.01	
15	铁建设（2004）08 号	新建客货共线铁路施工补充规定（暂行）	2004.01.30	
16	铁建设（2005）285 号	新建时速 200 公里客货共线铁路设计暂行规定	2005.04.25	
17	铁建设（2004）157 号	京沪高速铁路设计暂行规定（下册）	2004.12.30	
18	铁建设（2004）08 号	新建时速 200 公里客货共线铁路工程施工质量验收标准	2004.01.30	

序号	行业标准编号	中文名称	实施日期	备注
19	铁建设（2006）167 号	客运专线铁路电力牵引供电工程施工质量验收暂行标准	2006.09.05	
20	TZ208-2007	客运专线铁路电力牵引供电施工技术指南	2007.07.06	
21	铁建设（2007）251 号	客运专线铁路通信工程施工质量验收暂行标准	2007.12.21	
22	铁建设（2007）213 号	客运专线铁路信号工程施工质量验收暂行标准	2007.11.13	
23	TZ10208-2008	客货共线铁路电力牵引供电施工技术指南	2008.03.21	
24	TZ207-2007	铁路电力施工技术指南	2007.11.30	

第三节　工艺工法

1999 年，发布《电气化工程局工法管理细则》，对工法等级和内容、机构与职责、开发计划、申报与评审、应用与推广、考核与奖励等进行规范，明确由施工处统一管理。2003 年 4 月，发布《中铁电气化局集团工艺工法管理办法》，明确工艺工法由生产质量管理部统一管理。2006 年 6 月，工艺工法的管理职能由生产质量管理部划归科技部。2007 年，依据国家建设部颁布的《国家级工法编写与申报指南》，重新制定《中铁电气化局集团有限公司工法管理办法》，进一步规范工法的编写内容和申报程序，工艺工法的管理纳入科技创新，与科技开发项目一同申报审批和落实，较大幅度提高奖励标准，要求所属各子分公司、事业部每年向集团申报不少于 2 项工法，确保获得 2 项三级工法。集团公司工法办公室每年组织工法开发、推广应用评比工作，对有突出贡献的先进集体和个人进行奖励。2007 年，建设部颁布《施工总承包企业特级资质标准》，对企业申请特级资质必须具备的条件做严格的规定，企业申请特级资质必须具有国家级工法 3 项以上。自 1999 年到 2008 年底，集团公司共开发各级工法 102 项，其中企业级工法 95 项，工程总公司级工法 3 项，部级工法 22 项，国家级工法 5 项。以上工法分四册汇编成册予以发行。

1999 年～ 2008 年集团公司完成的工法项目汇总表

表 7-3-3

序号	工　法　名　称	三级工法编号	二级工法编号	一级工法编号
1	大容量带状光缆接续施工工法		TLEJGF-99.00-44	
2	铁路信号电缆分歧型地下接续工法		TLEJGF-99.00-50	YJGF60-2000
3	110kV 山区线路导线挂设一次到位工法		TLEJGF-99.00-53	
4	牵引变电所整组试验工法		TLEJGF-99.00-54	
5	牵引供电远动系统远动终端 RTV 安装调试工法		TLEJGF-99.00-55	
6	200 公里时速电气化铁路接触网施工工法		TLEJGF-99.00-56	YJGF61-2000
7	既有电气化铁路接触网改扩建施工工法		TLEJGF-99.00-57	
8	200km/h 高速电气化铁路接触网施工工法	GZSJGF08-98.99-01		
9	牵引变压器安装工法	GZSJGF08-98.99-02		
10	电气化铁路牵引供电工程开通工法	GZSJGF08-98.99-03		
11	变电所电器设备接地施工工法	GZSJGF08-98.99-04		
12	通信干线电缆敷设工法	GZSJGF08-98.99-05		
13	无线列调工程车站电台及机车电台安装工法	GZSJGF08-98.99-06		
14	110kV 室内配电装置安装工法	GZSJGF08-98.99-07		
15	牵引变电所整组试验工法	GZSJGF08-98.99-08		
16	18 信息集中移频自动闭塞工程施工、调试及开通工法	GZSJGF08-98.99-09		
17	牵引供电远动系统远动终端（RTU）	GZSJGF08-98.99-10		
18	110kV 六氟化硫断路器安装	GZSJGF08-98.99-11		
19	大容量带状光缆接续施工工法	GZSJGF08-98.99-12		

序号	工　法　名　称	三级工法编号	二级工法编号	一级工法编号
20	铁路接入网通信系统施工工法	GZSJGF08-98.99-13		
21	长途对称注油电缆接续施工工法	GZSJGF08-98.99-14		
22	既有电气化铁路承力索、接触线更换工法	GZSJGF08-98.99-15		
23	既有电气化铁路软横跨改造工法	GZSJGF08-98.99-16		
24	既有电气化铁路接触网拨接工法	GZSJGF08-98.99-17		
25	既有电气化铁路接触网倒锚工法	GZSJGF08-98.99-18		
26	接触网桥墩（或窄下挡墙）处钢柱施工一次到位工法	GZSJGF08-98.99-19		
27	膨胀土地带接触网支柱基础安装工法	GZSJGF08-98.99-20		
28	P.V.C 防水柔毡（聚氯乙烯）施工工法	GZSJGF08-98.99-21		
29	铁路信号电缆分歧型地下接续工法	GZSJGF08-98.99-22		
30	通信电缆气压监测系统安装调试工法	GZSJGF08-98.99-23		
31	全塑市话电缆施工工法	GZSJGF08-98.99-24		
32	管道光缆线路施工工法	GZSJGF08-98.99-25		
33	110kV 山区线路导线一次到位工法	GZSJGF08-98.99-26		
34	隧道内扁钢地线施工工法	GZSJGF08-98.99-27		
35	接触网大修接触线换线调整工法	GZSJGF08-98.99-28		
36	灰土挤密桩地基处理施工工法	GZSJGF08-98.99-29		
37	人工挖孔扩底灌注桩施工工法	GZSJGF08-98.99-30		
38	深水位管井施工工法	GZSJGF08-98.99-31		
39	大体积混凝土施工工法	GZSJGF08-98.99-32		
40	大模板施工工法	GZSJGF08-98.99-33		
41	既有线电气化铁路接触网改扩建施工工法	GZSJGF08-98.99-34		

序号	工法名称	三级工法编号	二级工法编号	一级工法编号
42	城市轨道交通接触网系统施工工法	GZSJGF08-00.01-01		
43	人工安装硬横梁吊柱施工工法	GZSJGF08-00.01-02		
44	接触网附加线机械化架设施工工法	GZSJGF08-00.01-03	TLEJGF-01.02-72	
45	城市轨道交通电力电缆敷设施工工法	GZSJGF08-00.01-04		
46	城市轨道交通直流开关柜安装施工工法	GZSJGF08-00.01-05		
47	城市轨道交通变电所 PLC 系统调试施工工法	GZSJGF08-00.01-06		
48	城市轨道交通硅橡胶预制式高压电缆终端及中间接头制作工法	GZSJGF08-00.01-07		
49	吹气法管道光缆施工工法	GZSJGF08-00.01-08		
50	水质流沙不良地质接触网基础安装施工工法	GZSJGF08-00.01-09		
51	接触网简单悬挂改链形悬挂施工工法	GZSJGF08-00.01-10		
52	既有线牵引变电所扩能改造施工工法	GZSJGF08-00.01-11		
53	架空光缆施工工法	GZSJGF08-00.01-12		
54	防止房屋基础下沉的钢筋混凝土静压桩施工工法	GZSJGF08-00.01-13		
55	接触网弹性吊索安装调试工法	GZSJGF08-00.01-14		
56	接触网电动负荷开关安装调试工法	GZSJGF08-00.01-15		
57	电气化铁路反向行车工程（V 停站）施工工法	GZSJGF08-00.01-16	TLEJGF-01.02-71	
58	ZP.W1-18 型 18 信息无绝缘移频自动闭塞系统调试工法	GZSJGF08-00.01-17	TLEJGF-01.02-70	YJGF83-2002
59	隐框玻璃幕墙施工工法	GZSJGF08-00.01-18		
60	塑料管低温地板辐射采暖施工工法	GZSJGF08-00.01-19		
61	聚氨酯涂膜防水施工工法	GZSJGF08-00.01-20		
62	大跨度预应力混凝土折线型屋架工法	GZSJGF08-00.01-21		
63	城市轨道交通干式变压器运输就位施工工法	GZSJGF08-00.01-22		

序号	工法名称	三级工法编号	二级工法编号	一级工法编号
64	地铁地下变电所接地网施工工法	GZSJGF08-00.01-23	TLEJGF-01.02-69	
65	城市轨道交通电缆施工工法	GZSJGF08-00.01-24		
66	接触网全补偿弹性链形悬挂施工工法	GZSJGF08-02.03-01	TGJGF-03.04-62	YJGF119-2004
67	接触网额定恒张力架线施工工法	GZSJGF08-02.03-02	TGJGF-03.04-61	
68	城市轨道交通防迷流系统监测设备安装施工工法	GZSJGF08-02.03-03	TGJGF-03.04-63	
69	接触网无交叉线岔安装调整施工工法	GZSJGF08-02.03-04		
70	38 号道岔转辙设备安装调试工法	GZSJGF08-02.03-05	TGJGF-03.04-60	
71	SEI 列控联锁一体化系统设备安装调试工法	GZSJGF08-02.03-06	TGJGF-03.04-64	YJGF120-2004
72	框架式预应力锚索挡墙施工工法	GZSJGF08-02.03-07		
73	深基坑钉支护施工工法	GZSJGF08-02.03-08		
74	聚苯板粉刷石膏外墙内保温施工工法	GZSJGF08-04.05-01		
75	牵引变电所综合自动化调试工法	GZSJGFDH-06.07-01		
76	接触网杯形基础施工测量工法	GZSJGFDH-06.07-02		
77	接触网交叉式线岔安装调整工法	GZSJGFDH-06.07-03		
78	大跨度灯桥安装施工工法	GZSJGFDH-06.07-04		
79	大型客站智能工程综合布线施工工法	GZSJGFDH-06.07-05		
80	接触网旋转腕臂人工安装一次到位工法	GZSJGFDH-06.07-06		
81	液压起道机更换 VZ200 可动心提速道岔施工工法	GZSJGFDH-06.07-07		
82	移动式接触网施工工法	GZSJGFDH-08-01	TJBJGF-07.08-072	
83	轨道交通接触网双绞更换施工工法	GZSJGFDH-08-02		
84	铁路 160km/h 长大隧道刚性悬挂施工工法	GZSJGFDH-08-03	TJBJGF-07.08-071	
85	干线长距离线路拨移接触网过渡施工工法	GZSJGFDH-08-04	TJBJGF-07.08-073	

序号	工　法　名　称	三级工法编号	二级工法编号	一级工法编号
86	长大隧道高压电缆施工工法	GZSJGFDH-08-05		
87	地铁站台安全门系统安装工法	GZSJGFDH-08-06		
88	铁路大型客站综合布线施工工法	GZSJGFDH-08-07	TJBJGF-07.08-074	
89	无线列调光直放站设备安装工法	GZSJGFDH-08-08		
90	220kV 牵引变电所软母线施工工法	GZSJGFDH-08-09		
91	铁道牵引变电所技改关键技术施工工法	GZSJGFDH-08-10		
92	电化区段灯桥安装施工工法	GZSJGFDH-08-11		
93	铁路行车线隧道明洞施工工法	GZSJGFDH-08-12		
94	区间隧道过砂层开挖及初期支护施工工法	GZSJGFDH-08-13		
95	挤扩支盘抗拔桩施工工法	GZSJGFDH-08-14		
96	桥梁施工挂篮法悬臂浇筑工法	GZSJGFDH-08-15		
97	LDJLZ-II 型全电子化执行机安装调试工法	GZSJGFDH-08-16		
98	青藏线 ITCS 信号系统联调工法	GZSJGFDH-08-17	TJBJGF-07.08-134	
99	既有线时速 250 公里提速改造接触网施工工法	GZSJGFDH-08-18	TJBJGF-07.08-131	
100	直线电机运载接触轨系统施工工法	GZSJGFDH-08-19	CRECDH-08-08	
101	跨座式单轨接触网施工工法	GZSJGFDH-09-01	CRECDH-08-06	
102	单轨交通信号系统设备安装、调试工法	GZSJGFDH-09-02	CRECDH-08-07	

第四节　专　利

1999年以来，为加强和规范集团专利工作，充分发挥专利制度在集团技术创新中的作用，形成集团的自主知识产权，进行多方面调研。2004年制定《中铁电气化局集团专利工作管理办法（试行）》。1999年至2004年，全集团申请并获得授权的专利（有效）27项，其中发明型专利1项、外观设计型专利2项、实用新型专利24项。

2005年，集团宝鸡器材厂申请并获得授权的专利计16项，其中实用新型专利8项、外观设计专利8项。电气化设计院申请并获得授权的实用新型专利5项，另有2项实用新型专利于2006年授权。集团公司申请并获得授权的实用新型专利6项。截至2005年底，全集团共获得授权的专利（有效）49项，其中发明型专利2项、外观设计型专利10项、实用新型专利37项。

2006年，对《中铁电气化局集团专利工作管理办法（试行）》进行修订，提高奖励标准，1项发明型专利奖励1万元，1项实用新型专利或外观设计型专利奖励3000元。在执行国家、部委和集团公司科技研究开发计划的同时，重视获得发明创造项目的专利申报工作。2006年，全集团共获得授权的实用新型专利13项，其中宝鸡器材厂1项、集团公司10项、电气化设计院2项。宝鸡器材厂申请的4项实用新型专利及“汇流排”1项外观设计专利，电气化设计院和广州市地下铁道总公司联合申请的4项实用新型专利于2007年授权。对集团公司2005年度获得授权的6项实用新型专利有关单位和人员进行奖励。2006年11月，北京市知识产权局对2006年北京市第一批专利试点（专利引擎）单位进行专利试点工作检查验收，北京市169家专利试点单位验收合格，集团公司位列前茅。

2007年有7项科技成果申报实用新型专利。集团公司作为中关村科技园区“专利引擎”试点企业，享受北京市申请专利资助的优惠政策，减免部分专利申请费用。2007年，建设部颁布《施工总承包企业特级资质标准》，对申报施工总承包企业特级资质做出规定，企业近5年具有与工程建设相关的、能够推动企业技术进步的专利3项以上，累计有效专利8项以上，其中至少有1项发明型专利。2008年，国家科技部颁布《高新技术企业认定管理办法》中规定，3年内企业需获得1项发明型专利或6项实用新型专利。根据这些规定，集团加大对专利的申报工作，制定集团《关于提高专利奖励经费的通知》，规定1项发明型专利一次性奖励标准由1万元提高到10万元，1项实用新型和外观设计型专利一次性奖励由3000元提高到2万元。为确保集团公司施工总承包企业特级资质，对宝鸡器材厂获得授权的“汇流排焊接工艺方法”发明型专利进行专利权人变更，变更为中铁电气化局集团有限公司和宝鸡器材厂双方共有。为确保一公司高新技术企业认定顺利通过，集团公司和一公司联合申请6项实用新型专利于2009年授权。截至2008年底，全集团共获得授权的专利(有效)75项，其中发明型专利3项、外观设计型专利10项、实用新型专利62项。

集团公司获得授权的专利（有效）情况统计表

表 7-3-4

序号	专利名称	设计人	专利权人	申请时间	授权时间	专利类型	专利号
1	防纵裂环形等径预应力混凝土接触网支柱	魏齐威、季增元、安湘英、戴贤兴、仲新华、赵温俭、李玖红、孟俊卿、胡会良、孟昭惠	铁道部电化局保定制品厂 铁科院铁道建筑研究所	2000.01.13	2000.09.23	实用新型	z100200475.5
2	电气化铁道专用整体腕臂支撑绝缘子	马晓波、吴适之	铁道部电化局接触网器材检测中心	2000.04.30	2001.01.13	实用新型	z100226385.8
3	电气化铁道专用整体腕臂支撑绝缘子	马晓波、吴适之、张志峰、王永义	铁道部电化局接触网器材检测中心	2000.07.19	2001..01.13	外观设计	z100319165.6
4	绝缘不锈钢整体吊弦	史文崇、余福鼎、边全会、王森林	铁道部电化局宝鸡器材厂	2000.07.07	2001.03.22	实用新型	z100226590.7
5	承力索座	史文崇、余福鼎、边全会、王森林	铁道部电化局宝鸡器材厂	2000.07.07	2001.03.29	实用新型	z100226589.3
6	特型横腹杆式预应力混凝土接触网支柱	魏齐威、赵阼顼、万一农、王福春、毕先节、季增元、安湘英、戴贤兴、吴光友、仲新华、孟昭惠、邱　果	铁道部电化局保定制品厂 铁道部电化局德阳制品厂 铁科院铁道建筑研究所 铁一院电化处	2001.10.12	2002.07.24	实用新型	z101264169.3
7	碱矿灰混凝土支柱	王科学、毕节先、吴光友、王治国、邱　果、黄锦平	铁道部电化局德阳制品厂	2001.12.10	2004.03.17	发明专利	z101129169.9
8	汇流排定位线夹	李金华、吴文军、周　琳	铁道部电化局宝鸡器材厂	2001.05.17	2002.04.03	实用新型	z101240444.6
9	草支垫成型机	姜保利、赵永生	德阳铁路装载衬垫材料工业公司	2001.08.22	2002.05.29	实用新型	z101247354.5
10	跨座式单轨施工作业车	陈建华、李伟鹏、罗　明、张佐辉、丁浩俊	铁道部电化局襄樊机械厂	2001.09.30	2002.08.21	实用新型	z101252064.0
11	汇流排焊接工艺方法	李贵明、赵允刚	铁道部电化局宝鸡器材厂	2002.11.22	2004.11.03	发明专利	z102139567.5

序号	专利名称	设计人	专利权人	申请时间	授权时间	专利类型	专利号
12	弹性补偿器	赵维成、蒋先国、边全会、王森林、高　强	铁道部电化局天津铁道电气化设备厂	2002.03.08	2003.07.02	实用新型	zly02205226.7
13	绝缘子横撑	周　琳、吴文军、赵金凤	铁道部电化局宝鸡器材厂	2002.05.15	2003.05.07	实用新型	zl02224929.x
14	冷封型电缆地下接续装置	孟乐平、严　辉、秦世忠	集团三公司电务分公司	2003.03.24	2004.03.31	实用新型	zl03242065.x
15	钢铝复合导电轨	邢甲第、赵戈红、吴文军、周　琳	铁道部电化局宝鸡器材厂	2003.07.23	2004.08.18	实用新型	zl03262580.4
16	管桩基础	王福春、魏齐威、季增元、戴贤兴、李玖红、赵　蓬、孟俊卿、胡会良、孟昭惠、解　勇、刘志英	铁道部电化局保定制品厂 铁科院铁道建筑研究所	2003.07.24	2004.10.20	实用新型	zl03206376.8
17	弹性支座悬挂装置	邢甲第、王颜哲、赵戈红、周琳	铁道部电化局宝鸡器材厂	2003.07.12	2004.08.18	实用新型	zl03262523.5
18	防护罩	周　琳、赵金凤、邢甲第、赵戈红、吴文军	铁道部电化局宝鸡器材厂	2004.03.07	2004.11.10	外观设计	zl200430015383.7
19	接触轨护罩接头	邢甲第、周　琳、胡新平、赵金凤	铁道部电化局宝鸡器材厂	2004.04.23	2004.11.10	外观设计	zl200430015478.9
20	接触轨卡爪	赵戈红、胡安静、吴文军	铁道部电化局宝鸡器材厂	2004.04.23	2004.12.15	外观设计	zl200430015476.X
21	接触轨支座	郭爱军、李增勤、王　旭	铁道部电化局宝鸡器材厂	2004.04.23	2004.12.15	外观设计	zl200430015474.0
22	接触轨护罩托块	邢甲第、周　琳、赵金凤	铁道部电化局宝鸡器材厂	2004.04.23	2005.10.26	外观设计	zl200430015477.4
23	接触轨支架	邢甲第、周　琳、王建平、赵金凤	铁道部电化局宝鸡器材厂	2004.04.23	2005.02.23	外观设计	zl200430015475.5
24	自润滑补偿滑轮装置	余福鼎	铁道部电化局宝鸡器材厂	2004.04.27	2005.08.10	实用新型	zl200420041893.6
25	轨道交通接触轨绝缘支撑装置	邢甲第、赵戈红、赵金凤、周　琳、郭爱军、胡安静、吴文军	铁道部电化局宝鸡器材厂	2004.04.30	2005.08.10	实用新型	zl200420041906.x

序号	专利名称	设计人	专利权人	申请时间	授权时间	专利类型	专利号
26	套管双耳	高　鸣、李增勤、谢　潇、赵戈红、王　旭	铁道部电化局宝鸡器材厂	2004.10.17	2005.11.02	实用新型	zly200420086075.8
27	套管绞环	高　鸣、邢甲第、赵戈红、李军杰、赵金凤	铁道部电化局宝鸡器材厂	2004.10.17	2005.11.23	实用新型	zl200420086073.9
28	长定位环	高　鸣、赵金凤、邢甲第、谢　潇、周　琳、	铁道部电化局宝鸡器材厂	2004.10.17	2005.11.23	实用新型	zl200420086076.2
29	定位环	高　鸣、谢　潇、邢甲第、李增勤、孙　宁	铁道部电化局宝鸡器材厂	2004.10.17	2005.11.23	实用新型	zl200420086074.3
30	方形吊柱	谢　潇、闫军芳、李增勤	铁道部电化局宝鸡器材厂	2004.10.17	2005.05.18	外观设计	zl200430077419.4
31	多孔止动垫圈	净敏哲、赵戈红、王彦哲	铁道部电化局宝鸡器材厂	2004.10.17	2005.08.31	外观设计	zl200430077420.7
32	地铁用带脱离装置的直流避雷器	刘学忠、周　琳、赵戈红、彭宗仁、赵金凤、李增勤、王彦哲	铁道部电化局宝鸡器材厂	2004.10.31	2005.11.23	实用新型	zl200420086153.4
33	架空刚性悬挂接触网电连接结构	卢光霖、赵印军、陈韶章、杨啸勇、徐明杰、王立天、李金华、黄德亮、王万荣、赵海军	中铁电气化勘测设计研究院 广州市地下铁道总公司	2004.03.19	2005.03.09	实用新型	zl200420043749.6
34	架空刚性悬挂接触网的悬吊装置	卢光霖、赵印军、陈韶章、杨啸勇、徐明杰、王立天、李金华、黄德亮、王万荣、赵海军	中铁电气化勘测设计研究院 广州市地下铁道总公司	2004.03.19	2005.03.09	实用新型	zl200420043750.9
35	具新型跨距布置模式的架空刚性悬挂接触网	卢光霖、赵印军、陈韶章、杨啸勇、徐明杰、王立天、李金华、黄德亮、王万荣、赵海军	中铁电气化勘测设计研究院 广州市地下铁道总公司	2004.03.19	2005.03.09	实用新型	zl200420043754.7
36	架空刚性悬挂接触网锚段关节温度补偿结构	卢光霖、赵印军、陈韶章、杨啸勇、徐明杰、王立天、李金华、黄德亮、王万荣、赵海军	中铁电气化勘测设计研究院 广州市地下铁道总公司	2004.03.19	2005.04.13	实用新型	zl200420043748.1

序号	专利名称	设计人	专利权人	申请时间	授权时间	专利类型	专利号
37	架空刚性悬挂接触网电分段结构	卢光霖、赵印军、陈韶章、杨啸勇、徐明杰、王立天、李金华、黄德亮、王万荣、赵海军	中铁电气化勘测设计研究院 广州市地下铁道总公司	2004.03.23	2005.03.09	实用新型	z1200420043824.9
38	混凝土接触网环形支柱可调式抱箍防滑装置	王科学、毕节先、吴光友、谢红军	铁道部电化局德阳制品厂	2004.04.22	2005.06.22	实用新型	z1200420034446.8
39	轨道交通接触轨膨胀接头装置	邢甲第、胡安静、李金华、赵金凤、赵戈红、李增勤、吴文军、黄德亮、周　琳	铁道部电化局宝鸡器材厂	2004.08.27	2005.10.26	实用新型	z1200420085909.3
40	一种带号码牌安装孔槽的混凝土支柱	王科学、吴光友、黄锦平、谢红军	铁道部电化局德阳制品厂	2004.09.13	2005.10.05	实用新型	z1200420061198.6
41	电气化铁道接触网软横跨定位装置	李军杰、王颜哲、闫军芳、赵戈红	铁道部电化局宝鸡器材厂	2005.01.27	2006.05.31	实用新型	z1200520078308.4
42	高架桥接触网支持结构中补偿坠砣内置式锚柱	韩　辉、胡一洲、张焕武、高　鸣、曾　舢、王立天、杨啸勇	中铁电气化勘测设计研究院	2005.08.11	2006.09.20	实用新型	z1200520026978.1
43	高架桥接触网隔离开关柱	韩　辉、胡一洲、张焕武、高　鸣、曾　舢、王立天、杨啸勇	中铁电气化勘测设计研究院	2005.08.11	2006.09.20	实用新型	z1200520026977.7
44	接触悬挂检测尺	周金龙、李　磊	中铁电气化局集团有限公司	2005.09.23	2006.11.22	实用新型	z1200520122017.0
45	接触线校直器	罗　明、黄河源、周金龙	中铁电气化局集团有限公司	2005.09.23	2006.11.22	实用新型	z1200520122015.1
46	工件校直装置	黄河源、何　健、罗　明	中铁电气化局集团有限公司	2005.09.23	2006.11.22	实用新型	z1200520122014.7
47	新型检测尺	库西田、周金龙	中铁电气化局集团有限公司	2005.09.23	2006.11.22	实用新型	z1200520122013.2
48	倾斜面高度测量尺	宁家富、周金龙	中铁电气化局集团有限公司	2005.09.23	2006.11.22	实用新型	z1200520122012.8
49	焊接夹紧装置	李贵明、周金龙	中铁电气化局集团有限公司	2005.09.23	2006.11.22	实用新型	z1200520122016.6
50	单槽承力索座	李军杰、谢　潇、李忠齐、闫军芳、李增勤	中铁电化局集团宝鸡器材厂	2006.03.20	2007.03.28	实用新型	z1200620078639.2
51	铰接型可调整整体吊弦	李军杰、谢　潇、李忠齐、闫军芳	中铁电化局集团宝鸡器材厂	2006.03.20	2007.03.28	实用新型	z1200620078642.4

序号	专利名称	设计人	专利权人	申请时间	授权时间	专利类型	专利号
52	直线电机系统用感应板	李忠齐、李增勤、赵金凤、李军杰、周　琳、闫军芳	中铁电化局集团宝鸡器材厂	2006.05.09	2007.05.30	实用新型	z1200620078950.7
53	汇流排刚柔过渡装置	李忠齐、李增勤、赵金凤、净敏哲、周　琳	中铁电化局集团宝鸡器材厂	2006.01.21	2007.05.16	实用新型	z1200620078307.4
54	汇流排	赵金凤、李增勤、李忠齐、周　琳、王小琴	中铁电化局集团宝鸡器材厂	2006.01.18	2007.05.09	外观设计	z1200630089725.9
55	单线直线隧道单支撑腕臂悬挂装置	李军杰、颜　燕、王颜哲、赵金凤、周　琳、李增勤	中铁电化局集团宝鸡器材厂	2006.02.15	2007.03.28	实用新型	z1200620078436.3
56	单线曲线隧道单支撑腕臂悬挂装置	王颜哲、颜　燕、李军杰、谢　潇、周　琳、赵金凤、闫军芳	中铁电化局集团宝鸡器材厂	2006.02.15	2007.03.28	实用新型	z1200620078437.8
57	DC1500V 三轨平面布置结构	赵印军、卢光霖、王立天、陈韶章、李金华、蔡昌俊、张彦民、黄德亮、冯栓友、马德强、高　鸣	中铁电气化勘测设计研究院 广州市地下铁道总公司	2006.09.08	2007.09.05	实用新型	z12006200640386
58	DC1500V 三轨防护结构	赵印军、卢光霖、王立天、陈韶章、李金华、蔡昌俊、张彦民、黄德亮、冯栓友、马德强、高　鸣	中铁电气化勘测设计研究院广州市地下铁道总公司	2006.09.08	2007.11.07	实用新型	z12006200640367
59	DC1500V 三轨安装结构	赵印军、卢光霖、王立天、陈韶章、李金华、蔡昌俊、张彦民、黄德亮、冯栓友、马德强、高　鸣	中铁电气化勘测设计研究院 广州市地下铁道总公司	2006.09.08	2007.09.19	实用新型	z12006200640352
60	DC1500V 三轨机械分段结构	赵印军、卢光霖、王立天、陈韶章、李金华、蔡昌俊、张彦民、黄德亮、冯栓友、马德强、高　鸣	中铁电气化勘测设计研究院 广州市地下铁道总公司	2006.09.15	2007.10.10	实用新型	z12006200643331
61	钢柱底座钻模	何学文	中铁电气化局集团有限公司 中铁电化局集团西安电化公司	2006.12.18	2007.11.21	实用新型	z1200620167518.5
62	接触网架线辅助支承装置	黄　敏、张大平、陕振刚、魏　勇	中铁电气化局集团有限公司 中铁电气化局集团二公司	2006.12.18	2008.01.09	实用新型	z1200620167521.7

序号	专利名称	设计人	专利权人	申请时间	授权时间	专利类型	专利号
63	接触网架设临时防脱吊弦	王立国、姚海惠、张胜利、周永瑞、苏保卫、许建国、刘　杰、杨建国、李立新	中铁电气化局集团有限公司 中铁电气化局集团一公司	2006.12.18	2008.01.09	实用新型	z1200620167520.2
64	锻模通用模座	何学文	中铁电气化局集团有限公司 中铁电气化局集团西安电化公司	2006.12.18	2008.02.20	实用新型	z1200620167519.X
65	线索回头麻箍器	徐英强、仵凤义、孟敏虎、赵建华、王新强	中铁电气化局集团有限公司	2007.05.28	2008.04.16	实用新型	z1200720101441.6
66	接触网旋转腕臂装置及定位装置调整器	徐英强、赵建华、孟敏虎、王新强、仵凤义	中铁电气化局集团有限公司	2007.07.04	2008.06.11	实用新型	z1200720101867.1
67	钢管支柱及钢管硬横跨系列产品	季增元、魏齐威、戴贤兴、刘峰涛、翟卫跃、李中然、王福春、常书桥、赵　蓬、赵温俭、胡会良、卢国建、李玖红、安湘英、冯惠生、周如莹、皮春凯、张　帆、孙　磊、苏立勋、尹伟娜、马慧洁、朱建磊、李　彬、郝培智、刘志英	中铁电气化局集团有限公司 中铁电化局集团保定制品厂 铁科院铁道建筑研究所 中铁电气化勘测设计研究院	2007.11.20	2008.10.01	实用新型	z1200720190267.7
68	槽钢剪切模	黄河源	中铁电气化局集团有限公司 中铁电气化局集团二公司	2007.11.20	2008.10.01	实用新型	z1200720190265.8
69	一种汇流排电联接钻孔定位装置	黄河源	中铁电气化局集团有限公司 中铁电气化局集团二公司	2007.11.20	2008.11.20	实用新型	z1200720190266.2
70	感应板检测尺	罗　兵、韩卫兵、刘加宁、蔡志刚	中铁电气化局集团有限公司	2007.11.20	2008.10.01	实用新型	z1200720190264.3
71	接触轨检测尺	罗　兵、韩卫兵、刘加宁、蔡志刚	中铁电气化局集团有限公司	2007.11.20	2008.10.01	实用新型	z1200720190261.x
72	一种棘轮扳手	徐英强、周小建、仵凤义	中铁电气化局集团有限公司	2007.11.20	2008.10.01	实用新型	z1200720190262.4
73	一种 H 型钢柱的登高工具脚扣	徐英强、周小建、仵凤义	中铁电气化局集团有限公司	2007.11.20	2008.10.01	实用新型	z1200720190263.9

序号	专利名称	设计人	专利权人	申请时间	授权时间	专利类型	专利号
74	钢铝复合轨复合专用设备	邢甲第、谢　潇、李增勤、郭爱军、胡新平、赵金凤、赵戈红、周　琳、李忠齐	中铁电化局集团宝鸡器材厂	2005.11.19	2007.12.19	发明专利	z1200510096402.7
75	高速电气化铁路接触网系统	奚云飞、邢甲第、孙成良、赵允刚、李忠齐、闫军芳、王建平、郭　伟、李增勤、孙　宁、余福鼎、高　军	中铁电气化局集团有限公司 中铁电化局集团宝鸡器材厂	2007.06.19	2008.06.04	实用新型	z1200720032064.5

第五节　计量与试验

一、计量管理

计量管理实行集团公司、子分公司、段（项目部）三级计量管理体系，配备专（兼）职计量人员，统一管理本单位的计量工作。1999 年，制定《电化局检测设备管理规则》，以满足质量管理体系的要求。2000 年，贯彻执行《铁路计量管理办法》，对《电化局计量监督管理办法》和《电化局检测设备管理规则》进行修订，制定《中铁电气化局集团计量管理办法》、《监视和测量装置管理办法》。规定计量器具的管理采取“保证重点、兼顾普遍、区别管理、全面监督”的 ABC 分类管理法。强制性检定的计量器具严格按照国家检定规程实行定点定期检定，非强制性检定的计量器具的检定周期或确认间隔由各单位根据使用频度、环境、计量器具的稳定性和测量数据的重要程度自行确定。要求建立计量标准的单位对计量器具开展自检工作，计量器具采取委外检定的，其检定或校准方式应遵循经济合理，就近就地的原则委外检定。按照规定开展自校准的单位编制自校规程，对根据施工生产需要自制的计量器具编制自校规程进行自校。2007 年，对《中铁电气化局集团计量管理办法》和《监视和测量装置管理办法》进行修订与合并，制定新的《中铁电气化局计量管理办法》，要求所属各单位建立监视和测量装置台账，集团公司定期对各单位的计量工作进行监督检查，使计量管理工作符合质量、环境和职业健康安全一体化管理体系的要求。

二、试验室认证与认可

中铁电气化局集团宝鸡接触网器材检测中心有限公司和中铁电气化集团北京电信研究试验中心有限公司是具有独立法人资格的试验机构。北京电信研究试验中心有限公司经国家计量认证铁道评审组评审合格，于 1999 年 12 月 24 日取得国家计量认证合格证书。2000 年，宝鸡接触网器材检测中心有限公司和北京电信研究试验中心有限公司，分别经中国实验室国家认可委员会依据 GB/T 15481-2000《检测和校准实验室能力的通用要求》评审合格，首次取得实验室认可证书，同时具有国家计量认证和实验室认可“二和一”资质的试验机构。西安铁路工程（集团）有限责任公司中心试验室，1998 年前取得陕西省质量技术监督局颁发的计量认证合格证书，1998 年 4 月取得国家计量认证合格证书。

2001 年 8 月，为适应新体制的需要，集团公司将原铁道部电气化工程局接触网工程检测中心及铁道部电气化工程局第一、第二、第三电力试验室分别调整更名为中铁电气化局集团有限公司电气试验中心、中铁电气化局集团有限公司第一电气试验室、第二电气试验室、第三电气试验室。2002 年 3 月 22 日，中铁电气化局集团有限公司电气试验中心首次取得中国国家认证认可监督管理委员会颁发的计量认证合格证书。为更好的发挥集团公司在电气试验工作中的优势，2003 年 6 月，将中铁电气化局集团有限公司电气试验中心作为集团公司的事业部，独立开展电气试验工作。2004 年 4 月，将原铁道部电气化工程局保定电力试验室更名为中铁电气化局集团有限公司保定电气试验室。2004 年 12 月，集团公司调整电气试验中心机构，电气试验中心设立管理室、接触网检测室、轨道交通试验室和电气化试验室。2008 年 1 月，集团公司将电气试验中心轨道交通试验室更名为城铁试验室，开展城市轨道交通工程的电气试验工作。

1998 年 4 月至 2008 年底，集团公司共有 8 个试验室取得中国国家认证认可监督管理委员会颁发的国家计量认证证书，2 个试验中心取得国家实验室认可证书。中铁电气化局集团西安电气化工程有限公司试验室于 2000 年 5 月 16 日取得陕西省质量技术监督局颁发的计量认证合格证书，并于 2005 年 6 月 1 日进行复查换发。

集团公司所属试验室取得国家计量认证证书情况表

表 7-3-5

试验机构	首次认证	复查换证
中铁电气化局集团有限公司电气试验中心	2002.03.22	2007.05.28
中铁电化集团北京电信研究试验中心有限公司	1999.12.24	2005.02.16
中铁电气化局集团宝鸡接触网器材检测中心有限公司		2000.02.28 2005.02.16
中铁电气化局集团有限公司保定电气试验室		1999.11.17 2005.04.14
中铁电气化局集团有限公司第一电气试验室		1999.12.28 2004.05.26
中铁电气化局集团有限公司第二电气试验室		1999.12.28 2004.03.11
中铁电气化局集团有限公司第三电气试验室		1999.11.17 2005.02.03
西安铁路工程（集团）有限责任公司中心试验室	1998.4.6	2004.01.03

集团公司所属试验中心取得实验室认可证书情况表

表 7-3-6

试验机构	首次认可	复查换证
中铁电气化局集团宝鸡接触网器材检测中心有限公司	2000.1.20	2005.1.28
中铁电化集团北京电信研究试验中心有限公司	2000.12.12	2005.3.18

第六节　企业信息化建设

“九五”期间，为保证企业信息化工作能持续、健康、快速发展，将其纳入企业发展规划和预算管理，并将办公自动化、人事管理、施工管理、科技管理、工程设计、物资管理软件的开发，列入年度科技开发的计划项目中。2002年，中国铁路工程总公司信息化工作会议之后，集团公司加大信息化建设的力度。依据“企业信息化建设规划调研”课题成果，按照“总体规划、分步实施、突出重点、循序渐进”的原则，确立信息化建设“从实际出发、整合资源、突出重点、量力而行、务求实效”的总体目标。按照工程总公司《关于大力推进信息化建设的指导意见》，成立以企业第一管理者为首的信息化工作领导小组，全面负责企业信息化工作，利用信息化促进技术创新和企业核心竞争力的提高。2003年，围绕企业核心业务，开始重点建设“人力资源管理信息系统”、“财务管理信息系统”和“工程信息管理系统”，并推行工程总公司“人力资源管理信息系统”。在基本完成各类人员基本信息数据采集和录入的基础上，采用引进和研发相结合的方式，2004年，“人力资源管理信息系统”实现人力资源信息的管理和应用，并完成与集团公司既有人力资源管理信息系统的对接。勘测设计系统企业信息门户（EIP）开始建设，利用世行第七批贷款项目起步，天津电化院建成局域网络（主干千兆，百兆到桌面），采用建立域和VLAN管理模式，开通企业网站、电子邮局、文件共享、网络打印等服务。2004年，工程总公司发布《关于开展建设总公司信息化基础平台工作的通知》，对信息化建设提出“统一的信息发布与办公平台”、“ 视频会议系统”、“与所属单位实施网络互联互通”3个部分组成的《关于大力推进总公司信息化建设的指导意见》。集团公司及各单位相应建立计算机中心机房，购置信息系统及网站的服务器等硬件设备，配备专职信息管理人员，可通过光纤或ADSL等方式接入因特网，所属企业间建立虚拟网络连接。为启用以公文流转、信息交流和发布、文档管理等为基础的办公自动化系统，各子分公司搭建协同工作的信息化基础业务平台。2005年，开发“财务管理信息系统”，实现财务核算和资金结算的管理功能，并推行到各独立核算单位，开通网上银行业务。年内还更新了全集团推广使用的协同工作平台（OA系统），基本实现统一的网上信息交流，企业内部实现了互联互通。2006年1月1日，开通集团公司WEB内外网站，设有宣传集团公司业绩和形象的各种栏目，并能使栏目信息内容及时更新。根据工程总公司信息化工作会议的要求，2006年12月30日成立中铁电气化局集团信息化建设组织机构，第一管理者任领导小组组长，领导小组下设办公室，办公室设在集团公司科技部，负责企业信息化建设的日常工作和研究制定集团公司信息化建设的发展规划，实施信息化建设任务，监督信息化建设实施情况，解决实施过程中遇到的问题。

工程总公司为“统一身份管理、统一通讯平台、统一系统管理、统一信息门户、统一信息化标准体系”，发布信息化发展战略和“十一五”信息化规划，界定信息化项目将IT能力由现在简单的业务支持，转变成为企业业务的依赖，为最终提升业务的驱动力奠定基础的蓝图。2007 年 3 月，按照工程总公司“实施 VPN 一期工程的通知”要求，集团公司对 IP 地址进行改造，为全集团实施 VPN 建设做好准备。2008 年 8 月 26 日，工程总公司信息化建设项目调研组对集团公司信息化建设组织情况、环境条件、网络建设情况、客户端软件部署情况、系统管理情况、企业内部通讯情况、门户系统建设情况等 6 个方面 42 项内容进行调研。对统一用户身份管理、统一信息标准化等 5 统一内容进行系统介绍。在 2008 年 9 月 17 日工程总公司召开的视频会议上，负责集团公司信息化工作的主管领导申请集团公司为工程总公司信息化建设的试点单位。9 月 19 日，主持召开集团公司关于统一用户身份管理等 5 统一工作内容的视频会议，下发“关于统一使用梦龙协同办公平台的通知”，全面启动继续完善和建设视频会议系统、OA 系统、工程项目、人力资源、财务、资金系统及相应的企业专线组网及 VPN 建设。

按照国资委、国家版权局等政府部门软件正版化要求，以及企业信息化建设的需要，2008 年，工程总公司与微软公司签订企业许可等一系列协议，一揽子解决操作系统、办公软件等正版化问题，并进行正版授权、光盘发放，软件使用培训等正版化部署工作。根据中铁股份公司“关于使用 Office 等正版软件的通知”要求，集团全部实现办公软件正版化，组织 Office 等正版软件使用培训。2008 年 12 月 15 日，集团公司在京举办 Office2007 技术交流培训和统一通讯方案研讨会。Office 正版软件等《软件使用申请备案表》经审核后，工程总公司发放软件使用授权许可和介质，签订软件使用承诺书。通过对相关应用人员的培训，统一 Office 等正版软件。

2008 年 10 月，勘测设计系统企业信息门户（EIP）建设各功能模块陆续上线运行，并进行完善和补充，实现企业级搜索平台，大量分散的信息资源得到了整合，支持多种文档格式，实现概念化分析查询，能快速精确的显示搜索结果，平台整合系统内 12 万余条各种信息、文档、网页，对提高工作效率起到一定促进作用。利用 SSLVPN 技术，出差或工作在外地员工可以随时随地通过 SSLVPN 通道登陆 EIP 系统，实现远程异地协同设计，并可及时有效地处理相关业务。档案管理系统也纳入 EIP 系统平台，EIP 系统中的项目文件经过一定审批流程可以自动归入档案管理系统中，实现文档库中文件的批量、自动归档。EIP 项目建设秉承“安全、实用、高效、规范、领先”的十字方针，取得显著效果。基础规范、信息整合、资源共享、流程优化、效率提高、品牌提升，强有力地支持了企业的快速发展，为企业整体战略目标的实现起到催化剂的作用。

为启用以公文流转、信息交流和发布、文档管理等为基础的办公自动化系统，集团公司成立协同平台建立推进领导小组，并由科技设计部和公司办公室负责协同平台建立的日常推进工作。集团公司和集团各单位的网络管理员全部就位，搭建协同工作的信息化基础业务平台，集团各单位与梦龙公司签订购买合同，进行业务培训，集团公司机关公文流转、信息交流和发布、文档管理网络公文处理工作，于 2008 年底全面试用，各子分公司陆续推进。

第四章　节能减排

根据国家对能源节约、减少排放的战略规划要求，集团公司坚持厉行节约的方针，经济合理使用人力、物力、财力，用较少成本建设（生产）更多工程（产品）。采取有效措施降低施工成本、办公成本，建设节约型企业。各子分公司设立专兼职的监督员，监督检查所属单位对国家能源方针、政策、条例、标准的贯彻情况，对股份公司和集团公司有关能源规定、细则、办法的执行情况，能源消耗定额，单位产值（产品）能源指标是否先进合理，能源计量手段是否完善，节奖超罚是否符合规定，能源计划、使用、保管、统计基础工作质量，耗能设备的更新改造和节能技术的实施。

2006 年，集团公司发布《关于建设节约型企业降低管理费用措施的通知》。坚持“以人为本，安全第一，环保优先”的指导思想，开展环境风险排查，建立三级环境应急预案。2007 年，节能宣传周活动期间，广泛宣传构建资源节约型、环境友好型企业的重要意义，宣传国家有关资源节约的方针政策、法律法规和标准规范。提高物资计划工作质量，合理分配材料物资，使有限的物资发挥最大的效用。强化对合同费用的控制与管理，按照“预算到位、谈判到位、监审到位”的原则，使费用从源头得到控制。为降低大型机械的能耗，对功率低的轨道车全部进行更新。2008 年 4 月成立集团公司节能减排工作领导小组，推动全集团节能减排工作的开展。集团各单位提出能源紧缺体验活动，如厕所照明灯减半使用，冲厕水管调整阀门减小冲水量，开水房用塑料桶接剩开水和滴漏水，倡议自驾车上下班的职工换乘公共交通工具。开展节能减排技术改造，采用新设备，更新、淘汰落后设备。2008 年，全集团施工系统共淘汰落后设备 219 台（原值 2888 万元，11689 千瓦）。国家未对野外施工的工程机械提出严格的排放标准，集团公司引进的恒张力放线车等均要求达到欧洲 II 号标准。集团工厂系统，淘汰部分落后的电弧焊机、无除尘功能的调直切断机、立式开放式搅拌机，3 辆小翻斗车、1 辆 5 吨自卸车、4 辆大客车、3 台电动葫芦、1 辆液压吊车，淘汰电火花机床、熔化保温炉、锻造炉窑、自动进刀钻床、油罐各 1 台。加快老旧管网改造，严禁跑冒滴漏，提高用水效率。集团各单位办公、招待所等公共用水场所，推广节水龙头、感应龙头，坚决杜绝长流水现象。各单位内部包括集中住宅区绿地用水、景观用水等，鼓励使用雨水和符合用水水质要求的再生水，逐步减少使用城市自来水。集团各单位办公部门合理设置温度，办公室、会议室等办公区域夏季空调温度设置不得低于 26 摄氏度，冬季不得高于 20 摄氏度，做到无人时不开空调，开空调时不开门窗。养成随手关灯、及时关闭计算机电源的良好习惯，杜绝长明灯和电脑长时间待机不用现象。加强复印纸、文件袋、信封的再利用，各种文件、资料采用双面打印，各类汇报和交流材料除必须印刷，提倡采用多媒体方式进行演示。严格执行公务用车配备要求，在保证生产经营的前提下，压缩公务汽车数量，严格按汽车排气量确定消耗定额标准，节奖超罚。开展节能减排合理化建议活动，“在地铁供电施工中用节能灯具替代碘钨灯”和“北京地铁 4 号线 2 标地铁施工中水土的合理利用”合理化建议获全国优秀合理化建议奖。开展“铁路客运专线电磁辐射强度研究”、“ 220 千伏级 V/X 联结牵引变压器”、“各种外墙外保温体系应用范围、节能、环保、防火的技术研究”有关节能环保的科技课题研究。2008 年，能源消耗总量为 9.24（万吨标煤），比上年增加 3.27%；万元营业收入综合能耗为 0.068（吨标煤），比上年减少 19.1%；按营业收入计算节能量为 2.262（万吨标煤）比上年减少 28.01%。

1999 年至 2007 年集团公司能源节约统计表

表 7-4-1

年 度	名称 / 项目	煤（吨）	电（千千瓦时）时）	油（吨）	水（百吨）	焦碳（吨）
1999	计划消耗	25080	14303	3765	23070	500
	实际消耗	23194	18942	4238	22279.8	387.1
	计划节约	813	190	85	262	5
	实际节约	3459	502.18	441	2541.3	37.59
	节约完成（%）	425	264	518	970	752
2000	计划消耗	23200	17017	3848	23020	500
	实际消耗	23013	15765	4067	19015.5	420.1
	计划节约	888	228	87.7	265	5
	实际节约	1537.1	450.4	249.8	1786.7	13.8
	节约完成（%）	173	198	285	674	276
2001	计划消耗	22100	16630	3933	22320	500
	实际消耗	23973	15080.6	3736.8	19519.2	181
	计划节约	814	214	88.5	259	5
	实际节约	2736.9	1492.6	310.9	1582.1	249
	节约完成（%）	336	697	351	611	4982
2002	计划消耗	24130	17340	4003	20370	400
	实际消耗	24195.5	13084.16	3826.24	17264.5	152
	计划节约	964	232	89.9	246. 6	5
	实际节约	2219. 9	2214	296.1	1426	5.01
	节约完成（%）	230	954.5	329.4	578.35	100

年　度	名称 / 项目	煤（吨）	电（千千瓦时）时）	油（吨）	水（百吨）	焦碳（吨）
2003	计划消耗	23770	14870	4293	19300	200
	实际消耗	24513	15488	2537.69	70594	47.33
	计划节约	975	213	79.3	227	5
	实际节约	574	152	155	1135	0
	节约完成（%）	58.89	71	194.9	500	0
2004	计划消耗	24050	16350	3243	22280	150
	实际消耗	26116	27464	5417	18762	47.33
	计划节约	666	190	81	191	59
	实际节约	460	128	177	82.8	91
	节约完成（%）	69.03	67	219	43	0
2005	计划消耗		30916	6853	20120	150
	实际消耗	28706	28312	7248	28794	86
	计划节约	624	209	102	177	5
	实际节约	358	235	72	305	64.2
	节约完成（%）	57.39	112.44	70.59	172	1283
2006	计划消耗	29950	28750	7865	22600	100
	实际消耗	25226	29714	10104	32100	32
	计划节约	410	245	83	200	5
	实际节约	822	360	55	54.5	5
	节约完成（%）	201	147	66.1	27	100
2007	计划消耗	25700	29660	9885	31470	50
	实际消耗	31641	34329	11384	43876	33
	计划节约	1053	1440	153	1578	10
	实际节约	44742.5	170	144	183	0
	节约完成（%）	42.5	12	94.2	12	0

第八篇

生产管理

- 计划管理
- 施工管理
- 质量管理
- 机械设备
- 物资管理
- 安全管理

第八篇　生产管理

第一章　计划管理

1999 年至 2002 年，在局经营计划处设计划科，负责全局施工计划、设计计划、工业计划、固定资产投资计划(小型基建计划、设备购置计划)、大修计划(建筑物大修计划、设备大修计划)、施工计划管理。2002 年，集团公司机构改革，经营计划处改为经营计划部，设计划统计科，负责经营、施工、工业、设计、固定资产、大修计划的汇总编制和审核下达工作。2007 年，集团公司由企业策划部管理综合计划工作，主要负责生产经营目标计划、小型基建计划、设备购置计划和大修计划及计划执行情况的检查、监督，负责三年滚动计划的上报。工程管理中心负责施工生产计划及施工三年滚动计划的编制，负责施工、工业、设计计划的汇总编制、审核下达及统计，负责向企业策划部提供年度生产建议计划。市场开发中心负责向企业策划部提供新签合同额建议计划。集团公司为规范和加强生产计划管理，确保施工、工业、勘测设计生产有序进行，全面履行工程、工业、勘测设计承包合同，提高项目管理水平和企业经济效益，保障生产经营目标实现，2007 年颁布《中铁电气化局集团生产计划管理办法》和《中铁电气化局集团缴费管理办法》。2008 年，集团公司制定《计划工作管理办法》，进一步规范计划工作管理，。

第一节　施工计划

施工计划分为年度计划、季度计划、月计划、在建项目三年滚动计划。施工计划采取集团公司、子分公司、段三级管理，集团公司负责年度、季度计划的管理，以年度计划管理为主；子、分公司负责年度、季度、月计划的管理，以季度计划管理为主；工程段负责季度、月计划、旬日作业计划的管理，以月计划和旬日作业计划管理为主。

年度计划的编制按照“两下两上”的程序进行，集团公司根据工程承包合同和建设单位对工程总工期、投资规模、形象进度要求，在 11 月份提出下年度计划编制要求，各施工单位编制年度轮廓计划，经集团公司汇总审核，下达生产目标计划。各施工单位根据生产目标计划编制本单位的施工计划建议报集团公司，集团公司综合平衡后编制集团公司施工计划下达执行，报总公司核备。季度计划在季前 15 天由集团公司提出计划编制要求，子分公司按要求结合年度计划，编制季度计划建议，于季度初 5 日前报集团公司，集团公司综合平衡后编制集团公司季度计划下达执行。月计划由子分公司编制下达。旬日作业计划由工程段编制执行，报子分公司核备。

施工计划的主要指标有，工程任务总额、施工产值、各专业的主要工程量和各专业形象进度。2002 年，企业改制，集团公司开始编制下达综合费缴费计划。2005 年，编制下达集团公司管工程项目降造计划，以满足集团公司生存发展的需要。

第二节　任务产值

1999 年至 2008 年，集团完成施工工程任务总额和施工产值均有大幅增长，2008 年比 1999 年增加 8.6 倍。年施工项目由几十个增长到 300 多个项目，施工单位由 4 个增加到 12 个，在岗职工由 14338 人增加到 17953 人。

1999 年，完成工程任务总额 19.5 亿元、施工产值 15.62 亿元，分别为年度计划的 109.4% 和 104%。其中：铁道部独资工程完成工程任务总额 158517.7 万元、施工产值 128321.8 万元，分别为年度计划的 112.2%和 104.8%；合资铁路工程完成工程任务总额 5288.5 万元、施工产值 3783.4 万元，分别为年度计划的 108.3%和 96.8%；地方铁路及专用线完成工程任务总额 8044.2 万元、施工产值 5803.1 万元，分别为年度计划的 111%和 109.6%；路外工程完成工程任务总额 23218.4 万元、施工产值 18298.6 万元，分别为年度计划的 93.6% 和 94.1%。铁路工程主要施工项目有广深三线电化、成昆线青攀段电化、成昆线广昆段电化、南昆线电化、京广线株广段电化、哈大线电化、水株复线株六段电化、新荷新增二线、西康线电化、京山信号自闭工程、外福线电化工程等；路外工程有深汕高速公路、上海明珠线、上海地铁等。

2000 年，完成工程任务总额 26.09 亿元、施工产值 18.63 亿元，分别为年度计划的 105.8%和 103.5%。其中：铁道部独资工程完成工程任务总额 229867.3 万元、施工产值 158872.3 万元，分别为年度计划的 106.6%和 103.9%；合资铁路工程完成工程任务总额 2482.2 万元、施工产值 1853.2 万元，分别为年度计划的 196.5%和 167.6%；地方铁路及专用线完成工程任务总额 7097.2 万元、施工产值 5739.3 万元，分别为年度计划的 77.5%和 80.4%；路外工程完成工程任务总额 20879 万元、施工产值 19340.7 万元，分别为年度计划的 105.6%和 105.8%。铁路工程主要施工项目有广深三线电化、广深线电化、成昆线广昆段电化、京广线株广段电化、哈大线电化、水株复线株六段电化、新荷新增二线、西康线电化、京山信号自闭工程、外福线电化工程、京长线武蒲段电化、株六线六马段电化、青藏通信工程、襄渝线工程等；路外工程有深汕高速公路、上海明珠线、上海地铁等。

2001 年，完成工程任务总额 25.38 亿元、施工产值 19.47 亿元，分别是年度计划的 111.2%和 104.8%。各施工单位均完成施工计划。主要工程项目有京山信号自闭、广深三线、成昆线青攀段、成昆线广昆段、京广线株广段、哈大线、株六复线娄大段、宝兰二线、西康线、外福线、内昆线、株六复线六马段、内宜段、京广线武蒲段、朔黄线、神朔线、襄渝线扩能、京秦线提速改造、武广段迁改、西合线迁改、上海明珠线、广州地铁 2 号线接触网、大连城市轻轨接触网等工程。

2002 年，全集团施工计划安排工程任务总额 21.92 亿元、施工产值 19.77 亿元，完成工程任务总额 22.8 亿元、施工产值 20.38 亿元，分别为年度计划的 104.0%和 103.1%。各子分公司均完成施工产值计划。主要工程项目有秦沈客运专线电化电务工程、京秦提速改造工程、京广线株广段电化工程、哈大线电化信号工程、内昆线电化工程、襄渝扩能工程、株六复线（广州局管内）、株六线六马段电化工程、西康线、宝兰二线电化、西合线“四电”工程、新月线电化工程、北同蒲新增二线电化工程、朔黄线电化工程、神朔线电化工程、大连轻轨和上海莘闵线、广州地铁 2 号线接触网供电通信等。

2003 年，全集团施工计划安排工程任务总额 22.85 亿元、施工产值 21.43 亿元，完成工程任务总额 26.01 亿、施工产值 21.53 亿，分别为年度施工计划的 113.8%和 100.1%（不含西铁单位）。其中：铁路工程完成工程任务总额 165154.4 万元、施工产值 117513 万元，分别年度计划的 123.9%和 117.8%；公路工程完成工程任务总额 10445.5 万元、施工产值 8232.7 万元，分别为年度计划的 63.4%和 90.4%；市政工程完成工程任务总额 46543.5 万元、施工产值 37072.7 万元，分别为年度计划的 106.3%和 85.4%；房建工程完成工程任务总额 13588.1 万元、施工产值 13408.1 万元，分别为年度计划的 141.4%和 140.8%；水利码头工程完成工程任务总额 1509.3 万元、施工产值 1512.8 万元；完成其他工程任务总额 17547.4 万元、施工产值 16619.7 万元，分别为年度计划的 56.4%和 47.9%。西铁工程公司完成工程任务总额 11.36 亿元、施工产值 10.01 亿元，其个别单位未完成产值计划。主要施工的工程项目有秦沈客运专线电化电务工程、京秦提速改造工程、哈大线电气化工程、胶济线电化、西合线“四电”工程、宝兰二线电化、株六线六马段电化工程、神朔线电化工程等铁路工程;郑少、东北、漳诏、沈丹等高速公路机电工程;北京城轨、北京八通线、上海共和新路高架、武汉、大连、重庆等地城市轨道交通工程；北京景旭、北京北蜂窝、保定银通、保定人保等住宅楼工程。

2004 年，全集团施工计划安排工程任务总额 42.47 亿元、施工产值 35.33 亿元，完成工程任务总额 43.79 亿元、施工产值 35.6 亿元，分别是年度计划的 103.1%和 100.8%。在完成施工产值 35.6 亿元中，铁路工程为 23.68 亿元，占 66.5%；公路工程 3.08 亿元，占 8.7%；城市轨道交通工程 3.34 亿元，占 9.4%；房建工程 3.08 亿元，占 8.7%；其他工程 2.42 亿元，占 6.7%。铁路工程完成工程任务总额 290534.2 万元、施工产值 236800.2 万元，分别为年度计划的 134.6%和 138.4%；公路工程完成工程任务总额 35521.8 万元、施工产值 30759.8 万元，分别为年度计划的 185.4%和 163.2%；市政工程（含城市轨道交通工程）完成工程任务总额 54354.1 万元、施工产值 33409.6 万元，分别为年度计划的 102.8%和 99.6%；房建工程完成工程任务总额 31085.4 万元、施工产值 30779.3 万元，分别为年度计划的 240.8%和 238.5%；水利港口码头工程完成工程任务总额 1243 万元、施工产值 1193 万元；其他工程完成工程任务总额 25181.7 万元、施工产值 23060.7 万元，分别为年度计划的 20.3%和 19.7%。主要施工项目有郑徐线、胶济线、武九线、渝怀线、兰武线、大秦 2 亿吨提速改造、粤海通道、新月线、京郑线提速、青藏线“三电”、沟海线等铁路工程；漳诏、三福、子靖、西汉、黄延、西榨等高速公路工程；上海明珠线、南京地铁、广州地铁、重庆轻轨等城市轨道交通工程；北京景旭花园住宅、兰州图书馆、岳家楼 19 号住宅、顺义裕龙住宅等房建工程。

2005 年，全集团施工计划安排工程任务总额 62.22 亿元、施工产值 55.72 亿元，完成工程任务总额 73.94 亿元、施工产值 58.2 亿元，分别是年度计划的 115.1%和 104.5%。在完成施工产值 58.2 亿元中，铁路工程 43.9 亿元，占 75.4%；公路工程 4.94 亿元，占 8.5%；城市轨道交通及市政工程 5.39 亿元，占 9.3%；房建工程 2.82 亿元，占 4.8%；其他工程 1.14 亿元，占 2.0%。铁路工程完成工程任务总额 578764.5 万元、施工产值 439315.2 万元，分别为年度计划的 139%和 125.7%；公路工程完成工程任务总额 57189.3 万元、施工产值 49375.4 万元，分别为年度计划的 111%和 106%；市政工程（含城市轨道交通工程）完成工程任务总额 60902.7 万元、施工产值 53898.8 万元，分别为年度计划的 106.3%和 110.2%。施工的主要铁路项目有京沪线电气化工程、郑徐线电化工程、胶济线电化工程、武九线电化工程、 石怀线电化工程、兰武线电化工程、渝怀线电化工程、侯月线提速改造工程、西延线扩能工程、浙赣线“三电”工程、武嘉线电化工程、大秦线 2 亿吨扩能改造工程等；主要公路工程有河北、沈大、京珠、子靖、姜眉、云南昭待高速公路、大连石门山隧道等；主要市政（含城市轨道交通工程）工程有，上海明珠线工程、天津地铁工程、北京地铁工程、广州地铁工程、重庆轻轨工程、北京奥运支线工程及市政工程等；房建工程项目有永煤集团办公楼、兰州图书馆等。

2006 年，全集团施工计划为工程任务总额 79.26 亿元、施工产值 66.26 亿元，完成工程任务总额 86.47 亿元、施工产值 71.34 亿元，分别为年度计划的 109.1%和 107.7%。其中：铁路工程完成工程任务总额 664760.1 万元、施工产值 517313.8 万元，分别为年度计划的 140.7%和 132.4%；公路工程完成工程任务总额 38114.6 万元、施工产值 36352.1 万元，分别为年度计划的 78.7%和 78.2%；市政工程完成工程任务总额 93953.8 万元、施工产值 92739.3 万元，分别为年度计划的 69.6%和 101.2%；房建工程完成工程任务总额 45088.5 万元、施工产值 44800.1 万元，分别为年度计划的 155.6%和 157.6%；其他工程完成工程任务总额 13746 万元、施工产值 13132.7 万元，分别为年度计划的 725.8%和 1014.9%。施工的主要铁路项目有京沪线电气化工程、浙赣线电气化工程、武九线工程、西安枢纽北环线工程、沈山线电化工程、西延线扩能工程、青藏线“三电”工程、武嘉线电化工程、渝怀线电化工程、大秦线 2 亿吨扩能改造工程等；公路工程项目有大连石门山隧道、子靖、张石、赣大高速公路等；市政（含城市轨道交通工程）工程项目有北京地铁 13 号线、上海明珠线、北京地铁机场线 01、04、10 标、大连轻轨、广州地铁、上海地铁 8 号、9 号线、北京奥运支线工程、重庆轻轨工程及广州、大连、西安等市政工程；房建工程主要项目有中景理想家园房建、永煤集团办公楼、春晖小区房建、菜户营小区房建、和平里小区房、建铁科研院楼、兰州图书馆等。

2007 年，全集团完成工程任务总额 109.92 亿元、施工产值 93.95 亿元，分别为年度调整计划的 107.4%和 104.9%。其中：铁路工程完成工程任务总额 704557 万元、施工产值 565357.9 万元，为年度调整计划的 112.1%和 106.2%；公路工程完成工程任务总额 93312.5 万元、施工产值 87957.1 万元，分别为年度调整计划的 110.1%和 110%；市政工程完成工程任务总额 9688.8 万元、施工产值 9688.8 万元，分别为年度调整计划的 157%和 157%；房建工程完成工程任务总额 74752.3 万元、施工产值 71080.1 万元，分别为年度调整计划的 97%和 99.7%；城市轨道交通工程完成工程任务总额 161014.2 万元、施工产值 141527.8 万元，分别为年度调整计划的 100.1%和 98.6%；其他工程完成工程任务总额 45097.4 万元、施工产值 44566.2 万元，分别为年度调整计划的 117.7%和 120.8%。主要施工项目有：铁路工程大包线、沈山线、京津城际工程、合武客运专线、西格电化、北京动车段、洛张电化、滦港、铜九通信项目、精伊霍通信信号工程、精伊霍电气化工程、改建铁路沪汉蓉通道武汉至襄樊段增建第二线通信信号工程、京沪电气化工程、浙赣电化工程、襄渝线二线、郑西客专、新丰站改扩建工程、昆明南站集装箱站、乌精二线站前工程 S1 合同段、改建铁路沪汉蓉通道武襄段增建二线部分站前及站后工程、北京南站工程、京津城际轨道交通站后工程、石德线电气化改造工程、天津至沈阳铁路电气化工程等；公路工程重庆万开高速、三福高速公路、广西高速平钟（平乐~钟山）机电工程、百罗高速（百色-罗口村段）机电工程、柞小高速公路、省道环山公路 F 标段、张石二期 L8 合同段、武英高速公路、江西武吉高速公路 B12 合同段、江西赣大高速公路工程、咸阳机场高速公路工程、云南昭待高速公路工程、石家庄绕城高速公路工程、濮开高速公路长垣至封丘段机电工程等；市政工程广州新国际机场高速公路北延线景观及道路照明工程、广州新国际机场高速公路北延线景观及道路照明工程)、西安市人行天桥、西安浐河立交工程等；房建工程金兰家苑 3 号 4 号楼工程、春晖小区 1 号 2 号 3 号高层住宅楼、宝鸡器材厂工业园区、西南交大体育馆游泳馆、和平里车站住宅小区工程、铁科院 1 号住宅楼等 8 项工程，东直门航空服务楼、科技创新基地等五项工程，靛厂新村改造、西山万泉别墅等；城市轨道交通工程北京 5 号线(供电)、北京环线改造(变电)、上海 1 号线富锦路停车厂、天津地铁 1 号线供电工程、上海 8 号线一期牵变降变电力监控安装、北京地铁东直门、北京地铁 4 号线、北京地铁机场线 10 标、北京市轨道交通首都国际机场线 04 标段、北京地铁奥运支线工程、机场线 11 标、机场线安装工程、上海地铁 8 号线接触网、干线电缆、防迷流系统、北京市首都机场线设备集成及安装工程、上海地铁 9 号线接触网、南京地铁 1 号线南延线工程等。

2008 年，全集团完成工程任务总额 167.64 亿元、施工产值 133.83 亿元，分别为年度调整计划的 114.4%和 109.9%。其中：铁路工程完成工程任务总额 1303775.9 万元、施工产值 1019905.9 万元，分别为年度调整计划的 112.8%和 108.7%；公路工程完成工程任务总额 59475.3 万元、施工产值 42682.5 万元，分别为年度调整计划的 115.1%和 113.6%；市政工程完成工程任务总额 12824.1 万元、施工产值 12782.1 万元，分别为年度调整计划的 141.6%和 14.1%；房建工程完成工程任务总额 106568.2 万元、施工产值 106366.6 万元，分别为年度调整计划的 120.6%和 123.2%；城市轨道交通工程完成工程任务总额 133591.2 万元、施工产值 96677.5 万元，分别为年度调整计划的 134.3%和 107.8%；其他工程完成工程任务总额 48014.6 万元、施工产值 47658.4 万元，分别为年度调整计划的 121.3%和 122.6%。主要施工项目有：铁路工程大包线、天津站改扩建工程、京津城际工程、合武客运专线、西格电化、北京动车段、洛张电化、武广客运专线系统集成工程、甬台温客专、温福线客专、京九线电气化、西黄线工程、铜九通信项目、精伊霍通信信号工程、精伊霍电气化工程、改建铁路贵阳枢纽贵阳南编组站扩建及枢纽客车外绕线工程、襄渝线安康至梁家坝 2 标段电气化工程、岢岚至瓦塘专线（岢岚至魏家滩段）电力电气化工程二标段、神朔线桥头变电所改造工程、蓟港铁路背塘-东大沽改造、襄渝二线、大秦胡东车辆段、新丰编组站改扩建、郑西客运专线、洛湛线永州-岑溪段站后工程、大秦线 4 亿吨扩能改造工程、准东铁路二期（虎石-准格尔召段）线下工程第一标段、包神铁路增建二线（东胜-巴图塔段）工程第一标段、乌精二线站前工程 S1 合同段、达钢专用线(襄渝并建二线)工程、沪汉蓉通道四电工程、京津城际轨道交通站后工程、武汉北编组站、郑州枢纽郑州站西出口、大丽线、新建铁路沪汉蓉通道合肥至武汉段引入武汉枢纽汉口站站房改造工程、新建铁路沪汉蓉通道合肥至武汉段引入武汉枢纽汉口站站房扩建工程、新建合肥至武汉铁路湖北段站后工程、兰青线兰州至西宁增建二线工程（兰州铁路局管段)工程、洛湛线永州-岺溪段站后工程、昆沾线电气化改造工程、大秦线牵引供电系统扩能改造工程、大包铁路电化改造大同枢纽古店至大同东联络线及配套工程 DDLX-1 标段、南昆线威昆段牵引供电系统能力增强工程、大秦铁路 4 亿吨扩能 CTC 配套工程、大郑线甘旗卡至巴胡塔增建二线自动闭塞工程等；公路工程西攀高速隧道照明消防及供配电系统、泉山高速机电工程、辽宁省高速公路铁岭至朝阳高速公路通信工程、郑州至石人山高速公路工程建设项目第 ZSJD-1 合同段、武英高速公路、西铜改扩建 XTK-SZ 标、郑西绕城公路、宝牛高速公路工程、咸阳机场高速公路工程 N1 合同段等；市政工程安徽省合肥市路灯照明工程、西安市人行天桥、蔡阳渭河大桥上跨、乌鲁木齐米东路改建工程等；房建工程中景四季花城 1 号、3 号、7 号楼商业楼及会所、苏州长江节能科研楼、宝鸡器材厂工业园、中水电住宅小区、东直门航空服务楼、武铁家苑、铁科研 1 号住宅、靛厂新村改造、羊坊店工程等；城市轨道交通工程北京 1 号线、2 号线（供电)、北京 5 号线(供电)、北京 10 号线（供电)、北京 10 号线（机电）、长春轻轨二期、上海轨道交通 6 号线玻璃钢槽制作安装、西安市轨道交通 2 号线 TJSG-11 标、北京地铁 4 号线、北京地铁东直门、北京地铁机场线 04 标段、北京地铁机场线 10 标、广州地铁杨箕站、重庆快轨新华街车站工程、北京地铁奥运支线工程、大连快轨 3 号线续建工程、沈阳市地铁 1 号线一期及延长线工程供电系统集成、北京市轨道交通首都机场线设备系统集成安装工程项目总承包合同、北京市轨道交通首都机场线设备集成及安装工程（系统 7）项目总承包合同、上海地铁 8 号线接触网、干线电缆、防迷流系统、北京地铁奥运支线 BT 工程供电系统、重庆轨道交通 3 号线一期检修通道工程、南京地铁 1 号线南延线工程等。

第三节　验工计价

集团公司验工计价工作，分为三种管理模式，即集团公司管项目、委托子分公司管理项目和各子分公司自揽项目。集团公司中标的工程项目，有两个以上参建单位施工的，集团公司成立指挥部或项目部，负责全线的验工计价工作；由一个参建单位施工的项目，集团公司全权委托该单位代表集团公司成立指挥部（项目部）负责验工计价工作；各子分公司自揽项目自行负责验工计价工作。集团公司成立指挥部的工程，指挥部负责验工计价的工作人员由工管中心负责派出，制定适合本工程特点的验工计价管理办法，根据施工承包合同及监理工程师、专业工程师签认的工程数量表，负责工程项目外部验工计价，根据与各参建单位签订的分包合同，按实际工程进度进行内部验工计价审核，负责组织进行包价外索赔工作。各参建单位负责向指挥部提供监理工程师、专业工程师签认的工程数量表，根据与集团公司签订的分包合同，按实际工程进度编制内部验工计价资料。集团公司委托子分公司管理的项目，受委托单位全权代表集团公司负责本工程项目的验工计价工作，负责验工计价工作人员由受集团公司委托单位派出，但事先必须向集团公司业务主管部门汇报，征得业务主管部门的同意，业务上受业务主管部门领导，原则上集团公司不参与项目的验工计价的具体工作，但业务主管部门随时对项目的验工计价工作进行监督、检查和指导。各子分公司自揽项目，由中标的子公司负责项目的验工计价工作，并派出验工计价人员，子公司需要时，集团公司将对其提供支持和服务。2006 年，集团公司组建系统集成事业部，铁路站后四电系统集成项目的验工计价工作由系统集成事业部全面负责。城轨事业部施工的城市轨道交通工程，验工计价工作全部由城轨事业部负责。

1999 年至 2007 年 8 月，集团公司验工计价管理工作执行电气化局《工程验工计价管理办法》。2007 年 9 月，为适应集团发展战略的要求，充分发挥各级管理机构的作用，制定《中铁电气化局集团工程项目验工计价管理办法》，规范工程项目验工计价管理工作。

第四节　固定资产投资计划

集团公司的固定资产投资包括小型基建和设备购置，每年分别制定小型基建计划和设备购置计划并按时完成。

小型基建投资：1999 年完成 8800 万元，2000 年完成 14591 万元，2001 年完成 8527.2

万元，2002 年完成 3673.8 万元，2003 年完成 3685.2 万元，2004 年完成 1083.1 万元，2005 年完成 5986.1 万元，2006 年完成 4815.7 万元，2007 年完成 8323.4 万元，2008 年完成 3440.2 万元。

设备购置投资：1999 年完成 6443.4 万元，2000 年完成 4336.7 万元，2001 年完成 4095.5 万元，2002 年完成 5278.5 万元，2003 年完成 1548.6 万元，2004 年完成 15879.8 万元，2005 年完成 14105.4 万元，2006 年完成 10767.4 万元，2007 年完成 10104.9 万元，2008 年完成 17301.8 万元。

第五节　统　计

1999 年至 2002 年,在局经营计划部设统计科,负责全局施工、设计、工业、固定资产投资(小型基建、设备购置)、大修(建筑物大修、设备大修)、劳动工资统计和地方政府有关统计。2002 年以后，在集团公司经营计划部设计统科,统计管理工作内容增加新签合同额统计和企业营业额统计。2007 年，企业策划部负责集团公司综合统计工作和专业统计的建筑业统计、新签合同额统计、固定资产投资统计、设计统计、工业统计、劳动工资统计等。工程管理中心负责施工生产统计，向企业策划部提供生产统计报表。市场开发中心负责新签合同额统计汇总，向企业策划部提供新签合同额统计资料。企业策划部设专职统计人员 3 人,各子公司、分公司、事业部、工厂处配备专、兼职统计人员 1 至 2 人，其他直属单位配备兼职统计人员 1 人，各段、厂级单位配备专、兼职统计人员 1 人，项目（经理）部配备兼职统计人员。集团公司的统计工作贯彻执行《统计法》及中国中铁股份公司、北京市《统计工作管理办法》、《统计年报制度》。2004 年，集团公司制定《统计基础工作规范化标准》下发执行。各单位结合本单位的特点，逐步建立健全统计台账，加强统计报表和原始记录的管理；整理并建立历史台账，为经营投标工作、资质年审和升级提供资料，为企业经营管理服务。2008 年，集团公司制定《统计工作管理办法》颁布执行。

集团公司根据各单位上报的统计资料，按期完成中国中铁股份有限公司的建筑业统计(含企业营业额统计)、新签合同额统计、设计统计、工业统计、固定资产投资统计、劳动工资统计的年报、定期报表和中央企业月报，完成北京市统计局景气调查年、季报,丰台统计局建筑业统计和劳动工资统计年、季报，完成丰台科技园统计年、月报，完成建设部统计月报。 统计执法检查每年进行一次，3 月至 5 月由各单位进行自查，自查率要达到 100%; 5 月至 7 月,集团公司组成统计法规检查组对各单位进行抽查,抽查率达到 30%以上。通过历年的检查，各单位基本做到知法、懂法、守法，没有发现虚报、瞒报、有意弄虚作假，篡改统计数字等违反《统计法》的行为。集团公司每年都坚持开展统计分析和论文工作。

第二章　施工管理

1999年，局施工处负责全局施工管理工作，施工处下设8个科室：通信科、信号科、变电科、接触网科、技术科、调度科、工程运输科和战备办公室。2002年，原施工处撤销成立生产质量部，设综合技术科、质量管理科、标准科、机械设备科、调度运输科、战备防洪办公室和项目中心办公室。2006年，标准科并入新组建的科技部。2007年1月，以生产质量管理部为主体框架，与有关职能部门重新组合，成立集团公司工程管理中心（简称工管中心）。工管中心负责集团公司所管工程的施工组织、协调指导，对所承建的工程项目进行全过程的管理；负责全集团的质量、定额、验工、合同、计划管理及机械设备管理工作。工管中心设施工技术部、质量管理部、机械设备部、计划合同部、综合部。2008年底共有36人，其中正处级10人、副处级7人、一级部员12人、其他部员8人。

第一节　施工技术管理

施工技术管理工作，2008年以前执行《施工技术管理规则》。2008年，为落实国家施工技术管理方针、政策和法规，适应集团公司体制改革和深化管理的需要，提高集团施工技术管理水平，进一步纳入规范化、科学化的轨道，实现施工安全、优质、高效，满足市场需要、达到用户满意，制定《中铁电气化局集团有限公司施工技术管理办法》。集团公司实行以总工程师为首的技术领导系统，集团子公司、分公司和项目部设施工技术部门，作业队设施工技术人员并实行分级负责制，在职、责、权统一原则下，协调、组织施工技术管理工作，控制和监督工程质量，为业主及施工现场提供合同、工程投标书或相应协议文件中规定的技术指导和服务。

一、施工准备

依据施工合同、工程投标书、工程数量、工期要求、质量要求、权利和义务、违约责任、工程价款结算办法、技术监察和竣工验收交接办法、相互配合与信守条款等，有针对性地进行施工准备。

（一）施工技术调查。施工调查是审核设计文件、编制实施性施工组织设计及进行技术交底的重要依据，也是合理组织施工的先决条件。大中型项目由集团公司领导或总工程师负责，组织有关业务部门和承担施工任务的子分公司进行调查。现场施工调查由项目部组织实施，项目部根据投标文件中的技术要求，技术负责人制定施工调查计划，项目部经理或副经理带队，组织有关人员进行施工调查，形成调查记录。调查内容主要包括自然情况和施工条件。

（二）设计文件审核。2003年开始，根据项目管理实施的情况，设计文件审核工作主要由项目部组织实施，由项目部技术副经理、总工程师组织，工程技术部具体实施。通过审核对设计文件的组成、意图、标准、工程规模、范围与特点和工程推广应用的新技术予以了解和掌握，对设计方案、安装装配图、施工可行性、相关区段的整体性和专业工程接口以及其他有关内容进行审核。设计文件审核还包括参加业主组织的设计交底和会审工作。审核主要内容包括设计文件的范围、内容、概算深度、施工组织设计和在施工中应采取的技术方案、工程数量、设备选型、征地范围、拆迁方案及施工图中各种设备、结构、安装位置和路径以及技术条件是否正确、各专业的衔接配合是否妥当、特殊设备和材料的品种、规格和数量是否正确等，对设计中存在的问题及时向设计单位书面提出优化方案。

（三）施工图定（复）测。施工定测在业主的主持下进行，主要在设计交底完成后开始，由项目部组织技术人员参加。施工定测必须结合施工现场的实际情况，在满足设计、施工规范和使用要求的前提下，重点考虑施工方便并满足施工的基本条件要求。施工定测发现与施工设计图不符时，在定测工作结束后，必须整理出变更设计并按合同规定报批，批准后的设计变更资料应作为施工的依据。施工定测时需邀请相关专业参加，以明确施工界面，避免交叉干扰。

（四）施工组织设计。施工组织设计是指导和组织施工的依据， 2003年，集团公司颁布施工技术管理文件，规定按集团公司直管、子分公司自管工程的原则由相应指挥部（项目部）编制施工组织设计，项目部应遵循统筹兼顾、全面安排、总体协调和均衡施工的原则进行编制，集团公司直管工程项目的《施工组织设计》由集团公司工管中心组织审核，报集团公司主管副总经理批准。子、分公司自管工程项目的《施工组织设计》由子、分公司生产管理部门组织审核，报主管副总经理批准。2004年，西安铁路工程总公司与集团公司重组后，施工资质增加站前各个专业。2005年以后，编制施工组织设计时将站前改造专业编入施工组织设计。2008年，根据中铁工程总公司的下发的关于修改施工技术管理办法及编制施工组织设计的文件精神，结合集团公司各专业的实际情况，编制新的《施工技术管理办法》，印发《施工组织设计编制指南》，增加对站前专业的施工技术管理和施工组织设计编制的内容，完善各专业的管理，对施工组织设计编制内容进行规范。

二、技术管理

（一）施工技术交底。2003年，集团公司规定，施工技术交底工作分为项目交底和技术交底两部分。项目交底由经营部门向项目部进行交底工作，内容包括项目概况、主要技术要求、投标承诺（包括口头承诺）、业主对职业安全健康、质量、工期和环境保护方面的要求等。项目经理、技术副经理、总工程师、工程部长等主要生产技术管理人员参加。技术交底主要是项目部内部的技术管理工作交底，主要分项目部技术交底、作业队向工班的交底，根据工程技术特点和规模多次、分层次进行。项目部技术交底会由项目经理主持，项目部技术部、作业队的有关领导、安质和技术人员参加，交底内容包括整个建设项目的《施工组织设计》和《质量计划》、《职业安全健康管理方案》和《环境管理方案》、设计文件及重要设计变更、主要技术标准、施工方案及新工艺等。项目部技术交底工作可由项目部技术负责人通过年、季召开的生产会议或专门交底会议上进行。作业队技术交底由作业队负责人主持，作业队有关管理和技术人员、工班长和所有作业人员参加,可通过专门交底会议、技术学习培训或结合各种会议分阶段进行。主要是对上级有关技术交底内容、施工图纸及其审核、施工定测和复测、施工调查资料，特别是对管段内技术复杂项目的施工准备、工地布置、自购自加工料等工作部署，施工方案、施工标准、操作程序、工序之间的配合，以及安全、质量、降低成本措施等情况进行详细交底。各级技术交底记录由交底人员填写并保留。

（二）开工报告。各专业工程开工前必须认真做好各项准备工作并检查落实，确认工程开工应具备的主要条件，施工文件、施工图纸、施工技术交底、施工定测或复测、现场交桩、拆迁和工程用地、工地布置，运输便道以及前期施工安排、施工临时用水、用电、施工现场安全措施等是否都已基本具备，如具备可按照业主或监理规范要求提报开工报告，由业主审批。

（三）技术培训及咨询。1999 年，举办变电、接触网、通信专业新技术新施工方法培训班，重点对各专业所采用的高新技术、国外的标准及今后发展方向、主要设备构造原理及安装施工方法进行介绍。2001 年，在项目经理举办的培训班上讲授 “施工网络计划”、“施工组织设计”等课程。举办《高速电气化铁路接触网技术理论学习班》，聘请专家、教授讲解高速电气化铁路接触网的技术、施工方法。2004 年，举办“大秦线 2 亿吨扩能改造施工技术培训班”，主要从电气化施工总承包项目管理、施工技术管理、施工组织（施工方案）、物流管理、施工工艺（作业指导书）、设计思想等方面进行培训和研讨，推动电气化施工总承包模式的开展。 2005 年，积极介入铁路客运专线和有关电气化工程总包项目的前期工作，与有关设计院和京津客运专线筹备组保持紧密联系，提供相关技术咨询和服务。2007 年，针对京沪、浙赣等既有线改造存在的接触线硬点问题，结合京沪电化改造 200-250 公里/小时施工中的缺点，举办接触网硬点原因及整治培训班，为现场及时处理接触线硬点提供依据。

（四）设计变更。2003 年，集团公司规定变更设计，按照合同规定的变更设计处理办法和《铁路基本建设变更设计管理办法》进行变更，由项目部负责实施。设计变更分Ⅰ、Ⅱ、Ⅲ类，铁路工程分类标准执行铁道部颁布的设计变更管理办法。设计变更的原始资料包括变更设计通知书、修改图纸及有关会议纪要等。2005 年，铁道部颁布《铁路建设项目变更设计管理办法》，铁路建设项目有关变更设计的范围、程序和要求与原规定有较大变动，取消了Ⅲ类变更，设计变更分为Ⅰ、Ⅱ类。2008 年 12 月，集团公司发布的施工技术管理办法对 2003 年的规定进行了修改，重新明确变更设计的分类执行标准和工作流程。

（五）设计文件管理。设计文件的管理由项目部工程技术部组织完成。项目部技术人员收到设计文件并确认其有效后，应进行标识、登记记录，发现问题应及时向设计单位反映并在工程日志中记录反映情况。标识好的设计文件及时发放给作业队和有关部门，并做好发放记录。图纸不得擅自更改和随意做标识，更改必须有书面依据，更改后在图纸更改单上注明更改时间、更改人、更改依据、更改范围和处数等。

（六）施工技术检查。2001年，集团公司组织有关人员对武广线、哈大线、朔黄线、株六线、京山线、内昆线等工程施工期间和竣工验收前进行多次施工质量大检查，确保开通顺利和运输畅通。2003年，集团公司规定，公司直接施工项目实行年度例检，子分公司和项目部实行抽检，检查范围是上年度各单位技术工作及本年度技术工作准备和进展情况，并明确检查的主要内容。

三、竣工验交

竣工验收的目的是检验工程质量，严格按国家、铁道部建设项目竣工验收标准、设计文件、承发包合同等要求执行。验收是一个有组织、有针对性的过程，必须有针对性地组织实施质量保证措施，有步骤分阶段完成验收交接。竣工验收主要依据承发包合同、设计文件（包括变更设计及有关协议）、国家及行业的有关规定和标准。铁路项目执行铁道部《铁路建设项目竣工验收交接办法》，按照静态验收、动态验收、初步验收、安全评估和正式验收五个阶段组织完成；客运专线项目按铁道部《铁路客运专线竣工验收暂行办法》进行验收。

（一）竣工验收自验阶段。工程竣工验收前，由指挥部（项目部）组织施工技术及质量检查等部门的人员成立竣工自验小组，进行最终检验和试验工作。自检中发现的问题由指挥部（项目部）提出处理意见，作业队限期克服。在自验中，以设计文件、验标、合同文件等为依据，检查工程项目是否满足设计要求，设备试运行是否合格，工程质量是否符合验收标准，检查竣工文件是否齐全、完备，是否符合有关规定，对工程作出质量评定，不合格项目要求施工单位限期整改。在自验合格的基础上，向建设单位提出验收申请报告。2000年，由局组织对株六线、成昆线、神朔线、西康线、广深线和上海明珠线等各工程进行竣工开通前的检查，确保一次合闸送电成功。2001年，集团公司组织对武广线、哈大线、朔黄线、株六线、京山线、内昆线等工程竣工验收前进行多次施工质量大检查，确保开通顺利和运输畅通。2003年，集团公司下发《施工技术管理办法》和《项目管理实施办法》后，施工管理逐渐往项目部制模式发展，竣工前的自验工作由项目部组织。

（二）竣工验收检查。工程竣工后，各专业主体工程经自验达到竣工验收标准后，由指挥部（项目部）向建设单位报送《竣工申报表》，同时抄报上级生产管理部门，请求组织工程验收，并在规定日期内提交竣工资料。工程竣工验收工作由建设单位验收委员会（或验收领导小组）领导，由建设单位、设计、监理、施工等单位组成验收委员会，施工单位指挥长/项目经理是施工单位验收总负责人。指挥部（项目部）应按专业分组，由专业工程师负责，配合建设单位开展验收工作。

通信工程。自 2000 年 8 月，铁路通信工程验收除执行承发包合同、相关设计文件及有关的国家和行业标准外，还执行新版《铁路通信工程质量检验评定标准》（TB10418-2000），2004 年 1 月 1 日开始执行《铁路运输通信工程施工质量验收标准》（TB10418-2003）。

信号工程。自 2000 年 8 月，铁路信号工程验收除执行承发包合同、相关设计文件及有关的国家和行业标准外，还执行新版《铁路信号工程质量检验评定标准》（TB10419-2000），2004 年 1 月 1 日开始执行《铁路信号工程施工质量验收标准》（TB10419-2003）。

变电工程。建设单位在验收委员会的统一领导下，组织现场验收小组，依据承发包合同、设计文件、设备技术文件、国家和行业规定的验收标准、协议等有关文件，对变电工程进行全面验收检测。2000 年 8 月，铁路变电工程验收开始执行《铁路电力牵引供电工程质量检验评定标准》（TB10421-2000），2004 年 1 月 1 日，开始执行《铁路电力牵引供电工程施工质量验收标准》（TB10421-2003），依据试验标准，检查试验记录，并进行设备操作联动试验和模拟事故试验，确认设备的电气性能是否满足设计要求。经验收若存在缺点，施工单位克服后，接管单位进行复验。

接触网工程。2000 年 8 月，铁路电气化接触网工程验收开始执行《铁路电力牵引供电工程质量检验评定标准》（TB10421-2000），外福线、武广线、株六线、哈大线等线执行此验收标准，哈大线除按此检验评定标准执行外，验收依据还执行哈大电气化工程系统引进实施办公室编制的《哈大电气化工程接触网验收标准》。2004 年 1 月 1 日，最新版《铁路电力牵引供电工程施工质量验收标准》（TB10421-2003）发布，铁路电气化接触网工程验收开始执行此验收标准。2006 年 9 月，铁道部针对客运专线发布《客运专线铁路电力牵引供电工程施工质量验收暂行标准》，客运专线接触网工程验收除执行设计、合同、协议、验收标准外，相应各条线都针对本线的条件制定验收暂行标准。

（三）开通交接。铁路电气化工程开通交接从 1987 年来一直按铁道部《铁路电气化工程开通的基本程序》进行开通，1999 年，电化局颁布企业标准 Q/TDJ1002-1999《铁路电力牵引供电工程标准化开通程序》，电气化工程的开通交接按此标准组织进行。2003 年，集团公司《施工技术管理办法》发布后，工程竣工之后的开通交接实行由项目部执行的模式，设立集团公司指挥部的电气化工程开通由指挥部组织，所辖项目部执行。武广线、哈大线、秦沈客运专线、西合线、大秦线重载提速改造、京沪线、浙赣线等电气化改造开通都由集团公司指挥部组织开通，指挥部编制开通组织方案，送电开通方案经验交委员会批准后，下发至各项目部，由项目经理负责，按照送电开通方案做好送电开通准备工作并组织学习培训，各项目部严格按开通方案组织开通。

（四）竣工文件编制。工程竣工文件，从施工准备开始就做立卷工作。2001 年 11 月，铁道部下发《铁路建设项目竣工验收交接办法》。2002 年，下发《铁路建设项目竣工文件编制移交办法》，重新规范铁路竣工文件的编制方法。2008 年，铁道部重新颁发《铁路建设项目竣工验收交接办法》，对竣工验收申报表、静态验收、动态验收、初步验收、安全评估和正式验收等过程进行要求，客运专线的竣工验收执行《铁路客运专线竣工验收暂行办法》。竣工文件交接工作包括文件的收集、编制和移交。对于路外工程按合同规定，对于铁路工程遵照铁道部《文书档案宗卷质量标准》和《科技档案案卷质量标准》的规定以及业主的要求办理，并按规定时间内把竣工文件移交有关单位。

第二节　施工调度

施工生产调度是施工企业交流施工生产信息的中心，实施施工管理的重要环节。调度的任务是全面、及时、准确的收集、掌握施工生产动态，传递和反馈各种施工信息；依据设计文件、施工组织设计、施工生产计划，全面掌握施工进度、安全质量、物资供应等情况；督促、检查施工中各项措施、指示、命令的执行情况；针对施工生产中存在的问题，做好纵横矛盾的综合、分析、协调、平衡工作，以促进施工生产的有序推进和施工生产计划的完成。2003 年 5 月，集团公司制定新的《生产调度工作管理办法》，同时制定公司生产调度交班会办法和公司值班室交接班制度。

一、调度组织网

2001 年以前，设局、处、段、队四级调度。局在施工处设调度科，工程处设调度室，工程段设值班调度。2002 年机构改革，成立生产质量部设调度科，各子公司、分公司、事业部、项目部设调度室。各线指挥部（项目经理部）是集团公司、子公司、分公司、事业部临时派出机构，根据工程规模和任务量大小，酌情设置临时调度机构。实行调度长负责制，由主管生产的副总经理、副部长、分别担任各单位调度长，直接领导调度工作。

二、调度制度

（一）值班制度。2002 年以前，实行局、处、段三级调度 24 小时值班。各单位设领导干部总值班时，调度不重复值班。自 2003 年开始，调度不再值夜班，每日上、下班前，调度与集团公司值班室进行交接班。法定节假日期间，单位设领导干部总值班时，调度不重复值班。

（二）通话及汇报制度。实行每日各级调度按规定时间逐级汇报工程进度、施工中发生的问题及安全质量情况等。2003 年开始，每周一至周五各子、分公司、集团公司指挥部（项目部）调度，早 8 时至下午 17 时实施调度通话及汇报制度，发生死亡、重伤、重大行车事故、重大工程质量事故，立即逐级汇报。

（三）交班会制度。集团公司每周二早 8 时 30 分召开调度交班会，每月的第一周为月度大交班会，交班会由公司调度长或副调度长主持，各有关业务部门负责人参加。生产调度科汇报上月（上周）工程进展情况、施工信息、施工现场反映的主要问题及上次交班会拟订措施的落实情况；计划、设计、施工、物资、工厂、安监，公安、工会、团委、财务等各业务部门分别通报本月（本周）各自围绕施工生产需落实解决的问题和主要工作配合及进展情况；研究提出解决问题的办法和措施，公司调度长或副调度长归纳、总结、协调，决定下一步工作重点，落实经办部门。集团子、分公司的生产调度交班会一般在星期一由子、分公司调度长主持召开。

三、调度通信网

调度工作主要依靠网络联系，上传下达互通信息。1999 年，局组织开发《调度管理计算机软件》，当年通过鉴定，5 月推广应用，实现局、处、段三级调度系统计算机联网。2000 年 7 月，局组织开发的《电化局施工调度网络应用与研究》通过评审，各工程处调度及段调度实现微机网络管理。2001 年以后，每月初集团公司大交班会的内容均以“会议纪要”形式登录局域网，为上级和集团公司内各部门提供施工生产信息服务。2003 年，在电气化分公司、城轨交通事业部安装使用“施工调度管理软件”和“施工调度网络应用技术”，并对调度人员进行培训。2007 年，工管中心成立后设综合部，承担原调度科的管理职能（兼中心办公室职能）。认真贯彻执行集团公司《生产调度管理办法》，推行调度工作标准化、规范化、微机网络化管理，保持调度信息主渠道畅通运行。

第三节　路用车和轨行车辆运输

为解决电气化铁路建设用大宗物资和大型设备（接触网支柱、钢柱、配件等）的铁路运输问题，施工处设工程运输科负责此项工作。2002 年，生产质量部将工程运输科和调度科合并为调度运输科。2007 年，生产质量部改为工程管理中心，取消调度运输科并入综合部。

为做好路用车和轨行车辆运输工作，认真贯彻执行部颁和企业内部关于路用车使用、管理和路料运输的有关文件、命令和规章制度，办理集团公司每年一般路用车汇总、审查和报批手续，直接受理发运单位铁道部控制口而需报铁道部批准的轨行车辆运输计划并检查落实情况，根据铁道部关于一般路用车及轨行车辆运行统一管理的原则，做好一般路用车的管理、使用及轨行车辆运输的计划审查、平衡、报批以及发运等工作。根据集团公司年度施工任务，运输工作紧密配合施工任务进度的安排，做到急施工现场所急随报随批和运输渠道的畅通，为完成施工计划和工期提供有力的保障。2005 年以后，平均每年申请路用车 100 余辆、轨行车辆跨局运行申请部令 70 余个。

第四节　定额管理

1999 年至 2001 年，定额管理工作在局技术处设定额站及专职人员，负责企业定额的日常编制组织工作。2002 年，集团公司机构改革，定额管理工作划归新成立的经营计划部。2007 年 1 月，定额管理工作划归工程管理中心下设的计划合同部。

2003 年，参与《时速 200 千米铁路工程补充预算定额（站后工程）》电力牵引供电专业部分的编制工作。2004 年至 2006 年，铁道部对电力、牵引供电工程预算定额进行修编，集团公司参编电力及电力牵引供电工程定额修订。2006 年底，建设部组织编制城市轨道交通工程预算定额，集团公司为城市轨道交通供电工程预算定额的主编单位，并作为 2007 年重点科研项目予以立项。2008 年 1 月完成审查稿并通过建设部审查，6 月在全国发布实施。该项目填补了国内城市轨道交通工程预算定额的空白，广泛应用于设计院、建设单位及施工单位的设计、投标、成本管理工作。2007 年，参与《客专补充预算定额》牵引供电及声屏障专业部分的定额编制工作，并作为 2008 年重点科研项目予以立项。2008 年，根据铁道部“关于印发《铁路工程建设标准编制计划》的通知”，受铁路工程定额所委托，由集团公司对现行铁路通信工程预算定额进行全面测定与分析。集团公司成立定额测定工作领导小组，本着精干、高效、职责明确的原则，由集团各参编单位抽调具有丰富施工和管理经验的人员成立定额测定工作小组，认真对现行定额进行分析、分类、整理，经大量的现场实测与工地调查，展开通信预算定额初步测定，至年底分析整理工作仍在进行。

第五节　战备、人防、防洪

一、战备

集团公司是承担铁路工程建设的企业，按照国防交通法的要求，有参加铁路交通建设、保护铁路国防交通设施、接受铁路国防交通教育的任务。平时做好铁路应急保障准备工作，形成有效的铁路保障体系，逐步提升战时保障各项职能。随着国家对交通战备工作总体要求的调整变化，专业保障队伍必须尽快适应调整变化的新要求，进一步解放思想，转变观念，打破传统思维定式，以创新思路正确处理好平时服务、急时应急与战时应战的关系。根据国务院铁路主管部门的计划部署，动员人力物力，组织实施在本责任区铁路重点工程保障任务，平时在有关部门的协助下，进行必要的铁路抢险、抢建和进行快速机动的各项准备，做到召之即来，来之能战，战之能胜。自 1986 年成立局“战备领导小组”以来，虽然人员几经更迭，但机构常设不变。集团公司战备领导小组由集团公司主管生产的副总经理任组长、公司工程管理中心主任任副组长、各子分公司经理为成员组成。下设战备办公室，由工管中心副主任任办公室主任，副主任由主管运输人员兼任。集团各子分公司设兼职战备工作人员，负责本单位的战备工作。根据北京军区和铁道部交通战备办公室的要求，集团公司战备办公室对下属兼职交战干部进行培训，不断提高对战备工作重要性的认识，明确工作目标和内容。各子分公司结合工程实际，在施工现场进行小规模战备演练。

2008 年，根据中国中铁股份公司要求，成立“中铁电气化局集团工程保障大队”。保障大队总指挥部设在北京市丰台区金家村 1 号院公司机关。集团公司主管生产的副总经理为抢修抢险铁路交通保障大队的总指挥长，各子分公司总经理为副指挥长，各子分公司工程管理部部长及施工现场的项目经理为现场指挥。根据各子分公司所在地区确定各自的铁路交通保障抢险和抢修任务，一公司负责北京地区、二公司负责武汉地区、三公司负责郑州地区、西安工程公司和西安建设公司负责西安地区、城市轨道交通公司负责北京地区的城市轨道交通抢险和抢修工作、维管公司负责所在铁路线路的维护抢险和抢修工作。各公司负责所在地区抢修抢险方案的编写，设置指挥机构，组织铁路交通保障队伍。集团工程保障大队人员为 1000 名，按保障区域与任务划分为 7 个中队：北京一中队（120 人）、武汉二中队（120 人）、郑州三中队(120 人)、西铁建设四中队（100 人）、 西铁工程五中队（100 人)、维管六中队（340 人)、城市轨道交通七中队（100 人)。保障队伍先后参加 2008 年初京广线冰冻灾害 138 公里电力线路的抢修、“4.28”胶济线撞车事故的抢险、“5.12”四川汶川地震宝成线“109”隧道的抢修。维管公司利用对线路的日常维修进行铁路交通保障队伍的演练。通过对铁路进行抢修抢险，进一步锻炼了集团公司铁路交通保障队伍实战能力和应对突发事件的快速反应能力。

二、人防

2008 年 1 月，集团公司成立以副总经理为组长，多个部门领导兼任小组成员的人防工作领导小组，人防办公室设在工程管理中心综合部。贯彻中央国家机关人民防空委员会办公室《关于进一步做好人防工程和普通地下室安全隐患排查治理工作的通知》及《关于落实〈平安奥运行动-中央国家机关人防工程和普通地下室安全管理工作实施方案〉的通知》精神，对人防工程和普通地下室进行清理和检查，集团公司现有人防工程 6 处 4566.36 平方米、普通地下室 5 处 8145.72 平方米。制定了防汛和防空袭预案，物业人员专人负责，24 小时巡逻值班，确保万无一失。

三、防洪

贯彻落实《铁路实施〈中华人民共和国防汛条例〉细则》，集团各公司、项目部的施工队伍是防洪抢险的主要力量。每年汛期到来之前，集团公司拟文部署防汛工作，根据铁道部的要求，成立集团公司防洪领导小组，集团公司领导担任组长、副组长，成员由集团各公司主管生产的副经理组成。各公司、项目部相应成立防洪领导小组，主要任务是保证汛期施工区段的路基、线路稳定；避免因坑、沟造成路基不稳及塌陷而出现行车安全事故，在人力、物力、车辆机具上做好抢险准备，一旦出现险情，必须服从所在路局防汛指挥部的指挥参加抢险。

第六节　工程指挥部

为加强施工管理，保证工程建设顺利进行，促进电气化铁路建设的发展，集团公司在直管工程项目成立施工项目指挥（项目）部，组织完成施工任务。

1999 年，成立铁道部电气化工程局广州地铁项目经理部、秦沈客运专线三电迁改工程经理部、神朔铁路工程指挥部、外福线工程指挥部、株六复线工程指挥部、京山自闭工程指挥部、西合铁路临电工程指挥部。

2000 年，成立铁道部电气化工程局西安南京铁路工程指挥部、朔黄铁路工程指挥部、盘西铁路工程指挥部、内昆铁路工程指挥部、渝怀铁路工程指挥部、宝兰二线工程建设指挥部、渝怀线通信迁改指挥部。

2001 年，成立中铁电气化局集团有限公司秦沈线工程指挥部、京秦线电气化改造工程指挥部、北京城市快速轨道交通供电系统工程项目部、北同蒲电气化工程项目经理部、神朔复线工程指挥部、广州地铁项目部、沈阳至山海关高速公路通信系统项目部、新月线工程指挥部、宝天线工程指挥部。

2002 年，成立中铁电气化局集团有限公司上海共和新路高架接触网、电缆、防迷流安装工程项目部、渝怀线工程指挥部、胶济线工程指挥部、郑徐线工程指挥部、武九线工程指挥部。

2003 年，成立中铁电气化局集团青藏线工程指挥部、巴基斯坦铁路项目部、津沪线自闭改造工程指挥部，中铁电气化局集团有限公司南京地铁项目部。

2004 年，成立中铁电气化局集团沩海电化工程项目部，中铁电气化局集团有限公司大秦工程指挥部、遂渝铁路建设指挥部、武嘉线电力迁改工程项目部、沪杭铁路电气化工程指挥部。

2005 年，成立中铁电气化局集团京沪线电气化工程指挥部、西安铁路建设有限公司沪杭项目经理部、京九、京山线自闭改造工程指挥部，中铁电气化局集团有限公司天津至沈阳铁路电气化工程指挥部、洛湛工程项目部、浙赣上海局管段、南昌局管段提速改造电气化工程指挥部、西安铁路枢纽北环线工程项目经理部、广西高速项目经理部、沈山线电气化工程指挥部、北京地铁项目部、北京地铁五号线 AFC 项目部、北京地铁五号线信号项目经理部、襄渝铁路二线（成都局管内）工程指挥部、北京地铁奥运支线项目部、上海工程指挥部、改建铁路沪汉蓉通道武汉至襄樊段增建二线通信信号工程项目部、武襄增建二线房水机辆项目部、首都国际机场线工程项目指挥部、奥运支线 BT 工程项目指挥部。

2006 年，成立中铁电气化局集团青藏线信号联调指挥部、北京地铁工程指挥部、郑西铁路客运专线工程指挥部、郑西铁路客运专线 12 标工程项目部、郑西铁路客运专线 13 标工程项目部，中铁电气化局集团有限公司西安铁路枢纽新丰镇编组站改扩建工程指挥部、北京地铁奥运支线 BT 工程供电项目部、首都国际机场设备系统总承包项目部、京津城际项目部、兰青二线迁改项目经理部、成都地铁 1 号线一期工程红花堰站项目部。

2007 年，成立中铁电气化局集团天津站改扩建工程指挥部、大包线电气化改造工程指挥部、北京地铁 5 号线动车调试工程指挥部、京津工程指挥部、首都机场快轨线系统联调工程指挥部、西格二线工程指挥部、北同蒲取直线指挥部，中铁电气化局集团有限公司唐山厂试验线项目部、大广高速息光段机电工程项目部、南京地铁一号线南延线 TA03 标项目经理部、北京改造工程指挥部、京津城际项目部、合武铁路系统集成项目部、重庆轨道交通工程土建工程项目部、西安市轨道交通二号线 TJSG-11 标项目经理部、北京动车段工程指挥部、深圳地铁四号线 455 项目经理部、重庆轨道交通三号线检修通道工程项目部、深圳轨道交通 4 号线二期工程 462B/C 项目部、洛湛工程项目经理部、宜万电化工程项目部、武广客运专线四电集成项目经理部、蓟港铁路扩能改造工程项目经理部，中铁电气化局北京南站改扩建工程指挥部、西攀高速公路项目部、

2008 年，成立中铁电气化局集团京九铁路电气化工程指挥部、京九铁路电气化工程济南、郑州、北京、上海、南昌、武汉指挥部、广珠城际轨道交通系统集成项目部、京石铁路客运专线指挥部、太中银铁路工程指挥部、峰福线横南段电气化改造工程项目经理部、北京地铁十号线二期 06 标项目部，中铁电气化局集团有限公司南京地铁一号线南延线工程总承包项目部、沈阳地铁项目部、北京南站天津站京津城际客服工程项目部、甬台温铁路系统集成项目经理部、温福铁路系统集成项目经理部、南疆线吐库二线工程项目部、改建贵阳枢纽工程项目部、洛张(广铁集团)工程项目部、乌兹别克斯坦工程项目部、龙厦铁路工程项目部、重庆轨道交通三号线二期工程项目经理部、大四线高关支线项目部、津秦客运专线工程指挥部，中铁电气化局京石铁路客运专线项目经理部。

第三章　质量管理

第一节　规章制度

1999年，制定局《优质样板工程暨优质工程评选办法》，贯彻铁道部《质量振兴纲要》实施计划。2000年，获北京市质量协会“质量管理卓越奖”。2001年，制定《铁路电力牵引供电工程质量检验评定表格填写标准》，修订《产品质量管理办法》，颁发《质量法规文件汇编》。集团公司被中国质量协会授予“全国质量效益型先进企业”。2002年，贯彻国家质量兴业的方针政策，落实上级质量管理文件、规定和标准，完善企业内部规章制度，提高质检人员素质，强化现场质量管理体制，严格现场监督检查，抓好关键过程和特殊过程控制，开展首段、首区间样板工程建设及争创优质工程活动，确保工程质量和工业产品质量。集团公司被北京市企业联合会授予“优秀企业管理奖”，获“全国质量效益型先进企业”。2003年，修订、编制集团公司《优秀工程设计奖评选办法》、《工业产品质量管理办法》、《工程质量管理办法》、《优质工程管理办法》、《质量管理小组活动管理办法》。集团公司获“北京市质量管理奖”、“全国质量效益型先进企业”。获2001年至2003年连续三年“全国质量效益型先进企业”称号特别奖。2004年，结合ISO9001质量管理体系要求，狠抓质量管理基础工作。集团公司被北京市企业联合会授予“企联系统先进管理企业”。2005年至2006年，全面落实铁道部建设司关于开展“三项治理活动”通知精神，对在建项目进行“质量管理达标、工程分包专项治理和打击内业资料弄虚作假”联合检查，使集团公司各项质量管理工作落到实处。2007年，贯彻国家《质量振兴纲要》和国务院《关于加强基础设施工程质量管理的通知》精神，树立科学发展观和“质量重于泰山”的质量意识，坚持“百年大计，质量第一”的质量方针，以落实施工生产标准化作业为手段，强化施工生产作业过程的控制与监督，不断提高工程质量管理水平。各项目部进一步提高全员质量意识，从开工前质量目标的确立，到工程竣工验收，质量控制始终贯穿整个施工过程。集团公司被评为北京市“质量信得过单位”，被国家工程建设质量奖审定委员会授予“2007年中华人民共和国国家质量奖”奖牌，被中国建筑业协会授予“鲁班奖特别荣誉企业”奖牌。2008年，贯彻执行国务院《建设工程质量管理条例》、“隐患治理年”精神及中铁工程总公司的相关要求，以质量保证体系有效运行为基础，狠抓现场质量管理，严格执行规范标准，加大质量管理和争创优质工程的奖罚力度，为工程质量和工业产品质量的不断提高提供可靠保证。重新修订《工程质量管理办法》、《施工组织设计编制指南》、《优质工程管理办法》、《工业产品质量管理办法》、《质量检查证管理办法》、《质量管理奖惩办法》、《信用评价管理办法》及《建设工程质量文件汇编》等文件，强化质量管理，充分调动集团各单位创建优质工程的积极性，从施工组织、过程控制、工程创优、质量监督检查等方面严格管理，确保公司各线工程质量有序、可控，不断提高。集团公司被北京市质量协会评为“北京市质量AAA级单位”。

第二节　质量检查

1999年3至4月，组织5个检查组，对哈大、武广、株六、成昆，西康线及北京地区工地、5个工厂进行安全质量大检查。9月对通号院、电化院各个专业所用标准、规范、规程、通用图进行检查、确认，将作废和替代的标准、规范，进行追回处理，确保使用资料的有效性。

2001年，对武广、哈大、株六、朔黄、秦沈线进行安全质量大检查，重点检查施工规范、质量标准、工艺工法、创优规划等实施情况。对工业产品的生产条件、技术管理、加工标准、工艺流程、性能试验、出厂检验等方面进行检查，存在较大问题的单位停产整顿，复查符合要求后复产。对工业产品进行抽检，全年共抽检接触网关键受力件68个品种279件套，发现3个品种不合格，及时进行追踪处理。

2002年，以秦沈客运专线高速电气化工程创全优为重点，抓工程质量控制，全面提升各条电气化铁路的工程质量。以ISO9000系列标准的宣传贯彻，建立新的质量体系文件为重点，全面提升公司质量管理水平，完善质量责任。全年共组织8次大检查。

2003年，贯彻“质量追求，永无止境，没有最好，只有更好”的质量理念，狠抓基础管理工作，牢牢把握质量这一关键环节，落实质量责任，强化分级管理。结合集团公司各段、线不同施工特点，从施工组织设计、过程控制、质量监督检查、工程创优等方面严格管理，认真执行《工程质量管理办法》和《优质工程管理办法》，确保工程施工质量有序、可控。编制年度质量管理工作要点、年度工程质量检查计划，对宝兰二线、北京城轨、北同蒲复线、西南线和秦沈线维管实施质量检查。

2004年，召开质量工作会议，对质量工作进行总结，和西铁公司质量管理人员进行交流，对质量管理工作提出要求，进行质量工作相关规定的培训。对秦沈、京秦、秦沈客专丁香特大桥、宝兰二线官主园隧道和庙儿山隧道、西南线、重庆轻轨、兰武二线和秦沈线维管现场实施质量检查。

2005年，贯彻落实铁道部建设司“关于开展质量管理达标、工程分包专项治理和打击内业资料弄虚作假活动的通知”精神，集团公司成立“三项治理活动领导小组”，抽调技术骨干组成检查组，对在京沪线施工的项目部、作业队及施工工点进行2次专项检查。检查重点是质量管理体系、质量管理制度、管理和技术力量、工程分包及劳务工管理、施工技术及工程质量内业资料、自加工产品质量、实体工程质量，并对支柱基础进行抽样取芯送检试验。

2006年，年初制定质量检查计划，对国家重点工程进行质量抽查。6月对北京、陕西、江西、东北、华南地区 86 个项目部进行质量大检查，提出用“三铁精神”（铁面孔、铁手腕、铁石心肠）抓质量。对检查出的问题，采取现场开会放照片，现场点评，下整改通知单，进行二次、三次现场复查等方式，促进各专业质量上台阶。针对既有线京沪铁路电气化改造工程的特点，制定下发质量管理办法、作业标准、质量检查证等一系列管理制度、操作标准和作业要求，制定质量控制措施。7 月至 8 月，对即将建成开通的主要项目浙赣、郑徐、胶济、兰武、武嘉线工程进行质量检查。贯彻执行北京市建委《关于对建筑业企业实施动态监管试评工作有关问题的通知》精神，对北京地区在建工程强化现场质量管理，严格现场质量监督，对内业资料、工程实体进行全面检查。成立督导组，对东北、华南地区 10 项工程进行检查。

2007 年，各项目部根据专业特点编制质量计划、内控标准和作业指导书，对工程进行标准化管理，落实《铁路建设工程施工企业质量信誉评价办法》。3 月，对 8 项工程进行质量监督检查。9 月，落实北京市“关于对在京施工项目进行安全质量检查”的文件精神，对北京地区 11 项工程进行质量检查。

2008 年，以落实施工生产标准化作业为手段，强化施工生产过程的控制与监督，坚持“质量是第一位的，进度必须服从质量”的原则，对重点工程强化关键工序的检查和监控。主要检查工程质量保证体系及运行情况，查原材料产品合格证、试验报告单、隐蔽工程、质量评定表等内业资料；查现场文明施工及影响工程质量的有关环节，重点检查工程创优、施工标准、施工规范、规章制度、工艺工法的实施情况。对直管工程郑西客运专线、北京动车段及子分公司施工的 8 项工程和宝鸡厂进行质量监督检查。

第三节　工程创优

集团公司始终坚持开展样板引路、工程创优活动。1999 年，审核确定 8 个工程为局级优质工程，38 个单位工程为局级优质样板工程。广州地铁一号线长寿路站、广州地铁一号线农讲所站、广州地铁一号线杨箕站、京广线京郑段电气化改造工程、广深线 200 公里/小时电气化铁路工程、南昆铁路南宁至那厘、兴义至昆明段电气化工程、包兰线石咀山至西湖段电气化改造工程被总公司评定为优质工程。广深准高速铁路电气化工程、京郑电气化工程获铁道部优质工程一等奖，南昆铁路电气化工程获铁道部优质工程二等奖。

2000 年，8 个工程为局级优质工程，44 个单位工程为局级优质样板工程。湘黔线株洲至低庄段电气化工程、江西省有线广播电视传输网上高至奉新、吉安至赣州光缆线路工程被总公司评定为优质工程。包兰线电气化改造工程、湘黔线株洲至低庄段电气化工程获铁道部优质工程二等奖。2000 年 11 月，电化局作为广深铁路高速双线电气化工程独立承建单位，第一、二、三工程处作为主要参建单位，首次单独获得中国建筑工程鲁班奖。

2001 年，6 个工程为集团公司优质工程，25 个单位工程为集团公司优质样板工程。上海城市轨道交通明珠线电气化工程、成昆铁路青杠至攀枝花段电气化改造工程、神朔铁路神池南（不含）至府谷段电气化工程、西康铁路长哨至安康东电气化工程、外福铁路古田（不含）至福州段电气化改造工程为工程总公司级优质工程。上海城市轨道交通明珠线电气化工程获铁道部优质工程一等奖，成昆铁路青杠至攀枝花段电气化改造工程、神朔铁路神池南（不含）至府谷段电气化工程获铁道部优质工程二等奖。 广深铁路高速双线电气化工程获中国土木工程詹天佑奖。

2002 年，集团公司要求每个工程开工前编制创优规划，制定创优措施，健全质量奖惩制度，实行质量一票否决制。提出“开工必优，一次成优，确保部优，争创国优”的口号，定出样板区段，以点带面，实现全线创优。哈大线信号自闭工程、北京岳家楼 7 号、8 号住宅楼工程通过部优质工程检查验收和北京市结构长城杯验收，广深三线电气化工程获集团公司优质工程，内昆线 4 项工程获铁道部内昆指优质样板工程，京山线自动闭塞改造 7 项工程、内昆线 15 项工程获集团公司优质样板工程，广深铁路第三线电气化工程、哈大线电气化铁路改造工程（自动闭塞改造工程）、朔黄线铁路电气化工程被评为工程总公司优质工程，神朔线大柳塔-朔州铁路电气化工程获国家优质工程银质奖。

2003 年，完成对上海明珠线、哈大线、神朔线、广深线、西康线、内昆线、北京西站电气化试验中心优质工程检查及申报工作。哈大线哈尔滨-大连电气化改造牵引供电工程、哈大线自动闭塞工程、内昆铁路内江-宜宾北电气化工程、宜宾北-六盘水枢纽通信工程获铁道部优质工程一等奖。

2004 年，集团公司级优质工程 12 项，优质样板工程 31 项。京秦客运通道提速改造工程 A7、A8、B5 标段获中国中铁优质工程，并获铁道部火车头优质工程二等奖，西安绕城高速（南段）长安互通式立交桥获陕西省优质工程（长安杯），哈尔滨至大连铁路电气化牵引供电工程获中国工程建设鲁班奖、詹天佑土木工程奖，北京地铁八通线综合工程获中国工程建设鲁班奖，西安绕城高速公路（北段）获詹天佑土木工程奖。

2005 年，新建胶州至新沂铁路工程、新建铁路秦沈客运专线通信信号工程、广州地铁二号线牵引供电及通信工程获火车头优质工程一等奖，宝鸡枢纽综合工程获火车头优质工程二等奖，西安绕城高速公路南段西姜村高架桥工程、宝鸡渭河隧道人防工程获陕西省建设工程长安杯奖，金家村 E、F 座住宅工程、北京岳家楼 19 号住宅楼工程获北京长城杯金质奖，兰州交通大学第八教学楼获兰州市建设工程白塔奖，重庆轻轨较新线一期供电线路系统工程获全国优秀焊接工程一等奖，西安南京线西安至合肥新建铁路工程（土建 A 土-1 标段 1CDS 标）、北疆铁路扩能改造工程（S4 标段）获中国中铁优质工程。

2006 年，西安绕城高速公路（南段）、新建铁路秦沈客运专线通信信号工程获国家优质工程银质奖，朔黄铁路肃黄段增建二线工程、秦沈客运专线电气化工程、赣州至龙岩铁路通信工程（福建段）、重庆轻轨较新线一期工程获火车头优质工程一等奖，西安南京铁路一期电气化工程、上海轨道交通明珠线一期通信系统工程、南京地铁南北线（一期）牵引供电及信号 ATC 系统工程获火车头优质工程二等奖（部优），新建赣州至龙岩铁路福建段通信工程、新建秦沈客运专线Ⅱ期 D40/D42 标段电气化工程、南京地铁一号线一期供电系统接触网/牵引变及跟随变安装工程、上海市轨道交通明珠线Ⅱ期通信系统工程获中国中铁优质工程，南京地铁一号线供电系统工程设计获工程中国中铁优秀勘察设计一等奖，沟海铁路电气化改造工程通信信号设计获中国中铁优秀勘察设计二等奖，南京地铁一号线供电系统集成服务工作执行报告获中国中铁优秀工程咨询成果一等奖。

2007 年，秦沈客运专线电气化工程、重庆轻轨较新线较场口至动物园段轻轨工程、南京地铁一号线一期工程、天津市区至滨海新区快速轨道交通工程等获 2007 年度国家优质工程银质奖，西安铁路枢纽新建北环线三郎村高架桥、西安铁路枢纽新建北环线西阎特大桥、西安铁路枢纽新建北环线梁村特大桥、兰新铁路乌鞘岭隧道、北京西站 1～8 站台无柱雨棚工程、沪杭铁路电气化工程、兰新铁路武嘉段电气化工程、遂渝铁路电气化工程、青藏铁路通信工程、青藏铁路 35 千伏电力工程、昆明集装箱中心站工程、浙赣铁路电气化工程、兰新铁路兰武段增建二线电气化工程（B5、B6 标段）等 13 项工程被评为火车头优质工程，兰新铁路武威南至嘉峪关段电气化工程、新建铁路重庆至怀化线四电工程、陇海线（郑州-徐州）电气化改造等 13 项工程被评为 2007 年度中国中铁优质工程。

2008 年，大秦铁路 2 亿吨扩能工程、浙赣铁路电气化提速改造工程、北京地铁 5 号线、重庆轻轨较新线较场口至动物园工程获第八届中国土木工程詹天佑奖，乌鞘岭隧道工程获鲁班奖，昆明集装箱中心站工程、天津市地下铁道 1 号线工程获国家优质工程银质奖。京沪线电气化改造工程等 8 项工程获火车头优质工程，胶济铁路电气化等 11 项工程获中国中铁优质工程。

第四节　工程质量

1999 至 2001 年，全局共完成单位工程 1350 件，一次验收合格率 100%，优良工程 1296 件，优良率 95.3%。其中“四电”工程优良率 100%，房建工程优良率 76.7%。工程质量超过局、工程总公司确定的质量目标，实现质量无重大、大事故 8456 天。

2002 年，完成单位工程 379 件，其中优良工程 355 件，一次验收合格率 100%，综合优良率 93.67%。其中“四电”工程优良率 100%，房建工程优良率 81.95%。各项质量指标超过工程总公司确定的年度质量目标，全年未发生任何质量事故，实现质量无重大、大事故 8821 天。

2003 年，竣工单位工程 480 件，其中“四电”工程 410 件，一次验收合格率 100%，优良率 100%；房建工程 70 件，竣工面积 111417.54 平方米，一次验收合格率 100%，“四电”和房建工程综合优良率 85.4%。全年未发生任何质量事故，工程质量稳步提高，实现质量无重大、大事故 9186 天。

自2004年开始，国家不再考核优良率。2004年，集团公司竣工单位工程387件，其中“四电” 工程313件，其他工程74件，房屋竣工面积113904平方米，一次验收合格率100%。工程质量稳步提高，未发生任何质量事故，连续实现质量无重大、大事故9551天。

2005年，竣工单位工程460件，其中：“四电” 工程419件，房建工程34件，其他工程7件，房屋竣工面积97669.4平方米，一次验收合格率100%。全年未发生任何质量事故，连续实现质量无重大、大事故9916天。

2006年，竣工验交单位工程1355件，其中“四电” 工程1185件，一次验收合格率100%；房建工程148件，竣工面积177067.59平米，一次验收合格率100%；线路、桥隧、站场、公路及其他工程22件，一次验收合格率100%。全年未发生质量事故，工程质量保持稳定。连续实现10281天无重大质量事故，未发生因工程质量问题引起的顾客抱怨和投诉。

2007年，竣工验交单位工程771件，其中“四电”工程413件，房建工程300件，竣工面积318791.57平方米，线路、桥隧、站场、公路及其他工程58件，一次验收合格率均达到100%。未发生质量事故，工程质量稳定。连续实现10646天无重大质量事故，未发生因工程质量问题引起的顾客投诉。

2008年，竣工验交单位工程672件，其中“四电”工程461件，房建工程141件，竣工面积326226.81平方米，线路、桥隧、站场、公路及其他工程70件，一次验收合格率100%。连续实现11013天无重大质量事故，未发生因工程质量问题引起的顾客投诉。

历年工程质量情况统计表

表8-3-1

年 度	竣工工程件数	合格件数	优良件数	竣工一次验收合格率	优良率
1999	231	231	219	100%	94.8%
2000	430	430	397	100%	92.3%
2001	689	689	680	100%	98.7%
2002	379	379	355	100%	93.67%
2003	480	480	458	100%	95.4%
2004	387	387		100%	
2005	460	460		100%	
2006	1355	1355		100%	
2007	771	771		100%	
2008	672	672		100%	

注：表中工程件数以单位工程计算。从2004年开始，国家不再要求优良率。

中铁电气化局 1999-2008 年获得国家级优质工程

表 8-3-2

序号	工程名称	获奖年度	获奖文号	评定等级	施工单位	设计单位
1	广深铁路准高速双线电气化工程	2000	建协字（00）48 号	中国建筑工程鲁班奖(国家优质工程)	中铁电化局、电化局第一、二、三工程处	电气化工程局电化勘测设计院
2	广深铁路准高速双线电气化工程	2002	2002 土秘字第 10 号	第二届詹天佑土木工程大奖（国家科技创新工程）	中铁电化局第一、二、三工程公司	中铁电化勘测设计院
3	神朔线大柳塔至朔州铁路电气化工程	2002	工质字[2003]01 号	国家优质工程银质奖	中铁电化局第三工程公司、中铁十二局	铁道第一设计院，第三设计院
4	哈大电气化铁路改造牵引供电工程	2004	2004 土秘字第 27 号	詹天佑土木工程大奖(国家科技创新工程)	中铁电化局、电化局西铁工程公司	铁道第三勘察设计院
5	西安绕城高速公路（北段）	2004	2004 土秘字第 27 号	詹天佑土木工程大奖(国家科技创新工程)	中铁电化局西铁工程公司	陕西省公路勘察设计院
6	哈尔滨—大连铁路电气化牵引供电工程	2004	建协[2005]1 号	中国建筑工程鲁班奖（国优）	中铁电化局第一、三工程公司、西铁工程公司	由中德两国联合设计
7	北京地铁八通线综合工程	2004	建协[2005]1 号	中国建筑工程鲁班奖（国优）	中铁电化局第一工程公司	北京城建设计研究院有限责任公司
8	西安绕城高速公路（南段）	2006	工质字[2006]8 号	国家优质工程银质奖	中铁电化局西铁工程公司	陕西省公路勘察设计院
9	新建铁路秦（皇岛）至沈（阳）客运专线通信信号工程	2006	工质字[2006]8 号	国家优质工程银质奖	中铁电化局	铁道部第三勘测设计院
10	重庆轻轨较新线较场口至动物园段轻轨工程	2007	工质字[2007]6 号	国家优质工程银质奖	中铁电化局	中铁二院、中铁电气化勘测设计院、北京电铁通信信号勘测设计院
11	南京地铁一号线一期工程	2007	工质字[2007]6 号	国家优质工程银质奖	中铁电化局、中铁一局	中铁电气化勘测设计院、北京城建设计研究总院、中铁隧道勘测设计院、铁道第四勘察设计院

序号	工　程　名　称	获奖年度	获奖文号	评　定　等　级	施　工　单　位	设　计　单　位
12	天津市区至滨海新区快速轨道交通工程	2007	工质字[2007]6号	国家优质工程银质奖	中铁电化局团第一工程公司	铁道第三勘察设计院
13	秦沈客运专线电气化工程	2007	工质字[2007]6号	国家优质工程银质奖	中铁电化局、电化局第一、三工程公司	铁道第三勘察设计院
14	兰武二线乌鞘岭特长隧道工程	2008	建协[2008]39号	中国建设工程鲁班奖（国优）	中铁电化局	铁道第一勘察设计院
15	昆明铁路集装箱中心站工程	2008	工质字[2008]8号	国家优质工程银质奖	中铁电化局、电化局西铁工程公司、第一工程公司、北京建筑公司	铁道第一勘察设计院
16	天津市地下铁道1号线工程	2008	工质字[2008]8号	国家优质工程银质奖	中铁电化局第一工程公司	中铁电气化勘测设计研究院有限公司
17	大秦铁路2亿吨扩能工程	2008	土秘字[2009]7号	詹天佑土木工程奖(国家科技创新工程)	中铁电化局	电化局电化、通号设计院
18	浙赣铁路电气化提速改造工程	2008	土秘字[2009]7号	詹天佑土木工程奖(国家科技创新工程)	中铁电化局	铁道第二勘察设计院
19	重庆轻轨较新线较场口至动物园段	2008	土秘字[2009]7号	詹天佑土木工程奖(国家科技创新工程)	中铁电化局	中铁二院工程集团责任有限公司
20	北京地铁五号线	2008	土秘字[2009]7号	詹天佑土木工程奖(国家科技创新工程)	中铁电化局第一工程公司	中铁电气化勘察设计研究院、北京城建设计研究院

第五节　质量管理活动

一、人员培训

1999 年 3 月，举办“安全质量培训班”各工程处、段（厂）安全质量管理、监察人员近 60 人参。2000 年 4 月，参加“全路《建设工程质量管理条例》研讨班”。11 月，对机关（含直属单位）干部，各工程处正副处长、三总师、科长，各设计院正副院长、科长，进行《建设工程质量管理条例》考试，学习贯彻《建设工程质量管理条例》。2001 年 1 月，举办“牵引供电专业质量管理人员培训班”，62 人参加。4 月举办“通信、信号专业质量管理人员培训班”，30 人参加。9 月，参加“全国质量月”活动，围绕“新世纪、新质量、新生活” 主题，采取收听、收看、板报宣传、质量回访、创优座谈等多种形式，增强质量意识、法制观念，牢固树立“质量第一”的思想。2003 年 2 月举办质量管理体系文件培训班。2006 年 12 月举办质量、环境、职业健康安全“三体系”内审员培训班。2008 年 3 月举办“质量管理工作会暨优质工程培训班”，各子分公司安质部、工程部部长，施工一线质量监察、创优工作人员共 70 人参加培训。

二、持证上岗

2002 年，为规范质检人员行为，保证质检人员持证上岗，生产质量部对质检人员台账进行清理，认真审查各单位申报的质检人员资质，经过总公司批准，为 133 名质检人员更换新的质检证。2003 年至 2004 年为 296 名工程技术人员办理质量检查证，2005 年为 257 名工程技术人员办理质量检查证。2006 年至 2007 年，在工程量大、质量控制难度大的项目部，设置专职安质副经理和质量管理专门工作部门，对集团公司、子分公司两级质量管理人员进行培训，为 704 人办理质量检查证。2008 年，为实现集团公司年初提出的质量目标，针对施工任务分散的特点，各单位在工地采用板报宣传、分批培训、集中培训等多种不同形式开展质量教育，系统学习质量管理业务知识。经培训考试，为子分公司 278 人办理质量检查证。

三、生产许可

从 2004 年开始，集团公司加大对工业产品质量控制，制定检查计划，对工厂处和各子分公司生产、加工企业进行抽查，包括产品质量、工装、技术水平、生产能力等，对产品生产进行综合评定，经评定合格，每 3 年换发一次“产品生产准许证”。2004 年与 2007 年，集团公司委托宝鸡接触网器材检测中心，对 17 个工厂的工业产品进行抽检，产品质量全部合格。集团公司为相关单位发放“产品生产准许证”。

四、　质量管理小组

1999年以后，集团公司设专人管理质量管理小组活动，围绕质量管理小组活动的特点，在集团进行质量意识教育，举办QC小组知识培训班，QC诊断师培训，为集团培养一大批QC小组活动、管理、诊断骨干。2000年至2008年，集团公司连续9年获全国质量管理小组活动优秀企业，2008年获全国质量管理小组活动优秀企业特别奖。2000年至2008年，集团公司获国家级优秀QC小组49（不含行业国家级）个，2007年一公司一分公司光明QC小组“降低UM71信号系统故障率”课题在国际小组发表会上，获国际优秀奖；获省部级优秀QC小组311（含行业国家级）个，获全国质量信得过班组9个。

自2000年以来，集团每年举办QC小组知识和骨干培训班，聘请中国质量协会等专家授课，共培训700余人。选送QC小组骨干参加省部级和国家级诊断师培训，使集团由原来2名诊断师，发展到目前省部级诊断师2名、国家级诊断师25名。诊断师的增加，规范了QC小组活动程序，提高了活动质量，使QC小组成果水平大幅度提高。对获得省部级、国家级优秀QC小组成员考评，对具备担任QC小组组长能力的成员分别组建不同QC小组。2005年，集团各子、分公司注册的QC小组已超过150个，参加集团优秀成果发表会每年控制在85个以内。

2003年修改《集团质量管理小组活动管理办法》，加大资金投入，两次赞助举办北京市电化杯QC小组成果发表会。2006年12月，编制《中铁电气化集团质量管理小组活动指南》，指导QC小组活动。

集团公司1999至2008年度获国家级优秀QC小组一览表

表8-3-3

序号	获奖年度	小　组　名　称
1	2000	建筑工程处新荷工程指挥部QC小组
2	2000	第一工程处一段综合QC小组
3	2000	第二工程处一段南昆作业队QC小组
4	2000	建筑工程处北京西站电气化实验中心QC小组
5	2000	第二工程处第三工程段武广指挥部QC小组
6	2001	第一工程处二段光缆接续QC小组
7	2001	第一工程处三段哈大四平指挥部QC小组
8	2001	第二工程处建筑段星星之火QC小组
9	2001	第三工程处一段段部QC小组
10	2001	建筑工程处新荷工程指挥部QC小组
11	2001	工厂处保定制品厂方杆暴皮攻关QC小组
12	2001	第二工程处二段试验中心QC小组

序号	获奖年度	小　组　名　称
13	2001	第三工程处二段吹气法敷设光缆 QC 小组
14	2002	北京建筑工程有限公司企业策划部 QC 小组
15	2002	工厂处宝鸡器材厂啄木鸟 QC 小组
16	2002	一公司三段秦沈三项目分部 QC 小组
17	2002	一公司二段光缆接续 QC 小组
18	2002	二公司三段三队 QC 小组
19	2003	北京建筑工程有限公司北蜂窝项目部 QC 小组
20	2003	一公司三段机械队 QC 小组
21	2003	二公司四段农网改造 QC 小组
22	2003	北京建筑工程有限公司保定项目部 QC 小组
23	2004	北京建筑工程有限公司企业策划部 QC 小组
24	2004	一公司一段上海市话 QC 小组
25	2004	一公司二段竣工文件编制 QC 小组
26	2004	三公司试验中心 QC 小组
27	2005	一公司一峰公司光明 QC 小组
28	2005	二公司一段西南项目部 QC 小组
29	2005	电气化分公司秦沈维管 QC 小组
30	2005	西安电化处市场开发管理软件 QC 小组
31	2005	北京电铁通信信号勘测设计院电磁兼容分院 QC 小组
32	2005	三公司四段神朔 QC 小组
33	2006	中铁电气化勘测设计研究院接触网 QC 小组
34	2006	二公司二段通信迁改 QC 小组
35	2006	三公司立新 QC 小组
36	2006	轨道交通事业部巅峰对接 QC 小组
37	2006	一公司一分公司光明 QC 小组
38	2006	三公司一段小蚂蚁 QC 小组
39	2006	一公司二分公司未来之星 QC 小组
40	2007	一公司一分公司光明 QC 小组（国际小组会发表）
41	2007	北京建筑工程有限公司第三项目部土建 QC 小组
42	2007	西铁工程公司西铁三处西安铁路局枢纽北环线 QC 小组
43	2007	一公司二分公司启明星 QC 小组
44	2007	一公司二分公司光缆接续 QC 小组
45	2008	一公司二分公司启明星 QC 小组
46	2008	电气化公司器材厂兴科 QC 小组
47	2008	一公司建筑分公司星火 QC 小组
48	2008	北京建筑工程有限公司武铁佳苑第六项目部土建 QC 小组
49	2008	西铁工程公司一处北京地铁四号线石榴庄站项目部 QC 小组

集团公司历年获国家级信得过班组一览表

表 8-3-4

序号	获奖年度	班　组　名　称
1	2000	建筑工程处石家庄机务段
2	2006	西安电气化工程有限公司一段施工测量组
3	2006	一公司北京直属项目部
4	2007	城铁公司重庆轻轨项目部焊接
5	2007	西铁工程公司一处桥梁、地铁工程质量班
6	2007	工厂处保定铁道变压器厂工艺科
7	2008	城铁公司奥运支线接触轨安装班
8	2008	一公司五分公司迁曹项目部
9	2008	三公司一段第三作业班

第六节　质量体系认证

2000 年，质量管理体系按照标准进行换证，顺利通过中建协认证中心复评审核，证书持续有效。2002 年初，启动质量管理体系换版工作，编制质量管理体系文件颁布实施，顺利通过中建协认证中心监督审核，获 GB/T19001-2000 版证书。2003 年 4 月，启动环境和职业健康安全管理体系认证工作，编制质量、环境和职业健康安全管理体系一体化管理体系文件颁布实施。2003 年 10 月，环境管理体系通过中建协认证中心审核，获 GB/T24001-1996 版证书。同年质量管理体系换证，通过中建协认证中心复评审核，证书持续有效。2004 年 1 月，职业健康安全管理体系通过中建协认证中心审核，获 GB/T28001-2001 版证书。2004 年和 2005 年，质量、环境和职业健康安全管理体系通过中建协认证中心监督审核，证书持续有效。2006 年，质量、环境和职业健康安全管理体系换证，同年初启动环境管理体系换版工作，三个管理体系均通过中建协认证中心监督审核，环境获 GB/T24001-2004 版证书，证书持续有效。2007 年 7 月，对质量、环境和职业健康安全管理体系手册、程序文件进行修改，颁布实施。同年通过中建协认证中心监督审核，证书持续有效。2008 年，通过中建协认证中心监督审核，证书持续有效。

第四章　机械设备

1999 年至 2002 年，局对机械设备实行局、处、段（厂）三级管理模式。局设机械设备处，下设管理科、检修技术科、检测设备科。各工程处设机械科，工程段根据机械设备保有量设机械队（室）。局属各工厂设设备室。物资处、设计院配备专职或兼职人员管理设备。2002 年机构改革后，机械设备处撤消，机械设备管理工作纳入生产质量管理部。生产质量管理部设主管机械设备的副部长 1 人、副总工 1 人、机械设备科 3 人。2007 年，生产质量管理部撤销，成立工程管理中心，设机械设备部。2003 年，集团各子公司开始组建机械设备租赁中心，实现机械设备、人员集中统一管理，设备有偿租赁使用，实行内部核算。租赁中心在为项目部调配设备的同时，配备相应的技术管理、操作及维修人员，提高设备利用率，保证设备的各级保养维护得到落实。形成集团公司、设备租赁中心、项目部三级管理模式。

第一节　设备购置

1999 年，全局主要施工设备为电气化接触网作业车、立杆作业车和重型轨道车，仅能满足普通线路电气化施工要求，随着施工任务的不断增加，施工机械保有量及技术装备水平均显现不足。为提高设备技术装备水平，满足铁路客运专线和高速铁路电气化施工需要，从 1999 年起，逐步购置具有先进技术含量和高效率的大型施工机械。为引进电气化铁路施工设备，集团公司有关单位和部门分别对德国、法国及奥地利等国生产的恒张力放线车进行调研和技术交流，初步制定技术条件。通过多次论证以及赴施工现场和生产厂家实地考察，编制技术规格书。多次向铁道部申请外资贷款。2000 年 11 月 21 日，国家计委批复同意利用奥地利政府贷款 733 万美元采购接触网恒张力放线车。为顺利引进奥地利普拉塞公司的设备，通过与该公司的中国代理商进行多次商谈，于 2001 年 8 月签订采购 6 台普拉塞恒张力架线车合同。该车于 2003 年 4、7、9 月分三批到货，2004 年通过验收，投入使用。2001 年 9 月，工程总公司利用日元贷款引进法国吉斯玛恒张力架线车组 1 组（由 1 台恒张力架线车及 2 台接触网作业车组成），价值人民币 2800 万元，配属给集团公司使用。2007 年，集团公司采购 2 台国产恒张力架线车。2008 年，采购 5 台国产恒张力架线车（其中 2 台国产恒张力架线车的恒张力架线装置为进口）和 10 台适合客运专线、高速铁路的接触网施工作业车，恒张力架线车成为客运专线和高速铁路电气化施工关键设备。2005 年，集团公司重组后，针对桥梁、隧道、路基等土石方工程和铁路铺架专用大型施工机械不足的问题，先后装备 JQ170 型架机、JY600 型轨道车、大型混凝土搅拌站和制梁基地等整套设备。JQ170 型架机可满足铁路 32 米及 170 吨以下桥梁的倒运和架设，与之配套使用的

JY600 型轨道车可牵引装有 4 根 32 米及 170 吨桥梁的运梁平车，填补了集团公司桥梁运架设备的空白，提高综合施工能力和水平。2008 年，集团公司中标京石客运专线土建施工任务，在涿州建立制梁基地，配备整套制梁设备，京石客专 900 吨箱梁的预制顺利通过国家验收，正式投入预制生产。

1999 年底，全局保有机械设备 2342 台（套），固定资产原值 3.2 亿元，总功率 113869.7 千瓦。2008 年底，集团公司共有机械设备 3709 台，总功率 244545 千瓦，总原值 9.74 亿元。其中大型轨行设备 268 台（恒张力放线车 9 台，安装作业车 111 台，架线作业车 18 台，立杆作业车 53 台，轨道车 77 台），大型土石方施工机械 77 台。运管公司由集团公司使用和管理的大型轨行设备 119 台（产权归铁路局）。

第二节　设备管理

1999 年至 2001 年，局机械设备处作为全局设备管理工作的主管部门，负责拟定全局装备发展规划，制定具体管理制度和技术规程，检查指导局属各单位对设备的管、用、养、修等业务，力求实现人机完善结合，为施工生产服务。工程处为加强设备管理，设备在施工中高效使用，积极探索和采取一些新的管理措施及方法。健全学习与点名制度，实行车长负责制和司助人员尾数淘汰制，单机消耗总量控制和安全联合管理，工程队与机械队对轨行司助人员定期联合考核，整顿司助人员劳动纪律，强化岗位责任和机械设备定期检查评定，促进设备系统从业人员的整体素质不断提高，管理体制更加顺畅，工作效率显著提高。2001 年，在企业转制中，经评估公司认定机械和检测设备的报废金额约 2000 万元，贬值金额约 2000 万元，累计金额达 4000 万元，占全公司固资净值的 12%。经财政部批复后，各单位立即着手办理报废手续并建立新台账，对重新归并单位的设备账目进行分离、合并及建账。为防止对仍需继续使用设备管理的脱节，2001 年 8 月 30 日发布“关于资产评估后部分机械及电子设备管理问题的通知”，对确需报废、需要继续使用、贬值设备的管理提出明确要求，避免管理混乱。

2003 年，结合集团公司改制后设备管理工作产生的新问题，在广泛征求各单位意见的基础上，重新修改颁发集团公司《机械设备管理办法》，明确设备管理的机构与职责、前期管理、固定资产管理、使用与保养、修理与备件供应、安全管理与事故处理、培训考核与检查评比等。随着恒张力放线车等大型、技术含量高设备的投入使用，颁布《吉斯玛恒张力作业车安全技术操作规程》、《跨座式作业车安全技术操作规程》，制定《集团公司小汽车配备标准及购置管理办法》、《机械设备台班费用定额》、《轨行车辆行车管理办法》和《集团公司汽车油耗标准管理办法》等制度。2004 年，颁布《轨行车辆行驶、作业管理要求及应急预案》、《普拉塞恒张力放线车安全技术操作规程》和《轨行特种车辆运输手册》等，使在铁路营业线运行、施工的轨行车辆管理制度更完整。2005 年，对装备的新型轨行机械及时编写或修订安全技术操作规程，组织有关人员对 2004 年编写的《普拉塞恒张力架线车安全技术操作规程》和《架线作业操作程序及注意事项》进行修订，并结合使用中出现的问题，重新下发“普拉塞 CEM100.121 恒张力架线车《使用要求》、《安全技术操作规程》、《架线作业程序》、《线盘与绞盘试验》、《故障判断与处理》”，下发《沈阳立杆车安全技术操作规程》、《GQ16C 型起重车安全技术操作规程》、《LG-2、LG-4 型立杆作业车安全技术操作规程》等。2007 年，对原《电化局机械设备安全技术操作规程》重新编写，删除部分落后、小型和通用设备，增加新型、大型、进口及土石方设备内容，并根据客运专线和高速铁路施工特点，对机械设备安全使用提出新的更高要求，新的《机械设备安全技术操作规程》装订成册发放给各单位。因客运专线和高速铁路外轨超高程度最大为 170 毫米，对机械设备的技术性能和安全使用带来了一定的影响。为保证施工机械在客运专线和高速铁路的安全使用，请襄樊轨道车辆厂、太原机车厂重新计算在用设备的动力学技术性能及安全性指标，并组织集团各电气化施工单位的技术人员，对 3 种型号的作业车（JW-3；JW-7；TY2）、恒张力作业车（FX-5D）和立杆车（LG-2；LG-4）进行现场超高抬道 200 毫米技术性能和安全性试验。对接触网作业车、立杆车在外轨超高 200 毫米模拟试验中发现的问题，与制造厂共同研究，制定出切实可行的技术要求和改造方案。下发《关于在客专、高铁电气化铁路施工机械使用要求的通知》，对外轨超高工况下机械的安全使用做出明确规定。

2004 年，根据铁道部关于在高速运行的轨行车辆上安装轨道车机车信号、无线列调、运行监控装置（轨道车三大件）的规定，集团公司在所有具备高速运行的轨行车辆（包括轨道车、接触网作业车、可高速运行的恒张力架线车等）全部安装轨道车三大件，使行车、施工安全得到操作人员控制和技术装备监控双重保证。2008 年，为进一步加强对轨行设备三大件的管理，编写并颁布《中铁电气化局轨行设备机车信号、无线列调、运行监控装置运用管理办法》。

第三节　维修保养

集团各子、分公司成立机械设备租赁中心后，实行设备、人员、资金集中统一管理，自主权利得到提升，在设备整修、保养、人员管理、资金保证等方面得到改善。设备进入项目部前，进行全面彻底整修，以确保其技术状态良好。设备投入施工使用后，由租赁中心常住现场管理人员统一专业管理，使设备的各级保养、维修得到切实保证。

设备大修。大型及进口机械实行项修（设备局部大修）与整车大修相结合制度，其他设备仍按传统修理制度执行。大修、项修以设备使用保养说明书要求及状态监测或技术鉴定的结果为依据，安排大修（项修）计划。每年大修（项修）计划由集团公司审批、下达。大修计划下达后，各单位租赁中心组织实施。随着设备制造技术和性能提高，逐步向按需修理过渡。设备技术状态评估是设备大修、项修的基础，是使其技术状态始终处于受控的手段，为安排设备修理计划提供科学的依据。技术状态评估的范围为恒张力放线车、接触网作业车及立杆作业车。设备租赁中心评估工作每年进行一次。

日常维修。设备施工使用出现临时故障后，由项目部配备的设备技术管理人员和维修人员及时处理，必要时租赁中心组织力量恢复设备，以保证施工生产顺利进行。

设备保养。强制要求每年 4 月及 10 月必须进行换季保养（二级保养），司机每天要认真进行例行保养和收车后的检查、保养。

第四节　安全管理

为保证设备安全运行，对设备操作人员进行技术培训与安全教育培训，持证上岗。新设备使用前及新职工上岗前，由设备租赁中心组织相关人员参加专业技术培训。接触网作业车、重型轨道车、立杆车司机及指挥人员，除持铁道部核发的有效轨道车驾驶证外，须持集团公司核发的上岗操作证书。立杆作业车司机除持有地方劳动部门核发的有效资格证件外，须持集团公司核发的上岗操作证书。上岗操作证由各子（分）公司培训考核合格后，按集团公司或各子分公司质量管理体系程序文件（人力资源管理程序）规定核发。施工现场安全教育培训由施工地铁路局、项目部、设备租赁中心组织进行。

设备安全管理，制定机械设备管理办法，机械设备安全技术操作规程，轨行车辆行驶、作业管理要求及应急预案，轨行设备机车信号、无线列调、运行监控装置运用管理办法，轨行车区间解体作业安全规定等一系列安全管理的制度。机械设备安全技术操作规程中，分别针对恒张力架线车、接触网作业车、立杆车、轨道车等制定详细、针对性强、可操作性高的明确规定。重要规程、制度分发到每辆轨行设备上，轨行设备显著位置悬挂岗位规范、应急措施、卡控制度、安全责任制、区间解体作业规定等各种警示牌。定期对应急装置的操作和应急预案进行实际演练。设备租赁中心和项目部共同对设备安全负责。每天施工作业前，施工负责人要对全体施工人员进行技术交底，认真核对施工调度命令，详细布置施工作业进程，在铁路营业线运行及作业时，执行施工负责人全面负责制。即施工负责人对轨行设备从驻地出发至工作完毕返回驻地全过程负责，对行车、作业安全与轨行设备司助人员共同承担责任。急、难、险、重施工作业，项目部及机械专职管理人员盯班作业。设备安全，项目部每月组织一次检查，设备租赁中心每半年组织一次重点检查，集团公司工程管理中心和安全监察室每年组织一次重点抽查。各级检查部门在检查中发现的问题，下达“设备检查整改通知书”限期改进。被检查单位必须采取措施，进行整改，并在规定的期限内，将整改结果报检查单位。

历年报废机械设备

表 8-4-1

年 度	数　量　（台）	原值　（万元）
1999	0	0
2000	0	0
2001	0	0
2002	57	369. 35
2003	104	713. 87
2004	108	1149. 35
2005	132	1628. 41
2006	176	1523. 35
2007	233	1885. 19
2008	219	2888. 52

历年机械设备统计表

表 8-4-2

年度	自有机械设备台数	年末自有机械设备价值(万元)		机械设备总功率（千瓦）	动力装备率（千瓦/人）	技术装备率（万元/人）	设备新度系数
		原 值	净 值				
1999	2342	31967. 99	20235. 70	113869. 78	7. 01	1. 25	63. 30
2000	2040	33515. 59	20047. 80	109165. 48	6. 84	1. 26	59. 82
2001	1581	27353. 56	16516. 00	81870. 81	5. 65	1. 14	60. 38
2002	1695	34211. 98	20984. 20	90288. 30	6. 32	1. 47	61. 34
2003	1676	35065. 05	19969. 60	90794. 73	6. 32	1. 39	56. 95
2004	2694	64699. 24	39808. 79	149173. 36	7. 29	1. 95	62. 00
2005	3153	74834. 79	45215. 90	174065. 04	8. 69	2. 26	60. 00
2006	3384	82375. 88	46511. 69	198769. 62	9. 73	2. 28	56. 00
2007	3446	88183. 20	47826. 25	220418. 32	11. 06	2. 40	54. 00
2008	3709	97406. 24	53892. 33	244544. 84	12. 16	2. 68	55. 00

第五章　物资管理

集团公司的物资管理工作由物资管理处负责，对企业所需物资的采购、使用等进行计划、组织和控制，实施有效管理，降低企业生产成本，加速资金周转，促进盈利，不断提升企业的市场竞争能力。

第一节　管理制度

随着改革开放和市场经济的不断深入，国家规定属于指令性项目的经济活动，必须按国家下达的指标，签订物资供应经济合同。为此，局揽工程的重要物资采用由物资处集中管理，主要物资实行集中订货，全面掌握物资供应情况的管理方式。对施工物资按 A、B、C 三类分别管理。A 类物资由用料单位逐级申请，局统一组织订货；B 类物资由用料单位逐级申请，局组织产需衔接订货或用料单位组织订货，局掌握进度；C 类物资由用料单位自行解决。2000 年，《中华人民共和国招标投标法》正式颁布实施。铁道部于 2002 年颁布《铁路建设工程招标投标实施办法》。在此后的施工生产中，物资管理实行新的方式。中标承建工程物资分配跟着投资走，主要物资分配指标控制在建设单位，建设单位审核施工单位提出的物资申请计划转报铁道部，铁道部下达的分配指标由建设单位转施工单位，由施工单位办理具体订货手续。中标工程项目按合同的单价、总价进行验工计价，物资实际购入价与概算价的料差，是反映工程实际成本和涉及施工单位实际利益的资料，需要严格做好料差的清理工作。凡集团公司集中验工的工程，由物资处归口汇总清理料差。集团公司提供物资由子分公司填报“料差清算表”，物资处审核；集团公司工厂供应的产品，由子分公司填报“料差清算表”，工厂处审核；子分公司自购料由子分公司审核，并附原始单据复印件；经物资处汇总后报经营计划部。子分公司加工器材用料，只清算“三材”差价。清算差价时，概算价以铁道部公布的《铁路工程建设材料预算价格》及调概系数为依据计算，缺项部分由子分公司汇总资料，报经营计划部统一向设计单位询价，下发给各子分公司作为料差计算的概算价。实际发生的价格为发票到货数量清算价。末验前及时清理工程剩余物资，与建设单位协商剩余料的处理办法。投标工程物资部门从开始就参加标书的编制，参加承包合同的谈判，直到最后末验参与施工遗留问题的处理全过程。

2006 年，铁道部颁布《铁路建设项目物资设备管理办法》，并于 2008 年公布《铁路建设项目甲供甲控物资设备目录》。将铁路建设所需的物资设备分为甲方供应物资设备、甲方控制物资设备和自购物资设备三类。甲方供应物资设备（简称甲供物资设备）是指在工程招标文件和合同中约定，由铁道部或建设单位招标采购供应的专用物资设备。甲方控制物资设备（简称甲控物资设备）是指在工程招标文件和合同中约定，在建设单位监督下工程承包单位招标采购的物资设备，主要是指对工程质量、安全和造价有直接影响的大宗通用物资设备。自购物资设备是指在工程招标文件和合同中约定，由工程承包单位自行采购的物资设备。甲供物资设备采购单项合同估算价在 50 万元人民币以上，甲控物资设备采购单项合同估算价在 100 万元人民币以上的必须进行招标，其中单项合同估算价在 1000 万元以上的在铁道部工程交易机构进行，其他在二级交易机构进行。甲供物资设备由铁道部或建设单位负责招标采购、组织供应、资金结算和质量监控等，甲供物资设备必须依法实施招标采购，物资设备价格必须合理，质量必须符合国家和铁道部有关规定。甲供物资设备的费用为概算内相应物资设备的费用，包括物资设备本身费用以及相关费用，费用节余纳入建设项目降造费，不足部分按变更设计程序办理。甲供物资设备经验收合格后由工程承包单位保管，保管费用纳入概算。由于保管不善造成丢失、损坏的，由工程承包单位负责赔偿。甲控物资设备在建设单位的监督下由工程承包单位组织招标采购，建设单位负责制定合格供应商资格条件并负责供应商资格审查，工程承包单位组织实施并签订物资设备供应合同。甲控物资设备费用纳入工程承包合同，由工程承包单位包干使用，并承担价格风险。甲控物资设备经验收合格后由工程承包单位保管。工程承包单位做好甲控物资设备保管工作，保证甲控物资设备供应，丢失、损坏等由工程承包单位负责。建设单位不负责甲控物资设备供应的具体组织工作，不设立专门协调小组和统一仓储基地，必要时可协调甲控物资设备的运输、厂家供货、施工单位之间的调剂。自购物资设备纳入工程总承包、施工总承包范围和承包合同，由工程承包单位负责采购、供应、资金结算、质量监控等工作。工程承包单位负责签订自购物资设备的采购合同，并承担价格风险。

2007 年，铁道部发布《关于客运专线系统集成物资设备招标采购有关事宜的通知》。2008 年 9 月颁布《铁路建设项目甲供甲控物资设备目录》，对甲供和甲控物资设备目录进行进一步的规范。

第二节　业务管理

1999 年至 2008 年，在工程建设施工费用中，物资费用所占比例达到 60-70%，加强物资科学管理、降低消耗对整个工程及集团公司的经济效益有重要作用。集团公司物资部门供应过程中的管理工作分为规程、规范、仓库管理、物资清查、节约能源。

管理机构。集团公司设物资处，统一管理全集团的物资工作。运作方式上视建设单位和工程的不同情况，由集团公司、子分公司分别运作物资订购和供应。集团各单位物资部门设置由各单位进行调整，有的仍设物资科，有的作为工程管理部门的一个专门机构，受集团公司物资处的指导。各子分公司的物资管理部门视工程情况下设工地、材料厂（库）。集团公司统一承揽的工程，大部分主要物资（计划经济时期称甲类物资，市场经济下称甲控物资）由物资处直接订货，其他由子分公司自行掌握订货。集团公司统一订货部分由子分公司上报物资申请计划，由物资处统一汇总，经集团公司主管领导签认后订货。随着市场经济的变化，集团公司所属北京材料厂、天津材料厂失去原有的储备、贮存、调剂、调划、应急功能。2001 年，北京材料厂移交给集团建筑公司；天津材料厂人员结构、功能做了调整，业务人员大部分到工程指挥部或工地材料厂负责在建项目的物资业务，原来用于储备物资的大中小仓库改做其他用途。2003 年，天津材料厂投资 100 万元将料库改为游泳馆，其他库房改做车间或出租。

管理业务。根据各条线施工情况及物资供应、管理和建设单位的要求，对不同工程制定相关物资管理办法。2000 年制定《朔黄线物资管理细则》，2001 年制定内昆线、宝兰二线、秦沈线物资管理办法。2002 年，对秦沈线进行物资管理调研，探讨实施项目经理部管理的物资供应管理新模式。起草集团《物资供应厂商评审和监督管理办法》、《物资招标采购管理办法》、《工程总承包物资管理办法》、《物资处经营奖励办法》、《物资处监制产品管理办法》，起草并向总公司上报《中铁电气化局集团物资管理情况汇报》。2003 年，颁发《物资管理准则》、《工地材料厂管理办法》和《物资公开采购的若干规定》。2004 年，编写《大秦线二亿吨改造工程实施物资配送的物资管理方案》和《大秦线物资供应办法》。制定沟海线物资管理办法，制定昆明局沾昆线物资管理建议草案。2004 年、2005 年，两次组织召开集团物资工作研讨会，对全集团的物资管理提出建设性意见。2005 年，对新组建的西安电化公司、西安工程公司、西安通号处、西安建设公司的物资管理模式、组织机构、人员情况及现状进行调研。提出在总承包形式下全集团物资管理工作的意见。编写《京沪线物资管理办法》。2006 年，颁布集团《物资供应厂商评审和监督管理办法》、《物资招标采购管理办法》、《工程总承包物资管理办法》、《物资处经营奖励办法》、《物资处监制产品管理办法》，起草并向总公司上报《中铁电气化局集团物资管理情况汇报》，参加总公司组织的物资管理工作会议。2007 年，颁布新的《集团公司物资管理办法》、《供应商准入管理办法》，制定《物资处机关工程项目人员管理办法》。2008 年，修改制定集团公司《工程项目物资集中采购管理办法》、《物资集中采购合格供应商管理办法》、《2008—2009 年度物资合格供应厂商名册》。

1999 年至 2005 年，集团公司每年对各工厂、材料厂、处（段）物资科（室）进行物资管理检查。检查内容包括物资台账是否建立，账物是否相符，仓库管理、堆码是否符合标准，入库物资是否进行质量检验，出库物资是否符合手续，现场仓库选址是否符合标准，易燃易爆物资是否另行存放等。对于检查出的问题书面通知，限期改正。按照质量认证要求，对集团公司 A 类物资进行控制，每年 A 类物资的金额在 1 至 2 亿元左右。自 1999 年至 2008 年，每年坚持开展全面质量管理 QC 活动，2000 年全局物资管理有 8 项 QC 活动成果获得省部级以上优秀成果。2002 年，根据哈大线德国 DDU 管理模式，组织各级管理人员积极参与 QC 小组的活动，对集中预配接触网零件的工序及工艺进行总结，发表《集中预配腕臂的技术改造》论文，获集团优秀成果奖和铁路系统 QC 成果三等奖。根据上级要求，每年对全集团的库存物资、节约情况进行一次清查（2007、2008 年末进行）。

1999-2006 年物资使用及库存情况统计表

表 8-5-1

项目 年份	钢材（吨）		木材（立方米）		水泥（吨）		机电产品（万元）	
	消耗数	年末库存	消耗数	年末库存	消耗数	年末库存	消耗数	年末库存
1999	24212	3273	6242	271	53458	443	33320	12870.58
2000	22577	2082	4781	146	42985	1940	46548.49	11003.89
2001	19903	1639	5362	190	42781	933	58671.52	9641.3
2002	20782	1314	3083	169	40285	816	60867.21	1923.02
2003	13891	195	1411	58	30863	598	42294.06	1140.11
2004	73876.6	3777	3425.2	28.2	220567	1649	63179.2	5389.9
2005	99875.88	4926.1	7741.9	557.71	370837.25	2460.14	106169.88	11328.03
2006	140718.5	2405.4	9036.2	47.8	650791.1	3046.5	188977.4	12219.1

说明：2004 年根据国家清产核资政策，共清理出坏账、呆账、预坏账损失等符合贬值报废政策的资产共计 416.91 万元。其中，贬值坏账报废 358.21 万元。经营性资产 352.2 元，包括应收账款 56.98 万元，其他账款 72.98 万元，预付账款 23.8 万元，存货 68.28 万元，长期投资 81 万元，税金 49.17 万元，经营性资产预计损失 2.2 万元，非经营性资产 6 万元。预计坏帐损失 58.7 万元，其中经营性资产 2.2 万元，非经营性资产 56.5 万元。在物资清查清理工作中，贬值报废原材料 28 项，机电产品 94 项，原值总价为 86.08 万元（超储挤压部分不含西铁公司和部分工厂）。2007 年合计项数 1.6906 万项、2.7925 亿元，其中原材料:1259 项、2065.23 万元，机电产品 6553 项、1.8019 亿元，其他 9094 项、7840.95 万元，超储积压物资为 1838 项、138.64 万元。

人员培训。1999 年在武广线、成昆线分别举办共有 80 人参加的物资管理培训班。2000 年，在哈大线组织 30 人参加的物资管理培训班。2003 年，在天津材料厂举办为期一周的物流业务培训班，50 人参加培训。2004 年，派出 11 人参加 ILT 职业资质证书（三级）英国皇家物流与运输学会培训班，取得三级证书 7 人、二级证书 4 人。

业务提成。物资管理综合业务提成费率由铁道部统一核定。2003 年，铁道部修改《铁路基本建设工程设计概算编制办法》，颁发《关于对铁路工程定额和费用进行调整的通知》。材料的业务提成费率按《铁路工程建设材料预算价格》乘以 0.5 计列，设备的业务提成费率按《铁路工程建设设备预算价格》乘以 0.5 计列。2006 年，铁道部发布《铁路基本建设工程设计概（预）算编制办法》，规定新的费率标准。市场经济后，物资部门的费用收取，主要是根据铁道部有关文件精神，承包方与建设方进行谈判，达成共识后签订协议或合同，所计取的费率具有一定的弹性。

第三节　物资供应

物资资源组织与供应方式根据工程需要及市场形势的变化而转变，通过可靠的资源组织和及时、准确、高效灵活的供应方式有效地保证集团公司各项工程的顺利进行。

一、资源组织

1999 年至 2006 年，贯彻“统一领导、分级管理”的原则，工程物资按 A、B、C 分类法，根据物资供货商的资质情况，确定合格分承包方，采取物资处统一订货、产需衔接订货和用料单位采购相结合的办法采购物资，适应当时对物资供应的要求。随着铁路施工的改革、规范，自 2007 年，集团公司施工的主要工程所需物资资源，分别来源于甲方供应的物资设备，甲方控制、由乙方通过招标形式购买的物资设备以及集团公司自购的物资设备。甲供料是集团公司施工用料的主要来源，由承担本工程施工的各项目部物资人员根据设计图纸及相关资料，按甲供物资设备目录提报甲供物资申请计划，报至集团公司工程指挥部物资部，由物资部汇总甲供物资申请计划报至建设单位，由建设单位和铁道部相关部门组织招标并根据施工组织进度将物资设备运至施工现场。甲控料是集团公司施工用料资源的重要组成部分，由集团公司指挥部统一采购，指挥部与物资处签订物资供应管理协议，物资处根据与指挥部签订的协议内容汇总各项目部甲控物资申请计划，以指挥部名义在建设单位的监督下统一组织招标采购服务工作，物资处派驻现场的物资管理人员在指挥部物资部的指导下根据施工进度，把物资设备运抵施工现场。自购料是集团施工用料资源的必要补充，自购物资设备分为集团指挥部统一采购的物资设备即统采物资和项目自采物资设备两部分，其中统采物资由项目部编制，报至指挥部物资部，由物资部统一组织招标采购。其他物资设备由承担本工程的项目部自行采购。

物资处除行使对集团公司工程所用物资的监查和物资机构业务的指导之外，还根据集团公司的质量、环境、职业健康安全管理体系对集团公司工程供货生产供应商进行评审和动态管理，每年定期公布一次，只有成为合格生产供应商，才能列入集团所属工程的物资设备采购供应商名单。截至 2008 年底，为铁路电气化施工提供材料、设备的国内生产厂商有数百个。经过对供货厂商资质不断考核，列入合格供方名录的 272 家，为保证集团公司承揽工程的施工质量和铁路建设跨越式发展提供物资资源保障。

二、供应方式

1999 年至 2006 年，由物资处订货、采购、加工的物资，供应方式以物资处组织订货，工地材料厂负责物资流转与信息反馈及现场服务。物资处发挥有效的管理与协调，工地材料厂紧贴施工实行优质服务，有效地保证工程的顺利进行。在株六、武广、朔黄、哈大、内昆、新长、大秦、秦沈、沟海、浙赣等工程中物资接运与供应受到业主的好评。2007 年以后，根据与工程指挥部签订的协议采取设立工程物资项目部的物资供应管理模式。

三、工程物资项目管理

2007 年以后，物资处在承揽的各项工程物资供应与服务中逐步探讨工程物资项目管理，成立工程物资项目部。为增强工程物资项目部组织、管理、协调能力，2008 年制定《中铁电气化局集团有限公司物资处工程物资项目部管理办法》，对项目部的设立、工作内容和日常管理做出明确规定。物资处在承揽的任务中，相继成立京九南昌、西格西宁、武广武汉、大包呼和、武合武汉、石太石家庄等工程物资项目部，在天津站改造工程、北京动车段、大包线、石太线、西格二线、京九改造、洛张、武广客专、武合客专、石太客专等工程中，受到客户的高度评价，取得较好的经济效益。

四、现场服务与供应

1999 年以来，物资处在局揽工程中，先后在株六、哈大、沟海、朔黄、武广、武合、石太、大包、西格等线建立工地材料厂或项目部。工地材料厂负责直发现场物资的接收、检验、保管、分发、签认、清算等服务工作。项目部还负责各个工程处的物资申请计划的汇总、上报、变更以及与集团公司指挥部的联络、工程现场施工进度及物资供应情况的掌握等。工地材料厂和项目部的建立，缩短了物资部门与现场的距离。根据掌握的施工进度、物资供需情况，在现场及时进行物资调配，合理调度，节约时间，确保工程物资及时到位。

在哈大线物资供应中，向现场运输接触网导线 650 盘、933 公里、829 吨，承力索 777 盘、1106 公里、4700 吨，腕臂 10256 套，补偿滑轮装置 30094 套，以及配套的软横跨材料。办理 21 批次进口货物的免税证明，外资开箱检验 38 批次、2421 箱、2031 吨。哈大工地材料厂受到集团公司指挥部的 3 次通报嘉奖，3 次电报表扬。

2005 年，京沪线工程全线物资供应由物资处负责。物资处成立京沪线领导小组，派出多人在各个工厂和施工现场掌握物资生产和施工进度。京沪线接触网、变电工程和内资外采设备进行 3 次开评标工作，招标采购历时两个月，复印资料，赶制标书，审查厂商资质，询价、谈判。组织 29 名评标组成员分别对 100 余家工厂的产品进行评审，确定厂家和价格，顺利完成采购合同的签订工作。强化物资供应管理机制，成立催料领导小组、工地提报小组、工厂催料小组、技术联络小组，形成以物资处物资调度为中心，与处内物资业务人员、驻厂催料人员保持紧密联系的物资调度网络；以物资处各分项业务人员为中心，与各供料厂生产调度、各项目部物资管理人员紧密联系的分项业务联络网；以物资处长为中心，与设计院、各项目部经理、各供料厂长紧密联系的技术联络网。对所需物资的计划、规格、型号、质量、原料、生产、检测、发运、到场各环节进行全程监控。定期召开全线物资供应工作协调会，要求各工厂在保证质量的前提下，加快生产速度，按标准送检生产产品，确保京沪线物资质量。2006 年 3 月接触网专业集中采购的物资基本供齐，5 月变电设备、线缆基本供齐，为京沪线按期开通打下基础。至 2006 年 6 月，京沪线供应接触网零件 60 万套，承力索、导线 3000 吨，棒型绝缘子 6 万只，变电设备 7000 台/套，各种电缆 4000 公里，供应额约 6 亿元。

2006 年至 2007 年承担浙赣线外资料接运工作。随时了解外资料到港信息，及时办理海关免税备案、进口许可证、委托报关等通关手续。随时为施工现场送料，保证施工需要。有些外资料到港后未能出关，经耐心细致地工作，通关问题得到解决，为建设单位节约费用，外资料及时运抵现场。浙赣线供应接触网专业配件 41.4 万套、1.557 亿元，混凝土支柱及钢柱 3 万余根、5366 万元，线材 6936 吨、9943.8 万元。变电专业设备 2366 台(套)、1.3585 亿元。通信设备 1241 万元，信号设备 3.1194 亿元。共计约 6.061 亿元。

2007 年，在天津站改扩建、北京动车段、大包线、石太线电气化改造等工程中，物资处受集团公司和建设单位的委托，对上述各线进行招标采购供应。按照招标要求，对招评标的程序进行严格审核，编制标书。全年共招标 15 次，价值约 5.3 亿元。其中天津站改扩建招评标 5 次、标的 4817 万元，大包线招标 2 次、标的约 2 亿元，北京动车段招评标 7 次、标的 8166 万元，石太线招评标 1 次、标的约 2 亿元。

2008 年共招标 19 次，价值约 14.69 亿元。组织京九线北京局至南昌局管内甲供甲控物资招标京九线设计联络会议 2 次，招标标的约 10 亿元人民币，包括变电、信号、通信、接触网设备、材料。组织南昌局京九线局管物资、南昌局枢纽、南昌局局管工程物资招标会 1 次，标的约 0.6 亿人民币。组织西格线物资招标会 10 次，标的约合人民币 1.29 亿元。组织北京动车段物资招标会 4 次，标的约合人民币 1 亿元。组织大包线物资招标会 2 次，标的约合人民币 1.8 亿元。2007 年至 2008 年共招开评标 34 次，标的价值 20 亿元。2008 年初，在南方抗冰抢险工程物资供应中，联系组织 7 个省市 14 个生产厂商，发运车皮 15 个，汽车 17 辆，供应物资 65 项，价值 600 多万元。

1999-2008 年经济技术指标完成情况表

表 8-5-2　　　　单位：万元

年份	名称 / 项目	净资产收益率	企业总产值	新签合同额	现金上缴率	实现利润
1999 年	下达指标					
	实际完成	0.06%	966			3.65
2000 年	下达指标					
	实际完成	0.4%	1186			20.24

年份	名称 项目	净资产收益率	企业总产值	新签合同额	现金上缴率	实现利润
2001 年	下达指标					
	实际完成	2.2%	967			79.02
2002 年	下达指标	1.5%	1000	4000	0.5%	
	实际完成	1.86%	1080	12000	0.63%	108
2003 年	下达指标	1.98%	1000	5000	100%	
	实际完成	2%	1011	6000	100%	85.9
2004 年	下达指标	1.98%	1100	7000	100%	
	实际完成	2%	1214	10000	100%	40.38
2005 年	下达指标	1.0%	1200	20000	100%	
	实际完成	1.0%	1500	20008	100%	38
2006 年	下达指标	1.0%	1500	33000	100%	40
	实际完成	1.26%	1518	30068	158%	50.25
2007 年	下达指标	1.0%	1700	30000	100%	50
	实际完成	1.72%	1778	40000	158%	64
2008 年	下达指标	1.0%	1700	35000	100%	96
	实际完成	2.0%	3200	40000	100%	2103

第六章　安全管理

1999 年至 2001 年，局安全管理、劳动保护、环境保护、锅炉压力容器安全监察工作由安全质量管理处负责，处下设安全科、质量科、劳保科，定员 12 人，其中处长 1 人、副处长 1 人、安全科 4 人、质量科 4 人、劳保科 2 人。2002 年，集团公司机构改革后成立安全监察室，定员 6 人，其中主任 1 人、副主任 1 人、安全监察 4 人（一级部员 3 人、二级部员 1 人）。集团子分公司设安全质量部或安全环保部，段设安全质量室，队设专职安全质量检查员，班组设兼职安全员，项目部设安全质量部或安全环保部。截至 2008 年，集团各单位具有上岗资格的专兼职安全管理人员 814 人，其中具有省部级以上管理部门颁发的安全管理资质人员 498 人，国家注册安全工程师 25 人。

集团公司安全工作始终贯彻“安全第一、预防为主、综合治理”的方针，坚持“安全发展”的指导原则，树立“以人为本”的思想，充分认识到做好安全生产工作的长期性、艰巨性和复杂性，始终把安全工作作为一项带有全局性、战略性和根本性的重要工作抓紧抓好。企业改制以前，重点对人身、施工安全进行检查和治理。改制以后，落实安全生产逐级负责制，开展重大事故隐患排查，加强生产过程的安全监控，建立安全生产应急机制，确保大型高层建筑、地铁、市政、桥、隧、高速铁路客运专线、铁路运营线工程施工安全，把减少人身伤害和铁路交通事故作为安全工作的重点。1999 年至 2002 年与 2007 年集团公司无职工因工死亡事故，实现安全年。

第一节　安全生产

一、安全生产责任制

1999 年至 2001 年，局设立安全生产委员会，局长任主任，主管安全生产的副局长、工会主席、安全质量管理处处长任副主任，委员会办公室设在安全质量管理处。2002 年改制后，集团公司成立安全生产委员会，董事长（总经理）任主任，党委书记、主管安全生产的副总经理、工会主席、纪委书记任副主任，委员会办公室设在安全监察室。安全生产委员会为常设组织，其任务是：研究集团公司安全生产情况，提出搞好安全生产的措施，组织协调开展安全生产活动，决策重大安全生产问题。办公室负责了解情况，掌握动态，分析安全生产形势，提出措施等日常工作。集团公司实行安全生产逐级负责制，建立逐级包保安全保证体系，层层签订安全生产包保责任书，建立从总经理到员工、从行政业务部门到党群系统的安全生产责任制。2007 年，集团公司决定设立安全生产总监一职，规定集团所属各子分公司以及建安产值 5000 万元以上项目均设立安全生产总监，设置安全总监

137 人。2008 年，集团公司发出《关于 2008 年度集团公司领导安全生产“一岗双责”范围的通知》，进一步明确规定公司领导按照分管范围负责安全生产管理工作，全面落实安全生产主体责任。

二、安全资质

1999 年 6 月，集团公司获得北京市劳动局颁发的“施工企业安全资格认可证”，有效期三年。2001 年 11 月取得新的认可证，有效期至 2003 年 12 月底。 2002 年 8 月，经培训班取得企业审定资格。2004 年 3 月、4 月，2 次 186 人参加北京市安全生产监督管理局组织的企业三类人员（企业主要负责人、项目负责人、专职安全生产管理人员）安全管理知识培训，并通过安全资格考核，取得《安全生产考核合格证书》。2004 年 11 月 16 日，集团公司获得企业《安全生产许可证书》，有效期三年。2005 年，各子分公司完成《安全生产许可证》的申领工作。2008 年初，集团公司通过北京市安全生产监督管理局对三类人员《安全生产考核合格证书》和《安全生产许可证书》的复审，159 人通过《安全生产考核合格证书》换证，有效期三年。2008 年 7 月， 158 人取得《安全生产考核合格证书》。

2003 年 6 月，集团公司启动安康管理体系认证工作。9 月颁布《职业安全健康管理手册》、《职业安全健康管理程序文件》，职业健康安全管理体系正式运行。12 月 20 日，通过中建协外审。

2003 年 7 月 30 日至 8 月 20 日，集团参加铁路工程建设的各子分公司领导和专职安全监察人员 43 人，分四期参加铁道部组织的“铁路营业线施工安全培训班”，取得“铁路营业线施工安全合格证”。集团公司各项目部按照规定分别参加各铁路局营业线施工安全培训，取得各铁路局颁发的“营业线施工安全培训合格证”。

三、安全管理制度

2000 年，对 1993 年以来贯彻执行的《安全生产管理办法》进行修订和完善，印制下发《安全法规文件汇编(一)、(二)》，统一全局《班组安全管理台账》。2002 年，集团公司改制后建立新的管理体制，依据《安全生产法》等法律规定，制定并修订一系列安全管理制度，包括《安全生产责任制》、《安全监察工作条例》、《安全事故管理办法》、《安全风险抵押金考核办法》、《项目部安全管理办法》、《安全奖惩办法》、《环境管理办法》。2004 年，修订《安全生产管理办法》，《安全生产奖罚办法》。2005 年，颁布《重大生产安全、环境事故应急救援预案》、《重大、特大交通事故责任驾驶人经济赔偿规定》，重新印制颁发《安全生产法规文件汇编（一）（二）》。2006 年，修订完善《安全标准工地建设管理办法》。2007 年，全面修订颁布《安全生产管理办法》、《安全生产责任制》、《安全生产奖惩办法》、《安全督导工作办法》、《重大事故隐患排查整改制度》、《生产安全事故责任追究办法》。颁发《安全生产法规汇编（三)》。2008 年，颁布《安全基础管理资料标准（试行)》、《生产安全事故(事件)应急响应预案》、《工程事故隐患与风险评价汇编》、《安全生产费用管理暂行办法》、《集团公司领导安全生产“一岗双责”范围》、《安全管理机构设置及专（兼）职安全管理人员配备》。

四、安全生产活动

1999至2001年，局党政工团各系统按照安全生产管理制度的规定，广泛开展安全生产宣传活动，组织各项安全检查，开展“全国安全生产活动周”活动。2002年7月，组织全体职工学习宣传贯彻《中华人民共和国安全生产法》。自2002年起，“全国安全生产活动周”改为全国“安全生产月”活动，每年6月份进行。集团公司每年“安全生产月”活动确定一个活动主题，利用报纸、板报、期刊等各种形式开展宣传教育，组织“安全生产演讲比赛”、“党员身边无事故”、“青年安全监督岗”、开展全集团“安全答题”等活动。活动期间公司主要领导率安全生产联合检查组，到施工生产一线进行检查指导。

自1996年，开展安全标准工地建设活动。2006年，修订完善《安全标准工地建设管理办法》。1999年、2000年各有15个工地被评为局级安全标准样板工地。2001年至2008年，共有12个工地被评为局级安全标准样板工地，其中2个工地获工程总公司级安全标准工地。2002年，有17个工地被评为局级安全标准样板工地，其中10个工地获工程总公司级安全标准工地，3个工地获北京市安全文明工地。2003年，有9个工地被评为集团级安全标准样板工地，其中5个工地获工程总公司级安全标准工地。2004年，有10个工地被评为集团级安全标准样板工地，其中8个工地获工程总公司级安全标准工地。2005年，有18个工地被评为集团级安全标准样板工地，其中4个工地获工程总公司级安全标准工地。2006年，有16个工地被评为集团级安全标准样板工地，其中6个工地获工程总公司级安全标准工地。2007年，有29个工地被评为集团级安全标准工地，其中9个工地获工程总公司级安全标准工地。2008年，有18个工地被评为集团级安全标准工地，其中8个工地获工程总公司级安全标准工地，3个工地获北京市安全文明工地，1个工地获河南省安全文明工地。新建铁路北京动车段工程首次被建设部评为全国建设工程项目“AAA级安全文明标准化诚信工地”。

五、安全教育

1999年，举办“安全质量培训班”，60人参加。2000年，举办“安全监察培训班”，79人参加。2001年，举办“安质主任培训班”，60人参加。10月，局属各单位开展“安全生产法知识竞赛”活动，12000人参加。2002年至2003年，19名专职安全监察人员参加“北京市兼职安全监察员培训班”，取得“北京市兼职安全监察员监察证书”。2004年3月，举办“青藏铁路卫生防疫、职业健康安全、环境保护知识培训班”，上线员工106人参加培训。2005年3月，聘请铁道部安监司领导，为参加职工代表大会的80余名领导干部进行安全政策法规教育；举办“专项安全技术培训班”，聘请国家安全生产监督管理总局领导授课，11 人参加。4 月，举办“安全生产培训班”，聘请总公司和国家安全生产监督总局领导授课，89 人参加。2006 年，举办“安全专职人员培训班”，92 人参加；先后 4 次在施工现场举办专题安全培训讲座。全年共举办安全教育培训班 410 期，培训人员 31000 人次。2007 年，举办各类安全教育培训班 423 期，举办集团公司、子分公司两级安全管理培训班 18 期，举办项目部级安全专业知识技能培训班 486 期，参加培训人员达 20340 人次。举办安全专职监察人员和工会劳动保护专职监督人员管理素质提高培训班各 1 期，培训人员 148 名。2008 年 3 月，举办“安全生产专职人员培训班”，聘请铁道部安监司领导和有关专家授课，132 人参加。全年共举办各类安全培训班 228 期，培训 23956 人次。

六、安全生产督导检查

1999 年 3 月至 4 月，组织 5 个检查组，对哈大、武广、株六、成昆、西康线、北京地区工地及 5 个工厂进行全局性安全质量大检查，发现问题 23 项，下发隐患整改通知书 3 份。针对京广线发生“416 次旅客列车脱轨颠覆的行车重大事故”，下发《关于深入开展安全大检查、大反思活动的通知》，成立活动领导小组，召开全局安全工作座谈会，组织 4 个检查调研组，对哈大、武广、成昆等线及 6 个工厂进行检查调研。9 月至 10 月，对通号院、电化院各个专业所用标准、规范、规程、通用图进行检查、确认，将作废和替代的标准、规范，进行追回处理，确保使用资料的有效性。2000 年，组织 7 个检查组，对哈大、武广、广深、株六、成昆、外福、西康、神朔线，上海明珠线以及工厂、学校、多经单位及北京地区各单位进行安全大检查，发现问题 26 项，下发隐患整改通知书 3 份。2001 年，先后到武广、哈大、株六、朔黄、秦沈线等工地进行安全大检查，重点是安全防护、警示标识、文明施工、安全技术措施等情况，发现事故隐患 35 条，下发隐患整改通知书 3 份。针对既有线轨行车辆运用，重点抽查株六线施工的 7 台作业车、2 台轨道车，重点是车辆年审、技术状况、车辆备品、安全防护用品、驾驶人员持证上岗等情况。集团检测中心深入施工现场，对工业产品进行抽检，全年共抽检接触网关键受力件 68 个品种 279 件套，发现 3 个品种不合格，及时追踪处理，消除安全隐患。2002 年初，开展春季安全整训活动。3 月，集团公司总经理刘志远、副总经理王青斌、王天录带队组成检查组，对各子分公司的安全整训工作进行大检查。5 月，配合全国安全生产大检查，组织多个检查组，深入生产一线，开展安全大检查和现场办公。中共十六大期间开展安全检查，由公司领导带队的安全检查组，对在京各单位、北京地区各施工项目和驻地，进行拉网式排查，重点排查外来人口、消防、爆炸危险品管理、交通安全、施工安全以及环境保护等，确保十六大期间的施工安全和社会稳定。在北京市《安全生产法》专项检查中，集团公司受北京市安全生产监督管理局委派，由集团公司副总经理王青斌任组长的北京市安全生产第九检查组，于 12 月 9 日至 13 日，组织对北京市有关建筑企业和丰台区的有关单位进行安全执法大检查，集团公司列为被检查单位之一。2003 年 1 月至 3 月，集团公司副总经理王天录带队，多次对在京单位和在京工程项目进行安全大检查和隐患整改，确保节日和两会期间安全稳定。6 月，集团公司检查组对秦沈线维管中心运营维修工作的安全进行检查，提出建设性的意见和要求。10 月，对二公司武汉轻轨工程和一公司大同地区接触网工程进行检查，通过对自揽工程和零小工程的检查，从中找出施工组织中的隐患漏洞，提出整改意见。10 月至 12 月，副总经理王青斌带队，对西南线八个标段、重庆城市轨道交通工程、神木电气化分公司通信信号工程、秦沈维管中心和京郑电气化改造工程等项目，进行安全检查，重点是环境和职业健康安全体系的落实。2004 年，先后组织十几个检查组，多次对集团所承揽项目进行安全大检查和安全标准工地检查，对施工生产中发现的事故隐患及时进行修正，对一些较严重的事故隐患，下发整改通知书并限期整改。2005 年 4 月至 12 月，集团公司对 18 个安全标准工地进行检查和督导，有计划的对重点工程、应急工程等分阶段、分层次进行检查，重点有京沪、大秦、浙赣、陇海、石怀、郑徐、津山、襄渝、武嘉、西安北环、兰武二线、广州地铁、上海地铁、北京地铁、关中公路工程等 15 项、45 个工地，以及北京地铁奥运支线、首都机场线、地铁四号线石榴庄车站进行检查。12 月，铁道部施工安全专项检查组对集团公司承建的既有线施工现场进行全面检查，各线安全状况良好。2006 年，集团公司安全质量督导检查组先后对北京地区 6 次、陕西地区 2 次、浙赣线、东北地区、华南地区各 1 次，共计 56 个项目进行安全质量督导检查，行程约 2 万公里。采取先进行平推式检查，然后召开 11 次安全质量督导专题座谈会，通报集团安全事故，分析典型事故案例，用多媒体视频系统放映存在的安全质量问题，真正做到安全生产入耳、入脑、入心。2007 年，提出安全督导检查要抓重点带全面、抓制度促规范、抓隐患促整改、抓监督保平安的要求。发布《安全督导工作办法》，以企业规章形式将安全督导检查工作纳入日常管理。首次授予安全督导检查组一定的现场奖罚权，加大现场监督执法力度。集团公司对相对集中的北京、西安两个地区派出安全督导组，实施重点督导检查和监控。先后对重点、零小、应急等 17 个工程进行督导检查，检查工地 120 余个，涉及桥隧涵、路基、轨道、接触网、变电、电力、通信信号、公路、房建等专业。全年共检查发现隐患 1215 个，发出整改通知书 81 份，开具奖罚通知书 57 份，其中奖励 27 份、10.07 万元，罚款 30 份、11.4 万元。2008 年，集团公司集中精力抓好施工生产和经营工作，在领导干部中实行安全管理“一岗双责”制度。集团继续坚持安全督导检查制度，并根据 2008 年度的施工生产任务需求，决定增强督导检查力量，聘用有丰富管理实践经验的 12 名老同志重返施工一线，强化集团对工程项目的安全监控。按照领导“一岗双责”的责任区域，由各级领导带队在集团公司范围内分重点、分地区、分片进行拉网式安全督导检查。针对 2008 奥运年、隐患治理年和集团生产任务的实际情况，5 月 13 日，召开隐患排查治理动员大会，分阶段开展隐患排查治理活动，下发《立即开展安全生产大反思大检查百日督查专项活动通知》等 4 份文件和 6 份电报，集团公司领导带头，精细组织，精细安排，精细督查，责任落实到人，先后对京津、陕西、武汉、新疆、南宁昆明地区和乌精二线、大包线、洛湛线、京津城际、合武线、武广客专等工程项目进行多次综合督导检查，涉及牵引供电、通信、信号、铁路土建、公路、桥隧、城市地铁、市政房建等9大专业。6月，组织对乌精二线、精伊霍线进行督导检查。7月，组织相关业务部门对涉奥工程项目和地区进行严格的自查自纠，确保奥运期间安全生产万无一失。9月，组织综合督导组对14个子分公司履行安全生产主体责任进行专项督导检查。11月，组织6个督导组对全部轨行车辆及三项设备管理、使用情况进行专项检查。11月，集团公司开展安全生产大反思、大检查活动，由9位集团公司副总经理和各子分公司102位主要领导带队，组成94个督导检查组深入一线，分别对251个工程项目和273个项目部，分层次地按11个方面进行安全质量综合督导检查，共计发现安全隐患问题1095项，提出建议91条，至12月15日，各项目部对查出的隐患已全部整改完毕。全年共开具奖罚通知书38份，其中奖励15份、9.2万元，罚款26份、16.2万元。

七、安全奖罚

1999年至2008年，共建成159个集团公司安全标准工地，奖励159万元；建成总公司级安全标准工地32个，奖励48万元；建成地方省部级安全文明工地7个，奖励10.5万元。2004年，集团公司开始实行安全风险抵押金考核制度。2004年、2005年，接受上级安全事故罚款40万元；集团安全事故罚款95万元，安全兑现嘉奖9.33万元。2006年，接受上级安全事故罚款4万元；集团安全罚款42万元，安全兑现嘉奖58.25万元。2007年，集团安全罚款6万元，安全兑现嘉奖83.43万元，其他奖励39.45万元。2008年，接受上级安全事故罚款4万元；集团安全罚款126.71万元，安全兑现嘉奖59.73万元，其他奖励22.1万元。

八、安全投入

2004年，修订《安全生产管理办法》，增加安全生产投入要求。颁布《安全生产资金保障暂行办法》，对安全生产投入范围、计划、操作批准程序、建立台账等做出明确规定。2007年，铁道部发布“关于执行《高危行业企业安全生产费用财务管理暂行办法》有关问题的通知”，明确铁路工程安全生产费用提取标准，以及使用和管理规定。为此，集团公司再次修订《安全生产管理办法》，重申安全生产投入的规定。2008年，颁布集团公司《安全生产费用管理暂行办法》，明确安全生产费用的财务科目，以及提取标准、使用和管理规定。随着暂行办法的实施，集团公司安全生产费用的提取、使用和管理更加规范。1999年至2005年，集团公司不断加大在安全生产上的投入，增添大批有利于安全生产的轨行作业平台车、地下设施探测仪、监视测量仪器、接触网检测车和其他安全生产防护设备。2006年用于安全生产六项费用1.7223亿元，2007年为1.1886亿元。2008年，根据施工生产任务的实际情况，按照整体规划购置和淘汰部分施工机械设备。在改善施工技术、工艺、设备安全生产条件的同时，加大改善员工驻地条件和环境保护整治的力度，提高施工生产安全系数和工作效率。全年用于安全生产六项费用 1.2629 亿元。

九、安全生产与事故情况

1999 年，全局发生伤亡事故 6 件 9 人，重伤 1 件 1 人，轻伤 5 件 8 人；发生行车事故 3 件，其中险性事故 2 件、一般事故 1 件；未发生因工责任死亡事故，实现安全年。

2000 年，全局发生伤亡事故 3 件 4 人，重伤 1 件 1 人，轻伤 2 件 3 人，未发生因工责任死亡事故，连续实现第 2 个安全年。

2001 年，全局发生伤亡事故 6 件 6 人，重伤 2 件 2 人，轻伤 4 件 4 人；发生行车事故 3 件，其中险性事故 1 件、一般事故 2 件；未发生因工责任死亡事故，无火灾、机械设备、交通责任事故，无锅炉、压力容器爆炸事故，连续实现第 3 个安全年。

2002 年，集团共发生伤亡事故 7 件 8 人，重伤 4 件 5 人，轻伤 3 件 3 人，未发生因工责任死亡事故，无火灾、机械设备、交通责任事故，无锅炉、压力容器爆炸事故，连续实现第 4 个安全年。

2003 年，集团共发生伤亡事故 9 件 9 人，死亡 1 件 1 人，重伤 2 件 2 人，轻伤 6 件 6 人，无火灾、机械设备、交通责任事故，无锅炉、压力容器爆炸事故，各项指标未超出工程总公司下达的年度安全指标（总公司安全指标：死亡率控制在 0.15‰以下，重伤率控制在 0.5‰以下）。

2004 年，集团共发生伤亡事故 5 件 6 人，死亡 2 件 2 人、重伤 1 人，重伤 2 件 2 人，轻伤 1 件 1 人，无火灾、机械设备事故，无锅炉、压力容器爆炸事故，各项指标未超出工程总公司下达的年度安全指标（总公司安全指标：死亡率控制在 0.12‰以下，重伤率控制在 0.4‰以下）。

2005 年，集团共发生伤亡事故 6 件 9 人，死亡 3 件 3 人、轻伤 1 人，重伤 1 件 1 人，轻伤 2 件 4 人，无火灾、机械设备事故，无锅炉、压力容器爆炸事故。

2006 年，集团共发生安全事故 7 件 2 人，死亡 1 件 1 人、轻伤 1 人，铁路行车事故 4 件，无交通责任事故，无锅炉、压力容器爆炸事故。

2007 年，集团共发生生产安全事故 6 件，未发生因工责任死亡和重伤事故，铁路交通事故 5 件；道路交通事故 1 件，轻伤 1 人。消灭重大交通、重大机械、较大火灾、重大锅炉和压力容器事故，以及铁路交通一般 C 类以上事故。各项指标均控制在股份公司下达的指标范围内，实现安全年。

2008 年，集团共发生生产安全事故 22 件，其中：轻伤 1 件 1 人；铁路交通事故 21 件：铁路交通较大事故 1 件，死亡 1 人；一般铁路交通责任事故 20 件（B 类 1 件、C 类 2 件、D 类 17 件）。年度百亿元营业额责任事故死亡指标低于中国中铁股份公司控制指标（中国中铁股份公司安全指标：建筑施工企业年度百亿元营业额责任事故死亡控制在5人以下，重伤率控制在0.3‰以下）。消灭了重大道路交通、重大火灾、重大机械、重大锅炉压力容器责任事故和因工重伤责任事故，特别是在奥运期间未发生安全生产事故。

历年职工因工伤亡事故统计表（1999年至2008年）

表8-6-1

年　度	死亡人数	重伤人数	轻伤人数	员工人数
1999	0	1	8	19829
2000	0	1	3	19354
2001	0	2	4	17913
2002	0	5	3	14056
2003	1	2	6	18855
2004	2	3	1	25885
2005	3	1	5	33716
2006	1	0	1	31800
2007	0	0	1	25396
2008	1	0	1	23418

十、工伤认定工作

工伤认定实行属地化管理。2002年以前发生的工伤，按照国家原有政策执行。2003年，按照北京市社会保险费“三统一”的有关规定，集团公司补报1996年10月1日以后负伤的职工12名，并对2002年以前申请工伤认定人员进行清理，共计141名，按北京市政府有关工伤认定的规定，经北京市主管部门审核批准，全部得到工伤认定。2004年，是国家施行《工伤保险条例》（国务院第375号令）的第一年，按照北京市人民政府令第140号《北京市实施〈工伤保险条例〉办法》，组织集团在京参保单位申请换领新《工伤证》118册。办理申请工伤认定和鉴定，集团本部1人，一公司10人，工厂处2人，轨道交通事业部1人。2005年，办理申请工伤认定和鉴定5人（集团公司青藏指挥部），并根据《北京市外农民工参加工伤保险暂行办法》，为在京施工单位280名农民工办理了工伤保险手续。2006年，集团公司完成申请办理工伤认定7人，其中，因工死亡1人、重伤2人、轻伤4人。2007年，集团公司申请工伤认定1人，通过北京市主管部门审核认定为工伤。2008年，集团公司完成申请办理工伤认定1人，其中因工死亡1人（电气化公司），通过北京市主管部门审核认定为工伤。

第二节　特种设备

一、锅炉

工业生产锅炉。宝鸡厂 2002 年购置 6 吨链条式燃煤蒸汽锅炉，4 年后烟尘排放浓度超标 4 倍，2006 年公司投资 13 万元将除尘设施改进为水浴冲击式麻石除尘器，经宝鸡市质量技术监督局检验，烟尘排放浓度合格。德阳厂 1992 年至 2006 年购卧装锅炉 4 台，经检测均达国家二类区环保排放标准。保定变压器厂 2 台锅炉 2001 年改造为多管除尘装置，2005 年改造为花岗岩水幕脱硫除尘装置。保定制品厂 2 台燃煤锅炉，2000 年给锅炉安装水膜除尘设施，2005 年新增加 1 台燃煤锅炉，3 台锅炉均检验合格。西安电气化公司宝鸡构件厂 1999 年至 2008 年有工业锅炉 1 台，经环境保护监测站检测合格。

工程锅炉。2007 年，西铁工程公司制梁厂安装燃煤锅炉 2 台，评估污染物排放达标。

采暖锅炉。三公司郑州地区燃气锅炉 1 台、燃煤锅炉 4 台，经检测烟尘排放低于国家规定的排放标准。新乡地区四吨燃煤锅炉 2006 年对除尘机进行改造，经检验低于国家排放标准。西铁工程公司物业公司管辖锅炉有 4 台，经检验排放的烟气均达到《锅炉大气污染物排放标准》中规定的二类区排放标准。西铁建设公司有锅炉 2 台，对燃煤采取添加固硫剂的措施，锅炉有害物质排放量符合排放标准，2008 年对锅炉消烟除尘装置进行整体更换。二公司襄樊地区使用 2 台燃煤锅炉，2008 年对锅炉进行煤改气改造，各项排放指标均符合国家排放标准。建筑公司保定地区有采暖锅炉 4 台，每年经锅炉压力容器检验所检验合格，锅炉排放各项指标均符合国家排放标准。保定变压器厂生活区采暖锅炉 1 台，2001 年改造为多管除尘装置，每年经市环保局排污检测合格。一公司五分公司有 2 台锅炉，燃烧方式均为层燃、往复炉排。一公司二分公司有锅炉 1 台，燃烧方式为机械链条炉排。该地区锅炉每年经石家庄市新华区劳动局锅炉压力检验所检验，均符合国家排放标准。北京金家村一号院燃煤锅炉 3 台，2004 年进行煤改气锅炉改造，新购燃气锅炉 6 台，经北京市丰台区特种设备检测所检验验收合格。

二、压力容器

宝鸡器材有限公司机加工车间电焊用二氧化碳瓶，气割用氧气瓶和乙炔瓶，凯腾气瓶；铸造车间、锻造车间模具加热用液化气罐；工厂实验室用氩气瓶，均按照规定进行分类保管。工程所使用氧气瓶、乙炔瓶全部在工程所在地租用，按规范使用，加强监督检查。

三、电梯

金家村一号院电气化大厦电梯 3 部，2002 年 8 月投用，2004 年 2 月北京市特种设备检测中心检测合格。2005 年至 2008 年，北京市丰台区特种设备检测所每年 1 月定期检测均合格。西铁工程大厦有电梯 3 部，2008 年 8 月公司投入资金 13 万元，对电梯进行全面大修，经西安市质量技术监督局检测，发放安全检验合格证书。二公司武汉基地大厦电梯 2 部，2007 年 8 月 12 日投入使用，2008 年 8 月武汉市特种设备检测中心定期检测合格。

四、起重机械

工业起重设备。宝鸡器材公司共有起重机械 18 台，在宝鸡市质量技术监督局登记注册，办理《特种设备准用证》，每 2 年进行一次定期检验。德阳制品公司共有 10 台起重设备，每年经德阳市特种设备检验所定期年检。保定变压器厂共有起重设备 22 台，由保定市质量技术监督局特种设备检验所每两年进行一次常规检验，其中叉车每年进行一次常规检验。保定制品公司共有起重设备 18 台，由保定市技术监督局进行两年一次的性能检验。

工程起重设备。建筑公司租赁站自有设备塔式起重机 6 台，西铁工程公司自有设备各式起重机 24 台，由具有资质的专业公司安装、拆卸，检验、验收执行国家标准、规范，经监理、辖区技术监督局验收合格后使用。集团公司自备有浦沅起重集团、徐州工程机械集团、长沙中联重工生产的各类汽车吊 56 台，每年都按国家规定进行属地年检，检验合格。工程租用汽车吊等，一般与租赁单位签订租赁协议和安全管理协议书，按规定加强日常监督检查和管理。

五、工程专用设备

郑西客专 13 标临潼制梁厂安装龙门吊 9 台，2007 年 5 月，经西安市特种设备检验检测院监督检验，发放检验合格证。2008 年，集团公司新增架桥机 1 台（由西铁工程公司代管），在郑西客专 13 标工地运用。2008 年 12 月底，集团公司自备有各型号轨行车辆 274 台，其中，有沈阳机车车辆厂、襄樊金鹰轨道车辆公司、日本富士重工、中铁宝工有限责任公司、徐州工程机械厂产轨行起重吊车 54 台，架线车 28 台，安装车 115 台，轨道车 77 台。按铁道部规定实行铁路局属地管理，按期年检，合格运行，各使用单位按规定加强日常检查和管理。建筑公司租赁站自有设备混凝土输送泵 4 台，西铁工程公司自有设备空压机 21 台、钢梁起重运输车 1 台、架桥机 1 台，西铁建设公司自有设备轮式挖掘机 1 台、履带挖掘机 1 台、推土机 2 台、振动压路机 1 台、轮式装载机 4 台。其他工程租用特种设备，均由有资质的专业公司提供。一般与租赁公司签订租赁协议和安全管理协议书，按规定加强日常监督检查和管理。

第三节　劳动保护

一、日常管理

1999 年，经局安全生产委员会研究决定，全局劳动工作服统一样式、统一标准、统一制作，劳动工作服配置为春夏装和秋冬装各一套，对上线作业人员配置防护背心和防护服各一件。2001 年至 2002 年，对工地和工厂劳动保护用品的采购、保管、发放、使用情况进行调研，修改局《职工劳动保护用品管理办法》、《防暑降温用品发放标准》。要求各单位安质部门必须有专人负责劳保用品管理工作，并对劳保工作进行定期与不定期的检查，确保劳动保护用品的正确使用。2003 年 8 月，针对全国各地夏季持续高温天气，决定一次性追加防暑降温费 200 元/人。2004 年，下发《劳动防护管理办法》、《劳动保护用品管理办法》、《防暑降温用品、保健食品、劳动护肤用品管理办法》。2005 年至 2008 年，安全监察室和集团公司工会组成联合检查组，不定期对集团各单位的劳动保护管理工作进行检查，尤其对劳动保护用品发放标准、范围、种类、价格、质量、使用进行督导检查，对超标发放、以钱代物、质次价高和不正确的使用方法进行纠正。根据《劳动保护监察条例》有关规定，每年定期对施工作业人员进行体检，发现不符合特种作业要求的，立即作出调整。对劳动保护用品的采购、发放、管理情况进行检查，建立职工劳动保护用品使用登记卡片及定期检查报废制度。贯彻实施国家《女职工劳动保护规定》、《女职工禁忌劳动范围的规定》，女职工每年体检一次。每年根据工作需要，为职工配备新型防冲击护目镜。制定《保健食品发放标准实施细则》，给接触有毒有害作业的工人发放保健食品。凡从事露天作业的工人，着黄色安全防护服上岗作业。每年冬、夏两季向职工发放防护护肤用品。

二、青藏铁路工程劳动保护

根据《青藏铁路卫生保障措施（暂行）》的要求，制定“青藏铁路施工人员劳动防护用品配置方案”，对劳动保护用品的配备与发放、劳动时间和劳动强度等做详细规定。劳动防护用品实行统一采购、发放，职工、劳务工发放标准一样，所有上线员工按规定配备大衣、羽绒服、保暖鞋、防晒霜、护目镜、雨衣等劳保用品。编写《青藏铁路职业健康安全教育手册》。各工地按安全标准化工地进行建设，生活营地集中选建在防洪、向阳、避风且距施工现场、公路较近的地方，保证员工能喝到合格的饮用水。员工宿舍及营区统一配发卧具、电取暖设备或煤炉，为电力供应不足的工点配置发电机，各工点配置洗衣机。劳务工营地首选城镇既有房屋，帐篷优先选建藏民相对集中的生活区，保证每人居住面积不低于 2 平方米。专人用高压炉具烧开水，为每位职工和劳务工配发 1.8 升保温壶。

第四节　环境保护

一、环境管理制度

认真贯彻实施国家《基本建设项目环境保护管理条例》、《铁路环境保护监察办法》，加强环境保护宣传教育，对工业生产产生的烟尘、粉尘、噪声、污水坚持治理，努力做到达标排放。对排放烟尘、粉尘、噪声及污水的新建项目，坚持执行环境影响报告书和“三同时”(即污染处理设施与主体工程同时设计、同时施工、同时投产)制度。2002 年，开展环境认证工作，完成《环境手册》和程序文件的编写与运行。2003 年，针对重要环境因素，编写《2003 年环境目标、指标和环境管理方案》。2003 年 7 月通过中建协第一次外审，并通过中国质量协会环境管理体系认证。

二、工业生产环境治理

宝鸡器材公司在《安全生产责任制》中明确环保职责，定期进行污染源检测，按期进行排污申报。1999 年对熔铜炉进行通风除尘改造。对机加工车间镀锌工段烟尘排于 1999 年、2006 年、2008 年做三次改造，安装玻璃钢除尘设备。 2003 年，对镀锌抛丸除尘设备进行改造，对引起厂界噪声超标的风机进行密闭式隔声处理。2004 年，在电火花机床安装排烟设施，解决烟尘排放不畅问题。淘汰黑色铸造工艺，代之以自动化程度高、清洁无污染的模锻及低压铸造工艺，主要加热设备采用电加热。配合烟控区建设，拆除燃煤锅炉 2 台，更换节能高效新式锅炉 1 台。2008 年，投资引入市政提供的集中采暖，接入天然气使用清洁能源。2001 年改变清洗工艺，2008 年筹措资金 68 万元修建污水处理站，使污水全面达标排放。2002 年，喷砂间除尘用风机采取多种隔声处理，达到治理噪声目的。

保定变压器公司，1999 年至 2004 年，油浸式变压器油箱及金属附件外观处理采用酸洗后，在水幕喷漆装置内表面喷涂，基本消除外观喷漆工序对周围环境影响。2004 年后，油浸式产品向大容量、高电压方向发展，油箱制造受设备和场地限制均采取外委加工制作，酸洗池及水幕喷漆设施完全拆除。在干式变压器生产过程中，线圈外观打磨工序采用伸缩式打磨除尘设施替代外排式除尘设施，线圈表面喷涂采用伸缩式喷漆房，除尘效果提高。

保定制品公司污染物排放有废水、废气、噪声。2000 年为锅炉安装水膜除尘设施，使废气排放达标。2001 年新建洗石场，清洗石子的废水排入防渗池内，污水排放达一级标准。2003 年将振动台由地上改为半地下设施，厂界噪声符合III类标准。

德阳制品公司有污水、噪声、粉尘、烟排放。2003 年，采用精洗碎石及河砂，砂石进厂后不再清洗，大幅减少用水量及废水排放量。钢筋调直机装有除尘器，取消使用袋装水泥，3 个混凝土制品生产车间均建有现代化混凝土搅拌站，降低粉尘污染。锅炉炉渣全部综合利用，混凝土固体废弃物全部拉运到指定场所填埋。2008 年，为混凝土制品生产车间蒸压釜安装消音器，降低噪声污染。

三、施工环境保护

沪汉蓉通道襄渝增建二线工程胡家营至安康 XYS-01 标段共有 10 座隧道，设置 18 个弃碴场，按照“先挡后弃”的原则，进行边坡防护，分类采取复耕或植被恢复。对涌水量大的地段设截水管经由衬砌背后引出并导入蓄水池，避免和洞内施工污水汇合外排，减少污水处理量。对施工污水配备有效的污水处理设施，设置沉砂池、沉淀池、过滤池，使污水得到充分净化，达到排放标准。对废弃的零碎配件边角料、水泥袋、包装箱等及时收集清理，保护自然环境。永久用地范围内的裸露地表采用植树、栽草的绿化措施，临时用地范围内的耕地采取撒草籽绿化。对路基工程的取、弃土场，实施工程防护。桥梁钻孔桩施工产生的泥浆，待硬化后外运至指定弃碴厂做妥善处理。

郑西客运专线 12 标段 3 个搅拌站，为减少大气污染，储料场地面进行硬化，对粗细骨料设立围墙，加盖顶棚，设立沉淀池，污水净化后排放。郑西客专、京石客专、北京地铁奥运支线配置洒水车，减少扬尘。对现场堆土进行围挡覆盖，遇四级风以上天气，严禁挖土、运土、拌合回填土。居民区施工，为减少噪声污染，合理安排施工作业时间，钻孔桩作业尽量在晚间停止施工。

市政工程项目按照国家环境保护相关规定，加强对环境保护的管理，建立环境保护管理体系，对施工中产生的水、气、声、渣的排放进行严格控制，为防止水土流失，对施工空地种草皮固结。各工地所有取、弃土场施工进行覆盖、固结、洒水。所有城区内施工场地都进行硬化、绿化、出口设洗车池对施工车辆进行冲洗。在北京、天津、郑州、武汉等地区钻孔桩施工中产生的废弃泥浆，及时用封闭式泥浆车运至指定存放处，钻渣晾干后运至弃土场。宝牛高速公路工程施工减少施工对山体和原有环境的破坏。

电气化铁路工程环境保护的主要做法，既有线杆塔基坑、电缆沟、过道管等作业开挖前，先设置挡碴板，铺垫彩条布，防止道碴流失和污染道床。对机动车辆安装净化消声器，减少尾气污染，取暖尽量采用电能源，做饭使用清洁燃料（液化气罐），施工现场严禁焚烧产生有毒有害异味的物质。场区门口铺石子，定期过筛，清扫洒水。深基坑弃土及垃圾渣土采用遮盖或袋装措施，统一运送到指定地点。工地绿化，建立场区洗车台。

青藏铁路工程站后“三电”工程，认真贯彻“预防为主，保护优先，开发保护并重”的原则，不仅要直接保护沿线生态环境和野生动物，还要避免因施工引起的土地沙化、湿地萎缩、草场退化、水质污染及新的环境破坏。施工中以防止冻土融化、地表水源污染、径流阻断、基坑涌水、塌方、草皮移植、植被恢复作为施工环保的重点。采购环保型材料，选用合理的机械设备和施工方案，严格限制施工人员活动范围和机械作业范围及行进路线。制定施工方案的同时，制定环境保护方案。按照青藏铁路环保恢复标准的要求，规定环保恢复必须达到与原始地貌相同。光缆沟开挖选择草皮易成活的区段，草皮较好地段用人工开挖。施工难度较大的山坡、湿地等地段采取开挖、堆砌、铺垫、隔挡、平整、再造等措施。机械开挖电缆沟铺垫轮胎作业。管桩施工，旋挖钻机铺垫钢板作业。为保护多年冻土环境，9 月后次年 5 月前开挖施工。无线通信铁塔基桩施工，采用旋挖钻干孔成井法，有效避免对多年冻土环境的热融侵蚀。地质情况不好的地段施工，采用坑口加固法、现浇混凝土护壁法、混凝土护圈沉井法、钢护筒防护法，防止坍塌和地表塌陷。

第九篇

综合管理

- 企业管理
- 人力资源管理
- 投融资管理
- 财务会计
- 审计监督
- 法律事务
- 公安保卫
- 政务综合管理
- 史志工作

第九篇　综合管理

第一章　企业管理

第一节　企业发展战略、规划

一、发展战略

2005 年 3 月，经集团公司党委一届五次全委（扩大）会议和集团公司二届一次职代会审议通过，集团公司董事会批准，依据《中铁电气化局集团发展战略研究报告》，确定集团 2001 年至 2020 年总体发展战略（简称“五四战略”），概括表述为：建立“四跨格局”，跨地区、跨行业、跨不同所有制经济、跨国经营；构筑“四大支柱”，铁路城轨四电（电气化、通信、信号、电力）、土木工程、房屋建筑、工业制造；开辟“四新领域”，工程总承包、资本经营、运营维管、工程咨询；谋求“四化发展”，多元化、一体化、集约化、知识化；实现“四步跨越”，第一步到 2005 年企业年营业额突破 50 亿元，第二步到 2010 年企业年营业额突破 70 亿元，第三步到 2015 年企业年营业额突破 100 亿元，第四步到 2020 年企业年营业额突破 140 亿元。在劳动生产率和经济效益逐年提高的同时，职工生活全面实现小康。把中铁电气化局集团建成行业领先、国内一流、国际先进，资本、技术、管理相对密集，具有知名品牌的大型建设企业集团。总体发展战略的实施步骤大体分为 4 个阶段：2001 年至 2005 年为战略起步阶段，2006 年至 2010 年为战略展开阶段，2011 年至 2015 年为战略扩张阶段，2016 年至 2020 年为战略转型阶段。

二、“十五”规划

2001 年 3 月，局职代会审议批准《电气化工程局“十五”发展规划》。“十五”规划从六个方面概括性地总结了“九五”规划执行情况，包括“九五”规划中制定的主要经济指标完成情况，并将“九五”期间主要经济指标与“八五”期间完成情况进行比较。其中：五年承揽任务 100 亿元，与“八五”相比，增加 60 多亿元，是“八五”承揽任务的 2.9 倍；企业总产值达到 83.03 亿元，与“八五”相比，增长 154.1%；职工收入逐年增长，九五期末，全局职工年平均收入达 18000 元，比 1995 年增长 95%，平均每年递增 14.5%。《“十五”规划》确定的奋斗目标是：改革工作不断深化，现代企业制度初步建立；市场领域不断拓宽，多元经营格局更加完善；建设任务全面完成，经济效益不断提高；科技兴局收到实效，综合实力明显提高；两个文明协调发展，职工生活明显改善。到 2005 年，把中铁电气化局集团建成一个生产经营与资本经营并重，多元化经营与跨国经营全面发展，多产业、多层次、全方位进入市场的现代企业集团。五年承揽任务总额 128 亿元，完成企业总产值 118 亿元，保持职工收入年均增长 3%—5%。

三、“十一五”规划

2006 年 5 月，根据集团公司党委《关于编制集团“十一五”规划的建议》，成立以侯多智副书记为组长的集团“十一五”规划编制小组，先后到 24 个下属单位调研，收集、掌握大量的资料和建议，完成“十一五”规划初稿的编写工作。2007 年 2 月，集团公司二届二次职代会及董事会分别审议通过和批准《中铁电气化局集团“十一五“发展规划》。

“十一五”期间，完成新签合同额 312 亿元，比“九五”增长近 198%；完成企业营业额 193.3 亿元，比“九五”增长 122.7%；集团全部职工平均年收入达到 22279 元，在岗职工平均年收入达到 25801 元，比“九五”末的 17762 元和 18311 元分别增长 25.4%和 40.9%。年平均增长分别为 5.08%和 8.18%。“十一五”期间，集团发展的总体要求是：以邓小平理论和“三个代表”重要思想为指导，全面贯彻落实科学发展观和建设和谐社会的战略部署，围绕中国铁路工程集团公司第一次党代会提出的战略目标，按照集团“五四战略”的发展方向，突出一个“好”字，做到“六个协调”：增长的速度与质量、效益相协调，企业发展与职工发展相协调，经济规模与经济结构相协调，物质文明与精神文明相协调，全局发展与局部发展相协调，发展中的主观愿望与客观实际相协调；把握一个“快”字，做到“三个把握、三个防止”：把握平稳较快发展，防止大起大落；把握可持续发展，防止后劲不足；把握好中求快，防止快中出错。坚持以人为本，加强人才队伍建设，增强自主创新能力、系统集成能力和综合管理能力，保持行业技术领先地位；调整战略结构，转变经营方式，优化资源配置，加快规模发展，提高经济效益；深化企业改革，推进体制创新、管理创新、党建创新和文化创新，提升企业品牌；努力实现好、维护好、发展好职工群众的根本利益，进一步提高职工的物质文化生活水平；抓住机遇，乘势而上，加快实现“四步跨越、一大目标”的进程，使集团的综合实力和市场竞争能力迈上一个新台阶，推动企业又好又快发展。“十一五”期间集团发展的总体目标是：新签合同额 800 亿元以上，到 2010 年突破 210 亿元；完成企业营业额 400 亿元以上，到 2010 年突破 100 亿元；职工收入年增长 10%以上，到 2010 年职工年均收入达到 5 万元；企业综合实力明显提升；稳固确立集团的行业龙头地位。

第二节　企业改制、改革

一、公司制改造

公司制改造工作经过三年的准备，历经申请核名、上报方案、注册登记、挂牌成立几个阶段。1999 年 8 月，电化局制定建立现代企业制度总体方案。铁道部电气化工程局整体改制为两元股东的中铁电气化局集团有限公司，局属第一、二、三工程处、北京国脉铁路建筑工程部和电信试验中心与局同步改制为中铁电气化局集团有限公司控股的两元股东有限公司，以中铁电气化局集团有限公司为母公司，以局属第一、二、三工程处、北京国脉铁路建筑工程部和电信试验中心改制后的公司为子公司，组建中铁电气化局集团。方案从企业现状、改制基础条件、改制指导思想、基本原则和总体目标、公司制改造的初步规划、需上级解决的问题和公司制改造工作步骤及保证措施七个方面进行说明和设计。总体方案经局职代会审议通过后上报总公司。

2000 年 4 月 4 日，工程总公司正式批复改制总体方案，同意电化局整体改制为中铁电气化局集团有限公司。2000 年 12 月 12 日，电化局向北京市工商局提交公司制改造和组建中铁电气化局集团的核名申请报告。2001 年 1 月，国家工商行政管理总局审核批准铁道部电气化工程局改制为“中铁电气化局集团有限公司”，同时核准以该公司为核心企业的集团名称为“中铁电气化局集团”，简称“中铁电化集团”。同月，国土资源部确认铁道部电气化工程局土地估价结果和土地使用权处置方案。2001 年 4 月，铁道部电气化工程局在国家财政部批复进行有限公司改造的资产评估报告后，向中国铁路工程总公司上报中铁电气化局集团有限公司股权设置及股权结构方案和动用历年百元工资含量节余转为国家资本金及职工集体股份的请示。6 月，中国铁路工程总公司批准有关请示报告。中铁电气化局集团有限公司由中国铁路工程总公司和中国铁路工会铁道部电气化工程局委员会两个股东出资设立，注册资本为 51905.62 万元。中国铁路工程总公司出资 43621.06 万元，占注册资金的 84.04%；中国铁路工会铁道部电气化工程局委员会出资 8284.56 万元，占注册资金的 15.96%。批准铁道部电气化工程局动用历年百元工资含量节余 4142.28 万元转作职工集体持股入股。2001 年 6 月 26 日，铁道部电气化工程局正式向北京市工商行政管理局递交办理“中铁电气化局集团有限公司”注册登记申请。铁道部电气化工程局第一、二、三工程处、北京国脉铁路建筑工程部、电信试验中心也向所在地工商行政管理局递交办理注册登记申请。6 月 29 日，北京市工商行政管理局批准“中铁电气化局集团有限公司”注册登记申请，核发《企业法人营业执照》。由中铁电气化局集团有限公司控股的 5 个子公司（原第一、二、三工程处、北京国脉铁路建筑工程部、电信试验中心）陆续完成注册登记后，2001 年 8 月 6 日，中铁电气化局集团有限公司及其控股的 5 个子公司，向北京市工商行政管理局申请办理中铁电气化局集团登记。8 月 8 日，北京市工商行政管理局核发“中铁电气化局集团”登记证。同日，中铁电气化局集团有限公司及中铁电气化局集团在总部北京举行挂牌仪式。中铁电气化局集团成立，标志着铁道部电气化工程局整体进行公司制改造工作基本结束。

2007 年 3 月，为了配合中国铁路工程总公司独家发起设立中国中铁股份有限公司的需要，依据 2005 年修订颁布的《公司法》和国家有关规定，按照总公司的整体部署，中铁电气化局集团有限公司及其全部子公司陆续完成职工股的退股工作。

2007 年 6 月，中铁电气化局集团有限公司及其 7 个子公司变为法人独资的有限公司，另外 2 个子公司成为集团内部法人持股的多元股东有限公司。2007 年底，集团公司有 17 家下属企业（其中二级企业 5 家，三级企业 12 家）先后改制为法人独资的有限公司，集团公司下属所有法人企业都完成公司制改造。

二、分离企业办社会职能

2005 年 1 月，国务院办公厅印发《关于第二批中央企业分离办社会职能工作有关问题的通知》。根据文件精神，集团分离办社会职能工作按照地域分，涉及湖北省、河南省、天津市、北京市、河北省、陕西省 6 个省（市），7 个城市；按照单位分，涉及集团公司、一公司、二公司、三公司、建筑公司、西铁工程公司、保定职工学校等 7 个单位。移交机构 14 个，总人数 195 人； 拟移交资产账面值 953.34 万元、房屋 5019.64 平方米、土地 4661.10 平方米。其中，北京市移交机构 4 个，总人数 69 人，包括第八公安处机关 35 人、第八公安处第一公安分处机关 18 人、第四公安分处 7 人、第五公安分处 9 人。拟移交账面资产值 357.55 万元。河北省（石家庄市、保定市）移交机构 6 个，总人数 64 人，包括石家庄市移交机构 3 个、总人数 6 人，分别是第八公安处第一公安分处第三派出所 3 人，第一公安分处第四派出所 1 人，第一公安分处第五派出所 2 人；保定市移交机构 3 个、总人数 58 人，分别是铁道部电气化工程局保定子弟学校 52 人（在职教职工 30 人，退休教职工 22 人），第一公安分处第二派出所 2 人，第四公安分处第二派出所 4 人。拟移交资产账面值 201.79 万元。河南省（郑州市）移交机构 1 个，既第八公安处第三公安分处，总人数 20 人。拟移交资产帐面值 51 万元。湖北省（襄樊市）移交机构 1 个，既第八公安处第二公安分处，总人数 35 人。拟移交资产账面值 297 万元。天津市移交机构 1 个，既第一公安分处第一派出所，总人数 3 人。拟移交资产账面值 19 万元。陕西省（西安市）移交机构 1 个，既第八公安处直属派出所，总人数 4 人。拟移交资产账面值 27 万元。

按照国资委、财政部文件规定，分离工作分为三个阶段。第一阶段，企业与地方政府财政部门对账（包括资产、人数、工资、人事档案、办公经费、社保等）。第二阶段，对账结果报财政部批准后，中央企业（指总公司）与地方省级人民政府签订移交协议，并上报国资委、财政部批准。第三阶段，国资委、财政部批准协议后，由移交企业（集团公司或子公司）与被移交机构所在地的政府部门办理移交手续。截至 2008 年底，集团公司分离办社会职能工作涉及 6 个省（市）的工作均已进入第三阶段，6 个省（市）政府都与总公司签订移交协议，并得到国资委、财政部的批准，批准日期分别为湖北省 2005 年 11 月、河南省 2006 年 6 月、北京市 2006 年 9 月、河北省 2007 年 2 月、天津市 2007 年 3 月、陕西省 2007 年 11 月。

第三阶段工作已经完成的只有保定电气化子弟学校移交工作。2007 年 9 月 28 日，集团公司与河北省保定市人民政府签订《关于移交保定电气化子弟学校的谅解备忘录》，从签字之日起，保定电气化子弟学校移交保定市人民政府管理。2007 年 11 月 1 日起，集团公司停止向子弟学校拨付经费。截至 2008 年 4 月底，全部移交手续办理完毕。

三、企业重组

2002 年 7 月 31 日，企业资质重新就位工作完成以后，由于集团公司按照新的资质标准，主项资质就位为专业承包一级，使企业的竞争发展受到很大限制。经集团公司总经理提议，董事会、股东会批准，决定通过企业重组来扩大市场领域，由铁路电气化专业施工企业向铁路综合施工企业转变。2003 年 8 月 15 日，集团公司成立企业重组领导小组和专项工作小组，明确各工作小组职责，确定企业重组工作目标，做出具体工作部署。2003 年 8 月 25 日，集团公司向中国铁路工程总公司提交企业重组的申请报告。2003 年 11 月 20 日，中国铁路工程总公司发出《关于中铁电气化局集团有限公司、西安铁路工程（集团）有限责任公司进行资产重组的决定》，同意将西安铁路工程（集团）有限责任公司整建制划入中铁电气化局集团有限公司，成为集团公司的控股子公司。2003 年 11 月 26 日，集团公司召开与西铁公司重组大会。

2004 年 6 月 4 日，根据集团公司扩大市场规模、调整专业结构、申报铁路施工总承包特级资质的需要，集团公司董事会审议批准西安铁路工程（集团）有限公司整合重组方案，将原西安铁路工程（集团）有限公司重组为西安铁路工程有限公司、西安铁路建设有限公司、西安电气化工程处、西安通信信号工程处和集团公司铁路工程分公司。随后，集团公司成立西铁公司整合重组工作领导小组和资产、干部和综合 3 个专项工作组，分四步开展整合重组工作。

中铁电气化局集团有限公司和西安铁路工程（集团）有限责任公司重组后，增加铁路、公路土建施工能力，增强铁路四电施工能力，市场规模、生产能力迅速扩张，集团公司顺利取得铁路工程总承包特级资质，企业年产值五年翻两番，2008 年企业年产值达到 146 亿元（2003 年两家合并后为 35.8 亿元）。

第三节　企业资质

一、资质重新就位

2001 年，经 3 次企业资质就位工作会议，确定母、子公司申报方案。为保证建筑公司申报房屋建筑工程施工总承包一级资质，将原第一、二、三公司建筑段整建制调入建筑工程公司。集团公司及各子公司资质申报资料按期上报总公司、建设部及相关部委。最终经建设部批准取得如下资质：中铁电气化局集团有限公司，主项：铁路电气化工程专业承包一级资质；增项：铁路电务工程专业承包一级资质，公路交通通信、监控、收费综合系统工程分项资质。中铁电气化局集团第一工程有限公司，主项：铁路电气化工程专业承包一级资质；增项：铁路电务工程专业承包一级资质，电信工程专业承包一级资质，公路交通通信、监控、收费综合系统工程分项资质，城市及道路照明工程专业承包一级资质，建筑智能化工程专业承包一级资质。中铁电气化局集团第二工程有限公司，主项：铁路电气化工程专业承包一级资质；增项：铁路电务工程专业承包一级资质，电信工程专业承包一级资质，送变电工程专业承包一级资质，建筑智能化工程专业承包二级资质，城市及道路照明工程专业承包一级资质。中铁电气化局集团第三工程有限公司，主项：铁路电气化工程专业承包一级资质；增项：铁路电务工程专业承包一级资质，电信工程专业承包一级资质，公路交通通信、监控、收费综合系统工程分项资质，城市及道路照明工程专业承包一级资质。中铁电气化局集团北京建筑工程有限公司，房屋建筑工程总承包一级资质，铁路施工总承包二级资质，建筑装修装饰工程专业承包二级资质。

二、特级资质申报

集团公司与西铁公司重组后，具备申报铁路施工总承包特级资质的条件。2004 年 2 月启动特级资质申报工作，确定申报方案；8 月，集团公司增加铁路工程施工总承包特级资质、机电安装工程施工总承包一级资质、铁路铺轨架梁专业承包二级资质。

三、资质升级与增项

2004 年，西铁工程公司增加市政工程施工总承包二级资质。组织一公司申报机电安装总承包一级资质和房屋建筑总承包一级资质，三公司建筑智能化专业一级资质，建筑公司装饰装修专业承包二级升一级资质。经建设部审核，除一公司房屋建筑总承包一级资质降为二级外，均取得建设部的公示、批准及换证工作。

2005 年，全集团资质总承包 16 项，专业承包 34 项，升级 6 项。集团公司在上一年取得铁路施工总承包的基础上，又取得城市轨道交通专业资质。二公司取得机电安装总承包一级资质、钢结构工程专业三级资质，并将机电总承包一级资质变更为二公司的主项资质。建筑公司取得市政公用工程施工总承包三级资质、机电设备安装工程专业承包二级资质。西安铁路工程有限公司取得铁路工程施工总承包二级资质、桥梁工程专业承包一级、隧道工程专业承包一级、预应力工程专业承包二级、堤防工程专业承包三级资质。西安铁路建设公司取得市政公用工程施工总承包二级、桥梁工程专业承包一级资质。西安电气化公司取得铁路电气化工程专业承包一级、铁路电务工程专业承包一级资质。

2007 年，分两期完成全集团的资质申报工作。集团公司取得市政工程总承包一级资质，一公司取得房屋建筑工程总承包一级资质。四季度完成 5 个子公司共 8 项资质的升级、增项和调整工作。完成集团公司铁路铺架资质升级申请资料的编制和上报，通过铁道部和建设部审核，集团公司铁路铺架资质由二级升为一级，并取得房屋建筑施工总承包三级资质。2007 年 6 月 26 日，中华人民共和国建设部第 159 号部令《建筑业企业资质管理规定》下发，新一轮建筑业企业资质拟开始重新核定。

集团公司及各子公司施工资质明细表

表 9-1-1

序号	单位名称	主项资质	增项资质
1	集团公司	铁路工程施工总承包特级	1、 机电安装总承包一级 2、 铁路电气化工程专业一级 3、 铁路电务工程专业一级 4、 铁路辅轨架梁专业一级 5、 公路交通工程专业承包通信、监控、收费综合系统 6、 城市轨道交通工程 7、 市政公用工程施工总承包一级 8、 房屋建筑工程施工总承包三级
2	一公司	机电安装工程总承包一级	1、 房屋与建筑施工总承包一级 2、 铁路电气化工程专业承包一级 3、 铁路电务工程专业承包一级 4、 电信工程专业一级 5、 建筑智能化工程专业一级 6、 公路通信、信号、收费综合系统
3	二公司	机电安装工程总承包一级	1、铁路电气化工程专业一级 2、电信工程专业一级 3、送变电工程专业一级 4、铁路电务专业一级 5、市政工程总承包二级 6、铁路工程施工总承包二级 7、 房屋建筑工程总承包二级。 8、城市及道路照明工程专业承包壹级 9、建筑智能化工程设计与施工一体化二级。 10、安全技术防范工程设计、施工企业一级资质。 11、承装一级电力设施许可证 12、承试二级电力设施许可证 13、通信信息网络系统集成甲级
4	三公司	机电安装工程总承包一级	1、铁路电务工程专业一级 2、城市及道路照明工程专业一级 3、电信工程专业一级 4、公路通信、信号、收费综合系统 5、铁路电气化工程专业一级 6、房屋建筑工程施工总承包一级 7、市政公用工程总承包二级 8、铁路工程总承包三级
5	建筑公司	房屋建筑工程总承包一级	1、 铁路施工总承包二级 2、 建筑装饰装修专业一级 3、 市政公用工程总承包三级 4、 机电设备安装专业一级 5、 钢结构工程专业承包一级 6、地质灾害治理工程甲级

序号	单位名称	主项资质	增项资质
6	西铁工程公司	公路工程总承包一级	1、 市政公用工程总承包一级 2、 通信工程总承包二级 3、 房屋建筑工程总承包二级 4、 铁路施工总承包一级 5、 公路路基工程专业一级 6、 城市轨道交通工程 7、 桥梁专业一级 8、 隧道专业一级 9、 预拌商品混凝土专业承包二级。
7	西安铁路机械化工程有限公司	土石方工程专业一级	1、 地基与基础工程专业二级 2、 钢结构专业三级
8	西铁建设公司	铁路工程施工总承包二级	1、 市政公用工程施工总承包二级 2、 公路工程施工总承包三级 3、 预应力工程专业承包二级 4、 桥梁工程专业承包一级 5、 隧道工程专业承包二级。

四、对外经济技术合作经营权

1998 年 8 月，经国家对外贸易经济合作部核准，电化局取得对外经济技术合作经营权。2000 年，根据外经贸部《关于重新核定现有企业对外承包工程劳务合作和设计咨询经营范围的通知》要求，重新进行申报工作，局获得开展对外承包工程 A 类企业。经营范围为：承包境外工程和境内国际招标工程，上述境外工程所需的设备、材料出口，对外派遣实施上述境外工程所需的劳务人员。

五、集团公司营业执照变更

2007 年 4 月 30 日，根据集团公司第三届董事会第一次会议决议，集团公司《企业法人营业执照》中的法定代表人由高树堂变更为刘志远。2008 年 4 月 30 日，集团公司《企业法人营业执照》注册资金由 61030.18 万元变更为 129093.22 万元。

第四节 机构定员

2002 年，集团公司为适应公司制运作，对机构定员进行全面改革，机关行政职能部门由原来的 19 个减少到 10 个，全机关一次性减员 108 人。2003 年，根据改革后机构设置和职能分工，重新颁布集团公司部门及有关单位主要职能和各岗位主要职责，组织编制 180 个集团公司机关主要业务工作流程，年底进行调整。通过改革，部门及岗位职责定位明确，业务工作程序更加清晰，机关工作效率明显提高。2005 年，机关定员编制进行再次精简，行政各部门定员由 178 人调整为 146 人，党群部门和文化公司定员由 63 人调整为 47 人，社会事业管理中心定员由 84 人调整为 57 人。机关总定员比 2002 年的定员编制减少 20%。根据调整后的机关定员，编制管理岗位职位说明书。

“十五”期间，集团公司以市场为导向，不断调整组织结构和专业结构，在进行母子公司改制的同时，先后成立电气化分公司、城轨事业部、国际工程部、铁路工程分公司、通号工程处等 9 个分公司。2008 年，根据股份公司《关于清理和注销四级及以下法人企业的通知》，经过自查，集团有四级法人企业 19 家。按照股份公司规定，集团拟注销的四级法人企业有 5 家，拟保留四级法人企业的有 14 家，专题报告上报待批。2008 年，为完善集团公司的市场布局，继续扩大土建专业市场，满足集团公司市场开发战略的需要，集团公司东南分公司、哈尔滨分公司成立。

第二章　人力资源管理

1999年至2002年，人力资源管理工作分别由人事处（干部部）、劳资处、职工管理教育处承担。2002年7月，集团公司实行机构改革，原人事处、劳资处、职教处合并成立人力资源部（干部部），下设综合科、领导干部科、技术干部科、薪酬科、劳动组织科。至2008年底，现员13人，其中，部长1人，副部长2人，高级技术职务5人，中级技术职务6人，初级技术职务2人。主要职责是：负责制定集团公司人力资源开发、管理计划，制定集团公司领导干部管理的各项办法和实施细则，并负责集团各单位领导班子、领导干部及后备干部的考核、评选、管理工作；负责各类专业技术人员管理及初、中级专业技术职务的评审和高级专业技术职务的推荐工作，对有突出贡献的中青年专家及青年科技拔尖人才等各类专业人才的选拔、培养和管理；负责集团年度高校毕业生接收计划的汇总、审批、接收、定职定级及日常管理工作；负责制定集团公司职业技能鉴定实施办法、工作计划和日常工作，技术工人的技术等级和技师、高级技师的职业技能鉴定及技师、高级技师的评审工作；负责对集团公司劳动合同管理工作的指导、检查，公司本部劳动合同的签订、变更、解除、建立台账等工作，制定劳务队伍使用和管理制度，定期审查并公布合格劳务队伍名单，对劳务队伍管理实施监督检查；负责企业薪酬制度的方案设计和实施，建立和完善公司的激励机制，规范各种报酬、假期，建立相关工作程序及规章制度；负责申报集团公司年度劳动工资建议计划和下达集团公司劳动工资计划，企业年金管理，指导、检查集团各单位年金管理工作，公司本部员工企业年金参保、清算及发放工作；负责制定集团公司员工培训计划和组织实施、检查指导及效果评价；负责组织指导编制铁路“四电”专业劳动定额和城市轨道交通劳动定额标准，落实国家行业定额定员标准并组织实施；负责劳动班制标准、工时制度、技术等级标准、规范的制定，以及公司机关员工的任免、考核、奖惩以及证件、审核，档案管理及各类员工数据库的建立、维护和年终统计等日常管理工作。

第一节　人才战略

为加强对科技人才的管理，2001年11月，制定《中铁电气化局集团有限公司科技带头人评选暂行办法》。为落实“科技兴局”战略，实施“十、百、千、万”人才工程，2002年11月，发布《资深专家评审办法》和《技术专家评审办法》；2003年8月，制定《青年科技拔尖人才评选办法》，在设计、科研、经营、施工、产品制造等专业的技术岗位上评选企业资深专家、技术专家、科技拔尖人才和能工巧匠。“十、百、千、万人才工程”是电气化局集团持续发展的人才战略。2002年、2003年、2005年，先后有4人被评为集团公司企业资深专家，91人被评为集团公司技术专家。2004年，集团公司命名114名科技拔尖人才。2004年、2006年、2008年，集团公司共评选285名“能工巧匠”。

2000年，局通信信号设计院1人获铁道部有突出贡献青年专家，局机关1人获享受政府特殊津贴荣誉称号，局表彰100名优秀科技工作者。2001年，1人获铁道部詹天佑科技青年奖，2人获詹天佑人才奖，1人获北京市有突出贡献的科学技术专家称号。2002年，30人获集团优秀科技工作者，2人获北京市工业工委百名优秀专业技术人才。2004年，1名专家被授予“中国铁路工程总公司有突出贡献的中青年专家”称号。2005年，4人被总公司评为青年科技拔尖人才，1人获茅以升科学进步奖，1人获詹天佑铁道科学技术奖。2006年，1人获茅以升科学技术奖—铁道工程师奖。2007年，获北京市优秀青年工程师奖、总公司青年科技拔尖人才和北京市青年优秀工程师各2名。2008年，获茅以升科学进步奖、第九届詹天佑铁道科学技术奖——青年奖、总公司有突出贡献中青年专家各1名。

第二节　干部管理

一、管理制度

1999年以来，全局干部管理实行聘任择职，双向选择，竞争上岗，严格按合同约定办理。2002年，集团公司本部进行机构改革，出台《集团公司本部人员全解重聘考评工作实施细则》、《中铁电气化局集团全解重聘操作程序和推进计划安排》，组织完成全解重聘考评和竞聘答辩、择优上岗工作。有6名副处职干部走上部门负责人岗位，有17名科职干部走上部门副职岗位，减员106人，有6人退居二线。对符合内部退养和带薪离岗条件的职工办理相关手续，37名职工内退，15名职工带薪离岗。2003年，为建立健全劳动人事管理制度，制定《集团公司本部和有关单位深化人事制度改革的补充规定》和《集团公司工程项目部好班子考核评比办法》进一步规范项目部管理。2004年，制定《关于电气化勘测设计院中层以上干部管理的有关通知》，下发《关于对影响企业军转干部稳定问题开展集中排查调处活动的通知》。2007年，制定《中铁电气化局集团岗位轮换（轮岗）暂行办法》，印发《关于建立中央企业军转干部及部分军队退役人员动态和工作简况定期报送制度的通知》。

二、领导干部

队伍管理。为进一步加强和改进企业领导人员的管理，建立健全与现代企业制度要求相适应的选人用人新机制，努力建设一支高素质的经营管理者队伍，以保证党的基本路线的全面贯彻执行和集团改革与发展目标的全面实现。2000年，对《局机关处级干部实行尾数淘汰办法》作进一步修改和完善，制定《局属单位领导班子排队促尾考核办法》。2002年，制定《中铁电气化局集团公司领导干部选拔任用实行任前公示制的暂行办法》、《关于干部学历、学位检查清理工作的安排》。2003 年，集团公司集中 3 个月时间，在组织、干部系统开展以“公道正派”为主要内容的“树组工干部形象”学习教育活动。经集团公司党委研究决定，一公司、三公司领导班子被授予好班子称号。2004 年，对《中铁电气化局集团公司企业领导人员选拔、任用(聘任)、管理工作暂行条例》进行修改完善，公布实施。2005 年，制定《关于加强领导班子建设的有关规定》、《关于开展“四好”领导班子创建活动的意见》、《中铁电气化局集团领导班子及领导人员考察（考核）预告办法》。2006 年，制定《中铁电气化局集团所属单位处级项目经理聘任管理使用办法》（试行）、《工程项目部项目经理（党工委书记）考核评价办法》（试行）。2007 年，转发总公司党委关于学习贯彻中央组织部《关于认真学习贯彻胡锦涛总书记在中央纪委第七次会上重要讲话精神，切实加强领导干部作风建设的通知》。2008 年，制定《中铁电气化局集团领导人员管理办法》、《中铁电气化局集团公司委派的外部董事、外部监事会议津贴等相关费用支付办法》。1999 年至 2008 年，共培养副处级以上干部 342 人。

后备干部。公司党委本着“政治合格、梯次配备、专业合理、能力互补、动态发展”的原则，确定局级后备干部队伍，并上报总公司党委。2002、2003、2004 年，按照优胜劣汰、滚动管理的原则，各单位按正职 1：2、副职 1：1 的比例进行“民主推荐后备干部”，建立起一支数量充足、门类齐全、结构合理的党政正职和副职共计 113 人后备干部队伍。

三、技术干部

队伍状况。1999 年，全局拥有专业技术干部 4747 人，其中具有高级职称的 272 人，中级职称 1748 人。至 2008 年，有专业技术干部 9026 人，其中具有高级职称的 590 人（包括正高级职称 23 人），中级职称 2878 人。

培训管理。为提高集团公司员工的技术水平，丰富员工的业务知识，1999 年至 2001 年，共举办 11 期高级专业技术人员培训班 138 人参加。其中京沪高速铁路培训班 62 人参加，局级科技人才研讨班 26 人参加。为提升中铁电气化局集团公司企业资质等级，提高员工的素质，增强市场竞争能力，确保企业目标的实现。2004 年至 2008 年，集团公司通过考核认定和培训考试共注册一级建造师 299 人；完成集团公司 96 名造价工程师的继续教育和续期注册工作；完成项目经理的项目变更和补证工作。

技术职称评定。1999 年，在全局范围对职工学历状况进行清查。2003 年，集团公司职评工作实行改革，教授级高工的评审取消岗位限制，鼓励技术骨干参评；高级职称评审取消指标，确定淘汰比例。制定《工程系列中初级技术职务评审办法》，破格工程师降低门槛，实行末位淘汰，实现由指标管理向质量管理的转变。1999 年到 2008 年全集团共评审专业技术干部 7927 人（高级 675 人，中级 2878 人，初级 4374 人），其中：工程系列 5558 人（高级职称 392 人，中级职称 2032 人，初级职称 3134 人），卫生系列 279 人（高级职称 5 人，中级职称 86 人，初级职称 188 人），教育系列 95 人（高级职称 35 人，中级职称

36 人，初级职称 24 人），经济系列 551 人（高级职称 88 人，中级职称 172 人，初级职称 291 人），会计系列 794 人（高级职称 70 人，中级职称 220 人，初级职称 504 人），统计系列 35 人（中级职称 13 人，初级职称 22 人），翻译系列 17 人（高级职称 1 人，中级职称 7 人，初级职称 9 人），图书档案系列 30 人（高级职称 1 人，中级职称 12 人，初级职称 17 人），新闻出版系列 1 人（初级职称 1 人），体育系列 1 人（中级职称 1 人），政工系列 566 人（高级职称 83 人，中级职称 299 人，初级职称 184 人）。

企业管理人员技术人员基本情况表

表 9-2-1

A		B	总数	其中：女	其中：管理人员	其中：领导班子	其中：招聘、聘用	其中：少数民族	文化程度：博士生毕业	文化程度：硕士生毕业	文化程度：大学本科	文化程度：大学专科	文化程度：中专毕业	文化程度：高中	文化程度：初中及以下	政治面貌：中共党员	政治面貌：共青团员	政治面貌：民主党派	政治面貌：无党派	政治面貌：合计	专业技术职务：正高级	专业技术职务：副高级	专业技术职务：中级	专业技术职务：助理级	专业技术职务：员级	专业技术职务：未聘任职务	年龄结构：25岁及以下	年龄结构：26岁至30岁	年龄结构：31岁至35岁	年龄结构：36岁至40岁	年龄结构：41岁至45岁	年龄结构：45岁至50岁	年龄结构：51岁至55岁	年龄结构：其中女	年龄结构：56岁至59岁	年龄结构：60岁及以上	不在岗人员：合计	不在岗人员：内退	不在岗人员：待岗	不在岗人员：外出助勤	当年增加人员	当年减少人员
A			1	2	3	4	5	6	7	8	9	10	11	12	13	14	15	16	17	18	19	20	23	22	23	24	25	26	27	28	29	30	31	32	33	34	35	36	37	38	39	40
总计		1	9076	2177	8563	178	2586	162	1	79	3443	3139	1656	462	296	4287	1900	3	2886	9026	23	567	2878	3350	1024	1184	1716	1579	1368	1011	1191	838	855	231	501	17	594	426	30	13	902	729
正局级		2	2	0	1	2	0	0	0	0	2	0	0	0	0	2	0	0	0	2	0	2	0	0	0	0	0	0	0	0	0	0	2	0	0	0	0	0	0	0	0	1
副局级		3	18	0	13	17	1	0	0	3	12	3	0	0	0	18	0	0	0	18	5	11	2	0	0	0	0	0	0	0	5	5	3	0	5	0	0	0	0	0	2	1
正处级		4	83	1	64	37	12	0	0	9	62	11	0	0	1	83	0	0	0	83	7	57	19	0	0	0	0	0	1	9	11	21	22	1	16	3	0	0	0	0	7	12
副处级		5	242	12	199	89	47	6	1	9	158	63	10	0	1	223	1	0	18	242	7	117	104	8	0	6	0	0	12	47	67	52	36	6	28	0	4	2	0	1	10	17
正科级		6	738	56	578	17	250	11	0	7	303	319	65	29	15	660	10	0	68	736	1	131	455	109	20	20	0	11	70	108	178	134	147	20	89	1	32	31	0	1	15	70
副科级		7	1080	105	961	16	387	16	0	8	332	461	167	68	44	806	38	0	236	1077	0	94	613	248	41	81	6	75	195	210	235	156	125	19	75	3	49	47	0	1	37	64
股级		8	727	100	665	0	247	10	0	1	110	272	172	98	74	549	21	0	157	724	0	20	302	228	66	108	0	39	117	101	149	107	134	28	79	1	70	63	1	0	10	64
一般		9	2762	871	2736	0	871	53	0	14	994	850	686	139	79	853	692	0	1217	2721	0	21	589	1425	399	287	660	748	438	242	235	156	192	76	89	2	224	158	4	6	226	283
技术干部(纯)		10	3424	1032	3346	0	771	66	0	28	1470	1160	556	128	82	1093	1138	3	1190	3423	3	114	794	1332	498	682	1050	706	535	294	311	207	194	81	120	7	215	125	25	5	595	217
领导班子		11	178	3	129	178	45	2	0	18	104	47	7	2	0	168	0	0	10	178	12	92	69	4	0	1	0	1	9	23	49	48	25	2	23	0	0	0	0	0	8	20
招聘、聘用人员		12	2586	630	2397	45	2586	43	0	14	694	1046	421	281	130	1370	313	0	903	2561	1	67	690	935	461	407	386	311	290	339	440	324	322	80	167	7	211	173	13	1	212	152
不在岗人员		13	594	176	555	0	211	15	0	1	78	200	109	81	125	331	15	1	247	591	0	6	189	189	91	116	7	28	41	36	33	44	161	94	232	12	594	426	30	13	1	0
党群工作人员	小计	14	497	82	0	49	189	6	0	6	182	230	27	29	23	470	10	0	17	496	1	64	266	120	35	10	6	23	47	59	98	80	111	20	72	1	39	35	0	0	6	45
	党委	15	287	43	0	29	117	3	0	5	105	129	20	19	9	278	3	0	6	287	1	40	150	73	19	4	1	11	33	37	61	41	66	13	36	1	22	20	0	0	3	27
	纪委	16	57	8	0	6	18	0	0	0	24	26	2	3	2	57	0	0	0	57	0	6	37	11	3	0	0	1	3	8	9	13	13	3	10	0	7	7	0	0	0	3
	工会	17	119	23	0	14	39	3	0	1	44	57	4	5	8	107	1	0	11	118	0	18	66	23	9	2	0	3	5	12	26	26	29	2	18	0	5	4	0	0	0	10
	共青团	18	20	5	0	0	6	0	0	0	7	10	1	2	0	14	6	0	0	20	0	0	5	10	4	1	5	8	5	1	1	0	0	0	0	0	0	0	0	0	3	4
	其他	19	14	3	0	0	9	0	0	0	2	8	0	0	4	14	0	0	0	14	0	0	8	3	0	3	0	0	1	1	1	0	3	2	8	0	5	4	0	0	0	1
合计		20	9026	2171	8514	178	2561	162	1	79	3425	3124	1654	451	292	4267	1881	3	2875	9026	23	567	2878	3350	1024	1184	1692	1578	1368	1010	1189	832	842	230	498	17	591	423	30	13	878	719
技术职务级别	正高级	21	23	2	22	12	1	0	0	0	23	0	0	0	0	21	0	0	2	23	23	0	0	0	0	0	0	0	0	2	8	11	0	0	0	2	0	0	0	0	1	1
	副高级	22	567	107	503	92	67	12	1	24	472	63	6	0	1	417	4	2	144	567	0	567	0	0	0	0	0	0	23	133	178	105	84	19	42	2	6	2	0	1	15	45
	中级	23	2878	639	2611	69	690	35	0	22	996	1359	428	46	27	1820	104	1	953	2878	0	0	2878	0	0	0	3	263	645	432	609	390	350	86	183	3	189	145	8	7	59	212
	助理级	24	3350	871	3217	4	935	67	0	29	1345	822	928	144	82	1234	978	0	1138	3350	0	0	0	3350	0	0	662	1075	531	281	255	186	234	80	120	6	189	125	11	3	65	287
	员级	25	1024	304	989	0	461	16	0	0	42	574	233	115	60	306	348	0	370	1024	0	0	0	0	1024	0	377	163	109	89	80	76	77	17	52	1	91	56	7	2	16	63
	未聘任职务	26	1184	248	1172	1	407	32	0	4	547	306	59	146	122	469	447	0	268	1184	0	0	0	0	0	1184	650	77	60	73	59	64	97	28	101	3	116	95	4	0	722	111
1. 工程人员	小计	27	6568	1158	6433	104	1762	118	1	55	2632	2146	1256	272	206	2935	1585	2	2046	6568	23	357	2032	2471	663	1022	1441	1367	1043	683	752	508	441	79	324	9	372	249	27	10	723	528
	土建类	28	1746	298	1746	9	442	34	0	6	675	719	280	25	41	607	567	0	572	1746	2	64	501	615	322	242	541	401	348	133	128	76	57	6	60	2	100	52	16	4	196	123
	机械类	29	252	39	252	1	63	6	0	2	94	68	78	6	4	118	35	0	99	252	1	30	97	101	10	13	22	38	56	46	44	27	12	0	7	0	8	5	1	0	19	13
	电子类	30	489	100	489	4	131	9	0	4	179	142	144	15	5	200	106	1	182	489	3	41	160	219	47	19	85	108	81	68	55	53	22	5	17	0	20	14	0	1	25	39
	管理类	31	93	24	93	1	24	1	0	0	22	37	26	3	5	53	9	0	31	93	0	4	38	32	6	13	6	15	12	7	20	17	11	3	4	1	5	4	0	0	6	5
2. 卫生人员		32	285	190	285	0	57	2	0	0	43	78	133	19	12	78	16	1	190	285	0	9	86	147	41	2	4	22	57	51	64	37	40	30	8	2	36	24	1	1	0	14
3. 教育人员		33	185	63	180	4	50	2	0	0	101	64	5	13	2	51	73	0	61	185	0	18	36	19	5	107	84	13	7	10	12	16	38	11	5	0	12	7	0	0	87	10
4. 经济人员		34	541	183	531	22	154	8	0	16	173	173	108	41	30	307	57	0	177	541	0	62	172	213	78	16	42	49	94	76	76	76	80	19	46	2	57	43	2	1	27	57
5. 会计人员		35	812	401	801	10	275	20	0	4	255	362	119	52	20	336	142	0	334	812	0	53	220	325	179	35	116	109	119	115	156	87	78	44	29	3	43	36	0	1	29	55
6. 统计人员		36	35	24	34	0	12	0	0	0	3	14	12	6	0	14	0	0	21	35	0	0	13	17	5	0	0	1	3	7	15	5	4	3	0	0	5	3	0	0	0	1
7. 翻译人员		37	19	12	19	0	2	1	0	1	13	5	0	0	0	7	3	0	9	19	0	1	7	9	0	2	3	5	1	2	2	0	5	2	1	0	5	4	0	0	3	1
8. 图书档案人员		38	30	27	28	0	11	0	0	0	7	14	2	5	2	20	0	0	10	30	0	1	12	12	5	0	0	0	2	2	6	8	12	10	0	0	8	8	0	0	0	1
9. 新闻出版人员		39	1	1	1	0	1	0	0	0	0	0	1	0	0	0	0	0	1	1	0	0	0	1	0	0	0	0	1	0	0	0	0	0	0	0	0	0	0	0	1	0
10. 体育人员		40	1	0	0	0	0	0	0	0	1	0	0	0	0	1	0	0	0	1	0	0	1	0	0	0	0	0	0	0	0	0	0	0	1	0	0	0	0	0	0	0
11. 政工人员		41	549	112	202	38	237	11	0	3	197	268	18	43	20	518	5	0	26	549	0	66	299	136	48	0	2	12	41	64	106	95	144	32	84	1	53	49	0	0	8	52
12. 其他人员		42	0	0	0	0	0	0	0	0	0	0	0	0	0	0	0	0	0	0	0	0	0	0	0	0	0	0	0	0	0	0	0	0	0	0	0	0	0	0	0	0
当年增加人员		43	902	185	895	8	212	20	0	22	580	230	25	39	6	300	454	0	148	878	1	15	59	65	16	722	653	80	60	52	34	11	10	0	2	0	1	0	0	0	902	0

第三节 工人管理

一、劳动用工制度

企业用工制度实行全员劳动合同制，签订《企业全员劳动合同书》、《岗位劳动合同》。1999年，完成1998年下岗职工中央财政补贴37.6万元的清算工作，局下岗职工全部离开再就业服务中心。2005年，为进一步深化企业劳动人事制度改革，发布集团《招聘外部人员管理办法》、《员工聘用管理办法》、《中专（技校）生招收管理办法》及《集团公司机关员工守则》。

二、收录用员工

1999年至2008年，未直接招收生产工人，人员补充主要来自接收大中专毕业生和复员军人。

大中专毕业生接收录用。1999年至2008年，共接收大学中专毕业生3234人（其中：博士研究生1人，硕士研究生32人，高职、中专毕业生354人，技校毕业生379人）。2002年，集团公司发布实施《大中专毕业生接收录用暂行办法》，调整本科、专科、中专毕业学生接收比例。2006年至2008年，每年接收高校毕业生都超过500人。为做好接收复员军人工作，集团公司下发《关于做好退伍义务兵安置工作的通知》，1999年至2008年，全集团录用复退军人204人。

集团各单位根据属地规定按比例做好残疾人安置工作。养老保险关系在北京的单位统一在京落实残疾人安置工作。按照北京市统计局的期末职工总数，在京应安置140人。1999年至2002年，均按要求完成残疾人安置工作。集团公司与石家庄市残联、新华区残联研讨属地安置残疾人的办法，协调一公司和新华区残联的分歧，使问题基本得到解决。集团公司被卢沟桥街道办事处评为2002年度安残工作先进单位。2003年，集团公司加入丰台高科技园区后，残疾人安置工作由卢沟桥街道办事处转到新村街道办事处，集团公司及时办理转接手续，并根据属地规定按比例进行残疾人安置工作。

三、工人调配

1999年至2008年，全集团由外部调入工人66人。2002年，中铁电气化局集团与西铁工程公司集团重组，整建制调入工人4571人。

四、技能鉴定、技师评聘

技能鉴定。2000年，制定《电化局职业技能鉴定暂行办法》，规范技能鉴定工作。1999年至2008年，集团公司分别对郑州、天津、保定、贵州、北京、衡水、郯城、渭南、宝鸡、锦州、神木、忻洲、砀山、沈阳、石家庄、西安、广州、德阳、重庆、襄樊、包头、上海等地区和株六、武广、哈大、朔黄、广深、湘黔、内宜、大秦、渝怀、武嘉，洛张、合武、京九、大包等线的施工工人及衡水技校毕业生和外局培训人员进行技能鉴定，鉴定工种为接触网工、电力变电工、信号工、通信工、线路工、轨道车司机、汽车司机和通用工种，鉴定等级为高、中、初级，共鉴定 6790 人，取得各级合格证书的 5925 人，全部鉴定合格率为 85.4%。2000 年 2 月，完成对接触网工《铁路职业技能鉴定试题库》的审定。3 月，受工程总公司委托，完成对接触网工《铁路职业技能鉴定试题库》中初、中、高三个等级的鉴定。编制接触网工《铁路职业技能鉴定复习资料》。

技师评聘。1999 年至 2008 年，为适应集团公司生产经营发展和技术进步需要，加快高级技能人才培养，制定《技师管理实施细则》，经集团公司技师评审委员会评审，具备技师任职资格共 626 人，评审技师 626 人；经总公司高级技师评审委员会评审，具备高级技师任职资格共 118 人。

五、岗位技术能手及能工巧匠

岗位技术能手。为加快培养和造就一批思想品德高尚、岗位技能精湛、一专多能的复合型技能人才，从 2000 年开始，每两年一次在从事施工、生产的技术工人中评选出“工人岗位技术能手”。2000 年，有 23 人获得“工人岗位技术能手”证书，每人一次性奖励 1000 元。2002 年，评选出 64 名工人岗位技术能手，在 2003 年 3 月召开的集团公司科技大会上进行表彰，颁发荣誉证书，每人给予一次性奖励 2000 元。2006 年、2008 年，集团公司分别评选出 65 名、105 名“工人岗位技术能手”。

能工巧匠。为加快企业高技能人才培养，集团公司决定从 2004 年开始，在施工、工业生产等一线中每两年评选一次“能工巧匠”。2004、2006、2008 年，根据《中铁电气化局集团能工巧匠评选暂行办法》，经集团各单位推荐，集团公司“能工巧匠评审委员会”评审，分别授予 52 人、101 人、132 人为“中铁电气化局集团能工巧匠”称号，在聘期内高级技师每月发放 100 元，技师每月发放 50 元的能工巧匠津贴。

工人统计表（1999—2008 年）

表 9-2-2

工种	工人总数	其中			文化程度				年龄					参加工作时间					技术等级				
		女工	共产党员	共青团员	高中以下	技校	中专	大专以上	25 岁以下	26 岁至 35 岁	36 岁至 45 岁	46 岁 -55 岁	56 岁以上	1958 年以前	1959 至 1966 年	1967 至 1976	1977 至 1985	1986 以后	初级技工	中级技工	高级技工	技师	高级技师
1999 年	**9559**	**2570**	**1150**	**1958**	**6082**	**2810**	**580**	**209**	**1745**	**3634**	**2809**	**1419**	**74**	**18**	**446**	**2090**	**3131**	**3996**	**2909**	**2111**	**4655**	**79**	**5**
电力工	560	101	54	260	200	337	17	6	212	223	77	46	2	0	7	81	100	373	185	144	224	6	1
通信工	540	129	92	129	303	153	72	12	105	201	203	31	0	0	27	68	220	225	91	177	265	5	1
信号工	339	111	35	41	193	118	25	3	39	132	102	63	3	0	35	68	79	157	60	78	192	7	2
接触网工	1429	133	151	422	627	727	63	12	424	637	204	160	4	0	26	169	326	908	226	348	835	19	1
2000 年	**9486**	**2500**	**1198**	**1877**	**5842**	**2841**	**514**	**289**	**1439**	**3534**	**2881**	**1508**	**124**	**13**	**446**	**2053**	**2990**	**3984**	**2483**	**2194**	**4693**	**111**	**5**
电力工	574	108	63	240	192	354	17	11	206	241	82	44	1	0	5	75	112	382	196	151	213	13	1
通信工	525	113	98	127	290	160	62	13	72	225	189	39	0		28	61	220	216	96	149	270	9	1
信号工	333	107	32	44	186	120	25	2	29	139	87	72	6	0	35	66	74	158	38	105	179	9	2
接触网工	1454	138	169	428	626	759	57	12	381	665	240	163	5	0	23	164	334	933	136	537	754	26	1
2001 年	**9313**	**2446**	**1304**	**1741**	**5717**	**2714**	**498**	**284**	**1131**	**3148**	**2941**	**1865**	**227**	**297**	**1841**	**2838**	**3050**	**1287**	**2642**	**2305**	**4254**	**107**	**5**
电力工	724	158	117	215	249	417	28	30	133	331	170	85	5	3	71	179	343	128	9	350	351	13	1
通信工	548	135	105	112	312	152	65	19	48	206	180	110	4	14	87	173	234	40	54	179	304	10	1
信号工	380	129	37	75	205	132	35	8	29	135	107	95	14	31	77	93	117	62	10	97	263	8	2
接触网工	1454	138	186	427	604	779	51	20	312	647	322	159	14	12	119	346	612	365	122	579	724	28	1
2002 年	**9118**	**2322**	**1302**	**1621**	**5479**	**2806**	**469**	**364**	**952**	**3128**	**2849**	**1967**	**222**	**264**	**1729**	**2715**	**3008**	**1402**	**2432**	**2239**	**4349**	**93**	**5**
电力工	725	95	116	193	247	413	27	38	126	342	177	80	0	0	64	176	340	145	8	329	375	12	1
通信工	579	142	105	110	304	181	62	32	61	227	163	126	2	9	80	129	264	97	40	242	288	8	1
信号工	370	141	48	88	183	149	34	4	33	146	94	96	1	9	74	88	127	72	29	97	235	7	2
接触网工	1436	131	198	408	572	796	44	24	269	669	340	147	11	3	106	330	617	380	157	521	734	23	1
2003 年	**13689**	**3227**	**2117**	**2173**	**9301**	**2849**	**775**	**764**	**1132**	**4455**	**4586**	**3161**	**355**	**268**	**2767**	**4059**	**4642**	**1953**	**4141**	**3504**	**5876**	**163**	**5**
电力工	937	131	133	201	395	440	49	53	104	401	278	151	3	1	93	238	435	170	75	462	380	19	1
通信工	687	152	126	147	370	179	90	48	69	274	201	142	1	5	84	142	334	122	37	300	337	12	1
信号工	593	204	72	120	363	159	56	15	40	218	215	117	3	12	107	145	237	92	54	185	338	14	2
接触网工	1854	223	284	391	958	791	49	56	235	836	564	210	9	2	182	431	876	363	386	640	775	52	1
2004 年	**13210**	**3085**	**2088**	**1832**	**8991**	**2799**	**754**	**666**	**860**	**4130**	**4742**	**3093**	**385**	**225**	**2566**	**4074**	**4513**	**1832**	**3115**	**3627**	**6192**	**258**	**18**
电力工	931	159	137	180	390	439	50	52	108	369	299	153	2	1	90	233	430	177	20	440	426	39	3

工种	工人总数	其中			文化程度				年龄					参加工作时间					技术等级				
		女工	共产党员	共青团员	高中以下	技校	中专	大专以上	25岁以下	26岁至35岁	36岁至45岁	46岁-55岁	56岁以上	1958年以前	1959至1966年	1967至1976	1977至1985	1986以后	初级技工	中级技工	高级技工	技师	高级技师
通信工	706	173	131	120	388	187	77	54	56	264	234	151	1	1	87	146	355	117	43	264	354	41	4
信号工	595	197	73	111	359	172	51	13	42	182	243	122	6	6	94	159	234	102	15	168	388	20	4
接触网工	1873	233	293	375	977	791	49	56	218	820	609	228	0	0	168	443	882	380	202	642	954	69	6
2005年	**12937**	**2923**	**2127**	**1609**	**8608**	**2668**	**780**	**881**	**784**	**3878**	**4845**	**2992**	**438**	**158**	**2321**	**3947**	**4616**	**1895**	**2924**	**3481**	**6063**	**448**	**21**
电力工	942	152	140	177	387	428	50	77	94	380	314	151	3	2	82	238	416	204	20	410	423	85	4
通信工	693	174	130	112	383	183	78	49	46	259	246	142	0	0	74	151	355	113	34	248	345	62	4
信号工	607	187	85	88	372	169	48	18	41	179	263	116	8	3	93	160	242	109	24	131	408	39	5
接触网工	1911	234	308	292	1009	767	71	64	428	909	485	233	0	0	148	435	953	375	189	601	949	165	7
2006年	**12255**	**2651**	**1956**	**1377**	**8308**	**2560**	**626**	**761**	**463**	**3464**	**5082**	**2728**	**518**	**100**	**2028**	**3901**	**4588**	**1638**	**3004**	**3045**	**5693**	**492**	**21**
电力工	610	205	135	163	410	378	28	94	56	356	353	136	9	1	74	217	428	190	20	259	533	93	5
通信工	603	131	75	87	323	172	69	39	34	232	259	77	2	1	28	158	331	85	39	138	345	77	4
信号工	499	144	73	61	297	142	40	20	30	136	230	92	11	3	41	134	221	100	12	121	312	49	5
接触网工	2002	232	359	306	1013	803	85	101	95	790	885	229	3	11	130	487	983	391	121	522	1189	164	6
2007年	**11713**	**2624**	**1912**	**961**	**7742**	**2393**	**613**	**965**	**378**	**3012**	**4892**	**2837**	**594**	**53**	**1811**	**3750**	**4372**	**1727**	**2843**	**2540**	**5706**	**573**	**51**
电力工	855	172	147	94	373	354	23	105	32	338	305	164	16	1	67	197	403	187	16	201	526	105	7
通信工	605	122	74	74	331	156	66	52	23	216	262	102	2	1	42	155	334	73	59	109	344	84	9
信号工	530	139	73	72	229	168	38	25	33	127	243	118	9	1	54	145	228	102	21	107	352	44	6
接触网工	1907	229	330	104	954	733	74	146	44	647	904	300	12	0	117	506	911	373	40	455	1194	202	16
2008年	**11177**	**2432**	**1937**	**823**	**7349**	**2244**	**586**	**998**	**261**	**2723**	**4686**	**2932**	**575**	**27**	**1569**	**3638**	**4274**	**1669**	**2515**	**2554**	**5369**	**626**	**113**
电力工	815	159	139	101	356	338	24	97	24	313	288	183	4	1	59	187	387	181	17	230	427	113	28
通信工	570	93	81	74	303	151	64	52	16	210	255	86	3	0	33	144	321	72	40	128	297	87	18
信号工	483	116	60	27	265	155	39	24	25	95	250	103	10	1	34	128	221	99	25	107	297	41	13
接触网工	1822	196	341	111	873	692	93	164	27	558	871	351	15	0	100	481	877	364	27	438	1054	264	39

注：表中“工种”栏，只统计电气化专业4个主要工种，其他专业工种名称未作显示。

历年接收毕业生人数统计表

表 9-2-3

年度	接收毕业生人数					备注
		中专	本科（专科）	硕士	博士	
1999	185	101	82	2		
2000	168	81	87			
2001	149	60	89			
2002	195	58	102（35）			
2003	264	31	180（53）			
2004	195	23	154（18）			
2005	380		380			
2006	500		493	6	1	
2007	533		392（129）	12		
2008	665		499（138）	12		
合计	3234	354	698(373)	32	1	

第四节　劳务队伍管理

2002年，根据《劳动法》及国家有关法律、法规，制定集团《临时工、劳务工管理办法》、《临时工劳动合同书》、《班组建设工作暂行规定》。2004年，制定集团《外部劳务队伍注册管理规定》和《外部劳务队伍管理办法》。2005年，制定集团《农民工使用管理办法》，建立开放、规范、灵活、高效，符合现代企业制度要求的新型劳动用工制度。2007年，修订集团《外部劳务队伍管理办法》。外部劳务队伍管理实行集团公司、子（分）公司二级准入制，半年以上集团公司准入，半年以内子（分）公司准入。实行集团公司、子（分公司）两级注册管理，集团公司、子（分）公司、项目部三级机构制定管理办法或实施细则，建立外部劳务队伍管理台账。2008年，下发《关于做好在京施工单位劳务队伍管理工作的通知》，对在京施工的23个项目部雇用的41支劳务队伍进行检查，排查和消除安全生产、劳务管理隐患。2005年至2008年，按照集团公布的外部劳务队伍注册管理规定和管理办法，对使用的外部劳务队伍进行登记注册。2008年底，集团共注册外部劳务队伍107支。

第五节　劳动合同管理

劳动合同管理制度的实行，为企业建立新型的劳动用工制度，为规范劳动合同双方行为，维护稳定和谐的劳动关系提供保证。2004年1月，印发集团公司《劳动合同实施细则》、《变更劳动合同宣传提纲》。2007年11月，召开劳动合同管理研讨会，研讨集团及各单位在《劳动合同法》实施过程中，可能出现关于本单位工作时间、职工调动工作、停薪留职、外出劳务、合同工、劳动合同签订权、勤杂服务等非生产性人员、加班工资、新签大学生、劳务队伍等9大问题，提出应对措施及建议。2008年，完成集团各单位及公司本部劳动合同清理工作，完成公司本部299名职工劳动合同的签订、续签工作。公司本部临时用工全部改为劳务派遣形式。

第六节　薪酬管理

一、企业分配制度

1999年，工程总公司对所属单位仍实行百元产值工资含量管理，并自1999年1月1日改变计提“百含”工资的产值口径，由财务决算的“工程结算收入”改为“企业总产值”计算。11月16日，局下达各施工生产单位的“百含”包干系数，其中一、二、三处为16.5%，建筑处为 17.4%，工厂处为 19.17%，物资处为 2.1%。根据局安全生产工作会议关于加强民工安全生产管理要求，下达百元产值民工费含量系数，一、二、三处为 2.5%，建筑处为 4%。

2000 年，含量执行系数，一、二、三处为 16.5%，建筑处为 17.4%，工厂处为 19.17%，物资处为 2.1%；百元产值民工费含量系数，一、二、三处为 2.5%，建筑处为 4%。

2001 年，工程总公司公布《中国铁路工程总公司工资总额与经济效益挂钩试行办法》，工效挂钩工资=计提含量工资总产值×百含系数+（工资总额基数+新增效益工资×30%±考核增减工资额），核定集团公司挂钩基数：百含系数为 10.35%，工资总额基数 3.3637 亿元，利润基数 3715 万元。集团公司自 2001 年停止执行“百含”包干工资管理，改按“工效挂钩”办法进行管理，印发《关于集团 2001 年实施工资总额与经济效益挂钩试行办法的通知》，工资总额与企业总产值和利润总额复合挂钩，挂钩比例为 80%和 20%，工效挂钩结算工资=计提含量工资总产值×百元产值工资含量系数+利润总额×百元利润工资系数。

2002 年，工程总公司核定集团公司“工效挂钩”基数：百含系数为 10.35%，工资总额基数为 3.3637 亿元，利润基数为 3715 万元。自 1 月 1 日起，分公司、事业部年度工资总额与其上缴集团有限公司的利润、管理费、安全质量及劳动生产率考核情况挂钩，实行工效挂钩的动态弹性工资总额计划管理。

2003 年，工程总公司下达集团挂钩基数：百含系数 10.35%，工资总额基数 3.1199 亿元，利润基数 4174 万元。

2004 年，工程总公司修订“工效挂钩”管理办法，工资总额与企业营业额和实现利润挂钩比例各为 50%，工资总额=工资总额基数+提取的新增效益工资。批复集团挂钩基数：含量系数 8%，工资总额基数 4.6834 亿元，利润总额基数 4254 万元。集团参照工程总公司规定，公布《中铁电气化局集团公司工资总额与经济效益挂钩试行办法》，其中与企业营业额挂钩部分按百元产值工资含量系数提取，与利润总额挂钩部分按 1：0.75 的浮动比例提取工资总额。

2005 年，工程总公司批复集团挂钩基数：工资总额基数 5.4358 亿元，利润总额基数 4850 万元，主营业务收入基数 42.7775 亿元。

2006 年，工程总公司批复集团挂钩基数：主营业务收入基数 63.5024 亿元，工资总额基数 6.4172 亿元，利润总额基数 8082 万元。按照总公司要求，集团公司调整工资总额结算公式，并将工资总额同主营业务收入、利润总额挂钩比例调整为 40%、60%，总挂钩浮动比例为 1：0.75。

2007 年，中铁股份公司调整挂钩经济效益指标由利润总额和主营业务收入调整为利润总额，并批复集团工资总额基数 7.1451 亿元，利润总额基数 1.0388 亿元，挂钩浮动比例为 1：0.75。

2008 年，中铁股份公司批复集团工效挂钩基数：工资总额基数 8.2703 亿元，利润总额基数 2.7421 亿元，挂钩浮动比例为 1：0.75。

二、薪酬制度

1999年，全局职工工资总额为2.3196亿元，较上年增长12.1%，年平均工资为15373元/人，较上年增长12.3%。7月1日，调整电化局现行的工资标准，岗位工资标准提高为最低8档140元至最高26档480元；技能工资标准提高为1档76元至63档460元；工龄工资标准提高为按职工连续工龄计算每年3元。调整下岗职工生活费参考标准，下岗职工生活费参考标准提高为最低300元至最高500元。给1999年6月30日前办理内部退养的职工发放生活补贴，同时调整1999年7月1日以后内部退养待遇计算办法，具体标准和办法由局属单位结合本单位实际情况确定。调整死亡职工遗属待遇，非因工死亡职工供养直系亲属困难补助费标准提高为：户口在省辖市以上的每人每月90元，户口在其他城市的每人每月70元，农业户口的每人每月60元，孤身一人的另加20元。12月，印发《电化局尼日利亚工程工资管理暂行办法》。

2000年，全局职工工资总额为2.7066亿元，年平均工资为17762元。

2001年，集团职工工资总额为2.7257亿万元，年平均工资为18062元。12月，制定《秦沈线中铁电气化局集团有限公司通信信号项目部劳动工资管理暂行办法》，对项目经理部实行工效挂钩的动态弹性工资总额计划管理；对项目经理实行期薪制，规定期薪最高水平按集团公司职工平均工资的5倍掌握；制定项目部（除项目经理外）其他管理人员工资分配的总体原则，由项目部自行制定具体分配办法；确定项目部劳动层工资管理的主体和原则。

2002年，集团职工工资总额2.4022亿元，职工年平均工资为16672元，在岗职工年平均工资为18137元。9月30日，制定“中铁电气化局集团承揽任务奖励办法（暂行）”。2002年1月1日，调整大、中专、技校毕业生临时工资和定级工资标准。标准为：

人员类别	见习、试用期	临时工资标准	定级工资标准
技　校	半年	300元	8档
中　专	一年	350元	10档
高等职业学校	一年	400元	12档
大　专	一年	430元	13档
本　科	一年	500元	16档
双学士	不实行见习期	550元	18档
研究生			

4 月 8 日，公布中铁电气化局集团大学生最低收入指导线：

类 别	专 科	本 科	研究生	硕士、博士研究生
标 准	1300 元	1500 元	1700 元	实行谈判工资

12 月 16 日，经总经理办公会议研究，决定在 2002 年底按要素进行分配，按职工个人实际认购母公司股本额度的 3.0%进行奖励。

2003 年，集团职工工资总额为 3.5615 亿元，年平均工资 17300 元，在岗职工平均工资 19975 元。自 1 月 1 日起，调整已故建国前参加革命工作老工人无工作配偶生活困难补助费标准：配偶无工作、有子女的每人每月 310 元，配偶无工作、无子女的每人每月 465 元；调整去世离休干部无工作配偶生活困难补助费标准：配偶无工作、有子女的每人每月 310 元，配偶无工作、无子女的每人每月 465 元；离休干部特殊经费由每人每年 400 元提高到每人每年 500 元。4 月 1 日起，调整集团职工月平均工资为 1389 元，作为支付有关费用的依据。5 月 1 日起，调整集团公司员工出差、探亲乘座车标准。7 月 1 日起，修订赴深圳、香港工作人员补贴标准。在深圳工作生活补贴 25 元/人，加班工资 150 元/月，奖金 100 元/人.月；在香港工作补贴，指挥长 240 港币/天，项目工程师 200 港币/天。8 月 1 日起，调整技师、高级技师津贴标准：技师津贴每人每月 70 元，高级技师津贴每人每月 100 元。

2004 年，集团职工工资总额为 3.9205 亿元，平均工资为 19208 元，在岗职工平均工资为 22385 元。1 月 1 日起，集团公司在京单位离休干部防暑降温补助费每人每月补助 20 元（夏季 6—9 月）。第一、二次国内革命战争时期参加工作离休干部生活补助费标准调整为每人每月 400 元。7 月 1 日起，调整去世离休干部无工作配偶生活困难补助费标准：去世离休干部配偶无工作、有子女的每人每月补助 330 元；去世离休干部配偶无工作、无子女的每人每月补助 495 元。公布《中铁电气化局集团岗位薪点工资试行办法》，实行以岗位工资为主的岗位薪点工资制。岗位薪点工资制，根据员工的岗位，在劳动评价的基础上，以点数和点值来确定员工的工资，以此实现员工个人收入与企业的经济效益相统一。岗位薪点工资由岗位薪点（含辅助薪点）、基本薪点、工龄薪点、绩效薪点和薪点值构成。岗位薪点共设 12 个岗级，每岗级设 3 档，最低 120 点，最高 860 点。公司本部自 2004 年 5 月 1 日起实施岗位薪点工资，日常工资管理按照《中铁电气化局集团有限公司岗位薪点工资管理暂行办法》执行。按照劳动和社会保障部、工程总公司、青藏总指的有关规定，考虑到青藏高原、环境对人体劳动生理的影响，公布《中铁电气化局集团青藏线劳动工资指导性意见》。对集团公司青藏铁路工程指挥部人员，制定《中铁电气化局集团有限公司青藏指挥部工资及假期标准》。

2005 年，集团职工工资总额为 4.5465 亿元，平均工资为 22036 元，在岗职工平均工资为 25493 元。4 月 1 日，公布集团公司职工月平均工资为 1601 元，作为支付有关费用的依据。为完善集团公司岗位薪点工资制改革，在总结机关本部实施岗位薪点工资制的基础上，积极推进试点单位岗位薪点工资制的施行。9 月 1 日第三工程公司试行岗位薪点工资制，为启动集团所属单位岗位薪点工资制的运行奠定基础。为加强指挥部的工资管理，发挥工资管理的激励、调节、促进作用，制定《中铁电气化局集团有限公司工程指挥部工资管理办法》。

2006 年，集团职工工资总额为 5.9444 亿元，平均工资为 28546 元；在岗职工平均工资为 33144 元。为建立有效的企业负责人薪酬激励和约束机制，出台《中铁电气化局集团企业负责人薪酬管理暂行办法》，并在 11 个生产单位试行。确定集团职工因病或非因工死亡后供养直系亲属救济费计发办法。

2007 年，集团职工工资总额为 6.9173 亿万元，平均工资为 33114 元；在岗职工平均工资为 40048 元。为在机关建立公平竞争、科学合理，符合现代企业制度要求的用人机制，按照机关岗位定员编制，下发《关于做好公司机关职工聘用和管理有关工作的通知》，明确岗位任职标准和晋升部员等级条件，并调整机关技术职务薪点标准。公布集团职工月平均工资为 2379 元，作为支付有关费用的依据。制定大包线工程指挥部工作人员、集团公司派往南京投资管理公司工作人员工资待遇。

2008 年，集团职工工资总额为 8.4749 亿元，平均工资为 40841 元，在岗职工平均工资为 47087 元。规范指挥部的工资管理，重新修订《中铁电气化局集团有限公司工程指挥部工资管理办法》、核发《关于南京中铁电化投资管理有限公司工作人员有关待遇的通知》、《关于电化局西格二线指挥部工作人员有关工资待遇的通知》、《关于京九指挥部工资待遇的通知》、《关于调整郑西客运专线工程指挥部工资待遇的通知》、《关于京石指挥部工资待遇的通知》、《关于做好中铁电气化局客运专线项目部工资管理的通知》。

集团员工的平均工资由 1998 年的 13695 元，增长到 2008 年的 40841 元，增幅达 3 倍。十年间职工平均工资年递增 11.55%。

三、工时制度

1999 年 11 月，按照铁道部有关规定，调整工作时间，增加 3 天法定假日，每年月平均工作时间调整为 167.3 小时。2003 年 1 月 2 日，转发《中国铁路工程总公司工作时间、班制、假期和延长工作时间处理实施办法》，并根据《劳动法》及上级有关规定，公布“中铁电气化局集团有限公司机关工时制度实施办法”。2008 年，为维护职工休息休假权利，结合集团公司施工生产实际，制定《中铁电气化局职工带薪年休假及工作时间的暂行规定》，职工全年工作日为 250 天，月计薪天数为 21.75 天；在集团公司连续工作满一年以上职工，根据累计工作年限实行 5-15 天年休假。

四、津贴

1999 年 10 月 1 日，调整局公安干警警衔津贴，调整后各衔级的津贴标准如下：

	一级	二级	三级
警监	145	138	131
警督	124	118	112
警司	106	100	94
警员	89	84	

1999 年 11 月 1 日，建立轨行车夜间驻车津贴，在轨行车夜间驻车的司助人员执行驻车津贴，标准为每人每夜 4 元。

2000 年 4 月 11 日，调整工班长津贴，调整后的工班长津贴标准如下：

		10 人以下	11 人以上
工程队、工厂车间工班	工班长	30	40
	副工班长	20	30
其他工班	工班长	15	25
	副工班长	10	15

调整技师津贴，调整后的技师津贴标准为：高级技师每月 70 元，技师每月 40 元。调整隧道津贴标准，调整后的隧道津贴标准为：隧道长度 1000 米以内 1.00 元/工日，隧道长度 1000 米以上 2.00/工日。

2002 年 1 月 21 日，调整施工生产一线各工程队中正式任命的正、副工班长津贴标准，标准如下：

	接触网工班		其他工班	
	10 人以下	11 人以上	10 人以下	11 人以上
工 班 长	80 元	100 元	60 元	80 元
副工班长	60 元	80 元	40 元	60 元

调整集团公司公安干警警衔津贴标准，从 2001 年 1 月 1 日起，各衔级的津贴标准分别为：

	一　级	二　级	三　级
总 警 监	189 元		
副总警监	179 元		
警　　监	169 元	161 元	153 元
警　　督	145 元	138 元	131 元
警　　司	124 元	117 元	110 元
警　　员	104 元	98 元	

从 2002 年 10 月 1 日起，各衔级津贴标准分别为：

	一 级	二 级	三 级
总警监	211 元		
副总警监	200 元		
警 监	189 元	180 元	171 元
警 督	162 元	154 元	146 元
警 司	138 元	130 元	122 元
警 员	115 元	108 元	

2002 年 4 月 8 日，调整中铁电气化集团特别技术津贴标准：

类 别	特别技术津贴标准（元/月）
有突出贡献中青年科学技术专家	1000
科技拔尖人才	1000

2002 年 7 月 1 日，调整去世离休干部无工作配偶生活困难补助费标准。去世离休干部，配偶无工作、有子女的每人每月 310 元，配偶无工作、无子女的每人每月 465 元。

五、劳动定额管理

1999 年 1 月，完成“生产和服务人员定员标准”审核意见的修改和工程总公司组织的“标准”终审以及“二类人员”定员标准的制定。5 月，遵照部建设司关于做好部颁定额修订准备工作的精神，完成对现行四电工程劳动定额的梳理工作，初步确定需要增补及修订的项目。开办第七期全局劳动定额员培训班，培训学员 50 名。8 月，召开电气化铁路接触网增容改造工程劳动定额编制会议，完成新项目定额的数据编制工作和新定额使用说明及编制说明的编写工作。2000 年 3 月，印发《电化局既有电气化铁路接触网增容改造工程劳动定额》。2001 年，面对电气化工程市场中多采用小标段、甲方包料方式的竞争形势，利用劳动定额管理信息系统软件的方便功能，完成立项开发劳动定额管理信息系统。4 月，举办全集团劳资人员办公应用软件学习班。7 月，针对铁道部建设司原授权成都定额所编制的《铁路工程劳动定额补充标准》提出修改建议。12 月，为进一步降低内部人工成本，有利于工厂内部分厂承包责任制的推行，根据工厂处各厂反映的生产工时利用情况，对现行的电气化工程电杆加工劳动定额进行修订和补充。2002 年，对劳动部《铁路工程劳动定额标准》中的《电力工程劳动定额标准》和《电力牵引供电工程劳动定额标准》进行修编，修编原册 3800 项，新增 3109 项。编制完成《城市轨道交通电力牵引供电工程劳动定员定额标准》(初稿)。2003 年，为配合铁道部调整铁路施工概预算标准，对集团公司生产工人、技术员、助理级、工程师级、高工级人员按现行基本工资、各种津贴项目标准及金额进行测算，提报集团公司建设人工费调整表。7 月，转发青藏高原铁路工程施工工作日长度和构成行业标准。2004 年，贯彻实施新编《铁路工程劳动定员定额》行业标准。2005 年 7 月 1 日起，贯彻执行《城市轨道交通工程劳动定员定额》。2006 年，为编制高速铁路（客运专线）工程劳动定员定额，开展准备工作。2008 年完成《客运专线电力牵引供电工程劳动定员定额》的编制工作并通过集团公司专家评审。对建设部编制的《全国城市交通工程预算定额》提出修改意见。

第七节　职工培训

一、管理制度

1999 年，制定《专业技术人员继续教育证书管理办法》。2003 年，明确集团公司教育培训工作实行集团公司、子（分）公司、段（厂）三级管理，制定《中铁电气化局集团公司员工培训管理办法》。2000 年 3 月 20 日，印发《电气化工程局职工教育经费管理使用的有关规定》，规范全局职工教育经费的管理。教育培训费用，自 2000 年 2 月 29 日起，凡参加各类成人中专、专科、本科、专升本学历教育、专业证书班、大学普通进修班学习人员的培训费由本人承担。2004 年，出台《中铁电气化局集团有限公司职工教育经费管理办法》。2008 年，为加强对教育培训工作指导，规范集团教育培训管理，重新修订《中铁电气化局集团职工培训管理办法》。根据国务院《关于企业职工教育经费提取与使用管理的意见》的通知，制定《中铁电气化局集团职工教育经费使用管理补充办法》，集团教育经费的使用管理进一步规范。

二、培训情况

1999 年至 2008 年，集团各单位举办培训班 5787 期，培训职工 183627 人次，委外送培职工 4558 人次，共培训职工 188185 人次。十年中，集团公司培训工作围绕企业中心，结合施工生产和企业管理，培训内容重点为：围绕提高副处级以上领导干部思想素质和理论水平，举办集团公司中层干部培训班，点名调训，对处级干部进行轮训。培训内容从企业文化到领导艺术与管理创新，从资本运作到领导人员如何看财务报表，从中央历次全会精神到企业转型管理，围绕施工生产和企业管理，以安全质量管理、人力资源管理、铁路建设项目施工招标文件、劳动保护监察业务、劳动合同法、财务审计管理为内容举办培训班，重点侧重一般管理人员的业务能力培训；围绕质量、环境、职业健康安全管理体系，以计量认证、质量环境职业健康安全体系认证标准为内容开展专题培训，旨在提升企业管理水平；以党务知识、纪检监察业务、秘书工作、青年突击队工作为内容，举办新任基层党委书记培训班、纪检监察业务培训班、党政秘书培训班、青年突击队长培训班，重点提高党群干部业务理论水平。围绕提高技能人才的岗位操作技能，先后在石家庄、郑州、襄樊、西安、保定举办高级工、技师、高级技师培训班，集团各单位接触网工、电力工、通信工、信号工、桥隧工万余人先后参加培训。

外聘及内聘教师，大都采用多媒体形式授课。集团公司领导带头用课件授课，推动 PPT 课件授课形式在全集团的推广。经过人力资源部与主办部门班前沟通协商，互动教学、体验试训练作为授课形式得到各部门一致认同。把本专业、本岗位发生的案例融入培训内容中，教学内容联系实际，贴近工作。

根据培训需求制定培训计划，明确培训内容、计划人数和办班时间，突出重点抓好落实。通过跟班听课、问卷调查、面谈、教师教学水平测评形式加强对培训效果的监督控制。与主办部门、承办单位沟通培训信息，将测评结果、分析报告与领导见面，与部门负责人见面，与教师本人见面。培训班结束后，主办部门对培训的主要内容、授课情况、办班收获进行及时的总结，不断提高培训质量。

三、培训基地

保定职工学校是集团职工培训中心，始建于 1979 年 9 月，原称铁道部电气化工程局职工学校。2005 年 7 月 19 日，更名为中铁电气化局集团有限公司职工学校。校址在保定市百花东路 263 号。学校占地面积 12.92 亩（不含子弟学校），2007 年 7 月 3 日取得国有土地使用权证。学校有教学楼 1 栋，设简易多媒体综合教室 1 个、普通教室 13 个、会议室 1 个；学员住宿楼 1 幢，设标准间 42 间 82 个床位，普通间 34 间 104 个床位；食堂（含学员餐厅）1 座，集餐饮、娱乐、会议三种功能。

职工学校与集团公司党校合署办公，实行校长负责制。至 2008 年，职工学校中层机构为四部二室：教学部、培训部、计划财务部、物业管理部、综合办公室、生活室。教职工（不含子弟学校）22 人，高级职称 2 人，中级职称 6 人，从 2007 年起已无专职教师。不断改善培训条件，先后进行招待所改造、食堂大修、电网及暖气管道改造、取暖锅炉大修等。2001 年购置新桌椅 144 套，2006 年购图书 1000 册，2007 年购置打印机 1 台、安装宽带网，2008 年简装多媒体综合教室，购置电脑 5 部、液晶电视 3 台。

职工学校坚持以需要为主、基层为主、应用为主、当前为主“四为主”方针，积极发挥职工培训基地功能，不断完善培训机制，努力做到培训主题明确，服务到位。1999 年至 2008 年，共举办各专业培训班 70 期，培训人数 3165 人，涉及段队长、QC 骨干、史志编纂、概预算、高速铁路、生活供应、档案管理、临床医疗、财务软件、卫生法规、职工教育、信息软件、计算机安全监察、项目经理、安全、质量、年度统计、牵引变电、劳动定额、信号、立杆、计划生育、物资管理、微调、治安消防、卫生防疫、现代企业制度、社会保险、调度运输、通信、质量认证、住房公积金、大秦扩能、青藏铁路、技师、建造师、工程信息系统、质量环境、职业健康、计量认证、人力资源等 41 个专业。

职工学校从集团公司发展实际出发，借助北京、保定相关行业协会和高校师资力量，培训集团公司改革发展急需的各类执业（职业）资格人才，提升基层职工学历层次。2005

年 3 月，与华北电力大学联合开办工程硕士研究生班，为集团公司培养高级技术人才 45 名。2003 年至 2008 年，与南开大学联合开办自学考试（工商管理和保险）两个学历班，共招收学员 192 人，110 人取得学历证书。2005 年至 2008 年，与石家庄铁道学院联合举办成人高考班，开设电气工程与自动化、土木工程、工程管理、会计学、工商管理等 5 个专业，共招收学员 615 人，录取 378 人。1999 年至 2001 年，管理北方交大函授学员 14 人，到 2002 年全部毕业。2004 年至 2008 年，与衡水学校联办技校班和中专班，招生 3 个专业（接触网、电力线路、城市轨道供电）518 名学生，毕业 448 名，转衡水技校继续学习 70 名。

第三章　投融资管理

为适应建筑市场建设管理模式转变和集团“五四战略”实施的需要，加强集团公司的投融资管理，规范资本运作程序，自 2008 年 1 月 1 日起成立中铁电气化局集团有限公司投资部。投资部作为集团公司职能管理部门，负责集团公司的投融资管理业务。投资部有员工 6 人，其中部长 1 人，副部长 2 人，一级、二级、三级部员各 1 人。

第一节　企业投融资管理

2008 年，计划投资总额 15.4037 亿元，实际投资总额 15.6013 亿元，资金实际投入率为 101.28%。实际投资总额 15.6013 亿元中，用于主业投资的资金为 15.2513 亿元，占投资总额的 97.76%。资金主要投入资本运营项目、设备购置以及小型基建、股权投资，其中：资本运营项目投资 12.9001 亿元，占总额的 82.69%；设备购置以及小型基建投资 2.3512 亿元，占总额的 15.07%；股权投资 3500 万元，占总额的 2.24%。 实际投入资金 15.6013 亿元中，属于自有资金 8.7053 亿元，占总额的 55.8%；银行贷款 6.8960 亿元，占总额的 44.2%。在投资实际操作中，充分利用自有资金，努力拓宽融资渠道，优化投资方案，使投资资金得到很好的落实。随着企业的上市，为满足国资委、母公司以及社会股东对企业投融资管理的要求，以向上级报送投资月报、季报、年报以及日常各种调查报告为契机，较全面地梳理集团各投资项目，结合不同投资项目的特点，研究制定管理措施和方案，进一步规范集团的投融资管理工作。

第二节　项目融资

南京 PPP 项目。与建设银行北京分行、江苏省分行以及交通银行北京分行沟通，为南京地铁项目获得建设用贷款，保证项目顺利实施。按照合同规定和董事会决议，按时办理向南京投资公司划拨项目资本金的有关手续，协助南京投资公司办理资本金出资验资的相关手续。组织相关人员于 2008 年 8 月下旬前往南京地铁投资公司，从项目总体情况、工程施工成本、项目融资费用、项目公司管理费用、其他工程需要实际发生的费用等几个方面进行调研，收集基础资料，对资料进行认真分析，并就融资费用、成本测算、考核方法等内容和投资公司相关业务人员进行了深入探讨，形成初步的考核办法。按照南京调研形成的考核思路，多方咨询内部其他子、分公司的项目考核管理方式方法，通过多次讨论、修改，初步完成《南京项目考核管理办法》征求意见稿。南京投资公司原股东为集团公司、建筑公司，由于建筑公司要参与南京项目的投标及施工事宜，需进行股东变更。为此，多次组织相关单位进行协商，股东由建筑公司变更为一公司。

海南南苑酒店投资项目。组织有关公司人员到海口市，对海南南苑酒店投资项目进行实地考察，就该项目的地理位置、转让原因、项目所需的后续投入、项目的背景、项目的财务状况及转让价格进行深入分析与投资评估。

光大证券股权转让可行性分析。中信信托股份有限公司因政策原因拟将其所持光大证券股份有限公司的股份转让给集团公司，通过与多家金融机构及证券监管部门沟通，认为该次转让可能存在政策性风险，从而终止。

第三节　资本运营项目投资

对亦庄地铁、准大铁路、嘉南铁路以及长春轻轨、西安渭河人防、哈尔滨地铁、澳门地铁等资本运营项目，结合宏观经济背景、当前市场环境、企业投资规模、公司发展需要等多方面因素，研究设计各项目的融资方案和项目运作方案。深入研究资本运营模式，拓展资本运营领域，科学分析资本运营项目，稳步推进项目运作。

北京亦庄地铁 BT 项目。接到亦庄地铁 BT 项目招标文件后，即召开专题会议对招标文件进行研究，并与业主单位就不明确的事宜进行沟通，又对不明确的 14 个问题通过二次答疑向业主单位进行咨询，为下一步投标工作打下良好基础。根据预计施工资金安排及不同的利率情况与可能的总公司收益率，按照实际工作经验先后设计近百套投标报价及融资费用的预测模型，对投标报价提前做出准确而可行的预测。当投标报价最终决定后，以最快的速度，最优的质量完成商务标的编写及合同报价和融资费用的确定。

嘉南铁路 BT 项目。得到嘉南铁路投资建设的信息后，连夜对项目进行测算，做出项目投资分析草案。通过与嘉南铁路运作方的沟通，在典型 BT 及参股嘉南公司两种模式中最终决定采取典型 BT 模式进行运作。为尽可能减小投资风险，经过多方沟通，运作方同意由郑州铁路局出具回购担保书，投资部起草《回购担保银行保函》，并与多家银行进行接洽，对保函的严谨性及可行性进行了研究与探讨。根据沟通情况完成项目投资可行性分析报告，就股东及关联方情况、工程概算等情况、融资及资金筹措、风险及防范措施等情况做进一步分析，同时起草嘉南项目 BT 合同。由于嘉南铁路公司内部股东就相关问题存在争议，该项目暂被搁置。

西安渭河特大桥公路 BT 项目。对该项目的框架合同进行认真研究、分析，听取西铁工程公司对该项目的介绍。提出该项目取得陕西省发改委以 BT 模式投资建设的批文、确定采取公司招标还是议标的招标模式、针对项目回购要求对方开具全额银行保函、注册资本金应达到法定要求、项目转让期过长、融资费率取值等 10 条意见与建议。由西铁工程公司就以上问题与对方单位进一步沟通。

咸阳渭河人防 BT 项目。在对该项目的框架合同进行专门研究与分析后，由专人赴西安与西铁工程公司进行沟通，后与咸阳市政府相关领导就咸阳渭河人防 BT 项目进一步接洽。由于对方无法满足资本运营项目的基本担保条件，为规避投资风险，对该项目停止跟踪。

哈尔滨市地铁 BT 项目。根据城市轨道交通事业部对该项目的追踪报告，由投资部与市场开发中心对该项目的投资模式、运作方式以及对方的回购及担保能力进行深入研究与分析。

长春市快速轨道交通轻轨三期工程。集团公司组织项目考察组前往长春市就该投资项目的有关情况进行现场考察，并与长春市政府以及长春市轨道交通有限责任公司进行沟通与接洽。针对该项目，与多家金融机构进行接触，就资金筹措及保函等相关问题进行沟通，同时对该项目的投资方式、回购担保以及政府财政状况等相关情况进行研究与分析。通过与长春市轨道交通有限责任公司有关领导和部门积极联系沟通，研究起草项目的批复文件及可行性研究报告、项目的概预算及财务分析。担保单位的法人营业执照及年检证明、公司章程、财务报表及审计报告等相关问题的实地考察接洽函，发至业主单位。

澳门地铁投资项目。由于澳门特别行政区执行的政策法规与中国大陆地区有较大的差异，针对集团公司进入澳门地区投资基建项目所涉及的公司组织形式、股东公司限制、公司注册资本、公司注册地址、公司名称、经营范围、银行开户、税收政策以及集团公司在澳门地区注册公司的利弊进行深入分析。根据资本运营项目的特点及资本运营项目管理的内在规律，按照事前预测、事中控制、事后分析的管理原则，研究制定相关考核管理办法，规范项目监管工作。在货币政策从紧的情况下，对金融机构提出的南京 PPP 项目融资利率上浮 20%要求，通过多种手段展开银企洽商，最终取得不高于基准利率的项目贷款全额授信，为项目后期的顺利运作提供资金保证，也为项目取得更好地融资效益创造条件。

第四节　拓展融资

2008 年初，集团公司提出解决项目资金需求、优化集团资本结构和提高职工财产性收益的项目融资要求，充分运用国家相关政策，结合行业特点，打破传统融资方式，创新融资方案设计，并在国家不断调整相关政策的情况下，研究提出多套解决方案。

2008 年，集团北京景旭房地产开发公司通过挂牌出让方式以总价款 6.5 亿取得位于北京市顺义区后沙峪镇用地面积为 13.5327 万平方米的居住及商业金融项目土地使用权。为解决该项目资金需求，在融资运作过程中实现优化集团资本结构、降低资产负债率的目的，同时提高职工财产性收入，根据集团公司整体发展战略和投融资安排，联合银行、信托公司，拟定后沙峪项目融资方案。6 月，根据国家对银行贷款、信托产品投向房地产行业的新政策，以及国资委《关于规范国有企业职工持股、投资的意见》，结合后沙峪项目实际情况，先后走访多家信托公司和银行机构，多方探索、研究针对新情况、解决新问题的思路，调整项目融资操作方式，初步拟定一套新的融资方案，制定融资方案实施细则和时间表，待相关手续齐备后实施。

为了盘活公司部分闲置资金和暂时富裕资金，与成都衡平信托公司和深圳宝盈基金公司，探讨创设投资理财产品，寻求保值增值渠道，以创造更多的收益。通过融资理财产品方案的设计与股票一级市场的运作，进一步强化了企业与银行、信托公司、证券公司、基金公司等金融机构以及金融监管部门的沟通与联系。

第五节　多元化投资

一、证券市场投资

经过对平安证券、江南证券、中信证券、华西证券、中投证券等证券公司的调研，认真比对，选取服务好、收费低、信息灵、信誉佳的江南证券作为公司股票账户的开户公司。制定新股申购、股票卖出、资金收益的汇总等流程，规范市场操作行为。

二、能源资源投资调研

通过对社会资源的广泛挖掘和联系，走访国土资源部、中国矿业大学、中国冶金设计研究院、黑龙江地质勘探大队等单位，获得今后在能源、资源领域投资的政策信息。先后实地考察山西保德长坤煤矿，秦皇岛市青龙县大奎铁矿、滦鑫铁矿，承德市平泉县安利铁矿，保定市易县五迴岭铁矿，涞源县窟窿沟铁矿，涞源县窑北沟铁矿和山西省灵丘县白家台铁矿等 7 家铁矿。结合对资源投资领域的理论研究，形成近 7 万字的《关于能源和矿产资源投资开发的调研报告》。为寻找跨行业投资、创造新的利润增长点提供契机。通过与外部投资公司的接触和交流，为集团在投资领域的长远发展拓宽了思路。

第四章　财务会计

1999 年至 2001 年，电化局财务会计管理工作由财务处承担，财务处下设财务计划科、会计监察科、基建财务科、工程资金科、国有资产科、外经财务科、机关财务科、资金结算中心，全员 38 人。2001 年电化局改制为中铁电气化局集团公司，财务处改称财务部，下设财务预算科、会计科、工程资金科、资本监管科、机关财务科、外经财务科、资金结算中心，全员 31 人。2008 年末，集团公司财务部下设预算科、会计科、工程财务科、资本监管科、机关财务科和资金结算中心，在岗职工 20 人，其中部长 1 人、副部长 2 人、一级部员 8 人、二级部员 5 人、三级部员 4 人；高级职称 8 人、中级职称 8 人、初级职称 4 人。

1999 年至 2000 年，电化局内施工企业执行《施工企业会计制度》，工业企业执行《工业企业会计制度》。2001 年，开始执行《企业会计制度》。2005 年，开始执行《企业会计准则—建造合同》，施工企业按完工百分比确认收入。2007 年，中国铁路工程总公司整体改制上市，集团公司成为中国中铁股份公司的全资子公司，开始执行 2006 年修订后的《企业会计准则》，施工企业仍按完工百分比确认收入。

第一节　财务管理

一、管理体制

1999 年，电化局财务会计工作实行局、处、段、队四级管理。财务处负责全局的财务管理和会计核算，局属单位设财务科、处属单位设财务室，负责本单位财务管理和会计核算，各级工程指挥部由局、处按会计人员委派制的方式派驻负责财务管理和会计核算。2001 年，电化局改制为中铁电气化局集团后，集团财务会计工作实行集团公司、子（分）公司、段（厂）、队四级管理。财务部负责集团公司的财务管理和会计核算，子（分）公司财务科（部）负责子（分）公司的财务管理和会计核算，财务室负责工程段的财务管理和会计核算，财务室派驻专职财会人员负责工程队的财务管理和会计核算，各级工程指挥部由集团公司或子（分）公司按会计人员委派制的方式派驻负责财务管理和会计核算。

二、改制重组

公司改制。2000 年，局成立改制办，开展企业改制工作，聘请社会中介机构进行资产评估和股权设计。2000 年 9 月，召开全局“资产清查、评估工作会议”，对改制工作进行动员和培训。全局资产划分为两类，一类是经营性资产，纳入待成立的中铁电气化局集团有限公司管理；一类是非经营性资产，纳入待成立的中铁电气化局集团社会事业管理中心管理。2000 年底，完成财产清查、分类和资产评估，将评估报告上报财政部待批。2001 年 6 月 1 日，财政部批复铁道部电气化工程局资产评估报告。2001 年 6 月 29 日，注册成立中铁电气化局集团有限公司(母公司)，纳入集团公司总资产 325 050.85 万元，净资产 46 994.25 万元，社会事业管理中心总资产 23 778.5 万元，净资产 16 208.32 万元。在母公司成立的基础上，成立一公司、二公司、三公司、建筑公司、电信研究试验中心公司 5 家子公司。中铁电气化局集团有限公司注册资本 51 905.62 万元，中铁工程总公司持股 85.06%，职工持股会持股 14.94%；一公司注册资本 6 419.78 万元，母公司持股 59.18%，职工持股会持股 40.82%；二公司注册资本 6 218 万元，母公司持股 53.41%，职工持股会持股 46.59%；三公司注册资本 6 054.42 万元，母公司持股 52.66%，职工持股会持股 47.34%；建筑公司注册资本 6 058 万元，母公司持股 91.32%，职工持股会持股 8.68%；电信研究试验中心公司注册资本 535.53 万元，母公司持股 61.53%，职工持股会持股 38.47%。

企业重组。2003 年，根据中国铁路工程总公司《关于中铁电气化局集团有限公司、西安铁路工程（集团）有限公司进行资产重组的决定》，中铁电气化局集团实现与西安铁路工程（集团）有限公司重组。中铁电气化局集团接收西安铁路工程（集团）有限公司资产总额 106 898.54 万元，负债总额 95 362.21 万元，所有者权益总额 11 536.33 万元（其中：国有权益总量 5 985.69 万元）。重组后的中铁电气化局集团有限公司注册资本变更为 66 638.19 万元，中国铁路工程总公司持股份 86.43%，中铁电化局集团职工持股会持股份 13.57%。

2005 年，集团将原西安铁路工程（集团）有限公司重组为西安铁路工程有限公司、西安铁路建设有限公司、西安电气化有限公司、西安通信信号工程处和铁路工程分公司，年底前完成出资和工商注册登记工作。西安铁路工程有限公司注册资本 10 380.00 万元，两元股东，母公司持股 52%，职工持股 48%。西安铁路建设有限公司注册资金 6 000.00 万元，三元股东，母公司持股 51.67%，西安铁路工程有限公司持股 30.00%，职工持股会持股 18.33%。西安电气化有限公司注册资本金 2,600.00 万元，两元股东，母公司持股 53.85%，职工持股会持股 46.15%。西安通信信号工程处和铁路工程分公司作为非法人单位，财务决算纳入母公司合并范围。

2006 年，中国铁路工程总公司将中铁电气化勘测设计研究院和北京电铁通信信号勘测设计院划归中铁电气化局集团有限公司。中国铁路工程总公司以 2005 年 12 月 31 日中铁电气化勘测设计研究评估后净资产 2,578 万元、北京电铁通信信号勘测设计院评估后净资产 985 万元投入中铁电气化局集团有限公司。集团公司按 2005 年末股权比 1.4651 折算 2 432 万元增加股东中国铁路工程总公司国有法人资本，差额计入资本公积。中铁电气化勘测设计研究院和北京电铁通信信号勘测设计院成为集团公司全资子公司。增资后，中铁电气化局集团有限公司实收资本变更为 71,138 万元，其中：中国铁路工程总公司出资 62,854

万元，占实收资本的 88.35%；职工持股会出资 8,285 万元，占实收资本的 11.65%。

公司上市。2007 年，根据中国铁路工程总公司整体上市的要求，中铁电气化局集团按照上市和非上市的定义，对集团全部资产进行重新划分，划入上市资产 821 843.28 万元，净资产 124 480.35 万元；划入非上市交由宏达资产管理公司管理的资产 13 908.03 万元，净资产 13 051.51 万元。集团公司出资 14 828 万元收购子公司职工持股会出资所持股份，“百含”配股 6 043.64 万元划归集团公司所有。中铁电气化局集团第一、第二、第三工程有限公司、北京建筑工程有限公司、西安铁路工程公司、西安电化公司和电信中心成为集团公司的全资子公司，西安铁路建设公司成为集团公司的控股子公司。中国中铁股份有限公司出资 6 089.15 万元收购集团公司职工持股会出资所持股份，“百含”配股 4,142,28 万元划归中国中铁股份有限公司所有，中铁电气化局集团有限公司成为中国中铁股份有限公司的全资子公司。根据中国铁路工程总公司整体上市的要求，中联资产评估有限公司对原集团所属的 23 家全民所有制法人企业进行资产评估，评估增值 8,239.96 万元，企业按评估结果进行账务调整，办理工商登记，并按现代企业管理制度的要求建立法人治理结构。授权经营土地 23 宗，面积 32.2 万平方米，授权经营总地价 13 657.60 万元，增值 11 030.61 万元，并按总地价的 40%调增实收资本。

合并范围。原纳入母公司合并范围的北京通达监理有限公司、北京顺达电铁电气化工程有限责任公司、北京万友诚信工程咨询有限责任公司 3 家公司直接纳入集团公司合并范围；原纳入母公司所属工厂处、电气化公司、城铁公司、物资处合并范围的 12 家法人企业，直接纳入集团公司合并范围，行政关系不变。

注册资本。2007 年 12 月 28 日，中国中铁股份有限公司现金投入中铁电气化局集团有限公司 62 600 万元，增加中铁电气化局集团有限公司的注册资本。2008 年，增资后的中铁电气化局集团有限公司注册资本为 129,093.22 万元，全部为中国中铁股份有限公司所有。

三、清产核资

2004 年，集团公司开展清产核资工作，集团按原制度清查出的资产净损失 9 265 万元，按《企业会计制度》计提的预计资产损失 1 578 万元，合计 10 843 万元。集团核减年初未分配利润 3 940 万元，年初盈余公积 2 045 万元，年初资本公积 3 223 万元，年初少数股东权益 1 635 万元。核盈以前年度百含工资节余 25 601 万元，其中改制前百含工资节余 14 444 万元，改制后百含工资节余 11 157 万元。按照中铁工程总公司的要求，改制前百含工资节余 14 444 万元调增年初资本公积，由国家独家享有；改制后百含工资节余 11 157 万元调增年初未分配利润，由投资者按投资比例享有，2005 年改为国家独家享有。调整后集团年初实收资本为 77 244.45 万元，资本公积为 15 898.54 万元，盈余公积为 0，未分配利润为 7 607.69 万元，共计 100 750.68 万元。集团少数股东权益为 18 623.57 万元。其中：集团公司实收资本为 66 638.19 万元，资本公积为 14 443.97 万元，盈余公积为 0，未分配利润为 7 607.69 万元，共计 88 689.85 万元。集团公司少数股东权益为 18 613.67 万元。

四、资产评估

2005 年，为配合西铁公司重组，中国铁路工程总公司将中铁电气化局集团公司代管的苏州花苑饭店账面净资产 943 万元，经评估后 2 329 万元，西安物资供应站账面净资产 97 万元，经评估后 247 万元，投入中铁电气化局集团公司有限公司，集团公司再投入西铁建设公司。集团公司将昆明房产评估后置换西铁工程公司对西安电化处的投资，将西安物资公司评估后投入西铁建设公司。

苏州花苑饭店和西安物资供应站评估后净资产按 2004 年末股权比计算，增加集团公司实收资本 1850 万元，增加资本公积 726 万元，调增后中铁电气化局集团有限公司实收资本由 66 638.19 万元变为 68 488.20 万元（其中：中国铁路工程总公司 60 203.64 万元，占 87.90%；职工持股会 8 284.56 元，占 12.10%）。

五、对内投资

2002 年 6 月，注册成立北京景旭房地产开发有限公司，注册资本 2 030 万元，集团公司持股 50.74%。2007 年，集团公司增资北京景旭房地产开发有限公司 1 520 万元，增资后北京景旭房地产开发有限公司的注册资本变更为 3 550 万元，集团公司持股 71.83%。2008 年，集团公司秦皇岛培训中心整体划归北京景旭房地产开发有限公司，增加北京景旭房地产开发有限公司注册资本 1 521.7 万元，增资后北京景旭房地产开发有限公司的注册资本变更为 5 021.7 万元，集团公司持股 80.09%。

2002 年，成立中铁电气化局集团有限公司电气化分公司、中铁电气化局集团有限公司轨道交通事业部。组织一公司、电气化分公司，对一公司四段的资产进行清查、评估，由集团公司收购后整体注入电气化分公司，注入资本金 2,061 万元。组织二公司、轨道交通事业部、上海经理部，对二公司上海地铁工程公司、集团公司上海经理部的资产进行清查、评估，由集团公司收购后整体注入到中铁电气化局集团有限公司轨道交通事业部，注入资本金 1,849 万元。

2008 年，注册成立南京中铁电化投资管理有限公司，注册资本 5 亿元，资本金由集团公司分期投入。2007 年集团公司投入资本金 10 000 万元，2008 年投入 14 205 万元，2009 年 25 795 万元。该公司负责南京地铁一号线南延线工程 PPP 项目，该项目计划 2007 年 4 月开工建设，2009 年 12 月开通试运行，项目总投资 14.25 亿元，投资不足部分通过银行贷款、长短期融资解决。南京地下铁道有限责任公司承诺在项目建成后，进行股权回购，股权转让金分十年支付。

2008 年，集团公司将所属中铁电气化铁路运营管理有限公司整体改制为具有法人资格全资子公司，注册资本 5 000 万元。注册成立中铁电气化局集团（衡水）投资有限公司，注册资本 10 000 万元，负责河北省衡水市滏阳河及滨湖城区开发改造项目土地一级开发。注册成立中铁电气化物资贸易有限公司，注册资本 5 000 万元。

六、对外投资

机场快轨 BOT 项目。北京东直门到机场的轨道交通客运专线，线路全长 27.76 千米，总投资约 50 亿元，政府贴息 5 亿元。项目公司注册资本为总投资额的 35%，其余资金由项目公司负责筹措。该项目建设期 2005 年 6 月至 2008 年 7 月，运营期至 2032 年，共计 25 年。项目公司由中铁电气化局集团有限公司、北京东方文化经济发展集团有限公司、北京首都公路发展有限责任公司、首都机场集团公司、北京轨道交通建设管理有限公司 5 家股东共同出资组建，负责该项目的建设、运营。其中集团公司计划出资 5.7 亿元，占项目公司注册资本的 38%，2005 年 3 月 25 日第一笔出资 1.9 亿元到位。2006 年 12 月 12 日，由北京市基础设施资产管理有限公司、中铁电气化局集团有限公司、北京东方文化资产经营公司、首都机场集团公司、北京首都公路发展有限公司、北京市轨道交通建设管理有限公司在北京东直门机场快速轨道有限公司达成增加注册资本协议，公司注册资本增加到 25 亿元，北京市基础设施资产管理有限公司出资 20 亿元，占注册资本的 80%，集团公司原有出资占 7.6%。

奥运支线 BT 项目。奥运支线自北京熊猫环岛至奥运村，线路全长 4.34 千米，总投资约 10.95 亿元(中标价)。项目公司注册资本金不低于总投资的 35%，不足部分由中国铁路工程总公司负责筹措。该项目建设期自 2005 年 6 月至 2008 年 4 月，建成后由北京地铁十号线投资有限责任公司进行股权回购。中国铁路工程总公司、中铁电气化局集团有限公司和中铁三局集团有限公司 3 家组成联合体中标该项目。3 家出资组建项目公司，其中集团公司出资比例为 29%，中国铁路工程总公司出资比例为 51%，中铁三局集团有限公司出资比例为 20%。2005 年底集团公司出资 7 221 万元，2006 年集团公司出资 3 915 万元，集团公司共计出资 11 136 万元，2008 年末该项投资收回。

重庆单轨公司。2005 年，集团公司参股重庆单轨公司，该公司由 8 家股东组成，注册资金 1 亿元人民币，集团公司出资 3 000 万元人民币（其中货币资金出资 20%，其他资产 80%）占注册资本 30%，2005 年集团公司货币出资 600 万元。

南昌新龙公司。2005 年集团公司参股成立南昌新龙公司，该公司由 4 家股东发起成立，出资 2 亿元人民币，其中注册资金 1.6 亿元人民币，集团公司出资 1 500 万元出资比例为 7.5%。2005 年，集团公司出资 1 500 万元。2008 年，该公司增资扩股，集团公司增加出资 3 500 万元。

上海龙门宾馆有限公司。2006 年，集团公司参股上海龙门宾馆有限公司，协议出资 1 500 万元，占出资额的 13.6%。2006 年集团公司出资 500 万元，2007 年集团公司出资 1 000 万元。

第二节 财务预算

一、管理制度

2002 年，集团制定《中铁电气化局集团财务预算管理暂行办法》、《中铁电气化局集团财务预算编制暂行办法》，开始推行财务预算管理。2003 年，组织 3 名财务人员参加总公司《中铁工程总公司财务预算研究》和《中铁工程总公司财务预算管理办法》研究和编写，获 2004 年度中国铁道财会软科学一等奖。

二、年度预算

集团年度预算由集团公司负责，按照 “上下结合、分级编制、逐级汇总”方法编制年度预算。集团财务预算委员会根据中铁总公司预算要求、集团发展战略和预算期经济形势的初步预测、决策的基础上，于每年 9 月底以前提出下一年度企业财务预算目标，预算目标包括营业收入目标、成本费用目标、利润目标和现金流量目标，并确定财务预算编制的政策，由财务预算委员会下达各预算执行单位。各预算执行单位按照财务预算委员会下达的财务预算目标和政策，结合自身特点以及预测的执行条件，提出详细的本单位财务预算方案， 10 月底前上报集团财务管理部门。集团财务管理部门对各预算执行单位上报的财务预算方案进行审查、汇总，提出综合平衡的建议。在审查、平衡过程中，财务预算委员会进行协调，对发现的问题提出初步调整的意见，并反馈给有关预算执行单位予以修正。集团财务管理部门在有关预算执行单位修正调整的基础上，编制企业财务预算方案，报财务预算委员会讨论。对不符合企业发展战略或财务预算目标的事项，集团财务预算委员会责成有关预算执行单位进一步修订、调整。在讨论、调整的基础上，集团财务管理部门正式编制企业年度财务预算草案，提交董事会或经理办公会审议批准。集团财务管理部门对董事会或经理办公会审议批准的年度总预算，在次年 2 月底以前，分解成一系列的指标体系，由财务预算委员会逐级下达各预算执行单位执行。

三、经营成果

资产规模。1999 年，局资产总额 263 635.7 万元，负债 200 966.06 万元，所有者权益 62 669.64 万元； 2008 年，集团公司资产总额 1 402 705.31 万元，负债 1 176 941.86 万元，所有者权益 225 763.46 万元；分别是 1999 年的 5.32 倍、5.86 倍和 3.6 倍。

1999 年至 2008 年资产负债情况

表 9-4-1　　单位：万元

项目	资产总额	负债总额	所有者权益合计
1999 年度	263, 635. 70	200, 966. 06	62, 669. 64
2000 年度	325, 941. 82	277, 865. 55	48, 076. 27
2001 年度	274, 009. 20	183, 541. 16	90, 468. 04
2002 年度	288, 319. 33	195, 357. 39	92, 961. 94
2003 年度	449, 859. 00	345, 236. 27	104, 622. 73
2004 年度	535, 981. 04	413, 641. 06	122, 339. 98
2005 年度	624, 300. 38	493, 866. 55	130, 433. 83
2006 年度	834, 428. 95	684, 227. 45	150, 201. 50
2007 年度	1, 097, 946. 76	897, 918. 76	200, 028. 00
2008 年度	1, 402, 705. 31	1, 176, 941. 86	225, 763. 45

经营成果。1999 年，局实现营业收入 166 764. 63 万元，实现利润总额 2 664. 29 万元，净利润 756. 15 万元；2008 年，集团公司实现营业收入 1 595 157. 36 万元，实现利润总额 37 710. 43 万元，净利润 32 188. 07 万元，分别是 1999 年的 9. 57 倍、14. 15 倍和 42. 57 倍。

1999 年至 2008 年收入、利润情况

表 9-4-2　　单位：万元

项目	营业收入	利润总额	净利润
1999 年度	166, 764. 63	2, 664. 29	756. 15
2000 年度	195, 088. 65	3, 047. 49	981. 29
2001 年度	199, 514. 31	3, 714. 81	1, 998. 47
2002 年度	216, 553. 50	4, 174. 12	2, 547. 77
2003 年度	313, 058. 25	4, 253. 96	2, 750. 78
2004 年度	390, 409. 98	4, 849. 53	3, 639. 20
2005 年度	625, 495. 23	7, 869. 43	6, 212. 46
2006 年度	824, 103. 23	10, 388. 02	8, 021. 10
2007 年度	1, 048, 688. 22	27, 420. 97	22, 769. 56
2008 年度	1, 595, 157. 36	37, 710. 43	32, 188. 07

现金流量。1999 年，局经营活动现金流入 196 702. 20 万元，经营活动现金流出 182833. 50 万元，期末现金及现金等价物 54 785. 09 万元；2008 年，集团公司经营活动现金流入 1431 757. 76 万元，经营活动现金流出 1332 257. 18 万元，期末现金及现金等价物

295 943.36 万元，分别是 1999 年的 7.28 倍、7.29 倍和 5.4 倍。

1999 年至 2008 年现金流入、流出情况

表 9-4-3　　单位：万元

项目	经营活动现金流入	经营活动现金流出	期末现金及等价物
1999 年度	196,702.20	182,833.50	54,785.09
2000 年度	238,060.54	222,799.09	58,586.14
2001 年度	165,530.27	180,253.08	40,420.61
2002 年度	157,174.69	143,933.64	51,844.59
2003 年度	377,170.36	365,116.01	75,815.98
2004 年度	333,528.22	310,817.98	82,663.24
2005 年度	591,489.13	522,288.43	136,960.82
2006 年度	844,169.31	855,192.86	142,755.81
2007 年度	937,466.25	896,265.97	231,628.43
2008 年度	1,431,757.76	1,332,257.18	295,943.36

上交税金。1999 年，局上交税金 6 169.7 万元；2008 年，集团公司上交税金 53 783.86 万元，是 1999 年的 8.72 倍；十年累计上交税金 207 283.26 万元。

1999 年至 2008 年上交税金情况

表 9-4-4　　单位：万元

项目	实际上交税金总额	项目	实际上交税金总额
1999 年	6,169.70	2004 年	12,325.51
2000 年	7,272.79	2005 年	18,526.77
2001 年	8,752.61	2006 年	37,258.28
2002 年	10,213.67	2007 年	40,372.70
2003 年	12,607.37	2008 年	53,783.86
合计			207,283.26

第三节　信用管理

一、银行信用

自 2000 年局获得国家权威机构颁发的“AAA”资信等级证书起，集团已连续 9 年获银

行“AAA”信用等级证书。2002 年，获得光大银行综合授信 2 亿元。2008 年，集团公司获得银行综合授信 89 亿元，其中光大银行 13 亿元、民生银行 5 亿元、北京银行 14 亿元、建设银行 5 亿元、中信银行 10 亿元、交通银行 10 亿元、招商银行 4 亿元、兴业银行 5 亿、中国银行 8 亿元。2008 年，为集团内部单位办理银行综合授信担保 14.02 亿元；办理工程投标保函 82 项 4 737 万元；办理预收账款保函 28 项 77 799.45 万元；办理履约保函 66 项 202 647.39 万元；办理投标保证金 31 笔 1 648.50 万元；办理工程的银行资信证明 25 项；办理银行信贷证明 17 笔 84 550 万元；办理银行查证授权书 7 项工程。

二、担保业务

1999 年，制定《电气化工程局国内工程担保业务管理办法》和《电气化工程局境外工程承包担保管理暂行办法》。2003 年，制定《中铁电气化工程局集团担保业务管理暂行办法》，严格控制对外担保业务。所有对外担保业务，必须经过总经理办公会研究同意后，报董事会批准。1999 年至 2008 年，集团除对子分公司有担保业务外，没有对外提供担保。

三、应付款项

按照《中铁电气化工程集团资金管理暂行办法》，集团所有单位建立应付款项管理台账，财务人员定期、不定期对应付款项情况进行梳理，通知有关经办人员办理相关手续，按照合同或协议规定时间付款。

第四节　资金管理

一、集中管理

2003 年，修订《中铁电气化工程集团资金管理暂行办法》。2004 年，印发《中铁电气化工程集团资金管理补充规定》，按照所有权不变，使用权归己的原则，利用内部资金结算中心，实行资金集中管理。重点建设项目资金由指挥部、项目部提出用款计划，财务部平衡，提出方案，集团资金领导小组批准。

2007 年，制定《中铁电气化工程集团资金结算中心管理办法》，利用现代管理手段构建资金集中管理系统网络平台，通过中国中铁资金管理平台和中国工商银行、中国建设银行、中国农业银行、中国银行、民生银行以及交通银行网上银行系统联网，实现集团网上内部结算、网上银行付款、资金上收下拨等日常工作。2008 年，集团公司利用资金集中管理产生的资金沉淀和时间差，通过集团资金结算中心发放内部贷款累计 140,520 万元。

二、项目资金

按照《中铁电气化工程集团资金管理暂行办法》，集团公司管项目由集团公司集中验工计价，从建设单位收取的预付备料款和预收工程款由集团公司实行集中调剂使用，季、年末验工计价时，由公司指挥部、项目部，根据建设单位批复的验工计价金额通过内部转账进行清算，于次月拨付款项时多扣少补。 其他项目由施工单位直接与建设单位办理验工计价，收取价款。

三、应收款项

2005 年，修订印发《中铁电气化工程集团应收款项管理暂行办法》，明确各单位主要负责人是本单位应收款项管理的第一责任人，财务部设立专（兼）职人员负责应收款项管理的日常工作，建立应收款项管理台账，项目经理是清收责任人，财务人员定期、不定期对应收款项进行清理，通知清收责任人收回应收款项。

第五节　税收筹划

一、企业所得税

1999 年至 2001 年，全局所有单位均按 33%缴纳企业所得税。2002 年，集团公司经中关村科技园丰台园区管理委员会批准，享受高新技术企业所得税税收优惠，企业所得税税率减为 15%。集团第二工程公司申报为湖北省高新技术企业享受 15%所得税优惠，电信中心申报为北京市高新技术企业享受 15%所得税优惠政策。2004 年，集团第三工程公司申报为郑州高新技术企业享受 15%所得税优惠政策。2005 年，集团第一工程公司也以基地搬迁为契机，被批准为中关村科技园丰台园区高新技术企业，享受 15%企业所得税税收优惠。西安电气化公司享受国家有关西部大开发的税收优惠，税率 15%。2008 年，国家对高新技术企业进行重新认定，集团有限公司（母公司）、集团第一、二、三公司和中铁电气化勘测设计研究院有限公司，重新申报并获得高新技术企业称号，享受 15%所得税税收优惠，西安电气化公司继续享受国家有关西部大开发 15%所得税税收优惠。截至 2008 年底，集团共有 6 家企业享受 15%所得税税收优惠。

二、营业税

2004 年，集团公司根据国家税务总局《关于营业税若干政策问题的通知》的规定，计征营业税的营业额不应包括设备价值，集团公司领导和财务人员多次走访丰台地税局、重庆地税局，重庆轻轨工程设备免缴营业税事宜得到重庆地方税务局书面批准，大秦线设备免缴营业税事宜由丰台地方税务局上报到北京市地方税务局。2005 年，北京市地方税务局批复中铁电气化局集团有限公司从事的国内外电气化、通信、信号、电力等业务时取得的计税营业额中可以不包括项目的整体独立大型设备及通信光缆价值在内。2006 年，集团所有从事青藏铁路建设的施工、监理和勘察设计所取得的收入，免征营业税、城市维护建设税、教育费附加和企业所得税。

2005年，集团公司获得北京市纳税信誉A级企业，集团公司可享受三年免检和提供优先服务等优惠，集团总会计师被聘为丰台地税协会副会长。

第六节　财务监察

一、社会审计

1999年至2005年，委托北京市中威审计事务所对年度决算和纳税情况进行审计。2006年，国资委统一委托京都会计师事务所有限公司承担中国铁路工程总公司系统的年度财务决算审计，集团公司2006年度财务决算审计由京都会计师事务所有限公司负责。2007年，中国中铁股份有限公司委托德勤华永会计师事务所承担集团公司2007年度财务决算审计工作，委托京都会计师事务所承担集团所属27家单位2007年度财务决算审计工作。2008年，中国中铁股份有限公司委托德勤华永会计师事务所承担集团公司2008年年度财务决算审计工作，委托中和正信会计师事务所承担集团公司所属30家单位2008年度财务决算审计工作。

二、政府监督检查

从2002年起，集团公司按国务院监事会的要求，编制国务院监事会检查资料，接受国务院监事会的监督检查。2006年，配合财政部北京专员办事处完成会计信息质量检查。2007年，配合完成国家审计署对铁路建设工程项目审计工作。

三、内部监督检查

1999年，全国统一的税收、财务、物价大检查改由中介机构负责审计后，电化局及改制后的集团公司加强内部监督检查力度，按照1998年公布实施的《电气化工程局财务监察办法》，建立健全财务监察检查体系。对集团及所属单位执行国家财经政策、法规以及会计核算、财务管理等项工作进行指导、监督、检查，促其遵守国家财经法纪，加强财务管理，维护单位合法权益，提高经济效益。

第七节　会计核算

一、制度建设

2004年，集团公司财务部将所有财会业务进行分类、梳理，编制成主营业务流程图59项，集团所有财会业务按流程图办理。2005年，制定中铁电气化局集团《会计核算规范》和《资产减值准备管理制度》，《<企业会计准则--建造合同>准则暂行办法》。转发《中国铁路工程总公司固定资产管理暂行办法》，印发《中铁电气化局集团固定资产目录及折旧年限表》，统一集团公司固定资产折旧政策。2007 年，印发《中铁电气化局集团会计核算办法》，设置一级科目 107 个，一级编码由三位上升为四位，规范会计科目的使用范围和使用方法。

二、会计电算化

2005 年以前,集团使用的会计软件有多个版本，多数单位使用中国铁路工程总公司会计核算软件，少数单位使用用友、金蝶会计核算软件，由于是单机运行，集团无法及时了解各单位的情况。2005 年，集团公司与用友软件公司签订财务信息化建设实施协议，完成资金管理、会计核算统一网络平台的搭建。各单位按集团公司总体要求及时配备完善硬件及网络系统，会计核算集中到集团公司服务器，达到统一会计政策、统一核算标准、统一核算方法、规范财务管理的目的，保证集团公司财务信息质量，提高财务信息归集和信息反馈效率。2008 年 1 月，按照中国铁路工程总公司财务信息化的总体部署，集团公司核算系统由原来的用友 NC 系统统一更换为思源时代软件开发公司开发的诚易核算系统。

三、责任成本

1999 年，电化局召开责任成本经验交流会，推动责任成本管理，各单位根据责任对象，将成本细化，编制各环节、各工序、各岗位的责任成本，将成本落实到人。责任成本既是成本控制的依据，也是内部考核的依据。2002 年，集团实行财务预算管理后，推行成本预算管理与责任成本结合，分管领导在项目开工前，组织人力、财务、物资、工程、验工计价等相关人员，对项目成本进行分析、测算，编制项目成本预算；各施工单位再将项目成本预算细化，编制各环节、各工序、各岗位的责任成本，成本落实到人。成本预算和责任成本既是项目成本控制的依据，也是内部考核的依据。

四、期间费用

期间费用纳入年度财务预算，由财务部门按照年度财务预算控制各项期间费用的支出。

五、福利费及职教经费

2007 年起，集团按照《企业财务通则》要求，停止计提职工福利费和职工教育经费，职工福利费用和职工教育经费据实检据报销。职工福利费用控制在当年职工工资总额 14%以内，超过部分调整应纳税所得额；职工教育经费控制在当年职工工资总额 2.5%以内，超过部分调整应纳税所得额。

六、会计报表

2001 年以前，局使用中国铁路工程总公司会计报表软件编制一套财务报表。2001 年，局改制为中铁电气化局集团有限公司后，集团公司财务部举办资产评估账务处理、日后事项账务处理、经营性资产与非经营性资产分帐培训班。按照资产的用途将其分为经营性资产和非经营性资产，经营性资产纳入中铁电气化局集团有限公司，非经营性资产纳入中铁电气化局集团社会事业管理中心。集团所属各单位编制有限公司财务报告、社会事业管理中心财务报告、有限公司与社会事业管理中心汇总的财务报告；集团公司财务部编制中铁电气化局集团有限公司财务报告、中铁电气化局集团有限公司（合并）财务报表、社会事业管理中心财务报告、中铁电气化局集团有限公司（合并）与社会事业管理中心汇总的集团财务报告。2003 年，统一更换为久其财务报表软件。2007 年，中国铁路工程总公司整体改制上市，集团经营性资产和非经营性资产重新划分为上市资产和非上市资产，上市资产纳入中铁电气化局集团有限公司，非上市资产纳入宏达资产管理中心，集团公司财务部负责编报上市部分财务决算报告，非上市资产由中铁电气化局宏达资产管理分中心负责编报。为适应中国中铁海外上市需要，增加浪潮报表管理系统，浪潮报表管理系统实行全集团集中，软件安装在集团总部的服务器上，各个成员单位通过 IE 浏览器远程登录填报报表。

第五章　审计监督

集团公司审计工作按照中国中铁总公司对内控审计的要求，以经营、发展、改革、管理和服务为中心，把握内部审计工作发展趋势，履行审计工作基本职能，建立健全企业内控体系，真实反映企业财务会计信息，客观评价企业经营活动效率效果，保护国有资产安全、完整。贯彻执行《审计法》、《审计署关于内部审计工作的规定》和各项审计准则等国家相关法律法规，将财务审计与效益审计，工程项目审计与经济责任审计，常规审计与专项审计有机结合，为维护企业合法权益，改善各项管理，提高经济效益，发挥监督服务作用。

1999 年至 2002 年，局设审计处负责审计工作。审计处下设综合审计科、工程审计科、合同审计科，定员 10 人。2002 年，集团公司机构改革，审计处改为审计部，设工程审计科、合同审计科、综合审计科，定员 8 人，现员 8 人，其中高级审计师 2 人、高级会计师 3 人、会计师 1 人、工程师 1 人、助理会计师 1 人。截至 2008 年底，集团共有 10 个单位设置独立的审计机构，即：集团公司，集团一公司、二公司、三公司、建筑公司、西铁工程公司、西铁建设公司、电气化分公司、城铁公司、工厂处。审计工作与其他部门合署办公的单位有：西安通号处、西安电化处、物资处、北京通号院、天津电化院。全集团共有审计人员 36 人。

1999 年至 2008 年，集团公司共完成各类审计项目 3226 项。其中财务收支审计 321 项，经济效益审计 70 项，经济责任审计 175 项，工程项目审计 162 项，内控制度审计 5 项，合同审计 1916 项，承包经营审计 26 项，建设工程项目审计 3 项，经济效益审计 21 项，管理绩效审计 20 项，决算审计 329 项，专项审计及调查 159 项，其他审计 19 项。发现问题金额 6154 万元，其中超规模超标准基建 260 万元，转移挪用资金 83 万元，账外资产 368 万元，挤列虚列成本费用 425 万元，少列不列成本费用 1520 万元，虚列多列收入 230 万元，漏缴税金 166 万元，其他违纪问题 1849 万元；损失浪费金额 3113 万元，国有资产流失 5 万元，潜亏因素 20416 万元，潜盈金额 16000 万元，账目差错金额 4104 万元，不良资产 7943 万元，其他违纪问题 1213 万元；经济合同审计削减概（预）算 4071 万元。提出审计建议 1803 条。

第一节　财务收支审计

财务收支审计，为企业决策者了解全年收支结构、经济效益及运营等情况提供重要依据。财务收支审计重点对资金管理和运用、验工计价管理、对外投资、担保、借款情况及经费执行情况等事项进行审计。通过财务收支审计，发现某些单位存在着收入计量和成本费用核算违背建造合同、债权债务清理、坐支收入、费用摊销失准、挤列成本、备用金管理、计划执行基础工作薄弱等违法违规行为。有的单位存在会计信息失真、资金占用不尽合理等诸多问题。通过审计，在一定程度上规范被审单位的经营管理活动，加强对会计资料真实性和合法合规性的控制，及时纠正资产管理，资金管理、会计基础工作等方面存在的问题，规范成本费用支出范围，严肃财经纪律，起到积极的促进作用。集团各单位审计部门坚持对未设置审计机构的所属分公司、事业部等分支机构，未设置审计机构的控股子公司，经费单位等非法人组织，以及各子公司的微利或亏损单位，对它们的收入、成本、费用核算的真实性和合法、合规性进行重点监督。促使其加强内控制度，完善会计资料等基础工作。2002年，制定《中铁电气化局集团公司定期审计办法》。

第二节　经济责任审计

经济责任审计主要对象是企业第一管理者，审计形式包括对企业第一管理者任职期间经济责任审计和离任经济责任审计。通过开展经济责任审计，既界定领导人员应负的经济责任，也肯定成绩，总结经验，为各单位用人决策提供参考依据。在审计过程中，坚持“独立、客观、公正”的原则，实事求是，突出重点，深化内容。核实领导干部任期内的各项经营考核指标完成情况、绩效情况，落实企业的债权债务和潜盈潜亏情况，明确界定任期内领导干部的经济责任，强化领导干部的经济责任意识。加强对在任领导干部经济决策的监督，使决策程序的规范性、民主性和科学性不断增强，为促进企业规范经营，发挥很好的作用。2002年，制定《中铁电气化局集团公司领导人员任期经济责任审计办法》。2004年，首次开展对西铁工程公司董事长的离任审计，也是集团经济责任审计领域的一次拓展。通过经济责任审计，反映出的主要问题是：承包垫资工程问题比较突出，尤其是工民建工程更加突出；在建工程清理不及时，影响会计信息的真实；备用金管理松懈，清理不及时，占用资金额度大；欠缴、欠拨、拖欠债务等问题比较严重；成本费用开支失控；个别单位没有认真执行集团公司有关费用开支范围、开支标准的规定；不良资产处置进度缓慢；多经企业、小企业（单位）发展不平衡，内部管理、经营、效益水平与集团公司的发展速度不相适应。通过审计，客观评价任职期间的经济责任的政绩，促进干部廉政建设，保护国有资产安全完整，为企业考核和任用干部提供参考依据。

第三节　工程项目审计

2002 年，为了加强集团公司对项目经理部的监督管理，规范项目经理部的经济行为，提高集团公司管理水平，保障出资人权益，防止资产流失，充分发挥项目经理部组织、管理、协调的职能作用。根据《中国铁路工程总公司工程项目部审计办法》、集团公司《审计工作实施办法》，制定集团公司项目（指挥）部审计办法。工程项目（指挥）部审计重点是：施工计划、财务预算、劳动工资、验工计价、工程决算、施工组织、资金、合同、材料、设备、安全、质量等管理方面，内部控制制度是否健全，是否科学、有效、可行；工程价款是否及时、足额收取，是否严格执行集团公司制定的资金管理办法，资金运用是否合规、合理、得当，有无隐瞒、挪用、转移资金，有无超拨工程款，有无擅自对外投资、出借资金现象；工程管理、资金管理、验工计价情况、工程税金计算是否准确，工程价款收入等。通过工程项目审计，发现在工程项目管理上存在的诸多问题，如工程分包合同签订、验工计价程序不合理、包价过低、违规分包、施工安全隐患、税金缴纳风险等，内部管理制度、基础工作、采购合同管理，旧料回收管理办法等方面存在着薄弱环节。通过项目审计，针对项目部成本核算体制不适应项目法管理的问题，提交《集团公司项目部成本管理和核算方式的思考》，引起领导高度重视。

第四节　承包经营审计

承包经营审计重点对签订承包合同的项目部、多经公司等的财务收支、资金使用、指标完成等情况进行全面审计，以最终审计结果为依据进行承包兑现，既维护签订经营责任书的严肃性，也体现了承包兑现的公正性。经营承包兑现前审计，是拓宽审计领域的一次有益尝试。2003 年，对集团公司秦沈 D34 项目部完成“责任承包书”情况进行审计。该项目部是集团公司第一个按项目法管理模式成立的施工管理组织，经审计，项目部全面完成“责任承包书”规定的经济责任指标，履行缴集团公司、拨参建单位 25%费用的承诺，责任成本降低 106.3 万元，降低率达到 2.04%，实现工程管理、经济效益的较好成绩。

第五节　经济合同审计

经济合同审计按单位单项合同金额进行分工，凡100万元以上的合同报集团公司审计部审计；未设置审计机构的子公司、分公司、事业部，以及集团公司本部、具有会计主体资格的内部核算单位的各类合同，不论金额大小，一律报集团公司审计部审计。合同审计范围有基本建设项目发包合同，商品房购置合同，固定资产购置、租赁合同，对外投资合同，对外联营、合资、合作项目合同，固定资产大修、维修工程委外施工合同，新技术、新工艺、新产品委托外部单位开发或试制的合同，宣传、广告、印刷、咨询合同，其他付款性合同。2002年，制定《中铁电气化局集团公司合同审计办法》。2005年，在合同审计的基础上，关口前移，加大小型基建和大修维修工程的概（预）算审计力度，积极与法律事务部配合，主动参与工程招投标工作，参与物资阳光采购。通过有效审计，完善合同管理体制，加强投资管理，充分发挥审计事前、事中、事后的监督作用。1999年至2008年，集团公司共完成经济合同审计项目1916项，核减概（予）算金额4071万元，提出审计建议

357条。通过审计，杜绝合同报价不合理、高套定额、合同单价过高、虚报工作量等问题，减少成本费用支出，把增收节支措施落到实处，为企业增加经济效益，避免合同纠纷，保障企业合法权益。

第六节 综合审计项目

一、决算审计

1999年至2008年，坚持决算审计与决算编制“两同步，一先期”的工作原则,对电信中心等9个定期审计单位进行财务决算审计，出具财务决算审计报告，对审计结果进行客观披露。

二、融资状况审计调查

根据工程总公司《关于企业融资状况审计调查方案的通知》要求，2006年至2008年对集团融资情况进行审计调查。调查范围涉及集团公司和分、子公司以各种方式取得的资金，包括借款总额、融资项目、融资方式、融资投向、担保情况、经济指标等15项内容。通过调查，提出进一步完善融资活动的管理办法，加强内控制度，合理安排融资结构，拓宽融资渠道，提高贷款质量；加强资金管理，充分挖掘企业内部资金潜力，加大外部资金清算力度，搞好货币回笼；加强集团公司内部资金全盘调配功能，提高货币资金的整体使用效益的审计建议。

三、审计配合

国家审计署对铁路重点建设项目审计，自2007年2月至12月，在全路26个被审计的项目中，涉及集团公司的有23个，占总数的88.5%。集团公司积极配合，自查自纠得力，整改及时，化解问题措施有效，控制风险能力突出。经过审计，没有出现特别重大问题，没有出现影响企业信誉、影响与建设单位的关系、影响在铁路市场竞争能力的现象。

四、专项审计及审计调查

专项审计及审计调查主要内容是对管理费支出、成本管理、资金管理、住房基金管理以及多经企业、合营企业进行审计或审计调查。专项审计的对象有很强的针对性、时效性，及时反馈审计结果，对领导决策起到重要作用。对二公司上海地铁工程公司整建制划归城轨事业部上海轨道交通公司的资产真实性、资产质量进行审计；对一公司四段整建制划归电气化分公司的资产进行审计，为顺利划归做好前期工作。按照集团公司对多经处“先清理、后改制”的工作部署，历时6个月，对多经处及其所属企业进行资产盘点、清理账务等。审计部、财务部共同完成集团公司东院房地产开发有关政策的调研工作。

第六章　法律事务

第一节　总法律顾问制度

一、工作机构

集团公司法律事务工作始于1992年。1992年10月22日，集团公司印发《关于开展内部法律咨询、法律服务工作若干问题的意见》，确定由监察处牵头在局内开展内部法律咨询、法律服务工作。1998年，正式成立法律顾问处，由白克强兼任法律顾问处处长。2002年，集团公司机构改革，将法律顾问处撤消，工作纳入集团公司企业策划部，企业策划部下设专门工作机构法律顾问室，明确企业法律顾问岗位职责和标准。2003年7月8日，按照总公司要求，集团公司成立法律事务部，下设法律顾问室，定员2人。原企业策划部法律顾问室及其职能划归法律事务部。法律事务部的主要职能是：在总法律顾问的领导下，正确执行国家法律、法规，对企业重大经营决策提出法律意见；参与起草、审核企业重要的规章制度；参加重大合同的起草、谈判工作及合法性审查工作；参与公司的合并、分立、破产、投资、租赁、资产转让等重要经济活动，提出法律意见，处理有关法律事务；办理公司商标注册、专利申请等有关法律事务；接受公司法定代表人委托，代理公司参加诉讼和非诉讼活动；配合公司有关部门对职工进行法制宣传教育，开展与企业生产经营有关的法律咨询；负责公司外聘律师的选择、联络及相关工作。

二、总法律顾问

根据总公司《关于在总公司所属单位推行企业总法律顾问制度的指导意见》，集团公司于2003年4月、5月两次向总公司呈报《中铁电气化局集团有限公司建立企业总法律顾问制度实施方案》的报告。6月9日，总公司做出《关于对中铁电气化局集团有限公司建立企业总法律顾问制度的实施方案的批复》，明确要求设立与集团公司经营、财务等部门处于同一管理层次（职级）的独立的法律事务机构，原则上同意集团公司实施方案的其他内容。8月8日，集团公司召开首次法律事务工作会议，组成以总法律顾问为代表，由总法律顾问、法律事务机构、法律顾问构成的企业总法律顾问组织系统。企业总法律顾问是精通法律，具有企业法律顾问执业资格，熟悉企业管理工作，全面负责企业内部法律事务的高级管理人员，直接对企业法定代表人负责。总法律顾问的主要职责是：协助企业法定代表人正确贯彻执行国家法律法规，组织起草或者负责审查本企业的重要规章制度；直接参与企业重大经营决策，依法提出法律意见；在主持或参加企业重大经济活动中，负责有关法律业务的处理工作；负责企业法律机构的管理工作，组织做好企业合同归口管理、商务谈判、知识产权管理、改制重组、招投标、工商管理、诉讼、仲裁等工作中的法律事务工作；组织实施企业法律顾问的培训、考核，指导集团各单位法律事务工作，推荐集团各单位法律事务负责人并对其工作提出评价性意见；对本单位违反法律法规的行为提出纠正意见，负责监督整改。2003 年 12 月，根据集团公司的推荐，总公司批复由集团公司党委副书记、纪委书记白克强兼任集团公司首任总法律顾问。2005 年 4 月至 2006 年 8 月，由侯多智兼任集团公司总法律顾问。2006 年 11 月至 2008 年 12 月，由白克强兼任集团公司总法律顾问。

根据总公司《关于在三级企业开展总法律顾问制度试点工作的指导意见》，集团公司从 2007 年 2 月开始，在子分公司设置总法律顾问岗位，各子分公司设置兼职总法律顾问。

第二节　合同管理

一、管理制度

根据《中国铁路工程总公司合同管理办法》，制定《中铁电气化局集团合同管理办法》、《中铁电气化局集团公司合同审计办法》、《中铁电气化局集团工程项目合同实施管理办法》等合同管理配套制度，形成以法律事务部为合同综合管理机构，以市场开发、工程管理、物资、财务、审计等部门为合同专项管理和审核机构的合同管理体系，使合同管理工作有章可循，有据可依。

二、管理流程

根据合同性质，集团公司把合同分为项目施工合同和公司对外付款性合同。项目施工合同包括总承包项目、BOT 项目、BT 项目、PPP 项目、系统集成项目、维管项目等所有工程项目承包合同；对外付款性合同包括基本建设项目发包合同，商品房购置合同，固定资产购置、租赁合同，对外投资合同，对外联营、合资、合作项目合同，固定资产大修、维修工程委外施工合同，新技术、新工艺、新产品委托外部单位开发或者试制的合同，宣传、广告、印刷、咨询合同，其他付款性合同。对这两类合同，根据合同的性质和特点分别采用相应的管理流程。对项目施工合同，以合同签订前评审为核心，以合同交底、项目合同分解管理等环节贯穿整个施工项目的全过程，使集团公司各职能部门都通过合同管理流程参与项目管理。公司对外付款性合同，以合同审查为切入点，进行事前法律风险的防范。

项目施工合同管理流程：市场开发中心负责组织进行投标工作；项目中标后，市场开发中心召开会议，组织工程管理、法律、财务、审计等人员进行合同评审，各部门结合部门职责和各自的专业知识对合同稿发表意见；市场开发中心综合合同评审意见后组成合同谈判小组，与业主进行合同谈判，签订合同；市场开发中心就投标过程和合同谈判情况向工程管理中心进行交底，法律、财务、审计等部门相关人员参加；工程管理中心成立项目部，进行合同履行相关管理工作；合同履行过程中若出现法律纠纷，由项目部负责处理、法律事务部协助。

付款性合同管理流程：合同承办部门与合同对方共同确定合同草稿，填写合同审核登记表报送法律事务部审核；法律事务部负责人签署意见后呈报总法律顾问，总法律顾问对合同审核范围、方式等作出批示；法律事务部对合同的合法性（包括程序合法性和实体合法性）进行审查，提出具体法律意见并制作合同审查法律意见书一式四份报法律事务部负责人复核；合同审查法律意见书报总法律顾问签署意见后由法律事务部返回合同承办部门，法律事务部保存合同审核记录并建立合同审核电子台账；根据《中铁电气化局集团公司合同审计办法》的规定，属于必须审计的合同，连同合同审查法律意见书一道由承办部门送审计机构审计；经审计后，合同承办部门依据《合同审查法律意见书》和《合同审计结果决定书》送合同专用章管理部门盖章。合同生效后，合同承办部门负责合同履行相关事宜；执行中如果产生合同纠纷，由合同承办部门负责、法律事务机构协助处理；纪检监察部门对合同签订和履行的全过程进行监督。

自 2003 年法律事务部成立以来，累计审查各类合同 866 份，涉及合同金额 1043 亿元，提出法律意见 1569 条。

第三节　纠纷处理

1998 年至 2008 年，办理 89 件诉讼与非诉案件，涉及标的数额 7100 万元。办理的主要疑难案件有天津塘沽冷冻厂拖欠联营款案和原山海关技校毕业生请求经济赔偿案。2007 年，办理多年前遗留的天津塘沽冷冻厂拖欠联营款 280 万元纠纷案，对天津海健集团有限公司提起诉讼，经法院调解追回欠款 140 万元。办理上世纪 60 年代初，因精简下放的原山海关技校毕业生 70 人请求经济赔偿案。长期以来此批人员多次聚众堵门闹访，严重影响单位正常的工作环境。为此，先是向丰台区劳动局请求仲裁，而后起诉至丰台区人民法院，二审上诉至市中级法院。劳动争议仲裁、一审、二审，集团公司皆胜诉。上访人员又向北京市高级人民法院申诉，经听证驳回请求，最终使持续 20 多年的群诉事件得以平息。

第七章　公安保卫

铁路工程公安局第八公安处负责中铁电气化局集团在全国施工的电气化铁路、城市地铁、土建房建等重点工程和单位内部的案件侦破、治安管理、安全保卫、维护稳定、工程专运警卫和专项活动安全警卫等工作，受集团公司党政直接领导，业务上受铁道部公安局（公安部十局）、铁路工程公安局、北京市公安局、北京市国家安全局领导。2004 年 3 月，根据中国共产党中国铁路工程总公司委员会、中国铁路工程总公司《转发公安部第十局关于改进铁路工程、铁道建筑公安机关管理办法的通知》、《关于调整铁路工程公安局及所属公安处机关机构设置、领导干部职务序列的通知》，铁路工程公安局第八公安处为公安部十局派驻中铁电气化局集团的公安机构，主管中铁电气化局集团范围内的施工、生产、设计、科研、教学等治安保卫工作。在管理体制上实行铁路工程公安局对公安处，公安处对公安分处、派出所垂直领导，企业党委监督；公安工作和队伍管理，公安机构和编制定员以及队伍建设以上级公安机关为主，公安机关党的工作接受集团公司党委的领导和监督。公安机构设置仍为三级：公安处、公安分处、派出所。公安经费由驻在企业承担保障。2004 年 3 月，公安处撤销党组，恢复成立党委，增设政治处。公安处机构设置为：政治处办公室、财务科、综合科（含国内安全保卫、法制、计算机安全监察等）、行政监察科（与纪委、警务督察队合署办公）、经济犯罪侦察支队（与刑事警察支队合署办公）。公安处下设 5 个公安分处、1 个直属派出所，公安分处下设派出所 20 个。

第一节　工程保卫

铁路工程公安局第八公安处以落实“三保”（保建成、保开通、保安全）措施为中心，保障重点工程建设安全顺利进行。1999 年至 2008 年，公安处先后参加和保卫广深、京郑、襄渝二线、浙赣、成昆、内昆、武广、兰武、哈大、秦沈、神朔、朔黄、西康、干武、郑徐、渝怀、石怀、青藏、浙赣、石德、迁曹、西延、合武、大秦、京沪、大包、京九等大型铁路电气化建设和北京、广州、上海、重庆等城市轨道重点工程建设。

2000 年 12 月，为保障京广线南段春节期间铁路运输干线和旅客生命财产安全，针对武广线南段连续发生拆盗、破坏电气化施工线材、设备等严重治安问题和对运输生产安全的威胁，公安处集结 50 名民警、100 名治安巡逻队员，开展为期 50 天的武广线南段“保春运”专项整治战役。期间，接处报警案件 65 起，立刑事案件 17 起，破 29 起（含积案 14 起），打掉犯罪团伙 7 个，抓获犯罪嫌疑人 14 人。2004 年 7 月，组织百天“整治工地治安，开展破案战役”的“蓝盾二号”专项整治行动。受理各类报警案件 1165 起，抓获犯罪嫌疑人 10 名，打掉犯罪团伙 1 个，查处治安案件 63 起，整治线路现场 131 个，清理取缔废旧收购网点35个，清理闲杂人员1233名，清退民工181人，督促整改安全隐患140处，全力维护铁路电气化施工的治安稳定。2005年12月至2006年7月，在长达1450正线公里的京沪线铁路电气化改造工程中开展保运输、保安全、保开通治安整治战役，战役划分北京、济南、上海铁路局管段三大战区，投入警力75人，警车18台，民警登机添乘巡逻22.086万公里，车巡39.3737万公里，步巡4.5767万公里，巡逻出警1.1298万人次，盘查可疑人员4603人，抓获嫌疑人18人。从2007年起，公安处负责北京地铁北京地铁4、5号线、10号线及奥运支线、首都机场线动车调试安保工作，统一部署、统一协调、分段实施、分片包干、全方位防范，全天候监控，24小时现场值守，确保动车调试的安全顺利进行，赢得北京市轨道交通建设管理公司“轨道卫士、钢铁长城”的赞誉。

第二节　国内安全保卫

公安处作为集团公司国家安全领导小组办公室，积极发挥参谋助手作用，及时调整集团公司国家安全领导小组机构，召开国家安全领导小组例会，召开集团公司出国人员安全教育座谈会，部署涉外安全保卫工作，加强重点人口管理和“法轮功”习练者帮教工作，收缴非法宣传品。

2008年，公安处党委针对对敌斗争、“平安奥运”形势，成立反恐防暴和奥运安保工作领导小组，以构筑三道防线，实现三个确保，达到三个有效（三道防线：以北京地区为中心，以天津、保定、石家庄地区为重点，以其他各单位驻地和施工现场为外围的三道防线，加强治安管控。三个确保：严密防范、落实预案，不发生恐怖、爆炸等恶性案件，确保辖区政治稳定；严管严控，加强督导，不发生影响奥运安全的各类案事件，确保辖区治安秩序良好；严格执法，加大督查，不发生任何违法违规问题，确保队伍内部绝对安全。三个有效：对辖区内人、地、事物和组织有效控制；对企业内治安局势有效掌控；对所在企业的安全生产有效保证）的总体思路，制定《奥运会安全保卫工作方案》、《反恐防爆工作预案》。领导小组实行包保责任制，按6个片区组织集中开展全面大清查大排查专项行动，排查各施工项目部、工点及内部单位“三种人”摸清底数，落实动态掌控，企业内部政治稳定、治安稳定。按照北京市公安局的部署，公安处北京地区45名民警参加北京奥运会、残奥会开闭幕式现场外围控制区安保任务。执勤民警分别勤务“7.30”、“8.2”、“8.5”开幕式彩排演练，“8.8”、“8.24”、“9.6”、“9.17”开闭幕式的现场外围控制区安保警戒，8月6、7日连续参加祥云火炬在北京西城、宣武、昌平、平谷四区传递转场安保工作。

第三节　刑事侦查

开展刑事侦查活动，打击刑事犯罪，确保电气化施工生产顺利进行，是公安机关重要职能，1999 年至 2008 年，受理各类报警案件 27750 起，立刑事案件 983 起，破获刑事案件 481 起.

2003 年 9 月 14 日，中铁电气化局集团第二工程公司驻武九工程项目部会计刘*携巨款外逃（涉案金额 350 万元）。公安处接到报案后，组成“9.14”专案组，专案民警充分应用科技手段，分赴湖北、湖南、辽宁、山东、北京“四省一市”联合作战，涉足武汉、襄樊、咸宁、长沙、北京、沈阳、通化、丹东、大连、青岛等 10 个城市，于 11 月 13 日在青岛将犯罪嫌疑人刘*抓获归案。11 月 18 日，办案民警再赴武汉，从刘*的 8 名亲属中收缴大部分赃款赃物，累计折款 210 多万元。12 月 23 日，刘*因职务侵占罪被判处有期徒刑 14 年。

2004 年 6 月 4 日，中铁电气化局集团第一工程公司发现北京丰西院内存放的地铁八通线高压电缆 2400 米丢失，价值 52.8 万元。公安处接报后，成立专案组开展侦破工作，6 月 6 日将犯罪嫌疑人刘*、董*分别抓获。经审查，两名案犯供认，于 2004 年 1 月 15 日，利用职务之便，将 2400 米高压电缆私自变卖，获赃款 24 万元。刘*因犯职务侵占罪被判刑 10 年，董*被取保候审。

2008 年 5 月至 8 月，集团公司承建的合武（合肥至武汉）铁路客运专线黄陂、麻城地区连续发生盗、抢铁路电力电缆案件，直接经济损失近 400 万元。公安处组成专案组，通过调查摸排，蹲坑守候，技术侦察，于 8 月 22 日、23 日先后打掉 2 个专门盗窃、抢劫电气化电力电缆的犯罪团伙，抓获以彭**和喻**为主犯的 15 名犯罪嫌疑人，缴获作案工具专用电缆剪一把、手机 7 部、面包车 2 辆。经审查，2 个犯罪团伙成员交代了在黄陂和麻城两地盗抢、盗割合武线已敷设电缆 35 起的犯罪事实。15 名犯罪嫌疑人被依法批准逮捕。

第四节　治安管理

各级公安机关加强企业内部治安管理，加大监督检查工作力度，严格内部人、地、物、事的管理与控制。结合各类重大活动、重大节日，公安处精心组织，周密部署，重点对施工项目、内部单位及施工现场开展安全大检查，发现隐患，堵塞漏洞，保障辖区治安秩序持续稳定。1999 年至 2008 年，公安机关共立治安案件 1555 起，查处 1332 起，查获各类违反治安管理人员 1723 人。

1999 年至 2008 年间，公安处 7 次集中警力，处置河北唐山、秦皇岛市等地农民集体上访、围堵围攻、欲闯集团公司办公楼事件，保证公司正常办公秩序和内部环境。2003 年，公安处成立抗击“非典”领导小组，充分发挥职能作用，从控制人口流动、阻断传播途径入手，通过集中整治，实施封闭管理，保证建筑施工工地无疫情发生，实现公安机关内部和全集团干部员工零感染、零伤亡、零事故的零指标。

2008 年，在电气化局集团“双五十年”系列庆祝活动中，公安处领导高度重视，多次向地方公安、消防部门请示、汇报，与集团主要领导及时沟通，参谋到位，周密部署，落实方案，集中警力，分组实施，保障新闻发布会、招待会、焰火燃放、文艺演出活动安全顺利进行。

第五节　预审法制

在日常管理和执法办案工作中，公安处始终把公安法制工作放在首位，注重健全和加强公安法制工作，严格认真地贯彻执行各项法律法规和政策。先后依据相关法律、法规，制定下发涉及各公安业务工作的各种执法工作规范性文件 46 个，逐步形成队伍建设、人口管理、工程保卫、内部防范、危爆管理、消防安全、办案规则、事件预案、装备保障等系列工作规范，并将其汇编成册，印发给各单位及每名民警，保障基层民警在执法工作中有章可循、便于操作。坚持每年两次的全处各单位执法大检查和每年一次执法质量考评，对发现的问题和不足，及时提出整改意见，保证全处各单位民警执法水平逐年提高。加强预审工作，重大案件提前介入，关口前移，确保办案质量。经与北京市公安局沟通，丰台公安分局新看守所仍为公安处保留预审室和羁押场所，为执法办案创造条件。

第六节　计算机安全监察

2001 年，印发中铁电气化局《关于加强计算机安全工作的通知》，组织开展全局自查活动，收集统计局属各单位计算机安全领导小组、网络计算机情况。2002 年，召开集团公司计算机安全工作会议和现场观摩会，总结集团公司计算机安全工作，观摩典型，交流经验，重点部署集团各单位（部门）计算机网络安全管理和安全监察工作。公安机关加大计算机网络安全监察监管力度，做到底数清、情况明、措施有力，辖区内未发生计算机网络犯罪案件。2007 年，根据机构、人员变动情况，对集团公司计算机领导小组人员进行调整，对集团公司处级以上部门（含各厂段院校）的网络计算机相关情况进行统计，23 个单位（部门）有服务器 38 台，联网计算机 2494 台，建立计算机安全领导小组 11 个，成员 102 名。。

第七节　队伍建设

认真学习党的“十六大”、“十七大”精神，以邓小平理论和“三个代表”重要思想为指导，贯彻科学发展观，按照政治建警、从严治警、从优待警方针，大力加强公安队伍正规化建设。

2002 年，公安处按照集团公司改制确定的机构编制，重新任命领导干部和各部门负责人。2004 年，公安机关实行垂直领导后，按照铁路工程公安局明确的内设机构，调整、任免部分干部。2005 年是公安处建处 30 周年（1975 年 11 月 6 日至 2005 年 11 月 6 日）。公安处党委印发《建处三十周年致全体民警的公开信》，印制公安处发展概况白皮书，制作《三十年风雨路》专题片、处庆 30 年纪念币和“光荣从警，无悔今生”特制警徽，献给民警存史留念。2005 年 4 月 1 日，公安处在西安挂牌组建直属派出所，负责中铁电气化局集团西铁工程公司、西铁建设公司、西安电化处、西安通号处及工厂处宝鸡器材厂等单位内部治安和施工现场治安保卫工作。根据《国务院办公厅关于第二批中央企业分离办社会职能工作有关问题的通知》，公安处从 2005 年启动公安机构分离移交工作。2003 年底在册全体公安民警按属地分别移交到北京、天津、石家庄、保定、郑州、襄樊、西安 7 省市政府公安机关，逐步明确移交级次和人员，确定移交人员专项编制，核定公安经费。2008 年 5 月向汶川地震灾区人民捐款，全处民警 123 人，捐款 3.54 万元。111 名共产党员交纳抗震救灾“特殊党费”3.38 万元。各党支部组织开展“共产党员在抗震救灾中的责任和义务”活动。

1999 年至 2008 年，全体公安队伍中，12 个集体记集体三等功，30 名个人立个人三等功，135 人次受到嘉奖。

第八节　治安综合治理

企业党政部门落实治安综合治理工作“一把手工程”，确保综治工作纵向到底、横向到边、不留死角，并渗透到经济工作的各个方面，积极推进治安综合治理工作各项措施的落实。各级公安保卫部门充分发挥参谋、协同、职能、后盾作用，积极推进治安综合治理工作措施落实。集团公司及集团各子、分公司每年年初与下属单位签订《治安综合治理责任书》，落实年度综治工作目标、责任和任务。

2001 年 12 月，召开集团公司综治委全委会，对 10 年来的工作进行总结，向铁路工程总公司推荐 7 个先进单位 8 个先进集体，编印《治安综合治理经验材料汇编（3）》。截至 2008 年底，集团各单位设各级综合治理委员会 73 个、成员 640 人，领导小组 109 个。2008 年底，集团公司治安综合治理委员会办公室职能，由公安处改为集团公司党委办公室。

第八章　政务综合管理

集团公司办公室是公司行政事务管理与协调的综合部门，在总经理的直接领导下，履行参与政务、管理事务、协调内外关系三项职能。办公室的机构设置、人员编制、职责范围，随着发展经历了一个逐渐演进的过程。2001 年，电化局实行公司化改制，局办公室改称集团公司办公室。2002 年，办公室增设值班室；撤销公司史志办公室，史志工作划归集团公司办公室，与档案科合并成立档案馆（副处级）。2005 年，撤销公司科技开发中心，将网络信息管理工作划归集团公司办公室，成立网络信息科。2008 年，文书科与档案馆合并，成立文书档案科。至此，集团公司办公室机构设置为秘书科、值班室、文书档案科、网络信息科、交通安全科和汽车队。其基本职能有秘书工作、文书工作、值班接待、档案管理、史志工作、信息调研、网络管理、督查信访、车辆管理。

第一节　秘　书

集团公司办公室秘书工作主要包括办文、办事、办会、信息调研等几个方面。1999 至 2002 年，秘书科定员 8 人；2002 年机构改革后，定员 5 人，现有 3 人，负责完成集团公司办公室和集团公司有关事务、服务工作。公司每两年举行一次全集团范围的秘书培训班，聘请有关人员讲授业务知识、交流工作经验和方法，对集团公司及下属单位办公室秘书人员进行业务及理论知识培训。

一、办文

集团公司办公室秘书工作主要由秘书科完成。秘书科负责草拟集团公司令及全局性规章制度；根据全局性会议需要，协助公司领导筹办会议并起草会议发言稿及公司领导有关的综合性、礼仪性发言稿、演讲稿等；负责起草对上级单位的请示、汇报材料及同级单位的函；审核集团各单位、行政各部门以集团公司名义起草的文件，在呈送分管领导审核批准后上报或下发；负责筹备总经理（局长）办公会议及各种专题会议，整理、保管全局性会议记录，并根据需要发布会议纪要；了解集团公司领导的指示及重要批示的贯彻执行情况，督促检查各下属单位的执行情况和贯彻落实情况；收集施工生产和其他工作中存在的问题和下级单位对集团工作的意见和建议；收集各种业务资料和各方面的信息，定期汇总、整理，编辑成册，供领导指挥生产、制定政策时参考；编纂集团公司大事记。

1999 年至 2008 年，共完成局第四届四次、五次职代会、五届一次职代会、集团公司一届二次、三次、四次、五次职代会、二届一次、二次、三次、四次职代会、工作会行政工作报告的起草，集团公司成立大会、建局五十周年暨中国电气化铁路建设五十周年庆祝大会上的领导讲话，党员先进性教育大会、京沪、青藏铁路建设、抗冰抢险、宝成线 109 隧道抢险等大型表彰会上领导讲话以及开工、开通仪式等礼仪场合领导讲话稿 520 余份，计 350 余万字。编发《情况通报》63 期；编发《总经理办公会议纪要》78 期、《专题会议纪要》114 期；审核集团公司文件、函、电报 5000 余份。2005 年，制定集团公司《秘书工作规范》、《印章、介绍信使用办法》、《督查工作管理办法》等管理制度。2006 年，制定《党政公文处理办法》，进一步规范内部管理工作。

二、办事

集团公司办公室在事务方面的工作，主要是对集团公司领导日常工作和生活上的服务，以及印章、介绍信、法人授权委托书的使用和管理。由秘书科根据各部门和单位需要，经主管领导或者部门（单位）负责人批准，按规定使用印章、开具介绍信，经集团公司法定代表人亲笔签名，开具法人授权委托书。为进一步规范全集团公章管理，秘书科备有公章核备本，对全集团公章备案留查。

1999 年至 2008 年，共开具介绍信 1400 份，法人授权委托书 680 份，协助领导处理日常事务，积极参与企业生产、经营和管理工作，做好为领导、为部门、为基层服务工作。

三、办会

协助组织集团公司全局性会议，包括党代会、职代会、工作会、表彰会、开工开通仪式等；负责组织筹备总经理办公会议及集团公司领导召集的重要会议，并做好会议记录，整理及发布会议纪要。做好外事接待工作，协助公司领导与德国保富公司、法国阿尔斯通公司高层管理人员进行会见会谈，协助接待伊朗国家铁路代表团、乌兹别克斯坦铁路代表团、澳大利亚 PPD 公司高层管理人员会见会谈 14 次。

四、信息

自 1999 年至 2001 年，由党委办公室和行政办公室共同编写《综合信息》。2002 年，改名为《电化集团信息》，并改由集团公司办公室值班室负责编写，2007 年以后由集团公司办公室秘书科负责编写。《电化集团信息》把从下属各单位收集到的有关生产、经营、科研等方面的信息经过汇总、分析、整理，筛选出有借鉴和指导意义的信息，提供给有关领导、单位和部门。1999 年至 2008 年，《电化集团信息》共出刊 1370 期，刊载信息 9200 条。

2006 年，集团公司与公司党委联合下发《信息管理工作规定》，对信息的内容、收集、整理、发送以及信息员的职责范围、奖惩措施等作了具体规定，要求信息必须真实，准确，实效性强，各单位确定一名专（兼职）信息员，负责本单位的信息工作。 在收集、编报集团下属各单位信息的同时，集团公司办公室还及时筛选出重要信息，上报中国中铁股份公司，自 1998 年起，集团公司办公室共向股份公司上报信息 2900 余条，被《中国中铁信息》刊发 2200 余条，连续 10 年被评为股份公司信息先进单位，2007 年获得股份公司信息评比第一名。

五、调研

2006 年，集团公司制定下发《中铁电气化局集团党政办公室系统调研工作管理办法》，进一步规范调研工作。在深入一线调查研究的基础上，针对企业发展中出现的新问题和群众关心关注的深层次问题，组织有关单位开展有针对性的调研活动，提出建设性的意见，促进问题得到及时解决。仅 2006 年至 2008 年，集团公司办公室、党委办公室系统共撰写调研报告 40 篇，先后向股份公司推荐 9 篇，被股份公司《情况通报》采用 6 篇，自 2006 年起，连续 3 年获得股份公司调研先进单位。

第二节　文　书

集团公司办公室文书工作内容主要包括：负责集团公司行政文件的登记、编号、打字、印制、装订、分发及集团公司党政工团文件和党政人事令的打印；负责集团公司职代会、会代会、党代会等相关会议文件的印制；负责拟定集团公司的文书处理管理办法和规章制度；负责铁路系统及相关单位信件、电报的登记、收发工作；负责公文的统一编号、登记、催办以及归档工作。1999 年至 2001 年，文书科定员 9 人；2002 年机构改革后，定员为 4 人。随着自然减员，目前有文书员 1 人，聘用人员 2 人。

为规范公文制作管理，2001 年，制定《中铁电气化局集团有限公司机关公文格式》管理办法；2006 年，制定《中铁电气化局集团党政公文处理办法》，并按照办法做到科学有序流转。2002 年，参与质量管理体系认证工作，制定《文件资料控制管理程序》。2003 年，参与环境管理体系认证工作。2005 年，参与质量、环境、职业健康安全一体化管理体系认证工作。并每年对公司各部门及相关单位进行文件控制管理体系监督检查，定期公布《受控（有效）文件总目录》。2008 年初，参加中国中铁股份公司网络办公培训班。为文书工作配备了性能先进的计算机，完成集团公司电子印章制作，为完善网络公文处理创造了条件。自 2000 年起，公司文件印制改为双面印；2006 年 7 月起，实行网络办公平台发布公文，提高了办公效率并节约了资源。

第三节　信　访

集团公司重视信访工作，设立信访工作领导小组，并根据情况的变化及时调整充实，保证信访工作顺利开展。2002 年 7 月，信访接待工作从集团公司党委办公室划归集团公司办公室负责。集团公司办公室按照国务院《信访工作条例》，热情、主动、认真地做好群众来信来访工作。群众来信来访反映的主要问题集中在工资福利、离退休及内退待遇、工伤认定、领导作风、党风廉政建设以及一些历史遗留的问题，体现了群众对个人切身利益及企业发展的关心。自2003年以来，共收到来信447 封，来访1101人次，集团公司主要领导坚持阅批信件，提出要求，责成相关部门及时办理并将意见反馈上报。2006年，制定集团《信访工作管理办法》和《重大信访突发事件应急处理预案》，进一步规范信访工作的开展。

第四节 值 班

集团公司办公室值班室2002年成立，定员4人，现有3人。主要工作内容包括：负责集团公司日常及节假日值班事务的安排、管理工作；负责集团公司机关车辆调度工作；负责《企业工作报告》的整理上报工作；负责组织《情况摘要》的编写工作；负责办公室年度费用预算的测算和编制工作；负责集团公司年度会议计划的汇总整理工作；负责需要集团公司领导批阅的文件、电报、信访件、签报件的登记、传递、督办和归档工作。

值班室实行24小时值班，8小时以内，由值班室人员值班，8小时以外，由值班室安排党政纪工团办公室人员轮流值班，节假日安排机关相关部门人员轮流值班，确保政令、重要信息及时传达到位。为规范值班和接待工作，分别于2006年和2008年制定《中铁电气化局集团值班工作管理办法》和《中铁电气化局集团有限公司接待工作（暂行）规定》。2002年至2003年，根据集团公司领导每日工作动态、主要工作和重大活动，编发《情况摘要》1800期。

第五节 档案管理

1999年，办公室档案科定员5人。2002年6月，档案科与史志办合并成立档案馆，定员7人。2008年底，将文书与档案职能合并为文书档案科，定员3 人。档案管理主要负责文书、会计、科技、荣誉实物档案的收集、整理分类、编制检索工具、统计、提供利用和安全保管工作。

一、管理制度

作为档案业务主管部门，每年印发《档案工作要点》，指导集团档案管理工作。1999年6月，制定《文书、科技档案管理工作细则》。2004年，制定集团《归档文件整理细则》和《文书档案全宗号及保管期限表》。2006年，制定《中铁电气化局集团档案管理办法》和“文书、科技、会计、荣誉实物、音像档案管理细则”等5项管理制度，建立起较为完善的档案管理制度体系。

二、管理达标

1999 年 6 月，成立“电化局档案管理工作达标领导小组”，7 月成立“局档案工作目标管理领导小组”。2000 年，经中铁工程总公司档案目标小组评审，局档案科通过档案管理国家二级重新认定。2001 年，集团一公司、三公司、建筑公司先后通过档案目标管理评审，获得国家二级证书。2007 年 4 月，组成档案工作调研检查小组，对所属 23 个单位档案管理工作情况和档案规章制度的落实情况进行调研和检查，推动档案工作进一步实现规范化、制度化、科学化管理。

三、日常管理

文书档案。每年 6 月底前对本单位上一年形成的文件在档案部门的指导下由形成部门立卷后交档案科统一整理归档。2004 年，修订文书档案整理规范，将以卷为单位改为以件为单位归档，为实行计算机检索创造条件。2005 年，组织在京 6 个单位研讨“归档文件整理细则”，确定文书档案排列方式，并推广执行。2007 年，集团公司各部门文书档案目录开始实行纸质和电子版同时归档。2008 年，根据股份公司档案信息化总体要求，建立电子文档数据库，为全面推行电子文档案管理系统做好准备。

会计档案。每年 6 月底前将前两年的财务凭证、账目由有关财务部门组卷交文书档案科统一编目归档。目前，文书档案科保管的会计档案仅限公司内相关财务部门，各工程项目形成的会计档案由财务部代管。

科技档案。均按各工程项目、基建项目、科研成果完成后依据相关规定和法律手续办理移交归档。作为施工单位，档案部门主要以各工程项目实施中形成的竣工文件资料及竣工图为收集重点，并对各工程项目竣工文件资料的编制和移交工作进行协调指导。1999 年至 2008 年接收的较大铁路工程项目档案有：哈大线、大秦线、京沪线、浙赣线电气化改造工程和青藏线格拉段电力工程、大秦 2 亿吨电气化配套工程。重点基建项目包括：北京东直门至西直门城市轨道工程、金家村一号院公司办公大楼、金家村一号院 E、F 座住宅楼工程及东院公司食堂、办公楼、变电所等改造工程。

年报统计。2002 年，遵照中铁工程总公司要求，开始学习使用国家档案局编制的“全国档案事业统计年报计算机管理系统”，并在全集团推广，规范档案统计年报工作。

四、业务培训

1999 年 8 月，举办“全局档案管理人员培训班”。2000 年 4 月，召开“电化局机关立卷归档研讨会”，制定机关文书档案、科技档案和会计档案归档制度，并对今后利用计算机编制归档目录和移交目录提出要求。2003 年，参加北京市城建档案馆举办的建筑工程资料管理规程培训班，获得北京市建委和规委颁发的证书，组织所属单位档案管理人员参加国家档案局档案管理专业培训班。2004 年，参加工程总公司“文书档案业务培训班”，并于同年11月举办“集团公司档案管理业务培训班”。2005年，参加工程总公司“电子文档管理系统业务培训班”，并对电子档案管理软件进行试用。2006年，承办并参加“中铁工程总公司工程局系统档案第24次协作组会议”，组织档案专业管理论文的交流和评比，收集总公司工程系统15个单位共计52篇论文并汇编成册。2008年，参加总公司党校和石家庄铁道学院联办的技术资料管理人员培训班。

五、档案鉴定销毁

2003年，开展建局以来首次档案鉴定销毁工作，对保管期限超过15年的档案进行鉴定销毁。成立“机关档案鉴定委员会”，召开各部、室动员会议，对各类档案按照公司各部门职责范围进行分解和协调，力求规范操作，制定“机关历年案卷鉴定分配表”，指定专人参与鉴定并重新立卷。到2005年11月，完成档案鉴定销毁工作，共鉴定各类档案3072卷14461件。

六、档案馆藏及提供利用

2004年底，档案库房从东院北楼一层搬到新办公楼地下二层，实行规范化管理，安装密集架，改善馆藏及办公环境，基本符合档案“三分开”要求。档案馆办公及库房面积达210平方米，其中档案库房面积为156平方米。截至2008年底，档案藏量共计16270卷，案卷排架长度为554米。编制档案检索工具，有案卷目录92本，全引目录56本。配备档案设备，有计算机3台、空调机1台、去湿机2台及装订、缝纫装具。自1999年至2008年，提供利用案卷达万卷、3000人次。在做好日常管理调阅案卷的基础上，不断完善借阅手续，对具有重要资质的证书、奖牌等要求借阅人填报审批单，由相关部门领导和办公室主任审批后方可借阅。十年来，利用所藏档案为全集团生产经营、清产核资，宏图上市等各项工作提供了大量翔实的证明材料。

第六节 计算机网络管理

电化局计算中心1999年归属于局技术处，2002年机构改革后划归集团公司科技开发中心更名网络信息科，2005年集团公司科技开发中心撤销后划归集团公司办公室。主要职能是负责集团公司大楼内各部门的网络组建、网络维护、计算机维护维修、计算机采购以及信息化教学与辅导，并负责全集团各单位与集团公司的网络联络与畅通。

一、计算机网络

1999年初，开始将局机关近200台计算机安装网卡，实现正式联网。同时将浏览器、邮箱安装到位，并安装 E-maiL 软件。该软件将局域网邮件与互连网邮件统一起来，在互联网邮件中也可以发送局域网邮件。4 月，计算机网络开始试运行，建立计算机网络

Internet 服务器，增加一台备份域服务器。同时，对局域网共享软件及时更新，局域网采用 Web 浏览技术，将局机关的简报、通知及电子邮件全部实现网上运行，使局机关办公自动化水平大幅提高。11 月，局机关局域网正式交付使用，11 月底在局二处、三处进行局域网远程登录正式实地测试，结束了局调度系统远地传送报表长期采用电话或电报传送的历史。2000 年，对网络线路进行改造，增加网络结点，提高网络速度和准确性，改造网络主干线路 1 条，增加网络结点 40 个，铺设网线 200 余米，达到每一科室有一结点。

2000 年 4 月，计算机网络开始正式运行，对局主页进行修改，增加信息发布功能。局机关各部门建立主页，同时完善局二处、三处局域网远程登录，使得局调度系统更加准确和快速地远程传送报表和进度。8 月底，实现局公安处各段的远程登录。在与 Internet 联接方面，增加代理服务器，对网络的访问和流量进行控制，提高了网络安全性。2000 年 10 月，局机关网络办公系统开始试运行。主要有工程进度查询、文件查询、人事信息、ISO9000 文件管理和局收文管理等几个部分，成为局机关管理工作的辅助工具，计算机网络的使用，开始了办公自动化和无纸化的进程。

2001 年，将集团公司计算机网络服务器升级到 Windows2000，集团公司主页更加完善，形成 Web 主页格式，资源库内容丰富，新增“动态”、“资料”等功能查询，使集团公司内用户能及时了解到施工、安全质量、电气化动态以及文件汇编、人事信息、电气化资料等情况，更加方便用户上网查找各种所需信息，充分发挥集团公司计算机网络的作用，基本实现办公自动化。在网上定期更新杀毒软件，使集团公司内每一用户能及时更新杀毒版本，有效地防止计算机病毒，提高了工作效率。编制发布于因特网的集团公司网页，编写集团公司文件处理软件。

2002 年，为充分保障集团公司计算机设备、网络系统的正常运行，计算中心提供良好的技术支持和服务，搭建良好的计算机网络应用平台。设计、编写并发布集团公司互联网网站，在新办公大楼电气化大厦申请并安装调试 ADSL 互联网接入。对 200 余台计算机进行查毒、安装防毒软件和防火墙软件，并接入到大楼网络中。

2003 年，搭建集团公司计算机网络应用平台，充分保障公司计算机设备、网络系统的正常运行，提供良好的技术支持和服务。更新集团公司互联网网站。完成集团各单位互联网统一域名的规划，并行文下发。完成集团信息在“搜狐、新浪”搜索引擎的登录工作。完成集团企业邮箱的选型、租用工作，并为集团公司每位职工和分公司(事业部)的每科室逐一建立邮箱 300 余个。制定下发《加强网络管理的措施》和《电气化大厦“计算机名”命名及“计算机描述”填写规范》。编制大楼互联网上网申请和审批、批准计算机程序。

2004 年，将工作重心定位在保障集团公司计算机网络系统的安全运行和应用软件的开发等方面，对出现的四次计算机网络病毒及时预警和防护，对电气化大厦内所有安装 Win XP 和 2000 的计算机逐台进行杀毒和安装漏洞补丁，在集团公司主页发布通知，建立查杀专页，更新防病毒特征码 200 余次，上门查杀计算机病毒 50 余台次，保障大楼计算机网络系统的正常工作。

2005 年，参加财务系统硬件、集团网站招标，协助解决“试题库”科研项目多个编程难题，对集团内外部网站、邮件服务器进行调整和维护，完成与总公司视频会议系统的调试，投入应用。

2006 年，完成集团网站的技术审定和网站发布，完成集团公司 IP 地址升级，包括 2 台路由器、10 台网络服务器以及司办、经计部等 6 台网络打印机的设置工作。通过一个多月的实验、测试，完成防病毒服务器的无缝升级，提升了防病毒能力，成功实现防病毒定义码的网络自动更新功能。完成安全质量管理信息系统平台的安装、调试，成功投入使用。通过搭建试验平台，经过近 40 天的调试，完成电气化大厦虚拟网络(VLAN)的划分，有效地减少了网络广播，显著抑制广播型病毒的传播，提高了网络的性能和安全性。对代理服务器进行操作系统和软件的升级。对集团邮件服务器进行重要升级，对垃圾邮件过滤进行调试和设置，使垃圾邮件减少一半以上。

2007 年 5 月中旬，圆满解决赛门铁克防病毒软件出现误杀 Windows 系统文件造成近 200 台计算机瘫痪的事故。通过精心维护、合理配置，仅用 3 台 P3 和 2 台服务器，即完成集团除财务和人力资源外的其他办公信息平台的平稳运行，包括协同工作平台(即时通)、集团网站、集团邮件、工程管理系统、安全质量管理系统、机械设备管理系统、互联网代理服务以及网络和防病毒服务及管理系统。完成集团公司计算机网络教室建设，与工程总公司同步完成协同工作平台的升级工作，完成与股份公司 VPN 通道的架设。

2008 年，按股份公司“五统一”要求，完成集团本部硬件、机房改造的初步设计和改造方案。指导集团 12 家子公司完成协同办公平台部署，完成集团本部公文流转流程及相关文档的初步设计。编制《集团本部计算机系统安装标准规范（内部)》，并按规范制作《集团本部 Windows XP 及应用安装部署系统》。

二、计算机维护及培训

1999 年至 2008 年，共维护、维修计算机 6000 余台次，解答各类咨询问题 20000 人次，举办各类大型网络、计算机知识培训班 10 余次。

三、计算机硬件购置

1999 年至 2008 年，共购置各种型号计算机及外设 300 余台（套)，服务器 7 台（套)。

第七节　汽车队

集团公司办公室汽车队主要任务是提供集团公司领导用车、各工程指挥部用车、经营活动和会议用车、公司各部门公务用车及市区职工通勤用车。集团公司办公室交通安全科主要负责集团在京单位的交通安全管理工作。

1998年汽车队有汽车28台，2008年发展到88台（其中轿车35台，面包车11台，吉普车40台，大客车2台），总行驶里程约5000万公里（包括指挥部用车）。为搞好车辆管理，先后制定《局机关汽车使用管理规定》、《安全行车管理制度》、《车辆三检四勤制度》等管理办法。2006年，集团公司办公室又重新修订了汽车使用管理办法。1999年至2008年，共为各指挥部车辆办理年检、委托年审等各种车务手续200车次。

为做到安全行车、文明驾驶，实现交通安全，每年年初都与集团在京单位以及公司本部各部处室签订“全年交通安全责任书”。定期召开工作会议，组织安全知识学习培训，及时督导检查，确保奥运、两会等重大节日和日常行车无大和重大交通责任事故发生。集团公司1次被评为北京市交通安全先进集体，7年被评为海淀区交通安全先进集体，1人4次被评为北京市优秀车辆管理干部。

第九章　史志工作

电化局史志办公室于1995年10月成立，为正处级职能部门，负责全局志书、年鉴的编辑出版及资料汇总、交流工作。1996年8月，定员由3人调至8人，设正、副主任各1人，正、副科长各1人，工作人员4人。2002年6月，在集团公司机构改革中，史志办公室撤销，史志工作纳入公司办公室，与档案科合并，组建档案馆（副处级），新机构于8月1日开始运行。档案馆设馆长1人，副馆长2人，馆员1人，助理馆员2人，工程师1人。其中，负责史志工作的3人。自2005年，办公室专人负责史志工作。

史志工作领导机构“铁道部电气化工程局史志编纂委员会”，于1997年1月成立，2001年随着公司制改造，改称“中铁电气化局集团史志编纂委员会”。至2004年，共召开6次编委会全体会议，对史志工作的重大问题进行研究、决策，总结工作，部署任务。

全局修志工作于1997年1月开始，2001年3月完成《局志》出版，至2004年1月，10部处、院、校志完成编纂任务并通过集团公司评审，集团公司首轮修志工作基本完成。2004年2月，召开集团编委会第六次全体会议，总结集团公司七年史志工作所取得的成绩和主要做法，部署集团公司下一阶段史志工作任务。自此，集团公司史志工作重点转入编辑出版《年鉴》的常项工作。

第一节　局　志

一、《局志》编纂

《铁道部电气化工程局志》的编纂工作，于1997年开始，经过搜集资料和编写资料长篇，1999年进入形成初稿阶段。4月中旬，在局属各单位、局机关各部门完成部分入志初稿的基础上，召开《局志》入志稿研讨会，对入志稿逐篇研讨，交流经验，典型引路，使与会主笔人明确志稿修改方向。此后，局史志办采取分片包干的办法，分别指导各单位、各部门进一步完成和完善志稿，经反复切磋，多次修改，至年底大部分志稿基本成型。2000年，进入印制出版阶段。年初，即开始印制征求意见稿。《局志》征求意见稿编为14分册分3次先后于3月8日、4月25日和7月21日印发给局史志编纂委员会各位委员、局属各单位和局机关各部门，以“谁主管谁负责，谁承编谁评审”为原则，广泛征求意见，并特别召开离退休原任局领导座谈会，听取老领导意见。对体现电化局建设成就的工程篇专门召开研讨会，充实内容，规范写法，解决问题，使这一难度较大又是全书重点的篇章顺利完成编写任务。在新、老局领导、各编委、各单位、各部门以及路内史志专家、专业技术人员反馈意见的基础上，局史志办编辑人员进行调整加工，总纂合成，形成送审稿，分上、下两册印制成书。10月，经局史志编纂委员会、局保密委员会审查并报工程总公司评审后定稿。与此同时，进行照片的编辑审查工作。11月，考察遴选印刷出版单位，进行版式装帧设计，反复推敲文字及照片排版方案，认真进行最终校核，年底开始印刷。2001年3月，印制完成，由中国铁道出版社正式出版，印数1500册。

《铁道部电气化工程局志》以1.5亿字的资料为基础，编纂成书135万字。《局志》正16开，全一册，精装加护封，文字1096页，彩页36页，照片160幅，图表153幅，汇集主要工程212项，文字52万字，工程示意图44幅，全书共12篇66章429节，全面系统地记述了电化局自1958年建局40年的历史，为企业提供了一部查阅方便可以为据的史料性著述。《局志》作为企业的珍贵史料和具有收藏价值的出版物，除报送铁路上级单位外，还分别呈送中国地方志指导小组和北京市地方志指导小组，并送中国国家图书馆收藏。国家图书馆颁发荣誉证书，编号为2002FG16。

全局修志工作在起步晚、要求高的条件下，很快赶上全路修志步伐，按期高质量地完成首轮修志任务，被工程总公司树为全系统史志工作先进典型，2000年被评为“全国铁路史志工作先进单位”。2005年，《铁道部电气化工程局志》获中国铁路工程总公司优秀志书，

二、《电化局史志》期刊

为配合全局修志工作，1997年创办《电化局史志》期刊，记录修志轨迹，刊发文件规定，传播史志信息，交流志鉴知识，是全局史志工作人员案头必备的工具书。至2001年，编辑出版4期，计40余万字。

第二节　局属单位志

在编修《局志》的同时，局属六处、两院、两校编纂单位志。1999年1月，局成立局属单位志评审领导小组，下设工程组和综合组两个评审组。三处和保定党职校先后于5月、7月完成单位志送审稿，局评审组分别给予全面评审，提出修改意见，帮助、指导完善志稿。两部志书先后于8月、10月20年处（校）庆之际出版。三处《处志》精装加护封，35万字，彩页28页，中国铁道出版社出版；保定党职校《校志》精装，8万字，彩页4页，内部发送。

2001年6月、8月、10月、12月，集团公司单位志评审组先后对二处、工厂处、物资处、建筑处完成的《处志》送审稿进行评审，工厂处、物资处《处志》先后于10月、12月出版。工厂处《处志》精装，25万字，彩页14页；物资处《处志》精装，10万字，彩页6页。

2002年4月、8月、12月，集团公司单位志评审组先后对衡水技校、一公司、电化院完成的《处（院、校）志》送审稿进行评审。衡水技校《校志》35万字，一公司《处志》

78 万字。2003 年 2 月，电化院《院志》出版，全书 46 万字，彩页 18 页，照片 55 幅，精装，带护封。

2004 年 1 月，通号院《院志》通过集团公司评审。至此，集团公司 10 个单位志书的编纂评审工作全部完成，其中 5 部印制出版。2004 年 10 月，集团公司印发“关于完成五个单位志书出版工作的通知”，要求已通过集团公司评审尚未出书的 5 个单位，安排好本单位志书的印制出版工作。2005 年底，二公司、建筑公司完成志书印制。一公司、衡水学校先后于 2006 年、2007 年完成志书的文字定稿。至 2008 年，已印制出版 7 部局属单位志，一公司、通号院、衡水学校定稿未印。2003 年并入的西铁工程公司，于 2000 年完成本单位志书的编纂出版工作。

2005 年，《西安铁路工程（集团）有限责任公司志》、《铁道部电气化工程局第三工程处志》、《铁道部电气化工程局工厂处志》获中国铁路工程总公司优秀志书。

第三节　年　鉴

《局志》断限至 1998 年，为连续记载企业历史，局史志编纂委员会决定从 1999 年开始试编年鉴。1999 年 1 月，局党政联合发出“关于编纂出版《铁道部电气化工程局年鉴》的通知”，要求局属各单位、各工程指挥部、局机关各部门从 1999 年 1 月 1 日起积累《年鉴》资料。9 月完成局《年鉴》整体框架设计，拟定局《年鉴》1999 年卷篇目设置（初稿）。10 月举办首期《年鉴》培训班，全局 52 名年鉴撰稿人接受《年鉴》基础知识的培训，重点解决条目的设置和撰写。在各单位、各部门拟定条目设置的基础上，2000 年 1 月编写出《铁道部电气化工程局年鉴》1999 年卷篇目设置及编写说明。至 2000 年底，局属各单位、各指挥部和局机关各部门完成年鉴稿件 70 万字。

2001 年，集团公司史志编纂委员会决定首部年鉴为 1999 年至 2000 年两年鉴，以后每年一鉴。2 月 20 日，印发“关于编纂《中铁电气化工程局年鉴》1999 年至 2000 年两年鉴的通知”，部署年鉴编纂工作。4 月，召开年鉴工作研讨会上，进一步明确两年鉴的编写任务和撰写方法。6 月至 8 月，对各单位、各部门提供的年鉴稿进行编辑，9 月印制征求意见稿。经广泛征求意见，进一步核实、修改，同时进行照片编辑、装帧设计，11 月付印。2002 年 3 月，完成印制，出版发行。《中铁电气化工程局年鉴》（1999-2000）印制规格为正 16 开，精装，全书 70 万字，彩页 20 页，设类目 20 个、分目 75 个、条目 665 个，内部发送，印数 300 册。

2002 年继续组织编纂集团公司第二部年鉴，为适应企业公司制改造，年鉴名称改为《中铁电气化局集团年鉴》，以出版年度作为卷次排序。3 月，召开年鉴工作研讨会，布置年鉴的撰稿、编辑工作。2002 年底，基本完成全书的编辑工作。2003 年 4 月，完成印制，简装，印数 80 册。《中铁电气化局集团年鉴》2002 年卷，设类目 19 个、分目 69 个、条目

629 个，全书 58 万字。

2003 年卷《年鉴》，对框架结构和篇目设置做了较大调整。在企业管理方面分为生产经营管理和社会事业管理两大部分，集团所属单位以子公司、分公司（事业部）、设计院划分，董事会、股东会、监事会、员工持股会工作纳入综述部分，以展现企业改制、改革后的特点。2003 年 4 月，印发“《中铁电气化局集团年鉴》2003 年卷篇目设置及编写说明”，以文件的形式布置 2003 年卷《年鉴》的撰稿及资料提供工作，10 月编辑完毕送印，年底成书。自 2003 年，改变《年鉴》跨年度出版，当年卷次，当年出版。2003 年卷《年鉴》设类目 18 个、分目 68 个、条目 583 个，全书 56 万字，彩页 8 页，照片 36 幅，彩页照片涵盖 2001、2002 两个年度，印数 100 册。

2004 年 4 月，召开“中铁电气化局集团史志工作会议”，布置史志工作任务，交流史志工作经验，进行年鉴基础知识培训。为适应 2003 年 11 月集团公司与西安铁路工程公司实现重组的形势，2004 年卷《中铁电气化局集团年鉴》增加西安铁路工程公司简介，相关统计数字以重组后为准。《年鉴》设类目 15 个、分目 65 个、条目 558 个，文字 45 万字，彩页 8 页，照片 37 幅。

自 2005 年，《年鉴》编辑出版进入规范性操作，年初印发编纂《年鉴》通知，至 4 月底各单位、各部门呈报年鉴稿及年鉴资料，经编辑、总纂，10 月印制，年底出版发行。为适应企业机构的变化，2005 年卷《中铁电气化局集团年鉴》在篇目设置上增加西安工程公司、西安建设公司、西安电化处、西安通号处、铁路工程分公司 5 个分目，在“施工生产及主要工程”类目下增设“指挥部（项目部）”分目。全书设类目 15 个、分目 71 个、条目 693 个，文字 50 万字，彩页 10 页，照片 39 幅。

2006 年卷《年鉴》，设类目 15 个、分目 72 个、条目 764 个，文字 50 万字，彩页 10 页，照片 38 幅。2007 年卷《年鉴》，设类目 15 个、分目 71 个、条目 767 个，文字 55 万字，彩页 10 页，照片 43 幅。2008 年卷《年鉴》，设类目 15 个、分目 69 个、条目 740 个，文字 53 万字，彩页 10 页，照片 43 幅。本部年鉴的篇目设置，将“经营计划”改为“市场开发”，将“施工技术管理”及“生产质量管理”归并为“工程管理”，以适应集团公司机构的变化。自 2007 年，《年鉴》印数增至 120 册。

2005 年 10 月，《中铁电气化局集团年鉴》获中国铁路工程总公司优秀年鉴。

第四节　资料呈报

向上级单位呈报史、志、鉴资料，是集团公司史志工作的一项职责。1999 年至 2002 年，连续 4 年为《中国铁道年鉴》提供电化局有关资料 3 万字，并于 2000 年提供彩页专版资料。2000 年，为《中华铁路大辞典》提供电化局王泳焜有关资料 0.12 万字，为《中国铁道百科全书》提供电化局相关资料 0.75 万字。2002 年为铁道部组织编写的《抗美援朝铁道工程总队抢修铁路史略》提供相关资料。2007 年，为《中国铁路桥梁史》提供电化局资料。2008 年，为铁道部“北京铁路博物馆”提供《铁道部电气化工程局志》2 册、接触网零件 1 套、照片 2 幅。

1999 年为《中国铁路工程总公司志》提供电化局有关文字资料 12 万字、照片 53 幅，并于 2002 年审核该志书有关电化局部分，分 7 个专题提出修改、补充意见 76 条。2002 年，为工程总公司编写的《中国铁路建设史》电气化铁路建设部分，从 4 个方面提出修改意见 24 条，为《发展中的中国铁路工程总公司》一书提供电化有关资料 0.2 万字。

自 2003 年至 2008 年，为《中国铁路工程总公司年鉴》提供电化局相关资料，分市场篇、工程篇、设计篇、工业篇、科教篇、荣誉篇、附录、统计资料 8 个部分，共 28.8 万字。 2005 年提供照片资料，专版介绍中铁电气化局集团有限公司承建的重要工程。

2004 年，作为北京市高新技术企业，为《北京志·中关村科技园区志》提供中铁电气化局集团有限公司科技开发 10 项“重大事件”入志资料。

2007 年，铁道部建设司、运输局要求为《中国铁路志》提供资料，该志书断限自 1876 年至 2010 年。当年为《中国铁路志》通信篇提供通信设计、施工、防护等方面资料 2 万字。2008 年，完成为《中国铁路志·建设管理卷》提供资料任务，包括“中铁电气化局集团有限公司简况”、“铁路电气化工程技术的发展”、“铁路电气化工程施工装备的发展”、电化院、通号院简介等，计 2.5 万字。当年，还为工程总公司负责编写的《中国铁路志·铁路桥梁隧道轮渡卷》提供本集团资料。

自 2001 年至 2008 年，逐年为集团公司基础资料撰写“企业历史发展沿革”，编辑集团公司《大事记》。

第 十 篇

社会事业管理

- 多种经营
- 社会保险
- 非上市资产管理
- 房地产管理
- 生活卫生
- 离退休职工管理
- 机关事务管理
- 学校

第十篇　社会事业管理

2002 年 7 月，集团公司在机构改革中将行政管理处、离退休职工管理处、基建办公室、劳动工资处的养老统筹办公室合并，组建了社会事业管理中心（简称社管中心）。中心下设：办公室、财务部、社会保险部、生活卫生管理部、房地产管理部、离退休职工管理部、商务中心。2007 年 11 月，在社管中心的基础上，组建宏达资产管理分中心，实行一个机构，两块牌子。截至 2008 年末，社管中心在册职工 50 人（工人 9 人、干部 41 人、其中正副处职 8 人），有专业技术职称 40 人（初级 18 人、中级 18 人、高级 4 人）。社管中心的主要职责是：负责集团公司非上市单位和非上市资产的管理，职工生活、医疗卫生、计划生育、房产管理、基本建设、社会保险管理、离退休职工管理及集团公司部分固定资产、办公、劳保用品的管理等。

第一章　多种经营

局多种经营管理处成立于 1986 年，负责对多种经营企业的业务指导，对直属多种经营企业的管理。1999 年，完成神朔线、邯济线及株六线前期公关、协调、信息追踪工作。2000 年，配合局内有关工程处承揽神朔线电气化工程、邯济线解庄站三电工程、朔黄东段三电拆迁工程及西合线三电拆迁工程。2001 年，多种经营管理处改为局经济技术发展总公司，并开始清理、整顿多经企业。2002 年，集团公司撤消铁道部电气化工程局经济技术发展总公司、铁道部电气化工程局电铁工程公司、深圳金环电子有限公司、铁道部电气化工程局经济技术发展总公司郑州分公司、北京昆海建材厂，苏州花苑饭店移交给集团公司社管中心（2006 年因征地拆迁撤消）。2003 年，撤消北京三鑫工贸公司，原多经处职工分流到咨询公司和顺达公司。（2010 年 9 月 15 日，顺达公司吸收合并咨询公司，多经处撤销。）

第二章　社会保险

2002年8月，在原劳资处养老保险办公室的基础上抽调原行管处医保科部分专业人员，组建社会保险部，共8人，其中部长1人，养老保险科4人，医疗保险科3人。2007年，为进一步精简机构、压缩定员，在确定社会保险岗位职责范围的前提下，重新核定编制定员为7人，其中部长1人，从事社会保险政策管理工作4人，从事社会保险基金征缴发放管理工作2人。社保部主要负责贯彻执行国家和北京市关于养老、医疗、工伤、生育和失业保险政策、法规，集团所属在京参保各单位社会保险管理，社会保险基金上缴与下拨，集团公司企业补充医疗保险政策指导及社会保险业务主要指标的统计分析。

第一节　养老保险

一、基本养老保险

基本养老保险是以保障离退休人员的基本生活为原则，实行社会统筹和个人账户相结合，由企业和被保险人共同承担养老保险费的缴纳义务，被保险人退休后依法享受养老保险待遇。基本养老保险基金实行收支两条线管理。自2004年起缴费比例是：职工个人以本人上一年度月平均工资为缴费工资基数，按照8%的比例缴纳基本养老保险费，全额计入个人账户；单位以全部职工缴费工资基数之和作为缴费工资基数，按照20%的比例缴纳基本养老保险费。单位缴纳的基本养老保险费在税前列支。被保险人在达到国家规定的退休条件并办理相关手续的，按规定缴纳基本养老保险费累计缴费年限满15年的，自劳动保障部门核准后的次月起，按月领取基本养老金。集团公司所属在京参保单位均按时足额缴费；离退休职工养老金实行邮局代发放形式，均按月足额发到其邮局账户。

2003年，根据北京市《关于做好社会保险费“统一征缴，一单托收”相关准备工作的通知》要求，对在京参保的10212人的统筹职工养老保险帐户及个信息数据库重新核准，为“养老、工伤、失业保险”三险合一奠定基础。2004年10月，正式实现养老、工伤、失业保险三险合一，一单托收。2003年，根据北京市《关于北京市城镇企业基本养老保险比例问题的通知》要求，自2003年1月起，北京市基本养老保险社会统筹范围内单位缴纳基本养老保险费的比例由本单位全部被保险人工资基数之和的19%调整为20%。根据公司具体情况，通过积极沟通协调，北京市劳动和社会保障局将单位2003年缴纳费率由20%降为19%，自2004年1月起执行20%的标准。2006年，按照北京市社保机构的要求，做好养老、工伤、失业及生育四险数据信息库与医疗保险信息库的核对。2008年，根据北京市人民政府 2006 年 183 号令的规定，对 2006 年 1 月至 2007 年 10 月，已按照原北京市 1998 年第 2 号令退休人员，重新核定养老保险金。对符合 183 号令的退休人员 451 人重新计算审批，2008 年 4 月将补发的 215.67 万元发给退休人员。对因历史原因形成职工个人账户与北京市社保机构所记载的个人账户不符问题，经过 2006 年以来的努力，最终得到北京市社保机构的认可，为 82 名职工的个人账户进行修改，维护了职工合法权益。

二、补充养老保险

集团公司实施企业补充养老保险从 1998 年开始，2001 年公司制改造以后，采取几家保险公司竞标方式选择保险公司投保。2001 年 12 月，与平安保险公司签约，年底前将集团公司在职职工基本信息和投保总金额提供给保险公司，完成补充养老保险商业投保工作。经过与地方政府及总公司积极联系，为高新技术园区提取补充养老保险免缴 33%所得税提供政策依据，当年提取的补充养老保险金，按照京劳社养发[2001]98 号文件规定，从企业成本中列支。2004 年，按照总公司要求，对补充养老保险进行清理检查，集团所属单位根据企业状况，分别从 1998 年至 2001 年、2002 年至 2003 年，按照企业上年工资总额的 5%、4%建立补充养老保险，1998 年至 2003 年积累 3917.46 万元。截至 2004 年 3 月 31 日，集团所属单位补充养老保险累计 4172.02 万元，参保职工 18830 人，建立个人账户 10412 人。自 2005 年起，集团公司机关补充养老保险由人力资源部负责管理。2005 年至 2008 年，集团公司每年根据生产经营状况及企业效益情况，按照企业上年工资总额的 4%在成本的有关费用中列支，集团各单位根据《电化局职工补充养老保险管理办法》的有关规定及本单位的经济效益情况计提基金，并做好参加商业保险的投保和续保工作。截至 2008 年底，集团所属单位补充养老保险累计 10277.82 万元，参保人数 15626 人。

第二节　医疗保险

一、基本医疗保险

2002 年 10 月，为贯彻落实国务院“关于建立城镇职工基本医疗保险制度的决定”，根据劳动和社会保障部、中共中央金融工委、中共中央企业工委及北京市人民政府的要求，集团公司召开基本医疗保险改革会议，确定集团所属单位原则上以处（子、分公司）为单位在其所在地区参加属地基本医疗保险，全面启动基本医疗保险改革。2003 年，集团在京单位全面启动参加属地医疗保险，集团公司及代管单位在丰台区参保。2007 年，对参统人员基本医疗保险门诊就医实名制，及时将条码发放到参保人员手中。

二、补充医疗保险

集团公司在参加基本医疗保险的同时，建立补充医疗保险制度。2003 年，制定《中铁电气化局集团公司机关医疗照顾人员补助办法》及《中铁电气化局集团机关补充医疗保险暂行办法》并提交公司机关民主管理委员会讨论通过。2006年，修订集团公司机关企业补充医疗保险办法，提高职工及退休人员有病报销比例，对职工及退休人员实行账户补贴，以支付职工及退休人员看病起付线费用，减轻职工及退休人员的经济负担。

第三节　失业、工伤、生育保险

一、失业、工伤保险

1999年11月，根据国务院258号令《失业保险条例》的规定，集团公司及集团所属各单位按属地原则参加失业保险。目的是保障失业人员失业期间的基本生活，促进其再就业。失业保险费由单位和个人共同缴纳，单位按上年职工月平均工资总额的1.5%缴纳，个人按本人上年月平均工资的0.5%缴纳。单位缴纳的失业保险费在缴纳所得税前列支，职工个人缴纳的失业保险费不计入个人当期的工资薪金收入，免征个人所得税。根据《北京市失业保险规定》的要求，集团各单位按属地原则参加失业保险。

2000年4月1日，根据劳动部《企业工伤保险试行办法》及北京市人民政府第48号令的规定，集团公司及集团各单位依法参加工伤保险社会统筹。工伤保险费用由单位按上年职工月平均工资总额0.5%比例缴纳，个人不缴费。

2003年3月，根据北京市《关于做好社会保险费“统一征缴，一单托收”相关准备工作的通知》要求，自2003年4月1日起，养老、失业、工伤保险须在同一社保机构办理参保缴费手续，参保单位职工须在同一单位参加三项社会保险。集团一公司、衡校、职校等7385人，养老保险均以集团公司为单位在总公司社保代办机构参保，失业、工伤保险则分别在石家庄、衡水、保定、天津等地参保。集团公司及直属单位在丰台区社会保险经办机构参加失业和工伤保险的人数分别为655人和1197人（工伤保险参保人员中含物资处及工厂处人员）。按时间要求完成以在京参保的养老保险人员信息为准，将其失业、工伤保险统一转入丰台区参保的工作。2004年10月，养老、失业、工伤三险合一，正式实现一单托收。三险合一后，征缴归总公司管理，实现信息共享，达到方便收缴管理的目的。

2008年底，参保工伤的7370人中，有工伤职工179人，其中伤残等级1-4级7人。1-4级工伤职工定期伤残抚恤金平均每月领取1653.93元/人，达到护理标准的，护理费平均每月领取1262.60元/人，工亡职工供养直系亲属抚恤金每月平均领取936.69元/人。参加工伤保险使工伤职工享有医疗救治和经济补偿保障，分散了单位的工伤风险。

二、生育保险

根据北京市人民政府令第154号《北京市企业职工生育保险规定》，2005年7月1日，在京参保单位参加北京市生育保险。参保人为本企业参加养老保险职工中具有本市常住户口的职工。为按时完成新险种参保工作，对 7195 人的信息资料进行筛选，对 229 人进行信息变更，确保符合生育保险资格的 1258 人参保。生育保险费用由单位按照本单位符合条件的职工缴费总基数的 0.8%按月缴纳，职工个人不缴纳。生育保险费与养老保险费、工伤保险费、失业保险费实行统一征缴。每年的生育保险缴费工资基数核定工作，与其他险种缴费工资基数核定工作一并办理。

第四节　综合管理

2003 年底企业重组后，集团西铁工程公司、西铁建设公司、西安电化公司、西安通号处分别在陕西省独立参加社会保险，集团二公司在湖北省、三公司在河南省、电气化设计院在天津市独立参加社会保险。2004 年，将集团二公司地铁公司 206 人（含 6 名退休人员），整建制从湖北省将养老保险关系转移到北京参保。2005 年，协助二公司襄樊机械厂妥善解决养老保险金欠费问题。2007 年，根据工程总公司宏图项目要求，对集团公司各单位 2002 年至 2006 年社会保险缴费情况分险种进行汇总，对有关省市下发的缴费文件进行整理，对集团各单位从 1998 年至 2006 年社会保险欠费情况进行摸底调查，对集团下属 5 个单位欠费事予以落实。2008 年，完成保定子弟学校整建制移交工作，为 26 名职工及 26 名退休人员办理社会保险关系转移手续。为衡水学校、系统集成事业部办理在北京参加基本医疗保险手续。按时为在西铁通号处参保的集团公司 13 名职工下发扣款通知，保证养老保险关系接续和完整。

2005 年 12 月，举办集团社会保险系统业务人员培训班，29 个单位、67 人参加。

根据北京市《关于对 1998 年将养老保险移交地方管理的原行业统筹企业开展社会保险费征缴专项稽核工作的通知》要求，做好稽核自查工作。2007 年，协助完成总公司对集团公司、工厂处和保定制品厂的社会保险稽核检查。2008 年，配合总公司对集团公司、城铁公司、通号院和建筑公司等单位进行稽核检查，督促存在问题的部门及下属单位进行整改，维护企业及职工的合法权益。

鉴于国有企业多年来相继承担大量社会职能，企业富余人员多数都由企业内部消化解决，企业每年所征缴失业保险基金始终存在缴而不用的实际状况。多年来一直向北京市政府有关部门反映情况，呼吁降低失业保险上缴比例，达到减轻企业负担的目的。2008 年 12 月，北京市劳动和社会保障局结合当前经济形势，下发关于降低失业保险费上缴比例的通知，个人缴费比例由 0.5%调整至 0.2%，单位缴纳的失业保险费率由 1.5%调整为 1%，集团公司上缴社会保险费减少近 300 万元。

第三章　非上市资产管理

2007 年 11 月 27 日,组建宏达资产管理分中心，负责集团非上市单位和非上市资产管理工作，下设综合部和财务部，定员 8 人。全集团非上市资产 1.3 亿元，涉及集团本部及所属 13 个单位，非上市单位为衡水铁路电气化学校。

分中心组建后，先后制定《各类管理人员岗位职责》、《统计工作管理暂行规定》等管理办法，及时转发上级有关文件，建立相关单位工作人员数据库和联系网络，各相关单位建立由分管领导、负责资产和财务的相关人员参加的组织机构。2008 年 4 月，召开集团非上市单位及非上市资产管理首次工作会议，对该项工作提出要求。建立分中心主任办公会制度。

第一节　资产保值增值

认真学习国有非上市资产管理有关政策文件，按照宏达中心的要求，组织开展存续单位和资产调研活动。2008 年 4 月至 9 月，先后到天津、石家庄、郑州、襄樊、西安、宝鸡和衡水等地，对所辖单位的非上市资产进行实地考察调研，逐步建立包括土地、房产和设备在内的资产数据库信息监管平台，做到第一手资料清楚、基本情况真实可靠。针对基层单位在固定资产管理折旧和资产处置操作过程中遇到的实际问题，及时进行政策解答和业务指导，进一步规范资产处置程序，保证非上市资产管理的规范化和科学化。

第二节　存续单位管理

针对非上市资产移交、单位划转等新情况，坚持以人为本的科学发展观，紧紧围绕企业改革发展大局，大力加强对职工的思想政治工作和宣传教育。组织存续单位衡水学校职工进行《员工思想状况调查》，及时掌握员工的思想动态，做到有的放矢地开展思想政治工作。2008 年春节前夕，分中心人员专门到存续单位走访慰问困难职工。积极联系沟通，2008 年签订和兑现《综合服务协议》180 万元，衡水学校 2008 年自创收入 1115.3 万元，增长 27.63%；职工人均收入 4.6 万元，增长 5% ；各项社会保险员工参保率达到 100%。按照总公司《关于加快推进非上市单位改革的指导意见》的要求，研究上报存续单位改革初步方案。

第三节　存续资产管理

认真贯彻落实宏达中心资产和财务管理的各项规章制度，建立健全内控管理制度，加强预算管理、成本控制、资金和资产管理，客观制定年度主要预算指标，确保财务预算的严肃性。积极追踪非上市资产的变化情况，及时调整数据库和财务账目，做到动态管理。积极与宏达中心签订《房屋租赁协议》，协议金额 180 万元，纳入协议的房产包括主业使用的所有办公和生产用房，下发《关于补签房屋租赁协议的通知》和《关于落实 2008 年房屋租赁协议的通知》，积极落实兑现协议内容。按照宏达中心的要求，加大对不良资产的处置力度，按照实事求是、规范处理的原则，至 2008 年底，资产处置 58 项，核销金额 11017858.65 元，资产处置计划完成 100%。按计划完成房产确权办证 1 处，完成率为 100%。在盘活利用闲置房产方面，积极进行实地考察，调查研究，盘活利用闲置房产，最大限度地发挥其应有的作用。在集团内部向第三方城铁公司出租深圳房产 6 处，年租金收入 7.7 万元。

第四章　房地产管理

1999 年至 2002 年，房地产管理工作分别由基建办公室、行政管理处房管科和房改办承担。2002 年 7 月，集团公司机构改革，将原基建办公室、行政管理处房管科、房改办合并组成社会事业管理中心房地产管理部，下设基建房产科、房改办，定员 11 人。2007 年 12 月，定员编制进行调整，定员 10 人。

第一节　小型基建、建筑物大修

1999 年 3 月，召开基建及房改工作会议，对住房建设和住房改革问题进行研讨。6 月，对局属各单位所管辖的房地产数量和房屋建设情况进行普查。12 月，下发《关于加强基建管理、严格基建审批程序、控制建设标准的通知》，对全局基建管理工作中存在的问题及时给予纠正。2001 年 12 月，召开小型基建研讨会，对如何结合公司改制、房改进程开展基建工作进行讨论。2006 年，为规范各单位利用自用土地建设职工住房，转发总公司《关于进一步搞好利用自用土地集资建设职工住房有关问题的通知》。

一、小型基建管理

1999 年，审理全局基建项目施工图及概（预）算 7 项，89075.85 平方米，批准投资 7442.55 万元，核减造价 415.2 万元。审批设计方案 2 项、购房方案 1 项。2000 年，审理全局基建项目施工图及概（预）算 1 项，658 平方米，批准投资 52.05 万元，核减造价 2.5 万元。审批概算调整 1 项，调整后增加投资 205 万元。审批设计变更 1 项、设计计划 6 项。2001 年，审理集团公司基建项目施工图及概（预）算 2 项，7312.89 平方米，批准投资 661.06 万元，核减造价 12.21 万元。审批投资估算 1 项，批准投资 272 万元。审批设计变更 1 项、设计计划 1 项。2002 年，审理集团公司基建项目施工图及概算 4 项，12749 平方米，批准投资 1235.58 万元。审批联建住宅小区方案 1 项。向总公司申请建设职工住宅立项 1 项，建筑面积 55000 平方米，投资 16500 万元。2003 年，审批集团公司住宅楼改造方案 1 项。2004 年，审批集团公司基建项目方案及概预算 4 项、购房方案 2 项、设计计划 1 项。2005 年，审批集团一公司购置办公楼 4633 平方米、二公司迁址武汉东湖高新技术产业开发区、三公司集资建设高层经济适用房 31000 平方米、宝鸡器材厂西厂开发、德阳制品厂购置土地 7610 平方米、保定制品厂新建铁塔车间 2809 平方米、新建混凝土方杆车间 1247 平方米、电化院出售闲置房产等基建项目方案及概预算 7 项。2006 年，审批集团宝鸡器材厂购置宝鸡高新技术开发区土地 87.443 亩、投资 752.01 万元；宝鸡器材厂工业园规划方案，总建筑面积 28612 平方米、概算 3305.20 万元；建筑公司办公楼加固改造 350 万元；二公司总部基地建设项目施工图及概算，设计总用地面积15286.7平方米，总建筑面积11644.35平方米，设计概算4874.25万元；电气化分公司集资建房10064平方米、88户；西铁建设公司集资建设职工住宅楼2栋，10000平方米、96户；物资处天津材料厂拆迁及安置，拆迁占地总面积8596.7平方米，建筑物总面积9678平方米，补偿费用1160万元，新购商住楼1355.65平方米，投资835万元（含装修费）。2007年，审批一公司曙光和丽路佳公司搬迁建厂，投资650万元；一公司拟购单身宿舍地址变更，地上5层，地下1层，建筑面积1780.01平方米，投资1104万元；通号院办公楼加层改造，580平方米，90万元；西铁工程公司集资建房，西安市3栋，24层、5万平方米、432户，宝鸡市3栋，13层、2.8万平方米、260户；工厂处宝鸡器材厂与西安铁路局联合建房，7000平方米左右，60户及部分商业用房；工厂处宝鸡器材厂以集资建房的形式拆除重建3号住宅楼，12360平方米，102户及部分商业用房。2008年，审核上报、批复一公司保定集资建房，18层、22028.6平方米、216户；审核上报西安通号处集资建房，1栋32层点式住宅，住宅部分21537平方米、240户，商业用房2899.7平方米，1栋15层板式住宅，7421.4平方米、60户；审批职工学校自筹资金改造招待所；审批西铁建设公司报废1-3号住宅楼及1-5号楼煤棚、三公司冯庄3、4、6号材料库拆除报废。

二、自管工程建设及建筑物大修

1998年12月，自管工程北京西站电气化试验中心工程开工，2002年8月竣工交付使用，竣工交付资产17148.38万元，其中土建工程14705.62万元、设备费1804.88万元、室外工程637.88万元。1999年至2002年，完成马官营与马连道住宅小区配套工程1217.6万元，金家村一号院天然气改造工程392万元。2003年，完成公司办公大楼玻璃窗改造、有线光缆引入工程；完成马管营小区下水外管线、月坛住宅楼上水、水泵、部分暖气主干线改造。2003年7月30日，集团公司自管工程金家村一号院职工集资住宅E、F座动工，下发《关于公布中铁电气化局集团集资楼工程建设相关机构及职能的通知》、《关于下达<金家村职工集资住宅E、F座工程物资阳光采购管理办法>的通知》，2004年11月30日竣工交付使用。2004年，对集团公司大院锅炉房进行改造，投资402万元；对现有暖气主管道进行部分大修，铺设集资楼E座、F座至锅炉房间的暖气管道，投资40万元；完成部分上水管道大修，锅炉房至1号楼、配电室至1号楼和7号楼进水管全部完工，投资3万元；完成7号楼、小食堂屋面防水大修，投资13.5万元；完成公司办公大楼204、206会议室装修及1510、1610办公室墙柜改造，投资23.6万元；根据北京市不准向河道排污、还清水质等有关要求，对公司东院污水管线进行改造，封闭河道排污口，并对地下管线进行测绘，同时完成集资楼E座、F座室外污水管线的铺设，投资188万元。2005年，对集团公司东院南楼、中楼、北楼、食堂进行改造，南楼由原办公楼改为招待所，总投资1275万元。重新铺设配电室至南楼、中楼、北楼、食堂π接箱的电缆，更换北楼东侧及北侧上水主管，投资 5.1 万元。完成公司办公大楼四、五层装修改造、投资 72.8 万元，106 会议室、大堂装修改造、投资 81.9 万元，大堂加装电子滚动屏幕、投资 7.5 万元，多功能厅舞台维修、投资 2 万元，地下二层档案室装修、投资 8.6 万元，地下二层活动区木地板、就餐区地砖铺设、投资 9.8 万元。完成西院南围墙加高粉刷，投资 2.3 万元。完成马官营小区电梯改造，投资 20.8 万元；完成月坛住宅楼电梯、地下室防水大修、苏州胡同活动站屋顶大修、大井东里环境改造，投资 4.8 万元。2006 年，继集团公司东院办公楼、食堂、招待所改造之后，完成配电室增容、路面大修、门卫房改造等工程。更换办公区部分上水、暖气主、支管，招待所西侧楼梯由外露改为封闭，修建食堂彩板房。完成西院办公大楼旋转门改造、供水系统改造、电梯及空调机组中修、15-17 层大修粉刷、6、8、11、13、14 层楼道装修、2 层楼梯间改造、3 层及 14 层会议室改造、地下 1 层节电改造等工程。以上共计签订合同 26 份，投资 764 万元。为改善职工居住环境，完成马连道小区燃气改造，投资 60 万元；完成马官营小区上下水、屋顶、路面改造，投资 17.3 万元；完成月坛住宅上下水改造，投资 6 万元；完成海淀南路 10 号楼电梯更新，投资 16 万元；配合丰台区建委进行金家村一号院 6、7、8 号楼平改坡工程，投资 84 万元，至 2008 年底尚未结算。2007 年，按计划完成集团公司机关新建跨河桥、西宁购房、马官营锅炉改造等 3 项小型基建项目，投资 496 万元；完成集团公司东院供水系统改造、单身楼装修、西院办公大楼空调主机接触器更换、门禁系统改造、保安监控系统改造、防盗报警系统改造等 12 项大修项目，投资 201 万元；完成马官营小区锅炉“油改气”工程，投资 190 万元；完成马连道小区屋面大修，投资 11.7 万元；完成金家村一号院家属区下水管道清洗，投资 6.75 万元。监管东院北楼通号院两侧加层改造和维管公司办公楼落地重建等项目。2008 年，完成集团公司西院办公大楼中央空调清洗、空调设备大修、卫生间用水管道改造、更换破损真空玻璃、3、4、5、7、9、10、12 层楼道装饰、14-17 层风机盘管增加减震设施、东院食堂改造等 9 项大修项目，投资 126.6 万元；完成东院 10、11 号楼智能水表更换（11.2 万元）、苏州胡同电表增容改造（9.76 万元）、马官营住宅楼粉刷（15.5 万元）、东院 2 号楼内、外墙粉刷（15.6 万元）、东院 2 号楼电缆外线更换（9.3 万元）、东院 2、3 号楼间绿化改造（5 万元）。

第二节　房屋产权管理

1999 年至 2008 年，先后印发《关于加强局产房屋、土地和产权证、土地使用证管理的通知》、《中铁电气化局集团有限公司职工卖房及买房中有关费用处理的试行办法》、《关于填报“中央在京单位职工住房情况登记表”的通知》、《中铁电气化局集团有限公司关于因“个人原因”终止、解除劳动合同的员工住房处理问题的有关规定》、《转发国务院机关事务管理局（关于加强在京中央单位土地转移变更划拨管理的通知）》、《转发〈中国铁路工程总公司易地调动领导人员住房管理暂行规定的通知〉》、《转发国务院机关事务管理局关于印发〈中央国家机关在京单位用地管理暂行办法〉的通知》、《转发中国中铁股份公司关于进一步加强土地管理工作的通知》等，加强集团公司房屋产权管理。

一、资产评估及房地产确权

2000 年 9 月，局成立“财产清查、资产评估”领导小组，进行房屋、土地评估工作，至年底全局评估土地 132 宗（其中经营性土地 25 宗），面积 1441166.49 平方米；评估房产 757 栋，面积 1067885.03 平方米。2007 年，为确保总公司整体上市，多次召开有关会议，动员、部署土地、房产确权办证工作，先后完成出让土地 28 宗、作价出资土地 38 宗，上市房产 368469.6 平方米。

二、房屋分配及管理

2001 年 3 月，对公司所属产权房即马官营（7788.5 平方米）、丰台东大街头条 16 号楼（1378.4 平方米）、苏州胡同 72 号院（2974.64 平方米）、金家村 1 号院 1、2、5、6、7、8 号楼（23742.35 平方米），总计 39851.47 平方米住房楼进行统计分劈工作，办理与建筑工程处电华物业公司的移交手续，签订物业管理合同。重新制定《公司机关住宅公务、移动电话管理使用办法》草案，完成马官营等住宅电话 140 户的变更、改造工作。2001 年 11 月，根据公司领导申办高新技术企业的指示，在丰台路口 139 号科技园区内，承租办公用房 184.24 平方米。2002 年 8 月，对试验中心大楼进行分配，对大楼内设备的使用制定管理办法。就公司东院办公区、西院试验中心大楼的物业管理与物业公司进行谈判，明确物业管理范围及目标，办理移交手续，签订物业管理合同。2003 年，为确保职工集资住宅 E 座、F 座分配工作的顺利进行，制定分房办法和购房协议，进行职工住房申请表的统计、分析等工作，保证住房分配工作的公开、公平、公正。2004 年，完成集资楼 E 座、F 座分配工作，签订集资房住房协议 280 份（含总公司 30 份），核发准入证。进行东西院办公楼运行费用的核算，下发《关于分摊机关东、西院办公楼运行费用的通知》。在完成职工住房情况登记表填报工作的基础上，建立职工住房档案，经过反复核对各种资料，将在京职工住房信息及时输送到国管局房屋交易中心，保证职工房屋自由买卖的权利。2005 年至 2008 年，继续与各物业公司签订物业管理合同，全面审核物业费、供暖费，调整东西院办公楼运行费用，认真监督检查物业合同执行情况。

第三节　住房制度改革

1999 年 3 月，召开局基建及房改工作会议，就国家和铁道部有关房改的政策、规定和职工住房建设及改革问题进行研讨。6 月，局成立住房公积金管理中心，加强住房公积金管理。2002 年 11 月，根据建设部等 9 部委《关于完善住房公积金决策制度的意见》的文件精神，集团公司决定公积金移交属地管理，下发《关于集团公司在京单位移交属地管理的通知》，陆续办理移交。

一、售房、房产证办理

2001 年，完成月坛和苏州胡同职工住宅的办证和发证工作。2002 年，向职工出售公有住房 22 套，完成 1996 年至 2000 年公司机关丰台区、海淀区、东城区、西城区 12 幢已售楼房的 487 套产权证的办证、移交和部分发放工作。2003 年 11 月，为配合职工集资住宅的建设，上报《关于对<中铁电气化局集团有限公司金家村一号院职工集资建房办法>的请示》，获得总公司批准。协助完成集资建房银行开户工作与 188 户集资职工 2018 万元首付款的核算收取工作。2004 年，协助完成金家村一号院 E 座、F 座 273 户职工集资建房收款 7671 万元，联系丰台区中心为集资职工集中办理公积金贷款，完成集资方案报送丰台区房改办备案工作。2005 年，完成美丽园小区 30 户房改售房办证及发证工作。完成马官营小区 115 户售房款清算，填写房产登记申请表并签订购房合同。按照文件规定，确定并公示金家村 10 号、11 号集资楼楼层、居室窗口朝向调节系数。2006 年，完成金家村一号院 23 户房改售房办证及发证工作。2007 年，基本完成金家村一号院 10 号、11 号职工集资楼大房产证的相关手续。2008 年，完成东院土地证前期测量及西院大楼规划验收的测量工作。办理马连道、海淀南路、美丽园等 12 套住宅的房产证。金家村 1 号院 10、11 号集资楼大产权证办理完毕，对售房款、售房抵押金和公共维修基金进行认真核对，清退住房押金 130 户。

二、公积金管理

1999 年 7 月，全局住房公积金缴存比率提高到 9%，年底全局住房公积金归集总额达 8941 万元，归集金额 5562 万元，职工用于购房支取的住房公积金累计 3400 万元，占全局售房收入的 27%。2000 年 7 月，公积金交缴比率提高到 10%，本年度全局职工 14567 人，年底归集公积金总额 4235.33 万元，个人购房支取 2452.41 万元，归集余额达 1782.87 万元。2001 年 6 月对公司 45 名公积金管理人员在保定职校进行“住房公积金管理基本知识及财务”知识培训。截至年底全集团 14345 人建立住房公积金账户，归集公积金总额 4752.18 万元，个人购房支取总额 7603.00 万元，归集余额 10355.08 万元。2002 年，集团 13174 名职工共归集公积金 5021 万元，公积金年缴交率仍保持 10%，至年底累计归集公积金 22288 万元，支取 9327 万元，归集余额 11420 万元。2003 年，集团公司住房公积金缴交率继续保持在上年度职工个人月工资总额 10%的水平，归集额 3497.12 万元，归集余额 2198.75 万元，职工支取 1254.77 万元，沉淀资金余额 387.75 万元。至年底，累计归集公积金 25787.26 万元，归集余额 15243.55 万元，其中个人支取 10582.02 万元，沉淀资金余额

11808.61 万元。2004 年，集团公司公积金缴交率继续保持职工上年度月工资总额 10%的水平，全年归集额为 2360.01 万元，归集余额为 930.86 万元，职工支取 1567.61 万元。2005 年，集团公司公积金缴交率继续保持职工上年度月工资总额 10%的水平，至年底，集团公司归集额为 1488.17 万元，归集余额为 1122.48 万元，职工累计支取 365.69 万元。2006 年，集团公司公积金缴交率继续保持职工上年度月工资总额 10%的水平，至年底，集团公司归集额为 2336.17 万元，归集余额为 1640.48 万元，职工累计支取 695.69 万元。2007 年，集团公司公积金缴交率继续保持职工上年度月工资总额 10%的水平，住房公积金归集额 965 万元，为职工购房及退休人员支取住房公积金 430 万元，办理 480 人次。2008 年，按北京市规定集团公司公积金缴交率上调至职工上年度月工资总额 12%，为 1100 余名职工归集上缴住房公积金 1290 万元，为 263 名在职职工提取 462 万元。

第五章　生活卫生

生活卫生管理工作，1999 年至 2001 年由行政管理处负责。2000 年，行管处对各科室进行企业改制前的初步调整，将生活科、供应站、机关食堂、机关招待所合并成立“生活服务中心”，卫生科、医保科、防疫站、卫生所、计生办合并成立“卫生防疫中心”。2002 年，集团公司机构改革，行管处的生活服务中心和卫生防疫中心（不含医保科）组成社管中心生活卫生部。主要职责是：贯彻落实党和国家有关食品卫生、食品安全、卫生防疫、疾病预防、计划生育等方面的路线、方针、政策和法律法规；制定集团公司爱国卫生、计划生育、卫生防疫、疾病预防等方面的管理办法、实施细则及工作计划；负责全集团生活、卫生、疾病防疫、计划生育管理人员的业务培训和晋级考核工作；负责全集团新建长大干线施工沿线自然环境、疾病、疫情、水质情况的先期调研工作；负责对各指挥部（项目部）工程工地生活、卫生、疾病防疫、后勤保障工作的检查指导和验收。

第一节　医疗卫生

一、医疗改革

1999年，密切关注国家和地方医改动态，对局属单位如何执行以相对集中的方式异地投保进行调研，提出企业医改方案。为推动医改工作有序进行，分别召开北京、石家庄、郑州、襄樊地区专业人员会议，通报各单位医改动态，总结推广三处五段的成功经验，对局医疗机构如何适应地方机构设置等问题进行探讨，对处、段、队原三级医疗预防网运行情况进行调研，医务人员积极参加执业医师登证考核。全局医改工作启动后，在保障职工基本医疗的基础上，各单位医疗经费浪费现象明显减少。随着改革的深入，由局统筹、处级单位核算企业的小医改管理模式逐步向大医改并轨，即参加属地化社会医疗保险。

2001年3月，集团公司机关卫生所取得北京市定点医疗机构资格，开展内科、小儿科、五官科、理疗、注射、心电图等业务，承担离退休干部医疗保健和医药费报销审核等工作。2003年底，机关卫生所撤销。1999年至2006年，组织完成北京市公民义务献血工作，落实469名献血指标，获得北京市献血工作先进单位称号。2005年9月2日，原西铁临漳医院经整合后接收，仍交西铁工程公司管理。2007年，集团公司职代会决定，每两年一次职工健康检查改为一年一次。

二、卫生防疫

卫生防疫工作，贯彻“预防为主”的方针，紧密围绕施工生产的需要进行。1999年，深入新荷线、西康线、宝成线、株六线等工地对职工医疗、卫生防疫情况进行检查，针对工地选址、职工食堂卫生存在的问题，提出整改意见，对工地饮用自备井水源的水质状况进行监测。2005年，制定《中铁电化局工程工地生活卫生条例》，以此作为对施工一线卫生防疫工作检查验收标准。2005年至2008年，重点对大秦二线、西格线、京沪线、大包线、京九线、北京动车段及奥运支线等项目工地的食品卫生、环境卫生、宿舍卫生、饮水卫生情况进行检查督导，对符合健康条件的从业人员审发个人健康证，符合食品卫生要求的发放卫生许可证。

1999年至2008年，坚持对集团北京、天津、保定、秦皇岛地区各单位的食堂、招待所、职工宿舍、浴池和相关工作人员进行食品卫生知识和公共卫生知识的职业培训，监管从业人员健康体检，审发“个人健康证”，职工食堂、招待所的验收合格率及发证率均达到100%。

2003年春天，北京地区爆发“非典”疫情，制定《中铁电气化局集团防非典工作预案和防非典若干规定》，进行重点部位和重点环节的监控和防范。4月初，多次通过中央排气管道对公司办公大楼进行空气消毒，组织在京单位职工3800人口服中药汤剂，做好预防工作。利用广播、网络开展“非典”可防、可控、可治的主题宣传教育，广播宣传12次，购置《非典型肺炎预防手册》、《阻击非典》等刊物700余册，印刷各种资料200本，投入资金40万元。

三、青藏线工地卫生防疫工作

2001 年 4 月，派员参加铁道部举办的青藏铁路施工生活卫生防疫培训班。2003 年 10 月，由生产质量部和生活卫生部组成联合调查组，对青藏线的高原施工环境、恶劣气候、对人体的健康损害、高原病、地方病的防治和饮用水的情况重点调研。2004 年初，制定集团《青藏线铁路施工卫生保障实施细则》和《青藏线鉄路施工卫生防疫职业健康安全知识教育手册》，发给每一名上线职工。2004 年 3 月，举办《施工卫生防疫职业健康安全环保知识培训班》，培训 50 人。职工工地就医依靠青藏总指在全线布设的站前单位医疗点（二、三级医疗网络），自身医疗保障采取“严格体检，预防为主，建立网点，就近医疗，现场巡诊，及时下送”的方针。集团公司青藏指挥部设立医保部，下设 3 个卫生所、10 个工地医疗点，做到医务人员到位，救护车到位，药品器械到位，氧气供应到位。每个工地都设有医务室、吸氧室、观察室、治疗室，每个工地医务室设医务人员 3 名，为职工提供贴身的医疗健康服务。在整个施工过程中，做到“确保医疗救护及时，确保高原病零死亡，确保鼠疫病零发生”，实现青藏线医疗卫生保障工作目标。

第二节　计划生育

贯彻执行计划生育基本国策，紧紧围绕稳定低生育水平、提高人口素质、完善人口结构这一根本任务，加强领导、强化措施、突出重点、狠抓落实。通过考核促进人口和计划生育工作“两个转变”及工作新机制的建立和完善，坚持“两个生产”一起抓，坚持“三不变”原则，落实“三为主”方针，推广“三结合”措施。计划生育工作，始终坚持党委领导、行政支持、工会、共青团积极参与的工作格局，形成党政工团齐抓共管局面，做到工作组织健全、人员到位、分工明确、责任到人。重点宣传贯彻《中共中央国务院关于全面加强人口和计划生育工作统筹解决人口问题的决定》、《计划生育法》、《人口与计划生育条例》和各地区计生委有关规定和文件精神。开展《生殖健康》、《避孕节育》、《优生优育》等计生科普知识讲座，利用网络、板报、标语、口头咨询、录像播放等宣传教育方式，适时开展“婚育新风进万家”活动。

1999 年至 2008 年，集团公司计生委每年下发集团公司《人口与计划生育工作要点》，明确工作目标，在职代会上集团公司党委书记、总经理分别与各子（分）公司党委书记、董事长签订《计划生育责任书》，各子分公司逐级签订责任书。2000 年，转发《国家计划生育委员会流动人口婚育证明管理规定》，对流动人口进行系统管理，对流出或流入的人员实行办理流动人口婚育证明规定。2000 年 8 月，转发《关于实行“一票否决权”的决定》，把计划生育工作责任和企业及企业负责人紧密联系起来，对不执行计划生育的单位坚决执行“一票否决权”。2003 年 9 月 1 日，新的《北京市人口与计划生育条例》开始实施。集团公司于 8 月召开学习宣传贯彻《北京市人口与计划生育条例》动员大会。制定《中铁电气化局独生子女父母年老时一次性奖励办法》。公司的计划生育指标、独生子女奖励优惠政策及晚婚、晚育休假等政策规定，都依据新的《北京市人口与计划生育条例》执行。2006 年，根据北京市计生委《关于开展属地单位落实独生子女父母奖励情况调查督办工作的通知》，通过认真调查、督办落实，集团各单位无一违背文件精神。2007 年，集团计生委以贯彻落实《中共中央国务院关于全面加强人口和计划生育工作统筹解决人口问题的决定学习宣传提钢的通知》为重点，在全集团组织计生委成员、计生干部学习，进行广泛宣传，进一步明确计划生育法规和政策。按照《中组部等国家有关部门关于加强人口和计划生育工作若干政策措施的通知》、《国家计划生育委员会流动人口婚育证明管理规定》，加强对已婚育龄流动人员的管理，签订《流动人口计划生育责任书》，实施“同部署、同检查、同考核、同落实、同服务”。1999 年至 2008 年，全集团无计划外生育，计划生育各项指标达到 100%，育龄妇女领取独生子女光荣证达到 99%，已婚育龄夫妻对人口与计划生育基础知识“知晓率”达到 95%，流动人口《婚育证》办证率、验证率达 85%。2005 年至 2008 年，集团公司连续四年获《北京市人口与计划生育目标考核先进单位》，集团各单位均获得地方政府计划生育先进单位称号，其中西安通号处还获西安市《计划生育示范单位》称号，宝鸡器材厂获《创建国家级计划生育优质服务模范单位》称号。梁龙芳 5 次被评为北京市计划生育先进个人。

第三节　食堂、招待所

一、机关食堂

自 1999 年至 2001 年，机关食堂由行政管理处管理，承担机关和院内单位的职工及家属的就餐。2002 年 1 月，食堂职工就餐部分交由江舟酒家承办，职工午餐按每人每餐补助 5 元供应，当年营业额为 40 万元左右。机关食堂小餐厅仍自己经营，当年营业额为 20 余万元。2003 年 12 月，机关食堂解除与江舟酒家的承包合同。2004 年 1 月至 2005 年 12 月，先后与海奥斯餐饮公司、宏伟腾飞餐饮公司、义利快餐公司、北康快餐公司签订送餐合同，解决职工午餐。2005 年，机关食堂进行翻修，在原址加盖 2 层楼，建筑面积 2000 余平方米。楼上可同时容纳 250 人就餐，为职工餐厅；楼下为业务招待部分，安装中央空调，设 1 个可百人就餐的大厅和 5 个包间（其中豪华包间 1 个）。两层分设独立厨房，添置必要的厨房设备。通过竞标的方式，确定自 2006 年起由八方食苑餐饮公司承包经营职工食堂。2008 年，职工就餐补助调至 7 元。

二、机关招待所

招待所自 1999 年至 2002 年，在东院原综合楼西二层、三层，有 16 间标准客房，床位 32 个。2003 年 1 月至 2005 年 4 月，因综合楼拆除，迁至东院中楼 5 层，有房间 20 间，床位 60 张。根据公司东院整体规划，南楼在 2005 年进行装修改造后改为招待所，共有标准间 80 间、套间 4 间，床位 160 张，基本上满足了集团公司会议接待的需要。

第六章　离退休职工管理

1999 年至 2008 年，集团共有离退休职工 12163 人，其中离休干部 384 人，退休职工 11779 人。在离休干部中，1937 年 7 月 6 日前参加革命工作的 6 人，1937 年 7 月 7 日至 1945 年 9 月 2 日参加革命工作的 41 人，1945 年 9 月 3 日至 1949 年 9 月 30 日参加革命工作的 337 人；享受副部级两项待遇 1 人、副部级单项待遇 1 人，享受正局级待遇 3 人、副局级待遇 107 人，享受正处级待遇 6 人、副处级待遇 209 人、科级以下待遇 57 人。在退休职工中，局级 10 人，处级（高级技术职称）439 人，科级（中级技术职称）1168 人，干事级（初级技术职称）1365 人，工人 8797 人。

2002 年 8 月，集团公司机构改革，成立社会事业管理中心，原离退休职工管理处改称社会事业管理中心离退休职工管理部，下设办公室、离休干部管理科、退休职工管理科，定员 11 人。至 2008 年底，集团共有离退休职工管理专门机构 14 个，专兼职工作人员 67 人。各级离退休职工管理部门的主要任务是，认真贯彻执行党和国家有关离退休工作政策规定，结合本单位实际，制定具体办法、细则；落实离退休职工政治待遇，及时向离退休职工传达有关文件和会议精神，组织政治学习，形势教育，参加重大活动和重要会议，做好思想政治工作；落实离退休职工生活待遇，做好离退休职工养老金、企业补贴发放，医药费报销，护理费调整，生活困难补助，办理去世离退休职工丧事和善后事宜，坚持经常性的家访、探视、慰问；编制离退休职工活动经费的预、决算，按规定管理使用，搞好活动场所建设，组织离退休职工开展适宜的文体活动和参观、浏览；组织离退休职工在社会主义政治文明、精神文明、物质文明建设中发挥积极作用。2008 年 10 月，调整集团公司离退休工作领导小组成员，董事长、党委书记王其增，总经理刘志远任组长；总工会主席、副总经理蒋玉林，副总经理、总经济师齐学勇，副总经理王天录，总会计师王建军任副组长。

第一节　政治待遇

在落实离退休职工政治待遇中，全集团各单位坚持及时传达上级文件和重要会议精神制度，定期或不定期学习制度，每年至少召开一次情况通报会制度，春节前召开团拜会或座谈会制度，重要会议和重大活动请离退休职工代表参加制度，党政领导在重大节日走访离退休职工制度，及时办理离退休职工来信来访制度。2005 年，集团公司党政联合下发《关于进一步加强离退休工作的意见》，对离退休职工若干政治待遇作了明确规定。1999 年至 2008 年，累计向离退休职工传达有关文件约 400 份，发放《中国老年报》、《中国中铁》、《电气化铁路》等报刊 1 万余份，党政领导走访慰问离退休职工达 2000 人次，处理离退休职工来信近3000封，来访1600余人次。组织离退休职工积极参加反对“法轮功”斗争、“保持共产党员先进性教育”、“学习实践科学发展观”活动，发放学习资料 2000 多本。离退休职工撰写崇尚科学，反对迷信，科学健身文章 52 篇，编辑印发《中铁电气化局离退休职工科学健身文集》500册。1999年8月和2001年7月，组织26名原局职离退休老领导和16名老战士到南昆线、上海地铁开展调研活动。2006年，组织企业重组后原电气化局集团和原西铁集团离退休老领导开展北京-西安两地考察交流活动。5月，西铁工程公司、建设公司、西安电化处、通号处离退休老领导15人到北京考察交流；9月，原局职离退休老领导 10 人到西安考察交流。考察交流活动期间，召开座谈会2次，考察集团承建工程项目4个，组织参观浏览。2008年10月，46名离退休职工代表到北京参加庆祝建局50周年活动，中央电视台和《电气化铁路》报对郑传仓等老同志进行专访。

全集团有离退休党支部12个，2002年以来，公司党委先后转发中共中央组织部《关于进一步加强和改进离退休干部党支部建设工作的意见》、《关于进一步加强新形势下离退休干部工作的意见》，中共北京市委工业工委《关于进一步落实老干部政治待遇的意见》。集团各级党委把离退休党支部建设纳入本单位党建规划，组织离退休党员开展正常活动。

第二节　生活待遇

保证离退休职工基本养老金正常增长和及时发放。1999年至2001年，离退休职工基本养老金为铁路行业统筹，企业发放。2002年1月1日起，根据国家规定，离退休职工基本养老金按属地原则，由铁路行业统筹转入社会统筹，全局离退休职工基本养老金分别纳入北京、天津、河南、湖北、陕西地方养老保险。离退休职工基本养老金由地方养老保险机构进行调整和发放。退休职工基本养老金于每年1月1日起进行调整。离休干部基本养老金在2005年以前每年调整一次，2005年以后，地方养老保险机构相继发文，以规范生活补贴形式为企业离休干部发放生活补贴，增加离休干部收入，其中集团在天津、河南、陕西的离休干部生活补贴经费由地方养老保险基金渠道解决，社会发放；集团在北京、湖北的离休干部生活补贴经费由企业负担和发放，年支出270万元。

落实离退休职工医疗待遇。1999年至2008年，离休干部医药费按国家规定实报实销，累计支付离休干部医药费5000万元。1999年至2002年，退休职工医药费执行局《职工医疗制度改革实施办法》。2003年1月1日起，根据国家规定，退休职工医疗按属地原则，分别加入北京、天津、河南、湖北、陕西地方医疗保险。退休职工医药费由单位医保部门审核后交地方医疗保险机构按规定报销。自 2007 年起，由每两年一次改为每年对离退休职工进行一次全面体检，对长期患病在家和因病住院的离退休职工坚持病访探视制度，1999 年至 2008 年累计病访探视 2000 人次。对离休干部护理补助费标准，按文件规定及时进行调整。2005年规定，第一、二次国内革命战争时期和抗日战争时期参加革命工作的离休干部护理补助费标准由每人每月 100 元调整到每人每月 200 元；因瘫痪等原因生活完全不能自理的离休干部护理补助费标准由每人每月 199 元调整到每人每月 300 元。2007 年规定，第一、二次国内革命战争时期参加革命工作的离休干部护理补助费标准由每人每月 200 元调整到每人每月 800 元；因瘫痪等原因生活长期完全不能自理的第一、二次国内革命战争时期参加革命工作的离休干部，护理补助费标准由每人每月 300 元调整到每人每月 900 元。2008 年规定，抗日战争时期参加革命工作的离休干部护理补助费标准由每人每月 200 元调整到每人每月 400 元；解放战争时期参加革命工作的离休干部护理补助费标准由每人每月 100 元调整到每人每月 200 元。根据组通字（2007）25 号文件关于对红军时期参加革命工作，“文化大革命”后至离休前为副厅局级的离休干部，提高享受副省（部）级医疗待遇的规定，为 1 名符合条件的离休干部办理提高享受副省（部）级医疗待遇。

做好离退休职工生活困难补助工作。2002 年、2003 年，调整去世离休干部和已故建国前参加革命工作老工人无工作配偶生活困难补助费标准，调整后标准为，配偶无工作、有子女的每人每月 310 元，配偶无工作、无子女的每人每月 465 元。自 2004 年 1 月 1 日起，调整第一、二次国内革命战争时期参加工作离休干部生活补助费标准。调整后标准为每人每月 400 元。2005 年，调整去世离休干部无工作配偶生活困难补助费标准，调整后标准为，配偶无工作、有子女的每人每月 340 元，配偶无工作、无子女的每人每月 510 元。1999 年至 2008 年，坚持对生活困难离退休职工实行定期生活困难补助，对重病和发生特殊困难离退休职工给予一次性救济，“春节”前对生活困难离退休职工和遗孀开展“送温暖”活动，累计发放金额 670 万元。困补人数达 4000 人次。按照国家和公司的有关规定，为去世离退休职工及时发放抚恤金和丧葬补助费，累计发放 1400 万元。2008 年 5 月 12 日，四川汶川发生特大地震，集团公司拨 76.4 万元救灾专款，对 347 名受灾离退休职工进行救助。1999 年至 2008 年，全集团为离退休职工发放节日慰问费近 3000 万元。

离退休职工共享企业改革发展成果。集团各单位对离退休职工月收入中未纳入社会统筹部分的企业补贴按时发放。1999 年至 2008 年，累计发放离退休职工企业补贴近 7000 万元。2001 年，集团在京单位为离退休职工增发住房补贴，月补贴标准为：正局级 130 元，副局级 115 元，正处级（含正高级技术职称）100 元，副处级（含副高级技术职称）90 元，科级（含中级级技术职称）以及 25 年以上工龄的科员 80 元，25 年以下工龄的科员 70 元；高级技师 90 元，25 年以上工龄的工人 80 元，25 年以下工龄的工人 70 元。2002 年，为正处级以上离退休干部发放电话费，月发放标准为：正局级 100 元，副局级（含副局级待遇）80 元，正处级 60 元。

第三节　文体活动

落实离退休职工活动经费。离休干部活动经费指离休干部公用经费和特需经费，2001

年规定，离休干部公用经费标准调整为每人每年 600 元，主要用于离休干部办公、政治理论学习、文化体育活动、参观工农业生产建设项目、健康休养等活动开支。2003 年，离休干部特需经费标准调整为每人每年 500 元，主要用于解决离休干部的特殊困难和必要的活动开支。根据上级文件精神，离休干部公用经费和特需经费可以调剂使用。退休职工活动经费主要用于退休职工的文体娱乐活动和病访探视。2005 年规定，退休职工活动经费标准调整为：原局级领导干部，每人每年 1100 元；原处级领导干部和高级技术职称人员，每人每年 300 元；原科级干部和中级技术职称人员，每人每年 200 元；原一般干部和初级技术职称人员及工人，每人每年 100 元。离退休职工活动经费由离退休职工所在单位统一管理，专款专用，不得挪作它用，当年余额可结转到下年度继续使用。

离退休职工活动场所建设。1999 年至 2008 年，集团各单位新建离退休职工室外活动场所 3 个，新建和修缮活动站（室）6 个，购置配备活动器材，投入资金 38 万元。截至 2008 年底，全集团有离退休职工活动站（室）12 个，室外活动场所 5 个。

集团各级离退休管理部门坚持贯彻“老有所养、老有所医、老有所乐、老有所学、老有所为”的方针，在离退休职工中先后组建老年体育、书画、花卉、歌咏、钓鱼协会，成立老年网球、排球、门球、锣鼓、腰鼓、合唱、秧歌队，组织离退休职工开展适度、适量、适宜的文体活动。1999 年至 2008 年，全集团共组织离退休职工棋牌赛和游艺活动 46 次，参加人数 2600 人次；举办各类知识竞赛 6 次，参加人数 580 人次；组织就近参观浏览 160 次，参加人数达 8000 人次；组织离休干部到烟台、太原、大同、无锡、香山健康休养，参加人数 260 人次；组织退休职工到北京金海湖健康休养 6 次，参加人数 150 人；举办书画、花卉展 6 次，参加人数 620 人次。集团各单位还以庆祝建党 70 周年、建国 50 周年、抗日战争胜利 60 周年，迎“奥运”为主题，组织离退休职工开展系列活动，参加人数达 4000 人次。工厂处宝鸡器材厂老年文体组织每年都参加宝鸡市举办的各类比赛、获奖 16 次，并 3 次被评为宝鸡市老年文体活动先进单位。

第四节　管理服务

1999 年，按中组部要求，离退部建立全局离休干部信息管理系统，完善离退休职工基本情况年终统计上报制度，局属各单位建立离退休职工基本情况资料库。1999 年至 2008 年，坚持每年制定离退休工作要点，召开一次离退休工作会议，总结部署工作，交流经验。十年来，在离退休职工管理服务和思想政治工作实践中形成“三情”（感情、真情、激情），“三心”（爱心、真心、热心）的服务准则和“五必访”（ 离休干部生日必访、老同志长期患病必访、老同志生活困难必访、老同志家庭发生纠纷必访、重大节日必访），“四及时”（ 老同志生病住院及时看望、老同志生活上发生特殊困难及时给予一次性救济、老同志来信来访及时给予答复、老同志有思想问题及时做思想工作）的工作制度。集团各单位离退休职工管理部门和工作人员坚持各项工作制度和服务准则，认真做好管理服务工作。仅1999年至2002年，就累计家访、探视离退休职工18000人次，西铁工程公司、西安建设公司、西安电化处、西安通号处每年对居住外地的离退休职工进行一次走访慰问；二公司每年都到四川、贵州边远山区慰问退休职工，分片区召开座谈会，累计召开40次。

第五节　发挥离退休职工作用

为发挥离退休职工作用，从每个同志的具体情况出发，根据他们的精力、专长和志趣，采用多种形式，面向基层、面向社会、面向群众、面向青少年，在社会主义精神文明、政治文明、物质文明建设中组织离退休职工开展各项活动。1999年至2008年，在离退休职工中，有36人担任老战士协会和离退休党支部领导工作，协助党组织搞好离退休职工的自我教育、自我管理、自我服务；有63人参加公司退离休科技协会和电气化铁道学会，继续为铁路电气化事业的发展作贡献；有280多人返聘参与公司的建设项目，为施工生产献计献策；有58人参加街道、居委会的管理工作，积极从事社会公益事业。2008年，四川汶川发生特大地震，集团离退休职工捐款近20万元支援灾区。

1999年，下发《铁道部电气化工程局关心下一代工作委员会工作规则》。关心下一代工作委员会是党委领导下的以离退休老同志为主体的群众性工作组织。1999年至2008年，按照上级"关工委"的部署和要求，集团公司"关工委"在全体中小学生中组织开展"五十年辉煌、新世纪畅想"、"祖国明天更美好"、"民族精神代代传"、"让世界充满爱—同心共建和谐社会"、"奥运精神伴我成长"等10次主题读书教育活动，发放活动用书5000册。在青少年读书教育活动中，有36人被评为总公司级先进工作者，142名学生被评为总公司级优秀青少年。

第七章　机关事务管理

1999 年至 2002 年，局行管处总务科负责机关事务管理工作。2002 年 7 月，在社会事业管理中心下设商务中心，由原行管处总务科、生活供应站和电话班合并组成。商务中心下设机关事务管理科和综合服务科，设机关复印室。商务中心负责集团公司的固定资产管理，低值易耗品管理，单身职工宿舍和户籍管理，办公用品、劳保用品和备品管理，通信管理和商店经营，以及综合事务服务。商务中心有正式员工 23 人。商务中心成立以来，先后编制《机关办公用资产管理办法》和《机关通信、有线电视、互联网和音像服务管理办法》。在各项管理服务上坚持做到严格、认真、细致，从实际出发，既满足工作需要又注意节约资源。在环境管理上加强合同监管，在签订《保洁服务合同》、《垃圾清运合同》的基础上，经常检查监督合同的执行情况，使办公楼内外、机关大院环境整洁、美观。1999 年，机关院区绿化获得北京市“花园式”绿化先进单位称号。2003 年，东院 10、11 号楼竣工后，院区绿化重点由东院转移至西院，继续巩固“花园式”单位的荣誉称号。2007 年获得“北京市垃圾分类先进单位”荣誉称号。

第一节　资产管理

一、固定资产

1999 年，针对指挥部固定资产管理编制《铁道部电气化工程局固定资产管理制度》，指导经办部门办理组资、保管、维修和报废。1999 年 4 月至 6 月，开展账物核实盘点工作，固定资产总额达 24642.38 万元。12 月，颁布《电化局机关及直属单位车辆管理实施细则》，行管处总务科将管理的机械设备台账移交机械处管理。2001 年，办理固定资产设备组资 18 项、56 万元，固定资产维修金额 20 万元，对公司机关办公设备进行清点核实。2003 年，核实固定资产 800 项、2.5 亿元，审核固定资产维修金额 2.8 万元，办理固定资产组资 68.199 万元。2004 年，组织南昆指挥部资产清点，办理秦皇岛培训中心固定资产移交手续。完成固定资产组资 19 项、20.24 万元。2005 年，固定资产组资 14 项，固定资产维修控制在预算范围内。2006 年，办理报废固资 67 项、131.272 万元，固定资产组资 13 项、39.739 万元，管理资产 480 项、1018.42875 万元。2007 年，颁布《公司机关办公用资产管理办法》，明确管理资产属性，使固定资产维修费管理更科学。全年审验固定资产组资 520 万元，办理报废固资 562 万多元。2008 年，对机关和原指挥部固定资产组织全面盘点，年底管理资产 3011.053271 万元。

二、低值易耗品

根据《低值易耗品和备品管理制度》组织采购、保管、维修和办理报废。1999年，低值易耗购置费用计划申请65万元，年末低值易耗品实际支出55万元，节余10万元。2000年，计划20万元，年底追加费用后，实际支出29万元。2001年，公司机关管理低值帐总金额189.24万元。低值购置（500元-2000元）71台（件）7.15万元；500元以下低值购置金额3.56万元；低值维修费1.5万元；购办公用品6万余元、文档用品40万元、印刷费8万余元。库存低值易耗品40余种，总金额3万元；报废低值家具备品420件16.67万元。2001年8月，为西院购置家具949件（套），总额109,3018元。2003年6月，安装西院办公楼东、西、南三面窗帘，投资9.8万元。2004年，按照一体化认证要求，低值易耗品的管理严把“三关”（进货关、入库关和出库关），完善《供应商评价制度》。组织南昆指挥部资产清点，办理秦皇岛培训中心低值易耗品移交手续。清点报废家具备品69.7万元，上缴残值500元。2005年，购置沙发、家具、仿真椰树等，支出34万元；办理报废低值物品608件。2006年，购置沙发、家具、大堂屏风等，共计27.6万元；低值报废468件。2007年，根据《公司机关办公用资产管理办法》管理低值易耗品，增强低值资产管理力度，全年低值易耗品购置7万元。2008年，对机关和原指挥部低值易耗品组织全面盘点。管理低值易耗品373.387375万元。

三、库存资产

1999年至2002年，在东院综合楼一层两间库房和8号家属楼地下室1000余平方米周转库，存放办公用品、印刷品、备品和回收的报废资产。库房资产管理工作设材料管理员1名，管库员1名。2002年西院办公楼建成，原库房办公用资产迁入西院办公楼地下一层30余平方米库房内。2003年，东院改造后，商务中心库房迁到东院单身宿舍一层2间共40余平方米库房内。机关办公用品年度预算标准，按照每月每位职工7元发放。资产购置入库凭《入库单》签验入库，机关各部门领用办公用品凭《领料单》签认出库。2008年底，库存资产7283.9元。

2002年8月，机关本部从东院搬迁到西院新办公楼，商务中心统筹安排各部门搬迁。共搬运低值易耗品300多万元，转移库存办公用品金额1.81万元、库存文档用品0.86万元，办理报废家具金额4万元。搬家费用6.4万元。

第二节 单身职工宿舍和户籍管理

一、单身宿舍

1999年，机关单身宿舍启用，有36个房间，提供活动室、电开水器、洗衣机等设备。

2000 年底，单身宿舍入住单身职工 113 人。2001 年，单身宿舍设 3 人采取三班倒管理，24 小时值班服务，年底入住单身职工 118 人。两年共上缴水、电费 7915 元。2003 年，机关东院 10、11 号家属楼施工，54 名单身职工搬迁到北楼办公室，28 名单身职工每人每月发 500 元补贴自行租房。2005 年底，东院家属楼建成，部分单身职工得到住房，单身职工只有 20 人。单身职工宿舍有房间 22 间、床位 44 个，安排单身职工 22 人，单身老职工得到单间照顾。2006 年底，单身宿舍安排单身职工 27 人。2007 年 5 月，集团公司投资 63 万元，对单身职工宿舍进行全面大修，使单身宿舍条件明显改善，每个房间居住 2 人，配备空调、彩电，设立公共浴池、开水房和小厨房等配套设施。2008 年底，单身宿舍有房间 28 间，安排单身职工 46 人。

二、单身职工户籍

1999 年，总务科设专人负责机关在京单身职工户籍管理，负责协调管片岳各庄派出所有关户籍业务，为单身职工提供有关户籍业务服务。2005 年办理户口迁落 41 人次，2006 年办理 41 人次，2007 年办理 73 人次。2008 年，人力资源部将其管理的全部在京单身职工户籍移交商务中心专管，户籍管理人数达到 359 人。

第三节　通信管理

一、电话通信

1999 年至 2001 年，局机关通信设施维护由行管处电话班负责。2002 年机构改革，电话班 2 名工作人员划归商务中心。西院办公楼建成使用后，共移机 303 部，安装电话 397 部。西院办公楼内安装内部小电话 347 部，实现免费通话。2003 年，新办公楼通信全部调试畅通，重新编印中铁电气化局集团公司电话号码表。2004 年，完成金家村一号院 10000 门程控电话的置换，增设宽带 ADSL 服务，改善通信和网络服务系统。2008 年，颁布《中铁电气化局机关通信、有线电视、互联网和音像服务管理办法》，经过整顿，减少 100 门电话，全年减少话费 5 万余元。2008 年 10 月，与铁通公司正式签订 2 年期委托通信服务合同，将家属区和机关通信服务委托铁通公司北京分公司负责，通信服务设专人监管合同执行情况。集团公司二级机构和分公司独立核算单位，固定电话通信服务直接向合同委托服务公司提出申请业务服务。2008 年，开通固定电话 326 门，年底完成向局域网快捷平台通信录录入公司各部室固定电话号码和职工移动电话号码工作，提升通信服务水平。

话费管理。2002 年，根据《中铁电气化局集团有限公司机关住宅、无线通信工具管理暂行办法》，确定领导干部住宅和移动通信话费标准。2003 年电话费支出 141.5581 万元。2004 年电话费支出 102.02 万元，其中移动话费 9.4 万元、市话费 2.9 万元、长途话费 0.84 万元、铁通话费 88.88 万元。2005 年电话费支出 103.32 万元，其中铁通 88.07 万元、移动电话 10.05 万元、市话费 3.5 万元、长话费 1.7 万元。2006 年，公司规定机关一级部员及以下职工无线移动通信话费标准分别为 80 元/月和 50 元/月，采取购充值卡的形式发放，全年路市话费 102.4540 万元、长途话费 1.09 万元，领导干部住宅和移动话费 32.456 万元、职工移动充值卡 6.005 万元。2007 年，路市话费 127.166 万元、长途话费 0.91 万元，领导干部住宅和移动话费 44.424 万元、职工移动充值卡 12.657 万元。2008 年，路市话费 79.9259 万元、长途话费 0.5109 万元，领导干部住宅和移动话费 44.9632 万元、职工移动充值卡 15.748 万元。

二、有线电视

自 1999 年以来，机关办公区和家属区的有线电视信号与铁道部有线电视专网联网获得，由电话班负责办理入网收费等管理手续。至 2008 年，公司办公楼和部分家属区住户仍沿用铁道部有线电视专网提供的收视服务。

第四节　院区环境

一、绿化

金家村 1 号院机关院区占地 67.57 亩(45001.62 平方米)。1999 年以来，院区绿化做到树木、草坪、灌木和垂直绿化相结合，花木品种达 108 种，改建花房面积约 120 平米，解决盆花过冬问题，院区中心修建喷水池，耸立假山，放养锦鲤鱼，基本实现三季有花、四季长绿，绿化覆盖率达 90%。庆祝建国 50 周年和大型会议摆放鲜花达 3550 余盆。1999 年获北京市花园式绿化先进单位。响应北京市全民义务植树的号召，组织机关职工每年参加义务植树活动。2001 年，院区花木品种达 110 余种，为庆祝“五一”、“十一”，投资 1 万元，摆放 4200 余盆鲜花。8 月 8 日，为召开公司挂牌庆典大会，布置 3 个花坛，6 条花带。2002 年，商务中心接管西院绿地 133 棵树木、2129 株花卉、4600 平方米草坪养护工作。2003 年，招聘专职花工，负责西院绿化服务工作。由于受东院建设 10、11 号楼的影响，20 余棵树木、16 株牡丹、几百棵竹子迁移至西院绿地。2004 年，家属区绿化管理工作划归北京电华物业公司管理。商务中心绿化重点是西院办公区。 2005 年，招聘专人负责办公楼内和领导办公室摆花养护，投入专项绿化费补栽和移栽花草树木。2006 年，扩大种植品种，提升院区绿化观赏水平。抓住机场线施工占用天竺苗圃的时机，向机场线指挥部申请调拨柏树、法国梧桐树、西府海棠、碧桃等树木 60 棵和 1.3 万余株黄杨、几千平方米草坪。经过选苗、搬运、种植、养护，绿地面积达 5600 多平方米。2007 年，以迎奥运为主题，投入绿化费 8 万元，进行东、西两院绿化美化工作，春季植树 80 余棵、黄杨 1.68 万余株。2008 年，东、西院区均达到“三季有花、四季常绿”的要求。

二、保洁

1999 年，保洁服务由 3 名正式职工和 2 名临时工负责东院中楼、北楼和综合楼内环境保洁及院区卫生。2003 年 3 月，西院电气化大厦保洁服务，由北京天合杰义清洁有限公司承包，用工 28 人、年合同额 30 万元。2005 年，东院办公楼装修改造完成，东院中楼、北楼及院区保洁服务由北京秦龙清洗保洁有限公司承包，用工 12 人、年合同额 16.8 万。2008 年，因北京市最低工资调整和保险费调整，西院年保洁费调整到 45 万元，东院年保洁费调整到 23.2 万元。

2001 年，根据机关院区和家属区每天要产生几百公斤垃圾的实际状况，确定在机关东门外对面修建 100 多平方米露天垃圾中转站，放置 32 个自翻垃圾桶，由丰台环卫局两天清运一次。2004 年，东院门前道路改造垃圾站取消，购置 1 台 10 立方拖挂垃圾箱，放置在东院东门。2005 年，院区改造后，确定采取委托垃圾清运的方式，实现垃圾清运日清日洁，每年费用 4.2 万元。2006 年集团公司获“北京市垃圾分类先进单位”。2008 年，院区垃圾清运费用调整为 4.7 万元。

第五节　综合服务

一、复印室

2003 年 3 月，在西院办公楼二层设立复印室，负责各部门办公文件和资料复印，有 3 台复印机，后购进 2 台佳能复印机。2003 年至 2005 年，复印文件资料 17 万余张。2006 年复印文件资料 7 万余张，2007 年 10 万余张，2008 年 9 万余张。

二、报刊订阅

订阅报刊费用，1999 年 6.5 万元，2000 年 9.3 万元，2002 年 5.9 万元，2003 年 6 万元，2004 年 5 万元，2005 年 4.3 万元，2006 年 4.7 万元，2007 年 4.6 万元，2008 年 4.2 万元。

三、工装定制

2005 年 4 月，进行集团公司改制后第一次工装订制招标工作，10 月确定雅戈尔公司中标。工装面料为 95%以上毛料，春秋装采用深蓝色西装；夏装，女职工为深蓝色西服裙和白短袖衬衫，男职工为白短袖衬衫和深蓝色西裤。2007 年底，完成 347 人夏装制作、354 人春秋装制作，总费用 32.5932 万元。

四、劳保用品

机关发放劳保、防暑降温用品，2002 年 2.9 万元，2003 年 18.35 万元，2004 年 24.72

万元，2006 年 24 万元，2007 年 26 万元，2008 年 28.4 万元。2004 年，执行集团公司修订后的防暑降温用品、保健食品、劳保护肤用品发放标准和劳保防护用品管理办法。

五、会议服务

从 2003 年开始，由西院保洁员承担公司各类会议服务。2005 年，服务各类会议 837 次（2000 人次）；2006 年 800 余次（2000 余人次）；2007 年 800 余次（2000 余人次）；2008 年 1200 余次（6000 余人次）。

六、音像视频

1999 年至 2002 年，机关各会议室音像服务由行管处电话班负责。2002 年 8 月，西院办公楼各会议室启用，按照公司办公室要求提供音像服务。2006 年，按照《中铁电气化局机关通信、有线电视、互联网和音像服务管理办法》，音像视频服务由商务中心 1 名专业人员负责日常服务和设备维护。

七、票务管理

1999 年至 2001 年，负责局机关、各工程处、设计院及学校等单位铁路乘车证统计、申请、填写和发放工作。2000 年 9 月，举办“铁路乘车证日常填发和管理培训班”。两年共填发写乘车证 28041 张，各种票证的回收率均达到 100%。2001 年，请领各种乘车证 39000 张，填写各类乘车证 1483 张，无一差错和违规。2001 年 12 月 31 日，铁路乘车证取消使用。

1999 年，与铁路票务部门建立合同服务关系，全年订票近万张。2002 年，铁路乘车证取消后，提供购票服务。2002 年订购火车票 450 余张，2003 年 250 余张，2004 年 400 余张。2005 年至 2007 年，订购火车票数量逐渐减少，2008 年以后不再需要购票服务。

八、居委会

1999 年至 2001 年，金家村 1 号院居委会有委员 3 人，隶属行管处总务科管理，并受街道办事处工作指导。2000 年，在家属楼安装 34 个分户信箱，解决职工家属收信难的问题。2003 年，卢沟桥街道办事处机构改革，金家村家委会改为社区居委会，由街道办事处民选主任和委员，金家村一号院社区居委会隶属街道办事处管理。

九、浴池、商店

1999 年，机关浴池对院区家属开放，投资 18.3 万元，将浴池锅炉更换为 0.5T 柴油浴炉。2001 年，对浴池锅炉进行燃气改造，当年浴池接待 3358 人次。2002 年，投资 0.7 万元新添男女浴室各 1 个。2003 年，浴池停业，房屋拆除、锅炉等设备调拨。

2001 年底，商店停业。2002 年，生活供应站取消，6 名职工并入总务科。2004 年 3 月，军盾数码中心承租原商店用房，每年房租 7 万元。

第八章　学　校

第一节　衡水学校

衡水铁路电气化学校始建于1975年5月，原名“衡水铁路电气化技术学校”，隶属于铁道部电气化工程局电气化工程处（现一公司），1977年1月划归电化局直接领导。建校初期在保定过度，1978年9月迁至衡水。1978年6月改为中等专业学校，更名为“衡水铁路电气化工程学校”。1979年4月重新改为技工学校，更名为“衡水铁路电气化技工学校”。2000年，在企业改制过程中，衡水铁路电气化技工学校停办，改为电气化工程局内部职工培训中心。2003年4月，经中铁电气化局集团有限公司同意并报请衡水市政府批准，成立中等职业学校，定为现名。衡水铁路电气化学校是一所集中等职业教育、高等函授教育、职工培训、职业技能鉴定于一体的国家重点中等职业学校，地址在衡水市人民西路563号。

至2008年末，学校设有兆华校区、教学部、学生工作部、招生办公室、就业部、资产管理部、综合办公室，共有职工181人，其中在册正式职工101人，聘任制职工80人。有专任教师120人（含聘任制教师），其中，高级讲师21名，讲师38名，助理讲师3名，一级实习指导教师7名，二级实习指导教师2名。

学校的教育教学设施不断得到加强和完善。自1999年，每年投入一定资金购置和更新教学设施，改善校园环境，学校的办学能力和办学水平得到提升。2000年投资3万元筹建2个电工、电子实习车间，2001年投资12万元对校区道路进行大修，2003年投入14万元对东西宿舍楼、图书实验楼、教学楼、办公楼、食堂进行内部装修，2004年投入21万元对教学楼、东西宿舍楼、实验楼、办公楼进行外墙装饰和门窗更换，2005年投入30万元筹建数控技术专业实习教学车间。2008年投入60万元对接触网“AT”段实习场、信号专业实习场进行改造，对实习工厂和学生宿舍进行整修和粉刷，对运动场进行硬化，为保证学生安全，按消防有关要求修建东西宿舍楼外楼梯。截至2008年底，学校有教育教学和行政用房2.6667万平方米，电气化铁路“四电”实习场地各1个，教学、实验、实习设施、设备、仪器、仪表、图书总价值500万元，具有年4000人的学历教育或职工培训能力，在校生规模最多时达5000余人。

学校遵照“专业设置与企业需求相协调，技能训练与职业岗位要求相适应，培养目标与用人标准相衔接，教学内容与职业资格考核相吻合”的原则，不断加强专业建设。2003年新开设电气技术应用、计算机技术应用2个专业。2004年将铁道供电专业调整为铁道与城轨供电，增加电力线路工、钳焊和机电一体化3个专业。2005年开设数控车床技术应用专业。2007年，停办多年的铁道通信信号专业恢复招生，新开设高速铁路电气工程、轨道交通运行维管和焊接3个专业，将计算机技术应用分为计算机平面设计和计算机办公自动化。学校的专业设置重点更加突出，结构更加合理，优势更加明显。至 2008 年底，学校共开设铁道与城轨供电、高速铁路电气工程、铁道通信信号、电气技术应用、轨道交通运行维管、数控技术应用、电工电子、焊接技术、计算机办公自动化、计算机平面设计等 10 个专业，其中铁道与城轨供电、电气技术应用已建成市级特色骨干专业，在河北省和铁路行业有较高的知名度和影响力。

学校自 2001 年实行自主招生以来，逐步建立建全“领导挂帅，部门负责，全员参与”的招生机制，依托良好的教学质量、行业优势和就业前景，招生人数逐年攀升。其中 2001 年招生 282 人，2002 年招生 660 人，2003 年招生 788 人，2004 年招生 1184 人，2005 年招生 2136 人，2006 年招生 2969 人，2007 年招生 1068 人，2008 年招生 1682 人。2006 年被河北省评为“招生工作先进单位”，2007、2008 年被衡水市评为“招生工作先进单位”。

学校按照“实用为主，够用为度”和“贴近市场，贴近企业，贴近就业岗位”的原则，滚动修订教学计划。2004 年删去物理课，2008 年减少理论课，增加实习课，使实习与理论课时数达到 1：1。调整课程设置，按照项目教学法要求，重新编排教学内容，删减部分与专业联系不大的理论课内容，增加新的技术工艺。改革教学方法，实行“一体化”教学。结合中职学生和专业特点自编校本教材 25 种。教育教学质量有了显著提高，毕业生受到用人单位的认可和欢迎。

学校坚持德育首位和“以人为本，着眼发展”的德育工作理念，建立党政工团齐抓共管，学工部、班主任、政治课教师和学生干部共同参与的德育工作网络，制定《学生思想政治教育实施细则》和以塑造学校形象为载体，以提高学生全面素质为核心，以班级班风竞赛为内容的校园活动规划，积极开展第二课堂活动，活跃学生业余文化生活，培养学生树立正确的世界观、人生观和价值观，促进学生的全面健康发展，保持校园的稳定与和谐。学生管理工作迈上新台阶。

学校注重培养学生的综合素质和职业能力，在提高学生就业竞争力与适应力的同时，强力实施“就业兴校”的发展战略，建立“全员参与就业，全程指导就业，全方位开拓就业”的工作机制，采取多种措施，通过多种渠道，积极开辟就业市场，建立就业基地，1999 至 2008 年，为铁路行业和地方培养和输送合格毕业生 8070 名，其中普通中专生 3407 名，技工生 4663 名。为地方经济和铁路行业的发展做出积极贡献。

学校不断探索、创新和完善管理模式，招生、教学、学生管理、就业服务、后勤保障等工作步入制度化、规范化、科学化轨道，实现跨越式发展，2006 年跨入“河北省重点中等职业学校”行列，2007 年被团中央授予“读书育人特色学校”称号，2008 年晋升为“国家级重点中等职业学校”。

学校坚持物质文明建设和精神文明建设“两手抓，两手都要硬”的方针，在深入开展思想政治工作和校园文化建设的同时，发动广大教职工，人人为学校的生存发展做主人、献计策，多奉献，2006 年被集团公司命名为“文明单位”。

第二节　保定子弟学校

保定子弟学校始建于 1978 年 5 月，由小学部和中学部组成，隶属电化局铁道变压器厂。1992 年 5 月，划归职工学校领导。根据中铁电气化局集团有限公司电企〔2005〕63 号《关于成立集团公司分离办社会职能领导小组及工作机构的通知》及电企〔2005〕233 号《关于做好分离社会职能移交准备工作的通知》，2005 年 5 月，职工学校着手办理子弟学校移交保定市有关事宜。2006 年，保定市政府〔2006〕91 号文件，正式确定保定子弟学校移交保定市教育局。2007 年 9 月 28 日，中铁电气化局集团有限公司与保定市人民政府正式签署《关于移交保定电气化子弟学校的谅解备忘录》，保定子弟学校由保定市教育局直属管理，并入保定市第十七中学。2007 年 11 月 1 日，保定子弟学校在职职工、退休职工的人事档案关系，劳资关系，组织关系，社会保险关系，资产及账务正式移交保定市第十七中学。

保定子弟学校建筑面积 3275 平方米，有教学楼（含办公）一栋，设教室 13 间，物理、化学、生物实验室、语言室、微机室、图书室、阅览室各 1 处。2002 年装修可容纳 160 人的多媒体教室 1 个。2006 年有职工 22 人，其中教学一线 11 人，管理人员 11 人，高级职称 12 人，中级职称 7 人。1999 年开设小学 6 个班，初中 6 个班。2000 年起小学停止招生，初中社会扩招，小学班次逐年减少，至 2002 年初中增至 8 个班，至 2005 年只有初中 6 个班，小学部取消。2006 年，初中 4 个班，在校学生 116 名。

学校坚持“加强基础、培训能力、提高素质”原则，加强师资队伍建设，积极组织教师参加保定市区组织的说课、讲课活动，支持教师进修，组织青年教师多媒体课件制作，组织教育教学论文评比。加强教学课堂改革，把着眼点放在教师“教”和学生“学”上，完善《课堂教学常规》、《教师教案编写常规》、《教师公开课评比办法》，课堂教学开展“针对性教学”、“趣味性教学”、“引导性教学”、努力寻求教与学的最优配合。学校始终把德育视为素质教育的重要组成部分。从青少年的实际情况出发，以组织德育活动为载体，以班级建设为主线，以学生思想教育为重点，坚持德育教育“四个不放松”（行为规范不放松、学科德育不放松、日常行为管理不放松、组织德育教育不放松），教育学生树立正确的世界观、人生观、价值观，培养学生爱国品德、良好公德。

保定子弟学校教学成绩优秀。1999 年，小学毕业考试总成绩居保定市北市区第三名，初中中考优秀率全市第一名，总平均分全市第三名，总及格率全市第六名。学生参加学科竞赛获奖，国家级 6 名、省级 4 名、市级 15 名、区级 3 名。2000 年，小学学年统测四年级数学区第一名、五年级区第二名，中考上线率 65.9%，区第一名，数学及格率区第二名。2001 年，小学获区数学教学优秀奖，学校获教学质量优胜学校，初中中考，重点中学上线区第一名，总平均分区第二名。2002 年，学校获保定市教育教学质量优胜学校，中考 500

分以上学生达 1／3，升入重点高中占中考学生 50%。2003 年，学校获保定市教育教学质量优胜学校。2005 年，中考保定市第二名。2006 年，中考保定市第一名。2004 年，“祖国明天更美好”读书教育活动，柳和获“全国青年奖”，夏魁飞获“全国优秀指导奖”。

第三节 宝鸡子弟学校

宝鸡子弟学校建校于 1963 年，为解决宝鸡器材厂职工子弟就学做出了积极贡献，到 90 年代末，由于学校教学力量及相关设施不足，加上生源缺乏，教学环境差，致使职工子女就学流失严重。1999 年 8 月经宝鸡器材厂申请，局电铁职教［1999］417 号文件批复，子弟学校初中部从 1999 年秋季起停办，职工子弟初中就学与郑州局宝鸡铁一中签订合同，由工厂统一支付借读费。2000 年根据铁道部、工程总公司“关于继续积极稳步推进铁路基础教育办学体制改革，继续撤并规模小、条件差、效益低的学校”的要求，结合宝鸡子弟学校生源少的实际情况，从 2001 年春季起学校全部停办，同时撤销宝鸡器材厂子弟学校机构设置，一部分老教师办理退休或内部退养，13 名年轻教师进入职工培训中心转岗培训学习，同时参加宝鸡器材厂竞聘上岗，择优应聘到工厂管理部门和生产分厂担任新的工作。

至 1999 年，宝鸡子弟校有教职员工 26 人（含校工 3 人），教师中有大专以上学历者 13 人，中专（中师）9 人，初中 1 人；具有中教高级职称 2 人，中教一级 5 人，中教二级 2 人，小教高级 3 人，小教一级 3 人，小教二级 4 人。1999 年毕业生 32 人，招生 47 人，在校生 287 人，共设 7 个班级。经费支出 56.38 万元。学校坚持科研兴教，质量立校，加强管理，积极推行素质教育。针对青年教师多、老教师帮带少的实际，重点开展“培青”工作。组织以青年教师为主的赛讲活动，举办基本功大赛。通过训练，即兴演讲和阅读能力普遍提高。刘振锋、苏彩玉、涂淋淋分别获得全局青年教师基本功大赛二、三等奖。学校开展“推门听课活动”，即校领导、教师、学生家长可随时参加听课，共同评课，定期组织例会，交流教学体会，讨论带班方法，促进教师素质和教育水平的提高。

第十一篇

中国共产党集团公司组织

- 组织沿革
- 党员代表大会
- 党务综合管理
- 组织建设
- 宣传、文化
- 纪检监察
- 党校教育
- 机关党委工作

第十一篇　中国共产党集团公司组织

第一章　组织沿革

1999 年 1 月至 2001 年 7 月，中共铁道部电气化工程局委员会下属 11 个处级党委、1 个直属党支部、27 个段（厂）级党委、11 个党总支、279 个党支部；办事机构设办公室、组织部、宣传部、干部部（人事处）。2001 年 8 月，企业改制，成立中铁电气化局集团有限公司。中共铁道部电气化工程局委员会更名为“中铁电气化局集团有限公司党委”，隶属中国铁路工程总公司党委和中共北京市委双重领导，以中国铁路工程总公司党委领导为主。集团第一、二、三、建筑工程有限公司等子公司党委受集团公司党委领导。集团电信研究实验中心有限公司党支部同时成立，直属集团公司党委领导。2001 年 12 月，中铁电气化局集团有限公司电气化分公司党委和中铁电气化局集团有限公司轨道交通事业部党委成立。按照集团公司党委的统一部署，自 2002 年初开始至三季度末，机关党群机构进行改革。机关党群系统机构设置坚持公司制企业党群系统实行垂直领导的原则，突出集团公司党委在集团公司和各子公司的领导核心地位，保证集团公司工会充分行使保障和维护职工合法权益的职能。集团公司党群机构由 9 部 7 室 13 科精简为 7 部 7 室 6 科，减少 2 部 7 科；党群系统原有人员 72 人，现员 57 人(包括集团公司领导 4 人)，减少 15 人，减少 20%。2002 年 12 月 6 日，“铁道部电气化工程局物资管理处党委”更名为“中铁电气化局集团有限公司物资处党委”。2004 年 6 月 4 日，中铁电气化局集团有限公司将原西安铁路工程（集团）公司整合重组为西安铁路工程有限公司、西安铁路建设有限公司、西安电气化工程处、西安通信信号工程处，并成立铁路工程分公司；同时成立公司（处）党委隶属集团公司党委领导。至此，集团公司所属处（公司）级党委 19 个，直属党支部 2 个；基层段厂级党委 31 个，党支部 462 个。2004 年 12 月，调整中铁电气化局集团有限公司机关定员编制，党群部门编制由 57 人调整为 47 人。2008 年 6 月 25 日，成立集团上海分公司党支部，隶属集团公司党委领导。11 月 24 日，集团北京景旭房地产开发有限公司党支部升格为党委；成立集团东南公司党支部，隶属集团公司党委领导。

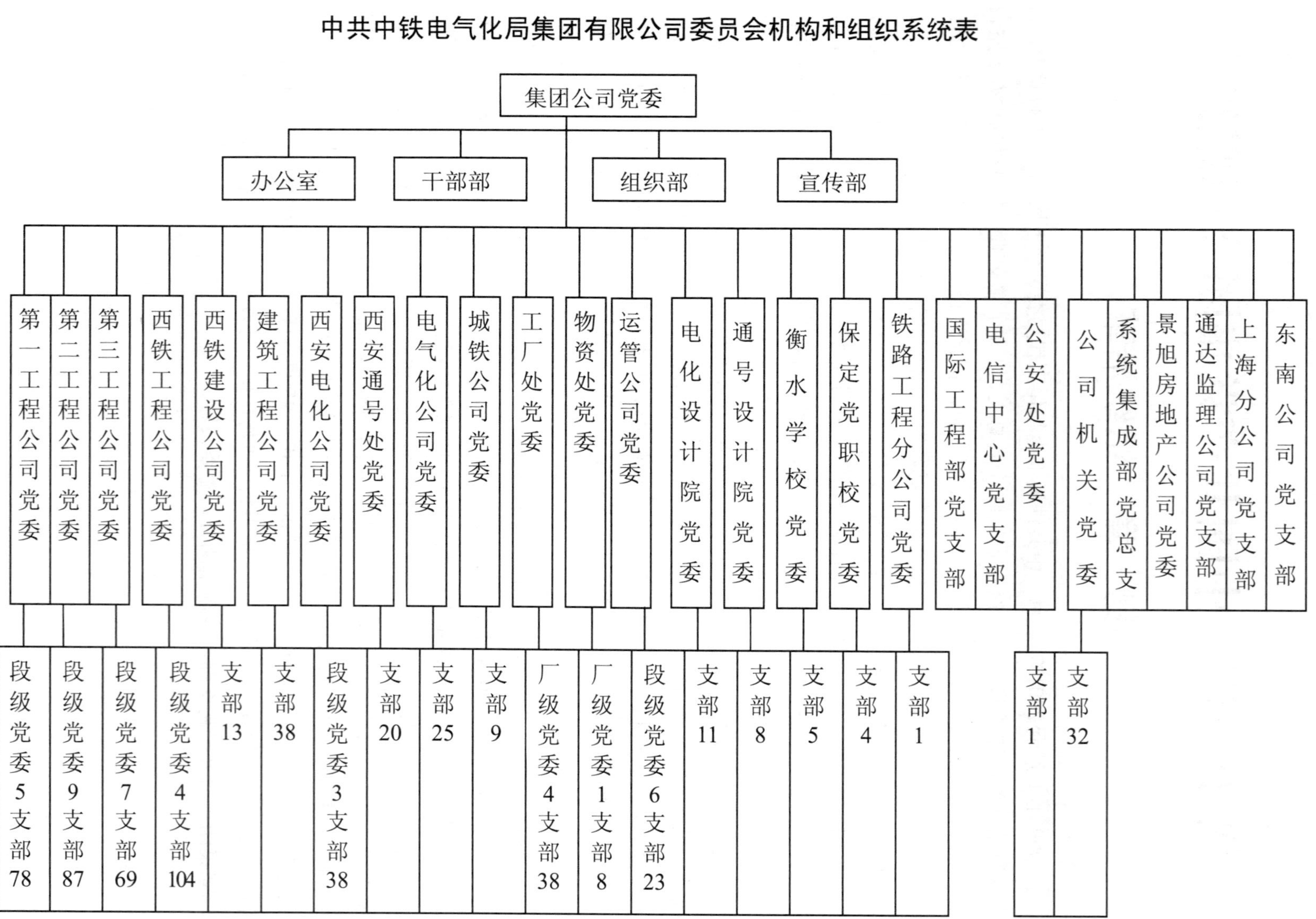
中共中铁电气化局集团有限公司委员会机构和组织系统表
集团公司党委
办公室
干部部
组织部
宣传部
第一工程公司党委
第二工程公司党委
第三工程公司党委
西铁工程公司党委
西铁建设公司党委
建筑工程公司党委
西安电化公司党委
西安通号处党委
电气化公司党委
城铁公司党委
工厂处党委
物资处党委
运管公司党委
电化设计院党委
通号设计院党委
衡水学校党委
保定党职校党委
铁路工程分公司党委
国际工程部党支部
电信中心党支部
公安处党委
公司机关党委
系统集成部党总支
景旭房地产公司党委
通达监理公司党支部
上海分公司党支部
东南公司党支部
段级党委5支部78
段级党委9支部87
段级党委7支部69
段级党委4支部104
支部13
支部38
段级党委3支部38
支部20
支部25
支部9
厂级党委4支部38
厂级党委1支部8
段级党委6支部23
支部11
支部8
支部5
支部4
支部1
支部1
支部32

第二章　党员代表大会

第一次党员代表大会

2001年8月26日至28日，中铁电气化局集团有限公司在北京召开改制后的第一次党员代表大会。出席大会的正式代表150人，列席代表12人。大会由刘志远致开幕词，侯唯一代表上届委员会作《加强党的建设，开展二次创业，为把公司建成现代化大型企业集团而努力奋斗》的工作报告，白克强代表集团公司纪委作《加大治本力度，狠抓工作落实，把党风廉政建设和反腐败斗争不断引向深入》的工作报告，并作出关于这两个报告的决议。大会直接采用候选人数多于应选人数20%的差额选举办法，选举产生中共中铁电气化局集团有限公司第一届委员会和中共中铁电气化局集团有限公司纪律检查委员会。选出集团公司党委委员21人，集团公司纪委委员7人。中共北京市委工业工委委员李国杰、中国铁路工程总公司党委书记石大华到会并讲话，侯唯一致闭幕词。会后，两个委员会分别召开第一次全体会议，选举产生集团公司党委常务委员会委员、书记、副书记和纪委书记、副书记。11月1日，中共北京市委组织部批准两个委员会第一次全体会议的选举结果，集团公司党委常委（按姓氏笔划为序）：于增、王青斌、王其增、白克强、刘志远、齐学勇、侯多智、侯唯一、蒋玉林；侯唯一为书记，刘志远、侯多智、白克强为副书记；白克强为纪委书记（兼），付洪建为纪委副书记。

第二次党员代表大会

2006年3月5日至7日，中铁电气化局集团有限公司第二次党员代表大会在北京召开。出席大会的正式代表160人，因事请假1人，实际出席159人；列席人员13人。大会由刘志远主持，王其增代表上届委员会作《认真贯彻落实科学发展观，充分发挥党组织的政治核心作用，为实现集团又好又快地发展而努力奋斗》的工作报告，白克强代表集团公司纪委作《全面履行职责，加大防治力度，为集团又好又快地发展提供有力保证》的工作报告，并作出关于这两个报告的决议。中共中央候补委员、中国铁路工程总公司党委书记石大华，北京市国资委副主任、纪委书记张俊明到会并讲话。大会直接采用候选人数多于应选人数20%的差额选举办法，选举产生中共中铁电气化局集团有限公司第二届委员会和中共中铁电气化局集团有限公司纪律检查委员会及出席中国铁路工程总公司第一次党代会代表。选出公司党委委员25人，公司纪委委员7人，出席总公司第一次党代会代表21名。会后，两委分别召开第一次全体会议，选举产生集团公司党委常务委员会委员、书记、副书记和纪委书记、副书记。3月22日，中国铁路工程总公司党委批准两个委员会第一次全体会议的选举结果，集团公司党委常委：王其增、刘志远、白克强、张建喜、蒋玉林、齐学勇、王青斌、李同茂、于增；王其增为党委书记，刘志远、白克强、张建喜为副书记；

白克强为纪委书记（兼），付洪建为纪委副书记。

集团公司历任党委书记、副书记名录

表 11-2-1

届别	姓名	职务	起讫时间
电气化局第四届	侯唯一	书　记	1997 年 2 月 13 日至 1999 年 5 月 31 日
	高树堂	书　记	1999 年 5 月 31 日至 2001 年 5 月
	侯唯一	书　记	2001 年 6 月至 2001 年 11 月 1 日
	高树堂	副书记	1994 年 8 月至 1999 年 5 月
	侯唯一	副书记	1999 年 5 月 31 日至 2001 年 6 月
	刘志远	副书记	2001 年 6 月至 2001 年 11 月 1 日
	侯多智	副书记	2001 年 6 月至 2001 年 11 月 1 日
	白克强	副书记	2001 年 6 月至 2001 年 11 月 1 日
集团公司第一届	侯唯一	书　记	2001 年 11 月 1 日至 2003 年 12 月
	王其增	书　记	2003 年 12 月至 2006 年 3 月
	刘志远	副书记	2001 年 11 月 1 日至 2006 年 3 月
	侯多智	副书记	2001 年 11 月 1 日至 2006 年 3 月
	白克强	副书记	2001 年 11 月 1 日至 2006 年 3 月
	张建喜	副书记	2006 年 2 月 9 日至 2006 年 3 月
集团公司第二届	王其增	书　记	2006 年 3 月 22 日--
	刘志远	副书记	2006 年 3 月 22 日--
	白克强	副书记	2006 年 3 月 22 日--
	张建喜	副书记	2006 年 3 月 22 日--

第三章　党务综合管理

2001 年 8 月，企业改制后，集团公司党委办公室下设秘书科、调研科、机要科。2002 年，集团公司机关机构改革，党委办公室 3 个科合并为秘书、综合 2 个科。集团公司党委办公室(简称党办)是党务工作的综合管理机构。主要职责是贯彻落实上级党委和集团公司党委的决议；办文、办会、办事和文书档案管理；为领导决策收集、筛选信息；协助领导检查督促集团各单位党组织对集团公司党委决议和工作部署的执行；协助领导处理来信来访接待工作；承担领导临时交办的任务；负责督促和指导集团各单位党委办公室工作。1999 年以来，党办在做好参与政务、处理事务和搞好服务的过程中，着重做好集团公司党委各种文件的起草或审核，以及集团公司党委领导各种讲话稿的起草工作；围绕集团公司党委的中心任务，深入基层，调查研究，总结经验；协调集团公司党政工团各部门之间的工作；传达信息，沟通集团公司党委与集团各单位党委之间的联系，上情下达，下情上达，上下贯通。

第一节　文　秘

2003 年 6 月，根据《铁道部公文处理办法》和《北京市党政机关公文处理规定》，集团公司党委和行政制定《中铁电气化局集团有限公司党政系统公文处理办法》，对公文格式、行文规则、印发形式、适用范围、公文起草、公文校核、公文办理、立卷归档等工作流程进行了具体规定，形成完整、系统的公文办理程序，逐步使集团公司党委文件的制作、发放规范化、制度化、科学化。

一、办文

(一)公文处理　按照公文处理办法，承办上级党委和政治机关下发的文件、通知、电报、信函及集团各单位、部门向集团公司党委上报的请示报告、工作汇报等文字材料的收发、登记、呈批、转递、催办、清退、保管、收缴、立卷、归档。属于收文，办理文件登记、分发、阅批手续，经呈书记或副书记阅批后，由办公室文秘人员传阅、分送、催办或组织有关部门合办；属于发文，由承办部门拟搞，办公室核稿，呈书记或副书记签批后，编号并印发。至 2008 年底，办公室共核稿 3500 余份。每年年底，负责整理由办公室经管的文书档案，移交上级机关及集团公司档案馆。

(二)撰写文稿　为拟好文稿，文秘人员根据上级的指示要求，并结合集团公司实际情况，认真领会领导意图和工作思路，构思框架，综合部门和各单位的情况，草拟集团公司党委的工作要点、总结、报告、讲话及其他文稿。对于已经形成的初稿进行反复修改，力求内容真实，条理清楚，结构严谨，层次分明，数字准确，文字顺畅。成稿后，呈领导阅审，按照领导意见，认真修改定稿，保证文稿质量和公文的正常运转。至 2008 年底，办公室先后撰写集团公司党代会、职代会、全委（扩大）会、工作会、各专业会、“三讲”、先进性教育活动、重大庆祝会、纪念会的工作报告、讲话及集团公司党委的工作要点、总结等多种文稿 300 余份，文稿质量不断提高。

二、办会

承办集团公司党委召开的各种会议通知、记录和会务工作。会前，按照集团公司党委会议例会规定，根据领导的指示精神，具体安排会议日程，准备有关文件，发出会议通知；会间，做好会议记录；会后，将会议决议事项通知有关单位和部门，并负责编发《会议纪要》、《情况通报》以及整理领导讲话录音等，并及时了解会议的贯彻执行情况，发现问题及时汇报。至 2008 年共筹备或参与筹备全集团的党代会、党委全委（扩大）会、职代会、工作会、思想政治工作会以及其他重要会议 100 余次，圆满完成了各项办会任务。

三、办事

办理上情下达、下情上达、上下贯通的各项工作事宜。承办上级给集团公司党委部署的各项工作任务的传达和报告；接办集团公司党委与上级党委及有关单位联系事宜；收办下级党组织的情况汇报、请示报告等事宜；协调上下之间及各部门的联系。按照领导意图，按时保质保量完成领导交办的各项任务。

第二节　机　要

一、要文管理

1999 年至 2008 年，对于机要文件的管理工作，严格执行中央、省、部、市保密规定和保密制度，按照有关文件要求，切实加强对机要文件的管理与使用工作。具体办理程序和管理办法是：收到中央、北京市、铁道部、总公司等上级文件，首先认真核对文件目录、文号、份数与文件通知单是否相符，随后进行分类登记，送交领导批示，并按照批示进行传阅。对于下发的密级文件，将文件份数、文号和通知单一并装入盖有骑缝章的文件袋中，信封加密封笺，通过机要通信部门投递或通知有关单位机要人员亲自领取。集团公司党委办公室严格按照有关规定，做好文件的立卷归档工作，对于应销毁的文件，按照规定登记造册，联系指定造纸厂监销。至 2008 年底，共收发集团公司党委文件 10823 份，机要文件 12672 份，清退 7412 份，销毁 5260 份。

二、印章管理

按照集团公司党委办公室的职责范围，管理使用集团公司党委和集团公司党委办公室的印章；制发集团公司党委各部（室）和集团各单位党委、各工程指挥（项目）部党工委印章。2007 年 6 月，会同集团公司行政办公室制定《印章使用管理办法》，对管理种类、使用范围、使用方法、管理手续均做出明确规定。集团公司党委办公室所管的印章，做到使用手续严格，指定专人专柜保管，节假期间加封，在通常情况下除领导亲自签发的文件外，其余使用均需登记。同时，做到及时办理新旧印章的制发更换手续，到 2008 年底，共更新或销毁印章 25 枚。

第三节　调研信息

一、调查研究

1999 年至 2008 年间，集团公司党委办公室具体负责调研集团公司及集团各单位贯彻执行党的路线方针政策和集团公司党委工作部署的执行情况。每年遵照上级党组织和集团公司党委对调研工作的要求，结合集团公司党委全年重点工作，确定调研课题，并完成向北京市国资委报送集团公司党政主要领导及选送集团各单位党委书记调研论文工作和集团公司党政领导交办的临时性调研任务。针对西铁公司与集团公司重组后的实际，2004 年初，经过广泛调研，推动西铁公司“一分为五”整合。2004 年下半年，经过调研修订集团“五四发展战略”，规划集团至 2020 年发展目标。2005 年，经过调研编制集团公司“十一五”规划建议，提出“十一五”期间集团的总体要求、奋斗目标和主要任务。2008 年底，为抓住应对世界金融危机，国家采取拉动内需，扩大基础设施建设的大好形势，经过调研，及时制定《关于抓住新机遇，迎接新挑战，加快集团发展，增强集团实力的指导意见》，提出当前及今后一个时期的总要求、总体部署和新的发展目标。

二、信息管理

(一)信息载体和采集编发　2003 年，集团公司党委办公室和局办公室创编《综合信息》改为《电化集团信息》。至 2008 年底，会同集团公司办公室共出刊《电化集团信息》1370 期，整理编发各单位上报信息 9200 条，其中有 2200 余条信息被工程总公司采用。及时反映集团各单位工作动态、工作经验和主要做法等内容，为上级机关、集团公司领导、集团各单位和公司机关各部门参与决策提供工作参考。

(二)信息制度和网络建设　2000 年，集团公司党委办公室根据北京市委指示精神，印发《关于在全局政工系统开展信息工作的通知》，对信息上报的内容、收集和传递做出明确规定。2000 年 3 月，集团公司党办制发《关于加强党委系统信息工作的通知》和《电气化工程局党委系统信息工作评比办法》(暂行)，对信息工作提出具体要求。

第四节　保　密

1999 年至 2008 年，根据人事变动情况，曾先后 3 次调整集团公司保密委员会组织成员及办公人员，为做好保密工作提供组织保证。 十年来，定期对各单位保密工作进行检查，未发生文件丢失和泄密事件。同时，进一步加强保密工作领导，认真学习宣传贯彻《保密法》，加强对干部职工尤其领导干部和重点部位人员的保密宣传教育，进一步完善保密组织，健全保密制度，开展保密督查，加强保密管理。每年，集团公司保密委员会印发保密工作要点，要求各单位加强保密宣传教育力度，严格执行保密规定，加强自身队伍建设，大力加强保密宣传教育，切实加强对保密工作领导，重点抓住经济、科技保密工作，加大监督检查力度，落实保密法规制度。

第五节　信　访

2001 年，经集团公司党委常委扩大会议研究决定，对集团公司信访领导小组进行调整，组长侯唯一，副组长刘志远，集团公司机关有关部门负责人和工作人员为小组成员。集团各单位按照要求相应建立信访工作组织。2004 年，由于人事变动，集团公司信访领导小组组长调整为王其增。1999 年至 2008 年底，收到群众来信 915 件次，接待来访者 572 人次，处理重要信访案件 73 件。全集团的信访工作，认真贯彻落实信访工作的方针政策，热情接待职工群众来访，认真处理群众来信和案件，为保证企业稳定提供切实服务。

第四章　组织建设

第一节　党员队伍建设

1999年8月，针对全局总体党员数量多、生产一线党员比例相对较少和生产一线无党员班组比例有所回升以及个别单位在发展党员上存在忽视质量、盲目追求数量的现象，下发《关于加强在生产一线发展党员工作的意见》。各级党组织按照局党委的要求把工作的着力点放在生产一线工人，特别是骨干的培养教育上，做到有计划地发展优秀工人入党，不断壮大生产一线入党积极分子队伍。在入党积极分子队伍的培养上，普遍采用培训、吸收听课、参加党内有关活动、交任务压担子、团组织推优等方法，严把入口关，做到成熟一个发展一个。1999年，全局共发展党员228名，占计划的104.11%，其中工人党员占39.47%，35岁以下青年占77.19%，优秀青年知识分子占38.16%。2000年至2001年，共发展党员384名，其中发展生产一线党员311名。2002年6月，制定《中共中铁电气化局集团有限公司委员会发展党员公示制办法（试行）》，为进一步加强对入党积极分子的培养、教育、考察，按照党员标准牢牢把住党员入口关，确保发展党员质量，保持党组织的先进性和纯洁性，提高党组织的战斗力奠定基础。2002年至2005年，各基层党组织加强对入党积极分子的培养教育，使集团公司积极分子队伍始终保持在600-1000人左右。在发展党员过程中，各单位党委重视抓好对入党积极分子培训工作，认真贯彻发展党员工作“十六字方针”，严格执行集团公司《发展党员公示制办法》，共发展新党员941名，其中施工生产一线党员798名。2006年至2007年，集团公司各级党组织按照集团公司党委《关于进一步做好新形势下发展党员工作的意见》和发展党员工作的“十六字方针”，认真做好发展党员工作。各级党组织注重加大在施工生产一线和高知识群体、青年中发展党员，抓好入党积极分子队伍建设，做好“推优”工作，及时将施工一线涌现出来的优秀青年工人、技术管理骨干吸收到入党积极分子中来。两年共发展党员563名，其中发展施工生产一线党员510名，大专以上党员330名，35岁以下党员375名。2008年，集团公司各级党组织科学制定和落实年度发展党员工作规划，坚持推行发展党员公示制和逐步推广发展党员票决制，重点做好施工生产一线和高知识群体，尤其是在合同工、农民工中发展党员，扩大党员队伍和入党积极分子队伍在施工生产一线各个层次的覆盖面。全年共发展党员416名，其中发展施工生产一线党员396名，大专以上党员250名，35岁以下党员282名。

党员基本情况统计表（一）

（1999—2008）

表 11-4-1

项目/年度	党员总数	预备党员	女	少数民族	年龄						入党时间								文化程度							
					25岁以下	26至35岁	36至45岁	46至55岁	56至60岁	61岁以上	1921˙7-1927.7	1927.8_1937.7.6	1937.7.7_1945.9.2	1945.9.3._1949.9.3	1949.10._1966.4.	1966.5._1976.10.	1976.11_1992.9.	1992.10月以后	研究生	大学本科	大学专科	中专	高中	初中	小学	文盲
1999	5206	265	777	64	271	1259	1260	1240	382	794		3	21	72	571	764	2127	1648	7	1519		1081	1102	1068	429	
2000	5391	239	792	65	272	1260	1330	1264	445	820		3	21	72	558	733	2108	1896	8	1620		1126	1188	1037	412	
2001	4882	234	714	62	262	1265	1406	1129	368	452		3	20	62	307	584	1853	2053	13	596	964	1033	1171	834	271	
2002	4934	238	702	62	238	1254	1426	1194	380	442		3	20	60	264	466	1829	2292	10	634	1053	999	1162	858	218	
2003	5000	201	714	68		1545	1421	1190	409	435		2	18	54	257	440	1737	2492	10	711	1108	957	1170	1044		
2004	7789	339	1016	77		2249	2088	1747	732	973			21	71	515	720	2588	3874	21	1015	1716	1273	1631	2133		
2005	8098	352	1114	77		2269	2259	1738	798	1034			20	69	512	702	2529	4266	24	1129	1835	1377	1845	1888		
2006	8600	358	1149	86		2389	2411	1811	861	1128			20	64	507	696	2661	4652	33	1378	2080	1376	1889	1844		
2007	8941	384	1230	113		2606	2604	1682	888	1161			19	60	472	697	3589	4104	45	1676	2200	1335	1822	1863		
2008	9305	462	1315	113		2774	2554	1743	912	1322			18	55	432	637	5781	2382	55	1948	2325	1349	1973	1655		

党员基本情况统计表（二）

（1999—2008）

表 11-4-2

项目 年度	合计	在岗职工			离退休人员		其他
		企业工人	企业管理人员	企业专业技术人员	离休干部	退休、退职人员	
1999	5206	1263	1090	1745	227	864	17
2000	5391	1450	1094	1738	225	873	11
2001	4882	1310	1048	1637	190	376	321
2002	4934	1345	997	1642	187	367	396
2003	5000	1340	2726			788	146
2004	7789	2106	3875			1619	189
2005	8098	2173	4053			1850	22
2006	8600	2386	4311			1889	14
2007	8941	2434	4569			1938	
2008	9305	2413	4915			1977	

注：2003 年～2008 年党员基本情况统计表中的“企业管理人员”，包括了“企业专业技术人员”的统计数；“退休、退职人员”中含“离休干部”的统计数。

党组织分布情况统计表

（1999—2008）

表 11-4-3

年度 分布	1999	2000	2001	2002	2003	2004	2005	2006	2007	2008
党委	39	39	39	39	39	49	51	51	60	61
总支	12	11	6	10	15	31	34	49	50	61
支部	299	286	290	302	320	477	516	536	579	622

第二节　党员管理教育

1999 年，加强在岗党员的管理教育，认真落实“三会一课”制度；针对高度流动分散的特点，做好流动分散党员的管理教育；按照中央和上级党组织的部署，组织全体党员开展和“法轮功”反动邪教组织的斗争，并以党支部为单位召开专题民主生活会，3746名党员参加，占党员总数的94.2%。全局党员电化教育工作逐步走上规范化，电教设备达65台（件），共播放党员电教片244场（次），收看人数达10501人（次）。

2000年至2001年，继续在全体党员中进行马克思主义唯物论和无神论教育，对受“法轮功”影响较深的群众继续进行教育和帮助，增强组织观念和纪律观念，党员的党性进一步提高。按照中央和上级党组织的部署，局党委组织全体党员开展学习江泽民总书记“七一”讲话、“三个代表”的重要思想和十五届六中全会《决定》活动，以支部为单位召开学习《决定》专题民主生活会。

2002年3月，针对施工队伍高度流动分散的特点，制定《关于加强对流动分散党员教育管理的意见》，就党员的管理教育提出具体的加强措施，更好地发挥党员的先锋模范作用。各级党组织积极探索在新形势下加强党员管理教育的新方法，并充分利用电视、录放设备、网络、多媒体等现代科技手段强化党员电化教育。

2003年，按照北京市“六有”（有阵地、有专人、有制度、有设备、有活动、有片库）要求，结合各单位实际情况，全集团段以上党委共建立48个党员电化教育室。集团各级党组织组织党员认真学习党章、“三个代表”重要思想和党的十六大精神，采取办学习班、电化教育、知识讲座、召开座谈会、组织入党宣誓等形式进行系统培训，利用施工间隙组织党员自学，党委书记结合新形势讲党课。在组织党员学习的基础上坚持每年开展民主评议党员活动，加强对流动分散党员的管理和教育。

2004年至2005年，基层党组织充分利用党员电化教育室，积极组织党员学习新党章、十六届三中、四中、五中全会精神、收看电教片、上专题党课和专业技术课、重温入党誓词、知识讲座等。2005年在各级党组织和全体共产党员中开展保持共产党员先进性教育活动，达到“提高党员素质，加强基层组织，服务职工群众，促进各项工作”的目的。部分单位党组织利用网络优势实行党支部工作电子化管理，加强对流动分散党员的管理教育。

2006年至2007年，印发《关于做好党员联系和服务职工群众工作的实施细则》，转发中组部《关于进一步加强和改进离退休干部党支部建设工作的指导意见》和总公司党委《关于加强党员经常性教育的实施意见》、《关于加强和改进流动党员管理工作的实施意见》、《关于建立健全各级党委抓基层党建工作责任制的实施意见》。集团公司各级党组织结合各自实际，采取多种形式组织党员开展“党员承诺”、“流动党课我来讲”、“一岗带三岗”、“党徽在京沪线上闪耀”、“党员先锋号工程”、“党建带动员工队伍建设、团组织建设和企业文化建设”等有针对性的党内活动，做好党员联系和服务职工群众工作。2007年，根据北京市国资委党委的通知精神，组织全体共产党员献爱心捐献活动，全集团共有3400人参加，其中有11名农民工党员、10名入党积极分子、90名职工群众，共捐款104075元，北京市慈善协会为中铁电气化局颁发捐赠证书。

2007年7月，根据北京市国资委党委的通知精神，积极响应中共北京市委组织部号召，集团公司各级组织部门具体组织了共产党员献爱心捐献活动，截止 7 月 6 日，全公司共有 3400 人参加捐献活动。其中，有 11 名战斗在北京奥运地铁工程建设工地的农民工党员、10 名入党积极分子、90 名职工群众，共捐款 10.4075 万元。7 月 24 日，北京市慈善协会为集团公司颁发了捐款证书。

2008 年 4 月，印发《关于在全体党员中开展“五先五最”主题实践活动的实施意见》。各级党组织将“五先五最”主题实践活动作为“创岗建区”活动基础上的深化和创新，努力发挥好党员在急难险重施工生产任务中的先锋模范作用。集团公司广大共产党员发扬一方有难、八方支援的大爱精神，5746 名党员响应中组部号召两天之内交纳“特殊党费”138 万元。集团各单位党组织按照集团公司党委二届四次全委扩大会议提出的在建立健全“党建工作责任制”的前提下，努力“构建党员联系和服务群众工作体系”，积极探索“党员动态管理机制”、“党的基层组织互帮互助机制”、“党内激励、关怀、帮扶机制”、“困难党员救助长效机制”等有效实现形式，使全集团形成上级党组织关心基层党组织、基层党组织关心广大党员、各级党组织和广大党员都关心职工群众的生动活泼局面。11 月印发《关于开展“困难党员互助活动”试点的通知》，将二公司大包线党工委作为试点，要求所属各单位党组织紧密结合本单位特点和实际，选择一个工程项目部党组织或相对固定的党支部为试点进行探索和实践。集团公司党委在“5.12”四川汶川大地震发生后下拨 10 万元党费用于帮助严重受灾党员和职工重建家园，在“七一”前夕下拨 29000 元党费对 29 名生活特别困难党员进行补助。

第三节　基层组织建设

一、民主集中制建设

1999 年，认真贯彻执行中共中央《关于进一步加强和改进国有企业党的建设工作的通知》和铁道部党组《铁路企业党委工作规定》。各级党委的民主集中制建设得到加强，健全和完善重大问题集体讨论等工作制度，发挥党政正职在贯彻民主集中制中的关键作用，坚持集体领导和个人分工负责相结合，保证政令畅通。

2000 年，认真贯彻中纪委、中组部《关于改进县以上党和国家机关党员领导干部民主生活会的意见》，颁布《电气化工程局领导班子党员领导干部民主生活会制度》，从制度上加大对局属各单位民主生活会的指导力度，加强党的民主集中制建设。

2001 年，集团公司党委按照上级党组织的要求，认真贯彻落实“三个代表”重要思想，加强各级领导班子的思想作风建设，充分发挥企业党组织的政治核心作用。集团公司各级党组织认真学习江泽民“七一”和“5.31”重要讲话、中企工委和中组部《关于中央企业领导人员廉洁自律若干规定的实施办法(试行)》。在各级领导干部中广泛开展“务必保持谦虚、谨慎、不骄、不躁的作风，务必继续保持艰苦奋斗的作风”的教育。以“八个坚持、八个反对”为标准，集中解决领导班子和领导干部在思想作风、学风、工作作风、领导作风和生活作风方面存在的突出问题。进一步加强党委班子的制度建设，理顺和完善企业领导体制。进一步建立和完善企业党组织履行职责、发挥作用的工作制度和工作程序,从制度上保证企业党组织政治核心作用的有效发挥。依据中共中央关于加强和改进党的作风建设的决定,结合集团公司实际和借鉴“三讲”教育的成功经验，按照执行中共中央纪律检查委员会、中共中央组织部《关于改进县以上党委和国家机关党员领导干部民主生活会的若干意见》和《中共中央关于加强和改进党的作风建设的决定》，进一步加强民主集中制建设。按照上级党委的要求，年初，集团公司党委在领导班子及成员中认真开展“三讲”教育，并于4月至5月在集团各单位处级领导班子和成员中开展“回头看”活动。集团公司党委及所属单位党委分别召开领导班子党员领导干部学习贯彻六中全会《决定》专题民主生活会，认真查找和剖析在党性党风方面存在的突出问题，并制定整改措施。

2002年3月,制定《中铁电气化局集团有限公司工程项目部党组织工作规定(试行)》,切实加强工程项目部党组织建设。为进一步加强党支部建设，促进党支部工作的规范化、制度化，更好地发挥党支部的战斗堡垒作用和党员的先锋模范作用，制定并印发《中铁电气化局集团有限公司党支部工作制度（试行)》。

2003年，集团公司党委发出《关于加强工程项目部党组织建设和现场思想政治工作的指导意见》，要求集团各单位有项目部就要建立党的组织，有党组织就要建立健全党组织工作制度，确立党组织在工程项目部的政治核心地位，保证项目部党组织能够紧密围绕生产经营中心发挥作用。

2005年4月,集团公司党委组成调研组对“建设思想政治领导型、决策和参与决策型、协调服务型党委”进行调研，形成党建工作新思路。

2006年3月24日，集团公司党委以（电党办〔2006〕33号）下发了《关于建设思想政治领导型、决策和参与决策型、协调服务型党委的指导意见（试行)》。

2006年12月，集团公司党委印发《关于领导班子建设关键工程的指导意见等五项工程文件》和《关于建立党委政治核心作用与法人治理结构有机结合的党建工作运行机制的指导意见等四个机制文件》及《工程项目经理（党工委书记）考核评价办法（试行)》。

2007年9月17日，集团公司党委以（电党组{2007}88号）文件，下发《中铁电气化局集团有限公司党委（常委）会议议事规则实施细则》。

2007年6月，中央第十一检查组对集团公司“三型党委”建设及党员承诺、项目部党组织五卷化管理、党支部基础管理和农民工党员管理给予充分肯定。集团公司党委主要领导，提出的“三型党委”课题，经过不断实践，总结出了建设“三型党委”的工作思路和有效形式，提出了实现“三型党委”的主要任务和基本途径，形成了比较系统的、具有可操作性的工作程序，为企业党委充分发挥作用提供了有效途径。同年7月，“三型党委”建设经验，在中组部办公厅主办的《组工信息》刊登后，引起中组部领导关注。《充分发挥国企党委的政治核心作用》的文章，在《党建研究》发表后，被中国共产党新闻网全文转载。“三型党委”的做法得到了党建工作最高权威机构的肯定。中央企业党建思想政治工作研究会会刊《企业文明》、《北京支部生活》、《人民铁道》报、《求实与创新》等报刊先后发表了集团公司的经验。同年 10 月，“三型党委”建设的成果被评为北京市国企党建工作创新成果一等奖；集团三公司党委《践行党员承诺，永葆共产党员先进性》和电气化公司党委《推行“五卷化”管理，夯实党建基础工作》分别获得北京市国资委党委国企党建工作创新成果二等奖和优秀奖。《推行标准化管理、夯实党建基础工作——“五卷化”管理纪实》被录入国务院国资委党委组织部编辑的《探索、创新、实践——中央企业党的先进性建设实录》一书。

二、党员代表大会制度

为规范党代会（党员大会）制度，下发关于所属单位向集团公司党委上报党代会（党员大会）材料的通知，提出明确要求。集团各单位党委（总支、支部）的党代会（党员大会）普遍做到按期召开，形成制度。与企业内部改革和行政组织变化同步抓好党的组织建设工作，与行政同步对新成立的各线指挥部（项目部）建立党的工作委员会。在党的民主集中制建设上与领导班子调整同步，集团公司党委对所属单位党委、纪委届中缺员情况进行及时增补。

三、领导班子党员领导干部民主生活会制度

2002 年 3 月，集团公司党委依据中共中央关于加强和改进党的作风建设的决定，重新修订《领导班子党员领导干部民主生活会制度》。2005 年 11 月，结合先进性教育活动专题民主生活会的成功经验，对该《制度》作进一步修订，以形成长效机制。自此，集团公司及所属单位领导班子党员领导干部民主生活会每年召开一次，一般在 12 月份召开，会议的主题根据上级党委有关要求，结合领导班子建设的实际，针对改革发展面临的形势任务以及需解决的突出问题，由集团公司党委研究确定。为开好基层领导班子党员领导干部民主生活会，集团公司领导带队，公司纪委、组织部分别派人参加集团公司各单位的民主生活会。

四、党支部建设

2006 年 12 月，集团公司党委为全面加强基层党支部建设，下发了《关于党支部建设基础工程的指导意见》，指出了实施党支部建设基础工程的重要意义和必要性，制定了指导思想、目标要求、主要措施和考核机制。1999 年至 2008 年，全集团共建立党支部 622 个、党总支 61 个。专职党支部书记 174 名，占总数的 27.97%；兼职党支部书记 448 名，占总数的 72.03%。622 个党支部中，生产一线党支部 435 个，占总数的 69.94%。

第四节　特色活动

一、"创岗建区"活动

1999年至2008年，集团公司党委在施工生产一线党组织和广大党员中持续开展并不断深化"创党员先锋岗、建红旗责任区"（简称"创岗建区"）活动。集团公司所属单位党委紧密结合各自施工组织的不同特点，把解决施工生产中出现的难点作为党支部工作的出发点，把保安全、质量、工期、效益、信誉作为落脚点。在施工生产经营中先后开展"创党员先锋岗，确保安全生产，确保工程质量，确保施工工期"（简称"一创三保"）活动、"达标准、创先进、争红旗"、"三无三有三清楚"、"争当工种带头人"、"党员工作写实"、"先承诺后写实"、"党员先锋号工程"等系列活动。广大党员在自身岗位和责任区发挥先锋模范作用，促进和保证施工生产经营任务的完成。

二、创建"党支部示范点"活动

2004年，按照总公司党委的指示精神和集团公司党委的具体部署，为探索项目部管理模式下党组织建设的新思路、新办法，更好地发挥党支部在生产经营中的的战斗堡垒作用，在施工一线党支部中开展创建"党支部示范点"活动。

2004年11月，集团公司党委在保定召开"党支部建设示范点经验交流会"，重点交流了"建立平衡点、搞好示范点，创建一流作业队党支部"、"建立长效机制，强化支部保证监督职能"、"以示范作用助推企业发展"、"抓党建、留人才、促发展"、"同向同责同力，决战盛洪卿隧道"、"求创新，激活力"，"党员分片三包制，彰显实效"等十一个经验材料。

三、创建"红旗项目部"活动

2006年8月，集团公司和集团公司党委下发《关于开展创建"红旗项目部"活动的通知》。集团各单位在工程项目部中广泛开展以"保安全、铸精品、创效益、建堡垒、当先锋"为主题的创建"红旗项目部"活动。大力宣传活动的重要意义，紧密结合实际制定创建规划，精心组织创建实践，涌现出一批项目班子坚强、管理规范、效益突出、党建活跃、窗口形象良好的工程项目部。集团公司对2007、2008年度15个和17个"红旗项目部"予以命名表彰。其中一公司津沈项目部、西铁建设公司北京地铁奥运支线项目部、电气化公司石德项目部获得总公司2007年度"红旗项目部"。

四、"五先五最"主题实践活动

2008年4月，为深入贯彻党的十七大精神，进一步加强党员队伍建设，全面提高党员队伍素质，教育和激励广大党员始终保持先进性，发挥创造性，体现示范性，根据总公司党委部署，集团公司党委决定在全体党员中开展以“科学理论先学习，觉悟最高；规章制度先执行，作风最硬；岗位技能先掌握，能力最强；工作任务先完成，业绩最优；企业精神先弘扬，形象最好”为主要内容的“五先五最”主题实践活动，印发《关于在全局广大党员中开展“五先五最”主题实践活动的实施意见》。各级党组织将“五先五最”主题实践活动作为“创岗建区”活动基础上的深化和创新，努力发挥党员在急难险重施工生产任务中的先锋模范作用。

五、“创先争优”活动

1999 年至 2008 年，集团公司党委在全集团基层党组织和广大党员中坚持开展“创先进党支部，争当优秀共产党员”（简称“创先争优”）活动。十年间，集团公司各级党组织坚持年年自下而上开展“创先争优”活动，并在每年“七一”前，对活动情况进行总结，评选出先进基层党组织、红旗党支部、优秀共产党员、优秀党支部书记和优秀党务工作者，分别召开表彰大会进行表彰，同时推荐上级党组织表彰，并通过各种形式广泛宣传、推广其事迹和经验。至 2008 年底，全集团共评比表彰局级“先进基层党组织”56 个次、“红旗党支部”168 个次、“优秀共产党员”915 名次、“优秀党支部书记”172 名次、“优秀党务工作者”238 名次。1999 年，经集团公司党委推荐二处党委和建筑处党员王巩信被铁道部分别授予“先进基层党组织”和“优秀共产党员”称号。2006 年 7 月西铁工程公司党员杨超被中共北京市委授予“优秀共产党员”称号。

2008 年 6 月 11 日，在北京市组织系统调查研究暨专项工作部署会上，党委组织部长秦自让荣获调查研究工作先进个人称号。

2008 年“七一”前夕，集团公司党委推荐的集团公司《党委参与企业重大问题决策的实现形式》、西铁工程公司三处党委《加强对农民工党员管理的实践探索》、西安电化公司榆林供电段党总支《实行发展党员票决制》、电气化公司党委《建立项目党建工作“一体化”考评体系》四项党建工作运行机制成果入选北京市国资委党委编辑的《国有企业党建工作运行机制实践探索》文集。

2008 年 10 月，集团公司被北京市国资委授予“北京奥运会、残奥会先进单位”称号，同年 12 月，集团公司董事长、党委书记王其增撰写的《国有企业党组织引领企业科学发展的规律性探索》，党委组织部长秦自让撰写的《项目部党组织书记应具有复合型任职能力》分别获北京市国资委党委、国企党建研究会颁发的“‘福田杯’改革开放 30 年与国企党建创新征文”一等奖和三等奖。集团公司党委组织部长秦自让撰写的《推进项目党建思想政治工作创新的几点思考》入选由中共北京市委组织部、北京市党的建设研究会编辑，由中共中央党校出版社发行的《北京市“纪念改革开放 30 周年党的建设和组织工作理论研讨研讨会入选论文”。

十年间受到北京市工业工委和北京市国资委党委表彰的“先进基层党组织”11 个、“优秀共产党员”29 名、“优秀党务工作者”8 名，受到总公司党委表彰的“先进基层党组织”17 个、“优秀共产党员”18 名、“优秀党务工作者”10 名。2008 年，集团公司宝成铁路 109 隧道抢险临时党总支，集团公司党委书记、董事长王其增，西铁工程公司电焊工张虎勤分别被国务院国资委授予抗震救灾“先进基层党组织”、中央企业“优秀党务工作者”和中央企业“优秀共产党员”称号。

第五节　专题教育

一、“三讲”教育活动

2000 年 4 月 11 日，根据中央和上级党组织的统一部署，局党委决定在各级领导班子成员及局机关处以上干部中集中开展“三讲”（讲学习、讲政治、讲正气）教育，局机关至 6 月 12 日结束。在“三讲”教育中，制定切实可行的工作计划，组织“三讲”联络组，深入基层单位到广大党员群众中上传下达，沟通领导干部和广大党员群众的联系，使“三讲”教育活动取得预期的效果。各级领导班子成员及局机关处以上干部普遍受到一次深刻的马克思主义理论再教育，思想理论素质进一步提高；查找和剖析党性党风方面存在的突出问题，明确了努力方向；重新拿起批评与自我批评的思想武器，增强领导班子的凝聚力和战斗力；全心全意为人民服务的宗旨观念和廉洁自律意识明显增强，进一步密切与群众的联系，转变工作作风，调动工作积极性；坚持“两手抓，两促进”，取得“三讲”教育和生产经营双丰收。

二、“三讲”教育“回头看”活动

2001 年，根据中央和上级党组织的要求，集团公司党委于年初在认真搞好公司领导班子及成员“三讲”教育“回头看”的基础上，于 4 月中旬至 5 月中旬在集团公司各单位处级领导班子及成员中开展“回头看”活动。集团公司党委成立 3 个指导检查组。集团各单位党委加强领导，严格把关，按照准备发动、征求意见、深入学习、自查自看、民主生活会和总结等步骤，活动取得显著成效。

三、保持共产党员先进性教育活动

2005 年，按照中央和上级党组织的要求，在各级党组织和全体共产党员中开展先进性教育活动。年初完成先进性教育活动开始前的请示、实施方案、推进计划、活动安排、领导小组及机构组成、机关党组织设置和党员队伍状况、领导小组及办公室、机关指导组职责、群众监督评价等工作制度的起草上报及下发工作。做好机关动员大会、三次转段大会和全面启动所属单位动员大会及培训会议的组织、协调工作，分阶段转发或起草下发指导性文件。建立内部公开邮箱，及时以面对面、电话和电传等方式解答疑难问题。组织专题党课、形势报告会、先进事迹报告会、领导班子专题民主生活会、专题民主生活会和组织生活会情况通报会、先进性教育活动整改情况通报会和总结表彰大会。积极配合总公司督导组参加支部组织生活会、个别访谈会、随机抽样调查会。集团公司先进性集中教育活动分公司机关和各单位两批，机关从 4 月 29 日至 8 月 5 日、各单位从 6 月 30 日至 9 月 30 日进行。共有 52 个党委（含集团公司党委）、1 个党工委（青藏线）、38 个党总支（其中机关 2 个）、512 个党支部（其中机关 28 个）、7806 名党员（其中机关 367 名）参加。集团公司机关先进性教育活动和整改工作情况群众满意度测评，满意率为 94.3%，基本满意率为 5.7%，满意和基本满意率达到 100%。21 个所属单位满意度测评，满意率为 75.6%-100%，满意和基本满意率达到 100%。在先进性教育活动中，有 130 个党支部（其中机关 10 个）和 810 名党员（其中机关 43 名）受到表彰。先进性集中教育活动结束后，做好先进性教育活动巩固和扩大整改成果工作并进行“回头看”。建立或修订“关于建立健全保持共产党员先进性长效机制的实施意见”、“关于加强和改进新形势下党建思想政治工作的实施意见”、“领导班子党员领导干部民主生活会制度”、“工程项目部党组织工作暂行规定”、“关于在集团公司建立党支部组织生活会制度的意见”、“关于进一步做好新形势下发展党员工作的意见”，将 15 个长效机制文件汇编成册，下发到所属单位及有关部门贯彻落实。集团各单位党组织结合本单位实际建立长效机制。

第五章　宣传、文化

宣传、思想文化工作主要由集团公司党委宣传部负责，包括干部理论教育、职工思想政治教育、对外新闻宣传报道、对内宣传报道、企业文化建设、精神文明建设、统战工作、610 办公室、政工职称评审等项工作。2002 年至 2005 年 7 月，集团公司成立文化公司，将对外新闻宣传报道、对内宣传报道、企业文化建设工作划归其管理。2005 年 8 月 1 日文化公司撤销，所负责的工作重新归并到党委宣传部。集团公司党建思想政治工作研究会，在集团公司党委的领导下工作，研究会秘书处挂靠在宣传部。

第一节　干部理论教育

干部理论教育工作，以局、处两级干部为重点，以党委中心组学习为抓手，坚持以马克思列宁主义、毛泽东思想、邓小平理论和“三个代表”重要思想为指导，深入贯彻落实科学发展观，推动集团公司发展。

1999 年，《中共中央关于国有企业改革和发展若干重大问题的决定》发表，1999 年 11 月至 2000 年 1 月在全局范围内开展“学习贯彻十五届四中全会精神，促进企业改革和发展大讨论活动”，分为学习、讨论和提出未来发展战略、奋斗目标、重点工作及措施三个阶段。2000 年 4 月至 11 月，在局、处两级领导干部“三讲”教育期间，以及进行反腐倡廉“警示教育”、“三个代表”思想学习及随后开展的“回头看”活动中，把理论学习贯穿教育活动的始终，集体封闭学习与自学相结合，听取群众意见与自我检查加深理性认识相结合，提高思想认识与整改相结合。“三讲”期间，全局 172 名局、处级领导干部撰写学习体会文章 871 篇，人均写出 2 万字以上的读书笔记。局党委结合“三讲”教育重新修订和完善《局党委中心组学习制度》。2000 年 7 月，局党委中心组先后两次听取铁道部和工程总公司专家讲授的公司制改造知识讲座，举办两期领导干部“三个代表”理论学习班。1999 年至 2000 年，局、处两级党委中心组共学习 547 次，出勤率 80%以上，学习计划兑现率 95%以上，撰写论文 282 篇，其中局党委中心组集体学习 67 次，撰写论文 36 篇。

2001 年，重新修订《集团公司党委中心组学习制度》，加大检查考核力度，并坚持做到“三个结合”（集中学习和自学相结合，分散学习与专题集中讨论相结合，书本知识与具体实践相结合）。印发《关于学习贯彻江泽民总书记在庆祝中国共产党成立 80 周年大会上重要讲话精神的安排意见》，集团所属各处、子公司以党课、专题讲座、读书班、培训班、知识问答等形式在党员干部中掀起学习高潮。8 月举办两期处以上领导干部学习“江泽民总书记在庆祝中国共产党成立 80 周年大会上的讲话”读书班，109 名局、处级干部参加学习。党的十五届六中全会召开后，集团公司党委组织全体党员干部把学习“讲话”同贯彻六中全会精神相结合进行理想信念教育，用以推进党的作风、廉政建设和企业的改革发展。全年举办干部理论辅导班、培训班 20 次，集团公司和处、子公司两级党委中心组共集体学习 200 余次，学习计划兑现率 90%以上，撰写论文、心得、调研文章 123 篇。

2002 年，中心组重点学习邓小平理论、“三个代表”重要思想和十六大报告。围绕提高对社会主义市场经济的驾驭能力，理论学习与当代政治、经济、制度、法律、文化等专题学习同步进行。结合本单位实际，围绕全公司的中长期发展战略与思路，开展理论调研。全年共组织集体学习 10 次，计划兑现率 95%，出勤率 85%。12 月举办集团公司处级干部十六大精神学习班，集团本部及各单位 50 名处级干部参加。

2003 年，党委中心组认真学习原著、听辅导、搞调研，先后组织 16 次专题学习，5 次参加北京市组织的辅导报告会。组织观看著名专家学者的《全面贯彻“三个代表”重要思想》、《当前国际形势》、十届全国人大《政府工作报告》、《学习贯彻十六大精神，进一步推进国有企业改革与发展》等辅导录像片。“非典”期间，党委中心组学习受到影响，本着缺席少课要补课的原则，下半年增加集体学习次数，全年集体学习仍达 12 次，学习计划兑现率 100%，学习出勤率 85%。4 月、10 月举办两期处级干部学习班，培训处级干部 120 多人次。

2004 年，中心组学习《“三个代表”重要思想学习纲要》、胡锦涛在纪念建党 82 周年座谈会上的讲话、《中国共产党党内监督条例（试行）》、《中国共产党纪律处分条例》、十六届三中全会《决定》、四中全会《决定》。年初，下发《2004 年党委中心组理论学习安排》，6 月重新修订学习考核制度。集团公司中心组学习，采取集中学习和自学相结合、专题学习和辅导相结合、走出去和请进来相结合、学习理论和学习业务知识相结合，做到“四个到位、一个突出”，即安排到位、组织到位、落实到位、学习到位，效果突出。集团公司中心组成员在集中组织学习党中央文件的同时，还参加北京市举办的“企业发展战略讲座”，以中心组学习形式举办高速铁路和铁路土建工程讲座。为庆祝建党 83 周年，党委书记王其增为中心组成员和机关全体党员上“共产党员要保持先进性”专题党课，举办一期处级干部培训班。

2005 年，集团公司党委中心组学习“三个代表”重要思想以及江泽民《论“三个代表”》、《论党的建设》等重要著作，认真研读十届全国人大三次会议《政府工作报告》，重点通读《中共中央关于制定国民经济和社会发展第十一个五年规划的建议》、温家宝总理《关于制定国民经济和社会发展第十一个五年规划建议的说明》，收看专家录像辅导报告。1 月至 10 月，党委中心组集中座谈 10 次，完成论文 12 篇，写学习笔记 120 篇。

2006 年，中心组认真学习十六届五中、六中全会精神，胡锦涛关于建设创新型国家、构建和谐社会、树立社会主义荣辱观、党的先进性建设等一系列重要讲话。坚持月学习计划制度，建立学习秘书为中心组成员提供参阅材料制度。全年共编辑《局党委中心组学习参阅材料》9 期。集团公司党委中心组部分成员先后 4 次参加市委、市国资委举办的辅导报告会，撰写学习体会文章 14 篇。中心组坚持理论联系实际的学风，把政治理论学习和解决企业发展中遇到的问题相结合，就集团公司“十一五”发展规划、“加强工程项目管理”、“构建和谐企业”等企业发展的重要课题进行专题学习研讨，在统一认识、集思广益的基础上，制定集团公司《关于构建和谐企业有关重要问题的决定》、《关于全面加强和改进工程项目管理的决定》和《十一五发展规划》等重要文件，成为指导集团公司当前和今后一个时期发展的纲领性文件。组织 16 名基层党委书记参加市国资委举办的素质能力培训班。集团公司举办领导干部落实科学发展观培训班，72 名副处职以上干部参加培训。结合企业在规模扩张中遇到的问题，邀请北京市委讲师团著名专家来机关通过视频系统授课。在集团公司中层以上领导干部中开展“深入贯彻党的十六届五中全会精神，全面落实科学发展观”征文活动，收集上报论文 20 余篇。开展“学习党章、贯彻党章、维护党章”理论研讨征文活动，收集上报论文 20 余篇。

2007 年，党的十七大召开前，中心组成员认真学习科学发展观、构建和谐企业及中央领导的系列重要讲话。4 月，举办全集团领导干部落实科学发展观培训班。各级党组织召开专题中心组学习会，收视收听党的十七大开幕式并座谈，认真学习贯彻十七大精神。认真贯彻总公司党委一届三次全委（扩大）会议精神，深入研究思考企业发展的有关问题。集团公司党委召开二届三次全委（扩大）会议，以“深入贯彻党的十七大精神，进一步解放思想，转变观念，推动企业又好又快发展”为主题，提出推进七个方面的创新、加快八个方面步伐的要求，通过《决定》，提出全集团当前和今后一个时期发展的指导思想和总体要求、工作重点和发展战略目标。举办 3 期学习十七大处级领导干部培训班，243 名领导干部参加。邀请总公司十七大精神宣讲组到集团公司工地现场宣讲十七大精神。集团公司党委中心组学习做到有计划，有考勤，有讨论记录，有读书笔记，有检查，有考核，有创新，学习出勤率达到 85%，学习计划兑现率达到 95%，上报论文 15 篇。

2008 年，深入学习党的十七大精神，认真学习全国两会精神、十七届三中全会精神、中国工会十五大会议精神、胡锦涛在视察人民日报社时的讲话和在建党 87 周年庆祝大会上的讲话、习近平在中央党校 2008 年春季学期第二批进修班既师资班开学典礼上的讲话等。针对中国中铁上市后企业面临的新形势新情况，开展“重新学习”活动，组织各级领导干部重新学习《公司法》、《证券法》、证券交易的有关规则以及资本运营知识和现代经营管理知识，进一步更新知识结构，切实转变传统的思想观念、经营理念、管理方式和管理习惯，促使各级领导干部特别是领导班子成员尽快地适应总公司上市后新的运营方式和管理要求。集团公司党委中心组成员参加北京市国资委组织的《全国两会精神报告会》。党的十七届三中全会召开后，集团公司党委立刻作出部署，各级党委中心组认真学习领会党的十七届三中全会精神，全面把握党的十七届三中全会对今后一段时间对世界及全国经济形势的科学判断，以及作出的一系列重要战略举措。集团公司党委召开专题中心组学习会，以科学发展观为指导，分析研讨面对世界金融危机、国家加快基础设施建设扩大内需给企业带来的机遇和挑战，提出一系列新的战略举措，作出“实现工作重心战略转移”的战略决策，为实现企业更长时间、更高水平、更高质量的发展提供坚实的思想理论基础。党委中心组学习严格执行《中心组学习制度》，做到时间、内容、地点三落实。编辑11期《集团公司中心组学习参阅资料》。各级党委中心组成员认真落实撰写论文制度，全年党委中心组成员撰写论文14篇。

第二节　员工思想教育

员工思想教育工作，贯彻落实中共中央和上级党委关于加强和改进企业思想政治工作的要求，继承和发扬国有企业思想政治工作的优良传统，努力将国企政治优势转化为企业核心竞争力。每年根据形势任务的变化，编写形势任务宣传提纲。研究和掌握员工思想动态，采取多种形式，做好员工思想教育、引导和心理疏导。

1999年初印发《再接再厉，奋力拼搏，以辉煌的业绩跨入21世纪》形势任务宣传提纲，号召全局职工贯彻铁道部在新一轮铁路建设大会战中提出的“快速、有序、优质、高效”方针，调动各方面积极性，确保全年目标的实现。7月印发《认清形势，紧急动员，精心组织，科学安排，确保全年生产经营任务完成》的宣传提纲和《安全生产宣传提纲》。10月，在全局开展“掀起百日会战高潮，迎澳门回归万人百题知识竞赛”。运用报告会、座谈会、报纸、橱窗等多种形式，在职工中开展坚持祖国统一、维护国家主权、反对世界霸权主义的宣传教育。11月颁发《关于进一步加强现场思想政治工作的指导意见》。

2000年，印发《精心组织、奋力攻坚、抓住机遇、全力以赴，夺取改革与发展的新胜利》、《精心组织、科学管理、知难而进、奋起拼搏，全力以赴打好武广电气化工程攻坚战》、《建立现代企业制度、开创我局发展新局面》、《精心组织、科学安排、团结一致、奋勇攻坚、全面完成全年生产经营任务》等形势任务宣传提纲。

2001年，年初通过报纸、广播、宣讲会、知识竞赛、图片展等形式在员工中广泛宣传集团“五年发展规划”和“第二次创业”发展战略。3月撰写《紧急动员，全力以赴，首战必胜，确保“4.15”韶广段开通》武广工程宣传提纲。武广、哈大相继开通后，通过宣传橱窗进行工程图片展。8月8日，集团公司挂牌成立，策划编辑大型图片展，精选企业成立以来各个时期的照片80余幅，展现企业的创业过程和发展成就。自年初至8月底，以纪念中国共产党成立80周年为契机，在全体党员、员工中开展以坚定实现共产主义的理想、坚定夺取社会主义现代化建设和企业发展胜利的信念为主题的系列教育活动。举办“纪念征文”、参观革命圣地、参观党史展览、拜祭革命烈士陵园、座谈会、演讲会、知识竞赛、文艺汇演和“我为党旗添光彩”劳动竞赛等活动。编辑出版《纪念建党80周年征文集《心曲》》文集，收集以歌颂党、歌颂改革开放、歌颂企业发展和先进人物事迹为主题的文章80篇，约17万字。10月，针对改革过程中存在的难点、热点问题，举行集团首届职工改革辩论赛。

2002 年初，面对严峻的生产经营形势和公司机构、人事制度改革，撰写《坚定信心，奋发有为，夺取改革管理年各项工作任务的全面胜利》的宣传提纲，在《电气化铁路》上刊发。在党的十六大召开前夕，举办展现全国各行业取得巨大成就的图片展；十六大召开后，举办全面展示十六大过程和成果的图片展。10 月集团公司领导参加北京市委组织的关于台湾海峡局势的形势报告会，会后对部分党员干部和宣传干部进行形势再宣传。

2003 年，围绕集团“二次创业”和企业发展中心，以加强企业文化建设、做好对内对外宣传和现场思想政治工作为重点，坚持“四个结合”、“四个创新”（与学习贯彻十六大精神相结合，做到理论教育工作的创新；与深化企业改革相结合，做到思想工作和形势教育的创新；与企业施工生产经营相结合，做到思想政治工作和新闻宣传的创新；与道德法制教育及科学管理相结合，做到宣传干部队伍建设创新），制定印发《关于加强项目党建和现场思想政治工作的指导意见》。7 月，举办学习十六大精神、贯彻“三个代表”重要思想、开展“二次创业”百题知识竞赛。

2004 年，围绕集团公司“五大目标、八项任务、十项重点工作”，各级党组织采取多种形式，开展宣传教育工作，做到“三个狠抓”，体现“三个服务”。狠抓改革宣传，为集团改革服务。针对企业重组编写宣传讲话提纲，为机关三项制度改革尤其是针对实行薪点工资制开展专题宣传。狠抓形势任务宣传，为集团发展服务。编写下发《统一思想，坚定信心，推动企业全面、协调、可持续发展》、《抓住机遇，迅速行动，迎接铁路建设新高潮的到来》、《抓住机遇，迎接挑战，夺取大秦线 2 亿吨扩能电气化配套工程的全面胜利》宣传提纲，举办大秦线东段施工摄影展。狠抓经营管理宣传，为市场开发服务。在全集团开展经营演讲活动。开展“电气化局集团恢复建制三十周年”系列教育活动，开展“二次创业”征文、《电气化人的故事》征文活动。

2005 年，对开展保持共产党员先进性教育活动进行宣传，在机关大厅用展板以图文并茂的形式展示先进性教育每个阶段活动的主要内容，先后展出 10 余期，下发《情况简报》41 期 5000 余份。筹划“保持共产党员先进性教育活动先进事迹报告会”，录制编辑《集团公司党委书记王其增党课教育》、《集团公司总经理刘志远的形势任务报告》、《共产党员先进事迹报告》、《集团公司机关党支部书记培训班经验交流》、《集团公司党委中心组学习心得交流》专题片。下发《关于举办在公民中开展法制宣传教育第五个五年规划问题研究征文活动的通知》，在集团开展征文活动。

2006 年，7 月、8 月召开“京沪铁路电气化改造工程表彰大会”和“青藏铁路牛头河大桥抢建工程表彰大会”。胡锦涛总书记发表树立社会主义荣辱观重要讲话后，集团各级组织利用报纸、橱窗、广播等媒体，开展系列宣传教育活动。“五一”、“十一”等重大节日，开展宣传教育，先后 3 次组织在京单位 350 余人参观“伟大壮举、光辉历程-纪念红军长征胜利 70 周年展览”。以反映电气化人近五十年艰苦创业和创新发展辉煌历程的《电气化人的故事》第一辑编撰完成并印发。

2007 年，十七大期间，组织在京单位 280 余名党员、职工参观中宣部主办的“振兴之路”大型展览。各级党组织通过集体学习、辅导报告、专题研讨、交流体会等形式，认真组织党员干部学习党的十七大精神。上半年，集团铁路“四电”工程任务不足，部分单位出现息工现象，一些职工思想出现波动。6 月，集团公司领导率宣传部工作人员对“大包线”进行重点调研，起草《关于当前各单位生产经营和职工上岗情况及职工思想状况的调查报告》，为领导决策提供参考。年底，以反映大秦两亿吨改造、京沪铁路电气化改造和青藏铁路建设三大工程艰难历程的《电气化人的故事》第二辑编撰完成并印发。

2008 年初，在集团公司作出“工作重心由市场营销向施工生产实现战略转移”的决策后，通过工作会、动员会等形式，充分运用各种舆论阵地，广泛宣传面临的巨大施工生产压力，以及完成好全年施工生产任务对于集团改革发展的重要意义。各指挥部、项目部开展施工会战活动，重点突出“关注安全、关爱生命，提高素质、履行职责，遵章作业、文明施工”主题安全生产教育。各单位开展“安全大家讲”、“安全生产警示日”、“党员身边无事故”、“红黄牌通知书”、“青年安全监督岗”等活动。在南方冰冻雨雪灾害京广铁路南段抗冰抢险、宝成铁路 109 隧道抗震抢险中，集团公司干部员工出色完成抢险任务，形成“关键时刻冲在前，艰难困苦我来干”的抗冰抢险精神和“关键时刻冲在前，舍生忘死我来干”的抗震抢险精神。集团公司党委先后两次召开表彰大会，表彰在抢险过程中涌现出的各类先进人物。5 月至 9 月，开展“辉煌电化 50 年”征文活动，收到稿件 119 篇，评出一、二、三等奖和优秀奖。开展“庆祝建国 49 周年”爱国主义教育、“庆祝中国共产党成立 87 周年”党史党性教育、弘扬“奥运精神”主题教育和“改革开放三十年”主题教育，开展“防范法轮功干扰破坏北京奥运会”教育、“五五普法”教育和“五五普法知识竞赛”活动、职工职业道德教育。

第三节　对外宣传

对外宣传工作，积极借助广播电视、报刊杂志、互联网络等社会新闻媒介，对企业品牌形象进行新闻策划与宣传报道。1999 年至 2008 年，集团公司对外宣传工作形成了“大经营、大宣传、大新闻”的工作格局，在上大报、上长篇、上规模、上水平、上档次上有重大突破，连年获得总公司对外宣传报道先进集体称号。

1999 年 4 月，局党委调整对外新闻报道领导小组，加强对外宣传报道工作的领导。以武广、哈大、成昆、株六等施工一线为重点，突出宣传全局在科研、设计、施工、器材生产、服务中取得的成就。借庆祝建国 50 周年、迎澳门回归和中国铁路电气化建设 40 周年等重大活动，在 10 余家国家级报刊上集中报道电化局 40 年来取得的业绩。在中国第一条城市轨道交通上海明珠线建成之际，邀请 17 家中央级新闻单位记者召开大型记者联谊会，发稿 30 余篇。以成昆南段电气化开通为契机，在西南新闻媒体中开展新闻报道宣传活动，并举行记者联谊，发稿 204 篇。在局对香港地铁将军澳支线及香港西部铁路工程投标过程中，组织深圳和香港地区记者联谊活动，在《香港商报》、《大公报》、《文汇报》等报刊上刊发专版或文章。编辑出版反映电化局在伊朗电气化工程中业绩的电视专题片和宣传画册。在中央电视台播发《辉煌的电气化工程局》等 5 部专题片，在中央电视台《新闻联播》中播发新闻 17 条，在铁道部机关电视台和铁道影视中心《中国铁道报道》影视专刊中播发专题片和新闻 11 部（条）。1999 年至 2000 年，7 次举办新闻工作会议、新闻笔会，共培训专、兼职通讯员 274 人次。在中央级新闻单位刊发稿件 1274 篇，在省部级新闻单位刊发稿件 370 篇，其中在《人民铁道报》刊发稿件 244 篇。1999 年获工程总公司系统对外新闻报道工作第一名，2000 年获工程总公司系统专业组第一名和新闻报道“突出贡献”奖杯。2000 年 10 月，新闻报道文集《笔花清扬颂电化》发行，约 40 万字，收入建局以来在省市级以上报刊发表的优秀报道作品 582 篇。

2001 年，对外宣传报道工作重点放在上长篇、上连载，集中宣传集团公司在科技、管理、人才等方面的优势。在《人民日报》海外版发表 3000 多字的长篇通讯《EEB 面向市场抓管理》并配发压题照片，1700 字的长篇通讯《城市轨道交通的拓荒者》，2000 多字的长篇通讯《追赶新时速》并配发压题照片，1500 多字的长篇通讯《电化局成为电气化铁路的科技先锋》，2000 多字的长篇通讯《环保运载新世纪》并配发编者按和压题照片。在《科技日报》用连载的形式对集团公司“九五”成果进行系列报道，先后发表近万字的连载文章《科技管理走向大市场》、《创新是打开市场大门的金钥匙》、《中铁电气化局发展暨科技创新札记》。全年，在中央级发稿 270 篇，省部级 270 篇。在中央电视台播出新闻 5 条，在铁道部电视台、北京电视台播出新闻 4 条。

2002 年，集团公司进军香港 6 年后，第一次组成宣传采访组赴港，全方位地对香港工程进行宣传报道。全年在中央级报刊发表稿件 55 篇，超过千字的有 13 篇，在《人民铁道》报刊发稿件 54 篇，在省部级新闻单位刊发稿件 60 篇。

2003 年，在《人民日报》、《经济日报》、《光明日报》、《科技日报》、《工人日报》等中央级报刊发稿 60 篇（幅），在《中国企业报》、《人民铁道报》和《中国建设报》等省部级报刊发稿 100 余篇（幅）。其中，在中央和省部级报纸头版头条位置发稿 10 篇，超千字文章 15 篇，被编辑点评的文章 2 篇，在上大报、上头版、上长篇上取得重大突破。全年主要围绕秦沈线、西南线等重点项目，强化宣传力度，采取独家采写、提供新闻线索、与记者共同采写或召开记者联谊会等形式，在《人民日报》、《中国企业报》、《新华每日电讯》、《法制日报》、《经济日报》、《工人日报》、《科技日报》、《中国建设报》、中央电视台等多家媒体上发布建成消息、刊发新闻图片。在《中国建设报》、《科技日报》、《经济参考报》上发表的《“中华之星”驶过秦沈客运专线》、《金奖路上续辉煌》、《让最快的火车飞起来》、《高科技丰碑》等长篇通讯。撰写《铁路运营分离的新尝试》长篇通讯，从“物业化”、“专业化”、“制度化”三个方面对秦沈运营维管工作的科学管理进行深度报道。长篇报道《赵振斌：维管领域排头兵》在《人民铁道》报发表后，又在《工人日报》发表《生命随铁轨延伸》的长篇通讯并配发多幅照片。围绕西南线电气化重点工程项目，在中央和省部级报纸先后发稿 12 篇（幅），在《人民铁道》报进行 3 个专版宣传。汇集自 1999 年以来在中央和省部级重点发表的稿件，编辑出版《电铁之歌》对外新闻报道集，编辑出版《秦沈创时代精品》画册。

2004 年，集团公司获工程总公司对外宣传报道先进集体。全年共在《人民日报》、《科技日报》、《中国企业报》、《人民铁道报》和《中国建设报》等中央级和省部级报刊发稿 350 多篇（幅）。重点工程大秦线延下试验段完工次日即在《人民铁道》头版发表《大秦扩能改造工程首战告捷》的千字消息，《人民铁道》发表《四月大秦线“去痛”》的长篇通讯、配发照片，在《人民日报》、《科技日报》、《光明日报》、《中国建设报》发表 2000 多字的长篇通讯，对大秦工程总承包模式进行深度报道。大秦铁路 2 亿吨扩能改造主体供电工程告竣，《人民铁道》报发表《大秦铁路扩能的新篇章》7000 多字的长篇通讯，为全面推行施工总承包营造良好的舆论氛围。对神延线维管突出宣传建设单位和施工单位双赢，在《人民铁道》刊发 3000 多字的长篇报道，《科技日报》发表 2000 多字题为《铁路维护管理物业化》的长篇通讯，《中国建设报》发表 2000 多字题为《“专业管家”接手现代铁路维护》的长篇通讯，《人民铁道》报整版对秦沈线维管进行宣传。在对集团公司获奖和工程开工、开通的宣传中，采用邀请记者采访，组织记者座谈会等形式在中央电视台、《科技日报》、《中国建设报》、《人民铁道》报发表报道。对青藏铁路通信施工，《科技日报》、《工人日报》、《中国企业报》、《中国铁路工程》等报刊进行长篇报道，中央电视台媒体广场进行转播。在云南昆明集装箱中心站工程开工时，集中发表一批稿件，扩大企业在西南市场的知名度。广州地铁五号线招标期间，邀请广州 6 家媒体到工地采访，树立公司在广州地铁施工中的良好形象。对南京地铁等重点工程的宣传，分别在地方报刊和网站上刊登。在北京、郑州、成都铁路局等办的报刊刊登全面展示企业品牌和实力的专版，扩大集团公司在当地的知名度和影响力。深圳新罗湖桥开通时，与中央驻广东地区新闻单位及地方新闻媒体联手，在中央电视台和广东地方新闻单位进行报道。

2005 年，继续加大对大秦铁路 2 亿吨扩能改造总承包工程的新闻宣传，分别在《人民日报》、《科技日报》、《光明日报》、《中国建设报》等报刊发表 2000 多字的长篇通讯，在《人民铁道》头版发表千字消息和两个整版上万字的长篇通讯，在 9 月即将全部完成大秦改造总承包工程时，在《人民铁道》报连续刊登题为《电气化铁路技术改造的成功范例》和《电气化改造的大手笔》等上万字的长篇通讯并配发多幅压题照片。邀请著名作家、陕西省作协副主席莫伸对大秦线进行采访，在人民铁道报发表万字长篇通讯《挑战极限》。青藏铁路通信和电力工程即将完工时，在《人民铁道》报刊登题为《为建设世界一流高原铁路而奋斗》、《巍巍昆仑作证》和《党旗飘扬雪域高原》的长篇通讯，并配发多幅压题照片。围绕浙赣、渝怀、沟海、武嘉、沪杭、津沈、侯月、郑徐、胶济电气化铁路等重点工程以及城轨工程，采取多种形式，加大宣传力度。12 月举办《大秦风采》图片展览。集团公司获“中国行业龙头品牌”和“中国企业文化十大最具影响力企业”两项大奖。集团公司党委书记王其增与其他获奖企业代表在人民大会堂受到第九届全国人大常委会副委员长布赫的亲切接见。为此，在《人民铁道》报刊登 3000 多字题为《企业核心竞争力的底牌》的长篇通讯进行宣传。全年共在《人民日报》、《光明日报》、《科技日报》、《中国企业报》、《人民铁道报》和《中国建设报》等中央级和省部级报刊发稿 370 多篇（幅）。

2006 年，集团公司首次与《人民铁道》报签订报企战略合作关系协议，《人民铁道》报每日头版刊登“中铁电气化局集团向您推荐现场短新闻”导读条和企业标识。围绕京沪、青藏、浙赣线等重点工程，策划组织一系列重大宣传战役。全年，在《中央电视台》、《人民日报》、《光明日报》、《科技日报》、《中国企业报》、《人民铁道报》、《首都建设报》和《中国建设报》等中央级、省部级新闻媒体发稿 780 篇（幅）。京沪线主体工程基本完成时，在《人民铁道》报头版发表消息，新华社发了通稿，中央电视台午间新闻、新闻联播、早间新闻媒体广场等滚动播放，《人民日报》、《工人日报》、《北京日报》、中央电台等中央和省部级报台及地市级报台和上百家网站分别刊登京沪完工的消息。《人民铁道》报连载莫伸长篇通讯《京沪大创举-运输繁忙的既有线电气化改造工程总承包的范例》。7 月 1 日京沪电气化铁路开通，《人民铁道》报头版发了消息，新华社发了通稿，中央电视台《新闻联播》播发消息，《人民日报》、《工人日报》、《北京日报》等中央和省部级报纸及中新网、新华网、人民网、新浪网、搜狐网、央视国际频道等上百家国内著名网站发表消息，《科技日报》、《工人日报》和《人民铁道》报发表长篇通讯。邀请《人民铁道》报记者才铁军采写长篇报道《京沪奇迹是怎样产生的》。在青藏铁路开通庆典活动中，中央电视台对集团公司领导和劳模代表以及企业标识进行现场直播报道。《人民铁道》、《中外企业文化》等报刊刊登《为建设世界一流高原铁路而奋斗》、《巍巍昆仑作证》等长篇通讯，《科技日报》、《工人日报》、《中国企业报》、《北京青年报》等报刊大篇幅报道青藏铁路通信技术，并集中报道集团公司十几位典型人物。牛头河大桥作为青藏铁路的重要附属工程 56 天完工，创造了中国铁路桥梁建设史上的新记录。《人民铁道》报刊登题为《决战牛头河》的长篇通讯和多幅图片，分别在《工人日报》、《陕西日报》和《陕西电视台》等新闻媒体进行报道。深入浙赣线现场采访，编制新闻短片在中央电视台“朝闻天下”、“新闻 30 分”和“晚间新闻”进行滚动播放，在《人民铁道》报进行长篇报道，新华社编发通稿，《人民日报》等各大媒体进行及时宣传报道。胶济线报道，连夜赶写 6000 多字长篇通讯，《人民铁道》报刊载，及时送达铁道部在青岛召开的胶济线现场会。浙赣钱电气化改造工程的开通，标志着中国电气化铁路总里程突破 24000 公里，成为世界第二大电气化铁路国家，其中中铁电气化局承建 80%。《人民日报》、《经济日报》、《工人日报》、《首都建设报》等几十家报纸及新华网、人民网、法制网、中国中央人民政府网等上百家网站同时刊登消息，

《施工企业管理》和《轨道交通纵横》杂志对电气化铁路进行专题报道。组织策划“北京地铁2号线信号系统改造工程启动”记者联谊会和“北京地铁奥运支线区间贯通”、“首都机场快速轨道交通施工安装电子监控”的报道工作。“五一”期间组织《首都建设报》记者采访北京地铁5号线坚守岗位的职工，发表“与时间赛跑的轨道建设者”的报道和图片。组织《人民铁道》报记者到京津沈电气化改造工程现场采访，发表题为“施工遍地开花，安全管理也需老树开新花”的长篇报道。青藏线通信联调、宝鸡厂在科技园区投资建设生产线、兰武二线乌鞘岭隧道双线电气化开通等在《人民日报》、《工人日报》、《北京日报》等中央和省部级报纸及中新网、新华网、人民网、新浪网、搜狐网等上百家媒体上发布消息。北京奥运支线奥林匹克公园站主体封顶和北京地铁4号线石榴庄车站主体封顶等，邀请中央电视台、北京电视台、《北京日报》、《北京青年报》、《北京晚报》等十几家新闻记者进行拍摄报道。在国资委主办的《企业文明》杂志上发表由记者采访后撰写的《中国电气化铁路发展的文化基因》文章。根据京沪线泰安站电气化施工中集团西安电化公司文明施工的典型事迹，在《工人日报》等发表通讯报道《文明施工-赔了还是赚了》。集团二公司采写的《佩戴党徽上岗-京沪线上党员亮身分作表率》在《工人日报》、《人民铁道》报等登载。集团西铁工程公司善待农民合同工、春节前给农民工提前发工资、雇十几辆大轿车送农民工回家过年、公司领导大年三十与农民工过年等消息，被新华社编发通稿，多家中央、省部级报纸发表。

2007年，围绕铁路第六次大提速、科技创新、施工生产、党建品牌、典型人物等重点开展宣传。全年在中央级报刊媒体刊播稿件460篇，在省部级新闻媒体发稿520篇（幅）。抓住铁路第六次大提速的有利时机，在《人民铁道》报以“发挥专业优势，精心打造先进安全可靠的电气化铁路网”、“瞄准世界先进技术，为铁路第六次大提速提供高科技产品”、“为第六次大提速保驾护航”和“运营维护：铁路大提速的另一支生力军”等为题并配发图片进行宣传报道，在《首都建设报》进行题为“提速自主品牌”、“打造先进的电气化铁路网”、“高水平施工保提速”的长篇报道。集团公司党委提出建设“三型党委”的实践探索和工作经验在中组部《组工通讯》全文刊登后，陆续在《人民铁道》报、北京《支部生活》、《求实与创新》、《中国铁路工程》报、《北京市基层思想文化》、中组部《党建研究》等报刊杂志发表，在《人民铁道》、《工人日报》、《首都建设报》刊登集团公司党建经验和做法的宣传报道。《人民铁道》报分别以“大力推进科技创新，为大规模铁路建设作贡献”、“以精细化的优质服务，创建神延安全畅通线”等为题进行长篇报道，《首都建设报》等媒体对科技创新、神延安全维管、工业系统创新等方面进行长篇报道，《人民铁道》报对三工建设、安全文化建设等进行长篇报道。《铁道风采》杂志收集反映“中国中铁电化”风采的40多张图片和5000多字的文字资料，分别以“中国中铁电气化局明天更美好”、“五四战略”、“管理者说”以及“津秦沈现场办公”等几个部分真实记录50年电气化铁路发展史。以集团公司和德国保富铁路公司、意大利布诺米公司合资生产高速铁路和客运专线接触网零配件项目为契机，在新华社发通稿，中央电视台、北京电视台播发消息，在《科技日报》等多家中央和省部级报台发消息并配发图片，在新华网、人民网站等上百家网站媒体进行集中报道。集团公司党委书记王其增的党课文章《书记好当，当好不易》在总公司《求实与创新》、《北京市基层思想文化》等杂志发表。北京动车段工程开工典礼在《人民铁道》报头版头条发表长篇消息并配发压题图片，新华社发通稿，中央电视台和北京电视台新闻分别进行播放，《北京日报》、《北京青年报》、《首都建设报》、《中国铁路工程报》等中央和省部级的几十家国内著名网站发表消息。首都机场线创建青年安全优质示范工程青年突击队誓师大会，新华社发通稿，北京电视台、《北京日报》等十几家新闻记者进行报道。春节期间，在北京地铁东直门策划“春节期间鏖战奥运工程”的报道活动，中央电视台“新闻联播”进行报道。在北京市第十次党代会召开期间，策划北京电视台对王其增书记的专访，在《首都建设》报头版进行《奥运攻坚展作为，服务首都树品牌》的长篇报道。北京地铁五号线动车综合联调试验工程在省部级新闻媒体进行报道，津沈线电气化工程天津至秦皇岛段开通在《人民铁道 》等省部级和中央媒体进行刊登。将奥运支线、机场线、北京地铁等首都建设的重点工程进行跟踪报道，在《施工企业管理》杂志刊登“科技有为，创新有为”的长篇通讯。洛湛线永州站旅客人行天桥钢梁顺利吊装就位在《人民铁道》报以“钢结构之战”为题进行长篇报道，在《首都建设报》进行“五项举措换回市场新天地”、“神延模式创新铁路维管”及“二公司二段经营开发闯新路”等长篇通讯的报道。策划“2007 西部地铁、城市轨道和铁路建设展览”。抓住中国首条四线城际铁路正式开通、高速铁路信号控制技术填补空白、新丰编组站既有场电化改造、神延维管的精修细养、西延扩能的攻坚克难、郑西客专的铁路高科技、奥运支线的“创旗树誉”，沪宁、昆沾、广深、朔黄、大包、东乌、侯月、石怀、沪汉蓉铁路电气化改造等新闻由头，分别在《光明日报》、《科技日报》、《中国建设报》、《中国企业报》、《人民铁道》报等多家媒体进行宣传报道。

2008 年，按照集团公司党委“立体交叉、规模效应”的总体要求，加强对外宣传报道工作。分别在新华社等中央和省部级媒体及主要网站刊登播发 120 篇（幅），在《人民铁道》报以《危难时刻彰显电气化人英雄本色》进行连载，《危难时刻尽显铁军英雄本色》、《为了大动脉的畅通》等长篇通讯报道和整版宣传。在中央电视台、新华社、人民网等三十多家媒体共刊登播发 280 篇（幅）消息、图片和纪实通讯。中央电视台等多家媒体连续多日滚动播出中共中央政治局常委、中央政法委书记周永康戴着有“中铁电化局”标识的安全帽在现场指导抢险工作的场景。成功报道国务院副总理张德江、中央军事委员会副主席徐才厚在抢险现场会见集团公司党委书记王其增、总经理刘志远时的动人情景。中央电视台、陕西电视台现场连线直播记者采访集团公司总经理、抢险总指挥刘志远的实况。在抢险现场赶写的新闻消息、通讯和拍摄的抢险图片，分别在中央和省部级媒体及主要网站刊登播发。成功策划“七一”中央广播电台《中国之声》栏目电话采访集团公司党委书记、

109 隧道抢险临时党工委书记王其增，全面介绍中铁电化局在宝成线 109 隧道抢险中高扬党旗、发挥党组织战斗堡垒作用和领导干部、共产党员先锋模范作用的事迹。长篇通讯《舍生忘死大抢险-中铁电气化局宝成线 109 隧道抗震抢险纪实》、《抢险关头挺起党组织的脊梁》和以中国中铁名义、由中铁电化局和中铁一局联合撰写的长篇通讯《抢通生命线-中国中铁宝成线 109 隧道抗震抢险纪实》，真实记录电化局职工在宝成线 109 号隧道抗震抢险中的英雄事迹。

先后有 50 多家中央新闻媒体从不同角度对电气化铁路 50 年的发展进行报道。在《人民铁道》报头版头条发表《我国电气化铁路事业迎来 50 华诞》消息并配发的编者按。在《人民铁道》报以两个图文并茂连版和一个图片整版，对中国电气化铁路建设暨中铁电气化建局双 50 周年进行了系统报道。在《铁道知识》刊登文章和图片对电气化铁路 50 年建设进行回顾。12 月，由中央电视台新闻摄制组与集团公司宣传部联合摄制反映中国电气化铁路 50 年发展历程的 45 分钟专题片《飞驰年代》，在央视新闻频道《百姓故事》栏目滚动播出。奥运重点工程新闻报道展“中铁电化”风采。在中央电视台等二十多家新闻媒体对集团公司承担的北京地铁 1、2、5、10 号线，首都机场线，奥运支线，津沈线电气化，京津城际高速铁路系统集成工程等奥运工程进行图文并茂的报道。重点加强由集团公司总承包的中国第一条实施系统集成的时速 350 公里京津城际高速铁路的报道，在《人民铁道》等报刊以《攻坚克难 打造一流城际铁路》、《为“陆地飞行”提供强劲动力》、《陆地飞行的动力源》为题发表了长篇通讯，反映集团在建设中国第一条高速铁路中所做出的突出贡献。“暖心工程”新闻报道显“中铁电化”新貌。为了反映中铁电化局集团为维护农民工权益，在农民工中开展“五同”管理、“三全”、“六个一样”活动，抓住“北京动车段工程项目 500 多名农民工提前领工资”和“铁道部羊坊店住房改造工程为农民工发放、邮寄春节工资”两个新闻点，在《人民铁道》报连续发表长篇消息并配发压题图片，新华社发了通稿，中央电视台等中央和省部级报台及国内主要网站发表了消息。对合武、温福、涌台温、京石等客运专线和京九电气化铁路、宜（昌）万（州）电气化铁路、大秦铁路 4 亿吨扩能改造工程等工程开工建设进行报道，对北京动车段、武广客专开工、京包线北京北至延庆区间改建工程、石德线电气化铁路改造、北京地铁 2 号线信号系统更新工程、首都机场线与地铁 13 号线机电设备安装工程、沈阳市地铁一号线一期及延伸线供电系统等工程的建设进行报道，对高速及客运专线电气化铁路接触网零件项目在宝鸡建成投产、集团公司被全国总工会授予“全国五一劳动奖状”和“全国模范职工之家”荣誉称号进行广泛宣传。全年在中央级报刊发稿 360 篇，省部级报刊发稿 490 篇（幅）。

第四节　对内宣传

集团公司的对内宣传，紧紧围绕企业经营生产管理中心工作，从改革发展的大局出发，通过《电气化铁路》报、EEB 网站、视频新闻三大内部宣传平台，发挥统一思想、团结稳定、鼓舞士气、凝心聚力的作用，为集团公司实现科学发展提供坚强有力的思想保证和舆论支持。

一、报刊

《电气化铁路》做为平面媒体，具有发行广泛、便于传阅的特点。1999 年至 2000 年，《电气化铁路》报共出版 69 期，刊发各类稿件 2582 篇，其中出专刊 6 期、特刊 5 期、专版 12 个。围绕庆祝建国 50 周年、迎接澳门回归和党的十五届四中全会等重大政治活动及重大政治事件进行重点报道，刊发社论、评论员文章、综述等。开设《改革之窗》、《哈大风采》、《电化英才》、《闪光的青春》、《每期一星》、《西南杯征文》、《政工论坛》、《建设企业文化，促进企业发展》等栏目。介绍一大批施工一线的劳模、科技带头人和普通工人的先进代表，围绕重点工程及安全生产进行深入报道，为局三支代表队参加总公司第二届青年技能大赛囊括前三名刊印专版。2000 年获 1998－1999 年度全国企业内部报刊（通讯）一等奖。1999 年 9 月，出版新版《中铁电气化工程局》简介画册。

2001 年，《电气化铁路》报共出版 32 期，对职代会、党代会、集团公司成立大会等进行重点宣传，刊发集团公司领导关于企业改制的重要讲话，针对集团公司生产经营、改制、民主管理等重点工作编发 10 个专版。开设《党旗、堡垒、风采》、《每期一星》、《会战者风采》、《改革之窗》专栏。对涌现出来的先进党组织、优秀共产党员、党支部书记和党务工作者进行连续宣传和报道。开展武广、哈大征文活动，宣传先进典型经验。

2002 年，《电气化铁路》报出版 32 期，刊登稿件 1280 篇。开设《机构改革系列报道》专栏，宣传企业改制的经验、作法。围绕企业生产经营开设《世纪论坛》、《一线风采》、《现场速递》等专栏，出版香港工程、北京城铁工程宣传专刊。对集团一届二次全委会，一届一次职代会进行重点报道。

2003 年，《电气化铁路》报出版 29 期，刊登稿件 1203 篇。开辟主题专栏，宣传“二次创业”和“五四战略”在基层的贯彻落实情况。突出经营生产、安全施工等方面的报道，重点对秦沈客运专线、西南线、北京地铁八通线、津滨轻轨、郑徐线、广州地铁二号线、宝兰二线和京郑提速等重点工程情况进行报道，对中标青藏线“三电”工程、中标铁通三项监理项目等消息进行报道。非典时期，集中报道集团公司夺取抗击非典和经营生产双胜利情况，配发评论员文章。大篇幅报道集团公司与西安铁路工程集团重组消息，对西安铁路工程集团公司进行全方位介绍。全年围绕重点工程建设和企业的管理工作，先后开辟《二公司西南报道》、《公安战线》、《管理决定企业生存》等专栏，与集团公司所属单位合办专版4期。

2004年，《电气化铁路》报全年共出版30期，刊登1300余篇。围绕中国铁路第五次大提速刊发2期特刊，反映京郑、大秦、京沪，京广、北京站、北京西客站、秦沈工程的建设情况。开辟青藏线工程报道专栏，全方位反映电气化人建功青藏事迹。相继开办《公安战线》、《青年突击队》、《经营是企业生命线》等栏目。

2005年，《电气化铁路》报开辟《一线精英》、《决战京沪》、《经营信息》等栏目。以《温家宝总理接见青藏线职工》、《电气化铁路技术改造的成功范例》、《京沪铁路电气化工程全线开工》、《集团公司承建的哈大铁路和北京地铁八通线工程荣获鲁班奖》为标题，编辑刊发大秦、青藏、京沪等重点工程重大消息和通讯，并配发高质量的图片。从2005年7月1日起，《电气化铁路》报全面改版，由八开四版改为对开四版，一、四版全彩页。改版后扩大了信息量，全年刊登稿件1400余篇。

2006年，《电气化铁路》报出刊33期，刊稿1500余篇。定期编发“青藏电化风采”、“京沪电化人”、“决战京沪”、“鏖战浙赣”、“抢建牛头河”等专题专栏。10月23日在头版头条显著位置刊登《牢固确立经营工作的“龙头”地位，掀起经营开发新高潮》的报道，配发《全面加强经营开发工作，推动集团经营生产规模持续增长》的评论员文章。在头版头条编发新闻报道《“非亏不可”的项目是如何实现盈余的》，配发编者按，集团公司党委书记王其增专门撰写题为《“非亏不可”的工程变盈余是被逼出来的》特约评论员文章。

2007年，下发《关于进一步加强典型选树宣传工作的决定》，全集团推荐各类典型37人，确定重点宣传的9个先进个人和1个先进集体。《电气化铁路》报在头版头条位置刊载《接触网“状元”何军》的长篇通讯报道，并配发评论员文章《我们需要更多何军式的人才》，党委书记王其增对该报道作出批示。《电气化铁路》报刊登《首战用我，用我必胜》、《“亮剑”之时方显英雄本色》、《平凡中演绎精彩》、《能攻善战的青年突击队》、《爱拼才会赢，奋斗永不止》、《骁将情怀》、《先进性体现在岗位上》、《信号技术高手》、《“蓝领”工程师》等大量先进典型报道文章。围绕重点工程施工，先后刊登《沪汉蓉通道武汉安康增建二线胡安段站后电气化工程动工》、《大包线施工全面展开》、《迁曹铁路实现全线自动闭塞信号指挥列车运行》等消息。2007年《电气化铁路》报共出版32期，刊登各类稿件2100余篇，109余万字。刊登的5篇作品在全路报刊好作品评比中获奖，其中1篇获好作品二等奖，4篇获三等奖。

2008年，《电气化铁路》报先后开辟《深入贯彻落实党的十七大精神，推动企业又好又快发展》、《贯彻局两会精神，推动企业又好又快发展》，《中标喜讯》、《经营信息》、《电化先锋榜》、《建设者风采》、《宝成铁路109隧道抢险先进人物事迹》、《一线快递》等栏目，刊发《集团在南方冰灾铁路抢险战役取得全面胜利》、《艰苦鏖战提前抢通109隧道，宝成线实现全线通车》两期专刊，并配发评论员文章《不辱使命，灾情面前彰显电气化人英雄本色》和《向抗震抢险的英雄们学习，致敬》。全年共出版 33 期，出专刊 4 期，刊登文章 1950 余篇，图片 700 多幅。2007 年《电气化铁路》报有 7 篇作品获北京市企业报好新闻奖，其中一等奖 1 篇；4 篇作品获 2007 年度铁路好新闻作品，《电气化铁路》报被中国施工企业管理协会评为全国工程建设行业优秀报纸。

二、影像

影像工作，发挥生动形象的宣传作用。1999 年至 2000 年，共拍摄有关施工、设计和重大活动录像素材 1800 分钟，编制电气化工程局中英文《简介》、《广深时速 200 公里电气化设计新技术》、《对提高接触网可靠性的技术研究》、《城市轨道交通》、《高原舞彩练，波斯筑英名》、《成昆启示录》、《铁路基层数字数据通信网的应用研究》、《国内轻轨交通接触网设计》等反映电化局新业绩、新技术实力的专题电视片 17 部。先后在中央电视台播发《辉煌的电气化工程局》等 5 部专题片，在铁道部机关电视台和铁道影视中心《中国铁道报道》影视专刊中播发专题片和新闻 11 部（条）。电视专题片《广深铁路高速双线电气化工程》在申报鲁班奖工作中发挥重要作用。《城市地铁和轨道交通》在广州、上海举办的国际国内展览会影像资料展播中获得好评。

2001 年，拍摄并编辑《京郑铁路电气化工程》、《腾飞的中铁电气化局集团有限公司》、《跨世纪的精品工程-记哈大线电气化改造工程》、《外福电化之光》、《上海明珠线设计》等 5 部电视片，在中央电视台播出新闻 5 条，在铁道部电视台、北京电视台播出新闻 4 条。

2002 年，拍摄并编辑《希望在电气化奔驰》、《京秦线电气化改造工程第一仗》、《上海明珠线一期电气化工程》等 13 部电视专题片。

2003 年，拍摄制作《创时代精品》、《中铁电气化局集团建设秦沈客运专线纪实》、《中铁电气化局集团》（国际工程片）、《中铁电气化局集团》（北京质量先进企业报优片）、《中国电气化铁路建设的国家队》（广告片）等大型专题片。编辑制作《集中管理、精准高效，促进企业价值增长》讲座、《企业变革与信息化建设》讲座录像片。拍摄制作《通号设计院建院二十周年》、《中国铁路电气化公安保卫工作》等大型资料片。配合工程总公司编辑制作《前进中的中国铁路工程总公司》、《印度尼西亚铁路工程》、《走进青藏》等资料片。全年共摄制编辑制作各类专题资料片 12 部，积累录象资料 1200 分钟。

2004 年，为重点工程、重要活动、重要会议录像、摄影 60 余场次，积累录像资料 1200 分钟，编辑制作电视片 25 部。围绕大秦线 2 亿吨扩能改造工程建设拍摄编辑《挑战极限》、《抢建大秦》、《大秦线电气化配套工程》、《大秦线 2 亿吨扩能改造主体工程施工纪实》等 4 部电视专题片。

2006 年，摄制编辑《为建设一流的高原铁路而奋斗》、《京沪大创举》、《安全警示专题片》、《职代会职工文艺演出》等专题电视宣传片。视频新闻《中铁电化报道》按照每月两集的进度要求开始摄制，在 EEB 网站和机关食堂大厅播放，当年共编制 13 期。

2007 年，拍摄制作视频新闻 26 期。编辑录像片《和谐发展的宝鸡器材厂》（宝鸡器材厂简介）、《警钟长鸣》（安全教育录像片）、《局二届三次职代会文艺晚会》、《浅谈领导班子和领导干部的领导艺术和工作方法》、《挟风掣电跃九州》（新编局简介）、《重庆较新线跨座式单轨工程供电系统设计》、《中铁电气化局集团公司安全演讲总决赛》、《秦沈客运专线电气化工程》、《精心设计，追求卓越-津滨轻轨牵引供电系统设计》、《精品》（集团安全讲演精选片段）、《天津地铁 1 号线供电系统工程》、《上接触式钢铝复合轨的应用》、《怎样当好基层党委书记》（北京市“灵山杯”优秀党课报告申报材料）、《北京地铁 5 号线安全保卫工作的汇报》、《王其增在党委二届三次全委（扩大）会议上的讲话》摘要、《刘志远在党委二届三次全委（扩大）会议上的讲话》摘要、《接触网导线更换施工》（工艺教学录像片）等 20 部录像片。配合生产经营和工程报优提供大量的影视和图片资料。

2008 年，编辑视频新闻 24 期，纪录片《踏冰破雪保畅通》、《舍生忘死大抢险》，在集团干部职工和社会各界引起震撼和影响。制作集团公司简介片《跨越新时速-站在中国铁路电气化技术发展前沿的中铁电气化局集团公司》和英文版企业简介片。拍摄《京津客运接触线架设》、《广州地铁 3 号线每小时 120 公里快线架空刚性悬挂供电系统设计》、《北京地铁 5 号线供电系统设计》、《120km/h 城市高速轨道交通供电系统及节能坡总体研究》、《京沪铁路电气化改造工程》、《充分发挥党组织政治核心作用为集团公司站在新起点迎接新考验开创新局面提供坚强的政治组织保证》、《中铁电气化局集团公司辉煌 50 年主题演讲总决赛》等十几部录像片。

三、网站

2003 年，集团公司根据北京市工业工委开设党建网站的要求，下发《关于加强党建网站工作的意见》和《关于加强北京市工业党建网维护工作的通知》。2005 年 5 月，集团公司决定对公司 EEB 互联网站实行技术管理与内容管理分开，栏目内容管理工作划归宣传部负责。宣传部开始实施网站功能与栏目设计更新工作，初步设计起步。集团公司新版网站于 2006 年 1 月 1 日在内部开通试运行，3 月 1 日正式开通。网站设立公司简介、发展历程、新闻信息、工程展示、科技发展、勘测设计、工业制造、房地产开发、运营维管等 18 个一级栏目，下设 65 个二级栏目。栏目的设置涵盖集团公司经营、生产、设计、工业、管理、党群工作、企业文化等各个领域。为加强对外宣传“中铁电化”品牌，同时开设英文版。全年共发布网上新闻稿件 649 篇，发布相关媒体报道 133 篇，视频新闻 13 期，专题新闻宣传片 5 期。2007 年，EEB 网站发挥互联网报道快捷，信息量大，图文、影像并茂的优势，全年共发布网上新闻稿件 654 篇，发布相关媒体报道 105 篇。2008 年，EEB 网站全年共发布新闻稿件 629 篇，发布相关媒体报道 172 篇。开设《艺苑天地》栏目，全面反映集团干部员工多姿多彩的文化生活和文学艺术造诣。

第五节　企业文化

一、企业文化建设

企业文化，是企业长期形成的共同理想、基本价值观、作风、生活习惯和行为规范的总称，是企业在经营管理过程中创造的具有本企业特色的精神财富的总和。集团公司企业文化工作，坚持党委统一领导、主要领导者倡导和推动、党政工团齐抓共管、宣传文化部门策划协调、职能部门支持配合、上下联动、全员参与的运行机制。

1999 年，局先后组织百余名领导干部赴新飞、海尔、北京开关总厂等先进企业考察学习，广泛开展企业文化建设研讨，全年各级管理干部撰写关于企业文化建设论文或经验、体会文章 40 余篇。宣传“精品战略”，增强职工创精品、创名牌意识，在《中国开放年鉴》、《中国特色社会主义年鉴》、《改革开放的中国》、《北京辉煌五十年》、《人民画报》等十余种刊物刊发电化局的宣传稿件和图片，并与中外企业文化杂志社合作，出版《中外企业文化》电化局专辑，刊出全面反映电化局企业文化建设和各方面成就的文章 35 篇、图片 124 幅，在国内外发行 2 万余册。

2000 年 4 月，利用《电气化铁路》报开展企业文化建设征文活动，发表 12 篇有关科技兴企、人才培育、领导意识、队伍建设、精品战略等内容的论述性文章。在两期处级领导干部理论学习班中，安排专家讲授企业文化基础理论。7 月，局党政联合印发《关于在体制改革过程中加强企业文化建设的指导意见》。配合哈大指挥部党工委组织“哈大精神”巡回演讲活动。7 月至 9 月，组成调研组深入 10 个基层段、厂和哈大工程沿线进行调研，局党政联合转发一处五段、二处二段企业文化建设经验，宣传部初步设计出电化局改制后“经营管理理念草案”和“企业识别系统（CIS）草案”。

2001 年，广泛宣传集团“十五”发展规划企业文化建设“三高一强”的奋斗目标，制定“十五”期间企业文化建设规划和实施细则。抓紧修订集团企业识别系统、集团礼仪手册和企业识别系统实施细则方案，并在哈大、武广、秦沈等线电气化工程开通、开工仪式上推广新的仪式形式。

2002 年，出台并推行“企业文化建设三年规划”及集团公司的《礼仪手册》、《标识手册》和实施细则。2003 年 6 月和 12 月，分别将集团《企业识别系统手册》和《礼仪行为识别系统手册》印发集团所属单位，统一了集团的标识和礼仪。

2004 年 8 月 6 日，集团首次企业文化建设工作会议在北京召开，会议规划了今后一个时期企业文化建设的总体布局，提出当前和今后一个时期集团公司企业文化建设的总体要求，即以邓小平理论和“三个代表”重要思想为指导，紧密围绕实现“五四战略”任务和“二次创业”目标，实施“五项工程”和“三步走”方针，形成符合市场经济要求的企业共同价值观和经营理念；大力弘扬具有鲜明企业特色和鲜明团队个性的企业精神；建设一支理想信念坚定、文化技术素养高的职工队伍；锤炼具有广泛社会影响力和知名度的“中铁电气化”品牌，构建起具有时代特征和“中铁电气化”特色的先进文化体系。实施“铸魂”、“育人”、“塑形”、“传播”、“强本”五项工程，采取“三步走”建设方针，扎实推进企业文化建设。集团公司党委书记王其增作了题为《大力弘扬企业精神，打造中铁电化品牌，建设与集团发展战略相适应的先进文化体系》的讲话，提出“举集团公司之力，强集团公司之本，铸集团公司之魂”的企业文化建设基本理念；提出要逐步完善自己的企业理念系统，构建新的企业文化体系框架；提出当前和今后一个时期要着重抓好品牌文化、质量文化、经营文化、管理文化、人才文化、诚信文化和执行文化等七种文化建设。集团公司总经理刘志远作了题为《强本铸基育人塑形，为实现集团“五四”战略提供强大的文化支撑》的讲话。会上发布了企业文化建设成果，三公司的《突出特色 形成体系　努力建设优秀企业文化》成果被评为一等奖；西铁工程公司的《 我干工程必精品》、一公司五段的《企业文化使五段步步走强》被评为二等奖；二公司二段的《优秀文化是企业发展的不竭动力》、三公司二段的《依靠企业文化提升企业竞争力》、电气化分公司的《创建特色项目文化　丰富企业文化内涵》、工厂处宝鸡器材厂的《以创建文明单位为突破口，深化企业文化建设推动企业持续快速发展 》被评为三等奖。10 月，颁布《中铁电气化局集团企业文化建设实施纲要（试行）》。

2005 年 1 月，集团公司确定：集团企业精神为“促创干，争一流”，集团企业核心价值观为“为您服务，让您满意”，集团企业核心竞争力为“技术领先，施组创新”，集团品牌为“中铁电化”。9 月，在首都机场线东直门项目部召开企业形象标识规范工作现场会，对标识、旗帜、名片等一系列问题进一步做详细规定，要求集团公司、各子（分）公司机关、重点工程现场凡具备悬挂旗帜条件的都要悬挂“中铁工程”旗，集团公司、子（分）公司机关及工程现场驻地大门、围墙、围栏等临街主要醒目部位要展示总公司标识图案，标注集团公司名称要贯以“中铁工程”四字，在醒目位置悬挂总公司“勇于跨越 追求卓越”的企业精神，拟定标准式样模式。会后各单位组织力量，指定专人对企业形象标识做全面整改和规范。12 月，中铁电气化局集团《企业文化手册-企业标识系统》编印完成，全书由“集团名称及标准用字”、“集团及单位名称用字使用规范”、“企业理念识别系统”、“企业视觉识别系统”、“礼仪行为识别系统”等 5 部分组成。

2006 年 8 月，下发《关于加强项目文化建设的通知》，提出项目理念为：安全为天，质量为本，效益为根，和谐为基；项目文化主要内容为安全文化、质量文化、工地文化。并下发《关于加强经营文化建设的通知》，规定集团经营文化的基本框架由经营理念、经营战略、经营体系和经营制度四部分组成。

2006 年 7 月，在集团公司领导王其增、刘志远、张建喜的策划下，邀请音乐人陈树创作中铁电气化局集团企业形象歌曲《添翼的路》。10 月 17 日至 18 日，音乐人陈树到迁曹工地采风。2007年10月26日，集团形象歌曲《添翼的路》创作完成。这首歌由词曲作家陈树谱曲，集团公司董事长、党委书记王其增、总经理刘志远以及陈树作词。《添翼的路》是音乐人与企业家联袂创作，并广泛征询、吸纳职工意见的作品，因此有着深厚的群众基础，集团举行各类大型会议或相关活动时都要播放或合唱这首歌曲，在集团职工中具有广泛影响。光盘录制的《添翼的路》，由中国爱乐乐团演奏，张宏光配器，王宏伟独唱，总政文工团合唱团合唱，黑鸭子／三兄弟伴唱。

2007年4月2日至3日，集团公司党委在保定召开宣传思想工作暨企业文化创新成果交流会。党委书记王其增、党委副书记张建喜参加会议并作讲话。会上对企业文化典型单位的做法进行了评析、介绍与推广。一公司、二公司、三公司、西铁工程公司、电气化公司、建筑公司、工厂处、西铁建设公司、西安电化公司、物资处、通号院、运管公司等12家单位在会上发布了企业文化创新成果。4月27日，在第二届全国企业文化传媒论坛上，王其增书记发表《落地才茁壮，传播才鲜活》主题演讲，向与会者推介"中国中铁电化"品牌及"中国中铁"品牌。向与会者介绍了集团的企业精神、企业核心竞争力、企业核心价值观、企业理念，以及集团的企业风尚、企业礼节、企业行为和风俗习惯。5月15日，按照总公司整体上市后统一标识的要求，召开"全集团统一使用企业标识工作(视频)会议"，对标识工作进行全面部署。制作下发《中国中铁电气化局规范使用"中国中铁"标识系统示范方案》，要求各单位结合"中国铁路工程集团有限公司《企业视觉识别系统（VI）管理手册》"，研究本单位实施方案。9月12日，集团公司在网上公布《中国中铁电气化局集团有限公司企业视觉识别系统（VI）管理手册》，该手册由"企业理念识别系统"、"总公司VI基础识别系统"、"局名称及标准用字"、"局VI基础识别系统"、" VI视觉识别系统"、"礼仪行为识别系统"等六部分组成。自此全集团一直使用此《企业视觉识别系统（VI）管理手册》。

2008年4月，召开企业文化宣传工作会议，贯彻落实股份公司企业文化宣传会议精神，深入学习《关于加强工程项目文化建设的指导意见》（征求意见稿），对集团项目文化建设进行全面部署。重点选择北京动车段指挥部和武广客专项目部项目文化作为集团的示范基地，集团各单位确定建设项目文化、经营文化、安全文化、质量文化、诚信文化、品牌文化、工地文化、和谐文化、创新文化、廉洁文化的示范基地，促进集团十种文化在基层实践中创新发展、落地生根。集团公司北京动车段指挥部打造的"家"文化，提出"项目就是家园、家和万事兴"的项目文化新理念和"干中国第一、创世界一流"的目标，凝练家训、家规、家风等丰富内涵。动车段项目部"家文化"建设，被评为中国中铁股份公司15家示范点之一。武广客专"要干就干最好，要争就争第一"的武广精神和"科技武广、精品武广、和谐武广"等理念深入人心。7月，组织集团相关单位施工一线及机关本部共200余名员工，针对企业价值理念、发展战略、规章制度建设和企业文化的建设、发展、创新等进行无记名问卷调查。11月11日至12日，在北京召开项目文化建设推进会，集团公司董事长、党委书记王其增发表《谋文化之道》的演讲，党委副书记、副总经理张建喜作题为《大力推进项目文化建设，全面提升项目经营管理水平》的讲话。会议交流了北京动车段以及一、二、三公司，西铁工程公司、西铁建设公司、西安电化公司、西安通号处，电气化公司，建筑公司、城铁公司等 11 个单位的项目文化建设成果，并将成果编印成册。会议印发《关于加强工程项目文化建设的实施意见（征求意见稿）》。与会人员到建设中的北京动车段参观，并听取了动车段“家”文化建设成果介绍，还组织参观了北京同仁堂（集团）责任有限公司博物馆。

二、企业精神、理念

自 1958 年至 2008 年，集团公司历经 50 年的发展，已凝炼形成独具特色的企业精神和理念系统。企业精神：勇于跨越，追求卓越；电气化精神：促创干，争一流；企业理念：在不断否定中超越自我，在不断创新中追求卓越；企业核心价值观：为您服务，让您满意；企业核心竞争力：技术领先，施组创新；企业品牌：中国中铁电化；企业风尚：艰苦不怕吃苦；企业礼节：热情好客，礼貌待人；企业行为：说干就干，干就干好；企业风俗习惯：干事，干成事；企业作风：一呼就起、一触即发、一激即活、一战就胜；企业传统：特别能吃苦、特别能战斗、特别能攻坚、特别能奉献；企业发展目标：行业领先、国内一流、国际先进，资本、技术、管理相对密集，具有知名品牌的人型建设企业集团；质量、环境和职业健康安全一体化方针：以顾客满意为宗旨，提升质量，预防污染，保障安全，遵守法规，持续改进，追求卓越绩效，为社会提供时代的绿色精品工程。

三、获奖情况

2004 年获“全国企业文化优秀奖”、“中国行业龙头品牌奖”，2005 年获“中国企业文化十大最具影响力企业”、“全国企业文化建设先进单位”，2006 年获“中国优秀企业形象单位”，2007 年获“企业文化建设先进单位”、“全国企业文化建设优秀单位奖”。2008 年，“中国中铁电化”品牌获世界品牌实验室颁发的《中国 500 最具价值品牌》证书和奖杯，在排行榜中位列第 301 位，品牌价值人民币 25.12 亿元；“中国中铁”排行榜位居第 8 位，品牌价值人民币 648.65 亿元。获“改革开放 30 年全国企业文化优秀单位”。

第六节　统战工作与 610 办公室

1999 年至 2008 年，集团公司党委认真贯彻落实上级党委有关统战工作的部署和要求，组织各项联谊活动，积极开展“爱企业、献良策、作贡献”活动，确保统战工作的持续有效。610 办公室工作实现无法轮功人员的目标。

一、统战工作

1999 年“十一”和 2000 年元旦前，开展以“爱党、爱国、爱电气化事业，迎接新世纪，做出新贡献”为主题的统战联谊活动，邀请局属各单位重点统战对象人士代表、统战干部 400 余人次参加。1 名重点统战人士被北京市委、市政府授予 1999 年度“爱企业、献良策、作贡献”先进分子称号。2001 年，对统战基础材料、工作制度建设、统战活动的实效和政策落实情况进行自查。组织北京地区 1000 余名员工参加“全国统一战线知识竞赛”活动。集团各单位有 500 余名统战人士参加各类联谊活动，为企业改革、经营发展提出近 600 条建议。2002 年 12 月，召开统战联谊会，来自京、津、保地区的统战对象代表参加。集团公司计划经营部非党领导干部总经济师孙金科，在北京市 2001 至 2002 年度国有企业“爱、献、做”活动中获“先进个人”。集团公司科技开发中心党外知识分子工程师李钟响获北京市工业工委 2001 至 2002 年度“爱、献、做”活动“先进个人”。2003 年，有 5 篇调查研究和理论研究成果上报北京市委统战部，参加“北京市统一战线调查研究和理论研究成果评比”。对统战工作进行全面调查，补充完善统战工作台帐。确认统战对象 1102 人，其中党外知识分子 1075 人，占统战对象总人数的 97%，确定重点统战人士 38 人，全部为党外知识分子。2004 年，对西铁新成立的 4 个单位建立统战工作台帐，对各单位无党派代表人士、民主党派人士以及原国民党起义投诚人员的现状进行统计，摸清底数。下发加强改进统战工作意见，在集团统战人员中开展“爱、献、做”活动。通号院总工程师裘韧和电信中心总工程师林木获 2003 至 2004 年度北京市国有企业“爱、献、做”活动先进个人。2005 年，下发一系列统战工作文件，完善统战机构、民主党派成员的统计工作。2006 年，完成管理人才、技术人才资料统计及统战人士成长规律调查。开展“爱企业、献良策、做贡献”、“我为企业献一言”、向王选同志学习活动。召开党外知识分子座谈会 19 次，开展统战联谊活动 19 次，统战人士建言献策 200 余条。电化院副总工程师陆明强获北京市“爱企业、献良策、做贡献”先进个人。2007 年、2008 年，继续收集整理各单位统战资料，进一步完善统战工作台帐。根据北京市委统战部的要求，在统战系统中继续开展“爱企业、献良策、做贡献”活动。

二、610 办公室

1999 年 7 月，印发《关于在全局党员中开展马克思主义唯物论和无神论学习教育活动的决定》。各级党组织在党员中围绕树立正确的世界观、人生观、价值观，坚定共产主义理想信念和保持队伍的稳定，开展历时一个月的学习教育活动。活动分为学习提高、教育转化、组织处理三个阶段。在全体职工、家属中，运用集中学习、报告会、座谈会和举办报纸专刊、宣传栏等各种形式揭露批判李洪志反科学、反人类、反社会、反政府的歪理邪说。通过学习教育，广大职工认清“法轮功” 邪教组织的反动本质，绝大部分曾参与修炼“法轮功”的人员主动脱离修炼活动，并上缴有关“法轮功”书籍和用品。此项教育活动至2000年底继续进行。2001年，在员工中继续进行批判邪教“法轮功”活动。各级党组织对参与修炼“法轮功”的个别员工做好监管和深入细致的思想转化工作。2005年，根据北京市国资委维稳办的通知精神，下发《2005年“610”工作要点》，对2005年防范打击邪教工作做出部署。要求“610”办公室成员要认清斗争形势，明确工作目标，增强政治意识、政权意识和忧患意识，充分做好各项应对工作，确保集团的政治稳定，为社会政治稳定做贡献。根据总公司通知精神，通知集团各单位不要在海外“法轮功”邪教组织的媒体上做广告等相关事宜。2006年至2008年，集团防范和处理邪教问题措施得力，工作扎实有效，实现无“法轮功”邪教组织滋事活动，无“法轮功”邪教组织反宣案件，无“法轮功”人员反复，无“法轮功”邪教组织窝点，达到预期工作目标。

第七节　精神文明建设

精神文明创建活动是对员工进行思想教育、提高文明程度的有效途径，是思想政治工作的有效载体。2004年，集团公司精神文明建设办公室在广泛征求意见的基础上对《中铁电气化局集团有限公司文明单位建设管理办法》进行重新修订。2005年有18个单位获集团公司文明单位，2006年有27个单位获集团公司文明单位，2007年有21个单位获集团公司“文明单位”，有23个集体获“文明集体”。2008年有3个单位获集团公司“文明单位标兵”，19个单位获集团公司 “文明单位”，27个集体获集团公司“文明集体”。1999年至2008年，集团各单位多次获得省（直辖市）“文明单位”称号（见表11—5—1）。2008年，集团公司获北京市“首都文明单位”称号。

获省（直辖市）“文明单位”称号一览表

表11-5-1

命名时间	单位	命名单位	称号	备注
1999年度	二处 三处 宝鸡厂	湖北省 河南省 陕西省	文明单位 文明单位 文明单位	1999复查认定 1999复查认定 1999年12月
2000年度	建筑处 通号院	北京市 北京市	首都文明单位 首都文明单位	
2001年度	通号院 二公司 三公司 一公司	北京市 湖北省 河南省 北京市	首都文明单位 文明单位 文明单位 首都文明单位	

命名时间	单位	命名单位	称号	备注
2002 年度	建筑处 一公司 二公司 三公司	北京市 北京市 湖北省 河南省	首都文明单位 首都文明单位 文明单位 文明单位	
2003 年度	工厂处 一公司 二公司 三公司	北京市 北京市 湖北省 河南省	首都文明单位 首都文明单位 文明单位 文明单位	
2004 年度	物资处 通号院 二公司 三公司	北京市 北京市 湖北省 河南省	首都文明单位 首都文明单位 文明单位 文明单位	
2005 年度	工厂处 分公司 二公司 三公司	北京市 北京市 湖北省 河南省	首都文明单位 首都文明单位 文明单位 文明单位	
2006 年度	电气化公司 城铁公司 建筑公司 二公司 三公司 宝鸡厂	北京市 北京市 北京市 湖北省 河南省 陕西省	首都文明单位 首都文明单位 首都文明单位 文明单位 文明单位 文明单位	
2007 年度	电气化公司 城铁公司 建筑公司 二公司	北京市 北京市 北京市 湖北省	首都文明单位 首都文明单位 首都文明单位 文明单位	
2008 年度	集团公司 城铁公司 建筑公司 一公司 二公司	北京市 北京市 北京市 北京市 湖北省	首都文明单位 首都文明单位 首都文明单位 首都文明单位 文明单位	

第八节　政工职称评定

思想政治工作人员专业职务任职资格评审工作（以下简称政工职评工作），在集团公司政工职评工作领导小组的领导和上级政工职评工作机构指导下开展，每年进行一次。集团公司设政工职称中级评审委员会，集团所属单位下设 7 个政工职称初级评委会，包括集团公司机关、一公司、二公司、三公司、工厂处、建筑公司等 6 个独立单位初级评委会和物资处、天津电化设计院、通号设计院、保定党职校、衡水技校 5 个单位组成的政工职称综合初级评委会。1999 年至 2002 年，政工职评工作的日常管理和评审组织工作由党委干部部负责，2003 年移交党委宣传部负责。2003 年，下发《关于做好 2003 年度思想政治工作专业职务评审工作的通知》，全面系统地整理政工职称评定工作相关政策文件，对上报材料进行规定，为集团公司政工职称评审工作走上规范化、标准化轨道创造条件。2004年，下发《关于做好2004年度思想政治工作专业职务评审工作的通知》，调整集团公司中级评审委员会及政工专业评议组、论文答辩组人员，批准西铁工程公司、西铁建设公司、西安通号处、西安电气化处4个单位分别成立政工职称初级评委会。集团公司政工职称初级评审委员会达到11个。2005年，转发总公司政工职评工作暂行办法，进一步对申报初级、中级、高级政工职称条件进行规定。2006年，经集团公司政工职评领导小组研究决定，成立由电气化公司、轨道交通事业部、运营维管公司、景旭房地产开发公司联合组成的政工职称第二综合初级评委会。集团公司政工职称初级评委会达到12个。2007年，下发《关于做好2007年度思想政治工作专业职务评审工作的通知》，进一步对申报工作和评审工作提出要求。对参建京沪工程和青藏工程受到集团公司表彰的政工人员，准予破格申报中级政工职称，集团公司共有5人申报并通过评审。2008年5月，召开“集团公司政工职称领导小组办公室人员研讨会”，对申报工作中存在的问题进行分析，对报送材料的格式进行统一，明确政工职称申报工作的要求。2008年，转发国务院国资委《关于中央企业高级政工师评审工作外语考试有关问题的若干意见（试行）》的通知。1999年至2008年，集团公司共评审高级政工师83人，评审中级政工师182人。

第六章　纪检监察

第一节　组织机构

中共中铁电气化局集团公司纪律检查委员会与集团公司监察处合署办公，履行两种职责。纪委工作机构设检监室、审教室和办公室，其中检监室 6 人、审教室 3 人、办公室 4 人。2008 年底，共有 8 人，其中副局职 1 人、处职 1 人、副处职 2 人、一级部员 3 人、二级部员 1 人。集团各单位均设有相应的纪检监察机构，配有专兼职纪检监察人员。2008 年末，集团共有纪检监察组织 46 个，专职纪检监察干部 76 人，兼职纪检监察干部 66 人。

表 11-6-1　**集团公司历届纪（监）委书记、副书记名录**

职　务	姓 名	性别	民族	任　职　时　间
纪委书记	侯多智	男	汉	1999 年 1 月—2001 年 6 月
纪委书记	白克强	男	汉	2001 年 6 月—
纪委副书记	白克强	男	汉	1999 年 1 月—2001 年 6 月
纪委副书记	付洪建	男	汉	2000 年 4 月—2001 年 8 月
纪委副书记	付洪建	男	汉	2001 年 8 月—

第二节　党风廉政建设

一、党风党纪教育

1999 年，举办法律知识系列讲座，聘请北京经贸大学讲师系统讲授《经济合同法》、《公司法》和《民法通则》，100 多名局、处领导干部参加学习。举办“勤政廉政”主题征文和演讲活动，共征集优秀文稿 55 篇，12 名优秀选手在局机关进行演讲。

2000 年 8 月至 9 月，开展利用胡长清、成克杰等重大典型案件对党员领导干部进行警示教育活动，各单位普遍组织党员领导干部学习《以案施教警钟长鸣-胡长清案件警示教育材料》、《典型案件剖析教育读本》等，全局上万名职工观看电影《生死抉择》。

2001 年，围绕上级部署的“八个坚持，八个反对”主题教育，结合北京市纪委开展“党风廉政宣传教育月”活动，重点组织领导干部讲党课、预防职务犯罪知识答题竞赛、树立正确的利益观征文、开展作风建设大讨论等四个方面工作。全集团共有 60 名处段级领导为党员和入党积极分子讲党课 49 场，听课人数 2900 人；共发放答卷 406 份，集团公司中层以上党员干部、部分单位关键岗位的党员干部参加答题。

2003 年，组织开展以“优化发展环境，当好人民公仆”为主题的党风廉政建设宣传教育月活动，开展“坚持和发扬党的艰苦奋斗优良作风”主题教育。

2004 年 5 月，组队参加总公司举办的党内法规知识竞赛，获得第一名。6 月，白克强书记代表总公司参加国资委举办的党内法规知识竞赛，取得小组第一名、获优胜奖。在全国党内法规知识竞赛复赛中央直属机关、中央国家机关、中央企业赛区比赛中，取得第二名、获二等奖。

2005 年，深入学习贯彻落实《实施纲要》和《国有企业领导人员廉洁从业若干规定（试行）》。组织全集团副科以上党员干部和纪检监察人员进行以《实施纲要》和《廉洁从业规定》为主要内容的知识测试活动，1213 人参加。全集团共组织领导干部讲专题党课 45 场次，6000 余人参加。组织党员干部参观《北京市反腐倡廉警示教育展》，在京地区 450 名党员干部，其中包括 70 名处以上领导干部参观展览。在局域网上开办《学习园地》栏目，进行党风教育活动。

2006 年，以学习贯彻落实《实施纲要》和《国有企业领导人员廉洁从业若干规定（试行）》为重点，广泛开展理想信念、从业道德和党纪条规教育，组织全集团副科以上党员干部和纪检监察人员进行以《实施纲要》和《廉洁从业规定》为主要内容的知识测试活动，1213 人参加。组织在京地区 450 名党员干部，其中包括 70 名处以上领导干部参观《北京市反腐倡廉警示教育展》。

2007 年，集团公司纪委确立为“党风廉政宣传教育年”。印发《关于开展廉洁从业主题教育活动的意见》，各级纪检监察组织认真落实规定动作，选择完善自选动作，自主开创特色活动，努力促进领导干部作风转变。各级纪委书记在集团各类业务培训班进行党风廉政教育授课 157 次，接受教育干部 4706 人；各级纪检监察干部在集团各类干部业务培训班进行党风廉政教育授课 165 次，接受教育干部 5807 人。各级党政领导在集团公司有关会议上就主题教育活动提出明确要求达 470 次，各级党组织以廉洁从业规定及主题教育内容的中心组学习 314 次，参加学习的干部 2239 人。基层党支部组织召开党员干部学习廉洁从业教育方面内容座谈会 771 次、参加党员 9820 人，组织党课教育 623 次、参加人数 10475 人。集团各级纪检监察组织共向 5314 名党员干部发送廉政短信 6331 条，举办预防职务犯罪图片展 57 场次，举办反腐倡廉教育专栏 197 期，制作发放党风廉政教育桌牌 2139 件，制作发放党风廉政教育手册（卡片、折页）3912 件，举办廉洁文化书画展 11 期，购买廉政教育资料 3497 余册，请司法机关或专家讲课 23 次、参加人数 1840 人，购买刻录教育光盘 1841 张、播放 653 场次、观看人数 16624 余人，各级纪委书记进行廉政教育谈话 775 人次。

2008 年，集团各级纪检监察组织组织党员干部学习中纪委二次、三次全会精神，学习胡锦涛总书记讲话，认真贯彻落实“七项要求”和“八个不准”。西铁工程公司纪委设立的“廉洁文化之窗”网页，开设 15 个专栏，在北京市纪委“五好一创”活动评选中获“好网页”二等奖，是北京市唯一一家获奖的企业网页。集团公司纪委作为总公司区域联建华北一片区牵头单位，组织总公司在京单位所有局级领导人员参观北京市监狱。

二、制度建设

1999 年 5 月，制定《关于实施党风廉政建设责任制的规定》，扩大责任制覆盖范围，突出考核与追究，进一步健全以领导机关、领导干部和职能部门、关键岗位为责任主体的责任制体系。6 月，对反腐倡廉主要任务进行分工，从局领导班子到各职能部门、各直属单位和机关党委、纪委，进一步落实责任。下发“关于认真填报《领导干部党风廉政责任报告表》的通知”，扩大报告人范围，局工会副主席、纪委副书记、团委书记，局机关党委正副书记、纪委书记，各部门主要负责人、各直属单位主要负责人，局各指挥部党工委书记、常务副指挥长，均被纳入报告人范围。

2000 年，为促使党风廉政建设主体工作到位，局纪委提出，各级党政正职要做到“五个亲自”（亲自组织分解党风廉政建设的主要工作任务，亲自召开两次领导班子专题会议，亲自解决一两个群众反映强烈的热点和难点问题，亲自听取有关党风廉政建设工作的专题汇报，亲自组织召开本级领导班子的民主生活会）。各级党政副职要做到“五个及时”（及时向分管部门或系统传达本单位党委和上级有关党风廉政建设的工作部属及要求；及时发现分管部门或系统的管理漏洞和违法违纪苗头，采取有力措施加以堵塞和纠正；及时检查了解分管部门或系统负责干部的党风党纪政纪情况，发现问题进行戒免谈话教育；及时指导和配合纪检监察机关查处分管部门或系统的违法违纪案件；及时对分管部门或系统的党员干部进行党风廉政教育）。各职能部门要做到“五个同步”（党风廉政建设与业务管理工作同安排、同落实、同检查、同考核、同总结）。制定《电化局落实党风廉政建设责任制检查考核和责任追究办法》，下发《电化局贯彻落实党风廉政建设责任制检查（自查）考核标准》。

2001 年 9 月，制定中铁电气化局集团有限公司《党纪处分批准权限暂行规定》和《政纪处分批准权限暂行规定》，分别由党政发布执行。并制定中铁电气化局集团有限公司《纪检监察信访举报工作暂行办法》、《查办案件工作暂行办法》、《党纪案件审理程序暂行办法》、《政纪案件审理程序暂行办法》、《办理案件征求意见事项暂行办法》、《执法监察暂行办法》6 个程序性办法，正式下发执行。10 月，修订《关于党风廉政建设责任制的规定》和《落实党风廉政建设责任制检查考核和责任追究办法》，建立《项目经理部党风廉政建设责任制（试行）》。

2003 年，制定《集团公司工程项目部党风廉政建设实施细则》。2004 年，先后修订和制定集团公司《纪检监察工作考核办法》、《关于规范执行“三重一大”制度的实施意见》、《纪检监察信访举报工作实施意见》、《查办案件工作实施办法》、《办理案件征求意见事项实施办法》、《党纪处分批准权限规定》、《效能监察实施办法》、《党纪案件审理程序实施办法》、《政纪案件审理程序实施办法》、《违纪案件立卷归档工作细则》和《纪检监察案件质量检查评分标准（试行）》等12项纪检监察工作制度，纪检监察工作制度化建设取得实质性的进展。

2005年，对集团公司企业改制以来制定的与党风廉政建设相关的制度和纪检监察工作制度进行全面疏理登记，分别按照纪检监察内部工作制度、企业领导人员廉洁自律相关制度、与党风廉政建设关联紧密的企业管理制度等三大类别139项制度进行分类、整理、归纳、梳理研究，对不合时宜的废止，进行修订、补充、完善，编印《工作制度汇编》。制定《中铁电气化局集团建立健全教育、制度、监督并重的惩治和预防腐败体系实施细则（试行）》。

2006年，落实《实施细则》各项任务、全面推进惩防体系建设，抓好任务分解，从制度入手抓好落实，做好日常的宣传教育和引导工作，了解掌握工作进展情况。12月，召开落实惩防体系《实施细则》任务情况通报会，检查了解各部门任务落实和工作进展情况，对在工作中遇到的实际问题给予具体指导。

2007年，下发《关于对全局各级干部业务培训班安排党风廉政教育内容的通知》、《关于将外部劳务队伍负责人纳入遵章守纪、诚信守法宣传教育范围的通知》。

三、调研探索

1999年至2000年，局纪委、监察处根据上级纪委要求，结合全局生产、经营工作和纪检监察工作实际制定下发纪检监察调研工作要点及调研专题，全系统两年共撰写调研论文84篇，其中24篇被局纪委、监察处和局思想政治工作研究会联合评选为优秀论文，16篇被评为优秀调研成果奖，一处三段纪委书记谢风仙撰写的“关于加强工程指挥部党风廉政建设工作的调研及思考”论文获北京市纪检监察系统优秀调研成果三等奖，局纪委书记侯多智撰写的《试论市场经济与党风廉政建设》论文获工程总公司纪检监察系统优秀调研成果一等奖。

2001年6月，编辑出版《纪检监察工作文件选编》（1995-2000），配发到公司领导班子成员、机关各部门负责人和各级纪检监察组织及专职纪检监察干部。8月举办纪检监察研讨暨培训班，53名专职纪检监察干部参加，重点学习信访举报、党纪处分批准权限、政纪处分批准权限、党纪案件审理程序、政纪案件审理程序、查办案件、执法监察、办理案件征求意见等八个方面的规定。

2002年至2007年，集团公司纪委书记白克强撰写的《浅谈加强对国企领导人员的监督》和二公司何圣立撰写的《进一步完善制度，提高党风廉政建设责任制的实效性》理论文章分别获总公司理论研究成果二等奖和三等奖。白克强撰写的《关于加强国有企业领导人员监督工作的几点思考》获北京市局级干部优秀理论文章二等奖，被收入由北京市思想政治工作研究会、北京市基层文化建设研究会和北京市基层思想文化建设研究基地联合出版的《丹柯杯优秀研究成果集》，被评为2008年“丹柯杯”优秀研究成果二等奖。集团公司纪委组织撰写的有关加强对企业领导人员监督工作的文章在《中国纪检监察报》刊登。集团公司纪委论文《与时俱进，加强和改进企业纪检监察工作》摘登于总公司《求实与创新》杂志。组织参加中企纪工委、《中国监察》杂志社联合举办的“加强国有企业党风廉政建设有奖征文”活动，集团公司纪委副书记付洪建撰写的《坚持从源头治理腐败促进企业改革发展》获一等奖，孙福昌撰写的《如何从源头上有效防范国有资产的流失》获二等奖、王志坚撰写的《论现代企业制度条件下监督机制创新》获三等奖，集团公司纪委监察部获最佳组织奖。

四、专项会议

1999年4月，召开全局党风廉政建设工作会议，局党委书记高树堂、局长侯唯一讲话，局纪委书记侯多智就全局党风廉政建设和反腐败工作作了部署。全年党风廉政建设工作的重点是，继续贯彻中央“八条规定”和《廉政准则》搞好领导干部廉洁自律；集中力量查办大案要案，严肃处理违法违纪问题；结合企业实际，认真开展执法监察；以“三讲教育”为重点，深入开展党风廉政教育。

2000年3月，召开全局党风廉政建设工作会议。全年党风廉政建设工作的重点是：认真落实中央规定和《廉政准则》，进一步搞好领导干部廉洁自律；强化执纪办案职能，严肃查处违法违纪案件；紧密结合企业实际，深入开展执法监察；结合“三讲教育”，进一步加强党风廉政宣传教育工作。以落实党风廉政建设责任制为龙头，进一步强化反腐败领导体制和工作机制，加大治本力度，着力从源头上治理和防范腐败，加强纪检监察干部队伍建设。

2001年3月，召开党风廉政建设工作会，党委书记高树堂、局长侯唯一讲话，纪委书记侯多智代表局党委作“抓源治本，务求实效，努力开创党风廉政建设工作的新局面”的报告。一、二、三处、建筑处、工厂处5个单位就党风廉政建设工作取得的经验发言。确定2001年党风廉政建设工作的重点是：进一步推进廉洁自律工作，增强领导干部拒腐防变的能力；严肃查处违法违纪案件，遏制案件易发、多发势头；精心选题立项，开展执法监察和效能监察；适应改革发展需要，建立和完善内部监督制约机制。

2002年4月，召开思想政治工作暨党风廉政建设工作会议，公司党委副书记、纪委书记白克强作《发扬与时俱进的创新精神，做好新形势下的党风廉政建设和反腐败工作》的报告。会议确立党风廉政建设和反腐败工作重点是：进一步规范领导干部的行为，强化廉洁自律工作；继续加大查处案件工作力度；深入开展执法和效能监察；深入开展“八个坚持、八个反对”主题教育活动，继续开展“党风廉政宣传教育月”活动；加强调查研究，认真探索企业发展中党风廉政建设的新思路、新途径、新方法；全面落实党风廉政建设责任制，突出责任追究；继续加大治本力度，加强对各关键环节的监督检查；适应企业改革的新形势，继续加强纪检监察干部队伍建设。

2003 年 4 月，召开党风廉政建设会议，继续采取与集团公司思想政治工作会议一同召开的形式。党委副书记、纪委书记白克强作题为《深入学习贯彻党的十六大精神，努力开创党风廉政建设和反腐败工作新局面》的报告。会议确定 2003 年党风廉政建设和反腐败工作重点是：深入学习贯彻十六大精神，坚持纪检监察工作为改革发展服务；加强党风廉政宣传教育；抓好领导干部廉洁自律；严肃查处违纪违法案件；继续深入开展“双清”效能监察；结合实际，突出重点，强化源头治理；全面落实党风廉政建设责任制；搞好纪检监察干部队伍建设。

2004 年 4 月，集团公司思想政治工作暨党风建设和反腐倡廉工作会议召开。集团公司党委副书记、纪委书记白克强作题为《深入开展党风建设和反腐倡廉工作，为集团公司改革发展提供纪律保证》的工作报告。会议确定 2004 年党风廉政建设和反腐败工作的重点是：立足教育、加强监督，促进领导干部廉洁自律；加大查办案件力度；认真开展效能监察；抓好源头治理工作；全面推进党风廉政建设责任制工作；切实加强纪检监察队伍建设。10 月，召开集团各单位纪委书记会议，重点讨论《中铁电气化局集团建立健全教育、制度、监督并重的惩治和预防腐败体系实施细则（试行）》。

2006 年 3 月，召开集团公司纪检监察工作电视电话会议。集团公司党委副书记、纪委书记白克强作题为《全面履行职责，构建惩防体系，不断开创纪检监察工作新局面》的工作报告。会议确立做好以下八个方面的工作：维护党的纪律，为全面落实科学发展观提供保证；做好任务分解和落实，加快推进惩防体系建设；深入开展反腐倡廉教育，认真落实廉洁从业各项规定；加强制度建设，进一步规范管理和从业行为；完善制衡约束机制，加大监督检查力度；高度重视信访举报，严格依纪依法办案；继续开展效能监察，不断提升企业管理水平；全面履行职责，不断提高纪检监察工作能力和水平。7 月，召开集团公司纪委书记会议。集团公司党委书记王其增讲话，对纪检监察工作提出要求。集团公司党委副书记、纪委书记白克强主持会议并讲话。集团各单位纪委书记围绕上半年工作、新形势下对企业纪检监察工作的认识进行座谈与交流。12 月，召开集团公司纪检监察工作会议，集团公司党委副书记、纪委书记白克强总结 2006 年工作，部署 2007 年工作。2007 年工作重点：认真学习贯彻十六届六中全会精神，为落实科学发展观、建设和谐企业发挥纪检监察组织的保证作用；创新方法，强力推动，分层负责，全员参与，深化反腐倡廉宣传教育；着力推进惩防体系《实施细则》的贯彻落实，继续加强制度建设；以项目管理为重点，进一步加大监督检查力度；认真办理信访举报，坚决查处各种违纪违法行为；优化企业管理，不断拓宽效能监察新领域。

2007 年 3 月，召开纪检监察工作视频会议。会议重点强调廉洁从业主题教育工作，对 10 项具体工作进行部署。按党风廉政建设责任制分工逐级负责宣传教育，利用党委中心组学习时间安排廉洁从业教育内容，全集团所有基层党支部都要组织 2 次以上以廉洁从业教育为内容的党员学习座谈会和党课，按照有关文件规定程序对新任职领导干部进行廉政谈话，按干部管理权限对发现有违规苗头或倾向的干部进行诫勉谈话，集团公司和子、分公司要充分利用内部报纸、网站、机关广播及工地板报专栏开展宣传教育，各单位要在机关本部、各项目部、指挥部、物资供应站或其他管理人员驻地组织播放案例教育录像和廉洁从业教育辅导录像，在集团公司或子、分公司及其下属单位内部举办的各类业务培训班上专门安排廉洁从业教育内容，集团公司纪委监察部加强纪检监察信息简报工作，组织纪检监察干部进行廉洁从业宣传教育培训。8 月，召开纪委扩大会议。集团公司党委副书记、纪委书记白克强作题为《积极主动，讲实求效，深入开展党风建设和反腐倡廉工作推动企业实现健康和谐发展》的工作报告。明确下半年党风建设和反腐倡廉的 3 项重点任务，对纪检监察队伍自身建设提出 3 点要求。

2008 年 3 月，集团公司党风廉政建设会议在北京召开。会议由党委副书记、总经理刘志远主持，集团公司党委书记、董事长王其增作题为《站在新起点，大力加强反腐倡廉建设，实现集团公司健康持续稳定发展》的讲话，党委副书记、纪委书记白克强作题为《全面加强反腐倡廉建设，为企业发展提供有力保证》的工作报告，党委副书记张建喜传达中纪委十七届二次全会和上级有关会议精神。白克强强调要重点做好六个方面的工作：认真贯彻落实十七大精神，推进反腐倡廉建设；制订《五年规划实施细则》，进一步完善惩治和预防腐败体系；进一步深化领导干部廉洁从业教育工作；进一步重视信访举报和办案工作；进一步做好监督检查和效能监察工作；进一步加强纪检监察组织的自身建设。10 月，召开集团公司纪委书记会议，明确 2008 年后两个月和 2009 年初党风建设和反腐倡廉工作五项重点任务。

第三节　监督检查

1999年，开展“三清”执法监察，局纪委监察处会同物资处、审计处对武广、广深线物资采购情况进行执法监察，针对物资采购、自揽工程、指定产品、包工包料等方面存在的管理疏漏，提出具体改进意见。多经处金环公司原负责人私刻公章、伪造授权委托书和抵押证明等文件私自贷款，7月司法机关审结归案。

2000年，组织开展建设工程项目执法监察，对34个在建小型和更新改造项目、8个设计项目、53个工程项目、17个工程分包项目和95支劳务用工队伍进行清理，纠正不规范用工经济合同12项，清退不合格民工队3支。局执法监察领导小组对建筑处承建的电气化实验中心和一处三段、五段住宅楼及物资处天津材料厂游泳馆4个项目进行重点抽查，工程总公司执法监察小组对建筑处承建的电气化实验中心进行检查。开展“优秀执法监察成果评选”，3个执法监察项目被评为局“优秀执法监察调研成果”。

2001年，开展执法监察共立项16项，提出改进建议69项，落实63项，协助建章立制67项，减少经济损失532多万元，追回欠款485万元。9月，集团公司党委、行政与纪委提出《关于加强执法监察工作的意见》，提出12个方面43条工作细目，重申企业内部各级单位、职能部门及其管理的公司、其他企业单位和各级各类管理人员，都是执法监察工作的对象，企业生产、经营、改革、管理等都是执法监察工作覆盖范围。通过开展执法监察工作，推广先进典型5个，1个单位在总公司执法监察工作会议上作经验介绍，三公司“开展对外投资、借款、担保效能监察”项目获北京市工业纪工委效能监察优秀成果奖。

2003 年，重点加强物资采购方面有关制度的建立和完善，实施物资采购“阳光工程”。协助物资处制定《物资公开采购若干规定》。参与集团公司集资楼施工单位招标、部分大宗物资采购，以及对工程建设情况的检查。开展公司机关住房管理执法监察和对机关集资房分配情况专项执法监察，对机关集资房调配进行全过程监督。

2004 年，全面推行物资“阳光采购”，重点加强对物资采购、工程分包、劳务用工的监督检查。对大秦铁路 2 亿吨扩能电气化配套工程的物资采购和大型机械设备的招标进行监督，对整个招标过程进行现场全程监督，节约资金 1900 万元。对大秦线废旧物资处理、郑徐线物资采购和集团公司机关燃气供暖锅炉、工程用车采购的招标过程进行全程监督，重点对工程项目部物资采购和劳务用工情况进行检查。下半年，分别由集团公司纪委书记、副书记带队，组成 3 个检查组，分赴 9 条线的 21 个项目部进行检查。

2005 年，加大对物资采购、工程分包和使用外部劳务队伍的监督检查力度。下发《关于对物资采购加强监督检查的通知》和《关于对工程分包和使用外部劳务队伍加强监督检查的通知》，明确提出“两个禁止、一个不得”和“一个严禁”。针对京沪线物资设备招标项目多、数额大、质量要求高，并涉及集团信誉和效益的特点，集团公司纪委监察部派专人对本次招标总标接近 16 亿元人民币、参与竞标供应商达 150 余家的招标活动进行全程监督。全年参加涉及机械、物资、办公、车辆采购和工程分包等企业经济活动 34 大项，涉及采购金额 18.9 亿元。

2006 年，探索实行巡视检查制度，由纪委监察部以每人负责几个单位的方式，对集团各单位和公司各部门进行综合检查，着力解决在人员紧张、工作繁忙、管理面扩大情况下的有效监督。纪委监察部与有关部门密切配合，有效避免苏州花园饭店在拆迁过程中因其负责人的违规行为可能给企业造成的 300 多万元的损失。围绕物资采购、工程分包、成本控制等，重点加强对工程项目管理的监督检查。各级纪检监察组织先后参与工程项目分包、废旧物资处理和工程物资、机械车辆、医疗设备、办公用品采购等各种招标活动，对全过程实施监督，涉及金额 50870.74 万元，节约资金 1649.34 万元。开展治理产权交易商业贿赂工作，按总公司要求进行自查自纠。

2007 年，重点加强对各级领导班子作风的监督检查，参加各单位作风建设专题民主生活会，对各级领导干部参与企业内部集资入股的情况进行全面清理清退，加强对各种招标活动的监督。集团公司各级纪检监察组织共参与物资采购、工程分包招标涉及金额 388108.08 万元，节约资金 5229.28 万元。对工程项目部外部劳务队伍使用管理情况进行监督检查，普遍做到招标选用外部劳务队伍，集体研究决定，纪检监察组织全过程参与。重点对大包线 5 个项目部外部劳务队伍使用管理情况进行检查。

2008 年，对 12 个基层单位和 8 个工程指挥部、项目部进行党风检查。对党风廉政建设责任制落实情况和物资采购、工程分包、外部劳务队伍使用及废旧物资处理等方面执行有关规定情况，特别是贯彻落实国有企业领导人员廉洁自律“七项要求”情况进行检查。加强对物资采购招标工作的全过程监督，对大包、动车段、广深港、武广、京九、天津站改造各工程项目的全部或部分物资设备、集团公司恒张力架线车和其他机械设备及车辆、运管公司施工工具、设备等采购招标全过程进行监督。各级纪检监察组织参与各类招标监督 106 项，涉及金额 21.39 亿元。参与集团公司选聘提职干部的考核考察，全部参与所属单位领导班子生活会并履行监督检查职责，参与企务公开检查、安全稳定检查等。

第四节　效能监察

2002 年，开展清理清收外欠工程款效能监察。全集团成立领导小组 9 个，抽调专门工作人员 48 名，清欠催收人员 184 名。纪委监察部重点抓拖欠两年以上外欠款的清理清收，共收回 8033 万元，占外欠款总额的 53.58%。各级纪检监察组织针对企业管理中的“难点”和职工关心的“热点”问题，开展专项效能监察，全系统共开展执法和效能监察 13 项。纪委监察部选立“两校”经费使用管理、多经企业管理、机关住房管理、下拨科技经费使用管理 4 项效能监察，其中清理多经企业单位 11 个。

2003 年，纪委监察部先后三次召开会议，研究催收工作。集团纳入 2003 年清欠范围的外欠款 1046 项 44214 万元，收回外欠资金 31902.36 万元。其中 2001 年末前形成的外欠资金 12936.62 万元，占外欠资金总额的 55.81％；2002 年形成的外欠资金 18965.74 万元，占外欠资金总额的 90.17％，完成总公司下达的 30％和 80％指标。2003 年集团公司纪检监察系统（不含西安公司）立项 16 项，涉及管理、生产、经营、财务、住房等。开展对集团公司下拨科技经费使用管理效能监察，抽查 10 个项目，提出 7 条建议。

2004 年，开展“双清”效能监察，对集团公司 2003 年外欠工程款进行调查摸底，确定纳入 2004 年清收任务的外欠款总项目 1001 项，金额 48807 万元。把拖欠 2 年以上的外欠款和 500 万元以上的外欠工程款项目作为重点，建立台帐，重点清收。重点督促指导西铁工程公司等 4 个单位的“双清”工作。全年共收回各类外欠款 39765.65 万元，其中 2003 年形成的外欠款 30103.05 万元，占应收金额的 79.77％；2002 年末前形成的外欠款 9662.6

万元，占应收金额的 87.27%，超额完成总公司下达的任务。开展清产核资效能监察，对拟报损的资产逐项进行审核。对集团公司本部在京地区住房管理效能监察。开展自立项目效能监察 18 个项。

2005 年，通过加强“双清”效能监察，收回外欠款 48268.49 万元，其中 2003 年末前形成的外欠款 3946.98 万元，占应收金额的 56.3%；2004 年当年形成的外欠款 40918.97 万元，占应收金额的 86.48%，完成总公司下达的 40%和 85%的清收指标。开展自立项目效能监察，全集团共立项 16 项（集团公司 2 项），结项 13 项（集团公司 1 项）。通过效能监察提出监察建议 58 条，协助建立制度 19 项，避免和挽回经济损失 973.57 万元。

2006 年，开展不良资产管理效能监察，确认不良资产 138 项、1437.71 万元。对有望收回的项目全力进行催收，长期争执无果的与塘沽冷冻厂债务纠纷问题，利用司法手段有效确任债权 137 万元，挽回经济损失。全年集团收回账销案存不良资产 113.76 万元。开展加强外部劳务队伍管理效能监察，对集团 2005 年使用的 405 支外部劳务队伍进行摸底统计，对其属性、专业及单位分布、选用和管理方式等进行综合分析，梳理管理制度 41 项，进行补充完善。开展“双清”效能监察，共收回拖欠两年以上各类外欠款 2851.54 万元。集团和各单位立监察项目 19 项（集团公司 2 项、各单位 17 项），完成 17 项，提出监察建议 87 条。

2007 年，开展不良资产管理效能监察，收回账消案存不良资产 241.41 万元，收回各类外欠款 66876.51 万元。通过多项效能监察共提出监察建议 75 条，被采纳 56 条，协助建立和完善制度 55 项，挽回经济损失 741.65 万元。集团公司获“北京市国资委效能监察先进单位”，加强外部劳务队伍管理效能监察获“北京市国资委企业效能监察十佳项目”。

2008 年，开展工程项目责任成本管理效能监察。对 96 项 5000 万元以上在建项目建立台账，重点督促，召开工程项目责任成本管理效能监察现场会，推广 5 个工程项目的经验。全集团重点开展效能监察项目 19 项，包括合同管理、医疗保险金的使用、本单位规章制度的执行及公务用车等效能监察，全年提出监察建议 83 条，被采纳 63 条，协助建立完善制度 58 项。“双清”效能监察工作转入日常管理，全年收回拖欠两年以上外欠款 1.1 亿元，占应收金额的 97%，超额完成总公司下达的 60%的清欠指标。

第五节　信访及查办案件

1999 年，纪检监察系统受理群众来信来访 131 件，办结 131 件，办结率 100%；排查案件线索 37 件，查结 35 件，查结率 94.6%；办理案件 9 件（新立案 6 件，上年遗留 3 件），调查终结 9 件，结案 5 件。有 5 人分别受到党纪政纪处分，挽回直接经济损失 42.89 万元。

2000 年，受理群众信访举报 6 4 件，排查案件线索 10 件，全部查结。共办理案件 9 件(新立案 5 件,上年遗留 4 件)，调查终结 9 件,结案 7 件,销案 1 件。有 3 人被开除党籍，

1 人被党内严重警告，1 人被行政开除，2 人被留用察看，1 人被判处有期徒刑，共挽回直接经济损失 130 多万元。

2001 年，受理群众信访举报 36 件（上级批转 8 件，重信 5 件），排查违纪线索 10 件，终结 10 件，转立案 5 件，共办理案件 7 件（上年遗留 2 件，新立案 5 件，大案 4 件，自办案件 2 件），全部结案。有 6 人受到党纪政纪处分，其中 1 人受到开除党籍处分，1 人受到党内严重警告处分，1 人被行政开除，2 人被行政开除留用察看一年，1 人受到开除党籍和行政开除双重处分。围绕深圳交通银行发展大厦支行诉集团公司借款纠纷案，为企业减少经济损失 380 万元。围绕多经处阳原经销处原经理失职案，查明给企业造成 82.57 万元损失。围绕河北深州橡胶厂与集团公司脱钩事宜，查清该厂的注册登记及债权债务情况，办理与该厂脱钩手续。

2002 年，受理群众信访举报 59 件，办结 57 件，办结率 96.6%，其中集团公司纪委监察部直收 40 件；涉及副处级以上干部 16 件，科级干部 22 件，一般人员 21 件；反映经济类问题 48 件，失职 3 件，组织人事类 4 件，其他 4 件。共排查违纪线索 8 件，初核了结 8 件。共立案 4 件，结案 2 件。有 1 人受到开除党籍处分，1 人受到行政开除处分，挽回直接经济损失 77.1 万元。指导建筑公司查办物业公司财务人员挪用公款案，挽回损失 25.21 万元；三公司多经企业遗留股票问题，追回公款 30 万元。

2003 年，受理群众信访举报 42 件，办结 41 件；排查违纪线索 8 件，初核了解 7 件；办理 2002 年遗留案件 2 件，新立案件 3 件，调查终结 5 件。3 人受到党纪政纪处分，其中开除党籍 2 人，行政开除留察 2 人（1 人受到党纪、政纪双重处分），1 人受到调离关键岗位的组织处理。重点督办二公司武汉指挥部财务人员携款潜逃案件。

2004 年，集团各单位对全年所有信访举报件进行一次认真清理审核，防止遗漏任何案件线索，了结率要达到 100%。全年共受理信访举报 48 件，办结 46 件；排查案件线索 5 件，初核了结 5 件。重点查办上级下转的 5 个信访件。

2005 年，受理群众来信来访 58 件，办结 58 件。

2006 年，共收到信访举报 64 件，办结 63 件；核实线索 6 件，办结 5 件（转立案 4 件）；立案 6 件，调查终结 6 件。给予 8 人党纪政纪处分（其中党纪处分 5 人、政纪处分 6 人、同时给予党纪政纪处分 3 人），经济处罚 5 人，责任追究 1 人，行政留用察看 1 人，被判刑 2 人。

2007 年，集团各级纪检监察组织共收到信访举报 32 件，办结 32 件，信访举报涉及到处级干部 8 人。协助地方检察机关调查核实有关情况 3 件，协调相关事项 6 起。

2008 年，集团公司纪委共受理查核举报信件 21 件（排除重复信件），查处违法违纪案件 3 件，其中贪污挪用公款案 1 件，受贿案 2 件。对违法违纪人员分别给予处理，其中判刑 2 人，开除党籍 2 人，解除劳动合同 1 人，行政开除留察 1 人，撤消行政职务 3 人，党内严重警告 2 人。

第七章　党校教育

电化局党校始建于 1987 年 2 月，原称中共铁道部电气化工程局委员会党校，2005 年 7 月 19 日更名为中共中铁电气化局集团有限公司委员会党校。党校与职工学校合署办公，实行校务委员会领导下的校长（集团公司党委副书记兼）负责制，校务委员会由集团公司党委任命，在校长或主持工作的副校长主持下，实施对党校工作的领导。党校副校长、校务委员会副主任与职工学校领导交叉任职，党校职工学校共同使用教育资源。2006 年第四次校务委员会决定，聘用兼职教授 42 名，集团公司 37 名，地方院校 5 名。

党校具有两项职能，干部培训及会议中心。干部培训，以提高各级领导干部和管理干部思想政治素质及业务能力为重点，加强干部的理论武装、知识充实、能力提高和党性锻炼。1999 年至 2008 年，共办干部培训班 57 期，培训干部 2523 人。培训覆盖宣传干部、组织干部、团干部、纪检监察干部、后备干部、入党积极分子、党支部书记、基层党委书记、思想政治工作、企业文化、新闻笔会、组织管理、干部年统、党内年统、高级技师、文秘、离退休、工会军体、工会财务、工会经费、工会劳保、高级技术干部理论学习、处级干部“三讲”教育、处级干部“十六大”理论学习、处级干部“十七大”理论学习、领导干部落实科学发展观等 27 个专业。党校是集团公司会议接待中心。1999 年至 2008 年，共接待会议 98 个，接待人数 4258 人，会议涉及宣传、组织、团委、纪检监察、两办、集团工会大型体育赛事、离退休职工文化娱乐比赛等。

中央党校函授教育，是集团公司提高职工学历水平的一条重要途径，在函授教育中，坚持“理论、知识、党性、能力”四统一原则，保障教育质量。1999 年至 2008 年，经济管理专业大专招收 270 人，毕业 274 人；经济管理专业本科招收 149 人，毕业 151 人；法律专业本科招收 75 人，毕业 75 人。

第八章　机关党委工作

第一节　组织建设

一、组织制度

2000年1月，召开局机关第七次党代会。2004年10月，召开集团公司改制后机关第一次党代会。根据工作变动情况，及时调整、增补党委委员。机关党委每年至少召开一次民主生活会，党委委员坚持参加双重组织生活会。2002年，在公司机关完成机构调整后，及时进行22个党总支、支部的改选换届和新支部的组建工作。2006年，2个总支、22个支部进行任期届满换届选举。在机关全体党员和各部门中，全面贯彻《党支部组织生活会制度》、《“三会一课”制度的实施意见》、《机关部门领导“一岗双责”制度》。

二、党员教育

开展党员干部的思想政治教育，每季度向各支部印发政治学习安排，提出学习重点、要求、参考书目及思考问题，有计划、有步骤的开展理论学习。学习形式上，采取大会集中辅导、支部分散讨论，党员互相交流相结合形式。2000年，以学习邓小平理论、江泽民“三个代表”重要思想为主要内容，学习贯彻党的十五大及十六届四中、五中全会精神。2003年，组织61名处级干部参加两期学习研究班，组织机关职工394人参加贯彻“三个代表”、“开展二次创业”百题知识竞赛并获优秀组织奖。2005年，开展保持共产党员先进性教育活动，历经学习动员、分析评议、整改提高三个阶段。10月开展巩固和扩大整改成果回头看工作，举办一期党支部书记培训班。通过开展教育活动，建立“关键是领导，基础在支部，落实靠党员”的责任机制，严格落实三个层次、五个方面的工作责任,形成集团公司机关党员保持先进性要做到“五勤五优”的总体要求。在集团公司青藏、大秦、京沪、浙赣、渝怀5个工程指挥部开展的第二批先进性教育中，深入浙赣、渝怀、京沪指挥部进行指导检查，保证先进性教育活动各项任务圆满完成。教育活动覆盖面达100%，集中培训面达到98%；人均集中学习时间48小时,组织参观、观看录象、电影、上党课、举行先进性事迹报告会、形势报告会9场次；累计征求意见和建议208条、梳理后230条；239名党员制定整改措施,32个支部制定整改措施108项。经过总公司督导组在机关各层次党员职工中随机抽样调查，群众测评满意和基本满意率达到100%。2006年,组织全体员工集中收看“八荣八耻”、商务礼仪、《身边的经济学》等讲座16次、600多人次参加，为党员购置学习资料1415册。2007年,组织党员、群众认真学习、宣传、贯彻党的十七大精神。

三、创先争优活动

1999 年至 2008 年，坚持每年开展“创先争优”活动，充分发挥党组织的战斗堡垒作用和党员的先锋模范作用。10 年间，共表彰优秀共产党员 351 人次，优秀党务工作者 51 人次，优秀党支部书记、委员 217 人次，先进党支部 96 个。共举办 5 期入党积极分子培训班，65 名入党积极分子参加学习培训，发展预备党员 59 名，预备党员转正 64 名。

第二节　宣　传

一、形势教育

2001 年，为实现集团公司二次创业的战略，实现企业快速发展的目标，在职工中大力宣传“观念新，事业兴；观念变，面貌变”的指导思想。2002 年，在机关改革工作启动后，机关党委召开支部书记会议，就做好机构改革和全解重聘工作提出具体要求，由于各级党组织及时掌握职工思想动态，加强对重点部门、重点人员做耐心细致的思想政治工作，作到人心不散，队伍不乱，工作不断，确保机关机构人事制度改革的顺利进行。2003 年，由于非典和其他一些客观因素的影响，造成集团公司的生产经营任务十分艰巨，针对企业发展艰难的严峻形势，利用召开职工大会、广播和举行座谈会等有效形式，使全体职工认清形势，大力宣传集团公司的“二次创业”目标和“五四”发展战略，号召共产党员要振奋精神，以改革的思维和发展的眼光看待企业改革中出现的问题，做改革发展的支持者、参与者，为企业的发展多做贡献。2006 年，两次组织机关员工在京沪、青藏两线建设庆功大会中迎宾并参加会议，并与集团公司团委一起组织 50 人方队参加总公司双进世界 500 强庆祝活动。2008 年，5. 12 汶川大地震后，及时组织近年来规模最大的捐款活动, 2 次捐款、1 次缴纳特殊党费活动，1121 人次参加，捐款 34. 1489 万元。

二、广播报道

1999 年至 2008 年,《电铁之声》有线广播围绕公司党委中心工作和企业改革发展，坚持每星期三下午政治学习时间向职工播送节目半小时，及时报道企业施工生产、经营、科技、改革、党建思想政治工作及各个时期中心工作和重大决策。2000 年，重点报道实践三个代表，创世纪辉煌。2006 年，重点对青藏、京沪、浙赣线进行报道，先后开辟《那是一条神奇的天路》、《决战决胜战京沪》、《走进浙赣》专题系列报道。机关党委代表集团公司组织参加丰台高科技园区“庆七一”演讲比赛，参赛作品《建青藏铁路，为党旗增彩》获特等奖。2007 年，开辟《生产动态》、《经营简报》、《廉洁从业主题教育活动》、《学习宣传贯彻十七大精神》等专题系列报道。2008 年，开辟《抗震救灾》特别报道, 开辟《施工简报》、《迎奥运》、《辉煌的历程—电气化铁路 50 周年》、《京津城际纪实》等系列报道。10

年来，共播出节目650期，播出稿件1.6万篇。

第三节　党风廉政建设

一、党风党纪教育

机关纪委于2000年至2001年，以胡长清、成克杰等典型案件为反面教材，组织召开党员民主生活会，青年知识分子座谈会，参观打击和预防经济犯罪展览等开展警示教育，党员干部的党性观念、法纪意识得到增强。2002年至2003年，开展学习贯彻《关于中央企业领导人员廉洁自律若干规定的实施办法》的活动，召开座谈会4次，140名科处职干部参加。以征文、知识竞赛答题、影视录像等形式开展“八个坚持、八个反对”的主题教育活动，收到“树立正确权利利益观”征文24篇。为支部和党员干部发放《典型案例教育读本》和《以案施教、警钟长鸣》等学习资料1000册，录像带50盘。80名处级干部全部参加“依法经营、廉洁从业”知识的学习测试活动。2004年开展“两个务必”主题教育活动，处级干部全部填报《领导干部党风廉政建设责任报告表》。2005年至2006年，以参观展览、知识竞赛答卷和《电铁之声》广播等形式开展反腐倡廉警示教育。下发反腐倡廉学习资料144本，《电铁之声》编播反腐倡廉案例3期，160名党员参观北京市纪委举办的反腐倡廉警示教育展，35岁以下青年党员参观《抗日战争纪念馆》，137名科处职干部参加《廉洁从业规定》知识答卷活动。2007年，开展“廉洁从业”主题教育活动，召开支部书记会议2次，编印主题教育活动有关资料500份，155名党员观看《失衡的秤》、《贪图末路》典型案例录像片，90%以上的党员参加以支部为单位组织的党员民主生活会。2008年，全面开展学习贯彻党的十七大、中纪委十七届二次全会精神的活动，为各支部及党员发放《党的十七大党章修正案问答》等学习资料900册，320名党员参加党的十七大知识竞赛答题活动。开展国有企业领导人员落实廉洁自律七项要求的自查工作，机关处级干部对照“八个不准”，在自查的基础上填报《五种自查登记表》，对自身存在的问题制定限期整改措施，机关78名处级干部全部参加“七项要求”的自查工作。

二、廉政举措

2003年，为了规范公款安装住宅电话和购买移动电话，修订《机关通讯工具管理办法》。2004年，重新修订《党风廉政建设责任制》，各支部（包括代管的二级单位支部）制定《党风廉政建设责任制》。2005年，在几项较大的对外事项上实行新的举措，机关东院办公楼装修、食堂改造、职工工作装制作、职工体检医院、食堂承包商的选定，都采取公开招标或其他民主程序进行。2006年，开展党风廉政建设的巡查工作，机关和代管的二级单位共8个支部接受巡查，在加强管理、赌塞漏洞、厉行节约、加强廉政建设方面摸索好的做法和经验。2008年，对公司机关和代管的二级单位咨询公司、顺达公司公务用车情况进行清理登记并与财务部进行核对，做到帐物相符，促进公务用车的管理。2000 年以来，接到群众举报 5 件，立案 5 起，结案 4 起。

第四节　企业文化

2005 年，制定《关于提升机关形象，规范员工行为的若干要求》，并编辑成册，发至机关全体员工和在电气化大厦内办公的相关单位，规范执行。组织各部门员工集体统一着装参加“京沪线第二次工作会议”和“京津城际铁路公司挂牌”两次迎宾礼仪活动。启动“弘扬五种精神，创建五型机关”主题实践活动，出台《实施意见》，制定部门工作考核表，从指导思想、活动目标和要求、组织保证措施方面进行详细说明。2007 年，确立“围绕中心，服务基层、展现作为，共建和谐机关”的理念，作为机关文化建设的指导思想，印发《关于推进机关文化建设的指导意见》，阐述机关党委工作理念表述及说明，各支部联系实际制定切实可行的部门理念。努力把开展“草根文化”建设，促进企业文化落地生根、开花结果与加强机关作风建设、树立机关良好形象相结合，制定改进机关作风建设的措施。2008 年，做好企业形象歌曲《添翼的路》的传唱工作，举办“企业形象歌曲赛歌会”，公安处等 6 个部门获得一、二、三等奖。北京奥运会期间，成立以机关职工为主的中铁电化志愿者服务队和北京职工文明拉拉队，参加相关活动。在北京市总工会开展的“奥运立功竞赛”活动中，机关有 4 人获北京市“奥运立功标兵”，2 人获国资委奥运先进个人，1 人获“奥运立功奖章”称号。

第五节　综合治理

机关综治委坚持“预防为主”的方针，加强对人、地、物、事的管理。1999 年至 2008 年，对机关登记建档的 54 处“三类重点部位”逐年进行年审和岗位人员审核，对机关雇用的临时工、劳务工进行登记和年审，累计 1200 多人次。对机关大院配备的 454 件灭火器材、17 组消防栓逐年进行维护和保养，特别是在全国“119”消防安全宣传日活动期间，开展消防安全宣传、教育、培训、演练等系列活动，有 845 人次参加消防知识集中培训，举办灭火模拟演练活动。对在机关院内施工的 52 支施工队（累计用工 2353 人）改建、扩建、装修等施工现场进行治安和消防工作监督检查。协调配合有关部门开展安全大检查 115 次，发现和督改各类不安全隐患 108 件，发出隐患通知书 24 份。2005 年，在东、西院办公区相继安装监控系统 12 组（36 个摄像探头），在易发案部位安装报警装置 3 套（红外线探头 12 个）。公安分处共受理报警案件 1364 起，查处违法案件 22 起，清除人员 33 人，保证集团公司机关的安全与稳定。

第六节　工会工作

一、组织工作和民主管理

2002年,机关工会直属3个基层工会，19个支会全部进行换届选举。民管会两次召开座谈会，征求对机关食堂改进的意见和建议。2003年,机关民管会进行换届改选。2003年，通过《集资住房分配办法》和《职工补充医疗保险办法》，对95套集资房进行分配。2005至2008年，民管会全程参与职工制装厂家、食堂承包商、职工体检医院的选定等项工作。

二、宣传教育

2000年,组织职工参加“企业改革与发展百题万人知识竞赛”。从2002年开始，每年开展劳动安全防护知识竞赛答题活动,4次开展安全生产知识竞赛活动、近5000人次参加。2002年，与科技部联合建起“职工书屋”，每年投入5000元充实各类文化图书。2004年，为各办公室配备22台29寸纯屏彩电。2006年起，开展“创建学习型组织，争做知识型职工”活动。

三、文体活动

1999年与2000年，分别举办职工秋季运动会。2002年，在办公楼内配备5台乒乓球桌，建起篮球场。2005年，建职工健身中心。2002年至2008年，共组织开展爬楼梯、登山、游泳、乒乓球、羽毛球、钓鱼、踢键、篮球、拔河、棋牌等各种比赛20余场次。2005至2007年，举办“迎新年职工联欢会”。

四、职工生活

2002年,为500多名职工投入商业保险。2005年，为在职、内退职工共617人投入资金12.36万元，增加互助合作商业保险。2003年至2008年，为190多名女职工（包括内退女职工）投入3.3万元，加入特殊疾病保险。1999年至 2008年，共为21人办理职工互助合作保险、互助合作商业保险和女职工特殊疾病保险理赔，理赔金额15.9万元。2002年以来，每年为职工购买生活副食品，重要节日发放节日慰问费，每人每年的慰问金额在2500至3000元。2006年以来，共救助特困、严困职工81人次，救助金额58850元；救助一般困难职工47人次，救助金额30500元；帮困助学15人次，发放助学金16300元；职工大病住院医疗补助31人次，补助金额107906元。

五、评先工作

1999年至2008年，机关被表彰为先进处（部、室）的部门92个（次），先进个人500人次。2003至2008年，有35人获集团公司“爱企立功竞赛标兵”称号，14个部（室）

获集团公司“爱企立功竞赛标兵集体”称号，2 人获工程总公司劳动模范称号，7 人获北京市经济技术创新标兵，14 人获首都劳动奖章或火车头劳动奖章，2 人获得省部级劳动模范称号。

第七节　共青团工作

1999 年至 2002 年，局机关团委下辖公安处支部、国际部支部、财务审计支部、人事及其他部门支部、行管处支部 5 个支部；设委员 5 人、书记 1 人。2003 年至 2007 年，系统集成支部纳入机关团委管理。2008 年，召开公司机关第一次团员大会，选举产生共青团中铁电气化局集团公司机关第一届委员会。机关团委下设公司机关、系统集成、铁路分公司、国际工程部、公安处支部 5 个支部，团员青年共有 30 人。

1999 年至 2008 年，组织团员青年开展多项教育活动。2002 年，开展以“基本路线、基本理论、基本方针”，“世界观、人生观、价值观”，“社会主义、爱国主义、集体主义”，“社会公德、职业道德、家庭美德”为内容的“四个三”系列教育活动。2003 年至 2004 年，成立机关礼仪队，开展学礼仪集体展示活动。2004 年至 2006 年，以“企业重组”和“薪酬改革”等热点问题，有针对性地开展形势任务教育，提高团员青年对集团“五四战略”的认识。2007 年，组织 50 名青年参加残奥会倒计时一周年纪念活动，参加国庆节北京电视台真情互动节目的录制。2008 年，组织 100 余名团员青年为北京奥运圣火传递呐喊助威，为运动员加油；组织团员到北京雕塑公园进行团队精神合作训练和生存体验活动。发出倡仪，为“5·12”汶川大地震捐款和交纳特殊团费 1170 元。1999 年至 2008 年，团员中有 1 人被评为北京国资委奥运会、残奥会先进个人，有 4 人被评为北京市优秀职工，有 2 名团干部获得总公司优秀团干部称号，4 人被评为总公司优秀团员，有 6 人被评为集团公司优秀团干部，9 人被评为集团公司优秀团员。

添翼的路

——中国中铁电气化局集团企业形象歌曲

作词：陈树 王其增 刘志远
作曲：陈树

1＝C $\frac{4}{4}$ ♩=74
深情\磅礴地

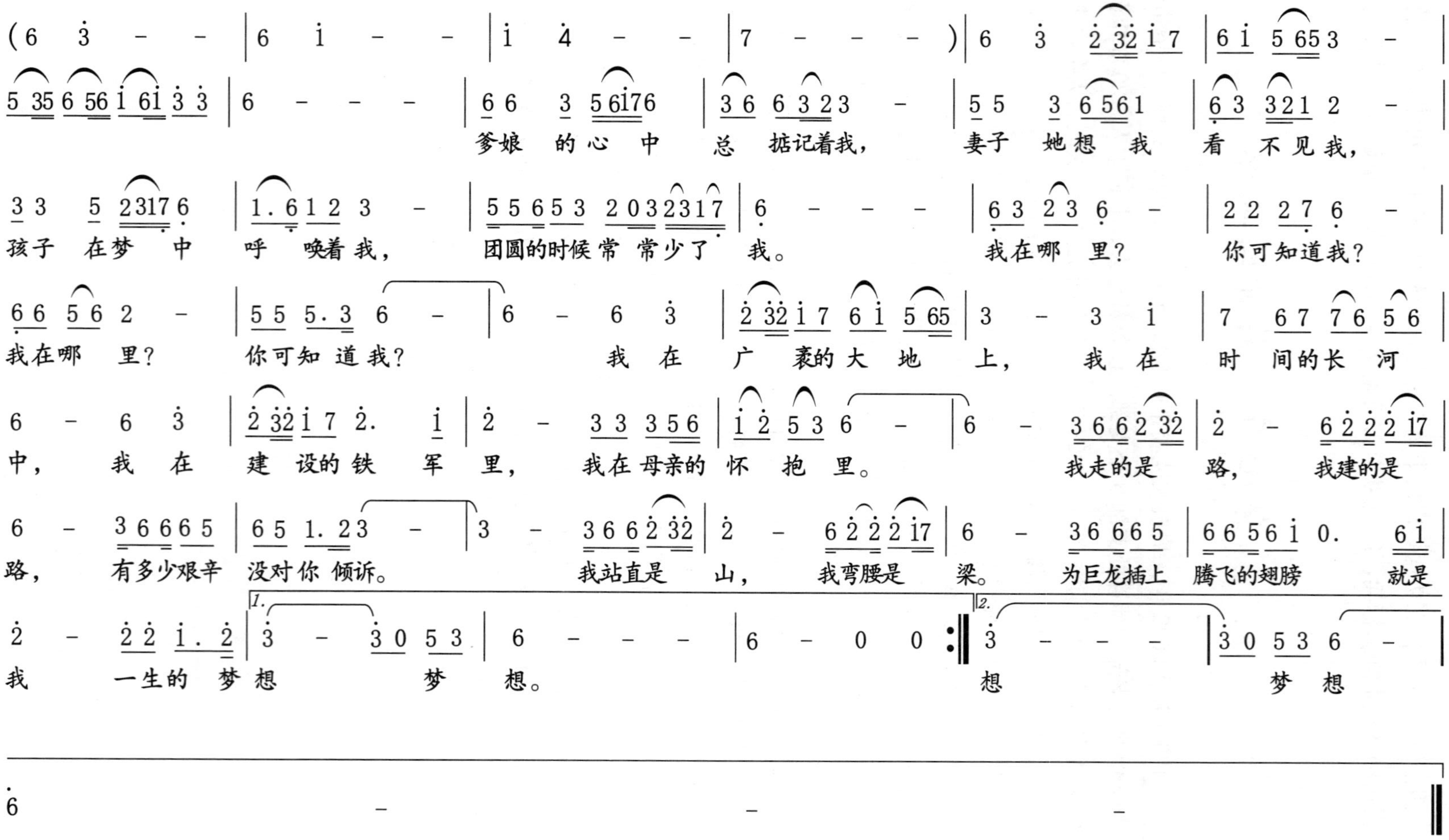

爹娘　的心　中　总　掂记着我，　妻子　她想　我　看　不见我，
孩子　在梦　中　呼　唤着我，　团圆的时候常　常少了　我。　我在哪　里？　你可知道我？
我在哪　里？　你可知　道我？　我　在　广　袤的大　地　上，　我　在　时　间的长　河
中，　我　在　建　设的铁　军　里，　我在母亲的　怀　抱　里。　我走的是　路，　我建的是
路，　有多少艰辛　没对你　倾诉。　我站直是　山，　我弯腰是　梁。　为巨龙插上　腾飞的翅膀　就是
我　一生的　梦　想　梦　想。　想　梦　想

第十二篇

群众、社会团体

- 工会
- 共青团
- 学会、协会

第十二篇　群众、社会团体

第一章　工　会

1999年至2000年，中国铁路工会电气化工程局委员会有委员29人，常务委员3人，主席1人，副主席1人，日常工作机构设办公室、组织部、生产保护部、宣传教育部、生活保障女工部、财务科、职工技协办公室，另代管局火车头体育协会。全局有工会会员14741人，占职工总数的99.5%，其中男会员10914人，女会员3827人。2001年8月20日，因企业改制更名为中国铁路工会中铁电气化局集团有限公司委员会。2002年8月，根据集团公司机构改革方案，工会设组织民管部、生产宣传教育部、生活保障女工部、办公室、财务科、职工技术协会办公室、职工持股会办公室（2001年企业实行公司制改造，因职工持有企业股份而设的办事机构，属行政编制）、火车头体育协会。2008年，集团公司工会委员会有委员31人，常务委员5人，主席1人，副主席1人。全集团有工会会员14630人，占职工总数的99.9%，其中男会员10943人，女会员3687人。集团公司工会机构设3部2室1科1协，现员13人。其中主席1人，副主席1人，组织民管部1人，生产宣教部2人，生活保障女工部3人，办公室2人，财务科2人，火车头体育协会与职工技术协会办公室合设秘书长1人。

第一节　组织建设

一、组织结构和会员代表大会

1999年1月26日至29日，召开局四届四次职工代表暨工会会员代表大会，与会正式代表178名，列席代表43名。局长侯唯一作题为《再接再厉，奋勇攻坚，为实现跨世纪宏伟目标努力奋斗》的行政工作报告，局总会计师蔡李保作《关于1998年财务计划执行情况、业务招待费使用情况及1999年财务计划安排的报告》，局工会主席蒋玉林作题为《投身铁路会战，发挥工会作用，为我局的两个文明建设再铸辉煌》的工会工作报告，局党委副书记高树堂作题为《抓住机遇，知难而上，为实现我局跨世纪发展的宏伟目标建功立业》的讲话，听取《四届三次职代会提案征集处理和四届四次提案征集情况的报告》，审议通过并签订《局1999年度集体合同》。对11名局职领导进行民主评议和测评。1999年，全局有局级工会委员会1个，处级工会委员会9个，段（厂）级工会委员会47个，工程队（车间）支会199个，工会小组904个，专职工会干部115人。1999年修订完善“局工会创建好班子”标准和工会组织、工会干部形象标准，规范创建程序。根据北京市总工会的安排，1999 年 4 月 7 日，对全局段（厂）级以上工会组织进行社团法人和组织机构代码登记，共有 35 个单位通过审验登记。4 月 8 日，召开工会代表会议，选举蒋玉林、容仕宽、井泽民为出席北京市总工会第十次代表大会代表。1999 年，工厂处、电化院、通号院工会分别进行换届选举，产生新一届委员会。

2000 年 3 月 7 日至 10 日，召开局四届五次职工代表暨工会会员代表大会，与会正式代表 177 名，列席代表 47 名。局长侯唯一作题为《全力以赴，决战“九五”，把一个充满生机与活力的电化局带入新世纪》的行政工作报告，局总会计师蔡李保作《关于 1999 年财务计划执行情况、业务招待费使用和 2000 年财务计划安排的报告》，局工会主席蒋玉林作题为《围绕中心，开拓创新，团结动员全局职工为企业持续稳定发展创造新业绩》的工会工作报告，局党委书记高树堂作题为《把握大局、奋勇攻坚，开创我局改革和发展的新局面》的讲话，听取《四届四次职代会提案征集处理和四届五次提案征集情况的报告》，审议通过并签订《局 2000 年度集体合同》。对 11 名局职领导干部进行民主评议和测评。2000 年，在“三讲”教育中，修改和制定局工会《党组会议、常委会会议、全委会会议和主席办公会议制度》。

2001 年，中国铁路工会中铁电气化局集团有限公司委员会有集团公司工会委员会 1 个、工程公司（处、院、校）级工会委员会 11 个、段（厂）级工会委员会 43 个、工会支会 257 个、工会小组 928 个、专职工会干部 95 人。加强各级工会组织建设，建立和完善工会 10 种工作机制。2001 年 3 月召开工会第五次会员代表大会，审议通过工会主席蒋玉林所作工会工作报告、工会副主席苏红岭所作工会财务工作报告和经费审查委员会主任赵宗宏所作工会经费审查工作报告，选举蒋玉林等 31 人为集团公司工会第五届委员会委员，赵宗宏等 5 人为工会经费审查委员会委员。选举蒋玉林、苏红岭、谢庆庆、付红鸣、梅中文为工会常务委员会委员，蒋玉林当选工会主席，苏红岭当选工会副主席，赵宗宏当选工会经审会主任。第一、二、三工程处工会、物资处工会分别召开工会会员代表大会，选举产生新一届委员会。2001 年 6 月 19 日，蒋玉林等 9 人出席中铁工程总公司工会第一次会员代表大会。

2002 年 1 月 29 日至 30 日，召开集团公司工会五届二次全委会，蒋玉林主席作工会工作报告，对 5 名常委进行民主评议测评。2002 年 1 月，就工会干部管理原则、工会协助党委管理干部的范围和任务、健全和完善选配工会领导干部的民主程序、工会干部的教育与培训等作出规定。

2003 年 1 月 8 日至 10 日，集团公司工会召开工作会议，集团公司工会主席蒋玉林总结 2002 年工会工作，提出 2003 年工会工作指导思想和主要任务。4 月 15 日召开集团公司工会五届三次全委会，工会主席蒋玉林作工会工作报告，工会副主席苏红岭作 2002 年度工会经费收支情况的报告，经审委主任赵宗宏作工会经审工作报告，替补、增补工会委员，增补工会常委，常委述职并进行民主评议测评。6 月 26 日，蒋玉林当选为中华全国铁路总工会第十二届执委会委员，陆明强当选为中国工会第十四次代表大会代表。11 月 26 日，集团公司与西安铁路工程公司实现重组，西铁公司工会组织于 2004 年 1 月 1 日正式纳入集团公司工会系统。制定《中铁电气化局集团有限公司工程项目部工会组织工作暂行规定》，指导集团所属 4 个工程公司制定《工程项目部工会工作暂行办法》。

2004 年 3 月 1 日，集团公司工会召开五届四次全委会，审议通过工会工作报告、2004 年工会重点工作、工会经费收支情况报告和经审会工作报告。朱安全、金岱荣替补为第五届委员会委员，增补王长安为第五届工会委员，对常委进行民主评议测评，选举蒋玉林、王长安、李泽慧、李胜东为北京市工会十一次代表大会代表。7 月 8 日，集团公司工会召开五届五次全委会，传达北京市总工会第十一次代表大会精神及总公司企业文化建设工作会议精神，通过《关于苏红岭等五位同志不再担任中铁电气化局集团公司工会第五届委员会委员和张建民同志替补为中铁电气化局集团公司工会第五届委员会委员的决议》和《关于苏红岭等三位同志不再担任中铁电气化局集团公司工会第五届委员会常委委员的决议》，选举张建民为集团公司工会常委、副主席。10 月，在一公司胶济线工程项目部召开集团公司工程项目部工会工作现场经验交流会。整理编辑《中铁电气化局集团有限公司工程项目部工会工作实用手册》，下发集团所属各单位。

2005 年 3 月 24 日，集团公司工会召开五届六次全委（扩大）会议，增补温浩地、王义生、林木、毕会民、曹力为集团公司工会第五届委员会委员，齐瑞云、李树春不再担任集团公司工会第五届委员会委员，袁耀群、韩凤凯、李瑞国替补为集团公司工会第五届委员会委员，选举曹力为集团公司工会第五届委员会常委。赵宗红、付红鸣、马会元不再担任集团公司工会经费审查委员会委员，张建民、徐勇烈、贾纯良替补为经费审查委员会委员，选举张建民为经费审查委员会主任、徐勇烈为副主任。对常委进行民主测评。成立集团公司京沪线工会工作委员会。

2006 年 3 月 10 日至 11 日，集团公司工会召开第一次工会会员代表大会，听取和审议集团公司工会委员会工作报告、工会财务工作报告、经费审查委员会工作报告，选举产生新一届集团公司工会委员会和经费审查委员会。集团公司第一届工会委员会由王义生、王巨保、王艳霞、王慧、牛战民、付红鸣、邢亚丽、毕会民、朱安全、刘世来、刘文宣、刘雁翔、李广明、李争科、李斌仓、李瑞国、吴国强、张建民、张建华、林木、金岱荣、赵静芳、胡学钧、秦自让、袁耀群、夏霈、唐宝印、梅中文、曹力、蒋玉林、葛树春、韩凤凯、温浩地、蔡鹏斌、樊合顺 35 人组成。经费审查委员会由刘昕、张建民、赵程远、贾纯良、徐勇烈、徐艳霞、郭辉组成。集团公司工会第一届委员会第一次全体会议选举蒋玉林、张建民、曹 力、刘世来、唐宝印为常务委员会委员，选举蒋玉林为工会主席，张建民为工会副主席。集团公司工会第一届经费审查委员会第一次全体会议选举张建民为主任，徐勇烈为副主任。8 月 13 日，下发《关于学习贯彻<企业工会工作条例>的通知》。8

月 28 日召开集团公司工会代表会议，选举蒋玉林等 13 人为出席中铁工程总公司第二次会代会代表。

2007 年 3 月 26 日，召开集团公司职工持股会会员代表大会和集团公司工会一届二次全委会，职工持股会理事会理事长蒋玉林讲话，通过解决职工持股问题相关决议，听取和审议集团公司工会委员会工作报告、2006 年经费收支情况报告和经费审查委员会工作报告，对 5 名常委进行民主评议测评。4 月，下发《关于成立中铁电气化局客运专线系统集成事业部工会及隶属关系的通知》，明确该工会隶属公司机关工会领导。

2008 年 3 月 18 日，集团公司工会召开一届四次全委会，听取和审议工会主席蒋玉林所作《站在新起点，展示新作为，为集团公司又好又快发展建功立业》的工作报告、工会副主席张建民所作《关于集团公司工会 2007 年经费审查工作情况和 2008 年经费审查工作意见的报告》，审议《关于集团公司工会 2007 年经费收支情况和 2008 年预算安排的报告》，通过《关于林木同志不再担任集团公司工会第一届委员会委员、文亚栋同志替补、增补邹力勋同志为集团公司工会第一届委员会委员的决议》，对 5 名常委进行民主测评。5 月至 9 月先后成立集团北京动车段工程指挥部、大包线、武广客运专线四电集成项目部、京九铁路电气化工程指挥部、京石铁路客运专线指挥部工会工作委员会。

集团公司工会主席、副主席任职名录

表 12-1-1

时间	主席及任职期间	副主席及任职期间
1997 年至 2008 年	蒋玉林 1998 年 2 月 —	苏红岭 1997 年 3 月至 2004 年 5 月
		张建民 2004 年 7 月 27 日—

二、“好班子”与职工之家建设

1999 年至 2000 年，制定和完善《处级工会创建模范职工之家标准》和《职工小家形象建设标准》，各级工会围绕铁路大会战制定创建规划、目标和措施。2 个单位被铁总、2 个单位被北京市总工会、3 个单位被工程总公司命名为模范职工之家和模范职工小家，2 人分别被授予全路和北京市优秀职工之友称号，2 人分别被授予全路和北京市优秀工会工作者，7 人被工程总公司评为优秀工会工作者和优秀工会积极分子。21 个段（厂）被局命名为模范职工之家，68 个工程队（车间）被局命名为模范职工小家。

2002 年，2 个单位分别被命名为北京市模范职工之家和模范职工小家。1 人获北京市优秀工会工作者，1 人获北京市优秀工会积极分子，集团公司工会获总公司“工会好班子”称号。

2003 年，三公司获北京市模范职工之家，一公司一段工会获铁总模范职工小家，刘志远获铁总优秀职工之友，张黔凯获铁总优秀工会积极分子。通号设计院工会获总公司模范职工之家，4 个单位获总公司模范职工小家，3 人获总公司优秀工会工作者，刘志远获总公司优秀职工之友，2 人获总公司优秀工会积极分子，集团公司工会被评为 2002 年度工程总公司系统“工会好班子”。

2004 年，召开职工之家创建工作研讨会，5 个单位交流建设职工之家的经验。北京市总工会对集团公司获全国、省部级模范职工之家的 8 个单位进行检查验收并获通过，集团公司对 32 个模范职工之家进行重点抽查复验。2 个单位获北京市模范职工之家称号，集团公司工会再获工程总公司“工会好班子”称号。

2005 年，一公司三段被中华全国总工会授予“全国模范职工小家”称号，2 个单位被工程总公司授予“模范职工之家”称号，3 个单位获总公司“模范职工小家”，3 人获总公司优秀工会工作者，3 人获总公司优秀工会积极分子，王其增获总公司优秀职工之友，电气化分公司获“全路模范职工之家”，唐宝印获全路优秀工会工作者，集团公司连续第四次获工程总公司“工会好班子”称号。根据《中国铁路工会组织办法》，重新修订集团公司《工会好班子创建活动考核办法》。

2007 年，电气化公司被北京市总工会评为模范职工之家，王其增被评为优秀职工之友，杨秀静被评为优秀工会积极分子。

2008 年，集团公司工会被中国中铁股份公司工会授予《2007 年度股份公司工会好班子》称号并颁发奖牌。

2003 年至 2008 年，集团公司坚持开展创建“工会好班子”和“模范职工之家、优秀工会工作者、优秀职工之友”评选活动，对在创建活动中成绩突出的单位和个人给予表彰奖励。

三、培训工作

2000 年，举办全局段（厂）级专职工会主席培训班，46 人参加培训。1999 年至 2000 年，召开 2 次由局属各单位工会主席、局工会各部、室、科负责人参加的工会工作研讨会，全局各级工会举办各类业务培训班 21 次，参加人数 627 人。2001 年，集团公司各级工会举办各类工会干部业务培训班 11 期，培训干部 240 人次，集团公司工会被北京市总工会评为工会干部教育培训先进单位，2 人评为先进工作者。2003 年，举办工会干部“十五”岗位培训班，集团各单位工会主席、专职工会干部 68 人参加培训。2004 年,根据中华全国铁路总工会、北京市总工会干部教育培训规划要求，组织全集团各子、分公司（处）、段（厂）级工会主席、专职工会干部 、财务人员、技协人员 135 人参加培训，完成工会干部“十五”岗位培训计划。2007 年 4 月，制定印发《中铁电气化局集团公司“十一五”工会干部教育培训规划》。6 月在北京市工会干部学院举办集团各单位工会主席和专职工会干部培训班，62 人参加培训。

第二节　民主管理

一、职工代表大会

1999年至2000年，全局各级工会坚持把职工代表大会制度作为企业民主管理的基本形式，并在实际工作中建立和完善各种制度。全局有53个单位召开职工代表大会，征集职工代表提案621件，落实提案501件，有53个单位向职代会报告业务招待费使用情况，各级职代会审议企业年度工作任务和目标以及其他涉及企业和职工利益的重大方案。注重加强机关民主管理工作，定期组织召开机关民主管理座谈会，了解和征求职工对机关工作的意见和建议，形成《局开展和深化机关民主管理工作座谈会会议纪要》，下发全局。在涉及企业改革和职工利益的重大事项上突出源头参与，反映职工的意见和要求。特别是在企业重大改革、劳动用工、劳动保护、奖金分配、住房分配、医疗保障和职工持股会等方面参与调查研究、方案制定和审议决定，代表和维护职工的合法权益。1999年12月，局召开四届四次代表团长（扩大）会议，审议并通过《电化局工资标准调整办法》、《调整下岗职工生活费参考标准和给内部退养职工发放生活补贴的通知》以及《调整非因工死亡职工供养直系家属生活困难补助标准》等涉及职工利益的方案。职代会民主评议领导干部制度得到较好落实，按照“五有”要求，全局有53个单位组织开展民主评议领导干部工作，评议各级领导干部636人，并把职代会民主评议同干部考核、奖惩结合起来，发挥民主监督作用。加强工程队（车间）民主管理工作，局工会提出建立和完善工程队（车间）职工大会制度的意见，把工作重点放在基层职工大会职权的落实上，提高职工民主参与、民主管理、民主监督意识，调动和发挥职工积极性，增强基层组织凝聚力和战斗力。1999年8月，局工会在哈（尔滨）大（连）线三处五段二队召开推行工程队职工大会制度现场会和民主管理经验交流会。截至2000年底，全局在有条件的16个工程队（车间）推行职工大会制度。

2001年3月16日至20日，召开局五届一次职工代表暨工会第五次代表大会，与会正式代表170名，列席代表46名，会议主要议题9项。局长侯唯一作题为《继往开来，乘势前进，为创造新世纪良好开局而努力奋斗》的行政工作报告，局工会主席蒋玉林作题为《围绕大局，突出维护，团结动员职工为实现局“十五”目标而努力奋斗》的工会工作报告，局总会计师蔡李保作《关于2000年财务计划执行情况、业务招待费使用情况和2001年财务计划安排的报告》，局党委书记高树堂作题为《承前启后，继往开来，为全面落实“十五”规划而努力奋斗》的讲话。会议审议通过《局“十五”发展规划》、《局四届五次职代会提案征集处理和五届一次职代会提案征集情况的报告》，对11名局职领导进行民主评议测评。加强工程队（车间）民主管理工作，8月在工厂处宝鸡器材厂召开推行车间（工程队）职工大会现场观摩暨经验交流会，至年底全公司有 36 个有条件的工程队（车间）推行职工大会制度。全年有 49 个单位召开职工代表大会，征集职工代表提案 113 件，落实提案 87 件，有 49 个单位向职代会报告业务招待费使用情况，民主评议测评各级领导干部 351 人。2001 年，集团公司相继召开五届一次、二次、三次代表团长联席会议，审议通过中铁电气化局集团有限公司《改制实施方案》、《职工持股会建立方案及章程》和《职工持股方案》，选举蒋玉林为公司董事会职工董事，苏红岭为公司监事会职工监事，选举崔耀华为出席总公司职工民主管理联席会议职工代表。

2002 年 3 月 18 日至 20 日，集团公司一届一次职代会召开，与会正式代表 95 名，会议主要议题有 8 项。会议听取和审议集团公司行政工作报告并通过相应决议，听取和审议集团公司 2001 年财务计划执行情况、业务招待费使用情况和 2002 年财务计划安排的报告并通过相应决议，听取集团公司 2001 年集体合同履行情况的报告和集团公司 2002 年集体合同文本的说明，审议通过并签订集团公司 2002 年度集体合同，听取和审议原局五届一次职代会提案处理和集团公司一届一次职代会提案征集情况的报告，审议集团公司 2001 年职工教育计划完成情况和 2002 年职工教育计划，审议集团公司企务公开报告，对集团公司 12 名现职领导干部进行民主评议测评，优秀称职率为 96%。职代会实行主要文件预审制和涉及职工切身利益的决议实行无记名票决制。首次对集团公司 2002 年度集体合同决议和民主测评现职领导干部实行无记名票决。确认职代会闭会期间代表团长联席会议通过的《建立现代企业制度总体实施方案》等 3 个议案。进一步完善集团公司各级职代会制度，坚持做好职代会工作情况的统计、分析，加强对集团公司所属单位职代会工作的指导和对工程队（车间）、项目部职工大会制度的推进工作。制定出席总公司职工民主管理代表联席会议的职工代表选举办法及参政议政制度。按照“五有”要求，对集团公司所属 10 个处级单位现职领导干部进行民主测评。在集团公司五届三次代表团长会议上选举出席总公司职工民主管理联席会议职工代表 1 名。

2003 年 2 月 28 日至 29 日，召开集团公司一届二次职代会。为确保大会质量，会前大会秘书组将大会主要文件分发到各所属单位，要求组织职工代表认真预审并提出意见和建议。本次职代会首次对集团公司 2002 年度安全生产情况报告实行无记名票决，并根据职代会实施细则有关规定，对集团公司新增总公司职工民主管理联席会议代表议案进行确认，通过替补集团公司第一届职代会各专门工作委员会副主任的议案。集团公司本部民管会对集团公司本部职工企业补充医疗保险、职工集资建房和分配办法实行无记名表决。按照规范化、程序化、制度化的要求，建立和进一步完善各级职代会制度。集团公司及各单位按照北京市有关文件规定，开展健全和规范职代会制度自查，对集团公司和集团 13 个处级单位现职领导干部民主评议和民主测评，全年对全集团 104 名处以上干部、197 名工程段（厂）级领导班子成员进行民主评议和测评，优秀称职率为 90%。

2004 年 2 月 28 至 29 日，集团公司召开一届三次职代会。审议通过 2003 年行政工作报告、2003年财务工作报告、2004年度安全生产报告，签订2004年度集体合同，民主评议集团公司现职领导干部。确认《中铁电气化局集团有限公司劳动合同实施细则》和《中铁电气化局集团有限公司关于因“个人原因”终止、解除劳动合同的员工住房问题的有关规定》的决议，通过替补集团公司第一届职代会部分专门工作委员会主任的议案。提案检查落实委员会2003年征集到提案23条，全部答复处理完毕。根据职代会实施细则的有关规定以及集团公司整合重组的具体情况，本次职代会设正式代表128名，新增代表29人。集团公司原职工代表99人中有12名职工代表身份发生变化，各单位按规定分别进行替补。

2005年3月1日至3日，召开集团公司第二届一次职工代表大会，听取和审议集团公司行政工作报告、职代会工作报告，审议集团公司2004年财务决算、业务招待费使用情况及2005年财务预算方案的报告、2005年集体合同文本、2004年度安全生产情况报告、企务公开报告、《中铁电气化局集团总体发展战略》，民主评议测评集团公司现职领导干部，签订《集团公司2005年集体合同》。出席本次职代会的正式代表144名。征集到提案14条，至2005年底前全部处理完毕。通过集团公司第二届职代会各专门工作委员会主任、副主任的议案。

2006年3月8日至9日，召开集团公司第二届二次职工代表大会，与会正式代表138名。会议听取和审议集团公司行政工作报告，审议集团公司2005年度财务决算、业务招待费使用情况及2006年财务预算方案的报告、2005年集体合同履行情况的报告和2006年集体合同文本的说明、2005年度安全生产情况报告、二届一次职代会提案处理和二届二次职代会提案征集情况的报告、2005年职工教育计划完成情况和2006年职工教育计划、2005年企务公开报告，民主评议测评集团公司现职领导干部，签订《集团公司2006年度集体合同》。收集到提案13条，经职代会提案检查落实委员会研究，归纳整理、合并为12条，提案全部解决或基本解决的有10条，由于受时间、外界因素所限，正在积极办理或逐步解决的2条。会议通过集团公司第二届职代会各专门工作委员会主任、副主任议案。集团所属18个单位及其段（厂）级单位全部召开本年度职代会，民主评议测评本单位的领导干部，较好地落实了职代会职权。9月，转发中国铁路工程总公司工会《关于进一步推行职工董事职工监事制度的意见》。

2007年1月22日至23日，召开集团公司第二届三次职工代表大会，与会正式代表132名。会议听取和审议集团公司行政工作报告，审议集团公司2006年度财务决算、业务招待费使用情况及2007年财务预算方案的报告、2006年集体合同履行情况的报告和2007年集体合同文本的说明、2006年度安全生产情况报告、二届二次职代会提案处理和二届三次职代会提案征集情况的报告、2006年职工教育计划完成情况和2007年职工教育计划、2006年企务公开报告，民主评议测评集团公司现职领导干部，签订《集团公司2007年集体合同》。收集到提案13条，经职代会提案检查落实委员会研究、归纳整理，属于经营生产、企业管理的12条，占总数的92.3%；属于职工生活福利的1条，占总数的7.7%。鉴于此次提案大多具有长期性的特点，其中已全部解决或基本解决的有5条，占提案总数的38.5%，由于受客观条件、时间和外界因素所限，正在积极办理或以后逐步解决的8条，占总数的61.5%。集团所属18个单位有17个单位召开本年度职代会，通号院因公司改制未能召开。

2008年1月15日至16日，召开集团公司第三届一次职工代表会。与会代表应到150名，实到147名。会议听取和审议集团公司行政工作报告、集团公司职代会工作报告，审议《集团公司2007年财务决算、业务招待费使用情况》及《2008年财务预算方案的报告》、《集团公司2007年度集体合同履行情况报告》和《2008年度集体合同文本的说明》，审议并通过《2008年度集体合同文本》，签订2008年集团公司集体合同，根据上级要求增签《女职工特殊权益保护专项合同》，审议并通过《集团公司2007年度安全生产情况报告》，审议《集团公司2007年度职工培训计划完成情况和2008年职工培训计划》，审议《集团公司二届三次职代会提案处理和三届一次职代会提案征集情况的报告》、《集团公司企务公开情况报告》，选举产生第三届职代会各专门委员会主任、副主任，选举产生集团公司第三届董事会、监事会职工董事、职工监事，民主评议测评集团公司现职领导干部。集团所属19个应召开职工（代表）大会的单位全部召开本年度职代会，11个单位职代会进行换届。

二、企务公开

企务公开工作，于1999年开始在全局全面推行。在局党委领导下，各级工会进行大力宣传、调研和干部培训工作，全局初步建立党委统一领导、党政共同负责、工会组织实施、职能部门各负其责，纪委监督检查，职工群众积极参与的领导体制和工作机制。1999年9月，召开实行局务公开工作会议，研究部署局务公开工作，制定《实行局务公开、加强民主管理的实施意见》，建立局务公开工作领导小组和工作机构。全局各单位坚持以职代会为局务公开的基本形式，不断探索利用报纸、广播、公开栏、会议等多种形式公开企业重大改革方案、生产经营情况和涉及职工切身利益的热点问题，建立各种公开形式13种，公开项目42项。集团公司成立后，进一步建立健全工作机制，制定和完善实行企务公开工作的实施细则和办法，企务公开工作走上规范化、制度化的轨道。

2002年，转发《中国铁路工程总公司关于进一步深化厂务公开工作的指导意见》。坚持企务公开报告制度，集团各单位上报企务公开专项报告。起草《企务公开报告》，在年初职代会上向职工代表报告集团公司的企务公开工作。根据北京市、总公司厂务公开协调小组的工作部署，集团公司企务公开领导小组在8、9月份，对集团公司部分单位进行一次企务公开工作的全面检查。2002年8月，根据工程总公司的要求，上报集团公司企务公开情况汇报，对1999年以来集团公司企务公开工作的推进情况、主要特点、存在的主要问题进行总结分析，提出深化企务公开的建议。

2003年，认真贯彻中纪委、中组部、国资委、监察部、中华全国总工会联合下发的《关于深入学习贯彻党的十六大精神，做好2003年厂务公开工作的通知》，坚持把企务公开深入到经营管理领域，与建立现代企业制度相结合，把职工关注的热点问题作为深化企务公开的突破口，先后出台中铁电气化局集团《物资采购公开暂行办法》、《工程项目招投标暂行办法》，下发与之配套的《 物资采购的若干规定》。集团各工程公司、工程段（工厂）、各工程项目部实施招投标公开、物资阳光采购和民工费清算制度公开，提高透明度，节约资金，降低工程成本和管理成本。

2004年，各单位领导班子把中共中央办公厅、国务院办公厅《关于在国有企业、集体企业及其控股企业深入实行厂务公开制度的通知》作为中心组学习的重要内容专门安排学习，调整充实企务公开领导小组和监督检查小组，制定《企务公开、加强民主管理实施细则》。认真执行集团《物资采购公开暂行办法》、《工程项目招投标暂行办法》、《物资采购的若干规定》。坚持公开企业改革发展的“重点”问题、生产经营管理的“难点”问题、职工特别关注的“热点”、“焦点”问题。根据北京市国资委厂务公开协调小组《关于开展厂务公开民主管理工作自检自查的通知》要求，集团各单位全面开展企务公开民主管理工作的自检自查和重点抽查，不断提高企务公开民主管理工作的实效性。不断丰富和创新企务公开形式，广泛采用局域网适时进行公开，促进民主管理和民主监督，加强和推动党风廉政建设，加强对领导班子、领导干部的监督以及有关决策的监督，促进领导干部廉洁自律和企业改革发展和稳定。

2005年，根据北京市第五次厂务公开工作会议的精神，集团公司党政工团联合下发《关于加强企务公开的实施意见》，建立和完善“党委统一领导，行政主体到位，工会主动配合，纪委监督检查，职工积极参与”的领导体制和工作机制，突出抓好“行政主体到位”，进一步明确企务公开工作的责任，规范内容，修订《企务公开、加强民主管理实施细则》，建立“两书一查”责任追究制度。把《关于加强企务公开工作的实施意见》作为构建保持共产党员先进性长效机制的重要内容长期坚持贯彻执行。10月，根据中共北京市国资委《关于开展2005年厂务公开民主管理检查工作的通知》要求，集团公司成立检查小组，要求各基层单位自检自查的同时，明确对基层单位分2个层次、5个单位进行重点抽查，通过深入基层听取情况汇报、查阅基础档案、召开职工代表座谈会等形式，对集团公司企务公开民主管理工作进行重点检查。

2006年6月，根据北京市总工会第六次厂务公开会议精神，提出集团公司2006年企务公开工作意见。从完善健全“行政主体到位”的领导体制和运行机制，细化“行政主体四到位”的措施，建立规范化的企务公开质量体系，以企务公开为抓手，推动党风廉政建设和反腐败工作深入开展，坚持抓好厂务公开“两书一查”制度，加大监督检查的力度等方面提出明确要求和具体部署。11月，贯彻北京市国资委《关于进一步深化厂务公开民主管理工作的意见》，进一步规范企务公开内容、拓展企务公开形式、完善企务公开监督考核机制，切实加强企务公开工作的领导，确保企务公开工作落到实处。集团公司企务公开领导小组对集团4个单位企务公开情况进行重点抽查。

2007年，集团公司加大对所属单位企务公开工作的检查指导力度，要求各单位每半年定期自检自查，并对集团4个单位企务公开工作进行重点抽查。2008年，对集团4个单位进行重点抽查，推进企务公开工作向深层次、宽领域延伸。至2008年底，全集团建立各种企务公开形式13种、公开项目42项。

第三节　职工维权

一、平等协商与集体合同

各级工会把推行平等协商、签订集体合同制度作为落实工会“维护”职能的重要工作，始终同企业转机建制配套进行。从1997年开展这项工作以来，局工会针对各单位工作的不同特点，进行具体指导。本着尊重实际、尊重客观、讲求质量、保证兑现的原则，加强和完善平等协商和签订集体合同。1999年和2000年度局集体合同经过局四届四次和五次职代会代表审议通过，依照法定程序签订并分别于1999年2月10日和2000年3月17日经国家劳动和社会保障部审核通过。全局有11个（局、处）单位相继签订集体合同，签订率100%。2001年，集团公司各级工会坚持把推行平等协商、签订集体合同制度作为落实工会基本职责的重要工作来抓，注意加强对集体合同的检查和落实，调动经营者和劳动者的积极性，使签订的集体合同具有实用性、合理性和可操作性，对规范企业劳动关系、维护职工合法权益，促进企业改革、发展和稳定起到促进作用。2001年集体合同经过局五届一次职代会代表审议，依照法定程序签订并于4月20日获得国家劳动和社会保障部审核通过。全局有49个处（院）、段（厂）单位相继签订集体合同，签订率100%。经过对集体合同落实情况进行自检和重点检查，各级集体合同基本得到履行。

2002年，集体合同制度进一步得到重视和落实。各单位都按要求签订集体合同。在合同的签订及履行中，较好地实行源头参与，依法维护。集团公司对2001年全集团集体合同履行情况进行汇总，在集团公司职代会上进行汇报。对2002年集体合同履行情况进行2次检查并写出情况通报。2003年，集团公司及集团9个单位均签订集体合同，签订率达100%。集团公司工会参与集团公司劳动合同文本修改、新参加工作职工劳动合同签订等涉及职工切身利益方案的研究。集团公司对2003年集体合同的执行情况进行重点检查并写出了情况通报。2004年至2006年，集团公司及所属单位均签订集体合同，签订率达100%。

2007年至2008年，按照国家劳动和社会保障部签订《集体合同》有关规定进行平等协商，在集团公司职代会上，党政工三方正式签订《集体合同》，经国家劳动和社会保障部审核通过生效。集团公司所属单位签订集体合同，签订率达100%。对集体合同履行情况坚持每半年进行自检制度。

二、劳动争议调解

1999 年，局、处、段（厂）三级调解网络已形成，至 2000 年建立工会劳动法律监督委员会 44 个，委员有 432 人。结合实际广泛开展《劳动法》、《公司法》和《工会法》的宣传教育活动。各级劳动争议调解委员会在开展宣传培训和日常工作管理的同时，积极参与劳动争议调处，做好预防工作，有效减少劳动争议的发生。2000 年，局工会被北京市总工会评为“三五普法”先进单位。2004 年，健全各级劳动争议调解委员会，选派 5 人参加劳动争议调解员和劳动法律监督员的培训，有效地开展劳动争议调解工作。

三、农民工工作

2006 年 9 月，转发全国铁路总工会、工程总公司工会《关于做好农民工工作有关具体问题的通知》，要求各单位结合实际，认真做好农民工入会工作，切实组织农民工参加工会活动，全面推行“五同”，开展“三送”活动，积极维护农民工在政治、经济、文化等方面的权益。选择西铁工程公司承建的北京地铁二标段项目部开展创建“主人翁样板工程”活动。选择电气化公司为加强农民工培训试点，利用施工间隙，组织农民工分批分期进行技术培训，每期 15 天。2007 年 7 月，转发《中华全国总工会关于推进维护农民工合法权益十项工作机制建设的意见》，要求各单位工会总结分析维护农民工合法权益工作，对照十项工作机制，查找存在问题，研究制定改进措施。9 月，下发《关于进一步做好维护农民工合法权益工作的通知》，就做好农民工入会、维护农民工的经济权益、民主政治权利、文化生活权益以及教育培训工作提出明确要求，确保农民工的各项合法权益落到实处。2008 年 4 月，集团公司工会整理上报电气化公司农民合同工刘喜生的事迹材料，刘喜生被中国中铁股份有限公司授予首届“中国中铁十大新型农民工”称号，并颁发证书及奖金。

第四节　职工生活

一、“三工”建设

2004 年，集团公司开始在重点工程开展以工地文化、工地生活、工地卫生基础设施为内容的“三工”建设活动。在青藏线开展“三工”建设活动，各参建单位加大保障设施的投入力度，防止职工和民工高原病的发生，确保青藏线参建职工身体健康和施工生产顺利进行。2005 年，集团公司党政工团联合下发《关于全面推进“三工”建设活动的实施意见》及“三工”建设考核标准。各项目部按照集团公司工地文化、工地生活、工地卫生的标准对照建点，把是否达到“三工”建设标准，作为项目部、作业队评先的一个重要条件。11 月，在电气化分公司德州项目部召开集团“三工”建设经验交流会。2006 年 4 月，对京沪线 19 个项目部、作业队的“三工”建设进行检查。8 月在西铁建设公司北京地铁奥运支线项目部召开“三工”建设推进会议，编印文件汇编及画册，评选命名 29 个项目部、作业队为“三工”建设示范点。2007 年 8 月，制定下发《关于加强大包线“三工”建设工作指导意见》，11 月在建筑工程公司武汉北编组站项目部召开“三工”建设现场会议。2008 年，制定《中铁电气化局集团北京地区施工单位工地后勤保障管理暂行办法》，先后对一公司北京南站等 8 个项目部“三工”建设开展情况进行检查。针对京九线自然条件相对艰苦的特点,印发《关于加强京九线“三工”建设工作的指导意见》。为加大全集团“三工”建设力度，集团公司党政工团联合下发《关于进一步深化“三工”建设活动的实施意见》，就进一步加强全集团“三工”建设组织机构、资金投入和实现“三工”建设的总体目标提出明确要求。集团公司在中国中铁股份有限公司召开的深化“三工”建设活动现场推进会上作题为《扎实推进“三工”建设，促进企业又好又快发展》的经验介绍。集团公司和一公司、电气化公司获得中国中铁股份有限公司“三工”建设先进单位。

二、送温暖活动

1999 年至 2000 年，全局各级工会组织坚持做好“两节”（元旦、春节）期间开展送温暖活动，慰问施工生产一线职工。先后深入到哈大线、武广线、成昆线、外福线和株六线等施工现场及职工家中、医院等场所慰问施工生产一线职工和特困职工。两年共有 8818 人次领取慰问金和困难补助款共 143.45 万元。按照“制度、组织、活动、基础资料、效果”五落实的要求，规范职工贴心人服务队活动。1999 年，全局建立 100 个职工服务队，至 2000 年队员已达 1654 名，为职工做好事 1974 件。有 1 个集体和 4 名个人获得北京市贴心人服务队先进集体和先进个人称号，2 个单位和 6 名个人获得工程总公司系统生活保障工作先进集体和先进个人，19 个优秀职工服务队、19 名优秀服务组织者和 30 名优秀服务队员受到局的表彰。

2001 年，坚持把做好“送温暖”工作作为工会维护职工利益的重点工作，认真组织，积极开展，使送温暖工作不断深入和发展。在坚持做好“两节”送温暖活动的同时，积极开展慰问施工生产一线职工活动，将“夏送清凉、冬送温暖”活动经常化、制度化。先后深入到哈大线、内昆线、朔黄线、宝兰线以及工厂处宝鸡器材厂、保定变压器厂、保定制品厂等施工生产现场慰问特困职工、劳动模范和生产一线职工。共走访 48 个单位，有 4672 人次领取慰问金（慰问品），发放补助款 62.28 万元。全集团职工服务队积极为孤寡老人和离退休以及困难职工做好事、办实事 912 件。全年有 18 个职工服务队和 47 名个人获得集团公司贴心人服务队先进集体和先进个人称号。

2002 年 12 月，下发《关于 2003 年元旦、春节送温暖活动的通知》，把组织开展好两节送温暖活动，作为贯彻落实党的十六大精神，实践“三个代表”重要思想的具体行动来抓。全集团共筹措慰问补助款 72.71 万元，领取一次性补助款的在职和退休职工 2548 人，其中为 15 名企业内部特殊困难职工补助 9000 元，258 名各级领导干部走访慰问职工 863 户，并建立送温暖基金。各级工会组织开展“贴心人服务队”活动 182 次，做好事 847 件。三公司三段贴心人服务队被北京市总工会评为先进集体，3 人被评为先进个人。2003 年，全集团共筹措慰问补助款 98.07 万元，领取一次性补助款的在职和退休职工 2199 人。为 48 名企业内部特殊困难职工补助 2.88 万元，580 名各级领导干部走访慰问职工 680 户。各级工会建立送温暖基金 21.37 万元，开展“贴心人服务队”活动 116 次，做好事 1173 件。

2003 年，坚持对生产一线职工进行慰问。集团公司工会主席蒋玉林率慰问组先后慰问西合、神朔、重庆轻轨等施工生产一线职工，发放慰问品价值 10 万余元。在抗击“非典”时期，集团公司工会慰问北京地铁八通线、北京城市轻轨工地职工。集团各单位工会组织给一线职工配置健身器材，送去食品和防疫药品。

2004 年“两节”期间，全集团共筹措慰问补助金额 226.363 万元，其中工会筹措资金 51.196 万元，行政筹措资金 172.167 万元。各级党政工领导共 403 人次参加走访慰问，其中党政领导干部 190 人次，工会干部 213 人次。走访慰问企业内部特殊困难、严重困难、一般困难户和离退休职工、劳模先进、伤病职工 1859 人，对企业内部特殊困难的 119 名职工进行慰问补助，补助金额 9.76 万元。职工贴心人服务活动 1521 次，服务对象 2176 人，做实事好事 1461 件。集团工会获“北京市总工会贴心人服务队优秀组织单位”称号，一公司五段职工贴心人服务队获先进集体，3 人获先进个人。

2005 年，“两节”期间共筹措慰问补助金额 223.43 万元，其中工会筹措资金 78.88 万元，行政筹措资金 140.18 万元。有 338 名各级党政工领导参加走访慰问，其中党政领导干部 186 人，工会干部 133 人。走访慰问企业内部特殊困难、严重困难、一般困难户和劳模先进、老党员、离退休职工、伤病职工等 2023 人。其中对企业内部特殊困难的 132 名职工进行慰问补助 13.2 万元。职工贴心人服务活动 224 次，服务对象 1164 人，做好事实事 620 件。

2006 年 11 月，全集团 409 名各级党政工领导参加走访慰问。走访慰问企业内部特殊困难、严重困难、一般困难户和离退休职工、劳模先进、农民工、伤病职工 1942 人，其中困难职工 405 人，下岗失业职工 188 人，离退休职工 568 人，劳模先进 82 人，伤病职工 88 人，农民工 343 人，其他 268 人。职工贴心人服务活动 253 次，服务对象 2734 人，做好事实事 847 件。召开劳模座谈会 31 次，参加人数 834 人。召开离退休职工团拜会 36 次，参加人数 1382 人。组织文体活动 106 场次，参加人数 10830 人。两节期间共筹措慰问补助金额 348.11 万元，其中工会筹措资金 71.6 万元，行政筹措资金 276.51 万元。

2007 年，两节期间共筹措慰问补助金额 237.97 万元，其中工会筹措资金 92 万元，行政筹措资金 145.47 万元。全集团有 335 名各级党政工领导参加走访慰问，其中党政领导干部 143 人，工会干部 135 人。走访慰问企业困难职工和离退休职工、劳模先进、老党员、伤病职工等 2125 人，其中困难职工 650 人，离退休职工 705 人，劳模先进 103 人，下岗职工 308 人，伤病职工 238 人。职工贴心人服务活动 257 次，服务对象 1623 人，做实事、好事 945 件。坚持开展为施工生产一线职工“冬送温暖，夏送凉爽，一年四季送关爱”活动。集团公司工会主席蒋玉林一行先后慰问京沪、浙赣、兰武、郑西、西安北环、北京奥运支线等生产一线职工和农民工，发放各种慰问品金额 51 万余元。集团公司工会被北京市总工会授予“实施送温暖工程先进单位”称号。

2008 年初，党政工联合下发《关于深入开展 2008 年“两节”送温暖活动的通知》，全集团各级党政工领导 409 名走访慰问企业内部困难职工、劳模、离退休职工、农民工、伤病职工计 1942 人。职工贴心人服务队组织服务活动 253 次，服务对象 2734 人，做好事实事 847 件。两节期间，集团公司及集团各单位召开劳模座谈会、离退休职工团拜会，慰问劳模和离退休职工。两节期间共筹措慰问补助金额达 348.11 万元，其中工会筹措资金 71.6 万元，行政筹措资金 276.51 万元。坚持在施工生产一线开展“冬送温暖，夏送凉爽，一年四季送关爱”，先后深入抗击南方低温雨雪冰冻灾害抢险现场、铁道部羊坊店住宅改造工程、京津城际、迁曹项目工程、北京南站、宝成铁路 109 隧道、大包线、武广、合武客运专线、北京动车段等施工一线慰问职工和农民工，慰问金额 157 万元。5.12 汶川地震后，集团公司工会及集团各级工会迅速调查核实汇总职工受灾情况，集团公司党政工组织筹措赈灾救助款，根据受灾程度确定救助标准，召开专题赈灾救助工作会议，将集团公司拨出的专项赈灾救助款 100 万元、集团公司党委党费结余 10 万元、集团公司机关干部、职工为企业内部受灾职工再次捐款 10 万元、集团公司工会筹集的 60 万元以及上级下拨的赈灾救助款共计 328.85 万元发放到 1132 户受灾的职工、农民合同工、离退休职工手中。

三、职工生活保障

1999 年至 2000 年，全局各级工会组织从支持企业改革和稳定职工队伍出发，切实关心职工生活，不断为职工办实事、好事。通过调查摸底，对职工个人收入、家庭人口状况等进行核查，全局有特困职工 20 人，局和局属各单位工会组织均建立计算机管理特困职工档案，为做好定期补助工作打下基础。职工互助补充保险管理工作进一步巩固和发展，保险基金得到保值、增值。自 1996 年建立职工互助补充保险基金以来，截至 2000 年底，参加投保人 18523 名，保险金 562.67 万元。两年为 191 名遇险职工支付 22.32 万元的保险费用。

2001 年，在集团公司、工程公司（处）、段（厂）三级分别建立特困、严困和困难职工档案，实行动态管理（全公司有困难职工 168 名，其中特困职工 13 名）。建立和完善领导干部联系困难职工制度。各级领导干部与 146 户困难职工建立联系，定期走访慰问困难职工并帮助解决实际困难。职工互助补充保险工作稳步推进，保险基金得到保值、增值。2001 年共为 112 名遇险职工办理保险理赔，支付保险费 12.12 万元。根据形势变化，及时修改职工互助合作补充保险管理办法中的有关条款，进一步加强基金管理。

2002 年，在原企业内部办的职工互助补充保险的基础上，把职工互助补充保险与商业保险相结合，实现“一险变两险”，以商业保险的主险养附险，在职工不增加新投入的情况下，扩大保险责任范围，提高保险赔付标准。此次 13921 人加入商业保险，其中享受“两险”的 13241 人，新入会享受商保 680 人。5 月在总公司工会召开的职工互助合作保障工作会议上，工会主席蒋玉林作交流工作经验发言。11 月总公司以简报的形式转发集团公司工会“一险变两险”的主要做法。全年企业内部职工互助补充保险资金增值 9.67 万元，为 117 名遇险职工进行内部保险责任补偿，补偿金额 13.22 万元。集团公司工会被铁路总工会评为“建立铁路职工互助合作保障体系先进单位”。

2003 年 ，职工互助合作保障体系建设成为工会维护保障的重要方面，对集团内部职工互助合作补充保险进行清理登记，并为 96 名遇险职工办理内部保险责任补偿，补偿金额达 10.8 万元。共为 26 名遇险职工办理商业保险理赔手续，赔付金额 13 万元。

2004 年，下发《关于加强集团公司困难职工档案管理工作的通知》，对企业内部生活特殊困难、严重困难和一般困难职工进行全面摸底登记。全年职工互助合作补充保险共为 120 人办理保险理赔，其中内部保险 84 人，支付保险费 8.58 万元；办理商业保险理赔 36 人，支付保险金 18 万元。集团公司工会《以“三个代表”重要思想为指导，不断开拓职工互助合作补充保险工作的新路子》的经验，在铁总、工程总公司工会生活保障工作座谈会上做经验介绍。根据集团公司的实际情况，继续开展职工二次商业保险的宣传发动工作。

2005 年 11 月，集团公司党政工联合下发《关于深入开展“三帮”活动，认真落实“三不让”承诺的实施意见》，建立集团公司职工帮困救助活动的长效机制。全年职工互助合作补充保险共为 189 人办理保险理赔，其中内部保险 144 人，支付保险费 15.76 万元；办理商业保险理赔 45 人，支付保险金 23 万元。开展职工二次商业保险的宣传发动工作，至 12 月，18768 名职工积极参保，投保金额 569.25 万元。集团工会被工程总公司工会评为“职工互助合作保险达标单位”。5 月，为参加青藏线工程建设的 139 名职工进行登记建档工作，加强对上线职工家属的一对一服务活动。12 月，表彰 2004 年至 2005 年度 24 个职工贴心人服务队先进集体，46 名先进队员，49 名先进工会生活保障干部。

2006 年，深入开展“三帮”、“三不让”承诺工作。集团所属 19 个单位均成立相应的组织领导机构，制定实施办法和专项资金财务管理办法。做好困难职工档案动态管理，到四季度末全集团重新认定特殊困难职工 233 户、严重困难职工 425 户。对 19 个“三帮”、“三不让”承诺工作达标单位进行表彰。全年为生活困难职工发放补助金 229.66 万元（其中特别困难职工户 879 人次、严重困难职工户 1482 人次、一般困难职工户 2393 人次）。发放大病医疗 241 人次，救助金额 29.7 万元。开展“金秋助学”活动，共为 212 户、246 名困难职工子女资助学费 24.8 万元。帮助困难职工扶贫贷款 1 户 0.2 万元。12 月，制定《开展“三帮”活动，落实“三不让”承诺实施办法》。集团公司被中铁工程总公司工会评为 “三不让”承诺工作达标单位，并在集团公司召开现场推进会议。全年共为 132 名职工办理互助合作补充保险理赔，其中职工互助保险 132 人，支付保险费 14.28 万元；商业保险 47 人，支付保险金 29 万元。

2007 年，各级工会充分利用各种形式，对“三帮”、“三不让”实施办法进行宣传。通过入户走访调查，审定特殊困难职工 200 户、严重困难职工 205 户。全年为生活困难职工发放补助金 188.59 万元(其中特别困难职工 802 人次、严重困难职工 885 人次、一般困难职工 1977 人次)。发放大病医疗救助金 51.06 万元。为 181 户 211 名困难子女发放金秋助学金 20.65 万元。为 130 人办理保险理赔，其中内部保险 130 人，支付保险费 14.23 万元；商保 59 人，支付保险金 46 万元。5 月对北京地区各单位落实“三不让”承诺工作和困难职工档案台帐设置情况进行全面检查。

2008 年，根据中国中铁股份有限公司《关于“三不让”资金使用有关问题的通知》，对“三不让”资金的管理使用规定做出修改。年内审批下拨“三不让”专项资金 201. 34 万元。集团公司工会、二公司工会获中国中铁股份公司工会落实“三不让”承诺先进集体，3 人获先进个人。为 133 户困难家庭的 149 名子女发放金秋助学金 17.09 万元。职工互助合作补充保险共为 212 人办理保险理赔，支付保险理赔费 70.63 万元，其中内部保险 149 人，支付保险费 16.13 万元；商业保险 63 人，支付保险金 54.5 万元。

第五节　群众生产

一、劳动竞赛

1999 年至 2000 年，在各施工主战场开展“人人争当火车头，树百名标兵爱局立功”竞赛活动。围绕施工生产中的重点、难点，以“六比四创”（比安全、比质量、比进度、比管理、比效益、比文明施工，创先、创优、创新、创最佳经济效益）为主要内容，在成昆、哈大、武广、外福、神朔、西康、株六等线开展竞赛活动。张增学被授予“全国劳动模范”称号，夏沛被授予“五一劳动奖章”，7 人被北京市授予“劳动模范”称号，4 人被铁总授予“火车头奖章”，1 人被授予“首都五一劳动奖章”，三处四段先后获铁总“火车头奖杯”和北京市“模范集体”称号。42 人被北京市总工会评为爱国立功竞赛标兵个人，2 个班组获“标兵班组”。9 个段（厂）级单位、59 个队（车间）、工班、194 人被局评为爱局立功竞赛标兵单位、标兵集体和标兵个人。

2001 年，制定下发《2001 年经济技术创新爱企立功竞赛实施意见》。以“六比四创”为基础，把劳动竞赛与科技兴企结合起来，与重点工程阶段性施工和创精品工程结合起来，在武广、哈大、朔黄、株六等重点线开展主题劳动竞赛活动。1 个单位获“火车头奖杯”，5 人获“火车头奖章”，1 人获“首都劳动奖章”，1 个班组和 15 名个人分别被北京市评为“经济技术创新工程”标兵班组和标兵个人，1 个单位、5 名个人分别被工程总公司评为先进集体、先进生产者，4 个单位、29 个集体、96 名个人被集团公司评为“爱企立功”竞赛标兵单位、标兵集体和标兵个人。

2002 年，在秦沈线开展“大干八十天，确保秦沈线施工生产任务完成”的劳动竞赛活动。各级工会在神朔、宝兰、京秦线和北京城轨回龙观至西直门段等 8 条施工线开展工程项目阶段赛、班组挑战赛等。1 个集体被工程总公司评为先进集体、2 人评为劳动模范，4 人获“火车头奖章”，1 人获“首都劳动奖章”，1 个班组、1 个单位和 15 名个人分别被北京市评为“经济技术创新工程”标兵班组、标兵单位和标兵个人。有 5 个单位、35 个集体、100 名个人被集团公司评为“经济技术创新爱企立功”竞赛标兵单位、标兵集体和标兵个人。

2003 年，结合国家重点工程，在西南线开展以“抗非典、夺胜利、促发展、做贡献”为主题的大干八十天、确保西南线施工生产任务完成的劳动竞赛活动，对竞赛中涌现出的 4 个先进集体和 40 名先进个人予以表彰。各级工会在神朔线、宝兰二线和京郑线以及北京城市轻轨八通线开展工程项目阶段赛、班组挑战赛等。

2004 年，在大秦线、青藏线开展爱企立功劳动竞赛活动，以“六比六创”为主要内容，采取“短、平、快”等多种形式，在全线掀起“比、学、赶、帮、超”竞赛热潮。集团公司各参建单位工会围绕铁路第五次大提速开展劳动竞赛活动。15 个集体和 81 名个人被评为集团公司铁路第五次大提速暨扩能改造工程建设先进集体和先进个人。11 月，表彰大秦线工程建设爱企立功劳动竞赛先进集体 13 个、先进个人 105 名。在青藏线铁路工程建设爱企立功劳动竞赛活动中，一公司青藏项目部被部总指评为本年度站后工程第一名，三公司、电气化分公司获第二名。

2005 年，集团公司表彰 2004 年度经济技术创新爱企立功竞赛标兵单位 8 个、标兵集体 47 个、标兵个人 137 名，北京市表彰 2004 年度经济技术创新标兵个人 22 名。在施工生产一线中深入开展以“九个一”为主要内容的创新能手、创新示范岗和技术革新、技术攻关、发明创造等经济技术创新活动。开展“大干 80 天，确保郑徐线、胶济线电气化铁路施工生产任务完成”劳动竞赛，表彰奖励先进集体 10 个，先进个人 50 名。注重加强对劳动竞赛活动目标、措施和完成任务指标等方面进行检查、追踪、考核以及竞赛典型的选树工作，以围绕创新技术、加强管理、增强效益、降低成本、提高质量、保证安全为目标，开展多层次、多形式、多领域竞赛活动。针对京沪工程“工艺新、标准高、工期紧、任务重、难度大”的特点，确保京沪线安全、优质、按期建成开通，开展“拼搏 260 天，确保施工生产任务完成”劳动竞赛活动。

2006 年，表彰 2006 年度集团公司经济技术创新爱企立功竞赛标兵单位 8 个、标兵集体 50 个、标兵个人 140 名。20 名职工获北京市 2006 年度经济技术创新标兵。在京沪线掀起“大干 100 天，确保京沪线安全优质高效按期建成开通劳动竞赛”高潮。7 月召开京沪铁路电气化改造工程表彰大会，表彰优秀项目部 2 个、优秀项目部党工委 2 个、先进集体 30 个、优秀项目经理 3 名、优秀党工委书记 3 名，建设功臣 206 名，其中表彰优秀农民工

10 名。8 月召开关于表彰青藏铁路和牛头河大桥抢建工程建设先进单位、优秀党工委、先进集体和建设功臣的表彰大会，对集团青藏线工程指挥部 1 个先进单位、集团青藏线工程指挥部 1 个优秀党工委，10 个先进集体、76 名（其中农民工 8 名）建设功臣给予表彰和奖励。

2007 年，表彰 2007 年度局爱企立功劳动竞赛标兵单位 8 个、标兵集体 55 个、标兵个人 140 名。有 23 名职工获北京市 2007 年度经济技术创新标兵。

2008 年，继续在大包线、京九线、西格线，京津城际、武广、合武客运专线、北京地铁 4 号线、机场线和奥运支线等重点工程开展以"六比六创"为主要内容的爱企立功劳动竞赛活动。在施工生产一线深入开展以"九个一"为主要内容的创新能手、创新示范岗和技术革新、技术攻关、发明创造等经济技术创新活动。集团公司针对南方雨雪冰冻灾害和四川汶川强烈地震造成的京广铁路南段电力贯通线损坏和宝成铁路 109 隧道塌方，迅速组织职工和农民工，开展抢险救援，为确保铁路畅通和救灾物资及时运输做出贡献，受到铁道部和地方政府嘉奖。集团公司、三公司、西安电气化公司获得铁道部"抗击雨雪冰冻灾害火车头奖杯"，10 名先进个人获得铁道部抗击雨雪冰冻灾害火车头奖章。集团公司、西铁工程公司、西铁建设公司被全国总工会和北京市总工会授予"抗震救灾重建家园工人先锋号"称号，集团公司获得"铁路系统抗震救灾英雄集体"和北京市"首都劳动奖状"。

二、经济技术创新

1999 年至 2000 年，各级工会积极引导和激励职工学技术、学业务，针对施工生产中的难点，广泛开展合理化建议、技术革新和技术攻关等群众性经济技术活动，两年全局共提出合理化建议 661 条，采纳 385 条，创经济效益 2768.3 万元，实现技术攻关 124 项，创经济效益 2959 万元。其中 6 项被北京市总工会评为优秀合理化建议。2001 年，各级工会在施工生产一线开展"工艺工法创新、争当岗位创新能手、创新示范岗"和"学技术、练绝活"为主要内容的技术比武、技术攻关、提合理化建议等群众性经济技术创新活动。全公司共提合理化建议 355 条，采纳 199 条，实施 170 条，创经济效益 709.8 万元；开展技术攻关 21 项，创经济效益 110 万元；开展技术开发 42 项，创经济效益 149 万元；举办技术比赛 32 场次，参赛职工 1013 人次；举办技术培训 66 次，培训人员 546 人次。2002 年，全公司工艺工法和新产品创新 39 项，提合理化建议 227 条，采纳实施 158 条，创经济效益 291 万元。其中 9 项获集团公司合理化建议和技术改进成果奖。组织开展接触网、通信、电焊等工种和计算机技术比武岗位练兵活动，共举办 8 次技术比赛、24 场技术练兵，参赛职工 2081 人次。全年各级工会投入培训经费 29 万元，培训职工 2560 人次。2003 年，各级工会开展"创新示范岗"、"争当创新能手"活动，举办接触网、通信、信号、电焊和计算机等 11 种专业技术比赛和 21 场岗位练兵活动，参赛职工 2325 人次。2003 年，全集团共革新工艺工法和产品创新 114 项，提合理化建议 273 条（采纳实施 174 条），创经济效益480万元，有21项获集团公司合理化建议和技术改进成果奖。2004年，各单位上报合理化建议和技术改进意见82项，有28项被集团公司评为优秀合理化建议和技术改进成果奖。有5项被北京市总工会评为优秀合理化建议奖，有3项技术创新成果被北京市总工会评为优秀成果奖。采取送外委培和自办班的方式，开展职工技术业务知识培训。2005年，集团公司和集团公司工会联合下发《关于修改颁发中铁电气化局集团公司合理化建议和技术改进评审奖励实施办法》的通知。围绕施工技术创新和产品升级换代，提高产品科技含量，由传统的低层次向科技知识较高层次转化，为提高经济效益发挥应有作用。收集各单位上报合理化建议和技术改进成果46项，有38项被集团公司评为优秀合理化建议和技术改进成果奖，5项合理化建议被北京市总工会评为优秀合理化建议奖，4项技术创新成果被北京市总工会评为优秀成果奖。2006年，举办接触网工、通信工、电焊工和计算机等13个专业工种的26场技术比赛，参赛职工3647人次。评选出2006年度集团公司合理化建议和技术改进成果奖59项，其中一等奖5项、二等奖11项、三等奖19项、鼓励奖24项，创经济效益818万元。有6项合理化建议被北京市总工会评为优秀合理化建议奖，有4项技术创新成果被北京市总工会评为优秀成果奖。2007年，开展技术创新12项，创新工艺26项，创新产品39个，提合理化建议984条，采纳实施236条，创经济效益635万元。评选出2007年度合理化建议和技术改进成果奖51项，10项获二等奖，23项获得三等奖，18项获鼓励奖。有6项合理化建议被北京市总工会评为优秀合理化建议奖，有4项技术创新成果被北京市总工会评为优秀成果奖。2008年，评选出合理化建议和技术改进成果奖63项，5项获一等奖，16项获二等奖，25项获得三等奖，17项获鼓励奖。有6项合理化建议被北京市总工会评为优秀合理化建议奖，有4项技术创新成果被北京市总工会评为优秀成果奖，有2项合理化建议被全国总工会评为“节能减排”优秀合理化建议奖。集团公司获得北京市“经济技术创新活动优秀组织单位”和“全国职工节能减排合理化建议优秀组织单位”。

三、劳动保护

1999年至2000年，全局有33个（段、厂）工会劳动保护监督检查委员会，113个基层（工程队、车间）工会劳动保护监督检查委员会和494名工会小组劳动保护监督检查员，形成较系统的处、段（厂）、队（车间）三级劳动保护工作网络。各级工会贯彻全总劳动保护《三个条例》，积极开展各种群众性劳动保护和安全工作。每当新工人入路，工序转换，新工艺新技术的实施等都组织职工认真学习安全技术操作规程和劳动保护政策法规。对一些技术性强，易发生事故的工种，请有关技术人员对职工进行专门的技术培训，作业人员掌握操作技术后上岗。各单位工会结合实际开展建“标准文明工点”，“质量标准工地”，“安全文明工地”和岗位安全“三清楚卡”活动。加强工会劳动保护监督检查和劳动保护监督检查员的培训，积极配合行政开展“五查”（查思想、查现场、查隐患、查制度、查管理），“三落实”（落实安全生产措施，落实安全生产责任制，落实逐级安全责任制）工作。深入到重点工程线特别是既有线施工工地，对变电所、油库、锅炉压力容器、防火等重点部位进行安全检查，对发现的隐患及时提出整改意见。两年全局共发出黄通知书 18 份，白通知书 61 份。2 个单位获 1999 年度“安康杯”竞赛活动先进单位。2000 年，局和局属二处、三处分别获得北京市“安康杯”竞赛优秀组织奖和优胜企业单位。局工会表彰 11 个处、段（厂）级优秀工会劳动保护监督检查委员会和 21 个优秀安全生产“三无班组”。

2001 年，各级工会坚持以确保施工生产中行车安全为重点，积极组织职工参加“安康杯”竞赛，开展各种群众性劳动保护和安全工作，配合行政进行“百日安全无事故、‘三车’安全行车竞赛、岗位安全无事故”等安全竞赛和“查隐患、堵漏洞、防事故”为主要内容的安全自检自查。7 月召开劳动保护工作经验交流会，表彰优秀劳动保护监督检查委员会 11 个，优秀安全生产“三无班组”21 个。修改完善《中铁电气化局集团有限公司工会劳动保护工作制度》，调整充实各级劳动保护监督检查员队伍，定期到重点工程线、既有线施工区段进行劳动保护安全检查，全公司共发出黄色通知书 51 份，白色通知书 127 份，查出事故隐患 57 起。集团公司获得全国“安康杯”竞赛优胜企业称号，集团公司和第二、三工程公司、工厂处德阳制品厂分别获得北京市“安康杯”竞赛优秀组织单位和先进单位称号。

2002 年，大力宣传贯彻《安全生产法》和修改后的劳动保护《三个条例》。各级工会组织职工学习宣传安全生产有关法律法规 346 次，安全技术讲座 83 次，印发安全生产学习资料 7184 份，张贴安全标语、警句、宣传画 543 幅，办黑板报、专栏 217 期。各级工会通过组织座谈会、案例学习和图片展览等加强在既有线上运行的轨行车辆司助人员的安全教育工作。配合行政每季度进行一次安全生产检查，正确使用“红、黄、白”通知书，全年共发出黄色通知书 25 份，白色通知书 57 份。集团公司获北京市总工会和北京安全生产委员会办公室颁发的“安康杯”竞赛优胜企业称号，并获得北京市“安康杯”竞赛优秀组织单位称号。

2003 年，各级工会共组织安全生产学习 247 次，安全技术讲座 71 次，印发安全生产学习资料 6780 份，张贴有关生产安全的标语、宣传画等 463 幅，办安全生产宣传板报、专栏 278 期。全集团共发出黄色通知书 18 份、白色通知书 46 份。集团公司工会表彰先进劳动保护监督检查委员会 12 个，安全生产“三无班组”22 个。集团公司再获全国“安康杯”竞赛优胜企业称号。

2004 年，结合企业施工安全，开展“学一本安全生产知识的书、提一条安全生产建议，查一起事故隐患或违章行为，写一条安全生产体会，做一件预防事故的实事，看一场安全生产录像或电影，接受一次安全生产知识培训，忆一次自己的经验教训，当一天安全检查员，开展一次安全生产签名活动”的“十个一”活动。结合质量、环境、职业健康安全一体化管理体系的认证工作，举办劳动保护监督检查员培训班，有 52 人参加培训。评选表彰40名优秀工会劳动保护监督检查员。集团公司再获全国“安康杯”竞赛优胜企业称号。

2005年，抓好职工代表巡视安全生产工作和职代会报告安全生产情况制度的落实，做好职工协商与沟通工作，依法维护职工利益。在安全生产检查中认真使用检查表进行检查，提高安全检查的系统性和实效性。集团公司工会被中铁工程总公司评为优秀劳动保护监督检查委员会，4人被评为优秀劳动保护监督检查员。集团公司连续第三年获得全国“安康杯”竞赛优胜企业称号。

2006年，对全集团基层工会劳动保护监督检查组织机构进行调整，对19个基层工会劳动保护监督检查委员会和619名劳动保护监督检查员重新登记，组织13817名职工参加“全国劳动安全防护知识竞赛”答题，组织15130名职工参加“中铁工程总公司安全生产知识竞赛”答题活动。集团公司工会获全国劳动安全防护知识竞赛“优秀组织单位”和中铁工程集团公司安全生产知识竞赛“优秀组织单位奖”。组队参加中铁工程集团公司安全生产知识竞答比赛，获三等奖。集团公司投入“安康杯”经费48.5万元，安全培训26091人次，安全知识竞赛38753人次；应急演练115次，参加人数7860人。提安全隐患合理化建议758条，其中2项分别获得北京市一等奖和二等奖。全集团组织“安康杯”检查426次，受检单位274个。集团公司获全国“安康杯”竞赛优胜企业，一公司北京项目部获先进班组，建筑公司、电气化公司获北京市“安康杯”竞赛优秀单位。认真贯彻执行《劳动法》和集团公司《集体合同》，对在京1643名职工进行体检。

2007年，4月举办工会劳动保护监督检查员培训班。全面落实职工安全监督员制度，全集团在职工中聘用769名安全监督员。与团委等部门联合举办“和谐发展，安全第一”为主题的安全演讲活动，14名选手演讲。6至7月，组成检查组，对各施工单位安全专项整治排查工作进行联合检查。全年集团各单位举办安全演讲78次，安全知识竞赛47次，安全知识和技能培训185次，观看安全知识讲座226次，有19680人次参加培训。集团公司工会在2007年度北京市举办的“职工安全素质教育知识竞赛”和“发动职工查找本岗位事故隐患，提安全合理化建议”活动中获优秀组织单位。集团公司连续第五年获全国“安康杯”竞赛优胜企业，一公司北京项目部获先进班组，建筑公司、电气化公司获北京市“安康杯”竞赛优秀单位。

2008年，组织18670名职工参加国家安全生产监督管理总局和中华全国总工会联合举办的生产安全事故隐患排查治理百题知识竞赛，集团公司获优秀组织奖。围绕“治理隐患，防范事故，携手共筑奥运平安”主题，结合“安康杯”竞赛和施工安全生产实际组织开展多种形式安全生产宣传教育活动。各单位投入专项资金并安排专人负责，在工地、车间、驻地悬挂横幅，张贴安全生产宣传标语、警句、宣传画、黑板报、宣传专栏和小报。利用“职工之家”和“农民工夜校”等阵地，组织开展“安全素质教育培训”活动，共举办培训班413期。组织安全演讲、安全知识竞赛、安全灯谜竞猜126场次，受教育者达25870余人次。集团公司“安全生产月”检查指导组，对北京在建工程项目部的36个工点进行安全检查，查出安全隐患 57 个，并整改完成。组织职工参加北京市总工会组织的安全生产演讲比赛，获三等奖，并参加巡回演讲。集团公司连续 5 年获全国“安康杯”竞赛优胜企业，一公司北京城铁项目部获优秀班组，建筑工程公司、电气化公司获北京市“安康杯”竞赛优胜单位。

第六节　劳模管理

集团公司党政工领导长期以来关心劳动模范的学习、工作和生活，定期组织走访慰问，及时了解和解决劳模在工作和生活中存在的问题。2000 年 4 月，召开劳模代表座谈会，8 名全国劳模和北京市劳模参加。

2001 年，开展对省（部）级以上劳动模范基本状况的调查、登记工作，建立健全劳模档案，印发《中铁电气化局集团有限公司劳动模范管理工作实施办法》，完善和规范劳模基础工作管理。9 月，组织部分在职省部级以上劳动模范到安徽黄山进行健康休养。各级工会组织定期走访慰问劳模。

2002 年，推荐全国劳动模范张增学参加总公司组织的新、马、泰考察团学习、考察。

2003 年，各级工会组织注意在职工中发现、培养和选拔体现时代精神的先进典型，工作中注重发挥劳模示范作用，密切关注劳模的学习、工作和生活情况，坚持做好劳模家访工作。

2004 年，组织 15 名在职省部级工人劳模和火车头奖章获得者到青岛、烟台、威海等地进行健康疗养，为 9 名困难劳模发放低收入和困难劳模补助金。

2005 年，宣传劳模的崇高品质和先进事迹，在企业中形成尊重、依靠、支持、关心劳动模范的氛围。7 月，按照北京市总工会文件要求对北京市劳模进行家庭困难摸底，给予 8 名市级劳模一次性经济补偿。8 月为北京地区 11 名劳模办购药“爱心卡”，10 月组织北京地区 7 名省部级劳模进行全面体检。桑英权被评为全国劳动模范，于增、吴运河、梁军被评为北京市劳动模范。

2006 年 4 月，下发“关于在集团公司开展关爱劳动模范活动的通知”，大力弘扬劳模精神，营造“学习劳模、尊重劳模、崇尚劳模、关爱劳模”的良好氛围，每年“五一”国际劳动节，集中开展对劳动模范的慰问和关爱活动。各级工会组织“五一”期间对劳模进行慰问和家访 35 次，配合各级党政组织为劳模做好事、办实事 46 件。任双喜获铁道部劳动模范，何兵获青海省劳动模范，王其增、马岁满、沈九江、梁歧周、王昭蓉获中铁工程集团公司劳动模范。

2007 年 4 月，组织在京地区劳动模范到郊区踏青活动，在岗工人劳动模范到福建厦门和武夷山等地进行健康休养。“五一”期间，集团公司、子分公司工会组织开展对劳模进行慰问和家访 41 次，为劳模做好事、办实事 76 件，发放慰问金和困难补助 27800 元。10

月，完成全国劳模、全国“五一”劳动奖章获得者信息采集收录上报工作。

2008 年，“五一”期间，各级工会组织对劳模进行慰问和家访 53 次，为劳模做好事、办实事 87 件，发放慰问金和困难补助 3.2 万元。开展对生活困难劳模进行调查摸底活动，为 6 名生活困难劳模发放一次性生活补助。选派三公司中央企业劳动模范何军参加清华大学举办的班组长业务知识培训，并赴加拿大考察学习。

第七节　宣传教育

一、职工文化活动

1999 年至 2000 年，各级工会结合澳门回归和庆祝建国五十周年，深入开展爱国主义、集体主义和社会主义以及反对邪教、崇尚科学的宣传教育活动。各级工会采取举行座谈会、知识竞赛、征文比赛、书法绘画集邮展、演讲、歌咏比赛等多种形式，开展以“庆十一，迎回归”为主题的系列活动。1999 年 9 月，举办庆祝建国五十周年职工集邮作品展览，局属 8 个单位 18 人的邮品参加展出。举办《庆祝建国五十周年全局职工文艺调演》，局属各单位创作排演 23 个节目，有 252 人参加演出。调演结束后，组织慰问演出 11 场，慰问职工 4000 余人。党的十五届四中全会召开后，局工会发出《关于学习中共中央关于国有企业改革和发展若干重大问题的决定的通知》。各单位工会通过组织职工观看录像专题片，举行座谈会，报告会等，加深对十五届四中全会精神的认识和理解。结合企业改制工作，编印《职工持股会工作宣传提纲》，举办“企业改革与发展‘百题万人’知识竞赛”活动。

2000 年，局工会获全总举办的“班组职工国有企业改革和发展百题竞赛活动”三等奖。各级工会加大对文化线建设的投入，两年新增投资 85.9 万元。各级工会组织开展羽毛球、篮球、乒乓球和棋牌比赛共计 87 场，各单位相继建立处、段（厂）中心图书室、队流动图书站、班组图书箱。由振忠获北京市读书自学成才奖，刘建钧获北京市读书积极分子。

2001 年，各级工会结合纪念中国共产党成立八十周年，组织职工进行社会主义、爱国主义和集体主义宣传教育，开展以“庆七一、迎国庆”为主题的系列活动，举行座谈会、征文比赛、书画、集邮展览和演讲、文艺演唱会等庆祝活动。6 月，举办“纪念中国共产党建党 80 周年职工集邮展”，集团 10 个单位 36 人的邮品参加展出。党的十五届六中全会召开后，集团公司工会发出《关于学习中共中央关于加强和改进党的作风建设的决定的通知》，各单位结合学习贯彻“三个代表”重要思想，通过组织职工观看录像辅导片、专题报告会、座谈会等，提高对“三个代表”重要思想和六中全会精神的认识。修改后的《工会法》实施后，各级工会积极组织知识竞赛、研讨班、网上答题等活动。结合企业改制，加强对职工进行职工持股会等方面知识的宣传教育，为圆满完成职工认购股和集团公司改制工作顺利进行奠定思想基础。注重开展职工读书自学活动和加强文化（点）线建设，修订下发集团公司《职工高等教育自学考试奖学金有关规定》和《文化线建设达标标准》等文件，文化线建设新增投资 62.85 万元。由振忠获“全国职工自学成才者”称号，5 个单位和 5 人分别获集团公司工会读书活动先进集体和优秀组织者，11 人获读书自学成才者称号，54 人获读书自学积极分子，18 个单位和 49 人分别获集团公司工会文化线建设先进集体和先进个人。

2002 年，新增文化线建设投资 32 万元，进一步充实和丰富基层单位的工地文化线设施。广大职工结合形势要求和岗位技能，加强对科学文化知识和技术业务的学习。边全会、韩学军获北京市读书自学成才者，边全会、由振忠获铁总读书自学成才奖，何大石获优秀组织者。在三年全国职工计算机普及应用活动中，集团公司工会被北京市总工会评为优秀组织单位，2 人获北京市职工计算机普及应用活动优秀工作者，3 人获北京市职工计算机知识普及大赛二等奖，5 人获优秀奖。

2003 年，坚持开展文化线建设和职工读书自学活动，对文化线建设新增投资 28 万元。集团公司工会投资 10 万余元，为全集团施工一线 176 辆轨行工程车配置彩色电视机，丰富常年流动司助人员的业余文化生活。按照上级工会“创建学习型组织、争做知识型职工”的要求，广泛开展以“六学”（学理论、学文化、学科学、学技术、学管理、学法律）为主要内容的职工读书自学活动。鼓励职工积极参加各种文化、技术业务知识培训班，参加高等自学考试及各种职称考试，实现“一专多能”，有 78 名自学成才者成为本单位技术业务骨干或走上各级领导岗位。为庆祝建国 54 周年和中国工会十四大召开，举办第六届职工绘画摄影作品展览，89 名职工 152 幅绘画摄影作品参加展出。开展“我学十六大、我喜爱的书”征文活动。

2004 年，结合庆祝建国 55 周年和集团公司恢复建制 30 周年，举办集团公司职工第三届集邮展览。在施工一线新增文化线建设投资 26 万元。表彰职工读书自学成才者 9 人，读书自学活动积极分子 67 人。

2005 年，开展送图书、建课堂、知识帮扶活动，开展以“读好书、学知识、强业务、提素质”为主题的争做知识型职工活动。组织职工深入学习党的十六届五中全会和中国工会十四大精神，宣讲铁路建设发展形势以及企业经营生产目标等。坚持开展“基层为主、小型分散、形式多样、喜闻乐见、丰富多彩、健康向上”的群众文化娱乐活动。3 月，在集团公司职代会期间举办以西安铁路工程公司为主要演出单位的职工文艺演出。4 月，组织集团职工参加北京市总工会《纪念中华全国总工会成立 80 周年知识竞赛活动》。对施工一线文化线建设投入 26 万余元。

2006 年，在集团公司党代会、会代会期间举办职工文艺演出。8 月，选派姚怀慈、申瑞参加北京市职工美声、通俗歌唱比赛。举办第五届职工书法篆刻作品展览，展出集团所属 16 个单位 76 名职工 178 幅作品。2007 年 9 月，举办第六届职工绘画作品展览，展出各单位 88 名职工 158 幅作品。

2008年，结合庆祝建国59周年和中国电气化铁路建设暨中铁电气化局建局50周年，举办第六届职工摄影作品展览，集团20个单位106名职工的293幅摄影作品参加展出。组织开展职工演唱会等活动，组织职工观看首都各文艺团体演出，丰富和活跃职工文化生活。

二、信息和调研

1999年至2000年，建立局、处、段（厂）三级信息网络，聘任71名信息员，共出刊《电气化工会信息》39期，刊登稿件221篇。在北京市总、工程总公司工委信息发稿25篇，被《人民日报》、《工人日报》和《人民铁道》报等新闻单位采用11篇。局工会被工程总公司工委评为2000年信息工作先进单位。针对全局工会重点工作进展、职工思想状况、职工持股会和职工关心的热点问题进行调研，撰写调研报告上报北京市总。2000年3月，就企业改制和职工持股会工作进行调研，起草职工持股会章程、实施办法等相关文件。

2001年，制定下发《中铁电气化局集团有限公司工会信息工作管理办法》，召开工会系统办公室工作会议，就做好办公室信息调研工作进行培训。针对企业改制后，工会工作如何有效开展，职工思想状况，职工持股会和职工关心的热点等问题进行调研。全年出刊《电气化工会信息》30期，刊登稿件242篇，在全总、北京市总和工程总公司工会信息发稿22篇，被《人民日报》、《工人日报》和《人民铁道》报等新闻单位采用19篇。

2002年，共编印《电气化工会信息》28期，刊登信息稿件174篇。评比2002年度信息工作先进集体和优秀信息员，3个单位和29名个人受到表彰奖励。全年征集25篇调研文章，评出一、二、三等奖15篇，优秀个人7名。

2003年，共编印《电气化工会信息》26期，刊登稿件128篇，被《人民日报》、《工人日报》、《人民铁道》报和《劳动午报》等新闻单位采用稿件21篇。评比2003年度信息工作先进集体和优秀信息员，3个单位、26名信息员受到表彰奖励。深入一公司等5个所属单位进行工作调研，了解工会工作开展情况和职工关心的热点问题，研讨下一年度集团公司工会任务。

2004年，共编印《电气化工会信息》30期，刊登稿件156篇，有31篇文章在《工人日报》、《人民铁道》报、《劳动午报》和《中铁工运》等报纸、杂志上报道。评比2004年度信息工作先进集体和优秀信息员，5个单位、30名信息员受到表彰奖励。10月至11月，在北京、郑州采取分片调研的形式，对集团公司工会全年工会重点工作落实情况和2005年工作设想进行调研。

2005年，共编印《电气化工会信息》26期。刊登稿件98篇，在《工人日报》、《工会信息》、《劳动午报》、《工会博览》等报纸、杂志发表稿件33篇。评比2005年度信息工作先进集体和优秀信息员，5个单位、30名信息员受到表彰奖励。

2006年，共编印《电气化工会信息》24期。刊登稿件95篇，结合工会重点工作和重大活动，在《工人日报》、全总《工会信息》、《人民铁道报》、《劳动午报》、《全总工会博览》等报纸杂志发表稿件 33 篇。评比 2006 年度信息工作先进集体和优秀信息员，3 个单位、32 名信息员受到表彰奖励。

2007 年，加强对外宣传报道，全年在《工会博览》杂志“中铁电化”栏目信息中编写 12 版，在《工人日报》、《全总工会信息》、《劳动午报》、《工会博览》、《北京市总工会网站》、《中铁工运》等报纸、杂志发表稿件 168 篇，编写《电气化工会信息》23 期，刊用各单位稿件 98 篇。评比 2006 年度工会信息工作先进集体和优秀信息员，3 个集体、32 名优秀信息员受到表彰奖励。

2008 年，印发《电气化工会信息》28 期，发稿 127 篇，对 6 个信息工作先进集体和 33 名优秀信息员给予表彰奖励。集团公司工会信息工作在中国中铁股份公司工会信息工作评比中获特等奖。集团公司工会及所属单位工会在《工人日报》、《全总工会信息》、《人民铁道报》、《劳动午报》、《工会博览》、《北京市总工会网站》、《中铁工运》、《中铁工程》等报纸、杂志发表稿件 174 余篇。

三、创争活动

开展“创建学习型组织，争做知识型职工”活动。2004 年 4 月，集团公司党政工团联合下发“创争”活动实施意见，制定评选条件、规划目标，成立“创争”活动组织，并把职工读书自学活动、技术比武、合理化建议和技术改进纳入“创争”活动中。组织开展接触网、通信、电焊等 21 个工种技术比武、岗位练兵活动，共举办 39 次技术比赛、20 场技术练兵，参赛职工 8731 人次。组织全集团 1.1 万余名职工参加全国总工会、国资委等单位组织的“创争”知识竞赛活动。集团公司工会被全国总工会和北京市总工会分别授予全国最佳组织奖、北京市优秀组织单位。注重发挥劳动模范、技术能手、能工巧匠在施工生产中的骨干作用和示范带头作用，在重点工程建设中开展“传授绝技、名师献艺、交流经验”等活动。利用各种阵地，对职工进行多层次、多门类、多样化的各种现代科技知识和业务技能培训，引导职工“精一门、会二门、学三门”，鼓励职工向一专多能型转变。2006 年 11 月，在西铁工程公司召开“创建学习型组织、争做知识型职工”活动现场经验交流会。二公司京沪项目部二队一班获全国和北京市学习型班组先进单位，西铁工程公司混凝土分公司技术实验室获中央企业学习型红旗班组，张亚新获中央企业知识型先进职工。2007 年 1 月，集团公司和集团公司工会联合下发《集团公司“创建学习型组织，争做知识型职工”活动方案和考核标准》，6 月下发《开展争当“专家职工、金牌职工、首席职工”活动实施意见》。2008 年，集团公司获北京市“创建学习型组织”先进单位，一公司北京城铁项目部、西安电气化公司沪汉蓉项目部获北京市“学习型组织”先进班组，巨晓林等 5 人获“北京市知识型职工先进个人”，一公司北京城铁项目部获“全国学习型先进班组”，三公司何军获“全国知识型先进职工”。

第八节　女职工工作

全局各级工会和女职工委员会始终把提高女职工自身素质、增强参与市场竞争能力作为维护女职工合法权益的重点。1999 年 3 月，召开局三届二次女职工工作会议和全局女职工先进事迹报告会，编印局女职工先进事迹材料汇编，开展以“迎接新世纪、创造新业绩”为主题的铁路“巾帼双文明立功”竞赛活动。在襄樊二处举办首届女职工信号技术比武活动。各级女职工委员会注重维护女职工的特殊利益，定期为女职工进行妇科普查和跟踪治疗，配合行政妥善安置下岗、待岗女职工，并采取措施为女职工创造学习和上岗机会。1999 至 2000 年，1 个集体获全国“巾帼文明示范岗”，1 个集体和 2 名个人分获全路女职工先进集体、先进女职工个人和先进女职工工作者。

2001 年 9 月，在北京召开集团公司一届一次女职工代表会议，选举产生新一届女职工委员会。各级女职工委员会结合企业施工生产，以“巾帼双文明建功立业”竞赛为主线，组织女职工开展“争当岗位能手，强素质、助申奥、巾帼岗位创新”和“女职工业务技能培训”等多种活动。

2002 年“三八”妇女节前，召开北京地区集团公司女职工委员会委员座谈会，对在 2001 年开展的强素质、助申奥、巾帼建功活动的优秀组织单位进行表彰。完成全总布置的 2002 年全国职工队伍状况调查女职工的个案访谈及整理上报工作。向中央企业工委调研组和市总女工调研组汇报女工工作情况。一公司一段四队女工班被北京市妇联、人事局、工会女职工委员会授予“三八”红旗集体称号。各级女职工委员会注重加强女职工劳动保护和合法权益的维护，做到女职工有困难主动关心帮助，有病痛及时看望，对内退、下岗的单亲女职工进行摸底，加大对困难女职工的帮困力度。集团公司工会对 2001 年至 2002 年度 10 个先进女职工委员会、4 个先进女职工班组、8 名先进女职工工作者、7 名女职工之友和 72 名先进女职工进行表彰，谢庆庆被铁路总工会评为优秀女职工工作者。

2003 年，围绕施工生产开展巾帼岗位创新活动、为企业发展献计、提合理化建议等活动，在女职工中广泛开展岗位练兵和技术比武等活动。各级工会女职工委员会积极开展健身操比赛、木兰扇表演、女性保健知识讲座、健康流动课堂讲座、百题知识答卷、献爱心救助失学儿童等健康有益的活动。组织开展“五法”（劳动法、妇女权益保障法、女职工劳动保护条例、工会法、婚姻法）知识竞赛。坚持把落实《女职工劳动保护条例实施细则》纳入集体合同中，做到一年检查两次。女职工妇科体检两年一次，有的单位一年一次。在单位分房、奖金分配、受教育、提拔使用方面基本做到男女平等。有的单位工会为女职工投入特殊疾病保险，参保女职工 1661 人。张尚琼被评为总公司系统女职工再就业“十杰”明星。

2004 年，各级女职工委员会在女职工中开展实施女职工素质提升工程活动，广泛开展不同形式的劳动竞赛和技术比武、岗位练兵活动。3 名女职工被评为技师，实现集团公司女技师零的突破。3 名女职工先进个人、1 名女职工工作者、1 个女职工先进集体受到铁总和总公司工会的表彰。利用职代会等民主管理形式，从具体利益上加大维护力度，开设女工热线，先后对 26 名女职工提供心理和法律咨询。举办《女性健康教育流动课堂》系列教育活动，组织女职工收看女性健康知识和家庭健康知识录像及讲座，开展女性健康教育知识讲座。坚持为女职工进行专科体检制度，为 1 名女职工办理 3 万元的女性特殊疾病保险的赔付。对企业内部单亲困难女职工，实行定人、定措施、定目标救助。

2005 年，二公司高级信号工王昭蓉被评为工程总公司女职工建功立业“十杰”。各级女职工委员会把维护女职工特殊权益的具体条款写入集体合同中，开展女职工维权知识答卷活动。组队参加北京市总工会举办的女职工维权知识竞赛，集团公司女职工队获集体三等奖。开设女工热线，为 28 名女职工提供心理咨询、法律咨询。

2006 年，全集团有女职工 4756 名，占职工总数的 24%。各级工会女职工委员会，以维护女职工合法权益和特殊利益为重点，全面推进“女职工建功立业工程”、“女职工素质提升工程”、“女职工爱心帮扶工程”及“巾帼岗位建功立业”竞赛活动。开展“爱企、爱岗、爱家”征文活动。二公司女工委开通女工热线，为下岗、困难女职工提供生活帮扶、法律支持、心理咨询等服务，协助行政帮助 69 名下岗女职工重返工作岗位。女职工卫生费由原来每人每月 8 元上调为每人每月 20 元。崔耀华、王昭荣被北京市总工会评选为“首都巾帼之星”。

2007 年，参加总公司女职工征文活动，上报论文 33 篇，获奖 3 篇，集团公司女职工委员会获得优秀组织奖。张莉、高云霞、郭春霞被北京市总工会评选为首都创新之星，工厂处宝鸡厂女工电焊班被北京市总工会评选为首都创新集体，西安电气化公司构件厂钢筋班被评为全路先进女工班组，三公司一段女子作业预配班被总公司评为十大杰出标兵岗，3 人被评为总公司先进女职工，1 人被评为总公司先进女职工工作者，一公司一段女工班获全国及北京市巾帼文明岗，张守红获北京市巾帼建功标兵。

2008 年，王艳双获“中国中铁首届十大杰出女性”、“北京市三八红旗奖章”、“首都女职工迎奥运风采之星”称号，王梅获“奥运志愿者先进个人”、“北京市三八红旗奖章”称号，西安电气化公司构件厂钢筋班被评为“首都迎奥运先进集体”。一公司代表集团参加总公司“庆三八迎奥运”在京单位女职工健美操比赛并获得第一名。组织在京 11 个单位女职工举办“庆三八迎奥运”拔河比赛。根据上级工会要求，在签订集体合同后增签《女职工特殊权益保护专项合同》。西铁工程公司女工委获陕西省女工特殊权益保护先进单位称号。全年累计为 4 名女职工办理特殊疾病保险的赔付工作，赔付金额 12 万元。开展“三八助单亲”活动，共帮扶 19 名单亲女职工。一批先进女职工组织和女职工干部受到表彰，王慧获铁道部“先进女职工工作者”，刘淑珍获陕西省“优秀女职工工作者标兵”称号。

第九节　财务和经审

一、财务管理

各级工会按照“三服务”方针和“一支笔”原则，严格执行预、决算制度。

1999 年至 2000 年，坚持对各单位工会的财务情况进行检查和监督，加强对工会经费的收、管、用，使经费收缴率不断提高。两年工会经费拨交率均达 99.96%。1999 年，在铁总财务工作竞赛评比中局工会获一等奖。

2001 年，工会经费拨交率实现 99%目标。严格执行预、决算制度，修改《中铁电气化局集团有限公司工会财务工作竞赛办法》，举办工会财务软件应用培训班。集团公司工会获得铁总财务工作竞赛评比一等奖，侯唯一、刘建华分别获得全路工会财会荣誉积极分子和先进工作者。

2002 年 2 月，集团公司工会与行政联合印发《关于工会从福利费中提取困难补助经费比例的通知》，要求各单位按工资总额 4 %提取的福利费中的 10%作为职工困难补助经费，按季拨给同级工会，并逐级上交。5 月印发《关于职工困难补助经费管理办法的通知》(试行)，要求各级工会建立困难职工档案，按照程序办理，定期公开使用情况，掌握各省、市最低生活水平，制定限额补助标准。4 月转发中国铁路工程总公司工会《关于认真组织做好工会资产产权登记工作的通知》，对凡占有、合用工会资产并取得企业法人资格的工会企业和实行企业化管理的事业单位、工会机关和其他各类事业单位申办铁路工会资产产权登记，全集团各级工会共有 56 个单位进行资产产权登记。5 月 10 日至 6 月 30 日，结合新《工会法》的颁布实施以及新工会会计制度中相关核算内容调整变化，组织开展工会财务知识百题竞赛活动。共有 54 个单位的 61 人参加比赛。7 月按照中国铁路工程总公司工会《转发全总〈关于对工会经费拨缴款专用收据〉进行年检的通知》要求，集团公司工会对经费拨缴（收据）使用进行全面清理检查，并以书面材料、自查表、年检表上报工程总公司工会。12 月，对集团公司工会职工互助补充保险收支情况进行全面彻底、深入、细致的检查，并与各单位进行核对。

2003 年，集团公司工会技协实行会计电算化管理，并通过网络进行北京市社团对电气化职工技协代表机构年检登记。5 月，集团 14 个单位的工会专兼职财务人员 61 人，参加工程总公司工会举办的工会及事业单位财务知识竞赛活动。8 月，对各单位的工会资产（包括基层各单位）进行产权登记。8 月至 10 月，对京、津两地 4 个单位进行工会财务检查。为适应职工互保资金加入商业保险的需要，及时建立互保与商保资金单项管理帐户。集团公司工会获总公司工会系统财务工作竞赛评比一等奖。

2004 年 8 月，对 50 多个基层单位的工会资产进行登记，同时对新组建的工会发放资产登记证。对一部分基层单位工会申请固定资产报废进行审批。中铁电气化局集团公司与西铁工程公司重组后，对原西铁工程公司进行重新整合，划分为4个单位。9月对原西铁工程公司工会委员会的资产进行划分，10月对4个单位的工会资产划分落实情况进行检查。11月举办工会财务业务、工会财务2000软件培训班，参加培训人员46人。集团公司工会所属18个单位，应用电算化达85%，基层单位达60%。工会经费收缴工作取得较好成绩，行政计提2%工会经费达100%，兑现率达89.6%。积极清理拖欠经费，清欠率达97.%以上。

2005年4月和10月，对一公司、二公司、三公司、西铁工程公司、建筑公司、西铁建设公司、西安电气化公司、西安通号处、集团公司机关工会9个单位申报购置固定资产进行审批。10月对西铁建设公司、西安电气化公司、西安通号处工会进行财务检查。集团公司各单位行政计提2%工会经费达100%，兑现率达100%。历年拖欠经费一并全部清缴，清缴率达100%，实现零拖欠。

2006年，在集团公司第一次会代会上认真总结2001年至2005年集团公司工会本级经费收支情况，5年来，本级经费收入总计987.8万元，经费支出总计861万元，共结余126.8万元。工会经费收入实现稳步增长，5年共增长59.6%，年平均达11.92%。根据中铁工程集团公司工会要求，以2006年6月30日为基准日，对全集团工会财产进行全面清查，7月底结束。集团公司职工参加商业保险的人数不断加大，赔偿的人员不断增多，多次与保险公司进行核查、对账，做好资金管理及防范风险工作。中铁工程总公司工会表彰刘玉娟、潘丽晓、李金波为工会财务先进工作者，戴清森为荣誉积极分子，集团公司工会财务科为先进集体，集团公司工会获2005年度财务竞赛特等奖并获铁总财务部2005年度财务竞赛奖。集团公司各单位行政计提2%工会经费达100%，兑现率达100%。

2007年4月，按照财政部新出台的《企业财务通则》和总公司文件要求调整“三不让”资金列支形式，确保 “三不让”承诺工作的有序开展。9月对维管公司工会进行财务基础工作检查和指导。10月印发《关于对全集团工会开展会计基础达标工作的通知》，部署基层工会会计达标工作。集团公司工会被全国总工会评为财务工作市级先进集体，在工程总公司工会财务竞赛中获特等奖。

2008年11月，召开工会财务会议，部署2008年决算和2009年工会预算编制工作。12月，对二公司、西安建设公司工会财务工作进行业务指导和检查。集团公司工会财务科获2007年度中国中铁股份有限公司工会财务竞赛特等奖。

二、经费审查委员会

2000年，赵宗宏获全路经费审查工作先进工作者。2001年，经费审查委员会对第一、二工程公司工会经费收支情况进行审查。2002年1月29日，在集团公司工会五届二次全委会上，补选付红鸣为经费审查委员会委员、副主任。4月至10月，分别对集团公司机关工会、二公司工会、三公司工会、建筑公司工会进行经费审查。9月至11月，对机关工会主席李国良、二公司工会主席张远榕、党职校工会主席蔡鹏斌进行经济责任离任审计。2003年，对衡水学校工会主席崔纯刚进行离任经济责任审计。集团公司经审会委员孙金城被评为全路经审工作先进工作者。2005年，对上一年度的财务决算和当年的预算编制情况进行审计，对集团电气化分公司工会财务进行届中审计，对集团公司工会进行半年期的预算执行情况跟踪审计。7月，按照工程总公司工会经审会要求，上报2004年集团公司工会经费审查委员会工作情况。8月，制定下发《集团公司工会经审工作考核试行办法》。9月，工程总公司工会经费审查委员会对集团公司工会经费进行届中审计，通过审查。2006年，完成对集团公司工会2005年度《经费收支决算》、2006年度《经费收支预算》(草案)、2006年《资产清查情况》的审查工作，完成对西安电气化公司、西安建设公司、北京通号设计院、轨道交通事业部工会届中经费收支审计工作，完成对二公司原工会主席朱安全离任经济责任审计工作。进一步加强对工会经费、财产和“三不让”承诺专项资金的监督工作。2007年3月，制定印发《中铁电气化局集团公司2007年工会经审工作要点》。经费审查委员会先后三次组织全体成员学习全总副主席、书记处书记孙春兰在全总经费审查委员会第十四届八次全委会上的重要讲话、《工会年度经费预算执行情况审计监督暂行办法》、《工会预算审查监督暂行办法》。5月举办工会经费审查干部培训班。2007年，完成对集团公司工会2006年度《经费收支决算》、2007年度《经费收支预算》(草案)、2007年上半年《经费收支预算执行情况》的审计工作，完成对集团公司机关、一公司、电化院、保定职校、衡水学校工会届中经费收支审计工作。对集团18个单位工会经审会2006年度的工作分五项进行全面考核，评出一、二、三等奖。集团公司工会经费审查委员会获2006年度工程总公司经审工作一等奖。2008年，完成对集团公司工会2007年度《经费收支决算》、2008年度《经费收支预算》(草案)、2008年度《上半年预算执行情况》的审查工作，完成对三公司、西安通号处、运营维管公司等工会届中经费收支审计。对年内工会主席变动的电信中心、西安电气化公司原任工会主席进行离任经济责任审计。开展对工会经费、财产和“三不让”专项资金的监督检查。集团公司工会经费审查委员会获工程总公司经审工作一等奖。

第二章　共青团

第一节　组织沿革

1999年至2001年，共青团铁道部电气化工程局委员会下设办公室、组织部、宣传部，定员8人。下辖一处、二处、三处、工厂处、建筑处、物资处、通号院、天津设计院、衡水技校、局机关团委，保定党职校团工委。有段（厂）级团委22个，团总支2个，团支部170个，团员3321名，专职团干部38名。2001年8月，随着局改制，共青团铁道部电气化工程局委员会更名为共青团中电气化局集团有限公司委员会（简称集团公司团委）。集团公司团委下设办公室、组织部、宣传部，定员8人。下辖一公司、二公司、三公司、工厂处、建筑公司、物资处、通号院、天津设计院、衡水技校、公司机关团委，保定党职校团工委，有段（厂）级团委22个，团总支1个，团支部175个，团员3149名，专职团干部38名。2003年4月，成立电气化分公司（2006年4月更名电气化公司）团委，归集团公司团委管理。2004年，成立西铁工程公司、西铁建设公司、西安电化公司、西安通号处，4个单位团组织相继划归集团公司团委管理。2006年11月，城铁公司团组织归集团公司团委管理。2005年10月，北京景旭房地产开发有限公司成立团支部，归属机关团委管理，2007年10月成立团委，划归集团公司团委管理。2006年12月，中铁电气化铁道运营管理有限公司团委成立，归集团公司团委管理。2008年，集团公司团委下设办公室和组宣部，现员3人。下辖一公司、二公司、三公司、西铁工程公司、西铁建设公司、西安电化公司、西安通号处、建筑公司、工厂处、物资处、电气化公司、城铁公司、运管公司、通号院、天津设计院、衡水学校、景旭房地产公司、公司机关团委，大包线、武广线、京九线、保定党职校团工委，电信中心团支部。有段（厂）级团委57个，团总支33个，基层团支部422个，专职团干部19名，专兼职团干部39名。35岁以下青年10800名，团员7216名（含学生团员990人）。

历年团组织情况表

表12-2-1

年　度	团委（段厂级）	团总支（团工委）	团支部	团　员	青　年	专职团干部
1999年	22	2	170	3321	5706	38
2000年	22	2	178	3435	6082	39
2001年	22	1	175	3419	6642	38
2002年	22	1	185	3419	6586	31

年　度	团委（段厂级）	团总支（团工委）	团支部	团　员	青　年	专职团干部
2003年	34	15（1）	203	3650	7665	35
2004年	34	15（1）	210	3750	8160	40
2005年	39	5（9）	244	3985	7716	13
2006年	25	19（3）	286	3985	7716	12
2007年	36	21（4）	369	5317	10171	15
2008年	57	33（4）	422	7216	10800	19

第二节　团员代表大会

第一次团员代表大会　2005年1月13日至14日，召开共青团中铁电气化局集团有限公司第一次代表大会，出席大会的正式代表76名。会上听取和审议胡学钧代表共青团中铁电化局第六届委员会所作《求真务实，投身“二次创业”再创辉煌；与时俱进，实现集团共青团工作现代化》的工作报告，并通过工作报告的决议。大会投票选举第一届委员会委员17人。第一次全体委员会选举常务委员会委员7人，书记胡学钧。

表12-2-2　**历任团委书记、副书记名录**

组织名称	序号	职务	姓名	起讫时间	备注
第六届团委会	一	团委书记	贾惠平	1997.10-2002.8.24	
		副书记	胡学钧	1997.10-2005.1.14	2002.8.24-2005.1.13主持工作
第一届团委会（改制后）	二	团委书记	胡学钧	2005.1.14-2009.3.10	
		团委副书记	郑晓飞	2008.3.25-2009.3.9	
		团委书记	郑晓飞	2009.3.10-	

第三节　组织建设

一、各级委员会建设

2001年1月25日，集团公司团委在北京召开常委（扩大）会议，研究集团公司2001年团的工作思路，讨论《关于加强集团公司“党建带团建”的实施意见》。2002年，协助党委起草并下发《关于加强集团公司“党建带团建”的实施意见》，明确党团关系、团组织的设置、地位、待遇等问题。2008年11月，集团公司党委下发《关于进一步加强和改进集团共青团工作的意见的通知》，进一步明确团的各级委员会设置、团干部配备，进一步加强团的建设。

1999 年至 2005 年，集团公司团委召开全委（扩大）会 6 次，增补委员 8 人次。2005 年至 2008 年，集团公司团委召开全委（扩大）会 4 次，增补委员 7 人次。

2004 年至 2008 年，集团公司团委围绕重点工程青藏线、京沪线、大包线、武广客专线、京九线成立团工委。指导通号院、电化院、景旭房地产公司、西铁建设、运管公司、工厂处、机关团委顺利召开团代会进行换届选举。

2001 年至 2008 年，集团公司团委共组织 19 名团员青年代表参加中国铁路工程总公司第一次、第二次团代会，北京市第十二次团代会。贾惠平当选共青团中国铁路工程总公司第一届委员会委员、常委，杜春当选共青团中国铁路工程总公司第一届委员会委员，胡学钧当选共青团中国铁路工程总公司第二届委员会委员、常委，郑晓飞当选共青团中国铁路工程总公司第二届委员会委员，胡学钧当选为北京团市委委员。

二、团干部、团员队伍建设

1999 年至 2008 年，集团公司团委举办各类团干部培训班 10 次，培训专兼职团干部 410 人。选派 126 名团干部参加中国铁路工程总公司团委、北京团市委的团干部培训班。集团公司团委举办青年突击队队长培训班 1 次，培训突击队长 56 名。

2003 年至 2004 年，集团公司各级团组织灵活多样设置团组织，建立项目部团工委（团支部），形成动态、开放的团员管理机制，把外协民工团员纳入项目团组织里来，使其参加团的组织生活，接受团的教育，加强对流动团员的管理。2005 年至 2008 年，各级团组织积极推行联合建团、挂靠建团，积极探索农民工、合同工团员管理新模式。集团公司团委提出加强农民工（合同工）青年队伍管理的“四同”要求，即做到农民工（合同工）青年同企业青年职工“同教育、同管理、同活动、同表彰”。各级团组织吸收合同工青年参加导师带徒活动、成立合同工团支部、合同工青年突击队、特邀优秀农民工代表参加团代会等方式，加强合同工团员的管理。有的农民合同工被评为公司“十佳杰出青年”，有的担任段团委书记，有的走上基层领导班子岗位。2005 年至 2006 年，团中央增强共青团员意识主题教育活动开展以后，团委将两个教育活动融为一体，确定“提高素质、健全组织、丰富活动、展示作为”的活动目标，以学习启动、集中学习、座谈会、赛读书笔记等方式在团员青年中大力开展教育活动。2007 年，集团公司团委对三公司青年职工思想状况进行调研，分各专业召开座谈会。2008 年 7 月至 9 月开展“80 后”团员青年思想状况调研，对 80 后青年思想状况进行一次详细摸底调查，为团员青年工作的开展提供理论依据。1999 年至 2008 年，在“推优入党”工作中，各级团组织共向各级党组织推荐优秀青年团员 982 人，其中有 712 人加入党组织。

三、达标创优

1999 年至 2000 年，局团委开展“创建五四红旗团委、五四红旗团支部，争当优秀团干、优秀团员”为内容的“达标创优”活动。贾惠平获全国优秀团干部称号，1 个基层团委被评为全路红旗团委，3 人被评为全路优秀共青团员，2 个基层团委被评为北京市红旗团委， 2 人获北京市优秀团干部、全路优秀团干部称号。2001 年至 2008 年在“达标创优”竞赛活动中，集团公司团委被评为全国五四红旗团委创建单位，胡学钧被评为全国优秀团干部，2 个基层团委被评为国资委五四红旗团委，1 人获国务院国资委“优秀共青团员”称号，10 个基层团委被被评为北京市红旗团委，4 个基层团委被授予北京市“达标创优”活动组织奖，1 人被北京团市委授予“五四奖章”，11 人被评为北京市优秀团干部，6 名团员分别被北京市优秀团员，5 个基层团委、5 个基层团支部、10 名团干部、16 名团员分别被评为中铁工程总公司评为红旗团委、十面红旗团支部、优秀团干部、优秀团员。3 人获北京奥运会、残奥会先进个人。

第四节　宣传教育

一、思想教育

1999 年，围绕五四运动 80 周年和建国 50 周年，编印《电气化团讯》五四专刊，向基层单位团组织下发《五十年辉煌，新世纪畅想》一书共计 240 册，《电气化铁路》报刊登纪念五四运动专版。2000 年至 2001 年，结合团中央提出的实施新世纪读书计划的要求，以送书下线、建立新世纪书屋为主要形式，发挥读书活动的宣传教育职能，开展以“迈向新世纪、创造新业绩”主题教育活动，不断深化“爱党、爱国、爱企业、爱岗位”为内容的“四爱”主题教育。2002 年至 2003 年，围绕学习贯彻《公民道德建设实施纲要》，各级团组织广泛开展以“基本路线、基本理论、基本方针”教育、“世界观、人生观、价值观”教育、“社会主义、爱国主义、集体主义”教育和“社会公德、职业道德、家庭美德”教育为内容的“四个三”系列教育活动，并配发《中华美德》教育读本。团的十五大闭幕后，集团公司团委召开学习“三个代表”及团十五大精神座谈会。2004 年，突出“企业重组”和“薪酬改革”等热点问题，针对性地开展形势任务教育，提高青年对“五四战略”的认识。2005 年至 2006 年，结合保持党员先进性教育活动，开展保持和发扬共青团员先进性教育活动，重点抓团员队伍的作风建设。2008 年，开展学习贯彻落实党的十七大、团的十六大集中学习活动，并购买共青团十六大学习读本、知识问答、新团章等 80 余套，下发至各级团委进行深入学习。

二、对内外宣传

1999年至2000年，局团委与局宣传部在《电气化铁路》开辟“闪光的青春”专栏，共刊登宣传文章23篇，利用局域网制作完成局团委网页，开辟团情快报、重要言论、组织机构、青年突击队等栏目。按时发布各类团内信息，两年在省部级（及以上）报刊团刊上发表163篇（张）文章（图片）。出刊《电气化团讯》18期，发表文章200余篇。2002年至2003年，建立信息上报制度，创办网上《团内信息交流》18期，有18篇文章发表在《人民日报》、《北京青年工作研究》、《中铁青年》等报刊上。2004年，在多种新闻媒体宣传团的工作160多次，仅“北京共青团”网站就刊登信息35篇，连续半年多在全市120多家企业中排行前三，上稿率和上报团中央、北京市领导的比率排名第一。2005年，在企业内外各种新闻媒体刊登有关共青团工作的信息117篇。2006年，《北京青年报》、《建设市场报》有9篇文章报道集团青年突击队事迹或工程建设情况，其中有2篇2000字以上、2篇4000字以上的文章见报。2007年，在北京市共青团网站、中国中铁青年网、EEB网站等新闻媒体发表稿件60余篇，在北京市共青团系统率先对奥运青年志愿者进行慰问活动，并主动联系9家新闻媒体予以报道。2008年，在多种新闻媒体宣传团的工作180多次，仅“北京共青团”网站就刊登信息58篇，党建带团建文章在北京共青团信息专题刊发，推荐上报中国共青团网站4篇，中铁青年网发表96篇，连续半年多在全市120多家企业中排行前四。年内，集团公司《中铁电化青年网》开通。

第五节　特色活动

一、双争竞赛

1999年到2001年，开展“争当优秀青年突击队、争创优质青年工程”为主要内容的双争竞赛活动。编辑出版《双争、双创竞赛活动手册》、《青春的风采》，摄制完成专题片《飘扬的旗帜》。发行纪念突击队建队15周年纪念封，召开纪念青年突击队建队15周年大会。组建青年突击队80支，先后设计制作青年突击队队徽、《青年突击队职责范围》和《奋斗目标》，《青年安全监督岗岗位职责》。二处南昆铁路（南那）接触网青年工程被评为全国青年文明号，三处哈大线四平—公主岭18信息无绝缘轨道电路移频自动闭塞扩大实验段重点工程被命名为全路青年文明号，许刚青年突击队被评为全路青年文明号，31支青年突击队被评为北京市优秀（标杆）青年突击队，4项工程获北京市优质青年工程，4名青年指挥获北京“优秀青年工程指挥”，6支青年突击队被评为总公司青年文明号，16支青年突击队被评为总公司优秀青年突击队标杆，6名突击队员被评为总公司青年岗位能手，12人被总公司团工委评为优秀青年安全监督岗岗员。局共召开青年突击队领导小组会3次，评选优秀青年突击队32支，优质青年工程30项，优秀青年岗位能手10名。2003

年，修订青年突击队《工作条例》、《职责范围》、《奋斗目标》等规章制度，使其更符合企业的实际和突击队发展需要。在公司机关团委成立全集团第一支科技型青年突击队，启动实施“二次创业电化青年成才工程”，为青年成才搭建三大支撑平台。2004 年，举办纪念集团青年突击队成立 20 周年纪念大会，开展“队旗飘扬 20 年”征文和图片展等活动。在北京市纪念青年突击队成立 50 周年系列活动中，集团公司和团委分别被授予纪念活动“突出贡献奖”、“优秀组织奖”，王毓敏青年突击队和赫全胜分别被评为北京市新世纪优秀青年突击队标杆、优秀青年项目经理，受到党和国家领导人的亲切接见。2005 年，在青年突击队中推行《青年安全包保合同》、《青年突击队生产质量责任书》和《青年创新创效项目书》，深化和量化青年突击队工作指标。根据现实需要，不断修订“生产型、管理形、科技型、劳务型、服务型”五种类型青年突击队建队规范和考评标准，并召开专题会议进行研讨。在“双争竞赛”活动中，灞河桥抢险抢建青年突击队获全国青年文明号，三公司青藏项目部被国资委、团中央联合命名为全国青年文明号，一公司王亮青年突击队获全国优秀青年安全生产示范岗，三公司蚂蚁 QC 小组获全国质量信得过班组称号。自 2002 年至 2008 年，集团公司召开青年突击队领导小组会 7 次，评选优秀青年突击队 90 支，优质青年工程 84 项，85 支青年突击队被评为北京市优秀（标杆）青年突击队，11 项工程获北京市优质青年工程， 11 名青年指挥获北京“优秀青年工程指挥”，26 支青年突击队被评为总公司青年文明号，30 名突击队员被评为总公司青年岗位能手，另有 8 支青年突击队、6 人分别受到山东、陕西、河北省等地方团组织表彰。2008 年 7 月至 9 月，集团公司团委对青年突击队进行全面调研，撰写万余字的调研报告，提出问题和建议 12 条。

1999 年到 2002 年，各级团组织围绕京秦线、秦沈线、朔黄线、与北京城轨等重点工程，实施青年质量创优、安全创建、科技创新和经济创效四大行动，开展评选“十佳青年”活动，举办通信专业青工技术比武。2004 年至 2008 年，以“我为重点工程做贡献”活动为主线，相继在青藏线、京沪线、奥运等重点工程、武广线、京九线等重点工程线，开展“建功青藏，铸魂高原”、“激扬青春，奉献京沪”、“建设新北京，建功新奥运”、“激扬青春活力，奉献武广客专”、“青春舞动大京九”等青年主题建功竞赛活动。2008 年春，在低温冰冻雨雪灾害中，一、二、三公司，电气化公司、西安电化公司的团员青年分别成立抢险青年突击队突击分队，赶赴受灾地抢险。二公司、西铁工程公司、西铁建设公司团干部和团员青年在宝成铁路 109 隧道现场成立青年突击队进行突击抢险，为提前抢通 109 隧道做出重要贡献。西铁工程公司团委书记高立枫作为抗震救灾一线的团干部代表列席参加了团的十六大。

二、技能比赛

1999 年 8 月至 11 月，全局共有 14 名选手参加总公司系统青年职业技能大赛五个专业的比赛，其中通号院张志超获得英语专业比赛第二名，工厂处尹晓华、路福社分获财务审计、电焊工专业比赛第五名。1999 年 10 月，在总公司第二届青年技能竞赛（接触网工）中，三处、一处、二处代表队分获一、二、三名。2001 年 10 月，在总公司第三届青年技能大赛 CAD 绘图专业的比赛中，电化院赵海军获个人第六名，集团公司代表队获团体第三名。2003 年，在总公司青年技能竞赛中，李建平获得英语专业第一名，黎峰获得 CAD 绘图专业第六名，路福社获得电焊工专业第八名并晋升为技师。2004 年，集团公司团委举办第一届青年技能（英语）竞赛，向企业举荐青年英语人才 12 人。2005 年，组织 6 名青年参加总公司测量工和隧道工专业青年技能竞赛。2006 年，选拔 6 名青年分别参加总公司测量工、隧道工专业的青年技能竞赛，1 名青年参加计算机专业全国青年技能竞赛。2008 年 8 月，选拔 8 名选手参加总公司第七届青工技能大赛测量工、CAD 制图比赛。9 月，选拔 3 名选手参加总公司青年安全监督岗技能比赛。11 月，选拔 4 名选手参加总公司第八届青工技能大赛电焊工比赛，获团体第四名。

三、导师带徒

1999 年至 2008 年，集团公司团委把“导师带徒”活动作为共青团组织服务青年、成长成才的重要载体，对活动的内容和形式不断完善和深化。2002 年，集团公司团委召开全委扩大会讨论《关于进一步深化导师带徒活动的实施意见》。2003 年至 2006 年，各单位通过举办“导师带徒活动启动仪式”、“师徒签约仪式”、“优秀师徒评比表彰会”等方式大力推进“导师带徒”活动的开展，逐步形成“1+1”，“1+2”等工作方法。2007 年 11 月 13 日，集团公司导师带徒活动现场推进会召开，各单位团委书记、师徒代表 40 人参加会议。1999 年至 2008 年，各单位共结师徒对子 3200 余对，签订师徒合同 4600 余份。

四、创新创效

1999 年到 2008 年，各级团组织紧密结合企业产品结构调整、技术工艺改进、管理方式提升、服务质量提高、工作机制完善等方面大胆创新。特别是围绕高速、重载、信息、安全、环保、动车、系统集成等积极开展技术攻关，坚持“贵在创新、重在创效”的活动原则，加强青年创新成果的宣传、交流、转化和奖励。2001 年 9 月，由北京团市委、北京市经委等 5 家单位联合承办的北京市第十届“五小”竞赛活动中，1 人被授予北京市第十届“五小”竞赛科技标兵称号，2 项成果获二等奖，3 项成果获三等奖。2002 年 7 月，在全国青年创新创效活动典型推进会上，集团二公司袁玉森获首届“全国青年创新创效奖”。2003 年，集团公司团委获“全国青年创新创效活动先进单位”，工作经验在《中国青年报》、《科技日报》、《北京青年工作研究》、《人民铁道报》、《中铁工程报》上发表。刘重阳获“中国青年科技创新奖”和“陕西省青年科技创新奖”，1 个基层团委获总公司青年创新创效活动优秀组织奖，2 人被评为总公司青年创新创效先进个人。完成创新成果 78 项，其中 1 项获北京市青年创新创效成果二等奖。 2004 年至 2005 年，制定青年创新创效《实施方案》

和《管理办法》，共推荐 31 个创新成果参加北京市青年创新创效成果的评比，一公司二段光缆接续青年 QC 小组被北京团市委作为全市唯一的参评小组推荐参加全国优秀 QC 小组的评比。在总公司青年创新创效成果推介会暨中央企业青年创新创效活动观摩会上，丁浩俊代表集团发布《跨座式独轨作业车的设计与制作》成果，3 项成果被评为创新创效奖。2006 年至 2008 年，集团公司共推荐 78 项青年创新成果参加北京市第二届青年创新成果评比，其中，3 项成果获北京市青年创新创效成果一等奖，6 项成果获二等奖，8 项成果获三等奖，2 个基层单位获青年创新创效活动优秀组织奖。

五、文化活动

2000 年 7 月，局团委在全局范围内举办“迈向新世纪的企业共青团”征文活动，共收到论文 33 篇，评出一等奖 1 名，二等奖 2 名，三等奖 4 名，优秀奖 26 名。2001 年 4 月，组织选手参加中铁工程总公司“唱响三个主旋律”青年演讲比赛预赛，魏琳琳、谢伟强分获二、三等奖。2002 年“五四”期间，下发《关于广泛开展“举团旗跟党走”纪念建团 80 周年系列活动的通知》，各级团组织先后围绕建团 80 周年举办团建团史知识竞赛、机关青年话改革座谈会、纪念建团 80 周年座谈会和优秀青年事迹汇报会。2004 年，开展学习《国际商务礼仪》活动，制定《集团文明礼仪规范和推行实施方案》，联合机关党委成立文明礼仪演示队并进行礼仪知识培训，举办“学礼仪知识、做文明员工”礼仪演示活动。2005 年，集团公司团委承担京沪线文化建设任务，制定文化线建设规范，完成京沪线指挥部、上海指挥部企业标识、标牌、宣传口号的设计制作任务。各级团组织在施工一线建立“新世纪青年书屋”，配备“青年流动书箱”，设置“共青团书架”， 80%以上的青年驻地做到有书屋（书架或书箱），当年更新图书达 5000 余册。2007 年 9 月 6 日，选拔 50 余名团员青年参加在北京世纪坛举行的残奥会倒计时一周年活动。11 月开展优秀青年活动项目评比表彰，10 个项目被评为 2007 年集团公司“优秀青年活动项目”。2008 年 5 月 4 日，集团公司团委在北京动车段工地举行“同生电化、共创和谐”进城务工青年与企业同发展主题活动仪式，公司领导为进城务工青年送书 500 余套，党委副书记、副总经理张建喜为务工青年写下“关心进城务工青年学习成长、帮助进城务工青年实践成才”的题词。集团公司团委分阶段、按步骤地在西安地区启动“送书万里行”为主题的关爱进城务工青年活动。2008 年 6 月至 9 月，开展辉煌电化 50 年主题演讲比赛，分别在郑州三公司和北京动车段指挥部设立分赛区。9 月 13 日在集团公司机关举办总决赛，12 名选手参赛，维管公司叶莉获一等奖。6 月至 10 月，开展辉煌电化 50 年百题知识答卷，全集团干部职工、合同工、外协工 18200 人次参与答题活动，参与面达 90%以上，评选出特等奖 50 名、纪念奖 500 名。2008 年，在“5.12”汶川大地震中，全集团各级团委、青年突击队、团员青年、学生团员、少先队员“交纳特殊团费”及捐款捐款 21.6335 万元。 1999 年至 2008 年，各级团组织组织志愿服务队 600 人次参加“第六届全国少数民族运动会”、“抗击‘非典’疫情宣传”、“奥运圣火传递”、“北京残奥会”、“北京奥运会”等大型志愿活动。各志愿服务队广泛开展“为农民工免费体验”、“关爱敬老院”、“服务后方家属”等活动。集团公司团委志愿者服务队被评为第六届全国少数民族传统体育运动会优秀青年志愿者服务队，获北京残奥会、奥运会先进集体纪念奖牌和证书。

第六节　学校团队工作

一、组织设置

1999 年，局属学校团组织 2 个，即保定党职校团工委，衡水铁路电气化技工学校团委。保定党职校有团员 236 人，其中学生团员 230 人。衡水技校有团员 263 人，其中学生团员 257 人。2004 年 4 月，衡水铁路电气化技工学校更名为衡水铁路电气化学校。2007 年 11 月 1 日，保定电气化子弟学校正式移交到保定市第十七中学。 2008 年末，集团学校团组织有团委 1 个、团工委 1 个，即保定党职校团工委，衡水铁路电气化学校团委。保定党职校兼职团干部 1 人、团员 5 人。衡水学校专职团干部 2 名、团员 1065 名，其中学生团员 1045 名。

二、开展活动

1999 年“五四”、“六一”期间，学校团组织举办卡拉 OK 比赛，启动跨世纪读书活动。2000 年“六一”前夕，局团委购置部分图书赠送给保定子弟学校并举行“新世纪书屋”揭牌仪式。保定子弟学校学生李莉莎获 2000 年度全国读书活动三等奖、工程总公司一等奖。2002 年，衡水技校团委在五四期间举办纪念建团 80 周年文艺演出。2003 年，衡水技校团委抓住“五四”、“六一”、“十一”等重大节日，重点开展 18 岁成人仪式、健康少年儿童和残疾少年儿童手拉手活动、各民族少年志愿接待家庭活动和城乡少年手拉手助学活动及形式多样的实践和体验活动，引导少年儿童充分体验社会主义大家庭的温暖，增强民族凝聚力，强化素质教育。2004 年，学校团组织以“新世纪我能行”体验教育为主线，开展“星星火炬，代代相传”、十八岁成人仪式、“手拉手”法制宣传等活动，发挥团组织培养青少年成长成才的职能和作用。2005 至 2007 年，学校团组织坚持“自转为主、指导为辅”的工作方针，以素质教育为重点，针对青少年思想活跃，可塑性强的特点，开展“飞扬青春、立志成才”、“多读书、读好书”等丰富多彩的主题教育活动。2008 年，学校团组织举办以“飞扬青春、立志成才”为主题的就业指导座谈会，以奥运为主线开展以“迎奥运、绿化衡水湖”为主题的青年志愿者活动，组织学生到衡水聋哑学校进行爱心慰问，赠送书籍，为孩子们演出等服务活动。

第三章　学会、协会

第一节　企业管理协会

集团公司企业管理协会成立于 1988 年 12 月 1 日。“十五”期间，集团共取得国家级先进集体奖 4 项、9 人获国家级先进项目经理、4 人获国家级项目管理工作者；获省部级先进集体奖 4 项，6 人获省部级先进个人，13 人获省部级优秀项目经理；获总公司级优秀企业 5 个，优秀企业家 6 名，优秀项目经理 23 名。集团公司先后获“2001 年度全国质量效益型先进企业”、“2002 年度全国用户满意施工企业”、“2003 年北京市优秀企业管理奖”、“2004 年北京企联系统先进管理企业奖”、“中关村科技园区丰台园十佳企业”等。集团公司总经理刘志远先后被评为“铁路工程总公司优秀企业家”、“北京第二届优秀创业企业家”、“第三届北京质量管理优秀企业家”等，集团公司副总经理王青斌被评为“全国建筑业企业优秀项目经理”，集团公司副总经理卢勃被评为“首届全国建筑业企业优秀项目管理工作者”，集团公司副总经理韦国被评为“铁路工程总公司优秀企业家”。组织集团各级领导参加高级职业经理人、职业经理人资格培训认证工作，集团公司董事长、党委书记王其增，集团公司总经理刘志远取得高级职业经理人资格证书。

第二节　中国铁道学会电气化委员会

中国铁道学会铁道电气化委员会成立于 1978 年 10 月 17 日，是中国铁道学会领导下的专业委员会，中铁电气化局集团有限公司（原铁道部电化工程局）为挂靠单位，至 2008 年底历经五届。1995 年至 2000 年，第四届铁道电气化委员会下设接触网、供电、变电、机务、电力、运营管理、电磁兼容 7 个分委员会，分别挂靠在铁道部科学研究院、铁道部电气化工程局电气化设计院、西南交通大学、铁道部机务局、铁道部第三勘察设计院、郑州铁路局、铁道部电气化工程局通信信号设计院。

2000 年 11 月 10 日，选举产生第五届铁道电气化委员会，并对第四届委员会下设的 7 个分委员会进行调整，下设变电、供电、接触网、电磁兼容 4 个分委员会，分别挂靠在铁道部电气化工程局电气化勘测设计院、西南交通大学、铁道部科学研究院机车车辆所、铁道部电气化工程局通信信号勘测设计院。2003 年 3 月 26 日，召开铁道电气化委员会五届一次会议，总结 2001 年、2002 年工作，对今后工作提出设想。增设接触网零件和城轨交通供电 2 个分委员会，分别挂靠在中铁电气化局集团有限公司工厂处、上海地铁运营公司。将“中国铁道学会铁道电气化委员会”更名为“中国铁道学会电气化委员会”，并调整有关委员会委员。按照中国铁道学会章程规定，每 4 年换届一次。由于没能按期换届，于 2006

年 8 月和 2008 年 3 月，因秘书长年龄原因 2 次调整秘书长人选。第四届委员会（1999 年至 2000 年 11 月）主任委员由铁道部电气化工程局局长侯唯一担任。第五届委员会主任委员分别由侯唯一（2000 年 11 月至 2003 年 3 月）和中铁电气化局集团有限公司总经理刘志远（2003 年 3 月至 2008 年 12 月）担任。电气化委员会及下设的分委员会集中电气化各领域理论研究、科研、设计、施工、运营、产品研制和应用技术研究的大部分技术力量。电气化委员会坚持以“自主创新、重点跨越、支撑发展、引领未来”为指导方针，以发展需求和市场为导向，树立“为政府服务、为企业服务、为社会服务”的理念，开展学术交流活动和决策咨询服务，编辑出版《电气化铁道》和《电铁信息网讯》。

一、第四届委员会期间学术活动

第四届委员会（1994 年 12 月 22 日至 2000 年 11 月 10 日）在任期的后 2 年（1999 年 1 月至 2000 年 11 月），紧密围绕发展高速电气化铁路所涉及的关键技术和运输生产中急需解决的技术难题开展学术活动。针对“高速电气化铁路建设技术”、“电气化铁路提速区段弓网关系”、“牵引供电系统无功及综合补偿”等专题进行学术研究和交流。结合京沪高速电气化可行性研究、初步设计的开展，组织科研、设计、施工、教学、运营等部门的专家学者对电气化铁路接触网、供变电、电力机车等专业技术现状进行分析研究，对中国高速电气化铁路的发展趋势进行探讨。提出发展高速电气化铁路在供电技术和接触网技术方面应重点开展的技术研究工作和可采取的对策及措施，对电气化铁路区段提速和高速电气化铁路技术发展起到一定的指导作用。

1999 年 11 月 24 日至 28 日，在深圳召开“高速电气化铁路建设技术”研讨会，对高速电气化铁路应采用的供电方式、接触网悬挂类型、接触线应采用的材质及主要技术参数的确定、设计技术和施工技术、供变电综合自动化技术等进行研讨，提出在引进、消化、吸收国外先进建设经验的基础上，应尽快着手研究制定关于高速电气化铁路建设的相关标准，为快速发展高速电气化铁路奠定基础。2000 年 4 月 17 至 20 日，在太原召开“电气化铁路提速区段弓网关系”及“进一步提高供电系统可靠性”的学术会议，会议除对当前电气化铁路建设和运营取得的成果进行交流和对接触网、供变电等专业技术现状进行分析研究外，重点探讨提速区段弓网关系和进一步提高供电系统可靠性所涉及到的关键技术问题，并提出相应的解决办法和措施。1999 年和 2000 年，电气化委员会共组织学术活动 4 次，编辑出版论文集 3 期，发表学术论文 84 篇，共有 190 多人次参加学术活动。1999 年，铁道电气化委员会被中国铁道学会评为 1999 年度先进专业委员会。

二、第五届委员会期间学术活动

2000 年，铁道电气化委员会第四届委员会任期届满，11 月 10 日在北京铁道大厦召开中国铁道学会铁道电气化委员会换届会议，选举产生由 52 名委员组成的第五届委员会。

2001 年，针对自动过分相存在的问题和发展高速铁路需解决的自动过分相的关键技术，11 月 5 日至 9 日，在南昌召开“电气化铁路自动过分相技术学术研讨会”，对发展自动过分相技术和模式、适用方式、相分段的自动转换等问题进行研讨。提出在吸收国外先进技术和经验的基础上，结合国情加强研究和发展适合中国电气化铁路特点的自动过分相技术，满足铁路提速和高速铁路发展的需要。哈大电气化铁路是第一次在铁路全系统引进德国先进技术和设备、施工管理经验和运营维修管理模式的一条电气化铁路。为全面总结哈大电气化铁路建设的先进技术和经验，2003 年 9 月 23 日至 25 日，在鞍山召开“哈大电气化铁路引进设备及技术研讨会”，对采用德国贷款，全面引进德国先进技术、材料、设备、施工督导和运营维修管理摸式等进行广泛的交流。从设计、施工、运营管理等不同角度，对引进德国低阻抗全并联的牵引供电方式、Re200C 接触网系统等新技术进行深入探讨。为发展客运专线和高速铁路的需要，针对牵引变电所设计中存在的主要问题和设计中应采用的新技术，2004 年 10 月 15 日至 16 日，在南京召开“电气化铁路牵引变电所新技术研讨会”。对牵引变电所综合自动化的结构模式、动态无功补偿、牵引供电系统短路试验、整流机组取消平衡变压器提高牵引变电所的可靠性、高速铁路牵引变压器接线方式的选择等进行研讨，提出建议并取得共识，值得牵引供电设计者借鉴。建议铁道部有关部门组织编制相关设计标准，在工程建设中遵照执行。

2005 年，中国电气化铁路营业里程突破两万公里，这是铁路发展上的重要里程碑。为总结电气化铁路的建设成就，推动电气化铁路的科技进步，中国铁道学会电气化委员会和中铁电气化局集团有限公司于 12 月 27 日至 28 日，在北京举办“庆祝中国电气化铁路两万公里学术会议”。会议针对高速客运专线接触网悬挂方式和综合接地技术、车载弓网动态参数的检测、弓网受流标准的制定、高速铁路牵引变压器容量和接线形式的选择、牵引供电系统谐波负序测量与设计、电力机车自动过分相系统设计、无功动态补偿装置的研制与应用等急需解决的问题进行深入探讨。并围绕电气化铁路在运营中出现的新问题，如何进一步提高牵引供电系统的可靠性，推动电气化铁路建设的技术进步和科技创新，研究和探讨了解决的办法和措施。大会提出以全面推进电气化铁路的技术创新、提高牵引供电系统集成技术和装备国产化水平、加强高速铁路牵引供电系统的理论研究、进一步提高电气化铁路的运营可靠性、加强路内外合作、改善外部环境为主要内容的“总结经验，奋力拼搏，为建设世界一流的中国电气化铁路而奋斗”的学术会议倡议书。

2006 年 10 月 18 至 22 日，中国铁道学会电气化委员会、铁道第一勘察设计院等单位在西安联合举办“中国铁路客运专线供变电及接触网技术研讨会”。会议针对高速铁路条件下供变电和接触网技术的自主创新体系、牵引供电系统集成技术、牵引变电所可靠性研究、牵引变电所综合自动化系统、牵引供电系统运营维修管理模式、牵引变电所在线检测技术、接触网悬挂方式、线材与截面选择、接触网设计和施工技术、接触网电分相设计技术、高速铁路弓网关系、接触网检测技术与检测标准、高速铁路牵引供电系统设备制造技术等进行研讨。提出在推进原始创新、集成创新和引进消化吸收再创新，加快建设客运专线的进程中，尽快建立客运专线技术体系，制定相应的技术标准和检测标准，形成中国客运专线技术体系和标准体系，使电气化铁路早日跨入世界先进行列。

2008年10月30日，在中国电气化铁路诞生50年之际，中国铁道学会电气化委员会和中铁电气化局集团有限公司在北京联合举行隆重的庆祝活动。铁道部领导向大会发来贺信，中国铁道学会吕长清秘书长在大会上宣读贺词，中国中铁股份公司总裁李长进讲话。

2001至2008年，电气化委员会共组织召开国内学术活动11次，与会人数1303人次，其中国外学者9人。编辑出版论文集10期，发表论文总数427篇，会议交流论文195篇，评选优秀论文83篇。

三、期刊出版

按照中国铁道学会要求各专业委员会创办一种科技期刊的要求，2003年起，电气化委员会与中铁电气化局集团有限公司联合主办《电气化铁道》和《电铁信息网讯》2种科技期刊，并将《电气化铁道》由季刊改为双月刊。做到如期编辑出版，期刊质量不断提高，发表的论文反映电气化领域的科技成果、技术发展方向和动态，为学术交流和技术传播提供一种具有科学文献价值的交流平台。至2008年，共编辑出版《电气化铁道》39期，其中增刊3期，发行72600余册，共发表论文820余篇。编辑出版《电铁信息网讯》10期，发行2000余册，共发表论文400余篇。

第三节　财会学会

集团公司财会学会设会长1人、副会长2人、秘书长1人、干事1人、常务理事17人、理事41人，会长由集团公司总会计师兼任，副会长由集团公司副总会计师兼任，秘书长由副会长兼任，学会日常工作由学会干事具体组织实施。

法规研讨。财会学会组织部分财务人员参与研究制定《社会事业管理中心财务管理办法》、《社会事业管理中心会计核算办法》、《资金集中管理办法》、《财务预算管理办法》、《资本与财务管理暂行办法》、《住房资金、集资及管理办法》、《集团有限公司、分公司、事业部财务管理暂行办法》、《结算中心管理办法》、《中铁电气化局集团会计核算办法》等文件。2006年，组织相关人员对集团公司自改制以来颁布的各项内部管理文件及国家、总公司文件等进行系统收集整理，编印出版《中铁电气化局集团财务审计实用法规制度手册》，涵盖综合法规类、国有资产管理类、工程项目与资金管理类、财务管理类、会计核算类、审计监察类、税务管理类、社会保障类237项。参加中铁工程总公司《中铁工程总公司财务预算研究》和《中铁工程总公司财务预算管理办法》研究和编写工作，获得2004年度中国铁道财会软科学一等奖。

业务调查。财会学会积极组织财会人员参与集团公司企业的生产经营情况调研。2004年，组织编写“西铁工程公司重组资产调查报告”，形成“西铁工程公司股权设计方案”。2008年，组织财会人员参与西铁工程公司生产经营情况和集团资金集中管理调查，编写“西铁工程公司财务状况分析”和“创新资金管控模式，形成资金集中优势”调研报告。

人员培训。编制集团财务人员培训方案，组织集团会计人员培训。聘请国家会计学院教授及大型国企高管人员作以“金融风暴对财务管理的冲击”、“企业融资与财务管理”、“全面预算管理与 ERP”为题的讲座。组织高级财会人员参加国务院机关事务管理局在国家行政学院、国家会计学院举办的高级财会人员培训。组织相关财会人员参加工程总公司举办的资金管理系统、增值税转型及相关税务应用等培训。

学术交流。组织相关人员就资金管理、财务预算管理、税务筹划、企业公司制改制、企业会计准则等执行过程中遇到的问题进行研究。1999年至2008年，组织学术交流论文258篇，向国家级刊物推荐论文，有105篇分别在《财务与会计》、《铁道财会》、《国际商务财会》、《对外经贸财会》、《成本与理财》、《天津财会》上发表。

职称评审。组织会计人员参加国家统一会计、审计、注册会计师资格考试，获得国家中级会计、审计资格的会计人员占全部会计人员的53%，38人取得高级会计师职称，1人取得高级审计师职称，拥有注册会计师资格的人数逐年增加，新增财务人员全部取得“会计从业资格证书”。

荣誉。集团财会学会获得2002年至2004年度中国铁道财务会计学会先进集体。2008年，12人被评为总公司级先进会计工作者，75人被评为集团公司先进会计工作者，1人被评为中国铁道财务会计学会先进工作者。

第四节　党建思想政治工作研究会

一、组织情况

2008年底，集团公司党建思想政治工作研究会（简称政研会）设会长1人，副会长7人，秘书长1人，理事37人。政研会日常工作由秘书处负责，秘书处挂靠宣传部。2001年1月13日，举行第四届年会。会议修订《电化局职工思想政治工作研究会章程》，听取局党委书记、政研会会长高树堂所作题为《振奋精神，积极进取，不断开创政治工作新局面》的工作报告，选举产生第四届理事会及政研会领导和秘书长。选举侯唯一为名誉会长，高树堂为会长，王青斌、侯多智、刘志远、蒋玉林为副会长，罗政敏为秘书长。2002年3月21日，集团公司党建暨思想政治工作研究会第一次年会在北京召开，会议通过《中铁电气化局集团公司党建暨思想政治工作研究会章程》，选举产生侯唯一等36位理事，选举侯唯一为会长，刘志远、侯多智、白克强、蒋玉林、王青斌、崔耀华为副会长，罗政敏为秘书长。2004 年 4 月 6 日，集团公司党委对政研会理事会成员进行调整，王其增任会长，刘志远、侯多智、白克强、蒋玉林、王青斌、崔耀华、李同茂任副会长，罗政敏任秘书长。理事 37 名。2008 年，宣传部副部长张德英兼任集团公司党建政研会秘书长。

二、研讨活动及成果

1999 年至 2000 年，政研会围绕铁路建设大会战、体制改革、生产经营和职工队伍建设，以如何增强思想政治工作的针对性、实效性和如何深化企业文化建设、确立新时期企业经营理念、发展战略等为主要课题，开展调研活动。两年共撰写调研报告、论文、体会文章 245 篇，有 36 篇被省市级以上刊物采用，有 14 篇获奖。局党委书记高树堂撰写的《联系实际学理论，国有企业展雄风》、《加强思想政治工作，建设一流队伍》等 4 篇文章先后被《求实与创新》、《中外企业文化》登载，局长侯唯一撰写的《构建有特色的企业经营发展战略》、《抓住机遇，迎接挑战，促进企业长期稳定协调发展》等 3 篇论文被《铁路政工》和《中外企业文化》刊发。其中，《抓住机遇，迎接挑战，促进企业长期稳定协调发展》获铁道部政研会思想政治工作优秀研究成果奖。1999 年，在参加北京市政研会、企业文化建设协会（以下简称北京市“两会”）举办的“燕丰杯—我谈思想政治工作创新”征文活动中，全局共征得论文 37 篇。其中，2 篇论文分获二、三等奖，5 篇论文获优秀论文奖，局政研会被授予优秀组织奖。2000 年，有 3 篇论文被北京市“两会”授予优秀研究成果二、三等奖，2 篇论文获优秀研究成果提名奖。2000 年，在全国施工企业思想政治工作会议和北京市工业系统思想政治工作会议上，党委书记高树堂介绍《坚持创新，建立思想政治工作新机制》的经验，电化局被评为全国施工企业思想政治工作先进单位。

2001 年，政研会围绕探讨新形势下思想政治工作新规律、新方法和确立、培育先进的经营理念等课题，开展调研活动。撰写调研报告、论文、体会文章 89 篇，其中在中国思想政治工作研究会优秀论文评选活动中有 2 篇分获三等奖和优秀奖，在北京政研会优秀论文评选活动中 2 篇获三等奖、6 篇获优秀奖，在工程总公司党建研究会优秀论文评选活动中 1 篇获一等奖、6 篇获优秀奖，在中外企业文化杂志社举办的“电信杯”征文活动中 1 篇获三等奖，集团公司政研会获优秀组织奖。集团公司政研会被工程总公司党建研究会授予优秀政研会称号，宝鸡厂党委书记侯继昌被工程总公司党建研究会授予优秀政研会干部称号。

2002 年，政研会围绕企业机构改革、减员增效等 10 个调研课题开展调研活动。组织调研活动 38 次，召开研讨会 21 次，各级领导干部和政研干部撰写调研论文、调查报告和经验材料 210 篇。在《铁路思想政治工作研究》、《中外企业文化》、《求实与创新》、《学习与探索》等刊物刊登调研论文 39 篇、照片 25 幅。侯唯一、刘志远、白克强、蒋玉林分别获北京市研究会、企业文化协会“丹柯杯”优秀研究成果二等奖和优秀奖。集团公司政研会获北京市“两会”工作奖，宝鸡厂党委书记侯继昌获北京市“两会”优秀工作者称号，三公司获中国企业文化建设先进集体称号。

2003 年，政研会通过举办培训班、专题宣传辅导、撰写调研报告、撰写理论文章等形式，深入学习宣传贯彻十六大精神、胡锦涛“七一”重要讲话和“三个代表”重要思想。协同党委宣传、组织部门及工会、共青团组织编写理论学习辅导教材、宣讲提纲，组织报告员、宣传员深入基层、一线工地进行宣讲辅导 150 多场次，召开各类人员理论学习座谈会 41 次，向职工解答十六大报告阐述的一系列新思想、新观点、新论断，回答大家所关心的疑点、难点、热点问题，引导广大职工认清当前国家和企业面临的形势，坚定建设有中国特色社会主义信念和振兴发展企业的信心。围绕企业改革与管理、经营与施工任务，政研会共调研论文 182 篇，其中 52 篇理论研究成果被《中外企业文化》、《铁路思想政治工作研究》、《求实与创新》等省市级理论刊物推广。

2004 年，政研会深入学习贯彻党的十六大、十六届三中、四中全会精神，认真落实集团公司党委“围绕一个中心，实施六个做到”工作思路，紧紧围绕集团公司“五大目标、八项任务、十项重点工作”的部署开展工作。收集论文 93 篇，在《求实与创新》等刊物上发表论文 2 篇、照片 17 幅。在北京市“丹柯杯”优秀研究成果表彰中，集团公司有 11 篇论文获奖，一等奖 1 篇、二等奖 2 篇、三等奖 3 篇、优秀奖 5 篇，集团公司党委副书记侯多智被评为“北京市优秀思想政治工作者”。集团公司连续 6 次获北京市“双会”工作奖。电气化分公司文化建设成果，在铁道部政研会刊物上刊发 2 篇论文、16 幅照片和企业简介。参加北京市“零距离接触北京通信”的参观考察活动。

2005 年，为全面贯彻落实党的十六届三中、四中全会精神，树立和落实科学发展观，推动集团公司党建思想政治工作和企业文化建设方面的应用研究，围绕“坚持科学发展观创新思想政治工作”、“思想政治工作在建立和谐企业中的作用”、“推进企业文化建设打造‘中铁电化’品牌”、“坚持以人为本实现人才强企”、“探索项目党建和现场思想政治工作新思路”等 12 个重点研究课题展开研究，35 篇研究成果在《企业文明》、《铁路文化建设》、《求实与创新》、《中外企业文化》、《中国铁路工程报》等报刊杂志发表。在北京市“丹柯杯”评选中，8 篇论文获奖，其中局级干部二等奖 1 篇、三等奖 1 篇，处级干部二等奖 2 篇、三等奖 3 篇、优秀奖 1 篇。集团公司政研会获北京市“两会”“优秀政研会”称号。在北京市国资委开展的宣传思想工作“创新奖”评选活动中，西铁机械化工程公司开展的“百人牵手提升素质，服务工程展现作为”活动获二等奖。

2006 年，政研会围绕“创建学习型机关”、“创建学习型党委”等 13 个主题开展课题研究。针对部分单位施工任务不饱满的情况，对铁路“四电”施工的 6 个单位生产任务情况、息工情况、息工职工的收入情况、职工思想状况及单位采取的措施进行调查，形成《关于当前职工思想状况的调查报告》，为集团公司领导提供决策参考。全年共有 36 篇理论研究成果分别在《企业文明》、《铁路文化建设》、《求实与创新》等刊物上发表。2 篇研究成果分别获北京市“丹柯杯”二、三等奖。集团公司政研会获北京市思想政治工作研究会“政研工作奖”。组织部分在京单位政研干部参加北京市研究会举办的学习、交流活动，组织在京部分单位 13 人参加北京市政工干部继续教育培训班。组织集团在京 7 家施工单位参加北京市国资委举办的“与首都文明同行，与国企发展同行，来京建设者书法、摄影展”，获得一等奖 2 个、二等奖 4 个、三等奖 1 个、优秀奖 1 个。在北京国资委开展的宣传思想工作“创新奖”评选活动中，运营维管公司开展的“知荣明耻，树立新风，爱我运管共创辉煌”的主题教育系列活动获三等奖，电气化公司开展的“庆六一亲情活动展”获优秀奖。

2007 年，针对上半年部分单位出现职工怠工现象，深入开展职工思想状况调研研究。按照集团公司党委要求，政研会下发《关于开展生产经营和职工上岗情况及职工思想状况调研的通知》，各单位采取召开座谈会、个别征求意见、搜集有关资料等方式广泛开展调研。在集团公司大包线指挥部、各单位项目部作业队召开座谈会 12 次、140 余人参加。召开三公司机关不同专业 3 个座谈会、90 余人参加。通过调研，起草《关于当前各单位生产经营和职工上岗情况及职工思想状况的调查报告》。形成 186 项理论研究成果，对 45 篇优秀研究成果进行表彰，推荐 15 篇优秀论文报北京市“丹柯杯”思想政治工作成果评选。45 篇学习体会和理论研究文章在省部级刊物上发表。在北京市开展的宣传思想工作“创新奖”活动评选中，西安工程公司物资公司开展的“运用‘三三制’模式，实现思想政治工作落地生根”活动获三等奖，一公司网二段开展的“打造‘自控型’高效团队，推行‘闭环式’管理模式”主题实践活动获优秀奖，西安电化公司开展的“‘百家讲坛’开辟安全教育新天地”活动获优秀奖，集团公司获 2007 年度北京市国资委宣传思想工作“创新奖”优秀组织奖。

2008 年，政研会以“规范的法人治理结构条件下党组织参与重大问题决策的内容、方法和程序”、“企业核心价值体系的构建及其转化”、“如何进一步推进、深化‘三型党委’建设，促进党的建设实现新发展”、“产值过百亿元后，企业发展面临问题和挑战以及采取的对策”等 10 个课题为重点，开展党建思想政治研究。47 篇理论研究成果在省部级以上媒体发表。向北京市“丹柯怀”思想政治工作成果评选推荐论文 18 篇。在北京市国资委“企（事）业单位落实科学发展观主题教育学习成果”、“优秀党课（报告）”评比活动中，集团公司董事长、党委书记王其增宣讲的《充分发挥党组织政治核心作用，为集团公司站在新起点，迎接新考验，开创新局面提供坚强的政治组织保障》党课，获北京市国资委企（事）业单位领导优秀党课一等奖，集团公司总经理刘志远作的题为《从“蜀道添翼”到“京津追风”》的论文，获北京市国资委企（事）业单位领导人员撰写理论学习体会文章三等奖。集团思政会被评为北京市思想政治工作年度先进单位。在北京市国资委开展的宣传思想工作“创新奖”评选活动中，西铁工程公司报送的《快速反应，灵活机动，打胜宝成线 109 隧道抢险宣传思想攻坚战》获一等奖。

三、经验交流

集团公司政研会主办年刊《思想政治工作论文集》，以刊载思想政治工作和企业文化建设优秀论文、经验、调研报告为主，读者对象为集团各级政研会理事、管理干部。自1999年至2005年出刊7集，刊发文章196篇，2006年停刊。《探索与交流》杂志由集团公司政研会主办、集团公司党校协办，为季刊，是研究探索企业改革发展战略方针、企业管理方法、企业党建思想政治工作和企业文化建设实践与理论创新成果的专业性理论刊物。读者主要是集团公司各级领导干部、党群和行政管理干部、政研会理事等。2006年7月，《探索与交流》印发创刊号，集团公司党委书记王其增撰写发刊词，当年发行2期，至2008年底共发行9期，刊登论文、经验、调研报告189篇。

2005年底开始，集团公司连续4年参与北京市国资委主编的、反映北京国企改革发展阶段性成果的系列丛书《试解国企大主题》的撰稿工作。由孙校良、王志坚主笔撰写的文章《"五四战略"铸辉煌—中铁电气化局集团有限公司战略创新纪实》，被2006年4月出版的《试解国企大主题（二）》一书收录。由雒谦主笔撰写的文章《泰山黄河作证—中铁电气化局集团京沪铁路电气化改造工程纪实》，被2007年1月出版的《试解国企大主题（三）》一书收录。由雒谦主笔撰写的文章《建设"三型"党委，打造党建品牌—中国中铁电气化局党建创新工作纪实》，被2008年5月出版的《试解国企大主题（四）》一书收录。由王志坚、王健主笔撰写的文章《舍生忘死大抢险—中铁电气化局集团公司宝成线109隧道抢险纪实》，被《试解国企大主题（五）》一书收录。

第五节　老战士协会

老战士协会是在同级党委领导下，由经过长期革命斗争考验的老同志组成的荣誉性社会团体，1945年9月2日前参加革命的老同志均可入会。局老战士协会成立于1980年10月，隶属铁道部老战士协会，全称铁道部老战士协会中铁电气化局分会。1999年至2008年，有会员47人，其中，1937年7月6日前参加革命的6人，1937年7月7日至1945年9月2日参加革命的41人。

2002年8月，集团公司老战士协会四届四次理事扩大会议在北京召开。会议决定，经四届一次理事会议选举产生的名誉理事长侯唯一（聘任）、蒋玉林（聘任），理事长郑传仓，副理事长苏相如、石养澜、谢孝如、郭茂、郭维希、尹汉章、梅平、邓树康继续任职，聘任刘志远为名誉理事长，李源为秘书长。2005年8月，老战士协会四届七次理事扩大会议在北京召开。会议决定，聘任王其增为名誉理事长，马全均为副理事长，赵德林为副秘书长，集团西安地区成立老战士小组。2007年4月，老战士协会四届九次理事扩大会议在北京召开。会议决定，聘任王巨保为秘书长，崔保义为副秘书长。老战士协会坚持每年召开一次理事扩大会议，传达铁道部老战士协会文件精神和领导讲话，坚持每年对老战士进行一次普遍走访慰问。

1999年8月，组织16名老战士到南昆线开展调研活动，深入施工现场考察，听取指挥部关于施工生产情况汇报，撰写调研报告。2005 年 8 月，老战士协会与党委组织部、宣传部组织开展纪念抗日战争胜利 60 周年系列活动，召开“庆祝抗日战争胜利 60 周年座谈会”，为老战士颁发“抗日战争胜利 60 周年纪念章”。组织老战士到北京近郊健康休养，为老战士和老战士遗孀每人发放 800 元慰问金，合计 5.6 万元。2008 年，四川汶川发生特大地震灾害，全体老战士捐款 1.8 万元支援灾区。

第六节　职工技术协会

1999 年至 2000 年，局职工技术协会，坚持“三服务”的方针，实行有偿与无偿并举，推动技协工作的扎实开展。1999 年 10 月，局工会召开全局职工技协工作经验交流会，局属 6 个单位介绍技协工作经验。1999 年，局职工技术协会被北京市总工会、北京市职工技术协会、全国铁路技协分别命名为职工技协先进单位，蒋玉林被评为全国职工技协优秀工作者。2000 年 9 月，局工会在工厂处德阳制品厂召开职工技协现场经验交流会，观摩德阳厂职工技协创新发展成果。2000 年，局职工技术协会等 3 个单位被北京市总工会、北京市职工技术协会评为先进集体，有 9 人被北京市总工会、北京市职工技协评为先进个人，局职工技术协会和 1 名个人被全国铁路技协评为先进单位和先进个人。2000 年 3 月，蒋玉林当选为北京市第四届职工技术协会副会长。2001 年，集团公司工会进一步加强职工技协基础工作，组织开展职工技协工作调研，了解和掌握基层状况，制定《中铁电气化局集团公司职工技协目标管理考核办法》、《中铁电气化局集团公司职工技协有偿服务管理办法》等文件，技协工作得到进一步规范。8 月 4 日，集团公司工会举办职工技协干部培训班，系统学习技协管理和财务会计等知识，提高技协干部的管理水平和业务能力。2001 年，蒋玉林获得全国职工技协先进个人称号，集团公司职工技术协会等 4 个单位被北京市技协评为先进集体，有 10 人被北京市技协评为先进个人，由振忠获得北京市“十大能工巧匠”称号，集团公司工会表彰技协先进集体 7 个，先进个人 35 名。2003 年，各级职工技协认真贯彻北京市技协有关精神，紧密围绕集团公司经营生产任务和工会重点工作，在提高职工技术素质、推动企业技术进步、促进科技成果转化为现实生产力发挥积极作用。全集团开展工艺工法和新产品创新 114 项，创经济效益 480 万元。2003 年，集团公司工会批准成立“科技中心职工技协分会”和“轨道交通职工技协分会”，壮大职工技协队伍。指导宝鸡电气化检测中心成立职工技协组织、开展技协活动，创出一定的经济效益。2004 年 7 月，集团公司职工技术协会召开二届理事会三次会议，对二届理事会 4 年的工作进行总结，经过选举，成立第三届理事会，蒋玉林当选为会长。4 月，集团公司职工技术协会举办由 40 人参加的技协干部培训班。各级技协组织因地制宜地开展各项技协活动。西安电气化工程处、西安通号处相继恢复职工技协组织并开展工作。2006 年，组织各分会机构代码年检，法人资格年检。三公司熊华鲜被北京市技协评为北京市“十大能工巧匠”。2007 年，完成年度企业法人、技协法人年检和组织机构代码换证工作，获北京市技协工作先进单位。集团公司技协、西安电气化公司技协获得 2007 年度北京市职工技协先进集体，韩凤凯、梅中文、李秀琴、周海龙、蔡鹏斌获得 2007 年度北京市职工技协先进个人。2008 年，完成年度企业法人、技协法人年检和组织机构代码换证工作，获北京市技协工作先进单位。物资处，工厂处保定制品厂、德阳制品厂技协获得 2008 年度北京市职工技协先进集体，韩凤凯、梅中文、李秀琴、周海龙获得 2008 年度北京市职工技协先进个人。

第七节　火车头体育协会

中铁电气化局火车头体育协会领导机构，设主席、副主席、秘书长。1999 年至 2001 年 8 月，侯唯一任主席，高树堂、齐学勇、蒋玉林、贾惠平任副主席，葛树春任秘书长。2001 年 8 月至 2008 年，刘志远任主席，蒋玉林、齐学勇、王建军、胡学钧任副主席，葛树春任秘书长。

集团公司重视和支持职工体育工作，注重提高职工身体素质，2001 年，开展“助申奥、强素质”活动，举办全集团职工棋牌赛、太极拳（剑）培训和北京地区职工登山、钓鱼比赛以及职工体能测试，丰富和活跃职工文体生活。2001 年，集团公司获“全国职工体质测定优秀组织奖”，集团公司等 6 个单位和 6 名个人分别获得北京市职工体育先进单位和先进个人。2003 年，加强对“非典”期间职工健身活动的指导。三公司体协在“春辉小区”开展丰富多彩的职工健身活动，在抗击“非典”中起到积极作用。7 月，集团公司体协在保定党职校举行集团公司第十五届职工棋牌比赛，集团 10 个单位 70 余名运动员参加，三公司、工厂处取得较好成绩。8 月，集团公司组队代表工程总公司参加全国铁路第十届运动会摔跤比赛，以二银、三铜积 35 分获团体第五名。9 月，举办集团公司北京地区部分职工迎国庆登山、钓鱼比赛。11 月，在保定举办第二期社会体育指导员培训班，以提高集团公司专、兼职体育干部业务水平，培养、壮大社会体育骨干队伍。一公司获 2003 年度全国铁路职工体育先进集体称号，刘志远获职工体育工作先进个人称号。2004 年，举办全集团职工乒乓球赛，北京地区职工登山、钓鱼比赛，组队参加工程总公司职工桥牌赛和围棋赛，并获得围棋赛团体第二名。成立集团公司保定地区职工体育联合会。2005 年，举办集团公司职工棋牌赛，组织北京地区职工登山活动和钓鱼比赛。组织参加工程总公司职工桥牌比赛获第三名。在集团公司工会支持下新建集团公司职工健身中心。2006 年，集团公司火车头体育协会组队参加北京市第九届职工运动会和北京市丰台区科技园区首届运动会，并获丰台区科技园区首届运动会团体总分第八名。组织成立中铁工程总公司华北地区体育联合会，举办华北地区职工棋牌比赛，获围棋、双升团体第一名。举办第六届集团公司在京单位迎国庆钓鱼、登山比赛。举办集团公司“城铁杯”职工羽毛球比赛。承办中铁工程总公司华北地区“城铁杯”职工羽毛球比赛。2007 年 5 月，举办 2007 年集团职工乒乓球比赛。8 月，筹备成立集团陕西地区体育联合会。9 月，组织北京地区“迎奥运、庆国庆”第八届职工登山、钓鱼比赛。9 月中旬，集团公司火车头体育协会组队参加沈阳市“城建杯”职工乒乓球比赛，获得团体第二名、个人第一名。12 月 8 日，集团公司火车头体协组队参加中铁工程集团公司北京地区职工台球比赛，获团体第二名、个人第一名。葛树春获得 2007 年度全国铁路职工体育先进个人。在北京市体育协会举办的北京市“健康之星”的评选中，齐波获得北京市“健康之星”称号。 2008 年 3 月，组织北京地区女职工拔河比赛。参加中国中铁股份公司北京地区女职工健美操比赛，获第一名。4 月，举办 2008 年集团职工乒乓球比赛。6 月至 8 月，组织成立 50 人的“北京职工文明啦啦队”，参与迎奥运活动 8 次。组织“北京文明观众和后备观众”，观看比赛 8 场、观看人数 3000 人次。9 月，组织北京地区“迎国庆，庆建局 50 周年”第九届职工登山、钓鱼比赛。9 月，集团公司陕西地区体育联合全组织在陕地区 6 个单位、40 余名职工进行登山比赛。集团公司体育协会组队参加沈阳市“城建杯”第三届职工乒乓球比赛，获得团体第二名、个人第一名。11 月，集团公司火车头体协组队参加中铁工程总公司北京地区职工双升比赛，获团体第二名。集团公司获全路职工体育先进单位。

第八节 职工持股会

2001 年 6 月，集团公司依托工会社团法人名义建立职工持股会（其中集团公司 1 个，子公司 4 个），并作为公司的股东之一，成立中铁电气化局集团有限公司。集团公司各级工会进行政策法规咨询、学习和深入调查研究，拟定《中铁电气化局集团有限公司职工持股会章程》及《中铁电气化局集团有限公司职工持股会章程实施办法》。根据股权设计方案，拟定职工认购股出资方案并进行认购股和配股工作。截至 6 月 10 日，全公司 13564 人全部参加购股，认购金额达 4142.28 万元，超过计划认购数的 48.1%。6 月 22 日，召开中铁电气化局集团职工持股会第一次代表大会，选举蒋玉林等 17 人为中铁电气化局集团职工持股会第一届理事会理事，蒋玉林当选职工持股会理事会理事长，苏红岭当选职工持股会理事会副理事长兼秘书长。会议审议通过《中铁电气化局集团职工持股会章程》、《中铁电气化局集团职工持股会章程（实施办法）》。刘树利、何永耀、谢庆庆当选公司董事会股权董事、王应龙当选公司监事会股权监事。

2003 年，为 268 名职工办理退股手续，退股金额 94.0485 万元，完成退股回购工作，其中 90 名副处以上领导干部购股 59.013 万元，其他 42 名人员购股 35.0175 万元。完成按要素分配资金工作，对职工持股会会员管理的软件开发工作基本完成。12 月 24 日，集团公司职工持股会第一届理事会第三次会议召开，理事长、理事共 15 人参加会议，集团内 5 个单位的工会领导列席会议。理事长蒋玉林报告两年来集团公司职工持股会的工作情况，研讨下一步持股会工作，并就职工股回购、持股证管理、集团内调动会籍转移等问题做出相关决议。2004 年 9 月 23 日，召开集团公司职工持股会第一届理事会第四次会议。协商产生井泽民、牛光辉、唐宝印作为职工持股会进入集团公司新一届董事会的股权董事人选，王应龙作为职工持股会进入新一届集团公司监事会的股权监事人选。12 月，集团公司职工持股会办公室工作暂由集团公司工会财务科负责。2005 年，重新建立和恢复持股会财务电算化功能，建立账套和会计核算办法。5 月，印发《关于中铁电气化局集团有限公司职工持股 2005 年度职工退会退股和股权认购》的通知。由于集团公司内部机构进行调整，所属单位关系有所变化，为便于掌握各职工持股会持股情况，重新确认各职工持股会，核对会员变动情况，此次调整退股及回购股人员 1805 人，人员动态调整 1100 人次。集团公司职工持股会统一持股会申报表格，便利和规范职工持股会文件表格的整理、存档工作。2006 年，印发《关于中铁电气化局集团有限公司职工持股会 2006 年度职工退会退股和回购通知》，圆满完成职工退会、退股金和股金回购工作。以 2006 年 12 月 31 日为基准登记日，中铁电气化局集团职工持股会对 2001 年至 2005 年红利进行分配。2007 年 4 月，职工持股会配合中国中铁股份公司整体上市要求，按照规定的权限和程序，完成 1.38 万名职工所持有的集团公司职工股权全部收购工作。集团公司职工持股会随之结束。

第十三篇

人物、荣誉

- 英模传略
- 列表、列名人物
- 企业荣誉

第十三篇　人物、荣誉

第一章　英模传略

黄军科，男，汉族，1970 年 12 月 21 日出生，陕西省宝鸡市凤翔县人，小学文化程度，中铁电气化局西铁建设公司工人。先后参加过宝天线、襄渝线抢险施工。

1993 年，在宝天线风阁岭隧道施工中，他第一个进隧道抢修，与工友们连续 30 个小时的紧张作业，使险情排除，确保施工正常进行。2007 年，在宝天线 1260 大桥桥梁基础孔桩开挖施工项目中，因基坑位于既有线旁边，列车经过时震动很大，且土质多为砂石、松动易塌、地下水多、流沙多，面对 1.5×3 米的口径、深达 30 米的孔桩，危险不言而喻。他却带头开挖，向下挖深不到六、七米时地下水就涌出来，他站在水里全然不顾，没过几天，他的脚磨烂了、腿泡肿了，一直坚持干了两个月，愣是将孔桩基础挖了出来。在襄渝二线工地，他主要负责搅拌机操作，严格执行混凝土的配合比，常对人说：混凝土关系着工程质量，可不是开玩笑的，水泥、砂、石是多少就多少，绝对不能马虎。他对搅拌机更是爱惜如宝，开机前检修，关机后清洗，每天必做。有些人觉得他有点傻，他常常憨憨的笑笑，说道：“顺手的事，我不做别人也会做”。在隧道施工中，爆破用的炸药经常需要人工搬运，他主动承担起这项危险的任务。黄军科还是一个爱学习、爱钻研的人，只有小学文化程度的他，倍加珍惜每一个工作岗位，不放过任何一个学习的机会。从参加工程施工以来，他先后当过木工、钢筋工、模板工、混凝土搅拌机操作员等，在每个岗位都做的有模有样。

2008 年 5 月 12 日，四川汶川发生里氏 8.0 级大地震。地震造成宝成铁路 109 隧道上方山体崩塌，导致途径此处的 21043 次货车在隧道南处与山上滚落的巨石相撞，41 节车厢在隧道内脱线，其中 12 节满载 500 吨油料的罐车起火，使通往四川地区运送救灾物资的交通大动脉宝成铁路全面中断。中铁电气化局西铁建设公司按照集团公司的指示和部署，及时组建 380 人的抗震抢险队伍，星夜赶赴宝成线 109 隧道，迅速展开抗震抢险工作，黄军科主动要求参加抗震抢险工作，随同队伍立即赶赴现场。5 月 19 日，抢险队伍到达抢险现场后，他迅速的投入到抢险工作中，平整场地，搭建帐篷，搭架子、装沙子、转运沙袋，搬运抢险物资，一直忙到 20 日凌晨，在就地短暂休息后，又投入到转运沙石料、整理机械设备的作业中。20 日 8 点，隧道开始喷浆，本来被安排休息的黄军科又一次选择了参加战斗，默默的拼命工作，把自己满腔的热情全部投入到了抢险中。20 日 17 点，隧道南口开始挂网喷锚作业。 已经连续 20 多个小时没有休息的黄军科，顾不上擦去脸上的汗珠，忘却了随时都会有坠石的危险，奋力地给搅拌机上料。17 时 41 分，由于余震影响，山石由山上 40 米高处坠落，其中一块直径约 30 厘米见方的石头落到黄军科头部，所戴安全帽被砸出一个约 12 厘米的坑，头部顿时血流不止，立即被送往医院进行全力抢救，但仍然没能挽留住他的生命。2008 年 6 月 16 日，陕西省人民政府授予黄军科“革命烈士”称号。

第二章　列表、列名人物

第一节　省、市党员代表大会、人民代表大会代表、政协委员

一、中国共产党党员代表大会代表

中国共产党北京市第九次党员代表大会代表

姓　名	性别	出生年月	民族	籍　贯	政治面目	单　位	职务	备注
侯唯一	男	1944.5	汉	重　庆	中共党员	中铁电化局集团	董事长、党委书记	2002.4.5
刘志远	男	1954.6	汉	河北唐山	中共党员	中铁电化局集团	党委副书记、副董事长、总经理	2002.4.5

中国共产党北京市第十次党员代表大会代表

姓　名	性别	出生年月	民族	籍　贯	政治面目	单　位	职　务	备注
王其增	男	1954.1	汉	山东临清	中共党员	中铁电化局集团	党委书记、副董事长	2007.3.30
刘志远	男	1954.6	汉	河北唐山	中共党员	中铁电化局集团	党委副书记、副董事长、总经理	2007.3.30
杨　超	女	1958.10	汉	陕西西安	中共党员	中铁电化局集团西铁工程公司	铁路开发部副部长	2007.3.30

二、人民代表大会代表

北京市第十二届人民代表大会代表

姓　名	性别	出生年月	民族	籍　贯	政治面目	单　位	职　务	备注
刘志远	男	1954.6	汉	河北唐山	中共党员	中铁电化局集团	党委副书记、副董事长、总经理	2002.11.23

北京市第十三届人民代表大会代表

姓　名	性别	出生年月	民族	籍　贯	政治面目	单　位	职　务	备注
刘志远	男	1954.6	汉	河北唐山	中共党员	中铁电化局集团	党委副书记、副董事长、总经理	2007.11.22

三、政协委员

北京市第十届政协委员

姓　名	性别	出生年月	民族	籍　贯	政治面目	单　位	职　务	备注
侯唯一	男	1944.5	汉	重　庆	中共党员	中铁电化局集团	董事长、党委书记	2002.12

第二节　全国、铁道部、省、市劳动模范

一、全国、铁道部劳动模范

姓　名	工 作 单 位	职　务	授予称号时间及名称	备注
张增学	铁道部电气化工程局一处	工人	2000.4　全国劳动模范	
桑英权	中铁电气化局集团公司工厂处	工人	2005.4　全国劳动模范	
任双喜	中铁电气化局集团公司青藏线指挥部	指挥长	2006年 铁道部劳动模范	

二、北京市劳动模范

姓　名	工　作　单　位	职　务	授予称号时间	备　注
侯唯一	铁道部电气化工程局	局长	2000.4	
李爱敏	铁道部电气化工程局一处	副处长	2000.4	
张秦洛	铁道部电气化工程局二处	处长	2000.4	
张明忠	铁道部电气化工程局二处	工人	2000.4	
邹领权	铁道部电气化工程局建筑处	副处长	2000.4	
丁树奎	铁道部电气化工程局电化院	院长	2000.4	
桑英权	铁道部电气化工程局工厂处	工人	2000.4	
于　增	中铁电气化局集团公司	总工程师	2005.4	
梁　军	中铁电气化局集团西铁公司	工人	2005.4	
吴运和	中铁电气化局集团一公司	董事长、党委书记	2005.4	

三、省劳动模范

姓　名	工　作　单　位	职　务	授予称号时间	备　注
荀秉昌	中铁电气化局集团西铁工程公司	高级工程师	2002.4 陕西省劳模	
何　兵	中铁电气化局集团三公司	工程师	2006.4 青海省劳模	
王军民	中铁电气化局集团西铁工程公司	党委书记	2007.4 陕西省劳模	
马岁满	中铁电气化局集团西铁建设公司	总经理	2007.4 陕西省劳模	

第三节　全国“五一”劳动奖章获得者、全国先进女职工、首都劳动奖章获得者和火车头奖章获得者

一、全国“五一”劳动奖章获得者

姓名	工 作 单 位	职务	授予称号时间	备 注
夏 霈	铁道部电气化工程局二处	段长	1999.4	
沈九江	中铁电气化局集团公司	副总工程师	2007.4	
蒋玉林	中铁电气化局集团公司	工会主席	2008.4	

二、全国先进女职工

姓　名	工　作　单　位	职　务	授予称号时间	备注
崔耀华	中铁电气化局集团公司	总会计师	2003 年全国女职工先进工作者	

三、首都劳动奖章获得者

姓　名	工　作　单　位	职　务	授 予 称 号 时 间
李超奇	铁道部电气化工程局三处	工人	1999 年
李　民	中铁电气化局集团公司工厂处	工人	2001 年
孔令广	中铁电气化局集团三公司	副总工程师	2002 年
孟宪浩	中铁电气化局集团电信中心	总经理	2003 年
马岁满	中铁电气化局集团西铁工程公司	工程师	2004 年
许　军	中铁电气化局集团一公司	工人	2006 年
周志宇	中铁电气化局集团城铁公司	总经理	2006 年

姓　　名	工　作　单　位	职　　务	授予称号时间
鲁海祥	中铁电气化局集团公司	副总工程师	2006 年
宣振军	中铁电气化局集团西铁建设公司	总工程师	2006 年
刘培栋	中铁电气化局集团城铁公司	总经理	2007 年
刘文宣	中铁电气化局集团电气化公司	党委书记	2007 年
郑　凯	中铁电气化局集团公司公安处	公安干警	2007 年
王长安	中铁电气化局集团西铁建设公司	党委书记	2008 年
黄悦凡	中铁电气化局集团建筑工程公司	副总经理	2008 年
李新潮	中铁电气化局集团城铁公司	副总经理	2008 年
李增山	中铁电气化局集团城铁公司	副总经理	2008 年

四、火车头奖章获得者

姓　　名	工　作　单　位	职　　务	授予称号时间
张建军	铁道部电气化工程局二处	段长	1999 年
李爱敏	铁道部电气化工程局一处	段长	1999 年
井泽民	铁道部电气化工程局一处	党委书记	2000 年
姜春林	铁道部电气化工程局电化设计院	高级工程师	2000 年
张喜龙	中铁电气化局集团一公司	工人	2001 年
王天录	中铁电气化局集团三公司	总经理	2001 年
陈　华	中铁电气化局集团二公司	段长	2001 年
张拴芳	中铁电气化局集团三公司	常务副指挥长	2001 年
孔　强	中铁电气化局集团三公司	工人	2001 年
陈建明	中铁电气化局集团株六线指挥部	副指挥长	2001 年
张　伟	中铁电气化局集团二公司	工人	2001 年
杨　林	中铁电气化局集团公司武广指挥部	常务副指挥长	2001 年
韩　飞	中铁电气化局集团一公司	工人	2002 年
任双喜	中铁电气化局集团公司哈大指挥部	常务副指挥长	2002 年
刘保顺	中铁电气化局集团一公司	段长	2002 年
丁晋春	中铁电气化局集团一公司	副总经理	2002 年
容仕宽	中铁电气化局集团公司	副总工程师	2003 年
徐新平	中铁电气化局集团三公司	工人	2003 年

姓　名	工　作　单　位	职　务	授予称号时间
蒋玉林	中铁电气化局集团公司	工会主席	2004 年
王林祥	中铁电气化局集团一公司	副总经理	2004 年
范陆军	中铁电气化局集团公司	副总工程师	2004 年
程德勤	中铁电气化局集团二公司	项目经理	2004 年
鲍叔仁	中铁电气化局集团一公司	项目经理	2004 年
高世干	中铁电气化局集团三公司	副总工程师	2005 年
张文革	中铁电气化局集团西安电化公司	工人	2005 年
康保生	中铁电气化局集团电气化公司	工程师	2006 年
张少平	中铁电气化局集团公司	经营计划部部长	2006 年
孙　刚	中铁电气化局集团电气化公司	工人	2006 年
刘德海	中铁电气化局集团三公司	总经理	2007 年
葛志伟	中铁电气化局集团一公司	工人	2007 年
张宏春	中铁电气化局集团运营维管公司	项目经理	2008 年
何　军	中铁电气化局集团三公司	工人	2008 年
雷　新	中铁电气化局集团二公司	段长	2008 年
吴　楠	中铁电气化局集团二公司	总工程师	2008 年
张万全	中铁电气化局集团二公司	项目经理	2008 年
白胜利	中铁电气化局集团西安电化公司	总经理	2008 年
毛明华	中铁电气化局集团三公司	副总经理	2008 年
孙友明	中铁电气化局集团公司	项目经理	2008 年
苏保卫	中铁电气化局集团一公司	总工程师	2008 年
周文强	中铁电气化局集团一公司	工程师	2008 年
陆阳秋	中铁电气化局集团物资处	副处长	2008 年
王志坚	中铁电气化局集团公司	宣传部长	2008 年
何劲松	中铁电气化局集团系统集成部	副总经理	2008 年

第四节　科学技术成果获国家、铁道部奖励者

一、国家级科学技术奖

姓　名	工作单位	职　务	项　　　目	获奖日期及名称	备注
刘宝锟	电化设计院	院副总正高工	广深铁路 200km/h 电气化新技术	2000 年国家科技进步奖二等奖	
容仕宽	电化局	局副总高工	广深铁路 200km/h 电气化新技术	2000 年国家科技进步奖二等奖	
陆明强	电化设计院	高工	广深铁路 200km/h 电气化新技术	2000 年国家科技进步奖二等奖	
王　刚	广深铁路股份有限公司	高工	广深铁路 200km/h 电气化新技术	2000 年国家科技进步奖二等奖	
田乃强	电化局施工处	高工	广深铁路 200km/h 电气化新技术	2000 年国家科技进步奖二等奖	
赵印军	电化设计院	副院长高工	广深铁路 200km/h 电气化新技术	2000 年国家科技进步奖二等奖	
曹立白	电化设计院	高工	广深铁路 200km/h 电气化新技术	2000 年国家科技进步奖二等奖	
戴钦祯	电化设计院	高工	广深铁路 200km/h 电气化新技术	2000 年国家科技进步奖二等奖	
鲁海祥	电化局三处	处副总工程师	广深铁路 200km/h 电气化新技术	2000 年国家科技进步奖二等奖	
刘志远	中铁电气化局集团公司	总经理	青藏铁路工程	2008 年国家科技进步奖特等奖	
刘志远	中铁电气化局集团公司	总经理	大秦铁路重载运输成套技术与应用	2008 年国家科技进步奖一等奖	

二、铁道部科学技术奖

姓　名	工作单位	职　务	项　　　目	获奖日期及名称	备注
刘宝锟	电化设计院	院副总、正高工	大秦重载铁路修建及运营管理新技术	1999 年铁道部科学技术进步奖一等奖	
刘宝锟	电化设计院	院副总、正高工	广深铁路 200km/h 电气化新技术	1999 年铁道部科学技术进步奖一等奖	
容仕宽	电化局	局副总、高工	广深铁路 200km/h 电气化新技术	1999 年铁道部科学技术进步奖一等奖	
陆明强	电化设计院	高工	广深铁路 200km/h 电气化新技术	1999 年铁道部科学技术进步奖一等奖	
田乃强	电化局施工处	高工	广深铁路 200km/h 电气化新技术	1999 年铁道部科学技术进步奖一等奖	

姓　名	工作单位	职 务	项　　目	获奖日期及名称	备注
赵印军	电化设计院	副院长、高工	广深铁路 200km/h 电气化新技术	1999 年铁道部科学技术进步奖一等奖	
曹立白	电化设计院	高工	广深铁路 200km/h 电气化新技术	1999 年铁道部科学技术进步奖一等奖	
戴钦祯	电化设计院	高工	广深铁路 200km/h 电气化新技术	1999 年铁道部科学技术进步奖一等奖	
鲁海祥	电化局三处	处副总、高工	广深铁路 200km/h 电气化新技术	1999 年铁道部科学技术进步奖一等奖	
邢尊军	电化设计院	高工	广深铁路 200km/h 电气化新技术	1999 年铁道部科学技术进步奖一等奖	
吴　钧	电化局一处	工程师	广深铁路 200km/h 电气化新技术	1999 年铁道部科学技术进步奖一等奖	
刘峰涛	电化设计院	工程师	广深铁路 200km/h 电气化新技术	1999 年铁道部科学技术进步奖一等奖	
徐蕴芳	集团公司	副总工、高工	提高接触网可靠性施工技术的研究	2002 年度中国铁道学会科学技术奖二等奖	
单圣熊	集团公司	副总工、教授级高工	提高接触网可靠性施工技术的研究	2002 年度中国铁道学会科学技术奖二等奖	
徐　煜	集团二公司	总工、高工	提高接触网可靠性施工技术的研究	2002 年度中国铁道学会科学技术奖二等奖	
鲁海祥	集团公司生产质量部	高工	提高接触网可靠性施工技术的研究	2002 年度中国铁道学会科学技术奖二等奖	
张念印	集团一公司	副总工、高工	提高接触网可靠性施工技术的研究	2002 年度中国铁道学会科学技术奖二等奖	
张焕武	电化设计院	高工	提高接触网可靠性施工技术的研究	2002 年度中国铁道学会科学技术奖二等奖	
覃艳蕾	集团二公司	工程师	提高接触网可靠性施工技术的研究	2002 年度中国铁道学会科学技术奖二等奖	
郑纪刚	电化设计院	高工	提高接触网可靠性施工技术的研究	2002 年度中国铁道学会科学技术奖二等奖	
容仕宽	集团公司	副总工、高工	提高接触网可靠性施工技术的研究	2002 年度中国铁道学会科学技术奖二等奖	
聂如心	集团一公司	工程师	提高接触网可靠性施工技术的研究	2002 年度中国铁道学会科学技术奖二等奖	
陈应保	集团二公司	工程师	提高接触网可靠性施工技术的研究	2002 年度中国铁道学会科学技术奖二等奖	
蔡元红	集团二公司	工程师	提高接触网可靠性施工技术的研究	2002 年度中国铁道学会科学技术奖二等奖	
董长青	通号设计院	工程师	PNX 型铁路信号智能电源系统	2002 年度中国铁道学会科学技术奖二等奖	
赵祚义	通号设计院	高工	PNX 型铁路信号智能电源系统	2002 年度中国铁道学会科学技术奖二等奖	

姓　名	工作单位	职　务	项　　目	获奖日期及名称	备注
肖培龙	通号设计院	高工	PNX 型铁路信号智能电源系统	2002 年度中国铁道学会科学技术奖二等奖	
田小丽	通号设计院	高工	PNX 型铁路信号智能电源系统	2002 年度中国铁道学会科学技术奖二等奖	
裘　韧	通号设计院	高工	PNX 型铁路信号智能电源系统	2002 年度中国铁道学会科学技术奖二等奖	
马其祥	通号设计院	高工	PNX 型铁路信号智能电源系统	2002 年度中国铁道学会科学技术奖二等奖	
姜春林	电化设计院	高工	牵引变电所安全监控及综合自动化系统	2004 年度中国铁道学会科学技术奖二等奖	
姜春林	电化设计院	高工	DK3500 电气化铁道牵引供电综合自动化系统	2004 年度中国铁道学会科学技术奖三等奖	
于　增	集团公司	总工程师、教授级高工	DK3500 电气化铁道牵引供电综合自动化系统	2004 年度中国铁道学会科学技术奖三等奖	
李高翎	电化设计院	高工	DK3500 电气化铁道牵引供电综合自动化系统	2004 年度中国铁道学会科学技术奖三等奖	
王　伟	电化设计院	高工	DK3500 电气化铁道牵引供电综合自动化系统	2004 年度中国铁道学会科学技术奖三等奖	
刘志远	集团公司	总经理	大秦 2 亿吨组合列车系统集成创新	2007 年度中国铁道学会科学技术奖特等奖	
于　增	集团公司	总工程师、教授级高工	大秦线 2 亿吨扩能改造牵引供电系统工程技术	2007 年度中国铁道学会科学技术奖二等奖	
韩鲁斌	中铁电化院	副院长、高工	大秦线 2 亿吨扩能改造牵引供电系统工程技术	2007 年度中国铁道学会科学技术奖二等奖	
姜春林	中铁电化院	党委书记、高工	大秦线 2 亿吨扩能改造牵引供电系统工程技术	2007 年度中国铁道学会科学技术奖二等奖	
鲁海祥	集团公司	副总工程师、高工	大秦线 2 亿吨扩能改造牵引供电系统工程技术	2007 年度中国铁道学会科学技术奖二等奖	
吴铁民	中铁电化院	项目总工、工程师	大秦线 2 亿吨扩能改造牵引供电系统工程技术	2007 年度中国铁道学会科学技术奖二等奖	
邢甲第	集团工厂处	总工程师、高工	大秦线 2 亿吨扩能改造牵引供电系统工程技术	2007 年度中国铁道学会科学技术奖二等奖	
陈　敏	中铁电化院	工程师	大秦线 2 亿吨扩能改造牵引供电系统工程技术	2007 年度中国铁道学会科学技术奖二等奖	
刘保顺	集团维管公司	高工	大秦线 2 亿吨扩能改造牵引供电系统工程技术	2007 年度中国铁道学会科学技术奖二等奖	
沈九江	集团公司	副总经理、教授级高工	青藏线信号系统集成及联合调试	2008 年度中国铁道学会科学技术奖二等奖	
冯晓军	集团公司工管中心	高工	青藏线信号系统集成及联合调试	2008 年度中国铁道学会科学技术奖二等奖	
梁　辉	集团电气化公司	工程师	青藏线信号系统集成及联合调试	2008 年度中国铁道学会科学技术奖二等奖	

第五节　享受政府特殊津贴专家，北京市、铁道部、总公司科学技术人才奖

一、享受政府特殊津贴专家

序号	姓名	性别	所在单位及职务	获准年限	备注
1	容仕宽	男	集团公司副总工程师、高工	2000 年 10 月	
2	肖培龙	男	通号院副总工程师	2008 年 10 月	

二、铁道部科学技术人才奖

序号	姓名	单位	职务	奖　项	年份
1	容世宽	集团公司	副总工	詹天佑人才奖	2001
2	刘宝锟	电化设计院	正高工	詹天佑人才奖	2001
3	李金华	电化设计院	工程师	詹天佑铁道科技进步青年奖	2001
4	邢尊军	电化设计院	高工	茅以升科学技术奖铁道工程师奖	2004
5	姜春林	电化设计院	书记	茅以升科学技术奖铁道工程师奖	2005
6	王立天	电化设计院	总工	詹天佑铁道科技进步成就奖	2005
7	张云太	中铁电化院	高工	詹天佑铁道科技进步青年奖	2008
8	刘峰涛	中铁电化院	高工	茅以升科学技术奖铁道工程师奖	2008

三、北京市科学技术人才奖

序号	姓名	单位	职务	奖　项	年份	备注
1	容世宽	集团公司	副总工	北京市有突出贡献的科学技术专家	2001	
2	容世宽	集团公司	副总工	北京市工业百名优秀专业技术人才	2003	
3	董安平	集团一公司	高工	北京市工业百名优秀专业技术人才	2003	
4	刘峰涛	中铁电化院	高工	北京市优秀青年工程师	2008	
5	徐洪流	西铁公司	高工	北京市优秀青年工程师	2008	

四、铁道部青年科技拔尖人才

序号	姓名	性别	单位、职务	年　份	备注
1	王鹏翔	男	通号设计院、高工	1999 年 11 月	
2	李显欣	女	通号设计院、高工	1999 年 11 月	
3	姜春林	男	电化设计院、高工	2000 年	

五、总公司有突出贡献的中青年专家

序号	姓名	性别	单位、职务	年份
1	杨文彬	男	通号设计院、副院长	2000 年
2	容仕宽	男	集团公司、副总工程师	2001 年
3	路明强	男	电化设计院、副总工程师	2002 年
4	肖培龙	男	通号设计院、总工程师	2004 年
5	沈九江	男	集团公司、副总经理	2008 年

六、总公司青年科技拔尖人才

序号	姓名	性别	单位、职务	年份	备注
1	胡建侠	女	西安电化公司、高工	2005 年	
2	何劲松	男	电气化公司、高工	2005 年	
3	胡一洲	男	电化设计院、高工	2005 年	
4	苏鹏程	男	电化设计院、高工	2005 年	
5	刘峰涛	男	中铁电化院、高工	2007 年	
6	孙才勤	男	中铁电化院、高工	2007 年	
7	丁为民	男	中铁电化院、高工	2008 年	

第六节　获国家、北京市、铁道部表彰的先进人物

1999 年

全国职工技协优秀工作者　蒋玉林

铁道部优秀共产党员　王巩信

2001 年

全国“职工技协工作先进个人”　蒋玉林

全国“职工自学成才者”　由振忠

北京市“十大能工巧匠”　由振忠

2002 年

北京市质量管理优秀企业家　刘志远　吴运河

全国建筑业企业优秀项目经理　王青斌

全国铁路施工企业优秀项目经理　宋爱臣　张秦洛　吴继勋

2003 年

北京市第二届优秀创业企业家　刘志远

北京市质量管理优秀企业家　韦　国

北京市“优秀思想政治工作者”　侯多智

全国质量管理小组活动卓越领导者　刘志远

全国质量管理小组活动优秀推进者　西彦华

全国工程建设优秀项目经理　李爱敏

全国建筑业企业优秀项目管理者　丁晋春　程德勤　卢　勃　赵春军

全国重点工程建设优秀项目经理　刘　杰　杨金让　黄悦凡

全国铁路施工企业优秀项目经理　刘月森　杨静贵　乔忠民

2004 年

北京中关村科技园区丰台园“优秀企业家”　刘志远

全国工程建设优秀项目经理　周忠发

全国铁路施工企业优秀项目经理　王林祥　万金洲　高士千　宣振军

2005 年

北京市“安康杯”竞赛优秀组织者　蒋玉林

全国建筑业企业优秀项目经理　赵自力

全国工程建设优秀项目经理　吕礼堂

首届首都巾帼之星　崔耀华　王昭荣

2006 年

全国企业文化建设突出贡献人物　刘月森

全国企业文化建设优秀人物　张秦洛

全国企业文化建设工作创新奖　刘文宣

全国铁路施工企业优秀项目经理　张卫红　赵卫国　王秀利

北京市“十大能工巧匠”　熊华鲜

首都巾帼之星　崔耀华　王昭荣

中央企业知识型先进职工　张亚新

2007 年

北京丰台科技园优秀企业家　刘志远

北京质量管理优秀企业家　王宝善

全国建筑业企业优秀项目经理　宣振军

全国工程建设优秀项目经理　梁长吉　陈同忠　李永辉

首都创新之星　张　莉　高云霞　郭春霞

北京市巾帼建功标兵　张守红

北京市健康之星　齐　波

全国铁路职工体育先进个人　葛树春

2008 年

中央企业优秀党务工作者　王其增

中央企业抗震救灾先进个人　刘志远　严虎勤

中央企业抗震救灾优秀共产党员　张虎斌

全国企业文化建设突出贡献人物　王长安

全国企业文化建设优秀管理者　王建社

全国企业文化建设先进工作者　牛红进

改革开放 30 年企业文化优秀工作者　李永龙

全国知识型职工先进个人　何　军

全国优秀共青团干部　胡学钧

北京市奥运立功奖章　蒋玉林　李增山

北京市知识型职工先进个人　巨晓林　何　军　路福社　刘德义

北京市三八红旗奖章　王艳双

全路优秀职工之友　刘月森

全路优秀工会工作者　付红鸣

铁道部火车头职工体育工作先进个人　葛树春

第七节　获总公司表彰的先进人物

1999 年

工程总公司优秀共产党员　王巩信　乔忠民　王林祥

2001 年

工程总公司先进生产（工作）者　周志宇　张念印　陈　华　王天录　季增元

工程总公司优秀共产党员　刘宝锟　张建卫

工程总公司优秀党务工作者　张宏平　张建民

2002 年

工程总公司劳动模范　吴运河　李超奇

工程总公司优秀党务工作者　李江红

2004 年

工程总公司优秀企业家　刘志远　韦　国

工程总公司劳动模范　李炳成　周志宇　孙启友　任福增

工程总公司优秀项目经理　周志宇　张文利　鲍叔仁　周忠发　孔令广　马宏斌

工程总公司优秀共产党员　王宝善　毕　涛

工程总公司优秀党务工作者　杜　春　翟朋林

2005 年

工程总公司优秀企业家　孙友明

工程总公司优秀项目经理　何劲松　梁长吉　李永辉　汪占国　任拴院　王利君

工程总公司女职工建功立业“十杰”　王昭蓉

2006 年

工程总公司劳动模范　王其增　沈九江　马岁满　梁歧周　王昭蓉

工程总公司优秀企业家　王军民

工程总公司优秀项目经理　陈建明　罗　兵　徐爱军　李达钢　吴继文　李立君

工程总公司优秀共产党员　杨明明　安迎春　王志荣　范　坤

工程总公司优秀党务工作者　秦自让　王长安

2007 年

工程总公司先进女职工　杨秀静　杨　超　王艳双

工程总公司先进女职工工作者　赵玉兰

2008 年

中国中铁股份公司优秀企业家　邹领权　白胜利

中国中铁股份公司优秀项目经理　杨明明

中国中铁股份公司首届十大专家型技术工人　何　军

中国中铁股份公司首届十大新型农民工　刘喜生

中国中铁股份公司首届十大杰出女性　王艳双

中国中铁股份公司优秀共产党员　姜春林　任增堂　范增国　何　军　刘亚伟

中国中铁股份公司优秀党务工作者　王其增　张秦洛　王建社

第八节　高级职称人员

教授级高级工程师

于　增　朱飞雄　王立天　赵印军　孟宪浩　吕　波　田胜利　陕振岗　喻　军

陆明强　李继胜　肖培龙　李金华　王青斌　程德勤　沈九江　姜春林　丁为民

李显欣　谢　潇　孙成良　孟　力

高级工程师

侯日根　李雨生　汤小冬　王建源　郭　晴　杜建璋　汤天勤　田乃强　邢甲第
吴新花　王善瑞　由振忠　金柏泉　刘贺江　吴运和　张秦洛　程德勤　郭志光
赵春军　王　梅　张业勋　余木增　张春来　陈薇薇　褚　飞　王　勇　周清兵
齐大明　徐唯加　于红卫　周国栋　洪　璋　梁　平　冯晓军　倪国伟　韦　国
周文杰　陶立新　张　岩　覃艳蕾　李永龙　王振贤　潘付山　鲁海祥　李建华
杨　斌　余福鼎　韩鲁斌　王术合　王爱文　余东岩　苗晓波　刘峰涛　孙才勤
毛谷青　吴怀龙　隋良红　刘英华　康志敏　罗　兵　白新宇　刘保顺　冉伯扬
杨毅斌　金大成　袁志鹏　王海廷　张　驰　骆　锻　赫全胜　宋伟东　谢　潇
黄红志　张志峰　吴光友　张　燕　王立群　区桂华　李金华　龙赤宇　谢风华
王石玉　张华英　李惠香　吕佐贤　杨秀明　杨学君　张　华　佟天兵　董京燕
李　华　李立新　王会杰　张　峰　许建国　董安平　邓　松　袁玉森　张晓东
夏景辉　秦世忠　刘汉生　袁卫东　张运强　高　裴　黎新民　吕书民　安秀云
唐　凌　姜再彬　祝振宇　毛宝山　李玖红　畅战朝　陈建华　齐延生　李忠齐
赵戈红　王　会　尚晓玲　高永志　张炳华　丁为民　朱德敏　王　宏　宁晓来
耿兆武　李熙光　王志荣　解红东　巢时勇　邱　平　王秀波　李新萌　李宝录
韩兰贵　张永康　封海舰　王　宁　张佐辉　薛华平　张保民　朱家麟　齐　兵
夏文华　陈　武　肖文铃　解建增　王彦利　吴晓如　胡懿洲　洪　卫　李汉卿
王健稳　孟祥奎　向　平　曾广坤　焦瑛君　张　磊　赵　健　姜贵军　党　平
刘　红　杨玉庆　李增勤　周　琳　岁　明　孙延焕　于纪利　王　芃　马剑波
桑梓杰　彭大明　范巧莲　李　峰　梁拥军　韩　辉　张云太　杨卫海　赵　焱
温丽颖　范成泽　杨国锋　牟　璟　黄　敏　刘晓梅　曹　晴　刘　杰　郑文武
曹宇澄　徐志权　刘国福　金克宣　陈　桀　周星光　沈培华　周静恒　张春旺
刘亚伟　方　芳　赵允刚　李瑞国　王忠庆　张宏武　吴素芳　田潘厚　王红卫
辛应谊　库西田　徐　晓　何劲松　尚长顺　刘关平　蒋叶萍　邹　翎　高占奎
程彩红　王　波　成学磊　毕志峰　魏锦地　向　荣　吴　楠　邹　萍　游利平
潘俊武　汪海峰　樊国林　靳富群　郝营法　刘　实　夏文忠　赵金凤　高　军
吕士伟　朱鼎亚　蒋津晖　刘爱华　王彦峥　张宝柱　刘海军　刘　琪　刘同海
方瑞明　薛丹耘　崔　华　赵　婷　曹相和　路怀明　黄　炜　刘　洋　李达钢
傅誉斌　刘宏泰　李立君　王成莲　刘振山　王瑞华　武孟尝　范军祥　张永红
王速鸿　陈明科　杨宝华　吴站伟　李长明　茹行利　王玉东　崔　莹　何宏伟
吴国胜　沙巨生　常国安　殷军建　毕节先　吉红卫　卢　勃　孙彰林　田　雨
蒲豫园　吕东来　郭晓迎　张胜利　于小军　李润田　刘德生　王玉芝　刘海玲

袁于思　吴建宇　卿波勇　高世干　郭书通　董　玲　罗月兵　赵子建　吴　凯
宋晓峰　王文宇　朱虎元　王海峰　王永忠　王玉强　梁长吉　杨明明　李永辉
赵自力　张东超　李永康　张双婵　李彩英　刘兴学　陆　文　苏光辉　王春全
赵紫兴　朱晓军　李　坚　张晖宇　王　玉　姬翠玲　董长青　李建平　江　淋
王纪红　郭　伟　赵正路　杨建国　吴胜翔　许洪刚　李增利　张　江　黄争艳
张　兵　姚治军　杜咸斌　徐世凯　张　建　桂建明　孙乃兴　孙明新　刘勇杰
庞　渊　齐晓明　张文利　张正新　王小红　王　宁　李党军　谯泽龙　陈秀选
殷展庆　郭耀东　张宏伟　李长春　胡建侠　刘新乐　潘存荣　徐英强　佟　强
武　岩　蒋先进　甘建东　谢俊冲　赵慧君　彭森林　王　岚　苏鹏程　姜　明
刘宏泰

高级经济师

及跃平　刘志远　王其增　李爱敏　宋文华　王天录　王新民　刘国林　张汉湘
宋连持　戴清森　王福让　杨兆余　郭新立　任克成　唐一河　张万全　刘德海
陈淑娟　王万春　赵全林　杨法周　齐晓芝　宋爱辰　吴继勋　丁秀红　崔　颖
李树锋　赵万利　文亚栋　姜宏勋　徐　枫　张胜林　马永儒　韩凤凯　王中珍
曹延锋　王耀辉　王孟祥　李争科　张俊慧　刘彦卿　蒋　琪　干万银　毛明华
吴继文　夏俊青　高献明　孙延安　冯新平　张举财　豆保信　石国华　刘树勋
刘培栋　霍　红　王巨保　齐　波　王京虎　安邦泰　胡立禄　王永兴　杨建伟
刘俊杰　袁英杰　王　烨　张建华　倪鹤龄　陈晓华　张志荣　陈丽昆　王　晔
凌文中　安智勇　张洪峰　王云生　刘泉东　陈水英　郭宏斌　焦文军　蔡文海
郭瑞珍　刘　杰　李　唯　杜正海　王云平　李德忠　李泽慧

高级会计师

门天民　尚成维　初惠芳　周海祥　张彦斌　陈志亮　夏永强　吴立铬
胡玉华（内部有效）　罗凌峰　周还喜　王昭仕　杨奇明　郝文明　吴玉琴
权　伟（内部有效）　李长芝（内部有效）　王建廷　牛光辉　李小梅
张新华　柳德强　马治斌　尹晓华　周小斌　叶保洲　陈新定　刘媛芬　杨　臻
毛黎明　张同成　徐艳霞　韩志萍　徐勇烈　杨廷绩　何淑影　封新彦　张　迎
高国胜　彭　斌　罗四安　潘丽晓　苏晋峰　黄长春　党少武　梁　波　顾晓宇
戚　跃　曹家珠　张建瑞　张新红　占必桂　吕红斌　张应红　刘绍辉　邓玉华
聂永飞　冉泽峰　邓国伟　李建平　仝丽霞　王玉凤　耿玉兰　李逸云　祝铁耀
郝利坤

高级审计师

苑　昕　赵程远　孙金城　贾艳永

高级讲师

韩希海　康敬柳　杨君选　孟悦军　徐志远　陶　健　王秀棉　冯书刚　王春锋
赵福玉　刘海余　湛义群　范喜初　王亚岚　李广赫　李红梅　刘振凤　柳　和
刘占娟　赵进学　江晓良　白建民　任立芹

中学高级教师

李如典　付晓莉　李　莹　刘凤兰　安发荣　刘素贤　黄　强　赵钟炜　刘东明
刘章扣　李巧珍　刘秋景

副主任医师

崔玲君　刘冬青　韩克实　段利停　杨新武

副译审

李丽民

副研究馆员

牛秀英

高级政工师

侯多智　蒋玉林　陈周歧　马元林　张建喜　马建雄　沈瑞华　宋连友　孙校良
张克和　郭造成　唐文兴　魏建芳　干志坚　付洪建　但汉求　张艳红　曹　力
贾惠平　张荣华　郭　勇　樊合顺　李斌仓　景洪清　刘文宣　金岱荣　王建设
胡　山　刘同兴　李建军　李义刚　宁卫民　史宝权　胡建兵　张茂盛　黄巧燕
王功成　刘月森　杨宝善　张宏平　项金安　白静波　李　宁　袁耀群　吕明德
顾民权　付红鸣　朱安全　张皖利　王利军　卢树刚　刘雁翔　杨玉安　张世永
郭继明　王晓红　李福光　何圣立　吴全世　张秉森　赵　萌　郭秦果　秦白让
高序鑫　梅中文　黄惠琴　翟朋林　王　健　孙福昌　冯爱明　张永平　杨小伟
吴少彦　孙　广　庄秋萍　薛善铜　王桂云　王军民　杜　春　胡学钧　唐宝印
罗瑞军　李　伟

第三章　企业荣誉

一、　2001 年至 2008 年，集团公司连续获得全国质量效益型先进企业；

2004 年，因连续三年获得该奖而获全国质量效益型先进企业特别奖。

二、　2001 年至 2008 年，集团公司连续获得全国质量管理小组活动优秀企业；

2008 年 8 月，集团公司由于常年坚持开展 QC 小组活动，QC 小组普及率高、活动领域宽、成绩显著，被中国质量协会授予“全国质量管理小组活动优秀企业特别奖”。

三、　2001 年至 2008 年，集团公司连续获得全国“安康杯”竞赛先进企业。

四、　2001 年，集团公司获全国“职工体质测定” 优秀组织奖。

五、　2003 年，集团公司获全国用户满意企业。

六、　2003 年至 2008 年，集团公司连续获得全国企业文化建设优秀单位奖；

2005 年，集团公司获中国企业文化十大最具影响力企业；

2006 年，集团公司获《中国优秀企业形象单位》；

2008 年，集团公司获《改革开放 30 年全国企业文化优秀单位》。

七、　2004 年，中铁电气化局集团有限公司“中铁电化”品牌，获《中国行业龙头品牌 》；

2008 年 6 月，中铁电气化局集团有限公司“中国中铁电化”品牌，获世界品牌实验室颁发的《中国 500 最具价值品牌》证书和奖杯，“中国中铁电化”在本次排行榜中位列第 301 位，品牌价值人民币 25.12 亿元。

八、　2007 年，集团公司获创鲁班奖工程特别荣誉企业。

九、　2007 年，集团公司团委获全国五四红旗团委创建单位。

十、　2008 年，集团公司获全国“五一”劳动奖状。

十一、2008 年，集团公司被中华全国总工会授予“工人先锋号”。

十二、2008 年，集团公司工会获全国“模范职工之家”。

附　　录

- 重要文件辑存
- 修志要事记载
- 《集团志》编写及提供资料人员名单

附　录

一、重要文件辑存

（一）关于铁道部电气化工程局建立现代企业制度的批复

铁道部电气化工程局：

你局《关于呈报铁道部电气化工程局建立现代企业制度总体实施方案的报告》(电铁企[2001]224 号)收悉。经研究，批复如下：

一、同意中国铁路工程总公司作为中铁电气化局集团有限公司国有法人资产投资主体，以铁道部电气化工程局依法经资产评估确认后的经营性净资产 35943 万元及百含节余转作国有法人资本金 7678 万元共 43621 万元，和依托中国铁路工会电气化工程局委员会并以其社团法人名义行使股东权利，履行股东义务、承担民事责任的中铁电气化局集团职工持股会出资 8285 万元，共同组建中铁电气化局集团有限公司。国有法人股占总股本 84．04%，居控股地位。

二、原则同意中铁电气化局集团章程、中铁电气化局集团有限公司章程。同意以中铁电气化局集团有限公司为母公司组建中铁电气化局集团。

三、中铁电气化局集团有限公司董事长、监事会主席、总经理人选由国有法人资产投资主体推荐，按法定程序产生。法人治理结构的组成应符合《公司法》、国家的有关规定和《公司章程》的要求。

四、中铁电气化局集团有限公司和中铁电气化局集团经国家有关部门登记注册正式成立后，应认真贯彻《国有大中型企业建立现代企业制度和加强管理的基本规范(试行)》(国办发[2000]64 号)，按照“三改一加强”的要求，继续深化改革，抓紧构筑母子公司体制，大力完善法人治理结构，加大企业组织结构调整力度，创新体制，转换机制，不断增强活力，加快企业发展。

请根据本批复到工商行政管理机关依法办理注册登记。

中国铁路工程总公司

2001 年 6 月 18 日

（二）关于中铁电气化局集团有限公司西安铁路工程（集团）有限责任公司进行资产重组的决定

中铁电气化局集团有限公司、西安铁路工程（集团）有限责任公司：

根据国资委、铁道部《关于将铁道部部属勘测设计院等企业分别划入中国铁路工程总公司、中国铁道建筑总公司有关问题的通知》（国资改革[2003]89 号）和《关于将铁道部第二、第三勘测设计院等 22 户企业划转中国铁路工程总公司有关问题的批复》（国资改革函[2003]373 号）的精神，为推进中铁电气化局集团有限公司进行资源整合，拓宽其经营领域，增强其综合实力和市场竞争力，经总公司研究，决定对中铁电气化局集团有限公司、西安铁路工程（集团）有限责任公司进行资产重组，西安铁路工程（集团）有限责任公司整体并入电气化集团公司，把中铁电气化局集团有限公司由专业化工程公司改组成为综合特大型工程建设集团。希你们加强领导，建立工作机构，在调查研究、充分协商的基础上，精心编制重组方案，提出具体的重组工作计划，加快推进重组进程，确保重组工作顺利完成。

二○○三年十一月二十日

中国铁路工程总公司以中铁程改[2003]388 号文发布

（三）中铁电气化局集团有限公司机关机构改革方案

经集团公司党委常委扩大会议研究并由有限公司董事会审议批准，现将中铁电气化局集团有限公司机关机构改革方案公布如下。

一、机构改革的主要目标

根据调整产业结构、优化资源配置，适应市场竞争、发展多元经营的要求和公司转机建制的总体安排，本着改革、改组、改造和加强管理相结合，在坚持制度创新、管理创新、技术创新以及精简、效能、统一的原则下，对中铁电气化局集团有限公司机关的组织结构、机构进行改革、改组和重组；对机关本部职能部门及岗位的职责进行调整和明确；对机关本部的规模、定员编制进行压缩控制；在机构改革的基础上进行人事制度改革，实行全解重聘、逐级聘任、竞聘上岗；配合机构改革、人事制度改革实施，进行以突出岗位责任、岗位贡献的岗位工资制为主要内容的工资制度改革。

通过以上改革主要目标的实施，使有限公司机关本部成为中铁电气化集团的决策中心、指挥中心；成为适应现代企业制度、适应市场的经营实体；成为可以带领电气化集团全体员工奋力拼搏把企业做强、做大的领导核心；在企业发展的基础上，使员工的工资收入增长，生活明显改善。

二、机构改革的原则

机关机构改革实施应本着“精简、效能、统一”的原则，突出决策层功能、强化分公司、事业部管理、淡化分离后勤服务职能，根据改制的需要，调整机构设置，合并职能相近部门，实行机构重组和人员重组。机关的机构改革应有利于现代企业制度的建立；有利于市场竞争；有利于领导决策；有利于企业资质的认定、有利于实体的形成、有利于职责划分；有利于机关精简和提高效率；有利于电气化铁路及相关专业工程建设任务的完成。

三、公司机关党群机构改革方案：（详见附表）

（一）集团公司党委机构设置和定员编制

集团公司党委定员 24 人。设书记 1 人，专职副书记 1 人，下设办公室、组织部、宣传部、干部部（人事部）、思想政治工作研究会。

1．党委办公室。党委办公室定员 7 人。设主任 1 人，副主任 1 人。下设秘书科、综合科。在机构编制上，原机要室、调研科、保密办合并为综合科。

2．党委组织部。党委组织部定员 7 人。设部长 1 人；副部长兼公司党委组织员 1 人。下设组织科、支部党员管理科。机构编制上将原支部工作科与党员管理教育科合并为支部党员管理科，公司党委组织员由副部长兼任，不再单设。

3．党委宣传部。党委宣传部定员 7 人。设部长 1 人；副部长 1 人。下设宣传科、理论科。

4．党建思想政治工作研究会。党建思想政治工作研究会挂靠宣传部。设秘书长 1 人。

5．党委干部部（人事部）。党委干部部（人事部）一套工作机构，两块牌子，机构定员由行政列编。

（二）集团公司纪委机构设置和定员编制

集团公司纪委与行政的监察部合署办公。定员 11 人，其中纪委列编 7 人，行政列编 4 人。设纪委书记（党委副书记兼）1 人；副书记、监察部长 1 人。下设检查监察室、审理宣传教育室、办公室。室主任 3 人 、室副主任 3 人（1 人兼任监察科长）。

（三）集团公司工会机构设置和定员编制

集团公司工会定员 18 人。其中工会列编 16 人；行政列编 2 人。设主席 1 人，副主席 1 人。下设组织民管部、生产宣教部、生活保障女工部、办公室、职工技术协会办公室、财务科。机构由原 4 部 1 室 1 科改为 3 部 2 室 1 科。其中，原生产保护部和宣教部合并为生产宣教部；组织部改为组织民管部；生活保险女工部改为生活保障女工部。各部设部长、副部长各 1 人；办公室设主任、副主任各 1 人；科长 1 人；职工技协办公室主任、体协秘书长 1 人；职工持股会办公室主任 1 人。

（四）集团公司团委机构设置和定员编制

集团公司团委定员 5 人。设书记 1 人，副书记 1 人。下设组宣部、办公室。原组织部和宣传部合并为组宣部并兼管机关团委的工作。设部长 1 人；办公室主任 1 人。

（五）集团公司机关党、纪、工机构和定员编制

集团公司机关设党委、纪委、工会组织。团的工作由集团公司团委兼管，不再设置机构。定员 5 人。设党委书记 1 人；工会主席、纪委书记 1 人；办公室主任 1 人。

四、公司机关行政机构改革方案：

（一）行政机构改革方案（附表 3）

1．公司机关本部的机构模式：公司机关本部的行政机构模式确定为：职能管理部门、社会事业管理中心、分公司事业部、公司直属单位。具体方案如下（详见附图）：

（1）职能部门设置为八部二室，包括：办公室、技术发展部、经营计划部、生产质量管理部、安全监察室、企业策划部、财务部、人事部、审计部、监察部。

（2）组建社会事业管理中心，包括：办公室、财务部、生活卫生管理部、房地产管理部、社会保险部、离退休管理部、商务中心，归口管理衡水技校、保定职校、秦皇岛培训中心、苏州培训中心。

（3）组建分公司、事业部，包括：科技开发中心对外称技术中心（含经济技术发展总公司）、城轨事业部（上海城轨公司）、电气化分公司、海外工程部、物资公司、文化公司。

（4）将公安处列为公司直属单位。

2．原机构的职能和职责调整：

（1）将原办公室的汽车队的班车部分划入社会事业管理中心；将史志办的职能划入办公室与档案科合并为档案馆，在办公室设置值班室。

（2）将原技术处的职能分别划入有关部门，其中，将计算中心的职能划入科技开发中心；将定额站划入经营计划部；将技术标准管理职能划入新组建的生产质量管理部；将学会的管理职能划入新组建的技术发展部。

（3）组建技术发展部，为公司领导的技术决策提供服务；将原科研所的科研项目立项、科研成果的审查、鉴定的组织职能划入。

（4）将原安质处的质量管理职能、原企管处的 ISO 质量认证和全面质量管理职能、原机械处的机械管理职能划入生产质量管理部。

（5）将原安质处的安全监察职能划入新组建的安全监察室，安全监察室全面负责集团公司的安全监察管理职能和环保监察管理职能。

（6）将原监察处的法律顾问职能划入企业策划部。

（7）将原人事处、劳资处、职教处合并为人事部：将原劳资处的养老保险、失业保险、工伤保险管理职能划入社会事业管理中心与原行管处的医疗保险职能合并组建社会保险部。

（8）以原科研所为基础组建科技开发中心

（9）组建文化公司。

（10）将公安处作为公司直属单位。

（11）将原行管处的全部、原劳资处的养老保险、失业保险、工伤保险等管理职能、原办公室的汽车队班车部分与原离退处、基建办等，一并划入新组建的社会事业管理中心。

（12）将原属机械处管理的配件站划归物资公司管理。

3．调整后各部室的主要职责：

（1）办公室：负责文秘、文书、史志年鉴及档案管理、公共关系、内外接待、政务信息、企业印章管理、职能部门协调、为公司领导决策服务、管理经营业务招待费、会议经费、值班、信访、用车服务等。

（2）技术发展部：为公司领导的在技术创新、技术进步、技术发展、技术开发和提高企业核心技术竞争力等方面提供技术决策服务；负责集团公司的科研项目的立项、科研成果审查鉴定的组织；归口管理技术专家；负责学会的管理。

（3）经营计划部：负责市场开发、经营管理、工程及招标信息收集发布、工程承揽、组织招投标、计划、统计、合同、验工、预算定额管理。

（4）生产质量管理部：负责集团公司的施工、生产管理、编制项目实施规划、 施工技术及技术标准管理、组织编制评审工艺工法、通过调度系统全面掌握施工生产进度、向部报送路用车计划、负责集团公司机械装备的管理、组织推广新的机具设备、战备管理；作为公司质量体系的主管部门，负责集团公司施工生产、工业生产的质量监督管理；组织工程质量检查和优质工程评审；负责全面质量管理、ISO 认证管理。

（5）安全监察室：全面负责集团公司的安全监察管理职能；负责劳动保护、压力容器以及环境保护的监察管理职能。

（6）企业策划部：全面负责集团公司的企业改革工作；负责企业发展战略、结构调整、资产重组方案、企业中长期发展规划的制定；与企业有关的政策法规、企业资质、营业执照的管理；企业的法律顾问；推行现代化管理方法；负责集团公司董事会秘书处及协会的日常工作。

（7）财务部：全面负责中铁电化局集团母公司、子公司、分公司、事业部、社会事业中心的财务管理和会计核算。负责实施会计核算、监督、检查；指导所属单位的财务工作；参与制订和执行公司中长期发展战略；研究制定资本运作方案；参与国内、外工程投标、报价、合同洽谈及签订；研究制定公司财务管理、会计核算管理、资产经营考核、经费管理等办法；合并（汇总）集团所属单位财务报表；负责公司税务管理、资本监管、资金结算、投资管理、债权债务清理、公司机关本部支出预算编制、财产清查及管理、财务监察等工作；配合进行各项审计工作。

（8）人事部：负责用工、人事、分配制度改革方案的制订；领导干部推荐、考核、聘任、管理；大中专毕业生录用；员工的考核、培训、调配、奖惩、统计；机关员工的管理；工资管理（含年度工资计划制订、工效挂钩办法制订、年度工资水平分析）；津补贴政策制订；奖金管理；劳动定额管理（行业及公司定额标准编制）；工人管理；职业技能鉴定；劳动合同的管理。

（9）审计部：负责财经政策、财政法规执行情况审计监督；对财务计划、成本费用、投资计划、经济合同、固定资产保值增值、资产使用情况、竣工结算、年度决算、第一管理者离任等进行审计。

（10）监察部：负责监督检查、调查处理监察对象违法乱纪行为；受理对监察对象的检举、控告及监察对象的申诉。

（二）定员编制方案：

根据公司党委常委扩大会议关于定员精简的要求（在 2002 年元月 1 日现员基础上精减 20%），对改革后新机构的定员原则上按照同口径、同比例进行精减计算，行政系统总定员 366 人，其中：职能管理部门 174 人，社会事业管理中心 84 人，分公司事业部 62 人（不含内部独立核算的电气化分公司和城轨事业部），公司直属单位公安处 31 人（详见附表 4）。

五、公司机关机构改革方案的实施

根据本方案确定的机构和定员总编制，结合企业改制的要求，由各部门请示分管公司领导后提出本部门“三定”具体建议方案，其中，包括本部门转移、下放、弱化和取消的具体职能和职责，本部门职责范围修改意见、内部科室机构、定员编制、职责范围、岗位职责、岗位描述、岗位职务标准和技能标准等建议意见，并按附表 5、6、7、8 的格式，分别报原人事处、企管处、劳资处、组织部汇总平衡和调整，由公司党委常委扩大会议研究确定后公布实施，并作为岗位竞聘的依据。其中，部门内部科室设置的原则是：根据工作需要，应尽量综合设置，对职责交叉、性质相近、工作量相对较小的科室应进行归并。

六、中铁电气化局集团有限公司机关机构改革方案自发布之日起执行，本机构改革方案的机构设置和定员编制实行动态管理，根据市场的变化、公司机关职能的调整以及实际工作的需要，机关的机构和定员将进行适时调整。

党群定员编制方案

序号	部门	定员	领导职数
	合计	57（6）	
	公司党群领导	4	
	公司党群系统小计	53（6）	
一	公司党委	22	7
1	党委办公室	7	2
2	党委组织部	7	2

序 号	部 门	定 员	领导职数
3	党委宣传部	7	2
4	党建思想政治工作研究会	1	1
5	党委干部部（人事部）		
二	公司纪委（监察部）	6（4）	4
1	副书记兼监察部长	（1）	1
2	检查监察室	2（1）	1
3	审理宣传教育室	2（1）	1
4	办公室	2（1）	1
三	公司工会	15（2）	6
1	副主席	1	1
2	组织民管部	3	1
3	生产宣教部	3	1
4	生活保障女工部	3	1
5	办公室	3	1
6	财务科	2	
7	职工技协办公室主任、体协秘书长	（1）	1
8	职工持股会办公室	（1）	
四	公司团委	5	2
1	书 记	1	1
2	副书记	1	1
3	办公室	1	
4	组宣部（兼管机关团委工作）	2	
五	公司机关党、纪、工	5	2
1	党委书记	1	1
2	工会主席、纪委书记	1	1
3	办公室	3	

注：以上括号内为行政定员。

公司机关行政定员编制方案

序 号	部 门	定 员	领导职数
	合计	366	
	公司领导	8	
	副总	7	
	行政系统小计	351	

序　号	部　　门	定　　员	领导职数
一	职能部门小计	174	28
1	办公室	36	3
2	技术发展部	2+X	1
3	经营计划部	29	5
4	生产质量管理部	35	4
5	安全监察室	5	2
6	企业策划部	8	2
7	财务部	27	4
8	人事部	20	4
9	审计部	8	2
10	监察部	4	1
二	社会事业中心	84	9
1	办公室		1
2	财务部		1
3	生活卫生管理部		1
4	社会保险部		1
5	离退休职工管理部		1
6	房地产管理部		1
7	商务中心		
三	分公司、事业部	62	9
1	科技开发中心	28	3
2	海外工程部	24	4
3	文化公司	10	2
5	电气化分公司		
6	城轨事业部		
7	物资公司		
四	直属单位	31	4
1	公安处	31	4

（2002 年 6 月 4 日以电办[2002]97 号文件发布）

二、修志要事记载

1．2009 年 2 月 6 日，刘志远总经理在中铁电气化局集团有限公司第三届二次职代会上所做行政工作报告中，部署 2009 年工作时，要求着手编写集团公司第二部志书。

2．2009 年 2 月 17 日，司办主任李争科在办公室落实集团公司党委二届五次全委会及三届二次职代会精神全体会议上，布置续志工作。

3．2009 年 3 月 2 日，赴西安中铁一局，就如何开展续志工作，学习取经。

4．2009 年 3 月 12 日，集团公司总经理刘志远批示，同意“关于编写集团公司第二部志书的请示”，启动续志工作。

5．2009 年 5 月 5 日，召开集团公司党政各部门负责人会议，对已拟定的《中铁电气化局集团志（1999～2008）》篇目设置（初稿）进行研讨，提出修改意见。

6．2009 年 5 月 19 日，集团公司党政以电办［2009］168 号文件联合下发“关于编纂《中铁电气化局集团志（1999～2008）》的通知”，成立“中铁电气化局集团史志编纂委员会”及办事机构，发布《中铁电气化局集团志（1999～2008）》篇目设置，布置续志工作。

7．2009 年 7 月 1 日，聘用退休人员蔡有鸿、陈一均，并请科技部李学林，参加续志编写工作。

8．2009 年 7 月 28 日至 30 日，《中铁电气化局集团志》大纲研讨会暨史志编写培训班在秦皇岛景旭商务会馆举办，集团公司办公室主任李争科作会议讲话，集团各单位、公司各部门为《集团志》提供资料人员共 70 人接受史志基础知识培训，对《集团志》篇目设置进行研讨，落实《集团志》编写分工。

9．2009 年 8 月 14 日，集团公司办公室以电办志〔2009〕6 号印发“关于落实集团志书及年鉴编写任务的通知”，要求集团各单位、公司各部门主要领导作为本单位、本部门编写集团志的第一责任人，落实好集团志编写任务，有条件的单位同步编纂本单位志书。要求各单位、各部门务于 2009 年 10 月底前提交入志稿，以保证 2009 年底完成《集团志》初稿的编写任务。

10．2009 年 10 月 10 日，《集团志》编写组召开工作例会，汇总《集团志》编写工作进展情况。集团各单位、公司各部门均按集团公司要求，布置了为《集团志》提供入志资料任务，部分单位、部门进展较快。

11．2010 年 1 月 27 日，《集团志》编写组召开第二次工作例会，交流情况，研究下一步工作。《集团志》管理部分已完成大部分入志稿件，工程部分资料搜集有困难。下一步要采取措施，加快进度，尽快完成初稿。

12．2010 年 5 月 12 日，《集团志》编写组召开第三次工作例会，汇集《集团志》入志稿征集情况。《集团志》综合及管理部分仅缺少数单位、部门入志稿，工程部分仍有少数单位搜集资料及撰稿困难。拟定 2010 年 6 月底前完成《集团志》初稿，集中解决少数单位供稿困难问题。

13．2010 年 6 月 23 日，《集团志》编写组召开第四次工作例会，交流《集团志》编辑进展情况，研究布置下一阶段工作。至此，仍有部分单位、部门未完成资料提供任务。下一步要加强指导，解决疑难，务于 7 月底完成《集团志》初稿。

14．2010 年 7 月 20 日，《集团志》编写组召开第五次工作例会，落实《集团志》编写进度要求。《集团志》组稿工作已进入后期，管理、综合部分除个别单位、部门均已完稿，工程部分尚有 4 个单位未上稿，但已落实撰稿任务。要求 7 月底前，除少量工程稿外，其余均要达到完稿程度，为印制征求意见稿做好准备。

15．2010 年 9 月 8 日，《集团志》编写组召开第六次工作例会。根据目前成稿情况，对如何严格按照志书体例要求提高志稿质量进行研讨，据此修改、完善稿件。9 月底前完成初稿。

16．2010 年 10 月 9 日，完成《中铁电气化局集团志》初稿，约 179 万字。编写组按照志书规范要求，对初稿进行修改、精简，文字减至 160 万字。

17．2010 年 12 月 30 日，《集团志》编写组召开会议，布置《集团志》征求意见工作。

18．2010 年 12 月 31 日，《中铁电气化局集团志（1999～2008）》（送审稿）上、下册印制完成，报集团史志编纂委员会及保密委员会审核，并发至集团各单位、集团公司各部门征求意见。

19．2011 年 1 月 6 日，印发“关于《中铁电气化局集团志》征求意见的通知”，要求集团各单位、集团公司各部门对《集团志》送审稿进行审核，审核意见于 2011 年 1 月 20 日前报集团公司。

20．2011 年 3 月 9 日，根据集团史志编纂委员会及集团各单位、集团公司各部门审核意见修改志稿，定稿付印。

三、《集团志》编写及提供资料人员名单

（一）撰稿主笔人

王明晶　李学林　张皖利　张建瑞　周文钊　钟泽华　李　森　张艳冰　许文道
汪　淼　齐晓辉　王智慧　曹　力　于　燕　侯保建　王纪文　刘　炀　赵　刚
王晓红　金　林　刘科明　姚全忠　张少平　马　岩　姚向军　王应龙　初惠芳
霍　昕　刘　毅　刘　杰（人力资源部）　张俊慧　李　炜　宋海军　许有群
黄京英　李津生　王明磊　康志敏　刘　杰（科技部）陈玉峰　陈希武　何天真
于红卫　苏光尧　吴全世　宋淑琴　李　敏　熊　锐　陈嘉利　杨学君　刘忠信
关大刚　刘立清　蒋叶萍　吴虎定　梁龙芳　藏建中　刘万国　易京生　徐亚维
秦禄发　何敏娟　张胜利　吴巨恒　韩学军　常立召　王旭东　樊卫民　白新宇
赵　勇　肖永武　涂平洪　贺玉琴　鄢玉香　郭仁良　刘学芝　张亚利　王庆文
高治军　王一鸣　张百甫　陈　琳　伏宁侠　尹伟娜　王　平　刘金玉　毛志雁
雷建锋　王玲娟　于迎丰　付瞳斌　梅　勇　张可金　单晓东　张玉军　高立新
卢树刚　郭　双　陆志东　董长青　王　征　李书元　王国英　樊少杰　屈　直
蔡　珺　杨东华　李卫刚　刘海玲　李　伟　陈　惠　牛占民　张燕青

（二）提供资料人员

李　虹　王　芃　李雨生　王作祥　田　宇　张黔凯　邹　翎　平连荣　陈志林
蒋　珊　陈　敏　徐茂红　李　宁　耿光民　李彦芬　徐丽中　李　宁　孙东坤
屈文强　刘　臻　阳海蓉　周道超　陈红兵　邓　蓉　钟郅琼　康永辉　杨世忠
林　彦　赵　明　高文东　莫金山　罗春花　鄢玉霞　肖庆华　赵建平　郑　杰
朱声学　罗永泉　刘　勇　周永忠　付家俊　马阳松　李拥民　金作铭　汪立萍
高宝玮　李治国　秦金明　贺　燕　冉伯阳　孔化融　刘　萍　姜　强　关超英
陈兵杨　罗　竹　吴保军　宋　军　程洪兵　田进才　裴永峰　张佐辉　李保春
桑德远　夏文华　曾凡梅　辛　悦　朱万富　王　雄　高　剑　李　科　万　雳
吉智伟　苗露昀　费冬正　孙　健　左　勇　徐　建　樊增伟　周红敏　赵明东
黄河元　牛秀英　李　婕　李晓红　刘　军　陈泳静　冯玉国　李宝玉　李　磊
张岁劳　吴春翔　方　芳　王成莲　张　晶　马海英　崔　颖　朱瑞莎　张同成
邓建设　霍永吉　崔宝义　杨松涛　韩　勤　张志敏　王　儒　姜快峰　宋克俭
嵇军亮　任军虎　董继宏　谌　芳　杨　茜　赵丹妮　赵　群　陈珊丽　张　侠
张艳红　刘琳娜　刘英歌　杨金宝　罗智文　吕淑霞　马亚梅　高卫红　李　勇
张志庆　冯品正　李胜军　罗卫刚　高　瑞　青长军　王喜敏　耿广影　赵允刚
闫　军　桑　林　魏　莹　马全尧　胡会良　刘　华　刘海涛　官义军　贾贵新
易　坤　王建生　张志峰　董婉月　尹述斌　白国通　李宏华　焦瑛君　赵　婷

荣　建　高大纲　杨国锋　王昱琦　齐大明　王　岚　肖培龙　邢亚丽　刘铁群
范成泽　崔　华　董玉玺　王　玉　范　坤　耿雪亚　韩若兰　曾广坤　沈　驹
邱　奎　公茂进　毛谷青　贾　伟　佟　强　李　栋　宋　丹　李　娟　陈　玮
师　煜　王国丽　项　扬　董　帅　田小丽　张宏欣　陈丕志　杜建璋　梁晓波
刘艳杰　唐　爽　魏东阁　张炳华　澎　湃　郝瑞庭　张宣华　于　露　陈　伟
王玉静　夏　昕　张秀华　王国成　李显欣　隋良红　刘晓矿　杨　勇　黄　金
黄佳强　武　岩　于宗占　张　洋　谢　斌　高永志　谢志伟　李亚娜　王振贤
徐　炜　李慧香　燕　静　杨文彬　杨海龙　贺　莉　刘津武　于海芳　高　威
李聚民　刘金秀　鲁冬梅　程晓红　黄国斌　祁静静　周丽华　李志杰　刘志娟
李慧玲　张志霞　黄　慧　刘远略　刘　超　刘婉如　吕红伟　徐才兵　王　健
胡　斌　王作祥　郄会菊　曹忠义

后　记

《中铁电气化局集团志（1999～2008）》历经两年磨砺，在“十二五”开局之年付梓出版了。这部志书是《铁道部电气化工程局志》的续志，以洋洋150万字之巨，系统记载了电化局自1999年至2008年10年改革发展的历史。

我局第一部志书《铁道部电气化工程局志》记载了自1958年至1998年40年的历史，在2008年建局五十周年之际，集团公司决定编纂第二部志书《中铁电气化局集团志（1999～2008）》，续写电化局历史。在做好学习取经、编制篇目设置等前期工作的基础上，2009年5月19日，集团公司党政联合下发“关于编纂《中铁电气化局集团志（1999～2008）》的通知”，成立“中铁电气化局集团史志编纂委员会”及办事机构，发布《中铁电气化局集团志（1999～2008）》篇目设置，启动续志工作。在7月底举办的《中铁电气化局集团志》大纲研讨会暨史志编写培训班上，对集团各单位、公司各部门撰稿主笔人进行史志基础知识培训，进一步落实《集团志》编写任务。

在集团各级领导的大力支持下，通过集团全体编撰人员的共同努力，2010年10月完成了约180万字的《集团志》初稿。为了按期高质量地完成《集团志》的编纂任务，集团公司编写组先后召开6次工作例会，掌握编写进度，研究解决搜集资料、撰写志稿过程中遇到的问题。初稿形成后，严格按照志书体例要求，对初稿进行再加工，文字量掌握在150万字左右。2010年底，《中铁电气化局集团志（1999～2008）》（送审稿）上、下册印制完成，发至集团各单位、集团公司各部门征求意见，并报集团史志编纂委员会及保密委员会审核，严把政治关、史实关、保密关、体例关、文字关，达到观点正确、史料翔实、体例完备、文风端正、特点突出的要求。

《集团志》的编纂出版，凝聚了集团各级领导和全体编撰人员的心血，得到了各方面的支持和帮助。工程总公司史志办刘统畏主任提出指导意见，在篇目设置方面借鉴了中铁一局的经验。集团公司副总工程师单圣雄、容仕宽、奚云飞分别对接触网工程、变电工程、工业生产部分进行技术审核。对以上单位和人员，以及所有关心、支持《集团志》编纂出版的同行和朋友，在这里一并表示衷心的感谢！

这部志书的编纂出版，时间短、人员少、资料浩繁，虽倾尽全力，仍难免疏漏，敬请读者批评指正。

编者

2011年2月

图书在版编目（C I P）数据

中铁电气化局集团志 ：1999～2008 /中铁电气化局集团史志编纂委员会编.--北京：中国铁道出版社，2011.6

ISBN 978-7-113-13107-4

Ⅰ. ①中… Ⅱ. ①中… Ⅲ. ①电气化铁道－铁路局－概况－中国－1999～2008 Ⅳ. ①F532.6

中国版本图书馆CIP数据核字(2011)第107505号

书　　名:《中铁电气化局集团志》（1999～2008）
作　　者:中铁电气化局集团史志编纂委员会

责任编辑:罗桂英　　　　**电话**:51873027

出版发行:中国铁道出版社(100054,北京市宣武区右安门西街8号)
网　　址:http://www.tdpress.com
制　　版:廊坊市佳彩印刷有限公司
印　　刷:北京利丰雅高长城印刷有限公司
版　　次:2011年 7月第1版　　2011年7月第1次印刷
开　　本:787 mm×1092 mm　1/16　印张：79.375　插页：2.25　字数：1576千
印　　数:500册
书　　号:ISBN 978-7-113-13107-4
定　　价:300元